HISTORISCHES WÖRTERBUCH DER PHILOSOPHIE

HISTORISCHES WÖRTERBUCH DER PHILOSOPHIE

UNTER MITWIRKUNG VON MEHR ALS 950 FACHGELEHRTEN

IN VERBINDUNG MIT
GÜNTHER BIEN, ULRICH DIERSE, WILHELM GOERDT
OSKAR GRAEFE, FRIEDRICH KAMBARTEL, FRIEDRICH KAULBACH
HERMANN LÜBBE, ODO MARQUARD, REINHART MAURER
LUDGER OEING-HANHOFF, WILLI OELMÜLLER, KURT RÖTTGERS
HEINRICH SCHEPERS, ROBERT SPAEMANN

HERAUSGEGEBEN VON

JOACHIM RITTER† UND KARLFRIED GRÜNDER

VÖLLIG NEUBEARBEITETE AUSGABE
DES ‹WÖRTERBUCHS DER PHILOSOPHISCHEN BEGRIFFE›
VON RUDOLF EISLER

BAND 5: L–Mn

SCHWABE & CO AG · VERLAG · BASEL/STUTTGART

MIT UNTERSTÜTZUNG DER REDAKTIONELLEN ARBEITEN
DURCH DIE DEUTSCHE FORSCHUNGSGEMEINSCHAFT
UND DIE AKADEMIE DER WISSENSCHAFTEN UND DER LITERATUR
ZU MAINZ

WISSENSCHAFTLICHE MITARBEITER DES HERAUSGEBERKREISES

In Münster: Anton Hügli als Leiter des Redaktionsbüros (seit 1977), Norbert Herold (seit 1973)
Klaus Peter Sternschulte (1970-1976)
In Bochum: Gerheid Scheerer-Neumann (seit 1974)
In Gießen: Peter Probst (seit 1974)
In Konstanz: Gottfried Gabriel (seit 1967)
In München: Karl-Heinz Nusser (seit 1972)
In Paderborn: Rainer Piepmeier (seit 1973)
In Tübingen: Tilman Borsche (seit 1975)
Beim Verlag in Basel: Jakob Lanz (seit 1961), Hans Rudolf Schweizer (seit 1979)

ADMINISTRATIVE MITARBEITER

Inge Gertisser (seit 1968), Jutta Siedler (1975-1979)

Hist. Wb. Philos. 5

© 1980 By Schwabe & Co. AG · Basel
Gesamtherstellung: Schwabe & Co. AG · Basel

VORBEMERKUNG

Allem anderen zuvor haben Verlag und Herausgeber den Autoren zu danken, die an diesem Bande – und viele schon an den vorangegangenen Bänden – mitgearbeitet, die Artikel geschrieben haben.

Joachim Ritter hat fast allen Autoren, deren Artikel er «gut zum Satz» zum Verlag schickte, persönlich gedankt, zumeist auf das Spezifische ihres Beitrags eingehend. Noch heute ist von diesen vielen Briefen immer wieder als von etwas Erstaunlichem die Rede; durch sie fühlten sich Jüngere ermutigt; gestandene Kollegen an weithin verschollene Umgangsformen wohltuend erinnert; alle durch unmittelbare Ansprache hineingenommen in den Sachzusammenhang der Arbeit an diesem Wörterbuch. Nicht zuletzt durch diese Briefe verbreitete sich das Klima der Bereitwilligkeit zur Mitarbeit, ohne das wir nicht hätten vorankommen können.

Es ist dem Unterzeichnenden sogleich bei der Übernahme der Verantwortung für die Koordination der redaktionellen Arbeiten bewußt gewesen, daß er in den Pflichten seines Amts nicht so werde verfahren können, und die Befürchtung, es werde dies schädliche Folgen haben, war unabweisbar. Sie sind bisher nicht eingetreten; um so dankbarer sind wir für die fortdauernde Bereitschaft vieler zur Mitarbeit.

Diese Bereitschaft entspricht zugleich aber auch einer unverkennbaren Tendenz des letzten Jahrzehnts: einer Steigerung des begriffsgeschichtlichen Interesses und einer aus ihm herrührenden erheblichen Vermehrung begriffsgeschichtlicher Arbeiten. Hier und da scheint es – so sollten die Beteiligten es ausdrücken, weil sie sonst nämlich ein bißchen Stolz darauf einzugestehen hätten –, daß zwischen dieser offenkundigen Tendenz und dem Fortgang der Wörterbucharbeit eine Wechselbeziehung bestehe.

In seinem Zwischenbericht aus der Sicht des Verlagslektors schreibt Jakob Lanz (Begriffsgeschichte im Großversuch. Arch. Begriffsgesch. XXII, 1978, 16ff.), daß man im Verlag das Ergebnis der Einladungen zur Mitarbeit als «über Erwarten günstig» empfunden habe. «Der Gedanke, begriffsgeschichtliche Methoden für lexikographische Arbeit fruchtbar zu machen, hatte gezündet, erstaunlicherweise auch bei Autoren aus ... 'ahistorischen' Wissenschaften. ... In den historischen Wissenschaften und der Philosophie motivierte der gleiche Impuls ebenfalls viele Autoren zu unerwarteten Anstrengungen: Anstatt einfach den Forschungsstand zu referieren (mit Angabe der zahlreichen Leerstellen), investierten sie eigene Forschungsarbeit in ihre Beiträge ... Aus dieser partiellen Negation des Moments des Provisorischen an der HWP-Arbeit ergaben sich zunehmend sich summierende Fristverlängerungen und Umfangsüberschreitungen: Die ursprüngliche Raum-Zeit-Planung des Werkes begann dem Erfolg seines Programms bei den Autoren zum Opfer zu fallen» (a.O. 17f.).

Das ist es. Die allerseits unerwünschte, Bezieher wie Autoren, Herausgeber und Verlag belastende Verzögerung hatte ihre Gründe nur selten in Versäumnissen oder Pannen bei den redigierenden Herausgebern oder beim Verlag, sondern in den Ansprüchen der Autoren an sich selbst, mit denen sie unserem Unternehmen ebenso wie sich selbst Ehre machen. Die Autoren späterer Artikel wollen nicht hinter den Autoren früherer Artikel zurückbleiben. Das ist kein törichter Ehrgeiz, sondern diese Spirale ist ein sachliches Moment an diesem so angelegten Wörterbuch. Mit ihr müssen wir fertig werden – die Festlegung des Umfangs auf 10 Bände und einen Registerband ist weiterhin bindend und eine raschere Erscheinungsweise im Interesse aller notwendig. Trotzdem können wir nicht den eingeladenen und einzuladenden Autoren schreiben, sie möchten es doch, bitte schön, etwas dürftiger machen ...

Vielmehr stehen wir vor dem tatsächlichen Widerspruch zwischen dem gattungshaft festliegenden Kompendiencharakter eines Wörterbuchs und der Unform einer alphabetisierten Sammlung von Forschungsmonographien, und jeder Band zeigt diesen Widerspruch, denn er enthält beides.

Welches sind die Remedien? Ausführliche Artikel könnten ins «Archiv für Begriffsgeschichte» übernommen werden, und im Wörterbuch erschienen dann Abbreviaturen (so geschehen bei ‹Kultur, Kulturphilosophie› und ‹Mythos, Mythologie›). Hier muß als neue Mischform hinzugewonnen werden die Möglichkeit, im Wörterbuchartikel Lücken anzuzeigen und ihre Ausfüllung dann im ‹Archiv für Begriffsgeschichte› nachzutragen. Wo sich historisch wenig bewegt, muß systematische Ausführlichkeit reduziert werden, und das enthält Zumutungen an den Autor. Wir müssen noch öfter zur bloßen Desiderat-Anmeldung und zu Verweisen auf bereits erschienene Artikel ermutigen. Wir müssen uns auch dazu entschließen, zunächst vorgesehene Artikel fortzulassen, die vielleicht als weniger wichtig angesehen werden können. Das sollte aber gerade dort nicht geschehen, wo wir, wie gelegentlich in den Bänden bisher, Begriffe erstmalig lexikographieren. Die Zurückhaltung gegenüber haussierenden Mode-Terminologien scheint sich zu bewähren; Sicherheit, daß eine dann doch haltbare Begriffsbildung dabei ausbleibt, gibt es natürlich nicht. Die Nomenklatur kann von zufälligen Momenten nicht ganz freigehalten werden; der Registerband mit seinem Verweissystem wird dies soweit wie möglich ausgleichen.

Ein Stein des Anstoßes, ein Ärgernis (vgl. HWP 1, 504f.) nicht nur für die Benutzer, sondern auch für die Herausgeber bleiben die großen und komplexen Artikel, die hier und jetzt nicht zu integrieren sind, so sehr man eben dies als Aufgabe der Redaktion ansehen mag. Sie zerfallen in voneinander getrennte Begriffsgeschichten von Aspekten; es kommt zur Interferenz epochaler und aspekthafter Gliederungen, und die Verschiedenheit der Ansätze der verschiedenen Autoren, die zu solchen Artikeln zusammentreten, läßt sich nicht einfach wegschneiden. Vielleicht kann später einmal *ein* Autor ein solches Stichwort integral behandeln und dann auch im ganzen kürzer. Vielleicht ginge das hier und da sogar jetzt schon – aber eben erst jetzt, nachdem die annähernd vollständigen, aber inhomogenen Teilartikel vorliegen und auf sie verwiesen werden kann. Und jedenfalls erst nach so langwieriger Arbeit eines ganz dafür freien Kopfes (wo fände man ihn?), daß wir mit der Veröffentlichung des Bandes nicht darauf warten könnten.

Vorbemerkung

Die Arbeit wird im Fortgang nicht leichter. Aber erkannten Schwierigkeiten kann man begegnen, so daß wir hoffen können, daß der sechste Band dem vorliegenden fünften rascher folgt als dieser seinem Vorgänger.

Im Dezember 1979 ist Christian Overstolz, der Seniorchef des Verlags Schwabe, gestorben. Er hatte mit seiner Zustimmung zu diesem Wörterbuch, wie es ihm vorgeschlagen wurde und nun vom Verlag und der Wissenschaftlichen Buchgesellschaft getragen wird, dem Werk die Bahn freigegeben. Dafür sei ihm hier gedankt, auch für das Vertrauen, das er während der langen Vorbereitungszeit den Herausgebern behielt. Als die Bände zu erscheinen begannen, verfolgte er die Arbeit aus zunehmender Distanz, mit Genugtuung, zuweilen mit Ungeduld, immer mit Aufmerksamkeit, Verständnis, Sympathie. Er war über die Siebzig hinaus und den Geschäften des Tages schon fern, als er – so wurde dem Unterzeichnenden erzählt – bei einem Besuch im Verlag zufällig Zeuge einer Diskussion wurde, in der es darum ging, wer Joachim Ritter die ersten Exemplare des soeben erschienenen dritten Bandes überbringen werde. Keiner war in den nächsten Tagen abkömmlich, und es stellte sich die Frage, ob man dem Herausgeber die Bände ausnahmsweise mit der Post zustellen solle. «Kommt nicht in Frage», sagte der Seniorchef, «das besorge ich selbst, ich habe Zeit, legt mir die Bücher in den Wagen.» Bei diesem Besuch sahen sich der schon kranke Joachim Ritter und Christian Overstolz senior zum letzten Mal.

Im Redaktionsbüro ist die Stelle eines wissenschaftlichen Mitarbeiters in der Nachfolge von Herrn Sternschulte, der in eine andere Tätigkeit im Hochschulbereich übergegangen ist, 1977 von Herrn Anton Hügli übernommen worden.

Der Dank der Herausgeber gilt hier wieder der Deutschen Forschungsgemeinschaft, die das Werk über die Akademie der Wissenschaften und der Literatur zu Mainz durch eine Sachbeihilfe für die redaktionellen Arbeiten förderte. Im Zuge der Übergabe der langfristigen Unternehmungen von der DFG an die Akademien ging diese Förderung der redaktionellen Arbeiten im Laufe des Jahres 1980 an die Mainzer Akademie über, der wir für ihre Hilfe in der bisherigen wie in der zukünftigen Form danken.

Dank gilt wiederum Herrn H. Kamp vom Rechenzentrum der Universität Münster und den auf der Impressumseite genannten Mitarbeitern der Herausgeber sowie folgenden Damen und Herren, die sich an den redaktionellen, editorischen oder administrativen Arbeiten für kürzere oder längere Zeit beteiligt haben: in Berlin E. Eisenhauer, C. Demmel, M. Herrmann, C. Hufnagel, S. Pieperhoff, P. Stemmer; in Bielefeld K. Lichtblau; in Bochum K.-F. Husen, S. Lorenz, W. Schröder und M. Wirtz; in München W. Miklenitsch und G. Scheibe; in Konstanz Th. Rentsch; in Münster Th. Düllo, E. Elling, O. Fischer, M. Großmann, D. Hackmann, M. Hennies, L. Kaczmarek, M. Kiefhaber, F. Kienz, R. Konersmann, U. Lauterbach, K.-D. Möller, St. Nienhaus, C. Rass, R. Romberg, P. Sander, R. Thomas, H. Wedegärtner.

Die Herausgeber und alle Mitarbeiter danken allen Bibliotheken, die sie unmittelbar oder über den Leihverkehr beanspruchten, sowie der Phototechnischen Zentralstelle in Münster für ihre unentbehrliche Hilfe.

Berlin-Dahlem, im Herbst 1980   K. GRÜNDER

Jedem Band des Wörterbuches werden am Schluß Verzeichnisse der Artikel und der Artikelautoren sowie häufig verwendeter Abkürzungen und Zeichen beigegeben. Nach dem Autorenverzeichnis sind Bemerkungen zur formalen Gestaltung des Werkes abgedruckt.

L

Lächerliche (das). Das schon in vorsokratischer Zeit gebrauchte Adjektiv γελοῖος teilt mit allen seinen späteren Äquivalenten (lat. ridiculum, res ridicula – aliqua res, quae risum movere possit; frz. risible und ridicule; engl. ridiculous – that moveth laughter) das traurige Schicksal, auf der Seite der Unvernunft [1], des Ausgefallenen und Abfallenden stehen zu müssen.

PLATON, der γελοῖος als erster in substantivierter Form verwendet, setzt das L. dem Schlechten (κακόν) und Unverständigen (ἄφρον) [2] gleich, betont jedoch sogleich – und dies wird sich begriffsgeschichtlich als folgenschwer erweisen –, daß es gerade in seiner Abartigkeit nur von dem her zu begreifen ist, von dem es sich absetzt: dem Ernsten (τὰ σπουδαῖα) als dem Guten oder Tüchtigen [3]. Wer «nur einigermaßen tugendhaft sich bewähren» und nicht selbst L. tun oder sagen wolle, müsse deshalb nicht nur das Ernste, sondern auch das L. kennenlernen, wie es die Komödie mit ihren «Nachbildungen häßlicher Gestalten und Gesinnungen» und zum Lachen reizender «Scherzgebilde» in «Worten, Gesang und Tanz darstellt» [4]. – An diese heilsame Wirkung des L. muß auch ARISTOTELES gedacht haben, wenn er seiner Definition der Komödie – die Komödie ist Nachahmung von Gemeinem, wenn auch nicht von jeder Art des Gemeinen, sondern nur vom L., das ein Teil des Häßlichen ist [5] – erläuternd hinzufügt: «Das L. ist ein Mangel und etwas Schimpfliches, das aber weder schmerzt noch ins Verderben bringt» (τὸ γὰρ γελοῖόν ἐστιν ἁμάρτημά τι καὶ αἶσχος ἀνώδυνον καὶ οὐ φθαρτικόν) [6].

Der entscheidende Anstoß zur Beschäftigung mit dem L. kam jedoch weniger aus der Poetik als aus der *Rhetorik*. Zu wissen, wie man L. und mithin Lachen hervorruft oder vermeidet, ist nach ARISTOTELES «im Kampf der Geister» von Nutzen, denn wie Gorgias richtig gesehen habe, müsse man den Ernst des Gegners durch Gelächter zunichtemachen, sein Gelächter durch eifrigen Ernst [7]. Von den verschiedenen Arten des L., die er angeblich in der Poetik behandelt haben will, erwähnt er hier nur zwei: die gegen den Sprechenden selbst sich richtende Ironie, die allein eines freien Mannes würdig sei, und die Verhöhnung des anderen [8]. – CICERO hat die Liste der möglichen genera des L. noch etwas erweitert, kunterbunt gemischt wie seine breit angelegte Witzesammlung: Man erregt Lachen, indem man «die Charaktere anderer verspottet, seinen eigenen von einer lächerlichen Seite zeigt, Häßliches mit noch Häßlicherem vergleicht, Verstellung anwendet, einigermaßen ungereimte Äußerungen tut, Torheiten rügt» [9]. An die Spitze dieser Liste stellte er jedoch eine Bestimmung des L., die sich später als die erfolgreichste erwiesen hat: das L., das aus enttäuschter Erwartung (exspectationibus decipiendis) [10] oder, wie HORAZ es formuliert, aus dem Gegensatz von hoher Erwartung und geringem Resultat entspringt: «Die Berge kreißen und gebären ein lächerliches Mäuslein» [11]. – QUINTILIAN hat die verschiedenen genera von Cicero zu systematisieren versucht: Er unterscheidet zunächst allgemein zwischen dem «ridiculum positum in rebus» (Sachwitz) «ac in verbis» (Wortwitz) [12] und zeigt dann drei mögliche Anwendungsformen des L. auf [13]. Entweder sucht man das L. bei den anderen (ex aliis) – in ihrer äußeren Gestalt, ihren Eigenschaften, Aussagen oder Handlungen [14] – oder dann bei sich selbst (ex nobis), indem man sich selbst in ein lächerliches Licht setzt und absichtlich halbtörichte Dinge sagt, oder aber in etwas Drittem: enttäuschten Erwartungen, dem Spiel mit der Doppeldeutigkeit von Wörtern und anderem mehr, was zu keiner der übrigen Klassen gehört [15].

Die *Patristik*, die mit der Komödie das Lachen und das L. verwarf [16], hat auch für die Theorie des L. wenig übrig, und in der mittelalterlichen Literatur verschwindet das L. als Terminus fast völlig [17]. Zu neuem Leben erwacht es erst wieder mit der spätmittelalterlichen Entdeckung des Individuellen als des Seins, das im Begriff nicht aufgeht, mit dem verschärften Sinn für das Närrische und Groteske und dem von den Humanisten verkündeten Lob der Torheit. Einen theoretischen Niederschlag hat diese neue Erscheinungsform des L. jedoch kaum gefunden. – Die *Renaissance-Poetiker* beschäftigen sich zwar wieder mit dem L. – V. MAGGI z. B. widmete ihm eine eigene Abhandlung [18] –, aber sie stehen, wie VITTORE FAUSTO, GIOVANNI GIORGIO TRISSINO, GIASON DENORES, BERNARDO PINO DA GAGLI u. a. [18a] zumeist im Banne der aristotelischen Definition. Auffallend ist höchstens die vor allem bei MAGGI und VIPERANO nachweisbare Tendenz, die pejorative Bedeutung des L. abzuschwächen. Von den ridicula wird gesagt, daß sie den Geist durch Bewunderung angenehm anregten («admiratione animum iucunde moventia») [19].

Zu einer neuen Theorie des L. kommt es bezeichnenderweise erst im *späten 17. und 18. Jh.*, der Zeit des Ancien Régime. In einer Welt, in der die Regeln des gesellschaftlichen Umgangs verbindlich festgelegt, richtig und falsch klar getrennt waren, hatte auch das L. seinen festen Platz [20]. Jede Abweichung von den anerkannten Normen, sofern sie nicht, wie das Laster, einem moralischen Defekt, sondern einem intellektuellen Mangel entspringt, ist mit dem Makel des Ridiculum behaftet. «Les vices partent d'une dépravation du cœur», schreibt LA BRUYÈRE, «... le ridicule, d'un défaut d'esprit» [21]. Der Inbegriff einer lächerlichen Person ist dementsprechend der Ungebildete, der Dummkopf. «L'homme ridicule est celui qui tant qu'il demeure tel, a les apparences du sot» [22]. Aber nicht jeder, der lacht, beweist damit schon ein gesundes Urteil, denn oft besteht das L. nur «in der Einbildung jener, die es zu sehen glauben, wo es nicht ist und nicht sein kann» (dans l'imagination de ceux qui croient voir le ridicule où il n'est point, et ne peut être) [23]. Für La Bruyère steht offenbar fest, daß es ein L. geben muß, das im Objekt und nicht im Betrachter selbst liegt. Schon sein Zeitgenosse SAINT-EVREMOND dagegen hat daran seine Zweifel. Mit der Natur der Menschen, schreibt er in einem Aufsatz von 1677, ändert sich auch die Kunst. «Nos sottises ne sont point les sottises dont Horace s'est moqué, nos vices ne sont point les vices que Juvénal a repris: nous devons employer un autre *ridicule*» [24]. Diese Feststellung Saint-Evremonds steht zwar im Zusammenhang mit der vor allem an Molières Komödien sich entzündenden poetologischen Auseinandersetzung um die Frage, welche Formen des L. literarisch zulässig seien – nur das «ridicule délicat» oder auch das «ridicule bas et grossier» von der Art Rabelais' und der Farcendichter. Aber mit der These der Wandelbarkeit unserer Vorstellungen über das, was belacht werden darf, nimmt er vorweg, was ein Jahrhundert später bei CHAMFORT und DUCLOS zur Selbstverständlichkeit wurde: Nicht nur die Darstellungswürdigkeit des L., sondern auch, was als L. gilt, ist abhängig von der jeweils bestehenden Ordnung, der «décence établie» [25]; es entspringt aus dem Widerspruch «des pensées de quelque homme, de ses sentimens, de ses mœurs, de son air, de sa façon de faire, avec la nature, avec les lois reçues, avec les usages» [26]. Nicht jede Art der Abweichung von den etablierten Normen freilich ist lächerlich; denn, wie Duclos betont: «ce qui est contre la raison est sottise ou folie; contre l'équité c'est crime» [27]. Er beschränkt das L. deshalb auf den Bereich des Sittlich-Neutralen, der Mode: «Le ridicule ne devroit donc avoir lieu que dans les choses indifférentes par elles-mêmes, et consacrées par la mode. Les habits, le langage, les manières, le maintien, voilà son domaine, son ressort ...» [28]. Die Mode freilich bestimmt nach Duclos' Verständnis beinahe unser ganzes Verhalten: «nous jugeons des actions, des idées et des sentiments sur leur rapport avec la mode. Tout ce qui n'y est pas conforme est trouvé ridicule» [29]. Diese Macht der Mode ist nach Duclos ein stehender Beweis dafür, daß die Furcht, sich lächerlich zu machen oder lächerlich gemacht zu werden, größer ist als die Furcht, sein Glück oder seine Ehre zu verlieren [30] – eine Beobachtung, die schon LA ROCHEFOUCAULD gemacht hatte: «Le ridicule déshonore plus que le déshonneur» [31], und die Abbé DE BELLEGARDE aus der sozialen Natur des Menschen zu erklären versucht: Weil wir für die Gesellschaft geboren seien, müßten wir uns vor nichts mehr hüten als vor dem L.: «pour éviter tout ce qui peut rebuter les personnes que nous pratiquons, & diminuer le plaisir qu'elles goûtent en nôtre commerce» [32].

Daß eine Gesellschaft, in der die Furcht vor dem Urteil der anderen zum herrschenden Motiv geworden ist, alles andere als erfreulich sein kann, blieb jedoch nicht unbemerkt, wie eine der französischen Akademie vorgeschlagene Preisaufgabe von 1751 verrät. Ihr Thema: «Si la crainte du ridicule étouffe plus de talens & de vertus, qu'elle ne corrige de vices & de défauts» [33]. Die Antwort auf diese Frage hat DUCLOS gegeben: «La crainte puérile du ridicule étouffe les idées, rétrécit les esprits et les forme sur un seul modèle ...» [34]. Die Folge davon sei Uniformität, Lethargie und die Langeweile der immer wiederkehrenden Ideen, Meinungen, Stilarten und Themen [35].

Vor diesem Hintergrund erscheint auch die poetologische Diskussion über die Grenze zwischen dem bloß L. und dem wahrhaft L., der vis comica, in einem anderen Licht. Es geht in ihr nicht bloß um eine Stilfrage, sondern um eine Frage der Moral: der Domestizierung des unbotmäßigen Lachens. Dies zeigt sich bereits in der aristotelischen Definition des L. als eines Mangels oder einer Häßlichkeit, die weder schmerzt noch ins Verderben bringt, und es wird noch deutlicher in den zahllosen neuzeitlichen Ausdeutungen der aristotelischen Formel: Das auf der Bühne dargestellte L. soll «décente» sein «et instructive» [36] und von der Art, daß es die «Weisen und Tugendhaften» [37] lachen macht (LA BRUYÈRE), und dies bedeutet nach CHAMFORT: Es ist stets «agréable, délicat, et ne nous cause aucune inquiétude secrète» [38], nach GOTTSCHED: Es belustigt und erbaut zugleich [39], und nach J. A. SCHLEGEL: Es erweckt «Scham», «ohne Schmerz zu verursachen» [40]. Mit der ursprünglich von POPE [41] eingeführten Unterscheidung zwischen Lachen und Verlachen behilft sich LESSING: «Die Komödie will durch Lachen bessern; aber nicht eben durch Verlachen» [42], und sie tue dies, indem sie eine an sich durchaus tugendhafte und unserer Hochachtung würdige Person in eine lächerliche Situation setzt oder L. tun läßt [43]. Wo diese Voraussetzung erfüllt ist, dürfte auch die später von HEGEL erhobene Forderung erfüllt sein, die «Torheit und Einseitigkeit der handelnden Personen» müsse nicht nur dem Zuschauer, sondern auch ihnen selbst lächerlich erscheinen können [44].

Für das von der Bühne verbannte Verlachen oder Lächerlichmachen, das «Ridicule», gilt die These, mit der HOBBES im englischen Sprachraum die theoretische Auseinandersetzung mit dem L. eröffnet hatte: Es ist Ausdruck unseres Überlegenheitsgefühls angesichts der Schwächen des Verlachten [45] oder – wie MONBODDO sagt – das «Vergnügen», entstanden «aus unserer Meynung, daß wir von dem Flecken oder der Häßlichkeit, worüber wir an anderen lachen, frey, und deshalb insofern über sie erhoben sind» [46]. C. MORRIS, der als einer der ersten ‹Wit›, ‹Humour›, ‹Raillery›, ‹Satire› und ‹Ridicule› voneinander abzugrenzen versucht, sieht das Ziel des «Ridicule» darin, «to set an Object in a mean ludicrous Light, so as to expose it to your Derision and Contempt, ... to degrade the Person attack'd» [47] – und zwar mit der Waffe des Witzes («The usual Artillery of Ridicule is Wit ...» [48]). Das «Ridicule» steht nach Morris zwischen der «Satire» und der «Raillery», dem bloßen Spott. Ihre spezifischen Gegenstände seien die «improprieties» (Unzulänglichkeiten), «Foibles or Meannesses of Persons» (Schwächen und Gemeinheiten) [49], die für die Satire, in der die Laster der Menschen angeprangert werden, zu harmlos, und für die Raillery, die sich auf die «Oddities or Embarrassements» (Verschrobenheiten oder Verlegenheitshandlungen) [50] richtet, nicht harmlos genug wären. Um der Unterscheidung von Lachen und Verlachen besser Rechnung zu tragen, unterscheidet dann J. BEATTIE zwischen zwei Arten des L.: Jene Dinge, die das reine L. hervorrufen, bezeichnet er als «ridiculous», und jene, welche «excite laughter mixed with disapprobation or contempt» als «ludicrous» [51] – eine Unterscheidung, die sich unter der Bezeichnung «le ridicule», «le risible» im Französischen bis heute erhalten hat [52] und die mit der Gegenüberstellung von «ungereimtem» und «abentheuerlichem» L. [53] oder «bloß L.m» und «Belachenswerthem» [54] auch für die deutsche Sprache vorgeschlagen wurde.

Bei den englischen Autoren ist jedoch, anders als bei den französischen, das Bewußtsein lebendig geblieben, daß das L. – gleich welcher Art – nicht nur in der «opinion» des Lachenden, sondern auch im Objekt selbst liegen muß. Das L. ist eine «perception in the mind» (F. HUTCHESON) [55], mit SHAFTESBURY gesprochen: das natürliche Medium, in dem die Wahrheit eines Dinges ans Licht kommt, «that Manner of Proof by which we discern whatever is liable to just Raillery in any Subject» [56].

Und das, was ein Ding lächerlich macht, entspringt, wie aus Shaftesburys Erläuterung hervorgeht, dem bereits von Cicero und Horaz hervorgehobenen inneren Kontrast zwischen dem, was es ist, und dem, was es verheißt: «Great Efforts of Anger to little purpose ... Exceeding Fierceneß, with perfect Inability and Impotence, makes the highest Ridicule» [57]. C. MORRIS verhalf dieser Kontrast- oder Inkongruenzbestimmung mit seiner Definition des L. zum Durchbruch: «Ridicule is a free Attack of any Motly Composition, wherein a real or affected Excellence and Defect both jointly appear, glaring together, and mocking each other, in the same Subject» [58] – und sie ist fortan, zunächst in England, dann auch in Deutschland [59], von der Definition des L. nicht mehr wegzudenken. Sie findet sich bei LESSING: «Jede Ungereimtheit, jeder Kontrast von Mangel und Realität, ist lächerlich» [60], ebenso wie bei GOETHE: «Das L. entspringt aus einem sittlichen Contrast, der auf eine unschädliche Weise für die Sinne in Verbindung gebracht wird» [61], F. J. RIEDEL: «Ein lächerliches Objekt ist ein solches, das uns die Vorstellung einer unbeträchtlichen, uninteressanten und nicht allzu gewöhnlichen Ungereimtheit darbietet» [62], A. GÉRARD: «Les objets nous paroient ridicules toutes les fois que nous appercevons dans eux de l'incongruité ...» [63] oder HEGEL: «L. kann jeder Kontrast des Wesentlichen und seiner Erscheinung, des Zwecks und der Mittel werden, ein Widerspruch, durch den sich die Erscheinung in sich selber aufhebt, und der Zweck in seiner Realisation sich selbst um sein Ziel bringt» [64].

Jean Paul bringt als einer der ersten das subjektive Moment wieder mit ins Spiel. Ausgangspunkt seiner Definition des L. ist die u.a. schon von FONTENELLE [65] hervorgehobene enge Nachbarschaft von L. und Erhabenem: Das L. ist der «Erbfeind des Erhabenen» und «folglich ... das unendliche Kleine» [66], das, weil «zur Verachtung ... zu unwichtig und zum Hasse zu gut» [67], nur der Gegensatz zum Großen des Verstandes, d.h. das «Unverständige» sein kann. Dieses «Unverständige» nun weist nach JEAN PAUL drei «Bestandtheile» auf: den «sinnlichen» Kontrast, der anschaulich wird in einer Handlung oder Situation, den «objektiven» Kontrast, d.h. den «Widerspruch, worin das Bestreben oder Sein des lächerlichen Wesens mit dem sinnlich angeschauten Verhältnis steht», und den «subjektiven» Kontrast, der den objektiven erst erzeugt, weil wir dem Bestreben des lächerlichen Wesens «unsere Einsicht und Ansicht» leihen [68]. Jean Pauls Bestimmung des L. beherrscht für einige Jahrzehnte die Diskussion fast völlig. Die einen – F. BOUTERWEK [69] etwa oder CH. WEISSE [70] – schieben zwar mehr das objektive Moment in den Vordergrund, andere – wie etwa A. RUGE – betonen eher das subjektive Moment: Das L. «hat nur Dasein in dem Augenblicke, wo es der lachenden Person zum Bewußtsein kommt» [71]. Aber auch für Ruge steht fest, «daß die Bewegung, die das L. ist, von der unvollkommenen Erscheinung ausgeht» [72]. Er wendet sich, wie er sagt, bloß gegen den voreiligen Gedanken, «daß denn nun die unvollkommene Erscheinung als solche, die Caricatur als Außending, ohne weiteren Vorgang das L. sei» [73].

F. TH. VISCHER knüpft explizit an Jean Pauls Definition wieder an, glaubt jedoch, sie ins Metaphysische ausweiten zu müssen, weil «das Erhabene und diese Winzigkeit des Zufalls, der es stört», nur dann als lächerlicher Kontrast verstanden werden könnten, wenn sie beide als vom selben Subjekt ausgehend, d.h. als «zweckwidriges Handeln des Weltgeistes» vorgestellt werden [74]. – SCHOPENHAUER, der die Unrichtigkeit von Jean Pauls Theorie des L. für augenscheinlich hält [75], beweist durch seine eigene Definition, wie sehr er ihr verpflichtet bleibt: denn auch für ihn entsteht das L. aus einem «Konflikt zwischen dem Gedachten und dem Angeschauten» [76], aus der «plötzlichen Wahrnehmung einer Inkongruenz zwischen einem ... Begriff und dem durch denselben gedachten realen Gegenstand» oder, wie seine Grundformel lautet: aus der «paradoxe[n] und daher unerwartete[n] Subsumtion eines Gegenstandes unter einen ihm übrigens heterogenen Begriff» [77].

Die entscheidende Frage, was uns zu dieser Subsumtion überhaupt veranlasse, die Jean Paul im Anschluß an die englische Tradition mit dem Hinweis auf die Inkongruenz im Objekt beantwortet hatte, wird von Schopenhauer allerdings nicht mehr gestellt, und der erste, der sie wieder stellt, BERGSON in seiner Theorie des Lachens, erneuert mit seiner These «Notre rire est toujours le rire d'un groupe» [78] die Antwort von Chamfort und Duclos. Anlaß des L. ist die ungenügende Anpassung des Belachten an die normativen Erwartungen der Gruppe der Lachenden. Dies führt dann zu der von E. DUPRÉEL verabsolutierten [79] und bei J. RITTER noch nachwirkenden Auffassung, daß sich das Lachen und sein Gegenstand, das L., «selbst je aus dem Daseinssinn bestimmt, in dem der Lachende seinem Wesen und seiner Lage nach sich hält» [80]. So zutreffend aber die Feststellung Ritters auch sein mag, daß das, was «mit dem Lachen ausgespielt und ergriffen wird», die dem Ernst nicht zugängliche geheime Zugehörigkeit des Entgegengesetzten und Nichtigen zu der jeweiligen, historisch, sozial und landschaftlich variierenden «Lebens- und Weltordnung» sei [81], so fraglich ist seine Behauptung, daß jeweils nur mitlachen könne, für wen diese Ordnung selbst noch lebensmäßig wirksam sei [82]. Entscheidend für das Mitlachenkönnen ist wohl nicht, ob der Lachende sich selbst, sondern – und dies dürfte der Sinn von Jean Pauls Begriffen des objektiven und des subjektiven Kontrastes sein – ob er das lächerliche Objekt seinem Sein und Bestreben nach als dieser Ordnung zugehörig empfindet.

Die Frage nach dem Verhältnis des Lachenden zu der im L. aufscheinenden normativen Ordnung könnte aber möglicherweise eine Schwierigkeit lösen, die sich einer Begriffsgeschichte des L. immer wieder in den Weg stellt: die Schwierigkeit der «Grenzziehung zwischen dem L. und dem Komischen» [83]. ‹Lächerlich› und ‹komisch› werden oft – so auch bei Ritter – synonym gebraucht, und über lange Strecken fällt die Geschichte dieser beiden Begriffe beinahe völlig zusammen. Diese Gleichsetzung läßt sich jedoch schon von der Alltagssprache her nicht rechtfertigen, und man hat sich neuerdings vermehrt um eine genauere Abgrenzung bemüht. Nach E. SOURIAU fällt die Grenze zwischen dem Komischen und dem L. mit der Grenze zwischen Leben und Kunst zusammen: das L. gehöre der Lebenswelt zu, das Komische der Kunst: als die ästhetische Verfeinerung und Sublimierung des rohen, aggressiven, über die Schranken des Anstands, der Moral und des Geschmacks hinweggehenden Lachens im Alltag [84]. Dieser Vorschlag scheitert aber begriffsgeschichtlich gesehen schon daran, daß die von Souriau dem Komischen zugeschriebene kathartische Wirkung durchaus auch als Funktion des L. angesehen worden ist. Kronzeuge hiefür ist NIETZSCHE, der in dem L. einen der möglichen Wege sieht, die «Ekelgedanken über das Entsetzliche und das Absurde des Daseins in Vorstellungen umzuwandeln, mit denen sich leben läßt: ... das *Erhabene* als die künstlerische Bändigung des Entsetzlichen und das *L.* als die künstlerische Entladung vom

Ekel des Absurden» [85]. Auf der anderen Seite gehören, worauf etwa H.-R. JAUSS hinweist, der sogenannte Sinn für Komik (und nicht für das L.) und das befreiende Lachen durchaus auch unserer Lebenswelt zu [86]. Die in der Begriffsgeschichte angelegte Unterscheidung zwischen dem «wahren L.», das weder schmerzt noch ins Verderben bringt, und dem L., das man mit Recht fürchtet und zu vermeiden sucht, legt jedoch eine andere Grenzziehung nahe: Lächerlich wirkt der Gegenstand des Lachens dann, wenn die durch ihn zunichte gewordenen normativen Erwartungen für den Lachenden maßgebend und lebenswirksam sind, komisch dagegen, wenn der Lachende seine wertende Stellungnahme zu den zugrunde gelegten Normen suspendiert. Falls sich diese Vermutung erhärten ließe, hätte Ritter mit seiner Definition tatsächlich einen Wesenszug des L. getroffen – unabsichtlich, wie zur Bestätigung von JEAN PAULS Wort: «Das L. wollte von jeher nicht in die Definizionen der Philosophen gehen – ausgenommen unwillkürlich ...» [87].

Anmerkungen. [1] Vgl. etwa EPICHARM, VS 23 B 44 a; PLATON, Prot. 340 e. – [2] Resp. 452 d/e. – [3] Leges 816 e. – [4] a.O. 816 d/e. – [5] ARISTOTELES, Poet. 1449 a 31-33; zum L. in der antiken Rhet. vgl. J. MARTIN: Die antike Rhet. Technik und Methode (1974) 138-147. – [6] ARIST., a.O. 1449 a 33f. – [7] Rhet. 1419 b 2ff. – [8] 1419 b 5ff. – [9] CICERO, De oratore II, 289. – [10] ebda. – [11] HORAZ, Ars poet. 139. – [12] QUINTILIAN, Inst. orat. VI, 3, 22. – [13] a.O. VI, 3, 23. – [14] VI, 3, 37. – [15] VI, 3, 24. – [16] Vgl. JOH. CHRYSOSTOMOS, Hom. in Matth. VI, c. 6-8. MPG 56, 69-72. – [17] Vgl. H. WALTHER (Hg.): Proverbia sententiaeque latinitatis medii aevi (1866) 616f. – [18] V. MAGGI, De ridiculis, in: V. MAGGI/B. LOMBARDI, In Arist. lib. de poet. communes explicationes (Venedig 1550, ND 1969). – [18a] Vgl. B. WEINBERG: A hist. of lit. criticism in the Ital. Renaissance 1 (Chicago 1961) 367. 369. 317. 203. – [19] C. A. VIPERANO: De poetica libri tres (Antwerpen 1579, ND München 1967) 123; MAGGI, a.O. 312. – [20] Vgl. dazu F. SCHALK: Das L. in der frz. Lit. des Ancien Régime, in: Arbeitsgemeinschaft des Landes NRW, Abt. Geisteswiss., H. 19 (1954) 5-30. – [21] J. LA BRUYÈRE: Les caractères ou les mœurs de ce siècle (1688) Des jugements Nr. 47. Oeuvres (Paris 1951) 358. – [22] ebda. – [23] a.O. 359; vgl. auch 256. – [24] CH. DE SAINT-EVREMOND, Oeuvres, hg. R. DE PLANHOL (Paris 1927) 1, 244. – [25] N. CHAMFORT, Maximes et pensées III. Oeuvres, hg. P. R. ANGUIS (Paris 1824) 4, 211. – [26] ebda. – [27] C. P. DUCLOS: Considérations sur les mœurs de ce siècle ch. 9: Sur le ridicule, la singularité, et l'affectation. Oeuvres, hg. M. AUGER (Paris 1820-21) 1, 111. – [28] ebda. – [29] a.O. 111f. – [30] 112. – [31] FR. LA ROCHEFOUCAULD, Maximes 326. Oeuvres (Paris 1957) 451. – [32] B. M. DE BELLEGARDE: Réfl. sur le ridicule (Paris 1669) 4. – [33] Encycl. ..., hg. DIDEROT/D'ALEMBERT 29, 210f. – [34] DUCLOS, a.O. [27] 114; ebenso 112. – [35] 116. – [36] LA BRUYÈRE, a.O. [21] 82. – [37] a.O. 6. – [38] CHAMFORT, a.O. [25] 212. – [39] J. CH. GOTTSCHED: Versuch einer crit. Dichtkunst (⁴1751, ND 1962) 634. – [40] J. A. SCHLEGEL: Batteux' Einschränkung der schönen Künste auf einen einzigen Grundsatz 1. Teil (³1770) 337. – [41] Vgl. S. M. TAVE: The amiable humorist. A study in the comic theory and criticism of the 18th and early 19th centuries (Chicago 1960) 54. – [42] G. E. LESSING, Hamburgische Dramaturgie 1, St. 28. Sämtl. Schr., hg. K. LACHMANN (³1893) 9, 303. – [43] a.O. 302f. – [44] G. W. F. HEGEL, Ästh., hg. F. BASSENGE (1955) 2, 583. – [45] TH. HOBBES, Human nature. Works, hg. MOLESWORTH 4 (London 1848) 46. – [46] MONBODDO, Des Lord Monboddo Werk von dem Ursprunge und Fortgange der Sprache, übers. und abgekürzt E. A. SCHMID (1785) 2, 394. – [47] C. MORRIS: An essay towards fixing the true standards of wit, humour, raillery, satire, and ridicule (1744), in: Augustan Reprint Soc. Publ., Ser. 1: Essays on wit Nr. 4 (New York 1947) 37. – [48] a.O. 53. – [49] ebda. – [50] 36. – [51] J. BEATTIE: Essay on laughter and ludicrous composition (1776) 587; vgl. dazu bes. K. KLOTH: J. Beatties ästh. Theorien (Diss. Münster 1971) 101ff. – [52] Vgl. P. ROBERT: Dict. alphabét. et analogique de la langue franç. 6 (Paris 1964) 30. 41. – [53] J. G. SULZER: Allg. Theorie der schönen Künste 3 (²1793) 133f. – [54] F. J. RIEDEL: Theorie der schönen Künste und Wiss.en (²1774) 105. – [55] F. HUTCHESON: Refl. upon laughter, in: Hibernicus' letters. Coll. Works, hg. B. FABIAN 7 (1971) 96. – [56] A. SHAFTESBURY: An essay on the freedom of wit and humour (1709), in: Characterisicks of men, manners, opinions, times (1714) 1, 61. – [57] a.O. 150. – [58] MORRIS, a.O. [47] 37. – [59] Zu einem der frühesten Belege vgl. ZEDLER: Universal-Lex. 16 (1737) 112: Art. ‹Lachen›. – [60] LESSING, a.O. [42] 302. – [61] J. W. GOETHE: Die Wahlverwandtschaften (1809) T. 2, Kap. 4. Werke (Weimar 1892) 20, 240. – [62] RIEDEL, a.O. [54] 105. – [63] A. GÉRARD: Essai sur le goût (Paris/Dijon 1766) 82. – [64] HEGEL, a.O. [44] 2, 552. – [65] Vgl. B. DE FONTENELLE, Oeuvres (Nouv éd. Paris 1766) 1, 136. – [66] JEAN PAUL (Richter), Vorschule der Ästh. 1, 6. Programm (Über das L.). Sämtl. Werke, hg. Preuß. Akad. 1/11 (1935) 92f. – [67] a.O. 97. – [68] 102. 97. – [69] F. BOUTERWEK: Ästh. (Wien/Prag 1807) 143. – [70] CH. WEISSE: System der Ästh. als Wiss. von der Idee der Schönheit (1830, ND 1966) 229. – [71] A. RUGE: Sechs lächerliche Br. über das L. Sämtl. Werke 9 (²1848) 12. – [72] Die Ästh. des Komischen a.O. 10, 206. – [73] ebda. – [74] F. TH. VISCHER: Krit. Gänge, hg. R. VISCHER (1922) 4, 126. – [75] A. SCHOPENHAUER: Die Welt als Wille und Vorstellung (1819). Sämtl. Werke, hg. A. HÜBSCHER (²1949) 2, 99. – [76] a.O. 100. – [77] 99. – [78] H. BERGSON: Le rire (Paris 1900) 6. – [79] E. DUPRÉEL: Le problème sociol. du rire. Rev. Philos. France Etranger 106 (1928) 13-260. – [80] J. RITTER: Über das Lachen. Bl. dtsch. Philos. 14 (1940/41) 7. – [81] a.O. 10. 12. – [82] 12. – [83] Vgl. den Titel von H.-R. JAUSS: Zum Problem der Grenzziehung zwischen dem L. und dem Komischen, in: Das Komische, hg. W. PREISENDANZ/R. WARNING. Poetik und Hermeneutik 7 (1976) 361-372. – [84] E. SOURIAU: Le risible et le comique. J. de Psychol. normale et pathol. 41 (1948) 145-183. – [85] FR. NIETZSCHE, Die dionysische Weltanschauung (Nachlaß). Werke, hg. COLLI/MONTINARI III/2 (1973) 59. – [86] Vgl. JAUSS, a.O. [83] bes. 366ff. – [87] JEAN PAUL, a.O. [66] 89.

Literaturhinweise. E. ARNDT: De ridiculi doctrina rhetorica (1904). – M. A. GRANT: The ancient rhet. theories of the laughable. The greek rhetoricians and Cicero (Madison 1924). – O. ROMMEL: Die wiss. Bemühungen um die Analyse des Komischen. Dtsch. Vjschr. Lit.wiss. 21 (1943) 161-195. – F. SCHALK s. Anm. [20]. – J. RITTER s. Anm. [80]; ND in: Subjektivität (1974). – H.-R. JAUSS s. Anm. [83]. – Art. ‹Komische (das), Lachen (das)›, in: HWP 4, 889-893.

A. HÜGLI

Laie (griech. ἰδιώτης, Privatmann, Bürger ohne öffentliches Amt / ohne berufliche Kenntnisse [1]). Von römischen Literaten wurde der idiota als Unwissender, Ungebildeter geringgeschätzt [2]. Aber als solche Ungelehrte (LXX: ἄνθρωποι ἀγράμματοι καὶ ἰδιῶται; Vulgata: homines sine litteris et idiotae) traten die Apostel den Schriftgelehrten entgegen [3]. PAULUS bekennt sich als ἰδιώτης (LUTHER: «albern») im Reden, aber nicht in der Erkenntnis [4]. Zugleich erscheint bei ihm ἰδιώτης als Bezeichnung für diejenigen, die nicht zur Gemeinde gehören, in einem Atemzug genannt mit den Ungläubigen [5]. Im Alten Testament werden zwar Priester und Volk unterschieden; das griechische λαϊκός (von: λαός, Volk) ist aber zumeist auf Dinge bezogen und nur selten, in griechischen Übersetzungen außerhalb der Septuaginta, auf Personen; es meint die Dinge, die nicht Gott geweiht sind [6]. Die junge christliche Kirche kennt keine Differenzierung in Klerus und L. Erst bei KLEMENS VON ROM [7], dann bei KLEMENS VON ALEXANDRIEN [8] und ORIGENES [9] ist der L. (λαϊκός) von Priestern und Diakonen unterschieden. Mit TERTULLIAN, der sich u. a. gegen die Häretiker wendet, die priesterliche Aufgaben auch L. übertrügen [10], hat sich ‹laicus› auch in der lateinischen Kirche eingebürgert.

Daneben behält ‹idiota› weiterhin seinen Sinn als 'Ungelehrter'. Christus hatte nach AUGUSTIN als Jünger gerade die Unbelesenen erwählt, die nur ihre Muttersprache beherrschten [11]. BENEDIKT, selbst «sapienter indoctus» [12], nahm illiterate Mönche auf. Die konstantinische Wende der Kirche zur Hierarchie und der Einbruch schriftloser Germanen führten dann zur Trennung zwischen lateinischer Schriftlichkeit der Mönche und mündlicher Bildungstradition des Adels. In der Karolingerzeit wurde der lateinunkundige idiota identisch mit dem nicht eingeweihten Mitglied des Gottesvolkes, dem L. [13]. Bis ins Hochmittelalter bedeutete es keinen Mangel, nicht latein- und d. h. nicht schriftkundig zu sein. Von der rohen Macht des L. suchte GREGOR VII. die Kirche der Geistlichen zu lösen; Hochscholastikern erschien der laicus als schwerhöriger Stein (lapideus) [14]. ALBERTUS MAGNUS nennt «idiotae» die, die nur die sinnliche Wahrnehmung der Dinge kennen [15].

Doch seit dem 12. Jh. strebten religiöse Gegenbewegungen wieder apostolischer Einfalt zu, von Katharern und Waldensern bis zu FRANZISKUS, der ein einfältiger idiota sein wollte [16]. Priesterweihe und Gelehrsamkeit verloren weiter an Nimbus, als Frauenmystik und Ritterschaft volkssprachliche Literaturen für den L. schufen. DANTE wurde als gelehrter letterato bewundert, der gleichwohl laico blieb und für die idioti schrieb [17]. PETRARCA rühmte sich, anders als die Scholastiker ein idiota zu sein [18]. Im Zeitalter der Konzilien wurde der L. vollends mündig. J. HUS pries die frommen L., deren einfaches Leben bessere Lehren gebe als die Theologen [19]. Der arme idiota bei NIKOLAUS VON KUES kam durch nachdenkliches Fragen der Wahrheit näher als die Literaturkenntnis der Philosophen [20]. Dem schließt sich G. BRUNO an. Bei ihm tritt ein «idiota» auf, der «sine grammatica litteratus, sine philosophia sapiens» ist [21].

Seitdem besitzt der unverbildete L. Ansehen vor dem Geistlichen wie vor dem Fachmann. E. LAVISSE schrieb 1902: «L. sein heißt für keinerlei Unwissenheit Partei ergreifen» [22]. Dabei wurde für den neuzeitlichen L. Schriftkenntnis so unentbehrlich, daß seit dem 19. Jh. ‹Idiot› nur noch für den Schwachsinnigen paßt.

Die Reformation ließ keinen Unterschied zwischen Klerus und L. mehr gelten: «Dan alle Christen sein warhafftig geystlichs stands» und «durch die tauff zu priestern geweyhet» [23]. In der katholischen Kirche jedoch wurde diese Unterscheidung kirchenrechtlich fixiert. In den letzten Jahren sucht man aber mehr und mehr zu einer positiven Bestimmung und Aufgabenstellung für die L. zu kommen [24]. Die Bemühungen finden ihren vorläufigen Abschluß mit dem 2. Vatikanischen Konzil [25].

Anmerkungen. [1] Vgl. z. B. HERODOT 1, 59. 123; 7, 3; PLATON, Symp. 185 b; Polit. 259 b; Theait. 178 c; Leges 933 d; Soph. 221 c; ARISTOTELES, Pol. 1266 a 31; THUKYDIDES, 1, 115. 124; 2, 48; 4, 2. – [2] CICERO, In Verrem II, 4, 2, 4; In Pisonem 26, 22; 27, 65; Pro Sestio 51, 110; GELLIUS, Noctes Att. I, 2, 6; LUCILIUS ap. NONIUS 38, 22; vgl. Thes. ling. lat. 7 (1934) 221f. – [3] Act. Apost. 4, 13. – [4] 2. Kor. 11, 6. – [5] 1. Kor. 14, 16. 23f. – [6] J. B. BAUER: Die Wortgesch. von «laicus». Z. kath. Theol. 81 (1959) 224-228, in Fortführung und Korrektur zu I. DE LA POTTERIE: L'origine et le sens primitif du mot ‹laïc›. Nouv. Rev. Théol. 80 (1958) 840-853. – [7] Klemensbrief 40, 5. – [8] KLEMENS VON ALEXANDRIEN, Strom. III, 12, 90, 1. – [9] ORIGENES, In Jerem. hom. XI, 3. – [10] TERTULLIAN, De praescr. haer. XLI, 8; vgl. De exhort. cast. VII; De fuga XI, 1; De bapt. XVII, 2; De monog. XI, 4. – [11] AUGUSTINUS, Enarr. in Ps. 65, 4. MPL 36, 788; vgl. a.O. 96, 2; 138, 8. MPL 37, 1238. 1790; Sermo 175, 3, 3. MPL 38, 946. – [12] GREGOR I., Vita Sancti Benedicti. MPL 66, 126. – [13] Vgl. H. GRUNDMANN: Litteratus – illitteratus. Arch. Kulturgesch. 40 (1958) 7. – [14] JOHANNES BALBUS: Catholicon (Mainz 1460) s.v. laicus. – [15] ALBERTUS MAGNUS, Opera omnia, hg. A. BORGNET 9 (Paris 1890) 501. – [16] H. BOEHMER: Analekten zur Gesch. des Franciscus von Assisi (²1930) 25. 41; vgl. GRUNDMANN, a.O. [13] 55f. – [17] G. VILLANI, Cronica IX, 136; G. BOCCACCIO, Vita di Dante I, 191. – [18] FR. PETRARCA: De sui ipsius et multorum ignorantia, hg. L. M. CAPELLI (Paris 1906) 21f. – [19] J. HUS: Tractatus de ecclesia, hg. S. H. THOMSON (Cambridge 1956) 201. – [20] NICOLAUS VON KUES, Idiota de sapientia, de mente, de staticis experimentis. – [21] G. BRUNO: Idiota triumphans (1586), in: Due dialoghi sconosciuti e due dialoghi noti, hg. G. AQUILECCHIA (Paris 1957) 3. 5. – [22] E. LAVISSE, zit. bei L. CAPÉRAN: Foi laïque et foi chrétienne (Paris/Tournai 1937) 10. – [23] M. LUTHER, Weimarer A. 6, 407. – [24] Vgl. z. B. Y.-M. CONGAR: Jalons pour une théol. du laïcat (Paris 1952); dtsch. Der L. (1957); Art. ‹L.›, in: Hb. theol. Grundbegriffe 2 (1963) 7-25; K. RAHNER: Über das L.-Apostolat, in: Schr. zur Theol. 2 (⁶1962) 339-373; K. MÖRSDORF: Art. ‹L.›, in: LThK² 6, 733-741. – [25] Dekret über das L.-Apostolat, in: LThK². Das 2. Vatikan. Konzil 2 (1967) 585-701.

Literaturhinweise. G. DE LAGARDE: La naissance de l'esprit laïque au déclin du moyen âge 1-5 (Paris/Louvain 1956-63). – H. GRUNDMANN s. Anm. [13] 1-65; auch in: Ausgew. Aufs. 3 (1978) 1-66. – I laici nella ‹societas christiana› dei secoli XI e XII (Mailand 1968). – H. SCHLIER: Art. ἰδιώτης, in: Theol. Wb. zum NT, hg. G. KITTEL 3 (1938) 215-217.

A. BORST

Lamarckismus. In seiner 1809 erschienenen ‹Philosophie zoologique› [1] hatte J. DE LAMARCK nicht nur die Abstammungslehre begründet, sondern auch den Versuch gemacht, die Umwandlung der Arten zu erklären. Er nahm an, 1. daß Änderungen der Umweltverhältnisse die Organismen abändern, 2. daß dadurch auftretende neue Bedürfnisse die Entstehung neuer Organe auslösen, 3. daß Organe und Strukturen durch verstärkten Gebrauch kräftiger und vorteilhafter ausgebildet und durch zunehmenden Nichtgebrauch reduziert werden, 4. daß alle diese Änderungen bei gleichbleibender oder zunehmender Einwirkung auf die Folge der Generationen allmählich erblich werden. Diese Annahmen wurden nachfolgend als ‹L.› bezeichnet. Als Vorläufer dieses Ansatzes können die Gedankengänge von BUFFON angesehen werden [2].

Die zu Lamarcks Zeiten sehr einleuchtende Erklärung konnte aber nicht mehr aufrechterhalten werden, als die Bedeutung der in den Keimzellen enthaltenen Chromosomen für die Vererbung erkannt wurde. Eine «Vererbung erworbener Eigenschaften», korrekter ausgedrückt: eine somatogene Induktion der Keimzellen, ist unwahrscheinlich, weil umweltbedingte Veränderungen der Struktur und Funktion eines Körpers normalerweise nicht auf die Struktur der Erbsubstanz einwirken. Soweit aber doch einmal irgendwelche derartigen Einwirkungen zustande kommen, kann nicht erwartet werden, daß die Abänderung der Keimzellen in der ganz anderen Ursachenkette, die von den Keimzellen über die embryonale Entwicklung zu einem erwachsenen Organismus führt, bei diesem gerade wieder das beim Elterntier durch Umwelteinflüsse abgewandelte körperliche Merkmal hervorbringt. Zudem führten zahlreiche Experimente mit ganzen Generationsfolgen, durch welche die lamarckistische Erklärung gerechtfertigt werden sollte, zu negativen Ergebnissen [3]. Wohl aber ist es möglich, daß sich ein Organismus an veränderte Umweltbedingungen zunächst in nicht-erblicher Weise durch eigene Veränderungen (Modifikationen) anpaßt und daß dann die in nicht-erblicher Weise veränderten Lebewesen (Modifikanten) allmählich durch solche mit entsprechenden erblichen Eigenschaften (Mutanten) ersetzt werden [4].

Anmerkungen. [1] J. DE LAMARCK: Philos. zool. (Paris 1809). – [2] G. L. BUFFON: Hist. naturelle générale et partielle (Paris 1753). – [3] H. FEDERLEY: Weshalb lehnt die Genetik die Annahme einer Vererbung erworbener Eigenschaften ab? Z. indukt. Abstamm.- u. Vererbungslehre 54 (1930) 20-50; W. ZIMMERMANN: Vererbung «erworbener Eigenschaften» und Auslese (1938) § 5, C, II, III; R. BEHRENDT: Untersuch. über die Wirkungen erblichen und nichterblichen Fehlens bzw. Nichtgebrauchs der Flügel und der Flugmuskulatur an Drosophila melanogaster. Z. wiss. Zool. 152 (1939) 125-158; W. LUDWIG: Experimente zur Stammesentwicklung. Forsch. u. Fortschr. 15 (1939) 200-202. – [4] J. M. BALDWIN: A new factor in evolution. Amer. Nat. 30 (1896) 441. 536; Development and evolution (New York/London 1902); C. LLOYD MORGAN: Animal behaviour (London 1900).

Literaturhinweise. J. DE LAMARCK s. Anm. [1]. – R. SEMON: Das Problem der Vererbung «erworbener Eigenschaften» (1912). – L. PLATE: Warum muß der Vererbungsforscher an der Annahme einer Vererbung erworbener Eigenschaften festhalten? Z. indukt. Abstamm.- u. Vererbungslehre 58 (1931) 266-292. – H. BÖKER: Artumwandlung durch Umkonstruktion, Umkonstruktion durch aktives Reagieren der Organismen. Acta biotheoret. A I (1935) 17-34. – B. RENSCH: Neuere Probleme der Abstammungslehre (²1954) 198-201.   B. RENSCH

Landschaft (ital. paesaggio, frz. paysage, engl. landscape)
I. *Zur Wortgeschichte.* – Bereits im Althochdeutschen stand neben dem allgemeinen Raumordnungswort ‹Land›, das schon im 9. Jh. zum Teil in ausgesprochen politischer Bedeutung und vor allem als Geltungsgebiet eines bestimmten Rechts bezeugt ist (‹landrecht›, ‹landsidu›, ‹landwisa› im ‹Heliand›), das mit der Endung ‹-skap[ja]› gebildete Abstraktum ‹L.› (ahd. lantscap, andd. landscepi). Dieses enthielt, rezenten sprachgeschichtlichen Untersuchungen zufolge, aufgrund geschichtlich-sozialer Gemeinsamkeiten der in der L. beheimateten Menschen ebenfalls von jeher eine politisch-rechtliche Komponente, diente aber im Unterschied zu ‹Land› anfangs mehr zur Bezeichnung einer von Haus aus *unpolitischen Raumeinheit* oder für eine «L., Gegend, Umgebung», die von dem Sprecher oder Schreiber nicht als politische oder rechtliche Raumeinheit gekennzeichnet werden sollte. In dieser Bedeutung begegnet uns das Wort z. B. bei TATIAN zur Wiedergabe von lateinisch ‹regio›, bei NOTKER von lateinisch ‹provincia› oder als appositionelle Glosse bei lateinischen Raumnamen: «Asiam lantscaf», «Corinthus lantscaf» usw. [1].

Im Lichte der durch v. POLENZ entwickelten spracharchäologischen Methode erwiesen sich sämtliche älteren L.-Namen als «Namen für besiedelte und wirtschaftlich erschlossene Landflächen, die mehrere Siedlungseinheiten umfassen» und sich in der Regel auf den Umkreis beziehen, «den ein Angehöriger der unteren soziologischen Schichten einer seßhaften Bevölkerung im Laufe seines Lebens kennenlernen kann, ohne 'reisen' zu müssen», d. h. eine Tagereise zu Fuß nach allen Richtungen vom Wohnort aus nicht überschreiten. Sie sind meist mit einem gewissen *L.-Bewußtsein* verbunden, «das sich u. a. im Marktverkehr, in den Heiratsbeziehungen, in der Entstehung mundartlicher Kerngebiete und damit im Bewußtsein der Zugehörigkeit zu einer Mundartgruppe zeigt. Es liegt jedoch in der Natur dieser unpolitischen Raumvorstellung, daß die Umgrenzungen solcher L.-Einheiten niemals genau festgelegt und unverrückbar waren» [2]. In der L.-Vorstellung der L.-Namengeber und -benutzer treten, oft in sehr subjektiver Weise, bald naturbedingte, bald geistbestimmte Eindrücke in den Vordergrund.

Die anfängliche Trennung zwischen Landnamen als solchen mit politischer Qualifikation und den L.-Namen als im unpolitischen Sinne gebrauchten Raumnamen wurde schon in der Frankenzeit auf breiter Front durchbrochen. Indem nämlich der fränkische Staat bei der politisch-administrativen Durchorganisierung des Reiches die L.-Namen in großem Ausmaß als Bezeichnungen für seine *jurisdiktionelle, administrative, fiskalische oder grundherrliche Raumgliederung* aufgriff, wurden auch sie in einem weiteren Sinne zu politischen Namen. Sie bezeichneten seitdem vielfach Gerichtsbezirke, Grafschaften, Komplexe von Königsgut und sonstige Immunitätsbezirke, Allodialherrschaften und dergleichen mehr, und oft ist es heute nicht mehr zu entscheiden, ob ein mittelalterlicher Gauname ursprünglich ein L.- oder ein Bezirksname war bzw. beides zugleich mit zeitlichen oder räumlichen Unterschieden [3].

Eine weitere wichtige politische Aufwertung erhielten die L. und entsprechend der L.-Begriff mit der Herausbildung des Dualismus zwischen Landesherrn und Landständen im Territorialstaat. «Indem sich Landesherr und Landleute miteinander verhandelnd gegenübertreten, wird die L. zum Land» (O. BRUNNER [4]). Die Zeugnisse für diesen sich in weiten Teilen Europas vollziehenden Prozeß beginnen auf deutschem Sprachboden gegen Ende des 12. Jh. und sind hier im 15./16. Jh. überall verbreitet: Ein Tiroler Landtagsabschied von 1420 verzeichnet «die ganze lantschaft, edel und unedl»; in der württembergischen Ständeverfassung von 1457 ist ‹L.› die offizielle Bezeichnung der Landtagsabgeordneten; im Herzogtum Sachsen begegnet 1550 «die gemaine L.», im Stift Osnabrück 1555 «die sämtliche L.» usf. [5]. Generell bedeuten diese Ausdrücke die Gesamtheit der Landstände, in denen der politische Wille des Landes gegenüber dem Fürsten verkörpert war [6].

Erst als die L. politisch im Gefolge der Französischen Revolution in den Hintergrund gedrängt wurde, verblaßte auch der politische L.-Begriff. Doch hielt er sich in Resten wie der Bezeichnung ‹Ostfriesische L.› für das Kulturparlament der ostfriesischen Gebiete bis in unsere Zeit, und er wurde in Nordrhein-Westfalen 1953 mit der Errichtung der L.-Verbände wieder aufgegriffen. Sachlich setzen diese die provinziale Selbstverwaltung fort, die im 19. Jh. namentlich in Preußen ein Ergebnis der Verfassungsbewegung und der Wiederaufwertung der L. im politischen und historischen Denken bildete [7].

Dieser geschichtlich erwachsene L.-Begriff deckt sich weder mit dem der physikalischen Geographie [8] oder der geographischen Landeskunde [9] noch mit dem Begriff der ‹historischen L.› oder ‹Geschichts-L.› der geschichtlichen Landeskunde, die darunter die Kernräume der Landesgeschichte und eine Integrationsform der vielfältig aufgesplitterten und in ihrer Ausdehnung zeitlichen Schwankungen unterworfenen Territorialgebilde innerhalb dieser Räume versteht [10], noch auch mit der Verwendung des Terminus ‹L.› durch andere raumbezogene Kulturwissenschaften (Sprach-L., Kunst-L., Haus-L. u. ä.), wo besser von ‹Raum› als von ‹L.› gesprochen werden sollte. Geschichtlich völlig unhaltbar ist die jüngst aufgestellte Behauptung, eine stärkere innere Wechselwirkung zwischen L. und Geschichte gebe es erst seit dem Aufkommen von ‹L.› als ästhetischer Kategorie.

Anmerkungen. [1] Belege vgl. P. v. POLENZ: L.- und Bezirksnamen im frühmittelalterl. Deutschland 1: Namentypen und Grundwortschatz (1961) Sp. 100ff. – [2] a.O. 1, 26. – [3] 28f.; Gaunamen oder L.-Namen? Rhein. Vjbl. 21 (1956) 77-96. – [4] O. BRUNNER: Land und Herrschaft (⁵1965) 437f. – [5] Vgl. bes. GRIMM 6 (1962-64) 131ff.: Art. ‹L.›; TRÜBNER, Dtsch. Wb. 4, 359f.: Art. ‹L.›. – [6] Collectanea F. Steinbach (1967) 22. – [7] Für die *Rheinlande* vgl. zuletzt H. LADEMACHER: Von den Provinzialständen zum L.-Verband. Zur Gesch. der landschaftl. Selbstverwaltung der Rheinlande (1973); für *Westfalen:* A. Hartlieb von Wallthor: Die landschaftl. Selbstverwaltung Westfalens in ihrer Entwickl. seit dem 18. Jh. 1 (1965); H. Naunin: Entstehung und Sinn der L.-Verbandsordnung in Nordrhein-Westfalen (1963). – [8] J. H. Schulze: Begriff und Gliederung geogr. L. Forsch.en u. Fortschr. 29 (1955) 291ff. – [9] P. Schöller: Kräfte und Konstanten hist.-geogr. Raumbildung. Gemeinsame Probleme gesch. und geogr. Landeskunde, in: L. und Gesch. Festschr. F. Petri (1970). – [10] Vgl. K.-G. Faber: Was ist eine Geschichts-L.? in: Festschr. L. Petry 1 (1968) 1-28; H. Aubin: Grundl. und Perspektiven gesch. Kulturraumforsch. und Kulturmorphol. (1965) 17-26; Collectanea F. Steinbach a.O. [6] 18-24; F. Petri: Zur Gesch. und Landeskunde der Rheinlande, Westfalens und ihrer westeurop. Nachbarländer (1973) bes. 73-80. 275-301. 932-943.

Literaturhinweise. P. v. Polenz s. Anm. [1]. – O. Brunner s. Anm. [4]. – D. Gerhard: Regionalismus und ständisches Wesen als ein Grundthema europ. Gesch. Hist. Z. 174 (1952) 307-339. – F. Huter: Südtirol. Der Begriff der Hist. L. am Beispiel Südtirols (1957). – H. Gollwitzer: Die polit. L. in der dtsch. Gesch. des 19./20. Jh. Z. bayer. Landesgesch. 27 (1964) 523-552. – Selbstverwaltung einer L. Initiativen und Aufgaben am Beisp. Westfalens (1967). – Länderreform und L. Ein Cappenberger Gespräch (1970). – Grundfragen der Gebiets- und Verwaltungsreform in Deutschland (1973). – Ferner die in Anm. [7-10] genannte Lit. sowie neuestens A. Hartlieb von Wallthor und H. Quirin (Hg.): ‹L.› als interdisziplinäres Forsch.-Problem. Vorträge und Diskussionen des Kolloquiums am 7./8. Nov. 1975 in Münster (1977); darin u. a. G. Müller: Zur Gesch. des Wortes ‹L.› und F. Petri: Die Funktion der L. in der Gesch.   F. Petri

II. *Der geographische L.-Begriff.* – ‹L.› ist als ein zentraler Begriff der menschlichen Existenz für zahlreiche Erdkundler der Hauptbegriff der Geographie. So ist für O. Maull Geographie die Lehre von der L., vom Wesen und den Wirkungen der L. der Erde; mit «den L. ... hat die Geographie», wie Hassinger 1919 feststellte, «endlich auch ihr eigenes Objekt gefunden, das ihr keine andere Wissenschaft streitig machen kann». Analoge Formulierungen finden sich in der französischen, italienischen und sowjetischen Geographie [1]. Als L. gilt zunächst nach W. Hellpach der sinnliche Gesamteindruck, «der von einem Abschnitt der *Erdoberfläche* samt dem darüber befindlichen Abschnitt des *Himmels* im Menschen erweckt wird» [2]. Dieser psychologischen Umschreibung entspricht weitgehend die geographische L., insofern sie grundsätzlich als Gruppierung, Vergesellschaftung, Assoziation bestimmter Abschnitte der Litho-, Atmo-, Hydro-, Phyto-, Zoo- und Anthroposphäre (Boden, Luft, Gewässer, Pflanzen, Tiere, Mensch und Menschenwerk) bestimmt wird [3].

In den Anfängen der Verwendung des deutschen Ausdrucks, die bis zum 9. Jh. zurückreichen [4], scheint er allerdings eine andere Bedeutung gehabt zu haben. Eindeutigere Fixierungen ergeben sich bei den Versuchen, die Geographie als Wissenschaft zu begründen, also in der Epoche A. v. Humboldts und C. Ritters, die indessen Vorläufer hatten. So faßte H. G. Hommeyer (1805) die L. als «die Summe aller, eine Gegend zunächst umgebenden, Gegenden» oder als den «Bezirk aller von einem sehr hohen Standpunkte überschauten Flächen, oder auch [als] die Menge der Gegenden, welche von den nächsten großen Terraintheilen, hauptsächlich von Bergen und Waldungen umfaßt werden», auf [5]. Seine Zeitgenossen A. v. Humboldt und C. Ritter verwendeten ihn allerdings mehr beiläufig, obgleich L. oder Erdteile als «die großen Individuen der Erde» [6] durchaus in Zusammenhang mit «landschaftlichen Complexen» [7] bzw. ihrer Auffassung stehen. Indem beide das gemeinsame Streben zum Ganzen (K. Bürger), zur Erkenntnis der Zusammenhänge zwischen der Natur der Erde und dem Menschen beseelte, bereiteten sie das spätere Konzept der L. vor, wie es sich wohl erstmals bei K. Rosenkranz zum Begriff ausprägt. Für diesen ist die L. «ein Localsystem der räumlichen Formen», welches «das orographische, hydrographische und organographische Element ... zu einer eigenthümlichen Physiognomie [vereinigt], die entweder ein monotones oder contrastirendes oder harmonisches Gepräge hat» [8]. Da sich diese «Lokalsysteme» zu Erdteilen «steigern», zeigt die «tellurische Structur einen Stufengang ..., der von Gestalt zu Gestalt durch stete Integration der niederen in der höheren eine immer größere Vollendung entfaltet». Damit wird bereits die spätere Gliederung der L.-Individuen in Größen- und Funktionalordnungen angedeutet, welche die L.-Forschung maßgebend bestimmt. In der Zeit, die den Grund zur eigentlichen wissenschaftlichen L.-Erfassung legte, bildeten freilich Begrenzungsprobleme und Fragen der «organischen» Struktur der Erdräume die Schwerpunkte der Bemühungen [9].

Die Hinwendung zur Konzeption der L. als eines «offenen Systems» gleich den Organismen sowie deren Elementen und Vergesellschaftungen bahnte sich erst Ende des 19. Jh. an, nachdem die Detailforschung sowohl die L.-Elemente (Gesteine, Gewässer, Luftmassen, Pflanzen- und Tiervereine und menschliche Gesellschaften) als auch ihre Zusammenhänge differenzierter zu erkennen begann. Hieraus erwuchs auch die *L.-Forschung* zur umfassenden und systematischen Disziplin und deren Objekt selbst zu einer zwar höchst komplexen und schwierig zu begrenzenden, aber doch klar konstituierbaren Einheit. Als Gruppierungseffekt der eingangs genannten Teilerscheinungen eignet ihr Besonderheit sowohl gegenüber ihren Elementen, den L.-Teilen, -Bildnern oder Geofaktoren wie gegenüber den über ihr stehenden kosmischen Gebilden (Erde als Ganzes, andere Gestirne, Kosmos), mit denen sie andrerseits zahlreiche Gemeinsamkeiten (bestimmte Größe, Gestalt, Struktur: innere und äußere Form und Stoffzusammensetzung) besitzt und in engen funktionalen Kontakten steht (L.-Physiologie, -Ökologie). Die L. ändern sich überdies, wie Organismen und Gestirne, im Laufe der Zeit (trotzdem sie scheinbar gleich jenen nach einem «Gleichgewicht» tendieren); sie sind sowohl idiographisch als auch typologisch-nomothetisch erfaßbar, müssen also nach entsprechenden Gesichtspunkten und mit entsprechenden Methoden erforscht werden. Als ihre wesentlichen Typen haben sich Natur- und Kultur-L. (deren Unterscheidung auf C. Ritter zurückgeht), historisch bzw. zeitlich gesehen Ur-L., antike, mittelalterliche, neuzeitliche, Aktual- und Zukunfts-L., genetisch progressive, regressive, stagnierende, harmonische und disharmonische (gesunde und kranke) L. und andere Formen herausgestellt.

Diese Vielfalt hat – wohl zu Unrecht – zeitweise zur Meinung geführt, der L.-Begriff sei so vieldeutig geworden, daß er zu ersetzen sei. Entsprechende Vorschläge wurden verschiedentlich gemacht [10], doch scheint bisher keiner generell akzeptiert zu werden. Schwierigkeiten der Terminologie sind übrigens nicht unbedingt durch neue Bezeichnungen zu lösen; mindestens ebensoviel Erfolg versprechen klare Spezifikationen der bestehenden Begriffe, wie die oben genannten Namen erkennen lassen. Für die Beibehaltung des Ausdrucks ‹L.› spricht neben der bereits langen Tradition und der Übernahme in andere Sprachen, z. B. ins Russische, nicht zuletzt die Tatsache, daß er für die Praxis entscheidende Bedeutung gewonnen hat: L.-Planung, -Gestaltung, -Pflege und

-Schutz sind im Zuge des wachsenden «L.-Verbrauchs», der progressiv zur L.-Überforderung, zum L.-Raubbau zu werden droht, existentiell so wichtige Anliegen der ganzen Menschheit geworden und werden es dauernd in verstärktem Maße, daß die entsprechenden Bezeichnungen kaum mehr zu eliminieren sind. Die L. hat sich zum grundlegenden Existenzfaktor ausgewachsen, um dessen Hege alle Mittel der Wissenschaft, der Technik, der Finanz und des Rechts eingesetzt werden müssen.

Anmerkungen. [1] O. MAULL: Polit. Geogr. (1925) 36; C. TROLL: Die geogr. L. und ihre Erforsch. Stud. gen. 3 (1950) 163. – [2] W. HELLPACH: Geopsyche (1965) 168. – [3] E. WINKLER: Das System der Geogr. und die Dezimalklassifikation, in: W. STORKEBAUM: Zum Gegenstand und zur Methode der Geogr. (1967) 225-250. – [4] Vgl. TROLL, a.O. [1]. – [5] H. G. HOMMEYER: Beitr. zur Militair-Geogr. der Europ. Staaten 1 (1805) XVIIIf. – [6] E. HÖZEL: Das geogr. Individuum bei Karl Ritter und seine Bedeutung für den Begriff des Naturgebietes und der Naturgrenze (1896). – [7] C. RITTER: Einl. zur allg. vergl. Geogr. (1852) 182ff. – [8] K. ROSENKRANZ: System der Wiss. (1850) 320f. – [9] R. HARTSHORNE: The nature of geogr. (Lancaster 1939) 22-101; J. SCHMITHÜSEN: Der wiss. L.-Begriff, in: Festschr. O. Stocker (1963) 9-19. – [10] Vgl. O. WERNLI: Die neuere Entwickl. des L.-Begriffs (1958); S. RIBERT: Approches des paysages. L'espace géogr. 2 (1973) 233-241.

Literaturhinweise. A. OPEL: L.-Kunde (²1887). – P. VIDAL DE LA BLANCHE: De l'interprétation du paysage (1912). – S. PASSARGE: Grundl. der L.-Kunde (1919-21); Vergl. L.-Kunde (1921-30). – N. KREBS: Natur- und Kultur-L. Z. ges. Erdkunde (1923) 81-94. – J. G. GRANÖ: Reine Geogr. (Helsinki 1929). – G. ROUGERIE: Géogr. des paysages (Paris 1929). – K. BÜRGER: Der L.-Begriff. Dresdner geogr. Stud. 7 (1935). – H. HASSINGER: Die L. als Forsch.gegenstand. Schr. zur Verbreit. naturwiss. Kenntnisse Wien 77 (1936/37). – E. PFEIFER: Gesunde und kranke L. (1942). – H. BLUME: Der geogr. L.-Begriff. Geogr. Rdsch. (1950). – E. WINKLER: L. als Inbegriff der Geogr. Geographica helvetica 6 (1951) 137-141. – H. LAUTENSACH: Der geogr. Formenwandel (1952); Über die Begriffe Typus und Individuum in der Geogr. Forsch. (1952). – J. SCHMITHÜSEN: Einl.: Grundsätzliches und Methodisches, in: Hb. naturräuml. Gliederungen in Deutschland (1953). – G. KÜHNE: Der geogr. L.-Begriff. Neue Entwickl. des L.-Begriffs. Wiss. Z. Martin Luther-Univ. Halle-Wittenberg, math.-nat. Reihe III/1 (1953-54). – J. H. SCHULTZE: Begriff und Gliederung der L. (1955). – A. SIEBERT: Wort, Begriff und Wesen der L. (1955). – H. JELLICOE: Zur Diskussion um L. und Geogr. Geogr. helvetica (1956). – G. FOCHLER-HAUKE: El paisaje como objeto de la geogr. regional (Tucuman 1953). – E. SZAVA-KOVATS: Das Problem der geogr. L. Geogr. helvetica 15 (1960) 38-47. – V. S. KALESNIK: Stichworte: geogr. L. und L.-Kunde, in: Kurze geogr. Enzyklop. 2 (Moskau 1961). – V. BÖVENTER: Die Struktur der L. (1962). – H. GRUPE: Gesunde und kranke L. (1962). – J. SCHMITHÜSEN: Was ist eine L.? (1962). – R. BIASUTTI: Il paesaggio terrestre (Turin 1962). – J. B. JACKSON: The meanings of landscape. Kulturgeografi 88 (Aarhus 1964) 17-51. – W. GERLING: Der L.-Begriff in der Geogr. (1965). – E. NEEF: Die theoret. Grundl. der L.-Lehre (1967). – G. HARD: Die «L.» der Sprache und die «L.» der Geographen. Colloquium geographicum 11 (1970); Die Geogr. (1973). – K. H. PFAFFEN: Das Wesen der L. (1973). – G. A. JELLICOE: The landscape of man (London 1975). – H. LESER: L.-Ökol. (Stuttgart 1976). – J. SCHMITHÜSEN: Allg. Geosynergetik (1976). – W. KÜMMERLY und E. WINKLER (Hg.): Die Erde und ihre L.en (1977, ²1980). – W. B. SOTSCHAWA: Konzeptionelle Grundl. und Leitlinien der klassifikat. Ordnung von Geosystemen. Geogr. Ber. 84 (1977) 161-175. – E. WINKLER: Der Geograph und die L. (1977). – J. G. SAUSCHKIN: Stud. zur Gesch. und Methodol. der geogr. Wiss. (1978). – K. C. EWALD: Der L.-Wandel (1979). E. WINKLER

III. *Der ästhetisch-philosophische Begriff.* – 1. Im Bereich des Ästhetischen bekommt ‹L.› erst in der Frühneuzeit Bedeutung als Fachterminus der Malerei für die Darstellung eines Naturausschnittes. In einem Malerauftrag heißt es: «... item die landschafft in der tafel verguldet oder versilbret» und daß zwei Heilige mit «hymel und landschafft auf die zwey blind Flügel» zu malen seien [1]. Diese Bedeutung als malerische Darstellung eines Naturausschnitts läßt sich für das 15. und 16. Jh. für den deutschen, italienischen, niederländischen, französischen und englischen Sprachraum belegen [2]. Ein sehr früher, vereinzelter Beleg für L. als angeschauter Naturraum selbst findet sich bei HANS SACHS [3]. Diese Bedeutung setzt sich erst in der Literatursprache des 18. Jh. durch. Der Begriff verknüpft sich also zuerst mit dem, was als Abbild schöne Natur als L. ins Bild setzt, wenn auch bereits die Erfahrung des Sehens von Natur als L. vorausgesetzt werden muß.

Der Entstehungszusammenhang für den Erfahrungsgehalt, der im ästhetischen Begriff ‹L.› erfaßt wird, läßt sich signifikant bei PETRARCA belegen, ohne daß er den Begriff ‹L.› schon in ästhetischer Bedeutung verwendet [4]. Sein Brief über die Besteigung des Mont Ventoux belegt die 'Entdeckung' der L. als ästhetisch betrachteter Natur, wobei es entscheidend für das Verständnis ist, die Ambivalenz zwischen traditioneller Gebundenheit und neuer Erfahrung zu betonen. Petrarca unternimmt das Neue, hat aber noch nicht die Begriffe, um es als das Neue zu erfassen. In den alten Begriffen aber geht der neue Erfahrungsgehalt nicht mehr auf. Petrarca treibt «einzig die Begierde, die ungewöhnliche Höhe dieses Fleckens Erde durch Augenschein kennenzulernen» [5]. Dieser Zuwendung zur L. versucht er mit philosophischen und theologischen Deutungen als Symbol des Aufstiegs der Seele zum seligen Leben Sinn zu geben [6]. Altes und Neues vermag Petrarca aber nur noch in zeitlichem Nacheinander zu verbinden. Von der «Betrachtung des Raumes» wendet er sich unter Heranziehung einer Augustinus-Stelle «der Zeit» als Erinnerung vergangener Jahre zu [7]. Und nachdem er vergessen zu haben scheint, «an welch einen Ort [er] gekommen sei und zu welchem Zweck», wendet er sich wieder der L. zu, «gleichsam erwacht» [8]. In diesem 'Erwachen' öffnet sich das «landschaftliche Auge» [9]. Im Lesen einer Augustinus-Stelle aber erfährt Petrarca, daß die «Zuwendung zur Natur als L. sich nicht in die innere Bewegung des Selbst aufheben und als Form der Erhebung begreifen [läßt], in welcher die Seele innerlich zu Gott vom Körperlichen zum Unkörperlichen aufsteigt» [10]. Natur als L. schwindet, wenn das «landschaftliche Auge» fehlt, das sie konstituiert. «Wie oft ... habe ich an diesem denkwürdigen Tage, auf dem Rückwege umblickend den Gipfel des Berges betrachtet, und er schien mir kaum die Höhe einer Elle zu haben gegenüber der Höhe menschlicher Betrachtung» [11].

Petrarcas Deutung seiner Unternehmung steht in der Tradition der Philosophie als Theorie im Sinne der θεωρία τοῦ κόσμου. Die Zuwendung zur Natur als L. erfaßt Natur als Ganzes. Das Schauen der L. aber erfaßt Natur als Ganzes nicht im Begriff und in wissenschaftlicher Erschließung. Hier liegt der Unterschied zur Tradition und der Grund der Umkehr Petrarcas. Das «landschaftliche Auge» öffnet sich erst, als Natur als ganze Natur und Erfassung der Natur durch neuzeitliche wissenschaftliche Erschließung sich dissoziieren. Es ist die durch neuzeitliche Wissenschaft und Praxis distanzierte, 'entzauberte' Natur, die ästhetisch zur ganzen Natur als L. wird. «Das Verständnis landschaftlicher Schönheit ... setzt einen hohen Grad der Trennung voraus und ist also dem ersten unbefangenen Naturgefühle nicht gemäß» [12].

Es konstituiert Begriff und zugrunde liegende Erfahrung, daß L. vom Bereich der Arbeit und der Praxis getrennt ist. Das heißt, daß der vorindustriell ländlich wohnende und bäuerlich arbeitende Mensch als solcher L. nicht sieht. Die Fischer von Stubbenkammer sahen C. D. Friedrich «auf den Klippen und Küsten herumklettern und verstanden ihn nicht» [13]. Der Bauer «kennt das Land, das er bearbeitet, das ihn nährt, er blickt zum Himmel, der Licht und Regen sendet, die L. aber berührt ihn kaum; genießende Schau kann nicht aufkommen, wo Not und Nutzen vorwalten» [14]. CÉZANNE bemerkt: «Bei den Landleuten habe ich manchmal bezweifelt, ob sie wissen, was eine L., was ein Baum ist ... Der Bauer, der auf dem Markt seine Kartoffeln verkaufen will, hat niemals den Saint-Victoire gesehen ...» [15]. Das Sehen von L. bezieht sich auf denselben Naturraum, dem sich der Mensch in nützlicher Arbeit, gesellschaftlichem Handeln und wissenschaftlicher Erforschung zuwendet, aber er wendet sich ihm jeweils anders zu. «Für den denkenden und handelnden Menschen geht der schmelzende Schein, welcher die L. erst macht, in Sonderung bestimmter Gegenstände über; sie wird zum bloßen Vordergrunde, auf welchem Figuren handeln können. Der Landmann, der Mineralog, der General sieht jeder durch die Aussicht hin etwas anderes; für den musikalisch gestimmten Menschen ist sie einzig vorhanden» [16].

Zum Sehen von Natur als L. gehört so korrelativ ein Subjekt, das Natur in einem besonderen Akt des Sehens zur L. macht. Es gilt hier, was GOETHE vom Künstler sagt: «Der Künstler will zur Welt durch ein Ganzes sprechen; dieses Ganze aber findet er nicht in der Natur, sondern es ist die Frucht seines eigenen Geistes» [17]. L. hat «nur im Auge des Betrachters Realität ...» [18]. SIMMEL spricht von der «Kategorie ‹L.›» [19]. Das hat den präzisen Sinn, daß sich in einer besonderen individuellen und gesellschaftlich vermittelten Synthesis die Mannigfaltigkeit der Naturanschauungen ästhetisch zur Einheit der L. wird. E. CASSIRER formuliert den Konstitutionszusammenhang: «... Alle echte Darstellung [des ästhetischen Raumes = L.] ist keineswegs ein bloß passives Nachbilden der Welt; sondern sie ist ein neues Verhältnis, in das sich der Mensch zur Welt setzt ... Die Dämonie der mythischen Welt ist in ihm besiegt und gebrochen ... [Der ästhetische Raum] umfängt den Menschen nicht mehr mit geheimnisvollen unbekannten Kräften; er schlägt ihn nicht mehr in magische Bande – sondern er ist, kraft der Grundfunktion der ästhetischen Darstellung, auch erst zum eigentlichen Inhalt der Vorstellung geworden ..., er ist ... ein Inbegriff möglicher Gestaltungsweisen, in denen jeder sich ein neuer Horizont der Gegenstandswelt aufschließt» [20]. Die Korrelation von konstitutiver Leistung des Subjekts und Natur als L. bedeutet kunstgeschichtlich, daß aus dem mittelalterlichen Goldgrund nicht nur die L. hervortritt, sondern auch das Porträt als Bild des individuell gesehenen und sehenden Menschen und daß die Herausbildung des ästhetischen Begriffs ‹L.› mit der theoretischen und praktischen Lösung des Problems der Perspektive verbunden ist [21].

Die Grundkonstellation ist, daß L. als ästhetisch angeschaute Natur das wissenschaftsentlastete, arbeitsentlastete, handlungsentlastete Korrelat der wissenschaftlich erforschten, in Arbeit und Handlung gesellschaftlich angeeigneten Natur ist, wie sie in der Neuzeit Objekt des forschenden, arbeitenden und handelnden Menschen ist. Diese Konstellation hält sich in der Geschichte des Begriffs durch, mag man sich nun auf die Typen der «sinnbildhaften», der «sachgetreuen», der «phantastischen», der «idealen L.» beziehen [22]; oder als «Gattungen der L.-Malerei» die «Sach-L.», «Empfindungs-L.» und die «metaphysische L.» systematisieren [23]; oder L. als Idylle dichterisch gegenwärtig machen [24]; oder in den «Et ego in Arcadia»-Bewegungen versuchen, sie gelebte Realität werden zu lassen [25]; oder die sich wandelnden literarischen Verwirklichungen betrachten [26].

Anmerkungen. [1] Anzeige für Kunde dtsch. Vorzeit. Organ des Germ. Museums. NF 13, Nr. 8 (1866) 272ff. – [2] R. GRUENTER: L. Bemerk. zur Wort- und Bedeutungsgesch., in: L. und Raum in der Erzählkunst, hg. A. RITTER (1975) 192ff. – [3] Vgl. J. MESSERSCHMIDT-SCHULZ: Zur Darstellung der L. in der dtsch. Dichtung des ausgehenden MA (1938) 108ff.; F. MAURER und F. STROH: Dtsch. Wortgesch. (²1959) 1, 234. – [4] Vgl. J. RITTER: L. Zur Funktion des Ästhetischen in der modernen Gesellschaft, in: Subjektivität (1974) 141ff.; H. BLUMENBERG: Der Prozeß der theoret. Neugierde. Neu-A. von: Die Legitimität der Neuzeit 3 (1973) 142-148; J. GEBSER: Ursprung und Gegenwart (²1966) 17-21; G. BILLANOVICH: Petrarca und der Mont Ventoux, in: Petrarca, hg. A. BUCK (1976) 444-463; K. CLARK: L. wird Kunst (1962) 7ff. – [5] Briefe des FRANCESCO PETRARCA. Eine Auswahl (1931) 40. – [6] a.O. 43. – [7] 45. – [8] 46. – [9] W. H. RIEHL: Das landschaftl. Auge, in: Culturstud. aus drei Jh. (1862) 57-79. – [10] RITTER, a.O. [4] 173. – [11] PETRARCA, a.O. [5] 48. – [12] K. SCHNAASE: Niederländ. Briefe (1934) Br. 3. – [13] H. REHDER: Die Philos. der unendlichen L. Ihr Ursprung und ihre Vollendung (Diss. Heidelberg 1932) 106. – [14] M. J. FRIEDLÄNDER: Über die Malerei (1963) 27f. – [15] P. CÉZANNE: Über die Kunst. Gespräche mit J. Gasquet, hg. W. HESS (1957) 20. – [16] A. W. SCHLEGEL: Vorles. über schöne Lit. und Kunst (1801), in: Die Kunstlehre, hg. E. LOHNER (1963) 177. – [17] GOETHE zu Eckermann, zit. REHDER, a.O. [13] 90f. – [18] F. W. J. SCHELLING: Philos. der Kunst (1966) 138. – [19] G. SIMMEL: Philos. der L., in: Brücke und Tor, hg. M. LANDMANN (1957) 142; vgl. R. GUARDINI: Form und Sinn der L. in den Dichtungen Hölderlins (1946) 11-16. – [20] E. CASSIRER: Mythischer, Ästhetischer und Theoretischer Raum, in: L. und Raum ..., hg. A. RITTER, a.O. [2] 29f. – [21] GEBSER, a.O. [4] 16-33; E. PANOFSKY: Die Perspektive als ‹symbolische Form›, in: Aufsätze zu Grundfragen der Kulturwiss., hg. H. OBERER/E. VERHEYEN (²1974) 99-167. – [22] CLARK, a.O. [4]. – [23] H. LÜTZELER: Vom Wesen der L.-Malerei. Stud. gen. 3 (1950) 210-232. – [24] Vgl. Art. ‹Idylle›. – [25] Vgl. z.B.: Auch in Arcadien. Kunstreisen nach Italien 1600-1900. Schiller-Nationalmuseum, Katalog 16 (1966). – [26] Vgl. L. und Raum ..., hg. A. RITTER, a.O. [2] und z.B. GUARDINI, a.O. [19]; A. ANGER: L.-Stil des Rokoko. Euphorion 51 (1957) 151-191; R. R. ALEWYN: Eine L. Eichendorffs. Euphorion 51 (1957) 41-60.

2. Daß L. im 18. Jh. Gegenstand philosophischer und nicht nur kunsttheoretischer Reflexion wird, wird erst möglich durch die Einordnung der Ästhetik als neuer Wissenschaft ins System der rationalen Wissenschaft durch A. G. BAUMGARTEN und G. F. MEIER [1]. Analog der Stellung der Ästhetik im System der rationalen Wissenschaft bekommt L. ihre Stelle in der stufenweisen Bildung des Verstandes. J. G. SULZER schreibt den verschiedenartigen L.en objektive Eigenschaften zu, «bestimmte Empfindungen von sittlicher und leidenschaftlicher Art» [2] zu wecken und die Vernunft anzuleiten. Die «Scenen der Natur» «sind der erste Unterricht für den Menschen, der die Sprache der Vernunft noch nicht gelernt hat; durch ihn wird sein Gemüth allmählig gebildet, und sein Verstand erst mit schwachen und dunkeln Begriffen angefüllt, die sich hernach allmählig entwikeln ... Also ist die aufmerksame Betrachtung der leblosen Natur der erste Schritt, den der Mensch thut, um zur Vernunft und zu einer ordentlichen Gemüthsart zu gelangen» [3]. Es erfüllt das von Sulzer angestrebte horazische Ideal des prodesse et delectare, daß der L.-Maler «uns sehr vielfältig auf eine nützliche Weise vergnügen» könne [4]. Zum Zweck des Unterrichts regt er eine Sammlung von L.en für «Verstand und Gemüth» [5] an, die ein neuer «wahrer

Orbis pictus» [6] wäre. Dem entspricht bei S. GESSNER in seiner Anleitung für L.-Maler ein Eklektizismus, der von allen Malern jeweils diejenigen Naturstücke zum Vorbild wählt, die ihnen in der Nachahmung besonders gelungen sind: «... wählte ich nur das Beste, das, was in jeder Art am besten sich ausnahm, um zu einem Muster zu dienen» [7]. Durch diese Übung wird das Auge des Adepten «so gewohnt seyn, in der Natur das zu bemerken, was mahlerisch schön ist, daß kein Spaziergang ... für ihn ohne Nuzen ist» [8]. Dieser Eklektizismus entspricht dem, der als Methode in der Philosophie der Zeit anerkannt ist, um aus den Philosophien aller Zeiten die Wahrheiten zu sammeln und als immergültig zu vereinigen [9].

Ist das betrachtende Subjekt für L. konstitutiv, muß die Herausbildung einer neuen Form subjektiven Empfindens als Innerlichkeit im Pietismus und im 'Sturm und Drang' die Anschauung der L. und den Begriff davon verändern. Im Zusammenhang des Anspruchs der Kunst, Schöpferin und Medium einer 'neuen Mythologie' zu sein, bekommt L. neue Bedeutung. Dies ist seit KLOPSTOCK so und wird belegt durch die Wirkung des Ossian (d. i. MACPHERSON), dessen Gesänge L. zum Ausdruck der Innerlichkeit der Handelnden werden lassen und auf Dichtung und Malerei bis ins 19. Jh. hinein großen Einfluß ausüben [10].

Hatte sich im Begriff ‹L.› in seinem Entstehungs- und Konstitutionszusammenhang die Ambivalenz von Tradition und Übergang zum Neuen geltend gemacht, so wiederholt sich dies im romantischen L.-Begriff, wie er durch die Malerei besonders C. D. Friedrichs und Ph. O. Runges und deren Überlegungen belegt ist, in verschärfter Weise. Ihre L.-Malerei soll dem eigenen Anspruch nach in einer als Krise verstandenen Zeit den Gehalt der Tradition bewahren und muß sich gerade deshalb unter den Bedingungen einer als neu verstandenen Zeit als das ganz Neue postulieren.

C. D. FRIEDRICH spricht von seiner Zeit als der «bewegten, verhängnisvollen Zeit» [11]. «Die Zeit der Herrlichkeit des Tempels und seiner Diener ist dahin, und aus dem zertrümmerten Ganzen eine andere Zeit und ein anderes Verlangen nach Klarheit und Wahrheit hervorgegangen» [12]. Friedrich bezieht das auf ein Gemälde, das den unzerstörten Dom zu Meißen als Ruine darstellen sollte. Indem der Kirchenraum in seiner Zerstörung sich zur L. öffnet, tritt sie an seine Stelle. L. wird nicht nur Ort der Anbetung, sondern auch Objekt der Anbetung. Das L.-Gemälde kann so zum Altarbild werden (sog. ‹Tetschener Altar› = ‹Das Kreuz im Gebirge› [13]). Der zerstörten ‹Abtei im Eichwald› (BS 169) korrespondiert der ‹Mönch am Meer› (BS 168), der in der Natur steht und sie betrachtend zur L. macht. Diese Haltung bestimmt die Menschen in den L.en Friedrichs. Die ‹Frau in der Morgensonne› (BS 249: ‹Frau vor der untergehenden Sonne›) hat die Hände zur klassischen Geste der Anbetung erhoben [14]. Wenn beim ‹Wanderer über dem Nebelmeer› (BS 250) die Figur in der Weise ins Bildzentrum rückt, daß der Betrachter des Bildes durch die Anlage der Kompositionslinien an die Stelle der Figur tritt, so ist das, was Natur als L. konstituiert, nicht zum Bildthema, sondern zur Bildstruktur selbst geworden. Die Bildstruktur wiederholt für den Betrachter des Bildes dieselbe Konstellation, in der der dargestellte betrachtende Mensch vor der Natur steht. Die Rückenfigur schafft Distanz zum Bildbetrachter und läßt ihn sich zugleich an die Stelle des dargestellten Naturbetrachters setzen, der im Verhältnis zur Natur eben diese Nähe und Distanz hat.

L. bekommt bei Friedrich ihren beherrschenden Rang, weil er weder das Historienbild noch die christliche Bilderwelt für die Gegenwart als angemessen ansieht. Die frühere, «wenngleich schöne Kunstzeit» ist nicht nachzuahmen. «Was unsere Vorfahren in kindlicher Einfalt taten, das dürfen wir bei besserer Erkenntnis nicht mehr tun» [15]. Friedrich entwickelt Natur als L. zum Bedeutungsträger und macht sie zur Chiffre. Dabei löst er sich von der natürlich angeschauten L., die nicht mehr die Bedeutung aufnehmen kann, die sie tragen soll, und kommt zu seinen «Komposit-L.en» [16]. Die Ansichten der Natur werden zu Versatzstücken, die aus der Macht des Inneren heraus [17] wiederum zu einem Ganzen als L. werden.

Auch bei PH. O. RUNGE bekommt L. ihre Bedeutung nicht aus dem Bewußtsein der Harmonie, sondern aus dem Bewußtsein der Krise. «Ich glaube es, daß wir noch eine furchtbare Zeit erleben werden, und erleben wir sie nicht, so erleben wir etwas noch Schrecklicheres: die bange Erwartung vor dem Erdbeben ...» [18]. Den Zusammenhang, in dem diese Erwartung steht, hat Runge in Reflexionen über die Entwicklung von Geschichte, Kunst, Religion genauer bestimmt und der L. dabei ihren systematisch-historischen Ort zugewiesen. «Die Griechen haben die Schönheit der Formen und Gestalten auf's höchste gebracht in einer Zeit, da ihre Götter zugrunde gingen; die neuen Römer brachten die historische Darstellung am weitesten, als die Katholische Religion zu Grunde ging: bey uns geht wieder etwas zu Grunde, wir stehen am Rande aller Religionen, die aus der Katholischen entsprangen, die Abstractionen gehen zu Grunde, alles ist luftiger und leichter, als das bisherige, es drängt sich alles zur L., sucht etwas bestimmtes in dieser Unbestimmtheit ...» [19]. L. soll unter der Bedingung der Abstraktion den alten Gedanken anschaulich gegenwärtig halten. Mit der Veränderung der historischen Konstellation hat sich auch die Stellung des Menschen zu den Dingen und ihrer künstlerischen Gestaltung verändert. «In der ganzen alten Geschichte haben ... alle Künstler immer dahin gestrebt, in dem Menschen das Regen und Bewegen der Elemente und Naturkräfte zu sehen, und auszudrücken; ... und dies wäre so ... der bestimmteste Unterschied der historischen Kunst von der L.» [20]. L. entsteht erst, wenn der umgekehrte Weg gegangen wird. «Wie selbst die Philosophen dahin kommen, daß man alles nur aus sich heraus imaginiert, so sehen wir oder sollen wir sehen in jeder Blume den lebendigen Geist, den der Mensch hineinlegt und dadurch wird die L. entstehen ...; so dringt der Mensch seine eigenen Gefühle den Gegenständen um sich her auf, und dadurch erlangt alles Bedeutung und Sprache» [21]. L. ist der «ganz neue Weg», an den sich die Hoffnung knüpft, daß «eine schöne und wohl bessere Kunst vor uns liegt», die «die Menschen so von der Angst, wohin alle die unselige Kunst und Wissenschaft sie jetzt hinjagt, erlösen könnte» [22]. Der Analyse, daß Abstraktion das Signum der Zeit sei, entspricht der Anspruch, daß das Paradies «inwendig in uns» [23] liege und daß die angestrebten Kunstwerke «ohne äußeren Stoff und Geschichte» aus der «Imagination und der Mystik unserer Seele entspringen» [24]. Zum Ausgangspunkt seiner Hauptwerke werden so die ‹Erste Figur der Schöpfung› [25] und seine ‹Farbenkugel› [26]. Sein Hauptwerk, die ‹Vier Zeiten›, sind nicht mehr L. im traditionellen Sinne, erfüllen aber den Begriff insofern, als sie 'Kosmos' sichtbar gegenwärtig halten und die «ganze Natur ... in Bildern» wiedergeben. Die ‹Zeiten› bedeuten (Deutung D. Runges [27]) die Tageszeiten, die

Jahreszeiten, die Lebenszeiten, die «Weltzeiten, Entstehung, Wachsthum, Verfall und Untergang des Volkes, Jugend, Blüthe, Reife, Versinken und Verklärung» und «Zeit und Ewigkeit, oder der religiöse Standpunkt für das Ganze». Runge selbst hat gesagt, daß dieses Programm «für jetzt» «weit mehr zur Arabeske und Hieroglyphe» führe [28]. Noch deutlicher als bei Friedrich führt bei Runge die Erfüllung des Anspruchs, L. in umfassender Weise zum Bedeutungsträger zu machen, über L. als angeschaute natürliche Natur hinaus.

C. G. CARUS belegt noch einmal die Herkunft von L. aus der metaphysischen Theorie [29]. Und L. kann nur wahrnehmen, wer als «ganzer Mensch» [30] ihr gegenübersteht. L. aber wird bei Carus zum Postulat, weil die «landschaftliche Natur ... den Menschen» bereits «zu fremd» geworden sei. «Sie beachten den Himmel nur in soweit, um das Wetter zu ermessen, um zu sehen ob es zu einer Lustfahrt, zu einer Reise passe oder nicht, bei einem Baum denken sie an den Schatten, den er zu einem Gelag verleihen könne, bei einer Wiese an das gute Heu, oder daß das schöne Grün die Augen stärke» [31]. Carus konstatiert hier ein nachästhetisches Verhältnis zur Natur, das die Freiheit von der Not der Selbsterhaltung zur Voraussetzung hat, aber dennoch Natur nicht mehr als L. ästhetisch zu sehen vermag.

Carus' L.-Begriff wird auf einer zweiten Ebene ebenfalls postulativ. In den Briefen VI-IX entwickelt er das Programm einer neuen L.-Kunst, die auch Wissenschaft in sich aufnehmen soll. Die Vermittlung gelingt nur, indem L. und Wissenschaft auf eine Natur bezogen werden, die als von Gott geschriebener Text, als «Sprache Gottes» [32] verstanden und so beides ineinander übersetzbar wird. Dies führt über ästhetische L. hinaus. Der Begriff ‹L.› wird für Carus «trivial», und er prägt die neuen Begriffe ‹Erdlebenbild› und ‹Erdlebenbildkunst› [33]. Die «Erdlebenbildkunst» kann nur unter Voraussetzung eines Begriffs von Wissenschaft gedacht werden, der nicht die wissenschaftliche Praxis auch schon der Zeit Carus' entspricht. «Erdlebenbildkunst» ist nur als ästhetische denkbar, was aber gerade mit ihr überwunden werden soll.

A. V. HUMBOLDT will Natur als ganze wissenschaftlich betrachten, und der Titel seines Werkes ‹Kosmos› hat programmatische Bedeutung [34]. Die Natur ist für die «denkende Betrachtung Einheit in der Vielheit, Verbindung des Mannigfaltigen in Form und Mischung, Inbegriff der Naturdinge und Naturkräfte, als ein lebendiges Ganzes» [35]. Natur als L. ist hier aufgehoben in die wissenschaftliche Betrachtung der Natur als ganzer, die neuzeitlich sich auf Erfahrung stützt. Es ist «dasselbe Bild», das ehemals «als ein harmonisch geordnetes Ganzes, Kosmos, vorschwebte» und das nun sich «wie ein Ergebnis langer mühevoll gesammelter Erfahrungen darstellt» [36]. Diesen Anspruch kann Humboldt nur festhalten, wenn er seine Methode von der der modernen Naturwissenschaft trennt [37] und ihn zudem als Ideal setzt. Es bleibt nur die «teilweise Lösung des Problems, das Streben nach dem Verstehen der Welterscheinungen, der höchste und ewige Zweck aller Naturforschung» [38]. Auf L. als ästhetisches Korrelat, das Ganze der Natur zu erfassen, verweist Humboldt nicht. L. wird als Naturbeschreibung und L.-Malerei «Anregungsmittel» [39] zum «wissenschaftlichen Naturstudium» [40] und steht mit weiteren «Anregungsmitteln», der «Naturbeschreibung» und der «unmittelbaren objektiven Betrachtung charakteristischer Naturformen» [41] auf einer Stufe.

Anmerkungen. [1] Vgl. Art. ‹Ästh., ästhet.›; U. FRANKE: Kunst als Erkenntnis. Die Rolle der Sinnlichkeit in der Ästh. A. G. Baumgartens (1972). – [2] J. G. SULZER: Allg. Theorie der schönen Künste (1774) 2, 653. – [3] a.O. 654. – [4] ebda.; vgl. 655. – [5] 655. – [6] 656. – [7] S. GESSNER: Br. über die L.-Mahlerey (1770), in: Idyllen, hg. E. TH. VOSS (1973) 181. – [8] 192f. – [9] Vgl. R. PIEPMEIER: Aporien des Lebensbegriffs seit Oetinger (1978) 49-62. – [10] Vgl. Ossian und die Kunst um 1800. Katalog Hamburger Kunsthalle (1974). – [11] C. D. FRIEDRICH in Briefen und Bekenntnissen, hg. S. HINZ (1974) 110. – [12] a.O. 102. – [13] H. BÖRSCH-SUPAN und K. W. JÄHNIG: Caspar David Friedrich. Gemälde, Druckgraphik und bildmäßige Zeichnungen (1973) Nr. 267 (= BS). – [14] Vgl. W. SUMOWSKI: Caspar David Friedrich-Stud. (1970) 23; C. D. FRIEDRICH 1774-1840. Katalog Hamburger Kunsthalle (1974) 222; vgl. 41. – [15] a.O. [11] 111. – [16] W. HOFMANN, in: FRIEDRICH, a.O. [14] 70. – [17] a.O. [11] 91f. 83. 116f. – [18] PH. O. RUNGE: Hinterlassene Schr. 1. 2 (1840-1841, ND 1965) 2, 225f. – [19] a.O. 1, 7. – [20] 1, 24. – [21] 1, 16; vgl. 1, 24. – [22] 2, 183. – [23] 1, 22. – [24] 1, 35. – [25] 1, 41; vgl. Runge in seiner Zeit. Katalog Hamburger Kunsthalle (1977) 32ff. – [26] Vgl. J. TRAEGER: Ph. O. Runge und sein Werk. Monogr. und krit. Katalog (1975) 510-515; H. MATILE: Die Farbenlehre Ph. O. Runges. Ein Beitrag zur Gesch. der Künstlerfarbenlehre (1973); Runge in seiner Zeit a.O. [25] 136-147. – [27] a.O. [18] 1, 226ff. – [28] 1, 27f. – [29] C. G. CARUS: Briefe über die L.-Malerei (²1835, ND 1972), hg. D. KUHN 15. 147. 29. – [30] a.O. 16; vgl. 34. 14f. – [31] 151f. – [32] 84. – [33] 118. – [34] A. V. HUMBOLDT: Kosmos. Versuch einer physischen Weltbeschreibung 1. 2 (o.J.) 1, 42f.; 1, 52ff. – [35] a.O. 1, 15; vgl. 1, VII. – [36] 1, 4. – [37] 1, 22. – [38] 1, 47. – [39] 2, 4. – [40] 2, 53. – [41] 2, 5.

3. Das Verhältnis von ästhetisch angeschauter Natur als L. und gesellschaftlich angeeigneter Natur kehrt innerhalb der Ästhetik als philosophischer Disziplin und unter ihren Konstitutionsbedingungen wieder als Unterscheidung von Naturschönem und Naturerhabenem. Das Naturschöne bezieht sich auf Natur, in deren Anschauung als ganzer die Theoria-Tradition fortlebt, das Naturerhabene bezieht sich auf Natur, insofern der Mensch sie als Gegenstand seiner Bearbeitung zur Sicherung seines Überlebens erkennen muß.

Bei I. KANT erhält das Naturschöne eindeutigen Primat [1], weil es nicht menschliches Artefakt ist. «Wenn ein Mann, der Geschmack genug hat, um über Produkte der schönen Kunst mit der größten Richtigkeit und Freiheit zu urtheilen, das Zimmer gern verläßt, in welchem jene die Eitelkeit und allenfalls gesellschaftliche Freuden unterhaltenden Schönheiten anzutreffen sind, und sich zum Schönen der Natur wendet, um hier gleichsam Wollust für seinen Geist in einem Gedankengang zu finden, den er sich nie völlig entwickeln kann: so werden wir diese seine Wahl selbst mit Hochachtung betrachten und in ihm eine schöne Seele voraussetzen, auf die kein Kunstkenner und Liebhaber um des Interesses willen, das er an seinen Gegenständen nimmt, Anspruch machen kann» [2]. Das deutet nicht auf Rousseau hin [3], sondern steht in der Theoria- und Contemplatio-Tradition, die hier aber nicht mit dem Anspruch theoretischer Erkenntnis nach den Kriterien der Kritik der theoretischen Vernunft erscheint, sondern im Urteil der ästhetischen Urteilskraft im interesselosen Wohlgefallen gegenwärtig gehalten wird. Der Geschmack am Schönen setzt so «ruhige Contemplation» voraus [4]. Während Naturschönheit schon Zweckmäßigkeit als Form hat und wenigstens der Form nach im Objektives ist, das die Urteilskraft «gleichsam vorherbestimmt», stellt sich das Gefühl des Erhabenen, das für Kant wesentlich Naturerhabenes ist [5], erst durch eine besondere Leistung des Subjekts her, da der Gegenstand der Form nach «zweckwidrig» ist. «Zum Schönen der Natur müssen wir einen Grund außer uns suchen, zum Erhabenen aber bloß in uns» [6]. Aber gerade durch die Leistung des Subjekts, das dem Zweckwidrigen nicht unterliegt, wird der Gegenstand, der «rohe Natur» [7] ist, um so erhabener empfunden [8]. Beim Gefühl des Erhabenen ist die Sicherung des Menschen vor der bedrohenden Natur vorausgesetzt. Der Eindruck der wilden Natur «ist bei der Sicherheit, worin [der Betrachtende] sich weiß, nicht wirklich Furcht, sondern nur ein Versuch, uns mit der Einbildungskraft darauf einzulassen, um die Macht ebendesselben Vermögens zu fühlen ... und so der Natur in uns selbst, mithin auch außer uns, sofern sie auf das Gefühl unseres Wohlbefindens Einfluß haben kann, überlegen zu sein» [9]. Die Empfindung des Erhabenen setzt aber ebenfalls noch unbeherrschte Natur voraus, die von der gesicherten Position bewältigter Natur aus als «erhaben» erfahren wird, dies aber dadurch, daß man ihre Bewältigung unterstellt und als moralische bereits realisiert. Das Naturschöne setzt die hiervon frei gedachte freie Natur voraus, die als von gesellschaftlicher Aneignung unbetroffen erfahren werden kann. Daß Natur in späterer Zeit so nicht mehr erfahren werden könnte, hat Kant befürchtet. Er sagt, daß ein «späteres Zeitalter» der «Natur immer weniger nahe sein» werde und sich «zuletzt ... kaum einen Begriff von ... der Kraft und Richtigkeit der ihren eigenen Werth fühlenden freien Natur» werde machen können [10].

Für HEGEL ist, bei seiner Deutung der Möglichkeiten der Naturaneignung und des erreichten Standes der Freiheit, das Erhabene keine Weise mehr, in der Natur ästhetisch gegenwärtig sein könnte. Das Erhabene wird als Phänomen der Religion [11] und der Kunst [12] der Vergangenheit zugewiesen. Natur ist so sehr angeeignete oder anzueignende, daß er ein Verhältnis zur Natur, das diese als fremde oder auch als 'reine' voraussetzte, für seine Gegenwart in seiner Philosophie nicht relevant werden läßt. Gegenüber dem Kunstschönen, das vom Menschen in künstlerischer Arbeit geschaffen ist das Naturschöne nur sein defizienter Modus [13]. Was Hegel zur Depotenzierung des Naturschönen führt, ist der Blick allein auf die Natur, der gegenüber bei Kant der Mensch noch das Gefühl der Erhabenheit erfuhr, weil sie seine theoretische und praktische Macht überstieg, die nun aber in den Bereich der Aneignung einbezogen ist und in ihm nur noch als unbearbeitete Roheit erscheint. Die kontemplative Anschauung des Ganzen aber, die Kant im Naturschönen gegenwärtig hält, will Hegel wieder in spekulativer Erkenntnis begrifflich erfassen. Dies betrifft die Stellung des an sich anerkannten Kunstschönen, das so für Hegel nicht mehr die Weise ist, in der die Gegenwart sich adäquat zu finden vermag [14]. Hegels Einordnung des Naturschönen und Kunstschönen bedeutet, daß Kunst nicht im Naturschönen begründet werden kann, weil sein Substrat Natur die Dignität der Unberührtheit verlor, und sie bedeutet, daß Kunst als Kunstschönheit nicht die Komplexität der Gegenwart mit ihren bestimmenden Strukturen adäquat darstellen kann. Beides bestreitet grundsätzlich den Anspruch, daß L. in der Entzweiung der modernen Welt eine Ganzheit gegenwärtig halten könnte, die sonst verloren wäre.

F. TH. VISCHER hat noch einmal versucht, eine Metaphysik des Schönen von der Theorie des Naturschönen her zu begründen [15]. In der eigenen Kritik seiner Ästhetik ist die Konzeption des Naturschönen der wichtigste Angriffspunkt [16]. Er hat aber nun nicht nur die Objektivität des Naturschönen bestritten, sondern er hat die Gefahr gesehen, daß sich kein Substrat mehr finden könnte, daß das Schöne sich subjektiv konstituieren kann. Der Fortschritt wachsender Naturbeherrschung, die Erschließung des Raumes durch moderne Verkehrsmittel, die damit verbundene Wandlung traditioneller Lebensbereiche und die Zerstörung 'schöner' Natur sind für ihn unauflöslich miteinander verbunden [17]. Vischer exemplifiziert das an der verkehrsmäßigen Erschließung eines Bergtales, in das die Städter aus ihren «naturlosesten Kulturgebieten» strömen, um die «herrlichen Einsamkeiten» zu finden, die damit aufhören, es zu sein [18]. Die Entzweiungsstruktur von Stadt und L. ist so aufgehoben, L. ist als nützliche L., als die er sie beschreibt, zur gesellschaftlich angeeigneten geworden [19].

In diesem sachlichen Zusammenhang hat J. ST. MILL für einen «stationären Zustand» plädiert. Seine Argumente sind die Notwendigkeit und das Recht auf «Einsamkeit in Verbindung mit Naturschönheit» und auf die «freie Thätigkeit der Natur». Er sieht die Gefahr, «daß jeder Streifen Landes, welcher fähig ist, Nahrungsmittel für menschliche Wesen hervorzubringen, auch in Kultur genommen sei, daß jedes blumige Feld und jeder natürliche Wiesengrund beackert werde ... und daß kaum ein Platz übrig sei, wo ein wilder Strauch oder eine Blume wachsen könnte, ohne sofort im Namen der vervollkommneten Landwirtschaft als Unkraut ausgerissen zu werden» [20].

Das Bewußtsein beschleunigter Veränderung des vertrauten Bildes ästhetisch angeschauter Natur kann zum Antrieb werden, aufzuschreiben, wie es jetzt noch ist und wie es bald nicht mehr sein wird. Die ‹Bilder aus Westfalen› (1842) von A. V. DROSTE-HÜLSHOFF haben hier ihren Entstehungsgrund. «... So war die Physiognomie des Landes bis heute, und so wird es nach vierzig Jahren nimmer sein. Bevölkerung und Luxus wachsen sichtlich, mit ihnen Bedürfnisse und Industrie. Die kleinen malerischen Heiden werden geteilt, die Kultur des langsam wachsenden Laubwaldes wird vernachlässigt, um sich im Nadelholze einen schnelleren Ertrag zu sichern, und bald werden auch hier Fichtenwälder und endlose Getreideseen den Charakter der L. teilweise umgestaltet haben ...; fassen wir deshalb das Vorhandene noch zuletzt in seiner Eigentümlichkeit auf ...» [21].

H. COHEN hat, J. F. Millet und die 'Schule von Barbizon' (Th. Rousseau, Corot, Courbet u. a.) [22] vor Augen, eine neue L. gefeiert, sich auf einen mit Kant vermittelten Rousseau berufend und die Französische Revolution von 1789 auf die soziale Revolution im 19. Jh. beziehend [23]. «Die Natur war immer der Weckruf der wahren Menschlichkeit. So hat es sich auch bei dieser Umwälzung in der Malerei erwiesen; ... sie erwuchs, wie jede große Kulturbewegung, aus dem Vulkanismus der Politik» [24]. Bei Millet werde die «L. zum Zentrum der Einheit von Natur und Mensch», aber Natur ist nun das Feld der Arbeit und der Mensch, der «Naturmensch» [25], ist der arbeitende Mensch. Zwar erhält L. die traditionelle Zuschreibung, «Kirche» zu sein, aber die Menschen beten in ihr das «Gebet der Arbeit» [26], und es ist «schwere Arbeit», die hier als die «seelische Belebung der L. auftritt» [27]. So kann Cohen sagen: «Die soziale Humanität hat die Seele der Natur in der L. entdeckt, und kraft dieser Entdeckung hat die Malerei die Schönheit der Kunst zu ihrer höchsten Reife vollendet» [28]. Daß die Künstler, die in Künstlerkolonien wie Barbizon und Worpswede leben, ihre ästhetische Haltung bewahren, hat RILKE deutlich gemacht. Die Maler von Worpswede lebten nicht unter den Moorbauern, «sondern [stehen] ihnen gleichsam gegenüber, wie sie den Bäumen gegenüberstehen und allen den Dingen, die, umflutet von der feuchten, tonigen Luft, wachsen und sich bewegen» [29].

Anmerkungen. [1] I. KANT, Akad.-A. 5, 306f. – [2] a.O. 5, 299f. – [3] Vgl. TH. W. ADORNO: Ästhet. Theorie (1970) 100. – [4] KANT, Akad.-A. 5, 247; vgl. 5, 258. – [5] a.O. 5, 245. – [6] 5, 246. – [7] 5, 253. – [8] 5, 245. – [9] 5, 269. – [10] 5, 356. – [11] G. W. F. HEGEL: Vorles. über die Philos. der Religion, hg. G. LASSON (1966) 2, 55-110. – [12] Ästh., hg. F. BASSENGE (1955) 1, 315f.; 1, 252-268. – [13] Vgl. a.O. 1, 13f. – [14] 1, 21f.; 1, 578-582; 2, 414; 2, 425f.; vgl. W. OELMÜLLER: Die unbefriedigte Aufklärung (1969) 240-264. – [15] F. TH. VISCHER: Ästh. oder Wiss. des Schönen, hg. R. VISCHER (²1922/23) 2, 3-356. – [16] Krit. Gänge, hg. R. VISCHER (1922) 4, 222-419, bes. 222ff. – [17] 5, 399. – [18] ebda. – [19] 4, 230. – [20] J. ST. MILL: Grundsätze der politischen Ökonomie (1869, ND 1968) 3 (Ges. W. 7) 57-63, hier 62. – [21] A. V. DROSTE-HÜLSHOFF: Sämtl. Werke, hg. C. HESELHAUS (1966) 977f. – [22] Vgl. Zurück zur Natur. Die Künstlerkolonie von Barbizon. Ihre Vorgesch. und ihre Auswirkung. Katalog der Kunsthalle Bremen (1977). – [23] H. COHEN: Ästh. des reinen Gefühls (1912) 2, 399-415. – [24] a.O. 406. – [25] 412. – [26] 409. – [27] 410. – [28] 415. – [29] R. M. RILKE: Ausgewählte Werke, hg. Rilke-Archiv 11, 247.

4. H. LÜTZELER hat von Schelling her L. als Versöhnung gedacht. In der L.-Malerei sei die Versöhnung von Subjekt und Objekt Bild geworden [1]. Schellings Anspruch, daß Kunst einziges wahres und ewiges Organon der Philosophie sein solle, wird mit der Zeitdiagnose der Existenzphilosophie Jaspers' verbunden. Die L.-Malerei könne «jene Probleme klären helfen, welche die heutige Philosophie leidenschaftlich bewegen: die Befreiung von einem starren Objektivismus, die Erfahrung menschlichen In-der-Welt-seins, die Verwirklichung der Existenz in der Begegnung mit dem außerichlichen Sein. ... Es ist ein besonderer aktueller Sinn der L.-Malerei, Organon unseres Philosophierens zu sein» [2]. Das läßt schon Schellings weitere philosophische Entwicklung außer acht, ebenso wie Hegels Argumente gegen Schellings Anspruch, aber auch realisierte L.-Malerei, die schon in ihrer romantischen Form eher Entzweiung als Versöhnung ins Bild setzt.

TH. W. ADORNO geht davon aus, daß nicht nur die gesellschaftliche Aneignung von Natur in der Industrialisierung Natur dem Primat der Verwertung unterwirft, sondern daß auch die Enklaven des Naturschönen in der «Fremdenindustrie» ins allgemeine Tauschverhältnis einbezogen werden. Naturschönes werde so zu Ware und als «Naturschutzpark» zur «Ideologie» [3]. Naturschönes überlebt nur in der Absonderung des Schweigens. Schon das «Wort ‹wie schön› in einer L.» verletze «deren stumme Sprache» und mindere ihre Schönheit [4]. Das Naturschöne «ist die Spur des Nichtidentischen an den Dingen im Bann universaler Identität» [5]. Erst die gesellschaftliche Aneignung von Natur läßt das Naturschöne erscheinen, aber es ist zugleich zur «Allegorie» des Jenseits geworden, die aber nicht als «erreichter Stand der Versöhnung unterschoben» werden dürfe, weil dies hieße, den unversöhnten Zustand «zu verschleiern und zu rechtfertigen» [6].

W. BENJAMIN hat seinen Begriff der «Aura» am Beispiel der L. erläutert und ihr so ebenfalls «Aura» zuerkannt. Aura «definieren wir als einmalige Erscheinung einer Ferne, so nah sie sein mag. An einem Sommernachmittag ruhend einem Gebirgszug am Horizont oder einem Zweig folgen, der seinen Schatten auf den Ruhenden wirft – das heißt die Aura dieser Berge, dieses Zweiges atmen» [7]. Vom Verfall der Aura im Zeitalter der technischen Reproduzierbarkeit ist so auch L. betroffen zu denken. Die Gründe für den Verfall sind auch auf L. zu beziehen. «Er beruht auf zwei Umständen, die beide mit der zunehmenden Bedeutung der Massen im heutigen Leben zusammenhängen: Nämlich die Dinge räumlich und menschlich näher zu bringen» und die «Tendenz einer Überwindung des Einmaligen jeder Gegebenheit durch die Aufnahme von deren Reproduktion» [8]. In der Aufhebung von Distanz und Einmaligkeit sind Bedingungen angegeben, die L. als ästhetisch angeschaute L. sich nicht mehr konstituieren lassen. Es ist folgerichtig, daß Adorno, der am Naturschönen und damit an der Möglichkeit von L. festgehalten hat, sich gegen Benjamins These vom Verfall der Aura gewendet hat [9].

J. RITTER ist davon ausgegangen, daß die Entfremdung der modernen Welt von der Natur, die die Bedingung unserer Freiheit sei, ästhetisch aufgehoben werden kann in der Zuwendung zur Natur als L. Es sei nicht nur so, daß die «ästhetische Zuwendung zur Natur ... die Freiheit und die gesellschaftliche Herrschaft über die Natur» voraussetze [10], sondern es zeige «sich, daß die gleiche Gesellschaft und Zivilisation, die den Menschen in der Verdinglichung der Natur die Freiheit bringt, zugleich den Geist dazu treibt, Organe auszubilden, die den Reichtum des Menschseins lebendig gegenwärtig halten» [11]. Die Entzweiung ist also eine neue Form der Versöhnung. Bedingung dieser Konzeption ist, daß es noch eine Trennung von gesellschaftlich angeeigneter und davon 'freier' Natur gibt. Die ästhetische Funktion der L. als 'freier' Natur ist in ihrer gleichzeitigen Ungleichzeitigkeit begründet. Ritter weist auf den «Vergangenheitscharakter der Gefildenatur» hin und betont in Aufnahme eines Verses von Schiller, daß das «‹glückliche Volk der Gefilde› ‹*noch nicht* [Hervorhebung Ritter] zur Freiheit erwacht sei›» [12]. In dem 'noch nicht' ist die Dynamik angezeigt, die den «Vergangenheitscharakter der Gefildenatur» aufhebt, und sei es in der Umwandlung zu 'Erholungs-L.en', die für Ritter als «angeeignete L.en» «jede ästhetische Funktion [verlieren], gerade weil sie noch erkennbar die Zeichen ihrer ästhetischen Herkunft tragen. Sie werden daher zum Gegenspieler, gegen den sich die ästhetische L. – die erworbene Vertrautheit mit der Natur negierend – durchsetzen muß» [13]. Kann sie das nicht, ist die grundlegende Trennung aufgehoben, und das Moment des Hinausgehens verliert die Möglichkeit seiner Realisation. Ritter hat betont, daß in diesen Vorgang eingegriffen werden könne, zur Entzweiung der modernen Welt gehöre die Bewegung des Naturschutzes. «Die ursprüngliche und freie Natur soll gegen die Einbeziehung in die objektive Natur der Nutzung geschützt werden. Sie wird durch Gesetz dem Prozeß ihrer nutzenden Objektivierung entzogen» [14].

Das hat H. SCHELSKY Jahre später gewissermaßen weitergedacht. Er trennt scharf die gesellschaftlich angeeignete Natur (dem Anlaß nach hat er die Touristen-L. als «Freizeit-L.» im Blick) und die ästhetische L. als «naturnahe und traditionell harmonisch gestaltete L.», die als «L. der Freizeit» qualitativ ausgezeichnet wird [15]. Der Ausbau der Freizeit-L. sei als «sozialökonomische Aufgabe» ebenso unumgänglich, wie die Bewahrung der ästhetischen L. «um ihrer selbst willen» [16] zu betreiben sei. Da es sich bei der letzteren um eine Art der Natur handle, die «nicht einfach mehr als selbstverständlich gegeben und vorhanden vorausgesetzt werden kann», muß der bewahrende Raum des Naturschutzgebietes als Museum eingerichtet werden, mit den entsprechenden Folgerungen, daß es «strenge Zugangsbedingungen» gebe und daß nur noch Kenner den Wert des Ausgestellten wahrhaft zu würdigen wissen [17]. Das scheint eine Konsequenz zu sein, die sich aus dem Konzept der ästhetischen L. unter den Bedingungen der Gegenwart ergibt. Es ist aber damit problematisch geworden, ob so ästhetisch vermittelte Natur noch die Aufgabe erfüllen kann, «den Zusammenhang des Menschen mit der umruhenden Natur offen zu halten» [18].

Wenn die Trennung von Stadt und Land aufgehoben ist, kann die Stadt selbst als L. gesehen werden, und sie wird zur «Stadt-L.». Dem Spaziergänger in der L. entspricht – bei W. BENJAMIN – der «Flaneur», der sich ästhetisch zur Stadt als L. verhält. «L. – das wird sie in der Tat dem Flanierenden. Oder genauer: ihm tritt die Stadt in ihre dialektischen Pole auseinander. Sie eröffnet sich ihm als L., sie umschließt ihn als Stube» [19]. Der «Mann der Menge» sei «kein Flaneur. In ihm hat der gelassene Habitus einem magischen Platz gemacht». Am «Mann der Menge» sei eher zu sehen, «was aus dem Flaneur werden mußte, wenn ihm die Umwelt, in die er gehört, genommen wird» [20]. Baudelaire habe das «grausame Wort von der Stadt, die schneller als ein Menschenherz sich wandle, gesprochen» [21]. Begab sich mit dem Flaneur schon immer «die Intelligenz auf den Markt. Wie sie meint, um ihn anzusehen, und in Wahrheit doch schon, um einen Käufer zu finden» [22], so vergeht mit dem Wandel der Stadt auch die Möglichkeit dieses Scheins. Der Flaneur hört auf, «philosophischer Spaziergänger» zu sein, und bekommt «die Züge des unstet in der sozialen Wildnis schweifenden Werwolfs» [23]. Das Potential der Erfüllung, das L. zugeschrieben wurde, lebt in der «Stadt-L.» zugleich fort und erstirbt als letzter Blick vor dem Tode. H. HEISSENBÜTTEL: «Totenbettherbst. / Da war einmal ein Mann, der, gelähmt, in seinem Bett auf den Tod wartete. Er hatte nur einen Wunsch: noch einmal aus dem Fenster blicken zu dürfen. Die Frau, mit der er eine lange und rücksichtslose Ehe geführt hatte, erfüllte diesen Wunsch nicht. Ein Freund jedoch, beiden vertraut, wenn auch der Frau mehr als dem Mann, hörte ihn, als er einmal vorbeikam, klagen, hob ihn aus dem Bett und trug ihn ans Fenster. Es war dort nichts zu sehen, als eine neblige kahle Stadt-L. im November. Der Kranke atmete tief auf und starb. Die Frau, die hinter beide getreten war, rührte sich nicht. / Wird das am Ende alles gewesen sein?» [24].

Gegen eine ästhetische Ausgliederung von Teilen der Natur als schöner L., die den Aspekt des Nutzens außer sich läßt und umgekehrt, hat L. BURCKHARDT an die L.-Gestaltung als L.-Garten im 18. Jh. erinnert [25]. In Anwendung auf die Gegenwart hieße das, daß angesichts «totaler Besiedlung und Ausbeutung – oder andernorts der Nichtbewirtschaftung – des Bodens» der Gegensatz von Natur und Garten aufgehoben sei [26]. Deshalb werde zur «Notwendigkeit, was zu Beginn des Industriezeitalters ein Vergnügen großer Herren war: die Gestaltung der L.» [27]. RITTER hat anerkannt, daß «hier ein Schlüssel zum Verständnis der von der Gesellschaft assimilierten und damit aus ihrer ästhetischen Funktion herausgelösten L.en liegen [mag]. Sie können die Bestimmung haben, daß in einer dialektischen Aufhebung der die L. einst konstituierenden Entgrenzung des Wohnens ... die zur L. gestaltete Natur zum Raum des durch die Gesellschaft gesetzten Wohnens wird» [28]. Ritter hat so die Möglichkeit gesehen, daß seine historisch vermittelte Konzeption durch den Fortgang der historischen Entwicklung selbst überholt werden könnte. Das bedeutet den Abschied von L. als ästhetischem Begriff und macht ihn in der Aufhebung des ästhetischen Konzepts in dem einer «gestalteten L.» zu einem Begriff der praktischen Philosophie, wenn L. denn überhaupt in der philosophischen Begriffsbildung einen Platz haben soll.

Anmerkungen. [1] H. LÜTZELER: Vom Wesen der L.-Malerei. Stud. gen. 3 (1950) 230. – [2] a.O. 231f. – [3] TH. W. ADORNO: Ästh. Theorie (1970) 107. – [4] a.O. 108. – [5] 114. – [6] 108. – [7] W. BENJAMIN: Das Kunstwerk im Zeitalter seiner technischen Reproduzierbarkeit (1963) 18. – [8] ebda. – [9] ADORNO, a.O. [3] 73. 88ff. 408ff. – [10] RITTER, a.O. [4 zu 1] 162. – [11] 163. – [12] 182. – [13] 184. – [14] 181. – [15] H. SCHELSKY: Freizeit und L. 13. Mainauer Gespräch 9. April 1970, in: Der Mensch im Lebensraum der Zukunft. Mitteilungen Deutscher Heimatbund, Sonderheft (August 1970) 31. – [16] 30. – [17] 31. – [18] RITTER, a.O. [4 zu 1] 161. – [19] W. BENJAMIN: Die Wiederkehr des Flaneurs. Zu Franz Hessels «Spazieren in Berlin», in: Angelus Novus. Ausgewählte Schriften 2 (1966) 417. – [20] Über einige Motive bei Baudelaire, in: Illuminationen. Ausgewählte Schriften (1955) 218. – [21] a.O. [19] 420. – [22] a.O. [20] 195. – [23] a.O. [19] 420. – [24] H. HEISSENBÜTTEL: Eichendorffs Untergang und andere Märchen. Projekt 3/1 (1978) 184. – [25] L. BURCKHARDT: Natur und Garten im Klassizismus, in: Der Monat 15 (1963) Nr. 117, 43-52. – [26] 52. – [27] ebda.; vgl. F. G. JÜNGER: Gärten im Abend- und Morgenland (1960) 50. – [28] RITTER, a.O. [4 zu 1] 190.

Literaturhinweise. A. MÜHLHÄUSSER: Die L.-Schilderung in Briefen der ital. Frührenaissance (1914). – W. OELMÜLLER: Fr. Th. Vischer und das Problem der nachhegelschen Ästh. (1959). – K. CLARK s. Anm. [4 zu 1]. – M. L. FRIEDLÄNDER s. Anm. [14 zu 1]. – L. BURCKHARDT s. Anm. [25 zu 4]. – H. FREYER: L. und Gesch., in: Mensch und L. im technischen Zeitalter. Gestalt und Gedanke Nr. 10 (1966) 39-70. – H. LEHMANN: Formen landschaftl. Raumerfahrung im Spiegel der bildenden Kunst (1968). – G. HARD: Kosmos und L. Kosmol. und landschaftsphysiognomische Denkmotive bei Alexander von Humboldt und in der geogr. Humboldt-Auslegung des 20. Jh., in: H. PFEIFFER (Hg.): Alexander von Humboldt. Werk und Geltung (1969) 133-177. – R. KRYSMANSKI: Die Nützlichkeit der L. (1971). – J. RITTER s. Anm. [4 zu 1]. – C. D. FRIEDRICH 1774-1840 s. Anm. [14 zu 2]. – A. RITTER (Hg.) s. Anm. [26 zu 1]. – A. HARTLIEB V. WALLTHOR und H. QUIRIN (Hg.): L. als interdisziplinäres Forsch.problem (1977). – Runge in seiner Zeit s. Anm. [25 zu 2]. – F. ACHLEITNER (Hg.): Die Ware L. (1978). – K. STIERLE: Petrarcas Erfahrung der L. (1979) [auch zu Rousseau]. – Münchner Landschaftsmalerei 1800-1850. Katalog Städt. Galerie im Lenbachhaus (1979). – R. PIEPMEIER: Das Ende der ästh. Kat. ‹L.›, in: Westfälische Forsch. 30 (1980).

R. PIEPMEIER

Langeweile. – 1. Das *Wort* ‹L.› ist eine Zusammenrückung aus ‹lange Weile›, die, obschon im 14. Jh. antreffbar, sich erst im 17. Jh. einbürgert und im 18. die noch heute gültige Hauptbedeutung erlangt [1]; so findet sich z.B. noch bei KANT – in der ‹Anthropologie in pragmatischer Hinsicht› [2] – neben dem Adjektiv ‹langweilig› [3] nur die ursprüngliche Form ‹lange Weile› [4], die Kant als «Anekelung seiner eigenen Existenz aus der Leerheit des Gemüths an Empfindungen, zu denen es unaufhörlich strebt» [5], bestimmt.

Allein im *Deutschen* wird ein seelischer bzw. Bewußtseinszustand durch dieses Wort bezeichnet, in dem sich ein subjektives Zeitempfinden artikuliert: «als die eigentliche Achse des Zustandes der L. erkennen wir das Verhältnis zwischen Zeitspanne und Inhalt. L. entsteht, wenn dies Verhältnis ein bestimmtes, uns mit Unlust berührendes Maß von Verschiebung erleidet» [6]. Einer solchen Ansicht widerspricht TH. MANN, der schreibt: «Was man L. nennt, ist [...] eigentlich [...] eine krankhafte Kurzweiligkeit der Zeit infolge von Monotonie: große Zeiträume schrumpfen bei ununterbrochener Gleichförmigkeit auf eine das Herz zu Tode erschreckende Weise zusammen; wenn ein Tag wie alle ist, so sind sie alle wie einer; und bei vollkommener Einförmigkeit würde das längste Leben als ganz kurz erlebt werden und unversehens verflogen sein» [7]. Mann hätte sich hierbei auf KANT berufen können, der in seiner ‹Anthropologie› einen ähnlichen Gedanken formulierte [8].

In den lateinischen, romanischen und englischen Entsprechungen für ‹L.› (lat. taedium, frz. ennui, engl. boredom, ital. noia) fehlt dieser Bezug zum Zeitempfinden; dafür haftet diesen Wörtern etwas von Überdruß, Verdrießlichkeit oder Lästigkeit an [9].

2. Zu den ersten, die sich theoretisch mit dem Phänomen auseinandergesetzt haben, gehört B. PASCAL. Pascal, der auf die Gefahren der L. hingewiesen und ihre Ursachen in der menschlichen Natur geortet hat, zählt die L. neben der Unbeständigkeit und der Unruhe zur «condition de l'homme» [10]. In seiner Analyse arbeitet er zudem die Nähe der L. zum Nichts heraus: L. ist Erfahrung des Nichts, «Erlebnis der Nichtigkeit des Daseins» [11]: «L. – Nichts ist dem Menschen so unerträglich, wie in einer völligen Ruhe zu sein, ohne Leidenschaft, ohne Tätigkeit, ohne Zerstreuung, ohne die Möglichkeit, sich einzusetzen. Dann wird er sein Nichts fühlen, seine Verlassenheit, seine Unzulänglichkeit, seine Abhängigkeit, seine Ohnmacht, seine Leere. Unablässig wird aus der Tiefe seiner Seele die L. aufsteigen, die Niedergeschlagenheit, die Trauer, der Kummer, der Verdruß, die Verzweiflung» [12]. Pascal hat – nach W. REHM [13] – in seiner Interpretation «die ursächliche und metaphysische Bindung der L. an den erschütterten Gottesglauben bereits geahnt und [...] vom Christlichen her sie in ihrem Sinn und Grund erklärt und ausgelegt» [14]. Dieser Ansatz wird dann von F. GALIANI und später insbesondere von S. KIERKEGAARD und E. HELLO [15] aufgegriffen und weitergeführt. So hat GALIANI die Nähe von L. und Nichts durch eine «ebenso frivole wie schwermütige» Kosmogonie expliziert (W. REHM): Die Schöpfung der Welt ist eine Folge der L. des Nichts in seiner Nichtigkeit. So ist die innerweltliche L. «ein Muttermal, das wir im Schoß unserer Frau Mama [des Nichts] erhielten, an diesem Übel litt, als sie mit uns schwanger ging» [16]. In der unmittelbar sich an Pascal anschließenden Diskussion, die vor allem im Kreis der französischen Moralisten geführt wird, tritt der von Pascal herausgehobene Aspekt des L.-Problems in den Hintergrund. Bei LA BRUYÈRE, LA ROCHEFOUCAULD – von dem im übrigen die Sentenz stammt: «Äußerste L. hebt sich selbst auf» [17] –, VAUVENARGUES [18], RIVAROL [19], JOUBERT [20] und CHAMFORT [21] taucht beim Thema der L. und ihrer Vermeidung primär ein Topos auf: die Unvermeidlichkeit der L. bei den Mächtigen, so z. B. bei MASSILLON [22], vor allem aber bei MONTESQUIEU: «Den großen Herren gehen gewöhnlich die seelischen Freuden in beträchtlichem Maße ab. So kommt es, daß sie sehr an den körperlichen hängen; denn nur diese werden durch ihren Stand begünstigt und können Folgen ihrer Größe sein. Aber eben diese Größe entfernt sie so sehr von den Freuden des Geistes, daß sie nicht zu ihnen gelangen können. Ihre Größe zwingt sie, sich zu langweilen» [23]. Oder: «Alle Fürsten langweilen sich: ein Beweis dafür ist, daß sie auf die Jagd gehen» [24].

Dieses Denkmotiv, das in der L. eine elitäre Krankheit sieht, wird in der Folge u. a. von Rousseau und Nietzsche aufgegriffen. So schreibt ROUSSEAU im ‹Emile›: «Das Volk langweilt sich nicht; es führt ein tätiges Leben. Sind seine Vergnügungen auch nicht mannigfaltig, so sind sie dafür selten. Viele Tage der Mühe machen ihm einige Feiertage zum Genuß. Der Wechsel zwischen langer Arbeit und kurzer Muße ist die Würze der Vergnügungen seines Standes. Die große Geißel der Reichen ist die L. Inmitten vieler und kostspieliger Zerstreuungen, mitten unter so vielen Leuten, die sich Mühe geben, ihnen zu gefallen, langweilen sie sich zu Tode. Sie verbringen ihr Leben damit, die L. zu fliehen und sich von ihr wieder einholen zu lassen» [25]. In aphoristischer Kürze formuliert dies NIETZSCHE: «Geist und L. – Das Sprichwort: 'Der Magyar ist viel zu faul, um sich zu langweilen', gibt zu denken. Die feinsten und tätigsten Tiere erst sind der L. fähig. – Ein Vorwurf für einen großen Dichter wäre die L. Gottes am siebenten Tage der Schöpfung» [26].

3. Die wohl einflußreichste Theorie der Langeweile des 19. Jh. hat KIERKEGAARD geliefert. Bei ihm werden die Ansätze von Pascal und Galiani zu einer explizit religiösen Interpretation der L. gebündelt. Bei Kierkegaard wird «die L. als die Macht, die den Menschen vor das Nichts rückt [...], zum Ausdruck eines negativ gewordenen Gottesverhältnisses» [27]. Diese Theorie, die von Kierkegaard vornehmlich in der Schrift ‹Der Begriff der Angst› entwickelt wird, ist von ihm schon in der Dissertation ‹Über den Begriff der Ironie› vorbereitet. Hier arbeitet Kierkegaard die L. als Wesensmerkmal des romantischen Ironikers heraus. Die L., «diese inhaltslose Ewigkeit, diese genußlose Seligkeit, diese oberflächliche Tiefe, diese hungrige Übersättigung», ist «das einzige Stetige und Zusammenhängende, das der Ironiker besitzt.» L. ist somit «die in ein persönliches Bewußtsein aufgenommene negative Einheit, in welcher die Gegensätze untergehen» [28]. Fortgeführt wird die Auseinandersetzung mit der L. in ‹Entweder – Oder›, dort in der «Wechselwirtschaft. Versuch einer sozialen Klugheitslehre» [29]. In diesem Stück gibt Kierkegaard eine an Galiani erinnernde Genealogie der L., in der diese als «Wurzel alles Übels» erscheint [30]: «Die Götter langweilten sich, darum schufen sie die Menschen. Adam langweilte sich, weil er allein war, darum wurde Eva geschaffen. Von dem Augenblick an kam die L. in die Welt und wuchs an Größe in genauem Verhältnis zu dem Wachstum der Volksmenge. Adam langweilte sich allein, dann langweilten Adam und Eva sich gemeinsam, dann langweilten Adam und Eva und Kain und Abel sich en famille, dann nahm die Volksmenge in der Welt zu, und die Völker langweilten sich en masse. Um sich zu zerstreuen, kamen sie auf den Gedanken, einen Turm zu bauen, so hoch, daß er bis in den Himmel rage. Dieser Gedanke ist ebenso langweilig, wie der Turm hoch war, und ein erschreckender Beweis dafür, wie sehr die L. schon überhand genommen hatte. Danach wurden sie über die Welt zerstreut, wie man heute ins Ausland reist; aber sie fuhren fort sich zu langweilen. Und welche Folgen hatte nicht diese L.! Der Mensch stand hoch und fiel tief, erst durch Eva, dann vom babylonischen Turm» [31]. L., der «dämonische Pantheismus» [32], ist «auf Leere gebaut», sie «ruht auf dem Nichts, das sich durch das Dasein schlingt, ihr Schwindel ist wie jener, der uns befällt, wenn wir in einen unendlichen Abgrund blicken, unendlich» [33]. Diese Bestimmungen werden in der Analyse des Dämonischen, die Kierkegaard in ‹Der Begriff der Angst› unternimmt, weitergeführt. Das Dämonische als «Angst vor dem Guten» [34] ist hier «das Verschlossene und das freiwillig Offenbare» [35], «das Plötzliche» [36] und endlich «das Inhaltslose, das Langweilige» [37]. Dabei ist die L. «die Erstorbenheit [...], eine Kontinuität im Nichts» [38].

Zu gänzlich anderen Resultaten führen die Überlegungen SCHOPENHAUERS. Das Thema L. führt in das Zentrum seiner Philosophie des menschlichen Lebens und illustriert seine Metaphysik des Willens. Die Grundthese, die die «Unerreichbarkeit dauernder Befriedigung und die Negativität alles Glückes» [39] ausspricht, gründet in dem Philosophem, daß das Menschenleben eine Objektivation des Willens ist, wobei der Wille als Streben ohne Ziel und Ende verstanden wird. Somit besteht das Wesen des menschlichen Lebens aus Wollen und Streben. Grundlage des Wollens ist Bedürftigkeit, Schmerz. Werden durch Befriedigung die Objekte des Wollens entzogen, so verfällt der Mensch der L.: «d.h. sein Wesen und sein Dasein selbst wird ihm zur unerträglichen Last» [40]. Daher spricht Schopenhauer vom Schmerz und von der L. als letzten Bestandteilen des menschlichen Lebens; dieses Leben selbst «schwingt also, gleich einem Pendel, hin und her, zwischen dem Schmerz und der L.» [41].

In der Lebensphilosophie G. LEOPARDIS erscheint die L. als größter Gegensatz zum Leben, als stärkster Widerspruch der Natur [42]. L. entspringt dem Einförmigen, sie ist die Widersacherin der Lust. Mangel an Freude und Leid zeugt L.: «Die L. strebt dauernd und unmittelbar wirkend danach, alle Lücken oder leere Räume zu füllen, welche Freude und Leid in den Seelen der Menschen freilassen [...]. Die L. gleicht der Luft, welche alle Zwischenräume zwischen den Gegenständen ausfüllt und deren Platz einnimmt, wenn sie ihn freigeben und kein anderer Gegenstand an ihre Stelle tritt» [43]. Die L. ist die Nichtigkeitserfahrung des menschlichen Daseins, sie ist «Tod im Leben», das «Nichts im Dasein», sie ist «Gefühl für die Nichtigkeit dessen, was ist, und desjenigen, der sie empfindet und fühlt, und in dem sie da ist» [44]. L. ist aber «nicht nur eine Tochter der Nichtigkeit, sondern gleichzeitig Mutter des Nichts: denn sie ist nicht nur an sich unfruchtbar, sondern vermag auch alles, dem sie sich vermischt oder nähert, unfruchtbar zu machen» [45].

4. CH. BAUDELAIRE nennt im Einleitungsgedicht der ‹Fleurs du Mal› (1857) die L. das böseste aller Laster, das die Erde zertrümmern und gähnend die Welt einschlukken möchte.

Die L. als Motiv und Sujet der *Literatur* ist insbesondere von W. Rehm [46] und L. Völker [47] thematisiert worden. REHM, der sich von der Interpretation der L. durch Kierkegaard leiten läßt, indem er den «geheimen, metaphysischen Urgrund» der L. darin begreift, «daß sie dem Tod, dem Tod der Seele benachbart ist und im letzten nur dort entsteht, wo Gott scheinbar aus dem Lebensganzen gewichen ist und den Menschen verlassen hat, nachdem der Mensch Gott verlassen hat» [48], versucht zu zeigen, daß L. als Inhalt von Literatur, obwohl sie z.B. in der Dichtung der Romantik und Nachromantik, wie u.a. bei *Hölderlin, Novalis, Klinger, Moritz, Tieck, Brentano, Hoffmann, J. v. Eichendorff, Hebbel, Grabbe, Lenau* und *Büchner,* oft als Thema erscheint, erst von *I. A. Gontscharow* vor allem im ‹Oblomow›, besonders aber in der ‹Schlucht›, realisiert wird [49]. Zudem arbeitet Rehm noch die bei Gontscharow und *Dostojewski* offenbare innere Nähe von L. und Nihilismus heraus – «hinter beiden wartet das Nichts» [50] – und weist die L. als Wurzel des Nihilismus auf [51].

5. O. F. BOLLNOW, der an Kierkegaards existentieller Analyse anknüpft, zählt die L. zu den existenzphilosophisch relevanten Stimmungen und unterscheidet zwischen den «oberflächlicheren Formen, in denen etwas Bestimmtes den Menschen langweilt», und einer «tieferen 'eigentlichen L.', die den Menschen ohne bestimmbaren Grund im ganzen ergreift und in der er schlechthin 'sich' langweilt» [52]. Hierbei beruft sich Bollnow auf HEIDEGGER, der dieses «Gefühl einer namenlosen Leere, in dem ihm nichts mehr wichtig ist und in dem er an nichts mehr teilnehmen kann» [53], in ‹Was ist Metaphysik?› beschrieben hatte: «Die tiefe L., in den Abgründen des Daseins wie ein schweigender Nebel hin- und herziehend, rückt alle Dinge, Menschen und einen selbst mit ihnen in eine merkwürdige Gleichgültigkeit zusammen. Diese L. offenbart das Seiende im Ganzen» [54].

Anmerkungen. [1] Vgl. GRIMM 6 (1885) 159. 173. 184; Trübners dtsch. Wb. 4 (1943) 369ff.; L. VÖLKER: L. Untersuch. zur Vorgesch. eines lit. Motivs (1975). – [2] I. KANT, Akad.-A. 7, 117-333. – [3] a.O. 234. – [4] 151. 233f. – [5] 151. – [6] A. E. HOCHE: L., in: Aus der Werkstatt (1935) 50. – [7] TH. MANN, Ges. Werke 3: Der Zauberberg (1960, ²1974) 148. – [8] KANT, Akad.-A. 7, 234. – [9] Vgl. HOCHE, a.O. [6] 38f. – [10] Pensées de B. PASCAL II. Oeuvres, hg. L. BRUNSCHVICG/P. BOUTROUX 13 (Paris 1904) 47: Frg. 127. – [11] R. GUARDINI: Christl. Bewußtsein. Versuche über Pascal (1935) 87. – [12] PASCAL, a.O. [10] 61: Frg 131; Gedanken, dtsch. W. RÜTTENAUER (1947) 84: Frg. 192. – [13] W. REHM: Gontscharow und die L., in: Experimentum Medietatis. Stud. zur Geistes- und Lit.gesch. des 19. Jh. (1947) 96-183. – [14] a.O. 100. – [15] E. HELLO: Der Mensch (1935). – [16] Die Br. des Abbé GALIANI, mit Einl. und Anm. hg. W. WEIGAND (²1914) 287. – [17] Die frz. Moralisten 1, hg. F. SCHALK (1973) 93. – [18] Vgl. a.O. 1, 200. – [19] Vgl. 2, 150f. – [20] Vgl. 2, 214. 303. – [21] Vgl. 1, 432. – [22] Vgl. B. GROETHUYSEN: Die Entstehung der bürgerl. Welt- und Lebensanschauung in Frankreich 2 (1930) 15f.; vgl. 84. – [23] MONTESQUIEU, Vom glücklichen und weisen Leben. Einfälle und Meinungen, dtsch. W. REINHARD (1944) 43. – [24] a.O. 77; vgl. auch 123. – [25] J.-J. ROUSSEAU, Emil oder Über die Erziehung. Vollst. A., dtsch. L. SCHMIDTS (1971, ³1975) 379. – [26] F. NIETZSCHE, Werke, hg. K. SCHLECHTA 1 (1966, ⁷1973) 903. – [27] REHM, a.O. [13] 100. – [28] S. KIERKEGAARD, Über den Begriff der Ironie, dtsch. E. HIRSCH (1961) 291. – [29] Entweder – Oder, hg. H. DIEM/W. REST (1960) 329-349. – [30] a.O. 331 u.ö. – [31] 332. – [32] 336. – [33] 338. – [34] Die Krankheit zum Tode, hg. H. DIEM/W. REST (1956) 584ff. – [35] a.O. 590. – [36] 599. – [37] 602. – [38] 603. – [39] A. SCHOPENHAUER, Sämtl. Werke, hg. J. FRAUENSTÄDT/A. HÜBSCHER 2: Die Welt als Wille und Vorstellung I (1938) 378. – [40] a.O. 367f. – [41] 368; vgl. auch 371; Sämtl. Werke 5: Parerga und Paralipomena I (1938) 349. – [42] Vgl. G. LEOPARDI, Theorie des schönen Wahns und Kritik der modernen Zeit, hg. E. GRASSI, dtsch. K. J. PARTSCH (1949) 36. – [43] a.O. 42; vgl. 44. – [44] 46. – [45] 38. – [46] REHM, a.O. [13]. – [47] VÖLKER, a.O. [1]. – [48] REHM, a.O. [13] 173. – [49] Vgl. 116ff. – [50] 152. – [51] Vgl. 173. 182f. – [52] O. F. BOLLNOW: Existenzphilos. (o.J.) 372; vgl. Das Wesen der Stimmungen (⁵1974) 48. – [53] Existenzphilos. ebda. – [54] M. HEIDEGGER: Wegmarken (1967, ²1978) 110. –

Literaturhinweise. E. TARDIEU: L'ennui (Paris 1903). – E. v. SYDOW: Die Kultur der Dekadenz (1922) 28ff. 294ff. – W. REHM s. Anm. [13]. – W. ARNOLD: Ennui – spleen – nausée – tristesse. Die Neueren Sprachen NF 15 (1966) 159-173. – G. SAGNES: L'ennui dans la litt. franç. de Flaubert à Laforgue 1848-1884 (Paris 1969). – L. VÖLKER s. Anm. [1]. – E. PETERS: Notes toward an archeol. of boredom. Social Res. 42 (1975) 493-511. – R. KUHN: The demon of noontide. Ennui in western lit. (Princeton, N.J. 1976).

. H.-U. LESSING

Langue/Parole. Die Begriffe ‹L.› und ‹P.› werden in ihrer spezifischen Bedeutung zum ersten Mal [1] von F. DE SAUSSURE in seinen zwischen 1907 und 1911 in Genf gehaltenen drei Vorlesungen zur allgemeinen Sprachwissenschaft gebraucht [2]. Mit diesen für einen großen Teil der modernen Linguistik grundlegenden Begriffen setzte Saussure sich kritisch ab gegen die historisch-vergleichende Sprachwissenschaft, die normative Grammatik [3] und die Vorstellung von der Sprache als Nomenklatur [4]. Entsprechend der Genese des ‹Cours de linguistique générale› sind die beiden Termini nicht streng definiert, sondern unter verschiedenen, zum Teil untereinander nicht widerspruchsfreien Aspekten eingeführt [5]: (a) ‹L.› und ‹P.› sind disjunkte Begriffe, deren Oberbegriff ‹le langage› ist. Le langage ist «multiforme et hétéroclite» [6]. ‹L.› und ‹P.› fungieren in dieser Hinsicht als Ordnungsbegriffe, die mit der Delimitation von Gegenstandsbereichen wissenschaftliche Domänen bezeichnen [7]. – (b) «Die *L*. ist eine Menge von notwendigen Konventionen, die von der sozialen Gesamtheit akzeptiert sind, um den Gebrauch der Sprachfähigkeit [faculté de langage] beim Individuum zu ermöglichen ... Die Sprachfähigkeit ist ein von der L. verschiedenes Faktum, kann aber ohne diese nicht ausgeübt werden. Mit *P*. bezeichnet man den Akt des Individuums, das seine Fähigkeit vermittels der sozialen Konvention, welche die L. ist, ausübt» [8]. L. als gesellschaftlich bestimmtes Korpus [9] steht in dieser Hinsicht im Verhältnis wechselseitiger Beeinflussung zu P. als individuellem Akt: L. ist kumulativ rezipiertes Produkt der P. [10], die Intelligibilität und Effizienz der P. ist durch die «klassifizierende Tätigkeit» [11] der L. gewährleistet [12]. – (c) Der L. kommt nach Saussure Systematizität zu: Sie ist das wichtigste «Zeichensystem» unter mehreren, die insgesamt Gegenstand der Semiologie (s. d.) sind [13]. – (d) L. ist nicht eine Summe von Einheiten [14], sondern ein System sich gegenseitig delimitierender (abgrenzender) Differenzqualitäten (valeurs) [15], deren Funktion die strukturierende Vermittlung zwischen Denken und Laut ist, wobei erst die vollzogene Vermittlung distinkte sprachliche Einheiten produziert. – (e) L. unterliegt historischen Veränderungen, die trotz ihres konventionellen Charakters nicht individuell steuerbar, sondern komplex determiniert sind. – (f) L. ist nach Saussure das eigentliche Ziel (objet) der Linguistik. – (g) P. ist die individuelle Ausführung des Aktes der Kopplung von Konzept und Lautbild oder, wie Saussure auch sagt, von Signifikat (signifié) und Signifikant (signifiant). – (h) Erst sekundär, nur «strenggenommen» könne die P. zum Gegenstand der Linguistik gemacht werden [16].

Saussure selbst weist auf die Schwierigkeit der Übersetzung der Begriffe hin [17]. ⟨L.⟩ wird im Deutschen u. a. mit ⟨Sprache⟩, ⟨Sprachbesitz⟩, ⟨Muttersprache⟩, ⟨P.⟩ u. a. mit ⟨Sprechen⟩, ⟨Rede⟩, ⟨Sprechakt⟩ wiedergegeben. Wegen der Uneindeutigkeiten der deutschen Termini ist entweder die Beibehaltung der Saussureschen Termini oder der jeweilige Zusatz: «im Sinne von L./P.» anzuraten.

Das Saussuresche Begriffspaar ist Gegenstand zahlreicher methodologischer und methodischer Diskussionen geworden [18]. Für die strukturalistische Sprachwissenschaft [19] wie auch für bestimmte Richtungen der Semiologie [20] wurde dieses Begriffspaar grundlegend. L. BLOOMFIELD nennt 1924 und 1927 die L. (engl. language) den zentralen Gegenstand der Linguistik, 1933 aber P. (speech) [21], die Substrat für die Erstellung der L. sei [22]. L. HJELMSLEV [23] differenziert die L. in *«schéma»* (d. i. der rein formale Aspekt der L., determiniert durch Sprechakt, Usus und Norm), *«norme»* (d. i. L. als «soziales Faktum» [24]) und *«usage»* (d. i. die an sprachlichen Manifestationen beobachtbare Menge von Konventionen). Er schlägt vor, ⟨L.⟩ und ⟨P.⟩ durch ⟨schéma⟩ und ⟨usage⟩ zu ersetzen, und bietet ⟨Sprachbau⟩ und ⟨Sprachgebrauch⟩ als deutsche Übersetzung an [25]. Die Kritik an der vermeintlichen Inadäquatheit der Begriffe ⟨L.⟩ und ⟨P.⟩ [26] für die Beschreibung der objektsprachlichen Realität – oft vor allem auch an der durch Hjelmslev vermittelten streng formalistischen Interpretation [27] – führte zu zahlreichen Differenzierungsvorschlägen, so z. B. zur Einführung der Termini ⟨discours⟩ [28], ⟨code⟩, ⟨individuelles sprachliches System⟩ [29], ⟨Norm⟩, ⟨System⟩ [30] u. a. In die generative Transformationsgrammatik sind die Begriffe ⟨L.⟩ und ⟨P.⟩ abgewandelt als ⟨Kompetenz⟩ (s. d. VI) und ⟨Performanz⟩ eingegangen [31].

Anmerkungen. [1] Vgl. R. GODEL (Hg.): Les sources manuscrites du Cours de linguist. générale de F. de Saussure (Genève/Paris 1957) (= SM) 142. – [2] Nach Mitschr. posth. als Cours de linguist. générale, hg. CH. BALLY/A. SECHEHAYE/A. RIEDLINGER (Paris/Lausanne 1916); dtsch. H. LOMMEL: Grundfragen der allg. Sprachwiss. (1931, ²1967) Paginierung (Paris ²1922) gleichbleibend; zit. nach Ed. crit. prép. T. DE MAURO (Paris 1972) (= CLG); zu Vorläufern des mit ⟨L.⟩ und ⟨P.⟩ Bezeichneten vgl. DE MAURO, CLG 382f.; W. A. KOCH: Tendenzen der Linguistik, in: Perspektiven der Linguistik 2, hg. W. A. KOCH (1974) 263ff. – [3] DE SAUSSURE, CLG 118. 161f. – [4] CLG 97f.; DE MAURO, CLG 439ff. Anm. 129. – [5] Vgl. R. ENGLER: Lexique de la terminol. Saussurienne (Utrecht/Anvers 1968) 31ff. 38. – [6] DE SAUSSURE, CLG 25. – [7] Vgl. K. HEGER: Die Semantik und die Dichotomie von L. und P. Z. rom. Philol. 85 (1969) 144ff., bes. 147f.; J. M. KOŘÍNEK: Einige Betracht. über Sprache und Sprechen, in: Travaux Cercle linguist. Prague 6 (1936) 23ff., bes. 23f.; T. PAVEL: Une question terminol.: la paire 'langue-langage'. Rev. roumane Linguist. 12 (1967) 443ff., bes. 445. 447. – [8] DE SAUSSURE, CLG, éd. crit. R. ENGLER (1967ff.) 1, 32b (= 160 IIR6). – [9] CLG 31. 157; vgl. J. VENDRYES: Le caractère social du langage et la doctrine de F. de Saussure, in: Choix d'études linguist. et celtiques (Paris 1952) 18ff. – [10] DE SAUSSURE, CLG 30; SM 155; A. H. GARDINER: The theory of speech and language (Oxford ²1951) 329. – [11] DE SAUSSURE, SM 153f. 257. – [12] CLG 37; R. BARTHES: Eléments de sémiol. Communications 4 (1964) 92ff., bes. 101; DE SAUSSURE, SM 146. – [13] CLG 32ff. 43. 149. – [14] CLG 44. 146; vgl. dagegen K. ROGGER: Krit. Versuch über de Saussure's Cours Général. Z. roman. Philol. 61 (1941) 161ff., bes. 178f. – [15] DE SAUSSURE, CLG 157ff. 168ff.; vgl. J. D. APRESJAN: Ideen und Methoden der modernen strukturellen Linguistik (²1972) 37f. – [16] Vgl. DE SAUSSURE, CLG 25. 27. 29f. 37ff. 98ff. 110ff. 126f. 156. 167. 172. 317. – [17] CLG 31; DE MAURO, CLG 423ff.; GARDINER, a.O. [10] 107f.; TH. LEWANDOWSKI: Ling. Wb. 2 (1975) 369. – [18] Vgl. E. COSERIU: System, Norm, «Rede», in: Sprache. Strukturen und Funktionen (1970) 193f. – [19] Vgl. aber A. A. LEONT'EV: Sprache – Sprechen – Sprechtätigkeit (1971). – [20] Vgl. BARTHES, a.O. [12]; J.-L. BAUDRY: Linguist. et production textuelle, in: Linguist. et litt. Colloque de Cluny (Paris 1968) 48ff.; C. METZ: Le cinéma: langue ou langage? Communications 4 (1964) 52ff.; U. ECO: Einf. in die Semiotik (1972) bes. 28ff. – [21] L. BLOOMFIELD: Rez. CLG². Mod. Language J. 8 (1924) 317ff.; Rez. von O. JESPERSEN: A philos. of grammar (New York 1924). J. engl. a. german. philol. 26 (1927) 444ff.; beide in: A. L. BLOOMFIELD: Anthology (Bloomington 1970); L. BLOOMFIELD: Language (New York 1933) 21ff. – [22] Vgl. S. R. LEVIN: L. and P. in Amer. Linguistics. Foundations of Language 1 (1965) 83ff., bes. 87. – [23] L. HJELMSLEV: L. et P., in: Cahiers Ferdinand Saussure 2 (1942) 29ff. – [24] Vgl. W. DOROSZEWSKI: Sociol. et linguist. (Durkheim et Saussure). Actes 2e Congr. int. de linguistes (Paris 1933) 146f.; Diskussion mit A. MEILLET, a.O. 147f.; SM 282. – [25] L. HJELMSLEV: Structural analysis of language. Studia linguist. 1 (1947) 69ff. – [26] Vgl. W. MAŃCZAK: Les termes «L.» et «P.» désignent-ils quelque chose de réel? Linguistics 55 (1969) 48ff.; A. PENTTILÄ: Einige Bemerk. über die Unterscheidung von Sprache und Rede, in: Actes 4e Congr. int. de linguistes (Kopenhagen 1938) 157ff.; T. SLAMA-CAZACU: Les éléments de la communication, niveaux du code, et la triade langage-L.-P., in: Linguist. contemp. Festschr. E. Buyssens (Brüssel 1970) 237ff., bes. 240; B. COLLINDER: Krit. Bemerk. zum Saussureschen CLG. Acta Soc. Linguisticae Upsaliensis NS 1/5 (1968) 181ff.; V. SKALIČKA: The need for a linguistics of «la P.», in: A Prague School reader in linguistics, hg. J. VACHEK (Bloomington 1964) 375ff. – [27] N. C. W. SPENCE: A Hardy Perennial: the Problem of «La L.» and «La P.» Archivum linguist. 9 (1957) 1ff., bes. 4f. – [28] E. BUYSSENS: La communication et l'articulation linguist. (Brüssel/Paris 1967) 40. – [29] SLAMA-CAZACU, a.O. [26] 244ff. 247. – [30] COSERIU, a.O. [18]. – [31] N. CHOMSKY: Current issues in linguist. theory (Den Haag 1964); Aspekte der Syntax-Theorie (1969; amer. Orig. 1965) bes. 14f.

Literaturhinweise. T. DE MAURO s. Anm. [2] 422 (Bibliogr.). – E. COSERIU: Sistema, norma y habla (Montevideo 1952).

H. ADLER

Laster. Ursprünglich hat das althochdeutsche ‹lastar› und mittelhochdeutsche ‹laster› die allgemeine Bedeutung von Fehler, Übel, Mangel jeder Art, die auch heute noch manchmal mitschwingen kann (‹lästern› im Sinn von ‹tadeln›). Es entspricht damit der κακία oder πονηρία, den Auswirkungen und Eigenschaften des κακός bzw. πονηρός. Bei PLATON wie im Neuen Testament bedeuten beide zunächst Untauglichkeit, Mangelhaftigkeit, Fehler, Plage, Übel, wie die Krankheit für den Leib oder die Plage jeden Tages [1]. Besonders aber besagen sie Bosheit und Schlechtigkeit, den Gegensatz zur Tugend [2]. Schon ARISTOTELES nennt die κακία in diesem Sinn eine μοχθηρία συνεχής, eine chronische Krankheit, einen Zustand, der gar nicht mehr zum Bewußtsein kommt [3]. Die ethische Bedeutung wird herrschend bei PLOTIN, in der Stoa und der Ethik PHILONS [4]. κακία oder πονηρία – je nach Autoren häufiger gebraucht – ist dann das Prinzip des Schlechten; in der Geschichte von Herakles am Scheideweg wird sie personifiziert der ἀρετή gegenübergestellt [5]. PHILON kennt in Auswirkung dieses Prinzips schon eine Vielzahl der κακίαι, die ebenso z. B. im PASTOR HERMAE begegnen [6]. Das lateinische ‹vitium› behält die Bedeutungsbreite von Fehler, Mangel, Gebrechen bis Schuld und zugespitzt Laster. So kennt AUGUSTINUS vitium als «Fehler», der als solcher «contra naturam» ist [7], und als L., Fehler der Seele, der Sünde ist: Alle Tugenden, die sich nicht zu Gott zum Ziel setzen, sind L. [8]. Dann kann es geradezu heißen: «non vitiosus homo es, Zoile, sed vitium» [9]. Die scholastische Ethik übernimmt das Wort. ABAELARD spricht vom «animi vitium quod ad mores pertinet». Es macht den Menschen zur Sünde geneigt, schändlich ist nicht, einem Menschen, aber dem L. zu dienen [10]. THOMAS VON AQUIN rechnet das L. mit Hinweis auf Cicero unter die habitus [11]. Der Habitus ist stets erworben und durch Gewöhnung vertieft, so daß allmählich Wachsamkeit und Entscheidungskraft gelähmt, die verkehrte Richtung des Handelns fast automatisch eingeschlagen und das sittliche Leben im ganzen mehr und mehr zersetzt werden. Thomas weiß allerdings auch, daß die L. in psychischen Dispositionen, einseitigen Neigungen oder Fehlentwicklungen Vorformen besitzen, die ihr Entstehen fördern (aegritudinalis habitudo ex parte corporis, naturales inclinationes propter corruptionem naturae in ipsa) [12]. Auch gilt die tatsächlich vollbrachte Sünde als moralisch unwertiger als die im L. angelegte Möglichkeit zur Sünde [13]. JOHANNES DUNS SCOTUS betont: «vitium est quaedam qualitas positiva.» L. sind nicht privationes, sondern habitus, und haben als feste Neigungen, sich dem sittlichen Urteil des Intellekts nicht anzugleichen, ihren Sitz im Willen [14]. «Wie eine Schwalbe nicht den Frühling macht, so macht ein sündhafter Akt den Menschen nicht schlechthin lasterhaft» [15].

Am schärfsten klingt im deutschen Wort ‹L.› die sittliche Verworfenheit und abgründige Verkehrung des Zustands an, das Wort ist heute eingeschränkt auf die durch häufiges, schuldhaftes Handeln eingefahrene Verfestigung im Bösen. KANT bestimmt das L. im Gegensatz zur Tugend und in Abgrenzung zur einfachen Übertretung: «Die vorsätzliche Übertretung aber, die zum Grundsatz geworden ist, macht eigentlich das aus, was man L. (vitium) nennt» [16]. FICHTE erklärt L. als «Sieg» der Untugend über die Tugend. Alle drei sind dem Menschen «unwiderruflich» bestimmt. «Der Tugendhafte ist eine edle, der Lasterhafte eine unedle und verwerfliche, jedoch aus dem Zusammenhange des Universums notwendig erfolgende Natur» [17]. Nur in der französischen Moralistik und in der Aufklärung begegnen Stimmen, die auch dem L. eine positive Bedeutung zuschreiben und es für das soziale Leben förderlich halten, so J. DE LA BRUYÈRE und B. DE MANDEVILLE [18]. Nach F. LA ROCHEFOUCAULD erhält «le vice» den Charakter eines ausgleichenden Gegengifts zur Tugend: «Les vices entrent dans la composition des vertus comme les poisons entrent dans la composition des remèdes; la prudence les assemble et les tempère et elle s'en sert utilement contre les maux de la vie» [19]. Ähnlich urteilt PASCAL: «Nous ne nous soutenons pas dans la vertu par notre propre force, mais par le contrepoids de deux vices opposés, comme nous demeurons debout entre deux vents contraires; ôtez un de ces vices, nous tombons dans l'autre» [20].

Für NIETZSCHE ist L. zunächst «keine Ursache, L. ist eine Folge», «eine ziemlich willkürliche Begriffsabgrenzung, um gewisse Folgen der physiologischen Entartung zusammenzufassen» [21]. So verstanden sind die «Virtuosen des Lebens» «der Gegensatz der Lasterhaften und Zügellosen» [22]. Andererseits aber wird der vornehme, höhere Mensch «nicht widerlegt durch seine L.», vielmehr ist die Tugend «eine ehrwürdige Form der Dummheit» [23]. Das Verhältnis von Tugend und L. kehrt sich geradezu um. Tugend könnte nur noch gelten «als eine ungewöhnliche Form des Abenteuers und der Ausschweifung», als neues L. also, «das Gute als Luxus, als Raffinement, als L.» [24]. Umgekehrt bedeutet jetzt L. «jede Art Widernatur», z. B. «die Predigt der Keuschheit» [25]. KIERKEGAARD bestimmt Sünde nicht im Gegensatz zur Tugend, sondern zum Glauben. Auch ohne das Wort ‹L.› kennt er die «Kontinuierlichkeit der Sünde», den «sündigen Zustand», «ein Beharren im sündigen Zustand mit Bewußtsein» und beschreibt sie als «Sünde, über seine Sünde zu verzweifeln» [26] oder als die dämonische «Angst vor dem Guten» in ihren verschiedenen Formen [27]. M. SCHELER kennt «Richtungen sittlichen Könnens»; sie gehen, im Kern der Person verankert, «aller Idee der Pflicht voran als eine Bedingung ihrer Möglichkeit» und sind noch vor allen Akten Träger sittlicher Werte. Die Tugend ist so «unmittelbar erlebte Mächtigkeit, ein Gesolltes zu tun», im Gegensinn das L. die «unmittelbare Erfahrung des Nichtkönnens oder der Ohnmacht gegenüber einem ideal gesollt Gegebenen» [28].

Anmerkungen. [1] PLATON, Symp. 181 e; Resp. X, 609 a; Hipp. minor 374; Mt. 6, 34. – [2] PLATON, Resp. IV, 444 b; Theait. 176 c; DEMOSTHENES, Or. 21, 19; XENOPHON, Mem. III, 5, 18; Mk. 7, 22; Apg. 8, 22; Röm. 1, 28f.; 1. Kor. 5, 8; Eph. 6, 12; 1. Petr. 2, 1 u. ö. – [3] ARISTOTELES, Eth. Nik. VII, 9, 1150 b 35. – [4] PLOTIN, Enn. I, 8, 13; STOBAEUS, Ecl. II, 58, 144; PHILON, De sobrietate 45; De spec. leg. IV, 108; De conf. ling. 90; De mutatione nominum 30. – [5] XENOPHON, Mem. II, 1, 21ff. – [6] PHILON, De conf. ling. 90; De opificio mundi 79; PASTOR HERMAE, Mand. 8, 3; Sim. 9, 18, 3. – [7] AUGUSTIN, De spiritu et littera 27; De libero arbitrio III, 41; De civ. Dei XII, 1; XI, 17. – [8] De vera relig. 23; De civ. Dei XIX, 25. – [9] MARTIAL, Epigr. 11, 92. – [10] P. ABAELARD, Ethica seu Liber dictus scito te ipsum 3. MPL 178. – [11] THOMAS VON AQUIN, S. theol. I/II, 71, 1 ad 3; dort zit. CICERO, Tusc. disp. IV, 13. – [12] THOMAS, S. theol. I/II, 78, 3. – [13] a.O. I/II, 71, 3. – [14] JOH. DUNS SCOTUS, In lib. sent. IV, dist. XVI, q. 2, 1. – [15] a.O. II, dist. XXIX, q. 1, 6: – [16] I. KANT, Met. Sitten II, Einl. VII. Akad.-A. 6, 390. – [17] J. G. FICHTE, Sämtl. Werke, hg. I. H. FICHTE (1845/46) 2, 188. – [18] J. DE LA BRUYÈRE: Les caractères de Téophraste (1687); B. DE MANDEVILLE: The fable of the bees or private vices, public benefits (1714). – [19] F. LA ROCHEFOUCAULD, Réfl. ou sentences et maximes morales Nr. 182; vgl. Nr. 191. 273. 281. 445. – [20] B. PASCAL, Pensées, hg. BRUNSCHWICG 359. – [21] FR. NIETZSCHE, Der Wille zur Macht Nr. 334. – [22] a.O. Nr. 871. – [23] Nr. 943. 320. – [24] Nr. 324. 934. – [25] Ecce homo. Warum ich so gute Bücher schreibe 5. – [26] S. KIERKE-

GAARD, Krankheit zum Tode II, B. Ges. Werke Abt. 24/25, 109ff. – [27] Der Begriff der Angst Kap. IV, § 2. Ges. Werke Abt. 11/12, 122ff. – [28] M. SCHELER, Der Formalismus in der Ethik und die materiale Wertethik. Ges. Werke 2, 50f. 220.

Literaturhinweise. O. DITTRICH: Gesch. der Ethik 3 (1926) passim. – A. LANDGRAF: Das Wesen der habituellen Sünde, in: Theol. und Glaube (1934) 550ff. – H. FICHTENAU: Askese und L. in der Anschauung des MA (1948). – MAUSBACH-ERMECKE: Kath. Moraltheol. (1959) 1, 352ff. – W. TRILLHAAS: Ethik (1959) 146ff. – Dict. de théol. cath. 15, 2858ff.   R. HAUSER

Lasterkatalog. Die Aufreihung sittlicher Eigenschaften in Sündenregistern, Beichtspiegeln oder L. ist so naheliegend, daß sie ohne gemeinsamen Ursprung oder einheitliche Ordnung vielerorts begegnet. Sie kommt aus der Lust am einfachen Aufzählen, dem Willen zu rechtlicher und ethischer Unterweisung oder dem Bedürfnis nach systematischer Ordnung. A. Deissmann verweist z. B. auf Astrologen wie Vettius Valens oder auf die volkstümlichen Schimpfwörter antiker Spielmarken und der Komödie [1]; R. Reitzenstein sieht in den systematischen Reihen von fünf, sieben und zwölf Lastern ursprünglich kosmisch-materielle Elemente der Planeten oder Tierkreiszeichen, die im Zuge einer «wachsenden Ethisierung der vorderasiatischen Religionen» umgedeutet worden sind [2].

In der hellenistisch-römischen Philosophie wird der L. literarische Form. Die *Stoa* baut ihn mit Hilfe von zwei Viererreihen aus. Im Gegensatz zu den vier Kardinaltugenden stehen ἀφροσύνη (Unbesonnenheit), ἀκολασία (Zügellosigkeit), ἀδικία (Ungerechtigkeit), δειλία (Feigheit), die z. B. DIOGENES LAERTIOS aufzählt und die als grundlegende Übel gelten [3]. Seit ZENON schon kommen hinzu die vier Hauptaffekte ἐπιθυμία (Begierde), φόβος (Furcht), λύπη (Trauer), ἡδονή (Lust) [4]. Dieses Grundgerüst wird durch weitere Unterarten zu einem ausführlichen L. ausgefaltet, der trotz einzelner Abweichungen in den Listen des Diogenes Laertios, ANDRONIKOS oder CICERO den gleichen Kernbestand aufweist [5] und in der Schultradition auch der späteren Stoa von Männern wie SENECA, EPIKTET u. a. weitergegeben wird.

Er wird von der *Popularphilosophie* der Zeit übernommen und in ihre sittliche Diatribe als wirksames didaktisches wie rhetorisches Mittel eingebaut. Charakteristisch ist dabei die lockere Reihung wie Häufung der Begriffe und die Übernahme volkstümlicher Wendungen des Alltags. Quellen sind u. a. die Kynikerbriefe der Kaiserzeit, die Briefe HERAKLITS, Vorträge des MUSONIUS, Dialoge und Ansprachen des DION CHRYSOSTOMUS.

Anders als das Alte Testament kennt auch das *spätjüdische* Schrifttum die Form des L. In der Literatur der Diaspora (PHILON, Weisheit SALOMOS, IV. Makkabäerbuch [5a]) findet sich neben den Sünden des Dekalogs deutlich der Einfluß hellenistischer Popularphilosophie; die vier Kardinallaster tauchen ebenso auf wie die Bekämpfung der Affekte. In der übrigen Paränese des palästinensischen Spätjudentums (den Büchern der Jubiläen, HENOCHS, dem Testament der XII Patriarchen) sind die auch dort vorhandenen L. von der Tradition des Alten Testaments und vor allem vom Schema der zwei Wege geprägt. S. Wibbing hat das Schema mit seinen dualistischen Grundbegriffen (Licht – Finsternis, Geist der Wahrheit – des Frevels) aus den Quumranschriften (vor allem QS 4, 2–14) endgültig aufgewiesen.

Die verschiedenen Traditionen beeinflussen auch die häufigen, größtenteils in den Briefen enthaltenen L. des *Neuen Testaments* [6]. Ihre meist asyndetischen Aufzählungen sind von der Stilform hellenistischer Diatribe bestimmt, bleiben aber in Begriffen und nach Intention durchaus selbständig. So findet sich z. B. auch eine Einteilung nach den Grundrichtungen des Strebens (Genuß, Macht, Besitz) in Augenlust, Fleischeslust und Hoffart des Lebens [7]. Stimmen auch gut ein Drittel der gebrauchten Bezeichnungen mit popularphilosophischen L. überein: mehr noch weisen auf jüdische Tradition oder entstammen der missionarischen Absicht wie der konkreten Gemeindesituation. Vor allem wird das verschiedene Ideal der Sittlichkeit (ἀπάθεια, Gelassenheit, Affektlosigkeit – ἀγάπη, Liebe) in der Bewertung oder Auslassung einzelner Grundbegriffe deutlich. Ebenso knüpft das Neue Testament gern an das spätjüdische dualistische Denkschema der zwei Wege an und versteht den Menschen als unter die bestimmende Gewalt zweier gegensätzlicher Mächte gestellt [8].

Über PHILON, der nicht nur die beiden Quaternare der Stoa häufig zitiert, sondern zu einem festen Schema von acht Lastern verbindet und allegorisch nach Deut. 7, 1 (sieben feindliche Völker Kanaans und der Hauptfeind Ägypten) deutet [9], gelangt der L. in dieser fixierten Sonderform zu den *Kirchenvätern*. Der Ἀντιρρητικός (Gegenschrift) des EUAGRIOS PONTIKOS [10] und die ‹Conlationes› des JOHANNES CASSIANUS [11] sind die ersten literarischen Zeugen der in der mündlichen Tradition des Mönchtums bewahrten Achtlasterlehre. Aus dieser Quelle hat sie vor allem GREGOR DER GROSSE empfangen und der späteren Theologie vermittelt. Er hat dabei die sonst, z. B. in Bußbüchern des 7. bis 10. Jh., noch beibehaltene Achtzahl um der Zahlensymbolik und Allegorese willen geändert. Die Hoffart (superbia) ist ihm Wurzel und Mutter, die anderen sieben Laster die Töchter, von denen jeder wieder sieben andere Laster abgeleitet werden [12]. Schließlich ist die sogenannte Saligia-Reihe der sieben Hauptsünden mit dem Merkvers «dat septem vicia dictio saligia» entstanden, so genannt nach den sieben Anfangsbuchstaben: superbia (Hoffart, Hochmut, Stolz), acedia (Unlust, Trägheit), luxuria (Begehrlichkeit, Vergnügungssucht), ira (Zorn), gula (Genußsucht), invidia (Neid), avaritia (Geiz). Von PETRUS LOMBARDUS und HUGO VON ST. VIKTOR bis zu THOMAS VON AQUIN und JOHANNES GERSON, die sich alle auf Gregor berufen, werden diese sieben Laster im *Mittelalter* als die «Quellen aller Verderbnisse der Seelen» genannt [13]. Die Reihe ist, nach den wichtigsten Zielen menschlichen Begehrens geordnet und als Wurzelsünden verstanden, in die Volksliteratur eingegangen.

LUTHER gebraucht sie noch in den früheren Schriften [14]. Für die katholischen Katechismen der *Neuzeit* ist wohl der des PETRUS CANISIUS zur Übernahme der Formel Vorbild gewesen. In eigenständiger Weise hat KANT, ausgehend von den ursprünglichen Anlagen der menschlichen Natur, eine Einteilung unternommen. Die «Anlage für die Tierheit» kann zu den «Lastern der Rohigkeit der Natur», den «viehischen Lastern der Völlerei, der Wollust und der wilden Gesetzlosigkeit» entarten, die «Anlagen für die Menschheit» können zu den «Lastern der Kultur», den sogenannten «teuflischen Lastern» wie Neid, Undankbarkeit, Schadenfreude, Nebenbuhlerei usw. führen, während allein auf die «Anlage der Persönlichkeit», «die Empfänglichkeit der Achtung für das moralische Gesetz» «schlechterdings nichts Böses gepfropft werden kann» [15].

Anmerkungen. [1] A. DEISSMANN: Licht von Osten (1908) 267. – [2] R. REITZENSTEIN: Die hellenist. Mysterienrelig. nach ihren Grundgedanken und Wirkungen (³1927) 265-275. – [3] SVF 3, 20:

Nr. 83; 3, 65, 17ff.: Nr. 265. – [4] SVF 1, 51, 32ff.: Nr. 211; 3, 92, 15f.: Nr. 378; 3, 94, 6f.: Nr. 386. – [5] Zu DIOGENES LAERTIOS vgl. SVF 3, 99, 34: Nr. 412; 3, 96, 22ff.: Nr. 396; zu ANDRONIKOS vgl. SVF 3, 96, 35ff.: Nr. 397; 3, 97, 41ff.: Nr. 401; 3, 100, 15ff.: Nr. 414; zu CICERO vgl. SVF 3, 97, 22: Nr. 398; 3, 98, 8: Nr. 403; 3, 99, 15: Nr. 410; 3, 101, 1ff.: Nr. 415. – [5a] 4. Makk. 1, 26; 2, 15; vgl. U. BREITENSTEIN: Beob. zu Sprache, Stil und Gedankengut des 4. Makk.buchs (Diss. Basel 1976) 134-143, bes. 136. – [6] Etwa Röm. 1, 29-31; 1. Kor. 6, 9-10; 2. Kor. 12, 20f.; Gal. 5, 19-21; Eph. 5, 3-5; Kol. 3, 5-8; 1. Tim. 1, 9f.; 2. Tim. 3, 2-5; aber auch Mk. 7, 21f.; Mt. 15, 19; Apk. 21, 8. – [7] 1. Joh. 2, 16. – [8] Gal. 5, 19-23; Eph. 5, 3-9. – [9] PHILON, De congressu eruditionis gratia 15, 83. Opera, hg. L. COHN/P. WENDLAND (= C/W) 3, 88, 22ff.; vgl. De opificio mundi 26, 79 = C/W 1, 27, 11; De sacrificiis Abelis et Caini 4, 15 = C/W 1, 207, 17ff.; De migratione Abrahami 11, 60 = C/W 2, 280, 1ff.; De mutatione nominum 36, 197 = C/W 3, 190, 13ff. – [10] EUAGRIOS PONTIKOS, Antirrhetikos, hg. bei W. FRANKENBERG: Euagrius Pontikus (1912); vgl. Monachikos/ Traité pratique ou le moine, griech./frz. hg. A. und C. GUILLAUMONT, in: Sources chrétiennes 170/71 (Paris 1971). – [11] JOH. CASSIANUS: Conlationes/Conférences, griech./frz. hg. E. PICHERY, in: Sources chrétiennes 42 (Paris 1955). – [12] GREGOR DER GROSSE, Expositio in Job XXXI, 43, 87. MPL 76, 620f. – [13] HUGO VON ST. VIKTOR, S. Sententiarum 3, 16. MPL 176, 113; vgl. THOMAS VON AQUIN, S. theol. I/II, 84, 4 ad 5. – [14] M. LUTHER: Eine kurze Form der zehn Gebote, eine kurze Form des Glaubens, eine kurze Form des Vaterunsers (1520). Weimarer A. 7, 211f. – [15] I. KANT, Die Relig. innerhalb der Grenzen der bloßen Vernunft I, Stück I. Akad.-A. 6, 26ff.

Literaturhinweise. O. ZÖCKLER: Das Lehrstück von den sieben Hauptsünden (1893). – P. WENDLAND: Philo und die kynisch-stoische Diatribe. Beitr. zur Gesch. der griech. Philos. und Relig. (1895). – P. SCHULZE: Die Entwickl. der Hauptlasterlehre und Tugendlehre von Gregor dem Grossen bis Petrus Lombardus (Diss. Greifswald 1914). – F. HÖRHAMMER: Die sieben Hauptsünden 1: Das Achtlasterschema und dessen Umbildung durch Gregor den Grossen (Diss. München 1924, Ms.). – J. STELZENBERGER: Die Beziehungen der frühchristl. Sittenlehre zur Ethik der Stoa (1933). – A. VÖGTLE: Die Tugend- und L. im NT. Neutestamentl. Abh. 16 (1936) H. 4/5. – M. POHLENZ: Die Stoa. Gesch. einer geistigen Bewegung 1. 2 (1948/49). – S. WIBBING: Die Tugend- und L. im NT. Beih. Z. neutestamentl. Wiss. 25 (1959).

R. HAUSER

Latent, Latenz (lat. latens, ital. latente, span. latente, latiente, frz./engl. latent; spätlat. latentia, ital. latenza, frz. latence, engl. latency)

I. – 1. Nach der griechisch-epikureischen Formel λάθε βιώσας (lebe im Verborgenen) erscheint im lateinischen Schrifttum das sehr gebräuchliche, nicht fachspezifisch gebundene Verb ‹latere› auch in einigen philosophischen Zusammenhängen.

a) Wo CICERO die Gründe klassifiziert, zunächst nach regelmäßiger – wie in Natur und Kunst – oder unregelmäßiger Wirksamkeit, unterscheidet er letztere weiter: «aliae sunt perspicuae, aliae latent». Die einsehbaren Gründe leiten unser Streben und Urteilen, während die 'latenten' dem Zufall (fortuna) unterworfen sind; insofern nichts ohne Grund geschieht, ist eben dies die Definition von Zufall: «eventus obscura causa et latenter efficitur» (ein Ereignis, bewirkt von einem dunklen und verborgenen Grund) [1].

b) AUGUSTINUS verwendet das Verb sowohl im Zusammenhang der Aufdeckung des verborgenen Schriftsinns – «multa enim latebant in scripturis» – infolge der Angriffe der Häretiker auf die Lehre der Kirche [2], als auch dort, wo er – anknüpfend an die stoische Lehre von den λόγοι σπερματικοί – dem materiellen Sein formgebende Kräfte zur Entlastung Gottes angesichts des Bösen zuspricht: «occulta quaedam semina in istis corporeis mundi huius elementis latent» (es sind in den stofflichen Elementen dieser Welt gewisse unsichtbare Samen verborgen) [3], und in seiner Schrift über Dialektik zur Erläuterung von 'Ding' (res), das entweder erkannt oder empfunden wird oder verborgen ist (latet): «latet vero ipse Deus et informis materia» [4].

c) Auch bei THOMAS VON AQUIN findet sich das Wort im Kontext der Frage nach den eigenschöpferischen Kräften der geschaffenen Natur: etwa bei der Diskussion der Ansicht des Anaxagoras, «formas (non) actu praeexistere in materia, sed latere» [5]. Wirkungsgeschichtlich bedeutungsvoll ist jedoch seine zentrale Stellung in einem eucharistischen Hymnus: «adoro te devote latens deitas, quae sub his figuris vere latitas» (demutsvoll bete ich dich an, verborgene Gottheit, die du dich unter diesen Gestalten wahrhaft verbirgst) [6]. Die derart sakramental verstandene Verborgenheit Gottes bei Thomas, die jedoch in der neueren katholischen Theologie gerade auch mit Bezug auf jenen Hymnus allgemeiner positiv als Geheimnis interpretiert wird [7], wird – über MEISTER ECKHART [8] und NIKOLAUS VON KUES [9] – von LUTHER erweitert auf das Heilshandeln Gottes in der Geschichte, der auch in seiner Offenbarung der «Deus absconditus» bleibt [10].

Anmerkungen. [1] CICERO, Top. 63. – [2] AUGUSTIN, Enarr. in Ps. LIV, 22. – [3] De trin. III, 8. – [4] Princ. dial. V. – [5] THOMAS VON AQUIN, De pot. III, 8. – [6] De piae preces 11/1; vgl. Quodlibeta 9, 3, a. 5, In Ps. 26, 4; In Isaiam 53/76. – [7] Vgl. etwa K. RAHNER: Bekenntnis zu Thomas von Aquin, in: Schr. zur Theol. 10 (1972) 16. – [8] Vgl. H. FISCHER: Meister Eckhart (1974) 89ff. – [9] Vgl. R. WEIER: Das Thema vom verborgenen Gott von Nikolaus von Kues zu Martin Luther (1967). – [10] Vgl. H. BANDT: Art. ‹Verborgenheit Gottes›, in: RGG³, 6, 1257f.; Luthers Lehre vom verborgenen Gott (1958); A. ADAM: Der Begriff «Deus absconditus» bei Luther nach Herkunft und Bedeutung, in: LutherJb. (1963) 97-106.

2. Wird der Terminus ‹L.› im 18. Jh. in Physik und Medizin [1], später in Psychologie und Soziologie [2] gebräuchlich, so bleibt er in der Philosophie zunächst selbst latent. So führt W. HAMILTON seine «theory of latency» als Theorie unbewußter Aktivitäten auf Leibniz zurück, der das Wort allerdings nicht verwendete: «[h]e was, however, unfortunate in the terms which he employed to propound his doctrine» [3]. Außerdem ist Leibniz' Lehre von den Perzeptionen und deren kleineren Einheiten, den 'petites perceptions', zwar tatsächlich eine Theorie der L., aber nicht wie bei Hamilton psychologisch-erkenntnistheoretisch zu verstehen, sondern ontologisch: Die auf ihr basierende Monadenlehre soll Einheit und Vielfalt des Universums nach Art eines Organismus erklären [4].

Eine All-Lebendigkeit postuliert auch F. W. J. SCHELLINGS Naturphilosophie und nähert sich damit dem L.-Begriff: «Wir [behaupten] eine innere Identität aller Dinge und eine potentiale Gegenwart von allem in allem ... und [betrachten] also selbst die sogenannte todte Materie nur als eine schlafende Thier- und Pflanzenwelt» [5]. An die diese Lehre begründende spätere Einführung des alle Potenzen enthaltenden Gottes – mit der Konsequenz, «daß ... allerdings alles Gott ist, daß auch das durch die Natur hindurchgehende Subjekt Gott ist, nur nicht als Gott» [6] – knüpft kritisch G. SPICKER an [7]: Er definiert «Potenz in Gott» als «gleichsam latente, ungeäußerte Kraft, wie sie vorausgesetzt werden muß, ehe sie creativ wurde» [8], und setzt sie mit der Materie – «als göttliche[m] Attribut» [9] – gleich, die eben jene «ursprünglich latente Kraft» ist [10].

Anmerkungen. [1] Nach H. SCHULZ und O. BASLER: Dtsch. Fremdwb. 2 (1942) 11. – [2] Vgl. N. LUHMANN: Soziol. Aufklärung (1970) 69f. – [3] W. HAMILTON: Lect. on met. and logic 1 (1859) 361. – [4] Vgl. H. H. HOLZ: Leibniz (1958) 15ff. 32ff. – [5] F. W. J. SCHELLING: Darstellung meines Systems der Philos. (1801). Werke, hg. M. SCHRÖTER, 3, 104. – [6] Zur Gesch. der neueren Philos. (1827) a.O. 5, 194. – [7] G. SPICKER: Versuch eines neuen Gottesbegriffs (1902) 170ff. – [8] a.O. 162. – [9] 130. 140f. 194. – [10] 190.

3. Als Zentralbegriff wird ‹L.› manifest in der Philosophie E. BLOCHS, dessen Marxismus in der Tradition von Leibniz [1] und Schelling [2] steht. Der Geschichte inhäriert eine «Tendenz» auf das 'Reich der Freiheit'; L. ist das «utopisch Fundierende der Tendenz», freilich nicht nach Art «des fertig jenseitigen Himmels» [3] und seines «latenten Gott[es]» [4] – die Welt steht daher trotz der hoffnungsvollen «L. des Alles» auch in der «L. des Nichts» [5] –, vielmehr «ist mit Verborgenem hier ein Zustand gemeint, worin noch ferne Geburt eines Neuen umgeht und so, daß ohne den ungekommenen Austrag von Latentem überhaupt nichts schwanger sein könnte» [6]. Dieser ungekommene Austrag, dieses «Agens der Dinge selber, das X, das sie treibt und worin ihr Wesen zugleich latent ist» [7], also «die Essenz des Perfektibeln ist nach der allerkonkretesten Marxschen Antizipation 'die Naturalisierung des Menschen, die Humanisierung der Natur'. Das ist die Abschaffung der Entfremdung in Mensch und Natur, zwischen Mensch und Natur oder der Einklang des unverdinglichten Objekts mit dem manifestierten Subjekt, des unverdinglichten Subjekts mit dem manifestierten Objekt» [8]. Derart ist auch die «Manifestationsgeschichte der Natur» [9] nicht beendet: «Ihr Bedeutungsgehalt ist genau in der Zeit noch nicht erschienen, er steht gleich dem der Menschen noch in utopischer L.» [10]. Dieser utopische Gehalt von Natur- und Menschengeschichte ist zwar identisch [11], jedoch ist der «Subjektkern in der Natur» «notgedrungen immer noch hypothetisch» [12]: so ist «tendenziell-latent die menschliche Geschichte, verschlossen-latent die ihr noch unvermittelte Natur» [13]. Basis dieses universal-kosmischen Prozesses ist die Materie in ihrer aristotelischen Bestimmung als das «In-Möglichkeit-Seiende», als «Schoß der Fruchtbarkeit, dem auf unerschöpfte Weise alle Weltgestalten entsteigen» [14]: «Das Reich der Tendenz und L., der konkreten Utopie ist aus Materie, aber einer dialektisch-potentialen» [15].

Wo dagegen – wie bei O. MARQUARD – angesichts der Unvermitteltheit von Natur und Geschichte dieser Natur und der Hoffnung auf sie mißtraut wird, erscheint «das Problem einer trotz aller Versachlichung latent zu natürlich gebliebenen Welt» als zentrales «Gesellschaftsproblem» [16], das freilich auch die über Ästhetik, Naturphilosophie und Anthropologie abwirtschaftende Geschichtsphilosophie – charakteristisch dafür ist der «Weg von Schelling zu Freud» [17] und die philosophische Relevanz psychoanalytischer Begriffe – nicht zu lösen vermag: diese «hintergründige Macht [der Natur] auch noch da, wo sie in der menschlichen Kultur restlos erkannt und beherrscht scheint», heißt «latenter Naturalismus» [18].

Anmerkungen. [1] H. H. HOLZ: Logos spermatikos. Ernst Blochs Philos. der unfertigen Welt (1975) 23. – [2] J. HABERMAS: Ernst Bloch – Ein marxist. Schelling, in: Philos.-polit. Profile (1971). – [3] E. BLOCH: Experimentum Mundi. Gesamt-A. (= GA) 15 (1975) 147. – [4] Das Prinzip Hoffnung. GA 5 (1959) 1518; vgl. 1413. – [5] a.O. 1532. – [6] a.O. [3] 147. – [7] Das Materialismusproblem. GA 7 (1972) 126. – [8] a.O. [4] 277. – [9] 806. – [10] 1518. – [11] Vgl. a.O. [7] 466. – [12] a.O. [3] 218. – [13] Tübinger Einl. in die Philos. GA 13 (1970) 333f. – [14] a.O. [4] 238. – [15] a.O. [3] 261; vgl. a.O. [7] 469. – [16] O. MARQUARD: Über einige Beziehungen zwischen Ästh. und Therapeutik in der Philos. des 19. Jh., in: Schwierigkeiten mit der Geschichtsphilos. (1973) 192. – [17] 103. – [18] P. PROBST: Politik und Anthropol. (1974) 107.

4. M. HEIDEGGER gebraucht zwar nicht das Wort ‹L.›, aber inhaltlich ist es gegeben in seiner Deutung von Wahrheit – im Anschluß an das griechische Wort ἀλήθεια von λανθάνω bzw. λήθω, ich bin verborgen, vergessen, unerkannt, die dem lateinischen ‹lateo› entsprechen [1] – als Unverborgenheit, die in der Verborgenheit des Seins gründet [2]. Um Wahrheit als Unverborgenheit geschichtlichen Sinns geht es in der Diskussion um das «latente Christentum» [3], also um Recht oder Unrecht der Kategorie der Säkularisierung, die – so H.-G. GADAMER gegen H. Blumenberg – «dem Selbstverständnis des Gewordenen und Gegenwärtigen eine ganze Dimension verborgenen Sinnes zu[bringt]» [4]. L.-Probleme diskutieren auch die Theorie des «anonymen Christen» von K. RAHNER [5] und T. RENDTORFFS Theorie der «neuzeitlichen Verfassung» des Christentums [6].

Anmerkungen. [1] Vgl. A. WALDE: Lat. etymol. Wb. 1 (³1938) 768f. – [2] M. HEIDEGGER: Sein und Zeit (⁷1953) 33. 219. 222. – [3] K. LÖWITH: Nietzsches antichristl. Bergpredigt. Heidelberger Jb. 6 (1962) 44. – [4] H.-G. GADAMER: Rez. von H. BLUMENBERG: Die Legitimität der Neuzeit. Philos. Rdsch. 15 (1968) 201f. – [5] K. RAHNER: Bemerk. zum Problem des «anonymen Christen» a.O. [7 zu 1]. – [6] T. RENDTORFF: Theorie des Christentums. Hist.-theol. Stud. zu seiner neuzeitl. Verfassung (1972).

H.-G. JANSSEN

II. Das lateinische ‹latens› kommt seit alters in der Bedeutung 'unsichtbar, verborgen' synonym mit ‹occultus›, ‹abditus› in der *Medizin* vor. Dabei lassen sich drei Bedeutungsvarianten unterscheiden. Einmal wird ‹latens› im 18. Jh. in bezug auf verborgene Krankheiten («*morbi occulti*, cum horum caussis latentibus»), die das Gegenstück zu den manifesten Erkrankungen («Aegritudines, earumque caussae dicuntur *manifestae*») bilden, gebraucht, um die verborgenen Krankheitsursachen hervorzuheben [1]: In diesem Sinne spricht BOERHAAVE im Zusammenhang mit inneren Krankheiten und deren Ursprung von «morbi interni, & latentes» [2]. Andererseits kann ‹latens› das Verborgensein einer bestimmten Krankheit unter einer Vielzahl von den ganzen Körper betreffenden Krankheitserscheinungen ausdrücken [3]. In der deutschen Wortfassung findet sich, drittens, im 19. Jh. der Gebrauch des Begriffs ‹latente Krankheiten› mit der Betonung vor allem von symptomarmen bzw. symptomlosen Krankheitsverläufen [4]. Im gleichen Jh. taucht auf dem Hintergrund der sich etablierenden Bakteriologie das Substantiv ‹L.› auf und ist in der Verbindung mit ‹L.-Zeit› einer Infektionskrankheit gleichbedeutend mit ‹Incubation› [5]. Heute dagegen wird zwischen ‹Inkubation›, ‹inapparenter Infektion› und ‹L.-Stadium› exakt unterschieden [6].

In der *Physik/Chemie* des 18. Jh. benutzt BLACK den ins Englische übernommenen Terminus ‹latent›, um die von ihm entdeckte «latent heat» zu beschreiben [7].

Seit ungefähr der Mitte des 19. Jh. bürgern sich ‹L.› und ‹latent› überdies in der *Physiologie* und – zusammen mit dem Gegenbegriff ‹manifest› – im *psychologisch-medizinischen* Sprachgebrauch ein.

Anmerkungen. [1] Amaltheum Castello-Brunonianum sive Lex. Med. ..., cura ... PANCRATII BRUNONIS (Padua 1721) s.v. ‹Manifestus›. – [2] Institutiones Medicae ... dig. ab H. BOERHAAVE (Lugdun. Batavorum ⁴1721) 907. 303. – [3] P. POTERII insignium curationum, et singularium observationum centuria prima, cap. VIII, S. 9: «De latente lue cum aliis gravissimis». Opera omnia ... cum annotationibus FR. HOFFMANNI ... operum omnium physico-medicorum suppl. in duas partes distributum; pars prima (Genevae 1749). – [4] Encyclop. der prakt. Med., von CARSWELL, CHEYNE ..., dtsch. ... L. FRÄNKEL, Lief. 8, Bd. III, Heft 2 (Bog. 16-30) (1840) 276ff.; vgl. auch: Real-Encyclop. der ges. Heilk., med.-chir. Handwb. für prakt. Ärzte, hg. A. EULENBURG 11 (³1897) 78. – [5] a.O. 519: s.v. ‹Incubation›. – [6] Wb. Med., hg. H. SCHALDACH 2 (1974) s.v. ‹L.›. – [7] H. GUERLAC: Art. ‹Joseph Black›, in: Dict. of sci. biography, hg. CH. C. GILLISPIE 2 (New York o.J. [1970]) 173ff.

K.-H. BRUNE

III. Im *psychologischen* und *physiologischen* Sprachgebrauch umfaßt das Adjektiv ‹latent› fünf umschreibbare Bedeutungen, die jedoch nicht alle in einem begriffshistorischen Zusammenhang stehen: 1. prinzipiell nicht beobachtbar; 2. potentiell beobachtbar; 3. rudimentär beobachtbar; 4. ruhend, inaktiv; 5. unbewußt. – Darüber hinaus wird ‹latens› synonym mit ‹velatus› verwendet zur Bezeichnung eines bestimmten Sophismus.

1. *Prinzipiell nicht beobachtbar, potentiell beobachtbar.*
– Der Gebrauch des Begriffs ‹latent› im Sinne von 'nicht beobachtbar' läßt sich bis F. BACON zurückverfolgen [1], der in seinem ‹Novum Organum› zwei 'Konstituenten der Physik' unterscheidet: den «latens processus» und den «latens schematismus». Der latens processus beinhaltet die Entstehung und Veränderung des Organischen; sie vollzieht sich im unendlich Kleinen und ist deshalb unsichtbar. Der latens schematismus physikalischer Gegenstände bleibt ebenfalls verborgen, da er außerhalb der Wahrnehmungsmöglichkeiten des Menschen liegt. Doch Bacon selbst schließt den Fortschritt der Wissenschaften nicht aus, der einhergeht mit einer Verbesserung der Erkenntnismöglichkeiten und damit zu einer potentiellen Beobachtung der latenten Vorgänge und Schematismen führen kann [2].

Die mehr implizite Begriffserweiterung bei Bacon findet sich bis zur Gegenwart vor allem im naturwissenschaftlichen Sprachgebrauch. Um 1850 begegnet der Terminus in der physiologischen Forschung bei H. HELMHOLTZ, dem es gelingt, die Geschwindigkeit von nervösen Erregungsabläufen im Muskel zu messen [3]. Während noch J. MÜLLER die Dauer der Abläufe für 'unmeßbar klein' hält [4], ermittelt Helmholtz die 'Dauer der latenten Reizung', die unmittelbar nach Einsetzen des Reizes am motorischen Nerven beginnt und ohne sichtbare Reaktion verstreicht. Sie endet mit der beobachtbaren Muskelzuckung. Aus ähnlicher Überzeugung wie Bacon war Helmholtz der Ansicht, daß die gemessenen Vorgänge nur aus methodischer Unzulänglichkeit 'latent' genannt werden müssen; er selbst nahm ihre Untersuchung jedoch nicht in Angriff [5]. Der Ausdruck ‹Zeit (Dauer) der latenten Reizung› wird in der Folgezeit verkürzt zu der Form ‹L.-Zeit› [6]. Aber noch W. WUNDT spricht vom «Stadium der latenten Reizung» [7].

Mit dem Fortschreiten der physiologischen Forschung wird ‹L.-Zeit› abgegrenzt gegen die Bezeichnungen ‹physiologische Gleichung› bzw. ‹physiologische Zeit›, für die S. EXNER später den Terminus ‹Reaktionszeit› einführte [8]. Die Reaktionszeit definiert Exner als die Zeit zwischen einer Sinnesreizung und dem Beginn der beobachtbaren Reaktion. Handelt es sich speziell um eine Muskelreaktion, so entspricht die von Helmholtz gemessene L.-Zeit nur jenem Teil der Reaktionszeit, der die Dauer der nervösen Vorgänge am Muskel anzeigt [9].

Diese enge Bedeutung von ‹L.-Zeit› entspricht nicht dem Sprachgebrauch der gegenwärtigen naturwissenschaftlichen Medizin und Psychologie. Die Abgrenzung zwischen den Begriffen ‹Reaktionszeit› und ‹L.-Zeit› verwischt sich. Diese Sprachgewohnheit hat ihr Vorbild in dem russischen Reflexologen T. P. PAWLOW, der als L.-Zeit definiert, was nach Exner Reaktionszeit heißt: die Zeit vom Einsetzen eines Signals (bedingter Reiz) bis zum Beginn der bedingten (gelernten) Reaktion (z. B. Speichelsekretion) [10].

Die physiologische Tradition, auch die physiologisch-psychologisch orientierte Reflexologie bilden einen Teil der theoretischen und methodischen Grundlagen der *behavioristischen* Strömung in der Psychologie. Der Behaviorismus geht aus vom Reiz-Reaktions-Schema, den beiden meßbaren Grundgrößen dieser psychologischen Richtung. Die Zeit zwischen Reiz und Reaktion (latency) wird gewertet als Indikator für die Intensität der gelernten Verbindung zwischen beiden Größen. Das zwischen Reiz und Reaktion ablaufende latente Geschehen besitzt nach E. L. THORNDIKE [11], aber auch nach C. HULL eine neurophysiologische Grundlage [12]. Diese reduktionistische Definition des latenten Geschehens ist nur für den konsequenten Behaviorismus charakteristisch. Der von C. TOLMAN vertretene kognitive Behaviorismus bleibt ganz auf psychologischer Ebene: Tolman prägt den Ausdruck ‹latentes Lernen›, um einen hypostasierten Lerngewinn zu bezeichnen, der sich nicht unmittelbar in Leistungen nachweisen läßt, unter bestimmten Umständen aber meßbar werden kann [13]. In neuesten experimentellen Studien kann sich ‹latent› sowohl auf einen hypostasierten neurophysiologischen als auch einen psychologischen Vorgang beziehen. Im letzteren Fall wird eine potentielle direkte Beobachtbarkeit oft nicht angenommen, und die zwischen Reiz und Reaktion vermittelnde latente Gegebenheit erhält dann den Status eines *theoretischen Konstruktes*. Man bezeichnet sie als *intervenierende Variable*, wenn sie eine Reduktion auf direkt beobachtbare Sachverhalte nahelegt [14].

2. *Rudimentär beobachtbar.* – In der russischen Reflexologie wird der Begriff ‹L.› – wie ihn der Terminus ‹L.-Zeit› impliziert – nicht einheitlich verwendet. Bei W. BECHTEREW bezeichnet er eine *Hemmungsperiode* der Reflexreaktion; die Hemmung ist aus den beobachtbaren Reflexrudimenten zu erschließen [15]. Diese Bedeutung von ‹L.› entspricht der späteren psychoanalytischen Begriffsdefinition; im Bereich der physiologisch-psychologischen Begriffsverwendung bleibt sie aber isoliert.

3. *Inaktiv, ruhend.* – Eine frühe Verwendung der dritten Bedeutungsvarianten findet sich in FRAUENSTÄDTS Referat von SCHELLINGS Vorlesungen in Berlin: ‹latent› wird hier im Sinne von 'inaktiv' verwendet [16]; der Gebrauch in anderem Kontext ist mehrdeutig [17].

Die Begriffe ‹latent› und ‹L.› erscheinen bei S. FREUD im Zusammenhang mit verschiedenen Sachverhalten und mit ganz unterschiedlicher Bedeutung. Während der naturwissenschaftliche Sprachgebrauch davon ausgeht, daß in der L.-Zeit *Vorgänge* ablaufen, setzt sich Freud mit seiner Deutung des Begriffes ‹L.-Zeit› oder ‹L.-Periode› in Gegensatz zu dieser Annahme: Mit ‹L.-Zeit› bezeichnet er ein Stadium in der Sexualentwicklung des Menschen, in dem die Sexualenergie ruht und die Entwicklung für eine gewisse Zeit still steht. Nach seinen eigenen Angaben verdankt er den Ausdruck W. FLIESS, der ihn in ihren gemeinsamen Gesprächen verwendet haben soll [18]. Völlig inaktiv ist nach Freud die Sexualenergie in dieser Zeit jedoch nicht, sie ist nur in sublimierter Form wirksam [19]. Einen latenten Zustand, in dem keine Wirkung angenommen wird, kennzeichnet er in seinen ‹Studien über Hysterie›, in denen er das Schicksal von Symptomen beschreibt, die nach einem ersten Erscheinen verschwinden und erst bei einem zweiten, ähnlichen Trauma wieder auftreten; sie sind seiner Deutung nach «eingefroren» und bedürfen eines Auslösers, um wieder wirksam zu werden [20].

4. *Unbewußt.* – Der Gesichtspunkt der Bewußtseinsrepräsentanz psychischer Gegebenheiten gehört zu den zentralen Denkkategorien der Psychoanalyse. Er führt zum Begriff des Unbewußten, derjenigen Instanz in Freuds Topologie der Persönlichkeit, die alle latenten Inhalte der Psyche beherbergt. Der Terminus ‹latent› und sein Komplementärbegriff ‹manifest› werden von Freud explizit in der Traumtheorie verwendet. ‹L.› erhält hier die allgemeine Bedeutung 'unbewußt': Die wahre Aussage eines Traumes ist unbewußt oder latent und nur mit Hilfe geeigneter psychoanalytischer Verfahren zugänglich [21]. Nicht nur in der Traumtheorie, auch in seinen Vorstellungen über die L.-Periode ist die latente Gegebenheit zugleich eine verdrängte, nicht jedoch eine völlig bewußtseinsunfähige [22].

Auch außerhalb des Einflußbereichs der Psychoanalyse kommt ‹latent› in ähnlicher Bedeutung vor. Der Gestaltpsychologe K. KOFFKA spricht von «latent attitude» (unbewußter Einstellung), die jedoch nicht vollkommen unbewußt sein muß. Sie wird im Experiment als aktuelle Verhaltensdeterminante wirksam und muß bei der Analyse von experimentell gewonnenen Ergebnissen mitberücksichtigt werden [23].

Unmittelbar aus der psychoanalytischen Traumtheorie werden in neuerer Zeit die Termini ‹latent› und ‹manifest› in der Kommunikationsforschung entlehnt. Bei inhaltsanalytischen Deutungsversuchen von Texten und anderen Formen der Kommunikation wird die latente Aussage mit Hilfe einer systematischen Zerlegung des manifesten Inhaltes gesucht. Der latente Inhalt enthält nach dem theoretischen Ansatz dieser Forschungsrichtung die unbewußten Einstellungen des Aussagenden, aus denen man bei genauerer Kenntnis Verhaltensvorhersagen treffen kann [24].

In einer neueren Begriffsanalyse bestimmt L. PONGRATZ die L. als Merkmal des Unbewußten in der Bedeutung von «kognitiv nicht Präsent-Sein»; bei phänomenologischer Betrachtung werden latente Inhalte von einem bewußtseinsfähigen Subjekt nicht wahrgenommen, nicht empfunden, nicht bemerkt, nicht erinnert, nicht gedacht, nicht gewußt. Nur eine solche Negativdefinition ist für Pongratz möglich, da sich über das Unbewußte oder Latente keine empirischen Aussagen machen lassen. Bewußtsein als Präsenz und Unbewußtes als L. stehen in engem Wirkungszusammenhang, sie sind aufeinander bezogen. Pongratz' *funktionale* Begriffsanalyse erkennt zwei Bedeutungsaspekte des Latenten, die gleichermaßen auch dem Unbewußten zukommen: a) «*aufbewahrend*», z.B. beim Gedächtnis. Erfahrungen werden gespeichert und unauffällig für den Abruf bereit gehalten; b) «*schützend*», z.B. im Falle der Verdrängung, die im Dienste der Selbsterhaltung und Lebensbewältigung steht [25].

Die verschiedenen Bedeutungen des Begriffs gehören zur Terminologie der gegenwärtigen Psychologie und Medizin; es fehlt auch heute noch an einem fixierten Bedeutungshof, und die intendierte Bedeutung ist oft nur aus dem Kontext zu erschließen.

Anmerkungen. [1] J. SPEDDING und R. W. ELLIS (Hg.): The works of F. BACON (London 1857-1874, ND 1963) 1, 231ff.; 3, 555; 4: Novum Organum 122-126. – [2] a.O. 4, 122f. – [3] H. HELMHOLTZ: Vorläufiger Ber. über die Fortpflanzungsgeschwindigkeit der Nervenreizung. Arch. Anat. Physiol. wiss. Med. 1 (1850) 71-73; Messungen über den zeitl. Verlauf der Zuckung animalischer Muskeln und die Fortpflanzungsgeschwindigkeit der Reizung in den Nerven a.O. 276-364; Messungen über die Fortpflanzungsgeschwindigkeit der Reizung in den Nerven a.O. 3 (1852) 199-216. – [4] J. MÜLLER: Hb. der Physiol. 1 (⁴1844) 581. 583. – [5] L. HERMANN: Hb. der Physiol. (1879) 1/1, 31ff.; 2, 15ff. – [6] a.O. – [7] W. WUNDT: Grundzüge der physiol. Psychol. (⁶1908) 102f. – [8] S. EXNER: Exp. Untersuch. der einfachsten psych. Prozesse. Pflügers Arch. ges. Physiol. 7 (1873) 609. – [9] HERMANN, a.O. [5]. – [10] I. P. PAWLOW, Sämtl. Werke (1953) 4, 239. – [11] F. H. ALLPORT: Theories of perception and the concept of structure (New York 1955) 441. 452. 456. – [12] a.O. – [13] C. TOLMAN: Purposive behavior in animals and men (New York 1932); E. R. HILGARD und G. H. BOWER: Theories of learning (New York ³1966). – [14] P. E. MEEHL und K. MCCORQUODALE: Some methodol. comments conc. expectancy theory. Psychol. Rev. 58 (1951) 230-233; K. MCCORQUODALE und P. MEEHL: On a distinction between hypothetical constructs and intervening variables. Psychol. Rev. 55 (1948) 95-107; P. F. LAZARSFELD: Latent structure analysis, in: S. KOCH (Hg.): Psychol.: A study of a sci. (New York 1959) 3, 490. – [15] W. BECHTEREW: Reflexol. des Menschen (1926) 247. – [16] J. FRAUENSTÄDT: Schellings Vorles. in Berlin (1842) 126. – [17] a.O. 87. – [18] S. FREUD, Ges. Werke (London 1942) 5, 75; 16, 98; 12, 222. – [19] a.O. 5, 79. – [20] Stud. über Hysterie (1895) a.O. 1, 241f. – [21] Die Traumdeutung. Über den Traum a.O. 2/3, 140. 169. 283. 654. – [22] Aus den Anfängen der Psychoanalyse a.O. [18] 174f. – [23] K. KOFFKA: Principles of Gestalt psychol. (London 1935) 394f. 562f. – [24] Vgl. etwa A. L. GEORGE: Propaganda analysis (Evanston 1959) 120. – [25] L. J. PONGRATZ: Problemgesch. der Psychol. (1967) 249-254.

U. SCHÖNPFLUG

Latitudinarismus. Der 1662 erstmals, meist nur pejorativ von den Gegnern des L. gebrauchte Begriff [1] bezeichnet eine Richtung in der anglikanischen Kirche, die, verwandt dem holländischen Arminianismus, sich gegen konfessionelle Verengung wendet und verschiedenen Glaubensauffassungen und gottesdienstlichen Formen breiten Raum («latitude») lassen will. Um Mitglied der Kirche zu werden, genüge die Annahme der Fundamentalartikel der Religion, die jeder Mensch guten Willens verstehen könne; die von der Liebe geführte Vernunft sei das göttliche Licht. Die schon von W. CHILLINGWORTH und J. HALES eingeschlagene theologische Linie wird dann vor allem von den Cambridger Platonikern wie R. CUDWORTH [2], H. MORE, B. WHICHCOTE, N. CULVERWEL, dann auch von J. WILKINS, J. WORTHINGTON und J. TILLOTSON weitergeführt. Sie versuchten, ihr orthodox gemeintes neutestamentliches Christentum mit platonischem Humanismus gleichzusetzen, und lehnten den strengen Calvinismus und die herrschende aristotelische Scholastik ab. Später wurde ‹L.› die Bezeichnung für die dem Liberalismus und einem deistischen Indifferentismus zuneigenden Tendenzen [3], deren Vertreter u. a. von der Verpflichtung auf die 39 Artikel der anglikanischen Kirche befreit werden und die Liturgie um der Dissenters willen vereinfachen wollten. Vor allem im 19. Jh. findet sich, unter dem Einfluß der rationalistischen Philosophie und der radikalen Bibelkritik, der L. in der 'Broad Church Party'. Er wendet sich gegen Oxford und die hochkirchliche Bewegung, erstrebt Einschränkung der verpflichtenden Lehre und betont praktisches Christentum. Bedeutende Vertreter sind: TH. ARNOLD, F. D. MAURICE, CH. KINGSLEY, F. W. ROBINSON.

Anmerkungen. [1] S. P. [SIMON PATRICK?]: A brief account of Latitude-men (London 1662) 7; vgl. E. FOWLER: Principles and practices of certain moderate divines of the Church of England, abusively called Latitudinarians (London 1670, ²1671); R. GROVE: Vindication of the conforming clergy from the unjust aspersions of heresie ... (London 1676, ²1680) 25; J. GOODMAN: The old relig. demonstrated in its principles and described in the life and practice thereof (London 1684, neue A. 1848) 42; TH. COMBER: A companion to the temple and closet (London 1672-75, ⁴1702) 2, 368; E. PHILLIPS: The new world of Engl. words (London ⁵1696) s.v.; P. JURIEU: La relig. du latitudinaire (Rotterdam 1696) [Angriff auf A. BURY: The naked gospel (1690)]; A. BURY: Latitudinarius orthodoxus (London 1697) [Verteidigung gegen Jurieu]; vgl. G. BURNET: Hist. of his own time (London 1724-34, Oxford 1823) 1, 323f.; in übertragener Bedeutung z. B. bei J. COLLIER: Essays upon several moral subjects (London 1697, ³1698) 1, 166. – [2] Vgl. z. B. R. CUDWORTH: The true intellectual system of the universe (London 1678, ND 1964) 199: «there may be a latitude allowed in theism». – [3] Vgl. z. B. KANT, Akad.-A. 6, 22: Gegensatz Rigoristen/Latitudinarier, Indifferentisten.

Literaturhinweise. J. HUNT: Relig. thought in England 1-3 (London 1870-73). – J. TULLOCH: Rational theol. and christian philos. in England in the 17th century 1. 2 (Edinburgh/London ²1874, ND 1966). – J. H. OVERTON und F. RELTON: The Engl. Church (1714-1800) (London 1906). – E. A. GEORGE: 17th century men of latitude (Oxford 1908). – W. R. INGE: Platonic tradition in Engl. relig. thought (London 1926). – N. SYKES: From Sheldon to Secker. Aspects of Engl. church hist. 1660-1768 (Cambridge 1959).
R. HAUSER

Lauterkeit. Das Wort ‹L.›, mit dem LUTHER das griechische εἰλικρίνεια und das lateinische ‹sinceritas› [1] wiedergegeben hat, ist schon im 14. Jh. von ECKHART in den ‹Deutschen Predigten› und von seinen Schülern Tauler und Seuse aus der Umgangssprache in die Sprache der mystischen Texte, aber auch in die philosophisch-theologische Begriffssprache übernommen worden. In der Umgangssprache diente das Wort ‹L.› vor allem zur Bezeichnung unvermischter Reinheit, z. B. als Eigenschaft eines geläuterten Metalls; als Adjektiv ‹lauter› hatte es mannigfache Bedeutungen [2]. Zu einem philosophischen Begriffswort geprägt, bezeichnet ‹L.› das, was schlechthin einfach und eins ist. Begrifflich entspricht es dem, was Eckhart lateinisch so ausdrückt: «Ergo primum omnium simpliciter est perfecte unum 'in fine simplicitatis'» [3]. L. ist der positive Ausdruck für die ursprüngliche Einheit vor aller Differenz, sei es, daß diese Einheit absolut, in bezug auf Gott oder in bezug auf die Dinge ausgesagt wird. In bezug auf Gott spricht Eckhart vielfach von der «êrsten lûterkeit» [4] und meint damit die Einheit des Wesens Gottes als trinitarische Einheit, in welcher Einheit und Einfachheit die Einheit des Universums und der Dinge begründet ist. Unter Bezugnahme auf den ‹Liber de causis› hebt Eckhart hervor, daß die L. als das schlechthin Einfache keinen Namen erlaubt; keine Zunge könne ein treffendes Wort über Gott aussprechen wegen der Hoheit und L. seines Seins [5]. ‹L.› bezeichnet den Charakter der geschaffenen Dinge, sofern «sie in gote sint, niht als sie sint in ir natûre» [6]. Wohl eignet den Dingen auch eine natürliche L. [7], doch strikte kommt L. den Dingen nur zu, sofern der unmittelbare Hervorgang des gesamten Universums aus Gott [8] und der dadurch begründete ursprüngliche Zustand der «einvalticheit» [9] bezeichnet sind. L. ist auch der ursprüngliche Zustand der Seele. Die Einheit mit Gott, aus der sie herkommt, ist auch ihr Ziel. L. ist darum der Charakter der Seele im Stande der mystischen Vereinigung mit Gott.

In der Schule Eckharts bezeichnet L. den Zustand natürlicher Unschuld. «Unter Kind soll man verstehen vollkommene L.» [10]. Doch nennt TAULER die L. auch neben der Liebe zu Gott, neben Demut und Gehorsam in einer spirituellen Tugendlehre, in der L. die Entbehrung aller Dinge, «die nicht Gott sind», bedeutet [11]. RUISBROECK verwendet in den einschlägigen Bedeutungszusammenhängen gerne das Wort ‹nackt›. Liebe ist «jenseits aller Teilung ein wesentliches Genießen der nackten göttlichen Wesenheit» [12]. Die sechste Stufe der Liebe wird beschrieben als «Schauung, rein und nackt von Geist und von Gedanken» [13].

Bei BÖHME kommt ‹L.› auch in den Schriften bzw. Kapiteln, wo es geradezu erwartet werden könnte [14], nicht vor. Böhmes Theosophie denkt im Gegensatz zum philosophischen Systemdenken platonisch-aristotelischer Observanz keine ursprüngliche Indifferenz. Was in der Mystik Eckharts einerseits und in der aus der Identitätsphilosophie herkommenden Weltalterphilosophie Schellings andererseits als ursprüngliche und gegensatzlose Einheit gedacht wird und ‹L.› genannt wird, ist in der Theosophie Böhmes als dualistische Struktur gedacht. Böhme eröffnet sein Denken mit der Differenz. Gott birgt in sich das «eine und das andere Prinzip», und die Natur ist Offenbarung eines Urgegensatzes in der Einfachheit [15]. Das, was von anderen Denkern ‹L.› genannt wird, ist bei Böhme im Ansatz ausgeschlossen.

Die Bedeutung von L. als gegensatzlose Einheit kehrt bei SCHELLING in den Schriften der Zeit zwischen 1811 und etwa 1825 wieder, besonders aber in Druck I der ‹Weltalter› [16], wo ‹L.› der Name für das reine, aber lebendige und lustvolle Insichgehen ist, das keine Differenz, keine Zeit, kein Wesen, kein Sein, kein Bewußtsein kennt und darum auch nicht, wie etwa Gott, mit Namen genannt werden kann. L. als absolute Einheit ist «vor» dem «Seyn» und insofern ein «Nichts», und die Frage, warum die «uranfängliche L.» [17] aus sich heraustrete in das Sein, erscheint zunächst als unmögliche Frage [18]. Das reine Insichsein jedoch «erzeugt die Lust, sich zu haben», «welche Lust sodann den Willen empfängt, der der Anfang zur Existenz ist» [19]. Die L. ist reiner Wille, jedoch als «Wille, der nichts will» oder «lauteres Wollen», und als solches «ewige Freiheit» [20]. Im Verhältnis zu Gott ist die L. die Gottheit; «denn selbst Gott ist nur die Hülle der Gottheit» [21]. In dieser Bedeutung theologisch vermittelt, ist L. jedoch auch allgemeines ontologisches Einheitsprinzip: «Die urerste L. ist noch immer verborgenerweise das eigentlich Existirende, und der erste wirkende Willen doch wahrhaft nur der Grund ihrer Existenz». Schelling wendet das Konstrukt einer sich in sich wollenden Einfachheit und eines höchsten gegensatzlosen Lebens zu einer Trinitätsspekulation, in der das Ausgehen Gottes aus der Gottheit als dem «Urwesen» in der Dreiheit von Vater, Sohn und Geist gedacht wird. Geist ist die «letzte und entfalteste Einheit» [22], in ihm findet sich «wieder die uranfängliche L., die absolute Einheit von Subjekt und Objekt, in höchster Verwirklichung» [23].

Auch «dem Menschen muß ein Prinzip zugestanden werden, das außer und über der Welt ist», durch das er «eine Mitwissenschaft der Schöpfung» hat [24] und das ihn befähigt, «die Vergangenheit zurückzurufen» [25]. Das Bild der «wahren Menschheit» im Menschen und «der absoluten Einheit von Subjekt und Objekt» ist bei Schelling das Kind [26]. Im Sinne dieses spekulativ-anthropologischen Ansatzes Schellings gipfeln metaphysische Erkenntnislehre und Morallehre im Begriff ‹L.› [27].

L. ist im spekulativen Denken der ‹Weltalter› der Begriff, durch den Schelling die *Möglichkeit* eines Anfangs zu denken versucht, der durch Differenz und «polarische

Entgegensetzung» [28] gekennzeichnet ist. Das, was den Anfang ermöglicht, ist vor allem Anfang. Er versucht, über eine philosophia negativa hinaus eine positive Struktur für einen Anfang des Anfangs zu gewinnen, und der «bejahende Begriff der unbedingten Ewigkeit» (nicht des Ewigen) ist ihm Freiheit oder Wille oder erste L. [29]. Diese ist ebenso der «Anfang Gottes» [30], Anfang der Materie [31] wie ein Anfang der Zeit [32] und schließlich auch der Anfang des Systems [33].

Schelling bietet in den bei Schröter abgedruckten ‹Entwürfe und Fragmente zum Ersten Buch der Weltalter› auch eine kurze Metareflexion über L., in der er jedoch keinen historischen Hinweis gibt, sondern vor allem die Aporie, wie man vom Namen- und Eigenschaftslosen sprechen könne, artikuliert [34]. Soviel Schelling in seiner Lehre von den zwei Willen und vom «ersten Prinzip» dem Begriff der Contraction bei Böhme verdankt, so verweist die Interpretation «des Unvordenklichen (ἀνυπόθετον)» [35] durch den Begriff ‹L.› doch eher auf Plotin und die neuplatonische Tradition. In Druck II und III tritt ‹L.› als Begriff zurück, taucht sporadisch noch in der Erlanger Zeit auf, bleibt jedoch im übrigen philosophisch folgenlos.

Anmerkungen. [1] Vgl. 1. Kor. 5, 8; 2. Kor. 1, 12. – [2] GRIMM 6 (1885) 385f.: Art. ‹L.›; 378-384: Art. ‹lauter›. – [3] Meister ECKHART: Liber parabolarum Genesis cap. 1. Lat. Werke, hg. K. WEISS (1956ff.) 1 (1964) 481. – [4] Dtsch. Werke, Predigten, hg. J. QUINT 1 (1958) 217. – [5] a.O. 346; 5 (510); vgl. 1, 56. 282. 329. – [6] 289. – [7] ebda. – [8] Expos. libri Genesis, cap. 1. Lat. Werke 1, 196f. – [9] Dtsch. Werke 1, 282. – [10] J. TAULER: Predigten 25 und 46, hg. G. HOFFMANN (1961). – [11] a.O. 463. – [12] J. VAN RUISBROECK: Die Zierde der geistl. Hochzeit und die kleineren Schr., hg. F. M. HUEBNER (1924) 86. – [13] a.O. 140f. 337f. – [14] J. BÖHME: Aurora oder Morgenröthe im Aufgang. Werke, hg. K. W. SCHIEBLER (1831-47, ²1861ff.) Bd. 2; vgl. Anleitung, wie man das göttliche und natürliche Wesen betrachten solle a.O. Kap. 2; Von der hochgebenedeieten, triumphirenden, heiligen Dreifaltigkeit, Gott Vater, Sohn, Heiliger Geist, Einiger Gott Kap. 3; Von der großen Einfältigkeit Gottes a.O. Kap. 23. – [15] Vgl. De tribus principibus 3, 9 und 13; Sex puncta theosophica 4, 336; De mysterio magno 5, 7; De triplici vita hominis 4, 3 (Vorspruch). – [16] F. W. J. SCHELLING: Die Weltalter. In den Urfass. von 1811 und 1813, hg. M. SCHRÖTER (1946) (= WA), Druck (= D) I, 28-39. – [17] SCHELLING, Werke, hg. SCHRÖTER 4 (1927); D I a.O. [16] 74. 84. – [18] a.O. [16] D I, 30. – [19] D I, 31; WA 209. – [20] D III a.O. [17] 615; WA 217. – [21] D I, 61; vgl. I, 78. – [22] D I, 120. – [23] D I, 122. – [24] D I, 5; D II, 5; WA 205. – [25] D I, 19. – [26] D I, 28. – [27] D I, 29. – [28] D I, 135. – [29] a.O. [17] III, 611; WA 226f. – [30] D I, 61ff. – [31] D I, 84f. – [32] D I, 135ff. – [33] D I, 85. – [34] WA 214f. – [35] ebda. 215.

Literaturhinweise. P. HANKAMER: Jakob Böhme, Gestalt und Gestaltung (1924) 351-377. – H. KRINGS: Fragen und Aufgaben der Ontol. (1954) 116-253. – B. DIETSCHE: Der Seelengrund nach den dtsch. und lat. Predigten, in: Meister Eckhart der Prediger, hg. U. M. NIX/R. ÖCHSLIN (1960) 215f. – A. HUFNAGEL: Taulers Gottesbild und Thomas von Aquin, in: Johannes Tauler, ein deutscher Mystiker, hg. E. FILTHAUT (1961) 168.   H. KRINGS

Läuterung, Reinigung. – 1. Die religionswissenschaftlich nachweisbare Verpflichtung zur L. oder Reinigung (griech. κάθαρσις; lat. lustratio, purgatio, purificantia, purificatio) [1] taucht in primitiv-archaischen Kulturen dort auf, wo das Alltägliche durchbrechende Ereignisse, Zustände oder Gegenstände eine numinose Scheu provozieren, die – aus Furcht vor der sich manifestierenden transsubjektiven Macht und Kraft (tabu) – besondere magisch-rituelle Vorkehrungen und Maßnahmen erforderlich machen; eine frühe Phase bildet das Verständnis dieser Reaktionen als lediglich dinghafter Reinigungen, die entweder vor oder nach Berührung des Numen notwendig sind [2]. Offensichtlich tendieren die Religionen von einer magisch-mechanischen über eine kultische zu einer moralischen Deutung dieses Reinigungsprozesses [3]. Während z. B. zunächst als 'unrein' geltende Vorgänge wie Geburt, Menstruation oder der Tod [4] spezielle Waschungen hervorrufen, die die Reintegration des durch sie Befleckten in die Gesellschaft ermöglichen, erfordert später der Verkehr mit der als erhaben gedachten Gottheit die vorherige Reinigung des Menschen. Erst auf einer kulturhistorisch relativ späten Stufe religiöser Systeme wird die Befleckung moralisch interpretiert und als Schuld internalisiert [5]. Die Sublimierung der Reinheitsvorstellung ist im alttestamentlichen Israel besonders mit dem Auftreten der Propheten verknüpft [6], während in Griechenland vor allem die Orphiker und Pythagoreer die in Kulten gepflegte Katharsis durch Musik und Tanz ethisieren [7], so daß es nunmehr Aufgabe der Philosophie werden kann, Mittel zur «Reinigung der Seele» (κάθαρσις ψυχῆς) [8] zu entwerfen.

Anmerkungen. [1] Vgl. J. B. HOFMANN: Lat. etymol. Wb. (³1954) 2, 390f. – [2] F. HAUCK und R. MEYER: Art. ‹καθαρός, καθαρίζω› Theol. Wb. zum NT, hg. KITTEL (= ThWNT) 3, 416ff.; Art. ‹κάθαρσις› RE Suppl. 6 (1935) 146ff.; Art. ‹καθαρμός› RE 10/2, 2513ff. – [3] ThWNT 417f. – [4] RE Suppl. 6, 146ff. – [5] E. R. DODDS: The Greeks and the irrational (Berkeley 1964) 37. – [6] ThWNT 420. – [7] Vgl. E. ROHDE: Psyche (1921) 2, 103ff. 158ff. – [8] Vgl. ThWNT 419 Anm. 9.

2. PLATON, der noch von der musikalischen Katharsis der dionysischen Kulte wußte [1], formuliert aufgrund der körperbedingten Trübung des menschlichen Erkenntnisvermögens als Ziel der Philosophie eine ständige Reinigung von den Irritationen und Bedürfnissen des Körpers [2]: Die Katharsis besteht in der Trennung der Seele vom Körper und in ihrem Versuch, «so viel als möglich, sowohl gegenwärtig, als hernach, für sich allein zu bestehen» [3]. Die solchermaßen durch Tugend und Dialektik gereinigte Seele des Philosophen manifestiert ihre Konnaturalität mit dem Göttlichen (ζυγγενὴς τῷ τε θείῳ καὶ ἀθανάτῳ) [4], um schließlich nach der Verähnlichung mit Gott (ὁμοιοῦσθαι θεῷ) in das «Geschlecht der Götter» (εἰς θεῶν γένος) [5] aufgenommen zu werden. Bei ARISTOTELES gibt es dann die bis in die Gegenwart wirkende Lehre von der musikalischen und der tragischen Katharsis (s. d.). Obwohl PLOTIN die Notwendigkeit der ethischen Reinigung behauptet [6] und libertinistisch-intellektualistischen Parteiungen der Gnosis deren mangelndes Suchen nach einer Heilungs- und Reinigungsmethode (ὡς θεραπεύεται ψυχή ... ὡς καθαίρεται) [7] vorwirft, ordnet er die sittlich-bürgerlichen Tugenden als lediglich kathartische Mittel zur «Gleichwerdung mit Gott» [8] diesem letzten Ziel unter [9]. In Anlehnung an ihn unterscheidet der Neuplatonismus die bürgerlichen, die Menschen von der Körperverhaftung reinigenden Tugenden (ἀρεταὶ καθαρτικαί; virtutes purgatoriae) von den Tugenden der gereinigten Seele (virtutes purgati animi) und interpretiert sie nicht als lediglich menschliche Lebenshaltungen, sondern als religiöse Stufen zur Vergöttlichung des Menschen [10].

Für die Begriffsgeschichte ist es bedeutsam, daß die bei den antiken Philosophen feststellbare Tendenz zur Entmaterialisierung des Reinheitsgedankens konvergiert mit der christlichen Degradierung innerweltlicher Gegebenheiten zu heilsirrelevanten Dingen einerseits und der Verinnerlichung der Reinheitsvorstellung andererseits: für den im «Glauben Gereinigten» (τῇ πίστει καθαρίσας)

[11] ist «alles rein» (πάντα μὲν καθαρά) [12]. Die christlich geprägte Tradition deutet im Anschluß an Eph. 5, 25f. («Ihr Männer, liebt eure Frauen, wie auch Christus die Kirche geliebt und sich für sie hingegeben hat, um sie zu heiligen, indem er sie reinigte im Wasserbad durch das Wort») die Taufe als Beginn der «Reinheit des Herzens» (ἁγνισμὸς τῆς καρδίας) [13], die ihre eschatologische Vollendung im Jenseits erlange. ORIGENES stellt als erster die Frage, was mit den nach der Taufbegnadigung rückfällig gewordenen Christen geschehe, deren Eintritt ja das Reich Gottes 'beschmutzen' müßte, und führt den Gedanken eines 'L.-Feuers' ein, das eine notwendige Stufe zum Endziel einer allversöhnenden Wiederkehr aller Dinge (ἀποκατάστασις) bildet [14]. Ähnlich wie Plotin unterscheidet der für die griechische Asketik und Mystik bedeutsame Mönch EUAGRIUS PONTICUS (gest. 399) zwischen einem aktiven (βίος πρακτικός) und einem kontemplativen (βίος γνωσικός) Leben und bestimmt als Stufen der praktischen Vollkommenheit die Furcht Gottes (ὁ φόβος ὁ τοῦ θεοῦ), den Glauben (ἡ πίστις), die Enthaltsamkeit (ἡ ἐγκράτεια), die Geduld (ἡ ὑπομονή), die Hoffnung (ἡ ἐλπίς) und die Apathie (ἡ ἀπάθεια) [15], deren Idealisierung HIERONYMUS als unchristlich empfand [16]. In ähnlicher Weise konzipiert AUGUSTINUS eine Skala zunehmender Selbstaufgabe; der von der Egozentrik gereinigte, in der Christusnachfolge stehende und nur Gott als dem Beobachter des Herzens (inspector cordis) verantwortliche Christ ignoriert die menschliche Anerkennung und ist zu einer reinen Moral befähigt, die ihn vom Zwang zur Übernahme einer sozialen Rolle befreit. «Derjenige hat nur ein einfaches, d. h. reines Herz, der jenseits menschlichen Lebens lebt und in seiner richtigen Lebensweise nur den anschaut und dem zu gefallen sucht, der der einzige Betrachter des Gewissens ist» [17].

DIONYSIOS AREOPAGITA systematisiert als erster [18] die von Platon und Proklos vorgegebene Schematisierung des Vollkommenheitsweges (ἀναγωγή) mit den drei Stufen L. – Erleuchtung – Vereinigung mit Gott (κάθαρσις – φωτισμός – τελείωσις bzw. θέωσις; via purgativa, illuminativa und unitiva) und parallelisiert diese Ordnung der Geistvermittlung mit der kirchlichen Hierarchie; die Stufe der Reinigung – symbolisiert in der Taufe [19] – impliziert die totale Abkehr vom bisherigen Leben und den als Vereinheitlichung des menschlichen Geistes gedachten Aufschwung (ἡ σύννευσις) zu dem Einen (τὸ ἕν) [20].

THOMAS VON AQUIN übernimmt die neuplatonische Tugend- und Reinigungslehre und paßt sie der christlichen Theologie an [21]; den bürgerlichen Tugenden kommt eine 'reinigende' Funktion zu, da sie den menschlichen Geist auf das Göttliche hinordnen, so wie z. B. die Klugheit (prudentia) das Irdische geringachtet oder das Maßhalten (temperantia) die Imperative des Leibes abschwächt [22].

Mit der protestantischen Ausschließlichkeit des Kreuzes Christi und der exklusiven Konzentration auf den rein gnadenhaft zuerteilten, rechtfertigenden Glauben fällt eine L. oder Reinigung (mundities) aus dem Schema der Heilserlangung heraus. Das Heil kann nicht durch kathartisch-asketische Mittel, wie z. B. Ehelosigkeit [23] oder kultische Riten [24] erarbeitet, sondern lediglich im Glauben geschenkt werden. «So wir nu allein durch den Glauben Vergebung der Sünden erlangen und den heiligen Geist, so macht allein der Glaube für Gott fromm. Denn diejenigen, so mit Gott versühnt sind, die sind für Gott fromm und Gottes Kinder, nicht um ihrer Reinigkeit willen, sondern um Gottes Barmherzigkeit willen; so sie dieselbe fassen und ergreifen durch den Glauben» [25].

Diese vom Protestantismus proklamierte Wiederentdeckung der Gnade und die neuzeitliche Entwertung der vita contemplativa erschweren es, gegenwärtig noch plausibel von der «Reinigung des Herzens» [26] zu sprechen.

Anmerkungen. [1] PLATON, Leges 791 a f. 815 a ff. – [2] Phaid. 65 b ff. – [3] a.O. 67 c. – [4] Resp. 611 e; vgl. Leges 899 d. – [5] Phaid. 82 b. – [6] Vgl. J. M. GARRIDO LUCEÑO: Vernunft und Katharsis bei Plotin (Diss. München 1962); J. TROUILLARD: La purification Plotinienne (Paris 1955) 154ff. 166ff. 186ff. – [7] PLOTIN, Enn. II, 9, 15, 32f. – [8] Vgl. GARRIDO LUCEÑO, a.O. [6] 60. – [9] Vgl. M. WITTMANN: Die Ethik des Hl. Thomas von Aquin (1933) 310ff.; K. RAHNER: Über das Problem des Stufenweges zur christl. Vollendung, in: Schr. zur Theol. 3 (1970) 11ff. – [10] Vgl. WITTMANN, a.O. [9] ebda. – [11] Apg. 15, 9. – [12] Röm. 14, 20; vgl. 14, 14. – [13] Br. des Barnabas, hg. P. PRIGENT/R. A. KRAFT, in: Sources chrétiennes 172; vgl. Art. ⟨Katharsis⟩, in: Dict. de spiritualité 8 (Paris 1974) 1664ff. – [14] Vgl. J. A. FISCHER: Stud. zum Todesgedanken in der alten Kirche (1954) 291ff.; E. R. REDEPENNING: Origines (ND 1966) 2, 455; F. SCHMID: Das Fegefeuer nach kath. Lehre (1904) 99ff. – [15] Vgl. M. VILLER und K. RAHNER: Aszese und Mystik in der Väterzeit (1939) 100f. – [16] SANCTI EUSEBII HIERONYMI Ep. 133, 3. CSEL 56, 246. – [17] AUGUSTIN, De sermone Domini in Monte II, 1. – [18] Vgl. VILLER/RAHNER, a.O. 234. – [19] DIONYSIUS AREOPAGITA, MPG 3, 415ff. – [20] Vgl. J. STIGLMAYER: Aszese und Mystik des ps. Dionysius Areopagita. Scholastik 2 (1927) 174ff. 192f.; H. F. MÜLLER: Dionysius, Proklos, Plotinos (1918) 109f. – [21] Vgl. WITTMANN, a.O. [9] ebda. – [22] THOMAS VON AQUIN, S. theol. I/II, 61, 5. – [23] Art. ⟨XXII De Coniugio Sacerdotum 33⟩. Apologia Confessionis Augustanae, in: Bekenntnisschr. der evang.-luth. Kirche (⁴1959) 340. – [24] Art. ⟨IV De Iustificatione 282⟩ a.O. [23] 216. – [25] De Iustificatione 86 a.O. 178. – [26] F. WULF: Reinigung des Herzens und Gottesschau. Geist und Leben. Z. für Aszese und Mystik 28 (1955) 326ff.; vgl. O. ZIMMERMANN: Lb. der Aszetik (1932) 75ff.

3. Eine besondere Rolle spielt der Begriff der Reinigung (Katharsis) in der Psychoanalyse S. FREUDS; einerseits entdeckt er hinter den am Leitfaden der Neurosenätiologie zu analysierenden Reinlichkeitszwängen die ins Unbewußte abgedrängte Lust zur Befleckung (Beschmutzung, Berührung u.ä.), deren Intensität die Starrheit des Verbots ausmacht: Reinlichkeitsappelle können Reaktionsbildungen gegen erotische (sadistische, voyeuristische) Triebe sein [1]. Andererseits gebraucht Freud den Begriff der Katharsis zur Kennzeichnung seiner voranalytischen Psychotherapie («kathartisches Verfahren») [2], die er gegen Ende des 19. Jh. in Zusammenarbeit mit J. BREUER entwickelte [3].

Anmerkungen. [1] S. FREUD, Ges. Werke 9 (1954) 39f. – [2] a.O. 5 (1954) 3. – [3] 14 (1954) 46f.; s. Art. ⟨Methode, kathartische⟩.

M. ARNDT

Leben (griech. βίος, ζωή; lat./ital. vita; frz. vie; engl. life)
I. *Antike.* – 1. Zwei Wörter bezeichnen L. bei den griechischen Philosophen: βίος und ζωή. Obgleich die Bedeutung dieser beiden Ausdrücke häufig ineinander übergeht, kann man gelegentlich einen Sinnunterschied zwischen ihnen feststellen. Βίος ist oft mit der eigentlich menschlichen Welt verknüpft und bezeichnet vorzugsweise die Lebensdauer, die Lebensart [1]. Immer wird dieses Wort benutzt, um die Biographie zu bezeichnen, die ⟨Vita⟩ der Philosophen. Insbesondere dient es dazu, das alltägliche und gewöhnliche L. zu bezeichnen, derart, daß man bei SEXTUS EMPIRICUS eine bemerkenswerte Entgegensetzung zwischen οἱ ἀπὸ τοῦ βίου (die im L.

stehen) und den Philosophen findet, die um so interessanter ist, als eines der Prinzipien des Skeptizismus gerade darin besteht, nicht «nach einer philosophischen Theorie» zu leben, sondern «das L. als Führer zu nehmen» [2]. Dagegen kann ζωή in einem engeren Sinn die Tatsache des L. selbst bezeichnen, ob es sich nun um Menschen, Tiere oder Pflanzen handelt [3]. Im Lateinischen entspricht unterschiedslos das Wort ‹vita› den beiden griechischen Termini.

Anmerkungen. [1] PLOTIN, Enn. III, 7, 11, 44; III, 7, 12, 2; PLATON, Leg. 733 d. – [2] SEXTUS EMPIRICUS, Adv. Math. VIII, 355; XI, 49; X, 165; Pyrrh. Hypot. III, 2; DIOGENES LAERTIUS IX, 62. – [3] ARISTOTELES, De animal. gen. II, 1, 732 a 12; III, 11, 762 a 32.

2. Bei PLATON wird, wie es scheint, ‹L.› erstmals ein philosophischer Begriff; es wird mit der inneren Bewegungskraft identifiziert. Das Lebendige ist mit Selbstbewegung begabt; genau dies macht es L. aus [1]. Das Prinzip des L. ist die Seele [2]: Sie ist L. oder Selbstbewegung [3]. Diese Begriffe dienen nicht nur zu begründeter Erfassung der Bewegung einzelner Lebewesen; ihre Anwendung erstreckt sich auf das gesamte Universum, das Platon als ein vollkommenes Lebewesen darstellt [4], begabt mit einer einzigen Seele [5]. Im ‹Sophistes›, wo Platon die Gemeinschaft und Teilhabe der Gattungen (Seiendes, Bewegung, Ruhe) untereinander untersucht und das Bestehen einer Gemeinschaft zwischen der Gattung 'Seiendes' und der Gattung 'Bewegung' behauptet, also behauptet, das Seiende könne sich bewegen, räumt er dem παντελῶς ὄν, d.h. dem durchaus Seienden, Vernunft, Seele und L. ein [6]. Spricht Platon damit der Welt der reinen Formen, sie an dieser Stelle durch den Ausdruck παντελῶς ὄν bezeichnend (was auch vollkommenes Sein heißen kann), Bewegung und L. zu oder spricht er vielmehr umgekehrt, die Formen stets als unbeweglich betrachtend, L. nur von einer der Seinsebenen zu, welche zusammengenommen das Seiende insgesamt konstituieren? Zu der Schwierigkeit, die sich an dieser dunklen und mehrdeutigen Stelle des ‹Sophistes› erhebt, kommt eine weitere aus dem ‹Timaios› hinzu, an der Platon sagt, daß die Vernunft des demiurgischen Gottes die Formen sieht, die in dem «Lebewesen an sich», d.h. in dem intelligiblen Urbild, enthalten sind [7]. Kann man L. und Unbeweglichkeit vereinbaren – das ist eines der Grundprobleme, die Platon fortan dem abendländischen Denken aufgegeben hat.

ARISTOTELES seinerseits zögert nicht, im Buch XII der ‹Metaphysik›, das wahrscheinlich die Diskussionen der Akademie über das Verhältnis zwischen Sein, L. und Vernunft widerspiegelt [8], dem ersten unbeweglichen Beweger L. zuzusprechen. Der Akt des Denkens ist L., und Gott ist dieser Akt selbst; dieser in sich selbst existierende Akt konstituiert das vollkommene und ewige L. Gottes. Gott ist das ewige vollkommene Lebewesen [9]. Aber genau genommen ist das L., das von Aristoteles konkret mit der Seele identifiziert wird, nicht mehr wie bei Platon Selbstbewegung, sondern es wird bei ihm unbeweglicher Beweger. Wenn Aristoteles auf diese Weise die Begriffe des L. und der Unbeweglichkeit verbinden kann, dann geschieht dies aufgrund seines Begriffs des Aktes (ἐνέργεια) und seiner Theorie der Priorität des Aktes gegenüber der Potenz. Die neuplatonischen Kommentatoren haben diesen Gegensatz zwischen Platon und Aristoteles konstatiert [10].

Wenn es auch wahr ist, daß der Begriff des L. von Platon und Aristoteles in der philosophischen Argumentation und Reflexion in Verbindung mit den Problemen der Seele, der Bewegung und des Aktes gebraucht wird, so muß man dennoch feststellen, daß sich weder bei ihnen noch bei den Stoikern eigentliche Untersuchungen über den Begriff des L. als solches finden. Die Phänomene des L. werden zwar aufmerksam studiert, aber nur im allgemeinen Rahmen einer Theorie der Natur und der Bewegungstypen. Auch in den von den *Stoikern* unterschiedenen Seinsstufen (d.h. der Spannung des Pneuma), nämlich ἕξις, φύσις, ψυχή, λόγος (Zusammenhalt, (belebte) Natur, Seele, Vernunft), findet man keinen Platz, der ausdrücklich dem Begriff des L. vorbehalten wäre [11].

Anmerkungen. [1] PLATON, Phaidr. 245 c 7-8. – [2] Phaidon 105 c-d. – [3] Leg. 895-896. – [4] Tim. 32 d. – [5] Tim. 34 b. – [6] Soph. 248 e. – [7] Tim. 39 e. – [8] Vgl. H.-J. KRÄMER: Zur gesch. Stellung der arist. Met. Kantstudien 58 (1967) 352. – [9] ARISTOTELES, Met. XII, 7, 1072 b 28. – [10] MACROBIUS, In Somn. Scip. II, 13, 1-16. 26. – [11] SVF 2, 1013.

3. Der neuplatonische Begriff des L. ist aus einer Systematisierung der platonischen Entgegensetzungen von Sein und Bewegung, Identität und Andersheit, Begrenztheit und Unbegrenztheit hervorgegangen: Das L. wird mit der Bewegung, der Andersheit und der Unbegrenztheit identifiziert. Da PLOTIN übrigens in der Nachfolge von Platon und vor allem von Aristoteles das Denken als eine L.-Tätigkeit begreift, wird er dazu geführt, aufgrund seiner Definition des L. die unbegrenzte Bewegung, die das L. ist, als notwendige und integrierende Phase des Prozesses der Selbstsetzung der göttlichen Vernunft einzuführen. Vom Einen oder vom transzendenten und absolut einfachen Guten entspringen und strahlen aus eine Andersheit, eine Bewegung und eine Unbegrenztheit, die nichts anderes sind als das L. selbst [1]. Diese Bewegung entfernt sich vom Einen und geht auf einen Zustand der Vielfalt und Zerstreuung hin. Das ist der transzendente Ursprung der Materie. Aber diese Bewegung will, weil sie vom Einen ausgeht, zum Einen zurückkehren. Im Moment, da das L. seine Umkehr zum Einen hin beginnt, ist es noch unbegrenzt; aber sobald es einmal das Eine gesehen hat, ist es begrenzt. Das L., das Grenze und Bestimmtheit durch die Ausstrahlung des Einen empfangen hat, wird zur vielfältigen Einheit des Seins und der Vernunft. So sind die Einheit und die Substanz, die Vernunft und das Intelligible Ergebnisse einer Umkehr der ursprünglichen, zur Zerstreuung führenden L.-Bewegung. Das L. benutzt Vernunftbestimmungen, um zu versuchen, sich mit seinem Ursprung wieder zu verbinden [2]. Bei Plotin kommt, wie es scheint, erstmals in der Geschichte des Denkens die Idee auf – später eine Lieblingsidee der deutschen Romantik und Bergsons – von der Möglichkeit einer intellektuellen Anschauung, die fähig ist, die dynamische Kontinuität des Lebensstromes zu erfassen, der vom ersten Prinzip der Dinge bis hin zu den untersten Grenzen des Universums fließt: «Willst du nun die ewig in ihr quellende Unendlichkeit fassen, dies nie ermüdende unverwüstliche und nie sich erschöpfende Sein, das in sich selbst von L. gleichsam überwallt ...» [3].

Im späteren Neuplatonismus, bei PORPHYRIOS, JAMBLICHOS, PROKLOS und DAMASKIOS, wird die Systematisierung der neuplatonischen Begriffe noch strenger. Das L. wird das zentrale vermittelnde Element der Triade Sein-L.-Denken. Alle Ebenen oder Stufen der wahren Wirklichkeit realisieren sich durch eine Bewegung des Selbsterzeugens und des Hervorgangs, die drei Momente enthält. Im Moment des Seins präexistiert das Seiende noch vor sich selbst als reine Wesenheit. Es tritt aus diesem Zustand heraus, unterscheidet sich von sich selbst, entfremdet sich im Moment des L.: Das ist das Aufwallen des L. (ζωή, τὸ ζέον) [4]. Es kehrt zu sich selbst zurück, identifiziert sich von neuem mit sich selbst im Moment des Denkens, das Wissen seiner selbst ist [5].

Diese Theorien präsentieren sich übrigens infolge des Einflusses von gnostischen, hermetischen und chaldäischen Strömungen, die seit dem 2. Jh. n. Chr. in das philosophische Denken eindringen, oft unter mythischen Aspekten. Man findet daher Zoe identifiziert mit den Gestalten der Psyche, der Hecate, der Artemis und der Kore. In diesen mythischen Darstellungen ist Zoe also stets eine weibliche Macht, das L. stellt auf diese Weise die weibliche Phase des Prozesses der Selbstsetzung der Wirklichkeit dar: Man kann sagen, daß das Seiende, transzendenter Vater, sich verweiblicht und «Jungfrau-Mutter» wird, um den männlichen Sohn zu gebären, der der vollkommene Geist ist [6].

Anmerkungen. [1] PLOTIN, Enn. V, 2, 1, 8; II, 4, 5, 29-34; II, 4, 15, 17-20. – [2] a.O. VI, 7, 17, 14-25; VI, 7, 16, 13-19; VI, 7, 21, 5. – [3] VI, 5, 12, 7 (vgl. den ganzen Kontext); V, 2, 2, 27; III, 8, 10, 1-15. – [4] Vgl. DAMASKIOS, Quaest. et Solut. § 81. Bd. 1, 179, 9, hg. RUELLE. – [5] Vgl. W. BEIERWALTES: Proklos (1965) 93-118; P. HADOT: Porphyre et Victorinus (Paris 1968) 306-312. – [6] M. VICTORINUS, Adv. Arium, hg. HENRY/HADOT, CSEL 83, I, 51, 28-36; dtsch. in P. HADOT/U. BRENKE: M. Victorinus, Christl. Platonismus, in: Bibl. der alten Welt (1967) 194; vgl. H. LEWY: Chaldaean oracles and theurgy (Kairo 1956, verbess. Paris ²1978) 83-98.

4. «Fühlen, daß man lebt, ist angenehm» [1]. Für die der platonischen und aristotelischen Tradition angehörenden Philosophen ist es selbstverständlich, daß das L. nur ein Gut sein kann: «Das L. gehört zu den Gütern, die an sich einen Wert oder eine Lust darstellen» [2]. Diesem Satz des ARISTOTELES entspricht jener PLOTINS: «Wir setzen das L. als Glückseligkeit an» [3]. Allerdings präzisieren Aristoteles und Plotin sofort im Anschluß an die genannten Stellen, daß sie unter ‹L.› das L. verstehen, das der wahren Natur des Menschen gemäß ist, d. h. das bewußte und reflektierte L., letztlich das weise L., das sich in Kontemplation und Aktion der Vernunft angleicht. So verstanden, ist die Identität zwischen L. und Glück, wie man sagen kann, eine Lehre, die allen philosophischen Schulen der Antike gemeinsam ist, Stoizismus und Epikureismus nicht ausgenommen. Und ohne jegliche Paradoxie kann man gleicherweise sagen, daß für alle Philosophien der Antike PLATONS Formel gilt: «Philosophieren bedeutet, sterben zu lernen» [4]. In der Tat betrachten alle das wahre L., d. h. das philosophische L., als eine innere Umwandlung, kraft welcher der Mensch sein eigenes L. so sieht, daß er den Tod nicht mehr fürchtet, sei es, weil er ihn als ein natürliches Phänomen, sei es, weil er ihn als eine Befreiung betrachtet, die den Geist aus dem Gefängnis des Körpers befreit. Letztere Haltung ist die der Platoniker, für die das L. im Körper ein Tod ist, während die Trennung der Seele und des Körpers das wahre L. ist [5]. Das einzig wahre L. ist das L. des Geistes.

Am Ende der Antike kommt es zum historischen Ereignis einer Begegnung der platonischen und der christlichen Konzeptionen des wahren L. Für Plotin und die Neuplatoniker ist das wahre L. in der göttlichen Vernunft hypostasiert, die vom absolut einfachen Guten emaniert. Diese ursprüngliche Weisheit und Vernunft ist die Quelle sowohl des L. als auch des guten L.: Das L. der göttlichen Vernunft ist ursprüngliches Licht, und es erleuchtet die Seele mit seinen Strahlen [6]. Für ORIGENES und fast die gesamte christliche Tradition [7] kommen diese platonischen Theorien genau mit den Formeln des Prologs des Johannes-Evangeliums überein: «Das, was geschaffen ist, war L. in ihm, und das L. war der Menschen Licht» (Joh. 1, 4). Die Weisheit oder Vernunft, die der Sohn Gottes ist, ist selbst L. und Licht, und wahrhaft leben heißt, Erleuchtung empfangen von diesem ursprünglichen lichtvollen L. AUGUSTINUS anerkennt in seinen ‹Confessiones›, daß er diese Lehre des Johannes-Evangeliums in den platonischen Büchern wiedergefunden hat [8]. Heiden und Christen bringen ihr Ideal mit denselben Worten zum Ausdruck: «L. nach dem Geiste» [9].

Anmerkungen. [1] ARISTOTELES, Eth. Nic. IX, 9, 1170 b 1. – [2] a.O. IX, 9, 1170 a 19. – [3] PLOTIN, Enn. I, 4, 3, 2. – [4] PLATON, Phaidon 67 e. – [5] MACROBIUS, In Somn. Scip. I, 10, 17; I, 13, 5. – [6] PLOTIN, Enn. V, 3, 8, 24-40. – [7] ORIGENES, In Iohannem II, § 112-157. – [8] AUGUSTINUS, Conf. VII, 9, 13. – [9] PORPHYRIOS, De abstin. I, 29; M. VICTORINUS, In Galatas 5, 16, hg. LOCHER, 64, 23.

Literaturhinweise. R. JOLY: Le thème philos. des genres de vie dans l'Antiquité class. (Bruxelles 1956). – H. LEWY s. Anm. [6 zu 3]. – W. HIMMERICH: Eudaimonia (1959). – P. HADOT und H. CH. PUECH: L'entretien d'Origène avec Héraclide et le comm. de saint Ambroise sur l'Evangile de saint Luc. Vigiliae christianae 13 (1959) 204-234. – P. HADOT: Etre, vie et pensée chez Plotin et avant Plotin, in: Entretiens sur l'Antiquité class. (Genève 1960) 105-157; vgl. Anm. [5 zu 3]; Plotin ou la simplicité du regard (Paris 1973) 43-60. – E. DEGANI: AION. Da Omere ad Aristotele (Padua 1961). – R. HOLTE: Béatitude et sagesse. Saint Augustin et le problème de la fin de l'homme dans la philos. ancienne (Paris 1966). – J. M. RIST: Eros and Psyche. Stud. in Plato, Plotinus and Origine (Toronto 1964). – W. BEIERWALTES s. Anm. [5 zu 3]. – H.-J. KRÄMER s. Anm. [8 zu 2]; Der Ursprung der Geistmet. (1967). – W. DEUSE: Theodoros von Asine (1973). P. HADOT

II. *Der L.-Begriff der Bibel.* – 1. *Altes Testament.* – Das *diesseitige irdisch-leibliche L.* in Gesundheit und Glück (hebr. ḥajjîm) ist für den Menschen des Alten Testaments das höchste Gut. Hat er es von Gott als dem Schöpfer auch nur befristet erhalten, so hofft er doch, erst nach einem langen und erfüllten L. «alt und lebenssatt» zu sterben. Diese und ähnliche Formulierungen finden sich zwar nur in jüngeren Quellen innerhalb des Alten Testaments [1], doch darf deshalb der damit ausgesprochene Gedanke nicht als auf diese Spätzeit begrenzt gesehen werden. Parallelaussagen in akkadischen und ägyptischen Quellen zeigen, daß das Ideal des langen und zugleich erfüllten L. kein alttestamentliches Spezifikum ist.

Wiederholt findet sich die Sequenz «Halten der Gebote – L.», vor allem im ‹Deuteronomium› [2]. Der Mensch lebt nicht allein vom Brot, sondern von all dem, was Gott gebietet [3]. Ähnliche Aussagen stehen im Heiligkeitsgesetz [4] und bei den Propheten, z. B. Amos [5], Habakuk [6] und besonders Ezechiel [7], wobei für die prophetische Botschaft L. die Annahme des umkehrwilligen Sünders durch Gott impliziert: «Wenn der Gottlose umkehrt ... und Recht und Gerechtigkeit übt – 'leben soll er', nicht sterben» [8]. Dahinter steht die aus kultischer Praxis (priesterlicher Zuspruch im Namen Jahwes) erwachsene «deklaratorische Formel» (G. von Rad) «Gerecht ist er – leben soll er.» Im Kult erfolgt also Feststellung der Gerechtigkeit und in einem damit Zusage des L. Somit ist ‹L.› gerade als auch kultischer Begriff Relationsbegriff: L. kann nicht ohne Beziehung von Gott her und auf Gott hin verstanden werden.

Liegt dem soeben Gesagten weithin der 'Tun-Ergehen-Zusammenhang' zugrunde – der Mensch schafft durch sein Tun seine «schicksalwirkende Tatsphäre» (K. Koch) –, so wird doch auch im Laufe der Geschichte Israels immer wieder gesehen, daß es nicht immer dem gut geht, der gut handelt, und daß auch der Gute jung und lebensungesättigt sterben kann. Damit ist die Theodizeefrage und mit ihr die Frage nach einem gerechten Ausgleich in einem L. nach dem Tode unerbittlich gestellt. Umstritten ist die Auslegung einiger Psalmen, in denen der Beter um Errettung aus dem Tode bzw. aus der Scheol, dem Ort einer schattenhaften Existenz der Verstorbenen, fleht: Geht es um postmortale Errettung, also um die Hoffnung auf ein ewiges L. nach dem Tode? Eindeutig ist, daß der Beter seine elende Lage als der Machtsphäre des Todes preisgegeben sieht: Elendes L. ist bereits Tod. So sehr jedoch die Wendung «Errettung aus dem Tode» zunächst einmal metaphorisch gemeint ist (so in grundsätzlicher Weise Ch. Barth), so dürfte aber zumindest in Ps. 73 *auch* die Hoffnung auf ein jenseitiges L. deutlich ausgesprochen sein (G. von Rad gegen Ch. Barth).

Einen Sonderfall stellen ‹Genesis› 2 und 3 (Jahwist) dar. In mythologischer Weise wird erzählt, wie Gott den Menschen aus «Staub von der Erde» formt und ihm dann in die Nase L.-Atem einhaucht, so daß er zum «lebenden Wesen» (näphäsch ḥajjāh) wird [9]. Die für den Fall des Ungehorsams angedrohte sofortige Todesstrafe [10] wird aber dann doch nicht verhängt, wohl aber rekurriert Gott beim Strafurteil darauf, daß der aus Staub Erschaffene wieder zu Staub wird [11]. In den weiteren Kapiteln der Urgeschichte zeigt sich in priesterschriftlichen Abschnitten eine kontinuierliche Abnahme der L.-Dauer und somit der L.-Qualität als Folge der eskalierenden Sünde. Gehören auch Gen. 2 und 3 zu den heute bekanntesten Abschnitten des Alten Testaments, so spielen sie doch für die übrigen alttestamentlichen Aussagen über L. und Tod so gut wie keine Rolle.

2. Im *Neuen Testament* wird ‹L.› vor allem mit ζωή und ψυχή wiedergegeben, auffälligerweise aber kaum mit βίος, dem in der klassischen Gräzität üblichen Begriff für L. als geschichtliches Dasein.

Wie im Alten Testament ist ‹L.› ein *Relationsbegriff*, freilich ohne kultische Dimension. Nur der lebt in eigentlicher Weise, der in der rechten Beziehung zu Gott bzw. Christus existiert. Dieser Gedanke ist vor allem für das JOHANNES-Evangelium konstitutiv. In seinem eingeborenen Sohn «exegisiert» [12] sich Gott, so daß kraft dieses Geschehens der Sohn das L. (ζωή), das er aufgrund seines Gottseins *ist* bzw. in sich hat, für die Menschen *wird*, indem er es ihnen vermittelt [13]. Wer glaubt, hat «ewiges L.» (ζωὴ αἰώνιος), d. h. von Gott geschenktes letztgültiges L. [14]. Der Begriff ‹ewiges L.› meint also primär nicht ein L. nach dem Tode; vielmehr ist postmortales L. nur die Konsequenz des präsentischen «ewigen» L. Johannes vertritt damit jene Anschauung, die mit einem paradoxen Begriff *«präsentische Eschatologie»* genannt wurde (R. Bultmann). Darin, daß Johannes das Begriffspaar ‹L.› und ‹Tod›, im eigentlichen Sinne verstanden, nicht als biologischen Sachverhalt faßt, stimmt er mit dem hellenistischen Judentum überein, das seinerseits auch in der Tradition griechischer philosophischer Strömungen steht. So definiert z. B. PHILON L. geradezu als das Gute (τὸ ἀγαθόν) und die Tugend, den Tod aber als das Schlechte (τὸ κακόν) und die Schlechtigkeit im diesseitigen Dasein [15]. Auch die Gnosis versteht L. und Tod nicht als physische Phänomene: L. ist Gottes Wirklichkeit im Menschen, fast als dinghaftes Etwas. Keineswegs ist aber das Johannes-Evangelium im gnostischen Geist geschrieben, sondern der Evangelist wendet sich in gnostischer Terminologie gegen die Gnosis.

PAULUS kann zwar die Verben ‹leben› und ‹sterben› im biologischen Sinn verwenden [16]; doch wie Johannes gebraucht er sie vor allem in theologisch prägnanter Weise, etwa wenn er Hab. 2, 4 zitiert: «Der aus Glauben Gerechte wird leben» [17]. Mehr noch gilt dies für die Substantive ‹L.› und ‹Tod›. So verlagert er den Tod ins physische L., indem er den nicht an Christus Glaubenden im Machtbereich des Todes sieht. Selbst der nach Gesetzesgerechtigkeit strebende Jude [18], ja gerade er hat sich bereits in die Fänge des Todes verstrickt, weil er – ohne zu wissen, was er tut! [19] – das Gesetz zum Mittel egoistischer Selbstrechtfertigung mißbraucht. So deduziert Paulus im Rahmen seiner Rechtfertigungslehre, daß das Gebot des Gesetzes, seinem Ursprung und Wesen nach zum L. gegeben, faktisch zum Tode führt: ἡ ἐντολὴ ἡ εἰς ζωήν, αὕτη εἰς θάνατον [20]. Die Tiefendimension der Sünde (ἁμαρτία sowohl als schuldverstrickender Machtbereich als auch als quasipersonifizierte Macht) erschließt sich nur dem, der durchschaut, wie sie gerade durch das auf das L. angelegte Gute (τὸ ἀγαθόν = das gute Gesetz Gottes [21]) den Tod wirkt und so den, der sich auf dem Wege des L. wähnt, bereits auf den Weg des Todes gebracht hat. Paulus will also in Röm. 7 das Höchstmaß an Selbsttäuschung entlarven.

Wer aber aufgrund des Glaubens gerechtfertigt ist, d. h. in den Bereich der machtvollen Gerechtigkeit Gottes (δικαιοσύνη θεοῦ) versetzt ist, hat bereits jetzt schon «ewiges L.» kraft des hier (und am Jüngsten Tag) lebendigmachenden Geistes [22]. Ζωὴ αἰώνιος in Röm. 6, 22f. impliziert zumindest die Gegenwart, wenn nicht sogar dieser Begriff hier a fortiori präsentisch gemeint ist. Die entscheidende Wende ist eben nicht die Auferstehung am Jüngsten Tag – bezeichnenderweise ist auch die zukünftige Existenzweise somatisch, wenn auch als σῶμα πνευματικόν und nicht mehr als σῶμα ψυχικόν [23] –, sondern der Augenblick der Rechtfertigung, in dem der Mensch vom Tode befreit und mit L. (ζωή) begnadet wird. Doch ist dieses gegenwärtige L., vor allem für Paulus in seiner apostolischen Existenz, verborgen unter den Widerwärtigkeiten der Gegenwart: «Wie die Sterbenden sind wir – doch siehe, wir leben!» [24]

Sowohl Johannes wie Paulus lehren also, wenn auch mit unterschiedlicher Akzentuierung, eine präsentische Eschatologie, die freilich bei beiden die futurische Komponente einschließt. Auf jeden Fall ist festzuhalten, daß theologisch ein postmortales L. des Christen nur vom präsentisch verstandenen «ewigen» L. her gesehen werden darf – nicht umgekehrt! Die Auferweckung Christi geschah als Antizipation des Eschaton, damit die Existenz der Glaubenden schon jetzt eschatologische Existenz ist.

Diesen spezifisch theologischen Gebrauch von ζωή finden wir nicht in der Verkündigung JESU. Er spricht wohl vom «Eingehen in das L.» (εἰσελθεῖν εἰς τὴν ζωήν) [25], worunter das L. in der künftigen Gottesherrschaft (βασιλεία τοῦ θεοῦ) verstanden ist. Doch unabhängig vom Begriff ζωή geht es Jesus gerade bei der Ankündigung der nahen Gottesherrschaft um die eschatologische Überwindung unwürdiger L.-Zustände (Armut, Unterdrückung [26]), ohne daß er aber als Sozialrevolutionär mißverstanden werden dürfte. Seine Krankenheilungen dokumentieren, welche Bedeutung er dem leiblichen L. beimißt – eine Konsequenz und ein Durchhalten des *alttestamentlichen Schöpfungsglaubens*. Die Urgemeinde hat diesen Gedanken aufgrund ihrer Ostererfahrungen in den legendarischen Erzählungen der Totenerweckungen durch Jesus verdichtet [27]. Entscheidend für die Verkündigung Jesu ist des weiteren, daß, wer seine ψυχή (L., nicht Seele!) zu retten sucht, sie verdirbt (ἀπολέσει ist mit «verlieren» zu schwach übersetzt); wer sie aber um des Evangeliums willen verdirbt, rettet sie [28]. Dieser Ausspruch wird dadurch noch schärfer profiliert, daß das L. als unersetzliches Gut behauptet wird [29]. Diese Art von Jesus-Worten wurde im Prozeß der Weitergabe durch die ersten christlichen Gemeinden theologisch auf den Tod Jesu hin reflektiert und demgemäß umformuliert: «Der Menschensohn ist nicht gekommen, um sich bedienen zu lassen, sondern um zu dienen und sein L. als Lösepreis für die Vielen hinzugeben» (δοῦναι τὴν ψυχὴν αὑτοῦ) [30]. Dies steht zwar inhaltlich und terminologisch wieder in jüdisch-hellenistischer Tradition – «das L. hingeben um des Bundes unserer Väter willen» (δοῦναι τὰς ψυχάς) [31] –, doch wird hier, spezifisch neutestamentlich über das zeitgenössische Judentum hinausgehend, die Tat der L.-Hingabe als Ausdruck eigentlichen L. auf Gott bezogen: In der ureigenen L.-Tat des Menschen Jesus von Nazareth als des Gottessohnes wird *Gottes* schenkende Liebe transparent [32].

Anmerkungen. [1] z. B. Gen. 25, 7; 1. Chr. 29, 28; Hiob 42, 17. – [2] Dt. 4, 1; 5, 33; 8, 1 u.ö. – [3] Dt. 8, 3. – [4] Lev 18, 5. – [5] Am. 5, 4. 14. – [6] Hab. 2, 4. – [7] Ez. 18; 33, 10-20. – [8] Ez. 18, 21. – [9] Gen. 2, 7. – [10] Gen. 2, 17. – [11] Gen. 3, 19. – [12] Vgl. Joh. 1, 18. – [13] Joh. 1, 1. 4; 6, 48; 14, 6. 19 u.ö. – [14] Joh. 5, 24. – [15] PHILON, De fuga 58. – [16] z. B. Röm. 8, 12f.; 14, 8. – [17] Gal. 3, 11; Röm. 1, 17. – [18] Röm. 10, 2ff. – [19] Röm. 7, 15. – [20] Röm. 7, 10. – [21] Röm. 7, 13. – [22] Röm. 8, 2ff. – [23] 1. Ko. 15, 44. – [24] 2. Ko. 6, 9. – [25] z. B. Mk. 9, 43. 45. – [26] z. B. Lk. 6, 20f. – [27] z. B. Mk. 5, 21ff. – [28] Mk. 8, 34ff. – [29] Mk. 8, 37. – [30] Mk. 10, 45. – [31] 1 Makk. 2, 50. – [32] Vgl. auch Röm. 5, 6ff.

Literaturhinweise. L. DÜRR: Die Wertung des L. im AT und im antiken Orient (1926). – R. BULTMANN/G. VON RAD/G. BERTRAM: Art. ζάω/ζωή, in: Theol. Wb. zum NT 2 (1935) 833-877. – CH. BARTH: Die Errettung vom Tod in den individuellen Klage- und Dankliedern des AT (1947). – F. MUSSNER: ZΩH. Die Anschauung vom «L.» im vierten Evangelium (1952). – K. KOCH: Gibt es ein Vergeltungsdogma im AT? Z. Theol. u. Kirche 52 (1955) 1-42. – TH. C. VRIEZEN: Art. ⟨Ewiges L. I. Im Alten Testament⟩, in: RGG³ 2, 799-801. – H. CONZELMANN: Art. ⟨Ewiges L. IIIb. Im NT⟩, in: RGG³ 2, 804f. – G. VON RAD: «Gerechtigkeit» und «L.» in der Kultsprache der Psalmen, in: Ges. Aufsätze zum AT (1961) 225-247. – W. ZIMMERLI: ⟨L.⟩ und ⟨Tod⟩ im Buche des Propheten Ezechiel, in: Gottes Offenbarung. Ges. Aufsätze zum AT (1963) 178-191. – R. MARTIN-ACHARD/H. W. HUPPENBAUER: Art. ⟨L.⟩, in: Bibl.-hist. Handwb. 2 (1964) 1055-1060. – L. WÄCHTER: Der Tod im AT (Berlin-Ost 1967). – G. GERLEMANN: Art. ⟨ḥjh, leben⟩, in: Theol. Handwb. zum AT 1 (1971) 549-557. – R. SCHNACKENBURG: Das Johannesevangelium 2: Herders Theol. Komm. zum NT IV/2) (1971) Exkurs: Der Gedanke des L. im Joh.-Ev. 434-445. – O. KAISER/E. LOHSE: Tod und L. (1977). – G. H. LINK: Art. ⟨L.⟩, in: Theol. Begriffslex. zum NT 2 (⁴1977) 839-847. – H. RINGREN: Art. ⟨ḥājāh⟩, in: Theol. Wb. zum AT 2 (1977) 874-898. H. HÜBNER

III. Im *Mittelalter* wird der Begriff ⟨L.⟩ (vita, vivere) zum Sammelbecken verschiedenster philosophischer Motive, deren Einigung als Aufgabe empfunden wird. Es lassen sich mehrere Dimensionen des Begriffs unterscheiden: Die metaphysische Dimension geht vor allem auf neuplatonische Quellen zurück (Ps.-DIONYSIUS AREOPAGITA, ⟨Liber de causis⟩), die naturphilosophisch-biologische auf ARISTOTELES, die theologische vor allem auf das Johannes-Evangelium; daneben hat ⟨L.⟩ eine ethische Dimension, in der die mit dem griechischen Wort βίος (Lebensweise) intendierte Problematik zum Tragen kommt.

Bei JOHANNES SCOTUS ERIUGENA ist der neuplatonische Einfluß besonders deutlich. Alles Geschaffene, auch die scheinbar unbelebten anorganischen Körper, besitzt L.; alles partizipiert an der generalissima vita, die von den Weltweisen universalissima anima, von den Gottesgelehrten communis vita genannt wird; sie partizipiert ihrerseits an der vita per se substantialis, welche «jeglichen L. Quelle und Schöpfer» ist. Die generalissima vita teilt sich in vier Arten: die vita intellectualis der Engel, die vita rationalis der Menschen, die vita sensualis der Tiere und die vita insensualis der Pflanzen und der übrigen Körper; der Mensch (und nicht der Engel) hat insofern eine Sonderstellung, als nur er alle vier Arten des L. in sich vereinigt [1]. Eriugena bezeichnet die L.-Quelle als «per seipsam vita» (ἡ αὐτοζωή des Ps.-DIONYSIUS); damit meint er zunächst eine göttliche Idee (causa primordialis), zitiert aber zugleich zustimmend den Ps.-Dionysius, der den Terminus «per seipsam vita» auch auf Gott selbst anwendet [2]. Den neuplatonischen Ternar essentia – sapientia – vita (οὐσία – νοῦς – ζωή) bringt Eriugena in Beziehung zur Trinität, so daß ⟨vita⟩ als ein dem Hl. Geist in besonderer Weise zukommendes Attribut erscheint [3].

Auch ANSELM VON CANTERBURY, wie fast alle Denker des Mittelalters, wendet den Begriff ⟨L.⟩ auf Gott an [4]. Die neuplatonische Scheu, dem Absoluten L. zuzuschreiben, ist überwunden und der L.-Begriff infolgedessen beträchtlich aufgewertet. Im Bereich der Geschöpfe unterscheidet Anselm belebte und unbelebte, konstatiert aber im Anschluß an Joh. 1, 3–4 (im Mittelalter stets so interpunktiert: «Quod factum est, in ipso vita erat»), daß alles Geschaffene im göttlichen Logos L. sei [5]. – Wie bei Anselm, so kommt überhaupt in der Frühscholastik ⟨vita⟩ vorwiegend in theologischem Kontext vor. HUGO VON ST. VIKTOR stellt einen profanen und einen theologisch inspirierten L.-Begriff ausdrücklich nebeneinander: «Duae quippe vitae sunt: una terrena, altera coelestis; una corporea, altera spiritualis; una qua corpus vivit ex anima, altera qua anima vivit ex deo» (Freilich gibt es zwei Arten von L.: die eine irdisch, das andere himmlisch; das eine körperlich, das andere geistig; das eine, durch welches der Körper aus der Seele lebt, das andere, durch welches die Seele aus Gott lebt) [6]. Den so differenzierten L.-Begriff nutzt Hugo zu einer Ableitung der Differenz von Laien und Klerikern bzw. von Staat und Kirche.

Die Übersetzung philosophischer Texte aus dem Arabischen im 12. und 13. Jh. hat das mit dem Begriff ⟨vita⟩ operierende philosophische Denken des Mittelalters befruchtet. Besonders einflußreich war die Definition des ⟨Liber de causis⟩, in der L. als eine Emanation aus dem ersten Sein, dem Ewig-Unbewegten, bestimmt wird: «Vita (ḥayāt) est processio procedens ex ente (huwīya) primo quieto sempiterno et primus motus» (L. ist der Hervorgang, der aus dem ersten ruhenden ewigen Seienden hervorgeht, und die erste Bewegung) [7]. Diese Definition wurde in mehr oder weniger abgewandelter Form von fast allen Denkern der Hochscholastik zitiert und diskutiert. – Unter dem Einfluß arabischer Quellen entwickelt der ⟨Liber de intelligentiis⟩ (um 1230) eine höchst originelle L.-Lehre und setzt sie in Beziehung zur Lichtmetaphysik [8].

Als in der ersten Hälfte des 13. Jh. die naturphilosophischen und metaphysischen Schriften des Aristoteles bekannt wurden, hat der dort entwickelte (vom konkreten lebenden Seienden her gedachte) L.-Begriff keineswegs den neuplatonisch inspirierten (vom Absoluten als der L.-Quelle her gedachten) L.-Begriff verdrängt; vielmehr wurde Aristoteles zunächst von einer neuplatonischen Basis aus (um-)gedeutet. Wichtige Zeugnisse für dieses Bemühen sind die ungewöhnlich breiten Ausführungen über das L. in der ‹Summa Halensis› [9] und bei Petrus Hispanus [10]. Petrus definiert: «Dicitur autem vita actus continuus, a quieto et sempiterno fluens, et motus internus ex propria rei procedens industria» (L. aber heißt der kontinuierliche Akt, der aus dem Ruhenden und Immerwährenden fließt, und die innere Bewegung, die aus der eigenen Regsamkeit der Sache hervorgeht) [11]. L. als Selbstbewegung ist nicht primär ein physikalisch-biologischer Vorgang, sondern ein metaphysischer, vergleichbar dem ununterbrochenen Rotieren eines mathematischen Punktes [12].

Bei Albertus Magnus treten die aristotelischen Motive neben den neuplatonischen deutlicher hervor. Aristotelische Ansätze entfaltend, unterscheidet er L. als Besitz der Seele, L. als Gabe der Seele und L. als empfangene Form des belebten Körpers. Vom L. als Gabe der Seele gilt seine Definition: «Vita est actus primus et essentialis et continuus animae in corpus» (L. ist der erste und wesentliche und kontinuierliche Akt der Seele im Körper) [13]. Man beachte: Wenn Albertus L. als actus animae bestimmt, so meint er damit nicht ein die Seele konstituierendes Prinzip, sondern eine aus der Seele erfließende Wirklichkeit.

Thomas von Aquin geht aus von der im ganzen Mittelalter bekannten aristotelischen Bestimmung des L. als der Seinsweise derjenigen Seienden, die der Selbstbewegung fähig sind; in einem weiteren Sinn kann man auch die Akte der Selbstbewegung ‹L.› nennen. Eine Ausweitung des Bewegungsbegriffs (motus im eigentlichen Sinn = actus imperfecti, im weiteren Sinn = actus *perfecti*) ermöglicht es ihm, auch die Wahrnehmungs- und Denkakte als Selbstbewegung zu fassen und ihren Subjekten L. zuzuschreiben. Aus dem je verschiedenen Ausmaß der Selbstverfügung des Lebenden über die Bedingungen seiner Selbstbewegung leitet Thomas verschiedene Stufen des L. ab: Pflanze, Tier, Mensch, Gott [14]. Die gleichen Stufen erklärt er aus dem je verschiedenen Maß der Immanenz der L.-Akte [15]. Die höchste Stufe des L. ist in Gott verwirklicht, insofern seiner Selbstbewegung keine außergöttlichen Bedingungen vorgegeben sind und insofern seine L.-Akte den höchsten Grad der Immanenz besitzen. – Thomas entfaltet, wie viele mittelalterliche Autoren, die These, daß alle Dinge, auch die bloß möglichen, in Gott L. seien [16]. Dieses L. bestimmt er als ein Erkanntwerden. L. wird so zu einer transzendentalen Seinsbestimmung. Während die transzendentale (ontologische) Wahrheit die Erkennbarkeit des Seienden meint, zielt ‹vita› auf dessen faktische Erkanntheit. Dieser thomasische Ansatz ist weder von Thomas selbst noch von späteren Denkern des Mittelalters systematisch ausgewertet worden.

Stark neuplatonisch beeinflußt, aber gleichzeitig sehr eigenständig ist Meister Eckharts L.-Begriff. Er wird zum Träger eines neuen L.-Gefühls, dem das lebendige Werden nicht nur um seines Zieles willen, sondern um seiner selbst willen als ein Wert erscheint. L. als absolute Selbstbewegung ist eine ganz und gar göttliche Wirklichkeit: «Proprie non vivit omne, quod habet efficiens ante se et supra se, sive finem extra se vel aliud a se. Tale est autem omne creatum. Solus deus, utpote finis ultimus et movens primum, vivit et vita est» (Alles, was eine Wirkursache vor und über sich hat oder ein Ziel außer sich oder als von ihm verschiedenes, lebt nicht im eigentlichen Sinn. Derartig aber ist alles Geschaffene. Allein Gott, und zwar als letztes Ziel und erstes Bewegendes, lebt und ist L.) [17]. Auch das L. der Geschöpfe ist nach Eckhart etwas grundsätzlich Göttliches und als solches unerschaffbar (increabile) [18]. Ein Gegensatz von Geist und L. ist dem Mittelalter fremd; Eckhart schreibt dem Intellekt Lebendigkeit zu, nicht aber dem Willen [19]. – In der spätscholastischen Philosophie gewinnt der Begriff des L., soweit wir heute wissen, kaum neue Nuancen.

‹Vita› zur Bezeichnung einer Lebensweise des Menschen ist im ganzen Mittelalter verbreitet. Philosophisch besonders bedeutsam ist die Diskussion des Verhältnisses von vita activa und vita contemplativa. Thomas von Aquin gibt der vita contemplativa den Vorzug, verbindet jedoch den Akt theoretischer Kontemplation unlöslich mit dem affektiven Akt der Liebe [20]. Der griechische βίος θεωρητικός (kontemplatives L.) wird christlich modifiziert zur Existenzweise des in der vita aeterna vollendeten Menschen.

Anmerkungen. [1] J. Scotus Eriugena, De divisione naturae III, c. 36-37. – [2] a.O. II, c. 36. – [3] I, c. 13. – [4] Anselm von Canterbury, Proslogium c. 12. – [5] Monologium c. 35. – [6] Hugo von St. Viktor, De sacramentis Christianae fidei II, p. II, c. 4. – [7] Liber de causis prop. 17 (= 18). – [8] Vgl. C. Baeumker: Witelo, ein Philosoph und Naturforscher des 13. Jh. (1908) 503-514. – [9] Alexandri de Hales Summa Theologica 2 (Quaracchi 1928) 645-685. – [10] Pedro Hispano: Comentario al ‹De Anima› de Aristóteles (Madrid 1944) 631-643. 676-689. 725-728. 741-746; Scientia libri de anima (Barcelona ²1961) 23-26. 347-356. – [11] a.O. 356. – [12] 350. – [13] Albertus Magnus, De morte et vita tr. I, c. 2. – [14] Thomas von Aquin, S. theol. I, q. 18, a. 1-3. – [15] S. contra gent. IV, 11. – [16] S. theol. I, q. 18, a. 4; De veritate q. 4, a. 8; vgl. Bonaventura, I Sent. d. 36, a. 2, q. 1. – [17] Meister Eckhart, In Johann. n. 62. Lat. Werke 3, 51. – [18] Expos. libri Genesis n. 112 = a.O. 1, 267; Expos. libri Sapientiae n. 24 = 2, 344f. – [19] Liber Parabolarum Genesis n. 83 = 1, 544. – [20] Thomas von Aquin, S. theol. II/II, q. 179-182; III Sent. d. 35, q. 1, a. 1-4.

Literaturhinweise. A. E. Vázquez Fraguas: Concepto de la vida en sus diversas manifestaciones según la doctrina de Santo Tomás (Salamanca 1902). – M. Grabmann: Die Idee des L. in der Theol. des hl. Thomas von Aquin (1922). – A. E. Wingell: ‹Vivere viventibus est esse› in Aristotle and St. Thomas. The Modern Schoolman 38 (1961) 85-120. – L.-B. Geiger: La vie, acte essentiel de l'âme, l'esse, acte de l'essence d'après Albert-le-Grand, in: Études d'hist. litt. et doctrinale (Montréal/Paris 1962) 49-116; Le traité de la vie de la Summa Fratris Alexandri, in: Harry Austryn Wolfson jubilee volume, Engl. sect. 1 (Jerusalem 1965) 311-334. – J. Kohlmeier: Vita est actus primus. Ein Beitr. zur Erhellung der Gesch. der Philos. der ersten Hälfte des 13. Jh. anhand der L.-Met. des Petrus Hispanus. Freiburger Z. Philos. u. Theol. 16 (1969) 40-91. 287-320. – H. Heimsoeth: Die sechs großen Themen der abendl. Met. und der Ausgang des MA (⁶1974) 137-151.

J. Vennebusch

IV. *Frühe Neuzeit bis vor Kant.* – 1. In der *Renaissance* steht der Begriff des L. in der Ambivalenz, einerseits überlieferte Gedanken philosophischer Erkenntnis, vor allem des Platonismus und des Neuplatonismus, aber auch der jüdischen Mystik (Kabbala) und der christlichen Theologie zu erfassen, andererseits neue Erfahrungen der L.-Welt und der neuen wissenschaftlichen Erfassung der Wirklichkeit aufzunehmen. Zum Grundbegriff einer Philosophie, der von einer Philosophie des L. sprechen ließe, wird ‹L.› nicht.

Bei M. Ficino erscheint ‹L.› (vita) in mehrfacher Bedeutung. L. ist *erstens* «körperliches L.», das «Abbildung der rationalen Seele» [1] ist. «Die Platoniker meinen, von der Substanz der rationalen Seele werde wie von der Sonne das irrationale L. des Körpers wie das Licht ausgegossen» [2]. *Zweitens* bedeutet ‹L.› L.-Form. Ficinos verschiedene Modelle mit zwei [3], drei [4] oder vier L.-Formen [5] kommen darin überein, daß die kontemplative L.-Form als höchste L.-Form Ausgangspunkt seines

Denkens ist. *Drittens* ist L. ein Moment der Denkbewegung. «... Daher heißt die Substanz (essentia) bei Plato Ruhe, weil sie sich nicht regt, wenn sie ohne L. ist. Das L. heißt Bewegung, weil es schon zum Akt heraustritt, die Vernunft Rückwendung (reflexio), weil ohne sie das L. in das äußerliche Werk herausfließen würde. Aber die Vernunft bringt die lebendige Bewegung der Substanz in sich selbst zum Stehen und wendet sie zurück auf die Substanz durch ein Gewahrwerden (animadversio) ihrer selbst» [6]. L. und Denken sind so innerhalb der Denkbewegung als «actus rectus» und «actus reflexus» aufeinander bezogen [7], Denken wird zur Reflexion und, insofern es diese Reflexion selbst denkt, zur unendlichen Reflexion [8]. Ficinos L.-Begriffe sind nicht direkt auf einen Begründungszusammenhang beziehbar. Auch deshalb wird L. nicht zum Grundbegriff.

G. PICO DELLA MIRANDOLA verwendet ‹L.› in der Bedeutung von L.-Form [9] und in theologischen Wendungen wie «Gott des L.» [10]. Die Stelle eines ausgearbeiteten Begriffes ‹L.› nimmt der Begriff ‹pax› (Frieden) ein. Es soll der Friede erstrebt werden, «quae in sublime ita nos tollat ut inter excelsos Domini statuamur» (der uns so hoch erhebt, daß wir zu den Scharen des Herrn gehören) [11]. Wird ein ewiger Friede zwischen den zwei Naturen des Menschen erreicht, so sei das ein ewiges Bündnis zwischen Fleisch und Geist [12]. «Pace sanctissima, individua copula, unanimi amicitia, quae omnes animi in una mente, quae est super omnem mentem, non concordent adeo, sed ineffabili quodam modo unum penitus evadant» (Heiligen Frieden, unlösliche Bindung, einhellige Freundschaft, durch die sich alle in dem einen Geist, der höher ist als alle Vernunft, zur Harmonie zusammenfinden – nein, ganz und gar in einem nicht mehr beschreibbaren Vorgang Eines werden) [13]. Wesentliche Bestimmungen, die in späteren Philosophien ‹L.› zugeschrieben werden, kennzeichnen hier Frieden. Friede wird normatives Kriterium für die Vollkommenheit des Einzelnen, für das Zusammen-L. der Menschen und die geistige Verfassung der gegenwärtigen Zeit. «Hanc pacem amicis, hanc nostro optemus saeculo, optemus unicuique domui quam ingredimur, optemus animae nostrae, ut per eam ipsa Dei domus fiat» (Diesen Frieden wollen wir unseren Freunden, unserem Jahrhundert und jedem Hause wünschen, das wir betreten, wir wollen ihn unserer eigenen Seele wünschen, daß sie durch ihn zu einem Haus Gottes werde) [14]. Dieser Konzeption des Friedens wie späteren Konzeptionen des L. entspricht methodisch ein positiv bewerteter Eklektizismus, der alle Weisheit der Jahrhunderte prüfen und das Beste behalten will. «At ego ita me institui, ut in nullius verba iuratus, me per omnes philosophiae magistros funderem, omnes schedas excuterem, omnes familias agnoscerem» (Ich aber bin so vorgegangen, daß ich, ohne auf eines Meisters Worte zu schwören, mich auf alle großen Philosophen gestürzt, alle Blätter durchstöbert, alle Schulen kennengelernt habe) [15].

G. BRUNOS Weltdeutung ist wesentlich davon bestimmt, daß «alle Dinge ... L. haben», dies aber zunächst nur der Substanz nach, nicht immer der «Tatsache und der Wirklichkeit» nach [16]. Alle Dinge sind nicht unbedingt lebendig, aber beseelt. So ist nicht L. konstituierendes Prinzip. Es ist die «Weltseele», die «belebt» und «gestaltet» [17]. «Die Weltseele ist also das constituierende Formalprinzip des Universums und dessen, was es enthält; d. h. wenn das L. sich in allen Dingen findet, so ist die Seele Form aller Dinge; sie ist überall die ordnende Macht für die Materie und herrscht in dem Zusammengesetzten; sie bewirkt die Zusammensetzung und den Zusammenhalt der Teile» [18]. L. konstituiert sich also nicht aus sich selbst. Für die philosophische Begrifflichkeit bedeutet das, daß nicht ‹L.›, sondern ‹Weltseele› als Begriff genauer ausgearbeitet wird. Sie ist die «Wirklichkeit von allem und das Vermögen von allem und alles in allem» [19]. Sie ist das, was «alles eins» sein läßt, und diese Einheit zu erkennen, «bildet Ziel und Grenze aller Philosophie und aller Naturbetrachtungen» [20].

Auch PARACELSUS deutet alle Wirklichkeit als von L. durchwaltet. Theologisch und kosmologisch-astrologisch zu verstehen, ist das irdische L. auf den «Himmel» bezogen. «Die erden ist nichts on des himels impression. durch den himel grünet sie und gibt frucht und lebt aus dem himel, das ist der himel ist ir leben ...» [21]. Alles, auch die äußerlich unbelebten Dinge, haben L., indem sie einen «L.-Geist» (spiritus vitae) haben. «Der spiritus vitae ist ein geist, der da ligt in allen glidern des leibes wie sie dan genent werden und ist in allen gleich der eine geist die eine kraft in einen wie in dem andern, und ist das höchste korn des lebens aus dem alle glider leben» [22]. Gott hat nichts «leer» gelassen. Uns unsichtbar gibt es auch lebendige Mittelwesen. «... das ist lebendige, bewegliche, verstendige geschöpft in selbigen meteorischen regionibus auch sind. dan das sollen wir wissen, das got in allen elementen lebendige creaturen geschaffen hat und nichts hat lassen lêr sein ...» [23]. Alles L. nun wird teleologisch ausgerichtet gedacht, auch z. B. das der Metalle [24]. Gott hat «also einem itlichen ding sein zil und termin gesetzt, in dem es sich gaudiren und exultiren sol» [25]. Ziel ist letztlich die Erlösung des L. vom Irdischen und die Umwandlung in «lebendiges Fleisch» durch die Erlösungstat Christi [26].

Was Paracelsus unter dem Primat der Medizin als Hauptwissenschaft nur ansatzweise ausarbeitet, hat J. BÖHME spekulativ ausgeweitet. «L.» ist «in der Tieffe dieser Welt an allen Enden» so umfassend, «daß also alle Creaturen gleich als wie in einem Leib beschlossen sind, der ihnen L., Nahrung, Witz und Kunst gibt in allen Geschlechten, in Menschen, Thieren, Vogeln, Fischen, Würmen, Bäumen und Kräutern, einem ieglichen nach seiner Essentien Art» [27]. Dem Irdischen inhärent und ihm doch enthoben als das irdische L. begründend, gibt es «noch ein L. in dieser Welt und ausser dieser Welt, in der Ewigkeit, welches der Geist dieser Welt nicht ergreiffet» [28]. Dieses L. hat alle «Eigenschaft dieser Welt in sich», ist aber nicht mit den Mängeln des irdischen L. behaftet, «nicht in solchen entzündeten Essentien, denn es hat kein Feuer: wiewohl es doch ein mächtig Feuer hat, aber es brennt in anderer Qual, als ein Begehren. Es ist sanft und linde, ohne Wehe: es verzehret auch nichts, sondern sein Geist ist Liebe und Freude, sein Feuer macht Majestät und Glantz, und das ist von Ewigkeit immer gewesen. Es hat keinen Grund: es hat sein Wachsen und Blühen, aber nicht aus solcher Erde, und ist doch Erde, welche ich ... die Wesenheit heisse; dann es ist der ewige Leib, ohne einigen Mangel. Es ist keine Noth, Jammer und Elende darinnen, man weiß nichts davon, es ist auch kein Tod, Teufel oder Zorn darinnen erkant» [29].

Der Mensch gehört dem «endlichen und zerbrechlichen L.» an [30], aber er hat auch ein L., das «ewig und unzerbrechlich» ist, die «Seele» [31], und dieses L. strebt nach dem noch «höhern und bessern L., als nach dem höchsten Gut», nach dem «Göttlichen L.» [32]. So steht der Mensch in einem «dreyfachen L.», die «in einander» sind, und doch hat «iedes L. seine Wirkung in seinem Regiment, als in seiner Mutter» [33]. Von dieser Konzeption der verschiedenen, aufeinanderbezogenen L. entfaltet Böhme seine alchemistische Welterklärung, seine Deutung des christlichen Heilsgeschehens und seine Vorstellungen vom Zusammen-L. der Menschen. Alles L. hat seine Wirklichkeit durch das sprechende Wort Gottes. «Denn alles was lebt, das lebt in dem sprechenden Worte» [34]. «Das ewigsprechende Wort, welches Gott heisset, hat seinen Hall oder Willen durch die Natur geoffenbaret» [35]. Indem Gott dem Menschen den «lebendigen Odem» einblies, wurde der Mensch eine «lebendige Seele» [36]. Im Sündenfall fiel der Mensch ab vom «L. Gottes», das in Christus wieder zu den Menschen kommt, der sie in das «Göttliche L.» aufnimmt [37]. Das irdische L. als «äusseres» soll nicht abgewertet werden, denn «es ist uns das allernützlichste zu den grossen Wundern Gottes, dem gantzen Menschen ist nichts nützlichers, als daß er in seinem dreyfachen Regiment stille stehe, und nur nicht mit dem Aeussern ins Innere zurücke gehe, sondern mit dem Innern ins Aeussere» [38], was wiederum auf die Erlösung durch das L. Christi weist.

Die Bestimmung, was L. in der Natur ist, geschieht in alchemistischer Begrifflichkeit [39]. Die Bildung des L. aus dem In- und Gegeneinander der drei Prinzipien der Stoffbildung Sulphur, Mercurius, Sal [40] ist keine harmonische Entwicklung. «Ohne Gift und Grimm» ist «kein L.», «und daher urkundet sich die Wiederwärtigkeit aller Streite; und befindet sich, daß das strengste und grimmeste das nützlichste ist, denn es machet alle Dinge, und ist die einige Ursache der Beweglichkeit und des L.» [41]. Daß ohne «Angst oder Gift» kein L. ist, ist in «aller Creatur zu sehen, sonderlich im Menschen» [42]. Anthropologisch und heilsgeschichtlich bedeutet das, daß der Mensch mit der Dreiheit seiner L. bis zur Erlösung «in Angst, Mühe und Arbeit, in Furcht und Schrecken, in Anfechtungen» lebt [43].

Anmerkungen. [1] M. FICINI Opera Omnia (Basel ²1576, ND Turin 1959) 273; dtsch. P. O. KRISTELLER: Die Philos. des Marsilio Ficini (1972) 354. – [2] a.O. 206 = KRIST. 354. – [3] 920. – [4] 919f. – [5] 847. – [6] 199 = KRIST. 30. – [7] 195. – [8] 199. – [9] G. PICO DELLA MIRANDOLA: De dignitate hominis, lat./dtsch. (1968) 30; vgl. 36. – [10] a.O. 38. – [11] 40f. – [12] ebda. – [13] 42. 41. 43. – [14] 42f. – [15] 60f.; vgl. R. PIEPMEIER: Aporien des L.-Begriffs seit Oetinger (1978) 49-62. – [16] G. BRUNO: Von der Ursache, dem Prinzip und dem Einen, dtsch. hg. A. LASSON (1902) 37. – [17] a.O. 33. – [18] 39. – [19] 89; vgl. 102. – [20] 89. – [21] PARACELSUS, Sämtl. Werke, hg. K. SUDHOFF 1 (1929) 4. – [22] a.O. 3 (1930) 15; vgl. 17. – [23] 13 (1931) 151. – [24] 1 (1929) 522f. – [25] 646. – [26] 12 (1929) 307f. – [27] J. BÖHME, De triplici vita hominis, oder vom Dreyfachen Leben des Menschen 8, 1 = Sämtl. Schr., hg. W.-E. PEUCKERT (1730, ND 1960) 3, 143f. – [28] 8, 1 = PEUCK. 3, 144. – [29] ebda. – [30] 1, 2 = 3, 3. – [31] 1, 4 = 3, 3. – [32] 1, 5 = 3, 3f. – [33] 1, 9 = 3, 4; vgl. 147ff. – [34] Mysterium Magnum, oder Erklärung über Das Erste Buch Mosis 8, 32 = PEUCK. 7, 46. – [35] 13, 9 = 7, 85; vgl. 7, 89. – [36] a.O. [27] 1, 8 = 3, 4. – [37] 1, 15; vgl. 1, 19 = 3, 6. – [38] Psychologia vera, oder Vierzig Fragen Von der Seelen 16, 6 = PEUCK. 3, 96. – [39] Vgl. 1, 211 = 3, 50; 1, 249 = 3, 57. – [40] Vgl. De signatura rerum, oder Von der Geburt und Bezeichnung aller Wesen 6, 19 = PEUCK. 6, 52. – [41] a.O. [27] 2, 8 = 3, 19. – [42] De incarnatione verbi, oder von der Menschwerdung Christi, 2. Teil, 4, 1 = PEUCK. 4, 132. – [43] a.O. [27] 8, 4 = 3, 145.

2. 17. Jahrhundert. – DESCARTES' Philosophie ist wichtig für die Geschichte des Begriffes ‹L.›, weil sie ihm den Raum einer neuen philosophischen Relevanz eröffnet, indem sie ihm jegliche Relevanz abspricht. Descartes' Kritik der Texte (wie Fr. Bacons Kritik der Idole) schließt die Überlieferungsbestände aus, deren semantische Potentiale in den L.-Begriffen aktiviert wurden, und seine Trennung und Substantialisierung von res extensa und res cogitans, verbunden mit dem Kriterium der klaren und deutlichen Erkenntnis läßt ‹L.› als Deutungsbegriff nicht mehr zu. Eine aus der Konzeption Descartes' sich ergebende Folgelast [1] hat er selbst im Versuch einer Lösung unter Aufnahme eines Erklärungsmodells, das zur Tradition des Begriffes ‹L.› gehört, markiert. Das Zusammenwirken von «Seele» und «Körper» bei dem Zustandekommen von Empfindungen und den daraus folgenden Reaktionen will er durch «esprits animaux» (L.-Geister) erklären [2]. Dies seien aber selbst «Körper», wenn auch sehr kleine [3].

Indem B. SPINOZA die Kriterien Descartes' anlegt, kommt er zu einer Kritik der Hypothese von den L.-Geistern, die «verborgener» seien als jede «verborgene Qualität» [4], die Descartes bei den Scholastikern kritisiert hatte. Spinoza bestimmt die Ursache, die Descartes naturwissenschaftlich dazu bringt, die Hypothese der «L.-Geister» einzuführen, und die ihn metaphysisch auf Gott als Ursache des ganzen Universums rekurrieren läßt. «Ich wollte wohl, daß er diese Vereinigung [der Seele und des Körpers] durch ihre nächste Ursache erklärt hätte. Er hatte aber die Seele als so verschieden vom Körper gedacht, daß er weder für die Vereinigung, noch auch für die Seele selbst irgend eine Einzelursache anzugeben vermochte, sondern genötigt war, auf die Ursache des ganzen Universums, das heißt auf Gott zurückzugehen» [5]. Aus dem mit dieser Kontroverse gekennzeichneten Problemzusammenhang ergibt sich die Relevanzmöglichkeit des Begriffs ‹L.›.

Der Cartesianer J. CLAUBERG nimmt ‹L.› in diesem Zusammenhang auf. Zunächst beurteilt er den Begriff kritisch, weil er «vaga» und «incerta» sei. Weder metaphysisch noch physisch bezeichne er etwas «clare et distincte» [6], weil er zuviel Verschiedenem zugeschrieben werde [7]. Er hat ihn dann aber in seiner Schrift ‹Corporis et Animae Conjunctio› und in der 53. und 54. ‹Exercitatio› positiv verwendet. Um einen so abgenutzten Begriff wie ‹L.› genauer zu fassen, müsse man nicht der Erkenntnis der Philosophen folgen, sondern sich das allgemeine Urteil zunutze machen, das z. B. Bewegung von Wärme (motum a calore) und Handeln von dem vorauszusetzenden Zustand der Kraft dazu (actionem a valetudine) unterscheide [8]. Das eröffnet die Möglichkeit, geistiges und körperliches L. genauer zu unterscheiden. Bei körperlichem L. ist zwischen Potenz und Akt zu unterscheiden, denn es kann auch ohne Akt sein, während das geistige L. im Akt selbst besteht. Die Existenz des Denkens ist der Akt des Denkens selbst [9]. Das Denken ist L. (ipsa cogitatio vita) [10] als Vollzug des Denkens. L. besteht in handelndem Vollzug. So kann auch die Vereinigung von Körper und Seele gedacht werden, und diese Vereinigung macht L. aus. «Vitam dico, quae sine actu intelligi nulla potest» [11]. Dem begreifenden Denken als L. steht die Objektwelt als L. gegenüber. «Sicut species intelligibilis et cogitatio nostra est *aliquid vivum*, et quamvis unum fit, plura comprehendit, et est repraesentatio quaedam ac regula illorum, quae sunt aut fiunt» [12] («Wie die verständige Vorstellung und unser Denken etwas Lebendiges sind, wie sie eins sind und vielerlei begreift, und ist gewissermaßen die Darstellung und Regel desjenigen, was ist oder geschieht» [13]). Clauberg löst eine der Schwierigkeiten der Philosophie Descartes', indem er L. als tätigen Vollzug denkt, in dem der Mensch sich als Einheit verstehen und von daher die Welt als Einheit des L. gedacht werden kann.

Die Aufnahme platonischer und neuplatonischer Gedanken durch R. CUDWORTH steht gegenüber der bei M.

Ficino und Pico della Mirandola in einer neuen Konstellation, da sie nun gegen Descartes' Philosophie gerichtet wird. Cudworth wendet sich gegen die Annahme, daß Extension die einzige Substanz sei [14]. Wäre das so, könnte es wegen der innewohnenden Passivität «no Motion or Action ..., no Life, Cogitation, Consciousness, No Intellection, Appetite or Volition» geben, «all would be a dead Heap or Lump» [15]. Da es L. aber offensichtlich gibt, was unter Voraussetzung nur der Extension nicht gedacht werden kann, muß es eine andere Entität geben, und die ist wesentlich «Life, Self-Activity, or Cogitation» [16]. So ist ausser der Substanz «Extension or Magnitude» eine zweite anzunehmen, «Life and Mind; or the Self Active Cogitative Nature, an Inside Being, whose Action is not Local Motion, but an Internal Energy, Within the Substance or Essence of the Thinker himself, or in the Inside of him» [17]. Beide Substanzen sind unterschieden, aber dennoch «Vitally United, each to other» [18], so daß die Verbindung selbst L. ist. L. hat seinen Ursprung in einem ewigen L. als «Eternal Unmade Fountain» [19].

Auch G. W. LEIBNIZ nimmt den L.-Begriff in seiner Auseinandersetzung mit Descartes auf, aber zugleich als Versuch zur Korrektur der Kritiker von Descartes. Gegen Descartes sagt er: «Extensione sola non puto constitui substantiam, cum conceptus extensionis sit incompletus ... Itaque magis in notione τῶν δυναμικῶν quam extensionis cogitationem nostram compleri et terminari credo ...» (Ich glaube nicht, daß die Ausdehnung allein die Substanz ausmacht, denn ihr Begriff ist unvollständig. Ich glaube deshalb, daß unser Denken mehr im Begriff der Kraft als dem der Ausdehnung vollendet und abgeschlossen wird) [20]. «Cette force active primitive» könnte man nun «la Vie» nennen. Sie ist «justement selon luy ce que est renfermé dans ce [que] nous appellons une Ame, ou dans la substance simple» [21]. Damit ist der Zusammenhang mit der Monadenlehre hergestellt. L. wird der Monade als Eigenschaft zugeschrieben. «... Chaque Monade est un Miroir vivant ou doué d'action interne, représentatif de l'univers, suivant son point de vue et aussi réglé que l'univers luy même» [22] und: «Chaque Monade, avec un corps particulier fait une substance vivante» [23]. Weil alles aus einfachen Substanzen zusammengesetzt gedacht wird, kann Leibniz sagen: «Et par consequent toute la nature est pleine de vie» [24]. Grundlegender Konzeptionsbegriff seines Systems ist aber nicht ‹L.›, sondern ‹prästabilierte Harmonie›. «L'ame suit ses propres loix et le corps aussi les siennes; et ils se rencontrent en vertu de l'harmonie préétablie entre toutes les substances, pusqu'elles sont toutes des représentations d'un même Univers» [25].

Anmerkungen. [1] Vgl. R. SPECHT: Innovation und Folgelast. Beispiele aus der neueren Philos.- und Wiss.gesch. (1972) 93-135. – [2] R. DESCARTES, Passions de l'âme I, 7. – [3] a.O. I, 10; vgl. Discours de la méthode V, 8. – [4] B. SPINOZA, Ethik V. Teil, Vorrede. – [5] ebda. – [6] J. CLAUBERG: Opera omnia philos. (Amsterdam 1691, ND 1968) 877; vgl. K. HAMMACHER: Claubergs «Kategorien des L.» und Leibniz' Begriff der Spontaneität. Akten II. int. Leibniz-Kongr. 3 (1975) = Studia Leibnitiana Suppl. 14, 255-277. – [7] CLAUBERG, a.O. 677; vgl. 678. 681f. – [8] 682. – [9] 679. – [10] ebda. – [11] 216. – [12] 621. – [13] HAMMACHER, a.O. [6] 265. – [14] R. CUDWORTH: The true intellectual system of the universe (London 1678, ND 1964) 829. – [15] ebda. – [16] 830; vgl. 839. – [17] 832; vgl. 833. – [18] 831. – [19] 839. – [20] G. W. LEIBNIZ, Philos. Schr., hg. C. J. GERHARDT 2, 169f. – [21] a.O. 6, 588. – [22] Principes de la nature et de la grâce fondés en raison a.O. 6, 599; vgl. Monadol. 6, 621. – [23] Principes 6, 599. – [24] 607. – [25] Monadol. 6, 620.

3. *Religiöse Denker des 18. Jahrhunderts.* – Für Pico della Mirandola, Paracelsus, J. Böhme war die Kabbala eine Strömung gewesen, die den Lebensbegriff inhaltlich bestimmte, und auch LEIBNIZ nennt «la philosophie vitale des Cabalistes et Hermetiques», die in seiner Philosophie wie in einem «centre de perspective» vereinigt seien [1]. Für J. FRANK (1726-1791), dem Stifter des Frankismus, einer Richtung des Sabbatianismus, die kabbalistische Mystik und messianische Apokalyptik verbindet, wird ‹L.› zum «Schlüsselwort» [2]. L. ist für Frank «nicht die harmonische Ordnung der Natur und ihr sanftes Gesetz, es ist vielmehr die Freiheit von Bindung und Gesetz» [3]. Was allen L.-Begriffen inhärent ist, daß sie mit einer Vorstellung vom richtigen Zusammenleben der Menschen verbunden sind, wird bei Frank zum Ausgangspunkt der Begriffsbildung und führt hier zu Häresie und Nihilismus. «In jeder Umwertung aller jüdischen Werte ... verkoppelt sich die historische Erfahrung des polnischen Juden mit einer unbändigen Sehnsucht gerade nach der Welt, die ihm versagt war» [4].

Auch für N. L. Graf v. ZINZENDORF (1700-1760) ist L. eine neuer Stand, der nur bedingt in der alten Kirche zu verwirklichen ist. L. soll aber gerade Verwirklichung der christlichen Werte und Ziele sein, nicht deren Aufhebung. ‹L.› bezeichnet die Wirkkraft und die Wirkung des Wortes Gottes und den Zustand, den man erreicht, wenn die Wirkung zur Wirklichkeit des neuen Menschen wird. «Es sind lebendige Worte, sie rühren sich, es ist, als wenn ein jedes Wort eingriffe, embrassierte und wärmte. Drum heißt's hernach: Brannte nicht unser Herz in uns, da er mit uns redete? In der Grundsprache sind die Worte Brennen und Leben, Geist, Feuer und Leben ziemlich parallel, wenn vom Wort Gottes die Rede ist» [5]. L. ist nur durch Jesus Christus zu gewinnen. «Es ist also wirklich keine andere Ursache, warum man vom L. redt in dem gegenwärtigen Aeon, als weil der Heiland unser L. ist ...» [6]. Das L. bleibt aber Geheimnis, und seine Gewinnung kann nicht zu einer Technik der Frömmigkeit werden. «Das L. ist eine Sache, die man nicht beschreiben, in keine Methode und Systema bringen oder Kennzeichen dafür geben kann. Der Wind bläset, wo er will, und man hört sein Sausen wohl, aber man weiß nicht, von wannen er kommt und wohin er führet ... Das sagt der Heiland nicht ohne Ursach, denn hätte er eine rechte Methode des Lebendigwerdens, wir setzten uns darauf, probierten sie aneinander, und wenn's ein Mensch so gemacht hätte, so dächten wir, er lebte, und hätte er's nicht so gemacht, so dächten wir, er lebte nicht, das würde einen Haufen Splitter richten und falsche Beredungen von sich selber geben. Daher ist's dem Heiligen Geist gefällig gewesen, die Materie des L. zum Geheimnis zu machen, das ihm allein überlassen bleibt; er macht lebendig, wen er will» [7].

F. CH. OETINGER (1702-1782) hat als erster ‹L.› zum Grundbegriff eines angestrebten Systems gemacht. «Es gibt keinen so systematischen Begriff als diesen, da alles durch ein jedes und ein jedes durch alles sich begreift; und das ist erst systematisch» [8]. Seine Explikation dessen, was L. ist, tritt mit dem Anspruch auf, «wahres System» zu sein [9]. Das System aus der ‹Idee des L.› will die Lösung der Probleme sein, die seiner Zeit nach der Ökonomie Gottes aufgegeben sind [10]. Mit der Methode des Eklektizismus, die beansprucht, aus der Wahrheit aller Zeiten, die der gegenwärtigen Zeit angemessene zu finden, knüpft er an J. Böhme, die Kabbala, I. Newton, J. Swedenborg, J. A. Bengel an [11] und wendet sich gegen die neuere Philosophie, wobei Leibniz und Wolff eine besondere Stellung zukommt. Er kritisiert Leibniz wegen dessen Begriff des Einfachen. «Alle Begriffe von dem Einfachen müssen fort ...: es lebt nicht, es ist keine Bewegung, es ist eine Idee ohne Substanz» [12]. Gegen ein Sein, das von der Monadenlehre her gedacht wird, steht der grundlegende Satz: «Sein ist nicht das Erste, sondern L. und Bewegen» [13]. Ebenso anerkenne die Monadenlehre nicht die Materie als «Substanz» [14] und «verdunkele» damit «den Begriff von dem L. der Dinge» [15], was letztlich die Menschwerdung Christi nicht als möglich denken lasse [16]. Übereinstimmung und Differenz markiert der Satz: «Ich will die Leibnizsche Philosophie passiren lassen, wenn ich ihr den Kopf [Monadenlehre] abgehauen und die Idee vom L. aufgesetzt habe» [17].

Seine Philosophie und Theologie aus der «Idee des L.» entfaltet Oetinger in Ausarbeitung eines theologischen L.-Begriffs und eines Begriffs des «gemeinen L.», der durch den theologischen begründet wird, aber nicht in ihm aufgeht. Beides steht unter dem Primat der Sätze, daß die «hlg. Schrift ... uns zum nötigen Verstand bringen will, wie wir L. und gute Tage habe sollen ...» [18], und daß «der Sabbath um des Menschen willen [ist], der Mensch nicht um des Sabbaths willen» [19].

Der Begriff des «gemeinen L.» [20] (vita socialis [21]; «gesellschaftliches L.» [22]) wird expliziert in einer Lehre vom sensus communis [23]. Mit ihr strebt Oetinger eine Vermittlung von ratio und sensus communis an: «Sensus communis vel potius ratio ad sensum communem accomodata» [24]. Der sensus communis bezieht sich auf einen unveränderlichen Bestand von den Menschen nützlichen Wahrheiten, der durch die Ökonomie Gottes gewährleistet ist [25], der aber «in jedem Mannesalter, in jedem Jahrhundert durch ein gewisses Maas der nuzbarsten Wahrheiten ... bestätigt werden» muß [26]. Kriterium der Praxis und Erkenntnis des «gesellschaftlichen L.» ist das «Nützlichste, Nothwendigste, Einfachste» [27]. Seine Beachtung führt zu einer «practischen Logick» [28], die an die Erfordernisse des «gemeinen L.» gebunden ist. Beglaubigung des Kriteriums ist: «Das Nothwendigste in der Welt ist durch äußerlich Macht und Ansehen bestätigt, das Nützlichste durch täglichen Gebrauch befestigt und das Einfältigste leuchtet und bricht aus dem Innersten heraus durch die allerzartesten Vorempfindungen und Triebe, und dringt durch eine mächtige Zusammenstimmung (sympathisation) wieder bis in das Innerste» [29].

Der theologische L.-Begriff [30] wird entwickelt aus der Bestimmung Gottes als «unauflöslichen L.». L. allgemein ist die «Zusammenfassung verschiedener wirksamer und leidender Kräfte» [31], die «in einer gewissen Contrarietät des Activen und Passiven oder in einer gewissen Gegeneinanderwirkung auf einen ordentlichen Zweck zusammengebunden» sind [32]. Gott hat seine Vollkommenheit dadurch, daß er als «ewige Selbstbewegung» in der unauflöslichen Indifferenz dieser Kräfte besteht [33]. «Unauflöslich» ist ein «hoher Name Gottes ... Es ist ein Hauptwort des neuen Testaments» [34]. Die Offenbarung Gottes geschieht im Modus der «Herrlichkeit Gottes» [35]. Diese ist Gott selbst und doch von ihm unterschieden, womit Oetinger pantheistische Konsequenzen ausschließen und doch Gott und Welt in enger Verbindung denken will. So ist Gott als L. und Herrlichkeit «einerlei» und als «unterscheiden sich nur dadurch voneinander, daß die Herrlichkeit der nach außen gehende Glanz des L., das L. dagegen die innere Quelle der Herrlichkeit ist» [36]. So wie die Schöpfung und Kreatur Sprache Gottes sind [37], so werden die Kräfte des L. durch das Wort Gottes vereinigt. «L. ist ein sphärischer Umtrieb des Wirksamen und des Leidenden, der Geistigkeit und des Stoffes, aus göttlicher Verbindung verschiedener Kräfte durchs ewige Wort» [38].

L. mit seiner «Verschiedenheit der Kräfte» macht «Selbstbewegung» möglich, und diese ist in den Geschöpfen der «Grund ihrer Freiheit» [39]. So hat der Mensch Freiheit, die im L. Gottes verankert ist. Es sei nichts leichter zu begreifen, als «daß ich aus dem L. Gottes auch wieder L. und Selbstbewegung empfangen habe ... Ich weiß es, daß ich in ihm lebe, mich bewege und bin, und zwar als ein Wesen, das sein Zentrum der Freiheit in sich hat» [40].

Die Freiheit des Menschen und die Möglichkeit der Auflösung der Kräfte des L. führen zum Sündenfall. So entsteht «falsches L.» [41]. Sünde ist die «Entfremdung vom L. Gottes», und da auch Natur durch den Sündenfall in Unordnung geriet, ist Natur die «dem L. Gottes entfremdete Natur» [42]. So wird Christus nicht nur Erlöser der Menschen, sondern auch «Bauherr» und «Lebendigmacher» der Natur [43]. Er als das «wahre L.» [44] restituiert aus der «Kraft des unauflöslichen Lebens» [45] im umfassenden Sinne L. Wiederherstellung von L. ist Ziel der Heilsgeschichte, die Natur, Mensch und die Ordnung seines Zusammen-L. umfaßt. Für seine Gegenwart wird L. von Oetinger als nicht-verwirklichtes erkannt, und seine Philosophie des L. lebt von der Hoffnung auf die Wiederherstellung vollkommenen L.s. Gelänge dieses nicht, «würde [Gott] ja alles umsonst geschaffen haben» [46]. Als Bild des «güldenen Reiches», in dem Christus eine zeitlang seine irdische Herrschaft ausüben wird, entwirft Oetinger eine Gesellschaftsordnung nach der Idee des L. [47], die Vorbild für die Zeit des «gemeinen, gesellschaftlichen L.» sein soll. Da L. als gegenwärtiges nicht voll verwirklicht ist, zieht Oetinger letztlich seinen Systemanspruch zurück. Als nicht-verwirklichtes kann es nicht adäquat erkannt werden und so nicht Grundlage eines Systems im strengen Sinne sein. Wir bekommen wohl eine «in Bruchstücken hinreichende Aufklärung», aber ein «System ohne hiatus, aus Einem Stück und ohne Lücken, gibt es nun einmal in dieser Welt nicht» [48].

Obwohl auch J. G. HAMANN ähnlich wie Oetinger das Verhältnis Gottes zur Welt deutet, auch er die Einheit von Geschichte und Natur denken will, auch er zu einer Kritik der neuzeitlich-wissenschaftlichen Naturbetrachtung kommt, hat er ‹L.› nicht als Begriff ausgearbeitet; ‹L.› kommt bei ihm nur in traditionellen biblischen Wendungen vor. Das hat seine Gründe darin, daß er sich als Antisystematiker versteht, nicht wie Oetinger eine Vermittlung mit der Philosophie seiner Zeit anstrebt und für ihn Sprache zum Grundbegriff wird [49].

Anmerkungen. [1] LEIBNIZ, a.O. [20 zu 2] 4 (1880) 523f. – [2] G. SCHOLEM: Die Metamorphose des häret. Messianismus der Sabatianer in relig. Nihilismus im 18. Jh., in: Zeugnisse. Th. W. Adorno zum 60. Geburtstag, hg. M. HORKHEIMER (1963) 25. – [3] ebda. – [4] ebda. – [5] N. L. Graf v. ZINZENDORF, J. H. D. (20. Jan. 1753), zit. nach Ch. UTTENDÖRFER: Zinzendorfs Weltbetrachtung (1929) 16. – [6] J. H. D. (11. Aug. 1755) a.O. 15. – [7] J. H. D. (10. Jan. 1753) = 17. – [8] F. CH. OETINGER, Sämmtl. Schr., hg. K. CH. E. EHMANN 2/1-6 (1858-1864) 6, 714. – [9] Die Theol. aus der Idee des L. abgel. und auf sechs Hauptstücke zurückgeführt, übers., hg. J. HAMBERGER (1852) 66. – [10] Vgl. a.O. 241; Selbstbiogr., hg. J. HAMBERGER (1845) 33; vgl. R. PIEPMEIER: Aporien des L.-Begriffs seit Oetinger (1978) 43-48. – [11] Vgl. a.O. 49-62. – [12] F. CH. OETINGERS Leben und Briefe, als urkundlicher Comm. zu dessen Schr., hg. K. CH. E. EHMANN (1859) 660f. – [13] a.O. [8] 1, 124; vgl. Biblisches Wb., hg. J. HAMBERGER (1849) 425. – [14] a.O. [8] 6, 234. – [15] a.O. [12] 203. – [16] a.O. [8] 2, 174; a.O. [13] 361. – [17] Selbstbiogr. a.O. [10] 118; vgl.

a.O. [12] 588. 597f. – [18] Biblisches und emblemat. Wb. (1776, ND 1969) 846. – [19] a.O. [13] 78. – [20] Gedanken von den zwo Fähigkeiten zu empfinden und zu erkennen (1775) 25. 29; a.O. [12] 77; a.O. [8] 2, 275. – [21] Inquisitio in sensum communem et rationem (1753, ND 1964) 207; Sylloge Theologiae ex Idea Vitae deductae (1753) III, § 1. 2. 3. – [22] Die Sittenlehre Salomo in Vergleichung mit der Lehre Jesu (1758) 438; a.O. [8] 101. 446. – [23] Vgl. PIEPMEIER, a.O. [10] 110-157. – [24] OETINGER, Inquisitio a.O. [21] 30; vgl. a.O. [20] 9. – [25] a.O. 30f. – [26] a.O. [8] 4, 41. – [27] a.O. [18] 845. – [28] a.O. [20] 29. – [29] a.O. [8] 4. 34. – [30] Vgl. PIEPMEIER, a.O. [10] 158-206. – [31] OETINGER, a.O. [8] 6, 126. – [32] a.O. [13] 375. – [33] a.O. [9] 125. – [34] a.O. 472; a.O. [8] 1, 190. – [35] a.O. [9] 251; a.O. [8] 180f. 187. – [36] a.O. [9] 246. – [37] 411. – [38] a.O. [12] 601f. – [39] a.O. [13] 369. – [40] a.O. [8] 1, 126f. – [41] a.O. 2, 235. – [42] 4, 11. – [43] 6, 162; vgl. a.O. [13] 77. – [44] a.O. 468. – [45] 247. – [46] 163f. – [47] Vgl. PIEPMEIER, a.O. [10] 191-206. – [48] OETINGER, a.O. [9] 277. – [49] Vgl. PIEPMEIER, a.O. [10] 273-295.

Literaturhinweise. J. TULLOCH: Rational theol. and Christian philos. in England in the 17th century, 2: The Cambridge Platonists (London ²1874, ND 1966). – E. CASSIRER: Die platonische Renaissance in England und die Schule von Cambridge (1932). – K. GOLDAMMER: Paracelsus. Natur und Offenbarung (1953). – P. O. KRISTELLER s. Anm. [1 zu 1]. – R. PIEPMEIER s. Anm. [10 zu 3].

R. PIEPMEIER

V. 18. Jh. bis Gegenwart. – 1. In der französischen Aufklärung herrscht einerseits das Bestreben vor, die Existenz von speziellen L.-Geistern zu leugnen und das L. rein mechanistisch zu erklären, andererseits gibt es verschiedene Aussagen über den spezifisch menschlichen L.-Ablauf. J. O. DE LA METTRIE vergleicht den belebten Körper mit einer Uhr, d. h. einer Maschine, und sieht die «causes ou les forces de la vie» in besonderen Säften, die den Körper in Bewegung halten [1]. P. TH. D'HOLBACH findet die Ursache des L. in inneren und äußeren physiologisch-chemischen Erscheinungen (Wärme, Feuer, Nahrungsmittel) [2] und bestimmt es als die Aufeinanderfolge notwendiger Momente der L.-Dauer, als «Summe der Bewegungen des gesamten Körpers» [3]. P.-J.-G. CABANIS gibt als letzten Erklärungsgrund des L. die «sensibilité» an [4]. VOLTAIRE dagegen bleibt skeptisch und hält Begriffe wie ‹âme›, ‹vie› und ‹sensation›, die für ihn alle dasselbe meinen, für unergründbar [5].

Zugleich finden sich bei VOLTAIRE Äußerungen über die Nichtigkeit des menschlichen L. sowohl als das Bekenntnis, er werde trotzdem bis zum letzten Atemzug an ihm hängen [6]. Eine übertriebene Liebe zum L. hatte schon SHAFTESBURY abgelehnt [7], und für ROUSSEAU ist das Festhalten am L. kennzeichnend nur für den Kulturmenschen. Die Wilden sträuben sich nicht gegen den Tod [8]. DIDEROT formuliert: «Il faut être insensé pour aimer la vie», aber auch: «Le dégoût de la vie est faux, et n'existe que dans une tête dérangée ou mal organisée» [9]. Daß der Begriff ‹L.› im 18. Jh. relativ selten thematisiert wurde, mag damit zusammenhängen, daß er, wie von J. LOCKE, zu jenen Begriffen gezählt wurde, mit denen man «nicht immer eine klare, deutliche, feststehende Idee» verband und die deshalb wohl für den alltäglichen Umgang, aber nicht für «philosophische Untersuchungen» ausreichten [10].

KANT dagegen präzisiert den L.-Begriff. L. ist das «Vermögen einer Substanz, sich aus einem inneren Princip zum Handeln, ... zur Veränderung ... zu bestimmen» [11]. Etwas grundsätzlich anderes ist die «bewegende Kraft» einer Maschine (z. B. einer Uhr). Ein «organisirtes Wesen» besitzt eine «bildende Kraft», die nur als «Analogon des L.» zu verstehen ist, deren Wesen aber dem menschlichen diskursiv auf den Kausalnexus verwiesenen Verstand unerforschlich bleibt und nur einem göttlichen «intuitiven Verstand» zugänglich sein könnte, in dem es zugleich ganz gegenwärtig wäre [12].

Gegen Tendenzen in der Aufklärung, alle Naturabläufe als mechanische zu deuten, stehen schon in Frankreich Bemerkungen über die Belebtheit auch der Materie: «Toute la matière est organique, vivante, animale. Une matière inorganique, morte, inanimée, est une chimère, une impossibilité» [13]. In der deutschen Philosophie werden die Begriffe ‹L.›, ‹Kraft› und ‹Organismus›, ‹organisch› mit neuer Emphase vorgetragen. HERDER: «Ein mechanisches oder übermechanisches Spiel von Ausbreiten und Zusammenziehen sagt wenig oder nichts, wenn nicht von innen und außen schon die Ursache desselben vorausgesetzt würde, 'Reiz, L.'» [14]. Dieses L., das «geistige Band», läßt sich «nicht weiter erklären» [15], es wirkt aber in jeder «Organisation», in einem «ewigen Zusammenhang ewig», von der leblos erscheinenden Materie bis zum Menschen als Spitze der «lebendigen Pyramide» [16]. Gleichzeitig wird ‹L.› zum universalen Kampfbegriff gegen den Rationalismus und die Herrschaft des Verstandes, der Form und der Regel. Es meint den Inbegriff von Fülle und Ursprünglichkeit, so daß Herder mit ‹L.› zu einem neuen Begriff des «Enthusiasmus» gelangt: «Denn nicht Sturm und Drang war diese Begeisterung, sondern fortwirkendes L.» [17]. L. wird besonders vom Genie erfaßt, denn dieses ist, nach LAVATER, «lebendiger und lebendig machender Geist, der sein L. fühlt, und leicht und vollkräftig mittheilt; sich in alles hineinwirft mit L.-Fülle, mit Blitzeskraft»; es ist «Übernatur, Überkunst, ... Übertalent, Selbst-L.» [18]. GOETHE läßt Werther in der Natur «das innere, glühende, heilige L.» finden und «aus dem schäumenden Becher des Unendlichen jene schwellende L.-Wonne trinken», die alles hervorbringt, so daß sich in seiner Seele «die herrlichen Gestalten der unendlichen Welt ... allebelebend» bewegen [19].

L. wird zu einem in der ganzen Natur vorherrschenden und sie formenden Prinzip, das, ewig und unzerstörbar, eher ein die Einzelwesen umgreifendes Prinzip ist, da es sie gerade gestaltet. Deshalb nennt GOETHE «alles Lebendige vollkommen» und das L. «das Höchste, was wir von Gott und der Natur erhalten haben» [20]. F. H. JACOBI kann sich das L. nicht als «Beschaffenheit der Dinge» denken, «da im Gegentheil die Dinge nur Beschaffenheiten des L., nur verschiedene Ausdrücke desselben sind». Der höchste Grad des L. ist mit dem Maximum an Bewußtsein und Vernunft gegeben, d.h. in Gott, der «sein L. in ihm selbst hat» und von dem das menschliche L. eine «Ahndung» erhält [21]. Der Mensch kann nur in der Wahrheit L. haben, die jedoch «verborgen [ist] in unserem L.». Es besteht aber die «Hoffnung, ... daß nur Entwickelung des L. Entwickelung der Wahrheit ist; beyde, Wahrheit und L., Eins und Dasselbe» [22]. HÖLDERLIN feiert nicht nur die Natur, weil sie Zeugnis ablegt vom «ewigen, schönen L. der Welt» [23], sondern sieht im L. auch die «Versöhnung» aller Zwistigkeiten und die Überwindung des Todes: «Wie der Zwist der Liebenden, sind die Dissonanzen der Welt. Versöhnung ist mitten im Streit und alles Getrennte findet sich wieder. Es scheiden und kehren im Herzen die Adern und einiges, ewiges, glühendes L. ist Alles» [24].

Demgegenüber bildet für SCHILLER das bloße L. in «weitester Bedeutung, ein Begriff, der alles materiale Sein und alle unmittelbare Gegenwart in den Sinnen bedeutet», der Gegenstand des Stofftriebs, nur die *eine* Seite des menschlichen Daseins. Ergänzt wird sie notwendig durch den Formtrieb, dessen Gegenstand «Gestalt» ist und mit dem sie sich zur «lebenden Gestalt» im Spieltrieb verbindet. Vernunft und Sinnlichkeit, Freiheit und Notwendigkeit sollen sich zu einem ästhetischen Zustand, zu einem «ästhetischen L.» vereinigen: «das Schöne soll nicht bloßes L. und nicht bloße Gestalt, sondern lebende Gestalt, das ist, Schönheit sein» [25].

Wie schon JACOBI [26] konstatiert FICHTE, daß das L. nicht im «Spekuliren», sondern «nur durch das L. selbst» kennengelernt werden kann. Nicht die Philosophie ist Zweck für sich selbst, sondern das L. Die Sätze der Philosophie lassen sich nicht unmittelbar auf das L. beziehen: «Die Wissenschaftslehre gibt sich bloß für eine Abbildung des L., keineswegs für das wirkliche L. selbst aus. ... Was sie über Weisheit, Tugend, Religion sagt, muß wirklich erlebt und gelebt werden.» L. und Spekulation stehen relativ getrennt nebeneinander, obwohl beide Begriffe nicht unabhängig voneinander bestimmt werden können [27]. Ist so die Wissenschaftslehre nicht «L.-Philosophie», so gibt sie doch «ein vollständiges Bild» des «Lebendigen und Andringenden der Erfahrung» [28]; sie «erzeugt das in der Anschauung *wirkliche* L. im Denken schematisch». Und obwohl «beide durchaus Eins» sind, behält das Denken «die schematische Blässe und Leerheit, und das L. ... die concrete Fülle der Anschauung» [29]. In seiner späteren Philosophie dagegen hat Fichte eine «Wissenschaftslehre, welche zugleich die einzig mögliche L.-Lehre» sein will, konzipiert [30], die Sein durch L. («esse in mero actu») und L. durch Sein bestimmt. Dieses L. sind wir selbst, insofern wir durch nichts «charakterisirbar» sind, «lediglich durch unmittelbares, actuelles L. selber» [31]. Das L. ist wie die Vernunft nur eines und überindividuell. Das persönliche L. der Einzelwesen muß sich deshalb «an das L. des Ganzen setzen und es ihm aufopfern», um «vernunftmäßiges L.» zu werden, oder: um «sich selbst in den Ideen [zu] vergessen» [32]. Auch in der Materie ist L., insofern sie «Ausdruck» und «Widerschein einer unserem Auge verdeckten Idee» ist [33]. Der «Urquell des L.» ist die «Gottheit», und Aufgabe alles persönlichen L. muß es sein, ihr «Werkzeug» zu werden [34]. «Religion besteht ... darin, daß man alles L. als notwendige Entwickelung des Einen, ursprünglichen, vollkommen guten und seligen L. betrachte und anerkenne» [35]. Das Sein, Gott, das Absolute und «einzige L.» «tritt heraus ... und stellt sich dar» in der äußeren Welt, im «Daseyn» der Welt und des «menschlichen Geschlechts». Das Sittengesetz gebietet den selbständigen Individuen, die Endlichkeit des L. zu durchbrechen, in Freiheit seine Eigennützigkeit aufzugeben und das «endliche L. mit dem unendlichen zu durchdringen» [36]. Die Bestimmung des Gelehrten ist es, im «L. der Idee aufzugehen» [37]. Das L. der Welt ist nur «Schein-L.», das «wahrhaftige L.» ist in Gott und liebt ihn als das einfache, ewige und unveränderliche Sein [38].

Der frühe SCHELLING hat im Übergang von der Fichteschen Ich- zur Naturphilosophie L., ein «lebendiges Wesen», das «ein inneres Princip der Bewegung in sich selbst hat», als das «sichtbare Analogon des geistigen Seyns», d.h. in Parallele zur Abfolge der Vorstellungen in uns begriffen. Der Geist «in der Thätigkeit des Producirens» schaut sich im L. der Natur selbst an; er wird in ihr «sich selbst äußerlich» und erscheint als «organisirte, belebte Materie»: «Es ist also nothwendig L. in der Natur. So wie es eine Stufenfolge der Organisation gibt, so wird es auch eine Stufenfolge des L. geben» [39]. In näherer Bestimmung wird L. dann aber nicht, wie gewöhnlich, als «freie Bewegung», sondern als «absolute Vereinigung von Natur und Freiheit in einem und demselben Wesen» erklärt. Es ist das Ineins von Naturprodukt und «ordnendem, zusammenfassendem Geist»; jedoch als «L. außer uns» nicht empirisch zu erkennen, sondern nur im «unmittelbaren Wissen» zu erfassen, zu dem wir durch den Verkehr mit anderen Wesen «praktisch genöthigt» werden [40]. Das Bemühen, das Verhältnis von Materie und L. zu begreifen, führt Schelling dann so weit, L. nicht durch chemische Prozesse, sondern diese durch jenes zu erklären. Unter Berufung auf Jacobi [41] heißt es: «Das L. ist nicht Eigenschaft oder Produkt der tierischen Materie, sondern umgekehrt die Materie ist Produkt des L. ... und auch das Todte in der Natur ist nicht an sich todt – ist nur das erloschene L. Die Ursache des L. mußte also der Idee nach früher da seyn als die Materie, die (nicht lebt, sondern) belebt ist» [42]. Den «Grund des L.» sieht Schelling in Auseinandersetzung mit physiologischen und physikalisch-chemischen Theoremen seiner Zeit «in entgegengesetzten Principien ..., davon das eine (positive) außer dem lebenden Individuum, das andere (negative) im Individuum selbst zu suchen ist», in einem immer wieder gestörten und wiederhergestellten «Gleichgewicht» beider und ihrer gegenseitigen Reaktion: «Das Wesen des L. aber besteht überhaupt nicht in einer Kraft, sondern in einem freien Spiel von Kräften, das durch irgend einen äußern Einfluß kontinuierlich unterhalten wird.» Das Prinzip, die Ursache dieses L.-Prozesses bleibt uns unbekannt; sie liegt außerhalb des L., zeigt sich nur in den einzelnen Erscheinungen des L. und ist nur «als die gemeinschaftliche Seele der Natur» zu erahnen [43]. Diesen Begriff des L. als eines Gleichgewichts zweier Prinzipien hat Schelling auch als «Wechselbestimmung der Receptivität und der Thätigkeit» bezeichnet, zusammengefaßt im «synthetischen Begriff der Erregbarkeit», so daß in jedem Organismus eine «ursprüngliche Duplicität» zwischen Erregung und Erregbarkeit vorausgesetzt werden muß. Dies treibt Schelling dann dazu, nach den Ursachen dieses «Urgegensatzes» in der Natur, ihrem Ursprung «aus allgemeiner Identität» zu forschen [44].

In der Weiterentwicklung seiner Philosophie findet Schelling L. nicht mehr allein in der Natur und im Menschen, sondern zuerst und vor allem im Absoluten, in Gott, von dem «als dem Schlechthin Einen das L. ausströmt in die Welt» [45]. Damit stellt sich die Aufgabe, das Absolute mit dem Endlichen zu vermitteln. In Fichtes ‹Anweisung zum seligen L.› sei eben dies nicht geleistet; die Natur sei hier nicht «lebendig», sondern tot geblieben. Schelling aber macht sich zum Ziel die «Darstellung des L. Gottes nicht außer oder über der Natur, sondern in der Natur, als eines wahrhaft realen und gegenwärtigen L.», der «Selbstoffenbarung Gottes», seiner «Lebendigkeit und Wirklichkeit» [46]. Das L. des Besonderen ist nur insofern wahres L., als es L. in Gott ist; losgetrennt von ihm aber wird es zum «bloßen Schein-L.» [47], zum «Zeit-L.». Das «besondere L. der Dinge» ist «abhängig von dem L. in der Unendlichkeit». «Das L., welches die Wesenheiten des All relativ aufeinander haben, ist entgegengesetzt ihrem L. in Gott, worin jede als eine freie, selbst unendliche ist; es ist insofern ihr von Gott abgefallenes und abgetrenntes L.» [48]. Damit wird der Begriff des L. in Schellings Lehre vom Abfall einbezogen, die ein wesentliches Stück seiner Spätphilosophie bildet. Gott ist «ein L. ..., nicht bloß ein Seyn» und deshalb «dem Leiden und Werden unterthan». Er ist ein geschichtlich werdender Gott, zu dessen Offenbarung die Schaffung einer von ihm verschiedenen Welt, die Erregung der «Selbstheit», d.h. des L. in seiner ganzen

«Schärfe» notwendig ist: «Gott gibt die Ideen, die in ihm ohne selbständiges L. waren, dahin in die Selbstheit und das Nichtseyende, damit, indem sie aus diesem ins L. gerufen werden, sie als unabhängig existirende wieder in ihm seyen» [49].

Auch Fr. von Baader hat in Gott das wahre L. gesetzt und ihn als Ausgangs- und Endpunkt des ganzen L.-Prozesses aufgefaßt: «Gott, als ewiges L., ist ein ewiges Sein und ein ewiges Werden zugleich. Als Letzteres ist aber Gott gleichsam ein ewig fortgehender Process.» Der Mensch ist berufen, «diesen Process in einer niedrigeren Sphäre zu wiederholen, fortzusetzen oder nachzuahmen». Gott und die Kreatur stehen in einem L.-Zusammenhang («der L.-Process der Creatur soll mit dem in Gott conform sein»), in dem die Schöpfung den «göttlichen L.-Process» ergänzen soll. In der Abkehr vom «göttlichen L.-Strom» aber entsteht das Böse [50]. Am Ende der Geschichte steht das «große Reich Gottes», in dem die «Menschen in eine wahrhaft organische Innung» gebracht sind, «weil nur in dieser lebendigen Gemeinschaft Gott Alles in Allem geworden ist als der eine und derselbe L.-Geist, der sich in jedem auf einzige Weise manifestiert» [51]. L. allgemein aber ist eine Kreisbewegung von drei Momenten, «der Hervorbringung (des Herabsteigens), der Erhaltung (Conservation) und der Wiederausgleichung (als Wiederaufsteigens)»; von Anfang, Mitte und Ende, ein gleichzeitiges Ruhen und Sich-Bewegen (Wirken), Beharren und Wechsel, ein «Wechselspiel» von «Einathmen» als «Rückkehr des Einzelnen in seine zeugende Einheit» und «Ausathmen» zur «abermaligen Hervorbringung neuer Individuen oder Erneuerung derselben» [52].

Der *junge* Hegel geht unmittelbar von den gesellschaftlichen, geschichtlichen und religiösen Beziehungen aus, in denen Menschen selbsthaft und zugleich in überindividueller Einheit handeln. Wie Kant und Schiller, die beide von der Freiheit des Menschen, «sich selbst eine L.-Weise auszuwählen», bzw. von der «Verschiedenheit der L.-Weise» gesprochen hatten [53], spricht Hegel wiederholt von der Verschiedenheit der «L.-Art», von der «Vielseitigkeit des L.», von der «Sehnsucht nach dem verlorenen L.», dem «reinen L.», die den Verbrecher, der mit dem fremden L. sein eigenes verletzt fühlt, erfüllt [54]. In der Interpretation der Anfangssätze des Johannes-Evangeliums dient der L.-Begriff zur Kennzeichnung der Verbindung der Welt mit dem Logos, der Teile zu einem Ganzen, des Einzelnen mit der Allgemeinheit, der Individuen untereinander zur Gemeinde, des Gottessohnes mit dem Vater: «Nur von Objekten, von Totem gilt es, daß das Ganze ein anderes ist als die Teile; im Lebendigen hingegen [ist] der Teil ebensowohl und dasselbe Eins, als das Ganze» [55]. In der frühchristlichen Gemeinde waren die Menschen «durch L., durch die Liebe vereinigt». «Im Reiche Gottes ist das Gemeinschaftliche, daß alle in Gott lebendig sind, nicht das Gemeinschaftliche in einem Begriff, sondern Liebe, ein lebendiges Band, das die Glaubenden vereinigt, diese Empfindung der Einheit des L.» [56]. Dadurch ist aber das Reich Gottes mit der «wirklichen Welt» im Konflikt und wird zum Rückzug aus ihr ins Innere gezwungen: «Wegen der Verunreinigung des L. konnte Jesus das Reich Gottes nur im Herzen tragen ...; aber in der wirklichen Welt mußte er alle lebendigen Beziehungen fliehen, weil alle unter dem Gesetz des Todes lagen.» Es bleibt nur die «Trennung von der Welt, und Flucht von ihr in den Himmel; Wiederherstellung des leerausgehenden L. in der Idealität» übrig, wodurch das L. aber «unerfüllt» bleibt [57].

Seit seiner *Jenenser* Zeit hat Hegel dann die «Entzweyung», die Entgegensetzung des Endlichen und des Absoluten als notwendig begriffen, denn sie ist ein «Faktor des L., das ewig entgegensetzend sich bildet, und die Totalität ist, in der höchsten Lebendigkeit, nur durch Wiederherstellung aus der höchsten Trennung möglich»; so entsteht das «Bedürfniß der Philosophie», die Gegensätze wieder zu vereinen, «das Seyn in das Nichtseyn – als Werden, die Entzweyung in das Absolute – als seine Erscheinung, – das Endliche in das Unendliche – als L. zu setzen» [58]. Damit wird L. zur Form der Selbstbewegung des Geistes; es meint den «Kreislauf», «das sich entwickelnde und seine Entwicklung auflösende und in dieser Bewegung sich einfach erhaltende Ganze», den Prozeß des Ausgangs von der «ersten unmittelbaren Einheit» und der Rückkehr in eine «reflektierte Einheit». Das L. verweist so am Ende dieses Prozesses, «im Resultate ... auf ein Anderes, als es ist, nämlich auf das Bewußtseyn» [59]; denn L. ist «wesentlich als Erkennen». Es ist der «absolute Geist nach seiner Idee oder Beziehung auf sich selbst». Auch die Natur ist Geist, hat L., aber nicht als reflektiertes, sondern wird von etwas anderem als sich selbst als L. erkannt. Sie ist das dem Geist Entgegengesetzte, durch das dieser hindurchgeht, um aus der Entzweiung zu sich zurückzukehren. Das «einzelne L., Lebendige» ist nur ein Moment dieses «metaphysischen Processes des L.» [60]. Da die Idee «wesentlich Prozeß» ist, so ist ihre Bewegung das L., die Idee «in ihrer Unmittelbarkeit». Dieses L. «dirimiert» sich in anorganische Natur, organische Natur und «lebendiges Individuum». «Die Idee des L. aber hat damit sich nicht nur von irgend einem (besondern) unmittelbaren Diesen befreit, sondern von dieser ersten Unmittelbarkeit überhaupt; sie kommt damit zu sich, zu ihrer Wahrheit; sie tritt hiemit als freie Gattung für sich selbst in die Existenz. Der Tod der nur unmittelbaren einzelnen Lebendigkeit ist das Hervorgehen des Geistes» [61]. Das L. als dialektische Bewegung der Idee hat Hegel auch so formuliert: «Diesen Prozeß des Gegensatzes, Widerspruches und der Lösung des Widerspruches durchzumachen ist das höhere Vorrecht lebendiger Naturen; was von Hause aus nur affirmativ ist und bleibt, ist und bleibt ohne L. Das L. geht zur Negation und deren Schmerz fort und ist erst durch die Tilgung des Gegensatzes und Widerspruches für sich selbst affirmativ» [62].

Je nach dem Zusammenhang, in dem Fr. Schleiermacher den Begriff ‹L.› gebraucht, ist seine Bedeutung verschieden. ‹L.› ist zwar als spekulativer Begriff, als Ausgangspunkt für Deduktionen, untauglich, da sich in ihm kein Teilungsgrund findet. «Das absolute Sein ist aber immer L. als die Gegensätze aus sich entwickelnd, aber, weil zeitlos, nicht in sie übergehend» [63]. L. meint aber zunächst vor allem eine (Natur-)Kraft und Kraftäußerung (etwa Spinozas natura naturans vergleichbar). In diesem Sinn ist unser «Weltkörper», die Erde, «die Identität des allgemeinen und besondern L.» (von Naturkräften und ihren Erscheinungen) [64]. Unter identitätsphilosophischen Prämissen sind die Daseins-, Bewegungs- und Äußerungsformen des L. in Natur und Vernunft dieselben: L. als Prinzip des realen Seins ist «ein von innerer Einheit ausgehendes Mannigfaltiges von Thätigkeit, also Successives und Differentiirtes» [65]. Indem L. freie Kraftentfaltung ist, ist L. auch das Dasein der Freiheit. «Freiheit geht ... soweit als L.» [66]. Die «Form» jedes L. besteht «in der Identität des relativen Für-sich-Gesetztseins und In-Gemeinschaft-Gesetztseins», ist ein «Ineinander und Nacheinander von In-sich-Aufnehmen und

Aus-sich-Hinstellens», überhaupt «Oscillation» zwischen Gegensätzen und gegensätzlichen Tätigkeiten [67]. Die Entwürfe zur ‹Ethik› sehen im L. vornehmlich den Prozeß, in dem die Vernunft sich die Natur aneignet, sie durchdringt, umbildet und sich in ihr zu erkennen gibt: «Das L. selbst ist nun das Einbilden der Vernunft in die Natur ...» Das «L. der beseelenden Vernunft», in seinem organischen Zusammenhang betrachtet, ist deshalb die Geschichte [68]. – K. F. BURDACH hat diesen Gedanken in der Formulierung zusammengefaßt: Das L., das kein empirischer Begriff ist, sondern auf einem Geistigen, der Idee, beruht, verwirklicht diese Idee «durch eine bestimmte Form des Daseins, indem es der fremden Materie seinen eigenen Stempel aufprägt und aus solchergestalt geschaffenen Substanz nach eigenem Typus einen Kreis von Organen bildet, welcher der räumliche Abdruck der Idee ist». Das L. «erscheint» so in mannigfaltigen «Individualitäten» und bestimmt sich in ihnen selbst durch seinen «doppelten Charakter: bestimmte Selbstentwickelung und bestimmte Selbsterhaltung» [69].

Anmerkungen. [1] J. O. DE LA METTRIE: L'homme machine. Oeuvres (Berlin/Paris 1796) 3, 179f. – [2] P. TH. D'HOLBACH: Le système de la nature (1770) I, 3. 6. 9; II, 1 = dtsch. F.-G. VOIGT (1960) 36. 60. 98. 288. – [3] a.O. I, 11. 13 = 163. 191. – [4] P.-J.-G. CABANIS, Oeuvres philos., hg. C. LEHEC/J. CAZENEUVE 1 (Paris 1956) 142. – [5] VOLTAIRE: Art. ‹vie›, in: Dict. philos. Oeuvres, hg. A.-J.-Q. BEUCHOT 32 (Paris 1829) 458-461. – [6] Br. an den Grafen von Schomberg (16. 8. 1769); an die Marquise Du Deffand (24. 5. 1764). Oeuvres a.O. 61 (Paris 1833) 446; 65, 549; 66, 230. – [7] A. A. C. Earl of SHAFTESBURY: An inquiry conc. virtue or merit (1699) II, 2, 2. – [8] J.-J. ROUSSEAU, Emile II. Oeuvres compl., hg. B. GAGNEBIN et M. RAYMOND 4 (Paris 1969) 307. – [9] D. DIDEROT, Oeuvres compl., hg. J. ASSÉZAT 4 (Paris 1875) 451. 458. 460; vgl. 1, 102ff.: Übers. von Shaftesbury. – [10] J. LOCKE: An essay conc. human understanding (1690) III, 10, 222. – [11] I. KANT, Akad.-A. 4, 544; vgl. 2, 327; 5, 9; 6, 211. – [12] a.O. 5, 374. 407 (KU §§ 65. 77). – [13] J. B. R. ROBINET: Considérations philos. sur la gradation naturelle (Paris 1768) 43. – [14] J. G. HERDER: Vom Erkennen und Empfinden der menschl. Seele (1778). Sämtl. Werke, hg. B. SUPHAN (1877-1913) 8, 174. – [15] ebda. – [16] 16, 569; 13, 170. 402; vgl. 98. – [17] 24, 153 (Adrastea IV, 2). – [18] J. K. LAVATER: Physiognom. Frg. (1775-78) 4, 81. 83; vgl. 92 (1. Abschn., 10. Frg.). – [19] J. W. GOETHE, Hamburger-A. 6, 52. – [20] a.O. 13, 21; 227. – [21] F. H. JACOBI, Werke (1812-67) 2, 258. 263f. 285. – [22] a.O. 1, 275. 281. 293f. – [23] FR. HÖLDERLIN, Der Wanderer. Große Stuttgarter A. 1, 207. – [24] Hyperion (Schluß). Werke a.O. 3, 160. – [25] FR. SCHILLER: Über die ästhet. Erziehung des Menschen, 15. und 21. Br. Sämtl. Werke, hg. G. FRICKE/H. G. GÖPFERT (⁴1965-67) 5, 614. 636. 617; vgl. Das Ideal und das L. a.O. 1, 201ff. – [26] JACOBI, Werke a.O. [21] 2, 232; 4/1, 213. – [27] J. G. FICHTE, Sämtl. Werke, hg. I. H. FICHTE (1834/35, 1845/46) 5, 340-343; 2, 332-334. 396. – [28] a.O. 2, 408; vgl. 5, 369. 381. – [29] 2, 161. – [30] 8, 371. – [31] 10, 206f. – [32] 7, 23-25. 35-37. – [33] 7, 55. – [34] 7, 60f.; vgl. 233f. – [35] 7, 240f. – [36] 6, 361ff. 366. 369f.; vgl. 6, 427. – [37] 6, 412. – [38] 5, 405f. – [39] F. W. J. SCHELLING: Abh. zur Erläuterung des Idealismus der Wissenschaftslehre (1796/97). Sämtl. Werke, hg. K. F. A. SCHELLING (1856-61) 1, 388; vgl. 2, 46; 3, 494. – [40] Ideen zu einer Philos. der Natur (1797). Werke a.O. 2, 48f. 52. – [41] JACOBI, a.O. [21] 2, 258. – [42] SCHELLING: Von der Weltseele (1798). Werke a.O. [39] 2, 500. – [43] 2, 503. 511. 549. 566. 568f. – [44] Einl. zu dem Entwurf eines Systems der Naturphilos. (1799) = 3, 304; Erster Entwurf eines Systems der Naturphilos. (1799) = 3, 222f. 250. – [45] Philos. der Kunst (1802) = 5, 393. – [46] Darlegung des wahren Verhältnisses der Naturphilos. zu der verbesserten Fichteschen Lehre (1806) = 7, 6ff. 17. 33f. 59; vgl. 74. 100. – [47] System der gesamten Philos. und der Naturphilos. insbes. (1804) = 6, 187. – [48] Aphorismen zur Einl. in die Naturphilos. (1806) = 7, 164. 178. 190; vgl. 7, 168. 170. 199. 203. 217. 232. 239f. 244. – [49] Philos. Untersuch. über das Wesen der menschl. Freiheit (1809) = 7, 403. 399f. 376. 404 (Selbstzitat von 6, 63); vgl. 7, 365f. – [50] FR. VON BAADER, Sämtl. Werke, hg. F. HOFFMANN (1850-60) 2, 21. 18f.; 13, 94. – [51] a.O. 8, 73. – [52] 2, 71; 13, 140; 4, 366; 2, 72; 8, 70. 164; 12, 215; 3, 222f.; vgl. 2, 99f. 102f.; 5, 12; 8, 161. 365; 13, 94. – [53] KANT, Akad.-A. 8, 112; vgl. 8, 119; «verschiedene L.-Art»; SCHILLER, Werke O. [25] 4, 773. – [54] G. W. F. HEGEL, Theol. Jugendschr., hg. H. NOHL (1907) 55. 281-283; vgl. Phänomenol. des Geistes, hg. J. HOFFMEISTER (⁶1952) 212. – [55] Jugendschr. a.O. [54] 306-309, zit. 308. – [56] 321; vgl. 379. 394f. 390f. – [57] 329. 332; vgl. R. PIEPMEIER, a.O. Anm. [10 zu IV/3] 233ff.; P. CHRISTIAN: Einheit und Zwiespalt (1978) 75ff. – [58] Differenz des Fichte'schen und Schelling'schen Systems der Philos. (1801). Ges. Werke 4 (1968) 16. – [59] Phänomenol. a.O. [54] 138. – [60] Jenenser Logik, Met. und Naturphilos., hg. G. LASSON (1923) 189 = Ges. Werke 7 (1971) 181. – [61] Enzyklop. (³1830) §§ 215-222; Logik, hg. G. LASSON (1934) 2, 412-417. – [62] Ästhetik, hg. F. BASSENGE (1955) 1, 104; vgl. 1, 125ff. – [63] FR. SCHLEIERMACHER: Dialektik, hg. R. ODEBRECHT (1942) 394f.; vgl. Dialektik, hg. L. JONAS. Sämtl. Werke III/4/2 (1839) 531. – [64] Dialektik, hg. ODEBRECHT a.O. 242f. – [65] Werke, hg. O. BRAUN/J. BAUER (²1927/28) 2, 39. – [66] Dialektik, hg. ODEBRECHT a.O. [63] 257; vgl. Br. an G. Reimer vom 12. 1. 1803. Aus Schleiermacher's Leben. In Briefen 1 (²1860) 358: «das untheilbare, ewige Bewußtsein, ... das Göttliche des L.». – [67] Werke a.O. [65] 2, 259. 89. 96. 98 u.ö. – [68] a.O. 214. 88. – [69] K. F. BURDACH: Anthropol. für das gebildete Publikum (1837) 110f. 451; vgl. 436f.

2. Die Naturphilosophie der Romantik hat, anknüpfend an Grundgedanken Schellings, stets versucht, die empirischen Befunde spekulativ zu durchdringen und Naturforschung und Philosophie zu verbinden. So ist L. nach JOH. MÜLLER gar kein empirischer Begriff, sondern erst durch die Philosophie notwendig hinzugegeben, so daß man sagen kann, die Physiologie erhalte durch sie ein «Organon», den «Gedanken der lebenden Wesen und der L.-Erscheinungen im Geiste zu zeugen» [1]. L. geht immer über das einzelne Lebendige hinaus, ist vielmehr, so L. OKEN, Bestandteil des fortgehenden L. des «Weltorganismus». Wenn das Individuum stirbt, so ist dies «kein Vernichten, sondern nur ein Wechseln» innerhalb des L. der Welt, «ein Übergang zu einem andern L., nicht zum Tode». Es hält sich im «Wechsel der Pole» das eine L., die Darstellung des Absoluten, Gottes, durch [2]. Für J. J. WAGNER ist es «der Wechsel des Intensiven und des Extensiven, des geistigen und natürlichen Prinzips», der das «L. der Welt» ausmacht und an dem alles einzelne L. teilhat; «und die Gottheit drückt sich in demselben aus als Gleichgewicht der Elemente» [3]. Prinzip des L. ist nicht etwas Materielles, sondern die Entzweiung des Universums mit sich selbst, Kampf und Konflikt, aus dem die Dinge wieder in die Einheit der Natur zurückkehren und dann «die Geistigkeit des L., den Organismus der Vernunft» bilden [4]. So erweist sich als eine Konstante dieser Autoren die Überzeugung, daß alle einzelnen Wesen «eine Vielheit und Sonderung des großen L. [sind], welches in allen dasselbe ist» [5]; daß alle «besondern Formen der L.-Erscheinung» «Emanationen aus der höchsten Idee des L.» sind, die in allem waltet, so daß es im strengen Sinn nichts Totes gibt [6]. Damit wird aber bei K. E. Schelling L. zum obersten Begriff, der nur durch «intellektuelle Anschauung gefasst werden» kann und mit dem Absoluten zusammenfällt. «So bleibt von demselben bloss die Idee einer absoluten Einheit des Seyns und der Thätigkeit übrig» [7]. Das «wahrhaft Absolute» ist nach I. P. V. TROXLER das L. deshalb, weil es Ursache von allem ist und «Erscheinung und Existenz ... [nur] Urtheil desselben» sind. Die Menschheit ist vom L. abgefallen und soll nach Durchlaufen von «Unwissenheit und Unglück» zu ihm zurückfinden: «Das L. ist die Erzieherin der Menschheit, die einzige und beste» [8].

Eine andere Konstante ist die Lehre, daß sich L. immer zwischen Gegensätzen [9], als Wechseln zwischen zwei Prinzipien bzw. als deren Vermittlung vollzieht. So kann C. A. ESCHENMAYER das «System des L.», die «organische Ordnung», die Vermittlung von Freiheit und Notwendigkeit, Subjektivem und Objektivem, nennen, die Indifferenz, aus der die relativen Differenzen dieser beiden Bereiche hervorgehen [10]; oder das L. ist der «mittlere Exponent von Tod und Unsterblichkeit», ein «mittleres Product» aus unsterblicher Seele und der «Materialität» des Todes und der Notwendigkeit [11]. Die gesamte Natur durchzieht der «Odem des allgemeinen L.», alle Dinge werden belebt von dem gemeinsamen «Quell des L.», der zugleich der «ewige Quell des Seyns» ist: «Das Wort des L. ist in Allen» [12]. Dem L., «das doch ewig ist», steht zwar der Tod entgegen, der als «ein Zug nach unten ... in der gröberen Leiblichkeit als Schwere waltet», zugleich beherrscht aber die Natur auch wieder «ein Drang nach oben», zum Licht, «damit das L. wieder es selber werde und sey» [13]. Wird hier ein steter Wechsel zwischen Streben zum L. und Fallen in den Tod angenommen, so ist es bei C. G. CARUS das L., das als umfassender Prozeß des Werdens der Natur zu Gott aufgefaßt wird, vom «elementaren L. der Stoffe» über die kosmischen «L.-Bewegungen der Erdveste» bis zum «Staats-L.» und dem L. des Geistes, das seine Vollendung dann erreicht, wenn es die allgemeinen Gesetze der Natur als «Widerspiegelung des Göttlichen» erkennt [14]. Damit wird ‹L.› schließlich zum allumfassenden Begriff, zum Oberbegriff auch von ‹Geist›, während bei Hegel L. nur eine Bestimmung des Geistes war. Das organische L. ist nur das «äußere Verhältnis des geistigen L.», dabei aber jedes «wahrhaft lebendige Wesen ... immer ein geistiges Wesen» [15]. Zugespitzter formuliert G. BIEDERMANN, daß «Natur und Geist das Eine und das Andere des L. selber sind, der Geist nur als genaturter Geist, die Natur nur als begeistete Natur ... besteht» [16]. Ebenso heißt es bei B. CARNERI, daß die Einheit von Geist und Materie «den echten Begriff des L.» ausmacht [17].

Daneben stehen auch in dieser Epoche diejenigen Theorien, die das L. in einem «beständigen Verzehrt- und Wiederersetztwerden einer unwägbaren Kraft», der L.-Kraft, sehen [18], die es als «Gleichförmigkeit der Erscheinungen bey ungleichförmigen Einwirkungen der Aussenwelt» begreifen [19], oder die ganz apriorisch konstruierende Theorie F. J. SCHELVERS, für den das L., ein beständiges Schweben zwischen Stillstand und Werden, Ruhe und Tätigkeit, Begrenzung und Freiheit, sich in sieben Momente und analog in sieben L.-Formen auseinanderfaltet [20]. Gegen die Hypostasierung des L.-Begriffs will die engere Hegelschule (K. ROSENKRANZ) zwar auch nicht organische und anorganische, lebendige und tote Natur streng voneinander scheiden, aber L. ausdrücklich auf «Individuen, welche sich selbst in sich gliedern und mit solch innerer Gliederung zugleich nach Außen als erscheinende Gestalt sich abschließen», beschränkt wissen und es «nicht in unbestimmt begrenzten Massen, nicht in unbestimmt ausgedehnten Processen» lokalisieren [21].

Unter Verarbeitung zahlreicher Beobachtungen aus allen Naturwissenschaften hat NOVALIS in vielen Fragment gebliebenen Notizen seinen L.-Begriff ausgebildet. So heißt es: «In der Materie selbst liegt der Grund des L.», d.h. die Materie verbindet sich fortwährend mit L.; deshalb: «Das L. der ganzen Natur ist ein OxydationsProcess» [22]. Das Verhältnis von Kraft und Schwäche (Sthenie und Asthenie) bestimmt die Konzentration und Dauer des L. [23]. Der «universelle L.-Process» hat Einfluß auf den «individuellen»; es gibt aber «unendlich viele Arten des L.», in der Welt jedoch nur «unvollkommenes L.», da die «polarischen Elemente, + und − sich nicht vollkommen saturiren – durchdringen können und also keine vollkommne Harmonie stattfinden kann». Nur im Himmel ist «vollkommnes L.» [24]. L. kann überhaupt als Schweben zwischen Polen, wie etwa «Seyn und Nichtseyn», die zusammengehören und sich doch nicht aufheben, verstanden werden. «L. ist ein ununterbrochener Strom – L. kommt nur von L.» [25]. Einerseits ist das L. «ein überschwänglicher Erneuerungsproceß», andererseits ist es «der Anfang des Todes» und «um des Todes willen» [26]. So steht in der Romantik das L. nahe bei der «Sehnsucht nach dem Tode» [27]. Auch Novalis ist der Meinung, daß sich das L. «nur aus L. erklären» läßt und in der «intellectualen Anschauung ... der Schlüssel des L.» liegt, da die Begriffe der Philosophie immer nur «aufs Seyn ... gehn» [28].

Anders als bei Novalis finden sich bei FR. SCHLEGEL kaum naturphilosophische Reflexionen über das L. (daß «alles aus lebendigen Kräften besteht in der Natur», «alles voll ist von verborgnem L.» [29], ist Gemeingut dieser Zeit), dagegen um so deutlicher die Akzentuierung des «wirklichen L.» des Menschen, das am ehesten im Roman zur Darstellung kommt, weil dieser immer die Schilderung des «Polizeiwidrigen» enthält. Der Vorzug des Romantischen allgemein liegt in der «innigen Anschließung an das L.» [30]. Dem «wirklichen L.» entgegengesetzt ist die «reine Philosophie», die «mit dem L. nichts zu tun» hat [31]. Als Korrektiv gegen die «Philosophie der Schule» wird, wie zuvor schon bei Novalis [32], eine «Philosophie des L.» entworfen [33]. Nicht von einer «höhern Stufe des Bewußtseins» soll die Philosophie ausgehen, sondern von «der ganzen Fülle der Ichheit des L.» und so den «Zwiespalt zwischen der Philosophie und dem L.» überwinden [34]. Die Philosophie des L. ist weder bloße «Vernunftwissenschaft» (das abstrakte Denken, die Dialektik, ist ein «das L. störendes und zerstörendes Prinzip») noch bloße Naturphilosophie, sondern führt ihren Begriff des L. letztlich auf Gott, der das «höchste L. und der Urquell alles andern L.» ist, zurück. Sie ist deshalb nicht zuletzt «wahre Gottes-Philosophie». Alles so gewonnene Wissen muß aber auf das «wirkliche L.» angewandt werden, und es ist es, wenn es praktisch ausgeführt und bewährt ist, so daß das Wissen seine Vollendung erst in der «praktischen Ausführung im wirklichen L.» erhält [35].

L. FEUERBACH teilt mit Fr. Schlegel die Hervorhebung des L. und die Absage an die Spekulation. Die «analytische» Wissenschaft ist für ihn «direkt dem L. entgegengesetzt; ... sie sucht das Wesen hinter den Sinnen, und es liegt doch vor den Sinnen da». Deshalb ist das L. «'der Standpunkt des Absoluten', die Wissenschaft, die Theorie der Standpunkt des Endlichen» [36]. Während in Feuerbachs Frühzeit L. noch durch Geist und Genie erklärt wird [37], ist es später durch «Sinnlichkeit» und «Leiblichkeit», auch «Egoismus» definiert [38]. «L. heißt L., empfinden Empfindungen *äußern* ... Sinnlichkeit ist Vollkommenheit. Wenn du daher über den Standpunkt der Sinnlichkeit, der L.-Anschauung hinausgehst, so machst du aus einem vollkommnen Wesen ein unvollkommenes.» Damit wird das L. selbst etwas Göttliches: «Lebendigkeit ist Göttlichkeit» [39]. Damit soll aber nicht das L. in Gott verankert werden, sondern das Göttliche in das L. heruntergeholt werden. Der Glaube an die Unsterblichkeit, an das ewige L., ist «ein Glaube an das allerzeitlichste L.», also an das «unwahrste und endlichste L.»: «Dieses L. dagegen, das Du nur dieses L. nennst, als wäre es nur ein einzelnes, ist absolutes, ewiges und unendliches L., denn in ihm vergeht das Endliche, ist das Zeitliche nicht ewig» [40].

Das Verhältnis von Wissenschaft und L. ist aber bei Feuerbach durchaus ambivalent: Einerseits sind sie beide geschieden [41]: Erkenntnis ist «Verlust der Unschuld des L.». Andererseits sind sie doch aufeinander bezogen: «Um die L. zu erkennen, muss man sich vom L. absondern» [42]. So bleiben Philosophie und L. zwar relativ getrennt («Das L. ist ein Poet, das Buch ein Philosoph»), aber nicht ohne einander denkbar: «Wer nicht erkennt und an sich selbst erfährt, dass auch das Wissen ein L. ist, und zwar das andere L. des Menschen; wer nicht zu seinem eigenen L. das L. anderer Menschen rechnet, der ist ein wahrer Kaspar Hauser» [43].

Auch MARX und ENGELS rekurrieren auf die «Sprache des wirklichen L.», um davon die vermeintlich selbständigen Bildungen der Ideologie zu unterscheiden, die doch nur «Reflexe und Echos dieses L.-Prozesses» sind: «Nicht das Bewußtsein bestimmt das L., sondern das L. bestimmt das Bewußtsein. ... Da, wo die Spekulation aufhört, beim wirklichen L., beginnt also die wirkliche, positive Wissenschaft, die Darstellung der praktischen Betätigung ... der Menschen» [44].

Mit der Wende gegen die ‹bloße› Spekulation geht oft eine Kritik an den politischen Zuständen der Zeit einher, besonders im Vormärz und nach der gescheiterten Revolution von 1848. Bereits 1805 spielt J. GÖRRES das «freie, warme L.» gegen das spekulative «Klassifizieren und Rubrizieren» aus [45], und E. M. ARNDT bezeichnet 1814 die Deutschen im Blick auf das Endstadium des Reichs als «abgestandenes und abgelebtes Volk», das «kein Staat, kein Reich und kein Volk mehr» war [46]. P. A. PFIZER vermißt in der deutschen Literatur die Anschauung «eines großartigen und erfüllten L., ... weil wir die wahrhafte Wirklichkeit, die reale Mitte des L., überhaupt verloren haben» [47]. Von einer jeden Verfassung fordert A. L. VON ROCHAU, daß sie die «L.-Thätigkeit» und «L.-Kraft des Staats» berücksichtigt und nicht künstliche Verfassungsorgane schafft und erhält [48]. P. DE LAGARDE bemängelt an Preußen, daß es noch keine «Krystallisation des gesammten L. einer Nation» sei [49]. Da man Politik und Gesellschaft möglichst ‹organisch› und ‹lebendig› gestaltet wissen will, da man «das L. eines Staates ... als Analogon des individuellen L. einer Person» sieht [50], kann man jetzt von den «großen Zügen unseres nationalen L., die den Charakter des Volks unwidersprechlich zeichnen» [51], vom «Regen und L.» eines Volks, vom «Volks-L.», reden [52]. V. VON SCHEFFEL versteht seinen historischen Roman als Beitrag zur Rückkehr «von müßiger Selbstbeschauung des Geistes» zur «Beziehung auf L. und Gegenwart» [53], und W. SCHERER will mit seinem Werk zugleich «ein System der nationalen Ethik» aus dem «innersten aufquellenden L.-Kern unserer neuesten Geschichte» aufstellen [54]. H. VON TREITSCHKE kritisiert am abstrakten Naturrechtsdenken, daß es «in der Fülle des historischen L. nicht nach Kräften sucht, sondern nach Principien, ... nach welchen das lebendige L. sich zu richten hätte» [55].

Dieser Begriff des ‹historischen L.› findet sich, seit die Romantik und die Historische Schule die individuelle Fülle der Geschichte thematisiert haben, häufig als Ausdruck dafür, daß das L. selbst als geschichtlich und die Geschichte als lebendig verstanden wird. Schon J. F. FRIES formulierte: «In der Geschichte ... allein ist uns das L.; das gewordene Product ist todtes Residuum. Aber eben diese Bewegung des Lebendigen läßt sich von keinem Begriffe fest halten» [56]. Da L. bedeutet, «der Grund seiner selbst [zu] sein», eine «untheilbare, unendliche Einheit mit sich selber» zu sein, und Geschichte nur dasjenige hat, «was selbst Princip seiner Veränderung ist», folgert FEUERBACH: «Geschichte ist darum L., L. Geschichte; ein L. ohne Geschichte ist ein L. ohne L.» [57]. Bei W. VON HUMBOLDT verbindet sich die Wende zur Individualität mit der Kritik an der spekulativen Geschichtsphilosophie, die das «Lebendige», «die lebendige Wahrheit der Weltschicksale», dem «Begriff eines idealen Ganzen» aufopfere. Der Historiker soll die «im L. auftretenden Kräfte» wie der Naturforscher den «organischen Bau» erforschen [58]. GÖRRES sieht in der Geschichte neben dem «Beharrlichen» einen «regen, freyen L.-Trieb» wirken [59]. RANKE spricht von einem «lebendigen, individuellen, [den Staaten] innwohnenden Prinzip» [60], und DROYSEN nennt die Freiheit den «L.-Puls der geschichtlichen Bewegung» [61]. Da nach E. VON LASAULX Menschheit wie auch jedes einzelne Volk ein Organismus ist, «leben [sie] *ein* L., ... bilden [sie] *ein* Volksindividuum, dessen L. nach bestimmten biologischen Gesezen verläuft». Ihre Geschichte ist ihr «allgemeiner L.-Gang» [62]. M. CARRIERE verfolgt den «Emporgang des L. in Natur und Geschichte», d.h. die Entwicklung der Pflanzen- und Tiergattungen ebenso wie den Fortschritt der Geschichte in den einzelnen Völkern und ihren Epochen [63]. Noch K. CH. PLANCK sucht die Geschichte der menschlichen Kultur als Fortgang des zur «letzten Wahrheit sich läuternden L.» mit einer «wahrhaften und vollen Naturerkenntniß» zu verbinden [64].

Anders als bei vielen seiner Zeitgenossen folgt für A. SCHOPENHAUER aus der Absage an die Spekulation nicht die Bejahung des L. Zwar ist der «Wille zum L.», der «universelle L.-Drang», der Ausdruck des «innersten Wesens der Welt», ein «unvernünftiger Trieb», der nicht mehr weiter erklärt werden kann, sondern selbst Grund aller Erklärung, «der Kern der Realität» ist. Ihm ist die Welt und das L. gewiß [65]. Er wird aber vom Menschen als blinder Wille zur bloßen Erhaltung der Art durchschaut; das L. erweist sich als «fortgesetzter Betrug» und «stetes Leiden, oder wenigstens ... ein Geschäft», welches die Kosten nicht deckt» [66]. Deshalb kann es das Ziel des Menschen nur sein, diesen «Wahn» des L., das «nichtige Streben», zu erkennen und durch die «Verneinung des Willens zum L.» die «Erlösung» von der «Verwerflichkeit der Welt» zu erlangen [67]. – E. VON HARTMANN erhebt später «die Bejahung des Willens zum L.» als der «Versöhnung mit dem L.» zum Prinzip seiner praktischen Philosophie [68].

Anmerkungen. [1] JOH. MÜLLER: Zur vergl. Physiol. des Gesichtssinnes des Menschen und der Tiere (1826) 19; vgl. 7f. 17. – [2] L. OKEN: Lb. der Naturphilos. (1809-11) 2, 17f. – [3] J. J. WAGNER: System der Idealphilos. (1804) Lf.; vgl. 33. – [4] Über das L.-Prinzip (1803) 3f. – [5] H. STEFFENS: Anthropol. (1822), hg. H. POPPELBAUM (1922) 160. – [6] K. E. SCHELLING: Über das L. und seine Erscheinung (1806) IX. XI. – [7] a.O. 1. – [8] I. P. V. TROXLER: Über das Problem des L. (1807) 5. 7. 15. 33. – [9] Vgl. ADAM MÜLLER: Die Lehre vom Gegensatze (1804). Krit., ästhet. und philos. Schr. 2 (1967) 240. – [10] C. A. ESCHENMAYER: Grundriß der Natur-Philos. (1832) 272f. – [11] Psychol. (1817) 21. – [12] G. H. SCHUBERT: Ahndungen einer allg. Gesch. des L. (1806-07) 1, 375-377. – [13] Die Gesch. der Seele (1830) 1, 4f. – [14] C. G. CARUS: Natur und Idee (1861) 67. 157. 483. 491f. – [15] E. F. APELT: Met. (1857) 588f. – [16] G. BIEDERMANN: Die Naturphilos. (1875) VI; vgl. 215. – [17] B. CARNERI: Sittlichkeit und Darwinismus (1871) 34. – [18] J. H. F. AUTENRIETH: Ansichten über Natur- und Seelen-L. (1836) 35; vgl. Art. ‹L.-Kraft›. – [19] G. R. TREVIRANUS: Biol. oder Philos. der lebenden Natur 1 (1802) 38. – [20] F. J. SCHELVER: Von den sieben Formen des L. (1817); Von dem Geheimnisse des L. (1815); vgl. C. FORTLAGE: Genetische Gesch. der Philos. seit Kant (1852) 196ff. – [21] K. ROSENKRANZ: System der Wiss. (1850) 277; vgl. 285. – [22] NOVALIS, Schr., hg. P. KLUCKHOHN/R. SAMUEL 3 (²1968) 659; vgl. 687. – [23] a.O. 3, 322. 329. – [24] 3, 334. 281. 60. – [25] 2 (²1975) 106. 561; 3, 660; 2, 575; vgl. 2, 556. – [26] 2, 556. 416f. – [27] 1 (³1977) 153. – [28] 2, 106f. 561; 3, 369. – [29] FR. SCHLEGEL, Krit. A., hg. E. BEHLER (1958ff.) 10, 79. – [30] a.O. 6, 275. 285; vgl. schon NOVALIS, a.O. [22] 2, 563. 577. 599. – [31] SCHLEGEL, a.O. [29] 11, 124; 12, 224. – [32] NOVALIS, a.O. [22] 2, 599; 3, 260. – [33] SCHLEGEL, a.O. [29] 10, 8. – [34] 12, 367; 10, 89. – [35] 10, 165. 167. 226. – [36] L. FEUERBACH, Ges. Werke, hg. W. SCHUFFENHAUER (1967ff.) (= S) 10, 137. 134. – [37] Sämtl. Werke, hg. W. BOLIN und F. JODL (ND 1959-64) (= B/J) 11, 169. – [38] S 10, 139; B/J 4, 444; S 10, 82. – [39] S 10, 139. 69; vgl. 136. 81. – [40] B/J 11, 227f.; vgl. 6, 215-219. – [41] B/J 1, 288; S 9, 308. – [42] B/J 1, 271f.; vgl. 1, 285. – [43] B/J 1, 274. 287. – [44] K. MARX und FR. ENGELS: Die dtsch. Ideol. MEW 3, 26f. – [45] J. GÖRRES: Exposition der Physiol. Ausgew. Werke und Br., hg. W. SCHELLBERG (1911) 1, 162f. – [46] E. M. ARNDT: Über künftige ständische Verfassungen in Deutschland. Werke, hg. A. LEFFSON/W. STEFFENS (o.J.) 11, 86. – [47] P. A. PFIZER: Briefwechsel zweier Deutschen (1831) 135. – [48] A. L. VON ROCHAU: Grundsätze der Realpolitik (1853) 5. 7. – [49] P. DE LAGARDE: Konservativ? (1853). Dtsch. Schr. (⁵1920) 9. – [50] a.O. 6. – [51] G. G. GERVINUS: Einl. in die Gesch. des 19. Jh. (1853) 179. – [52] F. L. JAHN: Dtsch. Volkstum (1810) Einl. Werke, hg. E. EULER (1884-87) 1, 154; F. L. Jahn, 11. VIII. 1778-15. X. 1852 (1928) 6. 24. – [53] V. VON SCHEFFEL: Ekkehard (1855) Vorrede. – [54] W. SCHERER: Zur Gesch. der dtsch. Sprache (²1878) Xf. – [55] H. VON TREITSCHKE: Politik (²1899) 1, 270. – [56] J. F. FRIES: Neue oder anthropol. Kritik der Vernunft (²1828-31) 2, 241f. – [57] FEUERBACH, a.O. [37] 166. 169. – [58] W. VON HUMBOLDT: Über die Aufgabe des Geschichtsschreibers (1821). Akad.-A. 4 (1905) 46. 55; vgl. 48. – [59] J. GÖRRES: Europa und die Revolution (1821). Ges. Schr. 13 (1929) 152. – [60] L. VON RANKE: Politisches Gespräch (1924) 43. – [61] J. G. DROYSEN: Grundriß der Historik (³1882) § 75. – [62] E. VON LASAULX: Neuer Versuch einer alten auf die Wahrheit der Thatsachen gegründeten Philos. der Gesch. (1856) 13. 19. 73. – [63] M. CARRIERE: Die sittliche Weltordnung (1877) 265ff. – [64] K. CH. PLANCK: Testament eines Dtsch. Philosphie der Natur und der Menschheit (1881, ³1925) 27. 34. – [65] A. SCHOPENHAUER, Sämtl. Werke, hg. J. FRAUENSTÄDT/A. HÜBSCHER (1937-41) 3, 399. 409f.; 2, 324. 326. – [66] a.O. 3, 665. 656. 657. 241; vgl. 6, 301ff. 309ff. – [67] 2, 447f. 453; 3, 695f.; vgl. 6, 333f. – [68] E. VON HARTMANN: Philos. des Unbewußten (⁵1873) 763 = (¹¹1904) 2, 403.

3. Gegen den L.-Begriff der Romantik erhob sich schon bald Widerspruch. J. F. HERBART lehnt L. als «in sich zurücklaufendes, absolutes Werden» ab und sieht es stattdessen im «Übergang von innern Zuständen ... zu gegenseitiger Hemmung, Spannung und Wirksamkeit» der einzelnen Elemente eines «lebenden Leibes» an [1]. Werden hier schon Begriffe der Mechanik zu Hilfe genommen, um L. zu erklären, so ist bei H. LOTZE der romantische L.-Begriff und vor allem die L.-Kraft-Lehre vollends exkludiert und der lebende Körper nur eine Sonderform von Mechanismus. Er ist «ein System zusammengeordneter und in sich verwickelter physikalischer Massen, aus deren proportionalen physikalischen Einzelkräften unter den gegebenen Angriffspunkten und in Wechselwirkung mit äusseren Einflüssen der Ablauf der L.-Erscheinungen hervorgeht» [2]. Trotzdem erklärt Lotze das L. nicht aus den Bewegungen der Materie, sondern diese aus einem «inneren geistigen L.», das sich in allem entfaltet, so daß «kein Teil des Seienden ... mehr unbelebt und unbeseelt» ist [3].

Während Lotze so noch an einem L.-Begriff festhält, so ist für ihn in der Atomistik G. TH. FECHNERS, in der «jeder Körper [als] ein System, sich gliedernd und unterglie-
dernd in grössere, kleinere Gruppen, endlich Theilchen, die sich durch wirksame Kräfte gegeneinander in Abstand, Ordnung, Schwebe halten», begriffen wird [4], kein Platz mehr. Im Gegenzug dazu suchen eine Reihe von Autoren des Spätidealismus, u. a. CH. J. BRANISS [5], den 'Dynamismus' zu verteidigen und den L.-Begriff zu retten [6]. Auch die mechanistische L.-Lehre wird attackiert: I. H. FICHTE wendet gegen Herbart und Lotze ein, daß alle L.-Prozesse nicht ohne eine «vollkommene Intelligenz», die «intensivste Phantasiethätigkeit der Seele» zu denken sind [7].

Hatte LOTZE zugestanden, daß sich die «einzelnen Momente des Mechanismus» des L. nur schwer würden angeben lassen [8], so kennt der frühe Materialismus solche Skrupel nicht: J. MOLESCHOTT findet allein im Stoffwechsel den «Urgrund des irdischen L.», das nichts anderes ist als ein durch «Wärme und Licht, Wasser und Luft, Elektricität und mechanische Erschütterung» hervorgerufener Zustand des Stoffs [9]. L. BÜCHNER erscheint das L. als «Resultat eines bestimmten Zusammenwirkens chemischer und physikalischer Kräfte ... oder als ein allerdings beispiellos complicirter mechanischer Bewegungs-Complex» [10].

Demgegenüber hat der französische Positivismus die Eigenständigkeit der L.-Vorgänge behauptet. In Fortführung und Berichtigung von F.-X. BICHAT (nach dem L. das Ensemble der Kräfte des inneren Widerstandes gegen äußere Einflüsse ist [11]) und in Anlehnung an H.-M. D. DE BLAINVILLE [12] bestimmt A. COMTE das L. als die Korrelation zweier unentbehrlicher Elemente, einem Organismus und dem dazugehörigen Milieu: «Une telle harmonie entre l'être vivant et le milieu correspondant caractérise évidement la condition fondamentale de la vie.» Alle Lebewesen, von den einfachsten Pflanzen bis zum Menschen, leben nicht in Unabhängigkeit von der sie umgebenden Natur, sondern können nur existieren «à l'aide de l'ensemble le plus complexe de conditions extérieures favorables». In der Funktion zwischen Organismus und Milieu liegen die Gesetzmäßigkeiten des L. [13]. Diese Definition des L. erlaubt es Comte, an die Biologie die Soziologie oder «physique sociale» anzuschließen. H. SPENCER hat Comtes Formel weiterentwickelt: Das L. ist «die fortwährende Anpassung innerer Relationen», d. h. des inneren Baus des Organismus, «an äussere Relationen», an die Außenwelt. Je besser dies geschieht, desto höher das L. [14]. A.-A. COURNOT dagegen vermag lediglich festzustellen, daß das L. grundlegend verschieden von der Materie und sein Ursprung unergründlich sei [15].

Gegen den sich ausbreitenden Determinismus besonders auch in der Physiologie, der alle L.-Erscheinungen festen Gesetzen unterworfen sieht [16], verweist der (Neo-)Vitalismus auf die «Autonomie der L.-Vorgänge» [17] und ihre Zweckmäßigkeit [18]. Nach H. DRIESCH unterscheiden alle Lebewesen sich von anderen Körpern durch drei Eigenschaften: spezifische Form, Stoffwechsel und Bewegung [19]. Auch E. VON HARTMANN hält die ausschließlich mechanistische Deutung des L. für überwunden und plädiert für eine neue Form des Vitalismus. Dazu nimmt er ein «in der Betätigung psychisches, in seiner Wesenheit ... metaphysisches L.-Prinzip» an, das unbewußt und überindividuell als Macht und Wille sich überall durchzusetzen bestrebt ist [20]. Der Vitalismus kann dabei an H. HELMHOLTZ anschließen, der unter Berufung auf Darwin eine Teleologie aller L.-Vorgänge angenommen hatte [21]. DARWIN hatte aber den Begriff ‹L.› nicht eigens thematisiert und die Erforschung des

Ursprungs des L. für (gegenwärtig) unsinnig gehalten [22].

Als Reaktion auf den Vitalismus (Reinke) rekurrieren E. HAECKEL [23] und W. OSTWALD wieder auf eine mechanistische Deutung des L. Für Ostwald ist der «Energiestrom» «die Bethätigung des L.» [24]. Lebewesen sind «stationäre energetische Gebilde» [25].

Anmerkungen. [1] J. F. HERBART: Kurze Encyklop. der Philos. (²1841) 189. 191. – [2] H. LOTZE: L., L.-Kraft (1843). Kl. Schr. 1 (1885) 203; vgl. Mikrokosmos (⁶1923) 1, 58ff. – [3] Mikrokosmos a.O. 1, 104f. – [4] G. TH. FECHNER: Über die phys. und philos. Atomenlehre (1855, ²1864) 79. – [5] CH. J. BRANISS: Über atomist. und dynamische Naturauffassung, in: Abh. der hist.-philos. Ges. Breslau 1 (1858) 303-328. – [6] Vgl. G. SCHOLTZ: «Historismus» als spekulative Geschichtsphilos.: Ch. J. Braniss (1973) 138ff. – [7] I. H. FICHTE: Anthropol. (1856) 464. 474f. 482-492. – [8] LOTZE, a.O. [3] ebda. – [9] J. MOLESCHOTT: Der Kreislauf des L. (³1857) 86. 305. 393; vgl. Licht und L. (1856). – [10] L. BÜCHNER: Kraft und Stoff (1855, ¹⁵1883) 451. – [11] F.-X. BICHAT: Rech. physiol. sur la vie et la mort (Paris 1800), hg. L.-A.-P. CÉRISE (Paris 1856) 1f. – [12] H.-M. D. DE BLAINVILLE: De l'organisation des animaux, ou principes d'anat. comparée (Paris 1822). – [13] A. COMTE: Cours de philos. positive 3 (Paris 1838) 225f. 228. 235. – [14] H. SPENCER: System der synthet. Philos. 2: Die Principien der Biol. 1 (1876) 86. – [15] A.-A. COURNOT: Essai sur les fondements de nos connaissances (Paris 1851) 1, 279. 287. 289. – [16] F. MAGENDIE: Leçons sur les phénomènes phys. de la vie (Paris 1837); C. BERNARD: Leçons sur les phénomènes de la vie communs aux animaux et aux végétaux 1 (Paris 1878) 55. 59ff. 66ff. – [17] H. DRIESCH: Der Vitalismus als Gesch. und Lehre (1905) 6; vgl. A. STÖHR: Der Begriff des L. (1909) bes. 191f.; M. PALAGYI: Naturphilos. Vorles. über die Grundprobleme des Bewußtseins und des L. (1908) bes. 60ff. – [18] J. REINKE: Die Welt als That (²1901) bes. 255ff.; vgl. H. DRIESCH: Ordnungslehre (²1923) 304: «Ganzheitskausalität» statt «Teleol.». – [19] DRIESCH: Philos. des Organischen (1909) 1, 16. – [20] E. VON HARTMANN: Das Problem des L. (1906) 385. – [21] H. HELMHOLTZ: Über das Ziel und die Fortschritte der Naturwiss. (1869), in: Populäre wiss. Vortr. 2 (1871) 201ff. – [22] CH. DARWIN: Life and letters, hg. F. DARWIN (London 1887) 3, 18. – [23] E. HAECKEL: Die Welträtsel (1899) 305f. = Volks-A. (1903) 106. – [24] W. OSTWALD: Vorles. über Naturphilos. (1902) 313f. – [25] Die Philos. der Werte (1913) 159: zu J. SCHULTZ: Die Maschinentheorie des L. (1909); vgl. Art. ‹Maschinentheorie des L.›.

4. Das Interesse der gemeinhin zur *Philosophie des L.* (dieser Ausdruck wird oft auch als Selbstbezeichnung gewählt) gezählten Autoren gilt nicht in erster Linie dem Begriff des organischen L. Sie schließen diesen, wie Nietzsche, mit ein, meinen aber zunächst L. als übergreifenden Prozeß und gewinnen ihre Aussagen vor allem, wie Dilthey, aus der Erfahrung des realen geschichtlich-gesellschaftlichen L. des Menschen.

FR. NIETZSCHE wollte nach eigener Aussage mit der ‹Geburt der Tragödie› zeigen, wie der griechische «theoretische Mensch» Kunst und Wissenschaft mit dem L. zu versöhnen suchte, so daß er «heiter zum L. sagt: 'Ich will dich: du bist wert erkannt zu werden'» [1]. Der Antagonismus von Wissenschaft/Geschichte und L. ist dann Thema in ‹Vom Nutzen und Nachteil der Historie für das L.›. Historie darf nicht «reine Wissenschaft» werden, sondern muß «zum Zwecke des L.», dieser «unhistorischen Macht», betrieben werden, damit das «Lebendige» nicht die ihm notwendige «Atmosphäre» verliert und verdorrt. Wenn man, so Nietzsches Zeitkritik, «die Historie mehr als das L. ehrt», so ist «ein derartig beherrschtes L. nicht viel wert, weil es weniger L. ist und viel weniger L. für die Zukunft verbürgt als das ehemals nicht durch das Wissen, sondern durch Instinkte und kräftige Wahnbilder beherrschte L.» [2]. Während die gegenwärtige Generation «zum L., zum richtigen und einfachen Sehen und Hören, ... verdorben» ist, soll die Jugend wieder «leben lernen» (darin liegt ihre «Mission») und «nur im Dienste des erlernten L. die Historie gebrauchen». Denn «das L. ist die höhere, die herrschende Gewalt. ... Das Erkennen setzt das L. voraus» [3].

Als sich Nietzsche aber in der Hoffnung auf eine Wiedergeburt des L. und der Erneuerung der dionysischen «L.-Fülle» durch die Kunst, vor allem die Musik R. Wagners, getäuscht sah und erkennen mußte, daß er in ihr das Romantische, d.h. das Leiden am L., verkannt hatte [4], war für ihn als den Wissenden auch das «Vertrauen zum L. ... dahin: das L. selbst wurde zum Problem», während die Griechen sich noch «darauf verstanden, zu leben» [5]. Da aber die Selbstverständlichkeit des L. verloren ist, wird es um so häufiger gedanklich umkreist und beschworen. Gegen die Theorien des organischen L., vor allem die H. Spencers, wendet Nietzsche ein, daß Selbsterhaltung usw. nur sekundäre Erscheinungen des L. als Äußerung spontaner, angreifender, gestaltender und sich auslassender Kraft sei. L. ist «Aneignung, Verletzung, Überwältigung des Fremden und Schwächeren, Unterdrückung», also, wie Nietzsche des öfteren wiederholt: «Wille zur Macht» [6]. «In die Höhe will es sich bauen mit Pfeilern und Stufen, das L. selber ... Steigen will das L. und steigend sich überwinden»; es bedeutet dauernde «Kraftfeststellung», Kampf, Mehr-Werden, Wachstum, «Wille zur Akkumulation der Kraft» [7]. Die Frage nach dem «Wert des L.» läßt sich nicht einmal sinnvoll stellen, geschweige denn beantworten [8]. Gegen J. M. GUYAU, der eine Moral auf der Grundlage des L. entworfen hatte, wendet Nietzsche ein, daß «alle Grundinstinkte des L. unmoralisch sind» und darin bestehen, «Macht aus[zu]lassen». Der «Grad der Macht» ist das einzige «am L., was Wert hat». Moral ist nur Halt für die vom L. Unterdrückten [9]: «Man muß die Moral vernichten, um das L. zu befreien.» «Alle Moral verneint das L.» [10]. L. kommt erst «auf dem Grunde perspektivischer Schätzungen und Scheinbarkeiten» zustande; es schließt Schein, Trug, Täuschung und Selbsttäuschung, Ungerechtigkeit, Irrtum ein [11]: «Die irrtum*wollende* Kraft in allem L.» [12].

Das L. als die «ewige Lust des Schaffens» bedeutet «Jasagen zum L. selbst noch in seinen fremdesten und härtesten Problemen», zum Schmerz und zur Qual. Wie die Griechen in den dionysischen Mysterienkulten «das ewige L., die ewige Wiederkehr des L., ... das wahre L. als das Gesamt-Fortleben durch die Zeugung» verbürgten [13], so ruft Nietzsche seine Zeit auf: «Drücken wir das Abbild der Ewigkeit auf *unser* L.» «Diess L. – dein ewiges L.» [14]. Zarathustra erkennt in allem Lebendigen den Willen zur Hingabe an jenes *eine* L., das sich im Einzelnen «immer selber überwinden muß»: «Lieber noch gehe ich unter, als daß ich diesem Einen absagte; und wahrlich, wo es Untergang gibt und Blätterfallen, siehe da opfert sich L. – um Macht» [15]. Nicht 'Geist' (er ist «nur ein Mittel und Werkzeug im Dienst des höheren L.» [16]) oder 'Sein' («wir haben keine andere Vorstellung davon als 'leben'» [17]) sind der höchste Wert, sondern das L. als reiner Prozeß und Wille zu sich selbst, der über alle besonderen Gestaltungen hinausgeht und außerhalb dessen es keinen Sinn und Zweck geben kann [18], so daß es auch heißt: «Auf die ewige Lebendigkeit kommt es an; was ist am L. gelegen?» [19]. Für den «Erkennenden» darf das L. ein «Experiment» sein; denn weil die Erkenntnis selbst «eine Welt der Gefahren und Siege» ist, ist auch «das L. ein Mittel der Erkenntnis» [20].

Den Philosophen, der als «Leidender die Dinge und durch die Dinge hindurch sieht», erquicken «die gedämpften Lichter des L.», «wenn er aus der nüchternen Helle» heraustritt [21]. Er freut sich am Genuß des L. derer, die darin stehen und «möchte gern etwas dazu tun, ihnen den Gedanken an das L. noch hundertmal denkenswerter zu machen» [22]. Der «stärkste Zauber des L.» liegt darin, daß «ein golddurchwirkter Schleier von schönen Möglichkeiten über ihm» ruht. Während Sokrates eingestand, daß das L. «eine Krankheit» sei, liegt die wahre Größe darin, das L., wie es ist, wiederholen zu wollen und «nach nichts mehr zu verlangen als nach dieser letzten ewigen Bestätigung und Besiegelung» [23]. Aus dieser L.-Bejahung heraus läßt Nietzsche Zarathustra, der in das «unergründliche» «Auge» des L. schaut, sagen: «War *das* das L.? Wohlan! Noch einmal!» [24]

Suchte Nietzsche den Zusammenhang des L. und ließ er dabei dessen einzelne Erscheinungen unberücksichtigt, so machte es sich W. DILTHEY zur Aufgabe, im Abschied von der Metaphysik, in der «die ergreifende Wirklichkeit des L. nur in einem Schattenriß sichtbar» wird [25], das «L. selbst in seiner Mannigfaltigkeit und Tiefe zu erfassen» und «das L. aus ihm selber [zu] verstehen» [26]: «L. zeigen wie es ist, danach streben wir. Das L. beschreiben, das ist unser Ziel» [27]. Geistiges L., so formuliert Dilthey gegen Haeckel, läßt sich nicht auf Natur reduzieren, obwohl diese die «untere Bedingung des geistigen L.» bildet und so die Naturwissenschaften ein notwendiger Teil der Erforschung jener «psycho-physischen L.-Einheit [sind], als welche ein Menschendasein und Menschen-L. sich darstellt. Das System dieser L.-Einheiten ist die Wirklichkeit, welche den Gegenstand der geschichtlich-gesellschaftlichen Wissenschaften ausmacht» [28]. Die Geisteswissenschaften thematisieren das L. als den «Zusammenhang der unter den Bedingungen der äußeren Welt bestehenden Wechselwirkungen zwischen Personen» oder als den «Wirkungszusammenhang, der zwischen dem Selbst und seinem Milieu besteht» [29]. Dieses L. ist «die Grundtatsache, die den Ausgangspunkt der Philosophie bilden muß. Es ist das von innen Bekannte; es ist dasjenige, hinter welches nicht zurückgegangen werden kann» [30]. Es gibt keinen dem L. transzendenten Standpunkt, vielmehr ist das L. «das Prius des Erkennens» und seine Voraussetzung [31]. L. läßt sich «nicht vor den Richterstuhl der Vernunft» bringen. «Alle Theorie erfaßt nur Teilinhalte der komplexen Wirklichkeit» [32]. In den Geisteswissenschaften herrscht deshalb nicht «begriffliches Verfahren», sondern «Innewerden eines psychischen Zustandes in seiner Ganzheit und Wiederfinden desselben im Nacherleben. L. erfaßt hier L.» [33]. Das «von den Menschen gelebte L.» gilt es zu «verstehen» [34]; wir erleben den «Zusammenhang» des L. in seinen «Gestaltungen» und gemäß der in ihm gesetzten «Bedeutungen» nach [35].

Da das L. aber «zugleich gedankenmäßig und unerforschlich», «unergründlich» ist, ein «Strom», Fließen und in fortdauernder Bewegung [36], bleibt es immer ein «Rätsel», «widerspruchsvoll, Lebendigkeit zugleich und Gesetz, Vernunft und Willkür, immer neue Seiten darbietend, und so im einzelnen vielleicht klar, im ganzen vollkommen rätselhaft» [37]. «So ist in allem Verstehen ein Irrationales, wie das L. selber ein solches ist» [38]. Nietzsche klingt an, wenn Dilthey sagt: «Angestrengter als je sucht unser Geschlecht zu lesen in dem geheimnisvoll unergründlichen Antlitz des L. mit dem lachenden Munde und dem schwermütig blickenden Auge» [39]. Aber in bewußtem Gegenzug gegen Nietzsche, der in der «geschichtslosen» Natur Zuflucht suche [40], glaubt Dilthey das L. nur als geschichtliches verstehen zu können,

so daß «Geschichte und L.» häufig nebeneinander auftreten [41]: «L. ist die Fülle, die Mannigfaltigkeit, die Wechselwirkung des in alledem Gleichförmigen, was diese Individuen erleben. Es ist seinem Stoffe nach eins mit der Geschichte. An jedem Punkte der Geschichte ist L.» [42]. Schleiermacher bringe es nur zu einer «zeit- und geschichtslosen Auffassung der L.-Formen» [43].

Deutlicher noch als Dilthey betont P. Graf YORCK VON WARTENBURG die «Lebendigkeit» als «Grundverfassung, welcher die Momente des Seins (Sein ist ein L.-Ergebnis) und der Kraft zu Grunde liegen». Selbstbewußtsein als zugleich «Selbst und Anderes ... erfährt sich ... als Lebendiges» [44]. «Sein ist ein Derivat des L., seine partikulare L.-Manifestation.» Philosophie ist «keine Wissenschaft ..., sondern L.», und L. und «Geschichtlichkeit» folgen auseinander [45]. Der «L.-Vorgang» darf nicht, wie bei Hegel, «ontologisiert» werden [46].

Auch H. BERGSON ist der Ansicht, daß die (Natur-)Wissenschaft nie ganz die Tatsächlichkeit des L. erreiche. So können auch Physik und Chemie den lebenden Körper nicht völlig mechanistisch erklären. Ihre Gesetze sind nur «Tangenten» des als kontinuierliche Kurve vorgestellten L. und können uns nicht «den Schlüssel des L. reichen» [47]. Das Denken glaubt zwar das L., das «une création continue d'imprévisible forme» ist, als Schein zu enthüllen. Aber L. ist nur dann «eine Art Mechanismus», wenn man es auf den «Mechanismus dieses realen Ganzen [des Universums] selbst» bezieht [48]. Bergsons «Philosophie des L.» will mechanistische und finalistische L.-Deutungen gleichermaßen hinter sich lassen und den Zweckbegriff nur insoweit zulassen, als er zur Erklärung des vergangenen Weges des L. dient, nicht aber zur Deutung des zukünftigen: «La vie, elle, progresse et dure» [49]. Während der Intellekt kein Verständnis für das L. aufbringen kann, weil er immer nur auf die tote Materie geht und das Lebendige wie Lebloses behandeln muß, ist der Instinkt «nach der Form des L. selber modelt», «denn er ist nur die Fortsetzung der Arbeit, kraft deren das L. die Materie organisiert», er verfährt selbst organisch. Wird der Instinkt in der Intuition seiner selbst bewußt, so ist jenes Mittel gewonnen, das, wie etwa das ästhetische Verfahren des Künstlers, «in das Innere des L. selber» führt. Denn der Künstler reißt die Schranken zwischen sich und seinem Werk nieder und schafft eine «sympathetische Berührung», die uns in den «eigenen Bereich des L. [einführt]; des L., das wechselseitige Durchdringung, das unendlich fortgesetzte Schöpfung ist» (la vie, qui est compénétration réciproque, création indéfiniment continuée) [50]. Das Kunstwerk ist auch deshalb dem L. ähnlich, weil es bei aller vollkommenen Ordnung über die vom Verstand gegebene Zweckmäßigkeit hinausgeht [51]. Damit will Bergson nicht die wissenschaftliche Erkenntnis ausschalten, sondern auf den ihr eigenen Bereich beschränken. Gegenüber dem Lebendigen ist eine «besondere Stellungnahme» erforderlich, die Loslösung von aller Intellektualität. Erst in der Dauer, dem «Zusammenfallen unseres Ich mit sich selbst», eröffnet sich das L.; denn «im Tiefsten unserer selbst suchen wir den Punkt, wo wir uns unserem eigenen L. innerlichst nahe fühlen» [52].

Auch G. SIMMEL sieht, daß der Intellekt «den Stoff des L. und der Dinge zerschneidet, um ihn zu Werkzeugen, zu Systemen, zu Begriffen zu machen» [53]. Daneben bildet aber das «L. [auf] der Stufe des Geistes ... Formen aus, die einen irgendwie gegebenen Stoff gestalten, und baut sich, indem sein Prozeß weiter und weiter verläuft, eine Welt geistiger Inhalte auf» [54]. L. und Begriff stehen also nicht mehr in einem völligen Gegensatz, obwohl weiterhin gilt, daß das L. nicht der rationalen, sondern einer «vitalen Logik» folgt [55]. «Der einheitliche Akt des L. schließt das Begrenztsein und das Überschreiten der Grenze ein», obwohl dies ein logischer Widerspruch zu sein scheint [56]. Ungeachtet der Tatsache, daß man keine «begriffliche Definition» des L. geben kann, will Simmel den Versuch machen, «das L. als ein solches zu begreifen, welches Grenze gegen ein Jenseits stetig übergreift und in diesem Übergreifen sein eigenes Wesen hat, den Versuch, an diesem Transzendieren die Definition des L. überhaupt zu finden» [57]. L. muß sich mit sich selbst entzweien, zur «Form» werden [58]. L. bezieht sich damit auf sich selbst, und daraus folgt, daß «nur das Lebendige eigentlich vom L. begriffen werden kann» [59]. «Das L. kann eben nur durch das L. verstanden werden, und es legt sich dazu in Schichten auseinander, von denen die eine das Verständnis der anderen vermittelt und die in ihrem Aufeinander-Angewiesensein seine Einheit verkünden» [60]. «Symbol oder realer Selbstausdruck des L.» ist das Selbstbewußtsein, insofern auch in ihm das Subjekt sich auf sich selbst bezieht, sich Objekt ist. Damit ist auch die «Bergsonsche Schwierigkeit: wie sollte der Intellekt das L. begreifen» aufgelöst [61].

L. hat so aber nicht seine Vollendung in sich selbst, sondern ist darauf angelegt, sich selbst zu überschreiten: «Dem L. ... ist es eigen, mehr L. hervorzubringen, ein Mehr-L. zu sein; aber auch auf der Stufe des Seelischen etwas hervorzubringen, was mehr als L. ist, ein Mehr-als-L. zu sein», d. h. Kulturgebilde zu formen, «die einen Überfluß über den bloßen L.-Prozeß ... darstellen» [62]. L. kleidet sich in «Gehäuse des schöpferischen L.», verläßt sie aber als «seine eigenen festgewordenen Erzeugnisse» wieder und strömt weiter in seinem unendlichen Drang, sich «in seiner nackten Unmittelbarkeit» zu erfassen. Da dies jedoch prinzipiell unmöglich ist, bleibt das L. «ein Kampf in dem absoluten Sinne ..., der den relativen Gegensatz von Kampf und Frieden umgreift» [63]. Das bedeutet auch, daß der «Tod dem L. von vornherein einwohnt», ja gerade «das gesteigertste, zugespitzteste L. fühlt sich am meisten der Vernichtung ausgesetzt». Aber der Tod des Einzelnen und sein L. werden übergriffen vom «L. in dem absoluten Sinne», das über beide hinausgeht und «beharrt» [64].

Der L.-Begriff der L.-Philosophie, insbesondere Nietzsches und Bergsons traf auf breite Resonanz, so daß L. im allgemeinen Zeitbewußtsein um 1900 zum Schlüsselwort und Zentralbegriff der Epoche wurde. Das zeigen bereits die Titel vieler literarischer Werke [65] wie auch zahlreiche Äußerungen in der Belletristik und Essayistik dieser Zeit [66]. Wie im 'Sturm und Drang' ‹L.› emphatisch gegen den Rationalismus ins Spiel gebracht wurde, so geschieht dies im Wilhelminismus aus der Sehnsucht nach einem unbedingten und erfüllenden Sinnganzen, aus dem Ungenügen an der Zweckrationalität der technisch-industriellen Welt. Der Protest gegen die Bürgerlichkeit der Epoche, die als Bedrohung und Verdinglichung der Ursprünglichkeit des L. erfahren wird, verbindet sich mit antirationalen und oft auch antidemokratischen Tendenzen.

Ästhetisch-schöngeistig spricht M. MAETERLINCK vom «tiefen L.», in dem «Schönheit und Ernsthaftigkeit» das gewöhnliche L. verklären [67]; aristokratisch feiert ST. GEORGE das «grosse L.», zu dessen «triumfe ... [er seine] lieder schuf» [68]. LOU ANDREAS-SALOMÉ dichtet ihr 'L.-Gebet' [69]; für G. B. SHAW kulminiert das L. in der «life force» [70]; bei H. MANN heißt es: «Das L. stark fühlen ist alles» [71]; und nach H. VON HOFMANNSTHAL suchen die Menschen «ihre Seele und finden dafür das L.» [72]. Bereits FR. ZU REVENTLOW reflektiert dies weitverbreitete L.-Pathos kritisch [73]. Wie schon in der Romantik [74] verbindet sich oft mit dem «höchsten L.-Drang» eine «unaustilgbar stille Todessehnsucht» [75]; «L.- und Todesbejahung erweist sich als Eines» in R. M. RILKES ‹Elegien› [76]. Diese Haltung findet bei S. FREUD ihre Stütze: «Das Ziel alles L. ist der Tod ... Das Leblose war früher da als das Lebende» [77]. H. KEYSERLING bezeichnet das L., «das selbstgelebte L.», als «höchste, dem Menschen unmittelbar gegebene Synthese», «die absolute Grenze aller Erkenntnismöglichkeiten», jenes Absolute, das Kants Ding an sich vergleichbar ist [78]. Ähnlich hebt K. JOËL das L. «auf den Thron»: «Die Dinge sind relativ, das L. aber absolut», weil alles Individuelle immer wieder in die «Einheit des L.» eingeht [79].

Praktisch-politische Konsequenzen sind mit der Hervorhebung des L.-Begriffs dort intendiert, wo das L. gegen die Erstarrung der Institutionen, die L.-Gemeinschaft gegen die 'Entfremdungen' der Gesellschaft eingesetzt werden. M. BAKUNIN preist die Anarchie als «Äußerung des entfesselten Volks-L.» und «Erwachen des spontanen L.» [80]. «Das L. ist ganz flüchtig und vorübergehend, aber auch ganz vibrierend von Wirklichkeit und Individualität, Gefühl, Leiden, Freuden, Streben, Bedürfnissen und Leidenschaften. ... Die Wissenschaft schafft nichts, sie konstatiert und erkennt nur die Schöpfungen des L.» [81]. W. WUNDT will mit dem Begriff der Seele «das zufällige Zusammentreffen egoistischer Strebungen durch ein wahres Gesamt-L. der Geister» ersetzen, so daß der Einzelne in der Teilhabe an der «geistigen Gemeinschaft» als einem «kollektiven Organismus» seine Bestimmung findet [82]. Dies hat sein Pendant bei F. TÖNNIES, der «das reale und organische L.» der Gemeinschaft von der bloß «ideellen und mechanischen Bildung» der Gesellschaft und den «Wesenwillen» als «Prinzip der Einheit des L.» vom «Kürwillen» als einem «Gebilde des Denkens» abhebt [83]. Im Namen des «Gesamt-L.» wendet sich R. EUCKEN gegen die Spezialisierung und Technisierung der modernen Welt und zugleich gegen die westliche Form der Demokratie, der er einen «inneren Zusammenschluß des L.» als neue Ordnung entgegenhält [84].

L. als Symbol neuer Fülle, Echtheit und Wahrhaftigkeit erscheint in der Reformpädagogik und der Jugendbewegung, die «von Anfang an eine L.-Bewegung» war, «grundsatz- und tendenzlos wie das L. selbst, aber ihrer selbst gewiß und ihres Daseins froh wie alles wahrhaft Lebendige» [85]. Sie wußte sich getragen von der «Sehnsucht nach Ganzheit im L.» [86] und nach «letzten und unbedingten Werten» [87]. Sie setzte den «Organismus», das «lebendige Gefüge» der Gemeinschaft gegen «Organisation» und «konstruierte Verbände» [88] und verband es mit einem «neuen Willen zur Führung» als «Quellpunkt neuen L.» [89].

Anmerkungen. [1] FR. NIETZSCHE, Werke, hg. K. SCHLECHTA (⁵1966) 1, 98f. 11. – [2] a.O. 1, 218f. 254. – [3] 1, 277. 280-282. – [4] 2, 244f. – [5] 2, 13. – [6] 2, 578. 819. 729; vgl. 2, 538. 817; 3, 480. 504. 675. 751. 854. 896. 898. – [7] 2, 358f.; 3, 458. 776; vgl. 2, 1126; 3, 421. 470. 478. 560. 587. 750. 776. 786. – [8] 2, 968. 951. – [9] J. M. GUYAU: Esquisse d'une morale sans obligation ni sanction (Paris 1885); dtsch. mit Nietzsches Randbemerkungen: Sittlichkeit ohne «Pflicht» (1909) 279. 288ff.; NIETZSCHE, a.O. [1] 3, 854. – [10] 3, 887. 737; vgl. 2, 208. 797f. 1143. – [11] 2, 599; 1, 15. 438. 443. 471f. 997; 2, 124. 208. – [12] 3, 477. – [13] 2, 1031f. – [14] Werke, hg. G. COLLI/M. MONTINARI (1967ff.) V/2, 401. 411. – [15] Werke, a.O. [1] 2, 371f.; vgl. K. LÖWITH: Nietzsches Philos. der ewigen

Wiederkehr des Gleichen (²1956) bes. 90f. 95ff. – [16] NIETZSCHE, a.O. [1] 3, 895. – [17] 3, 483; vgl. 3, 776. – [18] 3, 503. 679. – [19] 1, 870. – [20] 3, 187f. – [21] 1, 1089. – [22] 2, 162f. – [23] 2, 201. 202f. – [24] 2, 365. 470. 408. – [25] W. DILTHEY, Ges. Schr. (²1921ff.) 1, 101. – [26] a.O. 5, 4; vgl. 5, 398; 7, 93; Von dtsch. Dichtung und Musik (²1957) 83. 109. 166. – [27] Schr. a.O. [25] 5, LIV; vgl. Das Erlebnis und die Dichtung (⁸1922) 171. – [28] Schr. 1, 17. 15. – [29] 7, 228; 6, 304; vgl. 6, 143. 167; vgl. Das Erlebnis ... a.O. [27] 178. – [30] Schr. 7, 261; vgl. 5, 5. 83. 136. 194; 7, 224. 359; 8, 22f. 180. 186. 189. – [31] 7, 334; 8, 264; 5, 83. – [32] 7, 261; 1, 81f. – [33] 7, 136. – [34] 8, 121; 7, 196. – [35] 7, 233; 5, 144. 265. – [36] 5, LIV; 2, 243; 5, XLII; 7, 157. 280. – [37] 8, 140. 80; vgl. 8, 8. 54. 69. 147; 5, 406: «Mehrseitigkeit des L.». – [38] 7, 218. – [39] 8, 226 = 6, 287. – [40] 8, 226. – [41] 7, 203. 261; 4, 280. – [42] 7, 256. – [43] Briefwechsel zwischen W. DILTHEY und dem Grafen P. YORCK VON WARTENBURG (1923) 247; zu Diltheys L.-Begriff vgl. O. F. BOLLNOW: Dilthey (³1967). – [44] P. YORCK VON WARTENBURG: Bewußtseinsstellung und Gesch. (1956) 38. – [45] Briefwechsel a.O. [43] 203. 251. 255. 71. – [46] Bewußtseinsstellung a.O. [44] 113; vgl. Ital. Tagebuch (²1939) 121. 170. 180. 231; Harnack-Marginalien und Frg. von 1891, in: K. GRÜNDER: Zur Philos. des Grafen P. Yorck von Wartenburg (1970) 288. 300f. 304. 306. 336. – [47] H. BERGSON: L'évolution créatrice (Paris 1907). Oeuvres, hg. A. ROBINET (Paris 1959) 521. 526; dtsch. Schöpferische Entwickl. (1912) 37. 43. – [48] Oeuvres a.O. 519f. = dtsch. 36f. – [49] a.O. 537f. = 56f. – [50] 635. 645f. 661 = 170. 181f. 200. – [51] 685 = 228. – [52] 664f. = 204f. – [53] G. SIMMEL: Zur Philos. der Kunst (1922) 137. – [54] Der Fragmentcharakter des L., Logos 6 (1916/17) 30. – [55] Frg. und Aufs. (1923) 158. – [56] L.-Anschauung (1918) 4. – [57] a.O. 27; Der Konflikt der mod. Kultur (1918) 46. – [58] Konflikt a.O. 45; vgl. L.-Anschauung a.O. [56] 25. – [59] Rembrandt (1916) 15; Philos. der Kunst a.O. [53] 143. – [60] Brücke und Tür (1957) 83; vgl. Konflikt a.O. [57] 35. – [61] Frg. ... a.O. [55] 6; vgl. Philos. Kultur (³1923) 211ff.; L.-Anschauung a.O. [56] 14. – [62] Brücke ... a.O. [60] 23f.; vgl. L.-Anschauung a.O. [56] 14; Frg. ... a.O. [55] 68f. – [63] Konflikt a.O. [57] 5. 7. 46. 48. – [64] L.-Anschauung 21. 137. 19f. 152. 111 (Berufung auf Hegel); vgl. Rembrandt a.O. [59] 92; zu Simmel vgl. H. BLUMENBERG: Geld oder L., in: Ästh. und Soziol. um der Jh.wende: G. Simmel, hg. H. BÖHRINGER/K. GRÜNDER (1975) 121-134; P. CHRISTIAN, a.O. [57 zu V/1] 58ff. 87ff. – [65] K. HAMSUN: Livets spil (1896, dtsch. 1910); J. HART: Triumph des L. (1898); H. SUDERMANN: Es lebe das L.! (1902); E. HARDT: An den Toren des L. (1904); A. SCHNITZLER: Der Ruf des L. (1906). – [66] Vgl. W. RASCH: Zur dtsch. Lit. seit der Jh.-wende (1967) 17ff.; J. SZÉKELY: Fr. Gräfin zu Reventlow (1979) 2ff. – [67] M. MAETERLINCK: Von der inneren Schönheit (1909) 161ff. 167. 169. – [68] ST. GEORGE: Der Teppich des L., Gesamt-A. (1927-34) 5, 35. – [69] L. ANDREAS-SALOMÉ: L.-Rückblick (1968) 38f. – [70] G. B. SHAW: Man and superman (London 1903) Preface. Act III. – [71] H. MANN: Ein Zeitalter wird besichtigt (1973) 6; vgl. 199. – [72] H. VON HOFMANNSTHAL: Aufzeichnungen (1959) 117; vgl. 145; K. PESTALOZZI: Sprachskepsis und Sprachmagie im Werk des jungen Hofmannsthal (1958) 13ff. – [73] FR. Gräfin ZU REVENTLOW: Ges. Werke (1925) 575. 729. – [74] NOVALIS, a.O. [27 zu V/2]. – [75] R. HAMERLING, Ahasver in Rom. Sämtl. Werke, hg. M. M. RABENLECHNER (o.J.) 3, 182. – [76] R. M. RILKE: Br. an W. Hulewicz (13. 11. 1925). Briefe (1950) 896; vgl. Die weiße Fürstin. Sämtl. Werke (1955-66) 1, 255. – [77] S. FREUD, Jenseits des Lustprinzips. Ges. Werke 13 (⁴1963) 40. – [78] H. KEYSERLING: Das Gefüge der Welt (1906, ²1920) 54f. 136; vgl. Prolegomena zur Naturphilos. (1910) 119ff.; Das Wesen der Intuition und ihre Rolle in der Philos. Logos 3 (1912) 60; Schöpferische Erkenntnis (1922) bes. 15. 26. 60. 182. – [79] K. JOËL: Seele und Welt (1912) IIf. 370; vgl. Die philos. Krisis der Gegenwart (³1922) 49f. – [80] M. BAKUNIN, Ges. Werke (1921-23) 3, 88. 98. – [81] a.O. 1, 127; vgl. 1, 35. 131. – [82] W. WUNDT: System der Philos. (³1907) 2, 190. 194f. 238f.; zu Wundts biol. L.-Begriff vgl. Logik (³1906-08) 2, 607ff. 611ff. – [83] F. TÖNNIES: Gemeinschaft und Gesellschaft (1887, ⁸1935) 3. 5. 87. – [84] R. EUCKEN: Der Sinn und Wert des L. (1908, ⁹1922) 56. 66. 155. 143. 76; vgl. Der Kampf um einen geist. L.-Inhalt (⁴1921) 28ff. – [85] W. STÄHLIN: Der neue L.-Stil (1918), in: Grundschr. der dtsch. Jugendbewegung, hg. W. KINDT (1963) 305. – [86] E. DIEDERICHS: Jugendentwickl. und Jugendkultur a.O. [85] 94. – [87] G. WYNEKEN: Was ist «Jugendkultur»? a.O. 125. – [88] H. BLÜHER: Der Charakter der Jugendbewegung (1921) 5; auch in: Philos. auf Posten (1928) 205. – [89] G. WYNEKEN, a.O. [85] 127; vgl. F. GLATZEL: Der Jungdtsch. Bund (1919) a.O. 160. 225.

5. Der L.-Begriff des ausgehenden 19. Jh. drang auch in Philosophien ein, die der L.-Philosophie eher distanziert oder kritisch gegenüberstanden. W. JAMES übernimm von Bergson die Überzeugung, daß eine begriffliche Methode die «fließende Kontinuität des L.» (the flux of life) niemals erfassen kann. Man muß also hinter jene zurückgehen und durch die «Tat» (act) oder durch den reinen Hinweis «auf das bloße Das des L.» (the mere that of life) zum L. zurückkehren [1].

Auch der *Neukantianismus* und die Wertphilosophie können den L.-Begriff nicht entbehren; sie versuchen jedoch, seine Irrationalität zu entschärfen. Für H. RICKERT gilt es, «das ‹lebendige› L.», das sich noch nicht in «bloß Geltendes und bloß Reales» gespalten hat, «als Sinn- und Wertbegriff zu verstehen und es dadurch von dem ‹L.›, das eine bloße Wirklichkeit meint, zu trennen». Sinnvolles L. liegt nur dort vor, wo das freie Subjekt Werte setzt [2]. E. LASK beobachtet an Fichte, wie dieser sich bewußt wird, daß «das bloße Wissen ... der undurchdringlichen ‹Realität›, der lebendigen Wertfülle des L. nicht gerecht zu werden» vermag [3]. Er selbst hat aber immer wieder betont, daß das ‹wirkliche› L. nicht mit dem unmittelbaren L. und Erleben gleichzusetzen ist, sondern daß es auch Wissenschaft und Erkenntnis umfaßt, daß theoretisches und praktisches L. ihren jeweiligen Bereich haben [4]. L. und Spekulation stehen in relativer Distanz zueinander, sind aber auch «nur durcheinander bestimmbar. L. ist ganz eigentlich Nicht-Philosophieren, Philosophieren ist ganz eigentlich Nicht-L.». Die Philosophie schöpft aber ihr «Material» aus dem L. als «Erlebnisstätte» [5]. Der «einheitliche L.-Begriff» aber umfaßt «den Gesamtbestand des Alogischen», das Sinnliche und das Nicht-Sinnliche [6]. B. BAUCH findet einen einheitlichen L.-Begriff im «L. des Begriffs», in der begrifflichen Konstituiertheit alles Wirklichen, die sowohl das «im Sinne der Biologie Leblose ... [als auch] das im Sinne des Geistes-L. Unlebendige lebendig» erscheinen läßt [7]. P. NATORP benutzt dafür den Begriff des «ganzen L.» [8] bzw. des «All-L.», an dem jedes L. teilhat [9], einen Begriff, den ähnlich («geistiges All-L.») auch F. PAULSEN gebraucht, um aus ihm die Welt als «Verwirklichung eines einheitlichen Sinnes» abzuleiten [10]. G. LANDAUER meint mit dem Satz: «Alles was lebt, lebt ein für allemal» die «*eine* gewaltige Kette» des L., in der alle Individuen und ihre Werke als Teile stehen [11]. Gegen den oft besprochenen Gegensatz von Geist und L. wendet J. COHN ein, daß beide ihrem Wesen nach zueinander gehören, «lebendige Form und kritischer Verstand» stehen nicht in einem «logischen Widerspruch» [12]. R. EUCKEN tritt für eine wechselseitige Erhöhung von Geist und L. ein [13]. Mit dem Denken erreicht das L. eine neue Stufe, auf der es «in ein L. mit dem All, ... in die reinere Atmosphäre eines All-L.» gehoben wird [14]. A. VIERKANDT versteht Geist und L. als Formen einer einzigen «Urkraft des L.» [15], während R. KRONER das L. an den sich in ihm aktualisierenden Sinn zu binden sucht [16].

In der Philosophie M. SCHELERS hat ‹L.› jeweils eine verschiedene Bedeutung und wechselnden Stellenwert. Gleichbleibend ist, daß L. ein «Urphänomen» ist, das sich «weder in Erscheinungen des Bewußtseins ... noch in körperliche Mechanismen, noch in eine Verknüpfung von beiden auflösen läßt» [17]. Dieses eigenständige Wesen des L. ist dann näherhin seine Dynamik und Spontaneität, deren «man inne werden kann», der «Gefühlsdrang als das Innensein des L.» [18]. Vor allem in ‹Vom Umsturz der Werte› wendet sich Scheler gegen die durch die moderne Zivilisation vorgenommene Verkehrung der «Wertrangordnung», durch die alle dem L. «eigenen Werte», das L. «als Selbstwert», dem Prinzip des Nützlichen, dem rechnenden Denken, dem Majoritätsprinzip untergeordnet sind. Alles Lebendige wird nur «als Zwischenfall in einem mechanischen Weltprozesse» behandelt. Nur insoweit kann aber die Zivilisation anerkannt werden, als sie «dem größeren L.» dient [19]. Die Möglichkeit, das L. durch «Vergeistigung» seinem «Naturschicksal», dem «letztlich aussichtslosen Kampf mit dem Toten» zu entreißen, schätzt Scheler zunächst sehr skeptisch ein: «Alles L. ist nur eine Episode ... im Weltprozeß, eine Sache, die einst nicht war und einst nicht sein wird»; in demselben Verhältnis stehen die «höheren Organisationen zu den niedrigeren einfachsten Bildungen des L.» [20]. Später aber hat Scheler gerade in der Vergeistigung des L. die entscheidende Qualität des Menschen gesehen: L. setzt Geist in Tätigkeit, Geist aber ‹ideiert› das L. «Als Vitalwesen ... eine Sackgasse», vermag der Mensch sich über L. und Natur zu erheben; er ist das Wesen, «in dem sich das Psychische vom Dienst an das L. zum 'Geiste' hinaufgeläutert und befreit hat». Er nimmt damit teil am Werden «der Gottheit selbst» [21].

In Anknüpfung an J. J. BACHOFEN und seine Annahme einer frühen mutterrechtlichen Epoche, die der «Unität alles L.» und der «Harmonie des Alls ... noch nicht entwachsen ist» [22], führen A. SCHULER, K. WOLFSKEHL und L. KLAGES das Gemälde einer frühzeitlichen Einheit des schöpferischen L. im Protest gegen die technisch-rationale Welt der Moderne aus. L. Klages geht von einem unüberwindlichen Gegensatz von Sein, Existenz, Geist einerseits und L., Geschehen, Erleben andererseits aus und wendet sich gegen den modernen Fortschrittsglauben, der auf die Vernichtung des L. ausgehe [23]. L. ist ursprünglicher als Geist, es wird nicht begriffen oder «wahrgenommen, aber es wird mit alles verdunkelnder Stärke gefühlt» [24]. Der rechnende Verstand der neueren Zivilisation, Technik und Wirtschaft hat die «unerschöpfliche Fülle des L. ... für das heimatlose Darüberstehen einer weltabscheidenden Geistigkeit» geopfert. «Wir sollten endlich aufhören zu vermengen, was im Tiefsten gespalten ist: die Mächte des L. und der Seele mit denen des Verstandes und des Willens» [25]. Wußten die Vorsokratiker noch davon, daß «alles lebt» (Heraklit als Vertreter des «Panzoismus»), so treibt die Weltgeschichte, die «eine blutige Orgie» von «Vergewaltigungen [ist], die dem Erd-L. durch eine [technische] Intelligenz widerfuhren», mit dem «Einbruch des Geistes» auf den «völligen Zerfall der L.-Zelle» zu, an deren Ende die «Selbstvernichtung der Menschheit» steht [26]. In den «Erlebnis-» und «L.-Strom» treten «Bewußtsein» und «Besinnung» nur als «Störung» ein [27].

Gegen solche Kulturverneinung und L.-Bejahung hat A. SEIDEL kritisch bemerkt, daß sie leicht in die «Zerrüttung des L.» umschlage und der L.-Hunger der Jugend zur Ideologie werde [28]. E. SPRANGER erkannte zwar den Drang zur «ungebrochenen Totalität des L.» an, forderte die Jugend aber gleichzeitig zur «ernsten L.-Gestaltung» auf [29]. Als Antwort auf jene Konzeptionen, in denen L. nur als ewig geschichts- und begriffsloses Fließen erscheint, versuchen einige Autoren wieder, L. und Geschichte, L. und Denken miteinander zu vermitteln. J. COHN fragt nach einer Verbindung von Dialektik und L. und kommt zu dem Ergebnis, daß «nicht erst im Denken des L. Dialektik eingeschlossen ist», sondern daß «die Dialektik des Denkens der Dialektik des L. entspringt». «Ist der dialektische Prozeß das L. des Denkens, so wird jetzt das L. des Denkens zum Mittel für das Denken des L.» [30]. FR. MEINECKE sieht bei Hegel, wie sich die Vernunft in ein «sich dauernd steigerndes L., in den Entwicklungsprozeß der geschichtlichen Menschheit verwandelt» [31], und E. ROTHACKER arbeitet den L.-Begriff besonders der Historischen Schule auf [32]. Während E. HUSSERL den «Rückgang zur Naivität des L.» hinter den Objektivismus der Wissenschaften sucht und auf die Fundiertheit aller Theorie «in dem letztlich leitenden L.» mit seinen Gewißheiten und Geltungen verweist [33], macht G. MISCH im Anschluß an Dilthey darauf aufmerksam, daß die «große Leistung des L.» erst im «Sichgestalten aus dem Grenzenlosen», im fundierenden «Wertbewußtsein», das «Einheit in unser L.» bringt, liege. Aufgabe der Philosophie ist es, das L. ins Bewußtsein zu erheben; sie ist aber immer ein «Tiefersehen vom L. aus» und wird dadurch «in den Bezug zum L. zurückversetzt» [34]. Auch J. ORTEGA Y GASSET nimmt Dilthey auf: «Nur durch die historische Vernunft wird das L. einigermaßen durchsichtig»; sie kann erfaßt werden in einem «Cartesianismus des L. und nicht der cogitatio» [35]. TH. LITT weist darauf hin, daß die Geschichte als Erinnerung nicht von ihrer «L.-Verwurzelung ... abzutrennen» sei [36]. H.-G. GADAMER schließlich sieht das Verdienst Yorck von Wartenburgs darin, mit Hegel den spekulativen Gehalt des L.-Begriffs durch seine Deutung als Selbstbewußtsein erfaßt zu haben, denn «auch die philosophische Reflexion entspricht dieser Struktur der Lebendigkeit, und nur insofern sie das tut, gewinnt sie ihre eigene Legitimation» [37].

In der Zeit nach dem Ersten Weltkrieg ging man dagegen noch von einer Kluft zwischen Geschichte und L. aus. Dabei hat sich für TH. LESSING die Geschichte «an die Stelle des L. selber» gesetzt, und der Geschichtsschreiber potenziert diesen Prozeß noch durch die «Spiegelung des L. im Bewußtsein» [38]. Obwohl Lessing der Meinung ist, «daß alles L. am Geiste sterben muss» [39], hält er doch ein Zurückgehen hinter die Rationalität und den Intellektualismus der Moderne nicht für möglich, sondern nur ein Fortschreiten auf dem «Wege bewusst sozialen Wollens und kommunistischer Tat», auf dem die «Sicherheit und Geschlossenheit des L.» wiedergewonnen werden kann. Nicht der Geist selbst bewirkt so den «Untergang der Erde ..., sondern der abgedrängte, herausgetretene Geist, welcher (im Menschen) der Erde objektiv gegenübertritt: urteilend ... oder aus-wertend» [40].

Wie R. PANNWITZ jede geschichtliche Tragödie noch als «sieg und triumph des L. im ganzen, seiner macht, seines reichtums» feiert [41], so handelt es sich auch nach O. SPENGLER in der Geschichte «immer nur um das L., die Rasse, den Triumph des Willens zur Macht, und nicht um den Sieg von Wahrheiten, Erfindungen oder Geld». Das Kausalitätsprinzip, die Logik des Verstandes, ist nur ein spätes Zerfallsprodukt gegenüber der «organischen Logik», die um die «unentrinnbare Notwendigkeit des L.» weiß. Die Geschichte ist der «Kampf ... zwischen Geld und Blut» als Träger der Ganzheit des L. [42]. Derselbe Gegensatz von «L. und Geld» wird von H. LHOTZKY berufen [43]. H. FREYER beschwört gegen das Geld und die «Herrschaft seines mechanisierenden Intellekts» das «L. selbst, ewig sich wandelnd und keiner Form des Geists je ganz verfallen, schöpferisch doch ohne endliche Vollendung» [44]. Wo aber L. nicht mehr bloß «spontane Kraft» sein soll, wo es sich «zu Geist bestimmt», da wird es durch Führung geformt: «Geführt werden heißt immer, daß ein L. zu Form wird» [45]. E. ROTHACKER setzt im Namen des «deutschen L.» Volksgemeinschaft und Führer den fremden, bürgerlichen «Freiheitsideen von 1789» entgegen, denn «nur die *gelebte* und getätigte, nicht die wünschend eingenommene Haltung kann zum Kristallisationskern einer Stilbildung werden» [46]. Aus dieser Haltung heraus ruft P. KRANNHALS das deutsche Volk auf, im Kampf gegen den Rationalismus der Aufklärung, der die «Ehrfurcht vor dem L.» verloren habe, die «Knechtung des L.» zu beenden und ihm wieder zum Siege zu verhelfen [47]. In ganz anderer Weise, nämlich als «denknotwendiges Grundprinzip des Sittlichen», hatte A. SCHWEITZER die «Ehrfurcht vor dem L.», die jedem L. wie dem eigenen entgegenzubringen sei, gefordert [48].

Solche Vorstellungen des L. als eines L. von «Blut und Volkstum» [49] führen bei A. ROSENBERG dazu, daß er die «Aufgabe des ewig pulsierenden fortschreitenden L.» als Verwirklichung des schon im Mythos angekündigten «Volks- und Blutgemeinschaft» sieht [50]. – Gegenwärtig geht u. a. noch M. A. JAEGER vom Gegensatz von L. und technischer Welt aus und beklagt die «Hypertrophie» des «abstrakten Bewußtseins» ihm gegenüber [51].

Nicht als übergreifendes Sinnganzes, sondern als spezieller Phänomenbereich, dessen Wissenschaft die Biologie ist, erscheint L. in der philosophischen Anthropologie: etwa bei H. WEIN, dem es in einer «Philosophie aus L.-Erfahrung» um die biologische «Sonderstellung» des Menschen in der Natur geht [52], und bei H. PLESSNER, der eine «Anthropologie auf Grund einer Philosophie des lebendigen Daseins» entwirft, die eine erste Etappe zur «Begründung der L.-Erfahrung in Kulturwissenschaft und Weltgeschichte» darstellen soll [53]. N. HARTMANN, der sich immer wieder gegen den «spekulativen L.-Begriff» wendet [54], sieht das Spezifikum des L. darin, daß es einen «Prozeß, der ... seine eigenen Formen, Produkte und Gebilde» immer wieder überschreitet, bildet [55]. Probleme der Evolution des L. stehen bei P. TEILHARD DE CHARDIN im Vordergrund: L. bildet die höchste Stufe einer sinnhaften Entwicklung, Organismen tragen eine in sich selbst zweckmäßige, subjekthafte Struktur [56]. Um diese funktionale Tätigkeits- und Selbsterhaltungsstruktur zu beschreiben, spricht R. WOLTERECK vom «subjekthaften Haben und Erleben» als Kennzeichen eines jeden Organismus, von dem das psychische Erleben nur ein Sonderfall sei [57]. Ähnlich sucht G. WOLFF auch das Erkennen zum Gegenstand der «Lehre vom L.» und sogar das «geistige L.» zum «biologischen Problem» zu machen, da auch die menschliche Vernunft ein «Entwicklungsprodukt» ist [58]. H. JONAS vertritt im Blick auf diese zentralen Phänomene des L. eine rationale, naturwissenschaftlich bestimmte Theorie «der psychophysischen Einheit des L.» [59], wie sie vergleichbar von B. RENSCH als «panpsychistischer Identismus» des Psychischen und Materiellen in der Gestalt des L. vertreten wird [60]. Bei der konkreten Bestimmung des L.-Vorgangs leistete auch die Systemtheorie Hilfestellung: Bei H. J. JORDAN ist das L. «nicht die Eigenschaft eines homogenen Stoffes, sondern die Leistung eines Systems» [61], und genauer heißt es bei L. VON BERTALANFFY: «Ein lebendiger Organismus ist ein Stufenbau offener Systeme, der sich aufgrund seiner Systembedingungen im Wechsel der Bestandteile erhält» [62]. Aufrechterhaltung der dem organischen System eigenen «Ordnung» ist auch für E. SCHROEDINGER die Leistung des L. [63].

Daneben stehen jene Theorien, in denen L. vor allem als das gegenwärtige soziale Dasein des Menschen reflektiert wird. So bestimmt TH. W. ADORNO in seinen ‹Reflexionen aus dem beschädigten L.› das «richtige L.» als dasjenige, das sich nicht in die «Sphäre des Privaten» zurückziehen muß, weiß aber, daß es verloren und der Gebrauch des L.-Begriffs «zur Ideologie seiner eigenen Absenz geworden» ist. «Es gibt kein richtiges L. im falschen» [64].

Anmerkungen. [1] W. JAMES: A pluralistic universe (New York 1909, Cambridge, Mass./London 1977) 109. 113. 127f. 131f., dtsch. Das pluralist. Universum (1914) 155. 161. 180f. 187f. – [2] H. RICKERT: System der Philos., 1: Allg. Grundleg. der Philos. (1921) 311. 315. – [3] E. LASK, Ges. Schr. (1923/24) 1, 165. – [4] a.O. 3, 12. 184-188; 2, 218f. – [5] 2, 192. 195. – [6] 3, 201f. – [7] B. BAUCH: Wahrheit, Wert und Wirklichkeit (1923) 534. – [8] P. NATORP: Philos. Systematik (1958) 2f. – [9] Der Deutsche und sein Staat (1924) 21. – [10] F. PAULSEN: Einl. in die Philos. (1892, [39,40]1924) VII. – [11] G. LANDAUER: Skepsis und Mystik ([2]1923) 14. – [12] J. COHN: Der Sinn der gegenwärtigen Kultur (1914) 139f. 143. – [13] R. EUCKEN: Der Sinn ... a.O. [84 zu V/4] 54f. – [14] Erkennen und L. (1912, [2]1923) 34; vgl. 55ff. – [15] A. VIERKANDT: Entthronter Geist? Wir und die Welt 7 (1939) 50. – [16] R. KRONER: Gesch. und Philos. Logos 12 (1923/24) 137. – [17] M. SCHELER, Ges. Werke (1954ff.) 3, 88; vgl. 2, 124. 172. 281; 8, 243. 271; 9, 13. 93. – [18] a.O. 8, 334f.; 9, 15; vgl. 9, 16. 35. – [19] 3, 88. 127f. 131f. 134ff. 140f. 144f. – [20] 5, 234-236. – [21] 9, 62. 71. 96f. 101; vgl. 9, 66f. – [22] J. J. BACHOFEN, Das Mutterrecht, Vorrede. Ges. Werke, hg. K. MEULI 2 (1948) 34. – [23] L. KLAGES: Geist und Seele (1917-19). Sämtl. Werke (1964ff.) (= SW) 3, 43ff.; Geist und Seele (1934). SW 3, 582f. 594-596. – [24] Bewußtsein und L. (1915). SW 3, 646. 648, 653. – [25] Mensch und Erde (1913). SW 3, 614ff. 627f. – [26] Der Geist als Widersacher der Seele (1929-32). SW 2, 852. 856; 1, 673; 2, 1240f. – [27] SW 1, 238. – [28] A. SEIDEL: Bewußtsein als Verhängnis (1927) 202f. 184f. mit Hinweis auf M. WEBER, Wiss. als Beruf. Ges. Aufsätze zur Wiss.lehre ([3]1968) 598. – [29] E. SPRANGER: L.-Formen ([3]1922) 402. – [30] J. COHN: Theorie der Dialektik (1923) 184. – [31] FR. MEINECKE: Hegel und die Anfänge des dtsch. Machtstaatsgedankens. Z. für Politik 13 (1924) 201. – [32] E. ROTHACKER: Einl. in die Geisteswiss. ([2]1930) 62ff. – [33] E. HUSSERL, Die Krisis der europ. Wiss. und die transzendentale Phänomenol. Husserliana 6, 60. 131. 145. 152. – [34] G. MISCH: L.-Philos. und Phänomenol. ([2]1931) 170. 161. 309ff. 322f. – [35] J. ORTEGA Y GASSET: Gesch. als System ([2]1952) 68. – [36] TH. LITT: Wege und Irrwege geschichtl. Denkens (1948) 107f. – [37] H.-G. GADAMER: Wahrheit und Methode ([2]1965) 237. 239. – [38] TH. LESSING: Gesch. als Sinngebung des Sinnlosen ([3]1921) 12. 22; vgl. 64f. – [39] Untergang der Erde am Geist. Europa und Asien (1924) 51f.; vgl. 92. 114. 128f. 142. 168f. – [40] a.O. 368. 460. – [41] R. PANNWITZ: Die Krisis der europ. Kultur (1917) 3. – [42] O. SPENGLER: Der Untergang des Abendlandes (1918, [33-47]1923) 2, 628f.; 1, 152f.; vgl. Der Mensch und die Technik (1931) 7: L. gleichbedeutend mit Kampf. – [43] H. LHOTZKY: Geld oder L. (1916). – [44] H. Freyer: Prometheus (1923) 108. 102; vgl. 98f. – [45] Der Staat (1925) 12f. 14f. 108. – [46] E. ROTHACKER: Der dtsch. Mensch des 19. Jh., in: Der dtsch. Mensch. 5 Vorträge von H. NAUMANN, W. ANDREAS [u.a.] (1935) 178. 159f. – [47] P. KRANNHALS: Das organische Weltbild 1 (1928) 2f. 223. – [48] A. SCHWEITZER: Kulturphilos. 2: Kultur und Ethik (1923) 238f. – [49] H. SCHWARZ: Polit. Schr. (1940) 234. – [50] A. ROSENBERG: Der Mythos des 20. Jh. (1934) 560f. – [51] M. A. JAEGER: Relativitätstheorie des Menschengeistes (1958) 364. 23. – [52] H. WEIN: Realdialektik (1957) 19. – [53] H. PLESSNER: Die Stufen des Organischen und der Mensch (1928) 30. – [54] N. HARTMANN: Philos. der Natur (1950) 676. – [55] a.O. 678; vgl. Philos. Grundfragen der Biol. (1912) 41. – [56] P. TEILHARD DE CHARDIN, in: Les phénomène humain, Oeuvres 1 (Paris 1963) 77ff.; vgl. A. HAAS: Teilhard de Chardin-Lex. (1971) 2, 92ff. – [57] R. WOLTERECK: Philos. der lebendigen Wirklichkeit 1: Grundzüge einer allg. Biol. (1932, [2]1940) 526ff. – [58] G. WOLFF: L. und Erkennen (1933). – [59] H. JONAS: Organismus und Freiheit (1973) 3; vgl. 34. – [60] B. RENSCH: Biophilos. auf erkenntnistheoret. Grundl. (1968) 216f. 229. – [61] H. J. JORDAN: Allg., vergl. Physiol. der Tiere (1929) 333. – [62] L. VON BERTA-

LANFFY: Das biol. Weltbild (1949) 1, 124. – [63] E. SCHROEDINGER: Was ist L.? (²1951) 97. – [64] TH. W. ADORNO: Minima moralia (1951, 1964) 7. 42. 252. 254; Negative Dialektik (1966) 258; vgl. PIEPMEIER, a.O. Anm. [10 zu IV/3] 231f.

U. DIERSE/K. ROTHE

VI. *Der biologische L.-Begriff.* – 1. *Zum Begriff.* – «In der Biologie haben wir es fast immer mit Begriffen zu tun, die aus zahlreichen Teilinformationen entstanden sind. Einer der komplexesten Begriffe ist das L. selbst, da hier alle von der Biologie gesammelten Kenntnisse zusammenfließen müssen» [1]. Die Schwierigkeiten des Begriffes ‹L.› liegen nicht allein darin, daß die Fülle und Vielfalt der biologischen Erkenntnisse in ihn eingehen sollen, sondern daß er mit einer ebenso großen Fülle gewichtiger außerfachwissenschaftlicher Konnotationen behaftet ist. Dieser Umstand hat bei den Biologen längst zu der Meinung geführt, daß die Erforschung des L. «den Verzicht auf eine Beschäftigung mit dem L. im ursprünglichen Sinne erfordert», weil «es schon im Begriff des L. [liege], daß es nicht analysiert werden kann. Denn zum L. ... gehört ... das Aktive, das Schöpferische, das Freie. L. ist gebunden an die nicht aus Stücken zusammensetzbare Einheit, an das Individuum. Zum L. in jenem ursprünglichen, uns auch jetzt noch selbstverständlichen Sinne gehört das planmäßige, an Zielen orientierte Einsetzen von Mitteln» [2]. So findet die Reflexion auf den L.-Begriff nur noch in der theoretischen Biologie und Metatheorie der Biologie statt und nicht mehr bei den Erforschern des L. selbst [3]. Dabei enthält «jener ursprüngliche, uns selbstverständliche Sinn» von ‹L.› zwar nicht die Ergebnisse, wohl aber die Probleme der Biologie. Denn im ubiquitären und extensiven, emotional positiv besetzten Gebrauch des Wortes ‹L.› in der Umgangssprache kommen drei im Wortsinn zur Einheit zusammengefaßte Grundbedeutungen vor: L. als Zustand (im Gegensatz zum Tod; Lebendigsein/Totsein), L. als Tätigkeit (Bewegung, Veränderung, Prozeß), L. als Dauer (Zeitspanne zwischen Beginn und Ende des L.). Diese drei Grundbedeutungen indizieren ebenso viele Grundprobleme der Lehre vom L.: 1. die Frage nach dem Charakter, dem Wesen, der Existenz und dem Sinn des L.; 2. die Frage nach der adäquaten Beschreibung, Erfassung, Bestimmung und Ordnung der L.-Erscheinungen sowie die Frage nach ihren Ursachen und nach der Art ihres Zusammenhanges; 3. die Frage nach der Herkunft, der Entstehung, dem Ablauf, dem Ende und dem Ziel des L. Alle diese Fragen können sowohl auf das einzelne Lebewesen wie auf die Gesamtheit des L. bezogen werden und sind nie voneinander unabhängig. Welche von diesen und den in ihnen integrierten Fragen in der europäischen Biologiegeschichte an das L. gestellt und wie sie beantwortet wurden, ist zu keinem Zeitpunkt der Geschichte wissenschaftsimmanent entschieden worden. Das Verständnis des L.-Begriffes und die Erfassung der L.-Phänomene erweist sich als unlöslich verklammert mit dem sich wandelnden Welt- und Selbstverständnis des Menschen (auch da, wo prinzipiell oder methodisch auf den Begriff des L. verzichtet wird). Daher ist die Reduktion des Allgemeinbegriffes ‹L.› auf einen «biologischen Begriff» immer gewaltsam und im strengen Sinn schon deshalb nicht möglich, weil es nie gelungen ist, ‹L.› als Terminus der biologischen Fachsprache eindeutig zu beschreiben, geschweige denn zu definieren. Weil die Isolierung des Begriffes ‹L.› in den Sprachgebrauch der Biologie sein Verständnis unzulässig verkürzt, ist der theologische, philosophische und politisch-soziale L.-Begriff zum vollen historischen Verständnis auch des biologischen L.-Begriffes und die Beachtung ihrer wechselseitigen Beziehungen notwendig [4].

Anmerkungen. [1] G. SCHRAMM: Belebte Materie, in: Opuscula aus Wiss. und Dichtung 15 (1965) 47. – [2] E. BÜNNING: Ein Blick in die Lebensforsch., in: Univ.reden Tübingen 41 (1952) 22-33. – [3] Vgl. Art. ‹L.-Kriterien›. – [4] Vgl. Art. ‹L. I-V›.

2. *Zur Geschichte.* – L. als Begriff und Gegenstand einer Wissenschaft vom Lebendigen setzt zunächst und vor allem ein Weltverständnis voraus, das es erlaubt, eine lebendige von einer toten, eine belebte von einer unbelebten, eine organische von einer anorganischen Natur als einen nach Gegenstand und Methode ausgrenzbaren Bereich wissenschaftlicher Betrachtung zu konstituieren. Die Bestimmung dessen, was als L. zu gelten hat, ist also primär abhängig vom Weltbild, in dem die Kriterien für die Entscheidung L./Nicht-L. gefunden oder gesetzt werden müssen. Die Ausgrenzung eines spezifischen L.-Bezirkes aus den (verschiedenen) Vorstellungsformen einer total belebten Welt (z.B. Hylozoismus) einerseits und aus dem rationalen Entwurf einer total unbelebten (anorganischen) Welt (Mechanismus) andererseits teilt die europäische Biologiegeschichte in zwei Epochen: in die antikmittelalterliche, die von Aristoteles begründet wird, und in die neuzeitliche, die nach Descartes entsteht.

a) Im Zusammenhang seiner gesamten Philosophie, speziell in Anwendung seiner Prinzipien-, Bewegungs-, Elementen- und Seelenlehre bestimmt ARISTOTELES L. als Psyche [1], die als «Realisierung (πρώτη ἐντελέχεια) der L.-Potenz (δύναμις ζωῆς) eines mit Werkzeugen (ὄργανα) ausgestatteten physischen Körpers» [2] das Prinzip (ἀρχή), die Ursache (αἰτία) [3] und das Wesen (οὐσία) [4] des L. ist. Gemeinsames Kennzeichen alles Lebendigen ist die anima vegetativa (ψυχὴ θρεπτική) der Pflanze [5] mit den Vermögen Ernährung, Wachstum und Zeugung [6], zu der bei den Tieren die anima sensitiva (ψυχὴ αἰσθητική) mit den Vermögen Wahrnehmung, Bewegung und Strebung (appetitus) und beim Menschen die anima rationalis (ψυχὴ διανοητική) als Erkenntnisvermögen hinzukommt [7]. Soweit dieses Vermögen als Vernunft (νοῦς) göttlich ist, ist es unsterblich und wird «gleichsam von außen» eingepflanzt [8]. Das Verhältnis des Nus zu den übrigen Seelenteilen wird Hauptstreitpunkt in der Anthropologie des christlichen Aristotelismus.

Diese Fassung des L.-Begriffes erlaubt es Aristoteles: 1. das Belebte vom Unbelebten zu trennen [9]; 2. Körper und Seele zwar begrifflich zu trennen, ihre reale Existenz aber als Einheit, als Wirkeinheit aufzufassen und zu erfahren [10]; 3. den so gewonnenen Bereich des Belebten bruchlos in sich zu gliedern und die Stufenleiter des Lebendigen in die scala naturae einzuordnen [11] (Die Stufenordnung der Natur ist eine statische Hierarchie der Natur und keine Vorwegnahme des modernen Entwicklungsgedankens, der weder nach Begriff noch nach Vorstellung vorkommt); 4. dem Menschen als Lebewesen eine Sonderstellung zu geben, ohne ihn aus dem Tierreich auszuschließen [12]; 5. alle L.-Erscheinungen nach Gestalt und Leistung organisch, d.h. als Mittel zum Zweck, zu verstehen und von ihrem Zweck her als sinnvolle Ganzheit zu erklären in dem Sinn, daß er zeigt, warum die Lebewesen so, wie sie in der Fülle und Vielfalt ihrer Gestalt und L.-Äußerung sind, notwendig sein müssen [13]; 6. die reale Existenz eines jeden Lebewesens als der actualiter verwirklichten Form des L. empirisch zu erfassen, zu beschreiben, zu ordnen und die Beschäftigung mit den vergänglichen L.-Phänomenen zu legitimieren [14]. Der so begründete Empiriebefehl, den er selbst mehr theoretisch als praktisch befolgte, macht Aristoteles zum Vater der europäischen Biologie (Taxonomie, Zoologie, vergleichende Anatomie, Botanik).

Die aristotelische Lehre vom Leben beherrscht in ihren Grundzügen 2000 Jahre lang die Auffassung des L. in Medizin und Biologie. Durch THEOPHRAST in der Pflanzenlehre inhaltlich erweitert, durch die eklektische Physiologie des GALEN modifiziert, durch ältere hippokratische (Säftelehre) und stoische Einflüsse (Pneumalehre) erhält sie, im arabischen (AVICENNA) und lateinischen Mittelalter (ALBERTUS MAGNUS, THOMAS VON AQUIN) systematisiert und mit der Schöpfungslehre harmonisiert, kanonische Geltung. Ihre letzte bis in die Mitte des 17. Jh. wirkmächtige Vollendung findet sie in der Physiologie des JEAN FERNEL [15].

Wie zu erwarten, zeigt die genauere Untersuchung der biologischen (speziell der anatomischen und botanischen) Schriften des Renaissancehumanismus eine – aus der unmittelbaren Auseinandersetzung mit den antiken Autoren erwachsene und sie verändernde – Lehre von den Prinzipien, den Substanzen und der Struktur des L., die in vielen Einzelheiten (Morphologie, Natur belebter Stoffe, Stoffwechsel, Ernährung und Bildung der Pflanzen) und in der Forschungsmethode die neuzeitliche Biologie vorbereitete, ohne daß der Grundkonsens über die Prinzipien des L. mit der Antike aufgegeben wäre. Dieser Grundkonsens wird erst von Descartes aufgekündigt und damit eine völlig neue Situation für das Verständnis des Lebendigen geschaffen.

Anmerkungen. [1] ARISTOTELES, De anima II, 2, 413 a. – [2] a.O. II, 1, 412 a. – [3] II, 4, 415 b. – [4] II, 1, 412 a. – [5] I, 5, 411 b; II, 2, 413 a; III, 12, 434 a. – [6] II, 4, 416 a. – [7] II, 3, 414 a/b. – [8] De generatione animalium II, 3. – [9] De anima II, 2, 413 a/b. – [10] a.O. II, 1, 408 b. – [11] Hist. animalium VIII, 1, 588 b-589 a; De partibus animalium IV, 5, 681 a; De generatione animalium II, 1. – [12] De partibus animalium II, 10, 656 a; Politica I, 8, 1256 b 15-17; Hist. animalium I, 7, 491 a. – [13] De partibus animalium I, 1, 639 a-642 b. – [14] a.O. I, 5, 644 b-645 a. – [15] JEAN FERNEL: De naturali parte medicinae libri septem (1542); dazu K. E. ROTHSCHUH: Das System der Physiol. von Jean Fernel und seine Wurzeln. Verh. XIX. int. Kongr. Gesch. der Med. Basel 1964 (1966) 529-536.

b) Die zeitliche Koinzidenz von GALILEIS neuer, antiaristotelischer Physik, von HARVEYS neuer, nicht-galenischer Blutkreislauflehre und der neuen antiaristotelischen Metaphysik des Rationalismus von DESCARTES führte in dem Jahrhundert, das ihrer kühnen Inauguration folgte, auch in der Biologie zur Durchsetzung des mechanistischen Naturmodells. Weil Descartes die Seele, als erkennendes Subjekt, von der Gegenstands-, der Körperwelt trennt, muß er den jetzt entseelten Körper der Lebewesen als technischen Apparat, als Automaten verstehen und aus res extensa und motus more geometrico konstruieren [1]. Dieses technomorphe Modell des Lebendigen machte aus der alten organischen Gestalt eine machina, aus ihren Organen Konstruktionselemente und aus den alten L.-Leistungen Funktionen mechanischer Gesetze. Mit den Fortschritten der neuen Mechanik und ihrer Vollendung durch NEWTON setzte sich vor allem in der Physiologie des Menschen die Maschinentheorie des L. durch, wenn auch gegen anhaltenden und nie überwundenen Widerstand. Denn sie konnte zwei Probleme nicht lösen, die die alte L.-Lehre nicht gekannt hatte, weil deren Lösung schon in ihrem Ansatz enthalten gewesen war: 1. das Problem des Zusammenhanges von Leib und Seele und darin das Problem der Selbstbewegung des Körpers; 2. das Problem, wie Lebewesen nach mechanischen Gesetzen entstehen, sich entwickeln und reproduzieren können.

G. E. STAHLS «Animismus», ein einflußreiches, vor allem in Frankreich bis ins 19. Jh. wirkendes psychodynamisches Konzept, macht das nachcartesianische Dilemma deutlich. Stahl akzeptiert, daß «in jedem Körper die mechanische Disposition absolut notwendig vorhanden ist» [2]. Doch dieser an sich tote unbelebte Mechanismus wird erst zu einer funktionellen Ganzheit, zum Organismus, durch die immaterielle, unteilbare Seele. LEIBNIZ weist ihm die Unmöglichkeit des Influxus psychicus nach [3]. So verlor die Biologie durch den Ausschluß der Seele die bewegende Kraft, die bis dahin mit dem L. identisch gewesen war. Das L.-Problem stellte sich neu: «Was das Leben in Wahrheit ist, was dasjenige ist, durch dessen Gegenwart die Geschöpfe ihr L. leben, durch dessen Verlust sie vom L. scheiden, was der Beginn des L., was sein Ende heißt – darüber sind sich die Philosophen in ihrer Unwissenheit um so stärker bewußt, je eindrücklicher sie darüber nachgedacht haben.» DANIEL BERNOULLI hat 1737 die Ratlosigkeit der neuen Situation in dieser Frage ausgesprochen und zugleich den Weg angedeutet, auf dem sie gelöst werden sollte: «Nur das eine lehrt die Erfahrung und bestätigt die Vernunft, daß ein Zusammenhang besteht zwischen dem L. und der animalischen Bewegung» [4].

Als HALLER 1753 im physiologischen Experiment die Kontraktilität der Muskelfaser und die Sensibilität der Nervenfaser als experimentell gesicherte Eigenschaften von Grundstrukturen des tierischen Körpers nachweist, und diese Eigenschaften als Kräfte des Lebendigen, die als solche unerkennbar, in ihren Wirkungen aber meßbar sind, in Analogie zu Newtons Gravitationskraft versteht, kann er das Lebendige charakterisieren als einen Gegenstand der Natur mit spezifischen Eigenschaften, der an spezifische Strukturen gebunden und mit empirischen Methoden beschreibbar, meßbar und erforschbar ist [5]. Haller grenzt so innerhalb des Gesamtbereiches der mechanistisch verstandenen Natur empirisch einen Bereich der «tierischen Mechanik» aus und unterscheidet so die lebende von der toten Natur, ohne sie prinzipiell zu trennen, indem er einerseits die von ihm empirisch gewonnenen Grundphänomene des Lebendigen nicht spekulativ mechanistisch ableitet und andererseits deren sofort einsetzende vitalistische Interpretation abwehrt, wenn auch in der Folge vergeblich. Er begründet damit die Biologie als Erfahrungswissenschaft neu [6]. Weil Haller die von ihm gefundene Kontraktilität der Muskelfaser in der Tradition der Boerhaave-Schule ‹Irritabilität› genannt hatte, Reizbarkeit aber Empfindungsfähigkeit für Reize voraussetzt, wurde sehr schnell die Sensibilität oder Erregbarkeit zur Grundkraft des Lebendigen erklärt und schließlich alle L.-Phänomene (Sensibilität, Kontraktilität, Reproduktivität usw.) auf die Wirkung einer L.-Kraft zurückgeführt. MEDICUS führt den Terminus zur Bezeichnung einer dritten Substanz «außer der organisierten Materie und der Seele» ein [7]. Damit war ein neuer Vitalismus etabliert, der in vielen Formen bis zur Mitte des 19. Jh. die Biologie beherrschte.

Zu dieser Entwicklung hatte vor allem das ungelöste Problem der Selbstreproduktion des Lebens beigetragen. Hallers Irritabilität und Sensibilität konnten zwar die Selbstbewegung und Empfindungsfähigkeit der Lebewesen im mechanischen Modell erklären, nicht aber ihre Fortpflanzung. Je folgerichtiger der lebende Organismus als ein durch mechanische Kräfte bewegter Apparat vorgestellt wurde, je bestimmter dieses System schöpferische Bildungskräfte und Wirkungen nach Zweckursachen ausschloß, um so mehr war man gezwungen, alle gegenwärtig existierenden Lebensformen als Werk eines überlegenen Schöpfers aus dem Ursprung der Welt herzuleiten und alle Entwicklung zu einer bloßen Auswickelung und Entfaltung präformierter Strukturen zu machen. Diese von Leibniz und Haller begünstigte Evolutionstheorie befriedigte zwar das mechanistische Denken, doch durch die Wiederentdeckung der erstaunlichen Restaurations- und Regenerationsfähigkeit lebender Organismen durch RÉAUMUR, TREMBLEY und BONNET wurden die alten, aus der Antike stammenden epigenetischen Vorstellungen wieder belebt [8]. Wer aber bei der Entwicklung die Neubildung von Strukturen annahm, also Epigenese behauptete, mußte L.-Kräfte postulieren, die im mechanischen Modell nicht denkbar waren: Organisations- und Regulations-, Form- und Bildungskräfte (z. B. C. F. WOLFF: vis essentialis oder J. F. BLUMENBACH: Bildungstrieb bzw. nisus formativus) [9].

In der Biologie führte die Auseinandersetzung zwischen präformierter Evolution und Epigenese zum Sieg der Vorstellung von dem durch L.-Kräfte gegenüber der anorganischen Natur autonomen L. Der Streit der Mediziner und Biologen wurde für TETENS und KANT zum Anlaß für einen Vermittlungsversuch, in dem sie auf den Begriff ‹Entwicklung› bzw. auf den der bildenden Kraft reflektieren [10]. Obwohl hier die Einsicht beginnt, daß es von der wissenschaftlichen Anschauungsweise abhängt, ob das L. nach seiner «inneren Zweckmäßigkeit» oder nach seinem «Mechanismus» [11], nach seiner «bionomen» Ordnung betrachtet oder nach seiner «Biotechnik» analysiert wird [12], und obschon REIL den Versuch unternahm, die rein methodologische Funktion des L.-Kraftbegriffes zu erweisen [13], setzte sich der Vitalismus bestärkt durch die Naturphilosophie des deutschen Idealismus in der sogenannten romantischen Medizin und Biologie vollends durch. L. wird als Tätigkeit und Handlung, als Prozeß und Auseinandersetzung mit der Umwelt begriffen, nicht mehr als Identität der Substanz. In Abhängigkeit von der Lehre BROWNS, der L. als einen durch Reize der Außenwelt auf die Exitabilität des Körpers unterhaltenen Prozeß versteht [14], und der Wissenschaftslehre FICHTES [15] formuliert RÖSCHLAUB: «Wenn wir nun annehmen müssen, daß der Körper, solange er als organisches Individuum existiert, immer tätig sei, alle Einwirkung der äußeren Natur zu bestimmen, gegen dieselbe anzukämpfen; daß aber eben diese Tätigkeit immer durch Einwirkung der äußeren Natur unterhalten werden müsse, wenn sie nicht erlöschen, ganz aufhören soll: so folgt daraus, daß das L. des Körpers von der Einwirkung äußerer Gegenstände abhänge» [16]. Unter dem Einfluß der Naturphilosophie erneuert sich der Gedanke, daß L. Organismus als Identität von Natur und Geist ist. Phänomene des Organischen aber sind nicht Zustände, sondern Abläufe; sie können daher nicht als Beharrendes, sondern müssen als Werdendes beschrieben und erforscht werden. Das genetische Prinzip tritt als Entwicklungsgedanke beherrschend in das Zentrum der biologischen Forschung und bestimmt deren Richtung und Gegenstand. Die Embryologie wird von K. E. VON BAER als «Entwickelungsgeschichte der Thiere» dargestellt. Entwicklung als aus der Beobachtung unmittelbar beweisbares Grundfaktum des Lebendigen ist weder Auswicklung präformierter Strukturen (Evolution) noch Neubildung (Epigenese), sondern Auseinanderfolge der Formen im kontinuierlichen Prozeß der Differenzierung, die in der fertigen, vollkommenen Gestalt des Individuums ihr Ziel findet nach einer «inneren Notwendigkeit», deren Wirkung sich im Beobachteten zu erkennen gibt [17].

In dem Maße, in dem es um die Mitte des 19. Jh. der Chemie gelang, «organische» Substanzen synthetisch herzustellen (Harnstoff: WÖHLER 1848), und die Physiologie Leistungen des «Organismus» auf physikalisch-chemische Kausalzusammenhänge zurückführen konnte (H. HELMHOLTZ, E. DU BOIS-REYMOND, C. LUDWIG), verlor der Vitalismus bei forschenden Biologen an Boden. Die prinzipielle, durchschlagende Kritik am L.-Kraftbegriff durch H. LOTZE [18], das Vordringen der Philosophie des Materialismus und des Positivismus führten im Verein mit der Abstammungslehre DARWINS (1859) erneut zu einer mechanistischen L.-Lehre. Die selektionstheoretische Erklärung der Evolution – jetzt als Interpretation der Phylogenese – löste für ihre Anhänger das Problem der Teleologie. Die Zweckhaftigkeit des Lebendigen, die Angepaßtheit der Organismen an ihre L.-Bedingungen, die vom 17. bis 19. Jh. als Beweis der Daseinsvorsorge Gottes für seine Geschöpfe galten, konnte nun verstanden werden als Folge der Daseinsbehauptung der Lebewesen im Kampf ums L. Für das «biologische» Denken am Ende des 19. und zu Beginn des 20. Jh. wurde der Monismus HAECKELS, der Biologismus und Sozialdarwinismus kennzeichnend (und in seinen politischen Folgen verhängnisvoll).

Der Versuch von H. DRIESCH [19], den aristotelischen Begriff der Entelechie für ein – gestaltendes und ganzmachendes – autonomes Prinzip des L. einzuführen und dessen Existenz experimentell zu erweisen, scheiterte. Er löste jedoch noch einmal eine Vitalismus-Mechanismus-Diskussion aus, die in der theoretischen Biologie unter vielen Aspekten fortgeführt wurde [20], aus der sich die empirisch-biologische Forschung aber immer eindeutiger zurückzog. Beschäftigt mit der Analyse der Strukturelemente, der Stoffwechselvorgänge, der Regulationsabläufe und der Reproduktionsprozesse der Lebewesen sowie derer ökologischen und ethologischen Verhältnisse nimmt sie den Begriff des L. nicht mehr wahr und braucht ihn nur noch bei den Problemen der Abgrenzung ihres Forschungsbereiches gegenüber physikalisch-chemischen und psychologisch-soziologischen Disziplinen.

Anmerkungen. [1] R. DESCARTES: Über den Menschen (1632) sowie Beschreib. des menschl. Körpers (1648) nach der ersten frz. Ausgabe von 1664 übers. und mit einer hist. Einl. und Anm. versehen von K. E. ROTHSCHUH (1969). – [2] E. G. STAHL: Theoria medica vera (1708) 17. – [3] Vgl. K. E. ROTHSCHUH: Leibniz, die prästabilierte Harmonie und die Ärzte seiner Zeit, in: Akten int. Leibniz-Kongr. 1966 2 (1969) 231-254; R. TOELLNER: Anima et Irritabilitas. Sudhoffs Arch. Gesch. Med. 51 (1967) 130-144. – [4] DANIEL BERNOULLI: De vita (1737), hg. O. SPIESS/F. VERZÁR (1941) 224. – [5] A. VON HALLER: De Partibus Corporis Humani Sensilibus et Irritabilibus, in: Comm. Soc. reg. Sci. Göttingen 2 (1753) 114-158. – [6] Vgl. R. TOELLNER: Albrecht von Haller. Über die Einheit im Denken des letzten Universalgelehrten. Sudhoffs Arch. Gesch. Med., Beih. 10 (1971). – [7] F. C. MEDICUS: Von der L.-Kraft. Eine Vorles. in der Akad. Wiss. Mannheim. 1774. – [8] Vgl. BEATE MOESCHLIN-KRIEG: Zur Gesch. der Regenerationsforsch. im 18. Jh., in: Basler Veröff. zur Gesch. Med. Biol. 1 (1953); ERNA LESKY: Die Zeugungs- und Vererbungslehren der Antike und ihr Nachwirken, in: Abh. Akad. Wiss. Lit. Mainz, geistes- und sozialwiss. Kl. (1951). – [9] C. F. WOLFF: Theoria generationis (1759); J. F. BLUMENBACH: Über den Bildungstrieb (^{2}1789). – [10] R. TOELLNER: Evolution und Epigenesis. Ein Beitr. zur Geistesgesch. der Entwick.physiol., in: Verh. XX. int. Kongr. Gesch. Med. (1968) 611-617; Kant und die Evolutionstheorie. Clio med. 3 (1968) 243-249. – [11] I. KANT, KU (1790). – [12] K. E. ROTHSCHUH: Theorie des Organismus

(²1963). – [13] Joh. Chr. Reil: Von der L.-Kraft. Arch. Physiol. 1 (1796) 8-162. – [14] J. Brown: Elementa medicinae (1794). – [15] J. G. Fichte: Grundl. der gesammten Wiss.lehre (1794). – [16] A. Röschlaub: Untersuch. über Pathogenie oder Einl. in die med. Theorie 1 (²1800) 244. – [17] K. E. von Baer: Über die Entwikkel.gesch. der Thiere. Beob. und Reflexion 1 (1828); vgl. R. Toellner: Der Entwickl.-Begriff bei Karl Ernst von Baer und seine Stellung in der Gesch. des Entwickl.gedankens. Sudhoffs Arch. Gesch. Med. 59 (1975) 337-355. – [18] H. Lotze: Leben. L.-Kraft, in: R. Wagner (Hg.): Handwb. der Physiol. 1 (1842) IX-LVIII. – [19] H. Driesch: Philos. des Organischen (1909, ⁴1928). – [20] S. E. Ungerer: Die Wiss. vom L. 3: Der Wandel der Problemlage der Biol. in den letzten Jahrzehnten. Orbis Academicus II/14 (1966).

Literaturhinweise. E. Rádl: Gesch. der biol. Theorien in der Neuzeit 1. 2 (²1913, ND 1970). – Th. Ballauff: Die Wiss. vom L. 1: Vom Altertum bis zur Romantik. Orbis Academicus II/8 (1954). – I. Düring: Aristoteles. Darstellung und Interpretation seines Denkens (1966). – B. Hoppe: Biol. Wiss. von der belebten Materie von der Antike zur Neuzeit: Biol. Methodol. und Lehren von der stoffl. Zusammensetzung der Organismen. Sudhoffs Arch. Gesch. Med., Beih. 17 (1976). – K. E. Rothschuh: Konzepte der Med. in Vergangenheit und Gegenwart (1978).

R. Toellner

Leben, ewiges. Bei Platon finden sich einige Stellen, in denen die Unvereinbarkeit von ‹L.› und ‹ewig› ausgesprochen wird. So wird im ‹Phaidon› [1] das Prädikat der Ewigkeit nur Gott und der Idee des L. zugesprochen, nicht diesem selbst; die Seele wird in diesem Zusammenhang zwar ἀθάνατος *(unsterblich)* und ἀνώλεθρος (unzerstörbar) genannt, aber nicht im eigentlichen Sinne ewig (αἰώνιος, ἀΐδιος). Im ‹Timaios› [2] versucht Platon zwar, die Begriffe ζωή (L.) und ἀΐδιος zu vereinigen; αἰώνιος – d. h. ewig im genuin qualitativen Sinne – ist aber auch hier nur die φύσις (Natur) des Lebens. Platon versucht diese Scheidung durchzuführen, indem er die transuranische Welt als von dem (ewigen) «Vater» erzeugt, als «Schmuckstück» für die ewigen Götter (ἀΐδιοι θεοί) (nicht für den Urgott selbst), als bewegt (κινητόν) und lebend bezeichnet, sie jedoch von der unsrigen, die zwar jener so ähnlich wie möglich ist, aber doch nur «ein bewegtes Abbild des Aion» darstellt, abhebt. Unsere Welt ist von der transzendenten Sphäre abgetrennt durch den Himmel und von ihr strukturell geschieden durch die Zeit als einem nach dem Prinzip der Zahlen (κατ' ἀριθμόν) vorwärtsgehenden ewigen Bild (αἰώνιος εἰκών) des bleibenden αἰών. Dem widerspricht nicht, daß die Zeit entstanden ist und ihr mögliches Ende in Betracht gezogen wird; αἰώνιος im qualitativen Sinne ist sie als Abbild des αἰὼν μένων, und der Ausweis ihrer relativen Ewigkeit sind die Zahlen. Jedes Ereignis vergeht, jeder Augenblick schwindet dahin, aber der Umstand, *daß* er kam und ging, und die zahlenmäßige Relation der Dauer als solche sind zeitlos. In den ‹Gesetzen› wird unterstrichen, daß ‹ewig› primär als Qualitätsbegriff aufzufassen und die unbegrenzte Erstreckung in der Zeit nur als sekundärer Ausdruck qualitativer Unendlichkeit zu begreifen ist: da in allen Handlungen der Menschen Gutes und Schlechtes gemischt, nichts somit eindeutig gut sei, sei das Seiende zwar ἀνώλεθρον (dem Verderben entronnen), aber nicht αἰώνιον [3]. So gesehen ist ‹e.L.›, nimmt man beide Begriffsbestandteile in ihrem vollen Gehalt ernst, ein Widerspruch in sich. Und wenn später die christliche Theologie von ‹e.L.› sprach, hatte sie die Aufgabe, ein im Grund unaussprechbares Paradox zu umschreiben.

Bei Aristoteles wird L. als ἐνέργεια (Wirkungsmacht) des νοῦς verstanden: θεοῦ ἐνέργεια ἀθανασία, τοῦτο δ' ἔστιν ζωὴ ἀΐδιος (nun ist Gottes Werk Unsterblichkeit, d. h. e.L.) [4]. In diesem Sinne kommt auch der Gottheit L. zu: die ζωὴ ἀρίστη καὶ ἀΐδιος [5]. Im Gegensatz zum L. der Geschöpfe bedeutet das L. Gottes Unveränderlichkeit; es unterliegt keiner Einwirkung und bedarf darum keiner Nahrung und andersartigen Hilfe: ἀναλλοίωτα καὶ ἀπαθῆ τὴν ἀρίστην ἔχοντα ζωὴν καὶ τὴν αὐτοκρατεστάτην διατελεῖ τὸν ἅπαντα αἰῶνα (ohne Wandel und Leid führt es das herrlichste L., sich selbst genug, für ewige Dauer) [6].

Die *hellenistische* Welt hatte es leichter, von ζωὴ αἰώνιος zu reden, und zwar aus zwei gegenteiligen Gründen: einerseits verflachte sich der Wortsinn von αἰώνιος zu «unendlicher Dauer», andererseits verband er sich mit dem Reichsmythos und wurde hier geradezu zum Kaiserprädikat, wodurch das Moment der zeitlichen Erstreckung in Fortfall kam [7].

In der *Bibel* werden Nichtigkeit, Aufgabecharakter und Transzendenzverweisung des L. in radikaler Schärfe gesehen und erlebt. Alles L. steht im Schatten des Todes, den es nicht geben dürfte, da das L. göttlicher Art ist, eingehaucht von Gott [8], der der Lebendige heißt [9]. Diese Nichtigkeit ist nicht ein unbegreifliches Schicksal und nicht in den Strukturen des Seins verwurzelt wie im Griechischen und in den meisten Mythen und auch nicht ein Unglücksfall wie bei Gilgamesch, sondern ist Folge der Schuld [10] und damit zugleich Voraussetzung einer radikalen Neuschöpfung. Dabei werden Unvergänglichkeit und Ewigkeit klar unterschieden: Ewig ist allein der lebendige Gott; weil der Mensch Abbild Gottes ist, kann er nie zunichte werden wie ein Tier oder ein Gegenstand. Er kann dem göttlichen Gegenüber nie entfliehen [11]. Darum kann er nur in der Weise nicht sein, daß er dieses Nichtsein erfährt, erleidet. Die Bilder vom Höllenfeuer bringen dasselbe zum Ausdruck wie die griechischen und verwandten Hadesmythen: Agonie ohne Ende, bewußt erlebtes Nichtsein. Im Zusammenhang der anschaulichen und bildhaften Rede der Bibel wird eher vom zweiten Tod gesprochen [12]; wo hier das Prädikat «ewig» angewandt wird, werden Ausdrücke gewählt, die mehr das qualvolle und unentrinnbare Sichselbsterleidenmüssen bezeichnen: im Alten Testament «ewige Schmähungen» (harāphot), «ewiger Ekel» (dir'on) [13], im Neuen Testament «ewige Bestrafung» (κόλασις) [14].

Die Erlangung des e.L. steht einerseits als unentrinnbare Aufgabe vor dem Menschen, deren Erfüllung ein äußerstes Maß an Anstrengung erfordert [15]. Das zeitliche L. ist Abschattung des ewigen und ist insofern seinerseits ewig, als es unter dem Sog des Vollkommenen steht. Es ist der Schauplatz, auf dem die Verwirklichung des «e.L.» geschehen soll. Andererseits ist die Erwerbung des e.L. Ziel der göttlichen Gnade [16] – und darum Inhalt und Ziel des Glaubens [17] –, da nur der das e.L. erlangt, der von vornherein dazu bestimmt ist [18].

Für die Charakteristik des e.L. ist bezeichnend, daß Unsterblichkeit nur als ein Prädikat neben anderen – δόξα (Lichtfülle), τιμή (Wertfülle), κράτος (Stärke) [19] – genannt wird. Das Quantitative ist Ausdruck des Qualitativen. Mit inhaltlichen Bestimmungen ist die Bibel – im Unterschied zu Mythos und Spekulation – sehr zurückhaltend. Das Bild von der goldenen Himmelsstadt symbolisiert die totale Wertfülle; hervorgehoben wird neben der Leidlosigkeit eigentlich nur die volle Zuwendung zu Gott und die totale Liebe in nie endender Anbetung – die Ausdruck der vollen Realisierung theozentrischer Transzendenz sind [20]. Im e.L. vollendet sich der Ewigkeitsgehalt, der allem menschlichen Leben eigen ist, auf den es hinweist.

In jedem Augenblick muß das e.L. von Gott her aktualisiert werden. Zum Ausdruck dessen dienen vor allem die Symbole des Essens und der Zeugung. Auch das e.L. der Unsterblichen muß immer neu empfangen werden; das besagt z.B. das Bild von den Lebensbäumen [21]. Auch das physische L. als Abbild des ewigen muß immer neu empfangen werden: darauf verweisen die Erzählung vom Manna, die häufige Rede vom Brot und Wasser des L., das Zeit und Ewigkeit umklammernde Geheimnis des Sakraments. Im selben Sinne werden Zeugung [22] und Geburt transparent für den Ursprung des zeitlichen wie des e.L., was durch die Bezeichnung der Taufe als Wiedergeburt verdeutlicht wird [23]. In dieser Transparenz erschließt sich das Ineinander von zeitlichem und e.L., so daß das e.L. als bereits gegenwärtig angesehen werden kann [24].

In der späteren theologischen Besinnung zeichnet sich als Leitmotiv das Bemühen ab, den theozentrischen Charakter des e.L. herauszustellen: «Wir streben nach der verheißenen Wohnung Gottes und sind begierig nach dem reinen und e.L.» [25]. Als zentrale Definition des e.L. kehrt in der *Patristik* die «beata et carissima visio divinitatis» immer wieder. Bei AUGUSTINUS wird das e.L. als Gnadengabe Gottes verstanden: zwar wird es dem Menschen als Belohnung für erworbene Verdienste verliehen, es wird ihm aber dennoch insofern gänzlich unverdient zuteil, als alle menschlichen Verdienste allein der Gnade Gottes entspringen [26]. Als gewichtiges Merkmal des e.L. gilt Augustinus das Moment der Sündlosigkeit, scharf ausgesprochen mit der Gegenüberstellung von «posse non peccare» Adams vor dem Sündenfall und «non posse peccare» des vollendeten Menschen [27], das in einem freien Wollenmüssen besteht, welches die höchste Form und Vollendung der Freiheit darstellt [28] und insofern Abschattung der Freiheit Gottes ist, als dieser gerade zufolge seiner vollendeten Freiheit vieles nicht kann, z.B. sündigen oder irren [29]. Als problematisch erwies sich in diesem Zusammenhang die Frage, ob es auch in der Vollendung ein Mehr oder Weniger an Erkenntnis, an Seligkeit, an Nähe zu Gott gebe. Kirchenväter und Scholastiker haben dies im allgemeinen bejaht [30] und teils mit der unterschiedlichen Würdigkeit, teils mit der unermeßlichen Fülle der bona vitae aeternae begründet. Sie standen dabei immer vor der Schwierigkeit, eine Abstufung der Vollkommenheit mit dem Fehlen jeglichen Mangels vereinbaren, also ein Mehr ohne ein Weniger denken zu müssen. Psychologisch ließ sie sich etwa durch die Formel der «satietas et adimpletio omnium desiderationum» (Befriedigung und Erfüllung aller Wünsche) oder durch den Hinweis auf die völlige Selbstlosigkeit und Einigung mit dem göttlichen Willen beheben.

THOMAS VON AQUIN faßt das e.L. als visio Dei und begründet dies durch die Unterscheidung von zeitlichem und ewigem Sein: Während nämlich das zeitliche Erfassen einer Sache sukzessiv ist, geschieht jede sich in der Ewigkeit vollziehende Erkenntnis zugleich, ganz und in einem Blick. Da die visio Dei als ein Akt dieses intuitiven Erkennens begriffen und darüber hinaus die Tätigkeit des Intellekts als eine Art Leben verstanden werden muß, wird der Schauende durch sie des e.L. teilhaftig [31].

Die *reformatorische* Theologie hat das altkirchliche und mittelalterliche Erbe im wesentlichen übernommen. Von zentraler Bedeutung ist, daß das e.L. durch Rechtfertigung und Sündenvergebung erlangt wird [32]. Weder Rechtfertigung noch e.L. können durch Werke erworben werden, weswegen das e.L. seinen Zukunfts- und Jenseitscharakter verliert und in das irdische Leben hineingenommen wird [33]. So konnte die altprotestantische Dogmatik z.B. zwischen vita aeterna initialis und perfecta unterscheiden. Im Zusammenhang damit steht die besonders von den altlutherischen Dogmatikern ausgebildete Lehre von der unio mystica, der wesenhaften «coniunctio substantiae hominis cum substantia Trinitatis» [34], die sich als Konsequenz der justificatio vornehmlich im gottesdienstlichen Leben, vom Wort und Sakrament her vollzieht und sich darin ausdrückt, daß der homo renatus «Deum intimo amore amplectitur talisque amore beatitudine fruitur». Auch PH. NICOLAI bestimmt das e.L. als innige Liebesgemeinschaft des Gläubigen mit dem dreieinigen Gott [35]. Obwohl der Mensch diese durch den Sündenfall Adams verwirkt hat, wird sie ihm als einem durch die Erlösungstat Christi Wiedergeborenen [36] in der Auferstehung des Fleisches zuteil.

Im 17. und 18. Jh. ist e.L. als visio und fruitio Dei der Frommen gängige Auffassung der lutherischen Theologie, s. z.B. bei HOLLAZ [37], HAFENREFFER [38], GERHARD [39]. – Dabei wird der Zusammenhang zwischen Rechtfertigung und e.L. so gedeutet, daß dieses nicht mehr als unmittelbarer Zweck, sondern lediglich als eine Wirkung der Rechtfertigung verstanden wird [40]. Die Frommen werden gemäß dem Grade ihrer je eigenen Frömmigkeit der beseligenden Schau teilhaftig [41].

In der Religionsphilosophie FICHTES wird verschärft die Vorstellung der Jenseitigkeit des e.L. kritisiert. Diese gibt Fichte nur insoweit zu, als derjenige, der diesseits des Grabes selig ist, es auch jenseits desselben bleiben wird: «durch das blosse Sichbegrabenlassen aber kommt man nicht in die Seligkeit» [42]. Wer die Seligkeit im gegenwärtigen Leben nicht besitzt, wird sie auch im zukünftigen nicht finden [43]. Die Erlangung des wahrhaftigen und seligen L. erfordert die Abkehr des Menschen von allem dem wahrhaftigen L. entgegenstehenden Hinfälligen und Nichtigen. Vollzieht er sie, wird ihm «sogleich das Ewige, mit all seiner Seligkeit» begegnen [44]. Dieses Ewige erschafft er sich nicht selbst, sondern es ist «in ihm und umgiebt ihn unaufhörlich» [45]. Er ergreift es durch den Gedanken als den einen und unveränderlichen Erklärungsgrund seiner selbst sowie der ganzen Welt [46]. – FR. SCHLEIERMACHER begreift das e.L. wesentlich als jenes L. nach der Auferstehung der Toten, das in einem sicheren und beständigen Gottesbewußtsein besteht, obwohl das menschliche Selbstbewußtsein in seiner zu unmittelbarer Erkenntnis unfähigen Endlichkeit nicht aufgehoben wird [47].

Wird das e.L. als in der Zeit beginnend und damit einer Entwicklung fähig angesehen, so erhebt sich die Frage, ob etwa auch in der Ewigkeit ein fortschreitender Prozeß anzunehmen sei: so z.B. im vorigen Jahrhundert bei G. THOMASIUS und MARTENSEN [48].

K. BARTH verbindet die Vorstellung vom e.L. mit der Lehre von der Prädestination insofern, als das e.L. des Menschen von Anbeginn an durch den Ratschluß Gottes dazu bestimmt wurde, «Zeuge der überströmenden Herrlichkeit Gottes» zu sein [49]. Der Mensch geht durch die Totenauferweckung in dieses ihm «als ständiges und unveräußerliches Eigentum» geschenkte L. ein, indem seine Verweslichkeit und Sterblichkeit zu Unverweslichkeit und Unsterblichkeit gewandelt wird, wodurch sein irdisches L. nicht der Nichtigkeit anheimgegeben wird, sondern eine «*große* Aufwertung» erfährt [50]: «Es wird sein e.L. in der Enthüllung der Rechtfertigung eben dieses seines *diesseitigen* L. bestehen» [51].

Anmerkungen. [1] PLATON, Phaidon 106 d. – [2] Timaios 37 d. 38 a-c. – [3] Leges X, 904. – [4] ARISTOTELES, De caelo II, 3, 286 a 9. – [5] Met. XI, 7, 1072 b 28. – [6] De caelo I, 9, 279 a 20-22. – [7] Vgl. H. SASSE: Art. αἰών, in: Theol. Wb. zum NT 1 (1933) 208; RE 1, 694ff.; Der kleine Pauly 1 (1964) 104f. – [8] Gen. 2, 7. – [9] Ps. 42, 3; 84, 3; Apg. 14, 15 u. a. – [10] Gen. 2, 17; 3, 19. 22; Ps. 90, 7; Rö. 6, 23. – [11] Ps. 139, 7ff. – [12] Apk. 2, 11; 20, 14; 21, 8. – [13] Dan. 12, 2. – [14] Matth. 25, 46. – [15] Mark. 10, 17 (Par. zu Luk. u. Matth.). – [16] Rö. 5, 21; 6, 22; Joh. 3, 15. – [17] 1. Tim. 1, 12. – [18] Joh. 17, 2; Apk. 13, 48 u. a. – [19] 1. Tim. 1, 16. – [20] Apk. 7, 13. – [21] Gen. 2, 9; 3, 22; Apk. 22, 2. – [22] Joh. 1, 13. – [23] 1. Petr. 1, 3, 23; Titus 3, 5. – [24] Joh. 5, 25; 11, 25: in Antithese zu 11, 24. – [25] JUSTIN, Apol. I, 8; vgl. ORIGENES, De princ. II, 11, 1 (183f.) u. v. a.; weitere Belege in: Realencyklop. für prot. Theol. und Kirche 8 (²1881) 512ff.; vgl. 11 (³1902) 330ff. – [26] AUGUSTIN, Ep. CXCIV, V, 19. MPL 33, 880f. – [27] De correptione et gratia 30. MPL 44, 936; De civ. Dei XXII, 30. MPL 41, 802 u. a.; vgl. A. HARNACK: Lb. der Dogmengesch. (²1888) 3, 195; R. SEEBERG: Lb. der Dogmengesch. 2 (⁴1953) 512ff. 535f. – [28] AUGUSTIN, a.O. [27] ebda.; vgl. De spiritu et littera 30. MPL 44, 233. – [29] Vgl. die Belege a.O. [26]. – [30] ebda. – [31] THOMAS VON AQUIN, S. contra gent. III, c. 61, a. 2359; vgl. auch III, c. 39-63. – [32] Apologia Confessionis Augustanae II, 5; III, 11. 75. 176. 199. 226; Formula Concordiae III, 558; J. CALVIN: Institutio Christianae religionis (1559) III, 1417. Opera selecta 4 (1954) 235. – [33] Formula Concordiae IV; vgl. dazu A. RITSCHL: Die christl. Lehre von der Rechtfertigung und Versöhnung 3 (⁴1895) 95. – [34] Formulierungen u. a. bei (L. HUTTER): Hutterus redivivus: Dogmatik der evang.-luth. Kirche (¹²1883) 182. – [35] PH. NICOLAI: Theoria vitae aeternae (1611) 14. – [36] a.O. 259. – [37] D. HOLLAZ: Examen theologiae acroamaticae (1707, zit. 1750) 456. – [38] M. HAFENREFFER: Loci theologici (1609) 695. – [39] J. GERHARD: Loci theologici (1610-1625) 20, 340. – [40] a.O. 17, 72.8; 7, 85; vgl. J. W. BAIER: Compendium theologiae positivae (1686) 3, 5.14; vgl. dazu RITSCHL, a.O. [33] 72. – [41] J. A. QUENSTEDT: Theologia didactiopolemica (1685, zit. 1691) 1, 559. – [42] J. G. FICHTE: Die Anweisungen zum seligen Leben, oder auch die Religionslehre. Sämtl. Werke 5 (1845) 409. – [43] ebda. – [44] 412. – [45] ebda. – [46] 410. – [47] FR. SCHLEIERMACHER: Der christl. Glaube nach den Grundsätzen der evang. Kirche. Sämtl. Werke 4 (1836) §§ 163. 499-502. – [48] G. THOMASIUS: Christi Person und Werk (Dogmatik) 3/2 (1862/63) 518ff.; H. MARTENSEN: Die christl. Dogmatik (1870) § 290. – [49] K. BARTH: Die kirchl. Dogmatik (1939-1959) II/2, 185. – [50] a.O. III/4, 383f. – [51] IV/1, 673.

Literaturhinweise. J. LINDBLOM: Das e.L. Eine Studie über die Entsteh. der relig. L.-Idee im NT (Uppsala 1914). – J. TH. UBBINK: Het eeuwige leven bij Paulus (1917). – E. SELLIN: Die alttestamentl. Hoffnung auf Auferstehung und L. Neue kirchliche Z. 30 (1919) 232-289. – P. ALTHAUS: Unsterblichkeit und e.L. (1927). – A. COLUNGA: La vida eterna en S. Juan según los commentarios de San Alberto y San Tomaso. Ciencia tomista 65 (1943) 121-143.   H. ECHTERNACH/Red.

Lebendigkeit. Nach GRIMMS Wörterbuch wird das Wort ‹L.› erstmals um 1748 von KLOPSTOCK verwendet [1]. Es steht seinem Gehalt nach in enger Beziehung zu ‹Innerlichkeit› [2]. In der Literatur der Zeit kommt ‹L.› nur vereinzelt vor [3]. Der junge GOETHE, bei dem es zu erwarten wäre, verwendet ‹L.› nicht. FR. SCHLEGEL kennzeichnet Goethes Lyrik im Gegensatz zu seinen Liedern als «weniger eigen und unmittelbar, es ist nicht dieses frische Gefühl, diese L. darin» [4]. ‹L.› wird gegen Ende des 18. Jh. von W. VON HUMBOLDT aufgenommen. Er beklagt seinen «Mangel an L. und vorzüglich an Unabhängigkeit der Phantasie» [5]. Mit ‹L.› hat er auch Schiller charakterisiert. Dessen ‹Tell› enthalte «lebendige Schilderungen» der Schweiz. «Seine rastlos angestrengte Phantasie, die in beständiger L. bald diesen, bald jenen Teil des irgend je gesammelten Stoffs bearbeitete, ergänzte das Mangelhafte einer so mittelbaren Auffassung» [6]. Auch dem Großherzog Karl August wird von W. von Humboldt L. zugeschrieben [7]. In dieser Anwendung findet sich ‹L.› auch bei GOETHE, der mit ‹L.› Lili Schönemann charakterisiert [8], während er an V. Hugo «keine Spur von Natur-L.» findet [9]. ‹L.› kann auch zur Kennzeichnung eines Volkscharakters dienen: W. VON HUMBOLDT spricht von der «leichten L.» der Griechen [10]. In seiner Schrift ‹Über die Verschiedenheit des menschlichen Sprachbaues› ist ‹L.› einer der Leitbegriffe [11].

HEGEL bezeichnet mit ‹L.› eine wesentliche Intention seiner Philosophie. L. ergibt sich als Totalität aus den entgegengesetzten Momenten des Lebens. Es ist Aufgabe der Vernunft, die in der «Entzweiung» festgewordenen Gegensätze aufzulösen. Die Entzweiung ist «*ein* Faktor des Lebens, das ewig entgegenstehend sich bildet». «Die Totalität, in der höchsten L.» ist «nur durch Wiederherstellung aus der höchsten Trennung möglich» [12]. Es ist das «Recht» des «Unterschieds», daß er «zurückgenommen, wieder aufgehoben wird; seine Wahrheit ist nur, zu seyn in Einem. Das ist L., sowohl die natürliche als die der Idee, des Geistes in sich ...» [13]. Die «gebildete Philosophie» «ist Eine Idee im Ganzen und in allen ihren Gliedern, wie in einem lebendigen Individuum Ein Leben, Ein Puls durch alle Glieder schlägt. Alle in ihr hervortretenden Theile, und die Systematisation derselben geht aus der Einen Idee hervor; alle diese besonderen sind nur Spiegel und Abbilder dieser einen L.; sie haben ihre Wirklichkeit nur in dieser Einheit, und ihre Unterschiede, ihre verschiedenen Bestimmtheiten zusammen, sind selbst nur der Ausdruck und die in der Idee enthaltene Form» [14]. ‹L.› ist ein Grundbegriff der Philosophie Hegels, der sich in Werken und Vorlesungen von 1801 bis 1830 finden läßt [15]. Er ist einer der für Hegel typischen Begriffe auf ‹-keit›: ‹Offenbarkeit›, ‹Unmittelbarkeit›, ‹Wesentlichkeit›, ‹Wissenschaftlichkeit›, ‹Geschichtlichkeit› [16]. In der Darstellung Hegels bei R. HAYM sind ‹das Lebendige› und ‹L.› wichtige Begriffe [17].

Zu einem Zentralbegriff wird ‹L.› in der Philosophie W. DILTHEYS, von seinen frühen Tagebucheintragungen an bis zu ‹Die Typen der Weltanschauung› [18]. Es läßt sich eine Verbindung sehen über W. von Humboldt und R. Haym zur geistigen Welt Goethes und Hegels [19]. Vor allem im Zeitraum des Briefwechsels mit dem Grafen Yorck und der gleichzeitig entstandenen Arbeiten beider wird ‹L.› zu einem Parallelbegriff zu ‹Geschichtlichkeit›. Bei Dilthey heißt es: Der lebendige Strukturzusammenhang der Seele «ist das Leben, das vor allem Erkennen da ist. L., Geschichtlichkeit, Freiheit, Entwicklung sind seine Merkmale» [20]. «Die historische Selbstbesinnung .... [muß] in der menschlichen L. und ihren Bezügen zu dem ihr Widerstehenden und auf sie Wirkenden den festen Grund aller Geschichtlichkeit ... aufsuchen» [21]. Ziel aller Geistesgeschichte ist «Erreichung der L., gleichsam der Melodie des Seelenlebens in Erlösung von jeder Starrheit der Regel» [22]. Und YORCK schreibt: «Das Leben [ist] das Organon für die Auffassung der geschichtlichen L.» «Daß die gesamte psycho-physische Gegebenheit nicht *ist*, sondern lebt, ist der Keimpunkt der Geschichtlichkeit» [23]. Charakteristisch ist die kunsthistorische Reflexion in Yorcks ‹Italienischem Tagebuch› von 1891, in der die Kategorien ‹geschichtliche L.› und ‹Ganzer Mensch› ausdrücklich in Beziehung gesetzt werden: Das Wesen des wahren Kunstwerks besteht «in dem inneren Bezuge und in Beziehung-setzen der verschiedenen Seiten der L., ergreift daher den ganzen Menschen» [24]. Auch in den fragmentarischen, durch Fetscher und Gründer erschlossenen Arbeiten Yorcks sowie in seinem sonstigen Briefwechsel der Jahre 1884 bis 1890 spielt der Terminus ‹L.› eine zentrale Rolle, wobei er sich hier nicht nur mit dem der Geschichtlichkeit verbindet, sondern in einer Begriffssphäre steht, zu der die Kategorien ‹Innerlichkeit›, ‹Totalität›, ‹Ganzer Mensch›, ‹Zuständlichkeit›, ‹Existenzialität› und ‹Zeitlichkeit› gehören [25].

Geistiger Hintergrund dieser Parallelität vor allem der Begriffe ‹L.› und ‹Geschichtlichkeit› ist jene nicht-naturwissenschaftlich-mechanistische, in spekulativem Sinne vitalistische, zur Philosophie des Geistes in dialektischem Verhältnis stehende «Philosophie des Lebens», durch die vor allem das deutsche Denken über Goethe, Hegel, Schelling und Hölderlin, über den Pietismus Zinzendorfs, über Bengel, Oetinger und Böhme, über Renaissance, Mystik und Neuplatonismus letzten Endes bis zum Johannes-Evangelium zurückreicht [26]. Der innere Zusammenhang der Begriffe ‹L.› und ‹Geschichtlichkeit› wird deutlich bei R. HILDEBRAND, der zeigt, wie in der Phase des «Aufsteigens des neuen Geisteslebens» am Ende des 18. Jh. die gedanklich-assoziativen Fäden von «Geist» zu «Leben», «Schöpferkraft», «Werden» und «geschichtlicher Entwicklung» laufen [27]. Nicht übersehen werden darf in diesem Zusammenhang die bei Yorck wieder anklingende ästhetisch-organologische Interpretation des Universums durch Leibniz «in ihrer spekulativen Durchbildung von Shaftesbury bis Schelling, in ihrer biologischen Bewährung von Buffon bis Goethe, in ihrer geschichtlichen Auswertung von Herder bis Humboldt und Ranke» [28].

Es kann daher nicht wundernehmen, daß sowohl der Terminus ‹L.› wie der in ihm beschlossene Gehalt in BERGSONS ‹élan vital› und in der deutschen Lebensphilosophie der 20er und 30er Jahre des 20. Jh. eine wesentliche Rolle gespielt haben, wie F. Kaufmanns Interpretation des Briefwechsels zwischen Dilthey und Yorck [29] und die biozentrische philosophische Anthropologie von L. KLAGES zeigen, der den L.-Grad einer Persönlichkeit an der Höhe des «Formniveaus» ihrer Handschrift mißt [30].

Anmerkungen. [1] J. G. KLOPSTOCK, Messias Ges. 1, Z. 634-636. – [2] Vgl. Art. ‹Innerlichkeit›. – [3] Vgl. GRIMM 6 (1885) 432 (zwei Belege von KLOPSTOCK, einer von H. VOSS); vgl. A. v. EINSIEDEL: Ideen (1957) 212f. – [4] FR. SCHLEGEL, Krit. A., hg. E. BEHLER I/3 (1975) 122. – [5] W. v. HUMBOLDT, Br. an Schiller (4. 4. 1797). – [6] Über Schiller und den Gang seiner Geistesentwickl. (1830). Ges. Schr. 6/2 (1907) 498; vgl. 439; vgl. J. W. GOETHE, Tagebucheintrag. (4. u. 6. 11. 1830). Weimarer A. (WA) 3/12, 326f. – [7] W. v. HUMBOLDT an Kanzler v. Müller, zit. GOETHE am 23. 10. 1828 gegenüber Eckermann; vgl. Tagebucheintrag. (11.-13. u. 18. 10. 1818). WA 3/6, 252f. bzw. 254f. – [8] GOETHE zu Soret (5. 3. 1830); vgl. Tagebucheintrag. (5. 3. 1830). WA 3/12, 206f. – [9] Br. an Zelter (28. 6. 1831). WA 4/48, 257. 260. – [10] W. v. HUMBOLDT, Über den Charakter der Griechen, die idealist. und hist. Ansicht desselben. Ges. Schr. 7/2 (1908) 609. 618. – [11] Über die Verschiedenheit des menschl. Sprachbaues und ihren Einfluß auf die geistige Entwickl. des Menschengeschlechts. Ges. Schr. 7/1 (1907) 110. 112. 202. 252. 310. 320. – [12] G. W. F. HEGEL, Differenz des Fichteschen und Schellingschen Systems. Sämtl. Werke, hg. H. GLOCKNER 1, 46f. – [13] a.O. 17, 54. – [14] 17, 57. – [15] Vgl. 1, 502f. 515. 536f.; 2, 256. 346. 367. 501; 4, 546f.; 12, 238. 387; 18, 319. – [16] Vgl. Art. ‹Bewußtsein, gesch./hist.› und ‹Geschichtlichkeit›. – [17] R. HAYM: Hegel und seine Zeit (1857, ND 1962) 92f. 101. 104f. 117. 121. 165. 168. 319f. 322f. 327. 329. – [18] Vgl. CL. MISCH (Hg.): Der junge Dilthey (1933, ²1960) 83. 107. 197; vgl. W. DILTHEY, Die Typen der Weltanschauung. Ges. Schr. 8 (1960) 100. 117. 150. – [19] Vgl. MISCH (Hg.), a.O. 76; H. DIWALD: Wilhelm Dilthey 2. 12. – [20] DILTHEY, Ges. Schr. 5, 196. – [21] a.O. 8, 13. – [22] 7, 282; vgl. 5, 194. 196. 334. 578. 581; 8, 30. 51; vgl. DIWALD, a.O.; vgl. L. v. RENTHE-FINK: Geschichtlichkeit. Ihr terminol. und begriffl. Ursprung bei Hegel, Haym, Dilthey und Yorck. Abh. Gött. Akad. Wiss., phil.-hist. Kl. 3. Flg./Nr. 59 (²1968). – [23] Briefwechsel zwischen W. DILTHEY und Graf P. YORCK VON WARTENBURG, 1877-1897, hg. S. V. D. SCHULENBURG (1923) Br. Nr. 108. 58. – [24] P. YORCK V. WARTENBURG, Ital. Tagebuch, hg. S. V. D. SCHULENBURG (1927) 148. 100. – [25] Bewußtseinsstellung und Gesch., hg. I. FETSCHER (1956) passim; K. GRÜNDER: Zur Philos. des Grafen P. Yorck v. W. (1970); vgl. hier Br. 268ff. 275. 278f.; HARNACK-Marginalien 283. 288. 290. 292f. 295. 300f.; Frgm. (1891) 309. 311f. 315f. 325. 327. 332. 335. 340f. – [26] Vgl. H. HEIMSOETH: Die sechs großen Themen der abendländ. Met. und der Ausgang des MA (1934) Kap. 4: Sein und L.; vgl. A. LANGEN: Der Wortschatz des dtsch. Pietismus (1954) sowie Art. ‹Pietismus›, in: RGG³; betr. nat.-wiss. Zusammenhänge vgl. W. LEIBBRAND: Der göttl. Stab des Aeskulap (1939, ³1953) Kap. 12-14; Die spekulative Med. der Romantik (1956). – [27] R. HILDEBRAND, Geist, hg. E. ROTHACKER, in: Philos. und Geisteswiss.en 1-3 (ND 1926) 166. 190. 192. 198f. 214ff. 219. 222; vgl. Art. ‹Geist und/Herz›. – [28] F. KAUFMANN: Die Philos. des Grafen P. Yorck v. Wartenburg. Jb. philos. phänomenol. Forsch. 9 (1928). – [29] a.O. – [30] L. KLAGES: Handschrift und Charakter (1917, ²⁵1965) 38. 41. 44. 47.

L. VON RENTHE-FINK

Leben-Jesu-Forschung ist ein Terminus zur Zusammenfassung der mit der Aufklärung einsetzenden Versuche, die Lebensgeschichte Jesu kritisch zu behandeln [1]. Die Bezeichnungen ‹L.-J.-Bewegung› [2] und ‹L.-J.-Theologie› [3] beziehen sich jeweils auf Teilbereiche der Gesamtproblematik.

Das L. J. ist bis zum 18. Jh. vorwiegend Gegenstand erbaulicher Darstellungen, in denen die neutestamentlichen Quellen vielfach durch apokryphe Legendenstoffe ergänzt werden: Dies gilt sowohl für die mit TATIAN beginnenden Entwürfe einer Evangelienharmonie [4] als auch für die poetischen Darstellungen [5]. In der L.-J.-F. verbinden sich religions- und dogmenkritische Motive. Die radikale Linie (von H. S. REIMARUS bis A. DREWS [6]) bestreitet die Historizität der Wunder und teilweise auch die Existenz des historischen Jesus: Bereits bei den englischen Deisten wird durch den Nachweis der Unglaubwürdigkeit der Quellen das Christentum als überholte Religionsform dargestellt [7]. Die rationalistische und liberale deutsche Theologie des 19. Jh. (von H. E. G. PAULUS bis K. HASE [8]) verfolgt dogmenkritische Intentionen: Unter der Voraussetzung, daß sich durch kritische Geschichtsforschung das ursprüngliche Bild Jesu restaurieren lasse und daß dieses Bild als Grundlage einer Reinigung und Erneuerung des Christentums dienen könne, unternimmt sie den Versuch, sich vom kirchlichen Christusdogma zu befreien, aber gleichzeitig an der Bedeutsamkeit Jesu festzuhalten. Jesus wird zum ethisch-religiösen Vorbild, untadelig in Charakter und Gottesbewußtsein [9]. Daneben stehen die romanhaften L.-J.-Darstellungen (E. RENAN [10]), in denen traditionell erbauliche Tendenzen zur Geltung kommen [11].

Die fortschreitende Methodik der Quellenkritik sowie die formgeschichtliche und religionsgeschichtliche Forschung führen zu der Erkenntnis, daß die Basis der L.-J.-F. nicht tragfähig ist, und zum Verzicht auf die Rekonstruktion der Biographie des Jesus von Nazareth. A. SCHWEITZER schreibt die Geschichte einer abgeschlossenen Forschungsdisziplin [12].

Schon 1892 hatte M. KÄHLER den Weg der L.-J.-F. als einen «Holzweg» bezeichnet und dazu aufgefordert, den «geschichtlichen Christus der Bibel» nur in dem «gepredigten Christus» der neutestamentlichen Zeugen zu suchen [13]. Für die dialektische Theologie und für BULTMANN [14] ist die Fragestellung der L.-J.-F. nicht mehr relevant. In der deutschen Theologie erscheint im Unterschied zum englischen und französischen Sprachbereich [15] kaum noch ein «L.-J.».

Hatten sich die Kritiker Bultmanns dem Verzicht auf den historischen Jesus ohnehin nicht angeschlossen [16], so wird seit der Mitte des 20. Jh. auch in der Bultmann-Schule die Frage nach dem historischen Jesus als «die Frage nach der Kontinuität des Evangeliums in der Diskontinuität der Zeiten und in der Variation des Kerygmas» [17] virulent [18]. Während die liberale L.-J.-F. versuchte, den historischen Jesus aus der dogmatischen Übermalung herauszulösen, geht es nunmehr um den Nachweis der Identität des historischen Jesus mit dem Christus des Kerygmas, um die historische Rückfrage nach einem das Kerygma mitbestimmenden Faktor. L.-J.-F. als Frage nach dem historischen Jesus erweist sich auf der mit der kritischen Erforschung des Neuen Testaments erschlossenen Stufe des historisch-theologischen Bewußtseins als unabweisbarer Bestandteil der christologischen Problematik.

Anmerkungen. [1] F. NIPPOLD: 25 Jahre wiss. L.-J.-F. und ihr Ergebnis für die gläubige Gemeinde. Hb. der neuesten Kirchgesch. III/2 (³1896) 214ff.; A. SCHWEITZER: Gesch. der L.-J.-F. (1906, ⁶1951). – [2] NIPPOLD, a.O. 207ff. 397ff. – [3] D. GEORGI: Art. ‹L.-J.-Theol.›, in: RGG³ 4, 249f. – [4] TH. ZAHN, Art. ‹Evangelienharmonie›, in: Realencyklop. für prot. Theol. u. Kirche 5 (³1898) 653ff.; B. M. METZGER, Art. ‹Evangelienharmonie›, in: RGG³ 2, 769f. – [5] O. ZÖCKLER, Art. ‹Jesus Christus›, in: Realenzyklop. a.O. [4] 9 (³1901) 7ff. – [6] H. S. REIMARUS: Von dem Zwecke Jesu und seiner Jünger, hg. G. E. LESSING (1778); D. FR. STRAUSS: Das L. J. (1835-36) (mit zahlreichen Streitschr.); B. BAUER: Kritik der Evangelien und Gesch. ihres Ursprungs (1850-51); A. DREWS: Die Christusmythe (1909-11); J. M. ROBERTSON: Christianity and mythol. (London 1900); P. JENSEN: Das Gilgamesch-Epos in der Weltlit. 1: Die Ursprünge der alttestamentl. Patriarchen-, Propheten- und Befreier-Sage und der neutestamentl. Jesus-Sage (1906); W. B. SMITH: Der vorchristl. Jesus (1906); Ecce Deus (1911); Zur Kritik an der modern.-hist. Ausleg. vgl. W. WREDE: Das Messiasgeheimnis in den Evangelien (1901). – [7] Vgl. ZÖCKLER, a.O. [5] 9ff. – [8] H. E. G. PAULUS: Das L. J. als Grundl. einer reinen Gesch. des Urchristentums (1828); FR. D. E. SCHLEIERMACHER: Das L. J. (1864); K. A. HASE: Das L. J. (1829); D. FR. STRAUSS: Das L. J. für das dtsch. Volk bearbeitet (1864); K. HASE: Gesch. Jesu (1876); TH. KEIM: Die Gesch. Jesu von Nazara (1867-72); Die Gesch. Jesu (1872); W. BEYSCHLAG: Das L. J. (1885-86); B. WEISS: Das L. J. (1882); zu Schleiermacher vgl. D. FR. STRAUSS: Der Christus des Glaubens und der Jesus der Gesch. (1865). – [9] Vgl. N. A. DAHL: Der hist. Jesus als gesch.wiss. und theol. Problem. Kerygma und Dogma 1 (1955) 104ff. – [10] E. RENAN: La vie de Jésus (Paris 1863) (mit zahlreichen Streitschr.); L. NOACK: Die Gesch. Jesu auf Grund freier geschichtl. Untersuch. (²1876). – [11] Zum 19. Jh. vgl. neben SCHWEITZER, a.O. [1] auch H. WEINEL: Jesus im 19. Jh. (1904); G. PFANNMÜLLER: Jesus im Urteil der Jh. (1908). – [12] Vgl. auch H. CONZELMANN, Art. ‹Jesus Christus›, in: RGG³ 3, 619ff. – [13] M. KÄHLER: Der sog. hist. Jesus und der geschichtl. bibl. Christus (1892, ²1956). – [14] Vgl. dazu die Ergebn. der formgeschichtl. Forsch. bei R. BULTMANN: Jesus (1926, ³1951); K. L. SCHMIDT: Art. ‹Jesus Christus›, in: RGG², 3, 110ff.; M. DIBELIUS: Jesus (1939, ³1960). – [15] Vgl. J. G. H. HOFFMANN: Les vies de Jésus et le Jésus de l'hist. Acta Seminarii Neotestamentici Upsaliensis 17 (Paris 1947); O. A. PIPER: Das Problem des L. J. seit Schweitzer, in: Verbum Dei manet in aeternum. Festschr. O. Schmitz (1953) 73ff. – [16] Vgl. E. STAUFFER: Jesus (1957). – [17] E. KÄSEMANN: Exeget. Versuche und Besinnungen 1 (1960) 213. – [18] Vgl. die neueren Forsch.ber. und G. BORNKAMM: Jesus von Nazareth (1956).

Literaturhinweise. A. SCHWEITZER s. Anm. [1]. – J. G. H. HOFFMANN und O. A. PIPER s. Anm. [15]. – E. KÄSEMANN: Das Problem des hist. Jesus. Z. Theol. u. Kirche 51 (1954) 125ff.; auch in: Anm. [17] 187ff. – T. W. MANSON: The life of Jesus, in: The background of the NT and its eschatol., hg. W. D. DAVIES/D. DAUBE: In Honour of Ch. H. Dodd (Cambridge 1956) 211ff. – J. M. ROBINSON: A new quest of the hist. Jesus. The Kerygma and the quest of the hist. Jesus (London 1959); dtsch. Kerygma und hist. Jesus (1960). – H. RISTOW und K. MATTHIAE (Hg.): Der hist. Jesus und der kerygmat. Christus (²1961). H. ZABEL

Lebensalter. Die L. (aetates) gliedern sich nach AUGUSTIN in Kindheit (infantia), Knabenzeit (pueritia), Jünglingsalter (adolescentia), Mannesalter (iuventus), reifes Mannesalter (gravitas) und Greisenalter (senectus) [1].

1. Wiewohl HOMER dem Greisenalter stets überlegene Verständigkeit zuerkennt [2], vergißt er doch nie, dieses mit den Epitheta des Traurigen und Düsteren auszustatten [3], sofern ihm Tod [4] und Schrecken des Hades drohen [5]. – Im Heptomadengedicht des SOLON wird jedes L. dem Wachstum der Physis gemäß als notwendige Stufe begriffen; demnach löst der Tod den Prozeß nicht auf, sondern gehört zu dessen Ordnung; Solon vermeidet dabei jede an die Düsterkeit der homerischen Altersvorstellung erinnernde Formulierung [6]. Im selben Sinne schildert PLATON den alten Kephalos als einen mit seinem Alter ausgesöhnten Mann, der einen gerechten Hadesrichter erwartet [7]. Für CICERO ist die Einsicht, daß der Tod kein Übel sei, und besonders die Überzeugung vom Weiterleben wenigstens der bedeutenden Männer nach dem Tode Anlaß, sich mit dem Greisenalter abzufinden [8]. Die homerischen Akzente weiterhin verlagernd, dekuvriert erstmals PLATONS Agathonkarikatur im ‹Symposion› forcierte Jugendlichkeit als Schein des Idealen, seichte Oberflächlichkeit und latente Brutalität, die in der Verdrängung des Alters liegt [9].

2. Im Mittelalter ist das L.-Problem handgreiflicher. Jugend bedeutet Rebellion gegen die von den Vätern vertretene überlieferte Ordnung, sei es, daß die «aetas lubrica» sittlichen Forderungen der Kirche nicht entsprechen mag – die Geschichten in BOCCACCIOS ‹Decamerone› erzählen sich ausschließlich junge Leute – oder sei es, daß eine «immoderata dominandi libido» (R. DE DICETO) die Fürstensöhne, gestützt auf Schwurverbände, zu bewaffneten Erhebungen drängt, um das patriarchalische Joch der Väter abzuschütteln [10].

3. Während im 20. Jh. die Diskussion des L.-Problems medizinisch, juristisch, pädagogisch, strukturpsychologisch verfächert ist, fehlt es doch nicht an Versuchen, die ungeteilte Form antiker L.-Betrachtung fortzuführen [11]: Wie verlebt man die gegenwärtige Phase, ohne die folgende zu kennen? Wie ist ein aussöhnendes Ja zu jeder Phase möglich?

4. Als Metapher geschichtlicher Prozesse, hier der römischen Geschichte, figurieren die L. erstmals bei L. ANNAEUS FLORUS [12]. AUGUSTIN bringt die L. eines einzelnen Menschen in Analogie zu den Weltgeschichtsepochen der ganzen Menschengeschlechts: 1. die infantia entspricht der Zeit von Adam bis Noa, 2. die pueritia dauert von Noa bis Abraham, 3. die adolescentia von Abraham bis David, 4. die iuventus von David bis zur babylonischen Gefangenschaft, 5. die gravitas von der Gefangenschaft bis zu Johannes dem Täufer und 6. die senectus, deren Ende wir nicht kennen, entspricht der Zeit bis zum jüngsten Gericht, dessen Zeitpunkt uns ebenso verborgen ist; 7. der Zeit nach dem jüngsten Gericht entspricht schließlich der Tod und dieser, nachdem Augustin das Schema auch mit den sieben Schöpfungstagen in Analogie gebracht hat, dem siebten und Ruhetag der Schöpfung [13]: Auch die nur als Metapher fungierenden L. sind für Augustin mit der Zeit nach diesem Leben versöhnt.

5. Geschichtstheorien der Aufklärung nehmen die Metaphorik der L. auf, wenn sie geschichtliche Fortschritte als Entwicklung charakterisieren, die von der Sinnlichkeit des jugendlichen Menschen zur Vernunftherrschaft des reifen Mannesalters führt (I. ISELIN [14]) oder wenn sie, das Organische geschichtlicher Entwicklungen betonend, das Bild der L. auf das Werden speziell von Nation, Staat, Religion, Kunst, Wissenschaft und Sprache anwenden (J. G. HERDER [15]). Auch G. E. LESSING gebraucht in seinen Thesen über ‹Die Erziehung des Menschengeschlechts› das Bild der L. Dabei entsprechen 1. der Kindheit, deren moralisches Handeln sich noch nach Lohn und Strafe im Diesseits richtet, der Alte Bund, dessen «Elementarbuch», das Alte Testament, den Einigen Gott als höchste Wahrheit lehrt; 2. dem Jünglingsalter, dessen moralisches Handeln sich auf die Hoffnung auf ein Leben nach dem Tode gründet, der Neue Bund, dessen Elementarbuch, das Neue Testament, die Unsterblichkeit der Seele lehrt; 3. dem reifen Mannesalter, dessen moralisches Handeln allein auf dem Pflichtgefühl beruht, das Zeitalter der Aufklärung, dessen Vollendung erst in Zukunft zu erwarten ist. Lessing hat nicht technisch-ökonomische, sondern moralische Fortschritte im Auge, zu welchen die Offenbarung nichts beitrug, «worauf die menschliche Vernunft, sich selbst überlassen, nicht auch kommen würde» [16]. Folglich expliziert die L.-Metaphorik Lessings nicht eine Ungültigkeitserklärung humaner Probleme früherer Epochen, sondern lediglich die Änderung der Modalität ihrer Präsenz.

6. Fortschrittstheorien operieren dagegen gern mit der L.-Metapher, um alte «Stadien» als Kindheit der Menschen zu historisieren, sofern sie allein den Sinn hatten, dem «Mannesalter des Geistes», dem positiven Stadium als unerläßliche Entwicklungsstufe zu dienen [17]. In der typischen Gleichsetzung der Menschheit mit einem menschlichen Individuum werden Tradition und Autorität aufgelöst; die Alten erscheinen als Kinder und die Gegenwärtigen als die wahren Alten, als «les véritables anciens du monde» [18]. Scheinbar im selben Sinne bedient sich HEGEL dieser Metapher, wenn er die orientalische Welt mit dem «Kindesgeiste», die römische mit dem «Mannesalter» und unter Vorbehalt die christlich-germanische Welt mit dem «Greisenalter» vergleicht [19]. Indes beginnt bei Hegel die Geschichte der Freiheit im Jünglingsalter, das mithin nicht historisierender Destruktion verfällt, sondern in seiner Zugehörigkeit zu den substanziellen Interessen der Gegenwart begriffen wird.

7. M. STIRNER beschließt den ersten Abschnitt von ‹Der Einzige und sein Eigentum›, der den Titel ‹Ein Menschenleben› trägt, mit den Sätzen: «Das Kind war realistisch ...; der Jüngling war idealistisch, vom Gedanken begeistert, bis er sich zum Manne hinaufarbeitet, dem egoistischen, der ... sein persönliches Interesse über alles setzt. Endlich der Greis? Wenn ich einer werde, so ist noch Zeit genug, davon zu sprechen.» Diese «feierliche und langwierige» Konstruktion zeiht K. MARX der Naivität, da Stirners Erklärungen, wie das Kind, der Jüngling und schließlich der Mann zur «Selbstfindung» gelangen, eine sozialgeschichtliche Deutung der jeweiligen Bewußtseinsänderung unterschlagen [20].

8. Im Zusammenhang seiner zyklustheoretischen Geschichtsdeutung kommt O. SPENGLER zu dem Urteil, daß die abendländische («faustische») Kultur bereits seit etwa 1800 in das letzte Stadium ihrer Entwicklung, in ihr unfruchtbares Greisenalter, eingetreten sei: Wir sind nicht mehr Träger wirklicher Kultur, sondern bloßer «Zivilisation» [21]; jede Kultur hat «eine ideale Lebensdauer von einem Jahrtausend» [22], so daß der «Untergang des Abendlandes» um das Jahr 2000 sein Ende erreichen wird.

Anmerkungen. [1] AUGUSTIN, Ep. 213. – [2] HOMER, Il. 2, 370; 3, 109f.; Od. 7, 293f. – [3] Il. 4, 315; 19, 336; 24, 487; THEOGNIS I, 527f. – [4] HOMER, Od. 13, 59f.; 15, 409ff. – [5] Od. 11, 488ff. – [6] Vgl. W. SCHADEWALDT: Lebenszeit und Greisenalter im frühen Griechentum. Die Antike 9 (1933) 282-302. – [7] PLATON, Resp. 330 d ff. – [8] CICERO, De senec. 77ff. – [9] PLATON, Symp. 194 e ff.; vgl. K. LÖWITH, Einl. zu: Die Hegelsche Linke (1962) 10f. – [10] Vgl. U. HELFENSTEIN: Beitr. zur Problematik der L. in der mittleren Gesch. (Diss. Zürich 1952). – [11] H. KNITTERMEYER: Philos. der L. (1944); H. KÜNKEL: Die L. (1948). – [12] FLORUS, Res Romanae, prooem. §§ 4-8. – [13] AUGUSTIN, In Ioannis Evang. XV, 4, 9; Enarratio in Psalmum XCII, 2; CXXVII, 15; De genesi contra Manichaeos I 23, 35-42; De trin. IV 4, 7. – [14] Vgl. H. GIRGENSOHN: Das Problem des gesch. Fortschritts bei Iselin und Herder (Diss. Erlangen 1913) 21f. – [15] Vgl. D. W. JÖNS: Begriff und Problem der hist. Zeit bei J. G. Herder (Göteborg 1956) 15f. – [16] G. E. LESSING, Die Erziehung des Menschengeschlechts § 4. – [17] A. COMTE, Rede über den Geist des Positivismus § 9. – [18] CH. PERRAULT, Paral. I, 49/50. ND 113; vgl. Art. ‹Antiqui/moderni (Querelles des Anciens et des Modernes)›; ‹Fortschritt›. – [19] G. W. F. HEGEL, Die Vernunft in der Gesch., hg. HOFFMEISTER (1955) 156f. – [20] K. MARX/Fr. ENGELS: Dtsch. Ideol., III. Sankt Max. MEW 3, 101ff. – [21] O. SPENGLER: Der Untergang des Abendlandes ($^{7\text{-}10}$1920) 488. – [22] a.O. 158.

Literaturhinweise. A. PETZELT: Kindheit, Jugend, Reifezeit (^{3}1958). – R. GUARDINI: Die L. (^{5}1959). – Vita humana. Int. Z. L.-Forsch. (1958ff.). – A. DEMANDT: Metaphern für Gesch. (1978) 37ff. 56ff.: weitere Belege.
A. MÜLLER

Lebensbezug. Das von GOETHE geprägte Wort bezeichnet zunächst ohne terminologische Festigkeit die Beziehungen des handelnden Lebens, wie sie in den «allerersten Natur- und Lebensausdrücken» [1], den «ersten notwendigen Ur-Tropen» [2], als Urelemente der Sprache und Poesie faßbar sind: «Alles was der Mensch natürlich frei ausspricht sind L.» [3].

W. DILTHEY greift den Begriff auf, indem er die Philosophie bestimmt als «eine Aktion, welche das Leben, d.h. das Subjekt in seinen Relationen als Lebendigkeit, zum Bewußtsein erhebt und zu Ende denkt» [4]. Entscheidend ist hierbei die fundierende Funktion dieser Relationen, der «beständige Untergrund, aus dem die differenzierten Leistungen sich erheben» [5]. In dieser fundierenden Schicht «gibt es nichts, das nicht einen L. des Ich enthielte» [6]. Solche L. sind: «Druck oder Förderung, Ziel eines Strebens oder Bindung des Willens, Wichtigkeit, Forderung der Rücksichtnahme und innere Nähe oder Widerstand, Distanz und Fremdheit» [7], ferner: «Sehnsucht in einer Richtung, Entgegensetzung, Bedürfnis, daß etwas da sei, Postulieren desselben, Verehrung, Gestalt, Gestaltlosigkeit, ... Ideal, Gedächtnis, Trennung, Vereinigung» [8]. Gegenüber den differenzierteren Leistungen von gegenständlichem Auffassen, Wertgeben und Zwecksetzen liegt in dieser elementaren Schicht des Erlebens ein noch nicht im einzelnen artikuliertes «Verhalten zu allem, was als einzelnes Lebensverhältnis ... in ihm auftritt» [9], so daß sich von jedem Individuum aus in den L. eine eigene Welt aufbaut [10].

Von Bedeutung ist damit der Begriff des L. in dreierlei Hinsicht: 1. erkenntnis-anthropologisch, indem die Vorgängigkeit des «Lebensverhaltens» vor der theoretischen Wirklichkeitserkenntnis, aber auch vor expliziter «Lebenswürdigung und Willensleistung» [11] zu betonen ist und so die L. «an der Grenze zwischen dem organischen und dem geschichtlichen Bereich des menschlichen Lebens» [12] anzusetzen sind; 2. poetologisch, indem die elementare Leistung der Erfahrungskonstitution durch die L. im Dichter gesteigert bzw. wiederhergestellt wird [13] und darüber hinaus die dichterische Gestaltung und «Färbung» der Wirklichkeit als von einem «dargestellten L.» aus [14] zu verstehen sind; 3. für eine Theorie der Struktur der Weltanschauungen, indem die universalen «Stimmungen dem Leben gegenüber», die zu bestimmten metaphysischen Aussagen führen können, aus einzelnen L. abgeleitet werden [15].

Während für Dilthey die Rolle der L. im Aufbau der Weltanschauungen im Vordergrund steht, macht G. MISCH den «Nexus der L.» in der Schicht des vortheoretischen Lebensverhaltens zum Ausgangspunkt eines Neuaufbaus der Logik «auf dem Boden der Philosophie des Lebens» [16]. Das elementare leibgebundene Verstehen, das für Misch schon teilhat an der Sphäre des Logischen, wird charakterisiert als ein «Fortgezogenwerden in dem innerlichen Nexus der L., der ein Mitgehen mit den Lebensäußerungen eines anderen Lebewesens möglich macht» [17]. In diesem Sinn setzt Misch mit Dilthey den L. «an die Stelle des Ausgehens von der Intentionalität» [18].

Anmerkungen. [1] J. W. GOETHE, Weimarer A. 7, 101. – [2] a.O. 102. – [3] 101. – [4] Briefwechsel zwischen W. DILTHEY und dem Grafen P. YORCK V. WARTENBURG 1877-1897 (1923) 247. – [5] W. DILTHEY, Ges. Schr. 7, 131. – [6] ebda. – [7] ebda. – [8] 7, 238. – [9] ebda. – [10] Vgl. 8, 78f. – [11] 8, 86. – [12] G. MISCH: Der Weg in die Philos. Eine philos. Fibel (1926, ²1950) 21. – [13] Vgl. DILTHEY, a.O. [5] 7, 240. – [14] 7, 132. – [15] 8, 81. – [16] G. MISCH: Vorles. über «Logik und Einl. in die Theorie des Wissens», hg. F. RODI (in Vorbereitung). – [17] a.O., Teil II, Kap. 3. – [18] Lebensphilos. und Phänomenol. (1930, ³1967) 125.

Literaturhinweise. O. F. BOLLNOW: Dilthey. Eine Einf. in seine Philos. (³1967). – J. KÖNIG: Georg Misch als Philosoph (1967).

F. RODI

Lebensentstehung. Von der Antike bis zum Beginn des 19. Jh. wurde vielfach die Ansicht vertreten, daß in manchen Fällen Lebewesen, auch höher entwickelte, unmittelbar aus Unbelebtem entstehen können (z. B. nach ARISTOTELES Aale, nach HARVEY Würmer aus dem Schlamm). Die Hypothese einer *Urzeugung* (generatio spontanea) mußte aber der sich schon im 18. Jh. anbahnenden Erkenntnis weichen, daß alles Lebende von Lebendem abstammt («omne vivum e vivo»). Heute wissen wir, daß alle Lebewesen, auch die allerprimitivsten, sehr kompliziert strukturierte Gebilde sind, die hochmolekulare Verbindungen und darunter stets Eiweißstoffe und Nukleinsäuren enthalten. Alle in Lebewesen vorhandenen Moleküle treten aber auch als unbelebte Materie auf. Auch gibt es zu den funktionellen Charakteristika der Lebewesen – Stoffwechsel, Energiewechsel, Fortpflanzung, Entwicklung, Vererbung – analoge Erscheinungen im Unbelebten (z. B. in festen und flüssigen Kristallen). Das Problem der ersten Lebensentstehung läuft deshalb auf die Frage hinaus, wie ein organismisches System entstehen, sich erhalten und fortpflanzen konnte. Lange Zeit galt dieses Problem als unlösbar. Von verschiedenen Forschern wurde angenommen, daß das Leben auf anderen Weltkörpern entstanden und in Form von Dauerzuständen etwa bakterienähnlicher Lebewesen durch kosmischen Staub oder Strahlungsdruck auf die Erde gelangt sei. Genauer ausgearbeitet wurde eine solche *Panspermie-Hypothese* durch S. ARRHENIUS [1].

Erst als die Viren entdeckt und während der letzten Jahrzehnte durch elektronenmikroskopische, physiologische und genetische Untersuchungen als Modelle für Vorstufen von Lebewesen erkannt worden waren [2], beschäftigte man sich eingehender mit dem Problem der ersten Lebensentstehung.

Den ersten experimentellen Erfolg in der Herstellung von das Leben kennzeichnenden Makromolekülen hatte S. L. MILLER 1953 [3], der erweisen konnte, daß in einem aus Wasserstoff, Wasserdampf, Methan und Ammoniak bestehenden Gasgemisch, das der wahrscheinlichen Uratmosphäre der Erde zur Zeit der ersten Lebensentstehung vor etwa 3½ Milliarden Jahren entspricht, durch starke elektrische Entladungen komplizierte organische Verbindungen entstehen können, darunter auch verschiedene Aminosäuren, die Bausteine der Eiweißkörper, sowie andere organische Säuren und Harnstoff. Seitdem ist es durch zahlreiche Experimente, bei denen auch Ultraviolett- und Röntgenstrahlen, Wärme oder Ultraschall als Energiequelle benutzt wurden, unter präbiologisch möglichen Bedingungen gelungen, zahlreiche andere für den Aufbau von Lebewesen wichtige Stoffe herzustellen [4], darunter auch Zucker, Purin- und Pyrimidinderivate, d.h. die Baustoffe von Nukleinsäuren. Es gelang auch unter Bedingungen, wie sie wahrscheinlich im Anfangsstadium unseres Planeten herrschten, Nukleinsäuren zu erzeugen, und es ist denkbar, daß dabei einmal solche vom Typ der Desoxyribonukleinsäure (DNS) zustande kamen, welche die sich selbst vermehrende Vererbungssubstanz echter Lebewesen darstellt. Unter präbiologischen Bedingungen wurden weiterhin eiweißartige Verbindungen als von Membranen umhüllte Proteinoidtröpfchen erzeugt. Eiweißstoffe und Nukleinsäuren ließen sich in Koazervattröpfchen vereinigen, die wahrscheinlich ersten Lebensvorstufen entsprachen.

Von allen bisher erzeugten modellmäßigen Lebensvorstufen sind indes die primitivsten zelligen Lebewesen durch eine wesentlich größere strukturelle Komplikation, vor allem auch durch das Auftreten von Ribosomen, unterschieden, an denen die artspezifischen Eiweißsynthesen stattfinden. Es ist aber denkbar, daß auch deren Entstehung durch rein chemische Abläufe zustande kam [5]. Die in fast allen Zellen enthaltenen Mitochondrien, in denen die Zellatmung und damit ein wichtiger Teil des Energiewechsels abläuft, können aus inneren Membranen entstanden sein, wie sie manche Bakterien aufweisen [6]. So ist es immer wahrscheinlicher geworden, daß die Lebewesen unseres Planeten zwangsläufig stufenweise aus anorganischen Verbindungen entstanden sind. Eine solche durch chemische Gesetzlichkeiten verursachte Entstehung des Lebens ist auch auf anderen Himmelskörpern denkbar.

Anmerkungen. [1] S. ARRHENIUS: Das Werden der Welten (1907). – [2] H. RUSKA: Die Elektronenmikroskopie in der Virusforsch. Hb. Virusforsch. 2. Ergbd. (1950); G. SCHRAMM: Biochemie der Virusarten (1953); H. FRIEDRICH-FREKSA: Die stammesgesch. Stellung der Virusarten und das Problem der Urzeugung, in: G. HEBERER (Hg.): Die Evolution der Organismen (²1959) 278-301; W. WEIDEL: Virus und Molekularbiol. (1964). – [3] S. L. MILLER: A production of amino acids under possible primitive earth conditions. Science 117 (1953) 528-529. – [4] J. OPARIN: The origin of life on earth (New York 1957); J. KEOSIAN: The origin of life (New York 1964); S. W. FOX (Hg.): The origin of prebiol. systems and their molecular matrices (New York/London 1965); G. SCHRAMM: Belebte Materie (1965); R. BUVET und C. PONNAMPERUMA (Hg.): Molecular evolution 1: Chem. evolution and the origin of life (Amsterdam 1971); M. EIGEN: Selforganization of matter and the evolution of biol. macromolecules. Naturwiss. 58 (1971) 465-523; R. W. KAPLAN: Der Ursprung des Lebens (1972). – [5] M. NOMURA: Ribosomes. Amer. Scientist 221/4 (1969) 28-35. – [6] R. A. RAFF und H. R. MAHLER: The non-symbiotic origin of mitochondria. Science 177 (1972) 575-582. B. RENSCH

Lebenserfahrung. Der möglicherweise aus der *pietistischen* Tradition [1] hervorgegangene Begriff tritt erst bei GOETHE auf, doch auch dort relativ spät und spärlich [2]. Goethes beiläufige Bestimmung der Dichtung als «sinnliches Resumée der L.» [3] wird aufgenommen von DILTHEY, der als Ausgangspunkt des poetischen Schaffens immer «die L., als persönliches Erlebnis oder als Verstehen anderer Menschen, gegenwärtiger wie vergangener, und der Geschehnisse, in denen sie zusammenwirkten», annimmt [4]. Terminologisch wichtiger jedoch ist der Zusammenhang, den Dilthey einerseits zwischen L. und Weltanschauung, andererseits zwischen L. und Geisteswissenschaften herstellt. In beiden Fällen ist die L. eine elementare Stufe der «gedankenbildenden Arbeit des Lebens» [5]. Als «Besinnung über das Leben» nimmt sie die einzelnen Geschehnisse «zu gegenständlichem und allgemeinem Wissen» zusammen [6]. Dilthey unterscheidet zwischen individueller (persönlicher) und allgemeiner L. Beide entstehen in Verfahrensweisen, «die denen der Induktion äquivalent sind», ihre Verallgemeinerungen vollziehen sich jedoch nicht methodisch und nicht kontrollierbar [7]. Unter allgemeiner L. versteht Dilthey «die Sätze, die in irgendeinem zueinandergehörigen Kreise von Personen sich bilden und ihnen gemeinsam sind» und als Sitte, Herkommen und öffentliche Meinung eine Macht über die Einzelperson ausüben [8]. Der für die erkenntnistheoretische Grundlegung der Geisteswissenschaften von Dilthey hervorgehobene Zusammenhang von Leben und Wissen tritt demnach in den Aussagen der L., und zwar sowohl in den individuellen Aussagen über Wirklichkeitserkenntnis, Wertung, Regelgebung und Zwecksetzung als auch in den dauernden Fixierungen der «generalisierenden Volksweisheit» (Sprichwörter, Lebensregeln, Reflexionen über Leidenschaften usw.), besonders hervor [9]. Unklar allerdings bleibt bei Dilthey, ob die L. als verallgemeinernde Lebenswertung ein aus dem gegenständlichen Auffassen hervorgegangenes «Weltbild» voraussetzt und ihrerseits Voraussetzung für die Entstehung von «Lebensidealen» ist [10] oder das Ganze des lebensweltlichen Zusammenhangs von Wirklichkeitserfassen, Werten und Zwecke-setzen ausmacht.

Diltheys Unterscheidung von individueller und allgemeiner L. hat nicht Schule gemacht, vielmehr betonen gerade auch ihm nahestehende Autoren das unverwechselbar Persönliche der L. So unterscheidet E. SPRANGER im Sinne von drei Stufen der «individuellen Vertiefung des Lebensprozesses» drei Hauptformen der L., die sich an den Idealen von Lebensklugheit, Persönlichkeitsbildung und metaphysischer Sinndeutung orientieren [11]. Noch stärker betont G. KRÜGER «die persönliche, und zwar sinnliche Beteiligung des Wissenden an der Sache»: «L. steht im Gegensatz zum Wissen aufgrund des Hörensagens und der Bücher, zu dem, was man nicht aufgrund eigenen Augenscheins und eigener Betroffenheit (Autopsie) von den Dingen weiß» [12]. In diesem Sinne hebt auch O. F. BOLLNOW das eigene Beteiligt- und Betroffensein schon für den einfachen Erfahrungsbegriff hervor – «Erfahrung [...] ist immer selbstgemachte Erfahrung» – und bestimmt die L. als eine aus den einzelnen Erfahrungen unmerklich hervorgehende Erweiterung des vorwissenschaftlichen Welt- und Lebensverständnisses [13].

Anmerkungen. [1] Vgl. E. SPRANGER: L. (1947) 40f.: dort Verweis auf den Begriff der «erleuchtenden Erfahrung» bei SPENER und FRANCKE; vgl. A. H. FRANCKE, Kurzer und einfältiger Unterricht, wie die Kinder zur wahren Gottseligkeit und christl. Klugheit anzuführen sind (1702). Schr. über Erziehung und Unterricht, hg. K. RICHTER (o. J.) 97ff.; vgl. A. LANGEN: Wortschatz des dtsch. Pietismus (^{2}1968) 248f. – [2] J. W. GOETHE, Weimarer A., II/6, 249; IV/43, 83; einige Stellen in den ‹Gesprächen›. – [3] Goethes Gespräche 3/1 (1817-1825), hg. W. HERWIG (1971) 285. – [4] W. DILTHEY: Das Erlebnis und die Dichtung (^{12}o. J.) 125. – [5] Ges. Schr. 7 (^{6}1973) 136. – [6] a.O. 8 (^{5}1977) 79. – [7] 7, 132f. – [8] 7, 133; vgl. 5 (^{4}1964) 409. – [9] 7, 134. – [10] 5, 373f.; vgl. dazu O. F. BOLLNOW: Dilthey (^{3}1967) 75. – [11] SPRANGER, a.O. [1], 42ff. – [12] G. KRÜGER: Grundfragen der Philos. (^{2}1965) 241. – [13] BOLLNOW: Philos. der Erkenntnis (1970) 142ff.

F. RODI

Lebensformen. Der Begriff ‹L.› wird schon von FR. SCHLEIERMACHER im Zusammenhang mit der Wirkung des Einzelnen auf die Gesellschaft gebraucht: Derjenige ist für ihn «der größte, der eine neue L. in das Gesammtleben bringt, in welches er eintritt» [1]. – W. WUNDT setzt in seiner ‹Ethik› ‹L.› gleich mit ‹Sitten›. In einer ‹Systematik der Sitte› unterscheidet er einmal individuelle von sozialen L. Individuelle L. umfassen alle jene Sitten, in denen Bedürfnisse des Individuums erfüllt werden. Unter soziale L. faßt er alle jene Sitten zusammen, die die Verbindung von Individuen in Gruppierungen zum Zweck haben (z. B. Familienbildung, Staatsbildung). Als letzte, sehr weite Kategorie sieht er die humanen L. an, d.h. alle jene Sitten, die allgemeines Verhalten von Mensch zu Mitmensch betreffen. Die humanen L. gehen im Unterschied zu den spezielleren sozialen L. «aus der letzten Übereinstimmung der geistigen Eigenschaften [des Menschen] hervor» [2].

Den Lebensbegriff von W. DILTHEY weiterführend, lehrt E. SPRANGER, «geistige Erscheinungen» methodisch aus den Verflechtungen des subjektiven Geistes mit dem objektiven Geist in Alltag und Geschichte «strukturell richtig zu sehen» und ethisch zu beurteilen. Dabei ermittelt er nach isolierender und idealisierender Methode als das Identische im zeitlich Wandelbaren sechs Hauptstrukturen von Wertverwirklichungen im kulturellen (Kulturphilosophie) und entsprechende Sinnrichtungen im individuell-seelischen Leben (geisteswissenschaftliche Psychologie). Er unterscheidet systematisch sechs Grundtypen der Individualität als geistige L. [3]. Die jeweils vor den anderen herrschende Grundausrichtung auf die Wertverwirklichung eines bevorzugten selbständigen Kulturgebietes bestimmt den Typ des theoretischen, ökonomischen, ästhetischen, sozialen, religiösen und Macht-Menschen. Im Blick auf die idealtypischen L. wird das konkrete Individuelle erkannt. Von «ewigen Einstellungen der menschlichen Natur» [4] her versteht Spranger die «eigengesetzlichen» geistigen Akte, Erlebnisklassen, Sinn- und Kulturgebiete [5], die er in Geistesgeschichte, Ethik [6], Pädagogik und ‹Psychologie des Jugendalters› erforscht [7]. Inhaltlich wurden Sprangers L. bereits bei A. DE CANDOLLE [8] vorweggenommen.

In der pädagogischen Menschenkunde von H. NOHL sind L. Temperamente, Geschlechter, Rassen und Altersstufen, Berufstypen und Stände in Stadt und Land und weltanschaulich bedingte Persönlichkeitsgestalten aller Art, die teils mehr angeboren, teils mehr von Geschichte und Freiheit bestimmt sind [9]. – Nach der Pädagogik W. FLITNERS sind Völker in kleine und große L. gegliedert, die tausend Jahre überdauern können. Die L. gehören mit den Sitten zu den stärksten «erzieherischen Kräften» [10]. Flitners Modell der L. greift K. ERLINGHAGEN auf [11]. – In der Religionsphilosophie von H. SCHOLZ erhält der Begriff ‹L.› eine eigene Bedeutung, die dem Begriff des Typus nahekommt. L. der Religion sind Formen, in denen sich religiöses Leben ausdrückt, und zwar als Typen der Religion im Unterschied zu konkreten individuellen Ausprägungen und der «ponderablen» Religion schlechthin. So definiert Scholz religiöse L. als «die aus der Differenzierung ihres Offenbarungs- und Gottesbewußtseins erzeugten typischen Ausprägungen ihres prinzipiellen Gehaltes» [12].

WITTGENSTEIN entlieh den Ausdruck ‹L.› vermutlich von Spranger und gebrauchte ihn in seiner Spätphilosophie abweichend von Spranger «for his own purposes» [13]. Er vergleicht die sprachlichen Mittel, insbesondere das Wort, mit Werkzeugen und untersucht ihren Gebrauch im Rahmen von «Sprachspielen» (s.d.), deren soziales Wesen er dadurch hervorhebt, daß er sie als durch Regeln bestimmte Tätigkeiten oder «L.» [14] versteht: «Und sich eine Sprache vorstellen heißt, sich eine L. vorstellen» [15]. Die Menschen stimmen nicht überein in dem, was sie meinen und sagen, sondern in der Sprache, der «L.» [16].

Anmerkungen. [1] FR. SCHLEIERMACHER, Psychol. Sämtl. Werke (1835–64) 3/6, 334f. – [2] W. WUNDT: Ethik (³1892) 135ff. – [3] E. SPRANGER: L. Ein Entwurf (1914) 5 pass.; Geisteswiss. Psychol. und Ethik der Persönlichkeit (²1921, ⁵1925) pass. – [4] a.O. 31. – [5] 24. – [6] 279-356. – [7] E. SPRANGER: Psychol. des Jugendalters (1924, ²⁵1958) bes. Nachwort. – [8] A. DE CANDOLLE: Hist. des sci. et des savants despuis deux siècles ... (Genf 1873). – [9] H. NOHL: Charakter und Schicksal (1938) 79-191; (⁴1949) 101-187. – [10] W. FLITNER: Allg. Pädag. (1950, ⁹1963) 65f.; Die Gesch. der abendl. L. (1967). – [11] K. ERLINGHAGEN: Vom Bildungsideal zur Lebensordnung (1960). – [12] H. SCHOLZ: Relig.philos. (²1922) 177f. – [13] G. HALLETT: A companion to Wittgenstein's ‹Philos. investigations› (Ithaca, N.Y./London 1977) 88f. – [14] L. WITTGENSTEIN: Philos. Untersuch./Philos. investigations (Oxford 1953) § 23. – [15] a.O. § 19. – [16] § 241.

G. MITTELSTÄDT

Lebensgefühl. Der Begriff ‹L.› wird hauptsächlich in der Lebensphilosophie wichtig. Retrospektiv wurde er dann auch z.B. auf Rousseau, Herder, Jacobi angewandt [1]. Eingang in die Dichtung fand das Wort bei F. MÜLLER, BÜRGER und vornehmlich GOETHE [2].

Philosophisches Gewicht erhält der Begriff durch NIETZSCHE, bei dem L. (eng verbunden mit Machtgefühl) als «Logik und Zusammenhang des Erlebten» das «Maß von 'Sein', 'Realität', Nicht-Schein» angibt [3]. In ähnlich umfassendem Sinn verwendet O. SPENGLER ‹L.›, das bei ihm «das Schicksalhafte», die «wahllose Richtung des Daseins» umschließt, «das Mögliche, welches das Leben in seinem Ablauf verwirklicht» [4]. Ausgehend von Nietzsches Unterscheidung von dionysischem und apollinischem Prinzip unterscheidet Spengler zwischen faustischem und apollinischem L. [5]. H. NOHL verwendet den Begriff in der Ästhetik; mit Bezug auf Nietzsche versteht er Kunst als «Rausch am Leben» und beschreibt den «ästhetischen Zustand des Empfangenden» in der Kunst als «eine Anreizung aller animalischen Funktionen durch Bilder und Wünsche gesteigerten Lebens, eine Erhöhung des L.» [6]. Eine stark antirationalistische Färbung erhält ‹L.› bei L. KLAGES: L. gibt uns letzte «Gewißheit» der «Wirklichkeit des Lebendigseins»; der «Strom des elementaren L.» selbst kann «mit nichts verglichen, auf nichts zurückgeführt, nicht ausgedacht und zergliedert» oder «begriffen» werden [7].

W. DILTHEY behandelt das ‹L.› eher als psychophysisches Problem; das «körperliche» L. beruht nach Dilthey auf «Bewegungstrieben» der willkürlichen Muskeln, die mit «Bewegungsmechanismen» gekoppelt sind [8]; auf psychischer Ebene stellt sich das L. als «Bewußtsein der Kraft» dar [9]. Auf sozialer Ebene konstatiert Dilthey die «Abhängigkeit des eigenen L. vom Gefühlsverhältnis zu anderen» [10]. In ähnlicher Weise versteht R. REININGER Leben – physisch – «als eine Summe eigentümlicher Bewegungsverhältnisse darum 'belebt' genannter Körper, und – psychisch – als aktuelles L., als innerliche Daseinsempfindung dieser Körper» [11]. Die «Gesamtheit» dieser psychophysischen «Eigenempfindungen» macht das L. aus, das alle Bewußtseinsvorgänge «begleitet» und trägt [12]. Die Funktion des L., alle anderen Lebensvorgänge zu tragen, zu durchziehen, zu färben, betonen auch O. F. BOLLNOW, J. VOLKELT und E. ZILSEL [13].

Im Gegensatz zu Dilthey und Reininger ist M. SCHELER bemüht, dem L. eine größere Eigenständigkeit zukommen zu lassen; das L. und seine Modi stellen für ihn «eine eigenartige und auf die Schicht der sinnlichen Gefühle *unreduzierbare* Schicht des emotionalen Lebens» dar [14]. Daher besteht für Scheler auch die Möglichkeit einer Divergenz zwischen L. und begleitenden sinnlichen Gefühlen [15]; L. vermag «die vitale 'Wertbedeutung' von Ereignissen und Vorgängen innerhalb und außerhalb meines Körpers – ihren vitalen 'Sinn' gleichsam – evident zu *indizieren*» und ist so «ein echtes Zeichensystem für den wechselnden Stand des Lebensprozesses» [16].

Für M. DE UNAMUNO kann das «tragische L.» die Grundlage «eines kraftvollen, wirksamen Lebens, einer Ethik, einer Ästhetik, einer Religion und sogar einer Logik» bilden [17]. Das tragische L. beruht auf dem grundlegenden Widerstreit von Vernunft und Leben und ist letztlich «immer ein Gefühl des Hungers nach Gott» [18]. Es kann von Individuen, aber auch von ganzen Völkern geteilt werden.

In der *Psychologie* ist der Begriff ‹L.› vor allem von PH. LERSCH aufgegriffen worden; er unterscheidet: 1. die leiblichen Gefühlszustände als «psychosomatische Gestimmtheiten», in denen sich «dem Erleben die ontische Grundschicht des Lebens» anzeigt, 2. die Stimmungen, die sich zu Lebensgrundstimmungen ausweiten können, und 3. die Erregungsformen des L. (z.B. Angst, Ekstase) [19].

Anmerkungen. [1] Vgl. H. HÖFFDING: Rousseau und seine Philos. (³1910) 110; O. F. BOLLNOW: Die Lebensphilos. F. H. Jacobis (1933) 5. 13. 23. – [2] Vgl. GRIMM (1855) s.v.; J. W. GOETHE, Hamburger A. 2, 82; 8, 328. – [3] FR. NIETZSCHE, Werke (1911) 16, 14; vgl. Werke, hg. SCHLECHTA 1 (1954) 877. – [4] O. SPENGLER: Der Untergang des Abendlandes 1 (1923) 389f. – [5] a.O. 393ff. – [6] H. NOHL: Die ästhet. Wirklichkeit (1935) 212. – [7] L. KLAGES: Mensch und Erde (1956) 37. – [8] W. DILTHEY, Ges. Schr. 10 (1965) 56. – [9] a.O. 60. – [10] 14/1, 234. – [11] R. REININGER: Das psychophys. Problem (Wien 1916) 210f. – [12] a.O. 63f. – [13] O. F. BOLLNOW: Das Wesen der Stimmungen (³1956) 33ff.; J. VOLKELT: Versuch über Fühlen und Wollen (1930) 22. 43f.; E. ZILSEL: Die Genierelig. 1 (1918) 55. – [14] M. SCHELER: Der Formalismus in der Ethik und die materiale Wertethik (⁵1966) 340. – [15] a.O. 341. – [16] 343. – [17] M. DE UNAMUNO: Das tragische L. Philos. Werke (1933) 159f. – [18] a.O. 216. – [19] PH. LERSCH: Aufbau der Person (⁷1956) 263ff.

K. MESCHEDE/Red.

Lebenskategorien. Nach Ansätzen und Vorarbeiten vor allem bei HERDER und HUMBOLDT setzt sich die Lebensphilosophie, insbesondere W. DILTHEYS und seiner Schüler, explizit als Aufgabe, «die Realität dessen, was im Erleben zur Auffassung kommt, zu zeigen» [1] und kategorial mit Hilfe der L. zu bestimmen. Zwar wird nicht strikt terminologisch zwischen Lebensbegriff, historisch-geisteswissenschaftlichem Begriff und L. geschieden, aber es lassen sich Momente begrifflicher Differenzierung aufweisen: Lebensbegriffe, die sich von Denkkategorien unterscheiden [2], machen sich «in allen geistigen Gebieten geltend» [3], indem sie durch ihre formend-ordnende Macht die Lebenspraxis gestalten. – Statt der lebensgestaltenden Funktion der Lebensbegriffe ist es die Aufgabe der historischen Begriffe, «die Freiheit des Lebens und der Geschichte auszudrücken» [4]. Trotz der Schwierigkeit, daß die historischen Begriffe, die das Leben in seiner Lebendigkeit abbilden sollen, trennen, «was im Fluß des Lebens verbunden ist» [5], müssen sie versuchsweise doch so gebildet werden, daß das Veränderliche, Dynamische des Lebens in ihnen ausgedrückt wird. Die historischen Begriffe sind Prädikate des Lebens bzw. der geistig-geschichtlichen Welt. – Kategorien nennt Dilthey nun jene Begriffe, welche die «Arten der Auffassung» [6], die in den Prädizierungen des Lebens enthalten sind, bezeichnen. Die L. als die obersten Kategorien bezeichnen folglich «höchste Standpunkte der Auffassung» [7] des Lebens.

Die L., die «am Leben selbst aufgehen» [8], resultieren aus dem bewußten Erleben; in dieser logischen Reflexion über die Kategorien vollendet sich die Besinnung auf das Leben. Die L. als «Werkzeuge von Lebenserfassung» [9] haben Teil an der Explikation des Lebens, die zugleich Schaffen ist [10]; sie sind unverzichtbare wissenschaftliche Mittel zur begrifflichen Aufklärung der immanent rückwendig-produktiven Bewegung des Wissens, durch die der Zusammenhang des Lebens in seinen eigenen «strukturellen Formen» [11] zur ausdrücklichen Entfaltung kommt.

Dilthey unterscheidet zwischen formalen und realen Kategorien. Erstere sind «abstrakte Ausdrücke für die logischen Verhaltungsweisen von Unterscheiden, Gleichfinden, Auffassen von Graden des Unterschiedes, Verbinden, Trennen» [12], und damit sind sie, die «aus den elementaren Denkleistungen» entspringen, die «formalen Bedingungen des Verstehens als des Erkennens, der Geisteswissenschaften wie der Naturwissenschaften» [13]. Sie gelten für alle Lebensbereiche, wohingegen die «realen Kategorien» [14] nach Natur und Geschichte unterschieden werden müssen. Während es die Naturwissenschaften mit einem abstrakten Zusammenhang zu tun haben, «der nach seiner logischen Natur ganz durchsichtig» [15] ist, sperrt sich die kategoriale Verstehensleistung des Lebenszusammenhangs gegen eine vollständige logisch-diskursive Aufhellung. Es kann sich jeweils nur um eine «beständige Annäherung» [16] handeln, da der Lebenszusammenhang «dem Erkennen niemals ganz zugänglich» [17] werden kann, denn «in allem Verstehen», also auch in dem kategorialen, ist «ein Irrationales, wie das Leben selber ein solches ist; es kann durch keine Formeln logischer Leistungen repräsentiert werden» [18]. Somit kann weder die Zahl der Kategorien genau erschlossen werden, noch ist ihr Verhältnis untereinander auf eine logische Form zu bringen, «da jede [Kategorie] von einem anderen Gesichtspunkt aus das Ganze des Lebens dem Verstehen zugänglich macht» [19]. So sind sie unvergleichbar gegeneinander.

L. sind für Dilthey u.a.: Bedeutung, Bedeutsamkeit, Wert, Zweck, Kraft, Zusammenhang, Struktur, Zeitlichkeit, Ganzes und Teile, Wirken und Leiden, Entwicklung usw. Insbesondere widmet er sein Interesse den Kategorien Bedeutung, Wert und Zweck: «Die Kategorie der Bedeutung bezeichnet das Verhältnis von Teilen des Lebens zum Ganzen, das im Wesen des Lebens gegründet ist» [20]. Sie tut sich in der Erinnerung auf, wohingegen auf einem davon verschiedenen Standpunkt, in welchem man den Zeitverlauf auffaßt, die Kategorie des Wertes die übrigen Kategorien dominiert, wenn das Leben unter dem Standpunkt der Gegenwart betrachtet wird. «Und wie wir der Zukunft uns entgegenstrecken, entstehen die Kategorien des Zweckes, des Ideals, der Gestaltung des Lebens» [21]. Trotz der Widersprüchlichkeit in den kategorialen Hierarchisierungsversuchen räumt Dilthey der Kategorie der Bedeutung eine Sonderstellung ein, da «allein in der Beziehung der Bedeutung der Lebensvorgänge zu Verständnis und Sinn des Lebensganzen der im Leben enthaltene Zusammenhang zu seiner angemessenen Darstellung gelangt» [22]. Die Bedeutung ist die erste L., die «umfassende Kategorie» [23], da die «kategorialen Verhaltungen von Wert und Zweck als einzelne Seiten des Lebensverständnisses in den Totalzusammenhang dieses Verständnisses aufgenommen sind» [24].

Über das fragmentarische Ergebnis Diltheys versucht G. MISCH hinauszugelangen, indem er dem Lebensband von Kraft und Bedeutung nachfragt der kategorialen Beschreibung, die jene «Art des Erwirkens, die im Lebensverhalten gründet und in der bedeutungsmäßigen Zentrierung ausläuft, in der Bewegung selbst ergreift» [25]. Die L. der Bedeutung vermittelt nach Misch zwischen «Geschichte und System, zwischen Leben und Gestalt» [26]. Bedeutung geht den Kategorien von Wert und Zweck als Grundkategorie des geschichtlichen Lebens voran, weil sie die «Zentrierung des Lebens als eigene Verlaufsform desselben und Form seiner objektiven Auffassung zugleich bestimmt» [27].

Auch H. NOHL betont das Recht der Lebensphilosophie auf eine eigene Form der Kategorienbildung. Da es im «Syndesmos des Lebens» keine Deduktion aus ein paar Grundbegriffen, sondern nur die «Analyse der Lebensgebiete» [28] gibt, sind auch die L. «keine Produkte einer abstrakten Vernunft, eines selbständigen Logismus, der dem Leben und seinen Gegebenheiten als rationaler Begriffsapparat gegenübersteht, sondern sie gründen in Erlebnissen und sind nichts anderes als durch ideierende Abstraktion aus dem Gegebenen herausgehobene inhaltliche Bestimmungen, mit denen wir dann die Gegebenheiten konstruieren» [29].

Die L. versuchen folglich, als eigener kategorialer Bereich auf die 'Grenzen der naturwissenschaftlichen Begriffsbildung' hinzuweisen; sie üben Kritik an phänomenologischen Wesensbegriffen (vgl. dazu DILTHEYS Kritik an Husserl, der «erst die werdenden fließenden Dinge im Begriffe festmacht und dann den Begriff des Fließens zur Ergänzung danebensetzt» [30]). Sie können als begriffliche Vorstufe der Heideggerschen 'Existenziale', der 'Seinscharaktere des Daseins', angesehen werden.

Anmerkungen. [1] W. DILTHEY, Ges. Schriften 7 (⁴1965) 192. – [2] a.O. 2 (⁸1969) 279. – [3] 8 (⁴1968) 56. – [4] 7, 203. – [5] a.O. 280. – [6] 192. – [7] ebda. – [8] 195. – [9] 199. – [10] 232. – [11] 203. – [12] 197. – [13] 196f. – [14] 192. – [15] 235. – [16] 236. – [17] ebda. – [18] 218. – [19] 236. – [20] 233. – [21] 236. – [22] ebda. – [23] 232. – [24] 236. – [25] G. MISCH: Lebensphilos. und Phänomenol. (²1931) 163. – [26] a.O. 165. – [27] 168. – [28] H. NOHL: Einf. in die Philos. (³1947) 64. – [29] a.O. 59. – [30] W. DILTHEY, Ges. Schr. 5 (⁴1962) CXII.

Literaturhinweise. J. HENNIG: Lebensbegriff und L. (1934). – C. T. GLOCK: W. Diltheys Grundleg. einer wiss. Lebensphilos. (1939). – O. F. BOLLNOW: Dilthey (1955).   W. GROSSE

Lebenskraft (lat. vis vitalis, vis plastica; frz. principe vital, force vitale; engl. vital power, living principle). – 1. Der deutsche Begriff ‹L.› taucht in philosophischen und wissenschaftlichen Abhandlungen in der zweiten Hälfte des 18. Jh. auf und gewinnt bis zum Beginn des 19. zunehmend an Popularität. L.-Lehren entwickeln sich im Zuge der Erkenntnis, daß die herrschende Maschinentheorie des Organischen (DESCARTES, LAMETTRIE) und, allgemeiner, die bekannten physikalischen und chemischen Gesetzmäßigkeiten zur Erklärung der spezifischen Phänomene des Organischen (Reproduktion, Regeneration, Selbstbewegung usw.) nicht ausreichen. Aufgrund der Einführung eines eigenen Kraftbegriffs, der zudem unbestimmt blieb und keine mathematische Formulierbarkeit ermöglichte, ist die wissenschaftstheoretische und -historische Rolle der L.-Theorien weitgehend verkannt worden. In der heutigen Teleologiediskussion z. B. wird die L. meist der Entelechie gleichgestellt und als Metaphysik abgetan. Diese Kritik wird jedoch dem methodologischen Problembewußtsein, das diese Lehren in der Regel auszeichnet, nicht gerecht. Der Begriff ‹L.› wird im 18. Jh. nämlich nicht deshalb eingeführt, weil man die naturwissenschaftliche Erklärbarkeit des Organischen prinzipiell bezweifelt, sondern vielmehr weil dieser Gegenstand mit einer Kraft ausgestattet sei, *«die sich bis jetzt nicht auf die uns bekannten Gesetze der physischen Kräfte der nicht organisirten Natur zurückbringen läßt»*. Daher sei man berechtigt, sie *«vorerst eine eigene Kraft zu nennen, ... weil sie nur dem lebenden organischen Körper eigen»* sei [1]. L.-Lehren gründen also in dem Interesse, «das organische Leben als ein Theil der Naturwissenschaften zu betrachten» [2] und zum Objekt experimentell orientierter Forschung zu machen, die kausale Gesetzmäßigkeiten aufdeckt [3]. Daher grenzen sie sich in der Regel von der Seelenmetaphysik STAHLS ab [4]. Auch fällt der Begriff ‹Archeus› in diesem Kontext im allgemeinen nicht. Die naturwissenschaftliche Ausrichtung der L.-Lehren resultiert zum Teil daraus, daß die meisten ihrer Vertreter Ärzte und von daher an der praktischen Bewährung gewonnener Erkenntnisse interessiert sind [5]. So finden sich auch Reflexionen über die Legitimität der Verwendung des Begriffs, seine nähere Bestimmung und die Beziehung der L. zu den physischen Kräften. Es ist daher kein Zufall, daß der Terminus ‹Biologie› zur Bezeichnung der Lehre vom Leben in Abgrenzung von Physik und Chemie erstmals zur selben Zeit auftritt, da die Notwendigkeit eines eigenen, nur für die organische Natur reservierten Kraftbegriffs empfunden wird. Im ersten Drittel des 19. Jh. hat sich der Terminus ‹L.› - trotz seinem problematischen Status - bereits derart etabliert, daß er Eingang in die verschiedensten Lexika findet. W. T. KRUG schreibt z. B. 1827, daß «es in der Natur selbst eine L. (vis vitalis)» geben müsse, denn «wenn wir Gott als Urquell alles Lebens betrachten, so ist dieß ein religioser Gedanke, der uns über die Sache selbst keinen Aufschluß giebt, weil Gott kein physisches, sondern ein hyperphysisches Princip ... ist» [6]. G. W. MUNCKE bemerkt 1831, daß «im Allgemeinen ... das wirkliche Vorhandenseyn ... besonderer», das Leben «bedingender Kräfte nicht in Abrede gestellt» wird, «weswegen der Physiker nicht wohl umhin kann, diese letzteren zu berücksichtigen» [7]. Daß die Annahme von L.en schon bald darauf überholt ist, tut ihrer Rolle in Wissenschaftstheorie und -geschichte keinen Abbruch. Man könnte den Komplex dieser Lehren als *Lückenparadigma* bezeichnen, weil sie sich nicht durchsetzen konnten, ihnen aber aus der Perspektive der Geschichte der Wissenschaftstheorie die Funktion zukommt, die Grenzen des bestehenden Paradigmas zu markieren und vorübergehend jene Lücke zu füllen, die zurückblieb, als man erkannte, daß die Kategorien des herrschenden Paradigmas nicht ausreichen, aber die Erklärungsmuster des späteren 19. und des 20. Jh. noch nicht bereitstanden. J. F. ACKERMANNS Definition, L. sei das «x für die einmal zu entdeckende unbekannte Größe» [8], könnte man den L.-Theorien jener Zeit geradezu als Motto voranstellen.

Da die L.-Lehren naturwissenschaftliche Erklärungsweisen nicht ablehnten, sondern nur das Ungenügen des mechanistischen Paradigmas in seiner damaligen Form artikulierten, liegt ein Bruch mit dem Mechanismus im weiteren Sinne des Wortes nicht vor. Vielmehr handelt es sich hierbei eher um die Anfänge seiner Erweiterung. Es ist daher fraglich, ob die Bezeichnung ‹Vitalismus› zur Charakterisierung dieser Lehren überhaupt angebracht ist, zumal es sich dabei um eine nachträgliche Etikettierung handelt.

2. Der Arzt und Botaniker F. C. MEDICUS (1774) soll der erste gewesen sein, der den Begriff ‹L.› ins Deutsche einführte und die Lehre von der L. aufstellte [9]. Da der Terminus jedoch die unterschiedlichsten Vermögen bezeichnet und zudem auf vielfältige Weise spezifiziert wird, empfiehlt es sich nicht, von «der» L.-Lehre zu sprechen. Auch taucht der Begriff selbst, obgleich nicht im Buchtitel, schon vor 1774 auf: In der 1772 erschienenen deutschen Übersetzung von A. VON HALLERS Abhandlung ‹De partibus corporis humani› [10] von 1753 wird F. GLISSON als Wortschöpfer des Begriffs ‹irritabilitas› angeführt und «Erfinder» der L. genannt. Reizbarkeit (irritabilitas) ist nach Haller eine «Eigenschaft der Muskelfaser ..., vermöge deren sie sich zusammenzieht, wenn sie berühret und gereizet wird» [11]. Sie sei eine von der Seele unabhängige Kraft. Schon 1770 spricht HALLER von den L.en und weist ihnen verschiedene Funktionen zu [12], und bereits 1774 soll seine Lehre überall in Europa bekannt gewesen sein [13]. Bei GLISSON [14] bedeutet L. jedoch mehr als nur Reizbarkeit. Unter dem Einfluß van Helmonts (vis plastica, Archeus) finden sich Begriffe wie ‹vires vitales›, ‹virtus plastica›, ‹vis formativa naturalis›. Glisson spricht von der «virtute plastica, ... quâ partes formantur» [15]. Ursprünglich ist der Gedanke einer «vis plastica» aristotelischer Herkunft und geht auf die peripatetische Schule zurück. J. F. BLUMENBACH führt die L. unter der Bezeichnung ‹nisus formativus› zur Bestimmung eines lebenerzeugenden, formbildenden Vermögens ein, das er in kritischer Auseinandersetzung mit der damals herrschenden Präformationstheorie zur Begründung seiner Theorie der Epigenesis annimmt. Er definiert dieses Vermögen als einen «Trieb, der ... zu den L.en gehört, der aber eben so deutlich von den übrigen Arten der L. ... Contractilität, Irritabilität, Sensilität etc. als von den allgemeinen physischen Kräften der Körper überhaupt, verschieden ist» [16]. Wichtig ist die Differenzierung zwischen dem Bildungstrieb und den bildenden Kräften im Unorganischen, die zu «regelmäßigen Bildungen» (Kristallisation) führen. Kurz darauf erwähnt KANT in voller Anerkennung der epigenetischen Theorie Blumenbachs den Bildungstrieb im Unterschied zur «bloß mechanischen Bildungskraft» [17], wobei ‹Bildungstrieb› im hier vorliegenden Kontext jedoch stärker von der Teleologieproblematik her beleuchtet wird, als dies bei Blumenbach ursprünglich der Fall ist. Die kantische Unterscheidung findet sich bei SCHELLING wieder [18] und regt GOETHE zu Reflexionen an [19]. Historisch grenzt BLUMENBACH den «nisus formativus» sowohl von der «vis plastica der Alten» als auch von C. F. WOLFFS «vis essentialis» [20] ab. In einer Rede, die SCHELLING als Beginn der «Epoche einer ganz neuen Naturgeschichte» beurteilt hat [21], verwendet C. F. VON KIELMEYER den Terminus ‹organische Kräfte› als Sam-

melbegriff für Sensibilität, Irritabilität, Reproduktions-, Sekretions- und Repulsionskraft [22].

Auch in Italien, England und Frankreich werden L.-Lehren entworfen und diskutiert. In *Frankreich* ist die Schule von Montpellier mit ihrem Hauptvertreter P. J. Barthez von zentralem Einfluß. BARTHEZ bedient sich des Begriffs ‹principe vital› [23], um in Abgrenzung von Stahls metaphysischer Kategorie der Seele eine naturwissenschaftliche Begründung physiologischer Prozesse zu geben. In *England* verwendet man die entsprechenden Termini ‹living principle› und ‹vital power›, um z. B. die Aufrechterhaltung einer konstanten Körpertemperatur trotz wechselnden Umweltbedingungen zu erklären (HUNTER [24]). Für die Popularität der L.-Lehren im 18. Jh. sprechen die zahlreichen Übersetzungen einschlägiger Schriften und die gesamteuropäische Diskussion des Themas. In *Deutschland* kam es gegen Ende des Jh. zu einem eigentlichen Boom von Abhandlungen über die L.

Daß es sich bei diesen Lehren um ein Lückenparadigma handelt, äußert sich in der Unsicherheit der Begriffsbestimmung. Der Terminus ist weniger Ausdruck der Lösung eines Problems als vielmehr seiner Artikulation. Einige Lehren setzen sich voneinander ab, weil sie sich gegenseitig des Abgleitens ins Metaphysische bezichtigen. Unklarheit besteht auch darüber, ob es verschiedene L.e gibt oder nur Modifikationen einer einzigen Grundkraft, ob in allen Bereichen des Organischen (Pflanze, Tier, Mensch) dieselben L.e wirken und vor allem, ob L. eine nur der organischen Materie eigene Kraft ist oder eine bisher unbekannte Kombination der Kräfte des Anorganischen.

F. C. MEDICUS definiert L. als «einfache Substanz», die «nichts weniger als Materie» und im Organischen die «Quelle aller Bewegungen» sei [25]. Er verwendet bisweilen auch den Begriff ‹Lebensgeist› synonym, grenzt ihn aber von der Seele Stahls mit Nervensaft (Lebensgeist) Boerhaaves und von der Reizbarkeit Hallers ab. Ähnlich nennt GARDINER «L. oder Lebensprinzipium (living principle) ... diejenige Kraft, welche ... die Ursache der Empfindung, der Bewegung und des Lebens ist» [26]. S. GALLINI bestimmt in expliziter Absetzung von Blumenbach die Kräfte des Organischen als Modifikationen der allgemeinen Naturkräfte, welche jedoch «mit einander vereinigt ... zu neuen Kräften» werden, die sich von den mechanischen und chemischen unterscheiden [27]. Zu den zahlreichen Anhängern Blumenbachs gehören Brandis und Roose. Bei J. D. BRANDIS nimmt die L. eine eigentümliche Zwischenstellung ein: Einerseits gewinnt sie hyperphysische Züge, denn sie wirke «unmittelbar in die organische Materie», andererseits soll sie identisch mit der Elektrizität sein [28]. A. VON HUMBOLDT bezeichnet L. als «diejenige innere Kraft, welche die Bande der chemischen Verwandtschaft auflöst und die freie Verbindung der Elemente in den Körpern hindert» [29]. Wenige Jahre später jedoch nennt er «nicht mehr eigene Kräfte, was vielleicht nur durch das Zusammenwirken der einzeln längst bekannten Stoffe und ihrer materiellen Kräfte bewirkt wird» [30]. In expliziter Absetzung von Brandis und Humboldts früher Definition ist für ACKERMANN L. die Kombination anderer physischer Kräfte und damit das Resultat materieller Zusammensetzung [31]. Ähnliche Bestimmungen finden sich auch bei REIL, HILDEBRANDT, PROCHASKA und HERMBSTÄDT [32]. Reils und Hildebrandts Identifikation von Kraft und Materie liest sich fast wie eine Antizipation der späteren Kritik Moleschotts und Büchners am L.-Begriff.

In der *romantischen Naturphilosophie* erfährt der Terminus vor dem Hintergrund einer metaphysisch und spekulativ orientierten Lebensdeutung unterschiedliche Interpretationen. SCHELLING lehnt ihn mit kritischem Blick auf Brandis [33], «so geläufig auch dieser Ausdruck seyn mag», ab, weil man dadurch «immer noch wenigstens die Hoffnung andeutet, jenes Princip nach physikalischen Gesetzen wirken zu lassen» [34]. Da aber im Organischen Bildung nicht mit blinder Notwendigkeit, d.h. «durch Kräfte, die der Materie *als* solcher eigen sind», allein geschieht [35], sondern die Natur im «Bilden und Organisiren» auch frei ist, greift Schelling auf den Begriff ‹Bildungstrieb› zurück. «Für diese Vereinigung von Freiheit und Gesetzmäßigkeit haben wir nun keinen andern Begriff, als den Begriff *Trieb*». Allerdings spielt der Terminus hier eine andere Rolle als bei Blumenbach. Bei Schelling ist der Begriff nur «Ausdruck jener ursprünglichen Vereinigung von Freiheit und Gesetzmäßigkeit ... Auf dem Boden der Naturwissenschaft (als Erklärungsgrund) ist er ein völlig fremder Begriff» [36]. Der Begriff ‹Bildungstrieb› setze selbst eine höhere Ursache der Organisation voraus. Diese sei «jenes Wesen, das die älteste Philosophie als die gemeinschaftliche Seele der Natur ahndend begrüßte» [37]. – G. R. TREVIRANUS nimmt eine eigenständige, nicht aus Form und Mischung der Materie erklärbare L. an, «die man schon in der Kindheit der Biologie unter dem Namen eines ἐνόρμιον, Lebensgeistes oder Archeus ahndete». Denn «es muß ein Damm vorhanden seyn, woran sich die Wellen des Universums brechen, um die lebende Natur in den allgemeinen Strudel nicht mit hereinzuziehen» [38]. Bei J. H. F. AUTENRIETH wird die L. entmaterialisiert, «etwas Eigenes, ... das für sich irgend eine Art von Fortdauer auch ohne Verbindung mit einem organischen Körper haben» kann [39].

3. Im Zuge der Entdeckungen und Fortschritte auf den Gebieten von Chemie (*Wöhlers* Harnstoffsynthese 1828), Physik (*Helmholtz'* Gesetz von der Erhaltung der Kraft 1847, *Mayer* und *Joule*) und Biologie (*Darwins* Selektionstheorie 1859) stoßen L.-Lehren zunehmend auf schärfere Kritik. J. LIEBIG hält, obgleich nicht konsequent in seinen Äußerungen, als einer der wenigen am Begriff der L. fest [40]. Exemplarisch für die Tendenz der Zeit ist die von J. MOLESCHOTT gegen ihn gerichtete Kritik, Leben entspringe nicht einer besonderen Kraft, sondern sei ein Zustand des Stoffes selbst. «Kein Stoff ohne Kraft. Aber auch keine Kraft ohne Stoff» [41] lautet die Devise.

Die Auseinandersetzung mit L.-Lehren erfolgt in der Regel auf polemische Weise und wird dem ursprünglichen Anliegen ihrer Vertreter nicht gerecht. In der Deutung dieser Lehren durch ihre Kritiker werden dem Begriff nachträglich, zum Teil wohl im Blick auf die romantische Naturphilosophie [42], anthropomorphistische und teleologische Züge unterstellt. L. wird interpretiert als ein nach teleologischen Aspekten planendes und handelndes Subjekt, als «zweckmäßig hanthirende, die chemischen Gesetze verändernde Dynamis» [43], als «persönlicher Lebensgeist» [44]. Diese Deutungen mögen die Tendenz der romantischen Naturphilosophie und auch des späteren Neovitalismus (DRIESCH, BERGSON usw.) zutreffend charakterisieren, gehen aber an der ursprünglichen Motivation und am Interesse der meisten Lehren vorbei. Während diese auch großen Wert auf die Abgrenzung vom Animismus Stahls legten und in der Regel keine Beziehung zu philosophiegeschichtlich vorbelasteten Konzepten, wie z. B. zum Archeus, herstellten, werden sie nun in einem Atemzug mit ihm erwähnt [45]. H. v. HELMHOLTZ spricht z. B. von einer naturwissenschaftlichen Übertünchung der Seele Stahls [46]. Jegliche Fruchtbarkeit für die Geschichte der Wissenschaftstheorie wird ihnen abgesprochen, sie seien ein «metaphysischer Irrtum», der jeden Fund unmöglich mache [47]. Der Wandel in der Beurteilung von L.-Lehren, der sich seit Krugs und Munckes Zeugnissen zu Beginn des Jahrhunderts vollzogen hat, spiegelt sich wiederum exemplarisch in Lexikonartikeln. L.-Lehren gehören gegen Ende des 19. Jh. der Vergangenheit an. «Das Unvermögen, die Lebensvorgänge auf bekannte Gesetze zurückzuführen, führte zur Annahme» der L. Heute verwerfe man jedoch diese Annahme [48].

Auch im 20. Jh. finden sich noch kritische Stellungnahmen zur L. Für H. VAIHINGER ist der Begriff eine «Nominalfiktion» und rein tautologisch [49]. J. SCHULTZ zählt ihn zu den Grundfiktionen der Biologie [50]. In der heutigen, neopositivistisch geprägten Teleologiediskussion wird der Begriff weitgehend im Sinne des Psychovitalismus gedeutet und verworfen [51]. Ansonsten tritt er eher in der L. lebensnäherliegenden Zusammenhängen auf [52].

Anmerkungen. [1] J. D. BRANDIS: Versuch über die L. (1795) 15; vgl. F. C. MEDICUS: Von der L. (1774) 26; C. F. VON KIELMEYER: Über die Verhältnisse der organ. Kräfte untereinander (1793) 69; J. F. ACKERMANN: Versuch einer physischen Darstellung der L.e organisirter Körper (1797-1800) 2, 2. – [2] ACKERMANN, a.O. 1, XII. – [3] Vgl. E. DARWIN: Zoonomie oder Gesetze des organ. Lebens, dtsch. J. D. BRANDIS (1795) 48ff.; TH. G. A. ROOSE: Grundzüge der Lehre von der L. (1797) 101ff. – [4] G. E. STAHL: Theoria Medica Vera (Halle o.J. [1708]). – [5] Vgl. z.B. CH. W. HUFELAND: Ideen über Pathogenie und Einfluß der L. auf Entstehung und Form der Krankheiten (1795); MEDICUS, a.O. [1] ebda.; J. GARDINER: Untersuch. über die Natur thier. Körper und über die Ursachen und Heilung der Krankheiten, dtsch. E. B. G. HEBENSTREIT. Mit einem Aufsatz über die Bestimmung unseres Begriffes von der L. durch die Erfahrung (1786); ACKERMANN, a.O. [1] ebda. – [6] W. T. KRUG: Art. ‹Leben›, in: Allg. Handwb. philos. Wiss.en (1827) 2, 684. – [7] G. W. MUNCKE: Art. ‹L.›, in: J. S. T. GEHLERS phys. Wb. (1831) 6, 111; vgl. Art. ‹Leben›, in: H. A. PIERER (Hg.): Encyclop. Wb. der Wiss.en, Künste und Gewerbe (1829) 296. – [8] BLUMENBACH, a.O. [1] ebda. – [9] A. NOLL: Die «L.» in den Schr. der Vitalisten und ihrer Gegner (1914) 6; E. UNGERER: Die Erkenntnisgrundl. der Biol., in: L. VON BERTALANFFY (Hg.): Hb. der Biol. (1965) I/1, 54. – [10] A. VON HALLER: De partibus corporis humani sensilibus et irritabilibus (1753); dtsch. Von den empfindl. und reizbaren Teilen des menschl. Körpers (1772), hg. K. SUDHOFF (1922) 54. – [11] a.O. 53. – [12] Erster Umriß der Geschäfte des körperl. Lebens (1770) 207ff. – [13] Vgl. MEDICUS, a.O. [1] 9. – [14] F. GLISSON: Anatomia hepatis (1654); Tractatus de ventriculo et intestinis (1677); vgl. dagegen O. TEMKIN: The class. roots of Glisson's doctrine of irritation. Bull. Hist. of Med. 38 (Baltimore 1964) 297-328. – [15] F. GLISSON: Tractatus de natura substantiae energetica (London 1672) 256. 235. 186. – [16] J. F. BLUMENBACH: Über den Bildungstrieb (²1789) 24f.; vgl. Institutiones physiologicae (1787, ²1798). – [17] I. KANT, KU § 81. Akad.-A. 5, 424. – [18] F. W. J. SCHELLING: Von der Weltseele (1798). Sämtl. Werke, hg. K. F. A. SCHELLING (1856-61) 2, 565f. – [19] J. W. VON GOETHE: Bildungstrieb (1820), in: Zur Morphol. I, 2. Hamburger A. 13, 32-34. – [20] BLUMENBACH, a.O. [16] 27-32; vgl. C. F. WOLFF: Theoria generationis (1759). – [21] SCHELLING, a.O. [18] ebda. – [22] KIELMEYER, a.O. [1], ebda. – [23] P. J. BARTHEZ: Oratio academica de principio vitali hominis (Montpellier 1773); ähnlich die «forces vitales» bei F.-X. BICHAT: Recherches physiol. sur la vie et la mort (1800). – [24] TH. BROWN: From mechanism to vitalism in 18th century Engl. physiol. J. Hist. of Biol. 7 (Cambridge 1974) 181f. – [25] MEDICUS, a.O. [1] 26. – [26] GARDINER, a.O. [5] 2. – [27] S. GALLINI: Betracht. über die neuern Fortschritte in der Kenntniß des menschl. Körpers (dtsch. 1794) 11, 16. – [28] BRANDIS, a.O. [1] 81; vgl. GALVANI: De viribus electricitatis in motu musculari commentarius (1791); C. H. PFAFF: Über thier. Elektricität und Reizbarkeit (1795). – [29] A. VON HUMBOLDT: Aphorismen aus der chem. Physiol. der Pflanzen (1794), zit. nach NOLL, a.O. [9] 14; vgl. HUFELAND, zit. nach NOLL, a.O. 14. – [30] Zit. nach A. MEYER-ABICH: Biol. der Goethezeit (1949) 182. – [31] ACKERMANN, a.O. [2] XVIII. – [32] J. CH. REIL: Von der L. Arch. für Physiol. 1 (1795), hg. K. SUDHOFF (1910) 23f.; F. HILDEBRANDT: Lb. der Physiol. (1796); G. PROCHASKA: Lehrsätze aus der Physiol. des Menschen 1 (1797); S. F. HERMBSTÄDT: Anm. und Vorrede zu: J. B. T. BAUMES: Versuch eines chem. Systems der Kenntnisse von den Bestandtheilen des menschl. Körpers, dtsch. C. KARSTEN (1802) 7. – [33] Vgl. BRANDIS, a.O. [1] 81. – [34] SCHELLING, a.O. [18] 2, 49f. – [35] a.O. 565. – [36] 527. – [37] 569. – [38] G. R. TREVIRANUS: Biol. oder Philos. der lebenden Natur für Naturforscher und Ärzte 1-6 (1802-1822) 1, 52. – [39] J. H. F. AUTENRIETH: Ansichten über Natur- und Seelenleben (1836) 19. – [40] J. LIEBIG: Chem. Briefe (1844, ³1851) 22-25. 238f. – [41] J. MOLESCHOTT: Der Kreislauf des Lebens. Physiol. Antworten auf Liebig's chem. Briefe (1852) 362; vgl. L. BÜCHNER: Kraft und Stoff (1855, ²¹1904). – [42] Vgl. H. LOTZE: Leben. L., in: Hb. Physiol., hg. R. WAGNER 1 (1842); ND in: Kl. Schr. (1885) 1, 139-220. – [43] a.O. 177; vgl. 154. – [44] R. VIRCHOW: Alter und neuer Vitalismus. Arch. pathol. Anat. u. Physiol. 9 (1856) 9f.; vgl. E. HAECKEL: Vortrag über Entwicklungsgang und Aufgabe der Zool., zit. nach BÜCHNER, a.O. [41] 378. – [45] Vgl. z.B. LOTZE, a.O. [42] 172f.; BÜCHNER, a.O. [41] 13f.; F. MAGENDIE: Hb. der Physiol., dtsch. HEUSINGER (1834), zit. nach NOLL, a.O. [9] 44-46. – [46] H. VON HELMHOLTZ: Das Denken in der Med. (1877), in: Das Denken in der Naturwiss. (1968) 82. – [47] LOTZE, a.O. [42] 157; vgl. E. DU BOIS-REYMOND: Über die L. (1848), in: Reden (1912) 1, 12; M. J. SCHLEIDEN: Grundzüge der wiss. Botanik (1843/44); CL. BERNARD: Leçons sur les phénomènes de la vie (Paris 1878) 57ff. – [48] THOMÉ: L., in: PIERERS Universal Convers.-Lex. 12 (⁶1879). – [49] H. VAIHINGER: Die Philos. des Als-Ob (²1913) 51. – [50] J. SCHULTZ: Die Grundfiktionen der Biol. (1920). – [51] Vgl. E.-M. ENGELS, Diss. (in Vorb. 1980). – [52] T. CECCHINI: Lebenssäfte, L.e (1979).

Literaturhinweise. EISLER³ (1910) s.v. – H. DRIESCH: Gesch. des Vitalismus (1905, ²1922). – CH. BERNOULLI und H. KERN: Romant. Naturphilos. (1926). – G. KÖNIG: Naturphilos., in: A. DIEMER/I. FRENZEL (Hg.): Fischer Lex. Philos. (1967) 204-209. – TH. S. KUHN: The structure of sci. revolutions (Chicago/London 1962, ²1970) 84ff. – K. E. ROTHSCHUH: Einl. und Anm., in: R. DESCARTES: Über den Menschen (1632); Beschr. des menschl. Körpers (1648), dtsch. K. E. ROTHSCHUH nach frz. A. von 1664 (1969). – R. TOELLNER: Mechanismus-Vitalismus: ein Paradigmawechsel? Testfall Haller, in: A. DIEMER (Hg.): Die Struktur wiss. Revolutionen und die Gesch. der Wiss. (1977) 61-72.

EVE-MARIE ENGELS

Lebenskreis. In dem Werk ‹Abendstunde eines Einsiedlers› (1779/80) von J. H. Pestalozzi hat E. SPRANGER 1927 den philosophischen und pädagogischen Gehalt einer «Theorie der Lebenskreise» entdeckt [1]. Das kaum gebräuchliche Wort ‹L.› [2] ist erst durch Spranger zum wissenschaftlichen Terminus und zum pädagogisch gebräuchlicheren Fachausdruck geworden. Er vor allem hat 1923 im Anschluß an Pestalozzis Grundgedanken eine zeitweise einflußreiche Theorie der *Heimat* und Heimatkunde entwickelt, weil das «Prinzip der Bildung in den organisch-konzentrischen L.» gleichbedeutend mit dem Heimatprinzip ist [3].

Pädagogisch liegt ein Gedanke von PESTALOZZI zugrunde, und zwar die Unterscheidung der sog. Wahrheit vordergründigen Wissens von der «Mittelpunkt»-Wahrheit der «nähesten Verhältnisse», wonach sich derjenige «Kreis des Wissens» bestimmt, «durch den der Mensch in seiner Lage gesegnet wird». Nicht bloß abstrakte Wissenszusammenhänge, sondern erst der Bezug zur «Individuallage», zu den nahen und ferneren «Realverbindungen» bewirkt, daß das Wissen «bildet» [4]. So entsteht die individuelle Welt als ein konzentrisches System von L.en (Familien, Beruf, Nation und Staat; Gott als Liebe und

«Kindersinn» des Menschen in seinem «Zentrum»): «Kraft und Gefühl und sichere Anwendung ist ... Ausdruck» der so zu gewinnenden «Menschenweisheit» [5]. SPRANGER folgert daraus in seiner Spätschrift ‹Der Eigengeist der Volksschule› (1955) die Notwendigkeit einer Ergänzung der Wissensfächer durch das fächerübergreifende «Prinzip der L.» (heimatlich), insbesondere für die Volksschule [6].

Auch *philosophisch und psychologisch* hat er erst in dieser Schrift für das ausgehende 20. Jh. eine Theorie der L. ausführlich entwickelt. Wegen der individuellen Verschiedenheit der Zentren (Perspektivenverschiedenheit) spricht er, außer von der konzentrischen Kreisstruktur einer jeden individuellen Welt, von der «Vielheit» menschlicher oder «anthropomorpher» «Eigenwelten» oder «Erlebniswelten» [7]. Eine Bestätigung für die Theorie der L. und für die zugehörige «Theorie von der Vielheit der Erlebniswelten» sieht Spranger in der Lehre der arteigentümlichen Bedeutungswelten (Umweltlehre) von J. v. Uexküll, die der Milieutheorie, als einer wertneutralen, bloßen Anpassungslehre aus dem 19. Jh., entgegenzusetzen ist. Spranger hat das Denkmodell der Umweltlehre ins Geisteswissenschaftliche übertragen [8]. Im ersten Ansatz ist dies schon am Anfang des 20. Jh. in Sprangers Buch ‹Lebensformen› (1914, ²1921) geschehen [9].

In dem Begriff ‹L.› klingen die schon in diesem Buch verwendeten Begriffe «Ichkreise» und «Lebensformen» terminologisch nach. Den Ichkreisen (subjektiv) entsprechen (objektiv) Gegenstandsschichten, den Lebensformen entsprechen Gegenstandsgebiete (ökonomisch, ästhetisch, theoretisch, politisch, sozial, religiös). Die möglichen Sinn- oder Wertrichtungen eines menschlichen Subjekts werden durch diese Geistes- und Kulturgebiete objektiv bestimmt, die Weite des subjektiven Horizontes und die Erlebnistiefe werden durch die Gegenstandsschichten bestimmt – und jeweils umgekehrt. Die auch *ethisch* bedeutsame Sinn-Einstellung eines Menschen (Persönlichkeit), die zu seiner individuellen Lebensform führt, entspricht dann der in ihm herrschenden Grundrichtung, d. h. der Resultante der in ihm wirksamen Geistesrichtungen. Mit dieser geisteswissenschaftlichen Psychologie wollte Spranger ein Beispiel für *kultur- oder geisteswissenschaftliches Denken* überhaupt geben [10]. L.e und Lebensformen sind daher in einem geistigen Spannungsfeld von Subjekt und Objekt strukturelle Faktoren der Bildung und Kultur [11].

Trotz seiner Berührung mit *phänomenologischen* Ansätzen und seiner *soziologischen* Bedeutung ist der Begriff ‹L.› ebenso von dem in diesen Denktraditionen entwickelten Begriff ‹Lebenswelt› zu unterscheiden wie ‹Heimat› von ‹Heimwelt› [12].

Anmerkungen. [1] E. SPRANGER: Pestalozzi (1927), in: Pestalozzis Denkformen (1947, ²1959) bes. 12-17; vgl. auch Ges. Schr. (1969ff.) 11, 102-108. – [2] J. W. GOETHE, Wahlverwandtschaften. Weimarer A. I/20, 258, 7. – [3] E. SPRANGER: Der Bildungswert der Heimatkunde (1923, ⁶1964). Ges. Schr. 2, 313ff., bes. 317. – [4] Vgl. a.O. 313. – [5] J. H. PESTALOZZI: Abendstunde eines Einsiedlers (1779/80). Sämtl. Werke (1927ff.) 1, 263-281, bes. 265f. 273. – [6] E. SPRANGER: Der Eigengeist der Volksschule (1955). Ges. Schr. 3, 272-283, bes. 275f. 278f. – [7] a.O. 272. 297f. – [8] 291-301, bes. 292. 300. – [9] Lebensformen (1914, ²1921, ⁸1950) 99. – [10] a.O. 70-72. 92f. 95-97. 112. 114f. – [11] Vgl. IXf. (Vorwort ²1921). 5-9. 17f. – [12] Vgl. 96.

W. HINRICHS

Lebenskriterien. Unter L. (auch Kennzeichen des Lebenden) versteht man in der Sprache der modernen Biologie eine Menge von Merkmalen, die allen Lebewesen auf der Erde gemeinsam sind und sie gegenüber den unbelebten Systemen scharf abgrenzen lassen [1]. Nach dieser Definition handelt es sich bei dem Begriff ‹L.› um einen Namen für das Definiens einer Definition, das durch Angabe einer Menge $\{M_1, ..., M_n\}$ von $n \geq 1$ Merkmalen $M_1, ..., M_n$ das Definiendum «x ist lebend» definiert und so die Klasse K aller Objekte auf der Erde in zwei disjunkte Teilklassen K_1 (= lebende Objekte) und K_2 (= nicht lebende Objekte) einzuteilen ermöglicht derart, daß gilt: 1. Jedes Objekt x, das zu K gehört, gehört zu K_1 oder zu K_2; 2. jedes Objekt x, das zu K_1 gehört, gehört nicht zu K_2. Dies ist die formale Präzisierung der Feststellung «Scharfe Trennung zwischen Lebewesen und Nichtlebewesen ist klar möglich, weil es keine erkennbaren Übergänge zwischen belebten und unbelebten Systemen gibt» [2]. Der in solchen Feststellungen zum Ausdruck kommende Exaktheitsanspruch wird jedoch durch das konkrete Verhalten der Biologen und Biophilosophen gegenüber dem Zeichenpaar ‹lebend/nicht-lebend› nicht erfüllt, da ihre Definitionen und Anschauungen weitgehend differieren.

L. v. BERTALANFFY definiert den «lebenden Organismus» als ein «in hierarchischer Ordnung organisiertes System» mit einer «Ordnung der Vorgänge bei stetem Wechsel der Systemteile wie auch Bewahrung oder Wiederherstellung des Systems bei durch äußere Einflüsse bedingten Störungen» [3]. Trotz seiner Feststellung, daß diese Definition hinreichend sei, um das Leben von anderen Erscheinungen und anorganischen Gestalten abzugrenzen [4], ist Bertalanffy jedoch der Ansicht: «Der Sinn der Lebensdefinition ist nicht, eine absolute Kluft zwischen Lebendigem und Totem zu setzen ..., sondern vielmehr lediglich, jene Gesetzlichkeiten anzugeben, welche für das Organische als grundlegend zu betrachten sind» [5]. Diese Einschränkung zeigt ein typisches Beispiel für die ubiquitäre Verwechslung der *Definition* eines Begriffs, der einen Gegenstandsbereich designiert, mit *empirischen Aussagen* über diesen Gegenstandsbereich. Da letztere nur auf der Grundlage des ersteren möglich sind, die Diskussion über L. in der Biologie und Biophilosophie jedoch durch die genannte Verwechslung gekennzeichnet ist, wird das Bemühen, die definitorische Position des Begriffs ‹lebend› zu bestimmen, mit Schwierigkeiten konfrontiert.

Bertalanffy bezeichnet die Eigenschaft, ein offenes System zu sein und sich im Fließgleichgewicht zu befinden, als «primäres Kennzeichen» des Lebenden, das die «organischen Grundphänomene» (nach Bertalanffy: Stoff- und Energiewechsel, Reizerscheinungen, Formwechsel, Aktivität und Äquifinalität) zur Folge hat [6]. Auch E. SCHRÖDINGER sieht die L. in der Fähigkeit der lebenden Materie, sich ständig dem Abfall in den Gleichgewichtszustand mit maximaler Entropie zu entziehen und ihre bestehende Ordnung aufrechtzuerhalten [7]. Er äußert die Vermutung, daß diese Fähigkeit mit der Struktur der Erbsubstanz als «aperiodische feste Körper» [8] zusammenhängen könnte.

M. HARTMANN betrachtet als «charakteristisch für alles Leben drei Gruppen von Vorgängen: der Stoff- und Energiewechsel, die Reizerscheinungen und der Formwechsel, in die man die Lebensprozesse zusammenfassen kann» [9]. Im gleichen Jahr (1953) wird die Vermutung von Schrödinger durch das Watson-Crick-Modell der DNS-Struktur gestützt, das aufgrund von Röntgenstrukturanalysen des Erbmaterials entworfen wird [10]. Spätere molekularbiologische Forschungen unterstützen die

Richtigkeit dieses Modells und decken die zentrale Steuerungsfunktion des in Zellkern-DNS verankerten genetischen Code für den gesamten Stoff- und Formbildungsprozeß sowie die Fähigkeit der DNS-Moleküle zur getreuen Selbstkopie (invariante Reproduktion, Fortpflanzung) auf. Die Frage, ob die Viren auch Lebewesen seien, da sie mutationsfähig sind und in geeigneter Umwelt invariante Reproduktion zeigen, gewinnt an Aktualität. Während EDGAR und EPSTEIN sie als «einfachste lebende Dinge» bezeichnen [11], hält R. TSCHESCHE jene Frage für gegenwärtig nicht entscheidbar, da «eine allgemein gültige Definition des Lebens fehlt» [12]. Im Gegensatz zu Tschesche, der die Virusmoleküle als die Grenze zwischen unbelebter Natur und dem Reich der Lebewesen betrachtet, hält es B. DÜRKEN für einen grundsätzlichen Irrtum, das zellenlose Virus als eine Zwischenstufe zwischen totem und lebendem Stoff anzusehen [13].

Auch nach B. RENSCH sind die Viren Grenzfälle, von denen neben gelegentlichen Ausnahmen bei einzelnen Merkmalen abgesehen werden muß, wenn «eine einigermaßen erschöpfende Definition des Lebenden» gegeben werden soll [14]. Renschs Definition, der offenbar auch eine Verwechslung von Beschreibung mit Definition zugrunde liegt, umfaßt die Merkmale: hierarchische Ordnung, offenes System von vorwiegend organischen Verbindungen, zellige Struktur, Aktivität infolge von Stoff- und Energiewechsel, Reaktion auf Reize der Umwelt, Sexualität, Formwechsel, Fortpflanzung, Regenerationsfähigkeit, prinzipiell gleiche Grundstruktur der Erbträger, gleiche Vererbungsregeln und Mutationstypen, Anpassung an die Umweltverhältnisse. Nach STRUGGER und HÄRTEL bestehen die L. in: Protoplasma, zellige Struktur, Stoff- und Energiewechsel, Wachstum, aktive Beweglichkeit und Kontraktilität, Reizbarkeit, Steuerung durch ineinandergreifende Rückkopplungsprozesse [15]. Da die Viren diese L. nicht erfüllen, stellen sie keine Lebewesen dar; auch sind sie weder historisch noch funktionell Übergangssysteme zwischen lebendiger und toter Materie [16]. F. BÜCHNER spricht von vier Elementarphänomenen des Lebendigen: Verwirklichung und Erhaltung von Gestalt durch radikalen Stoffwechsel, Selbstregulation, Selbstreproduktion und die Tendenz, in großen Zeitepochen seine Gestalt in neuen Arten zu variieren [17]. Die Klasse der von J. MONOD angegebenen L. umfaßt die Merkmale: Teleonomie, autonome Morphogenese und invariante Reproduktion [18]. Monod extrahiert diese kleinste Merkmalsklasse $\{M_1, M_2, M_3\}$ in der Überzeugung, daß sie im Gegensatz zu anderen Merkmalen wie Stoffwechsel oder Wachstum, die auch unbelebten Objekten wie etwa Kristallen zukommen, nur die Lebewesen auszeichnet und vom übrigen Universum unterscheidet.

Diese repräsentativen Beispiele mit offensichtlichen Differenzen weisen zugleich auf die Ursache der Meinungsverschiedenheiten hin, die sich insbesondere in dem Streit über die biologische Position der Viren widerspiegeln. Die Anstrebung einer Einigung ist nur durch eine methodologische Grundlagendiskussion möglich, die zunächst die Unterscheidung zwischen Sprache und Sprachkonstruktion einerseits und nichtsprachlicher Realität und Beschreibung derselben andererseits hervorzuheben hätte. Da die Einigung über L. für die von Biophilosophen geführte Diskussion über die Probleme der Lebensentstehung, des Todes, der Willensfreiheit, des Strafrechts usw. von großer Relevanz ist, kann auf eine solche methodologische Neubesinnung nicht verzichtet werden. Die Hereinnahme unausgesprochener Lebensbegriffe in die biologische und biophilosophische Forschung und ihre Verbalisierung via Eigenbetrachtungen a posteriori nivelliert die Grenzen zwischen Alltagsverständnis des Lebens und wissenschaftlicher Biologie und Biophilosophie. Diese Nivellierung kann nicht dadurch verhindert werden, daß man ‹Leben› als philosophischen Begriff deklariert [19], der nur als «Arbeitsbegriff» fungieren könne, weil mit naturwissenschaftlichen Methoden Leben prinzipiell nicht erfaßbar sei. Denn das Verstehen einer solchen Unerfaßbarkeitserklärung bedarf der Antwort auf die Frage: «Was ist unter dem Begriff ‹Leben› zu verstehen?» Die Antwort enthält zugleich die L., die in der Objektsprache des Antwortenden das Definiendum «x ist lebend» definieren. Es gibt bis heute keine einheitliche biologische Objektsprache in bezug auf diesen Begriff. Die Gründe sind nicht objektwissenschaftlicher, sondern metawissenschaftlicher Natur.

Anmerkungen. [1] S. STRUGGER und O. HÄRTEL: Biol. 1: Botanik (1973) 157f. – [2] ebda. – [3] L. v. BERTALANFFY: Theoret. Biol. 1 (1932) 83. – [4] a.O. 84. – [5] 85. – [6] a.O. 2 (1941) 49. – [7] E. SCHRÖDINGER: Was ist Leben? (^{2}1951) 98. – [8] a.O. 109. – [9] M. HARTMANN: Allg. Biol. (1953) 17. – [10] C. BRESCH und R. HAUSMANN: Klass. und molekulare Genetik (1970). – [11] R. S. EDGAR und R. H. EPSTEIN: The genetics of a bacterial virus. Sci. American 212 (1965) 71-78. – [12] R. TSCHESCHE: Über das Wesen der Viren, in: Das Problem der Gesetzlichkeit, hg. Joachim Jungius-Ges. der Wiss. 2 (1949) 187-200, zit. 200. – [13] B. DÜRKEN: Die Hauptprobleme der Biol. (^{4}1949) 53f. – [14] B. RENSCH: Biophilos. (1968) 54f. – [15] STRUGGER/HÄRTEL, a.O. [1]. – [16] a.O. 290-294. – [17] F. BÜCHNER: Allg. Pathol. (^{4}1962) 1-5. – [18] J. MONOD: Zufall und Notwendigkeit (^{3}1971) 21. – [19] W. NACHTIGALL: Biol. Forsch. (1972) 45.   K. SADEGH-ZADEH

Lebenslüge (dän./nor. livsløgn, frz. mensonge vital, engl. life-lie). Die L. gehört zum Bereich jener nicht leicht beschreibbaren Phänomene der Selbsttäuschung, des Selbstbetrugs und der Unaufrichtigkeit, von deren Vertracktheit uns HEGEL mit seinem Begriff der «falschen Einsicht» – einer Vorform dessen, was dann bei ENGELS «falsches Bewußtsein» heißt [1] und zu einem Moment des Ideologiebegriffs wird – einen Eindruck gegeben hat. «Falsche Einsicht», das ist der Glaube, wie er in der Aufklärung erscheint: «ein Reich des Irrtums, worin die falsche Einsicht einmal als die *allgemeine Masse* des Bewußtseins, unmittelbar, unbefangen und ohne Reflexion in sich selbst ist, aber das Moment der Reflexion in sich oder des Selbstbewußtseins, getrennt von der Unbefangenheit, auch an ihr hat, als eine im Hintergrunde für sich bleibende Einsicht und böse Absicht, von welcher jenes betört wird. Jene Masse ist das Opfer des Betrugs einer *Priesterschaft*, die ihre neidische Eitelkeit, allein im Besitze der Einsicht zu bleiben, sowie ihren sonstigen Eigennutz ausführt, und zugleich mit dem *Despotismus* sich verschwört, der ... über der schlechten Einsicht der Menge und der schlechten Absicht der Priester steht, und beides auch in sich vereinigt, aus der Dummheit und Verwirrung des Volkes durch das Mittel der betrügenden Priesterschaft, beide verachtend, den Vorteil der ruhigen Beherrschung und der Vollführung seiner Lüste und Willkür zieht, zugleich aber dieselbe Dumpfheit der Einsicht, der gleiche Aberglauben und Irrtum ist» [2].

Dank H. IBSEN steht uns für gewisse individuelle Formen der «falschen Einsicht» ein neues Wort zur Verfügung: ‹L.› Durch die am 9. 1. 1885 in Bergen uraufgeführte ‹Wildente› (Vildanden) – das einzige Werk Ibsens, in dem ‹L.› vorkommt [3] – ging das Wort sehr rasch in die skandinavischen Sprachen ein [4] und wurde im Zuge der Ibsen-Rezeption bald auch in anderen europäischen Sprachen, insbesondere aber in der deutschen, heimisch. Ibsen hat das Phänomen der L. in seinen dramatischen Gestalten wohl eindringlicher als irgendwer vor oder nach ihm [5] dargestellt; der Begriff der L. dagegen ist bei ihm nur schwer zu fassen. ‹L.› bezeichnet zunächst eine Form der Lüge *über* das Leben: über sich selbst und die Situation, in der man steht. Sie ist aber auch, wie der programmatische Satz des Doktor Relling in der ‹Wildente› – «Wenn sie einem Durchschnittsmenschen seine L. nehmen, so bringen sie ihn gleichzeitig um sein Glück» [6] – nahelegt, eine Lüge *für* das Leben: zur Rechtfertigung und Behauptung der eigenen Existenz. Was sie von anderen Formen der Selbsttäuschung unterscheidet, ist ihre Totalität und Dauerhaftigkeit: Sie verleiht gleichsam eine «Physiognomie», einen «Charakter» [7].

Die provozierende These von der lebensnotwendigen Lüge, die man fälschlicherweise oft als Ibsens eigene Auffassung ansah [8], rief zunächst die Moralisten auf den Plan. «... es ist noch nie in der Welt gesehen worden», verkündet 1896 der Konvertit J. JOERGENSEN in seiner Streit- und Bekenntnisschrift ‹Livsløgn og livssandhed›, «daß irgend ein Wesen der *Lüge* bedurft hätte, um zu leben» [9]. Es sei vielmehr ein biologischer Grundsatz, daß die Wahrheit «ihrer Natur gemäß zum Glücke führen» müsse «und die Lüge zum Unglück und Untergang» [10] – ein Grundsatz, von dem, wie das jüngste Beispiel zeigt, auch die Moralisten nach Joergensen gern Gebrauch machen, wenn sie im Vertrauen auf «einen natürlichen Hang zur Wahrheit» der L. den Kampf ansagen [11].

K. JASPERS, eher appellierend als moralisierend, sieht jeden Arzt und Psychopathologen vor die grundlegende Entscheidung gestellt, entweder zu verschleiern und zu täuschen, indem man der L. hilft und vermeidet, «dem Menschen 'zu nahe zu treten'», oder dann offen zu verfahren und «den Menschen in seinem Sosein zu dem ihm angemessenen Selbstverständnis zu bringen» [12].

Philosophische Bedeutung erlangt die moralisierende Kritik an der L. durch V. LEE. Die Wahrheitstheorien von Pragmatisten wie Schiller, James und Peirce, in denen die Wahrheit von unserem Willen und den Lebensbedürfnissen abhängig gemacht werde, sind nach Lee nichts anderes als die philosophische Rechtfertigung dafür, L.n nach Belieben und gleichsam zum Hausgebrauch zu fabrizieren [13], in concreto also genau das zu tun, was Nietzsche propagiert und Sorel mit seinem Mythos des Generalstreiks in großem Stil betrieben habe [14].

Freuds Beschreibung pathologischer Verdrängungsmechanismen und seine Theorie des Unbewußten bereiteten den Boden für eine Psychologie der L. Explizit aufgenommen wird der Begriff von dem norwegischen Adler-Schüler I. Nissen. Unter dem Einfluß von Vaihingers ‹Philosophie des Als-Ob› hatte ADLER Hysterie und Neurose als eine Als-Ob-Einstellung beschrieben: der Hysteriker benimmt sich, als ob er krank sei, als ob er Angst habe usw. [15]. Nach NISSEN nun ist die Kulissen- und Scheinwelt des Hysterikers nichts anderes als die Ibsensche L.: eine Abwehrmaßnahme, mit der der Einzelne aus einem quälenden Minderwertigkeitsgefühl heraus sein Persönlichkeitsgefühl zu steigern und den Schein der Überlegenheit aufrechtzuerhalten suche [16].

Was die L. für das Individuum, das ist die Ideologie für die Gruppe. Diese Parallele wurde vor allem von E. HEIMANN gesehen: «Im historisch-sozialen Raum heißt die L. Ideologie, und sie dient genau analog der individuellen Illusion zur Selbstbehauptung der Sozialgruppe und ihrer Glieder in ihrer sozialen Besonderheit. Diese Besonderheit ist eine Wahrheit, wenn auch nur eine partikulare Wahrheit, ... sie ist die falsch gewordene Sicht einer schwach gewordenen Gruppe» [17]. Der Rollentausch von ‹Ideologie› und ‹L.› kann auch den umgekehrten Weg gehen: In der Psychoanalyse wird im Anschluß an E. FROMM [18] zuweilen genau das als Ideologie bezeichnet, was bei Nissen L. heißt.

Die L. als «Kompensation(en) der Schwäche» [19], als «Funktion des kranken Organismus» [20] und «Musterbild einer Verdrängung», einer nur in Symptomen erfaßbaren «Diskongruenz zwischen Gedanke und Erlebnis» [21]: Diese Deutung lag zu nahe, als daß man sich ihr hätte widersetzen können. Es war vor allem SARTRE [22], der unter dem allgemeineren, mit «Unwahrhaftigkeit» [23] oder «Unaufrichtigkeit» [24] nur unzureichend übersetzten Begriff der «mauvaise foi» ihre Fragwürdigkeit bewußt machte. Im Unterschied zur Lüge sind in der «mauvaise foi» der Täuschende und der Getäuschte ein und dieselbe Person; aber wie ist es möglich, daß ich als Täuschender die Wahrheit kennen kann, die mir als Getäuschtem verborgen bleiben soll [25]? Sartre verwirft die Lösung der Psychoanalyse, durch Aufspaltung des Seelenlebens den Täuschenden (das Es) von dem Getäuschten (dem Ich) zu trennen; denn die Schwierigkeit verschiebe sich bloß auf die zensurierende Instanz (das Über-Ich), die nun ihrerseits ein Bewußtsein dessen haben müsse, was sie verdränge, also selbst Täuschende wie Getäuschte sein müsse [26]. Die Möglichkeit der «mauvaise foi» erklärt sich nach Sartre einzig aus der von ihm aufgewiesenen Eigenschaft des Bewußtseins, zu sein, was es nicht ist, und nicht zu sein, was es ist [27].

Analytische Philosophen, durch Sartres Paradox aufgestört, suchten nach einer weniger befremdlichen Analyse der Selbsttäuschung und Selbstlüge. Ihre Versuche gerannen selbst zum Paradox: Entweder bestreitet man, daß die Selbsttäuschung, in Analogie zur Täuschung anderer, als absichtliche Irreführung zu verstehen sei [28] und ist dann nicht mehr imstande, Selbsttäuschung von Irrtum, Illusion oder Ignoranz zu unterscheiden [29], oder man hält an der Analogie fest, räumt also ein, daß derjenige, der sich selbst belügt, die Wahrheit nicht nur wissen könnte, sondern tatsächlich auch weiß, und gerät dadurch in die logische Schwierigkeit, ihm volles Wissen zuschreiben und zugleich nicht zuschreiben zu müssen [30], denn bloßes Halb-Wissen oder der Zustand der Unentschiedenheit und des Konflikts könnten die Absichtlichkeit der Täuschung nicht erklären [31]. Welches Horn des Dilemmas ergriffen wird, ist nicht zuletzt eine Frage der Anthropologie [32]: ob man menschliche Geisteszustände für möglich halten will, die sich, sobald man sie auf den Begriff zu bringen versucht, als logisch unmöglich erweisen [33].

Anmerkungen. [1] Vgl. FR. ENGELS an F. Mehring. MEW 39, 97. – [2] G. W. F. HEGEL, Phänomenol. des Geistes, hg. J. HOFFMEISTER (⁶1952) 385f. – [3] Vgl. Reg. zu H. IBSEN: Samlede Verker, hg. F. BULL/H. KOHT/D. A. SEIP 21 (Oslo 1957) Sp. 544. – [4] Vgl. Art. ‹livsløgn›, in: Ordbog over det danske Sprog 12 (Kopenhagen 1931) Sp. 1088; Svenska Akad. Ordbok 16 (Lund 1942) Sp. 169. – [5] Über einen Vergleich in dieser Richtung vgl. F. FLEISHER: Livsløgn hos O'Neill og «Vildanden». Vinduet 10 (1956) 154-159. – [6] IBSEN, Wildente 5. Akt. a.O. [3] 10 (1932) 145. – [7] Vgl. K. ANDERSEN: Livsløgn og Idealitet i ‹Vildanden›. Samtiden. Tidsskrift for Litt. og Samfundsspørsmål 53 (1942) 434-437. – [8] Vgl. dazu etwa K. JASPERS: Von der Wahrheit (1947) 561f. – [9] Zit. dtsch. A. J. JOERGENSEN: L. und Lebenswahrheit (1903) 67. – [10] a.O. 42. – [11] A. PLACK: Ohne Lüge leben. Zur Situa-

tion des Einzelnen in der Gesellschaft (1976) 386. – [12] K. JASPERS: Allg. Psychopathol. (⁷1959) 673; vgl. 671. – [13] V. LEE: Les mensonges vitaux. Etudes sur quelques variétés de l'obscurantisme contemporain (Paris 1921) 344f.; vgl. 2. 29. 80. 318. 334f. – [14] Vgl. a.O. 256ff. – [15] Vgl. A. ADLER: Über den nervösen Charakter. Grundzüge einer Individualpsychol. und Psychother. (1912) 21. – [16] I. NISSEN: Sjelelig Forsvar, Mindreverdighetsfölelse, seksualhemning og maktstreben (Oslo 1930) 16; vgl. Nissens Deutung der ‹Wildente› in: Sjelelige Kriser i Menneskets Liv. Henrik Ibsen og Den Moderne Psykologi (Oslo 1931) 74ff.; zu dieser Entwickl. der Adler-Schule A. NYMAN: Nya vägar inom psykologien (Stockholm ⁴1949); dtsch. Die Schulen der neueren Psychol. (1966) 170ff. – [17] E. HEIMANN: Sozialwiss. und Wirklichkeit (1932) 5; zum Begriff ‹Individualideol.› vgl. A. KÜNZLI: Polit. Philos. als I., in Tradition und Revolution. Philos. aktuell 9 (1975) 82-121, bes. 82-90. – [18] E. FROMM: Über Methode und Aufgabe einer anal. Sozialphilos. Z. Sozialforsch. 2 (1932) 40. 46f.; vgl. Art. ‹Ideol.›. – [19] HEIMANN, a.O. [17] 5; vgl. JASPERS, a.O. [5] 496. – [20] O. LIPMANN/P. PLAUT (Hg.): Die Lüge (1927) 257. – [21] W. G. BECKER: Der Tatbestand der Lüge. Ein Beitrag zur Abstimmung von Recht und Ethik (1948) 39. – [22] Vgl. dazu auch LIPMAN/PLAUT, a.O. [20] 144. – [23] J.-P. SARTRE: Das Sein und das Nichts, dtsch. hg. J. STRELLER (1966) 117 Anm. d. Übers. – [24] W. BIEMEL: Sartre (1964) 63. – [25] J.-P. SARTRE: L'être et le néant. Essai d'ontol. phénoménol. (Paris 1943) 87; dtsch. a.O. [23] 94. – [26] a.O. 88-93; dtsch. 94-100. – [27] 111; dtsch. 121. – [28] So J. V. CANFIELD und D. F. GUSTAVSON: Self-deception. Analysis 23 (1962) 32-36. – [29] Vgl. T. PENELHUM: Pleasure and falsity. Amer. philos. Quart. 1 (1964) 87f.; P. GARDINER: Error, faith, and self-deception. Proc. arist. Soc. 70 (1969/70) 228-232. – [30] Vgl. dazu R. DEMOS: Lying to oneself. J. of Philos. 57 (1960) 588-595; F. A. SIEGLER: Demos on lying to oneself a.O. 59 (1962) 469-475; J. V. CANFIELD/P. McNALLY: Paradoxes of self-deception. Analysis 21 (1960) 140-144. – [31] Entgegen der Auffassung von H. FINGARETTE: Self-deception (London 1969) 28f. – [32] Vgl. auch GARDINER, a.O. [29] 243. – [33] Vgl. etwa die Position von D. PEARS: Questions in the philos. of mind (London 1975) 80-96.
A. HÜGLI

Lebensphilosophie. Mit ‹L.› wird nicht eine einheitliche, klar umreißbare philosophische Richtung oder Disziplin bezeichnet. Der Begriff wird vielmehr im Laufe der Geschichte zur Bezeichnung sehr unterschiedlicher philosophischer Intentionen verwandt, wobei in den meisten Fällen der Terminus nicht originär von dem Schöpfer eines philosophischen Theorems benutzt, sondern erst sekundär zur Charakterisierung dieses Theorems oder zur Bezeichnung gewisser historischer Entwicklungslinien herangezogen wird [1]. In diesem Sinne führt DILTHEY seinen Lebensbegriff auf Denker wie Seneca, Marc Aurel, Augustin, Macchiavelli, Montaigne und Pascal zurück [2], BERGSON auf Ravaisson [3]. Weitere typische Beispiele für die nachträgliche Übertragung des Begriffs auf frühere Denker sind die Charakterisierungen von Sokrates [4], den französischen Moralisten [5] oder Goethe [6] als Lebensphilosophen.

Der Begriff hat wesentlich im deutschen Sprachraum Verbreitung gefunden, in der englischen oder französischen Philosophie ist er nicht im gleichen Maße populär geworden. Im ‹Dictionnaire des sciences philosophiques› werden unter dem Stichwort ‹vie› nur biologische Theorien behandelt [7]. Selbst im ‹Vocabulaire technique et critique de la philosophie› [8] taucht die Formulierung «philosophie de la vie» nur in einer Fußnote von F. MENTRÉ auf, in der jedoch die antirationalistische Richtung der Lebensphilosophie (genannt werden ausdrücklich Guyau und Nietzsche) auf die biologischen Wissenschaften des 18. Jh. zurückgeführt werden.

Im anglo-amerikanischen Raum sind die Bezüge noch geringer. Weder BALDWINS ‹Dictionary› [9] noch die ‹Encyclopedia of Philosophy› kennt das Stichwort ‹Philosophy of life›; obwohl die ‹Encyclopedia› einen größeren Artikel über ‹Meaning and value of life› aufweist, werden in ihm keine lebensphilosophischen, sondern nur Pessimismustheorien behandelt [10].

In der deutschen Philosophie lassen sich zwei Perioden aufweisen, in denen der Begriff ‹L.› bevorzugt verwendet wurde, die Wende vom 18. zum 19. Jh. und der Beginn des 20. Jh.; in beiden Fällen in einem Zeitraum von etwa 50 Jahren.

Insgesamt können fünf verschiedene Bedeutungen des Terminus ‹L.› voneinander abgehoben werden, die sich in der Intention des Bezeichnungsvorgangs voneinander unterscheiden, wenn zwischen ihnen auch manche historische Bezüge aufweisbar sind.

Anmerkungen. [1] z.B. E. CALLOT: La philos. de la vie au 18e siècle (Paris 1965). – [2] W. DILTHEY, Ges. Schr. 5 (⁴1964) 152. – [3] H. BERGSON, Oeuvres (Paris 1959) 1450ff. – [4] A. RIEHL: Zur Einf. in die Philos. der Gegenwart (1908) 189. – [5] G. HESS: Alain in der Reihe der frz. Moralisten (1932) 32. – [6] H. RIKKERT: Die Philos. des Lebens (1922) 18. – [7] Dict. des sci. philos. (Paris 1844-52) 6, 957-967. – [8] LALANDE¹⁰ 1205f. – [9] J. M. BALDWIN: Dict. of philos. and psychol. (New York 1901-05). – [10] Encyclopedia of philos., hg. P. EDWARDS (New York/London 1967) 4, 470-477.

1. In einem vor allem im letzten Drittel des 18. Jh. und in den beiden ersten Jahrzehnten des 19. Jh. verbreiteten Sprachgebrauch bildet die Zweckbindung das Distinktionskriterium. ‹L.› bezeichnet in diesem Sinne eine Philosophie für das praktische Leben. Von der rationalistischen Schulphilosophie mit ihrer Trennung von theoretischer und praktischer Philosophie herkommend, entwickelte sich im letzten Viertel des 18. Jh. eine philosophische Richtung, die als erste überhaupt den Terminus ‹L.› benutzte, neben dem jedoch auch Wortbildungen wie ‹Philosophie des Lebens›, ‹praktische Philosophie›, ‹Philosophie für jedermann›, ‹Lebensweisheit›, ‹Lebenswissenschaft› und ‹Lebenskunst› traten, ohne daß diese Termini gegeneinander abgegrenzt wurden.

Der Ausgangspunkt ist in der Trennung der Philosophie in einen theoretischen und einen praktischen Zweig durch die Schulphilosophie im 18. Jh., besonders durch Chr. Wolff und seine Weiterentwicklung durch CH. A. CRUSIUS, zu sehen, dessen praktisch-philosophisches Hauptwerk in seinen drei Auflagen zwischen 1744 und 1767 erheblichen Einfluß auf die Entwicklung einer praktischen Philosophie für das tägliche Leben ausübte [1]. Bei ihm wird – etwa im Gegensatz zu Wolff oder zu Kant – diese Unterscheidung nicht nur als eine Differenz der philosophischen Gegenstände verstanden, sondern auch als eine der philosophischen Zwecke. Während die theoretische Philosophie der wissenschaftlichen Forschung ihre Maximen vorgeben soll, ist die praktische Philosophie auf die Verbreitung von ethischen und pragmatischen Verhaltensgrundsätzen gerichtet. Sie wendet sich damit nicht an den Fachmann, sondern an den im praktischen Leben Stehenden. Von diesem Gedanken leitet sich die Verwendung des Begriffs ‹L.› bei den Aufklärungsphilosophen ab.

Vorbereitet wird diese Entwicklung einer pragmatisch orientierten L. von dem Erwachen des Interesses an pädagogischen Fragen in der Nachfolge Rousseaus [2] sowie von der Neuorientierung der Psychologie als einer Erfahrungsseelenlehre [3]. Einige Aufklärungsphilosophen, die eine L. verfaßten, sind auch mit Abhandlungen über empirisch-psychologische Fragen hervorgetreten [4].

Den frühesten Nachweis des Terminus ‹L.› als Titelbegriff einer Veröffentlichung stellt die 1772 anonym erschienene Schrift ‹Über die moralische Schönheit und die Philosophie des Lebens› von G. B. von Schirach dar [5], wenn auch ihr Geist bereits durch das Lehrbuch von J. G. H. Feder vorweggenommen wurde [6]. Es folgen die ‹Beiträge zur Philosophie des Lebens› von K. P. Moritz [7].

Die L. des ausgehenden 18. Jh. stützt sich philosophisch auf eine eklektische Aufklärungsphilosophie, die selbst nach dem Wiedererstarken der systematischen Interessen durch die Kantische Philosophie fortlebte. Einige Denker, wie Pölitz und Bouterwek, die ursprünglich Kant nahestanden, lösten sich von ihm, um zu einer – wie sie es nennen – «neutralen Philosophie» zurückzukehren [8].

Diese Form der L. fand in den beiden letzten Jahrzehnten des 18. und um die Wende des 19. Jh. ihren größten literarischen Niederschlag. In dieser Zeit wurden nicht nur zahlreiche Titel über diese L. verlegt [9]. Es entstanden auch eine Zeitschrift mit dem Titel ‹Magazin der Philosophie des Lebens› [10] und zwei Taschenbuchreihen, die den Modebegriff ‹L.› ausnutzten, um Aphorismen und Romane zu verbreiten [11]. Nach dem Absterben der Aufklärung sank ‹L.› zur Bezeichnung pädagogischer Erbauungs- und Ermahnungsliteratur herab [12].

In den ersten drei Jahrzehnten des 20. Jh. erlebte diese Richtung der L., vor allem durch die Volkshochschulbewegung der zwanziger Jahre, nochmals eine kurze Blüte. Dieser Richtung ist ebenfalls eigen, daß sie neben dem Begriff ‹L.› [13] auch andere Formulierungen wie ‹Lebensgestaltung› [14], ‹Lebensanschauung› [15], ‹Philosophie des Herzens› [16] verwendet.

Anmerkungen. [1] Ch. A. Crusius: Anweisung, vernünftig zu leben (1744, ³1767). – [2] J. B. Basedow, E. C. Trapp, J. H. Campe, C. G. Salzmann, J. H. Pestalozzi, J. G. H. Feder. – [3] J. G. Krüger: Versuch einer Experimental-Seelenlehre (1756); K. C. E. Schmid: Empirische Psychol. (1791); K. P. Moritz: Ansichten zu einer Experimentalseelenlehre (1782); L. H. Jakob: Grundriß der Erfahrungsseelenlehre (1791); J. C. Hoffbauer: Anfangsgründe der Logik, nebst einem Grundrisse der Erfahrungsseelenlehre (1794). – [4] J. B. Basedow, K. P. Moritz, J. G. H. Feder. – [5] G. B. v. Schirach: Über die moralische Schönheit und die Philos. des Lebens (1772). – [6] J. G. H. Feder: Lb. der prakt. Philos. (1770). – [7] K. P. Moritz: Beitr. zur Philos. des Lebens (²1781); vgl. J. G. Herder (1796): «wahre Philos. und Richtung des Lebens». Sämtl. Werke, hg. B. Suphan 18 (1883) 82. – [8] K. H. L. Pölitz: Moralisches Hb. oder Grundsätze eines vernünftigen und glücklichen Lebens als Beitr. zu einer popularen Philos. (1795); F. Bouterwek: Neue Vesta. Kl. Schr. zur Philos. des Lebens (1803-05). – [9] Umfassende Zusammenstellung der Titel bei W. T. Krug: Allg. Handwb. der philos. Wiss. (²1832-38) 2, 692-694 und bes. bei C. G. Kayser: Vollständiges Bücher-Lex. Sachreg. 1-6 (1838) 81-82. – [10] Magazin der Philos. des Lebens, hg. J. Lang 1 (1790). – [11] Recepttaschenbuch zur Philos. des Lebens, des Umgangs und des Lebensgenusses (1803); Philos. des Lebens (1807). – [12] z. B. Triumph der Lebensweisheit H. 1-7 (1819); Bruchstücke aus der L. (1821); J. Ekkenstein: Preziosen für Witz, Verstand und Herz. Eine Slg. von Sentenzen aus allen Gebieten des L. (1832). – [13] A. Messer: L. (1931). – [14] F. Weinhandl: Wege der Lebensgestaltung (1924). – [15] R. Eucken: Grundlinien einer neuen Lebensanschauung (1907); vgl. G. Simmel: Lebensanschauung (1918). – [16] K. Liebrich: Lebensleid und Liebe. Eine Philos. des Herzens (1922).

2. Seit Beginn des 19. Jh. tritt der Terminus ‹L.› auch zur Bezeichnung von systematischen Zusammenstellungen nicht-philosophischer Denker auf. Hier bezeichnet er nicht so sehr eine Philosophie für das praktische Leben als eine dem wirklichen Leben entstammende, umfassende, von ihrem Schöpfer jedoch nicht systematisierte Lebenserfahrung, die von dem Sammler und Herausgeber der Kompilation zu einer L. verdichtet wurde [1]. Diese Richtung geht überein mit der Neigung zur Verkürzung der philosophischen Aussage durch den Aphorismus und die Maxime zum Ausgang des 18. Jh. Die Aphorismensammlung erhält in dieser Zeit einen wesentlichen Impuls [2], ebenso wie die Übersetzung der französischen Moralisten [3]. Selbst die Kantische Lehre erhielt durch Bouterwek eine derartige Bearbeitung [4]. Theoretisch wurde diese Form der L. als der kurzen Lebensregel durch Abhandlungen zur Gnomistik begründet [5].

Anmerkungen. [1] z. B.: Accorde dtsch. Classiker über Philos. des Lebens (1820); Geist aus J. G. v. Herder's Schr. 1-6 (²1826); A. W. Möller: Christl. Bekenntnisse und Zeugnisse von J. G. Hamann. Ein geordneter Auszug (1826). – [2] Vgl. die allg. Aphorismen- und Spruchslg. des ausgehenden 18. Jh. von Glandorf und Fortlage (1776), Brunck (1784), Dombey (1797), Wyrtenbach und Neyohr (1797-99) und Knigge (1799-1800). – [3] Übersetz. der ‹Réflexions et Maximes› von La Rochefoucauld erschienen 1785, 1790, 1793, 1798 und 1817. – [4] F. Bouterwek: Aphorismen, den Freunden der Vernunftkritik und der Kantischen Lehre vorgelegt (1793). – [5] A. H. Niemeyer: Über die Methode der Alten, die Moral in Gnomen vorzutragen, Vorrede zu J. W. Linde: Sittenlehre Jesu des Sirach Sohn (1782).

3. Die dritte Bedeutung wird durch das Philosophieverständnis bestimmt, das Philosophie und Leben, Dichten und Denken gleichzusetzen trachtet. Auch hier bildet ‹L.› einen Gegenbegriff zur theoretischen Philosophie. Diese Richtung der L. fühlt sich jedoch der theoretischen Philosophie überlegen.

1827 hielt Fr. Schlegel seine ‹Vorlesungen über die Philosophie des Lebens›, die den Begriff der L. in einen neuen Zusammenhang stellen. Er beginnt seine Vorlesungen mit einer polemischen Erklärung gegen jede Art der philosophischen Systematik und stellt dieser Position eine «Einheit der Gesinnung» entgegen, «die innere Consequenz der Denkart, die im Leben wie im Systeme und der philosophischen Ansicht immer einen großen und tiefen Eindruck auf uns macht» [1].

Diese Argumentation ist nicht neu, sie greift vielmehr unmittelbar eine philosophische Bewegung auf, die sich bis in die Mitte des 18. Jh. verfolgen läßt und an deren Beginn J. G. Hamann steht [2]. Diese Form der L. ist durch ihren antirationalistischen Grundzug charakterisiert, der an die Stelle des Beweises das Erfahren und Erleben der Wahrheit stellen will. In voller Breite entwickelte sich diese Tendenz zum erstenmal in der Auseinandersetzung um Spinoza seit den siebziger Jahren des 18. Jh., vor allem nach Fr. H. Jacobis Brief an M. Mendelssohn über die Lehre des Spinoza (1785) sowie der Antwort Mendelssohns und der diesem Konflikt folgenden Schrift Herders [3].

Das Bestimmende dieser Spinoza-Auseinandersetzung war, daß sie nicht fachphilosophisch geführt, sondern von Dichtern bestimmt wurde, die der Rationalität des Denkens die Unmittelbarkeit des Glaubens und das unabweisbare Bedürfnis des Gemütes entgegenzustellen trachten. Diese Tendenz befruchtete die romantische Generation mit ihrer Gleichstellung von Philosophie und Leben im Sinne des Novalis-Wortes «Wer weiß, was Philosophieren ist, weiß auch, was Leben ist, und umgekehrt» [4]. Methodisch zielt diese Verwendung des Begriffs ‹L.› auf einen Antirationalismus, der in einer mehr emotional bestimmten Erfahrung die wahre Quelle aller Erkenntnis sehen will. Thematisch nimmt er die Intention wieder auf, an die Stelle des Seins das Werden zu setzen, sei es nun in seiner biologischen, sei es in seiner historischen Form. Vor allem die biologisch und historisch engagierten Schellingschüler haben den Begriff des Lebens in diesem Sinne aufgegriffen [5].

Anmerkungen. [1] FR. SCHLEGEL, Krit. A., hg. E. BEHLER 10, 12. – [2] J. G. HAMANN: Sokratische Denkwürdigkeiten (1759). – [3] F. H. JACOBI: Über die Lehre des Spinoza (1785); M. MENDELSSOHN: An die Freunde Lessings (1786); J. G. HERDER: Gott (1787). – [4] NOVALIS: Frg. (1802); jetzt: Schr., hg. P. KLUCKHOHN/R. SAMUEL 3 (²1968) 403; vgl. auch J. W. RITTER: Frg. (1806). – [5] G. R. TREVIRANUS, L. OKEN, I. P. V. TROXLER, hierzu auch F. BAADER, J. GOERRES.

Literaturhinweise. J. G. H. KRIECK: J. G. Hamann als Künder des Lebensprinzips, in: Leben als Prinzip der Weltanschauung (1938). – O. F. BOLLNOW: Die L. F. H. Jacobis (²1966). – B. v. WIESE: Herder. Grundzüge seines Weltbildes (1939). – H. FLEMMING: J. G. v. Herders Deutung des Lebens (1939). – K. GUMPRICHT: Das lebensphilos. Denken des reifenden Goerres (1935). – R. M. FEIFEL: Die L. F. Schlegels und ihr verborgener Sinn (1937).

4. Eine vierte Bedeutung bildet sich heraus zur Bezeichnung der philosophischen Disziplinen des Organischen, der biologischen Lebensvorgänge. In dieser Bedeutung wird der Begriff ‹L.› gelegentlich synonym mit ‹Vitalismus› oder ‹Animismus› benutzt, wohl auch als Oberbegriff über die verschiedenen biologischen Lebenstheorien. Ein frühes Zeugnis, die biologische Philosophie mit ‹L.› zu bezeichnen, findet sich bei W. T. KRUG [1]. Eine stärkere Benutzung des Terminus ‹L.› in diesem Sinn erfolgte jedoch im Zusammenhang mit dem Neovitalismus [2].

Anmerkungen. [1] W. T. KRUG: Allg. Handwb. der philos. Wiss., Suppl.-Abt. 1, 630. – [2] Vgl. H. DRIESCH/H. WOLTERECK (Hg.): Das Lebensproblem im Lichte moderner Forsch. (1931).

Literaturhinweise. H. DRIESCH: Der Vitalismus als Gesch. und als Lehre (1922). – W. BURKAMP: Naturphilos. der Gegenwart (1930). – E. CALLOT: Hist. de la philos. biol. (Paris 1966). – G. CANGUILHEM: La connaissance de la vie (Paris ²1967).

5. Zu einer umfassenden Verwendung gelangt der Begriff ‹L.› im ausgehenden 19. und beginnenden 20. Jh. durch Denker, die in den Phänomenen des inneren Lebens und ihren psychischen und geschichtlich-kulturellen Äußerungen einen Ausgangspunkt zur Überwindung der rationalistischen Subjekt-Objekt-Spaltung suchen. Sie greifen dabei teils auf Denker des 19. Jh. zurück, die vom Phänomen des Willens ausgehend eine Metaphysik entwickelt haben [1]. Teils wirken jedoch auch Denker auf sie ein, die die Wahrheitsfunktion an ihre Bedeutung für den Vitalablauf binden [2]. Schließlich bestehen auch Abhängigkeiten und Bezugnahmen zu pantheistischen Konzeptionen [3]. Die philosophiegeschichtliche und interpretierende Literatur hat gewöhnlich die von den Lebensphilosophen in Anspruch genommenen Denker auch unter die Rubrik der L. gerechnet [4].

Aus diesen Quellen entwickeln sich im 19. Jh. zwei in Zielsetzung und Methodik deutlich differierende Richtungen der L. Die erste orientiert sich an der Biologie, die zweite an den historischen Wissenschaften. Beiden gemeinsam ist der Ansatz bei der Psychologie. Während jedoch BERGSON als Begründer der ersten Richtung mittels einer von naturwissenschaftlichen Kategorien befreiten Introspektion zur metaphysischen Begründung der Willensfreiheit gelangt, dient die Psychologie bei DILTHEY als dem bedeutendsten Denker der zweiten Richtung der Entwicklung einer Methode zur Erfassung der historisch-anthropologischen Wirklichkeit. In beiden Ansätzen erweist sich der Übergang vom einzelwissenschaftlichen Ausgangspunkt zu einer Metaphysik als schwierig. Die Kritik am Rationalismus macht den idealistischen Weg, der über die Verbindung von Seele und Geist von dieser Psychologie zur Ontologie gelangen kann, nicht mehr gangbar. Dilthey wie Bergson versuchen daher, die in einer Einzelwissenschaft entwickelten Prinzipien durch eine eigene Erkenntnismethode auch in die Metaphysik hinüberzuretten. BERGSON nimmt dabei eine außerrationale Erkenntnismöglichkeit an, die er Intuition nennt und die im Gegensatz zur diskursiven Erkenntnis ein komplexes Erfassen des Objekts durch einen Akt des Sichhineinversetzens darstellt. Diese Methode hypostasiert jedoch eine prinzipielle Gleichheit von Subjekt und Objekt und führt Bergson zu einem Biologismus, der das Leben als 'élan vital' zum Wesen der Welt macht. Dieses Leben ist metaphysisch durch ständige Schöpfung bestimmt und manifestiert sich auf den verschiedenen Stufen des Seins in seinen Geschöpfen. DILTHEY versucht im historischen Prozeß den im Erleben erfahrenen individuellen Lebensvorgang metaphysisch auszuweiten, indem er die Erlebnisgehalte durch eine hermeneutische Methode zu objektivieren trachtet, so daß er schließlich einen objektiven Geist erreicht, der als historische Macht das einzelne Individuum ähnlich bestimmt wie der élan vital Bergsons das einzelne Lebewesen. Eine eigentliche Schultradition hat sich nur an Dilthey angeknüpft. Seine Schüler und Nachfolger bemühen sich einerseits um eine weitere Erhellung der hermeneutischen Methode [5], andererseits um eine Deutung der metaphysischen Lebenshaltung aus den psychischen und charakterologischen Voraussetzungen [6]. Daneben tritt bei zahlreichen Denkern eine antirationalistische Kulturkritik in den Vordergrund, die die Differenz zwischen Geist und Seele verschärft und rein emotionale Erkenntnismöglichkeiten sucht [7].

Anmerkungen. [1] F. P. MAINE DE BIRAN, A. SCHOPENHAUER, FR. NIETZSCHE, J. M. GUYAU, A. FOUILLÉE. – [2] J. DEWEY, W. JAMES, F. C. S. SCHILLER, G. SIMMEL, H. VAIHINGER. – [3] F. HEMSTERHUIS, J. W. v. GOETHE, NOVALIS, F. W. J. SCHELLING, F. RAVAISSON. – [4] Dies trifft bes. auf S. KIERKEGAARD und FR. NIETZSCHE zu. – [5] H. MAIER, E. ROTHACKER, G. MISCH, O. F. BOLLNOW, E. BETTI. – [6] E. SPRANGER, TH. LITT. – [7] L. KLAGES, TH. LESSING, J. ORTEGA Y GASSET, R. MÜLLER-FREIENFELS, O. SPENGLER.

Literaturhinweise. H. RICKERT: Die L. (²1922). – G. MISCH: L. und Phänomenol. (1930). – P. LERSCH: L. der Gegenwart (1932). – O. F. BOLLNOW: Die L. (1958). – G. FABIAN: Kritik der L. (1926).

G. PFLUG

Lebensplan. Der Begriff ‹L.› gehört zu den Grundbegriffen der Individualpsychologie A. ADLERS. Deren Hauptthese bildet die Annahme einer allen Lebensvorgängen innewohnenden Zielstrebigkeit, die beim Menschen in der Entwicklung und der Verfolgung eines L. bestehe. Jeder Mensch forme schon in seiner frühen Kindheit einen Vorentwurf für die Gestaltung seines Lebens, d.h. er wähle seine Verhaltensweisen nach charakteristischen konstanten Merkmalen aus [1]. Diese «Leitlinien» stehen als Einzelzüge zueinander in struktureller Beziehung und bilden das Gerüst des gesamten L. [2]. Das Ziel des L. besteht nach Adler darin, das «Leitbild» als das «fiktive» Endziel allen menschlichen Strebens zu erreichen. Gemäß seiner Deutung liegt der Schlüssel zum Verständnis der individuellen Psyche in der Abstraktion des L. mit seinen Leitlinien und dem Leitbild aus der Vielfalt der

Verhaltensweisen, der Träume und sonstigen symbolhaften Äußerungen des Individuums [3]; mit der Ermittlung des L. wird also die Persönlichkeit eines Individuums offenbar [4].

Wird das Ziel des L. nicht erreicht oder wird die Durchführung des L. gehemmt, so kann es einmal zu Umstellungen und Anpassungen des L. an die Wirklichkeit, zum anderen aber auch zu irrealen Scheinzielsetzungen («Als-Ob-Veranstaltungen») kommen. Erfolgt eine Reaktion der zweiten Art, wird nach Adler eine neurotische Fehlentwicklung vorbereitet. Diese Ansicht vertraten nach Adler besonders F. KÜNKEL [5] und J. NEUMANN [6].

ADLER ersetzt den Ausdruck ‹L.› in seinen späteren Beiträgen zur Individualpsychologie durch den Begriff ‹Lebensstil›, um «Mißverständnissen vorzubeugen» [7]. Die Vermutung liegt nahe, daß die Bezeichnung ‹L.› allzu oft im Sinne einer *bewußten* Strategie zur Verfolgung bestimmter Ziele mißverstanden worden war.

R. DREIKURS stellte den Begriff ‹L.› jedoch später – trotz den Befürchtungen Adlers – in den Mittelpunkt seiner individualpsychologischen Abhandlungen [8].

Dem Begriff des Plans in der Bedeutung von ‹L.› begegnet man außerhalb der individualpsychologischen Richtung selten. ORTEGA Y GASSET verwendet ihn seit 1934 [9], jedoch ohne auf Adler Bezug zu nehmen. In der akademischen Psychologie wurde der Begriff ‹Plan› von den Behavioristen G. A. MILLER, E. GALANTER und K. H. PRIBRAM aufgegriffen. Ihr Begriffsverständnis weicht jedoch erheblich von dem Adlers ab. Sie setzen die Verhaltenssteuerung eines ‹Plans› analog dem Programm, das die Tätigkeit eines Computers lenkt. Die Analogie geht von dem Bild eines menschlichen Organismus aus, der wie eine Maschine seine Funktionen ausübt, dabei durchaus anpassungsfähig, jedoch ohne erkennbare immanente Teleologie ist. Ihre Definition des Begriffs ‹Plan› als «in eine hierarchische Ordnung integrierten Prozeß im Organismus, der die Reihenfolge bestimmen kann, in der eine Verhaltenssequenz abläuft» [10], zeigt ihren pragmatistischen Ansatz deutlich. Diese neue Begriffsbestimmung von ‹Plan› könnte man eher mit Adlers Begriff ‹Leitlinie› als mit dem des L. gleichsetzen.

Anmerkungen. [1] A. ADLER: Praxis und Theorie der Individualpsychol. (⁴1930); Über den nervösen Charakter (⁴1928) 40. – [2] Der Sinn des Lebens (²1933). – [3] Praxis und Theorie ..., a.O. [1]. – [4] Liebesbeziehungen und deren Störungen (1926) 20ff. – [5] F. KÜNKEL: Die Arbeit am Charakter (¹⁸1934). – [6] J. NEUMANN: Der nervöse Charakter und seine Heilung (1954). – [7] A. ADLER: The sci. of living (New York 1929); s. Art. ‹Lebensstil›. – [8] R. DREIKURS: Grundbegriffe der Individualpsychol. (1969). – [9] J. ORTEGA Y GASSET: Vom Menschen als utopisches Wesen. 4 Essays. In-sich-selbst-Versenkung und Selbstentfremdung (1934, dtsch. 1954). – [10] G. A. MILLER, E. GALANTER und K. H. PRIBRAM: Plans and the structure of behavior (New York 1960).

Literaturhinweise. H. L. und R. ANSBACHER: The individual psychol. of Alfred Adler (New York 1956). – H. L. ANSBACHER: Life style: A hist. and systematic rev. J. individual Psychol. 23 (1967) 191-209. O. BRACHFELD

Lebensqualität bzw. ‹Qualität des Lebens› (wie engl. quality of life, frz. qualité de la vie) ist keine so prägnante sprachliche Formel, daß die Feststellung ihres erstmaligen Auftretens begriffsgeschichtlich unumgänglich erscheinen müßte. Im Englischen taucht die Prägung ‹quality of living› erstmals schon 1784 auf [1], und noch vor die Phase der eigentlichen Konjunktur des Ausdrucks, die in den 60er Jahren des 20. Jh. in den USA begann, fällt seine beiläufige Verwendung durch A. CARREL in einem vor und während des Zweiten Weltkriegs entstandenen zivilisationskritischen Buch: «... la qualité de la vie est plus importante que la vie elle-même» [2]. Der Begriff ‹quality of life› in seiner heute verbreiteten Bedeutung wurde vermutlich von dem amerikanischen Fernsehkommentator E. SEVAREID initiiert, der ihn 1956 zur Kennzeichnung des Wahlprogramms von A. Stevenson verwendete [3]. Stevenson nahm den Begriff in einer Rede auf; durch A. Schlesinger jr. und J. K. Galbraith, die späteren Kennedy-Berater, wurde er popularisiert, JOHNSON verwendete ihn dann 1964 in seinem Entwurf für die ‹Great Society› und 1965 in der ‹State of the Union Address› [4]. Die für den ersten Bericht des Club of Rome über ‹Die Grenzen des Wachstums› grundlegenden Arbeiten von J. W. FORRESTER [5], der L. in Form eines Indexwertes definierte [6], verbreiteten die Formel weltweit. Auch im Deutschen wurde ‹L.› anfangs der 70er Jahre allgemein geläufig. W. BRANDT, in einer Rede vom 13. 7. 1971, scheint ihn als erster eingeführt zu haben [7], und mit der Arbeitstagung der Industriegewerkschaft Metall vom April 1972 in Oberhausen [8] wurde der Begriff als Wahlkampfparole der SPD im gleichen Jahr zum politischen Schlagwort.

Als Begriff eingeführt, der das Problem ungehemmten wirtschaftlichen Wachstums sowie des Gegensatzes von privatem Wohlstand und öffentlicher Armut zum Bewußtsein brachte, umfaßte die öffentliche Diskussion von L. in der Folge bald auch die Themen Umweltschutz, Bevölkerungswachstum, Städtebau, Arbeitsplatz- und Freizeitgestaltung usw. Das Schlagwort hat die unter ihm befaßten Probleme und ihren Zusammenhang griffig präsentiert.

Mit ‹L.› wird weniger die generelle Beschaffenheit des (menschlichen) Lebens beschrieben als – im Sinne des ungebräuchlichen Äquivalents ‹Qualitätsleben› – das bessere oder gar gute Leben eingefordert. Eine mehr als nur negative inhaltliche Definition bereitet die größten Schwierigkeiten. Die Messung von L. wird sozialwissenschaftlich über die Aufstellung und Gewichtung von Sozialindikatoren versucht [9]. Als Zielvorstellung verstanden, hat L. den Charakter eines «Mahnrufs» (JÖHR [10]) bzw. «ideologischen Programmtitels» (LÜBBE [11]). Über Semantik und Pragmatik eines politischen Schlagworts hinaus involviert die Reflexion auf L. eine philosophisch-anthropologische Besinnung, die die menschlichen Bedürfnisse, das Verhältnis menschlicher Umwelt und Mitwelt, die im Zusammenhang mit Tendenzen zur Aufwertung des kleinen Lebensraumes in Frage stehenden Bedingungen für die Gewährleistung der konkreten 'kleinen' Freiheit(en) [12] usw. zu ihrem Gegenstand hat.

Anmerkungen. [1] Vgl. R. BAGE: Barham Downs I (1784), zit. nach Oxford Engl. Dict. 8 (1961) s.v. ‹Quality 4›. – [2] A. CARREL: Réfl. sur la conduite de la vie (Paris 1950, dtsch. 1954) V. – [3] Vgl. W. SAFIRE: The new language of politics (New York 1972) 54f. – [4] H.-J. KANN: «Qualität des Lebens»/«L.». Anm. zur Wortgesch. Muttersprache 85 (1975) 50–52, bes. 50. – [5] J. W. FORRESTER: Urban dynamics (Cambridge, Mass. 1969); World dynamics (Cambridge, Mass. 1971). – [6] J. W. FORRESTER: Der teuflische Regelkreis. Das Globalmodell der Menschheitskrise (dtsch. überarb. Fass. von World Dynamics) (1972) 57ff. – [7] Bundeskanzler W. BRANDT: Reden und Interviews (1971). – [8] G. FRIEDRICHS (Hg.): Aufgabe Zukunft. Qualität des Lebens. Beiträge zur 4. int. Arbeitstagung der Industriegewerkschaft Metall, 11.–14. 4. 1972 in Oberhausen 1–10 (1973/74). – [9] Vgl. u.a. die Z.: Social indicators res.; an int. and interdiscipl. J. for quality-of-life measurement 1 (Dordrecht 1974ff.). – [10] W. A. JÖHR: L. und Werturteilsstreit (1974) 18ff. – [11] H. LÜBBE: L. und

Fortschrittskritik von links – Sozialer Wandel als Orientierungsproblem, in: H.-J. NACHTWEY (Hg.): ‹L.›? Von der Hoffnung Mensch zu sein (1974) 255–269, zit. 259. – [12] H. HOLZHEY: Philos.-anthrop. Überlegungen zum Problem der L., in: L. Qualité de la vie. La qualità della vita. Jb. der Neuen Helv. Ges. 46 (1975) 184–192.

Literaturhinweise. – *Bibliographie* (bis 1975): H. und U. E. SIMONIS: L. Zielgewinnung und Zielbestimmung. – Quality of life. Methods and measurement. Kieler Schrifttumskunden zu Wirtschaft und Gesellschaft 21 (1976). – *Literatur:* A. POLLIS (Hg.): Quality of living: Environmental viewpoints (Oklahoma City 1973). – H. SWOBODA: Die Qualität des Lebens. Vom Wohlstand zum Wohlbefinden (1973). – G. BETZ: Qualität des Arbeitslebens. Arbeits- und Sozialstatist. Mitt., hg. Bundesminister für Arbeit und Sozialordnung 25 (1974) 284. 344. – E. EPPLER: Maßstäbe für eine humane Gesellschaft: Lebensstandard oder L.? (1974). – Sci. and absolute values. Proc. 3rd int. Conf. Unity of Sci. (New York 1974) 1, 58–373. – U. SCHULTZ (Hg.): L. Konkrete Vorschläge zu einem abstrakten Begriff (1975). – K. BÄTTIG und E. ERMERTZ (Hg.): L. Ein Gespräch zwischen den Wiss. (1976). – M. DURAND und Y. HARFF: La qualité de la vie; mouvement écologique, mouvement ouvrier (Paris 1977). – Weitere Lit. s. Anm. [4, 8, 10, 11, 12]. H. HOLZHEY

Lebensraum

I. Der Ausdruck ‹L.›, den der Geograph F. RATZEL 1897 in die wissenschaftliche Terminologie eingeführt haben dürfte [1], ist (wie das Synonym ‹psychologisches Feld›) ein Hauptbegriff der theoretischen *Psychologie* K. LEWINS, in der ein allgemeiner (d.h. nicht-geometrischer) Raumbegriff zur Darstellung psychischer Sachverhalte vorgeschlagen wird. Das Handeln und die Entwicklung des Individuums lassen sich verstehen als bestimmt durch die *Person* (einschließlich organisiertes Insgesamt ihrer Geschichte) und die *Situation* (physische und soziale Umwelt), in der sie sich befindet. Aufgabe der Psychologie ist nach Lewin einerseits die Auffindung allgemeiner *gesetzmäßiger* Verknüpfungen zwischen Merkmalen von Personen und Umweltsituationen mit Variablen, die das Verhalten in der Gesamtheit dieser funktionalen Zusammenhänge oder in ausgewählten Ausschnitten derselben beschreiben, und anderseits gültige Voraussagen über das Handeln eines bestimmten Individuums in einer bestimmten Situation zu machen mit Hilfe von *Konstrukten*, die die «Gesamtheit» jener «Fakten, welche das Verhalten eines Individuums zu einer gegebenen Zeit bestimmen» [2], psychologisch repräsentieren; denn nur so lassen sich die gefundenen Gesetze auf konkretes Handeln anwenden. Das von Lewin zu diesem Zweck vorgeschlagene Konstrukt ist der *L.* bzw. das *psychologische Feld.* Im Ausdruck ‹L.› klingen die phänomenologischen Wurzeln des Begriffes nach [3], während im Feldbegriff der Konstruktcharakter deutlicher hervortritt.

Nach einigen beiläufigen Verwendungen wird der Begriff ‹L.› 1936 in den ‹Principles of Topological Psychology› definitiv eingeführt; er soll den Zustand der Person wie der Umwelt «in einheitlichen Ausdrücken als Teile einer Situation darstellen», und zwar als «den Gesamtbereich dessen, was das Verhalten eines Individuums in einem gegebenen Zeitmoment bestimmt» [4]. Der Begriff hat also eindeutig Konstruktcharakter, da er auf konditional-genetischer Begriffsebene 'etwas' darstellt, was durch operationale Bestimmungen (phänomenologische, physikalische oder andere Methoden) nur approximiert werden kann. Wesentlich ist das Prinzip der *Kontemporaneität:* psychologisch wirklich ist allein das Jetzige; früher Erfahrenes oder vorstellungsmäßig Antizipiertes kann für das Verhalten nur wirksam werden, wenn es im gegenwärtigen L. enthalten ist. Der «Inhalt» des L. muß also erschlossen werden. Er ist bestimmt durch die kumulative Geschichte der Person sowie die Art und Weise, wie die gegenwärtige Umwelt in der Wahrnehmung (im weitesten Wortsinn) aufgefaßt wird. Gelegentlich kommen bei Lewin allerdings Formulierungen vor, die den L. als etwas Reales erscheinen lassen, das aufgrund der Erlebnisse des Individuums mit Hilfe topologischer und hodologischer Raumbegriffe als psychologisches Feld dargestellt werden soll [5]. Das hat zusammen mit vorwissenschaftlichen bzw. geographischen und soziologischen Bedeutungen von ‹L.› Anlaß gegeben, Lewin als phänomenologischen Introspektionisten zu verstehen [6].

Tatsächlich aber konzipierte er seinen L.-Begriff, weil er glaubte, mittels topologischer Relationen (Ganzes/Teil, Einschließen/Ausschließen, Benachbartsein, Zugehörigkeit usf.) psychologische Gegebenheiten in ihrer Struktur am angemessensten darstellen zu können. Durch Einführung von Richtungs- und Distanzbegriffen hat er die Topologie zur 'Hodologie' (von griech. ὁδός, Weg) zu erweitern versucht [7], um so dem dynamischen Charakter psychischer Sachverhalte Rechnung zu tragen. Im L. sind alle das Verhalten im gegenwärtigen Zeitpunkt bestimmenden psychologisch erfaßbaren Fakten durch ihre Beziehung untereinander, durch Regionen und ihre Zuordnung zueinander, die Stärke ihrer Grenzen sowie die zwischen ihnen durchlaufbaren Wege bestimmt. Zur Veranschaulichung des L. dienen in sich geschlossene Linienzüge beliebiger Form (Jordankurven), deren jeder eine Region bzw. eine Hierarchie von Regionen einschließt; die Beschränktheit der auf diese Weise darstellbaren direkten Beziehungen des Benachbartseins haben einige Schüler Lewins durch Beizug der Graph-Theorie zu überwinden versucht [8]. Die Regionen sind die psychologische Repräsentation realer, vorgestellter oder außerhalb des Bewußtseins wirksamer Gegebenheiten (Objekte, Personen, Befindlichkeiten, Tätigkeiten usf.). Die psychologische Repräsentation des handelnden Individuums selbst ist wie ein Massenpunkt stets in einer der Regionen lokalisiert. Auf die psychologische Person, die unter dem Bedürfnisaspekt auch als differenziertes System in Spannung betrachtet wird, wirken die den Regionen zugehörigen positiven und negativen Valenzen (Aufforderungscharaktere) im Sinne von Feldkräften ein und bewirken eine Lokomotion der Person im L. derart, daß die sukzessiven Konstellationen des L. den Ablauf einer Handlung und letzten Endes die gesamte Entwicklung des Individuums darstellen. Gleichzeitig bedeutet jedes Verhalten eine Umstrukturierung des L., insofern neue Beziehungen zwischen den Regionen entstehen und Teile des L. als nicht mehr verhaltensrelevant in die äußere Hülle austreten bzw. von dort neu aufgenommen werden.

Unter einer Reihe von Aspekten ist der L. auch differentialpsychologisch spezifizierbar. So wird er im Laufe der Entwicklung eines Individuums zunehmend reichhaltiger und differenzierter; er kann auch mehr oder weniger ausgeprägt Repräsentationen vergangener (Gedächtnis) oder zukünftiger Konstellationen (Zeitperspektive, Pläne) enthalten oder in Abweichung von den realen ökologischen Gegebenheiten unterschiedliche Irrealitätsgrade (Phantasie, Träume) annehmen. Als weitere allgemeine Eigenschaften des L. hat Lewin seinen Organisiertheitsgrad, seine Rigidität oder Flüssigkeit, seine Elastizität und Plastizität untersucht. Das Problem der Beziehung zwischen dem L. und seiner äußeren Hülle,

d. h. den psychologischen und den nicht-psychologischen Gegebenheiten ist Gegenstand der psychologischen *Ökologie*. Für die Zwecke der Darstellung sozialpsychologischer Sachverhalte hat Lewin die Ausweitung zum Begriff des Sozialraums vorgeschlagen [9]; diese Anregung ist aber bisher systematisch nicht aufgenommen worden [10].

Im Begriff des L. kristallisiert sich ein imponierender, wenngleich grundsätzlich gescheiterter Versuch, die Anwendbarkeit psychologischer Gesetze der Unsicherheit induktionslogischer Schlüsse zu entziehen und zu unbedingt geltenden Gesetzen vorzustoßen. Die Psychologie ist Lewins vielleicht verfrühtem Vorschlag nicht gefolgt, sondern begnügt sich nach wie vor mit der Aufstellung von Regeln über *partielle* Sachverhalte, weshalb sich der unbefriedigende Dualismus zwischen allgemeiner und differentieller Psychologie herausgebildet hat [11]. Im Gegensatz dazu forderte Lewin Beschreibungsbegriffe, die die *gesamten* Bedingungen des Verhaltens umfassen. Das Problematische seines Ansatzes liegt in der Zirkularität der Argumentation: Aussagen über das Feld werden post hoc aus dem resultierenden Verhalten erschlossen. Wenn aber überhaupt das Verhalten determiniert ist, dann ist dies kein grundsätzlicher Einwand. Lewins Vorschlag bleibt in seiner Intention prüfenswert.

Anmerkungen. [1] F. RATZEL: Polit. Geogr. (1897); vgl. W. HELLPACH: Einf. in die Völkerpsychol. (1938) 42ff.; zum phänomenol. Bedeutungsaspekt von ‹L.› vgl. K. v. DÜRCKHEIM: Untersuch. zum gelebten Raum. Neue psychol. Stud. 6 (1932) 383-480. – [2] K. LEWIN: Grundzüge der topol. Psychol. (1936, ND 1969). – [3] Kriegslandschaft. Z. angew. Psychol. 12 (1917) 440-447. – [4] a.O. [2] 34. – [5] Feldtheorie in den Sozialwiss. (1963) 277f. – [6] D. CARTWRIGHT: Lewinian theory as a contemporary systematic framework, in: S. KOCH (Hg.): Psychol., a study of a sci. (New York 1959) 2, 7-91, bes. 67; O. GRAEFE: Über Notwendigkeit und Möglichkeit der psychol. Wahrnehmungslehre. Psychol. Forsch. 26 (1961) 262-298. – [7] K. LEWIN: The conceptual representation and the measurement of psychol. forces (Durham, N.C. 1938). – [8] F. HARARY, R. Z. NORMAN und D. CARTWRIGHT: Structural models: an introd. to the theory of directed graphs (New York 1965). – [9] LEWIN, a.O. [5] Kap. 4ff. – [10] M. DEUTSCH: Field theory in social psychol., in: G. LINDZEY (Hg.): Handbook of social psychol. (Cambridge, Mass. ¹1954) 1, 181-222. – [11] L. J. CRONBACH: The two disciplines of sci. psychol. Amer. Psychologist 12 (1957) 671-684. A. LANG

II. Der *politische Begriff* ‹L.› entstand im Zuge der in HERDERS Staatsmetaphorik angelegten [1], von der Romantik und dem Historismus entfalteten organizistischen Staatsauffassung: der Staat, ein nach natürlichen Gesetzen sich entwickelnder Organismus mit eigener «Anatomie, Physiologie und Psychologie» [2]. Der organizistische Gedanke verbindet sich unter dem Einfluß von H. SPENCER mit dem Sozialdarwinismus. Der Kampf zwischen den Staaten, «die ganze Ordnung des auslesenden Daseinskampfes», ist nach A. SCHÄFFLE das treibende Moment der historischen Entwicklung [3]. Ihm folgen P. v. LILIENFELD, L. GUMPLOWICZ und G. RATZENHOFER, die alle der sozialdarwinistischen These verpflichtet sind, daß jedes mächtigere «ethnische oder sociale Element» danach strebe, «das in seinem Machtbereiche befindliche oder dahin gelangende schwächere Element seinen Zwecken dienstbar zu machen» [4].

Diese theoretische Entwicklung spiegelt sich wider in den proklamierten politischen Zielen. Die Forderung nach nationaler Ausdehnung und Kolonisation ist in Deutschland von Anfang an mit den Bemühungen um nationale Einigung verknüpft. F. LIST und H. v. TREITSCHKE, vor allem aber die Publizisten des Vormärz, machen sie sich zu eigen [5]. In das Zentrum politischer Programmatik rückt die Forderung nach Erweiterung des L. in der Publizistik des ‹Allgemeinen deutschen Verbandes zur Förderung überseeischer deutsch-nationaler Interessen› (1886), seit 1894 ‹Alldeutscher Verband›. Um der «germanischen Rasse» die für ihre volle Entfaltung notwendigen Lebensbedingungen zu sichern, müsse «nach Osten und Südosten» «Ellenbogenraum» gewonnen werden [6].

Explizit verwendet wird der Begriff ‹L.› jedoch erst von dem Mitbegründer des ‹Alldeutschen Verbandes› F. RATZEL in seinem Buch ‹Politische Geographie› (1897), dem 1901 ein Essay mit dem Titel ‹Der L.› folgt. Ratzel interpretiert die Darwinsche These vom Kampf ums Dasein als einen Kampf um Raum, nicht nur für die biologischen Organismen, sondern auch für die Staats-Organismen [7]. In politpädagogischer Absicht bemüht er sich um die Vermittlung der geographisch-großräumigen Einsicht, daß im Kampf um Raum «das Meer eines der größten Machtmittel ist» [8]. – Nach Ratzel haben vor allem K. HAUSHOFER [9], N. KREBS [10], H. SCHMITTHENNER [11] und E. F. FLOHR [12] die geopolitische Doktrin des L. entwickelt und variiert [13]. Flohr forderte eine «L.-Kunde», die die «Idealgestalt des Reiches ... und seinen Weg zum vollkommenen L. erkunden» soll [14].

Mit seiner Verwendung bei K. VOHWINKEL und A. ROSENBERG wird der Begriff ‹L.› schließlich zum Instrument *nationalsozialistischer* Machtpolitik [15]. Offensichtlich hat A. HITLER die rassenbiologischen und kolonialistischen Vorstellungen der Alldeutschen und die L.-Doktrin der Geopolitiker, insbesondere Ratzels und Haushofers, vor der Abfassung von ‹Mein Kampf› (1925/27) auf der Festung Landsberg gekannt, zumal sein Mithäftling R. Heß Schüler K. Haushofers gewesen ist, der beide in Landsberg besucht hat [16]. Neben Wendungen wie «Raum zum Leben» und «zum Leben nötiger Boden» [17] gebraucht Hitler den Ausdruck ‹L.› im Zusammenhang mit der Begründung für die Auseinandersetzung mit Frankreich und unter der Überschrift ‹Heraus aus der Enge des L.!› für den Hinweis auf die Notwendigkeit ihrer Überwindung [18]. «Hitlers zweites Buch» (1928) weist das Wort ‹L.› neben zahlreichen Varianten als häufig gebrauchtes Schlagwort in seinem Wortschatz aus. Durch Hitler und seine Propaganda wird so der Begriff ‹L.› zum Zeichen für nationalsozialistische Raum- und Expansionspolitik. Er wird zu dem von C. SCHMITT nach dem Vorbild der amerikanischen Monroe-Doktrin [19] völkerrechtlich geforderten Großraum oder, wie Schmitt im Anschluß an V. VON WEIZSÄCKER [20] gelegentlich auch sagt, Leistungsraum: dem jeder politischen Macht zukommenden, «aus einer umfassenden gegenwärtigen Entwicklungstendenz entstehende[n] Bereich menschlicher Planung, Organisation und Aktivität» [21].

Nach dem Zweiten Weltkrieg haben sich namhafte Autoren kritisch mit der wissenschaftlichen Begründung der L.-Doktrin auseinandergesetzt und den Begriff auf seine ursprüngliche biogeographische Bedeutung zurückgeführt [22].

L. BINSWANGER macht gegen den Kampf ums Dasein und den Kampf um den L. seine Sozialethik der «Räumlichkeit des liebenden Miteinanders» geltend [23]. O. F. BOLLNOW schließt sich dieser Deutung an und begreift L. als «Raum des liebenden Zusammenlebens» [24].

Anmerkungen. [1] Vgl. J. G. HERDER: Ideen zur Philos. der Gesch. der Menschheit (1785-92). Sämtl. Werke, hg. B. SUPHAN

14, 203. – [2] Vgl. den Titel von: A. Schäffle: Bau und Leben des socialen Körpers. Encyklopäd. Entwurf einer realen Anat., Physiol. und Psychol. der menschl. Gesellschaft mit bes. Rücksicht auf die Volkswirthschaft als socialen Stoffwechsel 1-4 (1875-78). – [3] a.O. 2, 486. – [4] L. Gumplowicz: Der Rassenkampf (Innsbruck 1909) 154. – [5] D. Onken: Das Problem des ‹L.› in der dtsch. Politik vor 1914 (Diss. Heidelberg 1948) 7. – [6] Die bürgerl. Parteien in Deutschland. Hb. der Gesch. der bürgerl. Parteien und anderer bürgerl. Interessenorganisationen vom Vormärz bis zum Jahre 1945. I. Alldtsch. Verband – Fortschrittl. Volkspartei (1968) 9; vgl. auch A. Kruck: Gesch. des Alldtsch. Verbandes (1954). – [7] F. Ratzel: Der L. Eine biogeogr. Stud., in: Festgabe A. Schäffle (1901) 153. – [8] Das Meer als Quelle der Völkergröße (²1911) 72. – [9] K. Haushofer (Hg.): Z. Geopolitik (1924). – [10] N. Krebs (Hg.): Atlas des dtsch. L. in Mitteleuropa (1937). – [11] H. Schmitthenner: L.e im Kampf der Kulturen (1938). – [12] Zu E. F. Flohr vgl. C. Troll: Die geogr. Wiss. in Deutschland in den Jahren 1937 bis 1945. Erdkunde 1 (1947) 10. – [13] Zum Begriff ‹Geopolitik› vgl. R. Kjellén: Der Staat als Lebensform (1917); Grundriß zu einem System der Geopolitik (1920). – [14] Vgl. Troll, a.O. [12] ebda. – [15] Vgl. auch die propagandist. Breitenwirkung von H. Grimm: Volk ohne Raum (¹1926). – [16] Vgl. K. Lange: Der Terminus ‹L.› in Hitlers ‹Mein Kampf›. Vjh. für Zeitgesch. 13 (1965) 430f. – [17] A. Hitler: Mein Kampf 1(1925) 145. – [18] a.O. 2 (1927) 306. – [19] C. Schmitt: Völkerrechtl. Großraumordnung, mit Interventionsverbot für raumfremde Mächte (1941) 12-22. – [20] V. von Weizsäcker: Der Gestaltkreis (1940) 129; Schmitt, a.O. 6. – [21] ebda. – [22] Vgl. bes. Troll, a.O. [12] 3-48; P. Schöller: Wege und Irrwege der polit. Geogr. und Geopolitik. Erdkunde 9 (1957) 2-20. – [23] L. Binswanger: Grundformen und Erkenntnis menschl. Daseins (1942). – [24]. O. F. Bollnow: Mensch und Raum (²1971) 257.

Literaturhinweise. A. Grabowsky: Staat und Raum (1928). – J. Schneider: Volk, Raum, Politik (1939). – E. F. Flohr: Versuch einer Klärung des Begriffs L. Geogr. Z. 48 (1942) 393-404. – H. Schmitthenner: Zum Begriff ‹L.›. Geogr. Z. a.O. 405-417. – H. Schrepfer: Was heißt L.? Geogr. Z. a.O. 417-424. – G. Bakker: Duitse Geopolitik 1919-1945 (Utrecht 1967). J. Debus

Lebensstil. Der Begriff ‹L.› bezeichnet in der *Soziologie* und *Kulturanthropologie* eine von bestimmten Merkmalen charakterisierte Lebensweise von Gruppen. Die Merkmale sind relativ überdauernd und werden allgemein als Strukturmerkmale in einem als Einheit fungierenden Beziehungsgefüge verstanden. In der Psychologie wird der Begriff meist in ähnlicher Bedeutung für die Gesamtheit der ein Individuum charakterisierenden Verhaltensweisen und Einstellungen verwendet.

Dem Ausdruck ‹L.› – der Stilbegriff wurde wohl aus der Kunstgeschichte übernommen – begegnet man zunächst als Kategorie einer deskriptiven *Soziologie* bei M. Weber [1]. Mit ‹L.› bezeichnet er die für eine bestimmte Gruppe bezeichnenden Verhaltensformen und Wertvorstellungen. Der Stil in der Lebensweise einer Gruppe oder Klasse unterliegt nach Weber den Einflüssen von Erziehung, Beruf usw. und wird durch sie weitgehend geprägt [2].

F. Wilken, ein Schüler Webers und Mitglied des individualpsychologischen Zirkels in München, führte nach seiner persönlichen Mitteilung an H. L. Ansbacher [3] den Begriff ‹L.› in den zwanziger Jahren in den Kreis um A. Adler ein und damit in die *Psychologie* ein, indem er ihn für die Bezeichnung individueller Lebensweise fruchtbar machte. Auch in diesem Zusammenhang verwendet Wilken ‹L.› als deskriptiven Begriff («nervöser L.», «materialistisch-dämonischer L.») [4]. Entgegen den Mitteilungen an Ansbacher findet man den Begriff ‹L.› jedoch schon vor dem von ihm genannten Zeitpunkt bei Adler [5]. Eine zentrale Bedeutung in dessen System erlangt ‹L.› aber erst von dem von Ansbacher genannten Zeitpunkt an [6].

In der *Individualpsychologie* bedeutet ‹L.› die individuelle «Bewegungslinie», die aus allen Äußerungsformen des Menschen zu abstrahieren und die auf einen vom Individuum selbst gesetzten Endzweck ausgerichtet ist. Im Hinblick auf dieses «fiktive, d.h. nie ganz erreichbare Endziel» wird das Leben vom Individuum aktiv gestaltet (ein «Lebensplan» [s. d.] wird aufgestellt) und erhält seinen «Stil» [7]. Der Begriff ‹L.› umfaßt bei Adler die Auffassung von der Person als einer teleologisch ausgerichteten, schöpferisch tätigen Ganzheit. Er gewinnt in den letzten Beiträgen Adlers – zunächst noch zusammen mit den Begriffen ‹Lebensplan›, ‹fiktiver Endzweck›, mitunter auch ‹Leitbild› und ‹Leitlinie›, die unsystematisch füreinander eingesetzt und später zugunsten von ‹L.› aufgegeben werden – die Bedeutung des Kerns der Persönlichkeit, des Prinzips der Konstanz und Einheit in der Persönlichkeit schlechthin [8]. Dieses Prinzip der Einheit ist jedoch keine quasi-objektive Funktionseinheit (wie z. B. das Ich oder das Selbst in manchen psychologischen Systemen), sondern das Gesamt der subjektiven Einstellungen des Menschen zu sich selbst und zu seiner Umwelt [9], denen eine steuernde Wirkung für das Verhalten des Individuums zukommt. Für Adler wird mit dieser weiten Definition von ‹L.› der Begriff des Ich entbehrlich [10]. Die Genese des L. sieht er in den Erlebnissen der frühen Kindheit verankert. Sie formen die «Meinungen» des Individuums und durch sie unmittelbar auch den L. In Übereinstimmung mit den Erkenntnissen S. Freuds hält auch Adler die Entwicklung des L. im Alter von vier bis fünf Jahren im wesentlichen für abgeschlossen [11].

Adlers Begriffsverständnis wurde in gewissen Aspekten von G. W. Allport in seine genetische Betrachtung der Persönlichkeit übernommen [12]. Er setzt ‹L.› gleich mit ‹Selbstbild› und hebt damit den subjektiven Aspekt des L. als Einheit der Einstellungen und Meinungen hervor [13], doch interpretiert er L. gleichzeitig als komplexe Organisation im Kern der Persönlichkeit (complex propriate organisation), welcher motivierende Wirkung auf einem höheren Niveau zukommt. In der Verwendung des Begriffes ‹Stil› sieht Allport den Vorteil, unbegrenzte Möglichkeiten der Individualität auszudrücken [14].

Auf die *soziologische* Verwendung des Begriffes ‹L.› für die charakteristischen Verhaltensweisen von Gruppen greifen einige sozialpsychologisch orientierte Psychologen zurück, die der von Adler begründeten Tradition jedoch recht nahestehen [15]. E. H. Erikson, auch E. Rothacker, anknüpfend an H. L. Kroeber, fassen den Begriff so weit, daß sie ihn gleichbedeutend mit ‹Kultur› setzen können [16].

Dem Begriff ‹L.› kommt in der gegenwärtigen Psychologie nur in individualpsychologisch orientierten Veröffentlichungen eine wichtige Bedeutung zu. In der gegenwärtigen Kulturanthropologie wird der Begriff ‹L.› nur gelegentlich verwendet [17].

Anmerkungen. [1] Vgl. z. B. M. Weber: Die Wirtschaftsethik der Weltrelig. Ges. Aufsätze zur Relig.soziol. 1 (1922/23) 237-268. – [2] a.O. 267f. – [3] H. L. Ansbacher: Life style: a hist. and systematic rev. J. individual Psychol. 23 (1967) 196ff. Anm. 5. – [4] F. Wilken: Staats- und Sozialwiss. Hb. Individualpsychol., hg. E. Wexberg 2 (1926) 67-96. – [5] A. Adler: Die Individualpsychol., ihre Voraussetzungen und Ergebnisse. Scientia 16 (1914) 74. – [6] The sci. of living (New York 1929). – [7] Fortschritte der Individualpsychol. Int. Z. Individualpsychol. 2 (1923/24) 1-7; Praxis und Theorie der Individualpsychol. (⁴1930) 4; Der Sinn des Lebens (1933) 24. – [8] Persönlichkeit als geschlossene Einheit. Int. Z. Individualpsychol. 10 (1932) 81-88; Der nervöse Charakter, in: Festschr. W. Stern (1931) 4; Der Sinn ... a.O. [7] 10. – [9] a.O. 12. 15. – [10] Der nervöse Charakter a.O. [8]. – [11] The education of children (1930) 5. – [12] G. W. ALLPORT: Pattern and growth in personality (New York/London 1965). – [13] a.O. 237. – [14] 566. – [15] J. NEUMANN: Der nervöse Charakter und seine Heilung (1954) 118; D. DEUTSCH: Family therapy and family life style. J. individual Psychol. 23 (1967) 217-223; E. H. ERIKSON: Insight and responsibility (New York 1964) 129; E. GINZBERG: Choice of the term ‹L.› by one research group. J. individual Psychol. 23 (1967) 213-216. – [16] Vgl. Lit. a.O. [15]; außerdem: E. ROTHACKER: Probleme der Kulturanthropol. ([2]1965) 18; A. L. KROEBER: The nature of culture (Chicago [3]1965). – [17] Vgl. dazu die Aufsätze in: J. individual Psychol. 23 (1967).

Literaturhinweise. H. L. ANSBACHER s. Anm. [3]. – H. L. und R. ANSBACHER: The individual psychol. of Alfred Adler (1956). – A. R. GILBERT: The concept of L.: its background and its psychol. significance. Jb. Psychol. Psychother. med. Anthropol. 7 (1960) 97-106. O. BRACHFELD

Lebenstrieb wird terminologisch bedeutsam offenbar erst 1920 beim späten FREUD [1], der zumeist den Plural ‹L.e› gebraucht [2]: als er die Möglichkeit erwägt, «daß das gesamte Triebleben der Herbeiführung des Todes dient» und sogar «die Selbsterhaltungstriebe» als «Trabanten des Todes» interpretierbar sind [3], widersetzen sich diesem Todestriebmonismus einzig «die Sexualtriebe ... Sie sind die eigentlichen L.e» [4]. So avanciert L. als Gegenbegriff zum «Todestrieb», ehe beim noch späteren Freud – unter Verweis auf Empedokles [5] – «Eros» als Oppositionsbegriff zum «Todestrieb» endgültig an seine Stelle tritt und die gleiche Definition [6] erhält: «Das Ziel des ersten ist, immer größere Einheiten herzustellen und so zu erhalten, also Bindung, das Ziel des anderen im Gegenteil, Zusammenhänge aufzulösen und so die Dinge zu zerstören ... In den biologischen Funktionen wirken die beiden Grundtriebe gegeneinander oder kombinieren sich miteinander ... Dieses Mit- und Gegeneinanderwirken der beiden Grundtriebe ergibt die ganze Buntheit der Lebenserscheinungen. Über den Bereich des Lebenden hinaus führt die Analogie unserer beiden Grundtriebe zu dem im Anorganischen herrschenden Gegensatzpaar von Anziehung und Abstoßung» [7], von Attraktion und Repulsion: so gehört die Opposition von L. und Todestrieb zugleich in die Tradition der newtonistisch-romantischen Zwei-Kräfte-Naturphilosophie. Weil dabei ‹Eros› als Terminus ‹L.› erfolgreich verdrängt, wird selbst in der Freudschule ‹L.› nur beiläufig rezipiert [8].

Anmerkungen. [1] S. FREUD, Jenseits des Lustprinzips. Ges. Werke 13, 66. – [2] a.O. 46. 57. 69. – [3] 41. – [4] 42f. – [5] Die endliche und die unendliche Anal. (1937) a.O. 16, 91f. – [6] Vgl. 13, 66. – [7] Abriss der Psychoanalyse (1938) a.O. 17, 71. – [8] J. LAPLANCHE und J. B. PONTALIS: Das Vokabular der Psychoanal. 1 (1967, dtsch. 1973) 280ff. O. MARQUARD

Lebensweise, sozialistische (auch: sowjetische, sowjetische sozialistische) (Socialističeskij, sovetskij, sovetskij socialističeskij, obraz žizni). – Die sLW wird seit Ende der 1960er Jahre und zunehmend von 1972 an in der UdSSR, aber auch in der DDR und anderen sozialistischen Staaten erörtert und begrifflich zu fassen versucht, wobei man bis auf Lenin zurückgeht [1].

Dabei geht es nicht nur um Abgrenzung von dem in der bürgerlichen Welt seit Mitte der 1950er Jahre weitverbreiteten Begriff der Lebensqualität (kačestvo žizni), sondern um die Gewinnung eines positiven Begriffs von sLW. Man sucht die überragenden Merkmale der sLW gegenüber der bürgerlichen LW im Vergleich bezüglich der Produktion, der Sozialpolitik, des Gesundheitswesens, des Umweltschutzes, der Ideologie, des Lebensalltags (byt) in Ehe, Familie und Gesellschaft, der Arbeitsbedingungen, der Chancengleichheit, der Befriedigung materieller und geistiger Bedürfnisse zu erhärten [2], wobei jedoch diesem Vorgehen, das Ergebnisse 'konkreter', d. h. empirischer Sozialforschung zu verwerten hat, aufgrund der allgemeinen wirtschaftspolitischen Lage der UdSSR bestimmte Grenzen gesetzt sind.

So muß sich der Begriff ‹sLW› eher ideologisch, weltanschaulich und moralisch präsentieren. Der Philosoph A. BUTENKO ist – den Intentionen der KPdSU gemäß – der Ansicht, daß man den Unterschied von sozialistischer und bürgerlicher LW nicht erfasse, wenn man ihn «auf die Ebene der materiellen Möglichkeiten und die realisierbaren Bedürfnisse zurückführt» [3], vielmehr könne die neuen Probleme des gesellschaftlichen Fortschrittes der Menschheit nur der Sozialismus und Kommunismus lösen –, und definiert sLW als «jene Weise oder Eigenart der Lebenstätigkeit einer Person, einer sozialen Gruppe oder der Gesellschaft insgesamt, die vor allem durch die neue sozialökonomische Ordnung, aber auch durch deren Werteinstellungen bestimmt wird». Sie diene dem «Zweck, die gesellschaftlichen Produktivkräfte rasch zu vergrößern ... den Wohlstand aller Werktätigen zu mehren und Voraussetzungen zu schaffen, unter denen die Entwicklung der Persönlichkeit zum Selbstzweck des gesellschaftlichen Fortschrittes wird» [4]. Diese Voraussetzungen sind in Arbeits- und Freizeit der Menschen der sozialistischen Gesellschaft zu schaffen. Die große Spannung zwischen Anspruch und Wirklichkeit im Begriff der sLW ist erst in der kommunistischen LW aufzuheben, in der die allseitige Entwicklung der Persönlichkeit das Maß der Produktion ist und nicht umgekehrt wie im Sozialismus [5].

Anmerkungen. [1] G. GLEZERMAN: Lenin i formirovanie socialističeskogo obraza žizni (L. und die Formung der sLW). Kommunist (1974/1) 105–118. – [2] I. V. BESTUŽEV-LADA u.a.: Kategorija «kačestva žizni» kak otraženie protivorečij sovremennogo buržuaznogo obščestva (Die Kat. der «Lebensqualität» als Abbild der Widersprüche der modernen bürgerl. Gesellschaft). Sociologičeskie issledovanija (Soziol. Forsch.) (1976/2) 141–150; M. B. MITIN: Protivopoložnost' socialističeskogo i buržuaznogo obrazov žizni (Die Gegensätzlichkeit der soz. und der bürgerl. LW). Naučnyj kommunizm (Der wiss. Kommunismus) (1976/1) 62–70; N. A. AITOV: K voprosu o kriterijach sopostavlenija uslovij žizni v socialističeskich i kapitalističeskich stranach (Zum Problem der Kriterien eines Vergleichs der Lebensbedingungen in soz. und kapital. Ländern). Naučnyj kommunizm (1976/4) 41–46; E. D. MODRŽINSKAJA: Dve mirovye sistemy – dva obraza žizni (Zwei Weltsysteme – zwei LW). Naučnyi kommunizm (1976/2) 82–89. – [3] A. BUTENKO: K voprosu o socialističeskom obraze žizni (Zum Problem der sLW). Kommunist (1976/1) 78–87; hier: 82. – [4] a.O. 85. – [5] 83f.

Literaturhinweise. JU. K. OSTROVITJANOV: «Postindustrial'naja civilizacija» ili kapitalizm v 2000 godu? («Nachindustrielle Zivilisation» oder Kapitalismus im Jahr 2000?). Voprosy filosofii (Fragen der Philos.) (1969/7) 30–41. – Peredovaja: Naš sovetskij obraz žizni (Leitartikel: Unsere sowjet. LW). Kommunist (1973/5) 3–11. – F. B. SADYKOV: Sovetskij obraz žizni – voploščenie idealov gumanizma (Die sowjet. LW als Verwirkl. der Ideale des Humanismus). Naučnyj kommunizm (1973/6) 28–33. – LW und Moral im Sozialismus (Sammelband) (Berlin Ost 1972). – V. I. TOLSTYCH: Obraz žizni – ponjatie, realnost', problemy (Die LW – Begriff, Realität, Probleme) (Moskau 1975). – Socialističeskij obraz žizni (Sammelbd.) (Moskau 1976). – J. FILIPEC und M. BUHR: Die LW im gegenwärtigen ideol. Kampf. –

Zur Kritik der bürgerl. Ideol. (Frankfurt a.M. 1976). – H. Dahm: Die sLW. Entstehung, Sinn und Zweck eines Leitbildes, in: Ber. des Bundesinst. für ostwiss. und int. Stud. 66 (Köln 1977).

W. Goerdt

Lebenswelt (engl. Life-World; ital./span./frz. ⟨L.⟩; mögliche Äquivalente etwa ital. mondo quotidiano, frz. monde quotidien)

I. Der L.-Begriff in der Philosophie. – 1. *Seine Geschichte.* – Bereits im letzten Viertel des 19. Jh. forderten R. Avenarius und E. Mach einen Rückgang auf die vorwissenschaftliche, unmittelbare und reine Erfahrung. Ihre Explikation sollte auf dem Wege einer vorurteilslosen Deskription des Gegebenen zu einem «natürlichen Weltbegriff» führen, der allen bisherigen philosophisch-wissenschaftlichen Theorien und ihrer Grundunterscheidung von psychischem Innen (Ich, Seele) und physischem Außen (Welt, Natur) zugrunde liegt [1]. Diesen «natürlichen Ausgangspunkt» für alle Wissenschaft und Erkenntnistheorie bilden nach Avenarius das Individuum und seine Umgebung in ihrer ursprünglich gegebenen Einheit und gleichwertigen Zusammengehörigkeit [2]. Psychisches und Physisches stellen lediglich zwei verschiedene Aspekte des objektiv-naturwissenschaftlich erforschbaren Seins, der naturalistisch verstandenen «Empfindung», dar.

Die mit dem allgemeinen Programm von Avenarius und Mach zum großen Teil übereinstimmende Forderung von Husserls Phänomenologie nach einem Rückgang auf die reine, ursprüngliche Erfahrung führt zum entgegengesetzten Ergebnis, indem sie die natürliche Erfahrung, so wie sie sich in der intentionalen Grundstruktur des Ich-erfahre-etwas als subjektbezogene Einheit von Ich und Welt ausspricht, als das ursprünglich Gegebene hinnimmt, ohne das Eigenwesen des Psychisch-Subjektiven durch eine absolut gesetzte positivistisch-naturwissenschaftliche Betrachtungsweise zu eliminieren [3]. Ihr bleibt das Psychische, so wie es sich in der natürlichen Erfahrungswelt als die zu allem objektiv-gegenständlich Gegebenen gehörige subjektive Voraussetzung gibt, das Prius aller seiner gegenständlichen Korrelate, das von sich aus zur vorweltlichen, transzendentalen Subjektivität hinüberweist [4]. Schon im ersten Buch der ⟨Ideen zu einer reinen Phänomenologie und phänomenologischen Philosophie⟩ (1913) ist Husserl bei der Einführung der transzendentalen Epoché von der Welt der natürlichen Einstellung des vorwissenschaftlichen Lebens und ihrer Generalthesis ausgegangen [5]. In der folgenden Zeit gewinnt die Welt der natürlichen Einstellung unter den Titeln ⟨Erfahrungswelt⟩, ⟨(subjektive) Umwelt⟩, ⟨Erlebniswelt⟩, ⟨Welt für mich⟩ u. ä. in der Reflexion Husserls über die Fundierungszusammenhänge von Natur und Geist große Bedeutung [6]. Erst nach 1930 übernimmt der Begriff ⟨L.⟩ in terminologischer Fixierung die Funktion der genannten Begriffe und zugleich eine zentrale Stellung im Gesamt der transzendentalen Phänomenologie und ihrer systematischen Zusammenhänge [7].

Durch Weiterentwicklung und Umbildung von Gedankengängen des späten Husserl gewinnt der L.-Begriff im Lichte von Heideggers ⟨Sein und Zeit⟩ (Welt des alltäglichen Daseins) und aufgrund einer aktuellen geistesgeschichtlichen Interessenlage neue Bedeutungsdimensionen. Er wird zum Schlüsselwort philosophischer Bestrebungen der Gegenwart, die in Gegenwendung zur metaphysischen und transzendentalphilosophischen Tradition und in einer gewissen Parallelität zu bestimmten Gedanken Heideggers die Sache der Philosophie in einem Rückgang auf die vorwissenschaftliche L. zu gewinnen suchen, wie dies z. B. in Merleau-Pontys Werk ⟨Phänomenologie der Wahrnehmung⟩ geschehen ist [8]. Danach ist der Mensch «im ontologischen Sinn» In-der-Welt-sein (être-au-monde) [9]. Das tritt zutage, wenn man auf die natürliche L. zurückgeht und Epoché von den objektivierenden Wissenschaften vollzieht [10]. Einer vorurteilsfreien Deskription der «vorprädikativen», reinen Erfahrung zeigt sich, daß das Bewußtsein als durch den Leib in die Welt eingehendes ursprünglich und untrennbar mit der Welt als seiner 'L.' vereint, an seine Situation und deren Horizonte gebunden und so wesenhaft endlich ist [11]. Im Rückgriff auf Momente von Husserls L.-Begriff vermag auf dem Grunde eines derartigen Sinnhorizontes der Rückgang auf die L. den Zugangsweg zu zahlreichen Anliegen des gegenwärtigen Philosophierens zu bilden: z. B. zu einer Philosophie der vorprädikativen-natürlichen Erfahrung, der Endlichkeit und Geschichtlichkeit des Daseins; der kinästhetischen Leiblichkeit, der Arbeit und der Sozialität [12].

Anmerkungen. [1] Vgl. bes. R. Avenarius: Philos. als Denken der Welt gemäß dem Prinzip des kleinsten Kraftmaßes. Proleg. zu einer Kritik der reinen Erfahrung (³1917); Kritik der reinen Erfahrung 1. 2 (1888-1890); Der menschl. Weltbegriff (1891); E. Mach: Die Analyse der Empfindungen und das Verhältnis des Physischen zum Psychischen (³1902). – [2] R. Avenarius, Kritik ... a.O. 1, 3ff.; Der menschl. Weltbegriff a.O. XI. 79. – [3] E. Husserl: Phänomenol. Psychol. Vorles. SS 1925. Husserliana 9 (Den Haag 1962) 55ff.; Die Krisis der europ. Wiss. und die transzendentale Phänomenol. Husserliana 6 (Den Haag ²1962) 215ff.; vgl. L. Landgrebe: Von der Unmittelbarkeit der Erfahrung, in: Der Weg der Phänomenol. (²1967) 135. – [4] Husserl, Die Krisis ... a.O. 222ff. – [5] Ideen zu einer reinen Phänomenologie und phänomenologischen Philosophie I. Husserliana 3/1 (Den Haag 1976) 57ff. – [6] II. Husserliana 4 (Den Haag 1952) 173ff. 311ff.; Phänomenol. Psychol. a.O. [3] 52ff.; Zum Gebrauch des Wortes ⟨L.⟩ in diesen beiden Werken vgl. P. Janssen: Gesch. und L. Ein Beitr. zur Diskussion der Husserlschen Spätphilos. (Den Haag 1970) XXII. 162ff. – [7] Husserl, Die Krisis ... a.O. [3] 18ff. 105ff. 349ff. – [8] M. Merleau-Ponty: Phénoménol. de la perception (Paris 1945); dtsch. R. Boehm (1966) Iff. 418f. 491ff.; vgl. H.-G. Gadamer: Die phänomenol. Bewegung. Philos. Rdsch. 11 (1963) 1ff., bes. 19ff.; H. Lübbe: Husserl und die europ. Krise. Kantstudien 49 (1957/58) 235. – [9] Merleau-Ponty, a.O. V. 340ff. – [10] Iff. 418f. – [11] Vgl. bes. 235ff. 324ff. 380ff. 455ff. 491ff. – [12] Vgl. A. De Waelhens: La philos. et les expériences naturelles. Phaenomenologica 9 (Den Haag 1961); E. Paci: Die L.wissenschaft, in: Symposium sobre la Noción Husserliana de la L. Univ. Nacional Autónoma de Mexico. Centro de Estud. filos. (1963) 51ff.; J. Wild: Husserls Life-World and the lived body, in: Symp. a.O. 77ff.; L. Landgrebe: Das Methodenproblem der transzendentalen Wiss. vom lebensweltl. Apriori, in: Symp. a.O. 25ff.; A. Schutz: Coll. Papers III. Stud. in phenomenol. philos. Phaenomenologica 22 (Den Haag 1966); vgl. auch J. Linschoten: Auf dem Wege zu einer phänomenol. Psychol. Die Psychol. von William James (1961).

2. *Der L.-Begriff Husserls.* – Ihm kommt im Spätwerk Husserls die Funktion zu, den gesamten Stufenbau der konstitutiven Leistungen in einen genetischen Fundierungszusammenhang zu bringen und die verschiedenen Problembereiche des phänomenologischen Denkens zur universalen Einheit zu vermitteln. Er ermöglicht so die Vollendung der Phänomenologie als universaler, letztbegründender Transzendentalphilosophie. Der L.-Begriff leistet dies, indem er für die Phänomenologie in vierfacher Hinsicht bedeutsam wird:

a) Im geschichtsphilosophischen Einleitungsteil der

Krisis-Abhandlung zeigt Husserl, daß Philosophie und Wissenschaft des Abendlandes aufgrund des für sie konstitutiven Vorurteils eines in Wahrheiten an sich erfaßbaren objektiven An-sich-seins die vorwissenschaftliche L. vergessen und übersprungen haben [1]. In der Neuzeit hat der Begriff des objektiven Seins durch die galileische Naturwissenschaft und die Philosophie Descartes' eine Radikalisierung und universale Ausweitung erfahren [2]. Das Vorurteil des Objektivismus hat in der Gegenwart zur Herrschaft des positivistischen Wissenschaftsbegriffes geführt [3]. In dieser seiner äußersten Gestalt hat es die Krise der Gegenwart als den vollständigen Verlust der Einheit von Wissenschaft, Philosophie und Lebensbedeutsamkeit zur Folge [4]. Diese Geschichte des abendländischen Denkens entspringt der Grundtendenz des natürlichen Lebens selber. Indem es ganz seinen gegenständlichen Erfahrungskorrelaten hingegeben ist und durch ihre Gegebenheitsweise dazu motiviert wird, auf dem Wege methodischer Idealisierung den Begriff des objektiven An-sich-seins zu erzeugen, übersieht es den konstitutiven Rückbezug des ideal-objektiven Seins auf die Erfahrung und die methodische Erzeugung des Subjektes [5]. Indem die L. als Ursprungssphäre aller Objektivität aufgedeckt wird, in der sich alles gegenständlich Objektive in seiner ursprünglichen Rückbezogenheit auf das erfahrende Subjekt gibt, kommt ineins mit der Aufdeckung der L. das objektivistische Vorurteil der Tradition als solches in den Blick. Damit ist die Möglichkeit des Gelingens der Transzendentalphilosophie qua transzendentaler Phänomenologie geschichtsphilosophisch gesichert und die Aufgabe ihrer Verwirklichung als «Telos» der Geschichte aufgewiesen [6].

b) Nach einer Epoché von den objektiven Wissenschaften und von allen Zielsetzungen des praktischen Lebens kann die L. als ein «Universum prinzipieller Anschaubarkeit» (zunächst und fundamental reiner Wahrnehmbarkeit) in mundaner Einstellung in mehrfacher Hinsicht zum Thema von apriorischen Wissenschaften werden, die alle methodisch auf der Dignität wirklicher und ursprünglicher Evidenz (Selbstgebung) basieren [7]. Es gehört zur Wesensstruktur der L., daß sie als physisch-naturale Umgebung um eine leibliche, kinästhetisch vermögliche Ichlichkeit zentriert ist, die ihrerseits stets wahrnehmend-erfahrend auf irgendwelche einzelnen Dinge ihrer Umwelt gerichtet ist [8]. Diese sind nur in einem offen-endlosen Horizont von mit ihnen machbaren Erfahrungen gegeben. Ihr Gesamthorizont ist die in allen ihren Inhaltsbeständen immerfort bewegliche, relative Welt, die jeweils Welt eines einstimmig-offenen Erfahrungszusammenhanges besagt und in jeder Einzelerfahrung mitgegeben ist [9]. Alles relative lebensweltliche Erfahren ist jedoch an invariante-irrelative Strukturen gebunden, die als unzerbrechliche Weltform in der Methode der Wesensschau gewonnen werden können und ein Apriori aller lebensweltlichen Gegebenheiten, auch der höherstufigen (animalischen, geistig-personalen, kulturellen) als immer auch physisch fundierten Gegebenheiten, darstellen (Ontologie der L. im ersten und engsten Sinne, «erste Weltwissenschaft») [10]. Auf dieser in der naturalen (noch nicht naturalistischen) Einstellung thematisierten, fundierenden ästhetischen Unterschicht der L. bauen sich die höherstufigen Schichten des Animalischen, Personal-Geistigen, des Kulturellen usw. auf. Sie haben ihre durch keinen Erfahrungswandel betreffbare regionale Typik, die den Aufbau eigenständiger materialer Ontologien ermöglicht [11]. Alle regionalen Ontologien werden umgriffen von der formalen Ontologie als der apriorischen Wissenschaft von möglichen Gegenständen überhaupt [12]. Die L. hat nach Husserl immer auch generativ-geschichtlichen Charakter. Sie ist von Menschen gestaltete, praktische Umwelt, die als eine unter vielen im Horizont der Geschichte und ihrer Traditionen steht [13]. Als solche wird sie in der personalistischen Einstellung thematisch und vom Geisteswissenschaftler in vergleichend-typisierendem Verfahren erforscht [14]. Durch die frei vermögliche, eidetisch-variative Horizontauslegung der Phänomenologie können alle relativen geschichtlichen L.en als Varianten der einen invarianten Struktur von L. überhaupt, die als solche in der Weise des zeitlich-geschichtlichen Strömens ist, und damit als zu ein- und derselben Welt gehörig begriffen werden [15]. Eine *konkrete* Explikation des geschichtlichen Horizontes *unserer*, durch die Herrschaft der objektiven Wissenschaft bestimmten L. führt auf ihre Herkunft aus der Geschichte des abendländischen Denkens zurück und vermag objektiv-wissenschaftliches Denken und naturalistisch-wissenschaftliche Einstellung in ihrer geschichtlichen Faktizität als Konsequenzen der wissenschaftlichen Zielsetzung des abendländischen Denkens auf dem Gewißheitsboden der L., dem gemeinsamen Boden aller geschichtlichen Kulturen, zu begreifen [16].

c) In einer solchen Explikation kann der Begriff des objektiven Ansichseins, der für alle Wissenschaften der Neuzeit (auch die Logik) das wahre Sein bedeutet, als «Entwicklungsprodukt» einer spezifisch höherstufigen Art von konstituierenden subjektiven Leistungen, einer exakte Objektivität allererst methodisch erzeugenden Idealisierung, begriffen werden [17]. Alle Idealisierungen haben ihren Ursprung und ihr Sinnesfundament in der L., die ihre Erzeugung ermöglicht und motiviert [18]. Nach einmal gelungener Erzeugung sedimentiert sich das Idealisierte und gehört sodann als passiver Niederschlag (in Gestalt von wissenschaftlicher Wahrheit oder Technik) der L. selber an [19]. Als solches bestimmt es wiederum den jeweiligen Sinn von L. als einer aus dieser geschichtlichen Sinnesgenesis gewordenen; jedoch so, daß die «Urstiftungen», aus denen die Idealisierungen erwachsen sind, stets aus ihrem lebensweltlichen Herkunftsgrunde wieder in Identität ihres Sinnes reaktiviert werden können [20].

d) Da in jeder lebensweltlichen Erfahrung die zeitlich strömende L. als Horizontimplikation vorausgesetzt ist, muß die transzendentale Reduktion so vollzogen werden, daß die Bodengeltung der Welt selber mit einem Schlage außer Spiel gesetzt wird [21]. Erst dadurch gelangt die transzendentale Reduktion zu ihrer Vollendung. Sie verwandelt die L. in das «bloße transzendentale Phänomen», das Korrelat eines uninteressierten Zuschauers [22]. Ihm zeigt sich, wie sich die L. als das erste Objektive aus den Leistungsvollzügen der transzendentalen Subjektivität konstituiert bzw. aufbaut [23]. Ist L. Welt im zeitlich-geschichtlichen Strömen, so muß ihr transzendentales Apriori so beschaffen sein, daß es sie als strömend-geschichtliche ermöglicht [24].

Anmerkungen. [1] E. HUSSERL: Die Krisis ... a.O. [3 zu 1] 18ff. 93. 271ff. 392ff. – [2] a.O. 5ff. 60ff. 74ff. 80ff. 402ff.; Cartesianische Meditationen und Pariser Vorträge. Husserliana 1 (Den Haag ²1963) 63f. – [3] Die Krisis ... a.O. [3 zu 1] 3ff. – [4] a.O. 314ff. – [5] 146ff. 179. 357ff. – [6] Vgl. JANSSEN, Gesch. und L. a.O. [6 zu 1]. – [7] HUSSERL, Die Krisis ... a.O. [3 zu 1] 138ff. 140ff. 176ff.; Phänomenol. Psychol. a.O. [3 zu 1] 69ff. – [8] Die Krisis ... a.O. 145f.; Erfahrung und Urteil. Untersuch. zur Geneal. der Logik (⁴1972) 23f. – [9] Phänomenol. Psychol. a.O. [3 zu 1] 59ff.; Erfahrung und Urteil a.O. 24ff.; vgl. L. LANDGREBE: Welt als phänomenol. Problem, in: Weg der Phänomenol. a.O. [3 zu 1] 41ff. – [10] HUSSERL, Phänomenol. Psychol. a.O. [3 zu 1] 68ff.; Die Krisis ... a.O. [3 zu 1] 145f. 176f.; Formale und transzendentale Logik. Versuch einer Kritik der log. Vernunft (1929). Husserliana 17 (Den Haag 1974) 296ff. – [11] Erfahrung und Urteil a.O. [8] 51ff.; vgl. L. LANDGREBE: Seinsregionen und regionale Ontol. in Husserls Phänomenol., in: Der Weg der Phänomenol. a.O. [3 zu 1] 143ff. – [12] HUSSERL, Formale und transzendentale Logik a.O. [10] 148ff. – [13] Ideen ... a.O. [6 zu 1] II, 190ff.; Die Krisis ... a.O. [3 zu 1] 314ff. 488ff. 502ff.; Cartes. Medit. a.O. [2] 160f.; vgl. LANDGREBE, Das Methodenproblem ... a.O. [12 zu 1] 25ff. – [14] HUSSERL, Ideen ... a.O. [6 zu 1] II, 143. 377ff.; Die Krisis ... a.O. 150f. – [15] Die Krisis a.O. [3 zu 1] 377f. 491ff. – [16] a.O. 314ff. 485ff.; vgl. L. LANDGREBE: Husserls Abschied vom Cartesianismus, in: Der Weg der Phänomenol. a.O. [3 zu 1] 186ff. – [17] HUSSERL, Die Krisis ... a.O. 18ff. 357ff.; Erfahrung und Urteil, a.O. [8] 38ff. – [18] Die Krisis ... a.O. [3 zu 1] 360f. 383ff. – [19] a.O. 370ff. – [20] 375ff. – [21] 153. – [22] 177f. – [23] 179ff.; Cartes. Meditat. a.O. [2] 163ff. – [24] Die Krisis ... a.O. [3 zu 1] 491ff.; vgl. LANDGREBE, Das Methodenproblem a.O. [12 zu 1] 25ff.

Literaturhinweise. M. MERLEAU-PONTY: Phénoménol. de la perception (Paris 1945). – A. DE WAELHENS: La philos. et les expériences naturelles. Phaenomenologica 9 (Den Haag 1961). – H. HOHL: L. und Gesch. Grundz. der Spätphilos. E. Husserls (1962). – H.-G. GADAMER: Die phänomenol. Bewegung. Philos. Rdsch. 11 (1963) 1ff. – Symposium sobre la Noción Husserliana de la L. Univ. Nacional Autónoma de Mexico. Centro de Estud. filos. (1963). – G. FUNKE: Phänomenol. – Met. oder Methode? (1966). – L. LANDGREBE: Welt als phänomenol. Problem, in: Der Weg der Phänomenol. (²1967) (3); Husserls Abschied vom Cartesianismus, in: Der Weg ... 163ff. – E. TUGENDHAT: Der Wahrheitsbegriff bei Husserl und Heidegger (1967) bes. 227ff. – R. BOEHM: Vom Gesichtspunkt der Phänomenol. (Den Haag 1968). – W. MARX: Vernunft und L., in: Vernunft und Welt (Den Haag 1970) 45-62; L. und L. en a.O. 63-77. – G. BRAND: Die L. (1971). – Life-World and consciousness. Essays for A. Gurwitsch, hg. L. EMBREE (Evanston 1972). – W. BIEMEL: Refl. zur L.-Thematik, in: Phänomenol. heute. Festschr. L. Landgrebe, hg. W. BIEMEL (Den Haag 1972) 49-77. – U. CLAESGES: Zweideutigkeiten in Husserls L.-Begriff, in: Perspektiven transzendentalphänomenol. Forsch. Landgrebe zum 70. Geburtstag, hg. U. CLAESGES/K. HELD (Den Haag 1972) 85-101. – H. LÜBBE: Positivismus und Phänomenol. Mach und Husserl, in: Bewußtsein in Geschichten (1972) 33ff. – G. BRAND: The structure of the Life-World according to Husserl. Man and World 6/2 (1973) 143-162. – J. N. MOHANTY: «Life-World» and «a priori» in Husserl's later thought, in: The phenomenol. realism of the possible worlds. Papers and Debate of the 2nd int. Conf. held by the Int. Husserl a. Phenomenol. Res. Soc., hg. A.-T. TYMINIECKA, in: Analecta Husserliana 3 (1974) 46-65. – D. CARR: Phenomenol. and hist. (Evanston 1974). – Phänomenol. und Marxismus, hg. B. WALDENFELS u. a. 1. 2 (1977). – K. HEDWIG: Leben der L. Aspekte einer phänomenol. Thematik. Philos. Lit.anz. 32 (1979) 284-295. – L. und Wiss. in der Philos. E. Husserls, hg. E. STRÖKER (1979). P. JANSSEN

II. – a) Die *kultur-* und *sozialwissenschaftliche* Bedeutung dessen, was Husserl ‹L.› nennt, wurde bereits von M. WEBER klar gesehen und unter dem Begriff ‹nomologisches Wissen› thematisiert [1]. Als nomologisch bezeichnet er unser alltägliches «Wissen von bestimmten bekannten Erfahrungsregeln, insbesondere über die Art, wie Menschen auf gegebene Situationen zu reagieren pflegen» [2]. Das nomologische Wissen schlägt sich nieder in Begriffen, die der vorwissenschaftlichen Sphäre des Soziallebens entstammen [3] (z. B. Bewegung, Berührung bzw. Kontakt, Streit bzw. Konflikt, Spannung, Druck, Zug bzw. Anziehung, Widerstand, Einfluß u. a.), die aber dann in die Soziologie – zunächst ungeprüft – hinübergewandert und dort korrekt und «erfüllt» nur aufgrund des erlebnismäßigen Nachvollzuges der betreffenden Phänomene anwendbar sind. – Die Beziehung zu Husserls Lehre von der L. ist hier um so eher gegeben, als im Umkreise seiner Phänomenologie weitere Begriffe auftauchen, deren konkomitante Verwendung in der Soziologie (und Kulturanthropologie) seit langem – natürlich immer in «mundaner» Verwendung – üblich ist (z. B. natürliche Einstellung, Einstellung überhaupt, Umwelt, Erwartung, Erfüllung, Horizont, «leistende» Subjektivität u. a.). Die Ausrichtung des L.-Begriffes auf wissenschaftstheoretische Anwendung mit ihrem revolutionären Unterton ist in Husserls Krisis-Band (wie schon in ‹Ideen I und II›) unverkennbar, und die Wendung gegen Szientismus und Methodologismus war ungefähr gleichzeitig schon durch N. HARTMANN vorbereitet [4].

Die moderne Soziologie (und Kulturanthropologie) schwenkt in ihren fruchtbarsten Richtungen in eine ähnliche Linie ein, wenn sie, zumal in der Feldforschung, wieder an das «Einleben» appelliert und das Studium des Alltags und seiner «fraglosen Gegebenheiten» zum Hauptgegenstand macht, exemplarisch etwa bei A. SCHUTZ, der unter Berufung auf James, Bergson, Dewey, Husserl und Whitehead nachdrücklich darauf hinweist, daß «the common-sense knowledge of everyday life», die L., wie Husserl sie nenne, der unbefragte, aber stets fragwürdige Hintergrund sei, vor dem jede Untersuchung beginne und von dem her sie allein vorgenommen werden könne [5]. Dieser methodische Ansatz stellt vor allem zwei Probleme: 1. Die L. im Sinne Husserls ist immer die je meine, geschichtlich-kulturell vorgeprägt: Von einer L. fremder Völker und Kulturen läßt sich daher nur in abgeleitetem Sinne reden. Das macht eine doppelte Operation nötig: Erleben der Fremdphänomene als «meine», d. i. gespiegelt in den kulturellen Vorgegebenheiten meiner L., sodann nach phänomenologischer Reduktion Thematisierung der Fremdphänomene als solcher [6]. 2. L. als Alltagswelt der «fraglosen Gegebenheiten» ist eine idealtypisch angenommene Konstante. Diese klinkt aber aus, sobald radikale Wandlungen historisch-kultureller Art und krisenhaften Charakters auftreten, welche die scheinbaren Fraglosigkeiten in Frage stellen, oder sobald psychische Umlagerungen stattfinden, die – wie M. WEBER an dem Phänomen des Charismatischen gezeigt hat [7] – das «Alltägliche» langweilig machen und eine Bereitschaft zur Veränderung erzeugen.

Anmerkungen. [1] Vgl. A. WALTHER: Max Weber als Soziologe. Jb. Soziol. 2 (1926) 1-65. – [2] M. WEBER: Ges. Aufsätze zur Wiss.lehre, hg. J. WINCKELMANN (²1951) 276f. – [3] Vgl. WALTHER, a.O. [1] 51. – [4] Vgl. etwa N. HARTMANN: Grundz. einer Met. der Erkenntnis (⁵1965) 41; Das Problem des geistigen Seins (³1962) 382. – [5] A. SCHUTZ: Coll. Papers 1 (Den Haag 1962) 57. – [6] Vgl. E. HUSSERL: Erste Philos. (1923/24). Husserliana 7 (Den Haag 1956) 296; A. SCHUTZ: Common-sense and sci. interpret. of human action a.O. [5] 3-47. – [7] M. WEBER: Ges. Aufsätze zur Relig.soziol. 3 (²1923) 341ff.; Wirtschaft und Gesellschaft (⁴1956) 140ff. 245ff.

Literaturhinweise. E. ROTHACKER: Anschauungen ohne Begriffe sind blind. Kantstudien 48 (1956/57) 161-184. – M. NATANSON: Lit., philos., and the social sci.es (Den Haag 1962) bes. 195-211, Kap. 17: Causation as a structure of the L.; Psychiatry and philos. (Berlin/Heidelberg/New York 1969). – A. SCHUTZ: Coll. Papers 1-3 (Den Haag 1962-66); vgl. bes. Reg. s.v. ‹Life-World›. – W. E. MÜHLMANN: M. Weber und die rationale Soziol. (1966); Gesch. der Anthropol. (²1968) Kap. VIII/5. – A. GURWITSCH: Problem of Life-World, in: M. NATANSON (Hg.): Phenomenol. and social reality. Essays in memory of A. Schutz (Den Haag 1970) 35-61. – G. BRAND: Die L. Eine Philos. des konkreten Apriori (1971). – A. SCHUTZ und TH. LUCKMANN: The structures of the Life-World (London 1974); dtsch. Strukturen der L. (1975).

b) In den sechziger Jahren wurde, insbesondere durch J. HABERMAS, das Bewußtsein dafür geweckt, daß die Vermittlung von Wissenschaft und L. nicht nur ein theoretisches, sondern auch ein praktisches Problem darstellt: das Problem, «wie eine Übersetzung des technisch verwertbaren Wissens in das praktische Bewußtsein einer sozialen L. möglich ist» [1]. Sozialtechnologie und Systemtheorie halten eine solche Vermittlung weder für möglich noch für notwendig; sie übersehen nach Habermas, daß Technologien, d.h. die wissenschaftliche Kontrolle natürlicher und gesellschaftlicher Prozesse, die Menschen nicht vom Handeln und von der diskursiven Rechtfertigung der Werte und Institutionen der sozialen L. entbinden [2].

Anmerkungen. [1] J. HABERMAS: Technischer Fortschritt und soziale L., in: Technik und Wiss. als «Ideol.» (1968) 107. – [2] Vgl. a.O. 112; Legitimationsprobleme im Spätkapitalismus (1973) 14f.
W. E. MÜHLMANN

Leere

I. – In einer Entwicklung, die vom L. im naturphilosophischen Sinn [1] unterschieden ist, deutet PHILON den Genesisvers, nach dem Abraham nach Sonnenuntergang eine ἔκστασις (Verzückung) überfiel, so, daß nach dem Untergang des menschlichen Geistes das Göttliche in den Menschen einzieht [2]; daher wohnt des Sterbliche nicht mit dem Ewigen zusammen [3]. Einen ähnlichen Gedanken entwickelt die Lehre der *deutschen Mystik:* Voll aller Kreaturen sein, bedeutet nach ECKHART Gottes leer sein, umgekehrt aber ist leer sein aller Kreaturen Gottes voll sein. Der nicht oft verwendete Begriff der L. entspricht dem der Abgeschiedenheit (s.d.) [4]. Nach TAULER ist die L. die erste und größte Bereitung, den heiligen Geist zu empfangen. Denn gerade soweit und soviel mehr der Mensch entleert ist, soweit und soviel mehr ist er empfänglich. Soll Gott hinein, so muß notwendig die Kreatur heraus [5].

Der *Pietismus* wiederholt die Forderung, daß der Mensch «sein Hertz gar ausleeret von der Welt Liebe, eigenen Willen, Lüsten und Begierden», damit Gott «die leere Statt mit seiner göttlichen Gnaden, Liebe, Weißheit und Erkenntniß» erfüllt [6]; daß er «ein solches leeres Nichts» wird, «das der Schöpfer könne füllen» [7]; daß er Gott ein reines, «leeres Herz» bringen muß [8].

Zur selben Zeit kann ‹L.› aber auch soviel wie Nichtigkeit (vanitas), Uneigentlichkeit bedeuten, durch die das Herz «öd», «tot» und «gelähmt» wird und nur ein unerfülltes Sehnen in ihm zurückbleibt. Dieser Sinn von ‹L.› setzt sich im 18. Jh. allgemein durch [9]. So spricht HAMANN vom Alten Testament als dem «Freund in meinem Herzen, der sich in selbiges schlich, da ich die L. und das Dunkle und das Wüste desselben am meisten fühlte» [10]. Der Abbé GALIANI bringt die Ernüchterung seines Zeitalters zum Ausdruck, die sich bewußt wird, daß es durch die Aufklärung verarmt ist: Eine «L. ist in unserer Seele und in unserer Phantasie geblieben, sie ist, glaube ich, der wahre Grund unserer Traurigkeit» [11]. Ähnlich hat die *Romantik* die Entleerung der Welt von Gott empfunden [12]. Im *19. Jh.* sieht man die Langeweile und «innere Leerheit» durch die «Sucht nach Gesellschaft, Zerstreuung, Vergnügen und Luxus jeder Art» nur schlecht kaschiert [13]. Man muß bemüht sein, über die «ungeheure L.», die gerade durch die Ausweitung der Kenntnisse hervorgerufen ist, «über dies furchtbare Gefühl der Oede hinwegzukommen», und sei es durch ein «wollüstiges» Empfinden «der L. selber» [14]. Im *20. Jh.* hat sich so die Redeweise von Sinn-L. und «Erfahrungs-L.», die durch Ideologien aufgefüllt werde [15], eingebürgert.

Von diesem Sprachgebrauch unterscheidet sich das spekulative Denken, das, wie bei HEGEL, unter Rückbezug auf «einige Alte» [16] im L. «den Grund der Bewegung», «im Negativen überhaupt den Grund des Werdens, der Unruhe der Selbstbewegung», die aber nur die Beziehung auf sich selbst sei, sieht [17]. So hat auch FR. SCHLEGEL das «ursprüngliche Welt-Ich» als L. und «Abwesenheit der unendlichen Fülle» gedacht. Werde es sich seiner Einheit und Einfachheit bewußt, so fühle es «eine unendliche Sehnsucht ..., diese ursprüngliche Leerheit durch Mannigfaltigkeit und Fülle zu bereichern. Die Ahnung der unendlichen Fülle gibt der Tätigkeit des Welt-Ichs den ersten Anstoß» [18].

Anmerkungen. [1] Vgl. Art. ‹Vakuum›. – [2] Gen. (LXX) 15, 12. – [3] PHILON, Quis rer. div. her. 53. – [4] Meister ECKHART, Von abegescheidenheit. Dtsch. Werke, hg. J. QUINT 5 (1963) 413, 3f.; vgl. E. SCHAEFER: Meister Eckharts Traktat «Von Abegescheidenheit» (1956). – [5] J. TAULER, Pr. Nr. 60 e, hg. FR. VETTER (1910) 305. – [6] J. ARNDT: Vier geistreiche Bücher vom wahren Christenthum (1626, ²1679) 3, 12. – [7] N. L. Graf v. ZINZENDORF: Hauptschr. Erg.-Bd. 2 (1964) = Teutsche Gedichte (1766) 254. – [8] G. TERSTEEGEN: Geistl. Blumengärtlein (1727, ND 1956) 75. 83. 497; vgl. A. LANGEN: Der Wortschatz des dtsch. Pietismus (1954) 231. 400f. – [9] LANGEN, a.O. 232. 466f. – [10] J. G. HAMANN, Sämtl. Werke, hg. J. NADLER (1949-57) 2, 39f. – [11] F. GALIANI, in: Die frz. Moralisten, hg. FR. SCHALK 2 (1963) 58. – [12] JEAN PAUL, Rede des toten Christus vom Weltgebäude herab, daß kein Gott sei, in: Siebenkäs. Werke, hg. N. MILLER (1959-63) 2, 269. – [13] A. SCHOPENHAUER, Werke, hg. J. FRAUENSTÄDT/A. HÜBSCHER 5 (1938) 349. – [14] FR. NIETZSCHE, Musarion-A. 16, 387. – [15] H. FREYER: Theorie des gegenwärtigen Zeitalters (1955) 124. – [16] G. W. F. HEGEL, Phänomenol. des Geistes, hg. J. HOFFMEISTER (⁶1952) 32 mit Bezug auf LEUKIPP, VS 67 A 7 und DEMOKRIT, VS 68 A 165. 58; vgl. ARISTOTELES, Phys. 213 b 4ff.; 214 a 21-25; 325 a 23-28; Met. 985 b 4-10. – [17] HEGEL, Logik. Sämtl. Werke, hg. H. GLOCKNER 4 (³1958) 194. – [18] FR. SCHLEGEL, Krit. A., hg. E. BEHLER u. a. (1958ff.) 12, 429; vgl. 12, 479. 393; 13, 339.
P. HEIDRICH

II. Der Begriff ‹L.› kommt im Chinesischen typisch in zweierlei Gestalt zur Sprache: als *hsü*, leer, hohl, aber auch: irreal, falsch, und als *k'ung* mit gleicher Bedeutung und zusätzlich für ‹unwahrhaftig›. Der negative Ton dieser Wörter deutet auf ein Vorwiegen des Realitäts- und Richtigkeitsbewußtseins in China, verbunden mit einer gewissen Metaphysikschwäche. Um das physikalische Vakuum zu bezeichnen, muß man z.B. von einem «echten Leeren» sprechen. Der erstgenannte Begriff (*hsü*) geht auf taoistische Spekulationen im ‹Tao-te-ching› [1] und bei CHUANG-TZU [2] zurück und wird im Neo-Konfuzianismus (s.u.) aufgegriffen und dessen kosmologischer Spekulation eingefügt; der letztgenannte Begriff (*k'ung*) ist der im ostasiatischen Buddhismus verwendete; er schließt sich an den Sanskrit-Begriff *sūnyatā* (s.d.) an. In beiden Fällen ist das Unwahrnehmbare, das jenseits der Formen Liegende, daher auch das Nicht-Seiende (chin. *wu*, jap. *mu*), im Sinne des Seins als umgreifende Wirklichkeit, gemeint. In der Verbindung *hsü-wu*, «leeres Nichts», wird im ‹Tao-te-ching› (Spr. 23) das absolute All angesprochen, in dem Ausdruck der Ursprungslosigkeit (*wu-yüan*) dessen gleichfalls nur negativ anzusprechender Ausgangspunkt. Die stetig sich wiederholende Figur des Gleichrangs von positiver und negativer Aussage zu verschiedenen Problemen bei CHUANG-TZU [3] führt zu ihrer beider Aufhebung im «So-Sein/So-nicht-Sein», das dann terminologisch nur noch im Begriff des L. gefaßt werden kann.

Die *Neo-Konfuzianer* des 11. Jh. n.Chr. übernahmen für ihre von der buddhistischen Kosmologie angeregte Weltsicht nicht auch den buddhistischen *sūnyatā*-Begriff (*k'ung*), sondern den taoistischen (*hsü*), indem sie ihn zu einem obersten und umfassendsten Seinsgrund, «das höchste L.» (*t'ai-hsü*), erhöhten. In diesem Begriff finden sich alle spekulativen Ideale der Konfuzianer wieder, die hierarchische Gliederung des Kosmos, das Harmonieprinzip und vor allem die Erfüllung des Daseinszweckes in der sozialen Einfügung in die Immanenz dieser Welt. Im Rahmen von bestimmten Bewußtheitsschritten [3a] zu einer höchsten Bewußtheit von Himmel und Erde wird auch eine L. des Bewußtseins angenommen, z. B. bei LI AO: «Der rechte Weg führt zu voller Wahrhaftigkeit, wenn man darin nicht nachläßt, erscheint L., wenn man in der L. nicht nachläßt, erscheint Erkenntnis, wenn man in ihr nicht nachläßt, dann durchleuchtet der Geist Himmel und Erde restlos» [4]. In diesem Denkhorizont wird der *k'ung*-Begriff zu einem durchaus negativen, die Diffamierung des Buddhismus geschieht ideologisch im Vorwurf der L. im Sinne des Fadenscheinigen, eine Wendung wie «nutz- und folgenloses Untersuchen von abstrakten Prinzipien» [5] wendet sich nicht mehr nur gegen den Buddhismus, sondern auch schon gegen den im 16. Jh. längst orthodox gewordenen Neo-Konfuzianismus. Die Figur des «metaphysischen Vorwurfs» im modernen Kontext des Marxismus-Leninismus scheint hier eine frühe Vorwegnahme zu finden.

Anmerkungen. [1] Tao-te-ching, dtsch. Lau Dse Dau Dö Djing, übers. J. ULENBROOK (1962). – [2] DSCHUANG DSI: Südliches Blütenland, dtsch. R. WILHELM (ND 1977). – [3] The sacred books of China. The texts of Taoism, engl. J. LEGGE (ND 1962) 187ff. – [3a] Vgl. Art. ‹Meditation III›. – [4] FUNF YU-LAN und D. BODDE: Hist. of Chinese philos. 1. 2 (1937/53) 2, 417. – [5] Bei WANG KEN (1483-1540), Kritiker des orthodoxen Neo-Konfuzianismus, in: FUNF YU-LAN/D. BODDE, a.O. 629.

Literaturhinweise. The sacred books ... s. Anm. [3]. – FUNF YU-LAN/D. BODDE s. Anm. [4]. – K. NISHIDA: Intelligibility and the philos. of nothingness, engl. R. SCHINZINGER (1958).

T. GRIMM

Leerformel wurde zum Erfolgsbegriff durch E. TOPITSCH [1], der selber auf Vorläuferformulierungen hinweist [2]: etwa «sham-axiom», «obscure notion» und «tautology» bei H. SIDGWICK [3] und «empty formula» bei H. KELSEN [4]; er hätte auch KANT anführen können mit dem Satz: «Gedanken ohne Inhalt sind leer» [5]. TOPITSCH verbindet – Argumente der Formalismuskritik an Kant aufnehmend – die Sprachkritik des Wiener Kreises mit PARETOS Funktionsanalyse der «Derivationen» [6] und macht durch den Begriff ‹L.› geltend, «daß bestimmte sprachliche Formeln durch die Jahrhunderte als belangvolle Einsichten oder sogar als fundamentale Prinzipien des Seins, Erkennens und Wertens anerkannt wurden und es noch heute werden – nicht obwohl, sondern gerade weil und insofern sie keinen näher angebbaren Sach- oder Normgehalt besitzen» [7]. Es handelt sich dabei, meint TOPITSCH, in der Regel – trotz der Zerstörung von Mythos und Metaphysik durch den Aufstieg der empirischen Wissenschaften – um überständige Restformeln «biomorpher» und «intentionaler» Weltdeutung. Sachgehaltsmangel bei «pseudo-empirischen L.n» und Normgehaltsmangel bei «pseudo-normativen L.n» [8], die «vom wissenschaftstheoretischen Standpunkt ihre entscheidende Schwäche ausmachen, sind die Grundlagen ihres außerordentlichen Erfolges» [9], weil sie «gerade infolge ihrer Inhaltslosigkeit psychologisch-politisch eine schlechthin universelle Verwendbarkeit besitzen» [10]: Beliebige Sozialpositionen können sie selbstapologetisch als Legitimation und für die Polemik gegen beliebige Positionen einsetzen. Der Begriff ‹L.› [11] ist inzwischen über das positivistische Lager hinaus erfolgreich geworden und auch in die politische Umgangssprache eingewandert, wo er – zur Verteidigung beliebiger Positionen – als Angriffswort gegen die Begriffswelt beliebiger Positionen dient: der Begriff ‹L.› wird selber zur L.

Anmerkungen. [1] E. TOPITSCH: Vom Ursprung und Ende der Met. (1958) 162. 205. 240. 271ff. 284ff. – [2] a.O. 240. 271. – [3] H. SIDGWICK: The methods of ethics (1874, ⁷1922) 374f. – [4] H. KELSEN: General theory of law and state (1945) 9f. – [5] I. KANT, KrV B 75. – [6] V. PARETO: Trattato di sociol. generale (1916, ²1923) §§ 401ff. – [7] E. TOPITSCH: Über L.n, in: E. TOPITSCH (Hg.): Probleme der Wiss.theorie (1960) 233f. – [8] a.O. [1] 284. – [9] a.O. 241. – [10] 293. – [11] Vgl. G. DEGENKOLBE: Über log. Struktur und gesellschaftl. Funktion von L.n. Kölner Z. Soziol. u. Sozialpsychol. 17 (1965) 327-338; M. SCHMID: L.n und Ideologiekritik (1972).

O. MARQUARD

Leerintention. Jede Intention zielt nach E. HUSSERL auf Erfüllung ab. Als unerfüllte ist sie leer im Sinne des noch zu Erfüllenden, des unbestimmten Bestimmbaren [1]. L. erfahren ihre Erfüllung durch identifizierende Deckungssynthesis mit entsprechenden Anschauungen [2]. Jeder Weise von erfüllender Anschauung entsprechen bestimmte Arten von Leervorstellungen. So haben die L. für Vorstellungen vom Typus der Retention, der Protention oder der «Gegenwartserinnerung» einen je verschiedenen Charakter [3]. Da jede Erfüllung neue Leerhorizonte mit sich führt, gehören L. wesensmäßig zu jeder erfüllenden Anschauung hinzu [4].

Anmerkungen. [1] E. HUSSERL: Analysen zur passiven Synthesis. Aus Vorles. und Forschungsms. 1918-1926. Husserliana 11 (Den Haag 1966) 65ff. 78f. 83. – [2] a.O. 73. 79ff. 97. – [3] 71. – [4] 67.

P. JANSSEN

Leerlaufhandlung. Die Bezeichnung ‹L.› stammt aus der vergleichenden Verhaltensforschung und bedeutet Handlungen, die normalerweise durch ganz bestimmte Schlüsselreize ausgelöst werden, unter bestimmten Bedingungen aber ohne feststellbaren Auslösereiz im Leerlauf ‹losgehen›. Zumeist sieht man eine L. an normalerweise häufig gebrauchten Verhaltensweisen, wenn sie aus Mangel an Gelegenheit längere Zeit nicht ausgelöst wurden. So zeigen z. B. insektenfangende Vögel in Gefangenschaft, wenn sie in geschlossenen Räumen keine Fluginsekten finden, zuweilen den vollen Handlungsablauf (Zielen – Hinfliegen – Zuschnappen – Zurückkehren – Totschlagen – Schlucken) ohne erkennbaren Anlaß, als halluzinierten sie ein Insekt [1]. Manchmal kann man ein immer unselektiver werdendes Ansprechen auf immer einfachere Ersatzobjekte beobachten, bis schließlich die Reaktion ohne Reiz abläuft, also keine *R*eaktion, sondern eine Spontanaktion ist. Schwer ist der Nachweis, daß nicht noch minimale und eventuell sehr situationsfremde Reize mitspielen. Die L.en und ihre Vorstufen sind eindrucksvolle Demonstrationen für die sogenannte zeitabhängige Schwellensenkung (bezogen auf die Wirkschwelle für auslösende Reize) bzw. den «Triebstau», womit dasselbe gemeint sein kann, aber in bezug auf einen veränderlichen Trieb oder Drang ausgedrückt ist. Nicht alle Handlungen treten schließlich im Leerlauf auf; es gibt auch das Verkümmern von längere Zeit nicht gebrauchten Handlungen, und es können sich sogar beide Phänomene mit verschiedener Zeitabhängigkeit an der gleichen Verhaltensweise zeigen.

Anmerkung. [1] W. HEILIGENBERG, Z. Tierpsychol. 21 (1964) 1-52.

Literaturhinweis. E. v. HOLST und U. v. SAINT PAUL: Vom Wirkungsgefüge der Triebe. Naturwiss. 47 (1960) 409-422.

W. WICKLER

Legalität, Legitimität. Die der Sache nach alte Unterscheidung zwischen der äußeren Rechtmäßigkeit und der sittlich orientierten inneren Motivation menschlicher Handlungen faßte zuerst KANT in das Begriffspaar ‹Legalität› (L.) und ‹Moralität›: «Man nennt die bloße Übereinstimmung oder Nichtübereinstimmung einer Handlung mit dem Gesetz, ohne Rücksicht auf die Triebfeder derselben, die L. (Gesetzmäßigkeit); diejenige aber, in welcher die Idee der Pflicht aus dem Gesetz zugleich die Triebfeder der Handlung ist, die Moralität (Sittlichkeit) derselben» [1]. Während HEGEL es unternimmt, den Gegensatz in seinem auf das Leben im ganzen und für das Ganze zielenden Begriff der Sittlichkeit aufzuheben [2], ist die Unterscheidung im Sinn sachlicher Trennung bei FICHTE für die Emanzipation der (positivistischen) Rechtswissenschaft von grundlegender Bedeutung, insofern er mit seiner schroffen Entgegensetzung von Naturrecht und Moral und der Hervorhebung des Zwangsmoments im Recht die soziale Relevanz dieser Unterscheidung betont: «Jeder hat nur auf die L. des Anderen, keineswegs auf seine Moralität Anspruch» [3].

Politisch gegen staatliche Willkür gerichtet und rechtsbegrifflich gegen Opportunität (Zweckmäßigkeit) abgesetzt, wird L. endlich zum Schlagwort für den im 19. Jh. als Frucht liberaler und verfassungsstaatlicher Anschauungen durchgesetzten *rechtsstaatlichen* Grundsatz der Gesetzmäßigkeit der Staatstätigkeit im allgemeinen (*L.-Grundsatz*) – gemäß dem der Staat in Freiheit und Eigentum seiner Bürger nur aufgrund eines förmlichen (vom bürgerlichen Parlament beschlossenen) Gesetzes eingreifen darf –, wie im besonderen als *L.-Prinzip* zur Bezeichnung des den Staatsanwaltschaften mit Einführung des Anklageprinzips anstelle des Inquisitionsprozesses seit der Mitte des 19. Jh. bei Vorliegen zureichender Anhaltspunkte für eine Straftat im Interesse der Rechtsgleichheit auferlegten Anklagezwanges [4]. Daneben dient der Terminus ‹L.› aber auch zur kritischen Hervorhebung der nur formalen Rechtmäßigkeit eines Aktes, wie etwa im Begriff des *legalen Unrechts* (der ein bei äußerlicher Wahrung der staatlichen Gesetzmäßigkeit gröblich gegen Rechtsgefühl und Sittengesetz verstoßendes Handeln meint) oder im Begriff der *legalen Revolution* Hitlers.

Während ‹legalis› ursprünglich für den (objektiven) Genitiv von ‹lex› (Gesetz) steht wie in ‹scientia legalis› oder auch in der Wendung ‹status legalis› mit dem Sinn der Feststellung der Rechtslage, bedeutet ‹*legitimus*› das, was dem Gesetz oder einer Regel entspricht und was sich daraus ergibt: das Ordnungsgemäße, das Gerechte [5]. So bezeichnet ‹hereditas legitima› in den römischen Quellen die Intestaterbfolge gemäß dem 'Urrecht' der Zwölf Tafeln [6]. Die ‹*Goldene Bulle*› von 1356 verknüpft die Legitimität (Lm.) der Kurwürde mit der legitimen Erbfolge nach dem Prinzip der Primogenitur und färbt den Begriff damit im Sinn des Gottesgnadentums der (Erst-)Geburt sakral ein [7]. In der politischen Theorie der Scholastik und des Neustoizismus steht ‹legitima potestas› gegen Tyrannei, wobei das Kriterium teils in der ethischen Qualität der Herrschaft, seit OCKHAM aber vornehmlich in der Ableitung der Herrschaft von Gott gesehen wird mit der Folge, daß die Bedeutung der zwischengeschalteten menschlichen Akte (Wahl, Konsens) in den Mittelpunkt rückt [8]: Wird mit ihnen Macht übertragen oder bezeichnen sie lediglich von Gott mit dem Recht der Herrschaft begnadete Person? Diese letztgenannte Designationstheorie führt im theokratischen Absolutismus bei dem Versailler Kanzelredner und Prinzenerzieher J. B. BOSSUET [9] dazu, daß ‹legitim› zum Attribut jeder (rechtgläubigen) dynastischen Staatsgewalt wird, welches deren Ausschließlichkeit und Unwiderstehlichkeit als Emanation der göttlichen Majestät ausdrückt, während es bei den Monarchomachen einschließlich ALTHUSIUS [10] im Horizont ständischer Ordnungsvorstellungen von der Einhaltung der positiven Fundamentalgesetze und grundlegenden Verträge und bei den vergleichsweise liberalen Souveränitätstheoretikern wie BODIN [11] und den Vernunftrechtssystematikern wie PUFENDORF [12] – freilich ohne die Sanktion eines Widerstandsrechts – von der Wahrung des Naturrechts bzw. der Vernunftgesetze des Staatslebens abhängt. Bei CH. WOLFF [13] schließlich steht ‹regnum legitimum› für die gemischte staatliche Form einer durch positivrechtliche Teilung beschränkten Herrschaftsgewalt.

Rezipiert wird das lateinische ‹legitimus› im 16. Jh. als ‹légitime› und später ‹légitimité› im Französischen [14], wo es sich in der Publizistik der Aufklärung aus dem Bezug zum Königtum löst und zur allgemeinen Bezeichnung einer das Gemeinwohl fördernden Staatsgewalt wird. So nennt sich die revolutionäre Nationalversammlung von 1789 in antimonarchischer Wendung ‹légitime›. Im Deutschen bürgert sich der aus dem Französischen übernommene Wortstamm ‹Legitim-› seit dem 17. Jh. in zivilrechtlicher Bedeutung ein (Legitimation, legitimieren) [15].

Zentrale völkerrechtlich-politische und dann staatsrechtliche Bedeutung gewinnt der Terminus ‹Lm.› seit dem Wiener Kongreß (1814/15) in der Restauration. *Talleyrands* Lm.-Prinzip, d.h. juristisch: der Grundsatz der Unverlierbarkeit eines in langer historischer Entwicklung oder mittels Vertrages oder aufgrund eines Verzichts erworbenen Herrschaftsrechts, kurzum die Annahme «eines unveränderlich das Recht zur Herrschaft bestimmenden Gesetzes» [16], bezweckte mit der Unterscheidung der legitimen, d. h. altangestammten Herrschaften und der illegitimen, nämlich der revolutionär etablierten napoleonischen Herrscherhäuser die Wiederherstellung der vorrevolutionären Ordnung in Europa und deren neuartige völkerrechtliche Sicherung durch Verwerfung der Annexion als eines völkerrechtlichen Erwerbstitels; *Metternichs* dynastisches Lm.-Prinzip der «Heiligen Allianz» zielte jedoch darüber hinaus darauf, durch Nichtanerkennung revolutionär entstandener oder im Sinne des Konstitutionalismus beschränkter Staatsgewalt und mit Hilfe eines Interventionsrechts für den Fall der Usurpation nicht nur das Herrschaftsrecht der legitimen Dynastien, sondern auch dessen unumschränkte, von konstitutionellen Beschneidungen freie Ausübung zu garantieren [17]. Dergestalt dahin gedeutet, «daß Gott den Fürsten die Souveränität als ihr erbliches, eigenes Recht gemacht habe» [18], gerät das Lm.-Prinzip in ein anderes politisches Kraft- und Begriffsfeld: Nun tritt es unmittelbar «dem Princip der ... Volkssouveränität gegenüber» [19], nach dem alle Staatsgewalt vom Volke ausgeht und folglich nur diejenige staatliche Macht als gerechtfertigt gilt, welche unmittelbar von dem Volke oder mittelbar durch ein vom Volk gewähltes Parlament und eine von diesem kontrollierte Regierung ausgeübt wird. Durch die Revolutionen von 1830 und 1848 erschüttert, durch den offenkundigen Vorrang eines verläßlichen *ordre légal* im Julikönigtum relativiert und dann vom Nationalitätsprinzip und dessen Legitimationsfunktion überspielt, wird der Lm.-Gedanke – ähnlich wie das Souveränitätsproblem im vermittelnden Begriff der Staatssouveränität – schließlich versachlicht, d. h. seines Charakters als Inbegriff persönlicher Herrschaftsberechtigung entkleidet. Schon im katholischen Traditionalismus in Frankreich wird die Gleichsetzung von Lm. mit L. des Herrschaftserwerbs aufgegeben und Lm. – mit Gerechtigkeit identifiziert – (wieder) als das aller L. vorgehende sachliche Prinzip der politischen Ordnung begriffen [20]. GUIZOT, liberaler Prophet der durch ein hochzensitäres Repräsentativsystem organisierten Herrschaft der «öffentlichen Vernunft», definiert Lm. geschichtsphilosophisch als «conformité avec la raison éternelle» [21]. Objektiv liegt darin die Anerkennung der Möglichkeit revolutionärer Lm. und illegitimer Herrschaft trotz Gesetzmäßigkeit des Machterwerbs. Mit einem solchen Lm.-Verständnis ist der Grund dafür gelegt, daß fortan im Hinblick auf die Verschiedenheit der im Namen der Gerechtigkeit postulierten Fundamente der politischen Ordnung von konkurrierenden Lm.-Prinzipien gesprochen werden kann: Charakteristisch für den Übergang die Formulierung bei K. FRANTZ [22], in der von der Herrschaft kraft dynastischer Lm. «oder sonst einer moralischen Idee» die Rede ist.

Am Ende bezeichnet der *juristisch-ethische* Lm.-Begriff statt der Unverlierbarkeit und der Unbeschränkbarkeit des dynastischen Herrschaftsrechts gemäß der Thronfolgeordnung die materielle Rechtfertigung des Staates, seiner Herrschaftsgewalt und seiner Herrschaftsakte durch Grundsätze jenseits der positiven gesetzlichen Ordnung, insofern hinter Herrschaft «stets andere Werte und Ordnungen [stehen], von denen sie sich ableitet» [23]: Die Lm. der positiven Verfassungs- und Rechtsordnung gründet demzufolge «in geschichtlich geltenden, dem Staat und seinem Recht transzendenten Werten» [24]; und wegen der Verschiedenartigkeit solcher Werte gibt es nicht nur verschiedene Lm.en, sondern auch verschiedene Grade der Lm. [25]. Die Kritik C. SCHMITTS am Weimarer Parlamentarismus setzt diesen Begriff von Lm. in Gegensatz zu dem der L. Dabei ging Schmitt davon aus, daß der L.-Glaube, den er mit dem Glauben an die Aufhebung aller Sonderinteressen im parlamentarischen Gesetzgebungsverfahren nach den Vorstellungen der französischen Parlamentstheorie des Julikönigtums identifizierte, als Lm.-Grund politischer Herrschaft entfallen sei. Er kritisierte den juristischen Positivismus und Normlogismus (bes. Kelsens) wegen der politisch blind den Status quo heiligenden Auffassung der Rechtsordnung als eines sich nur durch sich selbst und daher letztlich überhaupt nicht als Recht ausweisenden, folglich labilen und als formales Instrument manipulierbaren L.-Systems, wertete L. als bloßen Funktionsmodus der staatlichen Bürokratie ab und verkündete unter dem Namen der Lm. die Notwendigkeit eines neuen politischen Mythos als eines konkret-inhaltlichen Fundaments einer wiederherzustellenden zwischen- und innerstaatlichen Rechtsordnung [26].

Verfassungstheoretisch geht es bei dem mit dem juristisch-ethischen Begriff angesprochenen Lm.-Problem um die Begründung und Rechtfertigung der kodifizierten Verfassungen und folglich der verfassunggebenden Gewalt aus einer integrierenden politischen Idee. Der Begriff der Lm. verklammert so die positive verfassungsrechtliche Ordnung und ihre L. mit einer bestimmten politischen Philosophie, und d. h. heute: mit einer mehr liberal-parlamentarischen, plebiszitären oder sozialistischen Version der Volkssouveränitätsdoktrin. Daneben macht sich der Gedanke sozialstaatlicher, sozialeudämonistischer Rechtfertigung aus dem Gesichtspunkt der Daseinssicherung und der Wohlfahrtsförderung geltend [27]. *Sozialpsychologisch* handelt es sich um eine Kategorie sachlicher Fügsamkeitsmotivationen gegenüber Herrschaftsansprüchen, wie sie zuerst M. WEBER in seiner Typologie legitimer Herrschaft «kraft des Glaubens an die Geltung legaler Satzung und der durch rational geschaffene Regeln begründeten sachlichen Kompetenz» (legale Herrschaft), «kraft Glaubens an die Heiligkeit der von jeher vorhandenen Ordnungen und Herrengewalten» (traditionelle Herrschaft) oder «kraft affektueller Hingabe an die Person des Herrn und ihre Gnadengaben» (charismatische Herrschaft) entfaltet hat [28]. Die Schwierigkeit, das L.-System als seinen eigenen Lm.-Grund zu begreifen [29], hat dann zu anderen Typisierungsversuchen geführt. So wird teils zwischen ideologischer, struktureller und personaler Lm. [30], teils zwischen religiös, philosophisch, traditional und auf Erfolg gegründeter Lm. [31] oder zwischen numinoser und bürgerlicher Lm. unterschieden [32]. Statt als Überzeugung von der Rechtmäßigkeit einer Herrschaftsordnung erscheint Lm. in *systemtheoretischer* Sicht als die nur teilweise aus solchen normativen Vorstellungen erklärbare Bereitschaft, inhaltlich noch unbestimmte Entscheidungen hinzunehmen, als die durch die dargestellte Möglichkeit physischer Gewalt und durch Verfahrensbeteiligungen institutionalisierte «Unterstellbarkeit des Akzeptierens» [33]. In dieser Funktionalisierung des Begriffs wird die Frage des Geltungsglaubens zur Variablen, Lm. zu einer Leistung des politischen Systems. Im Gegensatz zu LUHMANN versucht HABERMAS, Lm. weitgehend vom Begriff der L. zu trennen und auf Herrschaftshandeln zu beziehen, das sich diskursiv vor den Beherrschten als rational, praktisch-wahr ausweisen kann: «Lm. bedeutet die Anerkennungswürdigkeit einer politischen Ordnung» [34]. Der Lm.-Anspruch bezieht sich nach Habermas auf die sozialintegrative Wahrung einer normativ bestimmten Identität der Gesellschaft, und Lm.en dienten dazu, «diesen Anspruch einzulösen, d. h. zu zeigen, wie und warum bestehende (oder empfohlene) Institutionen geeignet sind, politische Macht so einzusetzen, daß die für die Identität der Gesellschaft konstitutiven Werte verwirklicht werden» [35]. Als besonders kontrovers erwies sich die mit diesem Lm.-Begriff verbundene – und in Auseinandersetzung mit der Marxschen Krisentheorie gewonnene – Behauptung von Habermas, C. OFFE u. a., daß die ökonomischen Krisen des Spätkapitalismus zu einer spezifischen Lm.-Krise unserer politischen Ordnungen geführt hätten [36].

Anmerkungen. [1] I. KANT, Met. Sitten, Einl. III. Akad.-A. 6, 219. – [2] G. W. F. HEGEL, Über die wiss. Behandlungsarten des Naturrechts, in: Schr. zur Politik und Rechtsphilos., hg. G. LASSON (²1923) 325ff. (358ff.). – [3] J. G. FICHTE: Das Princip aller Zwangsgesetze. Werke, hg. I. H. FICHTE 2/III, 1. Theil, 3. Hauptst., 2. Cap., § 14 (1845/46, ND 1971) 140; dazu B. WILLMS: Die totale Freiheit (1967) 84ff. – [4] Vgl. Verh. 2. Dtsch. Juristentages 1. 2 (1861/62) 1, 136ff.; 2, 329f.; E. RICHTER: Die Entwickel. des L.-Prinzips (1925); E. SCHMIDT: Einf. in die Gesch. der dtsch. Strafrechtspflege (²1951) 320ff. – [5] R. GOCLENIUS: Lexicon philosophicum (1613, ND 1964) 641f. – [6] Vgl.

Th. Mommsen, Ges. Schr. 3 (1907) 356ff. – [7] Vgl. K. Zeumer: Quellensammlung zur Gesch. der Dtsch. Reichsverfassung (²1913) 192ff. (200); dazu F. Kern: Gottesgnadentum und Widerstandsrecht (²1954) 40f. – [8] Vgl. Thomas von Aquin/Tolomeo von Lucca, De regimine principum III, c. 4. 6. 8; Wilhelm von Ockham, Breviloquium de principatu tyrannico ..., hg. R. Scholz (1944) 141ff. – [9] J. B. Bossuet: Politique tirée de L'Ecriture Sainte (1709). Oeuvres compl. 9 (1870) 204ff. (211ff. 228ff. 238ff.). – [10] J. Althusius: Politica methodice digesta ... (³1614) c. 18, § 32; dazu J. Dennert: Ursprung und Begriff der Souveränität (1964) 20f. – [11] J. Bodin: Six livres de la République (Paris 1576) l. II, c. 2. 3. – [12] S. Frh. v. Pufendorf: De jure naturae et gentium (1672) l. VII c. II § XI. – [13] Chr. Wolff: Jus naturae. Pars octava de imperio publico (1748, ND 1968) §§ 262f. – [14] P. Robert: Dict. alphabét. et analogique de la langue franç. (1970) 981. – [15] Schulz/Basler: Dtsch. Fremdwb. 2 (1942) 16f. – [16] H. A. Zachariä, in: J. C. Bluntschli/K. Brater: Dtsch. StaatsWb. 2 (1857) 97; dazu O. Brunner: Neue Wege der Verfassungs- und Sozialgesch. (²1968) 180f. – [17] R. Rie: Das Lm.-Prinzip des Wiener Kongr. Arch. Völkerrecht 5 (1955/56) 272ff.; A. Gauland: Das Lm.-Prinzip in der Staatenpraxis seit dem Wiener Kongreß (1971). – [18] R. Maurenbrecher: Die dtsch. regierenden Fürsten und die Souverainität (1839) 17. – [19] F. J. Stahl: Philos. des Rechts (⁵1878) II/2, 251f.; F. Murhard: Die Volkssouverainität im Gegensatz der sog. Lm. (1832); J. v. Türckheim: Betracht. auf dem Gebiet der Verfassungs- und Staatenpolitik 1 (1842) 69ff. – [20] R. Spaemann: Der Ursprung der Soziol. aus dem Geist der Restauration (1959) 88ff.; W. Gurian: Die polit. und sozialen Ideen des frz. Katholizismus 1789/1914 (1929) 128. – [21] F. P. G. Guizot: Hist. des origines du gouvernement représentatif en Europe (Brüssel 1851) 2, 152. – [22] K. Frantz: Louis Napoleon (1852, ND 1960) 58. – [23] R. Smend: Staatsrechtl. Abh. (²1968) 150. – [24] a.O. 215. – [25] a.O. 166. – [26] C. Schmitt: Die geistesgesch. Lage des heutigen Parlamentarismus (³1962); Die Kernfrage des Völkerbundes (1926); L. und Lm. (1932) = Verfassungsrechtl. Aufsätze (1958) 264ff.; Das Problem der L., in: Aufs. 440ff.; dazu H. Hofmann: Lm. gegen L. (1964). – [27] Vgl. W. v. Simson: Zur Theorie der Lm., in: Festschr. K. Loewenstein (1971) 459ff. – [28] M. Weber: Wirtschaft und Gesellschaft (⁵1964) 1, 157ff. = Staatssoziol. (1956) 99ff.; dazu D. Sternberger: Max Webers Lehre von der Lm., in: Festschr. M. Freund (1967) 111ff. – [29] Vgl. J. Winckelmann: Lm. und L. in Max Webers Herrschaftssoziol. (1952). – [30] D. Easton: A systems analysis of polit. life (New York 1965) 286f. – [31] C. J. Friedrich: Die Lm. in polit. Perspektive. Pol. Vjschr. 1 (1960) 119ff. – [32] D. Sternberger: Herrschaft und Vereinbarung. Über bürgerl. Lm., in: Ich wünsche, ein Bürger zu sein (1967) 51ff. – [33] N. Luhmann: Legitimation durch Verfahren (1969); Rechtssoziol. 2 (1972) 259ff. – [34] J. Habermas: Zur Rekonstruktion des Hist. Materialismus (1976) 271. – [35] a.O. 276. – [36] Vgl. Lm.-Probleme im Spätkapitalismus (1973); W. Hennis: Lm. Zu einer Kategorie der bürgerl. Gesellschaft. Merkur 30 (1976) 17-36; R. Ebbighausen (Hg.): Bürgerl. Staat und polit. Legitimation (1976); O. Rammstedt: Zum Legitimationsverlust von Lm. Polit. Vjschr. (1976) 108-122.

Literaturhinweise. J. H. Held: Über Lm. und Lm.-Princip (1859). – F. Brockhaus: Das Lm.-Princip (1868). – G. Lukács: L. und Illegalität, in: Gesch. und Klassenbewußtsein (1923). – G. Ferrero: Macht (1944). – Th. Würtenberger: Die L., in: Festschr. R. Laun (1953) 607ff. – J. Winckelmann: Die verfassungsrechtl. Unterscheidung von Lm. und L. Z. ges. Staatswiss. 112 (1956) 164ff. – U. Klug: Der L.-Begriff. Dtsch. Landesreferate zum V. int. Kongr. Rechtsvergleich. in Brüssel 1958 (1958) 47ff. – T. Parsons: Authority, legitimation and polit. action, in: Authority (Nomos I), hg. C. J. Friedrich (Cambridge, Mass. 1958) 197ff. – F. A. Frhr. von der Heydte: Art. ‹Lm.›, in: Staatslex. (⁶1960) 333ff. – E. Krippendorff: Lm. als Problem der Politikwiss. Z. Politik NF 9 (1962) 1ff. – S. M. Lipset: Soziol. der Demokratie (1962) 70ff. – D. Sternberger: Arten der Rechtmäßigkeit. Polit. Vjschr. 3 (1962) 2ff. – M. Imboden: Die Staatsformen (²1964) 177ff. – E. R. Huber: Nationalstaat und Verfassungsstaat (1965) 71ff. – C. Schmitt: Verfassungslehre (⁴1965). – Institut int. de philos. polit. Paris (Hg.): L'idée de légitimité = Annales de philos. polit. 7 (Paris 1967). – T. McPherson: Polit. obligation (London 1967). – O. Brunner: Bemerk. zu den Begriffen ‹Herrschaft› und ‹Lm.›, in: Neue Wege der Verfassungs- und Sozialgesch. (²1968) 64ff. – L. J. Mac Farlane: Polit. obligation and the polit. system. Political Stud. 16 (1968) 335ff. – K. W. Deutsch: Polit. Kybernetik (²1970) 219ff. – P. Graf Kielmansegg: Lm. als analyt. Kategorie. Polit. Vjschr. 12 (1971) 367ff. – Th. Würtenberger jun.: Die Lm. staatl. Herrschaft (1973). – P. Graf Kielmansegg (Hg.): Legitimationsprobleme polit. Systeme. Sonderh. 7 der PVS (1976); Volkssouveränität. Eine Unters. der Bedingungen demokrat. Lm. (1977). – H. Hofmann: Lm. und Rechtsgeltung (1977). – W. Fach und U. Degen: Polit. Lm. (1978). – P. Graf Kielmansegg und U. Matz (Hg.): Die Rechtfertigung polit. Herrschaft (1978).

H. Hofmann

Legismus. Der Terminus ‹L.› dient als sinologische Übersetzung des chinesischen Begriffes ‹*Fa-chia*› (Gesetzesdenker), wobei das Wort ‹*Fa*› weniger ‹lex› als vielmehr ‹Verordnung› und methodisches, politisches Handeln umschließt. Die angelsächsisch bevorzugte Bezeichnung ‹legalism› und ‹legalists› würde demgegenüber den Legalitätsbegriff unangemessen betonen. Nach dem chinesischen Selbstverständnis geht es vielmehr darum, daß Belohnungen und Strafen zu fixieren, Landwirtschaft und Staatsökonomie zu fördern, Maße und Gewichte (in einem regional differenzierten Wirtschaftsraum) zu normieren, die militärische Rüstung voranzutreiben und nur solche Wissenszweige zu pflegen seien, die der Stärke und wirtschaftlichen Kraft des Staates in der Form der absoluten Monarchie dienen. «Stärke» und «Reichtum» (*ch'iang, fu*) des Staates werden von hier aus Leitbegriffe für angemessenes und im Krisenfall notwendiges politisches Handeln, wie es im 20. Jh. neu aktualisiert worden ist. Der Monarch hat als sakrosankt und allmächtig zu gelten, seine Entscheidungen sind Gesetz. Eine Politik der Stärke nach innen und außen verfolgt das Ziel allgemeinen Friedens, im Inneren aus Furcht vor Strafe und Hoffnung auf Lohn, nach außen durch machtgesicherte Realpolitik. In diesem Sinn bietet der L. ein Kontrastprogramm zum konfuzianischen Moral-Staat. Gegenüber dem europäischen Absolutismus herrschen hier die Züge einer pragmatischen Amoralität und eines voll funktionalisierten Herrschaftsapparates vor. In Verbindung mit einer beamteten konfuzianischen Orthodoxie wird später von einer Haltung des L. ausgehend oppositionelles Gedankengut bekämpft und eliminiert. Insbesondere hat die maoistische Linke, hier die sog. «Viererbande» (Frau Mao u.a.), den seit dem 4. Jh. v.Chr. existierenden L.-Begriff im Rahmen ihrer Konfuzius-Kritik zu einem fortschrittsträchtigen Element in der Formation des Feudalismus hochstiliert, dessen historische Überdehnung über zwei Jahrtausende im Vergleich zu Marxens auf Europa bezogener Vorstellung damit abgebaut werden zu können schien. Als Legist galt ihr, wer für die Einheit des Reiches eintrat, dessen Zersplitterung bekämpfte, die wirtschaftliche Entwicklung förderte, private Bereicherung zu unterbinden trachtete, sich mit militärischem Denken beschäftigte und das konfuzianische Traditionsbild zu durchbrechen versuchte, und dies über die zwei Jahrtausende der alten wie der neueren Geschichte hin. Der Mangel an tatsächlichem Fortschritt wurde erklärt mit der Unüberwindbarkeit gerade des konfuzianischen Establishments mit seinem despotischen Überbau. Seit den späteren 70er Jahren scheint sich der L.-Streit wieder auf das Normalmaß zu reduzieren, d. h. der L. wird als gesellschaftliche Kraft im Rahmen der Ablösung der Sklavenhaltergesellschaft durch die feudalistischen Grundherren gesehen.

Literaturhinweise. HAO HSIANG WONG: L'Esprit de la loi et l'esprit du monde dans la philos. de Han Fei Tseu (Thèse, Paris 1941). – W. K. LIAO: The complete works of Han Fei Tsu 1. 2 (ND 1959). – J. THIEL: Die Staatsauffassung des Han Fei Tzu, dargestellt in einigen bedeutsamen Kapiteln. Sinologica 6 (1961) Nr. 3, 171-192; Nr. 4, 225-270. – J. J. L. DUYVENDAK: The book of Lord Shang (ND 1963). – KUNG-CHUAN HSIAO: Legalism and autocracy in traditional China. CHHP NS 4 (1964) 108-122. – L. VANDERMEERSCH: La formation du légisme. Rech. sur la constitution d'une philos. politique caractéristique de la Chine ancienne. Publ. Ecole franç. Extrême-Orient 56 (Paris 1965). – R. CRAWFORD: Chang Chü-cheng's Confucian legalism, in: W. T. DE BARY (Hg.): Self and society in Ming thought (New York/London 1970) 367-413. T. GRIMM

Lehnsatz heißt ein Satz, der einer Disziplin, in der er schon bewiesen ist, entlehnt wird. Das Wort ‹L.› ist durch CHR. WOLFF [1] als Übersetzung des partiell in gleicher Bedeutung gebrauchten Terminus ‹Lemma› (s. d.) in die Philosophie- und Wissenschaftssprache eingegangen.

Anmerkung. [1] CHR. WOLFF: Math. Lex. (1716). Red.

Lehnstuhlphilosophie. Bei dem Versuch, die als sinnlos, unnütz und leer apostrophierten religiösen Mysterien zu verteidigen, wies BERKELEY darauf hin, daß das Mysteriöse, Unbegreifliche und Unbeweisbare sich nicht nur in den Glaubensartikeln, sondern auch in den Wissenschaften finde, deren Wahrheit und praktische Anwendbarkeit dadurch nicht kleiner, sondern eher größer werde [1]. Als Beispiel führte er Newtons Fluxionslehre an, deren Grundlagen dunkel und, wie Newton selber bekenne, unbeweisbar seien [2]. J. JURIN, ein Anhänger Newtons, glaubte daraufhin, dem Meister zu Hilfe kommen zu müssen, und warf Berkeley vor, er hätte Newton nicht als den größten Mathematiker dargestellt, der er sei, sondern «as a good old gentleman fast asleep and snoring in his easy chair, while Dame Fortune is bringing him her apron full of beautiful Theorems and Problems, which he never knows or thinks of» [3].

Dieses malerische Bild ist eine der möglichen Quellen für die im 20. Jh. zum Topos gewordenen polemischen Begriffe wie ‹Lehnstuhl-Psychologie›, ‹-Kosmologie› [4], ‹-Philosophie› usw. Der Vorwurf, Lehnstuhlwissenschaft zu betreiben, war zunächst vor allem in der Psychologie verbreitet: «arm-chair psychology» ist spätestens seit E. W. SCRIPTURE [5] eine durchaus gängige Bezeichnung der Experimentalpsychologen für die Produktionen der traditionellen Psychologie, die nach Scriptures Wort «had no more value than medieval speculations concerning how many angles could dance on the point of a needle» [6]. In jüngster Zeit hat dieser Tadel nun auch jene Wissenschaft ereilt, die als eine der wenigen ein angestammtes Recht auf einen Lehnstuhl zu haben schien: die Philosophie. «Die Zeit der großen L.n ist vorüber», verkündet H. LENK [7]. Was wir brauchen, ist nicht die von den Ergebnissen erfahrungswissenschaftlicher Erkenntnis abgeschirmte apriorische Spekulation und Konstruktion der «Schreibtischphilosophie» [8], sondern «Kooperation mit den empirischen Wissenschaften», die «der philosophischen Deutung nicht nur wertvolle Anregungen liefern, sondern sie auch in größere Nähe zur Realität bringen und damit sozial wirksamer und fruchtbarer machen» [9].

Anmerkungen. [1] G. BERKELEY, Alciphron, 7. Dial. Works, hg. A. A. LUCE/T. E. JESSOP 3 (Edinburgh 1950) 286-329. – [2] The analyst sect. 17 a.O. 4 (1951) 74f. – [3] J. JURIN: Geometry no friend to infidelity (London 1734) §§ 37f.; vgl. dazu BERKELEYS Antwort a.O. 4, 128f.; zum Ganzen G. ARDLEY: Berkeley's renovation of philos. (Den Haag 1968) 155. – [4] W. H. NEWTON-SMITH: Armchair cosmol. Philosophy 47 (1972) 64-66. – [5] Vgl. E. G. BORING: A hist. of exp. psychol. (New York ²1950) 547. – [6] E. W. SCRIPTURE, in: C. MURCHINSON (Hg.): A hist. of psychol. in autobiography 3 (New York ²1961) 241. – [7] H. LENK: Leistungssport: Ideol. oder Mythos? (1972) 44. – [8] Philos. im technol. Zeitalter (²1972) 29. – [9] a.O. [7] 44. W. BREIDERT

Lehnwort, Lehngut. Der sprachwissenschaftliche Terminus ‹Lehngut› (Lg.), der in der jüngeren Linguistik allerdings nur eingeschränkte Verwendung findet, dient im Unterschied zu seinem Komplementärbegriff ‹Erbgut›, mit dem das genuin einheimische Sprachmaterial bezeichnet wird, als Sammelname für die Menge der sprachlichen Einheiten und Eigenheiten, die im Laufe der Geschichte einer bestimmten Einzelsprache aus anderen Sprachen in diese übernommen wurden. Die begriffliche Fassung solcher 'Entlehnungen' (als Prozeß und als Ergebnis) kann in ihrer historischen Entwicklung nach vier Phasen der Problemakzentuierung unterschieden werden.

1. Die (mehr oder weniger wertende) globale Konstatierung des Vorhandenseins fremdsprachiger Elemente in der eigenen Sprache kann bis in die Anfänge abendländischer Sprachreflexion [1] zurückverfolgt werden und manifestiert sich in den antik-rhetorischen Termini ξενικὸν ὄνομα und ‹verbum peregrinum› (teils als βαρβαρισμός, barbarismus bzw. barbarolexis gewertet) [2], die im Kreise barocker Sprachgesellschaften zu ‹fremde› bzw. ‹ausländische Wörter› verdeutscht werden; die Bezeichnung ‹Fremd-Wörter› (Fw.) prägt erst JEAN PAUL (1819) [3].

2. Der Versuch einer ausdrucksseitig orientierten linguistischen Differenzierung zwischen 'Erb-' und 'Lehngut' seit den Anfängen der historischen Sprachwissenschaft des 19. Jh. führt um 1850 zur (unsicheren) Unterscheidung zwischen ‹Fw.› und ‹Lehnwörtern› (‹L.›) zuerst nachweisbar 1856 bei H. EBEL [4]) nach ihrem jeweiligen phonetisch-graphischen und flexivischen Integrationsgrad.

3. Der primär inhaltsseitig orientierte Versuch einer hierarchischen Klassifikation der Lehnelemente, der zu Beginn des 20. Jh. einsetzt und bei W. BETZ seine ausgeprägteste Systematisierung findet, führt zum Aufbau eines differenzierten Begriffsfeldes, das vor allem innerhalb der ‹Lehnprägungen› [5], d. h. der unter Beteiligung des einheimischen Wortschatzes erfolgenden «Neubildung oder Neubedeutung» einzelner Lexeme «nach fremdem Vorbild» [6], eine reiche Subkategorisierung aufweist. Sie gliedern sich in 'Lehnbedeutungen' (E. WELLANDER [7]) für Entlehnungen nur der Bedeutung für ein einheimisches Wort und 'Lehnbildungen' (W. BETZ) für «Neubildung [...] nach fremdem (inhaltlichen, formalen) Vorbild», die wieder nach ‹Lehnschöpfungen› (W. BETZ [8]) für «Neubildung nach fremdem inhaltlichen Vorbild ohne formale Anlehnung» und ‹Lehnformungen› (W. BETZ [9]) für «Neubildung [...] nach fremdem formalen (und inhaltlichen) Vorbild» unterschieden werden, die schließlich noch einmal in ‹Lehnübersetzungen› (FR. MAUTHNER [10]) für «Glied-für-Glied-Nachbildung eines fremden Vorbildes» und ‹Lehnübertragungen› (W. BETZ 1939) für «Teilnachbildung eines fremden Vorbildes» [10a]) differenziert werden.

4. Die stärker kompetenzbezogenen und mit dem Instrumentarium der strukturalen Linguistik seit der Mitte

Tabelle 1. Terminologie der Klassifikation von Lehnelementen

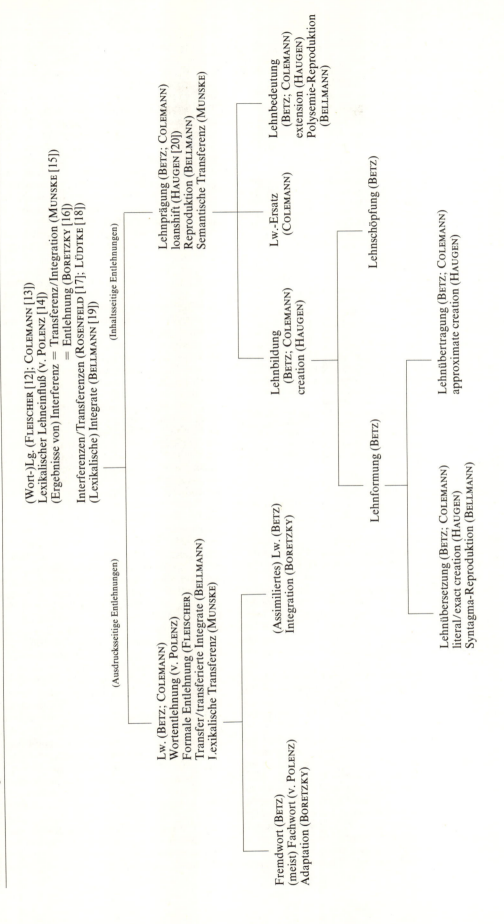

des 20. Jh. durchgeführten Versuche einer expliziteren Deskription lingualer Kontaktphänomene übernehmen in der Regel die Klassifikation von Betz, verwenden jedoch – der geänderten Sehweise und dem jeweiligen Forschungsansatz entsprechend – im Anschluß an U. WEINREICH [11] eine andere (bislang uneinheitliche) Terminologie (meistens) mit den Grundtermini ‹Interferenz› und ‹Transfer(enz)›. Eine vergleichende Übersicht zur Terminologie der Klassifikation von Lehnelementen ergibt folgendes Bild (Tab. 1).

Anmerkungen. [1] PLATON, Kratylos 410 a. – [2] H. LAUSBERG: Hb. lit. Rhet. (1960) §§ 470ff. – [3] Vgl. FR. KLUGE: Art. ‹Fremdwort›, in: Etymol. Wb. dtsch. Sprache, hg. W. MITZKA (¹⁸1960) 217. – [4] H. EBEL: Über die Lw. der dtsch. Sprache, in: Progr. des Lehr- und Erziehungsinstituts zu Ostrowo bei Filehne (1856) 1-31. – [5] W. BETZ: Réponses au questionnaire du 5e Congr. linguist. à Bruxelles (1939). – [6] H. PAUL: Dtsch. Wb., hg. W. BETZ (⁶1968) 392. – [7] E. WELLANDER: Stud. zum Bedeutungswandel im Dtsch. 1 (Uppsala 1917) 137. – [8] W. BETZ: Der Einfluß des Lat. auf den ahd. Sprachschatz 1: Der Abrogans (1936). – [9] W. BETZ: Lat. und Dtsch. Der Deutschunterricht 3 (1951) H. 1, 26. – [10] FR. MAUTHNER: Wb. der Philos. (1902) 1, xxxiiff. – [10a] PAUL, a.O. [6] ebda. – [11] U. WEINREICH: Languages in contact (New York 1953, 1970). – [12] Die dtsch. Sprache. Kl. Enzyklop. 1 (1969) 514. – [13] E. S. COLEMANN: Zur Bestimmung und Klassifikation der Wortentlehnungen im Ahd. Z. dtsch. Sprache 21 NF 5 (1964) 69-83. – [14] P. VON POLENZ: Gesch. der dtsch. Sprache (1970) 43. – [15] H. H. MUNSKE: German. Sprachen und dtsch. Gesamtsprache, in: Lex. der german. Linguistik (1973) (= LGL) 485ff. – [16] N. BORETZKY: Sprachkontakte, in: W. A. KOCH (Hg.): Perspektiven der Linguistik 1 (1973) 138f. – [17] H.-FR. ROSENFELD: Klass. Sprachen und dtsch. Gesamtsprache, in: LGL 474ff. – [18] H. LÜDTKE: Roman. Sprachen und dtsch. Gesamtsprache, in: LGL 495ff. – [19] G. BELLMANN: Slaw. Sprachen und dtsch. Gesamtsprache, in: LGL 503ff. – [20] E. HAUGEN: The Norwegian language in America (Philadelphia 1953) 2, 402f.

Literaturhinweis. M. SCHERNER: Die Begriffe zur Gliederung des sprachl. Lg. Arch. Begriffsgesch. 18 (1974) 262-282.

M. SCHERNER

Lehrgedicht. Obwohl bereits die frühe griechische Literatur L. aufweist, kennt man lange Zeit den Terminus ‹Lehrdichtung› nicht. L. gelten als Epen. Der Begriff findet sich zum ersten Mal im ‹Tractatus Coislinianus›, der dem *jüngeren Peripatos* anzugehören scheint (1. Jh. v.Chr.?). Dieser scheidet die Dichtung in nachahmende und nicht-nachahmende. Die nicht-nachahmende wird in historische (ἱστορική) und belehrende (παιδευτική) aufgeteilt. Die zweite Kategorie zerfällt ihrerseits in anleitende (ὑφηγητική) und theoretische (θεωρητική) [1]. Neben diesem Schema, das kaum weitergewirkt hat, ist der spätrömische Grammatiker DIOMEDES (4. Jh. n.Chr.) zu nennen, dessen auf andere Quellen zurückgehender Katalog eine *didascalice* genannte literarische Form einschließt [2]. Diomedes war Literaturkritikern der Renaissance bekannt.

Die intensive und lang andauernde Kontroverse um die poetische Legitimität des L. geht auf ARISTOTELES' ‹Poetik› (1447b) zurück, wo Empedokles wegen seines philosophischen (und daher a-mimetischen) Gegenstandes das Dichtertum abgesprochen wird. Die italienische Poetik des Cinquecento, die das Problem wieder aufgriff, weist ein breites Meinungsspektrum dazu auf. Die prinzipiell möglichen Einstellungen zum L. werden hier durchgespielt, so daß in der Folgezeit kaum mehr etwas wirklich Neues zu sagen bleibt. Auf der einen Seite wird das L. weiterhin als Nicht-Dichtung abgelehnt. Entsprechende Positionen vertreten beispielsweise FRANCISCUS LUISINUS, ANTONIO RICCOBONO oder BENEDETTO VARCHI [3]. Auf der anderen Seite wird das L. nicht nur zugelassen, sondern gelegentlich als eine besonders wichtige oder wertvolle literarische Form proklamiert. So etwa bei J. C. SCALIGER, der teilweise auf nicht-aristotelische Traditionen der Dichtungslehre zurückgriff [4]. Die brillanteste theoretische Begründung für das L. lieferte GIROLAMO FRACASTORO in ‹Naugerius, sive de poetica dialogus› [5]. Er leitet die Berechtigung, wenn nicht die Notwendigkeit der didaktischen Dichtung aus der Beobachtung her, daß bei Voraussetzung eines Vollkommenheitsideals gewisse Dinge nur in der dichterischen Aussage einsichtig gemacht oder zur höchsten Entfaltung gebracht werden können.

Im Zusammenhang mit einer Umdeutung und Neufassung des Mimesisprinzips entwickelt sich später, besonders in der englischen Poetik des 18. Jh., eine eigene Theorie für das L. Der wohl früheste Klassifikationsversuch nach thematischen Kriterien, dem rudimentäre Einteilungen vorausgehen, findet sich bei J. TRAPP, dem ersten Inhaber des Oxford Chair of Poetry. Hier wird das L. nicht theoretisch begründet, sondern in seiner faktischen Existenz akzeptiert [6]. Die Zurückweisung auch der Aristotelischen ‹Poetik› in der ‹Querelle› hatte zur Folge, daß das Mimesisprinzip in der englischen Literatur des späten 18. Jh. keine uneingeschränkte Gültigkeit mehr hatte. So konnten sich theoretische Begründungen für das L., als dessen Muster vor allem Popes ‹Essay on Man› galt, aus nicht-aristotelischen Voraussetzungen entwickeln. In Umkehrung von Positionen, wie sie FR. BACON im Hinblick auf die Dichtung vertreten hatte [7], sah man die Funktion der Dichtung, vor allem der Lehrdichtung, im Entwurf von «Modellen» (archetypes), die nicht in erster Linie dazu dienen sollen, die Wirklichkeit zu erfassen, sondern ihr eine neue Gestalt zu geben. J. AIKIN formulierte am Ausgang des 18. Jh. diesen Standpunkt mit letzter Konsequenz [8].

Die Vorbehalte gegen das L. als eigene literarische Form setzten sich im 19. Jh. fort. Ob die Lehrdichtung eine eigene literarische Form oder Gattung sei, wird verschiedentlich diskutiert, aber es gelingt nicht, das L. theoretisch so überzeugend zu begründen, daß es als Gattung Anerkennung finden konnte. Die Kontroverse ist am besten faßbar in GOETHES Aufsatz ‹Über das L.›, in dem er es als «nicht zulässig» bezeichnet, «daß man zu den drei Dichtarten, der lyrischen, epischen und dramatischen, noch die didaktische hinzufüge». Er betrachtet die didaktische Dichtung als ein «Mittelgeschöpf zwischen Poesie und Rhetorik» [9]. In diesem Rahmen halten sich auch die weiteren, zum Teil nur assertorischen Betrachtungen über das L. in der Poetik und Literaturtheorie des 19. Jh.

Die moderne Literaturgeschichte abstrahiert weitgehend von den das L. begleitenden theoretischen Auseinandersetzungen und versucht, die Gattungsgeschichte möglichst genau zu rekonstruieren. In der Tat ist das L. nicht auf eine bestimmte literarische Form oder Manier festgelegt. Es kann sich vielmehr, geprägt durch die didaktische Absicht, eine Reihe von literarischen Techniken zunutze machen, ohne sich in ihnen zu erschöpfen. Wenn man von den Kleinformen der Lehrdichtung absieht (Merkverse usw.), zeigt das L. eine Affinität vor allem zum Epos, aber auch zur Epistel und anderen Formen, die auf Mitteilung angelegt sind. Es kann sich Pathos und epische Sprachgebung ebenso zu eigen machen wie satirische Konfrontation. Sein Ziel besteht nicht primär im systematischen Vortrag des gewählten Gegenstandes, sondern in der poetischen Vermittlung einer meist nur in Grundzügen dargelegten 'Lehre', die im Falle eines philosophischen Themas durchaus eklektischen Charakter haben kann.

Bereits in der *Antike* bildeten sich mehrere Traditionen des L. aus. Die großenteils nur als Fragment erhaltenen Werke ionischer Philosophen (XENOPHANES, PARMENIDES, EMPEDOKLES) dokumentieren die erste Blütezeit philosophischer Lehrdichtung. In alexandrinischer Zeit entstehen zahlreiche Werke mit entlegener oder abstruser Thematik als poetische Bravourstücke. Als bedeutendster römischer Lehrdichter knüpft LUKREZ an Empedokles an. ‹De rerum natura› wird, obwohl inhaltlich oft bekämpft, zum Vorbild aller philosophischen Lehrdichtung seit der Renaissance, ebenso wie VIRGILS ‹Georgica› das Muster für die 'georgische' Variante des L. abgibt. Die große Epoche des L. ist das Zeitalter der Aufklärung, das dem L. häufig eine popularphilosophische Funktion überträgt. Besonders A. POPES ‹Essay on Man›, das neben ‹De rerum natura› bedeutendste philosophische L., stellt eine poetische Summe der philosophischen Bemühungen der Zeit dar. In dem Maße, wie sich philosophische und wissenschaftliche Erkenntnis spezialisiert, entzieht sie sich der dichterischen Gestaltung. Damit verliert das L. an Bedeutung. Für die Romantik wird es zum unrealisierten poetischen Programm.

Anmerkungen. [1] Comicorum Graecorum Frg., hg. G. KAIBEL (Berlin 1899), I. fasc. prior, p. 50; vgl. auch J. J. DONOHUE: The theory of lit. kinds: Ancient classification of lit. (Dubuque/Iowa 1943). – [2] KAIBEL, a.O. 53f. – [3] Vgl. In lib. Q. HORATII FLACCI de arte poetica commentarius (Venedig 1554); Poetica ARISTOTELIS ab ANTONIO RICCOBONO Latine conversa (Patavia 1587); Della Poetica, in: Lezzioni di M. BENEDETTO VARCHI (Florenz 1590). – [4] J. C. SCALIGER: Poetices libri septem (1561). – [5] G. FRACASTORO: Opera (Venedig 1555). – [6] J. TRAPP: Praelectiones poeticae (Oxford 1711-1719); engl. (1742). – [7] Vgl. FR. BACON, Advancement of learning II. – [8] Vgl. etwa J. AIKIN: Letters from a father to his son, on various topics relative to lit. and the conduct of life (London 1793) 67. – [9] J. W. GOETHE, Über das L. Sophien-A. 41/2, 225-227.

Literaturhinweise. R. ECKART: Die Lehrdichtung, ihr Wesen und ihre Vertreter (1909). – W. KROLL: Das L., in: Stud. zum Verständnis der röm. Lit. (1924, ND 1964). – L. L. ALBERTSEN: Das L.: Eine Gesch. der antikisierenden Sachepik in der neueren dtsch. Lit. (1967). – B. FABIAN: Das L. als Problem der Poetik, in: Die nicht mehr schönen Künste, hg. H. R. JAUSS (1968) 67-89. – H.-W. JÄGER: Zur Poetik der Lehrdichtung in Deutschland. Dtsch. Vjschr. Lit.wiss. (DVLG) 44 (1970) 544-576. – L. L. ALBERTSEN: Zur Theorie und Praxis der didaktischen Gattungen im dtsch. 18. Jh. DVLG 45 (1971) 181-192. – C. SIEGRIST: Das L. der Aufklärung (1974). – G. ROELLENBECK: Das epische L. Italiens im 15. und 16. Jh.: Ein Beitrag zur Lit.gesch. des Humanismus und der Renaissance (1975). – B. EFFE: Dichtung und Lehre: Untersuch. zur Typol. des antiken L. (1977). B. FABIAN

Lehrsatz ist durch CHR. WOLFF [1] als Übersetzung von ‹Theorem› in die Philosophie- und Wissenschaftssprache eingegangen.

Anmerkung. [1] CHR. WOLFF: Math. Lex. (1716). Red.

Leib, Körper. Der Begriff ‹Leib› (L.) ist eine der deutschen Sprache eigentümliche Unterscheidung, die einen Körper (K.), insofern er als beseelt gedacht wird, durch ein besonderes Wort aus der Menge der übrigen K. heraushebt. Dem griechischen σῶμα, lateinischen ‹corpus›, italienischen ‹corpo›, französischen ‹corps›, spanischen ‹cuerpo› und englischen ‹body› stehen besondere Bezeichnungen für L. im Unterschied zu K. nicht zur Seite. Die Unterscheidung ergab sich aus der Verdeutschung von ‹corpus› in der weiten Bedeutung, die es im Lateinischen bereits hatte, demgegenüber das mittelhochdeutsche ‹lîp› (zunächst undifferenziert ‹L. und Leben›) allmählich die bestimmte Bedeutung von lebendigem, beseeltem, eine bestimmte Person darstellenden K. gewann [1]. So dient der Ausdruck ‹L.› eher zur Erörterung des L.-Seele-Verhältnisses; K. dagegen wird allgemeiner von Geist unterschieden, ohne daß damit eine Vereinigung beider angesprochen sein muß.

I. *Antike und Mittelalter.* – 1. *Der Begriff ‹Soma› im Griechischen.* – HOMER verwendet σῶμα (σ.) nur in der Bedeutung von Leichnam [2]. Das Wort kann jedoch im außerphilosophischen griechischen Sprachgebrauch ebensogut den lebendigen K. bezeichnen, auch den animalischen K. im Gegensatz zu den Pflanzen, Rumpf und Glieder im Gegensatz zum Kopf oder den menschlichen L. im Gegensatz zu Seele oder Geist [3]. Was das Wort selbst offen läßt, macht der Kontext seines Gebrauchs zumeist eindeutig.

In den *vorsokratischen* Naturlehren wird der Begriff des K. zum philosophischen Problem. Der Parmenides-Schüler MELISSOS spricht den K. Sein ab: τὸ ὂν ... δεῖ ... σ. μὴ ἔχειν (Das Sein kann einen K. nicht haben) [4]. Denn da es viele K. gibt, diese zudem aus Teilen bestehen und als Teilbare veränderlich sind, gehören sie dem Vergänglichen an. Das Sein aber ist Eins und ewig, unendlich, unveränderlich, unbewegt [5]. – Demgegenüber läßt LEUKIPP das Ganze aus dem Leeren und einer Fülle von K. (πλῆρες σωμάτων) bestehen [6]. DEMOKRIT präzisiert weiter: δὲν μὲν ὀνομάζων τὸ σ., μηδὲν δὲ τὸ κενόν (etwas heißt der K., nicht-etwas aber das Leere), beide aber *sind* gleichermaßen und machen zusammen das Ganze aus [7]. Es gibt ursprünglich eine unendliche Menge unteilbarer K. (σ. ἀδιαίρετα) von verschiedener Gestalt, die sich im Leeren befinden [8]. – PLATON berichtet von der «Gigantomachie» dieser beiden Richtungen, deren eine behaupte, «das allein sei, woran man sich stoßen und was man betasten könne, indem sie K. und Sein für einerlei erklären» (... ταὐτὸν σ. καὶ οὐσίαν ὁριζόμενοι), während die andere daran festhalte, «es *sei* auch etwas, das keinen K. habe» (μὴ σ. ἔχον εἶναι), mehr noch, «unkörperliche Ideen seien das wahre Sein» (ἀσώματα εἴδη ... τὴν ἀληθινὴν οὐσίαν εἶναι) [9]. Diese Grundunterscheidung metaphysischer Positionen in bezug auf den Begriff des K. bleibt in der Folgezeit geläufig [10]. Seit ARISTOTELES hängt sie mit der Frage zusammen, wie sich der K. zu den Grundprinzipien Form und Materie verhalte. Die aristotelische, von PLOTIN gegenüber den Stoikern erneut betonte Auffassung ist die, daß jeder K. aus Materie und Form oder Beschaffenheit bestehe (σ. ἐξ ὕλης ὂν καὶ εἴδους / πᾶν σ. ἐξ ὕλης καὶ ποιότητος) [11] und daß es qualitätslose K. (ἄποιον σ.) [12] nicht gebe; letzteres auch gegen Demokrit, der den Atomen alle Beschaffenheit abspricht (ποιότητας δὲ νόμῳ εἶναι, φύσει δ' ἄτομα καὶ κενόν) [13]. Dagegen wird neben der stoischen Lehre, daß alle K. aus Materie seien, auch die Meinung überliefert, daß die Form (εἶδος) K. sei [14]. Die *Pythagoreer* wiederum betrachten die K. als aus Zahlen, den Elementen alles Seins, zusammengesetzt; EKPHANTOS soll, dem Bericht des Aetius zufolge, der erste gewesen sein, der die pythagoreischen Monaden körperlich genannt hat [15].

Wesentlich für den Begriff des K. wird das Moment der sichtbaren Gestalt. In der Gestalt verbindet sich Verschiedenes zu einer Einheit derart, daß das bloß Viele sich zu besonderen Teilen eines Ganzen ordnet. So ist der

K. als L. verstanden, den ein belebendes Prinzip, die Seele, zusammenhält. Der Gedanke der gegliederten Ganzheit des K. bleibt grundlegend, auch wenn später differenziert wird in σ. ἡνομένα καὶ συμφυᾶ (organisch zusammengewachsene K.), σ. ἐκ συναπτομένων (zusammengesetzte K.) und σ. ἐκ διεστώτων (aus selbständigen K. gebildete K.) [16]. Mit dieser Differenzierung ist zugleich die vielfältige Analogiebildung angesprochen, zu der σ. in der Bedeutung eines gegliederten Ganzen Anlaß gab. Von der spezielleren Bedeutung, L. des Menschen zu sein, überträgt PLATON den Begriff des K. auf den Kosmos, der analog als lebendig, beseelt und vernünftig bezeichnet wird – wie der menschliche K., nur in eminenter Weise [17]. Ähnlich vergleicht er den (kranken) K. mit dem (kranken) Staat [18]. Dem griechischen Bild vom Kosmos als dem von der Weltseele durchdrungenen L. Gottes oder doch seiner Wohnstätte [19] tritt später die christliche Auffassung von der Gemeinde als dem (in die Welt hinein wachsenden) L. Christi gegenüber [20]. Analogiebildungen dieser Art werden so gebräuchlich, daß man schließlich, im Lateinischen, den Staat als den L. des Kaisers, diesen als sein Haupt oder seine Seele bezeichnen kann [21].

Σ. als L. wird vor allem im Zusammenhang von Erörterungen über das Wesen des Menschen thematisch. Dabei geht es jedoch nicht so sehr um den menschlichen K. als solchen, der vielmehr Gegenstand der Medizin als eines Teils der Naturlehre ist, wie um sein Verhältnis zu Seele und Geist, durch welches der L. sich spezifisch von anderen K. unterscheidet. Für den Begriff des K. als solchen aber scheint es weitgehend gleichgültig gewesen zu sein, wie das Verhältnis des L. zur Seele jeweils bestimmt wurde. Am geläufigsten ist wohl die These von der Einteilung aller K. in beseelte und unbeseelte – Platon kann diese Einteilung mehrmals beiläufig und unwidersprochen einbringen [22] –; aber es gibt neben der Ansicht, daß die Seelen selbst körperlich seien [23], auch die, daß alle K. beseelt seien [24]. – Unabhängig davon, wie dieses Verhältnis jeweils gedacht ist [25], wird der K. als allgemeiner Gegenstand der Naturlehre in vielfacher Hinsicht und kontrovers näher bestimmt.

Die *Größe* (μέγεθος) als eine der zwei Grundeigenschaften des K., die bereits von DEMOKRIT erwähnt werden [26], wird bald differenziert nach den noch heute geläufigen drei Dimensionen: σ. δ' ἐστίν ... τὸ τριχῇ διαστατόν, εἰς μῆκος, εἰς πλάτος, εἰς βάθος (K. ist die dreifache Ausdehnung, nach Länge, nach Breite, nach Tiefe) [27]; diese hat er mit dem Raum (τόπος) gemeinsam [28]. Der so nach seiner Größe allein bestimmte K. heißt mathematischer (μαθηματικόν) [29]; Bestimmung und Benennung bleiben bis in die jüngste Zeit unverändert. (EUKLID verwendet, wie schon PLATON [30], bei der Beschreibung der geometrischen K. anstelle der Zusammensetzung σ. μαθηματικόν das einfache Wort στερεόν, doch die Definition bleibt dieselbe: στερεόν ἐστιν τὸ μῆκος καὶ πλάτος καὶ βάθος ἔχον [31].) – Schon DEMOKRIT aber bestimmt den K. außer durch die Größe auch durch die *Figur* (σχῆμα). Die ursprünglichen K., die Atome, unterscheiden sich nur nach Größe und Gestalt [32]. EPIKUR hält diese Bestimmung für ungenügend und fügt als drittes die jedem K. eigentümliche *Schwere* (βάρος) hinzu [33]. Während ZENON noch zwischen schweren und schwerelosen K. (Luft und Feuer) unterscheidet [34], betrachten die späteren *Stoiker* die Schwere als proprium des K., das diesen vom Raum, in dem er sich befindet, unterscheidet [35]; andere nennen als proprium stattdessen die *Undurchdringlichkeit* (ἀντιτυπία) [36], derart,

daß ihre Kritik an Demokrit die spätere von Leibniz an der cartesianischen Definition des K. vorwegnimmt.

Schwere und Undurchdringlichkeit verknüpfen den Begriff des K. mit einer weiteren als wesentlich erachteten Eigenschaft, der *Bewegung*. Auch diese These wird von den *Stoikern*, für die der Kosmos nichts als Körper enthält, am weitesten getrieben: πᾶν τὸ κινοῦν καὶ ἐνοχλοῦν σ. ἐστιν (alles Bewegen und im Wege stehen ist K.), ebenso πᾶν τὸ κινούμενον (alles Bewegte) [37]. Desgleichen lehrt ZENON, daß alle *Tätigkeit* von K. ausgehe und nur auf K. einwirke: ἄμφω σώματα ... εἶναι, καὶ τὸ ποιοῦν καὶ τὸ πάσχον (beides sind K., das Tun sowohl als auch das Leiden) [38]; oder, nach dem Zeugnis des AUGUSTINUS, daß «nihil in eo [mundo] agi nisi corpore» [39]. Da nun aber die Seele auf den K. einwirkt, auch durch den K. und mit ihm leidet, muß folglich die Seele als körperlich angesehen werden; desgleichen Gott, insofern er als Ursache gedacht werden soll [40]. Aus derselben Definition des K., er sei dasjenige, «was fähig ist, zu wirken oder zu erleiden», schließt SEXTUS EMPIRICUS gegen die Stoiker, daß K. nicht erkennbar seien [41]. Die Schwere bestimmt nach der Vorstellung der Stoiker auch die ursprüngliche *Bewegungsrichtung* der K.: πᾶσι τοῖς σώμασιν εἶναι τὴν πρώτην κατὰ φύσιν κίνησιν πρὸς τὸ τοῦ κόσμου μέσον (alle K. bewegen sich von Natur aus ursprünglich zur Mitte des Kosmos hin) [42]. – Schon früh ist auch der *Ursprung der Bewegung* kontrovers. DEMOKRIT, der eine ursprüngliche Schwere der K. bestreitet, läßt «die von Natur aus unbewegten Atome» «durch Repulsion ins Unendliche» (κατ' ἀλληλοτυπίαν ἐν τῷ ἀπείρῳ) bewegt werden, durch «Anstoß» (πληγῇ), also von außen [43]. EPIKUR greift das Wort ‹Anstoß› auf, erklärt aber gegen Demokrit, daß die K. «durch den Anstoß der Schwere», also von innen her bewegt werden [44]. Hinzu kommt eine nicht vorherberechenbare Abweichung (declinatio) einiger K. von der geraden, durch ihre Schwere vorgezeichneten Bahn. Mit dieser Abweichung der Atome begründet Epikur die menschliche Freiheit gegenüber den Determinationslehren und der Stoa [45].

Im Zusammenhang mit der mathematischen Bestimmung der K. nach ihrer Größe ist auch die Frage nach ihrer *Teilbarkeit* und *Begrenztheit* häufig umstritten. Die *Stoiker* halten, mit ARISTOTELES, daran fest, daß jeder Teil eines K. wiederum ein K. [46] und daß jeder K. begrenzt sei [47]. Andererseits betrachten sie die K. als ins Unendliche teilbar [48], und es gilt ihnen als unmöglich, einen kleinsten oder größten K. anzugeben [49]. Dadurch aber ergibt sich ein Widerspruch zu der Ansicht des Aristoteles, der gegen die unsichtbar kleinen Atome Demokrits behauptet, daß ein wirklicher K. prinzipiell wahrnehmbar sein müsse [50].

Schließlich wird auch zur näheren Bestimmung des Begriffs des K. eine *Einteilung* desselben in seine Arten vorgeschlagen. Die geläufige Einteilung in beseelte und unbeseelte K. wurde erwähnt. Daneben gibt es die in sterbliche und unsterbliche, letztere als die unvergänglichen Samen der vergänglichen Dinge [51]. PHILON gibt eine diese beiden umfassende ausführliche Einteilung, die durch eine Einteilung der körperlosen Seienden noch genauer begrenzt wird: «Von den Seienden sind die einen K., die anderen körperlos; von jenen die einen seelenlos, die anderen beseelt; und die einen vernünftig (λογικά), die anderen unvernünftig; und die einen sterblich, die anderen göttlich; und von den sterblichen der eine männlich, der andere weiblich, die Hälften des Menschen ...» [52].

2. *Das lateinische ‹corpus›* (c.) deckt sich in seinem philosophischen Gebrauch weitgehend mit der Bedeutung und mit den vielfältigen Bestimmungen des griechischen σ., insofern nämlich die lateinische Philosophie Übersetzung und Rezeption der griechischen ist.

Durch die Verwendung des Wortes σ. bzw. ‹c.› für die christliche Gemeinde, deren Haupt (κεφαλή, caput) Christus ist, und durch die Übertragung dieser Bedeutung auf die Institution der Kirche als des corpus Christi (Kol. 1, 18. 24; Eph. 1, 23 [53]) wird dem Begriff ein neuer Bedeutungsbereich erschlossen, der im deutschen ‹Körperschaft› (s. d.) noch weiterlebt. In Erinnerung der ursprünglichen Bedeutung (menschlicher) L. und damit Rechtsperson kann eine Körperschaft in juristischem Sinn als Person angesehen und behandelt werden.

In Unterscheidung von σ./c. im allgemeinen wird in christlicher Terminologie (Joh. 1, 14 u. a.) der menschliche K. mit «Fleisch» (σάρξ, caro) umschrieben. Diese Metapher findet in der Regel dann Anwendung, wenn das Verhältnis des irdischen L. einschließlich seiner Seele zum göttlichen Geist in ihm erörtert wird. So wird die Bedeutung von σάρξ, das zunächst nur für σ. eintritt, losgelöst von der Entgegensetzung des L. zur Seele und auf den «ganzen Menschen» als den durch das göttliche Wort Angesprochenen ausgeweitet [54]. Die Metapher wird als solche auch ins Deutsche übersetzt: «Der Geist (πνεῦμα/spiritus) ist willig, aber das Fleisch (σάρξ/caro) ist schwach» (Matth. 26, 41).

Im *Mittelalter* werden die antiken Bestimmungen des K. rezipiert, und zwar zunächst in Anlehnung an Platons ‹Timaios›, dann in Übernahme und Fortbildung der aristotelischen Lehre von Form und Materie als den Prinzipien des K. [55].

Seit Beginn der *Neuzeit* wird die Frage nach dem K. als dem Gegenstand der Naturlehre mehr und mehr von Einzelwissenschaften, insbesondere von der Physik übernommen [56]. Das Verhältnis von K. und Geist und der L. als Ausdruck der Seele aber bleiben weiterhin Probleme der Philosophie, die ihr erst im 19. Jh. von einer sich ebenfalls naturwissenschaftlich orientierenden Psychologie streitig gemacht werden.

3. Mit der Übernahme von lateinisch ‹c.› in die modernen *Nationalsprachen* ergeben sich folgende Unterschiede:

a) in den *romanischen* Sprachen steht der Aufnahme aller Bedeutungen des Lateinischen ‹c.› in ‹corpo›, ‹corps› und ‹cuerpo› kein einheimisches Wort entgegen. L. kann nur adjektivisch (z. B. als ‹corps humain›) unterschieden werden.

b) Im *Englischen* übernimmt das einheimische ‹body› das volle Bedeutungsspektrum von lateinisch ‹c.› und wird auch zum Träger der einzelwissenschaftlichen Lehren vom K. Das Lautgebilde ‹c.› verengt seine Bedeutung im englischen ‹corpse› zu Leichnam.

c) Im *Deutschen* ergibt sich eine Dreiteilung des Wortfeldes. Das Lehnwort ‹K.› kann für alle Bedeutungen von ‹c.› verwendet werden, auch für den menschlichen K., insofern dieser nur als Naturgegenstand betrachtet wird, wie etwa in der naturwissenschaftlichen Medizin. (In ‹Leibarzt› bezeichnet der Wortteil ‹L.› nicht das dem Arzt anvertraute Objekt, sondern verweist auf die Zugehörigkeit des Dieners zu seinem Herrn, ähnlich wie ‹L.› in ‹Leibeigener› [57]). Demgegenüber präzisiert sich die Bedeutung des bodenständigen ‹L.› zu ‹lebendiger K.›, besonders insofern dieser in seinem Verhältnis zu der ihm innewohnenden Seele, deren Ausdruck er ist, betrachtet wird. Schließlich steht das Fremdwort ‹Corpus› für besondere, jeweils neu zu definierende Verwendungen zur Verfügung.

Anmerkungen. [1] Vgl. GRIMM 6 (1885) s.v. ‹L.›. – [2] Vgl. LIDDELL/SCOTT, Greek-Engl. Lex. (⁹1940) s.v. σῶμα. – [3] ebda. – [4] MELISSOS, VS 30 B 9 (⁶1951/52) 1, 275. – [5] Vgl. VS 30 B 7 (1, 270ff.). – [6] LEUKIPP bei DIOGENES LAERTIUS (DL) 9, 30; vgl. EPIKUR, DL 10, 39. – [7] DEMOKRIT, VS 68 B 156 (2, 174f.). – [8] VS 67 A 9 (2, 74, 13f.); vgl. DL 9, 44f. – [9] PLATON, Soph. 246 a/b. – [10] Vgl. SVF 2, 123, 16-20. – [11] PLOTIN, Enn. 6, 1, 26 (SVF 2, 114, 6f. 11f.); vgl. Art. ‹Form und Materie› I, 3. – [12] SVF 2, 115, 23; vgl. 116, 26. – [13] DL 9, 45. – [14] SVF 2, 130, 34-42. – [15] VS 51, 2 (1, 442, 16ff.). – [16] Stellenangaben bei SCHWEIZER, Art. σῶμα, in: Theol. Wb. zum NT, hg. KITTEL 7 (1964) 1033, 36-1034, 3. – [17] PLATON, Philebos 29 a-30 d; Tim. 31 b-34 a; Vorformen bei THALES, DL 1, 27, und den *Pythagoreern*, DL 8, 25; vgl. ähnl. ZENON, DL 7, 143. – [18] PLATON, Resp. 556 e. 567 c. – [19] Vgl. z. B. SENECA, Ep. ad Luc. 95, 52; 92, 30; weitere Angaben bei SCHWEIZER, a.O. [16] 1034, 9-14; 1035, 42-1037, 12. – [20] Vgl. a.O. [16] 1066, 16-1069, 19; 1073, 26-1074, 10; 1076, 3-21. – [21] Vgl. z. B. SENECA, De clem. 1, 5, 1. – [22] Allein dreimal in PLATON, Soph. 219 e. 227 b. 246 e. – [23] DEMOKRIT nach ARIST., De an. 409 b 1-4; EPIKUR, DL 10, 63; *Stoiker*, SVF 2, 152, 2f.; 217, 6, 15f.; 219, 28. 33. 36; 223, 11. – [24] THALES, DL 1, 24; HERAKLIT, DL 9, 7. – [25] Vgl. Art. ‹Leib/Seele›. – [26] DEMOKRIT, VS 68 A 47 (2, 96, 1). – [27] APOLLODOR, Phys. nach DL 7, 135; vgl. ARISTOTELES, Met. 5, 13, 1020 a 11f.; SVF 2, 123, 4f. – [28] SVF 2, 162, 27-31. 33f.; vgl. GORGIAS, VS 82 B 3, 70 (2, 280, 21-27). – [29] Vgl. z. B. SVF 2, 114, 13. – [30] PLATON, Philebos 51 c. – [31] EUKLID, Elemente 11, Def. 1. – [32] DEMOKRIT nach ARIST., Phys. 3, 4, 203, 34ff.; vgl. VS 68 A 47 (2, 96, 1). – [33] EPIKUR, VS 68 A 47 (2, 96, 1f.); DL 10, 44. – [34] ZENON, SVF 1, 27, 31f. – [35] SVF 2, 115, 40. – [36] SVF 2, 162, 31. – [37] SVF 2, 128, 6f.; vgl. ZENON, SVF 1, 25, 34-38. – [38] SVF 1, 27, 13f. – [39] SVF 1, 40, 13f. – [40] SVF 1, 41, 22-33. – [41] SEXTUS EMPIRICUS, Pyrrh. Skepsis 3, 38. – [42] SVF 2, 173, 31f. – [43] DEMOKRIT, VS 68 A 47 (2, 96, 4f. 9.). – [44] ebda. Z. 2f. – [45] EPIKUR nach CICERO, De fin. bon. mal. 1, 6, 18ff.; De fato 10, 21ff. 20, 46ff. – [46] SVF 2, 220, 3f. 8ff.; 3, 260, 12. – [47] SVF 2, 163, 7; 185, 42; ebenso schon ARIST., Phys. 3, 5, 204 b-206 a. – [48] SVF 2, 127, 2f. 158, 15f. 160, 19ff. – [49] SVF 2, 159, 7-12. – [50] Vgl. ARIST., De an. 3, 12, 434 b 12f. – [51] Vgl. z. B. VS 64 B 7. 8 (2, 65f.); vgl. Art. ‹Logoi spermatikoi›. – [52] PHILON, De agric. 139 (SVF 2, 58, 34-38). – [53] Vgl. SCHWEIZER, a.O. [16] 1075, 15ff. – [54] Vgl. AUGUSTIN, De continentia 4, 11; zur Begriffsgesch. von σάρξ vgl. Art. ‹Fleisch›; ausführlicher SCHWEIZER, Art. σάρξ a.O. [16] bes. 138-141. – [55] Vgl. ausführlich Art. ‹Form und Materie›, bes. II, 2. 3. – [56] Vgl. aber noch HOBBES, De corpore. – [57] Vgl. a.O. [1] s.v. ‹L.› 2. c, Sp. 583.

Literaturhinweise. W. SCHAUF: Sarx. Der Begriff ‹Fleisch› beim Apostel Paulus unter besonderer Berücksicht. seiner Erlösungslehre. NT-liche Abh. 11 (1924). – J. F. MCCORMICK: Discussion: The burden of the body. A note on Q. Q. Disp. de Veritate, 9. 2 (de caritate), a. 10. New Scholasticism 12 (1938) 392-400. – J. BERNHART: Met. und Formideal des L. in der griech. Antike. Vom Wert des L. in Antike, Christentum und Anthropol. der Gegenwart (1936) 9-55. – F. BÜCHNER: Vom Wesen der Leiblichkeit, in: Beuroner Hochschulwoche 1948 (BHW) (1949) 27-47. – J. BERNHART: L. und Verleiblichung in gesch.philos. Betracht. BHW 49-76. – B. WELTE: Die Leiblichkeit des Menschen als Hinweis auf das christl. Heil. BHW 77-109. – J. HIRSCHBERGER: Seele und L. in der Spätantike (1969). – A. A. TACHO-GODI: podstawy fizycznego pojmowania osoby ludzkiej w świetle analizy terminu ‹sōma› [Grundlagen des phys. Verständnisses der menschl. Person im Lichte einer Analyse des Begriffes ‹σῶμα›]. Meander 24 (1969) 157-165. – R. MORISETTE: L'expression σῶμα en 1 Co 15 et dans la litt. paulinienne. Rev. Sci. philos. et théol. 56 (1972) 223-239.
T. BORSCHE

II. *Neuzeit.* – 1. Auch in der frühen Neuzeit verfolgt das philosophische Denken die Frage nach dem L. in zwei Richtungen: Einerseits wird der L. als besondere Maschine interpretiert, die im Prinzip den für alle K. gültigen Naturgesetzen unterworfen und deshalb kausal zu begreifen sei [1]. Dieser Ansatz bestimmt die allgemeine Behandlung der L.-Seele-Problematik im Cartesianismus und bei den französischen Materialisten. Die bedeutendere und interessantere Richtung des philosophischen Nachdenkens über das L.-Prinzip jedoch verläuft im Bereich der Theorie der Subjektivität. Diese Richtung teilt sich ihrerseits wieder in zwei verschiedene Zweige: in den einer theorationalistischen, metaphysisch orientierten [2] und in denjenigen einer empiristischen, naturwissenschaftlich orientierten Subjektsphilosophie [3].

a) *Die metaphysisch-rationalistische Position.* – Die Erkenntnismöglichkeiten des menschlichen Subjekts werden am Maßstab des Intellectus infinitus gemessen, der frei von leiblichen Beschränkungen ist und für den es infolgedessen keine Grenzen des Erkennens gibt. Das Denken des in die leibliche Existenz versenkten menschlichen Subjekts jedoch ist Verdunkelungen und Verwirrungen ausgesetzt, wenn man es mit seinem Vorbild, dem göttlichen Denken, vergleicht. Die das menschliche Subjekt auf eine begrenzte Perspektive einschränkende Wirkung des L. kommt z.B. in der Theorie LEIBNIZ' zum Ausdruck, derzufolge der L. als Statthalter der leidenden Kraft in uns die Aktivität der tätigen Kraft der Vernunft begrenzt [4]. Demnach bestimmt der L. unsere Situation des Denkens der Welt: Er bildet den «point de vue», von dem aus jedes individuelle Denken die Welt vorstellt, und er macht zugleich die Perspektive des Subjekts aus. Alle endlichen Substanzen sind prinzipiell mit jeweils einem organischen L. verbunden: So können sie die anderen K. durch den Bezug auf ihren eigenen L. repräsentieren [5]. Aus dieser Situation kann die Seele niemals «desertieren». Der individuelle Charakter meiner Seele zeichnet sich dadurch aus, wie diese die «Beziehung» der je von mir verschiedenen Körper auf meine eigenen Organe denkend und sprechend zum Ausdruck bringt. So erweist sich der L. als Zugang des Denkens zur Welt.

b) In anderer Weise wird der Zusammenhang von Subjektivität und Leiblichkeit unter *empiristischen* Voraussetzungen hergestellt. Auch hier gelten der L. und seine Sinnesorgane als Zugang zur Welt, und zwar als Quelle für die Erfahrung erscheinender Tatsachen. Erfahrung setzt mein Dabeisein und die leibliche Konfrontation mit den wahrgenommenen Gegenständen voraus; außerdem bildet sie sich im praktischen, experimentellen Umgang mit den Dingen aus, durch deren Handhabung die Kenntnis von den Gegenständen der Welt vermittelt wird. Daher wird in der Vorrede zu NEWTONS ‹Philosophiae naturalis principia mathematica› betont, daß es darauf ankomme, von den uns "nächsten" Dingen zu den entferntesten überzugehen [6].

In der Folgezeit gehen die Ansätze der beiden am Subjekt interessierten Richtungen verschiedene Verbindungen ein. In der Schulphilosophie wird mehr die substanzphilosophische Tradition in der Theorie des L. weiterverfolgt als diejenige, in der es um die Bildung der Perspektive unseres Bewußtseins geht. Der «menschliche K.» wird nach dem Modell aller Körperlichkeit überhaupt begriffen als ein zusammengesetztes Ganzes, welches aus Teilen besteht, die sich «außereinander» befinden (partes extra partes) [7]. CHR. WOLFF macht in betonter Weise vom Worte ‹L.› Gebrauch. Er möchte den L. mechanistisch erklärt wissen und behauptet, daß alle Bewegungen «in dem L. auf eben dieselbe Art sich äußern würden, wie jetzund geschieht, wenngleich keine Seele zugegen wäre, indem die Seele durch ihre Kraft nicht dazu beiträget. Nur würden wir uns dessen, was in unserem L. geschiehet, nicht bewußt sein» [8]. Im Einklag mit der etymologischen Beziehung des Wortes ‹L.› zu ‹Leben›, ‹Beharrung› [9], wird bei MEISSNER erklärt: «Unser L. ist derjenige Cörper, nach welchem sich unsere Gedanken von den übrigen richten, und er uns allzeit gegenwärtig bleibet, wenn alle übrige sich ändern» [10].

Anmerkungen. [1] Vgl. R. DESCARTES, L'homme. Oeuvres, hg. ADAM/TANNERY 11, 119f.; später berühmt: J. O. DE LAMETTRIE: L'homme machine (1748). – [2] Vgl. F. KAULBACH: Philos. der Beschreibung (1968) 162. – [3] TH. HOBBES: The elements of law, natural and politic (London 1889); dtsch. Naturrecht, hg. F. TÖNNIES (1926) 38. – [4] G. W. LEIBNIZ, Philos. Schr., hg. GERHARDT 2, 251f.; 4, 469f. – [5] a.O. 4, 517ff. – [6] I. NEWTON: Philos. nat. princ. math., Praef. in Ed. sec. – [7] Vgl. z.B. G. F. MEIER: Met. (1755) § 390. – [8] CHR. WOLFF: Vernünfftige Gedanken von Gott, der Welt und der Seele des Menschen ... ([7]1738) §§ 778. 780. – [9] Vgl. F. KLUGE: Etymol. Wb. der dtsch. Sprache ([19]1963) s.v. ‹L.›. – [10] H. A. MEISSNER: Philos. Lex. aus Chr. Wolffs sämtl. dtsch. Schr. (1737, ND 1970) 346.

2. Nach KANT ist der Mensch Bürger zweier Welten: der Natur und der moralischen Welt. Als L. gehört er der Natur und ihrer Gesetzlichkeit, als reine Vernunft dem Bereich des moralischen Gesetzes an. Daraus ergibt sich eine Trennung zwischen denjenigen Bestimmungen unserer Existenz, welche zur leiblichen Sphäre gehören: in moralischer Hinsicht Neigungen und Leidenschaften (die pathologische Seite unserer Existenz), im Hinblick auf die theoretischen Leistungen Empfindung und sinnliche Anschauung (Rezeptivität). Diese Zuordnung entspricht der Leibnizschen Philosophie. Die Leiblichkeit unserer Existenz begründet die Verbindung des menschlichen Subjekts mit der Natur. Dieser vom L. hergestellte Bezug spielt auch in der Freiheitsantinomie der ‹Kritik der reinen Vernunft› eine Rolle, bei der Kant zu der Erkenntnis kommt, daß Freiheit und Notwendigkeit im menschlichen Dasein sich gegenseitig nicht zu vernichten brauchen, wenn man nur den Menschen einmal als leibliche Existenz, das andere Mal als Vernunftwesen in Ansatz bringt. Als intelligibler Charakter stellt sich der Mensch über seine eigene Leiblichkeit (den empirischen Charakter) und unterwirft sie dem Sittengesetz. Unter diesen ontologischen Voraussetzungen wird der L. in eine Gegensatzstellung gegen die reine Vernunft in uns gebracht: Er ist Gegenstand sowohl der praktischen wie auch der theoretischen Vernunft.

Wie in früheren philosophischen Theorien des L., so kommt auch bei Kant gegen diesen ontologischen Ansatz ein der Subjektivitätsphilosophie angehöriges Gegenmotiv zur Geltung, welches bewußtseinsphilosophisch bestimmt ist. Von da aus betrachtet, erweist sich der L. als ein Vehikel der Vernunft, als Ausdruck und zugleich Faktor der subjektiven Stellung des Subjekts, dessen Weltperspektive durch seine Leiblichkeit bedingt wird. Diese Seite kommt z.B. in den ‹Träumen eines Geistersehers› zur Sprache, insofern hier die Orts- und Perspektivengebundenheit der menschlichen Seele aufgrund ihrer Verbindung mit einem L. erörtert wird. Die jedem geläufige Erfahrung ergebe, daß derjenige Körper, dessen Veränderungen «*meine* Veränderungen» seien, auch «*mein* Körper» sei und sein Ort auch zugleich mein Ort sei. Die gemeine Erfahrung lehre: «Wo ich empfinde, da *bin* ich. Ich bin ebenso unmittelbar in der Fingerspitze wie in dem Kopfe ... Keine Erfahrung lehrt mich einige Theile meiner Empfindung von mir für entfernt zu halten, mein untheilbares Ich in ein mikroskopisch kleines Plätzchen des Gehirnes zu versperren, um von da aus den Hebezeug meiner K.-Maschine in Bewegung zu setzen, oder dadurch selbst getroffen zu werden» [1]. Die standpunkt-

und perspektivenbildende Rolle des L. kommt auch in den Erörterungen des Raumes zur Geltung, der jeweils als Weltraum angesprochen wird, in dessen örtlichem Mittelpunkt jeweils ich als L. mich befinde und in welchem ich mich nach den Gegenden (links, rechts, oben, unten usw.) orientiere. Die empfindende und anschauende Subjektivität erfährt sich als auf einem Standpunkt stehend, der zugleich der leibliche Bezugspunkt des Auffassens der Gegenstände ist, die sich an anderen Orten befinden. Die leiblichen Bedingungen kennzeichnen die leibliche Subjektivität nicht in negativer Weise, vielmehr werden sie als Bedingung der eigentümlichen Erkenntniswelt des Menschen im positiven Sinne genommen. Daraus ergibt sich für die sinnliche Anschauung, die sich in den Formen von Raum und Zeit ereignet, im Gegensatz zur theorationalistischen Einschätzung eine positive Bewertung: Sie wird als neben dem Verstand gleichwertige Erkenntnisquelle eingestuft [2].

Die im Zeichen des Übergangs von der reinen Metaphysik zur konkreten Kenntnis von Natur und Welt stehenden Überlegungen des ‹Opus postumum› führen zum Gedanken einer *apriorischen Leiblichkeit* des Subjektes. Wie in der transzendentalen Methodenlehre der ‹Kritik der reinen Vernunft› das System als Organismus aufgefaßt worden war, so faßt sich das Ich den Fragmenten des ‹Opus postumum› gemäß als ein System apriorischer Leiblichkeit auf, welches Vorbild für das System der in der Natur erfahrbaren bewegenden Kräfte ist. Das apriorische System je «meiner» bewegenden, mir bewußten Kräfte ist mein L. Dieses System lege ich in einer transzendentalen Bewegung als äußeres Natursystem aus, welches im ganzen Organismus ist und aus Organismen besteht. Zugleich wird im ‹Opus postumum› diesem L.-System Weltcharakter zugebilligt. Das Fazit bei Kant ist, daß es die reine philosophische Vernunft nicht zulassen kann, daß der L. auf die Seite der übrigen materiellen Welt gebracht wird. Vielmehr muß er als die Weise aufgefaßt werden, in der sich die Vernunftorgane des Erkennens und Handelns bilden [3].

In dieser Richtung verfolgt FICHTE die Philosophie des L. weiter. Die reine Vernunft organisiert sich, indem sie sich selbst zum Zweck und zugleich zum leiblichen Mittel der Bearbeitung der Dinge macht. Das handelnde Subjekt muß die Objekte seines Handelns als Material begreifen, an das es selbst als leibliche Organisation Hand anzulegen vermag. Daher muß das Ich a priori zur leiblichen Erscheinung kommen. Die Wirksamkeit des Subjekts setzt einen frei durch absolute Selbsttätigkeit entworfenen Begriff voraus, «und schon in diesem durchgeführten und vollendeten Vorbilde einer solchen Wirksamkeit erscheint das Ich nothwendig als ein materielles Organ» [4]. Fichte behauptet in seiner an der Theorie des Handelns orientierten Konzeption des L., daß das Ich sich zu einem L. «bilde». In ein und derselben Handlung des Repräsentierens werde das Bild des «Widerstandes», den die Objekte des Handelns bieten, und zugleich des Organs, welches sie bearbeitet, entworfen. Die Materialität sei die absolute apriorische Form des Selbstbewußtseins in der «Wirksamkeit auf den ursprünglichen Widerstand». Das Ich müsse sich «entäußern», damit Wirklichkeit gedacht und behandelt werde könne und demgemäß auch der L. als wirkliches Organ eines wirklichen Handelns verstehbar sei. Um als handelndes Subjekt in die Form der Wirklichkeit einzutreten und nicht bloß im Bereich der Vorstellungen zu verbleiben, müsse es sich zu einem in der Tat wirkenden materiellen L. machen und auf diese Weise wirkliche Produkte seiner Freiheit herstellen. Das Leben «bricht» nur in der leiblichen Individualität hervor zur «Sichdarstellung und zum Bewußtsein». L. wird Ausdruck, Mitteilung, Sichtbarmachung. Eine Trennung von Seele und L. wird von diesen Voraussetzungen her verworfen. Das Individuum darf nicht als aus zwei Stücken zusammengesetzt gedacht werden [5].

Nach HEGEL ist das lebendige Individuum als Subjekt die Idee «in der Form der *Einzelnheit*» [6]. Das allgemeine Leben sei als sich vorstellend und bestimmend dazu «übergegangen», sich zu einem lebendigen Individuum zu konkretisieren. So bilde sich die Seele, als ein Begriff ihrer selbst, der vollkommen bestimmt ist (Entelechie). Dieser Begriff repräsentiere Äußerliches in dem Doppelsinne, daß er selbst das Körperliche als L. symbolisch darstellt und solches zugleich auch vorstellt. Die Leiblichkeit der Seele sei das, wodurch sie sich mit der äußeren Realität zusammenschließe. Entgegen den früheren Theorien von je «meinem Körper» als einem Zusammengesetzten aus Teilen betont Hegel, daß ich jeweils als L. ein ungeteiltes äußeres Dasein bin. Zunächst ist der L. «unmittelbares Daseyn» und insofern Natur, daher «dem Geiste nicht angemessen». Er muß erst vom Geiste «*in Besitz genommen* werden». Auf diese Weise wird der L. das Dasein der Freiheit: Ich existiere in der realen Welt als L. Daher kann «der Andere» nicht zwischen mir und meinem L. unterscheiden: Vielmehr bin ich für ihn da als dieser L. «*Meinem Körper* von Andern angethane Gewalt ist *Mir* angethane Gewalt» [7]. Die Seele muß den L. zum «*gefügigen* und *geschickten Werkzeug*» ihrer Thätigkeit bilden» [8]. Die Stellung des Menschen zu seinem L. ist anders als diejenige des Tieres, insofern die menschliche Seele ihren L. nicht unmittelbar und animalisch durchdringt, sondern ihn nach ihren Zwecken bildet durch Reflexion und Übung. So wird der L. immer mehr zum «Eigentum» der Seele. Seele und L. sind nicht unterschieden, um nachträglich zusammenzugeraten, sondern «ein und dieselbe Totalität derselben Bestimmungen» [9].

Eine ähnliche Denkfigur wie bei Fichte begegnet bei SCHOPENHAUER, der den L. einerseits als «unmittelbares Objekt» vom Standpunkt der Vorstellung aus anspricht, ihn aber andererseits zum Willen selber hinzunimmt, da die Perspektive der Vorstellung zwar für gewisse Erkenntniszwecke berechtigt, doch einseitig sei. Als Außenseite des Willens selbst genommen sei der L. nicht Objekt, sondern Erscheinung und Ausdruck des Willens («Objektität des Willens») [10].

Anmerkungen. [1] I. KANT, Akad.-A. 2, 324f. – [2] Vgl. F. KAULBACH: L.-Bewußtsein und Welterfahrung beim frühen und späten Kant. Kantstud. 54 (1963) 464ff. – [3] Vgl. F. KAULBACH: Der philos. Begriff der Bewegung (1965) 205ff. – [4] J. G. FICHTE, Die Thatsachen des Bewusstseyns. Werke, hg. I. H. FICHTE 2, 596. – [5] a.O. 608f. – [6] G. W. F. HEGEL: Wiss. der Logik 2. Werke, hg. GLOCKNER 5, 250. – [7] Grundlinien der Philos. des Rechts § 48 a.O. 7, 101f. – [8] System der Philos. § 410 a.O. 10, 243. – [9] Vorles. über die Ästh. a.O. 12, 170. – [10] A. SCHOPENHAUER, Werke, hg. DEUSSEN 1, 120.

3. FEUERBACH wendet sich gegen eine nachträgliche dialektische Vermittlung von L. und Seele, bei der immer eine anfängliche Trennung vorausgesetzt sei. Wenn nach Hegel die Seele zwar zunächst in unmittelbarer Einheit mit dem L. angesetzt sei, so müsse diese Einheit doch erst aufgehoben werden, um in eine mittelbare übersetzt zu werden. Das sei nur auf physische Weise, also durch Selbstmord, möglich. Indem die Seele den L. auch nur dialektisch aufhebe, hebe sie sich selbst auf. Im Idealismus werde der Fehler begangen, daß der L., insbeson-

dere derjenige des Denkers selbst, für die Seele nur Gegenstand sei. Es gelte dagegen, ihn zugleich auch als «Grund des Willens und Bewußtseins» in Ansatz zu bringen. Die unmittelbare Leiblichkeit bezeichnet den Punkt, «wo die Materie denkt, der L. Geist ist, umgekehrt der Geist L., das Denken Materie ist» [1].

MARX hat gegen Feuerbach trotz gemeinsamer naturalistischer Ausgangspunkte den Vorwurf eines ungeschichtlichen Unmittelbarkeitsdenkens gemacht. Aufgrund seiner Leiblichkeit gehöre der Mensch der Natur an und verfüge über die entsprechenden Naturkräfte; andererseits aber bilde er diese Kräfte in geschichtlicher Arbeit zu immer besseren Organen der Naturbearbeitung aus. Arme und Beine, Kopf und Hand setze er in Bewegung, «um sich den Naturstoff in einer für sein eignes Leben brauchbaren Form anzueignen. Indem er durch diese Bewegung auf die Natur außer ihm wirkt und sie verändert, verändert er zugleich seine eigne Natur» [2]. Daß die anthropologische Theorie des L. vom Standpunkt der historischen Praxis aus bestimmt werden müsse, kommt in der Marxschen These zum Ausdruck: Der Hunger, der durch gekochtes, mit Gabel und Messer gegessenes Fleisch befriedigt werde, sei von anderer Art als der Hunger, zu dessen Befriedigung rohes Fleisch mit Hilfe von Hand, Nägeln und Zahn verschlungen werde. Nicht nur der Gegenstand der Konsumption, sondern auch «die Weise der Konsumption wird daher durch die Produktion produziert, nicht nur objektiv, sondern auch subjektiv» [3].

NIETZSCHE fordert eine radikale Umorientierung im Denken des L. Die der idealistischen Tradition gemäßen «Verächter des L.», die diesen zum Diener der Seele machen, wissen nicht, daß sie in Wahrheit selbst Werkzeug und Diener ihres eigenen «Selbst» sind, welches ihr L. ist. Der L. sei das Prinzip des Hervorbringens und Schaffens: «Untergehen will euer Selbst, und darum wurdet ihr zu Verächtern des L.! Denn nicht mehr vermögt ihr über euch hinaus zu schaffen» [4]. Auch noch in dem Anspruch der Idealisten, vom Stande reiner Vernunft aus den L. zu reflektieren und ihn zu beurteilen, spreche ihre leibliche Existenz. Wenn das bewußte Ich insofern der Wahrheit seines eigenen L. gerecht werde, als es diesen als das maßgebende Selbst beurteile, dann wird es sich in der Welt am «Leitfaden des L.» orientieren. Es erinnert an Kantische Analogien zwischen dem L.-System und dem Weltsystem, wenn auch Nietzsche den L. selbst als Modell des Seins auffassen will. Seine L.-Theorie schließt eine Kritik des Bewußtseins ein, welches er nur als begrenztes Werkzeug aufgefaßt wissen will in Anbetracht dessen, wieviel und wie Großes z. B. vom L. geleistet werde. Alles Bewußte sei nur das *«Zweit-Wichtige»*: «Daß wir das *Nächste* für das *Wichtigste* nehmen, ist eben das *alte Vorurteil*. – Also *umlernen!* in der Hauptschätzung! Das Geistige ist als Zeichensprache des *L.* festzuhalten!» [5]. Der L. sei die «große Vernunft», das Bewußtsein dagegen die «kleine Vernunft». Der L. sei ein «erstaunlicherer Gedanke als die alte Seele» [6]. Durch ihn hindurch sei unser Bewußtsein, welches ohne ihn und für sich genommen nur einen kleinen Ausschnitt aus der Welt zu erfassen vermöchte, mit der Welt als Ganzes verbunden, sofern das Denken unseres L. der Hof ist, der die Vorstellungen unseres Cogito umgibt.

Der Gedanke vom L. als einem Leitfaden der Weltorientierung wird bei MERLEAU-PONTY weitergedacht. Der L. sei die Art und Weise unseres «Seins zur Welt» und zugleich der Bereich, in welchem Sprache, Wahrnehmung, Weltorientierung und Handlung geschieht [7].

Merleau-Ponty knüpft an HUSSERL an, bei dem der L. als intentionaler Gegenstand verstanden wird, der durch das transzendentale ego konstituiert wird [8]. L. und Seele zusammen stellen die zwei Schichten der animalischen Natur dar, die sich nicht dualistisch gegenüberstehen, sondern eine konkrete Sinneseinheit bilden. Das Verhältnis der beiden Schichten zueinander ist bestimmt durch die Prinzipien der Intentionalität, nach denen die Seele als die fundierte Schicht abhängig ist von der fundierenden, dem L., andererseits erfährt die fundierte Schicht von der fundierenden ihre Sinnbestimmung; d. h. das Ichleben und die Seelenzustände besitzen als Komponenten die materielle Wahrnehmung (Inhalte von materiellen Merkmalen) und die L.-Erfahrung (leibliche Lokalisation der materiellen Wahrnehmungen). Entsprechend geschieht die Konstitution des L. selbst auf zweifache Weise. Erstens wird der L. als materieller Gegenstand gefaßt, der physikalische Eigenschaften, wie Wärme, Härte usw., besitzt. Zweitens fühlen wir uns in unserem L., wenn er z.B. mit anderen physikalischen Gegenständen in Berührung kommt. Husserl nennt diese Erscheinung «Empfindnisse».

Bei M. SCHELER wird der L. einerseits abgegrenzt von der Person, die im Unterschied zum L. nichts Gegebenes ist, sondern nur im Vollzug intentionaler Akte existiert [9]. Innerhalb der Sphäre des Gegebenen wird der L. andererseits von allem Psychischen und Physischen abgehoben (psychophysische Indifferenz). Scheler zufolge nehmen wir die Gegebenheitsform «L.» in äußerer Anschauungsrichtung durch die Sinne als «L.-Körper» wahr und in innerer Anschauungsrichtung, die als Bewußtsein von Empfindungen, wie Schmerz, Trauer usw., verstanden wird, als «L.-Seele». Die Einheit von beiden Anschauungsrichtungen nennt Scheler ‹L.-Bewußtsein›.

H. FEIGL wendet sich mit seiner L.-Seele-Theorie gegen positivistische Auffassungen, wonach die psychologische Sprache in eine physikalische übersetzbar sein müsse, und gegen den Behaviorismus, der alle psychologischen Begriffe aus Verhaltensbegriffen entwickeln will [10]. Da nach Feigl mit einer behavioristischen oder neurophysiologischen Sprache Seelenzustände, wie Schmerz, Trauer usw., nicht erfaßt werden können und Aussagen darüber nicht verifizierbar sind, fordert er eine mentalistische Sprache, die nicht auf die physikalische zurückführbar ist und die auf dem Wege der Introspektion indirekte Erkenntnisse über Seelisches liefern kann. Trotz der Ablehnung einer Einheitssprache stellt Feigl den mentalen und den leiblich-physikalischen Bereich des Menschen nicht als verschiedene Gegebenheiten hin, sondern entwirft eine Identitätshypothese, nach der die mentalistische, die behavioristische und die neurophysiologische Sprache verschiedene Aspekte ein und derselben Sache darstellen. Die Unmöglichkeit, z. B. ein Angsterlebnis, das in der mentalistischen Sprache beschrieben wird, mit Verhaltensweisen oder nervösen Prozessen zu identifizieren, kann nicht als Einwand gegen die Identitätsthese betrachtet werden, da man mit diesen Befunden (Abläufe in Nervenbahnen usw.) nur Modelle und Bilder dieser Sachverhalte verbindet.

Anmerkungen. [1] L. FEUERBACH: Gottheit, Freiheit und Unsterblichkeit (1890) 143 Anm. 144. – [2] K. MARX: Das Kapital 1 (1951) 185; vgl. A. SCHMIDT: Der Begriff der Natur in der Lehre von Marx (1962) 63. – [3] Zur Kritik der polit. Ökonomie (1951) 246. – [4] FR. NIETZSCHE: Also sprach Zarathustra. Von den Verächtern des L. Werke, hg. K. SCHLECHTA (1966) 2, 301. – [5] Die Unschuld des Werdens 2, 729, hg. BÄUMLER 2 (1931) 235. – [6] Aus dem Nachlaß der Achtzigerjahre a.O. [4] 3, 453. – [7] M.

MERLEAU-PONTY: Phénoménol. de la perception (Paris 1945); dtsch.: Phänomenol. der Wahrnehmung (1966). – [8] E. HUSSERL: Ideen zu einer reinen Phänomenol. und phänomenol. Philos. 2. Husserliana 4 (Den Haag 1952) 120–161. – [9] M. SCHELER: Der Formalismus in der Ethik und die materiale Wertethik (1954) 401. – [10] H. FEIGL: The «mental» and the «physical». Minnesota Stud. in the Philos. of Sci. 2 (Minneapolis 1958) 370ff.

Literaturhinweise. F. HARMS: Der Anthropologismus in der Entwickl. der Philos. seit Kant und L. Feuerbach (1848). – H. DRIESCH: L. und Seele. Eine Untersuch. über das psychophys. Grundproblem (^{3}1923). – K. GOLDSTEIN: Über Zeigen und Greifen. Nervenarzt 4 (1931). – H. CONRAD: Das K.-Schema – eine krit. Stud. und der Versuch einer Revision. Z. ges. Neurol. Psychiat. 147 (1933) 346ff. – A. WENZL: Das L.-Seele-Problem im Lichte der neueren Theorien der phys. und seel. Wirklichkeit (1933). – H. HEIMSOETH: Met. der Neuzeit (1939). – C. E. M. JOAD, A. C. EWING und A. M. MACIVER: Symposium: Is there mind-body interaction? Proc. aristotel. Soc. 36 (1935/36) 79-108. – J. TERNUS: Die Wiederentdeckung des L. in der philos. Anthropol. der Gegenwart, in: Vom Wert des L. in Antike, Christentum und Anthropol. der Gegenwart (1936) 81-112. – I. LHERMITTE: L'image de notre corps (Paris 1939). – A. BRUNNER SJ: La personne incarnée, in: Etude sur la phénoménol. et la philos. existentialiste (Paris 1947). – K. JASPERS: Allg. Psychopathol. (^{5}1948). – H. CONRAD-MARTIUS: Bios und Psyche (1949). – M. KNEALE: What is the mind-body problem? Proc. arist. Soc. NS 50 (1949/50) 105-122. – H. FEIGL: The mind-body problem in the developm. of Logical Empiricism. Rev. int. de Philos. 4 (1950) 64-83. – J. H. VAN DEN BERG: The human body and the significance of human movement. Philos. and phenomenol. Res. 13 (1952/53) 159-183. – W. METZGER: Gesetze des Sehens (^{2}1953). – K. HÜBNER: Zeit und Erfahrung in Kants Opus postumum. Kantstud. 7 (1953) 204-219. – J. KUIPER: Roy Wood Sellars on the mind-body problem. Philos. and phenomenol. Res. 15 (1954/55) 48-64. – A. PODLECH: Der L. als Weise des In-der-Welt-Seins. Eine systemat. Arbeit innerhalb der phänomenol. Existenzphilos. (1956). – V. POUCEL: Gegen die Widersacher des L. [Plaidoyer pour le corps] (1955). – E. STRAUS: Vom Sinn der Sinne. Ein Beitrag zur Grundleg. der Psychol. (^{2}1956). – A. DUHRSSEN: The self and the body. Rev. of Met. 10 (1956/57) 28-34. – V. KIRCHER: Die Freiheit des k.-gebundenen Willens (Freiburg i. Ue. 1957). – C. A. VAN PEURSEN: L. – Seele – Geist. Einf. in eine phänomenol. Anthropol. (1959). – H. HEIMSOETH: Atom, Seele, Monade. Hist. Ursprünge und Hintergründe von Kants Antinomie der Teilung, in: Abh. Akad. Wiss. Lit. zu Mainz (^{3}1960). – K. BOCKMÜHL: Leiblichkeit und Gesellschaft. Stud. zur Relig.kritik und Anthropol. im Frühwerk von L. Feuerbach und K. Marx (1961). – N. LUYTEN: Das L.-Seele-Problem in philos. Sicht. Geist und L. in der menschl. Existenz. Naturwiss. und Theol. 4 (1961) 150-177. – H. GLOCKNER: Der eigene L. Kantstud. 53 (1961/62) 289-308. – B. LORSCHEID: Das L.-Phänomen. Eine systemat. Darbietung der schelerschen Wesensschau des Leiblichen in Gegenüberstellung zu l.-ontol. Auffassungen der Gegenwartsphilos. (1962). – H. GLOCKNER: Gegenständlichkeit und Freiheit 1/2 (1963/66). – J. VAN DER MEULEN: Hegels Lehre von L., Seele und Geist. Hegelstud. 2 (1963) 252-274. – W. MAIER: Das Problem der Leiblichkeit bei Jean-Paul Sartre und Maurice Merleau-Ponty (1964). – R. M. ZANER: The problem of embodiment. Some contributions to a phenomenol. of the body (Den Haag 1964). – M. HENRY: Philos. et phénoménol. du corps. Essai sur l'ontol. biranienne (Paris 1965). – H. SCHMITZ: System der Philos. 2/1: Der L. (1965); 2/2: Der L. im Spiegel der Kunst (1966); 2/3: Der leibl. Raum (1967). – H. FEIGL: The «mental» and the «physical». The essay and a postscript. (Minneapolis 1967). – D. VON USLAR: Die Wirklichkeit des Psychischen. Leiblichkeit, Zeitlichkeit (1969). – F. HAMMER: L. und Geschlecht. Philos. Perspektiven von Nietzsche bis Merleau-Ponty und phänomenol.-systemat. Aufriß (1974).   F. KAULBACH

Leib-Seele-Verhältnis

I. *Problemstellung.* – Die Unterscheidung von Leib (L.) und Seele (S.) und nähere Bestimmungen beider gegeneinander sind älter als die philosophische Reflexion ihres Verhältnisses. Zum zentralen Problem wird dieses erst im Cartesianismus, und zwar aufgrund der Tatsache, daß die beiden Begriffe sich nicht mehr nur gegenseitig ausschließen, sondern darüber hinaus das Ganze der endlichen Wirklichkeit umfassen sollen. Auch in der Antike gab es dichotomische Betrachtungen von L. und S., doch wurde ihre Entgegensetzung nicht zu einer vollständigen Disjunktion zugespitzt.

Vorausgesetzt ist die Existenz belebter und unbelebter Körper. Die S. kommt erst in den Blick, wenn man fragt, was es denn sei, das diese Unterscheidung der Körper bewirke, und insbesondere dann, wenn das Bedürfnis entsteht, eine Kontinuität des Menschen über den Tod seines Körpers hinaus zu bedenken. Nach alter griechischer Vorstellung, wie sie noch bei HOMER zum Ausdruck kommt, ist die S. das Leben des L., wahrnehmbar als sein Atem, der den Körper im Tode verläßt [1]. Es ist also für das Verhältnis von L. und S. von Anfang an kennzeichnend, daß beide getrennt voneinander gedacht werden können, während sie im lebendigen Menschen ungetrennt vereinigt da sind. Problematisch sind vor diesem Hintergrund 1. die getrennte Existenz der Seele, 2. die Rangordnung von L. und S. und vor allem 3. die Art und Weise ihrer Vereinigung im beseelten L.

Frühe philosophische Reflexionen dieser Probleme sind uns von den *Pythagoreern* überliefert. Bei ihnen sind die beiden ersten Fragen so entschieden, daß die S. auch ohne einen L. existieren kann und, da im Tod des L. nur dieser stirbt, die S. aber weiterlebt, die S. wertvoller ist als der L. [2]. Dieselbe Ansicht kommt auch in dem von PLATON überlieferten *orphischen* Wort zum Ausdruck, nach dem der L. das irdische «Gefängnis» der S. sei [3]. Platon vertieft die Lehre von der getrennten unsterblichen Existenz der S. und ihrem Vorrang gegenüber dem L. [4]. Von seiner Philosophie aus entfaltet sie eine reiche Wirkungsgeschichte. Die eigentliche Kontroverse entwickelt sich in diesem Rahmen um die dritte der genannten Fragen. Dabei ist allgemein anerkannt, daß die S. den L. bewegt [5]; die Frage ist, wie sie dies könne. Das Problem der Vereinigung von L. und S. findet sich jedoch bei verschiedenen Autoren auf verschiedene Weise eingebettet in die Probleme der Beziehungen von Form und Materie, Einheit und Vielheit, vegetativem, sensitivem und vernünftigem Leben, Empfindung, Wahrnehmung, Denken usw. Vielfältig wie diese Zusammenhänge sind auch die Lösungen, die sich aus ihnen für das L.-S.-Verhältnis ergeben.

Von den *Pythagoreern* heißt es, daß sie die S. als die Harmonie des L. betrachteten [6]. PLATON verwirft diesen Gedanken, denn es sei mit der Selbständigkeit der S. unvereinbar, daß man annehme, diese könne aus Teilen zusammengesetzt werden wie eine Harmonie aus Tönen [7]. Zur Erklärung des L.-S.-Verhältnisses schlägt er eine Dreiteilung der S. vor [8], von denen nur der oberste (λογιστικόν) unsterblich ist, die unteren aber mit dem L. verbunden sind und entweder vorwiegend durch seine Regungen bestimmt werden (ἐπιθυμητικόν) oder diese bestimmen (θυμοειδές), folglich auch mit ihm vergehen [9].

Eine ganz andere Lösung bieten die *Atomisten* (und später die *Stoiker*) an. Da für sie alles Seiende körperlich ist, betrachten sie auch die S. als eine Art von feinerem Körper oder als aus Körpern zusammengesetzt [10], so daß sich das Problem ihrer Vereinigung mit dem L. auf das einfachere Problem einer Mischung oder Verbindung verschiedenartiger Körper reduziert. Unter dieser Voraussetzung erscheint es auch unproblematisch, eine Einwirkung der S. auf den L. und umgekehrt zu denken [11].

ARISTOTELES dagegen hält das Problem einer Vereinigung von L. und (unkörperlicher) S. für unlösbar und bestreitet daher die Voraussetzung einer getrennten Existenz beider. Die S. ist vielmehr das Formprinzip (Entelechie), das die Materie zu einem L. organisiert, ihn erhält und bewegt [12], folglich stirbt sie mit ihm [13]. Die Lehre, daß S. und L. nur als Form-Materie-Einheit existieren, gilt unabhängig von der Lehre der verschiedenen Seelenteile oder -fähigkeiten (δυνάμεις), die eine Hierarchie von Seelenarten begründet [14]; als aristotelische Alternative zur platonischen Lehre von der getrennten Existenz der unsterblichen S. entfaltet auch sie eine reiche Wirkungsgeschichte.

Daneben gibt es Versuche, das Problem der Vereinigung von L. und S. durch Erweiterung der Dichotomie zu einer Trichotomie zu lösen. Ausgangspunkt dazu ist entweder die platonische Dreiteilung der S. oder die aristotelische Unterscheidung des Intellekts (νοῦς) von der S. Wie der oberste Seelenteil bei Platon, so ist auch der Intellekt bei Aristoteles nicht mit Körperlichem vermischt. Aber auch Aristoteles kommt in der Frage der Vermittlung von der an den L. gebundenen S. mit dem Intellekt nicht ohne eine Unterteilung des letzteren aus. Der leidende Intellekt ist die oberste Seelenfähigkeit, während nur der tätige Intellekt göttlich und unsterblich ist. An ihm hat die S. wohl teil, sie ist aber einzelne S. nur durch ihre Verbindung mit einem L. und als einzelne folglich mit diesem sterblich [15]. Die Spätantike kennt viele und teilweise hoch komplizierte Ausgestaltungen des Aufstiegs und Abstiegs von bloß Körperlichem über beseelte Körper und körperlose S. zum göttlichen Intellekt und umgekehrt. Der S. fällt stets eine Mittelstellung in diesen hierarchischen Weltsystemen zu; sie wird selbst Vermittlungsglied zwischen körperlichem und unkörperlichem Sein.

Im Neuen Testament gewinnt eine andere Trichotomie Bedeutung. Πνεῦμα, das bei den Stoikern Prinzip oder Stoff aller S. bedeutet (Feuer), unterscheidet hier das Leben des Menschen, insofern es Gabe Gottes ist (Geist), von der S., die eher sein physisches Leben bezeichnet. Der L. (σῶμα) ist dadurch seiner strengen Entgegensetzung zur S. enthoben und steht nun eher für den «ganzen Menschen» als eine Einheit von Körper (σάρξ), S. und Geist [16].

Anmerkungen. [1] Zu HOMER vgl. Angaben in LIDDELL/SCOTT, Greek-Engl. Lex. (²1968) s.v. ψυχή. – [2] VS 58 B 1 = Bd. 1, 451, 9f.; 14, 1 = Bd. 1, 96, 17ff. – [3] PLATON, Krat. 400 b f. – [4] Vgl. z.B. Phaidon 70 c-106 d; Resp. X, 608 c-611 a; Menon 81 b f. – [5] Vgl. z. B. Phaidros 245 c-e; ARISTOTELES, De an. II, 4, 415 b 10. – [6] Vgl. PLATON, Phaidon 85 e-86 d; ARISTOTELES, De an. I, 4, 407 b 27-408 a 30. – [7] PLATON, Phaidon 92 a-e. – [8] Vgl. Resp. IV, 439 c-441 b; Phaidros 246 a-d. 253 d-254 e. – [9] Vgl. Tim. 69 c/d. – [10] z.B. DEMOKRIT, VS 68 A 102 = Bd. 2, 109, 20ff.; EPIKUR, vgl. unten II. Anm. [5]; zu den *Stoikern* vgl. SVF, Index s.v. ψυχή. – [11] z.B. DEMOKRIT, VS 68 A 104a = Bd. 2, 109, 31f.; ZENON, SVF 1, 38, Nr. 136. – [12] ARISTOTELES, De an. II, 4, 415 b 8-28. – [13] a.O. III, 12, 434 a 22f. – [14] «Teile» z.B. 402 b 9. 410 b 25; «Fähigkeiten» z.B. 414 a 29ff. 416 a 19. – [15] Vgl. III, 4, 5, 429 a 10-430 a 25. – [16] Vgl. SCHWEIZER, Theol. Wb. zum NT, hg. KITTEL 9 (1935) 655ff.: s.v. ψυχή D VI. T. BORSCHE

II. *L.-S.-Verhältnis-Theorien seit dem Hellenismus.* – 1. *Frühere Lösungen.* – a) Hellenismus und Spätantike. – Für die *ältere Stoa* ist das tätige Prinzip, aus welchem göttlicher und menschlicher νοῦς besteht, feuerartiger Stoff (πνεῦμα), der das durch Verdichtung entstandene Grobe durchdringt und bewegt [1]. Die S., der unseren L. durchdringende Anteil an Pneuma, kehrt spätestens beim Weltbrand [2] ins Urfeuer zurück [3]. – Da die S. im Körper wirkt, muß sie nach EPIKUR körperlich sein [4]: ein Luft und Wärme ähnlicher Stoff aus anderen als Feueratomen [5]. Sie erzeugt in uns mechanisch Wärme, Ruhe, Bewegung und Empfindung [6]. Ihr vernunftloser Teil durchdringt den ganzen Körper [7], der vernünftige sitzt in der Brust und kann wahrnehmen, vorstellen und denken. Beim Sterben zerstieben die S.-Atome [8], und da mit ihnen jede Empfindung vergeht, braucht man den Tod nicht zu fürchten [9]. – MARC AUREL hat die Trias L.-S.-νοῦς [10]: Der L. nimmt wahr, die S. hat Triebe, der νοῦς denkt [11]. Er ist nicht körperlich, sondern ein Ausfluß des Göttlichen, unser Daimon [12], allein uns zu eigen. L. und S. beschweren uns mit Pflichten, und deshalb ist Abkehr von ihnen und Tod eine Befreiung [13], nach welcher unser νοῦς in den Weltgeist (Gott selber) zurückkehrt [14]. – Nach PLUTARCH stammt der L. von der Erde, die S. vom Mond und der νοῦς von der Sonne [15]. Er, unser Daimon, wird nicht vom L. eingeschlossen, sondern wirkt von außen in uns hinein [16]. Die S. kehrt nach dem Tod als Daimon zum Mond zurück und wird, wenn ihre Schuld oder der Weltlauf das erfordert, von neuem in einen L. verbannt [17]. Nach CELSUS ist nur die S. Gottes Werk, der L. hat wie alles Vergängliche einen anderen Ursprung [18]. Nach PLOTIN fließt der νοῦς aus dem Einen und hat die Weltseele unter sich, in der die Einzelseelen enthalten sind [19]. Durch ihre Einstrahlung in den bösen Stoff entstehen Menschenindividuen [20], die in das Böse verstrickt sind. Doch kann sich die S. vom Stoffe lösen [21] durch Abwendung von den Sinnen und Hinwendung zum νοῦς [22], in dem der höhere Seelenteil verblieben ist [23]. – Nach dem späten Peripatetiker ARISTOKLES wirkt der überall präsente göttliche νοῦς in allen Körpern alles nach ihrer Eignung, deren Maß ihr Feueranteil ist [24]. ALEXANDER VON APHRODISIAS unterscheidet einen dreifachen νοῦς: den stofflichen, der im Erkennen zu allem werden kann, den erworbenen, der die Kunst des Erkennens besitzt, und den aktiven, der den stofflichen zum erworbenen aktuiert [25]. Die ersteren sind S.-Vermögen im L., der dritte kommt von außen herein und ist die Gottheit selbst [26].

Anmerkungen. [1] SVF 2, Nr. 1028ff. 790ff.; 1, Nr. 134. – [2] a.O. 2, Nr. 605. – [3] 1, Nr. 522; 2, Nr. 811. – [4] DIOGENES LAERTIUS 10, 67. – [5] EPIKUR, Frg. 311, hg. USENER. – [6] a.O. Frg. 315 (Us.). – [7] Frg. 312 (Us.). – [8] DIOG. LAERT. 10, 65. – [9] a.O. 10, 124; LUCREZ 3, 828. – [10] MARC AUREL, Ad me ipsum 2, 2; 12, 3. – [11] a.O. 3, 16. – [12] 4, 4, 3; 5, 27; 12, 2, 1; vgl. PLATON, Tim. 90 a. – [13] a.O. [10] 12, 3; 3, 3, 6; 9, 3, 4. – [14] 10, 7, 5; 5, 27. – [15] PLUTARCH, De facie 30. – [16] De genio Socr. 22; De facie 28. – [17] a.O. 30. – [18] ORIGENES, Contra Celsum 4, 52. – [19] PLOTIN, Enn. 3, 5, 4. – [20] a.O. 4, 3, 10. – [21] 1, 1, 10. – [22] 1, 2, 3. – [23] 4, 8, 8. – [24] Vgl. ALEXANDER APHROD., De an., Suppl. ARIST. II, 1, 110, 4ff. – [25] a.O. 106, 19ff.; 81, 24ff.; 88, 22ff. – [26] 108, 22f.; 89, 18; vgl. ARIST. 736 b 27-28.

b) Patristik. – Nach den meisten frühchristlichen Autoren ist die S. nicht von Natur unsterblich [1]. Für TERTULLIAN ist sie körperlich [2] und biologisch vererbbar [3], allerdings aufgrund ihrer Verwandtschaft mit Gott unsterblich [4]. ORIGENES lehrt, daß am Anfang alle S. gleich waren; ihre Unterschiede sind durch ihr Schicksal in früheren Weltzeiten bedingt. Sie wurden wegen Auflehnung gegen Gott in Materie eingeschlossen, am Ende aber steht ihre Wiedervereinigung mit Gott [5]. Nach GREGOR VON NYSSA durchdringt die S. des irdischen Menschen den ganzen L.; sie ist zugleich mit ihm erzeugt

[6], unsterblich und immateriell [7]. Nach dem Scheiden bewacht sie den Körperstoff und nimmt ihn bei der Auferstehung wieder in Besitz [8]. LEONTIUS VON BYZANZ deutet (in christologischem Interesse) L. und S. als Naturen, die nicht selbst Hypostasen sind, jedoch aufgrund der göttlichen Allmacht zu einer Hypostase vereinigt werden (ἐνυπόστατον) [9].

Für AUGUSTINUS ist die S. des menschlichen Mikrokosmos als unsterbliche immaterielle Substanz [10] ganz im ganzen Körper und in allen seinen Teilen, während die Tierseele ausgedehnt und nach ihren Teilen Körperteilen zugeordnet ist [11]. Nach CASSIODOR sitzt das Leben der Tiere im Blut, der Mensch aber hat eine unsterbliche und substantielle S., die ganz in allen Teilen seines L. ist [12].

Anmerkungen. [1] z. B. TATIAN, Orat. ad Graecos 13; ATHENAGORAS, De res. 16; THEOPHILUS, Ad Autol. II, 27; JUSTIN, Dial. 56; ähnlich IRENAEUS. – [2] TERTULLIAN, De an. 6, 7; De carne Christi 11; Adv. Praxean. 7. – [3] De anima 27, 36. – [4] De testimonio animae 4; De carne Christi 12. – [5] Vgl. J. DANIÉLOU: Origène (1948); H. CROUZET: Origène et la philos. (1962). – [6] GREGOR VON NYSSA, De hominis opificio c. 12. c. 28. – [7] De an. et resur. MPG 46, 28 B ff. – [8] a.O. 45 A ff.; De hom. op. c. 21. – [9] LEONTIUS VON BYZANZ, MPG 86/I, 1277 D. 1280 A/B. – [10] AUGUSTIN, De Trin. X, 10, n. 13. 15; Solil. II, 2ff. – [11] Ep. 166, 4; Contra ep. Man. c. 16; De quantitate animae c. 33. c. 36, § 81. – [12] CASSIODOR, De an. I. MPL 70, 1282 A; II. 70, 1284 B/C.

c) Frühscholastik. – Nach ISAAC VON STELLA ist die Ähnlichkeit der seelischen Phantasie mit der körperlichen Sinnlichkeit so groß, daß L. und S. durch die Überschneidung dieser äußersten Vermögen ohne Vermischung zu einer Person vereinigt werden [1]. HUGO VON ST. VIKTOR dagegen lehrt im Blick auf die Personendefinition des BOETHIUS, daß das Personsein primär der S. zukommt und daß der L. nur wegen seiner Apposition an die S. Anteil an der Personalität bekommt [2]. Während ALFARABI sich der Intellektlehre Alexanders von Aphrodisias bedient [3], modifiziert AVERROES sie stark. Der Mensch hat eine sterbliche vegetativ-sinnliche Form des L. sowie eine Disposition, vom aktiven Intellekt affiziert zu werden, der unsterblich und für alle Menschen ein einziger ist und sich an den Einzel-S. nicht mehr vereinzelt als Licht an Körpern. Vereinigt er sich mit der Disposition, so entsteht der stoffliche Intellekt (i. materialis), der Formen aufnehmen kann. Diesen aktuiert der aktive Intellekt durch Bildung von Formen zum erworbenen (i. acquisitus); er bleibt vom Vergehen des L. in seiner überindividuellen Existenz unberührt [4]. Diese These rezipieren lateinische Averroisten [5]. Dagegen ist nach WILHELM VON AUXERRE der zugleich stoffliche und aktive Intellekt ein Teil der Einzelseele, die getrennt vom L. substantiell existiert und ihn benützt wie der Zitherspieler die Zither [6]. ALFREDUS ANGLICUS erklärt die ganze vernünftige S. zur Entelechie des Körpers [7]. Sie organisiert und ernährt ihn und bringt in ihm die Lebensgeister hervor [8]. Ihr Sitz (auch der der intellektiven S.) ist das Herz [9]. Das Körper und S. vereinigende Band sind die aus feuerhaltiger Luft bestehenden spiritus [10].

Anmerkungen. [1] ISAAC VON STELLA, Ep. de an. MPL 194, 1181. – [2] HUGO VON ST. VIKTOR, De sacr. chr. fidei II. MPL 176, 409 B. – [3] ALPHARABI, De intellectu. Opera omnia (1638). – [4] Vgl. M. KASSEM: La théorie de la connaissance d'Averroes (1945); Beitr. von S. GÓMEZ NOGALES und PH. MERLAN, in: L'homme et son destin (1960). – [5] Vgl. P. MANDONNET: Siger de Brabant et l'averroisme latin (1908-11). – [6] WILHELM VON AUXERRE, De an. V, 23; VII, 3. – [7] ALFREDUS ANGLICUS, De motu cordis, hg. BÄUMKER (1932) Prol.; c. 16. – [8] a.O. c. 7. – [9] c. 8. c. 15. – [10] c. 10.

d) Hochscholastik. – BONAVENTURA lehrt (wie vor ihm ALEXANDER VON HALES [1] im Anschluß an AVICEBRON), daß auch die aktiver Erkenntnis fähige S. aus materia spiritualis und Form zusammengesetzt ist [2]. Sie verbindet sich mit dem bereits durch seine eigene Form (forma corporea) gestalteten Körper [3], den sie erfüllt und bewegt [4]. Grund der Vereinigung ist beider Verlangen zueinander [5]. Auch ALBERTUS MAGNUS neigt zur Annahme einer forma corporea [6]. Nach THOMAS VON AQUIN [7] ist im menschlichen L. eine anima rationalis [8], die unkörperlich [9] und nicht aus Materie und Form [10], jedoch aus Potenz und Akt zusammengesetzt ist [11]. Sie ist mit dem L. nicht durch Mischung [12] oder Kontakt und Überschneidung [13], auch nicht lediglich als Beweger [14], sondern als substantielle Form verbunden [15], und zwar als die einzige, die er hat [16]. Sie ist unmittelbar mit der ersten Materie vereinigt [17] und hat keinen organischen Sitz [18], sondern ist ganz im ganzen Körper und in allen seinen Teilen [19]. Sie organisiert, ernährt und bewegt ihn [20], aber denkt auch in ihm [21]. Denn der aktive Intellekt ist keine äußere und allen gemeinsame Substanz, sondern gehört zur Einzelseele und wird mit ihr durch den Körper individuiert [22]. Als unterste Intelligenz bildet die S. die Brücke zwischen Geistigem und Körperlichem [23]. Während die vegetativ-sinnliche S. der Tiere mit dem Samen vererbt wird [24] und sterblich ist [25], wird die des Menschen nicht durch Samen vererbt und ist unsterblich [26]. Denn die Samkraft des Vaters formt das mütterliche Blut bis zu pflanzlicher Organisation und vergeht, die ihr folgende vegetative S. bis zur Tiergestalt, um zugunsten einer sensitiven S. ebenfalls zu vergehen. Hat diese den Embryo bis zur Menschengestalt organisiert, so vergeht auch sie, und Gott schafft dem Organismus eine unsterbliche S. mit vegetativem, sensitivem und intellektivem Vermögen ein [27]. Diese ist nicht selbst Person, aber bildet mit dem L. die Person [28]. Es ist ihr natürlicher und förderlicher, im L. als von ihm getrennt zu sein [29]. Nach der Trennung übt sie keine vegetative und sensitive Tätigkeit mehr aus [30], behält jedoch Fähigkeit und Neigung, mit ihrem Körper vereint zu sein [31].

Nach DUNS SCOTUS gibt es im menschlichen L. eine forma corporea, die die erste Materie zur Aufnahme der ebenfalls aus Materie und Form zusammengesetzten intellektiven S. disponiert [32]. Nach WILHELM VON OCKHAM ist die Existenz einer Mehrheit von Formen im Menschen nicht zu beweisen. Doch gibt es Argumente dafür, daß es außer der anima intellectiva, die abtrennbar und ganz in allen Körperteilen ist, in uns eine anima sensitiva gibt, die ausgedehnt ist und deren Teile Körperteilen zugeordnet sind [33], dazu eine forma corporea [34].

Anmerkungen. [1] ALEXANDER VON HALES, S. theol. p. 2, q. 3, m. 1. – [2] BONAVENTURA, In 2 Sent. d. 3, p. 1, a. 1, q. 1. – [3] a.O. d. 17, a. 1, q. 2. – [4] In 2 Sent. d. 8, p. 1, a. 3, q. 2. – [5] In 2 Sent. d. 17, a. 1, q. 2. – [6] ALBERTUS MAGNUS, S. theol. p. 2, tr. 12, q. 77, m. 3. – [7] THOMAS VON AQUIN, vgl. bes. die wichtigen Stellen in: S. contra gent. II, 56-90; Quaest. disp. de an.; S. theol. I, q. 75-89. 118f. – [8] S. theol. I, q. 76, a. 1. – [9] S. contra gent. II, 49; S. theol. I, q. 75, a. 1f. – [10] S. theol. I, q. 75, a. 5. – [11] a.O. q. 90, a. 2, 1. – [12] S. contra gent. II, 56. – [13] a.O. II, 68. – [14] ebda.; S. theol. I, q. 76, a. 1. – [15] S. contra gent. II, 68; S. theol. I, q. 76, a. 1. 4; q. 90, a. 2, 1. – [16] S. theol. I, q. 76, a. 3. – [17] a.O. a. 4, 3. – [18] I, q. 102, a. 2, 3. – [19] q. 8, a. 2, 3. – [20] q. 76, a. 3, c; q. 78, a. 1. – [21] q. 70, a. 3, c; q. 75, a. 2. – [22] q. 76, a. 2. – [23] q. 51, a. 1, c; q. 77, a. 2, c. – [24] q. 118, a. 1. – [25] II/I, q. 164, a. 1, 2. – [26] I, q. 61, a. 2, 3; q. 75, a. 6, 1; q. 76, a. 1; a. 3, 1; II/II, q. 164, a. 1, 2. – [27] S. contra gent. II, 89; S. theol. I, q. 90, a. 4. – [28] S. theol. I, q. 29, a. 1, 5. – [29] a.O. II/I, q. 4, a. 6, c; I, q. 75, a. 3; q. 89, a. 1. – [30]

q. 77, a. 8; aber q. 70, a. 1, c. – [31] q. 76, a. 1, 6. – [32] Duns Scotus, Rep. 4, d. 11, q. 3, n. 22. – [33] Wilhelm von Ockham, In 2 Sent. q. 22 H/J; In 4 Sent. q. 7 F; Quodl. 2 q. 10. – [34] Quodl. 2 q. 11.

e) Spätscholastik und Humanismus. – Obgleich die forma-substantialis-Theorie sich durchsetzt, übersieht man ihre Schwierigkeiten nicht [1]. Einerseits bedarf die S., um für Determinierungen des L. empfänglich zu sein, über ihre Geisteigenschaften hinaus des geheimnisvollen forma-substantialis-Charakters [2], andererseits muß ihre Fähigkeit zur Hervorbringung geistiger species an Affektionen des Körpers gebunden werden [3]. Deshalb gelangt Suárez (und nicht nur er [4]) zu einer cartesisch anmutenden Konstruktion [5]. Solche Schwierigkeiten wecken Interesse an andersartigen Lösungen. Daß diese zur Unterstellung einer mechanistischen Physiologie [6] tendieren, liegt angesichts des Standes der Automatentechnik nahe [7]. Daß Organismen rein materielle Gebilde sein sollen, ist weniger überraschend, nachdem die Schulphilosophie hinsichtlich der angenommenen Engelleiber bereits eine Ausnahmephysiologie entwickelt hat, nach welcher reine Geister scheinbar organische Körper mechanisch bewegen (formae assistentes) [8]. Die Automatenkonzeption macht die Annahme vegetativer und sensitiver Funktionen der S. (bis auf die Fähigkeit zu willkürlicher Bewegung) ohnehin entbehrlich. Schon das 16. Jh. hat entsprechende Hypothesen entwickelt.

N. Taurellus erklärt allerdings die organischen Funktionen weiterhin durch vegetative und sensitive Einwirkungen der S. [9], obgleich er L. und S. für vollständige Substanzen [10] und die Sinnesorgane bzw. die S. für occasiones der Erkenntnis bzw. der willkürlichen Bewegung hält [11]. Von Automatisierung des Leibes ist nicht die Rede, und die Uhrenmetapher wird nur in der Kosmologie [12], aber nicht in der Physiologie verwendet. – Auch S. Bassos stoizistische Organismenlehre [13] geht nicht weiter, obgleich sie «anima vegetativa» bzw. «sensitiva» als «harmonia partium» und «forma fluens» deutet [14], denn Basso läßt offen, ob auch die vegetative S. des Menschen harmonia partium ist, und erklärt den menschlichen Geist zur unkörperlichen Substanz, ohne sein Verhältnis zum Organismus zu klären [15].

Die berühmteste vorcartesische Automat-S.-Lehre enthält die ‹Antoniana Margarita› des Arztes Gómez Pereira, dessen L.-Maschine sich freilich vom Stand der Technik entfernt [16]. Die immaterielle Menschen-S. hat weder vegetative oder sensitive Funktionen noch einen organischen Hauptsitz [17]. Sie besitzt zur Veranlassung willkürlicher Bewegungen das Vermögen, Bewegung auslösende Phantasmata aus dem Hinterhaupt in die sinzipitale Bewegungszentrale zu attrahieren [18], und bei ihrer Sinneserkenntnis werden Phantasmata zur occasio dafür, daß sie zugleich mit dem Körper affiziert wird [19]. – Ähnlich stellt noch P. Gassendi das L.-S.-Verhältnis dar [20]. Prinzip der vegetativen und sensitiven Funktionen ist nach ihm feinste Materie, die «anima» heißt [21]. Mit ihr wird im menschlichen Organismus nicht durch natürliche Verwandtschaft, sondern durch Gottes Willen [22] der unkörperliche und jeweils von Gott erschaffene Geist [23] «zu innigster Präsenz und wechselseitigem Zusammenhang» vereinigt [24] – eine Erweiterung der epikureischen Tradition [25]. Die Organe sind occasiones, die den Geist zum Erkennen nur veranlassen und ihm als Instrumente gehorchen und dienen [26]. Während die vegetativ-sensitive S. den ganzen L. durchdringt, bewohnt der Geist, der nur erkennen und die Glieder lenken muß, den Sitz der Phantasie – wohl das Gehirn [27], zugleich als vermutlichen Ausgangspunkt der Bewegungskraft (spiritus) [28]. Weil der Geist mit dem L. erkennt und vitale Tätigkeiten hervorbringt [29], ist er nicht bloße forma assistens, sondern wirkliche forma informans [30]. – Das 4. Buch von Th. Hobbes' ‹De homine› neigt demgegenüber dazu, auch noch die Denkfunktionen mechanisch zu erklären.

Anmerkungen. [1] Denzinger/Schönmetzer, Nr. 481; vgl. Fr. Suárez, De angelis II, c. 6, n. 10, hg. Vivès, 2, 128; vgl. Eustache de St. Paul, Physica tr. 4, d. 1, q. 1. – [2] Suárez, a.O. c. 6, n. 24 = 2, 133. – [3] De an. IV, c. 2, n. 1 = 3, 716 a; n. 11 = 3, 719. – [4] Vgl. Zabarella, De speciebus intelligibilibus c. 2, in: De rebus naturalibus lib. 30 (^{3}1597) 983 AB. – [5] Suárez, a.O. [3] I, c. 11, n. 21 = 3, 550: «Phantasma solum praerequiritur, vel ut occasio excitans, vel ut exemplar, vel ad summum, ut instrumentum.» – [6] Wegen der engen Verknüpfung der Physiol. mit der Philos.gesch. ist für das Folgende zu verweisen auf K. E. Rothschuh: Hist. of physiol. (New York 1973). – [7] D. J. De Solla Price: Automata in hist. Technol. a. Culture 5 (1964) 9-23. – [8] R. Specht: Commercium Mentis et Corporis (1966) 12-24. – [9] N. Taurellus: Philosophiae Triumphus II. (1573) 188-190. – [10] a.O. III = 306. – [11] Uranologia II, 18. (1603) 471. – [12] II, 15 = 401f. – [13] S. Basso: Philos. naturalis (1621, ^{2}1649). – [14] Lib. 3 de forma, int. 1, a. 2 = 229; int. 2, a. 1 = 241. a. 9 = 275. – [15] a.O. int. 2, a. 9 (irrt. «a. 10») = 277f. – [16] Gómez Pereira: Antoniana Margarita (1554); vgl. dazu M. D. Grmek: A survey of the mech. interpretation of life from the Greek Atomists to the followers of Descartes, in: Biol., hist. and natural philos., hg. Breck/Yourgrau (New York o.J.) 183-185; M. Menéndez Pelayo: Hist. de los heterodoxos españoles 59 (1953); als Gegenspieler Pereiras versteht man im 17. Jh. Rorarius, vgl. bes. den Art. Bayles im Dict. hist. et crit. – [17] Antoniana c. 753. – [18] a.O. c. 55f. – [19] cc. 70f. 105f. 172. 188-192. 477-479. 747. 753-755; vgl. R. Specht: Über «Occasio» ... vor Descartes. Arch. Begriffsgesch. 15/2 (1972) 229-231. – [20] P. Gassendi, Syntagma philos. II, 3/1; lib. 3: De an. 9: De intellectu. 10: De appetitu et affectibus. 11: De vi motrice. 14: De animorum immortalitate. Opera (Lugd.) 2 (1658). – [21] a.O. 251 a-252 b. – [22] 444 b. – [23] 238 a. 256 a/b. 258 a. 640 a. – [24] 443 b-444 b. – [25] Vgl. 633 b-660 a: Obiectionum Epicuri ad animorum immortalitatem refutatio. – [26] 426 b. 450 b. 451. 471 b. 637 b. – [27] 444 b-445 a. 446 a. 641 b. – [28] 507 a-508 b. – [29] Vgl. Fr. Suárez, Disp. 18 Met. s. 6, n. 2, hg. Vivès 25, 628; 4 De Angelis c. 38, n. 3 a.O. 2, 553. – [30] Gassendi, a.O. [20] II, 443 b-444 b. 447 a/b. 641 b.

2. *Klassische Lösungen.* – a) Die für die klassischen Lösungen (Wechselwirkung, Parallelismus, Occasionalismus und prästabilierte Harmonie) maßgebliche L.-S.-Lehre entwickelt R. Descartes auf der Grundlage einer scharfen Trennung von Materie und Geist. Er erklärt die Organismusfunktionen nicht durch substantielle Formen, sondern durch die Materiemodi motus und figura, die aufgrund der Naturgesetze eine organische Anordnung von Korpuskeln (dispositio partium) hervorbringen können; Heilung von Krankheiten entspricht demnach der Reparatur mechanischer Automaten [1]. Bei menschlicher dispositio gießt Gott der Maschine eine geistige S. ein [2], die nicht als forma assistens, sondern als forma substantialis gelten muß [3], denn sie veranlaßt im Körper willkürliche Bewegungen, und der Körper veranlaßt in ihr undeutliche cogitationes. Als organischer Sitz der S. gilt die Zirbeldrüse (Informations- und Bewegungszentrale des Automaten) [4]. Die Verschiedenheit von Geist und Materie ist beweisbar, aber beider Vereinigung ist nur aus der alltäglichen Erfahrung bekannt [5]. Daher wissen wir nicht, wie der Körper im Geist undeutliche cogitationes hervorruft [6] und wie der Geist Animalgeister in die Nerven sendet [7]. Descartes sagt gelegentlich, daß der Geist den Körper bewegt [8], vertritt jedoch zugleich sein Gesetz von der Erhaltung der Bewegungs-

menge [9]. Nach anderen Stellen erzeugt die S. nicht Bewegung in Animalgeistern, sondern ändert die Richtung der bereits bewegten Zirbeldrüse, die ihrerseits die Animalgeister bewegt [10]. Descartes erklärt zwar die Richtung [11] für mechanisch irrelevant [12], betont aber die leichte Lenkbarkeit der Drüse [13] und dürfte auch dadurch gegen seinen Erhaltungssatz verstoßen, denn die von der Seele zur Drüsenrichtungsänderung erzeugte minimale Bewegung ist jedenfalls Bewegung. Schließlich verweist Descartes auf Gott als Urheber des leibseelischen Zusammenspiels [14]. Er läßt so viele Fragen offen, daß divergierende Interpretationen unvermeidbar sind.

Anmerkungen. [1] Vgl. die letzten Sätze des ‹Traité de l'homme› sowie Erläut. in ROTHSCHUHS dtsch. A. (1969). – [2] An Mesland (9. 2. 1645). Oeuvres, hg. ADAM/TANNERY (AT) 4, 166. – [3] An Regius (Jan. 1642). AT 3, 491ff. – [4] Passions I, art. 31f. – [5] An Elisabeth (28. 6. 1643). AT 3, 691f.; An Arnauld (29. 7. 1648). AT 5, 221f.; Gespr. mit Burman. AT 5, 163. – [6] Vgl. Princ. philos. IV, 197f. – [7] AT 3, 665; AT 5, 221f. 347. Princ. philos. II, 40: letzter Satz. – [8] J. LAPORTE: Le rationalisme de Descartes (²1950) 225f. 248. – [9] Princ. philos. II, 36. – [10] z. B. Passions I, 43. – [11] Princ. philos. II, 44. – [12] z. B. a.O. II, 40: «Il perd sa détermination sans rien perdre de son mouvement.» – [13] AT 3, 362. AT 11, 179f. – [14] An Elisabeth (Jan. 1646). AT 4, 353f.: «C'est lui aussi (Gott) qui a disposé toutes les autres choses qui sont hors de nous, pour faire que tels et tels objets se présentassent à nos sens à tel et tel temps à l'occasion desquels il a sû que nôtre libre arbitre nous déterminerait à telle ou telle chose.»

b) Es gibt im *Cartesianismus* zunächst Autoren, nach denen ein Wirkungsaustausch zwischen L. und S. unproblematisch ist, z. B. REGIUS, SCHUYL und BEKKER [1]. In der Auseinandersetzung mit Occasionalisten und Harmonisten formiert sich diese Tradition zur Richtung des *influxus physicus*.

SPINOZA begegnet möglichen Schwierigkeiten des Commerciums von L. und S., indem er beide in einem höheren Prinzip vereinigt. Gott oder die Natur erscheint in Materie und Denken, die als Attribute der einen göttlichen Substanz gedeutet werden [2]. Als deren Aspekte (exprimere) sind sie synchronisiert: Jeder Zustand der Substanz hat seinen physischen und psychischen Ausdruck [3], und Spinozas Entwurf wird zum großen Paradigma [4] des *psychophysischen Parallelismus*. Jedem der unendlich unterteilten Modi der Materie entspricht ohne zusätzliche Kausalität ein ebenso unterteilter Modus der Cogitatio [5]; der des menschlichen Körpers wird als «Geist» (mens) bezeichnet [6]. Der Rezeption dieses erklärungskräftigen Systems steht sein Verstoß gegen zentrale Thesen des Christentums entgegen.

J. CLAUBERG sucht in einer aktualistischen Vereinigungslehre die Schwierigkeiten der Wechselwirkung durch Rückgriff auf die Kausaltheorie des Konzeptualismus zu beheben. Bei ihm fungiert als Bindeglied von L. und S. der ständige Austausch von Gedanken und Bewegungen, der als Bündnis gekennzeichnet wird [7]. L. und S. sind lediglich aufgrund eines göttlichen Willensaktes vereinigt [8], aber Kausalverhältnisse beruhen nie auf natürlicher Verwandtschaft von Ursache und Wirkung, sondern auf dem Willen Gottes, der jeweils beschloß, daß auf das eine das andere folgen soll [9]. Deswegen kann man Kausalverhältnisse nicht deduzieren, sondern nur durch Erfahrung erlernen [10]. Die Wechselwirkung [11] stellt also kein größeres Problem als irgendein Kausalverhältnis, so daß kein Grund besteht, ihre Schwierigkeiten hervorzuheben [12]. Clauberg [13] wie WITTICH [14] halten an geschöpflicher Mitursächlichkeit fest und vertreten daher keinen Occasionalismus.

Anmerkungen. [1] R. SPECHT, Commercium ... (1966) 76-82. 96-102. – [2] B. SPINOZA, Eth. II, 1. 2; I, def. 6. – [3] Eth. II, 7 schol. – [4] a.O. III, 2 schol. – [5] II, 22-31. – [6] II, 11. – [7] J. CLAUBERG, Corporis et Animae Conjunctio c. 11. c. 47. Opera (1691) 215. 252; Theoria corporum viventium § 613 = 188. – [8] Corp. et An. Conj. c. 14 = 211f. – [9] a.O. c. 14, § 8; Exerc. Cart. 91 = 753f. – [10] Exerc. Cartes. 91 = 753f. – [11] Corp. et An. Conj. c. 15 = 221. – [12] Paraphr. in Med. 6am = 463; Corp. et An. Conj. c. 14 = 219f. Met. 14, 236 = 324. – [13] Def. Cartes. c. 20 = 1005. – [14] SPECHT, a.O. [1] 119-124.

c) Auch für C. VAN HOOGELAND bietet das Commercium keine prinzipielle Schwierigkeit, denn er scheint die S. als allerfeinsten Stoff zu verstehen [1], der mit dem L. in Austausch tritt [1a], nachdem er sich durch Fermentation im Blut verfangen hat [2]. Dennoch erneuert Hoogeland für die Sinneswahrnehmung die These der Concursus-Lehre, daß wegen zweitursächlicher Unfähigkeit zur natürlichen Wirkung die Erstursache einspringt [3] – ein Einzelschritt in Richtung auf den Occasionalismus. – L. DE LA FORGE distanziert sich von Claubergs aktualistischer Vereinigungslehre und erklärt die S. wieder zur Form des L. [4]. Ihr Sitz bleibt (mit Vorbehalt) die Zirbeldrüse [5]. La Forges Kausallehre entspricht der Claubergs, aber neuartig ist die Interpretation der cartesianischen These, daß Gott die Bewegungen und das Geschöpf ihre Determinierung verursacht [6]: Gott bringt jede Einzelbewegung einzeln hervor, die Zweitursachen aber bestimmen sie, sie gerade so hervorzubringen [7] – menschliche Willensakte nicht weniger als Druck und Stoß [8]. Das entspricht in Konzeption und Terminologie der «Determinierung» Gottes durch Geschöpfe in der kongruistischen Gnadenlehre [9]. Da La Forge an der Fähigkeit des Geistes zur Erzeugung von Ideen festhält [10], geht er im übrigen über den Stand bei Descartes nicht hinaus.

Auch G. DE CORDEMOYS Kausallehre entspricht der Claubergs [11], seine Theorie der natürlichen [12] und der willkürlichen [13] Bewegungen der La Forges. Daß hier die Zirbeldrüsentheorie keine Rolle mehr spielt, ist konsequent. Aber Cordemoy stellt endlich (wenn meine Interpretation zutrifft) die Symmetrie von Geist und Körper her: Nicht mehr Materie allein, sondern auch der Geist ist passiv, denn außer den Bewegungen bringt Gott die Ideen auf unseren Wunsch hervor [14]. An echter Tätigkeit des Geistes bleibt nur die Selbstdeterminierung [15], deren systematische Schwierigkeiten kaum erwogen werden. Damit ist sachlich die Position des *Occasionalismus* erreicht.

Dieser verbindet cartesianische Thesen mit einer Tradition, die vom Bewußtsein der Ohnmacht der Geschöpfe geprägt ist [16]. Die im Cartesianismus häufigen Terme mittelbarer Kausalität (wie ‹occasio›) verfügen ohnehin über Konnotationen göttlichen Eingreifens bei geschöpflichem Versagen [17]. Gottes Allwirksamkeit wird nach N. MALEBRANCHE von den Concursus-Lehren nur verschleiert [18]; an ihre Stelle tritt nun das Bewußtsein der Vereinigung der Seelen mit Gott, die Malebranche mit konventionellen [19], A. GEULINCX mit kühnen Ausdrücken [20] beschreibt. Nach beiden erzeugt nur Gott (ad occasionem von Körpern oder Geistern) Bewegungen und Erkenntnisse – aber nicht, indem er Einzelideen in uns erzeugt, sondern indem er ungeschaffene Ideen in seinem Intellekte schauen läßt: «Nous voyons tout en Dieu» [21]. Das entspricht einem kongruismusfeindlichen und ebenfalls in der Gnadenlehre zu verortenden Verständnis der Tätigkeit Gottes: Sie ist ursprünglich allgemein und wird von den Geschöpfen ex post determiniert [22]; und sie folgt nicht ad-hoc-Beschlüssen, sondern wenigen allgemeinen Gesetzen, wie es Gottes Weisheit und Würde entspricht [23]. Er hat die Welt so geplant, daß geschöpfliche causes occasionnelles [24] die allgemeinen Gesetze so determinieren, daß mit geringstem Aufwand der vielgestaltigste Effekt erzielt wird [25]. Daß Geulincx ähnlich denkt, zeigt seine Interpretation des Wiegengleichnisses durch das Uhrengleichnis. Gott erzeugt auf unseren Wunsch Bewegungen, so wie die Mutter auf Wunsch des Säuglings die Wiege bewegt. Er steht jedoch nicht gleichsam auf Abruf bereit, sondern hat schon beim Entwurf des Gesamtsystems dafür Sorge getragen, daß zugleich mit dem Wunsch und ohne kausale Abhängigkeit von ihm die gewünschte Bewegung entsteht [26].

Anmerkungen. [1] C. VAN HOOGELAND: Cogitationes (^{2}1676) 13f. 20ff. – [1a] a.O. 226. 165. – [2] 14-20. – [3] 207. – [4] L. DE LA FORGE: Traitté de l'esprit de l'homme c. 17 (1666) 265; c. 13 = 197f. – [5] a.O. c. 15 = 240f. – [6] R. DESCARTES, Traité de la lumière c. 7. AT 11, 46f. – [7] LA FORGE, a.O. [4] c. 16 = 254f. – [8] a.O. c. 16 = 242; auch 254f. – [9] Zur Sache vgl. FR. SUÁREZ, 5 De gratia c. 23, n. 7, hg. VIVÈS 8, 505 b; zu ‹determinari› a.O. 3, c. 36, n. 6 = 8, 168 a. – [10] LA FORGE, Traitté c. 10 = 132. – [11] G. DE CORDEMOY: Le discernement du corps et de l'ame, disc. V/2 (^{2}1679) 141. – [12] a.O. disc. IV = 112f.; Discours de la parole (1668) 194. – [13] Discernement, disc. V/2 = 145f. – [14] Ausdrücklich nur für Kommunikation, doch liegen Implikationen nahe; vgl. Disc. de la parole 195. – [15] a.O. 196f. – [16] R. SPECHT: Commercium ... (1966) 152-160. – [17] Über «Occasio» ... vor Descartes. Arch. Begriffsgesch. XV/2 (1972) 215-255. – [18] N. MALEBRANCHE, Recherche de la Vérité III/2, c. 6. Réponse à la diss. de M. Arnauld c. 10, XIII. – [19] Très-étroitement uni, présence, lieu des esprits, z. B. Rech. III/2, c. 5. c. 6. – [20] A. GEULINCX, Annot. ad Met. sc. 6, p. 167. Opera 2, 273; p. 151 = 2, 269; ferner ad sc. 7, p. 193 = 2, 293. – [21] MALEBRANCHE, Rech. III/2, c. 6; aber auch GEULINCX, Annot. ad Princ. philos. IV, 189. Opera 3, 518. – [22] MALEBRANCHE, Rech. éclairciss. 15, pr. 5; Nature et Grâce disc. 31, p. 1, a. 5. – [23] Entret. met. 11, 5. – [24] Traité de Morale I, 8, 4. – [25] Entret. mét. 11, 5. – [26] GEULINCX, Annot. ad Eth. p. 33, n. 19; p. 36, n. 48 = 3, 211f. 220.

d) Nach LEIBNIZ' *System der prästabilierten Harmonie* entsteht der Anschein der Interaktion von L. und S., weil Gott die Programme aller Substanzen aufeinander abgestimmt hat – unausgedehnter Monaden, die transeunte Wirkungen weder erleiden noch verursachen [1], vielmehr Prinzip und Plan ihrer Veränderungen in sich enthalten [2]. Monaden mit bewußten Perzeptionen und Vernunft heißen «Geister» [3]. Sofern ein endlicher Geist die übrigen Monaden undeutlich vorstellt, entsteht für ihn Materie, zunächst sein L. [4]. Materie ist also nichts Substantielles, sondern nur undeutliche Perzeption in endlichen Monaden – nicht Substanz, sondern bloß reales (gesetzliches) Phänomen [5]. Da Änderungen der Monade in Änderungen ihrer Perzeptionen bestehen [6], ist das Zusammenstimmen von Geist und Erscheinung prinzipiell begreiflich: Die S. wird wieder zum Prinzip von Gestalt und Tätigkeit des L., ähnlich wie früher die forma substantialis [7]. Das Reich der Geister oder Zwecke (causes finales) und das phänomenale Reich der Natur (causes efficientes) folgen ihren eigenen (vernünftigen bzw. mechanischen) Gesetzen, die Zustände des einen sind nicht durch die des anderen erklärbar [8] (Descartes' Theorie der willkürlichen Bewegung scheitert allerdings schon am Gesetz von der Erhaltung der Gesamtrichtung [9]). Dennoch herrscht zwischen beiden Reichen eine Harmonie, die auf der göttlichen Programmierung beruht [10] und deren Spezialfall die Übereinstimmung von L. und S. ist [11].

Anmerkungen. [1] G. W. LEIBNIZ, Monad. § 7. – [2] a.O. §§ 8-15. – [3] § 29. – [4] § 56. – [5] Philos. Schr., hg. GERHARDT 3, 636; 7, 319-322; Specimen dynamicum. Math. Schr., hg. GERHARDT 6, 234ff. – [6] Monadol. § 12. – [7] a.O. § 18; deutlich schon Akad.-A. I/2, 225; II/1, 490. 541. «Petite divinité» in Monadol. § 83 ist vor dem Hintergrund der Polemik MALEBRANCHES gegen substantielle Formen zu lesen; vgl. Rech. VI/2, 3. – [8] LEIBNIZ, Monadol. § 81. – [9] a.O. § 80. – [10] §§ 79. 87. – [11] §§ 78f.; vgl. §§ 51f.

3. *Nachklassische Entwürfe.* – a) Da CHR. WOLFF den Elementen der Körper Perzeptionen abspricht und zwischen ihnen Interaktion nicht ausschließt, wirkt seine Problemstellung beinahe cartesianisch [1]. Die Entscheidung der L.-S.-Frage hält er für praktisch und theologisch belanglos [2]. Der Influxionismus unterstellt eine wechselseitige Umwandlung von seelischer und mechanischer Kraft [3], die gegen den Erhaltungssatz verstößt [4], Experimenten unzugänglich [5] und unwahrscheinlich ist [6]. Der Occasionalismus, der transeunte Wirkungen nicht mit Kräften von L. und S. erklärt, setzt insofern ein ständiges Wunder voraus [7] und verstößt gegen das Prinzip vom zureichenden Grunde [8], gegen das Kontinuitätsprinzip [9], gegen den Gesamtrichtungssatz und gegen Gottes Planungsweisheit [10]. Nach der prästabilierten Harmonie bringt die S. kontinuierlich ihre Perzeptionen und Strebungen hervor, so als gäbe es keine Materie, der Körper aber erzeugt mechanisch den Wollungen der S. entsprechende Bewegungen, so als gäbe es keine S. [11]. Da aber wegen beider Parallelität die Zustände des einen durch die des anderen begründbar sind, erklärt der Harmonismus das Commercium vernünftig [12] und natürlich [13], ist deshalb sehr wahrscheinlich und allen anderen Systemen überlegen [14].

Im Bereich der Schulphilosophie vertreten die prästabilierte Harmonie u.a. G. B. BILFINGER [15], L. P. THÜMMIG [16] und F. C. BAUMEISTER [17]; für den Occasionalismus werden C. STURM [18] und der mittlere G. PLOUCQUET [19] genannt. Den Influxionismus lehren u. a. R. ANDALA [20], J. C. LANGE [21], J. C. GOTTSCHED [22], M. KNUTZEN [23] und der späte PLOUCQUET. Von medizinischer Seite erfolgt eine Wiederannäherung an die forma-substantialis-Lehre durch G. E. STAHL, nach dem die S. den Organismus aufbaut, nährt und lenkt [24]. Diese Richtung wird in Frankreich ausgebaut und in Deutschland vor allem durch C. F. WOLFF bedeutend [25]. Doch entdeckt A. VON HALLER die von ihm als «Irritabilität» und «Sensibilität» bezeichneten Eigenschaften der Organismen, die er weder mechanisch noch durch Seelentätigkeiten erklären mag [26]. Er übt unmittelbar wie mittelbar (durch K. F. KIELMEYER) auf deutsche Philosophen bedeutenden Einfluß.

Anmerkungen. [1] CHR. WOLFF: Psychol. rationalis (1740, ND 1972) § 51 = 34. § 644 = 588f.; vgl. Cosmol. (1737/1964) § 182 = 146. § 184 = 147. – [2] Psychol. rat. § 538 = 459. § 585 = 506-509. – [3] a.O. § 563 = 483. §§ 567f. = 468f. §§ 573ff. = 492-495. – [4] §§ 576-579 = 496-499. – [5] § 587 = 510. – [6] § 588 = 511f. – [7] § 553 = 474. § 589 = 513. § 595 = 517. § 603 = 526. – [8] § 606 = 532. – [9] § 607 = 534f. – [10] § 608 = 535. – [11] §§ 612-616 = 542-548. § 621 = 553ff. – [12] §§ 618-620 = 549-553. – [13] §§ 622f. = 555ff.; Vorbehalt: §§ 624. 629 = 557f. 566ff. – [14] §§ 637-639 = 577-583. – [15] G. B. BILFINGER: Commentatio hypothetica de harmonia animi et corporis (1723). – [16] L. P. THÜMMIG: Inst. Philosophiae Wolfianae (1725/26). – [17] FR. CH. BAUMEISTER: Inst. Met. (1738); Inst. Philosophicae II (1770). – [18] Vgl. CHR. WOLFF, a.O. [1] § 589 = 513. – [19] G. PLOUCQUET: Principia de substantiis et phaenomenis (1752). – [20] R. ANDALA: Diss. de unione mentis et corporis (^{2}1724). – [21] J. C. LANGE: Modesta disquisitio (1723). – [22] J. C. GOTTSCHED: Vindiciae systematis influxus physici (1727-1729); Erste Gründe der gesamten Weltweisheit (1733). – [23] M. Knutzen: Commentatio philosophica de commercio mentis et corporis (1735, 1745). – [24] G. E. Stahl: Disputatio inauguralis de passionibus animi corpus humanum varie alterantibus (1695, dtsch. 1961). – [25] C. F. Wolff: Theoria generationis (1759, dtsch. 1896); Von der eigenthümlichen und wesentlichen Kraft der vegetabilischen sowohl als auch der animalischen Substanz (1789). – [26] A. von Haller: De partibus corporis humani sensilibus et irritabilibus (1753, dtsch. 1922).

b) Nach J. Locke haben wir keinen klaren Begriff von der Natur der S. [1] und des L. [2] und dürfen weder behaupten, daß Materie und Denken einander ausschließen [3], noch mangels Erfahrung [4] über beider Zusammenhang Hypothesen vertreten [5]. Vermutlich hat Gott in uns Atombewegungen mit Ideen verbunden, aber wie und nach welchen Kriterien, ist uns verborgen [6]. Auch D. Hume betont, daß die Erfahrung uns über «matters of fact» wie die Natur des L. und der S. sowie die Weise ihres Zusammenwirkens nicht belehrt [7]. Daher ist sowohl der Occasionalismus als auch der Influxionismus [8] unvertretbar, obgleich wir eine erstaunliche Übereinstimmung zwischen der Abfolge unserer Ideen und dem Lauf der Natur beobachten – «a kind of preestablished harmony» [9], die auf das Wirken des immanenten Gottes (nature) zurückgehen dürfte [10].

G. Berkeley, der von Malebranche beeindruckt ist [11], erarbeitet als spekulative Lösung den Immaterialismus [11a], nach dem das Seiende nur aus Denken und Gedachtem besteht. Nur das Denkende (Geist) ist Substanz [12], die Körper sind Gedachtes (Ideen) [13]. Das Problem des Verhältnisses von S. und Körper stellt sich daher nicht. Gott gibt den Geistern Ideen nach konstanten Regeln (Naturgesetzen) ein – nicht, weil er muß, sondern damit sie planen können [14]. Die Organismen-Ideen sind zur Regelmäßigkeit des göttlichen Wirkens erforderlich: Wie alle vermeintlichen Naturursachen sind die Bewegungen im Organismus Informationen darüber, welche Ideen wir von Gott zunächst zu erwarten haben [15].

Demgegenüber vertritt J. Toland eine materialistische Anthropologie [16]. D. Hartley legt eine materialistische Theorie nahe [17], und J. Priestley, um den der britische Materialismusstreit entbrennt, vertritt sie offen [18]. Maßgeblich für den kontinentalen anthropologischen Materialismus wird J. O. de la Mettrie [19], nach welchem außer Ausdehnung auch Kraft und Empfindungsvermögen Attribute der Materie sind; ihm folgt in anthropologischen Fragen u. a. P. H. D. von Holbach sowie in seiner materialistischen Phase D. Diderot. Im Anschluß an Condillac entwickelt P. J. G. Cabanis eine materialistische L.-S.-Lehre [20].

Anmerkungen. [1] J. Locke, Essay II, 23, 10-32; II, 19, 4. – [2] a.O. II, 23, 5. 15-17. 22. – [3] II, 13, 16; II, 23, 30; IV, 3, 6. – [4] II, 23, 32. – [5] II, 23, 28f.; II, 26, 1; IV, 3, 6. – [6] II, 8, 13; II, 30, 2; II, 31, 2; IV, 4, 4; Zur Begründung I, 1, 6; II, 23, 12; vgl. Gassendi, Opera 1, 132 a/b; 2, 333 a; 3, 312 b-313 b; 3, 413 a/b. – [7] D. Hume, Enquiry I, hg. Selby-Bigge VII/1, § 52. – [8] a.O. §§ 55-57; XII/1, §§ 119-120. – [9] V/2, § 44. – [10] § 45; vgl. G. J. Nathan: Hume's immanent God, in: Hume, hg. Chappell (1968) 396-423. – [11] A. A. Luce: Berkeley and Malebranche (²1967). – [11a] Berkeley's immaterialism (²1968); vgl. R. Specht: Innovation (1972) 218-224. – [12] G. Berkeley, Principles of human knowledge § 7. – [13] a.O. §§ 33. 30. – [14] §§ 30-32. 61f. – [15] §§ 62-66. – [16] J. Toland, Passagen in: Letters to Serena (1704) wie II. IV, 7. V, 23 lassen materialist. Intentionen vermuten; diese werden später expliziert, z. B. Pantheisticon (1720); dtsch. Fensch (1897) 98f. – [17] D. Hartley: Coniecturae quaedam de motu sensus et idearum generation (1746); Observations on man (1749). – [18] Hartley's theory of human mind (1775); Disquisitions relating to matter and spirit (1777); Free discussion of the doctrines of materialism (1778). – [19] J. O. de La Mettrie: Hist. nat. de l'âme (1745); L'homme machine (1748) (ironisch A. v. Haller gewidmet). – [20] P. J. G. Cabanis: Rapports du physique et du morale de l'homme (1802).

c) Als Abschluß dieser Diskussionen versteht I. Kant sein Paralogismus-Kapitel [1]. Nach diesem hielten die Verfasser der neuzeitlichen L.-S.-Lehren die subjektive Bedingung der Erkenntnis, das «Ich» im «Ich denke», fälschlich für einen Gegenstand der Erfahrung, auf den man Kategorien anwenden darf. Die unzulässige Anwendung der Kategorie der Relation führt zur Behauptung der Substantialität der S., die der Kategorie der Qualität zur Behauptung ihrer Einfachheit, die der Kategorie der Quantität zur Behauptung ihrer Personalität (Identität), die der Kategorie der Modalität zur Behauptung ihres Verhältnisses zu möglichen Gegenständen im Raum. Diese Behauptungen sind unberechtigt, weil ihnen keine Erfahrung entspricht [2]. Während Idealismus und Materialismus schon mit dem Zweiten Paralogismus widerlegt sind [3], behandelt die klassischen Lösungen der mittlere Teil der «Betrachtung über die Summe der reinen Seelenlehre» [4]. Die Materie als Erscheinung ist eine Vorstellung des äußeren Sinnes [5]. In Wahrheit behaupten daher die Influxionisten, daß Vorstellungen äußerer Gegenstände die äußere Ursache unserer Vorstellungen sind [6]. Wenn aber ihre Gegner erklären, ein äußerer Gegenstand könne keine Wirkursache von Vorstellungen sein, so daß ein drittes Wesen zwischen L. und S. Wechselwirkung oder Harmonie stiften müsse, so erliegen sie demselben Irrtum [7]. Denn die Behauptung, der unbekannte Gegenstand unserer Sinnlichkeit könne nicht die Ursache unserer Vorstellungen sein, wäre völlig unbegründet [8]. «Die berüchtigte Frage, wegen der Gemeinschaft des Denkenden und Ausgedehnten, würde also, wenn man alles Eingebildete absondert, lediglich darauf hinauslaufen: *wie in einem denkenden Subjekt überhaupt, äußere Anschauung ... möglich sei.* Auf diese Frage aber ist es keinem Menschen möglich, eine Antwort zu finden» [9].

Der Überzeugung, daß sich Kant in diesem Punkte irrte, ist die L.-S.-Lehre J. G. Fichtes zu verdanken. Indem sich das Ich als tätig setzt, schreibt es sich eine *bestimmte* Tätigkeit zu; sie wird dadurch bestimmt, daß ihr durch ideale Tätigkeit ein Widerstand entgegengesetzt wird. Dieser (als die Materie) kann aber nur durch Materie bewegt werden, daher muß auch das Ich durch produktive Einbildungskraft zu Materie werden, und zwar zu einem organisierten L., damit es den Fortgang seiner Tätigkeit beobachten kann. Somit ist Leiblichkeit die apriorische Form des Selbstbewußtseins in der Wirksamkeit bzw. die Form der Selbstanschauung durch den äußeren Sinn [10]. Commercium-Probleme entstehen nicht.

Nach F. W. J. Schelling folgt auf die Intelligenzwerdung des Ich und sein Eingreifen an einem bestimmten Punkt der unendlichen Sukzession als dritte Beschränkung die Begrenzung der Unendlichkeit der Sukzession. Sie geschieht durch Organisation, in der sich die Intelligenz als tätig anschaut. Sie identifiziert sich mit dem menschlichen Organismus, der ihr vollkommener Abdruck sein soll. Weil er nur eine Anschauungsart der Intelligenz ist, muß ihr alles, was in ihr ist, im Organismus zum Objekte werden. Darauf beruht die vermeintliche Abhängigkeit des Geistigen vom Materiellen. Die scheinbare Affizierung der Intelligenz durch den L. zu Vorstellungen entsteht dadurch, daß eine Vorstellung uns erst durch den Organismus zum Objekt wird; und der Schein der willkürlichen Bewegung entsteht, weil auch die freiwillige Sukzession von Vorstellungen durch freiwillige Bewegungen im Organismus zum Bewußtsein kommt [11].

Für G. W. F. HEGEL stellt sich das Leben im Fortgehen des Begriffs als die Idee im Moment der Unmittelbarkeit dar [12]. Die S. ist die Totalität des Begriffs als ideelle Einheit, während ihr gegliederter L. dieselbe Totalität als sinnliches Auseinander ist; beide sind also dieselbe Totalität derselben Bestimmtheiten [13]. Weil der Verstand die Materie als Festes der S. mit einem festen Sitze gegenüberstellt, kann er Gemeinschaft zwischen beiden nicht kennen – das L.-S.-Problem der älteren Metaphysik, dem die großen Autoren zu begegnen suchten, indem sie Gott zu der gesuchten Gemeinschaft erklärten. Doch ist ihre Fragestellung unstatthaft, weil Immaterielles und Materielles nicht einander wie das Besondere dem Besonderen, sondern wie das Besondere dem es umgreifenden Allgemeinen gegenüberstehen [14].

Nach A. SCHOPENHAUER ist der L. zur Vorstellung gewordener (objektivierter) Wille. Jede Einwirkung auf ihn ist Wille (Schmerz bzw. Wollust), und Willensakte und Akte des L. sind dasselbe – einmal unmittelbar und einmal in der Anschauung für den Verstand [15]. Die Teile des L. entsprechen den Hauptbegehrungen, z. B. sind Zähne, Schlund und Darmkanal der objektivierte Hunger. Dem individuellen Willen entspricht die individuelle Körpergestaltung [16].

Anmerkungen. [1] I. KANT, KrV A 341-405; B enthält das Kap. nicht mehr. – [2] a.O. A 341-380. – [3] A 360. – [4] A 389-396. – [5] A 385f. – [6] A 390. – [7] A 391. – [8] A 392. – [9] A 393. – [10] J. G. FICHTE: System der Sittenlehre (1798). Werke, hg. I. H. FICHTE (1845/46) 4, 6-11; Die Thatsachen des Bewußtseins (1810/11) II, 1f. a.O. 2, 583-597. – [11] F. W. J. SCHELLING: System des transzendentalen Idealismus (1800). Werke I/3 (1858) 488-500. – [12] G. W. F. HEGEL, Enzyklop. (1830) §§ 216. 387ff. – [13] Ästh. I, 1, 2 A 1 c. – [14] Enzykl. (1830) §§ 388f.; Ästh. I, 1, 2 A 1 c. – [15] A. SCHOPENHAUER, Die Welt als Wille und Vorstellung II, § 18. – [16] a.O. § 20.

d) Auf die idealistischen Parallelismen antwortet ein literarisch umfangreicher Materialismus [1], dessen Programmschrift L. BÜCHNER verfaßt [2] und in dem u. a. C. VOGT anthropologisch hervortritt [3]. Es folgt der literarisch noch fruchtbarere darwinistische Monismus [4], von dessen Vertretern E. H. HAECKEL noch bekannt ist [5]. Innerhalb des Marxismus werden als Materialismusvarianten die noch heute belangreichen Überbau-Konzepte mit Analogien zur Wechselwirkungsthese entwickelt.

Zum Wiederaufleben des psychophysischen Parallelismus kommt es durch G. TH. FECHNER [6], der L. und S. als Außen- und Innenseite derselben Wirklichkeit interpretiert und auf experimenteller Grundlage die Psychophysik als exakte Lehre von den Abhängigkeitsbeziehungen der S. und des L. begründet. Auch W. WUNDT [7] vertritt einen Parallelismus (mit Prävalenz des voluntaristisch verstandenen Psychischen), nach dem das Physische nur Erscheinung des unmittelbar gegebenen Psychischen ist; auf beiden Seiten besteht ein geschlossener Kausalzusammenhang [8]. Nach H. EBBINGHAUS erscheint derselbe reale Verband sich selbst als S. und analog gebauten Verbänden als Gehirn [9]. Der für die marxistische Theorie [10] und den Wiener Kreis bedeutsame Empiriokritizismus steht eo ipso dem Parallelismus nahe. Nach R. AVENARIUS, für den zwischen Physischem und Psychischem logischer Funktionalismus besteht, entstehen die traditionellen L.-S.-Lehren durch unzulässige Introjektion. Psychologie ist Behandlung von Erfahrungsinhalten in ihrer Abhängigkeit vom Nervensystem, Naturwissenschaft Behandlung derselben unter Absehen von dieser Abhängigkeit [11]. E. MACH steht Avenarius sehr nahe, bekennt sich aber ausdrücklich zum Parallelismus [12]. Nach W. SCHUPPE entsteht die Leiblichkeit dadurch, daß das Ich sich unmittelbar mit der Bestimmtheit der Ausgedehntheit empfindet [13]. Der Parallelismus hat den Vorzug, mit der Annahme einer geschlossenen Kausalität und dem Prinzip der Energieerhaltung unmittelbar vereinbar zu sein. Doch kommt es, nachdem u. a. R. H. LOTZE [14], C. SIGWART [15] und H. BERGSON [16] in dieser Richtung vorgestoßen sind, zu einer Erneuerung der Wechselwirkungstheorie durch C. STUMPF [17], H. BUSSE [18] und E. BECHER [19], und zwar auf der Grundlage der Doppeleffekt-Doppelwirkungs-Hypothese, die dem Energieerhaltungssatz Rechnung tragen soll [20]. Inzwischen kommen Parallelismus und Wechselwirkung vornehmlich bei Auseinandersetzungen mit der Psychosomatik zur Sprache [21].

Im Bereich der analytischen Philosophie äußern sich zum L.-S.-Verhältnis u. a. B. RUSSELL [22], R. CARNAP [23], A. J. AYER [24], J. AUSTIN [25] sowie H. FEIGL und J. J. C. SMART [26]. Am bekanntesten wurde G. RYLES ‹The Concept of Mind› [27], das die traditionellen L.-S.-Fragen auf Mißverständnisse und Scheinprobleme zurückführt. Dessenungeachtet vertritt schon wenig später K. R. POPPER eine Wechselwirkungshypothese [28], die er später durch seine Theorie der Dritten Welt ergänzt [29].

Anmerkungen. [1] Vgl. ÜBERWEG 4[13], 287-291. – [2] L. BÜCHNER: Kraft und Stoff (1855); Natur und Geist (1857). – [3] C. VOGT: Vorles. über den Menschen (1863). – [4] Vgl. ÜBERWEG 4[13], 314-330. – [5] E. H. HAECKEL: Anthropogonie (1874); Über unsere gegenwärtigen Kenntnisse vom Ursprung des Menschen (1905). – [6] G. TH. FECHNER: Elemente der Psychophysik (1860); Über die Seelenfrage (1861). – [7] W. WUNDT: System der Philos. (1889); Logik I (1883); Über psychische Kausalität, in: Kl. Schr. 2 (1911). – [8] Ähnlich Wundts Schüler F. PAULSEN: System der Ethik (1889). Parallelismus oder Wechselwirkung? Z. Philos. 123 (1903f.). – [9] H. EBBINGHAUS: Grundzüge der Psychol. 1 (1902). – [10] W. I. LENIN: Materialismus und Empiriokritizismus (1909). – [11] R. AVENARIUS: Kritik der reinen Erfahrung (1888-90); Der menschl. Weltbegriff (1891). – [12] E. MACH: Die Analyse der Empfindungen und das Verhältnis des Physischen zum Psychischen (1900). – [13] W. SCHUPPE: Der Zusammenhang von L. und S. (1902). – [14] R. H. LOTZE: Med. Psychol. (1852). – [15] C. SIGWART: Logik 2 (1878). – [16] H. BERGSON: Matière et mémoire (1896). – [17] C. STUMPF: L. und S. (1903). – [18] H. BUSSE: Die Wechselwirkung zwischen L. und S. und das Gesetz der Erhaltung der Energie (1900); Geist und Körper, S. und L. (1903). – [19] E. BECHER: Das Gesetz von der Erhaltung der Energie und die Annahme einer Wechselwirkung zwischen L. und S. Z. Psychol. 46 (1907); Energieerhaltung und psychophys. Wechselwirkung a.O. 48 (1908); Gehirn und S. (1911). – [20] A. WENZL: Das L.-S.-Problem im Lichte der neueren Theorien der phys. und seel. Wirklichkeit (1933). – [21] Vgl. K. E. ROTHSCHUH: Theorie des Organismus (1963). – [22] B. RUSSELL: Logical atomism (1924) u. a. – [23] R. CARNAP: Psychol. in physikal. Sprache, in: Erkenntnis 3 (1932/33). – [24] A. J. AYER: Language, truth and logic ([17]1967), Kap. 7. – [25] J. AUSTIN: Sense and sensibilia (1962). – [26] H. FEIGL: The «mental» and the «physical», in: FEIGL u. a. (Hg.): Minnesota Stud. in the philos. of sci. 2 (1958); J. J. C. SMART: Sensations and brain processes, Philos. Rev. 68 (1959). – [27] G. RYLE: The concept of mind (1949, dtsch. 1969). – [28] K. R. POPPER: Language and the body-mind-problem (1953); ND in: Conjectures and refutations (1963) 293-298; A note on the body-mind-problem (1953) 299-303. ND a.O. – [29] Epistemol. without a knowing subject, in: Objective knowledge (1972); On the theory of the objective mind (1968) a.O.

Literaturhinweise. G. B. BILFINGER: Commentatio hypothetica de harmonia animi et corporis (1723). – F. BOUILLIER: Hist. de la philos. cartésienne 1. 2 (1854). – H. SIEBECK: Gesch. der Psychol. I/1.2 (1880-84). – E. KOENIG: Die Entwickl. des Causalproblems (1888). – M. DESSOIR: Abriß einer Gesch. der Psychol. (1911). – F. RÜSCHE: Blut, Leben, S. (1930). – H. FEIGL: The mind-body-problem in the development of Logical Empiricism (1950), in: FEIGL/BRODBECK: Readings in the philos. of sci. (1953). – P. KÜNZLE: Das Verhältnis der S. zu ihren Potenzen (1956). – W. JAEGER: The Greek ideas on immortality. Harvard Theol. Rev. 52 (1959). – G. MATHON: L'anthropol. chrétienne en occident (1964). – H. SCHÜLING: Bibliogr. der psychol. Lit. des 16. Jh. (1967). – K. E. ROTHSCHUH: Hist. of physiol. (Risse) (New York 1973).

R. SPECHT

III. Hauptströmungen *gegenwärtiger Sprachphilosophie* behandeln das L.-S.-V. in der Tradition L. Wittgensteins und G. Ryles, deren sinnkritische Analysen in Umgangssprache und Philosophie vorbildlich für die ordinary language philosophy (s. d.) wurden. Von ihren Untersuchungen psychologischer Rede gingen die wesentlichen Beiträge zur angelsächsischen philosophy of mind aus, in der das L.-S.-V. unter dem Titel ‹mind-body-problem› diskutiert wird.

WITTGENSTEINS Radikalisierung der Transzendentalphilosophie im ‹Tractatus› durch Begrenzung möglicher (wissenschaftlicher) Erkenntnis auf eine nur abbildende Sprache bedeutet für das «philosophische Ich»: Es «schrumpft zum ausdehnungslosen Punkt zusammen, und es bleibt die ihm koordinierte Realität.[/] Es gibt also wirklich einen Sinn, in welchem in der Philosophie nicht-psychologisch vom Ich die Rede sein kann.[/] Das Ich tritt in die Philosophie dadurch ein, daß die 'Welt meine Welt ist'. Das philosophische Ich ist nicht der Mensch, nicht der menschliche Körper, oder die menschliche Seele, von der die Psychologie handelt, sondern das metaphysische Subjekt, die Grenze – nicht ein Teil der Welt» [1]. «Das denkende, vorstellende Subjekt gibt es nicht» [2]. Wittgenstein will so jede metaphysisch begründete «Privatheit» des Subjekts ausschließen und alle innerweltlich objektivierenden Vorstellungen von einer «Innenwelt» – wie sie traditionelle Ontologien auf verschiedene Weise kennzeichneten – zurückweisen. Damit ist das cartesische «ego cogito» als «fundamentum inconcussum» der Philosophie durch transzendentale Sprachkritik eliminiert. – Wittgensteins grundlegendes Interesse an einer Kritik des metaphysischen Dualismus und der Art traditionellen Fragens nach dem L.-S.-V. verbindet seine spätere Philosophie mit dem ‹Tractatus› auch nach Aufgabe von dessen selbst noch objektivistischer Abbildtheorie der Bedeutung [3]. Die Destruktion dieser Theorie wird zu einer Kritik der augustinischen Introspektionsmethode [4], verbindet sich um so stärker mit dem Anti-Cartesianismus und präzisiert sich zur Kritik der Möglichkeit einer «privaten Sprache». Die Frage Wittgensteins «Wie kommt es nur zum philosophischen Problem der seelischen Vorgänge ... und des Behaviourism?» [5] hintergeht sinnkritisch die Frage nach dem L.-S.-V. und den angemessenen Verbildlichungen dieses «Verhältnisses». In der traditionellen Bedeutungstheorie wurde jedes Wort als Name für einen Gegenstand oder ein Ereignis aufgefaßt [6]. Da Rede über Psychisches *grammatisch* analog der Rede über körperliche Zustände und Vorgänge geformt ist, wird eine Innenwelt mentaler Ereignisse und Zustände als ontischer Bezugsbereich mentaler Rede gedacht: «Wo unsere Sprache uns einen Körper vermuten läßt, und kein Körper ist, dort, möchten wir sagen, sei ein *Geist*» [7]. Nun ergibt sich die philosophische Problematik des L.-S.-V.: «Und wie kann ein Körper eine Seele *haben*?» [8]. Die Sprachkritik zeigt, daß Metaphysiker Aussagen *über* mentale Rede, grammatische Sätze [9], als Aussagen über die «Wirklichkeit» einer psychischen Welt und ihrer nun sehr verschieden vorgestellten Interaktion mit der physischen Welt verstanden. Diese Objektivierung vollziehen in negativer Wendung nicht etwa nur Materialisten und Behaviouristen, sondern gerade jene Dualisten idealistischer und rationalistischer Prägung, die durch erkenntnistheoretische Bilder die Eigenart und Autonomie des Geistes sichern wollen. So nimmt die klassische Bewußtseinsphilosophie z. B. einen *geistigen Akt* des Meinens vor dem bedeutungsvollen Sprechen, des Wollens vor dem sinnhaften Handeln an. Diese – unbeobachtbaren – «Akte» versucht Wittgenstein in seinen Analysen jeweils als ontologische Hypostasierungen sinnvoller und alltäglich gebräuchlicher Wortverwendungen zu erweisen [10], so daß das dualistische Bild des Handelns als zusammengesetzt aus leiblichem Operieren und innerlichem Intendieren als irreführend erkennbar wird. Die ‹Philosophischen Untersuchungen› stellen so in weiten Teilen eine therapeutische, destruktive Kritik am abbildenden, vergegenständlichenden Verständnis des Subjekts bzw. des L.-S.-V. dar, eine Kritik, die die Grundansicht des ‹Tractatus› zu diesen Fragen, freilich unter sehr gewandelten sprachphilosophischen Prämissen, durchhält. Die Eigenart der Einzelanalysen Wittgensteins zur Bedeutung mentaler Sprache besteht darin, daß sie selbst – und dies aus philosophisch-methodischen Gründen – «positive», gegenstandstheoretische, metasprachliche Behauptungen über die «Existenz» bzw. «Nichtexistenz» «innerer» Vorgänge und Zustände zu vermeiden suchen bzw. solche Behauptungen in therapeutischer Absicht als unsinnig zurücknehmen. War im ‹Tractatus› das transzendentale Subjekt jeglicher Objektivierung entzogen, so sind nun die grammatischen Regeln intersubjektiver psychologischer Rede nicht noch einmal durch eine «Ontologie des Geistes» hintergehbar, und «inwieweit der Solipsismus eine Wahrheit ist» [11], wird gewissermaßen in bezug auf Intersubjektivität verständlich. Die objektivierende Konstruktion einer Bewußtseinswelt mit eigenem ontologischem Status schiebt das Problem des Sinns psychologischer Rede nur zurück: private, innere Entitäten müßten selbst wieder – sprachlich – verstanden werden. Sie haben nicht etwa «an sich» Sinn. Das zentrale «Privatsprachenargument» bezieht sich also auch nicht auf die schlichte Tatsache, daß Sprache «sozial», «öffentlich» ist, sondern stellt eine tiefgreifende Kritik der Erkenntnistheorie augustinisch-cartesianischer Tradition dar. Die Evidenz innerer Wahrnehmung nur dem Einzelnen zugänglicher privater Empfindungen, Vorstellungen, Gefühle, Fundament auch des modernen Psychologismus, ist ein metaphysisches «Bild» [12], und für eine Klärung dieser bildlichen Ausdrucksweise muß selbst ein Sinn angegeben werden. Das traditionelle philosophische Bild vom L.-S.-V. mit seinen ontologischen Deutungen wird so durch Wittgensteins Sinnkritik als täuschend interpretiert.

Systematischer als die aphoristischen Analysen Wittgensteins geht G. RYLES ‹The Concept of Mind› [13] vor. Auch der philosophiehistorische Ort seiner Psychologismuskritik wird durch den Bezug auf die mechanischen Theorien von Hobbes und Gassendi [14] und vor allem auf den cartesischen Dualismus [15], den «Mythos vom Geist in der Maschine» [16], expliziter ausgearbeitet als von Wittgenstein. Das Verfahren der Alltagssprachanalyse als Therapie philosophischer Kategorienfehler (s. d.)

steht, wie auch einzelne Ergebnisse Ryles, jedoch unter dem maßgeblichen Einfluß Wittgensteins. Auch Ryle kritisiert Grundunterscheidungen der traditionellen Philosophie, die das L.-S.-V. als ein ontologisch-dualistisches von «res cogitans» und «res extensa», von «innerer Welt» privater Selbsttransparenz und «Außenwelt» vorstellen. Nach Ryle haben sprachphilosophische Analysen die Aufgabe, «how to account for something without either (1) reducing that something to what it isn't, or (2) multiplying it – duplicating it with just a ghost of itself» [17]. Im Fall der Analyse des L.-S.-V. und der Problematik mentaler Rede geht es ihm daher um eine Vermeidung des *Psychologismus* (Verdopplung) und des *Behaviorismus* (Reduktion). Descartes' «denkendes Ding» lege die Auffassung nahe, mentale Rede beziehe sich auf körperlose Entitäten, die doch ihren «Sitz» im Körper haben sollten. Unter dem Einfluß der galileischen Physik folge die Philosophie des Geistes seit Descartes methodisch und explizit der «Grammatik der Mechanik» [18], sie denke Subjektivität als inneres «Ding» in mechanischer Metaphorik [19]. Das *Wie* des L.-S.-V., des «commercium», wird ein Hauptproblem der Bewußtseinsphilosophie [20]. Ryle weist dem Dualismus Absurditäten nach, die durch Kategorienverwechslungen [21] entstehen und sich insbesondere in Formen des regressus ad infinitum auswirken. Ein Beispiel Ryles: Nach der dualistischen Theorie des L.-S.-V. machen Willensakte Handlungen «frei». «Frei» können nach dieser Theorie nicht nur Körperbewegungen, sondern auch geistige Akte genannt werden, also werden sie ebenfalls von Willensakten hervorgebracht. Sind nun *diese* Akte selbst frei? Wären sie es nicht, so träte ein Widerspruch zur Anfangsbehauptung auf, daß Willensakte Handlungen frei machen. Wären sie selbst freie Akte, so müßten weitere mentale Akte angenommen werden, die die für die Freiheit einer Handlung angeführten Akte frei machen. Die (mechanisch verstandene) Kausalität des Willens reproduziert sich im Bereich der angenommenen mentalen Akte und führt zu einem regressus ad infinitum [22]. So und ähnlich argumentiert Ryle gegen eine Vielzahl dualistischer Vorstellungen des L.-S.-V.: gegen Wissen als mentalen Zustand [23], gegen die mentalistische Bewußtseinslehre [24], gegen die Theorie der Sinnesdaten [25], gegen die dualistische Interpretation des Denkens [26]. Seine Kritik wendet sich dabei gegen Rationalismus wie Empirismus. Positiv rekonstruierend versucht er, mentale Rede zu übersetzen in: a) Sätze über intersubjektiv zugängliches Handeln; b) Sätze über erwartbares intersubjektiv zugängliches Handeln; c) Sätze, die eine Mischform von a) und b) darstellen.

a) Mentale Prädikate des klassischen Wortschatzes für «reine» Empfindungen (neat sensation words), wie z. B. ‹sehen›, ‹hören›, ‹riechen›, sind nach Ryle *Leistungswörter* (achievement words, got-it words), die er von *Aufgabenwörtern* (task words), wie ‹beobachten›, ‹lauschen›, ‹schnuppern›, unterscheidet. Leistungswörter sind «echte episodische Wörter» [27], d.h. Sätze, in denen sie vorkommen, behaupten etwas über intersubjektiv zugängliche, nicht jedoch etwas über okkulte mentale Ereignisse. Die Tradition hatte Leistungswörter, die per se ein *Gelingen* anzeigen, als Aufgabenwörter mißverstanden und Berichte über erfolgreiches Hören oder Sehen als solche über verborgene Zustände interpretiert. Dualistische Verständnisse von Wahrnehmung, Empfindung und «Sinnesdaten» werden auf diese Weise kritisiert [28].

b) Die meisten psychologischen Sätze beziehen sich nach Ryle nicht auf *Ereignisse*, sie sind «not fact-reporting» [29], sondern *Dispositionsaussagen*, d.h. sie reden von möglichem (intersubjektiv zugänglichem) Handeln in bestimmten Situationen, nicht jedoch von mentalen Zuständen oder Ereignissen. So läßt sich «Peter weiß, daß 2 und 2 gleich 4 ist» in einen hypothetischen Satz über das erwartbare Handeln von Peter übersetzen (nämlich etwa «Wenn Peter danach gefragt wird, dann wird er die Rechnung ausführen»), nicht aber in einen ontologischen Satz über einen geistigen Zustand «Wissen, daß ...» im «mind-container» einer «res cogitans». Dispositionsaussagen konstatieren keine verborgenen oder beobachtbaren Vorgänge oder Zustände. Sie gestatten aber Schlüsse auf erwartbares Handeln [30] und sind insofern gesetzesähnlich (law-like). Wie Wittgenstein [31] analysiert Ryle z. B. «Verstehen» als pragmatische Kompetenz [32]. In detaillierten Untersuchungen der Rede von Intelligenz [33], Wille [34], Gefühlen [35], Neigungen [36] und Erregungen [37] kritisiert er die Hypostasierungen einer Ontologie des Geistigen, die als Behauptung über mentale Episoden interpretiert, was sich als hypothetische Dispositionsaussage reformulieren läßt.

c) Aufmerksamkeitswörter (heed words) [38] und Rede über Stimmungen [39] analysiert Ryle als «semidispositionell», ebenso Sinnestäuschungen [40] und die Unterscheidung von Empfindung und Beobachtung [41]. Hier wird, z. B. im Fall der Aufmerksamkeit, sowohl über gegenwärtig zugängliches Handeln als auch über mögliches weiteres Handeln des «Aufmerksamen» gesprochen. Semidispositionell wird auch etwa der «Mannschaftsgeist» verstanden, der einem Fußballteam zugesprochen wird, nicht als «ein drittes Ding, von dem wir sagen könnten, der Mittelstürmer habe zuerst eingeworfen *und dann* Mannschaftsgeist gezeigt oder der Verteidiger werde jetzt *entweder* köpfen *oder* Mannschaftsgeist zeigen» [42], sondern als die spezifische Weise, zu spielen, die Eigentümlichkeit eines Handlungs- und Geschehniszusammenhangs.

Diese Rekonstruktionsvorschläge, durch die Ryle die klassisch-ontologische Diskussion des L.-S.-V. sprachanalytisch ersetzen will, sind in der Anschlußdiskussion der philosophy of mind kritisiert worden. Insbesondere wurde gegen die dispositionelle Rekonstruktion (u. a. von H. R. KING und B. RUSSELL) eingewandt, sie könne die Grundunterscheidung von Dingen und Personen nicht durchführen: Die Dispositionen «zerbrechlich» (bei Glas) und «schüchtern» verhalten sich logisch in Ryles Analyse gleich. Jene Grundunterscheidung war jedoch die zentrale Intention der dualistischen Metaphysik. Zudem wies P. WINCH darauf hin, daß ein vom bisher bekannten Handeln einer Person abweichendes Tun von Ryle nicht dispositionell verstanden werden kann. Unerwartetes Handeln ist aber einer Erklärung besonders bedürftig. Winch schlägt deshalb vor, über die Motive eines Handelnden nicht mit durch induktive Verallgemeinerung erreichten Dispositionsaussagen, sondern unter Angabe der Gründe zu reden, mit denen er sich rechtfertigen würde [43]. Das Problem der Unterscheidung von Personen und Dingen steht im Zentrum der *Theorie der Person* von P. F. STRAWSON. Er behandelt in ‹Individuals› [44] das Thema der Identität von Personen, denen nach seiner Definition sowohl physische wie psychische Prädikate zugesprochen werden können und die weder nur als Körper (Materialismus) noch als immaterielle, ausdehnungslose Geister (Dualismus) verstehbar sind. Das in Strawsons Theorie auftretende Problem der Unterscheidung zwischen *Körpern* von Personen (in seinem Sinne) und physikalischen Körpern von Dingen führte zu Kontroversen [45]. Aus den Schwierigkeiten des logischen

Behaviorismus Rylescher Prägung entwickelte sich ein neuer, sprachanalytischer Dualismus («New Dualism»), wie er vor allem von A. I. MELDEN vertreten wird [46]. Dabei wird das Freiheitsproblem ein zentrales Thema der philosophy of mind. Die traditionelle dualistische Grundunterscheidung zwischen sprach- und handlungsfähigen Subjekten und Gegenständen der physischen Welt wird im Neuen Dualismus in handlungstheoretischer Begrifflichkeit und ohne die Prämissen einer Substanzontologie expliziert. Eine Annäherung der analytischen Philosophie an Kant zeigen auch die Analysen zur Intersubjektivität mentaler Rede, die W. SELLARS vorgelegt hat [47]. Es deutet sich an, daß Wittgensteins Philosophie des Geistes fruchtbarer fortgeführt werden kann als die Untersuchungen Ryles, die der Identifikation der Bedeutung eines Satzes mit der Methode seiner Verifikation stark verhaftet bleiben.

Anmerkungen. [1] L. WITTGENSTEIN: Tractatus logico-philosophicus (dtsch./engl. London 1922 u. ö.) 5, 64f. – [2] a.O. 5, 631. – [3] Vgl. Philos. Untersuch. (= PhU) (dtsch./engl. Oxford 1953 u. ö.) §§ 410. 426. – [4] a.O. §§ 1ff. – [5] § 308. – [6] §§ 1ff. – [7] § 36. – [8] § 283. – [9] Vgl. Art. ‹Grammatik III/1›. – [10] Vgl. z. B. PhU §§ 613. 615. – [11] Tractatus a.O. 5, 62. – [12] Vgl. PhU § 115. – [13] G. RYLE: The concept of mind (London 1949); Der Begriff des Geistes, dtsch. K. BAIER (1969). – [14] a.O. 450ff. – [15] Kap. 1. – [16] ebda. – [17] Discussion with Gilbert Ryle, in: B. MAGEE (Hg.): Modern Brit. philos. (London o. J. [1971]) 113. – [18] RYLE, a.O. [13] 19. – [19] a.O. 18ff. – [20] Vgl. Art. ‹L.-S.-V. II/2.›: «Klassische Lösungen». – [21] Vgl. Art. ‹Kategorienfehler›. – [22] RYLE, a.O. [13] 84f. – [23] 165. – [24] 218f. 236. – [25] 290f. – [26] 405. – [27] 200. – [28] a.O. 199-206. 285-328. – [29] 155ff. – [30] 164ff. – [31] WITTGENSTEIN, PhU §§ 150-155. – [32] RYLE, a.O. [13] 62-75. 230. – [33] 49-62. – [34] 87-96. – [35] 110-120. – [36] 124-128. – [37] 124 und 128. – [38] 180-199. – [39] 128-136. – [40] 296f. – [41] 303-320. – [42] 15. – [43] P. WINCH: The idea of a social sci. (London 1958); dtsch. Die Idee der Sozialwiss. und ihr Verhältnis zur Philos. (1966) 104-107. – [44] P. F. STRAWSON: Individuals (London 1959); dtsch. Einzelding und logisches Subjekt (1972). – [45] Vgl. dazu J. A. SHAFFER: Philos. of mind (Englewood Cliffs, N.J. 1968) 50-59. – [46] A. I. MELDEN: Free action (New York 1961). – [47] W. SELLARS: Sci., perception, and reality (London 1963).

Literaturhinweise. G. RYLE s. Anm. [13]. – H. FEIGL und W. SELLARS: Readings in philos. Analysis (New York 1949). – ST. HAMPSHIRE: Crit. notices: The concept of mind. Mind 59 (1950) 237-255. – H. R. KING: Prof. Ryle and the concept of mind. J. of Philos. (1951) 284f. – H. FEIGL und M. BRODBECK: Readings in the philos. of sci. (New York 1953). – H. H. PRICE: Thinking and experience (London 1953). – L. WITTGENSTEIN s. Anm. [3]. – Symposion on private languages. Proc. Arist. Soc. 28 (1954). – P. GEACH: Mental acts (London 1957). – B. RUSSELL: What is mind? Mind 55 (1958) 5-12. – G. E. M. ANSCOMBE: Intention (Ithaca, N.Y. 1958). – ST. HAMPSHIRE: Thought and action (London 1959). – H. SKJERVHEIM: Objectivism and the study of man (Oslo 1959). – P. F. STRAWSON s. Anm. [44]. – S. HOOK (Hg.): Dimensions of mind: A symposion (New York 1960). – R. S. PETERS: The concept of motivation (New York ²1960). – ST. HAMPSHIRE: Feeling and expression (London 1961). – A. I. MELDEN s. Anm. [46]. – V. C. CHAPPELL (Hg.): The philos. of mind (Englewood Cliffs, N.J. 1962) mit Bibliogr. – A. R. WHITE: Explaining human behaviour (Hull 1962). – A. KENNY: Action, emotion, and will (New York 1963). – D. F. PEARS (Hg.): Freedom and the will (New York 1963). – W. SELLARS s. Anm. [47]. – S. SHOEMAKER: Self-Knowledge and self-identity (Ithaca, N.Y. 1963). – J. WISDOM: Problems of mind and matter (New York ²1963). – A. R. ANDERSON: Minds and machines (Englewood Cliffs, N.J. 1964). – A. FLEW (Hg.): Body, mind, and death (New York 1964). – D. F. GUSTAVSON (Hg.): Essays in philos. psychol. (Garden City, N.Y. 1964). – G. N. A. VESEY (Hg.): Body and mind (New York 1964). – ST. HAMPSHIRE: The freedom of the individual (New York 1965). – J. R. SMYTHIES (Hg.): Mind and brain (New York 1965). – G. N. A. VESEY: The embodied mind (New York 1965). –
A. R. WHITE: Attention (Oxford 1965). – B. BEROFSKY (Hg.): Free will and determinism (New York 1966). – ST. HAMPSHIRE (Hg.): Philos. of mind (New York 1966). – R. TAYLOR: Action and purpose (Englewood Cliffs, N.J. 1966). – G. PITCHER (Hg.): Wittgenstein. The philos. investig. (New York 1966). – B. AUNE: Knowledge, mind, and nature (New York 1967). – H. N. CASTANEDA: Intentionality, minds, and perception (Detroit 1967). – H. FEIGL: The «mental» and the «physical» (Minneapolis 1967). – G. PITCHER: Die Philos. Wittgensteins (Freiburg 1967). – J. A. SHAFFER: Mind-body problem, in: P. EDWARDS (Hg.): Encyclop. of philos. (New York 1967). – A. R. WHITE: The philos. of mind (New York 1967, ²1968). – J. A. SHAFFER: Philos. of mind (Englewood Cliffs, N.J. 1968). – H. J. GIEGEL: Die Logik der seelischen Ereignisse (1969). – C. V. BORST: The mind-brain identity theory (London 1970). – C. O. EVANS: The subject of consciousness (London 1970). – R. HOFFMAN: Language, mind, and knowledge (New York 1970). – S. F. SPICKER (Hg.): The philos. of the body. Rejections of Cartesian dualism (Chicago 1970). – D. VAN DE VATE: Persons, privacy, and feelings (Memphis 1970). – K. CAMPBELL: Body and mind (New York 1970, London ²1971). – O. R. JONES (Hg.): The private language argument (London 1971). – C. D. KLEMKE (Hg.): Essays on Wittgenstein (Urbana 1971) bes. Teil 2. – C. F. PRESLEY (Hg.): The identity theory of mind (St. Lucia Q. ²1971). – O. P. WOOD/G. PITCHER (Hg.): Ryle (London ²1971). – ST. HAMPSHIRE: Freedom of mind (Oxford 1972). – A. KENNY (Hg.): The nature of mind (Edinburgh 1972). – A. MARRAS (Hg.): Intentionality, mind, and language (Urbana 1972). – J. R. S. WILSON: Emotion and object (Cambridge 1972). – G. HARMON: Thought (Princeton 1973). – A. KENNY (Hg.): The development of mind (Edinburgh 1973); The anat. of soul (New York 1973). – B. WILLIAMS: Problems of the self (Cambridge 1973). – J. TEICHMAN (Hg.): The mind and the soul. An introd. to the philos. of mind (London 1974). – S. GUTTENPLAN (Hg.): Mind and language (Oxford 1975). – J. GLOVER (Hg.): The philos. of mind (London 1976). – R. ABELSON: Persons. A study in philos. psychol. (London 1977). – A. FLEW: A rational animal and other philos. essays on the nature of man (Oxford 1978). – M. E. LEVIN: Met. and the mind-body problem (Oxford 1979). – J. SEIFERT: Das L.-S.-Problem in der gegenwärtigen philos. Diskussion (1979).

TH. RENTSCH

Leiden. – 1. Der Begriff ‹L.› (ahd. lîdan, in die Fremde ziehen; Not durchstehen; griech. πάσχω; lat. patior) meint – in Abhebung von den den objektiven Tatbestand bezeichnenden Begriff ‹Leid› (mhd. -leit, Beleidigung, Unrecht) – zunächst das subjektive Erleben eines dem Subjekt Zustoßenden und dann die Erfahrung von Übel und Unglück. Die dem L. immanente Eigenschaft einer – wenn auch nur vorläufigen – Passivität bringt den Begriff in Gegensatz zu Begriffen wie ‹Tun›, ‹Handlung› (griech. ἐνεργεῖν, δρᾶν). Wo sprachlich eine Präzision erstrebt wird, wird der Begriff – bzw. seine Übersetzungen – ersetzt durch Wörter wie z. B. Schmerz (griech. θλῖψις; lat. dolor).

Die Allgemeinheit eines bloß leidenden Verhaltens des Menschen zur Wirklichkeit ist die Voraussetzung dafür, daß durch den Begriff ‹L.› so verschiedene Phänomene und Ereignisse wie Wahrnehmung [1], Leidenschaft [2], Herrschaft [3] oder gar Langeweile [4] abgedeckt werden können; als identisches Moment erscheint in ihnen die «Gleichgültigkeit der Welt» [5]. «In jeder Sphäre vitaler, ästhetischer und ethischer Werte kann man sich wohlbefinden und schmerzhaft getroffen werden, leiden» [6].

Anmerkungen. [1] W. MICHAELIS: Art. ‹πάσχω›, in: Theol. Wb. zum NT, hg. G. KITTEL 5 (1954) 908. 926. – [2] a.O. 926. – [3] TH. W. ADORNO: Minima Moralia (1971) 75. – [4] E. FROMM: Anatomie der menschl. Destruktivität (²1974) 219ff. – [5] L. KOLAKOWSKI: Die Gegenwärtigkeit des Mythos (1974) 90. – [6] F. J. J. BUYTENDIJK: Über den Schmerz (1948) 143.

2. Die sich im L. aufdrängende Fremdheit der Wirklichkeit wirft in Mythos, Dichtung, Religion und Philosophie die Frage nach seinem Grund und seiner Bedeutsamkeit auf. Die in der Epik HOMERS aufbrechende Unterscheidung des verantwortlichen Menschen von den objektiven, göttlichen Mächten [1] ermöglicht die Einsicht in die Vermeidbarkeit von L.; die numinose Herrschaft mancher olympischer Götter entlastet den Menschen nicht von der Erkenntnis der eigenen Schuld, deren leidvolle Folgen der Mensch zu tragen hat. So verkündet Zeus z.B. zu Beginn der Odyssee: «Nein! wie die Sterblichen doch die Götter beschuldigen! Von uns her, sagen sie, sei das Schlimme: Und schaffen doch auch selbst durch eigene Freveltaten, über ihr Teil hinaus, sich Schmerzen (ἄλγεα)» [2]. Der Kluge stellt sich auf das Walten der 'Gerechtigkeit' (δίκη) rechtzeitig ein, indem er den 'Frevel' (ὕβρις) vermeidet, während der Dumme die Konsequenzen seines Handelns als L. zu ertragen hat, das ihm jedoch die Möglichkeit offen lässt, zur Erkenntnis und zur Besonnenheit (σωφροσύνη) zu gelangen. Somit resultiert für die antike Tragödie die Spannung zwischen der Eifersucht (φθόνος) der Götter und der Hybris des Menschen, seinem Kampf gegen die mythische Drohung in einem Verständnis des L., das dieses als den Weg deutet, «auf dem er [Zeus] die Menschen zur Einsicht führt» [3]. «Dike, die Göttin der Gerechtigkeit, bringt die Leidenden zur Einsicht (παθοῦσιν μαθεῖν)» [4].

Anmerkungen. [1] Vgl. B. SNELL: Die Entdeckung des Geistes. Stud. zur Entstehung des europ. Denkens bei den Griechen (1946); ferner: E. CASSIRER: Philos. der symbolischen Formen. Zweiter Teil: Das mythische Denken (1925) 235. – [2] HOMER, Odyssee 1, 32ff (dtsch. W. SCHADEWALDT). – [3] M. POHLENZ: Die griech. Tragödie (1930) 1, 105; vgl. H. DÖRRIE: Leid und Erfahrung. Die Wort- und Sinn-Verbindung παθεῖν – μαθεῖν im griechischen Denken (1956) 5ff. – [4] AISCHYLOS, Agamemnon 249f.

3. Die spätere Geschichte prägen die *alttestamentlichen* L.-Ätiologien, nach denen dem L. eine Sünde und eine Verfehlung des Menschen vorausgehen [1]. Das L. findet dementsprechend seine Interpretation als «göttliches Strafgericht» [2], so daß als «Urheber des L.» [3] der Mensch selbst erscheint, der durch seine Handlungen die strafende und Vergeltung suchende Macht Gottes auf den Plan ruft, die ihrerseits zur Umkehr (μετάνοια) bewegen soll [4]. Dieser Zusammenhang zwischen Strafe und L. wird aber im Alten Testament selbst zum Problem, zu dessen Bewältigung sich damals wie in der späteren Geistesgeschichte einerseits die Aufnahme und Verarbeitung von Mythologemen wie der Seelenwanderungslehre [5] oder der Präexistenzvorstellung anbieten, andererseits die Steigerung des Gottesbegriffs, der alle «menschliche Kritik und Vernünftelei» [6] verstummen läßt: Die Frage nach der Gerechtigkeit Gottes (Theodizee) verwandelt sich in die nach der Gerechtigkeit des Menschen (Anthropodizee). Die christlich beeinflußte Geschichte des Abendlandes verwandelt das L. aus dem Erlebnis eines bloß Zu-Fallenden in einen Moment des Lebensvollzuges selbst, indem es sinnhaft bezogen wird auf die Heilsabsicht und den Geschichtsplan Gottes. So erzwingt besonders die für die Christentumsgeschichte relevante Auseinandersetzung mit der Gnosis, daß das L. kein Einwand wird gegen die Kontinuität von alttestamentlichem Schöpfer und neutestamentlichem Heilsgott. Die an Jesus Christus urbildhaft gewonnene Interpretation der christlichen Existenz weiß diese von den Leidenschaften befreit, da sie, schöpfungstheologisch von der Güte Gottes überzeugt, sich zugleich dem Heilszustand nahe wähnt. «Er selbst [Christus] war aber ausnahmslos frei von Trieben (ἀπαθής), so daß keinerlei triebhafte Bewegung (κίνημα παθητικόν), weder Lust noch Schmerz irgendeinen Zugang bei ihm finden konnte» [7].

Obwohl der Passion Jesu Christi in der nachfolgenden Geistesgeschichte – besonders auf dem Gebiet der Anthropologie und vielleicht selbst der Dichtungstheorie und -praxis [8] – eine epochale Wirkung zukommt, wird durch die in der christologischen Diskussion durchgeführte Zuweisung des L. an die menschliche Natur Jesu und durch die Herrschaft des Apathieaxioms – Gott kommt die impassibilitas zu [9] – die theologische Reflexion daran gehindert, «Gott selbst mit dem L. und dem Tod Jesu zu identifizieren» [10]. Unter dem Eindruck der frühchristlichen Martyriumserfahrungen dringt gegenüber der aus der Stoa [11] übernommenen Apathielehre eine Interpretation des L. in das Christentum ein, der das L. als notwendige Vorstufe des Heils erscheint und somit als Legitimation des Jüngerseins gilt. «Neque enim potest accipi dolorum et passionum corona, nisi praecedat in dolore et passione patientia» (Die Krone der Schmerzen und L. kann nämlich nicht empfangen werden, wenn nicht die Geduld in Schmerz und L. vorhergeht) [12].

Für die Begriffsgeschichte wird es nun bedeutsam, daß AUGUSTINUS die Gnosis in der Gestalt des Manichäismus kennenlernte; Augustinus ethisiert das L.-Problem, entlastet Gott – «non esse Deum auctorem mali» [13] –, imputiert den Menschen als entscheidungsfähigen Subjekten das L. als die Konsequenz ihres eigenen Handelns und entwickelt die Erbsündenlehre als die Möglichkeit, den Menschen permanent anklagen und den Zweifel an der Sinnhaftigkeit menschlicher L. abwehren zu können [14]. Die Rückführung des Übels auf den Mißbrauch des freien Willens hat die wichtige Folge, daß der Begriff ‹Übel› (malum) sowohl das moralische («malum quod homo facit») als auch das physische Übel («quod patitur») zu integrieren vermag; während der Mensch jenes Übel selbst verursacht (malum als peccatum), wird er in der Erfahrung der zweiten Form des Übels (malum als poena peccati) leidendes Objekt des gerechten Gottes [15].

Das *Mittelalter* – zunehmend auch das der epischen Dichtung [16] – bleibt in den Bahnen der durch das Alte Testament [17] und Augustinus vorgegebenen Interpretation des L. als eines pädagogischen Instruments in den Händen Gottes [18]. Diese auslegende Verarbeitung des L. verdeutlicht, daß das L. nicht lediglich ein objektiv vorfindbares und aufweisbares Phänomen ist, sondern immer schon hineingenommen ist in die Wertbezogenheit des erlebenden Subjekts. «Tantum interest, non qualia, sed qualis quisque patiatur» (Nicht was, sondern wie jemand leidet, darauf kommt es an) [19]. Gemäß dem theologisch vorgegebenen Verzicht auf Anklage der Welt und ihres Schöpfers angesichts des L. weiß sich der Christ des Mittelalters in einem universalen Sinnzusammenhang geborgen, der ihn auch dann vor Trauer (tristitia) und Verzweiflung (acedia) bewahrt, wenn er nur noch von den geheimen Urteilssprüchen (occulta iudicia) Gottes zu sprechen weiß, an deren Richtigkeit er nicht zweifelt [20]. Die Eliminierung des Zufalls als eines der göttlichen Weltordnung entzogenen Widerfahrnisses ist die Voraussetzung dafür, daß das L. zugunsten Gottes ausgedeutet werden kann: Gott bedient sich des L. als eines Mittels, sei es zum Zwecke der Besserung (correctio), sei es zu dem der Prüfung (probatio) [21]. Das L. kann auch deswegen nicht zu einem Zweifel führen, weil der Heilsweg gerade in ihm offenbar wird: das L. ist «Verlust als

Befreiung» [22]. «Omnis quippe dolor venit ex amore: dolor itaque de temporalis alicuius amissione ex eiusdem venit temporalis amore ...» (Aller Schmerz kommt aber aus der Liebe: der Schmerz über den Verlust eines zeitlichen Gutes stammt aus der Liebe zu diesem zeitlichen Gut) [23].

Im späten Mittelalter macht sich unter dem Einfluß cisterziensischer Mystik eine das Christusgeschehen intensivierende Passionsleidenschaft geltend, in der die memoria passionis Christi die Verhärtung des Herzens durchbrechen und das Feuer der Liebe (ignis charitatis) entfachen sollen. «Suavissimum mihi cervical ..., bone Jesu, spinea illa capitis tui corona; dulcis lectulus illud crucis tuae lignum. In hoc nascor et nutrior, creor et recreor, et super passionis tuae altaria memoriae mihi nidum libenter recolloco» (Jene Dornenkrone Deines Hauptes ist mir, guter Jesus, das süßeste Kissen; das Holz Deines Kreuzes ist für mich ein süßes Bett. In ihm werde ich geboren und genährt, erschaffen und wiedergeboren, und über dem Altar zum Andenken Deines L. errichte ich mir gern meine Heimstatt) [24].

LUTHERS Christozentrik radikalisiert passionsmystische Gedanken und interpretiert in einer gegen alle Mächtigkeiten und Idole gerichteten theologia crucis das Kreuz und L. Christi als Krisis des selbstherrlichen, 'sich rühmenden' Menschen. «Nam qui sunt, qui magis odiant tribulari et pati quam pontifices et iuriste? Immo quis magis divitias, voluptates, ocia, honores et glorias querit?» (Denn wer sind die, die es mehr hassen, Trübsal und L. zu erdulden, als die Priester und Juristen? Ja, wer trachtet mehr nach Reichtum, Vergnügen, Muße, Ehren und Ruhmestiteln?) [25].

Anmerkungen. [1] Vgl. U. HEDINGER: Wider die Versöhnung Gottes mit dem Elend (1972) 43ff.; P. RICŒUR: Symbolik des Bösen (1971) 281f. 286. – [2] J. SCHARBERT: Der Schmerz im AT (1955) 190. – [3] M. KELLER-HÜSCHEMENGER: Die Kirche und das L. (1954) 32. – [4] MICHAELIS, a.O. [1 zu 1] 907. – [5] Vgl. z. B. P. CORNEHL: Die Zukunft der Versöhnung (1971) 54. – [6] H. KÜNG: Gott und das Leid (1971) 38; vgl. KELLER-HÜSCHEMENGER, a.O. [3] 45. – [7] Zit. nach PH. BÖHNER und E. GILSON: Christl. Philos. von ihren Anfängen bis Nikolaus von Cues (³1954) 46. – [8] Vgl. E. AUERBACH: Mimesis. Dargestellte Wirklichkeit in der abendländ. Lit. (²1959). – [9] Vgl. Literatursprache und Publikum in der lat. Spätantike und im MA (1958) 55 Anm. 3. – [10] J. MOLTMANN: Der gekreuzigte Gott. Das Kreuz Christi als Grund und Kritik christl. Theol. (1972) 214. – [11] Vgl. M. POHLENZ: Die Stoa. Gesch. einer geistigen Bewegung (³1964). – [12] CYPRIANUS, De bono patientiae, hg. M. E. CONWAY (Washington 1957) 74 (= X, 27ff.). – [13] Zit. nach FR. MAURER: Leid. Stud. zur Bedeutungs- und Problemgesch., bes. in den großen Epen der staufischen Zeit (1951) 87. – [14] Vgl. H. BLUMENBERG: Die Legitimität der Neuzeit (1966) 85ff. – [15] Zit. nach: MAURER, a.O. [13] 88. – [16] ebda. – [17] MICHAELIS, a.O. [1 zu 1] 906ff. – [18] MAURER, a.O. [13] 86. – [19] AUGUSTIN, De civitate Dei I, 8; vgl. V. E. FRANKL: Homo patiens. Versuch einer Pathodizee (1950). – [20] P. VON MOOS: Consolatio. Stud. zur mittelalterl. Trostlit. über den Tod und zum Problem der christl. Trauer (1972) 3/3, 145 (= T 696). – [21] a.O. [20] 272ff. (= T 1280ff.). – [22] 280. – [23] 286 (= T 1342). – [24] Zit. nach AUERBACH, a.O. [9] 57. – [25] M. LUTHER, Vorles. über den Römerbrief 1515/16 (1960) 1, 322.; vgl. J. MOLTMANN: Theol. Kritik der polit. Relig., in: J. B. METZ/J. MOLTMANN/W. OELMÜLLER (Hg.): Kirche im Prozeß der Aufklärung (1970) 11ff.

4. Das durch den spätmittelalterlichen «theologischen Absolutismus» [1] provozierte Programm menschlicher Selbstbehauptung inauguriert den Prozeß der Ausbildung technischer Instrumente und rationaler Wissenschaft, die dem Menschen die Frage nach dem Sinn des L. nicht beantworten, aber das L. reduzieren können.

Für die Denker des *deutschen Idealismus* gilt es, die im naiven Bewußtsein als L. erfahrbare Tätigkeit des Nicht-Ich – L. als «das Gegentheil der Thätigkeit» (FICHTE [2]) durch die philosophische Reflexion auf die Spontaneität des Subjekts zurückzuführen oder die dem unmittelbaren Bewußtsein als «Schlachtbank» sich darstellende Geschichte (HEGEL [3]) in der vernünftigen Betrachtung als Prozeß der Selbstproduktion der Freiheit zu begreifen; oder es gilt, im höheren, christlich geprägten Selbstbewußtsein das im «sinnlich bestimmten Selbstbewußtsein» [4] erfahrbare L. aufzunehmen und das «Vertrauen auf Gott» [5] beizubehalten: Auch «der Erlöste, sofern er in die Lebensgemeinschaft Christi aufgenommen ist», ist «niemals von dem Bewußtsein eines Übels erfüllt, weil es sein ihm mit Christo gemeinsames Leben nicht hemmend treffen kann. Sondern alle Lebenshemmungen, natürliche und gesellige, kommen auch in dieses Gebiet nur als Anzeigen; nicht werden sie hinweggenommen, als ob er schmerzlos und frei von L. sein sollte oder könnte; denn darum hat auch Christus Schmerzen gehabt und gelitten, sondern nur Unseligkeit ist nicht in den Schmerzen und L., weil sie als solche nicht in das innerste Leben eindringen» (SCHLEIERMACHER [6]). Erst SCHELLING ist unter Preisgabe der idealistischen Furcht vor dem Anthropomorphismus [7] bereit, das L. Gottes als Interpretationsmuster für die Geschichte heranzuziehen. «Ohne den Begriff eines menschlich leidenden Gottes, der allen Mysterien und geistigen Religionen der Vorzeit gemein ist, bleibt die ganze Geschichte unbegreiflich; ...» [8].

Die in Schelling aufbrechende Kritik an Hegels Identifikation von Begriff und Wirklichkeit («Wollen ist Urseyn, und auf dieses allein passen alle Prädicate desselben: Grundlosigkeit, Ewigkeit ...» [9]) wird von SCHOPENHAUER radikalisiert, indem als Ursprung des menschlichen L. der Begriff erkannt wird: «Das Bewusstseyn der Thiere ist ... eine bloße Succession von Gegenwarten, deren jede aber nicht vor ihrem Eintritt als Zukunft, noch nach ihrem Verschwinden als Vergangenheit dasteht; als welches das Auszeichnende des menschlichen Bewußtseyns ist. Daher eben haben die Thiere auch unendlich weniger zu *leiden*, als wir, weil sie keine andern Schmerzen kennen, als die, welche die *Gegenwart* unmittelbar herbeiführt» [10]. Die sich durch das L. als der Enthüllung des «Willens zum Leben» [11] vollziehende «Euthanasie des Willens» [12] berechtigt es, das L. als einen «Läuterungsproceß» [13] zu verstehen, durch der Mensch die «Erlösung aus einem Daseyn» erlangen kann, «welches dem L. und dem Tod anheimgefallen ist» [14].

Im Anschluß an Schopenhauer [15] entdeckt NIETZSCHE hinter der Religion und dem Glauben an eine Transzendenz den im Nihilismus gescheiterten Versuch des Menschen, das Leben in seiner «metaphysischen Bedeutsamkeit» [16] zu verklären. «Die Sinnlosigkeit des L., *nicht* das L. war der Fluch ...» [17]. Die antichristliche, weil die Einmaligkeit der sinnvollen Heilsgeschichte zerstörende Lehre von der Wiederkehr des Gleichen will den Menschen zurückzwingen in die «dionysisch-heraklitische Welt des Werdens und Vergehens» [18] und ihn der Möglichkeit berauben, sich durch das L. zum Ungenügen am Sein verführen zu lassen. «Dionysos gegen den 'Gekreuzigten': da habt ihr den Gegensatz. Es ist *nicht* eine Differenz hinsichtlich des Martyriums – nur hat dasselbe einen anderen Sinn. Das Leben selbst, seine ewige Fruchtbarkeit und Wiederkehr bedingt die Qual, die Zerstörung, den Willen zur Vernichtung. Im andern Falle gilt das L., der 'Gekreuzigte als der Unschuldige', als Einwand gegen dieses Leben, als Formel seiner Verurtheilung. – Man errät: das Problem ist das vom Sinn des L.: ob ein christlicher Sinn, ob ein tragischer Sinn. Im ersten Falle soll es der Weg sein zu einem heiligen Sein; im letzteren Fall gilt *das Sein als heilig genug*, um ein Ungeheures von Leid noch zu rechtfertigen. Der tragische Mensch bejaht noch das herbste L.: er ist stark, voll, vergöttlichend genug dazu; der christliche verneint noch das glücklichste Los auf Erden: er ist schwach, arm, enterbt genug, um in jeder Form noch am Leben zu leiden» [19].

FREUD erweitert das von Nietzsche religionskritisch gewandte Argument der Interpretation des L. zu einem Katalog von Techniken, mittels derer der Mensch sich eine illusionslose Auseinandersetzung mit der Realität ersparen will. Das biologisch und gesellschaftlich verursachte L. [20] treibt den vom Lustprinzip beherrschten Menschen zur Erfindung von «Methoden, ... das L. fernzuhalten» [21] und sich über den Grundcharakter «der 'Schöpfung'» [22] zu täuschen: dem Imperativ der Unlustvermeidung dienen u. a. Religion, Philosophie («einzelne Schulen der Lebensweisheit» [23]), Einsamkeit, «Sublimierung der Triebe» [24] und technische Verfahren wie z. B. die «Intoxikation» [25] oder pathologische Erscheinungen wie die Neurose [26]. «Es gibt ... viele Wege, die zu dem Glück führen können, wie es dem Menschen erreichbar ist, keinen, der sicher dahin leitet. Auch die Religion kann ihr Versprechen nicht halten. Wenn der Gläubige sich endlich genötigt findet, von Gottes 'unerforschlichem Ratschluß' zu reden, so gesteht er damit ein, daß ihm als letzte Trostmöglichkeit und Lustquelle im L. nur die bedingungslose Unterwerfung übriggeblieben ist. Und wenn er zu dieser bereit ist, hätte er sich wahrscheinlich den Umweg ersparen können» [27].

Angesichts der Erfahrungen des 20. Jh. und unter dem Einfluß der Philosophie ADORNOS, für den das geschichtlich Allgemeine nur als das «absolute L.» [28] zu bestimmen wäre, spricht D. SÖLLE im Hinblick auf die eigene Christentumstradition von einem «theologischen Sadismus» [29]. «Jeder Versuch, das L. als unmittelbar oder mittelbar von Gott verursacht anzusehen, steht in der Gefahr, sadistisch über Gott zu denken» [30].

Im Anschluß an den japanischen Religionsphilosophen KITAMORI [31] versucht J. MOLTMANN von einer analogia doloris, einer L.-Gemeinschaft von Gott und Mensch zu sprechen, durch die der Mensch hineingenommen wird in den «trinitarischen Geschichtsprozeß Gottes» [32], der als Meta-Geschichte der irdischen «L.-Geschichte und Hoffnungsgeschichte» [33] verstanden wird. «Es gibt kein L., das in dieser Geschichte Gottes nicht Gottes L. ist, es gibt keinen Tod, der nicht in der Geschichte auf Golgatha Gottes Tod geworden wäre» [34].

Anmerkungen. [1] BLUMENBERG, a.O. [14 zu 3] 75ff. – [2] J. G. FICHTE, Grundl. der ges. Wiss.lehre. Werke, hg. I. H. FICHTE (1845-46) 1, 134; vgl. F. W. J. SCHELLING, System des transzendentalen Idealismus (1957) 78f. – [3] G. W. F. HEGEL, Vorles. über die Philos. der Gesch. Sämtl. Werke, hg. G. GLOCKNER 11 (⁴1961) 49. – [4] FR. SCHLEIERMACHER: Der christl. Glaube (⁷1960) 1, 36. – [5] a.O. 38. – [6] 2, 98. – [7] Vgl. SCHELLING, Sämtl. Werke, hg. K. F. A. SCHELLING (1856-61) 8, 166f. – [8] a.O. 7, 403. – [9] 7, 350. – [10] A. SCHOPENHAUER, Die Welt als Wille und Vorstellung II, 5. Sämtl. Werke, hg. A. HÜBSCHER 3 (1938) 64. – [11] a.O. II, 28 = Werke 3, 398. – [12] II, 49 = 3, 733. – [13] II, 49 = 3, 731. – [14] II, 48 = 3, 723. – [15] Vgl. II, 17 = 3, 175ff. – [16] FR. NIETZSCHE, Werke, hg. K. SCHLECHTA 3, 883f. – [17] 2, 899. – [18] H. PLESSNER: Die verspätete Nation (⁴1966) 153. – [19] NIETZSCHE, a.O. [16] 773. – [20] S. FREUD: Das Unbehagen in der Kultur, Studien-A. 9 (1974) 208f. – [21] a.O. 213. – [22] 208. – [23] 209. – [24] 211. – [25] 210. – [26] 216. – [27] ebda. – [28] TH. W. ADORNO: Negative Dialektik (1970) 312. – [29] DOROTHEE SÖLLE: L. (²1973) 32ff. – [30] a.O. 37. – [31] K. KITAMORI: Theol. of the pain of God (London 1965). – [32] MOLTMANN, a.O. [10 zu 3] 242. – [33] a.O. 242f. – [34] 233.

M. ARNDT

Leidensdruck ist ein im Rahmen der *Psychotherapie* – vor allem bei der Indikationsstellung und Prognose – vielverwendeter Begriff. Nach KIND gehört L. zu «den wichtigsten Kriterien der psychotherapeutischen Behandelbarkeit» [1]. Die Spärlichkeit der theoretischen Bearbeitung des Begriffs [2] steht in umgekehrt proportionalem Verhältnis zu seiner großen praktischen Bedeutung. Sachlich geht er auf S. FREUD zurück. Ohne bei ihm wörtlich vorzukommen, stützt sich die Begriffsprägung auf folgende Stelle: «Sie [die analytische Psychotherapie] ist auch bei Personen nicht anwendbar, die sich nicht selbst durch ihre Leiden zur Therapie gedrängt fühlen, sondern sich einer solchen nur infolge des Machtgebotes ihrer Angehörigen unterziehen» [3]. Dem L. soll beim Patienten die «Größe seines eigenen Strebens nach Genesung» entsprechen [4]. Der Patient muß bereit sein, «zeitweilig für ein besseres Ende Leiden auf sich zu nehmen» [5]. Nur wenn der L. größer ist als diese zu erwartenden Leiden, kann eine anhaltende Motivation zur Behandlung erwartet werden. Antagonist von L. ist vor allem der «sekundäre Krankheitsgewinn», d. h. jene Befriedigung, die der Patient aufgrund äußerer Vergünstigungen aus seiner bereits bestehenden Krankheit zieht: «Der nächste Motor der Therapie ist das Leiden des Patienten und sein daraus entspringender Heilungswunsch. Von der Größe dieser Triebkraft zieht sich mancherlei ab, was erst im Laufe der Analyse aufgedeckt wird, vor allem aber der sekundäre Krankheitsgewinn, aber die Triebkraft selbst muß bis zum Ende der Behandlung erhalten bleiben; jede Besserung ruft eine Verringerung derselben hervor» [6].

In der nachfolgenden *psychoanalytischen* Literatur wird die Bedeutung des L. als Motivationsträger und damit als Indikationsbedingung und Prognosekriterium für eine Therapie vor allem von SCHULTZ-HENCKE [7] und NUNBERG [8] betont. Ein ausführlicher Überblick findet sich bei HEIGL [9], der den L. durch das subjektive Leidensgefühl ergänzen möchte. Wichtig für die Prognose des Therapieerfolgs ist nicht nur die Stärke, vor allem die *Art* des Leidensgefühls; Heigl trifft die Unterscheidung zwischen einem «echten oder real-bedingten und einem neurotischen oder irreal-bedingten Leidensgefühl» [10]. Im ersten Fall, der prognostisch günstig zu beurteilen ist, leidet der Patient vorwiegend an seinen realen Behinderungen und seinen Symptomen und deren objektiven Folgen. Im zweiten Fall steht für den Patienten die rein subjektive Bedeutung seines Symptoms im Vordergrund; das irreale Leidensgefühl gilt als Anzeichen für eine schwere Neurose mit ungünstiger Prognose.

Eine gewichtige Rolle spielt die Frage nach einem L. bei der Diskussion um die Abgrenzung zwischen den klassischen Neurosen einerseits, den *Charakterneurosen* und *Persönlichkeitsstörungen* (früher: Psychopathien) andererseits. K. SCHNEIDER [11] bezeichnete als «Psychopathen» (im statistischen Sinne) abnorme Persönlichkeiten, die unter sich leiden und/oder unter denen die Gesellschaft leidet. Von den USA herkommend, besteht eine Tendenz, bei allen nicht-psychotischen seelischen Störungen mit L. von Neurosen zu sprechen. Obwohl theoretisch anfechtbar, hat sich in der Praxis die Assoziation L.-Änderungswunsch-Neurose herausgebildet. Bei verwahrlosten Jugendlichen spricht man z. B. davon, daß sie zwecks psychotherapeutischer Angehbarkeit zunächst einmal (mittels Internalisierung ihrer Konflikte) «neurotisiert» werden müßten [12]. Auch für die Suchtbehandlung ist von beträchtlicher Bedeutung, ob bzw. inwieweit ein L. vorliegt oder nicht.

Im *angloamerikanischen* Sprachraum gibt es keine direkte Entsprechung für ‹L.›; in etwa gleicher Bedeutung werden jedoch verwendet: ‹motivation for treatment›, ‹desire to change›, ‹motivation to change› und ‹motivation to enter psychotherapy›. Unter dem Einfluß der amerikanischen Literatur wird auch in neueren *deutschen* Arbeiten der Begriff ‹*Therapiemotivation*› bevorzugt.

Wie der L. so wird auch die Therapiemotivation als entscheidendes Kriterium für den Behandlungserfolg angesehen; diese Bewertung ist weitgehend unabhängig von der Behandlungsmethode, obwohl L. oder Therapiemotivation in verschiedenen theoretischen Systemen unterschiedlich konzipiert werden. In der *nicht-direktiven* Therapie von ROGERS [13] wird die Quelle der Therapiemotivation in der Diskrepanz zwischen dem aktuellen psychischen Zustand des Patienten und seinem «idealen Selbst» gesehen. Die Therapiemotivation äußert sich darin, «daß der Klient von sich aus bemüht ist, seinen psychischen Zustand zu verändern» [14].

Im Bereich der *Verhaltenstherapie* fanden die Begriffe ‹L.› und ‹Therapiemotivation› so lange keine Verwendung, als noch – streng behavioristisch – nur direkt beobachtbare Verhaltensweisen, nicht aber kognitive Prozesse als theoretisch akzeptable Variablen galten [15]. Erst mit Beginn der «kognitiven Wende» in der Mitte der 1960er Jahre [16] wurde unter anderem auch die Wirkung von Einstellungen und Erwartungen von Patienten auf den Therapieverlauf untersucht [17]. Der verhaltenstherapeutische Ansatz stellt die Therapiemotivation als notwendiges Kriterium für den Therapieerfolg allerdings insofern in Frage, als er die strenge Trennung zwischen Psychotherapie und allgemeiner psychologischer Intervention aufhebt: Methoden der Verhaltensmodifikation, z.B. in der Schulklasse, sind anwendbar auch ohne das Wissen der Betroffenen.

In der *klinisch-psychologischen* Arbeit wird die Therapiemotivation gelegentlich auch als Entscheidungshilfe für die Auswahl spezifischer Interventionsverfahren herangezogen. Hat der Klient den Wunsch, sich selbst zu verstehen und zu verändern, dann wäre nach DEWALD [18] und nach HOLLENDER [19] eher eine «reconstructive psychotherapy», also z.B. eine Psychoanalyse angezeigt, während bei «symptomzentrierten» Patienten eher eine unterstützende oder medikamentöse Therapie bevorzugt werden soll. Schließlich kommt der vermeintlich fehlenden Therapiemotivation noch eine wichtige Alibifunktion für den Therapeuten bei Therapieabbruch durch den Patienten zu [20].

Außerhalb der Psychotherapie wird der Begriff ‹L.› eingehender in der neueren Literatur über die *Sozialtherapie* von Rechtsbrechern (im Zusammenhang mit der Diskussion um den § 65 StGB: Einweisung in eine sozialtherapeutische Anstalt) behandelt und in Frage gestellt [21], nachdem er zunächst auch dort als unabdingbare Voraussetzung für jegliche Therapie galt [22]. Diese Diskussion ist noch in vollem Gange.

Abgelöst von dem speziellen pragmatischen Interesse an dem Zusammenhang zwischen L. und Änderungswunsch [23] kann L. allgemeiner als emotionale Belastung des Ich umschrieben und in die Phänomenologie des Befindens eingeordnet werden. Dabei ist L. von der distanzierteren Krankheits*wahrnehmung* und der rationalen Krankheits*einsicht* als ein subjektbezogenes, relativ *unmittelbares* und zugleich *wertendes* Erleben des eigenen Zustandes zu unterscheiden; vom Leidens*gefühl* durch die im L. (als vis a tergo) zum Ausdruck kommende Motivations- und Antriebskomponente. Die *Doppeldeutigkeit* von ‹-druck› als Bedrückung und als Motivations- bzw. Antriebsdruck macht das Schillernde des Begriffs aus. Das Ausmaß des L. bestimmt ein in das Selbsterleben internalisierter Maßstab, der – von vielen (auch sozialen) Variablen abhängig – von Mensch zu Mensch und bei ein und demselben Menschen zu verschiedenen Zeiten beträchtlich differieren kann.

L. geht in den subjektiven Aspekt von «Krankheit» ein und findet dementsprechend in der gegenwärtigen Erörterung, ob man «Krankheit» messen kann, Berücksichtigung [24]. Als Gegenpol zum L. wäre ein Mangel an L. anzusetzen, wie er bei Manien, bei manchen körperlich begründbaren Psychosen (z.B. in Form einer «Euphorie») und bei einem Teil der Charakterneurosen und Persönlichkeitsstörungen anzutreffen ist. Ein als abnorm zu bezeichnender L. begegnet im Rahmen hypochondrischer Syndrome. Zwischen erhöhtem und erniedrigtem L. erstreckt sich demnach ein polar strukturiertes Spektrum pathischen Selbsterlebens. Besondere Probleme wirft der Masochismus auf, bei dem ein Leiden keinen L. erzeugt, sondern eher das Gegenteil: Lust bzw. ein *suchtartiges* Sichhingezogenfühlen zum Leiden. Anderer Art sind die Dissoziationen zwischen Schmerzerleben und L., die nach psychochirurgischen Eingriffen (Leukotomie, stereotaktischen Operationen) beobachtet werden: Der Patient erlebt nach wie vor «Schmerzen», leidet aber nicht mehr im gleichen Maße darunter wie zuvor [25].

Letztlich verweist der (auf Fragen der Therapierbarkeit) eingeengte Begriff ‹L.› auf das Pathische der menschlichen Existenz überhaupt und gewinnt dadurch seine philosophische Relevanz. Dieser Rückbezug ist am ehesten noch in dem – aphoristisch gebliebenen – Spätwerk V. v. WEIZSÄCKERS [26] faßbar, im übrigen aber historisch schwer zu belegen. Bekannt ist der Einfluß, den Schopenhauers Werk auf die Psychoanalyse ausgeübt hat. Man kann unterstellen, daß dies auch hinsichtlich der Rolle, die das Leiden im Denken Schopenhauers einnimmt, der Fall ist, doch finden sich dafür keine zuverlässigen Belege.

Anmerkungen. [1] H. KIND: Art. ‹L.›, in: Lex. der Psychiat. (1973) 322f. – [2] Auffallenderweise findet sich ‹L.› weder im Reg.bd. 18 der Ges. Werke S. FREUDS noch im ‹Vocabulaire de la Psychoanal.› von J. LAPLANCHE und J.-B. PONTALIS (Paris 1967; dtsch. 1973) noch in den Sachverzeichnissen einer Reihe namhafter Hdb. und grundleg. Schr. der Psychother. – [3] S. FREUD, Ges. Werke (London ¹1952) 5, 21. – [4] a.O. 301. – [5] 10, 366. – [6] 8, 477. – [7] H. SCHULTZ-HENCKE: Lb. der anal. Psychother. (1951). – [8] H. NUNBERG: Practice and theory of psychoanal. (New York 1948). – [9] F. HEIGL: Indikation und Prognose in Psychoanal. und Psychother. (1972). – [10] a.O. 39. – [11] K. SCHNEIDER: Klin. Psychopathol. (⁶1962). – [12] K. R. EISSLER: Ego-psychol. implications of the psychoanal. treatment of delinquents. Psychoanal. Study Child 5 (New York ¹1950) 97-121. – [13] C. R. ROGERS: On becoming a person. A therapist's view of psychother. (Boston 1961). – [14] W.-R. MINSEL: Praxis der Gesprächspsychother. (1974) 95. – [15] B. F. SKINNER: Sci. and human behavior (New York 1953). – [16] Vgl. N. J. MAHONEY: Cognition and behavior modification (Cambridge, Mass. 1974) Kap. 1. – [17] PETRA HALDER: Verhaltensther. und Patientenerwartung (1977). – [18] P. A. DEWALD: Psychother. (New York 1964). – [19] M. H. HOLLENDER: Selection of patients for definite forms of psychother. Arch. gen. Psychiat. 10 (1964) 361-369. – [20] J. MELTZOFF und M. KORNREICH: Res. in psychother. (New York 1970). – [21] M. STELLER: «L.» als Indikation für Sozialther.? (Diss. Kiel 1974); Sozialther. statt Strafvollzug. Psychol. Probleme der Behandl. von Delinquenten (1977). – [22] Ausgedehnte Lit.übersicht bei STELLER, a.O. – [23] Zur Frage der Indikationsbildung vgl. neuerdings die empirische Studie von A. BLASER: Der Urteilsprozeß bei der Indikationsstellung zur Psychother. (1977). – [24] H. POHLMEYER und S. BIEFANG: Kann man Krankheit messen? MMG 2 (1977) 158-165. – [25] Vgl. die Übersicht über die einschlägige Lit. bei M. ADLER und R. SAUPE: Psychochir. Zur Frage einer biol. Ther. psychischer Störungen (1979). – [26] V. v. WEIZSÄCKER: z. B. Pathosophie (1956).

Literaturhinweise. S. FREUD s. Anm. [3-6]. – M. STELLER s. Anm. [21]. – R. KÜNZEL: Therapiemotivation – eine psychol. Ergänzung des soziol. Labeling-Ansatzes (Diss. Bochum 1979).

W. BLANKENBURG

Leistung. Konservative wie radikale Kritiker der industriellen Gesellschaft treffen sich in dem Versuch, mit Hilfe des Begriffs der L. einige Phänomene zu erfassen, die für Analyse und Deutung dieser Gesellschaft zentral erscheinen. ‹L.-Prinzip›, ‹L.-Verhalten›, ‹L.-Gesellschaft› sind dabei Ausdrücke, die sowohl der Beschreibung und Erklärung herrschender Verhaltenstendenzen, sozialer Kontrollmechanismen und gesellschaftlicher Errungenschaften wie auch der Artikulation zustimmender oder ablehnender moralischer und politischer Positionen dienen. Die Vieldeutigkeit des Begriffs läßt sich eindringlich zeigen, wenn man nach den im jeweiligen Kontext vorausgesetzten oder ausgesprochenen Gegenbegriffen fragt. ‹Nicht-L.› kann bedeuten: formale Nichterfüllung einer beliebigen Norm oder an einer Effizienznorm gemessene schlechte Erfüllung einer solchen Norm; Spaß, Spiel, Vergnügen – also Orientierung an hedonistischen Normen; Versagen, Unproduktivität, Unfähigkeit – also mehr oder weniger schuldhafte Nichterfüllung legitimer Erwartungen; Versagung, Weigerung, Protest – also Befreiung von repressiven Zwängen. Die entsprechenden L.-Begriffe sind zudem auf der Ebene des Individuums wie auf der Ebene verschiedener Kollektive interpretierbar.

Unter systematischen Gesichtspunkten ist zu unterscheiden zwischen den Begriffen der L., die sich im Rahmen der empirischen Einzelwissenschaften herausgebildet haben (1), und den theoretischen Konstruktionen zur Analyse der L.-Gesellschaft innerhalb der Sozialwissenschaften (2).

1. *L.-Begriffe der Einzelwissenschaften.* – Ähnlich wie in naturwissenschaftlichen und technischen Disziplinen wird der L.-Begriff in zahlreichen humanwissenschaftlichen Disziplinen verwendet zur näheren formalen Bestimmung standardisierbarer, steigerungsfähiger, zielgerichteter Aktivitäten eines Systems. In der Betriebswirtschaftslehre dient er zur Beschreibung von Wert oder Menge der im betrieblichen Produktionsprozeß während eines bestimmten Zeitraums erstellten Güter oder Dienstleistungen; in der Arbeitspsychologie für die Menge der in einer bestimmten Zeit von einem Individuum erbrachten Test- oder Arbeitsleistungen; in der Verkehrswissenschaft, Architektur und anderen Entwurfsdisziplinen für die Kapazität technischer Systeme hinsichtlich verschiedener Nutzungen; im öffentlichen Recht für Art und Ausmaß von Abgaben und anderen Sach- und persönlichen L., die öffentliche Gemeinwesen kraft Hoheitsakt den ihnen Zugeordneten auferlegen. Die *Bewertung* der L. erfolgt dabei in der Regel dadurch, daß das individuelle L.-Ergebnis in einen quantitativen Bezug zu einer empirisch oder systematisch gewonnenen L.-Norm gesetzt wird: Je höher der resultierende Wert, desto «besser» die L.

Die Entwicklung derartiger L.-Begriffe ist Voraussetzung für die Untersuchung der *Bedingungen* der jeweils interessierenden Verhaltensweisen und damit der Verbesserung der Leistungsfähigkeit durch geeignete technische (konstruktive, administrativ-organisatorische, erzieherische) Maßnahmen. Die Normen und Optimalitätskriterien, die dabei zur Anwendung kommen, werden typischerweise undiskutiert als «natürlich» gegeben oder jedenfalls zweckmäßig definiert vorausgesetzt. Nur insofern, als diese Normen unproblematisch und unstrittig sind, können die Einzelwissenschaften zu verbindlichen Aussagen über Ausmaß, Vorbedingungen und Auswirkungen der sie jeweils interessierenden L. kommen.

Daß L.-Begriffe dieser Art in vielen positiven Disziplinen eine zentrale Rolle spielen, kann als Hinweis auf das Erkenntnisinteresse der Gesellschaften gewertet werden, in denen sich diese Disziplinen entwickelt haben. Es ist das Interesse, L.en der unterschiedlichsten Art und unterschiedlichster Systeme einer übergreifenden Norm zu unterwerfen, der Norm der Effektivität oder des geringsten Verhältnisses von Aufwand und Ergebnis, ermöglicht durch die technische Beherrschung der jeweiligen Prozesse. Hier, und nicht in der oberflächlichen Entsprechung der Begriffe, liegt die Verbindung zwischen den L.-Begriffen der Einzelwissenschaften und der aktuellen Diskussion um das L.-Prinzip.

2. *Theorien des L.-Verhaltens und der L.-Gesellschaft.* – Nicht die Frage nach dem Maß und dem Ausmaß von L., gemessen an Normen, denen zunächst lediglich der Charakter wissenschaftlicher Prämissen oder Festlegungen zukommt, sondern die Frage nach L.-Normen als gesellschaftlicher Realität steht im Mittelpunkt einiger sozialwissenschaftlicher Theorien: Unter welchen Bedingungen laufen soziale Interaktionen so ab, als ob sie auf ein einfaches, sozial obligatorisches, intersubjektiv überprüfbares Optimalitätskriterium, wie z.B. die günstigste Kosten-Ertrags-Relation, hin kalkuliert wären; welche Konsequenzen hat die Dominanz von L.-Normen für andere überkommene oder in Zukunft anstehende alternative Wertorientierungen? Dabei wird fast immer vorausgesetzt, daß das L.-Prinzip historisch seit Beginn der Industrialisierung in den westlichen Gesellschaften im Vormarsch begriffen ist und erkennbar auf immer weitere Lebensbereiche und «traditionale» Gesellschaften übergreift.

a) *Motivationstheorien der L.* – Eine erste Gruppe von Theorien sieht gesellschaftliche Tatbestände in Abhängigkeit vom System individueller Verhaltensdispositionen. Bekannt geworden sind vor allem die auf MCCLELLAND zurückgehenden Arbeiten zum L.-Bedürfnis (need achievement), definiert als überdauernde Tendenz, sich mit Gütemaßstäben auseinanderzusetzen [1]. L.-motiviert sind Personen, bei denen dieses Motiv sich in den verschiedenen sozialen Situationen durchsetzt gegenüber Partnerschaftsbedürfnissen (need affiliation) und Machtbedürfnissen (need power). Es ist gelungen, experimentelle Situationen zu schaffen, die von L.-Motivierten systematisch bevorzugt werden: Situationen z.B., in denen Erfolg und Mißerfolg eindeutig definiert sind, in denen Erfolgserwartungen und Erfolgsaussichten in einem günstigen und kalkulierbaren Verhältnis stehen, in denen eine Perfektionierung der L. relativ zu den L. anderer oder zu eigenen bisherigen L. möglich ist. Der Schluß lag nahe, daß L.-Motivierte eher als andere dazu neigen, im ökonomischen Bereich, wo sich par excellence analoge Situationen anbieten, unternehmerische Rollen zu übernehmen, und daß Gesellschaften, die wirtschaftlich florieren, über ein höheres Niveau an L.-Motivierten verfügen als andere. Für beide Annahmen konnte McClelland Belege aus den unterschiedlichsten Gesellschaften und geschichtlichen Epochen zusammentragen [2].

Wirtschaftliches Wachstum stellt sich hier eindeutig als eine zeitliche Folge des Zuwachses an L.-Motivation in einer Gesellschaft dar, ähnlich wie bei M. WEBER die Entwicklung des Kapitalismus von der Verbreitung einer protestantischen Ethik abhängt [3]. Im Unterschied zu Weber sucht MCCLELLAND die Entstehungsbedingungen der L.-Motivation aber nicht in bestimmten Erziehungsinhalten, sondern in bestimmten Erziehungsformen. In der frühen Kindheit gelernte Strategien der Problemlösung und Erwartungshaltungen gegenüber der eigenen L.-Fähigkeit werden geformt durch die Art und Weise, in der die Eltern bestätigend oder ablehnend auf kindliche Eigenaktivität reagieren. Eine positive, das L.-Vermögen des Kindes herausfordernde Zuwendung schafft demnach die Voraussetzungen dafür, daß das Individuum zeit seines Lebens Vergnügen findet in L.-Situationen. Das bei Weber mitschwingende Motiv der Verpflichtung, angesichts existentieller Angst durch ein Leben harter, unter diesseitigen Aspekten sinnloser Arbeit das erwartete Heil zu bestätigen, fehlt also. Nach Untersuchungen McClellands zeichnen sich allerdings L.-Motivierte auch durch ein hohes Maß an «innerweltlicher Askese» im Sinne Webers aus. L.-Motivation korreliert ferner mit RIESMANS «inner-directedness» [4], mit «Nonkonformismus» und «Unabhängigkeit», und damit auch mit *geringem* «Autoritarismus».

In den Entwürfen von McClelland, Weber und Riesman wird ein Zusammenhang konstruiert zwischen der Verbreitung eines bestimmten Persönlichkeitstyps in der Gesellschaft und dem Industrialisierungsprozeß. Es handelt sich dabei um eine Persönlichkeit, die autonom, d. h. ohne die L.-Norm als von äußeren sozialen Instanzen auferlegten *Zwang* zu erfahren, Befriedigung findet in Aktivitäten, deren Erfolg überwiegend von der Perfektionierung geeigneter Techniken und der Fähigkeit zur Selbstdisziplinierung abhängt. Gemeinsam ist diesen Theorien ferner eine hohe Wertschätzung der leistungsorientierten Persönlichkeit.

Im Gegensatz dazu hat A. ADLER eine Psychopathologie der leistungsorientierten Persönlichkeit geliefert [5]. Er sah im L.-Streben ein kompensatorisches Verhalten in Reaktion auf wirkliche oder erlebte Unterlegenheit gegenüber der Umgebung. Die «Ich-Haftigkeit», die Entwicklung eines starken Ego, die Tendenz, persönliches Glück auf Kosten anderer, eigene Ziele auf Kosten gemeinsamer Aufgaben zu erreichen, steht bei ihm dem «Vollkommenheitsstreben» gegenüber, der Orientierung an sozialem Interesse und dem Verzicht auf alle «Schliche zur Selbsterhöhung» [6]. Andere Sozialpsychologen haben dagegen als Reaktion auf gesellschaftliche Erniedrigung und Entmutigung des Individuums einen «Selbstverlust», die Retardierung oder Regression intellektueller und sozialer L.-Fähigkeit herausgearbeitet. Die Reaktionskette subjektives Versagen – Angst – kognitive Entdifferenzierung endet demnach in Aggression statt in der Bereitschaft zu geregeltem Wettbewerb [7].

b) *Statustheorien der Leistung.* – Unbeantwortet bleibt bei diesen Theorien die Frage nach den gesamtgesellschaftlichen Entstehungsbedingungen der die L.-Disposition fördernden Sozialisationsprozesse. MAINE hat wohl als erster unterschieden zwischen Gesellschaften, die soziale Rollen auf der Basis von Gruppenzugehörigkeit (status-oriented) oder auf der Basis der Erfüllung vereinbarter L. (contract-oriented) zuweisen [8]. Auf die Bedeutung des Vordringens römischer Rechtskonstruktionen nach dem Modell des Vertrags, in den jede beliebige Person eingesetzt werden konnte, und auf die Parallelität zwischen dieser Entwicklung und der Formalisierung erfahrungswissenschaftlicher Aussagen insofern, als damit auch soziale Prozesse prognostizierbar und steuerbar wurden, hat SMITH hingewiesen [9]. PARSONS hat in seiner Lehre von den «pattern variables», durch die für soziale Akteure in jeder Handlungssituation gegebene Orientierungsalternativen beschrieben werden sollen, der Variablen «achievement-ascription» – oder auch Qualität versus L. (performance) – besondere Bedeutung für die Charakterisierung gesamtgesellschaftlicher Wertstrukturen eingeräumt. Demnach lassen sich Gesellschaften danach klassifizieren, ob ihre Mitglieder ihren Status eher aufgrund dessen, «was sie sind», zugewiesen bekommen oder aufgrund dessen, was sie tun und können. Nach Parsons sind im Unterschied zu den nicht-industrialisierten Gesellschaften die leistungsorientierten Industriegesellschaften zugleich Gesellschaften, die ökonomische Rollen und Güter nach universalistisch-egalitären Kriterien verteilen und in denen Rollen spezifisch, d. h. auf der Grundlage einer weitgehenden Arbeitsteilung, zugewiesen werden [10].

Die in der strukturell-funktionalen Tradition entwickelten Schichtungstheorien [11] haben die Grundannahme, daß in den westlichen Industriegesellschaften die Zuweisung des sozialen Status aufgrund von L.en geschieht, übernommen. Daraus resultiert eine gewisse Tendenz zur Zirkularität insofern, als die Position eines Individuums auf den Skalen Einkommen, Schulbildung, Berufsprestige zugleich als Maß für den sozialen Status wie auch – in Verbindung mit einer unabhängig nicht überprüfbaren Annahme, daß sich in der Position auf diesen Skalen auch der Beitrag des Individuums zum gesamtgesellschaftlichen Nutzen ausdrücke – als Maß für die L. dient. Mindestens partiell sind daher diese Theorien Medien des Selbstverständnisses von Gesellschaften, die, indem sie nur jene Verhaltensweisen, die de facto durch materielle Entlohnung erzwungen werden, zu «L.» erklären, vorgeben können, ihre Mitglieder «leistungsgerecht» mit sozialem Status zu belohnen.

b) *Entwicklungstheorien der L.-Gesellschaft.* – Auch diese Ansätze sind nicht in der Lage, die Frage nach den historischen Bedingungen der modernen L.-Gesellschaft in ihrer nationalstaatlich-industriellen Ausprägung und die damit verbundenen Fragen der Entwicklungschancen «traditionaler» Gesellschaften oder des Übergangs der Industrienationen in postindustrielle Gesellschaften zu beantworten. In den weitgehend spekulativen Ansätzen einer historischen Theorie der L.-Gesellschaft lassen sich zwei Hauptrichtungen der Analyse unterscheiden: zum einen die marxistische Tradition, die ausgeht von der Annahme, daß sozialer Status unter kapitalistischen Bedingungen eben *nicht* entsprechend dem Beitrag zur gesellschaftlichen Produktion zugewiesen wird und daher die Theorien der L.-Gesellschaft entlarvt als Rechtfertigungsideologien; das L.-Prinzip wird vielmehr gesehen als eine Manifestation der Degradierung menschlicher Arbeitskraft zur Ware. Es wird verschwinden mit der Überwindung der kapitalistischen Produktionsweise. Zum anderen eine Tradition, die ausgeht von der Annahme, daß sich im L.-Verhalten ein bestimmter Typ von *Rationalität* manifestiert und daher die Entstehung der L.-Gesellschaft zusammenfallen läßt mit dem Aufkommen der «technologischen» Gesellschaft; das L.-Prinzip wird als regulative Idee eines Prozesses gesehen, in dem sich «rationale» Normen gegenüber anderen Wertorientierungen in dem Maße durchsetzen, in dem eine *erfahrungswissenschaftlich gesicherte* Technologie die Grenzen der Kontrollierbarkeit und Produzierbarkeit menschlicher Umwelt hinausschiebt [12]. Dabei rivalisieren Auffassungen, die in fortschreitender Modernisierung eine gelungene gesellschaftliche Anpassungs-L. sehen, mit solchen, die den Modernisierungsprozeß als fortgeschrittene Fehlanpassung diagnostizieren.

Quer durch beide Traditionen verläuft ein weiterer Gegensatz: die Frage nach der Gleichläufigkeit oder Vereinbarkeit bzw. der Gegenläufigkeit oder Widersprüchlichkeit von Prozessen der Effizienzsteigerung und von emanzipativen Tendenzen. Während bei Marx diese beiden Kriterien getrennt gesehen werden, tendieren neuere marxistische Formulierungen zu einer Identifizierung [13]; ähnlich ließen Modernisierungstheorien lange Zeit Rationalisierungstendenzen zusammenfallen mit der Verbreitung von Selbst- und Mitbestimmungschancen [14], während neuere Formulierungen die Differenz betonen zwischen instrumentellem Handeln, das sich durch Effizienz legitimiert, und emanzipativem Handeln, das auf den Abbau äußerer oder innerer Unterdrückung zielt [15].

Anmerkungen. [1] D. C. McClelland u. a.: The achievement motive (New York 1953); J. W. Atkinson und N. T. Feather (Hg.): A theory of achievement motivation (New York 1966); H. Heckhausen: Hoffnung und Furcht in der L.-Motivation (1963). – [2] D. C. McClelland: The achieving society (Princeton 1961); dtsch. Die L.-Gesellschaft (1966). – [3] M. Weber: Die prot. Ethik und der «Geist» des Kapitalismus. Arch. Sozialwiss.en und Sozialpolitik 20/21 (1905). – [4] D. Riesman: The lonely crowd: a study of the changing Amer. character (New York 1950). – [5] A. Adler: Über den nervösen Charakter (1912, ⁴1973). – [6] Vgl. M. Sperber: Alfred Adler oder das Elend der Psychol. (Wien 1970). – [7] R. Baker, D. Dembo und K. Lewin: Frustration and regression (Iowa City 1941); R. L. Cromwell: A social learning approach to mental retardation, in: N. R. Ellis (Hg.): Handbook of mental deficiency, psychol. theory and res. (New York 1963); E. H. Erikson: Kindheit und Gesellschaft (³1968). – [8] H. S. Maine: Ancient law: its connection with the early hist. of society and its relations to modern ideas (New York 1861, ND 1960). – [9] J. C. Smith: The theoretical constructs of western contractual law, in: F. S. C. Northrop/H. H. Livingston (Hg.): Cross-cultural understanding: epistemol. in anthropol. (New York 1964). – [10] T. Parsons: The social system (Glencoe 1951). – [11] Vgl. R. Bendix/S. M. Lipset (Hg.): Class, status and power (New York ²1966). – [12] Vgl. R. E. Vente: Die anstößige Rationalität, in: Zielplanung (1972). – [13] Vgl. O. Negt: Marxismus als Legitimationswiss., in: A. Deborin/N. Bucharin: Kontroversen über dialekt. und mechanist. Materialismus, hg. O. Negt (1969). – [14] So bei G. A. Almond: Polit. Systeme und polit. Wandel, in: W. Zapf (Hg.): Theorien des sozialen Wandels (1970); R. Bendix: Nation-building and citizenship (New York 1964); K. W. Deutsch: Soziale Mobilisierung und polit. Entwickl., in: W. Zapf (Hg.): Theorien des sozialen Wandels (1970). – [15] Vgl. J. Habermas: Technik und Wiss. als «Ideologie» (³1969).

Literaturhinweise. M. Young: The rise of meritocracy, 1870-2033 (London 1958). – W. Böckmann u. a.: Hemmende Strukturen in der heutigen Industriegesellschaft (1969). – C. Offe: L.-Prinzip und industrielle Arbeit, Mechanismen der Statusverteilung in Arbeitsorganisationen der «L.-Gesellschaft» (1970). – J. Vontobel: L.-Bedürfnis und soziale Umwelt, zur soziokulturellen Determination der L.-Motivation (1970). – S. N. Eisenstadt: Die prot. Ethik und der Geist des Kapitalismus, eine analytische und vergl. Darstellung (1971). – D. Kerbs (Hg.): Die hedonist. Linke (1971). – H. Schöck: Ist L. unanständig? (³1971). – G. Gäfgen (Hg.): L.-Gesellschaft und Mitmenschlichkeit (1972). – K. O. Hondrich: Demokratisierung und L.-Gesellschaft (1972). – A. Gehlen u. a.: Sinn und Unsinn des L.-Prinzips (1974). – C. v. Krockow: Sport. Eine Soziol. und Philos. des L.-Prinzips (1974). – H. Schelsky: Die Arbeit tun die anderen (1975). – H. Lenk: Sozialphilos. des L.-Handelns (1976). – G. Hartfiel (Hg.): Das L.-Prinzip (1977). B. Joerges

Leistungsprinzip. – 1. L. im *weiteren* Sinn ist zu verstehen als Maxime einer normativen Beurteilung des Begegnenden am Maßstab der Effizienz.

a) In diesem Sinn gilt das L. in verschiedenen Einzelwissenschaften (Physik, Physiologie, Psychologie, Sozial- und Wirtschaftswissenschaften u. a.) als Interpretations- und Beurteilungsprinzip (Bewertung nach Leistung), insoweit hier der Untersucher das Untersuchte auf faktische Leistung oder Leistungsfähigkeit hin untersucht.

Recht komplex und noch nicht hinreichend geklärt ist die Frage, inwieweit einerseits unser Naturverständnis in der Form des naturwissenschaftlichen Leistungsbegriffs (physikalisch: $P = \frac{A}{t}$; physiologisch: Leistungsbezogenheit von Funktionen [1], Organen, Organsystemen, Organismen) vom L. im psychosozialen Bereich immer schon mitgeprägt wurde, inwieweit aber auch andererseits das L. (im Sinn eines bevorzugten Kategorialisierens nach Leistungsmaßstäben) von Naturwissenschaft und Technik her auf den humanen Bereich übertragen wird. Dabei ist der Begriff des L. in den Humanwissenschaften umfassender: Im Gegensatz zu den Naturwissenschaften spielt in den Humanwissenschaften neben dem rein seinswissenschaftlichen auch ein wertwissenschaftlicher normativer Leistungsbegriff (Können, Sollen) eine Rolle.

In der *Soziologie* ist der Begriff ‹L.› von Bedeutung im Rahmen der Frage nach den Grundlagen der Chancen- und Statuszuweisung in einer gegebenen Gesellschaft. In der derzeitigen Diskussion ist vor allem strittig, ob die von der modernen Industriegesellschaft nach ihrem Selbstverständnis geforderte Statuszuweisung aufgrund von Leistung tatsächlich gegeben ist (vgl. Art. ‹Leistung›). Eine klare Beantwortung dieser Frage muß am Fehlen einer präzisen Definition des Leistungsbegriffs scheitern, der in einer extrem arbeitsteiligen Gesellschaft kaum allgemein, sondern nur situationsbezogen festgelegt werden kann. Vor allem *psychologisch* von Interesse ist die Unterscheidung zwischen einem «anstrengungs-» und einem «fähigkeitsorientierten» Leistungsbegriff (Heckhausen [2]).

In der *Schulpraxis* hat die vorrangige Beurteilung nach Leistung im Gegensatz zur sozialen Herkunft zwar die formale Chancengleichheit ermöglicht, die tatsächliche Chancengleichheit scheitert jedoch noch immer an den ungünstigeren Ausgangsbedingungen der Kinder aus unteren sozialen Schichten sowohl im kognitiven als auch im motivationalen Bereich [3]. Das L. als normatives Beurteilungsprinzip ist in der Pädagogik dabei keineswegs unumstritten: Die Kritik richtet sich zumeist gegen den Erwerb relativ statischer Wissensinhalte als vorrangiger Lernziele, die einer Entfaltung der Persönlichkeit entgegenstehen. Klafki weist jedoch darauf hin, daß sich das L. in der «demokratischen» Schule ebenso auf prozeßorientierte und emanzipatorische Lernziele, wie z. B. solidarisches Verhalten, Kritikfähigkeit, Selbstbeurteilung o. ä. erstrecken sollte. Das L. würde dann auch nicht unbedingt die Einstufung eines Individuums in bezug auf eine generelle Norm bedeuten, sondern in Grenzen die Möglichkeit eines nur für ein Individuum verbindlichen Gütemaßstabs offen lassen [4]. – Im übrigen ist zu beachten, daß ein einseitiges Herausstellen des L. bei gleichzeitiger Anzielung sozialer Chancengleichheit die naturbedingte Chance*un*gleichheit (infolge Anlagedifferenzen) um so krasser hervortreten läßt; ein Umschlag von Soziologismus in Biologismus liegt nahe.

b) Als Internalisierung von Leistungsmaßstäben ist das L. Gegenstand vor allem psychologischer und sozialwissenschaftlicher Untersuchungen.

In der *Psychologie* ist das L. von Bedeutung sowohl im Sinn von a) als «Leistungspsychologie» [5] z. B. bei der Entwicklung von Leistungstests wie auch im Sinn von b) etwa bei der Erforschung der Genese der Leistungsmotiviertheit bzw. Leistungsbezogenheit von Individuen und Gruppen [6]. Hierbei ist auch an entwicklungspsychologische Konzeptionen zu denken wie diejenigen ERIKSONS, der für die vierte Entwicklungsphase (Latenzphase) das Motto «Leistung gegen Minderwertigkeitsgefühle» prägte [7].

Im Rahmen der *Psychopathologie* wurde ein Dominieren des L. bei Prädepressiven (Typus melancholicus) nach TELLENBACH beobachtet [8], weniger stark in der Vitalschicht verankert auch bei Leistungsneurotikern (Leistung muß Selbstwertskrupel und drohenden Identitätsverlust kompensieren) und zwangsneurotisch strukturierten Persönlichkeiten, bei denen sich das L. als Abwehr bzw. Kanalisierung latenter Aggressivität und/oder als Ausdruck eines starken (überkompensatorischen) Geltungs- und Machtstrebens deuten läßt [9]. Unter den verschiedenen psychotherapeutischen Richtungen ist vor allem auf die Individualpsychologie (s.d.) A. ADLERS zu verweisen.

Im *kulturanthropologischen* Bereich schließlich begegnen wir dem L. in der Form des Leistungswissens (s.d.) im Sinne von M. SCHELER.

c) Innerhalb der *Philosophie* wird das L. dort relevant, wo Transzendentalität nicht mehr nur als reflexiv zu erschließende apriorische Struktur, sondern als Produkt eines beobachtbaren Produzierens, eines besonderen «Leistens», aufgefaßt wird. Die Interpretation von Intentionalität und Transzendentalität gemäß dem L. – d. h. unter dem Aspekt eines besonders gearteten «Leistens» – findet sich zwar andeutungsweise schon in KANTS Begriff der «transzendentalen Apperzeption» oder in FICHTES «Tathandlung», die als eine Art «Ur-Leistung» verstanden werden kann, am deutlichsten aber wird sie im Spätwerk E. HUSSERLS [10]. Es geht Husserl um das «universale leistende Leben, in welchem die Welt als die für uns ständig in strömender Jeweiligkeit seiende, die uns ständig ‹vorgegebene› zustande kommt» [11]. Von diesem Ansatz her stellt sich die Wirklichkeit «als Korrelat einer erforschbaren Universalität synthetisch verbundener Leistungen» dar und Objektivität generell als ein «Leistungsgebilde» [12]. Begriffe wie «transzendentale Leistung», «leistendes Leben», «Sinn-konstituierende Leistung», «sinngebendes Leisten» usf. werden allerdings von Husserl, wie etwa E. FINK hervorgehoben hat, als «operative» Begriffe verwendet; d. h. sie werden nicht selbst thematisiert oder gar hinreichend geklärt, sondern bleiben als instrumentale «operativ abgeschattet» [13]. Um so mehr signalisieren sie offene Probleme, die in der späteren phänomenologischen Forschung nur partiell aufgegriffen wurden [14].

Kritisch wäre zu fragen: Inwieweit handelt es sich tatsächlich um eine Erweiterung der Erfahrung auf einen Bereich bislang vorbewußter konstitutiver Leistungen, die den Rahmen [15] entwerfen, innerhalb dessen uns Begegnendes *als* dieses oder jenes begegnet und dessen ontologische Grundstrukturen sich zurückverfolgen lassen in eine transzendentale Geschichte, aus der heraus sie sich gleichsam als Sedimentationsprodukte [16] herausgelöst und verfestigt haben. Historisch wäre zu fragen, wie es – worauf schon LANDGREBE [17] aufmerksam gemacht hat – zu dem auf den ersten Blick paradoxen Phänomen kommt, daß HUSSERL trotz seiner kontemplativen Einstellung in akzentuierter Weise «Leistungen» thematisierte («die passiven Synthesen» [18] werden bei ihm von den aktiv geleisteten Synthesen her gesehen, nicht umgekehrt), während der frühe HEIDEGGER zwar die als L. interpretierte Intentionalität in seinem Begriff eines «transzendentalen Entwurfs» [19] aufgenommen hat, aber trotz seiner Wendung gegen das theoretische «Nur-Hinsehen» des unbeteiligten «Zuschauers» mit seinem Begriff des «Geworfenseins» auf Strukturen abzielt, die «nicht bloß Produkt meiner eigenen intentionalen Leistungen» sind [20].

d) Die vom L. bestimmte Konzeption der Intentionalität als eines transzendentalen Leistens hat Rückwirkungen auf die *Psycho(patho)logie* gezeitigt. Zu nennen wäre die Modellvorstellung eines «Intentionalitätsgefüges» [21] oder die Konzeption einer «transzendentalen Organisation» [22] als Bezugsrahmen für die Psychopathologie. Auch das «In-der-Welt-sein» Heideggers wird von der zuletzt genannten Konzeption bewußt in ein Leistungsgebilde, d. h. ein Resultat mehr oder weniger gelingenden transzendentalen Leistens umgedeutet. Der «allgemeinen» philosophischen Phänomenologie, die nach kategorialen bzw. existenzialen Strukturen fragt, wird eine empirisch orientierte «differentielle» Phänomenologie an die Seite gestellt, die das welt- und selbstkonstituierende Leistungsgefüge eines je bestimmten Menschen (z. B. eines Patienten) zu erfassen versucht.

Diese Wendung ist nicht so sehr von der Philosophie als vielmehr von klinischer Erfahrung her motiviert. Die am L. orientierte Rehabilitationsforschung analysiert die Leistungsstörungen bei bestimmten Patienten und findet, daß mitunter – z. B. bei Schizophrenen – nicht der Ausfall gegenständlich faßbarer Leistungen bzw. Funktionen das Wesentliche ist, sondern ein Ausfall der den Rahmen eines In-der-Welt-seins vorgebenden «transzendentalen» Leistungen im Sinn eines «kategorialen Versagens» [23].

e) Das L. als ein grundlegendes anthropologisches Strukturmoment ist nach alledem sowohl negativ als auch positiv zu bestimmen: *Negativ* gesehen, kann das L. (als Leisten-Müssen um jeden Preis) eine Identitätsgefährdung oder gar einen Identitätsverlust verdecken bzw. zu kompensieren versuchen [24]. *Positiv* gesehen, bewahrt das L. den Menschen vor einem Versinken in vegetative Selbstgenügsamkeit. Das L. (Leisten-Können als Ich-Leistung) unterscheidet ihn vom Tier. Zu denken wäre an den Satz FREUDS: Aus «Es soll Ich werden» [25]. In dieser Sicht stellt sich menschliches Existieren überhaupt letztlich als ein «Leisten» dar, unter religiösem Aspekt freilich stets mit der Gefahr einer Hybris verbunden (theologisch: «L.» vs. «Gnade»). Unter dem L. wandelt sich das Verhältnis des Menschen zu sich selbst; er wird sich selbst zum Instrument, zum Produktionsmittel und zugleich zum Produkt seiner selbst [25a].

2. In einem sehr viel *spezielleren* Sinn findet der Terminus ‹L.› im Rahmen der anthropologisch orientierten (Patho-)Physiologie und Medizin V. v. WEIZSÄCKERS Verwendung. Der Begriff ‹L.› wird in kritischer Abhebung von einer reinen Reflexologie Pawlowscher Prägung entwickelt und dem «Leitungsprinzip» gegenübergestellt [26]. Dahinter steht die Auffassung, «daß das Studium der Reflexe nicht für das Verständnis der Leistun-

gen, sondern nur für die Erkenntnis der Funktionen der nervösen Substanz» bedeutsam sei: «Nicht durch die gesetzmäßige Gleichartigkeit, wie sie dem Reflex eignet, sondern durch die mögliche Verschiedenartigkeit der Innervationen und Koordinationen ist die Leistung garantiert. ... Es ist zusammenfassend zu sagen, daß wir für die Leistungen am besten ein Prinzip der Erreichung des gleichen Erfolges auf verschiedenen Wegen verwenden, für die nervösen Funktionen aber am besten ein Prinzip der Leitung auf dem gleichen Wege» [27]. Das L. wird auf «Bildeinheiten» bezogen, wobei deutlich ist, daß hinter diesen die Tradition des Begriffes εἶδος steht. Der Organismus selbst – genauer: das Woraufhin desselben – wird als eine solche «Bildeinheit» gefaßt. Platonisches Erbe ist unübersehbar, wenn V. v. Weizsäcker formuliert, daß der Einzelfall diese Bildeinheit nur «repräsentieren», nicht aber als solche realisieren könne. L. bedeutet hier: Leistungen werden durch Organe bzw. deren Funktionen nicht «bewirkt», sondern nur «ermöglicht oder verhindert» [28]; sie bleiben bezogen auf das Ganze einer Organismus-Umwelt- bzw. Selbst-Welt-Relation.

Anmerkungen. [1] Vgl. die verschiedenen Konzeptionen einer Hierarchie von Integrationsleistungen des ZNS seit H. Jackson: Croonian lectures on the nervous system (1927); C. S. Sherrington: The integrative action of the nervous system (1906) bis hin zu den modernen kybernetischen Modellen. – [2] H. Heckhausen: Leistung und Chancengleichheit (1974). – [3] H. Roth: Begabung und Lernen (²1969). – [4] W. Klafki: Sinn und Unsinn des L. in der Erziehung, in: Sinn und Unsinn des L. Ein Symposion (1974). – [5] Hinsichtlich der Organisation der Praktiken des Alltags als «accomplishments», als Hervorbringungen bzw. Leistungen vgl. die von H. Garfinkel inaugurierte ethnomethodol. Forsch.richtung; Überblick in: F. Sack u.a. (Hg.): Ethnomethodologie. Beitr. zu einer Soziol. des Alltagshandelns (1976). – [6] D. C. McClelland u.a.: The achievement motive (New York 1953); H. Heckhausen: Hoffnung und Furcht in der Leistungsmotivation (1963). – [7] E. H. Erikson: Kindheit und Gesellschaft (1957). – [8] H. Tellenbach: Melancholie (³1975). – [9] Vgl. die verschiedenen Lb. der Neurosenlehre. – [10] Vgl. bes. E. Husserl: Die Krisis der europ. Wiss.en und die transcendentale Phänomenol. Husserliana 6; Formale und transzendentale Logik. Husserliana 17. – [11] Husserliana 6, 148. – [12] Erste Philos. Erster Teil (1923/24). Husserliana 7, 331; vgl. ferner z. B. Husserliana 6, §§ 14. 34. 38. 52. 54. 58. 70; 17, §§ 58-60. 94. 96-98. 100. 104. – [13] E. Fink: Operative Begriffe in Husserls Phänomenol., in: Nähe und Distanz. Phänomenol. Vortr. und Aufs. (1976) 203; vgl. auch A. Schütz: Ges. Aufs. 3 (Den Haag 1972) 21. – [14] A. Diemer: Edmund Husserl. Versuch einer systemat. Darstellung seiner Phänomenol. (²1965) 311f.; G. Funke: Bewußtseinswiss., in: H. L. van Breda (Hg.): Vérité et vérification – Wahrheit und Verifikation (Den Haag 1974) 3-52; H. Hohl: Lebenswelt und Gesch. Grundzüge der Spätphilos. E. Husserls (1962) 14f.; L. Landgrebe: Phänomenol. und Met. (1949) 71-100. – [15] Eine Wendung ins Empirische hat der Begriff des Rahmens in der Soziol. bekommen; vgl. E. Goffman: Frameanalysis (Harmondsworth 1975). – [16] E. Husserl: Formale und transzendentale Logik. Husserliana 17, §§ 97f. – [17] Landgrebe, a.O. [14] 89ff. – [18] E. Husserl: Analysen zur passiven Synthesis, hg. Margot Fleischer. Husserliana 11 (Den Haag 1966) passim. – [19] M. Heidegger: Sein und Zeit (1927) § 31. – [20] Landgrebe, a.O. [14] 96. – [21] A. R. Gilbert: Der Mensch als Intentionalitätsgefüge, in: A. Däumling (Hg.): Seelenleben und Menschenbild (1958) 43-51. – [22] W. Blankenburg: Aus dem phänomenal. Erfahrungsfeld innerhalb der Psychiatrie. Schweiz. Arch. Neurol. Neurochir. Psychiat. 90 (1962) 412-421; Der Verlust der natürlichen Selbstverständlichkeit (1971). – [23] Der Versagenszustand bei latenten Schizophrenien. Dtsch. med. Wschr. 93 (1968) 67-71; zur Leistungsstruktur bei chronischen endogenen Psychosen vgl. Blankenburg, Nervenarzt 41 (1970) 577-587; Tellenbach, a.O. [8]. – [24] D. Wyss: Beziehung und Gestalt (1973) 283. – [25] S. Freud, Ges. Werke 15, 86. – [25a] Gesondert wäre hinzuweisen auf den Begriff des 'Leistens' bei R. M. Rilke, Sämtl. Werke, hg. Rilke-Arch. 1, 686. 706. 717; 2, 157. – [26] V. v. Weizsäcker: Der Gestaltkreis (³1947). – [27] a.O. 4. – [28] 5. 123f.

Literaturhinweise. D. McClelland u.a. s. Anm. [6]. – C. Offe: L. und industrielle Arbeit (1970). – H. Heckhausen s. Anm. [2]. – Sinn und Unsinn des L. Ein Symposion (1974). – H. Braun: Leistung und L. in der Industriegesellschaft (1977). – G. Hartfiel (Hg.): Das L. (1977). W. Blankenburg

Leistungswissen (auch Machtwissen) gehört bei M. Scheler zu den drei obersten Wissensarten (s. Art. ‹Bildungswissen›, ‹Erlösungswissen›) und ist ein im Zusammenhang seiner Wissenssoziologie geprägter Begriff. Er umfaßt jede Art technischen wie positiven Fachwissens. – Ziel des L. ist die praktische Beherrschung und Umbildung der Welt für menschliche Zwecke. Es gründet in dem ursprünglich zweckfreien Experimentiertrieb des «homo faber», dem sich als zweiter Triebimpuls das Macht- und Herrschaftsstreben zugesellt. In seiner theoretischen Ausformung konnte L. (d.h. positive Wissenschaft) jedoch erst entstehen, wo zwei verschiedene soziale Schichten: eine frei kontemplative und eine in der Arbeitswelt erfahrene und an Machtgewinnung interessierte zusammentrafen. Diese Sozialstruktur war vor allem gegeben im abendländischen Stadtbürgertum. – Da die empirischen Wissenschaften mit Tatsachen der realen Welt zu tun haben, in denen auch das voluntaristisch fundierte Realitätsmoment enthalten ist, sind ihre Gegenstände daseinsrelativ auf leiblich-vitale Lebewesen. Erkenntnisquelle ist das «Leben», Erkenntnismethode das deduktive und induktive Schließen. Mit dem Moment bewußter Ausschaltung aller Wesensfragen – zugunsten der Erforschung der raumzeitlichen Koinzidenzen der Erscheinungen, und ebenso bewußter Einschaltung der technischen Zielsetzung – in der Auswahl der jeweils interessierenden Seiten der Welt für mögliche Angriffspunkte auf sie – konstituiert sich als Prinzip des L. die «wissenschaftliche Vernunft». In ihr ist ein formales mechanisches Weltmodell leitend als «das Produkt von reiner Logik ... und purer Machtwertung in der Auswahl des Beobachtbaren der Natur» [1]. – Hinsichtlich der Verwendbarkeit dieses Modells für die Zwecke menschlichen Fortschritts vertritt Scheler einen methodischen Pragmatismus.

Anmerkung. [1] M. Scheler, Ges. Werke 8 (1960) 128.

Literaturhinweise. M. Scheler: Probleme einer Soziol. des Wissens, in: Versuche zu einer Soziol. des Wissens, hg. M. Scheler (1924); Zweitfassung zus. mit ‹Erkenntnis und Arbeit› in: Die Wissensformen und die Gesellschaft (1926). Ges. Werke, hg. Maria Scheler 8 (1960); Die Formen des Wissens und die Bildung (1925), auch in: Philos. Weltanschauung (1954); Über die positivistische Gesch.philos. des Wissens, in: Schr. zur Soziol. und Weltanschauungslehre 1: Moralia (1923). Ges. Werke 6 (1963). S. Böhle

Leitbild. Unter L. versteht man allgemein a) ein im individuellen Bewußtsein repräsentiertes Vorstellungsgebilde und b) ein unbewußtes kognitives Schema in Form eines komplexen Lebensentwurfes; in beiden Definitionen wird dem L. eine verhaltenssteuernde Wirkung zugeschrieben. Der Begriff ‹L.› nimmt eine Mittelposition ein zwischen normenvermittelndem Wert und realer Erfahrung. In seiner ursprünglichen Bedeutung beinhaltete er nur eine *bildhafte* Repräsentation einer «lenkenden Vorstellung», dieser Begriffsaspekt wurde jedoch in einigen neueren Definitionen zugunsten einer Schemakonzeption aufgegeben.

Dem Begriff ‹L.› begegnet man heute in der psychologischen, pädagogischen und soziologischen Literatur. In allen diesen Bereichen fällt eine Abgrenzung gegen Nachbarbegriffe wie ‹Vorbild›, ‹Beispiel›, ‹Ideal›, ‹Imago›, ‹Image›, zuweilen auch ‹Entelechie› schwer. Die verschiedenen Versuche einer systematischen Betrachtung dieser Begriffe blieben ohne nachhaltige Wirkung.

1. Im Rahmen einer *psychologischen* Betrachtung taucht ‹L.› zuerst zu Beginn des 20. Jh. auf. L. KLAGES' Formulierung des «Darstellungsprinzips» («L.-Prinzips») [1] besagt, daß jede «Spontanbewegung des Menschen unbewußt mitbestimmt wird von seinem persönlichen L.» [2]. Mit «persönlichem L.» bezeichnet Klages ein hypothetisches Konstrukt, das die Konstanz in der Auswahl von Darstellungsmitteln wie «Gestalten», «Bewegungsformen» erklären soll. Diese gewählten Darstellungsmittel entsprechen nach Klages den eigenen Strebungen, sie sind ihnen «wahlverwandt» [3]. Hauptausdrucksmittel des L. sind Gesten, Schrift, Sprechen sowie Werkgestaltungen anderer Art. Jedes L. ist zwar grundsätzlich individuell, wird jedoch von der sozialen Umgebung mitgeprägt (z.B. von den Normen einer Gruppe, der man angehört; vom Zeitgeist).

A. ADLER, der mit den Schriften von Klages vertraut war und einzelne Gedanken von ihm in seiner Individualpsychologie verarbeitete [4], übernahm wohl den Terminus ‹L.› von ihm [5] und machte ihn zu einem der Grundbegriffe seiner Individualpsychologie, indem er ihn zur Interpretation der normalen und neurotischen Persönlichkeitsentwicklung heranzog und ihn mit einer sehr umfassenden Bedeutung versah [6]. Das L. stellt das teleologische Prinzip dar, auf das hin sich die Persönlichkeit eines Menschen mit all ihren Äußerungsformen entwickelt. Es wird in der frühen Kindheit durch Erfahrungen gebildet und stellt ein von außen an das Individuum herangetragenes «fiktives» (d.h. irreales) Endziel dar, welches das Individuum ständig zu erreichen trachtet. Das L. besteht nach Adler stets in irgendeiner Form der Überlegenheit in der Auseinandersetzung mit der Umwelt. Während bei Adler das L. den «Lebensstil» (s.d.), die für ein Individuum charakteristische Lebensweise, prägt, symbolisiert nach KLAGES das L. eben diesen Lebensstil. Der Begriff des L. verliert in seiner individualpsychologischen Bedeutung ganz die Implikation der bildhaften Vorstellung, die der Wortsinn beinhaltet. Die synonyme Verwendung von Begriffen wie ‹Lebensstil›, ‹Lebensplan›, ‹Leitlinie› usw. zeigt das deutlich [7]. Da das L. zum größten Teil unbewußt gestaltet und wirksam wird, läßt sich eine bildhafte Repräsentation dieses Zielentwurfes kaum vorstellen. Adlers Version des Begriffs trüge besser die Bezeichnung ‹Leitschema› oder ‹Schablone› [8].

Durch E. SPRANGER [9] wird der Begriff in die akademische *Entwicklungspsychologie*, speziell in die Jugendpsychologie, und von da aus auch in die Pädagogik, eingeführt [10]. Spranger verwendet den Begriff ‹L.› sowohl in Adlers Sinn als Synonym für ‹Persönlichkeitsideal› als auch im engen Sinne eines sinngebenden Leitwertes oder in der ungenauen Bedeutung von ‹Leitmotiven›. Das L. in der Bedeutung von ‹Persönlichkeitsideal› formt sich nach Spranger endgültig in der Pubertät und wird aus einer Reihe möglicher gewählt. Das «Königs-Ich» oder ideale L. ordnet die gegensätzlichen Motivations- und Gefühlskräfte des Jugendlichen in eine Persönlichkeitsstruktur ein; das L. bestimmt stets die ganze Person und ihre Entwicklung [11]. Im Unterschied zu abstrakten Ideen stellen die L. eine Wendung zur anschaulichen Konkretisierung dar, ohne jedoch die konkrete Gestalt einer bestimmten Person anzunehmen, wie es zur Definition des Vorbildes gehört. L. ist das «plastische Bild einer idealen Form der eigenen Seele», eine Definition, die den L.-Begriff in enge Nachbarschaft zu dem der Entelechie rückt [12]. Sprangers Begriffsverständnis beeinflußte die Überlegungen O. KROHS [13], PH. LERSCHS [14] und H. REMPLEINS [15] über die Wirkung der L. im Jugendalter. Ihnen gemeinsam ist die Annahme, daß L. auf dem Wege über (personifizierte) Vorbilder entstehen und entscheidend für die Entwicklung des Selbstbildes (Selbstfindung) des Menschen sind [16].

Auch die vor wenigen Jahren durchgeführte Untersuchung von H. THOMAE über die L. der heutigen Jugend steht in der Tradition der Jugendpsychologie Sprangers [17]. Thomaes Konzeption der L. orientiert sich jedoch in der Denkweise der gegenwärtigen Psychologie am Verhaltensbegriff. In Anlehnung an R. BERGLER [18] definiert THOMAE L. als «institutionalisiertes Verhaltensschema von dynamischer Grundstruktur», dessen leitende Funktion weitgehend automatisiert ist [19]. Darüber hinaus möchte er unter L. auch jene Verhaltensweisen verstehen, die der junge Mensch aufgrund seiner Erfahrung von der Umwelt erwarten kann. Insofern üben L. einen steuernden und orientierenden Einfluß aus. Thomae trennt mit dieser Begründung die L. in Orientierungs- und Such-L. [20]. Den genannten Ansätzen zu einer eigenständigen Definition und zu einer theoretischen Einordnung des Begriffes ‹L.› steht die Formulierung des Pädagogen H. WENKE entgegen: Gemäß seinen Annahmen über die Natur der kindlichen Psyche rückt er den Begriff in enge Nachbarschaft zu dem des Vorbildes, da das Kind an konkreten Personen orientiert sei. Entsprechend betont er den bildhaften Charakter der L. Er versucht, deren Wirkung enger im Sinne einer motivierenden, nicht so sehr einer persönlichkeitsbildenden Kraft zu sehen [21]. Das L. wie auch das Vorbild sollen nach Wenke bestimmte moralische und geistige Ansprüche erfüllen, sonst sinken sie zu «Verführungsbildern» herab [22]. Auch kulturell vermittelte L. sieht er immer als bildhafte Gestalten an.

Anmerkungen. [1] L. KLAGES, Graphol. Mh. (1906); ND in: Grundleg. der Wiss. vom Ausdruck (1913, ⁷1950). – [2] a.O. 39. 153ff. – [3] 38. – [4] A. ADLER: Organdialekt (1912); ND in: A. ADLER und C. FURTMÜLLER: Heilen und Bilden (1914, ³1928). – [5] A. ADLER: Über den nervösen Charakter (1912, ³1922) 33. – [6] ebda. – [7] a.O. 42. 45; Menschenkenntnis (³1929), ADLER/FURTMÜLLER, a.O. [4]. – [8] Menschenkenntnis a.O. [7] 3. – [9] F. KÜNKEL: Die Arbeit am Charakter (¹⁸1934). – [10] E. SPRANGER: Lebensformen (1914, ⁸1950); Psychol. des Jugendalters (1924, ²⁷1963). – [11] Lebensformen a.O. 384. – [12] Psychol. ... a.O. [10] (²⁷1963) 53. – [13] O. KROH: Psychol. der Oberstufe (⁵/⁶1940). – [14] PH. LERSCH: Kindheit und Jugend als Stadien der menschl. Entwickl. (1951). – [15] H. REMPLEIN: Die seel. Entwickl. des Menschen im Kindes- und Jugendalter (1958, ¹³1965). – [16] Vgl. LERSCH, a.O. [14] 20. – [17] H. THOMAE: Vorbilder und der Jugend (²1966). – [18] R. BERGLER: Die psychol. Struktur der L. Jugendlicher. Vita Humana 5 (1962) 34-60. – [19] THOMAE, a.O. [17]. – [20] a.O. 14. – [21] H. WENKE: Der Begriff des L. in der Erziehung und sein Geltungsanspruch. Int. Z. Erziehungswiss. 2 (1956) 142-151. – [22] a.O. 144.

2. Der Begriff ‹L.› fand erst in den letzten 30 Jahren Eingang in *soziologische* und *sozialpsychologische* Arbeiten. Als eine der ersten Untersuchungen auf diesem Gebiet, die den Begriff ‹L.› heranzieht, gilt die Studie von R.

HIPPIUS aus dem Jahre 1943 [1]. Er verwendet sowohl den Begriff ⟨L.⟩ als auch ⟨Vorbild⟩; beide bezeichnen nicht einzelne konkrete Personen, sondern einen Typ von Menschen, der sich einer bestimmten Weltanschauung und einer bestimmten Lebensweise verpflichtet fühlt. Als Beispiele führt er an: den Gralsritter, den Gentleman, den Civis Romanus. Während das Vorbild jedoch individuell variiert, ist das L. kollektiv übergreifend. Nach Hippius formt jede kulturgeschichtlich abgrenzbare Epoche solche L., an denen die Zeitgenossen mitgestalten und sich gleichzeitig in ihrer Selbstbeurteilung und ihrer Verarbeitung der Umwelt orientieren.

In der soziologischen Untersuchung von G. WURZBACHER über L. des gegenwärtigen deutschen Familienlebens wird im Unterschied zum ersten Ansatz von Hippius mehr der *individuelle* Anteil gegenüber dem *gesellschaftlichen* an der Formung von L. betont. Die sozialen L. bei Wurzbacher heben sich jedoch gerade in diesem Aspekt von der ursprünglichen Bedeutung ab, nach der L. stets als ein der Persönlichkeit eines Menschen immanentes Bild gesehen wird. Sie vermitteln eher äußerliche Reaktionsmuster für ein einzelnes Individuum als persönlichkeitsbildende Zielvorstellungen [2]. Die L. gehen hervor aus den Eindrücken in der sozialen Umwelt, die durch Sinngebung zum «Bild» werden und durch Mitgestaltung des Individuums einer Gruppe zum L. [3]. Der L.-Begriff bei Wurzbacher zielt auf vorgegebene soziale Strukturen; die Übernahme von L. beruht zu einem gewichtigen Teil auf einem bewußten Entscheidungsprozeß. In beiden Begriffsaspekten heben sich die sozialen L. deutlich ab gegen die psychologische Begriffsbedeutung. Dieses Verständnis des Begriffes, das durch Wurzbacher Eingang in die Soziologie fand, zog Überlegungen nach sich, die die Bedeutung des L. gegenüber dem frühen psychologischen Gehalt ins Gegenteil verkehrt: L. tragen zur Selbstentfremdung, nicht zur Individuation bei [4].

Anmerkungen. [1] R. HIPPIUS: Macht und Grenzen des Vorbildes (1943) 16. – [2] G. WURZBACHER: L. gegenwärtigen dtsch. Familienlebens (²1954). – [3] a.O. 81ff. – [4] G. PICHT: Unterwegs zu neuen L.? (1957).

3. Der soziologische L.-Begriff, der die Beeinflussung von Verhalten in den Vordergrund rückt, wird in den 1950er Jahren von *Wirtschaftspsychologen,* aber auch *Wirtschaftswissenschaftlern* zur Erklärung von wirtschaftlichem Handeln aufgenommen. So interpretiert L. BEUTLIN Wirtschaftsprozesse als Wirkung kulturell bedingter L. [1]. In der Marktforschung wird das Kaufverhalten mit Hilfe von Konsum-L. erklärt [2]. Im allgemeinen wird jedoch in diesem Bereich das englische ⟨Image⟩ (s. d.) vorgezogen, wobei unter ⟨Image⟩ das gefühls- und wertbezogene Vorstellungsbild von einem Produkt oder einem Menschen verstanden wird. Die Verwendung von ⟨L.⟩ neben ⟨Image⟩ läßt sich auf die ungeschickte Übertragung des Terminus ⟨Image⟩ bei K. BOULDING [3] durch den Übersetzer H. GROSS zurückführen [4].

Der uneinheitliche Gebrauch des Begriffes ⟨L.⟩ herrscht auch in der Gegenwart noch vor. Der Versuch A. DÄUMLINGS, eine systematische Übersicht über die verschiedenen Verständnisweisen des Begriffes zu geben und Ansätze zu L.-Theorien herauszukristallisieren, zeigt den unbestimmten Status dieses Begriffes [5]. Däumling versucht eine Abgrenzung von ⟨L.⟩ zu ⟨Vorbild⟩ durch das Kriterium der Wirkungsrichtung; L. wirke von 'innen' nach 'außen', während das Vorbild von 'außen' nach 'innen' wirke [6]. H. THOMAE weist mit Recht auf die Fragwürdigkeit einer solchen Trennung hin, da 'innen' und 'außen' einer Person nicht eindeutig festzulegen sei. Er schlägt stattdessen die Gebundenheit an konkrete Personen als Unterscheidungsgesichtspunkt vor; sie ist bei Vorbildern im Unterschied zu L. gegeben [7]. Eine weitere Unterscheidung DÄUMLINGS betrifft die Begriffe ⟨L.⟩ und ⟨Image⟩. ⟨L.⟩ möchte er für die psychologische Begriffsnuance vorbehalten wissen, die die verhaltensbestimmende Wirkung des L. von einem zielbezogenen, meist unbewußten Selbstkonzept herleitet, während die durch Kommunikation vermittelten Reaktionsmuster der sozialen Umwelt nach Däumling besser mit ⟨Image⟩ bezeichnet werden [8].

Anmerkungen. [1] L. BEUTLIN: Die Wirtschaft und die kulturellen L., in: K. HAX und TH. WESSEL (Hg.): Hb. der Wirtschaftswiss. 2 (²1966) 507-545. – [2] F. SCHERKE: Konsum-L. und -Leitlinien. Jb. Absatz- und Verbrauchsforsch. 5 (1959) 125-149. – [3] K. BOULDING: The Image (Ann Arbor, Mich. 1956). – [4] Die neuen L., dtsch. H. GROSS (1958). – [5] A. DÄUMLING: Psychol. L.-Theorien. Psychol. Rdsch. 11 (1960) 92-108. – [6] a.O. 93. – [7] THOMAE, a.O. [17 zu 1] 12. – [8] DÄUMLING, a.O. [5] 107.

O. BRACHFELD

Leitlinie. Der Begriff ⟨L.⟩ wurde von A. ADLER in den ersten Jahren der Entwicklung seiner Individualpsychologie geprägt [1]. Adlers Verständnis des Begriffes entbehrt der Einheitlichkeit, wie die unsystematische Verwendung von verschiedenen Synonyma zeigt; ⟨L.⟩ wird je nach Kontext ersetzt durch: ⟨Leitbild⟩ [2], ⟨Lebensbild⟩ [3], ⟨Richtungslinie⟩ [4], ⟨Aktionslinie⟩ [5] und ⟨Bewegungslinie⟩ [6]. In sehr frühen Schriften finden sich vorläufige Bezeichnungen des später mit ⟨L.⟩ umschriebenen Sachverhaltes, wie z. B. ⟨psychische Hauptachse⟩ [7] oder ⟨Hauptlinie⟩ [8]. ⟨L.⟩ findet sich bei Adler einerseits in einer umfassenden Bedeutung, etwa im Sinne eines Persönlichkeitsfaktors, der dem gesamten Verhalten einer Person Richtung und Konstanz verleiht; andererseits kann L. aber auch eine richtunggebende Konstante nur für einen beschränkten Verhaltensbereich sein. Meint Adler diese enge Bedeutung des Begriffes, so bevorzugt er die Pluralform, um anzudeuten, daß er an eine Vielzahl von Verhaltensbereichen denkt, denen je eine L. zugrunde liegt. Die bei einem Individuum aus seinem Verhalten zu abstrahierenden L. durchziehen als Einzelzüge, als Strukturlinien, seine gesamte Lebensweise. Sie ergeben in ihrer strukturellen Verbundenheit den ⟨Lebensstil⟩ (s. d.) oder ⟨Lebensplan⟩ (s. d.) eines Menschen. Adler gibt einen Katalog von möglichen L.en: a) Ausbildung von Tätigkeiten, um zur Überlegenheit zu gelangen (dem Endziel allen individuellen Strebens nach Adler); b) sozialer Vergleich; c) Sammeln von Erkenntnissen; d) Empfinden eines feindseligen Charakters der Umwelt; e) Verwendung von Liebe und Gehorsam, Haß und Trotz; f) Ausbildung einer Scheinwelt (Als-Ob); g) Verwendung von Schwäche als Mittel zur Erreichung von Zielen; h) Hinausschieben von Entscheidungen: Anwendung von «Deckungen» [9]. L. sind ihrer Natur nach stets «fiktiv», d. h. hypothetisch, auch wenn sie wie die unter a) bis e) genannten L. als Realtätigkeiten in Erscheinung treten [10].

F. KÜNKEL, zunächst ein Schüler Adlers, später jedoch eine eigene theoretische Richtung verfolgend, verwendet ausschließlich die enge Bedeutung des L.-Begriffes. ⟨L.⟩ setzt er im Unterschied zu Adler gleich mit ⟨Charakterzug⟩, weil beide durch ihre Konstanz und ihre verhaltenssteuernde Wirkung definiert sind. Adler dagegen nennt die Charakterzüge L. zweiter Ordnung [11]. Systematischer als Adler ordnet Künkel die L. dem ⟨Leitbild⟩ als

Endziel allen individuellen Strebens unter. Auch die Genese der L. betrachtet er als sekundär gegenüber dem ‹Leitbild› [12].

W. STEKEL, ein anderer Schüler Adlers, zieht den Begriff der L. zur Deutung psychopathologischer Phänomene heran, hält jedoch ebenfalls keine strenge begriffliche Ordnung. L. stellt für ihn einerseits den «fiktiven» Endzweck dar, auf den sich das Streben des Menschen hin orientiert; L. gilt also als richtunggebendes Prinzip schlechthin [13]; andererseits findet sich bei ihm die Pluralform des Begriffes in der Bedeutung von «parallel laufenden Kraftlinien», die sich der «tragenden Idee» unterordnen [14]. Der Übereinstimmung in der losen Verwendung des Begriffes bei Adler und Stekel entspricht jedoch nicht eine Ähnlichkeit des theoretischen Rahmens, in dem der Begriff seinen Ort hat. ADLER sieht als Endziel die allgemeine Überlegenheit des Individuums in der Auseinandersetzung mit der Umwelt an, STEKEL dagegen setzt an ihre Stelle die Sexualität oder das Lustprinzip. Der Katalog von möglichen L. sieht bei ihm entsprechend unterschiedlich aus [15].

Der Begriff ‹L.› trat wegen seiner Vieldeutigkeit bereits in ADLERS späteren Schriften zurück zugunsten der Begriffe ‹Lebensstil› und ‹Leitbild›. Auch in späteren Beiträgen zur Individualpsychologie wird der Begriff nur gelegentlich erwähnt. Um den von Adler mit ‹L.› bezeichneten Sachverhalt einer richtunggebenden Konstanten auszudrücken, wählt man in der gegenwärtigen Persönlichkeitspsychologie häufig Ausdrücke wie ‹Persönlichkeits-Eigenschaft›, ‹-Variable›, ‹-Dimension› oder ‹-Faktor›, ohne jedoch damit eine teleologische Auffassung von der Persönlichkeit zu vertreten [16].

Anmerkungen. [1] A. ADLER: Die Individualpsychol., ihre Voraussetzungen und Ergebnisse. Scientia 16 (1914) 74-87; abgedruckt in: Praxis und Theorie der Individualpsychol. (⁴1930) 1-10. – [2] Über den nervösen Charakter (⁴1928) 33. – [3] Menschenkenntnis (³1929) 3, 61ff. 70. – [4] a.O. [2] 81. – [5] Vorwort zu Hb. der Individualpsychol., hg. E. WEXBERG (1926) 1, vi. – [6] a.O. [3] 61. – [7] Der Aggressionstrieb im Leben und in der Neurose. Fortschr. Med. 26 (1908) 577-584. – [8] Der psychische Hermaphrodismus im Leben und in der Neurose. Fortschr. Med. 28 (1910) 486-493. – [9] Referat von: Zur Kinderpsychol. und Neurosenforsch. Int. Z. Individualpsychol. (¹1914/16) 140-141. – [10] a.O. [3] 81. – [11] a.O. [2] 81. – [12] F. KÜNKEL: Die Arbeit am Charakter (¹⁸1934) 22. – [13] W. STEKEL: Zwang und Zweifel 1. 2 (1927) 308. – [14] a.O. 527. – [15] 277. – [16] Vgl. Hb. Psychol. 4: Persönlichkeitspsychol. (²1960).

Literaturhinweis. H. L. und R. ANSBACHER: The Individual psychol. of Alfred Adler (New York 1956). O. BRACHFELD

Lekton (griech. λεκτόν, plur. Lekta, λεκτά, lat. dicibile), einer der Grundbegriffe der *stoischen Semantik und Sprachtheorie* und Hauptbegriff ihrer *Logik*, ist wegen seiner «ideellen» Fassung bei ihnen und durch sie zum *einzigen* Gegenstand der formalen Logik geworden [1]. Die Bedeutung dieses Begriffs läßt sich am besten im Vergleich mit der Aristotelischen Sprachtheorie erläutern. Bei ARISTOTELES [2] wie bei Platon werden drei sprachliche Faktoren unterschieden: die *Dinge* (πράγματα); diese bewirken in der Seele gewisse *Eindrücke* (παθήματα τῆς ψυχῆς); für beide ist das *Wort* (ὄνομα) das Zeichen. Die *Stoiker* hingegen führen nach einem Bericht des SEXTUS EMPIRICUS [3] als *viertes* Element das L. ein. «Die Stoiker sagten, daß dreierlei sich miteinander verbinde, das *Bezeichnete* (τὸ σημαινόμενον) und das *Bezeichnende* (τὸ σημαῖνον) und das *Objekt* (τὸ τυγχάνον), und zwar sei das Bezeichnende das Lautgebilde (ἡ φωνή), wie z. B. ‹Dion›, das Bezeichnete sei die durch Lautgebilde angezeigte Sache selbst [πρᾶγμα im Unterschied zum 'materiellen' Objekt, G. B.], die *wir* zwar verstehen, indem wir das mit dem Lautgebilde sich gleichzeitig Darstellende denken [Bocheński: welche wir begreifen als mit unserem Verstand mitbestehend], die die Ausländer aber nicht verstehen, wenn sie auch das Lautgebilde hören; das Objekt schließlich sei das außer uns Existierende, wie z. B. Dion selber.» Von diesen dreien seien zwei materiell (σώματα), nämlich das Lautgebilde und das Objekt, eins aber immateriell, nämlich die Sache (πρᾶγμα) als bedeutete und begriffene (als L.), welche wahr oder falsch werde. Dieses L. wird von AMMONIOS [4] das Mittlere zwischen der vom Ding in uns bewirkten psychischen Vorstellung und der Sache genannt: μέσον τοῦ τε νοήματος καὶ τοῦ πράγματος». Das Aristotelische πάθημα τῆς ψυχῆς zerfällt also in eine 'psychische' und eine 'ideelle' Komponente. Nach einem Bericht bei DIOGENES LAERTIUS [5] beschrieben die Stoiker das L. auch als «das nach einer gedachten Vorstellung (φαντασίαν λογικήν) Bestehende». Mit der eindeutigen Unterscheidung des L. als des im Begriff Gemeinten, des scholastisch gesprochen *conceptus objectivus*, einerseits von dem, wie die Stoiker sagten, «körperlichen» psychischen Phänomen (νόησις), dem bloßen conceptus subjectivus sowie dem Zeichenträger und dem Objekt andererseits, mit dieser Erkenntnis der sui-generis-Existenz der ideellen Bedeutung haben die Stoiker eine Einsicht gewonnen, die später bei Frege und Husserl von fundamentaler Wichtigkeit geworden ist. (Eine Andeutung dieses Gedankens findet sich in dem λόγος τοῦ πράγματος des 1. Kapitels von ARISTOTELES' Kategorienschrift [6].) Das L. als conceptus objectivus entspricht dem, was FREGE den *Sinn* oder *Gedanken* eines Satzes genannt hat [7]. Daß nach stoischer Auffassung die Logik (als Dialektik) es mit den L. zu tun hat, berichtet DIOGENES LAERTIUS: «Die Dialektik teilt sich in das Gebiet des Bezeichneten und dasjenige des Lautes. Und jenes zerfällt in das Gebiet der Vorstellungen und der auf deren Grundlage ruhenden L.: die *Sätze* und die *selbständigen* [*L.*] und die Prädikate und ähnliche ..., die Argumente und Modi und Syllogismen und Trugschlüsse» [8]. L. sind also sowohl Wörter und Satzteile («unvollständige L.») wie auch Sätze («vollständige L.»). Angestrebt war – wohl nach dem Vorbild der Platonischen Dihäresen – die Aufstellung einer vollständigen Dichotomie [9]. Das (1) «unvollständige L.» (λεκτὸν ἐλλιπές) wurde unterteilt in (1.1) das Subjekt (πτῶσις) und (1.2) das Prädikat (κατηγόρημα) oder aber in (1.1*) das Wort (ὄνομα) und (1.2*) das Satzglied (ῥῆμα); beim Wort wurde unterschieden (1.1.1*) das «Appellativum» (προσηγορία) und (1.1.2*) der Eigenname (ὄνομα κύριον); das (2) «vollständige L.» (λ. αὐτοτελές), der «Satz», wurde eingeteilt in die (2.1) «Aussage» (ἀξίωμα) und (2.2) die übrigen Sätze (Frage, Erkundigung, Befehl, Eid, Wunsch, Annahme, Anrede). Eine Aussage ist nach SEXTUS EMPIRICUS ein vollständiges L., welches behauptet bzw. ausgesagt werden kann, auch wenn die für die Aussage notwendigen Bedingungen nicht gegeben sind, und für das gilt, daß es wahr oder falsch sein kann [10].

Die lateinische Entsprechung zum L. ist ‹*dicibile*›. Bei AUGUSTINUS [11] werden folgende sprachlich-semiotische Elemente unterschieden: verbum, dicibile, dictio, res. Das dicibile wird definiert als «quidquid ex verbo non aures sed animus sentit et ipso animo tenetur inclusum»; es sei das verbum, aber nicht als lautliche Gegebenheit (quod ore procedit), sondern «quod in verbo intelligitur et in animo continetur». Hiermit wird wiedergegeben, was bei SEXTUS EMPIRICUS hieß: «was wir als das sich mit dem Lautgebilde gleichzeitig Darstellende denken». SENECA [12] führt vier zu seiner Zeit übliche Übersetzungen für ἀξίωμα, Aussage an. «Wenn ich sehe, daß *Cato geht* und dies ausspreche, so ist das keine materielle Gegebenheit, sondern eine Aussage über etwas Materielles, ein «*enuntiativum* quidam de corpore, quod *effatum* vocant alii *enuntiatum* alii *edictum*. (‹Cato› und ‹geht› wären «unvollständige L.», weil durch sie kein vollständiger Gedanke zum Ausdruck gebracht werden kann.) Sechs andere Übersetzungsvorschläge lateinischer Autoren, die an dieser Stelle offensichtlich vor ungewöhnlichen Schwierigkeiten standen, sind ‹*rogamentum*› (wörtliche Übersetzung von ἀξίωμα), ‹*proloquium*›, ‹*profatum*›, ‹*pronuntiatum*›, ‹*pronuntiatio*›, ‹*edictum*› [13]. Der erste, der den Ausdruck ‹L.› in seiner technischen Bedeutung verwendet zu haben scheint, ist CLEANTHES gewesen [14].

Anmerkungen. [1] Vgl. J. M. BOCHEŃSKI: Formale Logik, in: Orbis Academicus III/2 (²1962) 126f. 166. – [2] ARISTOTELES, De interpretatione c. 1, 17 a 13-18. – [3] SEXTUS EMPIRICUS, Adversus mathematicos VIII, 11, hg. H. MUTSCHMANN 2 (1914) 106 = SVF 2, 166; die im folgenden wiedergegebene Übersetz. im Anschluß an BOCHEŃSKI, a.O. [1] 126: Nr. 19.04 und H. ARENS: Sprachwiss. 1 (1969) 17f. – [4] AMMONIOS, In Aristotelis de interpr., hg. A. BUSSE (1892) = Comm. in Arist. Graeca Suppl. II/2, 100 a 8. – [5] DIOGENES LAERTIUS VII, 63. – [6] So BOCHEŃSKI, a.O. [1] 127; E. COSERIU: Die Gesch. der Sprachphilos. von der Antike bis zur Gegenwart 1 (1970) 103; H. STEINTHAL: Gesch. der Sprachwiss. bei den Griechen und Römern 1 (²1890, ND 1971) 296. – [7] Vgl. G. FREGE: Über Logik und Math. 5, zit. bei BOCHEŃSKI, a.O. [1] 335: Nr. 39.01. – [8] DIOGENES LAERTIUS VII, 43f. – [9] Vgl. zum folgenden das von B. MATES: Stoic logic (Los Angeles 1953) 16 zusammengestellte und bei BOCHEŃSKI, a.O. [1] 128: Nr. 19.11 wiedergegebene Schema sowie das davon abweichende Schema bei COSERIU, a.O. [6] 103; die uns überlieferten Berichte sind in diesem Punkte nicht immer klar und eindeutig. – [10] Vgl. M. FREDE: Die stoische Logik (1974) 32ff. – [11] AUGUSTINUS, De dialectica c. 5. – [12] SENECA, Ep. 117, 13. – [13] Vgl. die Belege bei FREDE, a.O. [10] 32f. Anm. 1. – [14] a.O. 15 Anm. 5.

Literaturhinweise. C. PRANTL: Gesch. der Logik im Abendlande 1 (1855, ND 1955) 416. – K. BARWICK: Probleme der stoischen Sprachlehre und Rhetorik, in: Abh. sächs. Akad. Wiss. zu Leipzig, phil.-hist. Kl. 49/3 (1957). – M. POHLENZ: Die Begründung der abendländ. Sprachlehre durch die Stoa (1933) 1. 3. 6. 151-198; auch in: Kl. Schr. (1965) 1, 39ff.   G. BIEN

Lektüre, Lesart (frz. lecture). Das Wort ‹Lektüre› (Lk.) ist dem französischen ‹lecture› entlehnt und geht auf spätlateinisch ‹lectura› von ‹lectio› zurück [1]. In der Bedeutung 'ein bestimmtes Verständnis, eine bestimmte Auffassung eines Textes' fand das Wort zusammen mit seiner deutschen Übersetzung ‹Lesart› (L.) im 17. Jh. Eingang in die Gelehrtensprache. ‹Lk.› bedeutete darüberhinaus (und umgangssprachlich wohl häufiger) auch 'die Tätigkeit des Lesens', 'der Lesestoff', 'das Gelesene', 'die Belesenheit' [2].

In Anknüpfung an die jüdische Buchstabenmystik des 13. Jh. [3], wo die Versenkung in den geheimen Sinn der Buchstaben als Weg zur Erkenntnis der Schöpfung galt, gebrauchte HAMANN den Begriff ‹Lk.› ebenfalls mit metaphysischem Bezug. Die Welt wird metaphorisch als «Buch der Schöpfung» verstanden, in dem Gott sich offenbart. Hamann stellt den geistlichen «L.en der Schrift» die weltlichen «L.en der Natur» gegenüber [4], während F. H. JACOBI dagegen einwendet, kein Buch bestehe bloß aus Varianten und kein Buch könne «weniger blos aus Varianten, blos aus L.en bestehen, als das Buch der Natur» [5].

ALAIN versteht unter ‹Lk.› das richtige Deuten von Zeichen. Jede spontane Deutung («mouvement de l'instinct» [6]) ist in ihrer Angemessenheit durch den Einfluß von subjektiven und irrationalen Momenten sowie durch den Zufall beeinträchtigt. Richtiges Deuten von Zeichen ist daher nur möglich, wenn es willentlich geschieht und unter der Vorgabe einer Leitidee («idée directrice») bzw. einer Theorie: «donner par théorie un sens à la lecture que l'on fait» [7].

S. WEIL greift Alains Gedanken auf und macht ‹Lk.› zum zentralen Begriff ihrer Erkenntnistheorie [8]. Sie unterscheidet drei Stufen der Erkenntnis: «Lectures superposées: lire la nécessité derrière la sensation, lire l'ordre derrière la nécessité, lire Dieu derrière l'ordre» [9]. Empfindungen und Emotionen, welche die Grundlage jeder Erkenntnis bilden, werden als Wirkungen verstanden. Ursache dieser Wirkungen bilden die Erscheinungen, die als solche dem individuellen Erkennen nicht zugänglich sind: «... d'effets produits par des apparences qui n'apparaissent pas où à peine» [10]. Die Erscheinungen werden also im subjektiven Urteil («jugement» [11]) modifiziert und somit zu den Bedeutungen («significations» [12]) des Einzelnen. Die durch das «jugement» konstituierte *wert*besetzte Sinnwelt darf nicht mit der 'wahren' Wirklichkeit verwechselt werden. Diese kann nur entdeckt werden, indem sich das Individuum vom Einfluß der öffentlichen Meinung einerseits und den subjektiven Momenten Leidenschaft («les passions» [13]), Einbildung («imagination» [14]) und Illusion andererseits befreit. Mit zunehmender Reduktion von Ich-Anteilen an der Erkenntnis («dé-création») wächst die Möglichkeit, Gott selbst hinter allen Erscheinungen zu erkennen («lire en toutes les apparences Dieu» [15]). In seiner engeren Bedeutung meint der Begriff ‹Lk.› genau diese Form der Erkenntnis: «Connaissance du troisième genre = lecture» [16]. Von dieser Form der Lk. unterscheidet sich ein anderer, dem religiös-metaphysischen Bereich zugehöriger Weg der Erkenntnis, für den die Haltung der «attente» (nicht-zielgerichtete Aufmerksamkeit, Erwartung in Geduld, im Sinne der neutestamentlichen ὑπομονή und Einwilligung in die Gnade) Voraussetzung ist. Weil spricht hier von «Non-lecture» [17], die zur übernatürlichen Erkenntnis («connaissance surnaturelle» [18]) führt. Die dieser Wirklichkeit zugewandte «Non-lecture» erzeugt, da sie die getrennten Einzelerscheinungen der Welt als ein auf Gott hinweisendes Gesamtsymbolsystem begreift, erlösende Poesie, «poésie surnaturelle» [19]. Aber auch diese Möglichkeit erlaubt dem Menschen letztendlich nicht, den «wahren Text» zu lesen; dieser erfordert Gott selbst als Leser: «Penser un vrai texte que je ne lis pas, que je n'ai jamais lu, c'est penser un lecteur de ce vrai texte, c'est à dire Dieu» [20].

In der reflexiv-hermeneutischen Phänomenologie (NABERT, RICŒUR, DUMÉRY [21]) wird ‹Lk.› zur Bezeichnung des interpretierenden Verstehens sowohl von Texten als auch von Weltwirklichkeit verwendet. Der Begriff steht dabei in der Bedeutungsspanne zweier Etymologien: ‹Innere Lk.› – von ‹intus legere› – meint das aktive, schöpferische Moment des Sinnsetzens; die andere Bedeutung, ‹Sinn-Lk.›, führt SECRETAN ausdrücklich auf ‹inter-legere› zurück, womit jene Form der Lk. gemeint ist, in der ein im An-Sich des Gegenstandes vorgegebener Sinn wiedererkannt, aktualisiert wird: «L'autre perspective pose que le sens 'repose' dans le réel, dans l'en-soi de la 'chose', offert à une lecture qui soit une reprise du sens» [22].

MERLEAU-PONTY verwendet den Begriff ‹Lk.› in einem weiteren Sinn. Bei ihm bezeichnet ‹Lk.› auch die sinnlichen Wahrnehmungen. Implizit verbunden mit dieser Begriffsausweitung ist Kritik an einem intellektualistischen Standpunkt, von dem aus Zeichen und Bedeutung («signe» und «signification») dergestalt voneinander getrennt werden, daß die organische Einheit von Subjekt und Welt aufgelöst scheint [23].

MANSUY unterscheidet zwei Arten der Lk.: Die eine ist systematisch und kulturell überformt und wird als «metarepräsentativ» bezeichnet; sie führt zur Transzendenz der Erscheinungen. Neben dieser existiert die symbolische oder «implizite» Lk., bei der der Einzelne einige – nach seinen persönlichen Neigungen ausgewählte – Gegenstände mit einer nur für ihn persönlich geltenden Symbolik belegt [24]. – Die Tatsache, daß derartige affektive Besetzungen von Vorstellungsbereichen kulturspezifisch verhindert werden, diagnostiziert FOUCAULT als psychopathologisches Symptom [25].

ALTHUSSER spricht im Hinblick auf Hegels Geschichtsauffassung von einem religiösen Mythos der Lk. («mythe religieux de la lecture» [26]). Nach Althussers Auffassung führte die radikale Absage von MARX an den religiösen Mythos der Lk. zum Bruch mit der Hegelschen Philosophie. Um so bemerkenswerter ist Althussers eigener emphatischer Gebrauch von ‹lire› [27], der vielfach aufgenommen wurde.

Im Rahmen des Strukturalismus und der Semiotik vor allem *romanischer* Prägung wird der Begriff ‹Lk.› zur Bezeichnung der Interpretation jedweder Art von Zeichen benutzt (Texte, Bilder, Mode, Waren, urbane Umwelt usw.) [28]. Zur genaueren Definition dieses Begriffes ist das zugrunde gelegte Zeichenmodell von entscheidender Bedeutung. – In *deutschsprachigen* Arbeiten zur Semiotik kommt der Begriff ‹Lk.› bisher nur sporadisch vor [29]. Hier ist der Begriff ‹Interpretation› als Bezeichnung für das Verstehen von Zeichenprozessen geläufiger. Dies ist nicht zuletzt auf den stärkeren Einfluß der angelsächsischen Literatur zurückzuführen.

Eine veränderte Auffassung vom Leser hat in der Rezeptionsästhetik auch zu einer Neubestimmung des Begriffs ‹Lk.› geführt. Der Leser wird als aktiv und kreativ aufgefaßt und dementsprechend die Lk. eines Textes als eine jeweilige Neukonstitution. «Jede Lk. wird ... zu einem Akt, das oszillierende Gebilde des Textes an Bedeutungen festzumachen, die in der Regel im Lesevorgang selbst erst erzeugt werden» [30].

Anmerkungen. [1] GRIMM 6 (1885) 771; vgl. 774. 786. – [2] Dtsch. Fremdwb., hg. H. SCHULZ/O. BASLER 2 (1942) 18f. – [3] Vgl. G. SCHOLEM: Die jüd. Mystik in ihren Hauptströmungen (1970) 81f. 144. 235. – [4] J. G. HAMANN, Werke, hg. J. NADLER 2 (1950) 203. 204; vgl. E. R. CURTIUS: Das Buch der Natur, in: Europ. Lit. und lat. MA (^{8}1973) 323-329. – [5] F. H. JACOBI, Werke 1 (1812, ND 1976) 289. – [6] ALAIN (É. Chartier): Les arts et les dieux (Paris 1958) 263. 347f. – [7] Lettres sur la philos. première (Paris 1963) 99ff. – [8] Vgl. S. WEIL: Cahiers I-III (= C I-III) (Paris 1951-1956, zit. ^{2}1970-1974), dtsch. z.T. in: Zeugnis für das Gute (1976) 149ff. 276f. (dtsch. F. KEMP: Lesart). – [9] C II, 164. – [10] Essai sur la notion de lecture (1941), in: Les Études philos. NF 1 (Marseille 1946) 15; vgl. Simone Weil. Philosophe, historienne et mystique, hg. G. KAHN (Paris 1978) 364ff. – [11] S. WEIL: Essai ... a.O. [10] 16. – [12] Essai ... 17. – [13] C II, 72. – [14] C I, 139. – [15] C I, 151. – [16] C I, 131. – [17] C I, 178; vgl. C II, 220. 228. – [18] La connaissance surnaturelle (Paris 1951) 17ff. – [19] Vgl. a.O. 307f.; La condition ouvrière (Paris 1951) 265ff. – [20] Essai ... a.O. [10] 18. – [21] Vgl. P. FOULQUIÉ: Dict. de la pédagog. (Paris 1971) 287f.; P. F. und R. ST. JEAN: Dict. de la philos. (Lausanne 1962) 399f.; vgl. R. DAUMAL: Lettres à ses amis 1 (1932, ND Paris 1958) 372. – [22] PH. SECRETAN: Autorité, pouvoir, puissance (Paris 1969) 247. – [23] M. MERLEAU-PONTY: Phénoménol. de la perception (Paris 1945) 177ff. – [24] M. MANSUY: Symbolisme et transcendence, in: Le symbole, hg. J.-E. MÉNARD (Straßburg 1975) 55f. – [25] M. FOUCAULT: Maladie mentale et psychol. (Paris 1954) 100f. – [26] L. ALTHUSSER: Lire le Capital 1 (1968) 14, vgl. 10-15. – [27] Vgl. a.O. Titel. – [28] Vgl. A. J. GREIMAS: Essais de sémiotique poétique (Paris 1972) 7-10; Sémiotique et sci. sociales (Paris 1976) 133ff.; J. BAUDRILLARD: Pour une crit. de l'économie polit. du signe (Paris 1972) 39f. 227f.; vgl. Dict. encyclopédique des sci. du langage, hg. O. DUCROT/T. TODOROV (Paris 1972) 107; vgl. U. ECO: Einf. in die Semiotik (1972) 275ff. – [29] Vgl. J. TRABANT: Elemente der Semiotik (1976) 21ff.; A. STOCK: Umgang mit theol. Texten (1974) 65ff. – [30] W. ISER: Die Appellstruktur der Texte, in: R. WARNING: Rezeptionsästhetik (1975) 228-252. 234; vgl. Problèmes actuels de la Lc., hg. L. DÄLLENBACH/J. RICARDOU (Paris 1980).
R. KÜHN

Lemma (griech. λῆμμα, lat. lemma). λήμματα heißen bei ARISTOTELES die Voraussetzungen einer Schlußfolgerung [1], in der *Stoa* die Obersätze von Syllogismen [2]. Verschiedentlich wird der Gebrauch präziser so angegeben, daß ‹L.› nur Theoreme genannt werden, die bewiesen werden, um innerhalb des Beweises eines anderen Theorems korrekterweise verwendet werden zu können; oder so, daß ‹L.› nur Theoreme genannt werden, die aus einem anderen Wissenschaftsgebiet, in dem sie schon bewiesen sind, entlehnt werden [3]. In diesem Sinne ist ‹L.› mit ‹Lehnsatz› (s. d.) synonym [4].

Außerhalb des logischen Bereichs bezeichnet ‹L.› im antiken *Buchwesen* die Worte, die als Überschrift oder Inhaltsangabe auf einem einer jeden Buchrolle angehängten Zettel (titulus, σίλλυβος) stehen [5]. Von den Bedeutungen 'Überschrift', 'Titel' [6] und 'Inhaltsangabe' [7] leitet sich der *philologische* Sprachgebrauch her, in dem ‹L.› als Name für ein ausgehobenes und im kritischen Apparat oder im Kommentar erörtertes Stichwort dient [8], während das Wort in der *Epigraphik* die kurze Zusammenfassung bezeichnet, die der Edition vorangestellt ist und über Zustand, Aufbewahrungsort, Datierung, Literatur usw. Auskunft gibt [9]. Dem philologischen Sprachgebrauch entspricht der *lexikographische*, neuerdings namentlich bei der automatischen Herstellung von Wortverzeichnissen, im Sinne von Grundform eines Wortes, auf die alle Nebenformen unter Berücksichtigung von Homonymien zurückgeführt sind.

‹L.› ist nicht zu verwechseln mit ‹Leimma› (griech. λεῖμμα [10], lat. limma [11], Rest), dem Intervall 256:243 der *pythagoreischen Musiktheorie*, das von der Konsonanz der Quarte 4:3 nach Abzug zweier Ganztöne 81:64 als Rest übrigbleibt.

Anmerkungen. [1] ARISTOTELES, Top. 156 a 21. – [2] DIOGENES LAERTIUS VII, 76. – [3] A. G. BAUMGARTEN: Acroasis logica (1761) § 178, 51. – [4] TH. ZIEHEN: Lb. der Logik (1920) 801. – [5] AUSONIUS XV, 1, 1; vgl. TH. BIRT: Kritik und Hermeneutik nebst Abriß des antiken Buchwesens (^{3}1913) 328. – [6] AUSONIUS, Parent. praef., hg. SCHENKL p. 41, 2. – [7] PLINIUS, Ep. 4, 27, 3. – [8] H. ERBSE: Überlieferungsgesch. der griech. klass. und hellenist. Lit., in: Gesch. der Textüberlief. 1 (1961) 225. – [9] Vgl. G. PFOHL: Die inschriftl. Überlief. der Griechen, in: Das Studium der griech. Epigraphik, hg. G. PFOHL (1977) 27. – [10] PTOLEMAIOS, Harm. 1, 10. – [11] MACROBIUS, Comm. in Somn. Scip. 2, 2, 20.
Red.

Leninismus. – 1. In der sowjetischen ‹Filosofskaja Enciklopedija› wird 1964 sowohl unter dem Stichwort ‹Leninizm› wie ‹Marksizm› auf ‹Marksizm-Leninizm› verwiesen [1]. Das kleinere sowjetische ‹Philosophische Wörterbuch› von 1963 bringt zwar Artikel über Lenin und Marx, nicht jedoch über ‹L.› und ‹Marxismus›, sondern lediglich einen Artikel über ‹Marxismus-L.› [2]. Auch in dem in der DDR erscheinenden ‹Philosophischen Wörterbuch› kommt 1972 das Stichwort ‹Marxismus› überhaupt nicht vor, während unter ‹L.› auf ‹Marxismus-L.› verwiesen wird [3]. Das bedeutet, daß in der dienstlichen marxistisch-leninistischen Auffassung von heute zwar Lenin und Marx als Personen zu unterscheiden, nicht jedoch ihre Lehren voneinander zu trennen sind. Abgesehen von der Hochblüte des «Persönlichkeitskultes» (1939/45 – 1953), in der die Tendenz bestand, einen «Marxismus-L.-Stalinismus» zu kreieren: «die große Lehre von Marx-Engels-Lenin-Stalin» [4], sind nach dieser Version die Lehren von Marx(-Engels) und Lenin als einheitliches, in sich geschlossenes, konsequent durchkonstruiertes Ganzes anzusehen, in dem durchaus als Inkremente theoretische Konzeptionen Stalins Geltung haben, wobei sein Name jedoch gegenwärtig nicht genannt wird. – Der Terminus ‹Leninizm/L.› wird in den genannten Artikeln nicht begriffsgeschichtlich aufgeklärt, allenfalls sind dunkle sozialhistorische Hinweise derart zu finden, daß der L. in Rußland auf dem Boden der russischen Arbeiterbewegung entstanden sei [5]; weiter wird in vielen Abwandlungen «L.» definitorisch als der «Marxismus unserer Epoche» [6] eingeführt.

2. Vermutlich hat L. MARTOV (Ju. O. Cederbaum) 1904 als erster das Wort ‹L.› gebraucht, um damit die Ansichten Lenins in Fragen der Organisation der SDAPR und der Parteimitgliedschaft zu kennzeichnen, derentwegen es 1903 zur Spaltung der Partei in die Fraktionen der Bolschewiken und Menschewiken gekommen war. Deren Gegner wurden von Martov des «Aufstands gegen den L.» [7] geziehen. Die fortwirkend bedeutsame Schöpfung des Begriffes ‹L.› hat I. V. STALIN 1924 vollzogen, indem er versuchte, in seinen Vorträgen ‹Über die Grundlagen des L.› (Ob osnovach leninizma) die «historischen Wurzeln», die formalen und inhaltlichen Besonderheiten der Theorien Lenins im Verhältnis zu Marx' Lehren darzustellen, z.B. bezüglich der Methode, der Diktatur des Proletariats, der Bauernfrage, der nationalen Frage, der Strategie und Taktik der Partei usw. [8]. Stalin legte damit seine Interpretation der Theorien Lenins vor, die nicht unbestritten geblieben ist. Er definierte: «Der L. ist der Marxismus der Epoche des Imperialismus und der proletarischen Revolution. Genauer: der L. ist die Theorie und Taktik der proletarischen Revolution im allgemeinen, die Theorie und Taktik der Diktatur des Proletariats im besonderen» [9].

Dieser stalinschen Eloge auf Lenin als Cheftheoretiker eines modernen Marxismus, dessen epochale Aufgabe die Erringung und Festigung der Macht des Proletariates zur Zeit des Imperialismus sei, setzt ZINOV'EV seine These entgegen, daß im Zentrum des L. die von Lenin vertretene Politik des Bündnisses von Bauernschaft und Proletariat stehe, wobei das Proletariat die Führung habe. Nur so sei die von Lenin initiierte «Neue ökonomische Politik» zu legitimieren [10].

Während Stalin den «L.» gegenüber dem «Marxismus» eher durch neue Inhalte charakterisiert, betont N. I. BUCHARIN die Differenzen in den Lehren von Marx (und Engels) einerseits und Lenin andererseits, weist aber auf die ihnen gemeinsame Methode hin, die Lenin in neuer Situation habe anwenden müssen [11]. Dies ist etwa die Schematik der sich in der Sowjetunion über Jahre hinziehenden Auseinandersetzung um die systematisch-inhaltliche und/oder methodisch-formale Dignität des L., in die sowjetische Theoretiker unterschiedlicher Standpunkte eingegriffen haben: N. KAREV, E. A. PREOBRAŽENSKIJ, A. DEBORIN, L. TROTZKI u.a., über die M. B. MITIN 1931 sein schicksalträchtiges Urteil gesprochen hat [12]. Wenn man, so schien es Mitin, L. nur – wie z.B. Karev – als «Praxis der proletarischen Revolution» [13] gelten ließ, wurde man dem L. als selbständiger Theorie nicht gerecht; wenn man – wie Bucharin, Preobraženskij, Karev – den L. als die Bewegung der «Rückkehr» zur marxschen Methode nach der «Verfälschung» während der II. Internationale deutete, sah man nicht «die weitere Entwicklung, Vertiefung und Konkretisierung des dialektischen Materialismus» [14] durch Lenin. Vollends falsch ist für Mitin die Einstellung D. RJAZANOVS, der darauf beharrte, «Nur-Marxist» zu sein und «von einer neuen [leninschen] Etappe in der Entwicklung des dialektischen Materialismus» [15] nichts wissen wollte.

Dem allem gegenüber habe Stalin «die einzig richtige Fassung und Entscheidung der Frage nach der Bedeutung des L. in der Philosophie» mit seiner These gegeben, daß «die Methode Lenins nicht nur die Wiederherstellung, sondern auch die Konkretisierung und Fortentwicklung der kritischen und revolutionären Methode von Marx, seiner materialistischen Dialektik» [16] sei. «L.» ist also nicht nur eine Bezeichnung für die Parteitheorie Lenins, für seine Theorie und Taktik der proletarischen Revolution, sondern ebensosehr für seine «Philosophie». Um letztere entbrannte ein schwerer Kampf mit den zentralen Fragen: «Sind wir überhaupt berechtigt, von L. in der Philosophie zu sprechen»? und – wenn ja –: «Welches sind die Grundzüge, durch die diese neue und höhere Entwicklungsetappe der Philosophie des Marxismus gekennzeichnet wird»? [17] Stalin vermochte Anfang der 1930er Jahre seine Auffassung des L. als Fortentwicklung des Marxismus durchzusetzen, wodurch zugleich jeglicher originäre Zugang zu den Lehren von Marx abgeschnitten war. So kann dann der L. als Marxismus-L. erscheinen, welch letzterer Terminus, wohl von den «menschewisierenden Idealisten» Ende der 1920er Jahre geprägt, nach der Verurteilung dieser Richtung gut von den stalinschen Orthodoxen (M. B. MITIN u.a.) weiterverwendet werden konnte [18]. Damit erlangte der Begriff «Marxismus-L.» mit seiner Funktion der Einebnung der Unterschiede, ja Diskrepanzen zwischen Marxismus und L. seine bis heute im sowjetischen Bereich gültige Vorrangstellung.

3. Das Bewußtsein des Auseinandertretens von Marxismus und L. ist andererseits von G. LUKÁCS [19] und K. KORSCH wachgehalten worden, der 1930 den L. als «verschwindende geschichtliche Gestalt» bezeichnete [20]. Am schärfsten äußerte sich A. PANNEKOEK: «Der Marxismus Lenins und der bolschewistischen Parteien ist eine Legende ... Der russische Bolschewismus konnte den Weg des Marxismus nicht verlassen: denn er ist nie marxistisch gewesen.» Die Berechtigung dieses Diktums leitet Pannekoek aus den aufklärerischen, vorbürgerlichen, agrarischen und despotischen Bedingungen ab, unter denen Lenin in Rußland habe wirken müssen. Dennoch sei Lenin «Schüler Marxens», weil er «seine wichtigsten Ansichten» zur Führung des Kampfes in Rußland «dem Marxschen Werk entnommen» habe. Jedoch zeige Lenins Tendenz, nach der Oktoberrevolution von Rußland aus die Weltrevolution nach Westen zu tragen, ein völliges Verkennen des «Marxismus als Theorie der proletarischen Revolution» [21].

Ähnliche Argumentationsfiguren sind bis heute in der Diskussion lebendig, bereichert und vertieft durch die Erfahrungen, die die Sowjetunion seit dem stalinistischen Terror, im und nach dem Zweiten Weltkrieg mit sich selbst und mit ihrer Umwelt wie diese Umwelt mit der Sowjetunion gemacht hat. Dabei wird im allgemeinen dem L. nicht jegliche nähere oder entferntere Beziehung zum Marxismus abgesprochen, aber verneint, daß der L. so unlösbar mit dem Marxismus verbunden sei, daß sie beide gleichsam nur als «eine Natur» – μία φύσις τοῦ ... λόγου – [22], eben als «Marxismus-L.», als «Sowjetmarxismus» legitim gedacht und vertreten werden könnten. Man vertritt die These der «Fusion» (krasis, mixis, κρᾶσις, μῖξις), nicht der «Einheit» oder «Einung» (henosis, symploke, synthesis; ἕνωσις, συμπλοκή, σύνθεσις) von Marxismus und L. Der «Sowjetmarxismus» ist nach H. MARCUSE der Versuch, «das geerbte Corpus der Marxschen Theorie mit einer historischen Situation zu versöhnen, die die ... marxsche Konzeption des Überganges vom Kapitalismus zum Sozialismus umzustoßen schien», er will diesen Versuch nicht als «Problem der Marxdogmatik» behandelt wissen, sondern als Klärung der jeweils situativ-historisch bedingten «Beziehung zwischen den verschiedenen Formen und Stufen des Marxismus» [23], wobei mit Kritik z.B. an der Transformation der Dialektik als einer Weise kritischen Denkens in eine universale Weltanschauung im Sowjetmarxismus nicht gespart wird [24]. W. LEONHARD behauptet, daß «viele politische Konzeptionen von Marx und Engels ... in den L. eingegangen» sind, stellt jedoch «neben dieser Kontinuität ... vor allem sechs wichtige Veränderungen gegenüber den ursprünglichen politischen Konzeptionen von Marx und Engels» fest, die die Theorie der Partei und der sozialistischen Revolution, der politischen Taktik, der Diktatur des Proletariates, des Überganges zum Sozialismus und der klassenlosen kommunistischen Gesellschaft betreffen – Veränderungen, die Lenin vorgenommen habe, um «die ursprünglichen politischen Konzeptionen von Marx und Engels den Aufgaben und Zielen der russischen marxistischen Bewegung anzupassen» [25]. Offen bleibt die Frage, ob und wann «Veränderungen» des Marxismus in dessen Negation umschlagen. Daß Marxismus mit dem L. nichts zu tun habe, ist eine weitere mögliche Position.

In diesem Zusammenhang ist gegenwärtig die Frage nach den Möglichkeiten einer menschlichen Zukunft in den versuchten Realisationen des Marxismus von höchster Wichtigkeit: ob die von Marx ersehnte Aufhebung der Entfremdung des Menschen in ihnen verwirklicht oder zumindest angegangen sei, ob Gewalt auf dem Wege zu diesem Ziel situativ gerechtfertigt, ob der stalinistische Terror geschichtlich «notwendig» gewesen und somit zu salvieren sei u.a.m., ob also nicht die Entwicklung der marxistischen Bewegung in den sozialistischen Ländern zum großen Teil die Geschichte ihrer Perversion, der Entfremdung von sich selbst demonstriere [26], zwar nicht nur als Folge des «Personenkultes», sondern theoretisch und praktisch viel tiefer, bei Lenin und im L. [27], gar bei Marx, so daß eine neue Theorie des Sozialismus die Forderung der Stunde sei [28].

Stellt man sich auf den Standpunkt der «einen Natur» des Marxismus-L., also daß der «L. der Marxismus des XX. Jh. ist» [29], so kann man die Kritik daran, die von marxistisch beeinflußten oder sich als Marxisten verstehenden Denkern vorgetragen wird, als «Abweichungen» kategorisieren, die einmal mehr «monophysitischen» (marx-dogmatischen, marx-hypostasierenden), einmal mehr «nestorianisierenden» (situativ-historischen, pluralistischen, «humanistischen») Charakter tragen. Dabei beruft sich der Leninist darauf, daß er die entwicklungsfähigen Prinzipien der Marxschen Lehre vertrete, während der Marx-Dogmatiker letztere als «etwas Erstarrtes und Abgeschlossenes» betrachte [30] –, daß er den Marxismus «nicht schablonenhaft» anwende [31], während die «Pluralisten» – der «kulturrevolutionäre» Maoismus, der selbst der bessere L. zu sein glaubt, eingeschlossen – der Marxschen Lehre «unter dem Schein ihrer 'schöpferischen' Anwendung das Blut zu entziehen streben» [32]. Diese in ihren wesentlichen Inhalten und Maßen seit Jahrzehnten geführte Auseinandersetzung ist weiterhin unabsehbar.

4. M. B. MITIN, der treue Philosoph Stalins, zitiert 1964 in seinem Artikel «Marxismus-L.» den Satz, daß dieser «die einheitliche große revolutionäre Lehre, der Leitstern für die Arbeiterklasse und Werktätigen in allen Etappen ihres großen Kampfes ...» sei [33]. Er beschreibt die «marxistische Theorie» als «aus drei organisch miteinander verbundenen und einander bedingenden Teilen: der Philosophie ..., der politischen Ökonomie und dem wissenschaftlichen Kommunismus» [34] bestehend. Der Marxismus habe seine weitere Entwicklung bei Lenin gefunden, «der die revolutionäre Lehre des Marxismus auf eine neue, höchste Stufe der Entwicklung gehoben» habe. In äußerer Parallelisierung zur vorhergehenden Darstellung des Marxismus kennzeichnet Mitin den L. als Philosophie, ökonomische Theorie und Theorie des Überganges vom Kapitalismus zum Sozialismus, des Aufbaues des Sozialismus und Kommunismus [35], um dann die theoretischen Entwicklungen nach Lenins Tod in den 1920er und 1930er Jahren mit Stalin (Aufbau des Sozialismus in einem Lande) und nach dem 20. Parteikongreß (1956) gegen Stalin bis zum neuen (3.) Parteiprogramm der KPdSU (1961) detailliert zu schildern. Insofern hat die KPdSU in Theorie und Praxis bis heute den Marxismus-L. «schöpferisch» fortgesetzt und entwickelt [36]. Ähnlich verfährt das ‹Philosophische Wörterbuch›, für das in der «Leninsche[n] Etappe der Entwicklung des Marxismus ... der Marxismus zum Marxismus-L. wurde», zu jener «Einheit» von drei Teilen, die «sich wechselseitig voraussetzen, einander bedingen und ineinander übergehen» [37]. Auch in unserer Epoche sei der «L. ... die ewig lebendige Quelle des revolutionären Denkens und des revolutionären Handelns» [38].

5. Die philosophische Bedeutung Lenins und des L. wird darin gesehen, daß Lenin die neuen theoretischen und praktischen Probleme der Arbeiterbewegung zur Zeit der II. Internationale, des Revisionismus und Reformismus, gelöst, daß er den Stand der modernen Naturwissenschaft dialektisch-materialistisch reflektiert, daß er in den «Philosophischen Heften» – und darin liege sein größter Beitrag zur marxistischen Philosophie – «die wichtigsten Probleme der marxistischen Dialektik bearbeitet» habe [39].

Das Thema «Lenin als Philosoph» ist von Sowjetphilosophen zum 100. Geburtstag Lenins 1970 breit und akademisch entfaltet worden [40], binnenphilosophisch und innersystematisch, ohne innenpolitisch facettierte Widerspiegelung, ohne «konkrete Analyse der konkreten Lage» als «Gipfelpunkt der echten Theorie» [41], ohne «vertiefte Objektivität innig verbunden mit der Parteinahme» [42], worin man die philosophische Bedeutung Lenins gesehen hat – ohne Verwirklichung der Dialektik als «Lehre von der allseitigen und widerspruchsvollen historischen Entwicklung», was den Marxismus «einseitig, verkrüppelt, tot» mache, wie Lenin selbst gesagt hat [43].

In der Tat hat LENIN die marxistische Dialektik, genauer: das Dialektik-Schema von F. Engels (objektive/subjektive Dialektik) in origineller Weise modifiziert und «konkretisiert», um das theoretische und praktische Auseinanderstreben der marxistisch-sozialdemokratischen Parteien zur Zeit der II. Internationale, die revisionistischen und reformistischen «Abweichungen», diese «widerspruchsvolle historische Entwicklung», von seiner Marxismus-Auffassung her deuten zu können. Er führte den Terminus der «subjektiven Wendigkeit (Elastizität)» (gibkost', primenennaja sub-ektivno) [44] der Begriffe ein als der Erkenntnisweise eines Subjektes, das «sophistisch» vorgeht, etwa Fakten durch Erfindungen verändert, Wahrheit durch maskierte Lüge ersetzt –, und «eklektisch» verfährt, also den Aspekt der Gegenwart der revolutionären Perspektive vorzieht [45]. In den stalinistischen Schauprozessen, die man als nach diesem Muster konstruiert betrachten kann, hat sich gerade innerhalb der Sowjetunion dieses Denkmodell als effizient erwiesen. Dessen Ambivalenz ist jedoch evident, zumal dann, wenn es sich nicht mehr um Gewinn und Verlust, um das Erringen und Behaupten von Macht großer Kontrahenten (Personen, Blöcke) im politischen Kampf handelt – wo, was «wahr» ist, definiert, wer siegt –, sondern wenn – da politisch ausgekämpft und die allmächtige «Wahrheit» stabil ist – das Subjekt die bare physische, geistige und sittliche Existenz behaupten muß. Damit erhält die «subjektive Wendigkeit» eine neue Qualität, sie kann nicht mehr als «sophistisch und eklektisch», als «Abweichung» gesehen, sondern muß als originale Subjektivität begriffen werden. Denn sie hat unmittelbar politisch nichts, aber menschlich alles zu gewinnen.

Der politische und gesellschaftliche Druck, dem heute die Opposition in der UdSSR ausgesetzt ist, sei sie «innerparteilich» oder «außerparteilich» [46], sei sie religiös-kirchlich [47] oder «metaphysisch» [48], macht die These Lenins vom Revisionismus als Sophistik und Eklektik unwahr, auch wenn die Oppositionellen sich notgedrungen mehr oder weniger «maskieren» [49]. Ihr Verhältnis zum Marxismus-L. ist so variantenreich wie anderswo, bedeutsam bestimmt jedoch durch die Erfahrungen des Stalinismus. Es reicht von einer unbedingten Ablehnung der Ideologie des Marxismus-L.(-Stalinismus), vom Aufruf zu einer völligen «Reinigung» von ihr um der Rückkehr zur Menschheit willen [50] bis zur Forderung einer «Reinigung» des Marxismus-L. von allen Verdrehungen und Entstellungen seit Lenins Tod und einer sich anschließenden «Entwicklung ... in allen Richtungen», ohne Dogmatismus, mit Rückkehr im wesentlichen «zum Marxismus des gestrigen Tages» [51], womit formell die Anknüpfung an die sowjetphilosophischen Auseinandersetzungen der 20er Jahre vollzogen ist.

Der L. als «Marxismus unserer Epoche» [52] wird im sowjetischen Bereich akademisch erforscht und gelehrt wie politisch vertreten. Der Kampf wiederum um dessen «Reinheit» ist offiziell die «wichtigste Aufgabe» [53]. Dieser «Dienstphilosophie» (filosofstvovanie po dolgu služby) widerspricht das «philosophische Sektierertum» (filosofskoe sektantstvo), von dem V. V. ROZANOV schon zu Anfang des 20. Jh. – wenngleich unter anderen Bedingungen des philosophischen Lebens in Rußland – gemeint hatte, daß es gegenüber der akademischen Philosophie mit ihrer vielfältigen, oft schematischen Anlehnung an den Westen über die «Kraft der Erzeugung» (sila roždenija) lebendiger Gedanken verfüge, aber rebus sic stantibus die «Kraft der Reifung» (sila raščenija) nicht habe [54]. Das entspricht gegenwärtigen Erfahrungen [55]. Doch ist dieses «Sektierertum» keineswegs nach leninistischer Auffassung «in sich verschlossen» [56], es widerspricht öffentlich, es macht den L. aus einem Dogma zur Frage.

Anmerkungen. [1] Filosofskaja Enciklopedija 3 (Moskau 1964) 175. 313. 314. – [2] Filosofskij Slovar' (Moskau 1963) 230-232. 252-254. 254-255. – [3] Philos. Wb. 2 (⁸1972) 655. – [4] Kratkij filosofskij slovar' (Kurzes philos. Wb.) (Moskau ¹1939, zit. ⁴1954) 573: Art. ‹Stalin›. – [5] Filos. Enciklop. a.O. [1] 317. – [6] Philos. Wb. a.O. [3] 675. – [7] L. MARTOV: Bor'ba s 'osadnym položeniem' v Rossijskoj Socialdemokratičeskoj Rabočej Partii (Der Kampf mit dem 'Belagerungszustand' in der Russ. Sozialdemokrat. Arbeiterpartei) (Ženeva/Genf 1904) 68; D. GEYER: Lenin in der russ. Sozialdemokratie (Köln/Graz 1962) 419. – [8] I. V. STALIN: Über die Grundl. des L. (1924), in: Fragen des L. (1955) 9-108. – [9] a.O. 10. – [10] G. E. ZINOV'EV: Leninizm (Leningrad 1925). – [11] N. I. BUCHARIN: Ataka. Sbornik teoretičeskich statej (Die Attacke. Slg. theoret. Aufsätze) (Moskau 1924). – [12] M. B. MITIN: Über die Ergb. der philos. Diskussion (1931), in: Unter dem Banner des Marxismus (dtsch.) 5/2 (1931) 171-213; vgl. W. GOERDT: Die Sowjetphilos. Wendigkeit und Bestimmtheit. Dokumente (1967) 249-298. – [13] Vgl. GOERDT, a.O. 256. – [14] Vgl. a.O. 258-259. – [15] 255-256. – [16] 259. – [17] 255. – [18] C. N. KOBLERNICZ: Marxismus-L., in: Sowjetsystem und demokrat. Gesellschaft 4 (1971) 366-376, bes. 367-368. – [19] G. LUKÁCS: Gesch. und Klassenbewußtsein. Stud. über marxist. Dialektik (1923, ²1968). – [20] K. KORSCH: Marxismus und Philos. (1923, ²1930, zit. ³1966) 31-72, Vorwort zur 2. Aufl., bes. 71. – [21] A. PANNEKOEK: Lenin als Philosoph (Amsterdam 1938, zit. Frankfurt a.M./Wien ²1969) 113f. – [22] CYRILL V. ALEXANDRIENS christol. Formel: μία φύσις τοῦ θεοῦ λόγου σεσαρκωμένη. – [23] H. MARCUSE: Soviet Marxism, a crit. analysis (London 1958); dtsch. Die Gesellschaftslehre des sowjet. Marxismus (1964) 31-33. – [24] a.O. 136-155. – [25] W. LEONHARD: Die Dreispaltung des Marxismus. Ursprung und Entwickl. des Sowjetmarxismus, Maoismus und Reformkommunismus (1970) 124-127. – [26] M. MERLEAU-PONTY: Humanismus und Terror (Paris 1947, dtsch. 1966); E. BLOCH und F. VILMAR: Mit Marx über Marx hinaus, in: Gewerkschaftl. Mh. (1965/7); E. FROMM: The sane society (New York 1955); Der moderne Mensch und seine Zukunft (1960); M. HORKHEIMER: Krit. Theorie. Eine Dokumentation, hg. A. SCHMIDT 1-2 (1968); J. HABERMAS: Die philos. Diskussion um Marx und den Marxismus, in: Theorie und Praxis (1963) 261-335. – [27] N. BUCHARIN/A. DEBORIN: Kontroversen über dialekt. und mechanist. Materialismus, hg. O. NEGT (1969) 7-48. – [28] A. KÜNZLI: Über Marx hinaus (1969) 109; vgl. Tradition und Revolution. Zur Theorie eines nachmarxist. Sozialismus. Philos. aktuell 9 (1976). – [29] M. M. ROZENTAL' (Red.): Lenin kak filosof (Lenin als Philosoph) (Moskau 1969) 7. – [30] a.O. 4. – [31] 8. – [32] 7. 15. – [33] Programmnye dokumenty bor'by za mir, demokratiju i socialism (Programmdokumente des Kampfes für den Frieden, Demokratie und Sozialismus) (1961) 84-85; zit.: Filos. Enciklop. a.O. [1] 314. – [34 a.O. 315. – [35] 316. – [36] 317-318. – [37] Philos. Wb. a.O. [3] 674-675. – [38] a.O. 675. – [39] 673-674; Filos. Enciklop. a.O. [1] 316. – [40] a.O. [29]. – [41] G. LUKÁCS: Lenin. Stud. über den Zusammenhang seiner Gedanken (1924) 38. – [42] H. LEFÈBVRE: Lenin als Philosoph. Dtsch. Z. Philos. 3 (1955/6) 689-710, zit.: 709. – [43] zit. bei: I. LUPPOL: Lenin und die Philos., dtsch. S. JACHNIN (1929) 115. – [44] W. I. LENIN, Werke (dtsch.) 38: ‹Philos. Hefte› (³1970) 100; Sočinenija (Werke) (Moskau ⁴1958) 38, 98-99. – [45] W. GOERDT: Die «allseitige universale Wendigkeit» (gibkost') in der Dialektik V. I. Lenins (1962) 17-35, 32ff. – [46] R. MEDVEDEV: Kniga o socialističeskoj demokratii (Buch über die sozialist. Demokratie) (Amsterdam/Paris 1972) 52-74. 75-110. – [47] A. KRASNOV(-Levitin): Stromaty (Stromata) (1972); C. D. KERNIG: Relig.freiheit in kommunist. Theorie und Praxis. Kirche in Not 20 (1972) 23-37. – [48] A. PIATIGORSKY: Notizen zur «met. Situation» im heutigen Rußland. Kontinent 1 (dtsch.) (1974) 187-199. – [49] a.O. 187-189; A. SOLSCHENIZYN: Offener Brief an die sowjet. Führung (dtsch.) (1974) 43. 46-47. – [50] a.O. 44-45; Sacharow und die Kritik an meinem «Brief an die sowjet. Führung». Kontinent 2 (dtsch.) (1975) 372-378, zit.: 374-375; Kontinent 2 (russ.) (1975)

354. – [51] MEDVEDEV, a.O. [46] 389-391; P. G. GRIGORENKO: Mysli sumasšedšego (Gedanken eines Verrückten) (Amsterdam 1973) 124.157. – [52] a.O. [6]. – [53] Filos. Enciklop. a.O. [1] 318. – [54] V. V. ROZANOV: Dve filosofii (Zwei Philos.). Priroda i Istorija (Natur und Gesch.) (Sankt-Petersburg ²1903) 161-164, 163. – [55] PIATIGORSKY, a.O. [48] 187. – [56] Filos. Enciklop. a.O. [1] 316.

Literaturhinweise. G. A. WETTER: Der dialekt. Materialismus. Seine Gesch. und sein System in der Sowjetunion (1952, ⁵1960) 138-143. 146f. – A. AMALRIK: Kann die Sowjetunion das Jahr 1984 erleben? (1970). – C. D. KERNIG und P. SCHEIBERT: Art. ‹L.›, in: Sowjetsystem und demokrat. Gesellschaft s. Anm. [18] 29-50. – R. MEDWEDJEW: Sowjetbürger in Opposition (1973). – P. VRANICKI: Die Hauptrichtungen der marxist. Philos. im 20. Jh., in: T. BORBÉ (Hg.): Der Mensch – Subjekt und Objekt. Festschr. A. Schaff (1973) 383-398; Gesch. des Marxismus 1. 2 (1974) 635-644. – D. POSPIELOVSKY: Zwanzig Jahre Dissens in der UdSSR. Osteuropa (1975) H. 6/7, 407-418. 477-488. – A. SOLSCHENIZYN u.a.: Stimmen aus dem Untergrund (1975, ²1976). – T. HANAK: Die Entwickl. der marxist. Philos. (1976) 91-105: ‹Lenin und der L.›. – R. MEDWEDJEW (Hg.): Aufzeichn. aus dem sowjet. Untergrund (1977). W. GOERDT

Lernen

I. *Der L.-Begriff in der Philosophie.* – 1. *Antike und Mittelalter.* – Der philosophische Gebrauch des Begriffes läßt sich bereits in den Fragmenten der *Vorsokratiker* nachweisen [1]. Auch in der Bedeutung von (Ein-)Übung praktischer Tätigkeiten und ethischer Haltungen geläufig [2], begegnet das Verb μανθάνειν häufig als Bezeichnung von Erkenntnisakten, die als rezeptives Zurkenntnisnehmen theoretische Inhalte zum Objekt haben, wie etwa die «Meinungen der Sterblichen» [3] oder die Ergebnisse der Meteorologie [4]. Daneben lassen einige Stellen – so bei PARMENIDES – eine Zuordnung des L. zum Bereich als notwendig geltender Theoreme erkennen [5]. Das Substantiv μάθησις (das L.) – ein nomen actionis – verbleibt weitgehend innerhalb des aufgezeigten Bedeutungsspektrums der Verbform [6], wenngleich es bei HERAKLIT möglicherweise dem Erfahrungsbegriff angenähert ist [7].

PLATON unternimmt es erstmals, das L. in einer systematischen Erkenntnislehre gründen zu lassen. Gegen eine Konzeption des L., die – wie die vorsokratische und sophistische Tradition – dieses als Übernahme fremden Wissens durch einen Unwissenden versteht [8], entwickelt er seine Theorie des L. als Wiedererinnerung (Anamnesis, s. d.): L. wird gefaßt als ein «Wiederaufnehmen uns schon angehöriger Erkenntnis» (οἰκείαν ἐπιστήμην ἀναλαμβάνειν) [9]. Ein solchermaßen bestimmtes L. ist mit Erwerb von Erkenntnis schlechthin identisch, da es «ganz und gar Wiedererinnerung ist» [10] (τὸ μανθάνειν ἀνάμνησις ὅλον ἐστίν), und kann somit als ein zentrales Moment platonischen Philosophierens angesprochen werden [11]. – Unter expliziter Berufung auf Platons ‹Menon› [12] bleibt auch für ARISTOTELES in seinen *logischen* Schriften ein «Vorherwissen» (προγιγνώσκειν) [13] konstitutives Moment des L., zu dem er auch das Schlußverfahren rechnet [14]. Verworfen wird dagegen die Fundierung dieses Vorherwissens in der Annahme angeborener Ideen [15]. Daher muß, wie Aristoteles in der ‹Metaphysik› darlegt, der Lern*prozeß* bei den «Wesen der Sinnendinge», dem «von Natur aus weniger Erkennbaren» (ἧττον γνώριμα φύσει), anheben, um dem Allgemeinen, dem «mehr Erkennbaren» (τὰ γνώριμα μᾶλλον) zu gelangen [16]. Mit der Auffassung, daß der Lernende dem Lehrenden glauben müsse [17], ist eine stärkere Akzentuierung der Rezeptivität des L. bei ihm im Zusammenhang didaktischer Erörterungen gegeben.

Der erkenntnistheoretische Aspekt fehlt in den Belegen aus der *Stoa* und ihrem Umkreis. So begegnet das L. (μάθησις) bei CHRYSIPP als Erwerb bzw. Einübung der Kalokagathie [18], oder – wie bei EPIKTET – anderer Haltungen [19]. SENECA schließlich faßt das gesamte Leben als Vorbereitung auf den Tod: «tota vita discendum est mori» [20]. Wieder an Bedeutung gewinnt der intellektuelle Aspekt des L. bei CICERO, der es als der «mens» eigentümliche Tätigkeit (hominis autem mens discendo alitur et cogitando), bisweilen aber auch als Rezeption der (philosophischen) Tradition kennt [21]. Vom Standpunkt des *Skeptizismus* aus wird von SEXTUS EMPIRICUS die Möglichkeit des in verschiedene denkbare Vollzugsformen (τρόποι μαθήσεως) ausdifferenzierten L. überhaupt bestritten [22].

Die für die *Patristik* charakteristische Übernahme des als L. bezeichneten Erkenntnismodus auch in theologische Zusammenhänge ist bereits bei PHILON, der die platonische Wiedererinnerungslehre kennt [23], vorbereitet. So erscheint hier die Erkenntnis Gottes als μαθεῖν ... τίς ἐστιν ὁ θεός [24]. Die apostolischen Väter [25] und JUSTIN [26] kennen das L. als Aneignung einzelner Glaubenswahrheiten oder der christlichen Lehre insgesamt; gelegentlich auch in pädagogischem Kontext [27] läßt sich das L. als Einübung sittlicher Haltungen [28] nachweisen. Belegt ist die Wendung ἱερὰ μάθησις in der Bedeutung von Schriftauslegung [29]. Entwickelt ORIGENES eine Begründung des L. unter Bezugnahme auf die johanneische Logosspekulation (der Logos ist Prinzip der μάθησις [30]), so leistet AUGUSTIN dies unter Rückgriff auf Platon; wie dieser lehnt er eine Begründung des L. aus der Sinneswahrnehmung allein ab [31], vielmehr werden in der «memoria» präexistente Vorstellungen intelligibler Inhalte angesetzt, die im jeweiligen Akt des L. von der mens aktualisiert werden [32].

Wie schon bei BOETHIUS [33] ist im *Mittelalter* der Begriff ‹discere›, auf den bisweilen der Terminus «disciplina» fälschlich zurückgeführt wird [34], in der umfassenden Bedeutung von Wissenserwerb überhaupt nur noch selten gebräuchlich. Gelegentlich läßt sich zwar wie bei ALBERT die Kenntnis der platonischen Konzeption des L. [35] nachweisen, die auch – etwa in JOHANNES PICARDI VON LICHTENBERG – ihre Kritiker findet; insgesamt scheint es jedoch nicht zu Ansätzen einer spezifischen *Theorie* des L. zu kommen. Findet sich bei ANSELM die Formel, L. (discere) sei ein «scientiam accipere» im Sinne eines «audire spiritui sancto» [36], bei HUGO VON ST. VICTOR und PETRUS DAMIANI die Forderung, der Lernende müsse demütig sein [37], so wird erst (allerdings unter Vermeidung des Terminus selbst) bei THOMAS VON AQUIN das Problem des Wissenserwerbs im Rückgriff auf den aristotelischen Begriff des L. [38] erörtert. Bei ECKHART, dem die platonische Erkenntnistheorie vertraut ist [39], ist das L. (mhd. lernen) dem Begriff der äußeren Erfahrung angenähert [40]; daher kann er ihm nur Anlaßcharakter innerhalb des Erkenntnisprozesses beimessen [41].

Anmerkungen. [1] B. SNELL: Die Ausdrücke für den Begriff des Wissens in der vorplat. Philos. Philol. Untersuch. 29 (1924) 72ff. – [2] EPICHARM, VS I, 23 B 3; XENOPHANES, VS I, 21 B 3; DEMOKRIT, VS II, 68 B 179. – [3] PARMENIDES, VS I, 28 B 8, 51f. – [4] GORGIAS, VS II, 82 B 11. – [5] VS I, 28 B 1, 31f.; DEMOKRIT, VS II, 68 B 85. – [6] VS II, 68 B 182 und 85. – [7] VS I, 22 B 55. – [8] PLATON, Theait. 153 b. – [9] Phaidon 75 e. – [10] Men. 81 d. – [11] J. STENZEL: Platon der Erzieher (1928, ND 1961) 4. – [12] ARISTOTELES, Anal. pr. 67 a 21ff. – [13] Anal. post. 71 a 10; vgl. auch 71 a 1. – [14] a.O. 71 a 5f. – [15] Met. 992 b 30ff. – [16] a.O. 1029 b 3ff. –

[17] Soph. elench. 165 b 1ff. – [18] SVF III, 52, 29ff. – [19] ARRIAN, Diatr. Epict. IV, 7, hg. W. A. OLDFATHER (London/Cambridge 1959) 332. – [20] SENECA, De brev. vit. VIII, 3. – [21] CICERO, De off. I, 105; I, 2. – [22] SEXTUS EMPIRICUS, Pyrrh. hypotyp. III, 252-273: cap. 28-30. – [23] PHILON, Opera, hg. L. COHN/P. WENDLAND (1898, ND 1962) III, 80. – [24] a.O. 146. – [25] POLYCARPUS MART., MPG 5, 1036 D; DIOGN. I. MPG 2, 1168 B. – [26] JUSTIN, Apol. I, 13. MPG 6, 348 A. – [27] J. CHRYSOSTUMUS, De inani gloria et de educandis. Sources Chretiennes 188 (Paris 1972). – [28] CLEMENS ALEX., Strom. VII, 11. MPG 9, 488 A. – [29] PHILOSTORGIUS, Hist. eccl. VIII, 11. MPG 65, 564 C. – [30] ORIGENES, Comm. in Ioann. I, 20. MPG 14, 53 CD. – [31] AUGUSTIN, De civ. Dei VIII, 7. CCL 47, 224. – [32] Conf. X, 11. MPL 32, 787. – [33] BOETHIUS, De inst. mus., hg. G. FRIEDLEIN (1867, ND 1966) 187. – [34] HUGO VON ST. VICTOR, Opera propaedeutica, hg. R. BARON (Notre Dame, Ind. 1966) 204; vgl. auch Art. ⟨Disciplina, doctrina⟩. – [35] ALBERTUS MAGNUS, Opera omnia, hg. B. GEYER (1951ff.) XVI, 2, 383; JOHANNES PICARDI VON LICHTENBERG, Quaestiones, Cod. Vat. Lat. 859, fol. 172 vb, col. 88 (Hinweis von B. MOJSISCH, Bochum). – [36] ANSELM VON CANTERBURY, Opera omnia, hg. F. S. SCHMIDT (Seckau/Rom/Edinburgh 1938-1961, ND 1968) 2, 197. – [37] HUGO VON ST. VICTOR, De modo dicendi et meditandi. MPL 176, 877 A; Erudit. didasc. MPL 176, 774 B; PETRUS DAMIANI, Opera omnia (Paris 1663) 3, 255 A. – [38] THOMAS VON AQUIN, Quaest. disp. I, q. 11. – [39] MEISTER ECKHART, Lat. Werke, hg. K. WEISS 1 (1964) 694. – [40] Dtsch. Werke, hg. J. QUINT 1 (1958) 336. – [41] a.O. 2/1 (1968) 192.

2. *Neuzeit.* – Der in Humanismus und Renaissance philosophisch wenig bedeutsame Begriff [1] gewinnt erst bei DESCARTES wieder terminologische Bedeutung. Als Aneignung methodischer Fähigkeiten [2] wird das L. von der Selbsttätigkeit des Entdeckens (découvrir [3] bzw. detegere [4]) abgehoben. Eine verwandte Dichotomie findet sich in der ⟨Encyclopédie⟩ (apprendre / s'instruire [5]) und bei BAUMGARTEN (invenire = incognita cognoscere / discere: ab altero in cognoscendo iuvari [6]). In der *pädagogischen* Literatur dieser Epoche nimmt der Begriff keine zentrale Stellung ein: LOCKE versteht L. als vom Erzieher geleitete Aneignung von Wissen [7], während ROUSSEAU es als vom Lernenden selbst zu vollziehende, vom Erzieher nur zu initiierende Tätigkeit begreift [8].

In *geschichtsphilosophischen* Entwürfen des 18. Jh. wird ein Begriff des L. geläufig, der sich nicht mehr nur auf den einzelnen Menschen und seine Entwicklung, sondern auf die Menschheit als ganze und ihren Fortschritt bezieht. So hält LESSING die Offenbarung des Alten und Neuen Testamentes – «Elementarbücher der Kindheit des Menschengeschlechts» [9] – für notwendig, bis die Menschheit gelernt habe, die in ihr noch verschlüsselten Wahrheiten aus der Vernunft allein abzuleiten [10]. Anders hat HERDER den Erwerb durchaus praktischer Fähigkeiten im Auge, wenn er davon spricht, daß der «menschliche Verstand» gelernt habe, und wenn er diesen Vorgang als Antwort der menschlichen Gattung auf die Herausforderungen der Natur begreift [11]. Für KANT stellt sich die Entwicklung der Menschheit zu ihrem Ziel (das als «eine allgemein das Recht verwaltende bürgerliche Gesellschaft» [12] gefaßt ist) sowie die Entfaltung aller ihrer Anlagen als ein Prozeß dar, der sich in «Versuchen, Übungen und Unterricht» der ganzen Gattung vollzieht, denn es «würde ein jeder Mensch unmäßig lange leben müssen, um zu lernen, wie er von allen seinen Naturanlagen einen vollständigen Gebrauch machen sollte» [13]. – Für HUME sind, seiner Erkenntnistheorie entsprechend, Erfahrung und äußere Beobachtung (experience/observation) Voraussetzungen für ein (auch dem Tier zukommendes) L. [14].

Außerhalb des geschichtsphilosophischen Zusammenhanges greift der junge KANT den Begriff in der seiner Zeit geläufigen pädagogischen Bedeutung auf, wenn er feststellt, es sei «möglich zu lernen, ... was als eine schon fertige Disciplin uns vorgelegt werden kann» [15]. L. erstreckt sich daher lediglich auf «historische» (Geschichte, Naturwissenschaften) und «mathematische» Wissenschaften [16]. Folgerichtig ist die Philosophie, der Kant den Charakter einer «schon fertigen Weltweisheit» [17] abspricht, aus dem Bereich des Lernbaren ausgeschlossen: Man kann nicht Philosophie, sondern nur «philosophiren lernen» [18]. Lehren und L. haben die Fähigkeit zur «künftig reifern *eigenen* Einsicht» [19] zum Ziel. – In seiner ⟨Pädagogik⟩ bezeichnet Kant das L. wie auch Erziehung und Bildung als ein Humanum schlechthin; allein der Mensch erwirbt durch L. die ihn auszeichnenden Fähigkeiten [20].

Die bereits bei Kant aufgezeigte Möglichkeit des L. als eigenständiges «Hervorbringen» [21] – «Man lernt das am gründlichsten ..., was man gleichsam aus sich selbst lernt» [22] – wird bei FICHTE zur zentralen Bestimmung des Begriffes: Der Mensch «ist selbsttätig, indem er lernt» [23]. Zugleich müsse allerdings – im Sinn rezeptiven L. – das Wissen der Tradition «durch Unterricht ... gelernt, nicht aber durch Nachdenken aus bloßen Vernunftgründen entwickelt» [24] werden. Dominant – und über den pädagogischen Zusammenhang hinausweisend – ist jedoch die Betonung der «unmittelbare(n) Selbsttätigkeit des Zöglings» und die Forderung, «diese zur Grundlage aller Erkenntnis zu machen, also, daß an ihr erzeugt werde, was gelernt wird» [25]. – Bei HEGEL fallen die Aspekte der Selbsttätigkeit und Rezeptivität des L. zusammen, wenn er darlegt: «L. heißt nicht nur, mit dem Gedächtnis die Worte auswendig lernen – die Gedanken Anderer können nur durch Denken aufgefaßt werden, und dieß Nach-denken ist auch L.» [26]. – SCHELLINGS Diktum, man könne die Philosophie (im Gegensatz zu den «historischen» Wissenschaften [27]) zwar nicht lernen, müsse aber «die Kunstseite dieser Wissenschaft, oder was man allgemein Dialektik nennen kann», lernen [28], weist auf Kant zurück. – Im Zusammenhang seiner als Kulturphilosophie verstandenen [29] Ethik erscheinen das L. und das Lehren bei SCHLEIERMACHER deshalb, weil beide von der «Identität der Vernunft» [30] auszugehen haben und so als Überwindung der «Vereinzelung» [31] zu Erscheinungen des Sittlichen [32] werden. «Das Denken ist ... sittlich, sofern [es] sich als für alle denkend, also in der Mitteilung setzt, und das Aufnehmen ist ... sittlich, insofern als das Gedachte als ... beharrliche Vernunfthandlung gesetzt wird; und dies Verhältnis ist das des Lehrens und L.» [33]. Ziele des L. sind somit nicht einzelne Inhalte, sondern das Aufwachen der «Idee des Erkennens, des höchsten Bewußtseins der Vernunft als eines leitenden Prinzips» [34]. Dieser mit der Formel «L. des L.» [35] bezeichnete Vorgang soll sich nach Schleiermacher auf der Universität vollziehen, während W. VON HUMBOLDT, bei dem sich Gedanke und Formel ähnlich finden, die «doppelte Beschäftigung» – die des «L. selbst» und die des «L. des L.» – bereits dem Elementarunterricht zuweist [36]. – In HERBARTS Pädagogik bestimmt sich das L. durch das Verhältnis, in das es zum Begriff des Interesses gesetzt ist. Es soll dazu dienen, «daß Interesse aus ihm entstehe. Das L. soll vorübergehen, und das Interesse soll während des ganzen Lebens beharren» [37].

Theologisierend greift KIERKEGAARD den seit der Antike belegten Topos auf [38], aus Leid könne gelernt werden [39]. – NIETZSCHE verwendet den Begriff in bildungskritischer Absicht, wenn er ein auf bloße Gelehrsamkeit reduziertes L. verwirft [40]. Dagegen betont er, daß «es zum Denken einer Technik, eines Lehrplans, eines Willens zur Meisterschaft bedarf – daß Denken gelernt sein will» [41]. Auch unterscheidet er zwischen dem Anlernen konventioneller Moralvorstellungen und dem L. als Aneignung von Grundhaltungen, die der der Moral entwachsene Mensch gleichsam aus sich selbst «entgegennimmt», da sie ihm «angeboren und einverleibt» sind [42]. Entsprechend spricht Nietzsche an anderer Stelle von «etwas Unbelehrbarem im Menschen», über das dieser «nicht umlernen, sondern nur auslernen – nur zu Ende entdecken [kann], was darüber bei ihm feststeht» [43].

Von dem in seiner ‹Sozialpädagogik› zentralen Begriff der bildenden «Gemeinschaft ... der Lehrenden und Lernenden» [44] ausgehend faßt P. NATORP den Vorgang des L. nicht als «Einpflanzen von außen und ... passive Entgegennahme» [45], sondern als «intensivste Selbsttätigkeit», da der «Empfangende ... durch die Lebendigkeit seiner Empfängnis ... zum Anregenden, also Gebenden» wird [46]. Dieser ausdrücklich auch als Rückgriff auf Platon verstandene [47] Ansatz ist somit noch einer philosophischen Begriffsgeschichte des L. zuzurechnen.

Anmerkungen. [1] ERASMUS VON ROTTERDAM, De ratione studii. Opera omnia 1 (Leiden 1703, ND 1961) 521; De pueris statim ac liberaliter instituendis a.O. 516. – M. FICINO, Opera omnia 1 (Basel 1561, ND Turin 1962) 742. – J. L. VIVÈS, Opera omnia 6 (Valentia Edetanorum 1782, ND London 1964) 259; G. CARDANO, Opera omnia 1 (Lugdunum 1663, ND London/New York 1967) 316. – [2] R. DESCARTES, Oeuvres, hg. CH. ADAM/P. TANNERY (ND Paris 1964ff.) 10, 388. – [3] a.O. 6, 41. – [4] 7, 64. – [5] Art. ‹apprendre›, in: Encyclop., hg. DIDEROT/D'ALEMBERT (Bern/Lausanne 1781) 3, 175. – [6] A. G. BAUMGARTEN: Acroasis logica (1761) §§ 345. 101; auch J. W. GOETHE, Max. und Refl. 1141. – [7] J. LOCKE, Thoughts on education §§ 93. 73. 74. Works 9 (London 1823, ND 1963). – [8] J.-J. ROUSSEAU, Oeuvres compl. 4 (Paris 1959) 447. – [9] G. E. LESSING, Sämtl. Schr. 13, hg. K. LACHMANN (1886) 421. 426. – [10] a.O. 430; vgl. Art. ‹Erziehung des Menschengeschlechts›. – [11] J. G. HERDER, Sämtl. Werke, hg. B. SUPHAN 5 (1891, ND 1967) 489. – [12] I. KANT, Akad.-A. 8, 22. – [13] a.O. 19. – [14] D. HUME, The philos. works 4, hg. T. H. GREEN/T. H. GROSE (London 1882, ND 1964) 55. 33. 34; Zur Tierpsychol. a.O. 85. 88; dazu auch H. S. REIMARUS, Allg. Betrachtungen über die Triebe der Thiere (³1773) 71. – [15] KANT, a.O. [12] 2, 307. – [16] 306. – [17] 307. – [18] 306. – [19] 307. – [20] 11, 443. 450. 471. – [21] 477. – [22] ebda. – [23] J. G. FICHTE, Ausgew. Werke, hg. F. MEDICUS 5 (1911, ND 1962) 397. – [24] Akad.-A. I, 3, hg. R. LAUTH/H. JACOB 55. – [25] Werke a.O. [23] 5, 397. – [26] G. W. F. HEGEL, Werke, hg. H. GLOCKNER 7, 126; vgl. auch a.O. 3, 251ff. 311ff. 321; 18, 202ff. 215. – [27] F. W. J. SCHELLING, Werke, hg. M. SCHRÖTER 3 (1927, ND 1958) 261. 264. – [28] a.O. 289. – [29] Vgl. H.-J. BIRKNER: Schleiermachers christl. Sittenlehre (1964) 37f. – [30] FR. D. E. SCHLEIERMACHER, Ausgew. Werke, hg. O. BRAUN/J. BAUER (²1927, ND 1967) 2, 444. – [31] ebda. – [32] ebda. – [33] ebda. – [34] Pädag. Schr., hg. E. WENIGER 2 (1957) 95. – [35] ebda. – [36] W. VON HUMBOLDT, Akad.-A. I/13 (1920) 261. – [37] J. F. HERBART, Pädag. Schr. III, hg. W. ASMUS 3 (1965) 97. – [38] Vgl. H. DÖRRIE: Leid und Erfahrung, in: Akad. Wiss. Lit. Mainz, Abh. geistes- und sozialwiss. Kl. (1956) Nr. 5. – [39] S. KIERKEGAARD, Ges. Werke, dtsch. E. HIRSCH 18 (1951) 265-271. – [40] FR. NIETZSCHE, Musarion-A. 11 (1920) 269. – [41] Werke, hg. K. SCHLECHTA 2 (1954) 988. – [42] Musarion-A. 11, 250. – [43] a.O. 15, 181. – [44] P. NATORP: Sozialpädagogik (⁴1920) 91. – [45] a.O. 88. – [46] ebda. – [47] 91.

Literaturhinweis. F. HIERONYMUS: μελέτη. Übung, L. und angrenzende Begriffe (Diss. Basel 1970).

S. LORENZ/W. SCHRÖDER

II. ‹L.› hat als Fachausdruck erst verhältnismäßig spät in die *psychologische* Literatur Eingang gefunden. Zum Titelwort einer fachpsychologischen Arbeit wird es erst 1900 bei L. STEFFENS [1]. In älteren Abhandlungen ist im gleichen Zusammenhang von ‹Gedächtnis›, ‹Association›, aber auch von ‹Übung› die Rede [2].

Obwohl man unter ‹L.› allgemein den Vorgang der Einprägung von Kenntnissen, der Aneignung und Ausbildung von Fertigkeiten, Gewohnheiten und Haltungen versteht, ist der wissenschaftliche Gebrauch des Begriffes in der Psychologie nicht eindeutig. Gegenwärtig lassen sich wenigstens drei Klassen von Definitionen des Begriffs unterscheiden: 1. Von L. wird dann gesprochen, wenn sich bestimmte Verhaltensweisen ändern, diese Änderungen relativ dauerhaft sind und nur auf die besondere Art der Organismus-Umwelt-Beziehung zurückgeführt werden können, d. h. nicht auf andere, innere oder äußere Einflüsse. In diesem Sinne wird L. als ein Prozeß umschrieben, «durch den als Folge der Reaktion auf eine gegebene Situation eine Aktivität entsteht oder verändert wird, vorausgesetzt, daß die Charakteristika dieser Änderungen nicht auf die Grundlage angeborener Reaktionstendenzen, der Reifung oder vorübergehender Zustände des Organismus (Ermüdung, Drogen etc.) zu erklären sind» [3]. Verzichtet man auf solche Einschränkungen, kann L. der Änderung der Wahrscheinlichkeit gleichgesetzt werden, mit der spezifische Verhaltensformen in bestimmten Situationen auftreten [4]. – 2. Statt durch Beschreibung von Prozeßmerkmalen läßt sich L. aber auch durch den Hinweis auf strukturelle Charakteristika kennzeichnen. So sind Lernvorgänge gegenüber anderen Verhaltensabläufen dadurch abzugrenzen, daß etwa die besondere Art der Verknüpfung zwischen Reiz- und Reaktionselementen und deren Gliederung [5] oder bestimmte histologische u.a. [6] oder biochemische [7] Strukturänderungen hervorgehoben werden. – 3. ‹L.› wird häufig aber auch bloß als Synonym für die bei verschiedenen experimentellen Manipulationen und Anordnungen beobachtbaren Ereignisse verwendet. Auf diese Weise operational definiert, kann mit ‹L.› z. B. sowohl die Verminderung der Latenz, mit der die Reaktion in einem klassischen Konditionierungsexperiment auftritt, als auch die Zunahme der Reaktionsfrequenz bei operativer Konditionierung oder der Anstieg der Treffer in einer seriellen Lernaufgabe (etwa dem Auswendiglernen sinnloser Elemente) gemeint sein. – So verschiedenartig diese Definitionsansätze auch sind, gewisse Implikationen sind ihnen gemeinsam. Die Anwendung des Begriffes ‹L.› setzt in jedem Fall voraus, daß a) Prozeß- oder Strukturmerkmale zu *verschiedenen Zeitpunkten* miteinander verglichen werden. Sie implizieren weiter b) eine *Bewertung* der festgestellten Unterschiede im Hinblick auf ein bestimmtes Kriterium, sei es, daß z. B. eine Leistungsänderung als Verbesserung, sei es, daß die Modifikation eines Verhaltensmusters im Verlaufe einer Therapie als Ausdruck zunehmender Angepaßtheit interpretiert wird. Schließlich verweist c) der Begriff ‹L.› notwendigerweise auf den Begriff ‹Gedächtnis›, ‹Speicher› oder dergleichen, insofern von der relativen Beständigkeit der als L. klassifizierten Verhaltensänderungen ausgegangen wird.

Angesichts des ungelösten Definitionsproblems ist auch die Frage nach der allgemeinen Bestimmung dessen, was gelernt oder gespeichert wird, nicht bindend zu beantworten. Je nach theoretischer Position können vor allem Verknüpfungen von Reizen und (motorischen) Reaktionen [8], die Herstellung von Mittel-Zweck-Relationen [9] oder die Speicherung von Information [10] als jene Größen gelten, nach denen der Lernprozeß inhaltlich zu charakterisieren ist. Unabhängig davon herrscht freilich weitgehend Einigkeit darüber, daß sich die Beobachtung von Lern- und Gedächtnisphänomenen immer nur an irgendwelchen Handlungen bzw. Leistungen des lernenden Individuums orientieren kann. Die – vor allem in der amerikanischen Lernpsychologie übliche – Trennung zwischen dem «eigentlichen» Lernvorgang (learning) und den zugeordneten Ausführungshandlungen (performance) wird dadurch zwar nicht prinzipiell aufgehoben, verliert aber an praktischer Relevanz.

Da ‹L.› nicht nur in bestimmten, ohne weiteres als gleichartig erkennbaren Situationen vor sich geht und experimentell nur in wenigen Modellsituationen analysiert wird (Einübung von Kenntnissen und Fähigkeiten; klassische Konditionierung; instrumentelle und operative Konditionierung; Begriffsbildung), werden häufig mehrere *Typen des Lernprozesses* angenommen. Dem Bestreben, solche *Taxonomien* des L. zu erstellen, stehen freilich so lange kaum zu überwindende Schwierigkeiten entgegen, als diese Klassifikationsversuche nicht auf dem Boden einer allgemein akzeptierten Lerntheorie erfolgen. Gegenwärtig findet man sowohl die Meinung vertreten, es handle sich um einen einheitlichen Vorgang [11], um zwei Grundprozesse [12] oder um ein «mehrstufiges» Phänomen. Als Beispiel hierfür sei eine Einteilung erwähnt, derzufolge L. als Signallernen, Reiz-Reaktions-L., Kettenbildung, sprachliche Assoziation, multiple Diskrimination, Begriffs-L., Regel-L. und Problem-L. auftreten kann [13]. (Dieser Beitrag wurde im Sept. 1970 abgefaßt.)

Anmerkungen. [1] L. STEFFENS: Exp. Beitr. zur Lehre vom ökonomischen L. Z. Psychol. 22 (1900) 321-382. – [2] H. EBBINGHAUS: Über das Gedächtnis (1885) und H. JOST: Die Associationsfertigkeit in ihrer Abhängigkeit von der Verteilung der Wiederholungen. Z. Psychol. 14 (1897) 436-472. – [3] E. R. HILGARD und G. H. BOWER: Theories of learning (New York ³1966). – [4] u. a. R. R. BUSH und F. MOSTELLER: Stochastic models for learning (New York 1955). – [5] C. L. HULL: Principles of behavior (New York 1943). – [6] J. C. ECCLES: Possible ways in which synaptic mechanisms participate in learning, remembering, and forgetting, in: D. P. KIMBLE (Hg.): Learning, remembering, and forgetting Bd. 1: The anatomy of memory (Palo Alto 1965) 12-87. – [7] H. HYDEN: Activation of nuclear RNA in neurons and glia in learning, in: KIMBLE (Hg.), a.O. [6] 178-239. – [8] HULL, a.O. [5]. – [9] E. C. TOLMAN: Purposive behavior in animals and men (New York 1932). – [10] B. E. HUNT: Concept learning: an information processing problem (New York 1962). – [11] A. N. LEONTJEW: Das L. als Problem der Psychol., in: ..... Probleme der Lerntheorie (1967) 11-32. – [12] O. H. MOWRER: Learning theory and the symbolic processes (New York 1960). – [13] R. M. GAGNÉ: Die Bedingungen des menschl. L. (1969).

Literaturhinweise. R. BERGIUS (Hg.): Hb. der Psychol. 1/2: L. und Denken (1964). – E. R. HILGARD und G. H. BOWER s. Anm. [3]. – R. M. GAGNÉ s. Anm. [13]. – M. H. MARX (Hg.): Learning theories (London 1970). – K. FOPPA: L., Gedächtnis, Verhalten (⁷1970). K. FOPPA

Lerntheorien (engl. Theories of learning). Als ‹L.› werden jene mehr oder minder allgemeinen Verhaltenstheorien bezeichnet, welche von der Voraussetzung ausgehen, daß Umwelteinflüsse, die in Lernprozessen ihren Niederschlag finden, für die Erklärung der Genese und der Steuerung des Verhaltensablaufes von entscheidender Bedeutung sind. Demgemäß enthalten sie nicht nur Aussagen über den Lernprozeß und die mit ihm unmittelbar zusammenhängenden Phänomene.

Die ersten Ansätze zur Formulierung von L. in diesem umfassenden Sinn fallen mit dem Beginn der experimentellen Lernforschung praktisch zusammen [1]. Waren zu diesem Zeitpunkt die Kenntnisse über die Gesetzmäßigkeiten des Lernverlaufes auch gering, so verfügte man doch über – längst vor jeder experimentellen Analyse formulierte [2] – Vorstellungen über die Funktion der Einprägung und des Gedächtnisses. Das *Prinzip der Assoziation,* d.h. vor allem der Verknüpfung zweier zeitlich kontingenter Inhalte, erschien – nach entsprechender Anpassung an die neu eingeführten experimentellen Bedingungen – als brauchbarer Erklärungsansatz nicht nur des Lernprozesses, sondern des Verhaltens im allgemeinen. Dazu kam, daß es auf dem Hintergrund der Entwicklungstheorie Darwins nahelag, die Verhaltensgenese in *Analogie zur Entstehung der Arten* zu sehen. Tatsächlich üben diese beiden, unabhängig von der experimentellen Lernpsychologie gewonnenen Modellvorstellungen bis heute nachhaltigen Einfluß auf die theoretische Behandlung des Lernvorganges aus.

Zu den L. zählen 1. E. L. THORNDIKES *Verknüpfungstheorie* [3]. Begegnet der Organismus einer Problemsituation, so reagiert er darauf – aufgrund seiner instinktiven Ausstattung oder früher gelernter Verhaltensweisen –, bis eine seiner Reaktionen zufällig zum Erfolg führt (Versuch-Irrtum-Verhalten; trial and error). Hervorstechende Merkmale der Situation werden dabei unter Umständen mit größerer Wahrscheinlichkeit beachtet, wodurch «einsichtsvolle» Lösungen des Problems möglich werden (Prinzip der vorherrschenden Elemente). Die Bildung neuer Verhaltensgewohnheiten (habits) basiert dabei auf einer Verknüpfung von *Situation*(smerkmalen) und *Reaktion*(en). Die Stärke dieser Verknüpfung wächst, wenn sie von einem «befriedigenden Gesamtzustand» (satisfying state of affairs) begleitet ist (*Gesetz des Effektes*). Ursprünglich war Thorndike der Auffassung, daß die Wirkung negativer Verhaltenskonsequenzen genau gegenläufig wäre: Unbefriedigende Endzustände sollten die Stärke der Verknüpfung im gleichen Maße verringern, wie sie z. B. durch Belohnung erhöht wird. In den späteren Fassungen [4] wurde diese symmetrische Beziehung jedoch fallengelassen, ohne daß freilich die zentrale Bedeutung, die dem Gesetz gegenüber den anderen «Gesetzen» zukommt (Gesetz der Übung: law of exercise; Gesetz der Bereitschaft: law of readiness; die Prinzipien der Zusammengehörigkeit [belongingness], Einprägsamkeit [impressiveness], Verfügbarkeit [availability] usw.), geschmälert wurde.

2. C. L. HULLS *systematische Verhaltenstheorie* [5] stellt den ersten konsequenten Versuch dar, aus einer Reihe allgemeiner Annahmen empirisch prüfbare Aussagen abzuleiten und damit zu einem geschlossenen System des Verhaltens zu gelangen. Die Theorie ist in 17 *Postulaten* und 17 untergeordneten, meist aber nicht unmittelbar aus den Postulaten abgeleiteten *Corollarien* verbal und in Form von Gleichungen niedergelegt, zu denen 133 Theoreme kommen, die Aussagen über beobachtbare Tatbestände enthalten. Wenn auch die Grundannahmen über den Lernprozeß den Voraussetzungen Thorndikes verwandt sind, so unterscheiden sich diese beiden *S-R-Verstärkungstheorien* doch nicht nur im Grade ihrer Formalisierung. – Hulls System beruht auf wenigen *unabhängigen* und *abhängigen Variablen* und Annahmen über die Art ihrer Verknüpfung. Als *unabhängige Variable* gelten u.a.: *Reize* (Stimuli $= S$, die physikalisch bestimmbar sind); die *Anzahl* der bisherigen *Verstärkungen* (reinforcements $= N$), d.h. der bedürfnismindernden Konsequenzen einer bestimmten Reaktion; der Arbeitsaufwand, der zur Ausführung der Reaktion erforderlich ist (W). Als *abhängige Variable* (und damit auch als jene Größen, nach denen der Lernprozeß zu bestimmen ist)

werden lediglich die Reaktionslatenz ($_{s}t_R$), die Reaktionsamplitude (A) und die Reaktionsfrequenz (n) behandelt. Damit ist gleichzeitig auch der Rahmen abgesteckt, in dem Verhaltensweisen und ihre Veränderungen zu beobachten sind. – Von besonderer Bedeutung sind (neben den Aussagen über *primäre* und *sekundäre Motivation*, über die Zusammensetzung des sog. *Reaktionspotentials*, über den Mechanismus der *Hemmung* und die Bedingungen, unter denen *Reiz-* und *Reaktionsgeneralisation* auftreten), die Postulate III (*primäre Verstärkung*) und IV (*Gesetz der Habitbildung*), in denen die zentralen Mechanismen des eigentlichen Lernvorgangs beschrieben sind. *Postulat III:* «Wenn eine Reaktion eng mit den afferenten Begleiterscheinungen bzw. der Erregungsspur eines Reizes assoziiert ist und diese Reiz-Reaktionsverbindung mit der raschen Verminderung eines Motivationsreizes einhergeht, dann hat dies eine Erhöhung der Tendenz dieses Reizes zur Folge, jene Reaktion auszulösen» [6]. *Postulat IV:* Die Habitstärke (d. h. die Tendenz eines Reizes, eine mit ihm verknüpfte Reaktion auszulösen) wächst als ansteigende, negativ beschleunigte Funktion der Anzahl der Versuchsdurchgänge, vorausgesetzt, daß jeder Versuch verstärkt wird, die Verstärkungen in gleichmäßigen Abständen aufeinanderfolgen und alle übrigen Bedingungen unverändert bleiben [7]. Dabei ist es besonders wichtig, daß die Reaktionen nicht nur als unmittelbar beobachtbare, isolierte Handlungseinheiten, sondern auch als implizite, *antizipatorische Zielreaktionen* auftreten, welche eine Grundlage für das Verständnis der sichtbaren Verhaltenskontinuität bilden, ohne daß dafür neue Erklärungsprinzipien eingeführt werden müßten.

3. B. F. SKINNERS *deskriptive L.* [8]. Wie Thorndike und Hull geht Skinner davon aus, daß *Verstärkungen* für die Steuerung des Gesamtverhaltens und des Lernprozesses entscheidend sind. Verstärkungen werden jedoch nicht auf einen bestimmten Wirkungsmechanismus (etwa Bedürfnisreduktion) zurückgeführt: Jeder Reiz, d. h. jeder Aspekt der Umwelt, von dem festgestellt ist, daß er das Verhalten zu beeinflussen vermag, gilt als Verstärker. Skinner sieht den Lernprozeß nun nicht nur als die (verstärkte) Verknüpfung von Reizen und Reaktionen (*Konditionierung vom Typ S*/respondentes Lernen). Wichtiger sind Veränderungen der Wahrscheinlichkeit jener Klasse von Handlungen (operant), für die sich keine Auslösereize identifizieren lassen. Diese *operative Konditionierung (Konditionierung vom Typ R)* gehorcht u. a. dem folgenden Gesetz: «Wenn das Auftreten eines Operanten von der Darbietung eines verstärkenden Reizes gefolgt ist, nimmt seine Stärke zu» [9]. Dadurch wird ein spezifisches Handlungspotential gebildet, von dem es z. B. abhängt, wie häufig und mit welcher Geschwindigkeit die Handlung in Zukunft ausgeführt wird, wobei einzelne Stimuli eine steuernde Funktion übernehmen können.

4. I. P. PAWLOWS *Lehre von der Physiologie der höheren Nerventätigkeit* [10]. Bei der ursprünglich zur Erklärung der «Bewegungsgesetze der Nervenprozesse» formulierten Theorie, «mit denen die bedingt-reflektorische Tätigkeit des Gehirns realisiert wird» [11], handelt es sich trotz der zahlreichen neurophysiologischen Bezüge um eine L. Die Anpassung des Verhaltens an die Umwelt geschieht danach auf der Grundlage der Ausbildung *bedingter Reflexe*. Infolge wiederholter zeitlicher Kontingenz zwischen neutralen Stimuli (konditionalen Reizen) und unbedingten Reflexauslösern (unkonditionierten Reizen) beginnt das Lebewesen auch auf jene «Reize zu reagieren, die an sich keine biologische Bedeutung haben» [12]. Damit werden sie zu konkreten Signalen der Wirklichkeit. Menschliches Denken und Handeln orientiert sich jedoch nicht ausschließlich an diesen *Signalen erster Ordnung*. In der Sprache verfügen wir vielmehr über ein *zweites Signalsystem*, das durch die Signale der Signale gebildet wird und eine «Abstraktion der Wirklichkeit» [13] darstellt. – Der Begriff der *Bekräftigung* (Verstärkung) spielt in diesem Zusammenhang eine ebenso zentrale Rolle wie bei den eigentlichen Verstärkungstheorien, wenn auch in anderer Bedeutung. Bekräftigung wird der Darbietung eines unkonditionierten Stimulus (d. h. der Auslösung eines unbedingten Reflexes) gleichgesetzt und in ihrer Wirkung nicht auf Bedürfnisverminderung o. ä. zurückgeführt, sondern auf bestimmte neurophysiologische Schließungsmechanismen [14]. In der neueren Literatur haben dabei jene Reize eine besondere Bedeutung erlangt, die den *Orientierungsreflex*, d. h. etwa die Zuwendung zu einem Objekt, auslösen [15].

5. E. C. TOLMANS *kognitive L.* [16]. Sind die vier bisher angeführten L. als Assoziationstheorien im weiteren Sinn zu bezeichnen, so stellt Tolmans Theorie den konsequentesten Versuch der Formulierung eines nicht-assoziationstheoretischen (gewissen gestalt- und feldtheoretischen Auffassungen verpflichteten) Ansatzes dar. Danach ist jede Situation für den Organismus durch verschiedene *Zeichen* (signs) gegliedert, die den Weg zu bestimmten Zielen oder Zielobjekten *bezeichnen* (significate). Zeichen und Bezeichnetes stehen in räumlicher Beziehung zueinander (*Zeichen-Gestalt;* sign-gestalt). Hat der Organismus für eine gegebene Situation keine Zeichen-Gestalt ausgebildet, werden *Erwartungen* (die allerdings nicht als bewußte Antizipationen aufgefaßt werden dürfen) aktiviert, deren Eigenart davon abhängt, welchen früher gelernten Bedingungen die gegenwärtige Situation am ehesten entspricht. Je nachdem, ob die aufgrund der spezifischen Erwartung eingeschlagene Route zum Ziel führt oder nicht, wird die Erwartung und damit indirekt das Verhalten bekräftigt bzw. bestätigt (confirmed). Damit wächst aber die Tendenz, bei Wiederholung der Situation mit der gleichen Klasse von Handlungen das Ziel anzustreben.

Da keine der L. dem Anspruch genügt, ein brauchbares Erklärungsmodell für Verhalten im allgemeinen zu sein und auch der Lernprozeß selbst nicht befriedigend behandelt ist, traten an die Stelle der umfassenden L. spezifische (meist mathematisch formulierte) Miniaturmodelle des Lernens [17]. Hier wird versucht, den Lernprozeß für begrenzte Klassen von Situationen in exakten, meist stochastischen Modellen «abzubilden», ohne daß damit freilich neue theoretische Betrachtungsweisen des Prozesses verbunden wären [18]. Neuerdings scheint sich das theoretische Interesse wieder verstärkt den Gedächtnisphänomenen im engeren Sinne zuzuwenden [19]. Eine umfassendere, gleichzeitig exakte Theorie, die sowohl Einprägungs- als auch Speicherungsphänomenen gerecht würde, zeichnet sich jedoch gegenwärtig noch nicht ab. (Dieser Beitrag wurde im Sept. 1970 abgefaßt.)

Anmerkungen. [1] Vgl. E. G. BORING: A hist. of exp. psychol. (New York ²1950); E. R. HILGARD und G. H. BOWER: Theories of learning (New York ³1966). – [2] BORING, a.O. – [3] E. L. THORNDIKE: The psychol. of learning. Educational psychol. 2 (New York 1913). – [4] The fundamentals of learning (New York 1932). – [5] C. L. HULL: Principles of behavior (New York 1943). – [6] a.O. 71; gekürzte Fassung nach K. FOPPA: Lernen, Gedächtnis, Verhalten (1965) 340. – [7] A behavior system (New Haven 1952) 6; nach FOPPA, a.O. 341. – [8] B. F. SKINNER: The behavior of organisms (New York 1938). – [9] a.O. 21. – [10] I. P. PAWLOW,

Werke (dtsch. 1953). – [11] A. N. LEONTJEW: Das Lernen als Problem der Psychol., in: Probleme der L. (1967) 11-32. – [12] a.O. 13. – [13] PAWLOW, a.O. [10] 3, 466. – [14] P. K. ANOKHIN: A new conception of the physiol. architecture of conditioned reflex, in: Brain mechanisms and learning (Oxford 1961) 189-229. – [15] E. SOKOLOV: Wospniate i uslowny refleks (Moskau 1958); engl. Perception and the conditioned reflex (Oxford 1963). – [16] E. C. TOLMAN: Purposive behavior in animals and men (New York 1932). – [17] R. D. LUCE, R. R. BUSH und E. GALANTER (Hg.): Handbook of math. psychol. 1-3 (New York 1963). – [18] K. FOPPA: Das Dilemma der L., in: F. MERZ (Hg.) Ber. 25. Kongr. Dtsch. Ges. Psychol. (1967) 178-193. – [19] D. A. NORMAN: Models of human memory (New York 1970).

Literaturhinweise. S. KOCH: Psychol.: A study of a sci. 2 (New York/Toronto/London 1959). – R. BERGIUS (Hg.): Hb. Psychol. 1/2: Lernen und Denken (1964). – K. FOPPA: Lernen, Gedächtnis, Verhalten (1965). – E. R. HILGARD und G. H. BOWER: Theories of learning (New York ³1966); dtsch. Theorien des Lernens (1970).
K. FOPPA

Letztbegründung. Obwohl der Ausdruck ‹L.› in dieser Form erst in den letzten Jahrzehnten verwendet wird, ist das durch ihn bezeichnete Problem einer letztgültigen Rechtfertigung des Erkennens und Handelns im Laufe der Philosophiegeschichte immer wieder untersucht worden. Namentlich seit DESCARTES' Frage nach einem «fundamentum inconcussum» steht diese Frage im Vordergrund philosophischer Bemühungen um ein System von Erkenntnis- und Handlungsorientierung, das von einem letzten Grund argumentierend seinen Ausgangspunkt nimmt, wobei die Frage der Begründung dieses Ausgangspunktes die besonderen Schwierigkeiten der 'L.' bezeichnet (REINHOLD, FICHTE, SCHELLING, HEGEL, FRIES).

In bewußter Absetzung gegen den Psychologismus der Friesschen Schule und auch die angebliche psychologische Infiltration der Transzendentalphilosophie Kants und Fichtes versuchen die *Neukantianer*, dem L.-Problem einen «logischen» Sinn zu geben. Mit dem Problem einer letzten objektiven Begründung philosophischer Erkenntnis hat sich besonders P. NATORP auseinandergesetzt [1]. In ‹Die logischen Grundlagen der exakten Wissenschaften› wird der Philosophie gegenüber dem bloß konditionalen Begründen der Wissenschaften die «Begründung der letzten Voraussetzungen» [2] aufgegeben. Bereits Natorp sieht jedoch auch die «Schwierigkeit der letzten Begründung», die erfordert, gegenüber den induktiven und deduktiven Verfahren der Wissenschaften «eine andere Art der Begründung» ins Auge zu fassen [3]. Auch dem apagogischen Beweis steht Natorp skeptisch gegenüber; zwar führe er zu einem Zwang der Anerkennung letzter Voraussetzungen, jedoch dürfe man nicht annehmen, daß dieser Begründungsweg voraussetzungsfrei sei, da er bereits eine «Vorwegnahme des zu Begründenden» [4] enthalte. – In methodisch ähnlicher Weise weist RICKERT darauf hin, daß der Nachweis von Voraussetzungen des Erkennens noch nicht eine Begründung solcher Voraussetzungen darstellt [5]. Die '‹Begründung› der *letzten* Voraussetzungen des Erkennens» [6] verlange vielmehr den Nachweis, daß es sich bei diesen Voraussetzungen um unvermeidliche und notwendige handelt. Dieser Nachweis läßt sich in Beantwortung der Frage erbringen, ob sich das als vorausgesetzt Erkannte auch zugleich verneinen lasse. «Ein anderes Verfahren als dieses besitzen wir zur Begründung der *letzten* Voraussetzungen des Erkennens nicht» [7]. Insofern die Erkenntnistheorie allerdings bloß begründet, was schon vorausgesetzt wird, hat ihr Verfahren in einem spezifischen Sinn die Form einer petitio principii, weshalb der «subjektive Weg» noch um einen «objektiven» ergänzt werden muß [8].

Die Idee der L. des Wissens wird für HUSSERL erst im letzten Stadium der Entwicklung seiner Phänomenologie bedeutsam. In seiner kritischen Rezeption der Cartesianischen Begründungsidee schließt Husserl sich der Idee einer «Wissenschaft aus absoluter Begründung» [9], «einer Universalwissenschaft aus absoluter Begründung und Rechtfertigung» [10] an. In diesem Zusammenhang weist Husserl darauf hin, daß die prädikative Evidenz zwar die vorprädikative einschließt; das ausdrückliche Urteilen ist somit zwar an die vorprädikative Evidenz gebunden, hat jedoch auch seine eigene Evidenz oder Nichtevidenz; «damit aber auch mitbestimmend die Idee wissenschaftlicher Wahrheit, als letztbegründeter und zu begründender prädikativer Verhalte» [11]. Dies ist die vermutlich früheste Stelle, an welcher der zusammengesetzte Ausdruck ‹letztbegründet› vorkommt. In der Krisisschrift findet insofern eine Bedeutungsverschiebung statt, als nicht mehr das «Ich-denke» des anfangenden Philosophen, sondern die Lebenswelt das Attribut «letztbegründend» zugesprochen bekommt: «... ist die Wissenschaftlichkeit, die diese Lebenswelt als solche und in ihrer Universalität fordert, eine eigentümliche, eine eben nicht objektiv-logische, aber als die letztbegründende nicht die mindere sondern die dem Werte nach höhere» [12].

Von Husserls Programm unterscheidet sich H. DINGLERS L.-Konzeption vor allem durch den praktischen Charakter (oft mißverständlich als «Voluntarismus» gekennzeichnet) des letzten Fundaments. Interessant ist vielleicht die Beobachtung, daß Dingler den Ausdruck ‹L.› nicht verwendet, sondern meistens von «Vollbegründung» spricht [13]. Dingler faßt den methodischen Gang von einem System von Allgemeinaussagen (Wissenschaft) zu deren Vollbegründung so zusammen: «Sei also A eine Allgemeinaussage und B ihre Begründung. Dann verlangt die Forderung der *Voll*begründung, daß auch B eine Begründung besitze. Diese sei C. Da von C das gleiche gilt, so gelangen wir zu einem unendlichen Regreß, der aussagt, daß der Forderung der Vollbegründung für A nur dann genüge getan werden kann, wenn die Reihe A, B, C, D ... schließlich auf ein Glied X stößt, das so beschaffen ist, daß es selbst keiner Begründung bedarf, sich sozusagen in seiner Begründung selbst genug ist. Es muß also X so beschaffen sein, daß es selbst aus dem Unbegründeten, d.h. aus der Freiheit kommt. Nun sahen wir soeben, daß es in meinem bewußten Denken nur einen einzigen Punkt dieser Art geben kann: er ist dargestellt durch das oberste Ziel. Daraus folgt, daß die Vollbegründung von A nur erreicht werden kann, wenn die Begründungskette A, B, C ... in dem obersten Ziele mündet. Dieses ist also das Element X. Das oberste Ziel fließt aus dem freien Willen» [14]. Dinglers Programm einer praktischen L. der Logik, Physik, Arithmetik, Geometrie ist von E. MAY [15], P. LORENZEN [16], B. THÜRING [17] und P. JANICH [18] in verschiedenen Varianten weiterentwickelt worden.

Die im «Begründungsstreit» (etwa seit 1968) geübte Kritik an einer an der Idee der L. orientierten Philosophie (ALBERT [19] im Anschluß an POPPER [20]; STEGMÜLLER [21]) bezieht sich in ihrer Argumentation vor allem auf Dingler, so daß auf der Gegenseite von einem «Dingler-Komplex» (J. MITTELSTRASS) gesprochen wird. Bekannt geworden ist vor allem das von ALBERT formulierte «Münchhausen-Trilemma» (das dem Friesschen

Trilemma bis auf die Bewertung des dritten Lemmas entspricht), wonach das Begründungsverfahren, um einen unendlichen Regreß und einen Zirkel zu vermeiden, letztlich immer in einem willkürlichen Abbruch enden müsse. Zur Vermeidung der damit verbundenen theoretischen und politischen Konsequenzen (Dogmatismus, theoretischer Monismus, politische Theologie, Unfehlbarkeitsansprüche) sei das Ideal der Begründung überhaupt aufzugeben.

Die mit dem Münchhausen-Trilemma aufgeworfenen Probleme werden von anderen Philosophen demgegenüber zum Anlaß genommen, hierdurch nur eine bestimmte Form von Begründungsverfahren ad absurdum geführt zu sehen und die Entwicklung anderer, nichtdeduktiver Begründungskonzeptionen in der Philosophie zu fordern. K.-O. APEL hat in seiner sprachpragmatischen Reformulierung der transzendentalphilosophischen L.-Konzeption Albert eine «abstractive fallacy» entgegengehalten, weil Begründungsverhältnisse nur als Satzverhältnisse, nicht aber als Handlungs- und Kommunikationsstrukturen betrachtet werden. Eine Einsicht gilt nach Apel genau dann als letztbegründet, wenn sie nicht ohne pragmatischen Selbstwiderspruch negiert und darüberhinaus nicht ohne Zirkel begründet werden kann [22]. Zu ähnlichen Versuchen, «letzte» Prinzipien zu begründen, war es schon zuvor – wenn auch mit größerem Bewußtsein über die Problematik transzendentalphilosophischer Argumente [23] – im Bereich der analytischen Philosophie gekommen. So sucht etwa A. P. GRIFFITHS und in anderer Form R. S. PETERS zu zeigen, daß es gewisse «letzte» moralische Prinzipien gibt, die jeder akzeptieren muß, der sich auf einen moralischen Diskurs einläßt [24]. W. KAMLAH und P. LORENZEN haben in Weiterführung und Präzisierung von Dinglers Ansatz eine sprachphilosophische Konzeption entwickelt, die die Probleme eines unvermittelten letzten Fundaments zu vermeiden sucht, ohne auf die kritischen Vorteile einer Erkenntnisbegründung zu verzichten [25]. Dies geschieht dadurch, daß ausgehend von einer elementaren lebensweltlichen Sprach- und Herstellungspraxis die Mittel unserer Wissenschaftssprachen schrittweise und zirkelfrei eingeführt werden. Diese Variation des L.-Problems ist zu einer ausdifferenzierten «konstruktiven Ethik und Wissenschaftstheorie» weiterentwickelt worden [26].

Anmerkungen. [1] P. NATORP: Über objective und subjective Begründung der Erkenntnis. Philos. Mh. 23 (1887) 257-286. – [2] Die log. Grundl. der exakten Wiss. (²1921) 13. – [3] a.O. 31; vgl. J. VOLKELT: Der Weg zur Erkenntnistheorie. Z. Philos. philos. Krit. 157 (1915) 129-178, bes. 148. – [4] NATORP, a.O. [2] 32; vgl. Philos. (1911); Philos. Propädeutik (⁵1927) 3. – [5] H. RICKERT: Der Gegenstand der Erkenntnis (⁶1928) 232; vgl. Unmittelbarkeit und Sinndeutung (1939). – [6] Der Gegenstand ... a.O. 237. – [7] 238. – [8] 245-250. – [9] E. HUSSERL: Cartesianische Meditationen (Den Haag ²1963) 43. – [10] a.O. 52. – [11] ebda. – [12] Die Krisis der europ. Wiss. (Den Haag 1962) 127. – [13] Daneben allerdings «letzte Begründung» und «letzte Vollbegründung», in: H. DINGLER: Grundl. der Physik (²1923) 7; sowie «Selbstbegründung» und «absolut feste Begründung», in: Das System (1930) 17. – [14] Aufbau der exakten Fundamentalwiss. (1964) 29. – [15] E. MAY: Der Gegenstand der Naturphilos. Kantstudien 42 (1943) 146-175, bes. 160ff.; Kl. Grundriß der Naturphilos. (1949) bes. 14-21; Wiss. als Aggregat und System. Philosophia nat. 1 (1950) 348-360. 465-479; 4 (1952) 19-34. 332-349; W. KRAMPF (Hg.): Über das Prinzip der pragmat. Ordnung. Hugo Dingler Gedenkbuch (1956) 131-148. – [16] P. LORENZEN: Einf. in die operative Logik und Math. (1955); Formale Logik (1958); Metamath. (1962); Methodisches Denken (1968). – [17] B. THÜRING: Das Problem der allg. Gravitation. Scientia 100 (1965) 259-266; Die Gravitation und die philos. Grundl. der Physik (1967) 30. 109. 211f. – [18] P. JANICH: Die Protophysik der Zeit (1969); Eindeutigkeit, Konsistenz und methodische Ordnung, in: F. KAMBARTEL/J. MITTELSTRASS (Hg.): Zum normativen Fundament der Wiss. (1973) 131-158; Protophysik des Raumes, in: Protophysik, hg. G. BÖHME (1976) 83-130. – [19] H. ALBERT: Traktat über die krit. Vernunft (1968) 8-28; zu Dingler vgl. 30-33. – [20] K. R. POPPER: Logik der Forsch. (³1969) 12. 48. – [21] W. STEGMÜLLER: Probleme und Resultate der Wiss.theorie IV/1 (1973) 26. – [22] K.-O. APEL: Transformation der Philos. 2 (1973) 405ff.; Das Problem der philos. L. im Lichte einer transzendentalen Sprachpragmatik, in: B. KANITSCHNEIDER (Hg.): Sprache und Erkenntnis. Festschrift G. Frey (1976) 55-82. – [23] Vgl. etwa B. STROUD: Transcendental arguments. J. Philos. 65 (1968) 241-256; A. J. WATT: Transcendental arguments and moral principles. Philos. Quart. 25 (1975) 40-57. – [24] A. P. GRIFFITHS: Justifying moral principles. Proc. arist. Soc. 58 (1957/58) 104-124; Ultimate moral principles: Their justification. Encyclop. of Philos., hg. P. EDWARDS 8 (1967) 177-182; R. S. PETERS: Ethics and education (London 1966) 115f. – [25] W. KAMLAH und P. LORENZEN: Log. Propädeutik (1967, ²1973). – [26] Vgl. bes. P. LORENZEN und O. SCHWEMMER: Konstruktive Logik, Ethik und Wiss.theorie (1973, ²1975); P. JANICH, F. KAMBARTEL und J. MITTELSTRASS: Wiss.theorie als Wiss.kritik (1974).

Literaturhinweise. H. WAGNER: Hugo Dinglers Beitr. zur Thematik der L. Kantstudien 47 (1955/56) 148-167. – K. LORENZ und J. MITTELSTRASS: Die methodische Philos. Hugo Dinglers, in: H. DINGLER: Die Ergreifung des Wirklichen (1969) 7-55. – J. MITTELSTRASS: Wider den Dingler-Komplex, in: Die Möglichkeit von Wiss. (1974) 84-105. – C. F. GETHMANN und R. HEGSELMANN: Das Problem der Begründung zwischen Fundamentalismus und Dezisionismus. Z. allg. Wiss.theorie 8 (1977) 342-368.

C. F. GETHMANN

Leviathan (hebr. Liwjatan), ein im Buch Hiob (Kap. 40 und 41) neben dem Landtier Behemoth genanntes Seeungeheuer, war ursprünglich wohl ein Gott der babylonischen Mythologie [1]. Im Mittelalter lebte das Symbol in christlich-theologischen und jüdisch-kabbalistischen Traditionen fort [2]. In der christlichen Überlieferung geriet der L. bald in die Nähe der apokalyptischen Tiere und wurde mit dem Satan selbst identifiziert. In der kabbalistischen Esoterik, etwa bei ISAAK ABRAVANEL, dann bei BODIN und noch bei EISENMENGER, sind L. und Behemoth die heidnischen See- und Landmächte, die sich im Kampfe gegenseitig zerfleischen, was Israel im «Gastmahl des L.» feiern soll [3].

Erst mit TH. HOBBES' ‹Leviathan› (1651) tritt das antipolitisch-theologische Symbol aus dem Dunkel der Geheimlehren als antitheologisch-politische Allegorie ins Zwielicht der politischen Philosophie und Polemik [4]. Für Hobbes ist «magnus ille L.» als eine mythische Totalität von Gott, Mensch, Tier und Maschine die Verkörperung politischer Einheit: «Non est potestas super terram quae comparetur ei» (Motto aus Hiob 41, 24: «Auf Erden ist seinesgleichen niemand», dtsch. nach M. LUTHER). – Nach C. SCHMITT ist der L. als «politisches Symbol» nicht nur darum gescheitert, weil es bei Hobbes der christlich-jüdischen Überlieferung zuwider lief, sondern weil Hobbes das Seetier L. «mythisch unrichtig» auf seine typisch territoriale Staatskonstruktion bezog [5]. Auch auf dem Kontinent ist der ‹neue L.› des Bonapartisten BUCHHOLZ dem Mythos des ‹Anti-L.› erlegen [6]. In den antitotalitaristischen Theorien der Gegenwart wird der L. zum Teil wieder wie im Mittelalter als Incubus exorziert. ‹L.› ist teils ein ideologisches Schimpfwort [7], teils wieder ein antipolitisches Symbol der Theologie geworden [8].

Anmerkungen. [1] Vgl. Art. ‹L.›, in: RGG³ 4, 337f. m. Lit. (MAAG). – [2] C. SCHMITT: Der L. (1938) 11ff.; Art. ‹L. and Behemoth›, in: Jew. Encyclop. (New York o.J. [1901]) 8, 37f. (KAUF-

MANN, KOHLER u. a.). – [3] Zu Abravanel u. a. Kabbalisten vgl. Z. dtsch.-morgenländ. Ges. 21 (1867) 590 und C. SCHMITT: Land und Meer (³1954) 8f.; J. BODIN: Daemonomania (1581) 2, 6; 3, 11; Joh. A. EISENMENGER: Entdecktes Judenthum (1711) 2, 873ff. – [4] TH. HOBBES: Leviathan or the matter, form and power of a common wealth, eccl. and civil (London 1651; lat. Amsterdam 1668); vgl. J. M. STEADMAN: L. and Renaissance etymol. J. Hist. of Ideas (1967) 575f.; SCHMITT, a.O. [2] 25ff.; zur «Jagd auf den L.» vgl. J. BRAMHALL: The catching of the L., or the great whale ... (London 1658); zusammenfassend: S. J. MINTZ: The hunting of L. (Cambridge 1962). – [5] SCHMITT, a.O. [2] 120. – [6] Anonym (P. F. FR. BUCHHOLZ): Der neue L. (1805); Anonym (E. FR. v. GEORGII): Anti-L. (1807). – [7] Etwa J. VIALATOUX: La cité de Hobbes, théorie de l'état totalitaire (Paris/Lyon 1935) 221; B. MENCZER: Propheten des L. Wort u. Wahrheit 5 (1949) 99ff.; R. G. COLLINGWOOD: The new L. (Oxford 1942); dagegen «mythisch richtig»: FR. L. NEUMANN: Behemoth (New York/London 1942/43). – [8] Etwa D. BRAUN: Der sterbl. Gott oder L. gegen Behemoth 1 (1963).

Literaturhinweise. C. SCHMITT: Der L. in der Staatslehre des Thomas Hobbes. Sinn und Fehlschlag eines polit. Symbols (1938). – O. KAISER: Die mythische Bedeutung des Meeres in Ägypten, Ugarit und Israel. Beih. Z. AT Wiss. 78 (1959). – P. GAUTHIER: The logic of L. The moral and political theory of Th. Hobbes (Oxford 1969). – B. WILLMS: Die Antwort des L. (1970). – M. RUMPF: Carl Schmitt und Thomas Hobbes (1972). R. HEPP

Lexikologie, Lexematik. Die Formierung der Lexikologie (L.) als relativ eigenständigen Bereich der Sprachwissenschaft, der sich mit dem Wort bzw. dem Wortschatz befaßt [1], hat wohl zwei Quellen: zum einen die Reflexion auf die Grundlagen der Technik der Wörterbucherstellung (Lexikographie [2]), zum anderen die Reflexion auf generelle Systematisierungsmöglichkeiten sprachlicher Fakten, unter denen der Wortschatz ein besonderes Problem darstellt. Im Artikel ‹Grammaire› der ‹Encyclopédie› (1757) wird in Absicht einer «allgemeinen Grammatik» gegen G. GIRARD und CH. P. DUCLOS [3] die L. als Teil der Orthologie – d. i. der Teil der Grammatik, der sich mit der gesprochenen Sprache befaßt – bestimmt. Sie steht der Syntax gegenüber. «Die Aufgabe der L. ist es ..., alles zu erklären, was die Kenntnis der Wörter betrifft», und zwar deren «Material» (d. i. «leurs *élémens* & leur *prosodie*»), deren «Wert» (d. i. «le *sens fondamental*, le *sens spécifique*, & le *sens accidentel*») sowie deren «Etymologie» [4]. Die historisch-vergleichende Sprachwissenschaft legte im 19. Jh. den Schwerpunkt ihrer Bemühungen in den Bereich der Etymologie, soweit lexikologische Intentionen bestanden. F. DE SAUSSURE griff 1916 die L. als eine strukturäl zu bestimmende Disziplin auf. Er ordnete sie dem «ordre associatif» – der paradigmatischen Dimension der Sprache – unter [5]. Sein Konzept der strukturalen Sprachwissenschaft bestimmte die weitere Entwicklung auch der lexikologischen Forschung, die später in ihrer geisteswissenschaftlich-kulturgeschichtlichen Ausprägung [6] als «Feldforschung» [7] bekannt wurde. Die moderne L. bietet sich als wissenschaftliche Domäne uneinheitlich dar. So ist die eindeutige Abgrenzung der L. von der Grammatik im wesentlichen nur programmatisch geleistet. War für L. BLOOMFIELD der Gegenstand der L. noch der Bereich der Unstrukturiertheit par excellence [8], so ist ihr Gegenstandsbereich für M. A. K. HALLIDAY u. a. «offen» («open set of lexis» vs. «closed system of grammar») [9]. Eine mehr soziologisch denn linguistisch orientierte L. wird von G. MATORÉ vertreten [10]. Er arbeitet in synchronischer Perspektive sog. «Schlüsselwörter» – Zentren von gesellschaftscharakteristischen Begriffsfeldern – heraus [11].

Eine im engeren Sinne strukturale L., in der die «offenen Klassen» lexikalischer Einheiten auf «geschlossene» reduziert sind [12], bezeichnet L. HJELMSLEV noch 1957 als *«desideratum»* [13]. E. COSERIU hält die Existenz lexikalischer Struktur für gegeben [14] und nennt die ihr entsprechende Disziplin – eine strukturale, inhaltsorientierte L. – *Lexematik*. Unterschiedlich beurteilt wird das Verhältnis der L. zur Semantik. Während einerseits die Semantik als Teil der L. [15], andererseits die L. als Teil der Semantik [16] angesehen wird, gelangte A. J. GREIMAS nach langjähriger eigener lexikologischer Arbeit zu der Ansicht, daß die L. durch eine deskriptive Semantik zu ersetzen sei, da die L. nicht imstande sei, die Bedeutung ihrer Einheiten adäquat zu beschreiben [17].

Anmerkungen. [1] Vgl. TH. LEWANDOWSKI: Linguist. Wb. 2 (1975) 393. – [2] Vgl. A. REY: La l. Lectures (Paris 1970) 41 Anm.; F. DE TOLLENAERE: Nieuwe Wegen in de L. (Amsterdam 1963) 9. 13; B. QUEMADA: L. and lexicography, in: Current trends in linguist., hg. TH. A. SEBEOK IX/1 (Den Haag 1972) 395ff., bes. 397. – [3] Vgl. CH. P. DUCLOS, Remarques sur la grammaire générale et raisonnée. Oeuvr. compl. 8 (Paris 1820/21, ND Genf 1968) 199. – [4] Art. ‹Grammaire› (von DOUCHET u. BEAUZÉE) in: Encyclopédie, hg. DIDEROT/D'ALEMBERT 7 (Paris 1757) 843b. 846. – [5] F. DE SAUSSURE: Cours de linguist. gén., éd. crit. hg. T. DE MAURO (Paris 1972) 185ff. – [6] Vgl. H. L. SCHEEL: Neuere Arbeiten zur L. German.-roman. Mschr. 36 (1955) 253ff. 263. – [7] Vgl. Art. ‹Feld, sprachl.›; L. SCHMIDT (Hg.): Wortfeldforsch. Zur Gesch. und Theorie des sprachl. Feldes (1973). – [8] L. BLOOMFIELD: Language (London ²1934) 274. – [9] M. A. K. HALLIDAY, A. MCINTOSH und P. STREVENS: The linguistic sci. and language teaching (London ⁴1970) 23; L. HJELMSLEV: Pour une sémantique structurale, in: Travaux du Cercle linguist. de Copenhague 12 (Kopenhagen 1959) 96ff., bes. 97f.; J. PERROT: Le lexique, in: Le Language, hg. A. MARTINET (= Encycl. de la Pléiade 25, Paris 1968) 283ff. – [10] G. MATORÉ: La méthode en L. Domaine français (Paris 1953); J. FILIPEC: Zum Aufbau einer strukturellen L. und lexikalischen Semantik. Actes du 10e Congr. int. des linguistes 2 (Bukarest 1970) 601ff., bes. 601. – [11] MATORÉ, a.O. [10] 67ff. – [12] HJELMSLEV, a.O. [9] 110. – [13] a.O. 101. – [14] E. COSERIU: Pour une sémantique diachronique structurale, in: Travaux de ling. et de litt. 2/1 (Strasbourg 1964) 139ff., bes. 148f.; Structure lexicale et enseignement du vocabulaire. Actes du 1er coll. int. de ling. appl. (Nancy 1966) 175ff.; Die lexematischen Strukturen, in: Sprache. Strukturen und Funktionen (1970) 159ff.; vgl. G. WOTJAK: Untersuch. zur Struktur der Bedeutung (1971) 57. – [15] z. B. E. AGRICOLA u. a. (Hg.): Die dtsch. Sprache 1 (1969) 58ff. – [16] z.B. WOTJAK, a.O. [14] 57. 81; K. R. JANKOWSKY: On scope and methods of L. Orbis 18 (1969) 173ff. 174. – [17] A. J. GREIMAS: L. et sémiol. Cahiers de L. 6 (1965) 111-119, bes. 111.

Literaturhinweise. A. REY s. Anm. [2] (Anthologie). – Cahiers de L., hg. B. QUEMADA (Paris 1959ff.). H. ADLER

Liberalismus
I. *Die Entstehung des politischen L.-Begriffs in der Französischen Revolution.* – Das Adjektiv ‹liberal› (lat. liberalis) bedeutet ursprünglich 'zur Freiheit gehörig', 'eines Freigeborenen würdig' und hat von daher die bis ins 18. Jh. gültige Bedeutung 'gütig', 'freigebig', 'großmütig', 'edel' erhalten (synonym: generosus). CICERO setzt die liberalitas mit beneficentia und benignitas gleich [1]. Erst während der Epochenschwelle um 1800 wird ‹liberal› aus einer Bezeichnung für eine Tugend und persönliche Haltung zu einem politischen Richtungs- und Erwartungsbegriff, zunächst in Frankreich und von da aus in ganz Europa. An die Stelle von ‹libéralité› tritt jetzt mehr und mehr ‹libéralisme› als Programm und Titel für politische Parteien [2].

Vor und während der *Französischen Revolution* erscheint ‹libéral› nur selten mit politischen Konnotationen: von «liberalen Gesetzen» spricht ARGENSON 1750 in einer Reflexion über Englands «liberté nationale» [3]. In einer anonymen Schrift aus dem Jahre 1789 wird allein der Dritte Stand als «libéral» bezeichnet, weil er «généreusement», ohne persönliches Interesse, den Staat unterstütze (hier: ihm seine Kinder zur Verfügung stelle), während die anderen Stände an ihren Privilegien festhielten [4]. Die Wortschöpfung ‹se libéraliser›, die vereinzelt im Zusammenhang mit der Erklärung der Menschen- und Bürgerrechte belegt ist, konnte sich nicht durchsetzen [5]. Erst in der Zeit des Direktoriums wird ‹libéral› häufiger gebraucht. B. CONSTANT wendet sich gegen diejenigen Agitatoren, die unter Hinweis auf die Verbrechen der Revolution die alten Zustände restituieren wollen. Ihre Aktivitäten richten sich sowohl gegen die «idées libérales» wie gegen die "crimes révolutionnaires" [6]. Die Errungenschaften der Revolution sollen gegen die «réaction» von Königtum, Adel und Priestertum, die die «opinions libérales» bedrohen, gerettet werden. Sonst werde die kommende Republik zwar von mittelalterlichem Aufputz (attirail gothique) befreit, aber der Stütze der öffentlichen Meinung und der liberalen Gesinnung der Aufklärung (libéralité des lumières) beraubt [7]. Constant warnt jene, die Liberalität für sich beanspruchen, davor, unliberal gegen die Republikaner vorzugehen: «Illibéraux dans leurs inimitiés personnelles ils sont éminemment libéraux dans leurs principes abstraits» [8].

Dieser Sprachgebrauch von ‹libéral› verstärkt sich vor und während Napoleons Machtantritt. Das Direktorium sieht die «sentimens généreux et libéraux» der Franzosen von außen bedroht und ruft deshalb dazu auf, die «affections généreuses et libérales» zu bewahren, das Erbe der Revolution, die Freiheit für alle, zu hüten, ohne von neuem in revolutionäre Leidenschaften auszubrechen [9]. Von der gleichen Absicht, Verteidigung und Sicherung der Prinzipien der Revolution unter Abwehr jedes neuen revolutionären oder reaktionären Ausbruchs, lassen sich Napoleon und die Männer des 18. Brumaire leiten. Ohne sichere Grundlage, d. h. institutionelle Verankerung, wäre «cette divinité des âmes libérales» verloren, und Frankreich würde unter das Joch des Feudalismus zurückfallen [10]. NAPOLEON stellt sich an die Spitze derjenigen, «qui ont des idées libérales» und stellt befriedigt fest, daß mit dem 18. Brumaire die «idées conservatrices, tutélaires, libérales» durch die Zerstreuung aller Parteimänner wieder in ihr Recht eingesetzt seien [11]. Schon bald weiß man, daß er mit «idées libérales» all das meint, was die Schrecken und Fehler der Revolution vergessen machen kann; dazu gehört auch die Nachsicht gegenüber ihren Feinden (den Emigranten), «la tolérance politique et religieuse, ... enfin l'oubli des injures et toutes les conceptions d'une ame forte et généreuse» [12]. Bald ist das Schlagwort von den «idées libérales» schon so bekannt, daß manche glauben, es werde auch von einigen «parasites politiques» für ihre Zwecke gebraucht [13].

In der Folgezeit breitet sich ‹libéral› rasch weiter aus. Man spricht davon, daß sich die Regierung in ihrer Politik gegenüber den Emigranten von «idées libérales» leiten lasse [14], und lobt die «institutions libérales», die man der neuen Regierung verdanke [15]. Napoleon betont die «modération et la libéralité de nos lois» [16], während die anderen Regierungen Europas, die noch an vorrevolutionären Zuständen festhalten, als «illibéral» bezeichnet werden [17]. Obwohl vielfach noch die alte Bedeutung von 'großmütig' (généreux) mitschwingt, bedeutet ‹libéral› doch jetzt zumeist 'freiheitlich' und 'tolerant' im politischen Sinn, das Aufbauen auf den Prinzipien von Freiheit und Gleichheit in der Wirtschaft [18], der Weltanschauung und Religion [19], der Gesetzgebung und Verwaltung [20] und vor allem in der Politik: Napoleon sieht sich als Vollstrecker einer «constitution libérale» und einer «monarchie tempérée et constitutionnelle» anstelle der alten «monarchie absolue» in Spanien [21], Italien [22], Polen [23] und bei allen Völkern Europas: So schreibt er an seinen Bruder Jérôme, König von Westfalen: «Il faut que vos peuples jouissent d'une liberté, d'une égalité, d'un bien-être inconnus aux peuples de la Germanie ... Quel peuple voudra retourner sous le gouvernement arbitraire prussien, quand il aura goûté les bien-faits d'une administration sage et libérale? Les peuples d'Allemagne, ceux de France, d'Italie, d'Espagne désirent l'égalité et veulent des idées libérales. Voilà bien des années que je mène les affaires de l'Europe, et j'ai lieu de me convaincre que le bourdonnement des privilèges était contraire à l'opinion générale. Soyez roi constitutionnel» [24]. So können dann auch aufgeklärte Fürsten wie Zar Alexander I. «libéral» genannt werden [25]. Auch während der Herrschaft der 100 Tage bekannte sich Napoleon zu einer «constitution vraiment libérale» [26], wie sie von der öffentlichen Meinung gefordert wurde [27]. Ebenso hat er auf St. Helena verschiedentlich bekundet, daß es sein Ziel gewesen sei, in Europa die anciens régimes und die auf Privilegien begründete Gesellschaft zu beseitigen und liberale Institutionen, vor allem eine Verfassung, einzuführen, was ihm wegen der Ungunst der Umstände nicht immer möglich gewesen sei. «Le trône, avec nos idées libérales, cessait insensiblement d'être une seigneurie, et devenait purement une magistrature» [28]. Andererseits muß er aber auch eingestehen, daß ihm die Liberalen mit ihrem Gerede von «constitutionnalisme» im Wege standen [29].

In den Augen vieler Zeitgenossen erschien Napoleon ebenfalls als «défenseur des idées libérales et l'ennemi des privilèges» [30]. Bereits bei seiner Wahl zum lebenslänglichen Konsul erwartete man von ihm, daß er sich nicht von den «liberalen Grundsätzen» entfernen werde, «welche die Revolution hervorgerufen und die Republik begründet haben» [31]. Nach Napoleons Sturz können dann auch andere, auf eine Verfassung zielende Bestrebungen ‹libéral› genannt werden, einschließlich derjenigen der Bourbonen. Das zeigt z. B. der Sprachgebrauch CHATEAUBRIANDS [32], ja auch der NAPOLEONS selbst [33].

SAINT-SIMON nimmt den Begriff auf und würdigt das Verdienst der «parti libéral», die «institutions féodales et théologiques» beseitigt und ein «régime constitutionnel» errichtet zu haben. Die Liberalen unterließen es aber, «un nouveau système d'ordre» an die Stelle des alten zu setzen [34]. Dies wird erst das «système industriel», das dem «système vaguement libéral» entgegengesetzt ist, leisten [35].

Anmerkungen. [1] CICERO, De off. I, 7, 20; vgl. De orat. II, 25, 105. – [2] So z. B. NAPOLEON am 28. 2. 1817, in: B. E. O'MEARA: Napoléon en exile, ou l'écho de Sainte-Hélène (Brüssel 1823) 1, 367; lexikalisch zuerst bei P.-C.-V. BOISTE: Dict. universelle de la langue franç. (Paris ⁶1823) 397. – [3] R. L. D'ARGENSON: Journal et mémoires, hg. E. J. B. RATHERY 6 (Paris 1864) 141. – [4] Requête des femmes pour leur admission aux États Généraux (o. O., o. J.) 13. – [5] L'Ami des patriotes 3, 214. Nr. 37 vom 6. 8. 1791. – [6] B. CONSTANT: Des réactions polit. (Paris an V – 1797), in: Écrits et discours polit., hg. O. POZZO DI BORGO (Paris 1964) 1,

41; vgl. 1, 105. – [7] a.O. 1, 45. 46. – [8] 1, 48; spätere Belege: Oeuvres, hg. A. ROULIN (Paris 1957) 1065. 1226. – [9] P.-J.-B. BUCHEZ und P.-C. ROUX: Hist. parlementaire de la Révolution franç. 38 (Paris 1838) 50. 52. – [10] Rede CHABAUD DU GARDS im Rat der 500 a.O. 38, 247; vgl. 248; vgl. MARETS Trinkspruch auf die «idées généreuses et libérales». Le Diplomate Nr. 18 vom 25. Brumaire an VIII (16. 11. 1799) 2. – [11] NAPOLÉON, 2 Reden am 19. Brumaire (10. 11. 1799) im Rat der 500, in BUCHEZ/ROUX, a.O. [9] 190. 257. – [12] L'Ami des lois Nr. 1561 vom 16. Frimaire an VIII (7. 12. 1799) 2. – [13] a.O. Nr. 1568 vom 23. Frimaire an VIII (14. 12. 1799) 2. – [14] Rede CAMBACÉRÈS' vor dem Staatsrat am 22. Thermidor an VIII (10. 8. 1800), in: J. BOURDON: Napoléon au Conseil d'État. Notes et procès-verbaux inéd. (Paris 1963) 38. – [15] Rede PORTALIS' vor dem Sénat conservateur am 16. 5. 1804, in: BUCHEZ/ROUX, a.O. [9] 39, 142. – [16] NAPOLÉON Ier: Correspondance (Paris 1858-1870) (= Corr.) 11, 532 (12. 1. 1806); vgl. 12, 150 (5. 3. 1806). – [17] a.O. 8, 393 (8. 7. 1803); 11, 400 (13. 11. 1805). – [18] 15, 358 (22. 6. 1807). – [19] 15, 400 (8. 7. 1807). – [20] 13, 472 (4. 11. 1806); vgl. 13, 556 (21. 11. 1806); A.-A.-L. DE CAULAINCOURT: Mémoires, hg. J. HANOTEAU 2 (Paris 1933) 214. 308. 365. – [21] NAPOLÉON, Corr. 18, 103f. 108 (7. und 10. 12. 1808); vgl. 16, 487 (10. 4. 1808); CAULAINCOURT, a.O. 2, 234. – [22] NAPOLÉON, Corr. 19, 116 (16. 6. 1809); 31, 19. 31 (auf Elba). – [23] a.O. 15, 540 (24. 8. 1807). – [24] 16, 166 (15. 11. 1807); vgl. 10, 476 (4. 6. 1805). – [25] 8, 235. 490 (11. 3. und 23. 8. 1803); vgl. CH. M. DE TALLEYRAND: Mémoires, hg. A. DE BROGLIE (Paris 1899) 2, 209f.; vgl. 212. 459 (Zeugnis von ALEXANDER I. selbst); CAULAINCOURT, a.O. [20] 2, 327; vgl. auch das spätere Urteil Metternichs über ALEXANDER I.: K. W. L. VON METTERNICH, Nachgelassene Papiere, hg. R. METTERNICH-WINNEBURG 1/1 (1880) 193. 317f. 324. 331; NAPOLÉONS Urteil über den bayerischen Minister Montgelas («Partisan des idées libérales») in: J. PELET DE LA LOZÈRE: Opinions de Napoléon Ier sur divers sujets de politique et d'administration (Paris 1833) 97; vgl. 145f. 159. 182. 185f. – [26] P. VILLARI (Hg.): Une conversation de Napoléon Ier et de Sismondi. Revue hist. 1 (1876) 243. – [27] B. CONSTANT: Mémoires sur les Cent-Jours, hg. O. POZZO DI BORGO (Lausanne 1961) 39. 55. 71f. 142. 169. 171; P. A. E. FLEURY DE CHABOULON: Mémoires pour servir à l'hist. de la vie, du retour et du règne de Napoléon en 1815 (London 1819/20) 1, 203. 290. 296. 408; 2, 65. 71. – [28] E. DE LAS CASES: Le mémorial de Sainte-Hélène, hg. G. WALTER (Paris 1956) 1, 403; vgl. 1, 781. 783. 858; Corr. 30, 472. 538. 562; 31, 214; 32, 251. 265. 271. 318. 349. 390. 402. 405; Mémoires pour servir à l'hist. de France sous Napoléon, écrits à Sainte-Hélène 2 (Paris 1823) 249; 4 (Paris 1824) 299; O'MEARA, a.O. [2] 1, 171. 329. 361. 367; 2, 57. 115. 162. 354; F. ANTOMMARCHI: Denkwürdigkeiten über die letzten Lebenstage Napoleons (1825) 2, 82 (3. 5. 1821). – [29] NAPOLÉON, Corr. 32, 340f.; vgl. G. GOURGAUD: Sainte-Hélène. Journal inédit de 1815 à 1818 (Paris o.J.) 2, 294. – [30] C.-FR. DE MÉNEVAL: Mémoires pour servir à l'hist. de Napoléon Ier depuis 1802 jusqu'à 1815 (Paris 1894) 1, 328; vgl. 2, 513; TALLEYRAND, a.O. [25] 2, 36 (Napoleons Aufstieg aufgrund der liberalen Ideen); L.-J. GOHIER: Mémoires (Paris 1824) 2, 89. 114. 210. 212. 269. – [31] A. C. THIBAUDEAU: Mémoires sur le Consulat, 1799 à 1804 (Paris 1827) 260; vgl. 312 (Brief LAFAYETTES an Napoleon), dtsch. Geheime Denkwürdigkeiten über Napoleon und den Hof der Tuilerien in den Jahren 1799 bis 1804 (1827) 240. 295; vgl. C. E. J. DE RÉMUSAT: Mémoires 1802-08, hg. P. DE RÉMUSAT (Paris 1880) 1, 381f.; vgl. 3, 339 (in England keine liberale Regierung). – [32] F.-R. DE CHATEAUBRIAND: Mémoires d'outre-tombe, hg. M. LEVAILLANT/ G. MOULINIER (Paris 1951) 1, 901. 904. 935. 957. 383. 385; vgl. L. J. D'ABRANTÈS: Mémoires 1 (Paris 1893) 174. – [33] GOURGAUD, a.O. [29] 2, 152. – [34] C.-H. DE SAINT-SIMON: L'industrie (1817). Oeuvres (Paris 1865-78) 18, 175-180. 80. – [35] Du système industriel (1821) a.O. 21, 20; vgl. 22, 12. 180f.

Literaturhinweis. R. VIERHAUS: Art. ‹L.›, in: Gesch. Grundbegriffe. Hist. Lex. der polit.-soz. Sprache in Deutschland, hg. O. BRUNNER u.a. 3 (1980). U. DIERSE

II. *Die Rezeption des L.-Begriffs in Deutschland im frühen 19. Jh.* – In der Übernahme des französischen Wortes, aber nicht seiner neueren Bedeutung spricht man in Deutschland entschärfend von «Liberalität in den Gesinnungen» [1]. Hier ist ‹liberal› lange Zeit noch keine Bezeichnung für Ideen und damit für eine politische Bewegung, sondern bedeutet wie im vorrevolutionären Sprachgebrauch die Haltung der Großzügigkeit und Toleranz: «Liberal ist, wer von allen Seiten und nach allen Richtungen wie von selbst frei ist und in seiner ganzen Menschheit wirkt; wer alles, was handelt, ist und wird, nach dem Maß seiner Kraft heilig hält, und an allem Leben Anteil nimmt, ohne sich durch beschränkte Ansichten zum Haß oder zur Geringschätzung desselben verführen zu lassen» [2]. Liberal zu sein ist in Deutschland eine Frage der *toleranten Gesinnungen* gegen Mitmenschen, in Frankreich eine Frage der richtigen Ideen einer Generation, die durchdrungen ist «vom Studium der Alten, den Grundsätzen der Philosophie, den Schriften von Voltaire und Rousseau» [3]. Im Sinne dieses Unterschiedes ruft GOETHE aus: «... eine Idee darf nicht liberal sein! Kräftig sei sie, tüchtig, in sich abgeschlossen, damit sie den göttlichen Auftrag, produktiv zu sein, erfülle ... Wo man die Liberalität aber suchen muß, das ist in den Gesinnungen ... Gesinnungen aber sind selten liberal, weil die Gesinnung unmittelbar aus der Person, aus ihren nächsten Beziehungen und Bedürfnissen hervorgeht ... Toleranz sollte eigentlich nur eine vorübergehende Gesinnung sein: sie muß zur Anerkennung führen. Dulden heißt beleidigen. Die wahre Liberalität ist Anerkennung» [4]. In dieser Bedeutung nannte Goethe sich selbst einen «gemäßigten Liberalen», und die Konnotationen für «L.» sind noch um 1830/31 bei ihm «Güte, Milde und moralische Delicatesse» [5].

Der L. als politische Bewegung dagegen beschreibt als seinen Ursprung immer das Auftreten einer Gruppe von Abgeordneten in der *spanischen* Cortes als «Liberales» (im Gegensatz zu den «Serviles»). In Deutschland aber hat sich die Geschichte des politischen L. zwischen den Polen revolutionärer Ungeduld und der Anerkennung monarchischer Prinzipien und der Erwartung moralisch-liberaler Größe des Monarchen abgespielt [6].

‹L.› als Bezeichnung einer geistig-politischen Bewegung kam im nachrevolutionären Europa zur Zeit der Begründung der restaurativen Politik der Heiligen Allianz (ab 1819) auf, zuerst als abschätzige Bezeichnung für diejenige Linksopposition in Frankreich wie in England, die eine freiheitlich-politische Kritik am wiedererstarkenden Ancien Régime übte. W. T. KRUG, der sich selbst zum L. bekannte, veröffentlichte 1822 die erste offizielle Geschichte des L., die er als langen historischen Kampf zwischen L. und «Anti-L.» (statt «Servilismus» oder «Illiberalismus») beschrieb [7]: Der L. wurzelt in den «bürgerlichen», der Anti-L. in den «kirchlichen» Verhältnissen der Menschen. «So entstand ein Gegensatz, und aus dem Gegensatz ein fortwährender Kampf unter den Menschen, den man am treffendsten und kürzesten als einen Kampf des *L.* mit dem *Anti-L.* bezeichnen kann ... Die liberalen Ideen sind also nichts weniger, als eine Erfindung der neuen Zeit, wenn auch dieser Ausdruck von neuerem Gepräge ist» [8]. Krug läßt die Geschichte des L. bei Thales von Milet beginnen und in den «moderaten L.» Englands, den «ausgelassendsten Libertinismus» Frankreichs [9] und den von ihm selbst befürworteten «ruhigen und besonnenen» L. ausmünden [10], der schließlich, da auch Fürsten und Kaiser liberal sein können, mit der Möglichkeit eines «royalen L.» und eines «liberalen Royalismus» rechnet [11] und zuletzt sogar in der Heiligen Allianz die «allerliberalste» Idee erblickt [12].

Anmerkungen. [1] Frankreich im Jahre 1799 (1799) 284. – [2] Fr. Schlegel, Krit. A., hg. Behler 2 (1967) 253: Athenäumsfrg. 441; vgl. Frg. 67. 138; vgl. a.O. 175. 187. 163: Lyceumsfrg. 123. – [3] B. Constant: Cours de politique constitutionnelle, hg. E. Laboulaye (Paris ²1872) 2, 62 Anm.; dtsch. Werke 1-4 (1972) 3, 218 Anm. – [4] J. W. Goethe, Werke (1953) 12, 384f. – [5] J. P. Eckermann: Gespräche mit Goethe (1925) 568. 361f. – [6] Real-Encyclop. oder Conversations-Lex. (⁵1820) 5, 744f. – [7] W. T. Krug: Gesch. Darstellung des L. alter und neuer Zeit (1823 [richtig: 1822]) X. – [8] a.O. 5. – [9] 74. 79. – [10] IX. – [11] 131. – [12] 149; vgl. Allg. Handwb. der philos. Wiss.en (²1833) 2, 722-726.

Literaturhinweis. G. de Bertier de Sauvigny: L., nationalism and socialism. The birth of three words. Rev. of Pol. 32 (1970) 147-166.   Red.

III. *Die Geschichte des L. als politische Bewegung.* – Das Ziel des L. ist die freie Entfaltung des Menschen ohne Einwirkung rational nicht-legitimierbarer Institutionen und Autorität in einem Staat, dem kein anderer Zweck zuerkannt wird als der Selbstverwirklichung des Menschen zu dienen, indem er dessen Rechte schützt. Diese Zielvorstellung ist in der Geschichte der Menschheit unter verschiedenen Namen immer wieder lebendig gewesen. Sieht man jedoch von rechtsstaatlichen Ansätzen in der Antike und im germanischen Lehnswesen ab und hält sich an das Aufkommen der Bezeichnung ‹L.› für eine politische Bewegung und ihr Programm, so beginnt die Geschichte des L. im frühen 19. Jh. Vorläufer der spanischen und der anderen liberalen Fraktionen, die damals überall in Europa entstanden, waren die *Whigs* in England, die siegreich aus den politisch-religiösen Kämpfen von 1603 bis 1688 hervorgegangen waren und damit «die eigentliche Quelle des modernen liberalen Staatsidee» (F. A. v. Hayek) wurden. Bis zur *Französischen Revolution* blieben sie Träger dieses Ideals und erreichten die Respektierung gewisser Persönlichkeitsrechte durch die Krone. Doch erst nach der Reform Bill von 1832 kam auch in England die Bezeichnung ‹Liberals› für ‹Whigs› auf. Einen weiteren politischen Vorstoß im Sinne des L. bedeutete die *Unabhängigkeitserklärung* der Vereinigten Staaten (1776). Mit der Verankerung der Menschenrechte (Bill of rights) in der amerikanischen Verfassung wurde zum ersten Mal mit den Forderungen der englischen und kontinentalen Staatsphilosophie und des Naturrechts Ernst gemacht. Die Forderungen der liberalen Staatsphilosophie von Locke, der die bekannte Formulierung «Life, Liberty and property» prägte, über Montesquieu bis Kant begründeten die Idee des *Rechtsstaats*, nach der auch die Regierung dem Gesetz unterworfen ist. Das Prinzip der Gewaltenteilung sollte die Macht der Regierung einschränken und damit die Herrschaft des Gesetzes im Staate sichern. Das Gesetz ist somit innerhalb der liberalen Vorstellungswelt von Anfang an wesentliche Voraussetzung der Freiheit. Die Erfüllung dieser Forderungen ergibt den modernen Rechtsstaat im engeren Sinne, zu dessen Attributen auch Vereins- und Versammlungsrecht, Pressefreiheit, Religionsfreiheit, Freizügigkeit und Gewerbefreiheit gehören. Die Vereinseitigung dieser Postulate und die Verteidigung einer staatsfreien Sphäre, die Neigung zu einer überwiegend formalen Bestimmung des Rechtsstaats unter Vernachlässigung materialer Gesichtspunkte und Gemeinwohlaufgaben sowie das Zurückdrängen staatlicher Tätigkeit auf ein Minimum zu alleinigem Schutz von Person und Eigentum trugen dem liberalen Rechtsstaat bei seinen Gegnern den Spottnamen ‹Nachtwächterstaat› ein.

In Deutschland, wo aufgrund der staatlichen Zersplitterung noch keine Ansätze zu einer großen politischen Bewegung bestanden, fand der Freiheitsgedanke weniger über Locke und Montesquieu als über Voltaire und Rousseau Verbreitung. Kant, Fichte und W. v. Humboldt waren die einflußreichsten Wegbereiter der neuen Ideen. Der L. Börnes, Heines, Büchners und des *Jungen Deutschland* blieb ohne großen Widerhall. Einflußreicher war hingegen die nationale Richtung, die durch E. M. Arndt und den ‹Turnvater› Jahn Bedeutung erlangte und bis zu Droysen und H. v. Treitschke reichte.

Bei der *Neugründung des preußischen* Staats im Jahre 1806 versuchten Stein, Hardenberg und andere Grundsätze zu verwirklichen, in denen der unmittelbare Einfluß der Lehren von A. Smith und I. Kant erkennbar ist. Zentrum des deutschen L. war im *Vormärz* Süddeutschland. In der württembergischen Ständeversammlung bildete sich seit 1819 eine Honoratiorenpartei heraus, die von ihren Gegnern als ‹Herrenpartei› bezeichnet wurde, sich selber aber ‹liberal› nannte [1]. Dieser Gruppe von Abgeordneten ging es um eine freie oder liberale Verfassung, worunter sie eine repräsentative ‹Constitution› verstand, durch die die «politische und religiöse Freiheit der Bürger anerkannt und möglichst gesichert ist» [2].

Die konstitutionelle Periode nach den Freiheitskriegen leitete den ersten Höhepunkt des deutschen L. ein. In ihrem Verlauf wurden Verfassungen erlassen oder ‹vereinbart›, die rechtsstaatliche Sicherungen enthielten. In diesem Zusammenhang sind Männer wie C. v. Rotteck, C. Welcker und F. Chr. Dahlmann zu nennen. 1814-1816 erhielten zunächst Nassau und Sachsen-Weimar eine Verfassung, 1818/19 folgten Bayern, Baden und Württemberg. Volkserhebungen im Anschluß an die *Pariser Julirevolution* von 1830 erzwangen Verfassungen auch in Kurhessen, Braunschweig, Hannover und in den meisten sächsischen Fürstentümern. Doch die Reaktion ließ nicht lange auf sich warten. Nach einer ersten Verfolgungswelle aufgrund der Karlsbader Beschlüsse von 1819 folgte eine zweite im Anschluß an das Hambacher Fest von 1832 (zum Gedenken an die bayrische Verfassung). In ihrem Verlauf wurden Dichter wie F. Reuter eingekerkert, das ‹Junge Deutschland› verboten, die Presse einer verschärften Zensur unterworfen. Die sieben Göttinger Professoren (Göttinger Sieben), unter ihnen die Gebrüder Grimm, die 1837 gegen einen Verfassungsbruch des Königs von Hannover protestierten, wurden abgesetzt und ausgewiesen. Bedeutende Repräsentanten des (rheinischen) Besitzbürgertums in dieser Zeit waren D. Hansemann, L. Camphausen und G. Mevissen.

Während sich dieser von Montesquieu, Kant und Rousseau herkommende L. vom ‹Libertinismus› [3] entschieden distanzierte, waren selbst fortschrittliche Konservative wie Hegel nicht bereit, dies anzuerkennen, sondern unterstellten dem L., da er außer der ‹bürgerlichen Freiheit› auch die politische forderte, daß er von den Einzelwillen, von der Willkür ausgehe und daher die permanente Revolution an die Stelle einer organischen Verfassungsentwicklung setze [4]. Obwohl der L. die stärkste Potenz im *Frankfurter Parlament* von 1848 war, mit dem in Deutschland das Parteiwesen im modernen Sinn entstand, führte seine enge Verbindung mit nationalen Gedanken zur Verknüpfung gegensätzlicher Bestrebungen und zur vorzeitigen Abdankung der ursprünglichen liberalen Ziele. Bereits in der Frankfurter Nationalversammlung ergaben sich daraus gewisse Spannungen. Trotzdem ist es damals noch gelungen, eine gemeinsame Plattform zu finden. So sind erstmals alle Grundrechte in eine deutsche Verfassung (Art. I–XIV) aufgenommen worden. Das Scheitern der Paulskirchenbewegung bedeutete auch, daß der Versuch, die nationale Einheit auf liberaler Grundlage herzustellen, mißlungen war. «Die radikalen Liberalen wie Carl Schurz, G. Semper, R. Wagner, F. T. Vischer gingen [daraufhin] ins Ausland; die gemäßigten Führer Dahlmann, Gagern, Mathy wandten sich wissenschaftlichen Aufgaben zu. Gagern, der Führer der Kleindeutschen im Frankfurter Parlament, suchte später aus Enttäuschung über Preußen Anschluß an Österreich» [5]. Als der L. in den folgenden Jahren wieder einen gewissen Aufschwung nahm, geriet er schnell in die Mahlsteine der Politik Bismarcks. Die Spaltung in zwei liberale Parteien war die unmittelbare Folge davon. Während der rechte Flügel (Nationalliberale Partei) immer stärker ins Fahrwasser nationaler Machtstaatspolitik geriet, vertrat der linke Flügel einen radikal-demokratischen Kurs rousseauistischer Prägung. So wurden in beiden Parteien Akzente gesetzt, die in jener Zeit zwar eng mit dem L. verbunden waren, aber seine Zielsetzungen mehr verdunkelten als klärten. Daher hat er es auch nicht vermocht, dem Kaiserreich einen tragenden liberalen Unterbau zu geben. Trotzdem gebührt ihm das Verdienst, dem Obrigkeitsstaat wesentliche Elemente des modernen Rechtsstaats Stück um Stück abgerungen zu haben, um ihn dann in der *Weimarer Reichsverfassung* völlig durchzusetzen. Doch bedeutete dies keinen «neuen liberalen Auftakt, sondern nur ein Nachspiel», «das im Strudel der großen Wirtschaftsdepression von 1929–32 sein Ende fand» [6].

Grundzüge eines *Neo-L.* wurden bereits in den 1930er Jahren erkennbar und konnten daher als geistige Grundlage für die deutsche Wirtschaftspolitik nach dem Zweiten Weltkrieg dienen. Politisch verfolgte er eine freiheitliche Gesellschaftsordnung, «wie sie schon der L. im 18. Jh. im Auge gehabt hat. Gegenüber letzterem glaubt der Neo-L. jedoch aus den letzten Jahrzehnten die Erfahrung ziehen zu müssen, daß die Freiheit des Menschen nicht nur vor dem Staat, sondern besonders vor dem Menschen selbst zu schützen ist. Daher hat der Staat den Schutz der individuellen Freiheit zu übernehmen, wodurch sich die Position des Staats gegenüber dem Absolutismus völlig umgekehrt hat. Soll aber der Staat diese ihm neu zugewiesene Aufgabe erfüllen, so setzt dies stillschweigend voraus, daß von seinen Trägern selbst die individuelle Freiheit gewollt ist. Vom Neo-L. wird das als selbstverständlich unterstellt» [7].

Das *Grundgesetz* der Bundesrepublik Deutschland knüpft an die Tradition des liberalen bürgerlichen Rechtsstaats an. Dies zeigt sich zunächst am Grundrechtskatalog, der alle klassischen liberalen Freiheitsrechte enthält, und im organisatorischen Teil des Grundgesetzes sind der Grundsatz der Gewaltenteilung, die Selbstverwaltungsrecht der Gemeinden, der gleiche Zugang aller zu den Ämtern, das allgemeine, freie, gleiche und geheime Wahlrecht sowie die Entwicklung der Verfassungsgerichtsbarkeit liberales Gedankengut. Auch die Struktur der BRD als Bundesstaat entspricht der liberalen Forderung nach Dezentralisation der Staatsorganisation, und bürgerliches Recht und Strafrecht enthalten ebenfalls viele liberale Bestimmungen. Im Bereich der Verwaltung verweisen vor allem der Grundsatz der Gesetzmäßigkeit der Verwaltung, ihre Bindung an die subjektiven öffentlichen Rechte, die Ersetzung von Verwaltungsbehörden durch juristische Personen des öffentlichen Rechts, die Berücksichtigung der Gewerbefreiheit im Gewerberecht, die Einrichtung berufsständischer Selbstverwaltung und die Beschränkung der Polizei auf die Gefahrenabwehr auf liberale Prinzipien.

Liberale Grundsätze wurden im 19. Jh. nicht ausschließlich, aber überwiegend von liberalen politischen Parteien verwirklicht. In England waren die Liberalen lange Zeit hindurch die stärkste Partei, sie verloren diese Stellung aber durch mehrfache Spaltungen. Auch in Deutschland splitterten sich die liberalen Parteien häufig auf. Hier spielten eine Rolle die Gothaer (1849), der Deutsche Nationalverein (1859), die Nationalliberale Partei (1867), die Deutschfreisinnige Partei (1884), die fortschrittliche Volkspartei (1910), die Deutsche Demokratische Partei und die Deutsche Volkspartei (1918/33). Nach 1945 bildete sich in der BRD die FDP, in der DDR die LDP.

Anmerkungen. [1] A. LIST: Der Kampf ums gute alte Recht (1913) 122. – [2] Real-Encyclop. oder Conversations-Lex. (⁵1820) 5, 745. – [3] W. T. KRUG: Allg. Handwb. der philos. Wiss.en 2 (1827, ND 1969) 630. – [4] G. W. F. HEGEL, Vorles. über die Gesch. der Philos. Werke, hg. GLOCKNER 11, 563. – [5] E. T. V. HEUSS: Art. ⟨L. I⟩, in: Evang. Staatslex. (1966) s.v. – [6] ebda. – [7] I. V. MÜNCH: Art. ⟨L. II⟩, in: Evang. Staatslex. (1966) s.v.

Literaturhinweise. W. V. HUMBOLDT: Ideen zu einem Versuch, die Grenzen der Wirksamkeit des Staats zu bestimmen (1792). – J. G. FICHTE: Zurückforderung der Denkfreiheit (1793). – W. T. KRUG: Gesch. Darstellung des L. alter und neuer Zeit (1823). – C. V. ROTTECK und C. WELCKER: Art. ⟨L.⟩, in: Staatslex. 8 (1847). – O. K. HATTINGER: Die Gesch. des dtsch. L. 1-2 (1911/12). – J. HEYERHOFF und P. WETZKE: Dtsch. L. 1.2 (1925/26). – G. RUGGIERO: Gesch. des L. in Europa (1930). – W. RÖPKE: Das Kulturideal des L. (1947). – F. SCHNABEL: Dtsch. Gesch. im 19. Jh (²1949). – C. SELL: Die Tragödie des dtsch. L. (1953). – W. BUSSMANN: Zur Gesch. des dtsch. L. im 19. Jh. Hist. Z. 186 (1958). – W. ERBE (Hg.): Die geistige und polit. Freiheit in der Massendemokratie (1960). – K. FORSTER (Hg.): Christentum und L. (1960). – A. RÜSTOW: Paläo-L., Neo-L., in: K. FORSTER, a.O. (1960). – Art. ⟨L.⟩, in: Staatslex. 5 (1960) s.v. – E. KRIPPENDORFF: Die Liberal-Demokrat. Partei Deutschlands in der sowjet. besetzten Zone 1945-48 (1961). – H. GREBING: Gesch. der dtsch. Parteien (1962); L., Konservativismus, Marxismus, in: KRESS/SENGHAAS (Hg.): Politikwiss. (1969). – H. A. WINKLER: Preuß. L. und dtsch. Nationalstaat (1964). – H. BERTSCH: Die FDP und der dtsch. L. (1965). – M. FREUND: Der L. (Textslg. zu seiner Gesch.) (1965). – H. MARCUSE: Kultur und Gesellschaft 1 (1965). – H. BÖHME: Deutschlands Weg zur Großmacht ... 1848-1881 (1966). – Gesch. des dtsch. L. Friedrich Naumann-Stift. (1966). – E. T. V. HEUSS s. Anm. [5]. – L. GALL: Der L. als regierende Partei (am Beispiel Badens) (1968). – L. STRAUSS: Liberalism, ancient and modern (1968). – A. U. STYLOW: Libertas und Liberalitas. Untersuch. zur innenpolit. Propaganda der Römer (Diss. München 1972). – W. J. MOMMSEN: Wandlungen der liberalen Idee im Zeitalter des Imperialismus, in: L. und imperialist. Staat (1975) 109-147. – Art. ⟨L.⟩, in: Handwb. der Sozialwiss.en 20 (1956-69) s.v.

R. K. HOČEVAR

IV. Der L. in ideengeschichtlicher Betrachtung. – 1. Fast genau in dem Moment, in dem der L. sich selbst als politische Bewegung bzw. dann auch als Partei konstituierte und in Namen und Begriff ⟨L.⟩ identifizierbar wurde, geriet das Ideengut, das seine Identität ausmachte, erstmals ins Zwielicht. Die in problematischer Weise ungeklärten Beziehungen zwischen politischen und ökonomischen Ideen des L. entwickelten sich zu Widersprüchen und führten – insbesondere in Deutschland – zu der großen Uneinheitlichkeit der Bewegung, die die politische Schwäche des L. im 19. Jh. ausmacht. Daher ist die *ideengeschichtliche* Vorgeschichte des eigentlichen Begriffs des L. besonders wichtig: In ihr sind diejenigen Ideen, die den Begriff des L. später ausmachen, bereits gültig ausformuliert *und* in ihr liegen die historischen Bezugstopoi vor, die dem L. in seiner Geschichte stets zur Selbstvergewisserung der eigenen Identität gedient haben, übrigens erstmals bereits 1802 bei CHATEAUBRIAND, der sich darüber wundert, warum das Jahrhundert Ludwigs XIV. von den liberalen Ideen nicht den gleichen Gebrauch gemacht habe wie seine eigene Zeit [1].

Anmerkung. [1] F. R. DE CHATEAUBRIAND, Oeuvres compl. 3 (Paris 1843) 160.   Red.

2. Der Begriff ‹L.› dient ideengeschichtlicher Betrachtung als *Interpretationskategorie* für vielfältige Bewegungen, zuerst der Kritik am Absolutismus, später der Legitimation oder Apologie der bürgerlichen Gesellschaft und ihres Staates. Die Legitimation liberaler Kritik leitete sich her von den Errungenschaften der politischen Philosophie der Neuzeit; die Intention der Kritik aber entstammte den konkreten Interessen des aufsteigenden Bürgertums. Es muß als ein konstitutives Moment der Geschichte des L. genommen werden, daß der L. nur bestimmbar ist aus dem Rückbezug von Gruppen und Schichten des Bürgertums auf die Prinzipien der neuzeitlichen, politischen Philosophie in Anwendung auf die konkrete Situation. Diesem Umstand ist es zuzuschreiben, daß der Begriff des L. in seiner Geschichte schillert [1] und daß sich miteinander konkurrierende Spielarten des L. herausgebildet haben. Der L. ist keine reine Lehre [2]. Er war die Emanzipation des Bürgertums als Partei [3], und er versteht sich heute als die Rechtfertigungsfigur der bürgerlichen Gesellschaft angesichts ihrer Gefährdung durch den weltrevolutionären Sozialismus einerseits und durch die Emanzipation der ehemaligen Kolonien als Dritter Welt von der bürgerlich-imperialistischen Herrschaft andererseits.

L. beginnt, ideengeschichtlich gesehen, mit dem Zerfall der Tragfähigkeit der Idee des Kosmos, die die Antike wie noch das christliche Mittelalter beherrschte. Zerstört wurde diese umfassende Ordnung, in der die Stellung des Menschen in theologischer, naturphilosophischer wie auch in politischer Hinsicht eindeutig bestimmt war, vornehmlich durch drei in Wechselbeziehung stehende Entwicklungsmomente: a) Bestrebungen in der scholastischen Philosophie gingen dahin, sich vom theologischen Gehorsamszwang zu emanzipieren (Averroismus) und sich der Pflege der empirischen Naturwissenschaften zu widmen (Ockhamismus): Mensch und Universum sollten einer rationalen, d. h. wissenschaftlichen Erklärung unterzogen werden. b) Die in den reichen Städten Oberitaliens entstandene städtische Kultur ermöglichte, daß der neue Interpretationsraum durch einen der Antike nachgeformten Individualismus genutzt wurde (Renaissance). c) Schließlich entstand im Kampf der sich bildenden Territorialstaaten eine von den traditionellen Leitbildern befreite Machtpolitik.

Es ist das Verdienst MACHIAVELLIS, erkannt zu haben, daß Politik angesichts des Zerfalls der alten Ordnung die Herstellung einer politischen Ordnung aus den Bedingungen der konkreten Situation ist, unter denen die Lebensinteressen der Regierten mitzuberücksichtigen sind. In der Selbstbehauptung und der Herstellung der als notwendig erkannten Politik, die also nicht den Charakter der Willkür zeigt, ist der Fürst Machiavellis ein Vorläufer des bürgerlichen Subjekts.

Die endgültige Katastrophe der Idee des Kosmos bringt die *Reformation*. Die Einheit des Christentums zerfällt. Das frühkapitalistische Stadtbürgertum bedient sich der Lehre der Reformatoren, um mit der Freiheit des Christenmenschen seine individuelle wie seine ökonomische Freiheit zu erweitern. Die Territorialstaaten nutzen die Reformation zur Säkularisation von Kirchenbesitz und zur Eroberungspolitik. Der zwischenstaatliche Konfessionskrieg wie der konfessionelle Bürgerkrieg, durchsetzt von dem Bemühen des Stadtbürgertums, seinen Einfluß im Sinne seiner Interessen auszudehnen, kennzeichnet die entwickelte, chaotische Situation, die zugleich die materiale Herausforderung an die politische Philosophie der Neuzeit ist, eine neue, d. h. lebbare politische Ordnung zu projektieren.

Theoretisch gesehen zerfiel die Wirklichkeit, die durch die Idee des Kosmos harmonisch strukturiert war, durch das Streben nach Immanenz, Individualität und Freiheit einerseits in den Menschen als Subjekt und andrerseits in die Natur als Objekt seiner Tätigkeit. Damit war der moderne Mensch radikal auf sich verwiesen und notwendig vor die Aufgabe gestellt, sich als Subjekt in der Herstellung seiner Welt zu behaupten und durchzusetzen. Die Figur des bürgerlichen Subjekts, die während dreier Jahrhunderte die Geschichte unangefochten beherrscht hat, ist in dreifacher Weise bestimmt, nämlich durch: a) die Autonomie des Subjekts, b) den poietischen Subjektivismus und c) den possessiven Individualismus [4]. Selbstbestimmung des Einzelnen, wissenschaftlich-technische Weltgestaltung und private Aneignung von Gütern bestimmen in historisch-wechselvoller Verbindung die neuzeitliche politische Ideengeschichte.

HOBBES ist dann der erste politische Theoretiker gewesen, der konsequent seinen Anfang vom autonomen Subjekt nahm und in der Figur des Gesellschaftsvertrages, der bei ihm zugleich ein Herrschaftsvertrag war, ein zentrales Element der Politik als Friedensarbeit bereitstellte. Da der neuzeitliche Mensch nur von sich selbst ausgehen konnte und daher auch die Welt auf sich bezog, also ein Recht auf alles zu haben reklamierte, mußte es – theoretisch gesehen – bei der endlichen Gütermenge der Welt zu einem Krieg aller gegen alle kommen. Diese Entfesselung im (fiktiven) Naturzustand konnte nur dadurch im Interesse des autonomen Subjektes beendet werden, wenn der Mensch sich durch sich selbst band. Der Gesellschaftsvertrag ist nun die Figur der freiwilligen Zustimmung aller zur Beendigung des Naturzustandes. Damit ist seit Hobbes jede Herrschaft nur noch legitimierbar, d. h. vernünftig, wenn sie von der Zustimmung aller als autonomer Subjekte her denkbar ist.

Diese Legitimationsfigur wurde durch LOCKE theoretisch begründet, der deshalb als der eigentliche Begründer des L. im politischen Sinne gilt. In dem auch er vom Naturzustand des autonomen Subjektes ausging, das sich herstellend zu seiner Welt verhielt, und indem er zeigte, daß das Subjekt sich zum Hergestellten als seinem Eigentum verhielt, machte er deutlich, daß die Freiheit des Subjektes sich in Eigentum verwirkliche. Damit war die Aufgabe des Staates hinausgeführt über die Herstellung einer lebbaren Ordnung zur Verwirklichung der Freiheit als der Entfaltung des possessiven Individualismus, der privaten Besitzanhäufung bei gleichzeitigem Schutz des Eigentums im umfassenden Sinne. Diese Entfaltung des aus dem Naturzustand hergeleiteten possessiven Individualismus erforderte – nach Locke – die Teilnahme der Subjekte als Eigentümer an der Gestaltung des Staates. So begründete Lockes Gesellschaftsphilosophie die Lehre von den drei Gewalten des Staates, wobei die Legislative eben den Mehrheitswillen der Eigentümer darstellte, die Exekutive und Judikative aber die Garantie der entwickelten Ordnung des Staates dieser Eigentümergesellschaft gewährleisteten. In der Konsequenz dieser vom partikularen Interesse der Eigentümer geleiteten Gesellschaftsphilosophie lag es, daß sie die Probleme des religiösen Glaubens aus dem öffentlich-staatlichen Bereich hinaus in die Privatsphäre verlegte, aber für eine Bürger und Staat gleichermaßen verpflichtende Toleranz gegenüber den unterschiedlichen Konfessionen eintrat. Lockes Toleranzlehre war das konkrete Bemühen, die Bürgerkriegsposition der religiösen Bekenntnisse im Dienste einer unbeschränkten und gesicherten Appropriation abzubauen. Und in der historischen Entwicklung ist diese Lehre zu einem unaufhebbaren, liberalen Element moderner Demokratie geworden.

War nun die politische Theorie als Theorie des autonomen Subjektes in *England* weithin der realen Entwicklung gefolgt und hatte sie somit dem englischen L. einen gouvernementalen und pragmatischen Charakter gegeben, so geschah die Entfaltung der Theorie des autonomen Subjektes auf dem europäischen *Kontinent* bis hin zur Französischen Revolution nach dem Selbstverständnis der etablierten Ideengeschichte des L. vornehmlich als Kritik am monarchischen Territorialstaat, der sich nach der Beendigung des europäischen Krieges im Westfälischen Frieden (1648) absolutistisch festigte und in der Staatsräson die Maxime seines politischen Handelns fand. Die liberalen Ansätze in der politischen Theologie eines ALTHUSIUS (1557–1638), der aus naturrechtlicher Lehre die Volkssouveränität und ein Widerstandsrecht des Volkes gegen den König forderte, wie auch die vernunftrechtliche Begründung der Rechtsphilosophie und des Völkerrechts durch GROTIUS (1583–1645) haben der politischen Realität der Zeit nicht als liberale Momente eingearbeitet werden können, vielmehr sind sie – wie durch PUFENDORF (1632–1694) – in eine Legitimation des staatlichen Absolutismus umgearbeitet worden.

Es ist für das Verständnis der wechselvollen Geschichte des euopäischen L. von Bedeutung zu erkennen, daß noch der absolutistische Staat in der Herstellung der Staatsräson in der Logik der modernen politischen Theorie verblieb, wenngleich er nur den poietischen Charakter unter Vernachlässigung der Autonomie des Subjekts betonte und den possessiven Individualismus durch einen wohlfahrtsstaatlich begründeten Merkantilismus beschränkte; aber dieser staat konnte seine selbstbestimmten ordnungspolitischen Aufgaben nur bewerkstelligen, indem er zunehmend Gelehrte in den Dienst nahm, die den Staat nun weithin nach Methoden der rationalen Wissenschaft zu gestalten und zu verwalten suchten und ihn somit selbst dem Geist der modernen Wissenschaft akkommodierten. Andererseits bedingte diese Entwicklung des aufgeklärten absolutistischen Staates die charakteristische Gestalt der vorrevolutionären L., der in der Forderung nach Autonomie und ökonomischer Freiheit die Schwerpunkte seiner Theorie hatte, den Gedanken des Staates aber vernachlässigte; daß die liberale Kritik an der Krise des Staates interessiert war, entsprach der Logik dieser Entwicklung, weil diese Kritik die Staatskrise als Voraussetzung der Realisation der unabgegoltenen Momente der politischen Philosophie dachte [5]. In der Tendenz, ungerechtfertigte Autorität mit Rekurs auf Gewissen und Vernunft zurückzuweisen, gestalteten sich die liberalen Prinzipien aus zur Forderung nach unpersönlicher Herrschaft, die schließlich insbesondere im Rechtsstaatlichkeitsprinzip der modernen Demokratie normative Kraft annimmt. Dieser Gesichtspunkt äußerte sich in der Frühzeit des L. noch als staatsminimalistischer Versuch, «die Grenzen der Wirksamkeit des Staates» (W. V. HUMBOLDT) zu bestimmen [6]. Mit dem Gedanken der Verankerung von Menschenrechten *gegen den Staat* verband sich jedoch bald, besonders in der französischen Tradition, die Legitimitätsfrage. Die Legitimität des Staates sollte an Normen der Herrschaftsausübung (z. B. der Gewaltenteilung) gebunden sein (MONTESQUIEU, CONSTANT). Die Maxime der Reduktion der Herrschaft des Menschen über den Menschen führte im politischen Bereich zum Postulat der Herrschaft des Rechts, im wirtschaftlichen Bereich dagegen zum Postulat der Herrschaft des Marktes; Rechtsbildung im Prozeß der öffentlichen Meinung und Preisbildung im Prozeß freier Konkurrenz wurden zu gleicherweise geltenden und, wie sich in der Folge zeigen sollte, untereinander spannungsreichen liberalen Grundprinzipien. Der vom liberalen Denken angemeldete Anspruch eines jeden Individuums auf freie Entfaltung seiner Persönlichkeit war gewendet gegen die Geltung von politischen Privilegien und ökonomischen Monopolen und zielte zunächst generell auf *gleichmäßige Gewährleistung der Freiheit*. Unter der Gestalt dieser Forderung war er sowohl mit dem Staatsminimalismus und Konstitutionalismus wie auch mit dem possessiven Individualismus vereinbar. Im Prozeß der Ausformulierung und im Prozeß der Verwirklichung der bürgerlichen Ideologie aber traten die allgemeine Gleichheitsforderung demokratischer Programmatik und die Forderung der Nichteinmischung des Staates in die Wirtschaft zunehmend in Widerspruch zueinander und bilden die politische Aporie des L. als Bewegung. Gerade in Deutschland setzt sich seit HEGEL unter vielen Liberalen die Einsicht durch, daß nicht immer der Staat das die Freiheit am stärksten gefährdende Institut ist [7]; Strukturen der bürgerlichen Gesellschaft selbst, insbesondere wenn sie von einem hemmungslosen ökonomischen L. geprägt sind, bedrohen die Freiheit des Einzelnen, so daß der starke Staat auch als willkommenes Mittel der Freiheitsgarantie angesehen werden kann. Von Staatsbeamten in absolutistisch-aufgeklärten Staaten wie Preußen getragen, bemühte sich dieser politisch motivierte L., mittels liberaler Instrumente von Selbstverwaltung, aber auch Freihandel, die Untertanen als Bürger in den Staat zu führen und solchermaßen den Staat ins Volk zurückzuverlegen. Andererseits gab es einen mehr staatskritischen und an der Subjektqualität des Menschen orientierten, einen demokratischen L. Er gestaltete sich im Vormärz in Reaktion auf die Politik der Heiligen Allianz und stützte sich vornehmlich auf das unabgegoltene vorrevolutionäre Ideengut der neuzeitlichen politischen Theorie. Ihm ging es um die Einrichtung einer rechtsstaatlichen Verfassung, die einerseits die Freiheitsrechte des Einzelnen und andererseits seine verantwortliche Teilhabe an der Regierung garantierte; er war demokratisch gesonnen. Seine Parteigänger entstammten zumeist der bürgerlichen Intelligenz und standen den gouvernemental-nationalen wie den ökonomisch-freihändlerischen Liberalen partiell-kritisch entgegen. Statt in der Entfaltung der sozialen, politischen Harmonie durch freihändlerische Verkehrsformen sahen sie in der Anwendung demokratischer Verfahren die geeigneten Mittel, einen liberalen Staat einzurichten. Alle Komponenten des Begriffs spricht der programmatische Artikel ‹L.› von PFIZER in dem dem L. verpflichteten Staatslexikon von ROTTECK und WELCKER an: «Der L. ist es dann, der den erwachten Geist der Freiheit auf vernünftige Principien zurück- und seinem höhern Ziel entgegenführt ... so leitet der L. den Staatszweck wieder auf das zurück, was die Gesamtheit in ihrem vernünftigen Interesse will oder wollen muß. ... höchste und die gleichste Freiheit Aller ...» [8]. Zwischen den Extremen einer bloß privatrechtlichen Freiheit und der Gleichheit allgemeiner politischer Nichtpartizipation auf der einen Seite und «demokratischer Selbstregierung» bildet der L. die vernünftige politische Mitte. Pfizer verwahrt sich gegen radikalere Gleichheitsvorstellungen, gegen «äußerliche Gleichheit von Besitz und Macht» und bezieht Gleichheit ausschließlich auf die Freiheitsrechte. In seinen Grundlagen begreift sich dieser L. als strikt idealistische politische Bewegung, geweiht durch eine entsprechende Geschichtsmetaphysik: «Der L. ist demnach keine bloße Theorie ... sowohl der Trieb nach Freiheit als die Freiheitstheorien sind Folge eines natürlichen Entwicklungsprocesses ...», der sich nach «Naturgesetzen des Geistes» entfalte [9]. Der Strategie der Besetzung der politischen Mitte folgten freilich auch die, die wie z. B. BAADER 1830 noch im L. ebenso wie im Servilismus «revolutionäre» Prinzipien sahen und ihrerseits für das Prinzip der Evolution (als einem ausgewogenen Verhältnis der Gegenwart zu Vergangenheit und Zukunft) optierten [10]. HEGEL dagegen, für dessen Rechtsphilosophie ebenfalls der Begriff der Freiheit zentral ist, sah im L. ein «Princip der Atome, der Einzelwillen: Alles soll durch ihre ausdrückliche Macht und ausdrückliche Einwilligung geschehen» [11]. Der L. wolle bloß abstrakte Freiheit des besonderen Willens und verhindere eben dadurch die Organisation und die Wirklichkeit des Rechts als einer Entwicklung der Idee der Freiheit.

Unabhängig von der Entfaltung partieller Widersprüche zwischen gouvernementaler, freihändlerischer und demokratischer Fraktion im L., die alle an der Unabdingbarkeit des privaten Eigentums festhielten, entwickelte sich mit zunehmender Industrialisierung die soziale Frage. Sie ging einerseits von der Proletarisierung der Eigentumslosen aus, einer Tatsache also, die den sittlichen Grundwerten der bürgerlichen Gesellschaft selbst widersprach, und enthielt andererseits das Potential einer sozialen Revolution mit dem Ziel der Sozialisierung des Privateigentums.

Die Lösungswege der sozialen Frage, die im 19. und 20. Jh. diskutiert und praktiziert wurden, veränderten den Kontext der politischen Theorie des L. Der Konservativismus entwickelte in den Ideen des sozialen Königtums und des Staatssozialismus Positionen [12], die die Lösung der sozialen Frage durch Zurücknahme der liberalen Errungenschaften des Individualismus zugunsten ständischer Korporationen aufzeigten und solchermaßen eine staatlich gelenkte, nicht aber freihändlerische Wirtschaft begünstigten. Der proletarische Sozialismus seinerseits wollte den L. nicht zurücknehmen, sondern ihn vielmehr zurückbinden an die Ideen der modernen politischen Theorie und ihn durch deren konsequente Realisation aufheben. So stand der L. in zweifacher Verteidigung, einerseits kritisch die Position der Freiheit gegen den Konservativismus behauptend, andererseits die Errungenschaften individueller Freiheit bewahrend gegen deren kommunistische Umformung (Kollektivismus). Diese Position zwischen einem staatssozialistischen Konservativismus und einem proletarischen Sozialismus hat – zumal in Deutschland – den in einen national-gouvernementalen, einen freihändlerischen und einen demokratischen fraktionierten L. weiterhin zersplittert, und dessen neuerliche Gruppierungen haben in der imperialistischen Epoche wechselvolle Koalitionen mit den ungleichen Gegnern geschlossen und theoretisch – angesichts der ungelösten sozialen Frage – noch Anlehnung an deren Sozialismen vorgenommen. Die politischen Kompromisse, die der vielfach fraktionierte deutsche L. einging, haben dazu geführt, daß er einerseits infolge der Übernahme partiellen liberalen Ideenguts durch seine Bündnispartner seine Legitimation als eigenständige geistig-politische Bewegung verlor und andererseits an die materiellen Gehalte seiner Kompromisse gebunden wurde von denen, die an der Entwickeltheit der Kompromisse als solcher interessiert waren, und solchermaßen wurde der L. zum Interessenvertreter partikularer Gruppen der Gesellschaft.

Die ideengeschichtliche Entwicklung des L. in *England* während des 19. Jh. vollzog sich auf der Grundlage der einhundertjährigen Geschichte des politischen Dualismus von Tories und Whigs nach der Glorreichen Revolution von 1688. A. SMITH (1723–1790) blieb in der Nachfolge von HOBBES und LOCKE in seiner Freihandelslehre an deren philosophischen Ausgang vom Individuum gebunden. Die Freihandelslehre leistete als politische Ökonomie die Entfaltung des possessiven Individualismus zu einer globalen sozialen Theorie. Sie stellte sich in ihrer Forderung nach wirtschaftlicher Freiheit kritisch gegen alle durch dirigistische Eingriffe des Staates bedingten Privilegierungen. J. BENTHAM (1748–1832) und die Political Economists übernahmen den individualistischen Ausgang und den sozialen Anspruch der Freihandelslehre und formten sie im *Utilitarismus* zu einer konkreten Kritik des von den Interessen der Tories und Whigs gleichermaßen gestalteten Staates. Vom Prinzip des Utilitarismus her, das auf das größte Wohlbefinden der größten Zahl abzielt, wurden einerseits die politischen Einrichtungen einer kritischen Betrachtung in bezug auf ihre gesamtgesellschaftliche Zweckdienlichkeit unterzogen und wurde andererseits die Demokratie als das umfassende Mittel der politischen Reform proklamiert. J. ST. MILL (1806–1873) dagegen, in der Nachfolge von Bentham stehend, wurde im Prozeß der zunehmenden Demokratisierung der englischen Gesellschaft zum Kritiker der unmittelbaren Demokratie, insofern er deutlich machte, daß in der Entwicklung des Freihandels der Staat nicht von den Interessen der unterschiedlichen sozialen Gruppen erobert werden darf, die Demokratie aber gerade durch die Herrschaft der Interessen der Majorität tendenziell eine Gefahr für die Freiheit des Einzelnen darstelle. Den Schutz der Freiheit des Einzelnen und die Einbindung aller Bürger in die Politik glaubte Mill durch die Konstruktion einer repräsentativen Demokratie gewährleisten zu können [13]. Er unterwarf die sozialen und ökonomischen Einrichtungen in der Demokratie dem utilitaristischen Prinzip und wurde dadurch zum Begründer einer liberal intendierten staatlichen Sozialpolitik, die durch den Freihandel entwickelten ökonomischen Ungleichheit entgegenwirken sollte. In dieser entwickelten Sozialpolitik, die aus der politischen Logik des vom Individualismus ausgehenden L. hervorging, liegt eine der Ursachen der realpolitischen Zersplitterung des englischen L.: Die Manchester-Schule beharrte auf dem Standpunkt der sozialen Selbstregulation durch den Markt, die Bourgeoisie war bestrebt, die Errungenschaften liberal-demokratischer Politik (Partizipation an der parlamentarischen Politik) für sich zu konservieren, während die Sozial-Liberalen des «Unauthorized Programme» (1885) sich aus der Logik der Demokratie zu einer permanenten Hinwendung zu den Interessen der Arbeiter gezwungen sahen, um die Freiheit des Einzelnen in einer von den Interessen der Gruppen nicht okkupierten repräsentativen Demokratie zu bewahren.

Mit der Gründung der *Labour Party* (1906) wurde dem sozialen L. die reale Bedingung entzogen. Der L. wurde als politische Partei in England randständig.

Der L. hat sich in der politischen Praxis der sich entwickelnden pluralen Gesellschaft von den Prinzipien seiner politischen Theorie zunehmend entfernt und in seiner Fraktionierung seine Einheit verloren; es hat daher seit Ende des 19. Jh. immer wieder Versuche zur Erneuerung des L. gegeben. Im zweiten Deutschen Kaiserreich versuchte Fr. Naumann (1860–1919) einen national, das hieß zugleich imperial orientierten sozialen L. zu begründen, der zwar als Parteiprogramm keinen Erfolg brachte, aber stets als Grundlage eines zum demokratischen Sozialismus hin offenen Links-L. diente, also die Rechtfertigung für einen Sozial-L. abgab. Kritisch zu solchen Begründungsversuchen stehen jene Liberalen, die sich zurückbinden an die dreifache Bestimmung des Subjektes und daher im Kollektiv des Sozialismus nicht dessen Erfüllung, sondern dessen Vernichtung sehen. F. A. Hayek gilt ein L., der sich nicht gegen konservative wie proletarische Sozialismen kritisch zu behaupten vermag und der sich an diese anlehnt, als ein Weg in die Knechtschaft, denn indem solcher L. planwirtschaftliche Prinzipien übernehme, tendiere er notwendig zum Verwaltungsstaat, in dem die Freiheit des Einzelnen abgeschafft werde [14]. – Im Gegensatz zu dieser These hatte schon Croce versucht, die ökonomische Doktrin des freien Marktes als «Liberismus» vom politischen L. terminologisch zu trennen, und er meinte, der L. könne mit jedem Wirtschaftssystem kombiniert werden, das Freiheit des Geistes, Kritik und Fortschritt zulasse [15]. – Nach Hayek dagegen ist – bei gleichzeitiger Bewahrung des liberalen Rechtsstaates – das Elend der durch den Laissez-faire-Kapitalismus des 19. Jh. erzeugten sozialen Mißstände nur durch eine formalrechtlich geordnete *soziale Marktwirtschaft* zu beheben, denn nur eine Politik, welche die Freiheit für den Einzelnen sichert, ermögliche echten sozialen Fortschritt [16]. Der in der Theorie der sozialen Marktwirtschaft begründeten Trennung des L. von der Wachstumsideologie des Laissez-faire-Kapitalismus hat auf der anderen Seite die Auflösung der Allianz von L. und Sozialismus, also das Ende des Sozialliberalismus, zu entsprechen, weil deren tendenzielle Bürokratisierung und Nivellierung der Gesellschaft die Freiheit des Einzelnen bedroht [17].

In der Forderung nach «der neuen Freiheit» versucht Dahrendorf den L. in einer vom Kapitalismus und Sozialismus geprägten Gesellschaft zu erneuern. Sein Ziel sieht er in der Melioration der Gesellschaft für den Einzelnen [18]. Doch das Problem des L. ist heute nicht nur die Einrichtung einer liberalen Gesellschaftsordnung in einem Staat oder einer Staatengemeinschaft (Europäische Gemeinschaft), sondern in deren Verteidigung gegen den weltrevolutionären Sozialismus und den weltwirtschaftlichen Dirigismus der Entwicklungsländer. Ein L. der «neuen Freiheit» steht vor der Aufgabe, sich zwar nur in der ersten, der bürgerlichen Welt realisieren zu können, aber dies in weltpolitischer Kooperation und Koexistenz mit illiberalen politischen Blöcken bewerkstelligen zu müssen. Es reicht für eine Erneuerung des L. nicht mehr aus, sich emphatisch auf seine Ideen zu besinnen, sondern es bedarf des Begreifens der Entwicklung der weltpolitischen Situation, aus der deutlich wird, daß das Ideal des autonomen Subjektes keine globale Bedeutung wie zur Zeit seiner Entfaltung in der «modernen politischen Theorie» mehr hat, sondern sich nur noch partikular im Raum der bürgerlichen Welt erhalten kann [19]. Eine liberale Theorie aber, die die Partikularität des L. begrifflich eingeholt hätte und nur in der bürgerlichen Welt konkret zu sein beanspruchte, weltpolitisch dagegen die Koexistenz mit illiberalen politischen Blöcken legitimierte, steht noch aus. Und es ist kein geringer Mangel für die Ausarbeitung einer solchen Theorie, daß bis heute noch keine umfassende ideengeschichtliche Darstellung des L. vorliegt; was es gibt, sind Darstellungen einzelner liberaler Fraktionen. So wiederholt sich die Geschichte des L. in seiner Geschichtsschreibung.

Anmerkungen. [1] M. Freund: Der L. (1965) XIII. – [2] L. Mises: L. (1927) 3; W. Röpke: Das Kulturideal des L. (1947) 14. – [3] B. Willms: Revolution und Protest oder Glanz und Elend des bürgerl. Subjekts (1969) 9. – [4] Die polit. Ideen von Hobbes bis Ho Tschi Minh (1969) 19. – [5] Vgl. R. Koselleck: Kritik und Krise (1959). – [6] W. v. Humboldt, Werke, hg. A. Flitner/K. Giel 1-5 (1960) 1, 50ff. – [7] Vgl. z. B. den Einwand gegen J. St. Mill: «Auch Mill ist beherrscht von der Meinung, je größer die Macht des Staates, desto geringer die Freiheit. Der Staat aber ist nicht der Feind des Bürgers» von H. von Treitschke, Aufsätze, Reden und Briefe, hg. H. M. Schiller (1929) 2, 22. – [8] P. A. Pfizer: Art. ‹L.›, in: Rotteck/Welcker (Hg.): Staatslex. 8 (1847) 524. – [9] a.O. 534. – [10] Fr. von Baader, Sämtl. Werke (ND 1963) 8, 319. – [11] G. W. F. Hegel, Sämtl. Werke, hg. Glockner 11 (1961) 563. – [12] Vgl. E. Thier: Rodbertus, Lassalle, Adolph Wagner. Ein Beitrag zur Theorie und Gesch. des dtsch. Staatssozialismus (1930). – [13] J. St. Mill: Betrachtungen über die repräsentative Demokratie (1971). – [14] F. A. Hayek: Der Weg zur Knechtschaft (1971). – [15] B. Croce: Saggi filosofici 6 (Bari 1931) 316–320; vgl. B. Croce und L. Einaudi: Liberismo e liberalismo. A cura di P. Solari (Mailand 1957). – [16] Hayek, a.O. [14] 241. – [17] R. Dahrendorf: Art. ‹L.›, in: Meyers Enzyklop. Lex. 15 (1975) s.v. – [18] Die neue Freiheit (1975). – [19] B. Willms: Selbstbehauptung und Anerkennung (1977).

Literaturhinweise. W. T. Krug: Gesch. Darstellung des L. alter und neuer Zeit (1823). – J. St. Mill: Considerations on representative government (London 1861, ³1865); dtsch. Betracht. über die repräsentative Demokratie, hg. K. L. Shell (1971); Essay on liberty (London 1859, ³1864); dtsch. Die Freiheit, hg. A. Grabowsky (²1967). – O. Klein-Hattingen: Gesch. des dtsch. L. 1.2 (1911/12). – L. v. Wiese: Der L. in Vergangenheit und Zukunft (1917). – O. Westphal: Welt- und Staatsauffassung des dtsch. L. (1919). – L. Mises s. Anm. [2]. – F. Federici: Der dtsch. L. (1946). – W. Röpke s. Anm. [2]. – G. de Ruggiero: Gesch. des L. in Europa (1930). – F. C. Sell: Die Tragödie des dtsch. L. (1953). – L. Krieger: The German idea of freedom (1957). – R. Koselleck: Kritik und Krise (1959). – M. Freund s. Anm. [1]. – J. v. Kempski: Recht und Pol. (1965). – Gesch. des dtsch. L. Schr.reihe der Friedrich Naumann-Stift. zur Pol. und Zeitgesch. 10 (1966). – C. B. Macpherson: Die polit. Theorie des Besitzindividualismus (1967). – B. Willms s. Anm. [3. 4. 19]. – R. P. Wolff: Das Elend des L. (1969). – F. A. Hayek s. Anm. [14]. – R. Eisfeld: Pluralismus zwischen L. und Sozialismus (1972). – K.-G. Faber: Strukturprobleme des dtsch. L. im 19. Jh. Der Staat 14 (1975) 201-227. – L. Gall (Hg.): L. (1976). H. Dräger

Libertin. Das Wort ‹libertin›, zunächst nur als Adjektiv, später auch als Substantiv gebraucht, geht auf das lateinische ‹libertus› bzw. ‹libertinus› zurück. Libertinus ist der Freigelassene im Unterschied zum ingenuus, dem Freigeborenen [1]. Obwohl beide Formen im Französischen des 16. Jh. belegt sind, hat sich diese Unterscheidung nicht halten können, so daß sich ‹L.› für beide Bedeutungen durchsetzen konnte. Die Bedeutung «Freigelassener» wird allerdings bald durch das Wort ‹affranchi› übernommen [2].

Zum ersten Mal taucht ‹L.› 1477 in einer französischen Bibelübersetzung auf [3]. Seit den vierziger Jahren des 16. Jh. werden die Mitglieder einer in Nordfrankreich beheimateten Gruppe von Schwärmern und Wiedertäufern als

‹L.s› bezeichnet [4]. In einer Denkschrift von 1544 beschuldigt CALVIN diese L.s – oder Spirituale, wie er sie auch nennt – der Häresie und der moralischen Ausschweifung [5]. Der Ausdruck ‹L.› vereint also sowohl den Vorwurf der Heterodoxie wie auch den des Amoralismus in sich. Dank dieser zwei Grundbedeutungen bleibt ‹L.› auch nach dem Verschwinden der schwärmerischen Sektierer weiterhin verwendbar. Die konfessionelle Polemik zwischen den Katholiken und den Protestanten zeigt zwar, daß die Bezeichnung ‹L.› anfänglich noch zwischen dem Namen für eine bestimmte Sekte und der auf irreligiöse Gruppen übertragenen Bedeutung von Heterodoxie schlechthin schwankt [6]. Nach der Beendigung der Bürgerkriege jedoch hat sich ‹L.› als allgemeine Bezeichnung für die Anhänger irreligiöser Gruppen durchgesetzt.

Während des 17. Jh. erfolgt eine Bedeutungsdifferenzierung, die ihre Vorläufer teilweise schon im 16. Jh. hat. Der Antinomismus, den der Begriff ‹L.› beinhaltet, nimmt nun drei Formen an [7]. Der L. ist zunächst der «irréligieux» oder «athée», der sich gegen den vorgeschriebenen Glauben wendet [8]. Ein L. ist aber auch eine Person, die sich von den Zwängen der herkömmlichen Moral, insbesondere der Sexualmoral, freigemacht hat und die – nach der von P. BAYLE in seinen ‹Pensées diverses sur la comète› erstmals vorgetragenen These, daß auch eine Gesellschaft von Atheisten tugendhaft sein könne [9] – mit dem «athée» nicht identisch sein muß. Als L. im positiven Sinn wird aber auch die Verletzung der vorgeschriebenen Verhaltens- und Denkweisen bezeichnet, mit der vor allem die Angehörigen des Hochadels ihre Unabhängigkeit und ihre privilegierte Stellung hervorzuheben suchten [10]. Sowohl erotische als auch häretische Momente sowie ein Aufbegehren gegen Zwang und Regel überhaupt verweben sich in den Schriften der sogenannten L.s [11]. Sie bestimmen auch die Polemik der Orthodoxie (J. BOSSUET, L. BOURDALOUE, F. GARASSE, M. MERSENNE), in deren Schriften sich der Instinkt für die Gefahr äußert, die der Tradition von den sie auflösenden Mächten drohen könnte; ein die objektiven Normen in Frage stellendes Dasein erscheint hier wie die Verkörperung eines bösen Prinzips. ‹L.› wird nun mit weiteren Wörtern assoziiert: ‹débordé›, ‹déréglé›, ‹débauché›, ‹esprit fort›. Hierin zeigt sich neben der Uneinheitlichkeit des Gebrauchs die Verschiedenheit der Bedeutungsebenen.

Bei LA BRUYÈRE und MALEBRANCHE werden ‹L.› und ‹esprit fort› (Free-Thinker/Freigeist) synonym zur Bezeichnung eines Menschen, der nach Freiheit von Norm und Bindung strebt, gebraucht [12]. Der Begriff ‹Freiheit› wird dabei allerdings unterschiedlich verstanden, bald als Ungebundenheit und stilistische Freiheit, bald als Ausdruck eines spontanen Lebens oder als Verwirklichung unmittelbarer Subjektivität. Die Diskussion zwischen den einander befehdenden Gruppen, in der ‹L.› bald als Schimpfwort, bald als stolze Selbstbezeichnung verwendet wurde, verlieh dem Begriff eine Spannung, die noch bis ins 18. Jh. andauerte. Infolgedessen erscheinen beide Epochen bei aller Verschiedenheit ihrer Richtung doch durch eine unzerreißbare Kontinuität zusammengehalten. Bezeichnend für das Auseinanderfallen der Bedeutungsebenen von ‹L.› ist die Begriffsbestimmung DIDEROTS, der in der ‹Encyclopédie› «L. d'esprit» und «L. de mœurs» unterscheidet. Dabei wertet er den ersten Begriff als positiv und verbindet ihn mit Namen wie Horaz, Chaulieu und Anacreon. Der zweite Begriff dagegen wird von Diderot negativ verwendet: Die L.s werden für die Zersetzung von Sprache und Denken verantwortlich gemacht [13].

Anmerkungen. [1] GAIUS, Inst., zit. A. ERNOUT/A. MEILLET: Dict. étymol. de la langue lat. Hist. des mots (Paris ⁴1959) 355. – [2] DION = CASSIUS DIO (Historien Grec): Des faicts et gestes des Romains. Premièrement traduit de Grec en Italien par messire N. LEONICENO, Ferrarois et depuis de l'Italien en vulgaire françoys par C. DEROZIERS (Paris 1542) f. 228r. 236r. – [3] Le Nouveau Testament de la version de GUYARS DES MOULINS, veu et corrigé J. MACHO/P. FAGET (Lyon 1477). Fait des Apostres 6, 9. – [4] P. VIRET: L'interim fait par dialogues (Lyon 1565) 155. – [5] J. CALVIN: Briève instruction pour armer tous bons fidèles contre les erreurs de la secte commune des Anabaptistes (Genève 1544). Corp. Ref. 7, col. 45-142. – [6] Institution de la relig. chrestienne. Texte de la 1re éd. franç. (1541, ND Paris 1911) 83f.; vgl. auch Contre les L.s. Epistre contre un certain Cordelier suppost de la secte des L.s, lequel est prisonnier à Roan (Genf 1547) Corp. Ref. 7, col. 341-364; zur Polemik auf kath. Seite: G. LINDAN: Discours en forme de dialogue ou hist. tragique (Paris 1566) 85-88. – [7] G. SCHNEIDER: Der L. (1970) 245. 246. – [8] P. VIRET: Exposition de la doctrine de la foy chrestienne (Genf 1564) Epistre [unpag. f. IIv-IIIr]; vgl. auch L'interim fait par dialogues (Lyon 1565) (Le sommaire du 3e dialogue) 163f. – [9] P. BAYLE: Pensées diverses sur la comète. Oeuvres diverses, hg. A. NIDERST (Paris 1971) 62-70. – [10] F. GARASSE: La doctrine curieuse des beaux esprits de ce temps, ou prétendus tels. Contenant plusieurs maximes pernicieuses à la religion, à l'estat et aux bonnes mœurs (Paris 1623) 31ff.; Charakterisierung solcher Denkweisen bei R. PINTARD: Une affaire de libertinage au 17e siècle, Rev. hist. Paris 5 (1937) 1-24. – [11] P. LE LOYER: Discours et hist. de spectre (Paris 1605) 13. 555. – [12] J. DE LA BRUYÈRE, Les caractères 16, 5ff. Oeuvres, hg. M. G. SERVOIS 2 (Paris 1865) 239ff. – [13] D. DIDEROT, Oeuvres compl., hg. ASSÉZAT (Paris 1876) 15, 405; 16, 26.

Literaturhinweise. K. MÜLLER: Calvin und die Libertiner. Z. Kirchengesch. 40 NF 3 (1922) 83-129. – H. BUSSON: La pensée relig. de Charron à Pascal (Paris 1933) bes. 5-15. – R. PINTARD: Le libertinage érudit dans la première moitié du 17e siècle (Paris 1943). – H. BUSSON: Le rationalisme dans la litt. franç. de la Renaissance (1533-1601) (Paris 1957). – J. S. SPINK: French free thought from Gassendi to Voltaire (London 1960). – A. ADAM: Les L.s au 17e siècle (Paris 1964). – G. SCHNEIDER s. Anm. [7]. – Aspects du libertinisme au 16e siècle. Actes du colloque int. de Sommières (Paris 1974).

F. SCHALK

Libertinisme, Libertinage. Ende des 16. Jh. wurde nach dem Vorbild von ‹athéisme› von dem Adjektiv und Substantiv ‹libertin› das Substantiv ‹libertinisme› abgeleitet [1]. Diese Form wurde jedoch schon bald durch ‹libertinage› (L.) ersetzt [2]. Zunächst wurde das Wort nur im Plural gebraucht und meinte vor allem Verstöße gegen Religion und Kirche: «se dit ... du peu de respect que l'on a pour les mystères de la Religion» [3]. Später, zu einem abstrakten Begriff geworden und im Singular gebraucht, bezeichnete L. auch die Geisteshaltung des Libertin [4]: die Ablehnung von Ordnung und Vorschrift und insbesondere die Ablehnung der Religion [5]. Das Wort kann, wie bereits die Lexikographen des 17. und 18. Jh. bemerkt haben, in unterschiedlichen Kontexten benutzt werden; es meint eine politische Haltung, zielt aber auch auf die Ungebundenheit der Sitten ab oder legt den Akzent auf die variablen Momente und Impulse des unmittelbaren Lebens.

Ende des 17. Jh. erhält das Wort eine besondere Bedeutung, da es als ein wesentlicher Begriff im sogenannten Quietismusstreit zwischen Bossuet und Fénelon geführt wird. Den Quietisten wird von BOSSUET vorgeworfen, die Idee der L. zu verbreiten [6]. FÉNELON hat sie in Article XXXII der ‹Maximes des Saints› verteidigt: «Il y a dans l'état passif une liberté des enfants de Dieu, qui n'a aucun rapport au L. effréné des enfants du siècle» [7]. Gleichwohl ist die mystische Bewegung im 18. Jh. noch mit der L. zusammengebracht worden.

In der reichen psychologischen Landschaft des erotischen Romans im 18. Jh., die viele Grade von Lust – zwischen Flüchtigkeit und Intensität – einschließt, kommt der L. eine besondere Rolle zu: Das Wort metamorphiert dann je nach Intensität der Verbindung von sinnlichem und geistigem Genuß [8]. Die Affinität von débauche, licence, L. und érotisme deuten auf die Pulsierungen eines besonderen Lebens hin, das sich in den Romanen von DIDEROT und CRÉBILLON niederschlägt und in LACLOS' ‹Liaisons dangereuses› die höchste Spannung seiner Problematik besitzt. Der Spielarten sind viele; DIDEROT denkt an die Libertiner, die heiter, Freunde jedes Vergnügens sind [9]. Es gab aber auch – wenngleich nur in bestimmten Zirkeln – die roués, d. h. die Ausschweifenden; der Fürst von Ligne unterscheidet die débauchés von den libertins [10]. Die erotischen Romane, zumal in der zweiten Hälfte des 18. Jh., sind stets von den mannigfachen Vorstellungsweisen der L. durchflochten [11].

Anmerkungen. [1] PH. DE MARNIX DE SAINTE-ALDEGONDE, Oeuvres (1598), hg. A. LACROIX 8 (Paris/Brüssel 1860) Response apologétique 404. – [2] F. DE SALES, Br. (8. 6. 1606). Oeuvres, éd. compl. d'après les autographes 1-26 (Annecy 1892-1936). – [3] A. FURETIÈRE: Dict. universel 3 (Den Haag 1727, ND 1972) Art. ‹L.›. – [4] F. GARASSE: Rech. des rech. et autres œuvres de E. PASQUIER (Paris 1622) 728. – [5] M. MERSENNE: L'impieté des Déistes, Athées et Libertins de ce temps. Ensemble la refutation du Poëme des Déistes. Oeuvre dédié à Monseigneur le Cardinal de Richelieu (Paris 1624) Préf. 1-2. – [6] J. B. BOSSUET, Oeuvres oratoires, hg. URBAN/LEVESQUE 4 (Paris 1926) 178. – [7] FR. FÉNELON, Oeuvres (Paris 1835) 2, 34. – [8] Vgl. G. SCHNEIDER: Der Libertin (1970) 84ff. – [9] Vgl. D. DIDEROT: Lettres à Sophie Volland (7. 10. 1761), hg. ROTH 3, 330. – [10] L. VERSINI: Laclos et la tradition (Paris 1968) 43. – [11] ebda.

Literaturhinweise. R. SPAEMANN: Reflexion und Spontaneität. Stud. über Fénelon (1963). – L. VERSINI s. Anm. [10]. – E. STURM: Crébillon et le L. au 18e siècle (Paris 1970). – P. NAGY: L. et révolution. Acta literaria XIV (1972). – H. G. FUNKE: Crébillon als Moralist und Gesellschaftskritiker (1973). – PH. LAROCHE: Les héros de Laclos et l'évolution de la notion du L. mondain dans la litt. romanesque franç. de 1732 à 1792 (Thèse, Lyon 1973); vgl. auch Rev. du Pacifique 1 (1975) 62-73; 2 (1976) 123-143.
F. SCHALK

Liberum arbitrium (freie Wahlentscheidung), libera voluntas (freier Wille) und ihre griechischen Äquivalente sind eklektische Begriffsbildungen der Spätantike, die daraufhin zu entsprechenden Scheinproblemen führen.

1. Die klassische griechische Handlungstheorie verbindet die Begriffe der innergeistigen oder äußeren, politischen «Wahl» (αἵρεσις) noch nicht mit positiven oder negativen metaphysischen ἐλευθερία- bzw. Freiheitsbezeichnungen.

a) Von DEMOKRIT [1] und der in der älteren Sophistik ähnlich verlaufenden Untersuchung des menschlichen Verstandes, seiner Kulturmacht und ihrer Relativität an [2] bis zu EPIKUR [3] oder SEXTUS EMPIRICUS [4] – bei PLATON [5] und ARISTOTELES [6] nur durch deren idealistische Vernunftmetaphysik oder Deduktionslogik verschleiert – wird die realphysische Existenz der erkenntnisbildenden wie handlungseinleitenden, insbesondere Wahlfähigkeiten des Menschen erwiesen: erstens durch deren innere Erfahrung als systemeigene (τὸ ἐφ' ἡμῖν, τὸ παρ' ἡμᾶς, τὸ αὐτεξούσιον, τὸ ἡγεμονικόν) Kräfte und Bewegungen (δύναμις, facultas, potestas) der Natur (nicht Materie [7]) des Geistes und zweitens durch ihre äußere Manifestation in Kulturen und Erziehungen. Wenn also auch jeweils durch Umwelt, Verhältnisse, Anlage oder Trieb relativiert bzw. sie beeinflussend bildet dieser Geist, durch Analogieschlüsse zu seinem Gesamtwissen [8] zugleich als Gewissen (συντήρησις, con-scientia), Vermutungs-Voraussichten (προσδοκία, πρόγνωσις) pluraler Zukunftsmöglichkeiten (τὸ δυνατόν, τὸ μέλλον ἀγαθόν) und konstituiert, nach überlegter Beratung (εὐβουλία), durch «Wahl und Ablehnung» (αἵρεσις καὶ φυγή) bzw. «Vorzugswahl» (προαίρεσις) aus der ihm «besser» (τὸ βέλτιον) erscheinenden Alternative ein zeitweilig festes «Nur-noch-Eines-Verlangen» (ἕνεκα, ἑκών [9]) als Wert, Norm, Ziel oder Richtlinie (ἄξιον, νόμος = δόξα ὀρθή, τέλος, orthodoxia, rectitudo) für die private oder politische Handlung [10].

b) Unabhängig von dieser Motivationsforschung bezeichnet ἐλευθερία (ähnlich wie ahd. frîheit, lat. libertas) zunächst bloß die allgemeine, ethnologisch auffällige archaisch-soziale *'Leute'*-Art [11] der einwandernden Griechenstämme. Denn ihre demokratisch-anarchistische Gesetzgebungsmitbestimmung, aufrechte Haltung, öffentliche Beratung, ihr Redefreimut und ihre Wahlrechte (Isonomia, Isägoria, Parrhäsia usw.) heben sich deutlich von der hierarchisch-gebotsmäßigen orientalischen Imperiums- und Hochreligionskultur ab [12]. Seit 500 v. Chr. meint ‹Eleutheria› damit zwar schon negativ die «Freiheit von» solcher Anders-als-Griechenart (persischer Untertanen- und Sklavenhaltung) und seit 450 v. Chr. positiv auch die individuelle «Selbstgesetzgebung» (Autonomia) des Menschen über sich bzw. die (platonische) Vernunftherrschaft über den Trieb [13]. Der Eleutheros, als «Individuum nach Griechenart», wird schließlich stoisch-private Moralperson [14].

c) Eine Verquickung selbst dieser sehr individuell gewordenen Eleutheria-Vorstellung mit dem speziellen innergeistigen 'Wahl'-Vorgang oder dem, erst lateinisch [15] bezeichenbaren Willen (voluntas) findet trotzdem nicht vor dem Eklektizismus des 1. Jh. v. Chr. statt sowie zunächst nur vereinzelt und unspezifisch [16] oder bloß emphatisch-allegorisch [17]. Denn die heute häufig gewordene Einfügung der Bezeichnungen ‹frei-› oder ‹Freiheits-› in die Übersetzungen der antiken Texte [18], ihre Deutung in der Sekundärliteratur und die damit verbundene Entstehung des metaphysischen Scheinproblems einer absoluten 'Wahl-Freiheit' nehmen ihren letzten, inneren Anlaß erst aus der entsprechenden spätantiken Verstärkung auch der umgekehrten, mechanisch-physikalischen, stoischen oder christlichen Notwendigkeitslehren [19].

2. Das so entstandene Scheinproblem dieser 'Freiheit' gelangt zu seinem ersten Höhepunkt um 400 n. Chr., als die Pelagianer, noch antikisierend, die Mitbestimmung (Synergismus) und Unsündigkeit (Impeccantia) des Menschen (Adam) verteidigen [20], während AUGUSTINUS die Gegenposition der Prädestinations-, Erbsünden-, Gnadenlehre und des christlichen Geschichtsdeterminismus ausbaut [21]. ANSELM VON CANTERBURYS Schrift ‹De libertate arbitrii› (um 1085 n. Chr.) beschränkt diese Mitwirkung des Menschen schon auf die bloße Durchhaltung (perseverantia) gottvorgegebener Ziele [22]. Von seiner Abhandlung ‹De concordia ...› an kreist die Frage im Mittelalter vielfach nur noch um den schon in der Antike kritisierten Widerspruch zwischen dem Vorauswissen (praescientia), dem l.a. und der Notwendigkeit der Zukunft (esse futurum) in Gottes Geist [23]. Ausgangs des 15. Jh. tritt PIERRE DE RIVO mit Argumenten des Ari-

stoteles nochmals gegen Rom für die Wahlmöglichkeit von Petrus ein, Jesus nicht zu verleugnen, trotz dessen deterministisch auffaßbarer Vorhersage «Ter me negabis» [24].

3. Im ersten großen neuzeitlichen Streit zwischen dem Humanisten ERASMUS (De libero arbitrio, 1524) und LUTHER (De servo arbitrio, 1525) beschränken dieser und die ‹Formula concordiae› von 1577 den moralischen und politischen «freien Willen ..., äußerlich ehrbar zu leben und zu wählen unter den Dingen, so die Vernunft begreift» (MELANCHTHON, Confessio Augustana 1530), auf die wahl-lose Annahme auch des evangelischen Glaubens und der unbedingten Obrigkeitsachtung [25]. – Die neuantike, englische politische Forderung des 16.–18. Jh. (LEVELLER, LOCKE, PAINE) nach einem allgemeinen (freien) Wahlrecht, das seit 1776 in demokratischen Verfassungen verankert wird [26], findet im deutschen Denken zunächst wenig Resonanz. Für KANT und den ihm folgenden deutschen Idealismus bleibt «Willensfreiheit» ein bloßes metaphysisches Postulat. Seine Ethik vernachlässigt also das griechische Wahlphänomen weiter zugunsten römisch-stoisch-christlichen Sollen-, Pflicht- und Imperativdenkens [27]. Der deutsche dialektisch-historische Materialismus läßt im Zuge des Hegelschen Geschichtsdeterminismus und seiner marxistischen, ökonomisch-gesellschaftlichen Ergänzung Freiheit (Wahl) in Notwendigkeit (und politischen Scheinwahlen) untergehen [28]. Eine positive, phänomenologische Untersuchung der Wahlvorgänge und eine antideterministische Geschichtslehre findet sich dagegen in gewissen existenzphilosophischen Ansätzen (KIERKEGAARD, CAMUS [29]) und in psychologischen [30] oder politischen, empirischen Wähler-Verhaltensanalysen [31].

Anmerkungen. [1] DEMOKRIT, VS 68 A 111; B 3. 33. 37. 207. – [2] W. NESTLE: Vom Mythos zum Logos (²1942) Kap. 9; W. Graf UXKULL-GYLLENBAND: Griechische Kulturentstehungslehren (1924). – [3] EPIKUR bei DIOG. LAERTIUS 10, 127-130; 10, 75; Epicuro Opere, hg. ARRIGHETTI (Turin 1960) 31 = Inc. Pap. Herc. 1056, 697, 1191; LUKREZ 5, 1013ff.; vgl. E. TIELSCH: Epikurs Theorie vom privaten und sozialen Glück des Menschen, in: Die Frage nach dem Glück, hg. BIEN (1978) 59-76; Der Materialismus Epikurs. Versuch einer Korrektur. Philos. nat. (1970) 214-260. – [4] SEXTI EMPIRICI Opera 4: Indices, hg. K. JANÁČEK s.v. αἵρεσις und die unten genannten Ausdrücke. – [5] D. F. ASTIUS: Lexicon Platonicum. (Leipzig 1835) s.v. – [6] H. BONITZ: Index Aristotelicus (1870/1955) s.v. – [7] Zu dieser folgenschweren Verwechslung TIELSCH, Der Materialismus Epikurs a.O. [3]. – [8] E. TIELSCH: Die Wende vom antiken zum christl. Glaubensbegriff (1973) 159-199. – [9] Vgl. H. FRISK: Griech. etymol. Wb. (²1973) 513: s.v. ἕνεκα. – [10] Dazu E. TIELSCH: Die plat. Versionen der griech. Doxalehre (1970). – [11] Vgl. FRISK, a.O. [9] 490f.; Theol. Wb. zum NT, hg. KITTEL 2 (1935) s.v. ἐλεύθερος; A. WAAS: Die alte dtsch. Freiheit (1970); zu *libertas* A. BÖMER: Untersuch. über die Relig. der Sklaven. Akad. Wiss. Lit. zu Mainz, geist.-sozwiss. Kl. (1959) 494. – [12] HERODOT 3, 80-83; ARISTOTELES, Pol. 1253 b-1254 b; PLUTARCH, Alexander, Kap. 54, 74; PHILON, De spec. leg. 1, 14, 57; H. J. BOECKER: Recht und Gesetz im AT und im Alten Orient (1976). – [13] Vgl. z.B. PS.-PLATON, Def. 415 a 3; 412 d 1-3; XENOPHON, Mem. 4, 5, 3-5; ARISTOTELES, Met. 982 b 25-26; Eth. Nic. 1120 b 9ff.; SCHLIER, a.O. [11] (KITTEL) 484-491; EPIKUR, Gnom. Vat. 67. – [14] Vgl. PHILON, Quod omnis probus liber sit. Opera, hg. L. COHN/P. WENDLAND 6, 1ff. – [15] ARISTOTELES, NE, hg. F. DIRLMEIER (1956) Anm. 48. 3. – [16] LUKREZ 2, 255; 5, 79; CICERO, De fato 9, 20; TERTULLIAN, De an. 21; De monogamia 14; JUSTIN 1. Apol. 43; TATIAN, Oratio adv. Graec. 11, 6. – [17] PHILON, Quod Deus immutabilis sit 114. Opera a.O. [14] 7: Indices. – [18] Vgl. z.B. schon BOETHIUS, In lib. Arist. de interpret., ed. sec. lib. 3; vgl. ARISTOTELES, De interpret. 9, 18 a 28-19 b 4: ὁπότερ᾽ ἔτυχεν übersetzt mit «utrumlibet» und u.a. gedeutet als «libera voluntas»; JOHANNES CHRYSOSTOMUS, Homilia 8. MPG 63, 509: für προαιρέσεως lat. (liberi) arbitrii; vgl. die von W. WARNACH in Art. ‹Freiheit II› angeführten und gedeuteten Kirchenväterstellen; heute wird z.B. CICERO, De fato (Tusculum 1963) 76f. 92f. «in nostra potestate, in nobis» übersetzt: «in unserer freien Macht»; PLATON, Prot. 358 c 7 (rororo 1959): ἑκών («verlangend») übersetzt mit «aus freier Wahl»; entsprechend in vielen neusprachlichen Lexika und der Sekundärliteratur. – [19] (Dom.) D. AMAND: Fatalisme et liberté dans l'antiquité grecque (Louvain 1945): Nebeneinanderstehen des klassischen und des neuen Freiheitsausdrucks. – [20] G. DE PLINVAL: Pélage, ses écrits, sa vie et sa réforme (Lausanne 1943) 228f. u.ö.; J. FERGUSON: Pelagius (Cambridge 1956). – [21] AUGUSTIN: De libero arbitrio; De civitate Dei 12. 30. – [22] ANSELM VON CANTERBURY, Opera omnia, hg. F. S. SCHMITT 1 (1968) 207-226. – [23] De concordia praescientiae et praedestinationis et gratiae Dei cum libero arbitrio 1, 3; a.O. 2, 250ff.; vgl. SEXTUS EMPIRICUS, Pyrrh. Hyp. 3, 9-12; E. TIELSCH: Anselm von Canterburys Stellung innerhalb der Gesch. des «De libero arbitrio»-Problems, in: Die Wirkungsgesch. Anselm von C's. Akten 1. int. Anselm-Tag. (1970) 65-100. – [24] Vgl. La Querelle des Futurs Contingents, hg. L. BAUDRY (Paris 1950) 70. – [25] Vgl. K. ZICKENDRAHT: Der Streit zwischen Erasmus und Luther über die Willensfreiheit (1909); W. TRILLHAAS: Ethik (²1965) 64. – [26] Vgl. W. W. WITTWER: Grundrechte bei den Levellern und der New Model Army (1972); R. H. TENBROCK (Hg.): Außerdtsch. Verfassungen (1961) 35: Die Grundrechte von Virginia (12. 6. 1776) Abschn. 6 (freie Wahlen); a.O. 38: Die Verfassung der Vereinigten Staaten von Amerika (1787) Abschn. 2 (Wahlen); vgl. W. MÖNKE (Hg.): Thomas Paine, Die Rechte des Menschen (1962); Grundgesetz Art. 12, 20, 2, 1; 38, 1, 1; 40; 52; 54 (Wahl, teils mit, teils ohne «frei»-Prädikat). – [27] I. KANT, KrV A 532-558; vgl. B 562, aber A 800-803: arbitrium liberum als «Vernunft-Imperativ» KpV Akad.-A. 5, 30. 72. 144f.; J. G. FICHTE: Die Bestimmung des Menschen (1800) Buch 3; F. W. J. SCHELLING: Das Wesen der menschl. Freiheit (1809); N. HARTMANN: Ethik (⁴1962) Teil 3. – [28] Vgl. R. GARAUDY: Freiheit als philos. und hist. Kat. (1955) 218ff.; G. W. PLECHANOW: Über die Rolle der Persönlichkeit in der Geschichte (1955) 33. – [29] S. KIERKEGAARD, Entweder-Oder; De omnibus dubitandum est. Ges. Werke, dtsch. E. HIRSCH 1 (1964) 10 (1960); zu seiner Wahlphänomenol. E. TIELSCH: Kierkegaards Glaube (1964) 171-396; A. CAMUS: Der Mythos des Sisyphos (1943). – [30] H. THOMAE: Der Mensch in der Entscheidung (1960). – [31] N. DIEDERICH: Empirische Wahlforsch. (1965); W.-D. NARR und F. NASCHOLD: Theorie der Demokratie (1971).

E. TIELSCH

Libido. Nach R. B. Onians [1] soll ‹L.› aus der Wurzel ‹lib-› sich herleiten, die auch in ‹liberty›, ‹liberare›, λείβειν, ‹libation› (Trankopfer) vorkommt und in enger Verbindung zu ‹Flüssigkeit ausgießen› und damit zu Samenerguß und sexuellem Begehren steht (λίπτεσθαι). Von hier aus ergibt sich eine Beziehung zu ‹Liebe› und ‹love›, zu ‹Liber› (römischer Fruchtbarkeitsgott), zu ‹Freier›, ‹Frig› (Göttin der sexuellen Begierde und Fruchtbarkeit) und ‹freedom› [2]. – Bei CICERO [3] heißt es: «quae autem ratione adversa incitata est vehementius, ea l. est, vel cupiditas effreneta, quae in omnibus stultis invenitur» (Was aber gegen die Vernunft allzu heftig erregt ist, ist L. oder zügellose Begehrlichkeit, die man bei allen Toren findet). L. hat hier die Bedeutung von stürmischem Begehren. In demselben Sinne wird der Begriff bei SALLUST verwendet [4]. AUGUSTINUS setzt Trieb und L. einander gleich [5]. – In der neueren medizinischen Literatur taucht der Begriff ‹L.› als Synonym für Geschlechtstrieb auf und wird in Kontrektationstrieb (der eine körperliche wie geistige Komponente besitzt) und Detumeszenztrieb (der phylogenetisch früher auftritt) [6] unterteilt.

S. FREUD verwendet den Begriff ‹L.› zunächst noch in dieser engen Bedeutung in seinen frühen Schriften [7]. Er stellt «abnehmende Potenz» «steigender L.», d.h. vermehrtem sexuellem Begehren (eine Kombination, die insbesondere im Senium beobachtet werden kann) gegenüber, dann setzt er «sexuelle L.» der «psychischen Lust» gleich, schließlich definiert er L. als dasjenige, «in dem die Erregung» (d. h. die somatische Sexualerregung) «psychischer Reiz» wird. Nun hatte Freud gefunden, daß angstneurotische Symptome mit sexueller Abstinenz bzw. gehemmtem Sexualverhalten korreliert waren. Er führte zur Erklärung zunächst die Annahme ein, in diesen Fällen werde die sexual-somatische Erregung nicht «auf dem Wege über die Psyche», sondern «subkortikal» als Angst abgeführt [8]. Bald aber ließ er den Gedanken einer rein somatischen Genese der Angst fallen und nannte «die neurotische Angst ... umgesetzte sexuelle L.» [9]. Mit dieser Annahme einer Transformation der L. in Angst war seine L.-Theorie in nuce begründet, denn hinfort wurde L. verstanden als «quantitativ veränderliche Kraft, welche Vorgänge und Umsätze auf dem Gebiet der Sexualerregung messen könnte» [10] bzw. als die «Energie solcher Triebe, welche mit all dem zu tun haben, was man als Liebe zusammenfassen kann», d. h. «Liebe» umfaßt die ganze Skala liebender Beziehungen, von der «Geschlechtsliebe» bis zur «Hingabe an konkrete Gegenstände und abstrakte Ideen» [11]. L. steht demgemäß in demselben Verhältnis zum Geschlechtstrieb wie der Hunger zum Trieb nach Nahrungsaufnahme, d. h. sie ist spezifischer Natur und durchaus zu trennen «von der Energie, die den seelischen Prozessen allgemein unterzulegen ist» [12].

Das aus den somatischen Quellen (dem Es [13], dem undifferenzierten Ich-Es [14]) gebildete «L.-Quantum» differenziert sich zunächst in zwei «psychische Vertretungen», die «Ich-L.» oder «narzißtische L.» – später auch L. der Selbsterhaltungstriebe genannt [15] – und die «Objekt-L.», wobei erstere früher, ursprünglicher ist, letztere deren Derivat, das entsteht, wenn die Ich-L. «zur Besetzung von Sexual-Objekten» verwendet wird [16]. Eine weitere qualitative Differenzierung der L. erfolgt über die Entwicklung der Partialtriebe, die ihre somatische Quelle in den «erogenen Zonen» [17] besitzen, in ihrer Entwicklung aber auch von den Objekten (das sind die Beziehungspersonen) abhängen. So ergab sich die Aufstellung einer hierarchisch gegliederten Reihe «libidinöser» oder «psycho-sexueller» Organisationsstufen, die sich nach epigenetischen Gesetzen entfalten [18]. Alle diese Entwicklungsschritte bewirken neben der qualitativen auch eine energetische Differenzierung der L., die als deren Neutralisierung (Analoges gilt für die Energie des Aggressionstriebes) konzeptualisiert wird [19] und in enger Beziehung zum Prozeß der Sublimierung steht [20].

Im Rahmen der analytischen (komplexen) Psychologie C. G. JUNGs steht der Begriff ‹L.› für die «hypothetisch» angenommene Lebensenergie [21]. Auch Jung nimmt eine Entwicklung dieser Lebensenergie an und begreift sie als «Wandlungen und Symbole der L.» [22]. Die Differenzierung der L. erfolgt in Jungs System durch Progression und Regression, wobei die Dynamik der Energieumsetzungen durch Extraversion und Introversion gesteuert wird [23]. Spezielle Umformungsprozesse sind die Verlagerungen der L., insbesondere die Symbolbildungen, in welchen «die psychologische Maschine, welche Energie verwandelt», gesehen wird [24].

Charakteristisch für Freuds wie für Jungs L.-Theorie sind die aufgezeigten qualitativen und quantitativen Umformungen und Verschiebungen, wie auch andererseits Fixierungen der L. an bestimmte psychische Strukturen (z. B. im Narzißmus an das eigene Ich bzw. Selbst) oder an die Objekte (seien es die «Imagines» des Ödipuskomplexes oder solche objektiv realer Natur, wie bei der Verliebtheit in aktuelle Personen der Gegenwart [25]). Mittels derartiger Vorstellungen läßt sich im Rahmen der L.-Theorie die klinisch beobachtbare Variabilität der neurotischen Symptomatik in qualitativer wie aber auch in quantitativer (ökonomischer) Hinsicht «erklären». Darüber hinaus ist eine kausalgenetische Herleitung der neurotischen Erkrankungen aus dem Begriff der «unbefriedigte[n] und gestaute[n] L.» [26] möglich, indem man sich vorstellt, daß übermäßige L.-Produktion (etwa somatisch bedingt wie in der Pubertät) oder Blockade der L.-Abfuhr (sei es durch äußere oder innere Versagungen, d. h. Hemmungen, Verdrängungen) eine neue, womöglich «regressive» Ableitung der libidinösen Energiequanten erzwingt, womit nunmehr pathologische psychische Phänomene zur Manifestation gebracht werden.

Die L.-Theorie und das L.-Konzept Freuds wurden von sozialpsychologisch orientierten Vertretern der Neo-Psychoanalyse wie K. HORNEY und E. FROMM, darüber hinaus aber auch von H. SCHULTZ-HENCKE in Frage gestellt. Ihre Kritik und ihre Modifikationen des L.-Begriffes setzen an der letzten Fassung der L.-Theorie an, in der L. und die Energie des Todestriebes einander gegenübergestellt werden. Die Grundorientierung Freuds auf *individuelle* organismisch-psychologische Vorgänge wird ersetzt durch die Zentrierung auf die Interaktionen des Individuums mit seiner Umwelt [27]. Sie weisen den Milieufaktoren bei der Entfaltung und Differenzierung der Triebe nicht nur formende und auslösende, sondern konstituierende Bedeutung zu. Soweit diese Vertreter der Neo-Psychoanalyse den L.-Begriff überhaupt verwenden, möchten sie seine Bedeutung auf den sexuellen Bereich eingeengt wissen [28].

Gegenwärtig werden bezüglich des L.-Begriffes die folgenden Hypothesen diskutiert [29]:

1. Man geht von der Annahme aus, daß im primären, weitgehend unstrukturierten Zustand (also vor der Psyche-Soma-Trennung [30]) undifferenzierte Triebenergie vorhanden ist. Nach der Geburt bewirken bio-psychosoziale Interaktionen und Simultanereignisse differenzierende und integrierende Prozesse, die zur psychischen Strukturbildung führen. «Die Psyche wird ... [dabei] aufgefaßt als eine sich aufbauende Organisation, die durch einen aktiven und immer komplexeren Austausch mit entwickelten Organisationen derselben Art entsteht» [31]. Als Simultanereignisse sind zu nennen: a) organismische Reifungsschritte, b) Verknüpfung von mnemischen Niederschlägen mit emotional-affektivem, kognitivem und konativem Erleben; beide erfolgen im Rahmen jeweils bestimmter sozialer Bedingungen und Ereignisse. Die resultierenden psychischen Strukturen sind Selbst- und Objektrepräsentanzen, Ich-Kerne und Ich-Strukturen, archaische Regulationssysteme und Über-Ich-Strukturen. Die differenzierenden und integrierenden Prozesse zielen ebenfalls auf korrelierte Differenzierungen der Triebenergie in L. und Destrudo (Kunstname für die psychische Energie des aggressiven Triebes). L. (und Destrudo) ist (sind) demnach epigenetischer Natur [32].

2. Man nimmt an, daß auf Objektbeziehungen ausgerichtete Kräfte von vornherein gegeben sind, und nennt ihre psychisch-energetische Repräsentanz ‹L.› [33]. Die Steuerung und Entfaltung der Objektbeziehungen erfolgt über das mit dem Objekttrieb bzw. mit mehreren auf das Objekt ausgerichteten instinktiven Reaktionssystemen [34] oder sogenannten «approach-patterns» [35] sich verknüpfende Erleben von Vorlust, wobei letztere von der Endlust (die dem orgastischen Erleben zugeordnet ist)

unterschieden wird [36]. L. ist im Rahmen dieser Vorstellungen diejenige Kraft, die zu Objektbesetzungen drängt.

Beide Hypothesen fassen die Entwicklung der Partialtriebe nicht mehr als einfache Differenzierungen der einen L., sondern als Resultate multipler Kräfte und Strukturen. Daß «der Trieb» – und damit die L. – «sich in Partialtriebe differenziert», wird in dieser Sicht vom Summeneffekt der Geschehnisse als Schlußfolgerung gleichsam «angeboten («suggest»)» [37] und ist Produkt von biologisch fundierter Reifung und sozialer Entwicklung [38]. Aus alledem geht hervor, daß die «klassische Vorstellung der L.-Entwicklung womöglich in dem Maße einer radikalen Verwandlung unterzogen werden wird, in dem sie ein Aspekt des integralen Prozesses der Epigenese wird» [39]. Auch die Vorstellungen über die Konversion der L. in Körpersymptome und von der Bedeutung der L.-Stauung bei Frustrationen und psychischen Traumen sind neuerlich kritisch beleuchtet worden [40], so daß insgesamt ‹L.› als erklärender Ausdruck, als «Konstrukt», an Wert eingebüßt hat, ohne daß der Begriff seine Nützlichkeit als handliche Kurzform zur summarisch beschreibenden Kennzeichnung psychischer Positionen und Verfassungen verloren hätte.

Anmerkungen. [1] R. B. ONIANS: The origin of European thought on the body, the mind, the soul, the world, time and fate (Cambridge ²1954). – [2] R. WAELDER: Die Grundl. der Psychoanal. (1963) 114. – [3] CICERO, Tusc. IV, 12. – [4] Vgl. K. E. GEORGES: Lat./dtsch. Wb. 2 (⁹1951) 642. – [5] AUGUSTIN, De civ. Dei, zit. C. G. JUNG: Wandlungen und Symbole der L. (¹1911, 1952) 214f. – [6] A. MOLL: Untersuch. über die L. sexualis (1898) 29. 41; A. FOREL: Die sexuelle Frage (¹1905). – [7] S. FREUD: Ms. E (1894), in: Aus den Anfängen der Psychoanal. (London 1950). – [8] Über die Berechtigung, von der Neurasthenie einen bestimmten Symptomenkomplex als «Angstneurose» abzutrennen (1895). Werke 1, 328. 334ff. – [9] Inhaltsangaben der wiss. Arbeiten des Priv.-Doz. Dr. S. Freud (1877/1897). Werke 1, 484; Die Sexualität in der Ätiol. der Neurosen (1898). Werke 1, 498; Drei Abh. zur Sexualtheorie (1905). Werke 5, 126. – [10] a.O. 118. – [11] Massenpsychol. und Ich-Anal. (1921). Werke 13, 98. – [12] a.O. [9] 5, 33. 118. – [13] Das Ich und das Es (1923). Werke 13, 258. – [14] Abriß der Psychoanal. (1938). Werke 17, 72; vgl. zu Freuds sich zum Teil widersprechenden Angaben über den ursprünglichen Sitz der L. J. STRACHEY (Hg.): The standard edition of the compl. psychol. works of S. Freud 19 (London 1961) 63ff.: Appendix B: The great reservoir of L. – [15] a.O. [13] 231. – [16] a.O. [9] 5, 118; Zur Einf. des Narzißmus (1914). Werke 10, 141-143. – [17] a.O. [9] 5, 67f. – [18] ebda.; Triebe und Triebschicksale (1915). Werke 10; K. ABRAHAM: Versuch einer Entwicklungsgesch. der L. auf Grund der Psychoanal. seelischer Störungen. Neue Arb. zur ärztl. Psychoanal. H. 11 (1924) 96ff. – [19] H. HARTMANN: On the theory of sublimation, in: Essays on ego psychol. (New York ²1964) 227; dtsch. Bemerk. zur Theorie der Sublimierung. Psyche 10 (1956-57) 50. – [20] S. FREUD, a.O. [13] 274. – [21] C. G. JUNG: Über die Energetik der Seele (1928), in: Über psychische Energetik und das Wesen der Träume (1948) 30. – [22] Wandlungen und Symbole der L. (1911); jetzt: Symbole der Wandlung (1952). – [23] a.O. [21] 56ff. 71ff. – [24] 80. – [25] FREUD, a.O. [14] 73. – [26] Über neurotische Erkrankungstypen (1912). Werke 8, 328. – [27] K. HORNEY: Neue Wege der Psychoanal. (1951); E. FROMM: The fear of freedom (London 1942); Man for himself (London 1949); H. SCHULTZ-HENCKE: Der gehemmte Mensch (¹1940); jetzt: Lb. der anal. Psychother. (1951). – [28] Vgl. HORNEY, a.O. [27] 51. – [29] D. W. WINNICOTT: Mind and its relation to the psyche-soma (1949), in: Coll. papers (New York 1958) 243ff. – [30] M. SCHUR: Discussion of Dr. John Bowlby's Paper. Psychoanal. Stud. Child 14 (1960) 66. 69; J. CH. KAUFMANN: Instinkt, Energie und Trieb. Psyche 15 (1961/62) 494ff. – [31] H. W. LOEWALD: On motivation and instinct theory. Psychoanal. Stud. Child 26 (1971); Psychoanal. Theorie und psychoanal. Prozeß. Psyche 26 (1972) 774-798, zit. 786. – [32] E. JACOBSON: The self and the object world (New York 1964) 52ff.; R. A. SPITZ und W. G. COBLINER: The first year of life (New York 1965) 167. – [33] W. R. D. FAIRBAIRN: A revised psychopathol. of the psychoses and psychoneuroses (1941), in: Psychoanal. stud. of the personality (1952). – [34] J. BOWLBY: The nature of the child's tie to his mother (1958); dtsch. Über das Wesen der Mutter-Kind-Bindung. Psyche 13 (1959-60) 415ff., bes. 445ff. – [35] L. B. MURPHY: Some aspects of the first relationship. Int. J. Psychoanal. 45 (1964) 37. – [36] M. BALINT: Eros und Aphrodite. Int. Z. Psychoanal. 22 (1936) 453ff. – [37] D. RAPAPORT: Organization and pathology of thought (New York 1951) 699. – [38] M. BALINT: Zur Kritik an der Lehre von den prägenitalen L.-Organisationen. Int. Z. Psychoanal. 21 (1935) 525ff. – [39] D. RAPAPORT: The structure of psychoanal. theory (New York 1960) 129. – [40] J. O. WISDOM: Ein methodol. Versuch zum Hysterieproblem. Psyche 15 (1961-62) 568ff.; W. LOCH: Regression, über den Begriff und seine Bedeutung in einer allg. psychoanal. Neurosentheorie. Psyche 17 (1963/64) 533f.
W. LOCH

Licht (griech. φῶς, lat. lux, ital. luce, frz. lumière, engl. light)

I. *Antike, Mittelalter und Renaissance.* – Der philosophische Sinn von ‹L.›, ‹Klarheit›, ‹Helle› und anderen synonymen Termini ist abzugrenzen von der symbolischen Funktion der L.-Termini in der Dichtung (z. B. in der frühen griechischen Dichtung = Glück, Heil, Rettung, Sieg, Leben) und deren Bedeutung innerhalb genuin religiöser Literatur und im Kult [1].

1. In der *vorsokratischen Philosophie* ist ‹L.› vorwiegend Metapher für die Intelligibilität von Sein und Wahrheit (Wirklichkeit überhaupt) sowie für die Sinngerichtetheit des Denkens und die Erfahrung der Evidenz. PARMENIDES z. B. stellt den Akt der Erkenntnis als Fahrt aus dem Bereich der Nacht in den des L. vor, in dem sich dem einsehenden, das Sein vernehmenden Denken (νοεῖν) die Wahrheit erschließt. Darin ist der Weg oder die «Methode» des Denkens angezeigt als Bewegung aus dem Nicht-Wissen zum Wissen (Erleuchtung). Wissen oder Erkennen von Wahrheit aber gründet in den Sätzen: Nur Sein *ist*, Nicht-Sein ist nicht. Sein ist mit Denken gerade durch «Lichthaftigkeit» oder deren gegenseitig sich auslegende Intelligibilität «identisch»: Denken ist nicht ohne das Sein; in ihm *ist* es als «ausgesprochenes» (πεφατισμένον) [2].

2. Eine *metaphysische* Grundlegung erfährt die L.-Metapher in der Philosophie PLATONS. Das Sonnengleichnis [3] setzt die Idee des Guten sowohl dem Sein als auch dem Wirken nach in Analogie zur Sonne. Wie diese für das sinnenfällig Seiende Ursache ist, daß es ist und gesehen werden kann [4], so ist die Idee des Guten Grund und Ursprung für Sein und Erkennbarkeit der Ideen. «Jenseits» der Ideen [5] und doch *in* ihnen gegenwärtig ist das ἀγαθόν das «Leuchtendste des Seienden» [6], was «Allem L. gewährt» [7]. Es ist also in sich selbst licht und zugleich das L. der Ideen; es zeigt sich in ihnen als lichtendes, sie voneinander abgrenzendes und zugleich verbindendes Medium, selbst aber bleibt es im Grunde unfaßbar. Die im L. des ἀγαθόν stehende Gelichtetheit der Ideen ist ihre Wahrheit (ἀλήθεια): die Unverborgenheit, durch die sie in sich selbst intelligibel sind und sich von ihnen her dem Akt des selbst lichthaften «Auges der Seele» vermitteln. Für den Sinn der Analogie von Sonne und ἀγαθόν ist also der wesenhafte Bezug von L. und Sehen einerseits, Idee und erkennendem Geist andererseits konstitutiv. Wie das L. das «Joch» von Gesehenem und Sehendem ist, so ist das lichte ἀγαθόν und die von ihm ausgehende intelligible Helle (ἀλήθεια) die lichtende (entbergende) Vermittlung von zu erkennender Idee und der vorreflexiven (apriorischen) Helligkeit des Geistes selbst. Das Linien- und Höhlengleichnis, die mit dem Sonnen-

gleichnis zusammen als Einheit verstanden werden müssen, vertiefen die L.-Metaphysik: In den Abschnitten der Linie [8] entspricht das Maß an Sein und Wahrheit dem der Erkennbarkeit und Klarheit (σαφήνεια); die Höhle [9] ist Ort der Dunkelheit und daher der Unwahrheit und Unwissenheit (ἄνοια, δόξα). Die Lösung von den Fesseln und die Umkehr (περιαγωγή) aus dem «nachthaften Tag in den wahren» [10] kommt einer radikalen Befreiung der unphilosophischen in die philosophische Existenz gleich, deren Ursprung ist, daß das Denken nach einem vorbereitenden Stufengang den (unmittelbar) blendenden Glanz des wahren L., d. h. des Guten und des im Guten lichten Seins der Ideen, zu ertragen vermag [11]. Umkehr als Befreiung also ist Erleuchtung: Transzendenz und zugleich Immanenz des L. wird bewußt. – Die Einheit dieser beiden Bereiche intendiert auch der «philosophische Exkurs» des VII. Briefes: Der dialogische Umgang mit dem «L. der Idee» führt zu einer Evidenz, die sich als eine augenblickhafte (ἐξαίφνης) «Erleuchtung» vollzieht, sich aber dann im Denken selbst fortbestimmt [12].

3. Zusammen mit Aussagen des Alten Testaments (Gott als «Sonne der Gerechtigkeit»; «L. des Antlitzes Gottes»; «Herrlichkeit Gottes») und des Neuen Testaments [13] ist das Sonnengleichnis bei PHILON [14] und in der *Patristik* [15] zu einer ontotheologischen Interpretation des Seins sowie des schöpferischen und innertrinitarischen Wirkens Gottes transformiert worden: Gott ist als das unwandelbare und unendliche Sein die «geistige Sonne», «der urbildliche Glanz»; er erleuchtet durch sein Wort, spendet Leben und Einheit und kehrt alles zu sich hin. Im *Wort* (λόγος) wird er «Fleisch», weil der Mensch in den reinen Glanz der in sich seienden Gottheit zu blicken nicht imstande ist [16].

4. Im *Neuplatonismus* ist der Gedanke der Einheit von L., Sein und überseiendem Einen endgültig und im umfassenden Sinne zu einem Grundzug der Metaphysik geworden. PLOTIN macht dazu das Bild der Sonne das Wirken des Einen deutlich: Es ist als Ursprung von Allem die sich verströmende und zugleich in sich verharrende Quelle des intelligiblen L. Alles und Nichts von Allem, überall und nirgends zugleich ist das Eine *in* Allem in sich selbst. So ist es als lichtender Grund überall ungeteilt, aber nie «pantheistisch» in jedem Seienden als Ganzes aufgegangen. Im Geist (νοῦς), in der Sphäre des Intelligiblen, des zeitfreien, reinen Wirklichkeit seienden Seins, besondert es sich und wird als sein eigener Abglanz in ihm scheinend (φῶς ἐκ φωτός). Die so entstehende, in sich mannigfaltige Andersheit ist also die lichthafte Entfaltung des Mittelpunktes, des Einen selbst [17], welcher «unentfaltet-entfaltet» auch zum Anfang der Hypostasis Seele (ψυχή) wird. Geist und Seele sind so als das Eine umlaufende L.-Kreise von unterschiedlicher Seinsintensität vorgestellt. Geist hat L. nicht nur als ein «Hinzugefügtes», sondern ist «in seinem Wesen ein durchlichteter» [18]. Dies heißt: er durchlichtet sich dadurch, daß er sich selbst in einem zeitlosen Akt denkt. Das ihn durchlichtende L. seines eigenen Seins macht ihn als eine «ungeschiedene Unterschiedenheit» (πλῆθος ἀδιάκριτον καὶ αὖ διακεκριμένον) [19] manifest, indem es die Mannigfaltigkeit des Intelligiblen als Andersheit artikuliert und sie zugleich in eine Einheit bindet, in der Jedes das Ganze ist. «Durchscheinend ist Alles und nichts Dunkles und nichts Widerständiges ist dort, sondern Jeder und Jedes ist Jedem ins Innere offenbar; L. ist nämlich dem L. [durchsichtig]. Jeder hat auch Alles in sich und sieht im Anderen Alles und unermeßlich ist der Glanz» [20]. Das L. der Seele durchdringt die sinnenfällige Welt nur in geminderter Weise, so daß die Materie «unerleuchtet» bleibt und mit dem Bösen identifiziert werden kann. Im Gegensatz hierzu denkt PROKLOS auch die Materie als vom Ur-L. durchstrahlt [21] und hebt dadurch auch den Anschein eines Dualismus von L. und Finsternis auf. Der ontologische Zusammenhang (συνέχεια) des Über-Seienden mit dem Seienden insgesamt wird durch Proklos zu einer «Hierarchie» des L. systematisiert. Durch eine konsequente Applikation des auf seine Grundstruktur reduzierten Sonnengleichnisses ist das Eine oder das Gute, dem das «L. unmittelbar eingegründet ist» [22], sowohl erwirkende Ursache der L.-Entfaltung als auch Ziel-Ursache des sich auf Erleuchtung hin läuternden Denkens. Da Seiendes insgesamt «Erleuchtung» ist, indem es das vom Einen empfangene L. von Stufe zu Stufe vermittelt, und L. selbst «Teilhabe am göttlichen Sein» [23] bedeutet, ist die L.-Entfaltung zugleich Prozeß der «Vergöttlichung» des Seienden. Gemäß der triadischen, den «ewigen Kreis» des Systems bewegenden Seinsgesetzlichkeit von Verharren, Hervorgang und Rückkehr verweist das «Erleuchtete» auf den göttlichen Ursprung des L. zurück.

5. Der Metaphysik des L. ist am Anfang des Mittelalters durch AUGUSTINUS eine klar umrissene Gestalt gegeben worden. Für ihn ist Gott im eigentlichen Sinne «intelligibles L., in dem und von dem her und durch den alles intelligibel leuchtet» [24]. Er ist als *lucifica lux* [25] zu verstehen, ein Terminus, der die verhängnisvolle gnostische Identifikation von geschaffenem L. und dessen Ursprung, der vor dem geschaffenen L. selbst *nicht* licht war, zu lösen versucht. Als unwandelbares Sein selbst (esse ipsum, esse sincerum) und als die Wahrheit selbst, welche die lichthafte Einheit der ewigen Ideen in ihm ist – der Ursprung jeder «Erleuchtung» –, zeugt er den Sohn als das ihm gleichewige L. L. ist also auch Wesen und «Medium» der trinitarischen Selbstdurchdringung Gottes.

Dadurch, daß Ps.-DIONYSIUS AREOPAGITA die hierarchische Triadik des Proklos zur philosophischen (nicht nur formalen) Substruktur seiner Theologie machte, wurden für sie auch wesentliche Elemente neuplatonischer L.-Metaphysik bestimmend. (Mit Recht wurde sein Werk als «Handbuch der mittelalterlichen L.-Symbolik» bezeichnet [26]). Für die mittelalterliche Entfaltung der dionysischen Theologie maßgebend ist JOH. SCOTUS ERIUGENA. Dieser versteht Welt als «Theophanie»: geschaffene Erscheinung (manifestatio) des an sich Nicht-Erscheinenden oder sich abschattende Explikation des absoluten (reinen) L. Das L. des göttlichen Ursprungs – als Überhelle mit «Dunkelheit» benennbar – ist Grund jeglicher Lichtheit in Sein und Denken: «omnia, quae sunt, lumina sunt» [27]. Durch diese seine lichthafte Struktur verweist und führt das Sein von Welt auf deren Ursprung zurück. Die Immanenz des L. macht die Welt so zum Symbol oder zur seienden Metapher [28].

Die augustinische und neuplatonische Tradition aufnehmend, hat auf der Höhe der mittelalterlichen Trinitätsspekulation MEISTER ECKHART Gott als L. im eigentlichen Sinne gedacht: «lux simpliciter et absolute plena et vera» [29]. Sein Wesen als das reinste Sein (purissimum esse) und als die Selbstidentität seines Seins und Denkens hat Gott in seinem Namen «Ego sum qui sum» (Ex. 3, 14) dem Fragenden manifestiert. In sich vollzieht er das Sein dieses Namens als absolute, sich selbst in reiner Affirmation durchlichtende Selbstreflexion: «L., das in L. und zu L. durch sich ganz sich selbst ganz durchdringt, das allwärts durch sich ganz und über sich ganz gewendet und zurückgebogen ist, nach dem Wort des Weisen: 'Die

Einheit zeugt – oder hat gezeugt – Einheit und hat auf sich selbst ihre Liebe und ihre Glut zurückgewendet'» [30].

Seit ROBERT GROSSETESTE (1175–1253) ist die Metaphysik des L. vielfach von der Physik des L. geprägt, die es als «erste Form», «forma prima corporalis quam quidam corporeitatem vocant», und damit als reine, sphärisch sich ausdehnende Wirklichkeit, als Prinzip der Bewegung und der Einheit alles natural Seienden begreift [31]. Dieser Gedanke bleibt maßgebend sowohl für den ADAM PULCHRAE MULIERIS (früher WITELO) zugeschriebenen Traktat ‹De intelligentiis› («L. ist die erste aller Substanzen»; «Sein Wesen ist in Allem»; Vermittlung des Göttlichen; «Das eigentümliche und erste Prinzip des Erkennens») [32] als auch für BONAVENTURA (lux forma nobilissima inter corporalia) [33]. Dieser hat trotz der physikalischen Komponente sowohl die «Transzendenz» des geistigen L. (Gott als L. in reiner Aktualität) als auch dessen «Immanenz» in der illuminatio (das L. der göttlichen Wahrheit ist der apriorische Grund der Wahrheitsgewißheit im Menschen) als eine unlösbare, einander bedingende Einheit in die Höhe der mittelalterlichen Spekulation über das Verhältnis von Mensch und Ursprung geführt [34].

6. Der ontologische, theologische, erkenntnistheoretische, mystische und naturphilosophische Aspekt der L.-Metaphysik und L.-Metaphorik wurde in der *Renaissance* aufgenommen und teilweise differenziert. NICOLAUS CUSANUS z. B. denkt Gott zum einen als lux impermiscibilis und inaccessibilis, weil er als das bestimmende Prinzip allem Endlich-Seienden enthoben (absolutus) und der Erkenntnis nur conjectural erreichbar bleibt, zum anderen aber wirkt er lichtend und bewahrend *in Allem*, so daß das Seiende jeweils um so vollkommener ist, je mehr es an dem es begründenden L. partizipiert. Das L. wirkt dem Nicht-Anderen (non-aliud) analog, welches die Verschiedenheit (Bestimmtheit) des Seienden verursacht und zugleich als der Grund *in* jedem Seienden *dessen* Wesen ist [35]. Wenn das Seiende insgesamt (Welt, Universum) durch das dialektische Ineinander von Einheit und Andersheit, Identität und Differenz bestimmt ist, so ist die Einheit als L., die Andersheit als Dunkel zu begreifen: die pyramis lucis und die pyramis tenebrae durchdringen sich gegenseitig [36]. L. vermittelt so nicht nur in einem ontologischen Sinne zwischen «der geistigen und körperlichen Natur» [37], sondern stiftet auch die je verschiedene Intensität von Einheit in den einzelnen Erkenntnisvermögen: «Deus est lumen intelligentiae, quia eius est unitas; ita quidem intelligentia animae lumen, quia eius unitas» (Gott ist das L. des Geistes, weil er dessen Einheit ist; ebenso ist der Geist das L. der Seele, weil er deren Einheit ist) [38]. Die je verschiedene (absteigende) Entfaltung der Einheit oder des L. ermöglicht den auf die Einheit hin sich sammelnden Aufstieg oder Rückgang des Denkens. – Während MARSILIUS FICINUS im Sinne der neuplatonischen Philosophie L. als Grund und Anzeige der Kontinuität des Seienden, als Ziel des liebenden Erkennens und als Manifestation von Schönheit versteht [39], zeigt sich bei GIORDANO BRUNO neben den traditionellen Elementen der L.-Metaphysik ein zunehmend 'aufklärerischer' Gebrauch der L.-Metapher [40].

Anmerkungen. [1] S. AALEN: Die Begriffe L. und Finsternis im AT, im Spätjudentum und im Rabbinertum (Oslo 1951); G. MENSCHING: Die L.-Symbolik in der Relig.gesch. Stud. gen. 10 (1957) 422-432. – [2] PARMENIDES, VS 28 B 1, 10; vgl. B 8, 34ff. B 9; für die griech. Philos. bis Demokrit vgl. W. LUTHER, Arch. Begriffsgesch. 10 (1966) 1-240. – [3] PLATON, Resp. 507 b ff. – [4] a.O. 508 c 1f. – [5] 509 b 9. – [6] 518 c 9. – [7] 540 a 8. – [8] 511 d 6ff. – [9] Zur Gesch. der Höhlenmetapher vgl. H. BLUMENBERG, Stud. gen. 10 (1957) 437f.; Das dritte Höhlengleichnis. Stud. Ricc. Stor. Filos. 39 (Turin 1961). – [10] PLATON, Resp. 521 c 6f. – [11] a.O. 540 a. – [12] Ep. VII, 341 c 6-d 2. – [13] Malachias 3, 20; Ps. 4, 7; Ezech. 1, 4; Joh. 1, 4f. 8, 12. 9, 5; 1. Joh. 1, 5; 1. Tim. 6, 16. – [14] PHILO, De somniis I, 76ff. 85; De virtute 164; De ebrietate 44. – [15] z. B. GREGOR VON NAZIANZ, Or. 28, 30. MPG 36, 69 A; 40, 5 = 364 B; PS.-DIONYSIUS AREOPAGITA, De div. nom. 1, 6. MPG 3, 596 C. – [16] PS.-CLEMENS ALEX., Hom. XVII, 16. Griech. Christl. Schriftst., Pseudoklementinen, hg. B. REHM (1953) 1, 238, 12-15; GREGOR VON NAZIANZ, Or. 39, 13. MPG 36, 349 A. – [17] PLOTIN, Enn. V, 1, 6, 27ff. – [18] a.O. V, 6, 4, 16ff. – [19] VI, 9, 5, 16. – [20] V, 8, 4, 4ff. – [21] PROCLUS, De malorum subsistentia 41, in: Tria opuscula, hg. H. BOESE (1960) 230; in Theol. Plat. I, 14, hg. SAFFREY/WESTERINK 1 (Paris 1968) 67, 15f. – [22] In Theol. Plat. II, 4 a.O. 2 (Paris 1974) 33, 27ff. – [23] a.O. II, 7 = 48, 14f. – [24] AUGUSTIN, Soliloquia I, 1, 3. – [25] Contra Faustum Man. XXII, 9. – [26] J. KOCH, Stud. gen. 13 (1960) 655ff. – [27] JOH. SCOTUS ERIUGENA, Expos. s. ierarchiam cael. I, 1. MPL 122, 128 C. – [28] Vgl. W. BEIERWALTES: Negati Affirmatio, in: Philos. Jb. 83 (1976) 250ff. – [29] MEISTER ECKHART, In Joh. n. 72. Lat. Werke 3, 60, 9; n. 86 = 74, 6ff.; n. 87 = 75, 11ff.; n. 88 = 76, 5f. – [30] Exp. l. Exodi n. 16 a.O. 2, 21, 12ff.; vgl. hierzu W. BEIERWALTES: Platonismus und Idealismus (1972) 47f. 57f. – [31] ROBERT GROSSETESTE: De luce seu de inchoatione formarum. Philos. Werke, hg. L. BAUR (1912) 51, 10f.; vgl. 51ff. – [32] C. BAEUMKER: Witelo (1908) 8ff. – [33] BONAVENTURA, In Sent. II, d. 13, a. 2, q. 2. Opera 2 (Quaracchi 1885) 321 a. – [34] Paradigmatisch hierfür: Itinerarium mentis in Deum. Opera 5, 295ff. – [35] N. CUSANUS, De non aliud XI, hg. L. BAUR/P. WILPERT (1944) 25, 8ff.; De venatione sapientiae XXII, 67, hg. P. WILPERT (1964) 102; a.O. XV, 42. – [36] De coniecturis I, 9, n. 41, hg. J. KOCH/K. BORMANN/J. G. SENGER (1972) 45f.; W. BEIERWALTES: Identität und Differenz. Zum Prinzip cusanischen Denkens (1977). – [37] De quaerendo Deum n. 37, 3ff. Opuscula I, hg. P. WILPERT (1959) 26f. – [38] De coniecturis I, 7, n. 27, 8f. – [39] M. FICINUS, De amore, or. V, hg. R. Marcel (1956) 182. 186. 190; Plat. Theol. XII, 4, hg. R. MARCEL (1964) 2, 170ff.; XVIII, 8; 3, 201ff.; Opuscula theol. 3, 274ff. – [40] G. BRUNO, De minimo III, 1. Opera lat., hg. F. TOCCO/H. VITELLI (1879) 1, 3, 235. La Cena de le Ceneri, Dial. I, Dialoghi ital., hg. G. AQUILECCHIA (1957) 29; De l'Infinito, Universo e Mondi; Dial. V a.O. 498. 535. 537.   W. BEIERWALTES

II. *Aufklärung und Idealismus.* – Da es der Aufklärung um klare und deutliche Erkenntnisse geht, die allein durch die Selbstgewißheit der Vernunft und durch Deduktion aus von ihr selbst gesetzten Prinzipien verbürgt ist [1], kritisiert sie die unmittelbare Erleuchtung des Verstandes durch das göttliche L. als Schwärmerei (Enthusiasmus). Das «innere L.» ist nach LOCKE nur eine Überzeugung, «a strong, though ungrounded persuasion of their own minds», denn sonst könnten einander widersprechende Sätze als göttliche Wahrheiten bezeichnet werden: «For if the light, which every one thinks he has in his mind ... be an evidence that it is from God, ... God will be not only the Father of lights, but of opposite and contradictory lights, leading men contrary ways» [2]. LEIBNIZ stimmt ihm darin zu, wobei er sich auch gegen J. Böhme wendet: «Mais pourquoi appeller lumière ce qui ne fait rien voir?» [3]. Dagegen hebt nun LOCKE das L. des Verstandes hervor, das Maßstab auch des göttlichen L. ist: «When he [God] illuminates the mind with supernatural light, he does not extinguish that which is natural», getreu der Maxime: «Reason must be our last judge and guide in everything» [4]. Dies natürliche L. des Verstandes wird nun näher bestimmt: «Light, true light, in the mind is, or can be, nothing else but the evidence of the truth of any proposition; and if it be not a self-evident proposition, all the light it has or can have, is from the clearness and validity of those proofs upon which it is received» [5]. In eben diesem Sinne bezeichnet auch CHR. WOLFF das «L. der Seele» als «Redens-Art», die bedeute, «daß unsere Gedancken klar sind und wir durch ihren Unterscheid einen vor den andern erkennen können» [6]. Indem wir unsere Gedanken nach ihren Teilen unterscheiden, werden auch diese klar, und daraus entsteht die Deutlichkeit der Gedanken: «Wir können daher sagen, es gehe uns ein größeres L. auf, wenn wir deutliche Gedancken bekommen» [7]. So bezeichnet die Aufklärung einerseits das L. im Sinne seiner philosophischen Begriffsgeschichte nur noch als «verblümte Redensart» [8], andererseits untersucht sie das L. «im eigentlichen Sinne ... in der Physik» [9], wie es nach dem Vorgang DESCARTES' in der cartesianischen Aufklärung üblich wurde; wonach das L. nichts ist als «un certain mouvement, ou une action fort prompte et fort vive» [10], «ein seinem Wesen nach unerforschtes Ding, und was man davon weiß, sind mehrenteils bloß seine Wirkungen» [11]. Doch hat die Tradition der L.-Metaphysik und -metaphorik das 18. Jh. doch so sehr berührt, daß es sich gerade in seiner Kritik der Tradition und Betonung der selbstbewußten Vernunft als des einzigen Wahrheitskriteriums auf den Begriff des L. als Epochentitel berief: «Das L., la lumière ..., war das Zauberwort, das die Epoche ... liebte und ständig wiederholte» [12], z.B. FONTENELLE: «Il s'est répandu depuis un temps un esprit philosophique presque tout nouveau, une lumière qui n'avait guères éclairé nos ancêtres» [13]. Die Aufklärung (s.d.) heißt seit Mitte des 18. Jh. *enlightenment, le siècle éclairé, le siècle des lumières* oder einfach *les lumières, illuminismo, ilustración, siglo de las luces*. Ein Beispiel für die Bedeutung des L.-Begriffes bietet der für die Aufklärungsbewegung einflußreiche *Illuminatenorden* [14]. Doch erhält sich daneben auch die traditionelle Form der L.-Metaphorik in der Naturphilosophie des 18. Jh., z.B. bei BROCKES: «Wie unsre körperlichen Augen ... im Schatten L. zu finden taugen; so kann ein geistiges Gesicht, wenn wir die Kreatur ergründen, auch ein allgegenwärtiges L. selbst in den dunklen Körpern finden» [15]. Diese Einflüsse, die sich u.a. bei HAMANN als «das außer- und übersinnliche oder transzendentale L. der Vernunft» [16] bemerkbar machen und bei HERDER ihren enthusiastischen Ausdruck finden: «Was dort in der ganzen Natur lacht und lebt, Ideen gibt, frohlockt, erzeugt, wärmt – ist L., ist Gott» [17], wirken zusammen mit Gedanken J. BÖHMES, für den die Naturphilosophie Gottes Wesen in der Natur als dem Leib Gottes durch Erleuchtung des Hl. Geistes und in der heiligen Trinität betrachten muß, in dieser jedoch eigentlich «über und außer die Natur, in die lichtheilige, triumphierende göttliche Kraft» sieht [18], auf die spekulative Physik des *Deutschen Idealismus*, in der die Relation von L., Sein, Geist und Natur zu einem der Grundprobleme wird. So denkt SCHELLING, für den Geistiges in der Natur schon «begriffen», d.h. Natur die Fülle des Geistes ist, das L. oder das L.-Wesen im Gegensatz zu dem Prinzip der äußerlichen Einheit, der Schwere, als das ideale Prinzip der Natur: Substanz alles In-sich-selbst-Seins der Dinge, die durch das L.-Wesen mit Seele begabt, in ihm selbst «als in einem innern Mittelpunkt vereinigt und sich selbst untereinander in dem Maß innerlich gegenwärtig» sind, daß das Einzelne zum «Spiegel des Ganzen» werden kann [19]. STEFFENS setzt diesen Gedanken idealistisch konsequent fort, indem er L. als das «Selbsterkennen, das Subjective» der absoluten (unendlichen) Natur bestimmt, die neben sich «sinnliche Anschauung» (mundus sensibilis) nur als eine Modifikation ihrer selbst sein läßt [20]. Demgegenüber kann HEGEL gemäß seinem Begriff von Natur: der sich selbst äußerlichen Idee [21], die sich gleichwohl «zur Existenz des Geistes hervorbringe, der ... die wahre Wirklichkeit der Idee ist» [22], das L. nicht als Selbstbewußtsein fassen, sondern nur als «das treue Abbild desselben». Ihm fehlt nämlich die «konkrete Einheit mit sich, die das Selbstbewußtsein ... hat»; deshalb ist es «nur eine Manifestation der Natur [für Anderes], nicht des Geistes [für sich selbst]», doch damit eine «affirmative Manifestation ...: Alles ist dadurch, daß es im L. ist, auf theoretische, widerstandslose Weise für uns» [23].

Anmerkungen. [1] z.B. R. DESCARTES, Discours de la méthode IV, 3. Oeuvres, hg. ADAM/TANNERY (= A/T) 6, 33; Regulae ad directionem ingenii II. A/T 10, 365. – [2] J. LOCKE, Essay conc. human understanding IV, ch. XIX, § 11. – [3] G. W. LEIBNIZ, Nouveaux essais IV, ch. XIX. Philos. Schr., hg. C. I. GERHARDT 5, 487. – [4] LOCKE, a.O. [2] § 14. – [5] § 13. – [6] CHR. WOLFF, Vernünftige Gedanken von Gott ... c. 2, § 203. – [7] a.O. § 208. – [8] J. G. WALCH: Philos. Lex. (⁴1775, ND 1968) 1, 2269ff.: ‹L.›. – [9] a.O. 2257. – [10] DESCARTES, La dioptrique I. A/T 6, 84; vgl. Encyclop. ..., hg. DIDEROT/D'ALEMBERT 9 (Neufchastel 1765) 717ff.: ‹lumière›. – [11] WALCH, a.O. [8] 2264. – [12] P. HAZARD: Die Herrschaft der Vernunft, übers. H. WEGENER/K. LINNEBACH (1949) 66. – [13] LA MOTTE, Oeuvres (1754) I, zit. bei W. KRAUSS (Hg.): Grundpositionen der frz. Aufklärung (1955) X. – [14] R. KOSELLECK: Kritik und Krise (1959) 74ff. – [15] B. H. BROCKES: Der Schatten (1727). – [16] J. G. HAMANN, Konxompax, hg. I. MANEGOLD (1963) VIII; vgl. 131f. – [17] J. G. HERDER, Älteste Urkunde des Menschengeschlechts. Sämtl. Werke, hg. B. SUPHAN 6 (1883) 221; vgl. 218ff. – [18] J. BÖHME, Aurora c. 2. Sämtl. Schr., hg. W.-E. PEUCKERT (ND 1955) 1, 36. – [19] F. W. J. SCHELLING: Über das Verhältnis des Realen und Idealen in der Natur (1798). Sämtl. Werke, hg. K. F. A. SCHELLING 2, 369f. – [20] H. STEFFENS: Grundzüge der philos. Naturwiss. (1806) 26ff. – [21] G. W. F. HEGEL: Enzyklop. der philos. Wiss. im Grundrisse (1830), hg. F. NICOLIN/O. PÖGGELER § 247. – [22] a.O. § 251. – [23] § 275 sowie Zusatz. Sämtl. Werke, hg. H. GLOCKNER 9, 156ff.

C. V. BORMANN

Literaturhinweise. C. BAEUMKER: Witelo. Beitr. Gesch. Philos. MA III/2 (1908) 357ff. – L. BAUR: Das L. in der Naturphilos. des Robert Grosseteste, in: Festgabe Hertling (1913) 41-55. – G. P. WETTER: Phos (Uppsala 1915) (Hellenismus). – F. J. DÖLGER: Die Sonne der Gerechtigkeit und der Schwarze (1918); Sol Salutis (²1925). – A. S. FERGUSON: Plato's simile of light in Plato's Republic. Class. Quart. 15 (1921) 111-152; 16 (1922) 15-28; 28 (1934) 190-210. – H. RAHNER: Griech. Mythen in christl. Deutung (1945) 125ff. – O. SEMMELROTH: Das ausstrahlende und emporziehende L. (1947) (Ps.-Dion. Areop.). – R. BULTMANN: Zur Gesch. der L.-Symbolik. Philologus 97 (1948) 1-36. – R. GUARDINI: Das L. bei Dante (1956). – H. BLUMENBERG: L. als Metapher der Wahrheit. Stud. gen. (= Stg.) 10 (1957) 432-447. – W. BEIERWALTES: Lux intelligibilis (1957) 37ff. (Platon). – H. GOLDAMMER: L.-Symbolik in philos. Weltanschauung, Mystik und Theosophie vom 15. bis zum 17. Jh. Stg. 13 (1960) 670-682. – J. KOCH: Über die L.-Symbolik im Bereich der Philos. und Mystik des MA. Stg. 13 (1960) 653-670. – W. BEIERWALTES: Die Met. des L. in der Philos. Plotins. Z. philos. Forsch. 15 (1961) 334-362, jetzt in: Die Philos. des Neuplatonismus. Wege der Forsch. 186, hg. C. ZINTZEN (1977) 75-111; Proklos. Grundzüge seiner Met. (1965) 333ff. – F. N. KLEIN: Die L.-Terminol. bei Philon von Alexandrien und in den Hermet. Schr. (Leiden 1962). – C. J. CLASSEN: L. und Dunkel in der frühgriech. Philos. Stg. 18 (1965) 97-116. – W. LUTHER: Wahrheit, L., Sehen und Erkennen im Sonnengleichnis von Platons Politeia. Stg. 18 (1965) 479-496; Wahrheit, L. und Erkenntnis in der griech. Philos. bis Demokrit. Arch. Begriffsgesch. 10 (1966) 1-240; vgl. Götting. Gelehrte Anz. 220 (1968) 1-13. – F. ROSENTHAL: Knowledge triumphant. The concept of knowledge in medieval Islam (1970) 155ff. – M. MARTINEZ PASTOR: La simbologia y su desarollo en el campo semantico de «lux» en Origenes-Rufino, in: Emerita 41 (1973) 183-208. – D. BREMER: L. als universales Darstellungsmedium. Arch. Begriffsgesch. 18 (1974) 185-206 (Bibliogr.); L. und Dunkel in der frühgriech. Dichtung a.O. Supplh. 1 (1976). – K. HEDWIG:

Forsch.übersicht: Arbeiten zur scholast. L.-Spekulation. Allegorie – Met. – Optik, in: Philos. Jb. 84 (1977) 102-126.
W. BEIERWALTES

Lichtmetaphysik. L. ist zu unterscheiden von Lichtsymbolik, -allegorie, -analogie und -metapher (Bild). Der Gebrauch des Terminus ‹L.› innerhalb der philosophischen und religionsgeschichtlichen Forschung ist kontrovers. Ohne eine Definition festlegen zu wollen, kann jedoch so viel gesagt werden, daß L. durch die vielfältige Lichtterminologie eine Aussage über das *Sein* des Ausgesagten zu machen versucht, z.B.: der Grund und Ursprung alles Seienden *ist* «wahres», «eigentliches» Licht, dessen «Bild» das sinnenfällige Licht ist – nicht umgekehrt. Von diesem ursprünglichen, transzendenten Licht her ist Seiendes selbst lichthaft und deshalb einsichtig [1]; ihm ontologisch entsprechend ist die apriorisch-lichthafte und lichtende Struktur des erkennenden Geistes zugeordnet. Intelligibles «Licht» ist also nie gleich einem unverbindlichen Bild in der Sprache beliebig austauschbar. – Der Aussage der L. am nächsten kommt der Sinn von Licht als einer «absoluten Metapher». Diese läßt sich nicht in reine Begrifflichkeit auflösen; das durch sie Benannte ist begrifflich lediglich ausgrenzbar, ohne zwar in sich selbst irrational zu sein. Die Struktur der absoluten Metapher 'Licht' ist selbst metaphysisch oder ontologisch: Das apriorische Sein des Lichtes nämlich ist Grund dafür, daß das sinnenfällige Licht in der Sprache als Metapher für seinen eigenen metaphysischen Grund erscheinen kann. Die so verstandene absolute Metapher steht als einzig sachadäquate Aussage jenseits der Gleichung von übertragener und uneigentlicher Rede.

Anmerkung. [1] Vgl. Art. ‹Intelligibel›.

Literaturhinweise. W. BEIERWALTES: Lux intelligibilis (1957) 9. 36f. 51f. 73ff.; Proklos (1965) 169ff. – H. BLUMENBERG, Stud. gen. 10 (1957) 432f. 434. 440; Paradigmen zu einer Metaphorol. Arch. Begriffsgesch. 6 (1960) 9. 15f. 42. – J. KOCH, Stud. gen. 13 (1960) 654f. – H.-G. GADAMER: Wahrheit und Methode (²1965) 406ff. 457ff.
W. BEIERWALTES

Lichtung kommt als Begriff bei M. HEIDEGGER im Zusammenhang der Analyse des Seins des Menschen als eines In-der-Welt-Seins in der Weise des Daseins vor. Mit dem Namen für eine Formation der Waldlandschaft greift Heidegger die traditionelle Rede vom lumen naturale auf und interpretiert sie als ein Bild für «die existenzial-ontologische Struktur» [1] des Menschen. Das Dasein ist «an ihm selbst *als* In-der-Welt-sein gelichtet» [2]. «Das Seiende, das den Titel Da-sein trägt, ist '*gelichtet*'» [3]. Diese Gelichtetheit läßt sich als «die Erschlossenheit des Da» [4] charakterisieren. Sie «ermöglicht ... alle Erleuchtung und Erhellung, jedes Vernehmen, 'Sehen' und Haben von etwas» [5].

Das Dasein ist «nicht durch ein anderes Seiendes» gelichtet, «sondern so, daß es selbst die L. *ist*. Nur einem existenzial so gelichteten Seienden wird Vorhandenes im Licht zugänglich, im Dunkel verborgen» [6]. So kann «die Erschlossenheit des In-Seins die *L.* des Daseins genannt» [7] werden. «Das Licht dieser Gelichtetheit verstehen wir nur, wenn wir nicht nach einer eingepflanzten, vorhandenen Kraft suchen, sondern die ganze Seinsverfassung des Daseins, die Sorge, nach dem einheitlichen Grunde ihrer existenzialen Möglichkeit befragen. *Die ekstatische Zeitlichkeit lichtet das Da ursprünglich*» [8].

Der Begriff steht im Zusammenhang mit Heideggers Wahrheitsbegriff und dient später wesentlich dazu, das Wesen des Kunstwerks zu erfassen. Heidegger erörtert diese Frage am Beispiel der ‹Bauernschuhe› V. van Goghs und des Gedichts ‹Der römische Brunnen› von C. F. Meyer: «Im Werk der Kunst hat sich die Wahrheit des Seienden ins Werk gesetzt. 'Setzen' sagt hier: zum Stehen bringen. Ein Seiendes, ein Paar Bauernschuhe, kommt im Werk in das Licht seines Seins zu stehen. Das Sein des Seienden kommt in das Ständige seines Scheinens. So wäre denn das Wesen der Kunst dieses: das Sich-ins-Werk-Setzen der Wahrheit des Seienden» [9]. Dafür gibt es eine ontologische Begründung: «Inmitten des Seienden im Ganzen west eine offene Stelle. Eine L. ist. Sie ist, vom Seienden her gedacht, seiender als das Seiende. Diese offene Mitte ist daher nicht vom Seienden umschlossen, sondern die lichtende Mitte selbst umkreist wie das Nichts, das wir kaum kennen, alles Seiende. Das Seiende kann als Seiendes nur sein, wenn es in das Gelichtete dieser L. herein- und hinaussteht. Nur diese L. schenkt und verbürgt uns Menschen einen Durchgang zum Seienden, das wir selbst nicht sind, und den Zugang zu dem Seienden, das wir selbst sind. Dank dieser L. ist das Seiende in gewissen und wechselnden Maßen unverborgen» [10]. Und daraus folgt für das Wesen des Kunstwerks: «Im Werk ist die Wahrheit am Werk, also nicht nur ein Wahres. Das Bild, das die Bauernschuhe zeigt, das Gedicht, das den römischen Brunnen sagt, bekundet nicht nur, sie bekunden streng genommen überhaupt nicht, was dieses vereinzelte Seiende als dieses sei, sondern sie lassen Unverborgenheit als solche im Bezug auf das Seiende im Ganzen geschehen. Je einfacher und wesentlicher nur das Schuhzeug, je ungeschmückter und reiner nur der Brunnen in ihrem Wesen aufgehen, umso unmittelbarer und einnehmender west mit ihnen alles Seiende seiender. Dergestalt ist das sichverbergende Sein gelichtet. Das so geartete Lichte fügt sein Scheinen ins Werk. Das ins Werk gefügte Scheinen ist das Schöne. Schönheit ist eine Weise wie Wahrheit west» [11].

Anmerkungen. [1] M. HEIDEGGER: Sein und Zeit (¹²1972) 133. – [2] ebda. – [3] a.O. 350. – [4] 147. – [5] 350f. – [6] 133. – [7] 170. – [8] 351. – [9] Holzwege (²1952) 25. – [10] a.O. 41f. – [11] 44.

Literaturhinweise. H. FEICK: Index zu Heideggers «Sein und Zeit» (²1968). – E. TUGENDHAT: Der Wahrheitsbegriff bei Husserl und Heidegger (1967).
P. PROBST

Liebe

I. *Antike.* – 1. *Der Begriff* ‹L.› meint: a) die einheitsstiftenden Beziehungen zwischen beseelten oder als beseelt gedachten Wesen und ist daher verwandt mit Freundschaft; b) die empfundene, auf solche Vereinigung hinwirkende Kraft und ist daher verwandt mit Begehren, Verlangen, Erstreben.

Der Begriff läßt sich nicht nach Gebieten lokalisieren: er gehört zur Metaphysik und Kosmologie ebenso wie zur Anthropologie, Theologie, Psychologie, Geschichtsphilosophie, Ethik oder Politik. Für den sprachlichen Gebrauch ergibt sich aus dem gleichen Grunde eine Vielzahl von Bezeichnungen, die gelegentlich vertauschbar, aber niemals streng synonym sind. Infolgedessen treten Wortgeschichte und Begriffsgeschichte weitgehend auseinander. So besagt die Tatsache, daß das deutsche Wort ‹L.› auf die indogermanische Wurzel ‹leubh-› (gutheißen, loben) zurückgeht und mit dem lateinischen ‹lubens› (gern), dem althochdeutschen ‹luba› (Affekt), dem mittelhochdeutschen ‹liebe Freude›, ‹L.› aber auch mit

‹Glaube› stammverwandt ist, verhältnismäßig wenig für seine heutige Bedeutung. Wesentlicher ist die Vielzahl von griechischen und lateinischen Ausdrücken wie φιλία, ἔρως, ἀγάπη (das Wort, das besonders in seiner verbalen Form ἀγαπᾶν die ganze Fülle der im Alten Testament zu Wort kommenden Gottesliebe und der entsprechenden hebräischen Vokabeln in sich aufnimmt) [1], ‹amor›, ‹dilectio›, ‹amicitia›, ‹caritas›, die auch im Wortgebrauch der anderen modernen europäischen Sprachen nachwirken.

Literaturhinweise. M. SUSMAN: Vom Sinn der L. (1912). – K. ADAM: Glaube und L. (1927). – H. SCHOLZ: Eros und Caritas. Die plat. L. und die L. im Sinne des Christentums (1929). – R. SAITSCHICK: Schicksal und Erlösung. Der Weg von Eros zu Agape (⁴1929). – L. GRÜNHUT: Eros und Agape (1931). – A. NYGREN: Eros und Agape. Gestaltwandlungen der christl. L. 1.2 (1930, 1937). – E. BRUNNER: Eros und L. (1937). – M. C. D'ARCY: The mind and heart of love (New York 1947). – G. THIBOU: Ce que Dieu a uni. Essai sur l'amour (Paris 1945). – J. GUITTON: Essai sur l'amour humain (Paris 1948). – T. OHM: Die L. zu Gott in den nicht-christl. Relig. (1950). – H. KUHN: Eros – Philia – Agape. Philos. Rdsch. 2 (1945) 140-160; Zwei Grundgestalten der L. a.O. 4 (1956) 182-191; ‹L.› – Gesch. eines Begriffs (1975). – M. NÉDONCELLE: Vers une philos. de l'amour et de la personne (Paris 1957). – C. S. LEWIS: The four loves (London 1960). – G. KRANZ: L. und Erkenntnis (1972). – J. B. LOTZ: Die drei Stufen der L. Eros, Philia, Agape (1971). – J. PIEPER: Über die L. (1972). – A. und W. LEIBBRAND: Formen des Eros. Kultur und Geistesgesch. der L. I: Vom Mythos bis zum Hexenglauben; II: Von der Reformation bis zur sexuellen Revolution (1972). – G. SANDER: Empfindsamkeit I: Voraussetzungen und Elemente (1974).

2. *Die kosmogonische L.* – Der Gedanke der L. als weltschöpferischer Macht hat ein mythisches Vorspiel bei Hesiod, erreicht einen Höhepunkt mit Empedokles und klingt aus in dem Gedicht des Lukrez ‹De rerum natura›. In der Theogonie HESIODS wird Eros geschildert als der Erstgeborene in der göttlichen Genealogie, «der schönste der unsterblichen Götter» [2], Ursache oder auch Folge der Urbegattung von Chaos und Erde. Das Gedicht des EMPEDOKLES über die Natur war vermutlich als ein dichterisch-philosophischer Lobpreis der L. gedacht, die hier nicht Eros, sondern Freundschaft (φιλότης) heißt, aber auch Freude (γηθοσύνη) oder Aphrodite. Die L. wird als eine alles verbindende und alles durchdringende kosmische Macht gesehen, der die zerteilende Macht des Streites und des Hasses (νεῖκος) gegenübersteht. Das Gegenspiel dieser beiden Mächte löst für Empedokles das Rätsel einer zeitlich bewegten Welt: die Elemente, die die L. zu einer «gefügten Ordnung» vereinigt, werden durch den Streit wieder getrennt [3].

3. *Platon und Plotin.* – Der Athener, der in den ‹Nomoi› von der Natur der «sogenannten L.» (τῶν λεγομένων ἐρώτων) [4] spricht, unterscheidet zwei Formen der Zuneigung: eine Verbindung von Gleich zu Gleich bei ähnlicher Trefflichkeit; sodann eine auf Ungleichheit beruhende Verbindung wie zwischen Dürftigkeit und Fülle. In beiden Fällen sprechen wir, wenn die Neigung heftig ist, von Eros statt von φίλων. Die erste Form ist sanft und dauernd, die zweite ungestüm und wild. Zwischen ihnen wird der Liebende hin- und hergerissen, wenn es ihm nicht gelingt, durch Mischung der beiden zu einer dritten Form zu gelangen, indem sich die Neigung von der sichtbaren Schönheit des Geliebten abkehrt und in Verachtung leiblichen Genusses der Seele des Geliebten zuwendet [5].

Sofern sich in den Dialogen das Werden der Philosophie darstellt, können sie sämtlich als erotische Dialoge bezeichnet werden; die philosophische Überwindung der Päderastie – die im Griechenland des klassischen Zeitalters und vor allem in Athen geduldet oder gepflegt wurde [6] – wird ermöglicht durch eine Synthese, die zwei auseinanderstrebende Bedeutungstendenzen der L. sinnvoll verbindet: die L. als Begehren, das sich philosophisch zum 'Aufstieg' (ἄνοδος) verwandelt, und die L. als Geselligkeit (ἑταιρεία), die sich philosophisch zur herabsteigenden Fürsorge (ἐπιμέλεια) verklärt, fügen sich zur Einheit des im ‹Symposion› und ‹Phaidros› analysierten und gefeierten Eros zusammen.

Der ‹Lysis›, die philosophische Erotik auf der Stufe des platonischen Frühwerks, bereitet die im ‹Symposion› vollendete Synthese vor. Thema ist φιλία, nicht ἔρως. Untersucht wird zunächst die L.-Beziehung von Mensch zu Mensch, und zwar unter dem Gesichtspunkt des Herrschendürfens über sich selbst wie über andere. Die Eltern lieben ihre Kinder, aber übergeben ihnen dennoch nicht die freie Verfügung über ihre eigene Person oder über ihr Eigentum. Lieben ist also nicht: die geliebte Person gewähren zu lassen. Das gilt auch für die politische Herrschaft: Wir überlassen sie nur solchen, denen wir die erforderliche Kenntnis zutrauen. Dann springt die Nachforschung über zur Begehrens-L., die auf nicht-menschliche Wesen oder Sachen gerichtet ist wie Pferde, Hunde, Wein, Weisheit – eine L., die eine Wechselseitigkeit ausschließen kann [7]. Das Geliebte fällt zusammen mit dem jeweiligen Ziel des Begehrens, wobei aber dieses Ziel wiederum begehrt wird um eines anderen willen, bis hin zu einem nicht mehr über sich hinausweisenden «Ersten Lieben» (πρῶτον φίλον) [8], dem allein wahrhaft Geliebten [9] – eine Vorwegnahme dessen, was in den späteren Dialogen 'das Schöne selbst' oder 'das Gute' heißt: die Transzendenz des Guten (und all dessen, was später ἰδέα heißt) wurzelt in der L., die es dem Menschen zugänglich macht.

Das Kernstück der dem Eros gewidmeten Reden im ‹Symposion› ist der Mythos des Aristophanes. Er erzählt von der Urschuld der einstmals kugelgestaltigen Menschen. In Übermut (ὕβρις) wollten sie den Olymp im Sturm nehmen. Zur Strafe wurden sie von Zeus halbiert. Die zerschnittene Hälfte, die jeder von uns ist, sehnt sich nach der verlorenen Ganzheit zurück, und indem sie sich in L. mit der fehlenden Hälfte vereint, genießt sie die Seligkeit der durch menschliche Schuld verlorenen Einheit [10]. Dieser kosmische Mythos erklärt nicht nur das Nebeneinander von verschiedengeschlechtlichem und gleichgeschlechtlichem Eros – er löst vor allem den Widerspruch zwischen sorgender und begehrender L.: nur durch die Einswerdung von Mensch und Mensch kann sich die Sehnsucht nach Vollständigkeit sättigen. – Als letzter vor Sokrates nimmt der Gastgeber selbst, Agathon, das Wort [11]: Nicht uralt, wie Phaidros, der erste Redner des Gastmahls, wollte, sondern jung und zart ist Eros. Maßhalten, Gerechtigkeit, Mut und Weisheit sind seine Attribute. Er gibt Leidenschaft, aber auch Grazie und macht die Menschen Freund miteinander und mit den Göttern. Derart erweist er sich als der Schönste aller Götter. Sokrates wendet darauf gegen Agathon ein [12], er habe vergessen, was Phaidros bereits richtig gesagt hatte: Die L. ist mehr im Liebenden als im Geliebten. In der Meinung, die L. zu preisen, hat er in Wirklichkeit das Geliebte verherrlicht. L. ist L. zu etwas, also ein Begehren: Begehren aber ist ein Verlangen nach etwas, was der Begehrende nicht besitzt. L. also, wie alles Begehren, entspringt einem Mangel. L. als Verlangen nach Schönem kann weder schön noch gut sein. Denn es gehört zum Wesen des Schönen, daß sich in ihm das Gute zeigt. Doch nun übernimmt Diotima (im Bericht des Sokrates) das Gespräch [13]: Daraus, daß Eros weder schön noch gut ist, folgt keineswegs, daß er häßlich oder schlecht wäre. Er ist ein Mittleres, wie das in der Natur alles Begehrens liegt: der Schönheit verhaftet, aber doch nicht selbst schön, ein Zwischenwesen, ein Dämon, der zwischen den Göttern und den Menschen steht [14]. Auch mit seinem Durst nach Erkenntnis steht er mitten zwischen Wissen und Nichtwissen – er ist Philosoph. Diotimas Eros trägt drei Wesenszüge: a) in betontem Gegensatz zu dem zarten Eros des Agathon ist er rauh, struppig, obdachlos; b) von fern erinnert er mit seiner Bedürfnislosigkeit an Sokrates; c) das zweimalige 'gewaltig' (δεινός) - 'gewaltiger Jäger', 'gewaltiger Zauberer, Hexenmeister und Sophist' – gemahnt an das «nichts gewaltiger als der Mensch» (οὐδὲν ἀνθρώπου δεινότερον) [15]. Nicht als Typus unter anderen Typen wird er gezeichnet, sondern als der sich durch Weisheitsliebe (φιλοσοφία) zu der ihm eigenen Größe entfaltende Mensch schlechthin [16].

Der Liebende liebt etwas. Das Geliebte aber ist vorzüglich das Schöne und mithin auch das mit dem Schönen unabtrennbar verbundene Gute. Wer aber das Gute liebt, will «daß es ihm werde» für immer. L. wird damit zu einer Bezeichnung des alles menschliche Tun motivierenden Strebens.

Der die Metaphysik bestimmende Grundsatz, daß alles, was begehrt wird, auch das Böse, unter der Gestalt des Guten begehrt wird (sub specie boni appetitur) [17], tritt hier in Erscheinung. Das eigentliche Werk (ἔργον) heißt nun 'Zeugen und Gebären im Schönen' [18]. Sinn des Hervorbringens ist Teilhabe an der Unsterblichkeit in den durch die Sterblichkeit des Lebewesens gesetzten Grenzen. In der Seele des geliebten Wesens werden 'Weisheit' (φρόνησις), Besonnenheit und Gerechtigkeit erzeugt. Aber auch die Stiftung politischer Ordnung durch Gesetze und die Werke der Dichtung gehören zu den Früchten des 'Zeugens in der Seele', sind also erotischen Ursprungs. Der seelischen Zeugung entspricht auf niederer Stufe die leibliche Zeugung, auch sie als Teilhabe an Unsterblichem verstanden. Durch den Zeugungsakt stellt das vergängliche Lebewesen die Dauer der Gattung sicher. Eine weitere Analogie bringt diesen Akt in Verbindung mit dem Lebensprozeß des Individuums: auch seine Dauer ergibt sich in einem Prozeß ständigen Werdens und Vergehens: und ein gleiches gilt von der Seele und ihren Eigenschaften. So offenbart sich im Eros die Art und Weise, «wie alles Sterbliche sich erhält»: τούτῳ γὰρ τῷ τρόπῳ πᾶν τὸ θνητὸν σῴζεται [19]. Teilhabe ist das Band, das die sinnliche Welt mit der Welt der 'Formen' (εἴδη) verbindet, und L. ist diese Teilhabe in actu. Der Aufstieg zur vollendeten Schau bildet in Sokrates' Rede den Abschluß seiner erotischen Einweihung durch die Priesterin Diotima. Die erste zweiteilige Stufe umfaßt die sichtbare Welt: Die L. zu einem schönen Leib erhebt sich zu dem allen Körpern gemeinsamen Schönen, wie parallel hierzu, auf der zweiten Stufe, aus der L. zum Schönen in den Seelen eine Erhebung von den schönen Tätigkeiten und gesetzlichen Ordnungen, also von der Praxis, zu den Wissenschaften (ἐπιστῆμαι) entspringt: Vorbereitung für die Schau des 'Schönen selbst', durch die das Leben erst lebenswert wird [20].

Der erotische Aufstieg im Symposion bildet ein Gegenstück und eine Ergänzung zu dem pädagogisch geplanten Aufstieg aus der Höhle des Nichtwissens in der ‹Politeia› [21]. Die absteigende L. wird von Platon nicht mit L., sondern mit 'Fürsorge' (ἐπιμέλεια) und verwandten Ausdrücken bezeichnet, die das Verhältnis der Götter zu den Menschen, der Eltern und Erzieher zu den Kindern, der Herrscher zu den Beherrschten bestimmen. Wohl aber kennt Platon den Abstieg der L., angedeutet in der Flucht des Alkibiades vor Sokrates im ‹Symposion› [22], ausgeführt in der Erziehungsgeschichte des Tyrannen in der ‹Politeia› [23]. Eine mythische Verbindung zwischen Eros und Absturz der Seele wird im ‹Phaidros› geschaffen: Eros ist hier ein göttlicher Wahnsinn (μανία), der die Seele an ihren vorgeburtlichen Zustand seliger Schau im Reigen der Götter erinnert. Ihre Einkörperung ist die Folge ihres Unvermögens, dem göttlichen Beispiel zu folgen. So stürzt sie in ihre irdische Menschlichkeit ab. Die Erinnerung an ihre Herkunft aber wird durch den Anblick der Schönheit zur L. entflammt: die Flügel, die sie im Absturz verlor, regen sich, und L. zeigt sich als Wiedererwachen der Schwungkraft der Seele [24].

PLOTIN übernimmt wortwörtlich den Eros-Begriff des 'göttlichen Platon'. ‹Über den Eros› [25] ist zum großen Teil eine Ausdeutung der Geschichte von der Erzeugung des Eros durch Poros und Penia, wobei das platonische Märchen als Allegorie verstanden wird. Dennoch ergibt sich ein von dem platonischen Denken durchaus verschiedenes Gesamtbild. Der Eros in der Rolle des Erlösers, der bei Platon namentlich nur im ‹Phaidros› erscheint, ist bei Plotin das zentrale Motiv. Die drei- oder fünfstufige Liebesleiter aus dem ‹Symposion› wird getreulich übernommen, aber zugleich umgewandelt durch die Beziehung auf die Hypostasenlehre. Die plotinisch-mystische Erfahrung des Einen durch «Flucht des Einsamen zum Einsamen» [26] ist aller Gemeinschaftlichkeit enthoben; an die Stelle der philosophischen Freundschaft tritt die passionierte L. zum eigenen Selbst: «Und wenn ihr euch selbst erblickt in eurer eigenen inneren Schönheit, was empfindet ihr, warum seid ihr dabei in Schwärmerei und Erregung und sehnt euch nach dem Zusammensein mit eurem Selbst, dem Selbst, das ihr aus den Leibern versammelt?» [27].

4. *Freundschafts-L. bei Aristoteles.* – Das leitende Begriffswort bei ARISTOTELES ist, im Unterschied zu Platon, nicht Eros, sondern Philia (s. Art. ‹Freundschaft›), und die stammverwandten Wörter sind unter Philia mitbefaßt.

Ihren Ort innerhalb der Ethik findet die Philia in der Lehre von den praktischen Tugenden (Eth. Nic. 8 u. 9), und in der Tat wird sie von Aristoteles als 'Tugend' oder als Begleiterscheinung der Tugend (ἀρετή τις ἢ μετ' ἀρετῆς) [28] bestimmt. Im Unterschied zu der vorzüglich auf Unbeseeltes gerichteten φίλησις entspringt die auf Wechselseitigkeit beruhende φιλία (personal) einer Vorzugswahl (προαίρεσις), die ihrerseits einen Habitus (ἕξις) zur Voraussetzung hat. So ergibt sich, daß φίλησις auf Gefühl (πάθει), φιλία auf einem Habitus beruht. Der im Sinne der Philia Liebende will daher das Gute in ganz anderer Weise als der Begehrende: er will das Gute für den anderen um des anderen willen [29].

Das Liebenswerte (φιλητόν) ist dreiförmig: das Gute, das Angenehme und das Nützliche. Entsprechend gibt es drei Arten von Freundschaft. Die vollendete Freundschaft ist die der Guten. Da sie den Freund um seiner selbst willen lieben, nicht wegen eines durch ihn zu erlangenden Nutzens oder einer Lust, ist ihre Freundschaft von Dauer [30].

Das die Freundschafts-L. begründende Wollen des Guten für den anderen um des anderen willen heißt 'Wohlwollen' (εὔνοια). Um Freundschaft zu werden, muß zum Wohlwollen hinzukommen: gegenseitige Bekanntgabe der Gesinnung – Freunde müssen von der L. zueinander wissen –, der Umgang im gemeinsamen Leben (συζῆν) [31] und schließlich Zeit und Vertrautheit [32]. Da ein jeder immer und überall das Gute für sich selbst will, bleibt die Frage, wie 'Wohlwollen' überhaupt möglich ist. Aristoteles beantwortet sie mit einer Ableitung der L. zum anderen aus der Selbst-L. (φιλαυτία). Der Vorrang der Selbst-L. entspringt einem universalen Prinzip. Allen Wesen ist das Sein bejahens- und liebenswert: τὸ εἶναι πᾶσιν αἱρετὸν καὶ φιλητόν [33]. Auch wenn der Werkmeister sein Werk liebt, liebt er im Grunde sich, d. h. seine eigene, im Werk zutage tretende Tätigkeit (ἐνέργεια); eine ähnliche Übertragung erklärt die L. zum anderen Menschen, zum Freund. So soll jeder sich selbst zuerst lieben, und jeder ist sich selbst der beste Freund [34]. Lieben heißt: dem Geliebten Gutes zuteilen. Das Gute, das die meisten sich selbst zuteilen, besteht in Besitztümern, Ehren und körperlicher Lust, und diese Selbst-L. ist verwerflich. Der wahre Selbstliebende aber teilt sich selbst das Schönste und das im höchsten Sinn Gute zu (ἀπονέμει γοῦν ἑαυτῷ τὰ κάλλιστα καὶ μάλιστ' ἀγαθά) [35]; auf diese Weise lebt er dem Besten in ihm selbst zu Gefallen. In dieser Selbst-L. ist demnach auch die Möglichkeit des Selbstopfers enthalten. Noch wenn der Freund zugunsten seines Freundes auf eine edle Tat verzichtet, handelt er nach dem Gebot der Selbst-L.: Mit seinem großmütigen Verzicht teilt er sich das Bessere zu [36]. Die Selbst-L. ist, innerhalb des Bereiches menschlicher Praxis, das Erste Bewegende: die einzige Ausnahme von der Regel der aristotelischen Physik, wonach nur Bewegtes Ursache von Bewegung sein kann. Der Gegenstand des Begehrens oder der L. bewegt, obwohl er selbst ruht: er schlägt eine Brücke, die den unbewegten Ersten Beweger mit dem bewegten All verbindet: er bewegt dadurch, daß er ein auf sich gerichtetes Verlangen erweckt: κινεῖ δὲ ὡς ἐρώμενον [37].

Die aristotelische Philia war weniger als Platons Eros geeignet, den Reichtum dessen, was wir L. nennen, zu einer gegliederten Einheit zusammenzufassen. Der Zerfall dieser Einheit wurde charakteristisch für das Fortleben des Begriffes in der hellenistisch-römischen Welt. Zeuge dafür ist SENECA. Die nicht mehr zu fassende Einheit legt sich bei ihm in drei unverträgliche Elemente auseinander: 1. Die L. als verheerend-unwiderstehliche Leidenschaft, als Raserei und Krankheit des Geistes, wie wir sie bei Euripides, Catull, Ovid, Vergil und anderen Dichtern finden. 2. Die L. zum Freund: sie besaß für Seneca die Würde, die ihr Cicero gab und die später in der Freundschaft des Montaigne für Estienne de la Boetie fortleben sollte. Dies zweite Element der L. betonte jedoch zu einseitig die Ausschließlichkeit und Intimität des Bundes Gleichgestellter, als daß ihr Seneca noch die politische Aufgabe hätte überlassen können, die Aristoteles der Philia zuschrieb. Für sie hielt Seneca einen anderen Begriff bereit: 3. Die Gabe der Wohltaten (beneficia), ein Wohltun, das genauso wenig auf Dankbarkeit rechnet wie die Freundschaft. Sein Wert liegt in ihm selbst (dedit ut darem), in der Gesinnung (intentio): Es ist das die menschliche Gesellschaft und selbst den Sklaven mit seinem Herren aufs engste verknüpfende Band [38].

Anmerkungen. [1] V. WARNACH: Hb. theol. Grundbegriffe 2 (1963) 54-60. – [2] HESIOD, Theog. 120. – [3] EMPEDOKLES, VS B 17-26. – [4] PLATON, Nom. 837 a. – [5] Nom. 837 b-d. – [6] Zur Päderastie vgl. H.-I. MARROU: Gesch. der Erziehung im klass. Altertum (1957) 47-60. – [7] PLATON, Lysis 121 d. – [8] a.O. 219 c, d. – [9] 219 d. – [10] Symp. 189 d-191 d. – [11] a.O. 194 e-197 c. – [12] 199 c-201 c. – [13] 201 e. – [14] 203 a. – [15] SOPHOKLES, Antigone 333. – [16] PLATON, Symp. 203 e-204 c; Resp. 474 c-487 a. – [17] Resp. 505 d-e; vgl. Hb. philos. Grundbegriffe (1973) 657-677. – [18] Symp. 206 e. – [19] a.O. 208 a. – [20] 210 a–212 a. – [21] Resp. 514 a-521 b. – [22] Symp. 216 a. – [23] Resp. 572 e-573 c. – [24] Phaidros 250 e-253 c. – [25] PLOTIN, Enn. III, 5. – [26] a.O. VI, 9, 11. – [27] I, 6, 5. – [28] ARISTOTELES, Eth. Nic. 1155 a 4. – [29] a.O. 1155 b 30-35. – [30] 1156 a 6-b 12. – [31] 1156 a 3-5; 1157 b 19. – [32] 1156 b 26-27. – [33] 1168 a 5-6. – [34] 1168 b 8-10. – [35] 1168 b 29-31. – [36] 1169 a 32-36. – [37] Met. 1072 b 3. – [38] SENECA, Phaedra V, 184; Ep. ad Lucilium 116, 5; Ep. 3; De beneficiis I, 2, 4, 6; III, 13.

Literaturhinweise. H. LICHT: Sittengesch. Griechenlands 1. 2. (1927, 1928). – H. BOLKESTEIN: Wohltätigkeit und Armenpflege im vorchristl. Altertum (Utrecht 1939). – R. HARDER: Eigenart der Griechen (1962). – I. WIPPERN: Eros und Unsterblichkeit in der Diotima-Rede des Symposions, in: Synusia. Festgabe W. Schadewaldt (1965) 123-159.

II. *Bibel, Patristik und Mittelalter.* – 1. *Altes und Neues Testament.* – Die von Platon, Aristoteles und der antiken Freundschaftsliteratur geprägten Elemente des L.-Begriffes werden nun im Geist der biblischen Traditon umgedacht. Ausschlaggebend für diese Umformung ist der Vorrang der (subjektiven und objektiven) Gottes-L., die auch das Verständnis der humanen und säkularen L. mitbestimmt. Aristoteles spricht eine gemeingriechische Überzeugung aus, wenn er meint, die Ungleichheit im Verhältnis von Göttern zu Menschen schließe eine L.-Beziehung aus [1]. Anders in der biblischen Überlieferung: Das *Alte Testament* versteht durchweg das Verhältnis zwischen Jahwe und dem Volk Israel – und darüber hinaus der Menschheit überhaupt – als ein Verhältnis wechselseitiger L. Ähnliches gilt für das Neue Testament. «Ich habe dich je und je geliebt, darum habe ich dich zu mir gezogen aus lauter Güte» (Jeremias 31, 3), und das von den Propheten mit Vorzug gebrauchte Zeitwort ('ahab) hat eine ähnlich reiche Bedeutungsskala wie das deutsche ‹Lieben›. Das L.-Gebot (Math. 23, 37) findet sich bereits im Deuteronomium, das trotz seiner späten Entstehung altes Überlieferungsgut zusammenfaßt: «Du sollst den Herren deinen Gott lieben mit ganzem Herzen, mit ganzer Seele, mit aller Macht» (6, 5); ihm folgt das Gebot der Nächstenliebe im Leviticus (19, 18).

Das *Neue Testament* schließlich entfaltet einen Begriff der Erlösung durch L., dessen Elemente in den Büchern des Alten Testaments bereit lagen. Das gilt für die johanneische Verkündigung (1, 16) wie auch für die Christologie des Apostels Paulus. Der paulinische Hymnus auf die L. (ἀγάπη), der sie mit Glaube und Hoffnung zusammenstellt und über beide erhebt (1. Kor. 13), war dazu bestimmt, die Keimzelle einer christlichen Ethik zu werden.

An die Stelle der gebräuchlichen Wörter ἔρως und ἐρᾶν treten in der griechischen Bibel ἀγαπᾶν und ἀγάπησις, und im Neuen Testament als herrschendes Substantiv ἀγάπη. Dieser trianguläre Begriff benennt zugleich die schöpferische und erlösende L. Gottes zur Welt und zum Menschen, die erwidernde L. des Menschen zu Gott und die L. des Menschen zum Menschen als unausbleibliches Zeugnis der menschlichen L. zu Gott.

Die christlichen Schriftsteller der frühen Kirche [2] versuchten diesen Gedanken in der Sprache der griechischen philosophischen Bildung begrifflich zu artikulieren und als Basis einer 'Philosophie' gegen die heidnischen Philosophenschulen zu verteidigen.

2. *Augustin.* – Erst AUGUSTIN gelang es jedoch, die Elemente eines christlichen und zugleich philosophischen Begriffs der L. in einer fortdauernden Prägung zu vereinigen. Das fragende Suchen in intellektueller Nachforschung (quaerere) war für ihn wesentlich ein Gott-

suchen, der wahre Philosoph zugleich der wahre Gottliebende (verus philosophus amator Dei) [3]. Das Organ der menschlichen L. ist das 'Herz' (cor): Inbegriff und innerster Antrieb der menschlichen Person. Die L. ist die «Schwerkraft» (pondus) im Menschen [4]. Sie rastet und ruht nicht [5]. Überall, wo wir Menschen begegnen, entdecken wir die *eine* treibende Kraft von unermüdlicher Tätigkeit. Ihrem Wesen nach ist sie auf Glückseligkeit gerichtet, und damit zugleich auf Gott: «cum enim te, Deum meum, quaero, vitam beatam quaero» [6]. Wo immer nun diese L. intakt, d. h. unentwegt auf ihr Wesensziel gerichtet, da bedeutet ihr Wirken Freiheit über allem Gesetz: «Dilige, et quod vis fac!» [7]. «Liebe, und tu, was du willst!» Die L. des Menschen in seinem nachadamitischen Stand ist nicht intakt; sie bedarf zu ihrer Heilung der erbarmenden L. Gottes. Die L. als bewegende Kraft erstreckt sich in drei Dimensionen. Sie ist a) L. des menschlichen Ich zu Gott – amor Dei; b) L. des menschlichen Ich zum Mitmenschen – Nächsten-L., caritas; c) Gottes L. zum menschlichen Wir – Deus est caritas.

a) *Amor Dei*. – Im amor Dei offenbart sich das Seinsgefälle der menschlichen Natur: In ihr verschmelzen die allem Seienden innewohnende Selbstbehauptung und der Drang zur Selbstvollendung mit dem sehnsüchtigen Verlangen nach Gott. Das Subjekt solcher L. ist der Mensch: ein denkendes und mit Entscheidungsfreiheit (liberum arbitrium) begabtes Wesen. Daraus ergeben sich zwei unterscheidbare, wenn auch nicht trennbare Aspekte des amor Dei: α) er ist fragende, suchende, in der Unruhe der quaestio amoris lebende L.; und er ist β) geordnete, aber in ihrer Ordnung ständig bedrohte L. – der Aspekt des ordo amoris.

α) Quaestio amoris. – Wir wollen Gott lieben. Aber wir lieben ihn zunächst immer nur auf irrigen Wegen ohne Klarheit über den Gegenstand unserer L. Diesen wahren Gegenstand und unseren Weg zu ihm müssen wir erst suchen, und dazu treibt uns die Unruhe des Herzens [8]. Die von Unruhe getriebene Suche nach dem Gegenstand der L. vollzieht sich auf einer durch Platon vorgezeichneten, durch Plotin vermittelten Bahn. Die fragende Bewegung auf dieser Bahn, ihrem Wesen nach eine Verbindung von Erkenntnis und Angleichung (cognitio, assimilatio), ist geleitet durch die Frage nach Gott. Als Aufstieg (ascensus) gliedert sie sich nach drei Stufen, und auch darin folgt Augustin dem von Platon im ⟨Symposion⟩ aufgestellten Vorbild: Der Weg führt durch die Außenwelt, die Innenwelt und schließlich über die Welt hinaus [9].

β) Der ordo amoris. – Die aufsteigende L. ist für Augustin zugleich geordnete L. (amor ordinatus). Die geordnete L. gibt jedem das Seine, d. h. jedem Ding oder Wesen das seinem Rang entsprechende Maß von L. Doch liegt dieser Rangordnung mit ihren vielfachen Abstufungen die absolute Unterscheidung von 'genießen' (frui) und 'gebrauchen' (uti) zugrunde, wobei das in seinem Gegenstand befriedete und beharrende 'frui' Gott allein zukommt: alles andere wird letztlich nur um seinetwillen geliebt. Die mit dieser Unterscheidung gesetzte harte Forderung gilt auch und vor allem für die Beziehung des Menschen zum Menschen. Das Gebot lautet: den Menschen menschlich, d. h. nicht wie einen Gott zu lieben [10]. Die grundstürzende Verirrung ist die maßlose, d. h. sich als Maß setzende Selbst-L. Der Hochmut (superbia), Ausdruck der falschen L. zum eigenen Selbst, ist eine «perversa imitatio Dei» [11]. Durch ihn maßt sich der Mensch eine Macht an, die nur dem allmächtigen Gott zusteht. Das Böse, seinem Wesen nach das Nicht-Liebenswerte, die Freiheit jenseits der menschlich-göttlichen Ordnungen, wird zum Gegenstand einer sich selbst verneinenden L.

b) *Nächsten-L.* – Augustin leitet die Nächsten-L. von der Gottes-L. ab. Der antike Gedanke der Freundes-L. überschattet dabei bis zu einem gewissen Grade den der neutestamentlichen Nächsten-L.: «Der liebt seinen Freund wahrhaft, der in dem Freund Gott liebt» entweder, *weil* Gott in ihm ist oder *damit* er in ihm sein möge [12]. Demgemäß wird auch der Nächste geliebt, *weil* er als Mensch Gottes Ebenbild ist. Im Verhältnis zu dem geliebten Mitmenschen wird das Streben nach Gott zu einem 'rapere ad Deum'. Der Freund wird in die eigene Aufwärtsbewegung der L. mithineingerissen. Diese der L. innewohnende Mitteilsamkeit durchdringt und gestaltet die natürlichen L.-Beziehungen, die die Eltern mit den Kindern, die Geschwister und die Bürger untereinander zu L.-Gemeinschaften verbinden. Das Mitlieben bedeutet zugleich ein Mitleiden und Mitfreuen [13]. Während die beseligende Schau bei Plotin wie überhaupt in der neuplatonischen Tradition als einsamer Akt zu denken ist, stellt sich Augustin die Seligkeit als das Leben einer L.-Gemeinschaft vor, für die L. und Gerechtigkeit eines geworden sind [14] – ein Gedanke, den die Scholastik, voran der Sentenzenkommentar des Thomas von Aquin, aufgenommen und Dante zu einer dichterischen Vision gestaltet hat [15].

Die von den Griechen vorgeprägten Begriffe der Freundes-L. (φιλία) und der Strebens-L. (ἔρως) sind jedoch nur ein weiteres geeignet, die theozentrische L. des Neuen Testaments begrifflich auszudrücken. Die aristotelische Philia ist nur in vermittelter Weise selbstlos. Zwar will sie das Gute für den anderen um des anderen willen. Aber das Gute ist politisch gedacht, d. h. es gewinnt seinen Inhalt aus dem Gemeingut einer mich und den anderen umfassenden Gemeinschaft. Die Forderung der neutestamentlichen L. hingegen ist absolut und unvermittelt. Die Agape – sinnfällig im Gleichnis vom barmherzigen Samariter – schlägt quer durch alle politischen Ordnungen mit dem in ihnen herrschenden Prinzip 'do ut des' hindurch. Ihrem Prinzip nach steht sie nicht nur jenseits dieser Ordnungen, sondern versteht sich als ihre Verkehrung: Die Letzten sollen die Ersten sein (Matth. 19, 30), und die Sanftmütigen werden das Erdreich besitzen (Matth. 5, 4). Augustin sucht der Schwierigkeiten, die sich aus seinen Leitbegriffen ergeben, dadurch Herr zu werden, daß er, auch hierin dem platonischen Beispiel folgend, den schöpferischen Charakter der L. ins Licht rückt [16].

c) *Gottes L. zur Kreatur*. – L. ist ihrer Natur nach auf das Gute gerichtet. Das Gute seinerseits aber als Seinsvollendung ist der Inhalt der L. Gottes in seiner Eigenschaft als Schöpfer wie auch als Erlöser. Dem Menschen ist aufgegeben, die Gegenstände seiner L. so zu lieben, wie Gott sie liebt. Das gilt sowohl für die L. zum Mitmenschen wie auch für die L. zum eigenen Selbst. So hat die L. einen zweifachen ontologischen Wert. Indem der Liebende den Gegenstand seiner L. gottförmiger macht, vollzieht sich eine entsprechende Verwandlung und Angleichung in ihm selber «ad imaginem Dei» [17]. Ohne Erkenntnis des Guten gibt es jedoch keine L., und umgekehrt gilt: ohne L. keine Erkenntnis [18]. Dem ontologischen Vorrang des Guten gegenüber dem Sein entspricht der Vorrang der L. gegenüber der Erkenntnis. Die Ordnung der L. besteht darin, daß sie sich jeweils nach ihrem Gegenstand bemißt. Es folgt, daß Gott, der nicht nur liebt, sondern die L. ist, vor allem sich selbst lieben muß.

Die L. ist in den Tiefen der trinitarischen Gottheit verborgen. Dort west sie als die vollendete Einheit des Schenkens und Empfangens, zugleich in sich ruhende Bewegung und Licht von Licht (lumen de lumine), und in dieser zweiten Hinsicht ist sie der «sich erkennenden Erkenntnis» (νόησις νοήσεως) des Ersten Bewegers bei Aristoteles vergleichbar. Ohne durch einen Mangel genötigt zu sein, tritt diese im Ursprung unzugängliche L. in zwei Akten nach außen und bringt das Schöpfungs- und Erlösungsdrama hervor. Gott machte die Welt (fecit) in einem ersten Liebesakt, und er stellte hernach die abgefallene Welt wieder her (refecit). Von Gott her gesehen ist die sich als Kosmogonie und Soteriologie entfaltende Bewegung der L. eine Entäußerung (κένωσις), vom Menschen her gesehen Offenbarung. Ihrer Gestalt nach ist sie Einheit, die zur Einheit zurückkehrt: Sie überwindet die durch Geschöpflichkeit und Sünde verursachte doppelte Ferne von Gott.

Anmerkungen. [1] ARISTOTELES, Eth. Nic. 1158 b 35-36. – [2] Vgl. IGNATIUS VON ANTIOCHIEN, Ep. ad Romanos 7, 2. MPG 5, 813; ORIGINES, Homiliae in Canticum Canticorum, Prolog. MPG 13, 69; GREGOR VON NYSSA, In canticum canticorum 1. MPG 44, 763ff.; Ps. DIONYSIUS, De div. nomin. IV, 12. MPG, 3, 709; THOMAS VON AQUIN, S. theol. I/II, 26, 3 ad 4; vgl. J. PIEPER: Über die L. (1972) 199; JOH. CHRYSOSTOMUS, Homiliae in ep. ad Romanos 5, 7. MPG 60, 431f. – [3] AUGUSTIN, De civ. Dei 8, 1. MPL 41, 225. – [4] Conf. 13, 9, 10. MPL 32, 849. – [5] En. in Ps. 31, 2, 5. MPL 36, 260. – [6] Conf. 10, 20. MPL 32, 791. – [7] In ep. Joannis 78. MPL 35, 2033. – [8] Conf. 1, 1. MPL 32, 661. – [9] a.O. 10, 6-29. MPL 32, 782-796. – [10] Vgl. 4, 4-7. MPL 32, 698. – [11] 2, 6. MPL 32, 681. – [12] Serm. 336, 2. MPL 38, 1472. – [13] Conf. 8, 4. MPL 32, 752. – [14] Vgl. In Joh. Ev. Tr. 67, 2. MPL 35, 1912. – [15] Vgl. DANTE, Div. Comedia, Paradiso 32, 62-64. – [16] Vgl. S. WEIL: Das Unglück und die Gottes-L. (1953) 151f. – [17] AUGUSTIN, De Trin. 12, 7-10. MPL 42, 1004. – [18] a.O. 8, 6, 9. MPL 42, 955.

Literaturhinweise. W. LÜTGERT: Die L. im NT (1905). – M. SCHMAUS: Die psychol. Trinitätslehre des hl. Augustin (1927). – H. ARENDT: Der L.-Begriff bei Augustin (1929). – F. CAYRÉ: Les sources de l'amour divin (Paris 1933). – J. COMBÈS: La charité d'après saint Augustin (Paris 1934). – G. HULTGREN: Le commandement d'amour chez S. Augustin (Paris 1939). – A. DAHL: Augustin und Plotin. Untersuch. zum Trinitätsproblem und zur Nuslehre (Lund 1945). – I. BURNABY: Amor Dei. A study of the relig. of St. Augustine (London ²1947). – V. WARNACH: Agape. Die L. als Grundmotiv der NT-lichen Theol. (1951). – R. GARRIGOU-LAGRANGE: L'amour de Dieu et la croix de Jésus (Paris 1953). – M. MÜLLER: Die Lehre des hl. Augustinus von der Paradiesesehe und ihre Auswirkungen in der Sexualethik des 12./13. Jh. bis Thomas v. Aquin (1954). – E. HENDRIKX: Oeuvres de Saint Augustin, in: Bibl. Augustienne 15 (1955) 7-83. – A. SOLIGNAC: La conception augustinienne de l'amour, in: Oeuvres de Saint Augustin 14 (Paris 1962) 617-622. – G. VON RAD: Die Botschaft der Propheten (1970) 87-97.

3. *Mystik und Dialektik im frühen Mittelalter.* – Die großen Antipoden des 12. Jh., Bernhard von Clairvaux und Petrus Abaelardus, teilen sich in das Verdienst, den Begriff der «reinen», d. h. nicht durch Erwartung eines Lohns motivierten L. in die theologisch-philosophische Erörterung eingeführt zu haben.

BERNHARD VON CLAIRVAUX war der Lehrer der sich in der mystischen Erfahrung vollendenden Gottes-L. Gott ist die L. Durch die Gabe der L. wohnt Er in uns und wir in Ihm. Diese unser Dasein steuernde «vis unitiva» vollendet sich in der Seligkeit jenseitiger Gottesschau. Denen aber, die Gott so lieben, wie er geliebt werden will – keusch, heilig, glühend (caste, sancte, ardenter) –, kann schon in diesem irdischen Leben, wenn auch nur selten und kurz, die ekstatisch-schauende Vereinigung mit Gott – «rara hora, parva mora» – vergönnt sein [1].

Bernhard umkreist meditativ einen von ihm selbst getätigten Lebensvorgang, den er erklärt, durchleuchtet und kritisch prüft. Die L. ist die Kraft, die diesen Vorgang, die Angleichung der Seele an Gott, erzeugt und bewegt und die zugleich sein innerstes Wesen ausmacht. Insofern ist das von Bernhard und seinen Nachfolgern entwickelte Wissen als L.-Wissenschaft zu bezeichnen. Seinem Inhalt nach ist dies Wissen teils die Vorzeichnung eines Wegs, teils Bericht über die auf diesem Weg gemachten Erfahrungen. Die Reise geht «aufwärts», aber auch «abwärts». Im Aufstieg lebt die platonisch-erotische ἄνοδος fort. Doch gegenüber dem griechischen Modell tritt die ontologisch-kosmologische Stufung des Seins, die den Aufstieg ermöglicht, zurück, und die Aufmerksamkeit sammelt sich auf die innere Bewegung des Aufstiegs selbst und seine Stufen, genauer: auf die der Seele nacheinander zuwachsenden Tugenden; und in dieser Stufung der Innerlichkeit ist L. doppelt gegenwärtig: als bewegende Kraft und zugleich als oberste Stufe, höher als Mäßigkeit, Tapferkeit und Demut. Diese Bewegung fällt jedoch nicht mit der Lebenslinie des Liebenden zusammen. Denn die Schwäche der Vergängnis und des Fleisches läßt ihn wanken. Vor allem aber ruft ihn eine stärkere Kraft zurück: das unverbrüchliche Gesetz der brüderlichen caritas, der Nächstenliebe. Das Verhältnis der «reinen L.» (amor spiritualis) zur «fleischlichen L.» (amor carnalis), zur Wurzel also des Bestehens auf einem (irdischen oder himmlischen) Lohn wird von Bernhard durch die klassische Formel bezeichnet: «Nicht nämlich wird Gott ohne Lohn geliebt, obwohl er ohne Hinblick auf Lohn geliebt werden soll» (absque praemii intuitu diligendus est) [2].

Die Mystik hat Wesentliches zur Klärung des Begriffs der «reinen L.» beigetragen. Die diesem Begriff eigenen dialektischen Schwierigkeiten dagegen, die schon Augustin erörtert hatte [3], wurden vor allem von PETRUS ABAELARD untersucht. In ‹Scito te ipsum› entwickelt Abaelard einen Begriff der reinen L., der in seinen Grundzügen mit der Position Bernhards übereinstimmt. Im Ausgang von dem Satz in 1. Kor. 13, 5–7: «Die L. sucht nicht das ihre, sie duldet alles, sie glaubt alles, sie hofft alles, sie erträgt alles» [4] leitet er fünf Folgerungen ab: a) Wahre L. richtet sich unmittelbar und ausschließlich auf die geliebte Person. b) Wer so liebt, findet seinen Lohn in der L. selbst, während der Hinblick auf einen anderen Lohn sie käuflich machen würde. c) Demgemäß ist Gott nur um seiner Person willen zu lieben, nicht wegen der Seligkeit seines Reiches, die wir von ihm erhoffen. d) Nicht einmal daß Gott uns liebt, darf für uns der Grund sein, aus dem wir ihn lieben. Reine L. ist nicht Gegen-L. e) Wir lieben Gott, weil er gut ist, nicht aber um seiner guten Gaben willen.

Die Schwierigkeit, wie man zwischen Gott, dem Gegenstand reiner L., und Seligkeit, dem Ziel des Eigenwillens, unterscheiden kann, ohne daß die Abgrenzung zur Abtrennung wird und sich – wie WILHELM VON THIERRY, ein Freund Bernhards und Kritiker Abaelards, bemerkt – die Absurdität ergibt, «mit Gott durch L. und nicht durch Glückseligkeit vereinigt zu sein» [5] – dies abgründige Problem vermochte ABAELARD allerdings nicht zu lösen. Sein Beitrag liegt vielmehr darin, daß er die Lehre von der reinen L. vertiefte und durch eine wahrscheinlich von Seneca angeregte Lehre von der reinen Intention ergänzte: Das Gutsein der Handlung soll allein von der sie beseelenden Gesinnung abhängen; die Ausführung der Absicht ändert nichts an ihrem Wert oder Unwert. Ist diese doch abhängig von Umständen, die sich dem Willen des Handelnden entziehen. Da nun L. die Innerlichkeit der Tat, die sie motivierende Gesinnung, formt, ergibt sich die von Augustin gewagte Folgerung: «Dilige, et quod vis fac!» [6]. Abaelard überließ es seiner Geliebten und Gattin Héloïse, diese Folgerung auszusprechen und zu verwirklichen [7]. Abaelards scharfe Abgrenzung der Gottes-L. vom Streben nach Seligkeit erregte lebhaften Widerspruch [8]. So sah das 12. Jh. ein Vorspiel des Kampfes um die reine L., der im 17. Jh. entbrennen sollte.

Anmerkungen. [1] Vgl. Bernhard von Clairvaux, In Cant. cantic. sermo VII, 4. MPL 183, 803; bes. IX, 2. MPL 183, 815-816. – [2] De diligendo Deo VII, 17. MPL 182, 984. – [3] Augustin, Sermo 368, c. 5. MPL 39, 1654f. – [4] Vgl. Matth. 5, 46. – [5] Wilhelm von St. Thierry, De contemplando Deo VIII, 16. MPL 184 c, 375 D; Gott schauen, Gott lieben, übersetzt und eingel. W. Dietrich/H. U. Balthasar (1961). – [6] Augustin, In Ep. Joh. 1, VII, 8. MPL 35, 2033. – [7] Vgl. Héloïse, Ep. 2. MPL 178, 184f. 198 C/D; vgl. auch E. Gilson: Héloise und Abälard. Zugleich ein Beitrag zum Problem von MA und Humanismus (1955). – [8] Vgl. Hugo von St. Victor, De sacram. lib. II, c. 8, p. 13. MPL 176, 534.

4. *Thomas von Aquin.* – In der Mystik wird die irdische Menschen-L. von der übermächtigen Gottes-L. nahezu aufgesogen. Bei Albertus Magnus und in noch höherem Maße bei Thomas von Aquin wird die mystische Himmelsleiter hineingestellt in eine Sicht, die die menschlich-göttliche L. einem wohl abgewogenen Ganzen einfügt.

Die menschliche Natur, so lehrt Albertus, ist in all ihrem Denken und Tun «reflexiv», und so ist auch ihre dem Schein nach selbstlose L. auf ihr eigenes Gut zurückbezogen [1]. Um so schärfer unterscheidet sich von diesem natürlichen «amor concupiscentiae» die übernatürliche Gottes-L. als «dilectio caritatis»: sie hebt das Geschöpf über sich selbst hinaus, so daß es ganz in dem geliebten Gegenstand, in Gott ruht.

Thomas unterscheidet drei Bedeutungen von L.: a) in strenger Allgemeinheit erfaßte menschliche L. – ihr ontologisch-anthropologischer Aspekt; b) L. Gottes zu sich selbst und zu seiner Schöpfung – ihr theologischer Aspekt, und c) menschliche Gottes-L. – ihr soteriologischer Aspekt.

a) In jedem geschaffenen Wesen ist zu unterscheiden: der Daseinsakt, durch den es ist, die Wesensgestalt, durch die es auf ein ihm gemäßes Gutes hingeordnet ist, und schließlich die «inclinatio ad formam», durch die es aktualisiert wird. Diese «Neigung» aber, seine Strebekraft zu dem ihm eigenen Guten hin, heißt L. (amor). Somit ist L. als «amor naturalis» das Aufbauprinzip der gesamten Schöpfung. Es verweist analogisch über sich und die Schöpfung hinaus auf ihren göttlichen Schöpfer. Doch erst im Menschen entfaltet sich der Reichtum ihrer Natur, zunächst – und das trifft schon für den ganzen Bereich pflanzlichen und tierischen Lebens zu – als die in ihr angelegte Zweiheit. Dem Liebenden steht stets ein (der das) Geliebte gegenüber, auch in der Selbst-L., und L. zielt auf Überwindung der Zweiheit durch Vereinigung. Sie ist, nach der von Dionysius Areopagita stammenden [2] und von Thomas übernommenen Bestimmung, «Vereinigungskraft» (vis unitiva). Dabei hat die Vereinigung einen gemäß dem Formniveau der Partner verschiedenen Sinn: Sie reicht von der körperlichen bis hinauf zur geistigen Einswerdung, dem «unum velle», das Personen miteinander verbindet und das sogar die Kluft zwischen Gott und Menschen überbrücken kann.

Die Tätigkeit der L., so erklärt Thomas, zielt auf zweierlei: auf das Gute, das jemand für jemanden, für sich oder einen anderen, will, sodann auf denjenigen, für den er das Gute will [3]. Denn jemanden lieben heißt: ihm Gutes wollen. Hat nun das erste den Vorrang, die Richtung auf das Gute, so handelt es sich um Begehrens-L. (amor concupiscentiae). Die Person wird nicht als solche, sondern um des Guten willen geliebt. Das ist die L., die wir den Dingen und Wesen unterhalb des Niveaus der Person widmen, und die Erfüllung dieser Art von L. bedeutet Genuß (delectatio). Herrscht aber umgekehrt die Tendenz auf die Person vor, für die wir Gutes wollen, dann wird der geliebte Gegenstand schlechthin (simpliciter) und um seiner selbst willen geliebt mit einer L., die Thomas im Anschluß an Aristoteles und Cicero Freundes-L. (amor amicitiae) nennt. Die Freundes-L. erfüllt sich für den Liebenden in Freude, die der Vereinigung mit dem Geliebten im «unum velle» entspringt.

b) Gott ist die L. Als das einigende Prinzip des innertrinitarischen Lebens tritt sie zugleich als weltschöpferische Kraft nach außen, um sich in der Welt ein Gleichnis ihrer selbst zu schaffen. Wie vor ihm Dionysius Areopagita sieht Thomas im ekstatischen Charakter der L. eine Abbildung der liebenden Selbstentäußerung des Schöpfers von Himmel und Erde [4].

c) Zwischen der aus ihrem kosmologisch-anthropologischen Zusammenhang erklärten menschlichen L. und der Gott zugeschriebenen L. klafft ein Abgrund, der durch den Begriff der menschlichen L. zu Gott, der caritas, überbrückt wird. Diese L. ist eine Art Freundschaft mit Gott, die die L. durch Gegen-L. und eine gewisse wechselseitige Mitteilung erhöht [5]. So rundet sich für Thomas der mit Gottes Schöpfungs- und Erlösungstat beginnende Kreislauf der L. in der vom Menschen frei gewählten, aber letztlich durch Gott gewirkten caritas.

Anmerkungen. [1] Albertus Magnus, S. theol. II, tr. IV, q. 14, a. 2. – [2] Ps.Dionysius Areopagita, De divinis nominibus IV, 15. MPG 3, 713. – [3] Thomas von Aquin: S. theol. II/II, q. 23-46. – [4] a.O. I, q. 37, a. 2 ad 3. – [5] I, q. 26, a. 3c.

Literaturhinweise. Gottfried von Strassburg: Tristan und Isolde v. 15556. – Thomas Gallus: Mystica Theol. Merton College Ms. fol. 131 b. – A. Capellanus: De arte honeste amandi, hg. Trojel (Hauniae 1892). – Raymundus Lullus: Libre d'amic e amat (altkatalan. 1284); Das Buch vom Liebenden und Geliebten. Eine myst. Spruchslg., dtsch. hg. L. Kleiber (1948, ²1957). – K. Vossler: Die philos. Grundl. zum «süßen neuen Stil» (1904). – P. Rousselot: Pour l'hist. du problème de l'amour au M. A., in: Baeumker (Hg.): Beitr. Gesch. Philos. MA (1908). – L.-Konzil von Remiremont, hg. W. Meyer, in: Nachrichten K. Ges. Wiss. Göttingen, phil.-hist. Kl. (1914); vgl. P. Lehmann: Die Parodie im MA (1922) 156-158. – E. Wechssler: Eros und Minne. Vortr. Bibl. Warburg (1923) 69-93. – E. Nikkel: Stud. zum L.-Problem bei Gottfried von Strassburg (1925). – J. Kamp: Die theol. Tugend der L. nach der Lehre des hl. Bonaventura. Franziskan. Stud. 12 (1927). – R. Egenter: Gottesfreundschaft. Die Lehre von Gottesfreundschaft in der Scholastik und Mystik des 12. und 13. Jh. (1928). – D. de Rougemont: L'amour et l'occident (Paris 1939). – L. Cohen: Un grand romancier d'amour au XIIe siècle. Chrétien de Troyes et son œuvre (Paris ²1948). – L. Pollmann: Der «tractatus de amore» des Andreas Capellanus und seine Stellung in der Gesch. der Amortheorie (1954). – H.-A. Steger: Askese und amour courtois (1954). – E. Gilson: Heloise und Abälard. Zugleich ein Beitrag zum Problem des MA und Humanismus (1955). – H. M. Christmann: Thomas v. Aquin als Theologe der L. (1958). – Johannes vom Kreuz: Die Gotteslohe, übers. Irene Behn (1958). – R. Bezzola: L. und Abenteuer im höfischen Roman (1961). – H. Scherpner: Theorie und Fürsorge (1962). – J. Chydenius: The symbolism of love in medieval thought (Helsingfors 1970). – R. E. Weinhart: The logic of divine love. A crit. analysis of the soteriol. of Peter Abailard (Oxford 1970). – G. Kranz: L. und Erkenntnis. Ein Versuch (1972)

73-97. – I. NOLTING-HAUFF: Die Stellung der L.-Kasustik in der höf. Lit. des 12. und 13. Jh. (1973).

III. *Neuzeit.* – 1. *Platonische L. und heroische Leidenschaft in der Renaissance.* – In MARSILIO FICINOS von dem neu entdeckten Wortlaut der platonischen Dialoge inspirierten Philosophie wird die als dreischichtig gesehene Welt durch die unterschiedslos ‹amor› oder ‹caritas› genannte L. in ihren drei Grundformen zusammengehalten: durch die L. des Gleichen zum Gleichen, des Niederen zum Oberen und des Oberen zum Niederen. Eben diese L., der Knoten und das Bindeglied der Welt [1], war nach Ficino dazu bestimmt, die Mitglieder seiner florentinischen Akademie zu einem Freundschaftsbund zusammenzuschließen. Sie sollte die Grundlage einer weltumfassenden humanitas bilden. Und als Prinzip der Philosophie sollte sie dem Glauben zu Hilfe kommen in einem geschichtlichen Augenblick, da die schlichte Unterordnung unter die kirchliche Autorität nicht genügte.

Der neuplatonische L.-Begriff, basierend auf der strengen Unterscheidung von sinnlicher und himmlischer L., findet sich nicht nur bei Ficino, sondern auch, mit ähnlichen Wendungen, bei PICO DELLA MIRANDOLA [2] und BALDASSARE VON CASTIGLIONE [3].

Das pantheistische Pathos, mit dem GIORDANO BRUNO die das All aufbauende und durchwirkende L. verkündet – «Die L. ist alles und wirkt alles, und von ihr kann man alles sagen, und alles kann man ihr zuschreiben» [4] –, schließt eine Erinnerung an die patristische und scholastische Tradition des L.-Begriffes, der Ficino treu blieb, mit Entschiedenheit aus. Bruno rechnet L. den «furori», den Leidenschaften, zu, und diese werden von ihm nach dem Vorbild der platonischen Mania (‹Phaidros›) gegliedert und charakterisiert.

Der Florentiner Akademie nahe standen auch Autoren wie L. EBREO, in dessen ‹Dialoghi di amore› (1549) SPINOZA den Ausdruck ‹amor intellectualis Dei› fand, vor allem aber PICO DELLA MIRANDOLA mit seinem Kommentar zu BENIVIENIS ‹Canzone de amore›. Sehr bald drang der erneuerte platonische L.-Begriff in den Norden. Beispiel dafür ist der Frauenpreis bei AGRIPPA VON NETTESHEIM (1519) und fener die ‹Six livres de la nature d'amour tant humain que divin›, eine von M. E. D'ALVETO stammende Kompilation (1535), die G. CHAPPUIS ins Französische übersetzte. Der Einfluß der italienischen Humanisten auf den weltlichen Sektor der französischen Literatur des 17. und 18. Jh. über L. ist kaum zu überschätzen.

Anmerkungen. [1] M. FICINUS: Über die L. oder Platons Gastmahl, dtsch. K. P. HASSE (1914) 68. – [2] Vgl. E. MONNERJAHN: Giovanni Pico Della Mirandola (1960) 59ff. – [3] BALDASSARE VON CASTIGLIONE: Il Cortegiano, hg. B. MAIER (Turin 1955) L-LXXI. 512-542. – [4] G. BRUNO, Eroici furori II, 1. Ges. Werke, dtsch. L. KUHLENBECK 5 (²1907) 167.

2. *Die «reine L.» im cartesianischen Zeitalter.* – Die Entwicklung des vieldimensionalen L.-Begriffs, die im antithetischen Miteinander von Scholastik und Mystik einen Höhepunkt erreicht hatte, wurde vom Ausbruch des cartesianischen Zeitalters und der Aufklärung nicht einfach abgeschnitten. Durch THERESE VON AVILA und JOHANNES VOM KREUZ gewann der mystische L.-Begriff, noch durchaus gehalten von der scholastisch-thomanischen Tradition, seine letzte Vertiefung, und SUÁREZ setzte in seinem Werk ‹De fide, spe et caritate› der scholastischen Theologie der L. ein bleibendes Denkmal. In Frankreich schrieb FRANZ VON SALES [1] über die Gottes-L. und nahm dem mystischen Begriff der kontemplativen L. die esoterische Strenge, ohne seiner Hoheit Abbruch zu tun. Die geistliche Hochzeit, durch die sich der fromme Bischof mit Johanna von Chantal verband, lieferte das einzigartige Beispiel einer sich zu reiner Gottes-L. steigernden irdischen L. In dem Drama der französischen Klassik schließlich verband sich, am deutlichsten wohl im ‹Cid› des CORNEILLE und in der ‹Bérénice› des RACINE, der vor allem durch Lucanus und Seneca vermittelte tragisch-heroische L.-Begriff der Antike mit dem Geist höfisch-romantischer L. Auch das mystisch gefärbte religiöse Nachdenken über die L. nimmt seinen Fortgang: im Katholizismus unter dem Einfluß der vom Jansenismus geprägten augustinischen Theologie, bei den puritanischen Gruppen Englands und im Pietismus des europäischen Kontinents unter dem Einfluß Calvins und Luthers. Mit dem Cartesianismus des 17. Jh. verliert der Begriff der L. zwar nicht seine philosophische Relevanz, aber seinen metaphysischen Ort: er siedelt sich in den verschiedensten philosophischen Disziplinen und Wissenschaften an.

DESCARTES sieht weder in den ‹Regulae› noch den ‹Meditationes› noch im Rahmen der provisorischen Ethik Veranlassung, auf den Begriff der L. näher einzugehen. Seine Definition im ‹Discours sur les passions de l'âme› beschränkt sich auf psychologisch-biologische Begriffe: «L'Amour est une emotion de l'ame, causée par le mouvement des esprits, qui l'incite à se joindre de volonté aux objets qui paroissent luy estre convenables» [2]. Der Begriff gewinnt philosophische Bedeutung erst wieder bei den drei großen Cartesianern, bei denen sich das philosophische Interesse mit einem religiösen Bewußtsein verbindet: bei Malebranche, Spinoza und Leibniz.

Ganz im Sinn der klassischen Tradition erkennt MALEBRANCHE in der L. die Ausrichtung der Seele auf das Gute oder auf das, was gut scheint. Denn was immer wir im besonderen begehren, begehren wir um seines (wirklichen oder scheinbaren) Gutseins willen. Dieser traditionelle philosophische Gemeinplatz wird nun von Malebranche zusammengedacht mit der Ausgangsposition, die sich aus dem methodischen Zweifel ergibt. Nicht nur erkennt der Zweifelnd-Erkennende sein im «ich denke» mitgegebenes Ich – er empfindet mit gleicher Evidenz auch das unendlich vollkommene Wesen: Gott. In Gott gibt es nur *eine* L., die, mit der er sich selbst liebt. Gott ist es auch, der der Seele ihre Neigungen «eindrückt» (imprime), sowohl die zum allgemein Guten wie auch zu dem Menschen im besonderen angemessenen Gütern. Und unter den Neigungen letzterer Art (die im Grund von der ersten Neigung abgeleitet sind) kommt dem Streben nach Selbsterhaltung der Vorrang zu. Aber in allem vielfältigen Streben und Lieben bleibt als wirksames Ziel die vollkommene Seligkeit durch den Besitz Gottes (par la possession de Dieu) [3]. So rekonstruiert Malebranche die traditionelle Metaphysik der L. in seiner ‹Recherche de la vérité› mit den bekannten Unterscheidungen wie «Vereinigungs-L.» (Dionysius Areopagita) und «Wohlwollen» (Aristoteles) auf einer ihr fremden Grundlage, dem cartesianischen Idealismus. In der Rekonstruktion aber fehlt ein Stück, das für den augustinischen «Aufstieg» wesentlich ist – für die L. als Bewegungskraft, die den Liebenden über die Stufungen der Welt hinauf und über die Welt hinaus zu Gott reißt. Für den Cartesianer Malebranche gibt es keine «Welt» [4]. Nicht mit wirklichen Dingen pflegt der Denkende Umgang, sondern mit Ideen, die ihren ursprünglichen Ort im göttlichen Geist haben. Mit der Entweltlichung des Körpers verliert die L. ihren Wurzelgrund und Entfaltungsraum. Der Körper ist für den Gottliebenden nicht mehr Stufe, sondern Hindernis, das – in einem gnostischen Dualismus – dem Guten gegenüberstehende Böse [5].

Der Bruch mit der überkommenen Metaphysik wird noch augenfälliger bei SPINOZA. Sein immanentistischer und transpersonaler Gottesbegriff (deus sive natura) und sein Determinismus sind entscheidend für seinen Begriff der intellektuellen Gottes-L., durch die der Mensch die Erfüllung seiner höchsten Möglichkeit findet. Sie ist die von allen Lebewesen ihm allein vorbehaltene geistige Form des «suum esse conservare» und zugleich die L. Gottes, mit der dieser sich selbst liebt [6]. Für den Menschen ist sie identisch mit seinem philosophischen Wissen-wollen, und sie ist nicht nur vereinbar mit totaler Determination, sondern setzt sie voraus. Fordert sie doch, wie der amor fati der Stoiker, die Erhebung des Geistes über die Notwendigkeiten des Lebens zur anschauenden Bejahung der All-Notwendigkeit sub specie aeterni. Sie und mithin auch jene L., die als «laetitia, concomitante ideâ causae externae» [7] definiert wird, ist der Widerpart der Leidenschaften der Seele. Unter ihrem Blick werden die Leidenschaften stillgelegt und ihrer Macht beraubt.

LEIBNIZ fand im ‹Güldenen Tugendbuch› des Grafen Friedrich von Spee den für ihn zentralen ciceronischen Begriff von der Selbstlosigkeit der Freundes-L. Erst durch die Selbstlosigkeit wird L. zur «wahren L.»: «Amare est eo esse animo, ut in alterius felicitate sis repurturus voluptatem tuam» [8]. Leibniz tadelt Descartes, der nicht deutlich genug zwischen amor und cupiditas unterschieden habe [9]. Doch der ekstatische Charakter der L. läßt sich kaum mit der jede echte Transzendenz ausschließenden Monadenlehre vereinigen. Um dieser Verlegenheit zu entgehen, bedient sich Leibniz eines ihm von Laurentius Valla und Gassendi zugespielten epikureischen Begriffes von Genuß (delectatio): «Hoc ipsum est amare: contemplatione alterius delectari» [10]. Diese L. aber, die im Genuß des Glücks des anderen besteht, ist, obzwar sie ganz L. *für* den anderen ist, doch Genuß meiner eigenen, des Liebenden L., und durch solche Selbstvergewisserung kann sie sich keinesfalls als wahre L. legitimieren. Weder Epikureismus noch Monadismus durchbrechen den Zirkel der Selbst-L.

FÉNELONS Begriff der «reinen L.» macht deutlich, was es hieß, im Zeitalter des Descartes und des bürgerlichen Utilitarismus das Problem der L. aufzuwerfen. Fénelon war sorgsam darauf bedacht, diesen Begriff in Treue gegenüber der Tradition und vor allem der Lehre der Väter zu entwickeln und zu formulieren. In dem kirchlichen Streit um die «reine L.» unterlag er jedoch Bossuet: Fénelon war zwar dem Geist der Tradition treu geblieben, aber seine Begründung des Begriffes war zu neuartig, zu revolutionär. Sie hatte die cartesianische Weltvernichtung, «l'anéantissement du monde» in der Sprache des Malebranche, zur Voraussetzung.

Geliebt wird «non sine praemio»; geliebt werden soll «absque praemii intuitu» (Bernhard) – auf dem Gleichgewicht dieser beiden Aussagen beruht der traditionelle Begriff der Gottes-L.: Die durch Sünde verdorbene menschliche Natur erreicht die Reinheit nur mit Hilfe eines göttlichen Gnadenaktes. Sonst mischt sich störend und verfälschend ein Stück Eigen-L. – «amour propre», im Unterschied von dem guten «amour de soi», der natürlichen Selbst-L. – in die sich ganz in ihrem Gegenstand verlierende «ekstatische» Gottes-L. Fénelon übernimmt diese Tradition mit einer unscheinbaren, aber entscheidenden Modifikation [11].

Durch die cartesische Trennung zwischen observatio und reflexio, d. i. zwischen dem auf Körperliches gerichteten «Außendenken» und dem auf das Innensein des Ich gerichteten «Innendenken», ist der traditionelle Weg zur Gottes-L. – der Weg des meditativen Denkens, das uns durch die Stufenordnung der Welt über die Welt hinausführt – ungangbar geworden. Aber auch die Entscheidung zwischen Gottes-L. und Begier (concupiscentia), die uns von den Theologen von Port-Royal vorgelegt wird, ist nach Fénelon letzten Endes eine Scheinentscheidung. Denn der sich für die Gottes-L. Entscheidende ist nicht gefeit gegen den Verdacht, daß er gewissermaßen Gott zu seiner eigenen Beute macht. Um uns von uns selbst zu befreien, müssen die reflektierende Vernunft [12], die uns in der Schlinge des «amour propre» hält, und mit ihr die «tendresses naturelles» mit ihrem irreführenden L.-Glanz aufgeopfert werden [13].

Erst mit dem Akte völliger Hingabe (abandon total) – das war die Lehre, die Madame GUYON dem Bischof Fénelon zu erteilen hatte – leuchtet die entscheidende Erkenntnis auf, daß es ja immer nur die Rückwendung auf uns selbst ist, die unser Herz beschränkt. «Deshalb findet die Seele, die sich nicht mit sich selbst beschäftigt und die sich für nichts erachtet, in diesem Nichts die Unendlichkeit Gottes selbst: Sie liebt ohne Maß, ohne Ziel, ohne menschliches Motiv; sie liebt, weil Gott, die unermeßliche L., in ihr liebt» [14]. Diese nicht durch Meditation, sondern durch eine analytisch-psychologische Reflexion vorbereitete Einsicht endet in der «reflektierten Überzeugung von der eigenen Verdammnis». Das ist der Untergang der sich als Ausdruck des «amour propre» enthüllenden Reflexion und zugleich die Freisetzung der Spontaneität, der Naivität einer wiederhergestellten Kindlichkeit; und aus ihr entspringt die Einfalt des reinen Glaubens zusammen mit dem «état habituel du pur amour».

Mit demselben Ziel, aber auf anderem Wege, versucht auch PASCAL, die Grundbegriffe des christlichen Glaubens in der cartesianischen Begriffswelt zu durchdenken und auszusprechen. Das Organ des Glaubenslebens und der Gottes-L. ist für Pascal wie für Augustin das Herz, und wie Augustin findet er in der Heiligen Schrift nur einen einzigen, allumfassenden Inhalt: die L. Gottes: «L'unique objet de l'Écriture est la charité» [15]. Was sich in ihr nicht direkt auf L. bezieht, ist bloßes Bild. Dennoch ist Pascals «cœur» nicht mit dem augustinischen «cor» gleichzusetzen: Mit seiner Fähigkeit des Gottesempfindens ist es deutlich und auf unaugustinische Weise abgesetzt von dem Organ der Erkenntnis: «Le cœur a ses raisons que la raison ne connaît pas» [16]. Die Gottesgelehrsamkeit der Kirche und ihre L.-Theorie werden als ein Hindernis für das gottempfindende Herz ausgelöscht. Augustins «amator Dei verus philosophus» gilt nicht mehr, nur noch jener bewußt lieblose Kalkül, der der berühmten Wette zugrunde liegt: die Hypothese der ewigen Seligkeit, das «primum amabile» als Preis des Glaubens, empfiehlt sich hier der Zustimmung, weil sie weniger riskant ist als die Ablehnung durch Unglauben [17].

Die Beschäftigung mit der Gottes-L. hat Pascal keineswegs blind gemacht für die menschliche L. Der Mensch, wie er, Aristoteles übersetzend, im ‹Discours sur les Passions de l'amour› schreibt, ist zum Denken geboren, aber ein kontemplatives Leben ist für ihn unmöglich: «C'est une vie unie à laquelle il ne peut s'accommoder» [18]. Denn er braucht Leidenschaften, die ihn erfüllen und vor der drohenden Leere und dem «ennui» retten. Nun gibt es zwei Leidenschaften, die seiner Natur angemessen sind: L. (amour, nicht charité) und Ehrliebe (ambition). Sie entfalten den Geist zu seinen höchsten Möglichkeiten, sie sind die Quellen seines irdischen Glücks. Ganz sie selbst sind sie nur, wenn sie groß sind, und nur der große Liebende, der bei Pascal an die Stelle des antiken Weisen tritt [19], ist der großen Leidenschaft fähig. Die L. will das Äußerste gemäß ihrer Natur, die sich am vollkommensten in dem Bund von Mann und Frau erfüllt. Durch sie gedeiht im menschlichen Verkehr die Tugend der Feinfühligkeit (délicatesse). Die Frage aber, wie sie sich zur charité verhält, taucht hier so wenig auf, daß moderne Kritiker die Authentizität des ‹Discours› in Abrede stellen konnten. Die Lostrennung der Psychologie der Leidenschaft von der Theologie der L., des gesellschaftlich-menschlichen amour von der religiösen charité – diese verlustreiche und doch zugleich produktive Zerfällung dürfte vielmehr das kaum vermeidliche Ergebnis der Überführung der traditionellen L.-Theorie in die Denkweise der nachcartesianischen Moderni sein.

Anmerkungen. [1] FRANZ VON SALES: Traité de l'amour de Dieu (Paris 1616). – [2] R. DESCARTES, Les passions de l'âme II, a. 79. Oeuvres, hg. C. ADAM/P. TANNERY 11 (Paris 1967) 387. – [3] N. MALEBRANCHE, De la recherche de la vérité. Oeuvres compl., hg. GENOUDE/LOURDOUDEIX 1 (Paris 1837) 3. 157. 177. – [4] ebda. – [5] a.O. 177. – [6] Vgl. B. SPINOZA, Ethica V, Lehrs. 35. 36. – [7] a.O. III, Lehrs. 13. – [8] G. G. LEIBNITII Opera omnia, hg. L. DUTENS 1-6 (Genf 1768) 5, 127. – [9] De affectibus. Textes inéd., hg. G. GRUA (Paris 1948) 520. – [10] Sämtl. Schr. und Briefe (1926ff.) IV/1, 34f. – [11] Vgl. R. SPAEMANN: Refl. und Spontaneität. Stud. über Fénelon (1963). – [12] F. DE FÉNELON, Oeuvres 8 (Paris 1820-1830) 475. – [13] a.O. 8, 485. – [14] 6, 126. – [15] B. PASCAL, Pensées. Oeuvres compl. (Paris 1954) 1274. – [16] a.O. 1221. – [17] 1212-1216. – [18] Discours sur les Passions de l'Amour. Oeuvres 537. – [19] Vgl. R. A. GAUTHIER: Magnanimité. Idéal de la grandeur dans la philos. païenne et dans la théol. chrét. (Paris 1951).

3. *Aufklärung und Empfindsamkeit.* – Das 18. Jh. zog die Folgerungen aus den im 16. und 17. Jh. durch Descartes und die ihm folgenden Moderni, durch die Humanisten und die Reformatoren festgelegten Prämissen. Das Ergebnis der Verlagerung des Schwergewichts von Gott auf den Menschen und auf die L. als gesellschaftliches Phänomen erbrachte eine Bereicherung und Differenzierung des Verständnisses. Läßt man die gewaltig anschwellende Literatur zum Thema als Gradmesser gelten, so ist man versucht, die der Revolution vorangehenden Jahrzehnte der Rokoko-Kultur als das «Zeitalter der L.» zu kennzeichnen. Von der «wahren L.» ist jedoch nicht mehr viel übriggeblieben.

Die traditionelle Lehre von den verschiedenen Formen oder Stufen der L. wurde in *Frankreich* von HELVÉTIUS und LAMETTRIE verworfen. Zugrunde liegt nach ihnen stets der natürliche Trieb, der Mensch und Tier zum Genuß einlädt. L. entsteht beim «homme machine» durch die Einwirkung der Nerven auf die Einbildungskraft [1]. Die radikalen Sensualisten sind zwar weder für den damals herrschenden Cartesianismus noch für den von den Enzyklopädisten verkörperten Geist der Aufklärung typisch, aber selbst bei Schriftstellern wie VOLTAIRE [2] und DIDEROT besteht, trotz einer gewissen Offenheit für die seelischen Qualitäten der L., die wesentliche Ausrichtung auf die körperliche Befriedigung. Der vom Abbé YVON stammende Artikel ‹amour› in der Enzyklodie mit seiner Anerkennung einer geistdurchdrungenen «wahrhaften L.» ist eine Ausnahme [3]. Die Zerstörung der theoretischen Prinzipien paßte nur zu gut zur praktischen Prinzipienlosigkeit in L.-Dingen. Es besteht ein Zusammenhang zwischen dem radikalen Sensualismus eines CONDILLAC und den erotischen Abenteuern eines CASANOVA: Durch Intensivierung und Häufung wird die Lust zu falscher Unendlichkeit gesteigert. Ehe und L. gelten, wie schon bei den Klassikern [4], als unvereinbar [5]. Daß ein Mann seine eigene Frau lieben sollte, erscheint geradezu als lächerlich [6].

Ein wuchernder Erotizismus kennzeichnete die vorrevolutionäre Literatur, und ein geistvolles Lustspiel lieferte den Auftakt zur Revolution: ‹Le mariage de Figaro› von BEAUMARCHAIS (1778). Dem Marquis DE SADE fiel die Aufgabe zu, klar zu machen, daß man den Sensualismus verharmlost, wenn man ihm nichts weiter als die Förderung des Libertinismus zur Last legt: Mit vollem Bewußtsein hob Sade die Grenze auf, die Normalität von Perversion, Tugend von Laster, Rechtlichkeit von Verbrechen trennt [7].

Der dem nachhumanistischen Geistesleben aufgeprägte antikische Zug brachte es allerdings mit sich, daß mit dem Absinken der Geschlechts-L. auf der Skala der Werte die Freundschaft um so höher stieg. Man berief sich gern auf MONTAIGNE, der sie eine «divine liaison» nannte, die hoch über dem «feu téméraire et volage» der Frauen-L. zu stellen ist [8]. VOLTAIRE nannte die Freundschaft «le mariage de l'âme» [9].

Während sich in der Analyse des L.-Begriffes durch die französische Aufklärung der Gesellschaftsverfall und die nihilistische Isolierung des sich selbst genießenden Einzelnen ausdrückten, bemühten sich die englischen Denker darum, den «Menschen-in-der-Gesellschaft» zu denken.

In *England* war der Reflexionsbegriff eines LOCKE weder verschärft durch Polarisierung zu dem Gegenbegriff der Spontaneität wie bei Fénelon noch sterilisiert durch den Verdacht, er könne zu einer Berechnung entarten, die der Reinheit des Willens und der L. schaden müßte. Er ermöglichte eine Art von Erneuerung des sokratischen «Erkenne dich selbst!» Das «ego cogitans», bereichert zum «ego se ipsum cogitans», forderte die Wiederherstellung seiner Wesensbeziehung zum anderen – seiner sozialen Dimension. Dabei aber gabelte sich der Weg. Auf die eine Seite stellte sich B. DE MANDEVILLE. Er wählte als Ausgangspunkt den durch das Prinzip der Selbstbehauptung beherrschten Einzelnen [10]. Indem der Einzelne seinen selbstischen Leidenschaften frönt, fördert er, ohne es zu wissen und zu wollen, das Wohl der Gesellschaft: privates Laster ist öffentliche Wohltat [11]. Um die Härte dieser Theorie zu mildern, unterschied A. POPE aufgeklärte Selbst-L. von unvernünftiger und konnte dann sagen: «True Self-Love and the social are the same» [12].

In eine andere Richtung führte der in die Tradition der aristotelischen φιλία einmündende Weg. Die Gesellschaftlichkeit des Menschen gründet in seiner Natur. In diesem Sinn ordneten FR. HUTCHESON und, ihm folgend, die Mitglieder der «Schottischen Schule» – A. FERGUSON, W. PALEY und andere – der Selbst-L. ein zweites selbständiges Prinzip hin zu – das «interesselose Wohlwollen». Der moral sense, ein zuvor schon von Shaftesbury gebrauchter Begriff, sollte nach Hutcheson das Tätigwerden der wohlwollenden Neigungen überwachen, und dieser Sinn galt ihm als nächstverwandt mit dem Schönheitssinn. Bewußt oder unbewußt Augustins Gedanken von dem «pondus animi» aufnehmend und zugleich an die newtonische Physik anknüpfend, verglich er die aus dem Wohlwollen erwachsende Menschen-L. mit der Gravitation [13]. So fanden sich hier, Element für Element, einige der Grundbegriffe der klassischen antikchristlichen L.-Theorie in neuartiger, psychologischer Konfiguration zusammen. Die Position Hutchesons wirkte durch D. HUME und A. SMITH [14] weiter: Die Ethik Humes beruhte auf der Annahme, daß bei der Wahl zwischen nützlichen und verderblichen Neigungen die Entscheidung bei einem natürlichen Gefühl der Menschen-L. oder Sympathie liegt. Die Lust am Glück anderer, ein der Natur des Menschen entspringendes Wohlwollen, ist die Grundlage aller sozialen Tugenden [15].

Durch den an den Cambridger Platonismus des 17. Jh. anknüpfenden SHAFTESBURY wurde, neben der aristotelischen Philia, auch dem platonischen Eros wieder eine Stimme gegeben. Shaftesbury stellte die von Platon gestiftete Beziehung zwischen Eros, dem Schönen und der göttlichen Eingebung wieder her. Das Schöne und das Gute waren für ihn ein und dasselbe: Die L., die sich an der Schönheit entzündet, führt uns empor auf dem Weg zum Guten, und sie verwirklicht sich deutlicher in der Freundschaft als in der L. zwischen den Geschlechtern. Zugleich gab er, ähnlich wie die italienischen Platoniker, der L. ihren über das Nur-Menschliche hinausreichenden Horizont zurück: Dieselbe Kraft, die die Harmonie des Universums erzeugt, erhält und durchwaltet, ordnet als Freundschaft und Sympathie die Individuen zum ebenmäßigen Gefüge der Gemeinschaft zusammen.

Bei Shaftesbury fanden die Zeitgenossen jene Aura wieder, in der der Begriff der L. atmen konnte – daher der große Erfolg, den Shaftesbury nicht nur bei seinen Landsleuten, sondern auch auf dem Kontinent, vor allem in Frankreich und Deutschland, errang.

In der Geschichte des L.-Begriffs war die Hypertrophie des Gefühls ein Ausdruck des ernsten Versuchs, die L. im Vollsinn des Wortes der platten Nüchternheit des Rationalismus zu entreißen. Die Unzulänglichkeit dieses Versuchs zeigte der Heros der Empfindsamkeit – J.-J. ROUSSEAU. Seine ‹Julie ou la Nouvelle Héloïse› ist die Geschichte einer großen und, wie der Titel andeutet, tragischen L. In der Trennung von ihrem Geliebten Saint-Preux erringt Julie jenen wahren Begriff der L., der die vorausgehende L.-Erfüllung zweideutig erscheinen läßt. Die wahre Glückseligkeit, so erklärt sie dem Freund, liegt allein «in der Vereinigung der Herzen», die durch keine Entfernung behindert werden kann [16]. Die von ihnen als Absolutum empfundene «grande passion» nimmt die Farbe dämonischer Unwiderstehlichkeit an, die wir aus den heroischen Liebschaften des Altertums kennen. Es gibt, schreibt Julie, keine andere Leidenschaft, die uns durch eine so mächtige Illusion täuscht wie die L. Ihre Heftigkeit wird von ihren Opfern für eine Gewähr der Dauer genommen, während in Wahrheit ihr Feuer sich selbst verzehrt, um mit dem Welken von Jugend und Schönheit zu erlöschen [17]. Der Liebhaber von einst muß unter dem Regime dieser neuen Weisheit zum Seelenfreund werden, der, nach Julies Heirat mit einem andern und ihrem vorzeitigen Tod, seinen irdischen Himmel in der eigenen Empfindsamkeit findet: «Vielleicht, wenn wir alles zusammennehmen, gibt es keine Existenz, die der unseren vorzuziehen wäre; und wie die Gottheit ihr ganzes Glück aus sich selbst nimmt, so finden die Herzen, die ein himmlisches Feuer erwärmt, in ihren eigenen Gefühlen eine Art reinen und entzückenden Genusses, unabhängig vom Geschick und dem übrigen Universum» [18].

Anmerkungen. [1] Vgl. J. O. DE LAMETTRIE: L'homme machine suivi de l'Art de jouir (1748, zit. Paris 1921). – [2] FR. M. VOLTAIRE: Dict. philos. (1764, zit. Paris 1967) 16-18: Art. ‹amour›. – [3] Encyclopédie, hg. DIDEROT/D'ALEMBERT 2 (Lausanne/Bern 1778) 408f. – [4] Vgl. N. BOILEAU, 13. Satire; Madame DE LAFAYETTE: La Princesse de Clève (Paris 1678). – [5] Vgl. Lettres à une jeune demoiselle sur l'origine et la raison des respects que les hommes témoignent aux femmes. Choix litt. 12 (Paris 1757) 135ff. – [6] Lettres sur le mariage (London 1752) 49; vgl. P. KLUCKHOHN: Die Auffassung der L. in der Lit. des 18. Jh. und in der dtsch. Romantik (1922) 57 Anm. 2. – [7] D. A. F. DE SADE, Aline und Valcour oder der Philos. Roman. Ausgew. Werke, hg. M. LUCKOW 2 (1962) 91-699. – [8] M. DE MONTAIGNE, Essais (1582/87, zit. Paris 1823) I, l. 1, ch. 27, 360. 369; Essais IV, l. 3, ch. 5. – [9] VOLTAIRE, a.O. [2] 437: Notes ‹amour›. – [10] B. DE MANDEVILLE: The fable of the bees 1 (1714, zit. Oxford 1924) 200. – [11] Vgl. a.O. Untertitel: ‹Or private vices, Publick Benefits›. – [12] A. POPE: Essay on man (1733/34) Ep. III. – [13] F. HUTCHESON: An essay on the nature and conduct of the passions and affections (London 1728). – [14] A. SMITH: The theory of moral sentiments (1759), hg. D. D. RAPHAEL/A. L. MACFIE (Oxford 1976) 9. – [15] D. HUME: Enquiry conc. the principles of morals (1751), hg. L. A. SELBY-BIGGE (Oxford ²1972) 220ff. – [16] J.-J. ROUSSEAU: La nouvelle Héloïse (1761). Oeuvres compl., hg. B. GAGNEBIN/M. RAYMOND 2 (Paris 1964) 15, 236. – [17] a.O. 20, 372f. – [18] 16, 245.

Literaturhinweise. M. FICINO: Comm. in convivium Platonis de amore (1544). Text-A. mit frz. Übers. und Komm. R. MARCEL (Paris 1956); Br. an Jean Cavalcanti. – M. DE SCUDÉRY: Clélie 1-10 (Paris 1654-60). – E. und J. DE GONCOURT: La femme au 18e siècle (Paris 1892) ch. 4. – G. ZONTA: Trattati d'amore di cinquecento (Bari 1912). – L. REINERS: Die Phänomenol. und Met. der L. bei Malebranche (1925). – H. PFLAUM: Die Idee der L. Leone Ebreos. 2 Abh. zur Gesch. der Philos. in der Renaissance (1926). – Marquise DE LAMBERT: Nouv. réfl. sur les femmes (Paris 1927). – A. CAMUS: L'homme révolté (Paris 1951) 59-67. – A. BARUZZI: Mensch und Maschine. Das Denken sub specie machinae (1973) 130-137. – G. SANDER: Die Empfindsamkeit 1 (1974).

4. *Deutsche Klassik und Romantik.* – Mit der philosophisch-literarischen Bewegung, die als «Sturm und Drang» begann und als Romantik zu Ende ging, rückte der Begriff der L. in den Mittelpunkt und verschwisterte sich, als Name einer Bildekraft, mit dem Gedanken der Bildung. Gemeinsam war der L. und der Bildung, daß sie ihren Inhalt gleichzeitig aus heidnisch-antiker und aus biblischer Quelle gewannen: aus der Eros-Botschaft des platonischen ‹Symposion›, die zum Sich-selbst-Bilden (πράττειν ἑαυτόν) [1] hinführte, wie auch aus dem paulinischen Lobpreis der Agape [2], die größer ist als Glaube und Hoffnung, weil in ihr die Gott-Ebenbildlichkeit des Menschen am reinsten zum Vorschein kommt.

L. war der Kardinalbegriff in der Begriffs- und Bilderwelt J. BÖHMES. L. und Zorn galten ihm als die wesentlichen Attribute Gottes und als die Kräfte, die die menschliche Geschichte bewegen. An ihrem Anfang steht nach ihm das kristallinisch helle Bild des androgynen Adam, «kein Mann, kein Weib, sondern eine männliche Jungfrau» [3]. Die Geschichte der Menschheit, akzentuiert durch einen doppelten Sündenfall, erschien ihm als eine Entfernung von Sophia, dem göttlichen Urbild der L., die erst dank der Erlösung durch den Sohn der Jungfrau in eine Rückkehr zu Gott einmünden könne.

Die neue Ortsbestimmung der L. rückte die Beschäftigung mit ihr in das Licht einer religiösen Würde. In einem ‹An Gott› überschriebenen Gedicht betete KLOPSTOCK um Wiedervereinigung mit der ersehnten Geliebten. «Das Lied vom Mittler, trunken in ihrem Arm, / Von reiner Wollust sing ich erhabener dann ...» Madame DE STAËL stellte fest, die L. sei in Deutschland eine Religion geworden, die alles duldete, was als sensibilité entschuldigt werden konnte [4]. Aus dem gesellschaftlichen Leben der kleinen Gruppen, in denen sich die aus der L. erneuerte Geselligkeit entwickelte, entsprang eine rasch anwachsende und kaum noch zu überschauende Literatur, die in teils dichterischer, teils theoretischer Form das Problem der L. behandelte. Zu ihr sind auch die Briefwechsel zu rechnen, Urkunden des persönlichen Lebens und doch literarisch abgefaßt, Ergüsse, Mitteilungen und schriftliche Dialoge. Mit Recht wird man die Brautbriefe W. VON HUMBOLDTS und SCHLEIERMACHERS als die schönsten Urkunden der sich damals entfaltenden philosophischen L.-Gesinnung bewundern [5]. Sie zeigen, wie sich individuelle Intimität und allgemein philosophische Bedeutung verschränken.

Die erste Phase der neuen Epoche stand unter dem Kennwort der *Empfindsamkeit*. Ihr zugrunde lag eine scharfe theoretische Abgrenzung zwischen der L. als sinnlichem Trieb und der rein seelischen L., die als «wahre» oder «platonische» L. anerkannt werden wollte. Das ernste Verlangen, die Unterscheidung festzuhalten, traf auf die Erfahrung der Unmöglichkeit, sie wirklich zu vollziehen, und aus diesem Konflikt ergab sich die Hypertrophie des von dem eigenen Gemütszustand faszinierten Gefühls. Der Philosoph der Empfindsamen war FR. HEMSTERHUIS. Als ein durch die Schule der englischen Moralphilosophen hindurchgegangener Leser Platons verherrlichte er die das Universum durchdringende sympathische Vereinigungskraft der L. Aber mit einer dem Dualismus des Descartes verwandten Schärfe trennte er die körperliche von der seelischen Vereinigung, die geschlechtliche von der seelischen oder intellektuellen L. Nach ihm fußt alle Moral auf einem Trieb der Seele nach Wesensvereinigung mit den Dingen. Doch die in der L. erstrebte «union d'essence» soll nichts zu tun haben mit der natürlichen Formation der Substanzen, die dem Prozeß der Zeugung zugrunde liegt [6]: «Le corps est presque aussi étranger à l'âme que tout autre corps» [7]. Schon THOMASIUS hatte zu Ende des 17. Jh. in seinem Werk ‹Von der Kunst Vernünftig und Tugendhaft zu lieben. Als dem einzigen Mittel zu einem glückseligen, galanten und vergnügten Leben zu gelangen oder Einleitung zur Sitten-Lehre› auf der Unterscheidung von edler und niederer L. bestanden [8]. Die Hauptwirkung aber ging von Hemsterhuis aus: Er gewann für seine Lehre bedeutende Zeitgenossen wie F. H. JACOBI, der in seinem Roman ‹Woldemar› das Musterbeispiel empfindsamer Erzählkunst lieferte und damit «der Kothphilosophie unserer Tage» seine «Irreverenz bezeigen» wollte [9]. Der Kronzeuge des Gedankens einer leibflüchtigen L. ist JEAN PAUL. Seine «hohen Menschen» existieren in der «Erhebung über die Erde». Zwischen ihnen ist «ein Gefängnis-Gitter aus Körper und Erde gemacht», das die Vereinigung der Seelen behindert [10]. Gegen diese Ätherisierung der L. wandte HERDER ein: «Was heißt L.? ... Es heißt, sich in der Situation, in der Existenz, im Gefühl, im Herzen eines anderen fühlen, sich darin nicht nur ohne Zwang, sondern mit Lust, in einer froheren innigeren Existenz gleichsam unwillkürlich fühlen, im anderen Leben. Ob dies [Jean Paul] Richter getan?» [11]

Der Bahnbrecher des literarischen Aufstands, dem auch Herder sein Erwachen aus sentimentalem Schlummer verdankte, war J. G. HAMANN. Von der metaphysischen oder platonischen L. argwöhnte er, daß sie «vielleicht gröber am Nervensaft sündigt als eine tierische an Fleisch und Blut» [12]. Er sprach als der Anwalt des «erstgeborenen Affekts der menschlichen Seele», der Leidenschaft. «Kannst du mit ihm spielen wie mit einem Vogel? oder ihn mit deinen Regeln binden?» [13] Doch die von ihm verteidigte «Leidenschaft» war nicht in jeder Hinsicht gleichbedeutend mit ‹furore› oder ‹passion›. Sie ist eine natürliche Zeugungskraft; die Natur aber preist er biblisch als Schöpfung, die Zeugung als einen göttlichen Akt, und er verwirft die Scham als stummen Vorwurf gegen den allein weisen und hochgelobten Schöpfer [14].

Der Kritizismus KANTS ließ keinen Raum für «reine L.» oder überhaupt L. in dem umfassenden Sinn dieses Wortes. Was er dazu zu sagen hatte – etwa zum Unterschied zwischen Geschlechtsneigung und moralischer oder praktischer L. oder zum Verhältnis von Freundschaft und L. [15] –, unterschied sich nicht von dem seiner Zeitgenossen. Dennoch eröffnet das Erscheinen von Kants Philosophie der philosophischen Bemühung um die L. eine neue Phase. Die von dem Impuls seines Denkens getroffenen Denker sahen in der Verkennung der L. durch Kant eine Herausforderung, der sie sich zu stellen hatten.

Die Bewegung von Kant über Kant hinaus nahm zwei verschiedene Richtungen, die sich verschiedentlich mischten und gegenseitig befruchteten. Die erste ging aus von der Spontaneität des in der Theorie konstitutiven, in der Praxis sich als Freiheit offenbarenden Vernunft-Ichs, die zweite von der eine Überbrückung fordernden Dualität von Vernunft-Ich und Sinnen-Ich, und in beiden Fällen ging es um eine Klärung der von Kant problematisierten Subjektivität.

Zur *ersten* Richtung gehört vor allem J. G. FICHTE. Seine philosophische Entwicklung nach 1800 führte zu einer Veränderung seines Systemprinzips: Der Begriff des Willens wird von dem der L. abgelöst. So schrieb er in Theologisierung der ursprünglichen, das Nicht-Ich kraft Setzung durch das Ich hervorbringenden Dialektik: «Die L. *theilet* das an sich todte Seyn gleichsam in ein zweimaliges Seyn, dasselbe vor sich selbst hinstellend, – und macht es dadurch zu einem Ich oder Selbst, das sich anschaut und von sich weiß; in welcher Ichheit die Wurzel alles Lebens ruht. Wiederum *vereinigt* und *verbindet* innigst die L. das geteilte Ich, das ohne L. nur kalt und ohne alles Interesse sich anschauen würde» [16]. Gott ist für Fichte nicht nur Subjekt, sondern vor allem Objekt der auf das Ewige und Unveränderliche gerichteten L. [17]. Dies wahre Leben der Gottes-L. findet sich im Menschen verkoppelt mit einer anderen Form der L., die sich an die bloße Individualität klammert und an das Vergängliche, das sich als Welt darstellt [18]. – Was Geschlechts-L. im Ganzen des menschlichen Daseins bedeutet, hatte Fichte in seinen früheren Schriften dargelegt. Im Gegenzug zu dem juristischen Ehebegriff Kants hatte er einen Ehebegriff entwickelt, der zwischen Ehe und L. eine fundamentale Wesensbeziehung setzt. Keine Ehe ohne L., aber auch keine L. ohne Ehe. Zugleich hatte er in drastischer Übertragung des Physiologischen auf das Moralische dem Mann alle Aktivität, dem Weib alle Passivität im L.-Verhältnis zugeschrieben [19]. Der Maskulinisierung der Ehe entsprach eine befremdliche Feminisierung der L., die nichts als rückhaltlose Hingabe sein sollte [20].

Der Nachvollzug der Bewegung vom transzendentalen zum absoluten Idealismus führte auch F. W. J. SCHELLING zu einer Inthronisierung der L. als kosmogonischer Urkraft. Die L. ist «Alles in Allem» [21]. So hoch auch der Geist als formendes Prinzip gestellt werden muß: nicht er, sondern die L. «ist das Höchste» [22]. Dennoch kann dies Höchste nicht allein und für sich gedacht werden. Wie für J. Böhme L. und Zorn die ersten Attribute Gottes waren, so für Schelling L. und Selbstheit. Die L., ihrer Natur nach expansiv und unendlich mitteilsam, würde zerfließen, «wenn nicht eine konstruktive Urkraft in ihr wäre. So wenig der Mensch aus bloßer L. bestehen kann, so wenig Gott» [23]. Die Welt, die aus dem in sich geteilten einen Identischen, der L., hervorgeht, ist ihrem Ursprung gemäß selbst zweigeteilte Einheit: Polarität. Das Verhältnis des männlichen zum weiblichen Geschlecht ist die natürliche Offenbarung dieser Polarität [24]. – Schelling sah «das Geheimnis der ewigen L.» darin, daß ein Ganzes, das für sich absolut sein könnte, es dennoch für keinen Raub erachtet, ein anderes zu suchen und in Identität mit diesem zu sein. Wie in ausdrücklicher Wendung gegen den androgynen Mythos, den Platon dem Aristophanes in den Mund legte [25], schrieb er: «Wäre nicht jedes ein Ganzes, sondern bloß ein Teil eines Ganzen, so wäre nicht L.: darum aber ist L., weil jedes ein Ganzes ist, und doch das andere will und das andere sucht» [26]. Mit an Spinoza erinnernden Ausdrücken sprach Schelling von der «unendlichen intellektuellen L. der Seele zu Gott» [27]. Aber während Spinoza L. nur als Strebens-L. kannte – desire-love, in der Terminologie von C. S. LEWIS [28] –, war sie für Schelling ihrem letzten Grunde nach gift-love – opfernde L.

L. war zentrales Thema für F. VON BAADER, der sich scherzhaft als «Professor der L.» bezeichnete [29]. Die Opponenten, von denen er seine eigene Position abhob, waren nicht nur die Aufklärer, sondern auch die Empfindsamen, für die Religion und L. bloß Herzenssachen sind, über die es nichts zu grübeln gibt [30]. Statt einer auf Gefühl gegründeten Empirie wollte Baader Erkenntnis nach dem Vorbild von J. Böhme. Das bedeutet nicht so sehr Bezugnahme auf die androgynisch-theosophische Kosmogonie als die ständige Gegenwart der christlichen Heilswahrheiten. Im Lichte der Gottes-L. und der Erlösung und im Ausgang vom Menschen als einem Geschöpf Gottes analysierte er die L.-Prozesse zwischen Mann und Frau, die er in den «Sätzen aus der erotischen Philosophie» vorlegte [31].

Exemplarisch für die *zweite* Form der Überwindung der Empfindsamkeit war die Entwicklung FR. SCHILLERS. Er beginnt als der große Pathetiker der Empfindsamkeit: Auf der einen Seite die L. als kosmische Macht und glühende Weltumarmung, als die Leiter, «woran wir emporklimmen zur Gottähnlichkeit», auf der anderen Seite die Zerrissenheit des Menschen, die ihn vor die bange Wahl «zwischen Sinnenglück und Seelenfrieden zwingt» [32]. Als Schüler Kants redete Schiller eine andere Sprache: Derselbe Akt der Versöhnung zwischen den beiden menschlichen Grundtrieben, dem Stoff- und Formtrieb, der den «schönen Schein» des Kunstwerks hervorbrachte, konnte auch der Legitimation der L. als einer sinnlich-übersinnlichen Kraft dienen [33]. Die klassische Trias von drei zu einer dynamischen Einheit zusammengeordneten Begriffen, die Einheit von Schönheit, L. und Bildung, war damit auf dem Boden des nachkantisch-idealistischen Denkens wiederhergestellt.

Eine ähnliche Entwicklung durchlief auch W. VON HUMBOLDT. Zunächst hatte er sich Hemsterhuis' dualistische Abtrennung seelischer L. von sinnlicher Neigung zu eigen gemacht. Das zeigte sich vor allem in seiner rückhaltlos zustimmenden Rezension von Jacobis ‹Woldemar› [34]. Doch war die noch in den ‹Sonetten über die L.› vorherrschende empfindsame Vorstellung vom Körper als Hindernis der Seelenvereinigung und von der geschlechtslosen Seele [35] schwer vereinbar mit einem anderen Gedanken, der immer deutlicher in den Mittelpunkt seines Denkens rückte: der Gedanke, daß die «reine und geschlechtslose Menschheit» «aus dem innigsten Bunde der reinen Männlichkeit und der reinen Weiblichkeit» erwächst und daß die Geschlechtlichkeit den ganzen Menschen prägt, Leib und Seele in untrennbarer Einheit. Demgemäß galt ihm die mann-weibliche Bipolarität nicht bloß als biologisches, sondern vor allem als geistiges Faktum: die Idee einer wahrhaft menschlichen Existenz liegt in ihm verborgen. Humboldts wiederholte Anläufe zu einer umfassenden Phänomenologie der menschlichen L., konzipiert als Teil einer bipolaren Anthropologie, blieben allerdings unvollendeter Entwurf [36].

Die im Jahre 1799 erscheinende ‹Lucinde› von FR. SCHLEGEL erregte eine an Skandal grenzende Sensation – nicht wegen des darin vorgetragenen Begriffs der L., sondern wegen der Art des Vortrags [37]. Schlegel ging es in diesem Buch, das seine Metaphysik mit pikanten Kunstmitteln autobiographisch veranschaulichte, nicht um eine Verherrlichung der Wollust oder die Verkündung einer L.-Religion, sondern um das Zugleich der Gegenseitigkeit, vor allem aber das Zugleich des Leibes und der Seele. Mit diesem Zugleich wollte er dem beseligenden L.-Augenblick eine ewige und das hieß religiöse Bedeutung zuerkennen. Denn in ihm offenbaren sich nicht nur die Liebenden einander, sondern beiden offenbarte sich die «Religion der L.», die das Universum durchwaltet und die Liebenden immer enger zusammenschließt [38]. L. war für Schlegel Selbstwerdung: Dem Menschen ist aufgegeben, den Mittelpunkt zu finden, von dem aus sich ihm die Welt und er sich selbst als Ganzes erschließt, und allein L. konnte ihm zu diesem Fund verhelfen.

In seinen ‹Vertrauten Briefen über die Lucinde› gab FR. SCHLEIERMACHER dem Gedanken Schlegels eine diesem selbst keineswegs fremde theologische Wendung: «Der Gott muß in den Liebenden sein, ihre Umarmung ist zugleich seine Umschließung, die sie in demselben Augenblick gemeinschaftlich fühlen, und hernach auch wollen. Ich nehme in der Liebe keine Wollust an ohne diese Begeisterung und ohne das Mystische, welches hieraus entsteht» [39]. Religion bedeutete für Schleiermacher geistige Anschauung des Universums, L. aber, als geistige Anschauung der Individualität, galt ihm als Vorschule der Religion. So hieß es in den Reden: «Denn um die Welt anzuschauen und um Religion zu haben, muß der Mensch erst die Menschheit gefunden haben, und er findet sie nur in L. und durch L.» [40]. In seinen späteren Werken hat Schleiermacher seinen L.-Begriff zu einer Theorie der Ehe entfaltet und zu einer den Spuren Humboldts folgenden Theorie von der männlichen in ihrem Verhältnis zur weiblichen Natur.

Zu Schlegel und Schleiermacher, den Lehrern der gottgestalteten menschlichen L., gehört als dritter NOVALIS; seine total verinnerlichte oder poetisierte Welt ist durchherrscht und gekrönt von L. «Gott ist die L. Die L. ist das höchste Reale, der Urgrund», heißt es in den Fragmenten [41]; oder «Die L. ist der Endzweck der Weltgeschichte, das Amen des Universums» [42]. Die Sphinx fragt: «Was ist das ewige Geheimnis? ... die L.» [43]. Da die L. den Schlüssel zu allen Geheimnissen verwahrt, bedarf der Liebende einer Geliebten, die ihm den Schlüssel reicht. Der von Novalis gefeierten L. haftete eine für den Lebenden unaufhebbare Doppelsinnigkeit an. Auf der einen Seite war sie eine schöpferische, aufbauende und bewahrende Kraft, auf der anderen Seite eine Sehnsucht, die sich in keiner endlichen Wirklichkeit befriedigen kann. Sie ist nicht dem Tag, sondern der Nacht, nicht dem Leben hier, sondern mit Inbrunst dem Tode zugewandt. Die tote Geliebte wird besungen als «liebliche Sonne der Nacht ... du hast die Nacht mir zum Leben verkündet / ... zehre mit Geisteslust meinen Leib, daß ich luftig mit dir inniger mich mische und dann ewig die Brautnacht währt» [44]. Diese romantische Morbidität stellt sich ihre eigene Diagnose: «L. ist durchaus Krankheit» [45].

Die Linie «mit Kant über Kant hinaus», einem konkreten L.-Begriff zustrebend, gabelt sich. Da ist auf der einen Seite die Entwicklung vom transzendentalen Subjekt zum liebenden Ich, zugleich eine Bewegung von der Anthropologie zur Theosophie: Fichte – Schelling – Baader; auf der anderen das Bemühen um eine Versöhnung der kantischen Dualität durch Eröffnung einer die L. legitimierenden via media: Schiller – Humboldt – Schlegel – Schleiermacher – Novalis. Schließlich gelangen wir zu einem Punkt, an dem die Alternative hinfällig wird: Die Entfaltung des transzendental-idealistischen Ansatzes (Ich setze Nicht-Ich) führt beim *jungen Hegel* zu einer Synthese, die als L. total gedacht werden muß und durch eben diese ihre Totalität den Dualismus ausschließt. Die nicht ausdrücklich hervortretende Ausgangsformel könnte jetzt lauten: Ich setzt Du.

HEGELS frühes Fragment ‹L. und Religion› setzt an bei dem Leiden des Menschen an der «Trennung zwischen dem Trieb und der Wirklichkeit». Wo aber «Unvereinbares vereinigt wird, da ist Positivität», und diese Positivität findet statt allein in der L., die weder Objekt ist noch auch Subjekt, sofern das Ich einem bloßen Nicht-Ich (einem «Totum») entgegensteht. Der Geliebte jedoch «ist uns nicht entgegengesetzt, er ist eins mit unserem Wesen; wir sehen nur uns in ihm – und dann ist er doch wieder nicht wir – ein Wunder, das wir nicht zu fassen vermögen.» Das Wunder dieser L. aber ist eins mit der Religion [46]. – In dem ‹Die L.› betitelten Entwurf lenkte Hegel dann entschieden über von der Linie der Versöhnung – von ihm mit Religion gleichgesetzt – zur Linie der transzendentalen Konstituierung. Zunächst denke sich der Mensch «nur als Entgegengesetztes» im Sinn der Entgegensetzung von Ich und Nicht-Ich bei Fichte. Hier gilt dann: «das Eine ist für das andere und also auch für sich nur durch eine fremde Macht.» Da der Mensch aber seiner innersten Natur nach ein Selbständiges ist, das nach Dauer verlangt, muß er, wenn diese Prämissen gelten, mit Zittern und Zagen um seine Unsterblichkeit betteln. Wahre Selbständigkeit und dementsprechend «wahre Vereinigung findet nur unter Lebendigen statt, die an Macht sich gleich, und also durchaus füreinander Lebendige, von keiner Seite gegeneinander Tote sind.» Die Partner finden sich eingebettet in das Ganze des Lebens. In der L. aber «ist dies Ganze nicht als in der Summe vieler Besonderer, Getrennter enthalten; in ihr findet sich das Leben selbst, als eine Verdoppelung seiner selbst, und Einigkeit desselben; das Leben hat, von der unentwickelten Einigkeit aus, durch die Bildung den Kreis zu einer vollendeten Einigkeit durchlaufen; der unentwickelten Einigkeit stand die Möglichkeit der Trennung und die Welt gegenüber; in der Entwicklung produzierte die Reflexion immer mehr Entgegengesetztes, das im befriedigten Trieb vereinigt wurde, bis sie das Ganze des Menschen selbst ihm entgegensetzte, bis die L. die Reflexion in völliger Objektlosigkeit aufhebt, dem Entgegengesetzten allen Charakter eines Fremden raubt, und das Leben sich selbst ohne weiteren Mangel findet. In der L. ist das Getrennte noch, aber nicht mehr als Getrenntes – als Einiges und das Lebendige fühlt das Lebendige». Aber es stehen «die Liebenden noch mit vielen Toten in Verbindung», d.h. sie besitzen Eigentum, und als Eigentümer bleiben sie einander entgegengesetzt, und eine weitere Vereinigung durch Herrschaft ist erforderlich [47]. So entwickelt sich aus der grundlegenden Analyse der L.-Vereinigung eine Skizze der konkreten menschlichen Gemeinschaft als Besitz- und Herrschaftsordnung. Doch nach den mehr einleitenden als ausführenden Worten bricht der Entwurf ab. – Auch in der etwa gleichzeitigen Frühschrift ‹Der Geist des Christentums und sein Schicksal› (1798–1799) steht der Begriff der L. im Mittelpunkt. Aber hier wird er gewonnen nicht im Zug transzendentallogischer Konstituierung, sondern auf der Linie des Versöhnungsdenkens. Ausgangspunkt ist die innere Zerrissenheit des Judentums zur Zeit der Geburt Christi: dem unversöhnlichen Gesetz, gewissermaßen dem allgemeinen Menschen, steht gegenüber die Unzulänglichkeit des materialen Einzelnen.

Was in den Frühschriften ‹L.› hieß, wurde in der «absoluten Philosophie», die mit der ‹Phänomenologie des Geistes› (1807) in Erscheinung trat, zu ‹Geist› oder ‹Idee›. Die L. aber, ihrer metaphysischen Würde und ihrer Gleichrangigkeit mit dem Begriff des Seins entkleidet, erhielt eine ehrenvolle Bleibe im Bereich menschlicher Intimität: in der Ästhetik und in der Staatsphilosophie.

Die Definition der L. in der *Ästhetik* ist eine ziemlich genaue Wiederholung des Gedankens, der uns in den oben zitierten fragmentarischen Entwürfen begegnete. Ihr wahrhaftes Wesen, so heißt es da, «besteht darin, das Bewußtsein seiner selbst aufzugeben, sich in einem anderen Selbst zu vergessen, doch in diesem Vergehen und Vergessen sich erst selber zu haben und zu besitzen» [48]. Diese schöne Formel konnte sich in dem engen Platz, den Hegel ihr jetzt anwies – unter den Titeln ‹Romantische Kunst› und ‹Rittertum› – nicht voll entfalten. Hier wird L. historisch festgenagelt auf das Ideal der romantischen Kunst. In der romantischen L. dreht sich nach Hegel alles nur darum, daß dieser gerade diese, diese diesen liebt. Warum es just nur dieser oder diese Einzelne ist, das findet seinen einzigen Grund in der subjektiven Partikularität, in dem Zufall der Willkür [49]. – Daß es Hegel schwer fiel, seine Unzufriedenheit mit der Partikularität des Menschen nicht auf die L. zu übertragen, zeigt sich deutlicher noch bei ihrer Behandlung in der *Rechtsphilosophie*: bei der Frage, wie die Ehe, welche die Aufgabe hat, die natürliche Einheit der Geschlechter «in eine geistige, in selbstbewußte L.» umzuwandeln, auf der in den Personen «unendlich partikularisierten» Neigung gegründet werden könne [50].

KIERKEGAARD hat dieses Problem zu Ende gedacht: Die romantische L., schreibt er in ‹Entweder/Oder›, sei zwar edel, weil sie, wie alle wahre L., «das Bewußtsein der Ewigkeit» in sich aufgenommen hat. Da aber diese Überzeugung «nur in Naturbestimmung ihren Grund findet, so ist das Ewige gegründet auf das Zeitliche». Damit hebt sie sich selber auf und «erweist sich als eine Illusion». Die «höhere Begründung» gewinnt die L. erst in der auf religiös-sittlicher Verantwortung beruhenden Ehe [51]. Deutlicher noch wird die Unterscheidung in den ‹Stadien›: als das Unterscheidende der Ehe gilt hier der sie begründende Entschluß: «In der Verliebtheit wollen die Liebenden einander gehören auf *ewig;* im Entschluß beschließen sie, für einander *alles* zu sein» [52]. Die Heiligkeit der L. wird historisiert als charakteristisch für das griechische Heidentum. «Im Heidentum hat es einen Gott für die L. gegeben und keinen für die Ehe; im Christentum gibt es ... einen Gott für die Ehe, keinen für die L. Die Ehe ist nämlich ein höherer Ausdruck für L.» Für die Heiden, die Gott nicht als Geist dachten, war es nicht schwer, die sinnlich-seelische Synthese zu vollziehen, welche die Potenz von Eros ist. Sobald man aber

«Gott als Geist denkt, wird das Verhältnis des Individuums zu ihm so geistig», daß es schwer ist, diese Synthese festzuhalten. Nur die Ehe kann diese Aufgabe lösen: Sie wird daher zur Menschenpflicht, zum höchsten Zweck des menschlichen Daseins [53]. Die Glorifizierung der ehelichen L. in ‹Allerlei über die Ehe› ist jedoch ebenso problematisch wie die Verherrlichung der erotischen L. in den Reden der Ästhetiker in ‹In vino veritas› – der Schilderung eines unverkennbar als Gegenstück zu Platons Symposion gedachten Gastmahls. Kierkegaard schrieb als Zerstörer nicht der L., sondern der natürlichen oder rein menschlichen L. im Unterschied von der christlichen Nächsten-L. Zwischen den beiden, meinte er, gähnt ein Abgrund. Die menschliche L. bleibt auch in ihrer edelsten Gestalt, auch als eheliche L., ein Ausdruck der Selbstsucht. Christliche L. hingegen will nichts als das Wohl des Nächsten. Wie sie selbst aus der Tötung der Selbstsucht entspringt, so ist ihr Ziel die Tötung der Selbstsucht im anderen. Der menschlich Liebende hofft, wenn nicht auf anderen Lohn, so doch auf Gegen-L. Daher gilt: «Der L. Tun, eines Verstorbenen zu gedenken, ist ein Tun der freiesten L.» [54]. Kierkegaard, der Lehrer der reinsten L., übertrumpfte Fénelon, der die reine L. lehrte. Gepriesen werden kann diese L. nur noch durch Selbstverleugnung. Mit der großen Anstrengung, nur noch dies eine zu denken, kann man leicht nicht nur das zu Verstehende, sondern auch den Verstand verlieren. Doch wer sich den Weg nach Innen öffnen will, muß, darauf bestand Kierkegaard, diese Lebensgefahr auf sich nehmen [55].

Die Liquidation des im Zeitalter Goethes herausgebildeten christlich-humanistischen L.-Begriffs läßt sich von zwei einander negierenden Positionen ablesen. Gerade weil sie beide unter Berufung auf das Neue Testament von der christlichen L.-Botschaft ausgehen, bilden sie eine klare Antithese. Da ist auf der einen Seite Kierkegaard: Seine Dialektik läßt den Eros im verschlossenen Raum der Innerlichkeit ersticken. Ihm gegenüber steht der Vicomte de Bonald, bekannt als Begründer des Traditionalismus und doch in seiner Weise durchaus zeitgemäß. Bei ihm löste sich die Gottes- und Menschen-L. auf in den Geist einer von ihm erträumten «bürgerlichen Gesellschaft». Damit war die «soziologische Transformation der L.» vollzogen, die dann von den Gründern des Positivismus wirkungsvoller vertreten werden sollte [56].

Anmerkungen. [1] Platon, Resp. 500 d. – [2] 1. Kor. 13. – [3] J. Böhme, Von der Gnadenwahl c. 5, § 35; Von der Menschwerdung Jesu Christi c. 1, § 5. – [4] Madame de Staël: De l'Allemagne (London 1813) I, c. 3. – [5] W. und C. von Humboldt in ihren Br., hg. von Sydow (1918). Br. aus der Brautzeit 1787-1971; Schleiermachers Br.wechsel mit seiner Braut, hg. H. Meisner (1919). – [6] F. Hemsterhuis, Aristée ou de la divinité. Oeuvres 2 (1792) 51-58. – [7] Lettre sur les désirs a.O. 1, 70. – [8] Ch. Thomasius: Einl. zur Sitten-Lehre (1692, ND 1968). – [9] J. G. Hamanns Br.wechsel mit Jacobi, hg. Gildemeister (1868) 3. – [10] Jean Paul: Siebenkäs. Werke 14 (1827) 10. – [11] J. G. Herder an Caroline v. Feuchtersleben, in: Herders Br., ausgew. W. Dobbek (1959) 412f. – [12] J. G. Hamann, Werke, hg. F. Roth (1821-43) 2, 25. – [13] a.O. 2, 198. – [14] 4, 223ff. – [15] Vgl. I. Kant, Met. der Sitten T. 2: Met. Anfangsgründe der Tugendlehre (1797) §§ 2. 25. 46f. – [16] J. G. Fichte: Die Anweisung zum seligen Leben oder auch Religionslehre (1806). Sämtl. Werke, hg. I. H. Fichte 5, 402. – [17] a.O. 5, 406. – [18] Vgl. Die Grundzüge des gegenwärtigen Zeitalters (1806) a.O. 7, 40. – [19] Naturrecht, a.O. 3, 310. – [20] 4, 331; 3, 325; vgl. dazu P. Kluckhohn: Die Auffassung der L. in der Lit. des 18. Jh. und in der dtsch. Romantik (1922) 333-337. – [21] F. W. J. Schelling, Ges. Werke (1856-61) I/7, 365. – [22] Untersuch. über das Wesen der menschl. Freiheit a.O. I/7 406. – [23] a.O. 439. – [24] Vgl. System der gesamten Philos. und der Naturphilos. insbes. Aus dem Nachlaß (1804). Werke 6, 409. 415. – [25] Platon, Symp. 189 a-193 d. – [26] Schelling, Werke 7, 407f.; vgl. Aphorismen zur Einl. in die Naturphilos. a.O. 7, 174. – [27] System ... a.O. [24] 556. – [28] C. S. Lewis: The allegory of love (London ²1938). – [29] F. von Baader, Br. an Stransky (12. Okt. 1839). Sämtl. Werke (1851ff.) 15, 637. – [30] Sätze aus der erot. Philos., in: Über Liebe, Ehe und Kunst. Aus den Schr., Br. und Tagebüchern, hg. H. Grassl (1953) 94. – [31] a.O. 94-107. – [32] Vgl. Kluckhohn, a.O. [20] 268. – [33] Fr. Schiller: Über die ästhet. Erziehung. Werke, hg. I. Petersen u.a. 20 (1962). – [34] W. v. Humboldt, Jenaische Lit.ztg. (1794). – [35] Tagebuch Juli 1789. Akad.-A. 14, 83; vgl. E. Spranger: W. v. Humboldt und die Humanitätsidee (²1928) 279ff. – [36] Vgl. Über den Geschlechtsunterschied und dessen Einfluß auf die organische Natur. Akad.-A. 1 (1903) 310-334; Über die männl. und weibl. Form a.O. 334-369; vgl. S. A. Kaehler: W. v. Humboldt und der Staat (²1963) 59-107: Die Erotik im Erleben und in der Weltansicht H.'s; 454-472: Anm. – [37] Vgl. Kluckhohn, a.O. [20] 414-436. – [38] F. Schlegel: Lucinde. Roman, hg. Fränkel (1907 mit Pag. des Original-A.) 26. – [39] Fr. Schleiermacher: Vertraute Br. über die Lucinde, mit einer Vorrede von K. Gutzkow (1835) 36. – [40] Über die Relig. Reden an die Gebildeten unter ihren Verächtern, hg. Otto (1899) 89. – [41] Novalis, Werke, hg. Minor (1907) 2, 285. – [42] a.O. 3, 102. – [43] 4, 202. 195. – [44] 1, 13 (Athenäumsfassung); ähnlich 1, 26. – [45] 2, 124. – [46] G. W. F. Hegels theol. Jugendschr., hg. H. Nohl (1907) 377. – [47] a.O. 378f. – [48] Vorles. über die Aesth. Sämtl. Werke, hg. Glockner (1928) 149; vgl. 178. – [49] a.O. 184. – [50] Grundlinien der Philos. des Rechts, hg. J. Hoffmeister (1955) §§ 158-163. 150-152. – [51] S. Kierkegaard, Entweder/Oder T. 2. Ges. Werke, hg. Hirsch 2/3 (1957) 22. – [52] Stadien auf des Lebens Weg. Allerlei über die Ehe a.O. 15 (1958) 119. – [53] a.O. 104f. – [54] Der Liebe Tun a.O. 19 (1966) 385; vgl. Reg.bd. (1969) 107-110. – [55] a.O. 394. – [56] L. G. A. Vicomte de Bonald, Oeuvres compl. 3 (Paris 1864) 624; vgl. R. Spaemann: Der Ursprung der Soziol. aus dem Geist der Restauration (1959) 120f.

Literaturhinweise. Das Gesangbuch der Gemeine in Herren-Huth (1737). – E. Swedenborg: Arcana coelestina 1-8 (1749-1756); Delitiae sapientiae de amore conjugale (1768). – Saint-Martin: Irrtümer und Wahrheit oder Rückweis für die Menschen an das allgemeine Prinzipium aller Erkenntnis, von einem unbekannten Philosophen. Übers. M. Claudius (1782). – Fr. Schleiermacher: Vorles. über Ethik. Werke, hg. O. Braun, in: Philos. Bibl. 136-139, Bd. 2. – J. v. Görres: Prinzipien einer neuen Begründung der Gesetze des Lebens durch Dualismus und Polarität. Allg. med. Ann. (1802). – A. Müller: Die Lehre vom Gegensatz 1 (1804). – G. H. Schubert: Ahndungen einer allg. Gesch. des Lebens 1 (1806); Proleg. einer Kunstphilos. Vermischte Schr. 1 (1812). – W. Dorow: Erlebtes aus den Jahren 1740-1827, Bd. 4 (1845). – G. H. Schubert: Der Erwerb aus einem vergangenen und die Erwartungen von einem zukünftigen Leben. Eine Selbstbiogr. 1 (1854). – Aufzeichnung des schwe. Dichters Atterborn (1867). – L. Vietor: Schleiermachers Auffassung von Freundschaft, L. und Ehe in der Auseinandersetzung mit Kant und Fichte (1910). – F. Koch: Goethe und Plotin (1925). – G. Witkowski: Goethes Faust 1-2 (Leiden ⁹1936). – E. Grumbach: Goethe und die Antike 1/2 (1949) 1053-1047. – W. Rehm: Kierkegaard und der Verführer (1949). – O. J. Most: Zur Idee der L. Vjschr. wiss. Pädag. 27 (1951) 1-12. 88-103. – E. Staiger: Goethe 1-3 (1959) 3, 453-466. – E. Beutler: Einf. in J. W. Goethe: Werke, Br. und Gespräche. Artemis-A. 5 (²1962) 672-752. – H. Kuhn: «Liebe». Gesch. eines Begriffs (1975).

H. Kuhn/Red. K.-H. Nusser

IV. *Zweite Hälfte des 19. und 20. Jh.* – 1. *Schopenhauer und Nietzsche.* – Nach Schopenhauers ‹Metaphysik der Geschlechts-L.› ist die jeweilige Verliebtheit in das bestimmte Individuum [1] nur ein «Strategem der Natur», denn die L. des Individuums ist die Erscheinungsseite des Weltwillens, der es lediglich auf die Zeugung, den Bestand der Gattung abgesehen hat; «das Individuum handelt hier, ohne es zu wissen, im Auftrag eines Höheren, der Gattung» [2]. Aus dieser Funktion und diesem «Wahn» kann sich das Individuum befreien, indem es die Geschlechts-L. zur allgemeinen Menschen-L. transponiert [3]. Sie wird erreicht, wenn ich mich mit dem anderen identifiziere und «die Schranke zwischen Ich und Nichtich für einen Augenblick aufhebe» [4]. Die allgemeine Menschen-L. gründet im Mitleid, in dem «das fremde Leiden an sich selbst und als solches unmittelbar mein Motiv wird» [5]. Dieses ist moralisch rein, weil es von allen egoistischen Motiven frei ist.

FR. NIETZSCHE teilt mit Schopenhauer die lebensphilosophische Überzeugung, daß die Wirklichkeit aus ihrem unbewußten Grund im blinden Drang des Lebens, in der Affektivität, im Willen begriffen werden müsse. Allerdings widerspricht er ihm aufs entschiedenste, daß dies Verzicht auf Individualität bedeute und sich die L. im Mitleid vollende. Für ihn ist Schopenhauers Mitleidsethik der Inbegriff all dessen, was in der christlichen Tradition Nächsten-L. genannt wurde, «eine sklavische L.», welche sich unterwirft und wegwirft, welche idealisiert und sich täuscht» [6]. Er kritisiert ihren Altruismus, da ihre Selbstlosigkeit in Wahrheit eine Flucht vor dem Selbst sei: Es käme darauf an, sein eigenes Selbst zu suchen, zuerst zu nehmen, um geben zu können. In diesem Sinne sei die L. stets egoistisch, d.h. eine im Selbst gegründete Gerichtetheit auf etwas. Er zeigt, daß ein Zustand allgemeiner altruistischer Menschen-L. schlechthin unerträglich sein müßte [7]. Auch er sieht die Wurzel der L. im Geschlechtsleben des Menschen, sie ist «ganz, groß, voll gedacht, Natur und als Natur in alle Ewigkeit etwas 'Unmoralisches'» [8]. So gesehen, verwirklicht sie sich stets jenseits von Gut und Böse [9]. Dennoch ist sie stets vergeistigte, sublimierte Sinnlichkeit, denn sie beinhaltet ein Moment des Überschreitens. Sie geht über das Soseiende hinaus, auf etwas in der Zukunft Liegendes, Fernes. Insofern ist sie die notwendige Bedingung alles Schaffens. In ihrem Überschreiten gibt sie sich einer Illusion gegenüber dem Wirklichen hin. «Es ist immer etwas Wahnsinn in der L. Es ist aber immer auch etwas Vernunft im Wahnsinn» [10], denn die L. verhilft dazu, das Leben in seinen Möglichkeiten zu entdecken und zu realisieren. L. als überschreitende ist daher stets mit Momenten der Verachtung und Gegnerschaft verknüpft: Verachtung gegenüber dem Bestehenden, das um der Zukunft willen negiert wird, Gegnerschaft gegen alles Mittelmäßige und Beharrende, das um der Fülle des Lebens willen zurückgestoßen wird. Wille zur L. schließt stets auch den Willen zum Untergehen ein [11], L. und Tod sind miteinander verschwistert. L. als überschreitende bedeutet aber zugleich ein Über-sich-hinaus-Schaffen, das sein Maß im Ideal seiner selbst findet. «Unschuld und Schöpfer-Begier sei alle Sonnen-L.» [12].

Nietzsche unterscheidet drei Stufen der L. Am untersten Ende der Skala steht die in der Hingabe sich realisierende L., die er vor allem den Frauen zuspricht. Dann folgt die aktiv schöpferische L., die ihr Objekt im Hinblick auf ihr Ideal umschafft, hinaufschafft, worin für ihn der Inbegriff des Männlichen besteht. Deshalb steht höher als die Nächsten-L. die L. zum Fernsten [13]. Dort, wo diese höhere, transzendierende Form der L. zwei Menschen verbindet, überschreiten sie ihre L. zur Freundschaft. Diese besteht in einem beiderseitigen Selbstsein, das im Freunde auch den Gegner und Feind sieht, das im Blick auf das mögliche Maß der Freundschaft auch die große Verachtung einschließt. «Alle große L. will nicht L.: – die will mehr» [14].

Anmerkungen. [1] A. SCHOPENHAUER, Sämtl. Werke, hg. P. DEUSSEN 2 (1911) 610. – [2] a.O. 2, 627. – [3] 2, 694. – [4] 3 (1912) 699. – [5] 3, 697. – [6] FR. NIETZSCHE, Der Wille zur Macht B. 3. 4. Musarion-A. 16, 343 (A 964). – [7] Krit. Gesamt-A., hg. G. COLLI/M. MONTINARI (1967ff.) 5/1, 136. – [8] a.O. 5/2, 294. – [9] 6/2, 99. – [10] 6/1, 45. – [11] 6/1, 73f. – [12] 6/1, 153f. – [13] 6/1, 73f. – [14] 6/1, 361.

2. Die Stellung des *junghegelianischen* und des *sozialistischen* Denkens zum L.-Begriff ist geprägt durch die Auseinandersetzung mit der Philosophie Hegels. In Übereinstimmung mit ihr sieht es in der L. den Inbegriff mitmenschlicher Gemeinsamkeit und Versöhnung, in Kritik an ihr überläßt es deren Verwirklichung nicht der Bewegung des Begriffs, sondern macht sie zum Inhalt menschlicher Tätigkeit. Beispielhaft für diese Umkehrung des abstrakten Denkens, für welche das Sein nur als gedachtes ist, steht FEUERBACHS Wendung der Philosophie ins Anthropologische, die das Denken an die menschliche Sinnlichkeit zurückbindet, an das sinnliche Erfahren im Leib. Die L. erschließt das konkrete «Dieses» einer Person, eines Dinges, die «unendliche Tiefe» im Endlichen, den «absoluten Wert» im Einzelnen [1]. Anthropologisch fundierend für die Erfahrung der Wirklichkeit ist die Mitmenschlichkeit. Das «gegenständliche Ich» (das «Du») ist das «erste Objekt», an dem Gegenständlichkeit überhaupt erlernt wird [2]. Die L. wird zum Inbegriff realisierter Menschlichkeit, zum Dialog von Ich und Du, zum verwirklichten Gott im Leben.

Bei den Frühsozialisten wird L. zu einem Thema der Gesellschaftskritik. CH. FOURIER verweist auf die Unvereinbarkeit der menschlichen Leidenschaften mit der gesetzlich verankerten Institution der bürgerlichen Ehe. Eine lebenslange Ehe bewirke, daß «Gleichgültigkeit, Käuflichkeit und Treulosigkeit in die L.-Beziehungen» Eingang finde [3]. Auch der Gegensatz von kirchlicher Moralstrenge und erotischem Theater sei ein Indiz der «allgemeinen Unlogik in L.-Angelegenheiten» [4]. Insbesondere die Unterdrückung der Frau verhindere den sozialen Fortschritt. Mit der Forderung nach freier L. will Fourier den menschlichen Bedürfnissen gerecht werden, die Wurzel der Entfremdung aufheben und die industrielle Entwicklung auf einen utopischen Gesellschaftszustand hin vorantreiben [5].

Hegels Begriff der Sittlichkeit bestimmt die ethische Dimension des L.-Begriffs von MARX. Für ihn heißt es einen «eudämonistischen Standpunkt» einzunehmen, wenn man in L. und Ehe abstrakt an die Ansprüche der zwei Individuen gegeneinander denke, hingegen das Gemeinsame, den «Willen der Ehe, die sittliche Substanz dieses Verhältnisses» [6], unberücksichtigt lasse. Im Unterschied zu Hegel jedoch, der dieses Verhältnis im Horizont der abstrakten Entwicklung des Begriffs der Freiheit gesehen habe, will Marx es unter dem Gesichtspunkt seiner Konkretisierung im Gattungsleben der Menschheit begreifen. Mit Feuerbach bejaht er das Prinzip der Sinnlichkeit, versteht die Selbstverwirklichung des Menschen als Ausbildung seiner Sinne, freilich nicht nur seiner körperlichen, sondern auch seiner geistigen, unter denen Wille und L. als praktische Sinne ausgezeichnet sind. Während Feuerbach sein Verständnis der L. am Leitfaden der sinnlichen Anschauung entwickelt, begreift es Marx am Modell der praktischen Tätigkeit, insbesondere der Produktion des Lebens mit seiner Vollendung in der Zeugung, in der sich Naturbestimmung und Gesellschaftlichkeit des Menschen verbinden. Die Familie erscheint denn auch – wie ENGELS detailliert analysiert [7] – als historisch gesehen früheste Produktionsform [8]. Mit

Fourier wird MARX zum scharfen Kritiker der bürgerlichen Ehe: Diese sei «eine Form des exklusiven Privateigentums» [9] und werde ganz unter dem Zeichen der Kapitalvermehrung geschlossen. Die des Proletariers dagegen werde wegen seiner Trennung von den Produktionsmitteln einerseits auf «die tierische Funktion des Zeugens» reduziert, auf der anderen Seite beinhalte sie aber gerade wegen der fehlenden materiellen Rücksichten den Vorschein einer höheren Form. Die aussichtslose materielle Situation des Proletariers bewirkt nach Marx darüber hinaus eine neue Form der L., die über die Familiengrenzen hinaus dringt und sich in der Solidarität der Arbeiterklasse verkörpert. In der Übergangsphase zum Kommunismus ist die Selbstverwirklichung des Menschen in der L. jedoch von einer Gefahr bedroht, die Marx den «rohen und gedankenlosen Kommunismus» nennt. Dieser mißversteht die sozialistische Forderung der «freien L.» dahin, daß er die allgemeine Weibergemeinschaft und Promiskuität proklamiert, worin die bürgerliche Eigentumsstruktur, wenn auch verallgemeinert, beibehalten wird.

In die Diskussion um die «freie L.» greift W. I. LENIN dadurch ein, daß er eine Vielfalt von darin enthaltenen Bedeutungen unterscheidet. Als Maßstab der Legitimität einer solchen Forderung erscheint ihm die Unterscheidung von bürgerlicher und proletarischer Gesinnung. Der Proletarier fordere zu Recht «freie L.» im Sinne der Freiheit von materiellen Berechnungen in der L., der Freiheit von materiellen Sorgen, von religiösen Vorurteilen, von patriarchalischen Verboten, von Vorurteilen der 'Gesellschaft', von den engen Verhältnissen des Milieus. Dagegen sei es für die bourgeoise L.-Auffassung charakteristisch, daß sie Freiheit von den Fesseln des Gesetzes, des Gerichts und der Polizei, vom Ernst in der L., vom Kinderkriegen und die Freiheit des Ehebruchs fordere [10]. Lenin bindet somit die Auffassung von L. an das Prinzip des Klassenkampfes und des Aufbaus der sozialistischen Gesellschaft.

Die Oktoberrevolution bringt mit den Dekreten vom 19./20. Dez. 1917 eine Neuregelung des Eherechts, in dem vor allem die Ablösung der kirchlichen zugunsten einer zivilen Eheform und die Ablösung aller patriarchalischen Bevormundungen zugunsten des Prinzips der freien Willenserklärung der Eheschließenden durchgesetzt wird. Eine große Umwälzung in der Auffassung von Ehe und L. ist die Folge. Die junge Generation der Kommunisten versteht die neue «Freiheit der L.» allerdings in dem von Lenin wie von Marx abgelehnten «rohen und gedankenlosen» Sinn. Sie trennt die physiologische Seite der Geschlechterbeziehung als moderne Lebensform von der psychologischen Seite der L., die als veraltet zurückgewiesen wird. F. HALLE kritisiert diese Auffassung, derzufolge das Bewußtsein nicht durch das Sein, sondern durch Sexualität bestimmt werde [11]. Nach einem Bericht von C. ZETKIN hat LENIN die Trennung von L. und Sexualität als Glas-Wasser-Theorie verworfen; dem Aufbau des Sozialismus diene eher eine gewisse Enthaltsamkeit [12]. Innerhalb der von Lenin geführten Partei war es besonders die Volkskommissärin Gräfin A. KOLLONTAI, die eine neue Sexualmoral forderte, um in einer auf Freiheit und Solidarität gegründeten Gemeinschaft auch für die Frau L. ohne Unterwerfung möglich zu machen [13].

Anmerkungen. [1] L. FEUERBACH, Grundsätze der Philos. der Zukunft. Krit. A., hg. A. SCHMIDT (1967) 89. – [2] a.O. 87. – [3] CH. FOURIER, Über L. und Ehe, in: Der Frühsozialismus. Quellentexte, hg. TH. RAMM (²1968) 161. – [4] a.O. 171. – [5] 178. – [6] K. MARX und FR. ENGELS, MEW 1 (1972) 149. – [7] a.O. 21, 36f. – [8] 3, 29. – [9] Erg.Bd. 1, 534f. – [10] W. I. LENIN, Werke, hg. Inst. Marxismus-Leninismus (dtsch. 1971) 35, 155. – [11] F. HALLE: Die Frau in Sowjetrußland (1932) 164. – [12] Vgl. C. ZETKIN: Erinnerungen an Lenin (1929). – [13] A. KOLLONTAI, Autobiographie einer sexuell emanzipierten Kommunistin, hg. I. FETSCHER (1970).

3. Die *psychoanalytische* Theorie S. FREUDS ist für die Historie des L.-Begriffs deshalb von so großer Bedeutung, weil in ihr der Versuch gemacht wird, alle Erscheinungsweisen der L. auf ihre Wurzel in der Libido sexualis zurückzuführen. «Den Kern des von uns L. Geheißenen bildet natürlich, was man gemeinhin L. nennt und was die Dichter besingen, die Geschlechts-L. mit dem Ziel der geschlechtlichen Vereinigung» [1]. Die Klinik der Übertragungsneurosen zwingt Freud zu diesem Schluß. Der Vorwurf des Pansexualismus greift jedoch meist deshalb zu kurz, weil er einmal den engeren genitalen Sinn von Sexualität da unterstellt, wo Freud Libido im Sinne der L. überhaupt meint, zum anderen weil er in Freuds Lehre meist die Gleichursprünglichkeit der Selbsterhaltungs- oder Ichtriebe mit den Sexualtrieben übersieht. Dennoch bleibt der sexuelle, d.h. im Geschlechtsleben wurzelnde Sinn der Libido unbestritten. Systematisch gesehen bedeutet dies, daß alle «höheren Formen» der L. als Triebschicksale der Libido begriffen werden müssen, triebökonomisch gesehen, daß sie alle auf ein Befriedigungserlebnis zusteuern, in dem die hohe Besetzung durch Affektentladung abgeführt wird. Von den unmittelbar sexuellen Befriedigungsmöglichkeiten ist die Erotik zu unterscheiden, in der die Sexualtriebe ihr Ziel nicht erreichen. Diese «zielgehemmte Erotik» äußert sich z. B. im Zustand der Verliebtheit mit seiner Idealisierung des geliebten Gegenstandes, aber auch in der Gefühlsbindung innerhalb einer Gruppe (dem group mind). Schließlich kennt die psychoanalytische Theorie auch sublime, d.h. vergeistigte Formen der L., in denen durch Ablenkung der Libido auf entferntere Objekte nicht-sexuellen Inhalts Befriedigung erreicht wird.

Von ihren genetischen Anfängen her ist die L. mit der Möglichkeit ihres Umschlags in Haß verschwistert, d.h. sie ist ambivalent, und zwar aufgrund der gemischten Lust- und Unlusterfahrungen, die bereits das Kleinkind mit ein und derselben Wirklichkeit macht.

Die zweite Triebtheorie erweitert das Spektrum des L.-Begriffs insofern, als sie neben einer auf die sexuellen Objekte gerichteten Libido zum ersten Mal auch eine dem eigenen Ich zugewandte narzißtische Libido unterscheidet. Diese über die bloße Selbsterhaltung hinausgehende, lustvolle Selbstzuwendung scheint bereits in jenem frühkindlichen Zustand eingeschlossen zu sein, in dem autoerotische Tätigkeiten des Säuglings das sich auflösende Allmachtsgefühl in der Phantasie festzuhalten versuchen. Freud spricht hier von einem «primären Narzißmus», dem die schwierige Ablösung der Libido und die Zuwendung zu den Objekten folgen soll.

Freuds dritte Triebtheorie schließlich greift jenen ungelösten Phänomenbereich der Ambivalenz von L. und Haß auf, indem sie die Verschwisterung des L.-Verlangens mit dem Streben nach dem Tode aufzeigt. Eros erscheint als die Grundbedingung des Lebens, als die Dynamik, welche die Lebewesen aneinanderbindet und höhere Einheiten aufbaut. Er erweist sich jedoch als legiert mit jenem anderen Streben nach Auflösung und Abbau der Spannung, das in den Phänomenen der Destruktion und des Hasses sichtbar wird. Damit fällt ein neues Licht auf die aus L. und Haß gemischten Phänomene des Sadismus und Masochismus, in denen sich sexuelle Wahl mit Qual verbindet, aber auch auf das Phänomen des Umschlags einer enttäuschten L. in Haß.

Nach C. G. JUNG gründet die L. nicht in sexueller Libido, vielmehr könne umgekehrt eine im weitesten Sinne als Lebensinteresse gedeutete Libido sich in spezifischen Phänomenen auch auf sexuelle Weise äußern. Im übrigen sind die L. und die L.-Wahl der individuellen Psyche für Jung im Unbewußten wesentlich von kollektiven Erlebnisformen, den «Archetypen» bestimmt, die sich im Laufe der Lebensgeschichte des Einzelnen mit biographischen Inhalten angereichert haben. Der Tagseite des seelischen Erlebens steht die Nachtseite gegenüber. Für die männliche Psyche ist sie im Archetypus «Anima», dem Erlebnis des Weiblichen, repräsentiert, das von den Zügen des Mütterlichen bis hin zur Zauberin und Verführerin reicht. Für die weibliche Psyche gilt, daß sie ihre komplementäre Seite im Archetypus «Animus» in sich trägt, dem Inbegriff des Männlichen im Sinne des Planvollen, Prinzipiellen, der festen Meinung. Die in diese archetypischen Formen eingegangenen realen Erfahrungen bestimmen nach Jung das Partnerbild des Menschen und seine Bereitschaft, sich zu verlieben.

W. REICH verfolgt im Ausgang von Freuds Libido sexualis den Ursprung der psychischen Energie des Liebens ins Biologische hinein. Daher betrachtet er Freuds Frage nach dem Sinn des psychischen Erlebens und nach der Symptombildung als bloßen Überbau. Unter dem Blickwinkel der Frage, wie naturwissenschaftliche Psychologie möglich sei, erscheint als materielle Basis des Liebens der Geschlechtsakt mit seiner Erfüllung im Orgasmus. Die sexuelle Befreiung löst seiner Ansicht nach alle Sinnprobleme, denn «der Kern des Lebensglücks ist das sexuelle Glück» [2]. Allerdings mußte Reich die Erfahrung machen, daß sich die sexualpolitische Forderung der «freien L.» in den sozialistischen Gesellschaften (z. B. der Sowjetunion) nicht ohne weiteres einlösen ließ.

Auch für H. MARCUSE gilt, daß sich die L.-Fähigkeit des Menschen unter den gegebenen gesellschaftlichen Bedingungen nicht voll entfalten kann. Lustprinzip und Realitätsprinzip stehen in einem unversöhnlichen Gegensatz. L. ist auf bloße monogame Sexualität im Dienste der Fortpflanzung reduziert, die Wirklichkeit von Herrschaft und Unterdrückung bestimmt. Die soziologisch-historische Differenzierung dieses Gegensatzes zeigt, daß die durch den Stand der Produktivkräfte notwendige gesellschaftliche Unterdrückung von einer zusätzlichen Repression im Sinne des Leistungsprinzips überlagert ist, weshalb dem Individuum überflüssige Triebopfer aufgebürdet werden. Marcuse fordert daher die «Befreiung der Sinnlichkeit» durch revolutionäre Beseitigung obsoleter Herrschaftsstrukturen. Für das Verständnis der L. bedeutet dies Erotisierung der Gesamtpersönlichkeit statt Reduktion auf genitale Sexualität. Als Leitbilder erscheinen Orpheus und Narziß, die die Entwicklung der Fähigkeiten im Sinne des freien Spiels repräsentieren [3].

E. FROMMS Auffassung der L. entwickelt sich gleichfalls aus psychoanalytischer Einsicht und Gesellschaftskritik. Er wendet sich gegen die «symbiotischen» Formen der L., denen die Angst zugrunde liegt, sich von der Mutter abtrennen zu müssen. Solche abhängigen L.-Beziehungen zeigen sich entweder in passiv-orgiastischen Formen von Verliebtheit bis hin zum Masochismus oder in den aktiven Formen der Beherrschung und Einverleibung im Sadismus. Charakteristisch ist die Unselbständigkeit und der Vorrang des Nehmens vor dem Geben. Ein Nehmen aber, das nur im Austausch zum Geben bereit ist, spiegelt den merkantilen Charakter und die Tauschform der Gesellschaft wider. Die Phase der Ausweitung des Marktes und der Konsumtion nach dem Ersten Weltkrieg führte nach Fromm zum Verfall der L. in der modernen westlichen Gesellschaft [4]. Auch Freuds Primat der sexuellen Libido fällt unter diese Kritik. Stattdessen fordert Fromm die «produktive» L., ihre schöpferische Aktivität, den Vorrang des Gebens. Reife L. sei ein «Eins-sein unter der Bedingung, die eigene Integrität und Unabhängigkeit zu bewahren» [5]. Sie ist bestimmt durch Fürsorge, Verantwortlichkeit, Respekt und Wissen. Dieses richtige Verständnis der L. ergebe sich erst, wenn man die besonderen gesellschaftlichen Bedingungen des Liebens im Horizont der grundlegenden Bedingungen der menschlichen Existenz sieht. Der Blick auf den Humanismus des frühen Marx gibt dem L.-Begriff Fromms die anthropologische und ethische Dimension. Dies bedeutet eine Rehabilitierung der Nächsten-L. als der grundlegenden Form aller Arten von L., im Unterschied zu Freud, der sie für unzumutbar hielt. Sie ist allerdings nur echte Nächsten-L. unter Einschluß einer die eigene Individualität bejahenden Selbst-L. Schließlich kann Fromm unter Anknüpfung an mystische Traditionen des Ostens und Westens im tiefen Verlangen der L. nach Einheit die Dimension einer «nicht-theistischen Gottes-L.» entdecken.

Anmerkungen. [1] S. FREUD, Ges. Werke, hg. A. FREUD u. a. 13 (London 1940) 98. – [2] W. REICH: Die sexuelle Revolution (1971) 22. – [3] H. MARCUSE: Triebstruktur und Gesellschaft (1955). – [4] E. FROMM: Die Kunst des Liebens (1956) 124. – [5] a.O. 39.

4. Auch in der *phänomenologischen* Tradition kommt dem L.-Begriff großes Gewicht zu. So bemerkt HUSSERL: «L. ist ein Hauptproblem der Phänomenologie, und das nicht in der abstrakten Einzelheit und Vereinzelung, sondern als universales Problem» [1]. Dieses muß vor allem darin gesehen werden, daß L. im Ausgang vom intentionalen Akt begriffen wird, aber dennoch die Einseitigkeit des Selbst zugunsten einer Wechselseitigkeit überwunden werden soll. Ausgangspunkt der phänomenologischen Diskussion ist F. BRENTANOS Lehre von der Intentionalität des Bewußtseins, derzufolge drei Weisen der Gerichtetheit des Bewußtseins auf Objekte in innerer Wahrnehmung phänomenologisch zu unterscheiden seien: 1. das Vorstellen, 2. das Urteilen und 3. das Lieben und Hassen. L. erscheint hier als die in Vorstellen und Urteilen fundierte und modifizierte psychische Tätigkeit, die das Bessere vom Schlechteren unterscheidet. Damit stellt sich natürlich die Frage nach der «Richtigkeit» unseres Liebens, die Brentano durch eine unmittelbare Evidenz zu lösen versucht. Diese soll sich aus dem Begriff der L. selbst mit Notwendigkeit ergeben. Als Streben nach dem Guten kann sich die L. durchaus mit den Empfindungen des Angenehmen und der Freude verbinden, sofern sie diese nicht zum Ziel hat. Daß sie sich in der Glückseligkeit vollendet, wird vollends deutlich, wenn man die Nähe zum aristotelischen Begriff des vernünftigen Strebens bedenkt.

So sehr die Nachfolger auch am Ausgang von der Intentionalität des Bewußtseins festhalten, so bestreiten sie doch die phänomenologische Adäquatheit dieser Bestimmung. E. HUSSERL kommt im Verlauf der Ausformung seiner transzendental-phänomenologischen Wissenschaft zu verschiedenen Dispositionen des intentionalen Aufbaus des Bewußtseins. In den ‹Ideen II› etwa unterscheidet er die Akte des theoretischen Erfassens (von der sinnlichen Wahrnehmung bis zum Denken) von den personalen des wertnehmenden Fühlens und Wollens. Die Fundierungsrichtung geht dabei von der Wahrnehmung zum Wollen. Der L.-Begriff kann nun nicht abgelöst von der sinnlichen Anschauung gedacht werden, gründet aber zugleich wesentlich im personalen Erfassen. In dem Maße, in dem Husserl den intentionalen Aufbau des Bewußtseins von seiner passiven Konstitution her beleuchtet, erscheinen als Unterschicht vorgegebene materiale Qualitäten, denen vor-ichliche Tendenzen, sogenannte Instinkte oder Triebe, entsprechen. Husserl kommt zu einer Differenzierung von Grundtrieben: dem Trieb der Neugierde, dem Selbsterhaltungs- und dem Gemeinschaftstrieb. Für den L.-Begriff ist vor allem bedeutsam, daß er im Gemeinschaftstrieb wurzelt, der zunächst in seiner sinnlichen Form «reine Geschlechts-L.» ist [2]. Seine nähere Bestimmung erfährt der L.-Begriff im Kontext von Husserls Intersubjektivitätstheorie. Die «Einfühlung» ist der ausgezeichnete Weg, durch wechselseitige Wahrnehmung unserer Leiber des anderen nicht nur erkennend gewahr zu werden, sondern auch personal mit ihm zu leben. Allerdings hinterfragt Husserl diese personale Wechselseitigkeit und Gemeinschaft durch die transzendentale Frage nach dem Ursprung meines Wissens vom anderen. Obgleich die Theorie der personalistischen Erfahrung wechselseitigen liebenden Einfühlens gegenüber dem transzendentalen Konstitutionsgedanken im Laufe der Entwicklung von Husserls Denken an Gewicht gewinnt, bleibt die Zwiespältigkeit zwischen beiden Ansätzen erhalten. So bestimmt er die L. zum anderen zwar als Verpflichtung, «dem anderen zu seinem wahren Selbst zu verhelfen» [3], und dies im Sinne echter Wechselseitigkeit. Im gleichen Zug aber ist die L. zum anderen wieder wesentlich im Ausgang vom eigenen Ich gedacht und von der Selbst-L. fundiert. Ziel des Intersubjektivitätsgedankens ist die Menschheit als universale Verständigungsgemeinschaft und somit die allgemeine Menschen-L. Beim späten Husserl weitet sich der L.-Begriff sicherlich unter der Rückwirkung der Philosophie Schelers zum Akt der Werterfassung überhaupt aus, wird somit zum Inbegriff alles Wertvollen, zum letzten Wert und Telos alles Seienden.

Vollends ins Zentrum phänomenologischen Denkens rückt SCHELER den Begriff der L. in der Absicht, seine fundamentale Bedeutung für das Erfassen des Wertvollen überhaupt zu erweisen. Dazu ist es nötig, alle spezifischen und eingeschränkten Formen der Verwendung des L.-Begriffs auf eine phänomenologisch grundlegendere Schicht zurückzuführen, in der der L.-Begriff seinen Ort haben soll. Scheler versucht zu zeigen, daß der L.-Begriff durchaus nicht auf die sozialen Beziehungen zu beschränken sei, daß er nicht als abgeleitetes Phänomen aus den sympathetischen Gefühlen der Mitfreude und des Mitleids zu begreifen sei, dies einmal deshalb, weil er nicht als passiver Akt des hinnehmenden Fühlens verstanden werden dürfe (dies gegen die Tradition der englischen Moralphilosophie, gegen Rousseau und Schopenhauers Mitleidsethik, aber auch gegen die Verstehenstheorie von Dilthey bis Th. Lipps), zum anderen aber auch nicht als aktiver Akt des Strebens nach dem anderen (dies gegen E. v. Hartmann, Nietzsche, Bergson und Driesch). L. dürfe auch nicht als ein Phänomen begriffen werden, das ausschließlich auf die menschliche Wirklichkeit bezogen ist. Scheler wendet sich sowohl gegen die anthropopathische Einfühlung Feuerbachs als auch gegen Brentanos Zurückführung der L. auf Werterkenntnis. Die L. ist vielmehr eine Gemütsbewegung. Sie besteht in der ruhigen Bewegung eines emotionalen Schauens weder nur aktiv konstituierend noch passiv rezipierend. Sie erfaßt die gegebenen Werte eines Gegenstandes, überschreitet sie aber auf seine höhere, ideale Bestimmung. «L. ist die Bewegung, in der jeder konkret individuelle Gegenstand, der Werte trägt, zu den für ihn und nach seiner idealen Bestimmung möglichen höchsten Werten gelangt; oder in der er sein ideales Wertwesen, das ihm eigentümlich ist, erreicht» [4].

In die Diskussion zum Verhältnis des klassisch-griechischen zum christlichen L.-Begriff greift Scheler dadurch ein, daß er eine ungegenständliche L. zum Personwert als sittliche L. im prägnanten Sinne von einer vergegenständlichenden geistigen L. zu Kulturwerten unterscheidet. Damit betont er nicht nur die Verschiedenheit zwischen griechischer und christlicher Tradition, sondern hebt sich in Übereinstimmung mit den Dialogikern von einem transzendental objektivierenden Verständnis der L. ab: «Wo immer wir noch einen Menschen irgendwie 'vergegenständlichen', da entschlüpft uns seine Person aus der Hand, und es bleibt nur ihre Hülle» [5]. Damit zeichnet sich für Scheler eine Dreistufigkeit des L.-Begriffs ab: die vitale L. zum Edlen, die geistige L. zu den Kulturwerten und die personale L. zum Heiligen. Aufgrund des Phänomens der möglichen Disharmonie zwischen ihnen kommt er zur Annahme einer Trennbarkeit der L.-Funktion, hierin im Gegensatz zu Husserl, der an der Fundierung in der Sinnlichkeit festhielt. Daher muß Scheler seine eigentlichen Gegner in den naturalistischen Theorien sehen, die jeweils den Ursprung der L. im vitalen Bereich betonen (Schopenhauer, Darwin, Spencer, Feuerbach). Insbesondere richtet sich seine Polemik gegen die libidotheoretische Grundlegung der L. durch S. Freud, die er zwar nicht in ihren Phänomenbeschreibungen, aber in ihrer theoretischen Deutung bestreitet.

Im Bereich der *französischen* Phänomenologie und Existenzphilosophie hat der L.-Begriff vor allem in SARTRES ‹L'Être et le Néant› Betrachtung gefunden. Im Zuge der Ontologie des «néantiser» verliert er allerdings seine ontologisch grundlegende Bedeutung und erscheint lediglich im Feld der Intersubjektivität. Unter dem Blickwinkel der Theorie des nichtenden Blicks erscheint L. als eine Einstellung zum anderen, die mit den Phänomenen der Sprache und des Masochismus diejenige Gemeinsamkeit hat, daß ich mich in ihr zum Objekt des anderen mache. Nicht die aktive Intentionalität des Liebenden ist für Sartre der Modellfall, sondern die passive Weise des Geliebtseins. Der Unterschied der L. zum Masochismus besteht jedoch darin, daß ich mich in ihr nicht verliere, sondern mich in der Bezauberung auf passive Weise der Freiheit des anderen bemächtige. L. erscheint hier unter dem Gesichtspunkt des grundlegenden ontologischen Konflikts, dem ich im Verhältnis zum anderen ausgesetzt bin: durch seinen Blick in meinem Sein begründet zu sein und doch im Entwurf selbst Urheber dieses Seins sein zu wollen. Dieses Problem wäre nach Sartre nur auflösbar, wenn man das Ideal der L. verwirklichen könnte, «sein Selbstsein als ein anderes und sein Anders-sein als sein Selbst frei gegeben sein» zu lassen [6], kurz, wenn man in der Unterscheidung vom anderen dennoch mit ihm verschmelzen könnte. Diese absolute Selbstbegründung in und durch den anderen scheitert an der Faktizität meines Leibes und meiner Beziehung zu ihm. Dies wird nach Sartre deutlich, a) weil die L. implizit betrügerisch ist, indem ich scheinbar mein Wollen zugunsten des anderen zurücknehme, um ihn dennoch indirekt zu lenken, b) aufgrund ihrer Unsicherheit, weil die Bezauberung durch den Geliebten jederzeit erlöschen kann, c) weil der Blick des Dritten die Ausschließlichkeit der Zweierbeziehung relativiert und zerstört.

Neben dieser Konfliktspannung, die selbst mit der L. entsteht, kennt Sartre auch eine Weise des «Mitseins» mit dem anderen im «Wir», das sich als Solidarität in der Arbeit und im Klassenkampf verwirklicht [7].

Anmerkungen. [1] E. HUSSERL, E III 2, zit. nach A. DIEMER: Edmund Husserl (²1965) 242. – [2] E III 5 a.O. 101. – [3] F I 28 a.O. 242f. – [4] M. SCHELER: Wesen und Formen der Sympathie. Ges. Werke, hg. M. SCHELER 7 (⁶1973) 164. – [5] a.O. 169. – [6] J.-P. SARTRE: Das Sein und das Nichts (1952) 469. – [7] a.O. 533.

5. Die Ansätze zu einer *Dialogischen Philosophie* der L. sind wesentlich dadurch bestimmt, daß in ihnen die Unmöglichkeit aufgewiesen wird, im Ausgang vom «Ich selbst» als Inbegriff des konstituierenden Bewußtseins ihre Wirklichkeit zu begreifen. Stattdessen müsse die Realität des «Zwischen» der Begegnungen zum Ausgangspunkt gewählt werden, da das Ich durch den Dialog bedingt sei und sich im Zwischen die L. konstituiere. Für F. ROSENZWEIG wird, antipodisch zu Hegel, der Umschlag in ein radikales Nichtwissen zur Basis des Absprungs in das «Neue Denken», das eine positive Öffnung des Wissens für das Sein einschließt, welches sich in der reinen Gegenwärtigkeit des Gesprächs offenbart. Dies wird möglich in der «L., auf die alle hier an den Begriff des Offenbarers gestellten Forderungen zutreffen, die L. des Liebenden nicht die der Geliebten» [1]. L. erscheint hier als freie Selbstmitteilung des absoluten Gottes, durch die ich beim Namen gerufen zu sprechen beginne. Die «Grammatik dieses Eros» ist die Dialogform. Diese ermöglichende L. im Gespräch der Seele mit Gott äußert sich in zweiter Linie in der L. zum Nächsten, in der sie sich bewähren muß.

Auch F. EBNER sucht sich dadurch von der Icheinsamkeit des verfügend-objektivierenden Denkens zu lösen, daß er in die Aktualität des gesprochenen Wortes springt. Bei ihm wird die Spiritualisierung des L.-Begriffs am weitesten getrieben: «Die wahre L. ist etwas Geistiges, ist der Ausdruck dafür, daß sich das Geistige im Menschen zu etwas Geistigem außer ihm in ein Verhältnis setzt, ist der Ausdruck des Verhältnisses zwischen dem Ich und dem Du» [2]. Gemäß der Dreistufigkeit menschlichen Seins als Leib, Seele und Geist differenziert er den L.-Begriff nach Sexualität, Erotik und geistiger L., dessen eigentliches Verständnis sich von oben her erschließt. Im Unterschied zu Husserl wird daher der Sexualität keine fundierende Bedeutung zuerkannt: «Das natürliche Leben beruht auf dem Geschlechtsgegensatz. Im Leben des Geistes ist er überwunden» [3]. Die geistige L. aber ist allein aus der Gottes-L. zu begründen: «Eine L., die sich nicht auf das Verhältnis des Menschen zu Gott gründet, ist gleichsam eine in ihrem Ziel, in ihrem Objekt fehlgehende L.» [4]. Sie kann sich letztlich nicht aus der liebenden Tat des Menschen rechtfertigen, sondern ist wie bei Rosenzweig als Offenbarung geschenkt: «Ist es nicht die L., die das erste Wort gesprochen hat? Und muß nicht das 'Wort' in jenem ursprünglichen Sinne, das der Wortwerdung zugrunde lag, die L. im Menschen erwecken?» [5]

Auch L. BINSWANGER sucht seinen philosophischen Ansatz in der Dialogizität, diesmal in Abhebung von Heideggers Verständnis des Daseins als Sorge. Während dieses sich wesentlich aus dem Bezug zu den zuhandenen Dingen versteht und die anderen Menschen nur als Mitsein in dieses Verhältnis einbegriffen, entwickelt Binswanger sein Daseinsverständnis aus der unmittelbaren Begegnung in der Wirheit und sieht die durch die Sache vermittelte Beziehung nur als abgeleiteten Modus. Die ursprüngliche, nicht weiter ableitbare, den Zugang zur Realität eröffnende menschliche Seinsweise sei die L., nicht die Sorge. Denn «niemals läßt sich L. aus der Existenz verstehen oder gar 'ableiten'» [6], wohl aber die Existenz aus der L. Diese wird von ihm wesentlich im Eros zentriert, dies einmal in klarer Abgrenzung gegen Freuds psychoanalytische Rückführung der L. auf sexuelle Libido, aber auch gegen allzu vergeistigte Auffassungen. Während die Sorge in der Endlichkeit des In-der-Welt-seins aufgeht, erfüllt uns die L. «mit ihrem Überschwang», insofern sie «das Dasein als jemeines oder deines überschwingt», nämlich in die Unendlichkeit der Erfahrung des Wir [7]. Die Überweltlichkeit des Eros entzieht sich positiver Aussagbarkeit. Gegenüber der Geschichtlichkeit des Daseins in der Sorge erweist sich die Zeitigungsform der L. als «Ewigung». Daß diese Bestimmung jedoch nicht im Sinne einer «Metaphysik der L.» mißverstanden werden darf, wird deutlich, wenn man die anthropologische Absicht Binswangers bedenkt, durch die lediglich eine grundlegendere Entschlossenheit des menschlichen Daseins angestrebt wird, als sie im Horizont der Sorge möglich ist. So verändert sich etwa das Verhältnis von L. und Tod dahin, daß dieser nicht mehr als letzte Grenze oder Nichtigkeit der Existenz erscheint, weil die L. diesen Untergang «über-dauert». Desgleichen erhalten die weltlich vermittelten Umgangsweisen von Mensch zu Mensch und die Selbst-L. des Einzelnen ihren eigentlichen Rang erst vom Primat des liebenden Wir.

Anmerkungen. [1] F. ROSENZWEIG: Der Stern der Erlösung (³1954) 96. – [2] F. EBNER: Wort und L. (1935) 152. – [3] a.O. 129. – [4] 145. – [5] 156. – [6] L. BINSWANGER: Grundformen und Erkenntnis menschl. Daseins (³1962) 551. – [7] a.O. 169f.

Literaturhinweise. C. G. JUNG: Die Beziehungen zwischen dem Ich und dem Unbewußten (Zürich 1933); Wandlungen und Symbole der Libido (³1938). – M. THEUNISSEN: Der Andere (1965). – B. CASPAR: Das dialog. Denken (1967). – B. WALDENFELS: Das Zwischenreich des Dialogs (1971). – W. REICH: Die Funktion des Orgasmus (1972). – H. KUHN: «L.» Gesch. eines Begriffs (1975).
A. SCHÖPF

Limbus. Die wörtliche und eigentliche Bedeutung des lateinischen Ausdruckes ist ‹Saum› bzw. ‹Gürtel›. Von daher findet sich der Begriff in mehreren Bereichen. Im Wortsinne gebraucht wurde er noch bis zum 17. und 18. Jh. in *Astronomie, Geographie* und *Anatomie* zur Bezeichnung von Himmels-, Erd- bzw. Körperzonen, ebenso in der *technischen* Literatur [1]. Hier bezeichnet ‹L.› bei Meßinstrumenten den Teilkreis, auf dem die Größe des zu messenden Winkels abgelesen wird. Bei VARRO heißt der Tierkreis «limbus XII signorum» [2].

Im Sinne von ‹Schoß› tritt ‹L.› erstmals in den mittelalterlichen Sentenzenkommentaren auf und bezeichnet dort jenen Ort, an den Christus abgestiegen ist [3], um die Gerechten des Alten Bundes zu erlösen. Gemeint ist damit also eine Art natürlichen Paradieses, das gleichzeitig als äußerster Rand jenes Bereiches gilt, an dem die Auserwählten in übernatürlicher Seligkeit eine unmittelbare Gottesschau genießen. Auch die Seelen der ungetauften, unschuldigen Kinder sollen an diesem Ort einer natürlichen Gottesschau teilhaftig werden. Dieser Ort heißt in der traditionellen katholischen *Theologie* im Anschluß an den Schoß Abrahams «L. patrum», «L. infantium» [4]. In diesem Sinne wird L. auch von HAMANN verwendet [5] und ist so bis heute in den romanischen Sprachen gebräuchlich [6].

Eine besondere *theologische* und *philosophische* Bedeutung hat das Wort durch J. BÖHME bekommen, bei dem ⟨L.⟩ «das Band, in welchem sich die Gottheit von Ewigkeit gebieret» [7], bezeichnet, ausgehend vom theologisch-mystischen Sinn, der das Geheimnis der Circuminsessio der «filiatio» in der «paternitas» Gottes [8] betrifft. Abgeleitet und philosophisch erweitert, bedeutet ⟨L.⟩ bei Böhme jede Art männlich zeugender Kraft [9], gleichsam als Lenden- oder Gürtelkraft, ein Gedanke, der schon in der Antike vorkommt.

Für PARACELSUS ist «der Mensch ... aus dem L. gemacht, aus demselben Stoff, aus dem die ganze Welt gemacht ist» [10]. ⟨L.⟩ wird hier zu einem Zentralbegriff der Lehre von einer Analogie zwischen Makro- und Mikrokosmos. Im übrigen entspricht der Paracelsische Begriff des L. dem Chaos der Antike und berührt sich mit dem Begriff der Matrix (s. d.). «Denn das ist der L., in dem alle Menschen verborgen liegen und sind: wie in dem Samen; da liegt der ganze Mensch, das ist L. Parentum (der Eltern). Nun, der L. Adams ist Himmel und Erden gewesen, Wasser und Luft, darum bleibt der Mensch im L. ...» [11].

In der *Botanik* heißt ⟨L.⟩ der freiblättrige, nicht-röhrige Teil eines verwachsenblättrigen (gamosephalen) Kelches bzw. einer entsprechenden Blumenkrone [12].

Anmerkungen. [1] J. MICRAELIUS: Lex. philosophicum (Stettin 1661) Art. ⟨L.⟩. – [2] VARRO, De re rustica, hg. KEIL 2. 3. 7; vgl. auch STRABO II, 94ff.; PORPHYRIUS in Ptolemaeum 186. – [3] THOMAS VON AQUIN, 3 Sent. 22, 2, 1, 2 c. – [4] Luc. 17, 22f.; Joh. 3, 4. – [5] Vgl. J. G. HAMANN, Werke, hg. NADLER 2, 349. – [6] Enciclopedia ital. di sci., lett. ed arti 12 (Rom 1934) 153f. – [7] J. BÖHME, Sämtl., Schr., hg. W.-E. PEUCKERT (1955-61) 2, 377; vgl. 2, 374f. – [8] 1 Mos. 35, 11; 46, 26; Hebr. 7, 10. – [9] BÖHME, a.O. [7] 2, 85; 7, 128f. 207. – [10] PARACELSUS, Opus Paramirum L. I, c. 2. Sämtl. Werke, hg. B. ASCHNER 1. 109. – [11] Opus Paragranum II, tr. 2 a.O. 452. – [12] K. C. SCHNEIDER's ill. Handwb. der Botanik, hg. K. LINDSBAUER (²1917). H. M. NOBIS

Linguistik, Sprachwissenschaft

I. *Zur Wort- und Begriffsgeschichte.* – Das Wort ⟨L.⟩ kommt offensichtlich zu Ende des 18. Jh. im Zusammenhang von Wissenschaftsklassifikationen auf. Bei M. DENIS ist die L. neben Literargeschichte, Bibliographie, Archäologie, Kritik, Rhetorik, Poetik u. a. Teil der Philologie [1]. Sie besteht aus «Glossologia», «Graphica», «Grammatica» und «Vocabularia». Die Bezeichnung ⟨L.⟩ wird schon bald von anderen Autoren übernommen [2] und scheint um 1800 bereits geläufig zu sein. So teilt KANT die Philologie als «Wissenschaft von den Werkzeugen der Gelehrsamkeit» in «Literatur» (Bücherkenntnis) und «L.» (Sprachkenntnis) [3]. In Frankreich wurde ⟨linguistique⟩ vor allem durch CH. NODIER eingeführt [4], in England ⟨linguistics⟩ durch W. WHEWELL [5].

Trotzdem war ⟨L.⟩ als Name für die heute so genannte Wissenschaft noch keineswegs allgemein akzeptiert. W. v. HUMBOLDT kennt zwar ⟨linguistisch⟩ [6], spricht aber selbst nur von ⟨Sprachstudium⟩ [7]. A. SCHLEICHER schlägt ⟨Glottik⟩ statt ⟨L.⟩ vor [8], um die nur die Sprache als solche betreffende Wissenschaft zu bezeichnen. Gleichzeitig definiert er «Sprachwissenschaft» nicht als «historische, sondern [als] eine naturhistorische Disziplin. Ihr Objekt ist nicht das geistige Völkerleben, die Geschichte (im weitesten Sinn), sondern die Sprache allein. Hier ist die Sprache Selbstzweck» [9]. F. M. MÜLLER weist darauf hin, daß die Wissenschaft, die sonst «comparative philology, scientific etymology, phonology and glossology» genannt werde, in Frankreich bereits «the convenient, but somewhat barbarous, name of linguistique» erhalten habe, bevorzugt aber selbst «science of language» [10]. Heute nennt z.B. J. LYONS die L. «the scientific study of language, ... its investigation by means of controlled and empirically verifiable observations and with reference to some general theory of language-structure» [11].

Anmerkungen. [1] M. DENIS: Einl. in die Bücherkunde (1778, ²1795-96) 2, 433-499. – [2] H. A. MERTENS: Hodegetischer Entwurf einer vollst. Gesch. der Gelehrsamkeit 2 (1779). – [3] I. KANT: Logik (1800). Akad.-A. 9, 45; vgl. G. B. JÄSCHE: Einl. zu einer Architektonik der Wiss.en (1816) 22; J. G. GRUBER: Über encyclop. Studium ..., in: J. S. ERSCH/J. G. GRUBER (Hg.): Allg. Encyclop. der Wiss.en und Künste I/2 (1819) XIX: L. = «Kenntniß der Sprachen». – [4] CH. NODIER: Notions élémentaires de L. ... Oeuvres compl. 12 (Paris 1837) bes. 6. – [5] W. WHEWELL: Hist. of the inductive sciences 1 (London 1837) CXIV mit Bezug auf «the best German writers». – [6] W. v. HUMBOLDT: Über die Verschiedenheit des menschl. Sprachbaues (1836) V; vgl. R. LEPSIUS: Das allg. linguist. Alphabet. Grundsätze der Übertrag. fremder Schriftsysteme und bisher noch unbeschriebener Sprachen in europ. Buchstaben (1855). – [7] v. HUMBOLDT, a.O. 10. – [8] A. SCHLEICHER: Compendium der vergl. Grammatik der idg. Sprachen (1871) 1 Anm. – [9] Die dtsch. Sprache (1887) 120. – [10] F. M. MÜLLER: The sci. of language (London 1889) 1f.; dtsch. Die Wiss. der Sprache 1 (1892) 1; vgl. ähnlich SCHLEICHER, a.O. [9] 123. – [11] J. LYONS: Introd. to theoretical L. (London 1969) 1. P. HARTMANN

II. *Das Gebiet und die Entwicklung der L.* – 1. *Die L., ihre Teil- und Nachbargebiete.* – L. betreiben kann heißen, den Bau der Wörter bzw. der kleinsten Ausdrucksmittel, der 'Morpheme', und Sätze einer jeden Sprache in einer gegebenen Epoche zu beschreiben und diesen Wörtern und Sätzen ihre jeweils zugehörigen Bedeutungen zuzuordnen bzw. ihren jeweiligen Sinn zu bestimmen. Das erste Problem ist traditionell eine Aufgabe der *Grammatik* (s. d.), das zweite ein solches einer genügend weit gefaßten *Lexikographie* [1], die nicht nur die Bedeutung der Wörter, sondern auch diejenige der Sätze zu bestimmen gestattet.

L. betreiben kann darüber hinaus heißen, den historischen Wandel und die dialektale, soziolektale und idiolektale Variation in Bauformen und Bedeutungen der Wörter und Sätze einer Sprache zu beschreiben, ebenso wie die historische Abstammung und systematische Verwandtschaft verschiedener Sprachen. Diese beiden Formen der Sprachwissenschaft, die *systematische nicht-*(oder *vor-*)*historische* und *historisch-vergleichende Sprachwissenschaft*, bilden traditionell den Kern der Disziplin.

L. betreiben kann drittens heißen, statt Wörter und Sätze primär gewisse Tätigkeit von Menschen zu untersuchen, die *Sprechakte*, wie z. B. das Mitteilen, Fragen, Auffordern, Warnen, Raten, Gedanken-notieren bzw. die komplexeren Akte, wie Erzählen, Berichten, Theaterspielen, Gedichtsprechen, Argumentieren usw. Da diese Tätigkeiten ausgeführt werden, indem Wörter und Sätze geäußert und verstanden werden, enthält dieser Ansatz notwendig als Teil eine Untersuchung von Wörtern und Sätzen. Andererseits stehen die Sprechakte in Wechselwirkung mit anderen Akten des Menschen, wie z. B. Wahrnehmen, Denken, Planen usw., und koordinieren diese Akte bei verschiedenen Menschen. Darin, daß Menschen in ihrem Wahrnehmen, Denken und Planen von Sprache und den Regularitäten der Sprechakte einerseits geprägt sind, andererseits, sofern sie reflektieren, Sprache durch zweckbestimmte Sprachvarianten und damit Wahrnehmen, Denken und Planen partiell fortentwickeln können, hat das System von Sprechakten einer Sprache seine Bedeutung. Sprache hat, dies steht hier im Brennpunkt, Struktur und Bedeutung *für Menschen* in ihrem Verstehen der Umwelt und in ihrem Einwirken auf die Umwelt. Aus diesem Grund nennt man die L., die von diesem Brennpunkt ausgeht, *Sprechakt-L.* oder *Pragma-L.* [2]. Sie hat klarerweise gewisse Affinitäten zur klassischen Disziplin der Rhetorik, für die auch die Verwendung von Sprache für Menschen im Vordergrund steht. Da komplexere Akte komplexere Rede- oder Textstrukturen erfordern, gehört die *Text-L.* als wesentliche Teildisziplin hierzu; sie hat ihrerseits enge Beziehungen zur Literaturwissenschaft.

Sprache als systematisches und historisch variables Gefüge von Wörtern und Sätzen oder als System von Sprechakten existiert aber nicht nur für den Menschen, sie existiert konkret auch *in den Menschen*. Sie existiert in den Menschen, die die Fähigkeit haben, sie angemessen zu sprechen, sie zu beherrschen, d.h. sie existiert aufgrund eines Könnens, eben des Diese-Sprache-sprechen-Könnens einzelner Menschen. Da es hier auf richtiges Können ankommt, nennt man dies auch die sprachliche Kompetenz. Insofern die L. die Bestimmung der sprachlichen Kompetenz als einer psychisch und vielleicht physiologisch realisierten Fähigkeit zur Aufgabe hat, nennen wir sie *Kompetenz-L.* und verstehen sie als Teildisziplin einer genügend weit verstandenen *Sprachpsychologie* [3]. Da die tatsächliche Realisierung in den psychischen Prozessen nicht nur von der Kompetenz, sondern auch von Bedingungen der besonderen Situation der Anwendung der Kompetenz, der sogenannten Performanz, mitbestimmt ist, müssen besondere Performanzbedingungen ebenso untersucht werden, wie die Beziehung zwischen den Kompetenzaussagen der L. zur psychischen Wirklichkeit. Diese beiden Aufgaben ordnet man der *Psycho-L.* [4] zu, die zusammen mit einer Kompetenz-L. eine linguistische Variante einer Sprachpsychologie ist.

Eine genügend aufgeschlossene Sprachpsychologie bezieht die physiologischen Erkenntnisse über Wahrnehmungs- und Bewegungsorgane sowie über die Gehirnstruktur mit ein, ebenso wie die systematisch hierfür relevanten Beschreibungsmittel der Kybernetik und der Theorie der Informationsverarbeitung. Dies gilt ganz besonders für die *Phonetik*, die die artikulatorischen und akustischen Bedingungen des Sprechens untersucht [5].

Da jede Sprache in einer Gemeinschaft von Menschen existiert und benutzt wird, die im allgemeinen komplex strukturiert ist, wobei die Struktur Konsequenzen für die Kommunikation und damit die Sprachverwendung hat, diese aber umgekehrt die Struktur der Gemeinschaft mitbestimmt, liegt es nahe, die Korrelationen soziologischer Strukturen mit Sprachvarianten und Sprachstrukturen zu untersuchen. Dies ist das Aufgabengebiet von *Sprachsoziologie* und *Sprachethnologie*. Auch hier spricht man unter ähnlichen Bedingungen wie bei der Psycho-L. von *Sozio-* und *Ethno-L.* [6].

Angesichts der Komplexität der strukturellen und bedeutungsbezogenen Feststellungen der L. kann ausreichende Klarheit hier nur bei methodischer Präzision erreicht werden. Dies erfordert einerseits eine *strenge Methodik* der genauen sprachwissenschaftlichen *Beobachtung* und der Tests einerseits und der *Formulierung* der systematischen *theoretischen Zusammenhänge* andererseits.

Im Bereich der Formulierung theoretischer Zusammenhänge und grammatischer wie lexikographischer Regeln kann man sich zur Präzision der axiomatischen Methoden [7] und der Methoden der abstrakten Mathematik (Algebra, Wahrscheinlichkeitstheorie usw.) bedienen (algebraische L.). Methodisch unterscheiden wir dann die *linguistische Analyse* von der (axiomatischen bzw. mathematischen) *theoretischen L.* Um beide Bereiche aufeinander zu beziehen, müssen die Resultate der linguistischen Analyse so formuliert werden, daß sie einen Status im Rahmen der Theorie bekommen. Die moderne *generative Grammatik* hat sich besonders erfolgreich bemüht, solche sowohl theoretisch beherrschbare als auch praktikable Formen grammatischer Regeln für die Formulierung von Resultaten der linguistischen Analyse zu entwickeln [8]. Andere aus der logischen Sprachanalyse entwickelte Formen der theoretischen L., insbesondere die modelltheoretischen Grammatiken [8a] wie auch die axiomatischen Grammatiken, haben gegenwärtig noch keinen vergleichbaren Grad der Praktikabilität für die linguistische Analyse erreicht.

Der wichtigste *Anwendungsbereich* der Sprachwissenschaft ist die Sprachlehre, sei es, daß das Ziel die bessere Beherrschung im Sprechen und Schreiben der Muttersprache oder die Beherrschung einer Fremdsprache ist. Da Lernen stark von passenden Motivationsbedingungen abhängt, andererseits sich in starkem Maße auf bereits vorhandene Nachbarkenntnisse stützen soll, bedarf die Anwendung der wissenschaftlichen Erkenntnisse in diesem Bereich einer besonderen Anpassung. Sie ist Gegenstand der *Sprachlehrforschung* [9].

Ein anderer Anwendungsbereich wäre die Entwicklung von geplanten Sprachen, sei es zur Kommunikation zwischen verschiedenen Nationalitäten – wie Esperanto – oder zur Entwicklung oder Neubelebung von nationalitätsbezogenen Standardsprachformen – wie das neue Hebräisch. Dieser Bereich ist Gegenstand der *Plansprachenforschung* [10].

Ein dritter Bereich angewandter L., der bis zu praktischen Konsequenzen allerdings noch Jahrzehnte vor sich hat, ist der Bereich der Programmierung von Sprachbeherrschung auf Computern. Angestrebte praktische Ziele sind die automatische Verschriftung gesprochener Sprache, Frage-Antwort-Systeme zur Befragung von Datenspeichern in natürlicher Sprache, Aufgabenstellung in natürlicher Sprache an Computer, automatische Sprachübersetzung usw. Dies sind Zukunftsprobleme der *Computer-L.* [11]. Die Computer-L. stellt einstweilen noch insbesondere Hilfsmittel zur systematischen Untersuchung umfangreichen Sprachmaterials und Modelle für Sprachanalyseprozesse zur Verfügung.

Die L. kann nicht nur nach ihren verschiedenen Orientierungen, Methoden und Anwendungsgebieten differenziert werden; da die Ausdrücke einer Sprache als Manifestationen besonders komplex organisierter Zeichen- und Signalsysteme verstanden werden können, kann man die L. auch als Teildisziplin einer übergreifenden Disziplin, der *Semiotik*, ansehen, die alle Zeichensysteme und ihre Verwendungen zum Gegenstand hat [12].

Andere der L. benachbarte Teildisziplinen im Rahmen der Semiotik wären Zoosemiotik [13], die die Zeichensysteme bei Tieren untersucht – Bienensprache, Sprache der Affen –, die Codetheorie der Genetik und der Informationsspeicherung im Gehirn usw.

Anmerkungen. [1] Vgl. zum Begriff W. V. QUINE: From a logical point of view (Cambridge 1953) chap. III. – [2] Vgl. u. Anm. [47-50 zu 2]. – [3] So bes. N. CHOMSKY; vgl. etwa: Language and mind (New York 1972); zur Kritik vom Standpunkt der Psychol. aus vgl. u. a. H. HÖRMANN: Meinen und Verstehen (1977). – [4] Vgl. mehrere Art., in: TH. A. SEBEOK (Hg.): Current trends in L.

12: L. and adjacent sciences, part 6 (Den Haag 1974); der Ausdruck ‹Psycho-L.› schon bei J. VAN GINNEKEN: Principes de linguistique psychol. (Paris/Amsterdam/Leipzig 1907). – [5] SEBEOK, a.O. part 10. – [6] part 7. – [7] Vgl. H. H. LIEB: Grammars as theories. Theoret. L. 1 (1974) 39-115; 3 (1976) 1-98. – [8] Vgl. Lit. a.O. [2] chap. 5. – [8a] Vgl. etwa F. v. KUTSCHERA: Sprachphilos. (²1975) Kap. 3, 2. Einl. und Kap. 6-8 in: R. MONTAGUE: Formal philos. (New Haven 1974); als Beispiel die Anal. der Sprache L, in: Art. ‹Kategorie, syntaktische, semantische›. – [9] Vgl. Lit. a.O. [4] part 9. – [10] Vgl. [4], part 4; Aufsätze, in: R. HAUPENTHAL: Plansprachen (1976) einerseits und Artikel von C. RABIN in Vol. 6 a.O. [4] für modernes Hebräisch und Art. von G. ANSRE in Vol. 7 a.O. [4] für die Entwickl. afrikanischer Sprachen zu Hochsprachen andererseits. – [11] Auch linguist. Datenverarbeitung genannt; vgl. auch a.O. [4] part 12. – [12] Vgl. H. H. LIEB: On relating pragmatics, linguist. and non-semiotic disciplines, in: A. KASHER (Hg.): Language in focus – In memory of Y. Bar-Hillel (Dordrecht 1976) 217-249. – [13] TH. A. SEBEOK: Perspectives in zoosemiotics (Den Haag/Paris 1972).

2. *Entwicklung der L.* – Historischer Ausgangspunkt ernsthafter Erwägungen über die Sprache ist zweifellos der sich über lange Zeiträume und Zwischenstufen erstreckende Prozeß der *Erfindung und Entwicklung der Schrift* (Bildung der Lautschrift wahrscheinlich in Phönikien in der ersten Hälfte des 2. Jahrtausends v. Chr.) [1] sowie die Entwicklung ihrer Beherrschung, die γραμματικὴ τέχνη [2]. Die Schrift ermöglichte ihrerseits die Fixierung von kulturell, besonders im Rahmen von Religion und Mythos, als wichtig empfundenen Redeformen in heiligen Texten. Durch Veränderung der gesprochenen Sprache wurde im Laufe der Zeit das Verhältnis von gesprochener Sprache und geschriebenen Texten problematisch. In diesen Situationen haben die Bemühungen um die reine und angemessene Aussprache geschriebener Texte oder auch nur um die angemessene Tradition und Erhaltung der Texte wenigstens zwei langandauernden und bedeutsamen Schulen der Sprachanalyse ihren Impuls gegeben, der *indischen* Sprachwissenschaft (einige Jh. v. Chr. bis einige Jh. n. Chr.) [3] mit dem berühmten sprachwissenschaftlichen Werk von PĀNINI (4. Jh. v. Chr.?) – das besonders die Entwicklung der Sprachwissenschaft zu Beginn des vergangenen Jahrhunderts beeinflußte – und der *alexandrinischen* Philologie (3. Jh. v. Chr. bis 4. Jh. n. Chr.), der es um die Reinerhaltung der Epen von HOMER und der Texte der griechischen Klassik ging [4]. Diese von der Praxis der Schriftgelehrsamkeit bestimmten Einsichten in Sprache und Sprechen laufen parallel zu den von der Praxis der öffentlichen Rede, der *Rhetorik*, beeinflußten. In der Zeit der griechischen *Sophisten* (5. Jh. v. Chr.) hatte diese Praxis außerordentlichen Einfluß. PROTAGORAS führte sie, nach PLATON [5], auf die früheren indirekten öffentlichen Einflußnahmen durch Poesie, Mysterien und Orakelsprüche, Pantomime, Gesang zurück. Die Sophisten haben über diese Praxis und ihre Bedingungen offenbar genau nachgedacht. Die schriftlichen Formulierungen ihrer Forschungen sind allerdings leider sämtlich verlorengegangen und müssen aus Bemerkungen anderer erschlossen werden. Diese Forschungen betreffen einerseits die Grammatik – hier wird vor allem PROTAGORAS erwähnt [6] –, andererseits die Synonymik – vor allem bei PRODIKOS VON KEOS [7] – und schließlich die Prosodie, Betonungslehre und Lautlehre – u. a. HIPPIAS, PROTAGORAS und DEMOKRIT [8].

Im Gegensatz zu dieser praktisch und kommunikativ geprägten Sprachauffassung der Sophisten und der Schriftgelehrten sind seit *Platon* und *Aristoteles* alle Forschungen im Abendland, außer denjenigen der immanenten Sprachwissenschaft im 19. und neueren sprachphilosophischen Ansätzen im 20. Jh., vom *Problem des Verhältnisses der sprachlichen Ausdrucksmittel zu ihren Bedeutungen* geprägt. Die Klärung der Bedingungen für Form und Inhalt des wahrheitsgemäßen Ausdrucks und wahrheitsgemäßer Ausdruckszusammenhänge (speziell Schlußfolgerungen) ist Hauptproblem grundlegender Sprachanalyse, und die Logik bleibt bis ins 19. Jh. hinein ihre Zwillingsschwester. Grundlegende Sprachforschung in diesem Sinne bleibt daher auch in einem gewissen Spannungsverhältnis zur angewandten Sprachforschung, deren Zwillingsschwestern Rhetorik und Schriftgelehrsamkeit bzw. Philologie waren.

Für PLATON spielte im Rahmen dieser fundamentalen Sprachanalyse die Bildtheorie eine entscheidende Rolle. Den Dingen in der Welt entsprechen die Wörter; ebenso wie die Wörter aus Buchstaben aufgebaut sind, können die Dinge ihrem Wesen nach auf Kompositionen von wesentlichen Eigenschaften zurückgeführt werden, und ebenso wie es ein endliches Alphabet für den Aufbau jedes beliebigen Ausdrucks gibt, mag es eine Menge von wesentlichen Grundeigenschaften für den Aufbau jedes Eigenschaftskomplexes und jedes Dinges geben. Die radikale Bildtheorie, die Platon im ‹Kratylos› [9] vorträgt, geht davon aus, daß sich, nach Maßgabe der Ähnlichkeit, den Buchstaben oder Buchstabenkombinationen in Silben die Grundeigenschaften zur Definition des Wesens der Dinge als ihre Bedeutung zuordnen lassen und den Wörtern entsprechend die Dinge und den Sätzen und Reden die Sachverhalte. Die Ausführung dieser radikalen Bildtheorie erscheint Platon selbst aber noch nicht gelungen [10]. – Schon bei ARISTOTELES wird hiervon abgegangen: Es gibt Lautkombinationen, sogar Silben, die zwar Teile von Wörtern sind, aber nichts anzeigen [11]. Die Rede weist also eine doppelte Artikulation auf, einmal als Kombination von Lauten, zum anderen als Kombination aus bedeutungtragenden Teilen. Dabei kann den Lauten allerdings eine, wie man heute sagt, bedeutungdifferenzierende Funktion zukommen. Das so abgewandelte Prinzip der Bildtheorie ist offenbar für die Philosophen und Sprachanalytiker bis in die jüngste Zeit, und für viele bis heute, plausibel [12].

Die Frage ist nun, worin der besondere Charakter der Beziehung vom Wort zum Ding und vom Satz zum Sachverhalt besteht. Ist sie von der Natur der Welt, d. h. von den Sachen, vollauf bestimmt, oder ist sie, wenn auch konventionell geregelt, so doch im Verhältnis zu den Sachen arbiträr? Jahrhundertelang wurde diese Frage zwischen den «Naturalisten» und den «Konventionalisten» diskutiert; heute wird im allgemeinen die Position der Konventionalisten vertreten. Ein anderer jahrhundertelanger Disput war der über den Grad der Regelhaftigkeit der Sprachen: Hier standen in hellenistischer Zeit die «Anomalisten» den «Analogisten» gegenüber [13]. Weiterhin ging es darum, ob *das Verhältnis der Laut- und Schriftkomplexe zu den Dingen*, ihren Eigenschaften und Relationen als direktes oder indirektes behandelt werden kann. ARISTOTELES wies schon darauf hin, daß es sich um kein direktes Verhältnis handle. Stattdessen seien die Lautungen Zeichen psychischer Vorstellungen, und diese (insbesondere soweit sprachlich artikulierbar [14]) seien Zeichen der Dinge. Genauer als Aristoteles unterschieden die *Stoiker* (die außerordentlich präzise 'Sprachanalytiker' waren [15], Lautelemente (στοιχεῖα), aus Lautelementen zusammengesetzte Ausdrücke (λέξεις), die entweder bedeutungtragend sind (σημαντικά) oder nicht, individuelle Vorstellung (πάθημα), das in der Vorstellung von verschiedenen identisch mit dem Ausdruck Gemeinte (λεκτόν) und den im Prinzip sprachunabhängigen Begriff (νόημα), der allerdings in einem Gemeinten erfaßt werden kann. Die Einheit von Ausdruck und Gemeintem wird λόγος genannt [16]. Der von Aristoteles hervorgehobene Bezug der Lautungen zu den psychisch erfahrbaren Einheiten bereitet die *nominalistische Sprachauffassung* des Mittelalters [17] vor, nach der Zeichen für Abstraktes keine direkten Korrelate in der Wirklichkeit haben, sondern allenfalls in der Vorstellung, solchen Zeichen also keine einzelne Sache entspricht. In bezug auf die Wirklichkeit sind solche Zeichen allein keine sachhaltigen, sondern nur sachbezugdifferenzierende Marken im Gesamtzusammenhang der Zeichen bzw. der ihnen entsprechenden Vorstellungswelt. Angesichts der Komplexität möglicher Vorstellungswelten reicht selbst die Kontrolle des Sprachgebrauchs nicht aus, um sicherzustellen, daß die Vorstellungselemente aller Sprecher einer Sprache sich strikt entsprechen [18].

LEIBNIZ geht hier noch einen Schritt weiter. Während er die Position der Nominalisten prinzipiell nicht teilt, hebt er andererseits doch hervor, daß Ausdrucksmittel nicht nur an sich vorhandene Gedanken wiedergeben, sondern daß die bewußte Erfassung und Konzentration bestimmter Gedanken der Mittel zur Konzentration der Aufmerksamkeit bedarf. Den Zeichen kommt hier eine außerordentliche Bedeutung als Konzentrationsmittel und Leitfaden sowohl der eigenen Gedanken als auch der Gedanken anderer zu [19]. Primäre Funktion der Zeichen ist nicht das Bezeichnen von Vorhandenem, sondern das Bewußtmachen, das Ins-Bewußtsein-Heben. Sprache markiert eine Stufe der Bewußtheit im Strom der Erfahrungen; ohne Sprache könnte diese Stufe nicht erreicht werden.

Im Kontext der dargelegten sprachphilosophischen und philologischen Erwägungen wurden die *Hauptaufgaben der Grammatik* angegangen, die Klassifikation der Wörter und ihrer bedeutungtragenden Teile sowie die Beschreibungen des systematischen Zusammenhangs der Abwandlungen der Wörter, d. h. der Wortformen. Bei diesen Forschungen wurde das heute klassische System grammatischer Kategorien entwickelt, d. h. die Primärkategorien, wie Wortarten, Flexionskategorien, und funktionale Kategorien, wie Subjekt, Prädikat, Objekt usw. [20]. Ausgangspunkt für die primären Kategorien, also die Wortarten, waren die einfachen Handlungssätze. Die grundlegende Feststellung ist die PLATONS, daß gewisse Wortkombinationen Bedeutung haben, z. B. Sätze sind, andere nicht [21]. Dies gilt es zu erklären. Ohne eine strukturimmanente Erklärung, die allenfalls auf die Form der Wörter Bezug nimmt, überhaupt in Betracht zu ziehen, wird sogleich eine semantische Unterscheidung in Ausdrücke für Handlungen und Ausdrücke für Handelnde vorgenommen (d. h. in die Kategorie ‹Rhema› [lat. verba] und die Kategorie ‹Onoma› [nomina]. Ein einfacher Satz verlangt die Kombination eines Ausdrucks der einen mit einer solchen der anderen Art, während eine Reihung von Ausdrücken bloß einer Art keinen sinnvollen Satz ergibt. So wie ein Sachverhalt offenbar aus einer Handlung eines Handelnden besteht, besteht ein Satz, also ein sprachlicher Ausdruck, der Wahres oder Falsches ausdrückt, aus einem Rhema und einem Onoma. Das aber kann man generalisierend auch auf Sätze übertragen, in denen das Rhema eine Eigenschaft statt einer Handlung prädiziert. Diese Analyse ist aber zweifellos noch nicht korrekt. Wie ARISTOTELES bemerkt [22], kann man nämlich auf Gesundsein einmal mit ὑγιεια (Gesundheit), einmal mit ὑγιαίνει (ist gesund) Bezug nehmen. Das erstere aber ist ein Onoma, das letztere ein Rhema. Nach Aristoteles ist das entscheidende Charakteristikum des Rhemas, daß es nicht nur eine Eigenschaft oder eine Tätigkeit ausdrückt [23], sondern zugleich einen Bezug zur Gegenwart des Sprechens. Insoweit ist ein Rhema aber bloß benennend, zu seiner eigentlichen Funktion als Prädikat gelangt es erst, wenn es in Verbindung mit einem Onoma gesprochen wird. Als Onoma und Rhema gilt Aristoteles weiterhin nur das, was wir heute den Nominativ des Nomens bzw. das Präsens des Verbs nennen würden; von diesen unterscheidet er die πτώσεις, d. h. die Beugungsformen, wobei die Beugungsformen des Rhemas die Zeitstufen der Vergangenheit und der Zukunft mit ausdrücken, d. h. die Wörter hinsichtlich ihrer sekundären Kategorien kennzeichnen. Die gesamte *klassifikatorische Grammatiktheorie des Abendlandes* kann als Entfaltung der in diesen kurzen Passagen von Plato und Aristoteles enthaltenen Gedanken verstanden werden. Insbesondere ist die Unterscheidung der primären, sekundären und funktionalen Kategorien und die semantische Begründung der ersteren bei beiden bereits vorhanden. Die *ersten systematischen Grammatiken* wurden von *alexandrinischen* Gelehrten geschrieben [24]; die für die folgenden Jahrhunderte beispielgebende und daher klassische war die von PRISCIAN [25]. Die im Altertum untersuchten Sprachen waren Griechisch, danach im Abendland vorwiegend Latein. Ausgehend von den Prinzipien der griechischen und lateinischen Grammatiken wurden außerhalb dieses Bereiches zunächst *arabische Grammatiken* entwickelt [26], und in Abhängigkeit von diesen *hebräische* [27].

Die *Grammatiker des Mittelalters* versuchten die klassische lateinische Grammatik vor allem des Priscian zu systematisieren und insbesondere unter logischen und sachbestimmten Kriterien die Art des Bedeutens (modus significandi, s. d.) zu differenzieren [28]. Dies war vor allem im philosophischen Gebrauch wegen der Artikellosigkeit des Latein erforderlich [29].

Die hochmittelalterliche Sprachanalyse ging von einer Art Widerspiegelungstheorie aus, nach der die Sprache letztlich ein Zeichensystem für die Wirklichkeit war, ja ein speculum, ein Spiegel der Wirklichkeit, jedenfalls seiner klassifikatorischen Struktur nach. Dies zu klären und die Funktion der Sprache in den davon bestimmten Arten des Bedeutens zu erklären, war Aufgabe der entsprechenden *grammatica speculativa* (s. Art. ‹Grammatik II›). In bezug auf diese Auffassung waren die Unterschiede zwischen den Sprachen bloße Oberflächenphänomene und keiner eigentlich systematischen Untersuchung wert.

Dies änderte sich schon mit dem intensiven philologischen Interesse der *Renaissance* [30]. Durch das außerordentliche Interesse an systematischer Wissenschaft und ihre Förderung im 17. und 18. Jh. drängten sich die grundsätzlichen philosophischen Erwägungen nochmals in den Vordergrund, wenngleich die Philologie parallel dazu weitere Sprachen erfaßte, die Grundlage für eine grundsätzliche Neuorientierung gegen Ende des 18. Jh. wurden.

Die Neuorientierung der L. im 19. Jh. war von folgenden Grundgedanken geprägt: Im Gegensatz zur Analyse der Klassifikation der Sprachen ausgehend von der Struktur der Wirklichkeit, der sie grundsätzlich entsprechen sollten, sollte die Analyse von der *genauen Beobachtung der Sprachformen* ausgehen. Diese Beobachtung sollte grundsätzlich vergleichend sein und Unterschiede und Ähnlichkeiten aufdecken. Sie sollte außerdem historisch sein und die *Entwicklung und Entstehung der Spra-*

chen aufzeigen. Die Fruchtbarkeit der *historisch-vergleichenden*, an den äußeren Formen der Wörter und Wortschöpfungen im Satz orientierten Untersuchungen wurde schlagartig klar, als mehrere Gelehrte unabhängig voneinander entdeckten, daß Sanskrit, Griechisch und Latein verwandt sind und vermutlich auf eine Sprache als gemeinsame Quelle verweisen [31]. Die Tendenz zur genauesten Beschreibung des sprachlichen Baus von Wörtern und Sätzen wurde durch die Publikation der ursprünglichen Grammatik von PĀṆINI, die außerordentliche Bewunderung erregte, noch verstärkt. Dabei war es keineswegs so, daß man sich nunmehr nur für die äußeren Aspekte der Sprachen interessierte. W. V. HUMBOLDT betonte, daß die Betrachtung der Sprache, die, «um nicht chimärisch zu werden, von der ganz trocknen, sogar mechanischen Zergliederung des Körperlichen und Construierbaren in ihr anfangen muss», schließlich «bis in die letzten Tiefen der Menschheit» führt [32]. Diese bestehen für Humboldt darin, daß «mehrere Sprachen in der That mehrere Weltansichten sind» und daß «die Sprachen ... sich auf verschiedene Wege vertheilen, um, jede mit der ihr einwohnenden Kraft, das allen gemeinschaftlich vorliegende Gebiet [die Wirklichkeit] in das Eigenthum des Geistes umzuschaffen» [33]. In den besonderen Sprachformen und ihren Entwicklungen zeigen sich die vielfältigen Möglichkeiten des menschlichen Geistes. Die Wirklichkeit mag eine sein; daraus folgt aber noch nicht die Einheitlichkeit der inneren und äußeren Sprachformen und des von ihnen geprägten Denkens. Das mittelalterliche Prinzip grammatischer Analyse ist überwunden, wenngleich die dort entwickelten Kategorien zumindest heuristisch nach wie vor weiter verwendet werden. Erst der Strukturalismus der dreißiger bis fünfziger Jahre des 20. Jh. versuchte sich radikal davon zu befreien und die angemessenen Kategorien für jede Sprache aus ihrer Beobachtung selbst zu entwickeln.

Die *Sprachwissenschaft des 19. Jh.* war damit beschäftigt, das sich aus diesen Ansätzen ergebende Programm durchzuführen, vor allem in historisch vergleichender Analyse der Entwicklungen von Lautungen und Wortformen der Sprachen. Zunehmend setzte sich die Auffassung durch, es ließen sich *Gesetze* im Sinne ausnahmsloser Generalisierungen beobachteter *vergangener sprachlicher Erscheinungen* finden, insbesondere für die Lautveränderungen in Wörtern. In diesem Sinne könne die Sprachwissenschaft eine den Naturwissenschaften ähnliche Wissenschaft werden, wenngleich erkennbar war, daß einerseits «Störungen» der Gesetzmäßigkeiten auftreten würden, andererseits strenge Vorhersagen aufgrund der Gesetze nicht gemacht werden könnten. Dies wurde zunächst (um 1850) darauf zurückgeführt, daß den physischen, und damit «gesetzesfähigen», Lautaspekten psychische Faktoren der bewußten Einflußnahme auf Sprachformen (etwa bei Entlehnungen aus Fremdsprachen, bei Analogien zwischen den Sprachformen) gegenüberständen. «Man kann sagen, daß die physiologische Betrachtung der Sprache ihren Ausdruck fand im 'Lautgesetz', die psychologische in der 'Analogie', den beiden Schibboleths einer ganzen deutschen Forschergeneration» [34]. In der Folge (1870–1920) wurde diese Auffassung bei den «Junggrammatikern» dadurch modifiziert, daß man auch an die Möglichkeit glaubte, Gesetzmäßigkeiten im *psychischen* Bereich zu formulieren und damit *der Sache nach die L. als Geisteswissenschaft* verstand, *der Methode nach* aber «die als Geisteswissenschaft deklarierte L. *neu begründet im Zeichen der Naturwissenschaft*» [35]. Hier berührt sich die Sprachtheorie mit der vorherrschenden philosophisch-wissenschaftstheoretischen Auffassung der Zeit.

Die *L. des 20. Jh.* wurde von drei Grundkonzepten geprägt: Sprachsystem, generative Sprachkompetenz und intentionale und konventionell geregelte Sprachhandlung. Die erste entschiedene Betonung des Konzepts *Sprachsystem* wird DE SAUSSURE zugeschrieben. Dieses Konzept hat zwei Teilaspekte. Ein Sprachsystem ist einerseits bestimmbar als abstraktes Gebilde, als System einer Menge sprachlicher Einheiten in einem System von Relationen oder Verknüpfungen [36]. Die sprachlichen Einheiten, Paare aus bedeutungtragenden Elementen (signifiants) und Bedeutungen (signifiés), haben Existenz und Sinn nur als Glieder des systemhaften Gesamtgefüges einer Sprache, ebenso wie die Elemente der Trägermenge einer abstrakten Algebra nur als Elemente des Verknüpfungsgebildes existieren. Dieser Aspekt des Sprachsystems ist im Verlauf der letzten Jahrzehnte zunehmend präzise analysiert und zur Grundlage der Grammatik gemacht worden [37].

Der andere Teilaspekt bestimmt das *Verhältnis des abstrakten Systems zu seiner psychischen und physischen Realisierung*. Psychische und physische Bewegungen scheinen jeweils ein amorphes Kontinuum zu bilden. «Philosophen und Linguisten stimmten immer darin überein, daß wir ohne Zeichen niemals zwei Ideen auf klare und konstante Weise unterscheiden könnten. In sich selbst betrachtet ist die Denkbewegung wie ein Nebel, in dem nichts notwendigerweise begrenzt ist ... Die lautliche Substanz [Schall oder Bewegung des Artikulationsorgans] ist nicht fixierter oder fester ... Das linguistische Faktum können wir als zusammenhängendes Unterteilungsgefüge ansehen, eingezeichnet sowohl über der undefinierten Ebene konfuser Ideen als auch über der nicht minder unbestimmten Ebene der Schallereignisse ...» [38]. Durch Klassifikation und Gliederung nach struktureller Ähnlichkeit und Unähnlichkeit kann dieses System nach Meinung de Saussures und anderer Strukturalisten anhand des Sprachmaterials etabliert werden [39]. Die Möglichkeit, das System durch Klassifikation und Gliederung allein zu entwickeln, wird von den Grammatikern der generativ transformationellen Methode entschieden bestritten und als «taxonomisch» diffamiert [40]. Nach ihrer Meinung muß zunächst eine empirisch begründete leistungsfähigere abstrakte Struktur formuliert werden, die Bestimmungen der lautlichen Realisierung ebenso wie die der Inhalte durch komplexere Interpretation erhält. Diese Strukturbestimmungen können zugleich als Beschreibungen dessen angesehen werden, was ein Sprecher oder Hörer einer Sprache von ihr beherrscht, d. h. als Beschreibungen seiner *Sprachkompetenz*. Diese kompetenzlinguistischen Beschreibungen müssen vor einer konkreten Interpretation durch beobachtbare Fakten noch durch psycholinguistische Beschreibungen der *Performanz*, d. h. der Bedingungen der tatsächlichen Realisierungsprozesse, ergänzt werden [41].

Die *am Konzept des Sprechakts orientierte L.* hat ihre Wurzeln in philosophischen Erwägungen des 19. Jh. Die von BRENTANO initiierte Aktpsychologie beeinflußt HUSSERL, MARTY und BÜHLER und durch sie indirekt die Linguisten der Prager Schule, wie TRUBETZKOY und JAKOBSON [42]. Bei HUSSERL wird die Rolle der *intentionalen Akte* sehr deutlich: «Zum gesprochenen Wort, zur mitteilenden Rede überhaupt wird die artikulierte Lautkomplexion ... erst dadurch, daß der Redende sie in der Absicht erzeugt, 'sich' dadurch 'über etwas zu äußern', mit anderen Worten, daß er ihr in gewissen psychischen

Akten einen Sinn verleiht, den er dem Hörenden mitteilen will. Diese Mitteilung wird aber dadurch möglich, daß der Hörende nun auch die Intention des Redenden versteht» [43]. Dies ist nun in phänomenologisch reflektierender Analyse wichtig, und «für die rein phänomenologische Betrachtungsweise gibt es nichts als Gewebe solcher intentionaler Akte. Wo nicht das phänomenologische, sondern das naiv-gegenständliche Interesse herrscht, wo wir in den intentionalen Akten leben, statt über sie zu reflektieren, da wird natürlich alle Rede schlicht und klar und ohne alle Umschweife. In unserem Fall spricht man dann einfach von Ausdruck und Ausgedrücktem, von Namen und Genanntem ...» [44]. Zu den intentionalen Sprechakten, die Husserl besonders aufmerksam analysiert, gehören vor allem die propositionalen Akte, Referenzakt und Prädikation. BÜHLER anerkennt einerseits die von Husserl phänomenologisch am transzendentalen Individuum gewonnenen Distinktionen. Neben die subjektbezogene Akttheorie müsse aber das «Studium der intersubjektiv geregelten Sprachkonventionen» [45] und ihrer Prinzipien treten, eine Gebildelehre, die sich auf die Sprachfunktionen im kommunikativen Kontext bezieht, d.h. speziell auf das von ihm vorgelegte Organonmodell der Bestimmung von Funktionen der Zeichen [46].

Einen neuen, sprachanalytischen Anfang machen WITTGENSTEIN und AUSTIN [47]. Außerordentlich einflußreich für die *Pragma-L.* wird die systematische Weiterentwicklung des Ansatzes in der Verknüpfung mit linguistischen Ideen durch SEARLE [48]. Auch bei AUSTIN werden wesentliche, wenn auch nicht notwendigerweise alle Sprechakte als intentional und mit begleitenden Gedanken und Gefühlen verbunden charakterisiert [49]. Im Gegensatz zu Husserl sind es aber nicht ausschließlich diese begleitenden intentionalen Akte, die Bedeutung verleihen, sondern vielmehr, ob die Handlungen *der Sprachkonvention gemäß* geschehen, eine Faktum, das partiell durch beobachtbare Umstände kontrolliert werden kann. Ein Kernbegriff ist also der Begriff der sprachlichen Konvention, wie schon DE SAUSSURE betont. Ein neuer Versuch seiner Explikation im Rahmen der Spieltheorie stammt von LEWIS [50]. In allen besprochenen Aspekten, der theoretischen Erfassung und Fundierung des Systemgedankens, der generativen Fassung der Sprachkompetenz und der Sprechakttheorie, sind Entwicklungen in der L. in vollem Gang.

Anmerkungen. [1] Vgl. I. J. GELB: Von der Keilschrift zum Alphabet (1958). – [2] PLATON, Krat. 431 e u.a. – [3] Vgl. R. ROCHER: India, in: TH. SEBEOK (Hg.): Current trends in L. 13: Historiogr. of L. part 1 (Den Haag 1975); zur ind. Sprachphilos. vgl. J. F. STAAL: Sanskrit philos. of language a.O. 102-136. – [4] Vgl. u. a. H. ARENS: Sprachwiss. (1955) 19; J. LYONS: Einf. in die moderne L. (1971). – [5] PLATON, Prot. 316 d/e. – [6] H. GOMPERZ: Sophistik und Rhet. (1912) 198ff. – [7] a.O. 91. 96ff. 124. – [8] 71. 171f. – [9] PLATON, Krat. 424 c-425 b. – [10] a.O. 425 d. – [11] ARISTOTELES, De interpret. c. 4, 16 b. – [12] Vgl. z.B. F. v. KUTSCHERA: Sprachphilos. (²1975) Kap. 2.1; für die moderne Diskussion war bes. L. WITTGENSTEIN: Tractatus LogicoPhilosophicus (London 1922) sowie die Semantik G. FREGES sehr einflußreich; vgl. dazu v. KUTSCHERA, a.O. – [13] Vgl. LYONS, a.O. [4]. – [14] ARISTOTELES, De interpret. c. 1, 16 a; vgl. auch E. COSERIU: Die Gesch. der Sprachphilos. (1969) 62. 76f. – [15] Speziell CHRYSIPP (3. Jh. v.Chr.). – [16] Vgl. u.a. COSERIU, a.O. 102; zur ges. griech. Sprachwiss. J. PINBORG: Classical Antiquity: Greece, in: SEBEOK (Hg.), a.O. [3] und R. H. ROBINS: Ancient and medieval grammar. theory in Europe (London 1951). – [17] Zur Sprachwiss. des MA vgl. J. PINBORG: Die Entwickl. der Sprachtheorie im MA (1967); G. L. BURSILL-HALL: The Middle Ages, in: SEBEOK (Hg.), a.O. [3]. – [18] Vgl. J. LOCKE, An essay conc. human understanding III, 9, bes. § 6. – [19] Vgl. H. SCHNELLE: Zur Ars characteristica von Leibniz, in: Zeichensysteme (1962). – [20] Zu den Primärkat. s. Art. ⟨Kategorie, syntaktische, semantische⟩. – [21] PLATON, Soph. 261 d ff. – [22] ARISTOTELES, De interpret. 16 b. – [23] Oder genauer iner der zehn arist. Kat. vgl. ARISTOTELES, Kat. c. 4, 1 b. – [24] So die Grammatiken des DIONYSIUS THRAX, in: G. UHLIG (Hg.): Grammatici Graeci 1 (1878); APOLLONIUS DYSCOLOS, a.O. 2. – [25] H. KEIL (Hg.): Grammatici Latini I/II (1857). – [26] Im 8. Jh. n. Chr.; vgl. G. WEIL: Die grammat. Schulen von Kufa und Basra (Leiden 1913); zur neueren Forsch. H. BLANC: L. among the Arabs, in: SEBEOK (Hg.), a.O. [3] 13/2. – [27] Vgl. H. BAUER und P. LEANDER: Hist. Grammatik der hebr. Sprache (1922, ND 1965) § 3. – [28] Vgl. a.O. [16]. – [29] Vgl. E. M. BARTH: The logic of the articles in traditional philos. (Dordrecht 1974) ch. 4. – [30] Zur Entwickl. seit der Renaissance vgl. die Beitr. von PERCIVAL, BREKLE und AARSLEFF, IN: SEBEOK (Hg.), a.O. [3] 13/1; vgl. auch Art. ⟨Grammatik II⟩. – [31] Vgl. zu dieser Epoche H. GIPPER und P. SCHMITTER: Sprachwiss. und Sprachphilos. ..., in: SEBEOK (Hg.), a.O. [3] 13/2. – [32] W. v. HUMBOLDT, Ges. Schr. (1903ff.) 296. – [33] a.O. 420. – [34] Vgl. H. ARENS: Sprachwiss. (1955) 242f. – [35] a.O. 277. – [36] F. DE SAUSSURE: Cours de L. gén. (Paris 1919) 43. 106. 157; zur Entwickl. des Strukturalismus seit Saussure vgl. G. C. LEPSCHY: Die strukturale Sprachwiss. (1969). – [37] Die beste Analyse in H. LIEB: Sprachstudium und Sprachsystem (1970) und a.O. [7 zu I]. – [38] DE SAUSSURE, a.O. [36] 157f. – [39] Das gilt bes. für die amer. Strukturalisten, wo die Methode in bisher genauester Form von Z. S. HARRIS: Structural L. (Chicago 1951) entwickelt wurde. – [40] N. CHOMSKY: Cartesian L. (New York 1966) 65; Aspects of the theory of syntax (Cambridge, Mass. 1965) 42. – [41] Aspects a.O. 10f. – [42] Vgl. H. PARRET: Marty et Husserl, in: H. PARRET (Hg.): Hist. of linguistic thought and contemporary L. (Berlin 1976) 732-771; E. HOLENSTEIN: Jakobson und Husserl a.O. 772-810; N. TRUBETZKOY, Grundzüge der Phonol. (1939, ²1958). – [43] E. HUSSERL: Log. Untersuch. II/1 (1913) 32f. – [44] a.O. 42. – [45] K. BÜHLER: Sprachtheorie (1934) 68. – [46] a.O. 28; die Gebildelehre ist auch fundamental für den Prager Strukturalismus, d. h. R. JAKOBSON und Fürst N. TRUBETZKOY. – [47] L. WITTGENSTEIN: Philos. Untersuch. (Oxford 1953 u.ö.); J. L. AUSTIN: How to do things with words (London 1962); vgl. auch v. KUTSCHERA, a.O. [12] Kap. 2. 4. – [48] J. SEARLE: Speech acts (Cambridge 1969); zur Weiterentwickl. im Rahmen der L. vgl. u.a. D. WUNDERLICH: Stud. zur Sprachtheorie (1976). – [49] AUSTIN, a.O. [47] 15: Bedingung. – [50] D. K. LEWIS: Convention (Cambridge, Mass. 1969); zur Analyse der Rolle der Gebrauchstheorie Wittgensteins, der Sprechakttheorie Austins und Searles und der Konventionstheorie von Lewis für die Semantik und den Bedeutungsbegriff vgl. v. KUTSCHERA, a.O. [12] § 2.45; Conventions of language and intensional semantics. Theoret. linguistics 2 (1975) 255-283.

H. SCHNELLE

III. *L. und linguistische Philosophie.* J. R. SEARLE unterscheidet Sprachphilosophie, linguistische Philosophie (l.Ph.) und Linguistik (L.). Die Sprachphilosophie versucht, allgemeine Sprachmerkmale (Referenz, Bedeutung u.ä.) philosophisch zu klären. Die l.Ph. versucht, philosophische Probleme dadurch zu lösen, «daß sie auf den gewöhnlichen Gebrauch einzelner Wörter oder anderer Elemente in einer bestimmten Sprache achtet» [1]. Die L. versucht, die phonologischen, syntaktischen und semantischen Strukturen von Einzelsprachen zu beschreiben [2]. – Der Ausdruck ⟨l.Ph.⟩ wird von Searle in dem engeren Sinne gebraucht, den er üblicherweise hat: Er bezeichnet die Philosophie der normalen Sprache (ordinary language philosophy, s.d.). Gelegentlich nimmt man den Ausdruck in einem weiteren Sinne: Er bezeichnet dann die analytische Philosophie des 20. Jh., sofern sie den «linguistic turn» [3] genommen hat. «L.Ph.» in diesem Sinne ist der Versuch, durch Untersuchung der Struktur und des Funktionierens natürlicher oder künstlicher Sprachen zur «analytischen Klarheit» [4] über Begriffe und Kategorien zu kommen [5]; oder ähnlich:

«l.ph.› [is] the view that philosophical problems are problems which may be solved (or dissolved) either by reforming language, or by understanding more about the language we presently use» [6].

Die l.Ph. im engeren Sinne hat sich in der Konfrontation mit der Philosophie der formalen Sprache ausgebildet, motiviert besonders vom Ungenügen, das man an formalsprachlichen Analysen von Sprachformen der Ethik und Ästhetik empfand [7]. Zwar gehen linguistische Philosophen wie Formalsprachenphilosophen auf die Sprache zurück, um philosophische Probleme zu lösen, aber sie sind geteilter Meinung darüber, welches die «ideale» Sprache sei. Formalsprachenphilosophen wie Carnap treten für die Konstruktion einer künstlichen Sprache ein, weil sie meinen, die Alltagssprache sei oft unklar, zweideutig, ja widersprüchlich. Die linguistischen Philosophen treten für die Untersuchung der Alltagssprache ein, weil sie meinen, daß diese hinreichend oder gar «völlig in Ordnung» sei [8]: Es ist gerade die künstliche Sprache, die die unvoreingenommene Einsicht in das Arbeiten der Sprache verstellt [9] und die verhindert, daß der Reichtum der Alltagssprache zum Zuge kommen und zur Lösung oder Eliminierung philosophischer Probleme ausgenutzt werden kann [10].

Ihre Praxis, Aussagen über den Gebrauch von Wörtern und Sätzen zu machen, trägt der l.Ph. eine Kontroverse mit der deskriptiven (empirischen) L. ein. Zwar geben viele Linguisten zu, daß die linguistischen Philosophen oft einen hochentwickelten Sinn für die 'Feinheiten' der Sprache haben [11], doch scheint ihr Vorgehen den Linguisten wissenschaftstheoretisch bedenklich. Die Linguisten erheben folgende Einwände: 1. Die l.Ph. hat «keine Systematik und keine theoretische Orientierung» [12]; im besonderen fehlen ihr theoretisch explizierte semantische Grundbegriffe, mit deren Hilfe man z. B. Fälle von Synonymität oder von Abweichungen von der betreffenden Regel systematisch bestimmen könnte [13]. 2. Die l.Ph. hat keine Methode empirischer Verifikation. Das Vorgehen der linguistischen Philosophen ist intuitiv bzw. «aprioristisch» [14] und deshalb «prinzipiell unzuverlässig» [15]. – Da die Aussagen der l.Ph. in Wahrheit empirisch sind, müssen sie «denselben Methoden der Bestätigung und Widerlegung ausgesetzt sein» wie die der L. [16]; sie müssen durch empirische Daten bestätigt werden [17]. – Auf diese Einwände haben die linguistischen Philosophen ganz unterschiedlich reagiert:

1. G. RYLE hat die Einwände als prinzipiell unberechtigt zurückgewiesen. L.Ph. und L. haben unterschiedliche Untersuchungsgegenstände, nämlich normgemäßen und faktischen Sprachgebrauch («speech and language» [18], «use and usage» [19]). Während die Linguisten die Regeln der Syntax einer bestimmten Einzelsprache ermitteln, ermitteln die linguistischen Philosophen die Regeln der logischen Syntax, «[which] belong not to a Language or to Languages, but to Speech» [20]; den linguistischen Philosophen geht es darum, «the standard or ordinary use» bestimmter Ausdrücke zu untersuchen; «and their central concern is to give a logical description of that use» [21]. – Nach ST. CAVELL ist der linguistische Philosoph allein aufgrund seines «Wissens» [22] zu einer Feststellung wie der berechtigt, daß man nur dann fragen dürfe, ob eine Handlung willentlich (voluntary) geschehen sei, wenn man impliziere, etwas an ihr sei suspekt. Da diese «pragmatische Implikation» [23] notwendig zu jener Frage gehört, ist die betreffende Feststellung ein «kategorischer Deklarativ» [24] und als solcher von den empirischen Aussagen des Linguisten strikt unterschieden. –

Für R. M. HARE sind die Aussagen des linguistischen Philosophen «weder klar empirisch noch klar analytisch», sondern den synthetischen Aussagen a priori im Sinne Kants vergleichbar; sie gründen in der Erinnerung an das, «was wir auf dem Schoß unserer Mutter lernten» [25].

2. W. P. ALSTON hat sich die Einwände der Linguisten zu eigen gemacht. Er sieht zwischen L. und l.Ph. nur einen Unterschied in der Zielsetzung: Jener geht es um die vollständige Beschreibung der Struktur einer Sprache, dieser um die Klärung bestimmter Begriffe. Die vom Linguisten in seinem formal-strukturalistischen Vorgehen entdeckten «class distinctions» sind gewissen «conceptual distinctions» parallel und können daher für den linguistischen Philosophen äußerst hilfreich sein. Alston sagt voraus, daß sich nach einer entsprechenden Ausarbeitung der Semantik die Unterschiede zwischen L. und l.Ph. hinsichtlich ihrer Methoden und des Status ihrer Feststellungen bis auf den Nullpunkt reduzieren würden [26]. – Nach P. F. STRAWSON geht es der l.Ph. um die Beseitigung philosophischer Verwirrung mittels «describing the logical behavior of the linguistic expressions of natural languages» [27]. Diese Beschreibungen können – nach R. RORTY – interpretiert werden als «those generalizations about how we use words which are inferred from a sampling of uses, excluding philosophical discourse» [28].

3. Z. VENDLER wendet sich einerseits gegen Ryles und Cavells These, daß Aussagen der l.Ph. durch empirische Generalisierungen nicht gestützt werden könnten; die L., meint er, könne und müsse durchaus «ein philosophisches Instrument» sein. Andererseits sieht er aber einen strikten Unterschied zwischen L. und l.Ph.: Die Aussagen der l.Ph. sind nur zum Teil empirisch-allgemeine Feststellungen von Regeln (Beispiel einer Regel: «‹wissen, daß p› kann man im Deutschen nur sagen, wenn p wahr ist»). Sie können auch Folgerungen aus solchen Regeln sein («Folglich können wir nichts Falsches wissen») bzw. Aussagen über die in einem Begriffssystem geltenden «a-priori-Zusammenhänge»; und diese Aussagen sind kategorisch und absolut wahr und gelten nicht etwa nur für das Deutsche [29].

4. Auf andere Weise als Vendler nimmt J. R. SEARLE eine Zwischenstellung zwischen den Gegenpositionen Ryles und Alstons ein [30]. Wie Fodor und Katz wirft Searle den linguistischen Philosophen der klassischen Periode der Sprachanalyse vor, sie hätten keine oder nur eine minimale Theorie gehabt und deshalb mit ad-hoc-Methoden gearbeitet [31]. Andererseits verteidigt er aber die Unabhängigkeit der l.Ph., was den logischen Status ihrer Aussagen angeht: Aussagen wie die, daß zum Versprechen als wesentliche Regel die Übernahme einer Verpflichtung gehöre, beruhen nicht auf Erfahrungserkenntnis, sondern auf linguistischer Intuition (der intuitiven Erkenntnis einer Regel, die man im Laufe seiner Spracherlernung internalisiert hat); sie sind außerdem nicht Aussagen über eine Einzelsprache und deren Regularitäten, sondern über Regeln *der* Sprache, die sich von Einzel- zu Einzelsprache verschieden realisiert [32].

Anmerkungen. [1] J. R. SEARLE: Sprechakte (1971) 12. – [2] a.O. Kap. 1.1. – [3] G. BERGMANN: Logic and reality (Madison 1964) 177 und in: R. RORTY (Hg.): The linguistic turn (Chicago/London 1967) 64. – [4] Diese im Unterschied zur «synoptischen Klarheit» met. Systeme; vgl. H. H. PRICE, in: H. D. LEWIS: Clarity is not enough (London 1963) 39. – [5] GREWENDORF/MEGGLE (HG.): L. UND PHILOS. (= LP) (1974) 242 (Z. VENDLER); vgl. G. J. WARNOCK: Engl. Philos. im 20. Jh. (1971) 168. – [6] RORTY, a.O. [3] 3. – [7] Vgl. D. Pears: L. Wittgenstein (1971) 95; J. L. Austin: Zur Theorie der Sprechakte (1972) 1. Vorles.; Searle, a.O. [1] 79. – [8] Austin, in: LP 39. 43; L. Wittgenstein, Schriften 5 (1970) 52. – [9] Vgl. Wittgensteins Theorieverzicht, bes. Philos. Untersuch. Nr. 109. – [10] S. Austin, in: LP 39f. – [11] J. J. Katz: Philos. der Sprache (1971) 83f. – [12] Fodor/Katz, in: LP 118; vgl. Katz, a.O. [11] 84. – [13] a.O. [12] 123. – [14] 126. – [15] C. N. New, in: LP 76. – [16] Fodor/Katz, in: LP 237. – [17] New, in: LP 75. – [18] G. Ryle: Use, usage and meaning (1961). Coll. papers 2 (London 1971) 414. – [19] Ordinary language (1953) a.O. 308ff. – [20] 413. – [21] M. Weitz: Oxford philos. Philos. Rev. 62 (1953) 188. – [22] St. Cavell: Der Zugang zu Wittgensteins Spätphilos., in: Über L. Wittgenstein (1968) 141. – [23] Müssen wir meinen, was wir sagen (1962), in: LP 177. 179. – [24] a.O. 206. 203. – [25] R. M. Hare: Philos. Entdeckungen, in: LP 133. 145. 152f. – [26] W. P. Alston: Philos. analysis and structural L. J. of Philos. 59 (1962) 714. 719f.; ähnlich E. v. Savigny: Die Philos. der norm. Sprache (1969) 437; Philos. und norm. Sprache (1969) 15. – [27] P. F. Strawson: Analysis, in: Rorty, a.O. [3] 316. – [28] Rorty, a.O. [3] 22. – [29] Z. Vendler: Die L. und das a priori (1967), in: LP 245. 249. 256f. 263. – [30] Über Searle als l.Philosoph vgl. H. Schnelle: Sprachphilos. und L. (1973) 22; Fodor/Katz, in: LP 170. – [31] Searle, a.O. [1] 199. – [32] a.O. 63f.

W. Strube

List der Vernunft. ⟨LdV.⟩ ist ein Ausdruck Hegels für die Weise, in der sich ein Zweck verwirklicht; bekannt ist er vor allem in Anwendung auf den Endzweck der Welt, das Bewußtsein des Geistes von seiner Freiheit [1]. Dieser das Vernünftige im weltgeschichtlichen Geschehen darstellende Zweck realisiert sich vermittels menschlicher Handlungen, deren treibende Kraft Leidenschaften und partikuläre Interessen sind. Die Vernunft übt in diesem Falle die List, die Leidenschaften so für sich wirken zu lassen, daß dasjenige, «durch was sie sich in Existenz setzt, einbüßt und Schaden leidet». «Die Idee bezahlt den Tribut des Daseins und der Vergänglichkeit nicht aus sich, sondern durch die Leidenschaften der Individuen» [2]. Ein anderer Anwendungsfall ist das technische Verhalten des Menschen zur Natur [3].

In allgemeiner Bedeutung ist LdV. das Verfahren des subjektiven Zwecks, seine Macht geltend zu machen. In der als Material und Mittel für den subjektiven Zweck vorauszusetzenden Äußerlichkeit herrschen mechanische Gesetze, üben und leiden die Objekte Gewalt und bestimmen eines das andere. Der Zweck dagegen manifestiert gerade insofern Vernünftigkeit, als er sich selbst zu seiner Realisierung bestimmt und in dieser mit sich eins bleibt. Aber seine Tätigkeit hat sich innerhalb jener Sphäre der Äußerlichkeit durchzusetzen. Träte er dabei in unmittelbare Beziehung zu seinem Objekt, so würde dessen Abhängigkeit von anderen Objekten seine Verwirklichung zufällig machen und seine Einheit mit sich zerstören. Seine List ist, zwischen sich und das Objekt ein anderes Objekt einzuschieben. «Er läßt dasselbe statt seiner sich äußerlich abarbeiten, gibt es der Aufreibung preis und erhält sich hinter ihm gegen die mechanische Gewalt» [4]. Entgegen dem Eindruck, den der geschichtsphilosophische Anwendungsfall erwecken kann, bezeugt die List also nicht die Gewalttätigkeit der Vernunft, sondern ihre indirekte Wirkung und Schwäche. List ist «das Negative der Gewalt» [5].

Anmerkungen. [1] G. W. F. Hegel, Die Vernunft in der Gesch., hg. J. Hoffmeister (⁵1955) 63. – [2] a.O. 105. – [3] Sämtl. Werke, hg. H. Glockner (= SWG) (1958) 9, 35f. – [4] Wiss. der Logik, hg. G. Lasson (1934) 2, 398; vgl. Encyclop. der philos. Wiss. im Grundrisse (Berlin 1827) § 209. – [5] SWG (1959) 16, 101; vgl. Jenenser Realphilos., hg. J. Hoffmeister (1931) 2, 199.

F. Fulda

Literary Criticism dient im englischen Sprachbereich als Sammelbegriff für Literaturbetrachtung und literarische Urteilsbildung. Das Wort ⟨C.⟩ (von griech. κρίνειν, beurteilen, entscheiden) ist in unspezifischer Weise (in der Bedeutung Akt der Kritik) erstmals bei Th. Dekker 1607 belegt [1]. Eine spezifische Definition findet sich nicht vor 1677 bei J. Dryden: «C., as it was first instituted by Aristotle, was meant a standard of judging well; the chiefest part of which is to observe those excellencies which should delight a reasonable reader» [2]. Obwohl der Begriff seit Dryden immer wieder neu gefaßt und vor allem mit zahllosen individuellen Nuancen versehen wird, hat sich die Grundbedeutung «a standard of judging well» bis heute gehalten. So I. A. Richards: «To set up as a critic is to set up as a judge of values» [3].

Da das Englische den Begriff ⟨Literaturwissenschaft⟩ nicht kennt (ein Hilfsbegriff ist ⟨literary scholarship⟩), umschließt der Begriff ⟨C.⟩ den Gesamtbereich von Literaturwissenschaft, ohne darauf beschränkt zu sein. Er umfaßt ebenfalls Literaturkritik im deutschen Sinn des Wortes. In seiner weitesten Ausdehnung findet er auf den Bereich der literarischen Theorienbildung ebenso Anwendung wie auf den der konkreten Analyse literarischer Werke; es können Grenzbereiche der Literaturgeschichte darunter subsumiert sein wie auch Teile des Rezensionswesens. Es spielt dabei keine Rolle, ob der Kritiker seine Funktion in einem 'akademischen' Rahmen ausübt oder nicht. Jeder Akt der Auslegung, der Interpretation, des Vergleichs und der Bewertung literarischer Werke kann als C. bezeichnet werden.

Zur Abgrenzung von Einzelbereichen der kritischen Tätigkeit haben sich eine Reihe von Termini eingebürgert. Einmal die Scheidung von *theoretical* C. (Aufstellung und Analyse allgemeiner Prinzipien der Literatur, der Gattungen usw.) und *practical* C. (Anwendung dieser Prinzipien auf das einzelne Werk). Oder auch: *interpretative* C. (Auslegung literarischer Werke) und *judicial* C. (Wertung und Einordnung literarischer Werke). Eine dritte Einteilung differenziert zwischen *legislative* C. (Unterweisung des Autors), *theoretical* C. (literarische Theorie, Ästhetik) und *descriptive* C. (Analyse von Werken) [4].

Unter *New* C. wird seit etwa 1920 eine kritische Richtung verstanden, die das literarische Werk unter bewußtem Ausschluß von biographischen und gesellschaftlichen Entstehungsbedingungen, von historischen Gegebenheiten, von psychologischen und moralischen Wirkungen nur als literarisches Werk betrachtet.

Anmerkungen. [1] Vgl. Oxford Engl. dict. 2 (1933) 1181: Art. ⟨C.⟩. – [2] J. Dryden, The author's apology for heroic poetry and poetic licence, in: Of dramatic poesy and other critical essays, hg. G. Watson (London 1962) 1, 196f. – [3] I. A. Richards: Principles of L.C. (London 1963) 60. – [4] Vgl. G. Watson: The lit. critics (Harmondsworth 1962) 1-9.

Literaturhinweise. R. Wellek: The term and concept of L.C., in: Concepts of C. (New Haven/London 1963) 21-36. – F. E. Sparshott: The concept of C. (Oxford 1967).

B. Fabian

Lob Gottes (griech. ὁμολογία Θεοῦ, lat. laudatio bzw. laus Dei)

I. – 1. *Altes und Neues Testament.* – Im Alten Testament findet das L.G. als wesentlicher Ausdruck des Verhältnisses des Menschen zu Gott literarische Ausformung vor allem im Buch der Psalmen. In den Lobpsalmen ist das L.G. als L. eines Einzelnen oder einer Gemeinschaft in mannigfaltiger Weise formuliert. Hier wie in anderen

Büchern des Alten Testaments lassen sich zwei Weisen des L.G. unterscheiden: erzählendes, bekennendes Loben (hōdāh) [1] und beschreibendes, preisendes Loben (hillēl) [2].

Das *erzählende* L.G. ist das Erzählen einer bestimmten, einmaligen von Jahwe an Israel in der Geschichte gewirkten Heilstat. Ein einem Einzelnen [3] oder dem Volke [4] geschehenes, helfendes Eingreifen Jahwes wird zum Anlaß, dieses Geschehen anderen weiterzuerzählen, in diesem Erzählen Gott zu danken und zu loben und sich vor anderen zu ihm zu bekennen. Jedem erzählenden L.G. geht eine Manifestation Gottes voraus, auf die die Menschen mit der Erzählung des Geschehenen als Bundes- und Heilsgeschehen antworten. Die ursprünglichste Form dieses L. bestand wohl in der fast asyndetischen Aufzählung der bruta facta des heilsgeschichtlichen Handelns Gottes [5]. Ein besonders einfacher L.-Preis dieser Art – nur aus der Aufforderung zum Singen sowie der kurzen Erzählung der göttlichen Heilstat bestehend – ist das Mirjamlied: «Singet dem Herrn, denn hocherhaben ist er; Roß und Reiter warf er ins Meer!» [6] Das erzählende L.G. wird auch oft Danklied genannt. Die Übersetzung des hebräischen Verbs ‹hōdāh› mit ‹danken› ist jedoch zu eng. ‹hōdāh› umspannt die Bedeutungen «lobpreisen» und «bekennen» als Verkündigen in der Öffentlichkeit wie auch als Eingestehen von Sünden [7]. Zudem wird ‹hōdāh› nie dazu verwandt, das Danken zwischen Menschen zu bezeichnen [8].

Das *beschreibende* L.G. – oft auch Hymnus genannt – ist der Preis der göttlichen Macht, seiner Majestät und Vollkommenheit [9]. Es hat keine bestimmte Tat Gottes zum Inhalt, sondern lobt Gott in der ganzen Fülle seiner Macht. Hier wird nicht Geschehenes erzählt, sondern das Ganze des Heilsgeschehens umfaßt und zu einem Preis Gottes erhoben. Dieses L. geschieht in zu Gott gewandter Freude. Die dem beschreibenden L.G. eigentümlichen einleitenden Aufforderungen, Gott zu loben, ergehen nicht, ohne zu Freude und Jubel aufzurufen. Zum L.-Preis Gottes gehören Vielstimmigkeit und Instrumentenspiel [10]. Die starke Häufung des hebräischen Verbs ‹hillēl› im Buch der Psalmen macht deutlich, daß der L.-Preis seinen vorzüglichen Platz in der gottesdienstlichen Gemeinschaft hat. In ihm verleiht die Gemeinde ihrem Selbstverständnis Ausdruck, eine sich vor Gott und mit Gott wissende Gemeinde zu sein. Wie ursprünglich dieses Selbstverständnis gemeint ist, zeigt der universale Charakter, den der Aufruf zum L.G. annimmt. Es ist die Aufgabe alles Lebendigen, Gott zu preisen. «Alles, was Odem hat, lobe den Herrn!» [11] Leben und Loben werden geradezu in eins gesehen. Loben ist die allem Lebendigen eigentümliche Weise zu existieren. Dieser Gedanke findet seinen Ausdruck in einigen wenigen Formulierungen, in denen im Unterschied zum sonstigen imperativischen, zum L. auffordernden Gebrauch von ‹hōdāh› und ‹hillēl› etwas über das L.G. gesagt wird: Die Toten loben Gott nicht [12]. «Denn die Toten loben dich nicht, und der Tod rühmt dich nicht ...» [13]. Positiv wird hinzugesetzt: «... allein die da leben, loben dich ...» [14].

Auch im Hinblick auf das Neue Testament verliert die Unterscheidung von berichtendem, bekennendem und beschreibendem, hymnischem L.G. nicht ihre Bedeutung. Die alttestamentliche Einheit von Loben und Bekennen bleibt im Neuen Testament erhalten. ἐξομολογεῖσθαι und ὁμολογέω umfassen als Übersetzung von ‹hōdāh› in der ‹Septuaginta› ebenfalls «loben», «bekennen zu Gott» und «eingestehen von Sünden». In dieser in außerjüdischen und außerchristlichen Quellen nicht auffindbaren Bedeutung sind ἐξομολογεῖσθαι und – an einer Stelle [15] – ὁμολογέω als Hebraismen in den Sprachgebrauch der neutestamentlichen Schriften eingegangen.

Das Gottes Geschichtshandeln erzählende L.G., das in den weisheitlich bestimmten spätjüdischen Psalmendichtungen in den Hintergrund getreten war, gewinnt im Neuen Testament wiederum zentrale Bedeutung. Gerade im Erzählen der an ihr geschehenen Gottestat bekundete die junge Christengemeinde ihr L.G. Hier findet sich eine bedeutende Kontinuität alttestamentlichen Denkens im Neuen Testament. Wie für das alte Israel eine Heilstat Gottes in der Geschichte Anlaß war, dieses Ereignis vor anderen zu erzählen und sich hiermit zu Gott zu bekennen, so ist die entscheidende, endgültige Rettungstat Gottes in Jesus Christus für die christliche Gemeinde Anlaß, die Geschichte Jesu Christi Gott lobend zu erzählen und sich so zu Sohn und Vater zu bekennen. Das bekennende L. wird durch sein forensisch-proklamatorisches Moment Verkündigung der Großtaten Gottes. So fällt auch hier L.G. mit einer das Geschehene als Heilsgeschehen deutenden Darstellung zusammen. Prosaisch nüchtern, dabei mit äußerster Prägnanz findet sich eine solche Formulierung in 1. Kor. 15, 3–5: «Christus starb für unsere Sünden, wie es die Schriften gesagt haben, und wurde begraben. Er ist am dritten Tage auferweckt worden, wie es die Schriften gesagt haben, und erschien dem Kephas, dann den Zwölfen.» Dieser Urform des verkündigenden Bekenntnis-L. fehlt jeglicher preisender oder rühmender Klang, wie er Christusliedern häufig eigen ist [16]. Christus und die durch ihn an den Menschen geschehene Tat Gottes ist das zentrale Thema neutestamentlichen Lobens. Das L. der ersten Schöpfung ist selten [17]. Ebenso ist in der frühchristlichen Literatur die Zahl der Gotteshymnen auffallend klein [18]. Christus- und Gotteshymnen folgen dem Stil des beschreibenden L.G. So preist Röm. 11, 33–36 in einem Mosaik von Schriftworten die unerschöpfliche und unergründliche Größe Gottes. Die elementarste Form des beschreibenden L. ist die Aneinanderreihung von Eigenname und Würdetitel: Κύριος Ἰησοῦς (Jesus ist der Herr) [19]. Dieser Kurzsatz kann mit einer Fülle von Christusprädikationen (ὁ κύριος τῆς εἰρήνης [20], ὁ κύριος τῆς δόξης [21], κύριος κυρίων καὶ βασιλεὺς βασιλέων (der Herr des Friedens, der Herr der Herrlichkeit, Herr der Herren und König der Könige) [22] und anderen hymnischen, oft dem religiösen Formenschatz des Alten Testaments entstammenden Formulierungen, aber auch mit Elementen verkündigenden Erzählens zu einem Christus in seiner göttlichen Macht und Würde rühmenden und preisenden Hymnus in poetischer, dem Gottesdienst angemessener Form ausgestaltet werden [23]. Mannigfaltige Lobpreisungen Christi in hymnischer Art finden sich in der Apokalypse [24]. Hier entspricht es apokalyptischem Stil, daß diese Hymnen in der endzeitlichen himmlischen Gemeinde erklingen. Die Vorstellungen vom L.-Preis der Engel [25] sowie der ganzen Schöpfung [26] haben ihre Wurzeln im Alten Testament [27].

Im 2. Jh. nimmt wohl das beschreibende, hymnische Christus-L. immer mehr zu, in einer ähnlichen Entwicklung, wie sie vom Alten Testament zum Spätjudentum in Hinsicht auf das L.G. festzustellen ist. Die christliche Hymnodik entfaltet sich in dichterischer Weise im Raum der Liturgie, bis sich die Christen etwa um die Mitte des 3. Jh. weitgehend auf den Gebrauch der im Alten und Neuen Testament enthaltenen, nun schon als kanonisch geltenden Lieder beschränken. Der Grund hierfür ist in der umfänglichen Hymnendichtung häretischer Gruppen zu suchen [28].

Anmerkungen. [1] Vgl. C. Westermann: Art. ⟨jdh⟩, Theol. Handwb. zum AT 1 (1971) 674-682. – [2] Vgl. C. Westermann: Art. ⟨hll⟩ a.O. [1] 493-502. – [3] Ps. 9. 18. 30. 32. 40 A. 66 B. 92. 107. 116. 138. Hi. 33, 26ff.; Jon. 2. – [4] Ps. 66, 8-12; 124. 129; Ex. 15, 21; Hi. 26, 13-19. – [5] Vgl. etwa Ps. 136. – [6] Ex. 15, 21. – [7] H. Grimme: Der Begriff vom hebr. hōdāh und tōdāh. Z. alttestamentl. Wiss. 58 (1940/41) 235ff. – [8] Vgl. a.O. [1] 1, 679. – [9] Ps. 8. 19 A. 29. 33. 57, 8-12; 65. 66. 89, 7-18; 100. 103. 104. 111. 113. 117. 134-136. 139. 145-150. – [10] Ps. 150. – [11] Ps. 150, 6. – [12] Ps. 6, 6; 30, 10; 88, 11f.; 115, 17; Jes. 38, 18f. – [13] Jes. 38,18. – [14] Jes. 38, 19. – [15] Hebr. 13, 15. – [16] Phil. 2, 6-11; Eph. 1, 3-14. – [17] z. B. Apk. 4, 11. – [18] z. B. Röm. 11, 33-36; Apk. 15, 3f.; 1. Tim. 6, 15f. – [19] 1. Kor. 12, 3; Röm. 10, 9. – [20] 2. Thess. 3, 16. – [21] 1. Kor. 2, 8. – [22] Apk. 17, 14. – [23] z. B. Kol. 1, 15-20. – [24] z. B. Apk. 4, 8. 11; 11, 15-17. 18; 12, 10-12; 15, 3f. – [25] Apk. 5, 11; 7, 11; 16, 5. – [26] Apk. 5, 13. – [27] Vgl. a.O. [11]; Jes. 6, 3; Ps. 103, 20f. – [28] J. Kroll: Die christl. Hymnodik bis zu Clemens von Alexandria (1921) 37f.

2. *Patristik, Mittelalter und Neuzeit.* – Im klassischen Latein wie im späteren Vulgärlatein meint ⟨confiteri⟩ zunächst bloß «ein Bekenntnis vor Gericht ablegen» [1]. Innerhalb des christlichen Sprachgebrauchs gewinnt ⟨confiteri⟩ als Äquivalent des alttestamentlichen ⟨hōdāh⟩ und des neutestamentlichen ἐξομολογεῖσθαι/ὁμολογέω die Bedeutungen: bekennen der Sünden, bekennen des Glaubens und lobpreisen. Confessio auch als L.G. zu begreifen, war so ungebräuchlich, daß etwa Hieronymus [2] und Augustinus [3] auf diesen Sprachgebrauch ausdrücklich hinweisen. Hilarius von Poitiers merkt an: «invenimus enim confessionem duplici ratione esse tractandam: esse unam confessorum peccatorum ... esse aliam laudationis Dei ...» (Denn wir finden, daß confessio auf zweifache Weise verstanden werden muß: zum einen als confessio eingestandener Sünden ... zum anderen als confessio des L.G. ...) [4].

Während Altes und Neues Testament besonders die Einheit von öffentlichem Bekenntnis zu Gott und L.G. betonen, lehrt Augustinus die Einheit von Sündenbekenntnis und L.G. Confessio ist ein Schlüsselbegriff in der augustinischen Gnadenlehre. Die Selbstanklage, der Verzicht auf Selbstbehauptung ist die wahre Form des L.G. Die Anerkenntnis der eigenen Nichtigkeit ist eins mit der Anerkenntnis der Omnipotenz Gottes. «Confitemur ergo, sive laudantes Deum, sive accusantes nos ipsos ... Ergo in confessione sui accusatio Dei laudatio est» (Wir bekennen also, sei es, indem wir Gott loben, sei es, indem wir uns selbst anklagen ... Im Bekenntnis ist also die Anklage seiner selbst L.G.) [5]. Das wahre Sündenbekenntnis ist immer auch L.G.; allerdings gibt es – nämlich hymnisch gottesdienstliches – L.G. ohne Sündenbekenntnis [6]. Folge des gnadentheologischen Konzepts des Confessio-Begriffs ist die Verinnerlichung des bekenntnishaften L.G. Die Gott lobende Selbstverneinung geschieht wie der Akt der Begnadung im Innern, nicht in der Öffentlichkeit [7]. Indem Augustinus dem bekenntnishaften L.G. das forensisch-proklamatorische Moment nimmt, vollzieht er in Hinblick auf die Märtyrerkirche, die das öffentliche Bekenntnis zu Christi Gott als L.G. verstand [8], eine bedeutende Akzentverschiebung.

In späterer Zeit bricht auch die Einheit von L.G. und Bekenntnis der eigenen Sündhaftigkeit. Das Sündenbekenntnis gewinnt mehr und mehr seinen ausschließlichen Platz innerhalb des Bußsakraments. Dem Sünder kommt es nicht zu, Gott zu loben. «Non est speciosa laus in ore peccatoris, quia nomen Dei est sanctissimum; et ideo inconveniens est quod a peccatoribus assumatur ...» (Aus dem Munde eines Sünders läßt sich ein Lob nicht gut hören, weil der Name Gottes der heiligste ist; und deswegen ist es unziemlich, daß er von Sündern gebraucht wird ...) [9]. Thomas von Aquin kennt zwar noch den Begriff «confessio gratiarum actionis sive laudis», doch er bestimmt ihn in deutlicher Abgrenzung von der «confessio fidei» und der «confessio peccati» [10]. ⟨Laus⟩ meint hier nur den Akt der Anbetung. «Alia est confessio gratiarum actionis sive laudis. Et ista est actus latriae: ordinatur enim ad honorem Deo exterius exhibendum, quod est finis latriae» (Das zweite ist das Bekenntnis der Danksagung oder des Lobes; und dies ist ein Akt der Anbetung, denn es ist darauf gerichtet, Gott durch äußere Zeichen Ehre zu geben, was das Ziel der Anbetung ist) [11]. Als «signum interioris devotionis» [12] ist laus dei der äußerliche, in Worten vorgebrachte L.-Preis [13]. Grund des L.G. sind die Werke und Eigenschaften Gottes, besonders das Schöpfungswerk Gottes. «Laus proprie respicit opera» (Das Lob sieht besonders auf die Werke) [14]. Das die Heilstaten Gottes in der Geschichte, besonders aber die Heilstat des Christusgeschehens berichtende L.G. tritt im Vergleich zu dem Gott in seiner ewigen Fülle und Vollkommenheit beschreibenden und hymnisch preisenden L. deutlich zurück. So nennt etwa Petrus Lombardus folgende neun Gründe – die loci laudis –, Gott zu loben: «opera, potentia, magnificentia, sanctitas, mirabilia, virtus terrabilium, magnitudo, memoria, iustitia» (Werke, Macht, Hochherzigkeit, Heiligkeit, Wunder, Tauglichkeit der irdischen Geschöpfe, Größe, Erinnerungskraft, Gerechtigkeit) [15].

Luthers Konzept des L.G. unterscheidet sich von den scholastischen Lehren vor allem in zwei Punkten. Zum einen betont Luther ganz deutlich das Christusereignis. Nur wer die Menschwerdung Gottes lobt, kann auch seine Macht, Gerechtigkeit und Weisheit loben: «darumb sso niechts guts ist yrgend dan in Christo, szo muß auch das l. schweigen und allein gott in Christo gelobet werden» [16]. Zum anderen gewinnt bei Luther die augustinische Einheit von «confessio laudis» und «confessio peccati» zentrale Bedeutung. «Wolle wir aber und sollen yn loben, so mussen wir uns schenden. Unsere schande, und das wir uns selber untuchtig erfindenn, ist seyn lob, dan alßbaldt dis irkentniß in uns ist, lauffen wir, ... tzu Christo» [17]. Es gibt nicht ein Bekenntnis des Sünders und davon unterschieden einen L.-Preis des Gerechten, das eine Ausdruck des Schmerzes, das andere Ausdruck der Freude. Sündenbekenntnis und L.G. fallen zusammen: «... non melius deus laudatur quam confessione nostrorum peccatorum et malorum ...» (Gott wird durch nichts besser gelobt als durch das Bekenntnis unserer Sünden und Schlechtigkeiten) [18]. Die Erkenntnis der Sünde, der Verzicht auf jegliches Verdienst, auf Ehre und Gerechtigkeit ist L.G. [19]. Deshalb verbinden sich im rechten Lob Trauer und Freude [20].

Diese Pfade Luthers werden in der *Aufklärung* verlassen. Vielmehr nähert sich besonders die Physikotheologie scholastischen Wegen. Die Physikotheologie sieht den Grund des L.G. in der Schönheit des Geschöpfes, in der die übergroße Weisheit und Herrlichkeit des Schöpfers offenbar wird [21]. Gottes im Alten Testament verkündete Heilstaten sowie das im Neuen Testament verkündete Christusgeschehen bleiben unberücksichtigt. Gott als Schöpfer der Welt ist das Ziel allen L.-Preises. «Betrachte Speltz und Korn, sambt Haber, Gerst und Weitzen! / Hier wird dich jeder Halm, sambt seiner Aehre reitzen, / zu loben deinen GOTT, den Schöpfer aller Welt» [22]. Gott hat seine Größe und Herrlichkeit in seinen Werken repräsentiert. Das L.G., dessen Grund diese Größe und Herrlichkeit ist, hat so auch den Weg über die Werke zu gehen. Das Erforschen der Natur, das Aufspüren von in den Naturerscheinungen versteckten Wundern Gottes ermöglicht im Unterschied zu blinder Bewunderung, zu unwissendem Staunen ein begründetes L.G. So betont J. GLANVILL, daß das Studium der Natur als L.G. nicht nur erlaubt, sondern als religiöse Pflicht geboten ist: «The Tribut of praise that we owe our Maker, is not a formal slight confession that His works are wonderful and glorious; but such an acknowledgment as proceeds from deep Observation, and acquaintance with them. And though our profundest Study and Inquiries cannot unfold all the Mysteries of Nature, yet do they still discover new Motives to devout admiration and new Objects for our loudest Praises» [23].

In neuerer Zeit hat E. PETERSON das himmlische L. G. der Engel, deren Sein er als immerwährendes L.G. begreift, in seiner exemplarischen Bedeutung für den Mystiker hervorgehoben. Der Mystiker strebt danach, alle niederen Seinsformen zu verlassen und zu jener höchsten Form der Geistesexistenz, zur Seinsform des reinen Geistes zu gelangen, «die sich wesenhaft im Verströmen des reinen Gottes-L. konstituiert» [24]. Im Erreichen dieser die Grenze der Kreatur bedeutenden Seinsform wird der Mensch «zum Genossen der Engel und Erzengel» [25]. In der Vereinigung mit dem L.-Preis der Engel vermag er «dann doch nichts anders zu sagen ... als daß er gar nichts ist und daß er nur als ein L.-Gesang vor Gott da ist» [26]. Diese Möglichkeit des engelgleichen Seins spricht H. PAISSAC dem Menschen ab, weil der Mensch nicht reiner Geist ist. «La Louange divine ne peut pas être l'essence de l'homme; le chrétien ne peut pas s'épuiser en admiration» [27].

In unmittelbarem Reflex auf das Alte und Neue Testament haben K. BARTH und R. DEICHGRÄBER das L.G. vornehmlich als «Zeuge sein» und «Zeugnis ablegen» begriffen. Besonders K. BARTH knüpft hiermit an die im hebräischen ‹hōdāh› formulierte und im Alten Testament entfaltete Koinzidenz von L.G. und öffentlichem, bekenntnishaftem Erzählen des am Volke Israel geschehenen Heils an. Gott zu erkennen, sich selbst in dieser Erkenntnis als sein Geschöpf zu erkennen, sich zu dieser Erkenntnis, zum Bunde zwischen Gott und Mensch – zum «Wir mit Gott» und «Gott mit uns» – ausdrücklich vor anderen zu bekennen, ist «das menschliche Tun, das an so vielen biblischen Stellen als das L.G. bezeichnet wird» [28]. R. DEICHGRÄBER unterscheidet, die Unterscheidung von ‹hōdāh› und ‹hillēl› aufnehmend, anbetende und proklamatorische Hymnen [29]. Das proklamatorische L.G. vollzieht sich im öffentlichen, Zeugnis ablegenden Erzählen der Heilstaten Gottes. «Im Grunde genommen ist alle christliche Verkündigung öffentlicher L.-Preis, ein öffentlich-rechtliches Reden von den großen Taten Gottes ... Mission aber ... ist dann nichts anderes als ein weltweites Gottes-L.» [30].

Anmerkungen. [1] Vgl. QUINTILIAN, Declamationes 314, hg. RITTER (1884, ND 1965) 233, 27. – [2] HIERONYMUS, In Es. 38, 18-19. Corpus Christianorum (CC) 73, 449. – [3] AUGUSTINUS, Serm. 29, 2. MPL 38, 186; En. in ps. 116, 1. CC 40, 1657; 137, 2 a.O. 1979. – [4] Tr. s. ps. 66, 6. CSEL 22, 273, 23ff. – [5] Serm. 67, 1, 1, 2. MPL 38, 433; vgl. auch En. in ps. 66, 6. CC 39, 863, 42ff.; 94, 4 a.O. 1333, 34ff.; 105, 2. CC 40, 1554, 19f. – [6] En. in ps. 105, 2. CC 40, 1554, 28-31. – [7] Vgl. Conf. 10, 1. CSEL 33/1, 226, 13f.; 10, 2 a.O. 227, 11f. – [8] Vgl. TERTULLIAN, Ad nat. 1.2, 1. CC 1, 12, 9ff.; CYPRIAN, De un. eccl. 21. CSEL 3/1, 228, 15f.; De lapsis 3. CSEL 3/1, 238f.; LAKTANZ, De mort. pers. 1, 1. CSEL 27, 2, 171. – [9] THOMAS VON AQUIN, In ps. 49, 9. – [10] S. theol. II/II, 3, 1 ad 1. – [11] ebda. – [12] In ps. 49, 7. – [13] S. theol. II/II, 103, 1 ad 3. – [14] In ps. 47, 1; vgl. hierzu auch NICOLAUS CUSANUS, De ven. sap. c. 18-20. – [15] PETRUS LOMBARDUS, In ps. 144, 4. MPL 191, 1263. – [16] M. LUTHER, Weimarer A. 1, 203, 18-20. – [17] a.O. 9, 133, 4-7. – [18] 3, 378, 24f. – [19] Vgl. 9, 132, 34-133, 7. – [20] 3, 181, 2-17. – [21] Vgl. etwa: J. RAY: Wisdom of God manifested in the works of the creation (1691, ND 1974); J. P. GERICKE: Die Herrlichkeit Gottes in den Geschöpfen und das ihm daher gebührende L. (1747). – [22] G. H. BEHR: Die Gottheit. Oder L. und Erkänntniß des Schöpfers aus seinen Geschöpfen (1752) 47. – [23] J. GLANVILL: The usefullness of real philos. to relig., in: Essays on several important subjects in philos. and relig. (1676) 5. – [24] E. PETERSON: Der L.-Gesang der Engel und der myst. L.-Preis. Zwischen den Zeiten 3 (1925) 145. – [25] a.O. 151. – [26] 152. – [27] H. PAISSAC: Louange de Dieu. Vie spirituelle 76 (Paris 1947), 13. – [28] K. BARTH: Kirchl. Dogm. III/4, 80. – [29] R. DEICHGRÄBER: Gotteshymnus und Christushymnus in der frühen Christenheit (1967) 205f. – [30] a.O. 206.

Literaturhinweise. O. MICHEL: Art. ὁμολογέω, ἐξομολογέω, ἀνθομολογέομαι, ὁμολογία, ὁμολογουμένως, in: Theol. Wb. zum NT, hg. KITTEL 5, 199-220. – C. MÜLLER: Das L.G. bei Luther vornehml. nach seinen Auslegungen des Psalters (1934). – G. V. RAD: Der L.-Preis Israels, in: Antwort. Festschr. K. Barth (1956) 676-687. – J. RATZINGER: Originalität und Überlieferung in Augustins Begriff der confessio. Rev. Ét. Augustiniennes 3 (1957) 375-392. – F. MAND: Die Eigenständigkeit der Danklieder des Psalters als Bekenntnislieder. Z. alttestamentl. Wiss. 70 (1958) 185-199. – A. DEISSLER: Das lobpreisende Gottesvolk in den Psalmen, in: Sentire ecclesiam. Festschr. H. Rahner (1961) 17-49. – G. BORNKAMM: L.-Preis, Bekenntnis und Opfer, in: Apophoreta. Festschr. E. Haenchen (1964) 46-63. – D. C. VAGAGGINI: La teol. della lode secondo S. Agostino, in: D. C. VAGAGGINI/G. PENCO u.a.: La preghiera nella bibbia e nella tradizione patristica e monastica (1964) 399-467. – G. V. RAD: Theol. des AT 1 (⁶1969) 366-382. – M. LIMBECK: Der L.-Preis Gottes als Sinn des Daseins. Theol. Quartalsschr. 150 (1970) 349-357. – C. WESTERMANN: L. und Klage in den Psalmen (1977); 5., erw. Aufl. von: Das L.G. in den Psalmen (⁴1968).

P. STEMMER

II. Der Begriff ‹L.G.› ist schon in altchristlicher Zeit mit der Modalität seiner Realisierung verbunden. Am folgenreichsten war die Formulierung AUGUSTINS: «Laus ergo Dei in cantico, hymnus dicitur» (Das L.G. im Gesang wird Hymnus genannt) [1], die nach Aufnahme durch ISIDOR VON SEVILLA in seine ‹Etymologien› auch bei ALCUIN, AMALAR VON METZ, HRABANUS MAURUS, WALAHFRID STRABO und ALANUS VON LILLE erscheint [2]. Diese Bindung des L.G. an den Gesang und in ihm an die Form des Hymnus gilt für den gesamten Zeitraum, in dem die christliche Hymnendichtung lebendig war, d. h. bis die Hymnenproduktion infolge der Reformbestimmungen des Tridentinums allmählich zum Stillstand kam [3]. Mit dem Terminus ‹Hymnus› ist im Mittelalter jedoch primär nicht die metrisch-strophische Form des ambrosianischen Hymnus gemeint; der Begriff ist vielmehr grundsätzlich inhaltlich bestimmt, wie schon daraus hervorgeht, daß etwa NOTKER DER DICHTER seinem Sequenzenbuch den Titel ‹Liber hymnorum› gab. Vollends deutlich wird die mittelalterliche Bedeutung von ‹Hymnus› bei WALAHFRID STRABO, wenn er die psalmabschließende Doxologie («Gloria patri et filio» etc.) und das «Gloria in excelsis» – beides nicht-ambrosianische Anbetungsformeln – ausdrücklich als Hymnen erwähnt und zusammenfassend feststellt: «Et quamvis in quibusdam ecclesiis hymni metrici non cantentur, tamen in omnibus generales hymni, id est laudes, dicuntur» (Wenn auch in manchen Kirchen keine Hymnen in Versform gesungen werden, so doch in allen Kirchen Hymnen allgemeiner Art, das sind Lobgesänge) [4]. Damit ist die Identität der Begriffe ‹hymnus› und ‹laus› formuliert.

Aufgrund dieser Gleichsetzung ergibt sich als weiteres Definiens für den Begriff ‹L.G.› seine Realisierung als Gemeindelied. Das L.G. erfolgt nicht durch das privat oder öffentlich Lob spendende Individuum, sondern im Kreis einer Kultgemeinde durch die zum liturgischen Vollzug Versammelten. Das wird von AUGUSTIN ausdrücklich verdeutlicht: «laudamus modo in ecclesia quando congregamur» (Wir loben Gott nur, wenn wir in der Kirche zusammenkommen) [5]. Dieses L.G. wird während des gesamten Mittelalters aufgefaßt als nicht am Belieben des Menschen orientiert, sondern am Anspruch Gottes, der das L. zur Pflicht des Menschen macht. Dieser Gedanke, der bereits im Alten Testament formuliert ist: «Te decet hymnus, Deus, in Sion» (Dir ziemt ein Hymnus, Herr, in Zion) [6], hat wohl wesentlich durch die ‹Regula Benedicti›, die das L.G. «servitutis pensum» oder «servitutis officia» (Aufgabe/Pflicht des [Gottes-]Dienstes) [7] nennt, Verbreitung gefunden. Bei AUGUSTIN wie bei THOMAS VON AQUIN herrscht die gleiche Auffassung [8], und ALANUS VON LILLE definiert: «Adorare proprie debitum cultum Deo exhibere» (Anbeten heißt im eigentlichen Sinne: Gott die geschuldete Verehrung darbringen) [9]. Das gleiche Verständnis des L.G. bezeugt ein früher Hymnus: «Laudem demus debitam» [10].

Die Belegstellen lassen deutlich werden, daß das L.G. in einen Kreis zugehöriger Begriffe (servitus, cultus, officium) integriert ist, die gerade im Mittelalter nicht eindeutig zu fassen sind [11], denen aber ein gemeinsames Definiens eignet: der Antwortcharakter, der darauf beruht, daß jeder kultische Vollzug als Reaktion auf einen durch die Schöpfung, die Erlösungstat oder im Wort der Hl. Schrift an die Menschheit ergangenen Anruf Gottes aufgefaßt wird [12]. Das gilt in besonderer Weise für das L.G., da es sich neben der Geste und dem hl. Schweigen als eine in der (gesungenen) Rede realisierte Form der Anbetung Gottes darstellt [13], die sich dadurch vollzieht, daß Gottes Ehre lobpreisend ausgerufen wird: «Laus ... Dicitur Dei glorificatio», wie ALANUS VON LILLE formuliert [14].

Diese für das gesamte Mittelalter gültigen allgemeinen Komponenten des L.G.-Begriffs können anhand der hymnologischen Sprachgebung differenziert werden. Dabei ist vom Grundaxiom der lobenden Rede als Antwort auszugehen, die auch dort gegeben ist, wo der kommunikative Aspekt nicht textualisiert ist. Wesentlich auf der Basis der sie betreffenden kommunikativ-grammatischen Signale läßt sich eine Unterscheidung von vier in komplementärem Verhältnis zueinander stehenden Ausprägungen vornehmen.

1. Die Akklamation. Außerhalb des kommunikativ-grammatischen Gefüges stehend, da sie weder eine Anrede noch finite Verbformen enthält, wird sie zum Ausdruck des konstatierenden und zeitlosen Preises der Ehre und Herrlichkeit Gottes, wobei die Akklamationsformeln gelegentlich auch in die Wunschform übergeführt sind. Der Antwortcharakter ist hier allein immanent gewährleistet. Grundformulierungen dieser Art sind das Trishagion [16] (nach Is. 6, 3), das Gloria (nach Lk. 2, 9) und die in der Liturgie als Psalmabschluß verwendete Doxologie «Gloria patri etc. ...».

2. Die situative Lobäußerung der Kultgemeinde. Sie erfolgt als hortativische oder feststellende «chorische Rede» [17]. Das Wortmaterial ist bislang nur für das Weihnachtslied aufgearbeitet [18], so daß der hier vorliegende Sprachgebrauch als repräsentativ gelten darf: laudemus, demus laudem, demus debita, referimus hymnum (h.), concinimus h., persolvamus h., resonemus h., demus melodemata, promamus cantica, recolamus carmina, canamus, cantemus, iubilemus, psallimus. Diese Gruppe von in vielfacher Variation auftretenden Synonymen für das hymnische Gotteslob der Kultgemeinde wird ergänzt durch Formulierungen, die den liturgischen Akt direkt, ohne Einbeziehung des Gestus des Gesanges, beinhalten: colimus, adoramus, veneremur. Auch hier ist ein Bedeutungsunterschied nicht auszumachen [19].

3. Die namentliche Anrede Gottes. Bezog sich die situative Selbstaussage der Kultgemeinde primär auf das Lob, so betrifft die vokativisch vollzogene Anrede das als Genetivus objectivus aufzufassende zweite Glied des Begriffs. Gegenüber den bisher genannten Determinanten in der Nennung Gottes läßt sich hier ein historischer Wandel ausmachen, der z. B. im Weihnachtslied deutlich wird. Auf der Grundschicht der in dem gesamten Zeitraum gleichermaßen verwandten vokativischen Prädikationen zeichnet sich deutlich die Tendenz ab, den Herrschernamen «Christus» gegen Ende des 11. Jh. zugunsten der sotereologischen Anrede «Jesu» zurücktreten zu lassen [20]. Hinter dieser entscheidenden Nuancierung verbirgt sich eine Änderung in der Motivierung des L.G.

4. Die narratio der lobwürdigen Taten Gottes. Hymnen enthalten in der Regel 'epische' Passagen, in denen das auf den jeweiligen Festtag bezogene Wirken Gottes besungen wird. Daß sie genuin als L.G. zu gelten haben, bezeugt schon CASSIODOR: «facta quippe Domini narrare, laudasse est: cujus dum opera referuntur, gloria semper augetur» (die Taten des Herrn erzählen, heißt ihn loben: indem von seinen Werken berichtet wird, mehrt sich ständig sein Ruhm) [21]. In den Dritt-Person-Passagen kann etwa für den untersuchten Bereich des Weihnachtsliedes sowohl an den dort für Gott verwandten Nennungen als auch an den auf Gott bezogenen Verben ein zweifacher Dominantenwechsel in der Rekurrenz bestimmter semantischer Werte festgestellt werden: während sich das L.G. im frühen Mittelalter bis zum Ausgang des 11. Jh. am «mysterium tremendum» ausrichtet (das Bedeutungsfeld 'Herrschaft' und der Überzeitlichkeit Gottes geltende Nomina und Verben sind hier vorrangig vertreten: dominus, maiestas, rex/exstat ante saecula, regit, regnat, gubernat, cingit omnia), steht für die folgende Epoche mehr das «mysterium fascinosum» im Blick. Innerhalb dieses Zeitraumes ist jedoch eine weitere epochale Wende zu konstatieren: Für eine relativ kurze Zeitspanne, die etwa mit dem 12. Jh. angegeben werden kann, steht die Menschwerdung Gottes im Zentrum hymnischer Erhebung (infans, puer, homo / venit, illustrat, homo factus est). Damit finden Renaissance und Humanismus des 12. Jh. ihre Entsprechung im religiösen Bewußtsein [22]. Die Folgezeit motiviert durchgehend seit dem 13. Jh. ihr L.G. neu. Der in der Mystik aufbrechende Strom der Privatfrömmigkeit und der neue Gedanke der «compassio» [23] wirken sich auch auf die liturgische Hymnik aus. Die dominant werdende Vorstellung Gottes als Schmerzensmann [24] (caput cruentatum) findet in Aussagen des Weihnachtsliedes wie «tulit hiemis frigora», «bove calet et asino», «vagit in praesepio» ihre Entsprechung und verdeutlicht die für diese Zeit repräsentative Vorstellung eines vermenschlichten Gottes. Damit ist dem Hymnus als genuinem L.G. der eigentliche Bezugspunkt entzogen, so daß die eingangs erwähnte hymnologische Rezession, von oberster kirchlicher Instanz angeordnet, eintrat.

Trotz der im Verhältnis zur dagewesenen Fülle relativ geringen Anzahl der in Liturgie und kirchlichem Stundengebet weiterlebenden Hymnen darf das Kirchenlied als der Nachfolger des hymnischen L.G. angesehen werden. Da Untersuchungen über den Sprachgebrauch des Kirchenliedes für den Begriff ‹L.G.› noch ausstehen, kann vorerst lediglich auf die bei F. Melzer aufgeführten Lieder hingewiesen werden [25], in denen das L.G. das beherrschende Element darstellt.

Anmerkungen. [1] Augustin, En. in Ps. 148, 17. Corpus Christianorum (= CC) 40, 2177; vgl. En. in Ps. 39, 4 = CC 38, 427; En. in Ps. 72, 1 = CC 39, 986. – [2] Belege bei M. Scherner: Die sprachl. Rollen im lat. Weihnachtslied des MA. Beih. Mittellat. Jb. 3 (1970) 138f. – [3] J. Szövérffy: Die Annalen der lat. Hymnendichtung 2 (1965) 444ff. – [4] Walahfried Strabo, De rebus eccl. cap. XXV. MPL 114, 954 B. – [5] Augustin, En. in Ps. 148, 2 = CC 40, 2166, 7f.; vgl. Hrabanus Maurus, De universo V, 9. MPL 111, 129 C; Walahfrid Strabo, a.O. – [6] Ps. 64, 2. – [7] Benedicti Regula, hg. R. Hanslik, in: CSEL 75, 50, 4 und 16, 2. – [8] E. J. Lengeling: Art. ‹Kult›, in: Hb. theol. Grundbegriffe 2 (^{2}1970) 517. 519. – [9] Alanus von Lille, Distinctiones. MPL 210, 693 C. – [10] Hymni latini antiquissimi LXXV Psalmi III, hg. W. Bulst (1956) 133. – [11] Lengeling, a.O. [8] 516ff. – [12] Vgl. Scherner, a.O. [2] 72ff. – [13] Vgl. F. Heiler: Art. ‹Anbetung›, in: RGG^3 1, 356f. – [14] Alanus von Lille, Distinctiones. MPL 210, 833 C; vgl. 833 B: «Laudare ... Notat Deum glorificare». – [15] B. Opfermann: Art. ‹Akklamation (liturgisch)›, in: LThK^2 1, 238. – [16] Vgl. H.-J. Schulz: Art. ‹Trishagion›, in: LThK^2 10, 365. – [17] Begriff von H. Ammann: Die menschl. Rede 1 (1925) 32ff. – [18] Scherner, a.O. [2]. – [19] Vgl. Lengeling, a.O. [8] 516ff. – [20] Scherner, a.O. [2] 93. – [21] Cassiodor, In Ps. 77, 5. MPL 70, 556 C. – [22] Ch. H. Haskins: The Renaissance of the 12th century (Cambridge, Mass. 1928); W. von den Steinen: Humanismus um 1100. Arch. Kirchengesch. 46 (1964) 1-20. – [23] W. von den Steinen: Der Kosmos des MA (^{2}1967) 300ff. – [24] Szövérffy, a.O. [3] 176. – [25] F. Melzer: Das Wort in den Wörtern (1965) 266f.   M. Scherner

---

Logica docens/utens (lehrende/verwendende Logik). Im 13. bis 15. Jh. werden die Partizipien ‹docens› und ‹utens› als Beiwörter sowohl zu ‹L.› gebraucht wie zu den Namen der einzelnen logischen Disziplinen, d.h. zu ‹demonstrativa, dialectica, sophistica, (rhetorica)›. Weiter können sie mit den Namen der Ausübenden dieser Disziplinen verbunden werden, d.h. mit ‹logicus›, ‹demonstrator›, ‹dialecticus›, ‹sophista›, ‹(rhetor)› [1]. Als Objekt für ‹docens/utens› muß man ‹syllogismum/syllogismo› oder ähnliches hinzudenken.

Die Distinktion ‹docens/utens› entspricht in etwa der modernen Unterscheidung zwischen der Verwendung von Argumenten in objektsprachlichen Sätzen (utens) und ihrer Erwähnung in metasprachlichen Sätzen über Argumente (docens).

Im 12. Jh. findet man statt ‹docens/utens› die Synonyme ‹tractans/utens› [2] und ‹qui agit *de* arte/qui agit *ex* arte› [3]. Der Ursprung des Paars ‹docens/utens› ist nicht sicher festzustellen, aber man darf wohl Inspiration durch die griechischen Aristoteles-Kommentatoren vermuten (διδάσκει/χρᾶται = docet/utitur). Die ersten mir bekannten Texte, die von docens/utens sprechen, stammen aus der Mitte des 13. Jh.; dort allerdings wird die Terminologie als längst eingebürgert vorausgesetzt. Sie wurde in der Folgezeit von Philosophen verschiedenster Observanz verwendet, darunter von Männern wie Albertus Magnus, Thomas Aquinas, Aegidius Romanus, Iohannes Duns Scotus und Iohannes Buridanus, die später als Autoritäten angesehen wurden, weshalb die Begriffe noch bei den Spätscholastikern des 15. Jh. öfters anzutreffen sind.

Die Probleme, die man mittels der Unterscheidung von L. docens und L. utens ganz oder teilweise lösen wollte, waren

1. die Frage, ob die Logik eine Wissenschaft oder Erkenntnis, eine *scientia*, sei und damit Teil der Philosophie oder bloß deren Werkzeug. Man setzt hier eine antike Diskussion fort und benutzt die Distinktion zwischen docens und utens, um eine salomonische Lösung zu erreichen, indem man gewöhnlich sagt, daß die L. docens, die sich mit den Prinzipien (principia et causae) und Eigenschaften (proprietates) von Argumenten beschäftige, eine (theoretische) Wissenschaft sei, während die L. utens, d.h. die Verwendung der logischen Theoreme zur Gestaltung einer Argumentation oder das Vermögen, die Theoreme als Werkzeuge zu solchen Zwecken zu verwenden, keine Wissenschaft sei oder jedenfalls keine theoretische. Die L. utens wird oft als ‘ars’ bezeichnet, manche haben sie auch ‘scientia practica’ genannt. Im einzelnen scheiden sich die Meinungen, je nach dem Standpunkt des Philosophen, in dem Streit, ob die Logik eine Wissenschaft oder eine Erkenntnisweise (modus sciendi) sei und ob ‘scientia’ objektiv als ein Korpus von wissenschaftlichen Sätzen oder eher als ein subjektiv aufgefaßtes Verhalten der Seele (habitus animae) betrachtet werden müsse. Weiter spielt es eine Rolle, ob der Syllogismus oder die Akte des Verstandes (actus rationis) oder die Meta-Begriffe (secundae intentiones) als der eigentliche Gegenstand (subiectum) der Logik angesehen werden;

2. Probleme, die einzelne logische Disziplinen berühren, und zwar

a) die *Dialektik*. Die Unterscheidung zwischen Dialektik im breiten Sinne (= L.) und im engeren (Disziplin der Wahrscheinlichkeitsschlüsse) wird nicht immer scharf gezogen. Wegen einiger Aristoteles-Stellen stellt sich die Frage, wie sie eine Einzelwissenschaft (scientia specialis) sein und zugleich Probleme aller Wissenschaften behandeln könne. Eine verbreitete Lösung lautet dahin, daß die dialectica utens keine Einzelwissenschaft sei, denn sie habe keinen eigenen Gegenstand (subiectum), dialektische Argumente seien vielmehr in allen Wissenschaften zu finden. Dagegen sei die dialectica docens eine Einzelwissenschaft, deren spezifischer Gegenstand der dialektische Syllogismus oder die mit dem dialektischen Schließen verbundenen intentiones secundae seien. Ferner stellt sich die Frage, wie eine Wissenschaft sich mit etwas Unsicherem beschäftigen könne. Hier wird geantwortet, daß nur die dialectica utens sich der Wahrscheinlichkeitsschlüsse bediene und nicht Erkenntnis (scientia), sondern Meinung (opinio) erzeuge; die dialectica docens aber, die solche Schlüsse in formaler Hinsicht untersucht, sich eher des demonstrativen Verfahrens bediene und Erkenntnis erzeuge;

b) die *Sophistik*. Das Problem ist teilweise dasselbe wie bei der Dialektik, denn laut Aristoteles ist der Wirkungsbereich der Sophistik ebensowenig beschränkt wie derjenige der Dialektik. Zugleich stellt sich aber in schärferer Form die Frage, ob es möglich und moralisch verantwortbar sei, sich mit der Lehre des falschen Schließens zu beschäftigen, und ob eine solche Beschäftigung einen Platz unter den Wissenschaften haben könne, denen ja gemeinsam ist, daß sie etwas Gutes und Wahres zum Ziel haben. Man hilft sich, indem man erklärt, daß nur der sophista utens, aber nicht der sophista docens moralisch verwerflich sei, denn der sophista docens lehre in demonstrativer Weise, wie die Trugschlüsse konstruiert sind, damit man sich gegen sie wehren könne. Demgemäß sei auch die sophistica docens eine scientia, und zwar eine scientia specialis mit eigenem Gegenstand, während die aristotelische Beschreibung der Sophistik als eine scheinbare und unwirkliche Weisheit nur für die sophistica utens zutreffe, die keine scientia sei;

c) die *Rhetorik*. Nach etwa 1270 wird die Rhetorik manchmal parallel zu den (anderen) Teilen der Logik behandelt. Für sie gibt es dieselbe Unsicherheit wie für die Dialektik und die Sophistik, ob sie eine Spezialwissenschaft und ob sie moralisch akzeptabel sei. Das Problem wird in derselben Weise durch Trennung der rhetorica utens von der rhetorica docens gelöst.

Anmerkungen. [1] Die Quellen sind größtenteils noch nicht ediert. Das meiste findet man in den einleitenden Quästionen der Komm. zu den Schr. des arist. Organons. – [2] PIETRO ABELARDO: Scritti di L., hg. DAL PRA (Florenz ²1969) 315-318. – [3] L. Modernorum, hg. DE RIJK II, 2 (Assen 1967) 77.

Literaturhinweise. N. J. GREEN-PEDERSEN: On the interpretation of Aristotle's Topics in the 13th century. Cahiers Inst. du M.-A. grec et latin (Kopenhagen) 9 (1973) 14f. – Dzieje filozofii średniowiecznej w Polsce 1: M. MARKOWSKI: L. (1975) 58ff.

S. EBBESEN

Logica vetus / Logica nova, Logica antiqua / Logica modernorum. Die Terminologie ‹Logica (ars) vetus› (L.v.) / ‹Logica (ars) nova› (L.n.) einerseits und ‹Logica antiqua› (L.a.) / ‹Logica modernorum› (L.m.) andererseits bietet eine zuverlässige thematische Orientierung innerhalb des weiten Feldes der zumeist aus Kommentaren und weiterführenden Quästionen bestehenden spätmittelalterlichen Literatur zur Logik. Insbesondere für den Bereich der L.a. war der zu kommentierende Textbestand festgelegt. Diese Terminologie kam auf, als mit der fortschreitenden Rezeption der «neuen Logik» durch das erst im 12. Jh. einsetzende Bekanntwerden der Originaltexte der ‹Analytica priora›, der ‹Analytica posteriora›, der ‹Topica› und der ‹Sophistici Elenchi› des ARISTOTELES in lateinischen Übersetzungen die bis dahin tradierte fundamentale Trilogie, nämlich die Aristotelischen ‹Categoriae› und ‹De interpretatione› (Peri Hermeneias) zusammen mit der ‹Isagoge› des PORPHYRIOS, zur «alten Logik» wurde [1]. Der ‹Aristoteles Latinus› bietet jetzt das vollständige Material zur Rekonstruktion der einzelnen Phasen dieser Rezeption [2]. Zählte man zunächst auch das Corpus der logischen Schriften des BOETHIUS zur «ars vetus», so beschränkte sich die Kommentar- und Quästionenliteratur jedoch sehr bald auf die genannte Trilogie, allein die realistisch ausgerichteten Autoren von AEGIDIUS ROMANUS und WALTER BURLEY bis hin zu JOHANNES VERSOR berücksichtigten noch, ausdrücklich als Ergänzung zu den ‹Categoriae›, den ‹Liber sex principiorum›, der damals wohl fälschlich Gilbert de la Porrée zugeschrieben wurde.

Vor Boethius hatte MARIUS VICTORINUS mit seiner Übersetzung der ‹Isagoge› des Porphyrius, möglicherweise auch mit solchen der ‹Categoriae› und von ‹De interpretatione›, besonders aber mit einer Schrift über die hypothetischen Syllogismen und einem Kommentar zur ‹Topica› CICEROS, sowie mit der als Ergänzung dazu verfaßten Schrift ‹De definitione› unter Einbeziehung von APULEIUS' ‹Peri Hermeneias› das Tableau der Logik in der lateinischen Welt bestimmt. Nur wenig später übersetzte VETTIUS AGORIUS PRAETEXTATUS sowohl die Themistische Paraphrase der beiden Analytiken des Aristoteles als auch die wohl von Themistius verfaßte, lange Zeit Augustinus zugeschriebene Schrift ‹Decem Categoriae› und begann so allmählich den herrschenden Geist der Ciceronischen Topik zu verdrängen [3]. Aber erst BOETHIUS brachte mit seinen Übersetzungen und Kommentaren die Aristotelische Logik voll zur Geltung, in einer Gestalt, die mit Unterbrechungen bis ins 13. Jh. bestimmend blieb. Er schrieb einen Kommentar zur ‹Isagoge›, einen zu den ‹Categoriae›, zwei zu ‹De Interpretatione› sowie – außer einem unvollendeten Kommentar zur ‹Topica› Ciceros – einen zur ‹Topica› des Aristoteles. Die Syllogistik tradierte Boethius in drei eigenen Schriften: ‹Introductio ad syllogismos categoricos›, ‹De syllogismo categorico› und ‹De syllogismo hypothetico›. Nachhaltigen Einfluß bis in die humanistische Logik übte er ferner durch seine Schrift ‹De differentiis topicis› aus und besonders auch durch ‹De divisionibus›. (Die ihm lange Zeit zugeschriebene Schrift ‹De definitione› ist mit der bereits genannten des Marius Victorinus identisch.) Seine Übersetzung der ‹Sophistici Elenchi› des Aristoteles scheint merkwürdigerweise erst im 12. Jh. bekannt geworden zu sein. Auch wurde das Boethianische Corpus und die fundamentale Trilogie jahrhundertelang zurückgedrängt von den enzyklopädischen Schriften eines MARTIANUS CAPELLA, eines CASSIODOR und ISIDOR VON SEVILLA und von Kompendien wie die von AUGUSTINUS und ALCUIN. Spätestens jedoch seit GERBERT VON AURILLAC (Papst Sylvester II.) bis hin zum ‹Heptateuch› eines THIERRY VON CHARTRES, vom 10. bis ins 12. Jh. also, wurden sie zum offiziellen Lehrprogramm der L.v. gerechnet [4]. Daneben traten mit zeitlich und örtlich beschränkter Wirkung die logischen Schriften des ADAM VON BALSHAM (Parvipontanus), des GARLANDUS COMPOTISTA und vor allem diejenigen von PETER ABAELARD.

Das seit dem 12. Jh. ungewöhnlich erstarkende, nicht zuletzt aus theologischen Motiven gespeiste Interesse an der Logik der Sprache führte zu intensiven Analysen der «proprietates terminorum», deren subtile Schwierigkeiten in umfangreichen Sammlungen von Sophismen niederschlugen. Sich lösend von der engeren Thematik der L.a., worunter man die L.v. und die L.n. zusammen begriff, entwickelten die «moderni» daraus die reichhaltige Palette der als «parva logicalia» oder L.m. zusammenzufassenden neuen Lehrstücke [5]. Eine Terminologie, die aber nicht verwechselt werden darf mit der des Wegestreites, in dem die Realisten, die Thomisten und Albertisten die «via antiqua» vertraten und die Ockhamisten und Buridanisten, die Konzeptualisten und Nominalisten die «via moderna». Denn in beiden Lagern wurde unterschiedslos, wenn auch mit typischen Schuldifferenzen, sowohl die «ars vetus» und die L.n. als auch die sogenannten «parva logicalia» der L.m. gepflegt. Unter den analysierten Eigenschaften der bedeutungstragenden Teile des Satzes (categoremata) war es neben der Signifikation besonders die Supposition mit ihren Besonderheiten, die das Interesse der «Modernen» auf sich gezogen hat und je nach ihrer Position im Universalienstreit verschiedene Behandlung fand. Neben die zentralen Traktate, die sich mit den Suppositionsarten im allgemeinen (De suppositionibus) befaßten, trat eine Reihe gesonderter Abhandlungen, die besondere Erscheinungen zum Gegenstand hatten, wie etwa Termini, die nur für Existierendes gebraucht werden (appellatio), oder solche, die den Referenzbereich modal oder temporal erweitern (ampliatio) oder eingrenzen (restrictio). Eine andere Klasse von Traktaten war den Termini gewidmet, die zur Verifikation der Aussage einer Reduktion bedürfen, den sogenannten «termini resolubiles», «exponibiles» und «officiales». Dieses Lehrstück wurde, seiner exemplarischen Behandlung in RICHARD BILLINGHAMS «Speculum puerorum» wegen, auch kurz «materia libri Billingham» genannt. Die das formale Gerüst des Satzes ausmachenden, ihrerseits nicht bedeutungstragenden Bestandteile (syncategoremata) erfuhren eingehende Behandlung in Sammeltraktaten sowie in speziellen Traktaten wie ‹De relativis›, ‹De reduplicativis›, ‹De incipit et desinit› und schließlich und vor allem in den Lehrstücken, die der Konsequenzenlehre und den thematisch damit verbundenen Antinomien nebst ihren Lösungsansätzen gewidmet waren: ‹De consequentiis›, ‹De insolubilibus› und ‹De obligationibus›. Diese Trias wurde vielfach im Unterschied zu den «parva logicalia» im engeren Sinn der «parvulus modernorum» genannt [6].

Unter mehreren Versuchen, die unternommen wurden, um die antike und moderne Logik zusammenfassend und schulgerecht zu kodifizieren, war einem, den «Summulae logicales» oder «Tractatus» des Petrus Hispanus (Papst Johannes XXI.) besonderer Erfolg beschieden. Selbst Wilhelm von Ockhams umfassende ‹Summa logicae›, schon gar nicht Albert von Sachsens ‹Perutilis logica› oder die ‹Logica magna› des Paulus Venetus, um nur einige der bedeutendsten zu nennen, konnten dieser Schrift des Petrus Hispanus den Rang streitig machen, die an den meisten Universitäten mit Ausnahme von Oxford und Cambridge zur Pflichtlektüre erklärt und daher immer wieder abgeschrieben, kommentiert und erweitert wurde. Von ihrer enormen Wirkung zeugen beredt, abgesehen von den mehr als 300 erhaltenen Handschriften, fast 200 zum großen Teil mit langen Kommentaren angereicherte Editionen, die von den ‹Summulae› noch in den ersten 150 Jahren des Buchdruckes erschienen [7]. Die Errungenschaften der L.m. verloren sich unter dem Druck der humanistischen Rhetorikologik und ihrer Verachtung der scholastischen Subtilitäten bis zur Unkenntlichkeit in den Lehrbüchern der späteren Schullogik, bis die Historiographie der letzten 50 Jahre am Leitfaden der heutigen Logik und Semantik damit begann, sie mit Gewinn in ihren Problemansätzen und Lösungen wieder ernst zu nehmen.

Anmerkungen. [1] A. Van de Vyver: Les étapes du développement philos. du haut moyen-âge. Rev. belge Philol. Hist. 8 (1929) 425-452; M. Grabmann: Arist. im 12. Jh. Mediaeval Stud. 12 (1950) 123-162 und Mittelalterl. Geistesleben 3 (1956) 64-127; J. Isaac: Le «Peri Hermeneias» en Occident (Paris 1953); W. Kneale und M. Kneale: The development of logic (Oxford 1962) 224-246. – [2] Arist. Latinus 1-6 (Brügge/Paris 1961-1975). – [3] P. Hadot: Marius Victorinus (Paris 1971) bes. 191-198; M. W. Sullivan: Apuleian Logic (Amsterdam 1967) 228-234. – [4] Van de Vyver, a.O. [1] 441-443; Grabmann, a.O [1] 3, 94f. – [5] L.m. 1. 2, hg. L. M. De Rijk (Assen 1962-1967). – [6] Vgl. J. Pinborg: Logik und Semantik im MA (1972) 13-18. – [7] Peter of Spain, Tractatus called afterwards Summulae Logicales, hg. L. M. De Rijk (Assen 1972) XCV-CI.

Literaturhinweis. E. J. Ashworth, The tradition of medieval logic and speculative grammar (Toronto 1978) mit Bibliogr.

H. Schepers

Logik (griech. λογική, lat./ital. logica, frz. logique, engl. logic)

I. *Die historischen Benennungen der Logik.* – Die L. ist in ihrer Geschichte verschieden benannt worden. Diese unterschiedlichen Benennungen beruhen auf einem unterschiedlichen Verständnis teils ihrer systematischen Eigenart, teils ihres Lehrgegenstandes, teils ihrer Leistungsfähigkeit. Weil also die verschiedenen Gesichtspunkte ihrer Benennung nicht homogen sind, können ihre verschiedenen Benennungen ein verschiedenes systematisches Verständnis einschließen, müssen es aber nicht. Anderseits können systematisch verschiedene Auffassungen der L. unter einem gemeinsamen Namen auftreten.

1. ‹*Dialektik*› (διαλεκτικὴ ἐπιστήμη) heißt bei Platon die L., soweit sie von ihm ausgebildet ist. Sie befaßt sich mit der Analyse und der Synthese von Begriffen [1] und dient vornehmlich der Erkenntnis des Seienden, um die «Ideen» zu begreifen [2]. Damit beinhaltet sie einmal die Technik der Argumentation, zum anderen eine Metaphysik des Absoluten. Aristoteles dagegen versteht unter der Dialektik (= D.) ein Argumentationsverfahren, das lediglich aus überlieferten oder von Sachkundigen für zulässig erachteten Sätzen aus bloß faktisch-zufälligen, nichtnotwendigen Voraussetzungen nur Wahrscheinliches erschließt [3] im Unterschied zur Analytik, die aus gesicherten Voraussetzungen gesicherte Folgerungen beweist. Anderseits hat Aristoteles die D. ohne ausschließliche Bezugnahme auf die Wahrscheinlichkeit als jene Lehre bezeichnet, die den Weg zu den Prinzipien aller Wissenschaften weist [4], woraus Petrus Hispanus die im Mittelalter übliche Definition der D. als der L. herleitete [5]. Infolge dieser doppelten Bedeutung wurde später unter der D. entweder die L. als ganze oder aber nur die thematisch den aristotelischen ‹Topica› entsprechende Wahrscheinlichkeits-L. verstanden. Gelegentlich dienen die Bezeichnungen ‹D.› und ‹L.› auch zur Unterscheidung des in älterer Zeit üblichen doppelten Lehrkursus der L., d.h. der elementaren, für Anfänger bestimmten ‹Summulae› oder ‹Institutiones dialecticae› und der für Fortgeschrittene bestimmten ‹Quaestiones in logicam› [6]. Dabei enthält die D. einen Abriß der formalen aristotelischen L. und der mittelalterlichen Sprach-L., die L. einen auf ausgewählte Fragen zugeschnittenen Kommentar zu Aristoteles.

Anmerkungen. [1] Platon, Sophistes 253 d f. – [2] Phileb. 58 a; Resp. 511 b. 543 b; Phaedr. 265f. 276 e. – [3] Aristoteles, Top. I, 1, 100 a 27. – [4] Top. I, 2, 101 b 4. – [5] Petrus Hispanus, Summulae logicales, hg. I. M. Bocheński (1947) 1.01. – [6] Vgl. z. B. Barth. Mastrius: Philosophiae ad mentem Scoti cursus integer (Venet. 1727 u.ö.).

2. ‹*L.*› (λογικῶς) ist bei Aristoteles gleichbedeutend mit ‹Dialektik› das aus vagen Voraussetzungen nur als wahrscheinlich zulässig Gefolgerte im Unterschied zur eigentlich beweiskräftigen Analytik [1]. Doch ist dieser Name schon von Cicero [2] zur Benennung der gesamten L. verwendet und später immer in dieser Bedeutung beibehalten worden. Die ältere aristotelische Bedeutung des bloß Wahrscheinlichen tritt nicht mehr auf. Nachdem der Name ‹L.› in Deutschland zeitweilig aus der Mode gekommen war, hat er sich merkwürdigerweise durch ein Werk endgültig durchgesetzt, welches die formale L. radikal verwirft und durch eine aus spekulativer Metaphysik erwachsene 'Dialektik' ersetzt, durch Hegels ‹Wissenschaft der L.›.

Anmerkungen. [1] Aristoteles, Anal. post. I, 21, 82 b 35; I, 22, 84 a 7. – [2] Cicero, De fin. I, 7.

3. ‹*Organon*›, der Buchtitel der logischen Schriften des Aristoteles, ist eine Rekonstruktion aus hellenistischer Zeit. Dieser Benennung liegt die Frage zugrunde, ob die L. ein inhaltlich abgrenzbares Teilgebiet der Philosophie sei, wie z.B. die Naturlehre und die Ethik, oder ob sie nicht vielmehr ein für sämtliches Wissen anwendbares methodisches «Handwerkszeug» (ὄργανον) darstelle [1]. Diese «instrumentalistische» Auffassung kann sich zwar

auf Belegstellen aus Aristoteles berufen [2], wurde aber erst in hellenistischer Zeit, z. B. von ALEXANDER VON APHRODISIAS [3], systematisch ausgebildet und später namentlich von ZABARELLA [4] verfochten. Als ‹Neues Organon› werden gelegentlich die Versuche einer Neubegründung der L. bezeichnet, z. B. von FR. BACON [5], BURTHOGGE [6], LAMBERT [7] und WHEWELL [8]. Dabei wird auf den aristotelischen Büchertitel angespielt, nicht auf die instrumentalistische Auffassung der L. Umgekehrt kann die instrumentalistische Auffassung der L. auch ohne die Benennung als ‹Organon› auftreten [9].

Anmerkungen. [1]Vgl. TH. WAITZ: Arist. Org. II, 294. – [2] ARISTOTELES, Top. I, 13, 105 a 20; De an. III, 8, 431 b 29 u. ö. – [3] ALEXANDER VON APHRODISIAS, In Arist. Anal. pr. lib. I comm. (1883) 1ff. – [4] J. ZABARELLA: Opera logica (Coloniae 1597 u. ö., ND 1966). – [5] FR. BACON, Novum Organum scientiarum (London 1620). – [6] R. BURTHOGGE: Organum vetus et novum (London 1678). – [7] J. H. LAMBERT: Neues Organon (1764). – [8] W. WHEWELL: Novum Organum renovatum (1858). – [9] Vgl. z. B. J. F. BUDDEUS: Elementa philosophiae instrumentalis (Halae 1703 u. ö.).

4. *‹Kanonik›* heißt die als Lehre von den richtungsweisenden Normen (κάνονες) der Erkenntnis und der Wahrheit verstandene L. bei den Epikureern. Sie ist von ihnen zwar theoretisch als selbständiges Lehrgebiet der Philosophie anerkannt, aber praktisch wegen ihrer nahen Beziehungen zur sensualistischen Erkenntnistheorie weithin mit der Naturlehre verbunden worden [1].

Anmerkung. [1] DIOGENES LAERTIUS, Vitae philosophorum X, 29ff.; CICERO, De fin. I, 7; SENECA, Ep. 89.

5. *‹Medicina mentis›* als Benennung der L. knüpft an CICERO [1] an und kennzeichnet die Auffassung, die L. solle durch ihre formalen Regeln den natürlichen Schwächen des menschlichen Verstandes entgegenwirken, damit eine sachlich angemessene rationale Erkenntnis zustande komme. Diese Fähigkeit, den Verstand methodisch nach Regeln zu leiten, sei allein der L. eigentümlich. Alle anderen Wissenschaften dagegen liefern (nur) faktische Einsichten [2]. Die medicina mentis soll also den Verstand schärfen, nicht inhaltliche Kenntnisse vermitteln. Als Buchtitel ist diese Benennung der L. namentlich bei TSCHIRNHAUS [3] bekannt, findet sich im 18. Jh. aber auch bei LANGE, FEUERLIN und HANSCH [4]. Verwandt mit der medicina mentis ist die von den frühen Jesuiten aufgebrachte [5] und von DESCARTES übernommene Lehre der directio intellectus. Danach befaßt sich die L. statt mit den «metaphysischen» Gebilden des Verstandes (entia rationis) mit den Regeln zu dessen richtiger Anwendung.

Anmerkungen. [1] CICERO, Tusc. III, 1. – [2] BARTH. KECKERMANN: Systema systematum (1613) 1, 67 b. – [3] E. W. VON TSCHIRNHAUS: Medicina mentis (1687, ²1695, ND 1964). – [4] JOACH. LANGIUS: Medicina mentis ... (1704); J. W. FEUERLINUS: Medicina intellectus sive logica ... (1715); M. G. HANSCHIUS: Medicina mentis et corporis (1728). – [5] Vgl. W. RISSE: Die L. der Neuzeit 1 (1964) Sachreg. s.v. ‹Directio intellectus›.

6. *‹Vernunftlehre›* (etymol. an λόγος bzw. λογική anknüpfend) heißt die L. in zwei grundverschiedenen Bedeutungen, einmal das objektiv Gedachte, zum anderen die subjektive Fähigkeit des Denkens betreffend. In der lateinischen Terminologie ist der Ausdruck ‹Vernunftlehre› (*philosophia rationalis*) gewählt, um die objektiven reinen Verstandesgebilde (entia rationis) als speziellen Lehrgegenstand der L. zu kennzeichnen und um parallele Bezeichnungen für die einzelnen Teilgebiete der Philosophie, d. h. L. (philos. rationalis), Ethik (philos. moralis), Naturlehre (philos. naturalis) und Metaphysik (philos. transnaturalis), zu haben [1]. In diesem Sinne heißt die L. in älteren deutschsprachigen Werken ‹Vernunfftkunst› [2] oder ‹Verstand-Lehre› [3]. In der Terminologie der deutschen Aufklärung dagegen wird die L. im subjektiven Sinne, «daß wir die Kräfte des menschlichen Verstandes und ihren rechten Gebrauch in Erkäntniß der Wahrheit erkennen lernen», mit ‹Vernunftlehre› bezeichnet [4]. In dieser Bestimmung der L. als Vernunftlehre sind die Vertreter sonst unterschiedlicher Lehrmeinungen, wie THOMASIUS [5], CHR. WOLFF und CRUSIUS [6], einmütig. Unterschiedliche Auffassungen treten hier erst auf angesichts der Frage, ob die Vernunft die objektive und feststehende oder die subjektive und ausbildungsfähige Voraussetzung des Wissens sei. Als Büchertitel findet sich die Benennung der L. als Vernunftlehre u. a. bei HOFFMANN [7] und bei REIMARUS [8].

Anmerkungen. [1] Vgl. z. B. C. SCHULTHAIS: Philosophia peripatetica rationalis, naturalis, transnaturalis (Campidonae 1682). – [2] G. WASSERLEITER: Logica (Erfurt 1590). – [3] W. RATICHIUS: Kurtzer Begriff der Verstand-Lehr (Cöthen 1621). – [4] CHR. WOLFF: Vernünftige Gedancken von den Kräften des menschl. Verstandes, Vorb. § 11 (1743) 6. – [5] CHR. THOMASIUS: Einl. zu der Vernunfft-Lehre (1791); Ausübung der Vernunfft-Lehre (1791). – [6] CHR. A. CRUSIUS: Weg zur Gewißheit und Zuverlässigkeit der menschl. Erkenntniß (1747) § 59. – [7] A. F. HOFFMANN: Vernunft-Lehre (1737). – [8] H. S. REIMARUS: Die Vernunftlehre als eine Anweisung zum richtigen Gebrauche der Vernunft (1756 u. ö., ND 1979).

7. *‹Kunstlehre›* (τέχνη, ars) heißt die L. in der lateinischen Schultradition hinsichtlich ihres Genus, nicht hinsichtlich einer eigentlichen Benennung. Als Ausgangspunkt dieser Bestimmung der L. dient die Frage, welcher der fünf von ARISTOTELES angegebenen Grundhaltungen des Verstandes (habitūs), d. h. praktischem Können (ars), wissenschaftlicher Erkenntnis (scientia), sittlicher Einsicht (prudentia), Weisheit (sapientia) und intuitivem Verstand (intelligentia) [1] die L. artgemäß zugehöre. Sofern als Genus der L. nicht ein eigener «habitus intellectualis instrumentalis» angenommen wird [2], stimmen fast alle älteren Logiker außer den Scotisten darin überein, daß nur die *ars* in Frage komme. Umstritten ist jedoch, ob sie sachlich angemessen mit ARISTOTELES als vernunftmäßige Tätigkeit [3] oder mit ZENON als System geordneter Sätze [4] zu verstehen sei. Diese von nahezu allen Scholastikern und bis um 1700 erörterte Fragestellung besagt, unabhängig davon, ob sie im aristotelischen oder im zenonischen Sinne behandelt wird, die L. stelle ein Mittel des menschlichen Verstandes, nicht ein objektiv vorgefundenes Sachwissen dar. Die außer bei den Scotisten fast allenthalben auftretende These, die L. sei keine Wissenschaft (scientia), ist aus dem aristotelischen, nicht aus dem modernen Begriff der Wissenschaft zu verstehen. Vor allem betrifft diese These nicht den Lehrgegenstand, sondern die Darstellungsweise der L. Deshalb ist die Auffassung der L. als K. mit jener als Wissenschaftslehre verträglich.

Anmerkungen. [1] ARISTOTELES, Eth. Nic. VI, 3, 1139 b 14ff. – [2] JAC. ZABARELLA: Opera logica (1597) 21ff. – [3] ARISTOTELES, Eth. Nic. VI, 4, 1140 a 1ff. – [4] LUCIAN, Περὶ παρασίτου c. 4.

8. *Wissenschaftslehre* zu sein, galt im Mittelalter im Anschluß an einen Teil der Logikdefinition (scientia scientiarum) des PETRUS HISPANUS [1] als eines der Merkmale (nicht als Benennung und außer bei den Scotisten auch nicht als Artbestimmung) der L., sofern sie den

rechten Gebrauch der «Weisen des Wissens» (modi sciendi), d. h. der Definition, der Einteilung und der Argumentation, behandelt. Die Aufgabenstellung der L. und der als solche nicht näher erörterten Wissenschaftslehre fallen hier völlig zusammen. Eine scharfe Trennung zwischen L. und Wissenschaftslehre dagegen zieht GEULINCX. Danach gehört zur L. die Lehre von den formalen Beziehungen der Begriffe, Urteile und Schlüsse, also das System der L., zur Wissenschaftslehre (scientia de scientiis) aber diejenige von den sachbedingten Voraussetzungen des Wissens, namentlich der Methodenlehre, also die Theorie der L. [2]. Nach FICHTE obliegt der Wissenschaftslehre die Deduktion des Wissens mittels der dialektischen Methode der Thesis, Antithesis und Synthesis. Ihr absolut unbedingter Grundsatz soll «diejenige Tathandlung ausdrücken, die unter den empirischen Bestimmungen unseres Bewußtseins nicht vorkommt, noch vorkommen kann, sondern vielmehr allem Bewußtsein zum Grunde liegt und allein es möglich macht» [3]. BOLZANO bezeichnet die L. insgesamt als Wissenschaftslehre und versteht darunter den «Inbegriff aller derjeniger Regeln, nach denen wir bei dem Geschäfte der Abtheilung des gesammten Gebietes der Wahrheit in einzelne Wissenschaften und bei der Darstellung derselben in eigenen Lehrbüchern vorgehen müssen, wenn wir recht zweckmäßig vorgehen wollen» [4]. Diese Benennung der L. als Wissenschaftslehre rechtfertigt sich für Bolzano daraus, daß sie von der «Wahrheit an sich», als festem Wissen, handelt. Im späteren 19. Jh. wird der Begriff der Wissenschaftslehre für die rationale Begründung des Wissens verwendet. Dadurch wird die Philosophie als ganze ihrer Aufgabenstellung nach zur Wissenschaftslehre, sofern sie «die Methoden und Ergebnisse der Einzelwissenschaften als den eigentlichen Gegenstand ihrer Forschungen betrachtet» [5].

Anmerkungen. [1] PETRUS HISPANUS, Summulae logicales, hg. I. M. BOCHEŃSKI (1947) 1.01. – [2] A. GEULINCX, Opera, hg. LAND (1891) 1, 454. – [3] J. G. FICHTE: Grundl. der gesamten Wissenschaftslehre (1794) § 1. – [4] B. BOLZANO: Wissenschaftslehre (1837) 1, 7. – [5] W. WUNDT: L. (²1893) II/2, 641f.

9. *‹Denklehre (Denkkunst)›* heißt die L. bei ARNAULD (l'art de penser), weil sie die Verstandesoperationen des Begreifens, Urteilens, Schließens und methodischen Ordnens zum Gegenstand hat [1]. Trotz dieser subjektiven Formulierung ist das Verständnis der L. hier noch insofern objektiv, als formale Beziehungen des Gedachten (und nicht bloße Denkweisen als Tätigkeiten des Verstandes) untersucht werden und die Richtlinien der L. allgemeinverbindlich sind, nicht aber durch den Verstand erst als solche gesetzt werden. In dieser zu Recht vertretbaren Bedeutung bezeichnet auch LEIBNIZ die L. als Denklehre (l'art de penser) oder *Denkkunst* [2]. In völlig subjektivem Sinne verstanden dagegen wird die L. als Denklehre im Gefolge des 18. Jh. aufkommenden 'Psychologismus'. Danach betrifft die L. nicht formale, vom denkenden Subjekt unabhängige Bedeutungsbeziehungen, sondern die Art und Weise, wie das Subjekt aufgrund seiner psychophysischen Veranlagung zu denken eingerichtet ist. Die Regeln der L. sind hier als «Naturgesetze des Denkens» verstanden [3]. An die Stelle dieses «physiologischen» tritt nach der Mitte des 19. Jh. ein weithin erkenntnistheoretisch orientierter Psychologismus. Auch nach seiner Auffassung ist die L. die subjektiv verstandene Denklehre. Ihr obliegt die Untersuchung der «normativen» Denkregeln bzw. «Denkgesetze» als der methodischen Richtlinien, denen das auf Wahrheitserkenntnis ausgehende Denken zu folgen hat [4]. Die Auffassung der L. als Denklehre geht davon aus, «daß die Gesetze, nach denen unser geistiges Leben sich entwickelt und regelt ... Naturgesetze sind» [5]. Diese in der These «Das psychologische Denken bleibt immer die umfassendere Form» [6] zusammenfaßbare Ansicht wurde namentlich von HUSSERL als komplettes Mißverständnis zurückgewiesen [7].

Anmerkungen. [1] A. ARNAULD: La L. ou l'art de penser (Paris 1662). – [2] G. W. LEIBNIZ, Philos. Schr., hg. GERHARDT 7, 183. 516. – [3] J. CHR. LOSSIUS: Phys. Ursachen des Wahren (1775) 56. – [4] B. ERDMANN: L. (³1925) 25. – [5] W. JERUSALEM: Der krit. Idealismus ... (1905) 102. – [6] W. WUNDT: L. (²1893) 1, 91. – [7] E. HUSSERL: Log. Untersuch. (⁴1928) 1, 181.   W. RISSE

II. *Die Logik der Antike.* – Der Ausdruck ‹L.› (griech. ἡ λογική [τέχνη], Argumentationskunst, von λόγος, sprachlicher Ausdruck, insbes. Vernunft, Rede, Schluß [-folgerung], Proportion) steht sowohl in der älteren Stoa wie im älteren Peripatos für eine Lehre vom Argumentieren bzw. Schließen, ist in dieser Bedeutung jedoch nicht vor dem 1. Jh. v. Chr. belegt [1]. Allerdings ist zu beachten, daß dabei ‹L.› sachlich in Konkurrenz mit dem seit Platon für denselben Bereich üblichen und bei Platon sogar die Philosophie im ganzen nach ihrer Methode charakterisierenden ‹Dialektik› (griech. διαλεκτική [τέχνη]) tritt, obwohl ‹L.› terminologisch zum einen – im *Peripatos* – das von Aristoteles gebrauchte ‹Analytik› unter Einschluß von ‹Topik› vertritt, also Oberterminus für ‹Dialektik› und ‹Apodeiktik› ist [2], zum anderen – in der *Stoa* – als Oberterminus für ‹Dialektik› und ‹Rhetorik› verwendet wird [3].

Dabei steht ‹Dialektik› bei ARISTOTELES und seiner Schule im weiteren Sinn für eine *Begriffs-L.* in Gestalt der (assertorischen und modalen) Syllogistik – d. i. der in der ‹Ersten Analytik› dargestellten Lehre von den (schlüssigen) Syllogismen mit zwei Prämissen und einer Konklusion, die sämtlich eines der vier syllogistischen Aussageschemata AaB, AiB, AeB, AoB (alle A sind B, einige A sind B, kein A ist B, einige A sind nicht B) erfüllen müssen. Dabei dienen die Buchstaben ‹A› und ‹B› als schematische Symbole für Begriffswörter (griech. ὅροι [4], lat. termini; wörtl. 'Grenzen', nämlich einer Aussage, die sich zwischen zwei Termini 'erstreckt') [5]. Für modale Syllogismen treten noch die Operatoren ‹notwendig› (ἐξ ἀνάγκης) und ‹möglich› (ἐνδέχεται) sowohl im 'notwendig' einschließenden wie ausschließenden Sinn hinzu, allerdings nicht nur *de dicto*, d. h. vor Aussageschemata im ganzen, z. B. notwendig(AaB), wie erst Aristoteles' Nachfolger THEOPHRAST zusammen mit der Beschränkung von ‹möglich› auf den ‹notwendig› einschließenden Sinn für eine erfolgreiche Behandlung der modalen Syllogistik durchgesetzt hat [6], sondern auch *de re*, d. h. auch vor Termini, z. B. Aa notwendig B, was zu unlösbaren Schwierigkeiten führt [7]. Diese Dialektik im weiteren Sinn ist dann ebenfalls der Rhetorik gegenübergestellt [8], im engeren Sinn hingegen vertritt ‹Dialektik› eine bestimmte Verwendungsweise des syllogistischen Verfahrens, nämlich diejenige, bei der – anders als in der Apodeiktik, von der die ‹Zweite Analytik› des Aristoteles handelt – über die Wahrheit der jeweils obersten Prämissen nichts entschieden ist, sie vielmehr vom Diskussionspartner lediglich zugestanden wird, so daß trotz korrekten Schließens kein 'Beweis' der letzten Konklusion zustande kommt; in diesem Sinne dient das in der ‹Topik› gelehrte Verfahren der 'bloß' dialektischen Syllogismen als systematische Einführung in die von Platon als Vorbereitung künftiger Philosophen geforderte 'geistige Gymnastik', einer einwandfreien Argumentation zwischen Diskussionspartnern [9].

Hingegen vertritt ‹Dialektik› in der *Stoa* eine *Aussagen-L.*, wörtlich eine Wissenschaft der wahren und falschen [Aussagen] und ihrer nicht wahrheitsfähigen Bestandteile, um nach Frage und Antwort einen einwandfreien Dialog führen zu können [10]. Aufgebaut ist diese Aussagen-L. aus einer Lehre über das (nicht-körperliche) Bedeutete (σημαινόμενον = λεκτόν = φαντασία λογική, entsprechend dem aristotelischen λόγος τοῦ πράγματος [11]) und den beiden Lehren über das (körperliche) Bedeutende (σημαῖνον), d. h. den Laut oder allgemein das Zeichen, und über das (körperliche) Ding (τυγχάνον) [12]. Die Lekta gliedern sich dabei in die vollständigen (αὐτοτελές) 'Bedeutungen', d. h. Aussagen, Befehle, Fragen, Anreden einschließlich ihrer logischen Zusammensetzungen usw., und die unvollständigen (ἐλλιπές) 'Bedeutungen', d. h. Subjekt, Prädikat usw. Seit in der Neuzeit von J. ŁUKASIEWICZ erstmals die Eigenständigkeit der megarisch-stoischen L. gegenüber der aristotelischen Syllogistik erkannt wurde – an ihrem Aufbau waren vor den Stoikern von ZENON bis CHRYSIPP auch die Megariker von EUBULIDES bis DIODOROS KRONOS und PHILON VON MEGARA speziell bezüglich der Untersuchung von ‹wenn – dann›-Aussagen unter Einschluß der Modalitäten beteiligt –, erlauben die intensiven Forschungen über das fragmentarische Material mittlerweile die gut gestützte Vermutung, daß zur Lehre von den Lekta sogar eine als widerspruchsfrei und vollständig bewiesene Kalkülisierung der klassisch junktorenlogisch gültigen Implikationen gehört hat [13]. Allerdings ist schon von THEOPHRAST die (kategorische, sowohl assertorische wie modale) Syllogistik um aussagenlogische Schlüsse erweitert worden, die für die Lehre von den hypothetischen (d. h. wenn – dann) und disjunktiven (d. h. entweder – oder) Syllogismen in der megarisch-stoischen Schule motivierend gewesen sein mögen [14]. Aber erst in der Spätantike hat mangelndes Verständnis der Unterschiedenheit von peripatetischer Begriffs-L. und stoischer Aussagen-L. zu teilweise sinnentstellenden Verschmelzungen beider Traditionszusammenhänge geführt [15], die terminologisch, z. B. in der ‹Institutio Logica› des Mediziners GALENOS (2. Jh. n. Chr.), an der Ersetzung der stoischen διαλεκτική (also der um die Rhetorik verminderten L.) durch die peripatetische λογική ablesbar wird [16].

Hinzukommt, daß bei den Peripatetikern L. als Organon und damit *Methode* der Philosophie und Wissenschaft angesehen wird, während die Stoiker L. neben Ethik und Physik als eines der drei großen *Teilgebiete* der Philosophie und Wissenschaft behandeln. Die Auffassung des *Peripatos* formuliert stellvertretend ALEXANDER VON APHRODISIAS: «οὐκ ἐπεὶ δὲ ὄργανον καὶ οὐ μέρος φιλοσοφίας ἡ ἀναλυτική, διὰ τοῦτο ἐλάττονός ἐστιν ἡμῖν σπουδῆς ἀξία» (Der Umstand, daß die L. ein Organon und kein Teil der Philosophie ist, ist für uns keineswegs ein Grund, ihr weniger Eifer zu widmen) [17]. Die stoische Dreiteilung des Wissens in φυσικόν, ἠθικόν und λογικόν soll nach dem Zeugnis von DIOGENES LAERTIUS schon der Gründer der Stoa, ZENON VON KITION, vorgenommen haben [18]. Eine entsprechende Dreiteilung der Aussagen (προτάσεις) mit Rücksicht auf den Gegenstand, über den sie etwas aussagen, ist bereits bei ARISTOTELES exemplarisch eingeführt [19].

ARISTOTELES selbst bezieht zu dieser den Ursprung der bis heute aktuell gebliebenen Frage nach dem Status der L. als Kunst (τέχνη, ars) oder Wissenschaft (ἐπιστήμη, scientia) markierenden Alternative keine Stellung. Wäre nämlich das in den ‹Analytiken› und der ‹Topik› entwickelte Werkzeug der apodeiktischen und dialektischen Syllogismen selbst eine (beweisende) Wissenschaft (Apodeiktik), so müßten Syllogismen als Aussagen (λόγοι ἀποφαντικοί) gelten und vollkommene Syllogismen als Prinzipien (ἀρχαί), während das Verfahren der Reduktion (ἀναγωγή) von Syllogismen auf die von Aristoteles angenommenen vier vollkommenen (τέλειοι) Syllogismen der ersten Figur (σχῆμα): barbara, celarent, darii und ferio [20], von denen sich die zwei letzten, wie auch Aristoteles selbst erkannte, noch auf die zwei ersten zurückführen lassen – ein beweisendes (ἀποδεικτική) Verfahren zu sein hätte. Das aber ist nicht der Fall, denn erst GALEN hat – die offensichtlich gelungene Kalkülisierung der stoischen Aussagen-L. vor Augen – auch für die peripatetische Begriffs-L. bzw. die L. im Ganzen einen 'beweisenden Aufbau nach Art der Geometrie' gefordert, mit λογικαὶ ἀρχαί an der Spitze [21]. Genausowenig ist die Syllogistik als eine (übereinstimmende Meinung erzeugende) Kunst (Dialektik) aufgebaut, weil weder nur für den Zweck der Argumentation angenommene allgemeine Überzeugungen (τόποι) am Anfang stehen, noch daraus mit Hilfe (dialektischer) Syllogismen geschlossen wird. Die Syllogismen werden in den Wissenschaften und in den Künsten verwendet, gehören selbst aber keiner von beiden als Gegenstand an [22], und zwar deshalb nicht, weil sie je nach dem Standpunkt des Betrachters sowohl als *Regeln* des Schließens (συλλογίζεσθαι) gelten, nämlich von zwei Prämissen (προτάσεις) auf eine Konklusion (συμπέρασμα), wie auch als *Sätze* über das Schließen, nämlich (log.) Implikationen zwischen den zwei Prämissen und der Konklusion.

Im ersten Verständnis des Syllogismus als einer Schlußregel geht es um den Aspekt des Erzeugens-von-etwas-aus-etwas in der Definition des Syllogismus als «ein sprachlicher Ausdruck (λόγος), in dem, nachdem etwas gesetzt ist, etwas anderes als das Zugrundeliegende mit Notwendigkeit aufgrund des Zugrundeliegenden sich ergibt» [23], so daß ARISTOTELES die Syllogismen in ihrer Verwendung, nämlich zu einer gegebenen These solche Hypothesen zu finden, die als Prämissen eines (schlüssigen) Syllogismus mit der These als Konklusion taugen, insbesondere also 'einleuchtender' und 'fundamentaler' als die These sind, mit Recht eine syllogistische Kunst (συλλογιστικὴ τέχνη) [24] nennen konnte. Diese Wiederherstellung der ursprünglichen Rolle der Syllogistik, die bereits aufgrund des Einflusses der epistemologisch-aussagenlogisch und nicht ontologisch-begriffslogisch orientierten stoischen und epikureischen Logik in der Spätantike 'vergessen' wurde, was den Beginn der Geringschätzung der aristotelischen L. in der Neuzeit und den Vorwurf, steriler Formalismus und «plattes Zeug» [25] zu sein, zur Folge hatte, verdankt man vor allem E. Kapp [26] (führt doch der Schluß von den Prämissen eines Syllogismus auf die Konklusion nicht von Bekanntem zu noch Unbekanntem und ist daher auch kein Bild, erst recht kein Instrument 'richtigen Denkens').

Im zweiten Falle, der Interpretation der Syllogismen als Sätze, wird der Aspekt des Selbst-ein-sprachlicher-Ausdruck-Seins in der eben herangezogenen Definition des Syllogismus relevant: Die Syllogismen werden als Gegenstand der Erörterung nur erwähnt und nicht verwendet. – Charakteristischerweise verwendet ARISTOTELES in bezug auf seine eigenen Argumentationen in den ‹Analytiken› anstelle der zu erwartenden Unterscheidung von apodeiktisch und dialektisch die Unterscheidung von analytisch (ἀναλυτικῶς) und logisch (λογικῶς) [27], wobei eine Argumentation 'analytisch' heißt, wenn sie auf wahren Grundsätzen – und zwar begrifflichen, nicht z. B. physikalischen: Oberterminus für ἀναλυτικῶς und φυσικῶς ist ἐκ τῶν κειμένων [28] – beruht, 'logisch' hingegen, wenn sie unabhängig von bestimmten Grundsätzen, nach allgemeiner Überzeugung schon, gilt. Und Aristoteles argumentiert in der Mehrzahl der Fälle zu einer bestimmten These, z. B. derjenigen, daß jede Wissenschaft erste wahre und unbeweisbare Grundsätze hat [29], gleich zweifach, sowohl analytisch als auch logisch, also 'theoretisch' *und* 'praktisch', was in der scholastischen Periode angesichts der von der Spätantike – ca. seit dem 1. Jh. – betriebenen Versöhnung zwischen stoischer Disziplinenauffassung und peripatetischer Werkzeugauffassung [30] zum diplomatischen Sowohl-als-auch der Definition der L., etwa bei PETRUS HISPANUS (in den einflußreichen ‹Summulae Logicales›, ca. 1230), geführt hat: «dialectica [= L.] est ars artium et scientia scientiarum ad omnium methodorum principia viam habens» (Die L. ist die Kunst der Künste und die Wissenschaft der Wissenschaften und besitzt den Zugang zu den Grundsätzen aller Methoden) [31]. Aber natürlich ist nicht generell so verfahren worden, insbesondere dort nicht, wo peripatetische Lehrstücke Vorrang besaßen, z. B. bei ALBERTUS MAGNUS: «quidam antiquorum Logicam nullam esse scientiam contenderunt, dicentes non posse esse scientiam id quod est omnis scientiae sive doctrinae modus» (Einige der Alten vertraten die These, das, was das Verfahren jeder Wissenschaft oder Lehre sei, könne nicht selbst Wissenschaft sein) [32].

Nun gehört zur L., auch in der Antike, wenngleich in anderem Aufbau, neben dem Lehrstück über den Schluß (συλλογισμός im Peripatos; in der Stoa auch λόγος, weil dort nicht nur die syllogistischen Aussageschemata AaB, AiB, AeB und AoB auftreten, sondern vor allem junktorenlogisch zusammengesetzte Aussageschemata [33]; frz. raisonnement, engl. reasoning, inference) auch das, was seit der L. von Port-Royal (1662) in der traditionellen L. unter Berufung auf die Bestandteile terminus und propositio in einem Syllogismus die Lehre vom Begriff (frz. idée, concept, notion; engl. concept, idea, term) und die Lehre vom Urteil (frz. jugement, engl. judgment, proposition) heißt. So werden von DIOGENES LAERTIUS [34] die platonischen Dialoge ‹Theaitetos› und ‹Sophistes› 'logisch' genannt, ersichtlich deshalb, weil wir hier – und im ‹Kratylos› – erstmals diejenigen Bestimmungen über den Aufbau und die Bedingungen der Geltung ('Syntax' und 'Semantik') elementarer Aussagen (λόγοι) aus Subjekt und Prädikat (ὄνομα und ῥῆμα) vorfinden –, und zwar eingebettet in die Erfordernisse der (zur 'Pragmatik' zählenden) «Kunst der Auseinandersetzung» (διαλεκτικὴ τέχνη) –, die bei ARISTOTELES in ‹De Interpretatione› («Über den Ausdruck von Gedanken in der Rede») als erste Anfänge einer *rationalen Grammatik* auftreten (hier ἀπόφανσις oder ἀποφαντικὸς λόγος für Aussage), ohne aber für das Verständnis der Syllogistik entgegen traditioneller Ansicht unerläßlich zu sein; dazu gehört auch die für PLATON wie für ARISTOTELES zentrale Lehre von den Gegensätzen (ἀντιθέσεις oder ἀντικείμενα) [35]. Ebenso muß das auf SOKRATES zurückgehende und von PLATON ausgearbeitete Verfahren der Begriffsbestimmung durch Dihairesis (s. d.), von ihm auch συλλογίζεσθαι genannt, von der besonderen Schwierigkeit des Zusammenhangs zwischen Begriff und Idee bei Platon einmal abgesehen, als erster Versuch zur Begründung allgemeiner Aussagen der Form AaB angesehen werden, aber eben nicht durch Rückgang auf syllogistische Prämissen, wie ARISTOTELES kritisiert [36]; wohl aber wird dadurch die von der gesamten antiken Tradition getragene Überzeugung bestimmt, daß L. wie auch jede andere τέχνη oder ἐπιστήμη nur vom Allgemeinen (τὸ καθόλου) möglich ist: ἀρχὴ δὲ τῶν συλλογισμῶν τὸ τί ἐστιν (Der Ursprung aller Schlußregeln ist das Was-ist-es [d. h. die Wesensfrage]) [37].

Anmerkungen. [1] CICERO, De finibus 1, 7, 22; vgl. E. KAPP: Der Ursprung der L. bei den Griechen (1965) 25. – [2] Vgl. BOETHIUS, In Top. Ciceronis comm. I. Opera (Basel 1546) 760; De differentiis topicis I a.O. 857: «omnis ratio disserendi quam Logicen Peripatetici veteres appellavere, in duas distribuitur partes, unam inveniendi [d. i. die Topik], alteram judicandi [d. i. die Analytik]». – [3] DIOGENES LAERTIUS, De clarorum philosophorum vitis, dogmatibus et apophthegmatibus, hg. C. G. COBET (Paris 1888) VII, 41f. – [4] Zur Def. von ὅρος vgl. ARISTOTELES, Anal. pr. 24 b 16; zur Homonymie von ὅρος als Terminus und als Def. vgl. KAPP, a.O. [1] 37ff. – [5] Zur Herkunft der log. Terminol. aus einer geometrischen bei Aristoteles vgl. W. HAMILTON: Discussions on philos. and lit., education and university reform (Edinburgh/London ³1866). – [6] Vgl. I. M. BOCHEŃSKI: La L. de Théophraste (Fribourg 1947); P. LORENZEN: Normative L. and ethics (Mannheim 1969); I. ANGELELLI: The Aristotelian modal syllogistic in modern modal L., in: Konstruktionen versus Positionen, hg. K. LORENZ (1979). – [7] Vgl. A. BECKER: Die arist. Theorie der Möglichkeitsschlüsse (1934); eine Abh. von ALEXANDER VON APHRODISIAS mit dem Titel ‹Über den Dissens zwischen Aristoteles und seinen Freunden, die gemischten Modi betreffend› ist nicht erhalten. – [8] Vgl. ARIST., Rhet. 1354 a 1. – [9] Vgl. Top. 101 a 28. – [10] DIOGENES LAERTIUS, VII, 41f. – [11] Vgl. ARIST., Soph. El. 177 a 9ff. – [12] SEXTUS EMPIRICUS, Adv. Math. VIII, 11. – [13] Vgl. J. ŁUKASIEWICZ: O Logice Stoików [Über die stoische L.]. Przegl. Filoz. 30 (1927) 278f.; Zur Gesch. der Aussagen-L. Erkenntnis 5 (1935) 111-131. – [14] Vgl. H. SCHOLZ: Abriß der Gesch. der L., (²1950) 31ff. – [15] Vgl. B. MATES: Stoic L. (Berkeley/Los Angeles 1961) 8f. u. a. – [16] Zur weiteren Wortgesch. von ‹L.› und ‹Dialektik› vgl. SCHOLZ, a.O. [14] 6ff. – [17] ALEXANDER VON APHRODISIAS, Einl. zu: In Arist. Anal. pr. lib. I comm., hg. M. WALLIES, in: Comm. in Arist. Graeca II/1 (1883). – [18] DIOGENES LAERTIUS, VII, 39; vgl. ZENO CITIEUS Stoicus, SVF 1, 15, vermutlich unter Bezug auf einen ähnl. Schritt in der Akad. unter Xenokrates; vgl. SEXT. EMP., Adv. Math. VII, 16. – [19] ARIST., Top. 105 b. – [20] Diese mnemotechn. Ausdrücke für die Syllogismen wurden erstmals von PETRUS HISPANUS, Summulae logicales, hg. I. M. BOCHEŃSKI (Turin 1947) eingeführt. – [21] Vgl. Beleg mit Diskussion bei SCHOLZ, a.O. [14] 36. – [22] Vgl. ARIST., Met. 995 a. – [23] Top. 100 a 25-27; Anal. pr. 24 b 18-20. – [24] Soph. El. 172 a 36. – [25] Vgl. K. ROSENKRANZ: G. W. F. Hegels Leben (1844) 538. – [26] E. KAPP: Art. ‹Syllogistik›, in: RE IV/A (1931) 1046-67; ND in: Ausgew. Schr. (1968) 254-277. – [27] Vgl. ARIST., Anal. post. 84 a 7- b 2. – [28] a.O. 88 a 18-31. – [29] 83 b-84 b. – [30] Vgl. BOETHIUS, Ad Porphyr. a se transl. S. 48: «Nihil quippe dicimus impedire, ut eadem L. partis vice simul instrumentice fungatur officio». – [31] Der erste Satz des von BOCHEŃSKI, a.O. [20] irrtümlich als Codex optimus angesehenen und edierten MS der Vatican Bibl.; vgl. die krit. A. PETER OF SPAIN: Tractatus called afterwards Summulae Logicales, hg. L. M. DE RIJK (Assen 1972). – [32] ALBERTUS MAGNUS, De praedicabilibus, tract. I: de natura logicae. Opera I, hg. P. JAMMY (Lyon 1651) 1 a; vgl. ARIST., Met. 995 a 13f. – [33] Vgl. SEXT. EMP., Pyrrh. Hyp. B 135f. – [34] DIOG. LAERT., III, 58. – [35] ARIST., De interpret. 17 b 20f.; vgl. Met. 1018 a 20ff.; 1054 a 23ff.; zu Platon vgl. W. KAMLAH: Platons Selbstkritik im Sophistes (1963); zu Arist. vgl. J. P. ANTON: Aristotle's theory of contrariety (London 1957); vgl. auch Art. ‹Gegensatz II›. – [36] Vgl. ARIST., Anal. pr. 46 a/b. – [37] Met. 1078 b 24f.

Literaturhinweise. L. RABUS: L. und System der Wiss.en (1895). – W. LUTOSŁAWSKI: The origin and growth of Plato's L. (London 1897). – T. ZIEHEN: Lb. der L. auf positivist. Grundl. mit Berücksicht. der Gesch. der L. (1920). – F. SOLMSEN: Die Entwickl. der arist. L. und Rhet. (1929). – I. M. BOCHEŃSKI: Formale L. (1956, ³1970). – W. und M. KNEALE: The develop. of

L. (Oxford 1962). – St. McCall: Aristotle's modal syllogisms (Amsterdam 1963). – T. Kotarbiński: Leçons sur l'hist. de la L. (Paris 1964). – K. Ebbinghaus: Ein formales Modell der Syllogistik des Arist. (1965). – M. Mignucci: Il significato della L. stoica (Bologna 1965, ²1967). – G. Patzig: Die arist. Syllogistik (1959, ²1963). – A. Graeser: Zenon von Kition. Positionen und Probleme (Berlin/New York 1974). – A. Dumitriu: Hist. of L. 1 (Tunbridge Wells 1977). – J. D. G. Evans: Aristotle's concept of dialectic (Cambridge 1977). – M. Frede: Die stoische L. (1974). – Vgl. auch Anm. [1. 6. 13-15. 26]. K. Lorenz

III. *Die traditionelle Logik in Mittelalter und Neuzeit.* – 1. *Vorbemerkung zur Periodisierung.* – Es ist üblich, die Geschichte der L. in eine *klassische*, traditionelle Periode und in eine *moderne*, mathematische Periode einzuteilen. Obwohl es richtig ist zu sagen, daß die Mathematisierung der L., die bereits mit Leibniz, sicher aber in der ersten Hälfte des 19. Jh. begonnen hat, eine neue *Gestalt* [1] der L. darstellt, gibt es einen noch tieferen Einschnitt, der die Geschichte der L. in zwei Perioden teilt. Das ist die fast gleichzeitige Klärung der Quantifikations- und Prädikationstheorien durch Frege [2]. In diesem Artikel bezeichnet daher ‹traditionelle L.› die Periode *vor* dieser Klärung und ‹moderne L.› die durch die neuen Quantifikations- und Prädikationstheorien gekennzeichnete Epoche. Nach dieser Terminologie gehört also etwa ein Autor wie Boole der traditionellen Periode an. Zu betonen ist andererseits, daß sich uns die Gesamtgeschichte der (traditionellen und modernen) L. heute als eine beeindruckende Einheit darstellt. Sogar die tiefen Unterschiede in den Quantifikations- und Prädikationstheorien erscheinen als sekundär gegenüber den gemeinsamen Zielen, welche die Logiker in allen Perioden angestrebt haben, nämlich die Untersuchung der formal gültigen Schlüsse und die Normierung der Sprache. Pseudokontroversen über die Einheit der L. beruhen auf einem Mangel an Information über die traditionelle oder moderne L. [3]. Dieser dritte Teil des Artikels ‹L.› stellt die Hauptzüge des L.-Verständnisses in der traditionellen Periode (ausschließlich der Antike) dar. Dabei werden im nächsten Abschnitt zunächst historische Daten (Namen, Titel u. ä.) angegeben. Darauf folgen unter Nr. 3 systematische Bemerkungen.

2. *Historischer Überblick.* – Einen Überblick über die Breite der logischen Produktion der traditionellen Periode gewinnt man am besten durch Risse [4], der mehrere tausend Titel (von ungefähr 1600 Autoren) aufführt, welche zwischen 1472 und 1800 gedruckt worden sind. Auch wenn man die wenigen antiken Autoren und einige logisch nicht relevante Titel beiseite läßt, bleibt das übrige eindrucksvoll. Natürlich wurden viele der (nach 1472 gedruckten) Werke im Mittelalter geschrieben. Außer den Druckschriften sind auch die handschriftlichen Quellen des Mittelalters sowie späterer Jh. zahlreich.

Die *mittelalterliche* L. begann als eine Weiterführung der überlieferten klassischen Tradition. Zuerst entwickelte sich die *logica vetus* (s. d.), basierend u. a. auf den Schriften ‹Categoriae› und ‹De interpretatione› des Aristoteles, der ‹Eisagoge› des Porphyrius und Schriften von Boethius. Diese Quellen waren seit dem Beginn des Mittelalters bekannt. Im 12. Jh. wurden zusätzliche Quellen der Antike verfügbar, nämlich Aristoteles' ‹Analytica priora› und ‹posteriora›, die ‹Topica› und die ‹Sophistici Elenchi›. Diese Werke bestimmten die *logica nova*. Zu gleicher Zeit entwickelten die mittelalterlichen Logiker eigene Lehren. Diese originären Beiträge wurden als *logica moderna* bezeichnet, im Gegensatz zur *logica antiqua*, welche die logica vetus sowie die logica nova einschloß. Die logica moderna blühte schon im 13. Jh. [5]. Ihre Wurzeln sind in den Theorien der fallaciae sowie auch in denen der Grammatik des 12. Jh. zu finden [6]. Der Inhalt der logica moderna betrifft die proprietates terminorum (z. B. suppositio) wie auch die consequentiae, insolubilia (Paradoxien) und die obligationes (dialogische L.).

Entsprechend der allgemeinen Einteilung der mittelalterlichen Philosophie wird auch die mittelalterliche L. in drei Perioden eingeteilt, abgesehen vom Frühmittelalter (etwa vor 1100), also in Frühscholastik (um 1100–1240), Hochscholastik (um 1240–1300) und Spätscholastik (um 1300–1450). In bezug auf den erwähnten Unterschied zwischen logica antiqua und moderna läßt sich die Entwicklung der mittelalterlichen L. folgendermaßen charakterisieren (nach Pinborg [7]): Im Frühmittelalter orientierte man sich an den enzyklopädischen Werken der Spätantike: Cassiodorus, Isidorus und Martianus Capella; im 10. Jh. verstärkt sich die Boethius-Rezeption. In die Frühscholastik fällt vor allem die Beschäftigung mit der *logica vetus*, die Texte der *logica nova* werden allmählich einbezogen, und die *logica moderna* wird unabhängig. In der Hochscholastik steht die logica nova im Zentrum des Interesses, um schließlich in der Spätscholastik mit der neueren terministischen L. oder logica moderna verbunden zu werden. Zu den wichtigsten Autoren [8] der mittelalterlichen L. zählen: im 12. Jh. Abaelard [9]; im 13. Jh. Albertus Magnus, Petrus Hispanus [10], Wilhelm von Sherwood [11], Lambert von Auxerre [12]; im 14. Jh. Wilhelm von Ockham [13], Walter Burleigh [14], Buridan [15], Strodus, Albert von Sachsen; im 15. Jh. Paulus Venetus, Petrus Tartaretus, Stephanus de Monte, V. Ferrer [16]. Außer den lateinischen Autoren gibt es noch die wichtige arabische Tradition des Mittelalters, welche erst seit kurzem systematisch untersucht wird [17].

Unter den lateinischen Verfassern des Mittelalters zeichnet sich Paulus Venetus, auch nach der Quantität der gedruckten Werke, besonders aus [18]. Für die Themen, die er in seiner ‹Logica Magna› behandelt, mögen die folgenden leicht gekürzten Inhaltsangaben [19] (am Ende des zweiten Bandes der Ausgabe Venedig 1499) stehen:

«I. Teil: 1. Termini (de terminis). 2. Supposition (de suppositionibus terminorum). 3. Konfundierende Partikel (de terminis confundentibus). 4. Ausschließende Partikel (de dictionibus exclusivis). 5. Regeln der ausschließenden Aussagen (de regulis exclusivarum). 6. Ausnehmende Partikel (de dictionibus exceptivis). 7. Regeln der ausnehmenden Aussagen (de regulis exceptivarum). 8. Wiederholende Partikel (de reduplicativis). 9. 'Wie' (de dictione sicut). 10. Komparative (de comparativis). 11. Superlative (de superlativis). 12. Über Maximum und Minimum (de maximo et minimo). 13. Vorwürfe und Gegenargumente in bezug auf dieselben (de obiectionibus et solutionibus argumentorum). 14. 'Ganz' kategorematisch (de toto cathegorematice tento). 15. 'Immer' und 'ewig' (de semper et aeternum). 16. 'Unendlich' (de isto termino infinitum). 17. 'Unmittelbar' (de isto termino immediate). 18. 'Fängt an' und 'Hört auf' (de incipit et desinit). 19. Exponible Aussagen (de propositione exponibili). 20. Offiziable Aussage (de propositione officiabili). 21. Verbundener und getrennter Sinn (de sensu composito et diviso). 22. Wissen und Bezweifeln (de scire et dubitare). 23. Notwendigkeit und Kontingenz des Zukünftigen (de necessitate et contingentia futurorum). – II. Teil: 1. Aussage im allgemeinen (de propositione). 2. Kategorische Aussage (de propositione cathegorica). 3. Aussage überhaupt (de propositione in genere). 4. Quantität der Aussagen (de quantitate propositionum). 5. Logisches Quadrat (de figuris propositionum). 6. Äquivalenzen (de aequipollentiis). 7. Natur der im Quadrat vorkommenden Aussagen (de natura situatorum in figura). 8. Umkehrung (de conversione propositionum). 9. Hypothetische Aussagen (de hypotheticis propositionibus). 10. Wahrheit und Falschheit der Aussagen (de veritate et falsitate propositionum). 11. Bedeutung der Aussage (de significato propositionis). 12. Möglichkeit, Unmöglichkeit und Kontingenz (de possibilitate, impossibilitate, et contingentia propositionum). 13. Syllogismen (de syllogismis). 14. Obligationen (de obligationibus). 15. Insolubilien (de insolubilibus).

Die nachmittelalterlichen *neuzeitlichen* Bewegungen in der Geschichte der L. wurden im 19. Jh. von Rabus und Prantl [20] behandelt, dann (z. B. bei Kneale [21]) etwas vernachlässigt, schließlich in neuerer Zeit von Forschern wie (in chronologischer Reihenfolge ihrer Hauptbeiträge) Muñoz Delgado, Risse, Redmond, Ashworth wieder ins Zentrum des Interesses gerückt. – Mit Risse [22] dürfen wir in der L. zwischen 1500 und ca. 1640 sieben Hauptrichtungen erwähnen: «1. die rhetorische L. der Ciceronianer, 2. die ciceronisierenden Aristoteliker der Melanchthon-Schule, 3. die Ramisten, 4. die auf die griechischen Quellen zurückgreifenden 'reinen Aristoteliker' (z. B. ZABARELLA), 5. die Scholastiker verschiedener Richtungen, 6. die auf dem klassischen Aristotelismus, der Scholastik und dem Ramismus fußende sogenannte systematische Schule (z. B. KECKERMANN) und 7. die bis weit ins 17. Jh. hineinführenden Zweige der lullistischen Lehre.» Natürlich haben nicht alle diese Bewegungen dieselbe Wichtigkeit. Nach Risse [23] sind besonders hervorzuheben die reinen Aristoteliker und vorwiegend die italienischen und spanischen Scholastiker. Einige der wichtigsten Namen sind: DOMINGO DE SOTO, SANCHEZ SEDEÑO, TOLETUS, FONSECA, VALLIUS, MASTRIUS. Wegen der modernen Ausgabe seiner Werke dürfte JOHANNES A SANTO THOMA am bekanntesten sein [24]. Von Nachteil ist es, die letzte Periode der mittelalterlichen Philosophie ‹Spätscholastik› zu nennen: Die Scholastik des 16. oder 17. Jh. wäre dann noch 'später' einzuordnen. Es ist daher angebracht, Giacons Terminologie zu folgen, der eine *erste* (mittelalterliche), eine *zweite* (16.–18. Jh.) und eine *dritte* (Neo-, 19.–20. Jh.) Scholastik unterscheidet [25].

In geringer Abweichung von Risses Klassifizierung lassen sich im 17. und 18. Jh. folgende Schulen und Entwicklungen unterscheiden: 1. die rationalistische Lehre der Cartesianer (historisch wirksam ist hier die ‹L. von Port Royal›, logisch weiter führt aber GEULINCX' ‹Logica restituta› [26]), 2. die Verbindung von L. und Mathematik, 3. die fortbestehende Scholastik, 4. die erkenntnistheoretische Richtung der englischen Empiristen, 5. die Aufklärer in Frankreich und Deutschland (z. B. CHR. WOLFF, REUSCH, RÜDIGER [27]). Am bedeutendsten ist die zweite Gruppe, als deren Hauptvertreter LEIBNIZ gelten muß, insbesondere aufgrund seiner wegweisenden Neugestaltung der L. durch mathematische Methoden. Risse sind außer Hinweisen bei JUNGIUS keine vergleichbaren zeitgenössischen Ansätze eines L.-Kalküls bekannt geworden [28]. Wichtig ist auch G. SACCHERI [29] mit seinem Versuch, die euklidische und die aristotelisch-scholastische Tradition zu vereinigen.

Im 19. Jh. entwickelt sich die traditionelle L. in verschiedene Richtungen. Eine dieser Richtungen, im Geiste von Leibniz, aber von ihm unabhängig [30], ist so revolutionär, daß es schwierig ist, sie nicht als eine neue Gestalt der L. oder als einen Übergang zur modernen L. zu betrachten, obwohl sie die Grenzen der traditionellen L., wie sie hier definiert sind [31], nicht überschreitet. Es handelt sich um die neue ‹Algebra der L.›, die von G. BOOLE [32], A. DE MORGAN [33] und E. SCHRÖDER [34] ausgearbeitet wird. Im Vergleich dazu sehen alle anderen Autorengruppen recht «konservativ» aus, z. B. auch die psychologistische ‹L.› von B. ERDMANN [35], die nach H. Scholz [36] «das einzige große Werke der formalen L.» darstellt, «das auf der nicht-Leibnizschen Linie in deutscher Sprache im 19. Jh. erschienen ist», oder J. N. KEYNES' ‹Studies› [37], nach Scholz [38] «die perfekteste Darstellung der klassischen formalen L. überhaupt». Originell, aber schwierig zu klassifizieren ist die ‹Wissenschaftslehre› von B. BOLZANO [39]. Zu den Richtungen der traditionellen L., die bis ins 20. Jh. von der modernen L. unberührt geblieben sind, gehört die dritte Scholastik (Neuscholastik).

3. *Systematischer Überblick:* – Wenn auch die folgenden systematischen Bemerkungen häufig nicht für die gesamte traditionelle L. gelten, so heben sie doch typische Züge hervor.

3. 1. *Prädikationstheorie.* – Gemäß der traditionellen Prädikationstheorie darf man Prädikate wie z. B. ‹animal› und ‹ambulans› nicht nur von *diesem* oder *jenem* individuellen Mensch prädizieren, sondern auch von *homo* überhaupt. Dieser und andere wesentliche Aspekte der traditionellen Prädikationstheorie sind bereits bei ARISTOTELES [40], PORPHYRIUS [41] und danach in vielen Texten des Mittelalters und der späteren Jh. zu finden [42]. Eine eindrucksvolle Darstellung der traditionellen Prädikationstheorie findet man bei THOMAS VON AQUIN, der drei Arten von Prädikaten unterscheidet [43], die einem *Individuum* wie Sokrates zugesprochen werden können: (1) ‹Socrates est singulare›, (2) ‹Socrates est animal›, (3) ‹Socrates ambulat›, und vier Typen von Prädikaten, die einem *Universale* wie ‹homo› zugesprochen werden können: (4) ‹homo est species›, (5) ‹homo est dignissima creaturarum›, (6) ‹homo est animal›, (7) ‹homo ambulat (est ambulans)›. Vom Standpunkt der modernen L. aus ist unverständlich, wie z. B. (6) oder (7) als Prädikationen aufgefaßt werden können. Es ist nicht möglich anzunehmen, daß die Prädikate ‹animal› und ‹ambulans› dem linguistischen Ausdruck ‹homo› oder der Eigenschaft (dem Begriff) ‹homo› zugesprochen werden; das sind hier aber, von der modernen L. her gesehen, die beiden einzigen Möglichkeiten. Die besondere Bedeutung von Aussagen wie (6) (welche im Übergang zu den modernen europäischen Sprachen gelegentlich einen bestimmten Artikel bekommen, wie z. B. «der Mensch ist ein Lebewesen») und die Tatsache, daß sie, als Prädikationen betrachtet, transitiv sind, haben die tiefe, für die traditionelle L. typische Überzeugung hervorgerufen, daß die Prädikation eine transitive Beziehung ist. Die aristotelischen Schriften bestätigen dies [44]. Die allgemeine Annahme der Transitivität der Prädikation wird durch die Popularität des Prinzips «nota notae est nota rei» [45] («das Merkmal des Merkmals ist auch Merkmal der Sache selbst» [46]) belegt. Fälle wie (4) und (5) waren den traditionellen Autoren bekannt; insbesondere haben die Scholastiker komplizierte Theorien für Aussagen vom Typ (4) entwickelt (vgl. die Theorie der secundae intentiones [47]). Bei Aussagen der Art (4) und (7) ist die Prädikation offenbar nicht transitiv: Aus «Socrates est homo» und (4) oder (7) folgt nicht «Socrates est species» oder «Socrates ambulat». Dagegen darf man von «homo est animal» und «Socrates est homo» auf «Socrates est animal» schließen. Um die Fälle, wo die Prädikation transitiv ist, auszuzeichnen, hat man die folgende geistreiche Unterscheidung eingeführt. Eine Wesenheit (essentia, natura) kann nicht nur entweder als abstrakt, *universale*, im Geiste befindlich (Aussagen vom Typ (4)) oder als

konkret, *singulare*, in den Individuen verkörpert (Aussagen vom Typ (7)), sondern noch auf eine dritte Weise betrachtet werden, nämlich «an sich», *absolute* (triplex respectus essentiae oder naturae, zuerst möglicherweise bei AVICENNA, popularisiert durch THOMAS VON AQUIN in ‹De ente et essentia›). Eine essentia (eine Eigenschaft, einen Begriff) absolut zu betrachten, ist äquivalent damit, von ihr nur solche Prädikate auszusagen, die für alle jene Individuen gelten, welche unter diese essentia (diesen Begriff) fallen; anders ausgedrückt: man beschränkt sich auf diejenigen Fälle, in denen die Prädikation transitiv ist. In noch anderer Formulierung kann man sagen, daß ein Begriff absolut betrachtet wird genau dann, wenn man von ihm eines seiner Merkmale prädiziert (d.h. eine Aussage vom Typ (6) macht). Diese dritte, absolute Betrachtungsweise wird daher entbehrlich, wenn man Aussagen vom Typ (6) nicht als Prädikation, sondern als Unterordnung zweier Begriffe ansieht [48]. Das entspricht FREGES Analyse, nach der man die Merkmale eines Begriffs nicht als Eigenschaften vom Begriff aussagen kann [49].

3. 2. *Suppositio*. – ‹Suppositio› ist ein terminus technicus der scholastischen L., dem keine adäquate Übersetzung in der modernen Terminologie entspricht [50]. Er bezeichnet eine Eigenschaft von Namen und von Prädikaten. Nach den üblichen scholastischen Definitionen [51] wird er durch die folgenden beiden Bedingungen charakterisiert: 1. suppositio ist verschieden von significatio, indem ein Zeichen einerseits etwas bedeutet (significat), andererseits «für etwas steht» (stat pro aliquo, supponit). 2. Ein Wort hat significatio unabhängig vom Kontext, während seine suppositio vom Kontext abhängig ist. Diese zwei Bedingungen sind relativ vage; zum Verständnis zieht man daher besser die konkreten Arten der suppositio heran. Es gibt mehrere Einteilungen der suppositio (s.), aber die nachstehenden vier Typen können als hinreichend repräsentativ gelten: 1. *s. materialis* (d.h. ein Wort bezeichnet sich selbst, z.B. ‹Mensch hat sechs Buchstaben›), 2. *s. simplex* (d.h. ein Prädikat bezeichnet die entsprechende Eigenschaft, wie ‹homo› in ‹homo est species›), 3. *s. personalis* (in der scholastischen Auffassung steht ein Prädikat gelegentlich für einige oder alle Gegenstände, von denen es prädiziert wird), 4. *s. naturalis* (nach PETRUS HISPANUS' Beschreibung «der Gebrauch des allgemeinen Terminus für all das, wovon ausgesagt zu werden er seiner Natur nach geeignet ist» [52]).

Besondere Schwierigkeiten bereitet das Verständnis der s. naturalis und der s. personalis (und deren komplizierte Unterteilungen; vgl. Nr. 3. 4). Für das Verständnis der *s. naturalis* (welche als merkwürdiges Zwischenglied zwischen der s. simplex und der s. personalis erscheint [53]) ist es nützlich, sie auf die oben erwähnte dritte Betrachtungsweise einer essentia zu beziehen. Die drei genannten Betrachtungsweisen: universale, singulare, absolute, entsprechen genau den drei suppositiones: simplex, personalis, naturalis. Es liegt also nahe, auch die s. naturalis als einen Ausweg der traditionellen Prädikationstheorie anzusehen – einen Ausweg, der wiederum nicht mehr nötig ist, sobald diese Theorie verworfen wird.

3. 3. Die *propositio cathegorica*, verstanden wesentlich gemäß Aristoteles, ist für die traditionelle L. die grundlegende logische Struktur. Sie besteht aus einem nomen und einem verbum (z.B. ‹homo currit›) sowie unter Umständen einer copula (‹homo est currens›); manchmal werden die Komponenten ‹subiectum› und ‹praedicatum› genannt, mit oder ohne copula [54]. – Es wäre unrichtig, diese propositio cathegorica (p.c.) mit unseren modernen Elementarsätzen [55] gleichzusetzen, und das aus drei Gründen: a) Die traditionelle p.c. kann als subiectum einen allgemeinen Term oder ein Prädikat haben, ein universale, obwohl sich das Prädikat sinnvoll nur den Individuen, die unter das universale fallen, zusprechen läßt (vgl. Nr. 3. 1). Nur eine spezielle Art der p.c., die p. singularis, entspricht den modernen Elementarsätzen (Beispiele: ‹iste homo currit›, ‹Socrates currit›). b) Die p.c. ist nicht notwendig logisch einfach, sondern kann logische Konstanten enthalten. Das Prädikat, das als subiectum fungiert, kann «quantifiziert» werden, so daß die kategorische Aussage *definita* wird: entweder universalis (‹omnis homo currit›) oder particularis (‹aliquis homo currit›); im nicht quantifizierten Fall bleibt die p.c. *indefinita* (‹homo currit›). Sie kann die Negation enthalten (‹homo non currit›) [56]. c) Während die modernen Elementarsätze klar definiert sind als die Verbindung eines Prädikates mit einer Sequenz von Eigennamen, wird die traditionelle p.c. üblicherweise als eine Verbindung eines Prädikates mit einem einzigen Subjekt betrachtet.

Die vier Hauptarten der kategorischen Aussagen sind [57]: *universalis affirmativa* (A: ‹omnis homo currit›), *universalis negativa* (E: ‹nullus homo currit›), *particularis affirmativa* (I: ‹quidam homo currit›) und *particularis negativa* (O: ‹quidam homo non currit›). – Das *logische Quadrat* [58] drückt Implikationen zwischen Paaren von A-, I-, O-, E-Sätzen aus, z.B. wenn A wahr ist, ist E falsch (lex contrariarum); wenn I falsch ist, ist O wahr (lex subcontrariarum); wenn A wahr ist, ist O falsch und umgekehrt (lex contradictoriarum); wenn A wahr ist, ist I wahr (lex subalternarum [59]). Eines der Hauptprobleme in der Geschichte der traditionellen L. war, sich über den «existential import» zu einigen, der für Rechtfertigungen einiger dieser Implikationen benötigt wird. Die Mannigfaltigkeit der Meinungen hierzu ist in einem der letzten großen Werke der traditionellen L., bei J. N. KEYNES [60], gut dargestellt. Man behauptete z.B., daß A und I die Existenz von Individuen unter dem subiectum voraussetzen, nicht dagegen E und O. Anscheinend gibt es keine Möglichkeit, *alle* traditionellen Implikationen zu rechtfertigen.

Was die *Syllogistik* (s.d.) angeht, so ist ihre Rolle in der traditionellen L. eher überschätzt worden. Sie macht beispielsweise in PAULUS VENETUS' ‹Logica Magna› nur einen sehr kleinen Teil aus [61]. Im übrigen ist die Syllogistik mit den gleichen Problemen behaftet, wie sie für das logische Quadrat erörtert wurden.

3. 4. *Quantifikationstheorie*. – Die suppositio personalis (Nr. 3. 2) wird weiter unterteilt in mehrere Arten, deren Verständnis die zweite Schwierigkeit der Suppositionstheorie darstellt. Gemeinsam zu den mehreren Arten der s. personalis ist die Idee des *descensus* («Abstieges») von einem Prädikat zu den Gegenständen, denen es zugesprochen wird. Dieser descensus kann allgemein wie folgt charakterisiert werden: Sei P ein Prädikat, das in einem Satz $A(P)$ vorkommt; P mag dabei «quantifiziert» (in der Form ‹omnis P›, ‹nullus P›) vorkommen oder «indefinit» bleiben (d.h. als ‹P› ohne Quantor). Der traditionellen L. geht es nun um präzise Regeln für den Fall, daß Sätze der Form $A(a)$ von $A(P)$ impliziert werden, wobei ein Satz der Form $A(a)$ dadurch zustande kommt, daß aus ‹P› oder ‹omnis P›, ‹nullus P› usw. in $A(P)$ durch Eigennamen ‹a› für Gegenstände a, die P sind, ersetzt. Seien z.B. als $A(P)$ die Sätze ‹omnis homo est animal›, ‹nullus homo est asinus› gegeben. Dann darf ‹omnis homo› und

⟨nullus homo⟩ durch den Eigennamen irgendeines Menschen (Socrates, Plato ...) bzw. ⟨asinus⟩ durch den Eigennamen irgendeines Esels (Brunellus, Fanellus ...) ersetzt werden. Nicht zulässig dagegen ist die Ersetzung von ⟨animal⟩ durch den Eigennamen eines Lebewesens [62]. Wollte man den Abstieg von ⟨animal⟩ aus für zulässig erklären, so hätte man zu sagen: «omnis homo omne animal est» [63]. Gelegentlich werden die Abstiegsmöglichkeiten durch künstliche Symbole angezeigt, etwa durch ⟨a⟩, ⟨b⟩, ⟨c⟩ ... in Beifügung zu den bekannten 'Quantoren' (⟨omnis⟩, ⟨nullus⟩ usw.) [64]. Die *Technik* des Abstiegs und der s. personalis ist im allgemeinen nur im Rahmen der traditionellen Prädikationstheorie sinnvoll. Andererseits bleibt das allgemeine *Ziel* dieser scholastischen Techniken auch vom Standpunkt der modernen L. aus klar und sinnvoll: Es geht nämlich darum, eine vollständige Theorie der Quantifikation aufzubauen. Wenn auch hier einerseits die Scharfsinnigkeit der scholastischen Logiker zu bewundern ist, so muß man dennoch andererseits zugleich den großen Fortschritt anerkennen, den FREGES neue Quantifikationstheorie 1879 [65] bringt.

3. 5. *Propositiones hypotheticae* ergeben sich in der traditionellen L., indem man p. cathegoricae mittels der Partikeln ⟨vel⟩ (oder), ⟨et⟩ (und), ⟨si⟩ (wenn, so) verbindet. Die entsprechenden p. hypotheticae sind bzw.: *disiunctiva, coniunctiva, conditionalis* [66]. Dabei sind besonders die Wahrheitsbedingungen für die *p. conditionalis* erwähnenswert: Wenn sie wahr bzw. falsch ist, ist sie notwendigerweise wahr bzw. falsch [67]. Die Schlußregeln für die propositiones hypotheticae werden meistens in der Lehre von den *consequentiae* behandelt.

In Ergänzung der Theorie der formalen Konsequenzen (der Schlüsse, die nur aufgrund der Form, d. h. der logischen Konstanten gelten) hat die traditionelle L. eine reiche Theorie der *loci* entwickelt, worunter Sätze oder Regeln verstanden werden, die dennoch unbestreitbar sind, obwohl sie nicht formal oder logisch gültig sind. Die traditionelle L. enthält außerdem eine Dialogtheorie [68].

Die Fülle der Themen der traditionellen L. ist über die behandelten Gegenstände hinaus sehr groß. Nachdem die moderne L. heute ihre erste, etwas enge Konzentration auf mathematische Probleme überwunden hat und systematisch auf allgemeine linguistische Probleme eingeht, wird auch das Verständnis für die Tiefe und Breite der traditionellen Beiträge etwa zur Modal-L. [69], intensionalen Semantik und Paradoxienlehre (insolubilia) [70] größer.

Anmerkungen. [1] Vgl. I. M. BOCHEŃSKI: Formale L. (1956, ²1962). H. SCHOLZ: Abriß der Gesch. der L. (1931). – [2] Vgl. G. FREGE: Begriffsschrift (1879); Die Grundlagen der Arithmetik (1884) § 53. – [3] Vgl. z. B. G. JACOBY: Die Ansprüche der Logistiker auf die L. und ihre Gesch.schreibung (1962). – [4] W. RISSE: Bibliogr. Logica 1: Verzeichnis der Druckschriften zur L. mit Angabe ihrer Fundorte 1472-1800 (1965); 2: Verzeichnis ... 1801-1969; 3: Zeitschriftenaufsätze (1979); 4: L.-Handschriften (1979). – [5] Vgl. J. PINBORG: L. und Semantik im MA (1972). – [6] L. M. DE RIJK: L. Modernorum 1 (Assen 1962) 20; Quellen in: Grammatica Speculativa, hg. J. PINBORG (1977ff.). – [7] Vgl. PINBORG, a.O. [5] 13. – [8] Leider besteht keine Gleichmäßigkeit in den verwendeten Namen für Autoren des MA; manchmal wird der lat. Name gebraucht, manchmal seine moderne Version vorgezogen. Hier wird kein Versuch gemacht, diese Situation zu korrigieren. – [9] PETRUS ABAELARDUS, Dialectica, hg. DE RIJK (Assen ²1970). – [10] Vgl. Lit. – [11] WILHELM VON SHERWOOD: Introductiones in logicam, hg. M. GRABMANN, in: Sber. Bayr. Akad. Wiss., phil.-hist. Abt. 10 (1937). – [12] LAMBERT VON AUXERRE, L. (Summa Lamberti), hg. ALESSIO (Florenz 1971). – [13] WILHELM VON OCKHAM, Summa Logicae, hg. PH. BOEHNER (New York 1974). – [14] WALTER BURLEIGH, De puritate artis logicae, hg. PH. BOEHNER (St. Bonaventure/New York 1955). – [15] JOH. BURIDAN, Tractatus de Consequentiis, hg. HUBIEN (Louvain 1976). – [16] V. FERRER, De suppositionibus dialecticis. Oeuvres, hg. FAGES (Paris 1909). – [17] Vgl. N. RESCHER: The development of arabic L. (Pittsburgh 1964). – [18] Vgl. BOCHEŃSKI, a.O. [1] 186. – [19] PAULI VENETI ... logice magne ... (Venedig 1499, Exemplar Bibl. Vaticana); vgl. BOCHEŃSKI, a.O. [1] 185; vgl. PAULI VENETI L. Magna, Secunda Pars, hg. F. DEL PUNTA, engl. M. McCORD ADAMS (Oxford 1978). – [20] Vgl. I. ANGELELLI, Vorwort zu: K. PRANTL, Kl. Schr. (erscheint demnächst). – [21] W. und M. KNEALE: The development of L. (Oxford 1962). – [22] W. RISSE: Die L. der Neuzeit 1 (1500-1640) (1964); 2 (1640-1780) (1970). – [23] a.O. 1, 12. – [24] J. A SANTO THOMA, Cursus Philos. Thomisticus I-III, hg. REISER (Turin 1930). – [25] C. GIACON: Il pensiero cristiano con particolare riguardo alla scolastica medievale, in: Guide Bibliogr. II, Vita e Pensiero (Mailand 1943). – [26] A. GEULINCX: L. restituta (1662). Opera philos. (Den Haag 1891). – [27] RISSE, a.O. [22] 2, –. [28] ebda. – [29] G. SACCHERI: L. demonstrativa (Turin 1697). – [30] RISSE, a.O. [22] 2, 252. – [31] Vgl. oben II. – [32] G. BOOLE: An investigation of the laws of thought (London 1854). – [33] A. DE MORGAN: Formal L. (London 1847). – [34] E. SCHRÖDER: Vorles. über die Algebra der L. 1-3 (1890/91). – [35] B. ERDMANN: L. (1892, ³1923). – [36] SCHOLZ, a.O. [1] 46. – [37] J. N. KEYNES: Studies and exercises in formal L. (1884, ⁴1906). – [38] SCHOLZ, a.O. [1] 46. – [39] B. BOLZANO: Wissenschaftslehre (1837). – [40] ARISTOTELES, Anal. pr. I, 27. – [41] PORPHYRIUS, Eisagoge c. 6. – [42] Für die traditionelle, im Gegensatz zur modernen Prädikationstheorie vgl. I. ANGELELLI: Stud. on Frege and traditional philos. (Dordrecht 1967); Freges Bedeutung in der Begriffsgesch., in: CHR. THIEL (Hg.): Frege und die mod. Grundlagenforsch. (1975). – [43] THOMAS VON AQUIN, In Arist. lib. Perihermeneias et Post. Analyt. expositio (Rom 1955) 126f. – [44] Vgl. ANGELELLI, a.O. [42]. – [45] I. KANT, L. § 63. Akad.-A. 9 (1923). – [46] E. HUSSERL, Log. Untersuch. I, § 41. – [47] L. HICKMAN: Modern theories of higher level predicates: Second intentions in the neuzeit (München 1980). – [48] Diese Deutung des *triplex respectus* bei ANGELELLI, a.O. [42]; En torno al triple estado de la esencia. Anuario Filos. 8 (Navarra 1975) 15-20. – [49] Vgl. FREGE, a.O. [2] (Grundlagen). – [50] BOCHEŃSKI, a.O. [1] 27 E. – [51] Vgl. z. B. PAULUS VENETUS: L. parva (Venedig 1552). – [52] PETER OF SPAIN (PETRUS HISPANUS PORTUGALENSIS), Tractatus called afterwards Summulae Logicales, hg. DE RIJK (Assen 1972) 81. – [53] Vgl. PINBORG, a.O. [5] 62. – [54] Vgl. z. B. bei PETRUS HISPANUS, a.O. [52]. – [55] Vgl. Art. ⟨Elementarsatz⟩. – [56] Vgl. PETRUS HISPANUS, a.O. [52]. – [57] Beispiele a.O. [52]; die Buchstaben sind übliche Abkürz. – [58] L. POZZI: Studi di L. antica e medievale (Padua 1974) Kap. 2; vgl. Art. ⟨Gegensatz⟩. – [59] PETRUS HISPANUS, a.O. [52]. – [60] Vgl. KEYNES, a.O. [37]. – [61] Vgl. PAULUS VENETUS, a.O. [19]. – [62] PETRUS HISPANUS, a.O. [52] 83. 219. – [63] PAULUS VENETUS, a.O. [51] 22v. – [64] E. J. ASHWORTH: Language and L. in the post-medieval period (Dordrecht 1974) 210. – [65] Vgl. FREGE, a.O. [2]. – [66] PETRUS HISPANUS, a.O. [52] 8. – [67] ebda. – [68] I. ANGELELLI: The techniques of disputation in the hist. of L. J. of Philos. 67 (1970) 800-815. – [69] I. M. BOCHEŃSKI: Z Historii Logiki Zdań Modalnych (Lwów 1938) 147; vgl. K. JACOBI: Die Modalbegriffe in der L. des 12. und 13. Jh. (erscheint demnächst). – [70] P. V. SPADE: The mediaeval liar: a catalogue of the insolubilia lit. (Toronto 1975).

Literaturhinweise. – *Bibliographien:* W. RISSE s. Anm. [4]. – W. REDMOND: Bibliogr. of the philos. in the Iberian colonies of America (Den Haag 1972). – E. J. ASHWORTH: The tradition of medieval L. and speculative grammar from Anselm to the end of the seventeenth century. A bibliogr. from 1836 onwards (Toronto 1978) mit Sekundärlit. und mod. Quellen-A. – M. MOSS und D. SCOTT: A bibliogr. of books on symbolic L. (erscheint demnächst). – Wertvolle bibliographische Anhänge bei BOCHEŃSKI s. Anm. [1]; A. DUMITRIU (vgl. unten); PINBORG s. Anm. [5]. – Für Handschr. außer RISSE s. Anm. [4] Bd. 4 keine allg. Bibliogr., obwohl wichtige spez. Listen, wie z. B. bei LOHR, MOHAN, erwähnt bei ASHWORTH (vgl. oben), REDMOND (vgl. oben),

SPADE s. Anm. [70]. – *Allgemeine Darstellungen:* K. PRANTL: Gesch. der L. im Abendlande 1-4 (1855). – H. SCHOLZ s. Anm. [1]. – I. M. BOCHEŃSKI s. Anm. [1]. – W. und M. KNEALE s. Anm. [21]. – V. MUÑOZ DELGADO: La L. nominalista en la universidad de Salamanca 1510-1530 (Madrid 1964). – W. RISSE s. Anm. [22]. – J. PINBORG s. Anm. [5]. – E. J. ASHWORTH s. Anm. [64]. – A. DUMITRIU: Hist. of L. 1-4 (Tunbridge Wells 1977). A. ANGELELLI

IV. Mit der Entwicklung der mathematischen Naturwissenschaften und der hier ausgebildeten Praxis des wissenschaftlichen Vorgehens wird der L. in ihrer überkommenen syllogistischen Form weithin nur noch eine beschränkte methodische Funktion zuerkannt. Dabei wird entsprechend dem Erfolg naturwissenschaftlicher Methoden auch die L. an dem Anspruch gemessen, die Entdeckung *neuer* Wahrheiten zu ermöglichen. Daß dies die Syllogistik nicht zu leisten vermag, darin sind sich Rationalisten wie R. Descartes [1] und Empiristen wie J. Locke [2] einig. Während DESCARTES sich an analytischen Methoden mathematischer Beweisfindung orientiert, argumentiert LOCKE eher in der Tradition von Bacon und den Anfängen einer induktiven Logik (s.d.) mit Blick auf die empirischen Wissenschaften. Locke gehört zu jenen, die die syllogistische Darstellung von Begründungen sogar für schädlich halten, wenn er ironisch bemerkt: «*Of what use, then, are syllogisms?* I answer, their chief and main use is in the Schools, where men are allowed without shame to deny the agreement of ideas that do manifestly agree; or out of the Schools, to those who from thence have learned without shame to deny the connexion of ideas, which even to themselves is visible» [3].

Die auf die Syllogistik bezogene L.-Kritik verliert in dem Maße an Bedeutung, wie sich das Verständnis von Gegenstand und Aufgaben der L. ausweitet. Diese Ausweitung geschieht insbesondere auf zwei Weisen: einmal so, daß Schlußformen betrachtet werden, welche den traditionellen syllogistischen Rahmen verlassen, zum anderen, indem unter dem Terminus ‹L.› zunehmend auch methodologische Überlegungen gefaßt werden. Die *erste* Tradition kann sich bereits auf LEIBNIZ berufen, der hervorhebt, daß man die L. nicht auf die «scholastische Art zu schließen» beschränken dürfe, sondern im Sinne jedes «formgerechten Beweisgangs» verstehen solle. Logisch begründet ist nach Leibniz «jede Vernunftüberlegung, die kraft ihrer Form Schlüsse zieht und bei der man kein Beweisstück zu ergänzen braucht» [4]. Leibnizens verallgemeinerter Begriff des formalen Schließens überführt die L. zugleich in eine von ihm konzipierte «mathématique universelle» [5]. Dieses Konzept einer universellen Theorie des formalen Schließens setzt sich fort u.a. über J. H. LAMBERT [6], B. BOLZANO und die *Algebra der L.* (s.d.), in der bestimmte algebraische Operationen mit Größen als logische Operationen mit Begriffen (Klassen) und Aussagen interpretiert werden, und führt schließlich bis zur modernen L. in der von G. FREGE ausgearbeiteten Gestalt. In dieser Entwicklung kann insbesondere KANTS Neuprägung ‹formale L.› (s.u.), welche dieser noch auf die Syllogistik bezieht, zum Titel einer *allgemeinen Wissenschaft von den Aussagen- und Schlußformen* werden. Zugleich ist es möglich, daß sich die neue so genannte ‹mathematische L.› auf das Leibnizprogramm berufen kann, aber auch erklärlich, wieso es nach Frege – durch die Tradition der Algebra der L. begünstigt – häufig zu einer mißverständlichen Gleichsetzung von *mathematischer* und *formaler* L. gekommen ist.

Der oben genannten *zweiten* Ausweitung des L.-Verständnisses leistet bereits die universalwissenschaftliche Orientierung der L., beschränkt auf *formale* Methoden, Vorschub. Parallel zum Leibnizprogramm gewinnt eine seit der ‹Logik von Port-Royal› [7] traditionelle Einteilung der L. in (entsprechend Kants Sprachgebrauch) *Elementarlehre*, die den klassischen Bestand der L. (die Lehren vom Begriff, Urteil und Schluß) umfaßt, und *Methodenlehre* Bedeutung. Mit der Kritik an den methodischen Beschränkungen der Syllogistik geht nämlich eine in der Regel an der mathematischen Naturwissenschaft orientierte Reflexion auf die *Methode* begründeter Erkenntnisgewinnung einher. Entsprechend weitet sich das L.-Verständnis im Zuge erkenntnistheoretischer Bemühungen aus. Versteht noch LOCKE seinen ‹Essay› keineswegs als L. (er verwendet nicht einmal das Wort ‹L.›), so ändert sich dies, für ähnliche Untersuchungen, bis zum 19. Jh. grundlegend. Ist noch in der ‹L. von Port-Royal› der Teil ‹Von der Methode› relativ knapp bemessen, so dehnt sich nun der Bereich der Methodenlehre innerhalb der L.en allmählich so aus, daß er schließlich im 19. Jh. auch die Methodenlehre der Einzelwissenschaften umfassen kann. Diese Entwicklung zeichnet sich bereits bei CHR. WOLFF ab, dessen ‹L.› [8] in einen *theoretischen* und einen *praktischen* Teil zerfällt, wobei der praktische Teil auf eine Methodenlehre der Wissenschaften hinausläuft und den theoretischen Teil an Umfang erheblich übertrifft. Bei LAMBERT schließlich werden auch die Gegenstände der logischen Elementarlehre als Teil eines Traktats von der Methode verstanden [9].

Wolffs praktisches und umfassendes Verständnis der zur L. gerechneten Methodenlehre gerät zunächst in Vergessenheit. So beklagt etwa der Hegelschüler C. F. BACHMANN, daß in den L.-Lehrbüchern die Elementarlehre zuviel Raum gegenüber der Methodenlehre einnimmt: «Die ganze Lehre von den Begriffen, Urtheilen und Schlüssen gehört blos zur Elementarlehre, zur niedern L.: die höhere, die wahre Algebra aller Wissenschaften ist eben die Methodenlehre, d.h. die kunstgerechte Behandlung dieser Elemente zur Erzeugung des wahren Organism der Wissenschaft, den wir das System nennen» [10]. Wiederaufgenommen ist das L.-Verständnis von Chr. Wolff bei B. BOLZANO, der das Wort ‹L.› synonym mit ‹Wissenschaftslehre› (s.d.) verwendet, d.h., mit Bolzanos Worten, für «den Inbegriff aller derjenigen Regeln, nach denen wir bei dem Geschäfte der Abtheilung des gesammten Gebietes der Wahrheit in einzelne Wissenschaften und bei der Darstellung derselben in eigenen Lehrbüchern vorgehen müssen, wenn wir recht zweckmäßig vorgehen wollen» [11]. Bolzanos L. oder Wissenschaftslehre enthält neben einer «Elementarlehre» u.a. eine «Erkenntnislehre» und zwei Teile, welche der praktischen L. bei Wolff entsprechen, nämlich eine «Erfindungskunst» (Heuristik) und eine «eigentliche Wissenschaftslehre», zu der die anderen Teile des vierbändigen Werkes die Grundlegung leisten.

Bereits Bolzano sieht neben der allgemeinen Wissenschaftslehre «besondere L.en» für Einzelwissenschaften vor [12]. Solche finden sich kurze Zeit später in der von J.ST. MILL eingeleiteten Tradition, wobei in Mills einflußreicher L. die methodologischen Teile bereits völlig überwiegen, was auch der vollständige Titel zum Ausdruck bringt [13]. Den nächsten Schritt in Richtung auf besondere L.en im Sinne Bolzanos dokumentiert dann das deutsche Gegenstück zu Mills ‹L.›, die ‹L.› von W. WUNDT [14]. Wundt unterscheidet etwa die «L. der exakten Wissenschaften» und ihre Unterarten wie «L. der Mathematik», «L. der Chemie» usf. von der «L. der Geisteswissenschaften» (bereits das letzte Buch in MILLS ‹L.› ist ‹On the L. of the moral science› betitelt) und ihrer

Unterarten wie «L. der Geschichtswissenschaften» usf. Diese Ausweitung des L.-Begriffes ist heute sinnvollerweise wieder zurückgenommen worden, indem aus der L. methodologische Teile als allgemeine oder spezielle *Wissenschaftstheorie* ausgegliedert sind.

Eine andere Ausweitung erfuhr der L.-Begriff innerhalb der deutschen Tradition auf der Grundlage der Kantischen Unterscheidung von formaler und transzendentaler L. In Abhebung von der Kantischen Neuprägung ‹transzendentale L.› wird die klassische L. jetzt erstmals von Kant als «formal» bezeichnet. «Formal» kann die L. nach KANT insofern heißen, als sie es lediglich mit der logischen *Form* der Erkenntnis zu tun hat. Die «*allgemeine*, aber *reine L.* hat es also mit lauter Principien a priori zu thun und ist ein *Kanon des Verstandes* und der Vernunft, aber nur in Ansehung des Formalen ihres Gebrauchs, der Inhalt mag sein, welcher er wolle (empirisch oder transscendental)» [15]. Diese reine L. als «Propädeutik der Wissenschaften» [16] «hat mit nichts als der bloßen Form des Denkens zu thun» [17]. Während Kant die formale L. bereits in ihrer aristotelischen (syllogistischen) Gestalt als *abgeschlossen* gilt, macht die transzendentale L. einen Teil der Vernunftkritik und der damit einhergehenden Begründung des apriorischen Teils von Naturwissenschaft aus.

Obwohl die transzendentale L. bei Kant metaphysikkritisch gewendet ist, führt sie doch im Deutschen Idealismus zu einem metaphysischen (ontologischen) Verständnis von L., indem zunehmend Denk- und Seinsformen identifiziert werden. So ist es nicht verwunderlich, daß die L. in diesem Verständnis schließlich in den Stand einer Fundamentalwissenschaft, sei es unter dem Titel ‹Wissenschaftslehre› (FICHTE [18]) oder unter dem Titel ‹L.› selbst (HEGEL [19]), aufrückt. – Dagegen folgen die *Altkantianer* J. G. K. CHR. KIESEWETTER [20], J. H. TIEFTRUNK [21], W. T. KRUG [22] und F. A. VAN CALKER [23] den Unterscheidungen Kants. – Vor allem der *Neukantianismus* hat dann Kants Begriff der ‹transzendentalen L.› in Wendungen wie ‹L. der Erkenntnis› [24], ‹L. des Prädikats› [25] so eingebracht, daß hier schließlich ‹L. der ...› zunächst ganz allgemein für «(Theorie der) Bedingungen der Möglichkeit von ...» stehen kann. Auch E. HUSSERL entwickelt die Kantische Abgrenzung von formaler und transzendentaler L. weiter [26]. – Schon im Neukantianismus ging andererseits das transzendentalphilosophische Programm Kants ohne genaue Abgrenzung in allgemeinere, heute so genannte grundlagentheoretische Untersuchungen über. Daher ist es nicht verwunderlich, daß inzwischen Bildungen wie ‹L. der Entscheidung› schlicht synonym mit ‹Grundlagen(theorie) der Entscheidung› gebraucht werden. In diesem, zumal in der Wissenschaftstheorie, ausufernden Gebrauch von ‹L.› trifft sich eine hinreichend verwässerte kantianische Tradition schließlich sogar mit dem Logischen Empirismus (s. d.), insofern dieser grundlagentheoretische Untersuchungen auf die logische Analyse von Wissenschaftssprachen beschränkt.

Die Verwischung der Grenze zwischen L. und Metaphysik im Deutschen Idealismus läßt die Frage nach dem Status der logischen Gesetze unklar werden, so daß als Gegenbewegung psychologische (BENEKE [27]) und anthropologische (FRIES [28]) Fundierungsversuche auf den Plan treten. In der Folge wurde das Verhältnis von L. und (Denk-)*Psychologie* zu einem Hauptpunkt der Auseinandersetzung um ein angemessenes Verständnis der L. Dem zunächst dominierenden Psychologismus [29] steht eine auf BOLZANO zurückgehende Tradition gegenüber, nach der die logischen Gesetze unabhängig von psychologischen Tatsachen gelten. Insbesondere der Neuansatz der modernen L. bei G. FREGE [30] ist grundlagentheoretisch vom Geist der Psychologismuskritik geprägt; und seiner Kritik am psychologistischen Frühwerk von HUSSERL [31] verdankt sich schließlich auch die phänomenologische Wende Husserls und damit die wohl einflußreichste Abweisung eines psychologistischen Verständnisses logischer Phänomene, nämlich Husserls ‹Logische Untersuchungen› [32].

Anmerkungen. [1] R. DESCARTES, Regulae ad directionem ingenii, regula X. Oeuvres, hg. ADAM/TANNERY 10, 405f. – [2] J. Locke, An essay conc. human understanding, hg. A. C. FRASER IV, 17, § 6. – [3] a.O. IV, 17, § 4, S. 396. – [4] LEIBNIZ, Nouveaux essais IV, 17, § 4. Akad.-A. VI/6, 478f. – [5] Vgl. Art. ‹Mathesis universalis›. – [6] Vgl. J. H. LAMBERTS 'Linienkalkül', in: Neues Organon 1: Dianoiologie §§ 173ff.; eine genaue Rekonstruktion findet sich bei G. WOLTERS: Basis und Deduktion. Stud. zur Entstehung und Bedeutung der Theorie der axiomat. Methode bei J. H. Lambert (Berlin/New York 1980). – [7] A. ARNAULD und P. NICOLE: La L. ou l'art de penser (1662 u.ö.). – [8] CHR. WOLFF: Philos. rationalis sive L., methodo scientifica pertractata et ad usum scientiarum atque vitae aptata (1728). – [9] J. H. LAMBERT: Neues Organon (1764) Vorrede: 5f. – [10] C. F. BACHMANN: System der L. (1828) IX. – [11] B. BOLZANO: Wiss.lehre (1837, ²1929); ND, hg. W. SCHULTZ (1970) dort 1, 7: § 1. – [12] a.O. 55f.: § 14. – [13] J. ST. MILL: A system of L. ratiocinative and inductive being a connected view of the principles of evidence and the methods of sci. investigation (1843, ⁸1872). – [14] W. WUNDT: L. (1879, ⁴1919). – [15] I. KANT, KrV B 77. – [16] a.O. B 76. – [17] B 78. – [18] J. G. FICHTE: Grundl. der ges. Wiss.lehre (1794); Grundriß des Eigentümlichen der Wiss.lehre (1795); Die Wiss.lehre (1804); Die Wiss.lehre (1810). – [19] G. W. F. HEGEL, Wiss. der L. 1. 2 (1812/13, 1816). – [20] J. G. K. CHR. KIESEWETTER: Grundriß einer allg. L. nach Kantischen Grundsätzen 1. 2 (1791, ²1802/06). – [21] J. H. TIEFTRUNK: Grundriß der L. (1801). – [22] W. T. KRUG: L. (1806) = 1. Teil des ‹Systems der theoret. Philos.› (1806-1810). – [23] F. A. VAN CALKER: Denklehre oder L. und Dialektik (1822). – [24] H. COHEN: L. der reinen Erkenntnis (1902). – [25] H. RICKERT: L. des Prädikats und das Problem der Ontologie (1930). – [26] E. HUSSERL: Formale und transzendentale L. (1929). – [27] F. E. BENEKE: Lb. der L. als Kunstlehre des Denkens (1832). – [28] J. FR. FRIES: System der L. (1811). – [29] Vgl. hier und im folgenden Abschn. I dieses Art., ferner Art. ‹Psychologismus›. – [30] G. FREGE: Begriffsschrift, eine der arith. nachgebildete Formelsprache des reinen Denkens (1879); vgl. Abschn. V. – [31] E. HUSSERL: Philos. der Arith. 1 (1891); Rez. G. FREGE in: Z. Philos. u. philos. Kritik (53) (1894) 313-332. – [32] E. HUSSERL: Log. Untersuch. 1. 2 (1900/1901).

Red.

V. *Die moderne Logik seit Frege.* – Die moderne L. beginnt mit dem Bemühen G. FREGES, durch eine systematische Anwendung des Funktionsbegriffes L. und Mathematik auf eine gemeinsame Grundlage zu stellen. Frege ergänzte dazu den Funktionsbegriff der Mathematik, indem er als Argumente und als Funktionswerte nicht nur Zahlen, sondern auch beliebige Gegenstände zuließ, darunter die für die L. sehr wichtigen (zwei) Wahrheitswerte, nämlich das Wahre und das Falsche. Dabei bestimmte er einen Begriff als eine Funktion, «deren Wert immer ein Wahrheitswert ist» [1]. Unter dem Wertverlauf einer Funktion versteht er dasjenige Objekt, das zwei für alle Argumente zusammenfallende Funktionen gemeinsam haben. Begriffsumfänge, d.h. Klassen, sind dann nichts anderes als die Wertverläufe von Begriffen. Durch diese 'Funktionalisierung' konnte Frege nicht nur die überlieferten Termini der logischen Fachsprache einheitlich ausdrücken und präziser definieren, sondern darüber hinaus gewisse in der Tradition ungelöste Fragen – z.B. diejenige nach der Natur der Quantoren – einer fast trivial anmutenden Lösung zuführen. Frege legte großen Wert darauf, diese funktionelle Neusystematisierung der L. auch sprachlich genau auszudrücken. Seine zweidimensionale Notation – die Begriffsschrift – ist psychologisch unzweckmäßig; an Genauigkeit läßt sie aber nichts zu wünschen übrig. Nach Frege sollte jeder gedanklichen Unterscheidung eine sprachliche entsprechen und umgekehrt. Nur dadurch können wir aus den uns zugänglichen Zeichen Schlüsse auf die von ihnen dargestellten Zusammenhänge ziehen. «Die Zeichen sind für das Denken von derselben Bedeutung wie für die Schiffahrt die Erfindung, den Wind zu gebrauchen, um gegen den Wind zu segeln» [2]. Frege unterscheidet bei Wörtern zwischen ihrer Bedeutung (reference) und ihrem Sinn (meaning) [3]. Der Eigenname ‹Abendstern› z.B. hat als Bedeutung den Planeten Venus, als Sinn ein ideales Gebilde, das wir unmittelbar erfassen können, insofern wir Deutsch verstehen. Der Sinn eines sprachlichen Ausdrucks ist genau so sprachunabhängig wie seine Bedeutung; an der Existenz von nicht-sinnlichen, sprachunabhängigen Gegenständen hat Frege nie gezweifelt.

Aufgrund dieser drei Leitideen, nämlich Funktionalisierung, Begriffsschrift und Unterscheidung von Sinn und Bedeutung, hat Frege in der L. Entdeckungen gemacht, die nur mit denen des Aristoteles zu vergleichen sind. Die wichtigsten seien hier aufgezählt: 1. die erste – de facto – vollständige Axiomatisierung der zweiwertigen Aussagen-L. und der Quantoren-L. mit Identität; 2. die erste Analyse der Kennzeichnungen und der Aufweis der verheerenden Wirkungen ihres Mißbrauchs: «Eine für die Zuverlässigkeit des Denkens verhängnisvolle Eigenschaft der Sprache ist ihre Neigung, Eigennamen zu schaffen, denen kein Gegenstand entspricht» [4]; 3. die erste Systematisierung der Klassentheorie einschließlich der ersten Formulierung des Komprehensionsaxioms; 4. die erste Darstellung der Definitionen durch Abstraktion mit Anwendungen auf Geometrie und, vor allem, Arithmetik (mit ihrer Hilfe konnte Frege die erste rein logische Definition der Zahl geben); 5. der Nachweis der hohen Ausdrucksfähigkeit der Quantifikation über Prädikate (unabhängig von DEDEKIND zeigte Frege [5], wie man rekursive Definitionen mittels Quantoren zweiter Stufe auf explizite Definitionen zurückführen kann; dies war die Geburtsstunde des Logizismus (s.d.), d.h. des Versuchs, die Arithmetik auf eine erweiterte «große L.» zu reduzieren); 6. die ersten Ansätze zur Bildung einer intensionalen L.; 7. eine neue Theorie der Prädikation: Begriffe sind nach Frege Funktionen, folglich keine selbständigen Gegenstände, sondern ungesättigte Entitäten, die, wenn sie von Gegenständen prädiziert werden, ihre natürliche Ergänzung erreichen.

Die Forderungen des logizistischen Programms einerseits und die Möglichkeit, statt über Begriffe über die entsprechenden Klassen zu quantifizieren, andererseits haben Frege allerdings dazu veranlaßt, seiner Auffassung der Prädikation im Gesamtsystem nicht die ihr gebührende Bedeutung zu geben. Er glaubte, mit rein logischen Mitteln einen Gegenstandsbereich bestimmen zu können, in dem nicht nur die L., sondern auch die Arithmetik ihren natürlichen Platz findet. Nach KANT und WITTGENSTEIN dagegen ist die L. ontologisch steril. In Freges Auffassung aber gelten die logischen Wahrheiten objektiv und lassen sich daher nicht auf Konventionen, Als-ob-Bildungen, Annahmen usw. gründen. Nie in der Geschichte der L. vor ihm war die zugrunde liegende philosophische Idee so einfach, und nie reichte deren Wirkung gleichwohl so weit in die logische Kleinarbeit hinein.

Deswegen war RUSSELLS Entdeckung (1902), daß Freges Komprehensionsaxiom zu einem Widerspruch führt, nicht die Auffindung irgendeiner Unstimmigkeit, sondern eher dem Einsturz einer Kathedrale zu vergleichen. Seitdem ist der strenge Platonismus nicht mehr aufrechtzuerhalten; selbst platonisch orientierte Logiker, wie GÖDEL und SCHOLZ [6], sind zu einer kritischen Version des logischen Platonismus genötigt [7].

Die weitere Entwicklung der L. im 20. Jh. ist weitgehend als Reaktion auf die von Russell entdeckte mangelnde Widerspruchsfreiheit von Freges L. zu verstehen. Die Reaktion erfolgte in dreifacher Weise:

Erstens versuchte RUSSELL, den Widerspruch dadurch zu verhindern, daß er logische Typen einführte [8]. In der traditionellen L. war die zugrunde liegende und sinnstiftende grammatische Struktur der Sprache weitgehend unberücksichtigt geblieben. Russells Typentheorie brach mit diesem Vorurteil. Leider läßt seine philosophische Begründung der Typentheorie zwei Deutungen zu: Manchen gilt sie als ad hoc erfundenes Mittel zur Vermeidung der Widersprüche, manchen als eine einsichtige Konsequenz aus der kategorialen Struktur der Sprache. Zur selben Zeit entwickelte E. HUSSERL die erste sich streng an die Sprachstruktur anlehnende, allerdings nicht-pragmatische Begründung der Typentheorie [9]. Seine Gedanken übten leider keinen Einfluß aus; erst über LEŚNIEWSKI und AJDUKIEWICZ [10] wurden sie in den gegenwärtigen Bemühungen um eine universelle logische Grammatik wiederentdeckt. RUSSELL baute seine Typenunterschiede in eine noch komplexere Theorie ein: die verzweigte Typentheorie, die auf einen Vorschlag von H. POINCARÉ [11] zurückgeht. Innerhalb jeden Typs werden zusätzlich Ordnungen unterschieden, je nach dem Kompliziertheitsgrad der Definition eines Ausdrucks. Man erhält dadurch für jeden Begriff eine explizite Angabe seiner Genese. Deswegen stellt die verzweigte Typentheorie diejenige Version einer «großen L.» dar, die am besten die Grundgedanken der kantischen Transzendentalphilosophie zum Ausdruck bringt [12]. Mit den kontextuellen Definitionen [13] der «unvollständigen Zeichen» – eine Methode, die auf FREGE zurückgeht [14], wenn er auch in seinen späteren Werken selten davon Gebrauch machte – wollte RUSSELL die ontologischen Voraussetzungen seines Aufbaus der L. kontrollieren. Sätze z.B., die eine Kennzeichnung enthalten, werden in solche umgeformt, die sie nicht mehr enthalten. Abgesehen von gewissen Ungenauigkeiten in der Bestimmung der Kontextabhängigkeit [15] konnte Russell auf diese sehr einfache Weise die Thesen MEINONGS [16] als überflüssig nachweisen. In der «no class-theory» versuchte RUSSELL sogar die Klassen kontextuell zu eliminieren. Zwar gelang ihm so die Reduktion der Klassen auf Prädikate, aber die damit bezweckte Vereinfachung blieb aus: Statt eines extensionalen Platonismus mußte Russell einen intensionalen befürworten. Die Methode der «incomplete symbols» gilt seitdem als das Hauptwerkzeug jedes reduktionistischen Programms: «the supreme maxim in scientific philosophising is this: wherever possible, logical constructions are to be substituted for inferred entities» [17].

Die zweite Reaktion auf das Scheitern von Freges System kam aus der formalen Axiomatik (s.d.) D. HILBERTS [18]. Diese unterscheidet sich von der traditionellen, euklidischen Axiomatik (s.d.) dadurch, daß sie vom jeweiligen Sachgehalt abstrahiert und einen abgeschlossenen Individuenbereich voraussetzt (existentiale Fassung). Ein formales Axiomensystem definiert eine abstrakte Struktur: Wie die Objekte des vorausgesetzten Individuenbereiches definiert sind, welchen ontologischen Status sie haben, auf welche Weise sie die Forderungen des Axiomensystems (s. d.) erfüllen, all diese Fragen haben in der formalen Axiomatik keinen Platz. Unter diesen Voraussetzungen ist allerdings die Gefahr der Widersprüchlichkeit sehr groß. Deswegen forderte Hilbert, für jedes Axiomensystem einen Widerspruchsfreiheitsbeweis (WFB) zu führen. Dazu stehen transfinite Interpretationen nicht ohne weiteres zur Verfügung: Hilbert stand dem infinitistischen Ontologismus Freges – und Cantors – sehr kritisch gegenüber [19]. Wenn jedoch eine mathematische Theorie, zusammen mit den in ihr verwendeten logischen Schlußweisen, in ein *formales* Axiomensystem umgewandelt wird, dann läßt sich der WFB unter Umständen mit ganz elementaren, finiten (s. d.) Mitteln erbringen: In der Tat definiert ein formales Axiomensystem induktiv eine ableitbare Satzmenge; folglich läßt sich unter Umständen auch induktiv beweisen, daß zwei kontradiktorische Sätze nicht gleichzeitig ableitbar sind. Das Hilbertsche Programm (s. d.) – die Beweistheorie (s. d.) – einer Begründung der L. und der M. besteht also nicht wie bei Frege darin, diesen Disziplinen einen ontologischen Ort zuzuweisen, sondern darin, nach erfolgter Formalisierung und durch einen WFB ihre «Möglichkeit» zu sichern. Frege hatte die Formalisierung der L. schon erbracht, aber sie war für ihn nur zur Präzisierung relevant. Bei Hilbert dagegen ist die Formalisierung das Sprungbrett, von dem aus die endliche Vernunft, über ihren eigenen Schatten springend, das Unendliche zwar nicht erreicht, aber doch für einen fiktiven Gebrauch so weit absichert, als es für naturwissenschaftliche Anwendungen nötig ist. 1930 bewies K. GÖDEL die Vollständigkeit der Quantoren-L. [20] erster Stufe und damit, daß der infinitistisch präzisierte Begriff der logischen Wahrheit und der finitäre Begriff der Ableitbarkeit umfangsgleich sind. Daraus folgt, daß jede widerspruchsfreie quantorenlogische Satzmenge ein Modell hat. Der Streit zwischen Frege und Hilbert wurde so zugunsten Hilberts entschieden. Frege nämlich lehnte die WFB durch Formalisierung scharf ab und akzeptierte nur WFB durch Aufweis von Modellen. Nach Gödel sind nun beide Methoden gleichwertig. Leider ist der Gödelsche Vollständigkeitssatz nicht finitär zu beweisen und gehört deswegen nicht zur Beweistheorie. 1931 bewies Gödel die Unvollständigkeit der Peano-Arithmetik und die Unableitbarkeit der formalisierten Widerspruchsfreiheitsaussage innerhalb der Peano-Arithmetik [21]. Aus dem Unvollständigkeitssatz folgt die Nicht-Axiomatisierbarkeit der Quantoren-L. zweiter Stufe. Damit bestätigte die Beweistheorie den grundsätzlichen Unterschied zwischen Quantifizierung von Individuen und von Prädikaten, den schon Frege in seiner Theorie der Prädikation bemerkt hatte. Der Unvollständigkeitssatz stellt das wichtigste Ergebnis der Beweistheorie dar. Aus dem Unableitbarkeitssatz folgt aber leider, daß der WFB von formalen Axiomensystemen genügender Ausdrucksfähigkeit nicht mehr finit geführt werden kann. An diesem Satz scheiterte das Hilbertsche Programm im engeren Sinne.

1933 hat A. TARSKI [22] als Antwort auf Gödels Unvollständigkeitssatz die Wahrheitsdefinitionen eingeführt, um Satzmengen, die nicht axiomatisierbar sind, trotzdem einer theoretischen Bestimmung zugänglich zu machen. Statt wie in der formalen Axiomatik Satzmengen induktiv mit Hilfe von Axiomen und effektiven Umformungsregeln zu erzeugen, läßt Tarski auch mengentheoretische, d. h. infinitistische Erzeugungsprinzipien zu. Es war daraufhin naheliegend, durch Zulassung von infinitistischen Schlußbeweisen in der Metastufe, auf den finiten Standpunkt praktisch wieder zu verzichten. Jene erste formalistische Erweiterung der Beweistheorie stellt die endgültige Absage an die euklidische Tradition dar; diese zweite, mengentheoretische Erweiterung das Aufgeben von Kants Begründungsprogramm. Die so zweifach erweiterte Beweistheorie heißt heutzutage Modelltheorie (s. d.). Philosophisch tritt sie in zwei Varianten auf: Entweder wird die in der Metastufe verwendete Mengenlehre als eine *wahre Theorie* verstanden, dann hat man eine platonische Modelltheorie. Oder die mengentheoretischen Mittel werden einfach «syntaktisch» verwendet, d. h. ohne inhaltliche Begründung, dann hat man die formalistische Modelltheorie oder kurz den Formalismus [23]. Mit der ungeheuren Erweiterung ihrer theoretischen Mittel ist die Modelltheorie – teilweise auch die formale Axiomatik – imstande, abweichende *nicht-klassische Systeme der L.* zu untersuchen. Keines der Prinzipien, auf welchen Freges System der L. aufgebaut war, blieb dabei von Abänderungen verschont: Es entwickelten sich mehrwertige L.en, L.en mit unendlich langen Ausdrücken, L.en mit schwacher oder starker Negation, L.en mit abweichender Implikation, L.en ohne Variablen, modale L.en, «tense logics» usw. [24].

Die dritte Reaktion auf das Scheitern von Freges System geht auf BROUWERS Philosophie der Mathematik zurück. Er sieht in den Widersprüchen nur ein Symptom einer tiefer liegenden Krankheit. Die aristotelische L. wurde nach Brouwer aus den Verhältnissen bei *endlichen* Mengen abstrahiert; ihre Anwendung auf *unendliche* Mengen ist unbegründet. Eine endliche Menge ist überschaubar, ihre Elemente lassen sich einzeln untersuchen; bei unendlichen Mengen ist dies prinzipiell ausgeschlossen. Waren die Aussagen bei Frege Eigennamen der beiden platonischen Objekte «das Wahre» bzw. «das Falsche», so sind sie bei Brouwer lediglich Endergebnisse von Beweisen. Mathematische Objekte – die einzigen Beispiele von Unendlichkeiten – werden im Kontext ihrer transzendentalen Gegebenheitsweise, als Konstruktionsergebnisse betrachtet. Daraus folgt die Unzulässigkeit des tertium non datur: Es ist nicht gesagt, daß wir entweder eine Konstruktion (einen Beweis) finden, oder aus der Voraussetzung der Existenz einer Konstruktion (eines Beweises) einen Widerspruch ableiten können. Die aus diesen Überlegungen entstandene intuitionistische L. [25] – so genannt wegen der prinzipiellen Rolle, welche Brouwer der Intuition der Zeit bei der Erzeugung von unendlichen Mengen zuwies – wurde von HEYTING axiomatisiert [26]. Neben den Restriktionen gegenüber der klassischen L. treten im Intuitionismus (s. d.) auch Erweiterungen der Ausdrucksmittel auf [27]. Brouwers Ideen haben die erkenntnistheoretische Diskussion um die L. auf eine neue Basis gestellt. In einer Zurückwendung zu Kant hat Brouwer – und auch POINCARÉ mit seiner Forderung einer stufenweisen Anwendung des Komprehensionsaxioms – die Naivität von Freges Ontologismus und Objektivismus zu überwinden gesucht. HILBERTS finiter Standpunkt wird der Brouwerschen Kritik im Grunde nur auf der Metastufe gerecht; in der Objektstufe behielt Hilbert aus pragmatischen Gründen den Infinitismus von Frege und Cantor bei [28].

Neuerlich hat P. LORENZEN diese Auseinandersetzung aufgenommen und weiterentwickelt. Über Brouwer hinaus will er die L. nicht auf den Beweisbegriff, sondern auf den Dialogbegriff zurückführen. Manche Aussagen (z. B. unendliche Allaussagen) sind nicht *beweis*definit – d. h.

wir wissen nicht, was als ein Beweis gelten kann – jedoch wenigstens *dialog*definit, in dem Sinne, daß wir den Ausgang von Dialogen um diese Aussagen entscheiden können. Aufgrund der allgemeinsten Eigenschaften einer Dialogsituation bestimmt Lorenzen zuerst eine strenge Dialogregel, wonach die Dialogpartner abwechselnd die unmittelbar vorher behauptete Aussage angreifen oder sich auf einen unmittelbar vorhergehenden Angriff verteidigen. Zwei Erweiterungen dieser strengen Dialogregel, die zur intuitionistischen bzw. zur klassischen L. führen, werden im Anschluß an Hilberts Grundgedanken durch einen WFB legitimiert. Bei Theorien mit stabilen Primformeln, d. h. Formeln, deren doppelte Negationen die einfachen Affirmationen implizieren, kann man ruhig die klassische L. verwenden: ein daraus resultierender Widerspruch würde sich stets auch intuitionistisch ergeben. Wenn dagegen die Individuenbereiche nicht konstruktiv erzeugbar sind – wie teilweise in der klassischen Analysis –, stellt die klassische Quantoren-L. eine unbegründete Extrapolation dar [29].

Anmerkungen. [1] G. FREGE: Funktion und Begriff, in: Funktion, Begriff, Bedeutung, hg. G. PATZIG (1969) 28. – [2] Über die wiss. Berechtigung einer Begriffsschrift, in: Begriffsschrift (^{2}1964) 107. – [3] Über Sinn und Bedeutung a.O. [1] 40. – [4] Nachgel. Schr., hg. HERMES/KAMBARTEL/KAULBACH (1969) 286. – [5] Die Grundl. der Arith. (1884) 61. – [6] K. GÖDEL: What is Cantor's continuum problem, in: Philos. of math., hg. BENACERRAF/PUTNAM (1964); H. SCHOLZ und G. HASENJÄGER: Grundzüge der math. L. (1961). – [7] Vgl. SCHOLZ/HASENJÄGER, a.O. [6] VII. – [8] B. RUSSELL: Math. L. as based on the theory of types, in: L. and language (1956); A. N. WHITEHEAD und B. RUSSELL: Principia math. (^{1}1910, ^{2}1927). – [9] E. HUSSERL: Log. Untersuch. (^{4}1928) U. IV. – [10] K. AJDUKIEWICZ: Die syntakt. Konnexität. Studia philos. 1 (1935). – [11] H. POINCARÉ: Les math. et la L. Rev. Mét. Morale 13/14 (1905/06). – [12] P. LORENZEN: Einf. in die operative L. und Math. (^{2}1969); HAO WANG: A survey of math. L. (1964) 585ff. – [13] Vgl. Art. ‹Gebrauchsdefinition›. – [14] Vgl. FREGE, a.O. [5] XXII. – [15] K. GÖDEL: Russell's math. L., in: The philos. of Bertrand Russell, hg. SCHILPP (1946) 126. – [16] Vgl. Art. ‹Gegenstandstheorie›. – [17] B. RUSSELL: Our knowledge of the external world (1914). – [18] D. HILBERT: Grundl. der Geometrie (^{1}1899, ^{11}1972); D. HILBERT und P. BERNAYS: Grundl. der Math. 1 (^{1}1934, ^{2}1968) 1. – [19] Über die Kontroverse Frege/Hilbert vgl. G. FREGE: Über die Grundl. der Geometrie, in: Kl. Schr., hg. I. ANGELELLI (1967). – [20] K. GÖDEL: Die Vollständigkeit der Axiome des log. Funktionenkalküls. Mh. Math. Phys. 37 (1930). – [21] Über formal unentscheidbare Sätze der Principia Mathematica und verwandter Systeme I. Mh. Math. Phys. 38 (1931). – [22] A. TARSKI: Der Wahrheitsbegriff in d. formalisierten Sprachen. Studia philos. 1 (1935; poln. 1933). – [23] CH. CH. CHANG u. H. J. KEISLER: Model theory (1973). – [24] Zum Toleranzprinzip vgl. R. CARNAP: Die log. Syntax der Sprache (1934); für die nicht-klass. Systeme vgl. J. B. ROSSER und A. R. TURQUETTE: Many-valued L. (1952); H. J. KEISLER: Model theory for infinitary L. (1971); A. R. ANDERSON und N. D. BELNAP: Entailment: the L. of relevance and necessity (1975); J. R. HINDLEY, B. LERCHER und J. P. SELDIN: Introd. to combinatory L. (1972); G. E. HUGHES and M. J. CRESSWELL: An introd. to modal L. (1968); N. RESCHER und A. URQUHART: Temporal L. (1971). – [25] L. E. J. BROUWER, Coll. Works 1 (1975); A. HEYTING: Intuitionism (^{3}1971). – [26] Die formalen Regeln der intuitionist. L., Sber. preuß. Akad. Wiss., phys.-math. Kl. (1930). – [27] K. GÖDEL: Zur intuitionist. Arith. und Zahlentheorie. Erg. eines math. Koll. H. 4 (1933); G. GENTZEN: On the relation between intuitionistic and class. arith., in: Coll. Papers (1969) 53. – [28] L. E. J. BROUWER: Intuitionism and formalism. Bull. Amer. Math. Soc. 20 (1913); vgl. a.O. [25] – [29] P. LORENZEN und O. SCHWEMMER: Konstruktive L., Ethik und Wissenschaftstheorie (^{2}1974); P. LORENZEN: Differential und Integral (1965).

A. R. RAGGIO

Logik, deontische (griech. δέομαι, bedürfen, verlangen; τὸ δέον, was sein soll, Pflicht; δεόντως, wie es gebührt, auf schuldige Art). Die deontische L. (d.L.) ist somit die L. des Sollens oder die L. der normativen Begriffe und Sätze. Sie wird auch ‹Normen-L.› genannt.

1. *Geschichtliches.* – Die moderne d.L. wurzelt in zwei Traditionen. Die eine geht auf Leibniz, die andere auf J. Bentham zurück. – LEIBNIZ hat vermutlich als erster bemerkt, daß die normativen Grundbegriffe der Pflicht oder des Gebots (*debet*), der Erlaubnis (*licet*) und des Verbots (*non licet*) den modalen Kategorien der Notwendigkeit, Möglichkeit und Unmöglichkeit strukturähnlich oder analog sind [1]. ‹Analog› heißt hier folgendes: Wenn man einen der Begriffe zum Grundbegriff wählt, kann man die beiden anderen Mitglieder derselben Begriffsfamilie durch eine Operation des 'doppelten Negierens' erzeugen. So heißt z. B. die Negation der Möglichkeit dasselbe wie Unmöglichkeit und die Negation der Möglichkeit der Negation (eines Sachverhalts) dasselbe wie Notwendigkeit. Auf ähnliche Weise kann man das Verbot als Negation einer Erlaubnis und das Gebot oder die Pflicht als Verbot der Negation bzw. Unterlassung (einer Handlungsweise) auffassen.

Auf dem Gebiet des Rechts lassen sich Normen als Willensäußerungen eines Gesetzgebers verstehen. BENTHAM [2] schwebte die Idee einer L. des Willens oder des Befehlens (*Imperation*) vor, die an die Seite der herkömmlichen Aristotelischen Logik des Denkens treten sollte. Ein Grundgesetz dieser neuen Art von L. ist, laut Bentham, daß etwas, was geboten (Pflicht) ist, nicht innerhalb desselben Systems von Normen auch verboten sein kann.

Wenn man Gebot (Pflicht), Erlaubnis und Verbot mit O, P und F und den 'Inhalt' von Normen mit Variablen p, q, usw. bezeichnet, so können die oben genannten Begriffsbeziehungen mit $F =_{df} \neg P$, $O =_{df} F\neg = \neg P\neg$ und das Benthamsche Grundgesetz mit $Op \rightarrow \neg O\neg p$ oder auch mit $\neg(Op \wedge O\neg p)$ symbolisiert werden.

Die Ansätze von Leibniz und Bentham verfielen bald der Vergessenheit. Erst in den 1970er Jahren hat man sie «wiederentdeckt» [3]. Sie waren dem Grazer Philosophen MALLY unbekannt, als er 1926 sein Buch über die Grundgesetze des Sollens [4] veröffentlichte. Mit Bentham betrachtet Mally das Normative als Ausdruck eines Willens. Für das logische Studium des Normativen hat er den Terminus ‹*Deontik*› vorgeschlagen. Mally hat als erster versucht, diese L. axiomatisch aufzubauen, jedoch nicht unter Berücksichtigung der modallogischen Analogien. Sein Ansatz kann nicht als gelungen angesehen werden, und Mally war sich bewußt, daß mehrere Theoreme seiner Deontik «befremdlich» wirkten, d.h. unseren Intuitionen widersprechen.

Teilweise in der Nachfolge des Werkes von Mally werden in den späten 1930er Jahren Versuche gemacht, eine 'optative' L. des Wünschens (MENGER [5]) und eine 'imperativische' L. des Befehlens (HOFSTADTER/MCKINSEY [6]) zu entwickeln. Auch diese Ansätze hatten wenig Erfolg. Kritiker wie der bedeutende dänische Rechtsphilosoph A. Ross [7] waren sogar der Meinung, eine 'L.' der Imperative und Normen sei nicht möglich, weil diese nicht als wahr oder falsch behauptet werden können. Dieser Standpunkt war für die Skandinavische Schule des 'Wertnihilismus' (HÄGERSTRÖM u. a.) sowie zum Teil auch für den Neopositivismus kennzeichnend.

2. *Geburt der modernen d.L.* – In den frühen 1950er Jahren veröffentlichten O. BECKER [8], G. KALINOWSKI [9] und G. H. VON WRIGHT [10] unabhängig voneinander

Arbeiten, die mit einem Schlage die Lage auf dem Gebiet der Normen-L. veränderten. Seither kann man von der d.L. – den Terminus führte, einem Vorschlag von C. D. BROAD folgend, v. Wright ein – als anerkanntem Teil der formalen L. reden.

Das System von V. WRIGHT fußt auf zwei axiomatischen Grundsätzen:

1. $P(p \vee q) \leftrightarrow Pp \vee Pq$ und 2. $P(p \vee \neg p)$.

Das erste Axiom besagt, daß eine disjunktive Erlaubnis disjunktiv distribuierbar ist. Das zweite besagt, zusammen mit dem ersten, daß wenigstens eine Möglichkeit im logischen (Handlungs-)Raum erlaubt ist. Der Gebotsoperator wird mittels der Negation und dem Erlaubnisoperator wie oben definiert: $O =_{df} \neg P \neg$. Ferner wird postuliert, daß die tautologischen Transformationen des 'klassischen' Aussagenkalküls für die deontischen Sätze gültig sein sollen. Eine besondere Schlußregel gestattet, daß man einen Ausdruck durch einen anderen, mit dem ersten tautologisch äquivalenten, in einer Formel des deontischen Kalküls ersetzt.

Mit Hilfe der Definition $O =_{df} \neg P \neg$ kann man die beiden Axiome auch 'dual' wie folgt darstellen:

1'. $O(p \wedge q) \leftrightarrow Op \wedge Oq$ und 2'. $\neg O(p \wedge \neg p)$.

Dann besagt das erste Axiom, daß ein konjunktives Gebot konjunktiv distribuierbar ist. Mit Hilfe dieses Distributionsgesetzes läßt sich das zweite Axiom in das Benthamsche Gesetz $\neg (Op \wedge O \neg p)$ umformen.

Ferner sei bemerkt, daß $\neg (Op \wedge O \neg p)$ mit $Op \rightarrow Pp$ («Was geboten ist, ist auch erlaubt») äquivalent ist.

Alle Formeln des Systems können als Wahrheitsfunktionen von uniform gebauten 'Konstituenten' dargestellt werden. Wenn diese Wahrheitsfunktion eine Tautologie ist, soll die Formel ⟨deontische Tautologie⟩ heißen. Es läßt sich leicht entscheiden, ob eine gegebene Formel eine deontische Tautologie darstellt oder nicht. Ferner kann man beweisen, daß die Klasse der im Kalkül beweisbaren Formeln mit der Klasse der deontischen Tautologien identisch ist. Der Kalkül ist somit entscheidbar und stellt, im genannten Sinne, ein vollständiges System der normenlogischen Wahrheiten dar.

3. *Tunsollen und Seinsollen.* – Alle drei Gründer der modernen d.L. gingen davon aus, daß die normierten 'Inhalte', d. h. die 'Gegenstände', welche die Variablen p, q, usw. vertreten, *Handlungen* sind. Die d.L. sei somit eine formale Theorie dessen, was *getan* werden soll oder darf. Das dürfte am besten mit der geläufigen Auffassung der Normen als Handlungsregeln im Einklang sein.

Die genannte Auffassung ist jedoch mit logischen Schwierigkeiten verbunden. Es ist nicht klar, ob die Junktoren der Aussagen-L. auf Ausdrücke für Handlungen nach den herkömmlichen Regeln angewandt werden können. Was soll z. B. ⟨$\neg p$⟩ heißen, wenn ⟨p⟩ eine Handlung bezeichnet? «Das Unterlassen dieser Handlung» lautet die Antwort von BECKER und v. WRIGHT. Es ist aber fraglich, ob diese Antwort logisch legitim ist. Eine weitere Schwierigkeit ist die folgende:

Wenn die Normeninhalte Handlungen darstellen sollen, so sind 'Mischformeln' wie z. B. $p \rightarrow Oq$ nicht zulässig. Man kann also nicht im Kalkül ausdrücken, daß, wenn etwas der Fall *ist*, etwas anderes getan oder der Fall *sein soll*. Ferner ist es nicht möglich, die deontischen Operatoren zu iterieren. Ein Ausdruck wie z. B. POp ist nicht wohlgebildet, weil Op nicht der Name der Handlung, sondern ein normativer Satz ist.

In normativen Kontexten sind jedoch Ausdrücke, die 'faktische' und 'normative' Inhalte verbinden, sowie auch solche, die eine Hierarchie von über- und untergeordneten Normen darstellen, von großer Bedeutung. Solche Ausdrücke müßten auch innerhalb einer 'd.L.' ihren Platz haben. Diese Forderung kann, wenigstens zum Teil, erfüllt werden, wenn man die Variablen nicht als Handlungsterme, sondern als (deskriptive) *Sätze* betrachtet. Die Formeln ⟨Op⟩ und ⟨Pp⟩ besagen dann nicht, daß es geboten bzw. erlaubt ist, das, was ⟨p⟩ bezeichnet, *zu tun*, sondern daß es geboten bzw. erlaubt ist, daß das, was ⟨p⟩ beschreibt, *der Fall ist*. Was der Fall sein soll oder darf, kann natürlich darin bestehen, daß eine Handlung bestimmter Art ausgeführt wird. Die Variablen können somit Handlungs*sätze* vertreten, aber auch Sätze allgemeinerer Art.

Unter dieser veränderten Auffassung der d.L. als einer L. des *Seinsollens* (Seindürfens) sind auch 'gemischte' Formeln und Iteration der deontischen Operatoren im Kalkül zulässig. Das bedeutet eine gewaltige Erweiterung des ursprünglichen, als eine L. des *Tunsollens* (Tundürfens) konzipierten Systems. Die neue Auffassung wurde zuerst von A. N. PRIOR [11] und A. R. ANDERSON [12] vorgeschlagen und hat sich später allgemein durchgesetzt. Es muß aber hervorgehoben werden, daß damit die besonderen Probleme, die mit einem einwandfreien Aufbau einer Tunsollen-L. zusammenhängen, nicht gelöst sind. Diese Probleme sind zum großen Teil noch offen und sind bisher nicht genügend beachtet worden.

4. *Quantoren in der d.L.* – Nach v. WRIGHTS ursprünglichem Ansatz kommen die normativen Prädikationen des Geboten-, Erlaubt- oder Verbotenseins nicht einzelnen Handlungs*individuen*, sondern allgemeinen Handlungs*typen* (z. B. Diebstahl, Mord, Rauchen) zu. Daß Handlungen eines gegebenen Typus einen bestimmten deontischen Charakter haben, heißt aber, daß allen Individuen dieses Typus derselbe deontische Charakter zukommt. Daß z. B. das Lügen verboten ist, heißt, daß alle einzelnen lügenhaften Sprechhandlungen verboten sind. Danach kommt anscheinend der deontische Charakter doch *primär* den Handlungsindividuen und nicht den Handlungstypen zu. Diese Meinung vertrat als erster ausdrücklich HINTIKKA [13]. Um das normative Verhältnis zwischen Typus und Einzelhandlung richtig darstellen zu können, hat er eine d.L. mit Quantoren aufgebaut. Daß z. B. alle Handlungen des Typus A erlaubt sind, analysiert Hintikka in der Form $\bigwedge_x PA(x)$, wo ⟨$A(x)$⟩ eine Satzfunktion ist, die besagt, daß x (eine beliebige Handlung vom Typus) A ist.

Die Einführung von Quantoren war ein bedeutender Fortschritt in der Geschichte der d.L. Der Ansatz von Hintikka ist aber bis zum heutigen Tage nicht viel weiter entwickelt worden. Diese Tatsache dürfte damit zusammenhängen, daß die Analyse von Normen unter Benutzung von Quantoren nicht problemfrei ist. Erstens gibt es allgemeine Bedenken gegen die Verwendung von Quantoren in modalen und verwandten 'intensionalen' Kontexten. Solche Bedenken wurden besonders von QUINE [14] erhoben. Zweitens stößt die Auffassung von Handlungen als logischen Individuen auf Schwierigkeiten, die bis heute ungelöst sind. Voraussetzung der weiteren Entwicklung scheint vor allem eine verschärfte logische Analyse der Handlungssätze zu sein. Ansätze zu einer «Handlungs-L.» liegen zwar vor, aber von einem wirklichen Durchbruch in diese Richtung kann noch nicht gesprochen werden [15].

5. *Theorie der bedingten Normen.* – Viele Normen schreiben vor, was unter gewissen Bedingungen getan werden oder sein soll (darf). Die Frage, wie man solche hypothetischen oder konditionalen Normen in einem

logischen Symbolismus richtig darstellen soll, ist umstritten. Die Schwierigkeiten hängen zum Teil mit der allgemeinen Problematik der Konditionalsätze zusammen. Nach der Ansicht einiger Logiker (N. RESCHER [16], v. WRIGHT [17]) müßte zum genannten Zweck ein *dyadischer* oder zweistelliger deontischer Kalkül geschaffen werden. Seine Grundsymbole sind $O(p/q)$ und $P(p/q)$. Sie besagen, daß p geboten (erlaubt) ist für den Fall, daß q. Die kategorischen Normen der monadischen d.L., Op und Pp, können als Grenzfälle der hypothetischen Normen wie folgt aufgefaßt werden: Op soll dasselbe heißen wie $O(p/t)$, wo $\langle t \rangle$ eine beliebige Tautologie ist, z. B. die Formel $q \lor \neg q$. Diese Auffassung scheint natürlich, denn: daß etwas unbedingt sein soll (darf), heißt, daß es unter allen nur möglichen Bedingungen sein soll (darf).

Verschiedene Axiomensysteme einer dyadischen d.L. sind vorgeschlagen worden (HANSSON [18], IWIN [19]). Es gibt jedoch kein allgemein anerkanntes 'Standard-System'. Ob die dyadischen Systeme die beste Darstellungsform für die konditionalen Normsätze bieten, muß noch als eine offene Frage dahingestellt werden.

6. *Anomalien und Paradoxien der d.L.* – In den meisten Systemen der d.L. ist die Formel $Op \to O(p \lor q)$ beweisbar. Sie besagt, daß, wenn es geboten ist, daß p, so ist es auch geboten, daß p oder q, z. B.: Wenn es geboten ist, einen Brief zur Post zu geben, so ist es auch geboten, ihn zur Post zu geben oder zu verbrennen. Diese befremdlich wirkende Folgebeziehung wird ‹Paradoxon von Ross› genannt – nach dem dänischen Rechtsphilosophen A. Ross (s.o.). Das Paradoxon hat zu einer reichhaltigen Literatur Anlaß gegeben. Verschiedene Vorschläge sind gemacht worden, wie man das Paradoxon vermeiden könnte. Viele Logiker sind jedoch der Meinung, daß die genannte Folgebeziehung nur scheinbar unbefriedigend ist und die Gültigkeit der d.L. für das faktische Schließen auf normativem Gebiet nicht beeinträchtigt. Unter diesem Gesichtspunkt verhält sich das Paradoxon von Ross analog zu den bekannten 'Implikationsparadoxien' [20] der Aussagen- und der Modal-L.

Deduktionsäquivalent mit der Formel $Op \to O(p \lor q)$ sind die Formeln

$O \neg p \to O(p \to q)$ und $O \neg p \to O \neg (p \land q)$.

Die erste Formel wird manchmal Paradoxon der bedingten Verpflichtung genannt; die zweite ist unter dem Namen ‹Paradoxon des barmherzigen Samariters› bekannt.

Ernster zu nehmen ist eine andere Eigentümlichkeit der inzwischen bereits klassischen Systeme der d.L.: Im normalen Sprachverkehr wird eine disjunktive Erlaubnis aufgefaßt (z. B. «der Kranke darf aufstehen oder noch einen Tag im Bett bleiben») als Erlaubnis (Freiheit), zwischen Alternativen zu wählen («Free Choice Permission» [21]). In einer d.L., die die Äquivalenz $OP \leftrightarrow \neg P \neg p$ gutheißt, würde jedoch ein Distributionsgesetz der Form $P(p \lor q) \leftrightarrow Pp \land Pq$ zu offensichtlichen Absurditäten führen. Die Frage, wie man der Auffassung der disjunktiven Erlaubnis als konjunktiv distribuierbar in einer d.L. gerecht werden soll, muß als grundsätzlich noch ungelöst angesehen werden.

Die genannte Eigentümlichkeit scheint auch dem Paradoxon von Ross und seinen logisch äquivalenten Varianten zugrunde zu liegen. Wenn ein Gebot vorliegt, so wird üblicherweise das Gebotene als erlaubt angesehen. Aus dem Gebot, einen Brief zur Post zu geben oder zu verbrennen, folgt logisch eine Erlaubnis, dies zu tun – und daraus folgt, daß die Wahl zwischen den Alternativen 'frei', d.h. erlaubt ist. Daß eine solche Freiheit besteht, kann jedoch unmöglich allein aus dem Gebot, den Brief zur Post zu tragen, logisch folgen. Diese Beobachtung läßt sich als Anzeichen dafür deuten, daß auch das Paradoxon von Ross und seine Varianten nicht ohne weiteres den aus anderen Teilen der L. bekannten Implikationsparadoxien logisch vergleichbar sind.

7. *Die Reduktionsthese von A. R. Anderson.* – Der amerikanische Logiker A. R. ANDERSON hat für den Ausdruck ‹Op› der d.L. die folgende 'Definition' vorgeschlagen [22]: $Op =_{df} N(\neg p \to S)$, wo ‹$S$› eine aussagenlogische Konstante sei, die der Bedingung $M \neg S$ unterliegt. ‹N› steht für Notwendigkeit, ‹M› für Möglichkeit. Es gilt $N =_{df} \neg M \neg$. Also hat man, dem Vorschlag von Anderson gemäß, auch die Gleichung $Pp =_{df} M(p \land \neg S)$. S kann als Sanktion oder Strafe für Normübertretung aufgefaßt werden. Anderson hat es auch «das böse Ding» genannt. Die Definition von Anderson besagt somit, daß die Pflicht, etwas zu tun, gleichbedeutend ist mit dem notwendigen Eintreten des «Bösen», wenn die Pflicht nicht erfüllt wird.

Wenn man die Formeln der d.L. gemäß der Andersonschen Regel übersetzt, werden sie insgesamt zu gültigen Formeln einer normalen Modal-L. Daß eine solche Übersetzbarkeit besteht, ist eine Beobachtung von großem Interesse.

Gegen die Reduktionsthese von Anderson sind Einwände erhoben worden. Vernachlässigung der Pflicht führt nicht notwendigerweise zur Strafe, kann vielmehr höchstens mit Strafbarkeit gleichgesetzt werden. Strafe ist etwas Faktisches, Strafbarkeit aber scheint ein normativer Begriff zu sein. Also, lautet der Einwand, bedeutet Andersons Idee entweder eine Reduktion des Sollens auf das Sein und ist damit ein 'naturalistischer Fehlschluß' – oder sie leitet nur von einem normativen Begriff (‹Pflicht›) zu einem anderen (‹Strafbarkeit›) über und ist somit eine petitio principii.

Angesichts dieses Einwands kann folgendes gesagt werden: Das Normative muß allerdings vom Faktischen unterschieden werden. Andererseits ist das Bestehen oder die *Existenz* von Normen eine Tatsache innerhalb einer sozialen Gemeinschaft (gültige Rechtsordnung, herrschende Moralauffassung). Die d.L. könnte man als eine L. der wahren oder falschen Aussagen über das *Bestehen* von Normen betrachten. Dann wäre es auch möglich, Pflichterfüllung und Pflichtverletzung als Bedingungen gewisser Tatsachen ('Rechtsfolgen' u.dgl.) innerhalb einer normativen Ordnung aufzufassen. Eine derartige Auffassung des ontologischen Fundaments der d.L. scheint dem Verfasser die richtigste. Sie steht überdies mit der herkömmlichen Auffassung von der Beziehung zwischen L. und Wahrheit am besten im Einklang.

Anmerkungen. [1] G. W. LEIBNIZ: Elementa juris naturalis (1671). Akad.-A. 6/1 (1930) 465ff. – [2] J. BENTHAM: An introd. to the principles of morals and legislation (1789), hg. J. H. BURNS/ H. L. A. HART (London 1970) 299f.; Of law in general, hg. H. L. A. HART (London 1970) 15. – [3] H. POSER: Zur Theorie der Modalbegriffe bei G. W. Leibniz (1969) 18; J. RAZ: The concept of a legal system (Oxford 1970). – [4] E. MALLY: Grundgesetze des Sollens. Elemente der L. des Willens (Graz 1926). – [5] K. MENGER: A L. of the doubtful. On optative and imperative L., in: Reports of a math. Colloquium 2 (Indiana 1939) 53-64. – [6] A. HOFSTADTER und J. C. C. MCKINSEY: On the L. of imperatives. Philos. of Sci. 6 (1939) 446-457. – [7] A. ROSS: Imperatives and L. Theoria 7 (1941) 53-71. – [8] O. BECKER: Untersuch. über den Modalkalkül (1952). – [9] G. KALINOWSKI: Théorie des propositions normatives. Studia logica 1 (1953) 147-182. – [10] G. H. VON WRIGHT: Deontic L. (DL). Mind 60 (1951) 1-15. – [11] A. N. PRIOR: Formal L. (Oxford 1955). – [12] A. R. ANDERSON: The formal analysis of normative systems (1956), in: The L. of decision and action, hg. N. Rescher (Pittsburgh 1967) 147-213. – [13] J. Hintikka: Quantifiers in DL (Helsinki 1957). – [14] W. v. O. Quine: The problem of interpreting modal L. J. symbol. L. 12 (1947); Reference and modality, in: From a log. point of view (Cambridge, Mass. 1961). – [15] G. H. von Wright: An essay in DL and the general theory of action (Amsterdam 1968); Handlungs-L., in: H. Lenk (Hg.): Normen-L. Grundprobleme der d.L. (1974) 9-25. – [16] N. Rescher: An axiom system for DL. Philos. Stud. 9 (1958) 24-30. – [17] G. H. von Wright: A note on DL and derived obligation. Mind 65 (1956) 507-509; Norm and action (London 1963). – [18] B. Hansson: An analysis of some DL. Noûs 3 (1969) 373-398. – [19] A. A. Iwin: Grundprobleme der d.L., in: H. Wessel (Hg.): Quantoren, Modalitäten, Paradoxien (1972) 402-522. – [20] Vgl. Art. ‹Implikation 8›. – [21] von Wright, An essay a.O. [15]; H. Kamp: Free choice permission. Proc. arist. Soc. 74 (1973/74) 57-74. – [22] A. R. Anderson: A reduction of DL to alethic modal L. Mind 67 (1958) 100-103.

Literaturhinweise. G. W. Leibniz s. Anm. [1]. – J. Bentham, An introd. s. Anm. [2]. – E. Mally s. Anm. [4]. – K. Menger s. Anm. [5]. – A. Hofstadter und J. C. C. McKinsey s. Anm. [6]. – A. Ross s. Anm. [7]. – W. V. O. Quine, Problem s. Anm. [14]. – G. H. von Wright s. Anm. [10]. – O. Becker s. Anm. [8]. – K. Kalinowski s. Anm. [9]. – A. N. Prior s. Anm. [11]. – A. R. Anderson s. Anm. [12]. – J. Hintikka s. Anm. [13]. – N. Rescher s. Anm. [16]. – A. R. Anderson s. Anm. [22]. – W. v. O. Quine, Reference s. Anm. [14]. – G. H. von Wright, Norm s. Anm. [17]; Essay s. Anm. [15]. – H. Poser s. Anm. [3]. – B. Hansson s. Anm. [18]. – J. Raz s. Anm. [3]. – R. Hilpinen (Hg.): DL. Introductory and systematic readings (Dordrecht 1971). – A. A. Iwin s. Anm. [19]. – H. Kamp s. Anm. [21]. – H. Lenk (Hg.): Normen-L. Grundprobleme der d.L. (1974). – A. G. Conte, R. Hilpinen und G. H. von Wright (Hg.): DL und Semantik (1977).

G. H. von Wright

Logik, (spekulativ-)dialektische

I. Bis ins 16. Jh. werden ‹L.› und ‹Dialektik› synonym gebraucht [1]. Seit sich im 17. Jh. ‹L.› durchsetzt, bezeichnet ‹Dialektik› zunächst eine spezifische Form oder einen Abschnitt innerhalb der L. Kant nennt die allgemeine L. «Dialektik» oder «L. des Scheins», sofern sie nicht als Kanon zur Beurteilung, sondern als Organon zur Hervorbringung objektiver Kenntnisse verstanden wird. Der «Kritik dieses dialektischen Scheins» gilt der zweite Teil seiner ‹transzendentalen L.› [2].

Anmerkungen. [1] H. Scholz: Abriß der Gesch. der L. (1959) 7ff. – [2] I. Kant, KrV B 85-88.

1. Den entscheidenden Abschnitt in der Geschichte der sp.-d.L. bildet ihre Entstehung in Hegels Jenaer Jahren (1801-06). Hegel knüpft an Kants ‹transzendentale L.› an, vor allem an die Antinomienlehre der ‹transzendentalen Dialektik›, um gegen Kants Metaphysikkritik die Möglichkeit einer wissenschaftlichen Metaphysik zu begründen. Seine L. steht in unlösbarem Zusammenhang mit der spekulativen Metaphysik und gewinnt ihre inhaltliche Bestimmtheit primär aus diesem Bezug. – Von Hegels frühester d.L. (1801/02) sind nur wenige Fragmente erhalten [1]. Sie bildet den ersten, im Verhältnis zur Metaphysik einleitenden und grundlegenden Teil der Wissenschaft des Absoluten. Die L. hat die Anschauung des Absoluten zur Voraussetzung. Von ihr geleitet stellt die verständige Erkenntnis, die Reflexion, in Teil I die Formen der Endlichkeit (Kategorien) auf; Teil II konstruiert die subjektiven Formen der Endlichkeit (Begriff, Urteil und Schluß); Teil III untersucht die spekulative Bedeutung der Schlüsse, zeigt die Aufhebung der Verstandesformen und der Gesetze der Endlichkeit und erarbeitet die Fundamente des metaphysischen Erkennens. Diese L. enthält insofern eine nur negativ-spekulative Erkenntnis. Im Sinne des späteren Dialektikbegriffs ist sie auch nicht dialektisch, da die Aufstellung der logischen Bestimmungen nicht durch Aufzeigen begriffsimmanenter Widersprüche erfolgt, sondern durch Komplementierung und Negation der Antinomien der Reflexion [2]. Hegel bezeichnet diese «negative Seite der Erkenntniß des Absoluten» nicht als ‹Dialektik›, aber er vergleicht sie dem «ächten Skepticismus» der Platonischen Dialektik im ‹Parmenides› [3]. Auf diese L. Hegels bezieht sich Schellings Charakteristik des «wissenschaftlichen Skepticismus» als «Dialektik» [4].

1804/05 grenzt Hegel die L. als ‹Dialektik› von der Metaphysik ab, in der das dialektische «Fortgehen und Aufheben» der Denkbestimmungen in der «absoluten Sichselbstgleichheit» zur Ruhe kommt [5]. Die Dialektik liegt einerseits in der subjektiven Reflexion, die die Denkbestimmungen in ihren Gegensatz überführt. Sie entwickelt jedoch nur die den Denkbestimmungen immanenten Gegensätze und weist somit den Widerspruch als begriffsimmanent auf. Dadurch ist die zunächst nur in unsere äußerliche Reflexion fallende dialektische Bewegung objektiv, «als absolut dialektisches Wesen, als Unendlichkeit gesetzt» [6]. In diesem Zusammenhang gewinnt Hegel den Begriff der duplex negatio, die wieder affirmatio ist [7]. Obgleich die Negation der Negation hier noch nicht zum Movens der dialektischen Bewegung entwickelt ist, erlaubt die Konzeption einer dialektischen Aufstellung der logischen Bestimmungen, die frühere Grundlegung der L. in der Anschauung des Absoluten aufzugeben. Die L. beansprucht, die Kategorien sowie die Urteils- und Schlußformen nicht – wie Kant – empirisch aufzuraffen, sondern systematisch aufzustellen. Die Aufstellung der Urteilsformen erfolgt jedoch nicht ‹dialektisch› im späteren Sinne, sondern durch wechselseitige Subsumtion von Subjekt und Prädikat; ähnlich entwickelt die Schlußlehre aus der «Realisation des Subjects als einzelnen» den hypothetischen und den disjunktiven Schluß, aus der «Realisation des Allgemeinen» den der Induktion. – Hegels Unterscheidung von ‹L. (Dialektik)› und ‹Metaphysik› ist nicht eindeutig, zumal die ‹L.› auch die Kategorien, die ‹Metaphysik› die Sätze der Identität oder des Widerspruchs, des ausgeschlossenen Dritten und des Grundes behandelt. Hegel gibt deshalb – wahrscheinlich 1805/06 – die Trennung von d.L. und spekulativer Metaphysik auf; sie verwachsen zur metaphysischen sp.-d.L.

Anmerkungen. [1] G. W. F. Hegel, Ges. Werke (= GW) 5: ‹Die Idee des absoluten Wesens ...› sowie ‹Logica et Metaphysica›. – [2] a.O. 4, 17ff. – [3] 207ff. – [4] F. W. J. Schelling, Werke, hg. K. F. A. Schelling I/5 (1859) 269; vgl. I/4 (1859) 365f. – [5] Hegel, GW 7, 127-130. – [6] 29. – [7] 34.

Literaturhinweise. K. Rosenkranz: G. W. F. Hegel's Leben (1844) 178ff. 190ff. – R. Haym: Hegel und seine Zeit (1857) 93-117. – H. Lenk: Kritik der log. Konstanten (1968) 259-289. – K. Düsing: Spekulation und Reflexion. Hegel-Stud. (= HS) 5 (1969) 95-128. – H. Kimmerle: Das Problem der Abgeschlossenheit des Denkens (1970). – J. H. Trede: Hegels frühe L. HS 7 (1972) 123-168. – K. Düsing: Das Problem der Subjektivität in Hegels L. (1976) 75-208. – U. Richli: Die Bewegung des Erkennens in Hegels Jenenser L. und Met. Philos. Jb. 85 (1978) 71-86. – W. Jaeschke: Äußerl. Reflexion und immanente Reflexion. HS 13 (1978) 85-117. – T. Shikaya: Die Wandlung des Seinsbegriffs in Hegels L.-Konzeption. HS 13 (1978) 119-173.

2. Diese sp.-d.L. entwickelt Hegel in der ‹Wissenschaft der L.› [1]. Sie ist die «eigentliche Metaphysik oder

reine speculative Philosophie» [2]. Ihre Aufgabe ist die systematische Aufstellung der Totalität der reinen Denkbestimmungen – der Kategorien, Reflexions- und Begriffsbestimmungen. Sie folgt nicht einer an die Denkbestimmungen herangetragenen Methode, sondern der immanenten Bewegung des reinen Denkens durch Position, Negation und Negation der Negation, d. h. der 'absoluten Negativität' des Begriffs [3]. Die L. ist negativ und dialektisch, sofern sie die dem Verstand angehörenden festen Bestimmungen auflöst; sie ist positiv und spekulativ, weil sie nicht bei diesem negativen Resultat beharrt, sondern das Entgegengesetzte in seiner Einheit faßt und durch die Negation des Negativen ein positives Resultat, einen neuen metaphysischen Begriff erzeugt [4]. 'Dialektik' ist somit nur ein untergeordnetes Moment der logischen Bewegung, das Hegel insbesondere im Blick auf die negative Dialektik des ‹Parmenides›, aber auch auf Kant, entwickelt [5]. Wegen dieser Restriktion von 'Dialektik' auf das negative Moment der «Selbstbewegung des Begriffs» findet sich die Bezeichnung der logischen Methode als 'Dialektik' mehr bei Hegels Kritikern als in seiner eigenen L. oder der seiner Schüler. – Die Denkbestimmungen der sp.-d.L. sind nicht, wie für Kant, Kategorien der reinen endlichen, sondern Momente der Selbstexplikation der absoluten Subjektivität, des sich denkenden Begriffs. Sie haben ebensosehr «objectiven Werth und Existenz» [6]. Die L. beruht insofern auf dem metaphysischen Prinzip der Identität von Denken und Sein. Da sie als grundlegende philosophische Disziplin diese Identität nicht voraussetzen darf, fällt deren Erweis in die L. selbst, der insofern die Funktion des ontologischen Gottesbeweises zukommt. Die L. umfaßt nicht nur die vormalige Ontologie, sondern zugleich den begrifflichen Gehalt der theologia naturalis; sie ist «Onto-Theo-Logik» [7] der absoluten Subjektivität. – Als Metaphysik steht die sp.-d.L. in Opposition zur formalen L., insbesondere zur Ausbildung eines L.-Kalküls durch Leibniz, Lambert und Ploucquet [8]. Als Theorie des reinen Denkens verwirft sie sowohl die angewandte L. als auch die anthropologische und psychologische L. von J. F. Fries [9].

Hegels Urteils- und Schlußlehre orientiert sich äußerlich an Kants Urteilstafel. Die spekulative Urteilslehre stellt jedoch keine Urteilsformen auf, sondern spekulative Urteile, in denen die Begriffsbestimmungen Allgemeinheit, Besonderheit und Einzelheit die Subjekt- bzw. Prädikatstelle einnehmen; Analoges gilt für die Schlußlehre. Die Aufstellung der Urteile und Schlüsse erfolgt im dialektischen Gang, in dem die jeweils folgenden Formen die Wahrheit bzw. die notwendige Ergänzung der vorhergegangenen bilden. In der Schlußlehre führt dies zum Programm des Prämissenbeweises, bei dem die Prämissen jedes Schlusses von den Konklusionen der vorhergegangenen Syllogismen gebildet werden. Das Urteil versteht Hegel ontologisch als 'Ur-Teilung', den Schluß als Rückkehr des Begriffs aus der Entzweiung. Auch die Denkgesetze haben eine ontologische Grundlage. Identität, Unterschied und Widerspruch sind Reflexionsbestimmungen, Bestimmungen des 'Wesens'; ihre Formulierung als allgemeine Denkgesetze erachtet Hegel als «etwas überflüssiges» [10]. Den 'Widerspruch' versteht die sp.-d.L. nicht im Sinne einer allgemeinen Aufhebung des Widerspruchsverbots – obgleich Hegels Polemik gegen die Denkgesetze der formalen L. dieses Mißverständnis begünstigt –, sondern als die ontologische Bestimmung der negativen Einheit entgegengesetzter Begriffsmomente, die, gegenüber der abstrakten Identität, das Prinzip aller Bewegung und Lebendigkeit bildet.

Anmerkungen. [1] G. W. F. HEGEL, GW 11f. 20; Enzyklop. der philos. Wiss.en im Grundrisse (1817, 1827, 1830). – [2] GW 11, 7. – [3] 25. – [4] 7. 27. – [5] 26f. – [6] 22. – [7] M. HEIDEGGER: Identität und Differenz (1957) 50. – [8] HEGEL, GW 11, 24; 12, 109f. – [9] 11, 23; 12, 311f. – [10] 11, 259.

Literaturhinweise. – Zur älteren Lit.: K. WERDER: L. Als Comm. und Ergänz. zu Hegels Wiss. der L. (1841, ND 1977). – A. SCHMID: Entwicklungsgesch. der Hegelschen L. (1858). – B. B. BORELIUS: Über den Satz des Widerspruchs und die Bedeutung der Negation (1881). – A. BULLINGER: Hegels Lehre vom Widerspruch, Mißverständnissen gegenüber verteidigt (1884). – C. L. MICHELET und G. H. HARING: Hist.-krit. Darstellung der dial. Methode Hegels (1888, ND 1977). – E. H. SCHMITT: Das Geheimniss der Hegelschen Dialektik (1888). – W. T. HARRIS: Hegel's logic (1890, ND 1970). – J. B. BAILLIE: The origin and significance of Hegel's logic (1901). – J. E. MCTAGGART: A com. on Hegel's logic (1910, ND 1964). – H. MARCUSE: Hegels Ontol. und die Grundleg. einer Theorie der Geschichtlichkeit (1932, ND 1975). – G. GÜNTHER: Grundzüge einer neuen Theorie des Denkens in Hegels L. (1933). – N. HARTMANN: Hegel und das Problem der Realdialektik (1935). Kl. Schr. 2 (1957) 323-346. – A. DÜRR: Zum Problem der Hegelschen Dialektik und ihrer Formen (1938). – G. R. G. MURE: A study of Hegel's logic (1950, ND 1967). – E. CORETH: Das dial. Sein in Hegels L. (1952). – W. ALBRECHT: Hegels Gottesbeweis (1958). – U. GUZZONI: Werden zu sich (1963). – L. ERDEI: Der Anfang der Erkenntnis (1964). – H. F. FULDA: Das Problem einer Einl. in Hegels Wiss. der L. (1965). – TH. W. ADORNO: Negative Dialektik (1966). – K. H. HAAG: Philosoph. Idealismus (1967). – E. FLEISCHMANN: La sci. universelle ou la logique de Hegel (1968). – B. LAKEBRINK: Die Europ. Idee der Freiheit (1968). – H. LENK: Kritik der log. Konstanten (1968). – W. BECKER: Hegels Begriff der Dialektik und das Prinzip des Idealismus (1969). – K. HARLANDER: Absolute Subjektivität und kat. Anschauung (1969). – P. ROHS: Form und Grund (1969). – A. KULENKAMPFF: Antinomie und Dialektik (1970). – *Zur Lit. seit 1970:* D. HENRICH: Hegel im Kontext (1971). – A. SARLEMIJN: Hegelsche Dialektik (1971). – H.-G. GADAMER: Hegels Dialektik (1971). – W. KROHN: Die formale L. und Hegels «Wiss. der L.» (1972). – G. MALUSCHKE: Kritik und absolute Methode in Hegels Dialektik (1974). – A. LÉONARD: Comm. littéral de la logique de Hegel (1974). – L. ELEY: Hegels Wiss. der L. (1976). – K. DÜSING: Das Problem der Subjektivität in Hegels L. (1976). – R. P. HORSTMANN (Hg.): Seminar: Dialektik in der Philos. Hegels (1978). – M. THEUNISSEN: Sein und Schein. Die krit. Funktion der Hegelschen L. (1978). – D. HENRICH (Hg.): Die Wiss. der L. und die L. der Reflexion (1978).

3. *Hegels Schülern* waren die Entwicklungsgeschichte der sp.-d.L. und ihre Motive weitgehend unbekannt. Sie haben weder ihren Inhalt noch ihre Methode grundlegend weitergebildet. Kanonische Geltung genießen das Prinzip der Identität von Denken und Sein, L. und Metaphysik sowie – unter Vermeidung des Wortes – die dialektische Methode der systematischen Aufstellung der reinen objektiven Denkbestimmungen.

a) Eine Ausnahme bilden die beiden ersten L.en der Schule von H. W. F. Hinrichs und J. G. Mussmann [1]. HINRICHS betont, daß er sich «fast ganz an die gewöhnliche Form der L. gehalten habe» [2]. Seine L. versteht sich als Reform der traditionellen mittels der spekulativ-dialektischen Methode; sie ist weder Ontologie noch spekulative Theologie. Hinrichs unterscheidet das 'genetische' vom 'immanenten Denken'; letzteres bezieht die Inhalte der Anfangskapitel von Hegels ‹Phänomenologie des Geistes› in die L. ein. – Auch MUSSMANN gibt die Einheit der L. und Dialektik mit der Metaphysik und somit die Gesamtkonzeption der sp.-d.L. wieder auf.

b) Die orthodoxeste sp.-d.L. der Schule bieten die Erlanger Vorlesungen des jungen L. FEUERBACH [3]. Er distanziert sich zwar vom «Hegelianismus», indem er die L. nicht als oberste philosophische Wissenschaft, sondern nur als «Organ der Philosophie» gelten läßt; dieses Organ kann die L. aber auch ihm zufolge nur bilden, sofern sie zugleich Metaphysik ist [4]. Feuerbach bezeichnet seine Methode, ähnlich wie Hegel 1801/02, als «Kritik und Scepsis», als «der Sache immanente, innerliche kritische und sceptische Methode» [5]. Das Widerspruchsverbot beschränkt Feuerbach auf die formale L., die ihren Gegenstand nicht in seiner lebendigen Totalität begreife. Er unterscheidet jedoch den unsinnigen «sich selbst widersprechenden Widerspruch» vom ontologisch begründeten, der Entwicklung der objektiven Denkbestimmungen immanenten Widerspruch [6].

Auch J. E. ERDMANN [7] hält sich eng an Hegels L. Ihre Dreigliederung kehrt bei ihm wieder unter den Titeln «Kategorien der Unmittelbarkeit», «der Vermittelung» und «der Freiheit». Die Identität von L. und Metaphysik sieht er darin begründet, daß wir im gewöhnlichen Bewußtsein die Kategorien finden, die zugleich objektive Verhältnisse der Wirklichkeit ausdrücken sollen. Die dialektische Bewegung entwickelt Erdmann aus dem Begriff der Notwendigkeit als dem Begriff einer untrennbaren Verbindung, d.h. konkreten Identität, zweier Begriffe. Dialektik ist die «Kunst», die immanente «dialektische Natur» der Kategorien zu entwickeln. Wie für Hegel bildet sie nur den negativ-vernünftigen Durchgangspunkt zur Spekulation. Dem Widerspruchsverbot sieht Erdmann dadurch Rechnung getragen, daß die Spekulation den Widerspruch aufhebt. Eine Abgrenzung des Widerspruchsverbots gegenüber dem ontologischen Sinn des Widerspruchs liefert Erdmann nicht. Die Modifikationen seiner L. gegenüber der Hegelschen dienen zum Teil der Straffung der Konzeption. Die wichtigsten Änderungen bilden die triadische Umformung der Urteilslehre sowie die Neustrukturierung der Objektivitätslehre.

E. PEIPERS [8] und F. CHLEBIK [9], aber auch C. L. MICHELET [10] bilden den Begriff der sp.-d.L. nicht weiter. Michelet weicht ab in der Einbeziehung der Idee des Schönen als der Einheit der theoretischen und praktischen Idee sowie in der Ausarbeitung der «absoluten Idee» zu «Weltdialektik», «Weltsystem» und «Weltsyllogismus». Der Titel «L., Dialektik, Metaphysik» bezeichnet – anders als bei Rosenkranz – nicht die Binnenstruktur der L., sondern die Untrennbarkeit der Momente der Form (L. i.e. Sinn, Methodenlehre) und des Inhalts (Metaphysik i.e. Sinn, Prinzipienlehre). Auch der Dialektikbegriff ist nicht weitergebildet; Michelet erhebt jedoch gegenüber der «bisweilen künstlichen» und – in der ‹Phänomenologie des Geistes› – zum Teil «mehr geistreichen» Dialektik Hegels den Anspruch auf wissenschaftliche Exaktheit [11].

c) Eine dritte Gruppe strebt eine zumindest partielle Revision der sp.-d.L. Hegels an. Wie G. BIEDERMANN [12] versteht auch KUNO FISCHER die L. als «Wissenschaftslehre» [13]. Sie verliert jedoch die Funktion der spekulativen Theologie. Infolge der verschärften Auseinandersetzung schickt Fischer dem ‹System der L.› in beiden Fassungen eine «Propädeutik» voraus, der – ähnlich Hegels ‹Phänomenologie des Geistes› – die Aufgabe einer Rechtfertigung des Standpunkts der L. zufällt. Gegenüber den anderen L.en der Schule tritt in der Erstfassung der Dialektikbegriff hervor; er ist nicht auf das negativ-vernünftige Moment der Methode beschränkt. Die ‹dialektische Methode› unterscheidet Fischer als begriffsgemäße Entwicklung der Objekte von der ‹genetischen›, in der dialektischen aufgehoben ist. Als «speculative Dialektik» bezeichnet Fischer die Einheit der subjektiven Dialektik als der Methode und der objektiven Dialektik als der Selbstentwicklung der objektiven Vernunft [14]. – Die erweiterte Überarbeitung unterscheidet sich von der Erstfassung durch Verdeutlichung des Ansatzes der sp.-d.L. am Begriff des reinen Denkens, inbesondere gegenüber Trendelenburg [15], und durch Umarbeitung der Urteils- und Schlußlehre, da die Erstfassung zu eng an Hegel, somit an der formalen Logik orientiert sei. Als Bezeichnung der Methode wird ‹Dialektik› durch ‹Entwicklung› verdrängt. Ein Konzeptionswandel ist hiermit nicht verbunden, da Fischer diesen Entwicklungsbegriff vom genetisch-historischen unterscheidet und durch den der «absoluten Negativität» erläutert [16].

G. WEISSENBORN beansprucht, «die logischen und metaphysischen Ideen Hegels umfassender, bestimmter und tiefer auszubilden und damit das logische und metaphysische Problem in ein neues und höheres Entwicklungsstadium» hinüberzuführen [17]. Er beschränkt sich jedoch im wesentlichen auf die Ausweitung des spekulativ-theologischen Moments der L. im Interesse einer wissenschaftlichen Begründung des Theismus.

Allein K. ROSENKRANZ nimmt tiefe Eingriffe in die Architektur der L. Hegels vor, obgleich auch er die spekulativ-dialektische Verfassung nicht modifiziert. Er entwirft zunächst eine hegelianisierende Systematik, die die L.-Arbeit seit den Eleaten in objektive, subjektive und absolute L. einteilt und in der Skizze einer sp.-d.L. gipfelt, die sich deutlich von der Hegels unterscheidet [18]. Seine trichotomische Einteilung der L. in Metaphysik, L. und Dialektik (Ideenlehre) orientiert sich an Hegels früherer Unterscheidung von objektiver L., subjektiver L. und Ideenlehre, die Rosenkranz aus seiner Edition der logischen Propädeutiken Hegels kannte [19]. Er realisiert diese Skizze zunächst im ‹System der Wissenschaft› [20], später in der ‹Wissenschaft der logischen Idee› [21]. In deren Einleitung verdeutlicht Rosenkranz – ähnlich Kuno Fischer – den systematischen Sinn der sp.-d.L. gegenüber der formalen L. und Psychologie. Die sp.-d.L. verwirft nicht die Gesetze der formalen, sondern behauptet zusätzlich die «Immanenz des Zusammenhangs in den Kategorien» und die «Immanenz der Kategorien im Sein» [22]. Den Konflikt der sp.-d.L. mit dem Widerspruchsverbot löst Rosenkranz wie Feuerbach durch Unterscheidung des formallogischen und des Widerspruchs als ontologischer Kategorie [23]. Die dialektische Methode, die er entgegen Kuno Fischer als «genetische» bezeichnet, bestimmt er unter Absehen vom Widerspruchsbegriff als Setzen der Einheit der Idee, Entgegensetzen gegen sich und Aufheben der Entgegensetzung zur Einheit [24]. – Entgegen Weissenborns Verschärfung des spekulativ-theologischen Charakters der L. hat die L. nach Rosenkranz allein die unpersönliche, subjektlose Vernunft zum Gegenstand. Da es kein Denken ohne Denkenden gebe, setze die L. die Existenz eines Subjekts voraus, «dessen Denken die ursprüngliche Vernunft selber ist. Dieses Subject nennen wir Gott» [25]; es ist Gegenstand nicht der L., sondern der Religionsphilosophie.

Diese Auflösung der Identität von Ontologie, Theologie und L. bildet den Kern von C. L. MICHELETS und F. LASSALLES Kritik [26]. Die Wurzel aller Mißgriffe – Auflösung der Identität von Denken und Sein; L. und Metaphysik; L., Ontologie und Theologie – sehen Michelet und Lassalle in Rosenkranz' Vernachlässigung der Dialektik. Lassalle betont die aus diesem Verlust folgende Zerstörung der Grundlegungsfunktion der L. für die Wirklichkeit, insbesondere für die Geschichte. Michelets Haupteinwand ist, daß Rosenkranz' Rückbindung des reinen Denkens an ein vorausgesetztes Subjekt die Existenz einer göttlichen Intelligenz zur Bedingung des reinen Denkens, somit die Religionsphilosophie zur Voraussetzung der sp.-d.L. mache.

Anmerkungen. [1] H. W. F. HINRICHS: Grundlinien der Philos. der L. als Versuch einer wiss. Umgestalt. ihrer bisherigen Principien (1826); J. G. MUSSMANN: Grundlinien der L. und Met. (1828). – [2] Br. von und an Hegel, hg. J. HOFFMEISTER (1952) 3, 131f. – [3] L. FEUERBACH: Einl. in die L. und Met., hg. E. THIES (1975); Vorles. über L. und Met., hg. E. THIES (1976). – [4] Einl. a.O. 151; Vorles. a.O. 4f. – [5] Einl. 138. – [6] Vorles. 140. – [7] J. E. ERDMANN: Grundriß der L. und Met. (1841); zur Dialektik als Methode vgl. J. E. ERDMANN: Leib und Seele nach ihrem Begriff und ihrem Verhältniß zu einander (1837) 17-30. – [8] E. PH. PEIPERS: Die positive Dialektik. Die die Formbestimmtheit des Bewußtseyns erzeugende That des Erkennens (1845). – [9] F. CHLEBIK: Dialekt. Br. (1869). – [10] C. L. MICHELET: Das System der Philos. als exacter Wiss. Erster Theil enthaltend L., Dialektik, Met. (1876). – [11] a.O. X. – [12] G. BIEDERMANN: Die Wiss.lehre. Zweiter Theil: Die Lehre des Geistes (1858); Zur log. Frage (1870); Philos. als Begriffswiss.: Philos. des Geistes. Des Systems der Philos. erster Theil (1886). – [13] KUNO FISCHER: L. und Met. oder Wiss.lehre (1852) (= 1. Aufl.); System der L. und Met. oder Wiss.lehre (1865) (= 2. Aufl.). – [14] a.O. 1. Aufl. 44f. – [15] Vgl. Anti-Trendelenburg. Eine Duplik (1870). – [16] a.O. [13] 2. Aufl. 245. – [17] G. WEISSENBORN: L. und Met. für Vorles. und zum Selbststudium (1850-51) III. – [18] K. ROSENKRANZ: Die Modificationen der L., abgeleitet aus dem Begriff des Denkens (= Stud. 3) (1846). – [19] G. W. F. HEGEL, Werke, hg. GLOCKNER 3. – [20] K. ROSENKRANZ: System der Wiss. Ein philos. Enchiridion (1850). – [21] Wiss. der log. Idee (1858/59). – [22] a.O. 1, 43. – [23] 1, 300. – [24] 2, 306ff. – [25] 1, 35. – [26] C. L. MICHELET: L. und Met. Rosenkranz und Hegel. Der Gedanke 1 (1860/61) 20-58. 81-111; F. LASSALLE: Die Hegel'sche und die Rosenkranz'sche L. und die Grundl. der Hegel'schen Gesch.philos. im Hegel'schen System. Der Gedanke 2 (1861) 123-150; K. ROSENKRANZ: Epilegomena zu meiner Wiss. der log. Idee. Als Replik gegen die Kritik der Herren Michelet und Lassalle (1862).

Literaturhinweis. G. STAMMLER: Dtsch. L.-Arbeit seit Hegels Tod als Kampf von Mensch, Ding und Wahrheit 1: Sp.L. (1936).

4. Außerhalb der Schule Hegels ist die L.-Arbeit des 'spekulativen Theismus' oder 'Spätidealismus' weitgehend von Hegels sp.-d.L. geprägt.

a) Der frühe I. H. FICHTE sieht in Hegels Entdeckung der dialektischen Natur der Kategorien den Aufweis der wahren philosophischen Methode, doch wendet er bereits ein, daß Hegels Dialektik des reinen Denkens das Resultat nur als Negation des Widersprechenden, nicht als positive Wirklichkeit fassen könne [1]. Fichte modifiziert deshalb Hegels Konzeption, indem er die Identität von L. und Metaphysik auflöst und seiner Ontologie eine «wissenschaftliche *Entwicklungsgeschichte* des Bewußtseins *zum* und *im* Denken» vorausschickt [2], die an Schellings transzendentalphilosophische 'Geschichte des Selbstbewußtseins' anknüpft [3], andererseits in den beiden ersten ‹Epochen› psychologische Fragestellungen aufnimmt und in der dritten ‹Epoche› eine dialektische Begriffs-, Urteils- und Schlußlehre ausarbeitet. Der Schluß der vierten ‹Epoche› entwickelt den Begriff des spekulativen Erkennens im engeren Sinn als den Begriff der dialektischen Methode [4], vermittelt ihn aber in Anlehnung an Schelling mit dem der «absoluten Vernunftanschauung» zum Begriff des «spekulativ-anschauenden Erkennens».

b) C. H. WEISSE hat von seiner geplanten «Wissenschaft der speculativen L.» nur Bruchstücke veröffentlicht, die den Aufriß dieses Werks mitteilen [5]. Einem Eingangsteil über das Problem der wissenschaftlichen Erkenntnis (entspricht [6]) folgt ein «Abschnitt über das sinnliche Erkennen, über die Begriffe der Empfindung, Vorstellung und Wahrnehmung», der – in Abgrenzung gegen I. H. Fichtes undialektisches Psychologisieren – eine «*logische* Theorie des sinnlichen Erkennens» enthält [7]. Den Übergang zu Teil II vollzieht die Darstellung der Denkgesetze (Satz der Identität bzw. des Widerspruchs, Satz vom Grunde und principium identitatis indiscernibilium). Sie haben «das Vernunftbewußtsein aus jener seiner Selbstentäußerung zum sinnlichen Erkennen zu sich selbst zurückzuführen». Der Identitätssatz z. B. hat «den Gegensatz der Vernunfterkenntniß zu der blos sinnlichen, des *Denkens* zum *Vorstellen* auszudrücken» [8]. Teil II enthält die Begriffs-, Urteils- und Schlußlehre. – Weißes spätere L.-Arbeit ist bestimmt durch erneute Anknüpfung an Kant sowie durch Auseinandersetzung mit den am Erfahrungsbegriff orientierten Vertretern des 'spekulativen Theismus', insbesondere H. Ulrici [9]. Trotz seiner Trennung von L. und Metaphysik sowie seiner Identifizierung von L. und Erkenntnistheorie hält Weiße daran fest, daß die Gesetze des Denkens zugleich die des Seins seien. Er begründet diese Identität in der Idee des Absoluten als des obersten Denkgesetzes, das die Gesetze des Denkens sowohl als des Seins umfasst [10].

c) K. PH. FISCHER konzipiert erst nach Wiederannäherung an Hegel eine sp.-d.L. [11], deren Verhältnis zu seiner früheren Metaphysik [12] unklar bleibt. Teil I umfaßt die «objective L. oder Kategorienlehre»; da Fischer die Identität von Denken und Sein nicht voraussetzt, schließt er die bei Hegel der Seins-L. angehörenden Kategorien aus. Teil II hält sich in der ‹Elementarlehre› eng an Hegels Urteils- und Schluß-L., der Fischer als im wesentlichen unwiderlegt ansieht [13]. Analog zu Hegels viergliedriger Urteilslehre ergänzt er eine vierte Schlußform («Schluß des Begriffs»). Die ‹Wissenschaftslehre› umfaßt «Methodik», «Dialektik» und «Systematik»; Hegels Objektivitäts- und Ideenlehre werden ausgeschlossen, um die L. von ihrer in den Pantheismus mündenden spekulativ-theologischen Funktion zu reinigen. Fischer befolgt die «speculative Methode der objectiven Begriffsdialektik» [14], wiederholt jedoch I. H. Fichtes Kritik, daß Hegels Dialektik trotz ihres positiven Anspruchs negativ bleibe [15].

d) H. M. CHALYBÄUS hat nur seine frühe L. innerhalb der ‹Wissenschaftslehre› spekulativ-dialektisch angelegt, nicht mehr die L. der ‹Fundamentalphilosophie› [16]. Sein System ist streng triadisch gebaut; Teil II (‹Vermittelungslehre›) umfaßt Ontologie, L. und Erkenntnistheorie. (Die spätere Ausarbeitung gibt der L. den Primat vor der Ontologie.) In Anlehnung an I. H. Fichtes Begriff der 'positiven Dialektik' und Schellings Begriff der 'positiven Philosophie' [17] kritisiert Chalybäus Hegels Methode als negativ-destruktiv und als «Sophistik» [18]; die eigene Methode bezeichnet er als 'positive Dialektik' oder teleologische Methode, die eine «conservative und objective Bewegung der Sache (des Begriffs) selbst ist»; der dialektische Fortschritt vollzieht sich hier durch Realopposition [19]. Die Dialektik kann ihre genetische Kraft nur unter Voraussetzung eines höchsten, nicht ableitbaren Prinzips analytisch-regressiv entfalten. Der Begriff des sich selbst denkenden Denkens am Ende der L. ist im Sinne eines reinen Monismus des Denkens, ohne ontologischen Anspruch, gefaßt, obgleich Chalybäus mehrfach Entsprechungsverhältnisse ontologischer Kategorien und logischer Strukturen aufstellt.

e) Die Tradition der sp.-d.L. endet – abgesehen von der Logik B. CROCES [20] – mit H. ULRICI. Die Logik H. RITTERS ist trotz ihres Entwicklungsgedankens nicht als 'dialektisch' zu bezeichnen [21], ebensowenig die Logik von

CHR. J. BRANISS oder die aus dem Kreis des 'spekulativen Theismus' hervorgegangenen L.en u. a. von M. DEUTINGER, W. ROSENKRANTZ oder die Logik L. GEORGES, die Schleiermachersche und Hegelsche Motive verbindet [22]. – In Abgrenzung gegen die formale und spekulative L. entwickelt H. ULRICI eine neue Auffassung der logischen Denktätigkeit, insbesondere der Kategorien, die auch den Zusammenhang von logischer Geltung und metaphysischer sowie psychologischer Bedeutung darlegt [23]. Als Naturbestimmtheit des – überindividuellen, aber nicht absoluten, sondern menschlichen – Denkens versteht Ulrici das Zusammenwirken der produktiven (stoffgebenden) und unterscheidenden (formgebenden) Tätigkeit. Die L. ist die Wissenschaft von der Tätigkeit des Unterscheidens. Als Gesetze der unterscheidenden Denktätigkeit entwickelt Ulrici in Teil I die beiden «logischen Grundgesetze» der Identität und Kausalität (sc. des zureichenden Grundes); das principium exclusi medii versteht er als deren Anwendung. Teil II vollzieht die «Deduction der einzelnen Kategorien». Als Wissenschaft der unterscheidenden Denktätigkeit leistet die L. somit die systematische Aufstellung der Kategorien, der bei Hegel die spekulativ-dialektische Entwicklung dient. Eine dialektische Selbstentwicklung der Kategorien hält Ulrici jedoch, nach der Kritik K. Ph. Fischers, I. H. Fichtes, H. M. Chalybäus', J. Senglers und A. Trendelenburgs, im Rahmen seiner L. nicht mehr für widerlegungsbedürftig [24].

Anmerkungen. [1] I. H. FICHTE: Grundzüge zum System der Philos. (1833, ND 1969) 304. 308f. – [2] a.O. IX. – [3] F. W. J. SCHELLING, Werke, hg. K. F. A. Schelling I/3 (1858) 398f. – [4] I. H. FICHTE, a.O. 289. – [5] C. H. WEISSE: Ueber die philos. Bedeutung des log. Grundsatzes der Identität. Z. Philos. u. spekulat. Theol. (= ZPhspTh) 4 (1839) 1-29. – [6] Ueber das Problem der Erkenntniß, erster Abschn. der speculat. L. ZPhspTh 2 (1838) 196-229. – [7] Vgl. a.O. [5] 21f. – [8] 18. – [9] Ueber den Begriff des unendlich. Urtheils. Z. Philos. u. philos. Kritik (= ZPhphKr) 24 (1854) 223-254; Ueber die transzendentale Bedeutung der Urtheilsformen und Schlußfiguren. Sendschreiben an Herrn Prof. Ulrici. ZPhphKr 25 (1854) 208-247. – [10] Ueber den letzten Grund der Gewißheit im Denken. ZPhphKr 26 (1855) 229. – [11] K. PH. FISCHER: Grundzüge des Systems der Philos. oder Encyclop. der philos. Wiss.en 1: Die Grundzüge der L. und der Philos. der Natur (1848). – [12] Die Wiss. der Met. im Grundriß (1834). – [13] a.O. [11] XV. – [14] XVII. – [15] 57f. 163. – [16] H. M. CHALYBÄUS: Entwurf eines Systems der Wiss.lehre (1846); Fundamentalphilos. Ein Versuch, das System der Philos. auf ein Realprincip zu gründen (1861). – [17] F. W. J. SCHELLING, Werke, hg. K. F. A. Schelling I/10 (1861) 126-161. 209-222. – [18] CHALYBÄUS, a.O. [16] 171; Die moderne Sophistik (1842). – [19] Vgl. a.O. [16] 171f. – [20] B. CROCE: Logica come sci. del concetto puro (1909). – [21] Anders G. STAMMLER: Dtsch. L.-Arbeit seit Hegels Tod ... (1936) 252; H. RITTER: Abriß der philos. L. (1829); System der L. und Met. (1856). – [22] J. BRANISS: Die L. in ihrem Verhältniß zur Philos., gesch. betrachtet (1823); Grundriß der L. (1830); M. DEUTINGER: Grundriß der L. (1848); W. ROSENKRANTZ: Die Wiss. des Wissens und Begründung der bes. Wiss.en durch die allg. Wiss. (1866-68); L. GEORGE: Die L. als Wiss.lehre (1868). – [23] H. ULRICI: System der L. (1852) 215; vgl. Aufsätze in der ZPhphKr 19 (1848); 20 (1852); 21 (1852); 24 (1854); 25 (1854). – [24] System der L. a.O. 76.

Literaturhinweise. G. STAMMLER s. Anm. [21]. – A. HARTMANN: Der Spätidealismus und die Hegelsche Dialektik (1937, ND 1968).

5. Die Kritik der sp.-d.L. wendet sich von der Position der formalen L. aus gegen das Prinzip der Identität von L. und Metaphysik (vgl. die Herbartianer F. LOTT, F. H. TH. ALLIHN, M. A. DRBAL [1]), von der Position der Erfahrung aus gegen den Begriff des reinen Denkens (vgl. A. TRENDELENBURG [2]), besonders aber gegen die dialektische Methode (vgl. neben Trendelenburg B. BOLZANO und E. V. HARTMANN [3]). Die wenigen Repliken seitens der Hegel-Schule – neben den L.en von K. ROSENKRANZ und KUNO FISCHER nahezu allein G. A. GABLER und C. L. MICHELET [4] – richten sich zumeist gegen Trendelenburg. Sie versuchen im wesentlichen, die Einwände gegen die sp.-d.L. als auf Mißverständnissen beruhend zurückzuweisen; sie zeigen aber zugleich, daß die sp.-d.L. dem empiristischen und psychologistischen Mißverständnis der L. stärkeren Widerstand entgegensetzt als etwa die L.-Arbeit des 'spekulativen Theismus' und zum Teil der Schule Herbarts [5].

Anmerkungen. [1] F. LOTT: Zur L. Gött. Stud. 2. Abth. (1845); [F. H. TH. ALLIHN:] Antibarbarus logicus. Enthaltend einen kurzen Abriß der allg. L. ... [1850]; M. A. DRBAL: Giebt es einen «spekulat.» Syllogismus? J.-Ber. des kais.-kgl. Gymnasiums Linz am Schlusse des Schuljahres 1857 (1857). – [2] A. TRENDELENBURG: Log. Untersuch.en (1840); Die log. Frage in Hegels System. Zwei Streitschr. (1843). – [3] B. BOLZANO: Wiss.lehre 4 (1837) 647-656 (§ 718); E. V. HARTMANN: Ueber die dialekt. Methode. Hist.-krit. Untersuch.en (1868). – [4] G. A. GABLER: Die Hegelsche Philos. Beitr. zu ihrer richtigeren Beurtheilung und Würdigung. Erstes Heft (1843); C. L. MICHELET: Die dialekt. Methode. In Sachen Trendelenburgs gegen Hegel. Der Gedanke 1 (1861) 111-126; Die dialekt. Methode und der Empirismus. Der Gedanke 1 (1861) 185-201; Die Dialektik und der Satz des Widerspruchs. Kritik der Schr.: Ueber die dialekt. Methode. Hist.-krit. Unters.en. Von E. v. Hartmann (1868). Der Gedanke 8 (1871) 24-41. – [5] M. W. DROBISCH: Neue Darstellung der L. nach ihren einfachsten Verhältnissen, mit Rücksicht auf Math. und Naturwiss. (²1851).

Literaturhinweis. G. STAMMLER: Dtsch. L.-Arbeit seit Hegels Tod als Kampf von Mensch, Ding und Wahrheit (1936).

6. Eine Übergangsphase innerhalb der Wirkungsgeschichte der sp.-d.L. bildet das Verständnis der 'Dialektik' als Methode der Analyse gesellschaftlicher Zusammenhänge (MARX), als «Wissenschaft von den allgemeinen Bewegungs- und Entwicklungsgesetzen der Natur, der Menschengesellschaft und des Denkens» (ENGELS [1]) oder als «Selbstbewegung» aller Erscheinungen und Vorgänge der Natur einschließlich des Geistes und der Gesellschaft [2]. Maßgeblich für diesen Übergang von der sp.-d.L. zur dialektischen, nicht-spekulativen L. ist LENINS Position, daß die Gesetze der L. keine leere Hülle, sondern die «Widerspiegelungen des Objektiven im subjektiven Bewußtsein des Menschen» sind [3]; daß das Verständnis von Marx' ‹Kapital› das Studium der Hegelschen L. voraussetzt und daß L., Dialektik und materialistische Erkenntnistheorie nur verschiedene Bezeichnungen desselben Gegenstands bilden [4].

Anmerkungen. [1] FR. ENGELS, MEW 20 (1962) 132. – [2] W. I. LENIN, Werke 38 (1964) 339. – [3] a.O. 174. – [4] 170. 316.

W. JAESCHKE

II. *Marxismus-Leninismus.* Die Aktualität der Diskussion um eine genaue Bestimmung von Gegenstand und Ort der d.L. im System des dialektischen Materialismus wurde um 1950 spürbar, zumal als STALINS ‹Linguistik-Briefe› [1] zu einer breiten Rezeption und zur Rehabilitation nicht nur der traditionellen – bisher unter Stalin als «bürgerliches Überbleibsel» verpönten –, sondern auch der modernen formalen L. führten und klar war, daß eine hocheffiziente Industrie und Wirtschaft ohne Kybernetik und elektronische Datenverarbeitung, d. h. ohne die moderne mathematische L. nicht aufzubauen und zu unterhalten war. Theoretische und praktische Erfordernisse erzwangen eine Diskussion, in der von Marxisten-Leninisten stets festzuhalten war, daß es – nach den Äußerungen von Engels und Lenin (s. u.) – eine d.L. gab und dies nicht negiert werden konnte.

Dazu kommt LENINS These von 1915, die er in der Interpretation des Marxschen ‹Kapitals› gewinnt, daß «L., Dialektik und Erkenntnistheorie des Materialismus ... ein und dasselbe» (odno i tože) sind [2], und die andere «überhaupt sehr wichtige Frage» (voobšče očen' važnyj vopros), daß «die L. mit der Erkenntnistheorie zusammenfällt» (sovpadaet s) [3]. Das russische Verb ‹sovpadát'› entspricht dem lateinischen ‹coincidere› (so-v-padat'/co-in-cidere), wird also mit deutsch ‹zusammenfallen› genau wiedergegeben, das entsprechende Substantiv ‹sovpadénie› demnach mit ‹Koinzidenz›, auch ‹Einheit›. Jedoch kann ‹sovpadat' s› auch als ‹identisch sein mit›, ‹sovpadénie› als ‹Identität› verstanden werden. Dieser Doppeldeutigkeit der russischen Wörter war Lenin sich durchaus bewußt [4].

Ob man nun L., Dialektik und Erkenntnistheorie im dialektischen Materialismus als «Einheit» (edínstvo/sovpadénie) oder als «Identität» (tóždestvo/sovpadénie) nach Lenin zu fassen habe – eine Frage, auf die Sowjetphilosophen unterschiedlich antworteten [5] –, und was resultiert, wenn man dann den von Lenin neutral verwendeten Terminus ‹L.› entweder mit dem Zusatz ‹dialektische› oder ‹formale› spezifiziert, erscheint von äußerster Wichtigkeit für die sowjetphilosophische Diskussion, besonders in ihrem Anfangsstadium, deren Argumentationsfiguren verschiedentlich beschrieben und anhand der Literatur belegt worden sind [6].

Die Schwierigkeiten einer Verhältnisbestimmung von dialektischer und formaler L., wenn es denn beide geben soll, sind ebenso offensichtlich wie die Unmöglichkeit der Ausschaltung der einen oder anderen. Negiert man die formale L., so schafft man theoretisch ab, was man praktisch braucht; negiert man die d.L., so verstößt man gegen die Klassiker des Marxismus-Leninismus. In diesem Horizont bewegen sich die Versuche der Behandlung und der (keineswegs abzusehenden) Lösung des Problems. N. I. KONDAKOV gibt in seinem ‹Logischen Wörter- und Nachschlagebuch› [7] von Hegel ausgehend eine Geschichte des Terminus ‹d.L.›. MARX gebraucht ihn nicht, FR. ENGELS nur einmal in seiner posthum veröffentlichten Notiz zum § 171 (Zusatz) der ‹Encyklopädie der philosophischen Wissenschaften› Hegels. Für Engels begnügt sich «die d.L., im Gegensatz zur alten, bloß formellen, ... nicht wie diese, die Formen der Bewegung des Denkens, d. h. die verschiedenen Urteils- und Schlußformen, aufzuzählen und zusammenhangslos nebeneinander zu stellen. Sie leitet im Gegenteil diese Formen die eine aus der andern ab, sie subordiniert sie einander statt sie zu koordinieren, sie entwickelt die höheren Formen aus den niederen» [8]. Hier liegt nach Kondakov lediglich eine Interpretation der Hegel-Stelle durch Engels vor, der diese Charakterisierung der formalen L. nie geteilt, sondern letztere als niedere Form der materialistischen Dialektik gekennzeichnet habe.

Auch LENIN hat nur in der Broschüre ‹Noch einmal über die Gewerkschaften ...› (1921) den Begriff der d.L. in Absetzung von der formalen L. definiert: «Die d.L. verlangt, daß wir weitergehen. Um einen Gegenstand wirklich zu kennen, muß man alle seine Seiten, alle Zusammenhänge und 'Vermittlungen' erfassen und erforschen. Wir werden das niemals vollständig erreichen, die Forderung der Allseitigkeit wird uns aber vor Fehlern und vor Erstarrung bewahren. Das erstens. Zweitens verlangt die d.L., daß man den Gegenstand in seiner Entwicklung, in seiner 'Selbstbewegung' (wie Hegel manchmal sagt), in seiner Veränderung betrachte ... Drittens muß in die vollständige 'Definition' eines Gegenstandes die ganze menschliche Praxis sowohl als Kriterium der Wahrheit als auch als praktische Determinante des Zusammenhangs eines Gegenstandes mit dem, was der Mensch braucht, mit eingehen. Viertens lehrt die d.L., daß es 'eine abstrakte Wahrheit nicht gibt, daß die Wahrheit immer konkret ist', wie der verstorbene Plechanow – mit Hegel – zu sagen liebte.» Und kurz darauf heißt es: «... der Marxismus, *das heißt* die d.L. ...» [9]. Mit dieser Identifikation sei – nach Kondakov – von Lenin sehr klar zum Ausdruck gebracht worden, daß er die d.L. nicht als besondere, selbständige, vom dialektischen Materialismus getrennte Wissenschaft – wie die traditionelle und mathematische L. es sei – aufgefaßt wissen wollte. Gewisse Unterschiede der Anhänger der leninschen Auffassung bezüglich der Frage, welchen Ort die d.L. im Rahmen des dialektischen Materialismus einnehme, seien jedoch feststellbar.

So wird von V. P. ROŽIN der Gegenstand der d.L. als Teil «des Gegenstandes der marxistischen Erkenntnistheorie» und diese wiederum «als Teil des Gegenstandes der materialistischen Dialektik» definiert [10]. K. S. BAKRADZE schreibt – für ihn gibt es nur eine, die formale L. –, daß die d.L. «nicht eine Lehre von den Formen und Gesetzen des richtigen und konsequenten Denkens ist, sondern die allgemeine Methodologie der Erkenntnis, die Methodologie der praktischen Tätigkeit. Das ist eine Methode des Studiums der Naturerscheinungen, eine Methode der Erkenntnis dieser Erscheinungen» [11]. Für die ‹Philosophische Enzyklopädie› ist die d.L. «die Wissenschaft von den allgemeinsten Gesetzen der Entwicklung der Natur, der Gesellschaft und des Denkens. Diese Gesetze werden in Form besonderer Begriffe – der logischen Kategorien wiedergespiegelt. Deshalb kann man die d.L. auch als Wissenschaft der dialektischen Kategorien definieren» [12]. E. P. SITKOVSKIJ tritt letzterer Definition bei und betont ausdrücklich, daß der Begriff ‹d.L.› «mit dem Begriff ‹dialektischer Materialismus› zusammenfällt» [13]. B. M. KEDROV bestimmt die d.L. als «dialektische Methode in ihrer Anwendung auf den Denkprozeß, auf die Erkenntnis als Widerspiegelung der Außenwelt im Bewußtsein des Menschen. Das ist *subjektive Dialektik*, die die objektive Dialektik, die Dialektik der Natur und Gesellschaft widerspiegelt» [14]. M. M. ROZENTAL' sieht die d.L. als Konkretisierung «der allgemeinen Prinzipien dieser Methode im Gebiete der Gesetze und Formen des Denkens» [15].

Dieser Darstellung der Geschichte von Begriff und Problem der d.L. bei Kondakov entspricht durchaus das, was Philosophen der DDR zum gegenwärtigen Stand der Diskussion sagen. Das ‹Philosophische Wörterbuch› stellt fest, daß «das Problem des Gegenstandes der d.L. ... sich in der marxistischen Philosophie noch im Stadium der Diskussion» befinde. «Von den bisher vorliegenden Gegenstandsbestimmungen hat sich noch keine allgemein durchsetzen können. Auch eine befriedigende Darstellung der marxistischen d.L. existiert bisher noch nicht.» Es definiert dann aber – im engen Anschluß an G. KLAUS [16] – die d.L. als «philosophische Theorie der intensionalen gesetzmäßigen Zusammenhänge des erkennenden Denkens einschließlich seiner Entwicklungsgesetze» (demnach sei die Modalitäten-L. ein Teil von ihr), während «die formale L. die Theorie der extensionalen Beziehungen zwischen Aussagen, Begriffen usw.» [17] sei.

Ähnlich äußern sich D. WITTICH, K. GÖSSLER und K. WAGNER zum gegenwärtigen «Entwicklungsstand» der d.L. [18]. Sie behaupten – im Anschluß an A. F. OKULOW [19] –, daß es in der Sowjetphilosophie «mindestens drei verschiedene Standpunkte» zur «Diskussion über das 'Zusammenfallen von Dialektik, L. und Erkenntnistheorie'» gebe, ohne sich selbst einer dieser Anschauungen voll anschließen zu können, und meinen, daß «die d.L., die die elementaren Entwicklungsgesetze der Gesamterkenntnis der Menschheit reflektiert, sich einem Gegenstand widmet, der Teil des Gegenstandes unserer Erkenntnistheorie ist». Sie weisen darauf hin, daß «derzeit in der marxistischen Literatur die Verwendungsweise des Ausdrucks ‹d.L.› besonders vielfältig» sei, und wollen ihn «als Namen für die Theorie der subjektiven Dialektik» [20] gebrauchen. In der sowjetphilosophischen Literatur werde «d.L.» heute verstanden als «a) die subjektive Dialektik (... B. M. Kedrov ...); b) die marxistisch-leninistische Theorie der Dialektik überhaupt (... Filosofskaja Enciklopedija ... E. P. Sitkovskij ...); c) die gesamte marxistisch-leninistische Erkenntnistheorie (... M. M. Rozental' ...; B. M. Kedrov ...); d) ein Teil der marxistisch-leninistischen Erkenntnistheorie (... V. P. Rožin ...; I. S. Narskij ...); e) die philosophische Methodologie des Erkennens (... K. S. Bakradze ...)» [21].

Anmerkungen. [1] I. V. STALIN: Marksizm i voprosy jazykoznanija. Pravda (20. 6./4. 7./2. 8. 1950); dtsch. Der Marxismus und die Fragen der Sprachwiss. (Berlin 1953); vgl. M. S. STROGOVIČ, I. I. OS'MAKOV und V. P. TUGARINOV, in: Voprosy filosofii (VF [Fragen der Philos.] (1950) 3 (11), 309ff.; P. S. POPOV und N. V. ZAVADSKAJA, in: VF (1951) 1, 210ff. – [2] V. I. LENIN: Plan Dialektiki (Logiki) Gegelja (Bern 1915), in: Filosofskie tetradi (Leningrad 1938) 237-242, zit. 241; dtsch. Werke 38: Philos. Hefte (1970) 314-319: Plan der Dial. (L.) Hegels, zit. 316. – [3] a.O. 170. 185; vgl. 164. 182. – [4] Materialismus und Empiriokritizismus (1909, zit. Moskau 1947) 111; vgl. TH. BLAKELEY: Soviet theory of knowledge (Dordrecht 1964) 20. – [5] Filosofskaja Ènciklopedija 1 (Moskau 1960) 485 Anm. – [6] Vgl. BLAKELEY, a.O. [4] 18-24. 86-87. 142-143; G. A. WETTER: Der dial. Materialismus. Seine Gesch. und sein System in der Sowjetunion (⁵1960) 593-610. – [7] N. I. KONDAKOV: Logičeskij slovar'-spravočnik [Log. Wörter- und Nachschlageb.] (Moskau 1975) 145-148: Art. ‹Dialektičeskaja Logika›. – [8] K. MARX und FR. ENGELS, MEW 20 (1962) 492. – [9] W. I. LENIN: Ešče raz o profsojuzach, o tekuščem momente i ob ošibkach tt. Trockogo i Bucharina, in: Polnoe Sobranie Sočinenij (1921) t. 42; dtsch. Noch einmal über die Gewerkschaften, die gegenwärtige Lage und die Fehler der Genossen Trotzki und Bucharin. Sämtl. Werke 26 (Moskau 1940) 131-176, zit. 160f. 162. – [10] V. P. ROŽIN: Marksistsko-leninskaja dialektika kak filosofskaja nauka [Die marxist.-leninist. Dial. als philos. Wiss.] (Leningrad 1957) 241. – [11] K. S. BAKRADZE: Logika (Tbilissi 1951) 80. – [12] Filosofskaja Enciklopedija 3 (Moskau 1964) 209-221; Art. ‹Logika dialektičeskaja›, zit. 209. – [13] E. P. SITKOVSKIJ: Dialektika i logika naučnogo poznanija [Die Dial. und die L. der wiss. Erkenntnis] (Moskau 1966) 71-73. – [14] B. M. KEDROV: Dialektičeskaja logika kak obobščenia istorii estestvoznanija, in: Očerki istorii i teorii razvitija nauki [Die d.L. als Verallgemeinerung der Gesch. der Naturwiss., in: Skizzen zur Gesch. und Theorie der Wiss.entwickl.] (Moskau 1969) 9. – [15] M. M. ROZENTAL': Principy dialektičeskoj logiki [Prinzipien der d.L.] (Moskau 1960) 80. – [16] G. KLAUS: Moderne L. Abriß der formalen L. (Berlin 1965) 1ff. 126f. 173ff. 193ff. – [17] G. KLAUS/M. BUHR (Hg.): Philos. Wb. (⁸1972) 2, 655f: Art. ‹L., dial.›. – [18] D. WITTICH, K. GÖSSLER und K. WAGNER: Marxist.-leninist. Erkenntnistheorie (Berlin 1978) 467f. – [19] A. F. OKULOV: Sovetskaja filosofskaja nauka i ee problemy [Die sowjetphilos. Wiss. und ihre Probleme] (Moskau 1970) 66-71. – [20] WITTICH u.a. a.O. [18] 42f. – [21] 57f.

Literaturhinweise. N. LOBKOWICZ: Das Widerspruchsprinzip in der neueren sowjet. Philos. (Dordrecht 1959). – G. A. WETTER s. Anm. [6]. – TH. J. BLAKELEY s. Anm. [4]. – E. HUBER: Um eine «d.L.». Diskussionen in der neueren Sowjetphilos. (1966). – P. V. KOPNIN: Dial. – L. – Erkenntnistheorie. Lenins philos. Denken – Erbe und Aktualität (1970). – D. D. COMEY: Art. ‹L.› B: Sowjet. Deutung, in: Sowjetsystem und demokrat. Gesellschaft 4 (1971) 163-173. – H. J. SANDKÜHLER (Hg.): Marxist. Erkenntnistheorie. Texte zu ihrem Forsch.stand in den sozialist. Ländern (1973). – N. I. KONDAKOV s. Anm. [7].
W. GOERDT

Logik, dialogische. – 1. Die d.L. ist eine von P. LORENZEN [1] begonnene und von K. LORENZ [2] weiter entwickelte Theorie der logischen Partikeln, die zu einem konstruktiven Aufbau sowohl der Junktoren- als auch der Quantoren-L. geführt hat. Es handelt sich hierbei um eine Fortführung der operativen L. von LORENZEN [3], deren Aufbau besonders an zwei Stellen noch Fragen offen läßt. Einmal nämlich wird in der operativen L. die logische Partikel ‹wenn – dann›, symbolisiert durch ‹→›, ausschließlich durch das praktische ‹wenn – dann›, symbolisiert durch ‹⇒›, gedeutet, das bei Handlungsanweisungen, z. B. bei Kalkülregeln zur schematischen Herstellung von Figuren, auftritt. Der Unterschied zwischen einer Regel z.B.: «an einer Figur darf links und rechts je ein Kreuz angefügt werden» ($n \Rightarrow +n+$) und der zugehörigen Aussage, im Beispiel «wenn eine Figur ableitbar ist, dann ist auch die daraus durch beidseitiges Anfügen eines Kreuzes hervorgehende Figur ableitbar» ($\vdash n \rightarrow \vdash +n+$) wird damit aufgehoben, obwohl eine aus Elementaraussagen, wie z. B. ‹+ ist ableitbar› usw., zusammengesetzte Aussage gewiß etwas anderes ist als die praktische Handlungsanweisung, aus Figuren wohlbestimmte neue Figuren herzustellen. (Wenn man der Aussage ‹$\vdash n \rightarrow \vdash +n+$› nicht die Regel ‹$n \Rightarrow +n+$›, sondern die Aussage ‹‹$n \Rightarrow +n+$› ist zulässig› gegenüberstellt, so handelt es sich um den Unterschied zwischen einer aus Elementaraussagen zusammengesetzten Aussage und einer Elementaraussage.) Vielmehr wird man sagen wollen, daß die Regel ‹$n \Rightarrow +n+$›, verstanden als eine der Grundregeln eines Kalküls K_0, zur *Begründung für die Geltung* der Aussage ‹$\vdash n \rightarrow \vdash +n+$› (die Ableitbarkeit $\vdash$ bezieht sich dann auf den Kalkül K_0) dient und dazu auch völlig ausreicht. Aber diese Redeweise läßt sich nur rechtfertigen, wenn es gelingt, eine geeignete von ‹⇒› unabhängige Einführung der logischen Partikeln ‹→› zu geben. Die zweite Schwierigkeit im Aufbau der operativen L. besteht darin, daß es in ihr bisher nicht möglich war, ein Kriterium dafür anzugeben, wann eine Klasse logisch wahrer Aussagen, gedeutet als allgemeinzulässige Regeln eines geeigneten Metakalküls, in bezug auf diese Deutung vollständig ist. In der d.L. nun lassen sich die logischen Partikeln, insbesondere ‹→›, tatsächlich so einführen, daß beide Schwierigkeiten nicht mehr auftreten. Der Grundgedanke ist einfach der, daß Aussagen, seien es Elementaraussagen oder aus Elementaraussagen zusammengesetzte Aussagen, jedenfalls in den Wissenschaften dazu dienen, *behauptet* zu werden. Und eine Behauptung geschieht ihrer Absicht nach immer einem anderen gegenüber, der diese Behauptung seinerseits zu bestreiten, zumindest zu bezweifeln gewillt ist, der also *um die Aussage argumentieren* will.

Um wissenschaftliche Aussagen muß sich ein nach vorher gemeinsam vereinbarten festen Regeln verlaufender *Dialog* führen lassen. Eine Aussage ist erst sinnvoll, wenn ihre Behauptung eine Kette sinnvoller Handlungen, eben einen Dialog, auslösen kann. Aussagen heißen *dialogdefinit*, wenn jeder Dialog um sie nach endlich vielen auf ihre Korrektheit hin effektiv prüfbaren Schritten beendet ist und dann entschieden werden kann, wer der beiden Partner gewonnen und wer verloren hat, kurz: wenn ein entscheidbarer Dialogbegriff vorliegt. Es wird aber natürlich von der einzelnen Dialogführung abhängen, wer den Dialog um eine Aussage wirklich gewinnt. Nennt man denjenigen, der eine Aussage behauptet, den *Proponenten P* (auch Defendent genannt) und denjenigen, der sie im Dialog bestreitet, den *Opponenten O* und spricht man weiter vom Gewinn einer Aussage *A*, wenn *P* den fraglichen Dialog um *A* gewonnen hat, so sind Gewinn und Verlust einer Aussage stets von der einzelnen Dialogführung abhängig und im allgemeinen nicht schon durch die Aussage selbst bestimmt. Deshalb wird man eine Aussage *wahr* erst dann nennen, wenn *P* den Dialog um sie gewinnen kann *unabhängig* davon, welche Argumentation *O* wählt. Man sagt dafür: Wenn es eine *Gewinnstrategie für* eine Aussage *A* gibt, so soll die Aussage *A wahr* heißen. Und entsprechend: Wenn es eine *Gewinnstrategie gegen* eine Aussage *A* gibt (d. h. wenn *O* den Dialog um *A* gewinnen kann unabhängig davon, welche Argumentation *P* wählt), so heißt die Aussage *A falsch*. In einer nicht-konstruktiven Weise, unter Verwendung der klassischen, mengentheoretisch begründeten L., läßt sich daraus schließen, daß jede Aussage *entweder* wahr *oder* falsch ist (d. i. die Aussage des Sattelpunktsatzes für offene partienendliche Zwei-Personen-Nullsummenspiele [4]). Aber das bedeutet eben nicht, daß für jede Aussage auch *entscheidbar* wäre, welche der beiden Alternativen vorliegt. Die klassische Charakterisierung von Aussagen als sprachliche Ausdrücke, die entweder wahr oder falsch sind [5], läßt sich in der strengen Form einer Forderung der *Wertdefinitheit* (Zweiwertigkeit, engl. bivalence) von Aussagen, nämlich entscheidbar wahr oder falsch zu sein, nicht aufrechterhalten. Eine andere Bedeutung des ‹entweder ... oder› steht aber vor jeder Begründung der L. noch nicht zur Verfügung. Hingegen bleibt für jede Aussage durchaus entscheidbar, ob ein bestimmter Dialog um sie verloren oder gewonnen ist: Aussagen lassen sich durch die allgemeinere Dialogdefinitheit, nicht aber durch die nur in speziellen Fällen bestehende Wertdefinitheit charakterisieren.

2. Der nächste Schritt besteht nun darin, die Regeln der Dialogführung auf eine sinnvolle Weise genauer festzulegen. Dabei gibt es keinen zwangsläufigen Vorschlag, genausowenig wie etwa der 'Vorschlag' zu sprechen zwangsläufig zur Wahl einer bestimmten natürlichen Sprache führt. Trotzdem wird man erwarten dürfen, daß sich verschiedene Vorschläge in gewisser Weise ineinander übersetzen lassen werden. Worauf es ankommt, ist, zunächst überhaupt einen Vorschlag zu machen, der als Leitfaden zur Behandlung von Aussagen auf jeder Reflexionsstufe dient. Ein solcher Vorschlag wird von LORENZ [6] in der Form einer *Rahmenregel* (Strukturregel) für die Dialogführung gemacht, die aus zunächst fünf Punkten besteht:

(a_1) Dialoge um Aussagen bestehen aus *abwechselnd* vom Opponenten *O* und Proponenten *P* vorgebrachten *Argumenten*, die einer zur Dialogführung gehörigen *Argumenteregel* folgen, und enden mit *Gewinn* und *Verlust* für je einen der beiden Partner.

(a_2) Die Argumente, das uneigentliche von *P* vorgebrachte Anfangsargument ausgenommen, greifen vorhergegangene des Gegners an oder verteidigen eigene auf solche Angriffe, nicht aber beides zugleich: die eigentlichen Argumente zerfallen in *Angriffe* und *Verteidigungen*.

(a_3) Jedes Argument *kann jederzeit* während eines Dialoges nach der Argumenteregel angegriffen werden (Rechte!).

(a_4) Jedes Argument *braucht* auf einen Angriff nach der Argumenteregel *erst verteidigt* zu werden, wenn nicht mehr angegriffen werden kann; dabei *muß* man das *zuletzt angegriffene* Argument stets *zuerst verteidigen* (Pflichten!).

(a_5) Wer in einem Dialog kein Argument mehr vorbringen kann oder aufgibt, hat diesen Dialog *verloren*, der andere ihn *gewonnen*.

Hiernach sollen also einerseits Angriffsrechte im weiteren Verlauf eines Dialogs nicht erlöschen können, und andererseits soll die Einlösung von Verteidigungspflichten durch die Wahrnehmung von Angriffsrechten zwar aufgeschoben, aber nicht aufgehoben werden können. Verlangt man insbesondere, daß dabei die Einlösung einer Verteidigungspflicht so lange aufgeschoben werden darf, bis der sie auslösende Angriff vom Gegner seinerseits auf einen Gegenangriff verteidigt worden ist, so muß wegen der Vereinbarung, abwechselnd zu argumentieren, und aufgrund der Gewinnregel (a_5) die angegebene Reihenfolge bei der Einlösung der Verteidigungspflichten eingehalten werden [7]. Damit ein einzelner Dialog nun wirklich zu einem Ende kommt, muß noch eine *Schranke* für die Anzahl der ausübbaren Angriffsrechte gegen einunddasselbe Argument in einem Dialog festgelegt werden. Um eine willkürliche Festlegung der *Angriffsschranken* zu vermeiden, soll ihre Wahl zu einem Teil der Dialogführung werden: ist das Anfangsargument durch *P* vorgelegt, so wähle *O* vor dem ersten Angriff eine *O*-Angriffsschranke *n* und *P* daraufhin eine *P*-Angriffsschranke *m*. Danach beginnt *O* mit dem eigentlichen Dialog, für den jetzt noch der folgende sechste Punkt der Rahmenregel in Kraft gesetzt ist:

($a_6^{n,m}$) Argumente dürfen im Verlauf eines Dialogs von *O* höchstens *n*-mal und von *P* höchstens *m*-mal angegriffen werden.

Die Rahmenregel legt damit insbesondere fest, *wann* und *wie oft* Argumente im Verlaufe eines Dialoges angegriffen und verteidigt werden dürfen. Zur wirklichen Dialogführung fehlt jetzt nur noch die Angabe, *wie* Argumente angegriffen und verteidigt werden dürfen, also eine Festlegung der im ersten Punkt der Rahmenregel genannten Argumenteregel. Das kann durch die Angabe eines *Angriffs- und Verteidigungsschemas* geschehen, in dem alle Angriffe gegen ein Argument und sämtliche Verteidigungen eines Arguments auf jeden der Angriffe dagegen aufgeführt werden. Die Argumenteregel muß dazu auf den speziellen Aufbau der Aussagen, ihren 'Inhalt', eingehen, im Unterschied zur Rahmenregel, die alle 'bloß formalen', unabhängig von der speziellen Gestalt der Aussagen formulierbaren Regeln der Dialogführung zusammenfaßt. Trotzdem gibt es eine naheliegende Möglichkeit, aus der Reihe möglicher Argumenteregeln gewisse herauszugreifen, die ebenfalls nur in einem sehr eingeschränkten Sinn vom Inhalt der Aussagen Gebrauch machen, nämlich diejenigen, die bei den Aussagen nur *die Form ihrer Zusammensetzung aus Teilaussagen* berücksichtigen.

Eine Aussage *A* heißt *logisch (oder formal) zusammengesetzt* aus Aussagen einer Klasse *K* schon gegebener dialogdefiniter Aussagen, wenn im zu *A* gehörigen Angriffs- und Verteidigungsschema nur ihre Teilaussagen, also die Aussagen der Klasse *K*, als Angriff und Verteidigung zugelassen sind. Jeder Dialog um *A* wird kraft dieser speziellen Argumenteregeln, die *Partikelregeln* heißen, auf die Dialoge um die Teilaussagen von *A* zurückgeführt: mit den Teilaussagen ist dann auch *A* selbst dialogdefinit. Für eine vollständige Übersicht über die Partikelregeln und damit eine Tafel sämtlicher logischer Zusammensetzungen von Aussagen genügt es, sich auf *einfache* logische Zusammensetzungen zu beschränken. Das sind solche, deren Angriffs- und Verteidigungsschema jede Teilaussage *genau einmal* enthalten und für die darüber hinaus, als Angriffe, auch noch ihrerseits unangreifbare bloße *Aufforderungen* zur Verteidigung, symbolisiert durch ⟨?⟩ mit geeigneten Zusätzen, zugelassen sind. Die folgenden Schemata für ein- und zweistellige einfache logische Zusammensetzungen enthalten in der ersten Spalte die jeweils neu gewonnene logisch zusammengesetzte Aussage, in der zweiten Spalte sämtliche möglichen Angriffe dagegen und in der dritten Spalte wieder sämtliche möglichen Verteidigungen der logisch zusammengesetzten Aussage auf jeden der möglichen Angriffe gegen diese.

$*A$	Angriffe	Verteidigungen
$\ulcorner A$	?	A
$\neg A$	A	

Die erste Möglichkeit, die ⟨*Position*⟩ von A, kann in einem Dialog ersichtlich entbehrt werden: wer $\ulcorner A$ behauptet, kann auch gleich A selbst behaupten. Die zweite Möglichkeit hingegen führt zur *Negation* von A; $\neg A$ kann durch A angegriffen, aber auf diesen Angriff nicht verteidigt werden – die durch den Angriff entstehende Verteidigungspflicht bleibt uneinlösbar. Im Dialog um $\neg A$ ist man allein auf den Gegenangriff gegen A angewiesen.

$A*B$	Angriffe	Verteidigungen
$A \land B$	1?	A
	2?	B
$A \lor B$	?	A
		B
$A \to B$	A	B
$A \leftarrow B$	B	A
$A \prec B$	A	
	?	B
$A \succ B$	B	
	?	A
$A \curlyvee B$	A	
	B	

Diese sieben Fälle erschöpfen wiederum alle Möglichkeiten zweistelliger einfacher logischer Zusammensetzungen. Im ersten Fall, der *Konjunktion,* von A und B, sind beide Teilaussagen Verteidigungen, und zwar nach Wahl des Angreifers, im zweiten Fall hingegen, der *Adjunktion* von A und B, nach Wahl des Verteidigers. Der dritte Fall führt zur *Subjunktion* von A und B, die mit A angegriffen und mit B auf diesen Angriff verteidigt werden kann. Im sechsten Fall, der Abjunktion, kann sowohl mit B ohne Verteidigungsmöglichkeit angegriffen als auch zur Verteidigung mit A aufgefordert werden, während im siebenten Fall, der Injunktion von A und B, beide Teilaussagen Angriffe sind, auf die es keine Verteidigungsmöglichkeit gibt. Die Fälle vier und fünf entsprechen den Fällen drei und sechs mit vertauschten Rollen der beiden Teilaussagen, es handelt sich dabei also um die konverse Subjunktion bzw. konverse Abjunktion. Die sieben so gewonnenen aussageverknüpfenden logischen Partikeln, die Junktoren $\land, \lor, \to, \leftarrow, \prec, \succ, \curlyvee$, dürfen der Reihe nach als kritische Rekonstruktion der deutschen Synkategoremata ⟨und⟩, ⟨nicht-ausschließendes oder⟩, ⟨wenn − dann⟩, ⟨falls⟩, ⟨nicht − sondern⟩, ⟨aber nicht⟩ und ⟨weder ... noch⟩ angesehen werden. Jede beliebige junktorenlogisch aus dialogdefiniten Teilaussagen (auch Primaussagen) zusammengesetzte Aussage ist jetzt ebenfalls dialogdefinit, ein Dialog z. B. um

$$A_0 \leftrightharpoons (\neg a \to b) \to (\neg b \to a)$$

(⟨$\leftrightharpoons$⟩ wird als Definitionszeichen verwendet) kann von P stets gewonnen werden, wenn a wahr ist oder wenn b wahr ist oder aber auch, wenn beide falsch sind: im ersten Fall ist der zum Gewinn führende Dialogverlauf (die Beschränkung auf Angriffsschranken 1 sowohl für O als auch für P führt hier zu keiner Beeinträchtigung von O, vgl. 3.):

O		P
		A_0
$\neg a \to b$	(0)	$\neg b \to a$
$\neg b$	(1)	a

im zweiten Fall:

O		P
		A_0
$\neg a \to b$	(0)	$\neg b \to a$
$\neg b$	(1)	
	(2)	b

im dritten Fall hingegen:

O		P
		A_0
$\neg a \to b$	(0)	
	(1)	$\neg a$

(Um die jeweils noch uneingelösten Verteidigungspflichten sofort ablesen zu können, notiert man einen Angriff und die Verteidigung darauf am besten in der gleichen Zeile; dabei werden die Zeilen in der Reihenfolge der Angriffe durchnumeriert, und jeder Angriff trägt als Index die Zeilennummer der Aussage, gegen die er gerichtet ist.) Sind also die Teilaussagen a und b wertdefinit, so gibt es eine Gewinnstrategie für A_0 in allen Fällen: Aussagen der Form A_0 sind *klassisch logisch wahr;* wenn hingegen a und b nur dialogdefinit sind, so läßt sich über die Gewinnbarkeit von A_0 unabhängig von der Gewinnbarkeit der in A_0 vorkommenden Primaussagen nichts ausmachen. Anders sieht die Dialogführung aus, wenn statt A_0 etwa die Aussage $A_1 \leftrightharpoons (a \to \neg b) \to (b \to \neg a)$ gewählt wird (die Reihenfolge der Argumente ist zusätzlich notiert):

O			P	
			A_1	
1. $a \to \neg b$	(0)		$b \to \neg a$	2.
3. b	(1)		$\neg a$	4.
5. a	(2)			
7. $\neg b$		(1)	a	6.
		(4)	b	8.

O könnte bei dem angeschriebenen Dialogstand nur noch die Primaussagen a und b selbst (6. und 8. Argument) angreifen. Da O aber seinerseits ebenfalls a und b im Dialog vorgebracht hat (3. und 5. Argument), kann P jedes solche Argument von O im Dialog um die von P behaupteten a und b für einen Dialog um die von O behaupteten a und b *übernehmen*. Nach endlich vielen Schritten – a und b sind nach Voraussetzung dialogdefinit – gewinnt P, ohne daß über die Gewinnbarkeit von a und b je für sich etwas bekannt zu sein braucht: für Aussagen der Form A_1 gibt es eine *formale Gewinnstrategie*. Da es also in diesen Fällen auf die Dialoge um die Primaussagen nicht ankommt, sondern nur darauf, daß P eine Primaussage im Dialog erst dann zu behaupten braucht, wenn die gleiche Primaussage vorher schon von O behauptet worden ist, kann man eine eigene Dialogregel für die *formale Dialogführung* aufstellen:

(a_7^m) Primaussagen sind stets formal unangreifbar; dabei darf O Primaussagen ohne jede Einschränkung als Argumente vorbringen, während P Primaussagen nur von O je höchstens m-mal übernehmen darf.

Auch hier tritt wieder, allerdings nur für P, eine Schranke auf, die *Übernahmeschranke m*. Sie muß mit der P-Angriffsschranke übereinstimmen, die P zu Beginn des Dialoges gewählt hat, und zwar deshalb, weil sonst die Existenz einer formalen Gewinnstrategie für eine Aussage A nicht invariant gegen Ersetzung ihrer unzerlegbaren Teilaussagen durch logisch zusammengesetzte Aussagen ist. Angenommen, P hätte die Angriffsschranke 1 gewählt und eine Primaussage a von O zweimal übernommen; dann könnte in einem Dialog, der nicht auf die formale Dialogführung beschränkt ist – z. B. wenn a seinerseits noch logisch zusammengesetzt ist – O nacheinander jede der beiden von P behaupteten Aussagen a angreifen und P müßte seinerseits, um diese Dialogführung gewinnbringend übernehmen zu können, die von O behauptete Aussage a mindestens zweimal angreifen können (man vergleiche z. B. die Aussage $(a \to ((a \to (a \to b)) \to b))$ mit der aus ihr durch Substitution von $a_1 \to a_2$ anstelle von a hervorgehenden Aussage

$((a_1 \to a_2) \to (((a_1 \to a_2) \to ((a_1 \to a_2) \to b)) \to b))).$

Die *logische Wahrheit von Aussagen* wird jetzt durch die *Existenz einer formalen Gewinnstrategie* definiert; sie ist unabhängig von jeder Kenntnis über Wahrheit und Falschheit ihrer unzerlegbaren Teilaussagen. Wie das Beispiel A_0 zeigt, gibt es aber durchaus Aussagen, die klassisch logisch wahr sind, und zwar so, daß die Voraussetzung der Wertdefinitheit ihrer Primaussagen wirklich gebraucht wird, für die es daher keine formale Gewinnstrategie gibt. Weitere Beispiele sind $A \to \neg\neg A$ und $\neg\neg A \to A$, die beide klassisch logisch wahr sind, aber nur die erste ist auch im eben erklärten Sinne logisch wahr:

O		P	
		$\neg\neg A \to A$	
$\neg\neg A$	(0)		
		(1) $\neg A$	
A	(2)		

(P verliert, weil er die letzte Verteidigungspflicht nicht einlösen kann.) Geht man allerdings von wertdefiniten Primaussagen aus, so führt die junktorenlogische Zusammensetzung immer wieder nur zu wertdefiniten Aussagen. Den Bereich der wertdefiniten Aussagen verläßt man erst, wenn auch logische Zusammensetzungen aus unendlich vielen Teilaussagen berücksichtigt werden. Auch hier genügt es, für eine vollständige Übersicht nur die einfachen logischen Zusammensetzungen zu behandeln und darüber hinaus sich auf solche unendlichen Aussageklassen zu beschränken, die durch einstellige *Aussageformen* $A(x)$ dargestellt werden. Dazu muß ein unendlicher Objektbereich vorliegen (z. B. die ableitbaren Figuren eines Kalküls), dessen Elemente, mitgeteilt durch $n, m, \ldots$, an die Stelle der *Objektvariablen* x in $A(x)$ treten können, um die Aussagen $A(n), A(m), \ldots$, der betrachteten Aussageklasse zu bilden. (Sind die Objekte etwa die aus $+$ und $\bigcirc$ zusammengesetzten Figuren und ist K_0 der Kalkül

$$\Rightarrow +$$
$$n \Rightarrow +n+$$
$$n \Rightarrow n\bigcirc$$

so repräsentiert $A(x) \leftrightharpoons \vdash_{K_0} x\bigcirc$ die Klasse der Aussagen ⟨$+\bigcirc$ ist in K_0 ableitbar⟩, ⟨$\bigcirc+\bigcirc$ ist in K_0 ableitbar⟩ usw.)

$*_x A(x)$	Angriffe	Verteidigungen
$\wedge_x A(x)$	$?n$	$A(n)$
$\vee_x A(x)$	$?$	$A(n)$
$\mathbb{V}_x A(x)$	$A(n)$	

Der erste der drei möglichen Fälle führt zur *Großkonjunktion* (Generalisierung, besser: Universalisierung), die mit der Aufforderung zur Verteidigung einer Teilaussage $A(n)$ nach Wahl des Angreifers angegriffen werden kann. Im zweiten Fall, der *Großadjunktion* (Partikularisierung), kann zur Verteidigung nach Wahl des Verteidigers aufgefordert werden, während im dritten Fall, der Großinjunktion, mit jeder Teilaussage $A(n)$ ohne Verteidigungsmöglichkeit angegriffen werden kann. Die drei neu gewonnenen logischen Partikeln $\wedge$ (alle), $\vee$ (manche, einige) und $\mathbb{V}$ (kein) heißen *Quantoren*; der *Allquantor* (engl. universal quantifier) mit der Objektvariablen, auf die er sich bezieht – $\wedge_x$ – wird meist gelesen ⟨für alle x⟩, und der *Manchquantor* (Existenzquantor, Einsquantor, engl. existential quantifier) – $\vee_x$ – entsprechend ⟨für einige x⟩ oder ⟨für manche x⟩. Ein Dialog um eine Allaussage $\wedge_x A(x)$ ist ebenfalls nach endlich vielen Schritten beendet – auch die quantorenlogisch zusammengesetzten Aussagen sind dialogdefinit –, aber selbst bei sämtlich wertdefiniten Teilaussagen $A(n)$ ist es im allgemeinen durchaus offen, ob für $\wedge_x A(x)$ eine Gewinnstrategie existiert oder nicht, weil die unendlich vielen Dialogführungen natürlich nicht effektiv alle auf Gewinn für P geprüft werden können: die Wertdefinitheit der Teilaussagen vererbt sich nicht allgemein auch auf daraus quantorenlogisch zusammengesetzte Aussagen. Es wird vom Bau der Teilaussagen $A(n)$, ... abhängen, ob es gelingt, einen Beweis für die Existenz einer Gewinnstrategie etwa für $\wedge_x A(x)$ zu führen. Jeder solche Beweis muß konstruktiv insofern sein, als er durch einen Dialog um $\wedge_x A(x)$ gegen jeden, der die Schlüssigkeit des Beweises bezweifeln sollte, sich muß einlösen lassen.

3. Eine Übersicht über sämtliche logisch zusammengesetzten Aussagen, für die es formale Gewinnstrategien gibt, gelingt durch eine Aufzählung dieser Aussagen mit Hilfe eines geeigneten *L.-Kalküls*. Zu diesem Zweck werden Dialogstellungen passend präpariert, um besonders handlich als Figuren des gesuchten L.-Kalküls dienen zu können. Im wesentlichen kommt man dabei mit solchen Dialogstellungen aus, deren linke Spalte aus einem System von Aussagen besteht, die von P noch angegriffen werden können und deren rechte Spalte nur noch eine von P zu behauptende Aussage enthält. Man spricht dann von *Implikationen* und sagt, daß n Hypothesen $A_1, ..., A_n$ eine These A *logisch implizieren*, symbolisiert: $A_1, ..., A_n \prec A$, wenn P den Dialog um die Aussage A *formal* gewinnen kann, sofern nur O vorher sämtliche Hypothesen $A_1, ..., A_n$ behauptet. Ein solcher Dialog, der mit Hypothesen auch formal gewonnen werden kann, ist z. B. der Dialog um die nur klassisch logisch wahre Aussage $\neg \wedge_x a(x) \to \vee_x \neg a(x)$; mit den beiden Hypothesen, $\wedge_x a(x) \vee \neg a(x)$ und $\vee_x \neg a(x) \vee \neg \vee_x \neg a(x)$ nämlich (Tertium-non-datur-Hypothesen), die also die Wertdefinitheit sämtlicher Primaussagen $a(n)$ und außerdem die Wertdefinitheit der quantorenlogisch zusammengesetzten Aussage $\vee_x \neg a(x)$ behaupten, wird auch die These $\neg \wedge_x a(x) \to \vee_x \neg a(x)$ formal gewinnbar:

O		P	
$\wedge_x a(x) \vee \neg a(x)$. $\vee_x \neg a(x) \vee \neg \vee_x \neg a(x)$		$\neg \wedge_x a(x) \to \vee_x \neg a(x)$	
$\neg \wedge_x a(x)$	(1)		
$\neg \vee_x \neg a(x)$		(2)	?
		(3)	$\wedge_x a(x)$
?n	(5)		
$a(n) \vee \neg a(n)$		(1)	?n
$\neg a(n)$		(7)	?
		(4)	$\vee_x \neg a(x)$
?	(9)		$\neg a(n)$
$a(n)$	(10)		
		(8)	$a(n)$

Es stellt sich heraus [8], daß es für die Übersicht über alle formal gewinnbaren Aussagen genügt, dem Opponenten die Angriffsschranke 1 aufzuerlegen, während der Proponent weiterhin vor Beginn des Dialogs eine Angriffsschranke erst wählen muß. Der *Implikationenkalkül*, den man nach einigen Zwischenschritten als Kalkül zur Aufzählung aller logisch gültigen Implikationen (gültige Implikationen ohne Hypothesen bedeuten: die These allein ist schon logisch wahr; gültige Implikationen ohne These bedeuten: die Hypothesen sind miteinander logisch unverträglich oder widerspruchsvoll) erhält, hat die folgende Gestalt ($F(A)$ teilt ein System F von Aussagen mit, in dem A vorkommt):

	$\Rightarrow F(a) \prec a$
$F \prec A; F \prec B$	$\Rightarrow F \prec A \wedge B$
$F \prec A$	$\Rightarrow F \prec A \vee B$
$F \prec B$	$\Rightarrow F \prec A \vee B$
$F, A \prec B$	$\Rightarrow F \prec A \to B$
$F, A \prec$	$\Rightarrow F \prec \neg A$
$F(A \wedge B), A \prec C$	$\Rightarrow F(A \wedge B) \prec C$
$F(A \wedge B), B \prec C$	$\Rightarrow F(A \wedge B) \prec C$
$F(A \vee B), A \prec C; F(A \vee B), B \prec C$	$\Rightarrow F(A \vee B) \prec C$
$F(A \to B) \prec A; F(A \to B), B \prec C$	$\Rightarrow F(A \to B) \prec C$
$F(\neg A) \prec A$	$\Rightarrow F(\neg A) \prec C$
$F \prec A(n)$	$\Rightarrow F \prec \wedge_x A(x)$
	(n kommt in der Konklusion nicht vor.)
$F \prec A(n)$	$\Rightarrow F \prec \vee_x A(x)$
$F(\wedge_x A(x)), A(n) \prec C$	$\Rightarrow F(\wedge_x A(x)) \prec C$
$F(\vee_x A(x)), A(n) \prec C$	$\Rightarrow F(\vee_x A(x)) \prec C$
	(n kommt in der Konklusion nicht vor.)

Dieser Kalkül stimmt bis auf die Bezeichnung mit dem erstmals von G. GENTZEN [9] angegebenen Sequenzenkalkül für die intuitionistische Logik überein. Damit erweist sich, daß die Klasse der im Dialog formal gewinnbaren Aussagen mit der Klasse der intuitionistisch oder effektiv logisch wahren Aussagen übereinstimmt. Und die Klasse der klassisch logisch wahren Aussagen wird von genau den Thesen gebildet, die sich effektiv logisch aus Tertium-non-datur-Hypothesen implizieren lassen.

Nennt man Aussagen *logisch äquivalent*, wenn sie einander logisch implizieren, so läßt sich zeigen [10], daß logisch äquivalente Aussagen innerhalb eines Dialoges füreinander eingesetzt werden können, ohne die Gewinnchancen des Gesamtdialoges zu verändern, und umgekehrt sind Aussagen, die innerhalb eines Dialoges füreinander eingesetzt werden können, ohne die Gewinnchancen des Gesamtdialoges zu verändern, auch logisch äquivalent. In diesem Sinne können dann auch die logischen Partikeln $\prec$, $\vee$ und $\vee$ entbehrt werden: Jede logisch zusammengesetzte Aussage ist logisch äquivalent mit einer Aussage, die nur die 6 logischen Partikeln $\neg$, $\wedge$, $\vee$, $\to$, $\wedge$, $\vee$ enthält.

Anmerkungen. [1] P. LORENZEN: Vortrag (Venedig 1958), erschienen unter dem Titel: L. und Agon. Atti XII Congr. int. Filos. 4 (Florenz 1960); Vortrag (Warschau 1959), erschienen unter dem Titel: Ein dialog. Konstruktivitätskriterium. Infinitistic Methods. Proc. Symp. Foundations of Math. (Oxford 1961); zugänglich in: Formale L. (^{3}1967) Anhang und in: P. LORENZEN und W. KAMLAH: Log. Propädeutik (1967, ^{2}1973). – [2] K. LORENZ: Arithmetik und L. als Spiele (Diss. Kiel 1961); Dialogspiele als semant. Grundl. von L.-Kalkülen. Arch. math. Logik Grundlagenforsch. 11 (1968) 32-55. 73-100; Die dialogische Rechtfertigung der effektiven L. Zum normativen Fundament der Wiss., hg. F. KAMBARTEL/J. MITTELSTRASS (1973) 250-280; zusammen mit den beiden Arbeiten von LORENZEN in [1] sowie einem Auszug aus seinem mit O. SCHWEMMER verfaßten: Konstruktive L., Ethik und Wiss.theorie (1973) jetzt im Zusammenhang zugänglich in P. LORENZEN/K. LORENZ: d.L. (1978). – [3] P. LORENZEN: Einf. in die operative L. und Math. (1955, ^{2}1969). – [4] Vgl. C. BERGÉ: Théorie générale des jeux à n personnes (Paris 1957). – [5] Vgl. ARISTOTELES, De interpret. 17a. 18 a 28ff. u.ö. sowie schon PLATON, Soph. 263 a/b; von da an wiederholt bis G. FREGE: Sinn und Bedeutung. Z. Philos. u. philos. Krit. NF 100 (1892) 25-50, bes. 34; ND in: Funktion, Begriff, Bedeutung. Fünf log. Stud., hg. G. PATZIG (1962) sowie H. SCHOLZ und G. HASENJAEGER: Grundzüge der math. L. (1961) §§ 1-4. – [6] LORENZ, Dialogspiele a.O. [2]. – [7] ebda. – [8] ebda. – [9] G. GENTZEN: Untersuch. über das log. Schließen. Math. Z. 39 (1934/35) 176-210. 405-431. – [10] LORENZ, Dialogspiele a.O. [2].

Literaturhinweise. Neben den in den Anm. genannten Werken noch: R. DRIESCHNER: Untersuch. zur dialog. Deutung der L. (Diss. Hamburg 1963). – W. STEGMÜLLER: Remarks on the completeness of log. systems relative to the validity-concepts of P. Lorenzen and K. Lorenz. Notre Dame J. formal Logic 5 (1964) 81-112; Hauptströmungen der Gegenwartsphilos. (⁴1969), bes. IX, 6; X, 1 und XI, II 6. – H. B. CURRY: Remarks on inferential deductions. Contributions to L. and methodol. in honor of J. M. Bocheński, hg. A.-T. TYMIENIECKA (Amsterdam 1965) 45-72. – G. H. MÜLLER: Zur Einf. der L. Stud. generale 19 (1966) 493–508. – H. HERMES: Methodik der Math. und L., in: Enzyklop. der geisteswiss. Arbeitsmethoden, hg. M. THIEL, 3. Lieferung: Methoden der L. und Math. Statische Methoden (1968) 3-43. – W. KINDT: Eine abstrakte Theorie von Dialogspielen (Diss. Freiburg 1972). – J. HINTIKKA: L., language games, and information (Oxford 1973).   K. LORENZ

Logik des Gefühls. Die Wendungen ‹L.d.G.›, ‹logique du (des) sentiment(s)›, ‹L. des Herzens›, ‹logique du cœur›, deren Gebrauchsgeschichte nur schlecht erforscht ist, haben nie einen festen Bestandteil der philosophischen oder wissenschaftlichen Terminologie gebildet. Die im folgenden aus der Literatur der letzten hundert Jahre verzeichneten Belegstellen [1] weisen, mit Ausnahme der ausdrücklichen Rückbeziehung auf Pascal (bei M. Scheler und N. Hartmann), keinen terminologiegeschichtlichen Kontext auf, sind also auch nicht an Bildungen des 18. Jh., wie ‹Philosophie des Gefühls› (HERDER [2]; KANT [3]) oder ‹Gefühlslehre› (GOETHE in bezug auf die Philosophie Jacobis [4]), geknüpft. In den modernen Versuchen terminologischer Eingrenzung ist dem Ausdruck ‹L.d.G.› überdies der Schein des Paradoxen sorgfältig genommen.

Im Absehen auf eine L.d.G. wird in neuer Weise der schon im 18. Jh. erhobenen und in philosophischen wie psychologischen Werken nach Maßen erfüllten Forderung entsprochen, «zum bessern Anbau der Theorie der Empfindungen die Bahn zu eröfnen» (J. A. EBERHARD [5]), bzw. die viel zitierte Feststellung H. LOTZES beherzigt, daß im «Gefühl für die Werthe der Dinge und ihrer Verhältnisse unsere Vernunft eine ebenso ernst gemeinte Offenbarung besitzt, wie sie in den Grundsätzen der verstandesmäßigen Forschung ein unentbehrliches Werkzeug der Erfahrung hat» [6]. Den Gegensatz zwischen der Erkenntnis durch den Verstand und derjenigen durch das Gefühl, dessen synthetisch-apriorische Gesetze Gegenstand einer «L.d.G.» sind, nimmt auch der Kantianer A. KRAUSE zum Ausgangspunkt seiner Studie ‹Die Gesetze des menschlichen Herzens wissenschaftlich dargestellt als die formale L. des reinen Gefühls›(1876). Sie setzt sich die Deduktion der Möglichkeit «subjectiv apodictischer Urtheile» aus der «transscendentale[n] Form des Gefühls» (d.h. aus der «Einstellung der Geistesmaschine», die bedingt, daß «sie überhaupt so etwas wie das Gefühl zu Wege bringen» kann) [7] und die tabellarische Darstellung der reinen Gefühle der Wahrnehmung («reine Gefühlsformen»), des Strebens und der Erwartung [8] zum Ziel. Krause beansprucht, daß die L.d.G. «das Mittel zur Begründung *aller* wirklichen synthetischen Erkenntniss apriori» liefert [9].

Im Streit um das Verhältnis von Logik und Psychologie das Recht und die Interessen der psychologischen Forschung vertretend, schreibt TH. RIBOT mit ‹La Logique des Sentiments› (1905) eine psychologische Studie, die dem Verständnis des «raisonnement affectif ou émotionel» in seiner Eigenbedeutung aufhelfen will. Unter ‹L.› (d.G., auch ‹logique affective›) werden dabei die verschiedenen Formen des raisonnement, die sich in affektiven Leben aufweisen lassen, verstanden (le raisonnement passionel, inconscient, imaginatif, de justification, mixte), analog zu den intellektuellen Prozessen, die die «logique rationelle» ausmachen. Ribot beansprucht, Ansätze zu einer L.d.G.e bei A. Comte, J. St. Mill u. a. als erster systematisch ausgeführt zu haben [10]. – Verwandte Intentionen zeigen G. TARDE im Blick auf ein psychologisches Verständnis sozialen Lebens [11] und F. PAULHAN in einer Studie zur L. des Widerspruchs (1911), wo es heißt: «La vie affective est aussi rigoureuse, aussi exigeante dans sa logique que la vie intellectuelle dans la sienne» [12]. – H. MAIER versteht seine ‹Psychologie des emotionalen Denkens› (1908) als Vorarbeit zu einer entsprechenden L. [13], die er als umfassende normative Wissenschaft «vom denknotwendigen und allgemeingültigen Denken überhaupt» definiert [14]. Wie Ribot gilt ihm das emotional-praktische Denken als ein «eigenartiger, selbständiger, in sich einheitlicher Typus logischer Funktionen» neben dem urteilend-erkennenden Denken [15].

In seiner Theorie des Komischen sieht sich H. BERGSON veranlaßt, der «logique de la raison» eine «logique de l'imagination» gegenüberzustellen, verwandt mit der L. des Traums, «avec laquelle il faudra pourtant que la philosophie compte, non seulement pour l'étude du comique, mais dans toutes les recherches du même ordre» [16]. – Ebenfalls in lebensphilosophischem Zusammenhang artikuliert C. L. MORGAN eine ‹L. des Instinkts› als Wurzel der menschlichen Erfahrung, die sich in dieser L. als Teil der ihrerseits logischen (= intelligiblen) Geschichte des Universums begreifen läßt [17].

Der Wertbegriff bildet die Brücke von der affekt- und emotionstheoretischen zur moralphilosophischen L.d.G. (Die Diskussion um Evidenzgefühle [18] oder «logische Wertgefühle» [19] kann hier außer Betracht bleiben.) Im Streit darüber, ob der Akt des Wertens ein Fühlen oder ein Wollen oder beider Einheit von beiden ist, begegnet neben der L.d.G. bzw. statt dieser, aber in verwandter Bedeutung, eine «L. des Wollens», als die TH. LIPPS die Ethik definiert [20]. – Die Fundierung der Ethik muß nach E. HUSSERL in einer zur Urteils-L. analogen «Gefühls-L.» [21] gesucht werden, die die materialen Wesensgesetzlichkeiten in der Willenssphäre herausarbeitet. – M. SCHELER verknüpft den von ihm gegen Kant verfochtenen «Apriorismus des Emotionalen» [22], die Lehre von einem ursprünglich apriorischen Gehalt des Fühlens, Liebens und Hassens, wiederholt mit der Erinnerung an Pascals Gedanken von den eigenen Gründen des Herzens [23]: «Es gibt einen ordre du cœur, eine logique du cœur, eine mathématique du cœur, die so streng, so objektiv, so absolut und unverbrüchlich ist wie die Sätze und Folgerungen der deduktiven L.» [24]. – N. HARTMANN aktualisiert den Gedanken der spezifischen Ordnung bzw. L. des Herzens in der These von der «Unbeirrbarkeit und Überzeugungskraft des Werthöhensinnes» [25].

Anmerkungen. [1] Orientiert am Art. ‹L.d.G.›, in: EISLER⁴ 2, 57f. – [2] J. G. HERDER: Viertes krit. Wäldchen (1769). Sämtl. Werke, hg. SUPHAN 4, 53; vgl. F. H. JACOBI, Werke (1812-16) 2, 61. – [3] I. KANT: Von einem neuerdings erhobenen vornehmen Ton in der Philos. (1796). Akad.-A. 8, 387ff. («Philos. aus Gefühlen» 395, «der platonisierende Gefühlsphilosoph» 399 in Auseinandersetzung mit J. G. Schlosser). – [4] Nach GRIMM IV/1, 2, 1 (1897) Sp. 2187. – [5] J. A. EBERHARD: Allg. Theorie des Denkens und Empfindens (1776) 7. – [6] H. LOTZE: Mikrokosmus. Ideen zur Naturgesch. und Gesch. der Menschheit. Versuch einer Anthropol. (1856) 1, 267. – [7] A. KRAUSE: Die Gesetze ... (1876)

77ff. – [8] a.O. 174. – [9] 401. – [10] TH. RIBOT: La logique des sentiments (Paris 1905) IX. 22; vgl. G. FAGGIN: Art. ‹Sentimento, Logica del›, in: Enciclop. filos. 5 (Venedig/Rom 1967) Sp. 1284f. – [11] G. TARDE: La logique sociale des sentiments. Rev. philos. France et Étranger 18/36 (1893) 561-594. – [12] G. PAULHAN: La logique de la contradiction (Paris 1911) 9; vgl. schon J. FRAUENSTAEDT: Blicke in die intellectuelle, physische und moralische Welt nebst Beitr. zur Lebensphilos. (1869) 217-219. – [13] H. MAIER: Psychol. des emotionalen Denkens (1908) 1-5. 49. – [14] a.O. 44. – [15] Vorwort. – [16] H. BERGSON: Le rire (Paris 1900). Oeuvres (²Paris 1963) 406f. – [17] C. L. MORGAN: Instinct and experience (London 1912, dtsch. 1913) Vorwort. – [18] Vgl. E. HUSSERL, Husserliana III/1, 46. 334. – [19] Vgl. MAIER, a.O. [13] 658. – [20] TH. LIPPS: Vom Fühlen, Wollen und Denken (²1907) 222. – [21] E. HUSSERL, Ms. F I 20 (Ethik-Vorles. SoSe 1902), zit. bei A. ROTH: Edmund Husserls ethische Untersuch., dargestellt anhand seiner Vorles.ms. (Den Haag 1960) 51. – [22] M. SCHELER: Der Formalismus in der Ethik und die materiale Wertethik. Neuer Versuch der Grundleg. eines ethischen Personalismus (³1927) 61. Ges. Werke (⁴1966) 2, 885; vgl. Ethik. Frühe Schr. a.O. 1, 398. – [23] Der Formalismus ... a.O. 59. 261. Ges. Werke 2, 84. 268. Ordo Amoris a.O. 10, 361ff. – [24] 10, 362. – [25] N. HARTMANN: Ethik (1926) 353.

Literaturhinweis. H. L. A. VISSER: Zum Problem der nichtrationalen L. Kantstud. 32 (1927) 242-251.   H. HOLZHEY

Logik, hermeneutische. Idee und Begriff der h.L. gehen auf G. MISCH zurück, der an Diltheys hermeneutische Grundlegung der Geisteswissenschaften anknüpft [1]. Diese L. sollte weder eine spezielle Disziplin der L. noch eine universale Methodenlehre der Hermeneutik sein, sondern eine philosophische Theorie des Wissens, welche die hermeneutische Dimension der logischen Phänomene beobachtet und beschreibt. Als Theorie der Fundierung des menschlichen Wissens ist die h.L. der transzendentalen L. Kants verwandt [2], ungeachtet ihrer kritischen Distanz zu dieser. Sie teilt mit ihr die Aufgabe einer Überwindung des Irrationalismus und Skeptizismus [3], allerdings unter veränderten wissenschaftsgeschichtlichen Voraussetzungen. Das Problem, von dem die h.L. ausgeht, ist die Krise der modernen Wissenschaftsidee, welche zu Ende des 19. Jh. besonders durch die schroffe Entgegensetzung von Natur- und Geisteswissenschaften manifest wird [4]. Die h.L. sucht eine Neuorientierung im philosophischen Wissen durch Erinnerung an den Logos-Begriff der antiken griechischen Philosophie [5]. Diesem entnimmt sie die Einsicht in die fundamentale Zusammengehörigkeit von Sprache und Denken, die ihr gleichsam zu einem Axiom wird, das sich als kritische Instanz gegen die neuzeitliche formale, transzendentale und spekulative L. wenden läßt. Gemeinsam ist diesen L.en die Abstraktion, welche das reine Denken frei von den Bindungen an eine natürliche Sprache betrachtet. Die Normen wissenschaftlicher Objektivierbarkeit und Exaktheit unterliegen wie die Wissenschaftssprachen, auf die sie sich beziehen, dem geschichtlichen Wandel; L. ist auch in den natürlichen (Umgangs-)Sprachen gegeben und reicht bis in die Schicht des elementaren leibgebundenen Verstehens, das als «werktätiges Wissen in der Lebensverbundenheit» dem gegenständlichen Wissen und damit jedem theoretisch-wissenschaftlichen Bezug vorausliegt [6]. Deswegen ist jede menschliche Lebensäußerung ein möglicher Gegenstand der h.L. Diese sucht «das Logische» im Sinngeschehen der menschlichen Lebenspraxis, in der alltäglichen vorwissenschaftlichen Kommunikation; sie verfolgt die «natürliche Begriffsbildung», wie sie sich in jedem Sprachgeschehen entfaltet [7].

Für G. Misch ist h.L. die von Dilthey nur skizzenhaft angedeutete Kategorienlehre des Lebens [8]. Solche Lebenskategorien sind: Wirkungszusammenhang und Kraft, Ausdruck und Bedeutung, Wert und Zweck, Selbstsein und Geschehen. Die psychische Struktur des Lebens ist eine solche sui generis, sie verlangt einen grundsätzlich anderen Gebrauch der Kategorien verglichen mit deren Funktion der gegenständlichen Objektivierung. Leben ist ein Geschehen der Selbstauslegung, eine Komplementarität von Unbestimmtheit und Bestimmtheit [9]. Die Auslegung des verstehenden Erlebens erfordert eine analoge Komplementarität von evozierender und diskursiver Rede [10]. Misch unterscheidet zwischen der Komplementarität («Polarität») im hermeneutischen Lebensvollzug und der von Heidegger in ‹Sein und Zeit› explizierten hermeneutischen Zweideutigkeit menschlicher Rede. Heideggers Fundamentalontologie formalisiert für Misch die Haltung einer geschichtlichen Generation zu einem universalen Konzept, anstatt die Bedingungen für das Verstehen der konkreten historischen Individualität im Sinne einer 'Kritik der historischen Vernunft' zu entwickeln. Der appellative Zug in ihren Beschreibungen und die Abwertung der apophantischen Aussage verführe zu einer einseitigen Betrachtung des menschlichen Daseins [11].

Anknüpfend an Diltheys Lebensphilosophie geht es auch J. KÖNIG nicht um die Abwertung der Diskursivität, sondern um den Aufweis elementarer Schichten des Ausdrucksgeschehens, welche sinngebend in die sprachliche Prädikation hineinwirken. Dies wird an der Differenz zwischen modifizierenden und determinierenden Prädikaten demonstriert [12]. Eine ganz andere Richtung nimmt die h.L. bei H. LIPPS. Die menschliche Rede (λόγος) wird hier wie bei Heidegger als Existential aufgefaßt; sie «ist» nicht Medium oder Bedingung der Möglichkeit objektiver Gegenstandserkenntnis, sondern aller Unterscheidung von Theorie und Praxis zuvor: Erschließung der vorgefundenen Situation und die immer schon vorgängige Erschlossenheit des In-der-Welt-Seins des menschlichen Daseins. Kennzeichnend für diese «lebensweltliche» Orientierung der h.L. ist die Auslegung der L. des Schlusses als L. der Entscheidung [13]. – Dagegen kann H.-G. GADAMERS philosophische Hermeneutik als kritischer Ausgleich zwischen Dilthey und Heidegger als h.L. im weitesten Sinne bezeichnet werden. Ansatzpunkte dazu finden sich im Prinzip der Wirkungsgeschichte, in der L. von Frage und Antwort sowie im Begriff des Sprachspiels. Diese universale Theorie der Hermeneutik berührt sich mit Wittgensteins ‹Philosophischen Untersuchungen› in der heuristischen Maxime der Zusammengehörigkeit von Lebensform und Sprachgeschehen [14].

Anmerkungen. [1] G. MISCH: Lebensphilos. und Phänomenol. (1930, zit. ³1967) 53ff.; A. der Vorles. Mischs unter dem Titel ‹Logik und Einl. in die Theorie des Wissens›, hg. F. RODI (in Vorbereitung). – [2] R. WIEHL: Vernunft als Kanon, Organon und Kathartikon des allg. Verstandes, in: Subjektivität und Met. Festschr. W. Cramer (1966) 353. – [3] O. F. BOLLNOW: Zum Begriff der h.L., in: Argumentationen. Festschr. F. König (1964) 20. – [4] MISCH, a.O. [1] 33. – [5] a.O. 51; vgl. H.-G. GADAMER: Wahrheit und Methode (²1965) 383ff. – [6] MISCH, Vorles. a.O. [1] Teil II, Kap. 4. – [7] GADAMER, a.O. 404. – [8] MISCH, Lebensphilos. a.O. [1]. – [9] a.O. 86. – [10] 94. – [11] 58f. – [12] J. KÖNIG: Sein und Denken (1937) §§ 1-12. – [13] H. LIPPS: Untersuch. zu einer h.L. (1938, ²1959) 38f. – [14] H.-G. GADAMER: Die phänomenol. Bewegung, in: Kl. Schr. 3 (1972) 184-189.   R. WIEHL

Logik des Herzens. Die Ausdrücke ‹LdH.› [1], ‹L. des Gefühls› oder auch ‹Vernunft des Herzens› [2] sind im Anschluß an Übersetzungen PASCALscher Redeweisen wie «Das Herz hat seine Gründe, die die Vernunft nicht kennt» [3] (Le cœur a ses raisons, que la raison ne connaît point) [4] frei gebildet worden. Dem Ausdruck ‹LdH.› entspricht also in der Sprache Pascals kein Terminus. Neben ‹Herz› verwendet Pascal auch ‹Gefühl› (sentiment) [5] und ‹Instinkt› (instinct) [6]. Heute würde man das von Pascal Gemeinte eher mit ‹Intuition› wiedergeben [7]. – Die Unterscheidung zwischen Vernunft (raison) und Herz (cœur) [8] liegt der bekannteren Pascalschen Unterscheidung vom «Geist der Geometrie» (l'esprit de géométrie) und vom «Geist des Feinsinns» (l'esprit de finesse) zugrunde [9], wobei das letztere zu dem Bildungsideal der französischen Gesellschaft des 17. Jh., der honnêteté, und ihrem Träger, dem honnête homme (s. d.) [10], gehört [11]. Dementsprechend unterscheidet Pascal Wahrheiten, die durch das Herz, und solche, die durch die Vernunft erkannt werden [12]. Das Herz erkennt, indem es fühlt (sentir), die Vernunft, indem sie definiert, Axiome aufstellt (proposer) und beweist (démontrer) [13]. Die Wahrheiten des Herzens sind die Prinzipien, die der Vernunft die Lehrsätze [14].

Die Wahrheiten des Herzens haben den gleichen Gewißheitsgrad [15] wie die der Vernunft, unterscheiden sich aber von ihnen durch folgende Merkmale [16]:

1. Sie gehen denen der Vernunft voraus.

2. Sie sind von denen der Vernunft unabhängig und nicht kritisierbar. Andererseits sind die Wahrheiten der Vernunft von denen des Herzens in der Weise abhängig, daß alle Ableitungen der Vernunft auf den Wahrheiten des Herzens gründen.

3. Das Herz erkennt weniger Wahrheiten als die Vernunft. Die Unfähigkeit aber der menschlichen Vernunft, *alle* Wahrheiten zu erkennen, erschüttert nicht die durch sie erkennbaren Wahrheiten, sondern soll lediglich die Vernunft demütigen.

4. Die Wahrheiten des Herzens sind denen der Vernunft vorzuziehen, es wäre sogar besser gewesen, wenn es Gott gefallen hätte, daß die Menschen die Wahrheiten der Vernunft nicht benötigten.

5. Die *Gültigkeit* der Wahrheiten des Herzens (der Prinzipien) wird durch das «natürliche Licht» (lumière naturelle) unmittelbar *eingesehen* und die Bedeutung der einfachen Ausdrücke (mots primitifs) unmittelbar *verstanden* [17].

So werden durch das Herz die ersten Prinzipien erkannt, z. B. daß es Raum, Zeit, Bewegung und Zahlen gibt, ebenso daß der Raum drei Dimensionen hat und daß die Zahlenreihe unendlich ist, während die Vernunft z. B. beweist, daß es nicht zwei Quadratzahlen gibt, von denen die eine das Doppelte der anderen ist [18]. ‹Raum›, ‹Zeit›, ‹Bewegung›, ‹Zahl›, ‹Gleichheit› u. ä. sind dabei Wörter, die ihre Gegenstände natürlich bezeichnen (désigner naturellement), so daß jeder, der die natürliche Sprache beherrscht, sie prinzipiell verstehen kann [19]. Diese einfachen Wörter müssen nicht nur nicht definiert werden, sondern sie können es gar nicht werden. Sie stellen undefinierbare Grundbegriffe dar [20].

Das Herz ist insbesondere der Ort der Gültigkeit der mathematischen Axiome. Auch wenn darin nicht unbedingt eine «Existenzialisierung der Mathematik» gesehen werden muß, so kann das Herz nach Pascal doch füglich «vor allem als Sitz der unmittelbaren durch die Überlegungen der freien Vernunft nicht beeinflußbaren Automatismen im Bewußtsein» [21] begriffen werden.

Nicht nur in der Mathematik jedoch kommt dem Herzen eine bedeutende Erkenntnisposition zu, sondern es nimmt diese auch für den übrigen Bereich des Erkennens, vor allem in bezug auf Gott, ein. Das Herz ist der «Name für die Liebesfähigkeit des Menschen», die sich auf das Ganze und nicht auf die Teile in ihrer rationalen, logischen oder geometrischen Abfolge bezieht. Es allein vermag bei anderen Gefallen und Liebe hervorzurufen [22].

Im ersten Fragment der ‹Pensées› gibt Pascal an, was man benötigt, wenn man die Prinzipien des Feinsinns, die dem Herzen zugeordnet sind, erkennen will: ein gutes Auge.

Anmerkungen. [1] E. WASMUTH: Die Philos. Pascals unter bes. Berücksicht. seiner Lehren von dem Unendlichen und dem Nichts und den Ordnungen (1949) 176-221; B. PASCAL: Le cœur et ses raisons. Pensées. LdH. Gedanken. Auswahl, Übersetz. und Nachwort F. PAEPKE (1973). – [2] E. WASMUTH: Der unbekannte Pascal. Versuch einer Deutung seines Lebens und seiner Lehre (1962) 245-255. – [3] B. PASCAL: Über die Relig. und über einige andere Gegenstände (Pensées), dtsch./frz. hg. E. WASMUTH ([6]1963) Frg. 277. – [4] Oeuvres, hg. L. BRUNSCHVICG 12-14: Pensées 1-3 (Paris 1904, ND 1965) Frg. 277. – [5] Frg. 282. – [6] Frg. 282. – [7] WASMUTH, a.O. [2] 249. – [8] J. LAPORTE: Le cœur et la raison selon Pascal (Paris 1950). – [9] PASCAL, Frg. 1. – [10] Frg. 35. – [11] Pensées, hg. E. WASMUTH 449. 451; vgl. WASMUTH, a.O. [2] 249f. – [12] Frg. 282. – [13] Oeuvres a.O. [4] 9, 271-290: De l'esprit géométrique; De l'Art de persuader, zit. 277f.: Frg. 283. – [14] Frg. 282. – [15] Frg. 282. – [16] Frg. 282. – [17] Frg. 282; Oeuvres a.O. [4] 9, 246ff. 253f. 279. – [18] Frg. 282. – [19] a.O. [4] 9, 247. – [20] 9, 245f. – [21] F. KAMBARTEL: Pascal und die Wissenschaftskritik. Hochland 57 (1965) 254-263, zit. 259. – [22] WASMUTH, a.O. [2] 245f.; vgl. Frg. 277.

Literaturhinweis. J.-P. SCHOBINGER: Blaise Pascals Reflexionen über die Geometrie im allg. – «De l'esprit géométrique» und «De l'art de persuader» mit dtsch. Übersetz. und Komm. (1974).

A. VERAART

Logik, historische (auch L. der Geschichte, Geschichts-L., L. der Geschichtswissenschaft) ist als Terminus seit dem letzten Viertel des 19. Jh. gebräuchlich. Dazu wurden und werden folgende Bezeichnungen synonym verwendet: ‹Allgemeine Geschichtswissenschaft›, ‹Historik›, ‹Historische Methoden›, ‹Geschichtstheorie›, ‹Geschichtslehre›, ‹Kritik der historischen Vernunft›, ‹Formale Geschichtsphilosophie›, ‹Theorie der Geschichte› bzw. ‹Geschichtswissenschaft›, ‹Grundlagen der Geschichte›, ‹Philosophie der Geschichte›, ‹Geschichtsphilosophie›, ‹Methodenlehre der Geschichte›, ‹Wissenschaftstheorie der Geschichte›, ‹Historiologie›. Der Terminus ‹h.L.› wurde sehr wahrscheinlich gebildet in Anlehnung an den Titel des 6. Buches (L. of Moral Sciences) von J. ST. MILLS ‹System of L.› (1843), den J. SCHIEL in seiner Übersetzung von 1849 wiedergibt mit ‹L. der Geisteswissenschaften›. In diesem Buch 6 finden sich u. a. auch Überlegungen zur «historischen Methode». Mills Verständnis der L., das die Methodologie der Einzelwissenschaften einschloß, wurde durch die großen Logiken des 19. Jh. (CHR. SIGWART [1], W. WUNDT [2] u. a.) und durch den südwestdeutschen Neukantianismus (W. WINDELBAND [3], H. RICKERT [4]) fortgeführt und ausgebaut. Klassische Themen der h.L. sind z. B. Möglichkeit und Verständnis historischer Gesetze und Probleme historischer Begriffsbildung. Der Sache nach gehören sämtliche relevanten Überlegungen zu den Gegenständen, Zwecken und Methoden der Geschichtswissenschaft zur h.L. Eine einheitliche Bezeichnung, die als Disziplinentitel für die Aufgaben der Wissenschaftstheorie der Geschichtswissenschaft dienen könnte, hat sich bis heute nicht durchsetzen können, obwohl Fr. Meinecke [5] schon 1930 einen sprachlich wie sachlich geeigneten Vorschlag unterbreitet hat: ‹Historiologie›. Für diesen Titel sprechen folgende Gründe: 1. Die Wahl dieses Titels ist nicht willkürlich, und mit ihr wird soviel wie möglich an wortgeschichtlicher Kontinuität gewahrt; 2. dieser Titel erlaubt eine 'handliche Verwendung', die bei den meisten zusammengesetzten Ausdrücken nicht möglich ist (historiologisch, Historiologe) bzw. die bei den anderen Ausdrücken semantisch anders besetzt sind (Historik – Historiker; Geschichtsphilosophie); 3. versteht man unter 'Geschichte' die vergangenen Ereignisse und unter 'Historie' – einem Traditionszweig gemäß – die Rede darüber, dann läßt sich Historiologie verstehen als Theorie (Logos) dieser Rede (also der Historie). Damit wird man der neueren Einsicht gerecht, daß wissenschaftstheoretische Reflexionen zunächst einmal sprachtheoretische Reflexionen darstellen.

Anmerkungen. [1] Chr. Sigwart: L. 1 (1873, ²1904); 2 (1878, ²1904). – [2] W. Wundt: L. 1-3 (1879, ²1919-21). – [3] W. Windelband: Gesch. der Naturwiss. Rektoratsrede (1894), in: Präludien 2 (1919) 137-163. – [4] H. Rickert: Die Grenzen der naturwiss. Begriffsbildung (¹1902, ⁵1929); Über die Aufgabe einer L. der Gesch. Arch. systemat. Philos. 8 (1902) 137-163. – [5] Fr. Meinecke: Joh. G. Droysen. Hist. Z. 141 (1930) 278.

Literaturhinweis. H. Hempel/H. Geuss (Hg.): Dahlmann-Waitz, Quellenkunde der dtsch. Gesch. (¹⁰1969) Nr. 1, 159-166: h.L. (Bibliogr.). A. VERAART

Logik, induktive. Aristoteles hat nicht nur als erster ein System der deduktiven L. entwickelt, es finden sich bei ihm auch erste Ansätze zu einer Theorie des induktiven Argumentierens. Während bei *deduktiven Schlüssen* der Gehalt der Konklusion vollständig in dem der Prämisse enthalten ist, so daß die Konklusion nichts über die Welt aussagt, was nicht schon in der Prämisse beschrieben wird (wie z.B. in dem speziellen Fall, daß die Prämisse eine generelle Behauptung ist, während die Konklusion einen Einzelfall dieser generellen Aussage beschreibt), ist bei *induktiven Argumenten* der Inhalt der Konklusion nicht vollständig in dem der Prämisse enthalten; die Konklusion sagt hier also mehr über die Welt aus als die Prämisse und erweitert unser Wissen (ein spezieller Fall davon ist ein Argument, bei dem die Prämisse der Einzelfall einer generellen Hypothese und die Konklusion eben diese generelle Hypothese ist).

Die Ergänzung seiner deduktiven L. durch ein System des induktiven Argumentierens war für Aristoteles notwendig, damit eine Wissenschaft zu *Wissen* führen kann. Die meisten Sätze einer Wissenschaft werden nach Aristoteles dadurch begründet, daß man sie aus anderen logisch deduziert. Es gäbe jedoch keine Wissenschaft, wenn dieser Prozeß ad infinitum fortzusetzen wäre; also muß es, da es eine Wissenschaft gibt, erste Sätze (oder Prinzipien) geben, die nicht deduktiv begründbar sind. Wir gewinnen und rechtfertigen diese uns zunächst unbekannten Prinzipien durch Aufzählung und Vergleich ihrer uns sehr wohl bekannten Einzelfälle (ἐπαγωγή, inductio).

Im Mittelalter wurden neue Ansätze zu einer Methode empirischen Generalisierens konzipiert, die von Fr. Bacon zusammengefaßt und systematisch entwickelt worden sind.

Nach Bacon gibt uns die Aristotelische Induktion, die eine Induktion durch *Aufzählung* der uns bekannten Einzelfälle eines allgemeinen Prinzips (eine *enumerative* Induktion) ist, keine Sicherheit. Da die Aufzählung immer unvollständig sein, d.h. nicht alle *möglichen* Einzelfälle enthalten wird, läßt sich durch diese Art der Induktion nicht ausschließen, daß spätere Einzelfälle den allgemeinen Satz widerlegen. Er entwickelt deshalb ein aus drei Regeln (der Anwesenheit, der Abwesenheit und des Grades) bestehendes *neues Organon* der Auffindung wissenschaftlicher Gesetze. Bacons Regeln haben den Zweck, das vorhandene Erfahrungsmaterial so zu ordnen, daß alle Gesetzesaussagen bis auf die wahren eliminiert werden (*eliminative* Induktion). Es ist jedoch fraglich, ob sie dieses leisten; denn unsere Beobachtungen enthalten zunächst im allgemeinen auch singuläre und unreproduzierbare Effekte sowie Meßfehler, die zwar den allgemeinen Gesetzen widersprechen, jedoch vom Erfahrungswissenschaftler gerade wegen ihrer Unreproduzierbarkeit und Unverträglichkeit mit den allgemeinen Gesetzen als fehlerhafte Beobachtungen (bzw. als Meßfehler) deklariert und verworfen werden. Da Bacons System keine solchen Verwerfungsregeln enthält, würden mittels dieser singulären Effekte auch wahre Hypothesen eliminiert. Darüber hinaus ist nicht zu sehen, wie man Bacons Regeln rechtfertigen (d.h. als korrekt erweisen) kann, wenn man nicht voraussetzt, daß die Welt in durchgehend uniforme Teilbereiche aufgeteilt werden kann.

Dies hat J. St. Mill deutlich gesehen. Sein gegenüber Bacon abgewandeltes System der *eliminativen Induktion* versucht er daher, weil eine *deduktive* Rechtfertigung ausscheidet, *induktiv* zu begründen. Da er zu diesem Zweck sein eigenes System zirkelfrei nicht benützen kann, greift er auf die enumerative Induktion des Aristoteles zurück; diese liefert nach Mill dann und nur dann korrekte Ergebnisse, wenn die durch sie gewonnenen allgemeinen Prinzipien einen sehr breiten Anwendungsbereich haben, wie etwa die Gesetze der Mathematik oder das allgemeine Kausalprinzip. Mittels schon bekannter Spezialfälle des allgemeinen Kausalprinzips (als welche Mill die einzelnen Kausalgesetze ansieht) kann eben dieses Prinzip durch enumerative Induktion gewonnen werden, während sein System von Regeln einer eliminativen Induktion durch dieses so gewonnene Kausalprinzip zu begründen ist.

Mills System hat zu viele Schwächen, als daß es sich mit dem faktischen Vorgehen der Hypothesengewinnung in den Einzelwissenschaften auch nur annähernd decken könnte. Seine enumerative Rechtfertigung des allgemeinen Kausalprinzips ist fragwürdig, und genausowenig ist zu sehen, wie seine Regeln durch dieses Kausalprinzip zu begründen sind. Wie bei Bacon eliminieren diese Regeln mit Sicherheit zuviel (nämlich auch die wahren Hypothesen), und wie Bacon hat auch er nicht gesehen, daß auch die enumerative Induktion Voraussetzungen über die Uniformität der Welt macht.

Den Nachweis dafür, daß alles nicht-deduktive Schließen Voraussetzungen über die Welt macht, die nicht begründet werden können, hat in voller Ausführlichkeit bereits D. Hume erbracht (lange vor ihm haben dies allerdings schon die Stoiker gesehen, wie aus den Werken des Philodemos hervorgeht). Hume unterteilt die Schlüsse in demonstrativ gewisse, empirisch sichere und wahrscheinliche; empirisch sichere Schlüsse sind dabei solche, die nicht demonstrativ gewiß sind, die wir jedoch genauso unbedenklich vollziehen können wie demonstrativ gewisse, während wahrscheinliche Schlüsse solche sind, bei denen die Konklusion falsch sein kann, auch wenn die Prämisse wahr ist. Ein empirisch sicherer Schluß ist etwa der folgende: Bisher sind Steine immer nach unten gefallen, wenn man sie in einer gewissen Höhe über der Erdoberfläche losgelassen hat; also werden sie dies auch in der Zukunft tun. Als Beispiel für einen wahrscheinlichen Schluß kann angeführt werden: Bisher bin ich mit meinem Auto stets unfallfrei gefahren; also werde ich das auch in der Zukunft tun.

Hume hat nun nachgewiesen, daß die wahrscheinlichen wie die empirisch sicheren Schlüsse nicht voraussetzungslos gerechtfertigt werden können (und, da die Voraussetzungen, nämlich die Annahmen über die Uniformität der Welt, ihrerseits nicht zu rechtfertigen sind: daß sie überhaupt nicht gerechtfertigt werden können). Eine rein *analytische* Rechtfertigung ist nicht möglich, da in diesen Fällen das Gegenteil des erschlossenen Satzes selbst bei sicheren Schlüssen stets theoretisch möglich ist (die Weltabläufe können sich ja ändern, so daß die Gesetzesaussage falsch ist). Aber auch eine *empirische* Rechtfertigung solcher Argumente scheidet aus; denn aus der Empirie können wir nur unsere *bisherigen* Erfahrungen analytisch deduzieren, während offenbleibt, ob die *zukünftigen* Erfahrungen mit diesen übereinstimmen. Man könnte versuchen, diese Übereinstimmung der zukünftigen Erfahrungen mit den vergangenen *induktiv* zu rechtfertigen; doch auch dies ist zirkelfrei nicht möglich. Denn bei diesem Argument wird ja gerade vorausgesetzt, was erst erschlossen werden soll, nämlich daß die Welt uniform ist und daß damit die zukünftigen Erfahrungen den vergangenen ähnlich sein werden. Wenn sich die Welt *bisher* als uniform erwiesen hat, so folgt daraus ohne Voraussetzung über die Uniformität der Welt nichts über die Uniformität unserer zukünftigen Erfahrungen. Hier hilft auch nicht die Hypothese weiter, daß in den Dingen geheime Kräfte sind und daß zwischen ihnen notwendige Verknüpfungen existieren. Denn erstens können wir solche geheimen Kräfte und derartige notwendige Verknüpfungen nicht beobachten, so daß diese Hypothese eine ungerechtfertigte Spekulation bleibt, und zweitens würde selbst dann, wenn wir sie beobachtet hätten, nur gelten, daß die Dinge *bisher* geheime Kräfte hatten bzw. daß zwischen ihnen *bisher* notwendige Verknüpfungen bestanden, woraus ohne zusätzliche Annahmen über die Uniformität der Welt nichts über die zukünftigen Eigenschaften der Dinge folgt.

Es müssen nach Hume also alle nicht-pragmatischen Lösungsvorschläge für das Induktionsproblem fehlschlagen. Seiner Ansicht nach kommt nur folgende Lösung in Frage: der Grad an Wahrscheinlichkeit bzw. der Grad an Sicherheit, den wir einem nicht-analytischen Argument beimessen, hängt mit dem Grad der Gewöhnung an die Ordnung der bisherigen Beobachtungen zusammen und wird durch ihn eindeutig bestimmt. Nur so ist zu erklären, daß ein Schluß bei wenigen positiven Instanzen nur wahrscheinlich, bei einer überwältigenden Anzahl von solchen Einzelfällen (und keinem Gegenbeispiel) jedoch sicher ist. Nichts in der *Natur* entspricht diesem Unterschied, so daß lediglich unsere *Gewöhnung* an die bisherige Erfahrung dafür verantwortlich ist.

Neben dieser Art von Wahrscheinlichkeit, die auf einer mangelnden Erfahrung beruht, kennt Hume auch noch eine andere, die darauf zurückzuführen ist, daß bestimmte Abläufe unter Regelmäßigkeiten fallen, wie etwa beim Münzwurf oder beim Würfelspiel; hier bestimmt er die Wahrscheinlichkeit als das Verhältnis der günstigen zu den möglichen Fällen, wobei er darauf hinweist, daß sich auch hier Sicherheit als Grenzwert der Wahrscheinlichkeit ergeben kann (wenn bei 1000 möglichen Fällen 999 günstig sind, wird die Wahrscheinlichkeit kaum noch von der Sicherheit zu unterscheiden sein).

Dieser andere Begriff der Wahrscheinlichkeit ist erstmals von B. Pascal und P. de Fermat konzipiert und sodann von Chr. Huygens und von Jakob Bernoulli systematisch entwickelt worden. Da diese Wahrscheinlichkeitstheorie zunächst nur als Theorie der Glücksspiele («géométrie du hazard», «aleae geometria») verstanden worden ist, setzen ihre Urheber voraus, daß der Ausschnitt der Welt, auf den sie anwendbar ist, vollständig regellos und damit vollständig disuniform ist. P. S. de Laplace hingegen hat den Wahrscheinlichkeitsbegriff so charakterisiert, daß seine Voraussetzung über die Uniformität der Welt zwischen den Annahmen durchgehender Uniformität und durchgehender Disuniformität steht. Nach Laplace haben alle relativen Häufigkeiten (und damit auch alle Grenzwerte von relativen Häufigkeiten) die gleiche (Anfangs-)Wahrscheinlichkeit, da wir (solange kein Erfahrungsdatum zur Verfügung steht) keinen Grund haben, eine relative Häufigkeit vor einer anderen auszuzeichnen. Eine solche Aprioriverteilung der Wahrscheinlichkeiten auf die relativen Häufigkeiten führt zu der Regel (der von J. Venn so genannten «Sukzessionsregel»), daß ein zukünftiges Ereignis im Hinblick auf ein Erfahrungsdatum, das besagt, daß von k beobachteten analogen Ereignissen k' positiv waren, die Wahrscheinlichkeit $(k' + 1)/(k + 2)$ hat. Die später von Carnap charakterisierte induktive Methode c^* kann als eine Verallgemeinerung dieser Sukzessionsregel aufgefaßt werden.

Diese Theorie der Wahrscheinlichkeit haben bereits Mill und Venn kritisiert, jedoch nicht wegen der ihr zugrunde liegenden Voraussetzung über die Uniformität der Welt, sondern wegen der ihr anhaftenden Vagheit des Begriffs «gleich möglich». Diese Kritik ist später von R. von Mises sowie von H. Reichenbach systematisiert worden. Nach diesen Autoren ist es unmöglich, einen deduktiv-logischen Begriff des Gleichmöglichen zu entwickeln. Es bleiben dann nur noch zwei Arten des Vorgehens übrig: Entweder man *definiert*, daß genau das gleichmöglich ist, was gleiche Wahrscheinlichkeiten hat, und gerät damit in einen definitorischen Zirkel (da man vorher als gleichwahrscheinlich charakterisiert hat, was gleichmöglich ist), oder aber man *stellt empirisch fest*, wann gleiche Wahrscheinlichkeiten vorliegen, d. h. man zählt die relativen Häufigkeiten aus. Dies ist jedoch nur dann möglich, wenn der Gegenstandsbereich, der der Untersuchung zugrunde gelegt wird, weder unendlich noch *fast-unendlich* ist (d. h. daß alle seine Elemente sowohl theoretisch als auch praktisch von uns auf ihre Eigenschaften hin überprüft werden können); dieser Fall ist jedoch so gut wie nie gegeben, da der Bereich der Untersuchungen kaum jemals abgeschlossen sein wird.

Diese Schwierigkeit haben Mises und Reichenbach durch eine Theorie der objektiven Wahrscheinlichkeiten (die *Grenzwerte* von relativen Häufigkeiten und nicht *relative Häufigkeiten* sind) durch bestimmte Kunstgriffe überwinden können, die jedoch ihrerseits die faktische Unanwendbarkeit der Theorie zur Folge haben. Heute gehen Mathematiker meist so vor, daß sie lediglich gewisse Grundeigenschaften des Wahrscheinlichkeitsbegriffs axiomatisch charakterisieren und sich um die Bestimmung des Wahrscheinlichkeitsbegriffs und um die Interpretation des Axiomensystems nicht kümmern (indem sie also die damit zusammenhängenden philosophischen Probleme umgehen).

Aus der Erkenntnis, daß Theorien aufgrund der verfügbaren Erfahrungen weder durch eine enumerative noch durch eine eliminative Induktion voraussetzungsfrei gerechtfertigt werden können, zog K. R. POPPER die Konsequenz, daß man auf induktive Argumente beim Aufstellen von erfahrungswissenschaftlichen Theorien überhaupt zu verzichten habe. In diesen Disziplinen gelange vielmehr die folgende *hypothetisch-deduktive Methode* zur Anwendung: Im Hinblick auf ein Erfahrungsdatum wird eine bestimmte Theorie *hypothetisch* angenommen, und es wird versucht, alle verfügbaren Einzelerfahrungen aus ihr *deduktiv* zu gewinnen. Falls dies nicht möglich ist, wird die Theorie modifiziert oder durch eine andere ersetzt und abermals an den verfügbaren Erfahrungen überprüft usw. Wenn eine Theorie schließlich mit der Erfahrung übereinstimmt, werden aus ihr Aussagen über zukünftige Ereignisse deduziert. Treten diese Ereignisse sodann ein, so hat sich die Theorie (vorerst) bewährt, während sie im anderen Fall durch eine neue Theorie zu ersetzen ist. Diese Methode Poppers ist in folgendem Sinn *selbstkorrigierend*: Selbstverständlich können die zunächst angenommenen Hypothesen falsch sein, d. h. durch das Erfahrungsdatum widerlegt werden; durch sukzessive Anwendung der Methode gelangt man jedoch zu immer besseren Theorien und im Glücksfall zu den wahren Gesetzen (auch wenn diese sich nicht als wahr *nachweisen* lassen).

R. CARNAP geht bei seinem System der i.L. von folgenden Grundsätzen aus: Eine induktive Methode ist nicht eine Methode zur *Auffindung* von generellen Hypothesen aufgrund von singulären Erfahrungsdaten, sondern eine Methode zur *Bestätigung* von (generellen wie auch singulären) Hypothesen aufgrund irgendwelcher Prämissen. Derartige Bestätigungsmethoden müssen gewissen Bedingungen genügen, vor allem der, daß die Bestätigungsgrade 0 und 1 in endlichen Bereichen mit logischer Unverträglichkeit bzw. logischer Folgerbarkeit (bezogen auf die Prämissen) zusammenfallen, so daß die Bestätigungsmethode für die dazwischenliegenden Werte als ein Verfahren der *partiellen* logischen Implikation gedeutet werden kann. (Diese Bedingung ist gleichwertig mit KOLMOGOROFFS Axiomen zum Wahrscheinlichkeitsbegriff sowie mit der Bedingung der strengen Kohärenz solcher Methoden, wonach diese, angewandt etwa auf Wetten, nicht zur Akzeptierung eines Wettsystems führen, das zwar einen Gewinn ausschließt, nicht aber einen Verlust. Ferner ist zu verlangen, daß Methoden einer i.L. den Symmetrie- oder Vertauschbarkeitsbedingungen genügen, d. h. daß sie Sätzen mit verschiedenen Ausdrücken erst dann verschiedene Bestätigungsgrade zuordnen, wenn über die Gegenstände, für die diese Ausdrücke stehen, unterschiedliche Informationen zur Verfügung stehen, daß sie ferner von den Informationen nur das als für eine Hypothese relevant markieren, was zu ihr in einer inhaltlichen Relation steht, und daß eine derartige Methode in dem Sinn induktiv ist, daß sie es dem Benutzer ermöglicht, aus Erfahrungen zu lernen.

Zunächst hatte CARNAP geglaubt, man könne das System dieser Adäquatheitskriterien so vervollständigen, daß es am Schluß nur noch von einer einzigen induktiven Methode erfüllt wird (Carnaps Funktion c^*); 1952 konnte er jedoch nachweisen, daß dieses (selbstgesteckte) Ziel unerreichbar ist, daß es vielmehr so viele (für gewisse Gegenstandsbereiche) adäquate induktive Methoden gibt, als positive reelle Zahlen existieren. Jede dieser induktiven Methoden ist (bei singulären Hypothesen) eine Mittelung aus einem *empirischen* und einem *apriorischen* Faktor, wobei der empirische Faktor die (durch das Erfahrungsdatum beschriebene) beobachtete relative Häufigkeit und der apriorische Faktor die relative Weite des Prädikates der Hypothese (das Verhältnis der Anzahl der günstigen zur Anzahl der möglichen Fälle) ist; eine solche Methode c^L genügt also der Gleichung:

$$c^L(a_{k+1} \varepsilon F, \neg a_1 \varepsilon F \wedge \ldots \wedge \neg a_k \varepsilon F) = \frac{\frac{k'}{k} \cdot k + \frac{m}{q} \cdot L}{k + L},$$

wobei k die Anzahl der Beobachtungen und k' die Zahl der darin positiv aufgeführten Fälle ist, während q die Anzahl der Begriffe ist, mit denen der Zustand eines Gegenstands beschrieben werden kann, und m die Zahl jener Begriffe daraus, mit denen F definierbar ist. Die Zahl L ergibt sich dabei aus $L = (1-u)/(u-1/q)$, wobei u als Grad der Uniformität des Bereichs hinsichtlich seiner Begriffe gedeutet werden kann. (Falls dieser Bereich endlich ist, ist u die Summe der Quadrate der relativen Häufigkeiten dieser Eigenschaften im Bereich; für unendliche Bereiche müssen Limeswerte dafür ermittelt werden.) Eine Methode c^L ist fair genau dann, wenn die dem Wert L entsprechende Zahl u der Uniformitätsgrad des Gegenstandsbereichs hinsichtlich seiner Eigenschaften ist. Die Annahme, eine für Deduktionszwecke benützte Methode c^L sei fair, setzt somit die vorgängige Akzeptierung einer Hypothese über die Uniformität voraus.

Aus den Untersuchungen Carnaps ergibt sich die folgende Verschärfung für Humes Ergebnis, daß generelle Hypothesen nicht aus singulären Beobachtungsaussagen ohne Zusatzvoraussetzungen gewonnen werden können: Eine *induktive Methode*, die den genannten Adäquatheitsbedingungen genügt und die damit eine jener durch eine positive reelle Zahl L charakterisierten Mittelungen aus einem empirischen und einem apriorischen Faktor ist, gibt einer *generellen Hypothese* in einem *unendlichen Gegenstandsbereich*, von dem uns aber nur ein *endlicher Teil* bekannt (und durch die Prämisse beschrieben) ist, stets den Wert 0 (Carnap hat dies zwar zunächst nur für seine Funktion c^* bewiesen, doch kann das gleiche Theorem auch für die anderen Methoden dieser Art gewonnen werden).

Dieses Resultat scheint zunächst das Ende aller Induktion zu sein, da induktive Methoden offenbar (bei unendlichem Gegenstandsbereich) unterschiedslos den wahren wie den falschen generellen Hypothesen den Wert 0 zuordnen. Es ist daher versucht worden, ein anderes Kriterium für die Frage der Plausibilität einer Theorie zu gewinnen, nämlich das der *Einfachheit*. Eine andere Möglichkeit besteht darin, unendliche Gegenstandsbereiche als *Idealisierungen* anzusehen, die faktisch nicht gegeben sind; man hätte sich dann bei generellen Hypothesen also auf (vielleicht sehr große, aber immerhin) endliche Bereiche zu beschränken, womit jenes Theorem gegenstandslos wird.

J. HINTIKKA hat versucht, durch eine Modifikation von Carnaps Ansatz enumerative und eliminative Induktion zur Synthese zu bringen; er entwickelt dabei ein System von induktiven Methoden, die für spezielle Fälle mit denen Carnaps identisch sind, jedoch positive Bestätigungen von generellen Hypothesen auch in unendlichen Gegenstandsbereichen ermöglichen. Hierbei konvergiert der Bestätigungsgrad jener generellen Hypothesen mit wachsender Erfahrung gegen 1, welche die stärksten mit dieser Erfahrung verträglichen Behauptungen über die Welt machen, während die Bestätigungsgrade der anderen generellen Hypothesen gleichzeitig gegen 0 konvergieren. Da Hintikkas Bestätigungsmethoden jedoch die

Bedingung der Irrelevanz (inhaltlich nicht auf die Hypothese bezogener Informationen) verletzen, sind sie erkenntnistheoretisch schlechter begründet als Carnaps Verfahren, die Verifizierungen nur für endliche Bereiche (bei vorausgesetzten günstigen Erfahrungsdaten) ermöglichen.

Literaturhinweise. ARISTOTELES Graece, hg. I. BEKKER (1932). – PHILODEMUS, On methods of inference (Philadelphia 1940). – FR. BACON, Neues Organon der Wiss. (Darmstadt 1962). – JAKOB BERNOULLI: Ars conjectandi (1713). – D. HUME: A treatise of human nature (1739); An enquiry conc. human understanding (1748). – P.-S. DE LAPLACE: Théorie analytique des probabilités (1812). – J. ST. MILL: System der deduktiven und i.L. (dtsch. 1872/73). – R. VON MISES: Wahrscheinlichkeit, Statistik und Wahrheit (1928, ²1936). – A. N. KOLMOGOROFF: Grundbegriffe der Wahrscheinlichkeitsrechnung (1933). – K. R. POPPER: L. der Forsch. (1935, ²1966). – H. REICHENBACH: Wahrscheinlichkeitslehre (1935). – R. CARNAP: Logical foundations of probability (1950, ²1962); The continuum of inductive methods (1952). – H. RICHTER: Wahrscheinlichkeitstheorie (1956, ²1966). – B. DE FINETTI: Foresight: its logical laws, its subjective sources, in: Stud. in subjective probability, hg. H. E. KYBURG/H. E. SMOKLER (1964) 93-158. – J. HINTIKKA: A two-dimensional continuum of inductive methods, in: Aspects of i.L., hg. J. HINTIKKA/P. SUPPES (1966) 113-132. – H. E. KYBURG: i.L. and probability (1970). – W. K. ESSLER: i.L. – Grundl. und Voraussetzungen (1970). – R. CARNAP und R. C. JEFFREY: Stud. in i.L. and probability 1 (1971). – W. K. ESSLER: Wissenschaftstheorie III. Wahrscheinlichkeit und Induktion (1973). – W. STEGMÜLLER: Personelle und statistische Wahrscheinlichkeit (1973). – W. K. ESSLER: Hintikka versus Carnap. Erkenntnis 9 (1975) 229-233. – J. HINTIKKA: Carnap and Essler versus inductive generalization. Erkenntnis 9 (1975) 235-244. – TH. A. F. KUIPERS: Stud. in inductive probability and rational expectation (1978). W. K. ESSLER

Logik, juristische. – Das Wort und der Begriff ‹j.L.› (lat. logica iuridica, dialectica iuridica, dialectica iuris, dialectica legalis) dienen allem Anschein nach im juristischen Sprachgebrauch seit jeher zur Kennzeichnung derjenigen Themen und Probleme, die sich üblicherweise bei der an Rechtstexten orientierten begrifflichen Identifikation, Auslegung und Anwendung von Rechtsnormen auf den Einzelfall für den Juristen ergeben. Während jedoch der Ausdruck ‹j.L.› im Hinblick auf die Eigenart der juristischen Denk- und Argumentationsweise von alters her bis weit in das 19. Jh. hinein in einem Sinne verstanden wurde, der nicht bloß die L. als solche meinte, sondern auch die spezifische Methodologie der Jurisprudenz als einer fachlich gebundenen Einzelwissenschaft mit einschloß [1] und in diesem Verständnis bis in unsere Tage hinein fortwirkt [2], ist heute die Einsicht im Vordringen, daß für den Bereich der Jurisprudenz keine spezifische j.L. gilt. Im Gegensatz zur klassischen L., die in ihrer logischen Grundlegung der Jurisprudenz noch im 19. Jh. das Spezifikum der j.L. in der am jeweils geltenden Recht orientierten besonderen juristischen Denkweise und Argumentation erblickte und sich demzufolge bemühte, die Eigenart der juristischen Arbeitsweise und Methodik systematisch als L. des Rechts bzw. als «L. der Jurisprudenz» zu begreifen [3], wird vom Standpunkt moderner L. die Auffassung vertreten, daß es eine arteigene j.L. im Sinne einer L. der Jurisprudenz, d.h. einer nur diesem Fachgebiet eigentümlichen L., nicht gibt. Das schließt eine Verwendung der L. in der Jurisprudenz in dem Sinne, daß die moderne L. und die von ihr entwickelten logischen Systeme auch in diesem Fachgebiet zur Anwendung gelangen, nicht aus, sondern eröffnet der formalen L. den Eintritt in das juristische Denken und in die Jurisprudenz.

Begreift man vom heutigen L.-Verständnis her die j.L. in dem soeben gekennzeichneten, engeren Sinne als eine L. im Recht bzw. in der Jurisprudenz, die sich ihrem eigenen Selbstverständnis nach als L. für Juristen versteht, so ergibt sich hieraus die Frage, ob die tradierten älteren begrifflichen Bestimmungen der j.L. und das ihnen zugrunde liegende Problemverständnis durch diese Entwicklung gegenstandslos geworden sind. Ferner muß vom Standpunkt einer begriffsgeschichtlichen Betrachtungsweise darauf hingewiesen werden, daß mit dieser Bedeutungsverschiebung im L.-Verständnis des Ausdruck ‹j.L.› eine Bedeutungsverkürzung erfährt. Das Wort und der Begriff ‹j.L.› verlieren ihre ursprünglich stets auch materiale Bedeutung, wenn man L. nur noch als formale L. versteht. Im folgenden sind daher zunächst die divergierenden Bedeutungen aufzuzeigen, die trotz der ursprünglich durchaus einheitlichen Problemsicht und kohärenten begrifflichen Bestimmung des Ausdrucks ‹j.L.› bis heute in Rechtswissenschaft und Rechtspraxis Verwendung finden, und sodann die hieraus resultierenden Folgeprobleme zu bedenken.

1. *Das Verhältnis zwischen formaler und j.L.* – a) In der deutschen Jurisprudenz hat schon im Jahre 1951 vor allem U. KLUG durch seine ‹J.L.› einen «ersten Schritt zur Auswertung der modernen L. für die Jurisprudenz» vollzogen, jedoch darauf aufmerksam gemacht, daß es «bei dem meist sehr komplexen Gehalt juristischer Probleme nicht möglich ist, allein mit den Mitteln der logischen Analyse zum Ziel zu gelangen» [4]. Durch den Ausdruck ‹j.L.› wird nach Klug «nicht eine L. bezeichnet, für die besondere Gesetze gelten, sondern es ist damit die L. besonders insofern gemeint, als sie in der Rechtswissenschaft Anwendung findet», d.h. es geht ihm um die «L. in der Jurisprudenz» [5]. Einschränkend weist er jedoch darauf hin, trotz der ausgebreiteten Anwendung der L. innerhalb der Jurisprudenz sei es «keineswegs üblich, jeweils von j.L. zu sprechen», weil dieser Ausdruck «nur einen engeren Ausschnitt aus dem juristischen Anwendungsbereich der L.» bezeichne. Infolgedessen ist für Klug ‹j.L.› «die Lehre von den im Rahmen der Rechtsfindung zur Anwendung gelangenden Regeln der formalen L.» [6]. Damit werden ältere Denkansätze aufgenommen und fortgeführt, die in der deutschen Jurisprudenz schon im Jahre 1942 von K. ENGISCH auf normenlogischer Basis inauguriert wurden, doch glaubte dieser, in seinen logischen ‹Studien zur Gesetzesanwendung› – was das formallogische Gerüst seiner Überlegungen anging – noch mit der «traditionellen» L. auskommen zu können [7]. Auch standen für ihn bei seinen logischen Analysen der Probleme, die der Justizsyllogismus aufwirft, vor allem die Analyse des Untersatzes und die «L. der Tatsachenfeststellung» im Mittelpunkt seiner Studien, doch erschien ihm die scharfe Unterscheidung von logischer und juristischer Fragestellung problematisch, weil der Jurist Tat- und Rechtsfrage «nicht so sehr nach rein logischen als vielmehr nach spezifisch juristisch-teleologischen Gesichtspunkten» trennt [8]. Demgegenüber kommt KLUG das Verdienst zu, auf die Bedeutung der modernen formalen L. für die Jurisprudenz hingewiesen zu haben, doch engt seine Festsetzung die überkommene Bedeutung des Ausdrucks ‹j.L.› drastisch ein. Das mag angebracht sein, soweit diese Festsetzung dazu dient, das künftige Arbeitsfeld im Sinne einer konsequenten Verfolgung von Fragen formaler L. und ihrer Anwendung im Recht bzw. in der Rechtswissenschaft abzustecken. Es wäre jedoch völlig verfehlt, die Beschäftigung mit den informalen Regeln der Rechtsfindung gänzlich aus der

j.L. auszuschließen. Auch wirft die moderne Konzeption formaler L., in der mit kunstsprachlichen Ausdrücken rein formal operiert wird, die Frage auf, ob bzw. inwieweit die logischen Erkenntnisse und Regeln sich überhaupt auf die nationalsprachlich formulierten Normen des Rechts anwenden lassen, zumal hierdurch die letztlich umgangssprachlich fundierten, tief eingelebten Denk- und Sprachgewohnheiten in Rechtswissenschaft und Rechtspraxis betroffen werden.

b) Seit den frühen 1950er Jahren wird auch von anderen, inbesondere ausländischen Autoren zur Charakterisierung der auf das Recht bzw. auf die Jurisprudenz anzuwendenden modernen L. gern von ‹deontischer L.› (s.d.) gesprochen. Der Ausdruck ‹deontische L.› wurde von C. D. BROAD geprägt [9] und dient seither, vor allem seit seiner Übernahme und Verwendung durch G. H. VON WRIGHT [10], zur Kennzeichnung der L. des Seinsollenden bzw. der L. der normativen Begriffe und Sätze [11]. Eine derartige deontische L. besitzt als L. der Normen bzw. der Aussagen über Normen auch für das Recht und die Rechtswissenschaft ganz erhebliche Relevanz, jedoch erlaubt die fachsprachlich nicht fest umrissene Verwendung, die der Ausdruck ‹deontische L.› inzwischen erfahren hat, nicht, ihn gleichbedeutend mit ‹j.L.› zu benutzen. Auch erscheinen die derzeitigen Bedeutungsfestsetzungen keineswegs als endgültig, weil seither – wie KALINOWSKI in seiner Auseinandersetzung mit von Wright eingehend belegt hat [12] – der Ausdruck ‹deontische L.› mehr oder weniger unreflektiert sowohl als Name für eine L. der Normen als auch für eine L. der Aussagen über Normen verwendet wird. Dies hat die Anhänger von Wrights bzw. diejenigen, die seinen Denkansatz aufgenommen haben, veranlaßt, für jede der beiden L.en einen eigenen Namen einzuführen. Infolgedessen ist für H. KEUTH die L. der Normen «Normenlogik» und die L. der Aussagen über Normen «deontische L.» [13], während für C. E. ALCHOURRÓN – genau umgekehrt – die L. der Normen «deontische L.» ist, hingegen die L. der Aussagen über Normen «L. der normativen Aussagen» heißt [14]. Jedoch dürfen die Ausdrücke ‹deontische L.› und ‹j.L.› keinesfalls als synonym angesehen werden, weil es der j.L. gar nicht vorrangig und jedenfalls nicht ausschließlich um die Form juristischen Denkens, Argumentierens und Begründens geht. Auch und gerade wenn man der wohlbegründeten Empfehlung folgt, künftig nur noch die L. der Aussagen über Normen als deontische L. zu bezeichnen [15], wird mit dieser Bezeichnung der überkommene Bedeutungsgehalt des Ausdrucks ‹j.L.› nicht zureichend erfaßt und keineswegs ausgeschöpft. Vom Standpunkt einer L. der Normen wie der j.L. betrachtet, wäre es gänzlich verfehlt, die objektsprachliche Ebene der präskriptiven Normsätze des Rechts zu verlassen, um auf die metasprachliche Ebene bloß deskriptiver Aussagen über derartige Normsätze überzugehen, weil auf diese Weise die Eigenart rechtlicher Normgeltung ignoriert wird. Normen-L. darf nicht als eine L. ohne Normen und Rechts-L. bzw. j.L. darf nicht als eine L. ohne Recht betrieben werden.

c) Im Recht bzw. in der Jurisprudenz vermag die logische Analyse eine Reduktion der L. der Normen auf eine L. der rein deskriptiven Sprache über Normen nur dann zu vermeiden, wenn sie zwischen Normsätzen und Aussagesätzen als kategorial verschiedenen sprachlichen Gebilden unterscheidet. Dieser Unterscheidung, die vor allem von einer sprachanalytisch geläuterten Auffassung der Normen des Rechts und einer erkenntnistheoretisch differenzierten Semantik ausgeht, entspricht auch eine differenzierte L. Ganz in diesem Sinne hat O. WEINBERGER in seiner schon 1950 der Brünner Fakultät eingereichten, aber erst 1958 veröffentlichten Arbeit zur Sollsatzproblematik in der modernen L. [16] für die eigenständige «Grundlegung der Sollsatz-L.» plädiert [17]. In der Tat ermöglicht die Erkenntnis der semantischen Eigenart der Normsätze, d.h. derjenigen Sätze, die sprachlich eine Norm zum Ausdruck bringen in dem Sinne, daß etwas gesollt, d.h. geboten oder verboten, erlaubt oder – weil indifferent – freigestellt wird, den Aufbau einer Normen-L., die nach den Methoden der modernen formalen L. vorgeht, ohne in eine bloße Übersetzung der Normsätze in Aussagesätze zu verfallen. Die lange Jahre in der j.L. umstrittene Frage, ob das juristische Denken und Argumentieren beim logischen Operieren mit Normen, insbesondere mit den Normen des Rechts, mit dem Formenapparat einer deskriptiven L. auszukommen vermag oder einer Normen-L. als besonderer logischer Disziplin bedarf [18], kann damit als hinlänglich beantwortet angesehen werden [19]. Jedenfalls ist mit der kategorialen Unterscheidung von Normsätzen und Aussagesätzen auch die wechselseitige Unübersetzbarkeit verbunden, so daß ein Normsatz nicht durch einen Aussagesatz gleichwertig dargestellt werden kann und umgekehrt.

Verbindet man im Hinblick auf das jeweils geltende Recht das Programm einer sprachanalytisch geläuterten, erkenntnistheoretisch differenzierten Semantik mit der Frage nach den logischen Grundlagen [20] einer derart erkenntniskritischen Jurisprudenz [21], so erscheint es vom Standpunkt der j.L. aus möglich, aber auch nötig, beim Aufbau einer eigenständigen Normen-L. sehr viel sorgfältiger als bisher zwischen handlungsbezogenen praktischen Sätzen und theoretischen, d.h. bloß beschreibenden Sätzen zu unterscheiden, so daß in jeder Überlegung bei jedem Satz, jedem Teilsatz, jedem Begriff oder Begriffsmerkmal eines komplexen Satzes eingehend zu prüfen ist, ob die jeweiligen Elemente als normativ oder evaluativ oder bloß als rein deskriptiv zu verstehen sind. Geht man beim Aufbau einer Normen-L. von zwei disjunkten Satzkategorien aus, nämlich von Normsätzen und Aussagesätzen, so muß die Aufgabe dieser neuen logischen Disziplin vor allem darin erblickt werden, nicht bloß die Struktur der Normsätze und die logischen Beziehungen zwischen den Normsätzen zu analysieren, sondern vor allem auch die Beziehungen zwischen Normsätzen und Aussagesätzen zu untersuchen. Im Anschluß an Weinberger wird dabei im folgenden innerhalb der Normen-L. unterschieden zwischen der «Theorie der Normsatzstrukturen und der normenlogischen Deduktion», die das «Hauptstück der Normen-L.» bildet, sowie der «Theorie der Normenbegründung», in der an vielen Stellen «nicht rein formallogisch, sondern rhetorisch argumentiert wird», weil hier «rein rationale Schritte mit Willensentscheidungen zusammentreffen» [22]. Für die Anwendung der Normen-L. auf das Recht bzw. auf die Jurisprudenz sind beide Teile, nämlich die Struktur- und Folgerungstheorie wie auch die Begründungstheorie, gleichermaßen wichtig, doch sind beide gegenwärtig noch nicht in gleichem Maße entwickelt.

Erst in der jüngsten Entwicklung ist deutlich geworden, daß die semantisch begründete Differenzierung zwischen Normsätzen und deontischen Sätzen [23] auch für die Charakterisierung der Normen-L. von grundlegender Bedeutung ist. Unterscheidet man zwischen Normsätzen, in denen ein Sollen zum Ausdruck gebracht wird, sowie deontischen Sätzen, d.h. Aussagesätzen über ein bestimmtes Normensystem, dann muß eine Normen-L. als «L. der Normsätze» (und nicht als System von deontischen Sätzen) aufgebaut werden [24]. Was die Struktur- und Folgerungstheorie angeht, so kann die Normen-L. insofern als «formallogische Disziplin» angesehen werden, weil sie das Schlußfolgern durch formale Regeln bestimmt. Alle «Normenfolgerungen» sind «formallogische Operationen, durch die Normsätze aus Normsatzprämissen und ggf. aus Aussagesatzprämissen abgeleitet werden». Rein formallogisch wird durch die Ableitung der gefolgerte Normsatz «begründet», doch kann er nur «relativ zu den Prämissen» als bewiesen gelten. Sind nämlich «alle normativen Prämissen gültig und alle indikativen Prämissen wahr, so ist durch die Folgerung der normative Schlußsatz als gültig bewiesen» [25]. Infolgedessen kann auch der praktisch für die Jurisprudenz zentrale juristische Syllogismus (oder besser: der juristische Subsumtionsschluß) durchaus als Beleg für die «fundamentale Bedeutung der Normen-L. für die Jurisprudenz» gelten, denn hier wird «aus zwei Prämissen: einer generellen normativen Regel und einem Tatsachensatz, eine individuelle Norm, die den Inhalt der Rechtsentscheidung ausdrückt, abgeleitet». Jedoch erschöpft sich Normen-L. nicht in einer logischen Analyse derjenigen Entscheidungsprobleme, die der Justizsyllogismus aufwirft [26]. Neben der Struktur- und Folgerungstheorie gewinnt heute vor allem die normenlogische Begründungstheorie an Relevanz für Rechtswissenschaft und Rechtspraxis, soweit es um die Erörterung der Verwendung von Rechtsgrundsätzen und um materiale Rechtsbegründungen geht. Die Aufgabe dieses Teils der Normen-L. muß vor allem darin erblickt werden, auch hier die logische Basis, d. h. die Formen dieser Argumentationen, zu erarbeiten [27]. Gegenwärtig wird die Entwicklung der Normen-L. gekennzeichnet durch eine Reihe von Versuchen, schon ausgearbeitete L.-Systeme für ihre Darstellung zu verwenden, wobei sich drei Gruppen unterscheiden lassen, nämlich eine direkte Anwendung der Aussagenlogik, ihre indirekte Anwendung aufgrund von Reduktionstheorien und schließlich Bestrebungen, die Normen-L. in Analogie zu modallogischen Systemen aufzubauen, doch ist das «Stadium des Suchens nach adäquaten Wegen der Darlegung» noch längst nicht überwunden [28]. Auch dann und gerade wenn man die Normen-L. als ein überaus nützliches analytisches Instrument und damit als eine höchst fruchtbare Methode der j.L. begreift, darf man nicht ignorieren, daß sich die j.L. offensichtlich nicht in Normen-L. erschöpft. Das wird von denjenigen Normenlogikern durchaus gesehen, die - wie vor allem WEINBERGER [29] - der normenlogischen Begründungstheorie seit jeher ihr besonderes Augenmerk gewidmet haben und daher einräumen, daß die logische Analyse der Normenbegründung zwar wichtige, aber nicht alle Teile der juristischen Begründungsargumentation erfaßt, weil letztere auch dialektisch-rhetorische Argumentationselemente enthält, in denen es nicht allein um eine scharfbeweisende Argumentation im normenlogischen Sinne geht, sondern um ein dialektisch-rhetorisches, aber gleichwohl rationales Begründen, das für die juristische Entscheidungspraxis charakteristisch ist. Es ist eben diese Art des juristischen Argumentierens und Begründens, die als j.L. - neben und zusammen mit einem normenlogisch begründeten Folgern - dem Umgang mit dem jeweils geltenden Recht, insbesondere der Rechtsauslegung und Rechtsanwendung in Rechtswissenschaft und Rechtspraxis seit jeher geläufig ist.

Anmerkungen. [1] CH. SIGWART: L. 1. 2 (1873/78, zit. ³1904) vgl. 1, 18f.; 2, 243f. 298f.; W. WUNDT: L. 1-3 (1880-1893, zit. ³1908) 3, 568ff. 588ff. 594f. – [2] E. EHRLICH: Die j.L. (1918, ²1925, ND 1966) 2f. 299. – [3] SIGWART, a.O. [1] 2, 298. – [4] U. KLUG: J.L. (1951, zit. ³1966) VIII. – [5] a.O. 5. – [6] 6. – [7] K. ENGISCH: Log. Stud. zur Gesetzesanwend. (1943, zit. ²1960) 120. – [8] a.O. 37ff. 83f. – [9] Vgl. C. D. BROAD: Imperatives, categorical and hypothetical. The Philosopher 2 (1950) 62-75, der schon hier von «deontic propositions» gesprochen und 1951 die Namenswahl für die L. der Normen von Wrights beeinflußt hat. – [10] G. H. VON WRIGHT: Deontic L. Mind 60 (1951) 1-15, bes. 1 Anm. 1. – [11] Hierzu ferner F. VON KUTSCHERA: Einf. in die L. der Normen, Werte und Entscheid. (1973) 11. – [12] G. KALINOWSKI: Die präskriptive und die deskriptive Sprache in der deont. L. Rechtstheorie 9 (1978) 411-420, bes. 411f. – [13] H. KEUTH: Deont. L. und L. der Normen, in: H. LENK (Hg.): Normen-L. (1974) 64-88. – [14] C. E. ALCHOURRÓN: L. of norms and L. of normative propositions. Logique et Anal. 12 (1969) 242-268. – [15] KALINOWSKI, a.O. [12] 412. – [16] O. WEINBERGER: Die Sollsatzproblematik in der mod. L. (Prag 1958). – [17] ND in: Stud. zur Normen-L. und Rechtsinformatik (1974) 59-186. – [18] J. RÖDIG: Kritik des normlog. Schließens. Theory and Decision 2 (1971) 79-93; Über die Notwendigkeit einer bes. L. der Normen, in: Jb. Rechtssoziol. u. Rechtstheorie 2 (1972) 163-185; O. WEINBERGER: Normen-L. anwendbar im Recht, in: Ét. de L. juridique 4 (1970) 93-106, bes. 99ff.; Bemerk. zur Grundleg. der Theorie des jur. Denkens, in: Jb. Rechtssoziol. u. Rechtstheorie 2 (1972) 134-161; Bemerk. zu J. Rödigs ‹Kritik des normlog. Schließens›. Theory and Decision 3 (1973) 311-317. – [19] Vgl. aber H. YOSHINO: Über die Notwendigkeit einer bes. Normen-L. als Methode der j.L., in: Gesetzgebungstheorie, J.L., Zivil- und Prozeßrecht. Gedächtnisschr. Jürgen Rödig, hg. U. KLUG u.a. (1978) 140-157. – [20] O. WEINBERGER: Der Wiss.-Begriff der Rechtswiss.en. Programm einer erkenntniskrit. Jurisprudenz, in: Der Wiss.-Begriff in der Natur- und in den Geisteswiss.en. Symposion der Leibniz-Ges. Hannover 23./24. 11. 1973. Studia Leibnitiana, Sonderh. 5, 102-116. – [21] Die log. Grundl. der erkenntniskrit. Jurisprudenz. Rechtstheorie 9 (1978) 125-142. – [22] Rechts-L. Versuch einer Anwend. moderner L. auf das jur. Denken (Wien/New York 1970) 189ff. – [23] G. KALINOWSKI: Du métalangage en L. Réfl. sur la L. déontique et son rapport avec la L. des normes, in: Documents de travail et prépubl. Centro int. di semiotica e di linguistica, Università di Urbino Nr. 48 (Nov. 1975) Ser. A, 1-28. – [24] CH. WEINBERGER und O. WEINBERGER: Grundzüge der Normen-L. und ihre semant. Basis. Rechtstheorie 10 (1979) 1-47, bes. 4. – [25] Dazu und zum folgenden a.O. 1f. – [26] Vgl. O. WEINBERGER: Versuch einer neuen Grundleg. der normenlog. Folgerungstheorie, in: Rechtstheorie, Beih. 1 (1979) 301-324. – [27] WEINBERGER/WEINBERGER, a.O. [24] 2. – [28] a.O. 5ff. 14ff. – [29] WEINBERGER, a.O. [22] 222ff. 350ff.

2. Das Verhältnis zwischen dialektisch-rhetorischer und j.L. – Auffällig ist, daß in der j.L. in den frühen 1950er Jahren – parallel zur Entwicklung der deontischen L. bzw. der Normen-L. und ihrer Anwendung im Recht und in der Rechtswissenschaft – gleichzeitig auch eine Wiederbelebung und Fortentwicklung sehr viel älterer Denkansätze erfolgte, die sich gleichfalls mit dem juristischen Argumentieren und Begründen befaßten, jedoch nicht so sehr und jedenfalls nicht ausschließlich den formalen, sondern mehr den materialen Aspekt allen juristischen Entscheidens in den Vordergrund rückten. Diese Neuorientierung des Rechtsdenkens ist – philosophiegeschichtlich gesehen – aufs engste verknüpft mit der in der Topik und Rhetorik entwickelten Technik der Behandlung rechtlicher Texte und des Umgangs mit juristischen Entscheidungsproblemen. In seinem am 21. Juli 1950 in Mainz gehaltenen, leider ungedruckten Vortrag ‹Topik und Axiomatik in der Jurisprudenz› begriff TH. VIEHWEG die Topik als eine von der Rhetorik entwickelte Techne des Problemdenkens, die ihm für das Vorgehen der Jurisprudenz charakteristisch und brauchbar erschien. Im Ausgang von Aristoteles' ‹Topika› und im Anschluß an die überkommene aristotelische und ciceronische Topik legte er infolgedessen in seiner im Jahre 1953 veröffentlichten vielbeachteten Untersuchung ‹Topik und Jurisprudenz›, ganz anders als eine vorwiegend logisch-deduktive, auf die stringente Systematisierung des geltenden Rechts bedachte Rechtswissenschaft, «den Akzent auf die *Topik*, die heute fast unbekannt ist, sowie auf die Beziehung zur *Jurisprudenz*», weil er in der Topik ein «besonderes Verfahren der Problemerörterung» erblickte, das demjenigen der Jurisprudenz «in den wesentlichen Punkten» entspricht [1]. Die Strukturelemente des Rechts und der Rechtswissenschaft, ihre Begriffe und Sätze erschienen ihm daher in spezifischer Weise an das ihnen jeweils zugrunde liegende Problem gebunden derart, daß eine an den jeweiligen rechtlichen Topoi (lat. Loci) juristischen Redens, Argumentierens und Begründens orientierte *topische Jurisprudenz* ihren Ausgang stets von diesen meinungsmäßig fixierten, als Prämissen für die weitere dialektisch-rhetorische Entscheidungstätigkeit des Juristen dienenden Orientierungspunkten zu nehmen habe, weil nur auf diese Weise ihre dialektischen Schlüsse aus diesen Prämissen die Gewähr dafür bieten konnten, wenn schon nicht ihrem Inhalt nach wahr, so doch wenigstens annehmbar zu sein aufgrund ihrer Übereinstimmung mit dem eingelebten Gemeinsinn (sensus communis, common sense) oder angesehenen, durch Autoritäten gestützten Meinungen. Fast zur gleichen Zeit und unabhängig von Viehweg hat CH. PERELMAN – ausgehend von logischen Studien – die juristische Argumentation und die ihr zugrunde liegende j.L. in Wiederanknüpfung an die antike Topik und Rhetorik, die das philosophische Denken seit Aristoteles und Cicero maßgeblich bestimmte, aber auch das juristische Denken nachhaltig beeinflußt hat, durch einen überaus konsequenten, aber stärker juristisch-praktisch orientierten Rekurs auf die alte tradierte L. und Rhetorik fortentwickelt und durch eine neue Rhetorik (nouvelle rhétorique) ersetzt, die heute durchaus als eine moderne Form der j.L. gelten kann. Seine argumentationstheoretischen Arbeiten finden sich vor allem in Untersuchungen, die er – zusammen mit L. OLBRECHTS-TYTECA – seit den frühen 1950er Jahren veröffentlichte [2] und in denen das Verhältnis von normativer Sprache und Recht einen zentralen Stellenwert in der praktischen juristischen Argumentation einnimmt [3]. Die bisherigen Forschungen von Perelman im Bereich der j.L. und ihre Anwendung in sämtlichen Gebieten juristischer Argumentation kulminieren in seiner im Jahre 1967 veröffentlichten ‹Logique Juridique› [4], die nicht bloß die bisherigen Theorien juristischer Argumentation und ihre jeweilige Einbettung in die alte bzw. neue Rhetorik analysiert, sondern sich ihrem eigenen Selbstverständnis nach zugleich als eine Argumentationslehre begreift, die ihre praktische Relevanz als j.L. erst in der Anwendung auf das jeweils geltende Recht offenbart.

Die Art und Weise juristischer Argumentation und die in ihr zum Ausdruck gelangende j.L., die heute in den vielfältigen Bestrebungen zur Begründung einer *neuen Topik* bzw. einer *neuen Rhetorik* in der Jurisprudenz propagiert wird, verdanken sich ihrem Grunde nach dialektischen Argumentationsweisen. In ihnen wird die schon im Altertum in den wesentlichen Zügen ausgearbeitete Topik und Rhetorik wiederaufgenommen, die sich bereits in den Schriften von Aristoteles, Cicero und ihren Nachfolgern, insbesondere bei Quintilian, finden läßt. In Form von 'Topoikatalogen' wurde hier ein stets griffbereites und beliebig vermehrbares Repertoire längst akzeptierter Gesichtspunkte und Leitsätze (griech. topoi, lat. loci) bereitgestellt, um der argumentativen, dialektisch-rhetorisch geführten Auseinandersetzung einen praktisch verwertbaren, mehr oder weniger verbindlichen Halt zu geben [5]. Bezogen auf das jeweils geltende Recht und die fachliche Perspektive der Jurisprudenz, vermochten derartige Sammlungen bereits akzeptierter Orientierungsgesichtspunkte und zustimmungsfähiger Gemeinplätze, vor allem in Gestalt von Zitaten angesehener Juristen, auch dem römischen Recht und der römischen Jurisprudenz in gewisser Weise als Rechtsquelle zu dienen. Jedoch ging es bei dieser juristischen Argumentation naturgemäß nicht primär und jedenfalls nicht ausschließlich um die Wahrheit und Notwendigkeit der Prämissen und Schlußfolgerungen sowie die logische Gültigkeit der jeweiligen Ableitungen, sondern vor allem um die praktische Stichhaltigkeit und Annehmbarkeit der argumentativ präsentierten Gründe, die zur normativen Rechtfertigung des jeweiligen juristischen Entscheidungsergebnisses benannt wurden.

Im Verlaufe der Rezeption des römischen Rechts im hohen und späten Mittelalter hat auch die mittelalterliche Jurisprudenz zunächst im Rahmen der Erläuterungswerke zum ‹Corpus iuris civilis› bei sich bietender Gelegenheit die für sie charakteristische j.L. vor allem in Form von mehr oder weniger detaillierten Argumentationslehren abgehandelt. Jedoch vermochte sich die j.L. schon bald zu eigenständigen Unterrichtsschriften und Monographien zu verselbständigen. Während die mittelalterlichen juristischen Argumentationslehren sich gewöhnlich noch in der alphabetisch angeordneten Aufzählung zulässiger Argumentationsformen erschöpften, ging man schon bald dazu über, der knappen Beschreibung einer derart standardisierten Argumentationsform jeweils Allegationen von leges und canones beizufügen, in denen diese Argumentationsform angewandt, formuliert und akzeptiert worden war. Besonders charakteristisch für diese Entwicklung ist der von N. EVERARDUS (1462–1532) verfaßte Topoikatalog standardisierter Argumente und Belegstellen, der erstmals 1516 unter dem Titel ‹Topicorum seu locorum legalium opus de inventione et argumentatione›, später nur noch unter dem Namen ‹Loci argumentorum legales› erschien und noch im 17. Jh. in bearbeiteter Fassung gedruckt wurde [6]. Stärker unter dem Einfluß des Humanismus steht die j.L. des Bologneser Rechtslehrers P. A. GAMMARUS (1480–1528), dessen juristische Argumentationslehre zuerst 1507 unter dem Titel ‹Legalis dialectica, in qua de modo argumentandi et locis argumentorum legaliter disputatur› [7] veröffentlicht wurde, sowie die erstmals 1520 erschienene Schrift von C. CANTIUNCULA ‹Topica legalia› [8], die – anders als noch diejenige des Everardus – eine systematische Darstellung zu geben suchte [9]. Unter dem Eindruck dieser Topikschriften wurden nicht nur die ursprünglich in sich widerspruchsvollen Topoikataloge zunehmend aufeinander abgestimmt, sondern auch die rein autoritären Begründungsweisen im Sinne des locus ab auctoritate zugunsten rationaler Begründungsformen nach und nach eingeschränkt, so daß auf diese Weise die Entwicklung der j.L. nachhaltig gefördert wurde [10]. Den Versuch des Aufbaus einer umfassenden Argumentationslehre unternahm CH. HEGENDORF (1500–1540) in den zuerst 1531 erschienenen ‹Dialecticae legalis libri quinque› [11]. Zwar ist die Entwicklung der Jurisprudenz des 16. Jh. in allen Bereichen maßgeblich durch L.-Studien geprägt, doch ist das der j.L. jeweils zugrunde liegende L.-Verständnis durchaus nicht einheitlich. Während bei den bisher genannten Autoren noch ein rhetorisch-logischer Ciceronianismus dominierte, dessen rhetorisierendes L.-Verständnis seine Herkunft aus der Gerichtspraxis erkennen ließ, in der die Gerichtsrede der Rhetorik entspricht [12], tritt im Jh. der Glaubensspaltung bei den *Lutheranern,* insbesondere bei den Vertretern der Melanchthonschule, die humanistisch orientierte, protestantische Schul-L. auf aristotelischer Grundlage stärker in den Vordergrund, bei den *Kalvinisten* hingegen der Einfluß der – antiaristotelischen und daher auch antimelanchthonianischen – ramistischen Dialektik. In diesem Sinne handhabt B. WALTHER ‹De dialectica ex iure libri tres› seine j.L. noch 1546, Cicero folgend, weithin rhetorisch [13]. Hingegen schließt sich M. STEPHANI [14] in seiner 1610 erschienenen ‹Dialectica iuris› an Melanchthon an, während J. TH. FREIGIUS [15] in seinem 1582 veröffentlichten Werk ‹De logica iureconsultorum libri duo› eigentlich keine j.L. schreibt, sondern eine ramistische Dialektik für den juristischen Gebrauch verfaßt. Im Titel einer juristischen L.-Schrift finden sich das Wort und der Begriff ‹j.L.› ausdrücklich wohl zuerst im Jahre 1615 bei M. SCHICKHARD ‹Logica iuridica, hoc est regulae, praecepta et modus argumentandi per inductiones et interpretationes legum› [16]. Durchgängig werden hier Bezeichnungen wie ‹dialectica legalis›, ‹dialectica iuris›, ‹dialectica iuridica› und schließlich ‹logica iuridica› ganz offensichtlich als Synonyme für eine sich rasch entwickelnde ‹j.L.› verwandt, die vor allem durch das Bestreben gekennzeichnet ist, sich in der juristischen Argumentation von der Logik des Aristoteles und der Scholastik zu lösen und den tradierten Schulkonventionalismus zu überwinden. In dieser auf die juristischen Entscheidungsgegebenheiten und -erfordernisse zugeschnittenen j.L. wirken die meinungsmäßig fixierten, stets sachlich-inhaltlichen, aber verallgemeinerungsfähigen Orientierungsgesichtspunkte (topoi, loci) *material* wie eine allgemeine Rechtsregel, d.h. als normativer Maßstab für die inhaltliche Beurteilung von Rechtsfällen, doch bieten sie damit zugleich *formal* den Anhaltspunkt für eine formallogisch abgeleitete und begründete juristische Entscheidung. Ausgangspunkt und Basis dieser sich rasch entwickelnden j.L. wird die für die juristische Argumentation und Entscheidung maßgebliche, in ihrem Kern mit der Rhetorik durchaus artverwandte Gerichtsrede. Sie liefert den Ansatzpunkt für den Aufbau einer juristischen Argumentations- und Methodenlehre, die in methodischer Hinsicht nicht bloß aus vermeintlich feststehenden Normen und Prinzipien zu deduzieren sucht, sondern bestrebt ist, im Streit der Meinungen das Für und Wider der meinungsmäßig fixierten Argumente gegeneinander abzuwägen, um zu einer angemessenen und annehmbaren, gerechten juristischen Entscheidung zu gelangen.

Seither hat der Ausdruck ‹j.L.› seinen festen Ort in der Jurisprudenz, wo er unter fortschreitender Verdrängung der übrigen synonymen Bezeichnungen zur Charakterisierung der spezifisch juristischen Methodik des Umgangs mit dem jeweils geltenden Recht bzw. der juristischen Methodenlehre dient, die in praktischer Rechtswissenschaft und Rechtspraxis angewandt wird. Jedoch verdankt sich diese auch das heutige Verständnis bestimmende Bedeutung einer abermaligen Bedeutungsverschiebung, die das Wort und der Begriff ‹j.L.› offensichtlich schon am Ausgang des 16. Jh. erfuhren. In dem Maße, in dem die humanistische Jurisprudenz unter dem allgemeinen Einfluß der geistigen Strömung des Humanismus die bloß konventionellen Begrenzungen durch den bislang als alleinverbindlich geglaubten Quellen- und Problemkreis des römischen Rechts durchbrach und sich demzufolge auch die humanistische Methodenlehre im juristischen Humanismus von den Einschränkungen durch meinungsmäßig fixierte, autoritative Argumentations- und Begründungsweisen zunehmend befreite, konnte sich auch die j.L. nicht länger mit dem Studium tradierter juristischer Begründungsstile begnügen, sondern mußte bestrebt sein, unter fortschreitender Ausschaltung einer vordergründig bloß auf den Umgang mit topoi und loci reduzierten Topik in gesteigertem Maße zur systematischen Durchdringung und rationalen Begründung des geltenden Rechts zu gelangen. Infolgedessen begann schon im 16. Jh. der Zerfall einer auf bloße Topik, Rhetorik und Dialektik reduzierten j.L. [17]. Diese Entwicklung wurde noch verstärkt durch die vernunftrechtliche Jurisprudenz des 17. und 18. Jh. mit ihren von DESCARTES, SPINOZA und LEIBNIZ beeinflußten Bestrebungen, zu methodisch gesicherter Erkenntnis zu gelangen. Durch diese Kritik der Topik wird jedoch die genuine j.L. nicht berührt, die sich ihrem eigenen Selbstverständnis nach im Anschluß an die im 18. und 19. Jh. begründete fachwissenschaftliche Tradition der Jurisprudenz als juristische Methodik bzw. Methodenlehre der Praktischen Rechtswissenschaft wie der Rechtspraxis – und nicht als formale, auf die Normen des Rechts anwendbare L. – begreift. Das wird exemplarisch deutlich bei A. F. J. THIBAUT (1772–1840), der in seiner zuerst 1799 veröffentlichten ‹Theorie der logischen Auslegung des Römischen Rechts› Regeln für die «logische Auslegung des Rechts überhaupt» aufzustellen sucht und die «Arten der logischen Auslegung» behandelt, gleichwohl aber «keine L. für Juristen» bieten will, sondern auf diese Weise zur Hermeneutik des Rechts, verstanden als «juristische Auslegungskunst (hermeneutica iuris)», beizutragen sucht, weil «keine Art der Auslegung der L. mehr bedarf als die andere» [18]. In seinen Analysen der historischen Grundlagen und der Mittel der j.L. hat daher E. EHRLICH schon im Jahre 1918 sehr treffend bemerkt, die j.L. habe mit der «wirklichen» L. «nichts gemein als den Namen». Die j.L. ist «überhaupt keine L., sondern eine Technik, denn sie will gar nicht den Prüfstein für die Richtigkeit der Methoden der juristischen Rechtsfindung liefern, sondern ist selbst nur eine solche Methode, die erst auf ihre Richtigkeit geprüft werden muß» [19]. In der weiteren Entwicklung dieser j.L. ist die Auseinandersetzung um die richtige juristische Methode seither nicht zum Stillstand gelangt. Sie findet ihren Ausdruck in dem bis auf den heutigen Tag unabgeschlossenen juristischen Methodenstreit, dessen Frontstellungen von der Begriffsjurisprudenz über die freirechtliche bzw. soziologische Jurisprudenz bis hin zur heute dominierenden Interessen- und Wertungsjurisprudenz reichen.

Angesichts des Bedeutungswandels, den der Ausdruck ‹j.L.› unter dem Einfluß der Entwicklung der formalen L., insbesondere der deontischen L. bzw. der Normen-L., in den letzten drei Jahrzehnten erfahren hat, fragt es sich heute, ob es nicht inadäquat ist, diesen Ausdruck auch weiterhin zur Bezeichnung der juristischen Argumentationslehre bzw. der juristischen Methodenlehre zu verwenden. Die Frage ist gegenwärtig heftig umstritten. Ihre Beantwortung hängt ab von der Abgrenzung, was noch bzw. was nicht mehr zur L. zu rechnen ist. Nach Auffassung von I. TAMMELO sollen über die Verwendung des Wortes ‹L.› «diejenigen Gelehrten [entscheiden], die sich heute als Logiker bezeichnen und die auch von anderen Gelehrten gewöhnlich als Logiker betrachtet werden»

[20]. Die im Bereich des Rechts anzuwendende L. ist danach in jedem Falle eine «formale Disziplin», so daß die j.L. im Sinne von juristischer Argumentationslehre bzw. Methodenlehre überhaupt aus der j.L. auszuscheiden wäre. Infolgedessen stellt für Tammelo die juristische Topik bzw. Rhetorik «keine besondere Art der L.» dar, «sondern eine Disziplin, deren Hauptziel die Erstellung von Verfahren ist, durch die die inhaltliche Richtigkeit der in einer Argumentation zu verwendenden Gedanken sichergestellt werden kann» [21]. Demgegenüber macht PERELMAN darauf aufmerksam, daß der im juristischen Sprachgebrauch seit jeher geläufige Ausdruck ⟨j.L.⟩ dann – aber auch nur dann – seinen Sinn verliert, wenn man L. «ausschließlich als formale L.» auffaßt, weil es «lächerlich» wirkt, «von juristischer L. zu sprechen, genauso wie es lächerlich wäre, von einer biochemischen oder zoologischen L. zu reden, wenn man von formallogischen Regeln in einer Abhandlung über Biochemie und Zoologie Gebrauch macht» [22]. Es wäre in der Tat sinnlos, von j.L. zu sprechen, wenn es dabei «lediglich um die Form der juristischen Argumentation ginge». Das Wort und der Begriff ⟨j.L.⟩ im Sinne einer neuen Topik und Rhetorik meinen jedoch den Aufbau einer nicht bloß formalen «Argumentationstheorie, die auf das Recht anzuwenden ist und dazu führen kann, eine Wahl zu verantworten oder eine Entscheidung zu motivieren». Es dürfte fruchtbringend sein, im Anschluß an den tradierten juristischen Sprachgebrauch hierfür auch künftig den Ausdruck ⟨j.L.⟩ zu verwenden, da auf diese Weise das komplementäre Verhältnis von L. und Rhetorik und ihr Zusammenhang mit der praktischen juristischen Argumentation ihren sprachlichen Ausdruck finden. In dem Maße, in dem sich die logische Analyse der rechtssprachlich fixierten Normen auch pragmatischen Fragestellungen öffnet, dürften nicht nur deontische L. bzw. Normen-L. als j.L. sensu stricto das Rechtsdenken bestimmen, sondern auch die juristischen Argumentationslehren einer neuen Topik, Rhetorik und Dialektik im Rahmen der juristischen Methodenlehre als einer j.L. sensu largo stärkere Beachtung finden.

Anmerkungen. [1] TH. VIEHWEG: Topik und Jurisprudenz ([1]1953, [5]1974). – [2] CH. PERELMAN und L. OLBRECHTS-TYTECA: L. et rhét. Rev. philos. France Etranger 140 (1950) 1-35; Rhét. et philos. (Paris 1952); La nouvelle rhét. Traité de l'argumentation ([1]1958, Bruxelles [3]1976). – [3] A. GIULIANI: Nouvelle rhét. et L. du langage normatif. Logique et Anal. 13 (1970) 65-84; G. KALINOWSKI: Le rationnel et l'argumentation de Chaïm Perelman et Lucie Olbrechts-Tyteca. Rev. philos. Louvain 70 (1972) 404-418. – [4] CH. PERELMAN: L. juridique (Paris 1976). – [5] Nachweise bei VIEHWEG, a.O. [1] 6ff. 15ff.; vgl. CICERO, Top. 2, 7; problemaufschließend D. NÖRR: Ciceros Topica und die röm. Rechtsquellenlehre. Romanitas. Rev. de Cultura romana 9 (1970) 419-436; Cicero als Quelle und Autorität bei den röm. Juristen, in: Beitr. zur europ. Rechtsgesch. und zum geltenden Zivilrecht. Festgabe Johannes Sontis, hg. F. BAUR u.a. (1977) 33-52. – [6] N. EVERARDUS VON MIDDELBURG: Topicorum seu locorum legalium opus de inventione et argumentatione (1516, Basileae 1544, Francofurti 1581, Reginoburgi 1671). – [7] P. A. GAMMARUS: Dialectica legalis (Venetiis 1533). – [8] C. CANTIUNCULA: Topica legalia (Basileae 1520, [2]1545). – [9] Eingehend zur Methodenlehre des Humanismus V. PIANO MORTARI: Dialettica e giurisprudenza. Studi sui trattati di dialettica legale del sec. XVI. Ann. di Storia del Diritto 1 (1957) 293-401; C. VASOLI: La dialettica e la ret. dell'umanesimo. «Invenzione» e «metodo» nella cultura del XV e XVI secolo (Mailand 1968); A. MAZZACANE: Scienza, L. e ideologica nella giurisprudenza tedesca del sec. XVI (Mailand 1971). – [10] Dazu und zum folgenden H. E. TROJE: Die Lit. des gemeinen Rechts unter dem Einfluß des Humanismus, in: H. COING (Hg.): Hb. der Quellen und Lit. der neueren europ. Privatrechtsgesch. 2: Neuere Zeit (1500-1800)/1: Wiss. (1977) 615-795, bes. 731ff. – [11] CH. HEGENDORPHINUS: Dialecticae legalis libri quinque recogniti (Antverpiae 1534, Lugduni 1534, Parisii 1535). – [12] Eingehend hierzu W. RISSE: Die L. der Neuzeit (1969) 1, 67ff., bes. 71f. – [13] B. WALTHER VON WALTHERSWEIL: De dialectica ex iure libri tres (Norimbergae 1546). – [14] M. STEPHANI: Dialectica iuris exactissima et absolutissima, ex omnibus optimorum iurisconsultorum libellis dialecticis et topicis legalibus concinnata (Gryphiswaldi 1610). – [15] J. TH. FREIGIUS: De logica iureconsultorum libri duo (Basileae 1582, [2]1590). – [16] M. SCHICKHARD: Logica iuridica (Herbornae Nassoviorum 1615). – [17] VIEHWEG, a.O. [1] 1f. – [18] A. F. J. THIBAUT: Theorie der log. Auslegung des röm. Rechts (1799, zit. [2]1806 = ND 1966) 6, 12ff.; 16, 22ff. 45ff. – [19] E. EHRLICH: Die j.L. (1918, zit. [2]1925 = ND 1966) 299. – [20] I. TAMMELO: Rechts-L. und materiale Gerechtigkeit (1971) 17. – [21] a.O. 125. – [22] CH. PERELMAN: J.L. als Argumentationslehre (1979) 7f. 14f.

Literaturhinweise. J. OLDENDORP: Topicorum legalium, hoc est locorum seu notarum, ex quibus argumenta et rationes legitime sumuntur (Marpurgi 1545, 1551, Lugduni 1555). – A. FRAUNCE: The lawiers logike (London 1598). – N. VIGELIUS: Dialectica iuris civilis libri tres (Basileae 1597, 1620). – D. OTTO: Dialecticae iuris libri duo (Jenae 1621). – C. REGNERIUS: Demonstratio logicae verae iuridica (Lugduni Batavorum 1638). – A. BEIER: L. juridica (Jenae 1696). – J. BRUNNEMANUS: Enchiridium logicae iuridicae (Jenae 1716). – H. SPRUYT: Introd. à la dialectique légale (Bruxelles 1814). – M. PH. DE SAINT-ALBIN: L. judicaire (Paris 1832). – F. BERRIAT-SAINT-PRIX: Manuel de L.j. (Paris 1855). – G. PIOLA: Elementi di L. giuridica deduttiva ed induttiva (Roma 1895). – A. ROUGES: La lógica de la acción y su applicación al derecho (Buenos Aires 1905). – J. DE LEONE: La L. del diritto (Venezia 1907). – J. H. WIGMORE: The principles of judicial proof as given by L. (Boston 1913). – M. P. FABRE-GUETTES: La L.j. (Paris 1914). – W. FUCHS: Log. Stud. im Gebiete der Jurisprudenz (1920). – F. KAUFMANN: L. und Rechtswiss. (1922). – G. RENARD: Le droit, la L. et le bons sens (Paris 1925). – J. M. MICHAEL and M. J. ADLER: The nature of judicial proof. An inquiry into the log., legal, and empirical aspects of the law of evidence (New York 1931). – J. DUALDE: Una revolución en la L. del derecho (Barcelona 1933). – N. BOBBIO: L'analogia nella L. del diritto (Turin 1938). – F. PARADIES: Recht en L. (Amsterdam 1946). – T. KOTARBIŃSKI: Kurs logíki dla prawników (Lodz 1947, Warschau [6]1963). – W. WOLTER: Elementy logiki; wyklad dla prawników (Krakau 1948). – E. H. LEVI: An introd. to legal reasoning (Chicago 1949). – E. GARCÍA MAYNEZ: Introducción a la L. jurídica (Mexico 1951). – L. J. LOEVINGER: Una introd. à la L.j. (Barcelona 1954). – F. MIRÓ QUESADA: Problemas fundamentales de la L.j. (Lima 1956). – A. GIULIANI: Il concetto di prova. Contributo alla L. giuridica (Mailand 1961). – TH. HELLER: L. und Axiol. der analogen Rechtsanwendung (1961). – R. SCHREIBER: L. des Rechts (1962). – J. ROMBACH: Opmerkingen over rechtswetenschap en L. (Deventer/Antwerpen 1963). – G. KALINOWSKI: Introd. à la L.j. Eléments de sémiotique juridique, L. des normes et L.j. (Paris 1965). – CH. BOASSON: The use of L. in legal reasoning (Amsterdam 1966). – K. SÖDER: Formale L. für Juristen (1966). – N. AMATO: L. simbolica e diritto (Mailand 1968). – A. ROSS: Directives and norms (London 1968). – G. PRETI: Retorica e L. Le due culture (Turin 1968). – P. LORENZEN: Normative L. and ethics (1969). – P. RAYNAUD (Hg.): La l.j. (Paris 1969). – I. TAMMELO: Outlines of mod. legal L. (1969). – G. OTTE: Dialektik und Jurisprudenz (1971). – I. TAMMELO und H. SCHREIBER: Grundzüge und Grundverfahren der Rechts-L. (1974-1977). – R. ALEXY: Theorie der jur. Argumentation (1978). – A. G. CONTE: Deontic L. and L. of norms, in: J. S. PETÖFI (Hg.): L. and the formal theory of natural language (1978) 234-251. – W. SCHRECKENBERGER: Rhet. Semiotik (1978) 402-429. – W. KRAWIETZ: Jur. Entscheidung und wiss. Erkenntnis (Wien/New York 1978). – CH. PERELMAN: J.L. als Argumentationslehre (1979) 243-253. – J. RÖDIG: Schr. zur j.L. (1979). – O. WEINBERGER: Log. Analyse in der Jurisprudenz (1979) 218-220. – CH. WEINBERGER/O. WEINBERGER: L., Semantik, Hermeneutik (1979) 211-217. – W. KRAWIETZ: Zum Paradigmenwechsel im jurist. Methodenstreit, in: Rechtstheorie Beih. 1 (1979) 113-152.

W. KRAWIETZ

Logik, kombinatorische. So heißt ein Zweig der mathematischen L., der die Grundprobleme, die beim Studium formaler Systeme auftreten, klären soll. Man konnte zeigen, daß diese Probleme kombinatorischer Natur sind, d. h. sich auf die Art und Weise beziehen, in der gegebene Objekte miteinander kombiniert werden können, um neue Objekte zu bilden. Die Grundlagenprobleme, welche die k.L. behandelt, zerfallen in zwei Gruppen: Die erste Gruppe betrifft die strenge Formulierung der Fundamente der von der mathematischen L. untersuchten formalen Systeme, insbesondere die Formalisierung der bei der Definition dieser Systeme benutzten logischen Voraussetzungen. Ziel ist dabei die Zurückführung dieser Voraussetzungen auf möglichst einfache Regeln. Eines der wesentlichen Probleme dieser Gruppe stellt die genaue Analyse der *Substitutions*regeln, die in den gebräuchlichen Formulierungen zahlreiche Ambiguitäten mit sich führen. Die zweite Gruppe betrifft die Aufklärung der für die logischen Paradoxien verantwortlichen Gründe. Die Analyse der Paradoxien zeigt die Notwendigkeit, die formalen Gegenstände nach Kategorien einzuteilen. Auch diese Einteilung, die sich aus den vorlogischen Eigenschaften formaler Systeme ergibt, ist im übrigen kombinatorischer Art.

Die k.L. untersucht die Eigenschaften gewisser formaler Entitäten, die *Kombinatoren* heißen. Kombinatoren stellen Kombinationsoperatoren, d. h. anschauliche Ausdrücke dar, deren Anwendung auf gegebene Objekte diese auf festgelegte Weise miteinander kombiniert. Diese Objekte können zu verschiedenen Kategorien gehören; insbesondere können sie Funktionen sein. So ist z. B. der *Permutator* ein Operator, der, angewendet auf eine Funktion von zwei Argumenten und ein geordnetes Paar von Argumenten dieser Funktion, die Reihenfolge dieser Argumente umkehrt: $C\,fab = fba$. Der Permutator verwandelt also eine Funktion in die zu ihr konverse Funktion. Ein weiteres Beispiel bildet der *Kompositor*, der, angewendet auf zwei einstellige Funktionen und ein Argument der zweiten Funktion, die erste Funktion anwendet auf das bei der Anwendung der zweiten Funktion auf ihr Argument entstehende Resultat: $B\,fga = f(ga)$. In diesem Sinne stellt der Kompositor die Komposition zweier Funktionen dar.

Die anschaulichste Definition der Kombinatoren benutzt die *funktionale Abstraktion*. So geht man in der Theorie der *Lambda-Konversion* vor. Diese Theorie benutzt einen Abstraktor, als λ notiert, der es gestattet, eine an sich (unabhängig von ihren Werten) betrachtete Funktion zu bezeichnen. Sei f eine Funktion mit einem Argument. Der Ausdruck fx stellt den Wert dar, den die Funktion f für das Argument x annimmt. Der Ausdruck $\lambda x \cdot fx$ stellt dann die Funktion f selbst dar, wobei von ihrem Argument abstrahiert wird. Entsprechend läßt sich der *Permutator* definieren durch:

$C \equiv \lambda fxy \cdot fyx,$

und der *Kompositor* durch:

$B \equiv \lambda fgx \cdot f(gx).$

Die Theorie der λ-Konversion untersucht die Eigenschaften, welche mit dem Gebrauch des Abstraktors λ verbunden sind. Man hat sie bereits angewendet auf eine Reihe logischer und mathematischer Theorien; insbesondere auf den Prädikatenkalkül, die rekursive Arithmetik und die Ordinalzahlentheorie. Die Kombinatoren lassen sich jedoch auch rein formal behandeln, ohne Rückgriff auf die funktionale Abstraktion. Man führt dann bestimmte Kombinatoren als Grundterme ein und definiert die übrigen Terme mit ihrer Hilfe. Der Gebrauch der Grundterme ist festgelegt durch ein System von Axiomen und Transformationsregeln. Man spricht hier von einer *synthetischen Kombinatorentheorie*, die sich keiner Variablen mehr bedient und eine grundlegendere Theorie darstellt.

CURRY unterscheidet zwei Teile innerhalb der k.L.: die reine k.L. und die illative k.L. Die *reine* k.L. untersucht die Kombinatoren in ihren gegenseitigen Beziehungen und im Zusammenhang mit einem Gleichheitsrelator. Die *illative* k.L. behandelt die Verteilung der Kombinatoren auf Kategorien und den Zusammenhang mit Grundbegriffen der deduktiven Logik, insbesondere Folgerung, Erfüllbarkeit, Allgemeingültigkeit usw. In diesem Teil der k.L. spielt der Begriff der *Funktionalität* eine grundlegende Rolle. Er gestattet es, die Kategorie einer Entität zu bestimmen, die aus einfachen Entitäten gegebener Kategorien gebildet ist. Es seien z. B. X und Y zwei Mengen, deren Elemente den Kategorien α und β respektive angehören, ferner sei f eine Abbildung von X auf Y. Die Kategorie von f sei bezeichnet durch $F\alpha\beta$, wobei F ein primitiver Term ist, der den Begriff der Funktionalität repräsentiert. $F\alpha\beta$ läßt sich dann lesen: Gehört f zur Kategorie $F\alpha\beta$ und x zur Kategorie α, so gehört $fx\,(=y)$ zur Kategorie β.

Historische Bemerkungen. Die k.L. wurde begründet durch M. SCHÖNFINKEL (1924). Die Theorie der λ-Konversion geht auf A. CHURCH (1932) zurück und wurde dann von ihm selbst und anderen Logikern, vor allem von S. C. KLEENE und J. B. ROSSER, weiterentwickelt. Die synthetische k.L., insbesondere die Theorie der Funktionalität, ist untrennbar verbunden mit den Arbeiten von H. B. CURRY, dessen erste einschlägige Veröffentlichung von 1927 datiert. KLEENE und ROSSER haben 1935 gezeigt, daß das ursprüngliche System von Church und eines der von Curry vorgeschlagenen Systeme einen Widerspruch enthalten. Die Widersprüchlichkeit erstreckte sich allerdings nicht auf die reine k.L., welche selbst in der stärksten Fassung als widerspruchsfrei erwiesen werden konnte. CURRY hat gezeigt, daß die Wurzel der Antinomien darin liegt, daß ein widerspruchsfreies System nicht zugleich deduktive Vollständigkeit und kombinatorische Vollständigkeit besitzen kann. Dabei bedeute «deduktive Vollständigkeit»: daß das System einen Folgerungsoperator $\supset$ enthält, welcher 1. der Regel des *modus ponens* genügt und 2. der Bedingung: Wenn man aus A und anderen Prämissen B herleiten kann, so auch $A \supset B$ allein aus diesen anderen Prämissen. «Kombinatorische Vollständigkeit» heiße, daß jede Funktion, die sich in anschaulicher Weise mit Hilfe von Variablen definieren läßt, im System formal repräsentiert werden kann. Will man Widersprüche vermeiden, ohne die kombinatorische Vollständigkeit zu opfern, so muß man also gewisse Restriktionen bei der deduktiven Vollständigkeit in Kauf nehmen. Dies kann geschehen, indem man eine abgeschwächte Implikation benutzt oder bestimmte widerspruchsträchtige Formeln nicht mehr als «Propositionen» zuläßt. Den letzten Weg hat Curry beschritten, dessen Funktionalitätsbegriff es erlaubt, den formalen Entitäten semantische Kategorien zuzuordnen.

Literaturhinweise. M. SCHÖNFINKEL: Über Bausteine der math. L. Math. Ann. 92 (1924) 305-316. – A. CHURCH: A set of postulates for the foundation of L. Ann. Math. Ser 2, 33 (1932) 346-366; 34 (1933) 839-864. – H. B. CURRY: Grundl. der k.L. Amer. J. Math. 52 (1930) 509-536. 789-834. – S. C. KLEENE und J. B. ROSSER: The inconsistency of certain formal L. Ann. Math. Ser. 2, 36 (1935) 630-636. – A. CHURCH: The calculi of lambdaconversion. Ann. math. Stud. 6 (1941); 2 (1951). – H. B. CURRY und R. FEYS: Combinatory L. 1 (Amsterdam 1958, ²1968). – H. B. CURRY: Art. ‹Combinatory L.›, in: Encyclop. of philos., hg. EDWARDS (New York 1967). – K. BERKA und L. KREISER: L.-Texte (Berlin-Ost 1971) 259–274. – H. B. CURRY, J. R. HINDLEY und J. P. SELDIN: Combinatory L. 2 (Amsterdam/London 1972). – S. STENLUND: Combinators, λ-terms and proof theory (Dordrecht/Boston 1972).   J. LADRIÈRE

Logik, konstruktive. – 1. Unter L. im engeren Sinn, auch formale L. genannt, versteht man die Theorie der logischen Wahrheit von Aussagen oder auch die Theorie des logischen Schlusses von gewissen Aussagen, den Prämissen des Schlusses, auf eine andere Aussage, die Konklusion des Schlusses. FREGE [1] ist es zum ersten Mal gelungen, alle logisch wahren Aussagen als ableitbare Figuren eines *Kalküls* darzustellen und so einen, wie man seit CARNAP [2] sagt, *syntaktischen* Begriff der logischen Wahrheit einzuführen. Die Theorie solcher L.-Kalküle bildet den zentralen Teil der sogenannten mathematischen L. Das Begründungsproblem der formalen L. besteht jetzt darin, eine Rechtfertigung für die Wahl eines Kalküls als eines L.-Kalküls zu geben. Denn erst wenn es gelungen ist, eine Theorie der logischen Wahrheit von Aussagen aufzubauen, und das heißt, den zunächst bloß intuitiv, nämlich bildungssprachlich gegebenen Begriff der logischen Wahrheit zu präzisieren, läßt sich überhaupt sinnvoll fragen, ob der syntaktische Begriff der logischen Wahrheit mit dem vorher präzisierten, dann meist *semantisch* genannten Begriff der logischen Wahrheit übereinstimmt oder nicht. Angeregt durch die Untersuchungen der Logiker der Warschauer Schule (T. KOTARBIŃSKI, ST. LEŚNIEWSKI, J. ŁUKASIEWICZ, B. SOBOCIŃSKI, A. TARSKI, W. WAJSBERG u. a.) hat TARSKI [3] unter dem Titel ‹Semantik› eine solche Theorie der Interpretation von L.-Kalkülen vorgelegt und bereits eine spezielle mengentheoretische Theorie der logischen Wahrheit aufgebaut [4]. Daher spricht man in diesem Fall gern auch genauer von *mengentheoretischer Semantik* [5]. Seit MORRIS [6] und CARNAP [7] setzt sich der Terminus ‹Semantik› in diesem Sinne durch, und Semantik wird eingegliedert als jener Teil der *Semiotik*, der sich außer mit den Zeichen selbst (Syntax) auch mit ihren 'Bedeutungen' befaßt. Eine präzise mengentheoretische Semantik muß sich, ausgenommen für den junktorenlogischen Teil der formalen L., auf die axiomatische Methode stützen, weil bis heute kein konstruktives Modell für die üblichen Axiomensysteme der Mengenlehre [8] angegeben werden kann.

2. Von k.L. spricht man erst dann, wenn beim Aufbau einer Semantik, also einer Theorie der logischen Wahrheit von Aussagen, sowohl ihre Objekte, die Aussagen, als auch sämtliche Prädikatoren (das sind Prädikate im logischen und nicht im linguistischen Sinn) darüber als Grundbausteinen explizit hergestellt werden. Jeder Satz der Theorie muß aufgrund dieser Herstellungsverfahren oder *Konstruktionen* inhaltlich bewiesen werden. Weder dürfen gewisse Sätze als Axiome unbewiesen den Ausgangspunkt der Theorie bilden, noch dürfen die inhaltlichen Beweisverfahren auf der Metastufe sich bereits der logischen Schlüsse bedienen, die es auf der Objektstufe erst zu beweisen gilt. Die (mengentheoretische) Semantik für die Junktoren- oder Aussagenlogik erfüllt diese Bedingung, da hier mit der Methode der Wahrheitstafeln zur Definition der logischen Wahrheit ein rein kombinatorisches und daher *finites* [9], also konstruktives Verfahren darstellt [10]. Die Quantoren- oder Prädikaten-L. läßt sich auf diese Weise jedoch nicht konstruktiv aufbauen.

Insbesondere führt BROUWERS [11] intuitionistische Kritik an der logischen Wahrheit des Tertium non datur ($A \vee \neg A$), wenn es allgemein für beliebige All- und Manchaussagen behauptet wird, zu einer der Absicht nach konstruktiven Theorie der in der intuitionistischen Mathematik zulässigen logischen Schlüsse. Diese Theorie ist die *intuitionistische* L., die allerdings einer präzisen Untersuchung erst zugänglich wurde, nachdem HEYTING [12] einen L.-Kalkül angegeben hatte, der alle intuitionistisch logisch wahren Aussagen aufzählt. Von KOLMOGOROFF [13] stammt die Darstellung der intuitionistischen L. als *Aufgabenrechnung*; genau die Schemata der Lösung mathematischer Konstruktionsaufgaben werden in diesem intuitionistischen L.-Kalkül aufgezählt. Bei geeigneter Kalkülisierung unterscheidet sich die intuitionistische oder *effektive* L. von der dann *klassisch* genannten, nicht konstruktiv aufgebauten L. dadurch, daß aus einem effektiven L.-Kalkül durch Hinzunahme allein des Tertium non datur als Axiom des effektiven Kalküls ein klassischer L.-Kalkül entsteht [14].

3. Das Problem einer konstruktiven Semantik sowohl für die effektiven als auch für die klassischen L.-Kalküle wurde behandelt von LORENZEN [15], dem es gelang, eine konstruktive Theorie der logischen Wahrheit von Aussagen durch Rückgang auf die Allgemeinzulässigkeit von Kalkülregeln zu gewinnen, die *operative* L. (s.d.). Diese Theorie läßt sich als eine Präzisierung der von KOLMOGOROFF [16] vorgelegten Deutung der effektiven L. als Aufgabenrechnung auffassen. Allerdings stellt sich dabei heraus, daß auf diese Weise auch nur die effektive L. begründet werden kann. Und es bleibt insbesondere offen, ob die effektiven L.-Kalküle wirklich alle logisch wahren Aussagen der operativen Theorie aufzählen. Ein solcher Vollständigkeitsbeweis für Kalküle der effektiven L. gelingt erst durch eine Weiterentwicklung der operativen L. zur *dialogischen* L. (s.d.), die auf LORENZEN [17] und LORENZ [18] zurückgeht. In der dialogischen L. wird die logische Wahrheit von Aussagen statt auf die Allgemeinzulässigkeit von Kalkülregeln auf die formalen Gewinnstrategien eines Dialogspiels gegründet. Dieses Dialogspiel erlaubt dann sogar eine konstruktive Interpretation der klassischen L.-Kalküle [19], unabhängig von der bereits von GLIVENKO [20] für die Junktoren-L. und von GÖDEL [21] auch für die Quantoren-L. bemerkten und bei VAN DANTZIG [22] zur Zurückführung der Konsistenz der klassischen L. auf die Konsistenz der effektiven L. ausgenutzten Möglichkeit, mit Hilfe der – klassisch logisch äquivalenten – Ersetzung von Primaussagen a durch ihre doppelten Negationen $\neg \neg a$, von Adjunktionen $A \vee B$ durch $\neg (\neg A \wedge \neg B)$ und von Großadjunktionen $\vee_x A(x)$ durch $\neg \wedge_x \neg A(x)$ jede klassisch logisch wahre Aussage in eine auch effektiv logisch wahre Aussage zu überführen, also die klassische L. innerhalb der effektiven L. zu definieren. Mit dem Aufbau einer solchen auch für die Quantoren-L. konstruktiven spieltheoretischen Semantik anstelle der nicht-konstruktiven mengentheoretischen Semantik ist eine erste stichhaltige Begründung der formalen L. angegeben worden, aus der hervorgeht, inwiefern nicht nur die effektive, sondern auch die klassische L. konstruktiv genannt werden darf. Zu einem strengeren Konstruktivitätsbegriff als dem der effektiven L. führen die von der Theorie rekursiver Funktionen ausgehenden Vorschläge zur Interpretation der logischen Partikeln bei KLEENE [23] mit Hilfe des induktiv definierten Begriffs der rekursiven Realisierbarkeit von Aussagen, bei GÖDEL [24] – und ihm folgend bei SPECTOR [25] – mit Hilfe rekursiver Funktionale.

Anmerkungen. [1] G. FREGE: Begriffsschr. (^{1}1879, ^{2}1964). – [2] R. CARNAP: Log. Syntax der Sprache (1934, ^{2}1968); der Terminus ⟨log. Syntax⟩ geht in dieser Bedeutung auf L. WITTGENSTEIN: Log.-philos. Abh. Ann. Naturphilos. 14 (1921) 3. 325ff. zurück. – [3] A. TARSKI, Vortrag am Congr. int. Philos. sci. Paris 1935; Zusammenfass. zuerst poln.: O ugruntowaniu naukowej semantyki. Przegląd Filozoficzny 39 (1936) 50-57; dann dtsch. Grundleg. der wiss. Semantik. Actes Congr. int. Philos. sci. (Paris 1936) 3, 1-8; engl. in: A. TARSKI: L., semantics, metamath. Papers from 1923 to 1938 (Oxford 1956) 401-408. – [4] Pojęcie prawdy w językach nauk dedukcyjnych. Travaux Soc. Sci. et Lett. Varsovie Cl. III, 34 (1933); in erweiterter dtsch. Übers. Der Wahrheitsbegriff in den formalisierten Sprachen. Studia philos. 1 (1936) 261-405; engl. in: A. TARSKI: L. ... a.O. 152-278. – [5] z. B. in G. KREISEL und J. L. KRIVINE: Eléments de L. math. (Paris 1967); engl. Elements math. L. (Amsterdam 1967, ^{2}1971); in D. HILBERT und P. BERNAYS: Grundl. der Math. 1 (1934, ^{2}1968); 2 (1939, ^{2}1970) wird ⟨mengentheoretisch⟩ *anstelle* von ⟨semantisch⟩ verwendet; vgl. 1, 125ff. – [6] CH. MORRIS: Foundations of the theory of signs. Int. Encyclop. unified Sci. I/2 (Chicago 1938). – [7] R. CARNAP: Introd. to semantics (Cambridge, Mass. 1942). – [8] Vgl. H. WANG und R. MCNAUGHTON: Les systèmes axiomatiques de la théorie des ensembles (Paris 1953). – [9] So genannt in: D. HILBERT/P. BERNAYS, a.O. [5] 1, 32. – [10] Zum ersten Mal 1885 verwendet von C. S. PEIRCE, Coll. Papers, hg. C. HARTSHORNE/P. WEISS (Cambridge, Mass. 1931-35) 3, §§ 364ff.; durchgesetzt mit J. ŁUKASIEWICZ: Logika dwuwartościowa [Zweiwertige L.]. Przegląd Filozoficzny 23 (1921) 189-205; E. L. POST: Introd. to a general theory of elementary propositions. Amer. J. Math. 43 (1921) 163-185; WITTGENSTEIN, a.O. [2] 185-262. – [11] L. E. J. BROUWER: Over de grondslagen der wiskunde (Amsterdam/Leipzig 1907); De onbetrouwbaarheid der logische principes. Tijdschr. Wijsbegeerte 2 (1908) 152-158. – [12] A. HEYTING: Die formalen Regeln der intuitionist. L. Sber. preuß. Akad. Wiss., physik.-math. Kl. (1930) 42-46. – [13] A. KOLMOGOROFF: Zur Deutung der intuitionist. L. Math. Z. 35 (1932) 58-65. – [14] Vgl. S. C. KLEENE: Introd. to metamath. (Princeton/New York/Toronto 1952, ^{6}1971). – [15] P. LORENZEN: Einf. in die operative L. und Math. (1955, ^{2}1969); eine ebenfalls mengentheoret. (nichtkonstruktive) Semantik für die effektiven L.-Kalküle zuerst – mit Hilfe der sog. 'semantischen Tafeln' – in: E. W. BETH: Sur la description de certains modèles d'un système formel. Actes 11e Congr. int. Philos. (Brüssel 1953); dann vor allem in S. A. KRIPKE: Semantical anal. of intuitionistic L. I, in: J. N. CROSSLEY und M. A. E. DUMMETT (Hg.): Formal systems and recursive functions (Amsterdam 1965) 92-130; in A. GRZEGORCZYK: A philos. plausible formal interpretation of intuitionistic L. Indag. Math. 26 (1964) 596-601. – [16] KOLMOGOROFF, a.O. [13]. – [17] P. LORENZEN: L. und Agon. Atti 12 Congr. int. Filos. Venezia 1958 (Florenz 1960) 4, 187-194. – [18] K. LORENZ: Arithmetik und L. als Spiele (Diss. 1961); zus. mit [17] und [19] in Auszügen zugänglich in: P. LORENZEN und K. LORENZ: Dial. L. (1978). – [19] K. LORENZ: Dialogspiele als semant. Grundl. von L.-Kalkülen. Arch. math. Logik 11 (1968) 32-55. 73-100. – [20] V. GLIVENKO: Sur quelques points de la logique de M. Brouwer. Acad. roy. Belgique. Bull. Cl. Sci. 15 (1929) 183-188. – [21] K. GÖDEL: Zur intuitionist. Arithmetik und Zahlentheorie. Erg. math. Koll. Heft 4 (1933) 34-38. – [22] D. VAN DANTZIG: On the principles of intuitionistic and affirmative math. Koninkl. Nederlandse Akad. Wetenschappen. Proc. Sect. Sci. 50 (1947) 918-929. 1092-1103; vgl. KLEENE, a.O. [14] § 81. – [23] S. C. KLEENE: On the interpretation of intuitionistic number theory. J. symbol. Logic 10 (1945) 109-124; vgl. a.O. [14] § 82. – [24] K. GÖDEL: Über eine bisher noch nicht benützte Erweiterung des finiten Standpunktes. Dialectica 12 (1958) 280-287. – [25] C. SPECTOR: Provably recursive functionals of analysis; a consistency proof of analysis by an extension of principles formulated in current intuitionistic math., recursive number theory. Proc. Symp. pure Math. Amer. math. Soc. 5.247 (1962) 1-27.

Literaturhinweise. Vgl. Anm. [1-25]. – E. W. BETH: The foundations of math. (Amsterdam 1959). – A. CHURCH: Introd. to math. L. 1 (Princeton 1956). – P. LORENZEN: Formale L. Slg. Göschen (^{4}1970). – H. SCHOLZ und G. HASENJAEGER: Grundzüge der math. L. (1961). – W. STEGMÜLLER: Hauptströmungen der Gegenwartsphilos. (^{3}1965), bes. IX, 6. X, 1. XI. II, 6. – P. LORENZEN und O. SCHWEMMER: k.L., Ethik und Wissenschaftstheorie (1973, ^{2}1976). – A. KINO, J. MYHILL und R. VESLEY (Hg.): Intuitionism and proof theory (Amsterdam 1970). – K. SCHÜTTE: Vollständige Systeme modaler und intuitionist. L. (1968). – A. A. FRAENKEL, Y. BAR-HILLEL und A. LEVY: Foundations of set theory (Amsterdam ^{2}1973) bes. ch. V: Intuitionistic conceptions of math. – M. FITTING: Intuitionistic L., model theory and forcing (Amsterdam 1969). – M. DUMMETT: Elements of intuitionism (Oxford 1977).

K. LORENZ

Logik, mehrwertige. Der äußere Aufbau mehrwertiger L.en (m.L.en) ist seit 1920 einer raschen Entwicklung unterworfen. Die gewonnenen mathematischen Einsichten werden als solche kaum in Zweifel gezogen. Demgegenüber tangieren die Fragen der inhaltlichen Interpretation in starkem Maße philosophische Positionen und werden daher entsprechend kontrovers behandelt.

Der äußere *Aufbau* einer m.L. kann dadurch erklärt werden, daß man zu den klassischen Wahrheitswerten $u = 1$ (wahr) und $u = 0$ (falsch) $n-2$ Zwischenwerte einführt. In bezug auf diese n Wahrheitswerte – etwa gegeben durch $u = \frac{n-v}{n-1}$ mit $1 \leq v \leq n$ – sind 'logische Funktoren' wie ⟨nicht⟩ und ⟨wenn – dann⟩ zu definieren, die nach Möglichkeit analoge Eigenschaften zu den entsprechenden klassischen Funktoren haben sollen. An Stelle von u wird bisweilen die Zahl v als Wahrheitswert eingeführt, die nicht mehr wie eine Wahrscheinlichkeit zwischen 1 und 0 (inkl.) liegt, sondern zwischen 1 und n (inkl.). Hier sei von dieser Vereinfachung Gebrauch gemacht. Den Zusammenhang mit u entnimmt man der Gleichung $u = \frac{n-v}{n-1}$. Schließlich erweist sich noch eine Zahl s mit $1 \leq s \leq n$ als erforderlich, durch die folgendes festgelegt wird: Genau alle v mit $1 \leq v \leq s$ heißen «ausgezeichnete» Wahrheitswerte. Nur Aussagen mit einem ausgezeichneten Wahrheitswert dürfen behauptet werden.

J. ŁUKASIEWICZ und E. L. POST haben unabhängig voneinander 1920 und 1921 eine m.L. entwickelt. ŁUKASIEWICZ formulierte ursprünglich eine 3-wertige L. mit den Wahrheitswerten ⟨wahr⟩, ⟨neutral⟩ und ⟨falsch⟩. Im Sinne der oben gegebenen Festlegung entspricht dies den Werten $u = 1$ (d. h. $v = 1$), $u = \frac{1}{2}$ (d. h. $v = 2$) und $u = 0$ (d. h. $v = 3$). Für die Zahl s gilt $s = 1$, d. h. nur $v = 1$ ist 'ausgezeichnet'. Die logischen Funktoren ¬ (nicht) und → (wenn – dann) werden folgendermaßen erklärt: Es hat ¬P den Wahrheitswert $u = 1-p$ und $P \rightarrow Q$ den Wahrheitswert $u = \min(1, 1-p+q)$, wobei die zu P und Q gehörigen Wahrheitswerte mit p und q angegeben seien. In v-Werten ausgedrückt erhält man $v = 4-p$ bzw. $v = \max(1, 1-p+q)$. Die Verallgemeinerung für beliebige n liegt auf der Hand. Sie wird durch $v = n-p+1$ (für ¬P) und $v = \max(1, 1-p+q)$ (für $P \rightarrow Q$) erreicht. Einem Ergebnis von WAJSBERG zufolge ist die angeführte 3-wertige L. axiomatisierbar, und es gelten die Axiome:
$P \rightarrow (Q \rightarrow P)$; $(P \rightarrow Q) \rightarrow ((Q \rightarrow R) \rightarrow (P \rightarrow R))$;
$(\neg P \rightarrow \neg Q) \rightarrow (Q \rightarrow P)$ und $((P \rightarrow \neg P) \rightarrow P) \rightarrow P$.
Als Deduktionsregel wird benutzt: Wenn P und $P \rightarrow Q$ ableitbar sind, so ist auch Q ableitbar [1]. SŁUPECKI hat 1936 gezeigt, daß nach Hinzunahme eines Funktors T (Słupecki-Operator), für den TP stets den Wahrheitswert $v = 2$ hat, jede Aussagefunktion mit zugehöriger Wahrheitsfunktion $g(p_1, ..., p_n)$ aus den $P_1, ..., P_n$ mit Hilfe der Grundfunktoren konstruiert werden kann (sog. «funktionale Vollständigkeit»). Das Wajsbergsche Axiomensystem erweitert er durch zwei Axiome, in denen T auftritt, nämlich durch $TP \rightarrow \neg TP$ und $\neg TP \rightarrow TP$. Insgesamt er-

füllt das Axiomensystem die Bedingungen der Vollständigkeit, Widerspruchsfreiheit und Unabhängigkeit. Am wichtigsten neben dem ‹nicht› und dem ‹wenn – dann› werden die Adjunktion und die Konjunktion, die nach ŁUKASIEWICZ und TARSKI durch $P \lor Q = (P \to Q) \to Q$ und $P \land Q = \neg(\neg P \lor \neg Q)$, d. h. durch $v = \min(p, q)$ bzw. $v = \max(p, q)$ eingeführt werden. Es gelten die beiden De Morganschen Äquivalenzen, nicht aber der 'Satz vom Widerspruch' in der Form $\neg(P \land \neg P)$.

Im Jahre 1952 erschien das Werk ‹Many-valued-L.s› von J. B. ROSSER und A. R. TURQUETTE, das als Standardwerk zum systematischen Aufbau einer m.L. angesehen werden kann. Insbesondere findet man hier Aufschluß, wie die Fälle $s > 1$ für $n > 2$ zu behandeln sind. Wichtig dabei ist, daß mit P und $P \to Q$ nicht auch Q allgemein behauptet werden kann. Es wird daher ein neues ‹wenn – dann› erklärt, das diesen Mangel nicht zeigt, das vielmehr so festgelegt ist, daß $P \to Q$ nur dann *nicht* behauptet werden kann, wenn zwar P, aber nicht Q behauptet werden kann. Dieses neue $P \to Q$ ist wie folgt definiert: $P \to Q =_{df} \bar{P} \lor Q$, wobei
$$\bar{P} =_{df} J_{s+1}(P) \lor J_{s+2}(P) \lor \ldots \lor J_n(P)$$
ist und die $J_k(P)$ Funktionen sind, die genau dann behauptet werden können, wenn P den Wahrheitswert k hat. Diese Bedingung ist bei der Festlegung $j_k(p) = 1$ für $p = k$ und $j_k(p) = n$ für $p \neq k$ erfüllt. (Die $j_k(p)$ sind hierbei die Wahrheitsfunktionen zu den $J_k(P)$.) Rosser und Turquette gaben für diejenigen mit $\to$ und J_k gebildeten Formeln, die allgemein behauptet werden können, ein Axiomensystem an, bestehend aus Gruppen von Axiomenschemata, die explizit von s und n abhängen.

In der Frage der *Interpretation* von m.L.-Systemen besteht keine einheitliche Auffassung. W. STEGMÜLLER [2] meint, daß ein Mißverhältnis zu beobachten sei «zwischen dem großen Maß an technischem Aufwand und erzielten mathematischen Resultaten auf der einen Seite» und andererseits «dem geringen Maß an überzeugender Motivation für die Einführung zusätzlicher Wahrheitswerte» und die Begründung von Einzelschritten des Gesamtaufbaues. Es ist nicht zu leugnen, daß die gegebenen Deutungen der Wahrheitswerte von m.L.en mancherlei Skepsis aufkommen lassen. Dennoch waren und sind – auch bei Stegmüller – die m.L.en nicht zu übersehende Wege und Hilfen für die philosophische Klärung von Gegenüberstellungen wie 'zeitbezogene L.' – 'zeitlose L.' oder 'epistemische L.' – 'ontische L.'. Auch zum Verhältnis der 'Grundwissenschaften' untereinander sind wichtige Beiträge aus der Diskussion um nichtklassische L.en hervorgegangen. So zeigt die im Jahre 1936 von G. BIRKHOFF und J. v. NEUMANN aufgestellte ‹L. der Quantenmechanik› [3] ihre Relevanz zugegebenermaßen weniger durch wahrheitsfunktionale Formulierungen und Deutungen, wohl aber durch die von ihr ausgehende Anregung einer philosophischen Diskussion über das Verhältnis von L., Mathematik und Physik.

Es ist auch kein Zufall, daß das Seeschlachtbeispiel des ARISTOTELES [4] schon bei ŁUKASIEWICZ für die Deutung seiner m.L. im Mittelpunkt stand. Ein besonderer Grund hierfür ist die Behandlung zeitbezogener Aussagen wie: «Morgen findet eine Seeschlacht statt». Das ‹morgen› bekundet, daß es sich um eine 'futurische Aussage' handelt. C. F. v. WEIZSÄCKER sieht ein wichtiges philosophisches Problem darin, beim Aufbau der Wissenschaften von vornherein am rechten Ort den Unterschied zwischen präsentischen, perfektischen und futurischen Aussagen im Blick zu haben. Futurische Aussagen, wie die eben genannte, können die Bewertungen ‹unmöglich›, ‹möglich› oder ‹notwendig› erhalten. ŁUKASIEWICZ hat bei der Deutung seines 3-wertigen Systems der Seeschlachtaussage den Wahrheitswert ‹möglich› ($u = \frac{1}{2}$) zugeordnet. STEGMÜLLER kritisiert Łukasiewicz an der genannten Stelle. Um die Kontroverse zu verstehen, seien zunächst die Gründe der Bewertung ‹möglich› bei ŁUKASIEWICZ genannt. Man wird zwar nicht leugnen, daß die Behauptung von einer morgen stattfindenden Seeschlacht am Ende des morgigen Tages entschieden sein wird. Heute jedoch kennt man keine hinreichenden Ursachen, um sagen zu können, das Stattfinden sei notwendig bzw. das Stattfinden sei unmöglich. Aber selbst wenn man solche Ursachenkenntnis für 'prinzipiell möglich' hielte, wäre damit immer noch nicht ausgemacht, daß diese 'prinzipiell mögliche' physikalische Kenntnis für ein 'Tertium non datur' in der L. herangezogen werden dürfe. Nach Łukasiewicz ist es vielmehr unzulässig, in die L. einen physikalischen Determinismus eingehen zu lassen, und er führt daher den dritten Wahrheitswert ‹möglich› ($u = \frac{1}{2}$) in seine L. ein. STEGMÜLLER vertritt die Ansicht, daß Łukasiewicz hier den «Fehler» begehe, einen *zeitlich relativierten Wahrheitsbegriff* zu verwenden, ohne sich dabei explizit auf ein *Wissen* zu beziehen. Er verweist zunächst darauf, daß bei Einsetzung eines «echten Datums» für ‹morgen› die Wahrheit des Satzes «Am 28. Sept. 480 v. Chr. findet bei Salamis eine Seeschlacht statt oder am 28. Sept. 480 v. Chr. findet bei Salamis keine Seeschlacht statt» außer Frage stehe. Daß nun am 27. Sept. 480 v. Chr. weder das Stattfinden noch das Nichtstattfinden einer Seeschlacht als wahr gewußt wurde, betrifft nach Stegmüller die «epistemische Wahrheit», bei der es darauf ankomme, ob zur Zeit t etwas als wahr gewußt wird.

Die Quantenmechanik, bei der die Unbestimmtheit des Wertes einer Größe prinzipiellen Charakter haben kann, war 1944 für H. REICHENBACH zum Anlaß geworden, ad hoc ein 3-wertiges L.-System mit Wahrheitsfunktionen (die der Situation in der Quantenmechanik so gut wie möglich entsprechen sollen) aufzustellen. Er erklärt drei verschiedene Negationen, von denen die 'zyklische Negation' $\sim$ (die den Wahrheitswert um 1 (modulo 3) erhöht) zusammen mit einer 'alternativen Implikation' $\to$ [5] die Komplementaritätsbedingung der Quantenmechanik erklären soll: Zwei Aussagen A und B sind 'komplementär', wenn bei Wahrheit oder Falschheit der einen die andere 'unbestimmt' sein muß. Dagegen kann bei 'Unbestimmtheit' einer Aussage die andere jeden der drei Wahrheitswerte annehmen. Die genannten Bedingungen sind im System von Reichenbach erfüllt, wenn $A \lor \sim A \to \sim \sim B$ gilt. Die Implikation $\to$ unterscheidet sich an zwei Stellen von derjenigen bei Łukasiewicz («wahr $\to$ unbestimmt» ist falsch, «unbestimmt $\to$ falsch» ist wahr). Ferner muß gesagt werden, daß der Satz vom ausgeschlossenen (negierten) Widerspruch nur für eine andere Negation, nämlich für die 'vollständige Negation' gilt, die ‹wahr› in ‹unbestimmt› und ‹unbestimmt› in ‹wahr› überführt. Das Beispiel der Komplementaritätsbedingung läßt erkennen, in welcher Weise Reichenbach versucht, metasprachliche Aussagen über Aussagen der modernen Physik (z. B. über das Vorliegen von Werten zu physikalischen Größen) in der Objektsprache selbst zu formulieren. Allerdings ist es bei dieser Konstruktion einer 3-wertigen L. durch eindeutige Wahrheitstafeln nicht möglich, denjenigen Grad der Allgemeinheit zu erreichen, der von der quantenmechanischen Wahrscheinlichkeitsrechnung her geboten erscheint. Auch ist es philosophisch nicht voll befriedigend, daß die angegebenen Wahrheitstafeln als solche durch die Zweiwertigkeit der Metasprache bestimmt bleiben, insofern der ganzen Konstruktion die Voraussetzung zugrunde liegt, daß ein Wahrheitswert einer Aussage entweder zukommt oder nicht. Beschränkt man sich trotz der philosophischen Bedenken auf diesen Fall, so ist es zweckmäßig, von vornherein Funktoren einzuführen, durch die die 2-wertigen Metaaussagen «*P* hat den Wahrheitswert *k*» unmittelbar in der Objektsprache darstellbar sind. Dies geschieht im Fall der 3-wertigen Logik durch die Funktoren $J_1(P)$, $J_2(P)$, $J_3(P)$ (für $s = 1$) von ROSSER und TURQUETTE mit $j_k(p) = 1$ für $p = k$ und $j_k(p) = 3$ für $p \neq k$ [5a]. Bei der inhaltlichen Deutung der mit den $J_k(P)$ gebildeten Formeln hält man sich zweckmäßig die Dreiwertigkeit von *P* und die Zweiwertigkeit der $J_k(P)$ vor Augen. (Bei Wahrheitswerten ⟨notwendig⟩, ⟨unbestimmt⟩, ⟨unmöglich⟩ besagt z.B. die Formel $J_3J_1(P) \rightarrow J_2(P) \vee J_3(P)$: «Wenn die Notwendigkeit von *P* unmöglich ist, so ist *P* unbestimmt oder unmöglich».) Die Theorie der «L. zeitlicher Aussagen» v. WEIZSÄCKERS, bei der die 'futurischen Aussagen', wie schon erwähnt, einer dreifachen Bewertung unterliegen, zielt auf einen anderen (philosophisch relevanteren) Punkt. v. Weizsäcker kommt es wesentlich darauf an, der traditionellen Hierarchie der Wissenschaften, wie sie insbesondere bei der Bereichsunterscheidung von L., Mathematik und Physik vorausgesetzt wird, entgegenzutreten. Er fragt demgegenüber nach solchem im zeitlichen Geschehen, was – kantisch gesprochen – zur «Bedingung der Möglichkeit von Erfahrung überhaupt» gehört. Auch der Logiker W. v. O. QUINE, der zwar keine Änderung der klassischen L. aufgrund der Quantenmechanik vorschlägt, äußert sich angesichts des Problems «abweichender L.en» entschieden gegen die üblichen Bereichseinteilungen. Quine hält die logische Bedeutung der Ergebnisse der Quantenmechanik zunächst insofern für sehr erwähnenswert, als nach seiner Auffassung die L. ebenso «revidierbar ist wie die Quantenmechanik oder Relativitätstheorie» [6]. Man sollte sich nach Quine darüber im klaren sein, wieweit bisweilen 'empirische' Theorien von jeder auch nur indirekt relevanten Beobachtung entfernt sind. Der Grund, die L. nicht zu ändern, müsse daher in dem «Prinzip der minimalen Verstümmelung» zu sehen sein. Ändert man eine Theorie, die einen sehr weiten Abstand von «empirischen Rand» hat, so büßt der Gesamtaufbau erheblich an Einfachheit, Eleganz und Durchsichtigkeit ein [7].

Zuletzt sei noch ein neuerer – sprachanalytischen Untersuchungen entsprungener – Ansatz für eine 3-wertige L. genannt, nämlich die «dreiwertige L. der natürlichen Sprache» von U. BLAU. Blau ist der Meinung, daß unserem intuitiven Denken nur eine dreiwertige L. gerecht werden könne. Dabei geht es ihm besonders um die Verdeutlichung zweier Punkte: Einmal, daß es eine «Vagheit» von Begriffen gibt, die nicht in diesem oder jenem Kontext aufgehoben wird. Zweitens, daß in gewissen Sätzen «unerfüllte Präsuppositionen» vorkommen. Dazu gehören insbesondere solche, die nicht-referentielle Kennzeichnungen (die nichts bezeichnen) enthalten. Im L.-System Blaus haben sowohl Elementarsätze, deren Subjekt im Vagheitsbereich des Prädikates liegt, als auch solche, die etwas über nicht erfüllte Voraussetzungen aussagen, den Wahrheitswert ⟨unbestimmt⟩. Seine «dreiwertige L. der natürlichen Sprache» ist dabei so aufgebaut, daß sich die 2-wertige L. als Spezialfall ergibt. Der Gedanke, die 'Quanten-L.' als Beispiel für die L. unerfüllter Präsuppositionen aufzufassen, wird in diesem Zusammenhang auch von STEGMÜLLER [8] geäußert. Allerdings kann dieses wohl nur *einen* der philosophischen Aspekte der 'Quanten-L.' berühren.

Anmerkungen. [1] In polnischer Schreibweise wird ¬ *P* mit *NP* und *P→Q* mit *CPQ* bezeichnet. Das erste Axiom lautet dann z. B. *CPCQP*. – [2] W. STEGMÜLLER: Hauptströmungen der Gegenwartsphilos. 2 (1975) 182. – [3] G. BIRKHOFF und J. v. NEUMANN: The L. of quantum mechanics. Ann. of Math. 37 (1936); vgl. auch Art. ‹Quantenlogik›. – [4] ARISTOTELES, De interpr. c. 9. – [5] H. REICHENBACHS Pfeilsymbol darf nicht mit dem sonst hier verwendeten Pfeilsymbol, dem Subjunktor, verwechselt werden. – [5a] Vgl. J. R. ROSSER und A. R. TURQUETTE: Many-valued L. (Amsterdam 1952). – [6] W. v. O. QUINE: Philos. der L. (1973) 115. – [7] a.O. 98. 114f. – [8] STEGMÜLLER, a.O. [2] 217.

Literaturhinweise. J. ŁUKASIEWICZ: O logice trójwartościowej. Ruch Filosoficzny 5 (1920); engl. in: Selected works, hg. L. BORKOWSKI (Amsterdam 1970) 87f.; Philos. Bemerk. zu mehrwertigen Systemen des Aussagenkalküls. CR. Varsovie 23 (1930). – J. ŁUKASIEWICZ und A. TARSKI: Untersuch. über den Aussagenkalkül a.O. – E. L. POST: Introd. to a general theory of elementary propositions. Amer. J. Math. 43 (1921). – H. REICHENBACH: Philos. foundations of quantum mechanics (1944); dtsch. (1949); Über die erkenntnistheoret. Problemlage und den Gebrauch einer dreiwertigen L. in der Quantenmechanik. Z. Naturforsch. 6a (1951). – J. R. ROSSER und A. R. TURQUETTE s. Anm. [5a]. – J. BOCHEŃSKI und A. MENNE: Grundzüge der Logistik (1954) § 25. – A. A. SINOWJEW: Über m.L. (1968). – N. RESCHER: Many-valued L. (New York/London 1969) (mit Lit. bis 1965). – P. MITTELSTAEDT: Philos. Probleme der modernen Physik (^{4}1972). – C. F. VON WEIZSÄCKER: Die Einheit der Natur (1971) bes. II, 4f. – W. v. O. QUINE s. Anm. [6]. – P. RUTZ: Zweiwertige und m.L. (1973). – U. BLAU: Zur 3-wertigen L. der nat. Sprache. Papiere zur Linguistik 4 (1973); Dreiwertige Sprachanalyse und L. (1974). – W. STEGMÜLLER s. Anm. [2] Kap. 2-4.

E. RICHTER

Logik, operative. – 1. Die o.L. ist eine von P. LORENZEN [1] entwickelte Theorie der logischen Partikeln, die als Fundament der zugleich mit ihr aufgebauten operativen Mathematik [2] dient und sich als eine konstruktive Semantik für die erstmals von A. HEYTING [3] kalkülisierte intuitionistische L. herausstellt. Mit der operativen Mathematik soll ein Ausweg aus dem festgefahrenen *Grundlagenstreit* (s.d.) zwischen dem Intuitionismus Brouwers und dem Formalismus Hilberts gewiesen werden, der das von beiden Richtungen anerkannte enge Gebiet der 'finiten Mathematik' auch auf die Behandlung des Unendlichen in begründeter Weise zu erweitern erlaubt. Zu diesem Zweck macht sich LORENZEN die eine Hälfte der These von CURRY, einem der letzten Schüler von Hilbert, zu eigen: «Mathematics is the science of formal systems» (Mathematik ist die Theorie der Kalküle) [4] und erklärt die Theorie beliebiger *Kalküle* (s.d.) und nicht nur die Theorie der kalkülisierten inhaltlichen Mathematik, wie in der Metamathematik Hilberts, in ausgezeichneter Weise als Teil der Mathematik. Von DINGLER [5] stammt dabei die Einsicht, daß der Beweis einfacher Aussagen der Kalkültheorie, z.B. einer Ableitbarkeitsbehauptung, unmittelbar durch Handlungen mit den Atomen des Kalküls, ohne jede Voraussetzung logischer Gesetze o.ä., also *logikfrei*, vollzogen wird.

Erst wenn der logischen Partikeln innerhalb der Theorie der Kalküle auf geeignete Weise interpretiert sind, gibt es eine Möglichkeit, formale L. im engeren Sinn, und zwar dann als eine operativ begründete Theorie der logischen Partikeln, zu treiben. Als Voraussetzung dafür werden unter dem Titel *Proto-L.* diejenigen Begriffsbildungen und Beweisverfahren zusammengestellt, die unabhängig von der speziellen Gestalt eines Kalküls, also allgemein für beliebige Kalküle verwendbar sind [6].

Wichtigster Begriff ist dabei die *Zulässigkeit* einer Regel, die auf folgende Weise erklärt wird: Liegt ein Kalkül K, gegeben durch ein System von Grundregeln einschließlich der Grundfiguren als uneigentlicher Grundregeln, nämlich Regeln ohne Prämissen, bereits vor, so heißt eine Regel $\alpha_1; ...; \alpha_n \Rightarrow \alpha$ zulässig in K (symbolisiert: $\vdash_K \alpha_1; ...; \alpha_n \Rightarrow \alpha$), wenn mit dem Kalkül K', der durch Erweiterung von K um die Regel $\alpha_1; ...; \alpha_n \Rightarrow \alpha$ entsteht, nicht mehr Figuren ableitbar werden als mit dem Kalkül K, also wenn die Aussage $\vdash_K \alpha_1 \wedge ... \wedge \vdash_K \alpha_n \to \vdash_K \alpha$ (in Worten: wenn α_1 ableitbar in K und ... und α_n ableitbar in K, dann α ableitbar in K) *generell* gilt; allerdings kann diese Aussage für die Erklärung der Zulässigkeit nicht benutzt werden, da die in ihr verwendeten logischen Partikeln an dieser Stelle noch nicht eingeführt sind. (Die Hinzufügung von ‹generell› ist erforderlich, weil die durch die Mitteilungszeichen ‹α› dargestellten Gegenstände nicht nur aus Ketten von Atomfiguren des Kalküls K zu bestehen brauchen, sondern auch *Variable* für bestimmte Klassen von Figuren enthalten dürfen, die ihrerseits durch die Ableitbarkeit in geeigneten Hilfskalkülen definiert sind; meist genügt als Variabilitätsbereich die (K-)Universalklasse *aller* Ketten von Atomfiguren aus K. $\vdash_K \alpha$ stellt im allgemeinen dann eine *Aussageform* dar, die erst nach Ersetzung der Kalkülvariablen durch Figuren aus dem Variabilitätsbereich, d. i. einer *Belegung*, in eine Aussage übergeht.) Um eine Zulässigkeitsbehauptung nun zu beweisen, ist es erforderlich, angenommene Verwendungen der als zulässig behaupteten Regel bei der Ableitung einer Figur zu eliminieren, also eine Ableitung unter Benutzung der fraglichen Regel in eine Ableitung derselben Endfigur ohne Benutzung dieser Regel umzuformen – oder aber die Annahme, daß die fragliche Regel in einer Ableitung überhaupt hat verwendet werden können, zu widerlegen. Es gibt vier protologische Methoden, mit denen sich die *Eliminierbarkeit* einer Regel nachweisen läßt: Deduktionsprinzip, Induktionsprinzip, Inversionsprinzip und Unableitbarkeitsprinzip.

a) *Deduktionsprinzip:* Ist R die Regel $\alpha_1; ...; \alpha_n \Rightarrow \alpha$ und gilt die *hypothetische Ableitbarkeit* $\alpha_1; ...; \alpha_n \vdash_K \alpha$ – d. h. ist α ableitbar in einem Kalkül, der aus K durch Hinzufügen der Figuren $\alpha_\nu (\nu = 1, ..., n)$ als weiterer Grundfiguren in K hervorgeht –, so ist R zulässig in K, und zwar sogar *ableitbar* in K; aber nicht jede zulässige Regel ist ableitbar, d. h. aus $\vdash_K \alpha_1; ...; \alpha_n \Rightarrow \alpha$ läßt sich nicht stets $\alpha_1; ...; \alpha_n \vdash_K \alpha$ folgern, z. B. ist die im Kalkül

$K_\circ:\quad \Rightarrow +$
$\qquad n \Rightarrow n\circ$
$\qquad n \Rightarrow +n+$

zulässige Regel $n \Rightarrow ++n$ nicht ableitbar [7].

Die Verallgemeinerung lautet: Die *Metaregel* $R_1; ...; R_n \Rightarrow R$ ist zulässig in K (symbolisiert: $\vdash_K R_1; ...; R_n \Rightarrow R$), wenn die *hypothetische Zulässigkeit* $R_1; ...; R_n \vdash_K R$ gilt; und dies ist wiederum dann der Fall, wenn im Kalkül K', der aus K durch Hinzufügen der Regeln $R_\nu (\nu = 1, ..., n)$ hervorgeht, die Regel R ableitbar ist.

b) *Induktionsprinzip:* Sind $\alpha_1, ..., \alpha_{n_0}$ die Grundfiguren und

$\beta_{11}; ...; \beta_{1n_1} \Rightarrow \beta_1$
$\beta_{21}; ...; \beta_{2n_2} \Rightarrow \beta_2$

$\vdots$

$\beta_{m1}; ...; \beta_{mn_m} \Rightarrow \beta_m$

die Grundregeln eines (Hilfs)Kalküls K_1 und ist ξ eine Variable für die in K_1 ableitbaren Figuren sowie $\vdash_K \gamma(\xi)$ eine Zulässigkeitsbehauptung (speziell: Ableitbarkeitsbehauptung) über einem Kalkül K (der auch K_1 sein kann), so gilt die hypothetische Zulässigkeit

$\Rightarrow \gamma(\alpha_1); ...; \Rightarrow \gamma(\alpha_{n_0}); [\gamma(\beta_{11}); ...; \gamma(\beta_{1n_1}) \Rightarrow \gamma(\beta_1)]; ...;$
$[\gamma(\beta_{m1}); ...; \gamma(\beta_{mn_m}) \Rightarrow \gamma(\beta_m)] \vdash_K \gamma(\xi);$

d. h. die Zulässigkeit aller (K_1-)Belegungen von $\gamma(\xi)$ bzgl. K wird durch *Vererblichkeit* der Zulässigkeit bzgl. K von den jeweiligen Prämissen auf die Konklusion bei jeder Regel von K_1 bewiesen. Man spricht dann genauer auch von *Prämisseninduktion* bzgl. K_1. Zum Beispiel liefert

$\gamma(\xi) \leftrightharpoons \xi \Rightarrow ++\xi,$

wobei ξ eine Variable für die ableitbaren Figuren des $K_\circ$-Universalkalküls:

$\Rightarrow \circ$
$\Rightarrow +$
$n \Rightarrow n\circ$
$n \Rightarrow n+$

ist, bei allen Belegungen eine zulässige Regel bzgl. $K_\circ$, weil die vier Hypothesen in der aufgrund Prämisseninduktion bzgl. des $K_\circ$-Universalkalküls gültigen hypothetischen Zulässigkeit

$+ \Rightarrow +++; \circ \Rightarrow ++\circ; n \Rightarrow ++n \doteq m\circ \Rightarrow ++m\circ;$
$n \Rightarrow ++n \doteq m+ \Rightarrow ++m+ \vdash_{K_\circ} \xi \Rightarrow ++\xi$

allesamt ihrerseits bereits zulässige Regeln bzw. Metaregeln bzgl. $K_\circ$ sind; mit Prämisseninduktion bzgl. $K_\circ$ selbst ergibt sich alternativ die Zulässigkeit von $n \Rightarrow ++n$ mit $\gamma(\xi) \leftrightharpoons ++\xi$ aufgrund der Zulässigkeit der drei Hypothesen bzgl. $K_\circ$ in der hypothetischen Zulässigkeit:

$\Rightarrow +++; ++n \Rightarrow ++n\circ; ++n \Rightarrow +++n+$
$\vdash_{K_\circ} ++\xi.$

c) *Inversionsprinzip:* Haben in einem Kalkül K relativ zu einer beliebigen Regel $\alpha \Rightarrow \beta$ *nur* die Grundregeln

$\alpha_{11}; ...; \alpha_{1n_1} \Rightarrow \alpha_1$

$\vdots$

$\alpha_{m1}; ...; \alpha_{mn_m} \Rightarrow \alpha_m$, deren Variable sämtlich auch in α vorkommen müssen, Belegungen derart, daß bei der Anwendung einer dieser Grundregeln die Belegung eines α_μ mit einer Belegung von α übereinstimmt, wobei gleiche Variable gleich belegt werden müssen, so gilt die hypothetische Zulässigkeit

$[\alpha_{11}; ...; \alpha_{1n_1} \Rightarrow \beta]; ...; [\alpha_{m1}; ...; \alpha_{mn_m} \Rightarrow \beta] \vdash_K \alpha \Rightarrow \beta.$

Zum Beispiel ist $n\circ \Rightarrow n$ in $K_\circ$ zulässig, weil nur für die Grundregel $n \Rightarrow n\circ$ die Voraussetzungen der Inversion erfüllt sind, die Hypothese $\overline{n \Rightarrow n}$ in der hypothetischen Zulässigkeit $n \Rightarrow n \vdash_K n\circ \Rightarrow n$ aber trivialerweise zulässig ist; für den Kalkül K_2' mit der Grundfigur $++$ und den beiden Grundregeln

$n \Rightarrow n+$
$n \Rightarrow n+\circ$

(n soll eine Variable nur für Kreuzfolgen sein!) jedoch beweist die Unzulässigkeit von $n++\circ \Rightarrow n$ (es wäre sonst $+$ ableitbar) die Notwendigkeit der – gegenüber der die Kritik von H. HERMES [8] nur unzureichend berücksichtigenden Korrektur in der 2. Auflage der ‹Operativen Logik› von LORENZEN [9] – hier benützten weiteren Verschärfung bei den Voraussetzungen für die Inversion.

Darüber hinaus wird die praktische Fähigkeit des Figurenvergleichs benötigt, also die Existenz eines Entscheidungsverfahrens vorausgesetzt, das für je zwei Figuren eines Kalküls, das sind ableitbare Figuren des zu den Atomen dieser Figuren gehörenden Universalkalküls, zu entscheiden gestattet, ob sie gleich oder ungleich, Aktualisierungen desselben Figurenschemas oder verschiedener Figurenschemata sind. In der ‹Operativen Logik› von LORENZEN ist diesem praktischen Entscheidungsverfahren durch Benutzung eigens hinzugefügter Atome $=$ und $\neq$ die theoretische Form eines Kalküls D zur Herstellung von Figuren $\alpha = \beta$ und $\alpha \neq \beta$, also einer *induktiven Definition* für Figurengleichheit und -ungleichheit gegeben worden mit der Möglichkeit, ein eigenes *Gleichheitsprinzip* $\alpha = \beta$; $\alpha \vdash_{DK} \beta$ für den mit D erweiterten Kalkül K zu formulieren [10]; der praktische Figurenvergleich kann dadurch allerdings nicht hintergangen werden. Jedoch lassen sich damit *Unableitbarkeitsbehauptungen* in einem Kalkül K in der Form von Ableitbarkeitsbehauptungen im zugehörigen Kalkül DK beweisen, z. B. $\not\vdash_{K_2} +$ durch $\vdash_{DK_2} + \neq \alpha$ mit Hilfe von Prämisseninduktion bzgl. K_2: Weil die Grundfigur $++$ ungleich $+$ ist und sich die Ungleichheit von den Prämissen der beiden Grundregeln $n \Rightarrow n+$ und $n \Rightarrow n+o$ auf die jeweilige Konklusion vererbt, sind alle ableitbaren Figuren von K_2 ungleich $+$.

Mit der Möglichkeit des Beweises einer Unableitbarkeit ergibt sich für den Beweis einer Zulässigkeit noch ein letztes protologisches Verfahren, nämlich durch Widerlegung der Annahme, daß die als zulässig behauptete Regel in einer Ableitung überhaupt hat verwendet werden können, d. i. das

d) *Unableitbarkeitsprinzip*: Ist eine Figur α in einem Kalkül K unableitbar, so ist jede Regel $\alpha \Rightarrow \beta$ zulässig in K.

Ersichtlich gibt es keine Möglichkeit, in irgendeinem Sinne vorweg sicherzustellen, daß ein gelungener Beweis einer Zulässigkeitsbehauptung sich nur dieser Prinzipien bedienen wird, auch wenn im bisher vorliegenden Aufbau der o.L. keine weiteren protologischen Beweisverfahren verwendet worden sind.

2. Der Schritt von der Proto-L. zur L. im engeren Sinn wird in der o.L. in drei Etappen vollzogen. In der ersten Etappe wird die logische Partikel ‹wenn – dann› (symbolisiert: $\rightarrow$) durch das praktische ‹wenn – dann› des Regelpfeils $\Rightarrow$ gedeutet, also $\vdash_K \alpha \rightarrow \vdash_K \beta \leftrightharpoons \vdash_K \alpha \Rightarrow \beta$, was zur Folge hat, daß die Erklärung der Zulässigkeit einer Regel als unmittelbar verständlich gelten muß und eine Zurückführung der Zulässigkeit auf die Gültigkeit der gerade erst einzuführenden Subjunktion nicht vorgenommen werden kann. Nimmt man noch hinzu, daß dieser Weg den Bereich der Primaussagen auf Ableitbarkeits- bzw. Zulässigkeitsaussagen in Kalkülen zu beschränken zwingt, so werden Mängel sichtbar (besonders deutlich abzulesen an der definitorischen Gleichsetzung einer logisch zusammengesetzten Aussage mit einer Primaussage), die zur Fortentwicklung der o.L. geführt haben und erst in der *dialogischen L.* (s. d.) behoben werden konnten [11]. Sind also $\vdash_K \alpha$ und $\vdash_K \beta$ zwei Ableitbarkeitsaussagen über einem Kalkül K – sie lassen sich durch Angabe von Ableitungen nach den Grundregeln von K ausgehend von Grundfiguren und endend mit α bzw. β beweisen, sind also *beweisdefinit*, im allgemeinen jedoch nicht wertdefinit, weil es unentscheidbare Kalküle gibt, die Existenz von Ableitungen zu angenommenen Endfiguren also nicht entscheidbar ist –, so wird die logisch zusammengesetzte Aussage ‹wenn $\vdash_K \alpha$ dann $\vdash_K \beta$› – eine Subjunktion 1. Stufe – definiert durch die Zulässigkeit der Regel $\alpha \Rightarrow \beta$ in K, die ihrer Voraussetzung keine Variable mehr enthält. Da Zulässigkeiten sich protologisch beweisen und widerlegen lassen, gibt es auch einen Beweisbegriff und einen Widerlegungsbegriff für die Subjunktionen 1. Stufe, allerdings ist keiner von beiden entscheidbar; in welchem Sinne gleichwohl Zulässigkeitsaussagen noch als *definit* gelten dürfen, wie von der o.L. beansprucht [12], läßt sich ebenfalls erst in der dialogischen L. klären, dadurch nämlich, daß Subjunktionen *dialogdefinit* sind, also ein entscheidbarer Dialogbegriff für sie definiert ist.

Zwei weitere logische Partikeln, der Negator ‹nicht› (symbolisiert: $\neg$) und der Allquantor (Großkonjunktor) ‹alle› (symbolisiert: $\bigwedge$), lassen sich durch spezielle Zulässigkeitsaussagen gewinnen, wobei $\curlywedge$ (gelesen: falsum) als Zeichen für eine beliebige unableitbare und $\curlyvee$ (gelesen: verum) als Zeichen für eine beliebige ableitbare Figur des zugrunde gelegten Kalküls benutzt werden [13]:

$\neg \vdash_K \alpha \leftrightharpoons \vdash_K \alpha \Rightarrow \curlywedge$ und
$\bigwedge_\xi \vdash_K \alpha(\xi) \leftrightharpoons \vdash_K \curlyvee \Rightarrow \alpha(\xi)$.

Im Fall der Großkonjunktion ist wieder der allgemeine Fall zugelassen – und nur dann liegt auch eine eigentliche Allaussage vor –, daß die Figur α eine Variable ξ für ableitbare Figuren irgendeines Hilfskalküls, den *Objektbereich*, enthält. Im Fall der Negation kann man sich leicht davon überzeugen, daß $\neg \vdash_K \alpha$ mit der Unableitbarkeit $\not\vdash_K \alpha$ gleichwertig ist: Nach dem Unableitbarkeitsprinzip ist für unableitbares α jede Regel $\alpha \Rightarrow \beta$ zulässig, also insbesondere $\alpha \Rightarrow \curlywedge$, und umgekehrt muß bei zulässiger Regel $\alpha \Rightarrow \curlywedge$ die Figur α unableitbar sein, weil sonst auch $\curlywedge$ ableitbar wäre.

In der zweiten Etappe wird die Iteration der Subjunktion und ihrer beiden Spezialisierungen Negation und Großkonjunktion dadurch ermöglicht, daß man zu Zulässigkeitsaussagen in *Metakalkülen* beliebiger Stufe übergeht. Nennt man den ursprünglichen Kalkül K den Grundkalkül K^0, so soll der Metakalkül 1. Stufe K^1 dadurch 'definiert' sein, daß genau die zulässigen Regeln von K^0 in ihm ableitbar sind. Natürlich ist mit dieser Erklärung der Metakalkül K^1 nicht im Sinne des allgemeinen Kalkülbegriffs festgelegt, weder sind bestimmte zulässige Regeln von K^0 als seine Grundfiguren ausgezeichnet, noch sind bestimmte zulässige Metaregeln von K^0 als seine Grundregeln festgelegt, von der unlösbaren Aufgabe einmal ganz abgesehen, dann noch die Vollständigkeit des Metakalküls zu beweisen, nämlich daß er wirklich alle zulässigen Regeln von K^0 ableitbar macht. Da aber gleichwohl Zulässigkeitsaussagen auch für Metaregeln und ebenso für Metametaregeln usw. sich aufgrund der protologischen Prinzipien beweisen lassen, ist die Einführung derartiger Metakalküle n-ter Stufe K^n sinnvoll. Berücksichtigt man jetzt, daß jede Regel im Kalkül K^n auch als uneigentliche Regel, d.i. eine Regel ohne Prämisse, jedes Kalküls K^m mit $m > n$ gelesen werden kann, und werden die Mitteilungszeichen ‹a›, ... statt nur für Figuren von K^0 auch für Regeln und Metaregeln jeder Stufe verwendet, so sind mit der Definition

$\vdash_{K^\nu} \alpha \rightarrow \vdash_{K^\nu} \beta \leftrightharpoons \vdash_{K^\nu} \alpha \Rightarrow \beta$ ($\nu = 1, 2, ...$)

sämtliche Möglichkeiten subjunktiver Zusammensetzung aus Primaussagen, d.s. die Ableitbarkeitsaussagen in K^0, erfaßt.

Zum Beispiel gilt die Subjunktion

$a \rightarrow b \rightarrow a$ mit $a \leftrightharpoons \vdash_{K^0} \alpha$, $b \leftrightharpoons \vdash_{K^0} \beta$

genau dann, wenn die Metaregel $\Rightarrow \alpha \Rightarrow \beta \Rightarrow \alpha$ in K^0 zulässig ist; das aber ist wegen der Eliminierbarkeit des Regelschritts von β nach α unter der Voraussetzung des zusätzlichen Anfangsschritts α trivial. Für Negation und Großkonjunktion lassen sich die Definitionen ganz entsprechend verallgemeinern, wenn man auch hier berücksichtigt, daß $\curlyvee$ und $\curlywedge$ dann nicht nur für eine ableitbare bzw. unableitbare Figur von K^0, sondern ebenfalls für die zugehörigen zulässigen bzw. unzulässigen (Meta-)Regeln entsprechender Stufe, also $\Rightarrow\!\!\curlyvee$ bzw. $\Rightarrow\!\!\curlywedge$ oder $\dot\Rightarrow\ \Rightarrow\!\!\curlyvee$ bzw. $\dot\Rightarrow\ \Rightarrow\!\!\curlywedge$ usw. zu stehen haben.

In der dritten Etappe schließlich geht es darum, die noch fehlenden logischen Partikeln ⟨und⟩ (symbolisiert: ∧), ⟨oder⟩ (symbolisiert: ∨) und ⟨manche⟩ (symbolisiert: $\bigvee$) zu definieren. Zu diesem Zweck wird eine Erweiterung des Grundkalküls K^0 und sämtlicher Metakalküle K^n um weitere drei Atomzeichen ⟨∧⟩, ⟨∨⟩ und ⟨$\bigvee$⟩ (einschließlich der beiden Klammern ⟨(⟩ und ⟨)⟩ als Hilfszeichen), die verschieden von den Atomen in K^0 sein müssen, mit Hilfe der folgenden *Einführungsregeln* vorgenommen:

$$\alpha;\ \beta \Rightarrow (\alpha \wedge \beta)$$
$$\alpha \Rightarrow (\alpha \vee \beta)$$
$$\beta \Rightarrow (\alpha \vee \beta)$$
$$\alpha(\xi) \Rightarrow \bigvee_\xi \alpha(\xi)$$

Hier sind ⟨α⟩, ⟨β⟩, ... Mitteilungszeichen nicht nur für Figuren $n, m, ...$ von K^ν ($\nu = 0,1, ...$), sondern auch für Figuren $(n \wedge m)$, $(n \vee m)$, $\bigvee_\xi n(\xi)$, die in den Metakalkülen dann auch noch Regeln heißen sollen. Damit besteht der erweiterte Grundkalkül $\bar K^0$ aus den alten Grundfiguren, den alten Grundregeln und den neu hinzugefügten Einführungsregeln, während die erweiterten Metakalküle $\bar K^\nu$ jetzt durch die Bedingung charakterisiert werden müssen, genau die *relativ-zulässigen* Regeln, Metaregeln usw. von K^0 ableitbar zu machen. Eine Regel R heißt dabei relativ-zulässig in einem Kalkül K, wenn R zwar weitere Atomzeichen enthält, die in K nicht vorkommen, gleichwohl aber durch Anwendung von R keine Figur ableitbar wird, die, wenn sie nur aus den ursprünglichen Atomen zusammengesetzt ist, nicht auch ohne Anwendung von R abgeleitet werden könnte. Die Einführungsregeln sind relativ-zulässig in jedem K^ν, und zwar unabhängig von der Wahl des Grundkalküls K^0, sofern dieser die neu eingeführten Atomzeichen nicht enthält. Mit ihrer Hilfe lassen sich zum einen alle übrigen Regeln mit mehreren Prämissen durch Regeln mit einer Prämisse ersetzen – es gilt $\alpha_1; ...; \alpha_n \Rightarrow \alpha \dashv\vdash \alpha_1 \wedge ... \wedge \alpha_n \Rightarrow \alpha$ – und zum andern ein System von Regeln mit derselben Konklusion durch eine Regel mit dieser Konklusion – es gilt (beweisbar durch Inversion!)

$\alpha_1 \Rightarrow \alpha; ...; \alpha_n \Rightarrow \alpha \vdash \alpha_1 \vee ... \vee \alpha_n \Rightarrow \alpha$ und
$\alpha_1 \vee ... \vee \alpha_n \Rightarrow \alpha \vdash \alpha_\nu \Rightarrow \alpha (\nu = 1, ..., n)$.

Nun lassen sich die übrigen junktorenlogischen Zusammensetzungen aus Primaussagen, also Konjunktion, Adjunktion und Großadjunktion in allen Kalkülen $\bar K^\nu$ ($\nu = 0,1, ...$) definieren durch:

$\vdash_{\bar K^\nu} \alpha \wedge \vdash_{\bar K^\nu} \beta \leftrightharpoons \vdash_{\bar K^\nu} (\alpha \wedge \beta)$
$\vdash_{\bar K^\nu} \alpha \vee \vdash_{\bar K^\nu} \beta \leftrightharpoons \vdash_{\bar K^\nu} (\alpha \vee \beta)$
$\bigvee_\xi \vdash_{\bar K^\nu} \alpha(\xi) \leftrightharpoons \vdash_{\bar K^\nu} \bigvee_\xi \alpha(\xi)$

Damit sind beliebige logische Zusammensetzungen aus Primaussagen, das sind die Ableitbarkeitsaussagen in irgendeinem Grundkalkül K^0, vollständig als Zulässigkeitsaussagen in einem passenden Kalkül $\bar K^\nu$ erklärt, wenn nur die Definitionen für Subjunktion, Negation und Großkonjunktion noch von K^ν auf $\bar K^\nu$ ausgedehnt werden.

3. Auf der Grundlage der so erklärten *operativen Wahrheit* von Aussagen über Kalkülen läßt sich jetzt eine spezielle *logische Wahrheit* derselben Aussagen dadurch auszeichnen, daß die Betrachtung der Zulässigkeit von Regeln, Metaregeln usw. auf die *Allgemeinzulässigkeit* der Regeln, Metaregeln usw. eingeschränkt wird. Eine Regel heißt allgemeinzulässig in einem Kalkül K, wenn sie zulässig oder auch nur relativ-zulässig in K ist, ohne daß beim Beweis der Zulässigkeit von der besonderen Wahl von K Gebrauch gemacht würde, von der Bedingung an den Atombestand von K für die relative Zulässigkeit der Einführungsregeln einmal abgesehen. Versucht man jetzt, zunächst eine Übersicht über die logische Wahrheit der allein subjunktiv zusammengesetzten Aussagen zu gewinnen, so sind $\alpha_1; ...; \alpha_n \Rightarrow \alpha_\nu (\nu = 1, ..., n)$ ersichtlich allgemeinzulässige Regeln, aber es ist auch
$[\alpha_1; ...; \alpha_n \Rightarrow \beta_1]; ...; [\alpha_1; ...; \alpha_n \Rightarrow \beta_m]; [\beta_1; ...; \beta_m \Rightarrow \beta] \dot\Rightarrow \alpha_1; ...; \alpha_n \Rightarrow \beta$

eine allgemeinzulässige Metaregel, und ebenso sind

$\alpha_1; ...; \alpha_m \dot\Rightarrow \alpha_{m+1}; ...; \alpha_n \Rightarrow \alpha \ddot\Leftrightarrow \alpha_1; ...; \alpha_{m-1} \dot\Rightarrow \alpha_m; ...; \alpha_n \Rightarrow \alpha$

zwei allgemeinzulässige Metametaregeln.

Mit $A, B, ...$ als Mitteilungszeichen für subjunktiv aus Ableitbarkeitsaussagen zusammengesetzte Aussagen einschließlich Aussagen der Form $A_1, ..., A_n \to A$ – für diese gilt aufgrund der angegebenen allgemein zulässigen Metametaregeln:

$A_1, ..., A_n \to A \leftrightarrow (A_1 \to (A_2 \to ... \to (A_n \to A))...))$

ε logisch wahr – erhält man daraufhin den folgenden *Konsequenzenkalkül* **L** zur Herstellung logisch wahrer Aussagen:

$\Rightarrow A_1, ..., A_n \to A_1$ ⎫
$\vdots$ ⎬ (verallgemeinerte Reflexivität)
$\Rightarrow A_1, ..., A_n \to A_n$ ⎭
$A_1, ..., A_n \to B_1; ...; A_1, ..., A_n \to B_m; B_1, ..., B_m \to B \Rightarrow$
$A_1, ..., A_n \to B$ (verallgemeinerte Transitivität)
$A_1, ..., A_m \dot\to A_{m+1}, ..., A_n \to A \Rightarrow$
$A_1, ..., A_{m-1} \dot\to A_m, ..., A_n \to A$ (Importation) [14]
$A_1, ..., A_{m-1} \dot\to A_m, ..., A_n \to A \Rightarrow$
$A_1, ..., A_m \to A_{m+1}, ..., A_n \to A$ (Exportation).

L erweist sich als gleichwertig mit den bekannten Kalkülisierungen der *positiven Implikations-L.*, d.i. derjenigen intuitionistisch logisch wahren Aussageschemata, die nur aus Subjunktionen bestehen, z. B. mit $A \to B \to A$ und $A \dot\to B \to C \ddot\to A \to B \dot\to A \to C$ als Grundfiguren und modus ponens als Grundregel [15], so daß die logische Wahrheit der o.L., zumindest soweit sie in **L** kalkülisiert ist, mit der intuitionistischen oder effektiven logischen Wahrheit übereinstimmt [16]. Gleichwohl ist es ein ungelöstes Problem der o.L., einen Begriff von Vollständigkeit anzugeben, der es erlauben würde, den Konsequenzenkalkül **L** als vollständig auch nachzuweisen. Da der Nachweis der Allgemeinzulässigkeit von Regeln, Metaregeln usw., abgesehen von der Anwendung des Unableitbarkeitsprinzips, stets nur positiv durch Eliminationsverfahren erfolgt, gibt es keine Übersicht über die Widerlegbarkeit von Allgemeinzulässigkeitsbehauptungen. Zum Beispiel würde die Hinzunahme der klassisch logisch wahren, jedoch in **L** unableitbaren *Peirceschen Aussage* $A \to B \dot\to A \ddot\to A$ bedeuten, die Allgemeinzulässigkeit der Metametaregel $\alpha \Rightarrow \beta \dot\Rightarrow \alpha \ddot\Rightarrow \alpha$ nachzuweisen, was nicht direkt, durch Elimination, sondern nur indirekt, durch reductio ad absurdum [17], also einen methodisch noch nicht zur Verfügung stehenden logischen Schluß in der Metasprache, gelingt [18].

Wird in einem letzten Schritt die Beschränkung des Aussagenbereichs fallengelassen, so lassen sich durch einfache Anwendungen des Inversionsprinzips auf die Einführungsregeln die Allgemeinzulässigkeiten von $\alpha \wedge \beta \Rightarrow \alpha$, $\alpha \wedge \beta \Rightarrow \beta$ und $\alpha \Rightarrow \gamma$; $\beta \Rightarrow \gamma \dotdiv \alpha \vee \beta \Rightarrow \gamma$ nachweisen, während die Allgemeinzulässigkeit von $\alpha \Rightarrow \alpha \vee \beta$ und $\beta \Rightarrow \alpha \vee \beta$ trivial ist, die von $\gamma \Rightarrow \alpha$; $\gamma \Rightarrow \beta \dotdiv \gamma \Rightarrow \alpha \wedge \beta$ aber sich aus einer einfachen Anwendung des Deduktionsprinzips ergibt.

Unter Berücksichtigung der dann im Konsequenzenkalkül möglichen Vereinfachungen, wegen

$$\alpha_1; \ldots; \alpha_n \Rightarrow \alpha \Leftrightarrow \alpha_1 \wedge \ldots \wedge \alpha_n \Rightarrow \alpha$$

ergibt sich zunächst als Kalkülisierung der *positiven Aussagen- oder Junktoren-L.* der folgende, eine Erweiterung von **L** darstellende BROUWER-*Kalkül* **B**:

$$\Rightarrow A \to A$$
$$A \to B; B \to C \Rightarrow A \to C$$
$$A \wedge B \to C \Leftrightarrow A \dotdiv B \to C$$
$$\Rightarrow A \wedge B \to A$$
$$\Rightarrow A \wedge B \to B$$
$$C \to A; C \to B \Rightarrow C \to A \wedge B$$
$$\Rightarrow A \to A \vee B$$
$$\Rightarrow B \to A \vee B$$
$$A \to C; B \to C \Rightarrow A \vee B \to C.$$

Wegen der Allgemeinzulässigkeit von $\alpha \Rightarrow \curlyvee$ und $\curlywedge \Rightarrow \alpha$ nach Auszeichnung der Figuren $\curlyvee$ und $\curlywedge$ im Grundkalkül führt die Erweiterung von **B** um die beiden Regeln $\Rightarrow A \to \curlyvee$ und $\Rightarrow \curlywedge \to A$ ($\curlywedge$ und $\vdash \curlywedge$ sowie $\curlyvee$ und $\vdash \curlyvee$ sind einfachheitshalber hier identifiziert) zusammen mit der Definition $\neg A \leftrightharpoons A \to \curlywedge$ zu einem Kalkül, der gleichwertig mit dem originalen HEYTING-Kalkül **H** der *intuitionistischen Junktoren-L.* ist [19]:

$$\Rightarrow A \dotdiv A \wedge A$$
$$\Rightarrow A \wedge B \dotdiv B \wedge A$$
$$\Rightarrow A \to B \dotdiv A \wedge C \dotdiv B \wedge C$$
$$\Rightarrow A \to B \dot\wedge B \to C \dotdiv A \to C$$
$$\Rightarrow A \dotdiv B \to A$$
$$\Rightarrow A \dot\wedge A \to B \dotdiv B$$
$$\Rightarrow A \to A \vee B$$
$$\Rightarrow A \vee B \to B \vee A$$
$$\Rightarrow A \to C \dot\wedge B \to C \dotdiv A \vee B \to C$$
$$\Rightarrow \curlywedge \to A$$
$$A; A \to B \Rightarrow B.$$

Berücksichtigt man schließlich noch, daß (a) aufgrund der Einführungsregel für den Existenzquantor die Aussage $A(n) \to \vee_\xi A(\xi)$ logisch wahr ist, während die Regel $A(n) \to C \Rightarrow \vee_\xi A(\xi) \to C$ von logisch wahren Aussagen wieder zu logisch wahren Aussagen überzugehen erlaubt, sofern n in der Konklusion nicht vorkommt, und (b) aufgrund der Definition für den Allquantor die Aussage $\wedge_\xi A(\xi) \to A(n)$ logisch wahr ist, hingegen die Regel $C \to A(n) \Rightarrow C \to \wedge_\xi A(\xi)$ logisch wahre Aussagen in logisch wahre Aussagen überführt, sofern auch hier n in der Konklusion nicht vorkommt [20], so genügt es, diese vier Regeln der kalkülisierten intuitionistischen Junktoren-L. hinzuzufügen, um einen Kalkül zur Ableitung der logisch wahren Aussagen der o.L. zu erhalten. Dieser Kalkül ist mit der intuitionistischen oder *effektiven Quantoren-L.* gleichwertig, die so eine operative Deutung erfahren hat. Allerdings gibt es bisher keine Möglichkeit, innerhalb der o.L. auch eine Vollständigkeit der Kalküle der effektiven Quantoren-L. nachzuweisen.

Anmerkungen. [1] Im Zusammenhang in: P. LORENZEN: Einf. in die o.L. und Math. (1955, ²1969), aufgrund von Vorarbeiten bes. in: Konstruktive Begründung der Math. Math. Z. 53 (1950/51); Maß und Integral in der konstruktiven Analysis. Math. Z. 54 (1951). – [2] Vgl. Art. ‹Math.›. – [3] A. HEYTING: Die formalen Regeln der intuitionistischen L., Sitz.-Ber. preuß. Akad. Wiss., physik.-math. Kl. 2 (1930) 42-56. – [4] H. B. CURRY: Outlines of a formalist philos. of math. (Amsterdam 1951) 56. – [5] Ausgeführt in: H. DINGLER: Philos. der L. und Math. (1931) Kap. 1: Philos. der L., aufbauend auf der Unterscheidung der L. als Werkzeug («aktive L.») und L. als Gegenstand («passive L.»), in: Die Grundl. der Naturphilos. (1913); eine krit. Würdigung in der Einl. (K. LORENZ/J. MITTELSTRASS: Die method. Philos. Hugo Dinglers) zu: H. DINGLER: Die Ergreifung des Wirklichen. Kap. 1-4 (1955, Teil-ND 1969). – [6] Vgl. LORENZEN, Einf. ... a.O. [1] Kap. 1; in argumentationspragmatischer Form als Grundl. der zur dialog. L. weiterentwickelten o.L. neu aufgebaut in: C. F. GETHMANN: Proto-L. Untersuch. zur formalen Pragmatik von Begründungsdiskursen (1979). – [7] Vgl. Art. ‹Kalkül 4›. – [8] H. HERMES: Zum Inversionsprinzip der o.L. in: A. HEYTING (Hg.): Constructivity in math. Proc. Coll. Amsterdam 1957 (Amsterdam 1959) 62-68. – [9] LORENZEN, Einf. ... a.O. [1] 30. – [10] Vgl. LORENZEN, a.O. 31ff. § 5: Unableitbarkeit und Gleichheit. – [11] Vgl. Zur Kritik der o.L. K. LORENZ: Die dialog. Rechtfertigung der effektiven L., in: F. KAMBARTEL/J. MITTELSTRASS (Hg.): Zum normativen Fundament der Wiss. (1973) 250-280; unter Einschluß einer Kritik auch der dialog. L.: H. LENK: Kritik der log. Konstanten (1968) 538-600: Kap. 21: Die Begründung der log. Konstanten in der o.L. Lorenzens. – [12] Vgl. LORENZEN, Einf. ... a.O. [1] 5f.: Einl. – [13] Die Zeichen ‹$\curlyvee$› und ‹$\curlywedge$› werden erstmals in dieser bzw. einer gleichwertigen Bedeutung verwendet in: G. PEANO: Formulaire de math. (Paris 1901) 22. – [14] Die Bezeichnung wurde eingeführt in: D. HILBERT/P. BERNAYS: Grundl. der Math. 1 (1934, ²1968) 82. – [15] Vgl. LORENZEN, Einf. ... a.O. [1] 48; dort Bezug auf die ausführliche Darstellung in: HILBERT/BERNAYS, a.O. [14] 67ff. und 2, Suppl. III, 428ff.; in: H. A. SCHMIDT: Math. Gesetze der L. 1: Vorles. über Aussagen-L. (1960) 272ff. als *derivative Implikations-L.* behandelt; hist. erstmalige Behandlung eines Konsequenzenkalküls, in: P. HERTZ: Über Axiomensysteme für beliebige Satzsysteme. Math. Ann. 89 (1923); 101 (1929); vgl. Art. ‹Kalkül 3›. – [16] Vgl. Art. ‹L., konstruktive›. – [17] Vgl. Art. ‹Beweis 4›. – [18] Vgl. die ausführliche Diskussion in: LENK, a.O. [11] 548ff.: Kap. 21 unter Bezug auf die Rezension von LORENZEN, Einf. ... a.O. [1] durch W. STEGMÜLLER in: Philos. Rdsch. (1958) 161-182. – [19] Erstmals bei HEYTING, a.O. [3]. – [20] Vgl. zur ausführl. Begründ. der fragl. Allgemeinzulässigkeiten: P. LORENZEN: Formale L. (1958, ⁴1970) § 10: (Einsquantor und Allquantor) 101ff.

Literaturhinweise. A. A. MARKOV: Teoriá algorifmov (Moskau 1954); engl. The theory of Algorithms (Jerusalem 1961). – P. LORENZEN s. Anm. [1]; O.L., in: R. KLIBANSKY (Hg.): Contemporary philos. A survey 1: L. and foundations of math. (Florenz 1968) 135-140. – G. KREISEL: Foundations of intuitionistic L., in: E. NAGEL/P. SUPPES/A. TARSKI (Hg.): L., methodol., and philos. of sci. Proc. 1960 int. Congr. (Stanford 1962) 95-195. – V. RICHTER: Untersuch. zur o.L. der Gegenwart (1965). – A. BREITKOPF: Untersuch. über den Begriff des finiten Schließens (Diss. München 1968).
K. LORENZ

Logik, philosophische, in der Neuzeit (erkenntnistheoretisch, psychologisch und ontologisch orientierte). In der Neuzeit tritt das Interesse am logischen Formalismus vorerst zunehmend zurück, die logische Arbeit verlagert sich auf philosophische Fragen erkenntnistheoretischer, psychologischer oder auch ontologischer Art. So entstehen 'L.en', vielfach von erheblichem Rang, die in einer vom durch die formale L. im Sinne von Leibniz, Kant und Frege gekennzeichneten Standpunkt geschriebenen L.-Geschichte in den Hintergrund rücken. Dem wird hier durch eine gesonderte Darstellung (außerhalb des Redaktionsbereiches L.) Rechnung getragen. Dabei durften freilich diejenigen Ansätze nicht übergangen werden, die auf die mathematisierte L. hinführen. K. G.

Unter dem Eindruck der Entwicklung der mathematischen L. seit G. Frege wird die dann so genannte 'klassische' L. dieses Zeitraums oft so gesehen: «Inhaltlich arm, jeder tieferen Problematik bar, mit einer Menge von nicht-logischen Philosophemen durchsetzt, dazu psychologistisch im schlimmsten Sinne» (BOCHEŃSKI [1]). Historisch ist nach den Gründen zu fragen, aus denen das Interesse nicht so sehr an der formalen L. als an den logischen Formalismen seit dem 16. Jh. außerhalb der in dieser Hinsicht spärlichen Leibniztradition erheblich zurückgegangen war.

1. Der Humanismus, der in der Philosophie wieder an Platon und den Neuplatonismus anknüpfte, hegte eine Aversion gegen die überkommenen Schulformen. Für LUTHER waren die Heilswahrheiten der L. enthoben, MELANCHTHON freilich griff für Unterrichtszwecke notgedrungen wieder auf die aristotelische L. zurück. Entscheidend war jedoch wohl der Aufschwung der modernen Naturwissenschaft, die sich auf Erfahrung und Mathematik gründete. Sie schien für die L. keine Verwendung zu haben. Sehr scharf hat das TH. HOBBES formuliert: «Auch sind Regeln weniger notwendig als Praxis, um zu richtigen Vernunftschlüssen zu kommen; diejenigen werden schneller die wahre L. lernen, welche die Beweise der Mathematiker studieren, anstatt die Zeit damit hinzubringen, sich in die Lehre der Logiker zu vertiefen; nämlich wie kleine Kinder laufen lernen, d.h. nicht durch Vorschriften, sondern durch Übung» [2]. Damit schwindet nicht das Interesse an der L. überhaupt, sondern nur am Formalismus der deduktiven L. Es verlagert sich auf die *induktive* L. (s. d.), die unmittelbar für die naturwissenschaftliche Theorienbildung relevant ist, sowie auf die nicht-formalen Probleme, die mit Begriff, Urteil und Schluß gegeben sind. Der Begriff der L. hängt dabei wesentlich davon ab, welches Element des Tripels Begriff/Urteil/Schluß jeweils im Zentrum steht und am stärksten ausgearbeitet wird. Diese Elemente werden neu beleuchtet auf dem Hintergrund der philosophischen Systeme, die im Gefolge des Cartesianismus auftreten. Als prototypisch dafür gilt die sogenannte ‹L. von Port-Royal› [3]. In ihr ist der Bestand der aristotelischen Syllogistik in der Form, wie er aus der Scholastik übernommen war, in die erkenntnistheoretischen Auffassungen des Cartesianismus eingebettet worden. Etwa ein Viertel des Buches ist dieser Einbettung gewidmet, die weiteren drei Teile entwickeln die Lehre vom Urteil, die Lehre vom Schluß und die Methodenlehre, wobei immer wieder auf den cartesischen Ideenkreis zurückgegriffen wird in einer luziden und urbanen, von Schulfuchserei entfernten Art im Unterschied zu der an logischen Einsichten ungleich reicheren – insbesondere was die unmittelbaren Schlüsse (s.d.) anlangt – ‹Logica Hamburgensis› des J. JUNGIUS [4], deren Ansatz 'psychologistisch' ist: Jungius unterscheidet drei Operationen des Verstandes: die Vorstellung (notio, conceptus), die Aussage (enunciatio) und das diskursive Denken (dianoea, discursus), die er mit ihren jeweiligen Bildungsprozessen (efformatio, effectio, constructio) zusammenfallen läßt.

2. Mehr noch als die Logiker von Port-Royal und die Ramisten versuchte CHR. WOLFF, gefolgt von seiner Schule (G. B. BILFINGER, G. F. MEIER, H. S. REIMARUS u.a. [5]), die L. von dem zu befreien, was unter den neuen ontologischen und erkenntnistheoretischen Aspekten als «falsche Spitzfindigkeiten» erscheinen konnte. In der Lehre von der Einteilung der Begriffe schließt WOLFF sich an Leibniz an, ebenso wie in der von der Definition. Auch Tschirnhausens Einfluß betont er selber. Der Satz der Identität gehört für ihn in die Ontologie, aber das Dictum de omni et nullo und damit die erste Schlußfigur folgt ihm daraus. Die Frage nach der Wahrheit eröffnet den «praktischen» Teil: Wahrheit ist dort, wo das Prädikat durchs Subjekt bestimmt ist – auch hier erscheint der Satz der Identität als Fundament. Kant wird in dieser Hinsicht von analytischen Urteilen sprechen, und analytisch ist die Methode, die Wolffs System beherrscht. Diese L.en gehen von den Vorstellungen (ideas) aus, greifen so nicht nur auf Leibniz, sondern auch auf Locke zurück. Am selbständigsten und klarsten ist dies von J. H. LAMBERT durchgeführt: Merkmale treten zu Begriffen zusammen, die Definitionslehre tritt in den Vordergrund, Lambert gibt eine Definitionsalgebra, eine Merkmalsrechnung [6]. Der Begriff steht für ihn im Zentrum: Im 2. Teil seines ‹Neuen Organon› [7], der ‹Alethiologie› (s.d.) oder Lehre von der Wahrheit, stellt er die Frage nach den «einfachen und für sich gedenkbaren Begriffen», deren Auflösung dann sein zweites philosophisches Hauptwerk, die ‹Anlage zur Architektonik›, gewidmet ist. Lamberts L. schließt schon einen guten Teil Wissenschaftstheorie ein. Er entwickelt eine ‹Semiotik› (3. Hauptteil), eine «Lehre von der Bezeichnung der Gedanken und Dinge», Überlegungen zur symbolischen Erkenntnis überhaupt, über die Sprache als Zeichen betrachtet: «Symbolische Erkenntniß ist uns ein unentbehrliches Hülfsmittel zum Denken.» Lambert bezieht schließlich unter dem Titel einer ‹Phänomenologie› eine Lehre vom Schein ein, in deren Mitte eine Diskussion des Begriffes des Wahrscheinlichen steht, die wesentliche Ausführungen zur Induktions-L. enthält. Lambert schließt sich in freier Weise an Wolff an, ebenso wie CHR. A. CRUSIUS [8] und J. G. DARJES [9], auf die er selbst nachdrücklich verweist.

3. Während bei Lambert der *Begriff* im Zentrum steht [10], verschiebt sich KANTS Interesse auf das Problem der Wahrheit synthetischer *Urteile*. Im Zusammenhang mit der Neuprägung ‹transzendentale L.› wird die klassische L. von Kant als «formal» gekennzeichnet, welcher Terminus sich einbürgerte [11]. «Formal» kann die L. nach Kant insofern heißen, als sie es lediglich mit der logischen *Form* der Erkenntnis zu tun hat. Die «*allgemeine*, aber *reine* L. hat es also mit lauter Principien a priori zu thun und ist ein Kanon des Verstandes und der Vernunft, aber nur in Ansehung des Formalen ihres Gebrauchs, der Inhalt mag sein, welcher er wolle (empirisch oder transcendental)» [12]. Diese reine L. als «Propädeutik der Wissenschaften» [13] «hat mit nichts als der bloßen Form des Denkens zu thun» [14]. Von ihr unterscheidet Kant die «angewandte L.», in der Regeln des «Gebrauchs» der L. «in concreto» [15] gegeben werden. – Kant hat die formale L. nicht wie Lambert durch eigene Untersuchungen bereichert; sie galt ihm als mit Aristoteles abgeschlossen. Wohl aber kommt es bei ihm im Hinblick auf die von der transzendentalen L. zu deduzierende Tafel der Kategorien zu einer gewissen Verschärfung: Die Tafel der Kategorien wird aus der Urteilstafel abgeleitet, die «Vollständigkeit» der letzteren, im wesentlichen Wolff entlehnten, wird konstatiert, das Einteilungsprinzip läßt sich seiner Definition des Urteils entnehmen [16]. Kants Destruktion der Ontologie hat zur Folge, daß der Satz der Identität und der Satz vom ausgeschlossenen Widerspruch (wie schon bei Reimarus) ihren Platz in der formalen L. erhalten, während sie Lambert, freilich in einer der formalen L. angenäherten Gestalt, noch im Rahmen seiner ‹Anlage zur Architektonik›, nicht im ‹Neuen Organon› abgehandelt hatte. An Kant schlossen sich u.a. unmittelbar an: J. G. C. C. KIESEWETTER, W. T. KRUG, J. H. TIEFTRUNK [17]. Formallogische Strukturen sind als Ausgangspunkt für die Kategorienlehre später

noch einmal von C. S. PEIRCE, der sich «Kantist» [18] nannte, in Anspruch genommen worden [19].

4. Nach S. MAIMON [20] hat die allgemeine (= formale, im Unterschied zur transzendentalen) L. «blos das Verhalten eines gegebenen Objekts zur *nothwendigen* und zur *möglichen* Denkbarkeit zum Gegenstand. Das erste Verhältniß wird durch den *obersten Grundsatz der L.* (den Satz des Widerspruchs), das zweite durch die bekannten logischen *Formen* bestimmt» [21]. L. ist «die Wissenschaft des Denkens eines durch *innere Merkmale* mitbestimmten und bloß durch das *Verhältniß zur Denkbarkeit* bestimmten Objekts überhaupt» [22]. Damit ist ein Weg gewiesen, der in den idealistischen Systemen von J. G. FICHTE bis H. COHEN dazu führt [23], daß der für die Deutung logischer Formen zentrale Begriff der Wahrheit von der traditionellen Auffassung als der Übereinstimmung von Gegenstand und Gedanken sich in den Zusammenhang der letzteren verlagert. Anders als in den späteren idealistischen Systemen bezieht MAIMON die formale in diese seine «neue L.» ein.

5. Der tiefer greifende und umfassendere Einfluß Kants auf die Entwicklung der formalen L. im 19. Jh. ging indes von den Anstößen aus, die er den erkenntnistheoretischen Richtungen gegeben hat. Diese bilden den Hintergrund, auf dem entwickelt wird, was unter Begriff, Urteil und Schluß zu verstehen sei; sie liefern damit die Deutung des logischen Formalismus, der praktisch auf die, in ihrem Bestande freilich nicht unumstrittene, Syllogistik reduziert bleibt. Die Fülle der Erkenntnistheorien, die für das 19. Jh. so kennzeichnend ist, führt auch in der L. zu den mannigfaltigsten Abschattungen. Die intentionale, inhaltliche Auffassung des Begriffs bleibt zunächst vorherrschend, insbesondere knüpfen sich die Differenzen an die Interpretation der Verbindung von Subjekt und Prädikat im Urteil.

6. – a) Für den philosophischen Realismus, der an Kant anknüpfte, insbesondere für HERBART und seine Schule [24], blieb mit der Auffassung der Wahrheit als einer Übereinstimmung von Gegenstand und Gedanke die formale L. als eine selbständige und wesentliche Disziplin bestehen. Sie löst nämlich die Aufgabe der Philosophie, die Begriffe zu bearbeiten: nach der formalen Seite, wie die Metaphysik nach der inhaltlichen. «Daher ist sie nicht eigentlich ein Werkzeug der Untersuchung, wo etwas Neues gefunden werden soll, sondern eine Anleitung zum Vortrage dessen, was man schon weiß» [25]. Herbart scheidet die L. scharf von der Psychologie: «In der L. ist es notwendig, alles Psychologische zu ignorieren, weil hier lediglich ... Formen der möglichen Verknüpfung des Gedachten sollen nachgewiesen werden» [26].

b) Anders J. F. FRIES, der wie die Vernunftkritik auch die L. auf eine «anthropologische» Grundlage – und das heißt für ihn: auf eine psychologische – stellt. «Die philosophische L. ist das System der analytischen Urtheile, das heißt ihr gehören diejenigen philosophischen Erkenntnisse, welche nur die Gesetze der Denkbarkeit der Dinge für sich enthalten, abgesehen von jeder besondern Art der Gegenstände, über die wir denken» [27]. Fries versucht mit seiner L., dem «Leben des Geistes» Rechnung zu tragen und die «ausgesaugten Formen der L.» mit den «zerrissenen Erfahrungen» der Psychologie zu verschmelzen [28].

c) Eine psychologische Einbettung der L. war schon, auf Lockes Spuren, von E. B. DE CONDILLAC und A. L. C. DESTUTT DE TRACY [29] angestrebt worden. In scharfer Weise hat dann F. E. BENEKE [30], ähnlich wie SCHLEIERMACHER [31] und dessen Schüler A. D. CH. TWESTEN [32] und später FR. UEBERWEG [33], die L. auf empirische Psychologie zu gründen versucht. BENEKE will die Art und Weise des Zusammenwirkens von äußerer und innerer Wahrnehmung mit dem Denken näher nachweisen; die Denkformen haben für ihn nur eine subjektiv psychologische Bedeutung, es gebe keinen Parallelismus zwischen ihnen und den Formen und Verhältnissen des Seins. Die wohl einflußreichste 'psychologische' L. wurde die von J. ST. MILL [34]. Die L. ist für ihn «die Wissenschaft von den Verstandesoperationen, welche zur Schätzung des Beweises (estimation of evidence) dienen, sowohl des Processes selbst von bekannten Wahrheiten zu unbekannten zu schreiten, als auch von allen anderen geistigen Operationen, welche hierbei Hülfe leisten. Sie schließt daher die Operation des Benennens ein, denn die Sprache ist sowohl ein Instrument des Gedankens, als auch ein Mittel, die Gedanken mitzutheilen» [35]. Mills Hauptleistung liegt in der Analyse der induktiven und verwandter Methoden.

d) Gemäßigte 'Psychologisten' wie CHR. SIGWART, B. ERDMANN, W. WUNDT [36] stellen die psychologische Struktur des logischen Denkens heraus, sehen aber die logischen Formen als objektive Gebilde von eigener Gesetzlichkeit an. In verwandter Weise baute TH. ZIEHEN eine «L. auf positivistischer Grundlage» auf als «Lehre von der formalen Gesetzmäßigkeit des Denkens mit Bezug auf seine Richtigkeit und Falschheit» [37]. Insbesondere wird der L. die Aufgabe zugewiesen, «Rechenschaft zu geben von denjenigen Gesetzen des Denkens, die bei der wissenschaftlichen Erkenntnis wirksam sind» [38]. Als «Kunstlehre des Denkens» stellt L. «die Kriterien des wahren Denkens» auf [39], ist «die Lehre von den Formen des richtigen Denkens», «die Lehre von den allgemeinen Bedingungen des richtigen Urteilens», eine allgemeine «Ökonomie des Denkens» [40]. Auch für UEBERWEG war L. als Theorie der Inbegriff der Normen und als Kunst die richtige Anwendung der Normen, «denen die subjektive Erkenntnisfähigkeit sich unterwerfen muß, um ihr Ziel zu erreichen, welches in der Erhebung des Seins zum Bewußtsein, in der Übereinstimmung unserer subjektiven Gedanken mit der objektiven Realität liegt» [41]. Selbst der Pragmatismus, der mit W. JAMES den Wahrheitsbegriff auf einen (subtil gedachten) Nutzen für das Handeln relativiert, verzichtet nicht darauf, den logischen Formen eine objektive Struktur zuzuerkennen (F. C. S. SCHILLER, J. DEWEY [42]).

e) Im Gegensatz zur traditionellen L., die «den Begriff als gegeben» voraussetzt und an erster Stelle behandelt (TRENDELENBURG [43]), hat CHR. SIGWART [44], wie zuvor der Herbartianer F. K. LOTT [45] und am ausführlichsten J. V. KRIES, der Urteilslehre den Vorrang eingeräumt: Das Ziel der L., die «systematische Darstellung ... der Gesamtheit» der unserem Wissen «zukommenden logischen Zusammenhänge» [46], führt nach v. Kries auf «die Frage nach den im Urteil vereinigten oder in ihm zu unterscheidenden Elementen, die Frage ... nach dem formalen Bau des Urteils» [47].

f) In ähnlich allgemeiner Weise verwendet BOLZANO das Wort ‹L.› synonym mit ‹Wissenschaftslehre› (s.d.), d.h. mit Bolzanos Worten: für «den Inbegriff aller derjenigen Regeln, nach denen wir bei dem Geschäfte der Abteilung des gesamten Gebietes der Wahrheit in einzelne Wissenschaften und bei der Darstellung derselben in eigenen Lehrbüchern vorgehen müssen, wenn wir recht zweckmäßig vorgehen wollen» [48]. Mit seiner Lehre von den Wahrheiten an sich und Sätzen an sich hat sich Bolzano die Möglichkeit einer Interpretation logischer Strukturen geschaffen, die wesentliche Züge der an A. Tarski anknüpfenden Semantik antizipiert [49]. Für F. BRENTANO haben die psychischen Phänomene des Vorstellens, des Urteilens, der Liebe, des Hasses «die Richtung auf ein Objekt», sie sind charakterisiert durch das, «was die Scholastiker des Mittelalters die intentionale (auch wohl mentale) Inexistenz eines Gegenstandes genannt haben» [50].

In Fortführung der von Brentano und Bolzano vorgezeichneten Linien hat A. MEINONG mit seiner «Gegenstandstheorie», die sich auf alles erstreckt, also «aus der Natur eines Gegenstandes, also a priori, in betreff dieses Gegenstandes erkannt werden kann» [51], eine wesentliche Grundlage für die L. bereitgestellt, wie sie von A. HÖFLER [52] und E. MALLY [53] entwickelt worden ist, wobei Mally zugleich eine «existenzfreie L.» anbahnt. Die von Bolzano gestiftete Tradition führt bis zu E. HUSSERLS ‹Logischen Untersuchungen› (1900), in der dem Psychologismus eine *«Neubegründung der reinen L.»*, verstanden wiederum als *«Kunstlehre von der Wissenschaft»* [54], als «apriorische Wissenschaftslehre» [55], entgegengehalten wird. Die formale L. versteht Husserl sowohl als formale Apophantik als auch als formale Ontologie. Daß ein Vertreter der mathematischen L. wie Leśniewski von Husserls logischen Auffassungen nicht unberührt geblieben ist, ist ein Beispiel mehr für die Wirkung logischer Untersuchungen auf die mathematische L., wie sie sich etwa auch im Einfluß von Fries auf die Hilbertschule und von Brentano und Meinong (über Twardowski) auf Łukasiewicz beobachten läßt.

g) R. H. LOTZE hat dem «Sein» der physikalischen und psychischen Tatsachen das «Gelten» der «Werte» gegenübergestellt [56] und darin im südwestdeutschen Kantianismus (W. WINDELBAND [57], H. RICKERT [58], E. LASK [59], J. COHN [60]) Nachfolge gefunden. Das Moment der logischen Geltung ist als solches von schlechthin spezifischer Eigenart und einer Ableitung und Rechtfertigung aus einem anderen Geltungsgebiet nicht fähig. Die logischen Gesetze lassen sich nicht in Naturgesetze auflösen, aber sie sind auch keine Normen, denen wir im wirklichen Denkgeschehen gehorchen sollen. Gegenstand und Methodik der L. sind autonom, ein Primat der praktischen Vernunft vor der theoretischen läßt sich nicht behaupten. Bei LASK wird der primäre Bestand der L. nicht in den Urteilen (als Akten der Bejahung und Verneinung, Anerkennung und Verwerfung) gesucht, sondern in den Sachverhalten, die durch diese Urteile nur «nachgebildet» werden. Der Gesichtspunkt der «Wertartigkeit» wird streng beibehalten [61].

h) Für W. SCHUPPE hat die L. die Formen des Denkens zum Gegenstande [62]. Deren Darstellung wird «zeigen, welche Formen das Denken des Seienden haben kann. Nur so kann der unentbehrliche Zusammenhang zwischen Form und Inhalt erhalten bleiben. Hat man ihn im Begriffe des Denkens festzuhalten versäumt, so kann er aus dem Begriffe der Form nicht mehr hergestellt werden» [63]. Während Schuppe die formalen Bestandteile einarbeitet und diskutiert, hält J. REHMKE «die alte aristotelische oder formale L. für kaum mehr als ein anmutiges Ordnungsspiel mit Worten und Urteilen», auf das in einer L., die sich als «Wissenslehre» versteht, verzichtet werden kann [63a]. W. DILTHEY wiederum sah die logischen Formen als Abstraktion aus der von E. Husserl dann so genannten Lebenswelt an [64].

i) G. BENTHAM [65] und W. HAMILTON [66] entwickelten die Lehre von der Quantifikation des Prädikats (Alle A sind alle B, alle A sind einige B usw.). Letzterer versöhnte kantische Gedankengänge mit der common-sense-Philosophie Reids. In der Abgrenzung des Gebiets der formalen L. als Wissenschaft von den «Laws of thought as thought», sofern sie notwendig und von Kontingentem der Beobachtung abtrennbar sind, folgt er den Alt- und schottischen Kantianern.

k) Sporadisch haben einige Logiker die Relation zwischen Subjekt und Prädikat als Identität (bzw. Verschiedenheit) aufzufassen gesucht, so G. PLOUCQUET in seinem «logischen Calcul» [67], so dann C. G. BARDILI [68], so G. JACOBY und VON FREYTAG-LÖRINGHOFF [69]. Die L. wird so für sie zu einer Lehre von der Identität. LOCKE hatte der «Einstimmung» zwischen Begriffen (agreement, convenientia) die Identität als eine von vier Bedeutungen zugeordnet, H. S. REIMARUS [70] beides nicht unterschieden, ein Wortgebrauch, der bei deutschen Logikern dann häufig war und von A. TRENDELENBURG kritisiert wurde [71]. Der Mathematiker J. D. GERGONNE hat die Syllogistik als eine Relationen-L. dargestellt, der fünf Relationen zugrunde liegen (A = B, A sub B, B sub A, A i B, A e B), wie sie in den Eulerschen Kreisen darstellbar sind [72]. Diese Relationen lassen verschiedene Interpretationen zu, z. B. in der Prädikaten- oder in der Klassen-L. [73].

7. – a) LEIBNIZ begründet einen anderen Strang in der Begriffsgeschichte von L.; er hatte in der Gesamtentwicklung eine Sonderstellung eingenommen [74], insofern von seinem Ansatz her die formalen Probleme der L. wieder an die erste Stelle gerückt waren. Die von ihm angeregten Anläufe zu einem «logischen Calcul» und die Diskussion darum (LAMBERT, PLOUCQUET, HOLLAND u. a.) hatten nicht eben weit geführt. Sein Ansatz bezieht sich ebenso auf die Infinitesimalrechnung (wie auch die Ansätze zu einer Analysis Situs, die der Vektorrechnung entspricht): Leibniz hatte nämlich die Bedeutung eines calculus ratiocinator erkannt, eines «Operationskalküls», der «symbolischen Methoden» für die Mathematik wie für die L. Aber erst LAGRANGE hat etwa seit 1772 das von Leibniz anvisierte Ziel verfolgt und ebenso wichtige wie elegante symbolische Formeln durch Induktion gefunden. In der Folge haben sich dann vor allem englische Mathematiker wie CAYLEY, SYLVESTER, FERRERS «symbolischer Methoden» bedient, die vielfach auf «direkte» Beweise zu verzichten gestatten. In dieser Sicht bekam dann auch der logische Formalismus ein neues Interesse, das zu überraschenden und überaus reichen Entwicklungen führen sollte.

b) Die Mathematiker W. R. HAMILTON [75] und A. DE MORGAN [76] hatten zuerst (1844) den Gedanken einer universalen Algebra scharf gefaßt [77]. A. N. WHITEHEAD formuliert ihn so: «The ideal of mathematics should be to erect a calculus to facilitate reasoning in connection with every province of thought or of external experience, in which the successions of thoughts, or of events can be definitely ascertained and precisely stated. So that all serious thought which is not philosophy, or inductive reasoning, or imaginative literature, shall be mathematics developed by means of a calculus» [78].

c) Die «Algebra der L.» (s. d.) wurde zuerst von A. DE MORGAN [79] und G. BOOLE [80] entwickelt. Sie wurde ermöglicht, indem die bisher in der L. herrschende intensionale Auffassung der Begriffe als Merkmalskomplexe ersetzt wurde durch eine extensionale, die auf die Begriffsumfänge abstellt (auf Klassen oder Gebiete). Die umfassendste Ausarbeitung der Algebra der L. ist das Werk E. SCHRÖDERS [81]. Er hat auch den auf Ch. S.

Peirce zurückgehenden Ansatz zu einer Relations-L. ausgebaut [82]. Diese Algebra der L. ist noch keine formalisierte L. im heutigen Sinne, weil in ihr das Schließen noch nicht derart formalisiert ist, daß sich die Regeln für die Umformungsprozesse, aus denen ihre Sätze hervorgehen, lückenlos übersehen ließen.

d) Die wichtigsten Auswirkungen hat die Algebra der L. in der Mathematik gehabt, von ihr ist der Weg ausgegangen zur Theorie der Booleschen Algebren und zur Theorie der Verbände, während sich die Entwicklung der mathematischen L. wesentlich an G. FREGE anschließt. Freges Problem war jedoch ein spezifisch mathematisches: die Ableitung der Arithmetik aus der L. und damit ihre Auffassung als rein analytische Disziplin. Dieses Problem bewegte zur gleichen Zeit auch andere Mathematiker, wie R. DEDEKIND [83]; es stellte sich im Zusammenhang mit dem Wunsch, der Analysis eine tragfähige Grundlage zu geben. Es war dieser Ansatz, der G. FREGE zwang [84], die Funktion an die Stelle des Begriffs zu setzen und eine «Deduktionstheorie» (die Aussagen-L.) vorangehen zu lassen.

Anmerkungen. [1] I. M. BOCHEŃSKI: Formale L. (1956) 301. – [2] TH. HOBBES, De corpore. Opera lat., hg. G. MOLESWORTH 1 (London 1839, ND 1961) 49. – [3] A. ARNAULD und P. NICOLE: La L. ou l'art de penser (Paris 1662, ND 1965). – [4] J. JUNGIUS, L. Hamburgensis, hg. R. W. MEYER (1957). – [5] Vgl. CHR. WOLFF: Philosophia rationalis sive L. (1728, ²1732); G. F. MEIER: Vernunftlehre (1752, ²1762); G. B. BILFINGER: Dilucidationes philosophicae (1725, ⁴1768); Praecepta logica (1739); H. S. REIMARUS: Die Vernunftlehre (1756, ⁵1790, ND 1979). – [6] Vgl. G. STAMMLER: Begriff, Urteil, Schluß (1928) 83ff. – [7] J. H. LAMBERT: Neues Organon 1. 2 (1764, ND 1965); Anlage zur Architectonic 1. 2 (1771, ND 1965). – [8] CHR. A. CRUSIUS: Weg zur Gewißheit und Zuverlässigkeit der menschl. Erkenntniß (1747, ND 1964); De summis rationis principiis (1752). – [9] J. G. DARJES: Via ad veritatem commoda auditoribus methodo demonstrata (1755); dtsch. Weg zur Wahrheit (1775). – [10] LAMBERT, Organon a.O. [7] §§ 1–78. – [11] Vgl. H. SCHOLZ: Abriß der Gesch. der L. (1931 u.ö.). – [12] Vgl. I. KANT, KrV; L., hg. JÄSCHE. Akad.-A. 9, 13; vgl. auch Vorles.nachschr. a.O. 24, 1; 24, 2. – [13] KrV B 76. – [14] 78. – [15] ebda. – [16] Vgl. K. REICH: Die Vollständigkeit der kantischen Urteilstafel (1932). – [17] Vgl. W. T. KRUG: Denklehre oder L. = System der theoret. Philos. 1. Theil (1806, ³1825); J. H. TIEFTRUNK: Die Denklehre in reindtsch. Gewande 1. 2 (1825-1827); J. G. C. C. KIESEWETTER: Grundriß einer reinen allg. L. nach Kantischen Grundsätzen (1791). – [18] C. S. PEIRCE, Coll. Papers 4, 2; vgl. 6, 164ff. – [19] Vgl. zu Kant REICH, a.O. [16]; zu Peirce J. V. KEMPSKI: Charles Sanders Peirce und der Pragmatismus (1952); M. G. MURPHEY: The development of Peirce's philos. (Cambridge, Mass. 1961). – [20] S. MAIMON: Versuch einer neuen L. oder Theorie des Denkens (1794), hg. B. C. ENGEL (1912). – [21] a.O. 203. – [22] 1. – [23] Vgl. S. H. BERGMAN: The philos. of Salomon Maimon (Jerusalem 1967, London ²1968). – [24] Vgl. J. F. HERBART: Lb. zur Einl. in die Philos. (1813). Sämtl. Werke, hg. K. KEHRBACH/O. FLÜGEL (1891, ND 1964) 1-275; Hauptwerke der L. (1808) a.O. 2 (1887, ND 1964) 217-226; M. W. DROBISCH: Neue Darstellung der L. (⁴1875); F. H. TH. ALLIHN (ps.: Cajus): Antibarbarus logicus (1850), hg. O. FLÜGEL (³1894); M. A. DRBAL: Lb. der propädeut. L. (1865, ³1874); Prakt. L. oder Denklehre (Wien 1872). – [25] HERBART, a.O. [24] 4, 42. – [26] ebda. – [27] J. F. FRIES: System der Met. (1824) 39; System der L. (1811, ²1819, ND 1971). – [28] Vgl. System der L. a.O. [27] § 1. – [29] A. L. C. DESTUTT DE TRACY: Projet d'éléments d'idéol. 3: L. (Paris 1805, ND 1977). – [30] F. E. BENEKE: Erkenntnislehre nach dem Bewußtsein der reinen Vernunft (1820); Lb. der L. als Kunstlehre des Denkens (1832); System der L. als Kunstlehre des Denkens 1. 2 (1842); Syllogismorum analyticorum origines et ordo naturalis (1839). – [31] FR. SCHLEIERMACHER, Dialektik, hg. ODEBRECHT (1942) z. B. 57f. – [32] A. D. CH. TWESTEN: L., insbes. die Analytik (1825). – [33] FR. UEBERWEG: System der L. und Gesch. der log. Lehren (1857, ⁵1882). – [34] J. ST. MILL: A system of L. ratiocinative and inductive (London 1843). Coll. Works 7f. (Toronto/London 1963). – [35] System der deduktiven und induktiven L., dtsch. J. SCHIEL 1 (³1868) 12. – [36] CHR. SIGWART: L. 1. 2 (¹1873/1878, ⁴1911); B. ERDMANN: L. (¹1892, ²1907); W. WUNDT: L. 1. 2 (¹1880/1883); 1-3 (⁴1906/1908). – [37] TH. ZIEHEN: Lb. der L. auf positivist. Grundl. (1920, ND 1974) 1. – [38] W. WUNDT, a.O. [36] 1. – [39] SIGWART, a.O. [36] 1, 1. – [40] W. JERUSALEM: Einl. in die Philos. (1899, ⁹/¹⁰1923) 29f. 35. – [41] Vgl. M. BRASCH (Hg.): Die Welt- und Lebensanschauung Friedrich Ueberwegs in seinen ges. philos.-krit. Abh. (1889) 18. – [42] F. C. S. SCHILLER: Stud. in humanism (London 1907, ²1912); Humanism. Philos. essays (London 1903, ²1912); Humanismus. Beitr. zu einer pragmat. Philos., dtsch. R. EISLER (1911); J. DEWEY: Stud. in log. theory (Chicago 1903, ²1909). – [43] A. TRENDELENBURG: Log. Untersuch. 1 (¹1840, ²1862) 18. – [44] SIGWART, a.O. [36]. – [45] F. K. LOTT: Zur L. (1845). – [46] J. V. KRIES: L. Grundzüge einer krit. und formalen Urteilslehre (1916) 5. – [47] a.O. 7. – [48] B. BOLZANO: Wissenschaftslehre 1-4 (1837), hg. SCHULTZ (²1929); Grundleg. der L., hg. F. KAMBARTEL (²1978) 7. – [49] Y. BAR-HILLEL: Bolzano's propositional L. Arch. math. L. u. Grundl.-forsch. 1 (1952, ND 1977) 65-98, bes. 82. – [50] F. BRENTANO: Psychol. vom empirischen Standpunkt, hg. O. KRAUS (1924, ND 1955-1959). – [51] A. MEINONG: Über Gegenstandstheorie, in: Untersuch. zur Gegenstandstheorie und Psychol., hg. A. MEINONG (1904) 40. Gesamt-A., hg. R. HALLER/R. KINDINGER 2 (1971) 481-530, hier: 520. – [52] A. HÖFLER (unter Mitwirkung von A. MEINONG): L. (1890); A. HÖFLER: L. und Erkenntnistheorie 1: L. (²1922). – [53] E. MALLY: Log. Schr., hg. K. WOLF/P. WEINGARTNER (Dordrecht 1871); Gegenstandstheoret. Grundl. der L. und Logistik. Erg.-H. Z. Philos. philos. Kritik (1917). – [54] E. HUSSERL: Log. Untersuch. (1900), hg. E. HOLENSTEIN Husserliana 18 (Den Haag 1975) 7. 42. – [55] Formale und transzendentale L., hg. P. JANSSEN Husserliana 17 (Den Haag 1974) 30ff. – [56] R. H. LOTZE: L. (1843); System der Philos. 1: Drei Bücher der L. (¹1874, ²1880). – [57] W. WINDELBAND: Die Prinzipien der L. (1913). – [58] H. RICKERT: Grenzen der naturwiss. Begriffsbildung (¹1902, ²1913); Der Gegenstand der Erkenntnis (¹1892, ³1915, ⁶1928); Die L. des Prädikats und das Problem der Ontol. (1930); Zur Lehre von der Definition (1888). – [59] E. LASK: Die L. der Philos. und die Kategorienlehre (1911). Ges. Schr., hg. E. HERRIGEL 2 (1923) 1-282; Die Lehre vom Urteil (1912) a.O. 283-463. – [60] J. COHN: Voraussetz. und Ziele des Erkennens (1908). – [61] LASK, Die Lehre vom Urteil a.O. [59] 7ff. 82ff. 124ff. – [62] W. SCHUPPE: Erkenntnistheoret. L. (1878); Grundriß der Erkenntnistheorie und L. (1894, ²1910). – [63] Erkenntnistheoret. L. a.O. 25. – [63a] J. REHMKE: L. oder Philos. als Wissenslehre (1918) VII; vgl. 210ff. – [64] W. DILTHEY, Ges. Schr. 19 (i. Ersch.). – [65] G. BENTHAM: An outline of a new system of L. (London 1827). – [66] Sir W. HAMILTON: New analytic of log. forms, in: Lectures on met. and L. 4 (Edinburg/London ²1866) Appendix 6, 251. – [67] A. F. BÖK (Hg.): Slg. der Schr., welche den log. Calcul Herrn Prof. Ploucquets betreffen, mit neuen Zusätzen (1766, ND 1970). – [68] C. G. BARDILI: Grundriß der ersten L., gereiniget von den Irrtümern bisheriger Logiken überhaupt, der Kantischen insbes. ... (1800); Philos. Elementarlehre ... (1802); Beitr. zur Beurteilung des gegenwärtigen Zustandes der Vernunftlehre ... (1803). – [69] G. JACOBY: Die Ansprüche der Logistiker auf die L. und ihre Gesch.schreibung (1962); B. VON FREYTAG-LÖRINGHOFF: L. 1: Ihr System und ihr Verhältnis zur Logistik (³1955); 2: Definitionstheorie und Methodol. des Kalkülwechsels (1967). – [70] J. LOCKE, Essay on human understanding IV, c. 1; H. S. REIMARUS: Vernunftlehre (1756, ND 1979). – [71] TRENDELENBURG, a.O. [43] 2. Abh.: Die formale L. (1840, ²1862, ³1870). – [72] J.-D. GERGONNE: Essai de dialectique rationelle. Ann. de Math. 7 (1816/17) 189. – [73] Die Anzahl der Relationen läßt sich reduzieren; zur prädikatenlog. Interpret. dieser Relationen vgl. J. VON KEMPSKI: Relationen- und prädikatenlog. Untersuch. zur Syllogistik. Arch. math. L. und Grundlagenforsch. 2 (1956, ND 1977) 87-99. – [74] G. W. LEIBNIZ, Opuscules et frg. inéd., hg. L. COUTURAT (Paris 1903). – [75] W. R. HAMILTON, Philos. Magazine (1844). – [76] A. DE MORGAN: On the foundation of algebra. Philos. Magazine (1844). – [77] Die Linie führt über CAYLEY, SYLVESTER und andere zu A. N. WHITEHEAD: A treatise on universal algebra with applications 1 (Cambridge 1898), der insbes. die in H. GRASSMANN: Die lineale Ausdehnungslehre (1844) angebahnte Algebra für die Geometrie fruchtbar macht. –

[78] WHITEHEAD, Treatise ... a.O. VIII; vgl. 121: hist. Anm. – [79] A. DE MORGAN: Formal l. or the calculus of inference necessary and probable (London 1847); Syllabus of a proposed system of L. (London 1866); ND in: On the syllogism and other philos. writings, hg. P. HEATH (New Haven 1966). – [80] G. BOOLE: The math. analysis of L., being an essay towards a calculus of deductive reasoning (Cambridge/London 1847, ND Oxford 1965); An investigation of the laws of thought, on which are founded the math. theories of L. and probabilities (1854, ND New York 1961). – [81] E. SCHRÖDER: Der Operationskreis des L.-Kalküls (1877, ND 1966); Vorles. über die Algebra der L. I (1890); II/1 (1891); II/2 (1905); III/1 (1895). – [82] Vorles. a.O. III/1; Die L. der Relative (1895); vgl. auch L. LÖWENHEIM: Möglichkeiten im Relativkalkül. Math. Annalen (1915). – [83] R. DEDEKIND: Stetigkeit und irrationale Zahlen (1872, ⁷1969); Was sind und was sollen die Zahlen? (1887, ¹⁰1969). – [84] G. FREGE: Begriffsschrift. Eine der arith. nachgebildete Formelsprache des reinen Denkens (1879, ND 1964); Die Grundl. der Arith. Eine log. math. Untersuch. über den Begriff der Zahl (1884, ND 1961); Funktion und Begriff, in: Kl. Schr., hg. I. ANGELELLI (1967).

Literaturhinweise. FR. UEBERWEG s. Anm. [33]. – J. VENN: Symbolic L. (London ²1884) [Gesch. der Notationen und log. Diagramme]. – TH. ZIEHEN s. Anm. [37]. – G. STAMMLER: Dtsch. L.-Arbeit seit Hegels Tod als Kampf zwischen Mensch, Ding und Wahrheit 1: Spekulat. L. (1936). – W. RISSE: Gesch. der L.: Die L. der Neuzeit 1. 2 (1964).

J. VON KEMPSKI

Logik des Scheins. In der ‹Kritik der reinen Vernunft› wird die L. unterteilt in «Analytik» und «Dialektik». Die L. ist «Erkenntnis der bloßen Form nach», also unter Absehung von allem Inhalt, sie prüft nämlich nur die «Übereinstimmung einer Erkenntnis mit den allgemeinen und formalen Gesetzen des Verstandes und der Vernunft ... weiter aber kann die L. nicht gehen, und den Irrtum, der nicht die Form, sondern den Inhalt trifft, kann die L. durch keinen Probierstein entdecken». Von der L. gibt es einen richtigen und einen falschen Gebrauch. Der richtige Gebrauch der L. wird «Analytik» genannt, der falsche Gebrauch der L. wird «Dialektik» genannt. Die Analytik gebraucht die L. als «Kanon zur Beurteilung» aller Erkenntnisse der bloßen Form nach, sie ist deshalb der «negative Probierstein der Wahrheit» oder die conditio sine qua non derselben. Aus diesem Grunde ist die Analytik eine «L. der Wahrheit». Die Dialektik jedoch gebraucht die L. «wie ein Organon zur wirklichen Hervorbringung» von Erkenntnissen, was aber unmöglich ist, weil die L. von allem Inhalt absieht. «Die allgemeine L. nun, als vermeintes Organon heißt Dialektik»; und sie ist eine «L.d.S.». Weil es aber nicht darum gehen kann, mit Hilfe der L. den Schein von Erkenntnissen zu erzeugen, behandelt Kant die Dialektik als «eine Kritik des dialektischen Scheins» zur Vermeidung von Blendwerken [1]. Der dialektische Schein wird auch «transzendentaler Schein» genannt; er muß unterschieden werden vom «logischen Schein»: «Der logische Schein, der in der bloßen Nachahmung der Vernunftform besteht (der Schein der Trugschlüsse), entspringt lediglich aus einem Mangel der Achtsamkeit auf die logische Regel. Sobald daher diese auf den vorliegenden Fall geschärft wird, so verschwindet er gänzlich. Der transzendentale Schein dagegen hört gleichwohl nicht auf, ob man ihn schon aufgedeckt und seine Nichtigkeit durch die transzendentale Kritik deutlich eingesehen hat. ... Die transzendentale Dialektik wird also sich damit begnügen, den Schein transzendenter Urteile aufzudecken, und zugleich zu verhüten, daß er nicht betrüge; daß er aber auch (wie der logische Schein) sogar verschwinde, und ein Schein zu sein aufhöre, das kann sie niemals bewerkstelligen. Denn wir haben es mit einer natürlichen und unvermeidlichen Illusion zu tun, die selbst auf subjektiven Grundsätzen beruht, und sie als objektive unterschiebt» [2].

Anmerkungen. [1] I. KANT, KrV B 83-88. – [2] a.O. B 353f.

Literaturhinweis. O. MARQUARD: Skeptische Methode im Blick auf Kant (1958) 84ff.

P. PROBST

Logik, transzendentale

I. *Kant.* – 1. *Der Terminus.* – Der Ausdruck ‹t.L.› wird von KANT in der ‹Kritik der reinen Vernunft› als Titel für den zweiten Teil der transzendentalen Elementarlehre gebraucht [1]. Im Text begegnet der Ausdruck zum ersten Mal als Differentialbezeichnung gegenüber ‹Transzendentaler Ästhetik›. Diese wird bestimmt als «eine Wissenschaft von allen Prinzipien der Sinnlichkeit a priori» im Gegensatz zu «derjenigen, welche die Prinzipien des reinen Denkens enthält, und t.L. genannt wird» [2]. Eine nähere Bestimmung enthält die Einleitung zur t.L.: «Eine solche Wissenschaft, welche den Ursprung, den Umfang und die objektive Gültigkeit solcher Erkenntnisse [3] bestimmte, würde *t.L.* heißen müssen, weil sie es bloß mit den Gesetzen des Verstandes und der Vernunft zu thun hat, aber lediglich, sofern sie auf Gegenstände a priori bezogen wird und nicht wie die allgemeine Logik auf die empirischen sowohl, als reinen Vernunfterkenntnisse ohne Unterschied» [4].

Der Terminus ‹L.› wie auch der Terminus ‹transzendental› haben je eine eigene Geschichte, die bis auf die griechische Philosophie zurückreicht. Die Vereinigung dieser beiden Termini zum Ausdruck ‹t.L.› und seine Verwendung als Fachterminus und Hauptbegriff der Philosophie ist bei Kant neu und muß für die Zeitgenossen ungewohnt gewesen sein. Denn in der philosophischen Fachsprache des 17. und 18. Jh. wurde die Lehre von den termini transcendentales als ein Kapitel der Metaphysik abgehandelt [5], weit ab von der L., die als formale L. traktiert wurde. Die transzendentalen Termini bezeichneten vorkategoriale oder überkategoriale Bestimmungen des Seins. Transzendentalphilosophie war – zu diesem Ergebnis kommt N. Hinske in seiner historischen Analyse – entweder identisch mit der Metaphysik oder sie war auf die cosmologia transcendentalis bezogen oder sie bezeichnete eine bestimmte «Sektion» innerhalb der Ontologie [6].

2. *Allgemeine Ontologie und t.L.* – Die von Kant als transzendental bezeichnete L. und über sie hinaus die ‹Kritik der reinen Vernunft› und über diese hinaus die Transzendentalphilosophie wird von ihm mit Recht als «eine ganz neue Wissenschaft» behauptet, «von welcher niemand auch nur den Gedanken vorher gefaßt hatte, wovon selbst die bloße Idee unbekannt war» [7]. Gleichwohl knüpft Kant sowohl mit dem Ausdruck ‹L.› wie mit dem Ausdruck ‹transzendental› durchaus an Fragestellungen an, die in der philosophischen Tradition nachgewiesen worden sind [8]. Auch hat die t.L. einen wesentlichen Bezug zur Metaphysik, soll sie doch die Frage beantworten, ob und wie Metaphysik als Wissenschaft möglich sei, ja sogar als eine neue ars inveniendi dazu dienen, «diese Wissenschaft selbst allererst zu erfinden» [9]. Insofern läßt sie keineswegs die Fragen der Metaphysik fallen. Wohl aber vollzieht sie eine «Umänderung der

Denkart» [10]. Diese besteht unter anderem darin, L. und Metaphysik nicht als das zu belassen, was sie waren, sie aber auch nicht nur skeptisch in Frage zu stellen, sondern die metaphysische Frage nach den transzendentalen Bestimmungen des Seins als die logische Frage nach den Regeln des reinen Verstandes und der reinen Vernunft für den Gegenstand überhaupt zu denken [11]. Durch die Transformation der metaphysischen Frage nach den transzendentalen Bestimmungen des Seins in die logische Frage nach den transzendentalen Bedingungen des Gegenstandes und der Erfahrung überhaupt ergibt sich für die Metaphysik, daß sie «vor der Hand auszusetzen» sei [12], damit die neue L. den Grund der prekären Situation aufklären und die Möglichkeiten einer wissenschaftlichen Methode für die Metaphysik prüfen und allenfalls sichern kann. Durch die Idee einer neuen Wissenschaft der L. ergibt sich für die traditionelle L., daß sie nunmehr als «allgemeine L.» (formale L.) von der neuen, der t.L. zu unterscheiden ist.

Diese Unterscheidung führt Kant in der Einleitung zur t.L. unter dem Titel ‹Idee einer t.L.› durch. L. ist generell die «Wissenschaft der Verstandesregeln überhaupt» [13]. Als allgemeine oder formale Logik abstrahiert sie «von allem Inhalt der Erkenntnis, d.i. von aller Beziehung derselben auf das Objekt» [14] und ist ein «Kanon des Verstandes und der Vernunft, aber nur in Ansehung des Formalen ihres Gebrauchs» [15], also nicht ein «Kanon des Verstandes überhaupt» und noch weniger ein «Organon», worunter Kant eine Anweisung versteht, «wie ein gewisses Erkenntniss zustande gebracht werden solle» [16]. Die t.L. hingegen thematisiert gerade die Beziehung von Begriffen, Regeln oder Gesetzen des Verstandes und der Vernunft auf Gegenstände. Sie abstrahiert dabei zwar von empirischen Inhalten [17] und beschränkt sich auf «die Regeln des reinen Denkens eines Gegenstandes», zielt aber gerade auf jene elementaren Regeln a priori, die «den Ursprung unserer Erkenntnisse von Gegenständen» betreffen. Da jeder Inhalt in der Anschauung gegeben sein muß, kann die t.L. nicht «als das Organon eines allgemeinen und uneingeschränkten Gebrauchs» der Regeln des reinen Verstandes gelten, sondern ist «eigentlich nur ein Kanon der Beurteilung des empirischen Gebrauchs» [18].

3. *Der systematische Ort.* – Innerhalb des Systems der kantischen Vernunftkritik nimmt die t.L. zwar eine zentrale Stelle ein, sie ist aber keineswegs identisch mit der Transzendentalphilosophie. Innerhalb der Systemarchitektonik, durch die Kant die Wissenschaft einteilt, ist ‹t.L.› ein untergeordneter Einteilungsbegriff. Die t.L. ist nach der transzendentalen Ästhetik als erstem Teil [19] der zweite Teil der transzendentalen *Elementarlehre,* die ihrerseits (neben der Methodenlehre) der erste Teil – man muß wohl sagen der Hauptteil – der ‹Kritik der reinen Vernunft› ist. Die ‹Kritik der reinen Vernunft› bezeichnet Kant als «eine Vorbereitung, wo möglich, zu einem *Organon»* der reinen Vernunft [20]. Das Organon selber [21] soll «ein Inbegriff derjenigen Prinzipien sein, nach denen alle reinen Erkenntnisse a priori können erworben und wirklich zu Stande gebracht werden» [22]. Die «ausführliche Anwendung eines solchen Organon würde ein *System* der reinen Vernunft verschaffen» [23]. Die Gliederungsarchitektonik System, Organon, Kritik, Elementarlehre, t.L. kann lediglich den systematischen Ort der t.L. bestimmen, nicht jedoch ihre philosophische Bedeutung. Denn abgesehen davon, daß sie fast drei Viertel des Textes der ‹Kritik der reinen Vernunft› einnimmt, entwickelt sie nicht nur die zentrale kritische These, sondern leistet auch die Auflösung der Hauptfrage, wie nämlich synthetische Urteile a priori möglich seien.

4. *Der transzendentale Bezug.* – Die Aufgabe der t.L. weist Ähnlichkeiten mit der der formalen Logik auf; denn wie diese hat sie es mit allgemeinen und reinen, d.i. empirieunabhängigen Prinzipien a priori des Denkens zu tun. A priori heißt in der t.L., daß die Prinzipien nicht aus dem Denken und Erkennen abstrahiert sind, sondern als notwendige Voraussetzungen der Erkenntnis gedacht werden müssen. Die t.L. unterscheidet sich von der formalen Logik dadurch, daß sie eben das in den Blickpunkt rückt, wovon die formale Logik absieht, nämlich die Beziehung der apriorischen Prinzipien und Begriffe auf den Gegenstand. Der Begriff dieser Beziehung nun ist ein transzendentaler Begriff, d.h. er übersteigt zunächst einmal alle diejenigen Begriffe, die mögliche Prädikate eines Gegenstandes sind. Er übersteigt aber auch den Begriff vom Gegenstand selber, insofern es sich um jene Beziehung handelt, durch die allererst ein Gegenstand der Erkenntnis als möglich gedacht wird. In der t.L. wird der Begriff jener transzendentalen Beziehung thematisiert, die «weder empirisch noch ästhetischen Ursprungs» [24] ist, sondern ihren Ursprung im Verstand hat. Sie analysiert das Vermögen des Verstandes [25] und stellt jene reinen Begriffe und Grundsätze dar, die a priori auf Gegenstände bezogen sind und damit als erkenntnisbegründende Prinzipien gelten müssen.

5. *L. der Wahrheit.* – Damit erweist sich die t.L. als eine «L. der Wahrheit» [26]. Diese ist nun eben nicht eine Wahrheitstheorie, d.h. eine Theorie darüber, zwischen welchen Relaten und auf welche Weisen eine Übereinstimmung besteht und nach welchen Kriterien Übereinstimmung oder Nichtübereinstimmung feststellbar sind oder sein sollen. Wahrheitstheorien setzen einen wahrheitsbegründenden Bezug auf propositionale Gehalte voraus. Eben diesen rekonstruiert eine t.L. Der transzendentale Bezug von Begriff und Gegenstand ist ineins gegenstands- und wahrheitsbegründend; ohne ihn könnte weder von Gegenstand noch von Wahrheit überhaupt die Rede sein – so wenig, wie (nach Kant) ohne Raum und Zeit von Anschauungen die Rede sein könnte. Die t.L. analysiert und stellt den Ursprung von Wahrheit dar [27]. Als Lehre vom wahrheitsbegründenden Bezug auf einen Gegenstand überhaupt fundiert sie die Alternative von Wahrheit und Falschheit als das Problem möglicher Wahrheitstheorien. Die t.L. ist eine L. der gegensatzlosen transzendentalen Wahrheit [28], d.i. eines Wahrseins überhaupt, das – analog dem klassischen Transzendentale – konvertibel ist mit dem Gegenstandsein überhaupt [29].

6. *Analytik und Dialektik.* – Kant teilt die t.L. ein in eine transzendentale Analytik und eine transzendentale Dialektik. Damit greift er auf die aristotelische Tradition des 17. Jh. zurück und folgt nicht der Einteilung der Schulphilosophie [30]. Die Analytik als «L. der Wahrheit» handelt von den Elementarbegriffen und Grundsätzen des reinen Verstandes, sofern durch sie Objekte erkannt werden. Die Dialektik als «L. des Scheins» handelt von der Geltung und dem Sinn dieser Begriffe, sofern durch sie nicht Objekte erkannt werden, sondern die Vernunft Begriffe des Unbedingten denkt. Kant betont, daß die Analytik als Teil der t.L. nicht mit der Analysis als Lehre von den analytischen Urteilen gleichzusetzen ist. Sie übernimmt aber auch nicht das ganze Programm einer transzendentalphilosophischen Analysis; sie wird nur soweit getrieben, «als sie unentbehrlich nothwendig

ist, um die Prinzipien der Synthesis a priori ... einzusehen» [31]. Sie ist also unter dem Gesichtspunkt der Vernunft*kritik* einzuschränken. So bestimmt Kant sie als «die Zergliederung unseres gesamten Erkenntnisvermögens a priori in die *Elemente* der reinen Verstandeserkenntnis» [32]. Ziel der Analytik ist die vollständige Systematik der reinen Elementarbegriffe und der entsprechenden elementaren Grundsätze.

7. *Die Kategorien.* – Die transzendentale Begriffslehre hat zuerst die «Entdeckung» der Begriffe und ihrer logischen Systematik darzustellen. Sodann muß sie eine «Deduktion» derselben leisten. Der Leitfaden, dem Kant bei der *Entdeckung* der Elementarbegriffe folgt, ist das «Vermögen zu urteilen» [33]. Eine Analyse des Urteilsvermögens führt auf die verschiedenen logischen «Funktionen der Einheit in den Urteilen», die es vollständig darzustellen gilt. Der Schlüsselbegriff, der es Kant nun erlaubt, von der Tafel der logischen Urteilsfunktionen zu der Tafel der Elementarbegriffe des Verstandes überzugehen, ist der Begriff der *Synthesis* [34]. Kant versteht unter Synthesis «die Handlung, verschiedene Vorstellungen zueinander hinzuzutun und ihre Mannigfaltigkeit in einer Erkenntnis zu begreifen» [35]. Die Synthesis ist eine Leistung der Einbildungskraft. Die Urteilshandlung des Verstandes beruht ihrer logischen Struktur nach darauf, daß die Mannigfaltigkeit der Anschauung in Raum und Zeit, die durch die Einbildungskraft synthetisiert ist, ein Prinzip ihrer Einheit erhält. Diese Einheitsstiftung leistet der Verstand a priori durch den Begriff. Durch dieses reine rationale Element wird die Synthesis eine *bestimmte* Synthesis. Die logische Struktur der Urteilshandlung heißt transzendental, weil die elementaren logischen Formelemente wie auch die bestimmte Synthesis im ganzen als die Bedingungen a priori der Möglichkeit zu urteilen gedacht sind. Die transzendentallogisch begriffene Synthesis ist mit dem Urteilen überhaupt konvertibel. Die logische Struktur hat *Handlungscharakter*, da sie die Struktur einer Spontaneität ist, als welche Kant den Verstand in Beziehung auf gegebene Inhalte bestimmt. Das Resultat der transzendentalen Handlung der Synthesis besteht darin, «etwas als einen Gegenstand zu erkennen» [36].

Die Elementarbegriffe, die der Synthesis Einheit und Bestimmtheit verleihen, sind nicht durch Abstraktion, Assoziation oder andere empirische Methoden vom Gegenstand her gewonnen. Der begriffliche Gehalt entstammt vielmehr dem Verstand. Dieser bringt also einen erfahrungsunabhängigen «transzendentalen Inhalt» [37] bei, durch den das Mannigfaltige der Anschauung als eine «Einheit» synthetisiert ist und derart den Rang eines Objekts erhält. Es handelt sich bei der transzendentallogischen Synthesis weder um eine Synthesis von Vorstellungen durch die apriorischen Anschauungsformen von Raum und Zeit (von ihr handelt die transzendentale Ästhetik, und sie ist vorausgesetzt), noch um eine Synthesis von Begriffen (sie ist Thema der formalen Logik), sondern um eine Synthesis von Vorstellungen *durch* Begriffe, und zwar durch Begriffe a priori. Transzendentallogisch sind Begriffe zunächst nur dann von Interesse, «wenn durch sie allein es möglich ist, etwas als einen Gegenstand zu erkennen» [38]. Diese Art Begriffe heißen bei Kant darum ‹Elementarbegriffe›, ‹Stammbegriffe des Verstandes›, ‹Kategorien› [39].

8. *Die Deduktion.* – Mit der Charakterisierung der Kategorie als eines transzendental-apriorischen Begriffs ist auch schon das Prinzip der Deduktion der Kategorien genannt, d. h. des Nachweises, daß die reinen Verstandesbegriffe nicht leer, sondern als transzendentale Inhalte eine *notwendige* Bedeutung haben. Zwar sind sie transzendental-subjektiv, also rein dem Verstand angehörend, darum aber nicht empirisch-subjektiv, d. h. lediglich einem empirischen Bewußtsein oder einem einzelnen Erkenntnisakt angehörend. Begriffe sind nach Kant dann als transzendentale Elementarbegriffe erwiesen, wenn sich zeigen läßt, daß «durch sie allein Erfahrung möglich ist» [40] bzw. «vermittels ihrer allein überhaupt irgendein Gegenstand der Erfahrung gedacht werden kann» [41]. Die Gültigkeit der reinen Begriffe des Verstandes beruht also darauf, daß sie «als Bedingung a priori der Möglichkeit der Erfahrung erkannt werden» [42]. Ohne den Begriff würde die gegebene Raum-Zeit-Erscheinung nicht als Objekt erkannt.

Die eigentümliche Aufgabe der t.L., nämlich zu zeigen, wie es möglich ist, den reinen Begriff auf den Gegenstand zu beziehen, wird von ihr also in der Weise gelöst, daß sie den Begriff – d. h. nach Kant zwölf bestimmte Elementarbegriffe, nach anderen Autoren bestimmte, aber unbestimmt wieviele Begriffe – als konstitutives Prinzip möglicher Objektivität einer Erscheinung nachweist. Die Objektivität des transzendentalen Begriffs beruht darauf, daß ohne ihn die Erscheinung nicht Objekt, d. i. eine begreifbare Einheit, wäre. Die Objektivität des Objekts und die objektive Gültigkeit des Begriffs begründen sich gegenseitig.

9. *Transzendentale Apperzeption.* – Die eigentümliche Leistung der transzendentalen Subjektivität besteht nach Kant darin, daß der Verstand die *Verbindung* hervorbringt, durch die das in der Anschauung Gegebene zu einer Einheit wird. «Unter allen Vorstellungen [ist] die Vorstellung der *Verbindung* die einzige, die nicht durch Objekte gegeben ist, sondern nur vom Subjekt selbst verrichtet werden kann» [43]. Dieses gilt für «alle Verbindung». Der t.L. stellt sich nunmehr die weitere Frage, was denn der Grund dafür sei, daß überhaupt Verbindung geschieht bzw. «verrichtet wird». Durch die transzendentale Synthesis und die Kategorien sind zwar Notwendigkeit und Bestimmtheit der Verbindung deduktiv begriffen, nicht aber ihr Grund. Den Grund dafür, daß überhaupt Verbindung und Einheit möglich sind, findet Kant in der «ursprünglich-synthetischen Einheit der Apperception» [44]. Apperzeption ist die Bezeichnung für einen «Actus der Spontaneität», durch den das Mannigfaltige auf *ein* Bewußtsein bezogen ist. Dieser Bezug ist die conditio sine qua non für die Verbindung von Gegebenem. Nur sofern Gegebenes für *ein* Bewußtsein gegeben ist, kann eine Verbindung von Gegebenem gedacht werden. Die Gegebenheit des Mannigfaltigen *in* einem Bewußtsein und der Bezug des so Gegebenen auf dieses Bewußtsein sind ursprüngliche und synthetische Apperzeption, und diese ist der erste Grund für Verbindung überhaupt – auch in dem Sinn, daß durch sie allererst der Bezug eines Bewußtseins auf sich selbst gedacht werden kann. So nennt Kant die transzendentale Apperzeption, vorgestellt als die oberste Bedingung a priori für jedwede Verbindung überhaupt, «die *transcendentale* Einheit des Selbstbewußtseins» [45]. Dieser transzendentale Begriff von Bewußtsein und Selbstbewußtsein als des elementaren Konstitutionsmomentes für einen Gegenstand überhaupt ist der nicht mehr weiter auflösbare Erstbegriff der transzendentalen Analytik und mithin der t.L. Der «Grundsatz der notwendigen Einheit der Apperception» ist der «oberste Grundsatz des Verstandesgebrauchs», zu dem die t.L. in ihrem analytischen Teil gelangt [46]. Synthesis und Kategorien können als transzendentale Opera-

tionalisierungen dieses ursprünglich synthetischen Aktus aufgefaßt werden.

10. *Die Grundsätze.* – Die Synthesis des in der Anschauung Gegebenen, welche die Einbildungskraft leistet, erhält durch die Elementarbegriffe eine logische Form und Bestimmtheit. Als derart transzendentallogisch bestimmte Einheit ist die raum-zeitlich bestimmte Erscheinung als ein Objekt der Erkenntnis möglich. Die Beziehung der reinen logischen Form auf eine sinnliche Mannigfaltigkeit – Hauptproblem der t.L. Kants – erfolgt als die transzendentale Genesis des Objekts. Diese «Anwendung» der Verstandesbegriffe erfordert eine Reihe von Vermittlungen, die Kant der «Urteilskraft» («das Vermögen, unter Regeln zu subsumieren», hier Erscheinungen unter bestimmte Begriffe) zuweist [47]. Die t.L. erweitert sich damit zu einer «Doctrin der Urteilskraft», die nunmehr als deren «eigentliches Geschäft» bezeichnet wird. Dieses besteht darin, die «Urteilskraft im Gebrauch des reinen Verstandes durch bestimmte Regeln zu berichtigen und zu sichern» [48].

Das erste Problem der Subsumtion sieht Kant darin, daß der Verstandesbegriff und das Mannigfaltige der Anschauung, ihrer transzendentalen Herkunft nach ganz verschieden, in irgendeiner Hinsicht «gleichartig» sein müssen, wenn eine «Anwendung» soll gedacht werden können. Das «Dritte», worin Kategorie und Erscheinung übereinkommen, nennt Kant «das transcendentale Schema» und findet es in der «transcendentalen Zeitbestimmung». Eine Zeitbestimmung ist einerseits «in jeder empirischen Vorstellung des Mannigfaltigen enthalten»; andererseits ist die Zeit dank ihrer Apriorität und Allgemeinheit mit der Kategorie gleichartig [49]. Sie vermittelt die Subsumtion der Erscheinungen unter die Kategorien. «Das Verfahren des Verstandes mit diesen Schematen» heißt «Schematismus des reinen Verstandes» [50].

Eine weitere Voraussetzung der Anwendung der Elementarbegriffe ist deren Transformation in elementare Sätze, das sind Grundsätze des reinen Verstandes. Der Satz «A ist die Ursache von B» kann nicht schon deswegen als wahr eingesehen werden, weil die Kategorie der Kausalität als Elementarbegriff nachgewiesen wurde, sondern weil der Satz a priori gilt: «Alle Veränderungen geschehen nach dem Gesetz der Verknüpfung der Ursache und Wirkung» (Zweite Analogie der Erfahrung [51]). Sätze solcher Art sind als Grundsätze nicht aus höheren Sätzen ableitbar, sondern werden durch transzendentallogische Analyse als Bedingung der Möglichkeit aller analytischen und synthetischen Urteile systematisch, d. h. geleitet durch die Kategorientafel, dargestellt [52]. Kant führt elf solcher Grundsätze an. Als obersten Grundsatz aller analytischen Urteile erinnert er an «den Satz des Widerspruchs» als ein zwar notwendiges, aber nicht hinreichendes Kriterium der Wahrheit [53]. Als oberster Grundsatz aller synthetischen Urteile gilt, daß ein jeder Gegenstand «unter den notwendigen Bedingungen der synthetischen Einheit des Mannigfaltigen der Anschauung in einer möglichen Erfahrung» steht [54]. Die weiteren Grundsätze faßt Kant unter den Titeln «Axiome der Anschauung» [55], «Anticipationen der Wahrnehmung» [56], «Analogien der Erfahrung» [57] und «Postulate des empirischen Denkens» [58] zusammen [59].

11. *Phänomenon und Noumenon.* – Am Ende der transzendentalen Analytik vergleicht Kant diesen Teil der t.L. mit der Erkundung und topographischen Aufnahme eines Landes («das Land des reinen Verstandes»), durch die «jedem Ding auf demselben seine Stelle bestimmt» sei. «Dieses Land aber ist eine Insel und durch die Natur selbst in unveränderliche Grenzen eingeschlossen. Es ist das Land der Wahrheit ...» [60], d.h. der Wahrheit der empirischen Erkenntnisse und der «newtonschen Natur» [61]. Die Frage, «unter welchem Titel wir denn selbst dieses Land besitzen», beantwortet Kant durch den Ausdruck ‹Phänomen› oder ‹Erscheinung›. Die Verstandesregeln sind a priori wahr und die Quelle aller Wahrheit. Sie sind jedoch, als bloße logische Formen, «ohne Sinn», wenn sie nicht auf ein Gegebenes, «auf data zu möglicher Erfahrung» bezogen sind. Der Verstand kann von seinen Grundsätzen a priori nur «empirischen Gebrauch» machen. Das Land der Wahrheit ist das Land der Phänomena. Ein «transcendentaler Gebrauch» der reinen Begriffe, d. i. der vergebliche Versuch, entweder durch den reinen Begriff allein oder durch seine Anwendung auf Vorstellungen, für die keine korrespondierende Anschauung gegeben ist, eine wahre Erkenntnis begründen zu wollen, schlägt fehl. Kant sieht darum die Insel von einem weiten Ozean umgeben, den der Seefahrer erkundet; doch was er als weiteres Land zu entdecken glaubt, erweist sich als Schein. Der umgebende Ozean ist die Region der Noumena, dessen, was man zwar denken, aber nicht erkennen kann. Die Erkundung ist notwendig, doch der Schein, es handele sich hier ebenfalls um eine Region möglicher Erkenntnis, muß als trügerischer Schein aufgelöst werden. Unbeschadet dieser kritischen Abgrenzung gegenüber der Metaphysik bleibt die Möglichkeit, die logische Funktion der Begriffe in ihrer «transcendentalen Bedeutung» in einer t.L. darzustellen [62].

12. *Die transzendentale Dialektik.* – Urteile, in denen Verstandesbegriffe auf Vorstellungen bezogen werden, denen keine Anschauung korrespondiert, nennt Kant «transcendente Urteile». Sie enthalten keine Erkenntnis, sondern täuschen den Schein einer Erkenntnis vor. Da das endliche Vernunftwesen natürlicherweise Vorstellungen dieser Art hat und da es natürlicherweise durch Begriffe urteilt, ist dieser Schein unvermeidlich. Er ist auch nicht gänzlich auflösbar, jedoch er kann «aufgedeckt» und durchschaut werden, um sicherzustellen, «daß er nicht betrüge» [63]. (Die «logische Dialektik» als Teil der formalen L. vermag hingegen Trugschlüsse vollständig aufzulösen.) – Die andere Aufgabe der transzendentalen Dialektik besteht in der Anweisung zum rechten Gebrauch der reinen Vernunftbegriffe.

Die Vernunft wird von Kant als das Vermögen zu schließen bestimmt [64]. Im Schließen werden Urteile derart gereiht, daß sie eine Bedingungsabfolge bilden, so daß eine neue Bestimmtheit rein durch Vernunft hervorgeht [65]. Derartige Reihen sind unbegrenzt fortsetzbar, jedoch jede Schlußfolgerung geschieht «wenigstens unter der Voraussetzung, daß alle Glieder auf der Seite der Bedingungen gegeben sind (Totalität der Reihe der Prämissen), weil nur unter deren Voraussetzung das vorliegende Urteil a priori möglich ist» [66]. Im Begriff der Totalität der Reihe ist der Begriff des Unbedingten gedacht [67]. Der transzendentale Vernunftbegriff wird darum von Kant bestimmt als der Begriff «von der Totalität der Bedingungen zu einem gegebenen Bedingten» [68]. Diesen Begriff zu denken, ist «das oberste Prinzip der reinen Vernunft».

13. *Vernunft und Verstand.* – Im Begriff der vollständigen Reihe und des Unbedingten sind die Urteile des Verstandes als eine Einheit begriffen. «Vernunftbegriffe dienen zum *Begreifen,* wie Verstandesbegriffe zum *Verstehen* (der Wahrnehmungen)» [69]. Die transzendentallogische Pointe dieses anderen Teils der t.L. besteht nun darin, daß analog wie die Analytik den Bezug der Verstandesbe-

griffe auf Gegenstände zu klären hatte, die Dialektik den Bezug der reinen Vernunftbegriffe auf die Verstandeserkenntnisse zu klären hat. Die Vernunft im Sinne Kants «bezieht sich niemals geradezu auf Gegenstände, sondern auf die Verstandesbegriffe von denselben» [70]. Die einzelne Verstandeserkenntnis (Urteil), mag sie auch den Regeln der transzendentalen Analytik entsprechen und dadurch wahr sein, erfüllt nicht den Anspruch, den die Vernunft an Erkenntnis und Wahrheit stellt. Dieser wird erst dadurch erfüllt, daß die Verstandeserkenntnisse selber noch einmal in einem logischen Zusammenhang stehen. Die Mannigfaltigkeit der Regeln bedarf der Einheit der Prinzipien. Diese ist «eine Forderung der Vernunft, um den Verstand mit sich selbst in durchgängigen Zusammenhang zu bringen» [71]. Die Vernunft zielt gar nicht auf die Erkenntnis höherer Objekte, sondern «auf den Verstandesgebrauch», um ihm Einheit zu geben. Die Vernunfteinheit ist «nicht Einheit einer möglichen Erfahrung» [72], sondern die Einheit von Verstandeshandlungen; sie leistet den logischen Konnex von Urteilen unter einem Prinzip [73]. So ist die Vernunft quasi der Stratege des Verstandes; ohne sie gäbe es möglicherweise viele gewonnene Schlachten, aber einen verlorenen Krieg. Diese Funktion der Vernunft zu klären und zu präzisieren, ist die zweite, positive Aufgabe der transzendentalen Dialektik. In der Sprache der L.: Die Dialektik zeigt, daß der «Grundsatz der reinen Vernunft» gar nicht ein objektivgültiger Satz sein will, sondern eine «bloß logische Vorschrift» [74]. Der Vernunftbegriff ist «regulatives Prinzip», er ist «ein Principium der Vernunft, welches als *Regel* postulirt, was von uns im Regressus geschehen soll und *nicht antizipirt,* was im *Objecte* vor allem Regressus an sich gegeben ist. Daher nenne ich es ein *regulatives* Princip der Vernunft ...» [75].

14. *Die Ideen und die dialektischen Schlüsse.* – Den durch Rückschluß vom Bedingten auf ein Unbedingtes gewonnenen reinen Vernunftbegriff nennt Kant ‹Idee›, und er bezieht sich dabei ausführlich auf Platons Begriff der Idee. Zur Abgrenzung gegen einen Ideenrealismus wie auch gegen die Metaphysik betont Kant wiederholt: «nur eine Idee» [76]. Transzendentallogisch gesehen ist die Idee jedoch die notwendige Bedingung dafür, daß Verstandeserkenntnisse einen Sinn haben können. So wie die Formen des Urteils die systematische Darstellung der Elementarbegriffe als Leitfaden leiteten, so soll nun «die Form der Vernunftschlüsse» (kategorischer, hypothetischer, disjunktiver Schluß [77]) die systematische Darstellung der reinen Vernunftbegriffe leiten. In den diesen Schlußformen entsprechenden dialektischen Schlüssen geht es nicht mehr um die «synthetische Einheit von Vorstellungen», sondern um die «unbedingte synthetische Einheit aller *Bedingungen* überhaupt». Das Unbedingte zu aller Synthesis kann nach Kant in dreierlei Beziehungen gedacht werden: in Beziehung auf das Subjekt, in Beziehung auf das Objekt und in Beziehung auf Gegenstände des Denkens überhaupt [78]. Der kategorischen Schlußform entspricht nach Kant «die absolute (unbedingte) Einheit des denkenden Subjekts» oder die Idee der Seele; der hypothetischen Schlußform entspricht «die absolute Einheit der Reihe der Bedingungen der Erscheinungen» oder die Idee der Welt; der disjunktiven Schlußform entspricht «die absolute Einheit der Bedingungen aller Gegenstände des Denkens überhaupt» oder die Idee Gottes [79]. Diese Begriffe des Unbedingten, die sich als Grenzbegriffe des kategorischen, hypothetischen und disjunktiven Schließens schlechthin ergeben, sind nicht Begriffe im Sinne der transzendentalen Analytik, also nicht Verstandesbegriffe. Da sie jedoch vermittels der Verstandesbegriffe gedacht werden können und müssen, erweckt das, «wovon wir doch keinen Begriff haben», den Anschein, als wäre es ebenfalls ein Begriff von objektiver Realität [80]. So entstehen «Sophisticationen, nicht der Menschen, sondern der reinen Vernunft selbst». In diesem Sinn spricht Kant von «dialektischen Vernunftschlüssen» und nennt deren drei: den transzendentalen (nicht nur logischen) Paralogismus der reinen Vernunft, der vom transzendentalen «Ich denke» auf die Seele als einen Gegenstand der Psychologie schließt; die transzendentale Antinomie der reinen Vernunft, die sich ergibt, wenn die Reihe der Bedingungen einer gegebenen Erscheinung als total gedacht wird [81]; das «Ideal der reinen Vernunft», das sich ergibt, wenn von der Totalität der Bedingungen der Gegenstände überhaupt «auf ein Wesen aller Wesen» geschlossen wird [82]. Die Darstellung und Aufklärung der dialektischen Vernunftschlüsse enthält noch eine Reihe logischer Probleme – und dies gilt insbesondere für die Antinomien –, doch ergeben sich für die Charakterisierung der transzendentalen Dialektik als der t.L. anderer Teil keine weiteren unentbehrlichen Gesichtspunkte. Positive Hauptaufgabe der Dialektik war es, «völlig a priori, den Ursprung gewisser Erkenntnisse aus reiner Vernunft» nachzuweisen und deren Bedeutung als Prinzipien der Einheit der Verstandeserkenntnisse darzustellen.

15. *Dialektik und Analytik.* – Die kritische Bezeichnung der Dialektik als «L. des (transcendentalen) Scheins» gegenüber der Bezeichnung der transzendentalen Analytik als «L. der Wahrheit» kann den Eindruck erwecken, als sei die Begründung von Wahrheit mit der transzendentalen Analytik als kritischer Transformation der Probleme der Ontologie bzw. der *metaphysica generalis* erledigt, und es werde lediglich eine Kritik der *metaphysica specialis* nachgeliefert. Das positive Ergebnis der transzendentalen Dialektik, daß nämlich die Vernunft durch die reinen Vernunftbegriffe der Ursprung «der systematischen Einheit des Verstandesgebrauchs» ist, daß mithin «zu gegebenen Wissenschaften die Quellen in der Vernunft selbst zu suchen» sind [83], erhebt die transzendentale Dialektik jedoch weit über eine L. bloß des Scheins. Denn ohne die Ideen als Regeln der Verstandeserkenntnis bliebe diese «nichts als Stückwerk» [84]. Ein absolutes Ganzes der Erfahrung ist unmöglich, aber eben deswegen ist «die Idee eines Ganzen der Erkenntnis nach Prinzipien», unter welche die Vernunft die Verstandeserkenntnisse bringt, eine transzendentale Bedingung der Wahrheitserkenntnis. So ist auch die transzendentale Dialektik ein integraler Bestandteil der t.L. als einer L. der Wahrheit.

Anmerkungen. [1] I. KANT, KrV. Akad.-A. 4, 1-252 [1. Aufl. = A; 2. Aufl. = B] B 74. – [2] a.O. A 22. B 36. – [3] Gemeint sind Begriffe, «dadurch wir Gegenstände völlig a priori denken» bzw. synthetische Urteile a priori. – [4] KrV B 81. 82. – [5] N. HINSKE: Die hist. Vorlagen der Kantischen Transzendentalphilos. Arch. Begriffsgesch. 12 (1968) 89ff. – [6] Kants Weg zur Transzentalphilos. Der dreißigjährige Kant (1970) 78f.; vgl. a.O. [5] 99ff.; zu «cosmologia transcendentalis» bei Leibniz vgl. H. KNITTERMEYER: Der Terminus transzendental in seiner hist. Entwickl. bis zu Kant (1920) 186f. – [7] KANT, Proleg. (Vorwort). Akad.-A. 4, 262. – [8] HINSKE, a.O. [5. 6]; Kants Begriff des Transzendentalen und die Problematik seiner Begriffsgesch. Erwiderung auf Ignacio Angelelli. Kantstud. 64 (1973); vgl. KNITTERMEYER, a.O. [6]; Von der klass. zur krit. Transzendentalphilos. Kantstud. 45 (1953/54); G. TONELLI: Das Wiederaufleben der dtsch.-arist. Terminol. bei Kant während der Entstehung der KrV. Arch. Begriffsgesch. 9 (1964) 233-242; G. MARTIN: Immanuel Kant. Ontol. und Wissenschaftstheorie (1950, ⁴1969). – [9] KANT, Proleg. (Vorwort). Akad.-A. 4, 255. – [10] KrV, Vorrede B XVI. – [11] a.O. § 12, B 113-115. – [12] Proleg. (Vorwort). Akad.-A. 4, 255; vgl. auch 278. – [13] KrV B 76. – [14] a.O. B 79. – [15] B 77. – [16] KANT, L. Akad.-A. 9, 13. – [17] KrV B 80. – [18] a.O. B 88. – [19] Zur Stellung der transzendentalen Ästhetik vgl. HINSKE, a.O. [6] 36. – [20] KANT, KrV B 26. – [21] Zur formalen L. als Organon vgl. a.O. B 77-78. 85. – [22] B 24f. – [23] B 25. – [24] B 81. – [25] B 87. – [26] Vgl. B 170. 294; Proleg. § 5 Anm. 1; vgl. G. PRAUSS: Zum Wahrheitsproblem bei Kant. Kantstud. 60 (1969) 166-182. – [27] B 87. – [28] PRAUSS, a.O. [26] 178ff. – [29] Vgl. KNITTERMEYER, Von der klass. ... a.O. [8] 114f. – [30] Vgl. L., Akad.-A. 9, 16f. 20; Zur Einteilung der L. in Dialektik (logica probabilium) und Analytik (logica veritatis) vgl. TONELLI, Das Wiederaufleben a.O. [8] 239f.; J. G. DARJES hat (1731) die Folge: Analytik, dann Dialektik; vgl. HINSKE, a.O. [6] 36-39. – [31] KANT, KrV B 25f. – [32] a.O. B 89 (kursiv vom Verf.). – [33] B 94. – [34] B 102f. – [35] B 103. – [36] B 125. – [37] B 105. – [38] B 124. – [39] Vgl. Proleg. §§ 20-22; zum Begriff der objektiven Gültigkeit vgl. KrV A 111. 128, B 81. 126. 150f. – [40] a.O. B 126. – [41] A 96; vgl. B 126. – [42] ebda. – [43] B 130. – [44] B 136. – [45] B 132. – [46] Zum systematischen Ort der synthetischen Einheit der Apperzeption als des obersten Grundsatzes vgl. A 117; B 134. – [47] B 174ff. – [48] B 174. – [49] B 177f. – [50] B 179; zum ganzen B 176-186. – [51] B 232; zu der Frage, ob Kant den «unerweislichen Grundsätzen» den logischen Primat zuerkannt hat, vgl. H. HEIMSOETH: Zur Herkunft und Entwicklung von Kants Kategorientafel. Kantstud. 54 (1963) 377 sowie HINSKE, a.O. [6] 36. 39. – [52] B 187. – [53] 189ff. – [54] B 197. – [55] B 202ff. – [56] B 207ff. – [57] B 218ff. – [58] B 265ff. – [59] Vgl. Proleg. §§ 23-29. – [60] KrV B 294ff. – [61] MARTIN, a.O. [8] 78ff. – [62] KANT, KrV B 295-298; vgl. HEIMSOETH, a.O. [51] 381. – [63] KANT, a.O. B 354. – [64] B 386. – [65] Vgl. B 360f.; vgl. B 386, B 387. – [66] B 388. – [67] B 364. – [68] B 379. – [69] B 367. – [70] B 392. – [71] B 362. – [72] B 363. – [73] B 359; vgl. B 385f. – [74] B 365. – [75] B 537. – [76] B 384. – [77] Vgl. Logik §§ 60-80. Akad.-A. 9, 121-131. – [78] KrV B 391. – [79] a.O. B 391. – [80] B 397. – [81] Zur Bedeutung des Antinomiebegriffs für die transzendentale Dialektik vgl. HINSKE, a.O. [6] Kap. 2. – [82] KANT, KrV B 379f. 390f. 397f. – [83] Proleg. § 56. Akad.-A. 4, 350; a.O. § 5 Ende. 4, 280. – [84] a.O. § 56. Akad.-A. 4, 349.

Literaturhinweise. H. KNITTERMEYER: Der Terminus transzendental s. Anm. [6]; Transzendent und Transzendental. Festschr. P. Natorp (1924); Von der klass. ... s. Anm. [8] 113-131. – H. HEIMSOETH s. Anm. [51] 376-403. – G. TONELLI: Die Umwälzung von 1769 bei Kant. Kantstud. 54 (1963) 369-375; Das Wiederaufleben ... s. Anm. [8]. – N. HINSKE: Die hist. Vorlagen ... s. Anm. [5] 86-113; Kants Weg ... s. Anm. [6]; Kants Begriff des Transzendentalen s. Anm. [8] 56-62. – W. HOGREBE: Kant über das Problem einer transzendentalen Semantik (1974). – A. GIDEON: Der Begriff transzendental in Kants Kritik der reinen Vernunft (1977).

II. *Fichte.* – Die nachgelassenen 31 Vorlesungen FICHTES ‹Über das Verhältnis der L. zur Philosophie oder transzendentale Logik› von 1812 haben einen ähnlichen formalen Grundriß wie die t.L. Kants. Fichte leitet mit einer Abgrenzung der t.L. gegenüber der «gemeinen L.» ein (Vortrag 1. 2) [1]. Dann folgen Vortragsgruppen über die Hauptbegriffe ‹Bild› (4–7), ‹Erscheinung› (8–10), ‹Anschauung› (11–13) und ‹Raum› (14–18). Sodann thematisieren weitere Vorträge das Sich-Verstehen der Erscheinung (18–22) und die Lehre vom transzendentalen Begriff (23–27). Die Schlußvorträge über Urteils- und Schlußlehre (28–30) stellen die Lehre vom Syllogismus aus der Perspektive der transzendentallogischen Bildlehre dar. Vortrag 31 bringt eine Zusammenfassung.

Ungeachtet der formalen Parallelen hat die t.L. bei Fichte einen völlig anderen philosophischen Stellenwert als bei Kant [2]. Kants t.L. hatte die Bedingungen der Möglichkeit der Erfahrung analysiert und den Grundriß des Systems vorgezeichnet. Bei Fichte ist dieses Verhältnis von System und Logik gerade umgekehrt. Die Wissenschaftslehre liegt in reifen Ausarbeitungen als die systematische und vollständige Darstellung der Genesis des Wissens vor. Die t.L. hat ihr gegenüber nur noch eine Spezialaufgabe, nämlich das Verhältnis der L. zu ihr als *der* Philosophie zu bestimmen. Die Radikalisierung des transzendentalen Ansatzes und dessen Ausbildung zum System in der Wissenschaftslehre entheben die t.L. jedweder Grundlegungsaufgabe. Ihre Aufgabe besteht nunmehr darin, «den Anteil des Denkens in dem ursprünglichen Wissen nachzuweisen» [3]. Dieser Anteil des Denkens ist gewiß nicht gering zu veranschlagen, doch die t.L. ist gerade nicht Lehre des reinen Denkens, sondern des Denkens als eines Vermittlungsmomentes *in* der Anschauung bzw. *in* der Erscheinung. Ihr Ziel ist die Ableitung des ursprünglichen Bewußtseins «aus dem formalen Sein der Erscheinung» [4].

Sofern das Denken als eine bloße «Weiterbestimmung» des faktischen Wissens analysiert wird, ist es Gegenstand der «gemeinen L.». Diese gehört zu jener Art von Philosophie, die es lediglich mit Reproduktionen des Denkens oder Wissens zu tun hat, aber nicht mit dem Wissen selbst [5]. Sie ist darum «ein bloßes Naturerzeugnis, keineswegs eines der Freiheit» [6]. Wird jedoch das Denken «von der Philosophie aus angesehen», d.h. als Moment in der Genesis des Wissens, so ist die L. t.L. Das Gemeinsame beider Arten von L. findet Fichte mit Kant darin, daß ihr Thema das «Verbinden» oder die Synthesis ist: «... Ein Verbinden eines Mannigfaltigen von Bildwesen zur Einheit Eines Bildes» [7]. Der Sinn dieses «Verbindens» ist jedoch im einen und im anderen Fall verschieden. In der formalen L. wird das Formale möglicher Verbindung durch Begriff, Urteil und Schluß unter Absehung vom Inhalt des Wissens untersucht. Eben dieser beiseite gelassene Inhalt, die anschaulichen Gegebenheiten, sind es, die Fichte in seiner t.L. in ihre transzendentalen Elementarmomente unter den Titeln ‹Bild›, ‹Anschauung›, ‹Erscheinung› auflöst. Die Anschauung ist bei Fichte im Gegensatz zu Kant das Hauptthema der t.L., und zwar deswegen, weil die Anschauung als Anschauung ein Moment des Verbindens und mithin des Denkens enthält. Das Denken im transzendentallogischen Verstande kann gerade nicht als getrennt von der Anschauung, sondern nur in der Anschauung gedacht werden. Das ursprüngliche Wissen setzt nicht eine unbestimmte Mannigfaltigkeit voraus, sondern es muß als eine Mannigfaltigkeit von Bildwesen begriffen werden. Als Bild enthält die Mannigfaltigkeit ein transzendentales Moment der Verbindung, das als transzendentallogische Voraussetzung aller jener rationalen Bestimmungen und Operationen gedacht werden muß, welche die formale L. untersucht.

Die ursprüngliche Einheit von Anschauung und Denken nennt Fichte ‹Wissen›. Eben diese Einheit oder daß «das Wissen denkt» begründet das Ich, das seinerseits das ursprüngliche Wissen reproduziert [8]. Jenes das Ich begründende Denken ist der Gegenstand der t.L. Der Begriff des Ich ist nicht «der höchste Punkt» der t.L., sondern er ergibt sich aus der transzendentalen Analyse der Erscheinung als der Begriff der absoluten Selbstanschauung der Erscheinung. Fichte markiert den Unterschied und die Anknüpfung an Kants Begriff der synthetischen Einheit der Apperzeption, dem er seine «analytische Einheit der Apperzeption» entgegenstellt und vorordnet [9].

Der transzendentallogische Elementarbegriff ist der Begriff ‹Bild›. Wissen ist bestimmt als Bild des Seins. Der Begriff eines Bildes des Seins (a) kann nur gedacht werden, sofern zugleich ein Sich-Sehen dieses Bildes als Bild, mithin ein Bild des Bildes (b) gedacht ist. (Fichte bezeichnet die beiden voneinander nicht abtrennbaren Niveaus der transzendentalen Struktur durch die lateinischen kleinen Buchstaben a und b.) Der in sich reflektierte Prozeß des «Bildens» ist der Grundcharakter des Denkens. Unter «Bilden» ist das Verhältnis zu verstehen, durch das das Bild als Bild des Seins zugleich ein Bild dieses Bildes und eben dadurch auch ein Bild seiner selbst setzt. Fichte gebraucht die Metapher des «Flugs» [10], um den relationalen Charakter des Denkens zu vergegenwärtigen. Das Bild (z.B. «Raum») ist der Grund des Bildens («Stelle»). Das Denken wird bestimmt als das Bilden, d.h. als die Beziehung – der Flug – von Bild zu Bilden. Das Bild wiederum dieser Beziehung und mithin des Denkens selbst ist der Begriff. Durch den Prozeß des transzendentalen Bildens wird in der Totalität des Wissens eine «Aussonderung» und damit eine Vorstellung («ein bloßes Etwas») ermöglicht. Denken im Sinn der t.L. heißt «Bilden des Verhältnisses eines Bestimmten zu einem anderen, *innerhalb* dessen es bestimmt ist» [11]. Das transzendentallogische Strukturbild («-bild», da auch die t.L. im Sinne Fichtes ein Bild ist) des Verhältnisses von Bild des Seins und Bild des Bildes als eines Bildens («in der Form des Verbi») enthält keinerlei Unterschied von Anschauung und Begriff. Bild ist «Verschmolzensein von Anschauung und Begriff» [12]. Aus der immanent-reflexiven Struktur des transzendentallogischen Erstbegriffs ‹Bild› werden allererst Unterschiede wie der von Anschauung und Begriff begreifbar und darstellbar. Es gehört zu den Aufgaben der t.L., «nachzuweisen: (a) wie beide, Anschauung und Begriff, verschieden sind, (b) wie nur durch die Vereinigung beider Wissen überhaupt zustande kommt» [13].

Das Sein erscheint als Bild und nicht anders. Das Bild aber «existiert nur im Verstehen seiner selbst *als* Bild». Dadurch setzt es sich «im Gegensatz ... mit dem Sein» [14]. So ist es «außer dem Sein» und «Äußerung» eben des Seins als Gehalt. Das Fürsichsein des Bildes im Moment der Äußerung bezeichnet Fichte als ‹Anschauung›. Die Anschauung ist begriffen als das Sich-Anschauen des Bildes, sofern es Äußerung ist. So «ist es als ein bestimmter Inhalt» [15]. Die Anschauung ist die Genesis der bestimmten Inhalte und Qualitäten aus dem «absoluten Quale» [16]. Sie überführt das Sein in ein Werden. Bild bezeichnet die ursprüngliche Einheit, aus der die Differenz von Sein und Werden begriffen werden kann, und zwar vermittelt durch die Erscheinung und die Anschauung.

Die Genesis des Wissens kann nun durch folgende Niveaus charakterisiert werden: Alles Sein ist als Bild gesetzt (Urbild). Das Bild ist Bild seiner selbst. In dieser Form ist das Sein Erscheinung, und als sich anschauende Erscheinung ist sie in die Form des Werdens gesetzt. So ist die Anschauung als Genesis des bestimmten Inhaltes begriffen. Auf dem nunmehr gewonnenen Niveau der Anschauung kehrt die immanent-reflexive Struktur wieder [17]. Da alles Sein der Erscheinung «schlechthin in ihrem Bild von sich selbst» ist, spricht Fichte nun von einer «Anschauung der Anschauung, einem Bilde des Bildes des Werdens». Dieses Bild als Bild des Verhältnisses der Erscheinung zu sich selbst ist «eigentliches Ich»: das «formale Sein der Erscheinung» [18]. Die Erscheinung erscheint sich in der Anschauung als «das Sehende»: «Selbstanschauung der Erscheinung als des Anschauenden *in* der Anschauung des Werdens» [19]. Der transzendentalkritische Begriff der reinen Apperzeption ist in der transzendentallogischen Systematik Fichtes transformiert in den Begriff der Selbstanschauung der Erscheinung und des Ursprungs jedweden Gehaltes. Die Erscheinung, sofern sie sich sieht als das Sehende, ist «Prinzip der Empirie». Die Erscheinung, sofern sie sich sieht als das Werdende, ist Prinzip der Sittlichkeit [20]. Die Selbstanschauung der Erscheinung ist nicht nur faktisch, sondern notwendig. Sie ist «das Gesetz»: Alles Sein ist nicht nur, sondern erscheint, und die Erscheinung selbst schaut sich an als Werden des Gehaltes. Dieses Gesetz ist der Grund der Objektivität («gesetzliches» Sein). «Ich» ist hierbei der Ausdruck der «absoluten Notwendigkeit des Verhältnisses der Erscheinung zu sich selbst» [21].

In der ursprünglichen Struktur von Erscheinung sind Anschauung und Begriff noch ununterschieden. Jedoch läßt sich aus dieser Struktur die Unterscheidung von Anschauung und Begriff ableiten. Dies geschieht bei Fichte durch eine dialektische Interpretation des Verhältnisses von Sein und Bild. Einerseits ist das Sein begriffen als Grund des Bildes: Im Bild erscheint das Absolute als die sich anschauende Erscheinung. Das Sein erscheint als Genesis des Inhaltes, als Werden und Leben. Dieses ist der Begriff der *Anschauung*. Andererseits ist das Bild begriffen als Grund des formalen Seins der Erscheinung. Die Form des Seins als Erscheinung und als Genesis ist das Gesetz des Seins. Der Begriff des Denkens wird demnach bestimmt als «Bild des Gesetzes des Seins». Beide, Anschauung und Denken, sind Weisen des Begreifens der Erscheinung, in der sie unzertrennlich sind [22]. In entsprechender Weise werden die Differenz von Ich und Gegenstand sowie das Mannigfaltige aus der Anschauungsform des Ich abgeleitet [23]. Die Vorträge 15–17, welche unter dem Titel ‹Raum› die vielfältig relationale Struktur einer *Beschränkung der Anschauung in sich* darstellen, lassen den Primat der Anschauung vor dem Denken in der t.L. Fichtes hervortreten. Denken ist immer Denken *in* der Anschauung; es gibt kein reines Denken, sondern nur «Verstehen» von Anschauung [24]. Fichte gibt im Vortrag 19 auch eine Interpretation der «intellektuellen Anschauung» als Sich-Verstehen der Erscheinung. Aus deren Analyse ergibt sich für ihn erst die Differenz von Sinnlichkeit und Verstand sowie ein Begreifen der bestimmten Anschauung und der Empirie [25]. Damit ist das Denken als transzendentales Moment des Wissens abgeleitet. Die t.L. spricht nicht von einem Denken, welches ein faktisches Wissen weiterbestimmt, sondern vom «Denken im Wissen, von jenem Denken, das nicht wird, sondern ist». «Die ganze Lehre der L. von Entstehung der Begriffe durch Abstraktion fällt damit als durchaus falsch hinweg» [26]. Kraft der Begriffe ist die Anschauung nicht nur räumlich beschränkte, sondern bestimmte Anschauung; das faktische Wissen weiß ursprünglich «ein Was». Die t.L. hat nach Fichte damit «die ganze Faktizität apriorisch eingesehen» [27]. Die besonderen Bestimmtheiten durch die Denkgesetze (Begriffe) könnten nunmehr in «einer Übersicht der sämtlichen möglichen Begriffe» dargestellt werden; doch diese Aufgabe zählt Fichte nicht mehr zu den eigentlichen Aufgaben der t.L. und überläßt sie somit «der gewöhnlichen L.» [28]. Das transzendentallogische Interesse ist vielmehr auf die «Entstehung der Begriffe» gerichtet, und zwar vornehmlich auf die Genesis der Begriffe des sinnlichen Bildes, der Begriffe der Folge und der Kraft sowie der Begriffe für die verschiedenen Naturdinge [29]. – Der Text der t.L., der aus hinterlassenen Entwürfen und «mit Benutzung nachgeschriebener Kolleghefte» von I. H. Fichte zusammengestellt wurde, harrt noch einer historisch-kritischen Ausgabe. Er läßt in der vorliegenden Form zwar die philosophische Grundtendenz deutlich erkennen, in der Durchführung bleiben jedoch Unklarheiten.

Anmerkungen. [1] J. G. FICHTES Nachgel. Werke, hg. I. H. FICHTE, 1 (1834), zit. Sämmtl. Werke 9, 105-400; Werke. Auswahl 1-6, hg. F. MEDICUS (1908-1912) 6, 119-416; vgl. auch Vortrag 23-24. – [2] Vgl. Sämmtl. Werke a.O. 9, 106f. 120-123. 127. 129. 298. 308. 319. 392f.; vgl. P. K. SCHNEIDER: Die wissenschaftsbegründende Funktion der Transzendentalphilos. (1965) 105-133. – [3] FICHTE, a.O. [1] 232. – [4] 298. – [5] 121. 326 u.ö. – [6] 326. – [7] 109. – [8] 120f. 123. 188. – [9] 177ff. – [10] 125. – [11] 129. – [12] 319. 325. – [13] 129. – [14] 171. – [15] 172. – [16] 174. – [17] Vortrag 8. 9. – [18] 187. – [19] 188. – [20] ebda. – [21] 191-195. – [22] V. 11. – [23] V. 12. 13. – [24] 232. 245. 277. – [25] V. 21. 22. – [26] 316f. – [27] 319. – [28] ebda. – [29] 25; V. 27.

III. *Hegel.* – Bei HEGEL findet sich wie bei Kant und Fichte am Beginn der L. eine Kritik und eine Abgrenzung gegenüber der formalen L. [1]. Ebenfalls charakterisiert er seine «neue» L. als Darstellung des Inhalts, und zwar derart, daß Denken und Begriff selber der Inhalt sind, dessen Selbstbewegung die L. darstellt [2]. Gegenstand der L. ist «die Wahrheit aller Weisen des Bewußtseins». Eben diesen Anspruch, nämlich eine L. des Gehaltes und eine L. der Wahrheit zu sein [3], hatte auch Kants t.L. gestellt. Hegel knüpft auch an Kant an. Bereits dessen kritische Philosophie habe die Metaphysik zur L. gemacht [4]. Dies ist eine gewichtige Anerkennung; denn nach Hegels «Ansicht des Logischen» fällt die L. «mit der *Metaphysik* zusammen» [5]. Gleichwohl grenzt er seine L. strikt von der t.L. ab. Die t.L. betrachte die Denkbestimmungen «nach dem Gegensatz von Subjektivität und Objektivität überhaupt», welcher Gegensatz dem Bewußtsein angehört [6]. Objektivität bedeutet das Moment allgemeiner und notwendiger Gültigkeit, während Subjektivität «das Gesammte der Erfahrung» im Gegensatz zum Ding an sich – «ein unendlicher Anstoß» [7] – bedeutet [8]. Demgegenüber stellt Hegel an die L. den Anspruch, «die Befreiung von dem Gegensatz des Bewußtseins» zu leisten [9]. So ist seine L. auch nicht mehr wie die t.L. bloß Grund des Systems, sondern «das System der reinen Vernunft» [10]. Wiewohl Hegel die Wissenschaft der L. ausdrücklich gegen die t.L. abgrenzt, greift er doch die Aufgabe der t.L. auf und integriert sie als «objektive L.» in die Wissenschaft der L. Damit tritt nunmehr die objektive L. an die Stelle der vormaligen Metaphysik bzw. der Ontologie. Die objektive L. betrifft die Lehre vom Sein und vom Wesen und begreift auch «die übrige Metaphysik» (Seele, Welt, Gott) in sich. Die objektive L. ist nunmehr «die wahrhafte Kritik» der Metaphysik [11]. So kann Hegel erklären: «Das, was hier *objektive L.* genannt worden, würde zum Theil dem entsprechen, was bei ihm [Kant] die *t.L.* ist» [12]. Dadurch behandelt Hegel das «sogenannte Transzendentale der Denkbestimmungen» nicht mehr innerhalb des dem Bewußtsein zugehörigen Gegensatzes von Subjektivität und Objektivität und als das Apriori im Gegensatz zum Aposteriori, sondern als das reine Sichselbstbestimmen des Denkens als Denken. Die L. ist es, durch die das Denken sich einen Inhalt gibt. «Die *objektive L.*, welche das *Seyn* und das *Wesen* betrachtet, macht daher eigentlich die *genetische Exposition des Begriffs* aus» [13]. Die t.L. im Sinne Kants deckt also lediglich den Teil «objektive L.» von Hegels Wissenschaft der L. ab, und auch dieses nur teilweise, weil Kants t.L. von der Vorstellung ausgeht und am Bezug von Begriff und Anschauung als wahrheitskonstituierend festhält, während für Hegel der von Vorstellung und Bewußtsein schlechthin freigewordene Begriff und dessen dialektische Bewegung in sich die Wahrheit ist. Ein entsprechender Unterschied besteht in der Auffassung der Idee, die in der t.L. als regulatives Prinzip der Erkenntnis, in Hegels Wissenschaft der L. aber als die Wahrheit des Begriffs aufgefaßt ist. Aufgrund dieser Differenzen wird der Begriff t.L. bei Hegel zu einem historischen Begriff, der nur noch zur Kennzeichnung der Position Kants Verwendung findet [14].

Anmerkungen. [1] G. W. F. HEGEL, Wissenschaft der L. Werke (1832-1840) 3, 27. – [2] a.O. 3, 7. 33. 41f. – [3] 5, 24f.; Encycl. § 24 Zusatz 2 a.O. 6, 51ff. – [4] 3, 37. – [5] 6, 45; Über den Philos.unterricht. Br. an J. Niethammer (23. 10. 1812). 17, 338. – [6] 6, 86ff. – [7] 3, 37. – [8] Vgl. 3, 50-54. – [9] 3, 35. 53. – [10] 3, 35. – [11] 3, 54-55. – [12] 3, 52; 17, 339. – [13] 5, 6. – [14] 15, 565.

IV. *Neukantianismus.* – Die Geschichte der t.L. nach Hegel ist nicht leicht zu verfolgen. Denn einerseits ist die Wirkung der t.L. von Kant und Fichte vielfältig erkennbar, andererseits verschwindet die t.L. aufgrund der unter den Titeln ‹Erkenntnistheorie› und ‹Wissenschaftstheorie› veränderten Problemsicht. So bezeichnet z.B. B. BOLZANO seine ‹Wissenschaftslehre› als L. und bestimmt sie als «die Wissenschaft von den Gesetzen, nach denen wir beim Denken vorgehen müssen, wenn wir die Wahrheit finden wollen» [1]. Dieser Formulierung nach und im Hinblick auf seine Lehre von den Wahrheiten bzw. den Sätzen an sich könnte hier eine Modifikation der t.L. vermutet werden. Doch Bolzano distanziert seine L. ausdrücklich und «ein für alle Mal» von der t.L. insbesondere von Fichte [2] und versteht sie im Gegensatz zu Kant als Organon der Wissenschaften und ihrer Darstellungen [3]. Diese Wendung zur Wissenschaftstheorie ist in der theoretischen Philosophie des 19. Jh. allgemein. Doch das «Wiedererwachen» (LASK) der Kantischen t.L. im Neukantianismus intensiviert auch deren Bezug auf Kants t.L. «Die apriorischen Formen des Geistes haben sich auszuweisen als der Grund der wissenschaftlichen Wahrheit» [4]. Doch auch ein Werk wie H. COHENS ‹L. der reinen Erkenntnis› [5] ist trotz des Titels und trotz des programmatisch im Sinn des Parmenides ausgesprochenen Satzes «Nur das Denken selbst kann erzeugen, was als Sein gelten darf» [6], nicht t.L. Denn für Cohen, der die Bezeichnung ‹t.L.› nicht verwendet, wie für NATORP gilt, daß «das Denken der L.» das gleiche ist wie «das Denken der Wissenschaft». Es besteht auch kein grundsätzlicher Unterschied zwischen Mathematik und L., und die Vernunft ist als Inbegriff von (transzendentalen) Methoden aufgefaßt [7]. Vielfach wird der Ausdruck ‹t.L.› als historischer Begriff zur Bezeichnung der Philosophie Kants und Fichtes gebraucht [8]. Als Methodenbegriff kann er so beiläufig benutzt werden wie z.B. bei W. WINDELBAND, der sie übrigens innerhalb des Abschnittes über «reine oder formale L.» behandelt, wenn er meint, daß, wenn man von Kants Schematismuslehre das Psychologische «abstreife», lediglich eine formal-logische Beziehung übrigbleibe [9]. An anderer Stelle gibt er dem Transzendentalen die nebensächliche Bedeutung der Sachgemäßheit: «Auch hier steckt das transzendentale Moment der Notwendigkeit und Allgemeingültigkeit in nichts anderem als in der *Sachgemäßheit*» [10]. So ist es auch nicht verwunderlich, wenn unbedeutende Dissertationen unter dem Titel einer t.L. erscheinen [11].

Sachlich relevant wird die t.L. von H. Rickert und E. Lask aufgegriffen. RICKERT gebraucht auch den Ausdruck ‹t.L.› in der Form ‹Transscendental-L.›. In dem Aufsatz ‹Zwei Wege der Erkenntnistheorie› wird er (ca.

zwölfmal) terminologisch eingesetzt [12]. Mit dem Ausdruck ‹t.L.› ist das gleiche gemeint, was er in seinem erkenntnistheoretischen Hauptwerk [13] mit «reiner L.» oder «objektiver L.» bezeichnet. Die Erkenntnistheorie hat zwei Teile: die «Transscendentalpsychologie», d. i. jene grundlegende Psychologie, die auch von der Psychologie als Einzelwissenschaft vorausgesetzt wird, und die «Transscendental-L.». Die Abgrenzung der L. gegen die Psychologie und die Neuformulierung des gegenseitigen Bezugs war zu einem Hauptthema der L. und der Erkenntnistheorie in den beiden Jahrzehnten um die Wende zum 20. Jh. geworden und wurde ebenso für Husserl wie auch für Rickert und Windelband zum Anlaß, auf den Begriff einer «reinen L.» bzw. einer t.L. zurückzugreifen [14]. Gegenüber dem Denkakt ist der wahre Gedanke transzendent. Dieses Transzendente ist «die logische Bedeutung», sofern sie wahr sein kann: der Sinn [15]. Die transzendentallogische Frage lautet: Was ist der Sinn? Der Sinn ist nicht Sein, sondern Wert [16]. «Das Logische existiert nicht, es *gilt*» [17]. Transzendenz heißt: Ein Wert gilt unabhängig von allem Sein [18]. Die t.L. ist «die Wissenschaft von den theoretischen Werten ... also von dem, was begrifflich allen Wissenschaften ... vorausgeht» [19]. Der Wert gilt. Das Sollen – Rickert akzentuiert die Distinktion – ist eine «aus dem Wert *abgeleitete* Regel für das Urteilen». Noch schärfer unterscheidet er vom Werte die Norm. «Die Umwandlung der Werte in Normen für das wirklichen Erkenntnisprozeß ist keine wissenschaftliche Aufgabe mehr», sondern eine «Sache der Technik» [20]. Der theoretische Wert ist der nicht seiende transzendente Gegenstand [21], der in seiner Beziehung auf das wirkliche Erkennen (Transscendentalpsychologie) den Gegenstand der Erkenntnis ausmacht. Die «Transscendentalpsychologie» ist der subjektive Weg der Erkenntnistheorie, der seinen Ausgang vom Urteilsakt nimmt; der Urteilsakt wird bestimmt als Anerkennung eines transzendentalen Sollens [22]. Die t.L. ist der objektive Weg der Erkenntnistheorie. Diese bliebe ohne die erste «leer» [23]. Die Erkenntnistheorie ist auf beide Wege angewiesen [24]. Rickert gibt der Transzendentalpsychologie insofern einen Vorrang, als die t.L. für Rickert kein Wahrheitskriterium enthält und darum die Erkenntnistheorie kein «anderes Kriterium für die Wahrheit unserer Urteile als einen psychischen Zustand» (Evidenzgefühl) aufzuweisen vermag. Überdies stellt er fest: «Weitaus das Meiste, was die Erkenntnistheorie *bisher* geleistet hat, ist auf dem transscendentalpsychologischen Wege gefunden worden» [25]. Doch er hält auch Kants Verfahren für «im Wesentlichen transscendentalpsychologisch» [26]. Wie die beiden Teile der Erkenntnistheorie, die Psychologie und das System der transzendenten Werte, aufeinander zu beziehen sind, bleibt offen. «Wie das Transscendente immanent wird, danach darf sie gar nicht fragen» [27]. «Die erkenntnistheoretischen Überlegungen» sind nur «Einleitung in die Transscendentalphilosophie» [28].

Anmerkungen. [1] B. BOLZANO: Wissenschaftslehre. Versuch einer ausführl. und größtent. neuen Darstellung der L. mit steter Rücksicht auf deren bisherige Bearbeiter 1. 2 (1837) 1, 24f. – [2] a.O. 32f. Anm. – [3] 20. 22. – [4] F. HEINEMANN: Neue Wege der Philos. (1929) 64. – [5] H. COHEN: L. der reinen Erkenntnis (1902, ³1922). – [6] a.O. 81. – [7] HEINEMANN, a.O. [4] 78. – [8] z.B. COHEN, a.O. [5] 596; W. WINDELBAND: Die Prinzipien der L., in: Enzyklop. der philos. Wiss.en, hg. W. WINDELBAND/A. RUGE (1912, Sonderdruck 1913) 33; E. LASK, Ges. Schr. 1-3, hg. E. HERRIGEL (1923) 1, 87. 109 u. ö. – [9] WINDELBAND, a.O. 34. – [10] Einl. in die Philos. (1914, ³1923) 380. – [11] z.B. E. BARTHEL: Elemente der t.L. (1913). – [12] H. RICKERT: Zwei Wege der Erkenntnistheorie. Transscendentalpsychologie und Transscendentallogik. Kantstudien 14 (1909) 169-228. – [13] Der Gegenstand der Erkenntnis (1892, ⁶1928). – [14] E. HUSSERL: Log. Untersuch. 1. 2 (1900/01, ³1933). Husserliana 18, hg. E. HOLENSTEIN (Den Haag 1975); RICKERT, a.O. [12]; WINDELBAND, a.O. [7] 3f. – [15] RICKERT, a.O. [12] 199. – [16] a.O. 201ff. – [17] a.O. [13] XIf.; LASK, a.O. [8] 2, 6-21. – [18] RICKERT, a.O. [12] 207. – [19] 208. – [20] a.O. [13] 279ff.; vgl. LASK, a.O. [8] 1, 353. – [21] RICKERT, a.O. [12] 209. – [22] 187. 192; a.O. [13] 237ff. – [23] a.O. [12] 226. – [24] a.O. [13] 305. – [25] a.O. [12] 226. – [26] 227. – [27] 222. – [28] a.O. [13] 456.

V. Lask. – E. LASK ist derjenige unter den Neukantianern, der gegenüber dem von Lotze, Windelband und Rickert entwickelten Ensemble von Erkenntnistheorie, Ethik und Ästhetik einer Wiedergewinnung und einem systematischen Ausbau der L. den Vorrang gibt [1]. Sein Thema ist eine «L. der Philosophie» [2]. Kant habe eine t.L. der Seinskategorien geschaffen; das Neue und Unerhörte bestehe «in der Überführung des Seinsbegriffs in einen Begriff der t.L.» [3]. Lask intendiert «eine erweiterte Anwendung» [4] der Prinzipien der t.L. «die Geltungssphäre», auf «das Reich des zeitlos Gültigen, des Sinnes, des objektiven Sachgehalts». Lask grenzt diese L. strikte ab gegen Erkenntnispsychologie und Erkenntnistheorie, genauer gegen «die Sphäre des subjektiven Sinnes» (Urteilen, Erkennen), dessen «*Korrelat* das Geltende ist» [5]. Andererseits grenzt er die L. gegen die Metaphysik ab, in welcher Geltung und Sein «noch voneinander ungesondert zusammenlagern» [6]. «Logisch ist eben logisch und weder metaphysisch noch psychologisch» [7]. Damit siedelt Lask seine Logik jenseits einer L. des sinnlichen Gegenstandes (Erkenntnis des Seinsgebiets – repräsentiert durch Kant) wie auch einer L. des Übersinnlichen (Ideenerkenntnis – repräsentiert durch Plato) an und weitet das Kategorienproblem auf die Sphäre des Nichtsinnlichen aus. Das nichtseiende Nichtsinnliche ist Lasks neues «Material» seiner L.: «Material, das selbst wieder Form ist» [8]. Die Gebietskategorie dieser ganzen Sphäre der Form und des objektiven Sinnes ist die Kategorie des Geltenden. «Der höchste Punkt in der gesamten Begriffswelt des Nichtseienden, des Wertes und des Sinnes, ist der Begriff des objektiven Geltens an sich» [9]. Daß alles das, was Kant in seiner t.L. darstellt, gilt, dieses weist Kant durch eben diese t.L. nicht mehr aus. Zwar ist der logische Gehalt von Kant «als konstitutiver transzendentallogischer Gehalt begriffen» [10] und insofern die «Metalogizität» des Gegenstandes beseitigt. «Gegenständlichkeit ist weiter nichts als Gültigkeit». «'Gegenstand' ist der transzendentallogische Gehalt, wenn er bereits als 'Objekt' in Korrelation zum erkennenden Subjektsverhalten gesetzt ist» [11]. Dieses Gelten stellt als solches und für sich selbst eine Aufgabe für die L. dar, nicht nur im Hinblick auf Seinserkenntnis. Gewiß bedürfen Mathematik und Naturwissenschaften einer L. der Wahrheit; ebenso aber bedarf die Philosophie selber einer «L. der Philosophie». Diese ist «Kategorienlehre der Geltungsphilosophie» als «Lehre von der kategorialen Form der Form» [12]. So könnte Lasks L. der Kategorien quasi als t.L. der Kantischen t.L. aufgefaßt werden. Gelten als objektive Sinnsphäre ist das Transzendentale schlechthin, und erst die L. der Geltung erfüllt den Anspruch einer t.L. Bezeichnend für die Konsequenz dieser radikalen Bestimmung ist Lasks «Lehre vom Urteil» [13]. Das Urteilsartig-Logische ist durch den «künstlichen» Gegensatz von Kategorienmaterial und kategorialer Form bestimmt, und Erkennen heißt, «jegliches Etwas als ein Kategorienmaterial und das heißt in seiner Betroffenheit durch logische und kategoriale Form aufsuchen», «... ein Material in die Gewalt des Logischen bringen» [14]. Hier sieht Lask den Bezug zu Kants t.L. [15]. Doch eben darum ist das Urteil «aus dem Bereich der t.L. gänzlich hinauszuweisen» [16]; denn die transzendentallogische Region ist die Region des «gegensatzlosen Geltens» [17], in der der oberste Begriff der Begriff der kategorialen Form, nicht der Begriff des Urteils ist [18]; t.L. ist die L. des urteilsjenseitigen Maßstabes und des gegensatzlosen Geltens, auf das die gegensätzliche Struktur des Urteils verweist [19].

Anmerkungen. [1] E. LASK, Ges. Schr. 1-3, hg. E. HERRIGEL (1923); vgl. Vorwort des Hg. 1, XIX. – [2] Die L. der Philos. und die Kategorienlehre (1910) a.O. 2, 1-282, zit. 2, 23 u.ö. – [3] 2, 28. – [4] 2, 25. – [5] Gibt es einen «Primat der praktischen Vernunft» in der Logik? (1908) a.O. [1] 1, 351. – [6] 2, 12. – [7] 2, 26. – [8] 2, 177. – [9] 1, 350. – [10] 2, 29. – [11] 2, 30. – [12] 2, 177; vgl. H. KRINGS: t.L. (1964) 236f. – [13] E. LASK: Die Lehre vom Urteil (1911) a.O. [1] 2, 283-463. – [14] 2, 232; vgl. KRINGS, a.O. [12] 153ff. 278f. – [15] 2, 291. – [16] 2, 289. – [17] 2, 294. – [18] 2, 38. 331. – [19] Vgl. KRINGS, a.O. [12] 38. 84.

VI. *Husserl.* – E. LASK, der Husserls frühe Schriften gekannt hat, findet eine Gemeinsamkeit darin, daß Husserl, wie schon Bolzano, die reinen Gebilde des Sinnes (Satz «an sich», ideale Aussagebedeutungen) von den realen Subjektsakten gelöst habe [1]. So sagt E. HUSSERL: «Die reine L. hat als ihre thematische Sphäre ideale Gebilde» [2]. Nach LASK sind jedoch diese Gebilde des Sinnes – weil durch das reine Bewußtsein konstituiert – noch mit jener Gegensätzlichkeit und «Künstlichkeit» behaftet, durch die alles Bewußtseinsartige «angetastet» ist. Vom «Begriff des urbildlichen gegensatzlosen Sinnes» sei nicht die Rede [3]. In der Tat besteht ein wesentlicher Unterschied zwischen der t.L. bei Husserl und bei Lask. Selbst die Übereinstimmung darin, daß beide die t.L. als «L. der Philosophie» verstehen und Kants t.L. einer t.L. höheren und reineren logischen Niveaus für bedürftig halten, gibt eher Gelegenheit, die Verschiedenheit zu markieren. LASK potenziert gewissermaßen das transzendentale Prinzip, indem er die t.L. Kants noch einmal diesem Prinzip unterwirft. HUSSERLS Kritik ist anderer Art. Er konstatiert die «Positivität» aller bisherigen L. außer der L. Platons, aber mit Einschluß der t.L. Kants [4]. Sie setze Welt und Wissenschaften voraus. Dieses Verhältnis sei umzukehren. «Die L. nahm die Gestalt einer formalen apophantischen Kritik vorgegebener Wissenschaft an, vorgegebener Wahrheit und Theorie; bzw. die Gestalt einer formalen Ontologie, für die dem allgemeinsten nach seiende Gegenstände, seiende Welt im voraus feststanden.» So ist sie die «L. für eine vorgegeben gedachte reale Welt» [5]. «Die naive Voraussetzung einer Welt reiht die L. in die positiven Wissenschaften ein» [6]. Sie ist wie diese eine «Spezialwissenschaft». Die Positivität und Spezialität werden durch die t.L. transzendiert. Diese ist «radikale und dabei universale Wissenschaftstheorie» [7], «L. der absoluten Wissenschaft» [8]; ein Anspruch, der nach Husserl weder von Descartes noch von Kant eingelöst wird. Die Ausführung dieses Programms ist die reine Phänomenologie. So ist die t.L. zu bestimmen als «die L. der transzendental-phänomenologischen Philosophie» [9]. Husserls Konzeption der t.L. setzt bei der formalen L. an. Kant hatte sie nicht in das System der Vernunft einbezogen [10], und Fichte hatte sie als Ansatz strikte abgewiesen. Für Husserl sind formale L. und t.L. natürliche Stufen der Reflexion. Solche Stufen finden sich schon innerhalb der formalen L. durch die Unterscheidung und gegenseitige Bezogenheit von «formaler Apophantik» als der Lehre von den Urteilsformen überhaupt, die zusammen mit der «formalen Mathematik» das analytische Apriori darstellt, und «formaler Ontologie» als Lehre von den Gegenstandsformen überhaupt, die das «synthetische Apriori» darstellt [11]. Sodann vollzieht Husserl den Übergang von der formalen L. zur t.L. [12]. «Es wird der natürliche Weg von der formalen L. zur t.L. gezeichnet» [13]. Husserl skizziert den Weg folgendermaßen: «So stehen wir, von Wissen und Wissenschaft zur L. als Wissenschaftstheorie geleitet und von ihrer wirklichen Begründung fortgeleitet zu einer Theorie der logischen oder wissenschaftlichen Vernunft, *vor dem universalen Problem der Transzendentalphilosophie*, und zwar in ihrer einzig reinen und radikalen Gestalt einer *transzendentalen Phänomenologie*» [14]. Formale L. und t.L. hätten derart ihren Ort in dem geplanten «systematischen Grundwerk der Phänomenologie» [15] gehabt. Die Schrift ‹Formale und t.L.› führt die t.L. nicht aus, sondern konzipiert die Idee einer t.L. [16]. Dem Inhalte nach wird diese mit der reinen Phänomenologie zusammenfallen, jedoch unter einem besonderen und spezifizierenden Gesichtspunkt, insofern nämlich die Phänomenologie «reine und universale Wissenschaftslehre» [17] ist.

Anmerkungen. [1] E. LASK, Ges. Schr., hg. E. HERRIGEL (1923) 2, 425. – [2] E. HUSSERL: Formale und t.L. (1929). Husserliana 17, hg. JANSSEN (1974) 265. – [3] LASK, a.O. [1] ebda. – [4] HUSSERL, a.O. [2] 6-12. 230f. – [5] 231. – [6] 232. – [7] 7; vgl. 11. – [8] 296. – [9] ebda. – [10] Vgl. 265. – [11] 15f. 110ff. – [12] 155. – [13] 17. – [14] 238. – [15] Vgl. Formale und t.L. Stud.-A., hg. B. JANSSEN 1. 2 (1977) 1, IX. – [16] Vgl. H. KRINGS: t.L. (1964) 33f. – [17] HUSSERL, a.O. [2] 8; vgl. W. STEGMÜLLER: Hauptströmungen der Gegenwartsphilos. (⁴1969) 79-81.

VII. *Gegenwart.* – 1. In den letzten Jahrzehnten sind weitere Ansätze zu transzendentallogischer Forschung zu vermerken. Die ‹t.L.› von H. KRINGS [1] greift Intentionen von Kant, mehr noch von Fichte, Husserl und Lask auf [2]. Aufgabe der t.L. ist die Rekonstruktion des Wissens schlechthin. Anschauung und Denken werden als verschiedene Momente eines sich selbst durchstrukturierenden und durchsetzenden transzendentalen Aktus dargestellt. Das formale Grundraster für Analyse und Rekonstruktion des Wissens ist die Relation in der Struktur der «reflexen Transzendenz», d.h. einer Intentionalität, die sich in ihrem Bezug auf den Gehalt auf sich selbst zurückbezieht und dadurch eine relationale Sphäre (Medium) konstituiert [3]. Transzendenz, die in der Weise über sich hinausgeht, daß sie eben darin Rückgang in sich selbst ist, wird als «transzendentale Aktualität» bezeichnet. Im transzendentalen Aktus sind simultan das Medium (Erkennen), das Fundamentum (das Erkennende) und der Terminus der transzendentalen Relation (das Erkannte) konstituiert [4]. Jede Aktualisierung des transzendentalen Aktus steht zu sich selbst wiederum im Verhältnis der reflexen Transzendenz. Dies kennzeichnet die formale Unbedingtheit des transzendentalen Aktus. Kraft des in seinem Charakter als transzendent enthaltenen Hinausseins auf das durch den erfüllenden Terminus vermittelte unbedingte Bei-sich-sein ist der transzendentale Aktus «über das jeweilige Moment seines Selbstvollzugs hinausversetzt; er ist im strengen Sinn *sich* fortsetzend» [5]. Die elementaren Momente des Wissens werden unter den Titeln ‹Erstes Vernehmen›, ‹Vor-Stellung› und ‹Gegen-Stand› dargestellt. Der zweite Teil rekonstruiert die transzendentale Genesis des Urteilsobjekts aus der Anschauung und die gegensätzliche logische

Struktur der Urteilsregion. Der dritte Teil begreift das Urteil unter dem Titel «begriffliche Synthesis», «kategoriale Synthesis» [6] und «Affirmation», welche als die Vollendung der Transzendenz, d. i. als Selbstwerden des Ich und als Wahrwerden des Seins, dargestellt wird [7]. Die t.L. begründet das Wissen, indem sie gleicherweise und simultan die Genesis des *cogito* wie des *cogitatum*, die Wahrheit des Wissenden wie des Gewußten entwickelt. Die t.L. von Krings ist nicht wissenschaftstheoretisch orientiert, sondern stellt für den Bereich des gegenständlichen Wissens jene logische Struktur heraus, die durch den ursprünglichen Freiheitscharakter des Wissens [8] begründet ist und durch die auch andere «Charaktere der transzendentalen Aktualität» wie Handeln, Bilden oder Herstellen zu begreifen sind [9]. Dabei verweist sie auf korrespondierende sprachliche Phänomene (Sagen, Name, Wort, Satz, Rede), nicht zuletzt deswegen, weil «nicht alle logischen Unterschiede einen grammatischen Ausdruck finden» [10].

Anmerkungen. [1] H. KRINGS: t.L. (1964). – [2] a.O. 26-38. 236ff. – [3] 49-54. – [4] 55f. – [5] 109. – [6] Vgl. Art. ‹Kategorie, Kategorienlehre V, 8› HWP 4, 773f. – [7] KRINGS, a.O. [1] 313-318. – [8] Vgl. Wissen und Freiheit, in: Die Frage nach dem Menschen, hg. H. ROMBACH (1966) 23-44. – [9] a.O. [1] 113ff. – [10] 314.

2. P. ROHS unternimmt es in seiner ‹t.L.› [1], die t.L. Kants «in systematischer Absicht und gemäß den Forderungen gegenwärtiger Einsicht zu rekonstruieren» [2]. «In systematischer Absicht» besagt, daß die t.L. nicht wie bei Kant lediglich eine transzendentallogische Kritik gegebener objektiver Erkenntnis in nomologischen Wissenschaften zur Aufgabe hat, sondern eine transzendentallogische Grundlegung menschlichen Wissens überhaupt, also auch des moralischen Wissens oder des ästhetischen Urteilens. Die Frage «was können wir wissen?» wird von der Wissenschaft und der Wissenschaftstheorie für die t.L. zurückgefordert [3]. Unter Zugrundelegung einer «nichtsinnlichen Anschauung» [4] sowie einer Kritik der Anschauung durch Anschauung im System hat die t.L. apriorisches Wissen nachzuweisen und die Möglichkeit synthetischer Urteile a priori darzustellen [5]. Das Problem der Möglichkeit und der Gültigkeit anschaulicher Erkenntnis steht im Mittelpunkt auch dieser t.L. Darum wird der «transzendentalen Deduktion» der größte Raum gegeben [6]. Unter dem Titel ‹Erfahrungsgesetze› wird die Analytik der Grundsätze, unter dem Titel ‹Freiheitsantinomie› die transzendentale Dialektik Kants rekonstruiert. Die Modifikation dieser t.L. ist außer durch die systematische Absicht durch die gegenwärtige philosophische Diskussion bestimmt. Die t.L. ist gegenüber der Wissenschaftstheorie abgegrenzt; sie hat nach wie vor die Aufgabe, «dem Despotismus des Empirismus» abzuhelfen (Kant) [7]. Andererseits nimmt Rohs kritisch-konstruktiven Bezug auf die Zeitanalysen bei Husserl und Heidegger sowie auf die Sprachphilosophie, insbesondere auf die transzendentale Sprachpragmatik K.-O. APELS [8].

Anmerkungen. [1] P. ROHS: t.L. (1976). – [2] a.O. Vorwort. – [3] 2-18. – [4] 6. 23. 36-39; der ‹T.L.› ging die Rekonstruktion ‹T. Ästhetik› (1973) voraus. – [5] 16f. – [6] Teil B und C. – [7] 4-18. – [8] 19-27. 32-40; Teil C.

3. P. F. STRAWSON [1] hat durch seine Rekonstruktion der Kantischen t.L. eine «Renaissance der Transzendentalphilosophie unter analytischen Vorzeichen» [2], eine neue Art Neukantianismus herbeigeführt. Wiewohl allenthalben Probleme der t.L. thematisiert werden, handelt es sich doch nicht in strengerem Sinne um t.L. Soweit die sog. «transzendentalen Argumente» auf die Linie einer Logik der Wissenschaften bzw. einer Metatheorie in der Weise zurückgenommen werden, daß «mit rein logisch-semantischen Mitteln, d. h. unter Ausschluß subjektivitätstheoretischer Erwägungen» [3], Bedingungen der empirischen Gegenstandserkenntnis regressiv aufgewiesen werden, wird eine t.L. gerade überflüssig [4]. Die transzendentallogischen Fragen werden lediglich als metatheoretische Fragen verstanden. Bei jenen Autoren jedoch, welche in die Erforschung von allgemeinen Bedingungen der Erkenntnis die Subjektivitätsproblematik einbeziehen oder ein Faktum als Ansatz der Bedingungsanalyse voraussetzen (HINTIKKA, BUBNER, BENNETT, RORTY u. a.) [5], handelt es sich mehr um eine analytische Erkenntnistheorie als um eine t.L. Die analytische Philosophie nimmt punktuell auf Kants t.L. Bezug, nicht aber auf die geschichtliche Entwicklung der t.L. im 19. und 20. Jh.

Anmerkungen. [1] P. F. STRAWSON: Individuals (1959); The bounds of sense (1966). – [2] R. ASCHENBERG: Über transzendentale Argumente. Orientierung in einer Diskussion zu Kant und Strawson. Philos. Jb. 85 (1978) 331-358, 331: Lit.; vgl. K. HARTMANN: Neuere englischsprachige Kantlit. Philos. Rdschau 22 (1976) 161-190; Analytische und kategoriale Transzendentalphilos., in: Die Aktualität der Transzendentalphilos., hg. G. SCHMIDT/G. WOLANDT (1977) 45-58. – [3] ASCHENBERG, a.O. [2] 334. – [4] Dies gilt auch für Arbeiten, die den Titel ‹t.L.› tragen, wie z. B. H. L. RUF: Transcendental logic. An essay on critical met. Man a. World 2 (1969) 38-64. – [5] ASCHENBERG, a.O. [2] 334. 344ff.

Literaturhinweise. E. LASK: Fichtes Idealismus und die Gesch. s. Anm. [1 zu V] 1, 1-274; Die Logik der Philos. und die Kategorienlehre Teil 2, Kap. 4 s. Anm. [2 zu V] 2, 222-268. – J. GEYSER: Grundleg. der Logik und Erkenntnistheorie in positiver und krit. Darstellung (1919). – H. KRINGS s. Anm. [1 zu VII,1] 26-41. – P. K. SCHNEIDER s. Anm. [2 zu II]. – R. BITTNER: Art. ‹Transzendental›, in: Hb. philos. Grundbegriffe, hg. H. KRINGS/H. M. BAUMGARTNER/CHR. WILD 3 (1974) 1524-1539. – P. ROHS s. Anm. [1 zu VII,2] 1-40. – W. MARX: T.L. als Wiss.theorie. Systemat.-krit. Untersuch. zur philos. Grundlegungsproblematik in Cohens ‹L. der reinen Erkenntnis›. Stud. zur Philos. und Lit. des 19. Jh. Bd. 32 (1977). – R. ASCHENBERG s. Anm. [2 zu VII,3].

H. KRINGS

Logistik (von griech. λογίζεσθαι, rechnen) war ursprünglich die Rechenkunst, die die Griechen als eine praktische Wissenschaft von der Arithmetik als Theorie der Zahlen unterschieden [1]. Diese Unterscheidung verschwand terminologisch bis zum Beginn des 16. Jh. weitgehend, so daß die Bezeichnungen ‹L.› (lat. logistica) und ‹Arithmetik› auch synonym verwendet wurden. Diese Tatsache kommt z. B. im Titel des 1560 erschienenen Buches von J. BUTEO zum Ausdruck: ‹Logistica, quae et Arithmetica vulgo dicitur› [2]. F. VIETA unterscheidet dann innerhalb der L. zwischen *logistica numerosa*, der Zahlen-Rechenkunst, und der *logistica speciosa*, der Buchstaben-Rechenkunst im Sinne einer allgemeinen Größenlehre: «Logistice [sic] numerosa est quae per numeros, Speciosa quae per species seu rerum formas exhibetur, ut pote per Alphabetica elementa» [3]. Der intendierten Unterscheidung würde heute wohl der Gegenüberstellung von Arithmetik und Algebra entsprechen. Dabei muß allerdings beachtet werden, daß nach damaliger Terminologie der lateinische Ausdruck ‹Logistica› auch einfach als Latinisierung für ‹Algebra› in Gebrauch war. So unterschied z. B. H. VITALIS ganz analog zwischen «Algebra numerosa» und «Algebra speciosa» [4].

Bei Vitalis findet sich auch der Hinweis, daß man die Algebra deshalb ‹Logistica› genannt habe, weil sie eine Wissenschaft sei, die nach logischer Methode vorgehe (quia est Scientia Logico more discurrens). Und der Terminus ‹L.› war sogar, wogegen Vitalis sich allerdings verwahrt, im Sinne von ‹Syllogistik› in Gebrauch. W. T. KRUG [5] führt diese Doppeldeutigkeit darauf zurück, daß λόγος nicht nur ‹Rechnung›, sondern auch ‹Schluß› bedeutet. In diesem Zusammenhang vermerkt er, daß griechisch «die Vernunft schlechtweg das Logistische» heiße: τὸ λογιστικὸν μέρος τῆς ψυχῆς (der vernünftige Teil der Seele). Entsprechend schreibt bereits G. J. VOSSIUS: «Ac primo de Logistica tollenda est vocis ambiguitas. Nam laxe λογίζεσθαι est *ratiocinari:* stricte autem, per *numeros ratiocinari*» [6].

Die explizite Verbindung von Rechenkunst und Logik zu dem Programm einer rechnenden Logik und logischen Rechnung stellt dann G. W. LEIBNIZ mit seiner Idee der Einheit von «Mathesis universalis sive Logistica et Logica Mathematicorum» her [7]. Ansätze hierzu finden sich bereits bei seinem Lehrer E. WEIGEL, der die L. einerseits im Sinne der alten Rechenkunst versteht (Logistica est Ars computandi numeros [8]), ihr andererseits aber auch im Sinne der Mathesis universalis die Behandlung der Ordnung der Dinge überhaupt zuweist (Sed et Ars Logistica de ordine seu ratione status atque situs rerum, ut unarum et totarum, agere necessum habet [9]).

Unter Berufung auf die Etymologie des griechischen Wortes und auf Leibniz wurde dann 1904 auf dem 2. Kongreß für Philosophie in Genf unabhängig voneinander von L. COUTURAT, G. ITELSON und A. LALANDE ‹L.› (frz. Logistique) als Sammelbezeichnung für ‹symbolische Logik›, ‹mathematische Logik›, ‹Algebra der Logik› usw. verwendet [10]. In Deutschland fand der Terminus Verbreitung vor allem durch H. SCHOLZ [11] und die von ihm herausgegebenen ‹Forschungen zur L. und zur Grundlegung der exakten Wissenschaften›. Später wurde er von Gegnern im pejorativen Sinne verwendet. Ein Übriges mag die bisweilen aufgetretene «amüsante» Verwechslung mit ‹L.› im Sinne des militärischen Nachschubwesens beigetragen haben. Jedenfalls ist heute wieder ‹mathematische Logik› oder, weil diese Bezeichnung zu der Auffassung verleitet hatte, daß die so benannte Logik nur die Mathematiker angehe, einfach ‹formale Logik› vornehmlich in Gebrauch [12].

Anmerkungen. [1]Vgl. M. CANTOR: Vorles. über Gesch. der Math. 1 (1880) 132f. – [2] Vgl. G. WERTHEIM: Die L. des Johannes Buteo. Bibl. math. F. 3/II (1901) 213-219. – [3] F. VIETA: Opera math. (Leiden 1646) 4. – [4] H. VITALIS: Lex. math. (Rom 1690) 25. – [5] W. T. KRUG: Handwb. philos. Wiss. (²1833) 2, 746f. – [6] G. J. VOSSIUS: De Universae mathesis natura (Amsterdam 1660) 76. – [7] G. W. LEIBNIZ, Math. Schr., hg. GERHARDT 7, 54. – [8] E. WEIGELIUS: Compendium Logisticae (Jena 1706) 1. – [9] a.O. 34. – [10] Rev. Mét. et Morale 12 (1904) 1042. – [11] Vgl. z.B. H. SCHOLZ: Abriß der Gesch. der Logik (1931, ³1967). – [12] Polemisch dazu: G. JACOBY: Die Ansprüche der Logistiker auf die Logik und ihre Gesch.schreibung (1962) bes. 119-122.

Literaturhinweis. W. RISSE: Die Logik der Neuzeit 1 (1964) bes. 558-560.

G. GABRIEL

Logizismus. Der Begriff ‹L.› (auch ‹Logismus› [1]) wurde zu Beginn des 20. Jh. als Gegenbegriff zu ‹Psychologismus› gebildet [2]. Während der Psychologismus für diejenige Tendenz in der Philosophie steht, die alles Wissen «auf die reine Erfahrung, wie sie in den unmittelbaren Tatsachen unseres Bewußtseins enthalten ist», zurückführen will, bezeichnet der L. den «Versuch ..., auf dem Wege der logischen Reflektion über den Zusammenhang der Erscheinungen, insbesondere auch derer, die uns im eigenen Bewußtsein gegeben sind, Rechenschaft abzulegen» [3]. Im Streit zwischen L. und Psychologismus – der nicht zu Unrecht als Fortsetzung des Streites zwischen Rationalismus und Empirismus angesehen wurde [4] und daher die allerdings singulär gebliebene Gleichsetzung von L. und Rationalismus nahelegte [5] – dient der L. vor allem als Kampfwort gegen die Reduktion des angeblich Nicht-Logischen auf das rein Logische: W. WUNDT wendet sich gegen den L. in der Psychologie [6] und in der Erkenntnistheorie [7], und L. NELSON zieht gegen den ethischen L. Kants ins Feld, der die *«Widerspruchslosigkeit* des Wollens» zum einzigen sittlichen Kriterium erhebt – ein Kriterium, das über die inhaltliche Gültigkeit ethischer Gesetze überhaupt nichts sagen könne und deshalb in den ethischen Anarchismus führe [8].

Eine positive oder zumindest neutrale Bedeutung erhält der Begriff ‹L.›, wo er innerhalb der Logik selbst angewendet wird als Bezeichnung für jene Richtung, nach der «das Logische in irgendeiner Weise eine eigene, selbständige Existenz hat» [9]. Gemeint ist damit insbesondere die von E. HUSSERL im Anschluß an B. BOLZANO, F. BRENTANO und G. FREGE vertretene antipsychologistische Logikauffassung. In Analogiebildung und Gegenüberstellung zu «psychologistisch» wurde diese Auffassung zeitweilig auch «logistisch» genannt [10]. Mit der Anerkennung der selbständigen Existenz logischer Gegenstände wird vom L. ein von der Psychologie unabhängiger Begründungsanspruch für die Logik erhoben. Diese Auffassung und die Ausarbeitung der formalen Aussagen- und Prädikatenlogik verbindet dann G. FREGE mit dem Programm, die Arithmetik auf die Logik zurückzuführen. Sein Programm [11] besagt: 1. Alle arithmetischen Begriffe müssen durch logische Begriffe definiert werden (z.B. der Begriff der Anzahl durch den Begriff des Begriffsumfangs); 2. alle arithmetischen Lehrsätze müssen aus logischen Grundgesetzen gewonnen werden; 3. es dürfen nur logische Schlußverfahren verwendet werden (z.B. muß das Verfahren der vollständigen Induktion als logisch begründbar erwiesen werden).

‹L.› wird heute ausschließlich als Bezeichnung für dieses Programm verwendet. Als Vertreter ist außer Frege vor allem B. RUSSELL [12] zu nennen. Zu den Schwierigkeiten des logizistischen Programms vgl. den Art. ‹Grundlagenstreit›.

Anmerkungen. [1] So L. BUSSE: Rez. E. HUSSERL: Log. Untersuch. Z. Psychol. 33 (1903) 153. – [2] W. WUNDT, Kl. Schr. 1 (1910) 511. – [3] a.O. 512. – [4] P. HOFMANN: Die Antinomie im Problem der Gültigkeit (1921). – [5] V. DELBOS: Essai sur la formation de la philos. prat. de Kant (Paris 1903) 103. – [6] W. WUNDT, a.O. [2] 549-582; vgl. W. MOOG: Logik, Psychol. und Psychologismus (1919) 74ff. – [7] a.O. 614-634. – [8] L. NELSON, Ges. Schr. 4 (1917, ²1972) 646-650. – [9] TH. ZIEHEN: Lb. der Logik (1920) 172. – [10] Erkenntnistheorie (1913) 411; vgl. aber Art. ‹Logistik›. – [11] G. FREGE: Die Grundl. der Arith. (1884, ND 1961); Grundgesetze der Arith. 1/2 (1893/1903, ND 1962); vgl. insbes. das Vorwort zu Bd. 1. – [12] A. N. WHITEHEAD und B. RUSSELL: Principia math. (Cambridge 1910, ²1925).

Literaturhinweise. TH. ZIEHEN s. Anm. [9] § 45. – R. CARNAP: Die logizist. Grundleg. der Math. Erkenntnis 2 (1931) 91-105. – D. BOSTOCK: Logic and arith. (Oxford 1974).

G. GABRIEL

Logoi spermatikoi. – 1. Der Ausdruck λόγος σπερματικός (lat. ratio seminalis) findet sich zuerst bei den *Stoikern.* Er steht dort in direktem Zusammenhang mit dem

Entstehen und der Entwicklung der Welt. Die Gottheit wird als L.s. des Universums betrachtet, durch den die organische Struktur des Kosmos überhaupt erst ins Licht tritt. «Und wie der Same im Erzeugten enthalten ist, in der Weise erhält auch er [Gott] sich als L.s. des Kosmos im Feuchten, während er sich die Materie zubereitet für die Erzeugung des weiteren» (καὶ ὥσπερ ἐν τῇ γονῇ τὸ σπέρμα περιέχεται, οὕτω καὶ τοῦτον σπερματικὸν λόγον ὄντα τοῦ κόσμου, τοιόνδ' ὑπολείπεσθαι ἐν τῷ ὑγρῷ, εὐεργὸν αὐτῷ ποιοῦντα τὴν ὕλην πρὸς τὴν τῶν ἑξῆς γένεσιν) [1]. Die Welt wird als ein großer lebender Organismus aufgefaßt, dessen Teile alle ihre eigene Bestimmung haben und untereinander zusammenhängen.

Vor allem POSEIDONIOS legt den Nachdruck auf diese allgemeine συμπάθεια: Sie bildet die Grundlage der stoischen Erklärung der Prophetie; und wirklich, wenn alle Teile des Kosmos organisch miteinander verbunden sind, so läßt sich begreifen, wie man aus der Betrachtung eines gegebenen Teils (des Vogelflugs oder der Eingeweide von Tieren) die zukünftigen Geschehnisse ablesen kann [2]. Wie nun ein einzelnes Lebewesen aus einem einzigen Sperma entsteht, so auch der Kosmos. Dieser göttliche Samen wird als ein materielles Prinzip aufgefaßt, als ein schöpferisches Feuer, das allererst die Elemente erzeugt, um dann aus ihnen die Verschiedenheiten im Kosmos zustande zu bringen. Das bedeutet zugleich, daß die Gottheit als immanentes Prinzip aufgefaßt wird, das sich nicht von der Welt unterscheidet, sondern aus ihrem Innern heraus die Entwicklung des Weltgeschehens immer bestimmt [3]. So enthält das schöpferische Feuer die L.s. in sich, denen entsprechend alles mit Notwendigkeit geschieht. Vom ersten Augenblick an sind die Keime alles dessen anwesend, was im weiteren Verlauf des Weltgeschehens zustande kommen wird. Die Entwicklung ist in stoischer Sicht darauf beschränkt, diese Keime zur Entfaltung zu bringen. Deshalb wird die Gottheit als Vorsehung und Schicksal (εἱμαρμένη) aufgefaßt [4]: Sie ist Vorsehung, weil sie die Keime aller Wesen und Geschehnisse in sich trägt, welche den Inhalt einer Weltperiode bilden; sie ist Schicksal, weil die Entwicklung des Kosmos nicht zu etwas wirklich Neuem und Ursprünglichem führen kann. Alles ist im voraus festgelegt: In dieser Sicht kann man mit Recht sagen, daß der Text des Dramas schon vor der Aufführung geschrieben wurde [5].

Zugleich bedeutet der Ausdruck ‹L.s.›, daß das rationale Prinzip, welches Gott ist, mit einer qualitätslosen Materie verbunden ist, die durch jenes aktive Prinzip geformt und ausgestaltet wird. In dieser Zwiefältigkeit sah man dann manchmal eine Erklärung des Problems des Bösen. Die Materie wird durch den L. geformt, aber sie bietet auch einen gewissen Widerstand. Dieser äußert sich vor allem im konkreten menschlichen Dasein, wenn sich die Leidenschaften gegen den L. erheben und der harmonischen Entfaltung des Menschen im Wege stehen.

Anmerkungen. [1] DIOGENES LAERTIUS 7, 136 = SVF 1, 102; vgl. AETIUS, Plac. 1, 7, 33 = SVF 2, 1027. – [2] Vgl. K. REINHARDT: Kosmos und Sympathie. Neue Untersuch. über Poseidonios (1926); CICERO, De divin. 2, 14, 33. – [3] Vgl. AETIUS, Plac. 1, 6 = SVF 2, 1009. – [4] Vgl. DIOGENES LAERTIUS 7, 135. 138. – [5] THEODORETUS, Graecorum aff. cur. 6, 14; vgl. SVF 1, 176; CHALCIDIUS, In Tim. 144 = SVF 1, 551; SENECA, Nat. quaest., praefatio 13-15; EPIKTET, Diatribae 1, 16, 15-18; 1, 14, 1-10; MARC AUREL 2, 11; 4, 10.

2. PHILON VON ALEXANDRIEN hat den Begriff des L.s. von der Stoa übernommen. Neben dem L., der als kosmisches Prinzip das Instrument der transzendenten Gottheit bei der Schöpfung und Erhaltung der Welt ist, nimmt dieser jüdische Philosoph auch L.s. für die verschiedenen Wesen an. So dienen die Pflanzen nicht nur als Nahrung für die Tiere, sondern sie tragen auch unsichtbare L. in sich verborgen, durch die andere gleichartige Pflanzen zustande kommen können [1]. Dies gilt freilich nicht nur für die Pflanzen, sondern für die gesamte Natur: Entstehen und Entwicklung jedes Wesens wird bestimmt durch seinen L.s. Trotzdem besteht ein grundsätzlicher Unterschied zwischen der Auffassung Philos und der der Stoiker. Nach diesen sind die L.s. materielle Kräfte, die alles durchdringen und die Entwicklung der Wesen sicherstellen. Gleich dem göttlichen L. sind sie eine Art 'Hauch': eine pneumatische Kraft, die in jedem Wesen anwesend ist. Bei Philon dagegen muß man unterscheiden zwischen dem materiellen Substrat und den vernünftigen Keimkräften, die in jenen enthalten sind, aber nicht als materielle Prinzipien betrachtet werden können [2].

Anmerkungen. [1] PHILON, De opif. mundi 43; Quaest. et sol. in Exodum 2, 68. – [2] Vgl. M. HEINZE: Die Lehre vom L. (1872, ND 1961) 240; W. KELBER: Die L.-Lehre von Heraklit bis Origenes (1958) 98-143.

3. Entsprechend seiner L.-Auffassung nimmt PLOTIN an, daß die L.s. in der Seele enthalten sind [1] und eine formende und ordnende Kraft besitzen. Diesen Keimkräften gemäß wird die Materie zu einem geordneten Strukturganzen aufgebaut, zu einem Kosmos, so wie die im Samen enthaltenen L. die Lebewesen zu kleinen Welten ausbilden. In der Welt besteht also ein geordneter Zusammenhang, weil alles vom L. durchdrungen ist; besser: weil der L. Ursprung der kosmischen Strukturen ist. Die L. stellen eine Art Eigengesetzlichkeit in der Seele dar [2]. Denn die Seelen besitzen die Fähigkeit, sich selber zuzugehören und einem eigenen Gesetz zu gehorchen, das von dem der anderen Wesen unterschieden ist. Dieses Eigengesetz nun wird durch die in der Seele anwesenden L. gebildet, welche ein Widerschein der intelligiblen Welt sind. Sofern die L.s. den geordneten Aufbau der Materie zustande bringen, wirken sie mittels der physischen Notwendigkeit. Sie können also nicht mit einer psychischen Aktivität wie z. B. dem Wissen oder Sehen gleichgestellt werden. Ihre Ursächlichkeit ist eher dem Eindrücken eines Siegels ins Wachs zu vergleichen oder dem Widerschein eines Gegenstandes im Wasser [3]. Plotin ist sich der prinzipiellen Schwierigkeit bewußt, welche mit dieser Auffassung verbunden ist: Wenn alles in der Welt verläuft entsprechend dem, was in den ursprünglichen Keimkräften enthalten ist, gibt es dann noch einen Raum für die Freiheit? [4] Um einem universalen Fatalismus zu entgehen, muß der Seele ein besonderer Platz im Gesamt der Welt zuerkannt werden [5]. Und dies gilt nicht nur für die Weltseele, sondern auch für die Seele jedes Individuums. Die Seele darf nicht als ein zweitrangiges Prinzip betrachtet werden, vielmehr verbindet gerade sie alle Dinge miteinander, ohne daß sie gleich dem Übrigen aus einem Samen entstanden wäre. Wenn die Seele für sich existiert ohne den Leib, so ist sie frei und selbständig und unterliegt nicht dem Einfluß der Welt. Ist sie dagegen mit dem Leib verbunden, so ist sie nicht mehr völlig Herr über sich selbst, sondern unterliegt in gewissem Maße dem Einfluß von außen [6]. Die gute Seele wird durch ihr Verhalten ihre Herrschaft über sich selbst stets weiter ausbreiten. In diesem Zusammenhang stellt sich auch die Frage, warum es in den Dingen Unvollkommenheit gebe. Der Grund dafür liegt nicht im ersten Prinzip, sondern im Maße, wie sich die L.s. von diesem

Prinzip entfernen und sich der Materie nähern, werden sie unvollkommen [7]. Jedes neue Stadium im Emanationsprozeß bedeutet einen Abfall in Richtung auf die Unvollkommenheit.

Anmerkungen. [1] Vgl. PLOTIN, Enn. 4, 3, 10. – [2] a.O. 4, 3, 15. – [3] 2, 3, 17. – [4] Vgl. 3, 1, 7. – [5] Vgl. 3, 1, 8. – [6] Vgl. ebda. – [7] Vgl. 3, 3, 3.

4. Bei AUGUSTINUS steht die Lehre von den «rationes seminales» in engem Zusammenhang mit der Interpretation der Schöpfung in ‹De Genesi ad litteram› [1]. Das Werk der Schöpfung wurde nach Augustinus auf einmal vollbracht (simul omnia creavit) [2], aber nicht in der Weise, daß im Laufe der Geschichte keine neuen Wesen mehr entstünden, sondern so, daß die Keimkräfte alles dessen, was sich weiterhin noch entwickeln wird, schon von Anfang an vorhanden sind. Wie nun sind sie vorhanden? Augustinus antwortet: «invisibiliter, potentialiter, causaliter» [3]. Die unsichtbaren Keime und Ursachen von allem, das einst entstehen wird, sind schon von Anfang an vorhanden, so daß die weitere Entwicklung nichts anderes als die Entfaltung des von Anfang an Bestimmten darstellt [4]. Augustinus betont nachdrücklich, daß «horum et talium modorum rationes non tantum in Deo sunt, sed ab illo etiam rebus creatis inditae atque concreatae» (rationes dieser Art nicht nur in Gott sind, sondern daß sie von ihm auch in die geschaffenen Dinge wirklich hineingelegt und mitgeschaffen wurden) [5]. So kommt es, daß die Pflanzen, Tiere und Menschen gleichartige Wesen hervorbringen: Aus einem Tier wird kein Mensch geboren, ebensowenig wie ein Mensch ein Tier erzeugt. Gott hat also von Anfang an die Keime von allem geschaffen, was in der weiteren Entwicklung der Welt entstehen sollte: Alles ist auf inchoative Weise von Anfang an vorhanden. Man hat zu Recht hierbei angemerkt, daß von schöpferischer Entwicklung keine Rede sein kann. Augustinus ist der Auffassung, daß diese Keimkräfte aus einer Art materiellem Teil, dem Feuchten, bestehen und aus einem formalen Element, der Zahl, die Prinzip der Geordnetheit ist und als eine von außen kommende Kraft in den durch Gott geschaffenen Wesen anwesend ist [6].

Anmerkungen. [1] Vgl. E. GILSON: Introd. à l'étude de Saint Augustin (Paris 1929) 261ff. – [2] AUGUSTIN, De Gen. ad litt. 6, 11, 18. – [3] a.O. 6, 6, 10. – [4] Vgl. 6, 18, 29. – [5] 9, 17, 32. – [6] Vgl. 5, 23, 45; 5, 7, 20.

5. Unter dem Einfluß des Augustinus hat sich auch im mittelalterlichen Denken die Lehre der samenartigen Ursachen (rationes seminales) weiter entwickelt; sie wurde mit zwei in dieser Zeit wichtigen philosophischen Fragen in Verbindung gebracht. Nach Aristoteles sollte die erste Materie ganz potentiell oder passiv aufgefaßt werden: gegenüber dem Formprinzip galt sie als reine Möglichkeit. Auf diese Weise konnte die Zusammensetzung von Materie und Form eine einheitliche Substanz hervorbringen. Die Frage war jedoch, wie die zweiten Ursachen überhaupt aus der Unbestimmtheit der Materie das Formprinzip hervorrufen könnten: Wenn die Materie nur passiv wäre, dann wäre das eine Art Schöpfung. Deshalb war man geneigt, die vollständige Potentialität der Materie abzulehnen. Weiter gab es auch die Frage der göttlichen Schöpfung: Sich stützend auf die Hl. Schrift meinte man, die Schöpfung sei beendigt; die ganze Wirklichkeit wurde also gleichzeitig geschaffen. Daraus ging die Frage hervor, wie so etwas überhaupt möglich und ob jedes Seiende in seiner vollständigen Wirklichkeit von Anfang an dagewesen sei. Mit der Lehre der rationes seminales konnte man die Schwierigkeit lösen und antworten, daß alles von Anfang an, aber nur auf samenartige Weise dagewesen sei. Mit dieser Lehre meinte man also, die beschränkte Wirksamkeit der zweiten Ursachen und die Gleichzeitigkeit der göttlichen Schöpfung erklären zu können. So nimmt ROGER BACON an, daß die Form ursprünglich und unvollständig in der Materie gegenwärtig sei (sub esse incompleto, originali et in potentia) [1]. Auch ALBERTUS DER GROSSE vertritt mit seiner Lehre über die «Inchoatio formae» diese Ansicht, wenn er schreibt, daß die Form ganz in dem materiellen Prinzip zugegen sei (diese Interpretation des B. Nardi wurde jedoch durch G. Burnelli bestritten) [2]. Nach BONAVENTURA ist es unzweifelhaft, daß die Wirkung der zweiten Ursachen die Gegenwärtigkeit der rationes seminales voraussetzt: Diese sind eine «potentia activa indita materiae»; aus ihr wird die Form durch die Wirkung der Natur hervorgebracht [3]. Diese Lehre wird auch vertreten von PETRUS VON TARANTAISE [4], MATTHEUS VON AQUASPARTA, ROGER MARSTON, PETRUS OLIVI, JOHANNES PECKHAM, DUNS SCOTUS [5], WILHELM OCKHAM [6] und anderen. Auch RICARDUS VON MEDIAVILLA verteidigt die Ansicht, daß die Materie nicht ganz passiv sein könne, ohne jedoch die Auffassung der samenartigen Ursachen anzunehmen [7]. AEGIDIUS ROMANUS hat diese Lehre ohne weiteres verworfen, während THOMAS VON AQUIN die Auffassung des Aristoteles über die vollständige Passivität der Materie übernimmt und auf diese Weise die Einheit der aus Materie und Form zusammengesetzten Substanzen erklärt. Andrerseits hat der Doctor die Augustinische Lehre der rationes seminales nicht verneint. Er verwendet sie aber nicht nur für die Erklärung der Entwicklung, die in der Natur stattfindet, sondern auch für die Interpretation des Werdeprozesses, der sich im wissenschaftlichen Denken und im sittlichen Leben vollzieht [8]. Thomas hat also in diesem Punkt Aristoteles mit Augustinus in Übereinstimmung zu bringen versucht.

Anmerkungen. [1] ROGER BACON, Questiones supra libros quattuor Physicorum, hg. F. M. DELORME/R. STEELE (Oxford 1928) 78, 23; Questiones supra libros Prime Philosophie Aristotelis, hg. R. STEELE/F. M. DELORME (Oxford 1930) 126, 20ff. – [2] ALBERTUS MAGNUS, Physica I, tr. 3, c. 15; t. III, p. 83; vgl. B. NARDI: La dottrina d'Alberto Magno sull'«inchoatio formae». Reale Accad. naz. Lincei. Cl. scienze morali, storiche e filol. Ser. VI, vol. XII, fasc. 1/2 (Rom 1936); G. BURNELLI: L'«inchoatio formae» secondo Alberto Magno e il Prof. Bruno Nardi. Civiltà cattol. 3 (1932) 555-566; 4 (1932) 139-161. – [3] BONAVENTURA, II Sent. 18, 1, 3 concl., t. II, p. 440; II Sent. 7, 2, 2, 1 concl., t. II, p. 198; a.O. ad 6^m, t. II, p. 199; vgl. E. GILSON: La philos. de saint Bonaventure (Paris 1943) 236-253. – [4] PETRUS VON TARANTAISE, II Sent. d. 18, q. 1, questiunc. 3. – [5] DUNS SCOTUS, Op. oxon. d. 12, q. 1, n. 2; vgl. E. GILSON: Jean Duns Scot. Introd. à ses positions fondamentales (Paris 1952) 475. – [6] WILHELM VON OCKHAM, Summulae Physicorum (Rom 1637) c. 15; vgl. G. LEFF: William of Ockham. The metamorphosis of scholastic discourse (Manchester 1975) 573. – [7] R. ZAVALLONI: Richard de Mediavilla et la controverse sur la pluralité des formes (Louvain 1951) 120, 31-32. – [8] THOMAS VON AQUIN, De veritate q. XI, a. 1, obj. 5 et ad 5; II Sent. 18, 1, 2 c et 3, ad 3; S. theol. I, q. 62, a. 3 c; q. 65, a. 4 ad 2; q. 115, a. 2 c; I/II, q. 81, a. 4 c.

Literaturhinweise. M. HEINZE s. Anm. [2 zu 2]. – K. REINHARDT s. Anm. [2 zu 1]. – E. GILSON s. Anm. [1 zu 4]. – L. PERA: La creazione simultanea-virtuale secondo s. Agostino (Florenz ²1934). – A. DARMET: Les notions de raison séminale et de puissance obédientielle chez St. Augustin et St. Thomas d'Aquin (Diss. Lyon, publ. Paris 1935). – R. ZAVALLONI: Richard de Mediavilla et la controverse sur la pluralité des formes (Louvain 1951) 446ff. – G.

FAGGIN, Encyclop. filos 3 (Venedig/Rom 1957) 1862f. s.v. ‹Rationes seminales›. – W. KELBER s. Anm. [2 zu 2]. – N. SCHOLL: Providentia. Untersuch. zur Vorsehungslehre bei Plotin und Augustin (Diss. Freiburg i. Br. 1960, MS). – C. J. CLASSEN: The creator in Greek thought from Homer to Plato. Class. Med. 23 (1962) 1-22. – P. GERLITZ: Außerchristl. Einfl. auf die Entwickl. des christl. Trinitätsdogmas (Leiden 1963) 51-68. – J. WASZINK: Bemerk. zu Justins Lehre vom L.s., in: Jb. Antike und Christentum. Festschr. Th. Klauser (1964). – D. J. FURLEY, Lex. der Alten Welt, hg. C. ANDRESEN u. a. (1965) 1765 s.v. – A. EHRHARDT: The beginning. A study in the Greek philos. approach to the concept of creation from Anaximander to St. John. With a memoir by J. HEYWOOD THOMAS (Manchester 1968). G. VERBEKE

Logomachie (griech. λογομαχία, neulat./ital. logomachia, frz. logomachie, span. logomaquia, engl. logomachy, dtsch. Wortstreit, -krieg, -kampf, Redeschlacht). Das möglicherweise schon in der kynischen Schule gebräuchliche [1], jedoch erst spät belegte Wort ist sprachlich analog zu ‹Theomachie› [2], ‹Titanomachie› [3] und ‹Gigantomachie› [4] gebildet, hat aber seiner Bedeutung nach mit dem Kampf mythischer Mächte so wenig zu tun wie mit dem heraklitischen oder johanneischen Logos und ist auch nicht ohne weiteres bedeutungsgleich mit ‹Disput›, ‹Kontroverse› und ‹Polemik›. Denn während diese mehr oder weniger wertneutrale Sammelnamen für verbale und meistens gelehrte Auseinandersetzungen sind, bezieht sich ‹L.› fast immer auf einen bestimmten Gelehrtenstreit, von dem sich der Autor ironisch oder kritisch distanziert. Das ist so schon im frühesten Beleg, einer ‹Satura Menippea› des VARRO (116–27 v. Chr.) mit dem griechischen Titel ‹L.›, in der die Kontroverse um das höchste Gut zwischen Stoikern und Epikureern als bloße L. charakterisiert wird [5], und es ist unmißverständlich so im bekanntesten antiken Beleg, den etwa zu Beginn des 2. Jh. n. Chr. verfaßten, jedoch dem *Paulus* zugeschriebenen und darum in den Kanon der biblischen Schriften aufgenommenen Timotheusbriefen, in denen zum erstenmal auch das verbale λογομαχέω vorkommt [6]. Den Locus classicus, der den pejorativen Wortgebrauch fixiert, übersetzt LUTHER con gusto: «So jemand anders lehrt ... / Der ist aufgeblasen und weiß nichts, sondern hat die Seuche der Fragen und Wortkriege, aus welchen entspringet Neid, Hader, Lästerung, Argwohn» (1. Tim. 6, 3f.). In diesem Sinn meint ‹L.› bei den *griechischen Kirchenvätern* fast immer den leeren Wortstreit von Irrlehrern und heidnischen Philosophen um Scheinprobleme und gegen den Geist der Wahrheit [7], und nur gelegentlich wird es auch neutral als Äquivalent für ‹Kontroverse› gebraucht [8].

HIERONYMUS übernimmt ‹L.› als Lateinpurist nicht in den Vulgatatext, sondern übersetzt es mit ‹pugna verborum›: «sed languens circa quaestiones et pugnas verborum» für ἀλλὰ νοσῶν περὶ ζητήσεις καὶ λογομαχίας (1. Tim. 6, 4). Das könnte ein Grund dafür sein, daß in der *lateinischen Patristik* und im *Mittelalter* Belege für ‹L.› anscheinend fehlen [9].

Im Gelehrtenlatein des *Humanismus*, der, was er für scholastische Spitzfindigkeiten hält, gern mit ‹L.› apostrophiert [10], kommt es zur Renaissance, in *Barock* und *Aufklärung* zur Konjunktur des Wortgebrauchs. E. WEIGEL verwendet die griechische Form in gemilderter biblischer Bedeutung für Kontroversen über Quisquilien: «vanas illas λ.» [11]. LEIBNIZ gebraucht ‹L.› griechisch [12], lateinisch [13], französisch [14] und argumentationskritisch, wenn er z. B. den Einwand gegen die Jungfräulichkeit Marias, eine Jungfrau gebäre nicht, als L. bezeichnet, weil man unter einer Jungfrau nicht das verstehe, sondern «daß sie nichts mit Männern hat» [15], oder wenn er Abaelard vorwirft, er habe zu sehr den Hang gehabt, anders zu reden und zu denken als andere, «car, dans le fond, ce n'était qu'une L.: il changeait l'usage des termes» [16]. Etwa gleichzeitig avanciert ‹L.› zum Titelwort theologischer Schriften [17], wird im 18. Jh. zum allgemein antiargumentativen und besonders antimetaphysischen Schlagwort [18] und als solches schließlich selbst verdächtig, so z. B. DIDEROT: «Ce mot se prend toujours dans un sens défavorable; il est rare qu'il ne soit applicable à l'un & l'autre partie; pour l'ordinaire tel qui le donne le premier, est celui qui le mérite le mieux» [19]. Er zitiert die Timotheusstelle, entschärft sie aber, indem er die Bedeutung von ‹L.› einschränkt auf Dispute a) *in* Worten (oder auf durch sie veranlaßte Beleidigungen), b) *über* Worte mit gegenseitigen Mißverständnissen und c) über Nichtigkeiten, wie z. B. die Frage nach dem Geschlecht des Wals, der Jonas verschlang. Noch deutlicher als Diderot distanziert sich Kant von dem fahrlässigen Gebrauch der Ausdrücke ‹L.› und ‹Wortstreitigkeit›: Gegen M. MENDELSSOHN, der «sehr geneigt» ist, «alle Streitigkeiten der philosophischen Schulen für bloße Wortstreitigkeiten zu erklären» [20], vertritt KANT an der einzigen Stelle, wo er ‹L.› verwendet [21], die Meinung, daß vor allem in philosophischen Kontroversen «niemals eine Wortstreitigkeit zum Grunde gelegen habe, sondern immer eine wahrhafte Streitigkeit über Sachen» [22], und befürchtet, daß Mendelssohn, «indem er künstelt[,] allenthalben L. zu ergrübeln», seinerseits «in Logodädalie verfalle, über welche der Philosophie nichts Nachtheiligeres widerfahren kann» [23].

Diese Warnung vor leichtfertigem L.-Verdacht und (Fremd-)Wortkünstelei scheint gewirkt zu haben, denn außer als Lexikonstichwort bei J. G. WALCH [24] vor Kant und nach ihm noch bei W. T. KRUG, der L. als Disput definiert, «wo man in der Sache selbst einig ist, aber doch streitet» [25], wird das Wort in der deutschen Philosophie im allgemeinen gemieden [26], und auch sonst kommt ‹L.› seit dem frühen 19. Jh. nur noch sporadisch vor [27].

Anmerkungen. [1] Das legen nahe a) Antidogmatismus, Theorieabstinenz und polem. Tradition des Kynismus und b) die enge formale und inhaltl. Abhängigkeit des Erstbelegs von seiner Vorlage; vgl. H. DAHLMANN: Art. ‹M. Terentius Varro›, in: RE, Suppl. 6, 1268, 5-1276, 28: ‹Die Saturae Menippeae›, bes. 1270, 34-68. – [2] PLATON, Resp. 378 d; HOMER, Ilias XX: (später) Buchtitel. – [3] PHILODEM, De pietate, hg. GOMPERZ 56 a 1. – [4] PLATON, Resp. 378 c; Soph. 246 a. – [5] VARRO bei NONIUS, hg. W. M. LINDSAY (1903) 268; vgl. DAHLMANN, a. O. [1]. – [6] 1. Tim. 6, 4; 2. Tim. 2, 14: je 1mal ‹L.› und ‹l.›; vgl. Tit. 3, 9 (Lesart G). – [7] Vgl. z. B. BASILIUS, De fid. 5. MPL 31, 689 A; Comm. in Iesaiam 2, 72; EUSEBIUS, Praep. evang. 14, 9: «Daß die Philos. bei den Griechen aus ... vielen L.n und Irrtum hervorgegangen ist ...»; ISIDOR VON PELUSIUM, Ep. 1, 220: «Wer mit L. beschäftigt ist, kann keine Philos. schaffen»; ATHANASIUS, Vita S. Antonii 78; De synodis 54. MPL 26, 789 B (Stellen nach Patrist. Greek Lex., hg. G. W. H. LAMPE (Oxford 1961ff.) s.v.). – [8] Vgl. z. B. THEODORETUS CYRRHENSIS, Graecorum affectionum curatio 1. MPL 83, 816, 40: «Denn auch über die Sonne gibt es immer wieder häufige L.n». – [9] *Fehlt* in: D. DU CANGE: Gloss. mediae et infimae latinitatis 4 (Paris 1845); Suppl.; Novum Gloss.; R. BUSA: Index Thomisticus I/2 (1975). – [10] H. C. AGRIPPA VON NETTESHEIM, De incertitudine et vanitate scientiarum c. 97. Opera (Lyon o. J., ND 1970) 2, 283. – [11] E. WEIGEL: Idea totius encyclop. math.-philos. (Jena 1671) 245; vgl. 3, §§ 7. 9. – [12] G. W. LEIBNIZ: De possibilitate gratiae Divinae (1699-71). Akad.-A. 6/1 (1930, ND 1971) 535, 34; Notae ad Stahlium (1663/64?) Tab. 22 a. O. 41 Anm. 50. – [13] Vgl. z. B. Diss. praelim. zu seiner Ed.

von MARII NIZOLII De veris principiis ... IV (1670) a.O. 6/2 (1966) 407, 25: «Perpetuas L.». – [14] Theodicée (1710) II, § 171. – [15] Notae ... a.O. [12]. – [16] Theod. a.O. [14]. – [17] S. WERENFELS: Diss. de logomachiis eruditorum (Amsterdam 1702); G. G. ZELTNER: Synopsis logomachiarum ... Pietisticarum (Frankfurt 1725); vgl. ausführlich J. H. ZEDLERS großes vollst. Universal-Lex. aller Wiss.en und Künste 59 (1749) 529: ‹Wortkriege›; 537-542: ‹Wortstreit› (mit Lit.). – [18] Vgl. T. W. RUMPAEUS: Comm. crit. ad lib. NT in gen. (Leipzig 1730) 59; VOLTAIRE, Oeuvres compl., hg. BEUCHOT 22 (Paris 1829) 23; CH. BUFFON, Hist. nat. Oeuvres compl. (Paris 1752-1805) 3, 160; L. A. MURATORI: Rifl. sopra il buon gusto (Venedig 1742) 224; J. N. TETENS: Gedanken über einige Ursachen ... (1760). Sprachphilos. Schr. (1971) 146. 148. 152. 154. – [19] D. DIDEROT: Art. ‹L.›, in: Encyclop., hg. DIDEROT/D'ALEMBERT 9 (Neufchastel 1765) 642f., zit. 642: Anfang. – [20] M. MENDELSSOHN: Morgenstunden (1785) 214. – [21] Vgl. Kant-Index, hg. D. KRALLMANN/A. MARTIN 2 (1967) 584. – [22] I. KANT: Einige Bemerk. zu L. H. Jakob's Prüfung der Mendelssohn'schen Morgenstunden (1786). Akad.-A. 8, 152, 21-25. – [23] a.O. 153, 5-10. – [24] J. G. WALCH: Philos. Lex. ([2]1733) 1663-67. – [25] W. T. KRUG: Allg. Handwb. philos. Wiss.en ([2]1823-38) 747. – [26] *Fehlt* z. B. in Hegel-, Schopenhauer-, Nietzsche-Index und EISLER[4]. – [27] Vgl. z.B. W. HEBENSTREIT: Encyclop. der Aesth. (1843) s.v.; J. ST. MILL: Principles of polit. economy (London 1848, [7]1871) 2, 101; B. CROCE, Scritti e discorsi polit. (Bari 1963) 2, 221; TH. MANN: Der Zauberberg (zit. 1972) 717.

Literaturhinweise. S. WERENFELS und J. H. ZEDLER s. Anm. [17]. – G. KITTEL: Art ‹L.›, in: Wb. zum NT 4 (1942) 147.

J. und K. LANZ

Logophor. ‹L.› ist ein von B. V. FREYTAG-LÖRINGHOFF eingeführter Terminus zur Unterscheidung der allgemein-konkreten von den allgemein-abstrakten Begriffen: Allgemein-Konkreta wie ‹Rose› enthielten einen L., einen ontologisch selbständigen Träger der mit diesen Begriffen gemeinten Eigenschaften, der durch den Hinweis auf ein Individuum, z. B. ‹diese Rose›, Individualität erlange: «Der L. ist die ihrer Individualität, aber nicht ihrer ontologischen Selbständigkeit beraubte Konkretheit des Individuums» [1]. Allgemein-Abstrakta wie das ‹Rot dieser Rose› dagegen enthielten keinen L., keine 'Leerstelle'.

Anmerkung. [1] B. V. FREYTAG-LÖRINGHOFF: Logik. Ihr System und ihr Verhältnis zur Logistik (1955) 25. Red.

Logos

I. *Der L.-Begriff in der antiken Philosophie.* – Der Ausdruck λόγος hängt mit λέγω zusammen, er bedeutet ursprünglich Aufzählung, Berechnung, Rechenschaft, Rechtfertigung. Daraus ergeben sich als weitere Bedeutungen: Verhältnis, Proportion, Erklärung, Beweisführung, Vernunft, Bericht, Darlegung, Aussage, Wort, Ausdruck, Gegenstand der Unterredung. Der Terminus gehörte ursprünglich, wie auch später noch, zum gewöhnlichen, nicht-philosophischen Sprachgebrauch. Im philosophischen Denken und durch es erhielt er allmählich eine Sonderbedeutung, wie auch sonst die Sprache der Philosophie aus der vorphilosophischen Ausdrucksweise entstanden ist. Der Begriff ‹L.› verweist auf das menschliche Denken und Sprechen. Indem in der philosophischen Reflexion das Denken sich immer mehr seines eigenen Wesens bewußt wird, wird der L. immer genauer unterschieden vom Mythos (μῦθος), von der Meinung (δόξα) und der Wahrnehmung (αἴσθησις). In der Geschichte der griechischen Philosophie herrscht eine ununterbrochene Spannung zwischen Mythos und L., und es gehört zu den bemerkenswerten Leistungen dieser Philosophie, die Eigenart des rationalen Denkens entdeckt zu haben.

1. In der Philosophie HERAKLITS nimmt der L. eine bevorzugte Stellung ein. Der Ausdruck wird verwendet zur Bezeichnung des immanenten Prinzips im kosmischen Werden, welches Prinzip als ein inneres Feuer aufgefaßt wird. Für Heraklit gehört der Entstehungsprozeß nicht nur zum Anfangsstadium der Welt, vielmehr ist der Kosmos in jedem Augenblick im Werden begriffen. In diesem Zusammenhang bedeutet nach H. Fränkel der L. die Gesetzmäßigkeit der Welt, den Sinn und Grund des Weltgeschehens, die Norm und Regel, welche alles bestimmt. Den L. erfassen heißt alles einsehen [1]. Die Norm aller Wirklichkeit sei in der «coincidentia oppositorum» zu finden, im Zusammenfall der Gegensätze in zweigliedrigen Einheiten. So verstehe man den kosmischen Werdegang erst dann, wenn man einsehe, daß die Gegensätzlichkeit den Wesensgrund der Wirklichkeit bilde [2]. Vielleicht läßt sich die genaue Bedeutung von ‹L.› bei Heraklit besser fassen, wenn man auf den ursprünglichen Inhalt dieses griechischen Wortes zurückgreift: Dieser bezieht sich in erster Linie auf den subjektiven Akt des Aufzählens, dann auch auf das Ergebnis dieser Aufzählung, die Zahl und die Ordnung. Ferner auf die Zahl oder Ordnung, die in der Wirklichkeit anwesend ist [3]. Bei Heraklit begegnet man tatsächlich einem vollkommenen Parallelismus zwischen der objektiven Wirklichkeit und der Welt des Denkens. Es handelt sich hier um zwei Aspekte einer einzigen Gegebenheit; wie denn auch ein inniger Zusammenhang zwischen Denken und Sprechen besteht. So ist nach W. J. Verdenius der L. zugleich Heraklits eigenes Argumentationssystem und das objektive System der Welt [4]. Heraklit ist übrigens davon überzeugt, daß sein Sprechen kein bloßer individueller Akt ist. Durch ihn spricht der universale L., und gerade darin liegt der Wert dieses Sprechens. Der Mensch erfaßt die Wahrheit in dem Maße, in dem sein Denken und Sprechen in Einklang stehen mit dem universalen L. [5]. So deutet bei Heraklit der L. zugleich auf den geordneten Zusammenhang des Kosmos und auf die systematische Erfassung und den sprachlichen Ausdruck dieser Weltordnung. Diese Interpretation stimmt übrigens zu der besonderen Bedeutung des Wortes ‹Kosmos›, wie sie vornehmlich von ANAXIMANDER in das philosophische Denken aufgenommen wurde [6]. Auf diese Weise kommt HERAKLIT in seinem philosophischen Anliegen mit den Naturphilosophen überein: eine Erklärung zu finden für den geordneten Aufbau des Universums. Daß die Wirklichkeit überhaupt besteht, wird einfach hingenommen, daß sie aber geordnet ist, bedarf der Erklärung, und Heraklit glaubt sie durch das Zusammenbestehen von Gegensätzen erklären zu können [7].

Es hat wenig Sinn, den L. Heraklits im Schöpfungsbericht der Bibel wiedererkennen zu wollen, die Grundauffassung der Verhältnisses L./Kosmos ist in beiden Texten verschieden [8].

Anmerkungen. [1] Vgl. H. FRÄNKEL: Dichtung und Philos. des frühen Griechentums (1962) 424. – [2] a.O. 425. – [3] Vgl. W. J. VERDENIUS: Der L.-Begriff bei Heraklit und Parmenides. Phronesis 11 (1966) 81-98, bes. 91. – [4] a.O. 93. – [5] Vgl. HERAKLIT, VS 22 B 50; 22 B 2. – [6] Vgl. W. JAEGER: Paideia 1 (1934) 219; CH. H. KAHN: Anaximander and the origins of Greek cosmol. (New York 1960) 222. – [7] HERAKLIT, VS 22 B 53; 22 B 8. – [8] Vgl. VERDENIUS, a.O. [3] 94 (gegen H. Diels).

2. Im philosophischen Gedicht des PARMENIDES ist ebenfalls die Rede vom L. Neben den zwei grundsätzlich entgegengesetzten Wegen, die zuerst unterschieden werden, dem des Seins und dem des Nicht-Seins, ist von

einem dritten Weg die Rede, den die Sterblichen gewöhnlich einschlagen. Die Menschen haben zwei Gesichter, denn sie wollen die Gegensätze miteinander verbinden und gelangen so zu einem Kompromiß, nach dem ein Ding zugleich sei und nicht sei. Dies geschieht, indem sie annehmen, daß es Mannigfaltigkeit und Werden gebe. Demgegenüber erklärt die Göttin, man müsse durch vernünftige Argumentation (λόγῳ) die mit viel Bestreitung gepaarte Beweisführung untersuchen und beurteilen: «Vielmehr beurteile mit dem Denken (*L.*) die streitbare Widerlegung, wie ich sie gegeben habe (κρῖναι δὲ λόγῳ πολύδηριν ἔλεγχον ἐξ ἐμέθεν ῥηθέντα) [1]. Parmenides ist also bestrebt, durch die Darlegung der Argumentation die Sterblichen vom Irrtum abzuhalten und sie zur Wahrheit zu führen. Daß Denken und Reden, λέγειν und νοεῖν, eng verbunden sind, geht hervor aus dem bekannten Frg. 6: Was gesagt und gedacht werden kann, muß auch bestehen [2]. Weder das Denken noch das Sprechen können das Nicht-Seiende zum Gegenstand haben: Sinnvolles Denken und Sprechen sind immer auf etwas gerichtet, das ist [3]. Nach der Auffassung des Parmenides ist also der Weg, der zur Wahrheit führt, der Weg des L. als eine Darlegung, die untersucht und beurteilt.

Anmerkungen. [1] PARMENIDES, VS 28 B 7; übersetzt nach FRÄNKEL, a.O. [1 zu 1] 405. – [2] VS 28 B 6. – [3] VS 28 B 3; dazu z. B. W. J. VERDENIUS: Parmenides. Some comments on his poem (Groningen 1942) 41.

3. In den Dialogen PLATONS hat das Wort ‹L.› eine Reihe von Bedeutungen, die alle miteinander zusammenhängen, nämlich Darlegung, Wort, Definition, Beweisführung, Untersuchung, Gedankengang, Urteil, Vernunft, Rechenschaft, Verhältnis [1]. Auch bei Platon zeigt sich eine enge Verbundenheit von Denken und Reden: Das Denken ist ein inneres Gespräch der Seele mit selbst über die Gegenstände, die sie betrachtet [2]. Platon widersetzt sich der Erstarrung des geschriebenen Wortes, weil er das Denken auffaßt als einen ununterbrochenen Dialog, als ein inneres und äußeres Reden, ein Reden mit sich selbst und mit anderen zur Erlangung der Wahrheit [3]. Für ihn ist wie für Sokrates die Philosophie 'Dialog'. Aus diesem Grunde will er das sokratische Sprechen weiterführen. Er ist davon überzeugt, daß jeder Mensch Wahrheit besitzt [4]. Der Lehrmeister legt nicht etwa die Erkenntnis in die Psyche des Lernenden hinein wie einen Gegenstand in einen Behälter. Der Erkenntnisschatz ist schon in ihm, muß aber durch das Gespräch zur aktuellen Einsicht erhoben werden [5]. Die Inkarnation des Gedankens in einem geschriebenen Text hingegen ist zu vergleichen mit der Bindung der Seele an den Leib; die reine Entfaltung des Denkens wird durch diese Gebundenheit behindert. Daher muß der Philosophierende «sterben lernen», so wie Sokrates in den Tod gegangen ist [6]. Das Sterben des Sokrates ist zum Symbol des philosophischen Denkens geworden; um das wahrhaft Seiende zu erfassen, muß man sich aus den Banden des Stofflichen befreien. Dies gilt ganz allgemein für den Umgang der Seele mit der wahrnehmbaren Welt: Der Mensch lebt fortwährend in Kontakt mit dem sinnlich Wahrnehmbaren, so daß er fast wie von selbst dazu kommt, das Vergängliche und Werdende für die wahre Wirklichkeit anzusehen. Aufgabe des philosophischen L. ist es dann, sich und die anderen zu befragen. In seinem Gespräch mit Protagoras betont Sokrates, daß er vor allem den L. erforscht, d. h. die vertretene Ansicht. Damit hängt jedoch zusammen, daß er sich selbst als Fragenden erforscht sowie den, der Antwort gibt [7]. So kann man sagen, daß jeder Dialog Platons ein Streit zwischen dem L. und einem unpersönlichen Widerstand, dem Nicht-Seienden ist [8]. Es handelt sich um ein Nachforschen und Befragen, nicht aber um das Errichten eines fertigen Systems: Dieses Befragen ist eine unerläßliche Selbstkritik und Kritik der anderen, wenn man sich nicht zufrieden gibt mit einem oberflächlichen Wissen, sondern vorstoßen will zu unverfälschter Erkenntnis. Es ist um so wichtiger, als das ethische Leben des Menschen hier unmittelbar an den L. anschließt; denn das Verhalten jedes Menschen wird bestimmt durch die Einsicht, die er hat [9]. Das Selbstgespräch und das Zwiegespräch werden zur ethischen Aufgabe: So sind auch die Dialoge Platons keine verkappten Monologe, in denen Sokrates allein zu Wort käme. Jedem Gesprächspartner kommt eine wichtige Rolle zu; denn es ist die Aufgabe eines jeden, die Erkenntnis, die er in sich trägt, zur Einsicht emporzuheben. Die Gesprächsteilnehmer müssen von ihren individuellen Anliegen und Vorurteilen absehen; das ganze Gespräch soll beherrscht sein vom L. und der Suche nach Wahrheit und Wissen.

Anmerkungen. [1] Vgl. PLATON, Oeuvres compl., hg. E. DES PLACES 14: Lex. de la langue philos. et relig. de Platon (Paris 1964) 310-314. – [2] Vgl. Theait. 189 e-190 a. – [3] Vgl. Ep. 7, 344 c. – [4] Vgl. Theait. 161 e. – [5] Vgl. Theait. 157 c. – [6] Phaid. 64 a. – [7] Protag. 333 d. – [8] Vgl. R. SCHAERER: La question Platonicienne (Neuchâtel 1938) 39. – [9] Vgl. Protag. 345 d. 358 c; Tim. 86 d.

4. Bei ARISTOTELES wird ‹L.› in der Bedeutung von «Definition» gebraucht, was mit der Wissenschaftslehre des Stagiriten zusammenhängt. Nach ihm muß die Wissenschaft bestrebt sein, eine begründete Definition ihres Gegenstandes zu geben. In diesem Zusammenhang übt Aristoteles Kritik an Platons dihairetischer Methode, nach welcher man, ausgehend von einem generisch unbestimmten Begriff, mittels einer Folge von Einteilungen zur wohlbestimmten Umschreibung eines gegebenen Gegenstandes kommt. So kam er zur Entdeckung des Syllogismus (συλλογιστικὸς λόγος), in welchem das Verhältnis zweier Termini bestimmt wird aufgrund eines dritten, der die Rolle eines Zwischengliedes und Bandes zwischen den zwei äußeren Termini spielt [1]. Der Syllogismus konnte jedoch die dihairetische Methode Platons nicht ersetzen, weil es in ihm nicht darum geht, eine Definition zu beweisen, sondern darum, im Ausgang von einer Definition die Eigenschaften eines Gegenstandes aus ihr abzuleiten. Aristoteles sieht in einem derartigen Deduktionsprozeß die ideale Form der wissenschaftlichen Beweisführung, welche er allerdings in seinen eigenen Werken kaum oder gar nicht anwendet. Das Verhältnis zwischen der Wesenheit und dem Eigentümlichen (ἴδιον) ist übrigens wechselseitig: Aus der Wesenheit kann man die Eigenschaften folgern und andererseits führt die Erkenntnis des Proprium zur Einsicht in die Wesenheit [2]. Aristoteles akzeptiert auch den Syllogismus des Wesens (λογικὸς συλλογισμός) als gültig, in dem die inadäquate Aussage eines Gegenstandes bewiesen wird aufgrund eines tieferen und prinzipielleren Begriffs von ihm [3]. Diese aristotelische Wissenschaftslehre zeigt einen stark platonischen Einschlag, weil das wissenschaftliche Erkennen stets auf das Universale bezogen ist, auf das Notwendige und Unveränderliche, so daß das konkrete Dasein nur implizit, universal und abstrakt miterfaßt wird [4]. Gleich Parmenides und Platon nimmt auch Aristoteles einen engen Zusammenhang zwischen

Denken und Sprechen an: Sowohl in seiner Metaphysik wie auch in seiner Ethik geht er oft aus vom gewöhnlichen Sprachgebrauch; er stützt sich auf das, was man sagt, und auf die Weise, in der man es ausdrückt. Er sieht im menschlichen Sprechen eine vorphilosophische Gegebenheit, die als Ausgangspunkt dient für das philosophische Nachdenken. Dies ist leicht zu verstehen, weil aufgrund seiner teleologischen Lehre der «consensus» unter den Menschen, welcher u. a. im Sprachgebrauch sich äußert, einen hervorragenden Wert besitzt [5].

Auch in den ethischen Abhandlungen des Aristoteles spielt der L. eine höchst wichtige Rolle: Das sittliche Verhalten ist ein Leben gemäß dem ὀρθός λόγος, gemäß einer rechten ethischen Einsicht [6]. Der Mittelweg, welcher in der sittlichen Handlung stets einzuschlagen ist, muß ebenfalls durch den L. bestimmt werden, d. h. durch die praktische Besinnung eines mit ethischer Einsicht (φρόνιμος) begabten Menschen [7]. Bei Aristoteles wird die ethische Einsicht nicht vom sittlichen Handeln getrennt: Man muß ethisch handeln, um eine rechte sittliche Einsicht zu besitzen [8]. Deshalb ist für Aristoteles das Hauptkennzeichen des ethischen Menschen, daß seine Leidenschaften der Leitung des L. unterworfen sind, welcher das menschliche Dasein fortwährend ins Gleichgewicht bringt. In dieser Weise ist es auch möglich, daß der Mensch seine höchste Vollkommenheit erreicht, welche darin besteht, seine Vernunfttätigkeit so vollkommen wie möglich zu entwickeln.

Anmerkungen. [1] Vgl. A. MANSION: L'origine du syllogisme et la théorie de la sci. chez Aristote. Aristote et les problèmes de méthode (Louvain/Paris 1961) 57-81. – [2] Vgl. die Erörterung des ἴδιον in Top. E. – [3] Vgl. J. M. LE BLOND: Logique et méthode chez Aristote (Paris 1939) 157ff. – [4] Vgl. S. MANSION: Le jugement d'existence chez Aristote (Louvain/Paris 1946). – [5] Vgl. G. VERBEKE: Philos. et conceptions préphilos. chez Aristote. Rev. philos. Louvain 59 (1961) 405-430; W. J. VERDENIUS: Traditional and personal elements in Aristotle's relig. Phronesis 5 (1960) 56-70. – [6] Vgl. ARISTOTELES, Eth. Nic. 6, 1, 1138 b 18-34. – [7] Vgl. a.O. 2, 6, 1106 b 36-1107 a 2. – [8] 6, 13, 1144 b 30ff.

5. Im Rahmen der *stoischen* Philosophie bezeichnet der Begriff des L. in erster Linie eine kosmische pneumatische Kraft, welche als immanentes Prinzip das Weltgeschehen bestimmt. Es handelt sich hier um ein Stoffprinzip, eine Art schöpferisches Feuer, das alles durchdringt und gemäß einer festen Gesetzlichkeit die Entwicklung des Kosmos zustande bringt. Es wird der Gottheit, der Vorsehung und dem Schicksal gleichgesetzt, etwa wenn CHRYSIPP definiert: «Das Schicksal ist der Welt-L., oder der L. dessen, was in der Welt durch die Vorsehung besorgt wird, oder der L., dem gemäß das Entstandene entstanden ist, das Werdende wird, das Entstehende, entstehen wird» (εἱμαρμένη ἐστὶν ὁ τοῦ κόσμου λόγος, ἢ λόγος τῶν ἐν τῷ κόσμῳ προνοίᾳ διοικουμένων, ἢ λόγος καθ' ὃν τὰ μὲν γέγονε, τὰ δὲ γινόμενα γίνεται, τὰ δὲ γενησόμενα γενήσεται) [1]. Die Geschichte wird als ein rationaler Prozeß betrachtet, da alles von L. durchdrungen ist. Alles hat seinen Ort in der universalen Ordnung [2]. Da das Weltgeschehen vollständig durch den göttlichen L. bestimmt wird, gibt es weder für die Freiheit noch für das Böse einen Raum. Daß der universale L. alles durchdringt, bedeutet aber nicht, daß alle Wesen mit Vernunft ausgestattet sind. Unter den Lebewesen ist allein der Mensch mit Vernunfteinsicht begabt, welche sich im Worte äußert. So wird ein Unterschied gemacht zwischen dem inneren L. (λόγος ἐνδιάθετος) und dem geäußerten L. (λόγος προφορικός). Der erste ist gleich jeder menschlichen Seele ein Teil des universalen L. [3]; der zweite bedeutet ein Ausdrücken des Gedankens. Nach dem Urteil der Stoiker unterscheidet sich der Mensch von den anderen Lebewesen durch den inneren L. [4]. Der L. im Menschen wird aufgefaßt als eine Gruppe von Vorstellungen und Einsichten, welche um das 14. Lebensjahr sich zu entfalten beginnen. Dazu gehören in gleicher Weise die vorwegnehmenden Einsichten (προλήψεις), welche sich in allgemein verbreiteten Auffassungen äußern, denen die Stoiker große Bedeutung beimessen [5]. Wiederholt stützt man sich auf den allgemeinen «consensus», um gewisse Behauptungen zu rechtfertigen. Der Wert, den man diesem consensus beilegt, muß im Lichte der Lehre vom göttlichen L. gesehen werden [6]. Die Übereinstimmung unter den Menschen beweist, daß eine gewisse Einsicht aus dem universalen L. herkommt.

Auf ethischem Gebiet ist der L. die Norm des sittlichen Handelns, die mit der Natur (φύσις) gleichgesetzt wird: Das bedeutet, daß jeder Mensch das Weltgeschehen annehmen muß, weil es von L. durchdrungen ist. Sich gegen das Weltgeschehen auflehnen und die Ereignisse des Lebens nicht annehmen, ist unsittlich, denn hier handelt es sich um einen Aufruhr gegen die Vernünftigkeit des Kosmos [7]. Nach den Stoikern ist es nicht die Aufgabe des Menschen, eine bessere und vollkommenere Welt aufzurichten. Die Vollkommenheit der Welt kann nicht in Frage gestellt werden, da sie auf unentrinnbare Weise durch den immanenten göttlichen L. verwirklicht wird. Deshalb muß der Mensch, will er die sittliche Vollkommenheit erreichen, seinen individuellen L. mit dem universalen L. in Übereinstimmung bringen. Jeder sittliche Fehler kann so in letzter Instanz auf einen unvernünftigen Aufstand gegen das kosmische Geschehen zurückgeführt werden. Ein solcher Aufstand findet seinen Ursprung in den ungeregelten Wallungen der Leidenschaften. Darum muß jeder Mensch danach streben, sich vollkommen zu 'rationalisieren'; er muß danach trachten, völlig L. zu werden und die Gemütsbewegungen vollständig zu vernichten. Darin besteht das Ideal der *apatheia:* Es bedeutet nicht nur, daß die Leidenschaften der menschlichen Vernunft unterworfen, sondern daß sie völlig beseitigt werden sollten, damit der Mensch völlig werden könne, was er ist, nämlich L. [8].

Anmerkungen. [1] STOBAEUS, Ecl. 1, 79. SVF 2, 913; vgl. MARCUS AURELIUS 6, 1. – [2] Vgl. G. VERBEKE: Les Stoïciens et le progrès de l'hist. Rev. philos. Louvain 62 (1964) 5-38. – [3] Vgl. SENECA, Ep. 41, 1. – [4] Vgl. SEXTUS EMPIRICUS, Adv. math. 8, 275. SVF 2, 135. – [5] AETIUS 4, 11, 4. SVF 1, 149; JAMBLICHUS, De anima, apud STOBAEUM, Ecl. 1, 48, 8. SVF 1, 149. – [6] SENECA, Ep. 117, 6. – [7] Vgl. W. WIERSMA: Περὶ τέλους. Studie over de leer van het volmaakte leven in de ethiek van de oude Stoa (Groningen 1937); DIOGENES LAERTIUS 7, 86f.; SENECA, Ep. 76, 9. – [8] DIOGENES LAERTIUS 7, 117.

6. Bei PHILON ist ⟨L.⟩ nicht eindeutig gebraucht, sondern zeigt eine große Mannigfaltigkeit von Bedeutungen. Alles, was die früheren philosophischen Systeme, und vorzüglich die Stoa, über den L. gesagt haben, benützt der Alexandriner für seine Religionsphilosophie, die hauptsächlich den Unterschied zu erklären versucht zwischen Gott, wie er in sich selbst ist und wie er sich zeigt und zu den Menschen und der Welt verhält. So kann man drei Hauptbedeutungen von ⟨L.⟩ unterscheiden: Zuerst gehört der L. zum Göttlichen, ohne einfach mit Gott identifiziert werden zu dürfen. Der L. ist gleichsam ein zweiter Gott oder der erste Sohn Gottes [1]. Im System

der göttlichen Kräfte, welche die Wirkung Gottes in der Welt schlechthin ausdrücken, nimmt der L. die erste Stelle ein, d.h. der L. ist Gott, insofern er sich mit der Schöpfung befaßt und sich in ihr offenbart. So ist der L. eine Art Mittelglied zwischen Gott und Welt [2]. Auch zum Menschen steht er in enger Beziehung: Er ist göttliche Offenbarung, ein durch Gott kundgegebenes Wort, das der Weisheit entspringt und den Menschen zur Weisheit führt, das ihn zur Wahrheit zwingt und Schwachen Genesung bringt [3]. Dieser L. richtet sich an das Innere des Menschen: Er ist eine innerliche Offenbarung. Zugleich ist er ein göttlicher Befehl, ein Gesetz für den Menschen [4]. So wird er auch ὀρθὸς λόγος genannt zur Bezeichnung des Naturgesetzes im Gegensatz zu den konventionellen Staatsgesetzen; dieses Naturgesetz ist aber zugleich göttliches Gesetz. In einer symbolischen Bedeutung heißt ⟨L.⟩ die Stelle (topos), an welcher der Gläubige in reinem Aufsteigen zu Gott verweilt: Der Gläubige hat sich schon vom Sinnlichen befreit, aber ist noch nicht ganz fähig, das Göttliche zu schauen, er befindet sich also in der Lage des Vorrückenden (προκόπτων) [5]. Der L., Bild Gottes, hat auch im Menschen seine Abbildung, nämlich im Intellekt. Darum ist der Mensch nach Gottes Bild geschaffen [6]. Endlich steht der L. auch mit dem Kosmos in Beziehung: Er ist die Idee der Welt, die im voraus in Gott war. So ist er als «mundus intelligibilis» erste Stufe der Schöpfung und schließt alle Vorbilder des Stofflichen in sich. Er stellt also die Sammlung der platonischen Ideen dar [7]. Der L. ist auch das Band des Universums, welches alles zusammenhält und harmonisch ausbildet [8]; er bringt Trennung und Unterschied in das Chaos [9]. Der L. ist weiter auch Instrument Gottes bei der Weltschöpfung, Führer des Weltalls und wird bisweilen mit dem Himmel identifiziert [10].

Anmerkungen. [1] Vgl. PHILON, Somn. 1, 229f.; Leg. Alleg. 2, 86. – [2] Vgl. Qu. in Ex. 2, 68; Cherub. 27f. – [3] Vgl. Fuga 108ff. 137; Leg. Alleg. 1, 65; Somn. 1, 69; 2, 242; Qu. in Gen. 3, 34; 2, 62; Qu. in Ex. 2, 101. – [4] Vgl. Qu. in Ex. 1, 4f.; Ebr. 33f.; Migr. 128-130; Opif. 143. – [5] Vgl. Somn. 1, 65-70. 116-119. – [6] Vgl. Opif. 25. 139; Heres 232. – [7] Vgl. Opif. 20. 24. 36; Qu. in Gen. 1, 4; 2, 62. – [8] Vgl. Plant. 8f.; Heres 188. – [9] Vgl. Heres 130. 140. – [10] Vgl. Leg. Alleg. 3, 96. 104; Cherub. 127; Heres 233.

7. In PLOTINS Gedankenwelt hängt das Thema des L. wie bei Heraklit mit den in der Welt vorkommenden Gegensätzen zusammen: Im Kosmos gibt es Vielheit, Verschiedenheit und Gegensätze; dennoch aber bildet dieser Kosmos ein harmonisches Ganzes, das aus dem höchsten Prinzip, dem unteilbaren Einen entspringt. In diesem Übergang von der Einheit zur Vielheit und zum Gegensatz spielt der L. eine entscheidende Rolle. Er fließt aus dem Intellekt in die Weltseele, ohne dennoch eine eigene Hypostase zu sein. Der L. dringt so in die Seele ein und macht sie vernünftig: «Dieser L. ist aus dem Intellekt geflossen; denn das, was aus dem Intellekt fließt, ist L., und es fließt immerfort, solange Intellekt im Seienden gegenwärtig ist» (οὗτος δὲ ὁ λόγος ἐκ τοῦ νοῦ ῥυείς· τὸ γὰρ ἀπορρέον ἐκ νοῦ λόγος καὶ ἀεὶ ἀπορρεῖ, ἕως ἂν ᾖ παρὼν ἐν τοῖς οὖσι νοῦς) [1]. Alles, was am L. teilhat, wird durch diese Teilhabe 'rationalisiert' und geformt (... εὐθὺς λελόγωται, τοῦτο δέ ἐστιν μεμόρφωται) [2]. Dies bedeutet dennoch nicht, daß der L. die Vollkommenheit der Prinzipien, aus denen er entspringt, besäße. Der L. ist an sich selbst unvollkommen und teilt sich dem, was an ihm partizipiert, auch nicht völlig mit. So gibt es Unvollkommenheit in der Welt, gibt es Gegensätze und Konflikte, und dennoch bildet der Kosmos als Ganzes eine harmonische Einheit. Denn es gibt nur einen einzigen L., welcher diese Vielheit und Verschiedenheit in sich enthält [3]. Nach Plotin stellt der L. auch das Wesen der menschlichen Seele dar, welche durch das diskursive Denken charakterisiert ist. So ist der L. eine niedrigere Form der Vernünftigkeit, er ist ein Abbild des Intellekts in dem Sinn, daß der L. tiefer in die Vielheit eintaucht: Er erkennt den einen Gegenstand nach dem anderen und lernt durch sinnliche Eindrücke hinzu [4]. So befindet sich das menschliche Denken zwischen der reinen Erkenntnis des Intellekts und der sinnlichen Erfahrung. Dergestalt stellt der L. die dem Menschen eigene Erkenntnisart dar und fällt mit dem Ich zusammen [5]. Bei Plotin steht der L. auf einer tieferen Ebene als bei Heraklit, den Stoikern und sogar bei Philon: Zwischen dem Einen und dem L. befindet sich nämlich der Intellekt.

Anmerkungen. [1] PLOTIN, Enn. 3, 2, 2; vgl. 3, 2, 16. – [2] a.O. 3, 2, 16. – [3] 4, 3, 8. – [4] 5, 3, 3; 5, 3, 4. – [5] 5, 3, 3.

8. Mit dem L.-Begriff sind im griechischen Denken wichtige Auffassungen verbunden. Als kosmisches Prinzip bedeutet ⟨L.⟩, daß die Welt von Vernünftigkeit durchdrungen ist; die Welt ist keine chaotische Anhäufung, sondern ein geordnetes Ganzes, welches durch den alles beherrschenden Geist hervorgebracht wurde. Als Prinzip des Denkens im Menschen besitzt der L. sowohl epistemologische als auch ethische Bedeutung. Er bezeichnet die eigentümliche Weise, in welcher der Mensch zur Wahrheit kommt, nämlich mittels eines im Nacheinander ablaufenden diskursiven Prozesses. Andererseits bildet der L. den Maßstab des ethischen Verhaltens: Alle irrationalen Bewegungen im Menschen müssen überwunden oder doch der Vernunft unterworfen werden.

Literaturhinweise. – *Nachschlagewerke:* H. LEISEGANG: Art. ⟨L.⟩ in: RE 13/1 (1926) 1035-1081. – A. DEBRUNNER und H. KLEINKNECHT: Art. ⟨L.⟩ in: Theol. Wb. zum NT 4 (1942) 73-74. 76-89. – R. ARNOU und A. M. MOSCHETTI, Enciclop. filos. 3 (1957) 146f. s.v. – S. MANSION und K. VON FRITZ, Lex. der Alten Welt, hg. ANDRESEN u.a. (1965) 1764f. s.v. – *Zur antiken Begriffsgeschichte:* M. HEINZE: Die Lehre vom L. in der griech. Philos. (1872, ND 1961). – A. AALL: Der L.: Gesch. seiner Entwickl. in der griech. Philos. und christl. Lit. (1896-99, ND 1968). – W. NESTLE: Vom Mythos zum L. (²1940). – E. CASSIRER: L., Dike, Kosmos in der Entwickl. der griech. Philos. Göteborgs Högskolos Ársskrift 47 (1941). – H. FRÄNKEL: Dichtung und Philos. des frühen Griechentums (1962). – F. P. HAGER: Der Geist und das Eine. Untersuch. zum Problem der Wesensbestimmung des höchsten Prinzips als Geist oder als Eines in der griech. Philos. Noctes Romanae 12 (1970). – J. B. LOTZ: Die Identität von Geist und Sein. Eine historisch-systematische Untersuchung (Rom 1972). – *Zu den Vorsokratikern:* W. KELBER: Die L.-Lehre von Heraklit bis Origenes (1958). – K. KAHN: Anaximander and the origins of Greek cosmol. (New York 1960). – W. J. VERDENIUS: Der L.-Begriff bei Heraklit und Parmenides. Phronesis 11 (1966) 81-98; Parmenides. Some comm. on his poem (Groningen 1942). – E. KURZ: Interpretationen zu den L.-Frg. Heraklits. Spudasmata Nr. 17 (1971). – *Zu Platon:* R. SCHAERER: La question platonicienne (Neuchâtel 1938). *Zu Aristoteles:* J. M. LE BLOND: Logique et méthode chez Arist. (Paris 1939). – S. MANSION: Le jugement d'existence chez Arist. (Louvain/Paris 1946). – W. J. VERDENIUS: Traditional and personal elements in Arist.'s relig. Phronesis 5 (1960) 56-70. – G. VERBEKE: Philos. et conceptions préphilos. chez Arist. Rev. philos. Louvain 59 (1961) 405-430. – *Zur Stoa:* W. WIERSMA: Περὶ τέλους. Studie over de leer van het volmaakte leven in de ethiek van de oude Stoa (Groningen 1937). – S. BLANKERT: Seneca (Ep. 90). Over natuur en cultuur en Posidonius als zijn bron (Amsterdam 1941). – B. MATES: Stoic logic (Univ. of Calif. Press 1953). – G. PFLIGERSDORFER: Stud. zu Poseidonius (1959). – G. VERBEKE: Les Stoïciens et le progrès de l'hist. Rev. philos. Louvain 62 (1964) 5-38. – A. JOJA: «Ethos und

L.» dans la philos. stoïcienne. Rev. roum. Sci. Soc. Philos. Log. 10 (1966) 197-232. – C. KAHN: Stoic logic and Stoic L., in: Symp. Stoische Logik, am 1. Mai 1968 in St. Louis, Miss. Arch. Gesch. Philos. 51 (1969) 158-172. – *Zu Plotin:* H. F. MÜLLER: Die Lehre vom L. bei Plotin. Archiv Gesch. Philos. 30 (1916) 38-65. – R. E. WITT: The Plotinian L. and its Stoic basis. Class. Quart. 25 (1931) 103ff. – E. FRÜCHTEL: Der L.-Begriff bei Plotin (Diss. München 1955); Weltentwurf und L. Zur Met. Plotins. Philos. Abh. 33 (1970). – *Zu Philon:* E. BRÉHIER: Les idées philos. et relig. de Philon d'Alexandrie (Paris 1925). – K. BORMANN: Die Ideen- und L.-Lehre Philons von Alexandrien (Diss. Köln 1955). – K. OTTE: Das Sprachverständnis bei Philo von Alexandrien. Sprache als Mittel der Hermeneutik (1968). G. VERBEKE

II. *Logos im Alten und Neuen Testament.* – Theologisch und christologisch bedeutsam sind die neutestamentlichen Aussagen über den L. als das Wort (Gottes); zu beachten ist eine deutliche, von der hellenistischen Vorgeschichte des Wortes abweichende traditionsgeschichtliche Vorgabe des *Alten Testaments.* Dort verweist der Ausdruck λόγος [κυρίου] (Wort des Herrn) in der LXX auf das vor allem von Propheten übermittelte Wort Gottes, welches Israel in seiner Geschichte verheißend führt und weisend begleitet [1]. Im Kontakt mit den altorientalischen Hochkulturen ist es vor allem in den späten Schichten des Alten Testaments zur Übernahme einer Charakterisierung des λόγος κυρίου als vollmächtiges Wort des himmlischen Königs gekommen, der sowohl die Geschichte als auch die Naturereignisse mit der unbeugsamen Kraft seines Wortes bewegt: Der L. geht von Gott aus und handelt in seiner Vollmacht [2]. Doch bleibt auch in dieser Redeweise, die den L. zu personifizieren scheint, der Anredecharakter und die Bezogenheit des L. auf die von ihm geschichtlich geführten Menschen grundlegend: Im L. tritt Gott aus sich heraus und der Welt als Anredender gegenüber; mit der Macht seines L. bringt er Vergangenheit, Gegenwart und Zukunft in einen Geschehenszusammenhang; dabei wirkt der L. nicht als in den geschichtlichen und natürlichen Ereignissen verborgenes Gesetz, sondern als die jeweilige Situation betreffendes, offenbarendes Wort des sich selbst geschichtlich bindenden Gottes.

Das *Neue Testament* spricht in diesem Sinne vom verheißenden [3], weisenden [4], richtenden [5] und schließlich vom Wort Gottes, das die Schöpfung trägt [6]. Zahllose Genitivverbindungen geben die Geschehnisse an, welche das Wort bewirkt: Versöhnung, Heil, Leben, Wahrheit [7]. Bei diesen Prädikationen des L. wird vorausgesetzt, daß sich Gott in seinem L. an die Person, die Botschaft und das Geschick seines Christus gebunden hat. Von den beiden Wirkstätten des Wortes im Alten Testament, der Prophetie und der Schöpfung, erinnert das Neue Testament zunächst an die prophetische [8], um dann abschließend Christus als das Schöpfungswort Gottes [9], ja absolut als den L. zu bezeichnen.

Diese hymnische Verdichtung und didaktische Reflexion geht von der Beobachtung aus, daß Jesus als eschatologischer Bote Ende und Anfang verbindendes Wort von Gott her bringt; am Gehorsam diesem Wort gegenüber entscheidet sich das eschatologische Heil [10]. Da der eschatologische Bote mit seiner Person ganz in dem ihm gegebenen Wort aufgeht, er als Bote nicht von seinem Botenwort zu trennen ist, ja an der himmlischen Herkunft des Wortes teilhat, wird er in Person das Wort Gottes, welches Glauben fordert, weil es Gericht und Leben in sich hat [11]. In der neutestamentlichen Missions- und Verkündigungssprache wird das Evangelium als L. bezeichnet, wobei Jesus Christus als der Gekreuzigte und Auferstandene den Inhalt und die Gestalt, die Wirkmacht und die Autorität des apostolischen Wortes bestimmt [12].

Zum christologischen Würdetitel wird ὁ λόγος im johanneischen Schrifttum. Joh. Apk. 19, 14 schaut der Visionär den himmlischen Christus in der Gestalt des Reiters, der gegen die Feinde Gottes den endgültigen Sieg erstreitet. Einer seiner Würdenamen lautet: ὁ λόγος τοῦ θεοῦ; diese speziell auf Habakuk 3, 3ff. (LXX) zurückgehende Aussage über den wiederkommenden Christus als L. [13] versteht ihn als den über die anderen Himmlischen erhöhten engelartigen Bevollmächtigten Gottes. Damit sind drei wesentliche Elemente der neutestamentlichen L.-Christologie genannt: Betont wird die eschatologische Macht des L., seine anschauliche Zusammengehörigkeit mit der himmlischen Welt und seine autorisierte Bindung an und Einheit mit Gott. 1. Joh. 1, 1–3 blickt zurück auf die Gabe des eschatologischen Lebens an die Gemeinde; das Bekenntnis zu seiner irdischen Erscheinung umfaßt das vorherige Sein des Lebenswortes beim Vater und expliziert dies als seine Würde und Existenz ἀπ' ἀρχῆς (vom Anfang her). Christus ist gekommen als himmlischer Bote, welcher Wort des Lebens bringt; er kommt aus dem Haus des Vaters und hat Anteil an seinem εἶναι ἀπ' ἀρχῆς (Sein vom Anfang her). Der Rückgriff auf den Anfang erwächst aus der Lehre vom eschatologischen Boten. Diese Richtung des Gedankenganges will auch in Joh. 1, 1–18 bedacht sein, wo sich hymnische Aussagen über den L. finden, welche Johannes im Hinblick auf seine im Evangelium entfaltete Christuslehre versteht. Die beiden ersten Worte ἐν ἀρχῇ (im Anfang) greifen auf Gen. 1, 1 (LXX) zurück: Auch die absolute christologische Verwendung von ὁ λόγος knüpft an die alttestamentliche Wortlehre an, freilich in ihrer durch die jüdisch-hellenistische Sophia-Lehre geprägten Gestalt [14]: Wie dort die Sophia, so ist hier der L. Gottes Schöpfungswort, welches ἐν ἀρχῇ war, bei Gott. Doch ist der L. nach Joh. 1, 1c nicht eine eigene Größe neben und außer Gott, allerdings nach 1, 2 auch nicht einfach mit Gott identisch: Indem sich Gott seinem Schöpfungswerk zugewandt hat, ist er aus sich selbst in der Person, Gestalt und Würde des L. herausgetreten. Dabei ist zu beachten, daß das Johannesevangelium keine isolierte und isolierbare theo-christologische Kosmologie entwirft, sondern die eschatologische Würde und autorisierte Einheit zwischen Vater und Sohn, wie sie in und seit Jesu irdischem Weg sichtbar geworden ist, durch den Rückgriff auf die ἀρχή in das volle Licht des Bekenntnisses und der Erkenntnis hebt. Die Ansätze zur trinitarischen Gotteslehre wurzeln in Jesu Sohnes-Beziehung zum Vater, durch welche gegenseitige Liebe, Vertrauen, Intimität und Vollmacht sich erschließen; diese Ansätze werden in der Boten-Christologie des Evangeliums entfaltet und verdichten sich im L.-Prädikat. Aus diesem Einsatz beim Irdischen erklärt sich die personale Fassung des L.-Titels, wobei freilich bedacht sein will, daß auch die Sophia-Lehre, vor allem aber apokalyptische Anschaulichkeit das Sein des himmlischen Offenbarungsmittlers bei Gott als personhaftes Miteinander verstehen [15].

So formt das Johannesevangelium zunächst in Aussagen über den irdischen Christus eine Botenchristologie, die auf die Einheit von Vater und Sohn zielt [16]. Die Vorgeschichte zum irdischen Auftreten des himmlischen Gottesboten, welcher aus dem Haus des Vaters kommt [17] und an des Vaters ganzem Besitz Anteil hat [18], findet im L.-Prädikat ihren Ursprung. Deshalb ist auch Joh. 1, 4 auf eine Schöpfungsmittlerschaft, nicht aber auf eine Schöpfungsoffenbarung des L. zu beziehen: Der L.

geht mit der Schöpfung nicht in die Welt ein, so daß er keinesfalls als verborgene soteriologische Qualität – etwa in Gestalt menschlicher Vernünftigkeit – in ihr anwesend ist [19]. Die offenbarende Zuwendung des L. zur Welt vollzieht sich allein in der Inkarnation. Von ihr her allerdings kann der Glaube bekennen, daß die Fleischwerdung keinen Zuwachs an Offenbarerwürde bedeutet, sondern ihren Entsprechungsgrund in der Schöpferwürde des L. hat.

So ist der neutestamentliche L.-Begriff charakteristisch geprägt vom Vorgang des geschichtlichen Ergehens des eschatologischen Wortes Gottes in Jesus Christus: Der L., welcher Fleisch wurde, weist zurück auf die Liebe Gottes, der die Welt in das Sein ruft und sie mit seinem Sohn beschenkt (Joh. 3, 16); das Neue Testament vermeidet es bewußt zu sagen, Gott schenke der Welt seinen L., der ϑεὸς ἦν (Gott war) (Joh. 1, 1c) – erst recht ist nicht an eine Identifizierung dieses L. mit der in der Welt vorhandenen Vernunft gedacht. Die Gabe des Sohnes ist also Offenbarung; sie ist weder anthropologisch noch kosmologisch-soteriologisch deduzierbar. In der Geschichte des L. im Alten und Neuen Testament erschließt sich in der Begegnung mit der Welt und den Menschen Gott selbst als trinitarisch, um die Menschen auf Glauben und eine gemeinsame Glaubensgeschichte hin anzusprechen.

Eine neue Ausprägung der christlichen L.-Lehre ist seit Justin festzustellen: JUSTIN unterscheidet den ewigen L., der in seiner ganzen Fülle nur in Jesus Christus Mensch geworden ist, vom L. spermatikos, welcher der menschliche Vernunft nur unvollständig und andeutend mit dem ewigen L. verbindet: ἔμφυτον παντὶ γένει ἀνϑρώπων σπέρμα τοῦ λόγου (eingepflanzt ist dem gesamten Menschengeschlechte ein Keim des L.) [20]. So kann es vom Christus heißen: «Er war und ist der L., der jedem innewohnt» [21]. «Er ist der L., an dem das ganze Menschengeschlecht Anteil hat» [22]. Die Verbindung der Menschen mit Gott gründet auf einer gewissen 'Konsubstantialität' des menschlichen, teilhabenden und des ganzen, teilgebenden, göttlichen L.: «Denn jeder von diesen [Philosophen, Dichtern und Geschichtsschreibern] hat – gemäß dem Anteil an dem keimhaft ausgestreuten göttlichen L. und somit fähig, Verwandtes zu erblicken – vorzügliche Aussprüche getan» [23]. Justin versucht damit, die stoische L.-Lehre mit der biblischen zu harmonisieren [24].

Anmerkungen. [1] Vgl. W. H. SCHMIDT: Art. ‹dabar II›, in: Theol. Wb. zum AT, hg. G. J. BOTTERWECK/H. RINGGREN 2 (1977), bes. 126-133 [gegen B. JENDORFF: Der L.-Begriff. Seine philos. Grundleg. bei Heraklit von Ephesos und seine theol. Indienstnahme durch Johannes den Evangelisten (1976) 7-16. 69f.]. – [2] Vgl. Jes. 55, 10f.; Ps. 107, 20; 147, 19. – [3] Vgl. Röm. 9, 6. 9; 1. Kor. 15, 54. – [4] Vgl. Heb. 2, 2; 4, 2. – [5] Vgl. Heb. 4, 12; Röm. 9, 28. – [6] Vgl. Heb. 1, 3; 11, 3. – [7] Vgl. 2. Kor. 5, 19; Phil. 2, 16; 1. Joh. 1, 1; Eph. 1, 13; zum ganzen: R. BULTMANN: Der Begriff des Wortes Gottes im NT, in: Glauben und Verstehen 1 (⁶1966) 268-293. – [8] Heb. 1, 1f. – [9] Heb. 1, 2f. – [10] Mk. 8, 38. – [11] Vgl. Lk. 12, 8; Joh. 4, 34; 5, 22-26. 30. – [12] Vgl. Gal. 6, 6; Kol. 4, 3; Joh. Apok. 1, 9; 1. Thess. 1, 8; Heb. 6, 1; bes. wichtig: 1. Kor. 2; 2. Kor. 4. – [13] Vgl. J. JEREMIAS: Zum L.-Problem. Z. neutestamentl. Wiss. 59 (1968) 82-85. – [14] Zum Überblick vgl. R. SCHNACKENBURG: Das Johannesevangelium 1 (1965) 257-269. – [15] Zur Weisheit als Schoßkind Gottes vgl. Prov. 8, 22-31; zum L. als himmlischer Gestalt vgl. Hab. 3, 5 (LXX); dazu JEREMIAS, a.O. [13]. – [16] Joh. 10, 30. – [17] 17, 5. – [18] 3, 35f. – [19] Gegen JENDORFF, a.O. [1]. – [20] JUSTIN, Apol. App. 8, 1, zit. nach: Die ältesten Apologeten, hg. E. J. GOODSPEED (1914) 84. – [21] Apol. App. 10, 8 = a.O. 86. – [22] Apol. 46, 2 = 58. – [23] Apol. App. 13, 3 = 88. – [24] Vgl. E. FASCHER: Vom L. des Heraklit und dem L. des Johannes, in: Frage und Antwort (1968) 117-133; J. M.

PFÄTTISCH: Der Einfluß Platos auf die Theol. Justins des Märtyrers (1910) 104-120. 129f.; R. HOLTE: L. Spermatikos. Christianity and Ancient philos. according to St. Justin's Apol. Studia theologica 12 (1958) 109-168; vgl. auch Art. ‹Logoi spermatikoi›.

Literaturhinweise s. Anm. [1. 7. 13f. 24]. J.-A. BÜHNER

Logotherapie. Mit ‹L.› bezeichnet man eine an Sinn- und Wertfragen orientierte psychotherapeutische Methode, die den Logos als geistige Dimension in die Therapie einbezieht. Sie ist aus der Erfahrung entstanden, daß Psychotherapie trotz einer sachlich-seelenärztlichen Einstellung zur L. wird, da sie in den «mehr als seelischen, den geistigen Gesamtprozeß» eingreift, dem Arzt und Patient unterliegen [1]. In ihr werden Werte intendiert, auch wenn diese im Bezugsrahmen der Psychotherapie nicht bewiesen, sondern nur «gewollt» werden können [2]. Die ärztliche Handlung sollte die Erfüllung einer «inneren Sinnhaftigkeit der menschlichen Existenz» anerkennen und zu ihr hinführen [3].

V. E. FRANKL hat die «Sinnfindung» als psychotherapeutische Aufgabe besonders hervorgehoben und eine L. gefordert [4], die er als therapeutischen Anteil seiner Existenzanalyse entwickelte. «Logos meint zweierlei, einmal den Sinn – und zum anderen Mal das Geistige, und zwar in zumindest heuristischem Gegensatz zum bloß Seelischen» [5]. Nach Frankl ist L. spezifische Therapie bei «noogenen Neurosen», die durch ein geistiges Problem, einen sittlichen Konflikt oder eine existentielle Krise verursacht sind [6]. Sie ist unspezifische, oft nur ergänzende Therapie, wenn sie eine veränderte Einstellung des Patienten zu seinen Symptomen erreichen will. Als solche ist sie indiziert bei «psychogenen Neurosen», bei denen ein Erlebnis innerer Leere, ein «existentielles Vakuum» vorherrscht, ebenso bei «somatogenen Pseudoneurosen», die auf eine körperliche Störung zurückgeführt werden und gegebenenfalls zusätzlich medikamentös behandelt werden müssen. – Für eine wertorientierte L. in der Psychiatrie ist besonders N. PETRILOWITSCH eingetreten [7].

Anmerkungen. [1] V. v. WEIZSÄCKER: Seelenbehandlung und Seelenführung (1926) 83. – [2] V. E. FRANKL: Psychother. und Weltanschauung. Int. Z. Individualpsychol. 3 (1925) 250. – [3] O. SCHWARZ: Med. Anthropol. (1929) 317. – [4] V. E. FRANKL: Zur geistigen Problematik der Psychother. Zbl. Psychother. 10 (1938) 33-45. – [5] Grundriß der Existenzanalyse und L., in: V. E. v. GEBSATTEL, V. E. FRANKL und J. H. SCHULZ (Hg.): Hb. der Neurosenlehre und Psychother. (1959) 3, 663-736. – [6] V. E. FRANKL: Die Psychother. in der Praxis (²1961) 10ff. – [7] N. PETRILOWITSCH: Probleme der Psychother. alternder Menschen (1964) 40ff.

Literaturhinweise. V. E. FRANKL s. Anm. [5f.]; Theorie und Therapie der Neurosen (1968). W. BISTER

Logozentrisch oder «herakleisch» [1] nennt L. KLAGES die in Christenheit und Spätzeit vorherrschende lebensfeindliche «Geistigkeit», die «das Leben im Geiste zu binden» versuche [2]. Ihr Gegensatz ist das in Vorzeit und Antike beheimatete, den «Geist im Leben» lösende [3] Denken, das Klages als «prometheisch» oder – wohl in Anlehnung an den in ähnlicher Bedeutung schon bei R. H. FRANCÉ auftauchenden Terminus [4] – als «biozentrisch» bezeichnet [5]. Die biozentrische Geisteshaltung wird gleichgesetzt mit der «Grundgesinnung der Metaphysik» [6]: Sie ist «tief», «idealistisch», «beschaulich» und «kontemplativ» [7]; die logozentrische dagegen entspricht nach KLAGES der «Grundgesinnung der Wissenschaft» [8]: Sie ist «flach», «mechanistisch» und «voluntaristisch» [9]; statt lebendiger Zusammenhänge sieht sie nur Beziehungen zwischen Objekten [10], statt sich dem «nur zu erlebenden Wesen der Wirklichkeit» zu nähern [11], entfernt sie sich immer weiter «vom Wirklichkeitsgehalt des Erlebens» [12].

In völlig anderer Bedeutung und ohne Bezug zu Klages wird der Begriff ‹logocentrique› neuerdings von J. DERRIDA verwendet. Mit ‹logozentrisch› oder ‹Logozentrismus› bezeichnet er eine nach seiner Auffassung mit den platonischen Dialogen beginnende, seither die gesamte Tradition der europäischen Philosophie bestimmende Konzeption des Zeichens, welche als Medium der Erkenntnis die gesprochene Sprache (phoné, parole) gegenüber der geschriebenen (graphé, écriture) systematisch bevorzugt [13]. Das gesprochene Wort gilt als das Primäre, weil man in ihm unmittelbar bei dem Gedachten selbst und mit diesem gegenwärtig zu sein glaubt, das geschriebene Wort dagegen als ein problematischerer Ersatz des gesprochenen, mit dem die Möglichkeit des Irrtums und des Betrugs gegeben sei [14]. Der Glaube an die Präsenz des Seins im gesprochenen Wort ist jedoch nach Derrida bloßer Schein: der Schein, daß Sinn und Bedeutung (Husserl), signifiant und signifié (Saussure), sich trennen ließen und das Konzeptuelle sich verselbständigen könnte [15]. In Wahrheit aber sei das Zeichen unteilbar und bedeute für sich genommen nichts, es sei nur eine Spur (trace), die auf andere Zeichen und von diesen wieder auf andere verweise. Der Sprecher selbst sei gefangen in diesem Zeichensystem: Er könne nur schreiben oder sprechen, soweit er dessen grammata folge. Diese Einsicht in unsere Abhängigkeit von den grammata der Schrift (écriture) ist nach Derrida allerdings nur dadurch zu gewinnen, daß man das logozentrische Denken systematisch destruiert und durch das grammatologische Denken ersetzt [16].

Derridas Wendung gegen den Logozentrismus hat vor allem die Literatur- und Erkenntnistheorie der Gruppe TEL QUEL beeinflußt, die in der Grammatologie eine positive Wissenschaft von der Textualität sieht: Jeder Text ist nur ein Gefüge von Verweisungen auf andere Texte; es gibt weder das autonome schöpferische Subjekt noch einen rein ursprünglichen Text [17].

Anmerkungen. [1] L. KLAGES: Der Geist als Widersacher der Seele. Werke, hg. E. FRAUCHIGER u. a. 1 (1969) 374. 510. – [2] a.O. 129. – [3] ebda. – [4] R. H. FRANCÉ: Zoësis (1920) 8. – [5] KLAGES, a.O. [1] 374. 511. – [6] 130. – [7] Vgl. 130. 374. 511. 729. – [8] 130. – [9] 374. 729. 689. – [10] a.O. [1] 2 (1966) 1144. – [11] a.O. 2, 130. – [12] 610f. – [13] J. DERRIDA: L'écriture et la différence (Paris 1967) bes. 63ff.; 293f.; La pharmacie de Platon, in: La dissémination (Paris 1972) 69-197; Positions (Paris 1972) bes. 21ff. 27. 46f. 66ff. – [14] Vgl. La voix et le phénomène (Paris 1967); La pharmacie a.O. 210ff. – [15] La voix a.O. – [16] Vgl. bes. De la grammatol. (Paris 1967); La différence, in: Tel Quel, Théorie d'ensemble (Paris 1967) 41-66. – [17] Vgl. etwa: J. KRISTEVA: Séméiotiké. Rech. pour une sémanalyse (Paris 1969); Le texte du roman (Paris 1970); J.-J. GOUX: Freud, Marx – Economie et symbolique (Paris 1973).

E. PÖHLER/Red

Lohn, Verdienst (griech. μισθός; lat. moral. meritum; ök. merces, salarium, urspr. Salzration der Soldaten und reisender Magistrate, später Sold, Beamtengehalt; ital. merito, salario; frz. mérite, salaire; engl. merit, wages)

I. *Moralisch (Lohnmoral).* – 1. Wo von L. in der Ethik gehandelt wird, geht es um den Eigenwert sittlichen Lebens. Trägt Sittlichkeit die Erfüllung in sich selber (entweder als Erfüllung der Pflicht oder im dadurch erworbenen Glück), oder ist sie Mittel zur Erlangung anderer Werte, wie etwa Macht, Ehre, Besitz oder Anerkennung? Schon die antike Ethik erörtert die Frage von früh an. Wenn die *Stoa* das ὁμολογουμένως τῇ φύσει ζῆν als Ziel ethischen Strebens angibt, meint sie es in ausschließlichem Sinn. Ein Fragment des CHRYSIPP sagt: Τήν τε ἀρετὴν διάθεσιν εἶναι ὁμολογουμένην καὶ αὐτὴν δι' αὑτὴν εἶναι ἀρετήν, οὐ διά τινα φόβον ἢ ἐλπίδα ἤ τι τῶν ἔξωθεν· ἐν αὐτῇ τε εἶναι τὴν εὐδαιμονίαν, ἅτε οὔσῃ ψυχῇ πεποιημένῃ πρὸς τὸν ὁμολογίαν παντὸς τοῦ βίου (Die Tugend sei eine allgemein gebilligte Seelenverfassung, und zwar sei sie um ihrer selbst willen Tugend, nicht im Hinblick auf irgendwelche Furcht oder Hoffnung oder irgendwelche äußeren Umstände. In ihr liege die Glückseligkeit beschlossen für die Seele, die ja bestimmt sei zur vollen Übereinstimmung des ganzen Lebens) [1]. Ebenso stellt CICERO fest: «Sequitur ... et ius et omne honestum sua sponte esse expetendum» (Es folgt ..., daß sowohl nach dem Rechte als nach dem sittlichen Guten um seiner selbst willen zu trachten ist) [2]. PLATON kommt schon im ‹Gorgias› zu dem Satz: «Um des Guten willen also muß man alles Übrige und so auch das Angenehme tun, nicht aber das Gute wegen des Angenehmen» [3]. Er würde allerdings meinen, daß auch mit dem Guten ein Gefühl der Lust verbunden sei, nicht zwar einer gewöhnlichen, sondern einer erhabeneren Lust, und also einen Eudaimonismus vertreten. Auch am Ende der ‹Politeia› steht der Satz: «Die Gerechtigkeit, an und für sich, fanden wir, sei für die Seele an und für sich das Beste, und das Gerechte müsse sie tun.» Von L. oder Ruhm sollte nichts berücksichtigt werden. Erst der eschatologische Ausblick auf die Unsterblichkeit fordert dann für den Gerechten auch die νικητήρια (den Siegespreis) [4]. Die εὐδαιμονία, das höchste Gut und Ziel menschlichen Strebens nach der Ethik des ARISTOTELES, gehört der eigentümlichen Tätigkeit menschlichen Lebens zu [5], ja ist κατ' ἀρετὴν ἐνέργεια (tugendgemäße Tätigkeit) [6]. «Das oberste dem Menschen erreichbare Gut stellt sich dar als ein Tätigsein der Seele im Sinne der ihr wesenhaften Tätigkeit» [7]. Sie gehört zur Philosophie. Die εὐδαιμονία wird nur um ihrer selbst willen, niemals zu einem über sie hinaus liegenden Zweck erwählt [8], und «die Tätigkeit des Geistes ist die einzige, die um ihrer selbst willen geliebt wird» [9]. Aristoteles läßt auch andere Werte (Ehre, Lust, Einsicht usw.) als Eigenwerte gelten, doch dienen sie letztlich zur Vertiefung der εὐδαιμονία [10], weshalb die Lust auch ἐπιγιγνόμενόν τι τέλος (das dem Ziel Folgende) [11] genannt wird.

Der Empirismus *neuzeitlichen* Denkens betont die Autonomie des sittlichen Lebens. Er wendet sich deshalb grundsätzlich gegen die überlieferte christliche Moral, die eine ewige Seligkeit als L. oder ihren Verlust als Strafe in Aussicht stellt. Erwartung von L. sei selbstsüchtiger Eudämonismus und verderbe die Reinheit guten Wollens. Später kommt in abwertender Beurteilung des christlichen L.-Gedankens der Begriff ‹L.-Moral› auf. So schließt SPINOZA seine Ethik: «Beatitudo non est virtutis praemium, sed ipsa virtus» (Die Glückseligkeit ist nicht der L. der Tugend, sondern selbst Tugend) [12]. Seligkeit ist für ihn die notwendige Vollendung jenes logischen Prozesses der Einigung, die im intellectualis amor Dei sich erfüllt. «Unser höchstes Glück und unsere Glückseligkeit besteht nämlich allein in der Erkenntnis Gottes, die uns anleitet, nur das zu tun, was Liebe und Pflichtgefühl erheischen» [13]. Gerade wenn aber die Seele das ewige Hervorgehen aller Dinge und ihrer selbst unter der Begleitung der Idee Gottes als der Ursache in Gott erschaut und in dieser geistigen Liebe beglückt ist, bleibt erst recht: «Qui Deum amat, conari non potest, ut Deus ipsum contra amet» (Wer Gott liebt, kann nicht danach streben, daß Gott ihn wiederliebt) [14]. Nach HOBBES, für den Furcht vor Unbekanntem und Unkenntnis Ursache der Religion sind, hat sittliches Streben ganz im mechanistisch verstandenen Ablauf des Seelenlebens Sitz und Ort. Es ist, neben der Sinnesbewegung, die dem Menschen eigene, andere, willkürliche Bewegung, die aus dem Widerstreit von Überlegungen und Vorstellungen als letzte Neigung oder Verlangen hervorgeht. «Voluntas est appetitus ultimus»; er empfängt seinen Wert aber nur vom erstrebten Objekt her [15]. «Res ... quatenus appetuntur nomen commune est bonum» (Dinge, sofern sie erstrebt werden, bezeichnet man mit dem gemeinsamen Namen ‹Gut›). Nichts nämlich ist durch sich selbst oder von Natur gut oder böse, sondern durch den Gebrauchenden oder durch Urteil des staatlichen Gesetzes. Als solches ist es dann nach verschiedenen Gesichtspunkten zugleich angenehm, schön und nützlich [16]. «Bonorum primum est sua cuique conservatio» (Das erste Gut ist für jeden die Selbsterhaltung) [17]. «Glückseligkeit schließt in sich einen beständigen Fortgang von einem Wunsch zum andern, wobei die Erreichung des ersteren immer dem nachherigen den Weg bahnen muß» [18]. Für die englischen Moralisten des 18. Jh. besteht das sittlich Gute im allgemeinen Wohlwollen, das im angeborenen moralischen Gefühl begründet ist. Nicht die Vernunft (sie wirkt nach HUME nur im Bereich der Gerechtigkeit mit) noch die freie Entscheidung, sondern «the kind honest heart» trifft die Entscheidung über das Gute. «Where then shall we find merit, unless in kind affections or desire and intention of the public good?» [19] Die Tugend ist nach Hume ein Endzweck und wird um ihrer selbst willen, ohne Aussicht auf Entgelt oder L., lediglich um der durch sie gewährten unmittelbaren Befriedigung willen erstrebt [20]. Sie macht ihren Träger nützlich und angesehen. «Virtue is whatever mental action or quality gives to a spectator the pleasing sentiment of approbation» [21]. Verurteilt aber wird von dieser Ethik der Gedanke an jenseitige Belohnung oder Verdienst vor Gott. Hume spricht von «delusive glosses of superstition and false religion» [22]; für HUTCHESON ist es eine Einbildung, zur Tugend gehöre das Bewußtsein, der Gottheit angenehm zu sein [23]. Die Belohnung Gottes erwarten, ist nur falsche Selbstliebe; es führt zu «monkish virtues», die «den Verstand verdummen, das Herz verhärten, die Phantasie trüben, das Gemüt verbittern» [24]. Dieser verkehrte L.-Gedanke geht auf Kosten der Theologie, «die die gesamte Moral auf derselben Grundlage wie die bürgerlichen Gesetze behandelt, nämlich als durch Autorität von L. und Strafe geschützt» [25]. Mit seiner Lehre von der uneigennützigen Liebe, dem «amour pur», kämpft FÉNELON gegen ein eudämonistisches und selbstsüchtiges Mißverständnis sittlichen Handelns gerade mit theologischen Argumenten. Es geht ihm um die ekstatische Einigung in der Liebe; solche Liebe ist spontan und reiner guter Wille. «Das Göttliche der Liebe liegt ... nicht allein in ihrem Objekte, sondern in ihr selbst ..., daß sie aus dem Zirkel der Selbstbezogenheit des Endlichen ausbricht» [26]. Sie liebt nach Gottes Beispiel, «id est gratis et absque beatitudinis comparandae motivo» (d. h. sie ist umsonst und ohne das Motiv, Glückseligkeit zu gewinnen) [27]. «Delectatio illa deliberata quae vocatur impropriae beatitudo, nihil est praeter spontaneitatem ipsius virtutis seu iustitiae» (Jenes überlegte Vergnügen, das uneigentlich Glückseligkeit genannt wird, ist nichts neben der Spontaneität der Tugend oder Gerechtigkeit selbst) [28]. L. und Seligkeit sind also für Fénelon nur uneigentliche Namen für die Spontaneität des guten Willens. Der Einwand begegnet wieder bei KANT. Nach seinem abstrakten Pflichtbegriff muß die Tugend von «allem unechten Schmuck des L. und der Selbstliebe entkleidet» sein [29] und ist der «Frohn- und L.-Glaube» einer «gottesdienstlichen Religion» nicht moralisch [30]; schon der «Lehrer des Evangeliums» hat Belohnung «nicht zur Triebfeder der Handlungen» machen wollen [31]. In Kants Gefolge haben besonders Schopenhauer und E. v. Hartmann das Lohnmotiv verworfen. Für SCHOPENHAUER gehört es zu den antimoralischen Triebfedern, führt statt zu Moralität der Gesinnung nur zur äußeren Legalität und wurzelt im bloßen Egoismus [32]. E. v. HARTMANN meint, der im Alten Testament und auch von Jesus gelehrte L.-Gedanke versuche nur, die Lücken des irdischen Eudämonismus mit transzendenten Verheißungen auszufüllen und ihn zu erklären. Trotzdem sei er keine «noblere Sorte» und verderbe, selbst als nur sekundäres Motiv, die Lauterkeit der Gesinnung. Inhaltlich aber müsse das erwartete jenseitige Glück entweder doch sinnlich ausgedeutet werden, oder es bleibe völlig leer und abstrakt [33]. Nur für die autoritätsbedürftige, unselbständige Masse wird das Lohnmotiv mit Bedauern als nützlich, ja notwendig zugegeben. Schon für KANT muß allerdings jenseitige Belohnung nicht nur als Triebfeder des Handelns, sondern kann unter Umständen auch als «Objekt der reinsten Verehrung und des größten moralischen Wohlgefallens für eine die Bestimmung des Menschen im Ganzen beurteilende Vernunft», «als seelenerhebende Vorstellung der Vollendung der göttlichen Güte und Weisheit in Führung des menschlichen Geschlechts» verstanden werden [34]. SCHELER wiederum sieht durch Kants notwendiges Vernunftpostulat eines göttlichen Richters die Tür für das eudämonistische L.-Motiv doch wieder geöffnet [35].

Auch wenn sie das L.-Motiv bejaht, stellt christliche Ethik zunächst fest, es dürfe nicht das zentrale und höchste Motiv sein; «unde caritatis imperfectae, quae est viae, est mereri» (Darum gehört es zur unvollkommenen Liebe, der Liebe der Pilgerschaft, verdienstliche Akte zu setzen) [36]. Es könne nur ein psychologisches «Stützungsmotiv» für den noch unvollkommenen Menschen sein. Zu seinem Inhalt aber stellt sie fest, daß es nicht egoistischen Eudämonismus, vielmehr die wahre Vollendung des Menschen meine, die nicht durch äußeren L., sondern in der Begegnung mit dem liebenden Gott erreicht werde.

Anmerkungen. [1] SVF 3, 39 = DIOG. LAERT. VII, 89; vgl. 3, 16 = STOBAEUS, Ecl. II, 77, 16. – [2] CICERO, De leg. I, 18, 48; vgl. I, 14, 40. De fin. III, 36. – [3] PLATON, Gorgias 500 a. – [4] Resp. 612 b/d. – [5] ARISTOTELES, Eth. Nic. I, 1098 a 3. – [6] a.O. X, 1177 a 10. – [7] I, 1098 a 16. – [8] I, 1097 b 1. – [9] 1177 b 1; vgl. Met. I, 2, 982 b 20ff. – [10] I, 1097 b 2ff. – [11] X, 1174 b 33. – [12] B. DE SPINOZA, Ethica V, prop. 42. Opera 1, 3272. – [13] a.O. II, schol. ad prop. 49 = 1, 118. – [14] a.O. V, prop. 19 = I, 257. – [15] TH. HOBBES, De homine XI, 2. – [16] a.O. XI, 4. – [17] XI, 6. – [18] Leviathan I, 11; vgl. I, 6. – [19] FR. HUTCHESON, An essay of the nature and conduct of the passions and affections. Treat. II, Sect. V. Coll. Works 2, 289. – [20] D. HUME, An enquiry conc. the principles of morals App. I. Philos. Works IV/2, 265. – [21] a.O. IV/2, 261. – [22] Sect. IX, 1 = IV/2, 246. – [23] HUTCHESON, a.O. [19] Sect. VI = 301. – [24] HUME, a.O. [20] IV/2, 246; vgl. HUTCHESON, a.O. [19] 296, wo Belohnung als eine Sache für Höflinge und unverschämte, niedriggesinnte Bürger bezeichnet wird. – [25] HUME, a.O. [20] IV/2, 287; vgl. IV/2, 193. – [26] Vgl. R. SPAEMANN: Reflexion und Spontaneität (1963) 34. – [27] FR. DE SALIGNAC FÉNELON, Oeuvres compl. (Paris/Lille/Besançon 1848f.,

1852) 3, 424. – [28] a.O. 3, 443. – [29] I. KANT, Grundleg. zur Met. der Sitten II. Abschn. Akad.-A. 4, 426. – [30] Die Relig. innerhalb der Grenzen der bloßen Vernunft 3. Stück VII = 6, 115f. – [31] Die Relig. innerhalb der Grenzen der bloßen Vernunft 4. Stück, 1. Teil, 1. Abschn. = 6, 162. – [32] A. SCHOPENHAUER: Die beiden Grundprobleme der Ethik (1860) III, § 14. Werke, hg. DEUSSEN III. 671ff. – [33] E. V. HARTMANN: Phänomenol. des sittl. Bewußtseins (1879) 24ff. – [34] KANT, vgl. a.O. [31]. – [35] M. SCHELER: Der Formalismus in der Ethik und die materiale Wertethik 2. Teil, V, 10. Ges. Werke 2, 379. – [36] TH. VON AQUIN, S. theol. I, 62, 9 ad 1.

Literaturhinweise. E. V. HARTMANN s. Anm. [33]; System der Philos. im Grundriß 6: Ethische Prinzipienlehre (1909). – E. BRUNNER: Das Gebot und die Ordnungen (1932) 105f. – D. v. HILDEBRAND: Über die Idee des himmlischen L., in: Zeitliches im Lichte des Ewigen (1932) 23-46. – F. TILLMANN: Kath. Sittenlehre (1934) 3, 240ff. – N. S. SØE: Christl. Ethik (1949) 122. – A. WILMSEN: Zum Problem der sittl. Sanktion, in: Festschrift A. Wenzl (1950) 160-174. – G. DIDIER: Désintéressement du chrétien. La rétribution dans la morale de St. Paul (Paris 1956). – B. HÄRING: Das Gesetz Christi (1961) 1, 356ff. – R. SPAEMANN s. Anm. [26]. – PREISKER: Art. μισθός, in: Theol. Wb. zum NT, hg. KITTEL IV, 699-736. R. HAUSER

2. Die auf das diesseitige und nicht auf ein jenseitiges Leben bezogene Frage, ob moralisch sein sich für den Einzelnen überhaupt «lohne», ist in der angelsächsischen Philosophie im Unterschied zur kontinentalen dank ihrer ungebrochenen individualistischen Tradition bis in die unmittelbare Gegenwart lebendig geblieben. Für jene Autoren zwar, die wie F. H. BRADLEY die Moral zum wahren Ziel des individuellen Lebens erklären, ist die Frage «Why should I be moral?» [1] im Sinne von «Is it profitable, beneficial, advantageous etc. to be moral?» entweder sinnlos oder bestenfalls Anlaß zur Explikation des moralischen Ziels [2], unserer Selbst-Verwirklichung [3]. Wer aber Klugheit und Handeln aus Selbstinteresse für ebenso rational hält wie die Moral [4] und Moralität nicht von vornherein als eine notwendige Bedingung unseres Glückes ansieht [5], steht – wie auf exemplarische Weise schon SIDGWICK [6] – vor der schwierigen Aufgabe, Selbstinteresse und Moral miteinander in Einklang zu bringen. H. A. PRICHARD hält sie nicht nur für schwierig, sondern für unlösbar: Zwischen Selbstinteresse und Pflicht bestehe nicht die geringste Verbindung; denn «in order to maintain that for an action to be right, it must be advantageous, we have to maintain that advantageousness is what renders an action right» [7]. Aber der fatale Einwand gegen diese Behauptung sei, «that no one actually thinks it» [8]. Wir seien nur darum in der Lage, moralisch zu handeln, weil es neben dem Wunsch, für sein eigenes Wohl zu sorgen, auch noch den Wunsch gebe, das Gute um seiner selbst willen zu tun [9]. Prichards These, daß «im eigenen Interesse sein» und «moralisch richtig sein» nicht gleichbedeutende Ausdrücke sein können, bleibt auch unter der Vorherrschaft des Non-Kognitivismus zumeist unbestritten. Einige Autoren versuchten jedoch auf anderem Wege eine Verbindung zwischen Moral und Selbstinteresse zu schaffen: durch Analyse des Begriffs ‹Handlungsgrund›. Wer nach Gründen für und wider eine Handlung fragt, so argumentiert K. BAIER, möchte wissen, ob sie die Befriedigung seiner Wünsche vergrößere und ihre Frustration vermindere, kurz, ob sie sich «lohne» [10]. Wenn wir moralisch sein sollen, müsse sich daher auch Moralität auf diese Weise rechtfertigen lassen. Baier glaubt, daß Hobbes diese Rechtfertigung im wesentlichen bereits gegeben habe; denn das Hobbessche Argument zeige, daß moralische Gründe die besseren Handlungsgründe seien, weil wir auf lange Sicht alle besser fahren, wenn jeder der Moral und nicht seinem kurzsichtigen Selbstinteresse folgt [11].

F. FOOT – und ähnlich später auch P. WERTHEIM [12] – sieht, wie schon Platon, den «L.» des moralischen Verhaltens eher in dessen unmittelbaren Konsequenzen für den Handelnden selbst: Wenn man das Leben als ganzes und nicht einzelne Handlungen für sich betrachte, sei es nicht allzu schwierig «to show that justice is more profitable than injustice» [13]; denn wer nur auf sein Selbstinteresse bedacht sei, müsse dies vor den anderen ständig verbergen, aber dies sei nicht nur ein anstrengendes Unterfangen, es führe auch dazu, jede personhafte Beziehung zu anderen zu untergraben [14].

Die Schwäche dieser Rechtfertigungsversuche blieb nicht unbemerkt. Die Antwort auf die Frage, welche «Politik» sich für den Einzelnen oder für die Gesellschaft als ganze auf lange Sicht am meisten lohnt, beantwortet, wie J. C. THORNTON gegen Foot und Baier einwendet, keineswegs schon die Frage, warum ich in einer bestimmten Situation und zu einem bestimmten Zeitpunkt mein Selbstinteresse der Moral unterordnen soll [15]. D. Z. PHILLIPS erklärt in seinem leidenschaftlichen Angriff auf F. Foot den ganzen Ansatz von Grund auf für verfehlt: Worin man den «L.» des moralischen Verhaltens auch immer sehe – ob in materiellem Gewinn, glücklicher Beziehung zu anderen oder ruhigem Gewissen – es sei schlichtweg falsch, daß amoralisches Verhalten sich nie bezahlt mache [16]. Das größte «disaster» für den Einzelnen aber wäre es, das zu tun, was die Moral von einem guten Menschen erwartet: eher zu sterben als unrecht zu tun; denn: «Death cannot be profitable, since that in terms of which profitableness is to be assessed, namely, myself, no longer exists» [17]. Phillips bestreitet, daß Moral irgendeinem außermoralischen Ziel dienen könne; gut handelt, wie er im Anschluß an Kierkegaard sagt, wer nur eines will, aber wer nur eines will, kann nicht das Gute und den L. wollen [18]. Phillips, gleich wie J. C. THORNTON [19] oder J. HOSPERS [20], kehrt damit unausgesprochen zu Bradleys und Prichards These zurück, daß die Frage «Why be moral» sinnlos sei, weil Klugheit und Moral sich entweder schon in sich selbst oder spätestens in jenem Fall ausschließen, in dem sich die Frage überhaupt stellt: bei einem Konflikt zwischen Pflicht und Selbstinteresse; denn wenn einer nur Klugheitsgründe gelten läßt, wäre es, wie Hospers hervorhebt, ein Widerspruch, «to give him a reason in *accordance with his interest* for acting *contrary to his interest*» [21]. K. NIELSEN zieht daraus den Schluß, es bleibe nur noch die weiter nicht mehr begründbare subjektive Entscheidung für oder gegen die Moral [22], die jedoch, angesichts der Welt, wie sie nun einmal sei, häufiger zuungunsten der Moral ausfallen werde [23]. Wie die Welt beschaffen sein müßte, damit moralisches Verhalten sich im prudentialen Sinn «lohnt», hat vor allem D. P. GAUTHIER unter Verwendung spieltheoretischer Überlegungen herauszuarbeiten versucht. Entscheidungssituationen von der formalen Struktur des sogenannten «Gefangenendilemmas» zeigen, daß Baiers Behauptung, wenn eine Alternative einer anderen von allen vorgezogen werde, sei sie auch im Interesse jedes Einzelnen, keineswegs zutrifft. Gauthier veranschaulicht dies am Beispiel zweier Atommächte im neuen Hobbesschen Naturzustand: Abzurüsten wäre für beide besser als die Fortsetzung ihres Wettrüstens; aber noch lohnender für jede ist es, unentdeckt von der anderen als einzige weiterzurüsten. Wenn jede das für sie Beste will, müssen sie daher rationalerweise den Zustand wählen, den sie beide im Grunde nicht wollen: den Zustand des Wettrüstens. Um aus diesem Dilemma herauszukommen, müßten sich beide, ohne Rücksicht darauf, ob es sich lohnt oder nicht, das minimale moralische Prinzip (das Pareto-Prinzip, wie es die Ökonomen nennen) zu eigen gemacht haben, keine Alternative zu wählen, zu der es noch eine andere gibt, die für einige besser und für keinen schlechter ist [24]. Gauthier verficht in seinen neueren Arbeiten die These, daß es zwar nicht im Naturzustand, wohl aber im sozialen Zustand der «interdependent action» für alle lohnender sei, dieses Prinzip zu einem rationalen Handlungsprinzip zu erheben [25], aber es ist auch unter dieser Bedingung nicht einzusehen, warum es für den Einzelnen im Einzelfall tatsächlich besser sein sollte, diesem Prinzip auch zu *folgen*. Ob Naturzustand oder nicht, eine Welt, in der die spieltheoretischen Dilemmata unvermeidbar sind, scheint keine Welt zu sein, in der moralisch sein sich in jedem Fall lohnen würde.

Anmerkungen. [1] So der Titel von Essay II in: F. H. BRADLEY: Ethical stud. (Oxford ²1927) 58. – [2] a.O. 64. – [3] 65-81. – [4] Was bestritten wird u.a. von G. E. MOORE: Principia ethica (Cambridge 1903) sect. 58-61. – [5] So etwa L. WITTGENSTEIN, Tractatus logico-philosophicus 6.422. Schriften 1 (1960) 80; vgl. 171; W. T. STACE: The concept of morals (New York 1937) 250-294; vgl. bes. 254f. – [6] H. SIDGWICK: The methods of ethics (London ⁷1907) 497-509. – [7] H. A. PRICHARD: Moral and obligation, and duty and interest (Oxford 1968) 213; vgl. auch: Does moral philos. rest on a mistake a.O. 1-17. – [8] a.O. 214. – [9] Vgl. 225. – [10] K. BAIER: The moral point of view (New York 1965) 141. – [11] a.O. 148-157. – [12] P. WERTHEIM: Morality and advantage. Australasian J. Philos. 42 (1964) 375-387. – [13] F. FOOT: Moral beliefs. Proc. Arist. Soc. 59 (1958/59) 104. – [14] a.O. 100ff., bes. 103f. – [15] J. C. THORNTON: Can the moral point of view be justified? Australasian J. Philos. 42 (1964) 27f. 31f. – [16] D. Z. PHILLIPS: Does it pay to be good? Proc. Arist. Soc. 65 (1964/65) 46ff. – [17] a.O. 51. – [18] 52-60; vgl. auch D. Z. PHILLIPS und H. O. MOUNCE: On morality's having a point. Philosophy 40 (1965) 308-319; Moral practices (London 1969) 19-43. – [19] Vgl. THORNTON, a.O. [15] 23. – [20] J. HOSPERS: Human conduct. An introd. to the problems of ethics (London 1962) 174-195. – [21] a.O. 194; ähnlich auch THORNTON, a.O. [15] 32. – [22] K. NIELSEN: Why should I be moral? Methodos 15 (1963) 293. – [23] a.O. 294ff. – [24] D. P. GAUTHIER: Morality and advantage. Philos. Rev. 76 (1967) 460-475; (Hg.): Morality and rational self-interest (New Jersey 1970) 166-180. 19-23. – [25] Vgl. Reason and maximisation. Canad. J. Philos. 4 (1975) 411-433, bes. 424ff.; vgl. auch Rational cooperation. Noûs 8 (1974) 53-65.

Literaturhinweis. D. P. GAUTHIER: Morality and rational self-interest s. Anm. [24].   A. HÜGLI

II. *Der Begriff des L. bzw. des Verdienstes in der Theologie.* – 1. L. wird in der Theologie meist unter dem Begriff ‹Verdienst› (griech. μισθός, lat. meritum, merces, frz. mérite) (V.) abgehandelt. Allgemein versteht die Theologie unter V., daß zwischen einem menschlichen Akt und seiner (ewigen) Belohnung eine Beziehung besteht. Subjektiv bedeutet V. das Recht dessen, der mittels persönlicher Tätigkeit einen Wert gesetzt hat oder wenigstens zu setzen versucht hat, auf Anerkennung (Lob, Ehre). Objektiv heißt jedes preiswerte Werk ‹V.›.

Die *Religionsgeschichte* zeigt, daß es durchaus religiöse Lehren gibt, die die *Unfähigkeit* des Menschen zu verdienstlichem Handeln behaupten. Der SUKHAVATĪ-*Buddhismus* führt dies auf mangelhafte Erkenntnis des Guten [1] und/oder geistig-moralische Zügellosigkeit zurück [2]. Solche Lehren sind jedoch selten. Wo eine unpersönliche Gottheit geglaubt wird, gibt es keinen V.e belohnenden Gott. Das V. einer guten Tat bringt eine andauernde Kraft hervor, die von sich aus Belohnung bewirkt, – oft erst nach der Wiedergeburt (Karma). Erst bei SHANKARA und RĀMĀNUJA vergilt ein Gott die Taten des Menschen. Nach Râmânuja sind V.e nur wirksam, weil sie Gott Freude bereiten [3]. Für den altiranischen Stifter des *Zoroastrismus* gibt es nur dort Erlösung, wo V. ist. Gespeicherte V.e müssen das Miß-V. überwiegen, damit einer Erlösung erlangen könne. Manchmal kommen die V.e sogar dem Toten entgegen, um seine Seele vor Gericht bestehen zu lassen [4]. Sogar bei der Wiederherstellung des Universums helfen sie. Selbst der *Islam* kennt eine Art V. Durch die Gnade Allahs kann der Mensch die ihm von Gott geoffenbarten Gebote erfüllen, d. h. V.e sammeln. Sogar das Dogma der Prädestination konnte diese Idee nicht völlig auslöschen.

2. Das *Alte Testament* hat zwar ein Wort für L. und *den* V. (śākār; pᵉcillāh), aber nicht für *das* V. Nach biblischem Geist kann man vor Gott nie mit dem Anspruch auf Belohnung auftreten. Das wäre Ehrfurchtslosigkeit Gott gegenüber. Und doch ist schon bei JESAJA [5] von einem Gnaden-L., auf den der Mensch hofft, eben weil der gerechte Gott gnädig ist, die Rede. Gott erwählt sich frei (Dtn. 7, 7; Hos. 11, 1ff.) sein Volk und erweist ihm aus Gnade Wohltaten (Ex. 34, 6). Wiederholt wird betont, daß Untreue bestraft wird. Aus dem Gesamt des Alten Testaments kann ersehen werden, daß Segen und Strafe Gottes auch mit den Taten Israels zusammenhängen. Das gilt trotz der Tatsache, daß besonders die älteren Schriften keinen Grund weder zur Erwählung des einen (z. B. Abel, Jakob) noch zur Verwerfung des anderen (Kain, Esau) angeben.

3. Das *Judentum* bemüht sich, die Gesetzespraxis der Durchschnittsfrömmigkeit verständlich zu machen. Dazu hat es das Wort ‹zākût›, ‹V.›, erfunden. Rechtfertigung und V. werden jetzt verknüpft. Gott hat die Tora gegeben, daß man V.e erwerbe. Befolgt der Israelit die Vorschriften, erweist er sich gerecht und kann für diese Haltung vor Gott *Anspruch* auf Belohnung erheben [6]. Übertritt er jedoch die Gesetze, so verschuldet er sich. Weil im Himmel alle V.e aufgeschrieben werden [7], muß jeder alles daransetzen, durch Almosen, Liebeswerke und kleinliche Gesetzestreue sich ein himmliches Kapital anzuhäufen. Gott wird von manchen Rabbinen wie ein Krämer vorgestellt, der Verschuldungen und V.e peinlich genau gegeneinander abwägt [8]. Ja, unwürdigerweise wird er einer Norm unterworfen, nach der er zu belohnen hat. Der aktuelle Stand der himmlischen Rechnung bleibt einem verborgen, daher muß man immer darauf bedacht sein, möglichst viele und große V.e zu erwerben. Dieser Volksmeinung steht die *Qumran-Lehre* vielfach entgegen. Gott wiegt hier nicht Verschuldungen durch V.e auf, er stellt vielmehr das Postulat des Totalgehorsams. Nicht bloß die eigenen V.e spielen eine Rolle, auch stellvertretendes V. kann helfen. Die Väter haben viel mehr an V.en gesammelt, als sie selbst benötigen. Diese sind der Schatz Israels, der Gottes gnädige Stimmung bewirkt. Zur Teilhabe an diesem Schatz genügt leibliche Abstammung. Jeder geborene Jude darf hoffen, daß beim Gericht neben den oft vielleicht kümmerlichen eigenen Werken die der Vorfahren in die Waagschale gelegt werden.

4. Auch im *Neuen Testament* findet sich der Vergeltungsgedanke, doch der pharisäische Äquivalenzgedanke von V. und L. wird von Jesus zurückgewiesen. Zwar gibt es auch nach ihm, einen «Schatz im Himmel» zu «sammeln» [9], doch der rechtlich-kommerzielle Gerichtscharakter ist verschwunden. Die Gehorsamspflicht des Menschen Gott gegenüber ist ein Bestandteil der jesuanischen

Botschaft, aber Gott wird nicht *gezwungen*, menschliche Leistungen zu belohnen. Das Reich Gottes ist *Gnaden-L.* [10]. Es steht in keinem Verhältnis zum V., kann daher niemals vom Menschen selbst «erwirtschaftet» werden. In der nachösterlichen Gemeinde, in der die Reich-Gottes-Botschaft zur Heilsbotschaft wird, wird eine erneute Auseinandersetzung mit dem jüdischen L.-Gedanken notwendig. Paulus stellt sich ausdrücklich gegen den judaistischen Gedanken [11].

5. Der *theologische* V.-Begriff hat sich erst allmählich aus dem biblischen L.-Gedanken entwickelt. Diesem zufolge sind die Werke des Christen nicht null und nichtig. Die nachapostolische Zeit kennt die Notwendigkeit der Erfüllung eines christlichen Sittengesetzes und das Bewußtsein, daß gewisse Werke größeren L. erhalten. Damit ist jedoch noch nicht der V.-Gedanke verbunden. Erst das systematisch-juristische Denken eines TERTULLIAN entwickelt den V.-Begriff richtungweisend für das abendländische Denken [12]. Gute Werke sind Ursprung des V. Wer über die Pflicht hinaus Taten setzt, erwirbt größere V.e. Voraussetzung jedes V. ist sowohl Freiheit als auch Gnade. ORIGENES bestätigt, daß Gott die Menschen nach ihrem V. richtet, sagt aber andererseits, daß die guten Werke keinen Anspruch auf das ewige Leben begründen, dieses vielmehr von der Gnade Gottes abhängt [13]. Die meisten Väter sowohl des Ostens als auch des Westens haben das juristische Gedankengut Tertullians nicht übernommen und betonten die Notwendigkeit der Gnade und die Disproportion zwischen V. und L. [14]. L.-Sucht ist allgemein verpönt, das Gute soll um des Guten willen getan werden. AUGUSTIN, der Klassiker der Gnadenlehre, wird in der Auseinandersetzung mit dem Pelagianismus zur Systematisierung des V.-Gedankens gezwungen. Gegen die pelagianische Lehre vom Vermögen des Menschen, aufgrund seines freien Willens auch ohne Gnade V.e zu erwerben, behauptet er die Notwendigkeit und Unverdienbarkeit der Gnade. V.e sind zugleich ganz vom freien Willen und ganz durch Gnade verursacht [15]. Wenn Gott belohnt, krönt er sein eigenes Geschenk [16]. Die Synoden von Karthago [17] und Orange [18] bestätigen den augustinischen V.-Gedanken. Erst PETRUS LOMBARDUS entwickelte eine umfassende V.-Lehre, indem er die vorausgehende gratia operans von der gratia cooperans, die das V. bewirkt, unterschied. Die gratia praeveniens geht dem V. voraus und ist ein völlig verdienstloses (gratis data) Geschenk [19].

Die *Hochscholastik* hat die V.-Lehre bis ins Detail durchdacht. Zunächst wird die Distinktion zwischen meritum de congruo und de condigno vom Recht in die Theologie übernommen. Belohnungspflicht herrscht, wo a) eine gesetzte Tat der Vergeltung würdig ist und b) vorher eine förmliche Annahme des Werkes und die Zusicherung der Belohnung gegeben wird. Beide Bedingungen müssen zum V. de condigno erfüllt sein. Weil der Mensch vor Gott nur bedingt frei ist, kann er strenggenommen ihm gegenüber bloß de congruo-V.e erwerben. Darüberhinaus gibt es auch das meritum de condigno, denn Gott hat sich frei entschlossen, den Gerechtfertigten zu belohnen, indem er durch einen Akt seiner justitia distributiva mit gewissen Werken einen entsprechenden L. verband. Strenggenommen ist bloß das V. Christi ein de condigno-V., weil nur er Gott gleichwertig ist. Übrigens kann ohne Gnade kein Mensch heilwirkende Akte setzen [20]. Obwohl der Sentenzenkommentar des THOMAS VON AQUIN im Entscheidenden von dieser allgemeinen Lehre nicht abweicht, bilden sich bald zwei – skotistische und thomistische – Lehrmeinungen. Thomas lehrt, daß V.e aufgrund von Gerechtigkeit erworben werden können. Wenn ein *Gerechtfertigter* als Zweitursache einen guten Akt setzt, dann *gebührt* ihm L., *weil* Gott es so gewollt hat [21]. Nach DUNS SCOTUS verleiht die Rechtfertigung den menschlichen Werken den Charakter der Liebe, durch den sie vor Gott annehmbar werden. Nur *weil* sie von Gott angenommen werden, sind sie verdienstvoll. Hier ist die Liebestat nicht die Ursache, sondern bloß Bedingung für die Annahme [22]. Scotus will die absolute Freiheit Gottes retten.

LUTHERS Rechtfertigungslehre gipfelt in der Aussage, daß Rechtfertigung ein Werk allein der *Gnade* ist. Das gilt auch, wenn die Gnade den Gerechtfertigten innerlich nicht verändert. «Alszo solten wir widderumb die werck on allen lohn oder geniesz suchenn umb der blossen gutte gottis willen thun» [23]. Mit Paulus wird alle Spekulation über das meritum congrui et condigni negiert [24]. Christi Verheißungen sind nicht Aufruf zum Streben nach V., sondern Trost im Leiden [25]. Die V.e sind überflüssig, Gnade allein genügt [26]. Auch für CALVIN begründen gute Werke kein V. Aber Gott schenkt uns umsonst («gratuitement») als Ausgleich («récompense») für Leid und Bedrängnisse die ewige Seligkeit: «Und diese Seligkeit bezeichnet er als L. [loyer] oder Vergeltung [salaire et rétribution]» [27]. Gute Werke entstammen allein der Gnade, aber sie sind Zeichen, daß Gott in uns wohnt und uns berufen hat [28].

Angesichts der reformatorischen Kritik setzt sich das Tridentinische Konzil mit dem V.-Gedanken auseinander [29]. Das 16. Kapitel des Rechtfertigungsdekrets handelt vom V. als Frucht der Rechtfertigung. V. ist ein in der Schrift vorfindlicher Begriff. Deutlich wird jedoch gesagt, daß das V. zuerst als Gnade und erst dann als L. für gute Werke zu sehen ist [30]. «So wird also unsere eigene Gerechtigkeit nicht hingestellt als eigene, die aus uns stammt, und es wird auch nicht die Gerechtigkeit Gottes verkannt oder abgewiesen. Denn diese Gerechtigkeit heißt die *unsere*, weil wir durch sie, die uns innerlich anhaftet (inhaerens), gerechtfertigt werden. Sie ist aber auch *Gottes*, weil sie uns von Gott um der V.e Christi willen eingegossen wird» [31]. Auch ist eine Hilfe zum verdienstlichen Akt notwendig, die Art solcher Hilfe wird jedoch nicht spezifiziert. Auf andere Bedenken der Reformatoren wird geantwortet, daß der Gerechtfertigte kein übermäßiges Vertrauen auf eigenes Können haben dürfe und V.e nur erwerben könne, weil der gütige Gott es so gewollt hat. Der Mensch dürfe mit seinen V.en zuversichtlich dem Gericht entgegensehen, weil Gott sein Versprechen halten wird (Hebr. 6, 10). Die Behauptung der Sündhaftigkeit der im Hinblick auf ewigen L. getanen Werke wird verworfen [32]. Der Mensch *verdiene* durch seine guten Werke im eigentlichen Sinne einen Zuwachs an Gnade, das ewige Leben und Vermehrung der Herrlichkeit [33]. Die Frage nach der Wichtigkeit der Liebe im verdienstlichen Akt wurde offengelassen. Nach dem Tridentinischen Konzil sind sich die katholischen Theologen zwar darüber einig, daß eine intensivere Liebe ein größeres V. bewirkt, aber ob Liebe *notwendig* zur Konstitution eines verdienstvollen Werkes gehöre, wird eifrig diskutiert. Die Rolle der Gerechtigkeit im V. wird allgemein thomistisch bestimmt. Die heiligmachende Gnade «proportioniert» die menschlichen Taten für die Belohnung. Einigkeit herrscht unter den Theologen bald darüber, daß der Mensch sich weder die eigene Rechtfertigung noch die Ausdauer bis zum Ende oder die Reue nach der Sünde selbst verdienen kann. Verschiedene Meinungen werden über den Grad des Wiederauflebens von V.en nach der Reue eines schweren Sünders vertreten.

Anmerkungen. [1] H. HAAS: Amida Buddha, unsere Zuflucht (1910) 141. – [2] SHUNJŌ: Hōnen the Buddhist Saint (Kyoto ²1930) 185f. – [3] The sacred book of the east, hg. F. M. MÜLLER (Oxford 1879-1910) 48, 155. – [4] a.O. 18, 54. – [5] Is. 49, 4; 61, 8. – [6] (H. L. STRACK)P. BILLERBECK: Komm. zum NT aus Talmud und Midrasch 1 (1922) 429f. – [7] a.O. 2, 170-173; syr. Baruch-Apokalypse 24, 1. – [8] R. AKIBA, Abot III, 16. – [9] Mt. 6, 19f. – [10] Mt. 20, 1-16. – [11] Röm. 6, 23; 4, 2-5; Gal. 3, 10. – [12] TERTULLIAN, Apol. I, 28. MPL 1, 435. – [13] ORIGENES, De princ. II, 9, 8; In Rom. IV, 1. MPG 14, 963f. – [14] MARIUS VICTORINUS, In Eph. II, 7. 9. MPL 8, 1255f.; JOHANNES CHRYSOSTOMUS, In 1 Cor. hom. XII, 1-2. MPG 61, 97f.; De compunctione II, 6. MPG 47, 420; In Matth. hom. III, 5. MPG 57, 37f.; In Rom. hom. V, 7. MPG 40, 431. – [15] AUGUSTINUS, Sermo CLXIX, 3. MPL 38, 916f.; Sermo CCLIX, 3. MPL 38, 1198f.; De gratia et libero arbitrio VI, 13f. MPL 44, 889f.; De gratia Christi I, 31. MPL 44, 377; Enchir. 30-32. MPL 40, 246-248; Enarr. in Ps. LXXXV, 2. MPL 37, 1082; Enarr. in Ps. XLIX, 31. MPL 36, 585; Enarr. II in Ps. XXX, serm. I, 6. MPL 36, 234. – [16] De gratia et libero arbitrio VI, 15. MPL 44, 891; Enarr. in Ps. LXX, serm. II, 5. MPL 36, 895; Enarr. in Ps. XCVIII, 8. MPL 37, 1264; Sermo CLXX, 10. MPL 38, 932; Ep. CXCIV, 19. MPL 33, 880. – [17] H. DENZINGER/ A. SCHÖNMETZER: Enchiridion symbolorum (³²1963) (= DS) Nr. 225-227. – [18] DS Nr. 388-391. 397. – [19] PETRUS LOMBARDUS, Sent. II, 25-27. – [20] THOMAS VON AQUIN, In II sent., dist. 27, q. 1, a. 3; In IV sent., dist. XV, q. 1, a. 3 ad 4; BONAVENTURA, In II sent., dist. 27, a. 2, q. 2; u.v.a. – [21] THOMAS VON AQUIN, S. theol. I/II, 114, 1-10, bes. 3. – [22] JOHANNES DUNS SCOTUS, Opus Oxon. I, dist. 17, q. 3, n. 24-25. 22; vgl. WILHELM VON OCKHAM, In I sent. dist. 17, q. 1-2. – [23] M. LUTHER, Weimarer A. (= WA) 5, 559; vgl. 10/III, 289. – [24] WA 40/I, 223; vgl. 220-238. – [25] WA 32, 543. – [26] Vgl. WA 2, 489; 5, 564; 10/I, 158; 28, 747; 30/II, 670; 32, 538ff.; 40/III, 444; 43, 178; 46, 657; 47, 371; vgl. PH. MELANCHTHON, Loci communes (1521). Corpus Reformatorum 21 (1854) 110. 178f.; Apologie der Augsburg. Konfession IV, 19f. 189ff., in: Die Bekenntnisschr. der evang.-luth. Kirche (⁶1967) 163f. 197f. – [27] J. CALVIN, Institutio christianae religionis III, 18, 2-4. – [28] a.O. III, 14, 19ff.; III, 15ff. – [29] DS Nr. 1520-1583. – [30] DS Nr. 1545. – [31] DS Nr. 1547. 1560f. – [32] DS Nr. 1581. – [33] DS Nr. 1582.

Literaturhinweise. P. DE LETTER: De ratione meriti secundum S. Thomam, in: Analecta Gregoriana 19 (Rom 1939). – J. AUER: Die Entwickl. der Gnadenlehre in der Hochscholastik 2 (1951) 58ff. – H. JEDIN: Gesch. des Konzils von Trient 2 (²1957) 139-164. 201-268. – A. ZUMKELLER: Das Ungenügen der menschl. Werke bei den dtsch. Predigern des Spät-MA. Z. kath. Theol. 81 (1959) 265-305. – M. FLICK und Z. ALSZEGHY: Il vangelo della grazia (Florenz 1964) 638-683. – TH. BEER: Lohn und V. bei Luther. Münch. theol. Z. 28 (1977) 258-284. – J. RIVIÈRE: Art. ‹Mérite›, in: Dict. théol. cath. 10 (Paris 1928) 574-587. – G. BORNKAMM, N. J. HEIN, E. LOHSE und E. SCHOTT: Art. ‹V.›, in: RGG³ 6, 1261-1270. – C. S. SULLIVAN: Art. ‹merit›, in: New cath. encyclop. 9 (San Francisco u. a. 1967) 683-686. – J. SCHMID und A. FÖRSTER: Art. ‹V.›, in: LThK² 10, 675-680.
A. SEIGFRIED

III. *‹Lohn› als ökonomischer Begriff.* – 1. Im ökonomischen Kontext bedeutet ‹L.› das Entgelt für wirtschaftlich unselbständige *Arbeit* (L.-Arbeit). In Gesellschaften, in denen es neben den Eigentümern von Boden und Kapital eine (gewöhnlich große) Menge von Menschen gibt, die selbst keine Produktionsmittel besitzen, ist der L. als Vergütung des «Produktionsfaktors» *Arbeit* eine der Grundformen des Einkommens neben Zins oder Profit als Vergütung für den Ertrag des *Kapitals* und der Grundrente als Vergütung für den Ertrag des *Bodens.* Die Unterscheidung zwischen L. – als der Vergütung der unselbständigen *manuellen* Arbeit – und *Gehalt* – als der Vergütung der mehr *geistigen* «Kopfarbeit» von Angestellten und Beamten – hat keine prinzipielle ökonomische Bedeutung.

2. Im Gegensatz zu der heute in der Nationalökonomie gebräuchlichen Verwendung des L.-Begriffs kennzeichnet der griech. Ausdruck μισθός neben dem Einkommen für die von ökonomisch «Unselbständigen», d.h. Tagelöhnern und fest angestellten «Lohnarbeitern» (μισθοφόροι) und Bediensteten geleistete Arbeit zugleich auch die aus der Vermietung von Sklaven als auch die aus der Vermietung und Verpachtung von beweglichen und unbeweglichen Sachgütern resultierenden Einkünfte des jeweiligen Eigentümers [1]. Ähnlich wie das römische Rechtsinstitut der *locatio conductio* [2] faßt deshalb auch das griechische Vertragsrecht sowohl die Verträge über Gebrauchsüberlassungen von Sachgütern (locatio conductio rei) als auch den eigentlichen Dienst- bzw. Arbeitsvertrag (locatio conductio operarum) unter eine einheitliche Vertragsform für Sachmiete *und* Dienstverträge zusammen: μίσθωσις [3]. Die moralische *Geringschätzung* der L.-Arbeit, die in der Gleichstellung von Sach- und Sklavenmiete zum Ausdruck kommt, findet sich auch in philosophischen Texten. Nach XENOPHON wie nach PLATON, ARISTOTELES und später CICERO ist die Arbeit eines Freien nur dann als frei und würdevoll anzusehen, wenn sie unentgeltlich geleistet wird; vor allem aber sollten sich die Lehrenden der Künste und Wissenschaften und die Repräsentanten hoher richterlicher und politischer Ämter nicht für ihre Tätigkeit entlohnen lassen [4]. Dieser moralische Appell scheint jedoch kaum Anklang gefunden zu haben, denn es war durchaus Brauch, nicht nur L. für den Besuch des Theaters zu zahlen und während der Dionysien Schau- und Festgelder zu gewährleisten, sondern aufgrund der schwankenden Teilnehmerzahl den Besuch der Gerichte, der Magistrate, vor allem aber auch der Vollversammlung mit einer Entlohnung in Form von Tagegeldern zu verbinden, in der sowohl PLATON als auch ARISTOTELES ein zwar ambivalentes, jedoch taugliches Mittel zur Förderung der Entwicklung demokratischer Organe innerhalb des städtischen Gemeinwesens erblickten [5]. Schließlich wurde auch für die Wahrnehmung des Amtes eines Richters, Ratsherren und Archonten und für die Ausübung von künstlerischen, intellektuellen und pädagogischen Berufen die Zahlung eines L. gebräuchlich [6]. An der grundsätzlich negativen Einstellung der Griechen gegenüber jeder Form von festem L. für Beamte (βοοχευτικὸς μισθός) und dem Grundsatz, daß die wichtigsten politischen Ämter stets unbesoldet bleiben sollten, hat sich jedoch auch nach dem Übergang von der Oligarchie zur Demokratie nichts Wesentliches geändert [7].

3. Erst das Christentum hat der sowohl in der griechischen als auch römischen Antike vorherrschenden moralischen Geringschätzung der für L. geleisteten Arbeit ein Ende bereitet. Arbeit gilt nun als solche als verdienstlich und eines L. wert [8]. Auch die unselbständige Arbeit soll der Auffassung der Bibel und der Kirchenväter zufolge so vergolten werden, daß die Höhe des Entgelts dem Aufwand der geleisteten Arbeit entspricht. In vielen Schriften wird daher der die Reiche an die sittliche Pflicht erinnert, den angemessenen L. pünktlich zu zahlen. So heißt es in der Bibel: «Einen armen und bedürftigen Taglöhner sollst du nicht drücken, sei er von deinen Brüdern oder von den Fremdlingen in deinem Land. Du sollst ihm seinen L. noch am gleichen Tage geben, bevor die Sonne darüber untergeht! Denn er ist arm und verlangt sehnlich danach. Sonst ruft er den Herrn gegen dich an und Sünde

ist an dir» [9]. Scharf urteilt einer der christlichen Kirchenväter des 5. Jh. über den, der den geschuldeten L. nicht zahlt: «Manche entziehen (verringern) den Arbeitern ihren L., weshalb sie zu den Mördern gerechnet werden ...» [10]. In solchen Texten erscheint der L. als Problem der Individualethik oder der kommutativen Gerechtigkeit: Der Reiche und Mächtige soll den Vertrag honorieren, den er mit dem L.-Arbeiter geschlossen hat.

Im *Mittelalter* wurde darüber hinaus aber auch die L.-Höhe als ein Problem der Sozialethik und der Politik verstanden. In mittelalterlichen Städten war es üblich, für einzelne Berufe Mindest- und Höchst-L. festzulegen. So gab es z. B. im Köln des 14. und 15. Jh. L.-Regelungen für 14 verschiedene Berufe. Die Stadtväter waren allerdings in erster Linie darum bemüht, durch rigorose Strafen zu verhindern, daß die Maximal-L. überschritten wurden; erst in zweiter Linie und mit weniger Erfolg kümmerten sie sich darum, Mindest-L. durchzusetzen und das Trucksystem zu verbieten [11]. In den Schriften scholastischer Theologen und Philosophen wurde dagegen gefordert, daß der fleißige Arbeiter einen L. erhalten solle, von dem er und seine Familie, ohne Not zu leiden, ihrem Stand gemäß leben können [12].

Das Problem des gerechten L. erschien theoretisch und praktisch relativ leicht lösbar in Gesellschaften, in denen nur ein kleinerer Teil der gesamten Arbeit von L.-Arbeitern verrichtet wurde und in den Städten die L.-Arbeit der Gesellen als ein vorübergehender Zustand betrachtet werden konnte. Sobald jedoch die Mehrheit der Arbeitenden «freie L.-Arbeiter» waren (d. h. weder zum Haus oder Land eines Reichen gehörten, noch über eigene Produktionsmittel verfügten) und die Produktionsmittel von ihren Besitzern zu Profitzwecken eingesetzt wurden, waren L.-Arbeit und Massenarmut schwerwiegende und miteinander verknüpfte Probleme. Schon um die Mitte des 15. Jh. konnten in den großen Handelsstädten Europas nur noch wenige Arbeiter damit rechnen, in einer der traditionellen Zünfte zum Meister aufzusteigen. Der kleinen Gruppe des Patriziats und dem Bürgertum stand in diesen Städten schon damals die Masse der L.-Arbeiter gegenüber, die miteinander um die Arbeitsplätze konkurrierten und in den beginnenden Manufakturen auf eine Nachfrage nach relativ unqualifizierten und billigen Arbeitskräften stießen [13].

Für die Entstehung und Entwicklung von L.-Arbeit und Massenarmut lassen sich verschiedene Ursachen nennen. MARX hat am Beispiel Englands die Vertreibung der Bauern vom Land hervorgehoben, die seit dem 15. Jh. als Folge der Einzäunung des Gemeindelandes (enclosures) zur privaten Bewirtschaftung als Weideland stattgefunden hat [14]. SOMBART meint, daß den «enclosures» auch in England nur relativ geringe Bedeutung zukomme, und weist auf folgende Faktoren hin: die Aufhebung der Leibeigenschaft und die Auflösung der Gefolgschaften durch die adeligen Großgrundbesitzer; der Bevölkerungszuwachs seit dem 17. Jh.; die häufigen Absatzstockungen während des frühkapitalitischen Zeitalters; die regelmäßige Verarmung eines Teils der selbständigen bäuerlichen und gewerblichen Produzenten. In den Ländern des europäischen Kontinents haben Kriege und (vor allem in Frankreich) die Steuerlast dazu beigetragen, viele selbständige Existenzen zu vernichten [15].

4. Der mit der umfassenden Kommerzialisierung und der beginnenden Industrialisierung verbundene zunehmende Einsatz von L.-Arbeit hat bereits die Theoretiker des *Merkantilismus* dazu veranlaßt, sich systematisch mit dem Problem der adäquaten Höhe der L.e der abhängig Beschäftigten zu befassen. Da aufgrund der damals noch geringen ökonomischen Bedeutung des Massenkonsums der L. noch nicht als Verteilungsgröße im Vergleich zu anderen Formen des gesellschaftlichen Reichtums thematisiert worden war, standen zunächst Überlegungen im Vordergrund, in denen der L. ausschließlich als Element der Produktionskosten betrachtet wurde. Deshalb war man meist auch von der Annahme ausgegangen, daß die L. so niedrig wie nur möglich sein sollten, um die beginnende Industrialisierung nicht zu gefährden, wobei als untere Grenze der L. der Preis derjenigen Nahrungsmittel angesehen wurde, welche für die Gewährleistung des Existenzminimums der arbeitenden Klassen erforderlich waren [16]. Darüber hinaus wurde der Beschränkung der L. auf das Existenzminimum eine eminente sozialpädagogische Funktion hinsichtlich der Anpassung der lohnabhängigen Bevölkerungsschichten an die Erfordernisse eines geregelten Produktionsablaufs zugesprochen. So bringt B. DE MANDEVILLE in seiner ‹Fable of the Bees› (1714) eine damals weitverbreitete und unter anderen bereits von W. PETTY, J. CHILD, J. J. BECHER und W. P. v. HÖRNIGK vertretene Auffassung zum Ausdruck, derzufolge allein eine beständige materielle Not, d. h. möglichst niedrige L., bei gleichzeitiger Einschränkung bzw. Abschaffung der Armenfürsorge, die dann ausschließlich von der L.-Arbeit abhängigen Bevölkerungsschichten zur Einstellung ihres müßiggängerischen Lebens und zu höchstem Arbeitseinsatz bewegen können [17].

Bereits die *Physiokraten* wichen von dieser einfachen Anschauungsweise ab, indem sie zwischen dem Einkommen aus agrikultureller, manufaktureller und kommerzieller Tätigkeit unterschieden, um von hier aus die adäquate Höhe der L. für die Entwicklung der gesellschaftlichen Wohlfahrt in einem komplizierten Modell der Verteilung des gesellschaftlichen Reichtums zu bestimmen. So spricht TURGOT in Anlehnung an F. QUESNAY [18] allein der Klasse der Landarbeiter (laboureur) eine reichtumserzeugende Tätigkeit zu, wobei die für die Deckung ihres persönlichen Bedarfs überschüssigen landwirtschaftlichen Erzeugnisse den einzigen L.-Fonds (l'unique fonds des salaires) bilden, von dem die anderen Klassen und Schichten der Gesellschaft ihren jeweiligen Anteil im Tausch für die Erzeugnisse ihrer eigenen Arbeit und ihrer Dienstleistungen erhalten. Während hierbei dem einfachen Arbeiter (le simple ouvrier) ähnlich wie bei den Merkantilisten jeweils nur das Äquivalent für sein eigenes Existenzminimum zugesprochen wird, räumt Turgot dagegen bereits den Landarbeitern die Möglichkeit eines dieses Minimum übersteigenden Einkommens (une richesse indépendante et disponible) ein [19].

5. Erst die *klassische politische Ökonomie* hat jedoch versucht, marktmäßige Bestimmungsgründe des L. und Gesetzmäßigkeiten seiner Entwicklung zu identifizieren, indem sie den Arbeits-L. als Preis einer besonderen Art von Ware betrachtete, der neben Kapitalzins und Grundrente eine der drei fundamentalen Einkommensformen im System der gesellschaftlichen Produktion und Distribution ausmacht. In seinem Werk ‹An Inquiry into the Nature and Causes of the Wealth of Nations› [20] geht A. SMITH von der historischen Überlegung aus, daß in frühen oder primitiven Gesellschaften jeder Arbeiter über das gesamte Produkt seiner Arbeit verfügen kann; daß aber, sobald aufgrund von Arbeitsteilung und Tausch Kapital akkumuliert und das Land in Privateigentum überführt worden ist, der Ertrag der Arbeit in der Regel zwischen Arbeiter, Kapitaleigner und Grundbesitzer ge-

teilt werden muß. So entstand der L. als das Einkommen einer großen Bevölkerungsgruppe neben dem *Zins* oder *Profit* des Kapitalisten und der *Rente* des Grundbesitzers [21]. Aus der Sicht des kapitalistischen Unternehmers erscheint die Arbeit als Ware, der L. als Preis der Arbeit (price of labour). Smith unterscheidet zwischen nominalem und realem L., d. h. zwischen dem Geld, das für die Arbeit gezahlt wird (nominal price of labour) und den Konsumgütern, die der Arbeiter dafür erhält (real price of labour) [22]. Die Menge der Lebensmittel, die eine durchschnittliche Arbeiterfamilie zum Überleben benötigt, kann als die untere Grenze des realen L. angesehen werden. In entwickelten Gesellschaften (improved societies) liegt aber der L. in der Regel weit über diesem Minimum. Die tatsächliche L.-Entwicklung ist abhängig von der *Nachfrage nach Arbeit*, die ihrerseits von Größe und Wachstum des *Kapitals* abhängt. In *expandierenden* Volkswirtschaften sind die L. am *höchsten*, weil dort eine starke Nachfrage nach Arbeitskräften besteht. In einem *stationären* Zustand der Wirtschaft sind die L. gewöhnlich *geringer* als während einer Wachstumsphase, auch wenn die Gesamtmenge des produktiven Kapitals in der stationären Wirtschaft größer ist. Am *niedrigsten* sind sie, wo die Gesamtmenge des produktiv eingesetzten Kapitals *sinkt* [23].

Zusammen mit den Konjunkturzyklen hat auch das *Bevölkerungswachstum* entscheidenden Einfluß auf die L.-Entwicklung. Wenn bei steigender Nachfrage nach Arbeit höhere L. bezahlt werden, so bewirkt dies ein Wachstum der Bevölkerung (nicht wegen steigender Geburtenziffern, sondern wegen geringerer Kindersterblichkeit bei besserer Ernährung). Sobald das dadurch verursachte stärkere Angebot an Arbeitskräften am Markt spürbar wird, müssen die L. fallen. Wenn eine solche Periode mit einer Zeit der wirtschaftlichen Stagnation oder Regression zusammenfällt, können die L. zeitweilig unter das Minimum des Lebensnotwendigen herabsinken [24].

Eine Veränderung des nominalen L., also des dem Arbeiter ausbezahlten Geldes, bedeutet nicht unbedingt eine Veränderung des realen L., d. h. der wirklichen Kaufkraft. Der reale L. hängt ab vom Preis der Lebensmittel, insbesondere der Grundnahrungsmittel. In Jahren mit ungewöhnlich hohen landwirtschaftlichen Erträgen (years of plenty), in denen die Lebensmittel relativ billig und die Nachfrage nach Arbeit relativ hoch zu sein pflegt, sind die realen L. am höchsten, in Jahren von Mißernten (years of scarcity) am niedrigsten. Natürlich weiß Smith, daß der Preis der Lebensmittel auch von anderen Faktoren beeinflußt wird, u. a. auch von der Höhe der L.: höhere L. wirken sich in höheren Preisen aus. Aber durch eine effizientere Organisation der Arbeit und durch Einsatz von Maschinen gelingt es oft, die Produktivität der Arbeit zu erhöhen und damit den Druck der L.-Kosten auf die Preise zu verringern [25].

Die bisher dargestellten Gedanken bilden aber nur einen Teil von Smiths L.-Theorie. Sie erklären, wie sich die L. auf einem freien Arbeits- und Kapitalmarkt entwickeln würden bzw. in dem Maße, wie ein solcher Markt besteht, entwickeln. Um die konkrete Situation in ihrer Reformbedürftigkeit zu verstehen, zeigt Smith aber auch, warum ein freier Arbeits- und Kapitalmarkt nicht besteht: Zwischen den drei ökonomisch wichtigen Klassen der Bevölkerung, vor allem aber zwischen Kapitalisten und den übrigen Bevölkerungsgruppen bestehen *gegensätzliche Interessen*. Welcher Anteil des Arbeitsertrages daher als L. ausbezahlt wird, ist auch eine *Machtfrage*, die von der Organisationsfähigkeit und der politischen Macht der jeweiligen Gruppen abhängt.

Adam Smith kritisiert daher immer wieder die Versuche der Händler und Manufakturbesitzer, ihre partikularen Interessen durchzusetzen, und verteidigt die gemeinsamen Interessen der Grundbesitzer, der L.-Arbeiter und der Konsumenten. Er kritisiert, daß die Kapitalisten sich organisieren und absprechen, um die L. zu drücken und die Preise zu erhöhen, während es den Arbeitern verwehrt wird, sich zusammenzutun, um ihre Interessen zu vertreten. Er kritisiert die Zunftbestimmungen, die durch Festsetzen der Lehrstellen und Lehrjahre die Konkurrenz einschränken. Er kritisiert die Niederlassungsbestimmungen, die es den fleißigen Arbeitern unmöglich machen, ihr «natürliches Recht» auf Arbeit überall auszuüben, wo Arbeit benötigt wird. Nicht weitere staatliche Einschränkungen, vor allem nicht ein System der gesetzlichen Armenfürsorge, sondern nur ein freier Arbeits- und Kapitalmarkt könnte nach Smiths Auffassung relativ hohe L. garantieren [26].

Während für die Volkswirtschaftslehre der L. eine Einkommensart darstellt, ist er für die *Betriebswirtschaftslehre* ein Kostenfaktor, der in die Stückkosten des hergestellten Produkts (Ware, Dienstleistung) eingeht. Verschiedene Arten der Entlohnung sind möglich: 1. Zeit-L., der sich nach einer Zeiteinheit berechnet (Stunden-L., Wochen-L., Monatsgehalt); 2. Akkord-L., der sich nach der Anzahl in einer Zeiteinheit (z. B. Arbeitstag) hergestellter Produkteinheiten berechnet und unter Umständen auch in der Form eines Gruppenakkord-L. auftritt, wenn regelmäßig andere Arbeiter an der Herstellung einer Produkteinheit beteiligt sind; 3. schließlich die Prämie, die dem Arbeiter zusätzlich zu einem Grund-L. gezahlt wird und für die es verschiedene Systeme gibt. Die Betriebswirtschaftslehre untersucht, unter welchen Voraussetzungen eine L.-Form optimal ist. Zu allen L.-Formen kann eine Gewinnbeteiligung hinzutreten, die aber ihrer Natur nach Anteil am Betriebsgewinn ist und nicht wie der L. in die Kosten eingeht. – Die Anerkennung oder Nichtanerkennung des L. als Kostenfaktor ist ein wesentlicher Indikator der Realitätsbezogenheit sozialpolitischer Diskussionen.

6. Verschiedene Elemente der Smithschen L.-Theorie sind in späteren Theorien wieder aufgenommen und weiterentwickelt worden. Der Gedanke, daß die Höhe des L. von der Nachfrage nach Arbeit und diese wiederum von der Menge des produktiv eingesetzten Kapitals abhängig sei, steht im Mittelpunkt der Theorie des L.-*Fonds*. Nach dieser Theorie, die von JAMES MILL [27], JOHN STUART MILL [28] und anderen vertreten wurde, kann nur ein bestimmter Teil des vorhandenen Kapitals für L. zur Verfügung stehen. Teilt man diesen L.-Fonds durch die Zahl der vorhandenen Arbeiter, so ergibt sich die Höhe des durchschnittlichen L.

Andere Theoretiker haben mehr das veränderliche *Angebot an Arbeitskräften* hervorgehoben. D. RICARDO vertrat die Auffassung, daß der «natürliche Preis» der Arbeit, wie der aller übrigen Waren, durch die Menge der zu ihrer Reproduktion notwendigen Lebensmittel bestimmt sei, worunter er allerdings nicht ein biologisches, sondern ein konventionelles Existenzminimum verstand. Der Marktpreis der Arbeit kann über das Minimum hinausgehen. Weil aber höhere L. zu einem Wachstum der Bevölkerung und damit zu einem verstärkten Angebot an Arbeitskräften führen, weil zudem bei wachsender Bevölkerung die Produktion von Nahrungsmitteln immer schwieriger und teurer wird, besteht eine langfristige

Tendenz der Reallöhne, auf das Existenzminimum herabzusinken [29].

Ricardos pessimistische Theorie konnte leicht in eine fundamentale Kritik des Kapitalismus verwandelt werden. In England klagten die «sozialistischen Ricardianer» W. THOMSON (1824) und T. HODGSKIN (1825) gegen ein System, das den Schöpfern des Wertes der Waren nur ein Existenzminimum sicherte, und forderten für den Arbeiter den «vollen Ertrag der Arbeit» [30]. In Deutschland übernahm F. LASSALLE den Grundgedanken der L.-Theorie Ricardos in seiner Theorie vom «ehernen Lohngesetz» [31]. Durch Bischof KETTELER, der von Lassalle gelernt hatte, fanden Ricardos Auffassungen Eingang in die Kapitalismuskritik der katholischen Soziallehre [32].

Auch MARX ging in seiner Analyse der kapitalistischen Produktionsweise von Ricardo aus. Die Arbeit ist eine Ware, deren «natürlicher Preis» durch ihre Reproduktionskosten bestimmt wird, deren «Marktpreis» von Angebot und Nachfrage abhängt [33]. Profit entsteht dadurch, daß die Arbeit zwar zu ihrem Tauschwert bezahlt wird, jedoch ihr Ertrag – über den der Unternehmer verfügt – *mehr wert* ist als die L.-Kosten [34]. Im 23. Kapitel des ersten Bandes des ‹Kapital› (1867) unternimmt Marx den Versuch, die Entwicklung der L. aus der «organischen Zusammensetzung des Kapitals» abzuleiten. Aus Annahmen über die notwendige Konzentration des «konstanten Kapitals» und über die Entstehung einer «industriellen Reservearmee» von L.-Arbeitern, schließt er dort auf die *Verelendung des Proletariats,* die durch Konjunkturaufschwünge nur vorübergehend aufgehalten werden könne [35].

Während die Theorien des L.-Fonds und des Existenzminimums schon im 19. Jh. entscheidend kritisiert wurden, gehört die *Grenzproduktivitätstheorie,* die zuerst von H. V. THÜNEN (1842), später von W. S. JEVONS (1871), C. MENGER (1871) und L. WALRAS (1874) formuliert wurde, bis heute zum festen Bestand der Wirtschaftswissenschaften [36]. Der Grundgedanke dieser Theorie läßt sich vereinfacht so ausdrücken: Setzt man eine bestimmte Menge von Produktionsmitteln und eine bestimmte Organisation der Arbeit voraus, so führt der Einsatz neuer Arbeitskräfte von einem bestimmten Punkt an nicht zu entsprechend höheren, sondern zu abnehmenden Erträgen (Ertragsgesetz). Der Unternehmer wird deshalb nur so lange Arbeiter einstellen, bis der Ertrag des zuletzt eingestellten Arbeiters die Kosten gerade noch übersteigt oder zumindest deckt. Bei voll wirksamer Konkurrenz sowohl zwischen den Arbeitern als auch zwischen den Unternehmern wird für Leistungen der gleichen Art jeweils der L. bezahlt, der dem Ertrag der letztverwendeten Arbeitskräfte der betreffenden Kategorie, also der Grenzproduktivität der Arbeit entspricht. Bei steigendem Angebot an Arbeitskräften wird der Unternehmer allenfalls bereit sein, neue Arbeiter zu niedrigeren L. einzustellen. Auch in dieser Theorie wird also die L.-Höhe im wesentlichen als eine Funktion von Angebot und Nachfrage nach Arbeitskräften dargestellt, wobei die Nachfrage durch die Grenzproduktivität der Arbeit bestimmt wird. Mathematisch lassen sich L. und Beschäftigung durch den Schnittpunkt von Angebotskurve und Produktivitätskurve bestimmen.

A. Smiths Auffassung, daß die Höhe des L. nicht ausschließlich von der Funktionsweise des kapitalistischen Marktes abhängig sei, sondern auch von der Organisationsfähigkeit und vom politischen Einfluß sozialer Gruppen, wurde von den *Machttheorien* wieder aufgegriffen. S. DE SISMONDI, K. RODBERTUS-JAGETZOW und viele andere haben gezeigt, daß die staatliche L.-Politik einen wesentlichen Einfluß auf die Höhe der L. haben könne und solle [37]. L. BRENTANO und M. TUGAN-BARANOWSKY haben auf die Bedeutung der gewerkschaftlichen Organisation der Arbeit für die Entwicklung der L. hingewiesen [38]. Neuerdings werden diese Machtgesichtspunkte unter dem Stichwort ‹Stärke der Verhandlungsposition› (bargaining power) von Gewerkschaften und Arbeitgeberverbänden behandelt [39].

7. Im 19. und 20. Jh. wurde der L. nicht ausschließlich als Objekt sozialwissenschaftlicher Erkenntnis, sondern auch als ethisches Problem aufgefaßt. Hier ist die Schule der *katholischen Soziallehre* zu nennen, die im Anschluß an die Sozialethik des THOMAS VON AQUIN eine Theorie des gerechten L. vertritt. Nach dieser Lehre, die in den Sozialenzykliken der Päpste (1891, 1931) ihren prominentesten Ausdruck gefunden hat, kann der Arbeiter nicht den «vollen Ertrag der Arbeit» fordern, weil auch das Eigentum an Produktionsmitteln, sofern es als ein sozial gebundenes verstanden wird, moralisch gerechtfertigt werden kann. Aber der Arbeiter hat ein Anrecht darauf, sich gewerkschaftlich zu organisieren, damit der Arbeitsvertrag unter fairen Bedingungen zustande kommt. Er hat ferner Anrecht auf ein sicheres und menschenwürdiges Einkommen, das seinen Bedürfnissen entspricht (Familien-L. vs. Leistungs-L.). Freilich kann es nur in beschränktem Maße dem Unternehmer zur Pflicht gemacht werden, einen den Bedürfnissen des einzelnen Arbeiters entsprechenden L. zu zahlen. Deshalb soll der Staat durch Kindergeld, Versicherungen, Sozialfürsorge und vermögensfördernde Maßnahmen ausgleichend tätig werden.

Daß diese im 19. Jh. revolutionär anmutenden Forderungen inzwischen in kapitalistischen Industriestaaten anerkannt und annähernd verwirklicht sind, ist das stärkste Argument für das System der L.-Arbeit – wobei fraglich bleibt, ob dieses System auch auf die Entwicklungsländer ausgedehnt werden kann oder aber deren Armut voraussetzt. Umgekehrt muß die radikale Kritik am System der L.-Arbeit mit der Frage nach den Alternativen konfrontiert werden. Grundsätzlich sind zwei Alternativen denkbar: Erstens ein System, in dem Individuen oder kleine Gruppen, die selbst als Bauern oder Handwerker arbeiten, zugleich Eigentümer der Produktionsmittel sind und ihre überschüssigen Produkte tauschen. Zweitens ein sozialistisches System, in dem die Produktionsmittel vergesellschaftet oder verstaatlicht sind, Produktion und Verteilung durch zentrale Planung und Kontrolle geregelt werden. Während das erste Modell, das von anarchistischen Theoretikern wie PROUDHON [40] vertreten wurde, vor allem Einwänden ausgesetzt ist, die sich auf die Produktivität der Arbeit und die Effizienz der Verteilung beziehen, stehen die sozialistischen Modelle vor der bisher nicht gelösten Schwierigkeit, den Einzelnen pro forma zu einem Miteigentümer der Produktionsmittel, de facto aber zu einem relativ schlecht versorgten und unfreien L.-Arbeiter des Staates werden zu lassen.

Anmerkungen. [1] Vgl. Art. μισθός, in: RE 15/2 (1932) 2078-2095. – [2] Vgl. O. v. GIERKE: Die Wurzeln des Dienstvertrages, in: Festschr. Heinrich Brunner (1914) 37-68, hier: 39f.; F. V. D. VEN: Sozialgesch. der Arbeit 1 (1972) 96ff. – [3] Vgl. a.O. [1] 2095ff. – [4] XENOPHON, Apomnemoneumata I, 2, 5-6; PLATON, Prot. 311 b ff. 327 d ff.; ARISTOTELES, Pol. VIII, 2; CICERO, De off. I, 42; vgl. allg. A. AYMARD: Hiérarchie du travail et autarcie individuelle dans la Grèce archaïque. Rev. Hist. Philos. et Hist. gén. Civilisation 34 (1943) 124-146. – [5] PLATON, Resp. VIII, 565; ARISTOTELES, Pol. 1274 a. 1299 b-1300 a. 1317 b-1318 a. – [6] a.O.

[1] 2083f. 2089f. – [7] Vgl. THUKYDIDES, De bello Pelop. VIII, 17, 1. – [8] Luk. 10, 7; Matth. 10, 10. – [9] Deut. 24, 14-15; Lev. 19, 13; vgl. auch THOMAS VON AQUIN, S. theol. II/II, q. 62, a. 8.3. – [10] Bibl. der Kirchenväter 57-58: Ausgew. Schr. der armenischen Väter 2 (1927) 216. – [11] W. SCHÖNFELDNER: Die wirtschaftl. Entwickl. Kölns von 1370 bis 1513 (1970) 102ff. – [12] Vgl. hierzu M. ROCHA: Les origines de ‹Quadragesimo Anno›: Travail et salaire à travers la scolastique (Paris 1933). – [13] Vgl. P. JACCARD: Hist. sociale du travail de l'antiquité à nos jours (Paris 1960) 147. 159. – [14] K. MARX: Das Kapital 1 (1867). MEW 23, Kap. 24, 2. – [15] W. SOMBART: Der mod. Kapitalismus (1922) 1/2, 792-798. – [16] Vgl. hierzu W. HOFMANN: Einkommenstheorie (1965) 28ff. – [17] B. DE MANDEVILLE: The fable of the bees; or, private vices, publick benefits (London ¹1714, Oxford 1924) 192f. 286f.; vgl. auch W. PETTY: A treatise of taxes and contributions (London 1662). Economic Writings, hg. CH. H. HULL 1 (Cambridge 1899) 1/87; J. C. CHILD: A discourse about trade (London 1690) 19. 24f.; J. J. BECHER: Polit. Discurs (¹1668, ³1688) 293f.; W. P. V. HÖRNIGK: Österreich über alles, wann es nur will (¹1684, 1948) 82f. – [18] F. QUESNAY: Maximes gén. du gouvernement économique d'un royaume agricole (Versailles 1758); Tableau économique (ebda.). – [19] A. R. J. TURGOT: Réfl. sur la formation et la distribution des richesses (Paris 1769-70). Oeuvres, hg. P.-S. DUPONT DE NEMOURS (Paris 1807-11) 5, 6ff. – [20] A. SMITH: Inquiry ... (London 1776); dtsch. Natur und Ursachen des Volkswohlstandes (²1882). – [21] a.O. 1, 55f. – [22] 1, 34. – [23] 1, 72ff. – [24] 1, 76ff. – [25] 1, 93. – [26] Vgl. 1, 68ff. 105ff. – [27] J. MILL: Elements of polit. economy (London 1821). – [28] J. ST. MILL: Principles of polit. economy (London 1848). – [29] D. RICARDO: On the principles of polit. economy and taxation (London 1817); dtsch. Grundsätze der Volkswirtschaft und Besteuerung (1905) 82ff. – [30] W. THOMSON: Inquiry into the principles of the distribution of wealth (London 1824); T. HODGSKIN: Labour defended ed against the claims of capital (London 1825). – [31] F. LASSALLE, Offenes Antwort-Schreiben, in: Reden und Schr., hg. E. BERNSTEIN (1893) 2, 393ff. – [32] W. E. V. KETTELER: Die Arbeiterfrage und das Christentum (1864). – [33] MARX, a.O. [14] 1, 560. – [34] a.O. 184ff. 207ff. 560f. – [35] 648f. 657ff. 673ff. – [36] H. V. THÜNEN: Der isolierte Staat 2 (1850-1863); W. S. JEVONS: The theory of polit. economy (London 1871); C. MENGER: Grundsätze der Volkswirtschaftslehre (1871); L. WALRAS: Eléments d'économie polit. pure (Lausanne/Paris/Basel 1874-77). – [37] S. DE SISMONDI: Nouveaux principes d'économie polit. (Paris 1819); dtsch. Neue Grundsätze der polit. Ökonomie (1917) I, 304ff.; K. RODBERTUS-JAGETZOW, Der Normalarbeitstag. Schr. (1899) 4, 337ff. – [38] L. BRENTANO: Das Arbeitsverhältnis gemäß dem heutigen Recht (1877); M. TUGAN-BARANOWSKY: Soziale Theorie der Verteilung (1913). – [39] J. T. DUNLOP und B. HIGGINS: Bargaining power and market structures. J. of polit. Economy 59 (1942) 1ff.; DUNLOP: Collective bargaining (Chicago 1949); vgl. auch E. BERNSTEIN: Capitalmacht und Gewerkschaftsmacht. Sozialist. Mh. 1 (1904). – [40] P. J. PROUDHON: Système des contradictions économiques ou philos. de la misère (Paris 1846).

Literaturhinweise. G. A. L. CIBRARIO: Della economia politica del Medio evo (1839). – W. TIDEMANN: Stud. in der romanischkanonistischen Wirtschafts- und Rechtslehre 1 (1874); 2 (1883). – H. GARNIER: L'idée de juste prix (Paris 1900). – E. SCHREIBER: Die volkswirtschaftl. Anschauungen der Scholastik (1913). – M. SCHREY: Krit. Dogmengesch. des Ehernen L.-Gesetzes (1913). – C. A. T. O'BRIEN: An essay on mediaeval economic teaching (1920). – B. JARRETT: Social theories of the MA (1926). – J. R. HICKS: The theory of wages (London 1932). – W. KRELLE: Art. ‹L.›, in: Handwb. Sozialwiss.en 7 (1961) 1-16; vgl. auch W. KILGER: Art. ‹L.-Formen› a.O. 17ff. – W. HOFMANN s. Anm. [16].

K. G. BALLESTREM

Lokalisation. In der *Wahrnehmungsforschung* bezeichnet ‹L.› einerseits den phänomenalen Tatbestand der örtlichen Bestimmtheit (hinsichtlich Ort, Lage, Richtung, Bewegung, Entfernung) von Bewußtseinsinhalten, andererseits den hypothetischen Prozeß, der die Einordnung phänomenaler Gegebenheiten in anschaulich-räumliche Bezugssysteme vermittelt. Der Begriff ‹L.› hat auf allen Sinnesgebieten Anwendung gefunden, vornehmlich aber in der – für die Raumwahrnehmung zumeist als fundamental betrachteten – visuellen Wahrnehmung.

Erste Versuche einer genetischen Herleitung der Raumwahrnehmung im 17. und 18. Jh. (BERKELEY [1]; CONDILLAC [2]) lassen eine Unterscheidung der Fragen nach dem Ursprung der Raumwahrnehmung und nach der L. im Raum vermissen. Die Entwicklung nach Kant ist bei Voraussetzung gegebener Raumanschauung – wenigstens seit H. LOTZE [3] – auf die Frage der Grundlagen der L. eingeengt.

Die Annahme nicht-räumlicher Lokalzeichen in den «empiristischen» Theorien der Raumwahrnehmung [4] erforderte eine gleichsam nachträgliche räumliche Ordnung der Sinnesdaten, welche man sich als auf höherer Ebene der Seele vorgenommen dachte. Für die älteren Empiristen war hierbei bewußte Verstandestätigkeit maßgebend; der Umstand, daß dieses Urteilen introspektiv nicht aufweisbar war, führte zur Annahme unbewußter Schlüsse [5], in denen Daten aus Muskelempfindungen oder aus Innervationsempfindungen bei Augenbewegung [6] verwertet wurden.

Sofern eine Lösung in der Annahme räumlicher Zeichen gesucht wurde, bot sich die Einrichtung des optischen Apparates an, insbesondere die Mosaikstruktur der Rezeptoren der Netzhaut. JOH. MÜLLER [7] sah hierin die angeborene Grundlage empfundener Anordnung im (ebenen) Raum. Von einem anderen Gesichtspunkt ausgehend, der Frage nämlich, weshalb wir die Dinge «draußen» sehen (sog. Exteriorisation, Externalisation, exzentrische Projektion), wurde ebenfalls eine feststehende Beziehung der Netzhautpunkte zu Punkten im Außenraum vorausgesetzt: Die «Projektionstheorien» schrieben der Netzhaut die Fähigkeit zu, ihre Eindrücke nach außen zu verlegen in Richtung bestimmter ausgezeichneter Lichtrichtungen [8]. Die konsequente Fortführung dieses Standpunktes – Verankerung erlebter Örtlichkeit an peripheren Elementen des Sensoriums – unternahm an P. L. PANUM [9] anschließend E. HERING [10]. In seiner Theorie der Raumwerte der Netzhaut postuliert er für jeden Netzhauteindruck ein dreifaches Lokalzeichen: Breiten-, Höhen- und Tiefenwert; demnach besitzen die einzelnen Elemente des «somatischen Sehfeldes» unmittelbar extensiv geordnete Raumwerte, deren Wirksamkeit die L. nach Breite, Höhe und Tiefe erklären soll. Die in der retinalen Reizverteilung repräsentierte Anordnung der im Gesichtsfeld («Sehraum») befindlichen Gegenstände ist «relativ» in bezug auf einen als jeweilige Sehfeldmitte ausgezeichneten Punkt der Netzhaut (in der Regel die Stelle des schärfsten Sehens, die Fovea centralis). In diesem Sinne ist von «relativen Raumwerten» und von «relativer L.» zu sprechen. Als «absolute Raumwerte» bezeichnet Hering die auf den «wirklichen Raum» (der für ihn der gedachte ist) bezogenen Raumwerte. Als Bezugspunkt dieser Zeichen bildet sich unter Vermittlung visueller und haptischer Erfahrung das Körperschema heraus. Relativ zu diesem wird «absolut» lokalisiert.

Der Begriff der relativen L. ist in einem zweiten Sinne auf die Anordnung der gleichzeitig im Gesichtsfeld befindlichen Gegenstände gegeneinander angewendet worden [11]. Weniger einheitlich faßte man dagegen die «absolute» L. Auch hierbei handelt es sich zunächst um eine relative insofern, als sie an etwas anderem vorgenommen wird; entsprechend hat sich F. HILLEBRAND [12] gegen eine scharfe Trennung beider ausgesprochen. Während jedoch beide Arten relativer L. sich unmittelbar aus der retinalen Reizverteilung ergeben, bezieht absolute L. variable Größen ein, gegenüber deren Veränderung sie konstant bleibt. Im einfachsten und klassischen Fall ist dies die gegenüber Augenbewegungen invariante «absolute» L., die heute als Richtungskonstanz bezeichnet wird. HERING [13] hat sie dahingehend erklärt, daß die durch die Bildverschiebung auf der Netzhaut bedingte Änderung der relativen Raumwerte durch entsprechende Änderung der absoluten Raumwerte – infolge einer «Wanderung der Aufmerksamkeit» – kompensiert werde. Demgegenüber führte H. v. HELMHOLTZ [14] die Richtungskonstanz bei willkürlicher Augenbewegung auf einen Vergleich der aus dem Willkürimpuls abgeleiteten Innervationsempfindungen mit der aus der Augenbewegung resultierenden Verschiebung des Netzhautbildes zurück. Eine moderne Version dieses Gedankens findet sich im «Reafferenzprinzip» (E. v. HOLST und H. MITTELSTAEDT [15]); jedoch ist der Mechanismus der Richtungskonstanz bis heute umstritten [16].

Für die unter Verrechnung von Kopfstellung usw. erreichbare L. in bezug auf den (vorgestellten) Gesamtkörper hat sich G. E. MÜLLERS [17] Begriff der «egozentrischen L.» eingebürgert. Der Bezug auf das Körperschema stellt allerdings nur einen Sonderfall dar angesichts der erlebten Orientierung im Raum, bei der wir selbst uns innerhalb unserer wahrgenommenen Umgebung lokalisieren [18]. Dieser Regelfall gilt J. v. KRIES [19] als «absolute» L.; M. H. FISCHER [20] nennt ihn «exozentrische L.», behält dagegen den Begriff der absoluten L. für labyrinthär vermittelte L.-Erlebnisse vor. Die Unterscheidung zwischen egozentrischer und exozentrischer L. bestimmter Bewegungswahrnehmung durch Fischer stützt sich auf Untersuchungen zum Phänomen der induzierten Körperbewegung [21]: Eine Versuchsperson befindet sich ruhend in der Mitte eines rotierenden Streifenzylinders; sie kann zwei Extremfälle der Bewegungswahrnehmung erleben. Im einen Fall erlebt sie sich selbst als ruhend, die sie umgebenden Streifen als bewegt – was objektiv auch der Fall ist; Fischer führt dies auf egozentrische L. zurück. Im zweiten Fall erlebt der Proband sich selbst als bewegt, die ihn umgebenden Streifen als ruhend; dies wird auf exozentrische L. zurückgeführt. Die hier problematische Rolle des Körperschemas umgeht Fischer, indem er beiden Phänomenen denselben physiologischen Tatbestand unterstellt, das Auftreten des einen oder anderen jedoch als psychologischen Bedingungen unterworfen erklärt [22]. Diese Position kommt dem Verlassen der Grundvoraussetzung nativistisch orientierter Ansätze gleich, «daß die subjektive räumliche Anordnung ... unmittelbar einer objektiv gegebenen entspräche» [23].

Dieser Gedanke einer «direkten Parallelfundierung» [24] der subjektiv-räumlichen Ordnung ist nun aber keineswegs verlassen. Er findet sich zunächst – neben dem Gerüst des Ansatzes von Hering – in der sinnesphysiologisch orientierten nativistischen Tradition. A. TSCHERMAKS «modern-nativistischer» Standpunkt [25] enthält eine wichtige Modifikation insofern, als die Raumwerte als «funktionelle Ordnungswerte» angenommen werden; d. h. im Muster der Lokalzeichen ist die Topographie der Retina nur topologisch, nicht metrisch repräsentiert. Für die metrischen Verhältnisse macht Tschermak einen von verschiedenen Motiven abhängigen variablen «subjektiven Maßstab» verantwortlich. Begründet ist diese Modifikation in zahlreichen Befunden von Richtungsdiskrepanzen – z. B. der Abweichung der subjektiven Vertikalen

vom Lot –, welche der Annahme einer «Identität von Bildlage oder Reizverteilung und subjektiver Lokalisation» widersprechen [26].

Auf der anderen Seite vertritt die dem Nativismus nahestehende *Gestaltpsychologie* den Gedanken einer Parallelfundierung im Sinne einer «dynamischen» Kongruenz zwischen phänomenaler und «psychophysischer» Raumstruktur [27]. Die im berichteten Experiment von M. H. FISCHER und A. E. KORNMÜLLER aufscheinende Möglichkeit einer mehrfach-determinierten L. weist auf die gestalttheoretische Lehre von den phänomenalen Bezugssystemen hin: Aus dem «Zueinander von Mehrerem» [28] ergibt sich – für die funktionale Betrachtung [29] – der Grundsatz der Relativität aller L., welche aber im Erleben nicht notwendig evident ist [30]. Unter phänomenologischem Aspekt folgt, daß physikalischer Raum und Anschauungsraum nicht struktur-identisch sind, wie in den elementaristischen Theorien angenommen wird; spezielle Kritik ist gegen deren Konstanzannahme gerichtet.

Unter den neueren Entwicklungen sind in diesem Zusammenhang wenigstens zwei bedeutsam: zum einen die Untersuchung relationaler Stimuli (Stimuli höherer Ordnung [31]) wie z. B. die Texturgradienten J. J. GIBSONS [32], zum anderen die in der Neurophysiologie mit dem Prinzip der rezeptiven Felder [33] gefundene Alternative zu einer punktuellen «Abbildung» des retinalen Rezeptormosaiks auf die zentrale Sehsphäre [34].

Anmerkungen. [1] G. BERKELEY: An essay towards a new theory of vision (Dublin 1709). – [2] E. B. DE CONDILLAC: Traité des sensations (1754) 2, Kap. 4-7; 3, Kap. 3 u. 4. – [3] H. LOTZE: Med. Psychol. oder Physiol. der Seele (1852) 334. – [4] E. G. BORING: Sensation and perception in the hist. of exp. psychol. (New York 1942) 233-238; vgl. auch O. KLEMM: Gesch. der Psychol. (1911) 348. – [5] H. v. HELMHOLTZ: Hb. der physiol. Optik (^{2}1896) 576-583. – [6] a.O. 742. – [7] J. MÜLLER: Zur vergl. Physiol. des Gesichtssinnes des Menschen und der Tiere (1826) 508. – [8] A. W. VOLKMANN: Neue Beitr. zur Physiol. des Gesichtssinnes (1836) 21; vgl. auch W. PORTERFIELD: A treatise on the eye, the manner and phaenomena of vision (1759) 2, 285. – [9] P. L. PANUM: Physiol. Untersuch. über das Sehen mit zwei Augen (1858) 63-88. – [10] E. HERING: Beitr. zur Physiol. (1864) 5, 323-329. 345; Der Raumsinn und die Bewegungen des Auges, in: L. HERMANN (Hg.): Hb. der Physiol. (1879) 3/1, 386ff.; vgl. auch F. HILLEBRAND: Ewald Hering. Ein Gedenkwort der Psychophysik (1918) 57-107. – [11] F. B. HOFMANN: Die Lehre vom Raumsinn des Auges (1920) 1, 3. – [12] F. HILLEBRAND: Die Ruhe der Objekte bei Blickbewegungen. J. Psychiat. Neurol. 40 (1920) 213ff. – [13] HERING, a.O. [10] (1879) 532ff. – [14] v. HELMHOLTZ, a.O. [5] 951. – [15] E. v. HOLST und H. MITTELSTAEDT: Das Reafferenzprinzip. Naturwiss. 37 (1950) 464-467. – [16] D. M. MACKAY: Visual stability and voluntary eye movements, in: R. JUNG (Hg.): Hb. of sensory physiol. VII/3A (1972) 307-331. – [17] G. E. MÜLLER: Zur Analyse der Gedächtnistätigkeit und des Vorstellungsverlaufs. Z. Psychol. Erg.bd. 9 (1917). – [18] F. B. HOFMANN: Die Lehre vom Raumsinn des Auges (1925) 2, 597f. – [19] J. V. KRIES: Allg. Sinnesphysiol. (1923) 208. – [20] M. H. FISCHER: Die Orientierung im Raume bei Wirbeltieren und beim Menschen, in: A. BETHE (Hg.): Hb. der normalen und pathol. Physiol. (1931) 15, 995ff. – [21] M. H. FISCHER und A. E. KORNMÜLLER: Optokinet. ausgelöste Bewegungswahrnehmung und optokinet. Nystagmus. J. Psychol. Neurol. 41 (1930/31) 273-308. – [22] FISCHER, a.O. [20] 997. – [23] v. KRIES, a.O. [19] 220. – [24] a.O. 203f. – [25] A. TSCHERMAK: Optischer Raumsinn, in: A. BETHE (Hg.) a.O. [20] 12, 999. – [26] Einf. in die physiol. Optik (1947) 90ff.; vgl. auch K. OGLE: Spatial localization according to direction, in: H. DAVSON (Hg.): The eye (New York/London 1962) 4, 224-231. – [27] W. KÖHLER: Die phys. Gestalten in Ruhe und im stationären Zustand (1920); Psychol. Probleme (1933) 141ff. – [28] M. WERTHEIMER: Exp. Stud. über das Sehen von Bewegung. Z. Psychol. 61 (1912) Anhang. – [29] H. KLEINT: Versuche über die Wahrnehmung. Z. Psychol. 149 (1940) 36. – [30] N. BISCHOF: Psychophysik der Raumwahrnehmung, in: W. METZGER (Hg.): Hb. der Psychol. I/1 (1966) 316f. – [31] J. HOCHBERG: Perception (Englewood Cliffs 1946) Kap. 5. – [32] J. J. GIBSON: The perception of the visual world (Boston 1950) 59ff. – [33] D. H. HUBEL und T. N. WIESEL: Receptive fields of single neurons in the cat's striate cortex. J. Physiol. 148 (1959) 574-591. – [34] R. JUNG: Neurophysiol. and psychophys. correlates in vision research, in: A. G. KARCZMAR und J. C. ECCLES (Hg.): Brain and human behavior (1972) 217ff.

Literaturhinweise. W. WUNDT: Grundzüge der physiol. Psychol. (⁴1893) 2, 41-46. 222-234. – N. BISCHOF s. Anm. [30] 307-408. – F. B. HOFMANN s. Anm. [11] 1-8. 142-164; s. Anm. [18] 351-410. 466-519. 537-613. – W. KÖHLER: Psychol. Probleme s. Anm. [27] 141-169.

W. SCHMITZ

Lokalisationslehre. Im weiteren Sinn bedeutet ‹L.› die Lehre von der Lokalisation krankhafter Vorgänge im Nervensystem, d. h. von den Beziehungen zwischen bestimmten Krankheitserscheinungen und örtlich definierten Störungen im Nervensystem. Im engeren Wortsinn meint ‹L.› die Lehre über die Zuordnung seelischer Störungen bzw. seelischer Funktionen zu bestimmten Feldern der Großhirnrinde. In der zweiten Hälfte des 19. Jh. entwickelte sich die L. auf der Basis der damaligen Wissenschaft, aber doch noch stark beeinflußt von der vorwissenschaftlichen Phrenologie GALLS [1]. Dieser lag die spekulative Hypothese zugrunde, daß sich die Gesamtheit des Psychischen aus einzelnen «Seelenvermögen» zusammensetze (bei Gall etwa 25), die jeweils durch die Tätigkeit umschriebener Hirnteile hervorgebracht würden. Die Phrenologie in ihrer Gesamtkonzeption wurde von der aufkommenden L. als unwissenschaftlich erkannt und abgelehnt; dessen ungeachtet wurden aber grundlegende Hypothesen Galls in die neue L. übernommen [2].

Hierher gehört insbesondere die Annahme, daß psychologisch definierte Teilbereiche des Psychischen mit der Tätigkeit umschriebener und abgrenzbarer Hirngebiete, der «Zentren», zusammenhängen, sowie die stillschweigende Unterstellung, daß das «Zentrum», dessen Erkrankung zu einer Störung seelischer Funktionen führt, auch der Ort ist, an dem die normale Funktion «entsteht». Daß solche Vorstellungen nur möglich sind auf dem Boden einer konsequent materialistischen Weltanschauung, bei der das Seelische zu einem bloßen Epiphänomen der Gehirntätigkeit wird, wurde von den Schöpfern der L. meist nicht klar erkannt [3].

Von der Gehirnphysiologie bzw. -pathologie her gliedern sich die zu lokalisierenden Phänomene in verschiedene Kategorien. Bei einer Kategorie handelt es sich um Störungen umschriebener körperlicher Funktionen, wie Lähmungen einzelner Gliedmaßen oder Ausfälle in einzelnen Sinnesgebieten in Form von Gesichtsfelddefekten oder Sensibilitätsstörungen. Diese motorischen und sensorischen Störungen lassen sich sicher und zuverlässig bestimmten Hirngebieten zuordnen, die anatomisch eindeutig definiert sind [4]. Ihnen stehen in einer anderen Kategorie komplexe psychische Vorgänge gegenüber, deren Zuordnung zu umschriebenen Hirngebieten problematisch ist.

Von entscheidender Bedeutung für die Entwicklung der L. war deshalb die Zwischenkategorie der Aphasien, Agnosien und Apraxien (s. d.), weil man glaubte, wenigstens in diesem Bereich wohldefinierte seelische Störungen umschriebenen Ausfällen bestimmter Hirngebiete zuordnen zu können [5].

Trotz aller Kritik an der weitgehend spekulativ und ohne ausreichende Fundierung durch die Empirie geschaffenen «klassischen» L. [6] wurde diese zunächst immer weiter und noch spekulativer ausgebaut, bis schließlich alle seelischen Teilbereiche einen Platz auf der nun restlos ausgefüllten Landkarte der Hirnoberfläche fanden [7].

Die Gegenposition wurde von der «Plastizitätslehre» vertreten, die eine Äquipotentialität der Hirngebiete annimmt; dies besagt, daß jede psychische Funktion nur aus dem Zusammenwirken mehrerer Hirngebiete erklärt werden kann und daß jeder kortikale Bereich potentiell auch andere Funktionen übernehmen könnte [8].

Die heutigen Vorstellungen unterscheiden sich von den früheren durch sehr viel größere Zurückhaltung, aber auch in der grundsätzlichen Betrachtungsweise. So ist es zwar unzweifelhaft, daß psychische Erscheinungen mit physiologischen Prozessen im Zentralnervensystem, speziell im Gehirn, verknüpft sind, aber diese physiologischen Prozesse sind nicht nach topographisch-anatomischen, sondern ausschließlich nach physiologischen Prinzipien organisiert. Sie laufen ab in den Funktionseinheiten des Nervensystems, den Neuronen. Eine Lokalisation irgendwelcher (auch psychischer) Vorgänge im Zentralnervensystem könnte daher nur in solchen funktionellen Einheiten erfolgen, d. h. in Neuronen und Neuronenverbänden [9]. Diese decken sich aber in keinem Falle mit umschriebenen Arealen der Hirnoberfläche (wie sie die Zentren der klassischen Lehre darstellen), sondern ziehen sich in komplizierter gegenseitiger Verflechtung und funktioneller Verknüpfung durch das ganze Zentralnervensystem. Deshalb können «die anatomischen Repräsentanten psychischer Geschehnisse ... wohl kaum anders als in der ganzen Rindenoberfläche und in diffuser, wenn auch selbstverständlich nicht in gleichmäßig diffuser Weise zerstreut gedacht werden» [10]. Der Versuch einer Lokalisation psychischer Funktionen in diesen komplizierten funktionellen Systemen ist schon methodisch außerordentlich schwierig: Die derzeitige neuropsychologische Forschung, die sich die aus der L. hervorgegangene Aufgabe stellt, psychische Leistungen makroskopischen Strukturen im Cortex zuzuordnen, untersucht deshalb schwerpunktmäßig lediglich die funktionale Differenzierung der beiden Hemisphären der Großhirnrinde [11]. Unumstritten ist die Spezialisierung einer der beiden Hemisphären für die Verarbeitung und Produktion von Sprache und die Spezialisierung der anderen Hemisphäre für die Verarbeitung von nicht-sprachlichem Material bei fast allen Menschen ebenso wie die Annahme einer weitgehenden Plastizität des kindlichen Gehirns [12].

Anmerkungen. [1] F. J. GALL: Gehirn-, Schedel- und Organenlehre (1807); F. J. GALL und H. SPURZHEIM: Anat. et physiol. du système nerveux en général et du cerveau en particulier 1-4 (Paris 1810-1819). – [2] Vgl. z. B. P. BROCA: Remarques sur le siège de la faculté du langage articulé. Bull. Soc. Antropol. 6 (1861); C. WERNICKE: Der aphasische Symptomenkomplex (1874); vgl. W. RIESE: A hist. of neurol. (New York 1959). – [3] E. BAY: Zum Problem der Hirnlokalisation. Dtsch. med. Wschr. 81 (1956) 261-264. – [4] M. CLARA: Das Nervensystem des Menschen (1942). – [5] E. BAY: Die Gesch. der Aphasielehre und die Grundl. der Hirnlokalisation. Dtsch. Z. Nervenheilk. 181 (1961) 634-646. – [6] J. H. JACKSON: On affections of speech from disease of the brain. Brain 1 (1878) 304-330; S. FREUD: Zur Auffassung der Aphasien (1891); C. v. MONAKOW: Die Lokalisation im Großhirn (1914). – [7] Vgl. z. B. K. KLEIST: Gehirnpathol. (1934); vgl. BAY, a.O. [5] 637. – [8] A. v. HALLER: Elementa physiologiae corporis humani (Lausanne 1769); P. J. FLOURENS: Rech. exp. sur les propriétés et les fonctions du système nerveux dans les animaux vertébrés (Paris 1824); F. GOLTZ: Über die Verrichtungen des Großhirns. Pflügers Arch. ges. Physiol. 13. 14. 20. 26 (1876-1884); K. GOLDSTEIN: Die Lokalisation in der Großhirnrinde, in: Bethes Hb. der norm. und pathol. Physiol. 10 (1927); K. S. LASHLEY: Functional determination of cerebral localization. Arch. Neurol. Psychiat. 38 (1937); vgl. auch [6]. – [9] A. R. LURIA: Die höheren kortikalen Funktionen des Menschen und ihre Störungen bei örtlichen Hirnschädigungen (1970); BAY, a.O. [5] 637. – [10] v. MONAKOW, a.O. [6] 73. – [11] S. DIMOND: The double brain (Edinburgh 1972); S. DIMOND und J. G. BEAUMONT (Hg.): Hemisphere function in the human brain (London 1974). – [12] Vgl. E. H. LENNEBERG: Biol. Grundl. der Sprache (1967).

Literaturhinweise. P. FLECHSIG: Gehirn und Seele (1896). – C. v. MONAKOW s. Anm. [6]. – K. KLEIST s. Anm. [7]. – O. BUMKE und O. FOERSTER (Hg.): Hb. der Neurol. 6 (1936). – E. BAY s. Anm. [3]. – G. SCHALTENBRAND und C. N. WOOLSEY (Hg.): Cerebral localisation and organisation (Madison 1964). – A. R. LURIA s. Anm. [9]. – S. DIMOND s. Anm. [11]; S. DIMOND und J. G. BEAUMONT s. Anm. [11].
E. BAY

Lokalzeichen. Als ‹L.› bezeichnete die klassische Bewußtseinspsychologie ein hypothetisches Konstrukt, mit dessen Hilfe die örtliche Unterscheidbarkeit von Empfindungen auf den Gebieten des Tast- und des Gesichtssinns erklärt werden sollte.

Der Terminus ‹L.› geht auf LOTZE (1852) zurück [1], doch finden sich sowohl die Annahme der Existenz von L. als auch die Vorstellung von einem L.-Mechanismus im Sinne Lotzes in der Wahrnehmungspsychologie seit Beginn des 19. Jh. Im 17. und 18. Jh. war, beginnend mit MALEBRANCHE [2] und BERKELEY [3], das Lokalisationsproblem vorwiegend als Problem der Entstehung von Raumwahrnehmung überhaupt gefaßt worden. Einzelne Versuche, die Raumanschauung nach dem Vorbild CONDILLACS [4] aus unräumlichen Empfindungen genetisch herzuleiten, reichen noch bis zur Mitte des 19. Jh. (HERBART [5], BAIN [6]); doch wendet sich, unter dem Einfluß KANTS und in Verbindung mit der sich entwickelnden Sinnesphysiologie, das Interesse der Wahrnehmungspsychologie zunehmend der Frage zu, wie – unter der Voraussetzung gegebener Raumanschauung – die Lokalisation von Empfindungen funktional vermittelt ist.

Gemäß dem die klassische Bewußtseinspsychologie beherrschenden elementaristischen Ansatz wird die Lösung dieses Problems durchweg in der Annahme von ortsbestimmenden Merkmalen gesehen, die einzelnen 'einfachen Empfindungen' zugeordnet sind. Sofern der Terminus ‹L.› für diese zu postulierenden, theoretisch noch nicht näher bestimmten 'Indices' von Empfindungen steht (vgl. C. STUMPF [7]) – eine Bedeutung des Begriffs, die sich schon bei LOTZE findet [8] und die später insbesondere von HELMHOLTZ aufgenommen wird [9] –, kann das L.-Konzept als Gemeingut der Psychologie des 19. Jh. gelten (vgl. O. KLEMM [10], E. G. BORING [11]).

Theoretisch umstritten ist im 19. Jh. demgegenüber LOTZES Konzept des L. im engeren Sinn. L. werden hiernach durch Erfahrung erworben; ihre Ausbildung geschieht durch Vermittlung der Motorik. Im einzelnen ausgeführt hat Lotze diesen Ansatz in seiner Theorie der L. des Gesichtssinns, die in einer für den empiristischen Ansatz charakteristischen Weise zugleich genetische Herleitung und Funktionsmodell ist [12]. Die durch Reizung einer Stelle der Netzhaut hervorgerufene Empfindung ist rein intensiver Natur; sie enthält «keine Andeutung räumlicher Ausdehnung oder Lage» [13]. Jedoch löst der Reiz zugleich mit der Gesichtsempfindung eine Reflexbewegung des Auges aus, die ihn auf die Stelle deutlich- sten Sehens (die Fovea centralis) zu bringen sucht. Die resultierende Bewegungsempfindung wird mit der Gesichtsempfindung assoziiert und dient als ihr L. Zur Erklärung der Lokalisation bei ruhendem Auge zieht Lotze wiederum den Mechanismus der Assoziation heran: Kommt es – etwa bei gleichzeitiger Reizung mehrerer Netzhautstellen – nicht zur Ausführung der Fixationsbewegung, so erzeugt jeder Reiz doch einen seinem Ort korrespondierenden Bewegungs*antrieb*. Dieser hat zwar nicht selbst L.-Funktion – dies liefe Lotzes Sensualismus zuwider –, aber er ist durch vorausgegangene Erfahrung mit einer Bewegungsempfindung verbunden, deren Vorstellung er nun assoziativ als L. hervorzubringen vermag.

In ihren Grundzügen folgt diese Theorie der zu Lotzes Zeit weitverbreiteten, historisch auf Berkeley und Condillac zurückgehenden Vorstellung, daß Raumauffassung durch die Verbindung afferenter mit efferenten Prozessen entsteht. Auch in der Anwendung dieses Konzept auf das Problem der visuellen Lokalisation war Lotzes Theorie keineswegs neu. Sie findet sich vollständig schon bei W. STEINBUCH (1811) formuliert [14] und hatte bereits 1846, sechs Jahre vor Erscheinen von Lotzes ‹Medicinischer Psychologie›, Eingang in R. WAGNERS ‹Handwörterbuch der Physiologie› gefunden [15].

Die Entwicklung des L.-Konzepts *nach* Lotze ist bestimmt durch die Auseinandersetzung zwischen dem empiristischen und dem nativistischen Standpunkt in der Wahrnehmungspsychologie. Von empiristischen Theoretikern bis hin zu TH. ZIEHEN [16] wird Lotzes Modell weithin übernommen; eine ihrem Wesen nach empiristische Konzeption, die das Substrat der L. nicht in der Motorik, sondern in – möglicherweise phylogenetischer – sensorischer Erfahrungsbildung sieht, formuliert TH. LIPPS [17]. Von Vertretern des Nativismus werden sowohl theoretische als auch empirische Einwände gegen Lotzes Theorie geltend gemacht. STUMPFS [18] theoretische Kritik stützt sich auf den Umstand, daß Lotzes L.-Begriff einerseits als physiologisches Konstrukt formuliert ist [19], andererseits aber eine bewußte Empfindung bezeichnen soll [20]; deren introspektive Nachweisbarkeit sieht Stumpf als zweifelhaft an. In seiner empirischen Argumentation weist er, wie später auch H. EBBINGHAUS [21], darauf hin, daß die örtliche Diskriminationsfähigkeit des Gesichtssinns bedeutend feiner ist als die Unterscheidbarkeit von Augenbewegungen.

Der theoretische Beitrag des Nativismus beschränkt sich im wesentlichen darauf, die Existenz angeborener ortsbestimmender Merkmale von Empfindungen zu postulieren. Schon D. TIEDEMANN (1777) spricht davon, daß «die Berührung eines jeden Nerven ... eine ihr eigenthümliche Empfindung» erzeuge [22]. An die Stelle dieser phänomendeskriptiven Formulierung tritt im 19. Jh. eine mehr funktionelle Fassung des Konzepts, so bei J. MÜLLER: «Jeder Punkt, in welchem eine Nervenfaser endet, wird im Sensorium als Raumtheilchen repräsentirt» [23]. Für das Gebiet des Gesichtssinns ist diese Vorstellung von E. HERING in seiner Theorie der Raumwerte der Netzhaut ausgearbeitet worden [24]; eine die psychophysische Problematik berücksichtigende, zugleich den elementaristischen Ansatz verlassende theoretische Grundlegung hat sie später in W. KÖHLERS Isomorphieprinzip gefunden [25].

Den Versuch einer Vermittlung zwischen dem nativistischen und dem empiristischen Standpunkt unternahm W. WUNDT mit seiner Theorie der «komplexen L.». Als qualitative Merkmale von Empfindungen («locale Färbung») sind die L. hiernach angeboren; doch bedarf es zu ihrer Anordnung in einem dimensional strukturierten Bezugssystem der assoziativen Verschmelzung mit Bewegungsempfindungen [26].

Mit dem Niedergang der klassischen Bewußtseinspsychologie ist der L.-Begriff zusammen mit dem Begriff der einfachen Empfindung aus der psychologischen Terminologie verschwunden; doch wird er in der Sinnesphysiologie in einem theoriefreien Sinn – zur Bezeichnung des funktionalen Substrats der Lokalisation – noch gelegentlich verwendet [27].

Anmerkungen. [1] H. Lotze: Med. Psychol. oder Physiol. der Seele (1852) 325-371. – [2] N. Malebranche: De la recherche de la vérité (Paris 1674/75) 1. 2, Kap. 1-20. – [3] G. Berkeley: An essay towards a new theory of vision (Dublin 1709). – [4] E. Condillac: Traité des sensations (London/Paris 1754) 2, Kap. 4-7; 3, Kap. 3-4. – [5] F. Herbart: Psychol. als Wiss., neu gegründet auf Erfahrung, Met. und Math. 1. 2 (1824/25). Werke 6, 88-97. – [6] A. Bain: The senses and the intellect (London ³1868) 372. – [7] C. Stumpf: Zum Begriff L. Z. Psychol. Physiol. Sinnesorgane 4 (1893) 70-73. – [8] Lotze, a.O. [1] 331. – [9] H. v. Helmholtz: Hb. der physiol. Optik (1896) 670. – [10] O. Klemm: Gesch. der Psychol. (1911) 342. – [11] E. G. Boring: Sensation and perception in the hist. of exp. psychol. (New York 1942) 235. – [12] Lotze, a.O. [1] 325-371; Grundz. der Psychol. (1884) 31-38; Mikrokosmus (1856) 1, 328-334; Anhang, in: C. Stumpf: Über den psychol. Ursprung der Raumvorstellung (1873) 315-324; vgl. auch Klemm, a.O. [10] 351-356; Stumpf, a.O. 86-95. – [13] Lotze, a.O. [1] 328. – [14] W. Steinbuch: Beytr. zur Physiol. der Sinne (1811) 153ff. 228f. – [15] R. Wagner: Handwb. der Physiol. mit Rücksicht auf die physiol. Pathol. (1846) 3, 346. – [16] Th. Ziehen: Leitfaden der Physiol. Psychol. in 15 Vorles. (⁷1906) 100-106. – [17] Th. Lipps: Leitfaden der Psychol. (²1906) 84-87. – [18] Stumpf, a.O. [12] 86-99. – [19] Lotze, a.O. [1] 331. – [20] Anhang, in: Stumpf, a.O. [12] 320f. – [21] H. Ebbinghaus: Grundz. der Psychol. (⁴1919) 1, 490. – [22] D. Tiedemann: Untersuch. über den Menschen. Anderer Theil (1777) 169. – [23] J. Müller: Hb. der Physiol. des Menschen für Vorles. (1840) 2, 263. – [24] E. Hering, in: L. Hermann (Hg.): Hb. der Physiol. 3/1 (1879) 343ff. – [25] W. Köhler: Gestalt psychol. (New York 1947) 206ff. – [26] W. Wundt: Beitr. zur Theorie der Sinneswahrnehmung (1862) 1-65. 145-170; Grundz. der Physiol. Psychol. (⁴1893) 2, 32-38. – [27] K. Ogle: Spatial localization according to direction, in: H. Davson (Hg.): The eye (New York/London 1962) 4, 219f.

Literaturhinweise. D. Ackerknecht: Theorie der L. (1904). – E. G. Boring s. Anm. [11] 28-34. 233-238. – O. Klemm s. Anm. [10] 326-356. – C. Stumpf s. Anm. [12]. – W. Wundt: Grundzüge ... s. Anm. [26] 41-46. 222-234.

O. NEUMANN

Lokâyata heißt die Lehre von den weltlichen Dingen ('Materialismus'[?]). Die historische Bedeutung und Stellung des L. innerhalb der indischen Philosophie liegt in dem von ihr vertretenen Prinzip eines negativen Interesses an philosophischer Problematik. Nicht die theoretische Fundierung der Lehre von der Materie als Seinsgrund, sondern die sich daraus ergebende Möglichkeit einer Negation der von den zeitgenössischen Schulen lehrmäßig systematisierten Postulate einer Fortdauer über den empirischen Tod hinaus und einer sittlich fundierten Wiedergeburtskausalität wird vom L. angestrebt. Vorstufen des L.-Systems lassen sich durch buddhistische und jinistische Zeugnisse bis ins 6. Jh. v. Chr. zurückverfolgen. Welche Bevölkerungsschichten Träger 'materialistischer' Lehren waren, wissen wir nicht, anscheinend besteht ein gewisser Zusammenhang mit der altindischen Lehre von der Staatskunst [1].

Die Literatur des L. ist – wahrscheinlich infolge der Gegnerschaft der brahmanischen und Erlösungssysteme – fast völlig verlorengegangen; einen Eindruck von ihrer Systematik vermitteln die in der Literatur der anderen Schulen erhaltenen Fragmente und Polemiken, deren methodische Zusammenstellung noch aussteht.

Die eigentliche Schule des L. geht auf das systematische Grundwerk eines Cârvâka zurück, das sich nur in Fragmenten rekonstruieren läßt. Das Weltbild der Schule scheint recht einfach gewesen zu sein: Es werden die vier Elemente Erde, Wasser, Feuer und Luft angenommen, aus denen die ganze Welt einschließlich des Menschen gebildet ist. Ein eigenes Prinzip der Geistigkeit oder einen personalen Fortdauer über den Tod hinaus gibt es nicht, vielmehr ist auch der Geist nur Funktion der Materie, die unter bestimmten Bedingungen geistige Fähigkeiten entwickelt, nämlich dann, wenn die Materie zu Körperaggregaten zusammentritt. Die damit gewonnene Leugnung der Seele dient dem L. zur programmatischen Zurückweisung eines Jenseits sowie eines moralisch gearteten Bezuges des Menschen zu ihm. Von negativem Interesse ist auch die Erkenntnislehre des L.; ihr Hauptanliegen besteht darin, als einziges gültiges Erkenntnismittel die sinnliche Wahrnehmung zu erweisen, während die Schlußfolgerung als mögliches Mittel zum Nachweis solcher Dinge wie Seele, Wiedergeburt, Autorität der heiligen Überlieferung der Brahmanen usw. aufs schärfste bekämpft wird.

Die durch und durch zweckgebundene Philosophie des L. dürfte im Laufe der Entwicklung eine systematische Ausgestaltung gefunden haben; im Denken des modernen Indien scheint eine bodenständige materialistische Tradition keine Rolle zu spielen.

Anmerkung. [1] W. Ruben: Materialismus im Leben des alten Indien. Acta orientalia 13 (Leiden 1935); vgl. Art. ‹Macht V›.

Literaturhinweise. Dakshina Ranjan Shastri: Short hist. of Ind. materialism (Calcutta 1930). – A. Hillebrandt: Zur Kenntnis der ind. Materialisten, in: Aufs. zu Kultur- und Sprachgesch. vornehmlich des Orients, Ernst Kuhn gewidmet (1916) 24-26.

F. ZANGENBERG

Lokutionärer Akt/illokutionärer Akt. Die Begriffe ‹l.A.› (Lokution = L.), ‹i.A.› (Illokution = I.) und «perlokutionärer Akt» (p.A.; Perlokution = P.) hat J. L. Austin eingeführt [1]. Mit Hilfe anderer Termini ist die Unterscheidung zumindest zwischen L. und I. allerdings schon früher gemacht worden [2]. – Austin hatte ursprünglich, ausgehend besonders von «operativen» Äußerungen [3] bzw. «legal doings» [4] wie dem Jemandem-etwas-Vermachen und im Bemühen, die Enge des deskriptivistischen Bedeutungsbegriffs der logischen Empiristen zu überwinden [5], der konstatierenden (wahren oder falschen) Äußerung die performative (den Vollzug einer Handlung bedeutende, in eigentümlicher Weise glückende oder mißglückende) Äußerung gegenübergestellt. – Die Theorie der performativen und konstatierenden Äußerung scheitert allerdings in Austins eigenen Augen: Auch konstatierende Äußerungen können so wie performative mißglücken (z. B. nichtig sein); auch einige performative können so wie konstatierende mit den Tatsachen konfrontiert werden und zumindest etwas der Wahrheit oder Falschheit Analoges haben (z. B. kann ein Rat schlecht sein) [6]. Austin variiert deshalb seine Theorie zu einer «allgemeinen Theorie» des Sprechakts: An die Stelle der Nebenordnung ‹konstativ-performativ› tritt die Unterteilung ‹L.-I.-P.›. L. ist der «Akt, *daß* man etwas sagt» («act *of* saying»): Man äußert gewisse Geräusche (phonetischer Akt), die als Wörter eines bestimmten Vokabulars gemeint sind und gemäß der betreffenden Grammatik gebraucht werden (phatischer Akt) und die etwas sagen über etwas («sense and reference» oder auch: Bedeutung; rhetischer Akt, geteilt in die Hilfsakte «naming and referring») [7]. I. ist «der Akt, den man vollzieht, *indem* man etwas sagt» («act *in* saying»), z. B. raten oder feststellen; Austin spricht häufig auch von der «illocutionary force» einer Äußerung: Eine Äußerung hat die «Kraft» oder «Rolle» einer Feststellung [8]. P. ist «der Akt, den man vollzieht *dadurch, daß* man etwas sagt» («act *by* saying»), z. B. überzeugen [9]. – Jeder echte Sprechakt ist zumindest L. und zugleich I.; beides sind bloße Abstraktionen [10].

Austins Theorie der L. und I. ist der Gegenstand ganz unterschiedlicher kritischer Stellungnahmen geworden: P. F. STRAWSON exhauriert Austins Theorie. Er führt den Unterschied ein zwischen i.A.en, die wesentlich konventionell, und solchen, die das nicht sind. Wird mit der Äußerung von «Das Eis dort ist sehr dünn» eine Warnung ausgesprochen, so ist es die momentane Absicht des Sprechers und keine feststellbare Konvention, die diese Äußerung zur Warnung und also zu einer bestimmten I. macht [11]. – Anders als Austin bezieht Strawson die I. in den Begriff der Bedeutung ein: Von der Bedeutung dessen, was gesagt wurde (linguistic meaning), unterscheidet Strawson die Bedeutung dessen, was über wen/was gesagt wurde (linguistic-cum-referential meaning), und die Bedeutung all dessen, was mit dem, was gesagt wurde, gemeint wurde, einschließlich I. (complete meaning) [12]. – Eine Weiterführung der Theorie Austins auf logischer Basis versucht L. APOSTEL [13], auf gesellschaftsgeschichtlicher Basis M. BRAUNROTH u. a. [14], auf interaktionssoziologischer Basis D. WUNDERLICH (‹Semantik der illokutiven Typen›) [15].

L. J. COHEN verwirft Austins Theorie. Die Bedeutung der performativen Formel «Ich protestiere» ist, einen Protest anzumelden. Unterstellt, es gebe so etwas wie die mit dieser Äußerung vollzogene I., so wäre diese ebenfalls das Protestieren – weshalb Bedeutung und I. nicht unterscheidbar sind. Was Austin mit ‹I.› meint, ist derjenige Teil der Bedeutung einer Äußerung, der durch performative Ausdrücke bezeichnet wird oder werden kann. Der Begriff der I. ist folglich leer [16].

Dem Verhältnis Austin/Cohen entspricht das Verhältnis Alston/Holdcroft. W. P. ALSTON hat (anders als Austin) den Begriff der Bedeutung unter Beziehung auf die I. expliziert: Zwei Sätze sind bedeutungsgleich, wenn man mit ihnen dieselben I.en vollziehen kann [17]. D. HOLDCROFT verwirft Alstons These mit dem Argument, daß man die Bedeutung eines Satzes schon kennen müsse, um zu wissen, welche I.en man mit ihm vollziehen könne [18].

J. R. SEARLE variiert Austins Theorie. Die Analyse der Bedeutung des explizit performativen Satzes «Ich verspreche, es zu tun» ist zugleich die Analyse der I., die mit der Äußerung dieses Satzes vollzogen wird. «... there is no way of abstracting the locutionary act which does not catch an illocutionary act» [19]. Dies gilt nicht nur hinsichtlich explizit performativer Äußerungen, sondern allgemein, denn: (a) Die Bedeutung eines jeden Satzes enthält Determinanten bzw. Indikatoren seiner illokutionären Rolle (vgl. bes. die Satzmodi). (b) Jede Äußerung kann gemäß dem (von Austin nicht beachteten) Prinzip der Ausdrückbarkeit in eine explizit performative Äußerung transformiert werden [20]. – Searle setzt an die Stelle der Unterscheidung I./L. (genauer: rhetischer Akt) die Unterscheidung von i.A. und dessen (rollen-neutralem) propositionalem Gehalt. Jede explizit performative Formulierung enthält den Indikator der I. («Ich verspreche»)

und den Indikator des propositionalen Gehalts («daß *p*»). Bei dieser Unterscheidung ist der propositionale Gehalt *allein* in denjenigen Teilen der Formulierung repräsentiert, die keinen Indikator der I. enthalten, d. h. er ist «a genuine abstraction from the total illocutionary act» [21].

In etwas anderer Weise als Searle variiert R. M. HARE Austins Theorie. Auch nach Hare enthält jeder Satz Bedeutungsmomente, die indizieren, als was er gemeint ist [22]: Das ‹ist› in «Die Katze ist auf der Matte» ist nicht nur ein Teil der «Phrastik» (dessen, wovon ein Satz handelt [23]); es besagt nicht nur, daß etwas etwas *ist*. Es gehört auch zur ‹Tropik› der betreffenden Äußerung; es zeigt an, daß es sich bei der Äußerung um die *Behauptung, daß* etwas etwas ist, handelt und nicht um einen Imperativ o. ä. [24]. Die illokutionäre Rolle ist immer Teil des Sinns eines Satzes. Die Unterscheidung von L. und I. bricht deshalb in sich zusammen [25].

L. W. FORGUSON verteidigt Austins Theorie vor den Angriffen Searles: Auch wenn es Fälle gibt, in denen die Bedeutung des Satzes die I. vollständig determiniert, ist sie doch nicht *dasselbe* wie diese. Daß dies so ist, zeigt sich besonders im Blick auf Fälle, in denen der eine Akt glückt und der andere nicht (der rhetische Akt ist eindeutig, die I. mehrdeutig, oder umgekehrt) [26]. – In ähnlicher Weise nimmt S. THAU Austins Unterscheidungen vor Angriffen Searles und Cohens in Schutz: L. und I. können unterschiedlichen «breakdowns» erliegen (jene kann ungrammatisch sein oder «reference failures» enthalten, diese nicht) [27].

Anmerkungen. [1] J. L. AUSTIN: How to do things with words (Cambridge, Mass. 1962) Lect. 7f.; dtsch. Zur Theorie der Sprechakte (1972) 108ff. – [2] M. FURBERG: Saying and meaning (Oxford 1971) 52. – [3] AUSTIN, a.O. [1] 28. 105; Performative, in: Wort und Bedeutung (1975) 248. – [4] G. J. WARNOCK: Some types of performative utterance, in: I. BERLIN (Hg.): Essays on Austin (London 1973) 70. – [5] a.O. [1] 23ff. – [6] AUSTIN, Performative a.O. [3] 262ff.; Performative und konstatierende Äußerung, in: R. BUBNER (Hg.): Sprache und Analysis (1968) 147ff. – [7] a.O. [1] 108ff.; vgl. dazu L. GRIFFITHS: The logic of Austin's L. subdivision. Theoria 35 (1969) 204-214. – [8] ‹Rolle›: E. v. SAVIGNYS Übersetz. von ‹force›; vgl. a.O. [1] 10; zur Problematik dieser Übersetz. vgl. H.-U. HOCHE, in: M. SCHIRN (Hg.): Stud. zu Frege II (1976) 99 und A. LEIST, IN: D. WUNDERLICH (Hg.): Linguist. Pragmatik (1972) 76. – [9] AUSTIN, a.O. [1] 115. 121; zu ‹P.› vgl. T. COHEN: I.s and P.s. Foundations of Language 9 (1973) 492-503; B. SCHLIEBEN-LANGE: P. Sprache im techn. Zeitalter 52 (1974) 319-333; Linguist. Pragmatik (1975) 86-90. – [10] a.O. [1] 162; zu L. und I. bei Austin vgl. FURBERG, a.O. [2] 212-217; K. GRAHAM: J. L. Austin (Hassocks 1977) 87-112. – [11] P. F. STRAWSON: Intention und Konvention bei Sprechakten, in: M. SCHIRN (Hg.): Sprachhandlung – Existenz – Wahrheit (1974) 79. 92; gegen Strawsons Explikation der I.: A. F. MACKAY: I. forces. J. of Philos. 64 (1967) 740f. – [12] P. F. STRAWSON: Austin and «L. meaning» a.O. [4] 47ff. – [13] L. APOSTEL: I. forces and the logic of change. Mind 81 (1972) 208-224. – [14] M. BRAUNROTH u.a.: Ansätze und Aufgaben der linguist. Pragmatik (1975) 148. – [15] D. WUNDERLICH: Stud. zur Sprechakttheorie (1976) 9. 75ff. – [16] L. J. COHEN: Do I. forces exist? Philos. Quart. 14 (1964) 426. 429. 420; gegen Cohen: R. M. BURCH: Cohen, Austin und Bedeutung. Ratio 15 (1973) 112-119; Erwiderung auf Burch: L. J. COHEN: Das Nichtvorhandensein von I. forces a.O. 120-126. – [17] W. P. ALSTON: Philos. of language (1964) 36f. – [18] D. HOLDCROFT: Bedeutung und I.-Handlungen. Ratio 6 (1964) 112-125; zur Verträglichkeit der Thesen Alstons und Holdcrofts vgl. E. COOPER: Meaning and I.s. Amer. philos. Quart. 9 (1972) 69-77. – [19] J. R. SEARLE: Austin on L. and I. acts a.O. [4] 143. – [20] a.O. 154. – [21] 156; zu I. und Proposition vgl. auch J. R. SEARLE: Sprechakte (1971) 38ff.; vgl. zu Searle: R. B. NOLTE: Einf. in die Sprechakttheorie Searles (1978); Weiterführung der Analyse der Struktur i.er A. bei D. WUNDERLICH, in: MAAS/WUNDERLICH (Hg.): Pragmatik und sprachl. Handeln (1974) 143ff. – [22] «Bedeutung» wie bei Searle – und Cohen – «in a wider sense»; vgl. R. M. HARE: Practical inferences (London 1972) 109; vgl. 95. – [23] Die Sprache der Moral (1972) 37. – [24] Austin's distinction between L. and I. acts a.O. [22] 77f.; zu Phrastik und Tropik vgl. a.O. [22] 90 u.ö.; HOCHE, a.O. [8] 101f. – [25] HARE, a.O. [22] 113. – [26] L. W. FORGUSON: L. and I. acts a.O. [4] 172. 170f. – [27] S. THAU: I. breakdowns. Mind 80 (1971) 270-275; gegen Searle: The distinction between rhetic and I. acts. Analysis 32 (1972) 177-183.

W. STRUBE

Lüge (griech. τὸ ψεῦδος, lat. mendacium, ital. bugia, frz. mensonge, engl. lie)

I. In der Geschichte der Diskussion von Begriff und Wert der Wahrhaftigkeit und ihres Widerspiels, der L., lassen sich deutlich zwei Richtungen und Traditionen unterscheiden. Für die erste ist repräsentativ und auf Jh. hin wirksam die Behandlung durch ARISTOTELES im Zusammenhang seiner Tugendlehre in der ‹Nikomachischen Ethik› [1]. Die Wahrhaftigkeit, für die es, wie Aristoteles [2] bemerkt, im Griechischen keine eigene Bezeichnung gibt, ist zusammen mit der Freundlichkeit und gesellschaftlichen Gewandtheit eine der später sogenannten *homiletischen* Tugenden, welche es mit Worten, Handlungen und Gebaren im Umgang, Zusammenleben und alltäglichen menschlichen Verkehr zu tun haben [3]. Der Wahrhaftige gibt als der Mann der Mitte zwischen dem Prahler und dem selbstverkleinernden Ironiker in seiner gesellschaftlichen Selbstdarstellung durch Wort und Tat, durch Kleidung und Auftreten das zu erkennen, was er wirklich an Lobenswertem an sich hat, ohne es übertreibend zu vergrößern oder untertreibend durch Understatement zu verkleinern. Der Wahrhaftige – Aristoteles bildet für ihn die Benennung ἀληθευτικός neu – ist als Mann der Mitte lobenswert, die L. (τὸ ψεῦδος) ist an sich schlecht und tadelnswert und dementsprechend auch der Mensch, der lügt und sich verstellt, d. h. der sich anders darstellt, als er ist. (Die Figur des Heuchlers kennt Aristoteles nicht: es geht nicht um die Vorspiegelung von moralischen und religiösen Qualitäten [4], sondern um Eigenschaften, um derentwillen man gelobt und glücklich gepriesen wird: Reichtum, Intelligenz, gesellschaftlicher Status.) Unbeschadet der grundsätzlichen und kategorischen Verwerfung des Pseudos [5] differenziert Aristoteles die Schwere der Verfehlung des «Lügners» sechsfach je nach den Zielen und Absichten. Insgesamt verdient der Prahler und Aufschneider mehr Tadel als der Ironiker, der hintergründig Bescheidene, jener verfehlt sich nach der Seite des «Zuviel», dieser nach der des «Zuwenig». Unterschieden werden im einzelnen (1) der eigentliche Lügner, der aus Freude an der L. selbst lügt; (2) der Prahler ohne Absicht, der eher ein eitler und hohler Mensch ist als sittlich schlechter; (3) der Angeber, dem es dabei um Ehre und Ansehen geht und – schlechter als dieser – (4) der, dem es um finanzielle und sonstige äußere Vorteile geht; wer sich – axiologisch auf der anderen Seite der Skala von Zuviel–Mitte–Zuwenig angesiedelt – (5) allzu offenkundig untertreibend selbst verkleinert (etwa durch underdressing), wirkt lächerlich und unfein, er ist verkappt eigentlich ein Aufschneider; (6) die Ironischen hingegen, die sich aus Furcht vor aufgeblasenem Wesen und hochtrabendem Wesen durch die Rede geringer machen, wirken feiner, sie sind freie und anmutige Menschen; Aristoteles hat hier das Beispiel der Sokratischen Ironie vor Augen; diese Haltung, Ironie mit Maß (μετρίως) [6] anzuwenden, ist eines der Kennzeichen des idealen Paradeigmas der Aristotelischen Ethik: des hochgesinnten Mannes (magnanimus): Dieser ist ohne Falsch und voller Freimut, er ist immer wahrhaftig, außer wo er ironisch spricht, was er vor der Menge zu tun liebt [7]. – Man wird zögern, solche Überlegungen über Verstöße gegen die rechte Weise gesellschaftlicher Selbstdarstellung durch Worte, Betragen, Kleidung, Auftreten und Lebensführung als eine Theorie der L. im engeren Sinne anzusehen, wenn man unter L. die absichtliche, mit verbalen Mitteln (oder durch entsprechende eindeutig kodierte substitutive Zeichen, wie bei uns das Kopfnicken als Äußerung der Affirmation) geäußerte unrichtige Information über Sachverhalte versteht. Aristoteles bemerkt [8] ausdrücklich, daß es ihm im Kontext dieser Überlegungen über die Tugend des alltäglichen gesellschaftlichen Verkehrs nicht um die Wahrhaftigkeit bei Verträgen, Prozessen und im Geschäftsverkehr geht, also bei Verhaltensformen, die Gerechtigkeit und Unrichtigkeit betreffen, wo Wortlügen im gewöhnlichen Sinne normalerweise vorkommen. Er ist freilich auch im V. Buch, im Gerechtigkeits-Buch der Nikomachischen Ethik, auf solche L. nicht eingegangen.

Das hatte auch PLATON nicht getan; wohl hat er in einem Tugendkatalog [9] vom Philosophen gefordert, daß dieser frei sein müsse von Unaufrichtigkeit, aber weiter ins Detail verfolgt hat er das alles nicht [10]. Hierher gehören auch nicht die wohl vergleichbaren, aber doch grundsätzlicheren, im Ausgang von den alternativen moralischen Modellfiguren des listigen, mit allen intellektuellen Mitteln sich durchsetzenden Odysseus und des offenen Helden Achill geführten Untersuchungen über vorsätzliches und unfreiwilliges Falschreden und -handeln im ‹Hippias Minor›; eigentliches Thema ist dort das Verhältnis von Tugend und Kunst, von Sittlichkeit und Sachverstand. Als Dramenstoff hatte zuvor das Problem der Verführbarkeit des jungen Menschen Neoptolemos zur Unehrlichkeit durch den interessengesteuerten «Politiker» Odysseus und den schließlichen Sieg der Wahrhaftigkeit bereits SOPHOKLES im ‹Philoktet› (aufgeführt 409 v. Chr.) behandelt. (Selbstverständlich gibt es in der epischen, dramatischen, gnomischen, parömiographischen und oratorischen Literatur der Griechen zahlreiche Einzelbemerkungen über einzelne Menschen, die sich durch List und L. ausgezeichnet haben, vorab Odysseus, über den Trug der Götter und über das Lügen im allgemeinen – teils mit dieser, teils mit jener Bewertung. Dies alles zu registrieren, kann hier nicht unser Thema sein, dies ist eher die Aufgabe von Geschichten der sittlichen Anschauungen.)

Der erste antike Autor, der sich explizit, und zwar gleich in zwei eigens dem Thema gewidmeten Büchern mit der L. im eigentlichen Sinne, ihrer Definition, Kasuistik und sittlichen Bewertung befaßt hat, ist AUGUSTINUS. Er begründet damit die zweite der eingangs unterschiedenen Traditionen. Seine beiden der magna quaestio gewidmeten Monographien ‹De mendacio› (395), ‹Über die L.›, und ‹Contra mendacium› (etwa 420), ‹Gegen die L.› [11], «stehen als solche einzig da im gesamten Schrifttum der heidnischen wie der christlichen Antike» [12]. Augustinus legt fest: «Es lügt derjenige, der etwas anderes, als er im Herzen trägt, durch Worte oder sonstige beliebige Zeichen zum Ausdruck bringt» [13]. Ähnlich heißt es mit Rekurs auf Sallust [14] im ‹Enchiridion› [15]: «aliud tamen clausum in pectore, aliud in lingua promptum est; quod malum est proprium mentientis» (Das eine liegt im Herzen verschlossen, das andere offen auf der Zunge; das macht das spezifische Schlechte des Lügners aus). Die objektive Richtigkeit der Aussage ist allerdings nicht entscheidend, der intellektuelle Irrtum ist

18 Hist. Wb. Philos. 5

kein moralisches Faktum: «Nach seiner inneren Gesinnung, nicht nach der Richtigkeit und Unrichtigkeit des Sachverhaltes selbst muß man ja beurteilen, ob einer lügt oder nicht lügt ... Die Schuld des Lügners besteht in der Absicht, bei der Aussage seiner Gedanken zu täuschen.» Wenngleich Augustinus sich durchaus der sich mit dieser These ergebenden Probleme bewußt ist, resümiert er definitorisch: «Die L. ist offensichtlich eine unwahre mit dem Willen zu Täuschung vorgebrachte Aussage» (Enuntiationem falsam cum voluntate ad fallendum prolatam manifestum est esse mendacium) [16]. Oder: «Mendacium est quippe falsa significatio cum voluntate fallendi» (Die L. ist eine unrichtige Zeichenkundgabe mit der Absicht des Täuschens) [17], und: «Omnis qui mentitur contra id quod animo sentit loquitur voluntate fallendi» (Jeder, der lügt, spricht entgegen dem, was er in seinem Inneren denkt, mit der Absicht zu täuschen) [18]. «Inest omni mentienti voluntas fallendi», daß sich also bei jedem, der lügt, die Absicht zu täuschen findet, hat Augustinus zuerst 390 in ‹De vera religione› [19] ausgesprochen. Diskussionsstoff für die Folgezeit, ja bis in die Gegenwart, bietet das Augustinus sehr wohl geläufige [20], nicht spannungslose Verhältnis der beiden Definitionselemente *Täuschungsabsicht* und *Unwahrheit:* «Wer lügt eher: derjenige, der die Unwahrheit sagt, um nicht zu täuschen, oder der, welcher die Wahrheit sagt, um zu täuschen? [Zu beidem ist die Möglichkeit dann gegeben, wenn der Redende weiß, daß der Angesprochene ihn für einen Lügner hält. G. B.] Gegen die Aufnahme der Täuschungsabsicht in die Definition also spricht die Überlegung: «Wenn eine L. nur dann gegeben ist, wenn man etwas sagt mit dem Willen zu täuschen, so lügt der nicht, der zwar weiß oder meint, daß, was er sagt, unwahr ist, aber nur deshalb die Unwahrheit sagt, damit sein Gesprächspartner nicht getäuscht wird, indem dieser ihm nicht glaubt; er weiß ja oder meint, daß er ihm nicht glauben wird» [21]. Neben der *primären* definitionserheblichen *Absicht zu täuschen* unterscheidet Augustinus sodann noch *sekundäre,* den Schuldcharakter betreffende *Absichten:* beispielsweise die Absicht zu helfen, zu schaden, zu scherzen. Die Schrift ‹Über die L.› unterscheidet kasuistisch, der Schwere der Schuld nach gerechnet, acht Klassen von L.n [22]. Überblickt man Augustinus' sämtliche Äußerungen zum Thema, so gewinnt man den Eindruck, daß für ihn die L., objektiv gesehen, immer schwere Sünde ist; das gilt auch für die Not-L. in gefährlichster Situation [23]. Eine schuldhafte L. liegt also auch dann vor, wenn jemand durch seine Falschaussage das Leben eines anderen retten könnte.

Die von Augustinus vorgetragenen Überlegungen, in ihren Kernsätzen durch die ‹Sentenzensammlung› des PETRUS LOMBARDUS dem Mittelalter ständig präsent gehalten, bestimmen (vor allem in der kontroversen, durchaus auch praktisch relevanten Frage der Aufnahme der Täuschungsabsicht in die Fundamentaldefinition) die nachfolgenden philosophischen und moraltheologischen Erörterungen bis zur Gegenwart; seine Überlegungen gaben bis zum Beginn der frühen Neuzeit *das* Paradigma vor. Die großen Doktoren des Mittelalters standen in seiner Nachfolge insbesondere vor dem systematischen Problem, die doch recht heterogenen Ansätze bei Aristoteles und Augustinus miteinander zu *vermitteln.* Das Urteil darüber, ob ihnen dies gelungen ist, hängt nicht zuletzt davon ab, wie man die Worte ‹pseudos› und ‹mendacium› zu hören sich entschließt: Versteht man darunter, wie es uns naheliegt, im engeren Sinne eine isolierbare verbale Einzelhandlung, nämlich eine motivierte Falsch*aussage* über einen an sich gegebenen und objektiv feststellbaren Sachverhalt, so ist hier Unvereinbares kontaminiert worden: eine homiletische Tugend bzw. Untugend (d.h. habituelle Grundhaltung) und eine kasuistisch und gesetzlich normierbare Einzelhandlung. Anders stellt sich die Lage dar, wenn man beim lateinischen Wort ‹mendacium› auch die ein weiteres Vorstellungsfeld abdeckenden Konnotationen des griechischen Wortes ‹pseudos› mit vernimmt, also objektive Unwahrheit, Irrtum, Täuschung, Verdeckung, Verstellung.

Als Beispiel der mittelalterlichen Diskussionen sei hier nur die von THOMAS VON AQUIN [24] in der ‹Theologischen Summe› (II/II, q. 109–113) vorgetragene Lehre über die Wahrhaftigkeit und ihre Gegensätze kurz betrachtet. Als erstes fällt auf, daß Thomas die Wahrhaftigkeit insgesamt als Teiltugend der Gerechtigkeit diskutiert, während Aristoteles die homiletische Aufrichtigkeit ausdrücklich von dem zum Bereich der Gerechtigkeit gehörenden Ehrlichkeit abgehoben hatte. Das wird möglich aufgrund einer subtilen Distinktion des Gerechtigkeitsbegriffes. In einem umfassenden Sinne versteht Thomas wie Aristoteles unter Gerechtigkeit die vollkommene Tugend, die sich auf alle menschlichen Gegebenheiten bezieht und sämtliche Tugenden in sich enthält und anderen gegenüber verwirklicht [25]. Die Gerechtigkeit im engeren und genauen Sinne, die partikulare Gerechtigkeit, hat es demgegenüber bei Aristoteles und Thomas mit der *Zuerteilung* (distributio) von Ehre und Geld oder anderen Gütern und mit dem *Austausch* (commutatio) solcher Güter im freiwilligen Verkehr zu tun; diese die Gerechtigkeit ausmachende restitutio als distributio und commutatio (iustitia distributiva et commutativa, die zu- oder austeilende Gerechtigkeit und die ausgleichende oder Tausch-Gerechtigkeit) macht die partes subjectivae, d.h. die beiden Grundarten der *eigentlichen Gerechtigkeit* aus (II/II, q. 61); beider Amt ist, einem jeden zukommen zu lassen, was ihm gebührt und was sein ist (reddere unicuique quod suum est) [26]. Es läßt sich nun bei Thomas die Tendenz beobachten, das von Aristoteles gesprengte Schema der vier Kardinaltugenden [27] zu restituieren. Das gelingt ihm dadurch, daß er sämtliche von Aristoteles und den späteren griechischen und römischen Philosophen (insbesondere von Cicero in seinen ethischen und rhetorischen Schriften) behandelten Einzeltugenden mit Bezug auf andere – beispielsweise die Frömmigkeit, Pietät, Dankbarkeit, Höflichkeit, Freigiebigkeit und so neben anderen auch die homiletische Wahrhaftigkeit – wiederum der Gerechtigkeit als *Anhangstugenden* (virtutes annexae, partes potentiales iustitiae) zuordnet [28]. Unter diesen gibt es eine genaue Rangordnung bezüglich des Verpflichtungscharakters. Die Forderung der Wahrhaftigkeit ist zwar kein debitum legale, keine gesetzliche Verpflichtung, mit welcher es die eigentliche Gerechtigkeit im engeren Sinne als Haupttugend zu tun hat, sondern ein debitum morale, eine sittliche Pflicht und Schuldigkeit, welche zu erfüllen ist aufgrund der «Ehrenhaftigkeit der Tugend» (ex honestate virtutis); sie ist in dem Sinne kategorisch und der strengen Gerechtigkeitspflicht nahe, als ohne sie die Sittlichkeit nicht bestehen kann (wodurch sie sich von der bloßen Höflichkeits- und Freigebigkeitspflicht unterscheidet). Sie ist eine Pflicht, die ihren Ursprung auf seiten des *Verpflichteten* hat (ex parte debentis); das unterscheidet sie (a) vom strengen debitum legale und (b) vom debitum morale einer anderen Anhangstugend der Gerechtigkeit, nämlich der Dankbarkeit, welche begründet wird auf seiten dessen, dem geschuldet wird (ex parte eius cui debetur

[29]). Eine solche Zuordnung verschärft biblisch und augustinisch den Anspruchscharakter der Wahrhaftigkeit gegenüber dem, was Aristoteles von einer bloßen Umgangstugend fordern konnte. Als Formen des Verstoßes (vitia opposita veritati) behandelt Thomas die Aristotelischen homiletischen «Laster» der Prahlerei und Ironie (q. 112 und 113), die der heidnischen antiken Philosophie unbekannten Laster der Heuchelei und Verstellung (q. 111) und – hier kommt der andere Traditionsstrang zum Zuge – neben alledem, und zwar an erster Stelle, die eigentliche L. (mendacium, q. 110). Hauptzeuge im Definitionsartikel [30] ist naturgemäß Augustinus und nicht Aristoteles. Das *Vermittlungsproblem* zwischen der bei jenem Kirchenvater mit Recht vorgenommenen Beschränkung auf verbale Äußerungen (mendacium consistit solum in verbis, denn: mendacium est falsa vocis significatio; eine L. besteht *nur in Worten*, denn sie ist eine unrichtige Kundgabe sprachlicher Zeichen) und der homiletischen Selbstdarstellung «sowohl in der Rede wie auch in der Lebensführung» (*et in sermone et in vita*, gemäß Nikomachische Ethik 1127 a 24) wird im zweiten Einwand thematisiert (ob die dort gegebene Auflösung restlos überzeugt – nomine vocis intelligitur omne signum, «unter Sprache ist *jedes* Zeichen zu verstehen» – mag hier offen bleiben). Die Diskussion selbst folgt der von Augustinus gewiesenen Richtung, doch so, daß die von diesem als definiens stark betonte Täuschungsabsicht in ihrer Bedeutung relativiert wird. – Thomas argumentiert [31]: Bei einer in jeder Hinsicht «vollkommenen» L. finden sich drei Unwahrheiten: 1. die Falschheit im materialen Sinne (falsitas materialiter): es wird objektiv Unwahres ausgesagt; 2. die Absicht, etwas Unwahres auszusagen: die Falschheit im formalen Sinne (falsitas formaliter) [32], d.h. die bewußte Diskrepanz zwischen dem, was einer denkt, und dem, was er sagt; 3. die Absicht, eine unrichtige Vorstellung beim Hörer zu erzeugen: die Falschheit als intendierte Wirkung (falsitas effective). Die (etwa auf einem Irrtum beruhende) materiale Unrichtigkeit hat im sittlichen Akt nur akzidentelle Bedeutung; dagegen macht die Absicht, etwas Falsches auszusprechen, *das eigentliche Wesen der L.* aus (ad speciem pertinet); daß im «doppelten Herzen», in der «dictio contra mentem», die Substanz der L. besteht, sieht Thomas auch in der (linguistisch freilich unrichtig begründeten) etymologischen Ableitung des Wortes ‹mendacium› als «quod contra mentem dicitur» [33] bestätigt. Die Täuschungsabsicht gehört nicht zum Wesen der L., sondern gibt ihr nur den *letzten Abschluß* (non pertinet ad speciem, sed ad quandam perfectionem, so auch in ad 3). Diese Lösung des Augustinischen Dilemmas bestimmt die katholische Moraltheologie (soweit sie Schultheologie geblieben ist) bis heute; neben den beiden genannten und zur inneren Struktur der L. gehörenden Absichten und Willensakten gibt es sodann die *äußeren*, durch die L. bezweckten *Intentionen*, etwa Schädigung eines anderen, Abhalten von Schädigungen von sich oder anderen, Erweis eines Nutzens, Scherz und Unterhaltung. Daß das eigentliche Wesen der L. schon an einer so frühen Stelle (bei der falsitas formaliter, d.h. schon bei der bloßen Intention, etwas Falsches auszusprechen) festgemacht wird, ist moralstrategisch zu erklären: Auch die gutwillige L. ist moralisch gesehen eine L. In voller Konsequenz und Übereinstimmung mit Augustinus wird auch die L., durch welche jemand das Leben eines anderen retten könnte, moralisch als L. qualifiziert und für unzulässig erklärt [34]. Höchst geistreich ist der in q. 110 a. 2 unternommene Versuch, die drei überkommenen Gattungseinteilungen von L. zu harmonisieren: 1. die Einteilung in Schaden-, Dienst- oder Nutzen- und Scherz-L. (mendacium perniciosum sive damnosum sive nocivum; officiosum; iocosum) [35]; 2. die Aristotelische Einteilung der L. in Prahlerei und Ironie sowie 3. die Augustinische achtfache Gliederung.

Ein *radikaler Neuansatz* in der Diskussion, Definition und sittlichen Bewertung der L. begleitet die Neuorientierung der praktischen Philosophie im Augenblick der Entstehung des neuzeitlichen säkularen Staates, d.h. des Auseinanderbrechens der traditionellen umgreifenden Polis-, res publica- und Status-Ordnung mit der Konsequenz der Ausbildung des Gedankens eines vorstaatlichen Naturrechtes und des europäischen Kriegs- und Völkerrechts. A. BERND resümiert und begründet 1733 den eingetretenen Wandel in seiner ‹Einleitung zur christlichen Sittenlehre› [36]: «Heutiges Tages aber da auch das natürliche Recht besser excoliret worden, hält man keine Mendacia vor Todt-Sünden als die perniciosa und die, so zum Schaden und Verderben des Nächsten vorgebracht werden: und erkennet man gar wohl, daß man keine obligation habe, zu allen Zeiten und gegen alle Menschen die Wahrheit zu reden». Diese moralische Neubewertung geht Hand in Hand mit einer *semantischen* und *definitorischen* Neufassung der L.-Konzeption. Sie sei in Worten des Wolffianers FR. CHR. BAUMEISTER wiedergegeben: «Wer etwas anderes sagt, als er denkt, der begeht ein *falsiloquium*. Ein falsiloquium nämlich ist eine Rede, welche vom Geiste abweicht (sermo a mente alienus). Eine solche Rede, welche von unserer Vorstellung abweicht, heißt dann L. (*mendacium*), wenn sie entweder auf unseren eigenen Schaden oder auf den anderer gerichtet ist» [37]. Baumeister expliziert: «Die Unwahrheit (falsiloquium) ist mit der L. nicht zu verwechseln. Zur L. ist nicht nur erfordert, daß eine Differenz zwischen Rede und Geist besteht, sondern auch, daß sie dem Sprechenden selbst oder anderen einen Schaden zufügt, das bloße falsiloquium aber ist nicht immer mit einem Schaden verbunden.» *Das neutrale falsiloquium nimmt hier definitorisch den Platz dessen ein, was früher L. in eigentlichem Sinne war, also die Stelle der falsitas formaliter* (sermo a mente alienus; dictio contra mentem). Die früher sogenannte *Nutzlüge* (mendacium ad commodum, m. officiosum) ist nicht nur keine L. mehr, es heißt vielmehr ausdrücklich: «Es kann bisweilen geschehen, ja es geschieht dies sehr häufig, daß ein falsiloquium nicht nur keinen Schaden zufügt, sondern sogar außerordentlich viel beiträgt zur Besserung unseres oder anderer Lebensverhältnisse. Und so gibt es Situationen, in den ein falsiloquium *erlaubt*, ja sogar durch das Naturgesetz *geboten* ist.» Ähnlich, wenngleich zunächst vorsichtiger, hatte sich auch CHR. WOLFF geäußert: «Eine unwahre Rede, die zu des anderen Schaden gereicht, wird eine L. genennet» [38]. Zwar sei es niemals erlaubt zu lügen, «aber wohl unterweilen ist erlaubet, ja, wir sind unterwellen gar verbunden, die Unwahrheit zu sagen, wenn sie nemlich weder uns noch anderen zum Schaden, aber wohl zum Besten gereichet, als wenn man einem Feinde Unrecht saget, wo der hingegangen, den er mit blossen Degen verfolget» [39]. Wir haben hier die «aufgeklärte» moralphilosophische Grundlegung dessen, was dann in der politischen *Klugheitslehre* des 18. Jh. als Alltagsmaxime für das gemeine Leben proklamiert wurde. Der *politicus*, d.h. der kluge Mann, «muß können simulieren und dissimulieren, und, wenn er eine Staats- und Nothlügen redet, nicht roth werden. – Daß nicht alle *falsiloquia* sündlich, sondern manche zulässig, ja gar *bona opera* sind, ist bey denen Moralisten ausgemachet. Was nun die politischen falsiloquia anlanget, so ist nur noch dieses dabey zu beachten, daß man zusehen müste, daß das falsiloquium nicht an den Tag komme, (denn sonst wird der andere mißtrauisch gegen dich)», lehrt CHR. A. HEUMANN in seinem ‹Politischen Philosophus› [40]. Solche Diskussionen gehen letztlich auf das 1. Kapitel des III. Buches von HUGO GROTIUS ‹De Iure belli ac pacis› von 1625 zurück, sie sind durch Pufendorf und dessen zahlreiche Kommentatoren sowie durch Chr. Thomasius und andere im Aufklärungszeitalter zum Gemeingut des europäischen Bewußtseins geworden und bis heute geblieben. Grotius [41] fixiert zunächst einen *allgemeinen* Begriff der L., wozu gehöre, daß das, was mitgeteilt wird, in einem anderen Sinne verstanden werden muß als in dem, welchen der Sprechende im Sinne hat (Ad communem ergo mendacii notionem requiritur ut quod dicitur, scribitur, notatur, innuitur, intelligi aliter nequeat, quam in eum sensum, qui a mente proferentis discrepet). Eine solche L. sei selbstverständlich unzulässig (naturaliter illicitum). Zu unterscheiden davon sei – von Grotius mittels eines klassischen rhetorischen Kunstgriffes als durch «die allgemeine Meinung der Völker» (communis gentium existimatio) beglaubigt eingeführt – die L. in *engerer* Bedeutung, welche nur gegeben sei, wenn zu jener Diskrepanzbedingung noch der «Widerspruch zum bestehenden und bleibenden Recht dessen hinzukomme, an den die Rede oder das Zeichen gerichtet wird» (repugnantia ius jure existente ac manente eius ad quem sermo aut nota dirigitur). Dieses Recht bestehe in nichts anderem als in der *Freiheit des Urteils* (libertas iudicandi), «worunter die Schuldigkeit derer, die sprechen, denen gegenüber, zu denen sie sprechen, aufgrund einer Art stillschweigenden Vertrages verstanden wird». Ohne die Annahme einer solchen gegenseitigen Verbindlichkeit wäre die Institution Sprache (und des ihr ähnlichen übrigen Zeichengebrauches) insgesamt sinnlos. Von diesem Gedanken leitet Grotius die Augustinische *voluntas fallendi* sowie die Zuweisung der Wahrheitspflicht zur Gerechtigkeit ab. In subtiler juristischer Begründung differenziert Grotius fünf Bedingungen, unter denen die Freiheit des Urteilens nicht tangiert wird, wo also eine falsche Aussage keine schuldhafte L. darstellt [42]. Von größter Bedeutung ist *erstens* der systematische Ort, an dem solche Überlegungen vorgetragen werden: naturrechtliche Untersuchungen darüber, was in einem Kriegszustande zu tun erlaubt sei: nämlich die Anwendung und Ausübung von List, L., Repressalien, Feindestötung, Verwüstungen, Raub, Aquisitionen; *zweitens:* Grotius ist sich voll bewußt, mit seiner Theorie der gesamten von den Schulen der vergangenen Jahrhunderte vertretenen und beinahe ausschließlich durch Augustinus bestimmten Lehrmeinung entgegenzutreten (non placent haec scholae actorum paulo ante saeculorum, ut quae unum ex veteribus Augustinum ferme in omnibus sequendum sibi delegeret [43]).

PUFENDORF [44] definiert folgendermaßen: Eine L. liegt dann vor, wenn die verwendeten Zeichen oder Worte ein anderes Verständnis unseres Sinnes vermitteln, als dieser sich in Wirklichkeit verhält, obwohl jener, an den diese Zeichen gerichtet werden, ein Recht hat, ihn zu verstehen und zu beurteilen, und für uns die Verpflichtung besteht, daß jener unsere Meinung versteht. – THOMASIUS verbindet seine entsprechenden Darstellungen mit begriffsgeschichtlich interessanten semantischen und inhaltlichen Überlegungen zum Verhältnis der neuen Lehre zur aristotelisch-peripatetischen Tradition, die ihm in den Schriften seines Vaters, die er zitiert, voll präsent war [45]. Er unterscheidet eine *veritas ethica* und mit den Peripatetikern eine *veritas iustitiaria* und eine *veritas homiletica*. Von der letzten handle er mit Absicht darum nicht, weil sie keine Tugend sei, sondern – wie Thomasius unter Verwendung einer der klassischen Ethik gegenüber fremden Disjunktion zwischen dem Sittlich-Rechtlichen und dem Schönen am menschlichen Betragen sagt – eher ein Tugendschmuck [46]. Ihr komme die Bezeichnung ‹Wahrheit› eigentlich gar nicht zu, weil ihr Wesen nicht in einer Übereinstimmung von Zeichen und Vorstellung besteht, wendet er mit Recht vom Standpunkt einer aufs Verbale beschränkten L.-Theorie ein. Ebenso wendet er gegen Aristoteles ein, der Prahler rede über sich nichts Unwahres, sondern überhaupt zuviel. – Die *veritas ethica* ist der Oberbegriff zu den beiden anderen genannten Wahrheiten; sie verdiene erst dann eine Tugend genannt zu werden, wenn durch die Übereinstimmung von Wort und Vorstellung jemandem sein Recht zuerkannt werde; in diesem Sinne könne sie mit den Peripatetikern veritas iustitiaria genannt werden. Gegensatz zur ethischen Wahrhaftigkeit im allgemeinen Verstande ist nach ihm das falsiloquium, wofür er als Begriffsbestimmung freilich wieder die klassische Augustinische L.-Definition anführt: «Falsiloquium consistit in disconvenientia sermonis ab animo loquentis fallere alterum intendentis» (Eine unwahre Rede besteht in der Diskrepanz von Äußerung und Meinung eines Sprechenden, welcher intendiert, einen anderen zu täuschen). Die eigentliche L. ist demgegenüber der Gegensatz zur rechtlichen Wahrhaftigkeit (veritati iustitiariae opponitur mendacium); zu ihr gehört zusätzlich, daß das Recht eines anderen verletzt werde [47]. Diese Betonung des *Rechtsgedankens* ist gegenüber dem bloßen Schadenkriterium der älteren Ethik (m. damnosum, perniciosum) neu [48]; grundsätzlich neu ist vor allem aber die bei Grotius und Pufendorf ausgesprochene einschränkende Bedingung, daß man von einer L. *nur dann sprechen könne, wenn der Angesprochene ein Recht habe, die Wahrheit zu erfahren.* Dies ist dann die maßgebliche unter den seriösen L.-Definitionen in der Mitte des 18. Jh., in der Formulierung des Dichters John Milton: «mendacium est, cum quis dolo malo aut veritatem depravat aut falsum dicit ei, cui veritatem dicere ex officio debuerat» (eine L. ist dann gegeben, wenn jemand aus böser Absicht entweder die Wahrheit verdreht oder etwas Falsches sagt demgegenüber, dem er die Wahrheit zu sagen verpflichtet gewesen wäre) [49], weil dieser ein Anrecht darauf hatte.

Just *gegen diesen Gedanken eines Rechtes auf Wahrheit* auf seiten des Fragenden und Hörenden in Korrespondenz mit einer Einschränkung der Pflicht zur Wahrheit auf seiten des Sprechenden hat KANT 1797 seinen kleinen Aufsatz ‹Über ein vermeintes Recht aus Menschenliebe zu lügen› [50] geschrieben. Anlaß war eine mit diesem Recht operierende, gegen den «deutschen Philosophen» als unpragmatisch und jede Gesellschaft zerstörend gedeuteten Rigorismus gerichtete Bemerkung B. CONSTANTS [51]. KANTS erster Satz zielt über eine Widerlegung Constants hinaus auf die Kernannahme der neuzeitlichen L.-Theorie: «Das proton pseudos liegt in dem Satze: ‹Die Wahrheit zu sagen ist eine Pflicht, aber nur gegen denjenigen, welcher ein Recht auf die Wahrheit hat›» [52]. Er könne sich diesen Satz darum nicht zu eigen machen, «erstlich wegen der undeutlichen Formel desselben, indem Wahrheit kein Besitztum ist, auf welchen dem einen das Recht verwilligt, anderen aber verweigert werden könne; dann aber vornehmlich, weil die Pflicht der Wahrhaftigkeit keinen Unterschied zwischen Personen macht, gegen die man diese Pflicht habe, oder gegen die man sich auch von ihr lossagen könne, sondern weil es unbedingte Pflicht ist, die in allen Verhältnissen gilt» [53]. Er entscheidet die Frage systematisch durch Zuordnung der möglichen je verschiedenen Antworten zu je verschiedenen Disziplinen und greift damit über Grotius-Pufendorf-Thomasius zurück auf die durchaus vergleichbare klassische Lösung bei Thomas.

1. Die *Ethik* und *Tugendlehre* sagt: Die Wahrheit ist eine Pflicht des Menschen gegen sich selbst, bloß als moralisches Wesen betrachtet; der Lügner zieht sich selbst den Vorwurf der Nichtswürdigkeit zu, die Bezugnahme auf einen anderen bleibt hier ganz aus dem Spiel; L. im Sinne der Ethik ist jede vorsätzliche Unwahrheit in Äußerung seiner Gedanken, also das, was AUGUSTINUS das «doppelte Herz» und THOMAS die falsitas formaliter genannt hatten: «Aliud lingua promptum, aliud pectore inclusum gerere» (das eine offen im Munde, das andere verschlossen im Herzen zu tragen) [54]; es ist sachlich höchst bedeutsam, daß KANT hier die Augustinische Sallust-Reminiszenz in definitorischer Absicht zitiert!

2. Der *Jurist* nimmt zu der Kerndefinition «vorsätzlich unwahre Deklaration gegen einen anderen Menschen» als einschränkenden Zusatz hinzu, daß dadurch einem anderen geschadet werde: «L. ist eine falsche Aussage zum Schaden eines anderen» (mendacium est falsiloquium in praejudicium alterius oder ein falsiloquium dolosum) [55] – das ist das mendacium perniciosum der Tradition.

3. Die der juristischen Betrachtung systematisch vorausgehende ‹Philosophische Rechtslehre› (Metaphysik des Rechtes) zeigt, daß es eines solchen Zusatzes gar nicht bedürfe: «Wahrhaftigkeit in Aussagen, die man nicht umgehen kann, ist formale Pflicht des Menschen gegen Jeden, es mag ihm oder einem Andern daraus auch noch so großer Nachteil erwachsen; und ob ich zwar dem, welcher mich ungerechterweise zur Aussage nötigt, nicht Unrecht tue, wenn ich sie verfälsche, so tue ich doch durch eine solche Verfälschung, die darum auch (obzwar nicht im Sinne des Juristen) L. genannt werden kann, im wesentlichsten Stücke der Pflicht überhaupt Unrecht ... denn sie schadet jederzeit einem anderen, wenngleich nicht einem andern Menschen, doch der Menschheit überhaupt, indem sie die Rechtsquelle unbrauchbar macht» [56]. Die Konsequenz daraus ist für den von Constant geschilderten Fall: Durch eine L. darf ich auch nicht einem verfolgten Freund das Leben zu retten versuchen. Man sieht: das Problem der moralischen Dijudikation entscheidet sich bereits an der frühesten Stelle, in der Ethik. Die eigentliche L.-Diskussion wird von Kant denn auch hier geführt: in der Tugendlehre als einer Pflicht gegen sich selbst. Von Kant aus gesehen, ist in der ausschließlich pragmatisch orientierten *Moralphilosophie der Aufklärung* die juristische Betrachtung an die Stelle der ethischen getreten; es sind die scharf zu trennenden Aspekte von *Schaden* (nocere) und *Unrechttun* (laedere) durcheinander geworfen [57]. – Im Kontext seiner Lehre von den homiletischen Tugenden behandelt er das L.-Problem nicht mehr [58].

Aufschlußreich wäre eine Untersuchung der L.-Theorie in Kants frühen moralphilosophischen Vorlesungen. Hier ordnet Kant [59] das Problem noch den Pflichten gegen andere zu; er analysiert 11 verschiedene Situationen von Unwahrheitreden (wobei er ohne Bedenken vom falsiloquium spricht), von Verstellung, Verhehlung, Täuschung und Betrug. Die entscheidende (von der in den publizierten Schriften abweichende) Definition lautet hier: «Nicht jede Unwahrheit ist eine L., sondern wenn man sich deklarieret, daß man dem anderen seinen Sinn wolle zu verstehen geben» [60]. Diese Konzeption, die den Gedanken einer *stillschweigenden* vertraglichen Bindung impliziert, ist auch sonst oft im 18. Jh. vertreten worden. Mit dem von Grotius eingeführten Gedanken eines stillschweigenden *allgemeinen Vertrages*, den alle sprechenden Menschen untereinander geschlossen hätten, die Wahrheit zu sagen, hat auch der Philosoph argumentiert, der, wie der Herausgeber der Zeitschrift, in welcher Constants Aufsatz gegen Kant publiziert worden war (K. Fr. Cramer), angemerkt hatte, noch vor Kant gleich diesem die «seltsame Meinung» von einer durch kein Recht des Fragenden limitierten Wahrheitspflicht sich geäußert hatte: J. D. MICHAELIS. Dieser als Orientalist und Sprachtheoretiker ausgewiesene Autor hatte eine L.-Definition aufgestellt, die in – wenn es in einer historischen Darstellung zu urteilen verstattet ist – gelungener Weise das klassische Theorem von der intentio fallendi mit durchaus modernen kommunikationstheoretischen Einsichten verbindet: L. sind «Worte, die anderen falsche Begriffe beibringen müssen, wenn sie nach richtigen Auslegungsgesetzen erklärt werden, und wodurch man auch anderen wirklich solche falsche Begriffe beizubringen sucht» [61].

J. G. Fichtes Radikalisierung der Wahrheitsforderung weit über das von Kant Gelehrte hinaus läßt sich sehr gut studieren anhand eines Vergleiches der humanen Anthropologie in Kants ‹Vorlesungen über Moralphilosophie› und Fichtes ‹Sittenlehre› von 1802. KANT: «Die Neigung sich zurückzuhalten und zu verbergen, beruht darauf, daß die Vorsicht gewollt hat, der Mensch soll nicht ganz offen sein, weil er voll Gebrechen ist». So wäre es falsch gewesen, wenn jemand von Jupiter verlangt hätte, ein Fenster ins Herz der Menschen zu setzen, damit man eines jeden Gesinnung wissen möchte; das wäre nur sinnvoll, wenn die Menschen besser beschaffen wären und gute Grundsätze hätten, «denn wenn alle Menschen gut wären, so dürfte keiner zurückhaltend seyn; da das aber nicht ist, so müssen wir unsere Fensterladen zumachen» [62]. FICHTE: «Bei uns heißt es: Der Sittliche legt notwendig, so gewiss er dies ist, immer sein ganzes inneres Wesen offen dar: schlechthin offen und durchsichtig, so wie es seinem Wesen nach ist: der Sittliche lügt niemals, in einen sittlichen Lebenslauf fällt keine Unwahrheit» [63]. Zur begrifflichen Entwicklung der L. hat Fichte nicht beigetragen.

HEGEL greift überraschend ungebrochen auf die aristotelische homiletische Wahrheit zurück: «Unter den besonderen Pflichten gegen die anderen ist die Wahrhaftigkeit im Reden *und Handeln* die erste ... Die Unwahrhaftigkeit ist die Ungleichheit und der Widerspruch des Bewußtseins und dessen, *wie man für andere da ist, somit seines Inneren und seiner Wirklichkeit*, und damit die Nichtigkeit an sich selbst» [64]. Von der eigentlichen L. hat er nicht gehandelt; die «baare L.» ist für ihn eine geschichtlich vergangene Form des moralischen Bewußtseins: der (vornehmlich religiösen) Heuchelei, als deren feinere Gestalt es wohl noch den Probabilismus gebe. Der entferntere Zusammenhang mit den traditionellen Diskussionen beweist sich darin, daß diese Überlegungen im Zusammenhang der (freilich nunmehr romantisch verstandenen) Ironie vorgetragen werden [65].

Die moralphilosophische Diskussion des 19. Jh. hat keine wesentlich neuen begrifflichen Klärungen gebracht. Gegen (den freilich zumeist fichteanisch verstandenen) Kantischen Standpunkt wird von einigen das Recht der Not-L. verteidigt, es werden im übrigen alle Positionen zwischen Heumanns ‹Politischem philosophus› («Ein politicus muß sein sine pudore») und einem bedingungslosen Rigorismus verteidigt («Du darfst nicht lügen, und wenn die Welt darüber in Trümmern zerfallen sollte») [66].

Wenn ein Verteidiger des Kantischen Aufsatzes ‹Über ein vermeintes Recht ...› 1797 bei einer Diskussion des angesichts der neuzeitlichen Theorie fundamentalen Problems der über das Recht des Fragestellers entscheidenden Kriterien noch schreiben konnte: «Ich kenne nur einen moralischen Zwang: wenn meine Obrigkeit mich zur Aussage anhält» [67], so haben Erfahrungen mit Unrechtsregimen des 20. Jh. auch Moraltheologen zu vorsichtigeren Voten veranlaßt. Nach dem Zweiten Weltkrieg führte M. Laros' von Augustinus, Thomas und Kant zugunsten von Grotius' Votum abweichende und mit der Analogie zur erlaubten Notwehr argumentierende These, derzufolge ein ungerechter Angreifer sein Recht auf Wahrheit verwirken könne, zu erneuten lebhaften Diskussionen des L.-Begriffes [68].

Anmerkungen. [1] ARISTOTELES, Eth. Nic. (EN) IV, 13, 1127 a 13-b 32; vgl. Eud. Eth. II, 8, 1221 a 6; III, 7, 1233 b 38-1234 a 34. – [2] EN IV, 13, 1127 a 14. – [3] a.O. 1126 b 11. – [4] Vgl. die Beschreib. der Heuchelei bei THOMAS VON AQUIN, S. theol. II/II, q. 111, a. 4 corp.: In hypocrisi duo sunt: scilicet defectus sanctitatis et simulatio ipsius. – [5] Vgl. G. BIEN, Erl. zu EN 1127 a 28, in: Nik. Eth. (1972) 281f. – [6] EN 1127 b 30. – [7] 1124 b 30. – [8] a 33. – [9] PLATON, Resp. 485 a 5-487 a 6. – [10] Vgl. FR. DIRLMEIER: Aristoteles. Nik. Eth. (²1960) 388 zu 90, 3. – [11] AUGUSTIN, CSEL 41 (Wien 1900) 411-466. 467-528; zit. dtsch. P. KESELING: Aurelius Augustinus. Die L. und Gegen die L. (1953). – [12] a.O. XXIX. – [13] Kap. 3, S. 3. – [14] SALLUST, Catil. 10, 5. – [15] AUGUSTIN, Enchiridion 18, 6. MPL 40, 241. – [16] Über die L. Kap. 5 a.O. [11] 7. MPL 40, 491. – [17] Gegen die L. Kap. 26 a.O. 102. MPL 40, 537. – [18] Enchirid. 22, 7. MPL 40, 243. – [19] De vera relig. I, 33, 61. MPL 34, 149. – [20] GR. MÜLLER: Die Wahrhaftigkeitspflicht und die Problematik der L. (1962) 58: «Augustinus läßt das Problem der Täuschungsabsicht unentschieden»; 49-77: Über Augustin. – [21] AUGUSTIN, Über die L. a.O. [11] 4. – [22] Zusammenfassung in Kap. 25 a.O. 26f. und Kap. 42 a.O. 58ff. – [23] MÜLLER, a.O. [20] 76f. – [24] Zur Rechtfertigung des direkten Übergangs von Augustin zu Thomas vgl. MÜLLER, a.O. 94. – [25] Vgl. ARISTOTELES, EN V, 3. 5, 1130 b 8-25: Über die iustitia legalis et generalis. – [26] THOMAS VON AQUIN, S. theol. II/II, q. 58, a. 11. – [27] Vgl. dazu BIEN, a.O. [5] 363: Reg. s.v. ‹Kardinaltugenden›. – [28] THOMAS, a.O. [26] II/II, q. 18, a. unicus. – [29] II/II, q. 80, a. unicus. – [30] q. 110, a. 1. – [31] corp. art. – [32] Zu der später bei Kant äußerst wichtig gewordenen Unterscheidung des Materialen und Formalen beim sittlichen Akt vgl. I/II, q. 18, a. 6. – [33] Belegt bei WILHELM VON AUXERRE, S. aurea p. 3, tr. 18, c. 1, q. 2; bei THOMAS zit. a.O. [26] II/II, q. 110, a. 1 corp. – [34] II/II, q. 110, a. 2 corp., dort die 7. der von Augustinus unterschiedenen L.-Situationen; vgl. auch a. 3, 4. obi. und ad 4. – [35] Glosse zu Ps. 5, 7 bei PETRUS LOMBARDUS, MPL 191, 97. – [36] A. BERND: Einl. zur christl. Sittenlehre (1733) 213. – [37] FR. CHR. BAUMEISTER: Elementa philosophiae recentioris (²1755) 479f.: §§ 109ff. – [38] CHR. WOLFF: Vernünftige Gedanken von der Menschen Thun und Lassen (²1752) 686. – [39] a.O. 689: § 987; so auch J. CHR. GOTTSCHED: Erste Gründe der Weltweisheit (1733) 164f.; etwas behutsamer J. A. EBERHARD: Sittenlehre der Vernunft (1781) 215. – [40] CH. A. HEUMANN: Politischer Philosophus. Das ist, vernunfftmäßige Anweisung zur Klugheit im gemeinen Leben (³1724) 22 mit Anm.; VOLTAIRE, Br. an Thiriot (21. 10. 1736). Oeuvres compl. 31 (Paris 1818) 446 und CHR. THOMASIUS: Inst. iur. div. (⁷1720) 161: § 63 beruft sich zur Verteidigung der «Staats-, Not- und Dienst-L.» gar auf Luther. – [41] H. GROTIUS: De iure belli ac pacis (1625) 1, 751: § XI. – [42] a.O. c. XII-XVII. – [43] 3, 491: § XVII. – [44] S. PUFENDORF: De iure Naturae et Gentium (1759) 447: lib. IV, c. I, § VIII. – [45] Als anschauliches Beispiel für diese Kontamination vgl. auch M. WENDELER:

Practicae Philosophiae ... Compendium (1650) 71f.: c. IX ‹De virtutibus homileticis›. – [46] Vgl. dazu den in dieser Hinsicht aufschlußreichen Titel von CHR. THOMASIUS: Fundamenta Iuris Naturae et Gentium ... in quibus ubique secernuntur principia *honesti, iusti* ac *decori* (1705, ⁴1780). – [47] Inst. iurisprudentiae divinae (⁷1730) 160: §§ 51ff. – [48] Vgl. J. B. ERHARD: Die Idee der Gerechtigkeit als Princip einer Gesetzgebung betrachtet. Die Horen, hg. FR. SCHILLER, I/3, St. 7., 1-30, bes. 24. – [49] J. MILTON: De doctrina christiana, hg. SUMNER (1827) 497; zustimmend zit. W. T. KRUG: Allg. Handwb. der philos. Wiss.en (²1833) 2, 753. – [50] I. KANT, Akad.-A. 8, 425-430. – [51] B. CONSTANT, Frankreich im Jahre 1797. Aus den Br. dtsch. Männer in Paris 2, St. 6, 123. – [52] KANT, Akad.-A. 8, 425. – [53] 428f. – [54] Met. der Sitten. Tugendlehre. Akad.-A. 6, 429. – [55] 6, 238. – [56] 8, 426. – [57] 8, 428. – [58] Tugendlehre. Zusatz zur Freundschaftslehre. 6, 473ff.: § 48. – [59] Vorles. über Moralphilos. Akad.-A. 27/1, 444ff. – [60] a.O. 448. – [61] J. D. MICHAELIS, Moral, hg. C. FR. STÄUDLIN (1792) Th. 2, 160ff.; Von der Verpflichtung des Menschen die Wahrheit zu sagen. Göttinger Antrittsrede (1773); (krit.) ref. J. CHR. HENNINGS (Hg.), in: J. G. WALCH: Philos. Lex. (⁴1775) 1, 2319: Zus. zu Art. ‹L.›. – [62] KANT, Akad.-A. 27/1, 444f. – [63] J. G. FICHTE, Werke, hg. MEDICUS 6, 98. – [64] G. W. F. HEGEL, Werke, hg. GLOCKNER 3, 91: § 61. – [65] Rechtsphilos. § 140 mit Erl. und Zus. a.O. 7, 220. – [66] FICHTE, a.O. [63] 3, 129. – [67] Anonymus: Über Wahrheit und Wahrhaftigkeit. Ein Gespräch in Bezug auf Hrn. Prof. Kant Aufsatz. Berl. Bl. 1 (Okt. 1797) 12. – [68] M. LAROS: Seid klug wie die Schlangen und einfältig wie die Tauben (1951); vgl. Dokumentation dieser Diskussionen bei MÜLLER, a.O. [20] Reg. s.v. ‹Laros› und VII.

Literaturhinweis. Vgl. die vorzügliche Bibliogr. bei GR. MÜLLER s. Anm. [20] XVII-XXIV. 17-20. G. BIEN

II. Neue Perspektiven bringt schon NIETZSCHE in die Diskussion. Für ihn spiegelt die Begriffswelt der menschlichen Sprache nicht die Wahrheit der Dinge, sondern sie beruht auf Konvention, die dazu dient, sich im Zusammenleben zu verständigen. Ein Lügner ist, wer die Begriffe gegen diese Konvention anders gebraucht, etwa um sich gegenüber Stärkeren zu behaupten. Der Mißbrauch der dem Menschen möglichen Wahrheit ist eben schon darum nicht so verwerflich, weil sie selber ontologisch so schwach fundiert ist [1].

Seit Nietzsche stehen *linguistische* Aspekte der L.-Problematik wieder im Vordergrund. Aber anders als er geht W. G. BECKER wieder wie Augustinus vom «natürlichen, guten Zutrauen» zur Aufrichtigkeit der Aussage aus: «Die Aussage ist der Ort der Wahrheit» [2]. Die L. gehört für ihn unter den Oberbegriff der Täuschung, der die auf publikative Taten bezogene L. und der auf exekutive Taten bezogene Fälschung umfaßt. Aber die unwahre Aussage ist nicht schon L., sie wird es erst, wenn das Moment des Unwahrhaftigen, Schuldhaften, Beabsichtigten hinzukommt [3]. Das L.-Delikt enthält also die drei Momente Unwahrheit, Unwahrhaftigkeit, Schuld [4]. Dann ist die Not-L. nicht eigentlich L. Becker unterscheidet vier Grundformen der L. mit zunehmender Schwergewichtsverlagerung vom objektiven zum subjektiven Feld: 1. die patente Feststellungs-L. (bewußte Irreleitung, z. B. in der politischen Propaganda), 2. die latente Feststellungs-L. (Tatsachenverschweigung usw.), 3. die patente Wertungs-L. (Verzerrungen, Akzentverschiebungen, Sphärenvertauschung usw.) und 4. die latente Wertungs-L. (Diskrepanz von Gedanken und Erlebnissen – Lebens-L.).

H. WEINRICH analysiert die Satzstruktur der L. im Kommunikationszusammenhang. Für ihn gehören in der Betrachtung notwendig zusammen Wort (Semantik), Satz, Kontext (Syntax) und Situation (Pragmatik). Er präzisiert die Definition von Augustinus. Während dieser den Hauptakzent auf die Täuschungsabsicht des Lügenden legte, sieht die Linguistik eine L. als gegeben an, «wenn hinter dem gesagten L.-Satz ein ungesagter Wahrheitssatz steht, der von jenem kontradiktorisch, d. h. um das Assertionsmorphem ⟨ja/nein⟩ abweicht. Nicht *duplex cogitatio*, wie Augustinus (De mendacio Kap. III) sagt, sondern duplex oratio ist dann das Signum der L.» [5]. Ein Sonderfall sind Wörter, mit denen viel gelogen wurde. Sie werden selber verlogen, besonders wenn sie im Kontext einer politischen Ideologie eine Rolle gespielt haben [6]. Die L.-Dichtung ist stets als solche durch eine Fülle von L.-Signalen gekennzeichnet: «Die L.-Signale gehören genauso notwendig zur literarischen L. wie die Ironiesignale zur Ironie» [7]. Darum erfüllt sie nicht den Tatbestand der L. im außerliterarischen Sinne. Dichtung im Dienst der L. dagegen ist L. Wie besonders BRECHT dargelegt hat, kann es aber in bestimmten politischen Situationen notwendig werden, die «Wahrheit, die zu schreiben sich lohnt», mit List im Gewande der L. zu verbreiten [8].

Man hat oft von der L. her den Übergang zur *Ideologie* als L.-Gewebe konstruieren wollen. Das aber ist nicht richtig. Ideologie als objektiv falsches Bewußtsein bei subjektiver Redlichkeit ist eher mit dem sozialen *Vorurteil* verwandt, während eine absichtlich verlogene Theorie (L.-Gewebe) auf die Begriffe ⟨Demagogie⟩ (L.-Prophetie) [9] und ⟨Manipulation⟩ [10] führt. Hingewiesen sei auch auf die pathologischen Formen der Verlogenheit und des psychotischen Lügners und die von daher entwickelte Dynamik der Pseudologie [11].

Anmerkungen. [1] FR. NIETZSCHE: Über Wahrheit und L. im außermoralischen Sinn (1872/73). Werke, hg. K. SCHLECHTA 3, 309-322. – [2] W. G. BECKER: Der Tatbestand der L. (1948) 8. – [3] a.O. 10. – [4] 15. – [5] H. WEINRICH: Linguistik der L. (1966) 40. – [6] a.O. 35ff. – [7] 68. – [8] B. BRECHT: Fünf Schwierigkeiten beim Schreiben der Wahrheit (1935). Werke 18, 222-239. – [9] L. LÖWENTHAL und N. GUTERMANN: Prophets of deceit (New York 1949), dtsch. L.-Propheten, in: Der autoritäre Charakter (Amsterdam 1968) 3-78. – [10] G. SCHMIDTCHEN: Manipulation – Freiheit negativ (1970). – [11] P. J. VAN DER SCHAAR: Dynamik der Pseudologie. Der pseudologische Betrüger versus den großen Täuscher Thomas Mann (1964). R. DENKER

Lumen fidei (Glaubenslicht) ist ein zentraler theologischer Begriff im Problemzusammenhang der Glaubensanalyse (analysis fidei). Systematischer Ort und Begrifflichkeit in der für die Zukunft bestimmenden Form sind von THOMAS VON AQUIN entwickelt worden. Inhalt des Begriffs ist die traditionsgemäß als Licht bezeichnete Glaubensgnade, wobei ⟨L.⟩ jedoch nicht eine bloße metaphorische Ausdrucksweise darstellt, es schenkt vielmehr als Gnade «Augen des Glaubens» [1], mit denen die von Gott geoffenbarten übernatürlichen Wahrheiten geschaut und als solche erkannt werden: «per L.f. videntur esse credenda» [2]. Die äußeren Glaubwürdigkeitszeichen werden durch die Wirkung des L.f. und unter Vervollkommnung durch die Gaben des hl. Geistes als Zeichen der übernatürlichen Kredibilität der geoffenbarten Wahrheiten erkannt. Gott als der Offenbarungsträger ist somit übernatürliches Formalobjekt. Es ergibt sich jedoch die Frage, ob ohne die Gnade des L.f. ein Assensus zur Offenbarung unmöglich sei. Thomas bejaht auch den natürlichen Glauben, hält ihn jedoch für wesentlich vom übernatürlichen verschieden, da er in den Bezeugungswundern lediglich äußere Zeichen für die Offenbarung erkennt, sie aber nicht in ihrem Wesen als redende Stimme Gottes begreift [3]. Aus der Bestimmung des L.f. als Gnadengeschenk folgt die Verpflichtung, an die übernatürliche Offenbarung und ihre Glaubwürdigkeit zu glauben. Die Thomasinterpretation unterscheidet zwischen L.f. praeveniens und L.f. concomitans [4]. In der ersten Form ist es Voraussetzung, um in Freiheit den Glaubensassensus zu geben. Die vorgängige Bereitschaft hierzu ist dem Menschen von Natur aus gegeben [5].

Die philosophische Bedeutung des L.f. liegt historisch in der Ausweitung des aristotelischen Menschenbildes durch die Hereinnahme der Gnade [6], systematisch in der Ausweitung der menschlichen Erkenntnisfähigkeit. Thomas setzt das Prinzip der Spezifikation der Akte durch die Objekte voraus: «per obiecta actus specificantur» [7], nach dem jedes Wesen nach Art seiner Natur erkennt, der Mensch also nur geschöpfliches Erkennen besitzt; die Erkenntnis Gottes, der als esse subsistens außerhalb der geschaffenen Natur liegt, kann nur dem göttlichen Intellekt eigen sein. Wenn Gott sich als Erkenntnisgegenstand in der Gnade des L.f. mit dem geschaffenen Intellekt verbindet, wird der Bereich der übernatürlichen Erkenntnismöglichkeit dem menschendlichen Intellekt erschlossen [8] und zugleich der Glaube als vernünftig erwiesen. Der Prozeß des übernatürlichen Erkennens erfolgt analog dem der natürlichen Erkenntnis. Aufgrund dieser Zusammenhänge wird das L.f. auch ⟨L. gratiae⟩, ⟨L. gloriae⟩, ⟨L. divinum⟩, ⟨L. supernaturale⟩ genannt und ist Komplementärbegriff zu ⟨L. naturale⟩. Das L.f. hat demnach auch eine unterscheidende Funktion, indem es die Offenbarung von den der natürlichen Erkenntnis zugänglichen Wahrheiten abgrenzt. Die durch das L.f. geschenkte Erkenntnis sollte nicht mit der aus dem Neuplatonismus erwachsenen Illuminationstheorie verwechselt werden.

Die erkennbar früheste Prägung der Wortjunktur ⟨L.f.⟩ findet sich bei TERTULLIAN: «Marcion deum, quem invenerat, extincto lumine fidei suae amisit» (Als das Licht seines Glaubens erlosch, verlor Markion Gott, den er einst gefunden hatte) [9], doch läßt sie keinen inneren Zusammenhang mit der späteren theologisch-philosophischen Fixierung erkennen. Bei der stark ausgeprägten Lichtmetaphorik biblischer Sprache muß stets die Möglichkeit einer Neufindung eingeräumt werden. Der sachliche Anklang bei AUGUSTIN: «caecitas est infidelitas et illuminatio fides» (Unglaube ist Blindheit und Glaube Erleuchtung) [10] verweist nach Wortlaut und Zusammenhang eher auf die Illuminationslehre. Eine bedeutsame Rolle spielt das L.f. im Glaubensverständnis des ALBERTUS MAGNUS. Als Ebenbild der absoluten Einfachheit Gottes ist es ein L. simplex, so daß in ihm alle Glaubenswahrheiten potentiell enthalten sind. Das so bestimmte L.f. prägt die Erkenntnis und die sittliche Verpflichtung zu glauben und weckt auf diese Weise den Glaubensassensus. Der Glaube wird dadurch zur Tugend [11]. Doch die Seele vermag aufgrund ihrer leiblich-sinnlichen Gebundenheit den Glaubensinhalt, den sie vorgängig als Habitus in sich trägt, nur in Bildern und Analogien zu erkennen. Berührt Albert sich auch mit Thomas, so sind dennoch die bedeutsamen Unterschiede nicht zu übersehen, die in dem christlichen Neuplatonismus und der Illuminationslehre Alberts bestehen. Albert wird durch sein Verständnis des L.f. vor der allzu verdinglichten Auffassung des Glaubenshabitus des Thomas bewahrt, bei dem z. B. bezeichnenderweise die informatio conscientiae fehlt [12]. Diesen beiden Grundpositionen lassen sich die anderen Scholastiker zuordnen (BONAVENTURA, SUÁREZ).

LUTHER läßt die scholastisch-begrifflichen Distinktionen hinter sich, doch versteht auch er die fides als Erleuchtung, die eine besondere Form des Schauens ermöglicht. Sie ist das L., in dem die Augen des Geistes die Wahrheit und das Angesicht des Herrn schon jetzt als gegenwärtig schauen können [13]. Gerade die einfache, lebendig-existentielle Auffassung Luthers hat die Aufnahme der Vorstellung vom Glaubenslicht in das Kirchenlied und eine poetische Revitalisierung der Bildkraft von L.f. ermöglicht: «O Sonne, die das werte Licht / des Glaubens in mir zugericht', / wie schön sind deine Strahlen» (P. GERHARDT).

Im übrigen hat die Nachscholastik Erstarrung gebracht. Erst im 20. Jh. ist die Frage durch den von J. H. Newman beeinflußten P. ROUSSELOT wieder in Bewegung gekommen, indem er behauptete, der Mensch könne auf rein natürlichem Wege, unter Ausschluß der übernatürlichen Gnade, die Glaubwürdigkeit der katholischen Religion nicht erkennen. Die Tragweite dieser Behauptung hat sogleich Widerspruch hervorgerufen [14] und zu erneuter Reflexion des Begriffes geführt. Doch versteht sich auch die neue Diskussion ausdrücklich als Thomasexegese. Es wird heute zwar schärfer zwischen ⟨L.f. habituale⟩ und ⟨L.f. actuale⟩ unterschieden, auch treten die trinitarischen, christologischen und ekklesiologischen Gesichtspunkte in den Vordergrund, doch entscheidender ist, daß der personalistische Charakter der Heilsbotschaft im L.f. deutlicher geworden ist. Dabei werden unter dem Einfluß der neueren Philosophie philosophische Begriffe wie Evidenz, Gewißheit, Vernünftigkeit, Freiheit auf ihre theologische Relevanz und ihr Verhältnis zum L.f. hin untersucht [15].

Anmerkungen. [1] P. ROUSSELOT: Les yeux de la foi. Rech. Sci. relig. 1 (1910) 241ff. 444ff.; dtsch. J. TRÜTSCH (1963). – [2] THOMAS VON AQUIN, S. theol. II/II, 1, 5 ad 1. – [3] a.O. II/II, 9, 1 ad 2; vgl. R. GARRIGOU-LAGRANGE: De revelatione 1 (Paris ²1921) 447ff. – [4] E. DHANIS: Rez. A. STOLZ: Glaubensgnade ... Nouv. Rev. théol. 61 (1934) 866ff. – [5] THOMAS VON AQUIN, Sent. III, 23, 1, 4, 3; S. theol. I/II, 62 1c. – [6] E. GILSON: Saint Thomas d'Aquin (Paris ²1925) 6. – [7] THOMAS VON AQUIN, S. c. gent. 3, 61. – [8] S. theol. I/I, 12, 4. – [9] TERTULLIAN, Adv. Marc. 1, 1, 5. – [10] AUGUSTIN, In Io. 44, 1. – [11] ALBERTUS MAGNUS, Sent. III, 23, 18, 1 sol. – [12] G. ENGELHARDT: Das Glaubenslicht nach Albert dem Großen, in: Theol. in Gesch. und Gegenwart. Festschr. M. Schmaus (1957) 387. – [13] M. LUTHER, Weimarer A. 3, 65, 5f.; 166, 15ff.; 168, 18f.; 414, 7f.; 415, 37f.; vgl. R. SCHWARZ: Fides, spes und caritas beim jungen Luther (1962) 140. – [14] A. STOLZ: Glaubensgnade und Glaubenslicht nach Thomas von Aquin. Stud. Anselmiana 1 (Rom 1933) 1f. – [15] A. BRUNNER: Glaube und Erkenntnis (1951).

Literaturhinweise. M. GRABMANN: Der göttl. Grund menschl. Wahrheitserkenntnis nach Augustinus und Thomas von Aquin (1924). – A. LANG: Die Wege der Glaubensbegründung bei den Scholastikern des 14. Jh. (1931). – A. STOLZ s. Anm. [14]. – M. NÉDONCELLE: L'influence de Newman sur «les yeux de la foi» de Rousselot. Rech. Sci. relig. 27 (1953) 321ff. – B. DUROUX: L'illumination de la foi chez St. Thomas. Freiburger Z. Theol. Philos. 3 (1956) 29ff. – F. MALMBERG: Art. ⟨Glaubenslicht⟩. LThK² 4 (1960) 942ff.; Art. ⟨Analysis f.⟩ a.O. 1 (1957) 477ff. – J. F. QUINN: Certitude in Bonaventura and St. Thomas, in: St. Thomas Aquinas. Commemorat. Stud. 2 (Toronto 1974) 106ff. – P. ROUSSELOT s. Anm. [1]. B. JUSTUS

Lumen naturale (L. rationis, natürliches Licht, Licht der Vernunft)

I. *Antike und Mittelalter.* – Der Terminus ⟨n.L.⟩ erscheint zuerst bei CICERO [1] in *stoischem* Kontext: «naturae lumen», als Funke des göttlichen Urfeuers (κοιναὶ ἔννοιαι). Zusammen mit dem Begriff ⟨L. des Verstandes, der Vernunft oder der Erkenntnis⟩: φῶς νοῦ [2], τὸ διανοίας φῶς [3], γνώσεως φῶς [4], νοήσεως φῶς [5] geht er sachlich auf ARISTOTELES' Begriff des «tätigen Verstandes» zurück und ist als erkenntnismetaphysische oder universal anthropologische Metapher, welche die dem Denken allgemein und von seinem Wesen her zukommende erhellende Spontaneität und zugleich die apriorische Grundgelegtheit der theoretischen und sittlichen Kenntnisse des Menschen meint, bis zur Aufklärung hin tradiert worden. Zwischen dem «leidenden» (νοῦς παθητικός) und «tätigen» (νοῦς ποιητικός) Geist [6], die als unvermischte Einheit jeder individuellen Seele innewohnen, besteht die ontologische Relation von Materie und Form, d.h. von einer für jedes Begreifen offenen Möglichkeit und reiner (wesenhafter) Wirklichkeit. Der tätige Geist, der vom Körper und vom leidenden Geist «trennbar ist, von ihm unaffizierbar und unvermischt mit ihm» und das einzige unsterbliche und zeitfreie Element in der Seele ausmacht, führt als erwirkende Ursache die potentielle Erkenntnis des leidenden Geistes in aktuale Erkenntnis über, indem er ihn zu seinem νοῦς νοῶν, d.h. mit den intelligiblen Formen des Gedachten identisch macht. «Dadurch, daß er alles macht (tätigt), ist er eine Art Kraft (ein *wirklicher* Habitus), wie das Licht (τῷ πάντα ποιεῖν, ὡς ἕξις τις, οἷον τὸ φῶς); in gewissem Sinne nämlich macht das Licht die möglichen Farben zu wirklichen» [7]. Denn Licht ist Aktivität: ἐνέργεια und ἐντελέχεια τοῦ διαφανοῦς [8]. Wie also das Licht die Farben (Gegenstände) sichtbar macht, so macht die dem Licht analoge (durchleuchtende), formgebende Aktivität des Geistes sowohl Intelligibles als auch durch die Sinne empfangene Vorstellungen allererst begreifbar.

Im Gegensatz zu der dem Alexander von Aphrodisias folgenden monopsychistischen Interpretation des νοῦς ποιητικός *arabischer* Aristoteleskommentatoren, die ihn zum Teil mit dem universalen erleuchtenden göttlichen Intellekt oder aber mit dem Intellekt der Mondsphäre gleichsetzten [9], hat insbesondere THOMAS VON AQUIN das allgemeine, aber doch jedem in individueller Weise zukommende L.n. rationis [10] mit dem L. intellectus agentis [11] identifiziert. Der intellectus agens, der semper in actu ist, hat den Akt der Abstraktion zu leisten [12]: Er erleuchtet das der Sinnlichkeit im intellectus possibilis Gegebene (phantasma, species sensibilis), indem er es «informiert», und macht es so zu einem intelligibile actu: «lux intellectualis cuius est intelligibilia facere actu» [13]. Im konkreten Vollzug des Erkennens wird dann das «Licht» der Vernunft zum Akt der gewonnenen species intelligibilis und damit zur Vollendung der Erkenntnis einer Sache. Wenn also das, wodurch etwas erkannt wird, Licht (obgleich per similitudinem) heißen kann und zugleich gilt, daß die Wirklichkeit einer Sache ihr eigenes Licht ist (ipsa actualitas rei est quoddam lumen ipsius [14]), so ist die Wirklichkeit des tätigen Intellekts eben dieses sein durchlichtendes, die species intelligibilis verwirklichendes und damit begreifbares Licht selbst. Da der Erkenntnisprozeß (Abstraktion) wesenhaft Lichtung des Zu-Erkennenden ist, schließt das Erkannte (inquantum huiusmodi) das Licht des intellectus agens als «teilgehabtes» in sich [15]; es ist als der Grund von Erkennbarkeit im Erkannten immer miterkannt. Damit erweist es sich als ein auch für das Wesen des Erkannten konstitutives apriorisches Element.

Das L.n. des intellectus agens, dessen Gegenstand ausschließlich philosophisch Erkennbares ist, hat die mittelalterliche Theologie streng vom L. fidei, L. gratiae (erleuchtende, helfende, heiligmachende Gnade) und L. gloriae unterschieden, welches als L. *supernaturale* [16] einzig die Wahrheiten der Offenbarung «einleuchten» und Gott selbst nicht mehr wie durch einen Spiegel, rätselhaft, sondern von «Angesicht zu Angesicht» – so wie er *ist* – schauen läßt [17]. Der zunehmende Schwund der Transzendenz des Lichtes innerhalb der Neuzeit ist begleitet von einer Aufwertung des n.L. des Verstandes oder der Vernunft in ein Licht des menschlichen Geistes. Seine vulgäre Destruktion ist der nun vielberufene «gesunde Menschenverstand». Weil das Licht der Wahrheit nicht mehr das sich von ihm selbst her zeigende ontologische Maß von Erkenntnis ist, muß es als Lichtung allererst «geleistet» werden [18] (vgl. die lichtmetaphorische Relevanz des Epochentitels ‹Aufklärung›, ‹éclaircissement›, ‹enlightenment›).

Anmerkungen. [1] CICERO, Tusc. III, 2, 1. – [2] PHILO, Post. Cai. 57. – [3] PHILO, vgl. den Index LEISEGANGS (1930) 2, 848. – [4] Corp. Herm. 10, 21. – [5] PROCLUS, In Alc. 44, 12. – [6] ARISTOTELES, De an. III, 5, 430 a 10ff.; zur Terminol.: ALEX. V. APHR., Comm. Arist. graeca Suppl. II/1, 88, 24ff. 106, 19ff. – [7] ARIST., De an. 430 a 15-17. – [8] a.O. 418 b 9. 419 a 11. – [9] P. WILPERT: Die Ausgestaltung der arist. Lehre vom Intellectus agens bei den griech. Kommentatoren und in der Scholastik des 13. Jh. Beitr. Gesch. Philos. MA Suppl. III/1 (1935) 447-462. – [10] S. theol. I, q. 12, a. 11 ad 3. – [11] Vgl. z. B. I Sent. d. 3, q. 4, a. 5 corp.; S. c. gent. II, 77. 79. – [12] S. c. gent. II, 76. – [13] III Sent. d. 14, q. 1, a. 1 sol. 3 c.; vgl. S. theol. I, q. 87, a. 1 c. – [14] In lib. de caus. prop. 6; 45, 13, hg. SAFFREY. – [15] De ver. q. 9, a. 1 ad 2. – [16] M. ECKHART, In Joh. n. 89. Lat. Werke 3, 77, 8. – [17] 1. Cor. 13, 9. 12; 1. Joh. 3, 2; F. A. STAUDENMAIER: Die christl. Dogmatik (1844) 2, 172-201. – [18] H. BLUMENBERG: Licht als Metapher der Wahrheit. Stud. gen. 10 (1957) 445f.

Literaturhinweise. EISLER⁴ 2, 67-69. – F. SARDEMANN: Ursprung und Entwickl. der Lehre vom L. rationis aeternae, L. divinum, L.n. ... bis Descartes (Diss. Leipzig 1902). – W. DILTHEY, Ges. Schr. (1914) 2, 175-177. – J. GUILLET: La «lumière intellectuelle» d'après S. Thomas (οἷον τὸ φῶς. De an. III, 5) 2 (1927) 79-88. – R. JOLIVET: Dieu soleil des esprits (Paris 1934) 177ff. (Augustin und Thomas). – M. HONECKER: Der Lichtbegriff in der Abstraktionslehre des Thomas v. A. Philos. Jb. 48 (1935) 268-288. – G. GAWLICK: Untersuch. zu Ciceros philos. Methode (Diss. Kiel 1956) 97 Anm. – H. BLUMENBERG s. Anm. [18] 435ff. – K. RAHNER: Geist in Welt (²1957) 219-232. – K. GOLDAMMER: Lichtsymbolik in philos. Weltanschauung ... vom 15. bis zum 17. Jh. Stud. gen. 13 (1960) 670-682, bes. 675ff. – L. OEING-HANHOFF: Wesen und Formen der Abstraktion nach Thomas v. A. Philos. Jb. 71 (1963) 14-37; Art. ‹L.n.›, in: LThK² 6, 1213f.; H. SEIDL: Der Begriff des Intellekts (νοῦς) bei Arist. (1971).

W. BEIERWALTES

II. *Neuzeit.* – In einer Zeit, da alle geistigen Erneuerungsbewegungen das Licht auf ihrer Seite wähnen, spielt auch in der philosophischen Erkenntnislehre der Begriff des n.L. der Vernunft eine bedeutsame, wenn auch gegenüber früher veränderte Rolle. Wenn er in der traditionellen Unterscheidung gebraucht wird, dann in umgekehrter Bewertung, wie z. B. bei SPINOZA, der von Schwärmerei der Menschen, die ein «lumen supra naturale» zu besitzen meinen, die Erkenntnis der Philosophen gegenüberstellt, «qui nihil praeter naturale habent» [1]. Skeptisch trägt allerdings FR. BACON entgegen früheren und späteren Lehren von der unmittelbaren Gewißheit der Erkenntnis durch das L.n. vor, daß sogar das L.n. durch individuelle Vorurteile des Menschen bedroht ist. «Habet enim unusquisque ... specum sive cavernam quandam individuam, quae lumen naturae frangit et corrumpit» [2] (Denn ein jeder hat eine individuelle Höhle, die das Licht der Natur bricht und verdirbt).

Grundlegend für die weitere frühneuzeitliche Geschichte des Begriffs aber sind die ‹Regulae› von DESCARTES. Was auch immer von der Tradition als Wahrheit behauptet werden mag, *für uns* erscheint sie im n.L. der Vernunft, und zwar nur in ihm, in ihm aber auch mit vollkommener Gewißheit («solius naturae lumine est opus ad veritatem ... intuendam» [3]). Dieses Licht ist ein dem Menschen als Menschen seiner Natur nach gegebenes Licht (L.n.), sein angeborenes Vermögen (facultas [4]) zur Wahrheit. Seine Einsichten sind jedermann zugänglich («a rusticis nunquam ignorantur» [5]).

Die besondere Art des Erkennens (modus cognoscendi) in diesem Licht ist die *Intuition* (s. d.), das intuitiv Erkannte ist als an sich selbst evident und zweifelsfrei erkannt («per intuitum intelligo ... mentis purae et attentae non dubium conceptum, qui sola rationis luce nascitur» [6]). Im L. der Vernunft zeigt Wahrheit sich einfach, unmittelbar und vollkommen leicht, derart, daß sie weder definiert werden kann noch weiterer Erklärung bedarf. Demgegenüber ist die *Deduktion* eine zweckmäßige Verkettung (vgl. das Kettenbeispiel [7]) von jeweils intuitiv eingesehenen «notwendigen Verbindungen»; ihre Erkenntnis ist zusammengesetzt, vermittelt und mühsam für den Geist, der sein körperliches Gedächtnis anstrengen muß, um sich die Ableitungsreihe zu vergegenwärtigen, deren Ränder ihm jeweils dunkel bleiben.

Mehr der theologischen Tradition des Begriffs verbunden als Descartes zeigen sich die gängigen Lehren der Logik und Gnoseologie seiner Zeit. So begreift J. H. ALSTED das L.n. als das, was das Prinzipsein der ersten Prinzipien des Wissens und damit ihre unbeweisbare Evidenz und Verläßlichkeit zu sichern vermag, weil es der Abglanz der göttlichen Weisheit ist. «Lumen naturae ... est fulgor divinae sapientiae, per quem cernimus ... evidentiam et firmitatem primorum principiorum et conclusionum ex illis dependentium» [8]. Ähnlich wird das L.n. in seiner Bedeutung, trotz der Täuschung durch die Sinne dank seines göttlichen Ursprungs die Vernunft zu wahren Erkenntnissen zu führen, bei M. MERSENNE verstanden [9]. Auch bei TH. HOBBES findet sich die Lehre vom L.n. als dem Vermögen, unbezweifelbare, apriorische Prinzipienerkenntnis – etwa in der Mathematik – gegen jeglichen Zweifel zu garantieren. «Principia igitur mathematicae sunt veritates primae, quas non docemur, sed lumine naturali simul agnoscimus ac proferuntur» [10].

Gegen die cartesische Lehre vom L.n. als Wahrheitskriterium wendet sich auch P. D. HUET: «L.n. Cartesii non est certum criterium» [11]. Eine klare und distinkte Vorstellung bedarf auch des Glaubens («Fide quoque caret clara et distincta perceptio» [12]). Deshalb ist es nicht möglich, sich – wie Descartes es lehrt – unterschiedslos für die Richtigkeit jeglicher Erkenntnis auf das von Gott gegebene L.n. zu berufen [13]. Die Insuffizienz des L.n. in Fragen des Glaubens wird auch von JOH. MUSÄUS in einer Schrift gegen H. von Cherbury betont [14]. Eine vom Licht der Natur geleitete natürliche Theologie vermag zwar Gottes Wesenheit sowie seine Vollkommenheiten zu erkennen, jedoch nicht die Mittel, die den Menschen zur ewigen Seligkeit führen [15]. Daß die geoffenbarten Artikel des Glaubens nicht nur zur Erlangung der ewigen Seligkeit notwendig sind, sondern ihnen auch größere Gewißheit zukommt als den dem L. rationis verdankten natürlichen Erkenntnissen, betont JOH. J. RAMBACH: Denn die aus dem L. rationis gebildeten evidenten axiomata und conclusiones des Verstandes sind im Unterschied zu der unmittelbaren Gewißheit der Offenbarungslehren durch Vollzüge des Verstandes (ratiocinatio) vermittelt, weswegen es leicht zu einem Irrtum kommen kann [16].

Ähnlich wie von Descartes wird der Terminus hingegen von LOCKE gebraucht: «Light, true Light in the Mind is, or can be nothing else but the Evidence of the Truth of any Proposition» [17]. Folglich muß auch offenbarte Wahrheit, zwar nicht dem Inhalt, wohl aber der Form nach, d. h. als Offenbarung, sich vor der Vernunft ausweisen. Weiter geht P. BAYLE, der die Auslegung der Bibel auf das L.n. als allgemeines und unwiderlegliches Prinzip stützen will: «... la lumière naturelle, ou les principes généraux de nos connaissaices, sont la règle matrice et originale de toute interprétation de l'Ecriture ...» [18]. Was in der Schrift der natürlichen menschlichen Moral, die das L.n. lehrt, widerspricht, muß trotz des Offenbarungsanspruches zurückgewiesen werden [19]. Damit wird die Offenbarung nicht nur der Form nach, sondern gerade in ihren inhaltlichen Lehren dem Kriterium der Vernunft unterworfen.

Doch schon bei DESCARTES, der ja auch das Licht in der Natur untersucht (vgl. La Dioptrique, Discours [20]), bahnt sich eine neue Wende des Begriffs an. In den ‹Principia› [21] wird das Resultat der Intuition eine *klare* Vorstellung genannt. Klar aber ist dasjenige, was das (äußere oder innere) «Auge» im Medium des Lichts (der Sinne oder der Vernunft) zu «sehen» vermag. Von der klaren unterscheidet Descartes hier die deutliche Vorstellung, welche Verschiedenheit, mithin Negation und Vielheit einschließt und der Auseinanderlegung in Begriffen bedarf.

LEIBNIZ baut diesen Ansatz zu einer umfassenden Erkenntnislehre aus [22]. Einerseits erkennen wir durch das n.L. mit vollkommener Evidenz die notwendigen Wahrheiten, z. B. die Axiome der Mathematik, und zwar in ihrer Notwendigkeit, die als solche den Sinnen nicht erscheinen kann [23]. In derselben Weise «sieht» Gott (infallibili visione) auch alle Dinge der Natur auf einen Blick und durchschaut sie vollkommen. Dagegen hat unser menschliches Auge als das Organ eines endlichen Sinnenwesens nur einen getrübten Blick für die Tatsachen. Was unseren Sinnen einfach erscheint, ist in Wahrheit zusammengesetzt. Deshalb ist es unsere Bestimmung, *klare* Vorstellungen zu analysieren, d. h. diskursiv (per notas) *deutlich* zu machen, soweit wir können. Doch diese Anstrengung des Begriffs bleibt auf das n.L. der Sinne angewiesen, die diskursive oder «symbolische» Erkenntnis selbst ist «blind». Menschliche Erkenntnis von Tatsachenwahrheiten ist nur a posteriori möglich.

So scheint, nachdem das Licht als Naturphänomen allgemein größere Bedeutung gewonnen hat, die Lichtmetaphorik in umgekehrter Richtung wirksam zu werden: Der philosophisch geläufige Begriff des n.L. der Vernunft wird übertragen auf das n.L. der Sinne. In einem kurzen Artikel über ‹L. *moraliter* sumptum› unterscheidet der Cartesianer CHAUVIN folgerichtig zwei Bedeutungen: Einerseits bezeichne es das Licht des menschlichen Geistes allein – in diesem Sinn aber kann er es nur noch im Rahmen der Lehre von den «angeborenen» Eigenschaften des Geistes verstehen als gleichbedeutend mit «tam ... intelligentia, sive habitus primorum principiorum, quam lex naturalis»; andererseits aber bezeichne es das Licht des ganzen Menschen: «L. hominis, quatenus est ex mente et corpore compositus, *sensus* est» [24].

Die Ansicht, daß die menschliche Vernunft die Grenzen des im Licht der menschlichen Sinne anschaulich Gegebenen nicht überschreiten könne, weil sie nur vermittels ihres dunklen Körpers mit den Dingen der Natur in Berührung stehe und diese ihre Individualität gerade ihre allgemeine Natur ausmache, führt dazu, daß die Rede vom n.L. im Zusammenhang mit der Konstitution allgemeiner Erkenntnis bald verstummt. Licht und dunkel gewordene Natur treten in einen Gegensatz zueinander. Schon das ‹Philosophische Wörterbuch› von WALCH (1775) kennt «L. der Vernunft» und «L. der Natur» nur noch als «verblümte Redensart» [25].

Von einer «ontisch bildlichen Rede» spricht M. HEIDEGGER, der in ausdrücklichem Anschluß an die Rede vom L.n. seine Lehre von einem zur Wesensverfassung des Menschen gehörenden vorgängigen Seinsverständnis, der Gelichtetheit des Daseins, entfaltet [26].

Anmerkungen. [1] B. SPINOZA, Tractatus Theologico-Politicus 13. Opera, hg. C. GEBHARDT 3, 167, 30f. – [2] FR. BACON, Nov. Organum 1, 42. Works (1869) 251. – [3] R. DESCARTES, Regulae ad directionem ingenii 14, 2. Oeuvres, hg. ADAM/TANNERY (= A/T) 10, 440; ähnlich: Meditationes, Synopsis. A/T 7, 15. – [4] Meditat. 3, 9. A/T 7, 38. – [5] Regulae 12, 23. A/T 10, 426. – [6] a.O. 3, 5. A/T 10, 368. – [7] 3, 8. A/T 10, 369f. – [8] I. H. ALSTEDIUS: Encyclop. (Herbornae 1630) 53; vgl. auch Theologia naturalis (Hanoviae 1625) 22. – [9] M. MERSENNE, La vérité des sci. I, 15, 193ff. – [10] TH. HOBBES, Principia et problemata. Opera lat. 5, 155. – [11] P. D. HUETIUS: Censura philosophiae cartesianae (Lutetiae 1689, zit. Venetiis 1734) II, 5. – [12] a.O. II, 6. – [13] II, 5. – [14] JOH. MUSAEUS: De luminis naturae et ei innixae theologiae naturalis insufficientia ad salutem (Jenae 1668). – [15] Introductio in theologiam (Jenae 1679) 23. 52. – [16] IOH. I. RAMBACH: Institutiones hermeneuticae sacrae (Jenae 1732) 98. – [17] J. LOCKE, An essay conc. human understanding 4, 19, 13. – [18] P. BAYLE, Oeuvres 3, 367. – [19] a.O. 367ff. – [20] DESCARTES, A/T 6, 83ff. – [21] Principia philosophiae 1, 45. A/T 8, 22. – [22] G. W. LEIBNIZ, Meditationes de Cognitione, Veritate et Ideis. Philos. Schr., hg. GERHARDT 4, 422-426. – [23] a.O. 6, 488ff. – [24] ST. CHAUVIN: Lex. Philos. (²1713, ND 1967) 370: s.v. ‹L.›. – [25] J. G. WALCH: Philos. Lex. 1 (⁴1775, ND 1968) 2269. – [26] M. HEIDEGGER: Sein und Zeit (¹⁴1977) 133.   Red.

Lust, Freude

I. *Antike.* – 1. Das griechische Wort für L. ist ἡδονή, eigentlich «die durch den Geschmack vermittelte angenehme Empfindung»; die Römer übersetzten es mit ‹voluptas›. – Nach Vorstufen bei den Vorsokratikern, besonders DEMOKRIT [1], und den Sokratikern, etwa ANTISTHENES [2], wird die L. bei PLATON philosophisch relevant. Für seinen Standpunkt sind die Erörterungen des ‹Philebos› verbindlich. Die Frage nach dem Verhältnis der L. zum Guten steht im Vordergrund. Als Grundlage der Eudämonie (des Glücks) ist nur ein aus Vernunft und L. gemischtes Leben denkbar. Bestandteile dieser Mischung können nur die aus der Erkenntnis des Wahren entspringenden, von Schmerz völlig freien L.-Empfindungen sein, nicht die an physiologische Auffüllungsprozesse gebundenen, ein maß-loses Werden implizierenden körperlichen L.-Arten. Die reinen L.-Formen hingegen gehören zur Seinsgattung des Maßhaltigen. – EUDOXOS erblickt in der L. das mit Gott gleichgesetzte höchste Gute, da alles, ob des Logos teilhaft oder nicht, nach ihr verlange [3].

ARISTOTELES hat seine endgültige Auffassung der L. im 10. Buch der ‹Nikomachischen Ethik› niedergelegt [4]. Danach ist das Wesen der L. zu jedem beliebigen Zeitpunkt ihres Vorhandenseins vollendet da. Es wird also von der Zeit nicht beeinflußt und kann daher keine Bewegung, kein Werden sein. Insofern jede Aktivität (ἐνέργεια) der Sinne, des Verstandes und der betrachtenden Schau um so vollendeter ist, je mehr L. sie bereitet, kann man sagen, daß die L. die Aktivität vollendet, nicht als ihre immanente Grundverfassung, aber als ein zu ihr hinzukommendes Ziel (τέλος). Wie sich die Arten von

Aktivität nach Wert und Unwert unterscheiden, so auch die diesen Arten eigentümlichen L.-Formen. Nur was dem hochwertigen Menschen als L. erscheint, ist L. Was von einem in seiner Natur verderbten Menschen als L. empfunden wird, ist nicht wirklich L. Deshalb ist verwerfliche L. keine L. Spezifisch menschlich sind diejenigen L.-Formen, welche die Aktivitäten des vollendeten und glücklichen Menschen vollenden.

Die *alte Stoa* kann aufgrund ihres ethischen Rigorismus allein in der Tugend, keinesfalls in der L. das höchste Gut erblicken. Nicht weil die Tugend L. bereitet, heißen wir sie gut, sondern wenn wir sie gutheißen, bereitet sie auch L. [5]. Der Affekt L. ist «ein falsches Urteil» (δόξη) über das Anwesendsein eines vermeintlichen Guten, nach dem die Masse streben zu sollen meint [6]. Die *Kyrenaiker* [7] sehen in den als «sanfte Bewegung» definierten einzelnen körperlichen L.-Empfindungen des Augenblicks das letzte Ziel des Strebens und daher das Gute. Als Beweis gilt, daß der Mensch von Kind an eine natürliche Affinität zur L. besitzt und sie um ihrer selbst willen erstrebt. Einen Wesensunterschied zwischen den L.-Empfindungen gibt es nicht. Auch die aus einer unstatthaften Handlung fließende L. ist qua L. gut. Aus der Erinnerung an das vergangene Gute oder aus der Erwartung des zukünftigen Guten fließt keine L. [8]. – Für EPIKURS Haltung zur L. ist sein Brief an Menoikeus grundlegend [9]. Danach besteht die Vollendung des glücklichen Lebens in der Schmerzlosigkeit des Körpers und besonders in dem Freisein von seelischer Unruhe (ἀταραξία). Letzterer Zustand kann L. in der Ruhe (ἡ καταστηματικὴ ἡδονή) genannt werden [10], ersterer mitunter nur durch positive L. (ἡ ἐν κινήσει ἡδονή) herbeigeführt werden. In diesem Sinne heißt L. Ausgangs- und Endpunkt des Glücks, zumal sie auch Kriterium zur Erkenntnis des Guten ist. Das Glück liegt daher nicht im maßlosen Streben nach körperlichem Genuß, sondern gründet auf der mit Genügsamkeit gepaarten Phronesis, der höchsten Tugend, die L. und Schmerz gegeneinander abwägt und die der Seelenruhe gefährlichen Meinungen ausmerzt. Nur der Vollbesitz der Tugenden erlaubt ein wahrhaft lustvolles Leben [11]. Bezeichnend für Epikur ist der Satz, daß es lustvoller (ἥδιον) sei, Wohltaten zu erweisen, als sie zu empfangen [12].

Anmerkungen. [1] DEMOKRIT, VS B 191. – [2] ANTISTHENES bei DIOGENES LAERTIUS (D.L.) 6, 11, 3. – [3] ARISTOTELES, Eth. Nic. 1172 b 9ff. – [4] a.O. 1174 a 11–1176 a 29. – [5] SENECA, De vita beata 9, 2. – [6] SVF 3, 392. – [7] D.L. 2, 86-90. – [8] Polemik bei CICERO, De fin. 2, 39-40. – [9] D.L. 10, 122-135. – [10] D.L. 10, 136. – [11] Polemik bei CICERO, De fin. 2, 44ff. – [12] PLUTARCH, Philos. esse c. princ. 3.

2. Das griechische Wort für Freude (F.) ist χαρά. Von der Wurzel χαρ- abgeleitet, bezeichnet es einen vom Subjekt positiv bewerteten Zustand körperlich-seelischer Erregtheit [1]. Im außerphilosophischen Sprachgebrauch spiegelt sich die Doppelheit der ursprünglichen Bedeutung wider, insofern sich Chara einerseits etwa auf die mit der Sättigung verbundene Lustempfindung [2], andererseits auf freudige seelische Erregungen [3], auf die beim Empfang guter Nachrichten empfundene F. [4] und auf ästhetischen Genuß [5] bezieht. Im *Neuen Testament* meint das Wort, von der ‹Vulgata› mit ‹gaudium› übersetzt, seelische, moralische und geistliche F. [6]. In der philosophischen Reflexion scheint Chara zuerst bei DEMOKRIT aufzutreten, der dieses Wort von ἡδονή (Lust) nicht abgrenzt [7] und im übrigen Eudämonie u.a. mit Euthymie (Wohlgemutheit) gleichsetzt [8]. – Nach ARISTOTELES [9] gliedert PRODIKOS die ἡδοναί in χαρά (F.), τέρψις (Ergötzung) und εὐφροσύνη (Heiterkeit); nach PLATON [10] unterscheidet er das aus dem Besitz der Phronesis fließende εὐφραίνεσθαι (heiter sein) vom ἥδεσθαι, der körperlichen Lustempfindung; ähnlich stellt der Sophist nach XENOPHON [11] die sinnlich gefaßte Hedone zur Arete in Gegensatz. – Bei PLATON scheinen Hedone, Terpsis und Chara parallel gebraucht zu sein [12]. – ARISTOTELES behauptet in Polemik mit Prodikos, Chara, Terpsis und Euphrosyne seien nur andere Namen für Hedone [13]. – EPIKUR versteht Chara als Hedone «in der Bewegung» und trennt sie damit von der als Hedone «in der Ruhe» definierten Ataraxie [14]. – Die *alte Stoa*, besonders ZENON, rechnet Chara zu den vernünftigen Affekten (εὐπάθειαι), Hedone dagegen zu den unvernünftigen (πάθη). Näherhin bestimmt sie Chara als eine vernünftige gehobene Stimmung (εὔλογος ἔπαρσις), gegliedert in Terpsis, Euphrosyne und Euthymie [15]. Nach ZENON ist Chara nur Folge eines tugendgemäßen Handelns, nicht selbst ein vollkommenes Gutes [16] und darum zur Eudämonie nicht erforderlich [17]. – Der *Kyrenaiker* THEODOROS sieht in der aus der Phronesis fließenden Chara das höchste Gut, in der Hedone nur ein Mittleres zwischen Gutem und Schlechtem [18]. – PLUTARCH preist die reine, unvermischte Chara, wobei er gegen Epikur polemisiert, der das als Hedone verstandene Vermeiden des Üblen zur Quintessenz des Guten erhebe [19]. ALEXANDER VON APHRODISIAS endlich hält die stoischen Unterscheidungen von Chara, Hedone, Terpsis und Euphrosyne für willkürlich [20].

Für das griechische χαρά steht im Lateinischen ‹gaudium›. Im außerphilosophischen Sprachgebrauch läßt sich aber keine strenge Scheidung von ‹gaudium›, ‹laetitia› und ‹voluptas› beobachten. So können sich gaudium und voluptas sowohl im Sinne einer seelischen Empfindung [21] wie in dem körperlicher Lust entsprechen [22]. Ersteres gilt auch für das Paar gaudium und laetitia [23]. gaudium kann also ebenfalls die körperliche, besonders die sinnliche und geschlechtliche Lust bezeichnen, wie mehrere Stellen bestätigen [24].

Für die philosophische Erhellung des Begriffs ‹F.› ist neben Seneca CICERO maßgebend. Im 2. Buch von ‹De finibus› [25] stellt er zunächst die vollkommene Entsprechung von ἡδονή und voluptas im Sinne einer angenehm auf die Sinne wirkenden körperlichen «Bewegung» (motus) fest, um aber gleich darauf derselben voluptas in Übereinstimmung, wie betont wird, mit dem allgemeinen lateinischen Sprachgefühl sowohl angenehme körperliche «Bewegung» wie auch seelische Freude (laetitia in animo) unterzuordnen [26]. ‹voluptas› beziehe sich also auch auf den animus, während weder ‹laetitia› noch ‹gaudium› vom Körper gebraucht würden [27]. Ferner erinnert Cicero daran, daß die Stoiker die voluptas in animo für schlecht halten, da sie eine unvernünftige gehobene Stimmung (sublatio) nur aufgrund eines vermeintlichen Guten sei [28]. Weiter wird gegen Epikur betont, es gebe auch rein seelische, nicht vom Körper herzuleitende Freude (gaudium animi) [29]. Ausführlich äußert sich Cicero zum Gegenstand in den Tusculanen [30]. Dort überträgt er die stoische Lehre ins Lateinische: ‹laetitia› bzw. genauer ‹laetitia nimia› (übermäßige L.) tritt an die Stelle von ἡδονή, ‹gaudium› an die von χαρά, wobei gaudium als eine der Vernunft (ratio) entsprechende sanfte und dauerhafte seelische Bewegung definiert wird. So sei die laetitia als perturbatio (πάθος) dem gaudium als constantia (εὐπάθεια) entgegengesetzt. gaudere also sei schicklich, laetari nicht. Doch gilt, wie Cicero hervorhebt, diese Unterscheidung nur für die philosophische Unterweisung, nicht für das Lateinische allgemein, was etwa die positive Verwendung von ‹laetus› bei Naevius zeige [31]. Weiter preist der Verfasser die mannigfaltigen gaudia, von denen der Weise (sapiens) aufgrund der Wahrheitserforschung, seiner besonders im Dienst am Staat aktivierten Tugenden und der von ihm gepflegten Freundschaften erfüllt sei [32].

Ganz ähnlich äußert sich SENECA [33]. Dazu stellt dieser im Anschluß an die Stoa fest, das nur dem Weisen zuteilwerdende gaudium sei eine auf wahren, inneren, aus der Tiefe des Seins geschöpften Gütern beruhende F., die das Schicksal (fortuna) weder geben noch nehmen könne [34]. Allerdings ist für Seneca gaudium nicht Bestandteil des höchsten Guten, sondern nur dessen Folge [35].

Anmerkungen. [1] Vgl. J. LATACZ: Zum Wortfeld F. in der Sprache Homers (Heidelberg 1966) 125. – [2] ÄSCHYLOS, Frg. 258, hg. NAUCK. – [3] SORANOS VON EPHESOS, Gynäkol. 1, 46. – [4] SOPHOKLES, Trach. 179. – [5] EURIPIDES, Alk. 579. – [6] Matth. 2, 10; 25, 21; Apg. 13, 52. – [7] DEMOKRIT, VS B 293. – [8] VS A 167; B 189. – [9] ARISTOTELES, Topik 112 b 21-26. – [10] PLATON, Protagoras 337 c. – [11] XENOPHON, Mem. 2, 1. – [12] PLATON, Philebos 19 c 7. – [13] ARISTOTELES, a.O. [9]. – [14] EPIKUR, Frg. 2, hg. USENER. – [15] DIOGENES LAERTIUS (D.L.) 7, 116 = SVF 3, 431; Ps.ANDRONIKOS, Περὶ παθῶν 6 = SVF 3, 432; ALEXANDER VON APHRODISIAS, Kom. zur arist. Topik, hg. WALLIES 181, 2ff. – [16] D.L. 7, 94. – [17] STOBAIOS, Ekl. II, 77, 6-10, hg. WACHSMUTH. – [18] D.L. 2, 98. – [19] PLUTARCH, Moralia 1091 e. – [20] a.O. [15]. – [21] PLAUTUS, Poen. 1217. – [22] CICERO, Or. in sen. 14. – [23] Pro Cluentio 14; SALLUST, Cat. 48, 1. – [24] Jug. 2, 4; LIVIUS, 37, 37, 7; JUVENAL, 10, 204; LUKREZ, 4, 1205. – [25] CICERO, De fin. 8. 13-14. – [26] Auch für SENECA, Ep. 59, 1-2 bezeichnet ‹voluptas› nach dem gewöhnlichen Sprachgebrauch die heitere Gemütsverfassung (hilaris affectio animi) und andererseits ‹gaudium› die auf unbeständigen, äußeren Gütern beruhende F., was der philosophischen Bedeutung des Wortes nicht entspreche. – [27] Nach GELLIUS, 2, 27, 3 ist laetitia auch auf den animus bezogen, aber intensiver als gaudium. – [28] CICERO, De fin. 2, 13; vgl. D.L. 7, 114 mit Bezug auf Zenon. – [29] De fin. 2, 98. – [30] Tusc. 4, 11-14. – [31] Tusc. 4, 66-67. – [32] Tusc. 5, 69. 72. – [33] SENECA, Ep. 59, 14-16. 18; De vita beata 3, 4; 4, 5. – [34] Ep. 59, 2. 18; De vita beata 4, 4. – [35] a.O. 15, 2.

Literaturhinweise. G. KILB: Eth. Grundbegriffe der alten Stoa und ihre Übertragung durch Cicero im 3. Buch de finibus bonorum et malorum (1939) 41. – P. MILTON VALENTE: L'éthique stoïcienne chez Cicéron (Paris 1956) 304-307. – G. LIEBERG: Die Lehre von der L. in den Ethiken des Aristoteles (1958); Die Stellung der griech. Philos. zur L. im Gymnasium 66 (1959) 128-137. – H.-D. VOIGTLÄNDER: Die L. und das Gute bei Platon (1960). – G. GIANNANTONI: I Cirenaici (Florenz 1958). – R. P. HAYNES: The theory of pleasure of the old Stoa. Amer. J. Philol. 83 (1962) 412-419. – W. F. OTTO: L. und Einsicht: Epikur, in: Die Wirklichkeit der Götter (1963) 10-43. – J. O. URMSON: Aristotle on pleasure, in: Aristotle, hg. J. M. E. MORAVCSIK (London 1968) 323-333. – A. HERMANN: Untersuch. zu Platons Auffassung von der Hedoné (1972). – F. RICKEN: Der L.-Begriff in der Nikomach. Ethik des Arist. (1975). G. LIEBERG

II. Die *mittelalterliche* Anschauung von der L. hat ihre Wurzeln in den biblischen Aussagen und in den durch die Vätertheologie aufgenommenen philosophischen Elementen. Im Neuen Testament ist ἐπιθυμία (L., Begierde) kaum mehr neutrales Verlangen, sondern sündiges Begehren, Ausdruck zuchtloser Auflehnung gegen Gott [1]. Ebenso gehört die ἡδονή, im Neuen Testament anders als im profanen Griechisch nur als L. verstanden, in den Bereich des gefallenen Menschen und trennt ihn von Gott. Sie verstrickt ihn in inneren Widerstreit, verknechtet ihn und erstickt in ihm den Samen des Wortes Gottes, ja die φιλήδονοι (Freudeliebenden) stehen geradezu den φιλόθεοι entgegen [2]. Mit den Wörtern χαίρω, χαρά und ἀγαλλιάομαι spricht das Neue Testament natürlich auch von der Freude (F.). Aber wie schon im Alten Testament ist damit nicht nur beiläufig von der profanen F. die Rede, vielmehr hat die F. religiösen Charakter. Schon im Alten Testament ist Gegenstand der F. Gottes Wort, Gesetz, Heilshandeln oder gar Gott selber, und die F. äußert sich vor allem im kultischen Fest. Nicht anders sind die Schriften des Neuen Testaments – manche wie Lukas, Johannes oder der Philipperbrief bevorzugt – von der Stimmung der F. und dem Anruf zu ihr durchzogen. Jesu Heilshandeln ist nach Lukas der Grund zur F. [3]. Sie ist χαρὰ τῆς πίστεως und «Frucht des Geistes», ist «F. im Herrn» und wird der Gemeinde eindringlich aufgetragen [4]. Von der «erfüllten, vollkommenen F.» spricht Johannes auch in den Bildern von Ernte und Hochzeit [5]. Sie ist mit der Person Jesu gegeben [6] und eröffnet den Ausblick auf das unverlierbare, eschatologische Heil. Deshalb überwindet sie die Trauer und kann paradoxerweise sogar in Trübsal und Leiden sich behaupten [7].

Philosophische Strömungen der Zeit unterstützten die biblischen Aussagen. Hatte schon die klassische Philosophie einen deutlichen Unterschied zwischen höheren und niederen ἡδοναί gemacht, so bewerteten Stoa und Kyniker sie wie alle Affekte kritisch und verachteten sie als vernunftwidrig. Nur die χαρά wird auch von den Stoikern zur eigenen Gruppe der εὐπάθειαι, den guten Gestimmtheiten, gerechnet und von den Affekten geschieden. Bei dieser Beurteilung bleibt die Ethik der frühchristlichen Literatur. Die ἡδονή behält ihre negative Bewertung [8]. ἀλλοτριώτατον δὲ τῆς θείας φύσεως ἡ φιληδονία (der Hang zum Vergnügen ist der göttlichen Natur fremd) stellt CLEMENS VON ALEXANDRIEN fest [9]. Eigentlich werthaft bleibt nur die F. an geistlichen Dingen, die natürliche L. wird als Hindernis zur Vollkommenheit gesehen [10]. Nur wenige Stimmen lassen Begehren und L. auch als natürliche Anlage des Menschen gelten [11]. Die fröhliche Heiterkeit (ἱλαρότης) wird als Heilmittel gegen die böse Traurigkeit (ἀκηδία, Acedia s. d.) empfohlen [12]. Aber es kommt entscheidend darauf an, daß der Gegenstand der F. gut ist [13]. BASILIUS zählt dazu wohl auch «die Kleinigkeiten» irdischer F.n, aber nach 1. Thess. 5, 16 sich allzeit freuen ist nur möglich, wenn das Leben beständig auf Gott hinzielt [14]. Vermittler und Autorität für das Mittelalter wird AUGUSTINUS. Ihm ist die caritas, die volle Hingabe an Gott, eigentlicher Antrieb und höchstes Gesetz der Sittlichkeit. Ihr steht unvereinbar entgegen die verkehrte Weltliebe (cupiditas), und erst recht concupiscentia oder libido, die das Irdische um seiner selbst willen erstrebt, statt es höchstens als Mittel zum eigentlichen Ziel zu gebrauchen (uti – frui). Im Maße, wie irdische Liebe bei ihrem Gegenstand verweilt, sich von Gott ablenken läßt, ist sie weniger oder schwerer sündhaft [15]. Nur in Hinsicht auf das höchste Gut und verbunden mit ihm, darf man sich irdischer Werte freue [16] – «uti ad Deum» und «frui in Deo» [17]. Wenn auch Augustinus in späteren Äußerungen die natürliche L. eher gelten ließ, bedenklich blieb er doch gegen ihre stets drohende Verselbständigung [18]. Zum glückseligen Leben führen nicht «irgendwelche F.n», die die ‹Confessiones› nacheinander darstellen, vielmehr: «Ipsa est beata vita, gaudere ad te, de te, propter te; ipsa est et non est altera» (dieses ist das glückselige Leben: sich Deiner freuen, über Dich, wegen Dir; dieses ist es, und ein anderes gibt es nicht) [19].

Die Frühscholastik hat, ohne sie systematisch zu verarbeiten, die Motive Augustins weitergegeben. Für ANSELM entspricht es der rectitudo des Wirklichen, daß auch der Wille nach L., das Streben nach dem commodum, weil geschaffenes Sein, zunächst gut und dem Menschen natürlich ist; böse wird es nur, wenn es sich der Gerechtigkeit nicht unterordnet [20]. BONAVENTURA läßt die oblectationes der Sinne gelten. Recht gebraucht können sie aber nur Stufen des Aufstiegs, bildhafter Hinweis zur eigentlichen Erfüllung sein. Diese Welt nämlich dient wohl dem Leib und irdischem Leben, vor allem aber der Seele und dem Weg zur Weisheit [21]. THOMAS VON AQUIN bietet schließlich im Rückgriff auf Aristoteles eine systematische Lehre über die L. [22]. L. ist nach ihm erfüllende Vollendung der begehrenden Sehnsucht, lebendiges Ergriffensein vom erreichten Gut. Sie eignet den sinnenbegabten Lebewesen (contingit in animalibus). Es gibt Stufen der L. Auf die natürliche Begierde antwortet die rauschhaft sinnliche L.; F. ist nur die innerliche Erfüllung geistigen Strebens. «Nomen gaudii non habet locum nisi in delectatione quae consequitur rationem» [23]. Sinnliche L. ist im Augenblick heftiger und fühlbarer, F. tiefer und dauernder; sie bewirkt durch den Einklang mit der Wirklichkeit gelöste Weitung des inneren Selbst (dilatatio) und Steigerung des Lebens, «perficit enim operationem sicut pulchritudo iuventutem» [24]. In wahrer F. kann auch sinnliche L. personal aufgenommen werden, wie F. umgekehrt sich in leiblichem Wohlgefühl darstellen kann. Thomas bejaht deshalb geistige und sinnliche L. als sittlichen Wert, der freilich zu bemessen ist nach dem jeweils erstrebten Gut und der rechten inneren Ordnung des Handelns. Eingefügt in das Ganze sittlichen Strebens und nicht falsch verselbständigt, könnte die Fähigkeit zur L. sogar zum Zeichen für den inneren Wert eines Menschen werden; Fühllosigkeit (insensibilitas) wäre ebenso wie Hedonismus, der die L. selber zum letzten Ziel macht, eine unwertige Haltung [25]. «Ein Handeln kann nicht vollkommen gut sein, wenn nicht auch die L. am Guten dabei ist» [26]. Nach Inhalt und Tiefe ist für Thomas die geistliche erst die vollendete Freude. Sie ist die erste Frucht der Gottesliebe, wächst mit ihr und überschreitet in ihrer eschatologischen Fülle die Fähigkeit des Menschen [27]. In dieser zentralen theologischen Bedeutung spricht das Mittelalter am ausführlichsten und mit allen Stimmen von der F. Der mystischen Theologie gilt als höchste F. das frui Deo in der liebenden Einung. Nach ANSELM ist sie die eigentliche Erfüllung aller irdischen L. und F. und wird gesteigert durch die Gemeinsamkeit [28]. BERNHARD VON CLAIRVEAUX beschreibt mit ihr den Höhepunkt der Kontemplation [29]. BONAVENTURA stellt fest: «In solo Deo est fontalis et vera delectatio.» Sie ist «coniunctio convenientis cum convenienti», jede andere F. kann nur Antrieb auf sie hin sein [30]. SEUSE wünscht die Liebe des Herrn als das «Begierlichste und Lustlichste» seines Herzens [31]. Für MEISTER ECKHART wird wahre Freude nur in der Einung, in der «glichheit» mit Gott erfahren. Voraussetzung ist, sich allen Trostes der Kreaturen zu entledigen [32]. In dieser F. ist auch das Leid aufgenommen und überwunden [33]. «Der allen sînen willen hât und sînen wunsch, der hât vröude; daz erchât nieman, dan des wille und gotes wille alzemâle einz ist» [34].

Anmerkungen. [1] Vielfach als böse, fleischlich, welthaft usw. näher bezeichnet, aber ebenso oft ohne jeden Beisatz schon ethisch unwertig festgelegt z. B. Röm. 7, 7f.; Gal. 5, 24; 1. Thess. 4, 5; Tit. 3, 3; Jak. 1, 14f.; 1. Petr. 4, 2; 1. Joh. 2, 15. – [2] 2. Tim. 3, 4; dazu etwa Jak. 4, 1ff.; Tit. 3, 3; Luk. 8, 14. – [3] Luk. 10, 20; 13, 17; 15, 5-7; 19,6. – [4] Phil. 1, 25; Gal. 5, 22; Phil. 4, 4. – [5] Joh. 15, 11; 16, 24; 17, 13; 4, 36; 3, 29. – [6] Joh. 8, 56: «Euer Vater Abraham frohlockte, daß er meinen Tag sehen sollte. Und er sah ihn und freute sich.» – [7] Joh. 16, 20; 2. Kor. 7, 4ff.; Jak. 1, 2; 1. Petr. 1, 6; Act. 5, 41. – [8] IGNATIUS VON ANTIOCHIEN, Ad Rom. 7, 3; PASTOR HERMAE, Sim. 8, 8, 5; Ad Diognetum 6, 5; 9, 1. – [9] CLEMENS VON ALEXANDRIEN, Paed. III, 37, 2; vgl. Strom. VII, 15, 1. – [10] Vgl. z. B. CYRILL VON ALEXANDRIEN, Com. in Rom. V, 12; GREGOR VON NYSSA, Über die Seligpreisungen IV, 6. – [11] Vgl. z. B. JOH. CHRYSOSTOMUS, Hom. XIX ad pop. Antioch. 4; JOH. DAMASCENUS: Quelle der Erkenntnis III, 2, 13. – [12] PASTOR HERMAE, Mand. X, 3. – [13] JOH. CHRYSOSTOMUS, Matthäuskomm. Hom. 58, 5. – [14] BASILIUS, Predigt auf die Märtyrerin Julitta 7; Predigt über die Danksagung 7. – [15] AUGUSTINUS, En. in ps. 9, 15; De div. quaest. 83. 36, 1; De doct. christ. 1, 4. – [16] De doct. christ. 1, 3f.; De trin. 11, 10 gebraucht Augustinus dafür das Bild von der Wanderschaft, bei dem man sich unterwegs ausruhen, aber nicht vom Ziel abbringen lassen darf. – [17] De trin. 9, 8 (13). – [18] Conf. 10, 31, 44ff.; Contr. Jul. Pel. 4, 66ff. – [19] Conf. 10, 22, 32; vgl. Sermo 179, 6; De util. ieiun. 6: Cessando a laetitia carnis acquiritur laetitia mentis. – [20] ANSELM VON CANTERBURY, De concordia III, 13. – [21] BONAVENTURA, Collationes in Hexaemeron XIII, 12; die Darstellung der Sinne und ihrer Lust vgl. Itinerarium II, 5. – [22] THOMAS VON AQUIN, S. theol. I/II, 31-34; dort 31, 1 die Def. der L. aus ARIST., Rhet. I, 1369 b 33 als «quidam motus animae constitutio simul tota et sensibilis in naturam existentem», die Thomas näher erklärt. – [23] S. theol. I/II, 31, 3. – [24] S. contra gent. I, 90. – [25] S. theol. II/II, 150, 1 ad 1; 142, 2 ad 2. – [26] S. theol. I/II, 34, 4 ad 3. – [27] S. theol. II/II, 28. – [28] ANSELM VON CANTERBURY, Proslogion 25/26. – [29] BERNHARD VON CLAIRVEAUX: «Hoc fit, cum mens ineffabilis verbi illecta dulcedine quodammodo sibi fruatur, immo rapitur atque elabitur a se ipsa, ut verbo fruatur.» Serm. in Cant. 85, 13. MPL 183, 119 4 B. – [30] BONAVENTURA, Itinerarium II, 8. – [31] HEINRICH SEUSE, Briefbüchlein 5. – [32] MEISTER ECKHART, Daz buoch der götlichen Tröstunge I, 2. Dtsch. Werke 5, 29, 14; Predigt 19: Sta in porta a.O. 1, 319, 4. – [33] Vgl. z.B. Daz buoch der götlîchen Tröstunge I, 2 a.O. 5, 45, 18; 52, 3; Die rede der underscheidunge 18 a.O. 5, 256, 8ff. – [34] a.O. 23 = 5, 309, 3f.

Literaturhinweise. G. STÄHLIN: Art. ἡδονή, in: Theol. Wb. zum NT, hg. KITTEL 2, 911. – FR. BÜCHSEL: Art. ἐπιθυμία, ThW 3, 168ff. – H. CONZELMANN: Art. χαίρω, in: ThW 9, 350ff. – O. DITTRICH: Gesch. der Ethik 3 (1926). – J. MAUSBACH: Die Ethik des hl. Augustinus (1929) 1, 222ff. – E. G. GULIN: Die F. im NT 1. 2 (Helsinki 1932/36). – B. ZIERMANN: Die menschl. Leidenschaften. Komm. S. theol. I/II, 22-48 = Dtsch. Thomas-A. 10 (1955) 465ff. – H. M. CHRISTMANN: Die Liebe. Komm. zur S. theol. II/II, 23-33 = Dtsch. Thomas-A. 17 A (1959) 506ff.   R. HAUSER

III. Die *neuzeitliche* Auffassung ist hauptsächlich vom ethischen und vom psychologischen Standpunkt geprägt.

1. Unter dem *ethischen* Aspekt wird die L. wiederum – nach stoischem Vorbild – als Symptom der Vollkommenheit, als Nebenprodukt des erfolgreichen Strebens nach dem Naturgemäßen verstanden, als Belohnung rechten Handelns, aber auch als Triebfeder des Handelns (Hedonismus).

DESCARTES definiert L. als «eine angenehme Gemütsbewegung über den Genuß eines Gutes, welches die Gehirneindrücke der Seele als das ihrige darstellen» [1]. Der Genuß ist dabei die Ursache der L., nicht diese selbst.

Ihre erste umfassende Behandlung in der Neuzeit erfährt die L. durch SPINOZA. L. (laetitia) ist «die Leidenschaft, durch die die Seele zu größerer Vollkommenheit übergeht» [2]. Begierde, L. und Unlust sind die Grundaffekte, aus denen sich alle anderen Affekte ableiten, wobei L. und Unlust in gewisser Weise noch von der Begierde abhängen. Diese ist nämlich das Streben nach Selbsterhaltung und -vervollkommnung, die Erfüllung dieses Strebens ist L. Eng verwandt mit der L. und daher nicht immer von ihr zu unterscheiden ist die *Freude* (F.). Spinoza unterscheidet laetitia (L.) und gaudium (F.). F. ist «L. aus der Vorstellung eines vergangenen Dinges, über dessen Ausgang wir im Zweifel waren» [3]. Spinoza ist in seiner Theorie noch stark von stoischem Gedankengut abhängig, modifiziert dieses aber zu einer eigenen Lehre [4].

Auch LEIBNIZ erkennt in der L. ein «Gefühl der Vollkommenheit» [5]. Eine Definition hält er für unmöglich. Die Gedanken des Geistes sind entweder dem Gefühl gleichgültig (selten!) oder von L. oder Unlust gefärbt [6]. L. und Unlust liegen den Leidenschaften zugrunde. Man liebt das, was L. hervorbringen kann [7]. Hier zeigt sich schon die andere Auffassung von der L.: als Handlungsmotiv. Leibniz definiert Unbehagen als Verlangen nach einem Ding, das L. erzeugt. Dieses Verlangen stachelt Fleiß und Tätigkeit des Menschen an [8]. Umgekehrt ist wieder jedes Handeln eine Förderung der L., jedes Leiden eine der Unlust [9]. L. ist auch für Leibniz der Gattungsbegriff für F.: F. «ist eine L., welche die Seele empfindet, wenn sie den Besitz eines gegenwärtigen oder zukünftigen Gutes als gesichert betrachtet» [10].

Nach KANT ist das Gefühl der L. und Unlust eines der drei Grundvermögen der Seele (neben Erkenntnis- und Begehrungsvermögen) [11], die sich nicht weiter ableiten lassen und allen anderen Seelenvermögen zugrunde liegen [12]. Ein L.-Gefühl kann unmittelbar mit einer Wahrnehmung verbunden sein, so daß ein ästhetisches Urteil gefällt wird, das aber kein Erkenntnisurteil ist [13]. Die L. ist im Geschmacksurteil von einer empirischen Vorstellung abhängig und kann nicht a priori mit einem Begriff verbunden werden; trotzdem ist sie «der Bestimmungsgrund des Urteils nur dadurch, daß man sich bewußt ist, sie beruhe bloß auf der Reflexion und den allgemeinen, obwohl nur subjektiven Bedingungen der Übereinstimmung derselben zum Erkenntnis der Objekte überhaupt, für welche die Form des Objekts zweckmäßig ist» [14]. Ein Gegenstand wird nur darum zweckmäßig genannt, «weil seine Vorstellung unmittelbar mit dem Gefühle der Lust verbunden ist» [15]. Das Vermögen, die formale Zweckmäßigkeit durch das Gefühl der L. und Unlust zu beurteilen, ist die ästhetische Urteilskraft [16]. Die Vorstellung der Zweckmäßigkeit beruht auf der unmittelbaren L. an der Form des Gegenstandes in der bloßen Reflexion über sie [17]. Auch bei Kant findet sich die Verbindung von L. mit dem Streben nach Selbsterhaltung: L. ist «das Bewußtsein der Kausalität einer Vorstellung in Absicht auf den Zustand des Subjekts, es in demselben Zustand zu erhalten» [18]; die L. hat die Kausalität, «den Zustand der Vorstellung selbst und die Beschäftigung der Erkenntniskräfte ohne weitere Absicht zu erhalten» [19]. Wichtig ist die Verknüpfung von L. und Unlust mit dem Begehrungsvermögen. Jede erreichte Absicht ist mit einem L.-Gefühl verbunden [20]. Mit dem Begehren ist immer das Gefühl von L. und Unlust verbunden, aber nicht immer umgekehrt. L. kann Ursache wie Wirkung eines Begehrens sein [21]. Die mit dem Begehren notwendig verbundene L. heißt *praktische* L., gleich ob sie Ursache oder Wirkung des Begehrens ist. Dagegen nennt Kant eine L., die nicht notwendig mit dem Begehren eines Gegenstandes verknüpft ist, die also nicht L. an der Existenz eines Vorstellungsobjektes ist, sondern allein an der Vorstellung haftet, *kontemplative* L. oder *untätiges Wohlgefallen*. Das Gefühl dieser L. ist der *Geschmack* [22]. Im Gegensatz zur intellektuellen L. ist die *Konkupiszenz* (das *Gelüsten*) «eine sinnliche, aber noch zu keinem Akt des Begehrungsvermögens gediehene Gemütsbestimmung» [23]. Eine ausführliche Abhandlung über das Gefühl der L. und Unlust liefert Kant im zweiten Buch der ‹Anthropologie›, wobei er folgende Einteilung der L. zugrundelegt: 1. sinnliche L.: a) durch den Sinn (= Vergnügen), b) durch die Einbildungskraft (= Geschmack); 2. intellektuelle L.: a) durch darstellbare Begriffe, b) durch Ideen.

SCHILLER sieht in der sinnlichen L. eine Triebfeder des Handelns. Die Seele muß den Körper vor den feindlichen Einwirkungen der Dinge um ihn herum beschützen und bedarf der Information über dessen guten oder schlechten Zustand. Der gute Zustand äußert sich durch L., der schlechte durch Unlust [24]. Mit dem Zustand des Körpers, der seine Fortdauer sichert, ist L. verbunden [25], Vollkommenheit ist jederzeit mit L. verbunden [26], die Empfindung körperlicher Harmonie ist die Quelle geistiger L. [27]. Auch bei Schiller findet sich also der Gedanke, daß die L. mit dem Selbsterhaltungstrieb verbunden ist. Die L. unterliegt einem Abstumpfungsprozeß, weil sie sonst ins Unendliche wachsen und das Individuum vernichten würde [28].

Etwas rein Negatives sieht SCHOPENHAUER in der L., «das bloße Aufheben des Wunsches und Endigen einer Pein» [29]. – NIETZSCHE identifiziert die L. einerseits mit dem Machtgefühl [30], andererseits ist sie nur ein «Symptom vom Gefühl der erreichten Macht» [31]. L. und Unlust sind keine Ursachen, sondern immer Schlußphänomene [32], Nebensachen [33]. Dies hindert aber seinen ‹Zarathustra› nicht, das Hohelied der L. zu singen: «Denn alle L. will – Ewigkeit, tiefe, tiefe Ewigkeit!» [34]

Für SCHELER steht das Streben nach einem konkreten Gut am Anfang. Erst danach kann die L. objektiviert und als Gut erstrebt werden. L.- und Unlustzustände sind an die Existenz von Gütern als Trägern von Wertqualitäten gebunden [35]. – Nach SCHLICK ist L. mit der Zielvorstellung menschlichen Handelns verbunden, wobei diese Vorstellung selbst schon lustvoll sein kann. Auch diese Vorstellungs-L. bildet einen Bestimmungsgrund des Handelns, auch wenn das Ziel selbst unlustbetont ist. Auf der Basis dieser Vorstellungs-L. baut Schlick seinen Hedonismus auf. Er läßt keine Artunterschiede der L. zu, wohl aber Gradunterschiede [36].

REHMKE bezeichnet L.- und Unlusthaben als «die zuständliche Bestimmtheit» der Seele, L. und Unlust als deren Besonderheiten. Die Seele will nur die Veränderungen, die «im Lichte der L.» stehen, d.h. mit L.-Vorstellung verknüpft sind; aber nicht jedes Wollen ist L.-Wollen [37].

Als Handlungsmotiv spielt die L. eine große Rolle in den *französischen* hedonistischen Systemen, z.B. bei GASSENDI, LAMETTRIE, HELVETIUS. Bei CONDILLAC geben L. und Unlust den Fähigkeiten der Seele den ersten Anstoß. Das Erstaunen nämlich erhöht die Wirksamkeit der Seelentätigkeiten, aber nur dadurch, daß es einen auffallenden Unterschied zwischen angenehmen und unangenehmen Empfindungen spüren läßt [38].

Auch in der *englischen* Philosophie finden sich die beiden Gesichtspunkte. HOBBES sieht in der L. ein Erleiden, ausgelöst durch eine Aktion des Wahrnehmungsobjektes [39]. Das Begehren ist eine L. an etwas, das noch nicht gegenwärtig ist [40]. Was begehrt wird, ist ein Gut [41], das erste Gut für jeden die Selbsterhaltung [42], die demnach als erste begehrt wird und bei erfolgreichem Begehren L. verursacht. – LOCKE sieht in der L. wieder mehr das Handlungsmotiv. Sie bestimmt den Willen indirekt, insofern ihre Abwesenheit Unbehagen und damit Begehren verursacht [43]. Gegenwärtige Unlust treibt stärker als Aussicht auf L. [44]. – HUME setzt an die Stelle der Selbsterhaltung die Befriedigung, den L.-Gewinn als Grundgesetz: Wenn wir von etwas L. oder Unlust erwarten, dann entsteht ein Gefühl von Zu- oder Abneigung. Wir fühlen uns getrieben, das aufzusuchen, was uns Befriedigung bereiten wird [45]. Ohne L. und Unlust als treibende Prinzipien wären wir unfähig zu handeln [46]. Selbst Tugend und Laster werden nicht durch die Vernunft allein erkannt, sondern durch ein Gefühl von L. und Unlust [47]. – Nach JAMES MILL ist der Wille ursprünglich auf L.-Gewinn und Befreiung von Unlust gerichtet. Allmählich gewinnen aber Dinge, die zuerst nur als Mittel dienten, selbst Gefühlswert [48]. – Einen rein hedonistischen Standpunkt nimmt BENTHAM ein. L. ist das einzige, was an sich wertvoll ist, alles andere hat Wert nur so weit, als es dem L.-Gewinn zuträglich ist. Es gibt Unterschiede in der L. nur hinsichtlich Stärke, Dauer, Gewißheit, Nähe, Fruchtbarkeit und Reinheit sowie der Anzahl derer, die an ihr teilhaben [49]. Nur durch Motive der L. und Unlust kann auf den Willen eingewirkt werden [50].

2. Unter *psychologischem* Aspekt ist L. vor allem Gefühlsqualität, aber auch Handlungsmotiv. Die Gefühlstheorien lassen sich einteilen in ein- und mehrdimensionale. Nach den eindimensionalen (alghedonischen) Theorien sind L. und Unlust die einzigen Gefühlsqualitäten. Der Anschein einer unendlichen Vielfalt entsteht nur aus der Verschiedenheit der Wahrnehmungen, Vorstellungen und Gedanken, die mit ihnen verbunden sind. LEHMANN nimmt an, daß «jede Tätigkeit des Zentralorgans von L. begleitet ist, wenn sie ohne Abnahme der Leistungsfähigkeit verläuft» [51]. Ähnliche Ansichten vertreten EBBINGHAUS, JODL, KÜLPE und andere. Dagegen versuchen die mehrdimensionalen Theorien, die Gefühle durch noch andere Qualitäten zu erklären. WUNDT nimmt drei in sich polare Hauptrichtungen an: L.-Unlust, Erregung–Beruhigung und Spannung–Lösung [52]. Für KRUEGER sind L. und Unlust empirische Klassenbegriffe, die nur der vergleichenden Beschreibung von Gefühlserlebnissen dienen [53]. Nach LOTZE sind L. und Unlust allgemeine Bezeichnungen, die in dieser Allgemeinheit nichts Wesentliches ausdrücken; vielmehr hat jede wirkliche L. und Unlust ihren eigenen Charakter, und man kann sie keineswegs aus verschiedenen Anteilen einer allgemeinen L. und Unlust zusammensetzen [54]. Hier kommt also der Gedanke hinzu, daß L. und Unlust nicht die einzigen Gefühlsqualitäten sind, sondern daß es eine unendliche Mannigfaltigkeit von L.- und Unlustqualitäten gibt. Auch für LIPPS sind L. und Unlust «Namen für eine Färbung oder Tönung von Gefühlen, die außerdem noch in mannigfach anderer Weise charakterisiert sein können» [55]. Er unterscheidet drei Arten von L.: an dem vorgestellten Gegenstand des Strebens, aus der Befriedigung des Strebens und aus der Tätigkeit («Funktions»-L. im Sinne von BÜHLER). EISLER unterscheidet «L. zu etwas» als «ein Moment des Strebens» von der «L. an etwas», die an die Vorstellung von etwas sich knüpft [56]. RIBOT hält L. für eine «hinzugefügte Erscheinung», ein «Symptom, welches anzeigt, daß gewisse Tendenzen befriedigt sind» [57]. Das L.-Gefühl ist an «mittlere» Tätigkeiten geknüpft; übersteigerte L. wird zu Unlust [58], ein Gedanke, der sich auch bei SPENCER findet [59]. Auch STÖRRING hält L. und Unlust für «Gefühlstöne», etwas Ursprüngliches, das sich nicht weiter auf Empfindungen zurückführen läßt. Affekte sind durch L. und Unlust gefärbt [60]. Den Aspekt der Selbsterhaltung betont wiederum HØFFDING: L. und Unlust sind nur Symptome dafür, ob das Streben nach Erhaltung und Entwicklung begünstigt oder gehemmt wird [61]. Nach H. SCHMITZ besteht zwischen L. und Gefühlen nur ein mittelbarer Zusammenhang [62]. «L. ist affektives Betroffensein durch einen Affekt, dessen phänomenale Quelle sich als selbst empfangene Förderung darstellt» [63]. Weiter betont Schmitz den ganzheitlichen Charakter der F., wie überhaupt der Gefühle, die nicht primär subjektgebunden sind, sondern als «ergreifende Mächte» das Subjekt überkommen [64]. BOLLNOW unterscheidet die Freude als «gerichtetes Gefühl» von der Fröhlichkeit, die als «Stimmung» ganzheitlich «über den Menschen kommt» und allen Regungen eine gewisse Färbung verleiht, ohne auf etwas Bestimmtes gerichtet zu sein [65]. F. drängt danach, sich anderen mitzuteilen, sie strebt nach der Gemeinschaft [66]. SARTRE unterscheidet «F.-als-Gefühl», die einen «angepaßten Zustand» darstellt, von «F.-als-Emotion ..., [die] durch eine gewisse Ungeduld» gekennzeichnet ist. F. wird durch das Erscheinen eines Objektes hervorgerufen, aber dies «gehört» dem Freudigen noch nicht, es gibt sich ihm erst nach und nach. F. ist ein «magisches Verhalten», das den Besitz des Objektes als «augenblickliche Ganzheit» erreichen will. Singen, Tanzen usw. vor F. sind Verhaltensweisen symbolischer Inbesitznahme des *ganzen* Objektes, das rational nur nach und nach vereinnahmt werden kann [67]. Eine eingehende Untersuchung widmet VOLKELT der F., die er als einen lustvollen Zustand auffaßt, womit aber ihre Eigentümlichkeit noch nicht erschöpft ist. Es kommen die leibliche Empfindung der Erfrischung, aber auch Herzklopfen [68] sowie gewisse Ausdrucksbewegungen (Mimik, Gestik) hinzu. F. ist außerdem auf ein Objekt gerichtet [69]. In der F. steckt etwas, «was ich als *unmittelbares Sichselbsterleben des Ich* ... *bezeichnen muß*». «Die F. ist eine besondere Art, wie das Ich sich in seiner Ichheit selbst hat, erlebt, seiner inne ist» [70].

In der *behavioristischen* Psychologie wird neuerdings im Rahmen von Emotionstheorien die L. wieder als «Gefühlsdimension» im Sinne von Wundt verstanden. So unterscheiden KRECH und CRUTCHFIELD die vier Dimensionen Intensität, Spannung, L.-Unlust-Tönung und Komplexität [71]. Mit Hilfe von Skalierungsmethoden konstruierte man einen dreidimensionalen, quasi-mathematischen «Gefühlsraum» mit den Dimensionen angenehm–unangenehm (= L.–Unlust), zugewandt–abgewandt (= Furcht–Ekel) und aktiv–passiv [72]. Besondere Bedeutung gewinnt die L. in der Lernpsychologie. THORNDIKES Effektgesetz und HULLS Verstärkergesetz folgen durchaus hedonistischen Konzeptionen. L. als «Verstärker» hat wieder eine Funktion als Handlungs- und Verhaltensmotiv.

Anmerkungen. [1] DESCARTES, Passions de l'âme, II Art. 91. Oeuvres, hg. CH. ADAM/P. TANNERY (ND Paris 1967) 11, 396. – [2] SPINOZA: Ethica III, Prop. 11 schol. Opera, hg. C. GEBHARDT 2, 149. – [3] a.O. Prop. 18, schol. II. Opera 2, 155. – [4] Vgl. W. STEMPEL: Die Therapie der Affekte bei den Stoikern und Spinoza (Diss. Kiel 1969). – [5] G. W. LEIBNIZ: Nouveaux Essais II, 21, § 42. Philos. Schr., hg. C. I. GERHARDT (1882) 5, 180. – [6] a.O. 20 § 1 = 5, 148f. – [7] 20 § 4 = 5, 149. – [8] 20 § 6 = 5, 150; vgl. 21 § 29ff. = 5, 168ff. – [9] 21 § 72 = 5, 195f. – [10] 20 § 7 = 5, 153. – [11] I. KANT, KU LVI u.a. Akad.-A. 5, 196f. – [12] a.O. XXIIf. = 5, 177f. – [13] 147 = 5, 288. – [14] XLVII = 5, 191. – [15] XLIII = 5, 189. – [16] 75 = 5, 193. – [17] XLIX = 5, 192. – [18] 33 = 5, 220. – [19] 37 = 5, 222. – [20] XXXIX = 5, 187. – [21] Met. der Sitten. Akad.-A. 6, 211. – [22] a.O. 212. – [23] 213. – [24] F. SCHILLER: Versuch über den Zusammenhang der tierischen Natur des Menschen mit seiner geistigen § 4. Sämmtl. Schr., hg. K. GOEDEKE (1867) 1, 146. – [25] a.O. § 5 = 1, 147. – [26] § 12 = 1, 158. – [27] § 18 = 1, 164f. – [28] § 24f. = 1, 173ff. – [29] A. SCHOPENHAUER, Parerga II, § 149. Sämtl. Werke, hg. P. DEUSSEN (1913) 5, 318ff. – [30] FR. NIETZSCHE, Werke, hg. K. SCHLECHTA (1958) 3, 744. 859.

– [31] a.O. 750. – [32] 683. – [33] 685. – [34] 2, 557; vgl. 443. – [35] M. SCHELER, Der Formalismus in der Ethik und die materiale Wertethik. Ges. Werke, hg. M. SCHELER ([5]1966) 2, 251. – [36] M. SCHLICK: Fragen der Ethik (1930) vgl. 75f. 89ff.; vgl. H. REINER: Die philos. Ethik (1964) 40ff. – [37] J. REHMKE: Die Seele des Menschen (1913) 77ff. – [38] E. B. DE CONDILLAC: Traité des sensation. Première Partie II, § 18. Oeuvres philos., hg. G. LE ROY (Paris 1947) 1, 227. – [39] TH. HOBBES, De homine 11, 1. Opera lat., hg. W. MOLESWORTH (London 1839, ND 1966) 2, 95. – [40] a.O. 2, 94. – [41] a.O. 11, 4 = 2, 96. – [42] 11, 6 = 2, 98. – [43] J. LOCKE, Essay conc. human understanding II, 21, § 33. Works (London 1823, ND 1963) 1, 255. – [44] a.O. § 34 = 255f. – [45] D. HUME, Treatise II, 3, 3; Philos. Works, hg. T. H. GREEN/T. H. GROSE (London 1886, ND 1964) 2, 193ff. – [46] a.O. II, 3, 1 = 181ff. – [47] III, 1, 2 = 246ff. – [48] JAMES MILL: Analysis of the phenomena of the human mind ([2]1869, ND Clifton 1970) II, chap. 17. – [49] J. BENTHAM: Introd. to the principles of morals and legislation. Coll. Works, hg. J. H. BURNS/H. L. A. HART (London 1970) 2, 36ff. 51ff. – [50] a.O. 34ff. 103ff. – [51] R. LEHMANN: Die Hauptgesetze des menschl. Gefühlslebens (1914) 157. – [52] W. WUNDT: Einf. in die Psychol. (1911) 34. – [53] F. KRUEGER: Die Tiefendimension und die Gegensätzlichkeit des Gefühlslebens (1931, ND 1967) 9. – [54] R. H. LOTZE: Mikrokosmus 1 (1923) 272. 45. – [55] TH. LIPPS: Vom Fühlen, Wollen und Denken (1907) 11. – [56] EISLER[4] 2, 69: ART. ⟨L.⟩. – [57] TH. RIBOT: Psychol. der Gefühle (1903) 68f. – [58] a.O. 73. – [59] H. SPENCER: Principles of psychol. (London 1855, ND Westmead 1970); dtsch. Prinzipien der Psychol. ([2]1903) 288f. – [60] G. STÖRRING: Psychol. des menschl. Gefühlslebens (1916) 11f. – [61] H. HØFFDING: Humor als Lebensgefühl (1938) 16. – [62] H. SCHMITZ: System der Philos. (1969) III/2, 183. – [63] a.O. 179. – [64] 103. – [65] O. F. BOLLNOW: Das Wesen der Stimmungen (1941) 18ff. – [66] a.O. 74ff. – [67] J.-P. SARTRE: Esquisse d'une théorie phénoménol. des émotions (Paris 1939); dtsch. Versuch einer Theorie der Emotionen, in: Die Transzendenz des Ego (1964) 183. – [68] H. VOLKELT: Versuch über Fühlen und Wollen (1930) 8f. – [69] a.O. 9f. – [70] 12. – [71] D. KRECH und R. S. CRUTCHFIELD: Elements of psychol. (New York [2]1965) 231ff. – [72] H. LEGEWIE und W. EHLERS: Knaurs moderne Psychol. (1972) 143; vgl. 150ff.
W. STEMPEL

IV. Wenngleich die *psychoanalytische* Theorie S. FREUDS davon ausgeht, daß die Libido, d.h. das Streben nach L. und das Vermeiden der Unlust, als einer der zentralsten Antriebe des Menschen zu betrachten ist (L.-Prinzip), vertritt sie damit nicht einen Hedonismus im philosophischen Sinne. Denn das L.-Streben trifft auf die Bedingungen der Realität, die die schmerzhafte Erfahrung der Versagung bis zum schicksalhaften Scheitern einschließen und die Selbsterhaltung mit dem Vorrang der Unlustvermeidung zum zweiten zentralen Antrieb werden lassen (Realitätsprinzip).

Der von der Konflikterfahrung her begründete Dualismus der Triebtheorie zieht sich durch die Entwicklung der Freudschen Theorie [1]. Vollends überschreitet ⟨Jenseits des Lust-Prinzips⟩ den Horizont des philosophischen Hedonismus durch die Entgegensetzung der Todestriebe [2], von denen die Weiterentwicklung der Theorie (in der Ich-Psychologie) nur den Antrieb zur Aggression gelten lassen wollte [3]. Schließlich unterscheidet die neuere Narzißmus-Theorie (H. KOHUT, O. F. KERNBERG [4]) die den Objekten geltende Triebseite mit ihrem L.-Streben und Zerstörungsdrang von den der eigenen Person geltenden Gefühlen der Selbsteinschätzung.

Worin aber sieht die Psychoanalyse das Wesentliche der L.? Obgleich sie sie an die Erfüllung der biologischen Bedürfnisse anhängt, ist sie nicht mit organischer Befriedigung gleichzusetzen. Vielmehr ist das körperliche Bedürfnis psychisch repräsentiert in unseren Wünschen, die nach Erfüllung streben. Ist es nun die Vorstellungsseite an unseren Wünschen, die die L. bewirkt, oder die Seite der Erregung, die auf Erledigung drängt? FREUD suchte das Rätsel der L. zunächst vom energetischen Aspekt her zu fassen, wenn er Unlust mit Erhöhung der Spannung und L. mit Entspannung gleichsetzt. Aber ist wirklich der Bogen von der erhöhten Spannung bis zur endlich erreichten Entspannung im Sinn des Nirwana-Prinzips das eigentlich Lustvolle oder ein von übermäßigen Spannungen freies, relativ beständiges Spannungsniveau im Sinn des Konstanzprinzips [5]? Freud konnte die Frage theoretisch nicht abschließend klären. Was trägt ferner das Vorstellungsvermögen zur L. bei? Ist es eigentlich die imaginäre Welt der Phantasie, die die L. beflügelt? H. MARCUSE spielt sie als L.-Quelle einseitig gegen eine als repressiv eingestufte Wirklichkeit aus, wenn er Orpheus und Narziß zu Leitbildern der befreiten Sinnlichkeit erklärt [6]. Aber gleicht die im Rückzug von der Realität erreichte Beseligung nicht in mancher Hinsicht dem halluzinatorischen L.-Gefühl der Psychose?

Die psychoanalytische Theorie begreift daher nur diejenige Phantasie als Quelle der L., die im Spiel und kreativer Tätigkeit zu symbolischem Ausdruck fähig ist und darin die Brücke zur Realität schlägt [7]. Durch den Aspekt der spielerischen Auseinandersetzung mit der Wirklichkeit verweist der Begriff der L. auf die Theorie der Sublimation, derzufolge die eigentliche Befriedigung im Hinausschieben und Verfeinern der Triebziele besteht. So gründet sich die L. beim Lesen eines Werkes der Literatur nicht nur auf den Aspekt der ästhetischen Form, sondern auch auf die verlockende Aussicht, von tieferliegenden seelischen Spannungen befreit zu werden, die FREUD als Vorlust bezeichnet [8].

Anmerkungen. [1] S. FREUD, Werke 24 (1948) 476. – [2] a.O. 13 (1947) 3ff. – [3] H. HARTMANN: Ich-Psychol. (1972) 78ff. – [4] H. KOHUT: Narzißmus (1973) 17ff.; O. F. KERNBERG: Narzißt. Persönlichkeitsstörungen. Psyche 29 (1975) H. 10. – [5] J. LAPLANCHE und J. B. PONTALIS: L.-Prinzip, in: Vokabular der Psychoanal. 1 (1967) 297ff. – [6] H. MARCUSE: Triebstruktur und Gesellschaft (1965) 140ff. – [7] D. W. WINICOTT: Vom Spiel zur Kreativität (1973) 15. 37ff. – [8] S. FREUD, Werke 8 (1941) 223.   A. SCHÖPF

Literaturhinweise. A. TRENDELENBURG: Die L. und das ethische Prinzip (1867). – H. SIDGWICK: The methods of ethics (London 1874) II, chs. 2. 3. – E. v. HARTMANN: Phänomenol. des sittl. Bewußtseins (1879) 1, 470-516. – G. E. MOORE: Principia ethica (Cambridge 1903) ch. III. – R. B. PERRY: General theory of value (New York 1926) ch. 21. – V. CATHREIN: L. und F. (1931). – J. G. BEEBE-CENTER: The psychol. of pleasantness and unpleasantness (New York 1932). – K. DUNCKER: On pleasure, emotion and striving. Philos. phenomenol. Res. 1 (1940) 391-430. – E. FROMM: Psychoanal. und Ethik (1954) 187-213. – G. RYLE und W. B. GALLIE: Pleasure. Proc. arist. Soc., Suppl. Vol. 28 (1954) 135-164. – T. PENELHUM: The logic of pleasure. J. Philos. a. Phenomenol. Res. 17 (1957) 488-503. – A. R. MANSER: Pleasure. Proc. arist. Soc. 61 (1960/61) 223-238. – C. C. W. TAYLOR: Pleasure. Analysis 23 (1963) 2-19. – H. MARCUSE: Zur Kritik des Hedonismus, in: Kultur und Gesellschaft 1 (1965). – R. W. MOMEYER: Is pleasure a sensation? J. philos. phenomenol. Res. 36 (1975/76) 113-121. – Siehe Anm. [1-8 zu IV].   W. STEMPEL/A. SCHÖPF

Lustprinzip ist – trotz des ehrwürdigen Alters der hedonistischen Philosophietradition von Epikur bis zum hedonistischen Kalkül Benthams – erst ein spätmoderner Ausdruck. Offenbar setzte seine Prägung die – durch die neuzeitlich erkenntnistheoretische Trennung von Theorie und Glück bzw. Lust sowie durch die modern eudämonismuskritische Wendung der Ethik begünstigte – ästhetische Verselbständigung der Lust-Unlust-Problematik (seit Kants ⟨Kritik der Urteilskraft⟩) voraus. Doch erst als diese Problematik durch eine «Ästhetik von unten» zum Pensum der empirischen Psychologie wurde, konnte

G. Th. Fechner – der dabei «Gesetze» zu «Prinzipien» umzuformulieren geneigt war [1] – 1848 in seinem Aufsatz ‹Über das L. des Handelns› [2] vom L. sprechen als dem Prinzip, Lust zu suchen und Unlust zu meiden. In Anlehnung an Fechner [3] hat insbesondere S. Freud – nach vorbereitenden Überlegungen in seiner ‹Traumdeutung› [4] – ausdrücklich zuerst 1911 vom «Lust-Unlust-Prinzip (oder kürzer ...L.)» gesprochen [5]: «In der psychoanalytischen Theorie nehmen wir ... an, daß der Ablauf der seelischen Vorgänge automatisch durch das L. reguliert wird, d. h., wir glauben, daß er jedesmal durch eine unlustvolle Spannung angeregt wird und dann eine solche Richtung einschlägt, daß sein Endergebnis mit einer Herabsetzung dieser Spannung, also mit einer Vermeidung von Unlust oder Erzeugung von Lust zusammenfällt» [6]. «Dies Prinzip regiert die Vorgänge im Es ganz unumschränkt» [7]: es wird bei der menschlichen Phylogenese und Ontogenese «abgelöst» durch das «Realitätsprinzip» und dadurch zum Regulationsprinzip wesentlich der ins «Unbewußte» verdrängten seelischen Vorgänge. Ab 1920 überlegt Freud, ob das L. – wegen der «konservativen» Natur der Triebe und ihrer «Tendenz zur Stabilität» – als Ausprägung des «Konstanzprinzips» bzw. «Nirwana-Prinzips» rückführbar sei auf den «Todestrieb», so daß die Psychoanalyse fortan ‹Jenseits des L.› agiert [8]. Demgegenüber hat in der philosophischen Freud-Rezeption insbesondere H. Marcuse – bei seiner durch Heidegger inspirierten Legierung von Marxismus und Psychoanalyse – die Utopie einer repressionsfreien Welt «jenseits des Realitätsprinzips» [9] geltend gemacht: «Solch ein Vorgehen erfordert eine Kritik des geltenden Realitätsprinzips» – des «Leistungsprinzips» – «im Namen des L.» [10].

Anmerkungen. [1] Vgl. G. Th. Fechner: Vorschule der Ästhetik (1876, ²1897) 45. – [2] Z. Philos. und philos. Kritik NF 19 (1848) 1-30. 163-194. – [3] Vgl. M. Dorer: Hist. Grundl. der Psychoanalyse (1932) 106-112; S. Freud, Hinweis in Ges. Werke 13, 4f. auf G. Th. Fechner: Einige Ideen zur Schöpfungs- und Entwicklungsgesch. der Organismen (1873) 94. – [4] S. Freud, Ges. Werke 2/3, bes. 605. – [5] Formulierungen über die zwei Prinzipien des psychischen Geschehens a.O. 8, 231; vgl. 230-238. – [6] Jenseits des L. (1920) a.O. 13, 3. – [7] Neue Folge der Vorles. zur Einf. in die Psychoanalyse (1932) a.O. 15, 98. – [8] a.O. [6] 13, 3-69. – [9] H. Marcuse: Triebstruktur und Gesellschaft (1956, dtsch. 1965) 127. – [10] a.O. 131.   O. Marquard

Luxus (griech. τρυφή, lat. luxus, luxuria, ital. lusso, frz. luxe, engl. luxury). Seit seinem antiken Ursprung enthält der Begriff des L. die pejorative Bedeutungskomponente des Ausschweifenden und Unnatürlichen; in christlicher Sicht gilt L. als Sünde [1]. Auch im Mittelalter herrscht die negative moralische Bewertung des L. Erst die Befreiung des ökonomischen Denkens vom aristotelischen Modell der Autarkie des Hauses und der Übertragung dieses Modells auf Staaten (politische Ökonomie) brachte mit der Tauschorientierung auch die Erwägung der Frage, ob L. tatsächlich unter allen Gesichtspunkten als verwerflich zu gelten habe. Bereits Montchretien wagte den ökonomischen Sinn L. beschränkender Gesetze zu bezweifeln, obwohl er an der moralischen Verwerflichkeit des L. unzweideutig festhielt [2]. Doch so wird die Bewertung des L. widersprüchlich. Petty noch ist eindeutig: er hält L. «whilst others starve» für eine mögliche Ursache von Bürgerkrieg und eben deswegen auch politisch für unerwünscht, wie natürlich traditionellerweise für unmoralisch («luxury and sin») [3].

Zunehmend setzte sich in der Ökonomie jedoch die Vorstellung der Wünschbarkeit von L. durch, trotz durchgehaltener moralischer Verdammung. Saint-Évremond war offenbar der erste, der die moralische Argumentation gegen den L. direkt angriff [4]. Er zeigte, daß Genügsamkeit keine Tugend ist, sondern in gewissen beispielhaften Umständen objektiven Zwängen entspringe; er wagte es zu bezweifeln, daß ein Leben im L. aufreibender sei als das einfache Leben, und wies mit Nachdruck auf die ökonomischen Vorteile des L. hin, die Bayle so ausdrückte: «un L. modéré a de grands usages dans la République; il fait circuler l'argent, il fait subsister le petit peuple» [5]. Dem wurde freilich seit Fénelon entgegengehalten: «comme si les pauvres ne pouvaient pas gagner leur vie plus utilement, en multipliant les fruits de la terre, sans amollir les riches par des raffinements de volupté» [6]. In Deutschland findet sich neben dem Zweifel, daß der vermeintliche ökonomische Vorteil tatsächlich ein Vorteil sei, eine ökonomisch motivierte Warnung vor dem L., und zwar weil L. mit französischen Waren identifiziert und dem L.-Aufwand daher zugeschrieben wird, er lasse das Geld aus dem Lande fließen [7].

Das Auseinanderfallen von ökonomischer und moralischer Bewertung wird von B. Mandeville systematisch ausgenutzt. Zunächst bestreitet er die Eindeutigkeit der Referenz des Begriffs; wenn L. das ist, was das für die menschliche Subsistenz unmittelbar Notwendige überschreitet, dann gibt es nichts als L. in der Welt; gibt man jedoch die rigorose Definition einmal auf, dann gibt es am Ende überhaupt gar keinen L., «for if the wants of Men are innumerable, then what ought to supply them has no bounds; what is call'd superfluous to some degree of People, will be thought requisite to those of higher Quality» [8]. Mandeville dient der L. zugleich als Hauptbeispiel der Veranschaulichung seiner zentralen These, daß das, was als privates Laster gilt, wesentlich zur allgemeinen Wohlfahrt beiträgt. Die dem L. nachgesagten üblen Folgen bestreitet er durch historische Gegenbeispiele. Der Einfluß von Mandevilles erstmaliger eindeutiger Verteidigung des L. war beträchtlich. Die Umwertung des Begriffs vom moralisch Verwerflichen zu einem sozialwissenschaftlich-politischen Begriff spricht deutlich Melon aus: «les hommes se conduisent rarement par la Religion: c'est à elle à tâcher de détruire le L., & c'est à l'Etat à le tourner à son profit» [9].

Der so relativierte und ambivalent gewordene L.-Begriff findet sich auch bei Montesquieu; darüber hinausgehend setzte Montesquieu aber das Ausmaß des L. in Relation zum Maß der Ungleichheit der Eigentumsverteilung einer Gesellschaft und zum Maß der Bevölkerungsdichte und dem damit anwachsenden Unterscheidungsbedarf der Individuen voneinander [10]. Die Frage, ob L. verderblich sei, findet dann keine allgemeine Antwort mehr, sondern eine Fülle historisch und kulturell-geographisch differenzierter Antworten. Immerhin glaubte er jedoch festhalten zu können: «il suit que moins il y a de L. dans une république, plus elle est parfaite ... À mesure que le L. s'établit dans une république, l'esprit se tourne vers l'intérêt particulier» [11]. L. sei so sehr der Ruin der Republiken, wie er für Monarchien notwendig sei [12]. Die Ungleichheit der Eigentumsverteilung, nicht aber der L., ist auch für Voltaire Hauptursache der sittlichen Verderbnis; im Gegenteil, L. ist angetan, die negativen Folgen der Eigentumsverhältnisse zu mildern, weil er den Armen immerhin noch die Gelegenheit gibt, durch die Befriedigung der L.-Bedürfnisse der Reichen ihr Auskommen zu finden [13]. Im Zustand der Ungleichheit ist die dem L. nachgesagte Verweichlichung der Sitten eher von Vorteil, weil sie die Gewalttätigkeit der Herrschenden mindern kann. Von Voltaire stammt der zynische Spruch: «On a déclamé contre le L. depuis deux mille ans, en vers et en prose, et on l'a toujours aimé» [14]. Dabei brauche man doch nur die kulturellen Leistungen des luxuriösen Athen mit denen des asketischen Sparta zu vergleichen, um das rechte Augenmaß für die Dinge zurückzugewinnen, die das Leben angenehm machten. Der Fortschritt der Menschheit sei mit dem L. unzertrennlich verbunden. Den L.-Gegnern hielt Voltaire entgegen, daß sie mit Rousseau absurderweise glauben müßten, daß nur der Orang-Utan in Glück und Tugend leben könne, während bereits der Wilde sich angenehme Seiten des Lebens zu verschaffen wisse und so dem relativen L. fröne. Faßt man dagegen die Exklusivität als wesentliches Bestimmungsmerkmal des Begriffs auf, dann ist das Problem des L. kein moralisches, sondern ein sozialpolitisches Problem, nämlich solche Gesetze zu erlassen, die die Ungleichheit unter den Menschen verringern [15].

Dieser Diskussionsstand wurde nach 1770 nach Deutschland getragen. Der physiokratisch orientierte Ökonom J. A. SCHLETTWEIN übernahm den relativierten L.-Begriff und diagnostizierte den «Geist des L.»: er unterschied zwei Antriebe zum L., nämlich die Wollust und die Eitelkeit, von denen er nur den zweiten für verwerflich ansah [16]. F. F. PFEIFFER reflektierte die Gründe, warum das Zeitalter von einer rein negativen Wertung des L. zu einer mindestens ambivalenten Schätzung gekommen ist: Die Aufklärung habe die Herrschaft der Vernunft gebracht, auch über den L.; den durch die Vernunft domestizierten L. bezeichnete Pfeiffer auch als «systematischen L.» [17]. Eine enge Verknüpfung der Entwicklung der Kultur und der zivilisierten Formen des L., nämlich Wohlleben (Sinnlichkeit) und Hochleben (das Hervorstechen des Vornehmen), sahen auch die Herausgeber des ‹Journals des L. und der Moden›, G. M. KRAUS und F. J. BERTUCH; dagegen wollten sie die Bedeutungskomponente der Üppigkeit, d.h. des Gebrauchs des L. über das Maß der Subsistenzmittel und damit der Vernunft hinaus, möglichst ganz aus dem Begriff ausgeschieden haben [18]. Im Rahmen der pejorativen Wortverwendungstradition hielt sich W. VON HUMBOLDT, der L. als «Übergewicht der Sinnlichkeit in der Seele ... gegen die Kräfte der Befriedigung, welche die äussere Lage darbietet» bestimmte, was eine «Verfeinerung» zur Folge habe [19]. In solcher Verfeinerung vermochte KANT in der ‹Kritik der Urteilskraft› noch den Zweck der Natur zu erblicken, die Sinnlichkeit gesittet zu machen und auf diese Weise zur Herrschaft der Vernunft vorzubereiten [20]; später unterscheidet er mit Blick auf den öffentlichen Aufwand skeptisch zwischen «*Üppigkeit* (luxus)» als «Übermaß des gesellschaftlichen Wohllebens *mit Geschmack* in einem gemeinen Wesen» und «*Schwelgerei* (luxuries)» als demselben «Übermaß, aber *ohne Geschmack*» und billigt zwar nicht der Schwelgerei, die «krank macht», wohl aber der Üppigkeit, obwohl sie «arm macht», zu, «mit der fortschreitenden Cultur des Volks (in Kunst und Wissenschaft) vereinbar» zu sein [20a]. In Grenzen sah SCHLEIERMACHER im L. einen Ausdruck persönlicher Lebensgestaltung, der grundsätzlich der Bewertung entzogen sei [21].

Der wohl früheste Versuch einer rein ökonomisch orientierten Definition von L. ist bei J.-B. SAY zu finden, der nach einer Kritik der Begriffsbestimmung mit Hilfe von Vorstellungen über das Lebensnotwendige notierte: «le luxe est l'usage des choses chères» [22]. So gelangte er zwar auch bloß zu einem Begriff des relativen L., der aber nicht von der Variabilität der Bedürfnisse und ihrer Befriedigungschancen abhing, sondern von der Wertschätzung: Luxuriöse Kleidung kann alle sinnlichen Bedürfnisse nach nützlicher und bequemer Kleidung unbefriedigt lassen, wenn sie nur die anerkennende Aufmerksamkeit der Mitmenschen auf sich zieht. Dieser L.-Begriff ermöglicht eine noch radikalere L.-Kritik: L.-Befürworter hätten sich gegen das Glück der Völker verschworen [23]; der nicht mehr auf die Befriedigung von Bedürfnissen bezogen gedachte L. verläßt den ökonomischen Kreislauf von Produktion und Konsumtion. Wirtschaftlich gesehen ist er nutzlose Vergeudung; er meinte es daher nicht im moralischen Sinne, wenn er sagte: «La misère marche toujours à la suite du luxe» [24]. Nicht ökonomisch orientierte Verteidigungsversuche des L. mißrieten im 19. Jh. angesichts der sozialen Frage in zunehmendem Maße, z.B. wenn A. SCHNEIDER den L. deswegen verteidigen zu können glaubte, weil die Reichen, für die der L. hergestellt wird, ebenso wie die Armen, die ihn herstellen, sich vereinen «in der immer mehr sich entwickelnden Erkenntnis des Schönen» [25]. Die Frage, ob L., ökonomisch gesehen, Konsumtion sei, die die Produktion sowohl durch die Reproduktion der Produzenten wie durch Erhöhung der Nachfrage fördere [26], oder ob L. sinnlose Vergeudung sei, blieb Streitfrage im 19. Jh. [27].

Am Beginn des 20. Jh. versuchte W. SOMBART den Zusammenhang von Kapitalismus und L. und beides im Zusammenhang einer Wandlung der Liebe darzustellen. L. und sparsame Güteraufhäufung sind Alternativen im Umgang mit Sinnlichkeit; ihnen entsprechen ein freies, unbeschwertes Liebesleben einerseits, ein verkümmertes Liebesleben andererseits [28]. Damit führte Sombart den Begriff dorthin zurück, von wo in früheren Zeiten die Haupteinwände gegen ihn kamen: L. erscheint wieder als relative Zügellosigkeit in der Befriedigung sinnlicher Bedürfnisse – gerade die Beschränktheit erregt nun Verdacht: Moralische Argumente in der Auseinandersetzung mit dem L. sind irrelevant geworden. Sombart unterschied ferner den quantitativen vom qualitativen Aspekt des L. als «Vergeudung» und «Verfeinerung» [29]. Dieser Interpretationslinie folgte A. GÖRLAND, als er eine historische Dialektik von Reichtum, L. und Wohlstand herleitete, in der L. die Übergangsform sei, in der überschießende Kräfte neue Lebensbereiche eroberten, um schließlich im Wohlstand zu einer organischen Verbindung mit dem früheren Lebensbereich zurückzufinden [30].

Anmerkungen. [1] Vgl. z.B. ARISTOPHANES, Lysistrata 387; PLATON, Gorg. 294 c; Resp. 590 b; 2. Petrus 2, 13; SENECA, De brev. vitae XII, 8; I, 3. – [2] A. DE MONTCHRÉTIEN: Traité de l'œconomie polit., hg. TH. FUNCK-BRENTANO (Paris 1889) 59ff. 74. 78f. – [3] W. PETTY, Economic Writings, hg. CH. H. HULL (New York 1963) 1, 23. – [4] SAINT-ÉVREMOND, Oeuvres (o.O. 1753) 2, 148. 152; 3, 206-211. – [5] P. BAYLE, Oeuvres div. (ND 1966), 3, 361. – [6] FR. FÉNELON, Les aventures de Télémaque XXII, hg. PH. DE LA MADELAINE (Paris 1840) 515. – [7] So z.B. G. W. LEIBNIZ, Denkschr. über die Festigung des Reichs (1943) 43. – [8] B. MANDEVILLE, The fable of the bees; or, private vices, publick benefits, hg. F. B. KAYE (Oxford 1924) 1, 108. – [9] J. F. MELON: Essai polit. sur le commerce (Amsterdam 1754) 115. – [10] CH.-L. MONTESQUIEU, Esprit des lois VII, 2. – [11] a.O. VII, 2. – [12] VII, 4. – [13] VOLTAIRE, Oeuvres compl., hg. L. MOLAND (ND Nendeln 1967) 10, 81. – [14] a.O. 20, 16. – [15] 20, 18 Anm. – [16] J. A. SCHLETTWEIN: Die wichtigste Angelegenheit für das ganze Publicum (1772/73) 2, 257; vgl. H. MÜHLMANN: L. und Komfort (Diss. Bonn 1975) 57. – [17] F. F. PFEIFFER: Probschr.

von dem L. (1779) 89; vgl. MÜHLMANN, a.O. 61. – [18] Zit. MÜHLMANN, a.O. 65. – [19] W. VON HUMBOLDT, Ges. Werke (1841) 1, 318. – [20] I. KANT, KU § 83. – [20a] Anthropol. T. I., B. 2, § 72. Akad.-A. 7, 249f. – [21] F. SCHLEIERMACHER, Sämtl. Werke (1843) I/XII, 667 Anm. – [22] J.-B. SAY: Traité de l'économie polit. (Bruxelles 1827) 3, 32. – [23] a.O. 27. – [24] 35. – [25] A. SCHNEIDER: Gedanken über Cultur und L. (1852) 39f. – [26] W. ROSCHER: Über den L., in: Ansichten der Volkswirtschaft 1-2 (1861) 1, 103-203, bes. 112ff. – [27] MEW 23, 620ff.; 24, 402ff.; G. SCHMOLLER: Über einige Grundfragen des Rechts und der Volkswirtschaft (1875) 90. 123. – [28] W. SOMBART: L. und Kapitalismus (1922) 73. – [29] Der moderne Kapitalismus (1928) I/2, 719. – [30] A. GÖRLAND: Über den Begriff des L. Kantstud. 31 (1926) 35.

Literaturhinweise. W. ROSCHER s. Anm. [26]. – H. J. L. BAUDRILLART: L'hist. du L. privé et public depuis l'antiquité jusqu'à nos jours 1-4 (Paris ²1880/81). – E. J. URWICK: L. and waste of life (London 1908). – A. MORIZÉ: L'apol. du L. au 18e siècle (Paris 1909). – A. DUBOIS (Hg.): N. BAUDEAU, Principes de la sci. morale et polit. sur le L. et les loix somptuaires, 1767 (Paris 1912) VIff.: L'élaboration de la théorie physiocratique du L. Quesnay et Mirabeau; XIIff.: ... l'Abbé Baudeau. – A. KOCH: Wesen und Wertung des L. (1914). – R. I. MACBRIDE: L. as a social standard (New York 1915). – C. LANDAUER: Die Theorien der Merkantilisten und der Physiokraten über die ökonom. Bedeutung des L. (1915). – M. GAFFIOT: La théorie de L. dans l'œuvre de Voltaire. Rev. Hist. économ. soc. 14 (1926) 320-343. – A. GÖRLAND s. Anm. [30]. – F. MARBACH: L. und L.-Steuer (1948). – A. TAUTSCHER: Lebensstandard und Lebensglück (1963). – H. MÜHLMANN s. Anm. [16]. – P. RÉTAT: De Mandeville à Montesquieu: honneur, L. et dépense noble dans l'⟨Esprit des lois⟩. Studi francesi 17 (1973) 238-249. – R. H. POPKIN: J. de Pinto's criticism of Mandeville and Hume on L. Stud. on Voltaire and the 18th century 154 (1976) 1705-1714. – E. ROSS: Mandeville, Melon and Voltaire: the origins of the L. controversy in France a.O. 1897-1912. – J. SEKORA: L. The concept in western thought, Eden to Smollett (Baltimore/London 1977). Red.

Luz ist die aramäische Bezeichnung für das Os coccyx, das Steißbein, und ist auch in der Bedeutung 'Mandel', 'Mandelbein', 'Kern' (der Wirbelsäule) gebräuchlich und als solches identisch mit der (anat.) Cauda equina [1]. Abstrahiert hiervon steht ⟨L.⟩ für jenen Knochen, der wegen seiner Unzerstörbarkeit gleichsam Keim für die Wiederauferstehung des menschlichen Körpers ist. Wie es zu der Bedeutung von ⟨L.⟩ als unzerstörbarem materiellem Teil kam, läßt sich nicht mit letzter Sicherheit sagen. Im alttestamentarischen Sprachgebrauch ist ⟨L.⟩ sowohl Bezeichnung für den später Bethel genannten Ort im Lande Kanaan und für den Ort im Lande der Hethiter, den der überlebende Einwohner von L. nach dessen Zerstörung neu erstehen ließ [2], als auch (aramäisch) für den Mandelbaum [3], der als erster im Frühjahr aus der Todesstarre des Winters erwacht. Im Anschluß hieran entwickelt sich im Talmud, Midrasch und in der Kabbala die mystische Identifizierung von L. und Unsterblichkeit. Im Midrasch findet sich jene Erzählung, nach der Kaiser Hadrian mit Rabbi Josua Ben Chananja, dem Hinweis folgend, die Wiedererweckung des menschlichen Körpers habe bei der Auferstehung ihren Ausgangspunkt in eben jener 'Mandel' der Wirbelsäule, diesen Knochen genau untersuchte. Das L. erwies sich dabei tatsächlich als unzerstörbar [4]. Daneben gilt der Sage vom L. auch als haggadische Deutung von Psalm 34, 21 [5].

Die Theorie vom L. als Ausgangspunkt der Auferstehung wurde von christlichen wie mohammedanischen Theologen und Anatomen, z. B. von AVERROES [6], als selbstverständlich übernommen. Im Mittelalter erhielt das L. den Beinamen «Judenknöchlein» oder «Auferstehungsknochen»; es wurde im menschlichen Körper allerdings unterschiedlich lokalisiert [7] und gab zu allerlei Fabeln Anlaß [8]. H. BRUSCHG vermutet den Ursprung der Sage vom L. in einem altägyptischen Bestattungsritus, bei dem die Wirbelsäule des Osiris in der heiligen Stadt Busiris am Ende der Trauertage bestattet, nach deren Ablauf aber die Auferstehung des Osiris gefeiert wurde [9].

Ihren Höhepunkt findet die rabbinische Spekulation vom L. in der Kabbala, wo ⟨L.⟩ als Bezeichnung für einen materiellen Körperteil durch die Bedeutung 'Substanz', 'Kern des Körpers', 'vis activa' und 'passiva' abgelöst wird [10]. Von Autoren des 17. Jh. wird der Begriff in eine kritische Untersuchung des Problems der Unsterblichkeit und Auferstehung einbezogen. Gegen die auch von jüdischen Religionsphilosophen vertretene Lehre von der Unsterblichkeit der Seele bekräftigt MENASSEH BEN ISRAEL den talmudischen Gedanken der Auferstehung als Auferweckung aus einem unzerstört sich durchhaltenden Körperteil (= L.) mit der Argumentation, nur so könne die physische und moralische Identität und damit die Fähigkeit, Lohn und Strafe zu empfangen, gewährleistet werden [11].

Der bei LEIBNIZ begegnende Begriff vom unzerstörbaren «Kern der Substanz» (flos substantiae) dürfte – neben seiner Herkunft aus alchemistischen, naturphilosophischen Gedankengängen – vor allem auf den rabbinisch-kabbalistischen Traditionsbestand des L. zu beziehen sein. Leibniz bezeichnet und umschreibt mit ⟨flos substantiae⟩ und ⟨L. Rabbinorum⟩ jenen substantiellen Teil des menschlichen Körpers, der Träger der Identität und der Grund der Auferstehung ist [12].

Anmerkungen. [1] M. STEINSCHNEIDER: Polem. und apologet. Lit. in arab. Sprache (1877) 315. 421; J. PREUSS: Die biblisch-talmudische Med. (³1923) 72; vgl. J. BUXTORF: Lex. Chaldaicum, Talmudicum et Rabbinicum (1875); J. LEVY: Neuhebr. und chald. Wb. über die Talmudim und Midraschim (1879); H. L. STRACK und P. BILLERBECK: Komm. zum NT aus Talmud und Midrasch 1 (1922) 965; M. JASTROW: Dict. of the Tarfumim, the Talmud Babli and Yerushalmi, and the Midrashic lit. 1. 2 (ND New York 1950); ELIESER BEN JEHUDA: Thesaurus totius hebraitatis et veteris et recentioris (New York/London 1961); The Jew. encyclop. (New York/London 1904); Jüd. Lex. (1929). – [2] Gen. 28, 11; 35, 6; Ri. 1, 22-26. – [3] Gen. 30, 37; Koh. 12, 5. – [4] Midrasch, Lev. R. 18, 1; Gen. R. 28, 4; Koh. R. 12, 5; vgl. auch P. BAYLE: Dict. hist. et crit. (1695/97) Art. ⟨Barcochebas⟩. – [5] Vgl. J. A. EISENMENGER: Entdecktes Judentum 2 (1700) 930ff. – [6] AVERROES (IBN ROSCHD), Relig. und Philos., dtsch. M. H. MÜLLER (1875) 117. – [7] J. HYRTL: Das Arabische und das Hebräische in der Anatomie (1879) 165ff. – [8] M. HÖFLER: Dtsch. Krankheitsnamenbuch (1899) 252. 280. 381; L. A. KRAUS: Kritisch-etymol., med. Lex. (1844) 578; E. L. ROCHHOLZ: Dtsch. Glaube und Brauch im Spiegel der heidnischen Vorzeit 1 (1867) 219. 242. – [9] H. BRUSCHG: Relig. und Mythol. der alten Ägypter (1888) 618. 634. – [10] Sohar, Gen. 69 a; Ex. 28 b, nach der engl. A. hg. SPERLING 1 (London 1956) 229; 3 (London 1956) 93; J. B. A. GIKATILLA: Schaare Orah (Riva di Trento 1559) 38 b, in: C. KNORR VON ROSENROTH: Kabbala denudata 1 (Sulzbach 1677) 630; H. C. AGRIPPA VON NETTESHEIM: De occulta philosophia sive de magia 1 (Leyden 1530) 52. – [11] MENASSEH BEN ISRAEL: De resurrectione mortuorum (Amsterdam 1636) 198ff.; vgl. TH. DASSOW (Dassovius praeside): Sēder tehijat ha-mētim s. De resurrectione mortuorum principum rabbinorum sententia (Diss. 1673) 17ff.; J. HOORNBEEK: Tesūbāh jehudah sive Pro convincendis et convertendis Judaeis libri octo (Leiden 1655) 555ff. – [12] G. W. LEIBNIZ: De resurrectione corporum (1671). Akad.-A. II/1, 117; vgl. 108f.; VI/1, 91; Handschriften (Hannover, LH) I, 20, 330f.; An Arnauld (1687). Philos. Werke, hg. GERHARDT 2, 100; Nouveaux Essais sur l'entendement humain. Akad.-A. VI/6, 233.

Literaturhinweise. J. P. McMurrich: The legend of the «Resurrection Bone». Trans. Roy. Canad. Inst. 9 (Toronto 1913) 45-51. – P. Volz: Die Eschatol. der jüd. Gemeinde im neutestamentl. Zeitalter (²1934). – J. F. Moore: Judaism in the first centuries of the Christian era 1-3 (Cambridge, Mass. 1927-1930). – R. A. Stewart: Rabbinic theol. (Edinburgh/London 1961).

Ursula Kölling

Lyrik, lyrisch (von griech. λύρα, Leier). Die Schwierigkeiten, die sich angesichts der Vielheit der Einzelformen, der Lebensbezüge, der Funktionen und Wirkungen der L. einer Gattungsdefinition entgegensetzen, wurden schon der antiken Poetik bewußt. Sie haben sich angesichts der die Weltliteratur umfassenden Geschichte der L. vermehrt. Bereits die frühesten Überlieferungen (hebräische L. ca. 10. Jh. v. Chr., ägyptische L. ca. 2600 v. Chr.) enthalten eine Typenmannigfaltigkeit mit je spezifischen Formelementen. Sie lassen als Gemeinsamkeit einen magisch-rituellen Ursprung vermuten und scheinen die Ende des 18. Jh. aufkommende Auffassung zu bestätigen, daß die L. die Anfangsstufe der Dichtung darstellt und die Dichtung – wie die Gleichsetzung von ‹L.› und ‹Poesie› in anderen europäischen Sprachen nahelegt – in der L. am reinsten zum Ausdruck kommt.

Der Name ‹L.› kam erst in hellenistischer Zeit anstelle des ursprünglichen Begriffs μέλη auf [1]. Mit μέλη bezeichnete man Lieder, die in Verbindung mit Kult, Arbeit und Tanz zu einem Saiteninstrument (lyra, kithara) gesungen wurden [2]. Gesang und L. blieben nach griechischem Verständnis innig miteinander verknüpft. Selbst bei den sogenannten Sprechversen wie den jambischen Metren, die, im Unterschied zur melischen Poesie, nicht eigentlich gesungen wurden [3], gehörte die instrumentale Begleitung mit hinzu.

In der Poetik des Aristoteles findet die L. und mit ihr auch das Lyrische [4] keinen Platz unter den im Hinblick auf die verschiedenen Mittel der Nachahmung – Sprache, Rhythmus und Harmonie (d. h. Wechsel der Tonhöhe, Melodie) – unterschiedenen drei Gattungen: Es gibt hier lediglich die auf dem Rhythmus beruhende Tanzkunst, das sowohl auf Rhythmus wie Melodie beruhende Flöten- und Zitherspiel und die sich sämtlicher Mittel – Sprache, Rhythmus und Harmonie – bedienende Gattung, zu der sowohl die Dithyrambendichtung wie die dramatischen Gattungen gehören [5]. Der bis hin zu Platon maßgebende, vom Versmaß ausgehende formale Begriff des Poetischen [6] ist nach Aristoteles unhaltbar. Die in Versen geschriebene Dichtung lasse sich nicht von der nicht-metrischen als besondere Art abgrenzen: Das in Versen gehaltene Lehrgedicht zum Beispiel beruhe nicht auf Nachahmung und gehöre deswegen nicht zur Dichtung, während die Sokratischen Dialoge auf der andern Seite durchaus mimetisch, aber nicht metrisch seien [7].

Zu einem Gattungsbegriff wird ‹L.› erst in der *hellenistischen* Poetik. Das Kennzeichen der L. – wesentlich bestimmt auch durch die Entwicklung der römischen L. vom gesungenen Lied zum geschriebenen und gelesenen Text – ist das von Aristoteles bestrittene formale Merkmal des Verses. Für den behandelten Stoff das angemessene Versmaß zu finden, das ist nach Horaz eine der Hauptaufgaben des Dichters; denn mit dem Inhalt muß auch die Tonart wechseln [8]. Gedichte sollen aber nicht nur schön, sondern auch wahrer Ausdruck der inneren Bewegung des Gemüts sein: Nur wer selbst traurig ist, kann andere traurig stimmen [9]. Wie Horaz so stellt auch Quintilian die L. über Epos und Redekunst. Ihren Vorrang erklärt er aus der höheren Anforderung, die die L. an den Dichter stellt: Da sie an einen bestimmten Rhythmus gebunden sei, könne sie sich nicht immer des unmittelbar zutreffenden Ausdrucks bedienen, sondern sei gezwungen, Worte zu vertauschen, zu verlängern oder zu kürzen, umzustellen und zu trennen [10].

Im *Mittelalter* wurde der Formenvorrat der L. wesentlich erweitert. Als wesentliche Neuerung erscheint bereits bei Commodianus um 270 n. Chr. der (vermutlich aus der *syrischen* und insbesondere *jüdischen* Literatur stammende) Reim [11]. Aus dem kirchlichen Gesang entstammen Hymnen, Sequenzen und volkssprachliche geistliche Lieder, aus der volkssprachlichen Tradition die *altenglische* Balladendichtung und die *nordischen* Gesänge, aus der gesellschaftlich-höfischen Lieddichtung das *germanische* Heldenlied, die süd- und *nordfranzösischen* Troubadours und schließlich die Kontrafakturen und die Spruchdichtung. Die L. als solche war jedoch so wenig eine selbständige Größe, daß man für sie lange Zeit nicht einmal eine eigene Bezeichnung besaß: ‹poiesis›, ‹poema›, ‹poetica›, ‹poetas› kamen kaum je vor; ‹dichten› war gleichbedeutend mit Versifikation, d. h. mit Herstellen metrischer oder rhythmischer Gebilde [12]. Erst um 1200 kommt mit ‹poetria› als neues Wort für Dichten ‹poetari› auf.

An die Stelle der Zweiteilung von Prosa und Poesie trat im Mittelalter eine Vielheit von Stil- und Ausdrucksweisen, die sogenannten ‹dictamina›: man unterschied mehrere Arten ungebundener (prosaischer) Rede, ferner Rhythmen und Metren und schließlich Mischformen wie das Prosimetrum [13]. Die Poetik des Mittelalters ist eine normative Lehrpoetik, die sich an den Mustern rhetorischer Lehrbücher ausrichtet. Die in den übrigen sprachlichen Unterricht eingefügte Beschäftigung mit Poesie reduzierte sich auf eine Unterweisung in Metrik und Versbau, die sich in den Tabulaturen (festen Reim-, Vortrags- und Inhaltsregeln) des Meistersangs bis ins 16. Jh. hinein erhielt.

Die bereits am Ende der Antike einsetzende, im Mittelalter verstärkte Tendenz, die Poetik der Rhetorik anzugleichen, setzt sich in *Renaissance und Humanismus* fort. Im Mittelpunkt der sich an Horaz und Cicero anlehnenden Poetik stehen Fragen der Metrik und des Versbaus. Leitbegriff ist der des ‹aptum›, des Passenden und Angemessenen, der das Verhältnis zwischen Stil, Stoffbereich und Gattung genau regelt. Die hierarchische Ordnung der drei Stilarten, die Johannes von Garlandia im 13. Jh. in seiner ‹Rota Vergilii› anschaulich dargestellt hatte – das «genus humile» entspricht den Hirten der ‹Bucolica›, das «genus medium» den Bauern der ‹Georgica› und das «genus sublime» den Kriegern der ‹Aeneis› [14] – war auch für die humanistischen Poetiken maßgebend. Christoforo Landino entnimmt aus Horaz das Verbot jeglicher Mischung von Stilen und Stoffen [15], und Iodocus Badius Ascensius führt die Trichotomie von Gattung, Stil und Stoff in allen Details aus [16]. Sie hat in dieser Form bis ins 17. und zum Teil bis Anfang des 18. Jh. gewirkt. Im Zuge der Rhetorisierung der Poesie wird nicht nur vom Redner, sondern auch vom Dichter verlangt, daß er das Publikum «bewege»: «Utriusque etiam, oratoris ac poetae officium est movere et flectere», schreibt Giovanni Pontano [17]. Die Horazische Forderung nach Wissen steigert sich bei Aulo Giano Parasio in seinem Kommentar der ‹Ars poetica› zu der Vorstellung vom allwissenden Dichter, dem «poeta eruditus», der sich in allen Wissenschaften und Künsten auskennen soll: «poetam rerum omnium peritum esse oportet» [18].

Aber auch an die Beziehung der L. zu der Musik wird gelegentlich wieder erinnert: «lebendige stimmen» und «musicalische instrumente» sind, wie OPITZ bemerkt, «das leben und die Seele der Poeterey» [19].

Der Einfluß der Poetik auf die L. war jedoch, trotz der strengen Normierung, nicht nur einseitig: Die Übertragung der klassischen Dichtungsformen auf die jeweilige nationalsprachliche L. führte zu einer Reihe von Formproblemen, die sich in einer Vielfalt von nationalen Poetiken niederschlugen; die in der literarischen Praxis der Renaissance (in Italien PETRARCA, in Frankreich P. DE RONSARD und der Kreis der *Pléiade*) entwickelten neuen Formen: Sonett, Septine, Stanze, Madrigal usw., bestimmten das lyrische Kunstverständnis und blieben nicht ohne Wirkung auf die Poetiken selbst.

Die rhetorisch-formalistische Auffassung in der barocken und klassizistischen Poetik, die nur die Ode (nach antiker Tradition) ihrer ernsten Gegenstände und ihres gehobenen Stils wegen zur höheren Gattung zählte, erfuhr im Verlauf des 18. Jh. grundsätzliche Veränderung. Das geschichtsfremde Prinzip unreflektierter Nachahmung der Alten wird durchbrochen; Nachahmungstheorien, wie sie GOTTSCHED [20] und BATTEUX [21] im 18. Jh. nochmals aufstellten, verlieren an Einfluß. Das erwachende historische Bewußtsein richtet sich gegen die Allgemeingültigkeit gesellschaftlicher wie ästhetischer Normen, d.h. gegen die Anweisungspoetiken und die höfische Gesellschaft als deren Träger. Man betont die geschichtliche Einmaligkeit des einzelnen Kunstwerkes [22] und versucht in der L., sich den antiken Formen in nichtklassizistischer Weise, d.h. im Bewußtsein der nationalsprachlichen Eigentümlichkeit und des spezifischen Inhalts, anzunähern [23]. Dies führt zunächst zur Auseinandersetzung um den Zwang der in der alten höfischen Dichtung verwendeten Versmaße und vor allem um den Zwang des Reims, wie sie etwa zwischen GOTTSCHED [24] auf der einen und den Schweizern BODMER und BREITINGER auf der anderen Seite geführt wurde, die den Reim ablehnten zugunsten einer natürlichen Schreibweise [25]. Mit der Übernahme der reimlosen, rhythmisch vielfältigen antiken Verse durch KLOPSTOCK (1750) war die Ablehnung der «unregelmäßigen» Verse aufgegeben, und mit seinen Oden und freien Rhythmen [26] schließlich entwickelte Klopstock, angeregt unter anderem durch J. J. Bodmers Vermittlung der englischen Poesie [27], ein völlig unantikes, «klopstockisches» Silbenmaß, das den spezifischen Gehalt des jeweiligen Gedichts zum Ausdruck zu bringen versucht [28]. «Die Poesie soll», wie Klopstock schreibt, «überhaupt vielseitigere, schönre und erhabnere Gedanken, als die Prosa, haben. Wenn wir sie ausdrücken wollen, so müssen wir Wörter wählen, die sie ganz ausdrücken» [29]. Eine neue Auffassung der L. kommt damit zum Durchbruch: L. als Ausdruck einer sich zum Objektiven erhebenden subjektiven Ergriffenheit, als eine «Abschilderung der Leidenschaften» [30]. Der Lyriker wird zum Inbegriff des Dichters; Epos und Drama verlieren ihren Vorrang zugunsten der L. [31]. Ihre «schöpferische» Sprache macht Regeln und fixierte Formen fragwürdig. Sie wird subjektiv, *«Darstellung* des *Gemüts* – der *inneren Welt* in *ihrer Gesamtheit»* [32], wie NOVALIS verkündet.

Diese Veränderung im Verständnis der L. war begleitet von dem allgemeinen Ruf nach Natürlichkeit [33], der sich gegen die Unnatur der höfischen Gesellschaft mit ihrer alles Lebendige tötenden Regelhaftigkeit richtete [34]. Die Wendung zum Natürlichen, Eigenen und Subjektiven verband sich mit einer Besinnung auf die eigenen Ursprünge. Sowohl in der englischen wie in der deutschen Poetik begann man sich für frühzeitliche Dichtungen wie Märchen und Volkslieder zu interessieren. Die ursprünglich-unmittelbare «Naturpoesie» des wiederentdeckten alten Liedgutes [35] mit ihrer Natureinheit von Lied, Tanz und Dichtung (das Lied als sinnliche Gefühlssprache) wurde dem romanischen Klassizismus gegenübergestellt. Die sich am Vergangenen als dem Ursprünglichen ausrichtende Poetik erhielt geschichts- und kulturphilosophische Bedeutung, sofern sie allen Spätkulturen die Natureinheit, die Fähigkeit zum echt Lyrischen absprach [36]. «... je wilder, d.i. je lebendiger, je freiwirkender ein Volk ist ... desto wilder, d.i. desto lebendiger, freier, sinnlicher, lyrisch handelnder müssen auch, wenn es Lieder hat, seine Lieder seyn!» [37]

Insgesamt erbrachte das 18. Jh. eine Vielheit von Gehalt- und Formtypen; die L. wurde unübersichtlicher und differenzierter: philosophisches Gedankengedicht, Lehrgedicht, Fabel, Anakreontik und Epigramm stehen neben vers fugitive, vers libre, pietistischem Lied, parodierender Ballade. Die «objektive» L. (Antike, PETRARCA), durch formale Normen starr festgelegt, wurde abgelöst durch die differenzierte, «subjektive» Form (Erlebnisgedicht, Seelenlied), der Musik nächstverwandt. Das Gedicht wurde immer mehr als Gesang, Klang, rhythmisierte Sprache, als sinnlich-gestisches Lied, und nicht mehr als Metrum und Text verstanden. Der Weg dazu führte von der klassischen Erlebnislyrik (GOETHE) zur Gefühlsdurchdringung des Gedankengedichts (SCHILLER, HÖLDERLIN, NOVALIS; in England: SHELLEY, KEATS) bis hin zur romantischen Stimmungs- und Seelenlyrik (EICHENDORFF; in England: WORDSWORTH u.a.). Theoretisch vorweggenommen wurde diese Entwicklung durch J. G. HERDERS Deutung der L. aus dem Naturhaft-Ursprünglichen, Sinnlich-Leidenschaftlichen, als Zusammenhang von Rhythmus des Verses und des Gemüts, als Einheit von Erlebnis, Stimmung, Klang und Bildlichkeit (metaphorische Kunst) [38]. Das auf der unbegrenzten Freiheit des dichterischen Subjekts beruhende, universale Prinzip des Poetischen machte Gattungsbegrenzungen überflüssig und erlaubte – wie GOETHES Deutung der Ballade als lyrisch, episch und dramatisch [39] zeigt – verschiedene Mischformen.

Die *Romantiker* betonen den musikalischen Ausdruck «wahrer Empfindung», die nur Dissonanzen zulassen durfte, soweit sie zur Harmonie aufgelöst werden konnten [40]. Eine eigene Poetik allerdings haben sie, wenn man von A. W. SCHLEGELS ästhetischen Schriften absieht [41], nicht vorgelegt, da die Gattungsprobleme in der allgemeinen Metaphysik der Poesie aufgingen. Mit NOVALIS' Versuch, die poetische Sprache ihres Bezugs auf Gegenstände zu entkleiden, zeichnet sich eine Trennung von Sprache und Gegenstand ab. Er erwog die Kunst wohlklingender, aus schönen Worten zusammengestellter Gedichte ohne Sinn und Zusammenhang, nur in einzelnen Strophen verständlich und wie Bruchstücke aus verschiedenen Dingen [42]. Damit wies er voraus auf einen Poesiebegriff, der für die neuere L. – zuerst für den lyrischen Symbolismus (seit POE und BAUDELAIRE) – konstitutiv wurde und dem sich in Deutschland erstmals BRENTANO näherte.

Daß die L. subjektiv sei, daß sie, wie HEGEL sagt, «das Sich*aussprechen* des Subjekts» zum Ziele hat [43], wird zum Topos auch der spät- und nachromantischen Epoche. Unterschiedliche Deutungen der L. ergeben sich erst aus den unterschiedlichen Deutungen des Subjekts. Während Hegel im Lyrischen nur das «Prinzip der Besonderung, Partikularität und Einzelheit» sieht [44], das dem auf das Allgemeine gehenden Streben der Philosophie entgegengesetzt ist [45], bildet sich nach Schopenhauer in der L. «ächter Dichter», obwohl sie das «lautere Werk der Begeisterung des Augenblicks, der Inspiration ..., ohne alle Einmischung der Absichtlichkeit und der Reflexion» ist [46], immer auch «das Innere der ganzen Menschheit ab, und Alles, was Millionen gewesener, seiender, künftiger Menschen, in den selben, weil stets wiederkehrenden, Lagen, empfunden haben und empfinden werden» [47]. Im lyrischen Zustand tritt für Augenblicke «das reine Erkennen zu uns heran, um uns vom Wollen und seinem Drange zu erlösen» [48] – nach Schopenhauer das Wunder schlechthin [49]. Nietzsche greift diesen Gedanken wieder auf in seiner Deutung der Musik als dionysisch und apollinisch zugleich: «Dies ist das Phänomen des Lyrikers: als apollinischer Genius interpretirt er die Musik durch das Bild des Willens, während er selbst, völlig losgelöst von der Gier des Willens, reines ungetrübtes Sonnenauge ist» [50]. – Die entscheidende Wandlung im Begriff der L. ergab sich jedoch nicht aus der philosophischen Reflexion, sondern aus dem Tun der Lyriker selbst.

Im deutschen 19. Jh. behielt das Erlebnis- und Stimmungsgedicht, unter Differenzierungen und Brechungen (E. Mörike, H. Heine, A. v. Droste-Hülshoff), mit zunehmendem Bewußtseinsgrad und «Realismus» (Gedankengedicht, Sinngedicht, Ballade, lyrische Zyklen) seine Autorität als «Ausdruck der Innerlichkeit der Stimmung oder Reflexion» (Hegel) [51]. Es galt als Erfüllung des Lyrischen [52]. In Frankreich dagegen setzte, angeregt durch die deutsche Romantik und E. A. Poe [53], im Symbolismus (Baudelaire, Mallarmé, Rimbaud u. a.) eine Wendung ein zur Evokation tieferer psychischer Ausdrucksschichten, zur Konstruktion in Klang und ästhetisch autonomer Bildwelt, unter Zurückdrängung des persönlichen Ausdrucks. Das Gedicht ist nicht zur Mitteilung eines Gedankens bestimmt, sondern allein durch die Konfiguration seiner sprachlichen Elemente definiert, deren Schönheit das Ergebnis eines hochbewußten Arbeitsvorganges ist [54].

Damit wurde das «moderne» Gedicht eingeleitet (T. S. Eliot, E. Pound, H. Auden, F. Garcia Lorca, St.-J. Perse u. a.; in Deutschland H. v. Hofmannsthal, G. Trakl, G. Benn, O. Loerke u. a.), das sich mehr und mehr differenziert und eigenes Gepräge angenommen hat. Das Gedicht als autonomes ästhetisches Gebilde führt von der Erlebnis-L. zur «Ausdruckskunst», die das Gefühlshafte, Subjektive und Stimmungshafte eliminiert, die Bewußtseinselemente der produktiven Phantasie steigert, die «magische» Evokationskraft der Sprache in Klang und suggestivem Bild (Surrealismus) verstärkt. «Das neue Gedicht, die L.», schreibt G. Benn, «ist ein Kunstprodukt. Damit verbindet sich die Vorstellung von Bewußtheit, kritischer Kontrolle ... die Vorstellung von 'Artistik'» [55]. Der Lyriker verzichtet auf die sogenannte Wirklichkeit, auf logische, gefühlshafte Zusammenhänge, gehaltliche Sinn- und Wertordnungen. Er reduziert die lyrische Sprache zur abstrakten Struktur («Konkrete Poesie»), nähert sie der Prosa (Montage usw.), bemüht sich um Gesetzlichkeiten formaler Methoden, um Möglichkeiten des Spiels im Material der Sprache, und läßt dem Leser Spielraum aktiver Imagination. Das Gedicht nimmt die Skepsis gegenüber der Sprache, das Schweigen in sich herein. Die Poetik der L. ist seit der Mitte des 19. Jh. vornehmlich Werkpoetik (z. B. E. A. Poe, Ch. Baudelaire, T. S. Eliot; in Deutschland A.

Holz, H. v. Hofmannsthal, O. Loerke, W. Lehmann, G. Benn, B. Brecht, K. Krolow, H. Heissenbüttel u. a.). Die wissenschaftliche Poetik folgt historisch-deskriptiv [56] oder form- und wertanalytisch [57]. Deutlich ist der Versuch einer Ordnung antitraditioneller Form- und Wertkriterien angesichts der bis zu äußersten Grenzen vortreibenden experimentellen Formprogramme und Formleistungen [58] und die Bemühung um poetologische Analyse, wie sie exemplarisch schon E. Staiger geleistet hatte mit seiner Unterscheidung zwischen der L. als Gattungsbegriff und dem Lyrischen als «Stil», d. h. als Name einer «einfachen Qualität», die sich zwar vornehmlich an Gedichten, aber auch an Epen oder Dramen findet [59].

Anmerkungen. [1] Vgl. W. Schmid und O. Stählin: Gesch. der griech. Lit. 1 (1929) 13 Anm. 2 mit Belegen. – [2] L. Arnold und V. Sinemus (Hg.): Grundzüge der Lit. und Sprachwiss. 1: Lit.-wiss. (1973) 274. – [3] E. Voege: Mittelbarkeit und Unmittelbarkeit in der L. (1932) 24. – [4] Vgl. zu diesem Begriff E. Staiger: Grundbegriffe der Poetik (1951) 13-84. – [5] Aristoteles, Poet. 1447 a 8-1447 b 28. – [6] Vgl. Gorgias, Helena 9. VS 2, 92; Platon, Polit. 36 b; Gorgias 502 b. – [7] Aristoteles, Poet. 1447 a 28-1447 b 23. – [8] Horaz, De arte poetica liber, ep. ad Pisones v. 73-93. – [9] a.O. v. 99-111. – [10] M. F. Quintilianus, Inst. orat. X, 29. – [11] Commodianus, Carmen apologeticum, in: Carmina, rec. et comm. crit. instr. B. Dombart (Vindobonae 1887). – [12] Vgl. E. R. Curtius: Europ. Lit. und lat. MA (⁵1965) 158ff., bes. 162. – [13] ebda. – [14] J. von Garlandia: Poetria de arte prosaica, metrica et rhythmica, hg. G. Mari, in: Roman. Forsch. 13 (1902) 900. – [15] C. Landino: Opera Horatii cum comm. (Florenz 1482) CLVI-CLXXI. – [16] I. B. Ascensius: Quinti Horatii Flacci de arte poetica opusculum aureum ab Assedtio [sic!] familiariter expositum etc. (Paris 1500). – [17] G. Pontano: I Dialoghi, hg. C. Previtera (Florenz 1943) 233. – [18] A. G. Parasio: In Q. Horatii Flacci Artem poeticam comm. (Neapel 1531), zit. nach B. Weinberg: A hist. of lit. criticism in the Ital. Renaissance (Chicago 1961) 1, 97. – [19] M. Opitz: Buch von der dtsch. Poeterey (1624), hg. R. Alewyn (1963) 45f. – [20] J. C. Gottsched: Versuch einer Crit. Dichtkunst vor die Deutschen (1730). Ausgew. Werke, hg. B. Birke 6/1 (Berlin/New York 1973) vgl. bes. 130. 134. 141. 144. 147. 173f. 176. 181. 183. 191. 195. – [21] M. C. l'Abbé Batteux: Les beaux arts réduits à un même principe (Paris 1747, ND New York 1970). – [22] Vgl. etwa J. G. Herder, Werke, hg. Suphan 3, 553. 555. 568. 578f. 584f. – [23] Vgl. etwa F. G. Klopstock, Sämtl. Werke 9 (1855) 1-14. – [24] J. C. Gottsched, Crit. Dichtkunst a.O. [20] 122. 124. 129. 147. – [25] J. J. Bodmer und J. J. Breitinger: Die Discourse der Mahlern (1721-1723, ND 1969) 49-56. – [26] F. G. Klopstock: Oden und Elegien. Nach der A. in 34 Stücken (1771, ND 1948). – [27] J. J. Bodmer: Crit. Abh. von dem Wunderbaren in der Poesie und dessen Verbindung mit dem Wahrscheinlichen (1740, ND 1966). – [28] Vgl. etwa Klopstock, a.O. [23] 9, 219. 203. 209f. 199. – [29] 206. – [30] 208. – [31] Vgl. Novalis, Werke, hg. E. Wasmuth 2/I (1957) 364ff. 375. 382. 392; 3/II, 20. 22. 36. 43f. – [32] a.O. 2/I, 365. – [33] Vgl. J. G. Herder: Von dtsch. Art und Kunst (1773) a.O. [22] 5, 159-258; Bodmer/Breitinger, a.O. [25] 19f. Disc. – [34] L. Balet und E. Gerhard: Die Verbürgerlichung der dtsch. Kunst, Lit. und Musik im 18. Jh. (1972) 437. – [35] Vgl. etwa Th. Percy (Hg.): Reliquies of ancient Engl. poetry, consisting of old heroic ballads, songs, and other pieces of earlier poets; together with some few of late date 1-3 (London 1765); ND nach der 1. A. von M. M. A. Schröer (1893). – [36] J. Brown: Diss. on the rise, union and power, etc. of poetry and music (1763). – [37] Herder, a.O. [22] 5, 164. – [38] Vgl. ebda. – [39] J. W. Goethe: Ballade. Betracht. und Ausleg. 1. Druck in: Über Kunst und Altertum (1821) 3, H. 1; ND in: Goethes Werke, hg. E. Trunz (²1952) 1, 400-402. – [40] Vgl. Fr. Schlegel, Krit. Schr., hg. W. Rasch (1971) 143. – [41] A. W. Schlegel: Briefe über Poesie, Silbenmaß und Sprache (1795), in: Krit. Br. und Schr., hg. E. Lohner (1962) 1, 141-181; Betracht. über Metrik a.O. 181-219. – [42] Vgl. Novalis, a.O. [31] 2/I, 392; vgl. auch 364. 366. 390; 3/II, 31. 50. – [43] G. W. F. Hegel, Ästh., hg. F. Bassenge (1955) 2, 400. – [44] a.O. 2, 471. – [45] Vgl. 2, 484f. – [46] A. Schopenhauer, Sämtl.

Werke, hg. A. HÜBSCHER 3 (1949) 467. – [47] a.O. 2, 294. – [48] 2, 295. – [49] 2, 296. – [50] FR. NIETZSCHE, Werke 1. Abth. (1905) 1, 49; vgl. auch 1, 40. – [51] HEGEL, a.O. [43] 2, 489f. – [52] a.O. 469ff. – [53] E. A. POE: The philos. of composition (1846). Compl. Works, hg. J. A. HARRISON 14 (New York 1965). – [54] Vgl. etwa P. VALÉRY: Zur Theorie der Dichtkunst. Aufsätze und Vorträge (dtsch. 1962); POE, a.O. – [55] G. BENN, Ges. Werke, hg. D. WELLERSHOFF 1 (1959) 495. – [56] H. FRIEDRICH: Die Struktur der mod. L. (1959). – [57] R. N. MAIER: Das mod. Gedicht (1959); F. KEMP: Dichtung als Sprache (1965). – [58] F. MON (Hg.): movens. Dokumente und Analysen zur Dichtung, bildenden Kunst, Musik, Architektur (1960). – [59] STAIGER, a.O. [4] 242ff. 13ff.

Literaturhinweise. Art. ‹Poetik›, in: W. KOHLSCHMIDT/W. MOHR (Hg.): Reallex. der dtsch. Lit.gesch. (1955ff.) 2, 240ff. – R. M. WERNER: L. und Lyriker (1890). – F. B. GUMMERE: The beginnings of poetry (London 1901). – K. ZWYMANN: Ästh. der L. (1903). – H. v. HOFMANNSTHAL: Das Gespräch über Gedichte (1903). – E. GEIGER: Beitr. zu einer Ästh. der L. (1905). – K. BORINSKI: Die Antike in Poetik und Kunsttheorie. Vom Ausgang des klass. Altertums bis auf Goethe (1914). – J. DRINKWATER: The L. (1915). – W. P. KER: The art of poetry (1923). – M. THALMANN: Gestaltungsfragen der L. (1925). – H. PONGS: Das Bild in der Dichtung 1.2 (1927/39). – F. BRUNETIÈRE: L'évolution de la poésie en France au 19ᵉ siècle 1.2 (Paris ¹⁰1929). – J. PFEIFFER: Das lyrische Gedicht als ästh. Gebilde (1931). – E. VOEGE s. Anm. [3]. – M. RAYMOND: De Baudelaire au surréalisme (Paris 1933). – G. BULLOUGH: The trend of modern poetry (Edinburgh 1934). – R. DE RENEVILLE: L'expérience poétique (Paris 1938). – H. FÄRBER: Die L. in der Kunsttheorie der Antike (1939). – R. PETSCH: Die lyrische Dichtkunst (1939). – C. M. BOWRA: The heritage of symbolism (London 1943, dtsch. 1947). – M. KOMMERELL: Gedanken über Gedichte (1943). – G. ERRANTE: Sulla lirica romanza delle origine (1943). – M. NADEAU: Hist. du surréalisme (³1947), dtsch.: Gesch. des Surrealismus (1963). – C. BROOKS: Modern poetry and the tradition (London 1948). – J. WIEGAND: Abriß der lyrischen Technik (1951). – J. PFEIFFER: Umgang mit Dichtung (⁷1952). – F. G. JÜNGER: Rhythmus und Sprache im dtsch. Gedicht (1952). – W. KAYSER: Kl. dtsch. Versschule (⁴1954). – W. LEHMANN: Dichterische Grundsituation und notwendige Besonderheit des Gedichts (1954). – G. E. CLANCIER: De Rimbaud au surréalisme (Paris 1959). – H. BENDER (Hg.): Mein Gedicht ist mein Messer (1955). – H. FRIEDRICH: Die Struktur der modernen L. (1956). – J. L. KINNEAVY: A study of three contemp. theories of lyric poetry (1956). – W. LEHMANN: Dichtung als Dasein (1956). – TH. W. ADORNO: Rede über L. und Gesellschaft, in: Noten zur Lit. 1 (1958). – G. BENN: Probleme der L. (⁷1958). – W. KILLY: Wandlungen des lyrischen Bildes (²1958). – C. HESELHAUS: Dtsch. L. der Mod. (1961). – K. KROLOW: Aspekte zeitgenöss. dtsch. L. (1961). – E. MUIR: The estate of poetry (Cambridge, Mass. 1962). – B. BRECHT: Über L. (1964). – W. HÖLLERER: Theorie der mod. L. (1965). – W. ISER (Hg.): Immanente Ästh. – Ästhet. Reflexion. L. als Paradigma der Moderne (1966) bes. 73-112: H. DIECKMANN: Zur Theorie der L. im 18. Jh. in Frankreich. – H. HEISSENBÜTTEL: Texte und Dokumente zur Lit. (1965); Die Frage der Gattungen, in: Zur Tradition der Mod. Aufs. und Anm. 1964-1971 (1972) 49-55. – M. FUHRMANN: Einf. in die antike Dichtungstheorie (1973). – W. BENJAMIN: Charles Baudelaire. Ein Lyriker im Zeitalter des Hochkapitalismus (1974). F. MARTINI/A. HÜGLI

M–Mn

Machiavellismus. – 1. M. als Lehre zur Bewältigung des Machtproblems in der Politik wurde von NICCOLÒ MA(C)CHIAVELLI (1469–1527) weder begründet noch ausformuliert. Als 'Sekretär der Zweiten Kanzlei' seiner Heimatstadt Florenz entwickelte er die Theorie vom einzigen Zweck der Politik, Sicherheit und Kontinuität des Staates zu gewährleisten [1], vollendete sie jedoch erst nach 1512 im erzwungenen Ruhestand durch Verlagerung des Schwerpunktes von allgemeinen, aus Zeit- und Situationsanalysen gewonnenen Sätzen zur Darlegung seiner Maximen, die er mit Beispielen absicherte [2]; aus den Hauptschriften dieser Epoche ließ sich unter bestimmten Bedingungen – willkürliche Textauswahl, Verallgemeinerung von Sonderfällen – der M. ableiten. Er entstammt somit der Absicht, politische Situationen und Handlungsweisen in einen rational analysierten historischen Kontext zu stellen, überschreitet aber die Bedingtheiten und spezifischen Möglichkeiten der Intention und der apostrophierten Personen.

Da nicht nur Florenz, sondern jeder Staat zwangsläufig zur Anarchie zu entarten droht (so Machiavelli mit der Anakyklosislehre), müssen die gefundenen Maximen des politischen Handelns zur Rettung vor dem Verfall allgemein gelten. Die Aufgabe am Staat wird zur Diskussion über die Mittel erweitert, mit denen Macht sich gewinnen und erhalten läßt, wobei Machiavelli die florentinischen Gegebenheiten mit historischen Parallelen über die intendierte Liviusinterpretation hinaus exemplifiziert [3]. Im Hinblick auf die erschlossenen antiken Quellen ist das Bezugssystem allerdings eng; Tacitus als Vorbild realistischer Herrscherdarstellung wird kaum ausgewertet [4]. In seinem Rationalisierungsstreben distanziert Machiavelli sich bewußt von jeder Idealisierung und Utopisierung, wie er sie bei Platon, Dante, Marsilius von Padua vorfand [5].

Zu dieser historisch-politischen Komponente tritt eine anthropologisch-ethische, bestimmt durch das Axiom von der Minderwertigkeit der Menschen, über die sich die persönliche Tüchtigkeit (virtù) Einzelner erhebt. Virtù versteht Machiavelli als von der Notwendigkeit (necessità) aktivierte politische Leistungsbereitschaft und -fähigkeit, die mit dem Ziel der Machterringung die geltenden Moralgesetze außer acht läßt. Moral und Macht werden zu «zwei Größen, die nicht mehr in einer und derselben Rechnung aufgehen» [6]. Zu ihrer Verwirklichung muß virtù in die Gegebenheiten der Zeit (*qualità dei tempi*) hineinpassen und sich mit einer irritierenden, nicht vorausberechenbaren Fortuna auseinandersetzen – keiner transzendenten Gottheit, sondern einem Korrelat zu der als begrenzt erfahrenen menschlichen Natur.

Aus der Erkenntnis, daß die Menschen insgesamt unfähig zu Einsicht und Autonomie sind, resultiert eine metaphysisch nicht begründete Menschenverachtung, welche die meisten Implikationen des ζῷον πολιτικόν und die im italienischen Humanismus neu fundierte allgemeine dignitas hominis ignoriert. Die Postulate reiner Machtpolitik verschärfen den Gegensatz zwischen der Masse (massa damnata) und dem zielbewußten, zur Anwendung von Gewalt aus Gründen der Staatsräson berechtigten Fürsten, dessen Tugend die Herrschaft als solche nicht gefährden darf. Machiavelli widersetzt sich zwar einer Verabsolutierung des Machtdenkens wegen der Gefahr einer neuen Art, Politik zu betreiben [7], und unterstellt einem selbstbewußten Bürgertum hohe Leistungsfähigkeit; er relativiert auch die mögliche Wirkung seiner Thesen, indem er zwischen der riskanten, aber korrigiblen Erörterung einer Sache und den Fehlern des Handelnden unterscheidet, die erst im «Untergang der Reiche» erkannt werden [8]. – M. aber konzentriert sich bewußt auf die Technik der Macht des Einzelnen, negiert andere Herrschaftsformen ebenso wie die Klauseln der Widerrufbarkeit und entzieht den Politiker dem Zwang, seine Maßnahmen zu rechtfertigen.

Als 'Grundtext' des M. gilt demnach ⟨Principe⟩ 15–18 [9], wo nicht nach dem besten Staat, sondern nach dem zweckmäßigsten Handeln eines Führers zur Erringung und Sicherung der Macht gefragt wird. Die politische Kunstlehre entwickelt sich nicht kategorisch, sondern pragmatisch an vorgegebenen Konstellationen, die Methodendiskussion bleibt auf die in ihrem Modellcharakter besonders transparente Fürstenherrschaft beschränkt, zumal die aus der Zyklentheorie übernommene Tendenz zur Entartung am ehesten von einem Alleinherrscher aufgehalten wird. Stabilität ist immer nur annähernd erreichbar; Begründung und Sicherung des Staates erscheinen als vordringlichste Aufgabe, ihr werden auch Recht, Kult und Religion dienstbar gemacht.

2. Noch vor Drucklegung des ⟨Principe⟩ hatte A. NIFO versucht, seinen ⟨Fürstenspiegel⟩ durch eine an Machiavellis Thesen orientierte Schrift zu ergänzen. Mit F. GUICCIARDINIS ⟨Considerazioni⟩ setzt wenig später maßvolle Kritik ein; sie verschärft sich in der Gegenreformation, wobei die Indizierung Machiavellis (1557/59) die polarisierende moralische Abwertung fördert [10]. Angriffe gegen die Person trennen sich von Affekten gegen die Lehre, die sowohl verteufelt als auch ausgebeutet wird: G. BOTERO erhebt die «ragione di stato» zum Prinzip der gegenreformatorischen Kirche; der Hugenotte I. GENTILLET polemisiert 1576 massiv und voreingenommen gegen den (nach den Worten seines Übersetzers) «pestilens Machiavellicae doctrinae afflatus»; im selben Jahr definiert J. BODIN den Begriff der Souveränität, stellt den höchsten Staatswillen über das positive Gesetz, beläßt ihm aber seine Verpflichtung gegenüber dem göttlichen und dem Naturrecht und ermöglicht damit autonome Machtausübung, immun «gegen die rechtsgefährdenden Wirkungen des M.» (FR. MEINECKE [11]). Das späte 16. Jh. bezeichnet die Träger der Lehre als ⟨Machiavel(l)ani⟩ (Machiavellistae) und setzt sie den Atheisten gleich [12]. Die Konzentration des Lasterhaften wie

des Heuchlerischen auf eine diabolische oder auch plastisch-volkstümliche Figur wird im Elisabethanischen Theater gefördert [13]; die literarische Wirkung der Löwe-Fuchs-Metapher (Principe 18) reicht bis zu GOETHES ‹Reineke Fuchs› und W. RAABES ‹Hungerpastor›.

Der *Terminus* ‹M.›, in seiner Bewertung zuerst von den Vertretern des Antimachiavellismus geprägt, erscheint um 1600 [14] zum Schlagwort der streitenden Parteien stilisiert und fast beliebig nach allen Seiten anwendbar. Die Lehre selbst wirkt weiter: Neben der Polemik gegen ihren Urheber und Versuchen zu seiner Rehabilitierung (MONTAIGNE, BACON [15]) wird sie variiert und der 'qualità dei tempi' angepaßt (in England auch mit Einschluß republikanischer Komponenten), von ihren Anhängern verteidigt mit dem Nachweis machiavellischer Thesen und der Einsicht in die Gefahr übersteigerter Staatsräson schon in der klassischen Antike (Aristoteles nennt Pol. V, 11 die meisten der von Machiavelli beschriebenen Handlungsweisen) über Augustinus bis zu Ludwig XI. (1461–1483). Ähnlich argumentiert der Theologe und Historiker M. LILIENTHAL, um neben dem schon im 17. Jh. beschriebenen «M. rusticus» und «M. medicus» einen «M. literarius» zu etablieren: Wie der politische M. schon mit dem Tyrannen und nicht erst mit Machiavelli begonnen habe, seien auch die «arcana dominationis in Republica literaria» bekannt, seitdem es «gloria eruditionis» gebe [16]. – Im weiteren Bemühen um Aktualisierung und Objektivierung der Machiavelli-Interpretation setzt die französische Aufklärung neue Akzente. Die ‹Encyclopédie› nennt s.v. ‹Machiavélisme› als erstes Charakteristikum des ‹Principe› den Rat an die Fürsten, die Religion verächtlich zu behandeln, danach die Herabsetzung von Gerechtigkeit, Verträgen und allem Heiligen; wenn Machiavelli die Fürsten als Verbrecher zeichne (Principe 15. 25), habe er damit warnen wollen, doch hätten seine Zeitgenossen «une satyre pour un éloge» angesehen. – Die zwangsläufig rationalisierte Politik des europäischen Interdependenzsystems erschwert schrankenlosen M. als subjektive Regentenwillkür immer mehr; dem mächtigen, straff zentralisierten Staat stellt FRIEDRICH II. VON PREUSSEN die Aufgabe, das Glück der Untertanen zu fördern. Während er in seinem ‹Antimachiavel› die Person nur dem Namen nach angriff, um aus gefestigtem Legitimitätsbewußtsein heraus gegen eine offenkundige Machtideologie zu polemisieren, nahm HERDER Person und Werk Machiavellis gleichermaßen in Schutz [17], doch verlieren die theoretischen Auseinandersetzungen am Ende des 18. Jh. an Schärfe und werden von der Forderung nach Volkssouveränität überlagert, bis von Deutschland her durch Fichte und Hegel ein neuer nationalpolitischer Machiavellimythos gegen Napoleon begründet wird. Rechtfertigt HEGEL die von Machiavelli geforderte «rücksichtsloseste Gewaltthätigkeit» bei der Staatenbildung [18], so konzentriert FICHTE die Leitsätze einer Politik der Stärke und Sicherheit, da sie für die im Inneren gesicherten Nationalstaaten nicht mehr zutreffen, auf den durch kein übernationales Rechtssystem geschützten Bereich der Außenpolitik und steigert sie im ausdrücklichen Gegensatz zum Moralismus der Zeitphilosophie («verliebt in den ewigen Frieden») und mit Bezug auf das Schlußkapitel des ‹Principe› zum Kriegsaufruf gegen die Barbaren, die «mit Zwang dem Reiche der Kultur» einzugliedern seien [19].

3. Offener als Hegel oder Fichte bedient NIETZSCHE sich der depravierten Vokabel und leitet damit eine neue Epoche der Machiavelli-Rezeption ein. Als M. lobt er zum einen Bismarcks perfekte Mechanik der Machtausübung, andererseits setzt er Maßstäbe, die der Praxis unerreichbar blieben, indem er den M. zum «Typus der Vollkommenheit in der Politik» transzendiert, der in seiner reinen Form «von Menschen nie erreicht, höchstens gestreift» wird [20]. Providentielle Diktatoren gewinnen aus der jeweils national eingefärbten Dignität Machiavellis (oder Nietzsches) eine historisch-philosophische Dekoration zur Legitimierung ihrer Politik. Soziologische, psychologische und biologische Komponenten erweitern die Analyse der Herrschaftstheorien im Bereich der Kausalitäten [21], gleichzeitig beginnen Ideologien und der von Machiavelli vermiedene Utopismus zu wuchern. Den Krieg löst zuerst in marxistischen, dann auch in faschistischen Positionen die Aufgabe ab, große Massen zu führen; Aufstand, Klassenkampf und Revolution unterwerfen wie bei Machiavelli Moral und Gerechtigkeit den Ansprüchen der Situation, dem Heraufführen und Ausnutzen der Krise (qualità dei tempi); auch werden die Thesen an Beispielreihen exemplifiziert. Ebenso begegnet der Arkancharakter des früheren M. wieder, wenn die Praktiken des Machtkampfes zwar im kleinen Kreise gelehrt, nicht aber öffentlich konzediert werden dürfen [22]. Eliten, wie sie in jeder Gesellschaft entstehen, haben den Alleinherrscher oder die jeweils dominierende Gruppe in einem hierarchisch gegliederten Parteiapparat zu unterstützen, Gegenkräfte zu bekämpfen, die Massen für die Ziele der Machthaber durch Schaffung eines Mythos, durch Rituale und durch Fanatisierung zu beeinflussen, so daß ein wesenhaft illegitimes, nicht nachprüfbares Regime von der emotionalisierten Gesamtheit ('Bewegung') akklamiert wird.

Unter dem Stichwort des modernen M. subsumierbare Machttheorien erliegen in steigendem Maße der Mißdeutung oder dem Mißbrauch, weil unkritische Politisierung und Erfolgszwang eine rationale Absicherung der Maßnahmen erschwert. So verliert G. SORELS Aufruf zur «action directe» gegen einen in demokratischen Formen praktizierten Sozialismus, sein antiintellektualistischer Mythos der Gewalt ebenso wie G. MOSCAS Theorie der herrschenden Klasse die Legitimation aus der Geschichte und den stringenten Bezug zu einem nicht austauschbaren gesellschaftspolitischen Konzept [23].

Die Gefahren eines popularisierten «Massen-M.» betonte demgegenüber F. MEINECKE mit dem Hinweis auf Machiavellis esoterische Ausgangsposition, die «den Staat mehr vom Palazzo als von der Piazza aus» betrachte [24]; E. FAUL versucht unter Berufung auf K. Jaspers, gegen die Erfahrung machiavellistischer Gewalten durch Desillusionierung des Machtstrebens die besonders in den ‹Discorsi› fixierten Prinzipien zur Erhaltung der Freiheit und der Kritikfähigkeit in einem neu überdachten Gesamtverständnis Machiavellis wiederzubeleben [25].

Anmerkungen. [1] Vgl. z.B. die Gesandtschaftsberichte, Br. und Abh. aus den Jahren 1502/03 in: N. MACHIAVELLI, Opere, hg. M. BONFANTINI (Mailand/Neapel 1963) 438-492. – [2] Principe (1513 begonnen, 1532 publ.); Discorsi (1513 begonnen, 1531 publ.); Dell'arte della Guerra (1520 verfaßt, 1521 publ.); Istorie Fiorentine (1520 beauftragt, 1532 publ.). – [3] Discorsi I, Vorwort. Opere a.O. [1] 87-420; dtsch. hg. R. ZORN (1966). – [4] FR. MEHMEL: Machiavelli und die Antike. Antike u. Abendland 3 (1948) 154. – [5] MACHIAVELLI, Principe 15 (ohne Namensnennung). Opere a.O. [1] 3-86; dtsch. Der Fürst, hg. R. ZORN (1955). – [6] K. REINHARDT: Thukydides und Machiavelli, in: Vermächtnis der Antike (1960) 185; vgl. C. SCHMID: Machiavelli, in: Große Geschichtsdenker, hg. R. STADELMANN (1949) 125. – [7] MACHIAVELLI, Discorsi I, Vorwort a.O. [3]. – [8] Dell'arte della Guerra, Widmungsbr. an Lorenzo Strozzi. Opere a.O. [1] 496

(495-531); dtsch. N. MACHIAVELLI, Sämtl. Werke, dtsch. J. ZIEGLER 3 (1833) 3. – [9] MEHMEL, a.O. [4] 154. – [10] A. NIPHUS: De his quae optimis Principibus agenda sunt Libellus (Florentiae 1521); De regnandi peritia (Neapel 1523); FR. GUICCIARDINI: Considerazioni intorno ai Discorsi da Machiavelli (1529/30); R. POLE: Apologia ad Carolum V. Caesarem super quatuor libris a se scriptis de Unitate Ecclesiae (1539). Epistolarium Reginaldi Poli 1 (Brescia 1744). – [11] G. BOTERO: Della ragione di stato libri X (Vinegia 1589); I. GENTILLET: Discours sur les moyens de bien gouverner ... Contre Nicolas Machiavel (o.O. 1576, lat. 1577); J. BODIN: Les six livres de la République (Paris 1576); FR. MEINECKE: Die Idee der Staatsräson (^{3}1929) 71. – [12] F. MINI: Difesa della città di Firenze ... (Lyon 1577) 148ff. – [13] TH. SCHIEDER: Shakespeare und Machiavelli. Arch. Kulturgesch. 2 (1950) 131-171. – [14] F. RAAB: The Engl. face of Machiavelli (London/Toronto 1964) 51ff. – [15] M. DE MONTAIGNE, Essais III, 1 (ohne Namensnennung). Ges. Schr., hg. O. FLAKE/W. WEIGAND 5 (1910) 1-28; FR. BACON, De augmentis scientiarum VII, 2. Works, hg. SPEDDING/ELLIS/HEATH 1 (London 1857-74, ND 1963) 431-837. – [16] H. CONRING: N. Machiavelli Princeps (Helmestadii 1660) im Widmungsbrief an Gebhard v. Alvensleben. Opera, hg. J. W. GÖBEL 2 (1730, ND 1970) 973-980; M. LILIENTHALIUS: De Machiavellismo literario ... Diss. historico-moralis (Regiomonti/Lipsiae 1713) Introd. – [17] J. G. HERDER: Br. zur Beförderung der Humanität Nr. 58 (1795). – [18] G. W. F. HEGEL, Vorles. über die Philos. der Gesch., hg. GLOCKNER 11 (^{2}1939) 509f. – [19] J. G. FICHTE: Über Macchiavelli als Schriftsteller, und Stellen aus seinen Schriften (1807). Nachgelassene Werke 3 (1834/35) 426. 428. – [20] FR. NIETZSCHE, Der Wille zur Macht, Nr. 304. Werke 15 (1911) 366. – [21] G. SOREL: Refl. sur la violence (1908); V. PARETO: Le traité de sociol. générale (Lausanne 1917, ital. Florenz 1916). – [22] Vgl. H. RAUSCHNING: Gespräche mit Hitler (1940). – [23] G. MOSCA: Elementi di sci. politica (Bari ^{4}1947). – [24] FR. MEINECKE: Die dtsch. Katastrophe (1946) 79ff.; Einf. zu E. MERIAN-GENASTS Übers. des Principe (1923) 20. – [25] E. FAUL: Der moderne M. (1961).

Literaturhinweise. R. v. MOHL: Die Gesch. und Lit. der Staatswiss. 3 (1858). – M. JOLY: Gespräche in der Unterwelt zwischen Machiavelli und Montesquieu (1864, dtsch. 1948). – O. TOMMASINI: La vita e gli scritti di Niccolò Machiavelli nella loro relazione col Machiavellismo 1. 2 (Turin/Rom 1883/1911). – P. VILLARI: N. Machiavelli e i suoi tempi (Mailand ^{2}1895). – C. BENOIST: Le Machiavélisme 1-3 (Paris 1907-1936). – A. ELKAN: Die Entdeckung Machiavellis in Deutschland zu Beginn des 19. Jh. Hist. Z. 119 (1919). – C. SCHMITT: Die Diktatur (1921). – B. MUSSOLINI: Preludio al Machiavelli (1924). Opera Omnia 20 (1956). – J. W. ALLEN: A hist. of polit. thought in the 16th century (London 1928, ND 1961). – FR. MEINECKE: Die Idee der Staatsräson in der neueren Gesch. (^{3}1929). – A. NORSA: Il principio della forza nel pensiero polit. di N. Machiavelli, seguito da un contributo bibliogr. (Mailand 1936). – A. SORRENTINO: Storia dell'antimachiavellismo europeo (Neapel 1936). – H. FREYER: Machiavelli (1938). – D. ERSKINE MUIR: Machiavelli (dtsch. 1939). – G. RITTER: Machtstaat und Utopie (1940). – R. KÖNIG: N. Machiavelli (1941). – M. PRAZ: Machiavelli in Inghilterra (Rom 1943). – J. BURNHAM: Die Machiavellisten. Verteidiger der Freiheit (1943, dtsch. 1949). – L. v. MURALT: Machiavellis Staatsgedanke (1945). – E. CASSIRER: The myth of the state (1946). – FR. MEHMEL s. Anm. [4]. – E. CASTELLI: Machiavellismo e Cristianesimo, «Umanesimo e Machiavellismo». Arch. di Filos. (Padua 1949). – A. GRAMSCI: Note sul Machiavelli (postum Turin 1949); dtsch. in: Philos. der Praxis (1967). – TH. SCHIEDER s. Anm. [13]. – L. STRAUSS: Thoughts on Machiavelli (Glencoe ^{3}1958). – F. CHABOD: Machiavelli and the Renaissance (London 1958). – F. RAAB s. Anm. [14]. – B. BRUNELLO: Machiavelli e il pensiero polit. del Rinascimento (Bologna 1964). – F. GILBERT: Machiavelli and Guicciardini (Princeton 1965). – G. SASSO: N. Machiavelli (dtsch. 1965). – R. DE MATTEI: Dal Premachiavellismo all'Antimachiavellismo (Florenz 1969). – L. S. OLSCHKI (Hg.): Machiavellismo e Antimachiavellici nel cinquecento (Florenz 1969). – TH. SCHIEDER: N. Machiavelli, Epilog zu einem Jubiläumsjahr. Hist. Z. 210 (1970) 265-294. – D. STERNBERGER: Machiavellis ‹Principe› und der Begriff des Polit. (1974).

K.-H. GERSCHMANN

Machismus. Zur Kennzeichnung der naturwissenschaftlichen und philosophischen Lehren E. Machs oder seiner Anhänger im wissenschaftlichen Bereich konnte sich der Begriff ‹M.› nicht einbürgern; dagegen hat er in der Auseinandersetzung innerhalb der internationalen Arbeiterbewegung besonders zu Anfang des 20. Jh. eine nicht unbedeutende Rolle gespielt. Gegen die vor allem in der russischen sozialistischen Bewegung seit ca. 1904/05 von Theoretikern wie N. WALENTINOW, P. S. JUSCHKEWITSCH, A. BOGDANOW, W. BASAROW, A. W. LUNATSCHARSKIJ u.a. [1], aber auch in der Sozialdemokratie durch F. ADLER, E. UNTERMANN u.a. [2] versuchte 'Ergänzung' des Marxismus durch Theoreme oder einzelne Gedankengänge, die in die sich an Mach, Avenarius, Petzoldt, Hönigswald u.a. anknüpfende Grundlagendiskussion der Naturwissenschaften zu Ende des 19. Jh. gehörten, wandte sich am entschiedensten W. I. LENINS ‹Materialismus und Empiriokritizismus›. Für ihn (und in der gesamten Literatur im Anschluß an ihn) [3] ist M. ein verschiedene 'Richtungen', 'Schulen' oder auch 'Spielarten' zusammenfassender Begriff, gleichbedeutend mit dem Ausdruck ‹Empiriokritizismus›. Er hatte sich – wohl wegen seiner Kürze und Einprägsamkeit – bereits vor 1908 in der Arbeiterbewegung [4] eingebürgert und bezeichnet zusammenfassend die Tendenz zu 'Idealismus', 'Subjektivismus', 'Agnostizismus' und 'Solipsismus' in der Philosophie, aber auch in den Naturwissenschaften, in der Sozialwissenschaft, Ästhetik und Literatur [5]. Ihre politische Dimension erhält die Auseinandersetzung mit dem M. in Rußland mit der Diskussion um die Funktion und den Klassencharakter des M. als Ideologie nach der gescheiterten Revolution von 1905; dabei wird nicht nur zwischen den Anhängern «eine[r] reaktionäre[n] Philosophie» [6] und deren Kritikern, sondern auch zwischen diesen unterschieden (z.B. Bolschewik Lenin – Menschewik Plechanow) [7]. Die gleiche Auseinandersetzung wird in der westeuropäischen Arbeiterbewegung in abgeschwächter Form und unter anderen politischen Vorzeichen geführt; Hauptkontrahenten waren hier 'Machisten' bzw. 'Dietzgenisten' und 'Austromarxisten' [8] einerseits und Marxisten wie Mehring, Pannekoek, Lafargue andererseits.

In der russischen sozialistischen Bewegung flammt die Auseinandersetzung noch einmal im Zusammenhang mit BOGDANOWS «Proletkult» nach der Oktoberrevolution auf [9]. Eine erneute Diskussion um den M. gibt es nach Erscheinen der deutschen Ausgabe von ‹Materialismus und Empiriokritizismus› (1927); A. PANNEKOEK, P.MATTICK, K. KORSCH u.a. [10] versuchen, die Leninsche Kritik vom linkssozialistischen, antibolschewistischen Standpunkt aus anzugreifen und ihr Unwissenschaftlichkeit und Rückfall in vormarxistische Denkweisen nachzuweisen. – Als später Nachklang kann der M.-Vorwurf gegen die sowjetischen Chemiker Syrkin und Djatkina in den Jahren 1949-51 gelten [11].

Anmerkungen. [1] Vgl. W. I. LENIN: Materialismus und Empiriokritizismus. Werke 14 (^{10}1971) bes. 10. 9. 12f. – [2] Lit. vgl. a.O. 413ff.; M. KLEIN u.a.: Zur Gesch. der marxist.-leninist. Philos. in Deutschland 1/2 (1969) 445ff.; F. RICHTER und W. FRONA: Leninismus und Materialismus. Dtsch. Z. Philos. 4 (1972) 400. – [3] Vgl. Grundl. des Marxismus-Leninismus. Lb. (1963) 45f.; KLAUS/BUHR (Hg.): Philos. Wb. (^{8}1972) 2, 670. – [4] Vgl. LENIN, a.O. [1] 12. – [5] Vgl. bes. Art. ‹Empiriokritizismus› in: KLAUS/BUHR, a.O. [3] 1, 274f.; A. PANNEKOEK: Lenin als Philosoph (1969); P. RUBEN: Rez: E. Mach. Physicist and philosopher, hg. R. S. COHEN and R. J. SEEGER (Dordrecht 1970). Dtsch. Z. Philos. 6 (1972) 794ff.; vgl. Schr. von F. ADLER, F. MEHRING, M. ADLER, A. BOGDANOW (s. Anm. 2); ferner Vorw. von M. ROSEN-

TAL zu G. W. PLECHANOW: Kunst und Lit. (1955) XIXff.; KLEIN, a.O. [2] 461. – [6] Untertitel zu ‹Mat. u. Emp.› a.O. [1]. – [7] Vgl. bes. W. A. FOMINA: Die philos. Anschauungen G. W. Plechanows (1957) 289ff. – [8] Vgl. KLEIN, a.O. [2] 446. – [9] Vgl. ROSENTAL, a.O. [5] XXI; LENIN, a.O. [1] 11, 378ff. – [10] Vgl. PANNEKOEK, a.O. [5]. – [11] Vgl. G. A. WETTER: Der dialekt. Materialismus (⁵1960) 500ff.

Literaturhinweise. J. THIELE: Zur Wirkungsgesch. der Schr. Ernst Machs. Z. philos. Forsch. 20 (1966) 118-130. – T. HANAK: Die Entwickl. der marxist. Philos. (1976) 76f. 81ff.

K. MESCHEDE

Macht (griech. ἀρχή, ἐξουσία, δύναμις; lat. potentia, potestas, dominium; ital. potere, potenza; frz. pouvoir, puissance; engl. power)

«M., Stärke, Autorität – auf die exakte Verwendung all dieser Wörter legt die Umgangssprache keinen besonderen Wert, sogar die größten Denker gebrauchen sie manchmal aufs Geratewohl» [1]. ‹M.› wird in der Tat vielfach ausgesagt. Seinem etymologischen Ursprung nach (von got. magan) bezeichnet es allgemein das Können oder Vermögen, und so konnte definiert werden: «M. ist eine Kraft oder Vermögen, das Mögliche wirklich zu machen» [2]. Zum Wortfeld von ‹M.› gehören, oft im selben Sinn gebraucht, neben ‹Kraft› (s.d.), ‹Vermögen›, ‹Stärke›, ‹Autorität› (s.d.) auch ‹Befugnis› oder ‹Vollmacht›, ‹Herrschaft› (s.d.), ‹Einfluß› (s.d.), ‹Gewalt› (s.d.) und ‹Wucht› [3].

In der Mitte eines ähnlich weiten Wortfeldes steht im Griechischen δύναμις, im Lateinischen ‹potentia›. An diesen Wörtern knüpften sich auch die ersten unsere Geschichte bis heute bestimmenden philosophischen Theorien nicht nur über M. als Vermögen, Möglichkeit (s.d.) oder Kraft im menschlichen oder außermenschlichen Bereich, sondern auch über *politische* M. Da ‹M.› heute in der Sprache der Philosophie vornehmlich in diesem Sinn gebraucht wird, sind im folgenden in erster Linie die Geschichte dieses Wortgebrauchs zu verfolgen und die daran geknüpften Theorien zu skizzieren.

I. *Begriffsgeschichte bis Kant.* – Die M. als philosophisches Problem ist eine *sophistische* Entdeckung. Als erster literarischer Beleg für die sophistische Lehre von der M. kann der Melierdialog, der darstellerische Höhepunkt im 5. Buch des thukydideischen Geschichtswerkes, verstanden werden, in dem die Ratsherren von der Insel Melos die sie bedrohenden übermächtigen Athener von der inneren M. des Rechtes und vom Nutzen des Gerechten zu überzeugen suchen. Die von den Athenern vertretene reine M.-Position findet ihren abbildhaften Ausdruck schon in dem einleitenden Gespräch über die Bedingungen der Gesprächssituation. Wie THUKYDIDES andeutet, ist die verbale Handlung der Athener aufgrund der ungleichen Situation selbst schon ein Akt der M. «Aber das kriegerische Wesen, womit ihr schon auftretet, nicht erst droht, widerspricht dem. Sehen wir euch doch hergekommen, selber zu richten in dem zu führenden Gespräch, und also wird das Ende uns vermutlich, wenn wir mit unseren Rechtsgründen obsiegen und darum nicht nachgeben, Krieg bringen, hören wir aber auf euch, Knechtschaft» [4].

Die Athener weisen jedoch den Rechtsanspruch der Melier zurück mit dem Argument, das sophistischer Herkunft zu sein scheint: Unter Menschen gilt Recht nur bei Gleichheit der Kräfte, die M. jedoch versucht «das Mögliche» (τὰ δυνατά) durchzusetzen. Das Verhältnis der M. unter Menschen ist aber nicht als unmenschliche Ausnahmesituation zu denken, sondern ist selbst in des Menschen Natur fundiert. «Wir haben dies Gesetz weder gegeben noch ein vorgegebenes zuerst befolgt, als gültig überkamen wir es und zu ewiger Geltung werden wir es hinterlassen, und wenn wir uns daran halten, so wissen wir, daß auch ihr und jeder, der zur selben M. gelangt wie wir, ebenso handeln würde» [5].

Dieses Problem der M. ist dann auch das zentrale Thema der Auseinandersetzung PLATONS mit der Sophistik. Berühmt ist die These des Thrasymachos, gerecht sei das, was dem Mächtigeren (κρείττων) nützt, die Platons Lehre von der politischen M. in seinem «Staat» evoziert hat [6]. Die sophistische Position kommt am stärksten in jener von Platon dem Glaukon in den Mund gelegten Erzählung vom Ring des Gyges zum Ausdruck, die veranschaulichen soll, was geschieht, wenn einem Gerechten und einem Ungerechten gleichermaßen die M. (ἐξουσία) gegeben wird, das zu tun, wozu sie Lust haben; die Unterscheidung zwischen Gerechtigkeit und Ungerechtigkeit ist nach dieser sophistischen Lehre in Wirklichkeit eine Unterscheidung zwischen M. und Ohn-M. (ἀδυναμία) [7].

Nach Platons eigener, klassisch zu nennender Einsicht muß demgegenüber menschliche M. in ihrem Wesen als vernunftbestimmt angesehen und ihr sittlicher Charakter betont werden, wenn der Mensch nicht zum Tier entarten soll. Im Hinblick auf die politische M. hat Platon diese Einsicht in die berühmten Worte des Philosophen-Könige-Satzes gekleidet, nach dem so lange keine Erlösung von den Übeln zu erwarten ist, als «politische M. und Philosophie» (δύναμις πολιτικὴ καὶ φιλοσοφία) nicht koinzidieren [8].

Die Auseinandersetzung mit der sophistischen These von der M. bestimmt auch weite Teile des platonischen Dialogs ‹Gorgias›. Der historische GORGIAS VON LEONTINOI, hatte ausdrücklich auch die «Überredung», die M. des Wortes, als eine Form der M. neben der nackten Gewalt (βία) verstanden [9]. PLATON hebt in seinem Dialog im Gespräch mit Polos den sittlichen Charakter auch dieser Form der M. (der Rede) hervor. Die Redner und Tyrannen in der Stadt haben nach Platons Überzeugung überhaupt keine M., «wenn du meinst, das M.-Haben sei etwas Gutes für den, der mächtig ist». Begründet wird diese paradoxe These von der Ohn-M. der anscheinend mächtigen Redner und Tyrannen mit der Lehre, sie täten nicht das, was sie eigentlich wollen, sondern nur das, was ihnen das Beste zu sein scheint. Eigentlich wollen wir ja das Gute; nur unter dem Gesichtspunkt des Guten kann etwas Gegenstand des Wollens werden. Durch Vernunft ermöglichtes Streben, d.h. der Wille, ist nun eigentlich auf das vernünftige, wahre Gute ausgerichtet, nicht auf das, was nur gut zu sein scheint, es aber in Wahrheit nicht ist. Deshalb tun die Redner und Tyrannen nicht das, was sie eigentlich wollen [10]. In solcher Weise «versteht Platon unter M. das Vermögen, etwas zu sein – dann ist Unrechttun das größte Übel; Polos hingegen versteht unter M. das Vermögen, etwas zu haben, dann ist Unrechtleiden das größte Übel» [11].

Bei ARISTOTELES wird das Problem der M. vorzüglich in einer Theorie von Herrschaft (ἀρχή) und Knechtschaft behandelt (s.d.), wobei die von der despotischen Herrschaft über Sklaven zu unterscheidende politische Herrschaft dadurch definiert wird, daß sie eine Herrschaft von Freien über Freie ist, die sich im Herrschen und Beherrschtwerden ablösen [12].

Im *lateinischen* Sprachbereich werden potestas und auctoritas als zwei Formen der M. unterschieden. Bei

CICERO ist erstmals dieser begriffliche Gegensatz nachweisbar: «... quod nondum potestate poterat, obtinuit auctoritate» (Was er noch nicht durch amtliche Vollmacht vermochte, erhielt er durch Autorität) [13]; oder: «potestas in populo, auctoritas in senatu» (M. im Volk, Autorität im Senat) [14]. Auch AUGUSTUS benutzt in seinem berühmten Lebensbericht diesen Gegensatz im selben Sinn: trotz gleicher Amtsgewalt (potestas) habe er alle Kollegen an Ansehen (auctoritas) übertroffen [15]. Die begriffliche Unterscheidung zwischen ‹potestas› und ‹auctoritas› wird später dann auch bei der theoretischen Begründung *kirchlicher* M. rezipiert. Nach CYPRIAN leitet sich die Amtsgewalt der Bischöfe aus der «cathedrae auctoritas» (der Autorität des Bischofssitzes) her [16]. Schließlich ist sie auch noch in jenem berühmten Brief des Papstes GELASIUS an Kaiser Anastasius I. aus dem Jahre 494 erkennbar, wo im Sinne der späteren Zweigewaltenlehre erstmals die «auctoritas sacrata pontificum» von der «regalis potestas» unterschieden wird [17].

Das *christliche* Verständnis der M. hat sich immer an der berühmten Stelle im Brief des PAULUS an die Römer (c. 13) orientiert, wo es heißt: «Jedermann soll den übergeordneten Gewalten untertan sein. Denn es gibt keine Gewalt außer von Gott und die bestehenden sind von Gott eingerichtet ...» Das loyale Verhältnis des Christen zur staatlichen M. liegt in dem Gedanken begründet, daß sie von Gott delegierte M. sei. Dies drückt schon das älteste Kirchengebet für die «Mächtigen» aus, das von Papst CLEMENS VON ROM stammt: «Verleihe ihnen, o Herr, Gesundheit und Frieden, Eintracht und Stetigkeit, damit sie untadelhaft führen die Herrschaft, die Du ihnen gegeben hast. Denn Du, o Herr ... gibst den Söhnen der Menschen Hoheit und Ehre und M. über die Dinge der Erde. Lenke ihren Sinn, o Herr, auf das, was gut ist und wohlgefällig vor Deinem Angesicht, daß sie die von Dir verliehene M. in Frieden und Sanftmut führen gottesfürchtigen Sinnes ...» [18].

Aus der Auslegungsgeschichte des Pauluswortes ragt ORIGENES' Erkenntnis des Problems der ungerechten M. hervor: «Vielleicht sagt einer: ... Und jene M., die den Knechten Gottes nachstellt, den Glauben bekämpft, die Religion untergräbt, die soll von Gott sein?» [19] Nach Origenes gleicht die M. all jenem (wie z. B. dem Sinnesvermögen), das uns zu gutem Gebrauch gegeben, dessen Mißbrauch aber nicht ausgeschlossen ist [20].

Die theologische Dimension des Begriffs kommt in der Diskussion sowohl über die All-M. (s. d.) Gottes als auch über M. im Sinne menschlicher Herrschaft zum Vorschein. Bemerkenswert hinsichtlich des Begriffs der All-M. ist ANSELMS VON CANTERBURY an Platons ‹Gorgias› erinnernde Lehre, die M., etwas zu können, was dem Handelnden nicht nützt oder was er nicht darf, sei vielmehr Ohn-M. [21]. Die Diskussionen über die potestas dominandi knüpfen an BOETHIUS' Definition an, Herrschaft sei «potestas quaedam qua servus coercetur» [22]. Zugleich ist die berühmte Bemerkung AUGUSTINS maßgeblich, daß der Mensch nach Gottes Willen eigentlich niemals über den Menschen herrschen solle (non hominem homini dominari), sondern nur über das Vernunftlose. Die Herrschaft des Menschen über den Menschen im Sinne der Sklaverei ist keine natürliche Einrichtung, sondern schon Folge der Sünde – so wie auch das durch seine Maßlosigkeit gekennzeichnete Streben nach M. [23] –, die dann, wenn die Herren nicht selbst ihren Herrschaftsanspruch aufgeben, nach Augustinus so lange andauern wird, «donec transeat iniquitas et evacuetur omnis principatus et potestas humana et sit Deus omnia in omnibus» (bis die Ungleichheit aufhört und verschwindet alle Obergewalt und menschliche Herrschaft, und Gott ist alles in allem) [24]. Aus dieser Bemerkung Augustins ergibt sich für die Scholastik die Frage, ob der paradiesische «Zustand der Unschuld» als aller Herrschaftsformen ledig gedacht werden muß. ALEXANDER VON HALES, BONAVENTURA und RICHARD VON MEDIAVILLA haben drei Formen der potestas dominandi unterschieden [25]. In einem ganz weiten Sinne kann von der M. des Beherrschens gesprochen werden im Hinblick auf eine Sache, die man, ihrer mächtig, nach Belieben gebrauchen kann. In einem schon eingeschränkteren Sinne bezeichnet dieser Begriff die Form der vernünftigen Herrschaft, die z. B. den Eltern gegenüber den Kindern zukommt. THOMAS VON AQUIN hat diese Art der M.-Ausübung als die Herrschaft über Freie verstanden, insofern sie zu einem besonderen oder allgemeinen Guten hinführt [26]. Schließlich kann die M., insofern sie die Freiheit einschränkt, als Herrschaft (dominium) im strengen Sinne verstanden werden, der die Sklaverei entspricht.

Die Bestimmung des M.-Begriffs durch WILHELM VON AUVERGNE scheint in der Scholastik keine weitere Beachtung gefunden zu haben, auch nicht bei Wilhelm von Ockham. Sie ist aber von fundamentaler Bedeutung, weil sie zum ersten Mal die terminologische Abgrenzung von den verschiedenen Begriffen der Möglichkeit zu leisten versucht, die sowohl im griechischen wie im lateinischen Sprachraum bisher stets synonym mit dem M.-Begriff gebraucht wurden. Nach Wilhelm ist die M. im eigentlichen Sinne (potestas) als eine Form der potentia zu begreifen, die einerseits von der potentia activa als dem Prinzip von Tätigkeiten und andererseits von jener Qualität der Dinge zu unterscheiden ist, die die Widerstandsfähigkeit verleiht. «Auf eine zweite Weise wird die potentia eine Überlegenheit und gleichsam eine Herrschaft genannt, die dennoch nur durch den Gehorsam oder die Übereinstimmung eines fremden Willens ist und nach allgemein üblicher Bezeichnung ‹potestas› heißt; denn was Könige und andere Vorsitzende (praesidentes) vermögen, macht der Wille oder Gehorsam der Untergebenen; und diese (potentia) wird ‹M.› genannt, nämlich Gehorsam oder Übereinstimmung derer, durch die das gemacht werden muß, dessen einer mächtig heißt.» Berücksichtigt man diese Bestimmung des Begriffs der M. im eigentlichen Sinne, erscheint die von Wilhelm erwähnte, wenn auch nicht sehr geschätzte, Unterscheidung «einiger» Philosophen zwischen potentia, potestas und possibilitas und den entsprechenden Seinsbereichen der Natur, Moral und Logik als durchaus einschlägig und von bleibender Sachgerechtheit: «Quidam tamen potentiam in naturalibus, potestatem in moralibus, possibilitatem in rationalibus, magis quidem secundum euphoniam, quam secundum analogiam, assignaverunt» (Einige haben dennoch die «potentia» in den Bereich der Naturdinge, die «potestas» in den Bereich der moralischen, die «possibilitas» in den Bereich der logischen Dinge, freilich eher des Wohlklangs als des Verhältnisses wegen, verwiesen) [27]. TH. K./L. OE.-H.

Für DUNS SCOTUS, der den, wie er sagt, äquivoken Gebrauch des potentia-Begriffs in der Tradition, besonders bei Thomas von Aquin, kritisiert, ist die viel erörterte Frage nach der All-M. Gottes von zentraler Wichtigkeit. Diese wird vorgestellt als höchste aktive M., die eine unendliche M. ist. Seine These ist, daß es von dieser M. keinen philosophisch beweisbaren Begriff gibt, daß dieser Begriff der M. vielmehr ein Gegenstand des Glaubens sei [28]. Diese M. ist diejenige, die unmittelbar ohne alle Zwischenursachen alles überhaupt Mögliche vermag; sie verursacht alles, was verursacht werden kann, und es gibt keine zweite letzte Ursache neben ihr. Die Philosophen kommen jedoch höchstens bis zu einer ersten M. als Ursache, deren letzte Wirkungen sie nur über Zwischenursachen, nicht aber direkt zu verursachen vermag, weil sonst jegliche Prozessualität aufgehoben wäre. An dieser Stelle kommt bei Duns Scotus die begriffliche Differenzierung von Gottes M. als potentia absoluta und als potentia ordinata ins Spiel [29]. Die absolute M. erstreckt sich so weit, wie Widerspruchsfreiheit gewährleistet ist; die geordnete M. jedoch ist diejenige, die in ihrem Vollzug sich den Regeln, die göttlicher Weisheit und göttlichem Willen entspringen, einfügt. Die Unterscheidung von absoluter M. und geordneter M. läßt sich verallgemeinern, und sie wird von Duns Scotus tatsächlich auch an juristischen und politischen Beispielen veranschaulicht. Das Handeln gemäß geordneter M. wäre ein Handeln, das dem rechten Gesetz folgt; in einem Handeln, das ungeachtet des Gesetzes oder gegen das Gesetz etwas tut, würde sich eine die geordnete M. überschreitende absolute («losgelöste») M. erweisen. Diese Unterscheidung entspricht der juristischen dessen, was einer de facto vermag (= kann), von dem, was er de jure vermag (= darf). Jeder nun, der zwar aus absoluter M. Gesetze ignorieren oder verletzen, nicht aber selbst Gesetze erlassen kann, handelt zwangsläufig gegen die Ordnung, wenn er absolute M. in Anspruch nimmt. Genau genommen ist daher seine «absolute M.» keine wirkliche M. [36]. Der aber, dessen Willensäußerung immer normative Kraft hat, kann demzufolge selbst in jeder die bisherige Ordnung ignorierenden und verletzenden Willensäußerung aus absoluter M. nicht anders als geordnet handeln, nämlich nur in einer neuen, sich in der Ordnungsüberschreibung manifestierenden Ordnung. «Nec tunc potentia sua absoluta simpliciter excedit potentiam ordinatam, quia esset ordinata secundum aliam legem sicut secundum priorem; tamen excedit potentiam ordinatam praecise secundum priorem legem, contra quam vel praeter quam facti» (Dann aber überschreitet er nicht einfach aus seiner absolute M. seine geordnete M., weil sie geordnet ist gemäß einem anderen Gesetz als dem ersten; dennoch überschreitet er seine geordnete M. genau gemäß jenem ersten Gesetz, gegen das oder ungeachtet dessen er etwas tut) [31]. Eben das könne man am Beispiel eines Fürsten und seiner Untertanen im Verhältnis zum positiven Recht exemplifizieren. Nur durch solche Art souveränen Handelns aus absoluter M. wird eine andere Ordnung begründet, so daß die Selbstbindung an eine bestimmte Ordnung zwar kontingent ist, aber jedes Handeln aus absoluter M. kann selbst wiederum niemals ungeordnet sein, sondern gibt sich allenfalls eine neue Ordnung. Gerade durch die Vorstellung der Kontingenz der Kausalordnung der Welt mit ihren Geschehensdeterminationen wird ja der philosophische, aristotelische Begriff von All-M. auf einen Glaubensbegriff von der All-M. Gottes hin überschritten. Die absolute M. ist also diejenige, die die Kontingenz der jeweiligen Ordnung von M. zu denken ermöglicht; ihre Äußerungsformen sind in jedem Falle geordnete M., nur sind eben für Duns Scotus verschiedene Ordnungen der M. denkbar, und die bestehende ist für Gott nicht alternativenlos. Aufs Politische übertragen, verbirgt sich hinter dem Begriff der Kontingenz der Ordnungs-M. die Frage, wer im außergesetzlichen Notstand die M. hat. Es zeigt sich also, daß gerade derjenige Denker, der den potentia-Begriff zu schärfen und von Äquivokationen zu befreien suchte, eben genau dadurch neue Möglichkeiten politischer Metaphorisierungen schafft und andeutungsweise ausformuliert.

WILHELM VON OCKHAM wehrt sich am Ende dieser Tradition dagegen, daß man zu sagen versucht, ‹possibilitas› sei ein Vernunftbegriff, ‹potentia› ein Naturbegriff und ‹potestas› ein politisch-moralischer Begriff. Zwar gibt auch er zu, daß der Begriff der potestas selten außerhalb der politischen Sphäre gebraucht zu werden pflegt, doch selbst im politischen Bereich findet er nach Ockham seine eigentliche Begründung in einem transpolitischen Bereich, der von Gott allein abhängt. Alle politische M., sagt er, sei doch immer abhängig vom Gehorsam oder der Zustimmung derjenigen, über die sie ausgeübt werde. Eben in dieser realistischeren Einschätzung der M. unterscheidet sich Ockham von Duns Scotus. Fällt nämlich die Zustimmung der anderen Menschen fort, dann reduziert sich die M. eines Menschen auf den bloßen Resttatbestand dessen, was er von Natur aus vermag, d. h. auf Kraft und Gewalt. Denn von Natur aus vermag der Mensch über den Menschen eben nur so viel, wie die Differenz ihrer Körperkräfte ausmacht [32]. Ockham geht also wiederum von der Einheit des Begriffs der M. aus. Politische M. ist abhängig von denen, über die sie ausgeübt wird: «Omnis potestas, excepta Dei potentia, servitus est» [33]. Alle M. ist Dienst, d. h. geistliche M. ist nichts als Gottesdienst; weltliche M. ist Dienst am Menschen; reine M., die noch zugleich Dienst wäre, kommt allein dem Schöpfer selbst zu [34]. Sie ist die prima potentia, die als Überlegenheit über alle Widerstände und als allgenügsamer Handlungsursprung charakterisiert wird. Die Begründung für die Vorstellung einer M. als Dienst ist darin zu suchen, daß Ockham den M.-Begriff nicht mehr an die All-M.-Vorstellung koppelt und somit Ableitungen und Abstufungen in einer Hierarchie, beginnend bei Gottes M. bis hin zur Ohn-M. der Kreatur, für ihn nicht mehr naheliegen (bzw. die Geltung eines solchen Modells auf die geistliche M. beschränkt wird), sondern daß er in seiner M.-Theorie die spezifisch menschlichen und kreatürlichen Bedingungen der M. aufzudecken versucht. Diese Theorie bezieht sich vor allem auf den Menschen nach dem Sündenfall und nicht mehr pauschal auf die Schöpfungsordnung als homogene M.-Ordnung. Die Entstehung politischer M. wird, da das Ordinationsmodell nicht mehr zur Verfügung steht, als Homologie des Eigentums gedeutet. Das hat zur Konsequenz, daß Ockham auch von einer M. (offenbar des Volkes) spricht, sich Herrscher zu geben, die für die weltliche Rechtsprechung zuständig sind (potestas instituendi rectores habentes iurisdictionem temporalem), und daß er das Eigentum als angeeignete Dispositions-M. über weltliche Dinge interpretiert. Wie das Eigentum das Resultat der Ausübung einer ursprünglichen «potestas appropriandi res temporales» ist, so ist die politische M. das Resultat einer Institutionalisierung von Handlungs-M. bzw. einer natürlichen «potestas acquirendi dominium». Im Zustand der Unschuld hat der Mensch eine ursprüngliche Dispositions- und Gebrauchs-M. in bezug auf weltliche Dinge (potestas disponendi et utendi temporalibus rebus); diese naturrechtliche Formulierung ist inspiriert durch das Recht auf Eigentumserwerb an herrenlosem Gut, wie es das römische Recht vorsieht [35]. Nach Ockham wird dieses Recht in einer gemeinsamen Herrschaft der Menschen über die Natur ausgeübt. Postlapsal, unter Bedingungen konkurrierender Interessen, kommt eine Aneignungs-M. hinzu, die in bezug auf die Natur auch noch als gemeinsame Herrschaft der Menschheit über die Natur erscheint. In diesem Sinne wird übrigens auch noch die Familiengründung als Ausübung der Aneignungs-M. des Mannes auf Frauen und mit ihnen zusammen auf Nachkommen begriffen. Im Eigentum aber wird M. bei Ockham reflexiv: In der Dispositions- und Gebrauchs-M. über Eigentum bezieht sich M. auf im Eigentum angeeignete Dispositions- und Gebrauchs-M. über die natürlichen Dinge der Welt. Diese Doppelung, die eine «Kristallisation» einer Relation zu einer Institution (proprietas) ausmacht, begründet erst Herrschaft im eigentlichen Sinne. Und genau in Analogie zu diesem Modell deutet dann Ockham die politische M. im Staatswesen [36]. Da die Ockhamsche Theorie der weltlichen M. nicht deskriptiv und nicht abwertend gemeint ist, ist sie konstruiert zugleich als eine Rechtfertigung weltlicher M. unabhängig von Papst, Kurie usw. Sie will den nach göttlichem oder Naturrecht zugestandenen Spielraum der politischen M. ausleuchten. Politische M. muß begleitet sein von einer auch Reichtum und die Zustimmung von Bundesgenossen umfassenden Zwangsgewalt [37]; der Papst dagegen und seine aus göttlicher M. sich ableitende geistliche M. ist unmittelbar wirksam und bedarf weder Zwangsmittel noch normativer Absicherung. Daher – so sieht es Ockham – ist die Anweisung von Röm. 13 notwendig, aber daher ist sie auch begrenzt auf weltliche M.-Haber. Daß Christen sich als unter Gottes M. stehend auffassen, versteht sich für ihn so sehr von selbst, daß eine Norm, die eine Rechtfertigung geistlicher M. beinhaltete, widersinnig wäre [38]. Ockhams politische Philosophie schränkt scheinbar die M. des Papstes in bezug auf den Kaiser ein, sie beschränkt aber zugleich die M. des Kaisers in bezug auf seine Untertanen. Der Entzug der Zustimmung zu seiner M. hört auf, Widerstand gegen die gottgewollte Ordnung zu sein. Mit Ockham wird daher der Theorie der M. die Dimension des Politischen wiederum voll erschlossen.

Die mittelalterliche Konfrontation von Kaiser und Papst, von weltlicher und geistlicher M., vollzog sich zwischen zwei Lagern. Das eine wurde angeführt von AEGIDIUS ROMANUS mit seinem Traktat ‹De potestate ecclesiastica›, sie leitete alle M. der Welt aus Gottes Willen ab, und das hieß auch, alle zeitliche M. von päpstlicher M. Sie berief sich dabei vor allem auf Geist/Körper-Analogien: So wie dem Geist die M. über den Körper zukomme, so der Kirche legitime M. über den Staatskörper [39]. Das entgegengesetzte Lager nahm eine Parallelität kaiserlicher und päpstlicher M. unter der Formel auctoritas et potestas an. Ihr blieb Raum für die Erkenntnis der Zustimmungsbedürftigkeit der M.; das brauchte jedoch keinen Verzicht einer theologischen Begründung politischer M. zu bedeuten. In der Abwehr der theokratischen Elemente der anderen Seite im Streit der M.-Ansprüche von Kaiser und Papst ging MARSILIUS VON PADUA am weitesten in der Entwicklung von Ideen über staatliche M. Indem er die Trennung von geistlicher und weltlicher M. – wie seine Gegner auch – aufhob und – nun im Gegensatz zu seinen Gegnern – diese gedachte M.-Konzentration allein dem Kaiser zusprach, säkularisierte er die von Aegidius Romanus entwickelte Begriffsbildung einer «plenitudo potestatis». Seine Gründe sind mehrfacher Natur: 1. bemüht er die von Aristoteles hergeleiteten und durch die Erkenntnisse der Medizinerschule von Padua angereicherten Analogien des politischen Körpers. So wie es im beseelten Körper nur eine den Körper zentrierende Seele geben könne, so gibt es auch im politischen Körper nur einen «pars principans», dem allein die Handlungs-M. der Organisation des politischen Körpers zukommen könne [40]. Dieser pars principans ist für Marsilius das Gesetz, dessen Handlungs-M. die Rechtsautorität ist (Rechtsprechung, Rechtsetzung und Rechtsvollzug). So wie die Seele ihren bevorzugten Ort im Herzen hat, das dem Körper die Kraft und die Wärme verleiht, so gibt es im politischen Körper eine bevorzugte Inkarnation von Gesetz und Recht: den Kaiser. In der Säkularisation wird aus der plenitudo potestatis die Einheit der politischen M. 2. verwendet Marsilius in Anlehnung an Aristoteles einen Gesetzesbegriff, der charakterisiert ist als Einheit von Spruch und effektiver Zwangsgewalt (potentia oder potestas coactiva) [41]. Diese Zwangsgewalt kommt aufgrund der M. zunächst der Allgemeinheit zu, dann aber im besonderen ihrem stärkeren Teile [42]. 3. Die Grundlage staatlich verfaßter M. im Volk setzt Marsilius aber primär wegen der Vorstellung der Einheit der M. ein zur Stärkung der Argumente für eine Wahlmonarchie. 4. Hinter aller Zweideutigkeit von Einheit der M. und ihrer Begründung in dem vielfältigen Streben der Individuen steht die Eindeutigkeit, daß alle diese M. sich von Gott selbst herleiten. Gott also ist für Marsilius der Ursprung der politischen M. und der Grund, warum ihre wahre Organisationsform eine Einheitlichkeit ist, verkörpert in einer Konzentration im Gesetz und seiner Materialisation, dem Kaiser [43]. Daher vindiziert nun Marsilius, nachdem die Kirche zur weltlichen M. geworden ist und damit ihrer eigenen Lehre widersprechend ein Reich von dieser Welt begründet hat, dem Staat geistliche M. Weil alle M. von Gott ist, ist der Weg der Konstitution der politischen M. über den Willen der Allgemeinheit der Weg, auf dem Gott der politischen M. die Garantie seines Willens verleiht. Fürstliche M. ist begründet im Volkswillen und garantiert von Gott; denn in Vollstreckung des Gesetzes, das den Willen der Allgemeinheit ausmacht, ist der Fürst ein Diener Gottes auf Erden [44]. Er ist «lex animata in terris». Neben dieser säkularisierten plenitudo potestatis bleibt kein Platz für eine eigenständig begründete kirchliche M., abgeleitet aus geistlicher M. Denn wenn politische M. so sehr als Inkarnation des Gesetzes, verbunden mit der Zwangsgewalt seiner Durchsetzung in Absicht der Friedensgarantie, als Einheitlichkeit gedacht wird, ist evident, daß es neben dieser M. keine zweite ihr vergleichbare M. geben darf. Den Priestern kommt nach Marsilius lediglich eine therapeutische M. des Wortes zu, wie auch Christus primär als Arzt und nicht als Richter auf dieser Welt erschienen ist [45]. Es ist an Christi Leben und Lehre ablesbar, daß der Dienst und die totale Unterordnung unter weltliche Gewalt einem Gläubigen ziemt. Nach Marsilius hätte Christus aber die M. gehabt, für sich und seine Nachfolge die Fülle der weltlichen M. zu beanspruchen, ja über die politische M. hinausgehend, die M. über Himmel, Erde und selbst die Engel. Daß er es nicht getan hat, zeigt seinen in dieser Hinsicht bestimmten Willen [46]. Wenn man wie Marsilius den Begriff der politischen M. so eng mit dem der legitimen Zwangsgewalt verbindet, dann ist in der Tat bereits die Begriffsbildung ‹geistliche M.› ein Widerspruch in sich. Der Anspruch der «plenitudo potestatis» ist daher die Erscheinung des Teufels selbst, und der Papst – so muß Marsilius folgern – ist der Antichrist selbst. Der Irrtum liegt aber bereits in der begrifflichen Trennung der geistlichen und der weltlichen M. Die Aufgabe der Verteidigung des Friedens erfordert, daß es nur eine einzige Struktur der M. gebe, die alles in der gleichen Weise durchzieht und die den Kreislauf der Dreiheit Gott, Volk, Kaiser durchläuft. Jede Intervention in diese harmonische Totalität der M. durch einen andersgearteten M.-Anspruch stellt den Frieden und den Heilsauftrag an die M. in Frage und ist daher eine Intervention in Gottes M.-Welt. Die doppelte Absicherung der politischen M. des Fürsten im Staat durch das Volk von unten und die Dienerschaft Gottes von oben sowie die enge Anbindung der M.-Vorstellung an Recht und Gewalt läßt die politische Theorie der M. des Marsilius, auch wenn sie in der Konfrontation nur Säkularisat einer reziproken klerikalen Position ist, als Präfiguration entsprechender Gedanken der Neuzeit erscheinen. In der Kontroverse zwischen Kaiser und Papst hat sich folglich die ursprüngliche metaphysisch-politische Frage, woher die M. kommt, was ihre Entstehungs- und Ausbreitungsmechanismen sind, transformiert und aufgespalten in das Problem der *Legitimation* von M. und das Problem der *Technologie* der faktischen konkurrierenden M.-Ansprüche zweier Institutionen.

Juristische Begrifflichkeit und rechtlich inspirierte Metaphorik verwendet immer wieder der juristisch vorgebildete *Reformator* CALVIN zur Charakterisierung der «Majestät» Gottes. Zur Bezeichnung der All-M.-Vorstellung verwendet er etwa die Metapher, die in der Rechtssprache terminologisch war, nämlich der «summa imperii potestas» [47]. In seinen französischen Schriften tritt in diese terminologische und metaphorische Verwendung der Begriff der Souveränität (Gottes) ein. «... Dieu qui a l'empire souverain du monde ...» [48], «... une puissance souveraine pardessus, laquelle domine ...» [49]. Souveränität ist nach Calvin der Inbegriff höchster M. und höchsten Rechts zugleich. Während aber weltliche politische M. durch Gewalt, Wahl oder Erbfolge erworben wird, beruht die M. göttlicher Souveränität in Analogie zum scholastischen Zusammenhang von essentia und potentia auf seinem eigentlichen Wesen [50]. Diese Theorie der M., die selbst noch als Theorie göttlicher All-M. im Griff juristischer Denkweisen sich befindet, kennt entsprechend die Verbrechen der Auflehnung gegen die höchste M., d.h. die Kriminalisierung nicht-delegierter M. Entsprechend kennt sie freilich auch die Kriminalisierung der Rebellion gegen legitime weltliche Souveränität, die nicht in Konkurrenz zu Gottes absoluter Über-M. auftritt. Rebellen seien Feinde Gottes, der Natur und der Menschheit und verabscheuungswürdige Unwesen [51]. In einem vergleichbaren Zustand der Rebellion und des Aufstandes gegen die legitime M. Gottes befindet sich immer der sündige Mensch (crimen laesae maiestatis), sein Trotz muß niedergeworfen und in die Ordnung zurückgezwungen werden, ja die effektive Zwangsgewalt Gottes gegen das Volk ist der Mechanismus, dem sich seine M. überhaupt verdankt: «Certum est igitur quum unusquispiam inter multos excellit potentia, hoc fieri arcano Dei consilio, qui cogit in ordinem totum vulgus ...» [52] In Calvins Theologie gebärdet sich Gott wie ein absolutistischer Monarch, der der Bestätigung seiner M. durch Demütigung potentieller konkurrierender M.-Ansprüche permanent bedarf. Bestätigt wird das durch Calvins These, daß Gott «legibus solutus» sei [53].

Die *spanische Spätscholastik* ist durch das Bemühen gekennzeichnet, die Theorie der M. innerhalb einer auf das Gemeinwohl bezogen gedachten Theorie des *Rechts* abzuhandeln. «*Leges inmediate intendunt et referuntur ad bonum publicum eius communitatis et reipublicae cui praeest potestas quae legem condidit*» (Die Gesetze zielen und beziehen sich unmittelbar auf das Gemeinwohl der Gemeinschaft und des Staates, dem die M. voransteht, die das Gesetz begründete) [54]. In einer solchen Konzeption wird also auch weltliche M. als potestas ordinata interpretiert, ohne freilich von kirchlicher M. abgeleitet zu sein: «Potestatem autem civilem Deus per legem naturalem ... ordinavit» (Die weltliche M. aber hat Gott durch das Naturrecht geordnet) [55]. DOMINGO DE SOTO begründet das mit dem von Gott der Schöpfung eingegebenen Selbsterhaltungsstreben. Selbsterhaltung zwingt den Menschen zum Zusammenleben; Zusammenleben aber erfordert die Institutionalisierung von Herrschaftsfunktionen. Über das Naturrecht habe also Gott indirekt eine Ordnung von M.-Konzentrationen gewollt. SUÁREZ verwendet einen M.-Begriff, der zunächst an den Vorstellungen von potentia activa und All-M. Gottes orientiert ist [56]. Solch ein Möglichkeitsbegriff von M. gibt die Grundlage ab, jedem Handeln M. als notwendiges Handlungsprinzip zuzuordnen. Wenn bei der Begegnung zweier generell handlungsfähiger Wesen das eine dem anderen gegenüber sich als über das Prinzip des Handelns verfügend bewährt, dann ist eben dieses Verhältnis der Überlegenheit des Handelnkönnens seine relative M. Überlegenheit und M. begründen ein soziales Verhältnis, aus dem heraus sich erst Gebote und Gesetze ableiten lassen; denn unter (M.-)Gleichen sind wohl Versprechen möglich, Gesetze aber setzen M.-Differenzierungen voraus, die es zulassen, daß der eine Gebote erläßt und der andere gehorcht [57]. Rechtsbegründung dieser Art versteht sich noch als eine Vernunftbegründung aus der Natur der Gesellschaft und verwendet gerne die Seele-Körper-Analogien der politischen M., die sich am 4. Buch der ‹Politik› des Aristoteles orientieren. LUCAS DE PENNA z.B. führte diese Analogie aus, indem er nicht nur den Fürsten als die Seele des Staatskörpers beschrieb, sondern darüber hinaus spezifizierte, daß sich die M.-Wirkungen der Fürsten auf die Seelen (und nicht direkt auf die Körper) der Untertanen bezögen [58]. Auf diese Weise werden freilich die Seelen der Untertanen und der Körper des Königs in der M.-Hierarchie zu Parallelphänomenen.

Bemühte sich Calvin einerseits und die Spätscholastik andererseits um eine Rechtsbegründung und Legitimation von M., so versucht MACHIAVELLI umgekehrt die M. von ihren Wirkungen her zu begreifen, weil M. im Gegensatz zu Autorität, die der Anerkennung bedarf, in unmittelbarer Evidenz gespürt wird. Machiavelli verzichtet konsequent auf eine transzendente «Begründung» der M. und konzentriert seine Aufmerksamkeit auf ihre Wirklichkeit. Innerhalb dieser Perspektive wird die Zustimmungsbedürftigkeit von M. ihres philosophisch-metaphysischen Charakters entkleidet, zu einer praktisch-letzten Tatsache im Umgang mit M. Jenseits der Beschreibung und Technologie der M. gibt es bei Machiavelli keine ablösbare, fundierende Theorie der M. mehr; M. oder Gesetz ist für Machiavelli daher keine Grundsatzfrage, sondern wird kasuistisch entscheidbar; in einem verdorbenen Staatswesen, in dem die Gesetze keine Autorität genießen, empfiehlt sich immerhin eine «podestà quasi regia» [59]. Dem gleichen politischen Interesse wie Machiavelli, nämlich einer Stärkung der Position des Regenten, diente auf dem entgegengesetzten Wege, also nicht durch Herrschaftswissen, sondern durch Legitimitätsbeschaffung, die Souveränitätstheorie BODINS. In seiner Konzeption kehrt die politische Theorie, die bei Calvin zur Charakterisierung göttlicher M. herhalten mußte, säkularisiert in sich zurück und versucht eine akzeptierbare Begründung absoluter politischer M. M. bildet bei ihm ein notwendiges Kriterium, um von einem Staat sprechen zu können. Als Definition von M. ist vorausgesetzt die Befehlsgewalt: «Le mot de puissance, est propre à tous ceux qui ont pouvoir de commander à autruy» [60]. Die Souveränität in einem Staat wird dann bestimmt als absolute und beständige M., wobei absolut heißt, daß sie durch vorhergehende Gesetze nicht gebunden ist. Aber nicht dem Zustandekommen und dem Erhalt solcher M. gilt Bodins Aufmerksamkeit, sondern den Begründungen dafür, daß es eine solche, den Gesetzen nicht unterworfene, zeitlich nicht limitierte und personell nicht eingeschränkte M. in einem Staate geben solle. «République est un droit gouvernement de plusieurs mesnages et de ce qui leur est commun, avec puissance souveraine» [61]. In vielem inhaltlich der Spätscholastik entgegengesetzt, ordnet Bodin jedoch in gleicher Weise wie sie die Theorie der M., die der mittelalterlichen ontologischen und handlungstheoretischen Begrifflichkeit zufolge stets persönliche M. war, einer Theorie des Staates und der Staatsgewalt unter [62].

Daß Gott nicht tun könne, was seiner göttlichen Natur zuwiderläuft, dieses scholastische Theorem verwendet Althusius auch die potestas suiipsius, die Selbstmächtigstellungen, um den Begriff einer absoluten M. (absoluta potestas, seu plenitudo potestatis) als politische und rechtliche Unmöglichkeit herauszustellen [63]. Alle M. ist tatsächlich relativ, und nur der Anspruch auf relative M. ist überhaupt zu rechtfertigen. Alle M. ist aber eben deswegen nur relative M., weil Gott allein der wahrhaft und absolut Mächtige ist; alle M. unter Menschen wurde von ihm verliehen, um den Schwächeren zu nützen. Neben dieser auf einen anderen Menschen bezogenen M. kennt Althusius auch die potestas suiipsius, die Selbstmächtigkeit, die den Menschen befähigt, zu tun und zu lassen, was er will. Diese M. ist in sozialen Zusammenhängen, die der Natur des Menschen gemäß sind, immer nur eingeschränkt durch eine potestas aliena. Die Inhaber dieser potestas aliena verdanken sie jedoch schließlich immer einer M.-Übertragung aus der grundlegenden potestas suiipsius seu libertas [64].

Mit dem Aufkommen des neuen wissenschaftlichen Geistes erhält die These, daß Wissen M. sei, ein neues Gewicht. So stellt Fr. Bacon fest: «The roads to human power and to human knowledge lie close together, and are nearly the same». M. gibt den Körpern neue Eigenschaften, Erkenntnis untersucht die Ursachen aller Eigenschaften der Körper. Daher ist klar, daß «human knowledge and human power meet in one» [65]. Wenn einem die Ursachen in bestimmten Zusammenhängen bekannt sind, dann kann man sich die Wirkungen erfolgversprechend als Zwecke setzen. Die Verfügungs-M. qua Wissen über die Natur hat aber zugleich die Gestalt einer M. über die Natur des Menschen, d. h. in Bacons optimistischer Interpretation die Gestalt einer zunehmenden Selbstbeherrschung der Menschheit. Diese Beherrschung der Natur des Menschen ist zugleich Schlüsselphänomen politischer M.

Auch Hobbes lehrt, daß Ursache und Wirkung dasselbe seien wie M. und Handlung, nur unter verschiedenem Aspekt gesehen. Spricht man nämlich von der Ursache, dann meint man, daß die Wirkung schon vorliegt; ist dagegen die Wirkung noch zukünftig, dann spricht man von M., ja der Begriff von Zukunft wird als nichts anderes gedacht als die M., etwas zu bewirken. Von der überlieferten Sortierung aktiver und passiver Potenz hebt sich Hobbes Lehre dadurch ab, daß er sie zu Teilen einer Ganzheit der M. oder Ursächlichkeit erklärt, die im Moment des Handlungsvollzugs vereinigt vorliegen müssen. Der undifferenzierte Begriff der Ganzheit der M. ist identisch mit dem Begriff der Möglichkeit. Im Raum des Möglichen ist M. konstituiert als Differenzierung der Chancen der Verwirklichung des Möglichen. Was grundsätzlich jedem möglich ist, ist nicht allen zugleich möglich. Das begründet ontologisch den Konflikt um begrenzte Ressourcen, die auch begrenzte Ressourcen an M. sind, und für Hobbes ist der Kampf um die begrenzten Ressourcen an M. die Grundfigur der Politik. Alle aktive M. soll als eine Bewegungssorte verstanden werden, so daß Hobbes letztlich auch gegen die Tradition formulieren kann: «Power ... is, indeed, an act, namely motion, which is therefore called power, because another act shall be produced by it afterwards» [66]. Die Struktur einer allgemeinen Theorie der M. ist ein Kausalitätsverhältnis, das als Zweck-Mittel-Relation in Handlungsorientierungen eingeht; diese Struktur bleibt auch in politischen Anwendungen der Theorie der M. erhalten: «The power of a man, to take it universally, is his present means; to obtain some future apparent good» [67]. Durch Reflexiv-Werden des M.-Begriffs wird es möglich, daß Hobbes die Ausbreitung von M. mit der eines Gerüchts oder der Geschwindigkeit eines frei fallenden Körpers vergleichen kann: «For the nature of power, is in this point, like fame, increasing as it proceeds; or like the motion of heavy bodies, which the further they go, make still the more haste» [68]. Der Begriff der summa potestas wird auf diese Weise zum Grenzbegriff analog dem der schnellsten möglichen Bewegung. Mit Althusius, wenngleich aus anderen Gründen, vertritt Hobbes die These von der Unteilbarkeit der M.; eine geteilte M. zerstört sich in der destruktiven Konfrontation ihrer Teile; «for powers divided mutually destroy each other» [69]. Die Unwiderstehlichkeit einer M. wäre für Hobbes ausreichender Herrschaftsgrund; denn auch das Naturrecht leitet sich nicht aus einer Dankbarkeit gegenüber dem Schöpfungsakt Gottes her, sondern aus seiner unwiderstehlichen M.: «*Power irresistible justifies all actions ... less power does not, and because such power is in God only, he must needs be just in all actions*» [70]. Gäbe es demnach, so folgert Hobbes, einen Menschen von unwiderstehlicher Kraft, so käme ihm die legitime Herrschaft über alle übrigen zu. Seine Kraft würde seine M., und seine M. sein Recht begründen. Aus der ockhamistischen These ursprünglicher Aneignungs-M. des Menschen gegenüber der Natur und aus der These der Natürlichkeit von herrschaftsbegründenden M.-Unterschieden, die gleichwohl niemals das Maß unwiderstehlicher Kraft annehmen, ergibt sich für Hobbes die Vorstellung eines naturrechtlich begründeten Herrschaftsanspruchs eines jeden auf alle anderen; dieser Anspruch ist eine natürliche Gegebenheit: «so that in the first place, I put for a general inclination of all mankind, a perpetual and restless desire of Power, after Power, that ceaseth only in death» [71]. «In statu hominum naturali *potentiam certam et irresistibilem jus conferre regendi imperandique in eos, qui resistere non possunt*» (Im Naturzustand des Menschen verleiht die sichere und unwiderstehliche M. ein Recht zu herrschen und denen zu befehlen, die keinen Widerstand leisten können) [72]. Nur durch M.-Konzentrationen kann also dem aus den konfligierenden M.-Ansprüchen folgenden Krieg aller gegen alle entgegengewirkt werden, weil die als geltend anerkannte M. die einzige Einspruchsinstanz gegen vermeintliches Recht sein kann. Hobbes' Begriff der M. befreit die Theoriebildung von denjenigen Beschränkungen, die einer Erkenntnis der Phänomene durch den Rahmen einer Rechtstheorie der M. gesetzt sind. Jedoch führt seine Theorie der M. in neue eigentümliche Beschränkungen hinein, vor allem durch die strenge Adaptation des Kausalitätsbegriffs als des Zusammenhangs von M. und Handlung sowie durch die Deutung der M. am Leitfaden des Bewegungsbegriffs, der das mechanistisch reduzierte Bewegungsmodell der Bewegung als Ortsveränderung verwendet. (Die in der Forschung [73] hervorgehobenen fünf Begriffsnuancen von M. bei Hobbes finden sich bereits in der Geschichte des M.-Begriffs seit dem Aristotelismus und bilden keine spezifisch Hobbesschen Inkompatibilitäten.)

In Hobbes' Begründung der M. durch unwiderstehliche Kraft schon angelegt, wird bei SPINOZA die seit Aristoteles immer wieder bemühte Analogie politischer M. zur M. der Seele über den Körper vollends fragwürdig. Die Erfahrung scheint ihm zu lehren, daß viele Teile des Körpers, z. B. die Triebe, sich der bestimmenden M. des Geistes entziehen. Dann aber ist die Formel von der M. des Geistes nichts anderes als eine Formel der Unwissenheit über den Körper. Für Spinoza stellt sich also zentral die Frage nach der M. des Körpers und ihrer genuinen Reichweite, die identisch ist mit der Reichweite seines natürlichen Rechts. Ein Körper geht handelnd oder leidend stets so weit er kann; diese M. zu untersuchen, ist die Aufgabe der Ethik, das Naturgesetz expliziert nur die Normen, denen die M. faktisch folgt. Wie bei Hobbes kommt es daher bei Spinoza zu einer Einheit von Recht, M. und dem Begriff der Effizienz von Handlungssequenzen. Die Vollkommenheit der Dinge ist allein nach ihrer Natur und ihrer M. zu schätzen, dasjenige, das aber nicht in der M. von etwas steht, das widerfährt ihm als sein Schicksal, d. h. als eigene Ohn-M. oder Knechtschaft [74]. Dagegen geht Spinoza von der Universalität der Natur und ihrer Gesetze aus und von der Identität natürlicher M. in allen ihren Teilen. Der Mensch aber ist nur ein Teil der Natur und konstituiert daher einen Teil der M. der Natur [75]. So wie Wille und Bewegung auf verschiedenen ontologischen Ebenen liegen, ebenso sind auch die M. des Geistes und die M. des Körpers so verschieden, daß sie nicht als durch einander determiniert vorgestellt werden dürfen [76]. Die M. des Geistes ist nichts anderes als das Erkenntnisvermögen, körperliche M. aber ist Handlungs-M. Handeln folgt aus dem zeitlich unbegrenzten Bestreben nach Selbsterhaltung, was nichts anderes ist als das wirkliche Wesen, so daß M. zu handeln und das wirkliche Wesen in Spinozas Theorie der M. zusammenfallen [77]. Das Prinzip der Selbsterhaltung ist ein natürliches, d. h. auch göttliches Prinzip. Gäbe es nur diese dem Menschen immanente Natur, so gäbe es nur die unbegrenzte Kraft der Selbsterhaltung, d. h. die unbegrenzte Entfaltung der M., die zugleich M. der Natur und M. Gottes wäre. Zu jedem Teil der Natur aber gibt es ein anderes Teil, das mächtiger ist als es selbst. Daraus wiederum folgt, daß die M. eines jeden begrenzt ist durch die äußeren Mächte, die sie an ihrer unendlichen Entfaltung hindern. In der Begrenztheit der M. des Menschen begrenzt die Natur oder Gott sich selbst in seinen Teilen [78]. Die Erfahrung solcher Begrenztheit oder solcher teilweiser Über-M. ist das Leiden, welches aus der M. eines Wesens allein nicht begriffen werden kann, sondern nur daraus, daß es nicht allmächtig ist, d. h. letztlich nicht die Totalität der Natur, d. h. nicht Gott ist. Zu dieser Erfahrung relativer äußerer Über-M. tragen die Affekte bei, die allein aus der mächtigen Natur des Menschen nicht begriffen werden können. Die Erhöhung der M. wird aber bewirkt dadurch, daß sich Wesen, die in ihrer Natur übereinstimmen, sich zu einer gemeinsamen Tätigkeit verbinden, d. h. Spinoza denkt sich durch Verbindung eine M.-Akkumulation in einem jeden Teil eines Aggregats [79]. Die Begehrungen aus der M. oder der Vernunft des Menschen sind immer gut; die Begehrungen aber, die nur teilweise seiner eigenen Natur und M. entspringen, können gut oder böse sein; schlecht überhaupt aber ist das, was die Handlungs-M. des Menschen verringert und ihm Unlust verschafft; da die Lust in einem Zuwachs körperlicher oder geistiger M. besteht, geistige M. aber als solche gut genannt wird, kommt Spinoza zu einer Anerkennung der Lust als etwas Gutem [80]. Würden die Menschen, so stellt sich Spinoza vor, allein ihrer Natur und Vernunft folgen, dann könnte jeder seine M. gemeinsam mit der M. der anderen entfalten und steigern, ohne daß die Menschen sich gegenseitig schaden würden; da dieses jedoch nicht der Fall ist, muß die Gesellschaft bezüglich der Lebensweise der Menschen Gesetze erlassen und durch Drohung, die allein auf die vernunftfremden Bereiche einwirken kann, ihnen Durchsetzung verschaffen [81]. Also hat der Staat wie bei Hobbes als künstliches Individuum seine eigene M. der Selbsterhaltung. Das natürliche Recht aber erstreckt sich genau so weit wie die M.: «... jus naturae eo usque se extendere, quo usque ejus potentia se extendit». Die Konsequenz dieses Ansatzes spricht Spinoza klar aus, nämlich daß das Naturrecht sich nicht nach der Vernunft bestimmt, sondern nach der M. und dem Begehren: «Jus itaque naturale uniuscujusque hominis non sana ratione, sed cupiditate et potentia determinatur» [82]. Das Recht der Natur erstreckt sich genau so weit wie die M., und die Vernunft, die ihm mäßigend entgegentritt, ist ein spätes Produkt, das zunächst fremd wie die Forderung eines Katzenlebens nach Löwennatur erscheint. Wenn die Menschen zum Zweck des Angstabbaus gesellschaftliche Verbindungen eingehen, dann übertragen sie ihre individuelle M. samt dem darauf gegründeten Recht auf den Willen einer Gesamtheit bzw. auf den Mächtigsten in ihr, d. h. den Inhaber der Gewalt. Erst bei Spinoza ist also der Begriff der M. zum Zentralbegriff der praktischen Philosophie und des Naturrechts überhaupt avanciert. Anders als noch bei Hobbes wird der Körper nicht mehr mechanistisch aufgefaßt, sondern er wird begriffen als Organisationszentrum eines Begehrens, das nicht äußerlich durch Pflicht, sondern innerlich durch die natürlichen Grenzen einer Logik der M. begrenzt ist.

Der Zurechnung der M. zur Sphäre des Körpers, wie sie bei Hobbes und Spinoza vertreten wird, stimmt PASCAL grundsätzlich zu, nur bildet für ihn gerade dieses den Anlaß, dieser «ordre du corps» eine «ordre du cœur» entgegenzusetzen, in der sich der Selbstverfallenheit entgegengesetzt ein Hang zum Allgemeinen äußert. Auch PUFENDORF folgt der Bestimmung des Rechts bei Hobbes und Spinoza im Prinzip; doch führt er korrigierend die soziale Bedingtheit des Rechts ein. Das gerade macht für ihn den Unterschied von M. und Recht aus. M. ist «das aktive moralische Vermögen einer Person, durch das sie legitimerweise und mit moralischer Wirkung eine Willenshandlung hervorbringen kann» [83]. Solche M. ist bündnisfähig und verstärkt sich in der «Vereinigung». Der Rechtsbegriff dagegen steht für Pufendorf unter dem Begriff der Vernunft, und ein ursprüngliches Recht, das sich so weit wie die M. der Natur erstrecken würde, akzeptiert Pufendorf nicht. Vielmehr entsteht Recht erst durch andere Menschen, sei es im Verfahren des Konsenses oder im Verfahren der Überordnung. ‹M.› jedoch ist der Begriff für die bloße Handlungsmöglichkeit, unabhängig von einer Modifikation dieser Möglichkeit durch einen sozialen Zusammenhang [84]. Die menschliche Handlungs-M. unterscheidet Pufendorf in natürliche und in moralische M.; während die natürliche M. durch den Gebrauch der natürlichen Kräfte zur Hervorbringung von Handlungen definiert ist (einschließlich derjenigen, positive Gesetze, die verbieten oder gebieten, zu erlassen), ist moralische M. verstanden als dasjenige, wodurch ein Mensch eine Willenshandlung *legitimerweise* und mit einer moralischen Wirkung hervorbringen kann, d.h. so, daß seine Handlung den Gesetzen konform ist und in anderen Menschen moralische Wirkungen erzeugen kann: «Potestas est potentia moralis activa, qua persona aliqua legitime et cum effectu morali potest edere actionem voluntariam» [85].

Als erster versuchte LOCKE konsequent die aristotelischen Analogien der M. aufzubrechen und für jede einzelne Sorte eine Bestimmung zu treffen, die sich natürlich nicht auszuschließen brauchten, aber deren Identität auch nicht begrifflich vorausgesetzt wurde. Auf diese Weise jedoch verlor sich der Unterschied zwischen politischer M. und Staatsgewalt, d.h. zwischen M. und Gewalt im staatlichen Verband: Politische M. wurde einfach nur noch definiert als Recht auf Gewalt, insbesondere auf die Todesstrafe. Abgeleitet aus einem vorausgesetzten Recht, letztlich dem Naturrecht, und inhaltlich bestimmt als Gewalt kappt dieser M.-Begriff die historischen Verbindungen zu dem metaphysisch-erkenntnistheoretischen M.-Begriff, den auch noch Locke selbst in seinem ‹Essay› verwendet [86]. Wie Freiheit ist M. für Locke ein Relationsbegriff, so daß eine «Freiheit des Willens» ein unsinnig gebildeter Begriff ist. Freiheit ist für diesen Vorläufer des Liberalismus nichts anderes als Handlungs-M. Die Vorstellung aber einer potestas volendi scheidet für Locke aus, denn Relationsbegriffe wie M. sind nicht selbst auf Relationsbegriffe anwendbar, sondern was M. hat, ist immer eine Substanz [87]. – Lockes Kontrahent LEIBNIZ bestimmt M. als Möglichkeit der Veränderung oder der Bewegung: «La puissance est la possibilité du changement ...» [88]. Der Begriff der M. als Möglichkeit der Veränderung wird aber angewandt auf das zu Verändernde und das Veränderte, die beide die Möglichkeit des Wandels umfassen müssen, und das wiederum wird zur Grundlage für die traditionelle Unterscheidung von passiver und aktiver Potenz. – Hobbes' allgemeiner Freiheitsdefinition, nämlich als ungehinderte M.-Ausübung, der auch Locke folgt, kann sich Leibniz nicht anschließen [89]. Sie gilt ihm als bloß faktische Freiheit, während er über die Faktizität der M. hinausblickt auf die Rechtfertigungsgründe und damit einen Traditionsstrang aufnimmt, der von der spanischen Spätscholastik herzukommen scheint. Das öffnet ihm den Blick auf einen Begriff moralischer Freiheit und die Unterscheidungsmöglichkeit von M. und Recht. In der Dichotomie von M. und Recht, die noch bei Hobbes als Fundierungsverhältnis gedacht ist, wird bei Leibniz M. zum bloß notwendigen instrumentellen Faktor bei der Verwirklichung des Rechtes als Gesetz. Ein aus M., die nicht weise und guten Willens wäre, fließendes Gesetz aber kann nicht als Recht gelten, sondern als Verwirklichung des Bösen. Die M. an sich aber – so verkündet der aufklärerische Optimismus – ist gut; denn alles andere gleichgesetzt, ist es besser, M. zu haben, als sie nicht zu haben [90]. Es kommt also in der Einrichtung eines Staates für Leibniz letztlich alles auf das richtige Verhältnis von M. und Geist an: «Welchen aber Gott zugleich verstand und macht in hohen Grad gegeben, dieß sind die Helden, so Gott zur Ausführung seines Willens als principaleste instrumenta geschaffen ...» [91]. Aktive M. ist auf der Welt nur in solchen Dingen anzutreffen, die eine gewisse Analogie mit dem Geiste haben, d.h. in denen es eine Entelechie gibt; die bloße Materie zeigt nichts als passive Potenz.

HUMES Kritik an Lockes M.-Begriff ist radikaler. M., Kraft und Energie hält er für äußerst verworrene Begriffe. Die Gewinnung des Begriffs der M. aus der äußeren Erfahrung hält er für ausgeschlossen; hält man jedoch die Bewegung des Körpers durch die Seele für eine selbstevidente innere Erfahrung, d.h. setzt man mit dem Begriff der M. den des Bewußtseins voraus, dann muß man etwas Bestimmtes über die immer geheimnisvolle Verbindung von Körper und Seele voraussetzen. Dagegen behauptet Hume: Alle M. ist bezogen auf einen Effekt; wenn man also über den Effekt nichts weiß, so kann man auch eine M. nicht voraussetzen, konkret gefragt: Hat unsere Seele die M., unsere Gliedmaßen zu bewegen oder etwa nur die Muskeln und Nerven in ihnen? Das Modell, dem diese Zweifel gehorchen, wird auch von Hume auf die soziale Dimension übertragen, in der Herrschaft als M. über die Handlungen eines anderen definiert wird. Gemäß der klassischen Lehre, daß das Zusammenkommen von M. (Möglichkeit) und Willen die Handlung generiert, muß zur M. lediglich der politische Wille hinzutreten, um die politische Tätigkeit zu erzeugen [92]. Die Trennung von M. und M.-Ausübung aber wird sinnlos, weil nicht ausgeübte M. eben keine M. ist. Sie reduziert sich also auf die habituelle «Einsicht in die Möglichkeit oder Wahrscheinlichkeit einer Handlung» [93].

Entgegen landläufigen Interpretationen insbesondere liberalistischer Provenienz stellen MONTESQUIEUS Überlegungen zur Teilung der Gewalten («distribution des pouvoirs», nicht «séparation des pouvoirs» [94]) keine Theorie der Aufteilung der M. im Staate dar. Es ist sogar umgekehrt eines seiner Hauptanliegen zu zeigen, wie die Einheit der M. im Staate möglich ist [95], wenn man das patriarchalische Modell der Staatsorganisation ablehnt. Die Legitimation politischer M. versagt sich nun dem Rückgriff auf die Analogie zur Familie: «Mais l'exemple du pouvoir paternel ne prouve rien ... La puissance politique comprend nécessairement l'union de plusieurs familles» [96]. Zum Kriterium eines guten Staates macht Montesquieu, daß in ihm die Ziele der Einzelnen mit den Zielen des Volkes konvergieren; daher muß er wie Locke den Willen als Ort der Konstitution der M. begreifen. Im Modell des Gesellschaftsvertrages wird die Willensvereinigung der vielen zur Einheit der M. als vollzogen gedacht, gemäß der Vernunft, die, in allen dieselbe, das Naturrecht als Orientierungspunkt des Willens setzt. Daraus folgt nun, daß vorrangig die Konstitution der Einheit der M. im Staat bedenkenswert ist, die die Partikularität der Handlungsziele der Einzelnen und ihre M.-Ausübung transzendiert. Gemäß der Lehre Montesquieus kann diese Aufgabe optimal dadurch gelöst werden, daß ein Gleichgewicht der politischen Gewalten erzeugt wird, weil die Gewalten als bloße Funktionen, die als solche nicht partikularisierbar seien, aufgefaßt werden. Durch den Mechanismus der Gewalteinteilung auf der Grundlage der Einheit der M. sollen also bei Montesquieu gerade ein Auseinanderfallen der politischen M. im Staat in partikulare M. und die Setzung bloß partikularer M. anstelle legitimierbarer politischer M. verhindert werden. Dem gleichen Ziel der politischen Mäßigung dient auch seine Konzeption der «pouvoirs intermédiaires» (Zwischengewalten), die Kanäle darstellen, durch die der Wille eines Einzelnen in der Monarchie gefiltert und von seiner spontanen Zufälligkeit gereinigt wird [97]. – Auch VOLTAIRE, der einen Konflikt mit historischer Tradition in den europäischen Staaten zwischen königlicher M. und der Freiheit erblickt, bietet dennoch die stärksten Gründe für die Einheit der M. im Staate auf. Sein Gegner ist in dieser Hinsicht vor allem der kirchliche Anspruch auf eine «puissance spirituelle» neben der «puissance temporelle» [98]. Denn unter politischer M. versteht er die Fähigkeit, Gesetze zu erlassen und durchzusetzen; daher darf es keine zwei M.-Zentren in einem Staate geben, ebensowenig wie es im Hause zwei Hausherren geben dürfe. Voltaires Idee ist die Mäßigung der M. durch die Vernunft [99] und ihre rechtliche Selbstbeschränkung, die es verhindern soll, daß die Interessen des Staates und die des M.-Habers auseinandertreten können. In der Ablösung paternalistischer und patriarchalischer Modelle der Staatsorganisation trat die Metaphorik des politischen Körpers besonders hervor. Sie gestattete, auch dem M.-Begriff eine neue, verstärkt organologische Interpretation zu geben. In diesem Sinne ist dann M. das, was ein handlungsfähiger politischer Körper in bezug auf andere Körper hat. – So begründete z. B. ROUSSEAU die Rede vom politischen Körper, der mit Rücksicht auf seine Passivität ⟨Staat⟩, mit Rücksicht auf sein Handeln ⟨Souverän⟩ und im Vergleich mit seinesgleichen ⟨M.⟩ genannt zu werden verdiene [100]. Wenn man beim Individuum zwei Handlungsquellen unterscheiden kann, nämlich die moralische des Willens und die natürliche der M. in der Ausführung, dann muß man beim politischen Körper entsprechend unterscheiden können zwischen «puissance législative» und «puissance exécutive»; nur durch ihr Zusammenspiel aber sei politisches Handeln überhaupt möglich [101]. Beides interpretiert Rousseau, noch enger analogisierend, als Herz und Hirn [102].

Als universales Prinzip, das eine jede realistische Theorie der Regierungsformen als Gegebenheit berücksichtigen müßte, sah HELVÉTIUS, den Spuren von Hobbes folgend und Montesquieu korrigierend, die Liebe zur M. an: «Ce principe est l'amour du pouvoir, par conséquent l'intérêt personnel ...»; das persönliche Interesse differenziere sich dann und präge sich in verschiedenen Regierungsformen verschieden aus [103]. Vorrangiges Forschungsinteresse der politischen Philosophie hätten also die Differenzierungsmechanismen des M.-Erwerbs und der M.-Verteilung zu sein. Die M.-Liebe selbst gilt Helvétius als indisputable anthropologische Vorgegebenheit, die nur noch in der Theoriebildung und in den Institutionen durchgesetzt werden müsse: In der tatsächlichen praktischen Orientierung der Menschen hat sie die Anerkennung als Prinzip immer schon gefunden. Mittels der natürlichen Liebe zur M. sucht sich der Mensch Lust zu verschaffen und Unlust zu vermeiden [104]. Nur mit Liebe zur M. ist für ihn diejenige insgeheime Bewunderung erklärlich, die Eroberern und Despoten, die doch eine ganze Nation schädigen, entgegengebracht wird, während Diebe, die doch nur Einzelne schädigen, allgemein verachtet werden, eben weil sie sich schwach zeigen. Also ist die Liebe zur M. so groß, daß sie auch das Gefühl des Unrechts vergessen läßt. Man weiß, daß es fast unmöglich ist, «d'être à-la-fois toujours juste et puissant ... L'abus du pouvoir est lié au pouvoir comme l'effet l'est à la cause» [105]. Normalerweise wird Gerechtigkeitsliebe immer der M.-Liebe untergeordnet. Erst im Fall eines Konflikts gleich Mächtiger wird an das Recht appelliert, nicht weil nun die Priorität des Rechts anerkannt würde, sondern weil beide Kontrahenten hoffen, ihre M. mit den Mitteln des Rechtsverfahrens zu erhöhen und den M.-Konflikt auf diese Weise entscheidbar zu machen. In Fällen offenkundigen M.-Gefälles entscheidet im Konfliktfall nicht die Gerechtigkeit, nicht einmal der Schein der Gerechtigkeit, sondern der Mächtigere «sourd au cri de la justice, il ne discute plus, il commande» [106]. – Die Quintessenz der französischen Theorie des Gesellschaftsvertrages besteht seit Montesquieu darin, die Theorie der rechtsförmigen Gewalt im Staate als eine Theorie der M., nämlich der M. des allgemeinen Willens, zu reinterpretieren. Das gibt ihr in politisch-strategischer Hinsicht Brisanz und Stoßkraft, bringt aber für die M.-Analyse eben wegen jener Instrumentalisierung des M.-Begriffs eine Verarmung begrifflicher Unterscheidungsmöglichkeiten.

In Erörterung politischer M. kommt schließlich KANT dazu, den Staat selbst «in Verhältnis auf andere Völker eine M. (potentia) schlechthin» zu nennen [107]. Von der persönlichen M. des Herrschers ist in dieser Konzeption außenpolitischer M. ganz abstrahiert. M. und Gewalt setzt Kant in einem anderen Zusammenhang in ein Überordnungsverhältnis: «*M.* ist ein Vermögen, welches großen Hindernissen überlegen ist. Eben dieselbe heißt eine *Gewalt*, wenn sie auch dem Widerstande dessen, was selbst M. besitzt, überlegen ist» [108]. Diese Unterscheidung wendet er auch an, um die Fähigkeit, einen Gegenstand zu gebrauchen (M.), vom Begriff des Eigentums («denselben Gegenstand in meiner Gewalt» zu haben) abzugrenzen, was mit den lateinischen Termini ⟨potentia⟩ einerseits und ⟨potestas⟩ andererseits erläutert wird.

Anmerkungen. [1] A. PASSERIN D'ENTRÈES: The notion of the state (Oxford 1967) 7. – [2] ZEDLERS Univ. Lex. (1739) s.v. – [3] DUDEN, Das große Wb. der dtsch. Sprache 4 (1978) s.v. – [4] THUKYDIDES, V, 86. – [5] a.O. V, 105. – [6] Vgl. PLATON, Resp. 338 c = VS 2, 325, 22: B 6 a. – [7] a.O. 359 b 6ff. – [8] 473 d. – [9] Vgl. GORGIAS, VS 2, 298, 1ff.: B 11 a. – [10] Vgl. PLATON, Gorgias 466 b-e; vgl. TH. KOBUSCH: Sprechen und Moral, in: Philos. Jb. 85 (1978) 87-108. – [11] Vgl. A. MÜLLER: Autonome Theorie und Interessedenken. Stud. zur polit. Philos. bei Platon, Arist. und Cicero (1971) 51. – [12] ARISTOTELES, Pol. A 1259 b 4f. – [13] CICERO, In Pisonem 8. – [14] De legibus III, 28. – [15] AUGUSTUS, Mon. Ancyr. 34. – [16] CYPRIAN, Epist. 3, 1. – [17] Vgl. A. THIEL: Epist. Romanorum Pontificum (1868) 350f.: Nr. 12, 2. – [18] Vgl. J. A. FISCHER: Die Apostol. Väter (1956) 102. – [19] ORIGENES, Comm. in Ep. ad Rom. IX, 26. MPG 14, 1226 C/D; vgl. H. v. CAMPENHAUSEN: Zur Ausleg. von Röm. 13, in: Aus der Frühzeit des Christentums (1963) 81-101. – [20] ORIGENES, ebda. – [21] ANSELM VON CANTERBURY, Proslogion c. VII. – [22] BOETHIUS, De Trin. c. 5. – [23] AUGUSTINUS, De Trin. 13, 13; vgl. J. PLAGNIEUX: Le binôme ⟨iustitia – potentia⟩ dans la sotérol. augustin. et anselm. Spicilegium Beccense 1 (Paris 1959) 141-154. 13, 13. – [24] AUGUSTINUS, De civ. Dei 19, 15. – [25] Vgl. ALEXANDER HALENSIS, S. theol. p. II, q. 93, m. 1; BONAVENTURA, II Sent. d. 44, a. 2, q. 2; RICHARD VON MEDIAVILLA, II Sent. d. 44, a. 2, q. 2. Ed. Brixiae (1591) II, 526 b. – [26] THOMAS VON AQUIN, S. theol. I, 96, 4. – [27] WILLIAM VON AUVERGNE, De Trin., hg. B. SWITALSKI (Toronto 1976) 49, 17-50, 22. 54, 33ff.; De anima p. 6. Opera omnia (1674, ND 1963) II, 92 b. – [28] JOH. DUNS SCOTUS, Opera omnia (Lyon 1639, ND 1968f.) 12, 185; vgl. E. GILSON: Johannes Duns Scotus (1959) 370-390. 168. 289. – [29] DUNS SCOTUS, Opera, ebda. 6/2, 570. – [30] Vgl. J. MIETHKE: Ockhams Weg zur Sozialphilos. (1969) 145ff. – [31] DUNS SCOTUS, Opera 6 (Vatikanstadt 1963) 365. – [32] WILHELM VON OCKHAM, Opera omnia (1963) 2/2, 92. – [33] a.O. 1, 932. – [34] 1, 834. – [35] Inst. II, 1, 1, 2. – [36] R. SCHOLZ: Wilhelm von Ockham als polit. Denker und sein Breviloquium de principatu tyrannico (1944) 125-128. – [37] OCKHAM, III Dialog. II, 1, 17. – [38] Vgl. G. DE LAGARDE: La naissance de l'esprit laïque au déclin du MA 4. 5 (Louvain/Paris 1962/63); A. S. MCGRADE: The polit. thought of William of Ockham (Cambridge 1974). – [39] So bereits HUGO VON ST. VIKTOR, MPL 176, 418 und JOHANNES VON SALISBURY, Polycraticus. MPL 199, 540; AEGIDIUS ROMANUS, De eccl. potestate, hg. R. SCHOLZ (1929) 190-193; vgl. De regimine principum libri tres (Rom 1607) 31-33. – [40] Marsilius von Padua: Defensor pacis, hg. R. Scholz (1933) I, 15, 5-7, S. 88-91. – [41]a.O. 7. 24. 50 u. ö. (I, 1, 5; I, 5, 8; I, 10, 4). – [42] 67 (I, 12, 6). – [43] Vgl. J. Quillet: La philos. polit. de Marsile de Padove (Paris 1970) 69. – [44] a.O. 124. – [45] Marsilius, a.O. [40] 238 (II, 9, 7). – [46] Defensor minor, hg. C. K. Brampton (Birmingham 1922) XI, 1. – [47] J. Calvin, Corpus Reformatorum 51, 397; 52, 603; 57, 452f.; 59, 704. – [48] a.O. 54, 320. – [49] 62, 439. – [50] 63, 162. – [51] 54, 320. – [52] 70, 475. – [53] Vgl. G. Beyerhans: Stud. zur Staatsanschauung Calvins (1910) 83; zu *Luther* und dem Gedanken einer «Dämonie der M.» (vgl. z. B. Weimarer A. 42, 401) vgl. H. R. Gerstenkorn: Weltl. Regiment zwischen Gottesreich und Teufels-M. (1956) bes. 188-200. – [54] Fray L. de Leon: De legibus (Madrid 1963) 23; ähnlich B. de Las Casas: De regia potestate (Madrid 1969) 37. – [55] D. de Soto: De iustitia et iure (Madrid 1967) 302. – [56] F. Suárez: Disputationes met. (1965) 2, 613. – [57] De legibus I: De natura legis (Madrid 1971) 149. – [58] L. de Penna: In tres posteriores libros Codicis Justiniani lib. XII, tit. 43; De tyrannibus III, n. 12, p. 897. – [59] N. Machiavelli, Opere 1, 146 (Disc. I, 18). – [60] J. Bodin: Les six livres de la république (Paris 1583) I, 4, 29. – [61] a.O. I, 2, 121. – [62] Vgl. R. W. K. Hinton: Bodin and the retreat into legalism, in: Jean Bodin, hg. H. Denzer (1973) 303-313. – [63] J. Althusius: Politica (1614) XIX, 9-11. – [64] Vgl. O. v. Gierke: J. Althusius und die Entwickl. der naturrechtl. Staatstheorien (⁶1968); P. J. Winters: Die «Politik» des J. Althusius und ihre zeitgenöss. Quellen (1963) 240-266. – [65] F. Bacon, Works 4 (1860) 120. 47; vgl. G. Schmidt: Ist Wissen M.? Kant-Stud. 58 (1967) 481-498; O. Kraus: Der M.-Gedanke und die Friedensidee in der Philos. der Engländer Bacon und Bentham (1926). – [66] Th. Hobbes, Engl. Works (ND 1966) 1, 131. – [67] a.O. 3, 74. – [68] ebda. – [69] 3, 313. – [70] 4, 250; vgl. 3, 345f.; zur Reduktion von Zukunft auf M. vgl. 4, 37. – [71] 3, 85f. – [72] Opera lat. (ND 1966) 2, 167. – [73] S. J. Benn: Hobbes on power, in: Hobbes and Rousseau, hg. M. Cranston/R. S. Peters (Garden City 1972) 184-212. – [74] B. Spinoza, Opera (1925) 2, 83. 136. 205. – [75] a.O. 3, 58; 4, 173. – [76] 2, 279f. – [77] 2, 147. 182. 249. – [78] 2, 212f. – [79] 2, 268. – [80] 2, 266. 275. – [81] 3, 282. – [82] 3, 189f.; zu Spinoza vgl. R. S. McShea: The polit. philos. of Spinoza (New York/London 1968); A. Matheron: Individu et communauté chez Spinoza (Paris 1971); G. Deleuze: Spinoza et le problème de l'expression (Paris 1973); H. Neckning: Das Verhältnis von M. und Recht bei Spinoza (Diss. München 1967). – [83] S. Pufendorf: Elementorum Jurisprudentiae universalis libri duo (Oxford/London 1931) 1, 62. – [84] Vgl. H. Denzer: Moralphilos. und Naturrecht bei S. Pufendorf (1972). – [85] Pufendorf, a.O. [83]. – [86] J. Locke, Works (London 1823) 5, 339; vgl. R. Polin: La polit. morale de J. Locke (Paris 1960) bes. 164-196; J. Locke's conception of freedom, in: John Locke: Problems and perspectives, hg. J. W. Yolton (Cambridge 1969) 1-18. – [87] Locke, a.O. 1, 245. 235-293. – [88] G. W. Leibniz, Sämtl. Schr. und Br. 6/6, 168. – [89] Philos. Schr., hg. C. I. Gerhardt (ND 1961) 6, 390f. – [90] Polit. writings, hg. P. Riley (Cambridge 1972) 50; s. H. Schiedermair: Das Phänomen der M. und die Idee des Rechts bei G. W. Leibniz (1970). – [91] Leibniz, a.O. [88] 4/1, 533. – [92] D. Hume, Philos. works (London 1882) 1, 23. – [93] a.O. 2, 108. – [94] Diese letztere Formulierung erst in der ‹Déclaration des droits de l'homme et du citoyen› (Art. 16); als Beispiel einer liberalist. Interpret. vgl. R. Spaemann: Der Ursprung der Soziol. aus dem Geiste der Restauration (1959) 86. – [95] Die Verwechsl. des Problems der Einheit der M. und der Teilung der Gewalten auch bei N. Luhmann: Klass. Theorie der M. Z. Politik NF 16 (1969) 149-170, bes. 164. – [96] Montesquieu, Oeuvres compl. (Paris 1951) 2, 237; vgl. L. Althusser: Montesquieu (Paris 1974) 103. – [97] Montesquieu, a.O. 2, 247; zum Problem der Mäßigung vgl. W. Kuhfuss: Mäßigung und Politik (1975). – [98] Voltaire, Oeuvres compl. (Paris 1878) 23, 466f.; 25, 347; 27, 574. – [99] a.O. 7, 232. – [100] J.-J. Rousseau, Oeuvres compl. (Paris 1823-26) 4, 432; 5, 79f. – [101] a.O. 5, 129. – [102] 5, 172; zu Rousseau vgl. M. Ansar-Dourlen: Dénaturation et violence dans la pensée de J.-J. Rousseau (o. O. 1975); I. Fetscher: Rousseaus polit. Philos. (1968). – [103] C. A. Helvétius, Oeuvres compl. (Paris 1795) 8, 272. – [104] a.O. 9, 17. – [105] 8, 268. – [106] ebda. – [107] I. Kant, Akad.-A. 8, 344f. – [108] a.O. 5, 260; vgl. auch K. Röttgers: Andeut. zu einer Gesch. des Redens über die Gewalt, in: Gewaltverhältnisse und die Ohnmacht der Kritik, hg. O. Rammstedt (1974) 157-234, bes. 171-178. K. Röttgers

II. *M.-Theorien vom deutschen Idealismus bis zur Gegenwart.* – Die unterschiedlichen Versuche zu einer theoretischen Bestimmung der M. in der politischen Philosophie des deutschen Idealismus, der Romantik und der Restauration zu Beginn des 19. Jh. sind gleichermaßen durch die Erfahrung der französischen Revolution, der Konsolidierung des französischen Nationalstaates und des politisch-militärischen Zusammenbruchs der deutschen Kleinstaaten im Gefolge der napoleonischen Kriege bestimmt. Sie stellen nämlich sowohl eine Reflexion auf die bedrohliche Radikalität einer durch die Auflösung konstitutionell-monarchischer M. freigesetzten Gewaltsamkeit der innerstaatlichen Auseinandersetzungen als auch eine enthusiastische Identifikation mit der militärischen Effizienz einer durch nationale Vereinheitlichung und monarchisch-bürokratische Zentralisierung politischer Entscheidungsbefugnisse möglich gewordener M.-Politik dar. Insofern erscheint es nicht als zufällig, daß sich die politische Philosophie in Deutschland zu Beginn des 19. Jh. zum einen einer Analyse der Voraussetzungen nationalstaatlicher M.-Positionen zuwendet und in diesem Zusammenhang sowohl durch Fichte, Hegel als auch A. Müller eine erneute Rezeption und Reaktualisierung des Machiavellismus eingeleitet wird, zum anderen jedoch auch wieder zunehmend geistig-moralische und religiöse Legitimationsgrundlagen politischer Herrschaft thematisiert werden, die nun als notwendige Schranken monarchischer Macht, aber auch revolutionärer M.-Usurpation und Gewaltsamkeit geltend gemacht werden.

In Fichtes philosophischen und politischen Schriften kommt dieses zunehmende Dominantwerden nationalstaatlicher und machtpolitischer Fragen in Form zweier unterschiedlicher Arten der Thematisierung politischer M. deutlich zum Ausdruck. Denn während er in seinem Machiavelli-Aufsatz von 1807 bereits eindringlich den Standpunkt einer rein nationalen Selbstbehauptung vertritt, in dem sich die Konsequenzen seiner bereits in der Abhandlung über den ‹Geschlossenen Handelsstaat› vorgetragenen Überlegungen widerspiegeln [1], behandelt die von ihm 1796 verfaßte ‹Grundlage des Naturrechts› das Problem der politischen M. noch auf dem Boden der neuzeitlichen Vertragstheorie. Die Konstitution eines «gemeinsamen Willens» impliziert ihr zufolge die Einrichtung einer «Staatsgewalt», welche gegenüber der «M. jedes Einzelnen» nicht nur eine «Über-M.» [2], sondern gegenüber einer rein «mechanischen M.» zugleich eine «freie», auf Willensvereinbarung beruhende M. sein soll [3]. Gleichwohl ist gegenüber dieser «absolut positiven M.» der öffentlichen Gewalt in der Gestalt der Ephoren eine «absolut negative M.» geltend zu machen, welche die Funktion der Kontrolle des «Verfahrens der öffentlichen M.» hinsichtlich seiner Rechtmäßigkeit zu übernehmen hat [4]. Begründet die Über-M. des Staates zugleich die M. des Gesetzes, so ist Fichte zufolge jedoch bei der Verwirklichung des Gesetzes im Rahmen des Strafrechts auf eine Differenz hinzuweisen, welche naturale Grundlagen der M. unterstreicht: Ist der Staat nämlich aufgrund der Gesetzesvorschriften angewiesen, einen Gesetzesbrecher zu töten, «so thut er das nicht, *als Staat, sondern als stärkere physische* M., als bloße Naturgewalt» [5].

Hegel gibt dem Begriff der M. eine neue Grundlage,

indem er ihn nicht nur in bezug auf die Organisation übergreifender politischer Einheiten, sondern zugleich auch innerhalb seiner metaphysischen Lehre von der begrifflichen Natur alles Seienden als die «M. des Allgemeinen» bestimmt. Bereits seiner Untersuchung über ‹Die Verfassung des deutschen Reiches› (1801/02) liegt diese auch für seine späteren Erörterungen des Phänomens der M. charakteristische Auffassungsweise zugrunde: «Das Ganze ist da, wo die M. ist; denn die M. ist die Vereinigung der einzelnen» [6]. Hegel formuliert diese Maxime jedoch zunächst noch vor dem Hintergrund des Fehlens einer politischen Zentralgewalt innerhalb des deutschen Reiches, in dem die «machthabende Allgemeinheit als die Quelle alles Rechts» verschwunden sei und das bestehende Leben «seine M. und all seine Würde verloren» habe [7], um von hier aus die Bedingungen für eine übergreifende politische M. zu definieren: Will das deutsche Reich nämlich mehr sein als eine «Staats-M., die gleich Null ist» [8], so müßte es folgenden vier Kriterien gerecht werden, die den Kern jeder staatlichen M. kennzeichnen, müßte es zugleich «Kriegs-M.», Finanz- bzw. «Geld-M.», «Territorial-» und «Rechtsgewalt» sein [9]. Umreißt Hegel hier noch den «Umfang der M.», um das zu bestimmen, was ‹Staat› heißen soll, im Sinne einer Aufzählung der Komponenten, die das Wesen jeder echten Staatlichkeit kennzeichnen, so wird im Gefolge der Entwicklung seiner Begriffstheorie M. zunehmend zum Ausdruck jenes «Übergreifens», das Hegel als die wahre Natur des «machthabenden Begriffs» in bezug auf die in ihm implizierten und ihm untergeordneten Extreme bzw. «Momente» identifiziert. So sieht er bereits in den Jenaer Vorlesungen von 1805/06 das Eigentümliche seines Begriffs des Begriffs darin, «absolute reine M.» [10] zu sein, eine Bestimmtheit, die in der ‹Phänomenologie des Geistes› (1807) dann auch eher der «Substanz» und dem «Sittlichen» als dem «absoluten Wesen» zugesprochen wird [11]. Gleichwohl beschränkt sich die M. nicht darauf, unmittelbar sittlich zu sein, denn als «Gewalt» ist sie zunächst nur «Erscheinung», d.h. «die M. als Äußerliches» [12], und als die «objektive Allgemeinheit und als Gewalt gegen das Objekt» ist sie das, «was Schicksal genannt wird» [13]. Erst wenn die «Freiheit, zur Wirklichkeit einer Welt gestaltet», die Form einer Notwendigkeit erhält, deren substantieller Zusammenhang das System der Freiheitsbestimmungen beinhaltet, kann der erscheinende Zusammenhang nicht nur als Gewalt oder Schicksal, sondern auch als die «M.», die zugleich wesentlich «Anerkanntsein, d.i. ihr Gelten im Bewußtsein ist» [14], angesehen werden. So gilt in der ‹Rechtsphilosophie› (1821) zwar auch die «bürgerliche Gesellschaft» als eine «ungeheure M., die den Menschen an sich reißt» [15], und erweist sich damit als «die ihrer selbst sicher gewordene M. der Gesellschaft» [16]. Doch ist Hegel weit davon entfernt, diesem System der Notwendigkeit hinsichtlich der Bestimmung der M. den entscheidenden Primat zukommen zu lassen: «Gegen die Sphären des Privatrechts und Privatwohls, der Familie und der bürgerlichen Gesellschaft ist der Staat ... ihre höhere M.» [17]. Denn bereits innerhalb der bürgerlichen Gesellschaft macht sich in Gestalt der Polizei und der Rechtsaufsicht die «sichernde M. des Allgemeinen» [18] als «M. des Vernünftigen in der Notwendigkeit» [19] geltend, wodurch sich schließlich die «öffentliche M.», d.h. die Staatsgewalt als entscheidende Repräsentanz der M. erweist. Um Hegels Position jedoch im Hinblick auf die Entwicklung des «nationalen M.-Staatsgedankens» [20] im 19. Jh. voll gerecht zu werden, muß zugleich jene Differenz zu einer Auffassung berücksichtigt werden, die Hegel selbst entschieden ablehnt und in K. L. v. HALLERS ‹Restauration der Staatswissenschaft› [21] identifiziert: nämlich die Konzeption einer M., derzufolge «der Mächtigere herrsche, herrschen müsse und immer herrschen werde», d.h. «nicht die M. des Gerechten und Sittlichen, sondern die zufällige Naturgewalt» [22].

Hegel nähert sich so in seinen späten Schriften dem M.-Verständnis der politischen Romantik, welche im Unterschied zur naturalen und «naturgesetzlichen» Auffassung der M. bei Haller vor allem die geistig-religiösen Grundlagen jeder weltlichen Macht betonte. Bereits M. DE BONALD hatte als einflußreicher Theoretiker der französischen Restauration in seiner 1796 erschienenen ‹Théorie du pouvoir politique et religieux› in Abgrenzung gegenüber der Tradition des modernen Naturrechts die Voraussetzungen der Legitimität jeder politischen Herrschaft mit einer konstitutiven Bezogenheit von christlicher Religion und monarchischer Souveränität gleichgesetzt und die «M.» (pouvoir) als jene vermittelnde Instanz definiert, welche die einzelnen gesellschaftlichen Kräfte als «allgemeine Gewalt» (force générale) organisiert und als ‹amour général› die sittlich-religiöse Geltungsgrundlage des in der Souveränität des Monarchen unteilbar verkörperten allgemeinen Willens (volonté générale) darstellt [23].

Auch in der politischen Philosophie von FR. SCHLEGEL, A. MÜLLER und F. V. BAADER wird eine auf kollektiven Glaubensvorstellungen beruhende und im Einklang mit der religiösen Überlieferung stehende M. von einer «bloß physischen M.» [24] bzw. der «bloßen Gewalt (vis)» [25] als «Autorität» [26], d.h. «wirkliche reelle M.» [27] unterschieden und als einzige legitime M. anerkannt. Dieser Auffassung zufolge kann die moralisch-religiöse Fundierung der M. nur um den Preis der Freisetzung eines dann zügellos gewordenen physischen und gewalttätigen Einsatzes von «M.» (im Sinne von vis, force) und eines zum Terror entarteten politischen Kräfte«spiels» aufgegeben werden, wodurch gleichsam der «Enthusiasmus des Verbrechens» die Stelle des «Souveräns» einnehmen würde [28].

Neben der Bestimmung dieses bereits von den Romantikern als prekär und damit auch stabilisierungsbedürftig empfundenen Verhältnisses zwischen dem konsensuellen, d.h. sich auf legitime Autorität beziehenden, und dem rein repressiv-gewaltförmigen Moment der Ausübung politischer M. ist die machttheoretische Reflexion im 19. Jh. darüber hinaus um eine Klärung des Verhältnisses von Staat und M. und desjenigen von politischer und ökonomischer M. bemüht gewesen. Sie versucht damit dem Phänomen einer sich im Innern in soziale Klassen spaltenden und zunehmend durch ‹Gesetze› des Marktes bestimmten, zum anderen national organisierten und politisch mit anderen staatlichen Einheiten konkurrierenden Gesellschaft gerecht zu werden. In Anlehnung an bzw. in Abgrenzung von Hegels Auffassung der M. lassen sich im 19. Jh. zwei unterschiedliche, jedoch auf Hegel Bezug nehmende Entwicklungsrichtungen der M.-Theorie identifizieren: Während sich die Verfechter des nationalen M.-Staates innerhalb des Historismus auf die Formel einer Identität von M. und Staat berufen, legen die sozialistischen und kommunistischen Theoretiker das Schwergewicht auf die Betrachtung von M.-Grundlagen und M.-Verhältnissen *innerhalb* der bürgerlichen Gesellschaft. Hiermit beziehen sich jedoch beide Richtungen auf Bestimmungen, die bereits Hegel seinen Erörterungen der M. zugrunde gelegt hat.

Unter den national gestimmten Historikern und Staatsphilosophen des 19. Jh. haben vor allem Ranke, Droysen, Dahlmann, Rochau und Treitschke immer wieder den Aspekt der Identität von Staat und M. hervorgehoben. Während jedoch RANKE und DROYSEN vor allem den sittlichen Aspekt der Staats-M. und ihre rechtlichen Funktionen betonen [29], formuliert ROCHAU bereits jene ‹Grundsätze der Realpolitik› (1853), die nicht nur auf die national gestimmte Jugend Deutschlands großen Einfluß ausübten, sondern die auch unmittelbar als Formel zur Kennzeichnung der zeitgenössischen Politik angesehen wurden: «Herrschen heißt M. üben, und M. üben kann nur der, welcher M. besitzt» [30]. Reduziert sich schließlich bei TREITSCHKE die Sittlichkeit des Staates darauf, sich selbst und seine M. unter allen Umständen zu behaupten – «das ist für ihn absolut sittlich» [31] –, so vertritt diese Autorengruppe doch die gleiche Auffassung bezüglich des Wesens politischer Prozesse, die DROYSEN ähnlich wie Rochau in einer Analogie zwischen politischen und natürlichen Gesetzmäßigkeiten zum Ausdruck bringt: «In der politischen Welt gilt das Gesetz der M. wie in der Körperwelt das der Schwere» [32]. Insofern muß Droysen zufolge auch die Wissenschaft der Politik als eine «Wissenschaft von den äußern und innern M.-Verhältnissen, M.-Bedingungen, M.-Störungen» [33] verstanden werden.

Dieser zunehmend objektivistischer werdenden Betrachtungsweise politischer M. setzt sich bereits im 19. Jh. die liberal-konservative Staatsauffassung J. BURCKHARDTS entgegen. Indem er sich zu SCHLOSSERS Satz bekennt, «daß die M. an sich böse ist» [34], weist er nicht nur in Form einer moralischen Diskriminierung auf die politischen Gefahren eines uneingeschränkten M.-Gebrauchs hin, sondern unterstreicht auch, daß er im Gegensatz zu Hegel vom Staat nicht mehr die Verwirklichung der Sittlichkeit erwartet, sondern ihn allenfalls als ein «Notinstitut» zur Sicherung geordneter Rechtsverhältnisse anerkennt. – Noch radikaler als durch Burckhardts Liberalismus wird der sittliche Gehalt staatlicher M. durch den individualistischen Anarchismus von M. STIRNER in Frage gestellt, der im Recht des Staates nur eine Form faktischer «Über-M.», d.h. dessen Gewalt sieht und diesem Staatsmonopol die Forderung der Zurückgewinnung der Gewalt und M. des Einzelnen entgegensetzt: «M. und Gewalt existieren nur in mir, dem Mächtigen und Gewaltigen» [35].

MARX und ENGELS kritisieren und relativieren die etatistische Zentrierung der Betrachtung von M.-Verhältnissen, indem sie vor allem jene Aspekte und Erscheinungsformen des «machthabenden Allgemeinen» hervorheben, die bereits Hegel als Wesenszüge der «bürgerlichen Gesellschaft» anerkannt hatte. Für sie stellt die Verwandlung von «persönlichen M.n» in «sachliche M.e» [36] das Eigentümliche der modernen Gesellschaft dar, deren «soziale M.» sich in Gestalt der vervielfachten Produktivkraft und des Systems der Arbeitsteilung von den unmittelbaren Produzenten als eine «unerträgliche M.» entfremdet hat [37]. Dieser neuzeitliche Primat der «sachlichen M.e» bzw. «übermächtigen Sachen» [38] kommt als «scheinbare transzendentale M. des Geldes» [39] und als «Herrschaft des Kapitals» zum Ausdruck, d. h. «als entfremdete, verselbständigte gesellschaftliche M., die als Sache, und als M. des Kapitalisten durch diese Sache, der Gesellschaft gegenübertritt» [40]. Gleichwohl erkennen auch Marx und Engels die Relevanz der «Staats-M.» als «konzentrierte und organisierte Gewalt der Gesellschaft» [41] an, denn «die Gewalt (d.h. die Staats-M.) ist auch eine ökonomische Potenz» [42]. Jedoch lehnen sie E. DÜHRINGS Auffassung ab, derzufolge der gesellschaftlich fundamentale Bestimmungsfaktor in der unmittelbaren politischen Gewalt und nicht erst in einer «indirekten ökonomischen M.» identifiziert werden müsse [43]. Denn die politische Gewalt erweist sich nach ENGELS «als durchaus nicht 'unmittelbar', sondern grade als vermittelt durch die ökonomische M.» [44]. Insofern gilt der Staat als eine «scheinbar über der Gesellschaft stehende» und sich «ihr mehr und mehr entfremdende M.» [45] zugleich als eine «Maschine der Klassenherrschaft» [46], d. h. als «Staat der mächtigsten, ökonomisch herrschenden Klasse, die vermittels seiner auch politisch herrschende Klasse wird» [47]. Die Eroberung der politischen M. durch das Proletariat wird deshalb als notwendiges «Mittel zur gesellschaftlichen Umgestaltung» [48] angesehen.

An der Frage, welcher Charakter der politischen M. in einer sozialistischen Gesellschaft zukommen soll, scheiden sich die sozialistischen Strömungen marxistischer Prägung von der Tradition eines libertären Sozialismus: Während Marx, Engels und in ihrem Gefolge vor allem LENIN zumindest für eine längere ‹Übergangszeit› für die Notwendigkeit einer «Diktatur des Proletariats» eintreten [49], fordert BAKUNIN, daß die zukünftige soziale Organisation nur «von unten nach oben» durch die freie Assoziierung der Arbeiter errichtet werden solle: «Diese Organisation schließt jede Idee einer Diktatur und einer leitenden, bevormundenden M. aus» [50]. Aber nicht nur im Hinblick auf den diktatorialen Aspekt der Ausübung politischer M. innerhalb der sozialistischen Übergangsperiode kann von einer Aufwertung nicht-ökonomischer Voraussetzungen gesellschaftlicher M. im Rahmen des Marxismus-Leninismus gesprochen werden. Denn während sich seit der Jahrhundertwende sozialpolitisch orientierte Wirtschaftstheoretiker verstärkt der durch BÖHM-BAWERKS Formel: «M. oder Ökonomisches Gesetz» zum Ausdruck gebrachten Problemstellung zugewendet haben [51] und vor allem von GRAMSCI beeinflußte sozialistische Theoretiker dem komplexen Verhältnis von ökonomischer und politischer M. durch theoretische Ausdifferenzierungen der ursprünglichen Marxschen Auffassung im Hinblick auf industriell fortgeschrittene bürgerliche Gesellschaftssysteme gerecht zu werden versuchen [52], reduziert sich für MAO TSETUNG unter den besonderen Bedingungen der chinesischen Revolution das M.-Problem schließlich auf die Formel: «Wer die Armee hat, hat die M. ... Die politische M. kommt aus den Gewehrläufen» [53].

Neben der von Hegel und Marx ausgehenden Tradition stellt NIETZSCHES Lehre vom «Willen zur M.» einen weiteren Schwerpunkt der auf das Phänomen der M. Bezug nehmenden Theoriebildung des ausgehenden 19. Jh. dar, die sich zum einen in der Entwicklung einer Trieb- und Affektlehre der M. im Rahmen der Individualpsychologie, zum anderen in einer gegen die sozialistische Konzeption des Klassenkampfes gerichteten Theorie der Elitenherrschaft niederschlägt. In Nietzsches Philosophie erfährt die Thematisierung der M. ihre grundbegrifflich radikalste Ausweitung. Nietzsche bezieht sich hierbei gleichermaßen auf Spinozas Kraft- und Affektenlehre und SCHOPENHAUERS Willensbegriff [54], ohne jedoch die ihnen zugrunde liegenden Bestimmungen für eine Lehre des Willens zur M. bereits als ausreichend zu akzeptieren. Zwar hat bereits Spinoza die Bedeutung der Affekte und des Strebens nach Selbsterhaltung hervorgehoben. Gleichwohl muß diesem im Begriff des «conatus» zum Ausdruck gebrachten menschlichen Streben wie übrigens auch dem der modernen Naturwissenschaft zugrunde liegenden Kraftbegriff NIETZSCHE zufolge noch ein «innerer Wille», eben der «Wille zur M.» zugesprochen werden, soll die M. selbst nicht mit einer einfachen Kraft verwechselt und die Kraft nicht nur als reaktive begriffen werden [55]. Insofern gibt nicht nur der Satz von der Erhaltung der Kraft, sondern auch Schopenhauers Begriff «Wille zum Leben» und Darwins Formel vom «Kampf ums Dasein» nur unzureichend das eigentliche Wesen des «Willens zur M.» wieder. Denn «'der Kampf ums Dasein' – das bezeichnet einen Ausnahmezustand. Die Regel ist vielmehr der Kampf um M., um 'Mehr' und 'Besser' und 'Schneller' und 'öfter'» [56]. Als Bezeichnung für das «unersättliche Verlangen nach Bezeigung der M.; oder Verwendung, Ausübung der M., als schöpferischer Trieb» [57] ist der Wille zur M. nicht nur Einheitsprinzip für alle organischen Grundfunktionen [58], sondern liegt als «treibende Kraft» auch den «angeblichen Naturgesetzen» zugrunde, die Nietzsche ebenfalls nur als «Formeln für M.-Verhältnisse», als «Formel für die unbedingte Herstellung der M.-Relationen und -Grade» begreift [59]. Als «Ursprung der Bewegung» [60] und «primitiver Affektform», der gegenüber «alle andern Affekte nur seine Ausgestaltungen sind» [61], kommen dem Willen zur M. jedoch zwei unterschiedliche Qualitäten zu, die Aufschluß darüber geben, warum sich die als «Morphologie und Entwicklungslehre des Willens zur M.» darstellbare Natur- und Kulturgeschichte [62] zugleich als ein Sieg der «reaktiven Kräfte» und als eine «Décadence» der positiven, bejahenden Eigenschaften im Willen zur M. gegenüber seinen verneinenden erwiesen hat. Denn während die dem bejahenden Aspekt des Willens entsprechenden «positiven» Tugenden, die Nietzsche in der kriegerischen und aristokratischen Lebensform sieht, nur wenigen zukommen, erweist sich die «Herdenmoral» nicht nur aufgrund der zahlenmäßigen Stärke der sie tragenden Masse, sondern vor allen Dingen auch wegen der M. des «asketischen Ideals», das in ihr zum Ausdruck kommt, den lebensbejahenden Kräften gegenüber als überlegen [63]. Der Wille zur M., elementares Moment alles Lebendigen, steht jenseits aller moralischen Wertung, äußert sich ebenso in Gewalt wie in sublimen geistigen Leistungen. Er entspringt der Selbst-Überwindung, impliziert also Selbstbezug analog physiologischer und politischer Organisation [64]. Über die von den Interpreten durchweg gesehene zentrale Stellung des Willens zur M. bei Nietzsche hinaus nimmt HEIDEGGER diesen Begriff als Vollendung des neuzeitlichen Denkens und bestimmt aus ihm Nietzsches 'seinsgeschichtlichen' Ort: Wille zur M. wird für ihn «Wille zum Willen» [65].

Die von Nietzsche nur als Sonderfall eines in allen Erscheinungsformen anwesenden Willens zur M. verstandene individualpsychologische Ebene des M.-Strebens hat neben ihrer Wiederaufnahme und Propagierung durch L. KLAGES [66] innerhalb Sprangers Persönlichkeitspsychologie und in der Neurosenlehre von Freud und Adler ihren Niederschlag und ihre Weiterentwicklung gefunden. Nach E. SPRANGERS ‹Psychologie der M.› zeichnet sich der «M.-Mensch» nicht nur durch Vitalität und Selbstbejahung des eigenen Wesens, sondern auch durch die Kraft und intersubjektive Durchsetzung des eigenen Wertlebens aus: «M. ist also die Fähigkeit und (meist auch) der Wille, die eigene Wertrichtung in dem anderen als dauerndes oder vorübergehendes Motiv zu setzen» [67]. A. ADLER hingegen sieht im M.-Streben nur eine pathologische Überkompensation von strukturell bedingten Minderwertigkeitsgefühlen des Kleinkindes, die als eigentliche Ursache neurotischer Symptome anzusehen ist [68]. Auch FREUD erkennt die Existenz eines «M.-Triebes» bzw. «Willens zur M.» als Selbstbehauptungs- und Geltungstrieb an, spricht ihm jedoch nicht wie Adler eine überragende Bedeutung für die Charakter- und Neurosenbildung zu. Freud sieht in ihm vielmehr nur einen «Partialtrieb» [69], der sich, wird er in den Dienst der Sexualfunktion gestellt, sowohl in Form des Sadismus als auch des Masochismus geltend machen kann [70]. Schließlich nennt Freud auch Fälle, wo M.-Motive nur als «Rationalisierung» sexueller Regungen vorgeschoben werden [71].

Auch in der Elitentheorie von Mosca und Pareto hat sich der Einfluß Nietzsches geltend gemacht. Eine Vorform dieser mit antimarxistischer Stoßrichtung konzipierten Ansätze stellen G. RATZENHOFERS Lehre eines auf dem «Gesetz der absoluten Feindseligkeit aller Persönlichkeiten» beruhenden M.-Kampfes [72] und L. GUMPLOWICZS Theorie vom «Gruppenkampf» dar [73]. Während G. MOSCA die sozialistische Zielvorstellung einer herrschaftsfreien Gesellschaft durch eine Zwei-Klassen-Theorie in Frage stellt, derzufolge auch im Sozialismus notwendig alle politische M. durch die organisierte Minorität einer herrschenden Klasse (classe politica) ausgeübt werden wird [74], ist für V. PARETO der Klassenkampf im Marxschen Sinne nur *eine*, aber nicht die *einzige* Form des M.-Kampfes. Ihm zufolge wird nämlich dieser Kampf nicht nur zwischen zwei Klassen ausgetragen, sondern zwischen einer Unendlichkeit von Interessengruppen, die sich gemäß seiner Theorie der «Elitenzirkulation» (circolazione delle classi dirigenti) wechselseitig in der Monopolisierung der politischen M. ablösen [75]. Beruht nach Pareto die Herrschaft einer Elite wesentlich darauf, daß die M. der zu einem bestimmten Zeitpunkt vorhandenen Normen (le pouvoir des précepts, dans un temps donné) akzeptiert wird [76], so sieht er doch im Verzicht auf Gewaltanwendung den eigentlichen Grund für den Verfall einer Elite [77].

Pareto übernimmt hier einen Grundgedanken von G. SOREL, der in der bestehenden M. (force) nur ein Herrschaftsinstrument der Bourgeoisie sieht, dem allein die revolutionäre Gewalt (violence) des syndikalistischen Generalstreiks entgegengesetzt werden kann [78]. Dieser Abwertung institutionalisierter M. zugunsten eines revolutionären Aktionismus der Gewalt stimmt B. MUSSOLINI mit der Formel zu: «La forza è l'espressione dell'autorità, la violenza è l'espressione della rivolta» (Die M. ist Ausdruck der Autorität, die Gewalt Ausdruck der Revolte) [79]. Der bereits von Nietzsche artikulierte Gegensatz zwischen einer ursprünglich vital-aktivischen Lebensform und einem durch den Prozeß der westlichen Zivilisation hervorgerufenen Zustand der kulturellen Verfeinerung, aber auch der Dekadenz der Lebenskräfte bestimmt insofern sowohl die konservative als auch die politisch revolutionär orientierte Kulturkritik gegen Ende des 19. Jh. und liegt ihrer machttheoretischen Reflexion als Topos zugrunde.

Diese Entgegensetzung von ungebändigter Kraft und sublimierter M.-Ausübung findet auch bei bürgerlich-liberalen Theoretikern dieser Zeit eine Entsprechung in der Auffassung von einer Verwandlung der ursprünglich jeder Staatsgründung zugrunde liegenden Gewalt in institutionalisierte, durch Recht beschränkte M., die ursprünglich bereits von Droysen und Burckhardt vertreten wurde und zu Beginn des 20. Jh. im Rahmen der Gesellschaftslehre von Vierkandt und Wieser wiederaufgenommen worden ist. A. VIERKANDT sieht die Eigentümlichkeit des Zivilisationsprozesses nicht nur darin, daß auf der Ebene der staatlichen Organisation der Gesellschaft Gewalt zugunsten von M. und Recht zurückgedrängt worden ist [80], sondern führt auch auf handlungstheoretischer Ebene eine Unterscheidung von «äußerer» und «innerer M.» ein, um dem Umstand Rechnung zu tragen, daß die Ausübung von M. nicht nur in einer instrumentellen und äußerlich erzwungenen Weise der Verhaltensbeeinflussung beruht, sondern sich im wesentlichen auch auf internalisierte Anerkennung einer Norm bzw. eines fremden Willens stützt [81]. So besteht auch für Vierkandt ähnlich wie bei Spranger das «Wesen der M.» in der «Herrschaft einer fremden Seele in der eigenen Seele, gleichsam in einer Fremdgestaltung unter dem Druck der Autorität» [82]. F. WIESER überträgt die Unterscheidung von äußerer und innerer M. auf zwei Arten der Geltungsgrundlage von M. – materielle Ressourcen wie Waffen und Reichtum einerseits und ideelle Faktoren wie Rechts-M. und sittliche M. andererseits. Das von ihm formulierte «Gesetz der M.» besagt, daß im Laufe der gesellschaftlichen Entwicklung nicht nur Gewalt teilweise durch M. abgelöst worden ist, sondern sich auch das «strenge Gesetz der äußeren M.» in die «milderen Gebote von Recht und Sittlichkeit» verwandelt hat [83].

Dagegen hat bereits 1899 der französische Soziologe G. TARDE eine ausschließlich auf Formen der symbolischen Repräsentation von M.-Beziehungen Bezug nehmende und sich dabei auf sozialpsychologische Grundannahmen über das menschliche Verhalten hinsichtlich der Bedürfnisbefriedigung, der Anpassung und der Nachahmung berufende Theorie der «Transformation der M.» entwickelt [84]. Tarde sieht sehr genau jenen Wesenszug von M.-Beziehungen, der die Wirksamkeit der M. nicht mit der Stärke einer wie auch immer bestimmten realen Kraft zu identifizieren erlaubt, sondern allein auf den Gehalt einer durch soziale Akteure wechselseitig *unterstellten* M. verweist: «C'est non la force réelle mais la force supposée d'un homme, père, prêtre, capitaine, roi, qui fait son pouvoir» [85]. Die geschichtliche Transformation der M. ist ihm zufolge deshalb weniger mit einem Übergang von Gewalt zu Autorität als Form der M.-Ausübung identisch, als vielmehr mit einer Übertragung, Diffusion und Zentralisierung einer immer vor allem auch auf Anerkennung beruhenden fundamentalen Autorität von M.-Habern, deren Entwicklungsbedingungen Tarde in der Erfindung neuer Technologien und dem Auftauchen neuer individueller wie auch sozialer Bedürfnisse sieht.

Auch M. WEBER versucht, diesem Aspekt einer nicht mehr ausschließlich auf Gewalt, sondern vor allem auf Anerkennung beruhenden M. im Rahmen einer Theorie legitimer Herrschaft gerecht zu werden. Er definiert M. elementaristisch als «jede Chance, innerhalb einer sozialen Beziehung den eigenen Willen auch gegen Widerstreben durchzuführen, gleichviel worauf diese Chance beruht» [86], Herrschaft dagegen als einen «Sonderfall von M.» [87], nämlich als «Chance, für einen Befehl bestimmten Inhalts bei angebbaren Personen Gehorsam zu finden» [88]. Da Weber die allgemeine Bestimmung der M. für «soziologisch amorph» hält [89], verlagert sich seine weitere Begriffsbestimmung auf die Differenzierung unterschiedlicher Typen legitimer Herrschaft. Seine Unterscheidung von traditionaler, charismatischer und rationaler Herrschaft nimmt insofern das alte Problem der Legitimität von M. wieder auf, um es nun einer herrschaftssoziologischen Analyse zugänglich zu machen [90].

Die bereits in Webers Definition der M. angelegte Spannung zwischen einer sehr allgemeinen, kausaltheoretisch interpretierbaren Bestimmung von M. im Sinne einer elementaren Form der sozialen Verhaltensbeeinflussung und einem engeren, auf unterschiedliche Formen politischer Legitimität bezogenen M.-Begriff hat auch die weitere sozial- und politikwissenschaftliche Diskussion des 20. Jh. geprägt. Hierbei stehen normative, politische M. definitiv auf konsensuelle Legitimitätsgrundlagen einschränkende Ansätze Versuchen gegenüber, die Grundlagen von M. im Rahmen differenzierter Typologien zu beschreiben. Vorschläge, den Begriff der M. grundsätzlich im Sinne legitimer M. zu bestimmen, sind u.a. von C. Schmitt, G. Ferrero und H. Arendt vertreten worden. Während jedoch C. SCHMITT die Zustimmungsbereitschaft im affirmativen Sinne als direkten Ausfluß jeder «echten», d.h. «starken» politischen M. versteht [91], sieht G. FERRERO in der Furcht vor der Eigendynamik politischer M. und Gegen-M. die konsensuelle Grundlage für die Bändigung der M. durch übergeordnete Legitimitätsprinzipien [92]. HANNAH ARENDT vertritt dagegen eine Auffassung, derzufolge M. ausschließlich auf normativen Grundlagen beruht. Denn im Gegensatz zum instrumentellen Charakter der Gewalt sei die an den Konsens eines politischen Gemeinwesens gebundene M. ein «Absolutes» bzw. ein «Selbstzweck», der in bezug auf politisches Handeln überhaupt erst die Bedingungen schafft, um in Begriffen der Zweck-Mittel-Relation zu denken und zu handeln [93]. Ihr zufolge ist M. weder mit Befehl-Gehorsam-Beziehungen noch mit dem «Geschäft der Herrschaft» identisch, da ihr das Moment des Zwanges, der Manipulation und des Konflikts fehle. M. definiert sich dieser Auffassung zufolge weder in bezug auf die Überwindung eines ihr möglicherweise entgegengebrachten Widerstandes, noch ist sie in irgendeinem Sinne mit Gewalt verträglich: «Von 'gewaltloser' M. zu sprechen, ist ein Pleonasmus. Gewalt kann M. vernichten; sie ist gänzlich außer Stande, M. zu erzeugen» [94].

Im Gegensatz zu dieser normativen, allein das Kriterium der Legitimität zugrunde legenden Bestimmung politischer M. stehen die Versuche, M.-Verhältnisse wesentlich allgemeiner im Rahmen der Beschreibung politischer und sozialer Prozesse zu erfassen. B. RUSSELL hat in Abgrenzung gegen die Marxsche Auffassung vom Primat der ökonomischen M. sogar vorgeschlagen, aufgrund der unterschiedlichen Formen, in denen M. auftreten und sozial ausgeübt werden kann, parallel zur Funktion des Energiebegriffs in der Physik M. als Grundbegriff der Gesellschaftswissenschaften einzuführen [95]. Wie dieser Vorschlag hat sich jedoch auch seine an Hobbes orientierte und Prozesse der Naturaneignung mit einschließende allgemeine Definition der M. als das «Hervorbringen beabsichtigter Wirkungen» [96] nicht durchsetzen können. Als einflußreicher erwies sich der Versuch von LASSWELL und KAPLAN, den Begriff der M. auf die Rolle eines Grundbegriffes der politischen Wissenschaft zu beschränken [97] und nur jene Aktsorten in eine sozialwissenschaftliche Definition von M. miteinzubeziehen, die imstande sind, das Handeln anderer sozialer Akteure zu beeinflussen [98]. M. wird hierbei als Teilnahme an Entscheidungsprozessen begriffen und als eine Form von «Einfluß» durch die Anwendung bzw. Androhung von Sanktionen näher gekennzeichnet [99]. Trotz dieses Zwangselements unterscheidet sich M. von der «nackten M.» [100] durch ihre konsensuelle Grundlage. So ist der Einsatz von Gewalt nur als ein Grenzfall der Ausübung von M. zu verstehen, die im Normalfall eher auf gemeinsamen Wertvorstellungen der sozialen Akteure, Loyalität, Interesse, Gewohnheit oder Apathie beruht [101].

Wie stark ein wesentlich relationaler, auf handlungstheoretischer Ebene konzipierter Begriff der M. auch anderen Formen sozialer Beeinflussung gleicht und nur schwer von ihnen unterscheidbar ist, zeigen die unterschiedlichen Nomenklaturen und Typologien im Anschluß an Lasswell und Kaplan. Insbesondere der Begriff ‹Einfluß› erweist sich als eng mit dem M.-Begriff verbunden und wird teils als dessen Oberbegriff, teils wie bei SIMON, MARCH und DAHL als mit diesem identisch aufgefaßt [102]. Demgegenüber hat PARTRIDGE ‹M.› als den umfassenderen Begriff vorgeschlagen und als ein Kontinuum mit den beiden Polen ‹Einfluß› und ‹Beherrschung› (domination) bestimmt [103]. Auch in der Typologisierung von «M.-Grundlagen» bzw. «M.-Formen» ist in den modernen Sozialwissenschaften noch keine weitgehend verbindliche Standardisierung erreicht worden. Jedoch haben neben der Typologie von FRENCH und RAVEN, die Zwang, Belohnung, Kompetenz, Legitimation, Identifikation und Information zur Differenzierung unterschiedlicher M.-Grundlagen vorgeschlagen haben [104], die von A. ETZIONI auch zur Unterscheidung von M.-Formen diskutierten gesellschaftlichen Organisationsprinzipien Gewalt/Zwang, Nutzen und Überzeugung/Manipulation [105] eine gewisse Orientierungsfunktion für neuere begriffliche Analysen übernehmen können.

Dem Umstand, daß die soziale Komplexität von M.-Verhältnissen sich nicht in der Definition von beabsichtigter Wirkung erschöpft, hat R. DAHL mit der Wiederaufnahme des Begriffs der «negativen M.» zur Kennzeichnung des Bereichs der unbeabsichtigten Wirkungen von M. Rechnung tragen wollen [106]. Bereits C. SCHMITT hatte gegenüber der Tendenz einer Identifikation von M. und M.-Mensch wieder daran erinnert, daß die M. als eine «objektive, eigengesetzliche Größe» gegenüber jedem möglichen menschlichen «M.-Haber» eine «gewisse eigene Bedeutung, einen Mehrwert sozusagen» impliziere [107], wodurch sie sich «stärker als jeder Wille zur M.» erweist [108]. Diese von H. PLESSNER als «Emanzipation der M.» bezeichnete «Anonymisierung der M.» im Sinne ihrer Ablösung von «einem zur Herrschaft legitimierten und begrenzten Kreis von Personen» [109] hat auch in der gegenwärtigen politik- und sozialwissenschaftlichen Diskussion zunehmend Aufmerksamkeit gefunden. Gegenüber dem methodischen Ansatz der Pluralismus- [110] und Elitetheorien [111] machten BACHRACH und BARATZ schon bald den Einwand geltend, daß es zur Identifikation politischer M. keinesfalls ausreicht, sich auf die Ebene beobachtbaren Verhaltens im Sinne einer ausschließlichen Betrachtung der am politischen Entscheidungsprozeß teilnehmenden Individuen bzw. Gruppen und der ihm zugrunde liegenden «Schlüsselentscheidungen» (key-decisions) zu beschränken. Vielmehr müsse als «zweites Gesicht der M.» auch die Ebene der «Nicht-Entscheidungen» und «Nicht-Ereignisse» im Sinne der dem formalen Entscheidungsprozeß vorhergehenden Restriktionen und die die Artikulation potentieller Bedürfnisse und Konfliktpotentiale vorgängig, d.h. strukturell verhindernden Selektionsprozesse berücksichtigt werden [112].

Eine noch stärker die gesellschaftlichen Voraussetzungen und Funktionen betonende Neuformulierung erfährt der Begriff der M. im Rahmen der sozialwissenschaftlichen Systemtheorie von T. PARSONS und N. LUHMANN. M. erscheint nun in einem instrumentalen Sinn als ein symbolisch generalisiertes Medium der Kommunikation, das im Rahmen sozialer Prozesse vergleichbare Leistungen wie Geld, Einfluß und Normorientierung [113] bzw. Geld, Wahrheit und Liebe [114] hinsichtlich der Herstellung von Kommensurabilität unterschiedlicher Bedürfnisse und Motive bzw. Abstimmung der Erlebens- und Handlungsorientierung von Interaktionspartnern erbringt [115]. Vor allem die Analogie zur Funktion des Geldes als Wertmesser und Mittel zur Übertragung unterschiedlicher Leistungen hat die Auffassung der M. im Sinne eines Kommunikationsmittels motiviert, die bereits K. W. DEUTSCH zur Bestimmung der M. als der wichtigsten «Währung» (currency) innerhalb der Austauschprozesse zwischen dem politischen System und den anderen Teilsystemen einer Gesellschaft veranlaßt hat [116]. Denn politische Entscheidungen sind darauf angewiesen, daß zur Annahme einer konkreten Entscheidung die Vollzugsinstanz unabhängig von den konkreten Bedürfnissen, Interessen oder Werten der jeweils Betroffenen operieren und mit generalisierter Annahmebereitschaft rechnen kann. Diese dem politischen System evolutionär zugewachsene Funktion der Herstellung kollektiv bindender Entscheidungen [117] beruht auf einem ihm zuerkannten «M.-Kredit» (power credit) [118], der die dem politischen System unterstellten Zwangsmittel bei weitem übersteigen und damit ähnlich wie bei monetären Tauschmitteln zu Prozessen der «M.-Inflation» bzw. «M.-Deflation» führen kann [119]. So tritt parallel zur Funktion des Goldes in bezug auf die Geldentwertung bei Prozessen der M.-Entwertung physische Gewaltanwendung (physical force) als Wert an sich mit «intrinsischer Wirksamkeit» in Aktion [120].

Unter den gegenwärtigen gesellschafts- und evolutionstheoretischen Ansätzen stellt die von M. FOUCAULT in seinen historisch-anthropologischen Untersuchungen vertretene, sowohl auf ältere philosophische, vor allem spinozistische und nietzscheanische Theorieelemente zurückgreifende als auch human- und sozialwissenschaftliche Erkenntnisse berücksichtigende M.-Theorie den heute am weitesten gehenden Versuch einer grundbegrifflichen wie auch historischen Rekonstruktion von M.-Verhältnissen dar. Foucault wendet sich hierbei gegen eine Auffassung, welche das Wesen der M. vor allem in ihren negativen, repressiven und ausschließenden Funktionen sieht und ihr Zentrum in der Offensichtlichkeit staatlicher Instanzen lokalisiert [121]. M. ist für ihn vielmehr zunächst «die Vielfalt von Kräfteverhältnissen, die ein Gebiet bevölkern und organisieren» [122]. Sie vollzieht sich von unzähligen Punkten aus als Spiel ungleicher, beweglicher Beziehungen und ist nicht nur politischen Verhältnissen im engeren Sinne, sondern auch ökonomischen, kognitiven und sexuellen Verhältnissen immanent. Gegenüber der Wirksamkeit souveräner politischer M. sieht er das Eigentümliche der bürgerlichen Gesellschaft in der Ausbildung einer sie fundierenden «Disziplinar-M.» [123], die gemäß einer «Analytik» [124] bzw. «Mikrophysik der M.» [125] ausgehend von den unendlich kleinen Mechanismen der Disziplinierung und Normalisierung des sozialen Körpers und der wechselseitig kontingenten Rationalität von Einzeltechniken bis hin zur Entstehung von «Gesamtdispositiven der M.» [126] rekonstruiert werden kann. Foucault gibt somit dem Begriff der M. jenen universellen Charakter wieder zurück, der ihm innerhalb der Philosophiegeschichte immer wieder zuerkannt wie auch abgesprochen worden ist, ohne sich der Einsicht zu verschließen, daß im Falle einer «Allgegenwart von M.» (omniprésence du pouvoir) [127] auch die Revolte gegen bestehende M.-Verhältnisse aufgrund von deren strikt relationalem Charakter sowohl ihre Aporien als auch ihre Chancen hat [128].

Anmerkungen. [1] J. G. FICHTE: Über Macchiavelli als Schriftsteller und Stellen aus seinen Schr. (1807). Werke, hg. I. H. FICHTE 11, 401-453. – [2] Grundl. des Naturrechts nach Principien der Wiss.lehre (1796). Akad.-A. I/3, 435. – [3] a.O. 430. – [4] 448f. – [5] I/4, 73. – [6] G. W. F. HEGEL, Sämtl. Werke, hg. G. LASSON (1921-25) 7, 16. – [7] Freiheit und Schicksal (1801/02) a.O. 138f. – [8] 10. – [9] 18f. – [10] Jen. Realphilos., hg. J. HOFFMEISTER (1931-32) 2, 267. – [11] Phänomenol. des Geistes, hg. J. HOFFMEISTER (⁶1952) 333. 371. – [12] Wiss. der Logik. Sämtl. Werke, hg. H. GLOCKNER (1927f.) 4, 715. – [13] a.O. 5, 192. – [14] Enzyklop. 3, § 484 a.O. 10, 382. – [15] Rechtsphilos. § 238. – [16] a.O. § 218. – [17] § 261. – [18] § 231. – [19] § 263. – [20] H. HELLER: Hegel und der nationale M.-Staatsgedanke in Deutschland (1921). – [21] K. L. v. HALLER: Restauration der Staatswiss. 1-6 (1816-34). – [22] HEGEL, Rechtsphilos. § 258 Anm. – [23] M. DE BONALD: Théorie du pouvoir polit. et relig. dans la société civile (1796). – [24] A. MÜLLER, Über Macchiavelli. Vermischte Schr. über Staat, Philosophie und Kunst (1812) 1, 54. – [25] F. v. BAADER: Über die Behauptung, daß kein üblicher Gebrauch der Vernunft sein könne (1807). Sämtl. Werke 1 (1851) 36 Anm. 2. – [26] Über die Zeitschr. Avenir und ihre Principien (1831) a.O. 6 (1854) 37. – [27] FR. SCHLEGEL: Philos. Vorles. (1804-06). – [28] F. v. BAADER, Socialphilos. Aphorismen aus verschiedenen Zeitblättern a.O. [25] 5 (1854) 304ff. – [29] L. v. RANKE: Über die Epochen der neueren Gesch. (1854, ⁵1899) XI; J. G. DROYSEN: Historik (1868, ³1958) 258f. – [30] A. L. v. ROCHAU: Grundsätze der Realpolitik, angewendet auf die staatl. Zustände Deutschlands (1853) 2. – [31] H. v. TREITSCHKE: Vorles. über Politik, hg. M. CORNELIUS (⁵1922) 90f. 100f. – [32] DROYSEN, a.O. [29] 352; ROCHAU, a.O. [30] 1. – [33] DROYSEN, Br.wechsel, hg. R. HÜBNER (1929) 2, 11. – [34] J. BURCKHARDT, Weltgesch. Betracht. Nachlaß hg. A. OERI/E. DÜRR (1929) 25. – [35] M. STIRNER, Der Einzige und sein Eigentum, hg. H. G. HELMS (1968) 137. – [36] K. MARX und F. ENGELS: Die dtsch. Ideol. (1845/46). MEW 3, 74. – [37] a.O. 34. – [38] K. MARX: Grundrisse der Kritik der polit. Ökonomie (1953) 545. – [39] a.O. 65. – [40] Das Kapital 3. MEW 25, 274f. – [41] a.O. 1. MEW 23, 779. – [42] F. ENGELS: Br. an C. Schmidt (27. Okt. 1890). MARX/ENGELS, Ausgewählte Br. (1953) 510; ferner MARX, a.O. [41] 779. – [43] E. DÜHRING: Cursus der National- und Socialökonomie einschl. der Hauptpunkte der Finanzpolitik (²1876). – [44] F. ENGELS: Herrn Eugen Dührings Umwälzung der Wiss. (1878, ND 1948) 161. – [45] Der Ursprung der Familie, des Privateigentums und des Staates (1883, ND 1946) 191. – [46] MARX: Der Bürgerkrieg in Frankreich (1871). MARX/ENGELS, Ausgewählte Schr. (1955) 1, 489. – [47] ENGELS, a.O. [45] 193. – [48] Br. an F. Turati (26. Jan. 1894) a.O. [42] 570. – [49] MARX, a.O. [46] 457; ENGELS: Br. an P. v. Patten (18. April 1883) a.O. [42] 430; W. I. LENIN: Staat und Revolution (1917). – [50] M. BAKUNIN, Ges. Werke (1924) 3, 90. – [51] E. v. BÖHM-BAWERK: M. oder ökonom. Gesetz? Z. Volkswirtsch., Sozialpol. Verwaltung 23 (1914) 205f.; A. SALZ: M. und Wirtschaftsgesetz (1930); F. A. WESTPHALEN: Die theoret. Grundlagen der Sozialpol. (1931) 81f.; J. LHOMME: Pouvoir et société économ. (Paris 1965); H. K. SCHNEIDER/C. WATRIN (Hg.): M. und ökonom. Gesetz. Schr. Ver. Socialpol. NF 74 (1973). – [52] A. GRAMSCI: L'ordine nuovo 1919/20 (Turin 1954); Quaderni del carcere, hg. V. GERRATANA (Turin 1975). – [53] C. BUCI-GLUCKSMANN: Gramsci et l'état (Paris 1975); vgl. L. GRUPPI: Gramsci – Philos. der Praxis und die Hegemonie des Proletariats (1977); N. POULANTZAS: Pouvoir polit. et classes sociales (Paris 1968); dtsch. Polit. M. und gesellschaftl. Klassen (1974); L'état, le pouvoir, le socialisme (Paris 1978). – [53] MAO TSETUNG: Probleme des Krieges und der Strategie (1938). Ausgewählte Werke (Peking 1968) 2, 260f. – [54] A. SCHOPENHAUER: Die Welt als Wille und Vorstellung (³1858). Sämtl. Werke, hg. P. DEUSSEN (1924) 2, 400. 625. – [55] FR. NIETZSCHE, Umwertung aller Werte. Nachlaß, hg. F. WÜRZBACH (²1977) 255. 337. – [56] a.O. 253. – [57] 337. – [58] 249. – [59] 249. 267. – [60] 260. – [61] 254. – [62] 243f. 249. – [63] Geneal. der Moral (1887). Werke, hg. K. SCHLECHTA (⁶1969) 2, 761f. – [64] a.O. passim. – [65] M. HEIDEGGER: Holzwege (1950); Nietzsche (1961). –

[66] L. KLAGES: Die psychol. Errungenschaften Nietzsches (1926). – [67] E. SPRANGER: Lebensformen. Geisteswiss. Psychol. und Ethik der Persönlichkeit (⁵1925) 213. – [68] A. ADLER: Menschenkenntnis (1926) 53f.; vgl. auch A. STÖHR: Psychol. (²1922) 513f.; zur neueren Forsch. vgl. D. MCCLELLAND: M. als Motiv (1978). – [69] S. FREUD, Ges. Werke (London 1947) 13, 41. – [70] a.O. 376. – [71] 12, 46. – [72] G. RATZENHOFER: Wesen und Zweck der Pol. (1893). – [73] L. GUMPLOWICZ: Gesch. der Staatstheorien (1926). – [74] G. MOSCA: Elementi di sci. polit. (Rom 1896); dtsch. Die herrschende Klasse (1950) 53f. – [75] V. PARETO: Les systèmes socialistes (1902/03, ²1926) 1, 121; 2, 416; Tratt. di sociol. gen. (1916); frz. Traité de sociol. gén. (Lausanne/Paris 1917-1919, Genf ³1968) §§ 278f. 2025f. 2213f. 2309f. – [76] Traité, a.O. § 1918. – [77] Les systèmes socialistes a.O. [75] 1, 37f. – [78] G. SOREL: Refl. sur la violence (Paris 1907); dtsch. Über die Gewalt (1928) 204. – [79] B. MUSSOLINI: Lo sciopero gen. e la violenza (1909). Opera omnia (Florenz 1951-1963) 2, 165. – [80] A. VIERKANDT: Gesellschaftslehre (1923, ²1928) 296f. – [81] M.-Verhältnisse und M.-Moral (1916) 27. – [82] a.O. [80] 17. – [83] F. WIESER: Das Gesetz der M. (1926) 3f. 17. 534. 546. – [84] G. TARDE: Les transformations du pouvoir (Paris 1899). – [85] a.O. 39. – [86] M. WEBER: Wirtschaft und Gesellschaft (1921, ⁵1972) 28. – [87] a.O. 541. – [88] 28. – [89] ebda. – [90] 124f.; vgl. J. WINCKELMANN: Art. ‹Herrschaft›. – [91] C. SCHMITT: M.-Positionen des mod. Staates. Dtsch. Volkstum 15 (1933) 225-230. – [92] G. FERRERO: Pouvoir (New York 1942); dtsch. M. (1944) 427f. – [93] HANNAH ARENDT: M. und Gewalt (1970) 52f. – [94] a.O. 57. – [95] B. RUSSELL: Power (London 1938); dtsch. M. (1947) 10. – [96] a.O. 29. – [97] H. D. LASWELL und A. KAPLAN: Power and society. A framework for polit. inquiry (1950, ⁷1968) XIV. 75. – [98] a.O. 75. – [99] 76. – [100] 99. – [101] 76. – [102] H. A. SIMON: Notes on the observation and measurement of power. J. of Pol. 15 (1953) 500-516; J. G. MARCH: An introd. to the theory and measurement of influence. Amer. polit. Sci. Rev. 49 (1955) 431-451; R. A. DAHL: The concept of power. Behavioral Sci. 2 (1957) 201-215; vgl. hierzu allg. W. A. GAMSON: Power and discontent (Homewood, Ill. 1968) 59f. – [103] P. H. PARTRIDGE: Some notes on the concept of power. Polit. Stud. 11 (1963) 107-125. – [104] P. R. J. FRENCH und B. RAVEN: The bases of social power, in: Stud. in social power, hg. D. CARTWRIGHT (Ann Arbor 1959) 150-167; vgl. auch RUSSELL, a.O. [95] 29; H. GOLDHAMER und F. A. SHILS: Types of power and status. Amer. J. Sociol. 45 (1939) 171-182; GAMSON, a.O. [102]. – [105] A. ETZIONI: The active society (New York 1968); dtsch. Die aktive Gesellschaft (1975) 375f. – [106] DAHL, a.O. [102]. – [107] C. SCHMITT: Gespräch über die M. und den Zugang zum M.-Haber (1954) 11-13. – [108] a.O. 27. – [109] H. PLESSNER: Die Emanzipation der M., in: Von der M. (1962) 23. – [110] R. A. DAHL: Who governs? Democracy and power in an Amer. city (New Haven 1961); N. POLSBY: Community power and polit. theory (New Haven 1963). – [111] C. WRIGHT MILLS: The power elite (New York 1956); dtsch. Die amer. Elite (1962). – [112] P. BACHRACH und M. S. BARATZ: Two faces of power. Amer. polit. Sci. Rev. 56 (1962) 947-952; Decisions and nondecisions: An anal. framework a.O. 57 (1963) 641-651; dtsch. M. und Armut (1977) 43f. – [113] T. PARSONS: On the concept of polit. power. Proc. Amer. philos. Soc. 107 (1963); ND in: Sociol. theory and mod. society (New York/London 1967) 297-354; On the concept of influence. a.O. 355f. – [114] N. LUHMANN: M. (1975) 4f. 15; Einf. Bemerk. zu einer Theorie symbolisch generalisierter Kommunikationsmedien, in: Soziol. Aufklärung 2 (1975) 170f. – [115] PARSONS, a.O. [113] 303. 308; LUHMANN: M. a.O. 7-12. – [116] K. W. DEUTSCH: The nerves of government. Models of polit. communication and control (New York 1963, ²1966) 120-122. – [117] PARSONS, a.O. [113] 300. – [118] a.O. 342. – [119] 341f.; vgl. ferner R. MÜNCH: Legitimität und polit. M. (1976) 135-149. – [120] PARSONS, a.O. [113] 312f.; ferner Some refl. on the place of force in social process (1964) a.O. [113] 264-296. – [121] M. FOUCAULT: Surveiller et punir (Paris 1975); dtsch. Überwachen und Strafen (1976) 14-43. – [122] La volonté de savoir (Paris 1976); dtsch. Sexualität und Wahrheit (1977) 113. – [123] a.O. [121] 173f. – [124] a.O. 111. – [125] 38; ferner Mikrophys. der M. (1976). – [126] a.O. [122] 125f.; Dispositive der M. (1978) bes. 68f. 83f. – [127] a.O. [122] 114. – [128] a.O. 116f.

Literaturhinweise. R. DOLBERG: Theorie der M. (1934). – B. DE JOUVENEL: Du pouvoir: hist. naturelle de sa croissance (Paris

1945); dtsch. Über die Staatsgewalt (1972). – G. RITTER: Die Dämonie der M. (⁶1947). – A. POSE: Philos. du pouvoir (Paris 1948). – J. BARION: M. und Recht und das Wesen des Staates (1951). – A. R. L. GURLAND (Hg.): Faktoren der M.-Bildung (1952). – P. TILLICH: Die Philos. der M. (1956). – Ann. de Philos. polit.: Le pouvoir 1-2 (Paris 1956/57). – E. FAUL: Der mod. Machiavellismus (1961). – A. GEHLEN: Art. ‹M.›, in: Handwb. der Sozialwiss. 7 (1961). – K. SONTHEIMER: Zum Begriff der M. als Grundkategorie der polit. Wiss., in: Wiss. Pol., hg. D. OBERNDÖRFER (1962) 197-209. – D. STERNBERGER: Grund und Abgrund der M. (1962). – F. MEINECKE: Die Idee der Staatsraison (³1963). – R. ARON: M., power, puissance: prose démocratique ou poésie démoniaque? Arch. Europ. de Sociol. 5 (1964) 27-51; dtsch. Zwischen M. und Ideol. (1974) 69-94. – K. HOLM: Zum Begriff der M. Köln. Z. Soziol. Sozialpsychol. 21 (1969) 269-288. – N. LUHMANN: Klass. Theorien der M.-Kritik ihrer Prämissen. Z. Pol. 16 (1969) 149-170. – P. SCHNEIDER: Recht und M. (1970). – J. R. CHAMPLIN (Hg.): Power (New York 1971). – J. P. FAYE: Pouvoir: violence. Note sur le mot ‹Gewalt›. Change 9 (1971) 139-166. – S. LUKES: Power. A radical view (London 1974). – B. BARRY: Power and polit. theory: Some Europ. perspectives (New York 1976). – M.-C. BARTHOLY und J.-P. DESPIN: Le pouvoir: sci. et philos. polit. (Paris 1977). – J. CHATILLON u. a.: Le pouvoir (Paris 1978). – G. MAIRET: Les doctrines du pouvoir (Paris 1978). – H.-D. SCHNEIDER: Sozialpsychol. der M.-Beziehungen (1978) 1-66.   K. LICHTBLAU

III. – Für *Byzanz und Osteuropa* liegen zu ‹M.› bisher keine speziellen begriffsgeschichtlichen Untersuchungen vor. Gesicherte Ergebnisse detaillierter Forschung können somit nicht vorgetragen, wohl aber kann deren Richtung angedeutet und eine grobe, auch Wichtiges auslassende Skizze versucht werden.

1. In *Byzanz* ist 'M.' eine für alle beispielhaft sichtbare Eigenschaft der Person des Kaisers, des Gottes auf Erden (ϑεὸς ἐπίγειος [1]) und des Patriarchen als Stellvertreters Christi. Sie kann in ihren Manifestationen – wie im ‹Zeremonienbuch› des Kaisers KONSTANTIN VII. PORPHYROGENNETOS (10. Jh.) [2] – und Auswirkungen beschrieben und theoretisch gefaßt werden. Auf der historisch-politischen, der rechtlichen und theologisch-philosophischen Ebene sind griechisch-römische, orientalische und christliche Einflüsse wirksam. 'M.' ist ein nomokanonisches, staats-kirchenrechtliches, dann auch ethisch-politisches Thema, dessen Darstellung in den Rechtsquellen, in den Traktaten der Theologen, Philosophen, Kanonisten u. a. während der ganzen byzantinischen Epoche kontrovers ist und von der politisch-gesellschaftlich und kirchlich je aktuellen Lage sehr verschieden sein kann. Die wesentlichen Fragen gehen auf den Ursprung der M., die Kompetenz des (Wahl-)Kaisers gegenüber der Politie: Volk, Senat und Armee sowie auf das Verhältnis von Kaiser und Patriarch und deren Zuständigkeiten.

Von der römischrechtlichen Position des «princeps legibus solutus», die z. B. in die ‹Digesten› und in den ‹Basilika› genannten Rechtskodex Kaiser LEONS VI. im 9. Jh. eingegangen, später für die Behauptung der Unbeschränktheit der kaiserlichen M. in Anspruch genommen, aber auch z. B. von dem Kanonisten und Patriarchen von Antiochien, THEODOROS BALSAMON (12. Jh.) bestritten worden ist [3], spannt sich der Bogen etwa über die ‹Praefatio› der 6. Novelle Kaiser JUSTINIANS I. (6. Jh.), die das Verhältnis von βασιλεία und ἱερωσύνη, imperium und sacerdotium, unter bestimmten Bedingungen als συμφωνία τις ἀγαθή, «consonantia quaedam bona» [4], kennzeichnet, und die ‹Ekloge› Kaiser LEONS III. (8. Jh.), die die Hauptaufgabe des von Gott bevollmächtigten Herrschers in der Verwaltung der Gerechtigkeit (δικαιοσύνη) gegenüber den ihm anvertrauten Untertanen sieht [5], bis zur vom Patriarchen PHOTIOS verfaßten ‹Epanagoge› (um 879) des Kaisers Basileios I. (die jedoch nie geltendes Recht wurde), dergemäß der Kaiser eine «legitime Amtsmacht» (ἔννομος ἐπιστασία) ist, die unparteiisch handeln und das Gute tun (εὐεργετεῖν) muß, während der Patriarch als «lebendes und beseeltes Bild Christi» (εἰκὼν ζῶσα χριστοῦ καὶ ἔμψυχος) in Taten und Worten die Wahrheit zu verkörpern hat. Hier scheint das Verhältnis von Kaiser und Patriarch als Gleichheit konzipiert, sie sind wie Seele und Leib aufeinander bezogen; jedoch läßt der Text insgesamt sehr verschiedene Interpretationen zu [6].

Auch die einschlägigen Aussagen der Kirchenväter (BASILIUS d. G., ATHANASIUS, JOHANNES CHRYSOSTOMUS) wie anderer theologischer und kirchlicher Schriftsteller müssen hier beachtet werden, etwa die des Diakons AGAPETOS (6. Jh.), der die M. (δύναμις) des Herrschers als gottgegeben sieht, ihn zwar seiner körperlichen Organisation nach allen Menschen gleichstellt, dem Grade seiner M. nach jedoch mit Gott vergleicht (τῇ μὲν οὐσίᾳ τοῦ σώματος ἴσος παντὶ ἀνθρώπῳ ὁ βασιλεύς, τῇ ἐξουσίᾳ δὲ τοῦ ἀξιώματος ὅμοιός ἐστι τῷ ἐπὶ πάντων ϑεῷ. «Essentia corporis aequalis est cuilibet homini, imperator, potestate autem dignitatis cunctorum praesidii Deo similis ...») – eine These, die nachhaltig auf die Staatsideologie des Moskauer Rußland eingewirkt hat [7] –, des THEODOR STUDITA (8./9. Jh.) [8], des THEOPHYLAKT VON BULGARIEN (11. Jh.) [9] und anderer. Begriffsgeschichtliche Forschung hätte somit ein vielschichtiges Bild von Meinungen über M., deren Pendant jeweils eine komplexe Realität ist, aus einem großen Reichtum von Texten verschiedenster Art, die während des byzantinischen Jahrtausends geschrieben wurden, zu erheben.

2. In *Osteuropa* (Bulgarien, Rumänien, Rußland, Serbien) kennzeichnen vor allem slawisch-gewohnheitsrechtliche, biblische, rechtliche und kirchliche Einflüsse von Byzanz das Verständnis von M. bis in die Neuzeit hinein [10].

In *Rußland* ist nach der Christianisierung der Terminus ‹M.› sehr vom Neuen Testament her geprägt. Ἐξουσία heißt im Altkirchenslawischen/Altrussischen ‹vlast'› (auch: vladyč'stvo, vladyč'stvie) = Kraft, Vermögen, potestas, auctoritas, auch Freiheit und Recht, Herrschaft, ἀρχή, principatum, Gerichtsherrschaft, Verwaltung und Verwaltungsbezirk [11]. Die biblischen Stellen über Königsherrschaft, die weltlichen M.e und Obrigkeiten [12] sind bekannt, ebenso manche «heiligväterlichen» Schriften, juristische Texte und politische Literatur aus Byzanz, zumindest in Auszügen, die unterschiedlichen Interpretationen weiten Raum geben [13].

Während der andauernden Aus- und Umbildung staatlicher Institutionen in ihrem Für- und Gegeneinander (Fürst, Großfürst, Zar; Bojarenduma, Volksversammlung (veče), Landesversammlungen (zemskie sobory)) im Kiewer und Moskauer Rußland [14] werden im politische Fragen behandelnden Schrifttum die Themen der Unteilbarkeit und der Grenzen der Zaren-M., der Unterordnung der Kirche unter den Staat oder umgekehrt, der Freiheit der Kirche, der Harmonie der Gewalten, der Rechte der Bojaren(duma) und ähnliches erörtert [15]. Die 'politische Theorie' des russischen Mittelalters geht somit das Problem der M. jeweils auch im Hinblick auf die bestehenden oder sich bildenden Institutionen an. Die Texte müssen auf Unterschiede und Gemeinsamkeiten genau untersucht werden, um ein adäquates Bild eines vielschichtigen Verständnisses von M. zu gewinnen. Hinzuweisen ist jedoch darauf, daß die Konzeption des Hl. JOSEF VON WOLOKOLAMSK (Iosif Volockij, um 1440–1515), der wie der Diakon Agapetos definierte, daß der Zar zwar «Gottes Diener» (božij sluga, θεοῦ γὰρ διάκονος) [16] und «der Natur nach allen Menschen» (estestvom podoben est' vsem čelovekom), aber «der M. nach dem höchsten Gotte gleich» (vlastiju že podoben est' vyšnemu Bogu) [17] sei, sich durchsetzen konnte und zur ideologischen Grundlage der Autokratie geworden ist, des samoderžavie, der Selbstherrschaft als unbeschränkter M. des Zaren, wie sie auch IVAN IV. (1533/1547–1584) verstanden hat [18]. So schärft auch der ‹Domostroj›, die «Hausordnung» des 16. Jh., ein, daß man sich den Fürsten zu unterwerfen habe, sage doch der Apostel Paulus, daß jede Obrigkeit (vladyčestvo, ἐξουσία) von Gott eingerichtet sei und daß, wer sich den M.-Habern (vlastelem, τῇ ἐξουσίᾳ) widersetze, sich göttlicher Anordnung (božiju poveleniju, τῇ τοῦ θεοῦ διαταγῇ) widersetze [19].

Darum kann auch im 17. Jh. der mächtige Patriarch NIKON mit seiner konkurrierenden Theorie nicht durchdringen, daß die «zarische M.» (vlast' carskaja) dem Monde gleiche, der sein Licht von der Sonne, dem Sinnbild der «hohenpriesterlichen M.» (vlast' archierejskaja) borge [20], daß der Zar über Laien, nicht aber über Geistliche M. habe [21].

Mit der Schaffung des russischen Imperiums durch Peter den Großen wird M. nicht mehr patriarchalisch-erbrechtlich, sondern staatspolitisch begründet. Sie ist im Interesse des Staates zu handhaben. Im Anschluß an Hugo Grotius u.a. gibt der Ideologe Peters I., FEOFAN PROKOPOVIČ (1681–1738), in seinem Traktat ‹Das Recht des monarchischen Willens› (Pravda voli monaršej, 1722) eine Art Vertragstheorie, nach der die Untertanen wollen, daß der Herrscher «auf ewig» (večno) zu ihrem gemeinsamen Nutzen über sie herrsche [22]. Aber PETER I. bleibt nach seinen ‹Kriegsartikeln› (1716) der «selbstmächtige (samovlastny) Monarch, der niemandem auf Erden über seine Taten Rechenschaft geben muß» [23]. Hier zeigt sich eine deutliche Diskrepanz zwischen zweckrationaler Begründung von M. und immer stärker rationalisierter Regierungspraxis einerseits und dem zuletzt rational nicht mehr faßbaren «Anspruch der Selbstherrschaft», «die noch bis in die Tage der Februar-Revolution (1917) erkennbar ist» [24]. Als erster Philosoph machte 1791 A. N. RADIŠČEV (1749–1802) mit der utilitaristischen Staatsvertragstheorie ernst: Wenn der Nutzen der von Natur gleichen Bürger im Staate und durch das positive Gesetz nicht gewahrt wird, erlebt das Gesetz der Natur seine Wiedergeburt, und «die M.-Befugnis des gekränkten Bürgers» (vlast' obižennogo graždanina) tritt «wieder in Kraft» [25].

Die europäische Aufklärung ergießt sich so an der Wende vom 18. zum 19. Jh. in breitem Strom nach Rußland, mit der sich nun die heimische Aufklärung (prosveščenie), die Tradition (starina) auseinanderzusetzen hat. Als ein Nachhall idealisierter alter, auch freiheitlichständischer Traditionen unter modernen Bedingungen ist des slawophilen Historikers K. AKSAKOV (1817–1860) ‹Memorandum über den inneren Zustand Rußlands› (1855) an Kaiser Alexander II. zu verstehen, in dem er die «Staats-M.» (gosudarstvennaja vlast') als «unbeschränkt» (neograničennaja) zuläßt, wenn diese dem Land (zemlja), d.h. der Kirche und der Gemeinde (obščina), Schutz nach außen und Freiheit des inneren geistigen und sozialen Lebens, also die bürgerlichen Freiheiten, bei gegenseitiger Nichteinmischung gewährt [26].

Wie im 19. und beginnenden 20. Jh. politische Institutionen und Staatsgrundgesetze, Rechtstheorien und politische Philosophien unterschiedlichster – liberaler, konservativer, radikal-sozialistischer, volkstümlicher, anarchistischer usw. – Art M. als Problem erörtern und definieren, kann hier nicht ausgeführt werden [27]. Dabei ist für eine begriffsgeschichtliche Untersuchung wohl die komplexe Verzahnung zweier Welten das interessanteste Phänomen. Dies kann man – nur z.B. – an der ‹Rechtsphilosophie› des liberalen Hegelianers B. ČIČERIN (1828–1903) [28] exemplifizieren und an rechtstheoretischen Schriften [29] und Lehrbüchern des Staatsrechtes, wo z.B. unter I. eine ‹Einführung in die allg. Staatslehre› gegeben, unter II. ‹Das Verfassungsrecht der Staaten der Gegenwart› und unter III. ‹Das russische Staatsrecht› [30] behandelt wird. Noch in den ‹Grundgesetzen› von 1906 wird – fast wörtlich mit dem Text des ‹Geistlichen Reglements› (Duchovnyj Reglament, 1721) von Feofan Prokopovič übereinstimmend – dem «Allrussischen Imperator ... die höchste selbstherrscherliche M.» (verchovnaja samoderžavnaja vlast') zugesprochen, die jedoch nicht mehr zugleich wie vorher als «unbeschränkt» im staatsrechtlichen Sinne bezeichnet werden kann, da Reichsduma und Reichsrat an der Gesetzgebung mitwirken [31]. Aber die hier konzipierte «Einung» (edinenie) der Gewalten erwies sich als brüchig. Die Forderung aller Schichten der Gesellschaft auf mehr Teilhabe an der M. war stets in Theorie und Praxis gegenwärtig. Parteien verschiedenster Richtung wurden schon um die Jahrhundertwende gegründet [32]. In der Revolution von 1905 hatten sich auch zum ersten Male «Räte» (sovety) – zunächst partei-neutrale Streikkomitees als Organe der Arbeiterselbstverwaltung – gebildet, die sich während der Februar-Revolution 1917 «in quasi-parlamentarische Vertretungen der Arbeiterschaft, der Soldaten und später auch der Bauern» [33] verwandelten. Während die «Provisorische Regierung» von Februar bis Oktober 1917 «wesentliche Grundlagen für einen rechtsstaatlichen Verfassungsstaat gelegt und die Verfassung von 1906 demokratisiert hat» [34], hat LENIN in eben dieser Zeit nach einigem Schwanken resolut die «Räte» unter der Parole «Alle M. den Sowjets» (Vsja vlast' sovetam) für die Verwirklichung seiner Idee einer bolschewistischen «Diktatur des Proletariates» theoretisch umgedreht und in Anspruch genommen [35].

Anmerkungen. [1] A. MICHEL: Die Kaiser-M. in der Ostkirche (834-1204) (1959) 126. – [2] J. M. HUSSEY: Die byzantin. Welt (1958) 71f. – [3] VI. VAL'DENBERG: Drevnerusskija učenija o predelach carskoj vlasti. Očerki russkoj političeskoj literatury ot Vladimira Svjatogo do konca XVII veka [Die altruss. Lehren von den Grenzen der Zaren-M. Skizzen zur russ. polit. Lit. vom Hl. Wladimir bis zum Ende des 17. Jh.] (Petrograd 1916, ND Den Haag 1966) 48ff.; H. G. BECK: Kirche und theol. Lit. im byzantin. Reich, in: Hb. Altertumswiss. XII/2/1 (1959) 657f.; TH. BALSAMON, Meditata MPG 138, 1017-1020. – [4] Corpus juris civilis, hg. Fratres KRIEGELII, pars III: Novellae (Stuttgart ¹⁷1890) 34. – [5] VAL'DENBERG, a.O. [3] 52ff.; C. E. ZACHARIAE V. LINGENTHAL: Coll. lib. iuris graeco-romani inedit. Ecloga Leonis et Constantini ... (Lipsiae 1852) 10-12. – [6] Jus Graecoromanum, hg. ZACHARIAE V. LINGENTHAL 6 (Aalen 1962) 57-60; VAL'DENBERG, a.O. [3] 53-56. – [7] a.O. [3] 60-61; H. NEUBAUER: Car und Selbstherrscher (1964) 38; AGAPETOS, MPG 86/1, 1163-1186, zit. 1171. – [8] MPG 99, 1417 B/C. – [9] THEOPHYLAKT, Institutio Regia/Παιδεία βασιλική. MPG 126, 253-286. – [10] A. V. SOLOVIEV: Der Einfluß des byzantin. Rechts auf die Völker Osteuropas. Z. Savigny-Stift. Rechtsgesch., roman. Abt. 76 (1959) 432-479. – [11] I. I. SREZNEVSKIJ: Materialy dlja slovarja drevnerusskago jazyka [Materialien für ein Wb. der altruss. Sprache] I (St. Petersburg [= SPb] 1893) 273-274; A. LESKIEN: Hb. der altbulg. (altkirchenslavischen) Sprache (⁷1955) 272; J. KURZ (Hg.): Lex. linguae palaeoslovenicae 1 (Prag 1966) 200. – [12] VAL'DENBERG, a.O. [3] 28-35. – [13] a.O. 35-82. – [14] M. F. VLADIMIRSKIJ-BUDANOV: Obzor istorii russkago prava [Überblick über die Gesch. des russ. Rechtes] (SPb/Kiew ⁶1909, ND Den Haag 1966) 36-60. 147-185. – [15] VAL'DENBERG, a.O. [3] VII-IX. – [16] IOSIF VOLOCKIJ: Prosvetitel' [Der Aufklärer; Ende 15./Anfang 16. Jh.] (Kazan' ⁴1903, ND Westmead, Engl. 1972) 287. – [17] a.O. 547. – [18] A. JANOW: Iwan der Schreckliche – eine hist. Komponente. Kontinent 6 (dtsch. 1977) 203-248. – [19] Domostroj..., hg. A. ORLOV (Moskau 1908, ND Den Haag 1967) T. 2, 7; Domostroj, hg. I. ZABELIN (Moskau 1882, ND Letchworth-Herts/Engl. 1971) 17; Röm. 13, 1-4. – [20] VAL'DENBERG, a.O. [3] 376. – [21] a.O. 377-378. – [22] VLADIMIRSKIJ-BUDANOV, a.O. [14] 239. – [23] V. V. IVANOVSKIJ: Učebnik gosudarstvennogo prava [Lb. des Staatsrechts] (Kazan' ⁴1913) 289. – [24] NEUBAUER, a.O. [7] 221. – [25] A. N. RADIŠČEV: Putešestvie iz Peterburga v Moskvu, in: Izbrannye filosofskie i obščestvenno-političeskie proizvedenija [Ausgew. philos. und sozial-polit. Werke], hg. I. JA. ŠČIPANOV (Moskau 1952) 101-102; vgl. 136f.; Reise von Petersburg nach Moskau, dtsch. G. DALITZ (1961) 84; vgl. 135f. – [26] K. S. AKSAKOV: Zapiska o vnutrennem sostojanii Rossii..., in: N. L. BRODSKIJ: Rannie slavjanofily [Die frühen Slawophilen] (Moskau 1910) 69-96, zit. 77; dtsch. in: H. EHRENBERG und N. v. BUBNOFF (Hg.): Östl. Christentum. Dokumente 1: Politik (o.J. [um 1925]) 88-120, zit. 97. – [27] S. V. UTECHIN: Gesch. der polit. Ideen in Rußland (1966). – [28] B. N. ČIČERIN: Filosofija prava [Rechtsphilos.] (Moskau 1900). – [29] N. KORKUNOV: Lekcii po obščej teorii prava [Vorles. zur allg. Rechtstheorie] (SPb ²1890). – [30] IVANOSKIJ, a.O. [23] I-VIII; vgl. auch: M. M. SPERANSKIJ: O zakonach ... [Über die Gesetze ...] (1835-1837), in: Sbornik imperatorskago russkago istoričeskago obščestva [Sbd. kaiserl. russ. hist. Ges.] 30 (SPb 1881) 343f. 359-368. 368-371; N. M. KORKUNOV: Russkoe gosudarstvennoe pravo [Das russ. Staatsrecht] 1 (SPb ⁶1908); 2 (SPb ⁵1905). – [31] IVANOVSKIJ, a.O. [23] 371; V. LEONTOVITSCH: Gesch. des Liberalismus in Rußland (1957) 341-359; L. SCHULTZ: Das Verfassungsrecht Rußlands, in: Rußlands Aufbruch ins 20. Jh. Tatsachen und Legenden, hg. G. KATKOV u.a. (1970) 47-55. – [32] E. OBERLÄNDER: Die Rolle der polit. Parteien a.O. [31: KATKOV] 63-85. – [33] O. ANWEILER: Einl. Um die Zukunft der Revolution, in: Arbeiterdemokratie oder Parteidiktatur. Dokumente der Weltrevolution 2, hg. F. KOOL/E. OBERLÄNDER (1967) 11-80, zit. 27. – [34] SCHULTZ, a.O. [31] 61. – [35] ANWEILER, a.O. [33] 30-39; B. D. WOLFE: Lenin, Trotzki, Stalin. Drei, die eine Revolution machten (1965) 416-419. 477-488.

Literaturhinweise. M. D'JAKONOV: Vlast' moskovskich gosudarej. Očerki iz istorii političeskich idej drevnej Rusi do konca XVI veka [Die M. der Moskauer Herrscher. Skizzen aus der Gesch. der polit. Ideen des alten Rußland bis zum Ende des 16. Jh.] (SPb 1889, ND Den Haag/Paris 1969); Očerki obščestvennago i gosudarstvennago stroja drevnej Rusi (SPb ²1908, ND Den Haag 1966); dtsch. Skizzen zur Gesellschafts- und Staatsordnung des alten Rußland (1931). – V. SAVVA: Moskovskie cari i vizantijskie vasilevsy. K voprosu o vlijanii Vizantii na obrazovanie idej carskoj vlasti moskovskich gosudarej [Moskauer Zaren und byzantin. Kaiser. Zur Frage des Einflusses von Byzanz auf die Bildung der Ideen der Zaren-M. der Moskauer Herrscher] (Char'kov 1901, ND Den Haag 1969). – V. V. IVANOVSKIJ s. Anm. [23]. – VI. VAL'DENBERG s. Anm. [3]. – O. TREITINGER: Die oström. Kaiser- und Reichsidee nach ihrer Gestaltung im höf. Zeremoniell (1938, ND 1956). – A. M. AMMANN: Abriß der ostslaw. Kirchengesch. (1950). – V. LEONTOVITSCH s. Anm. [31]. – H. SCHAEDER: Moskau – das dritte Rom. Stud. zur Gesch. der polit. Theorien in der slaw. Welt (²1957). – O. ANWEILER: Die Rätebewegung in Rußland 1905-1921 (Leiden 1958). – J. M. HUSSEY s. Anm. [2]. – H. G. BECK s. Anm. [3]. – A. MICHEL s. Anm. [1]. – PH. SHERRAD: The Greek East and the Latin West (London 1959). – W. LETTENBAUER: Moskau – das dritte Rom. Zur Gesch. einer polit. Theorie (1961). – E. BARKER: Social and political thought in Byzantium (Oxford ²1961). – H. NEUBAUER s. Anm. [7]. – D. J. GEANAKOPLOS: Byzantine East and Latin West (Oxford 1966). – F. DVORNIK: Early christian and byzantine polit. philos. (Washington 1966). – W. GOERDT: Igo logičeskoe – igo gosudarstva [Log. Joch – Joch des Staates]. Anm. zu einer slawophilen Denkfigur, in: Commentationes linguisticae et philologicae Ernesto Dickenmann lustrum claudenti quintum decimum (Heidelberg 1977) 171-184. – H. G. BECK: Das byzantin. Jahrtausend (1978).

W. GOERDT

IV. Nach *marxistisch-leninistischer* Auffassung ergibt M. sich aus den jeweiligen gesellschaftlichen Verhältnissen: In Klassengesellschaften finden die Produktionsverhältnisse Ausdruck in den *politischen* Machtstrukturen, welche die zugrunde liegende Ausbeutung absichern: «Die spezifische ökonomische Form, in der unbezahlte Mehrarbeit aus den unmittelbaren Produzenten ausgepumpt wird, bestimmt das Herrschafts- und Knechtschaftsverhältnis, wie es unmittelbar aus der Produktion selbst hervorwächst und seinerseits bestimmend auf sie zurückwirkt» [1].

In den von Naturalverhältnissen bestimmten vorkapitalistischen Klassengesellschaften, so in der Sklavenhalter- und Feudalgesellschaft, manifestiert sich M. in *persönlicher* Abhängigkeit vom Sklavenhalter, Grundherrn oder Zunftmeister [2]. Dagegen treten in der darauf folgenden kapitalistischen Gesellschaft ökonomische und politische M. zunächst auseinander. Dies drückt sich aus in der Scheidung von Staat und Gesellschaft [3]. Ausbeutung ist nicht mehr unmittelbar gewaltmäßig, d. h. politisch, sondern ökonomisch vermittelt: Da die Arbeitskraft selbst zur Ware geworden und in den allgemeinen Äquivalententausch einbezogen sein, erscheinen gesellschaftliche Herrschafts- und Abhängigkeitsverhältnisse als Sachverhältnisse [4]. Die institutionalisierte politische M. des Staates greift nur noch gelegentlich zur Absicherung des Herrschaftsverhältnisses ein [5], während das eigentliche Ausbeutungsverhältnis «durch bloße Gewalt der ökonomischen Verhältnisse» [6] gleichsam naturgesetzlich funktioniert [7]. Die zunehmende Monopolisierung der ökonomischen Sphäre führt allerdings, wie besonders LENIN betont [8], wiederum zur fortschreitenden Politisierung, zur neuerlichen Verschmelzung der ökonomischen mit der staatlich-politischen M. (staatsmonopolistischer Kapitalismus) [9]. Die Verallgemeinerung des Monopols auf gesamtgesellschaftlicher Ebene macht den Übergang zum Sozialismus notwendig und schafft zugleich wesentliche Voraussetzungen dafür [10].

Ist die Staats-M. historisch als «Maschine der Klassenherrschaft» [11] definiert, so können mit dem revolutionären Sturz der Bourgeoisie «die bloß unterdrückenden Organe der alten Regierungs-M. ab[geschnitten], ... ihre berechtigten Funktionen einer Gewalt, die über der Gesellschaft zu stehn beansprucht, entrissen und den verantwortlichen Dienern der Gesellschaft zurückgegeben werden» [12]. Der kapitalistische Staatsapparat wird zerschlagen [13], die «Staats-M.», bislang «eine öffentliche Gewalt zur Unterdrückung der Arbeiterklasse», «überflüssig» [14]: «Sobald es keine Gesellschaftsklasse mehr in der Unterdrückung zu halten gilt..., gibt es nichts mehr zu reprimieren. ... An die Stelle der Regierung über Personen tritt die Verwaltung von Sachen und die Leitung von Produktionsprozessen» [15].

Dieses Programm der Diktatur des Proletariats ist nach marxistisch-leninistischer Auffassung ansatzweise in der Commune von Paris 1871 [16], in größerem Stil aber erst in den Räten (Sowjets) der russischen Revolutionen und im staatlichen Aufbau der Sowjetunion verwirklicht worden. Von einer Verwirklichung kann jedoch nur gesprochen werden, wenn man die ursprüngliche Marxsche Revolutionstheorie wesentlich modifiziert. Hatte LENIN schon 1917 die Beibehaltung repressiver Staatsfunktionen in der Periode der Diktatur des Proletariats betont [17], so wurde diese Tendenz durch die nicht vorhergesehene Isolierung des revolutionären Staates, seine «Einkreisung», weiter verstärkt. Hinzu kommen die fortbestehenden Leitungs- und Führungsfunktionen des Staats- und Parteiapparates, die sich nach Lenin aus der materiellen Struktur des Produktionsprozesses, nicht aus gesellschaftlichen oder politischen Verhältnissen ergeben [18].

Die repressiven Leitungsfunktionen der Staats-M. wurden dann vor allem von STALIN betont und begründet. Nach dem Abschluß der Auseinandersetzung mit den innergesellschaftlichen Klassenfeinden, insbesondere den Kulaken, gibt es zwar nach Stalin «keine antagonistischen Klassen mehr» in der Sowjetunion [19], und die in der Zeit des offenen Kampfes notwendigen Einschränkungen des Wahlrechts können fallengelassen werden [20]. Die politischen und militärischen M.-Funktionen des «Halbstaats» (polugosudarstvo) (LENIN) [21] seien jedoch auch «in der Periode des Kommunismus» noch nötig, weil die «kapitalistische Umkreisung» fortdaure [22], ein Argument, mit dem auch heute noch der Fortbestand der militärischen und politischen Strukturen im «Staat des ganzen Volkes» (obščenarodnoe gosudarstvo) [23] während der Phase des Aufbaus des Kommunismus gerechtfertigt wird.

Die spezifisch sowjetisch-marxistische Auslegung des Praxisbegriffs, welche ihre Wurzeln vor allem in den Schriften LENINS [24], aber auch in der MARX-Rezeption der II. Internationale [25] und einigen Spätschriften von ENGELS [26] hat, ermöglicht, ausgehend von der «Identität von Freiheit und Notwendigkeit» und damit der «*Identität* von Denken und Sein» [27], die reibungslose Legitimation auch gesellschaftlich unkontrollierbarer M.-Ausübung [28]:

1. Die Sowjet-M. legitimiert sich dialektisch: einerseits *kausal* mit der Entfaltung der Produktivkräfte, welche zu sozialistischen Produktionsverhältnissen drängen, und andererseits *final* mit der Endzeiterwartung: dem Kommunismus. In dieser Dialektik sind *Theorie* (Denken, Bildung) und *Poiesis* (Arbeit, Werken) verbunden, nicht aber *Theorie* und *Praxis* (Tun).

2. Da Dialektik eine ontologische Vorbestimmtheit annimmt, fallen Grund-Folge- und Mittel-Zweck-Reihen zusammen. So verbinden etwa die sozialistischen Volkswirtschaftspläne die kausale Steuerung durch Normen mit der finalen Steuerung durch Zwecke. Das aber gelingt in der Praxis kaum, denn hier muß fast immer die *Rechtmäßigkeit* der *Zweckmäßigkeit* oder diese jener weichen [29]. Ähnlich widerstrebend wird die Leistung motiviert, nämlich einmal durch den sozialistischen Wettbewerb, der in Richtung Kommunismus weist, und zum anderen durch Anreizung des persönlichen Gewinnstrebens, der zum isolierten bürgerlichen Subjekt zurückführt. Diese und ähnliche Schwierigkeiten wollte man durch ein umfassendes wirtschaftliches Regelungssystem lösen. Doch dieses Bestreben, politische in technische Fragen umzuformen – ein Bestreben, das K. MANNHEIM als bürgerlichen Formalismus bezeichnet –, hat trotz einer stürmischen Rezeption von Kybernetik, Informatik und Systemtheorie seine Ziele nicht erreicht. Denn die hierfür notwendigen festen Daten lassen sich auch in der sowjetischen Wirtschaft nicht gewinnen.

3. Die Anzahl der Gesichtspunkte, unter denen M. (russ. «vlast'») im russischen Schrifttum überhaupt diskutiert wurde, ist immer mehr geschrumpft, und die *Reichhaltigkeit* wich der *Genauigkeit*. Noch im 19. Jh. bis hin in die 1920er Jahre standen religiös-slawophile, liberalwestliche, psychologische und materialistische Positionen nebeneinander. Zwar wurde dem Staat immer M. zugeschrieben, denn ohne M. wäre der Staat nur ein «aufgewirbelter Menschenstaub» (bujnaja ljudskaja pyl') [30], und die Sanktion, die Gewaltandrohung, war und ist Teil der Rechtsnorm. Doch wird heute Recht weniger durch ⟨vlast'⟩ definiert als durch ⟨volja⟩ (Wille). Man setzt sich heute von VYŠINSKIJ ab, der in seiner Rechtsdefinition von 1938 ⟨vlast'⟩ verwendete [31], desgleichen von STUČKA, demzufolge das Recht durch die «organisierte Gewalt» (organizovannaja sila) der herrschenden Klasse gestützt wird [32]. Da man heute den Willen überwiegend als Zweckstreben auffaßt, wird das Recht insgesamt einer technisch-instrumentalistischen Auffassung und Anwendung überantwortet, was wie im Westen zum Technokratievorwurf führt [33]. Formale Prozesse legitimieren sich zwar durch ihre Überprüfbarkeit, doch geben sie kein Auskunft darüber, ob sie überhaupt nötig sind. Das ist keine Frage des poietischen Machens, sondern eine des praktischen Tuns. Da aber M. nicht *praktisch* verstanden wird, war und ist sie theoretisch ungeklärt [34].

4. Der theoretisch-poietischen Einseitigkeit der M.-Auffassung entspricht eine Unklarheit der Begriffe, unter denen sie erörtert wird: Zweck (cel') und Grund (osnova). ⟨Cel'⟩ meint den Zweck, der *mit* einer Handlung erreicht wird, und zugleich das Ziel, das *in* ihr erreicht wird. Wäre nun der Kommunismus nicht nur Zweck, sondern auch Ziel, dann müßte schon der Weg zu ihm kommunistisch sein, und Menschen sowie Generationen dürften nicht nur als Mittel behandelt werden. ⟨Osnova⟩ meint den Grund, aus dem eine von ihm abgetrennte Folge *entstanden* ist, und zugleich den Anlaß, der am Anfang der veranlaßten Handlung *steht*. Wäre nun die Oktoberrevolution nicht nur der historisch gewesene Grund der heutigen Sowjetmacht, sondern auch ihr weiterwirkender Anlaß, dann müßte die M.-Ausübung revolutionär sein, und die Verkrustung in Normen, Institutionen und Rängen wäre ausgeschlossen. Im ersten Falle wäre eine Reflexion der Zweck/Mittel-Relation etwa nach Art der jugoslawischen Praxis-Gruppe intendiert [35], im zweiten Falle ein ständiger Umwälzungsprozeß, wie er sich in verschiedenen Phasen der chinesischen Entwicklung nach 1949 («Hundert Blumen», Kulturrevolution) angedeutet hat [36].

Anmerkungen. [1] K. MARX, Das Kapital 3. MEW 25, 799. – [2] Vgl. a.O. 1. MEW 23, 91; K. MARX und FR. ENGELS, Manifest der Kommunist. Partei. MEW 4, 462. – [3] K. MARX, Zur Judenfrage. MEW 1, 367f. – [4] Vgl. a.O. [2] 23, 85ff. – [5] FR. ENGELS, Der Ursprung der Familie, des Privateigentums und des Staats. MEW 21, 167. – [6] MARX, a.O. [2] 23, 286. – [7] Vgl. a.O. 787. – [8] W. I. LENIN: Der Imperialismus als höchstes Stadium des Kapitalismus. Werke (1961ff.) 22, 241f. – [9] Vgl. Über den Staat a.O.29, 477ff. – [10] a.O. 209f.; vgl. H. MARCUSE: Die Gesellschaftslehre des sowjet. Marxismus (1969) 39. – [11] K. MARX, Der Bürgerkrieg in Frankreich. MEW 17, 336. – [12] a.O. 340. – [13] Vgl. K. MARX und FR. ENGELS: Vorwort zum Manifest der Kommunist. Partei (dtsch. A. 1872). MEW 18, 96. – [14] MARX, a.O. [11] 17, 341. – [15] FR. ENGELS, Herrn Eugen Dührings Umwälzung der Wiss. («Antidühring»). MEW 20, 262. – [16] Vgl. K. MESCHKAT: Die Pariser Kommune im Spiegel der sowjet. Gesch.schreibung (1965). – [17] Vgl. W. I. LENIN, Staat und Revolution a.O. [8] 25, 409. – [18] Vgl. a.O. 495f. – [19] I. V. STALIN: Über den Entwurf der Verfassung der UdSSR, in: Fragen des Leninismus (Moskau 1947) 624. – [20] Vgl. a.O. 643f. – [21] LENIN, a.O. [8] 25, 409; russ. Werke (Moskau ⁵1962) 33, 18. – [22] I. V. STALIN: Rechenschaftsber. an den XVIII. Parteitag am 10. März 1939 a.O. [19] 728. – [23] Programm der KPdSU (1961) 2. Teil, III, in: C. W. GASTEYGER

(Hg.): Perspektiven der sowjet. Politik. Der XXII. Parteitag und das neue Parteiprogramm. Eine Dokumentation (1962) 227. – [24] W. I. LENIN, Materialismus und Empiriokritizismus a.O. [8] 14, bes. 184ff. – [25] Vgl. G. V. PLECHANOV: Die Grundprobleme des Marxismus (1974) 90-104. – [26] Vgl. z. B. FR. ENGELS, MEW 20, 106. – [27] L. COLETTI: Bernstein und der Marxismus der Zweiten Int. (1971) 33 [Hervorheb. im Orig.]. – [28] Vgl. O. NEGT: Marxismus als Legitimationswiss. Zur Genese der stalinist. Philos., in: A. DEBORIN und N. BUCHARIN: Kontroversen über dialekt. und hist. Materialismus (1969) 33-47. – [29] V. P. ŠKREDOV: Ekonomika i pravo [Wirtschaft und Recht] (Moskau 1967) 77-91. – [30] J. M. MAGAZINER: Lekcii po gosudarstvennomu pravu [Vorles. zum Staatsrecht] (Petrograd 1919) 2. – [31] A. J. VYŠINSKIJ: Voprosy teorii gosudarstva i prava [Fragen der Staats- und Rechtstheorie] (Moskau ²1949) 41. – [32] P. I. STUČKA: Izbrannye proizvedenija po marksistsko-leninskoj teorii prava [Ausgew. Werke zur marxist.-leninist. Rechtstheorie] (Riga 1964) 58. – [33] V. F. MEŠERA, in: Problemy teorii socialističeskogo gosudarstva [Probleme der Theorie des sozialist. Staates. Ber. über ein Gespräch zu rechts- und staatstheoret. Fragen]. Sovetskoe gosudarstvo i pravo [Sowjetstaat und -recht] (1975) H. 8, 29. – [34] L. A. GRIGORJAN: Socialističeskaja gosudarstvennaja vlast' i predstavitel'naja forma ee osuščestvlenija [Die sozialist. Staats-M. und die repräsentative Form ihrer Ausübung] a.O. [33] (1969) H. 3, 83; I. D. IL'INSKIJ: Vvedenie v izučenie sovetskogo prava [Einf. in das Studium des Sowjetrechts] (Leningrad 1925). – [35] S. STOJANOVIC: Iznedju ideala i stvarnosti (Belgrad 1969); dtsch. Kritik und Zukunft des Sozialismus (1970) bes. 175ff. – [36] Vgl. hierzu R. ROSSANDA: Der Marxismus Mao Tsetungs, in: Über die Dialektik von Kontinuität und Bruch (1975) 103ff.

Literaturhinweise. Z. K. BREZINSKI: Ideology and power in Soviet politics (New York u. a. ²1967). – H. RODINGEN: Die gegenwärtige sowjet. Staatslehre. Der Staat 10 (1971) 513-528. – Sowjetsystem und demokrat. Gesellschaft. Eine vergl. Enzyklop., hg. C. D. KERNIG 4 (1971) 244-254: ‹Marxist. Theorie des M.›. – Die Staatsordnung der Sowjetunion, hg. H. ROGGEMANN (1971). – L. A. GRIGORJAN: Narodovlastie v SSSR [Die Volksherrschaft in der UdSSR] (Moskau 1972). – N. G. ALEKSANDROV und F. I. KALINYČEV u.a.: Teorija gosudarstva i prava [Staats- und Rechtstheorie] (Moskau ²1974). – B. M. LESNOJ: Socialističeskaja gosudarstvennost' [Die sozialist. Staatlichkeit] (Moskau 1974). – Ob ekonomičeskoj dejatel'nosti gosudarstva i roli nadstrojki pri socializme [Von der wirtschaftl. Betätigung des Staates und der Rolle des Überbaus im Sozialismus]. Kommunist (1976) H. 1, 38-47.

H. RODINGEN

V. Der M.-Begriff der östlichen Religionen und des Polytheismus. – Ganz naiv, ohne ideologische Gegenposition verhält sich die politische Theorie zum M.-Phänomen im *klassischen Indien*, wobei die Frage der Beeinflussung durch hellenistisches Staatsdenken noch ungelöst ist. Die Verwaltungsgrundsätze des Maurya-Reiches (4.-3. Jh. v. Chr.), bekannt durch die Staatslehre des KAUTILYA, eines legendären Kanzlers Kaiser Candraguptas (um 300), lassen eine rein pragmatische Auffassung der M. erkennen [1], und das gleiche gilt für andere indische Staatsschriften sowie die in den großen Epen ‹Mahabharata› und ‹Ramayana› stilisierten politischen Grundsätze [2]. Indem *dharma* als religiös-sittliche Sphäre einerseits und *artha* als irdisch-utilitaristische Sphäre andererseits radikal voneinander unterschieden und demgemäß völlig getrennten Lehrgebäuden – *Dharmaśastra* und *Arthaśastra* – zugewiesen werden, gelingt es, das Problem der politischen Ethik von vornherein zu umgehen und in der Sphäre des politischen Handelns ausschließlich den Erfolg zum maßgebenden Kriterium zu machen. Innerhalb der systematischen Dreiteilung der Wissenschaften in *Sankhya*, *Yoga* und *Lokayata* wird dabei die Politik ausschließlich der Sphäre des Lokayata, d. h. dem Materialismus, zugewiesen, vergleichbar der Physis-Lehre der hellenischen Sophisten des 5. Jh. v. Chr. M. und M.-Chancen, und unter letzteren besonders der Reichtum, stehen in höchster Geltung, in ihnen liegt das alleinige Heil. Kein Gut auf Erden gibt es, das nicht mit Gewalttat gegen andere verknüpft wäre; daß der Stärkere den Schwächeren frißt, ist göttliches Gesetz. Man sei, wie man geschaffen ist; Weltentsagung und Gewaltlosigkeit gelten nur für Schwächlinge. Das Gerede von Recht und Unrecht ist nur eine «Wolfsspur» (d. h. ein Irrlicht) [3]. Nur M. und Vorteil gelten, das 'Recht' folgt gehorsam der M. wie der Rauch dem Winde, oder, um ein anderes Bild zu verwenden: Das Recht klammert sich an die M. wie die Ranke an den Baum. «Alles ist für den Starken heilsam, alles für den Starken Recht und Tugend, alles für den Starken Eigentum» [4]. Für den Mächtigen ist nichts unmöglich, und alles ist für ihn rein. «Nicht ohne daß man andere in ihre empfindlichsten und tödlichsten Stellen schneidet, nicht ohne daß man schreckliche Dinge tut, nicht ohne daß man tötet wie ein Fischer, gelangt man zu Glück und Herrlichkeit der Großen» [5]. «Frei von Fehl und Tadel ist das eigenmächtige Nehmen bei denen, die die M. haben» (KIRATARJUNIYA) [6]. Das sind Ausmalungen, die in ihrer Drastik Hobbes' Knappheitsprinzip in den Schatten stellen. M.-Anwendung und M.-Durchsetzung (*danda*) implizieren aber nicht nur offene Gewaltanwendung (daher auch *danda* = Heeres-M.), sondern auch die Zauber-M. des wortgewaltigen Brahmanen und die Unwiderstehlichkeit der Bestechung, d. h. formal gewaltlose Mittel, deren Anwendung sogar als klüger erscheint als die Anwendung offener Gewalt. Die moderne, irreführende Dialektik von «Gewalt» und «Gewaltlosigkeit», wie sie vor allem von MAHATMA GANDHI angewandt wurde [7], ist in diesen klassischen Zeugnissen bereits als täuschend durchschaut: *Prajnaśakti* (Kraft der Klugheit) und *mantraśakti* (Kraft der geheimen Anschläge) sind einwandfrei schlagkräftigere Mittel als die offene Gewalttat.

Diese Einsicht findet auch in der politischen Sphäre konsequente Anwendung, z. B. in den Aufgaben der Spionage und Geheimpolizei und in den völlig gewissenfreien Spezialanweisungen zur diplomatischen Täuschung, vor allem aber in den Prinzipien des verschlagenen Doppelspiels der Außenpolitik, gegründet auf eine illusionsfreie Anthropologie des universalen Mißtrauens aller gegen alle. Die theoretische Konsequenz eines universalen Skeptizismus wird hier unmißverständlich gezogen. Der Nachbar gilt grundsätzlich als Feind, schon darum, weil er erwartungsgemäß denselben Grundsätzen huldigt wie man selber: Der skeptizistische Zirkel ist hier die theoretische Erwartung des Handelns. «Wenn er [der Gegner] in Schwierigkeiten geraten ist, sei er anzugreifen; wenn er keine Hilfe oder nur schwache Kräfte hat, ist er zu vernichten, andernfalls zu bedrängen oder zu vergewaltigen» [8].

Das *Arthaśastra* ist als ein Fürstenspiegel gedacht, der Herrschende soll seinen Anweisungen und Vorschriften gehorchen, nicht etwa im Sinne eines Ausgleitens in Libertinage, sondern im Sinne eines Nachlebens in asketischer Disziplin. Hier wird also ein pragmatisch-herrscherliches Stilmoment sichtbar, für welches die auf kalte M.-Anwendung verzichtenden «gewöhnlichen» Dharma-Tugenden des Erbarmens, des Mitfühlens, der Treue und der Versöhnlichkeit usw. als affektive Schwächen gelten, die ein starker Mensch und vor allem ein Mächtiger sich nicht leisten kann und die er nötigenfalls in sich abtöten muß. Das Arthaśastra ist einem Herrschaftssystem zuzuordnen, das von den abendländischen Lösungsversuchen des Verhältnisses von Politik und Ethik auf das entschiedenste abweicht. Man kann dieses System als Koinokratie, als Herrschaft des weltlichen Prinzips, bezeichnen, wobei auf eine Heiligung desselben völlig verzichtet wird.

Außerhalb der christlichen Kulturen hat die ausdrückliche M.-*Negation* ihre schärfste Prägung in den Lehren des *chinesischen Taoismus* erhalten. «Die als heterodox geltende Lehre vom Nichtstun der Regierung als der Quelle alles Heils» [9] wird prägnant im ‹Tao-te-king›, dessen Verfasserschaft dem LAO-TSE zugeschrieben wird, vorgetragen. In diesem Falle ist der M.-Verzicht ein Ideologem Einzelner, welches den Vakuum schafft für das vermehrte M.-Einströmen anderer.

Im *Buddhismus* steht der außerweltlichen Mönchsaskese nicht nur der faktische Ausbau von hierokratischen M.-Apparaten gegenüber, sondern auch dogmatisch besteht die Dualität von Buddha und Cakravartin (Weltherrscher): Diese scheinbar unerträgliche Antinomie *gehört* zum Gesamtphänomen dieser Religion [10].

Der Doppelaspekt der M.: teils sich (aktiv) ihrer zu bedienen, teils sie (passiv) an sich zu erfahren, ist für die Wesenserfassung der M. über unsere soziologisch verengte Definition hinaus unentbehrlich. Das ganze Gebiet des M.-Glaubens gehört hierher: M. als Magie sowie als ein Reich übersinnlicher Mächte im *Animismus* der ‘Naturvölker’ und im *polytheistischen* Kosmos der Hochreligionen. Hier wird die Wirklichkeit der menschlichen Existenz insofern besser getroffen als in der Bosheitsthese, weil die Mächte ein für alle Male im Plural erscheinen und insofern die prekäre Lage des Menschen «zwischen den Mächten» realitätstreuer abspiegeln. Auch gibt es ja nicht nur «böse» Mächte, sondern auch «gute», und noch öfter sind sie eindeutig weder das eine noch das andere, sondern vieldeutig, jedoch beschwörbar. Naturgewalten (Vulkane, Erdbeben, Flutkatastrophen, Unbilden des Klimas, Seuchen, reißende Tiere) und menschlichen Feinde werden unter den Zuständen von Kopfjagd und Blutrache werden in den technisch schwach bewaffneten Zivilisationen als Übergewalten erfahren, gegen die es sich zu versichern gilt; denn die Dämonie des Daseins ist vielgestaltig, man muß mit ihr paktieren, mit ihr (oder auch über sie) M. suchen [11]. Das Verlangen nach größerer Eindeutigkeit der M. prägt sich dabei aus in den systematischen Versuchen, die «Geister zu unterscheiden», sie zu sondern in gute und böse Dämonen. Der Kampf zwischen beiden wird vor allem im indischen Kulturkreis (Süd- und Südostasien) in Schrift und Bild (Epos, Skulptur, Fresko) oft eindrucksvoll dargestellt, und der Sieg der guten Mächte ist hierbei unerläßlich zur Schaffung eines wenigstens vorübergehenden Sicherheitsgefühls; er ist daher auch ein unerschöpfliches Thema der philosophischen Spekulation und der künstlerischen Darstellung. Das archaische Denken riskiert dabei selten die Utopie einer absoluten Vernichtung oder Unschädlichmachung der «bösen» Mächte; was bestenfalls gelingt, ist ihre transitorische Bändigung (Mythen vom gefesselten Raubtier usw.). Doch hat der Pluralismus der Mächte nicht nur im archaischen Animismus (oder Polytheismus) seinen guten Sinn: Auch der Vielzahl der sich bestreitenden Staaten, Parteiungen und «pressure groups» in der Moderne wird die *alte* Redeweise von «den» Mächten besser gerecht als eine abstrakte Erörterung «der» M. Hat doch sogar M. WEBER in bezug auf die *modernen* M.-Kämpfe von einer Theomachie der «alten Götter» gesprochen [12]. Es ist daher nicht widersinnig, die archaischen mythologischen Kategorien mit einem modernen Sinn zu erfüllen.

Der M.-Glaube hat sich auch in zahlreichen numinosen Begriffen niedergeschlagen: polynesisch *mana*, irokesisch *orenda*, Avesta *chvarna*, altnordisch *hamingja*, Sanskrit *śakti* u. a. m. Diese M.-Begriffe werden gern in Personen verkörpert gesehen, und dann lassen sie sich unter den Sammelbegriff der charismatischen Ausstrahlung bringen [13]. Diese «Emanation» ist am eindrücklichsten in manchen Systemen des Gnostizismus bezeugt, als Phänomen ist sie aber verbreiteter und für die phänomenologische Erfassung der M. kaum zu entbehren. PINDAR nennt als «Mächte») Eris (Streit, Zwietracht), Tyche (Geschick, Glück), Ate (Verblendung), Charis (Reiz), Peitho (lockende Überredung) und die Muse. Diese alle sind ursprünglich nicht Abstrakta, sondern Hypostasen erlebter Phänomene. Meist sind sie Feminina, mithin Aspekte der «Weibmächtigkeit» [14], wie die hellenistisch-gnostizistische Sophia oder Ennoia, die mahāyana-buddhistische *śakti* und *prajñā*. Der krypto-erotische Charakter des dämonischen oder göttlichen M.-Besessenseins, der auch antik sowohl apollinisch wie dionysisch bezeugt ist, entstammt, wie der zentral- und südasiatische Śaktismus, den schamanistischen Ekstase-Techniken, wie sie bis in die Gegenwart hinein von gewissen ‘Naturvölkern’ noch geübt werden. Zugleich wird aber auch die sozialpsychologisch «mitreißende» Gewalt (Energicum) der Ekstase oft hervorgehoben, im Schamanismus sowohl als auch in den mystischen Prozeduren des Ostens und Westens. Zur M. gehört also unbedingt auch ihre «ansteckende» Wirkung, d. i. der Charakter der energischen Bewegung, also das kinästhetische Moment; was wir «soziale» Bewegung nennen, ist nur eine Transposition dieses Sachverhalts ins Soziologische. Die tantristische religionsphilosophische Spekulation begreift die ganze Welt als ‘M.’ unter den sechs Aspekten der Realität (*tattva-śakti*), des Lebens (*prāna-śakti*), des Geistes (*mānasī-śakti*), des Stoffes (*bhūta-śakti*) und der Kausalität und Kontinuität (*kāranaśakti* und *sthiti-śakti*) [15]. Bei aller intellektuellen Überfrachtung sind derartige Systeme doch immer auf pragmatisch-magische Anwendung hin angelegt, ihr Ziel ist die Einübung in die M.-Techniken (Sanskrit *siddhi*), als welche immer wieder die gleichen übernatürlichen Fähigkeiten namhaft gemacht werden: Fliegenkönnen, Fähigkeit der Levitation (auch für christliche Heilige mannigfach bezeugt), durch Wände hindurchdringen, auf dem Wasser wandeln, Herzensdurchschauung anderer, Unterscheidung der (guten und bösen) Geister u. a. m. Daß bereits das ausgesprochene Wort mächtig ist (mitunter sogar das bloß gedachte!) im Sinne einer Ursprungsgleichheit von Zauberspruch und Gebet (lat. *carmen*) und (für die ganze Gattung der Poesie folgenreich) Seherspruch und Poiesis, gilt für die Gesamtheit der archaischen und ‘primitiven’ Kulturen, episch wohl am eindrucksvollsten im finnischen ‹Kalevala›. Philosophisch gesehen wird hier die Intentionalität des «Namens» oder auch die Intentionalität der bloßen rituellen «Geste» als unmittelbar magisch die gemeinte Sache bewirkend verstanden bzw. mißverstanden. Archaisch ist *alle* Kunstübung, auch die materiell darstellende in Felsbild, Fresko, Plastik, aus «Mächtigkeit» hervorgehend: spirituell materialisierend. Wo die M.-Techniken sich ethisch reflektieren, gelangen sie kaum hinaus über die Prätension, daß M.-Mißbrauch zwar möglich, aber nicht nötig sei; zu der antiken Einsicht in die Pleonexie-Verführung wird auch in der tantristischen Spekulation nicht vorgedrungen. Der im Westen durch das christlich sensibilisierende «Gewissen» ganz unmöglich gewordene Optimismus des selbstgewissen Unterscheidenkönnens der Geister (beispielsweise auch der echten und der falschen Propheten, der weißen und der schwarzen Magie usw.) ist in den östlichen Religionssystemen mit voller Naivität erhalten.

Anmerkungen. [1] KAUTILYA's Arthaśastra, engl. R. SHAMASASTRY (Mysore ⁴1951). – [2] J. J. MEYER: Das altind. Buch vom Welt- und Staatsleben. Das Arthaśastra des Kautilya (1926); Über das Wesen der altind. Rechtsschr. und ihr Verhältnis zueinander und zu Kautilya (1927); A. HILLEBRANDT: Altind. Politik (1923). – [3] Vgl. a.O. [2]. – [7] W. E. MÜHLMANN: Mahatma Gandhi. Der Mann, sein Werk und seine Wirkung. Eine Untersuch. zur Relig.soziol. und pol. Ethik (1950) 218-233. 151-159. 187-211; Art. ‹Pacifism and nonviolent movements›, in: Encyclopedia Britannica (Chicago ¹⁵1974) 845-853. – [8] Vgl. a.O. [2]. – [9] M. WEBER, Ges. Aufsätze zur Relig.soziol. 1 (⁶1972) 498; vgl. Wirtschaft und Gesellschaft (⁵1972) 28f. – [10] S. J. TAMBIAH: World conquerors and world renouncers. A study of Buddhism and policy in Thailand (Cambridge 1976) bes. 32-53. – [11] W. E. MÜHLMANN u.a.: Chiliasmus und Nativismus (²1964). – [12] Vgl. a.O. [9]. – [13] W. E. MÜHLMANN: Die charismat. Verführung, in: D. GOETZE: Castro, Nkrumah, Sukarno (1977) VII-XXXVIII. – [14] C. G. JUNG, Ges. Werke 9/2 (1976) 20-31. – [15] J. WOODROFFE: The world of power. Reality, life, mind, matter, causality and continuity (Madras ²1957).

Literaturhinweise. C. BRINKMANN: Soziol. Theorie der Revolution (1948). – A. K. COOMARASWAMY: Spiritual authority and temporal power in the Indian theory of government (1967). – G. FERRERO: M., dtsch. F. BONDY (1944). – A. HILLEBRANDT s. Anm. [2]. – KAUTILYAS Arthaśastra s. Anm. [1]. – G. VAN DER LEEUW: Phänomenol. der Relig. (1933). – J. J. MEYER s. Anm. [2]. – W. E. MÜHLMANN s. Anm. [7 und 13]. – W. E. MÜHLMANN u. a. s. Anm. [11]. – W. E. MÜHLMANN: Homo Creator. Abh. zur Soziol., Anthropol. und Ethnol. (1962) Kap. 4, 39-59: Gnadengabe und Verhängnis der M. – G. SANTAYANA: Dominations and powers. Refl. on liberty, society and government (New York 1951). – O. STEIN: Megasthenes und Kautilya (1922). – J. F. THIEL und A. DOUTRELŒUX (Hg.): Heil und M. Studia Instituti Anthropos 22 (1975). – M. WEBER s. Anm. [9]. – J. WOODROFFE s. Anm. [15].   W. E. MÜHLMANN

VI. *Judentum und Neues Testament* greifen grundsätzlich auf die gemeingriechischen Begriffe für ‹M.› zurück. Auch in ihrem Sprachgebrauch kann der Unterschied zwischen der innewohnenden physisch oder geistig vorhandenen Gewalt [1], für die meist Begriffe wie δύναμις, κράτος und ἰσχύς stehen, und der «Möglichkeit zu einem Handeln, insofern sich ihm keine Hindernisse in den Weg stellen» [2], d.h. der M., die «zu sagen hat» und ἐξουσία heißt [3], festgestellt werden.

1. So wird bei JOSEPHUS ἐξουσία als Erlaubnis, Vollmacht, Recht und faktische Verfügungsgewalt verstanden. Namentlich PHILON verwendet diesen Begriff zur Bezeichnung der absoluten Herrschermacht des Königs [4], des Volkes [5] und, aufgrund der Schöpfertätigkeit, auch Gottes [6]. In der ‹Septuaginta› bedeutet ἐξουσία ursprünglich Recht, Vollmacht und Freiheit in juristischem Sinn, aber auch gottgegebenes Recht und Erlaubnis [7]. Erst in den Spätschriften erlangt es in konsequenter Weiterbildung die Bedeutung der M. des Königs und Gottes, ja es kann sogar die Stelle der Behörden einnehmen [8].

2. Diese Sinnbestimmung des Begriffes ἐξουσία findet auch Eingang in den urchristlichen Sprachgebrauch. Das Neue Testament bedient sich seiner mit Vorliebe zur Bezeichnung der unsichtbaren M. Gottes, dessen Wort schöpferische M. ist. Ἐξουσία, M., die «zu sagen hat», ist auch Freiheit, zu bestimmen und zu verfügen, die ein von Gott oder Menschen zugestandenes Recht ist [9]. Sie bezeichnet weiter Vollmacht und Autorität, z. B. die Jesu [10] und die von ihm seinen Jüngern mitgeteilte M. und Freiheit zum Handeln [11]. Weniger gebräuchlich ist ἐξουσία im Sinne herrscherlicher Gewalt. Auch die synkretistische Bedeutung von M. als auf göttlicher Begabung beruhendes Vermögen (δύναμις) und das daraus sich ergebende Recht des Pneumatikers [12] findet sich seltener. In Röm. 13, 1-7 übernimmt PAULUS wohl ein der hellenistisch-römischen Rechts- und Verwaltungswelt entstammendes Denkschema, von woher der Gebrauch der ἐξουσία als Justiz- und Verwaltungsbehörde zu erklären ist. In 1. Kor. 11, 10 wird ἐξουσία zu einem vor Engeln schützenden M.-Mittel.

Auf einen dem Neuen Testament eigenständigen Gebrauch von ἐξουσίαι für überirdische 'Mächte' muß besonders hingewiesen werden (oft im Zusammenhang von ἀρχαί, δυνάμεις und κυριότητες) [13]. Die Vorstellung solcher Mächte zwischen Gott und Menschen geht wohl auf das Judentum (Äquivalent r^eschut) zurück [14], aber weder Judentum noch Gnosis sehen diese Mächte in ihrem Doppelcharakter, einerseits repräsentierend die versklavende und verführende M. der sündigen Welt, andererseits aber doch zur in und auf Christus hin geschaffenen Welt gehörend [15]. Entscheidend ist aber das christliche Glaubenswissen, daß diese Zwischenmächte den Christen von Christus nicht trennen *können*. Nach dem Neuen Testament sind alle M.-Verhältnisse im Himmel (Engel, Satan) [16] und auf der sündigen Welt bloß Abbild der unumschränkten Herrscher-M. Gottes. Nichts – auch im Bereich der Natur – geschieht ohne von Gott stammende Voll-M. Selbst die Feinde Gottes haben bloß verliehene M. [17]. Auf besondere Weise ist jedoch diese verliehene M. in der christlichen Gemeinde [18] wirksam. Keiner kann sich selbst etwas nehmen, alles wird ihm geschenkt. Jesus selbst ist und bleibt das Haupt der Gemeinde, und ihm allein ist alle M. gegeben, die er aber seinen Jüngern weitergibt. Sie bleiben ihm immer verantwortlich [19]. Ἐξουσία bedeutet so aber auch die der Gemeinde gegebene Freiheit [20].

Anmerkungen. [1] W. FOERSTER: Art. Ἐξουσία, in: Theol. Wb. zum NT, hg. G. KITTEL 2 (1935) 563. – [2] a.O. 559. – [3] 563. – [4] PHILON, Leg. Gaj. 26. 54. 190. – [5] Jos. 67. – [6] Cher. 27. – [7] Tob. 7, 10 a. – [8] 1. Makk. 10, 28. – [9] Röm. 9, 21; 1. Kor. 7, 37. – [10] Jo. 10, 18; Mt. 28, 18; Jo. 17, 2; 5, 27. – [11] Mt. 28, 18; Jo. 19, 10f.; Apg. 9, 14. – [12] Etwa Mk. 1, 22; 1. Kor. 9, 4. – [13] 1. Kor. 15, 24; Eph. 3, 10; Kol. 1, 15f. – [14] FOERSTER, a.O. [1] 569. – [15] Kol. 1, 15f.; vgl. H. SCHLIER: Der Brief an die Epheser (³1962) 45ff. – [16] Apg. 26, 18; Kol. 1, 13. – [17] Lk. 4, 6; Apk. 13, 2-7. – [18] Jo. 1, 12; 2. Kor. 10, 8; 13, 10. – [19] Apk. 2, 26-28. – [20] 1. Kor. 6, 12; 8, 9; 10, 23.

Literaturhinweise. M. DIBELIUS: Die Geisterwelt im Glauben des Paulus (1909). – A. STROBEL: Zum Verständnis von Röm. 13. Z. neutestamentl. Wiss. 47 (1956) 67-93. Lit. – H. SCHLIER: Mächte und Gewalten im NT (1958). – E. KÄSEMANN: Röm. 13, 1-7 in unserer Generation. Z. Theol. u. Kirche 56 (1959) 316-376. – D. GEORGI: Art. ‹M. II (Urchristentum)›, in: RGG 4 (³1960) s.v. – J. MICHL: Mächte und Gewalten, in: Bibeltheol. Wb., hg. J. BAUER 2 (²1962) 819-825.   A. SEIGFRIED

VII. In der christlichen *Theologie* beider Konfessionen werden im 20. Jh. Notwendigkeit und Grenzen der M., ihre Legitimation aus der All-M. Gottes und die Verantwortung der Inhaber der M. besonders seit dem Zweiten Weltkrieg und der Perversion der weltlichen M. durch totalitäre Herrschaftsformen reflektiert. M. wurzelt zwar in Gott und nicht in der Autonomie des Menschen, sie muß sich aber gerade deshalb vor ihm verantworten und gebändigt werden [1]. Die letztlich Gott allein zukommende M. ist als M. im Sinne von physischer Gewalt «eine Erscheinungsform der Schuld». Sie entstammt der Konkupiszenz des Menschen, ist aber, obwohl sie nie ganz beseitigt werden wird, «doch das zu Überwindende ..., das langsam abgeschafft und überholt werden soll oder sollte». M. ist Bedingung der Möglichkeit von Freiheit, aber von Wahrheit und Liebe langsam zu verzehren, jedoch erst im Reich Gottes völlig beseitigt. Nur die Absolutsetzung der M., die M.-Erhaltung um ihrer selbst willen, ist sündhaft [2]. Alle M. ist von Gott delegiert, sie bleibt an ihn gebunden, auch wenn sie ein gewisses Maß an Selbständigkeit hat oder die M.-Träger sie gegen Gott selbst, der sie am Ende der Geschichte wieder in sich zurücknehmen wird, zu kehren versuchen [3]. Da alle geschöpfliche M. in Gott begründet ist, so ist er «nicht irgendeine M. ..., sondern ... *die* M., die eine, einzige und alleinige M.», «die M. aller Mächte, die M. in und über ihnen allen» [4]. Aus der «Verhaftetheit an die fremden Mächte» wird der Mensch befreit nur durch «das Eingreifen der erlösenden M. Gottes selbst», durch den, «der allein die M. hat» [5]. Ontologisch gesehen, eignet allem Sein von seinem Ursprung her ein «Mächtig-sein». Menschliche M. ist «ermächtigte M.», und das Recht ist ihr «inneres Prinzip», wodurch sie «wahre M.» wird. Der christliche Gebrauch der M. vollzieht sich in der Verantwortung vor Gott und in der «Bereitschaft, alles Gott anheimzustellen» [6]. Die «M. des Seins» ist «die Möglichkeit, das Nichtsein zu besiegen», sie ist «keine tote Identität, sondern der dynamische Prozeß, in dem es sich von sich selbst trennt und zu sich zurückkehrt. Je mehr überwundene Trennung vorhanden ist, desto mehr M. ist vorhanden. Der Prozeß, in dem das Getrennte wiedervereint wird, ist die Liebe». Allmächtigkeit Gottes bedeutet: «Gott ist die M. des Seins in allem, was ist» [7].

Anmerkungen. [1] R. GUARDINI: Die M. Versuch einer Wegweisung (1952) bes. 26ff. 67. 86. 94. – [2] K. RAHNER: Theol. der M., in: Schr. zur Theol. 4 (³1962) 485-505, zit. 489. – [3] H. ASMUSSEN: Über die M. (1960) bes. 35. 38. 53. 67. – [4] K. BARTH: Kirchl. Dogmatik 2/1 (³1948) 602.605; vgl. 610; 3/4 (1951) 445ff. – [5] E. BRUNNER: Die M.-Frage (1938) 19. 21. 27. – [6] B. WELTE: Über das Wesen und den rechten Gebrauch der M. (1960) 12. 23. 55. – [7] P. TILLICH: Liebe, M., Gerechtigkeit (1955) 38. 41. 50. 115f.

Literaturhinweis. R. HAUSER: Art. ⟨M.⟩, in: Hb. der theol. Grundbegriffe (1962/63) 2, 98-111.   R. HAUSER

Magie (von lat. magia, griech. μαγεία, iran.-altpers. magu(s), idg. *magh; verwandt mit griech. μῆχος, μηχανή, got. mahts, dtsch. Macht). ⟨M.⟩ meint Zauberei, abergläubische Handlung, Geheimritual und ist eine durch die Resultate ethnologischer und religionsgeschichtlicher Forschung sehr komplex gewordene, teils wertende, teils wertungsindifferente Bezeichnung für vorwissenschaftliches und 'außerrationales' zweckhaftes Handeln des Menschen auf der Grundlage bestimmter Kausalvorstellungen, für eine damit zusammenhängende Weltanschauung, ferner für niedere Religionsformen oder für Religionsderivate und -surrogate, die durch derartiges Verhalten geprägt sind. Die irrationale Komponente und theoretische Grundlage der M. und das oft dahinterstehende metaphysische System sowie ein mit ihr nicht selten verbundenes kompliziertes Ritual schlagen jedenfalls eine Brücke zur Religion. Der M. liegt der «Macht»-Gedanke zugrunde [1]. Der von ihr angenommene eigengesetzliche, aber durch den Menschen steuerbare Funktionsmechanismus «übernatürlicher» Kräfte, die schließlich zu einer Art von Götter- oder Schicksalszwang (Theurgie) verwendet werden, bringt sie in fortgeschrittener theistischer Religiosität in Verruf, obwohl in manchen Hochreligionen (z. B. der Babylonier, Ägypter, Germanen) die Götter selbst als große Magier figurieren. Polemisiert wird gegen sie, da sie meist moralisch indifferent bei der Handhabung ihrer Mittel verfährt, ebenfalls von einer höheren Ethik und schließlich überhaupt von der kausal-mechanischen Naturwissenschaft aus. In den kulturhistorischen, religionsethnologischen und ethnosoziologischen Theorien ist die Stellung der M. außerordentlich verschieden beurteilt worden, vor allem hinsichtlich ihres entwicklungsgeschichtlichen Verhältnisses zu Religion, Wissenschaft und Technik.

Die magische Aktion aller Arten wird entweder durch Laut, Wort, Gesang, Beschwörung, Schrift, Zeichen, Geste, Berührung, mimische Handlung (Symbolhandlung, Symbolobjekte) oder durch Vermittlung magischer Medien und 'kraft' geladener Materien vollzogen. Hinsichtlich der Wirkweise unterscheidet man «kontagiöse» und «imitative», «homöopathische» oder «analogische» M., hinsichtlich der Absichten und Ergebnisse positive und negative, effektive und apotropäische M. oder Wirk- und Schutzzauber, Heil- und Schadenzauber, schwarze (Goëtie) und weiße (Theurgie) M. Nach den Geltungsbereichen, Formen und Inhalten ergeben sich reiche Differenzierungen, z. B. öffentlicher und privater Zauber, Wetter-, Ernte-, Fruchtbarkeits-, Jagd-, Kriegs-, Rechts- oder Liebeszauber.

Im Sprachgebrauch der *Antike* [2] sind die μάγοι persische Priester, die einen Stamm der Meder bilden und z. B. Träume und Vorzeichen deuten, bei Opfern mitwirken [3] oder einen besonderen Mysterienkult pflegen [4]. Nach späteren Berichten sollen griechische Philosophen wie Empedokles, Demokrit, Pythagoras, Protagoras zum Teil im direkten Umgang mit ihnen ihre Lehre studiert haben [5]. ARISTOTELES zählt sie zu denjenigen, die halb als Dichter, halb als Philosophen alles Seiende aus einem obersten Prinzip ableiten [6]. Ihre Theologie ist die M. [7]. CICERO sind die magi als «genus sapientium et doctorum ... in Persis» bekannt [8]. Als solche werden sie auch im spätantiken Neuplatonismus genannt [9]. Für PHILON ist die M. eine «Wissenschaft des Schauens» (ὀπτικὴ ἐπιστήμη), «welche die Werke der Natur durch deutlichere Vorstellungen erhellt». Sie ist so von einer anderen Form von M., die Betrüger und Zauberer treiben, streng unterschieden [10]. DIOGENES LAERTIUS, der alles Bekannte über die Magier zusammenträgt, läßt sie mit Zoroaster beginnen und stellt sie in eine Reihe mit den babylonischen Chaldäern, indischen Gymnosophisten und keltischen Druiden [11]. Dadurch wurde der Begriff verallgemeinert, so daß μάγος jeden Träger und Vermittler übernatürlicher Weisheit meinen kann. So erscheinen auch im Neuen Testament die drei Weisen aus dem Morgenland als μάγοι [12]. – Daneben bedeutet μάγος aber auch generell Zauberer [13] und, rein pejorativ, Betrüger, Scharlatan [14]. In der Spätantike muß sich der Neuplatoniker APULEIUS gegen den Vorwurf, M. betrieben zu haben, verteidigen [15]. – Während in der *Gnosis* Philosophie und M. als die Seele und die Medizin als den Körper heilende Lehren nebeneinanderstehen [16], wehren sich die griechischen *Kirchenväter* gegen die M. und bezeichnen sie als unnütze Scharlatanerie. Dabei wird sie aber als Gegner ernst genommen: M. und Werke Gottes stehen im Widerspruch zueinander; die M. verliert vor dem christlichen Glauben ihre Kraft [17].

Für das *Mittelalter* wurde die Meinung ISIDORS VON SEVILLA maßgebend, nach der die «vanitas magicarum artium», der Weissagungen, Orakelsprüche und Totenbeschwörungen, daher rühre, daß sie von bösen Engeln stammen [18]. Hugo und Richard von St. Viktor schließen die M. aus der Philosophie aus, weil sie falsch und lügnerisch sei, von der Religion abführe und die Dämonenverehrung fördere [19]. Albertus Magnus unterscheidet die magi von den necromantici, incantatores, aruspices und divinatores. Magier sind nicht als böse zu verachten, weil sie anders als jene die Wissenschaft von den natürlichen Ursachen der Dinge besitzen, jener Wirkungen, die sonst als wunderbar vorgestellt werden [20]. So kann auch Wilhelm von Auvergne eine «M. naturalis» bestimmen, die nichts Ungerechtes oder den Schöpfer Beleidigendes ist, weil sie nicht von Dämonen herrührt, sondern auf denselben Prinzipien wie die Medizin beruht und zum Heil der Menschen wirkt [21]. Demgegenüber hält Thomas von Aquin daran fest, daß alle «magicae artes» nicht Wissenschaften, sondern «fallaciae daemonum» sind und ihre Anwendung deshalb böse ist [22]. Die Wunder der magi sind nur scheinbar solche [23]. Für Moses Maimonides sind die Gebote Gottes auch dazu bestimmt, uns vor Zauberkünsten, die nicht auf vernünftigen Schlußfolgerungen beruhen, zu bewahren [24]. Und auch nach Hildegard von Bingen ist die «magica ars» diabolischen Ursprungs [25]. Roger Bacon stellt fest, daß der Aberglaube der M. noch stark verbreitet ist, obwohl die M. nichtig, falsch und illusionär ist [26], gesteht aber zu, daß manche magische Werke auch Wahrheiten enthalten. Er vertraut dem Experiment, das Wahre vom Falschen zu scheiden [27].

Mit der neuen Belebung platonischen und neuplatonischen Denkens in der *Renaissance* erfuhr auch der Begriff ‹M.› eine veränderte Bestimmung. M. Ficino, der Platon und Plotin kommentiert und Porphyrius, Iamblich und u. a. Proclus' ‹De sacrificiis et magia› übersetzt [28], zitiert den byzantinischen Gelehrten Michael Psellus, der die griechische Definition der M. als einer priesterlichen Fähigkeit, Macht (potestas) auszuüben, überlieferte [29]. Ficino führt die M. auf die Liebe zurück: Beide beruhen auf der Anziehung (attractio), die «ein Gegenstand auf einen anderen aufgrund einer bestimmten Wesensverwandtschaft ausübt. ... Aus dieser entspringt Liebe, und aus der Liebe die gemeinsame Anziehung. Und dies ist die wahre M.». Amor ist ein «magus», denn in der Liebe liegt die «tota vis magice». Die Kunst (ars) der M. unterstützt ergänzend als «Dienerin» (ministra) der Natur deren Kräfte «mithilfe bestimmter Dämpfe, Zahlen, Figuren und Qualitäten» [30]. Die M. naturalis ist nicht der Umgang mit Dämonen («M. prophana»), sondern besteht darin, daß die Stoffe der Natur den himmlischen Einwirkungen unterworfen, die irdischen Dinge mit den Gestirnen verbunden werden, damit durch ihre Wohltaten ein guter körperlicher Zustand erreicht wird. So wird die Medizin mit der Astrologie verknüpft [31].

Die Unterscheidung einer M., die im Bunde steht mit den Dämonen und deshalb verwerflich und verboten ist, von einer natürlichen M., die nichts anderes lehrt als «wie wunderbare Werke unter Vermittlung der natürlichen Eigenschaften der Dinge und ihrer Anwendung zu vollbringen sind», und die deshalb nicht nur erlaubt, sondern sogar der vornehmste Teil der «scientia naturalis» ist, weil sie die Kräfte in der Natur (virtutes & activitates agentium naturalium) erforscht, die eine Vermählung mit der Welt (maritare mundum) bedeutet und die der Stimme Gottes in der Natur vernimmt [32], beherrscht dann die folgende Zeit bis ins 17. Jh. und darüberhinaus [33]. In der Konzeption dieser natürlichen M. gibt es keine dämonischen oder göttlichen Einwirkungen auf die Natur, sondern eine streng kausale, wenn auch astrologische Erklärung. «Kein Geschehen kann als vollständig begriffen gelten, so lange es nicht in dieser Weise mit den letzten erkennbaren Ursachen alles Seins und alles Werdens in Zusammenhang gebracht ist: und andererseits gibt es keine Tatsache der Natur, die sich nicht, wenigstens dem Prinzip und der Möglichkeit nach, durch die Einwirkung der Sterne auf die niedere Welt erklären ließe» [34].

Für Agrippa von Nettesheim enthält die M. «omnem Philosophiam, Physicam et Mathematicam», dazu die Kräfte der Religionen, Goëtie und Theurgie. Die natürliche M. untersucht die Kräfte der irdischen und himmlischen Dinge, sucht beide miteinander zu verbinden und so durch die Natur Wunder hervorzubringen [35], indem sie die Gaben der oberen Wesen (Gestirne) den unteren vermittelt [36]. Auch Paracelsus lehnt alle Formen der teuflisch-dämonischen M. ab und setzt die wahre M. mit der scientia kraft gleich: «Eben das ist sie, das sie die himlische kraft mag in das medium bringen und in dem selbigen sein operation volbringen. das medium ist der centrum, der centrum ist der mensch, also mag durch den menschen die himlische macht in den menschen gebracht werden» [37]. Die M. enthüllt die Geheimnisse der Natur und beherrscht ihre Erscheinungen; sie dient (mit der Medizin) dem Menschen; Arzt und magus sind also teilweise identisch [38].

Während bei T. Campanella weitgehend Ficino anschließt [39], folgt G. Bruno in den Grundzügen Agrippa von Nettesheim. Bruno nennt zunächst die verschiedenen gebräuchlichen Bedeutungen von ‹M.› (von der allgemeinsten für jede scientia oder sapientia über die für die scientia naturalis bis zur habituellen Fähigkeit eines Menschen, Wunderbares zu erkennen und zu vollbringen) [40] und differenziert dann in M. divina, physica und mathematica, je nachdem, ob die M. auf übernatürlichen, natürlichen oder den Kräften der Seele beruht. Nur die letztere kann unter Umständen böse sein. Alle M. geht von dem Grundprinzip aus, den Einfluß Gottes über die Gottheiten, Sterne und Dämonen in die Welt zu begreifen (considerare ordinem influxus seu scalam entium, qua Deum in Deos, Deos in astra, astra in daemonas, daemonas in elementa, elementa in mixta aliquid immittere comperimus etc.) [41]. Die M. erreicht, daß die Wohltaten Gottes den irdischen Lebewesen zugute kommen. Sie weiß, daß die Gottheit in den Dingen der Natur verborgen ist, «indem sie in den verschiedenen Subjekten verschieden wirkt und widerstrahlt» [42].

Vielleicht in Aufnahme der ursprünglichen Bedeutung von M. als Ausübung von Macht in der Natur sieht J. Böhme die M. allein im «Willen», im «begehrenden Geist des Wesens». Sie ist das «Begehren in der Kraft», die sich noch in kein Wesen eingebildet hat. Damit ist M. aber «die Mutter zur Natur»; durch sie «wird alles vollbracht»; sie ist «ein Grund und Halter aller Dinge», auch «Mutter» der Philosophie und Theologie [43]. Demgegenüber ist bei A. Comenius die M. – «Kunst des Hervorbringens wunderbarer Wirkungen durch verborgene Eigenheiten der Dinge» – nicht mehr von vornherein Teil der scientia, sondern eher wieder im alten Sinne Weisheit (sapientia). Alle «M. infamis» ist von ihr auszuschließen [44].

Anders als in der Renaissance trennt Fr. Bacon die M. von der Physik und warnt davor, undurchschaubare Naturereignisse magisch zu nennen. Auch er will aber den ehrenvollen Begriff von M. wiederherstellen. Sie ist wesentlich, wie bei den persischen Magiern, die Wissenschaft von der allgemeinen Übereinstimmung der Dinge, die Erkenntnis der verborgenen Formen der Natur [45]. Im allgemeinen Sprachgebrauch, wie er sich z. B. in den Lexika des 17. bis frühen 19. Jh., bei J. H. ZEDLER sowohl wie auch in der ‹Encyclopédie› DIDEROTS und D'ALEMBERTS, dokumentiert, bleibt die positive Bedeutung der natürlichen M. noch lange erhalten [46]. Sie findet sich auch dort, wo die M. sonst heftig bekämpft wird [47].

Darüberhinaus kommt es in der *Romantik* zu einer Neubestimmung des Begriffs ‹M.›. So nennt Novalis M. die «Kunst, die Sinnenwelt willkürlich zu gebrauchen», einen «Wahnsinn nach Regeln und mit vollem Bewußtsein» [48]. FR. SCHLEGEL sieht in der M. «eine Wissenschaft, die ... alle Künste und Wissenschaften in eine verbindet, die also die Kunst wäre, das Göttliche zu produzieren» [49], eine «auf das Unendliche gerichtete Praxis», «die darauf ausgeht, die Natur von ihren Fesseln zu entbinden, und so das sinnlich sichtbare Reich Gottes herzustellen» [50]. Häufig werden die Erscheinungen der M. mit den magnetischen gleichgesetzt [51].

Anmerkungen. [1] E. SPRANGER: M. der Seele (1947) 71f. – [2] Vgl. G. DELLING: Art. μάγος, μαγεία, in: Theol. Wb. zum NT, hg. G. KITTEL 4 (1942) 360-363. – [3] HERODOT 1, 101. 107f. 120. 132; 7, 37. – [4] HERAKLIT, VS B 14. – [5] PYTHAGORAS, VS A 9; EMPEDOKLES, VS A 14; DEMOKRIT, VS A 1. 2. 9. 16. 40; PROTAGORAS, VS A 2; vgl. CICERO, De fin. V, 87. – [6] ARISTOTELES, Met. XIII, 4, 1091 b 10. – [7] PS.-PLATON, Alc. 1, 122 a. – [8] CICERO, De divin. I, 23 (46). 41 (90f.); De nat. deor. I, 16 (43); De leg. II, 10 (26). – [9] IAMBLICH, De vita Pythagorica 17. 151. 154; PORPHYRIUS, Vita Pythagoreae 6. 41; De abst. IV, 16. – [10] PHILON VON ALEXANDRIEN, De leg. spec. III, 100. – [11] DIOGENES LAERTIUS I, 1f. 6-9; vgl. III, 7; VIII, 3; IX, 34. 61. – [12] Matth. 2, 1. – [13] THEOPHRAST, Hist. plant. IX, 15, 7; ARISTOTELES, Frg. 36; Act. Apost. 13, 6. 8; 8, 9. – [14] PLATON, Resp. IX, 2, 572 e; SOPHOCLES, Oed. Tyr. 387; EURIPIDES, Or. 1498. – [15] APULEIUS, Pro se magia liber (Apologia). – [16] Corpus hermeticum Frg. XXIII, 68, hg. A.-J. FESTUGIÈRE 4 (Paris 1954) 22. – [17] Hom. Clement. II, 27; V, 7f.; VI, 20; CLEMENS VON ALEXANDRIEN, Strom. II, 1, 1; ORIGENES, Contra Celsum I, 24. 38. 60; II, 51; VI, 41; ATHANASIUS VON ALEXANDRIEN, Vita Antonii 78; IRENÄUS, Adv. haer. I, 13, 1; HIPPOLYT, Ref. omn. haer. VI, 5. 39; IX, 4; vgl. AUGUSTINUS, De civ. Dei X, 9f.: gegen die «theurgia». – [18] ISIDOR VON SEVILLA, Etymol. VIII, 9, 3. – [19] HUGO VON ST. VIKTOR, Didascalion VI, 15. MPL 176, 810; RICHARD VON ST. VIKTOR, Lib. except. I, 1, 25, hg. CHATILLON (Paris 1958) 112f. – [20] ALBERTUS MAGNUS, In Ev. Matth. II, 1. Opera omnia, hg. A. BORGNET 20 (Paris 1893) 61. – [21] WILHELM VON AUVERGNE, De universo III, 2, 21f. Opera omnia (Paris 1674) 1, 1058. – [22] THOMAS VON AQUIN, Quaest. quodlib. IV, 9, 1 (16); vgl. S. contra gent. III, 107. – [23] S. theol. I, 110, 4. – [24] MOSES MAIMONIDES, More nebuchim III, 37. – [25] HILDEGARD VON BINGEN, Scivias I, 3. MPL 197, 410; Divinor. oper. simpl. hom. III, 10, 28. 32. MPL 197, 1028. 1032. – [26] ROGER BACON, Opus maius I, 14; weitere Belege bei L. THORNDIKE: A hist. of magic and exp. sci. (New York ²1964) 2, 659-663. – [27] Zu Nikolaus von Oresme vgl. THORNDIKE, a.O. 3, 424ff. – [28] M. FICINO: Opera omnia (Basel 1576, ND Turin ²1962) 2, 1928f. – [29] a.O. 2, 1944. – [30] Comm. in Convivium Platonis de amore VI, 10. Opera 2, 1348. – [31] Apologia, Opera 1, 573; Ausführung dieser Lehre in: De vita triplici III. De vita coelitus comparanda. Opera 1, 529-572. – [32] G. PICO DELLA MIRANDOLA, Opera omnia (Basel 1557-73) 1, 168ff. 104ff. – [33] G. CARDANO, Opera omnia (Lyon 1662) 3, 310; vgl. 1, 145; P. POMPONAZZI: De naturalium effectuum causis sive de incantationibus (Basel 1567) 69f. 105f. 200; J. B. DELLA PORTA: Magiae naturalis sive de miraculis rerum naturalium libri IIII (Lyon 1569) 12f.; erweiterte A. (Amsterdam 1664) 2ff.; dtsch. (1713) 2ff.; vgl. J. TELLE: Die «M. naturalis» W. Hildebrands. Sudhoffs Arch. Gesch. Med. Naturwiss. 60 (1976) 105-112; gegen diese Theorien G. F. PICO: Opera omnia (Basel 1557-73) 629ff.; J. WIER: De praestigiis daemonum (1566); M. DEL RIO: Disquisitionum magicarum libri VI (Löwen 1599-1600). – [34] E. CASSIRER: Individuum und Kosmos in der Philos. der Renaissance (1927) 109. – [35] H. C. AGRIPPA VON NETTESHEIM: De incertitudine et vanitate scientiarum atque artium c. XLI-XLIV. Opera (ca. 1600, ND 1970) 2, 89ff.; vgl. 2, 620f. – [36] De occulta philosophia (1533, ND 196) I, 2. – [37] PARACELSUS, Astronomia magna (Philosophia sagax) I, 6. Sämtl. Werke, hg. K. SUDHOFF (1922-37) 12, 122. – [38] K. GOLDAMMER: M. bei Paracelsus. Mit bes. Berücksichtigung des Begriffs der «M. naturalis», in: M. naturalis und die Entstehung der modernen Naturwiss. Symposion der Leibniz-Gesellschaft Hannover, 14.-15. 11. 1975 (1978) 30-51; vgl. H. SCHIPPERGES: M. et scientia bei Paracelsus. Sudhoffs Arch. Gesch. Med. Naturwiss. 60 (1976) 76-92. – [39] T. CAMPANELLA: De sensu rerum et M. libri quattuor (1620). – [40] G. BRUNO: De M. Theses de M. Opera latine conscr. (Neapel/Florenz 1879-91) 3, 397f. 545. – [41] a.O. 400-402. 455-457. – [42] Spaccio della bestia trionfante III. Opere ital., hg. P. DE LAGARDE (1888) 2, 530f. – [43] J. BÖHME: Von sechs myst. Puncten V. Sämtl. Schr. (1730), hg. W.-E. PEUCKERT 4 (ND 1957) 93-96. – [44] K. SCHALLER: M. et scientia bei J. A. Comenius. Sudhoffs Arch. Gesch. Med. Naturwiss. 60 (1976) 123-134. – [45] FR. BACON, De dignitate et augmentis scientiarum III, 5. Works, hg. SPEDDING/ELLIS/HEATH (1857-74) 1, 573ff. – [46] Belege bei N. HENRICHS: Scientia magica, in: Der Wiss.begriff (1970) 42-44. – [47] CHR. THOMASIUS: De crimine magiae (1701) § 9; vgl. noch D. TIEDEMANN: Disputatio de quaestione, quae fuerit artium magicarum origo (1787) 7. – [48] NOVALIS, Schr., hg. P. KLUCKHOHN/R. SAMUEL 2 (²1965) 546f. – [49] FR. SCHLEGEL, Krit. A., hg. E. BEHLER (1958ff.) 12, 105. – [50] a.O. 13, 173f.; vgl. 19, 337; 22, 23. – [51] FR. VON BAADER, Sämtl. Werke, hg. FR. HOFFMANN (1850-60) 4, 11ff.; C. J. H. WINDISCHMANN: Untersuch. üb. Astrol., Alchemie und M. (1812); J. ENNEMOSER: Gesch. der M. (= Gesch. des thierischen Magnetismus I²) (1844) VIII; C. G. CARUS: Über Lebensmagnetismus und über die magischen Wirkungen überhaupt (1857).

Literaturhinweise. J. G. TH. GRAESSE: Bibliotheca magica et pneumatica (1843). – H. HUBERT und M. MAUSS: Esquisse d'une théorie gén. de la M. Année sociol. (1904); L'origine des pouvoirs magiques (Paris 1910). – K. TH. PREUSS: Der Ursprung der Relig. und Kunst. Globus (1904-05). – A. VIERKANDT: Die Anfänge der Relig. und Zauberei. Globus (1907). – J. G. FRAZER: The Golden Bough (London ³1911-1927). – K. BETH: Relig. und M. (²1927). – A. BERTHOLET: Das Wesen der M. Nachr. Ges. Wiss. zu Göttingen (1926f.); Art. ‹M.›, in: RGG³ 4 (1960) 595-601. – E. CASSIRER s. Anm. [34] bes. 108ff. 156ff. 178f. – R. ALLIER: M. et relig. (Paris 1935). – R. L. WAGNER: «Sorcier» et «magicien». Contribution à l'hist. du vocabulaire de la M. (Paris 1939). – H. WEBSTER: M. A sociol. study (Stanford 1945). – W. HELLPACH: Das Magethos (1947). – E. SPRANGER s. Anm. [1]. – E. GARIN: Medioevo e rinascimento (Bari 1954) 170-191. – C. H. RATSCHOW: M. und Relig. (1947, ²1955). – B. MALINOWSKI: M., sci. and relig. (Boston 1956). – G. B. WETTER: M. and relig. (New York 1958). – D. P. WALKER: Spiritual and demonic M. from Ficino to Campanella (London 1958). – LYNN THORNDIKE s. Anm. [26]. – F. A. YATES: G. Bruno and the hermetic tradition (Chicago 1964). – W.-E. PEUCKERT: Gabalia. Ein Versuch zur Gesch. der M. naturalis im 16. bis 18. Jh. (1967). – N. HENRICHS s. Anm. [46] 30-46. – W. SHUMAKER: The occult sci. in the Renaissance (Berkeley 1972) 108-159. – P. ZAMBELLI: Il problema della M. naturale nel rinascimento. Riv. crit. Storia Filos. 18 (1973) 271-296; Platone, Ficino e la M., in: Studia humanitatis. Festschr. E. Grassi (1973) 121-142. – M. naturalis ... s. Anm. [38] 1-16: W. BEIERWALTES zu Ficino; 19-26: W.-D. MÜLLER-JAHNKE zu Agrippa von Nettesheim. – H. G. KIPPENBERG und B. LUCHESI: M. Die sozialwiss. Kontroverse über das Verstehen fremden Denkens (1978).

K. GOLDAMMER

Mahayana. Der Sanskrit-Begriff ‹M.› (Großes Fahrzeug) als Bezeichnung für die Form des Buddhismus, die die älteren Hinayana-Schulen ablöst, ist im 19. Jh. in die europäische Buddhismus-Literatur eingegangen.

M. entwickelte sich etwa drei bis vier Jh. nach BUDDHAS «Verlöschen» (*Nirvana*, um 480 v.Chr.) aus einer Verbreiterung und Milderung der strengen Vorschriften des Heilsweges: Die Ethik erhielt einen praktischen Bezug, die Buddhaverehrung nahm theistische Züge an und wurde liturgisch und ritualistisch bereichert, vor das Nirvana trat ein Paradies, das «glückliche Land», in welchem ein «Buddha-Anwärter» (*Bodhisattva*) «des unermeßlichen Glanzes» (*Amithaba*) über die Frommen regierte, die im Vertrauen zu ihm gestorben waren – die Grabzeichen auf japanischen Friedhöfen enthalten noch heute weithin die Anrufungsformel an ihn –, während eine höchst differenzierte Hölle die Bösen peinigte, denen der Wiederaufstieg in weiteren Existenzen bis zur Erlösung jedoch nicht verwehrt ist.

Außer diesen populären Zügen, die dem M. eine weite Verbreitung vor allem in Ostasien sicherten, kennzeichnen den M. spezifische *philosophische* Systeme: Die «mittlere» Lehre Nagarjunas (2. Jh. v. Chr.) vertritt im Begriff der «Leerheit» (*Sunyata*) die übergeordnete Einheit von Sein (stetig sich wandelnde Welt) und Nichtsein (*Nirvana*) und folgert objektiv die Aufhebung des gewordenen und stets neu werdenden, d. h. in Abhängigkeit entstehenden Seins durch Ausschaltung der abhängig-bedingten und bedingenden Daseinsfaktoren (*Dharma*) im Bewußtsein. Die «Nur-Bewußtseinslehre» Asangas (350 n. Chr.) findet subjektiv im innersten Kern des Bewußtseins ein undifferenziertes Geist-Element, das als Konstanz im Fluß der Erscheinungen verstanden wird. Beide Lehren führen zu einer Betonung der Meditation, die in der ostasiatischen *Zen*-Schule ihre feinste Ausgestaltung erfahren hat. Ein anderer, vom Hinduismus geprägter Zweig führte zu einer magisch-ritualistischen Sonderentwicklung in Gestalt des *Lamaismus* (Tibet, Mongolei). M. ist die weltmissionarisch aktivere Richtung des Buddhismus gewesen; als Begriff tritt er zurück hinter dem des populären *Amidismus* als Glaube an die Erlösung durch Buddha und dem des *Zen* als Gewißheit der Selbsterlösung durch Meditation und Selbstzucht.

Literaturhinweise: D. T. Suzuki: Outlines of M. Buddhism (London 1907). – M. Walleser: Die mittlere Lehre des Nagarjuna (1912). – W. M. McGovern: Introd. to M. Buddhism. With special reference to Chinese and Japanese phases (London 1922). – J. Wach: M., bes. im Hinblick auf die Saddharma-Pundarika-Sutra (1925). – R. Kimura: A hist. study of the terms Hinayana and M. and the origin of M. Buddhism (Calcutta 1927). – N. Dutt: Aspects of M. Buddhism and its relation to Hinayana (London 1930). – M. Winternitz: Der M.-Buddhismus (1930). – T. Yura: Bewußtseinslehre im Buddhismus. Einf. in die Psychol., Erkenntnislehre und Met. des M.-Buddhismus (Tokyo 1932). – M. Schott: Sein als Bewußtsein. Ein Beitr. zur M.-Philos. (1935). – B. L. Suzuki: M. Buddhism (²1948 London). – M. Percheron: Buddha in Selbstzeugnissen und Bilddokumenten (1958). – A. F. Wright: Buddhism in Chinese hist. (1959). – T. R. V. Murti: The central philos. of Buddhism; a study of the Madhyamia system (London ²1961). T. Grimm

Maieutik (griech. μαιευτικὴ τέχνη)

I. ‹M.›, d. h. Hebammenkunst, nennt Platon die Gesprächsführung des *Sokrates*, der seine Mitunterredner nicht belehrt, sondern sie durch Fragen anregt, aus sich selbst zu finden, was schon in ihnen ist und in Zweifeln ans Licht drängt, und der die Funde prüft, Scheinhaftes aussondert [1].

Anmerkung. [1] Vgl. Platon, Theait. 149 a-151 d. 184 b. 210 b-d.

Literaturhinweis. M. Landmann: Elenktik und Maieutik. Drei Abh. zur antiken Psychol. (1950). B. Waldenfels

II. Das Wort ‹M.› (oder «maieutische» Methode) wird in der zweiten Hälfte des 18. Jh. als deutsches Fremdwort direkt dem Griechischen nachgebildet. Die Didaktik dieser Zeit, vor allem die kirchliche Katechetik (der Protestanten, aber auch bei Katholiken) griff auf die sokratisch-platonische «Hebammenkunst» zurück und deutete sie im Sinne der Vernunftideale der Aufklärung: Der Schüler solle sich nicht überlieferte Stoffe rein gedächtnismäßig einprägen, sondern der Lehrer solle durch geschickte Führung eines Unterrichtsgesprächs den Schüler veranlassen, die religiösen Wahrheiten selbst zu finden. Was dem Kinde an natürlicher Vernunfterkenntnis angeboren sei, solle durch maieutisches Fragen aus ihm hervorgelockt werden. Inhaltlich bedeutet das zumindest eine Schwerpunktverschiebung von den positiven Offenbarungsinhalten zu den Stoffen der natürlichen Religion und Moral. Die M. ist somit Kernstück der pädagogischen Version der Aufklärungssokratik (auch wenn sie nicht bei allen ihren Autoren als Kernterminus benutzt wird). Hauptvertreter dieser Sokratik sind auf protestantischer Seite J. Fr. Chr. Gräffe (1754–1816) [1], G. Fr. Dinter (1760–1831) [2], J. Chr. Dolz (1769–1843) [3], auf katholischer Seite Fr. M. Vierthaler (1758–1827) [4], B. Galura (1764–1856) [5].

Die *Kritik* an dieser aufklärerischen M. ließ nicht lange auf sich warten. Schon J. G. Hamann setzt dem vordergründig didaktischen Verständnis der M. eine ausgebreitete anthropologische Deutung entgegen [6]. J. H. Pestalozzi spricht spottend von der Vermischung des «Sokratisirens» und «Katechisirens» als «einer Quadratur des Zirkels, die ein Holzhacker mit dem Beil in der Hand auf einem hölzernen Brette versucht; es geht nicht» [7]. Die Akzentuierung der Vernunftwahrheiten durch die Aufklärung wird abgelöst durch ein neues Verständnis der Positivität des historisch Tradierten. Der Versuch, beides zu vermischen, ist «Holzhackerei». Die im Gefolge dieser historischen Wende einsetzende genauere Erforschung der antiken Philosophie läßt den Unterschied zwischen der Aufklärungs-M. und dem von Sokrates-Platon Gemeinten deutlich werden: Fr. Schleiermachers Untersuchungen über die platonische «Heuristik» kommen zu dem Ergebnis, «daß der dialogische Vortrag nur in einem sehr weiten Sinne kann für nothwendig gehalten werden» [8].

Anmerkungen. [1] J. Fr. Chr. Gräffe: Die Sokratik ... (1789). – [2] G. Fr. Dinter: Die vorzüglichsten Regeln der Katechetik (1800). – [3] J. Chr. Dolz: Katechet. Unterred. (1795ff.). – [4] Fr. M. Vierthaler: Geist der Sokratik (1793). – [5] B. Galura: Grundsätze der wahren (d. i. sokratischen) Katechisirmethode (1798). – [6] J. G. Hamann, Sokratische Denkwürdigkeiten, erkl. Fr. Blanke (1959) 150ff. – [7] J. H. Pestalozzi, Wie Gertrud ihre Kinder lehrt. Sämtl. Werke, hg. Buchenau u. a. 13 (1932) 215. – [8] Fr. Schleiermacher, Grundlinien einer Kritik der bisherigen Sittenlehre. Sämmtl. Werke III/1 (1846) 337.

Literaturhinweise. M. Schian: Die Sokratik im Zeitalter der Aufklärung (1900). – O. Willmann: Art. ‹Sokrat. Methode›, in: Encyclop. Hb. der Pädag., hg. W. Rein (²1908) s.v. – O. Frenzel: Zur katechet. Unterweisung im 17. und 18. Jh. (1920). – B. Böhm: Sokrates im 18. Jh. (1929). H. Meinhardt

Makrobiotik. Das Wort ‹M.›, entstanden aus griechisch μακρός, lang, und βίος, Leben, bedeutet nach der ursprünglichen Definition Hufelands «die Kunst, das Leben zu verlängern» [1]. Hufeland will diese «eigne Wissenschaft» abgegrenzt wissen gegen die medizinische Diätetik: «Der Zweck der Medicin ist Gesundheit, der M.

Makrobiotik

hingegen langes Leben ...» und postuliert folgende Rangordnung: «die practische Medizin ist also, in Beziehung auf die M., nur als eine Hülfswissenschaft zu betrachten, die ... selbst ... den höheren Gesetzen der M. untergeordnet werden muß» [2]. Die Grundkonzeption Hufelands ist – wenigstens zum wesentlichen Teil – aus der Jatrochemie des Barock entstanden: Das Leben sei eine «animalisch-chemische Operation», die Grenzen und Dauer hat, aber in ihrem Geschwindigkeitsablauf – «wie jede physische Operation» – beeinflußt werden kann [3]. Auf diese Erkenntnis lassen sich Regeln der diätetischen und medizinischen Behandlung mit dem Ziel der Retardierung, d. h. der Verlängerung des Lebens, bauen. Hufelands M. gliedert sich in einen theoretischen (a) und einen praktischen (b) Teil: (a) Historie, Untersuchung von «Lebenskraft» und Lebensdauer, Methodik; (b) Verkürzungs- und Verlängerungsmittel des Lebens. Dabei spielen die historischen «sex res non naturales» ihre alte Rolle. Hufelands M. ist ein Nachkömmling der mittelalterlichen Regimen-Literatur [4] und wird von den Lexikographen um 1800 [5] in eine Kategorie eingeordnet mit L. CORNAROS ⟨Trattato de la vita sobria⟩ (Padua 1558). Das Thema lag um 1790 in der Luft [6]; es ist jedoch bemerkenswert, daß DIDEROTS ⟨Encyclopédie⟩ – einschließlich des Supplements (Nouveau Dictionnaire 1777) – das Stichwort ⟨Longévité⟩, welches später [7] die betreffende Materie abhandelt, noch nicht kennt.

Die medizinische Literatur hat gezögert, den Begriff ⟨M.⟩ anzunehmen. In PIERER-CHOULANTS ⟨Medicinischem Realwörterbuch⟩ [8] ist er im Artikel ⟨Lebensdauer⟩ versteckt. Es heißt dort, Aufgabe der M. sei «ein über die gewöhnlichen Grenzen hinaus sich verlängerndes Leben» (insofern die vorauszusetzenden Bedingungen in der Sphäre der individuellen Freiheit lägen, wie hinzugefügt wird). Schon vor 1850 [9] wird M. als «sinnverwandt» mit Diätetik definiert und um 1860 [10] als Teil der Diätetik bezeichnet. 1902 ist die Begriffsgleichheit vollzogen, zugleich wird ⟨Diätetik⟩ schon durch ⟨Hygiene⟩ ersetzt [11]. Den Lexikonautoren scheint die Wortneuschöpfung ⟨Orthobiotik⟩ für das, was Hufeland meinte, sachgemäßer. Dieser Begriff vermochte sich aber nicht durchzusetzen. Wenn M. neuerdings [12] als «gleichbedeutend mit der Befolgung der von der neuzeitlichen Hygiene erarbeiteten Erkenntnisse, besonders dem Vermeiden schädlicher Umwelteinflüsse» definiert wird, so scheint die von Hufeland ursprünglich gleichermaßen gemeinte Psychohygiene dabei unterbewertet.

Im weiteren Sinne ist M., als Gesundheitsvorsorge verstanden, ein Teil der Hygiene im ursprünglichen Sinn; diese ist ihrerseits eine der Hauptstützen der Paideia. Die christliche Lehre ist im Laufe ihrer Geschichte zur Gesundheitsvorsorge in sehr wechselvoller Beziehung gestanden (Seelenheil, Beatitudo, Prioritätsstreit zwischen Seele und Körper), hat sie jedoch meist positiv bewertet [13]. HUFELAND stellt zwischen seiner M. und der christlichen Beatitudo nurmehr verschämt eine direkte Beziehung her: Er meint, «Glückseligkeit» sei zu gewinnen durch «Stärkung im Glauben und Vertrauen auf die Menschheit ..., in Humanität», aber «der Glaube an Unsterblichkeit ist das einzige, was uns dieß Leben werth machen kann. In dieser Absicht kann man sagen, daß selbst die Religion ein Mittel zur Verlängerung des Lebens werden kann» [14]. KANTS ⟨Streit der philosophischen Fakultät mit der medizinischen⟩ nimmt Hufelands M. zum Anlaß, um darauf hinzuweisen, daß in der Diätetik «Philosophie, oder der Geist derselben» vorausgesetzt werden müsse [15].

Anmerkungen. [1] CHR. W. HUFELAND: Die Kunst, das menschl. Leben zu verlängern (1796) VI; das Werk ist aus Vorles. hervorgegangen, die H. seit 1792 (Goethes «Freitagsgesellschaft») in Weimar hielt; er hat daran seit 1785 gearbeitet; vgl. Vorrede zu (^{5}1823). – [2] a.O. IVf. – [3] I. – [4] L. CHOULANT: Hb. der Bücherkunde für die ältere Med. (1841) § 73; über die neuere Forsch.: W. ARTELT, Sudhoffs Arch. Gesch. Med. 40 (1956) 211-230; H. E. SIGERIST: Landmarks in the hist. of hyg. (London/New York/Toronto 1956) Kap. II. – [5] MEYERS Gr. Konversations-Lex. 13 (^{6}1908); ferner SIGERIST, a.O. Kap. III. – [6] Kl. Bibliogr. bei A. FISCHER: Gesch. dtsch. Gesundheitswesens 2 (1933) 161; weitere Lit. in: H. SCHIPPERGES: Lebendige Heilk. (1962). – [7] Dict. sci. méd., hg. Soc. médecins et chirurgiens 29 (Paris 1818) 8-70. – [8] BROCKHAUS (1821) I/4, 700. – [9] Universal-Lex., hg. H. A. PIERER 18 (^{2}1845). – [10] a.O. (^{4}1860). – [11] BROCKHAUS' Konversationslex. 11 (^{9}1902). – [12] Der Gr. Brockhaus 7 (^{7}1955) 469. – [13] Vgl. R. HERRLINGER, Dtsch. med. J. 8 (1957) 92-95. – [14] CHR. W. HUFELAND: M. (^{2}1798) 198. – [15] KANT, Akad.-A. 7, 98.

Literaturhinweise. A. MÜHR: Über die Kunst, das Leben zu verlängern (1960). – H. SCHIPPERGES: M. des Petrus Hispanus. Sudhoffs Arch. Gesch. Med. 44 (1960) 129-155; s. Anm. [6]. – P. LÜTH: Gesch. der Geriat. (1965) 190-197. – J. STEUDEL: Hist. Abriß der Geriat., in: Hb. prakt. Geriat., hg. W. DOBERAUER 1 (1965) 1-13.
R. HERRLINGER

Makrokosmos/Mikrokosmos (griech. μακρὸς κόσμος / μικρὸς κόσμος; nlat. macrocosmus/microcosmus; ital. macrocosmo/microcosmo; frz. macrocosme/microcosme; engl. macrocosm/microcosm)

I. *Antike und Mittelalter.* – Mit den Begriffen ⟨Ma.⟩ und ⟨Mi.⟩ wird eine Beziehung zwischen der Welt als ganzer (dem Universum) einerseits und einzelnen Teilen in ihr zum Ausdruck gebracht, und zwar in der Weise, daß das Universum und der jeweilige Teil als Kosmos (s. d.), d. h. als nach bestimmten Prinzipien geordnete Einheit angesehen wird; dabei werden Universum und Teil in bezug auf ihre grundlegenden Strukturen als ähnlich oder identisch interpretiert, so daß Analogieschlüsse vom Teil auf das Ganze und umgekehrt möglich sind. Von besonderer Bedeutung ist hierbei die Vorstellung des Menschen als Mi.

Die Bezeichnung μακρὸς bzw. μικρὸς κόσμος begegnet (relativ spät) bei ARISTOTELES [1]; die *Stoa* [2] bevorzugt (für den Menschen) den Ausdruck βραχὺς κόσμος, PHILON [3] dagegen ⟨Mi.⟩; die lateinischen Äquivalente sind ⟨maior⟩ bzw. ⟨minor mundus⟩ oder ⟨Megacosmus⟩. Die griechischen Autoren beziehen sich vorwiegend auf stoische und neuplatonische Quellen, die lateinischen auf MACROBIUS, CHALCIDIUS' Kommentar zu Platons ⟨Timaios⟩ und auf ISIDOR VON SEVILLA [4].

Die Vorstellung einer prinzipiellen oder strukturellen Übereinstimmung der Teile mit dem Ganzen der Welt ist weit verbreitet; sie findet sich schon in primitiven Religionen und Mythologien und bildet die Grundlage astrologischer Spekulationen. – Die *ionischen Naturphilosophen* nehmen offenbar eine durchgehende Ähnlichkeit aller Teile der Welt an, wenn sie die Einheit und Beseeltheit des Kosmos betonen; die Vorstellung einer Mensch und Natur umgreifenden Rechtsordnung bei ANAXIMANDER setzt eine Harmonie und Analogie von κόσμος φυσικός und κόσμος πολιτικός voraus [5]. Für EMPEDOKLES [6] sind Ma. und Mi. von denselben Prinzipien (Liebe und Streit) beherrscht und aus denselben Elementen zusammengesetzt; auch die Atomisten gehen von einer prinzipiellen Einheit der gesamten Welt aus. Die von LEUKIPP bzw. DEMOKRIT verfaßten Bücher über die ⟨Große⟩ bzw. ⟨Kleine Weltordnung⟩ (Μέγας, Μικρὸς

Διάκοσμος) enthalten ätiologische Metaphern und Analogien von Mensch und Pflanzenwelt [7], wie sie auch bei EMPEDOKLES, EPIKUR und LUKREZ begegnen [7a]. – Für PLATON [8] sind Ma. und Mi. von derselben Vernunft beherrscht und aus denselben geometrischen Elementarkörpern aufgebaut. ARISTOTELES [9] argumentiert für die Möglichkeit der Selbstbewegung des Kosmos mit einem Analogieschluß von den Lebewesen auf die Welt als ganze. Die *stoische* Ma./Mi.-Vorstellung, nach der das gesamte Universum und alle Teile in ihm durch das seelenähnliche Prinzip der Sympatheia miteinander verbunden sind [10], findet sich schon bei den frühen *Pythagoreern* [11].

Die in ihrem Kern vermutlich auf POSEIDONIOS [12] zurückgehende Annahme, daß der Mensch ein Mi. sei, der mit den Steinen das Dasein, mit den Pflanzen das Leben, mit den Tieren die Wahrnehmung und mit den Engeln die Vernunft gemein habe, begegnet in fast wörtlicher, formelhafter Wiederholung bei IOHANNES DAMASCENUS [13], NEMESIUS [14], GREGOR DEM GROSSEN [15], ISIDOR VON SEVILLA [16], JOH. SCOTTUS ERIUGENA [17], ALANUS AB INSULIS [18] und anderen Kirchenvätern ebenso wie bei JOSEPH IBN ZADDIK [19]. – ALBERTUS MAGNUS [20] und THOMAS VON AQUIN [21] verstehen diese Formel offenbar nicht wörtlich, sondern als analoge, metaphorische Aussage. Sie bringt weniger eine Beziehung zwischen Ma. und Mi. zum Ausdruck, sondern dient vor allem dem Anliegen, die einzigartige Stellung des Menschen als «Mittelpunkt» oder «Krone der Schöpfung» hervorzuheben [22]. Die biblische Schöpfungslehre, nach der der Mensch als Ebenbild Gottes geschaffen wurde [23], findet ihren Niederschlag in der Mi.-Vorstellung, nach der der Mensch als Abbild des mundus sensibilis und intelligibilis gedeutet wird, der alle Elemente und Kräfte des Ma. in sich enthält [24]. Der auf PLATON [25] zurückgehende Gedanke einer Gleichheit oder Ähnlichkeit der Seelenkräfte (der Bewegung, der Wahrnehmung und der Vernunft) von Menschen-, Welt- und Sternen-Seele führt im späten Neuplatonismus, das Plotins strenge Unterscheidung der Hypostasen durch Einbeziehung neupythagoreischer Zahlenmystik und orientalischer Mysterienreligion aufhob, zu psychistischen Ma./Mi.-Analogien [26], die den Menschen aufgrund seiner Beseeltheit als Abbild [27] des Ma. und als Bindeglied [28] zwischen der materiellen und der geistigen Welt deuten; das zusätzliche Wiederaufleben stoischer Harmonie- und Sympathievorstellungen (verbunden mit der auf Poseidonios zurückgehenden Idee, daß die menschliche Seele von der Sonne über den Mond zur Erde gelange [29]) und des platonisch-neuplatonischen Dualismus (gut/böse) der Weltseele [30] bilden die theoretische Grundlage der Stern- und Schicksalsdeutung der *Renaissance*, die den Mi. Mensch als (abhängigen) Teil einer umfassenden, über die Gestirne wirkenden makrokosmischen Weltleitung verstehen. – Wird die Ordnung als Prinzip des Weltganzen betont, so ergeben sich Ma.-Mi.-Analogien zwischen Universum, politischer Ordnung und Mensch [31], die in der Regel zur Legitimation monarchischer Staatsformen herangezogen werden.

Anmerkungen. [1] ARISTOTELES, Phys. VII, 2, 252 b 26f. im Anschluß an DEMOKRIT, VS B 34. – [2] R. ALLERS: Mi. From Anaximander to Paracelsus. Traditio 2 (1944) 320. – [3] PHILON, z. B. De plant. 28; De vita Mosis II, 135; De provid. I, 40. – [4] Vgl. ALLERS, a.O. [2] 320f. – [5] ANAXIMANDER, VS B 1; vgl. W. JAEGER: Paideia (²1936) 1, 408; E. ROHDE: Psyche (⁴1907) 1, 43. – [6] EMPEDOKLES, z. B. VS B 8. 9. 15. 20-23. – [7] DEMOKRIT, VS B 4b-4c. – [7a] EMPEDOKLES, VS A 72; LUKREZ, De rerum natura V, 783ff. – [8] PLATON, Tim. 41 d-58 c. – [9] ARIST., a.O. [1]. – [10] SVF 2, 170, 32: Nr. 534; 172, 39: Nr. 546; 302, 25: Nr. 1013; 347, 12: Nr. 1211. – [11] Vgl. SEXTUS EMPIRICUS, Adv. math. IX, 127; CICERO, De nat. deor. 1, 11, 27. – [12] K. REINHARDT: Poseidonios (1921) 343. – [13] JOH. DAMASCENUS, De fide orthod. II, 12. MPG 94, 925. – [14] NEMESIUS, De natura hom. 1. MPG 40, 512 C. – [15] GREGOR DER GROSSE, Hom. in Evang. XXIX. MPL 76, 1214 A. – [16] ISIDOR VON SEVILLA, Sent. I, 11. MPL 83, 559 A. – [17] JOH. SCOTTUS ERIUGENA, De div. nat. II, 4 und III, 37. MPL 122, 530 D. 733 B. – [18] ALANUS AB INSULIS, Distinct. dict. theol. MPL 210, 755 a: s.v. ‹creatura›. – [19] M. DOCTOR: Die Philos. des Joseph ibn Zaddik. Beitr. zur Gesch. der Philos. des MA (1895) 2, 20. – [20] ALBERTUS MAGNUS, Compend. theol. II, 61. – [21] THOMAS VON AQUIN, S. theol. I, q. 91, a. 1 c. – [22] Vgl. ALLERS, a.O. [2] 348. – [23] Gen. 1, 26f. – [24] PHILON, Leg. alleg. II, 22; BERNARDUS SILVESTRIS, De mundi universitate, sive Mi. et Megacosmus II, X und II, XIV, hg. S. BARACH/J. WROBEL 55. 64; GREGOR VON NYSSA, De natura hominis 1. MPG 40, 529. 532f. – [25] PLATON, Tim. 34 b-41 e; vgl. Philebos 28 d-30 c. – [26] Zur Ablehnung der Vorstellung von Gestirnsgottheiten durch die Kirchenväter vgl. HIERONYMUS, Ep. 124. MPL 22, 1062; JOHANNES DAMASCENUS, De fide orthod. II, 6. MPG 96, 885 A/B; AUGUSTIN, De genesi ad lit. II, 18, 38. MPL 34, 279; zur Deutung der Gestirne als geistig-seelische Wesen vgl. PHILON, De somn. I, 135; De opific. 73; zur Identifizierung der «anima mundi» mit dem die Geschicke der Welt und des Menschen lenkenden «spiritus sanctus» vgl. PETRUS ABAELARD, Theol. Christ. I, 4. MPL 178, 1156. – [27] ALANUS AB INSULIS, Anticlaudianus. MPL 210, 517 B. – [28] AUGUSTIN, De civ. Dei IX, 13; De trin. XII, 4, 4; 7, 12; 12, 17. MPL 42, 1000. 1005. 1007; HUGO VON ST. VICTOR, De sacr. I, 4, 26. MPL 176, 246; PETRUS LOMBARDUS, II. Sent. 1, 7. – [29] Vgl. SEXTUS EMPIRICUS, Adv. math. IX, 71 b-73. – [30] PLATON, Leg. X, 896 c. 906 a; PLUTARCH, De virt. moral. 3; De anim. procreat. 28. – [31] PLATON, Resp. IV, 592 a/b; PHILON, Spec. Leg. I, 13; CICERO, De re publ. VI, 61; AUGUSTIN, De civ. Dei VIII, 14. MPL 41, 238; ALANUS AB INSULIS, De planctu naturae. MPL 210, 444 A-D; IOANNES SARISBERIENSIS, Policratus V, 2-4; VI, 1-35. MPL 199, 540ff. 589ff.; THOMAS VON AQUIN, De regim. Princip. I, 12; II, 7; IV, 11, 25; NICOLAUS CUSANUS, De concordantia c. 1, 10. 14-17; c. 3, 1. 41; CHR. WOLFF, Inst. §§ 850. 1030.

Literaturhinweise. JOSEPH IBN ZADDIK: Olam Katan. Der Mi. Ein Beitrag zur Relig.philos. und Ethik ..., hg. A. JELLINEK (1854). – H. LOTZE: Mi. 1-3 (1856-1864). – L. WEISSBERG: Der Mi., ein angebl. im 12. Jh. von dem Cordubaner Joseph ibn Zaddik verfaßtes philos. System nach seiner Echtheit untersucht (Diss. Breslau 1888). – O. ZIEMSSEN: Ma., Grundideen zur Schöpfungsgesch. und zu einer harmon. Weltanschauung. Versuch einer Systematik des Kopernikanismus (1893). – S. BODNÁR: Mi. 1-2 (1898). – A. MEYER: Wesen und Gesch. der Theorie vom Mi. und Ma., in: Berner Stud. zur Philos. und ihrer Gesch. 25 (1900) 1-122. – G. P. CONGER: Theories of Ma. and Mi. in the hist. of philos. (New York 1922); Cosmic persons and human universes in Ind. philos. J. a. Proc. Asiatic Soc. Bengal NS 29 (1933) 255-270. – A. GÖTZE: Pers. Weisheit in griech. Gewande. Ein Beitrag zur Gesch. der Mi.-Idee. Z. Indol. u. Iranistik 2 (1923) 60-98. 167-177. – K. REINHARDT: Kosmos und Sympathie (1926). –E. CASSIRER: Individuum und Kosmos in der Philos. der Renaissance (1927, ND ³1969). – R. ALLERS s. Anm. [2] 319-407. – A. ROSENBERG: Zeichen am Himmel. Die Entwickl. des astrol. Weltbildes. Astrologia 1 (1949). – A. OLERUD: L'idée de Ma. et de Mi. dans le Timée de Platon. Etude de mythol. comp. (Uppsala 1951). – C. v. CORVIN-KRASINSKI: Mi. und Ma. in relig.gesch. Sicht (1960). – F. LAEMMLI: Vom Chaos zum Kosmos. Zur Gesch. einer Idee (1962). – H. SCHIPPERGES: Einfl. arab. Med. auf die Mi.-Lit. des 12. Jh. Miscellanea mediaevalia 1 (1962) 139-142. – W. K. C. GUTHRIE: Man as Mi., in: Proc. Europ. cultural Foundat. (Athen 1966). – D. LEVI: Art. ‹Ma. and Mi.›, in: P. EDWARDS (Hg.): Encyclop. of philos. 5 (1967) 121-125. – B. KANITSCHEIDER: Philos.-hist. Grundlagen der phys. Kosmol. (1974). – P. NORFORD: Mi. and Ma. in the 17th-century lit. J. Hist. Ideas 38 (1977) 409-428.

M. GATZEMEIER

II. *Neuzeit.* – 1. Rein terminologisch zeigen die Ma./ Mi.-Vorstellungen und insbesondere das Verständnis des Menschen als Mi. bei den Renaissance-Autoren keine wesentliche Differenz zu ihrer antik-mittelalterlichen Ausprägung. Vielfach erhalten sie aber mit ihrer Verwendung in ungewöhnlichen theoretischen und praktischen Kontexten einen neuen Stellenwert, der von begriffsgeschichtlichem Interesse ist. Signifikant ist vor allem, daß auch im Medium der Mi.-Vorstellung Würde und Einzigartigkeit des Menschen zum Ausdruck gebracht werden kann. «Freilich», räumt NIKOLAUS VON KUES der älteren Auffassung gegenüber ein, «ist der Mensch in der Weise die kleine Welt, daß er auch Teil der großen ist ... Dennoch strahlt sie in dem Teil, der Mensch genannt wird, mehr wider als in irgendeinem anderen» (Utique homo sic est mundus parvus: quod et pars magni ... Plus tamen relucet in ea parte que homo dicitur: quam in alia quacunque) [1]. Im Mi.-Motiv tritt nicht nur der Gedanke zurück, daß der Mensch als *Teil* des Weltganzen dieses repräsentiert, es verbinden sich in ihm auch der Naturbegriff der Renaissance und ihr humanitas-Gedanke in der Weise, daß der Mensch als Bild der *Natur* sowohl auf sie bezogen bleibt wie von ihr unterschieden wird, daß die Abhängigkeit der «kleinen» von der «großen Welt» in ein Korrelationsverhältnis überführt wird, in dem menschliche Bewußtheit und Gestaltungskraft der Naturbestimmtheit gegenüber mindestens gleichgewichtig auftreten (Cassirer [2]). Die Auseinandersetzung zwischen dem Kultur- und dem Naturwesen Mensch findet ihren Ausdruck u. a. in der differenten Einschätzung der Astrologie, die explizit mit der ⟨Ma./Mi.⟩-Terminologie arbeitet [3], und dem stark belebten Interesse an Magie. Der Naturbegriff selbst behält noch lange seine mittelalterlich-(neu)platonischen Konturen, wie sie, stereotyp geworden, eine späte, nachcartesische Lexikon-Definition von ⟨Mi.⟩ zeichnet: «*Microcosmus* dicitur homo, quasi *parvus mundus:* quia nihil est in macrocosmo seu magno mundo, quod in ipso non invenias. In illo *caput,* ubi ratio dominatur, est quasi coelum supremum; *medius venter* cum corde coelum stelliferum cum sole. *Infimus venter,* ubi generatio & nutritio, est quasi regio sublunarium. Sic etiam analogia planetarum, elementorum & meteorum in homine invenitur, ut patet scrutanti» [4]. Als sich die moderne naturwissenschaftliche Kosmologie durchsetzt, wird denn auch der ganze Vorstellungskomplex in den Hinter- und Untergrund der geistigen Selbstverständigung gedrängt.

NIKOLAUS VON KUES reflektiert die überlieferte Kennzeichnung des Menschen als Mi. im Rahmen sowohl metaphysisch-theologischer wie anthropologisch-christologischer Erörterungen. In der großen Welt des Universums und der kleinen, jener ähnlichen Welt des Menschen strahlt Gott – der «mundus maximus», wie es einmal vorausweisend heißt [5] – wider, legt sich in ihnen aus. Der Mi. *ist* sowohl Gott wie Welt, wenn auch menschlicher Gott und menschliche Welt [6], so daß im Menschen alles zusammengeschnürt erscheint (universa intra se constringens) [7]. Näherhin haben Mensch und Universum eine gemeinsame Struktur, die unter Aufnahme der platonischen Lehre von der Weltseele angesprochen wird: «Wir können nicht leugnen, daß der Mensch Mi. genannt wird, d.h. kleine Welt, die eine Seele hat. So lassen sie auch die große Welt eine Seele haben ...»; die ganze körperliche Welt verhält sich zur Weltseele wie der Leib des Menschen zu seiner Seele (wobei zwischen der einen und der anderen Seele nur akzidentelle Unterschiede bestehen) [8]. Schließlich bedeutet ⟨Mi.⟩, daß der Mensch in sich die sinnliche und die geistige Natur vereinigt [9].

G. PICO DELLA MIRANDOLA arbeitet wohl mit traditionellen kosmologischen Vorstellungen, wenn er, wie schon G. MANETTI [10], den Mi. in der metaphysischen Begründung der neuen Idee des Menschen namhaft macht, deutet aber gleichzeitig eine Umkehrung in der ontologischen Hierarchie von Welt und Mensch an: «Primum igitur illud advertendum, vocari a Mose mundum hominem magnum. Nam si homo est parvus mundus, utique mundus est magnus homo» [11].

Weitaus am häufigsten von allen Autoren der Zeit gebraucht PARACELSUS den Terminus ⟨Mi.⟩; ausschweifend sind auch seine Beschreibungen der überaus engen Entsprechungen von kleiner und großer Welt (Himmel und Erde): Die durch ein primäres medizinisches Interesse geprägte Anthropologie speist sich aus Astronomie wie Elementenkunde. Einerseits betont Paracelsus, «das der mensch die klein welt ist, nit in der form und leiblichen substanz sonder in allen kreften und tugenden wie die groß welt ist» [12] (wie er auch im Titel des Buches «Paragranum» die virtus als vierte Säule seiner Medizin neben philosophia, astronomia und alchimia aufführt [13]), anderseits fährt er, auf die Bedeutung von ⟨Mi.⟩ reflektierend, fort: «aus dem dem menschen nun folget der edel nam microcosmus, das ist so vil das al himlische leuf, irdische natur, wesserische eigenschaft und luftische wesen in im sind. in im ist die natur aller früchten der erden und aller erz natur der wasser, darbei auch alle constellationes und die vier wind der welt. was ist auf erden des natur und kraft nit im menschen sei? also edel, also subtil, also scharf ist der limbus gesein, daraus got den menschen nach seiner biltnus gemacht hat» [14]. Neben dieser Vorstellung vom Mi. kennt und entwickelt Paracelsus auch die komplementäre vom Ma. als «großem Menschen» [15]. – Seine Gedanken nehmen V. WEIGEL (der ausdrücklich die Welterkenntnis des Menschen in der Erkenntnis seiner selbst als eines aus dem lim(b)us terrae geformten leiblichen, seelisch-siderischen und geistiggöttlichen Wesens festmacht [16]) und R. FLUDD [17] auf. Auch J. BOEHME folgt dem trichotomischen Menschenbild [18], arbeitet in spekulativer Phantastik genaueste Analogien im Bau der Welt und des menschlichen Leibes aus [19] («der Mensch ist eine kleine Welt aus der grossen, und hat der gantzen grossen Welt Eigenschaft in sich: Also hat er auch der Erden und Steine Eigenschaft in sich ...» [20]) und bildet die trinitarische Spekulation im Ma./Mi.-Modell ab [21]; doch stehen seine Gedanken im Kontext einer Mystik, die das Einswerden mit Gott in der Überwindung des theologisch-kosmologisch-anthropologisch ausgelegten Gegensatzes von Gut und Böse sucht.

Ohne anthropologische Abzweckung statuiert J. KEPLER Proportionalität zwischen dem mundus parvus (Erde, Mond, Sonne) und dem mundus magnus (Welt überhaupt) [21a]. Die von G. BRUNO wiedererweckte Lehre von der Weltseele hat für die Ma./Mi.-Vorstellungen [22], deren naiver Gebrauch bereits Spott erntet [23], die Konsequenz ihrer Überführung in eine Monadentheorie; LEIBNIZ' Monadenbegriff – der Terminus könnte ihm aus älterer Tradition durch F. M. VAN HELMONT [24] vermittelt worden sein – enthält in den Bestimmungen «comme un univers concentré» [25], «un monde en raccourci» [26], «un miroir vivant perpetuel de l'univers» [27] mikrokosmische Züge. (In seiner 'Übersetzung' und Weiterbildung von Leibniz' «Monadologie» führt D. MAHNKE an signifikanten Stellen den Terminus ⟨Mi.⟩ wieder ein: «Jede Monade ist ein Mi., ein *Spiegel des ganzen Universums*, und damit zugleich ein zweiter Weltschöpfer» [28]). Der Zusammenhang von Mi.- und Monadenlehre klingt bei Leibniz noch in der Formulierung an, daß die vernünftigen Seelen «einigermassen in ihrem bezirk und kleinen welt das thun, was Gott in der ganzen welt, also selbst wie kleine Götter [kleine] welten machen, die so wenig vergehen oder sich verlieren, als die grosse ...» [29]; doch treten die Ausdrücke ‹Ma.› und ‹Mi.› selbst zurück bzw. fungieren als bloße Metaphern [30]. ‹Mi.› als Synonym für ‹Mensch› ist in der englischen Literatur schon seit 1400 verbreitet, das Thema besonders im 17. Jh. beliebt [31].

Schon Fr. Bacon hatte im Namen der neuen Wissenschaft die Theorien des Paracelsus und den alchemistischen Begriff des Mi. kritisiert [32], für die ‹Encyclopédie› sind ‹Ma.› und ‹Mi.› bereits nicht mehr gebräuchliche Ausdrücke [33]. Worte und Vorstellungsgehalt werden allerdings untergründig tradiert; in marginaler geistiger Position bietet E. Swedenborg makranthropologische («Daß der Himmel in seinem Gesamtumfang *einen Menschen* darstellt, ist in der Welt noch nicht bekanntes Geheimnis» [34]) wie mikrokosmische Offenbarungen über die Entsprechung zwischen allen Teilen des Himmels und des Menschen [35] an.

Mit Herder und der romantischen Naturphilosophie erneuert sich das Interesse an der Thematik: Die Klage über das durch die Naturwissenschaften verlorene 'Innere' der Natur verbindet sich mit Versuchen, der Entmenschlichung des Kosmos und Entweltlichung des Menschen entgegenzuwirken, mindestens aber eine die Naturkomponente einbegreifende Anthropologie zu entwickeln. J. G. Herder werden die Grundworte mechanischer Naturerklärung Veranlassung, überall in der Natur «*Ähnlichkeit mit uns* zu fühlen» [36]. «Ich fürchte mich also gar nicht vor dem alten Ausdruck, daß der Mensch eine kleine Welt sei, daß unser Körper Auszug alles Körperreichs, wie unsre Seele ein Reich aller geistigen Kräfte, die zu uns gelangen, seyn *müsse*, und das schlechthin, was wir nicht sind, wir auch nicht erkennen und empfinden *können*» [37]. – Alle Konnotationen des Wortes ‹Mi.› werden noch einmal in F. X. von Baaders spekulativer Theogonie lebendig. «Nichts einfacher – das Centrum, Extract, Ideal, Brennpunkt des ganzen (sinnlichen) Universums (nur hienieden??) – der *Mensch*. Ausser ihm alles disjecti membra poetae, in ihm sich Alles in den schönsten Einklang vereinend – Mi.» [38]. Die Erläuterungen zu den Schriften des ihm geistig verwandten L. C. de Saint-Martin machen überdies den Entsprechungsgedanken geltend: «Wenn der Mensch hier als Auszug aus den Kräften Gottes bezeichnet wird, so erscheint er als Bild Gottes, als Μικρόθεος; denn diess ist er und nicht Μικρόκοσμος» [39]. «*Facultés* im *Microcosme* entsprechen denen im *Macrocosme* (die im *Microtheos* jenen im *Macrotheos*) als des letztern Regionen» [40].

Der Gedanke sympathetischer Beziehung zwischen allen Teilen des Universums, der Gedanke, daß die Welt im Menschen zentriert und zugleich er ihr Entwurf ist: der derart umgeschaffene Korrespondenzgedanke findet sich, nuanciert, bei J. W. Goethe [41], bei Fr. Schlegel («Der Mensch ist ein Mi.; zur Char.[akteristik] d[es] Individuums gehört Char.[akteristik] d[es] Universums –» [42]) und – besonders ausgeprägt – bei Novalis («Unser Körper ist ein Teil der Welt – Glied ist besser gesagt. Es drückt schon die Selbständigkeit, die Analogie mit dem Ganzen, kurz, den Begriff des Mi. aus. Diesem Gliede muß das Ganze entsprechen. Soviel Sinne, soviel Modi des Universums – das Universum völlig ein Analogon des menschlichen Wesens in Leib, Seele und Geist. Dieses Abbreviatur, jenes Elongatur derselben Substanz» [43]).

F. W. J. Schelling nimmt in seiner Naturphilosophie und insbesondere mit dem Begriff der Weltseele explizit die spekulative und mystische Tradition der frühen Neuzeit, wenn auch unter transzendentalphilosophischem Vorzeichen, auf. Das Prinzip des *Organismus* ist es, das nun ‹Mi.› genannt wird. «Der Lebensquell der allgemeinen oder großen Natur ist ... die Copula [das absolute Band von Endlichem und Unendlichem] zwischen der Schwere und dem Lichtwesen», d. h. den zwei Prinzipien, die das Ding zum Realen machen. «Wo auch diese höhere Copula sich selbst bejaht im Einzelnen, da ist Mi., Organismus, vollendete Darstellung des allgemeinen Lebens der Substanz in einem besonderen Leben» [44]. J. J. Wagner arbeitet, bei aller Kritik von Schelling abhängig, Identität und Differenz zwischen Universum und Mi. im Ausgang von den Prinzipien der Extensität, in der sie Weltseele schaffend gedacht, und der Intensität, in der sie erkennend gedacht ist, heraus: «Die Tendenz des einen Prinzips bringt die Totalität, das Universum, hervor, die Tendenz des andern den Mi., in welchem das Universum sich anschaut» [45]; das Genie wird als vollendeter Mi. charakterisiert [46].

Am Begriff des Organismus, von L. Oken als «kleine Welt» beschrieben, die sich aus noch kleineren Welten, den Zellen, zusammensetzt [47], haftet auch noch in der späteren naturwissenschaftlichen Evolutionslehre, bei Ch. Darwin [48] und T. H. Huxley [49], eine rudimentäre Ma./Mi.-Terminologie. Daneben hat die im 19. Jh. breit geführte Diskussion um den staatlichen und sozialen «Organismus», die an die ältere über den staatlichen «Körper» anknüpft, bei Schelling eine ihrer Wurzeln [50], wenn sie auch nur bei einigen Autoren zur Fixierung genauer Analogien zwischen Staat und (organischer) Persönlichkeit vertieft (L. von Stein [51]) und nur gelegentlich mit den Formeln ‹Ma.›/›Mi.› geführt wird (A. Schaeffle apostrophiert die Familie als Mi. [52] oder P. von Lilienfeld vergleicht das Verhältnis des Individuums zur Gesellschaft mit demjenigen des Mi. Zelle zum Ma. Individuum [53]).

Während A. Schopenhauer [54], I. H. Fichte [55] u.a. eher beiläufig an die Übereinstimmung ihrer Philosopheme mit der Ma./Mi.-Lehre erinnern, geben ihr Fechner und Lotze im Zeitalter der erfolgreichen mechanischen Naturerklärung neue Konturen. In Weiterführung romantischer Naturphilosophie entwickelt G. T. Fechner die «Tagesansicht» von der Beseeltheit aller Dinge, zumal der Pflanzen und Gestirne, und beschreibt die vielfachen analogischen Entsprechungen zwischen der Erde und dem menschlichen Organismus [56], ohne dabei den perspektivischen Charakter der propagierten «lichteren Weltansicht» im Methodischen oder im Detail der Parallelisierungen aus dem Auge zu verlieren. «Je nach der Zusammenhangsweise (Aggregationsform) der Stoffe können wir in der Erde wie in unserem Leibe Festes, Flüssiges, Luftiges, Dunstiges und Unwägbares unterscheiden. Wir haben Felsen in unseren Knochen, Ströme laufen durch unsere Adern ... Ma., Mi. Nun aber sind, näher betrachtet, unsere Knochen doch nicht reiner Stein, unser Blut nicht reines Wasser ...» [57]. Dem strukturalen Mi.-Konzept Fechners steht die stärker theologisch-ethisch als physisch-physiologisch orientierte, funktionale Mi.-Lehre R. H. Lotzes gegenüber [58]. Er versteht sein Werk ‹Mi. Ideen zur Naturgeschichte und Geschichte der Menschheit. Versuch einer Anthropologie› (1856–1864), in Fortführung von Herders Geschichtsphilosophie, als Stellungnahme zu der vom «weitere[n] Vordringen der mechanischen Wissenschaft» drohenden Zersetzung auch des «Mi. des menschlichen Wesens» [59]. Der Begriff des Mi. – «das vollkommene Abbild der großen Wirklichkeit» – stellt das Ziel einer Versöhnung von Wissenschaft und Gemüt, von Mechanik und Leben dar, zu der aber der Mensch nur unter Anerkennung der schrankenlosen Gültigkeit des Mechanismus gelangen kann [60].

Zu Titelzierat herabgekommen [61] oder in unverbindlichem metaphorischem Gebrauch, z. B. zur Bezeichnung des Atoms [62], abgenutzt, haben die Ausdrücke ⟨Ma.⟩ und ⟨Mi.⟩ in den letzten 100 Jahren nur selten noch in innovativen philosophischen Kontexten Platz gefunden. O. Spengler führt die physiognomische Weltbetrachtung auf die «Idee des Ma.» hinaus, die Idee «der Wirklichkeit als des Inbegriffs alter Symbole in bezug auf eine Seele» [62a]. M. Scheler unterlegt seine Forderung, wieder «kosmovitale Einfühlung» zu lernen, mit der prägnanten Bestimmung, daß der Mensch als Mi. «auch selber *kosmomorph* ist und als kosmomorphes Wesen auch Quellen des *Erkennens* für alles besitzt, was das Wesen des Kosmos enthält» [63]. Scheler gebraucht die Terminologie daneben, und wohl erstmals, in ethischer Hinsicht, indem er den individuellen «Mi.n von Werten» den «Ma. der sittlichen Werte» gegenüberstellt, «der die gesamte Ausdehnung des Reiches von möglichem Gut und Böse enthält» [64], indem er aber auch die «Idee *einer einzigen identischen wirklichen Welt*», die ihr «personales Gegenglied» in der Gottesidee hat, von den «individuellen 'Personalwelten'» terminologisch mittels der Begriffe ⟨Ma.⟩ und ⟨Mi.n⟩ abhebt [65]. E. Bloch schließlich unterzieht die Ma./Mi.-Gedanken, z. B. des Paracelsus [66], «einer 'utopischen Behandlung' soweit in ihnen ein noch Unabgegoltenes sein Wesen treibt und sie sich daher als Embleme der Zukunft deuten lassen» [67].

Anmerkungen. [1] Nikolaus von Kues, De ludo globi I, n. 42 (dtsch. G. v. Bredow). – [2] E. Cassirer: Individuum und Kosmos in der Philos. der Renaissance (1927, ²1963) 115ff. – [3] Vgl. G. P. Conger: Theories of Ma.s and Mi.s in the hist. of philos. (New York 1922) 69-71. – [4] J. Micraelius: Lex. philos. cum terminorum philosophis usitatorum (²1662); ND mit einer Einl. von L. Geldsetzer (1966) 778. – [5] Nikolaus von Kues, De ludo globi I, n. 42 (eine Äußerung des Gesprächspartners Johannes). – [6] De coniecturis II, 14, n. 143. – [7] De docta ignorantia III, 3, n. 198. – [8] De ludo globi I, n. 40 (dtsch. G. v. Bredow). – [9] De venatione sapientiae 32, n. 95; De docta ignorantia III, 3, n. 198. – [10] G. Manetti: De dignitate et excellentia hominis (1452). – [11] G. Pico della Mirandola, Heptaplus 56v, hg. E. Garin (1942) 380. – [12] Paracelsus: Von den unsichtbaren Krankheiten und ihren Ursachen (De causis morborum invisibilium) (1531/32). Sämtl. Werke I. Abtl., hg. K. Sudhoff 9, 308. – [13] Das buch Paragranum (Entwürfe und erste Ausarbeitung 1529/30) a.O. I/8, 51. – [14] Von den unsichtbaren Krankheiten a.O. [12] 308. – [15] Vgl. z. B. Das buch Paragranum a.O. [13] 103. – [16] V. Weigel: Γνῶθι σεαυτόν. Nosce te ipsum. Erkenne dich selbst, daß der Mensch sey ein Mi. (1615) 1, 4. – [17] R. Fludd: Utriusque cosmi, majoris scil. et minoris met., physica atque technica historia 1.2 (1617). – [18] J. Boehme: Aurora II, 30ff.; Vom dreyfachen Leben des Menschen VI, 49. – [19] Aurora II, 19ff. – [20] Sendbriefe 22, 7. – [21] Aurora III, 18ff. 37. – [21a] J. Kepler: Epitome Astronomiae Copernicanae. Ges. Werke 7, 285. – [22] Vgl. G. Bruno: De monade numero et figura. Opera lat. I/2 (Neapel 1884) 347. – [23] De la causa, principio et uno III. – [24] F. M. van Helmont: Paradoxal discourse oder: Ungemeine Meynungen von dem Ma.o und Mi.o (Hamburg 1692); vgl. L. Stein: Leibniz und Spinoza (1890) 212f. – [25] G. W. Leibniz, Philos. Schr., hg. C. I. Gerhardt 3, 348. – [26] a.O. 7, 566. – [27] Monad. § 56. – [28] D. Mahnke: Eine neue Monadol. Kantstud. Erg.-H. 39 (1917) 58: § 56; vgl. 103: § 83. – [29] In einem Urteil über van Helmont, abgedr. bei Stein, a.O. [24] 333. – [30] Vgl. Leibniz, Causa Dei asserta per justitiam ejus (1710) n. 143 a.O. [25] 6, 460. – [31] Conger, a.O. [3] 71f.; W. Kranz: Kosmos. Arch. Begriffsgesch. 2 (1958) 197 Anm. 59; D. P. Norford: Mi. and Ma. in 17th-century lit. J. Hist. Ideas 38 (1977) 409-428. – [32] Fr. Bacon, Of the perficience and advancement of learning II. Works, hg. Spedding/Ellis/Heath 3, 370; De sapientia veterum XXVI a.O. 6, 671. – [33] Encyclop., hg. Diderot/d'Alembert 10 (1765, ND 1966) 487. – [34] E. Swedenborg: De caelo et eius mirabilibus et de inferno, ex auditis et visis (1758); dtsch. J. F. J. Tafel (2. vollst. TB-A. 1924) n. 59; vgl. Arcana coelestia (1749-1756) n. 911. 2996. 3624ff. u. a. – [35] Arcana coelestia n. 6057; De caelo ... n. 59ff. – [36] J. G. Herder: Vom Erkennen und Empfinden der menschl. Seele (1778). Sämtl. Werke, hg. B. Suphan 8, 169. – [37] a.O. 193; vgl. Ideen zur Philos. der Gesch. der Menschheit a.O. 13, 23. – [38] F. X. von Baader: Tagebücher (17. 11. 1786). Sämtl. Werke, hg. F. Hoffmann/J. Hamberger u.a. 11, 78. – [39] a.O. 12, 205 zu L. C. de Saint-Martin: L'homme de désir (1790) 21; vgl. 8, 59. 226. – [40] a.O. [38] 12, 236 zu Saint-Martin: Le nouvel homme (1796) 6; vgl. 12, 247. – [41] Vgl. Kranz, a.O. [31] 214ff. – [42] Fr. Schlegel, Krit. A. 18: Philos. Lehrjahre 1796-1806, hg. E. Behler, Frg. 4, 418; vgl. 19, Frg. 9, 265. – [43] Zit. nach Kranz, a.O. [31] 222. – [44] F. W. J. Schelling: Von der Weltseele, eine Hypothese der höheren Physik zur Erklärung des allg. Organismus (1798). Sämtl. Werke I/2 (1857) 274. – [45] J. J. Wagner: System der Idealphilos. (1804) Einl. § 8. – [46] a.O. § 10. – [47] L. Oken: Lb. der Naturphilos. (1809-1811). – [48] Ch. Darwin: Variations in animals and plants (New York 1868) 2, 483. – [49] T. H. Huxley: The connection of the biol. sci.s with med. Nature 24 (London 1881) 346; zit. nach Conger, a.O. [3] 101. – [50] E.-W. Boeckenfoerde: Art. ⟨Organ, Organismus, Organisation, polit. Körper VII-IX⟩, in: Gesch. Grundbegriffe. Hist. Lex. zur polit.-soz. Sprache in Deutschland 4 (1978) 602f. – [51] a.O. [50] 606f. – [52] A. Schaeffle: Bau und Leben des soc. Körpers 1-4 (1878ff.) 1, 231. – [53] P. von Lilienfeld: La pathol. soc. (Paris 1896) 166; Gedanken über die Socialwiss. der Zukunft (1873ff.) 2, 310. – [54] A. Schopenhauer, Die Welt als Wille und Vorstellung, 2, § 29. – [55] I. H. Fichte: Psychol. (1864) 1, 93. – [56] G. T. Fechner: Zend-Avesta oder über die Dinge des Himmels und des Jenseits. Vom Standpunkt der Naturbetracht. 1-3 (1851-54); Die Tagesansicht gegenüber der Nachtansicht (1879) 29ff. – [57] Zend-Avesta 1, 102f. – [58] Conger, a.O. [3] 97f. – [59] R. H. Lotze: Mi. 1 (1856) XIV. – [60] a.O. 438f. – [61] Vgl. schon A. Meyer: Wesen und Gesch. der Theorie vom Mikro- und Ma. (Diss. Bern 1900) 94f. – [62] Conger, a.O. [3] 119f.; Kranz, a.O. [31] 236. – [62a] O. Spengler: Der Untergang des Abendlandes. Umrisse einer Morphol. der Weltgesch. (³³⁻⁴⁷1923) 1, 215. – vgl. M. Scheler: Wesen und Formen der Sympathie. Ges. Werke 7, 113. – [64] Vom Umsturz der Werte. Abh. und Aufs. a.O. 3, 165. – [65] Der Formalismus in der Ethik und die materiale Wertethik. Ges. Werke⁴ 2, 406. – [66] E. Bloch: Das Prinzip Hoffnung (1959) 798ff. – [67] J. Habermas: Ernst Bloch – ein marxist. Schelling, in: Philos.-polit. Profile (1971) 157.

Literaturhinweise. A. Meyer s. Anm. [61]. – G. P. Conger s. Anm. [3]. – E. Cassirer s. Anm. [2]. – D. Mahnke: Unendliche Sphäre und Allmittelpunkt (1937, ND 1966). – R. Allers: Mi. From Anaximandros to Paracelsus. Traditio 2 (1944) 319-408. – W. Kranz s. Anm. [31]. – D. Levy: Art. ⟨Ma. and Mi.⟩, in: Encyclop. of philos., hg. P. Edwards 5, 121-125. – G. Boas: Art. ⟨Ma. and Mi.⟩, in: Dict. of the hist. of ideas, hg. Ph. P. Wiener 3, 126-131. – D. P. Norford s. Anm. [31]. H. Holzhey

2. C. G. Jung interpretiert Ma./Mi.-Vorstellungen als Vorläufer seiner Theorie der Synchronizität, die sich auf das Phänomen der «Gleichartigkeit psychischer und physischer Vorgänge» [1] bezieht; danach stellt die Idee des Mi. das – auf die «Archetypen» zurückgehende [2] – «kollektive Unbewußte» dar [3], das in einem unbewußten und akausalen Sinnzusammenhang mit (außerpsychischen) makrokosmischen Vorgängen steht [4]. – Wittgenstein bezieht Ma.-/Mi.-Gedanken auf den Zusammenhang zwischen Sprache und Welt, wenn er sagt:

«Daß die Welt *meine* Welt ist, das zeigt sich darin, daß die Grenzen *der* Sprache (der Sprache, die allein ich verstehe) die Grenzen *meiner* Welt bedeuten. ... Ich bin meine Welt. (Der Mikrokosmos)» [5].

Anmerkungen. [1] C. G. JUNG: Naturerklärung und Psyche (1952) 103. – [2] a.O. 66. – [3] 79. – [4] 68f. – [5] L. WITTGENSTEIN: Tractatus logico-philosophicus 5,62; 5.63. Vgl. auch Notebooks, hg. G. H. v. WRIGHT und G. E. M. ANSCOMBE (Oxford 1961) 84f.

Literaturhinweise s. I und II/1. M. GATZEMEIER

Makrosyntax. Der Terminus entstammt den Anfängen einer textorientierten Linguistik, in deren Vorfeld ihn P. HARTMANN in Zusammenhang mit seiner Neubestimmung des Syntaxbegriffs einführt. Gegenüber einem Verständnis von Syntax, das traditionell auf reine Kombinatorik und Konstruktionsmuster für Einheiten von Satzrang (Mikrosyntax) verengt ist, bestimmt er den Begriff unter Einbeziehung von Redezweck und Sprechsituation als die «Ebene der redebildenden Bezugnahmen in und mit der Sprache (Semantik *und* Anaphorik)» [1], für deren übersatzmäßige Ausprägung er den Terminus ‹M.› [2] verwendet. Diese auf einem hohen Abstraktionsniveau vorgenommene Grundorientierung führt zu mehreren unterschiedlich akzentuierten Konkretisierungen: 1. ‹M.› wird mit ‹Textlinguistik› (im Sinne einer komplexen linguistischen Teildisziplin) gleichgesetzt [3]. 2. ‹M.› bezeichnet ein Teilgebiet der Textlinguistik, die Textsyntax. Ihr Forschungsobjekt sind die langue-wertigen, d.h. die im System einer Sprache angelegten übersatzmäßigen syntaktischen Regularitäten [4]. Dabei sind drei Ansätze zu unterscheiden: a) ein aszendentes (von unten nach oben gerichtetes) Verfahren, das den Aufbau eines Textes durch die progressive Verkettung seiner einzelnen Sätze (transphrastisch) zu bestimmen sucht [5]; b) ein deszendentes (von oben nach unten gerichtetes) Verfahren, das beim Ganzen eines Textes ansetzt und seinen Aufbau als eine aus übersatzmäßigen Einheiten (Abschnitten, Paragraphen usw.) bestehende Gesamtstruktur zu beschreiben sucht [6]; c) ein lexematisch-morphologisch orientiertes Verfahren, das innerhalb eines Textes ohne Respektierung von Satzgrenzen eine Netzstruktur erkennt, die von Lexemen und Morphemen (Person, Tempus usw.) getragen wird und zur Rezeptionssteuerung dient [7]. 3. ‹M.› gilt in der Erzähltexttheorie (Narrativik) als Äquivalent zum Terminus ‹Makrostruktur›, der die (tiefenstrukturell angelegte) Repräsentation der Globalbedeutung eines Textes oder die nach bestimmten höheren Einheiten (Textteilen) gegliederte Gesamtstruktur eines Erzähltextes bezeichnet [8].

Anmerkungen. [1] P. HARTMANN: Syntax und Bedeutung (Assen 1964) 34. – [2] a.O. 105. – [3] Art. ‹Textlinguistik›, in: W. WELTE: Moderne Linguistik: Terminol./Bibliogr. 1 (1974) 346. – [4] Art. ‹M.›, in: TH. LEWANDOWSKI: Linguist. Wb. 2 (1975) 408. – [5] H. BRINKMANN: Die dtsch. Sprache (²1971) 704-887; F. DANEŠ: Zur linguist. Analyse der Textstruktur. Folia linguist. 4 (1970) 72-78; U. ENGEL: Syntax der dtsch. Gegenwartssprache (1977) 275-282; J. ERBEN: Dtsch. Grammatik (1972) 320-328; F. HUNDSNURSCHER: Art. ‹Syntax›, in: Lex. germanist. Linguistik (1973) 213f.; M. SCHERNER: Textkonstitution und -rezeption. Der Deutschunterricht 25 (1973) H. 6, 60-86. – [6] W. G. ADMONI: Der dtsch. Sprachbau (Leningrad 1972) 276ff.; BRINKMANN, a.O. [5] 916ff.; E. GÜLICH: M. der Gliederungssignale im gesprochenen Frz. (1970); E. GÜLICH, K. HEGER und W. RAIBLE: Linguist. Textanalyse (1974); M. SCHERNER: M. und Textinterpretation. Der Deutschunterricht 22 (1970) H. 6, 51-66; T. SILMAN: Probleme der Textlinguistik (1974) 102-137. – [7] H. WEINRICH: Sprache in Texten (1977) 17f. u. passim. – [8] E. GÜLICH und W. RAIBLE: Linguist. Textmodelle (1977) 192-317. M. SCHERNER

Malthusianismus. Der Ausdruck dient als Bezeichnung für die Bevölkerungslehre des englischen Theologen und politischen Ökonomen TH. MALTHUS, umfaßt aber nicht dessen gesamtes nationalökonomisches Werk und im Verständnis des 19. Jh. auch nicht seine gesamten bevölkerungswissenschaftlichen Schriften, sondern nur die in der *Bevölkerungskontroverse* [1] zwischen ihm und W. GODWIN diskutierten Aspekte. Diese Diskussion, die im 19. Jh. nur noch von der Sozialismusdiskussion an Härte übertroffen wurde, eröffnete MALTHUS 1798 mit dem anonymen ‹Essay on the Principle of Population as It Affects the Future Improvement of Society, with Remarks on the Speculations of Mr. Godwin, M. Condorcet, and Other Writers› [2], der «berühmtesten und einflußreichsten Darstellung der biologischen These» der Bevölkerungslehre [3], nach der bei konstant hohem Geschlechtstrieb des Menschen die Bevölkerung sich vermehrt und die Erde die für eine immer größer werdende Menschheit notwendigen Nahrungsmittel nicht mehr hervorbringen kann: «wenn die Bevölkerung nicht gehemmt wird, so vermehrt sie sich in geometrischer Progression, während sich die Unterhaltsmittel nur in arithmetischer Progression vermehren. Wer auch nur das geringste von Zahlen versteht, wird sofort die ungeheure Potenz der geometrischen gegenüber der arithmetischen Progression erkennen» [4]. Zentrales Problem für die Menschheit wird damit die Beschränkung der Geburten. Dies war auch damals nicht neu [5], *Antinatalisten* gab es vor und nach Malthus, «was aber Malthus eine führende Stellung unter den Antinatalisten gab, ist sein Bemühen, theoretische Überlegungen mit empirischer Beobachtung zu kombinieren und zu begründen» [6]. Die seinerzeitige Bevölkerungsexplosion in Großbritannien wurde von ihm als Problem erkannt. «Malthus stand unter dem Eindruck einer neuen Erfahrung; die daraus gezogenen Schlüsse verlängerte er freilich weit zu weit in die Zukunft» [7]. Er glaubte feststellen zu können, die «Natur» habe bisher die geometrische Bevölkerungszunahme durch Hemmnisse verhindert, die er «repressive» oder «positive Checks» nennt: Hunger, Not, Krieg, Laster, Krankheiten, Seuchen.

In der zweiten der sechs Auflagen seiner Schrift, die wesentlich erweitert und differenzierter war, ergänzt Malthus 1803 die repressiven durch präventive Checks, d.h. durch in die Entscheidung des Menschen gegebene Beschränkungen (moral restraint), die dem Menschen angesichts zukünftiger Entwicklungen die Möglichkeit geben, durch Enthaltsamkeit das Bevölkerungswachstum zu beschränken. Asketisches Abwehrverhalten, Zurückhaltung und Laster sind durch menschliches Verhalten beeinflußbar, Elend allerdings bleibt nach Malthus Naturtatsache, die vom Menschen nicht beeinflußt werden kann. Durch diese Annahme und ihre Umsetzung in politische Diskussionen geriet Malthus in den Ruf eines konservativen Verteidigers sozialer Mißstände. – Die neuen Gesichtspunkte der zweiten Auflage, die *präventiven Checks*, gingen allerdings zunächst kaum in die Diskussion ein. «Die Malthus-Debatte im 19. und zu Beginn des 20. Jh. [entzündet sich] immer an der überholten Fassung des Essays von 1798 ..., und 'M.' wurde identisch mit der formelhaften knappen Dichotomie: Nahrungsmittelwachstum und triebgegründetes Bevölkerungswachstum» [8].

Die Übernahme dieser verkürzten Bevölkerungstheorie oder ihre Bekämpfung vor allem durch sozialistische Theoretiker der Zeit führte zu Modifikationen. Eine wichtige Etappe ist das Ersetzen des asketischen Abwehrverhaltens durch Formen eines nicht-asketischen, präventiv-gesicherten Zusammenlebens, wie J. St. Mill es forderte [9]. Wenn soziale Aufstiegschancen gegeben seien und der Lebensstandard steige, werde durch Heiratsaufschub und Begrenzung der Kinderzahl der Bevölkerungszuwachs gebremst. Im Gefolge solcher Überlegungen entstand ab etwa 1870 der *Neo-M.* 1877 wurde die ‹Malthusian League› gegründet, die eine Zeitschrift ‹The Malthusian› herausgab und erst 1927 aufgelöst wurde. Die Ansätze blieben weitgehend biologistisch, die sozio-ökonomischen Aspekte der Bevölkerungsentwicklung wurden nur in geringem Maße berücksichtigt. Der stark deterministische Zug des M. wurde zwar gemildert, aber auch der Neo-M. des ausgehenden 19. Jh. wurde nur bedingt «das Heilmittel des Pauperismus» [10]. Über den Gebrauch empfängnisverhütender Mittel und andere Formen der *Geburtenregelung* sollte eine Bevölkerungsentwicklung angestrebt werden, die zu jener Zeit infolge der enormen Steigerung der Agrarproduktion, der gewerblichen und industriellen Produktivität keine Notwendigkeit war und die auch schon zur Theorie des demographischen Übergangs führte [11]. So konnte 1955 G. Mackenroth noch konstatieren, daß der Neo-M. eine «Bewegung» gewesen sei, «denn eine eigene Theorie hat er nie auszubilden vermocht» [12].

Die Wiederentdeckung des Neo-M. — Malthus hatte zwar 1798 die Übervölkerung beiläufig als Hauptursache der Kolonialisierung und der Auswanderung bezeichnet [13], doch waren seine Überlegungen und die seiner Nachfolger auf den europäischen Nationalstaat begrenzt geblieben. Die Problematik der Bevölkerungsentwicklung in der *Dritten Welt* nach dem Zweiten Weltkrieg und die Begrenztheit der Ressourcen gaben dem Neo-M. neuen Auftrieb. Aber wie bei den Autoren im 19. Jh. ist auch bei denen der letzten zehn Jahre eine klare Zuordnung zum Neo-M. schwierig. H. Kahn unterscheidet zwischen Technologie- und Wachstumsenthusiasten sowie gemäßigten Optimisten auf der einen Seite und den gemäßigten Pessimisten und den überzeugten Neomalthusianern auf der anderen Seite und stellt fest, daß neomalthusianische Positionen in den letzten Jahren großen Einfluß gewonnen haben [14]. Dabei ist bei diesen Positionen die Bevölkerungsproblematik meist nur ein Aspekt der Kritik und Prognose, wenn auch ein gewichtiger [15]. Die Berichte des und an den ‹Club of Rome› zeigen mit Hilfe des Modells von J. W. Forrester [16] zunächst auf der Grundlage exponentiellen Wachstums von Weltbevölkerung und Weltwirtschaft die Grenzen des Wachstums auf [17]; nach massiver Kritik am «materialistischen Determinismus» dieses Modells [18] werden Modifikationen unter regionalen Gesichtspunkten vorgenommen; dennoch ergibt sich folgende Diagnose: «Die Möglichkeiten, die der Menschheit noch zur Verfügung stehen, einer gewaltigen Katastrophe zu entgehen, werden ständig geringer. Verzögerungen bei der Wahrnehmung noch verbleibender Entscheidungsmöglichkeiten haben im wahrsten Sinne des Wortes tödliche Folgen» [19]. Trotz hoffnungsvollerer Gesichtspunkte, wie daß das «Ende der Verschwendung» möglich sei [20] und die «eine Zukunft» [21] durch eine Reform der internationalen Ordnung möglich werde, bleibt der Gesamtansatz äußerst pessimistisch: Zerstörung der Umwelt, Kampf um die letzten Rohstoffe und dies bei weiterhin exponentiell wachsender Weltbevölkerung. Hier schließt sich der Kreis zur Sicht von Malthus: Durch Hungertod und lokalbegrenzte Kriege werden wieder eine Art repressive *Checks* wirksam werden, und dies vor allem in der Dritten Welt. – Im Bariloche-Modell wird deshalb gerade aus der Dritten Welt eine alte Kritik an Malthus und seiner Lehre wieder aufgenommen, nämlich daß man Bevölkerung nicht allein als exogene Größe betrachten könne, sondern als «Funktion der sozio-ökonomischen Variablen zu erklären» habe [22].

Anmerkungen. [1] J. Schmid: Einf. in die Bevölkerungssoziol. (1976) 32ff. – [2] Jetzt in T. R. Malthus: First essay on population 1798. Reprints of economic classics (1965). – [3] K. Mayer: Bevölkerungslehre und Demographie, in: R. König (Hg.): Hb. der empirischen Sozialforsch. 1 (1967) 455. – [4] Zit. aus K. Mayer: Einf. in die Bevölkerungswiss. (1972) 125. – [5] Vgl. M. Perlman: Some economic growth problems and the part population policy plays. Quart. J. Economics (1975) 247-256. – [6] M. M. Safa: Die Weltbevölkerungsproblematik und die Bevölkerungspolitik der Vereinten Nationen (1977) 79. – [7] L. Bergeron u.a.: Das Zeitalter der europ. Revolution (1969) 231. – [8] Schmid, a.O. [1] 36. – [9] J. St. Mill: Principles of political economy (1848). – [10] G. Stille: Der Neo-M., das Hilfsmittel des Pauperismus (1880). – [11] Vgl. z.B. W. S. Thompson: Population. Amer. J. Sociol. (1929) 959ff. – [12] G. Mackenroth, in: Gehlen/Schelsky (Hg.): Soziol. (1955) 51. – [13] Malthus, a.O. [2] 48-50. – [14] H. Kahn: Vor uns die guten Jahre (1977) 24ff. – [15] P. R. Ehrlich: Die Bevölkerungsbombe (1971). – [16] J. W. Forrester: Der teuflische Regelkreis (1972). – [17] D. L. Meadows u.a.: Die Grenzen des Wachstums. Bericht des Club of Rome zur Lage der Menschheit (1973). – [18] H. v. Nussbaum: Die Zukunft des Untergangs oder der Untergang der Zukunft. Aspekte einer Futurol. wider den status quo, in: D. L. Meadows u.a.: Wachstum bis zur Katastrophe? (1974) 59f. – [19] M. Mesarović und E. Pestel: Menschheit am Wendepunkt. 2. Bericht an den Club of Rome zur Weltlage (1974) 120. – [20] D. Gabor u.a.: Das Ende der Verschwendung (1976). – [21] J. Tinbergen u.a.: Wir haben nur eine Zukunft (1977); vgl. auch R. L. Heilbroner: Die Zukunft der Menschheit (1976). – [22] Herrera/Scolnik u.a.: Grenzen des Elends. Das Bariloche Modell (1977) 125.

Literaturhinweise. J. Bonar: Malthus and his work (1885). – F. A. Fetter: Versuch einer Bevölkerungslehre ausgehend von einer Kritik des malthus'schen Bevölkerungsprincips (1894). – F. Oppenheimer: Das Bevölkerungsgesetz des T. R. Malthus (1901). – H. Dietzel: Der Streit um Malthus' Lehre (1905). – S. Budge: Das malthus'sche Bevölkerungsgesetz und die theoret. Nationalökonomie der letzten Jahrzehnte (1912). – N. E. Himes: Robert Dale Owen, the pioneer of American Neo-M. Amer. J. Sociol. (1930) 529ff. – M. Halbwachs: Les débuts du néomalthusianisme en Angleterre (1934). – C. Brinkmann (Hg.): William Godwin – Robert Malthus, Wirtschaftsfreiheit und Wirtschaftsgesetz in der engl. ökonom. Klassik (1949). – K. Smith: The Malthusian controversy (1951). – G. Mackenroth: Bevölkerungslehre (1953). – D. V. Glass (Hg.): Introd. to Malthus (1953). – H. Linde: Die Bedeutung von Th. Robert Malthus für die Bevölkerungssoziol. Z. ges. Staatswiss. (1962) 705ff. – W. Peterson: The Malthus-Godwin debate, then and now, in demography (1971) 13ff. – R. Mackensen (Hg.): Dynamik der Bevölkerungsentwickl. (1973). – H. v. Nussbaum (Hg.): Die Zukunft des Wachstums. Krit. Antworten zum ‹Bericht des Club of Rome› (1973). – Die Berichte des und an den Club of Rome s. Anm. [17. 19. 20. 21]. – E. Eppler: Ende oder Wende? Von der Machbarkeit des Notwendigen (1975). – H. Gruhl: Ein Planet wird geplündert. Die Schreckensbilanz unserer Politik (1975). – J. Schmid s. Anm. [1]. – M. M. Safa s. Anm. [6].

K.-D. Osswald

Malum (griech. κακόν; hebr. rääh; frz. mal; engl. evil, badness, harm; ital. il male; dtsch. Böses, Übel und die im folgenden genannten Negativa)

I. *Einführung und Überblick.* – ‹M.› in ein von der deutschen Philosophensprache ausgehendes begriffsgeschichtliches Lexikon als Begriff eigens aufzunehmen ist tunlich, um die geschichtliche Symbiose und Interdependenz der Begriffe des Übels und des Bösen, des Schlechten, Schlimmen, Schrecklichen, des Unvollkommenen, Mangelhaften, Defekten, Defizitären und Inferioren, des Unordentlichen, Dysfunktionalen, Widrigen, Kranken, Fatalen, des Ruchlosen, der Sünde und der Schuld, des Verkehrten, Irrigen, Lasterhaften, der Entfremdung, des Leides, des sonstwie Nichtigen und Negativen ausdrücklich thematisieren zu können; hier ist – mehr noch als bei anderen philosophischen Begriffen – darauf Rücksicht zu nehmen, daß sie – wegen der Interdependenz ihrer Bedeutungen – ein Wortfeld bilden: den philosophischen «Wortschatz im Sinnbezirk» [1] des ‹M.›. Das bekundet sich in neuerer und neuester Zeit etwa dort, wo NIETZSCHE vermutet, daß die Opposition «schlecht–gut» durch «Ressentiment» zur Opposition «gut–böse» umgewandelt wird [2], oder dort, wo im deutschen Vaterunser die Bitte um Erlösung «von dem Übel» im Zeichen der Ökumene geändert wird zu der um Erlösung «von dem Bösen»: Im Lateintext steht ‹M.› mit der Möglichkeit maskulinischer Lesung. Außerdem gibt es im Deutschen fremdwortartige Übernahmen und Eigenprägungen im Anschluß an ‹M.›: vom Malefiziösen (etwa des Malträtierens) und der Malaise über die Malice bis zum Malheur und zum Malus (= handicap). Schließlich kann erst so – mehr oder minder ausdrücklich – der ganze Umfang der Gegenbegriffe ins Spiel kommen: das Gute, Wahre, Schöne, Eine, Seiende, Vollkommene, Makellose, Intakte, Gesunde, Ordentliche, Positive, Ganze und Heile, das Unschuldige, Tugendhafte, das Selige und das Glück. Auch diese positiven Gegenbegriffe konturieren das Feld ‹M.› und mitermöglichen dadurch die Frage, warum zu bestimmten Zeiten jeweils bestimmte Bedeutungen von ‹M.› dominieren und andere nicht und wodurch sich dies jeweils ändert. Denn hier gibt es Verwandlungen und Bewegungen [3]: allemal aber, scheint es, laufen sie auf Versuche hinaus, das M. philosophisch zu relativieren.

In der *Antike*, am Anfang der Philosophie bei den Griechen, zerfällt die mythische Religion in Theorie und Tragödie [4]. Die Tragödie handelt – mit der Chance kathartischer Linderung – von Leid, Schuld, Tod als M., das lebensweltlich unvermeidlich ist. Die Theorie hingegen blickt – um Leiden durch Schauen zu besiegen – hinaus auf den überzeitlich leidensfernen Kosmos, die Ideen, das Eine: sie überstrahlen die zeitliche Lebenswelt der Menschen mit ihren Mala, die Unwesentliches am Unwesentlichen sind: das M. wird *ontologisch veruneigentlicht*. Dem dienen dort, wo das Verhältnis des zeitlich-Unwesentlichen zum zeitlos-Wesentlichen theoretisch interessant wird, die ontologischen Theorien des M. als κακόν: das Zeitliche hat sich vom Zeitlosen durch ἀδικία entfernt (ANAXIMANDER) oder ist (PLATON) definierbar durch Seinsmangel (στέρησις), wobei die ὕλη als das Mangelhafteste das κακόν ist (PLOTIN); so kommt insbesondere neuplatonisch zustande, was als Lehre vom M. als privatio boni weiterläuft. Die lebensweltliche Bewältigung des M. wird spätantik, insbesondere römisch, zum Rechtsproblem, im übrigen aber – seit dem Niedergang der polis – zur Sache des Einzelnen: der Weise besiegt die Mala als die ταραχαί bzw. incommoda in vita durch Gleichmut und indem er sich abfindet.

Aber die Abfindungskraft der Menschen ist begrenzt; dies – das Scheitern des Fatalismus – disponiert zur Rezeption der Heilslehre des *Christentums:* Erst dort wird das M. – nunmehr das heilsgeschichtlich als Sünde qualifizierte Böse – schließlich auch philosophisch zum Fundamentalthema. Dabei wird es so stark als Wirklichkeit erfahren, daß es nicht mehr *in*, sondern nur noch *mit* dieser Welt relativiert werden kann: durch ihre – eschatologische – Aufhebung zugunsten einer neuen Welt: das M. wird *eschatologisch negiert*. Hier entsteht die Versuchung der Gnosis, das M. dem Schöpfergott der vorhandenen Welt als Ursache anzulasten, dem der Erlösergott entgegentritt (MARCION), der mit der Welt das M. aufhebt.

Die «Überwindung der Gnosis» [5] – das Pensum der Philosophie des *Mittelalters* – gelingt zunächst nur dadurch, daß das M. statt dem Schöpfergott und seiner Schöpfung vielmehr der Freiheit des Menschen zugerechnet wird (AUGUSTINUS): seine Sünde (peccatum) gegen Gott ist das M. schlechthin; aus diesem M. als dem Bösen folgt das M. als Übel, so daß jegliches M. heilsgeschichtlich qualifiziert ist: entweder als Sünde oder als Strafe für die Sünde. Dagegen spricht in wachsendem Maß die Erfahrung nicht heilsgeschichtlich qualifizierbarer Mala; wo überdies – gegen die gnostische Weltnegativierung – die fundamentale Bonität der göttlichen Schöpfung betont wird, muß das M. als Moment der Schöpfung begriffen werden, durch sinngemäße Anwendung der privatio-Lehre: wenn omne ens bonum ist, kann das M. nur als non-ens koexistieren (THOMAS): das M. wird also *metaphysisch integriert*. Diese gegengnostisch-scholastische Rehabilitierung der Schöpfung ist der erste Schritt zum nachmittelalterlichen Absolutheitsgewinn der Diesseitswelt: er löst – in Abwehr alsbald des nominalistisch (und gewissermaßen neognostisch) «theologischen Absolutismus» [6] und später seiner reformatorischen Milderung mit ihrer radikalen Sündenlehre (LUTHER) – das Weltverständnis aus der heilsgeschichtlichen Optik des Christentums; dadurch – weil so das M. nicht mehr eschatologisch relativiert werden kann – wird das M. pointiert zum unausweichlich innerweltlichen Problem.

Das geschieht philosophisch in der *Neuzeit:* dies u.a. auch deswegen, weil inzwischen der Malus – der Teufel – als Nebenquelle des M. zunehmend unglaubwürdig wird; er entwirklicht sich – als genius malignus – zum Argumentationskniff im Kontext des methodischen Zweifels (DESCARTES) oder entkommt ins Detail: dort, bekanntlich, steckt er auch noch heute und sorgt dafür, daß – etwa – im ‹Historischen Wörterbuch der Philosophie› der Artikel ‹Böse› 'vergessen' wird, obwohl doch insgesamt für die modernen Menschen gilt: «den Bösen sind sie los, die Bösen sind geblieben» [7]; und an die Stelle des Teufels treten alsbald die Verteufelungen. So wächst der Problemdruck des Problems des M., das neuzeitlich nicht mehr *mit* der Welt relativiert werden kann; darum versucht LEIBNIZ in seiner ‹Théodicée› das M. – das er in M. metaphysicum, M. physicum und M. morale einteilt – *in* der Welt zu relativieren, indem er diese – anders als Gott in Gen. 2 – nicht mehr als «sehr gut», sondern nur noch als bestmögliche und das M. als Bedingung der Möglichkeit und Wirklichkeit dieses Optimum begreift: das M. wird relativiert, indem es *teleologisch funktionalisiert* wird. Das geschieht – nachdem Gott aus Theodizeegründen in der Rolle des Schöpfers durch den Menschen abgelöst wird – auch in der zweiten Theodizee, der modernen Geschichtsphilosophie: Das M. wird als das Negative zur Triebkraft des Fortschritts der Geschichte (HEGEL), die das M. endgültig aufheben soll (MARX); dabei wird – genau umgekehrt wie bei Augustinus – das Böse zum Epiphänomen der Übel, der Entfremdung: «in diesem Tale, das von Jammer schallt», gibt es ohne «Fressen» keine «Moral» [8]. Daß so die Mala als Optimierungsinstrumente teleologisch positive

Funktion bekommen, wird zum Präzedenzfall einer generellen *Positivierung* der Mala. Das M. metaphysicum Endlichkeit wird beim Menschen zum positiven Garanten für eine mit göttlicher Erkenntnis unverwechselbaren und darum theologisch neutralisierten (nicht mehr häresiefähigen) wissenschaftlichen Erkenntnis und Kultur (KANT). Das M. metaphysicum Veränderlichkeit wird positiviert zur Geschichte; der Sündenfall wird positiviert zu deren Anfang [9]. Es kommt zur Karriere des gnoseologischen M. (das – wie einst Sokrates – noch DESCARTES und MALEBRANCHE für das Fundamental-M. hielten), des Irrtums: er kann nun als «Lüge im außermoralischen Sinn» (NIETZSCHE) und als «zweckmäßiger Irrtum» fiktionalistisch zum Zentralinstrument des Wissenschaftsfortschritts werden (VAIHINGER): der Irrtum, das gnoseologische M., macht die Wissenschaftsgeschichte (POPPER). Die «inferioren» Gemütskräfte avancieren: es kommt zur Karriere der Affekte, des Sinnlichen und Ästhetischen. Gleichzeitig vollzieht sich manch andere Emanzipation des – traditionell und vermeintlich – Inferioren: des Kranken, des Fremden und Wilden, des Kindes, der Frau, des Bürgers, des Proletariers, der Randgruppen. Es fallen Tabus beim vormals nur Konkupiszenten, der Sexualität. Wo sich dieser Positivierung insbesondere der metaphysischen Mala das physische M. widersetzt, wird es – z. B. Krankheit, Gebrechlichkeit, Tod – aus dem Gesichtskreis der Gesellschaft entfernt und in der Klinik verborgen, hilfsweise euphemisiert. Zu dieser Entübelung der Übel gehört schließlich die des M. morale: die große «Entbösung des Bösen» [10]; es wird zunehmend reduziert auf vom Einzelnen nicht verantwortbare Ursachen (die Anderen, die Gesellschaft, die Entfremdung, die Verräter) unter Verschärfung des Streits, ob der Mensch «von Natur aus» böse oder gut sei: ob das M. durch die Gesellschaft gebannt (HOBBES) oder gerade erzeugt wird (ROUSSEAU). Oder das Böse wird versuchsweise durchschaut als unterdrücktes Gutes: sobald seine Unterdrückung falle, sei auch das Böse das Gute. Dazu gehört zwangsläufig, daß zum nunmehr wirklich Bösen das wird, was diese Emanzipation behindert; so kommt es – gegenläufig – zur großen Verbösung des Guten: das offiziell Gute wird zum Repressiven erklärt, das Intakte zum maskierten Destruktiven, das Vorhandene zum getarnten Inhumanen: zum Unmenschlichen, zum unbedingten Feind, zum absoluten M. Die Teleologisierung und Positivierung des M. begünstigt Diabolisierungs- und Verfeindungszwänge, die selber ein M. sind.

So gerät die teleologische Funktionalisierung des M. an Grenzen. Darum gehört zur Moderne die Gegentendenz, das M. aus ihrer Optik zu lösen. Das geschieht zunächst behutsam durch Vizeoptimismen: dort veranlaßt das M., nach seinen «Kompensationen» zu suchen (ROBINET, AZAÏS, EMERSON) [11]; zu ihnen gehört auch die – nach dem Vorbild des felix-culpa-Gedankens gebaute – bonum-durch-M.-Figur: Gerade ein M. erzwingt ein bonum. Private vices werden public benefits (MANDEVILLE), Krankheit begünstigt Genie (LOMBROSO), just das «Mängelwesen» Mensch braucht und schafft Kultur (HERDER, PLESSNER, GEHLEN): so erzwingt gerade ein M. – für die Anthropologie die Instinktreduktion des Menschen, für die Existenzphilosophie sein Mangel an Wesen – prekäre bona anthropina. Und es gibt den Pessimismus: SCHOPENHAUER dreht die privatio-Lehre um: das bonum ist – in der schlechtestmöglichen Welt – privatio mali: «das Gute, dieser Satz steht fest, ist stets das Böse, was man läßt» [12]. Auch wird das M. als «Hang zum Bösen» (KANT) und als «Sünde» (KIERKEGAARD) in seiner unableitbaren Eigenwirklichkeit geltend gemacht; darum wird das Böse – von SCHELLING bis KRINGS [13] – erneut zur Fundamentalfrage. Zugleich gewinnt das M. als Problem zu bewältigender Kontingenzen neues Gewicht für die Philosophie der Gesellschaft, Geschichte, Religion. Dieser unverminderte Problemdruck bestätigt die problemgeschichtliche Bonität des M., das als philosophisches Problem bleibt, was es war: ungelöst und offen.

Anmerkungen. [1] J. TRIER: Der dtsch. Wortschatz im Sinnbezirk des Verstandes (1932). – [2] FR. NIETZSCHE: Zur Geneal. der Moral (1887). – [3] F. BILLICSICH: Das Problem des Übels in der Philos. des Abendlandes (1952-59). – [4] H. BLUMENBERG: Die Genesis der kopernikanischen Welt (1975) 16ff. – [5] Die Legitimität der Neuzeit (1966) 75ff. – [6] ebda. – [7] J. W. GOETHE: Faust I (1790) v. 2509; über das Fehlen des Art. ‹Böse (das)› in HWP 1: A-C (1971) gibt es im Hg.-Kreis nicht untypischerweise drei Versionen: These: absichtlich aus redaktionsökonomischen Gründen auf ‹M.› verschoben; Antithese: vergessen; Synthese: aus Termingründen absichtlich, aber unfreiwillig verschoben (Red.). – [8] B. BRECHT: Die Dreigroschenoper (1928). – [9] O. MARQUARD: Felix culpa? in: Poetik und Hermeneutik 9 (1980). – [10] E. L. MARQUARD gesprächsweise. – [11] O. MARQUARD: Glück im Unglück. Allg. Z. Philos. 3 (1978) 23-42. – [12] W. BUSCH: Die fromme Helene (1872) Schluß. – [13] H. KRINGS: System und Freiheit, in: Ist systemat. Philos. möglich? hg. D. HENRICH (1977) 35-53.   O. MARQUARD

II. *Altertum.* – Dem vorphilosophischen Sprachgebrauch gilt als «schlecht», wer (oder was) schadet, als «böse», wen die Absicht zu schaden leitet, als ein «Übel» der objektive Schaden. Das alles liegt in dem einen griechischen Wort κακόν (lat. malum), das je nach dem Zusammenhang das Schlechte, das Böse oder das Übel bedeuten kann und in allen in Frage kommenden Hinsichten den Gegensatz des ἀγαθόν (bonum) bildet [1]. Tod und Krankheit, Knechtschaft und Armut, Schande und Häßlichkeit werden im griechischen Altertum vor dem Aufkommen der Philosophie für die Grundübel gehalten. Soweit der Mensch sich ihnen nicht entziehen kann, erschließt ihm die philosophische Reflexion neue Möglichkeiten, ihnen zu begegnen. Er versucht nun, der Übel wenigstens im Bewußtsein Herr zu werden.

Am Anfang unserer literarischen Überlieferung der griechischen Philosophie steht eine These, die das größte aller Übel als etwas Naturnotwendiges zu erklären sucht. ANAXIMANDER VON MILET (610–546) leitet den Tod wie überhaupt jedes Zunichtewerden her aus vorausgegangenem Unrecht (ἀδικία), für das der Tod die «Bußezahlung» darstellt, so daß durch ihn das «Recht» (δίκη) wiederhergestellt wird [2]. Das hier gemeinte Unrecht besteht darin, daß jedes Ding für sein Entstehen Stoff braucht, den es anderswoher nehmen, anderen Dingen rauben muß. Hierfür «büßen sie einander», indem ein jedes vergeht, d. h. seinen Daseinsstoff an Anderes für dessen Entstehen abgibt. Wenn so das Sterben als ein Erleiden von Strafe erscheint, bedeutet dies also nicht, daß dadurch subjektive Schuld vergolten wird. Im Gegensatz zu den Lehren der Orphiker, die eine Art von vorgeburtlicher Ursünde aller Lebewesen annehmen und die Geburt als Strafbeginn, den Tod als möglichen Erlöser ansehen, betrachtet Anaximander das Geborenwerden wie überhaupt jedes Entstehen als Übergriff, dem die Merkmale subjektiver Schuld zwar völlig fehlen, der aber trotzdem verdientermaßen und notwendigerweise Wiedergutmachung zur Folge hat. In dieser Sicht scheint der Tod sowohl als Naturvorgang wie auch hinsichtlich seines Übelscharakters erklärt.

Ein solcher Erklärungsversuch geht aus von der allgemeinen Auffassung, die den Tod als der Übel schlimmstes ansieht. XENOPHANES VON KOLOPHON (ca. 575 bis ca. 483) eröffnet einen neuen Weg, indem er den als absolut vorausgesetzten Unwert der Übel relativiert. Er vertritt eine Art von Projektionstheorie, wenn er nachweist, daß die verschiedenen Völker sich ihre verschiedenen Götter nach ihren jeweiligen Vorstellungen von Schönheit und Schimpflichkeit bilden [3]. Sein Hörer und kritischer Fortbildner HERAKLIT VON EPHESOS (ca. 540 bis nach 480) führt diesen Gedanken weiter, indem er die Relativität der Werturteile generell aus der Subjektivität der Urteilenden herleitet. Damit meint er insbesondere die relative Schlechtigkeit der Menschen im Lichte göttlich absoluter Beurteilung [4]. Heraklit zufolge hat man nicht vom Guten her das Übel, sondern vom Übel her das Gute zu verstehen. Diese Umkehrung entspringt der schon bei Xenophanes vollzogenen Reinigung des Gottesgedankens: im Maße der Radikalität, mit der die Gottheit von allem Schlechten, das der Mensch ihr andichtet, befreit wird, erscheint die auf den Menschen zurückgefallene Schlechtigkeit nunmehr tiefer als je zuvor in ihm und allen anderen Lebewesen verwurzelt. Die Menschen würden das Wort (und damit den Begriff) «Recht» gar nicht kennen, wenn nicht der «Streit» (ἔρις), gleichbedeutend mit dem «Krieg», sich zum Recht verhielte wie der Vater zum Kind [5]. Es ist erst die Krankheit, die die Gesundheit, der Hunger, der die Sättigung, die Mühe, die die Ruhe, überhaupt erst das Übel, das sein Gegenteil zum «Guten» macht [6]. Wenn die Masse der Menschen nicht dem «Feuchten» verfallen und dadurch grundschlecht wäre, würden die Wenigen, in denen das göttliche Vernunftfeuer vorherrscht, nicht in der Form des «ewigen Ruhmes» als «Gute» kenntlich sein [7].

Die in Xenophanes und Heraklit voll ausgeprägte Denkart, die in ethnischer und geographischer Hinsicht als «ionische» Philosophie bezeichnet wird, erscheint im Vergleich zur späteren Sophistik als ein Stadium der Frühaufklärung. Die Einheit des Weltlogos trotz und über allen Gegensätzen und insbesondere dem Gegensatz von gut und schlecht wird nachdrücklich behauptet. Daneben läuft ein dualistisches Denken einher, das durch PYTHAGORAS VON SAMOS (ca. 570 bis ca. 495) nach Unteritalien und Sizilien in den westgriechischen (überwiegend dorischen) Siedlungsraum verpflanzt wird, nicht ohne die Mitwirkung orientalischer, insbesondere iranischer Einflüsse, die wahrscheinlich mit dem Werdegang des Schulgründers zusammenhängen [8]. In ähnlicher Weise wie die persischen Anhänger der Religion Zarathustras legen die Pythagoreer einen Urgegensatz von Gut und Böse zugrunde, nur daß es bei ihnen nicht mehr Personifikationen wie Ormuzd und Ahriman, sondern unpersönliche Gegensätze sind, die von Anbeginn bestehen. In einer Tafel von zehn Gegensatzpaare [9] erscheinen Gut und Böse zwar nur als eines unter mehreren, aber die anderen neun, angefangen mit dem Paar «Begrenzendes/Unbegrenztes» (πέρας/ἄπειρον), enthalten von vornherein die Antithese von Wert und Unwert (der Gegensatz «Licht/Dunkel» scheint direkt aus der zoroastrischen Religion entlehnt).

Während im ältesten Pythagoreismus die zahlenvergötternde Bevorzugung der Eins vor der Zwei den dualistischen Ansatz durchkreuzt, gelangt der Dualismus zu voller Konsequenz bei dem selbständigsten (daher schließlich abtrünnigen) Pythagoreer, dem sizilischen Denker EMPEDOKLES VON AKRAGAS (492–432). Im Gegensatz zu Heraklit, der das Übel auf den «nichtfeurigen» Teil der Natur beschränkt, es dort freilich als primär ansieht, hält Empedokles ein radikal Böses unter dem Namen «Haß» (Νεῖκος, d. h. aggressiver Hader) für gleichursprünglich mit der «Liebe» (Φιλότης, d. h. innige Vereinigung). Allerdings sei der «Haß» in vorweltlicher Zeit nicht wirksam gewesen, vielmehr habe ein Urzustand der «Harmonie», in dem alle späteren Teile und Teilchen noch selig eins waren, vor dem, was uns als Welt der mannigfachen Dinge bekannt ist, vorherbestanden. Gegen jenes Reich der «Liebe» sei irgendwann der Angriff des «Hasses» zur Wirkung gekommen und daraus die Welt in dem für sie charakteristischen Zustand: dem eines Gegeneinander von Liebe und Haß, überhaupt erst geworden [10].

In ein neues Stadium tritt das Nachdenken über Gut und Böse durch den Aufschwung der wissenschaftlichen Medizin. Die Heilung vom physischen Übel wird zum Modell der Abhilfe gegen moralische Übel [11]. Die Subjektivität des Fürschlechthaltens und zugleich das objektive Primärsein des Übels, Lehrstücke Heraklits, fanden empirische Bestätigung am typischen Patienten, wie ihn der Arzt beobachtete und behandelte. Hingegen behauptete der metaphysische Dualismus der Pythagoreer den Primat des Guten vor dem ebenfalls absoluten Übel und konnte davon gerade so gut grundsätzliche medizinische Anwendungen machen, freilich mehr im Sinne der Erhaltung oder Wiederherstellung ursprünglicher Gesundheit. ALKMAION VON KROTON (ca. 510 bis nach 450), der von dem pythagoreischen Dualismus ausging, war zugleich praktischer Arzt. Er stellte die philosophische Verbindung zwischen Metaphysik und Medizin dadurch her, daß er an erster Stelle die Gesundheit und erst danach die Krankheit definierte, nämlich die Gesundheit als eine Art von (primärem) Ausgewogensein der entgegengesetzten Kräfte im Körper, die Krankheit als die (sekundäre) Störung solcher «republikanischer Gleichberechtigung» (ἰσονομία) durch das «monarchische» Übergewicht je eines Gegensatzgliedes, z. B. des «Warmen» bei Überhitzung, des «Kalten» bei Erkältung [12]. Als Arzt war auch EMPEDOKLES gefeiert, der allerdings darüber hinaus Heilkundiger und Heiland in einer Person sein wollte. Dadurch, daß er stets auf den ganzen leibseelischen Menschen zielte, wurde er zum Wegbereiter für die spätere Analogisierung der leiblichen und der seelischen Gesundheit, stand aber zunächst der Ausbildung einer auf das leibliche Übel spezialisierten Medizin im Wege. Erst HIPPOKRATES VON KOS mit seiner fachmedizinischen Abneigung, ja Polemik gegen naturphilosophische Spekulation errichtete das Muster einer wissenschaftlichen Übelserkennung und -beseitigung, an dem sich die Bemühungen um eine wissenschaftlich fundierte Ethik ein Beispiel nehmen konnten [13]. Die beiden bedeutendsten Sophisten, PROTAGORAS VON ABDERA (481–411) und GORGIAS VON LEONTINOI (ca. 483 bis nach 380), orientierten, jeder auf seine Weise, die Rhetorik als die demokratische Kunst moralischer Beeinflussung am methodischen Vorbild der Medizin. Nach PROTAGORAS lehrt der Weise die Kunst, jeden so umzustimmen, daß dieser anstelle dessen, was bisher in seinen Augen und ebendamit auch «in Wirklichkeit» (denn eine andere, angeblich objektive Wirklichkeit gebe es nicht) das «Schlechtere» war, etwas Anderes vorziehen wird, was nun wiederum «für ihn», d. h. sowohl in seinen Augen als auch in Wirklichkeit, das «Bessere» ist; hiermit hätte sich dann aber das, was der *Sophist* für das Bessere hält, und damit zugleich *sein* Wille durchgesetzt. Dergleichen leistet der Arzt am individuellen Patienten, und etwas Ähnliches, nur ungleich Wichtigeres könne und solle der Redner am Zuhörer, sei es ein Einzelner oder ein großes Publikum, vollbringen. Den Maßstab, der festlegt, wovon weg und wozu hin die Umstimmung, wenn sie vom «Schlechteren» zum «Besseren» führen soll, zu erfolgen habe, liefern die Normen der jeweiligen demokratischen Polis, in der und auf die der Redner wirken will [14]. Nach GORGIAS ist der sophistische Redner als Übelvertreiber dem Arzt jedesmal dann sogar überlegen, wenn zu der körperlichen Behandlung des Patienten dessen seelische Beeinflussung hinzutreten muß [15].

Ist freilich die Polis als ganze in einem unweisen Dauerzustand, so weiß der Sophist keinen Rat. Wenn der Athener SOKRATES (469–399) seine philosophische Tätigkeit als Dienst am Gott Apollon auffaßte, so ist dies mit größtem Ernst im seelenärztlichen, primär auf das Übel konzentrierten Sinne gemeint; verehrten doch seine athenischen Landsleute Apollon unter dem Beinamen ἀλεξίκακος (Übelabwehrer) [16]. Diese Bezeichnung bringt prägnant zum Ausdruck, was den zwei für den Kult Apollons wichtigsten Funktionen dieses Gottes: der Medizin und der Mantik, gemeinsam ist. Denn wie man den Arzt aufsucht, weil er sich auf die Prognose des Übels und seiner möglichen Heilung versteht, so befragt man den Seher in der Absicht, dem nur ihm erkennbaren Übel, das in der Zukunft droht, zu entgehen. War für Sokrates als frommem Athener Apollon in erster Linie der Gott der Übelabwehr, so mußte auch der Orakelspruch, der ihn als den «weisesten» Menschen bezeichnete, den Sinn haben, daß er, Sokrates, am ehesten berufen sei, das Übel zu entdecken, woran vor allem seine Heimat Athen, aber auch die Masse der dort einreisenden Fremden und somit die durch ihn ansprechbare Menschheit überhaupt, objektiv krankte, ohne sich dessen bewußt zu sein. Dieses zu diagnostizierende und zu bekämpfende Übel mußte eines sein, das den Menschen die Befolgung des delphischen Gebots: «Erkenne dich selbst!» unmöglich machte. Sokrates fand es in einer Art von Unwissenheit, die er auf eine (gewöhnlich irreführend übersetzte) Formel brachte. Es ist darin vom Falschmachen die Rede, und es wird bestritten, daß der Fehltäter ἑκών handle, ein Wort, das meist mit «freiwillig», manchmal mit «wissentlich» wiedergegeben wird. Diese Ausdrücke scheinen den Übeltäter von der Verantwortung zu entlasten, denn für unfreiwillig oder unwissentlich Begangenes kann man nicht verantwortlich gemacht werden. Tatsächlich besagt die These: «Niemand tut Falsches um des Falschen, Unrecht um des Unrechts willen». Oder, positiv gewendet: «Jeder, der etwas falsch macht, bezweckt damit etwas ihm fälschlicherweise gut Scheinendes.» Hat man, wie das in Athen mehr und mehr die Regel wurde, die unschuldige sittliche Reinheit verloren, dann zeigt sich dies entweder in der Setzung von fälschlich für gut gehaltenen Zwecken, die doch schlecht sind, oder in der Entwertung des wahrhaft Guten, als tauge es nichts. Gegen diese Art von Übeln kann, da sie von der sophistischen Aufklärung eher genährt als bekämpft werden, die verbale Heraufbeschwörung besserer Vätersitte nicht verfangen. Sokrates muß, wie ein Arzt, methodisch vorgehen und entwickelt eine ihm eigene Meisterschaft in der Enthüllung der mannigfachen Irrtümer über Gut und Böse. Mehr kann er nicht tun, das Übrige muß, wie die Ärzte sagen, «die Natur vollbringen», und sie leistet das nicht immer. Neben Schülern wie Platon und Xenophon, deren ethische Wissenssuche Früchte trägt, hat Sokrates zeitweilige Anhänger wie Kritias und Alkibiades, die in die Irrtümer, von denen er sie vorübergehend befreit hatte, später wieder verfielen.

PLATON, ebenfalls Athener (427–347), philosophiert über das Böse zwiefach: als Sokratiker unter dem Gesichtspunkt der praktischen Normwissenschaft, als Pythagoreer unter dem der metaphysischen Prinzipienlehre. Auf beiden Ebenen ist er originaler Fortbildner. Zunächst (im Dialog ‹Gorgias›) führt er die bereits sokratische Analogie zwischen Ethik und Medizin im individualethischen Rahmen voll durch. Zu den physischen Leiden, denen das Individuum, besonders wenn es Unrecht leidet, ausgesetzt ist, bilde das Gegenstück in der Seele das Unrechttun als objektives moralisches Übel, ob der Täter darunter nun leidet oder nicht. Unrechttun, d. h. die Krankheit der Seele, sei um so viel schlimmer als Unrechtleiden, wie die Gesundheit der Seele wichtiger sei als die des Leibes. Das Schlimmste aber für die Einzelseele sei, Unrecht zu tun, ohne gerecht bestraft zu werden [17]. Diese paradoxe These beruht auf einer neuen Theorie der Strafe. Schon Protagoras hatte die ältere Auffassung: die gerechte Strafe habe den Sinn, den Täter für das, was er einem anderen angetan hat, zur Vergeltung leiden zu lassen, ersetzt durch den Zweck der «Vorbeugung», d. h. des Denkzettels, der Unschädlichmachung, der Abschreckung [18]. In solcher sozialethischer Pragmatik scheint Platon der Sinn der Strafe noch nicht voll erfaßt; in erster Linie vielmehr sei die verdiente Strafe gerechtfertigt als schmerzhafte Heilungsprozedur, die der Täter selber durchmacht, also durch die individualethische Beziehung auf seine Seele.

Auf die Höhe seines Nachdenkens über das sittlich Schlechte gelangt Platon erst durch die Verbindung von Sozialethik und Individualethik in der ‹Politeia›. Die individualethische Orientierung an der Medizin genügt ihm nicht mehr zur Wesensbestimmung des Bösen. Er bringt das moralische Grundübel auf einen Begriff, den er dem politischen Bereich entnimmt: er bezeichnet ihn durch das Wort στάσις (stasis) [19]. Dieser Ausdruck meint internen Aufruhr, Revolte, Bürgerkrieg, Kampf der Teile gegeneinander wie auch gegen das Ganze auf Kosten der Gesamtheit bis zu deren Versklavung oder Zerfall. ‹Stasis› ist der eigentliche Gegenbegriff zur Harmonie, Gleichgesinntheit, Eintracht, die das Wesen der schon im volkstümlichen hellenischen Denken höchsten aller Tugenden: der Gerechtigkeit, in platonischer Umdefinierung ausmacht. Das Neue an diesem Gebrauch des Wortes ‹stasis› ist die psychologische Anwendung des durchaus beibehaltenen politischen Wortsinns auf den intrapersonalen Bereich des einzelmenschlichen Lebens. Wenn die Triebe, statt der Vernunft zu gehorchen, sich ihr widersetzen und schließlich durch ihre bei Menschen widernatürliche Vorherrschaft die ganze Person zerrütten, so heißt das ebenso entschieden «stasis» [20], wie wenn in dem gedachten «besten Staat» trotz seiner ursprünglich idealen Verfassung und der durch sie bewahrten Gleichgesinntheit seiner Bürger irgendwann Spaltungserscheinungen auftreten, die eine fortschreitende Gesamtverschlechterung einleiten [21]. Der gute Politiker hat zum Gegenbild den «Stasiastiker» [22] und soll es sich zur Hauptaufgabe machen, dem parteiischen Auseinander- und Gegeneinanderstreben der zu kriegerischer Tapferkeit und der zu friedfertiger Besonnenheit neigenden Naturen [23] durch Ausgleich und Mischung, einschließlich entsprechender Ehestiftungen, vorzubeugen. Soweit der Leib, besonders in der Jugend, mit seinen Trieben gegen die Vernunft revoltiert, also «stasis» bewirkt, ist er am Unrecht schuld [24]. Doch kann damit die Leiblichkeit als solche und als ganze schon deswegen nicht gemeint sein, weil die große Masse des Volkes, die für die Befriedigung der leiblichen Bedürfnisse aller arbeitet, auch im platonischen Idealstaat den erwerbstätigen dritten Stand der freien Bürgerschaft ausmacht und nicht etwa in die Sklaverei verwiesen wird. Andererseits besagt eine oft diskutierte Hypothese des späten Platon nicht, es gebe im metaphysischen Sinne eine zweite, «böse Weltseele», sondern nur: die Seele überhaupt, nämlich makrokosmisch in der Allmaterie analog wie mikrokosmisch im Menschenleib, könne «sich der Unvernunft zugesellen» und so schwerstens erkranken; geschehe das, so werde sie im Makrokosmos Unordnung und damit Unheil bewirken [25].

Auf der ontologischen Ebene muß die individual- und sozialethische «stasis» als Teilerscheinung, und zwar als eine der Folgen eines tieferen Grundes begriffen werden. Platon knüpft hier an den pythagoreischen Dualismus des «Begrenzenden» und des zu begrenzenden «Unbegrenzten» an. Das geometrische Kontinuum enthält unendlich viele Punkte. Dieses Muster einer unendlichen Vielheit findet Platon in allem Realen wieder. Der «Grenze» ermangelt nicht nur die unendliche Vielheit der Punkte einer Linie, sondern auch die gleichfalls unendliche Vielheit der Intensitätsgrade. Solches relative «Mehr oder Weniger», das in Platons esoterischen Vorträgen ‹Über das Gute› das «Groß-Kleine» genannt wurde, hat seinen Gegensatz in der als Bezugspunkt festbestimmten Einheit: der *Mitte* zwischen den Extremen. Die Extreme selbst werden schon von Platon als die schlechte Zweiheit von «Übermaß» und «Mangel» sowohl einander als auch der «guten Mitte» entgegengesetzt; das ist die axiologische Bedeutung der ontologischen Lehre von der «unbestimmten Zweiheit» [26].

Insofern konnte ARISTOTELES (384–322) das durch ihn berühmt gewordene Prinzip: jede Tugend sei ein «Mittleres» zwischen «zwei Schlechtigkeiten» [27], schon aus der nur mündlich vor einem engeren Schülerkreis vorgetragenen Lehre Platons übernehmen. Das Wichtigste, was er hinzubringt, ist, negativ gesprochen, die Leugnung des «Schlechten-an-sich» [28], das er ebenso radikal bestreitet wie das «Gute-an-sich» [29]. Diese Negation ist aber nur die Kehrseite einer tieferen Erforschung der Gefühlskomponenten der Moral, die bisher vernachlässigt worden war. Die aristotelische Lehre von der μεσότης (mesotes) weist gegenüber der platonischen die entscheidende Änderung auf, daß die «gute Mitte» kein genau bestimmter «Mittelpunkt» mehr ist, sondern im Verhältnis zu den Extremen variieren kann. Scheint somit «Unbestimmtheit» auch dem «Mittleren» anzuhaften, so drückt sich darin positiv doch aus, daß nach Aristoteles «alles von Natur etwas Göttliches» hat [30], also auch die Triebe, Gefühle, Affekte (einschließlich der durch Gewöhnung zur zweiten Natur gewordenen). Aristoteles betrachtet, wenn er die Tapferkeit als ein «Mittleres» begreift, das Naturhafte daran: den Mut, als Vorbedingung der in die Tat umgesetzten Einsicht, die ohne den irrationalen Faktor «Mut» bei aller Klarheit ohnmächtig bliebe. Darum erscheint ihm die Feigheit, die psychologisch ebensogut ein «Zuviel an Furcht» wie ein «Zuwenig an Mut» heißen könnte, in ethischer Hinsicht als ein Mangel an Mut, und so rückt er das «Mittlere»: die Tapferkeit, d.h. das Standhalten in der Situation der Gefahr, weiter ab vom Zuwenig an Mut als vom Zuviel an Mut, d.h. von der Tollkühnheit, die freilich, weil sie die Klarheit des Geistes trübt, ebenfalls eine «Schlechtigkeit» ist [31]. Andererseits beruht die Tugend des «Maßhaltens» auf einer natürlichen (oder vollendet anerzogenen) gefühlsmäßigen Abneigung gegen hemmungslose Genüßlichkeit. Entartet solcher Unwille zum verhärteten Widerwillen gegen die Freude überhaupt, so ist das eine Ausfallserscheinung und insofern gleichfalls «Schlechtigkeit»; nur ist das Übermaß an Neigung zu Genüssen in der typischen Situation der Verlockung ebensosehr die Regel, wie es der Mangel an Mut in Situationen ist, die tapferes Standhalten erfordern. Darum ist die «Mitte», die wir «Maßhalten» nennen, im Unterschied zu der «Mitte», die «Standhalten» heißt, nicht vom Zuwenig (an Mut), sondern vom Zuviel (an Begehrlichkeit) «weiter entfernt», d.h. stärker dem «Übermaß», nicht aber, wie die Tapferkeit, dem «Mangel» entgegengesetzt [32]. Platons statisches Mesotes-Schema ist hier generell durch ein dynamisches ersetzt.

Die außergeistige Ermöglichung des geistgemäßen sittlichen Verhaltens verlangt Aristoteles mit besonderem Nachdruck für das politische Leben. Auch hier ergeben sich ihm «zwei Schlechtigkeiten» insofern, als an den Glücksgütern Schönheit, Kraft, Abkunft, Eigentum die einen zuviel, die anderen zuwenig teilhaben, während eine dritte Gruppe das ungefähr richtige mittlere Maß besitzt [33]. Kriterium solcher guten Mitte ist eine physische und ökonomische Ausstattung von der Art und Größe, daß der Bürger «am leichtesten der Vernunft folgt» [34]. Die Allzureichen sind dafür zu zügellos, zu hochfahrend, zu herrisch, kurz: zum Übermaß geneigt, die Allzuarmen zu demütig, zu unterwürfig, zu kleinlich in Neid und Tücke, kurz: zu sehr verkümmert. Ein von solchen Untugenden relativ freier und hinreichend zahlreicher Mittelstand bewahrt den Staat davor, bloß aus Herren und Knechten zu bestehen [35] und ständig von «stasis» in der Form von «systasis» (verschwörerischer Gruppenbildung) oder aber «diastasis» (Zerrissenheit durch Rebellion und Terror) bedroht zu sein [36]. Nur ein Glücksgüterbesitz also, dessen Ausmaß zu vernünftiger Einsicht disponiert, verhütet die Übel der politischen Unfreiheit und der zu ihr gehörigen ungerechten Gesetzgebung.

Die nacharistotelischen rivalisierenden Schulen der *Epikureer* und der *Stoiker* haben miteinander gemein, daß sie das eigentliche Übel aus der Metaphysik wie auch aus der Politik verweisen und es auf den persönlichen Bereich beschränken. Dieser Ansatz ermöglicht die praktische Konzentration auf je ein Einziges: den Epikureern gilt der *Schmerz* als das Übel schlechthin, den Stoikern die *Unvernunft*. Die Systematik, mit der von diesen grundverschiedenen Standpunkten aus argumentiert wird, führt zur Ausbildung zweier Bekenntnisse, deren Gegensatz von da an die Moralphilosophie der Antike durchzieht.

Epikur (342–271) hatte einen Vorläufer unter den Sokratikern: ARISTIPP VON KYRENE, einer reichen griechischen Pflanzstadt an der Küste Libyens (ca. 435–355), dessen Anhänger sich *Kyrenaiker* nannten. Seine Lustlehre war philosophisch nur insoweit, als er aus den besonderen Lebensumständen eines mit allen Glücksgütern gesegneten Weltmanns, der er war, die Verallgemeinerung ableitete, das Ziel des Daseins habe er erreicht, der inmitten möglichst vieler und großer Vergnügungen immer Herr der Lage, insbesondere der Frauen bleibe [37]. Dieser situationsbedingt optimistische Horizont konnte nicht genügen, um eine Philosophie der Freude zu entwickeln, die jedem, gleichviel ob reich oder arm, gesund oder krank, einleuchten könnte. EPIKURS «Hedonismus» verdankt seine philosophische Anziehungskraft vor allem dem nüchternen Ernstnehmen des Übels und könnte darum eher «Analgetismus» heißen. Denn wie dankbar der epikureische Weise auch die kleinen und großen Freuden genießt, die ihm Natur und Gelegenheit ohne Gefahr bieten, so ist es doch sein Hauptbestreben, den körperlichen Schmerzen und seelischen Betrübnissen auf den Grund zu kommen, um sie entweder vorsorglich zu verhüten oder als gegenstandslos zu entkräften. Schon der Ausdruck ‹Ataraxie› (s.d.), den Epikur als Formel für das Freisein von Störung und Unruhe, den vollkommenen Zustand des Weisen, braucht [38], deutet vermittels der Negation darauf, daß im Zentrum der Betrachtung das Leiden steht. Die katechismusartige Sentenzensammlung, die jedem Epikureer geläufig war, enthält die Begriffsbestimmung: «das Böse» (τὸ κακόν) sei zu definieren als «das (körperlich) Schmerzhafte und das (seelisch) Sichbetrübende» [39]. Eröffnet wird die Sammlung mit drei Kernsätzen, die sich durchweg hierauf beziehen. Der erste wendet sich gegen die angebliche Verursachung von Leiden durch die Götter, so als verhängten sie, wie ihnen angedichtet werde, aus Zorn Übles und müßten durch schmerzliche Opfer zur Gnade umgestimmt werden. Der zweite enthält in kürzester Form die Lehre, daß, wenn der Schmerz (einschließlich der Betrübnis) das alleinige Übel ist, der Tod, mit dem ja alles Bewußtsein und damit auch alles Leid aufhört, kein Übel sein kann. Demzufolge wäre nur die Furcht vor ihm zwar ein reales psychisches Übel, zugleich aber gegenstandslos und damit als absurd erwiesen. Diese Entkräftung der Todesfurcht ist ein Musterbeispiel der «Behebung alles Schmerzlichen», von der in allgemeiner Form die dritte Sentenz handelt [40]. «Das Schmerzliche» wird als der subjektive Reflex der objektiven Beeinträchtigung des natürlichen Zustandes aufgefaßt [41]. Die Behebung *allen* solchen Mangels sei die «Grenze der Größe der Freuden»; mit anderen Worten: Wie man nicht gesünder sein kann, als wenn einem nichts fehlt, so kann man auch nicht glücklicher sein, als wenn in Leib und Seele nichts Mangelhaftes oder Leeres – wie z.B. die leere Todesfurcht – mehr vorhanden ist. Damit erst ist die «Ataraxie» gewährleistet; diese «Grenze» ist maßgebend dafür, wieviele oder wie starke Freuden zugelassen werden. Daher sind Schwelgerei, soweit sie zur Störung der leibseelischen Ruhe führt, und Unrechttun, wegen des eigenen Seelenfriedens, als Übel zu widerraten [42]. Um so mehr Wert ist auf naturwissenschaftliches Denken zu legen, da es uns von den Ängsten des Aberglaubens befreit. Aus dieser ethischen Motivation ist auch das große naturphilosophische Lehrgedicht des römischen Epikureers LUKREZ (Lucretius Carus, ca. 96–55) hervorgegangen [43].

Wie die Epikureer in den Kyrenaikern, so hatten die Stoiker in den *Kynikern* ihre Vorläufer. Antisthenes (ca. 444–368), ein Schüler des Sokrates, und Diogenes von Sinope (ca. 412–323) hatten bereits im 4. Jh. v.Chr. die sogenannten «Übel» zu Materialien der Charakterbewährung umgeprägt: ANTISTHENES, indem er den berühmten mythologischen «Strapazen» (πόνοι) des Herakles [44] eine moralphilosophisch verallgemeinerte Vorbildbedeutung gab, DIOGENES durch seine sprichwörtlich gewordenen Paradoxien der Vergleichgültigung von Armut, Schande, Sklaverei [45]. Damit war den einflußreichsten *Stoikern* des 3. Jh., ZENON VON KITION (ca. 336–264), KLEANTHES (330–232) und CHRYSIPP (ca. 280 bis ca. 205), insofern vorgearbeitet, als im Kynismus eine Lebensführung nicht nur praktiziert, sondern auch begründet wurde, die den meistgefürchteten Übeln ihre Schrecken nahm. Die Stoiker schritten jedoch zu einer radikalen Leugnung des metaphysischen Übels fort, die sie aus ihrem konsequent monistischen System der Philosophie ableiteten. Gegen den pythagoreischen Dualismus hatte bereits HERAKLIT die Einheit alles scheinbar Vielen in «Gott», d.h. dem «Logos» und zugleich «ewig lebendigen Feuer» behauptet [46]. Heraklits Monismus wird von der *Stoa* wiederaufgenommen. Im Weltmaßstab gesehen, habe das Eine Gute, das als alleinige Substanz mit dem Feuer und zugleich mit der Vernunft identifiziert und «Gott» oder «Natur» genannt wird, nichts neben oder gar gegen sich. Das System dieser optimistischen Philosophie impliziert die Leugnung der «Natur des Schlechten im Kosmos» [47]. Gottnatur wird als zwecksetzende und zweckerreichende Vorsehung gedacht; daher muß das, was uns als schlecht erscheint, als Mittel zu Zwecken der göttlichen Vorsehung zweckmäßig sein. Der stoische Pantheismus entwirft somit die erste «Theodizee», d.h. Rechtfertigung Gottes durch Relativierung des Übels. So habe z.B. der trojanische Krieg ungewollt dem gleichen Zweck gedient wie gewolltermaßen jede Kolonisation, nämlich: dem Abschöpfen der Übervölkerung. CHRYSIPP, der dies Beispiel bringt, erblickt darin einen Modellfall für «göttliche Veranstaltungen von Vernichtung» [48]. Während das Gute absolut ist und das menschlich Gute, die sittliche Tugend, lediglich ein Ableger davon, beschränkt sich das Schlechte auf die menschliche Sphäre. Verfehlung im ethischen Sinne reduziert sich auf intellektuelles Zielverfehlen. Die Affekte sind Fehlurteile, denn der Geist urteilt immerfort, nur im Affekt eben falsch. Freisein von Affekten ist also unerläßliche Bedingung der Übelsüberwindung. Solche stoische ‹apatheia› setzt (im Gegensatz zu dem, was wir «Apathie» (s.d.) nennen) die höchste Wachheit und Energie des Geistes voraus. Alle sogenannten Übel sind ebenso wertindifferent (ἀδιάφορα) wie die entsprechenden Güter, ja, sie können dem Weisen zu Anlässen der Bewährung werden; dies habe das Verhalten überlegener Charaktere in Armut, Knechtschaft, Krankheit, Todesgefahr vielfach bewiesen. Selbst die einzige wirkliche Schlechtigkeit: die eigene leidenschaftliche (z.B. zornige, begehrliche, furchtsame, mitleidige) Verblendung erfüllt den Zweck, daß an ihr wie an einer immer neuen Herausforderung die Tugend wächst [49]. Diesen vom persönlichen Willen abhängigen Wachstumsprozeß erkennen die Stoiker als den einzigen wahren Fortschritt an; der Weise, in dem solcher Fortschritt gipfelt, gilt ihnen als eine sehr seltene Erscheinung in der Geschichte der Menschheit.

Den äußersten Gegensatz zur stoischen Leugnung des metaphysischen Übels bildet die Lehre, die PLOTIN (205–270 n.Chr.) in einer besonderen Abhandlung ‹Woher die Übel?› entwickelt hat [50]. Sechshundert Jahre nach Platon versucht er, eine Lücke zu füllen, die der Begründer der «Akademie» im System gelassen hatte. Wohl war das Schema der «unbestimmten Zweiheit» von «Übermaß» und «Mangel» in der Schultradition der Akademieanhänger stets in Geltung geblieben, doch hatte Platon selber immer nur auf das «Zuviel» als Quelle von Verwirrung und Unheil hingewiesen, während Aristoteles das Schema zwar voll anwandte, ihm aber jede metaphysische Bedeutung nahm. Erst Plotin stellte sich die Aufgabe, die Existenz des «Übels-an-sich» durch metaphysisches Zuendedenken des Mangelextrems zu erweisen und damit die Frage ‹Woher die Übel?› prinzipiell zu beantworten. Die Nullgrenze der qualitativen Bestimmungen, ontologisch jedoch kein «Nichts», sondern existentes Extrem des «Beraubtseins» (Privation, στέρησις) ist die *Materie* [51]. Sie verhält sich zu dem ihr entgegengesetzten Extrem des Guten wie das völlige Dunkel zum reinen Licht und ist daher in dem Prozeß, der vom Einen und Ersten Guten über die Stufenfolge der sukzessiven Trübungen abwärts führt, jenes Allerletzte, das zum absolut Guten absolut konträr steht. In dem Maße, wie die schlechthin qualitätslose Materie mehr oder weniger Anteil hat an alledem, woran Seele mitwirkt – «Seele» verstanden als Prinzip der Bewegung sowohl des physisch Bewegten als auch des lebendig Sichbewegenden einschließlich des geistig Tätigen –, entsteht Schlechtes in höheren oder geringeren Graden.

Anmerkungen. [1] Vgl. LIDDELL-SCOTT-JONES, Greek-Engl. Lex. (Oxford ⁹1966) 863. – [2] ANAXIMANDER, VS I, 2, 9. – [3] XENOPHANES, VS 11 B 11. 14. 15. 16. – [4] HERAKLIT, VS 12 B 79. 82f. – [5] VS 12 B 23. 80. 53. – [6] VS 12 B 111. – [7] VS 12 B 36. 77. 104. 121. 129. – [8] Vgl. W. K. C. GUTHRIE: A hist. of Greek philos. 1 (Cambridge 1962) 253ff. – [9] Vgl. ARISTOTELES, Met. 986 a 22ff. – [10] EMPEDOKLES, VS 21 B 27-30. – [11] Vgl. W. JAEGER: Paideia 2 (²1954) 11-58. – [12] ALKMAION, VS 14 B 4. – [13] Vgl. PLATON, Phaidros 270 c. – [14] Theait. 166 a-168 c. – [15] Gorg. 456 b. – [16] Vgl. MACROBIUS, Saturnalia I, 17, 15. – [17] PLATON, Gorg. 479 d. – [18] Protagoras 324 a-c. – [19] Resp. 470 b. – [20] a.O. 444 a-e. – [21] 545 c-e. – [22] Politikos 303 c; vgl. Leges 715 b. – [23] Politikos 307 c. – [24] Phaidon, Kap. 11; Tim., Kap. 41. – [25] Leges 897 b. – [26] Vgl. H. J. KRÄMER: Arete bei Platon und Arist. (1959) Kap. 3. – [27] ARISTOTELES, Eth. Nic. (EN) 1109 a 21. – [28] Met. 1091 b 30-32. – [29] Eth. Eud. 1218 a 1-b 10. – [30] EN 1153 b 32. – [31] a.O. 1115 b 28-31. – [32] 1108 b 35-1109 a 20. – [33] Pol. 1295 b 1ff. – [34] a.O. 1295 b 6. – [35] 1295 b 19-26. – [36] 1296 a 7-12. – [37] DIOG. LAERT. 2 nach SOTION. – [38] Br. an Herodotos 80-82. – [39] Kyriai Doxai 10. – [40] a.O. 1-3. – [41] a.O. 18. – [42] EPIKUR, Br. an Menoikeus 132; Kyr. Dox. 17. 34f. – [43] LUKREZ, De rerum natura, bes. III, 14-16. – [44] Titel einer Hauptschrift des ANTISTHENES. – [45] DIOG. LAERT. 6, Teil 2. – [46] HERAKLIT, VS I, 12 B 1. 30. 32. – [47] EPIKTET, Encheiridion 27. – [48] CHRYSIPP, SVF 2, 1177. – [49] Vgl. A. BONHOEFFER: Die Ethik des Stoikers Epictet (1894) 24f. – [50] PLOTIN, Enn. I, 8. – [51] a.O. 4, 8, 11.

Literaturhinweise. – *Gesamtdarstellungen:* W. JAEGER: Paideia: die Formung des griech. Menschen 1-3 (²1936-1955). – W. K. C. GUTHRIE: A hist. of Greek philos. 1: The earlier Presocratics and the Pythagoreans (Cambridge 1962); 2: The Presocratic tradition from Parmenides to Democritus (1965); 3: The fifth-century enlightenment (1969) (3 weitere Bde. angekündigt). – *Zu den Vorsokratikern:* C. H. KAHN: Anaximander and the origins of Greek cosmogony (New York 1960). – W. KRANZ: Empedokles: antike Gestalt und romantische Neuschöpfung (1949). – *Zu Platon und Aristoteles:* U. v. WILAMOWITZ-MÖLLENDORFF: Platon 1. 2 (²1920). – H. J. KRÄMER s. Anm. [26] (1959). – I. DÜRING, Arist. (1966). – F. DIRLMEIER: Die drei arist. Ethikwerke (neu übersetzt und reich kommentiert) (1958/1960/1962). – *Zum Hellenismus:* A. A. LONG: The Stoic concept of evil. Philos. Quart. 18 (1968) 329-343. – A. BONHOEFFER s. Anm. [49]. – E. SCHRÖDER: Plotins Abh. Πόθεν τὰ κακά (Diss. Rostock 1916).

R. SCHOTTLAENDER

III. *Altes und Neues Testament.* – Das Wort vertritt in den lateinischen Übersetzungen der *Bibel* die griechischen Wörter τὸ κακὸν und τὸ πονηρὸν sowie deren Ableitungen. ‹Malum› umfaßt das natürliche (z. B. Krankheit) [1], soziale (z. B. Unrecht) [2] und das als Identitätsverlust [3] erfahrbare innermenschliche Übel. Es qualifiziert die Gegenwart als die Geschichte nach dem Sündenfall der Selbstermächtigung des Menschen, der nun seinem 'bösen Herzen' (cor malum) [4] und der Kausalität seines sündigen Handelns ausgeliefert ist.

Im *Alten Testament* wird das 'Übel' als eine strafende Antwort Jahwes auf die primär im Götzendienst vollzogene Abkehr des Volkes Israels von den Bundessatzungen erfahren [5]. In den Zeiten individuellen und besonders politischen Leidens darf der Gläubige sich an Jahwe wenden, der durch die Krisis seine geschichtlichen Heilsabsichten zu realisieren sucht [6], an denjenigen, der Jakob von allem Übel (cuncta mala; πάντα τὰ κακὰ) erlöste: Jahwe ist derjenige, der von allem Übel befreit (liberare ab omni malo) [7]. Das vom Menschen zunächst als Abwesenheit Jahwes erfahrene 'malum' ist die «Frucht des Wandelns» [8], durch die das Volk im historischen Scheitern seine Verurteilung und die Notwendigkeit seiner Umkehr erkennen kann [9]. Dieser Zusammenhang zwischen Qualität und Konsequenz der Handlung kann bis zu einer utilitaristischen Begründung der Ethik schematisiert werden: die 'Weisheit' (sapientia) schützt vor dem «Weg des Bösen» (via mala, ὁδὸς κακή) und macht so des diesseitig verstandenen Glücks teilhaftig. «Bene consurgit diluculo qui quaerit bona qui autem investigator malorum est opprimetur ab eis» (Gut steht morgens auf, wer Gutes sucht; wer nach dem Bösen trachtet, den trifft es) [10].

Das 'malum' ist demnach nicht das Signum eines substantiellen Defizits, sondern einer verletzten personalen Beziehung, deren Unversehrtheit auch dann noch gesucht werden muß, wenn dem Frommen ein mechanischer Vergeltungszusammenhang zwischen Sünde und 'Übel' verborgen bleibt [11]. Der Israelit verwehrt sich den Rückgriff auf einen metaphysischen Dualismus, indem er das 'Übel' in die göttliche Heilspädagogik integriert. «Si bona suscepimus de manu Domini quare mala non suscipiamus?» (Wenn wir das Gute von der Hand Gottes annehmen, warum nicht auch das Böse?) [12]. Der sich im 'Übel' manifestierende Zorn Gottes ist lediglich die Traurigkeit seiner Liebe und bleibt als solcher der Gnade untergeordnet [13]. Das 'malum' ist die Dimension, in der der Mensch seine bisherigen Gottesauffassungen als einseitig durchschauen und die Totalität Gottes anerkennen kann [14].

Im *Neuen Testament* ist die Irritation durch das 'malum' angesichts der definitiven Bekundung des göttlichen Willens in Christo eliminiert und das 'Übel' zu einem transitorischen Faktum neutralisiert, das dem bereits überholten und überwundenen Aion angehört und der endgültigen Vernichtung entgegengeht [15]. Die Existenz des 'malum' signalisiert die Gottesferne der Sünder und den hierdurch erregten Zorn Gottes, der den alten Aion als eine sündige Welt bestimmt, in der Ungerechtigkeit [16], Habsucht [17], Neid [18], 'böse' Gedanken [19] und menschliche Selbstentfremdung [20] herrschen. Auf diese «üblen» Werke (opera mala; τὰ ἔργα πονηρά) [21] trifft der göttliche Heilswille, der durch den im Kreuz und in der Auferstehung vollzogenen Sieg das Böse relativiert und entmächtigt, da es immer schon vom Heilsplan Gottes überwunden ist. «Fidelis autem Dominus est qui confirmabit vos et custodiet a malo» (Getreu ist der Herr, der euch stärken und bewahren wird vor dem Bösen) [22].

So ist einerseits das Ende der Macht des zum Teil personhaft gedachten Bösen (malus; ὁ πονηρός) [23] durch das in Christo errichtete Reich Gottes eingeleitet, wie auch andererseits dieses Reich die pneumatische Kraft für die in der Zeit zwischen der Offenbarung in Christo und der endgültigen Besiegung des Übels lebenden Christen gibt, die Spannung auszuhalten und das 'malum' in Geduld zu ertragen («liberabit me Dominus ab omni opere malo») [24]. Die urchristliche Gemeinde bittet um Erlösung aus der eschatologischen Drangsal und Not («libera nos a malo», befreie uns von dem Bösen) [25] und weiß sich durch Gott angenommen, wenn sie von den Feinden des Evangeliums angegriffen wird [26].

Anmerkungen. [1] Cf. Matth. 9, 12; 15, 22. – [2] Vgl. Gen. 39, 9. – [3] Vgl. Röm. 7, 19. – [4] Jer. 7, 24. – [5] Deut. 31, 17f.; Weish. 14, 27; Jer. 6, 19; 11, 10f.; 16, 10-11; Amos 3, 6b; vgl. Art. κακός, in: Theol. Wb. zum NT, hg. KITTEL (= ThWNT) 3, 477ff. – [6] Vgl. Jer. 29, 11. – [7] Vgl. Weish. 16, 8. – [8] Jer. 6, 19. – [9] Num. 22, 22ff.; Jer. 26, 13. 19; Jer. 25, 11; 27, 22; Amos 3, 4ff. 14ff.; Daniel 4, 30f. – [10] Spr. Salomos 11, 27; vgl. E. LOHMEYER: Das Vaterunser ([2]1947) 148f. – [11] Vgl. Ps. 73 (72); Hiob 5, 17f. – [12] Hiob 2, 10; vgl. Klagelieder 3, 38. – [13] Jes. 54, 5ff.; Jer. 29, 11; Hos. 11, 9; vgl. G. MENSCHING: Gut und Böse im Glauben der Völker (1950) 83ff. – [14] K. LÜTHI: Gott und das Böse (1961) 154f. – [15] Vgl. a.O. 245f. – [16] Lk. 16, 19ff. – [17] 1. Tim. 6, 10. – [18] Mk. 7, 22f. – [19] Mk. 7, 21. – [20] Röm. 7, 15ff. – [21] Kol. 1, 21. – [22] 2. Thess. 3, 3; vgl. G. BAUMBACH: Das Verständnis des Bösen in den synopt. Evang. (Berlin-Ost 1967) 208f. – [23] Matth. 13, 19; vgl. LOHMEYER, a.O. [10] 153ff.; Art. πονηρός ThWNT 6, 558f. – [24] 2. Tim. 4, 18. – [25] Vgl. LOHMEYER, a.O. [10] 147ff. – [26] Matth. 5, 11; vgl. LOHMEYER, a.O. [10] 161.

Literaturhinweise. W. GRUNDMANN: Art. κακός, in: Theol. Wb. zum NT, hg. KITTEL (= ThWNT) 3 (1938) 470ff. – E. LOHMEYER s. Anm. [10]. – G. MENSCHING s. Anm. [13]. – K. JASPERS: Art. ‹Übel›, in: Bibl.-theol. Handwb. (1954) 597f. – G. HARDER: Art. πονηρός, in: ThWNT 6 (1959) 546ff. – K. LÜTHI s. Anm. [14]. – G. BAUMBACH s. Anm. [22]. M. ARNDT

IV. *Malum in der Gnosis und im Manichäismus.* – Die Frage nach Herkunft, Wesen und Überwindung des Übels gehört zu den zentralen Problemen in Gnosis und Manichäismus. Die unter der Sammelbezeichnung ‹Gnosis› zusammenfaßbaren Systeme der ausgehenden Antike stimmen in einem relativen Dualismus überein, der Welt und Gott auseinanderreißt, den Kosmos als Inbegriff des Bösen wertet und dem guten, welttranszendenten Gott gegenüberstellt. Damit tritt die Gnosis in Gegensatz zur griechischen Weltfrömmigkeit, die den Kosmos bewunderte, verehrte und mit Gott gleichsetzte. PLOTIN brachte am schärfsten die Ablehnung der gnostischen Weltverunglimpfung durch den griechischen Geist zum Ausdruck [1]. Der Dualismus der Gnosis ist jedoch im Gegensatz zum manichäischen Dualismus nur relativ, da Welt und Gott nicht als zwei gleichursprüngliche Prinzipien verstanden werden, sondern Gott der Welt vorangeht. Die Welt entsteht als Resultat eines schicksalhaften Vorgangs im Göttlichen (häufig als «Fall» beschrieben), der zu ihrer gottfeindlichen Verselbständigung führt. Es kommt zuerst zur Entstehung eines Mittelwesens (Demiurgen), der die Welt als Schöpfer hervorbringt. Dieses emanationistische Schema mit seiner Depotenzierung des Göttlichen findet in den verschiedenen gnostischen Systemen zahlreiche Abwandlungen und Ausformungen. Die Bezeichnung des Kosmos als «Fülle des Übels» (πλήρωμα τῆς κακίας) [2] beinhaltet, daß das Übel ontisch im Kosmos verankert ist. Die böse Materie erscheint in der negativ gewerteten Harmonie der Planetensphären. Die personifizierten sieben Planeten, die Weltgötter, auch häufig Archonten oder Kosmokratores genannt, vollziehen das kosmische Schicksal (εἱμαρμένη). Der Zwang des Werdens (ἀνάγκη γενέσεως) liegt über dem Kosmos, den der Gnostiker als Zwangssystem [3], Gefängnis, Tyrannei und Labyrinth [4] erlebt, das ihn von Gott trennt und dem es zu entfliehen gilt. Das Erlebnis der Gottferne des Kosmos und seiner bedrückenden Abgeschlossenheit gegen den außerweltlichen Gott beruht auf der Vorstellung, durch den «Wall des Bösen, die in Ewigkeit geschlossenen Tore der Archonten» [5] in dieser Welt festgehalten zu werden. Gemeint sind die Planeten, durch deren sieben geschlossene Tore sich die Seele bei ihrem Aufstieg aus der Welt ihren Weg bahnen muß, um das Jenseits des guten Gottes zu erreichen. Die Geburt in den Kosmos bedeutet Tod, die Befreiung daraus Leben [6]. Der Gnostiker reagiert auf die Weltmächte einerseits mit Haß und Verachtung [7], andererseits mit Angst und Panik. Er strebt, dem Trug des Kosmos (ἀπάτη τοῦ κόσμου) zu entkommen und sich der Welt zu entfremden (ἀπαλλοτριοῦσθαι) [8]. MARKION schloß aus der Schlechtigkeit der Welt auf einen schlechten Demiurgen, der sie geschaffen hat. Der Demiurg hat als oberster der Archonten in den meisten Systemen an deren Schlechtigkeit Anteil. Die *Peraten* bezeichneten ihn sogar als «Mörder von Anfang an», da sein Werk nur Verderben und Tod bringe [9]. Die *Valentinianer* sahen auch die Geistigkeit des in der Welt vorhandenen Bösen. Entsprechend ihrer Lehre von der Weltentstehung aus Affekten sei aus der Trauer (λύπη) durch den Demiurgen das Geistige der Bosheit (τὰ πνευματικὰ τῆς πονηρίας) entstanden, das sich als Teufel, Dämonen und böse Engel zeigt. Obwohl der Teufel vom Demiurgen geschaffen ist, hat der Teufel als Geist höhere Erkenntnis als der nur «psychische» Demiurg [10].

Die böse Welt macht vor dem Menschen nicht Halt, sondern reicht in Körper und Seele in ihn hinein. Die bösen Weltherrschermächte sind zugleich Seelenherrscher, die als dämonische Fremdbestimmung erlebt werden. Nur der Lichtfunke im Menschen, das Pneuma, ist der Dämonenherrschaft entzogen. Die menschlichen Laster erklären sich aus der Genese des Menschen. Der Urmensch verlor bei seinem Abstieg durch die sieben Planetensphären zur Erde immer mehr seine ursprüngliche Qualitätslosigkeit und übernahm in einer fortwährenden Konkretion von jedem Planeten eine schlechte Eigenschaft (ἐνεργήματα τῆς ἁρμονίας) [11]. Die Erlösung besteht deshalb u. a. in der Befreiung der Seele von den Planetenlastern. Beim Aufstieg der Seele nach dem Tode durch die Gestirnsphären zum Pleroma des transzendenten Gottes werden die als Substanzen verstandenen Laster (τιμωρίαι) wieder wie Hüllen an die Sphären zurückgegeben [12]. In anderen Richtungen der Gnosis entstand eine Tendenz zum sittlichen Indifferentismus mit einer Verwischung der Grenzen von Gut und Böse, deren Beachtung in den Bereich der subjektiven Wertung verwiesen oder als Heilsweg der Psychiker, d. h. der Weltmenschen, betrachtet wurde [13]. Die Folge war häufig ein Libertinismus (*Simonianer* u. a.), der sich als Protest gegen den Zwang der sittlichen, von den bösen Weltmächten stammenden Gesetze verstand und Selbstbestätigung und Freiheitsgefühl im Vollbringen des Bösen bzw. von der Umwelt für böse Gehaltenen suchte, ja es geradezu zur Pflicht machte. Die *Karpokratianer* und *Kainiten* glaubten, daß durch ein Handeln ohne jede moralische Einschränkung die Ansprüche und Rechte der bösen Weltmächte abgegolten und befriedigt werden, so daß dadurch erst Freiheit ermöglicht werde [14]. Die Berichte der Kirchenväter über den Immoralismus der Gnostiker dürften jedoch übertrieben und von den Topoi der Polemik zwischen konkurrierenden religiösen Gruppen geprägt sein. Die entgegengesetzte Möglichkeit, auf die böse Welt zu reagieren, trat im Asketismus anderer gnostischer Gruppen auf, der die Beziehungen zur bösen Welt auf ein Minimum einschränkte und auch Fortpflanzung und Sexualität als ein Werk des Satans ablehnte [15].

Im *Manichäismus* findet sich die radikal dualistische Vorstellung von zwei gleichrangigen Urprinzipien von gleicher Ewigkeit, die sich feindlich gegenüberstehen, das gute Lichtwesen Gott und das böse Finsterniswesen, die Hyle. Beide erscheinen personifiziert, erstrecken sich jedoch in einem «Reich», zu dem jeweils fünf Welten gehören, über die personalen Repräsentanten hinaus. Das Lichtwesen darf so wenig als reiner Geist verstanden werden wie die Hyle, die sich von der platonisch-aristotelischen Hyle, der reinen, passiven Materie unterscheidet, als reine Materie. Hyle ist die personifizierte und materiell-geistige Bosheit. Von ihr geht der Anstoß zum Weltgeschehen aus, indem sich ihre regellose Bewegung (ἄτακτος κίνησις) [16] aus Neid und Bosheit gegen das obere Lichtreich richtet und es in Besitz zu nehmen trachtet. Es kommt zum Kampf zwischen Licht und Finsternis, in dessen Verlauf die Finsternis sich mit einem Teil des Lichts in der Schöpfung vermischt. Im Gegensatz zur Gnosis unterliegt der Kosmos daher keiner totalen Abwertung, was auch in der positiven Einschätzung wenigstens der beiden Planeten Sonne und Mond zum Ausdruck kommt, denen als den himmlischen Lichtschiffen eine wichtige Rolle im Erlösungsdrama zugeteilt ist. Auch die ausgeprägte manichäische Askese und Minimalisierung des Weltbezugs beruht nicht nur auf Weltverachtung, sondern kennt andere Motive. Die Erlösung besteht in der Befreiung des in der Schöpfung festgehaltenen Lichts. Am Ende der Zeiten wird die böse Hyle im Weltenbrand vernichtet.

Gegenüber dem Denken der heidnischen Antike und dem Christentum bedeutet die gnostisch-manichäische Lehre vom Übel, die man trotz aller Unterschiede zwischen beiden Komponenten als Einheit sehen muß, einerseits eine gewaltige Verschärfung in der Bedeutung des Übels und Betonung seines Stellenwerts im Weltbild, andererseits eine totale Entlastung Gottes von jeder Verantwortung für das Übel in der Welt. Diese Spannweite machte die Gnosis zu einer revolutionären Bewegung gegenüber ihrer Umwelt und verlieh ihr den Rang eines völligen Neuansatzes. Die nur unter christlichen Denkprämissen mögliche und notwendige theologische oder philosophische Theodizee erübrigt sich.

Anmerkungen. [1] PLOTIN, Enn. II, 9: Gegen die Gnostiker. – [2] Corpus Hermeticum VI, 4. – [3] HIPPOLYT, Refutatio omnium haeresium V, 16, 1; 17, 6. – [4] a.O. V, 10, 2. – [5] ORIGENES, Contra Celsum VI, 31. – [6] CLEMENS VON ALEXANDRIEN, Excerpta ex Theodoto 80. – [7] IRENÄUS, Adversus haereses I, 25, 2. – [8] Corpus Hermeticum XIII, 1. – [9] HIPPOLYT, a.O. [3] V, 17, 7. – [10] IRENÄUS, a.O. [7] I, 5, 4. – [11] ARNOBIUS, Adversus gentes II, 16; SERVIUS, In Aeneidem comm. VI, 714; MACROBIUS, In somnium Scipionis I, 11. – [12] Corpus Hermeticum I, 25f. – [13] IRENÄUS, a.O. [7] I, 25, 4/5; 26, 3. – [14] a.O. I, 25, 4; 31, 2. – [15] EPIPHANIUS, Panarion haeresium 45, 2, 2. – [16] ALEXANDER VON LYKOPOLIS, Contra Manichaeos 22, 5.

Literaturhinweise. F. C. BAUR: Das manichäische Relig.system nach den Quellen neu untersucht und entwickelt (1831, ND 1928); Die christl. Gnosis oder die christl. Relig.philos. in ihrer gesch. Entwickl. (1835, ND 1967). – H. JONAS: Gnosis und spätantiker Geist 1: Die mythol. Gnosis (³1964). – Gnosis und Gnostizismus, hg. K. RUDOLPH (1975). – Der Manichäismus, hg. G. WIDENGREN (1977). – K. RUDOLPH: Die Gnosis. Wesen und Gesch. einer spätantiken Relig. (1978). H. SCHNEIDER

V. *Patristik und Mittelalter.* – 1. *Die Kirchenväter.* – Da die biblischen Schriften [1] das eigentliche Übel im sittlich Bösen erblicken, das sich weder als relatives Moment in einer höheren notwendigen Ordnung aufheben noch gnostisch oder manichäistisch auf einen kosmischen Dualismus zurückführen läßt, verschärft sich im christlichen Denken das Problem des Übels. Unter den *griechischen Kirchenvätern* betonen schon die Apologeten (MELITO VON SARDES [2], TATIAN [3], THEOPHILUS VON ANTIOCHIEN [4]), daß Gott, obwohl einziger Ursprung aller Dinge, nicht Urheber des Übels sei; vielmehr habe der Mensch im Mißbrauch seiner ursprünglich zum Guten berufenen Freiheit mit dem sittlich Bösen auch das naturhafte Übel verursacht.

ORIGENES entfaltet eine Metaphysik der Welt- und Heilsgeschichte, die durch das Doppelmotiv von Ursprung und Aufhebung des Übels bestimmt ist. Ursprünglich ist das Geschöpf reiner, mit Freiheit begabter Geist, der aber aufgrund seiner geschöpflichen Endlichkeit veränderlich ist [5]. Die Wandelhaftigkeit der Freiheit ermöglicht den Sündenfall, in dem sich der Geist allein aus eigener Entscheidung von der Fülle des Lebens ab- und dem Nichtsein zuwendet [6]. Das Wesen des M., das im eigentlichen und ursprünglichen Sinn nur in der frei vollzogenen Sünde gegeben ist [7], liegt daher im Abfall vom Guten und in seiner Ermangelung [8]. Das moralische Übel wird zum Grund des physischen Übels, sofern die gefallenen Geister je nach dem Maß ihrer Sündhaftigkeit, also unter Verlust ihrer ursprünglichen Gleichheit [9], in der von Gott geschaffenen Materie verleiblicht werden [10]. Die abgestufte Ordnung der Welt – vom mit göttlichem Licht gesättigten reinen Geist über die Zwischenstellung des Menschen zu den in die niedrigste Materie verstrickten Dämonen [11] – in ihren Spannungen und Gegensätzen wie die Leibgebundenheit des Einzelnen sind daher primär Maß und Strafe für die Sünde [12], entbehren jedoch nicht der Schönheit und des Sinnes, da sie der von Gott geschaffene und von seiner Vorsehung geleitete Läuterungsweg sind [13]. In der endzeitlichen Wiederherstellung (Apokatastasis) des Urzustandes wird alles moralische Übel ebenso wie das physische Übel der Materiebindung überwunden sein [14]. Origenes führt somit die konkrete Naturordnung mit ihren Übeln auf die Freiheits- und Sündengeschichte des endlichen Geistes zurück.

GREGOR VON NYSSA schließt sich eng an Origenes' Verständnis des Bösen an, ohne dessen kosmogonische Spekulation zu übernehmen. Der Mensch ist als Bild Gottes zur Teilhabe an den göttlichen Gütern geschaffen [15], neigt aber zugleich als endlicher auch in seiner Freiheit zur Veränderung und zur Entfremdung vom Ursprung [16]. Die Entscheidung zum Bösen folgt frei [17] dieser inneren Seinsschwäche. Dem Bösen eignet daher keine eigenständige, dem Guten entgegengesetzte Existenz; es ist nur die Schwächung im Guten, ein Mangel oder Nichts, wie etwa die Blindheit im Mangel des Sehvermögens besteht [18]. Die Sünde liegt an der Wurzel allen menschlichen Übels und Unglücks [19], da sie die Harmonie von Geistigkeit und – ursprünglich zum Menschen gehöriger – Leiblichkeit stört [20] und schließlich zum Tod führt [21].

Unter den späten griechischen Vätern entfaltet Ps.-DIONYSIOS AREOPAGITA eine nahezu völlig von Proklos abhängige [22] Metaphysik des Übels als Gegenbild zur neuplatonischen Ontologie des Guten. Wie das Gute Seiendes begründet, also schöpferisch aufbauend und erhaltend wirkt, so wirkt sich das M. schädigend und zerstörerisch aus [23]. Da alles, was ist, aus dem absoluten Guten stammt, dieses aber nicht das Gegenteil seiner selbst, nämlich ein M., in sich einschließen oder hervorbringen kann [24], hat das M. als solches weder eigenes Sein noch eine auf es abgestimmte eigentliche Ursache [25]. Das M. ist daher das Nichtige und Wesenlose, jedoch nicht im Sinne indifferenten Nichtseins – da es so dem Guten nicht konträr entgegengesetzt wäre [26] –, sondern der Schwäche und des Mangels [27], der in unzähligen Gestalten und aus jederlei fehlerhafter, geschwächter Ursache auftreten kann [28]. Als Mangel setzt das M. immer ein Seiendes und Gutes voraus, dem es innewohnt und kraft dessen Wirklichkeit und Gutheit allein es seinen schädigenden Einfluß ausüben kann. Der Begriff eines reinen oder absoluten M. hebt sich daher selbst auf, da etwas total Schlechtes eben nichts wäre, damit aber aufhörte, M. zu sein [29]. Wenn so kein Seiendes – einschließlich der Dämonen [30] und der Materie [31] – in seinem Wesen schlecht ist [32], so ist der Grund des M. in der mangelhaften Entfaltung des Seienden und im relativen Gegensatz zwischen unvollkommenen, daher miteinander unverträglichen Seienden, mithin in der Störung einer partikularen Ordnung zu suchen [33]. Aufgrund seiner Nichtigkeit kann das M. als solches nicht direkter Gegenstand einer Absicht und schöpferischen Tat sein, wird also nur unter dem Schein des Guten intendiert oder ergibt sich als unbeabsichtigter Nebeneffekt [34]. In dieser Lehre wird ein ontologischer Dualismus wirksam überwunden, da jeder Schein des M. eigentümlichen Seins, Sinnes, Grundes oder Wirkens als durch den Mangel verursachte Perversion des Guten aufgedeckt wird. Doch bleiben in dieser allgemein ontologischen Perspektive die spezifische Problematik des in sich, also moralisch Schlechten und die Geschichte seiner Verschuldung durch die endliche Freiheit nahezu unbeachtet.

Unter den *lateinischen Kirchenvätern* greift nach Ansätzen bei TERTULLIAN [35], der die gnostische These einer Gottes Schöpferwirken vorgegebenen Materie als Prinzip des Bösen widerlegt, erstmals AUGUSTINUS das Problem des M. in vollem Umfang und, bei aller Anregung durch Plotin, in schöpferischer Eigenständigkeit auf. Die Frage nach dem Übel drängt sich Augustinus aus seiner persönlichen Geschichte seit der manichäischen Jugendzeit [36] auf und durchzieht die Hauptthemen seines Denkens – wie Schöpfung, Freiheit, Erbsünde, Gnade und Vorsehung – in zunehmend verschärfter Auseinandersetzung mit dem Pelagianismus bis in seine späten Jahre. Dabei folgt auf eine plotinisierende, später korrigierte Frühphase (‹De ordine›), in der er das Übel als für die Ordnung des Universums notwendiges Element zu rechtfertigen sucht, die philosophisch fruchtbare Mittelphase (besonders ‹De libero arbitrio›), die das eigentliche Übel als Freiheitsgeschehen begreift; die Grundgedanken dieser Periode werden auch in den theologischen Kontroversen der Spätzeit, die den Menschen in der heilsgeschichtlichen Situation zwischen verdammungswürdiger Sündhaftigkeit und von der Vorsehung frei geschenkter Gnade sieht, beibehalten. – Während manichäisches Denken mit der Frage nach dem Ursprung des M. beginnt und dieses damit unreflektiert als in seinem Eigensein positiv Begründetes, damit auf ein höchstes M. verweisendes Seiendes voraussetzt, geht Augustinus von der mythologisch oder geschichtlich gedachten Herkunftsfrage auf die metaphysische Frage nach dem Was der Schlechtheit als solcher, durch die ein konkretes Seiendes ein M. wird, zurück [37]. Zunächst wird als M. bezeichnet, was ein anderes Wesen schädigt oder zerstört – wie etwa das Gift –, also der Natur eines anderen entgegengesetzt ist [38]. Da jedoch dem Ganzen der Welt wie Gott als der Fülle des Seins nichts positiv entgegengesetzt sein kann [39], handelt es sich bei diesem Widerstreit immer um die Spannung zwischen partikularen Seienden, die jedoch, für sich genommen, eine positive Wesenheit besitzen, also trotz ihrer relativen, auf anderes bezogenen Schädlichkeit, die auf falschem Gebrauch beruht, absolut gesehen gut sind [40]. Jedes Seiende, die Materie eingeschlossen [41], ist daher an sich selbst positiv bestimmt und im Maß dieser Teilhabe am Sein gut. Da Schlechtheit somit keine Weise des Seins selbst ist, besitzt sie kein eigenständiges Wesen [42] und kann daher auch nicht als reines oder absolutes M., im Sinn des Manichäismus, für sich subsistieren; ein reines M. müßte ja auch für sich selbst M., also zersetzend sein und zerstörte so sich selbst [43]. Das M. gehört folglich nicht dem Sein, sondern dem Nichts zu; sein negativer Charakter als corruptio konstituiert sich daraus, daß das, was faktisch nicht ist, vom Wesen eines Seienden gefordert ist, sofern dieses die zu seiner angemessenen und vollendeten Seinsweise notwendigen Vollkommenheiten ermangelt. Das M. besteht so in der Nichtigkeit des Mangels oder der privatio, deren Negativität der Reflex des von ihrem Träger wesenhaft benötigten, doch nicht verwirklichten Guten ist [44]. – In der Natur und vor allem im menschlichen Leben finden sich die der Freiheit des Einzelnen vorgegebenen Übel von Leiden, Unwissenheit und Tod. Diesem physischen M. kann jedoch durch sich selbst eine positive, wertermöglichende und -steigernde Funktion im Ganzen der Weltordnung eignen; so kann sich der Sinn eines nicht-geistigen Seienden im Vergehen, in dem es neues Leben ermöglicht, erfüllen [45]. – Da das physische M. sich als nicht einfachhin und unbedingt schlecht erweist, wird die Frage, worin das M. eigentlich bestehe, über das Naturgeschehen, damit über den Bereich der Lösung Plotins hinausgeführt. Im eigentlichen Sinn ist nur das ein M., was der Ordnung des Guten als solchen und ihrem Ursprung, dem Wesen und Willen Gottes, schlechthin entgegengesetzt ist. Das eigentliche M. liegt daher in der Sünde, die nicht, manichäistisch, in der Zuwendung zu einem an sich schlechten Seienden, sondern in der unrechten Zuwendung des Willens zu einem endlichen Gut besteht. Die Entscheidung für ein endliches, insbesondere vergängliches Gut ist sittlich schlecht, wenn sie, in bedingungsloser Selbstsucht wurzelnd, die Abkehr des Willens von den ewigen Gütern, darin vom absolut Guten, impliziert und so zur Knechtung der Freiheit und zum Verlust der Seligkeit führt [46]. Sünde ist die im Willen gesetzte Sinnwidrigkeit, die als solche und in sich zu keinem Gut dienlich ist, wenn auch der Sünder in seiner konkreten Existenz durch die Vorsehung zum Dienst am Guten bestimmt ist [47], etwa zu seiner eigenen Umkehr oder zur Erprobung des Guten [48]. Das radikale M. der Sünde entspringt – woran Augustinus stets festhält [49] – aus der Entscheidung des Willens [50], deren Freiheit durch keinen ihr vorausliegenden Wirkfaktor aufgehoben ist, wiewohl diese Freiheit selbst, was im Spätwerk besonders betont wird, seit Adam ihre Geschichte der Sünde und der Neigung zum Bösen hat. Da die Sünde als Tat der Freiheit sich in je neuer Kontingenz ereignet, da sie, weiterhin, in einem Ausfall (defectus) besteht und somit keine sie positiv begründende Wirkursache, sondern nur den Mangel der angemessenen Wirkursächlichkeit voraussetzt, ist nicht nach dem Grund der Sünde [51], sondern nach der Bedingung ihrer Möglichkeit zu fragen [52]. Sünde setzt zwar notwendig Freiheit voraus, doch ist der Freiheit als solcher, da sie auf das Gute bezogen ist, die Möglichkeit zu sündigen nicht wesentlich [53]. Erst die Endlichkeit der geschöpflichen Freiheit, sofern diese nämlich aus Nichts geschaffen ist und so von der Nichtigkeit der eigenen Seinsschwäche durchsetzt bleibt, ermöglicht den sündigen, die eigene Nichtigkeit bestätigenden Abfall [54]. Da die Sünde den Verfall der Freiheit selbst in ihrer Offenheit für das Gute nach sich zieht, kann sich der konkupiszente Wille nicht allein aus der Sünde lösen, sondern bedarf der Befreiung durch die frei waltende Gnade [55]. – Aus der Sünde erhalten die physischen Mangelzustände erst ihre volle Bestimmung als M., nämlich als Strafe [56], durch die der Wille des Sünders passiv und gegen seine Neigung – im Unterschied zur aktiv, nach eigener Neigung begangenen Sünde – betroffen wird [57]. Seinem physischen Zustand nach konnte das Leben des Menschen auch ohne Sündenfall mit allen Mühen belastet sein, die es jetzt faktisch bedrücken [58]; doch werden diese nun zu Leiden und M. im vollen Sinn, sofern der sündige Wille, der im Grunde an sich selbst leidet, sie nicht zu integrieren vermag und sie ihn daher verletzen [59]. Dabei zieht die Sünde schon von selbst ein Strafleiden nach sich, da sich die Geschöpfe spontan dem Willen widersetzen, der sich gegen ihre von Gott verfügte Ordnung wendete [60]. – Augustinus lehnt es nach dem Frühwerk [61] ab, das M. für jede mögliche Weltordnung als notwendig oder unvermeidlich zu betrachten [62]. Der Frage, warum Gott dann eine Welt schuf, in der sich das M. vielfältig ereignet, begegnet er mit der Erklärung, daß zur vollkommenen Ordnung des Universums auch die geringeren, nämlich wandelbaren Vollkommenheiten sinnvoll beitragen [63], daß, weiterhin, Gott das M. nicht schaffe, da es ja formal Nichts ist, sondern es im vorsorgenden Hinblick auf das Ganze der Welt dulde und auf ein höheres Gut hinordne [64], schließlich, daß es aufgrund der Endlichkeit jeder möglichen Welt eine einfachhin beste Welt nicht geben könne [65]; dem begrenzten Blick des Menschen sei es jedoch verwehrt, den von Gott beabsichtigten Sinn der einzelnen Übel zu durchschauen [66]. Hinsichtlich des moralischen M. tat Gott, obwohl er die Sünde in ihrer Möglichkeit und Tatsächlichkeit voraussah, doch gut daran, dem Menschen Freiheit zu geben, da erst durch die Freiheit personale Werte wie Verantwortlichkeit, sittlich rechtes Tun und Verdienstlichkeit möglich werden [67] und da ein sittlich schlechter Mensch immer noch wertvoller ist als ein unfreies Geschöpf [68]. Letztlich und zutiefst rechtfertigt jedoch der theologische Horizont der Erlösung die Schaffung einer fehlbaren, ja faktisch sündigenden Schöpfung [69], obgleich, gegen Origenes' Apokatastasislehre, die Endgültigkeit menschlicher Freiheitsentscheidung gewahrt bleibt.

Anmerkungen. [1] Vgl. G. KITTEL (Hg.): Theol. Wb. zum NT 1 (1933) 267-337; 3 (1938) 470-487; 6 (1959) 546-566. – [2] Ex apol. MELIT. ad Anton. Caes. MPG 5, 1229 B. – [3] TATIAN, Oratio adversus Graecos 11. MPG 6, 829. – [4] THEOPHILUS VON ANTIOCHIEN, Ad Autolycum 2, 17. MPG 6, 1080. – [5] ORIGENES, Περὶ ἀρχῶν II, 9, 2. – [6] Περὶ εὐχῆς 29, 13. – [7] Κατὰ Κέλσου 4, 66; 6, 56. – [8] In Evang. Joh. tom. II, 7. 13; Περὶ ἀρχῶν II, 9, 2. – [9] a.O. II, 1, 1; II, 9, 6. – [10] I, 8, 1. – [11] I, 6, 2. – [12] II, 4, 3. – [13] Περὶ εὐχῆς 29, 1. – [14] Περὶ ἀρχῶν I, 6, 3; III, 6, 1ff.; Κατὰ Κέλσου 4, 69; 8, 72; HIERON. ep. ad Avit. 14. – [15] GREGOR VON NYSSA, Λόγος κατηχητικός 5. 6. 16. – [16] a.O. 6. – [17] ebda. – [18] ebda.; vgl. auch BASILIUS M., Εἰς τὴν Ἑξαήμερον hom. 2, 4. – [19] GREGOR V. N., Περὶ παρθενίας 12. – [20] Λόγος κατηχητικός 5. 6. – [21] a.O. 8. – [22] H. KOCH: Proklus als Quelle des Ps.-Dionysius Areopagita in der Lehre vom Bösen. Philologus 54 (1895) 438-454. – [23] Ps.-DIONYSIOS AREOPAGITA, Περὶ θείων ὀνομάτων 4, 19f. – [24] a.O. 19. 21. – [25] 19. 30. – [26] 19. – [27] 30. 32. – [28] 30f. – [29] 20. – [30] 23. – [31] 28. – [32] 26. – [33] 20. 26. – [34] 31f. – [35] TERTULLIAN, Adversus Hermogenem 16. MPL 2, 211f. – [36] AUGUSTIN, Confessiones (= Conf.) 4, 1; De libero arbitrio (= De lib. arb.) 4, 1, 1. – [37] De moribus Ecclesiae 2, 2; De natura boni 4. – [38] De moribus Manich. 3. – [39] Conf. 7, 13. – [40] De moribus Manich. 8; De civ. Dei 12, 4. – [41] De natura boni 18. – [42] a.O. 9; Conf. 7, 12. – [43] ebda.; De natura boni 4. – [44] Conf. 3, 7. 12; De natura boni 3. 16. 23; Contra advers. legis 1, 5; De civ. Dei 11, 9. – [45] a.O. 12, 5; De moribus Manich. 1. – [46] De civ. Dei 12, 8; 15, 22; De lib. arb. 1, 15, 31-16, 35. – [47] a.O. 3, 9, 26. – [48] Sermo 301, 5f.; Enarr. Ps. 54, 4. – [49] Retract. 1, 9; De gratia et lib. arb. 1. – [50] De Gen. ad lit. imp. 1. – [51] De civ. Dei 12, 7; De lib. arb. 2, 20, 54; 3, 17, 48; 3, 18, 50. – [52] Contra Julian. op. imp. 5, 38; 6, 5. – [53] a.O. 5, 38; Enchir. 105. – [54] Contra Julian. op. imp. 5, 39. – [55] Retract. 1, 9. – [56] De vera relig. 12. – [57] Contra Adimantum Manich. 26. – [58] De lib. arb. 3, 20, 55-22, 65. – [59] De civ. Dei 1, 8; Enarr. Ps. 36, 2. – [60] De Gen. ad lit. imp. 1. – [61] De ordine 1, 7. – [62] De Gen. ad lit. 11; De Gen. imp. lib. 1; De lib. arb. 3, 12, 35. – [63] a.O. 2, 19, 50; Conf. 7, 13. – [64] De Gen. imp. lib. 5. – [65] Ep. 186, 7. – [66] De musica 6, 11; De Gen. contra Manich. 1, 16. – [67] De lib. arb. 2, 1, 3; 2, 18, 48; De continentia 6, 16. – [68] De natura boni 5; De lib. arb. 3, 5, 16. – [69] Sermo 301, 6.

Literaturhinweise. – *Allgemein:* F. BILLICSICH: Das Problem des Übels in der Philos. des Abendlandes 1: Von Platon bis Thomas von Aquino (²1955). – *Zu den griechischen Kirchenvätern:* W. E. G. FLOYD: Clement of Alexandria's treatment of the problem of evil (London/New York 1971). – G. TEICHTWEIER: Die Sündenlehre des Origenes (1958). – M. CANÉVET: Nature du mal et économie du salut chez Grégoire de Nysse. Rech. de Sci. relig. 56 (1968) 87-95. – H. KOCH s. Anm. [22]. – E. ELORDUY: El problema del mal en Proklos y el Pseudo-Areopagita. Pensamiento 9 (1953) 481-499; Ammonio Sakkas. 1. La doctrina de la creación y del mal en Proclo y el Pseudo-Areopagita (Oña 1959). – A. BECCA: Il problema del male nello pseudo-Dionigi (Bologna 1967). – *Zu Augustin:* G. PHILIPS: La raison d'être du mal d'après saint Augustin (Louvain 1927). – R. JOLIVET: Le problème du mal d'après saint Augustin (Paris 1936). – C. TERZI: Il problema del male nella polemica antimanichea di S. Agostino (Udine 1937). – S. ALVAREZ TURIENZO: Entre Maniqueos y pelagianos. Iniciación al problema del mal en S. Augustín, in: Ciudad de Dios 70 (1954) 87-125. – R. JOLIVET: Essai sur les rapports entre la pensée grecque et la pensée chrétienne (²Paris 1955) darin 85-156: Plotin et saint Augustin ou le problème du mal. – F. A. CUSIMANO: Il problema del male e della grazia in S. Agostino. Iustitia 26 (1973) 146-164.

2. *Mittelalter.* – JOHANNES SCOTUS ERIUGENA entwickelt das Wesen des M. aus Ps.-Dionysios' Ontologie des Übels, der Lehre Gregors von Nyssa über die Wirkung des Sündenfalls auf die menschliche Natur und aus Augustinus' Lehre von Sünde und Strafe. Das M., verstanden als corruptio [1], liegt in Sünde und Strafe [2], denn das naturhafte Übel widerspricht jeweils nur anderen beschränkten Naturen, trägt jedoch in der Gesamtordnung zur Schönheit der Welt bei [3]. Sünde ist nicht Natur oder Seiendes, sondern Akt des freien Willens, der sich selbst statt Gott, dem Einen und Guten, zuwendet [4]. Der Mißbrauch der Willensfreiheit ist irrational, akausal und daher nicht auf weitere Gründe rückführbar [5], aber durch die zum Sinnlichen geneigte Wankelmütigkeit des Willens vorbereitet; bezeichnet Eriugena diese selbst schon als M. [6], so gibt er den von Augustinus gewonnenen indifferenten Möglichkeitsgrund des M. preis. Da er nämlich die Schöpfung aus Nichts als Schöpfung aus Gottes eigenem Sein, das auch Nichts genannt werden kann, versteht [7], thematisiert er nur die Vollkommenheit des Geschaffenen, ohne seine innere Gefährdung durch das Nichts der Endlichkeit aufzuweisen. Existiert der Mensch dennoch nicht ohne Mangel und M., so geht dies nicht auf die ursprüngliche Schöpfungsidee zurück, sondern ist Folge des sittlich Bösen, die aber von Gott aufgrund seiner unfehlbaren Vorhersicht menschlicher Sünde dem Menschen von Anfang an mitangeschaffen wurde [8]. Doch lehnt Eriugena eine Prädestination zur Sünde ebenso ab [9] (mit HINKMAR VON REIMS und gegen GODESCALC), wie er die Folgen der Sünde, Verdunkelung der Erkenntnis und sinnliche Leiblichkeit, weniger als Strafe denn als aus Barmherzigkeit

geschenkten Reinigungsweg betrachtet [10]. Gott schafft keine Strafmittel; vielmehr wird der Mensch nur durch sich selbst gepeinigt, sofern sein sündiges Verlangen, da es auf nichtigen Schein gerichtet ist, ungesättigt bleiben muß [11]. Diese selbst verursachte Strafe wird auch bei der Rückkehr der Geschöpfe zu Gott im sündigen Willen bleiben, während alles physische M. im menschlichen Dasein und in der Welt, da es ohnehin die an sich gute Natur der Geschöpfe nicht verletzen kann, sich auflösen wird [12].

Zur *scholastischen Lehre* vom M. ist, aufgrund der Deutung des M. als privativen Gegenbildes des Guten, die scholastische Lehre vom Guten zu vergleichen. Das Verständnis des M. ist im wesentlichen von den pseudodionysischen und augustinischen Grundlagen bestimmt, die jedoch verschieden gedeutet und besonders auf ethischem Gebiet, seit dem 13. Jh. unter dem Einfluß der aristotelischen Ethik, ausgebaut werden. Das Aufleben des dualistischen Manichäismus [13] in der Katharerbewegung seit dem 11. Jh. warf erneut die Frage nach der ontologischen Bestimmung des M. auf.

Gestützt auf Augustinus, arbeitet ANSELM VON CANTERBURY scharf den Unterschied zwischen einer einfachen Abwesenheit des Guten und seinem Fehlen oder Mangel, der das Gesolltsein des Guten voraussetzt, heraus (absentia debiti boni) [14]; diese präzisierende Explikation des augustinischen privatio-Begriffs wird im Mittelalter allgemein übernommen. Als Defekt ist das M. Nichts [15], wobei 'Nichts', obwohl es ein Nomen zu sein scheint, nicht ein positiv an sich seiendes Etwas bezeichnet, sondern nur die Abwesenheit von etwas meint [16]. Das M. existiert nur im schlechten Willen oder aufgrund schlechten Willens, also aus Freiheit [17]. Das M. im Willen selbst besteht im Fehlen der Gerechtigkeit (iustitia) und Rechtheit (rectitudo) des Willens, das vom (vorübergehenden) Akt der Sünde zu unterscheiden ist [18]. Neben dem sittlichen Mangel an Gerechtigkeit steht das, letztlich in der Sünde wurzelnde, M. incommoditatis, der mangelnden Erfüllung eines natürlichen Strebens [19]. Dieses M. ist entweder an sich selbst nichts – wie etwa die Blindheit – oder ist ein Etwas, das aus dem Fehlen eines Gutes folgt – wie Trauer und Schmerz; der Mensch fürchtet besonders diese zweite Form des M. [20]. Nicht nur das Freiheitsvermögen, das sündigen kann, auch der freie Willensakt der Sünde selbst ist, soweit er wirklich ist, von Gott begründet, also seinshaft gut, während sein sittlicher Mangel allein auf das Versagen menschlicher Freiheit zurückgeht [21].

In der Scholastik des *12. Jh.* wird disputiert, ob das M. nur im Nichts des Mangels bestehe [22] oder nicht doch, mit Berufung auf eine Bemerkung bei Boethius [23] und gegen Anselm, etwas wie ein Akzidens sei, also eine in sich ontologisch positive Bestimmung [24], die den Menschen jedoch zum Nichts hinziehe [25]. Weiterhin finden sich Stimmen, die nur die substantiellen Naturen unweigerlich auf Gottes Wirken zurückführen, den sündigen Willensakt aber auch nach seiner seinshaften Aktseite allein der Ursächlichkeit des Menschen anlasten [26]. Einig ist man sich darin, daß Gott nicht das M. als solches will, also physisch verursacht, so sehr er es positiv zulassen und in seine Pläne aufnehmen kann [27].

Die scholastische Diskussion um das Wesen des sittlich Bösen wird von PETER ABAELARD ausgelöst, der die sittliche Gutheit oder Bosheit ausschließlich in die Intention des Willensaktes, unter Abgrenzung von Wunsch und Neigung wie von der äußeren Handlung und ihrer Wirkung, legt [28]. Danach sind alle Handlungen an sich sittlich indifferent; sie werden sittlich schlecht allein dadurch, daß sich der Wille des Menschen nicht dem Willen Gottes fügt, wie er sich in Glauben und Gewissen bezeugt [29]. Auf den in dieser Ansicht erblickten moralischen Subjektivismus reagieren einige Theologen des 12. Jh. mit einer dreifachen Klassifizierung der sittlichen Akte in aus sich, unabhängig von der Intention, notwendig gute, aus sich notwendig schlechte und aus sich indifferente, die allein erst aus der Intention ihre sittliche Bestimmung empfangen [30]. Dieser die subjektive Intention überspringende Moralobjektivismus wird sodann durch eine dreifache Unterscheidung von Gutheit bzw. Schlechtheit innerhalb desselben Aktes überwunden. Die physische Gutheit oder Mangelhaftigkeit des Willensaktes vorausgesetzt, konstituiert sich seine sittliche Gutheit aus dem objektiven sittlichen Wert, den die angezielte Handlung dem Akt verleiht, darauf aufbauend aus den näheren Umständen und der subjektiven Intention in ihrer sittlichen Qualität, schließlich aus der Vollendung des Wollens in der Gnade [31]. Der Akt wird mangelhaft oder sittlich schlecht, wenn ihm eine dieser Gutheiten fehlt [32].

Die Autoren der *Hochscholastik des 13. Jh.* übernehmen und entfalten die traditionelle M.-Lehre in weitgehender Einmütigkeit.

ALEXANDER VON HALES sammelt das Traditionsgut und widmet der Frage, wie die menschliche Natur zwar nicht in ihrem substantiellen Sein, doch in ihren habituellen Haltungen durch die Sünde verwundet werde, besondere Aufmerksamkeit [33]. Gott kann die Neigung des gefallenen Willens zum Bösen und dieses selbst dulden, da er in Inkarnation und Erlösung aus Anlaß des Bösen ein größeres Gut als das durch das Böse vernichtete hervorbringt [34]. In der Welt gibt es daher zwar im einzelnen Übel, doch könnte sie als ganze nicht besser sein [35].

Sein Schüler BONAVENTURA folgt ihm und vertieft, grundsätzlich mit Thomas von Aquin übereinstimmend, den ontologischen Aspekt des M. [36]. Dem M. entspricht, da es nur in einem Seinsmangel besteht, kein Urbild in Gott [37]; doch kann es als solches wie in seiner je besonderen Eigenart indirekt aus der Idee seines Gegenteils, nämlich des Guten in dessen jeweiliger spezifischer Bestimmtheit, erkannt werden [38].

THOMAS VON AQUIN leistet die systematische Durchdringung des metaphysischen, moraltheologischen und psychologischen Traditionsstoffes. Das Wesen des M. ist nicht primär in dem nur für andere schädlichen, relativen M., sondern im in sich und einfachhin Schlechten zu suchen [39]. Da Sein als Selbstidentität und Ziel allen Strebens sich als gut erweist, besteht das M. im Nichtsein, jedoch nicht in der bloßen Nichtexistenz oder in der Begrenztheit des Endlichen, da sonst das Nichtseiende oder Endliche als solches schlecht wäre. Schlecht ist vielmehr nur der Mangel von Sein, das einem Seienden nicht nur möglicherweise, sondern als zu seiner Vollkommenheit notwendige, gesollte Bestimmung zugehört [40]. Obwohl dem M. in sich kein Sein zukommt, wird es doch nach Art eines Seienden gedacht (ens rationis) und kann so der Gegenstand von ⟨ist⟩-Aussagen sein [41]. – Mit dem Sein mangeln dem M. auch die eigene Wesensform, Wirkkraft und Ziel- oder Sinnbezogenheit; so wird sein nichtender Einfluß nur in der Kraft des Guten wirksam, in dem es als sein Defekt existiert [42]. Da das M. als privatio der Natur der Dinge fremd ist, bedarf es einer Ursache, die nur im Seienden und damit im Guten liegen kann [43]. Das Gute ist zwar weder Wesen noch Ziel (causa formalis, causa finalis) des M., liegt ihm aber als Träger (causa materialis) zugrunde und kann es als Ursprung (causa efficiens) begründen, sofern seine Wirkursächlichkeit geschwächt und ohne klare Zielbindung gestreut ist (causa per accidens) [44]. – Das M. hebt formal nur die ihm entgegengesetzte Vollkommenheit – etwa die Blindheit das Sehvermögen – auf, mindert jedoch nicht die substantielle Gutheit seines Trägers. Doch schwächt es die Fähigkeit oder Offenheit seines Trägers für die akthafte Vollendung im Guten (beim moralischen M. auch für die Gnade) durch Dispositionen, die den guten Akt behindern. Weil aber Eignung und Offenheit für das erfüllende Gute unmittelbar aus dem Wesen der Substanz erfließen, können sie durch das M. nie völlig ausgelöscht werden [45]. – Im vollen Sinn findet sich das M. nur im Willen, da dieser allein kraft seiner wesenhaften Bezogenheit auf das Gute als solches [46] auch, als dessen Privation, das M. als solches realisieren kann [47]. Wie also dem vom Willen ersehnten Angenehm-Guten (delectabile) der Schmerz der Strafe entgegengesetzt ist, so widerstreitet die Schuld dem vom Willen geforderten sittlich Rechten (honestum) [48]. Von diesen zwei Grundformen des M. im Menschen wiegt das M. der Schuld ungleich schwerer, da sich die Sünde gegen das ungeschaffene, unendliche Gut wendet, während die Strafpein nur ein geschaffenes, endliches Gut aufhebt [49]. – Das Problem des M. konzentriert sich damit in der Frage nach der Sünde oder der in einem vollmenschlichen, freien Akt (actus humanus) vollzogenen Abkehr vom verpflichtenden Ziel um eines unangemessenen, scheinbaren Gutes willen [50]. Der sittliche Akt wird dabei jeweils von der sittlichen Bedeutsamkeit des Objekts bestimmt, wie und soweit diese im Gewissensspruch, der auch bei objektivem Irrtum bindet, erkannt ist [51]. Objektiv trägt das in sich schlechte Ziel mehr den Charakter des M. als das nur positiv Verbotene [52]. In sich schlecht ist, was der menschlichen Natur, nämlich der geistigen Wesensform des Menschen in ihrer Ausrichtung auf das unbedingt Gute, wie es im Intellekt mehr oder minder explizit als ewiges Gesetz (lex aeterna) oder Wille Gottes erkannt wird, widerstreitet [53]. – Das moralische M. oder die Sünde läßt sich nicht über die freie Entscheidung hinaus auf ihr vorausliegende Gründe zurückführen [54], doch können die inneren Momente der Freiheit, die den Weg zur sündigen Entscheidung öffnen, erhellt werden. Das Geschöpf, das zu Tugend, Liebe und Empfang der Gnade berufen ist, muß frei sein, steht aber damit, sofern diese Freiheit endlich und ihrer eigenen Natürlichkeit überlassen ist, in der Möglichkeit zu sündigen [55]. Da nämlich der Wille einerseits aufgrund seiner Geistigkeit durch die Beziehung auf das unbedingt Gute konstituiert ist, andererseits als aus Nichts geschaffener diese Beziehung nicht in reiner Akthaftigkeit besitzt, steht er zu seinem eigenen Wesensgrund in der Differenz unbestimmter, unerfüllter Potentialität. Er kann sich daher im Handeln, das sich aus der Offenheit zum unbedingt Guten speist und auf es hin bestimmt ist, von eben diesem Grund und wesensmäßigen Ziel seines Handelns ablösen. In der Abwendung vom unbedingt Guten vollzieht der sündigende Wille daher einen realen Widerspruch zwischen seiner Wesensgewilltheit und seiner Willkürentscheidung [56]. – In der Genesis dieser sündigen Entscheidung lassen sich zwei Phasen unterscheiden. Der Willensakt bedarf zu seiner Rechtheit der vom Intellekt vermittelten Bestimmtheit durch das Ziel, hält sich aber aufgrund seiner Schwäche nicht dauernd in der offenen, achtsamen Zuwendung zu diesem normierenden Spruch der Gewissenserkenntnis [57]. Wenn der Wille aus dieser in sich nicht schuldhaften Vorstufe, nämlich ohne sich von der Einsicht in das Gute leiten zu lassen, in den Akt der Entscheidung übergeht, sündigt er, da die Entscheidung unter der Verpflichtung steht, sich vom Gewissensspruch und damit vom Guten normieren zu lassen [58]. Die Sünde besteht demnach darin, sich der in der Gewissenserkenntnis eröffneten Teilhabe am unendlich und unbedingt Guten zu verschließen und so die Endlichkeit seiner selbst und des gewollten Gutes absolutzusetzen. – Unter den Kräften, die den Willen zur sittlich schlechten Entscheidung geneigt machen, kann, psychologisch gesehen, jeweils eine selbst nicht schuldfreie Verwirrung in der Erkenntnis, ein unkontrolliertes sinnliches Verlangen oder eine, habituell verfestigte, Grundentscheidung des Willens gegen das unbedingt Gute vorwiegen [59]. – In der Frage der Theodizee stimmt Thomas mit Augustinus überein.

MEISTER ECKHARTS spekulative (lateinische) Werke sehen in der Sünde, in Anlehnung an neuplatonische Ontologie, den Abfall von der Einheit des Seins in Gott und die Zerstreuung in die regellose Vielfalt [60]; in den deutschen, der geistlichen Führung gewidmeten Werken betont er die verantwortliche Freiheit des Willens im Akt der Sünde [61] ebenso, wie er zur getrosten, an Gottes Willen überlassenen Annahme des eigenen Gesündigthabens ermuntert [62]. Die deutsche Mystik nach Eckhart drängt auf die Läuterung des Herzens, dessen versteckte Bosheit sie in eindringenden psychologischen Analysen aufdeckt; sie vermag aber nicht mehr, die Frage nach dem Bösen systematisch voranzutreiben [63].

Die hochscholastische M.- und Sündenlehre erfährt bei DUNS SCOTUS nur sekundäre Modifikationen, die jedoch schon auf den spätscholastischen Voluntarismus vorweisen. Entsprechend seiner fundamentalen Unterscheidung von naturhafter Notwendigkeit und in Freiheit gründender Kontingenz [64] weist Scotus zunächst darauf hin, daß das M., da es begriffsgemäß keine Wesensbestimmung der Natur sein kann, kontingent existiert; weil aber innerhalb einer aus Notwendigkeit geborenen Ordnung kontingente Existenz unmöglich wäre, beweist das in der Welt vorfindliche M. die Kontingenz der Schöpfung und damit ihren Ursprung aus Freiheit [65]. – Das sittliche M. ist durch die Verendlichung, also die Intensitätsminderung der reinen Vollkommenheit des freien Willens ermöglicht [66]. Zwar ist das M. wesensgemäß Gegenstand der willentlichen Ablehnung [67], doch vermag sich der Wille im Akt der Bosheit (malitia) ausdrücklich für das M. als M. zu entscheiden [68], so sehr auch dieser Akt formal noch von der Zustimmung zum Horizont des Guten getragen ist [69]. Der freie Akt ist grundsätzlich aus seinem eigenen Wesen und Objekt, vorgängig zur positiven Willenssetzung Gottes, als sittlich gut oder schlecht qualifiziert [70]; nur für den Bereich der innerweltlichen, zwischenmenschlichen Werte (der zweiten Tafel des Dekalogs) kommt dem freien Willen Gottes ein gewisser Spielraum in der Festsetzung des Gebots – seines Inhalts, seiner verpflichtenden Kraft und gelegentlicher Dispensen – zu [71], da der Wille des Menschen durch die Mißachtung eines endlichen Guts nicht notwendig von der Ausrichtung auf das letzte Ziel abgezogen wird [72].

Erst WILHELM VON OCKHAM relativiert grundsätzlich die traditionelle Wesensethik, indem er die natürliche Erkenntnis des Sittlichen (recta ratio) nur kraft einer freien Bestimmung Gottes als für den Menschen verbindlich gelten läßt [73]. Gut und schlecht bestimmen sich daher im Grunde nicht aus dem Wert des Objekts eines als Vorzugswahl gedachten Willensaktes, sondern sind allein durch die Grundentscheidung zwischen Gehorsam und Ungehorsam gegenüber einer von Gott positiv gesetzten und jederzeit änderbaren Verpflichtung konstituiert [74]. Da nämlich Sein zunehmend vergegenständlicht als bloßes Faktum gedacht wird, kann die menschliche Natur das absolute Sollen nicht mehr in ihrem eigenen Sein, etwa sofern dieses nach Gott verlangte, tragen und material konkretisieren [75]. Durch den Ausfall einer immanenten, im Wesen des Menschen fundierten Vermittlung tritt aber der Charakter des Sittlichen als des unmittelbaren Verhältnisses zwischen dem Anspruch des absoluten Willens und seiner Entsprechung durch den endlichen Willen zutage [76]. Weil die sittliche Verpflichtung auch für den Willensakt selbst nur ein äußeres Faktum bleibt, ihn also nicht mitkonstituiert, ist der Akt der Sünde nicht in sich selbst [77], sondern nur im Vergleich mit der äußeren Verpflichtung schlecht [78]. Als Akt in sich selbst betrachtet, ist die Sünde, soweit es sich nicht um eine Unterlassung handelt, keine privatio [79], sondern hat positives Sein, das auch allein und unmittelbar von Gott selbst – und zwar ohne sittlichen Mangel, da Gott nicht unter einer Verpflichtung steht – hervorgebracht sein könnte [80]. Da sich Sünde aufgrund der nominalistischen Auflösung der Kategorie der Relation auch nicht als reale Beziehung fassen läßt, kann Sündhaftigkeit schließlich keine reale Bestimmung des Willens an sich selbst sein, sei diese als positive, negative oder privative gedacht [81]; nur sofern Sünde mit der Strafwürdigkeit, also dem Entzug eines zukünftigen Gutes gleichgesetzt werden kann, läßt sie sich als Privation bezeichnen [82].

SUÁREZ versucht, die hochscholastische Sündenlehre, gegen den Druck der nominalistischen Position und doch stark von ihr bestimmt, systematisch zu erneuern. Vorgängig zu einer positiven Willenssetzung Gottes ergibt sich schon aus dem Wesen des freien Aktes selbst, ob er sittlich schlecht und daher zu unterlassen sei [83]; dieses wesenhafte Verbotensein wird sodann von einem imperativischen Verbot durch den freien Willen Gottes, das von der Vernunft erkannt wird, begleitet und überhöht [84]. Material besteht die sittliche Schlechtheit in einem inneren Mangel [85], nämlich in der Unstimmigkeit zwischen dem freien Akt und der Wesensstruktur des Menschen, sofern im Akt ein Objekt (eine Handlung) intendiert wird, das an sich, unter den gegebenen Umständen oder bei der konkreten Absicht der Vernunftnatur des Menschen widerspricht [86]. Dabei ist das physische Sein des freien Aktes, das in sich selbst nicht sittlich bestimmt ist, vom Sein der sittlichen Qualität des Aktes ontologisch grundlegend verschieden [87]. Die Schuld, die auch nach Abschluß des sündigen Aktes zurückbleibt, ist so zwar keine physische, doch – gegen Ockham – eine dem Menschen innerliche, rein sittliche Bestimmtheit [88], die nicht mit der Strafwürdigkeit, die aus ihr resultiert, verwechselt werden darf [89].

Anmerkungen. [1] JOH. SCOTUS ERIUGENA, De divina praedestinatione (= Div. pr.) 10, 3. – [2] ebda. – [3] De divisione naturae (= Divis. nat.) 1, 72; 5, 35. – [4] a.O. 2, 25; 4, 16. – [5] 5, 31. – [6] 4, 14. – [7] 3, 19. 20. – [8] 4, 14. – [9] Div. pr. 1, 4; ebda. passim. – [10] Divis. nat. 2, 12; 4, 5. – [11] Div. pr. 18, 4; 15-17; Divis. nat. 5, 36. – [12] a.O. 5, 26. 31. – [13] Vgl. auch A. DONDAINE: Un traité manichéen du XIIIe siècle, le ‹Liber de duobus principiis› suivi d'un fragment de rituel cathare (Rom 1939). – [14] ANSELM VON CANTERBURY, Liber de conceptu virginali et originali peccato (= Conc. virg.) 5; De casu diaboli (C. diab.) 11. 16. – [15] C. diab. 8. 10f.; Conc. virg. 5; De concordia praescientiae et praedestinationis (= Conc. pr.) 1, 7. – [16] C. diab. 11. – [17] a.O. 19; Conc. virg. 3. 4. – [18] C. diab. 16; Conc. pr. 3, 13 (23); Conc. virg. 4. – [19] C. diab. 26; Conc. pr. 1, 7; 3, 12 (22). – [20] C. diab. 26; Conc. virg. 5; Conc. pr. 1, 7. – [21] C. diab. 27f.; Conc. pr. 1, 7; dieser Ansicht verhelfen im 13. Jh. BONAVENTURA (In II Sent. 37, 1, 1; In VII Ethic. 14) und THOMAS VON AQUIN (S. theol. I/II, 79, 2) zum Durchbruch. – [22] So die *Porretaner:* vgl. A. M. LANDGRAF: Dogmengesch. der Frühscholastik I/2 (Regensburg 1953) 220-236. – [23] BOETHIUS, In categorias Arist., lib. 2. MPL 64, 255 C/D. – [24] Im Umkreis des PETRUS LOMBARDUS: vgl. LANDGRAF, a.O. [22] 237-249. – [25] z. B. MAGISTER OMNEBENE, im Einflußbereich des Petrus Lombardus etwa GANDULPHUS VON BOLOGNA: vgl. LANDGRAF 216. 242. 248. – [26] PETRUS LOMBARDUS, BANDINUS u. a.: vgl. LANDGRAF 242. 245-247. 252f. 263. – [27] Etwa HUGO VON ST. VIKTOR, Summa de sacramentis christianae fidei lib. 1, p. 4, c. 13; p. 5, c. 25. 27. – [28] PETRUS ABAELARD, Ethica seu Scito te ipsum 2. 3. 7. 11. – [29] a.O. 12-14. – [30] Berichtet von PETRUS LOMBARDUS, Libri IV Sent., lib. II, d. 40. – [31] Vgl. a.O. d. 36; vgl. O. LOTTIN: Psychol. et morale aux XIIe et XIIIe siècles 2 (Louvain-Gembloux 1948) 422-465, und in diesem Wb. 3, 953f. – [32] Etwa ALBERTUS MAGNUS, In II Sent. 41, 2. – [33] ALEXANDER VON HALES, S. theol. t. III, nn. 24-36. – [34] S. theol. t. III, n. 11 ad 2; n. 144 ad 2. – [35] S. theol. t. IV, n. 226 ad 1. – [36] Vgl. LANDGRAF, a.O. [22] 280. – [37] BONAVENTURA, In I Sent. 36, 3, 1. 2. – [38] In I Sent. 38, 1, 1, 4; 46, 1, 4, 4. – [39] THOMAS VON AQUIN, De potentia 3, 6; S. theol. I, 49, 3. – [40] S. contra gent. III, 6; De malo 1, 1, 8, 3; 48, 5, 1. – [41] De malo 1, 1, 20; S. theol. I, 48, 2, 2. – [42] S. c. gent. III, 7. 9. – [43] a.O. III, 10; De malo 1, 3. – [44] S. theol. I, 49, 1; I/II, 75, 1. – [45] S. c. gent. III, 12; S. theol. I, 48, 4; De malo 2, 12. – [46] Vgl. K. RIESENHUBER: Die Transzendenz der Freiheit zum Guten (1971) 30-51. 125-150. – [47] THOMAS, De malo 1, 4; S. theol. I, 48, 5. – [48] De malo 1, 4, 12; S. theol. I, 48, 5. – [49] De malo 1, 5; S. theol. I, 48, 6; I/II, 79, 1, 4. – [50] a.O. I, 48, 1, 2; I/II, 71, 6. – [51] II/II, 98, 1, 3; I/II, 19, 5; De veritate 17, 4. – [52] In IV Sent. 9, 1, 3, 1, 3. – [53] S. theol. I/II 21, 1; 71, 2; 18, 5; 93, 6; De veritate 23, 6-8. – [54] De malo 1, 3 c. – [55] S. theol. I, 63, 1. – [56] De veritate 24, 7. – [57] S. theol. I, 49, 1, 3; I/II 75, 1, 3. – [58] S. c. gent. III, 10; De malo 1, 3. – [59] S. theol. I/II, 75, 2, 3; 78, 1. – [60] MEISTER ECKHART, Expositio sancti Evangelii sec. Johannem c. 1, v. 11, n. 114. – [61] Die rede der underscheidunge 9. Dtsch. Werke 5, hg. QUINT (1963) 214; 10 = a.O. 217. – [62] Daz buoch der götlichen troestunge 2 = 22; Die rede der underscheidunge 12 = 233; 13 = 237f. – [63] Das buoch von dem grunde aller bôsheit, hg. FR. PFEIFFER. Z. dtsch. Altertum und dtsch. Lit. 8 (1851) 452-464. – [64] JOH. DUNS SCOTUS, Op. Ox. I, 39, 1, n. 35; 1, 4; Quodl. 16. – [65] a.O. I, 2, 2, 2, n. 20f.; I, 2, 2, 3, n. 35; III, 18, 1, n. 17. – [66] I, 48, 1, n. 2; II, 23, 1, n. 5. – [67] II, 6, 2, n. 3f. – [68] II, 43, 1, n. 2; Collatio 17, n. 11. – [69] Op. Ox. IV, 49, 10; Quodl. 16, n. 5. – [70] Rep. Par. II, 22, n. 3. – [71] Op. Ox. I, 44, n. 2; III, 37, 1, nn. 3-8. – [72] a.O. III, 37, 1, n. 5. – [73] WILHELM VON OCKHAM, In III Sent. 12 CCC; 13 C. – [74] In II Sent. 5 H; 19 H. O; In I Sent. 48, 1 H. – [75] In IV Sent. 14 D. – [76] In III Sent. 12 E. – [77] In IV Sent. 9 D. R. – [78] Quodl. IV, 6; In II Sent. 19 O. – [79] Quodl. IV, 6. – [80] In II Sent. 19 P; In IV Sent. 9 F. – [81] In IV Sent. 9 C. S. – [82] In IV Sent. 9 R. C. – [83] FR. SUÁREZ, De bonitate et malitia humanorum actuum (= De bon.) VII, 1, 6. – [84] De legibus et legislatore Deo II, 6, 7f.; De bon. VII, 1, 10. 14. – [85] De bon. VII, 4, 3. – [86] De bon. VII, 2, 3; 4, 6; 9, 1-4. – [87] De bon. I, 3, 4f. – [88] De vitiis et peccatis VIII, 1, 12; 9, 11. – [89] De vitiis et peccatis VII, 1, 2.

Literaturhinweise. – Allgemein: F. BILLICSICH: Das Problem des Übels in der Philos. des Abendlandes 1: Von Platon bis Thomas von Aquino (²1955); 2: Von Eckhart bis Hegel (²1952). – A. ZIMMERMANN (Hg.): Die Mächte des Guten und Bösen. Vorstellungen im 12. und 13. Jh. über ihr Wirken in der Heilsgesch. Miscellanea Mediaevalia 11 (Berlin/New York 1977). – *Zu Eriugena:* M. FRONMÜLLER: Die Lehre des Joh. Sc. Eriugena vom Wesen des Bösen nach ihrem inneren Zusammenhang und mit Rücksicht auf einige verwandte Systeme der neueren Zeit, in: Steudels etc. Tübinger Z. für Theol. (1830) H. 1, 48-89; H. 3, 74-105. – *Zu Bonaventura:* J. TORGAL MENDES FERREIRA: O problema do mal á luz da concepção antropológica de São Boaventura, in: S. Bonaventura 1274-1974 4 (Grottaferrata [Rom] 1974) 523-532. – *Zu Thomas von Aquin:* F. WAGNER: Der Begriff des Guten und Bösen nach Thomas von Aquin und Bonaventura (1913). – H. LUCKEY: Die Bestimmung von 'Gut' und 'Böse' bei

Thomas von Aquin (o. J.). – P. PARENTE: Il male secondo la dottrina di S. Tommaso. Acta Pont. Acad. Romanae S. Thomae Aqu. et relig. cath. 6 (1939/40) 3-34. – J. MARITAIN: Saint Thomas and the problem of evil (Milwaukee 1942); De Bergson à S. Thomas d'Aquin (New York 1944) darin 217-244: S. Thomas d'Aquin et le problème du mal. – B. WELTE: Über das Böse. Eine thomistische Untersuchung (Quaest. disp. 6; Freiburg 1959); ursprünglich in: Gregorianum 32 (1951). – E. SAURAS: El Mal según Sto. Thomás. Semanas españ. de filos. 1 (1955) 415-446. – F. M. VERDE: La natura del male secondo S. Tommaso d'Aquino. Sapienza 14 (1961) 120-157. – R. PADELLARO DE ANGELIS: Il problema del male nell'alta Scolastica (Rom 1968).

K. RIESENHUBER

VI. *Neuzeit*. – 1. *M. in den pantheistischen, rationalistischen und empiristischen Systemen*. – Mit dem Verblassen des heilsgeschichtlichen Denkens und der erneuten Zuwendung zur Welt als Kosmos zu Beginn der Neuzeit leben auch die in der Antike erprobten Muster der metaphysischen Verklärung des M. wieder auf. Die Welt als ganze ist vollkommen, und jedes M., falls man es überhaupt ein M. nennen kann, ist notwendige Voraussetzung oder unvermeidliche Nebenfolge zur Hervorbringung oder Erhaltung dieser in sich vollkommenen Welt. Wer ihre Prinzipien kennt, weiß, warum es das, was wir M. nennen, geben muß.

Die Welt als natura naturata, verkündet G. BRUNO, ist, im Unterschied zur göttlichen natura naturans, nicht schon, was sie sein kann: Der «Tod, die Zerstörung, die Laster, die Übel, die Mißgeburten» erklären sich aus «dem Mangel und Unvermögen» der sich entwickelnden Dinge. Denn um zu werden, was sie noch nicht sind, «müssen sie das eine Sein aufgeben, um ein anderes zu erlangen; zuweilen vermischt sich nun in ihnen das eine Sein mit dem anderen und dann sind sie verkümmert, mangelhaft, verstümmelt, weil dieses Sein mit jenem sich nicht verträgt und weil ihre Materie zugleich mit diesem und jenem beschäftigt wird» [1]. Dieses letztlich auf die Vorsokratiker zurückgehende Argument gehört in dieser oder ähnlicher Form auch nach Bruno zum Arsenal jeder metaphysischen Theorie des M. Für gewisse Theisten freilich, die die Gesetze der Natur nicht als vorgegeben, sondern als von Gott erlassen ansehen, erwächst, wie sich etwa bei MALEBRANCHE zeigt, die zusätzliche Schwierigkeit, einen Beweis dafür zu führen, daß die Welt mit diesen Gesetzen besser sei als ohne sie. Malebranche räumt ein, daß die Mißbildungen und Dissonanzen der Natur nicht zur Vollkommenheit der Welt beitragen [2], aber Gott wolle nicht bloß, daß sein Werk ihn ehre, sondern auch, daß seine Wege ihn ehren [3]. «Eine Welt, die vollkommener wäre, aber durch weniger fruchtbare und weniger einfache Wege hervorgebracht würde, trüge nicht in dem Maße wie die unserige das Zeichen der göttlichen Attribute.» Aus diesem Grunde bringe er auch «Gottlose, Monstren und Unordnungen jeder Art» hervor. Er mache sie, «que pour ne rien changer dans sa conduite, que par respect pour la généralité de ses voies, que pour suivre exactement les loix naturelles qu'il a établies, et qu'il n'a pas néanmoins établies, à cause des effets monstrueux, qu'elles devoient produire, mais pour des effets plus dignes de sa sagesse et de sa bonté» [4].

Wo die Wahl zwischen einer Welt unter Gesetzen und einer Welt ohne Gesetz nicht möglich ist, weil die Welt nicht anders sein kann, als sie ist, bedarf es vom vollständigen Beweis ihrer Vollkommenheit mehr als nur der These, daß nicht alles sein könne, was möglich sei. Die Dinge, die tatsächlich existieren, müssen besser sein als jene, deren Existenz beeinträchtigt oder gar verunmöglicht wird. PETRARCA etwa hatte in der Vorrede zum zweiten Teil seines 1366 veröffentlichten, im 15. und 16. Jh. über ganz Europa verbreiteten Handbuchs ‹De remediis utriusque fortunae› den Satz Heraklits vom Streit aller Dinge als ein Prinzip des in der Natur durchgängigen Einanderstörens und -zerstörens ausgelegt [5], für BRUNO dagegen besteht kein Zweifel, daß jedes M. nur Gutes zur Folge hat: «Nichts ist im All so geringfügig, daß es nicht zur Erhaltung und Vollkommenheit des Hervorragenden beitrüge. Ebenso gibt es kein Übel für irgend jemanden und irgendwo, das nicht für irgendwelche andere und anderswo gut, ja das Beste wäre» [6]. SHAFTESBURY, ähnlich wie später KING [7], sieht ein ganzes Stufenreich von Wesen, in dem die tiefer stehenden Naturen sich den höheren opfern oder unterwerfen. «Das Gute behält immer die Oberhand, und jede der Verderbnis und dem Tode unterworfene Natur ist mit ihrer Sterblichkeit und Verderbtheit nur einer besseren dienstbar, und alle zusammen jener besten und höchsten Natur, welche unverderblich und ewig ist» [8].

DESCARTES ist einer der wenigen, die sich die beunruhigende Frage stellen, ob es nicht besser wäre, wenn die weniger vollkommenen Geschöpfe, die die Hauptlast des M. zu tragen haben, gar nicht existierten. Er beantwortet sie mit dem Plotinschen Argument [9], daß eine Welt, in der nicht alle frei sind von Irrtum – für Descartes das Übel schlechthin –, «eine größere Vollkommenheit besitzt, als wenn alle einander ganz ähnlich wären» [10]. «Es muß also», wie dann SPINOZA sagt, «alles aus Gott hervorgehen, was überhaupt aus ihm hervorgehen kann» [11]. Warum Vielfalt – auch der Übel – besser sein soll als Gleichförmigkeit, hat wohl nicht zuletzt ästhetische Gründe, die in den zahlreichen überkommenen Metaphern für die Natur als einer Harmonie von kontrastierenden Stimmen [12] oder einem mit Licht und Schatten durchsetzten Gemälde [13] zum Ausdruck kommen.

Die immer wieder erhobene Forderung, den «Blick aufs Ganze» zu richten, läuft im Grunde darauf hinaus, die gewohnten Begriffe des Guten und des M. aufzugeben. BRUNO deutet dies schon an – ob etwas als ein Übel erscheint, ist eine Sache des Vergleichs [14] –, am klarsten gesehen hat es jedoch SPINOZA. Die Begriffe «gut» und «schlecht» haben nichts mit der Natur der Dinge zu tun. «Denn ein und dasselbe Ding kann zu der selben Zeit gut und schlecht, und auch indifferent sein. Zum Beispiel ist Musik für den Trübsinnigen gut, schlecht für den Trauernden, für den Tauben aber weder gut noch schlecht» [15]. Diese Begriffe zeigen allein den Zustand des menschlichen Vorstellungsvermögens an, aber die Dinge sind nicht weniger vollkommen, «weil sie die Sinne der Menschen ergötzen oder beleidigen, oder weil sie der menschlichen Natur zusagen oder ihr widerstreiten» [16].

Kein Verklärer des M. hat die Konsequenz gezogen, die Spinozas Relativierung der Begriffe «gut» und «schlecht» nahelegt – wenn unsere Vorstellungen von gut und schlecht nicht zählen dürfen, dann kann auch die Natur als ganze nicht gut oder vollkommen genannt werden –, und nur die wenigsten hatten den Mut, mit MALEBRANCHE das M. weiterhin ein M. zu nennen [17]. So endet es denn erneut damit, daß die Welt – wie bei SHAFTESBURY und BERKELEY – als ganze gut oder vollkommen genannt wird und daß von dem, «was uns als Übel erscheint», erklärt wird, daß es «kein wirkliches Übel» sei [18], sondern die «Natur eines Guten» habe, sofern es in «Verbindung mit dem ganzen System der Dinge betrachtet werde» [19].

In LEIBNIZ' ‹Theodizee› verbindet sich die metaphysische Erklärung des M. mit dem aus der christlichen Tradition stammenden Freiheitsargument zu einem einzigen großen Argumentationsstrang. Die ‹Theodizee› übernimmt damit eine der Hauptaufgaben jenes Zweiges der Theologie, der den auf VARRO zurückgehenden Titel «theologia naturalis» trägt [20]: die Rechtfertigung der Güte Gottes angesichts der Existenz des Übels. P. BAYLE hatte in seinem ‹Dictionnaire historique et critique› (1695-1697) unter dem Stichwort ‹Manichéens› den von der Kirchenlehre längst abgelehnten Dualismus der Manichäer, der die Gleichursprünglichkeit und den ewig unentschiedenen Kampf des Guten und des Bösen lehrt, als zumindest erwägenswert der Vergessenheit entrissen [21]. Gegen diese Gefährdung der «Wahrheit der Religion» richtete LEIBNIZ seine ‹Essais de Théodicée sur la bonté de Dieu, la liberté de l'homme et l'origine du mal› [22]. Ausgehend von der Dreiteilung des M. in «metaphysisches», d.h. Unvollkommenheit schlechtweg, «physisches», d.h. Leiden, und «moralisches», d.h. Sünde [23], wehrt er die Vorstellung ab, Gott könne «Urheber» des Übels sein. Geschieht andererseits nichts ohne Gottes Willen und Vorsehung, so muß das tatsächlich vorhandene Übel von Gott, wenn nicht «verursacht», so doch «zugelassen» sein, und für solches Geschehenlassen muß Gott seine Gründe haben. Gott in seiner Güte möchte zwar all das Gute schaffen, das es gibt – dies ist sein «vorausgehender» Wille, wie Leibniz mit den Scholastikern sagt [24], aber nicht alles Gute ist «compossible», und er muß in seiner Weisheit eine Auswahl treffen. Sein «nachfolgender» Wille geht dabei auf das Beste – «à tout bien possible» [25]. Da jedoch das Beste oft mit einem Übel verknüpft sei, müsse es Gott «begleitungsweise» zulassen [26]. Die metaphysisch verstandene Unvollkommenheit folgt so nach Leibniz aus der Endlichkeit, diese aber ist, als der Gegensatz zu Gottes Unendlichkeit, in der Gottesidee enthalten, denn Gott kann Weltschöpfer, also von der Welt als seiner Schöpfung nur dann verschieden sein, wenn er unendlich und vollkommen, die Welt aber und alles in ihr endlich und unvollkommen ist. Unvollkommenheit sei jedoch nichts Positives, sondern falle – wie Augustin und Thomas richtig erkannt hätten – unter die Kategorie der «Privation», der Beraubung, d.h. der Wertnegation [27]. Wie die Strömung eines Flusses sich den auf ihm treibenden Schiffen gleich mitteile und die unterschiedliche Geschwindigkeit der Schiffe auf ihre unterschiedliche Ladung zurückzuführen sei, so sei Gottes Kraft in allen Geschöpfen gleich vollkommen, aber ihre begrenzte Empfänglichkeit für diese Kraft sei die Ursache des ihnen anhaftenden M. [28]. Deshalb sei es ein ebenso wahrer wie alter Satz: «bonum ex causa integra, malum ex quolibet defectu» (das Gute kommt aus einer vollständigen Ursache, das Übel aus irgendeinem Mangel) [29].

Bei der Sünde, dem «M. morale», soll sich die Unterscheidung von «Verursachung» und «Zulassung» vollends bewähren: Urheber der Sünde ist nicht Gott, sondern der Übeltäter; Gott läßt das moralische Übel ebenso wie das physische «begleitungsweise» (par concomitance) geschehen. Hierfür beruft sich Leibniz auf die Doktrin der antiken *Stoiker*. Wie Chrysipp lehrt er, daß mit dem Normalzustand, den wir «Gesundheit» nennen, beispielsweise mit der überaus feinen Struktur des Kopfes, die Möglichkeit gelegentlicher Erkrankung gesetzt sei und analog mit der Tugend als der Norm die Möglichkeit des sündigen Abweichens von ihr. Wollte man verlangen, daß es keine Abnormitäten geben dürfe, so würde man damit die Normen aufheben, so wie ein Ziel nicht Ziel wäre, wenn der Schütze es nicht auch verfehlen könnte [30]. Ein Dasein ohne Norm wäre das Chaos und damit weniger gut als die reale Welt, wie wir sie kennen. Das aber, was uns vom Ziel abweichen läßt, ist für Leibniz nicht weniger als für DESCARTES [31] oder MALEBRANCHE [32] der Irrtum, ein Mangel nicht des Willens – denn: «Der Wille strebt im allgemeinen nach dem Guten» [33] –, sondern des Intellekts, der sich über das wahre Gut und Übel täuschen läßt [34].

Mit dem moralischen Übel glaubt LEIBNIZ auch das «M. physicum» erklärt zu haben; denn das physische Übel – von Leibniz gedeutet als das Gefühl der Unvollkommenheit unseres Körpers [35] – ist für ihn die notwendige (moralische oder natürliche) Folge des moralischen Übels [36]: «man erleidet Übles, weil man Übles getan hat» [37], und wo wir scheinbar unschuldig leiden, ist es zu unserer Erziehung gedacht [38]: als ein Mittel zu Besserem. Alles in allem also: diese Welt ist die «beste aller möglichen Welten» [39] – denn sonst hätte Gott in seiner Weisheit und Güte sie nicht geschaffen.

Leibniz' ‹Theodizee› wurde zum «Lesebuch des gebildeten Europa» [40], seine Lehre vom M. durch CHR. WOLFF und dessen Schüler [41] – L. P. THÜMMIG, G. B. BILFINGER, A. G. BAUMGARTEN u.a. – zum Lehrgut zahlreicher deutscher Universitäten, dem auch die Gegner Wolffs – C. A. CRUSIUS, J. G. DARJES, J. F. BUDDEUS u.a. – wenig anzuhaben wußten. Der Hauptpunkt ihrer Kritik: Es ist nicht einzusehen, warum das moralische Übel zur Vollkommenheit der Welt beitragen soll [42]. «Physische Übel, Strafen und Unglück können wohl», wie J. G. WALCH erklärt, «ersprießliche Folgen erwecken. Moralische Übel aber sind und bleiben böse» [43]. Um die Verantwortung für das moralisch Böse von Gott auf die Menschen zu wälzen, bestimmen sie die menschliche Freiheit als ein vom Satz vom zureichenden Grund ausgenommenes liberum arbitrium indifferentiae: «Gott muß den Menschen im Anfang ... so erschaffen haben, daß er sich zum Guten und Bösen indifferent verhielt ...» [44].

Theodizee und metaphysische Verklärung des M. werden in dem Augenblick wirkungslos, in dem man sich weigert, das M. auf die Welt als ganze zu beziehen. Es war vor allem VOLTAIRE, der – unter dem Eindruck des Erdbebens von Lissabon 1755 – diesen Schritt mit aller Entschiedenheit tat. Wie kann man, so schreibt er mit Anspielung auf Popes Schlagwort «Whatever is, is right» [45], angesichts dieser Welt behaupten, es gebe kein Übel, und wenn es einzelne Übel gebe, so setze sich aus diesen das allgemeine Gute zusammen. Welch ein merkwürdiges allgemeines Gutes, «welches zusammengesetzt ist aus dem Stein, der Gicht, aus Verbrechen und Leiden aller Art, aus Tod und Verdammnis» [46]. Im Roman ‹Candide ou l'optimisme› gibt Voltaire die Leibnizsche These von der besten aller Welten der vernichtenden Lächerlichkeit preis, indem er die mannigfaltigen Übel, die Candide und seinen Gefährten zustoßen, in einen schrillen Kontrast setzt zu den hilflosen Versuchen des Philosophen Pangloss, diese Übel durch angeblich «zureichende Gründe» schönfärberisch umzudeuten. Da Voltaire trotz seines, wie er sich von ROUSSEAU sagen lassen muß, überladenen «Gemäldes unseres Elends» [47] am Glauben an die Existenz, Weisheit und Güte Gottes festhält und sein Determinismus er ihm verbietet, die Menschen zumindest für das moralische Übel – «Dies moralische Übel ist nur ein schmerzhaftes Gefühl, das ein organisches Wesen einem anderen organischen Wesen zufügt» [48] – verantwortlich zu machen, sieht er die einzige mögliche Lösung des Theodizeeproblems darin, Gott nur eingeschränkte Macht zuzuschreiben: «Quand la seule ressource qui nous reste pour le disculper, est d'avouer que son pouvoir n'a pu triompher du mal physique et moral –, certes, j'aime mieux l'adorer borné que méchant» [49]. ROUSSEAU hat diese Lösung erst als einen «Irrtum» verworfen [50], um sie sich dann später mit seiner Lehre «von der ewigen Koexistenz zweier Prinzipien», des göttlichen, aktiven, und des der Materie zugehörigen, passiven [51], selbst zu eigen zu machen.

HUME, der wie Voltaire darauf besteht, «the present evil phenomena» [52] mit unseren Augen und nicht mit einem imaginären Blick auf das Weltganze zu sehen, zieht in der Person des Philo noch einen weit radikaleren Schluß: Die unbestreitbare Tatsache, daß es Übel in dieser Welt gibt, ist (logisch) unvereinbar mit dem Glauben an die Existenz eines allmächtigen, allgütigen und allwissenden Gottes [53]. Er räumt allerdings sogleich ein, die Verträglichkeit der beiden Thesen sei nicht völlig auszuschließen [54], «especially where Infinity is excluded from the Divine attributes» [55], aber wenn man nicht «a priori», sondern von den Phänomenen her argumentiere mit ihrer «strange Mixture of Good and Ill» [56], gebe es keinen Grund, auf einen Gott zu schließen, denn die Übel dieser Welt hätte ein Gott nach menschlichem Ermessen durchaus vermeiden können [57].

Anmerkungen. [1] G. BRUNO, Ges. Werke, hg. KUHLENBECK (1904ff.) 4, 91. – [2] N. MALEBRANCHE, Oeuvres, hg. A. ROBINET 13 (1965) 212. – [3] a.O. 214. – [4] 215f. – [5] F. PETRARCA, De remediis utriusque fortunae, hg. LE PREUX (⁴1613) 356f. – [6] G. BRUNO, De triplici minimo et mensura. Opera lat. (1962) 1, Pars 3, 272. – [7] W. KING, An essay on the origin of evil, hg. W. EDMUND (London ⁵1781). – [8] SHAFTESBURY: The moralists; dtsch. Die Moralisten, übers. K. WOLFF (1910) 1, 3, 22. – [9] Vgl. PLOTIN, Enn. 3, 3, 3. – [10] R. DESCARTES, Meditationes ... 4, 15. – [11] B. SPINOZA, Ethica. Opera, hg. C. GEBHARDT (⁸1950) 2, 1 Lehrs. 6; dtsch. Die Ethik, hg. O. BAENSCH (1910). – [12] BRUNO, a.O. [6]. – [13] Vgl. G. BERKELEY, The principles of human knowledge, hg. A. A. LUCE/T. E. JESSOP (London 1949) 2, 111. – [14] BRUNO, a.O. [1] 5, 57. – [15] SPINOZA, a.O. [11] Opera 2, 207f.; dtsch. Ethik 4, Vorrede 174. – [16] Opera 2, 78; dtsch. Ethik 1, Anhang 42. – [17] MALEBRANCHE, a.O. [2] 8, 762. – [18] SHAFTESBURY, a.O. [8] 113f. – [19] BERKELEY, a.O. [13] § 153. – [20] Vgl. W. BRUGGER: Theologia rationalis (²1964) 4. – [21] P. BAYLE: Dict. hist. et crit. 3 (Rotterdam 1695, ³1720) 1899f. – [22] G. W. LEIBNIZ, Theodicée. Philos. Schr., hg. C. I. GERHARDT (1960) 4, 35; dtsch. Theodizee, übers. A. BUCHENAU (1968) Vorrede 13. – [23] a.O. 1, § 21. – [24] § 116, Anh. 1, 4. – [25] ebda. – [26] § 119. – [27] Anh. 4, 70. – [28] §§ 29-33. 153. 378. – [29] § 33. – [30] § 209. – [31] Vgl. DESCARTES, a.O. [10] 4, 8f. – [32] MALEBRANCHE, a.O. [2] 1, 39. – [33] LEIBNIZ, a.O. [22] § 33, 154. – [34] a.O. § 319. – [35] § 342. – [36] § 26. – [37] § 241. – [38] § 126, 29. – [39] § 224ff. – [40] Vgl. FR. ÜBERWEG: Gesch. der Philos. der Neuzeit (¹¹1914) 176. – [41] Vgl. O. WILLARETH: Die Lehre vom Übel bei Leibniz, seiner Schule in Deutschland und bei Kant (1898). – [42] a.O. 57ff.; vgl. O. LEMPP: Das Problem der Theodizee in der Philos. und Lit. des 18. Jh. (1910) 107f. – [43] J. G. WALCH: Philos. Lex. (⁴1775) Teil 1, Art. ⟨Böse⟩ 485; ähnlich Art. ⟨Freiheit des Willens⟩ 1403ff. – [44] CH. A. CRUSIUS, Anweisung vernünftig zu leben. Philos. Hauptwerke, hg. G. TONELLI (1969) 1, § 257, 310. – [45] A. POPE, Essay on man. Works, hg. S. JOHNSON (London 1812ff.) 3. – [46] VOLTAIRE, Ausg. Didot (Paris 1827) Dict. philos. 2, 2165, Art. ⟨Bien, Tout est bien⟩; vgl. Oeuvres 8 (Paris 1902) 390ff. – [47] J.-J. ROUSSEAU, Lettre de J.-J. Rousseau à Voltaire. Ausg. Didot (Paris 1864) 4, 241. – [48] VOLTAIRE, a.O. [46] 2, 2196. – [49] a.O. – [50] ROUSSEAU, a.O. [47] 4, 243. – [51] a.O. 4, 769. – [52] D. HUME, Dialogues conc. natural relig., hg. J. V. PRICE (Oxford 1976) 220. – [53] a.O. 226f. – [54] 230f. – [55] 234. – [56] 241. – [57] 240.

Literaturhinweise. H. C. W. SIGWART: Das Problem des Bösen oder die Theodicee (1840). – O. WILLARETH s. Anm. [41]. – O. LEMPP s. Anm. [42]. – F. KUHN: Die hist. Beziehungen zwischen der stoischen und Leibnizschen Theodicee (Inaug.-Diss. Leipzig 1913). – H. BORNKAMM: Luther und Böhme (1925). – F. BILLICSICH: Das Problem des Übels in der Philos. des Abendlandes 2 (²1952). – K. LÖWITH: Der philos. Begriff des Besten und Bösen, in: Das Böse (1961) 211-236. – B. CALVET: Descartes and the problem of evil. Canad. J. of Philos. 2 (1972) 117-126.

2. M. als ethisches, politisches und religiöses Problem. – Die spezifische Haltung der Neuzeit gegenüber dem M. zeigt sich weniger in der theoretischen Verklärung des M. als vielmehr in den vorgeschlagenen praktischen Maßnahmen zu seiner Beseitigung. Das M. wird vorausgesetzt als Tatsache, und die Frage ist, was man dagegen tun kann: ethisch, politisch und religiös. So bei den *Reformatoren.*

Das M. ist, wie LUTHER betont, gleich zwiefach da: durch Adams Fall und unsere Schuld in Form der Sünde und durch die Folgen unserer Schuld in Form von Gottes Strafe (Malum est duplex: culpae et poenae; malum culpae est ipsum peccatum, malum poenae sunt ipsae afflictiones) [1]. Alles dreht sich darum, die Macht des M. zu überwinden; und nur wenn Christus hilft, wird es gelingen (statim enim ut cor passum Christum tangit, omne malum recedit) [2]. Jeder Eigenwille und jede Eigengerechtigkeit muß daher gebrochen werden, und Gott, der zwar niemals «schafft und thut», «was böse ist» [3], bedient sich des Bösen und der Übel [4], damit «die Seinen ... das Vertrauen auf ihre eigene Gerechtigkeit töten und erkennen, daß sie nichts sind» (ut mortificent fiduciam iusticiae propriae et sentiant se nihil esse) [5]. Die naheliegende Frage, warum Gott den Willen des von ihm als Werkzeug benutzten Bösen nicht ändern wolle, beantwortet Luther mit dem Hinweis auf die «Unerforschlichkeit» von Gottes Ratschluß. Seine Auskunft unterscheidet sich kaum von der CALVINS, wir seien alle unterschiedslos der Bosheit unterworfen und es kämen nur jene «zur Gesundung, denen der Herr nach seinem Wohlgefallen seine heilende Hand reicht» [6].

Luthers Gott macht zwar vom Bösen Gebrauch, aber er hat nichts mit seiner Entstehung zu tun. «Daß und wie ein dem Willen Gottes nur eben Entgegengesetztes ... Realität haben und sein kann, das ist und bleibt», wie später Karl Barth in getreuer Nachfolge Luthers schreibt, «... unserem Erkennen gewiß rätselhaft, dunkel und unzugänglich.» Das Böse ist ohne Grund, ohne Sinn, ohne Recht – ein Unwesen also, eine «unmögliche Möglichkeit» [7].

J. BÖHME wollte es nicht damit bewenden lassen: Sein Gott fordert als Gegenprinzip das Böse, damit seine Güte erst sichtbar werden kann: Es dient «zur Offenbarung der Herrlichkeit Gottes ... und ist ein Werkzeug Gottes, damit er sein Gutes bildlich machet, auf daß das Gute anerkannt werde; denn so kein Böses wäre, so würde das Gute nicht erkannt» [8]. Böhme läßt daher das Böse der Entstehung des Menschen und seinem Fall vorweg gehen: es ist die Tat Lucifers und seiner «gefallenen Engel» [9]. Durch die «Erhebung» Lucifers sei der Zorn Gottes in der Natur erweckt worden, und die Natur habe dadurch eine andere «Qualität» bekommen: «ganz grimmig, herb, kalt, hitzig, bitter und sauer» [10]. Aus «dem Hause des Lichts» sei «ein Haus der Finsternis geworden» [11]; aus der Welt ein «rechtes Jammerthal voller Kreuz, Verfolgung, Mühe und Arbeit» [12], mit «einem bösen und guten Willen sowohl in der ganzen Natur, als in allen Kreaturen», wobei aber – und dies sei «das große Übel dieser Welt» – «das Böse das Gute überwägt, ... der Zorn stärker darinnen ist als die Liebe» [13]. Kein Ding, so fügt jedoch Böhme hinzu, ist «zum Regiment der Bosheit geschaffen worden; denn obs gleich an einem Theil ein Ens des Grimmes in sich zu seinem Leben hat, so hat doch am andern Theil auch ein Ens des Lichtes und Wohlthuns in sich, und ist in freien Willen gesetzet zu schöpfen in Bösem oder Gutem ...» [14]. Das gelte insbesondere für den Menschen. Diesem sei der freie Wille gegeben gewesen, das Böse von sich auszuschließen, aber durch seine Schuld sei er «ein Stamm oder Baum des Geschmackes der Erkenntnis Böses und Gutes worden, als ein streitendes Regiment, in welchem beide Willen in einander, als der gute und böse, regiereten» [15]. Aber auch wenn er nun in zweien «lebet», «welche ihn beide ziehen und haben wollen» [16], so stehe er doch im «Centrum» [17], und es stehe ihm frei, sich für die eine oder die andere Seite zu entscheiden und zu «greifen, wozu er will» [18].

Das religiöse Problem besteht darin, das M. in uns selbst durch Gnade und individuelle Entscheidung zu überwinden, das *politische*, der Folgen des M. in dieser Welt Herr zu werden. Die Frage nach der Domestizierung des Bösen hat das politische Denken der Neuzeit von Anbeginn an beherrscht. MACHIAVELLI hält es durch die Geschichte für erwiesen, «daß wer einer Republik Verfassung und Gesetze gibt, alle Menschen als böse voraussetzen muß, und daß sie so oft die Verkehrtheit ihres Gemüthes zeigen werden, als ihnen Gelegenheit dazu wird» [19]. Gutes, so meint Machiavelli, würden sie niemals tun, wenn ihnen die freie Wahl bliebe und sie nicht durch die Gesetze dazu gezwungen würden, es geriete vielmehr «alles in Verwirrung und Unordnung» [20]. Diesen Zustand der «Unordnung» hat dann HOBBES auf den Begriff gebracht: Es ist der «Naturzustand», Zustand des Krieges aller gegen alle, der Ungewißheit und Unsicherheit, ohne Kultur, Wissenschaft und Kunst und, was das Schlimmste ist, beherrscht von der ständigen Furcht vor einem gewaltsamen Tode. Diese Angst vor dem «größten natürlichen Übel» [21], dem Tod – und nicht, wie es seit Aristoteles maßgebende Schulmeinung war, der Trieb zur Gesellschaft –, bewirkt – gepaart mit der Vernunft –, daß sich die Menschen zum staatlichen Leben vereinigen und alle Macht dem Staatsoberhaupt übertragen [22]. Dessen Macht stützt sich nach Hobbes wiederum darauf, daß ihm allein und niemandem sonst «das Recht über Leben und Tod und alle peinlichen Strafen» [23] eingeräumt wird. Die staatliche Autorität bestimmt aber nicht nur über Leben und Tod, sie bestimmt auch, was «gut» und «böse» ist; denn erst mit den Gesetzen des Staates gibt es einen verbindlichen Maßstab für Gut und Böse, und nicht mehr – wie im Naturzustand – den «privaten» Maßstab individueller Leidenschaften, der allen alles erlaubt [24].

In ROUSSEAUS Augen – und MANDEVILLE mit seiner These vom «Bösen» als dem «großen Prinzip» der Gesellschaft [25] hat ihn darin bestärkt – ist Hobbes Therapie gegen das M. genau die Krankheit, für deren Heilung sie sich hält: Die Gesellschaft mildere die M. nicht nur nicht, sie bringe sie vielmehr erst hervor. Der Naturzustand dagegen sei das Gegenteil dessen, was Hobbes glaube: ein Zustand nämlich, «der dem Frieden am meisten diente und zum menschlichen Geschlecht am besten paßte» [25a]; denn es sei völlig falsch, daß der Mensch von Natur aus böse sei; die Wilden könnten gerade deswegen nicht böse sein, «weil sie nicht wissen, was gut sein heißt ...» [26]. Nicht nur «die Unberührtheit von den Leidenschaften» und die «Unkenntnis des Lasters» [27] hinderten sie daran, böse zu sein, sondern auch jenes Prinzip, das Hobbes nicht bemerkt habe: das jeglicher Überlegung vorweggehende Mitleid, das nicht nur uns, sondern auch vielen Tieren von Natur her gegeben sei [28]. Die vom «Mitleid gemilderte» natürliche Selbstliebe (amour de soi) verkehrt sich nach Rousseau erst mit dem Eintritt in die Gesellschaft in die begehrliche, überhebliche und neidische Selbstsucht (amour-propre), die, indem sie die Ungleichheiten zwischen den Menschen hervorhebt, «die Menschen zu all dem Übel verleitet, das sie sich gegenseitig antun» [29]. Die Konkurrenz und Rivalität, der Gegensatz der Interessen und «der versteckte Wunsch, seinen Gewinn auf Kosten des anderen zu erlangen»: «Alle diese Übel sind die erste Wirkung des Eigentums» [30]; denn die individuelle Inbesitznahme, zunächst von Boden und dann auch von anderen Gütern, habe dazu geführt, daß die einen ihren Besitz nur noch auf Kosten der anderen vergrößern könnten [31]. Der Urheber des Übels, des moralischen ebenso wie des physischen, sei somit der Mensch allein. In der «ursprünglichen Einfachheit» [32] habe er weder «Erinnerung noch Voraussicht» [33] gekannt und darum Schmerz, Leid und Tod nicht empfunden. Erst mit dem «unheilvollen Fortschritt» der zunehmenden intellektuellen und ästhetischen Verfeinerung habe sich das Grundübel, die Empfindung des Übels, allmählich eingestellt [34].

Dennoch predigt Rousseau nicht die bloße Rückkehr in den Naturzustand, vielmehr verlangt er eine neue Erziehung: An die Stelle von Autorität und Zwang habe die freie Einsicht zu treten, die den Erzieher wie den Zögling vor den von Traditionen, Konventionen und angewöhnten Lastern herrührenden Irrwegen bewahre. Die gleiche Grundauffassung beherrscht die Lehre vom ‹Contrat social›, die auf der Überzeugung beruht, daß alle Staats- und Regierungsbildung allein dazu bestimmt sei, die geschichtlich entstandene Ungleichheit, das Hauptübel alles gesellschaftlichen Zusammenlebens, mit Hilfe einer weisen Verfassung und Gesetzgebung zu überwinden und so die ursprüngliche Freiheit des Naturzustandes auf höherer Stufe wiederherzustellen.

Wie weit der herrschende politische und gesellschaftliche Zustand von dieser Bestimmung entfernt ist, ruft in der Nachfolge Rousseaus J. H. PESTALOZZI in Erinnerung: Durch die bisherige «Staatskunst» und die bestehenden «öffentlichen Einrichtungen des gesellschaftlichen Zustands» wird der Mensch «in und zu ihrem Dienst ... zum Träumer, zum Schurken und zum Bettler gemacht», und das «Eigenthum in seiner Hand» wird, «vorzüglich durch ihre Einmischung in und zu ihrem Dienst zu Pandorens Büchse ..., aus der alle Übel sich über die Erde verbreiten» [35]. «Wenn du in diesem Zeitpunkt Gutes thust», klagt Pestalozzi, «... und auf das Recht, und die gute Ordnung deiner Väter dringest, und gegen die Mißbräuche der Macht eiferst, so fürchte dich, denn sie trägt in diesem Zeitpunkt das Schwerd zur Beschützung ihrer eignen thierischen Selbstsucht. Thust du aber Böses ..., und hilfest du ihr dann die Menschheit entadeln, den richtigen Freiheitssinn in einen das Innerste der menschlichen Natur entwürdigenden thierischen Dienstsinn umzuwandeln; so wirst du Lob von derselben haben ...» [36]. Die Tatsache aber, daß schon jetzt, wo das «Geschlecht im Jammer der Rechtlosigkeit und im Elend innerer Entwürdigung» dahingeht, «einzelne Menschen sich zu einer merklichen Höhe bürgerlichen Wohlstands und sittlicher Veredlung erheben», läßt Pestalozzi hoffen, daß der Mensch die «Kraft in sich selbst» hat, die Umstände, die ihn bisher gemacht haben, nach seinem Willen zu machen [37], und daß durch die richtige «Erziehung und Gesezgebung» [38] jeder Mensch zu der Kraft emporgehoben werden kann, «durch die er allein im Stande ist, das Wesen der Unschuld in sich selbst wieder herzustellen, und sich selbst wieder zu dem friedlichen, gutmüthigen und wohlwollenden Geschöpf zu machen, das er in der Unverdorbenheit seines thierischen Zustandes auch ist» [39]. Mit diesem letzten Ziel vor Augen könnte auch Pestalozzi mit Rousseau sagen: Es ist für den Menschen nicht gut, daß er zivilisiert wurde, aber wenn es ihm gelingt, durch Gesetz und Erziehung die Übel der Zivilisation zu überwinden, schafft er einen Zustand, der besser ist als der der «ursprünglichen Einfachheit» [40]. Doch nicht nur Pestalozzi, auch die deutschen Idealisten haben mit diesem, von Rousseau aus dem religiösen Kontext herausgebrochenen felix-culpa-Argument das Hilfsmittel gefunden, mit dem sie das Problem des M. glauben bewältigen zu können. Als Mittel und Werkzeug zum Besseren wurde das M. zwar schon von den metaphysischen Verklärern gedeutet, aber der entscheidende neue Gedanke ist nun: das Bessere ist nicht schon da – in der Vollkommenheit des Kosmos –, sondern steht noch aus: als die von uns zu bewältigende Zukunft.

Bei HERDER finden sich noch beide Gedanken vereint: Das M. ist zunächst nichts anderes als «Schranke», «Gegensatz» oder «Übergang» innerhalb des göttlichen [41], im Sinne Shaftesburys stufenweise und auf einen höchsten Zweck hin geordneten Kosmos. Es ist aber auch Werkzeug in der Hand der Vorsehung, um die Menschheit zu dem ihr bestimmten Ziel zu lenken: Auch wenn Unvernunft und «wilde Leidenschaften» die Menschen von ihrem Wege abirren lassen, so würden sie doch immer wieder zu «Vernunft und Billigkeit» zurückgeführt [42], da «auf den Fehler das Übel folge und jede Trägheit, Thorheit, Bosheit, Unvernunft und Unbilligkeit sich selbst strafe» [43]. Nach «einem unabänderlichen Gesetz der Natur» erzeuge so das Übel das Gute [44] und verwandle «das Gift in Arznei» [45].

Mit der kritischen Einsicht in «das Mißlingen aller philosophischen Versuche in der Theodizee» [46] fällt für KANT dagegen das M. in physischer und metaphysischer Hinsicht weitgehend außer Betracht; seine Aufmerksamkeit gilt dem moralischen M. Er beruft sich dabei auf die in der deutschen Sprache angelegte Unterscheidung zwischen dem außermoralischen «Wohl und Wehe» und dem moralischen «Gut und Böse», die eindeutig hervortreten läßt, was im lateinischen «malum» und «bonum» wegen der fehlenden Differenzierung leicht zweideutig bleibt [47]. Wie für Rousseau so sind auch für Kant die physischen Übel eine Folge der Entlassung des Menschen «aus dem Mutterschoße der Natur». Als die Vernunft «ihr Geschäft anfing und, schwach wie sie ist, mit der Thierheit und deren ganzen Stärke ins Gemenge kam, so mußten Übel und, was ärger ist, bei cultivirter Vernunft Laster entspringen, die dem Stande der Unwissenheit, mithin der Unschuld ganz fremd waren» [48]. Die Geschichte der Freiheit beginnt also mit dem Fall und mit dem Bösen; aber was für das Individuum ein Fortschritt vom Besseren zum Schlechteren sei, bedeute für die Menschengattung ein «Fortschreiten zur Vollkommenheit» [49]; denn mit dem Schritt in den «Stand der Freiheit» entstehe ein Antagonismus zwischen den Menschen, der alle ihre «Kräfte» und Talente erwecke und so «den Anfang zur Gründung einer Denkungsart» [50] mache, welche die menschliche Gesellschaft ihrem wahren Ziele entgegenführe: ein moralisches Ganzes zu werden, in dem die vollkomne Kunst wieder Natur geworden ist [51].

Was Kant vom moralisch Bösen im Hinblick auf die Gattung des Menschen sagt: «daß es in seinen Absichten ... sich selbst zuwider und zerstörend ist und so dem (moralischen) Prinzip des Guten, wenn gleich durch langsame Fortschritte, Platz macht» [52], gilt allerdings, wie er in seiner Lehre vom «radikal Bösen in der menschlichen Natur» [53] darlegt, nicht im Hinblick auf das Individuum. In jedem Menschen steckt ein «Hang», eine «Prädisposition» zum Bösen [54], d. h. zur «Annehmung böser (gesetzwidriger) Maximen» [55]. Dieser Hang ist nach Kant jedoch nicht ein «bloßer Naturtrieb» [56]; denn «ein physischer Hang (der auf sinnliche Antriebe gegründet ist) zu irgendeinem Gebrauche der Freiheit, sei es zum Guten oder Bösen, ist ein Widerspruch» [57]. Er entspringe vielmehr «dem moralischen Vermögen der Willkür» [58] und müsse dem Menschen «als selbst verschuldet ... zugerechnet werden können» [59]. Die «Bösartigkeit des menschlichen Herzens» besteht, näher besehen, in einer «Verkehrtheit (perversitas)», «weil sie die sittliche Ordnung in Ansehung der Triebfedern einer *freien* Willkür umkehrt» [60]: statt «die Triebfeder der Selbstliebe» dem moralischen Gesetz unterzuordnen, werden vielmehr die «Neigungen» der Selbstliebe «zur Bedingung der Befolgung des menschlichen Gesetzes» gemacht [61]. Die Bösartigkeit in ihrer krassesten Form ist immer «vorsätzlich», kann aber auch in «unvorsätzlichen» Formen auftreten [62]: auf der Stufe der bloßen «*Gebrechlichkeit* der menschlichen Natur», die das Gute in ihre Maxime aufnimmt, aber zu schwach ist, ihr zu folgen [63], und auf der Stufe der «Unlauterkeit», die die «pflichtmäßige[n] Handlungen nicht rein aus Pflicht» tut [64]. Auf keinen Fall jedoch darf sie mit dem «schlechthin bösen Wille[n]» gleichgesetzt werden, der «den Widerstreit gegen das Gesetz selbst zur Triebfeder» erhebt; denn ein solcher Wille kann nur «einem *teuflischen* Wesen», aber nicht einem Menschen zukommen [65]. Die menschliche Bösartigkeit ist allerdings, wie Kant sagt, «radical», weil sie «den Grund aller Maximen verdirbt»: wer nur in einem einzigen «Stücke» böse ist, müsse es von Grund auf sein; denn «das moralische Gesetz der Befolgung der Pflicht überhaupt» sei «ein einziges und allgemein» und könne deshalb von einem Menschen nur entweder ganz oder dann gar nicht in «seine Maxime aufgenommen» werden [66]. Deshalb lasse sich auch «aus einigen, ja aus einer einzigen mit Bewußtsein bösen Handlung a priori» auf eine böse Gesinnung schließen [67]. Das Böse ist nicht nur radikal, es besteht auch von Natur aus in dem Sinne, daß es der Menschengattung insgesamt innewohnt: wenn es einem einzigen Menschen zugesprochen werden kann – und Gründe dafür gebe es mehr als genug –, müsse es auch der ganzen Gattung zugesprochen werden können [68]. Als angeboren dürfe der Hang zum Bösen allerdings nur in dem Sinne bezeichnet werden, daß er «als mit der Geburt zugleich im Menschen vorhanden vorgestellt wird» [69], nicht aber, daß er durch die Geburt oder durch irgendeinen andern «vorhergehenden Zustand» verursacht sei [70]. Mit einem Wort: Das moralisch Böse hat keinen «Zeit-», sondern einen «Vernunfturprung» [71]; aber dieser Ursprung «bleibt uns unerforschlich, weil er selbst uns zugerechnet werden muß» [72] und uns nur zugerechnet werden kann, wenn wir eine «ursprüngliche Anlage zum Guten» voraussetzen [73]. Gerade weil wir diese Anlage voraussetzen, müssen wir nach Kant aber auch auf die ebenso unbegreifliche und empirisch ebensowenig nachweisbare entgegengesetzte Möglichkeit setzen können: die Hoffnung, «daß ein natürlicherweise böser Mensch sich selbst zum guten Menschen mache» [74]. Empirisch gesehen sei es zwar durchaus denkbar, daß «Tugend der Legalität nach» durch «Ordnung der Sitten», «lange Gewohnheit» und «allmähige Reform» unseres Verhaltens nach und nach erworben werden kann; unmöglich aber, daß jemand auf diesem Wege «nicht bloß ein *gesetzlich*, sondern ein *moralisch* guter ... Mensch ... werde» [75], der die Pflicht nun auch um der Pflicht willen tut. Dies könne niemals durch Reform, sondern nur «durch eine Revolution in der Gesinnung im Menschen», «durch eine Art von Wiedergeburt» bewirkt werden [76]. Aus der Tatsache jedoch, daß auch für den radikal verderbten Menschen weiterhin die Pflicht besteht, ein guter Mensch zu werden, schließt Kant, daß er es auch kann; d.h., daß nicht nur «die allmähige Reform ... für die Sinnesart», sondern auch «die Revolution für die Denkungsart» möglich sein muß [77].

Kants Lehre vom radikal Bösen hat bei seinen Zeitgenossen wenig Beifall gefunden [78], GOETHE, in einem Brief an Herder, bezeichnet sie als den «Schandfleck», mit dem Kant «seinen philosophischen Mantel ... freventlich ... beschlabbert» habe [79]. Kants geschichtsphilosophische Deutung des Sündenfalls dagegen hat Schule gemacht.

SCHILLER ist von dem, was der Fall uns am Ende bringen soll – der Mensch als «der Schöpfer seiner Glückseligkeit», als «freier vernünftiger Geist», der sich hinaufgearbeitet hat zu einem «Paradies der Erkenntnis und der Freiheit» [80] – so sehr begeistert, daß er die mit dem Fall verbundenen M. schon gar nicht mehr erwähnt. Der Fall des Menschen ist im Grunde gar kein Fall mehr, sondern «erstes Wagestück seiner Vernunft, erster Anfang seines moralischen Daseins» und als solches «die glücklichste und größte Begebenheit in der Menschengeschichte» [81].

FICHTE knüpft zwar wieder an Kants Begriff des radikal Bösen an, aber es ist nun bezeichnenderweise nicht mehr eine Bestimmung des freien Menschen, sondern des Menschen, der seine Freiheit noch nicht ergriffen hat: «Der Natur überhaupt», schreibt Fichte, «... ist eine Kraft der Trägheit (vis inertiae) zuzuschreiben» [82], ein Widerstreben, aus ihrem Zustand herauszugehen. Diese Trägheit, «die durch lange Gewohnheit sich selbst ins unendliche reproducirt ... ist das wahre, angeborene, in der menschlichen Natur selbst liegende radicale Uebel: welches sich aus derselben auch gar wohl erklären läßt» [83]. Daß der Einzelne im Zustand der Trägheit verharre, ist jedoch nach Fichte keineswegs notwendig; es sei ihm ebenso gut möglich, sich sogleich auf den höchsten Reflexionspunkt zu versetzen, «und wenn er es nicht gethan hat, so liegt dies am Nichtgebrauche seiner Freiheit: ob er gleich in seinem gegenwärtigen Zustande seiner Verschuldung sich nicht bewußt wird. Insofern hat das Böse im Menschen seinen Grund in der Freiheit» [84]. Der «irdische Zweck der Menschheit» kann allerdings, wie Fichte in enger Anlehnung an Kants Antagonismusgedanken ausführt, auch dann erreicht werden, wenn nicht alle von ihrer Freiheit den richtigen Gebrauch machen: Sehr oft führten «die verächtlichsten Leidenschaften der Menschen, ihre Laster und ihre Unthaten, das Bessere sicherer herbei, als die Bemühungen des Rechtschaffenen, der nie Böses thun will ...; und es scheint, dass das Welt-Beste, ganz unabhängig von allen menschlichen Tugenden oder Lastern, nach seinem eigenen Gesetze, durch eine unsichtbare und unbekannte Kraft, wachse und gedeihe ...» [85]. Das Böse lasse jedoch das Gute nie «an und für sich» hervorgehen; die «Leidenschaften und Laster» wirkten nur insofern «zur Erreichung des Besseren» mit, als sie sich gegenseitig selbst vernichteten und die Verzweiflung an ihrem schieren Übermaß den Mut in uns erwecke, unsere Pflicht zu tun und die Welt besser zu machen, als sie ist [86]. Obwohl also die Welt «die allerschlimmste» ist, «die da seyn kann» [87], «ist alles gut, was da *geschieht*, und absolut zweckmässig»; denn: «Alles, was in dieser Welt sich ereignet, dient zur Verbesserung und Bildung der Menschen, und vermittelst dieser zur Herbeiführung ihres irdischen Zieles» [88].

HEGEL hat dieses Argument Fichtes auf eine neue Grundlage gestellt. Wie bei Fichte so ist auch bei ihm der Mensch im natürlichen Zustand böse: «Wie er von Natur ist, ist er, wie er nicht seyn soll, sondern was er ist, soll er durch den Geist seyn, durch Wissen und Wollen dessen, was das Rechte ist. Dieß, daß, wenn der Mensch nur nach der Natur ist, er nicht ist, wie er seyn soll, ist so ausgedrückt worden, daß der Mensch von Natur böse ist» [89]. Um zu dem zu werden, was er sei, habe der Mensch «aus dieser Wirklichkeit sich zurückzuziehen und in sich zu gehen», und «dieses Insichgehen besteht ... darin, *sich zu überzeugen*, daß das natürliche Daseyn das Böse ist» [90]. Mit diesem «Insichgehen» werde aber das Böse als Böses erst gesetzt; denn – und nun führt Hegel einen neuen Begriff des Bösen ein – «Erst durch diese Trennung bin ich für mich und darin liegt das Böse. Böseseyn heißt abstract, mich *vereinzeln* ...» [91]. Diese Bestimmung des Bösen ermöglicht es ihm, die unmittelbare Berufung auf das Gewissen mit dem Bösen gleichzusetzen: «Das *Böse* als die innerste Reflexion der Subjectivität in sich gegen das Objective und Allgemeine, ... ist Dasselbe, was die *gute Gesinnung* des *abstracten* Guten ...» [92], und zugleich den dialektischen Schluß zu vollenden: die auf die Spitze getriebene Subjektivität hat sich als das erwiesen, was sie ist: «ein absolut Nichtiges, etwas, «was nothwendig nicht seyn soll» und «als nichtig überwunden» werden muß [93]. Das scheinbar Positive ist selbst ein Negatives und insofern dasselbe wie die ihm entgegengesetzte ursprüngliche Naturbestimmung des Menschen, die sich ja auch als ein im Positiven wurzelndes Negatives erwiesen hatte [94]. Mit dieser Einsicht in die Widersprüchlichkeit des Bösen ist nach Hegel das Böse «an und für sich» überwunden [95] und die höhere Einheit, die Versöhnung des Allgemeinen mit den sich entgegensetzenden Besonderen, vorgezeichnet. Der Sieg des «Geistes» über das M. steht daher für ihn außer Zweifel: «Der Geist ... hat die Kraft sich im Widerspruche, folglich im Schmerz – sowohl über das Böse wie über das Uebele – zu erhalten» [96]. Und «insofern das Böse aufkommt, wenn der Mensch Böses thut, so ist dieß zugleich vorhanden als ein an sich Nichtiges, über das der Geist mächtig ist, so, daß der Geist die Macht hat, das Böse ungeschehen zu machen» [97]. Der Triumph des Geistes zeige sich nirgends deutlicher als in der philosophischen Betrachtung der Geschichte, die sich insofern als eine «Theodicee» erweise, als «das Übel in der Welt begriffen, der denkende Geist mit dem Bösen versöhnt werden sollte» [98]. Diese Aussöhnung könne «nur durch die Erkenntnis des Affirmativen erreicht werden, in welchem jenes Negative zu einem Untergeordneten und Überwundenen verschwindet, durch das Bewußtseyn, theils was in Wahrheit der Endzweck der Welt sey, theils daß derselbe in ihr verwirklicht worden sey, und nicht das Böse neben ihm sich letzlich geltend gemacht habe» [99]. Das Böse, angeblich des «Menschen eigenes Thun, das Thun seiner Freiheit und seiner Schuld» [100], das er «wollen kann, aber nicht nothwendig wollen muß» [101], verklärt sich im geschichtlichen Rückblick als ein Moment in der Entfaltung des «göttlichen Wesens», das nur einen «leeren Namen» hätte, wenn «es in Wahrheit ein ihm *Anderes*, wenn es einen *Abfall* von ihm gäbe» [102].

Anmerkungen. [1] M. LUTHER, Weimarer Ausg. Tischreden 3 (1914) 595. – [2] a.O. 1 (1883) 488. – [3] Tischreden 2 (1913) 298. – [4] 18 (1908) 709. – [5] 25 (1908) 265. – [6] J. CALVIN, Institutio Christianae Religionis; dtsch. Unterricht in der christl. Relig., hg. O. WEBER (1963) II, 5, 3. – [7] K. BARTH: Die kirchl. Dogmatik (1959) 4, Teil 3, 203. – [8] J. BÖHME, Werke, hg. K. W. SCHIELER (1831-60) 5 (1843) Myst. 71, 17. – [9] a.O. 1 (1831) 43. 138. 181. – [10] 193. – [11] 181. – [12] 209. – [13] 5, Myst. 11, 15. – [14] Myst. 29, 11. – [15] Myst. 29, 14. – [16] 3 (1841) 280. – [17] ebda. – [18] 264. – [19] N. MACHIAVELLI, a.O. 169. – [20] J. ZIEGLER (1832) 1, 17. – [20] a.O. 18. – [21] TH. HOBBES, Works, hg. M. MOLESWORTH (London 1961-66) 3, 62. – [22] a.O. 16. – [23] 18. – [24] 680f. – [25] B. MANDEVILLE, The fable of the bees, hg. F. B. KAYE (Oxford 1924) 1, 369. – [25a] J.-J. ROUSSEAU, Schr. zur Kulturkritik, hg. K. WEIGAND (1955) 167. – [26] a.O. 169. – [27] 171. – [28] 169. – [29] ebda. – [30] 221. – [31] 223. – [32] Emil, hg. L. SCHMIDT (1971) Buch 5, 294. – [33] ebda. – [34] 295. – [35] J. H. PESTALOZZI, Sämtl. Werke, hg. A. BUCHENAU u.a. 12 (1938, ND 1978) 33. – [36] a.O. 56f. – [37] 57. – [38] 126. – [39] 127. – [40] ROUSSEAU, a.O. [32] 275. – [41] J. G. HERDER, Werke, hg. B. SUPHAN (1967/68) 16, 570. – [42] a.O. 14, 225. – [43] 248. – [44] 222. – [45] 223. – [46] I. KANT, Akad.-A. 6, 135. – [47] a.O. 5, 59f. – [48] 8, 115. – [49] ebda. – [50] 21. – [51] 22. – [52] 379. – [53] 6, 17ff. – [54] 28. – [55] 21. – [56] ebda. – [57] 31. – [58] ebda. – [59] 35. – [60] 30. – [61] 36. – [62] 38. – [63] 29. – [64] 30. – [65] 35. – [66] 37. 24. – [67] 20. – [68] 25. – [69] 22. – [70] 22. 39. – [71] 39. – [72] 43. – [73] ebda. – [74] 44. – [75] 47. – [76] ebda. – [77] ebda. – [78] Vgl. FR. SCHILLER, Nat. A. 30 (1961) 77; K. VORLÄNDER: Kant, Schiller, Goethe (1907) 15. – [79] J. W. GOETHE, Briefe 2 (1964) 166; vgl. 170. 386. – [80] FR. SCHILLER, Sämtl. Werke, hg. FRICKE-GÖPFERT 4, 768. – [81] a.O. 769. – [82] J. G. FICHTE, Werke, hg. I. H. FICHTE (1845/46) 4, 199. – [83] a.O. 4, 202. – [84] 4, 182f. – [85] 2, 279f. – [86] 2, 306. – [87] 2, 157. – [88] 2, 307. – [89] G. W. F. HEGEL, Werke, hg. H. GLOCKNER 15, 285. – [90] a.O. 2, 595. – [91] 16, 264. – [92] 10, 396. – [93] 7, 201; vgl. 15, 112. – [94] Vgl. 7, 202f. – [95] 16, 335. – [96] 10, 32. – [97] 16, 335. – [98] 11, 42. – [99] ebda. – [100] 7, 204. – [101] ebda. – [102] 2, 592.

Literaturhinweise. H. BORNKAMM s. Lit. zu VI/1. – F. BILLICSICH s. Lit. zu VI/1, hier Bd. 2. – K. LÖWITH s. Lit. zu VI/1. – W. L. LACROIX: Hegel's system and the necessity and intelligibility of evil, part I and II, in: Idealistic stud. 1. 2 (Den Haag 1971). – O. REBOUL: Le mal dans la philos. relig. et polit. de Kant. Canad. J. of Philos. 3 (1973) 169-175.

3. *Die Positivierung des M. im 19. Jh.* – In der Spätromantik zerbricht der verharmlosende Glaube an die mephistophelische Rolle der menschlichen Freiheit als eines «Teils von jener Kraft, die stets das Böse will und stets das Gute schafft». Für die Existenz des Bösen gibt es keine natürliche Erklärung und keine metaphysische Rechtfertigung mehr. Kronzeuge dieser Entwicklung ist Schelling.

Der frühe SCHELLING steht noch völlig im Banne des idealistischen Autonomiegedankens, wie er ihn exemplarisch in seiner Dissertation formuliert hat: Der Mensch erreicht sein Ziel, die «freie Selbstbestimmung» (sui ipsius determinatio) [1], nur, wenn er sich von der Natur löst und von der Vernunft leiten läßt [2], deren unüberwindliche Kraft ihn zu höherem Glück und größerer Vollkommenheit führen wird [3]. Das «Böse» ist eine notwendige Übergangserscheinung auf dem Weg zu diesem Ziel: Die anfänglich noch schwache Vernunft steht zunächst unter der Herrschaft der Sinne, des unersättlichen «amor sui» [4]: mala wie Laster, Krankheit, Strafen, Knechtschaft und Krieg [5] sind die Folgen. Diese Übel entblößen die in uns angelegte Wildheit und zerstören sie damit zugleich; denn sie lösen den Geist von den Sinnen und führen ihn zu der Erkenntnis, daß er die Gesetze des Wahren und Guten in sich selbst suchen muß [6].

Die weitere Gedankenarbeit Schellings, von der Wissenschaftslehre über die Naturphilosophie bis zum System der absoluten Identität, zielt darauf ab, den in der Dissertation an die Stelle des Gegensatzes von Gut und Böse getretenen Dualismus von Natur und Vernunft zu überwinden, indem der menschliche Werdensprozeß in den göttlichen einbezogen wird: Gott will sich selbst in der Wirklichkeit darstellen; er muß sich darum in die Endlichkeit entäußern und das Endliche mit Hilfe des Menschen wieder ins Unendliche zurückführen. Das M. verliert dabei zusehends an Bedeutung: zunächst bestimmt es Schelling zwar weiterhin als notwendiges Mittel zur Beschleunigung des theogonischen Prozesses [7], aber schließlich ist es auch für ihn weiter nichts als eine Privation. Das Böse ist der Wunsch des Menschen, etwas für sich selbst und aus sich selbst zu sein [8]; aber jeder tut nur, was er seiner Natur gemäß tun muß [9], und je unvollkommener die Natur des Menschen, desto unvollkommener ist auch sein Handeln [10]. Das nach wie vor ungelöste Problem, die Frage der Abkunft der endlichen Dinge aus dem Absoluten [11], zwingt Schelling zu einer Antwort, die seine Wende gegen den Idealismus vorwegnimmt: Da man weder im Sinne der Emanationslehre Gott zum Urheber des Bösen erklären könne, noch, wie der persische Manichäismus, ein Prinzip des Bösen annehmen dürfe, das der Absolutheit Gottes widerstreite [12], gebe es nur einen Ausweg: der Ursprung der Sinnenwelt sei nicht als ein «stetiger Übergang», sondern «nur als ein vollkommenes Abbrechen von der Absolutheit, durch einen Sprung, denkbar» [13]. Um die Möglichkeit – nicht die Wirklichkeit – dieses Sprunges zu erklären, greift Schelling unter dem Einfluß von F. Baader auf die Zwei-Naturen-Lehre von Böhme zurück: Gott müsse den «Grund seiner Existenz» zwar in sich selbst haben; aber: «Dieser Grund seiner Existenz ... ist nicht Gott absolut betrachtet, d.h. sofern er existiert ... Er ist die *Natur* – in Gott, ein von ihm zwar unabtrennliches, aber doch unterschiedenes Wesen» [14]; menschlich gesprochen, der «Wille», die «*Sehnsucht*, die das ewige Eine empfindet, sich selbst zu gebären» [15]. Aus dieser dunklen, verstandeslosen Sehnsucht heraus erzeugt Gott eine erste Vorstellung seiner selbst und mithin als zweites Prinzip das Prinzip des Verstandes oder des Lichts [16]. Diese zwei Prinzipien finden sich in der gesamten Schöpfung, die, als die Selbstoffenbarung Gottes, nichts anderes ist als eine «Verklärung des anfänglichen dunklen Prinzips in das Licht» [17]. Aber während in der außermenschlichen Natur der aus dem Grunde in Gott stammende Eigenwille der Kreatur sich dem *Universalwillen* des Verstandes unterordnet, hat der Mensch die Fähigkeit, die Eintracht dieser beiden Prinzipien zu zerstören. Diese Fähigkeit ist nichts anderes als seine Freiheit: «die *Möglichkeit* des Guten und des Bösen» [18], d.h. der Verkehrung der beiden Prinzipien durch das Streben, «das, was er nur in der Identität mit dem Universalwillen ist, als Partikularwille zu sein» [19].

Schelling wendet diese Bestimmung des Bösen gegen seine frühere traditionelle Erklärung des Bösen als Privation, Mangel, Beraubung: «... schon die einfache Überlegung, daß es der Mensch, die vollkommenste aller sichtbaren Creaturen ist, der des Bösen allein fähig ist, zeigt, daß der Grund desselben keineswegs in Mangel oder Beraubung liegen könne» [20]. Das Böse sei etwas Positives und folge deshalb weder aus der Endlichkeit noch aus der Sinnlichkeit: «Wie es ... keineswegs das intelligente oder Lichtprincip an sich, sondern das mit Selbstheit verbundene, das heißt zu Geist erhobene, ist, was im Guten wirkt, ebenso folgt das Böse nicht aus dem Princip der Endlichkeit für sich, sondern aus dem zur Intimität mit dem Centro gebrachten finstern oder selbstischen Princip ...» [21].

Der Wille Gottes zur Offenbarung seiner selbst macht nach Schelling nicht nur die Möglichkeit des Bösen notwendig – «Damit ... das Böse nicht wäre, müßte Gott selbst nicht seyn» [22] –, sondern auch die Versuchung des Menschen zum Bösen: Der Mensch steht am Scheideweg der Schöpfung, er darf nicht in der Unentschiedenheit bleiben, «weil in der Schöpfung überhaupt nichts Zweideutiges bleiben kann» [23]. Aber: «Dieser allgemeinen Notwendigkeit ohnerachtet bleibt das Böse immer die *eigne Wahl* des Menschen; das Böse, als solches, kann der Grund nicht machen, und jede Creatur fällt durch ihre eigne Schuld» [24]. Um die universelle Wirklichkeit des Bösen, dieses «unverkennbar allgemeine[n], mit dem Guten überall im Kampf liegende[n] Princip[s]» [25], zu erklären, nimmt Schelling Kants Lehre vom radikal Bösen wieder auf: Der Mensch hat «sich von Ewigkeit in der Eigenheit und Selbstsucht ergriffen, und alle, die geboren werden, werden mit dem anhängenden finsteren Princip des Bösen geboren» [26].

Durch den Fall des Menschen sei aber auch die außermenschliche Natur genötigt worden, «eine von der geistigen unabhängige Welt zu sein» [27]. Ihre klare Gesetzmäßigkeit wurde verwischt, die Macht des Zufalls brach herein, die Natur hat ihre Ruhe und Einheit verloren, und zu dem moralisch Bösen gesellte sich das Böse in der Natur. «*Gift*, z. B., die Krankheit, und was der höchste Beweis der Wirklichkeit eines solchen Rückfalls der ganzen Natur und insbesondere des Menschen ist – der *Tod*» [28].

Aber wie universell das Böse auch sein mag, seine schließliche Überwindung ist für Schelling gewiß. «Der Wille des Grundes muß in seiner Freiheit bleiben, bis daß alles erfüllt, alles wirklich geworden sey. Würde er früher unterworfen, so bliebe das Gute samt dem Bösen in ihm verborgen. Aber das Gute soll aus der Finsternis zur Aktualität erhoben werden, um mit Gott unvergänglich zu leben; das Böse aber von dem Guten geschieden, um auf ewig in das Nichtseyn verstoßen zu werden. Denn dies ist die Endabsicht der Schöpfung ...» [29].

In der positiven Philosophie gewinnt Schelling größere Klarheit über den Ursprung dieser Gewißheit: Schöpfung, Fall und Erlösung sind Urtaten der Freiheit, unbegreiflich für die durch den Abfall von Gott korrumpierte menschliche Vernunft [30]. Ohne Offenbarung Gottes hätten wir von ihnen kein positives Wissen, ohne Erlösung durch Christus gäbe es für uns kein sinnvolles, der Gewalt des Bösen entzogenes Denken und Handeln [31]. Schelling bleibt allerdings auch in seiner Spätphilosophie noch ambivalent, indem er das zum «Urzufall» erklärte Böse [32] wiederum in eine Seinsnotwendigkeit umdeutet: Gott hat das Böse nicht nur als Möglichkeit zugelassen, er mußte es auch wollen, «weil er nämlich nicht wollen kann, daß das Böse verborgen bleibe, und gerade seiner Heiligkeit wegen wollen *muß*, daß es offenbar werde, nicht unter dem von ihm gesetzten Guten sich verberge» [33].

Den Schritt zur Positivierung des Bösen, den Schelling nur zögernd vollzogen hat, haben vor ihm schon F. BAADER und FR. SCHLEGEL mit aller Entschiedenheit getan [34]: Wie für den späteren Schelling so ist auch für Baader und Schlegel das Böse nicht bloße Abwesenheit des Guten [35], «bloße Distraction oder Vernunftabwesenheit» [36], sondern der «willkürliche», «aus dem Wechselverhältnis der übrigen Elemente» sich absondernde und «sich selbst verzehrende Egoismus» [37], «das im Geschöpfe fixirte, in seiner Natur radical *gewordene tantalische Streben* ..., nicht für seinen Schöpfer, sondern ganz nur für sich, somit auch von sich zu leben und zu sein» [38]; aber unmißverständlicher als Schelling weisen sie darauf hin, daß die Spekulation nur die Möglichkeit des Bösen, aber nicht seine Notwendigkeit und Wirklichkeit erklären könne [39].

S. KIERKEGAARD versieht die These von der unerklärbaren Faktizität des Bösen mit einer polemischen Spitze gegen Hegel und die Hegelianer: Wer, wie Hegel, das Böse als das bloß Negative bezeichne, das der Bewegung und zumal der Bewegung in der Logik voranhelfe, mache sich einer heillosen Begriffsverwirrung schuldig: «Man sieht, wie unlogisch die Bewegungen in der Logik sein müssen, sintemal das Negative das Böse ist; wie unethisch sie in der Ethik sein müssen, sintemal das Böse das Negative ist» [40]. Der Gegensatz von gut und böse sei jedoch überhaupt nicht für das Denken da, sondern nur für die Freiheit: dadurch, daß ich das Gute oder das Böse will [41]; und was für die Freiheit gilt, gilt auch für die Sünde und das Böse: es setzt sich selbst voraus; d. h. «es kommt zum Vorschein mit dem Ersten, mit dem Sprung, mit der Plötzlichkeit des Rätselhaften» [42]. Die Psychologie könne zwar mit dem Begriff der Angst jenem Zustand, aus dem die Sünde hervorgehe, so nahe wie möglich kommen; aber den Sündenfall selbst könne sie nicht erklären; denn «er ist der qualitative Sprung» [43]. Ebensowenig wie sich das Böse als solches denken läßt, ebensowenig läßt es sich nach Kierkegaard durch das bloße Denken des Zustandes der Versöhnung schon überwinden [44]; das Böse sei zwar, wie «alle tieferen Denker (Hegel, Daub ... usw.)» gesehen hätten, die «isolierte Subjektivität», aber ihre «Heilung durch Objektivität», d. h. durch das spekulative Denken, sei «um kein Haar besser»; sie müsse vielmehr «durch Subjektivität gerettet werden, das heißt durch Gott als die unendlich zwingende Subjektivität» [45].

Auf die Spitze getrieben wurde die Positivierung des M. schließlich durch SCHOPENHAUER: Das «Erstaunen, welches zum Philosophieren treibt», entspringt nach seiner Auffassung «dem Anblick *des Übels und des Bösen* in der Welt»: «... nicht bloß, daß die Welt vorhanden, sondern noch mehr, daß sie eine so trübsälige ist, ist das punctum pruriens der Metaphysik, das Problem, welches die Menschheit in eine Unruhe versetzt ...» [46]. Das Übel, d. h. das selbsterfahrene Leiden, und das Böse, d. h. das über andere verhängte Leiden [47], ist für Schopenhauer der Schlüssel zum Verständnis der «Welt als Wille». Was allen Erscheinungen als Ding an sich zugrunde liegt, ist ein erkenntnisloser, blinder und unaufhaltsamer Drang zum Leben. Diese Quelle des Lebens ist jedoch zugleich auch «Quelle des Leidens». «Erstlich, weil alles Wollen, als solches, aus dem Mangel, also dem Leiden, entspringt ... Zweitens, weil, durch den kausalen Zusammenhang der Dinge, die meisten Begehrungen unerfüllt bleiben müssen und der Wille viel öfter durchkreuzt, als befriedigt wird, folglich auch dieserhalb heftiges und vieles Wollen stets heftiges und vieles Leiden mit sich bringt» [48]. Aber selbst ein befriedigter Wunsch sei «seiner Natur nach Schmerz ...: das Ziel war nur scheinbar: der Besitz nimmt den Reiz weg: unter einer neuen Gestalt stellt sich der Wunsch, das Bedürfnis wieder ein, wo nicht, so folgt Öde, Leere, Langeweile, gegen welche der Kampf ebenso quälend ist wie gegen die Not» [49]. Leiden und Schmerz sind daher nach Schopenhauer das einzig Positive, Lust und Glück dagegen das Negative, die Abwesenheit von Leiden und Schmerz [50]. Diese Umkehrung des alten privatio-Argumentes erspart es Schopenhauer, sich zum Beweis für die Schlechtigkeit der Welt – wie später etwa E. v. HARTMANN [51] – auf eine langwierige Lust- und Unlustbilanz einzulassen: Selbst wenn die M. «im gerechtesten Verhältniß zu einander ständen, ja, auch noch vom Guten weit überwogen würden», sind sie für SCHOPENHAUER dennoch etwas, «was ganz und gar und überhaupt nicht seyn sollte» [52]. Das einzige, was der Schlechtigkeit der Welt eine gewisse Grenze setze, sei der Umstand, daß sie überhaupt zu existieren habe: Sie sei gerade «so eingerichtet, wie sie seyn mußte, um mit genauer Noth bestehen zu können: wäre sie aber noch ein wenig schlechter, so könnte sie schon nicht mehr bestehen. Folglich ist eine schlechtere, da sie nicht bestehen könnte, gar nicht möglich, sie ist unter den möglichen die schlechteste» [53]. Der Mensch, der, als die höchste Objektivation des Willens zum Leben, über Bewußtsein und Erkenntnis verfügt, hat nach Schopenhauer als einziges Geschöpf die Möglichkeit, sich von dem unseligen Willen zum Leben zu erlösen, sei es zeitweise, durch die interesselose Kontemplation der ewigen Ideen in der Kunst [54], sei es für immer: durch die Bereitschaft, den Willen zum Leben in sich selbst völlig zu verneinen. Der Weg zur Willensverneinung führt entweder über den Läuterungsprozeß des selbstempfundenen Leidens oder dann über die Einsicht in das Blendwerk des «principii individuationis» [55], das jedem von uns vorgaukelt, «seine verschwindende Person, seine ausdehnungslose Gegenwart, sein augenblickliches Behagen» sei die alleinige Wirklichkeit [56]. Wer dieses Prinzip durchschaut habe, erkenne, «daß, weil der Wille das an-sich aller Erscheinung ist, die über Andere verhängte und die selbsterfahrene Quaal, das Böse und das Übel, immer nur jenes eine und selbe Wesen treffen», welches, «durch die an seinen Dienst gebundene Erkenntniß getäuscht, sich selbst verkennt, in *einer* seiner Erscheinungen gesteigertes Wohlseyn suchend, in der *andern* großes Leid hervorbringt und so, im heftigen Drange, die Zähne in sein eigenes Fleisch schlägt, nicht wissend, daß es immer nur sich selbst verletzt» [57]. Diese Erkenntnis, welche die Mauer zwischen Ich und Du aufhebt, ist nach Schopenhauer nichts anderes als «das alltägliche Phänomen des *Mitleids*, d.h. der ganz unmittelbaren, von allen anderweitigen Rücksichten unabhängigen *Teilnahme* zunächst am *Leiden* eines Andern und dadurch an der Verhinderung oder Aufhebung dieses Leidens» [58]. Das Mitleid aber sei nicht nur die «Quelle, aus welcher alle Güte, Liebe, Tugend und Edelmuth entspringt», aus ihm gehe letztlich auch das hervor, was er, Schopenhauer, «die Verneinung des Willens zum Leben nenne» [59]: Ein Mensch, der in allen Wesen «sein innerstes und wahres Selbst erkennt» und die «endlosen Leiden alles Lebenden als die seinen betrachtet [60], werde sich schließlich schaudernd von dem Wesen abwenden, dessen Ausdruck seine eigene Erscheinung sei, und «durch völlige und auf immer entschiedene Entsagung den Begierden ihren Stachel abbrechen» [61]. Dies sei «der Übergang von der Tugend zur Askesis» [62], wie ihn die christlichen und indischen Asketen und Büßer vollzogen hätten, und der, wenn er zur allgemeinen Maxime werde, die Menschheit und mit ihr auch die Tierheit und die ganze Natur ins Nichts zurücksinken lasse [63].

Die Frage, wie es je zu einer solchen kosmisch-universalen Willensumkehr kommen könne, bleibt bei Schopenhauer offen. E. v. HARTMANN beantwortet sie mit einer Neuauflage der von Schopenhauer leidenschaftlich bekämpften Hegelianischen Geschichtsmetaphysik: Es gibt, wie Hartmann im Anschluß an Schelling lehrt, im Absoluten nicht nur den unvernünftigen und unersättlichen Willen zum Dasein, der die reinen Ideen «in den Strudel des Seins und die Qual des Processes mit hinein» reißt [64], sondern auch die «Allweisheit», das «Logische», das, gleichsam mit List, den von dem Willen eingeschlagenen Weg rückgängig zu machen versteht: Es «leitet den Weltprocess auf das Weiseste zu dem Ziele der möglichsten Bewusstseinsentwickelung, wo anlangend das Bewusstsein genügt, um das gesammte actuelle Wollen in das Nichts zurückzuschleudern, womit der *Prozess* und die *Welt aufhört* ...» [65]. Der Entwicklungsprozeß führt, sowohl weltgeschichtlich wie auch für das Individuum, über die drei Stadien der Illusion – die Illusion der Antike, daß das Glück in diesem Leben und in dieser Welt erreichbar sei [66], die Illusion des Mittelalters, daß es in einem transzendenten Leben nach dem Tode erreichbar sei [67], und die Illusion der Neuzeit, daß es in der «Zukunft des Weltprocesses» liege [68], – zu dem Zustand, in dem «das Leiden der Menschheit und das Bewußtsein ihres Elendes» bis ins Unerträgliche gewachsen sind, und die «todesmüde Menschheit», der «Torheit ihres Strebens» gewahr, nur noch einen Wunsch hat: «Ruhe, Frieden, ewiger Schlaf ohne Traum, der ihre Müdigkeit stille» [69].

Das pessimistische Lamento über die Malignität dieser Welt erweckt NIETZSCHES Trotz. Nachdem er anfänglich mit den Augen Schopenhauers entsetzt in eine «entgöttlichte, dumm, blind, verrückt und fragwürdig gewordene Welt» [70] geblickt hatte, vor der uns nur die «heilkundige Zauberin» [71] Kunst mit ihren «zahllosen *Illusionen* des schönen Scheins» zu retten vermag [72], ist ihm das «Leichenbitter-Parfüm Schopenhauers» [73] bald zuwider. Zu einem «pessimistischen Glaubensbekenntnis» fehle jeder Anlaß, falls man nicht ein Interesse daran habe, «den Advocaten Gottes, den Theologen ... ärgerlich zu werden und die Gegenbehauptung kräftig aufzustellen: daß das Böse regiere, daß die Unlust größer sei als die Lust, daß die Welt ein Machwerk, die Erscheinung eines bösen Willens zum Leben sei» [74]. Aber es liege auf der Hand, «daß die Welt nicht gut und nicht böse, geschweige denn die beste oder die schlechteste ist, und daß diese Begriffe 'gut' und 'böse' nur in Bezug auf Menschen Sinn haben» [75].

Nietzsche weigert sich allerdings selbst hier – und das ist sein entscheidender Schritt über das bisherige Verständnis des M. hinaus – diese Begriffe im überkommenen Sinn zu verwenden. Zur Rechtfertigung beruft er sich auf die Etymologie: Die wahren Gegenspieler der «Guten» seien ursprünglich nicht die «Bösen», sondern die «Schlechten»: Parallel zu der Begriffsentwicklung von «gut» im «ständischen Sinne», von «seelisch-vornehm», 'edel', von 'seelisch-hochgeartet', 'seelisch-privilegiert'» verlaufe nämlich jene andere Entwicklung, «welche 'gemein', 'pöbelhaft', 'niedrig' schließlich in den Begriff 'schlecht' übergehen macht», beispielhaft etwa im deutschen Wort «schlecht» selber, «als welches mit 'schlicht' identisch ist ... und ursprünglich den schlichten, den gemeinen Mann ... einfach im Gegensatz zum Vornehmen bezeichnete» [76]. Mit dem Judentum aber beginne der nun schon zweitausend Jahre dauernde *Sklavenaufstand in der Moral*» [77], der «gegen die aristokratische Werthgleichung (gut = vornehm = mächtig = schön = glücklich = gottgeliebt) mit einer furchteinflößenden Folgerichtigkeit die Umkehrung gewagt und mit den Zähnen des abgründlichsten Hasses (des Hasses der Ohnmacht) festgehalten» habe, «nämlich 'die Elenden sind allein die Guten, die Armen, Ohnmächtigen, Niedrigen sind allein die Guten, die Leidenden, Entbehrenden, Kranken, Häßlichen sind auch die einzig Frommen, die einzig Gottseligen, für sie allein giebt es Seligkeit – dagegen ihr, ihr Vornehmen und Gewaltigen, ihr seid in alle Ewigkeit die Bösen, die Grausamen, die Lüsternen, die Unersättlichen, die Gottlosen, ihr werdet auch ewig die Unseligen, Verfluchten und Verdammten sein!'» [78]. Dieser Umkehrungsprozeß ist uns nach Nietzsche nur «deshalb aus den Augen gerückt ..., weil er – siegreich gewesen ist» [79]: Die «Moral des gemeinen Mannes» [80] hat sich durchgesetzt: als «böse» gilt heute «der 'Gute' der andren Moral, eben der Vornehme, der Mächtige, der Herrschende, nur umgefärbt, nur umgedeutet, nur umgesehn durch das Giftauge des Ressentiment» [81]. Aber dies müsse und dürfe nicht so bleiben, deshalb seine «gefährliche Losung» eines «*Jenseits von Gut und Böse*» [82], die zumindest eines nicht bedeute: «Jenseits von Gut und Schlecht». Im Zeichen dieser Losung preist Nietzsche das von der «Moral des Ressentiment» [83] zum Bösen erklärte Gute: Gerade «das Böseste» sei die beste Kraft des Menschen, und deshalb müsse er lernen, «besser *und* böser [zu] werden» [84]; «den guten Mut zu den als egoistisch verschrieenen Handlungen» und zur «uninteressirte[n] Bosheit» [85] zurückzugewinnen und dadurch wieder Achtung vor sich selbst zu haben [86]. Der Mensch der Zukunft hat nach Nietzsche nicht nur ein anderes Verhältnis zum moralischen Bösen, sondern auch zum Bösen und Üblen in der Natur: dem Zufall, dem Ungewissen, dem Plötzlichen. Der «primitive Mensch» unterwerfe sich diesem Bösen, indem er es «moralisch-religiös» interpretiere: als Person, mit der man paktieren kann, als im Grunde wohlgemeint und bloß scheinbar böse oder als verdiente Strafe. Der Mensch der «höchsten Kultur», des «Pessimismus der Stärke», dagegen «braucht ... nicht *mehr* eine 'Rechtfertigung des Übels', er perhorresziert gerade das 'Rechtfertigen': er genießt das Übel *pur, cru*, er findet das *sinnlose Übel* als das interessanteste. Hat er früher einen Gott nötig gehabt, so entzückt ihn jetzt eine Welt-Unordnung ohne Gott, eine Welt des Zufalls, in der das Furchtbare, das Zweideutige, das Verführerische zum Wesen gehört» [87].

Anmerkungen. [1] F. W. J. SCHELLING, Werke (1856-61) 1, 33. – [2] a.O. 1, 34. – [3] 1, 37. – [4] 1, 35. – [5] 1, 37. – [6] 1, 36. 38. – [7] 3, 598. 601. – [8] 6, 561. – [9] 6, 543f. – [10] 6, 547. – [11] 6, 552; vgl. 4, 282. – [12] 6, 36f. – [13] 6, 38. – [14] 7, 357f. – [15] 7, 359. – [16] 7, 361. – [17] 7, 362. – [18] 7, 364. – [19] 7, 365. – [20] 7, 368. – [21] 7, 372. – [22] 7, 403. – [23] 7, 374. – [24] 7, 381f. – [25] 7, 373. – [26] 7, 388. – [27] 7, 459. – [28] ebda. – [29] 7, 404. – [30] 13, 287f.; vgl. 11, 423. – [31] Vgl. 14, 15. – [32] Vgl. 11, 464. – [33] 14, 262. – [34] Vgl. H. WIMMERSHOFF: Die Lehre vom Sündenfall in der Philos. Schellings, Baaders und Friedrich Schlegels (Diss. Freiburg 1934). – [35] FR. BAADER, Werke, hg. F. HOFFMANN u.a. (1851-60) 5, 261. – [36] a.O. 1, 38. – [37] FR. SCHLEGEL: Philos. Vorles. (1800-1807); Werke, hg. E. BEHLER u.a. 2/12 (1964) 446. – [38] BAADER, a.O. [35] 2, 383. – [39] a.O. 2, 248f. 286; 3, 328; 12, 90; SCHLEGEL, a.O. [37] 12, 447. – [40] S. KIERKEGAARD: Der Begriff der Angst (1965) 10. – [41] Vgl. Entweder-Oder 2 (1957) 238; Angst a.O. 114. – [42] Angst 28. – [43] 48. – [44] Vgl. Papirer, hg. P. A. HEIBERG/V. KUHN (Kopenhagen 1909ff.) II C 55. – [45] Papirer 10, 2 A 401 (S. 285f.). – [46] A. SCHOPENHAUER: Werke, hg. J. FRAUENSTÄDT (²1888) 3, 190. – [47] a.O. 2, 416. 418. – [48] 2, 429. – [49] 1, 406. – [50] 1, 18. – [51] Vgl. E. V. HARTMANN: System der Philos. im Grundriss 5 (1908) 120f. – [52] SCHOPENHAUER, a.O. [46] 3, 190. – [53] a.O. 3, 669. – [54] Vgl. 2, 316. – [55] Vgl. 2, 470. – [56] 2, 417. – [57] 2, 418. – [58] 4, 208. – [59] 2, 447. – [60] ebda. – [61] 2, 448. – [62] 2, 449. – [63] Vgl. 2, 449. – [64] E. V. HARTMANN: Ausgew. Werke 8 (o.J.) Teil 2, 435. – [65] a.O. 8, 2, 411. – [66] 8, 2, 295. – [67] 8, 2, 295. – [68] 8, 2, 335. – [69] 8, 2, 375. – [70] FR. NIETZSCHE, Werke, hg. G. COLLI/M. MONTINARI (1967ff.) 5/2, 284. – [71] a.O. 3/1, 53. – [72] 2, 151. – [73] 6/3, 308. – [74] 4/2, 45. – [75] ebda. – [76] 6/2, 275f. – [77] 282. – [78] 281. – [79] 282. – [80] 283. – [81] 282. – [82] 302. – [83] 288. – [84] 6/1, 270. – [85] 6/2, 317. – [86] 8/3, 101. – [87] Werke, hg. K. SCHLECHTA (²1960-62) 3, 626.

Literaturhinweise. H. C. W. SIGWART s. Lit. zu VI/1. – H. WIMMERSHOFF s. Anm. [34]. – F. BILLICSICH s. Lit. zu VI/1, hier Bd. 2. 3. – K. LÜTHI: Gott und das Böse (1961). – P. RICŒUR: Kierkegaard et le mal. Rev. Théol. et Philos. 13 (1963) 292-302. – ST. PORTMANN: Das Böse – Die Ohnmacht der Vernunft (1966).

4. *M. im 20. Jh.* – Im Zeichen von Nietzsches «Umwertung aller Werte» haben sich die modernen «Genealogen der Moral» dazu aufgemacht, das Böse an immer neue Orte hin zu verlegen, möglichst weit ab von der persönlichen Freiheit: in unser «Triebschicksal», in die Gattungsgeschichte, in die Gesellschaft.

FREUD kommt nach anfänglichem Zaudern und trotz des Widerstandes bei anderen – «Denn die Kindlein, sie hören es nicht gerne ...» [1] – zu der Annahme einer «angeborene[n] Neigung des Menschen zum 'Bösen', zu Aggression, Destruktion und damit auch zur Grausamkeit» [2]. Dieser «Aggressionstrieb» sei der «Abkömmling und Hauptvertreter des Todestriebes», den er neben dem Eros gefunden habe und der sich mit dem Eros in die Weltherrschaft teile [3]: Der «Sinn der Kulturherrschaft» und «wesentliche Inhalt des Lebens überhaupt» sei nichts anderes als der «Kampf zwischen Eros und Tod, Lebenstrieb und Destruktionstrieb» [4]. Das «wichtigste Mittel» der Kultur, um die gegen die anderen gerichtete Aggression zu hemmen und unschädlich zu machen, besteht nach Freud darin, sie gegen das eigene Ich zu wenden: in Form des «gestrengen Über-Ich», des «Gewissens», welches das Individuum als schuldig fühlen läßt, wenn es etwas getan hat oder tun will, was es als «böse» erkennt [5]. Die Unterscheidung zwischen «gut» und «böse» sei uns jedoch nicht von Natur gegeben, sondern werde uns von außen zugeführt: Das kleine Kind in «seiner Hilflosigkeit und Abhängigkeit von anderen» lernt dasjenige als das Böse kennen, wofür es mit Liebesverlust bedroht wird und das es aus Angst vor diesem Verlust vermeiden muß [6].

Die von der verinnerlichten Instanz des Über-Ich unterdrückten «bösen» Triebregungen sind – nach der Auffassung der Psychoanalyse – aber keineswegs schon tot; sie können, uns unbewußt, im «Es» ein Eigenleben entfalten. Das Böse betritt, wie C. G. JUNG es formuliert, «die psychologische Bühne als ein ebenbürtiger Gegenspieler des Guten» [7]. Es sei der «schwarze Schatten (umbra solis oder sol niger der Alchemisten), den jeder mit sich führt» [8] und den man, angesichts der europäischen Geschichte, nicht schwarz genug malen könne [9]. Wer den Blick vor dem Bösen in sich selbst verschließe, werde dazu verführt, es in andere zu projizieren, schlimmer noch, er verliere «die Fähigkeit, *mit dem Bösen umzugehen*» [10]. Das «unbewußt gehaltene Dunkle, Minderwertige, Fragwürdige des eigenen Wesens, das nicht realisierte Böse» wird sich dann oft, wie F. SEIFERT ausführt, im Verhalten und Handeln des Individuums mit unwiderstehlicher Gewalt durchsetzen: «Der einzelne kann Taten begehen, in denen er 'sich selber nicht begreift', er denkt Gedanken, die nie gedacht werden dürften ...» [11]. Den erschreckendsten Beweis für unsere Unfähigkeit, mit der Schattenseite unseres Daseins fertig zu werden, sieht E. NEUMANN im Nazi-Regime, dem gigantischen «kollektiven Ausbruch des Bösen im Menschen, wie es in der Weltgeschichte noch niemals vorher in diesem Ausmaß sich manifestiert hat» [12]. An die Stelle der «alten», unwirksam gewordenen Ethik müsse eine «neue» Ethik treten, die es dem Individuum notwendig mache, «sein Böses 'anzunehmen'», und zwar bis an die «Quelle des Bösen» selbst, «wo die Persönlichkeit ihre Zusammengehörigkeit mit dem Feind der Menschheit, dem Aggressions- und Destruktionstrieb, in der eigenen Struktur erfährt» [13].

K. LORENZ gibt dem Aggressionstrieb seine Unschuld wieder zurück: die im gesamten Tierreich beobachtbare Aggression gegen Artgenossen sei «kein Teufel» und «vernichtendes Prinzip» [14], sondern «Teil der system- und lebenserhaltenden Organisation aller Wesen, der zwar, wie alles Irdische, in Fehlfunktionen verfallen und Leben vernichten kann, aber doch vom großen Geschehen des organischen Werdens zum Guten bestimmt ist» [15]. Aggression diene aber nicht nur der Arterhaltung, die «beiden großen Konstrukteure Mutation und Selektion» hätten als «Blüte» aus diesem «ruppigen Ast» selbst die persönliche Freundschaft und Liebe sprießen lassen [16]. Lorenz leugnet allerdings nicht, daß das «sogenannte Böse» zuweilen – und insbesondere beim Menschen – tatsächlich «böse Wirkungen» haben könne: in der Frühsteinzeit, als der Mensch den «feindlichen Mächten der außerartlichen Umwelt Herr geworden» sei, müsse «eine böse intraspezifische Selektion eingesetzt haben»; er sei, wie das lateinische Sprichwort sage, sein eigener Feind und der «intraspezifische Wettbewerb» und «Krieg» der «nunmehr Auslese treibende Faktor» geworden [17]. Lorenz ist jedoch guter Hoffnung, daß der «Hypertrophie des menschlichen Aggressionstriebes» durch geeignete Maßnahmen wie sportliche Wettkämpfe und Wettbewerbe [18], persönliche Beziehungen zwischen «Menschen verschiedener Nationen und Parteien», Begeisterung für positive Werte von der Art der Wissenschaft und der Kunst [19] usw. beizukommen sei.

Die These, daß der Mensch aufgrund seines Aggressionstriebs von Natur aus zumindest zur Hälfte böse sei, rief unweigerlich nach der Gegenthese. E. FROMM kehrt – zusammen mit W. REICH, K. HORNEY, C. KLUCKHOHN – zu der ursprünglichen Auffassung Freuds [20] zurück, aggressives Verhalten sei eine Folge von Deprivationen und als solche stets reaktiv: «Um dem Problem des Destruktionstriebes näher zu kommen», schreibt FROMM, «müssen wir ... zwischen zwei Arten des Hasses unterscheiden, dem rationalen, 'reaktiven', und dem irrationalen, 'charakterbedingten' Hass» [21]. Der reaktive, rationale Haß sei die Reaktion des Menschen auf die Bedrohung seiner eigenen Freiheit, seines Lebens oder seiner Ideen; er diene also nicht der Zerstörung, sondern dem Schutz des Lebens. Anders der charakterbedingte Haß, für den das Objekt von sekundärer Bedeutung sei und der in einer grundlosen und stetigen Bereitwilligkeit bestehe, sich oder andere zu hassen [22]. Dieser lebenszerstörende Destruktionstrieb sei jedoch nichts anderes als «die Folge eines ungelebten Lebens», eines «Umwandlungsprozesses», den die Lebensenergie erfahre, wenn «dem eigentlichen Lebenszweck, nämlich zu wachsen und zu leben», entgegengearbeitet werde [23]. Der Mensch, so schließt Fromm im Einklang mit M. HORKHEIMER und TH. W. ADORNO [24], ist «nicht zwangsläufig böse», er wird es nur dann, «wenn die für sein Wachstum geeigneten Bedingungen fehlen. Das Böse führt kein unabhängiges Eigenleben; es ist das Nichtvorhandensein des Guten, das Scheitern eines Verwirklichungsversuches» [25]. Das Ziel einer humanistischen Ethik könne daher nicht darin bestehen, die «angeborenen bösen Tendenzen» zu bekämpfen [26], sondern Bedingungen zu schaffen, unter denen die Menschen sich frei entfalten können.

Die Frage, welches denn nun eigentlich die lebenszerstörende Kraft sei, die das Böse, «das ist: Beziehungslosigkeit, Gleichgültigkeit oder Feindseligkeit oder Grausamkeit» [27], aus dem Menschen hervortreibt, hat A. PLACK im Anschluß an H. Marcuse zu einer Neuauflage der alten Rousseauschen These geführt: Es ist die Gesellschaft. Ihre auf Triebverdrängung beruhende, sexual- und leibesfeindliche Moral «verkrüpple» die «ursprüngliche Menschennatur» und bringe dadurch das asoziale Verhalten erst hervor [28]. Sie schaffe «das reale Chaos im Körper eines jeden, der nach ihren Geboten sich ausrichtet, und das Chaos der Aggression im großen, die die Frustrationen im kleinen mit einem Schlag liquidiert» [29]. Das «vermeintliche Böse, das die Sittenwächter bekämpfen», lasse sich daher nur ausrotten um «den Preis, das wahre Böse, das die Gesundheit und unser aller Leben bedroht, zu verstärken» [30].

In der Erklärung des M. aus der repressiven Struktur der Gesellschaft trifft sich die Psychoanalyse mit dem modernen Erbfolger der idealistischen Geschichtsphilosophie, dem *Marxismus*. Inbegriff aller M. ist hier die «Entfremdung», ein Wort, das, zumindest in einer seiner mannigfachen Bedeutungen, den von den Frustrationspsychologen gemeinten Sachverhalt angemessen wiedergibt: Die durch das Privateigentum bestimmte bürgerliche Gesellschaft hindert den Arbeiter daran, das zu sein, was er von Natur aus ist: er ist «dem menschlichen Wesen entfremdet» [31]. Von Natur aus sei der Einzelne nämlich «weder gut noch böse, sondern *menschlich*» [32]. «*Nicht gut*» sei allein seine «Lage», «weil sie [ihm] einen unnatürlichen Zwang antut, weil sie nicht die Äußerung [seiner] menschlichen Triebe, nicht die Verwirklichung [seiner] menschlichen Wünsche, weil sie qualvoll und freudlos ist» [33]. Die Kritik von MARX an diesen «unmenschlichen» Zuständen endet daher mit dem «*kategorischen Imperativ, alle Verhältnisse umzuwerfen*, in denen der Mensch ein erniedrigtes, ein geknechtetes, ein verlassenes, ein verächtliches Wesen» ist [34]. Die Vorstellungen von Gut und Böse, nach ENGELS bisher «von Volk zu Volk, von Zeitalter zu Zeitalter» verschieden [35], erlangen durch diesen Imperativ eine neue, in die Zukunft weisende Bedeutung. Als «gut» gilt, was der Befreiung des Proletariats, «den Bedürfnissen des sozialistischen und kommunistischen Aufbaus» [36] dient, als böse, was ihnen entgegensteht. Das zum Siege drängende proletarische Gute muß aber der Bourgeoisie – nach der von Marx an Hegel gerühmten dialektischen Einsicht – als das Böse erscheinen in dem doppelten Sinn, «daß einerseits jeder neue Fortschritt notwendig auftritt ... als Rebellion gegen die alten, absterbenden, aber durch die Gewohnheit geheiligten Zustände und andrerseits, daß seit dem Aufkommen der Klassengegensätze es gerade die schlechten Leidenschaften der Menschen sind, Habgier und Herrschsucht, die zu Hebeln der geschichtlichen Entwicklung werden ...» [37].

Gewisse Erfahrungen beim Aufbau des real existierenden Sozialismus haben aber auch unter Marxisten die MARX selbst keineswegs fremde [38] skeptische Frage geweckt, ob man mit der marxistischen Therapie, der Abschaffung des Privateigentums an den Produktionsmitteln, aller M. Herr zu werden vermöge. A. SCHAFF unterscheidet vorsichtig zwischen zwei Arten von Übel: Hindernisse wie Hunger, Not, Unfreiheit, nationale Unterdrückung, wirtschaftliche Ausbeutung usw., «die dem

Einzelnen durch die bestehenden gesellschaftlichen Verhältnisse in den Weg gelegt werden», und «Hindernisse, die sich aus den psychischen Eigenschaften des Individuums oder seinen intimen Beziehungen zu einem anderen Individuum ergeben»: unerwiderte Liebe, unbefriedigte Begierde nach Ruhm und Ansehen usw. [39]. Nur im ersten Fall, beim «sozialen Übel» [40], könne eine «Änderung der gesellschaftlichen Verhältnisse durch gesellschaftlich organisierte Menschen» Abhilfe schaffen, nicht aber im zweiten [41]. Im Hinblick auf die gesellschaftliche Aufgabe habe sich der «sozialistische Humanismus» jedoch als erfolgreich erwiesen: Er habe «in der Theorie eine[n] reale[n] Vorschlag der Befreiung vom sozialen Übel ..., in der Praxis Beispiele der Verwirklichung dieses Vorschlags gegeben» [42].

Entschiedener noch als Schaff, der die Erscheinung neuer Übel im Sozialismus zumindest nicht für ausgeschlossen hält [43], weist E. BLOCH generell auf den noch immer völlig «unzureichend gefaßten Begriff vom Widersacherischen in der Welt» hin, die «riesige *Gebietskategorie des Bösen*» [44], des «sinnlos Negative[n]» [45], das weder bei Marx noch bei Hegel – trotz der von ihm erwähnten «mörderischen Negationen ohne alle gutmachenden Folgen, so den Peloponnesischen, den Dreißigjährigen Krieg» [46] – «voll benannt, adressiert, angreifbar wird» [47]. Unerklärt bleibe, warum «etwas, das so nicht sein sollte», «gegen seine Veränderung zum Guten sich sperrt» [48], warum «auch geglückte Revolutionen eines neuen Anfangs zum schlechten Alten degenerieren» und warum «auf dieser schwierigen Erde ... am Ende jedes Lebens als einzige völlige Gewißheit der Tod» stehe, «die stärkste Gegenutopie, ... noch überwölbt durch die Möglichkeit eines kosmischen Todes, des großen Umsonst durch Entropie» [49].

Für einen Großteil der M., auf die Bloch keine Antwort zu geben weiß, glauben M. HORKHEIMER und TH. W. ADORNO die Erklärung gefunden zu haben. Die Wurzel der durch Menschen verursachten Unmenschlichkeit sitze tiefer, als Marx gedacht habe, sie liege in dem Herrschaftsanspruch über die Natur, der mit der Geschichte des aufklärerischen Denkens, des Fortschritts und der Zivilisation von Anbeginn verbunden sei; denn «die Institutionen, die Praktiken der Beherrschung», die man zur Unterjochung der Natur einsetze, schlügen auf die Gesellschaft zurück [50]. Die «blinde Entwicklung der Technik» verschärft die «gesellschaftliche Unterdrükkung und Ausbeutung ..., droht auf jeder Stufe den Fortschritt in sein Gegenteil, völlige Barbarei, zu verkehren» [51]. Aus der Tatsache, «daß Schrecken und Zivilisation untrennbar sind», könnten verschiedenste Konsequenzen gezogen werden: «von der Anbetung faschistischer Barbarei bis zur Zuflucht zu den Höllenkreisen» [52]. Aber es gebe «noch eine weitere: der Logik spotten, wenn sie gegen die Menschheit ist» [53].

Was es heißen kann, der Logik zu spotten, zeigt L. KOLAKOWSKI, der die wahre Hoffnung aus der Tatsache zieht, daß die endgültige Beseitigung aller M. – hoffnungslos ist. Was uns allen Not tue, sei die Rückbesinnung auf jenes beste Kapitel des Christentums, das die anpassungssüchtigen Kirchen, dem Zeitgeist folgend, leichtfertig über Bord zu werfen bereit seien: die Verdammung des Teufels und die Lehre von der Erbsünde. «Daß wir mit einer ursprünglichen Verderbtheit infiziert sind und daß der Teufel nicht zurückbekehrt werden kann, das bedeutet unmißverständlich: es gibt ein Stück Böses, das nicht ausgerottet werden kann, etwas Unheilbares in unserem Elend. Es bedeutet nicht: jede Art des Bösen sei ewig, jede Form des Elends unvermeidbar» [54]. Ein guter Grund dafür, uns dieser Lehre nicht zu verschließen, liege nicht nur in ihrer Wahrheit, sondern auch in ihrer Nützlichkeit: Sie sei «die einzige, listige Mauer, die uns gegen selbstgerechten Fanatismus und die Intoleranz schützt» [55]. Da wir kein Mittel haben herauszufinden, welche Übel von uns abhängen und welche nicht [56], nimmt sie uns keineswegs das Recht, uns «gegen die soziale Ungerechtigkeit zu empören, gegen Unterdrücker und Tyrannei zu kämpfen» [57], aber weil wir von vornherein wissen, daß eine perfekte Menschengemeinschaft unmöglich ist, hindert sie uns daran, «diese Gemeinschaft mit allen Mitteln durchzusetzen, ... unsere Träume einer Perfektion explodieren» zu lassen in Gewalt und zu «enden in theokratischen oder totalitären Karikaturen von Gemeinschaft, die vorgeben, das 'Große Unmögliche' verwirklicht zu haben» [58]. Kolakowski hat mit seiner Ehrenrettung des christlichen Teufels dem Begriff des Bösen die von Kant anvisierte, rein moralische Bedeutung wieder zurückgegeben. «Der Begriff des 'moralisch bösen' oder 'moralisch guten' sozialen Systems besitzt in der Welt des christlichen Glaubens keinen Sinn» [59]. «Das Problem des Christentums ist das sittliche Übel, *m. culpae*, und das sittliche Übel ist nur in den menschlichen Individuen ... Böse ist es, anderen Leid aus Haß zuzufügen ... Das Leid selbst ist in diesem Sinne hingegen nicht böse. Ein Sklavenhalter zu sein ist moralisch böse, doch es ist nicht böse, Sklave zu sein» [60].

Mit dieser Begriffsbestimmung gerät Kolakowski in den Umkreis jener Denker, die in unserer Zeit – allen «Entbösungsversuchen des Bösen» trotzend – an den Kategorien von persönlicher Verantwortung und Schuld festgehalten haben: K. Jaspers etwa oder P. Ricœur. Von der Realität des Bösen überzeugt – wobei allein der Wille es sei, «der böse sein kann», und weder das Niedrige, Häßliche, Unwahre und Triebhafte noch die «Übel des Daseins» [61] – versuchen sie, von unterschiedlichem Ansatz her, uns mit seinem unfaßbaren Wesen vertraut zu machen. K. JASPERS, Kierkegaard variierend, zeigt in immer neuer Reflexion, daß das Böse sich mir gerade dann entzieht, wenn ich es zu begreifen versuche, und ich meinen Willen gerade dann «als im Grunde böse» erfasse, «wenn der Wille dem Bösen sich abkehrt» [62]. P. RICŒUR sieht den «Ort», die «Einbruchstelle» des «Bösen» in der Fehlbarkeit, der konstitutionellen Schwäche des Menschen [63]: Nur ein unruhiges, leidenschaftliches Wesen nach der Art des Menschen sei, wenn es in seinem unbegrenzten Glücksbegehren das «Ganze» wolle, dazu fähig, sich «zu vergreifen» und – habsüchtig, herrschsüchtig oder ehrsüchtig – ein einzelnes Objekt für das Absolute, das «Ganze des Begehrenswerten» zu nehmen [64]. Aber auch wenn die «unruhvolle Hingabe des Leidenschaftlichen» der «Ort der Fehlbarkeit» [65] sei, aus dem das Böse habe hervorgehen können, so sei es letztlich doch der Mensch, der es habe hervorgehen lassen [66]. Hier beginne «das Rätsel der Heraufkunft des Bösen, davon nur noch verhüllt und in Chiffren» [67] gesprochen werden könne, und das sich nur durch die «Symbolik des Bösen», die von ihm entworfene Hermeneutik der Sündenfallmythen, erhellen lasse [68].

Wo nicht nur die Existenz des M., sondern – über die Theologie hinaus – auch der Gottesgedanke eine diskutable Option geblieben ist, erwacht auch die von Kant totgesagte «doktrinale Theodizee» zu neuem Leben. J. ST. MILL entzieht sich der Schwierigkeit, die scheußlichen M. in dieser Welt mit der Existenz Gottes in Einklang zu bringen, indem er die Allmacht Gottes durch uns unbekannte Bedingungen eingeschränkt sein läßt. Es gibt, wie er schreibt, nur eine sittlich und intellektuell annehmbare Form des Gottesglaubens: «It is that which, resigning irrevocably the idea of an omnipotent creator, regards Nature and Life not as the expression throughout of the moral character and purpose of the Deity, but as the product of a struggle between contriving goodness and an intractable material, as was believed by Plato, or a Principle of Evil, as was the doctrine of the Manicheans» [69]. Ein solcher Glaube gestatte die Annahme, «that all the mass of evil which exists was undesigned by, and exists not by the appointment of, but in spite of the Being whom we are called upon to worship» [70]. Mill wählt hier den Ausweg, den vor ihm mit den Stoikern schon Voltaire und Rousseau, neben ihm etwa G. TH. FECHNER [71] und nach ihm dann W. JAMES gegangen ist. James sieht in der Existenz des Übels das Hauptargument gegen den von Royce und den schottischen Idealisten [72] vertretenen pantheistischen Monismus und – ähnlich wie H. DRIESCH mit seiner These vom M., der Krankheit, dem Tod, dem Bösen, als «Gegen-Ganzheit» [73] – den eigentlichen Grund für die Annahme eines pluralistischen Universums «as an aggregate or collection of higher and lower things and principles, rather than an absolutely unitary fact» [74]. Denn dann brauche das Böse nicht notwendig als zum Wesen des Universums gehörig betrachtet zu werden, «it might be, and may always have been, an independent portion that had no rational or absolute right to live with the rest, and which we might conceivably hope to see got rid of at last» [75].

Die Diskussion über Gott und das M., die seither nie mehr völlig erlosch [76], ist in jüngster Zeit vor allem innerhalb der analytischen Philosophie wieder voll aufgeflammt. Einer der Initiatoren war J. L. MACKIE, der in einem Aufsatz von 1955 [77] für die alte These, daß die Existenz eines allmächtigen und allgütigen Gottes mit der Existenz des M. unverträglich sei, einen neuen Beweis zu liefern versucht. Zielpunkt seiner Kritik ist ein Argument, das von theistischer Seite – im deutschen Sprachraum im Anschluß an Fichte z. B. von H. LOTZE [78], F. BRENTANO [79] oder N. HARTMANN [80] – immer wieder vorgebracht wird: M. wie Schmerz und Krankheit («first order evils».) seien gerechtfertigt als logisch notwendige Bedingung für Tugenden wie Sympathie, Mut usw. («second order goods»); ungerechtfertigt sei nur Böses zweiter Stufe wie Grausamkeit usw., aber dies sei nicht auf Gott, sondern auf die Menschen zurückzuführen [81]. Da es für Gott, wie MACKIE und unabhängig von ihm auch A. FLEW [82] darlegt, logisch keineswegs unmöglich gewesen wäre, freie Menschen zu schaffen, die immer das Richtige tun, könne Gott nicht allmächtig und allgütig zugleich sein. H. J. CLOSKEY [83] hat Mackies und Flews Position weiter ausgebaut; Theisten wie N. PIKE, R. N. SMART, J. HICK, A. PLANTINGA, P. T. GEACH, R. M. ADAMS und andere [84] dagegen bemühen sich seither – zum Teil unter Verwendung der neuesten modallogischen Theoreme und in bewußtem Rückgriff auf die scholastische Tradition – um eine Ehrenrettung des theistischen Gottes – stehender Beweis für die Perennität des M. als eines Grundbegriffs und Grundproblems der Philosophie.

Anmerkungen. [1] S. FREUD, Ges. Werke (London ²1946-1955) 14, 479. – [2] ebda. – [3] a.O. 14, 481. – [4] ebda. – [5] 14, 482f. – [6] 14, 483f. – [7] C. G. JUNG, Ges. Werke (1950ff.) 10, 328. – [8] a.O. 16, 232. – [9] 10, 327. – [10] 10, 328. – [11] F. SEIFERT: Psychol. Aspekte des Problems von Gut und Böse, in: Gut und Böse in der Psychiat., hg. W. BITTER (1966) 21. – [12] E. NEUMANN: Tiefenpsychol. und neue Ethik (1949) 7. – [13] a.O. 69. – [14] K. LORENZ: Das sogenannte Böse (1963) 76. – [15] ebda. – [16] ebda. – [17] a.O. 68. – [18] 249. – [19] 251. – [20] Vgl. FREUD, a.O. [1] 1, 382. – [21] E. FROMM: Psychoanal. und Ethik (1954) 232. – [22] a.O. 232ff. – [23] 234. – [24] M. HORKHEIMER und TH. W. ADORNO: Dialektik der Aufklärung (²1969) 230. – [25] FROMM, a.O. [21] 236. – [26] a.O. 244. – [27] A. PLACK: Die Gesellschaft und das Böse (²1968) 265f. – [28] a.O. 266. – [29] 270. – [30] ebda. – [31] K. MARX/FR. ENGELS, MEW, Erg.-Bd. 1, 518. – [32] MEW 2, 180. – [33] ebda. – [34] MEW 1, 385. – [35] MEW 20, 86. – [36] G. KLAUS und M. BUHR: Philos. Wb. (⁶1969) 469; vgl. F. LOESER: Zu einigen Grundproblemen der marxist. Ethik. Dtsch. Z. Philos. (= DZPh) 6 (1958) 958-979; vgl. dazu R. MILLER: F. Loeser und die marxist. Ethik. DZPh 7 (1959) 101-117. – [37] MEW 21, 287. – [38] Vgl. MEW Erg.-Bd. 1, 546. – [39] A. SCHAFF: Marx oder Sartre (Wien 1964) 165. – [40] a.O. 124. – [41] 165. – [42] 173. – [43] 126. – [44] E. BLOCH: Experimentum Mundi (1975) 231. – [45] a.O. 232. – [46] 234. – [47] 235. – [48] ebda. – [49] 237. – [50] HORKHEIMER/ADORNO, a.O. [24] 39. – [51] M. HORKHEIMER: Kritik der instrumentellen Vernunft (1967) 128f. – [52] HORKHEIMER/ADORNO, a.O. [24] 194. – [53] ebda. – [54] L. KOLAKOWSKI: Leben trotz Gesch. (1979) 194. – [55] a.O. 199. – [56] Vgl. 194. – [57] 185. – [58] 199. – [59] 185. – [60] 184f. – [61] K. JASPERS: Philos. 2 (1973) 170. – [62] a.O. 172f. – [63] P. RICŒUR: Finitude et culpabilité 1 (Paris 1960); dtsch. Die Fehlbarkeit des Menschen (1971) 8f. – [64] a.O. 170f. – [65] 171. – [66] 189. – [67] 9. – [68] 8f. 185ff.; vgl. Finitude 2; dtsch. Symbolik des Bösen (1971). – [69] J. ST. MILL: Three essays on relig. (London 1874) 116. – [70] ebda. – [71] Vgl. G. TH. FECHNER: Die Tagesansicht gegenüber der Nachtansicht (1879) 67. – [72] Vgl. P. RAMSEY: The idealistic view of moral evil: Josiah Royce and Bertrand Bosanquet. Philos. and phenomenol. Res. 6 (1945/46) 554-589; W. H. WERKMEISTER: A hist. of philos. ideas in America (New York 1949) 140-143. – [73] H. DRIESCH: Wirklichkeitslehre (1917) 258f. 253. – [74] W. JAMES: The varieties of relig. experience (London 1952) 130. – [75] ebda. – [76] Vgl. J. WISDOM: God and evil. Mind 44 (1935) 1-20; G. KATKOV: Untersuch. zur Werttheorie und Theodizee (1937); W. JANKELEVITCH: Le mal (Paris 1947); P. SIWECK: The philos. of evil (New York 1951); C. D'ARCY: Das Rätsel des Übels (1947); J. MARITAIN: Dieu et la permission du mal (Paris ²1963). – [77] J. L. MACKIE: Evil and omnipotence. Mind 64 (1955) 200-212, zit. nach N. PIKE (Hg.): God and evil (New York 1964) 46-60; vgl. Theism and utopia. Philosophy 37 (1962) 153-158. – [78] Vgl. H. LOTZE: Mikrokosmus 2 (³1880) 397. – [79] F. BRENTANO: Vom Dasein Gottes, hg. A. KASTIL (1929) 63f. – [80] N. HARTMANN, Kl. Schr. 1 (1955) 270. – [81] MACKIE, a.O. [77] 56. – [82] A. FLEW: Divine omnipotence and human freedom, in: New essay in philos. theol., hg. A. FLEW/A. MACINTYRE (New York 1955) 144-169. – [83] M. J. MCCLOSKEY: God and evil (Den Haag 1974); vgl. God and evil. Philos. Quart. 39 (1960) 97-114. – [84] Vgl. R. M. ADAMS: Must God create the best? The philos. Rev. 81 (1972) 317-332; P. T. GEACH: Providence and evil (London 1977); N. PIKE: God and evil: A reconsideration. Ethics 68 (1958); Hume on evil, in: PIKE (Hg.), a.O. 61-85; J. HICK: Evil and the God of love (London 1966); A. PLANTINGA: The free will defence, in: The philos. of relig., hg. B. MITCHELL (London 1971) 105-121; God, freedom and evil (London 1974); R. N. SMART: Omnipotence, evil and supermen. Philosophy 36 (1961) 188-195; ND in: PIKE (Hg.), a.O. 103-113; M. B. AHERN: The problem of evil (London 1971).

Literaturhinweise. F. BILLICSICH s. Lit. zu VI/1, hier Bd. 3. – E. BORNE: Le problème du mal (1958). – N. PIKE: God and evil (New York 1964). – K. FORSTER (Hg.): Realität und Wirksamkeit des Bösen (1965). – C. JOURNET: Le mal (Fribourg 1961).

A. HÜGLI

Man (das), ein Begriff M. HEIDEGGERS, bedeutet 'Durchschnittlichkeit' und antwortet auf die «Frage nach dem Wer des Daseins» [1]. *«Das M. ist ein Existenzial und gehört als ursprüngliches Phänomen zur positiven Verfassung des Daseins»* [2]. «Das *M.*, mit dem sich die Frage nach dem Wer des alltäglichen Daseins beantwortet, ist das *Niemand*, dem alles Dasein im Untereinandersein sich je schon ausgeliefert hat» [3]. *«Zunächst ist das faktische Dasein in der durchschnittlich entdeckten Mitwelt. Zunächst 'bin' nicht 'ich' im Sinne des eigenen Selbst, sondern die Anderen in der Weise des M.»* [4]. Die *Durchschnittlichkeit* «ist ein existenzialer Charakter des M.» [5] und bezeichnet die *«Einebnung* aller Seinsmöglichkeiten» [6]. Alle Bestimmungen des «M.» orientieren sich am Verlust des «eigentlichen Selbstseins», das sich gegen das «M.» behaupten muß: «Das *eigentliche Selbstsein* beruht nicht auf einem vom M. abgelösten Ausnahmezustand des Subjekts, sondern *ist eine existenzielle Modifikation des M. als eines wesenhaften Existenzials»* [7]. Damit gerät alles öffentliche Dasein des Menschen, in dem dieser nicht nur als er selbst erscheint, in die Kritik der «Uneigentlichkeit des Daseins» [8]: «Durchschnittlichkeit, Einebnung konstituieren als Seinsweisen des M. das, was wir als 'die Öffentlichkeit' kennen. Sie regelt zunächst alle Welt- und Daseinsauslegung und behält in allem Recht», denn «das M., das kein bestimmtes ist und das Alle, obzwar nicht als Summe, sind, schreibt die Seinsart der Alltäglichkeit vor» [9].

Mit Blick auf diese Bestimmungen fragt W. MAIHOFER: «Gibt es nicht auch ein 'eigentliches M.': ein 'eigentlich' Vater, Mutter, Gatte, Sohn, Bürger-sein, was wir meinen, wenn wir sagen: dies hat man als ... zu tun», und «geht nicht gerade das Rechtliche auf die Eigentlichkeit dieses *Alsseins*, die Gestaltung und Erfüllung des Seins als Käufer, Mieter, Besitzer, Eigentümer – dieses mit anderen vergleichbaren, mit der 'Individualität' noch nicht erfaßten Seins?» [10]. Gegen Heidegger bemerkt Maihofer ausdrücklich: «In Heideggers ontologischer Sicht trägt das Rechtliche den Stempel der Uneigentlichkeit» [11]; das gilt für ihn aber nicht nur für Heidegger, sondern ebenso für K. Jaspers und J.-P. Sartre: «Wo so der Blick der Existenzphilosophie überhaupt auf das allgemeine *Rechts*- und *Sittengesetz* fällt, finden wir es, in seltsamer Übereinstimmung aller dieser Denker, in den Bezug zur *Uneigentlichkeit* menschlichen Daseins gesetzt, es der Verfallsform des Selbstseins: dem Sein im 'M.' zugewiesen» [12]. Demgegenüber ist «auf ein zweites, gleichursprünglich die Seinsstruktur allen Menschseins bestimmendes Existenzial: das *Alssein»* hinzuweisen: «Mit dem Gedanken: *Dasein in der Welt ist Selbstsein in Alssein»,* gelangt die Phänomenologie in eine neue Welt, die Welt der *Ordnung,* auch des Rechts. Er eröffnet den Weg einer *existenzialen Ontologie des Rechts* und des *öffentlichen Daseins* überhaupt» [13].

Anmerkungen. [1] M. HEIDEGGER: Sein und Zeit (⁹1960) 114. – [2] a.O. 129. – [3] 128. – [4] 129. – [5] 127. – [6] ebda. – [7] 130. – [8] 43. – [9] 127. – [10] W. MAIHOFER: Recht und Sein. Proleg. zu einer Rechtsontol. (1954) 33. – [11] a.O. 30. – [12] 22. – [13] Vorwort.

Literaturhinweis. W. MAIHOFER: Vom Sinn menschl. Ordnung (1956).

P. PROBST

Mana (austronesisch: Macht, mächtig). Mit M. bezeichnen die Polynesier etwas «Ungewöhnliches», «Großartiges», «Bedeutendes», «Mächtiges», «Wahres», «Richtiges», eine überpersönliche, außergewöhnliche Macht, wenn man will, auch einen Kraftstoff, ferner Herrschaft und Ausfluß göttlicher Stärke. «M. könnte man als die Allmacht eines Gottes bezeichnen», sagen die Maori (Neuseeland). ⟨M.⟩ rückt oft in die Nähe dessen, was die Europäer als Charisma bezeichnen, gelegentlich nähert es sich dem Begriff ⟨Dynamis⟩ [1]. M. kann nicht nur Menschen, Tiere und Pflanzen, sondern auch Dinge (z. B. Amulette oder kostbare Kunstwerke) erfüllen, die dadurch von ganz besonderer Wirkkraft werden. Entsprechend dem hierarchischen System der polynesischen Gesellschaft galten Könige und Adlige, die den Göttern verwandt sind, als besonders mit M. begabt, während dem einfachen Volk wenig oder kein M. zugesprochen wurde. Doch konnte auch von einem sehr tapferen und siegreichen Krieger oder einem erfolgreichen Seefahrer gesagt werden, er habe M. Obwohl M. generell als etwas Positives angesehen wurde, konnte ein Übermaß an M. schädlich sein und sich gegen den Träger kehren. M.-mächtige Häuptlinge der Maori mußten gefüttert werden und durften ihr Essen nicht mit den Händen berühren, weil es sonst für sie ungenießbar geworden wäre. Daher ist der in Ozeanien weitverbreitete Begriff des ⟨tabu⟩ (tambu, tapu), des rituell Verbotenen, oft eng mit dem M. verknüpft. M. wird vererbt – durch Zugehörigkeit zu einer besonderen Kaste – es läßt sich auch übertragen oder durch bestimmte Praktiken aneignen [2].

Seitdem der Ausdruck ⟨M.⟩ von CODRINGTON [3] über F. M. MÜLLER [4] in die Literatur eingeführt wurde, ist er – unabhängig von seiner ursprünglichen Bedeutung – mehr und mehr zu einem Synonym für ⟨Machtglaube⟩ (Dynamismus) geworden. Er wurde als solcher in ganz unterschiedlicher Auslegung von vielen Religionshistorikern und -soziologen in ihre Systeme eingesetzt. Ohne Rücksicht auf die wirkliche Bedeutung, die diese Vorstellungen in der Kultur der jeweiligen Völker hatten, setzte man Begriffe wie ⟨wakonda⟩, ⟨orenda⟩ oder ⟨manitu⟩ der nordamerikanischen Indianer mit M. gleich. Alle diese Spekulationen haben heute nur noch wissenschaftsgeschichtlichen Wert.

Während Codrington M. noch entsprechend den Vorstellungen der Austronesier als eine «übernatürliche Macht» bezeichnete, wird M. bereits von F. M. Müller zu einer Art *«Urreligion»,* «zur Idee des Unendlichen ... oder wie man es später nannte, des Göttlichen» erhoben [5]. Von großer Bedeutung wurde bald darauf der M.-Begriff für die Vertreter der *Präanimismus*-Theorie, die sich vornehmlich die Überwindung des Animismus zum Ziel gesetzt hatten. Bezeichnete TYLOR in seiner berühmten Minimaldefinition Religion als den Glauben an geistige Wesen, in dessen Mittelpunkt die Vorstellung der Seele (Totenseele) stand, aus der sich der Glaube an Götter entwickelt haben sollte [6], so war das Kernstück des Präanimismus der *Zauberglaube.* Die Religion wie überhaupt alle Schöpfungen der menschlichen Kultur wurden als Ausfluß dieses Glaubens bezeichnet. K. TH. PREUSS nannte dann ganz konsequent auch M. eine den Menschen, Tieren und anderen Naturobjekten innewohnende Zauberkraft [7]. Je nach der methodologischen Einstellung des Autors erfuhr der M.-Begriff bei den der Zauber-Theorie nahestehenden Wissenschaftlern eine höchst unterschiedliche Interpretation. Während MARETT die Meinung vertrat, ⟨M.⟩ sei ein allgemeiner Name für die Macht, die man heiligen Personen oder Dingen zuerteile [8], war für N. SÖDERBLOM M. eine «kosmische Potenz», «un fluide vitale» und «une matière psychique» [9]. Fast jeder völkerkundlich interessierte Autor dieser Epoche hat seine Theorie über M. niedergelegt (z. B. W. WUNDT, J. H. KING, E. S. HARTLAND, E. CLODD, E. W. HOPKINS, A. VIERKANDT).

Nennenswerte neue Gesichtspunkte (bzw. Spekulationen) haben dann nur noch die Vertreter der französischen Soziologie im ersten Drittel des 20. Jh. gebracht (DURKHEIM, HUBERT, MAUSS, LÉVY-BRUHL). Nach den Theorien dieser Gruppe steigt der M.-Glaube aus den

Tiefen der Gesamtseele der *Gesellschaft* empor und tritt allmählich in das Licht der anschaulichen und schließlich auch der begrifflichen Erfassung [10]. Wichtigster Begriff des «primitiven» Gesellschaftsbewußtseins ist die Macht, die u. a. als unpersönlich, mystisch und *prälogisch* bezeichnet wird. M. ist eine Art Machthypostase, die als ein materiell-spiritualistisches Fluidum zwischen Dingen und Menschen zirkuliert und sowohl magische Handlungen wie religiöse Riten zur Folge hat. DURKHEIM sieht in der M. in Form der Totemismus verkörperten Machtidee («M. totémique») die Grundlage der Religion. «[Man] ... könnte ... sagen, daß sie [d.h. M.] der Gott ist, ohne Namen, ohne Geschichte der Welt immanent, eingegossen in eine unzählbare Vielheit von Dingen» [11].

Heute steht man angesichts differenzierter Feldforschungsmethoden, besserer Kenntnis der Religionspsychologie und schließlich auch der Einsicht der Unmöglichkeit, vorgeschichtliche Geistesentwicklungen zu rekonstruieren, diesen Spekulationen skeptisch gegenüber. M. ist auf seine ursprüngliche Bedeutung reduziert worden: ein klar erfaßbarer religiöser Komplex bei den Austronesiern.

Anmerkungen. [1] Vgl. F. R. LEHMANN: M. – der Begriff des «außerordentlich Wirkungsvollen» bei den Südseevölkern (1922) 134. – [2] a.O. passim. – [3] R. H. CODRINGTON: The Melanesians: stud. in their anthropol. and folklore (Oxford 1891). – [4] F. M. MÜLLER: Lectures on the origin and growth of relig. (London 1878). – [5] a.O. 59. – [6] E. B. TYLOR: Die Anfänge der Kultur (1873) 1, 418. – [7] K. TH. PREUSS: Die Anfänge von Relig. und Kunst. Globus 86 (1904) 321-327. – [8] R. R. MARETT: Art. ⟨M.⟩, in: J. HASTINGS (Hg.): Encyclop. of relig. and ethics (Edinburgh 1915) 8, 377. – [9] N. SÖDERBLOM: Les relig. (1911); vgl. dtsch. Die Relig. der Erde (²1919). – [10] Vgl. LEHMANN, a.O. [2] 94. – [11] E. DURKHEIM: Les formes élémentaires de la vie relig. (Paris 1912) 269f.

Literaturhinweise. R. H. CODRINGTON s. Anm. [3]. – F. R. LEHMANN s. Anm. [1]. – W. SCHMIDT: Ursprung und Werden der Relig. (1930). E. HABERLAND

Manager. Das englische Verb ⟨to manage⟩ in seiner heute noch gebräuchlichen Bedeutung von bewerkstelligen, verwalten, etwas leiten taucht bereits 1581 auf [1], das Substantiv ⟨M.⟩ ist erstmals 1588 bei SHAKESPEARE nachzuweisen [2]. Gegen Ende des 19. Jh. findet der Begriff als Bezeichnung für den Leiter, Geschäftsführer oder Verwalter eines Unternehmens Eingang in die deutsche Sprache [3], größere Verbreitung jedoch gewinnt er erst nach dem Zweiten Weltkrieg, wo er, in Übereinstimmung mit dem gegenwärtigen englischen Sprachgebrauch, in einem allgemeinen und in einem engeren Sinn verwendet wird: Mit ⟨M.⟩ werden zum einen Organisatoren und Initiatoren im Dienst prominenter Einzelpersonen und Gruppen des künstlerischen und sportlichen Lebens bezeichnet. Des weiteren gelten die leitenden Funktionäre bürokratischer Großorganisationen (Wirtschaftsunternehmen, Behörden, Verbände) schlechthin als M.

In der Fachsprache der *Soziologen* und *Ökonomen* trägt der Terminus ⟨M.⟩ zwei strukturellen Veränderungen im wirtschaftlichen Bereich Rechnung, nämlich der Verwissenschaftlichung der unternehmerischen Praxis und der Ablösung der Dispositionsgewalt vom Kapitalbesitz. Die Spezialisierung und Bürokratisierung der Unternehmensleitung bildet die Voraussetzung einer auf Sachverständigkeit beruhenden Autorität. Von H. HARTMANN wird der M. durch seine abgeleitete, funktionale Autorität geradezu definiert und von dem autoritätsstiftenden *Unternehmer* unterschieden, dessen Legitimation im Charisma und in der Berufung auf nicht-rationale Werte wurzelt [4]. Ähnlich bezeichnet J. BURNHAM die technokratischen Experten der Leitung und Koordination des Produktions- und Verwaltungsprozesses im kapitalistischen wie im kommunistischen ökonomischsozialen System als M. [5]. Der Herrschaftsaspekt der «management-control» (BERLE und MEANS [6]) in der Endphase des geschichtlichen Prozesses der Trennung von Eigentumsrecht und Verfügungsgewalt über die Produktionsmittel wird in dem Terminus ⟨M.⟩ gefaßt, wenn er die leitenden Angestellten großer Unternehmen bezeichnet, «die, selbst nicht oder nur geringfügig am Gesellschaftskapital beteiligt, eine Unternehmung autonom dirigieren, deren Eigentümer nicht die Macht oder den Willen zur Verwirklichung ihrer Kontrollrechte haben» [7]. Der Verzicht des Eigentümers oder Mehrheitsaktionärs und mehr noch die Aufhebung des Eigentümereinflusses durch breite Streuung des Aktienkapitals bedingen die Machtstellung der M. Sie bestimmen und überwachen die gesamte Unternehmenspolitik und kontrollieren faktisch die Wahl der Aufsichtsgremien und der Unternehmensleitung [8]. Dieser Umkehrung des ursprünglichen Verhältnisses von Eigentum und Dispositionsgewalt entspricht weder ein erneuertes Recht der Kapitalgesellschaften noch ein allgemeiner gesellschaftlicher Konsensus über ein neues Legitimationsprinzip, das die Rechtsidee des Eigentums als Herrschaftsgrundlage ablösen könnte [9]. H. SCHELSKY weist auf das ideologische Dilemma der De-facto-M.-Herrschaft hin, die sich mit Autoritäten zu legitimieren sucht, die sie bereits zu «Erfüllungsgehilfen» ihres Machtanspruches degradiert hat [10].

Im Anschluß an entsprechende Prognosen von K. MARX [11] und J. A. SCHUMPETER [12] bewertet K. RENNER die Herrschaft der M., die sich nach seiner Auffassung als Angehörige einer Dienstklasse nicht mit dem Profitstreben des Eigentümers identifizieren, als objektive Voraussetzung der Aufhebung der Herrschaft des Privatkapitals und einer zukünftigen «ökonomischen Demokratie» [13]. J. BURNHAMS an Marx und an Pareto orientierte Prophetie einer «Managerial Revolution» zeichnet dagegen das düstere Bild einer zukünftigen Diktatur der M. in der nachkapitalistischen Gesellschaft, in der das Eigentum an den Produktionsmitteln in die Verfügungsgewalt des Staatsapparates übergehen wird und in der die technischen Leiter des Produktionsprozesses als Überwinder der Kapitalisten eine neue, ausbeuterische Klassenherrschaft errichten werden [14]. Die Entwicklung der kapitalistischen Industriegesellschaften hat diese Prognosen nicht bestätigt. Obwohl nach den vorliegenden soziologischen Untersuchungen kein Zweifel daran bestehen kann, daß die großen Kapitalgesellschaften der USA weitgehend von Managern kontrolliert werden [15], und obwohl kapitallose Funktionäre auch in der BRD in die Schlüsselstellungen der Wirtschaft vorrücken [16], läßt die Übereinstimmung der Interessen von Managern und Kapitalbesitzern keinen strukturellen politischen Konflikt innerhalb des privatkapitalistischen wirtschaftlichen Systems als Folge der M.-Kontrolle erwarten.

Anmerkungen. [1] Vgl. Oxford Engl. dict. 6 (1933, ND 1970) 106: Art. ⟨M.⟩, Abschn. 5. – [2] W. SHAKESPEARE, Love's labour's lost I, 2. Ed. Arden (⁵1956, ND 1960) 29, 172; vgl. auch Oxford Engl. dict. a.O. 104: Art. ⟨manage⟩, Abschn. 5. – [3] Meyer's Konversationslex. 11 (³1877) 165: Art. ⟨M.⟩. – [4] H. HARTMANN: M.s and entrepreneurs: A useful distinction? Administrative Sci. Quart. 3 (1959) 429-451. – [5] J. BURNHAM: Das Regime der M.

(1948) 100. – [6] A. A. BERLE und G. C. MEANS: The modern corporation and private property 1 (¹1932, New York ⁷1950) 88. – [7] H. PROSS: M. und Aktionäre in Deutschland (1965) 21. – [8] BERLE/MEANS, a.O. [6] 84-90. – [9] E. V. ROSTOW: To whom and for what ends is corporate management responsible? in: E. S. MASON (Hg.): The corporation in modern society (Cambridge, Mass. 1960) 46-71. – [10] H. SCHELSKY: Berechtigung und Anmaßung in der M.-Herrschaft. Gewerkschaftl. Mh. 1 (1950); jetzt in: Auf der Suche nach Wirklichkeit (1965) 17-32, bes. 26. – [11] K. MARX, Das Kapital Kap. 27. Werke, hg. H.-J. LIEBER/B. KAUTSKY 6 (1964) 214ff. – [12] J. A. SCHUMPETER: Kapitalismus, Sozialismus und Demokratie (²1950) 252-264. – [13] K. RENNER: Wandlungen der modernen Gesellschaft (Wien 1953) 182f. 215. 226f. – [14] J. BURNHAM: The managerial revolution: What is happening in the world (New York 1941); dtsch. (1948) 136-167. – [15] BERLE/MEANS, a.O. [6] 90-118; R. A. GORDON: Business leadership in the large corporation (Berkeley ⁵1961) 23-45. 156-188; A. A. BERLE: Power without property (New York 1959) 52ff. 73ff. – [16] PROSS, a.O. [7] 112-120; vgl. S. S. CASSIER: Wer bestimmt die Geschäftspolitik der Großunternehmen? (1962).

Literaturhinweise. D. HILGER: Art. ‹M.›, in: Handwb. der Betriebswirtschaftslehre 3 (³1960) 3873ff. – H. PROSS s. Anm. [7]. – F. HARBISON und C. A. MYERS (Hg.): Management in the industrial world (New York 1959). J. FELDHOFF

Manas (indisch, 'Denken', 'Verstand') ist ein zentraler Begriff der indischen Erkenntnispsychologie. Schon in den frühen Upaniṣaden zu den zunächst selbständigen Vitalkräften des Menschen gerechnet, wird das M. auf der nächsten Entwicklungsstufe zur charakterisierenden Eigenschaft der Seele [1] und zur Instanz zielgerichteten Entschließens. Nach der Anthropologie der Chândogya-Upaniṣad bildet das M. als Organ des Denkens mit dem Atem und der Rede die edelsten Bestandteile des Materie-Teils des Menschen [2].

Bei der Herausbildung des Materie/Geist-Gegensatzes in der Nach-Upaniṣad-Philosophie bildet das M. als Organ des Wahrnehmens neben dem Erkennen und den Sinnesorganen den psychischen Organismus, der als empirische Emanation der ewigen Seele diese in den verschiedenen Geburten begleitet und deren qualitative Unterschiedlichkeiten ausmacht. Bei dieser Entwicklung wird das M. mehr und mehr als eine Art übergeordnetes verstandesmäßiges Kontrollorgan interpretiert, das die ungeordneten Sinneseindrücke der Organe zur geordneten Erkenntnis führt [3]; außerdem wird ihm als Prinzip personaler Konstanz eine wesentliche Rolle bei der Wiedergeburtskausalität zugewiesen.

Feste, für die Entwicklung der gesamten indischen Erkenntnislehre bedeutsame Gestalt erhält die M.-Lehre durch die Fixierung zweier unterschiedlicher Konzepte: Als psychische Instanz, die selbständig Erkenntnis schafft, indem sie außerhalb der Seele selbst eine Phase der Erkenntnisbildung darstellt, versteht das Sâmkhya das M., während es in der Naturphilosophie des Vaiśeṣika völlig anders als 'psychisches Organ' interpretiert wird, dessen Funktion im Rahmen der psychischen Aktivität des Menschen lediglich in einer mechanischen Vermittlung der Reize, die die Sinnesorgane durch den Kontakt mit den Dingen empfangen, an die allein denkbegabte Seele besteht. Aus der hierbei angenommenen winzigen Gestalt des M. als mechanisches Zwischenglied zwischen Sinnesorgan und erkenntnisbildender Seele folgert die Naturphilosophie, daß in jedem Augenblick die Seele nur von einem einzigen Objekt über das betreffende Organ affiziert werden kann und damit eine Gleichzeitigkeit mehrerer Erkenntnisse unmöglich ist. Diese erkenntnispsychologisch höchst interessante Theorie wird vom Sâmkhya zurückgewiesen [4].

Anmerkungen. [1] E. FRAUWALLNER: Untersuch. zu den älteren Upaniṣaden. Z. Indol. u. Iranistik 4 (1926). – [2] Chând. Up. VI, 5. – [3] Mahâbhârata XII, 204. – [4] E. FRAUWALLNER: Gesch. der ind. Philos. 2 (1956) 68ff. F. ZANGENBERG

Mandala (das) (sanskrit für ‹Kreis›, stets in kultisch-magischer Bedeutung) wurde von C. G. JUNG als ein zentrales Symbol in die komplexe Psychologie übernommen [1]. Es besteht zumeist aus einem Kreis und einer quadratischen Ordnung in ihm.

Das M. ist Symbol eines der wichtigsten Archetypen des kollektiven Unbewußten, des Archetypus des Selbst, welcher der Archetypus der Vollkommenheit und Ganzheit und das Ziel der Individuation ist [2]: «In psychologischer Hinsicht bedeutet das Runde bzw. das M., ein Symbol des Selbsts» [3]. «So bezeichnet und unterstützt das M. eine ausschließliche Konzentration auf das Zentrum, eben das Selbst» [4].

M. zeigen sich in den Malereien und architektonischen Anlagen, Märchen und Mythen aller Völker und Zeiten, aber auch in den Visionen, Träumen und Wahnideen einzelner Menschen. Sie «sind nicht nur im ganzen Osten verbreitet, sondern sind bei uns auch aus dem Mittelalter reichlich bezeugt. Christlich speziell sind sie aus dem frühen Mittelalter zu belegen, meist mit Christus in der Mitte und den vier Evangelisten oder ihren Symbolen in den Kardinalpunkten. Diese Auffassung muß sehr alt sein, indem auch Horus mit seinen vier Söhnen von den Ägyptern so dargestellt wurde» [5].

Anmerkungen. [1] C. G. JUNG: Gestaltungen des Unbewußten (1950) 189. – [2] Antwort auf Hiob, in: Zur Psychol. westl. und östl. Relig. Werke 11 (1963) 493. – [3] Ein moderner Mythus. Von Dingen, die am Himmel gesehen werden (1958) 115. – [4] Psychol. und Relig., in: Zur Psychol. ... a.O. [2] 104. – [5] Das Geheimnis der Goldenen Blüte, hg. R. WILHELM (⁵1957) 22.
J. HÜLLEN

Mängelwesen. ‹M.› ist der populärste und zugleich mißverständlichste Begriff der philosophischen Anthropologie. Er beruht auf dem Vergleich von Mensch und Tier und bezieht sich auf die dem Menschen eigentümliche Verschränkung von biologischer Benachteiligung und geistigen Fähigkeiten. Dieses bereits in der Antike entdeckte [1] und in der Formel von der natura noverca (Stiefmutter Natur) zum Topos gewordene Wesensmerkmal des Menschen fand in der Neuzeit vor allem durch HERDER eine neue bis in die Gegenwart wirkende Interpretation. «Daß der Mensch den Thieren an Stärke und Sicherheit des Instinkts weit nachstehe», das, schreibt Herder, sei gesichert [2], aber «Lücken und Mängel können doch nicht der Charakter seiner Gattung seyn» [3], «in der Mitte dieser Mängel» müsse auch «Keim zum Ersatze» liegen [4]: Unser Mangel an natürlicher «Kunstfähigkeit» wird wettgemacht durch «Vernunft», unser Mangel an Instinkt durch «Freiheit» [5].

KANT hat Herders Ableitung des Geistes aus der Natur kritisiert: Wie der Mensch von Natur auch beschaffen sein möge, diese Beschaffenheit allein erkläre nicht, wie es zur Ausbildung seines Vernunftvermögens habe kommen können [6]. J. ENNEMOSER, der, ohne Herder zu erwähnen, die Mängelstruktur des Menschen erneut betont, beläßt es dann bei der bloßen Feststellung der physischen Schwäche und der geistigen Vollkommenheit des Menschen: «Nach seinen physischen Kräften und Eigenschaften entdeckte man an ihm bald eine Schwäche und

Mängel, vermöge welcher er mit den Thieren keinen Vergleich aushält ... Aber vermöge seines Geistes ist er über die Natur erhaben, ja Herr der Erde» [7].

Die Herdersche These findet sich in extremer Form erst im 20. Jh. wieder: in der von M. Scheler skizzierten Dekadenztheorie des Geistes, wie sie kraß etwa der Titel des Buches von A. SEIDEL: ‹Bewußtsein als Verhängnis› (1927) ausdrückt. Geist figuriert hier als Hypertrophie eines Gehirnwesens, das organisch ein faux pas der Natur, eine Sackgasse des Lebens sei [8]. SCHELER nennt als theoretische Ahnherren Fr. Nietzsche, A. Schopenhauer, H. Vaihinger, H. Bergson und L. Klages [9]. Scheler selbst begreift den angeblichen Mangel umgekehrt als das ausgezeichnete Mittel des Menschen, sich vom Druck des Organischen zu entlasten: «So ist der Mensch als Geistwesen das sich selber als Lebewesen und der Welt überlegene Wesen» [10]. Anfänglich bezieht der Geist seine Antriebe vom weltschaffenden Drang, aber später kehrt sich das Verhältnis um: Der Drang werde vergeistigt, der Geist verlebendigt [11]. Skeptisch zu dieser Mängeltheorie äußert sich H. PLESSNER: «Es bedarf offenbar nur geringer Akzentverlagerung, um aus dem Herderschen 'Invaliden seiner höheren Kräfte' einen Kriegsteilnehmer seiner niederen zu machen» [12]. Plessner fügt hinzu, daß der Kompensationsgedanke eines durch Geist komplettierten M. in der rein biologischen Argumentation selber unerklärt bleibt [13].

Den Einwänden von Plessner zum Trotz hat A. GEHLEN, der auch als erster explizit den Ausdruck ‹M.› verwendet [14], den Herderschen Kompensationsgedanken erneut aufgegriffen; aber im Unterschied zu Herder sieht er – in dezidiert antiaufklärerischer Absicht – die Kompensation nicht in der Vernunft und Selbstbestimmung des Menschen, sondern in der Notwendigkeit seiner Formierung und Disziplinierung. Der Mensch sei zwar «von Natur ein Kulturwesen» [15], aber als solches ein «Zuchtwesen» [16]. Er entbehrt «der schützenden organischen Borniertheit», und zwar in einer Welt, «die nicht wie die Umwelt des Tieres durch eine höhere Weisheit den Instinkten befreundet ist» [17]. – «So ist der Mensch schon rein physisch angewiesen auf Disziplinierung, Zucht, Training, auf eine geordnete Beanspruchung von oben her ...» [18].

Wie Kant hat auch die moderne Naturwissenschaft eingewendet, daß der Begriff ‹M.›, positiv oder negativ, «nicht biologisch gedacht» ist [19]. Gehlen hat überdies mit seinen empirisch-anthropologischen Analysen den Kurzschluß auf die negative Akzentuierung des Begriffs ‹M.› selbst widerlegt. Daß er diese Bewertung gleichwohl beibehält, ist ein Kapitel seiner Sozialphilosophie. Jede Kritik seiner Anthropologie wird sich daher mit seiner negativen Sozialphilosophie zu befassen haben.

Anmerkungen. [1] Vgl. E. PÖHLMANN: Der Mensch – das M.? Zum Nachwirken antiker Anthropol. bei A. Gehlen. Arch. Kulturgesch. 52 (1970) 297-312. – [2] J. G. HERDER: Abh. über den Ursprung der Sprache (1772). Werke, hg. B. SUPHAN 5 (1891) 22. – [3] a.O. 5, 26. – [4] 5, 27. – [5] 5, 28f. – [6] I. KANT: Recensionen von J. G. Herders Ideen zur Philos. der Gesch. der Menschheit (1785). Akad.-A. 8, 52ff. – [7] J. ENNEMOSER: Anthropol. Ansichten (1828) 38f. – [8] M. SCHELER: Mensch und Gesch. Werke, hg. M. S. FRINGS 9 (1976) 139. – [9] Die Stellung des Menschen im Kosmos. Werke a.O. 9, 64. 65ff. 89. – [10] a.O. 38. – [11] Vgl. 71. – [12] H. PLESSNER: Conditio humana (1964) 50. – [13] ebda. – [14] Vgl. A. GEHLEN: Der Mensch ([11]1976) 20. 33. 83. 354. – [15] a.O. 80. – [16] 61. – [17] Anthropol. Forsch. ([7]1970) 33. – [18] a.O. 38. – [19] K. LORENZ: Über tierisches und menschl. Verhalten. Ges. Abh. 2 ([10]1973) 232f.

Literaturhinweis. E. PÖHLMANN s. Anm. [1]. W. BREDE

Mania (griech. μανία). – 1. ‹M.› bedeutet umgangssprachlich Wahnsinn sowohl im Sinne von Unbesonnenheit [1] als von Geisteskrankheit [2]. Die ‹Antigone› des SOPHOKLES zeigt, daß die Grenze zwischen den beiden Bedeutungen fließend ist: Kreons zunächst bloß törichtes Beharren [3] steigert sich über Unverstand, sei er angeboren oder Folge äußerer Not [4], bis hin zu nur noch aus krankhafter M. erklärbarer Opferung des eigenen Sohnes [5]. Auf dem φρονεῖν (seines Verstandes mächtig sein) als oppositum zu M. insistierend [6], deutet Sophokles die M. als vermeidbaren Defekt. – Dem steht die religiöse Deutung der M. entgegen: In verbaler Form schon bei HOMER als Epitheton des «rasenden» Dionysos belegt [7], bezeichnet ‹M.› auch die innere Verfassung der Teilnehmer an dionysischen Festzügen [8] sowie des Propheten, der durch die Kraft des Gottes verzückt [9] mit «rasendem Munde» [10] weissagt. Die Theorie der dichterischen M. (furor) ist außer bei Platon auch für DEMOKRIT belegt [11].

2. Die Ambivalenz des Begriffs reflektiert sich bei PLATON, der das populäre Verständnis von M. («Unbesonnenheit») als unangemessen ablehnt und zum Beweis die Güter der M. aus göttlicher Gunst anführt [12]: den prophetischen Wahnsinn, der zugleich bei Befleckungen die erforderlichen Sühneopfer nennt, und den dichterischen Wahnsinn [13]. Diese überlieferten Formen der M. ruft Platon als Zeugen der Wahrheit des Enthusiasmus an, um auf sie gestützt die Philosophie, sofern sie Zuwendung zum Göttlichen ist, als beste Art der M. zu proklamieren [14]. Diese Erhebung der M. zum definierenden Moment der Philosophie [15] haben die Späteren nicht bestätigt; der Vorgang scheint ihnen nicht einmal bewußt zu sein. Lediglich als furor divinus der Dichter hielt sich M. im platonischen Sinne in Erinnerung, eine Theorie, die CICERO auf Demokrit und einen auf Demokrit reduzierten Platon zurückführt [16]. Die *alten Stoiker* dagegen, für die der Weise vom Toren sich unterscheidet wie Tugend vom Laster, und zwar ohne die von den Peripatetikern angenommenen Zwischenstufen [17], erklären, alle Toren seien ohne Aussicht auf Heilung von M. befallen [18]; politische Rechte stünden daher legitim allein dem weisen, weil vor M. gefeiten Monarchen zu [19]. Dank solcher Radikalisierung ihrer populären Bedeutung bindet M. schließlich ein Sophokles noch fremdes Moment von Menschenverachtung an sich.

Anmerkungen. [1] HERAKLIT, VS 22 B 5; GORGIAS, VS 82 B 11 a §§ 25f.; PLATON, Prot. 323 b, Resp. 400 b; ISOKRATES IV 133. – [2] HIPPOKRATES, Aphorismoi VII 5; HERODOT, Hist. VI 75, 1; AISCHYLOS, Prometheus 879; GORGIAS, VS 82 B 11 § 17. – [3] SOPHOKLES, Ant. 469f. – [4] a.O. 561ff. – [5] 959. – [6] 557. 707. 727. 1347-1353 (= Schlußchor). – [7] HOMER, Ilias VI 132. – [8] HERAKLIT, VS 22 B 15; vgl. PLATON, Symp. 218 b. – [9] EURIPIDES, Bak. 298ff. – [10] HERAKLIT, VS 22 B 92. – [11] DEMOKRIT, VS 68 B 17. – [12] PLATON, Phdr. 244 a. – [13] a.O. 244 c-245 a. – [14] 265 b; vgl. 249 d. – [15] Soph. 216 d. – [16] CICERO, De div. I 80; De orat. II 194. – [17] DIOGENES LAERTIOS VII 127. – [18] SVF III 663-666. – [19] DIOGENES LAERTIOS VII 122.

Literaturhinweise. J. PIEPER: Begeisterung und göttl. Wahnsinn. Über den plat. Dialog «Phaidros» (1962). – W. J. VERDENIUS: Der Begriff M. in Platons Phaidros. Arch. Gesch. Philos. 44 (1962) 132-150. – E. GRASSI: Zugänglichkeit und Unzugänglichkeit der Sprache. Z. philos. Forsch. 21 (1967) 368-392.

A. MÜLLER

Manichäismus (ital. manicheismo, frz. manichéisme, engl. manicheism)

I. ‹M.› nennt man eine der synkretistischen Religionen

der Spätantike (lebendig vom 3. bis etwa 14. Jh. n. Chr.), in welcher deren gnostischer Typus zu seiner Vollendung kam. Eine philosophiegeschichtliche Problemstellung für den M. hängt von der umstrittenen genetischen Herleitung wie von der Variationsbreite in der Definition dieses Typus ab und umfaßt die folgenden, nur möglicherweise oder nur zum Teil philosophischen Themen: a) den Dualismus Geist-Licht-Gut/Materie-Finsternis-Böse, in dem wohl unter anderem dualistische Ansätze aus der mittelplatonischen und neupythagoreischen Tradition prinzipiell übernommen und schematisiert worden sind; b) die Funktion des Selbst- und Welterkennens und deren Konzentration auf seine Organe, die zur getrennten Hypostasiertheit der obersten menschlichen und der obersten kosmischen Geisteskraft auf dem Grunde substantieller Identität führt; c) das Prinzip der Indienstnahme des Mythos durch den Logos, das sichtbar bleibt, obwohl sich die Welterklärung des M. nicht zu einer regelrechten Prämisse, sondern zu einer als prophetische Offenbarung verstandenen Gegebenheit rational verhält; d) die griechische Überzeugung, daß die Wahrheit nur eine sei, weshalb auch der – nicht mehr philosophische – Vorgang der Erlösung im M. von der Überwindung des Dualismus nicht absehen, vom Vollzug des Erkennens nicht getrennt werden und vom Ziel der mytho-logischen Welterklärung nicht abweichen darf. Diese Überzeugung lebt auch in der immer wieder neu realisierten Möglichkeit weiter, grundsätzlich und in großem Umfang interreligiöse Begriffs- und Vorstellungskonvergenzen zu stabilisieren, die sich im Hellenismus trafen, in erster Linie mit zoroastrischem, zurvanitischem und parthischem Material, soweit dies nicht selbstverständlich war, weil in es seinerseits philosophische Elemente eingegangen sind.

Literaturhinweise. J. P. ASMUSSEN: Xuāstvānift. Stud. in M. (Kopenhagen 1965) 265-278: Lit. – G. WIDENGREN (Hg.): Der M. (1977) mit Lit.   C. COLPE

II. Die bereits im frühen 4. Jh. aufkommende Bezeichnung Μανιχαῖοι (lat. manichaei) zielt schon vor AUGUSTINUS [1] auf die wesentlichen theologischen Lehrinhalte der Sekte, von denen der Prinzipiendualismus [2], die Schöpfungs- [3] und Seelenlehre [4] und die Beseeltheit der Erde [5] im Zentrum des Begriffs stehen. Mit Μανιχαϊσμός findet er gleichzeitig bei GREGOR VON NYSSA seinen das Lehrgebäude der Bewegung betonenden Ausdruck [6]. Durchgängig hält sich jedoch nur der Terminus Μανιχαῖοι bzw. ‹manichaei› über die spätere Patristik [7] und das Mittelalter [8] hinaus bis in die Ketzer- [9], Dogmen- [10] und Philosophiegeschichten [11] der Neuzeit. Daneben ist der Begriff ‹M.› erst wieder seit dem 17. Jh. [12] nachweisbar.

Wurden im Mittelalter Katharer und Albigenser bisweilen als «manichaei» bezeichnet [13], so lassen die Nähe des Begriffs ‹M.› zum Terminus ‹Dualismus› und die mit ihm angedeutete Problematik des Ursprungs des Bösen ihn im Kontext der metaphysisch-theologischen Diskussionen des 17. und 18. Jh. (vgl. den M.-Vorwurf gegen *J. Böhme* [14]) erscheinen. B. PASCAL nennt die Lutheraner ‹Manichäer› [15], weil er in ihrer Gnadenlehre (sola gratia) den für ihn unverzichtbar zum Christentum gehörenden freien Willen in ebensolcher Gefahr sieht, wie er es durch die manichäische Festschreibung des Bösen gewesen war [16]. Luthertum wie auch M. bestritten die Möglichkeit des Menschen, der Sünde zu entgehen. «Les manichéens étaient les Lutheriens de leur temps comme les Lutheriens sont les Manichéens du nôtre» [17]. – Aus völlig anderen Gründen sah sich P. BAYLE dem Vorwurf des M. ausgesetzt. Er hatte gezeigt, daß etwa der M. eine vernunftgemäßere Erklärung des Bösen leisten konnte als die orthodoxe Theologie [18]. Dient ihm die Stringenz des M. lediglich als Beispiel für die Unvereinbarkeit von Vernunft und Offenbarung, wobei letztere unangetastet bleibt, so sehen seine Kritiker [19] hierin den Versuch einer Restitution des M. Zwar wehrt sich Bayle gegen diesen Vorwurf [20], besteht jedoch darauf, daß «l'hypothèse des deux principes quelque fausse et quelque impie qu'elle soit, attaque l'autre hypothèse [die der orthodoxen Theologie] par des objections que la lumière naturelle ne peut resoudre» [21]. LEIBNIZ glaubt die Rechtgläubigkeit gegen den von ihm bei Bayle vermuteten M. verteidigen zu müssen [22], indem er ihm das Theorem vom Bösen als Privation entgegenhält [23] und somit die Annahme zweier Prinzipien als überflüssig erweisen will. Beschränkt sich das Vorkommen von ‹M.› schon hier auf Einzelfälle, so verschwindet der Begriff in der Folgezeit fast völlig, um weitgehend durch ‹Dualismus› substituiert zu werden. Bei J. G. FICHTE tauchen beide Begriffe in einem Zusammenhang auf, wenn er gegen einen «Dualismus des Absoluten» dessen Einheit zu wahren sucht [24]. G. W. F. HEGEL, der diesen Ausdruck auch zur Kennzeichnung der antiken Ketzerbewegung verwendet [25], gebraucht ihn daneben in einer von religionsgeschichtlichen Bezugsgrößen unabhängigen Bedeutung, die ihn als philosophisch-spekulativen Begriff in die Nähe von ‹Dualismus› rückt. Der Endliches und Unendliches gleichermaßen absolut setzende Dualismus ist «in weiterer Bestimmung der M.» [26]. Dieser betrachtet das «Unendliche ... [als] das Wahre und das allein d. i. abstract Affirmative» [27]. In diesem Sinne bezeichnet ‹M.› eine unentwickelte Stufe des Bewußtseins, von dem Hegel fordert, daß es «dem Dualismus unseres Bewußtseins, unserer Erscheinung oder dem M., denn aller Dualismus hat den M. zur Grundlage, sich zu entreißen» habe [28].

Anmerkungen. [1] AUGUSTINUS, De civ. Dei XI, 22. – [2] JOH. CHRYSOSTOMOS, In Matth. Hom. XXVI, 5. MPG 57, 340; GREGOR VON NYSSA, Opera, hg. W. JAEGER 172. – [3] GREGOR VON NYSSA, Oratio catech. magna VIII. MPG 45, 29. – [4] EPIPHANIUS VON SALAMIS, Ancoratus 48. MPG 43, 101. – [5] BASILIUS, Hom. in Hex. VIII, 1. MPG 29, 164. – [6] GREGOR VON NYSSA, Contra Eunomium I, 504. Opera, a.O. [2] 1, 172; Ep. can. MPG 45, 225. – [7] ISIDOR VON SEVILLA, Etymol. lib. VIII, 5, 31. MPL 82, 300. – [8] BONAVENTURA, Comm. in Sent. II, 3, 2, 2; ALBERTUS MAGNUS, S. theol. I, 4, 29, 2; THOMAS VON AQUIN, S. contra gent. IV, 29. – [9] G. ARNOLD: Unpartheyische Kirchen- und Ketzerhist. 1 (1729) 129ff. – [10] A. HARNACK: Lb. der Dogmengesch. 2 (⁴1909) 513-527. – [11] J. BRUCKER: Historia Critica Philosophiae 3 (1766) 488. – [12] P. BAYLE: Dict. hist. et crit. 3 (Rotterdam ³1720) 1889; I. BEAUSOBRE: Hist. crit. de Manichée et du Manichéisme (Amsterdam 1734-39, ND 1970). – [13] DURANDUS DE HUESCA: Lib. contra Manichaeos (Löwen 1964); MONETA CREMONENSIS: Adversus Catharos et Valdenses (Rom 1743, ND Ridgewood 1964). – [14] J. CHR. WOLF: M. ante Manichaeos (1707, ND 1970) 274ff.; vgl. F. X. VON BAADER, Sämtl. Werke, hg. F. HOFFMANN u.a. 13 (1855) 208. – [15] B. PASCAL, Ecrits sur la Grâce. Oeuvres, hg. L. BRUNSCHVICG 11 (Paris 1914) 282. – [16] ebda. – [17] ebda. – [18] BAYLE, a.O. [12] 1899f. – [19] A. GAUDIN: La distinction et la nature du bien et du mal. Traité où l'on combat l'erreur des Manichéens, les sentiments de Montaigne, de Charron et ceux de M. Bayle (Paris 1704, ND Genf 1970); WOLF, a.O. [14]. – [20] P. BAYLE, Oeuvres diverses 4 (Den Haag 1731, ND 1964) 179. – [21] ebda. – [22] G. W. LEIBNIZ, Theodizee § 136. Philos. Schr., hg. C. I. GERHARDT 6, 189. – [23] a.O. § 153 = 6, 201. – [24] J. G. FICHTE, Ausgew. Werke, hg. F. MEDICUS 5, 361. – [25] G. W. F. HEGEL, Gesch. der Philos. Werke, hg. GLOCKNER 19, 135ff. – [26] Philos. der Relig. a.O. 16, 490. – [27] ebda. – [28] Rez. zu ‹Solgers nachgel. Schr.› a.O. [25] 20, 169.   S. LORENZ/W. SCHRÖDER

Manie

I. Im Gegensatz zu der durchweg inspiratorisch-ekstatischen Auffassung von μανία in der griechischen Mythologie und bei den Tragikern [1] gewinnt der Begriff erstmals im ‹Corpus Hippocraticum› die Bedeutung einer Krankheit im *psychiatrischen* Sinn. M. ist hier eine durch krankhafte Säftemischung bedingte Gehirnstörung [2]; jedoch bleibt sie unscharf gefaßt im symptomatischen Sinn von ‹Raserei› bzw. Erregungszustand und wird auch nicht gegen Delirien oder Fieberpsychosen (φρενίτις) abgegrenzt [3]. Ein ähnlich somatisch determiniertes Verständnis klingt bei PLATON, deutlicher noch bei ARISTOTELES an [4]. Ein Zusammenhang mit der μελαγχολία wird bei den genannten Autoren zwar ansatzweise beschrieben, als chronisch-circuläre Krankheitseinheit jedoch erstmalig von ARETAEUS (1. Jh. n. Chr.) voll erkannt, auch mit Abgrenzung gegenüber der φρενίτις [5]; letztere Unterscheidung bleibt im allgemeinen gesichert.

Andererseits erfährt der Begriff ‹M.› im *Mittelalter* und vermehrt in der *Neuzeit* eine Vielzahl ätiologischer und symptomatologischer Unterteilungen (extrem bei DE VALENZI und CHIARUGI, auch HEINROTH [6]), wird jedoch meist synonym mit ‹Tobsucht› bzw. im vieldeutigen Sinn einer psychomotorischen Erregung gebraucht. Strittig bleibt bis zum Beginn des 20. Jh. auch der nosologische Zusammenhang mit der Melancholie, den u. a. besonders ETTMÜLLER, FALRET (sen.), BAILLARGER und GRIESINGER betonen [7]. Von KRAEPELIN 1899 in die Krankheitseinheit des «manisch-depressiven Irreseins» aufgenommen [8], bezeichnet der Begriff ‹M.› in der heutigen Psychiatrie den Symptomverband von krankhaft gehobener Stimmungslage (Heiterkeit) und gesteigertem Antrieb (Aktivitätsüberschuß und Ideenflucht), der entweder isoliert oder (meistens) als phasischer Gegenpol zur endogenen Depression (Melancholie) bei manisch-depressiver Krankheit (Zyklothymie) auftritt [9].

Anmerkungen. [1] Vgl. H. WALDMANN: Der Wahnsinn im griech. Mythos (Diss. 1962) 15ff. 31. 120; vgl. Art. ‹Mania›. – [2] HIPPOKRATES, Werke, hg. R. KAPFERER-FINGERLE (1934) 5, 60-61; 17, 70; 7, 20-22. – [3] a.O. 13, 18. 23; F. FALK: Stud. über Irrenheilk. der Alten. Allg. Z. Psychiat. 23 (1866) 446. – [4] H. TELLENBACH: Melancholie (1961) 6-10. – [5] ARETAEUS in: C. G. KÜHN (Hg.): Corp. med. graec. (1828) 5, 75-80. – [6] Vgl. J. B. FRIEDREICH: Versuch einer Literärgesch. der Pathol. und Ther. der psych. Krankheiten (1830) 240-241. 395-397; vgl. F. C. A. HEINROTH: Lb. der Störungen des Seelenlebens (1818) Tab. 371. – [7] W. LEIBBRAND: Der Wahnsinn (1961) 255. 454; W. GRIESINGER: Pathol. und Ther. der psych. Krankheiten (²1867) 279-281. – [8] E. KRAEPELIN: Psychiat. 3 (⁸1913) 1183. – [9] H. J. WEITBRECHT: Depressive und manische endogene Psychosen. Psychiat. der Gegenwart 2 (1960) 88ff.

Literaturhinweise. W. LEIBBRAND s. Anm. [7]. – H. ACKERKNECHT: Kurze Gesch. der Psychiat. (1957). – H. J. WEITBRECHT s. Anm. [9]. – J. B. FRIEDREICH s. Anm. [6]. – F. FALK s. Anm. [3].
G. HOLE

II. *Mittelalter und Neuzeit.* – Obwohl dem Mittelalter z. B. aus PLINIUS bekannt war, daß es «den Dichtern gestattet ist zu rasen» [1], obwohl etwa FULGENTIUS den «poeta furens» kennt [2], war man doch zurückhaltend gegenüber der insania poetarum, nicht zuletzt weil HORAZ jene Dichter, denen Demokrit das wahre ingenium zugesprochen hatte, als nachlässige Scharlatane verspottet [3] und ARISTOTELES auch die göttliche Begeisterung aus rein natürlichen Ursachen, einer körperlichen Erhitzung, erklärt hatte [4]. «Es kommt wohl in der lateinischen Dichtung gelegentlich nach antikem Vorbilde eine Wendung vor, die das Außersichsein, Überwältigt-Werden [des Dichters] andeutet, ... im allgemeinen aber ist der Begriff der ϑεία μανία (furor divinus) dem Mittelalter fremd» [5].

Dies ändert sich im *italienischen Humanismus:* PETRARCA spricht, CICERO [6] zitierend, davon, daß der Dichter «von einem gewissen göttlichen Hauch angeweht» werde («divino quodam spiritu afflari») [7], und die Formel des «divinus afflatus» ist fortan Gemeingut aller Dichtungstheorien, die über die M. handeln. G. BOCCACCIO hält die Dichtung für ein «besonderes Aufbrausen des Erfindens und Redens», das «aus dem Innersten Gottes hervorgeht und einigen Geistern beim Schaffen erlaubt ist» (fervor quidam exquisite inveniendi atque dicendi ..., qui ex sinu Dei procedens, paucibus mentibus ... in creatione conceditur) [8]. Deutlicher wird L. BRUNI ARETINO zu Anfang des 15. Jh. Er unterscheidet mit Platon (Bruni übersetzte u. a. Platons ‹Phaidros›) die vier Arten des «furor divinus» und bezeichnet den «furor poeticus» als denjenigen, der bewirkt, daß eine Dichtung einem gewöhnlichen menschlichen Kunstwerk vorzuziehen ist, ebenso wie die vom furor inspirierte Weissagung andere Zukunftsdeutungen übertrifft: «Itaque quanto vaticinium conjectioni dignitate praestat, tanto poëma, quod ex furore sit, sanorum hominum artificio est anteponendum» [9]. Entsprechend stehen auch die von einer verborgenen inneren Kraft, die vom «furore ed occupazione di mente» herrührt, erregten Dichter über denen, die durch Studium, Kunst und Klugheit gelenkt werden. Sie werden durch die Geistesbesessenheit und den Wahn – «da questa astrazione e furore» – zu Heiligen und Sehern [10]. C. LANDINO geht noch einen Schritt weiter, indem er nach dem Grund der göttlichen Inspiration fragt: Dichtung ist teils Verfertigen (poiesis), teils Schöpfung (creatio) und hat so etwas, das dem göttlichen Schöpfungsprozeß gleicht [11]. Sie erfreut nicht nur wie die Musik den Gehörsinn, sondern auch den geistigen Sinn, indem sie in schicklichen Versen (eleganti carmine) die göttliche Harmonie der Welt nachahmt. So vom furor entflammt, erstaunen die Dichter vor sich selbst und sind Seher und Musenpriester (divini vates et sacri musarum sacerdotes) [12].

Landino konnte ähnliche Gedanken bei seinem Schüler M. FICINO finden, der als Hauptmerkmal für das Ergriffensein vom furor angab, daß die Dichter sich selbst nicht mehr verstehen und glauben, Gott habe wie durch Trompeten durch sie gesprochen. Nicht die klugen und gelehrten Dichter sind die besten, sondern oft gerade die «insani». Jedenfalls muß zur Gelehrsamkeit noch jene «animi concitatio» hinzutreten, die von Gott kommt. Die Dichtung entspringt nicht dem Können, sondern dem göttlichen Wahnsinn (non ab arte, sed a furore aliquo proficisci) [13]. Der furor wird durch die Musen vermittelt, die selber von Gott ausgehen [14]. In einem weiteren Zusammenhang ist der furor poeticus die erste Stufe auf dem Weg des Wiederanstiegs der Seele zu Gott. Er steht, anders als bei Platon, am Anfang, weil durch ihn in der Musik die disharmonischen Kräfte der Seele besänftigt und in Einklang gebracht werden. Auf ihm bauen die drei anderen furores, der mysterialis, der vaticinius und die Leidenschaft der Liebe als der vorzüglichste furor auf. Die Liebe als Endzweck der drei unteren furores bringt die Seele schließlich zum Einen zurück und verbindet sie mit Gott [15]. Ähnlich formuliert AGRIPPA VON NETTESHEIM, daß durch die Liebe, die vierte Form des göttlichen furor, der Mensch zum Ebenbild Gottes werde, nur im Geist lebe und Gott in sich begreife [16].

Um den Aufstieg der Seele zu Gott geht es auch G. BRUNO. Der eroico furore, der zu jener Art von furori gehört, die nicht in unvernünftiger Begierde und tierischem Unverstand, sondern aus einer gewissen göttlichen Entrücktheit (divina abstrazione) bestehen, strebt aus eigenem Antrieb und natürlicher Inbrunst (da un interno stimulo e fervor naturale) zur Gottheit, zur Gerechtigkeit und Wahrheit. Begeistert von der göttlichen Schönheit und Güte, erhebt er sich auf den Flügeln der Vernunft und dem vernünftigen Willen zu Gott (con l'ali de l'intelleto e voluntade intelletiva s'insalza alla divinitade) [17]. Der eroico ist so edler als die gewöhnlichen Menschen, da er ein Leben im Geist, das Leben der Götter (vita de dei) lebt [18]. Von der göttlichen Liebe fortgerissen *und* aus eigener Willenskraft sich hinaufarbeitend, sucht er das höchste und vollkommenste Ziel (oggetto finale, ultimo e perfettisimo), die Schau der göttlichen Schönheit, die Vereinigung mit dem Einen, dem Licht, Gott, zu gewinnen, indem er selbst Licht und Gott wird. Auf Erden ist Gott dagegen nur in körperlichen Gegenständen «wie im Spiegel oder Schatten» zu schauen. Der vom eroico furore Begeisterte strebt in unendlichem Bemühen zu seinem Licht und beseligendem Ziel (alla sua luce e beatifico oggetto), ohne es jemals ganz zu erreichen [19].

In den Poetiken der Renaissance findet von den vier platonischen furores meist nur der furor poeticus Beachtung. Die Platoniker bejahen durchgehend die göttliche Eingebung und Begeisterung des Dichters, während die an Aristoteles und Horaz orientierten Autoren sie oft ablehnen, nicht selten aber auch in ihre Lehre einbeziehen. Manche Horaz-Kommentatoren weisen den furor strikt zurück [20], andere tragen keine Bedenken, Platons Dichtertheorie neben und mit der des Horaz und Aristoteles vorzutragen [21]. Dabei erscheint der furor (die mania, zumeist gleichgesetzt mit rapimento dell'anima, entusiasmo, divina ispirazione) auch als (christlich verstandenes) Geschenk Gottes [22]. Der vom furor ergriffene Dichter kann nicht eher singen, als bis er von Gott angefüllt ist (quam deo plenus), er ist außer sich und seines Verstandes beraubt (extra se positus, & a mente alienatus). Die Werke der Dichter sind eher göttlich als menschlich, die Dichter selbst Mittler der Götter (deorum interpretes, dum sint furore correpti) [23]. Horazianische und platonische Elemente können sich vor allem dort miteinander verbinden, wo das Verhältnis von Wissen und furor, von poeta doctus und poeta insanus diskutiert wird: Kenntnisse und Erfahrung sind dem Dichter notwendig, aber alle Kunstfertigkeit ist unnütz, wenn der Dichter nicht durch den göttlichen furor inspiriert wird [24]. Oder: Der Dichter muß sowohl natürliche Neigung, Gelehrsamkeit und Kunstfertigkeit (arte) als auch den erhabenen und heiligen Wahnsinn (furore non insano, ma sublime & sacro) besitzen [25]. Oder: Der Dichter soll durch die Kunst (ars) gebildet und zugleich vom nicht wahnhaften, sondern göttlichen furor begeistert sein, so daß er sich nicht nur menschlichem Können, sondern auch der Gottheit verdankt [26]. Oder: Die Dichter erlangen durch den furor ein höheres Wissen; sie wissen im furor nichts über ihren Gegenstand, obwohl sie voller Gelehrsamkeit (dottrina e sapienza) sind [27].

Nach FR. PATRIZI, einem entschiedenen Platoniker, machen furore und entusiasmo das höchste Vermögen der verschiedenen Gaben des Dichters (natürliche Anlage, Wissen und Inspiration) aus, denn sie bringen die Kunst zur Vollendung [28]. Durch den «sacratissimo furore» wird das ingenium des Dichters erst zur schöpferischen Kraft. Ohne ihn bleibt das Gedicht «freddo & stupido» [29]. Der furor erfüllt den Dichter wie ein reißender Strom [30], womit M. G. VIDA aber zugleich die Warnung verbindet, der Dichter solle sich nicht zu sehr von dem als notwendig anerkannten furor bewegen lassen, sondern ihm die ratio entgegenstellen [31].

Andere Autoren widersprechen diesen Lehren heftig: Die Poesie entsteht nicht aus dem furor, sondern aus der Freude an der Nachahmung, und Platon hat Sokrates sicher nur ironisch über den furor reden lassen. Nicht der furor schafft die Dichtung, sondern umgekehrt versetzt die Dichtung die Zuhörer in Begeisterung [32]. Nicht Gott ist die Ursache des furor, sondern die Musik, die Ekstase auslöst und so glauben macht, die Dichter würden von Gott selbst angerührt [33]. Deshalb soll sich die Jugend vor den Verführungen der Dichter, die sich vom divinus afflatus inspiriert wähnen, hüten [34]. Besser ist es, ein schlechter Dichter zu sein, als vom Wahnsinn ergriffen zu werden. Der Glaube an den poetischen furor beruht nur auf dem Erstaunen, das die dichterische Redeweise bei der Menge hervorruft [35]. Ja, die Dichter täuschen den furor nur vor, um sich Anerkennung zu verschaffen [36]. G. FRACHETTA kommt zu dem Ergebnis, daß Platon den furor divinus nicht ernsthaft habe annehmen können, da er die Dichter wegen ihrer Unwahrheiten aus der Polis vertrieben habe, von der göttlichen Inspiration aber keine Falschheiten ausgehen könnten. Dichten geschieht zwar im furor, aber dieser ist eine spezifisch poetische, jedoch natürliche Fertigkeit (prontezza) [37]. Schließlich wird das Phänomen des dichterischen Wahns auf bloß natürliche Ursachen (innere Erregung und Bewegung) zurückgeführt und nur insofern göttlich genannt, als die gesamte Natur von Gott geschaffen ist. Wenn aber «divin furore» soviel wie eine besondere göttliche Eingebung bedeuten soll, dann ist er eine eitle, der Vernunft widerstreitende Fiktion [38]. Damit wird der furor nicht völlig unnütz, aber doch deutlich zugunsten der Gelehrsamkeit des Dichters herabgesetzt [39].

Obwohl der Begriff des furor poeticus weite Verbreitung fand und auch in der Dichtung selbst erwähnt wird [40], wird er in den Poetiken des *Barock* und der *Aufklärung* nicht mehr so stark beachtet. Die spezifischen Fähigkeiten des Dichters sucht man jetzt eher in der intellektuellen Begabung und ihrer Bildung durch Fleiß und Übung [41]. J. C. SCALIGER nennt Platons Lehre von der M. nur kurz [42]; G. J. VOSSIUS gibt eine rein natürliche Erklärung und läßt den Begriff «furor divinus» nur als poetisch-hyperbolische Ausdrucksweise gelten [43]. Während M. OPITZ Platon noch zustimmend zitiert [44], will R. RAPIN den furor und alle anderen Aufwallungen des Innern durch Ruhe und Heiterkeit (sérénité) verdrängt wissen: «Il y a quelque chose de divin dans le caractère du poète: mais il n'y a rien d'emporté et de furieux» [45]. CHR. THOMASIUS warnt vor dem «Irrtum des furor poeticus» [46], und GOTTSCHED findet «die beste Erklärung, die man von dem Göttlichen in der Poesie geben kann», darin, daß der Dichter «ein glücklicher munterer Kopf» sei und «lebhaften Witz» (Scharfsinnigkeit) besitze [47]. Nicht selten wird der furor verspottet [48] oder aber christlich als Gottbegnadung verstanden [49], so daß sich eine Diskussion darüber, ob er mit der christlichen Lehre zu vereinbaren sei, erübrigt. Daneben erscheinen gelehrte Abhandlungen über alle verfügbaren Aussagen zu ‹furor› und ‹Enthusiasmus› (beides wird in der Regel synonym gebraucht) [50]. In anderen Schriften wird der Begriff so erweitert, daß zu den vom furor Besessenen auch religiöse «maniaci atque fanatici» [51] und die Anhänger verschiedener wiedertäuferischer und schwärmerischer Sekten gezählt werden [52]. Ihr furor wird als falsch und teuflisch bezeichnet und von dem wahren, von Gott ausgehenden furor getrennt.

Aber auch Autoren, die dem furor poeticus grundsätzlich nicht ablehnend gegenüberstehen, verstehen ihn entweder als eine «naturalissima cosa» [53], als stark erregte Einbildungskraft [54] oder suchen seinen Ursprung in der Natur und in Gott als Schöpfer der Natur zugleich [55]. Dagegen kennt SHAFTESBURY noch jene «vernünftige Art von Wahnsinn» (sensible kind of madness), die den Dichtern erlaubt sei und die von einfacher Raserei unterschieden wird; und BAUMGARTEN hält die «Begeisterung» (furor) für notwendig, um die natürliche Begabung des Dichters «lebendig zu machen» [56].

Wenn auch der *Sturm und Drang* in der Reaktion auf den Rationalismus die Begeisterung des Genies und den Wahnsinn des Dichters wiederentdeckte [57], finden doch die Begriffe ‹M.› und ‹furor› in der nun einsetzenden breiten Genie-Diskussion im allgemeinen keine Verwendung. Das mag damit zusammenhängen, daß das Genie sich zwar oft als göttlich versteht, dies aber im Sinne des prometheisch Selbstschöpferischen [58], so daß es keines besonderen divinus afflatus mehr bedarf. GOETHE, der Werther sagen ließ, daß «alle außerordentlichen Menschen, die etwas Großes, etwas Unmöglicherscheinendes wirkten, von jeher für Trunkene und Wahnsinnige» gehalten wurden [59], lehnt später eine «göttliche Eingebung» des Künstlers als Mystifizierung ab [60]. In der *Romantik* versteht K. W. F. SOLGER die «Begeisterten» zwar als «Propheten und Ausleger Gottes», unterscheidet aber die «heiligen Priester», die sich dem Göttlichen unterwerfen, von den «schöpferischen Künstlern», die «unabhängig», «jeder für sich ... das ganze Weltall auszudrücken streben» [61]. In der wahren Kunst wird die Begeisterung nie ohne die Ironie, das Bewußtsein «unserer Nichtigkeit, des Unterganges der Idee in der Wirklichkeit», auftreten [62]. HEGEL hält die Begeisterung des Genies zwar für notwendig, sie muß sich jedoch erfüllen und objektiv werden im Kunstwerk [63].

Je mehr M. im 19. Jh. von der empirischen Psychologie und Medizin untersucht wird, um so mehr beschränkt sich das Thema des künstlerischen Wahns allein auf die Frage nach dem Verhältnis von Genie und ‹krankhaftem› Wahnsinn. Glaubte SCHOPENHAUER, daß dieser Wahnsinn in einer «naturwidrigen Sonderung des Intellekts vom Willen» bestehe [64], so wird die Beziehung zwischen Künstler und M. fortan vor allem zum Gegenstand der Psychopathologie (J. MOREAU DE TOURS, C. LOMBROSO, W. LANGE-EICHBAUM u. a.) [65]. Auch in der Ästhetik bleibt allein diese Bedeutung von ‹M.› erhalten [66]. Gegen diese Tendenzen wandte W. DILTHEY ein, daß die dichterische Einbildungskraft auf ganz andere Weise wirksam werde als die des Irren [67]. FR. NIETZSCHE schließlich sieht Wissenschaft und Kunst, logisches Denken und Wahn in einem Prozeß des gegenseitigen Sich-Bedingens und -Ablösens. Hatte Sokrates den «holden Wahnsinn künstlerischer Begeisterung» verworfen und dem wissenschaftlichen Forschen zum Durchbruch verholfen, so liegt in der Wissenschaft selbst wiederum «eine tiefsinnige Wahnvorstellung», durch die sie «bis zu ihren Grenzen» getrieben wird, an denen sie wieder «in Kunst umschlagen muß» [68]. Zugleich mit den «Segnungen» des genialen Wahnsinns sieht Nietzsche aber auch die «Gefahr», die von ihm ausgeht, für das Genie und seine «Gläubigen» [69].

Anmerkungen. [1] PLINIUS D. J., Ep. VII, 4, 10; vgl. CLAUDIANUS, Proserpina I, 4. – [2] E. R. CURTIUS: Europ. Lit. und lat. MA (⁷1969) 467. – [3] HORAZ, De arte poetica 295ff. – [4] ARISTOTELES, Problem. 954 a 34. – [5] R. MEISSNER: Dein clage ist one reimen, in: Vom Geiste neuerer Lit.forsch. Festschr. O. Walzel (1924) 34. – [6] CICERO, Pro Archia poeta VIII, 18. – [7] FR. PETRARCA, Collatio laureationis (1341). Opere lat., hg. A. Bufano 2 (Turin 1975) 1258. – [8] G. BOCCACCIO: Genealogia deorum gentilium XIV, 7, in: Dichtungstheorien der Romania aus der Zeit der Renaissance und des Barock, hg. A. BUCK u. a. (1972) 71. – [9] L. BRUNI ARETINO: Epistolarium VI, 1, hg. L. MEHUS (Florenz 1741) 2, 37f. – [10] Le vite di Dante e di Petrarca (1436), in: Humanist.-philos. Schriften, hg. H. BARON (1928) 59; vgl. 156; auch in: Dichtungstheorien a.O. [8] 111. – [11] C. LANDINO: Q. Horatii Flacci opera cum interpretatione C. Landini (Venedig 1486) fol. CVII. – [12] Disputationes Camaldulenses III (Straßburg 1508) fol. f 1r; vgl. A. BUCK: Dichtung und Dichter bei C. Landino. Roman. Forsch. 58/59 (1947) 233-246; Erwähnung der furores innerhalb der Lehre von der Divination bei G. F. PICO DELLA MIRANDOLA, De rerum praenotione IV, 7. Opera (Basel 1557-1573) 2, 480. – [13] M. FICINO: Theol. platonica XIII, 2. Opera omnia (Basel ²1576, ND Turin ²1962) 1, 287; Br. vom 4. 3. 1473. Opera 1, 634f. – [14] Br. vom 1. 12. 1457. Opera a.O. 1, 614; vgl. P. O. KRISTELLER: Die Philos. des M. Ficino (1972) 292. 300f.; zur Übertragung dieser Lehren Ficinos nach Frankreich (R. LE BLANC) vgl. W. MÖNCH: Die ital. Platonrenaissance und ihre Bedeutung für Frankreichs Lit.- und Geistesgesch. (1450-1550) (1936) 308ff.; vgl. auch P. DE TYARD: Solitaire premier ou prose des muses et de la fureur poëtique (Lyon 1552); J. PELETIER: L'art poétique (Lyon 1555). – [15] M. FICINO, De amore VII, 13-15. Opera a.O. [13] 1320-1363. – [16] H. C. AGRIPPA VON NETTESHEIM, De occulta philos. III, 46. 49 (1533, ND 1967) 311. 316; vgl. F. A. YATES: G. Bruno and the hermetic tradition (Chicago u. a. 1964) 281f. – [17] G. BRUNO: De gli eroici furori III. Opere ital., hg. G. GENTILE 2 (Bari 1927) 359. 373. – [18] a.O. IV. Opere 2, 377. – [19] III. Opere 2, 366-368; vgl. H.-U. SCHMIDT: Zum Problem des Heros bei G. Bruno (1968). – [20] A. RICCOBONI: Dissensio de ep. Horatii ad Pisones, in: Compendium artis poeticae Aristotelis (Padua 1591, ND 1970) fol. D 4v; vgl. fol. &4v; T. CORREA: In lib. de arte poetica Q. Horatii Flacci explanationes (Venedig 1587, ND 1969) 102; vgl. L. SALVIATI: Trattato della poetica. Lezzion prima (Ms.) (1564), zit. bei B. WEINBERG: A hist. of lit. criticism in the Italian renaissance (Chicago 1961) 1, 285. – [21] A. G. PARRASIO: In Q. Horatii Flacci artem poeticam comm. luculentissima (Neapel 1531) 1. 4; F. LOVISINI (Luísini): In lib. Q. Horatii Flacci de arte poetica comm. (Venedig 1554, ND 1969) 59r/v; V. MAGGI und B. LOMBARDI: In Arist. lib. de poetica communes explanationes (Venedig 1550, ND 1969) 187. – [22] F. SUMMO: Discorsi poetici (Padua 1600, ND 1969) fol. 55v-60v. – [23] P. POMPONAZZI: De naturalium effectuum causis sive de incantationibus (1520). Opera (Basel 1567) 125-127; vgl. M. DI SAN MARTINO E DI VISCHE: Le osservationi grammaticali e poetiche della lingua ital. (Rom 1555) 125f. 128; G. MUZIO: Dell'arte poetica, in: Rime diverse (Vinegia 1551) 93; M. VERDIZOTO: Genius, sive de furore poetico (Venedig 1575) bes. 2ff.; DE TYARD, a.O. [14]. – [24] B. TASSO: Ragionamento della poesia (Vinegia 1562) 12v. – [25] G. P. CAPRIANO: Della vera poetica (Vinegia 1555, ND 1968) fol. c 1v. – [26] G. A. VIPERANO: De poetica libri tres (Antwerpen 1579, ND 1967) 17. – [27] S. AMMIRATO: Il dedalione overo del poeta dialogo (1560). Opusculi 3 (Florenz 1642) 364. – [28] FR. PATRIZI: Della poetica. La deca disputata (Florenz 1586) 24. 27. – [29] La citta felice ... Discorso della diversità dei furori poetici (Venedig 1553) 45r-v. 50r-v. – [30] a.O. 49r. – [31] M. G. VIDA: De arte poetica libri III (Rom 1527) 2, 395ff. 445ff., hg. R. G. WILLIAMS (New York 1976) 68. 73. – [32] P. BENIO: In Arist. poeticam comm. (Padua 1513) 178. 425. 427f. – [33] G. FRACASTORO: Naugerius sive de poetica dialogus (1555) 166v, hg. R. KELSO/M. BUNDY (Urbana, Ill. 1924) 65. – [34] G. CONTARINI, De officio episcopi. Opera (Paris 1571) 425f. – [35] A. S. MINTURNO: De poeta libri sex (Venedig 1559, ND 1970) 78f. – [36] L. CASTELVETRO: Parere sopra l'ajuto, che domandano i poeti alle muse. Opere varie crit. (Bern 1727) 90. – [37] G. FRACHETTA: Dialogo del furore poetico (Padua 1581, ND 1969) 22ff. 40ff. – [38] L. GIACOMINI TEBALDUCCI MALESPINI: Orationi e discorsi (Florenz 1597) 53-73: Del furor poetico discorso, zit. 61f. – [39]

a.O. 69f.; vgl. J. HUARTE: Examen de ingenios para las ciencias (Baeza 1575), dtsch. G. E. LESSING: Prüfung der Köpfe zu den Wiss. (1752) 83. 134 (M. beruht auf physiol. Ursachen); A. L. PINCIANO: Philosophia antiqua poetica (Madrid 1596), hg. A. CARBALLO PIZACO (Madrid 1973) 1, 222 (furor als natürliches ingenium des Dichters). – [40] FR. RABELAIS, Gargantua et Pantagruel III, 22; V, 46: «Comment Panurge et les autres riment par fureur poétique». Oeuvres compl., hg. J. BOULANGER/L. SCHELER (Paris 1955) 405. 884ff.; W. SHAKESPEARE, Ein Sommernachtstraum V, 1; P. DE RONSARD, Oeuvres compl., hg. G. COHEN (Paris 1950) 2, 613f.; vgl. FR. SCHALK: Beitr. zur roman. Wortgesch. (II): Phreneticus, Phrenesia im Romanischen. Roman. Forsch. 65 (1954) bes. 25ff. – [41] Vgl. z. B. J. CHR. GOTTSCHED: Versuch einer critischen Dichtkunst (⁴1751, ND 1977) 94; vgl. 45 (Anm. 116). 47 (Anm. 120). 172. 434. – [42] J. C. SCALIGER: Poetices lib. septem I, 2 (Lyon 1561, ND 1964) 5. – [43] G. J. VOSSIUS: De artis poeticae natura, ac constitutione liber (Amsterdam 1647) 72f. – [44] M. OPITZ: Buch von der Deutschen Poeterey (1624), hg. R. ALEWYN (²1966) 7. 54. – [45] R. RAPIN: Réfl. sur la poétique de ce temps (Paris ²1675), hg. E. T. DUBOIS (Genf 1970) 17; gegen Rapin H. MUHLIUS und S. KORTHOLT: Disquisitio de enthusiasmo poetico (1696). – [46] CHR. THOMASIUS: Cautelae circa praecognita jurisprudentiae in usum auditorii (1710-13) (1,) 104; vgl. FR. R. L. VON CANITZ: Gedichte (³1750) 240. – [47] GOTTSCHED, a.O. [41] 102. – [48] G. W. SACER: Reime dich, oder ich fresse dich (1673), zit. in: B. MARKWARDT: Gesch. der dtsch. Poetik 1 (³1964) 202. – [49] MARKWARDT, a.O. 99. 118f. – [50] A. BORREMANS: Dialogus literarius de poetis et prophetis (Amsterdam 1678); A. MASCARDI: Prose vulgari (Venedig 1663) 1, 168-208: Intorno al furor poetico; MUHLIUS/KORTHOLT, a.O. [45]; D. G. MORHOF: De enthusiasmo seu furore poetico dissertatio, in: Dissertationes academicae & epistolicae (1699) 71-82; H. G. WAGNERUS und J. S. TZSCHIRCHIUS: Enthusiasmum oratorium (1713); J. G. WALCH und CHR. J. GUTERMANN: Diatribe de enthusiasmo veterum sophistarum atque oratorum (1720); M. G. HANSCHIUS: Diatriba de enthusiasmo platonico (1716). – [51] H. MORE, Enthusiasmus triumphatus. Opera omnia (London 1679, ND 1966) II/2, 189. – [52] J. HOORNBEEK: Summa controversiarum religionis (Utrecht ²1658) 378ff.; H. J. GERDESEN: De enthusiasmo schediasma inaugurale ... Contra fanaticos nov-antiquos publice propositum (1708). – [53] L. A. MURATORI: Della perfetta poesia ital. (1706). Opere, hg. G. FALCO/F. FORTI (Mailand/Neapel 1964) 94. – [54] J. J. BODMER: Von dem Einfluß und Gebrauche der Einbildungskrafft (1727) 238f.; vgl. M. MENDELSSOHN: 274. Brief, die neueste Lit. betreffend (1764); J. J. BREITINGER: Crit. Dichtkunst (1740) 1, 308f. 329ff.; J. J. BODMER und J. J. BREITINGER: Die Discourse der Mahlern I (1721) 96. – [55] P. PETIT: Selectorum poematum libri duo (Paris 1683) 1-85: De furore poetico dissertatio, bes. 7ff. 79ff. – [56] A. A. C. Earl of SHAFTESBURY: The Moralists III, 1. Characteristics of men, manners, opinions, times etc., hg. J. M. ROBERTSON (Gloucester, Mass. 1900) 2, 99; A. G. BAUMGARTEN: Kollegium über Ästhetik, in: B. POPPE: A. G. Baumgarten ... (Diss. Leipzig 1907) 113f. – [57] J. G. HERDER, Vom Geist des Christentums. Sämtl. Werke, hg. B. SUPHAN 20 (1880) 125ff.; J. G. HAMANN, Wolken. Sämtl. Werke, hg. J. NADLER 2 (1950) 103ff.; FR. L. Graf ZU STOLBERG: Über die Begeisterung. Deutsches Museum 7/1 (1782) 387-397; zurückhaltender CHR. M. WIELAND, Werke 5 (1968) 165. 746-748. – [58] Vgl. Art. ‹Genie III, 3›. – [59] GOETHE, Hamburger A. 6, 47. – [60] Weimarer A. 41/2, 173. – [61] K. W. F. SOLGER: Erwin. Vier Gespräche über das Schöne und die Kunst (1815), hg. W. HENCKMANN (1971) 210f. – [62] Vorles. über Ästh. (1829, ND 1969) 242f. – [63] G. W. F. HEGEL: Phänomenol. des Geistes, hg. J. HOFFMEISTER (⁵1949) 504f.; Ästh., hg. F. BASSENGE (1955) 1, 37f. 282. – [64] A. SCHOPENHAUER, Sämtl. Werke, hg. J. FRAUENSTÄDT/A. HÜBSCHER (1937-41) 3, 443f.; vgl. 3, 456ff. – [65] Vgl. Art. ‹Genie III, 5 c›. – [66] W. SCHERER: Poetik (1888), hg. G. REISS (1977) 115ff. – [67] W. DILTHEY, Ges. Schr. 6 (1958) 90-102, bes. 93f. – [68] FR. NIETZSCHE, Werke, hg. K. SCHLECHTA (⁶1969) 1, 78. 85f. – [69] a.O. 1, 555-557.

Literaturhinweise. J. G. SULZER: Allg. Theorie der schönen Künste 1 (²¹792) 349-357: Art. ‹Begeisterung›. – A. BUCK: Italien. Dichtungslehren vom MA bis zum Ausgang der Renaissance (1952); Der Begriff des «poeta eruditus» in der Dichtungstheorie der ital. Renaissance, in: Die humanist. Tradition in der Romania (1968) 236ff. – O. PÖGGELER: Dichtungstheorie und Toposforsch., in: Jb. Ästh. und allg. Kunstwiss. 5 (1960) bes. 112-123. – B. WEINBERG s. Anm. [20]. – W. F. PATTERSON: Three centuries of French poetic theory 1-3 (New York ²1966). – P. FR. REITZE: Beitr. zur Auffassung der dichterischen Begeisterung in der Theorie der dtsch. Aufklärung (Diss. Bonn 1969). – J. LINK: Die Theorie des dicht. Furore in der ital. Renaissance (Diss. München 1971). – FR.-J. MEISSNER: Wortgeschichtl. Untersuch. im Umkreis von frz. Enthousiasme und Génie (1979).

U. DIERSE

Manierismus. Der Begriff ‹M.s› hat seine Vorgeschichte in ‹*maniera*› (M.a), einem Wort, das in italienischen Kunsttraktaten seit CENNINI (ca. 1400), GHIBERTI (ca. 1450) und vor allem VASARI (1550) gebräuchlich war [1]. ‹M.a› bezeichnet zunächst die individuelle künstlerische Eigenart [2], bevor Vasari den Mangel an ausgeprägter (bella) M.a zugleich als künstlerischen Mangel beschreibt [3]. Damit formuliert er eine Gegenposition zum klassischen Ideal regelgeleiteter Harmonie, wie sie sich, parallel dazu, auch in der italienischen Kunst seit etwa 1520 nachweisen läßt. Künstlerische Invention und die Maßgeblichkeit eines Naturkanons geraten in wachsenden Gegensatz [4]. Vasari benutzt ‹M.a› ansatzweise auch zur stilistischen Kennzeichnung einer Epoche der Kunst (terza età), die mit Leonardo da Vinci und Raffael beginnt und in Michelangelo ihr historisches Telos hat: «la M.a di Michelangelo» repräsentiert zugleich den künstlerischen Höchstwert [5]. – In der Kunsttheorie des 17. Jh. wird der manieristische Widerspruch zwischen den konzeptionellen Möglichkeiten der Kunst und der Idee der Naturtreue in verschiedener Weise ausgetragen. Bei ZUCCARI (z. B. in der Einheit und Differenz von disegno interno und disegno esterno) unter Benutzung aristotelisch-thomistischer Lehrstücke, bei LOMAZZO unter Rückgriff auf die neuplatonische Schönheitsmetaphysik. Die klassizistische Kunsttheorie (besonders auch Frankreichs) sieht die *manière* negativ (Art. ‹manière› von DIDEROT 1767) – sofern sie sich nicht in den Dienst skrupulöser Naturtreue stellt [6]. Auch MILIZIA (1787) sieht in übertriebener M.a («ammanierato») ein negatives Charakteristikum, vor allem der Epigonen Raffaels und Michelangelos [7]. Die barocke Abwertung der M.a ist auch noch bei LUIGI LANZI zu spüren, der jedoch erstmals 1789 den Begriff erweitert und von M.s und in historischer Absicht von Manieristen spricht [8]. ‹M.s› umschreibt die Fehlentwicklung der Kunst, die nach dem Sacco di Roma (1527) beginnt.

Für J. BURCKHARDT (1855) ist die Zeit des M.s zwischen 1530 und 1580 gleichfalls eine Phase künstlerischen Niedergangs – gemessen am klassischen Ideal der Hochrenaissance [9]. Ein Schritt zu einer positiveren Bewertung des M.s zeichnet sich bei GURLITT (1887) und WÖLFFLIN (1888) ab, veranlaßt durch das Problem, den historischen Zusammenhang der Kunst der Renaissance und des Barocks zu erfassen. GOLDSCHMIDT (1911), BUSSE (1911) – Zeitgenossen des Expressionismus – verstärken diese Umwertung, bis sich nach dem Ersten Weltkrieg vor allem durch die Forschungen DVOŘÁKS (über El Greco, 1918) und H. VOSS' (1920) ‹M.s› als selbständiger Stilbegriff eigener Legitimität durchsetzt. Zwischen 1920 und dem Zweiten Weltkrieg werden mit dieser neugewonnenen Optik verschiedene Versuche unternommen, auch bislang kaum beachtete Künstler und Künstlergruppen historisch und ästhetisch zu würdigen, die Geschichte der europäischen Kunst der Neuzeit insgesamt neu zu schreiben: WEISBACH (1919), FRÖHLICH-BUM (1921), H. KAUFMANN (1923), M. HÖRNER (1924/28), H. WESCHER-KAUERT (1924), E. PANOFSKY (1924), W. FRIEDLÄNDER (1925/30), F. ANTAL (1927), N. PEVSNER (1928), W. PINDER (1932), E. MICHALSKI (1933), G. C. ARGÁN (1934/42), H. HOFFMANN (1938), L. BECCHERUCCI (1943), G. BRIGANTI (1945). Dabei erweist sich die Kategorie des M.s in gleicher Weise als fruchtbar für die Geschichte der Malerei, Architektur und Plastik. Zunehmend wird sie über den italienischen Bereich hinaus erweitert. Auch Zusammenhänge zwischen Gotik und M.s werden sichtbar (aufgegriffen von G. WEISE 1954).

Nach dem Zweiten Weltkrieg war die Forschung vor allem bemüht, die älteren Ansätze zu erweitern (u. a. auf das Gebiet der Literatur: E. R. CURTIUS 1953) bzw. in Einzelstücken zu differenzieren, schließlich Fragen der Periodisierung zu diskutieren. Die Europaratausstellung 1955 ‹Der Triumph des M.s› signalisiert eine Popularisierung von Begriff und Inhalt des M.s. Die in ihm angelegte Ambivalenz zwischen einer ästhetischen und historischen Komponente führte vielfach dazu, ihn über das 16. Jh. hinaus als geschichtliche Konstante zu begreifen, die im Kontrast zur Konstante des Klassischen steht: schon HÖRNER (1924), dann HOCKE (1957), der von einem «manieristischen Menschentyp» [10] spricht. Dabei geht der historische Bezeichnungswert des M.s häufig wieder verloren. Insgesamt bewegt sich die Forschung auf den angelegten Bahnen weiter: u. a. FREEDBERG (1961), BATTISTI (1960), BRIGANTI (1961), W. SYPHER (1955), F. WÜRTENBERGER (1962), C. H. SMYTH (1963), D. FREY (1964), A. HAUSER (1964), J. BIALOSTOCKI (1966), J. SHEARMAN (1967).

Anmerkungen. [1] Vgl. dazu und zum folgenden M. TREVES: M.a. The hist. of a word, in: Marsyas. A publ. by the students of the Inst. of Fine Arts New York Univ. 1 (1941, ND Millwood, N.Y. 1974) 69-88. – [2] Vgl. etwa G. VASARI, Le vite de' più eccellenti pittori, scultori ed architetti, hg. MILANESI (Florenz 1878-85) 7, 727; 2, 603; 6, 472. – [3] Vgl. a.O. 2, 106. 288; 4, 7. – [4] Vgl. TREVES, a.O. [1] 74f. – [5] a.O. 72. – [6] Vgl. D. DIDEROT, Oeuvres compl. (Paris 1875-1877) 11, 368-373. – [7] F. MILIZIA: Dizionario delle belli arti del disegno (Bologna 1827) 2, 197. – [8] Vgl. L. LANZI: Storia pittorica della Italia (Bassano 1789); dtsch. Gesch. der Malerei in Italien, hg. J. G. QUANDT/A. WAGNER (1830) 1, 406. – [9] Vgl. J. BURCKHARDT: Der Cicerone (1855, ND 1927) 940-949. – [10] G. R. HOCKE: Die Welt als Labyrinth (1957) 8.

Literaturhinweise. G. P. LOMAZZO: Idea del tempio della pittura (Mailand 1590). – F. ZUCCARI: L'idea de' scultori, pittori e architetti (Turin 1607). – F. MILIZIA s. Anm. [7]. – L. LANZI s. Anm. [8]. – J. BURCKHARDT s. Anm. [9]. – H. WÖLFFLIN: Renaissance und Barock (1888). – F. GOLDSCHMIDT: Pontormo, Rosso und Bronzino (1911). – K. H. BUSSE: M.s und Barockstil (1911). – W. WEISBACH: Der M.s. Z. bildende Kunst 54, NF 30 (1919) 161-183. – H. VOSS: Die Malerei der Spätrenaissance in Rom 1. 2 (1920). – H. KAUFMANN: Der M.s in Holland und die Schule von Fontainebleau, in: Jb. preuß. Kunstslgen 44 (1923) 184-204. – M. DVOŘÁK: Über Greco und den M.s, in: Kunstgesch. als Geistesgesch. (1924) 259-276. – E. PANOFSKY: Idea (1924). – M. HÖRNER: M.s. Z. Ästh. allg. Kunstwiss. 17 (1923/24) 262-268. – W. FRIEDLÄNDER: Die Entstehung des antiklass. Stils in der ital. Malerei um 1520, in: Rep. Kunstwiss., hg. W. WAETZOLDT 46 (1925) 49-86. – N. PEVSNER: Gegenreformation und M.s, in: WAETZOLDT, a.O. 243-262; Die ital. Malerei vom Ende der Renaissance bis zum ausgehenden Rokoko (1928). – W. PINDER: Zur Physiognomik des M.s, in: Die Wiss. am Scheidewege von Leben und Geist. Festschr. L. Klages zum 60. Geburtstag, hg. H. PRINZHORN (1932) 148-157. – H. HOFFMANN: Hochrenaissance, M.s, Frühbarock (1938). – M. TREVES s. Anm. [1]. – L. BECCHERUCCI: Manieristi toscani (Bergamo 1943). – E. R. CURTIUS: Europ. Lit. und lat. MA (1953). – G. S. ADELMANN und G. WEISE: Das Fortleben gotischer Ausdrucks- und Bewegungsmotive in der Kunst des M.s (1954). – De Triomf van het M.s, de europese stijl van Michelangelo tot El Greco; frz. Le triomphe du M.s européen de Michel-ange au Gréco (Rijksmuseum: Amsterdam 1955). – W. SYPHER: Four stages of Renaissance style. Transformations in art and lit. 1400-1700 (Garden City, N.Y. 1955). – G. R. HOCKE s. Anm. [10]; M.s in der Lit. (1959). – E. BATTISTI: Rinascimento e barocco (Rom 1960). – S. J. FREEDBERG: The painting of the High Renaissance in Rome and Florence (Cambridge, Mass. 1961). – Atti Congr. Manierismo, Barocco, Rococo – concetti e termini (Rom 1962). – F. WÜRTENBERGER: Der M.s (1962). – C. H. SMYTH: M.s and M.a (New York 1962). – D. FREY: M.s (1964). – A. HAUSER: M.s (1964). – J. BIALOSTOCKI: M.s und «Volkssprache» in der poln. Kunst, in: Stil und Ikonogr. (1966) 36-56; Der M.s zwischen Triumph und Dämmerung a.O. 57-76. – J. SHERMAN: M.s, style and civilization (London 1967). – G. WEISE: Il M.s. Bilancio crit. del problema stilistico e culturale (Florenz 1971). – H. FEDERHOFER: Der M.s-Begriff in der Musikgesch. Arch. Begriffsgesch. 17 (1973) 206-220.   G. BOEHM

Manipulation. Der *Begriff* ‹M.› hat heute einen festen Bedeutungsgehalt, sowohl in der Alltagssprache als auch in wissenschaftlichen Argumentationen. Seine Semantik umfaßt 'Beeinflussung, gezielte Lenkung' [1] sowie Handhabung und Steuerung des Menschen wider Willen [2]. Seit dem Ende der 50er Jahre läßt sich die verstärkte Durchsetzung dieser Bedeutung feststellen [3]. Seit der Studentenbewegung der 60er Jahre und ihrer Kritik der Massenmedien hat der Begriff ‹M.› eindeutig aggressiven Charakter, «er gehört zur Sprache sozialer Anklage» [4].

Das *Wort* ‹M.› kommt ursprünglich aus dem *Lateinischen* von ‹manipulus›, eine Handvoll, und wird darüberhinaus als Bezeichnung für eine taktische Einheit im römischen Heerwesen benutzt. «Die einzelnen Soldaten selbst aber wurden Manipulares, und der dieselben anführte, Manipularius genennet» [5]. Als «eine gewisse Quantität oder Maaß» von Kräutern und Blättern, «welche man mit der ganzen Hand begreiffen kan» [6], ist ‹manipulus› auch ein gebräuchliches Wort in Rezepten. Im mittelalterlichen Latein bedeutet die Verbform «manipulare» soviel wie «handhaben» und «an der Hand führen» im Sinne von Hilfeleistungen gegenüber Schwachen [7].

Im *Französischen* des 18. Jh. steht ‹M.› zum ersten Mal als ein *Oppositum zur Theorie:* «il y a la théorie de l'art et la m.». «M., manipuler, ces mots sont d'usage dans les laboratoires du distillateur, du chimiste, du pharmacien, et de quelques autres artistes» [8]. Auch im *Deutschen* ist diese Bedeutung gebräuchlich. So ist ‹M.› die Bezeichnung einer medizinischen Behandlungsmethode durch die Hand, im Magnetismus und Mesmerismus. M. ist die «Bearbeitung, Berührung und Streichung eines Körpers mit den Händen, um heilsame Veränderungen in demselben zu bewirken» [9]. Als Kanzleiwort ist der Begriff ‹M.› seit 1775 dokumentiert: «Da bey der reichsgerichtlichen M. alles darauf ankömmt, wie die vorkommenden Sachen von den Partien ... vorgetragen werden» [10]. Diese technisch-praktische Bedeutung hat sich bis zum Ende des 19. Jh. durchgehalten. ‹M.› wird definiert als «kunstgerechte Handhabung, jede Verrichtung mit der Hand wozu Geschicklichkeit notwendig ist» und metaphorisch auch als «Verfahren, Geschäftskniff» [11].

Wissenschaftliche Bedeutung erhält der Begriff ‹M.› erst im 20. Jh. im *Englischen.* Nach J. B. WATSON (1930) ist M. beim Kleinkind eine aus dem angeborenen Greifreflex entwickelte, systematisch ausgeübte Tätigkeit mit den Greif- und Tastorganen. Der Greifreflex «macht der Gewohnheit des Anfassens, Haltens und der M. Platz»

[12]. Innerhalb der *Psychologie* ist dieser M.-Begriff weiterentwickelt worden. HARLOW et al. (1950) zählen zu den primären Bedürfnissen wie Hunger, Durst, Sexualität auch einen M.-Trieb. An Rhesusaffen wurde beobachtet, daß M.-Vorgänge, d. h. die Neigung, sich ohne materielles Ziel manuell zu betätigen, als Motivation für viele Lernaufgaben ausreicht [13]. Bei B. F. SKINNER wird der Begriff ‹M.› in seiner technischen Bedeutung in die Taxonomie der «behavioral psychology» aufgenommen. Die bewußte M. von Variablen wird in Laborexperimenten zum Humanverhalten methodisch durchgeführt, um kontrollierbare Veränderungen zu bewirken und um deren Ergebnisse zu beobachten [14]. «Erweisen sich die Variablen, die wir in einer experimentellen Analyse entdecken, als manipulierbar, können wir von der Interpretation zur Kontrolle oder Steuerung von Verhalten übergehen» [15]. Vorsätzliche M. von Verhalten und Kultur ist ein «Charaktermerkmal vieler Kulturen» [16].

Philosophisch relevant wird der Begriff ‹M.› erstmals bei G. H. MEAD (1938). Er benutzt den Begriff in erkenntnisanthropologischem Zusammenhang und unterscheidet vier unterschiedliche Handlungsphasen: die des Handlungsimpulses, der Wahrnehmung, der M. und der Handlungsvollendung [17]. ‹M.› bezeichnet die Phase, in der das distante Objekt in ein Kontaktobjekt transformiert wird. Die Wahrnehmung eines Objekts erfolgt immer schon mit einer gewissen Erwartung, die auch enttäuscht werden kann. Erst durch M. wird diese Einstellung bestätigt oder modifiziert. «The physical thing arises in M. There is in M. the greater fineness of discrimination of tactual surfaces of the hand, the threedimensional experience which comes from grasping and ... there is the instrumental nature of the manipulatory experience» [18]. Durch M. wird das Wahrnehmungsobjekt erst erfahren. M. ist «the potential crumbling of the subject into continually smaller parts. The contact experience through the action of the hand becomes also a distance experience. We advance from the whole to its parts» [19]. Durch M. wird es Organismen möglich, eine physikalische Welt zu konstituieren [20].

Die *kritische Wendung* in der Semantik des Begriffs ‹M.› erfolgte in der ersten Hälfte des 20. Jh. in den USA, wahrscheinlich zuerst bei Untersuchungen zur öffentlichen Meinung [21]. Bei E. L. BERNAYS ist M. ein technischer Vorgang, der positiv wie negativ angewendet werden kann, zur Erziehung wie zur Propaganda [22]. Bei H. D. LASSWELL bezeichnet ‹M.› semantisch eindeutiger eine Technik der Herrschaftssicherung politischer Eliten. Neben Gewalt (violence) ist M. eine dieser Techniken. «An élite preserves its ascendancy by manipulating symbols, controlling supplies, and applying violence» [23].

Die zweite Quelle des heute geläufigen kritischen Gebrauchs des Begriffs ‹M.› findet man in der Kritischen Theorie der Frankfurter Schule, jedoch nicht vor der Emigration des Instituts für Sozialforschung nach den USA. In einem englischsprachigen Artikel M. HORKHEIMERS wird der heute mit ‹M.› umschriebene Sachverhalt noch mit «to handle» wiedergegeben [24]. H. MARCUSE rezipierte in den USA im Anschluß an VEBLEN [25] die technisch-instrumentale Bedeutung des Begriffs ‹M.› bei der Analyse der mit der modernen Technologie zusammenhängenden Sachzwänge. An der Maschine lernt der Mensch, daß M. auch als technologisches Herrschaftsinstrument über Menschen einsetzbar ist. «In manipulating the machine, man learns that the obedience to the directions is the only way to obtain divided results» [26]. «There is no constellation of matter which he does not try to break up, to manipulate and to change according to his will and interest» [27]. Der menschliche Experimentalismus, die natürliche M., koinzidiert daher häufig mit der Bemühung, wirksame Kontrollen über Menschen zu errichten. Nach diesen Vorarbeiten Marcuses kommt es in der Kritischen Theorie zu ersten Verwendungen des Begriffs ‹M.› in kritischer Absicht [28].

In den empirischen Studien zur autoritären Persönlichkeit entwickelt TH. W. ADORNO (1950) eine Typologie von Vorurteilssyndromen, von denen er eins als «manipulativen Typus» bezeichnet. Die manipulative Persönlichkeit «degradiert» «die Wirklichkeit zum bloßen Handlungsobjekt» [29]. Der «Manipulative» lebt in einer «Art zwanghaftem Überrealismus, der alles und jeden als Objekt betrachtet, das gehandhabt, manipuliert und nach eigenen theoretischen und praktischen Schablonen erfaßt werden kann» [30]. Innerhalb der Kritischen Theorie entwickelt sich ein eindeutiger Gebrauch des Begriffs ‹M.›. Er wird zur Beschreibung und Erklärung des Verhältnisses von Herrschenden und Massen benutzt. M. ist die durch Technik und Massenmedien vermittelte Massenbeherrschung. Allerdings setzt jede erfolgreiche M. eine präexistente Bereitschaft der Opfer voraus [31]. In dieser Bedeutung des Begriffs ‹M.› fallen die beiden semantischen Komponenten des Begriffs, die geschickte Handhabung eines Instrumentes und die Beeinflussung zwecks Herrschaftssicherung, zusammen.

Beim späten MARCUSE wird dieser M.-Begriff zur zentralen Kategorie seiner Gesellschaftskritik. M. ist bei ihm die Erklärung für die Unterbindung grundlegenden sozialen Wandels und die Stabilisierung der bestehenden rationalen Irrationalität fortgeschrittener Industriegesellschaften. M. hat so den Zweck, «den Einzelnen mit der Lebensform auszusöhnen, die ihm von der Gesellschaft aufgezwungen wird» [32]. Die Individuen werden «(bis in die Triebe hinein) geschult und manipuliert» [33]. Als «Agenturen der M.» fungieren hauptsächlich die Massenmedien [34]. Letztlich fördert die ganze bestehende Kultur die Verfestigung der gesellschaftlichen Eindimensionalität. Ein neuer Typus von Beherrschten entsteht, solche, «die nicht mehr widersprechen, oder deren Widerspruch selbst wieder in die Positivität eingeordnet wird, als kalkulierbares und manipulierbares Korrektiv, das Verbesserungen im Apparat erfordert» [35].

Diesen von Marcuse ausgearbeiteten gesellschaftskritischen M.-Begriff findet man in der *marxistisch-leninistischen* Philosophie wieder. ‹M.› bezeichnet hier die «Herrschaftstechnik der imperialistischen Bourgeoisie zur Steuerung des Verhaltens großer Massen des Volkes» [36]. Beabsichtigt ist die «Degradierung des gesamten Menschen zum Objekt der Monopole» [37]. M. ist im Marxismus-Leninismus die Universalformel zur Erklärung des Ausbleibens von Klassenkämpfen im staatsmonopolistischen Kapitalismus.

Anmerkungen. [1] Duden, Fremdwörterb. (1966) s.v. – [2] Vgl. Herders Lex. der Psychol. 2 (1971). – [3] Vgl. u. a. G. und H. H. FLÖTER: Der manipulierte Mensch und seine Freiheit, in: Die neue Gesellschaft (1958) 268-281; H. W. FRANKE: Der manipulierte Mensch (1964); A. D. BIDERMANN und H. ZIMMER: The M. of human behavior (New York 1961). – [4] G. SCHMIDTCHEN: M. - Freiheit negativ (1970) 5. – [5] ZEDLERS Universal Lex. (1739) 972. – [6] ebda. – [7] Vgl. Autorenkollektiv: M. Die staatsmonopolist. Bewußtseinsindustrie (Berlin/DDR 1969) 36f.; vgl. auch The shorter Oxford Engl. dict. (³1956) 1200. – [8] Encyclop. hg. DIDEROT/D'ALEMBERT 20 (Paris 1751) 970: Art. ‹M.› – [9] D. J. G. KRÜNITZ: Ökonomisch-technol. Enzyklop. oder allg. System der Staats-, Haus- und Landwirtschaft wie auch der Erdbeschreibung, Kunst- und Naturgesch. in alphabet. Ordnung (1787-1819)

Teil 83, 721. – [10] SCHULZ-BASLER: Fremdwörterbuch 2 (1942) 68. – [11] Brockhaus Conversationslex. (1885). – [12] J. B. WATSON: Behaviorismus (1968) 144. – [13] H. F. HARLOW, M. K. MARLOW und R. R. MEYER: Learning motivated by a M. drive. J. exp. Psychol. 40 (1950) 228-234. – [14] B. F. SKINNER: Wiss. und menschl. Verhalten (1973) 43. – [15] Die Funktion der Verstärkung in der Verhaltenswiss. (1974) 23. – [16] a.O. [14] 390. – [17] G. H. MEAD: The philos. of the act (Chicago 1938). Works 3, 3-25. – [18] a.O. 24. – [19] 226. – [20] 149. – [21] E. L. BERNAYS: Manipulating public opinion: The why and the how. Amer. J. Sociol. 33 (1928) 958-971. – [22] a.O. 959. – [23] H. D. LASSWELL: World politics and personal insecurity (Chicago 1934) 3; vgl. auch Politics: Who gets what, when and how (New York 1936) 310. – [24] M. HORKHEIMER: Art and mass culture. Stud. Philos. a. social Sci. 9 (1941) 296. – [25] T. VEBLEN: The instinct of workmanship and the state of industrial arts (1922) 306. – [26] H. MARCUSE: Some implications of modern technol. Stud. Philos. social Sci. 9 (1941) 419. – [27] a.O. 421. – [28] TH. W. ADORNO: Reflexionen zur Klassentheorie (1942). Ges. Schr. 8; Soziol. Schr. 1 (1972) 386; TH. W. ADORNO und M. HORKHEIMER: Dialektik der Aufklärung (Amsterdam 1947) 145. – [29] TH. W. ADORNO: Stud. zum autoritären Charakter (1975) 315. – [30] a.O. 335; vgl. auch B. BURSTEN: The manipulator. A psychoanal. view (New Haven/London 1973). – [31] Inst. für Sozialforsch. Soziol. Exkurse (1956) 77. – [32] H. MARCUSE: Aggressivität in der gegenwärtigen Industriegesellschaft, in: Aggression und Anpassung in der Industriegesellschaft (1969) 13. – [33] Der eindimensionale Mensch (1967) 26. – [34] a.O. 28. – [35] Psychoanalyse und Politik (1969) 23. – [36] Philos. Wb., hg. G. KLAUS/M. BUHR (1971) 670. – [37] Autorenkollektiv a.O. [7] 42.

H.-J. DAHME

Manismus (von lat. manes, Ahnen, auch Ahnendienst, Ahnenkult) ist eine heute vor allem bei den 'Naturvölkern', aber auch in 'Hochkulturen' (Antikes Rom, Japan, China) verbreitete Glaubens- und Kultform. Ursprünglich hatte der M. wohl weitere Verbreitung und ist erst durch den Siegeslauf jüngerer Religionen (Monotheismus, Buddhismus) in seiner Ausdehnung eingeschränkt worden. Angesichts der spärlichen historischen Überlieferungen der Naturvölker, angesichts der Unmöglichkeit, eine absolute Chronologie bei der Abfolge und Entwicklung verschiedener Kulturstufen oder -schichten und ihrer Religionsformen zu rekonstruieren und angesichts der Fragwürdigkeit schließlich, die religiöse Bedeutung vorgeschichtlicher Formen zu erklären, erscheint es nicht angebracht, 'den M.' einer bestimmten Stufe menschlicher Entwicklung zuzuordnen oder Aussagen über seine Evolution zu machen. Ideen wie die des EUHEMEROS, daß der M. die Quelle aller Religion und die Götter nichts anderes als vergottete Menschen und die ersten Altäre Grabstätten gewesen seien, sind ebenso bestechend wie ungesichert [1]. Sie haben jedoch bis in die jüngste Zeit bei religionshistorischen Spekulationen eine große Rolle gespielt. Ob man den M. als allgemeinmenschliches Phänomen ansprechen kann, erscheint fraglich. Das Verhältnis zum toten Vater oder Großvater muß nicht immer ein positives sein – was ja das Wesen des M. ausmacht. Die Furcht vor den Verstorbenen bei manchen Naturvölkern macht deutlich, daß diese Beziehung auch negative Aspekte haben kann. Das Zurücktreten oder Fehlen des M. bei rezenten Jäger- und Sammlervölkern und seine überragende Bedeutung bei den Feldbauernkulturen – allerdings nur der Alten Welt [2] – läßt den Schluß zu, als sei er stark von der Beschäftigung des Menschen mit dem Feldbau angeregt. Anders als der Totenkult, der sich nur auf die gerade Verstorbenen bezieht, reicht der Ahnenkult in zeitlich tiefere Dimensionen, die indes nicht überschätzt werden dürfen und bei vielen Völkern nicht über den Urgroßvater hinausgehen, der häufig mit dem Klangründer oder Urzeitheros identifiziert wird. Überhaupt sind die Übergänge zwischen wirklichen Ahnen und mythischen Heroen durchaus fließend, ebenso wie nicht unbedingt jeder Verstorbene den gleichen Platz im Ahnendienst erhalten muß. «Ganz ähnlich wie unter Lebenden auch ... die priesterlichen Amtsträger von den einfachen Mitgliedern der Kultgemeinschaft unterschieden werden, so finden auch unter den Verstorbenen hervorgehobene Persönlichkeiten eine betontere Beachtung als die Masse der unbekannten Ahnen» [3]. M. beinhaltet generell, daß die verehrten Vorfahren als gute und wohltätige Wesen aufgefaßt werden, die ihren Nachkommen schützend und helfend beistehen. Die ihnen dargebrachten Gaben und Opfer können ein selbstverständliches Zeichen der Dankbarkeit und der moralischen Verpflichtung der Heutigen sein, sie können indes auch als Voraussetzung für die Hilfe der Ahnen gelten, die nichts tun, wenn ihnen nicht geopfert wird. Bei polytheistischen Religionen nehmen die Ahnen häufig die Stellung von Mittlern zwischen Menschen und Göttern ein.

Einer der ersten, der sich in der Neuzeit mit den religionshistorischen Wurzeln des M. beschäftigte, war E. B. TYLOR, der ihn in seine *Animismustheorie* einbaute. «Animism, expanding from the Doctrine of Souls to the wider Doctrine of Spirits» entwickelt sich nach ihm weiter zum «Manes-Worship» und schließlich zum Polytheismus [4]. «The dead ancestor, now passed into a deity, simply goes on protecting his own family and receiving suit and service from them as old» [5] und «the theory of family manes ... leads to the recognition of superior deities of the nature of Divine Ancestor or First Man» [6].

Noch nachhaltiger hat sich jedoch H. SPENCER mit der Problematik des M. auseinandergesetzt. Wenn auch von ganz anderen Voraussetzungen ausgehend, kam er zu ähnlichen Schlüssen wie Tylor. Bereits sieben Jahre vor Darwin vertrat er in einem Artikel [7] den *Evolutionsgedanken* in ganz konkreter Weise. Dabei spielte der M. eine wichtige Rolle für die Erklärung der Entwicklung der Religion. Seine Theorie ist die «umfassendste und radikalste Durchführung des Euhemerismus, die die Religionswissenschaft je gekannt hat» [8]. Ahnenverehrung ist für Spencer schlechterdings die Wurzel aller Religion – hinter jedem übernatürlichen Wesen ist eine menschliche Persönlichkeit versteckt. Ihm zufolge ist für den 'Wilden' alles, was das Gewöhnliche übersteigt, bereits etwas Übernatürliches oder Göttliches. Das gilt auch für den aus der großen Masse herausragenden Menschen, der z.B. ein ganz entfernter Vorfahre sein kann und an den die Erinnerung als Gründer des Stammes fortlebt oder der Häuptling, 'Medizinmann', Erfinder sein kann. Das Ehrfurchtsgefühl steigert sich nach seinem Tode, und die Verehrung seines Geistes entwickelt sich zu einer feststehenden Religion [9].

W. WUNDT [10] dagegen leitet den M. aus einer totemistischen Religionsphase der Menschheit ab, in der zunächst das Tier Objekt des Kultes war und erst allmählich vom Menschen abgelöst wurde. Diese beiden Stufen nannte er Animalismus und M., wobei er den ersten Ausdruck von L. FROBENIUS entlehnte, der damit ganz allgemein den Tierkult bezeichnete [11]. Nach WUNDT gelten die Tiere den Menschen dieser Entwicklungsstufe als gleichartige, ja ihm überlegene Wesen, deren Groll oder Schutz für ihn unheilvoll oder glückbringend sein kann. Daraus entwickelte sich der Kult bestimmter Tiere, die als Schutzgeister, 'Totemtiere' verehrt werden. Als zweite Phase dieser Entwicklung erhebt sich darauf der Kult der menschlichen Vorfahren, der M. [12].

Kümmerten sich bis dahin alle Autoren bei der Untersuchung des M. nicht um zeitliche Dimensionen und sprachen recht allgemein von den 'Wilden' oder 'Naturvölkern', so hat W. SCHMIDT bei seinem großen Versuch, Ordnung und System in die Aufeinanderfolge menschlicher Kulturen zu bringen, auch dem M. seine Positionen innerhalb dieses Schemas zugewiesen. Er hebt die Formen der Ahnen und der Ahnenverehrung in der *Urkultur* (Stammelternpaar oder Stammvater, denen nur ein geringfügiger Kult gewidmet war) von denen der *Primärkulturen* ab: vaterrechtliche Viehzüchter mit Heroenkult und zum Teil blutigem Opfer, vaterrechtlich-totemistische höhere Jäger mit tiermenschlichen Ahnen und Fehlen des Opfers (an dessen Stelle Zauberriten treten) und schließlich mutterrechtliche Hackbauern mit Stamm-Mutter, Zwillingsheroen und blutigen, grausamen Opfern usw. [13].

Heute ist es nicht mehr möglich, all diesen Erklärungsversuchen mehr als den Charakter bloßer Spekulationen zuzugestehen. Zum einen verbirgt sich unter dem Begriff ‹M.› eine Vielzahl höchst unterschiedlicher religiöser Phänomene, zum anderen weiß man, daß man aus den Vorstellungen der jetzigen Menschen nicht auf die vergangener Gesellschaften schließen kann. Auch neuere, betont sachliche Erklärungsversuche, die sich bemühen, frei von Hypothesen zu bleiben, müssen deshalb Spekulationen bleiben [14].

Anmerkungen. [1] Vgl. Art. ‹Euhemerismus›. – [2] R. H. LOWIE: Primitive relig. (London 1957) 174f. – [3] A. E. JENSEN: Mythus und Kult (1951) 358. – [4] E. B. TYLOR: Relig. in primitive culture (New York 1958) 2, 194. – [5] a.O. 199. – [6] 397. – [7] H. SPENCER: The development hypothesis. Leader (20. 3. 1852). – [8] W. SCHMIDT: Ursprung und Werden der Relig. (1930) 61. – [9] H. SPENCER: Principles of sociol. (1876) 1, 502f. – [10] W. WUNDT: Völkerpsychol. (²1910) 227f. 322f.; vgl. auch Elemente der Völkerpsychol. (²1913) 228f. – [11] L. FROBENIUS: Die Weltanschauung der Naturvölker (1898) 394. – [12] W. WUNDT: Völkerpsychol. a.O.; vgl. Elemente a.O. – [13] SCHMIDT, a.O. [8] 62-69. – [14] K. DITTMER: Allg. Völkerkunde (1954) 83.

Literaturhinweise. J. LIPPERT: Der Seelenkult (1881). – B. ANKERMANN: Totenkult und Seelenglaube bei afrik. Völkern. Z. Ethnol. 50 (1918) 89-153. – W. F. OTTO: Die Manen oder die Urformen des Totenglaubens (1923). – R. HEINE-GELDERN: Die Megalithen Südost-Asiens. Anthropos 23 (1928) 276-315. – E. ROHDE: Psyche (1929). – K. TH. PREUSS: Tod und Unsterblichkeit im Glauben der Naturvölker (1930). – M. ELIADE: Die Relig. und das Heilige (1954).

E. HABERLAND

Mannigfaltige (das), **Mannigfaltigkeit** (lat. varietas; ital. varietà, moltiplicità; frz. multiplicité; engl. multiplicity, variety). Der deutsche Terminus ‹Mannigfaltigkeit› (Mk.), umgangssprachlich in der Bedeutung von Verschiedenheit, Buntheit und Vielartigkeit verwendet [1], ist, obwohl der Sache nach bereits in der griechischen und lateinischen Philosophie nachweisbar, ursprünglich kein philosophischer Begriff, sondern ein altes gemeingermanisches Wort (ahd. managfalt, mhd. manicfalt oder auch manicvalt) [2], das im hochdeutschen Sprachgebiet Vereinzelung und Individualisierung in einer Vielheit ausdrückt [3]. Im philosophischen Sprachgebrauch wird der Begriff ‹Mk.› im weitesten Sinne Verschiedenheit in einer mehr oder weniger ähnlichen Mehrheit [4]. Als Terminus der theoretischen Philosophie verweist ‹Mk.› auf den Begriff der Einheit. Grundintention aller sich als systematische Philosophie begreifenden Theorie der Erkenntnis war von jeher der Zusammenschluß (Synthesis) eines ungeordneten, struktur- und bestimmungslosen Mannigfaltigen (M.) zur begrifflich bestimmten Einheit.

Wenn auch, philosophiegeschichtlich betrachtet, zunächst die Differenz von Einheit und Vielheit als Prinzipien des Seienden, d. h. die Frage nach der Möglichkeit des Überganges von dem Einen zum Vielen, im Vordergrund stand [5], so gewann der Begriff ‹Mk.› doch erst durch die neuzeitliche erkenntnistheoretische Wende vom ursprünglich in der klassisch-metaphysischen Lehre vom Hervorgang des Vielen aus dem Ur-Einen [6] lokalisierbaren Begriffspaares ‹Einheit – Vielheit› zu dem von ‹Einheit – Mk.› seine eigentümliche, das Ursprungsproblem der Sinnlichkeit und damit die fundamentale Voraussetzung des Empirismus bezeichnende Bedeutung.

Obwohl der Terminus ‹Mk.› in den ausgearbeiteten Theorien des englischen Empirismus nahezu völlig fehlt, bildet doch für Locke und Hume die unübersehbare Mk. der Sinneseindrücke den Ausgangspunkt und das unentbehrliche Fundament der Erkenntnis.

Als Gegenwendung gegen die Tradition des Rationalismus, für den das 'Vermögen' der Sinnlichkeit lediglich dunkle und verworrene, nicht aber klare und deutliche Erkenntnis liefern konnte, konzipierte LOCKE seine Theorie der Angewiesenheit und grundsätzlichen Bezogenheit aller Erkenntnis auf die von sinnlichen Perzeptionen ausgehende Erfahrung [7]. Wir besitzen die auf keinen Verstandesgrundsatz rückführbare Mk. der «simple ideas» (einfachen Vorstellungen) durch Erfahrung, und zwar entweder durch die Sinne (sensations, äußere Wahrnehmungen, Empfindungen) oder durch innere Wahrnehmungen (reflections, Operationen unseres Geistes). Der Basis aller Erkenntnis, der Mk. der unmittelbar gegebenen sensations als dem «material of reason and knowledge», entsprechen den einzelnen Empfindungen jeweils ähnelnde äußere Ursachen [8]. Auf diese Weise spiegelt die Mk. der sensations die Mk. ihrer äußeren Ursachen wider.

Die Grundüberzeugung Lockes, daß das sinnlich Gegebene in seiner Mk. nicht nur den Ausgangspunkt aller Erkenntnis darstellt, sondern auch von optimaler Gewißheit ist, blieb auch für HUMES Empirismus – unbeschadet der gegenüber Locke modifizierten Terminologie – bestimmend. Die Unterscheidung Humes zwischen der Mk. der «impressions» (sinnliche Eindrücke, Empfindungen) und der «ideas» (abgeschwächte Wiederholungen, «copies» der impressions), die den impressions als den ersten Gegebenheiten eine eindeutige Präferenz zuspricht, behebt – ebensowenig wie Lockes Ansatz – nicht die prinzipielle Schwierigkeit der Bestimmung der ursprünglich als «Material» gegebenen Mk. der sinnlichen Eindrücke durch die Operationen des Verstandes. Der Verstand besitzt im älteren englischen Empirismus lediglich die nachträgliche Ordnungsfunktion des Analysierens und Vergleichens von vorher vorgegebenen Mk. sinnlicher Erfahrungsdaten [9]. Im Rahmen des empiristischen Ansatzes Lockes und Humes bleibt die vorprädikative, vorbegriffliche und gleichsam diffuse Mk. der Sinneseindrücke der einzige, auch die Verstandesoperationen mitbestimmende Quell aller möglichen Vorstellungen.

Demgegenüber begreift die Transzendentalphilosophie KANTS den Verstand als der sinnlichen Anschauung durchaus gleichwertigen Ursprung von Vorstellungen [10]. Die reinen Verstandesbegriffe (Kategorien) werden nicht aus der sinnlichen Wahrnehmung abgeleitet, sondern begründen im Verein mit dieser allererst die objektive Gültigkeit der Erfahrung. Auch für Kant behält die Mk. der Erfahrungsdaten den Charakter der «Materie»

[11] der Erkenntnis. «Wenn aber gleich alle unsere Erkenntnis *mit* der Erfahrung anhebt, so entspringt sie darum doch nicht eben alle *aus* der Erfahrung» [12]. Vielmehr muß zu dem sinnlich gegebenen M. als dem «Stoff» der Erkenntnis etwas von diesem Verschiedenes hinzukommen, damit das M. überhaupt in einer wie immer näher zu bestimmenden Weise vereinheitlicht werden kann. Sinnliche Mk. ist in der Theorie Kants lediglich Ausdruck für ein – allerdings unverzichtbares – vorbegriffliches, durch apriorische Synthesis zu ordnendes und zu bestimmendes Etwas, das nicht von sich aus strukturiert ist, sondern, als prinzipiell Erkennbares, zur begrifflichen Einheit des Gegenstandes gebracht werden muß. Alle gegenständliche Erkenntnis (Erfahrungserkenntnis) vollzieht sich für Kant als apriorische Synthesis eines M. gegebener Sinnesdaten.

Der kantische Begriff der «Synthesis a priori» verdeutlicht, daß – anders als für Locke und Hume – die Mk. der Sinneseindrücke nicht die ausschließliche Basis aller Gegenstandserkenntnis darstellt, dem Verstande mithin nur ex post die Funktion der Verknüpfung eines vorgegebenen M. zukäme, sondern daß die Verbindungsleistung bereits für den Aktus des Auffassens (Apprehension) des M. konstitutiv ist.

In den einzelnen, insgesamt ein einheitliches Geschehen bildenden, gleichwohl in der Rekonstruktion des Erkennens reflexiv voneinander isolierbaren Phasen des gegenständlichen Erkennens bezeichnet der Terminus ‹Mk.› jeweils den Ausgangspunkt einer spezifischen Synthesisleistung. Die Sinnlichkeit (Rezeptivität), das Vermögen der Anschauung, bei der die Rekonstruktion des Erkenntnisvorganges beginnen muß, ist für Kant das nicht weiter ableitbare Grundvermögen, von Gegenständen überhaupt in gewisser Weise affiziert zu werden. Durch die «Wirkung» von Gegenständen auf die Sinnlichkeit, verstanden als Vorstellungsfähigkeit [13], entsteht eine Mk. von Empfindungen. Das M. der Anschauung muß, soll es sich nicht als «Gewühle von Erscheinungen» [14] prinzipiell der Erkenntnis entziehen, den Formen der Anschauung, d. h. den formalen Bedingungen des Raumes und der Zeit, angemessen sein. Dies bedeutet, daß das M. der Empfindungen durch die apriorischen Anschauungsformen des Raumes und der Zeit in ein Nebeneinander und ein Nacheinander gleichsam auseinandergefaltet wird. Die Mk. der Empfindungen wird auf diese Weise mit Hilfe von Raum und Zeit als den ihrerseits unableitbaren Formen der Anschauung vorstrukturiert [15], d. h. zu Erscheinungen konstituiert.

Die raum-zeitlich geordnete Mk. der Erscheinungen (Apparenzen) besitzt jedoch noch nicht die Dignität objektiv gültiger, begrifflich bestimmter Erfahrungsgegenstände. Vielmehr gewinnt die zur Erscheinung gebrachte, im übrigen auch auf dieser Stufe der Erkenntnis noch bestimmungslose [16] Mk. der Empfindungen erst durch die apriorische Synthesisleistung der reinen Verstandesbegriffe den Charakter objektiver Vorstellungen, d. h. die zu Erscheinungen konstituierte M. der Empfindungen wird unter die Einheit der Kategorien gebracht, wodurch allererst ein *bestimmter* Gegenstand entsteht.

Als *Gegebenes* muß das M. in Raum und Zeit angeschaut werden, zugleich aber muß es unter der ursprünglich synthetischen Einheit der Apperzeption stehen [17]. Das Selbstbewußtsein (Apperzeption) [18] ist die Vorstellung der ursprünglichen Verbindung (Synthesis) des M. in Einem Bewußtsein. Das «Ich denke» ist das Bewußtsein, alles M. der Wahrnehmungen (bewußten Empfindungen) in der ursprünglichen Apperzeption, d. h. dem Bewußtsein meiner selbst, zur Einheit bringen zu können. Dies bedeutet für Kant nicht, daß sich die Mk. unserer Vorstellungen als solche aus der Einheit des Selbstbewußtseins ableiten ließe. Vielmehr bildet – so läßt sich zusammenfassend sagen – das in der sinnlichen Anschauung gegebene M. das Material für die durch die Synthesisleistung des Verstandes hergestellte begrifflich-kategoriale Einheit des Gegenstandes. Die objektive Einheit des Gegenstandes ist nach dem Resultat der «Transzendentalen Deduktion» der Kategorien zugleich die Einheit der Erfahrung [19]. Mit ihr ist die Rekonstruktion des Erkenntnisvorganges, die beim M. der Empfindungen und Vorstellungen begann und mit der objektiv gültigen Einheit des Erfahrungsgegenstandes endete, abgeschlossen.

Kants Insistieren auf der Gegebenheit und Unableitbarkeit des M. der Anschauung erweist sich als notwendig zur Bestimmung des menschlichen Verstandes als eines bloß diskursiven [20]. Im Vollzuge der Vereinigung des gegebenen M. zeigt sich der Verstand als das, was er in der Transzendentalphilosophie einzig sein kann: als apriorisches Vermögen der synthetischen Verknüpfung von Vorstellungen mit dem Ziel allgemeingültiger Bestimmung des Gegenstandes der Erkenntnis.

In den nachkantischen idealistischen Systemkonzeptionen, namentlich in Fichtes Wissenschaftslehre, wird der für Kant sicher nicht mehr nachvollziehbare Versuch unternommen, alle Mk. aus dem Sichverstehen des Wissens, d. h. aus dem sich als Erscheinung wissenden Absoluten zu begründen. Damit ist wenn auch nicht der Boden so doch die kantische Intention des Aufweises der grundsätzlichen Bezogenheit alles Wissens auf ein vorgefundenes, vorbegriffliches M. verlassen. Durch die idealistische Auflösung des kantischen Konzepts vorbereitet, gewinnt der Begriff des M. zunächst die eigenständige, von der Verstandessynthesis unabhängige Bedeutung von primären Data des Wirklichen.

Versuche der Anknüpfung an die erkenntnistheoretische Intention Kants – wie der Neukantianismus und in gewisser Weise auch die Phänomenologie Husserls – beziehen das M. wieder in den Konstitutionsprozeß des Gegenstandes der Erkenntnis mit ein und machen auf ihre Weise, ohne für den Fortgang der philosophischen Reflexion bestimmend zu werden, die erkenntnistheoretische Bedeutung des Mk.-Begriffs erneut deutlich.

Im Rahmen seiner ‹Logik der reinen Erkenntnis› [21], die sich als Lehre vom Denken des Ursprungs [22] versteht, weist H. COHEN in bewußter Kontraposition zu Kant die Vorgängigkeit des M. der Anschauung vor der Einheit der Synthesis ab. Denn jeder Rekurs auf ein Gegebenes beeinträchtigt nach Cohen die für eine Theorie der reinen Erkenntnis notwendig aufrechtzuerhaltende Selbständigkeit des Denkens [23]. Die Logik der reinen Erkenntnis ist die Logik des Ursprungs, dem nichts, insbesondere keine Mk. der Empfindungen, vorgegeben sein darf [24]. Alle Mk. ist, ebenso wie jede Einheit [25], für Cohen – wie übrigens auch für P. NATORP [26] – durch das reine Denken erzeugt [27].

In E. HUSSERLS Phänomenologie, näherhin in seiner Theorie der Bewußtseinsakte sowie in seiner Analyse der noetisch-noematischen Strukturen, gewinnt der Begriff der Mk. eine gewisse Bedeutung für die Konstitution eines «allseitigen» Erfahrungsbewußtseins [28]. Zu einem einheitlichen Erfahrungsbewußtsein, d. h. zum Bewußtsein von einem Ding (einer intentionalen Einheit) gehört ein vielfältiges System von ineinander übergehenden, kontinuierlichen und prinzipiell unabschließbaren

Erscheinungs-(Wahrnehmungs-)Mk.en [29]. Den mannigfaltigen Daten des reellen noetischen Gehalts entspricht eine Mk. von Daten in einem korrelativen «noematischen Gehalt» [30]. Das Noematische ist das Feld der Einheiten, das Noetische das der «'konstituierenden' Mk.en» [31].

Eine gegenüber Kant, aber auch gegenüber dem Neukantianismus und vergleichbaren Ansätzen veränderte Position hinsichtlich des Stellenwerts des Mk.-Begriffs nimmt der *Marxismus* ein. Die als objektive, bewußtseinsunabhängige Realität aufgefaßte Materie stellt sich für den Marxismus als Einheit des M. dar, d. h. die Materie existiert in unendlich vielen, qualitativ verschiedenen Erscheinungen, deren einheitliches Substrat nicht (wie etwa bei den milesischen Naturphilosophen) in einem Urstoff, sondern einzig in ihrer Materialität besteht [32].

Anmerkungen. [1] Vgl. Art. ‹Mk.›, in Trübners Dtsch. Wb. 4 (1943) 551. – [2] ebda.; vgl. Stichwort ‹manch›, in F. KLUGE: Etymol. Wb. der dtsch. Sprache (²⁰1967) 458. – [3] Vgl. GRIMM 6, 1589. – [4] Vgl. W. T. KRUG: Allg. Handwb. der philos. Wiss. (²1832-1838, ND 1969) 793. – [5] So z. B. PLATON, Parm. 144 b 1-144 e 7; ARISTOTELES, Met. 1056 b 2-1057 a 19. – [6] Vgl. PLOTIN, Enn. VI, 9, 2, 24; III, 9, 4, 1-9. – [7] J. LOCKE: An essay conc. human understanding (1690) II, 1, § 2. – [8] a.O. II, 1, § 3. – [9] Vgl. dazu ausführlich F. KAMBARTEL: Erfahrung und Struktur. Bausteine zu einer Kritik des Empirismus und Formalismus (1968) 15-50. – [10] I. KANT, KrV B 75. – [11] a.O. B 270. – [12] B 1. – [13] Vgl. B 34. – [14] A 111. – [15] Vgl. B 34. – [16] B 34. – [17] B 132. – [18] B 134 Anm. – [19] B 197. – [20] B 138f. – [21] H. COHEN: Logik der reinen Erkenntnis (³1922). – [22] a.O. 36. – [23] Vgl. 27. – [24] Vgl. 58f. – [25] Vgl. 60. – [26] P. NATORP: Die log. Grundl. der exakten Wiss. (²1921) 47. 53ff. – [27] Vgl. COHEN, a.O. [21] 59. – [28] E. HUSSERL: Ideen zu einer reinen Phänomenol. und phänomenol. Philos. 1, hg. W. BIEMEL (Haag 1950) 93. – [29] a.O. 93f. – [30] 219. – [31] 248. – [32] Vgl. Marxist.-leninist. Wb. der Philos., hg. G. KLAUS/M. BUHR 2 (1972) 671.

Literaturhinweise. J. G. BUHLE: Einl. in die allg. Logik und die ‹Kritik der reinen Vernunft› (1795). – H. COHEN s. Anm. [21]. – H. RICKERT: Das Eine, die Einheit und die Eins (²1924). – F. KAMBARTEL s. Anm. [9]. – G. PRAUSS: Erscheinung bei Kant. Ein Problem der ‹Kritik der reinen Vernunft› (1971). – M. ZAHN: Art. ‹Einheit›, in: Hb. philos. Grundbegriffe, hg. H. KRINGS/H. M. BAUMGARTNER/CH. WILD 1 (1973) 320-337. K. KONHARDT

Mannigfaltigkeit, ästhetische. In der Lehre vom Schönen bezeichnet ‹M.› in der Zusammenstellung mit ‹*Einheit*› (= E.) ein Merkmal des Begriffs ‹Schönheit›: Schönheit ist E. in der M. (= EidM). Diese schon in der Antike gängige Bestimmung der Schönheit [1] wird im 18. Jh. zu einem der wichtigsten ästhetischen Prinzipien. Warum sie dazu wird – ob im Gegenzug gegen den Rationalismus und Klassizismus des 17. Jh. [2] oder gerade in Entfaltung bzw. Nachbildung rationalistischer Prinzipien, etwa des mathematischen Prinzips der EidM [3] –, ist umstritten. Es sind Ästhetiker ganz unterschiedlicher Richtungen, die diese mit dem 'Bonus' einer ehrwürdigen Tradition ausgezeichnete Formel aufnehmen, sie auf der Basis ihres philosophischen Systems näher bestimmen (E. etwa als bestimmter Zweck, Begriffsmäßigkeit, Gestaltungsprinzip, Kausalverknüpfung der Momente eines Geschehens) und begründen, warum EidM Schönheit konstituiert (Begründung etwa theologisch aus der Analogie schöner Gegenstand – Schöpfung, anthropologisch aus dem Bedürfnis nach Abwechslung und Zusammenhang, psychologisch aus der Tatsache, daß gefällt, was die Vorstellungskraft in leichte Tätigkeit versetzt oder einen gemäßigt schnellen Vorstellungswechsel hervorruft).

Auf metaphysischer Basis kommt LEIBNIZ zu einer Bestimmung des ästhetischen Prinzips EidM. Die Seele ist «fons et fundus idearum», eine Kraft, in deren Tätigkeit sich viel aus Einem und in Einem zeigt. «Nun die Einigkeit in der Vielheit ist nichts anderes, als die Übereinstimmung, und weil eines zu diesem näher stimmet, als zu jenem, so fließet daraus die Ordnung, von welcher alle Schönheit herkommt, und die Schönheit erwecket Liebe» [4].

Auf theologisch-rationalistischer Basis bestimmt J. P. CROUSAZ die Schönheit als «variété reduite à quelque unité». Gott hat den Menschen das Organ für die Auffassung dieser Eigenschaften gegeben, die seine eigenen sind: er ist ein einheitliches Wesen, das sich in unendlich vielen Gestalten darstellt. Die Schönheit ist gleichsam ein Abbild Gottes bzw. seiner Schöpfung [5].

Auf kosmologisch-rationalistischer Basis definiert A. G. BAUMGARTEN Schönheit als den «consensus cogitationum ... inter se ad unum, qui phaenomenon sit» [6]. In den ‹Meditationes› wird das Unum als das genau bestimmte ‹Thema› einer Rede aufgefaßt: Das Thema ist der zureichende Grund der anderen in einer Rede vorkommenden Vorstellungen [7]. In der ‹Aesthetica› wird das Unum als metaphysisches Prinzip aufgefaßt: als «ratio perfectionis determinans» oder, wie man mit einem Wort von K. PH. MORITZ übersetzen könnte, als «innere Zweckmäßigkeit» [8]. Die an den Dichter gerichtete Forderung der Vollkommenheit bzw. der EidM folgt nach BAUMGARTEN aus den Voraussetzungen, daß die Welt vollkommen ist (s. Leibniz' Theodizee) und daß ein Gedicht «gleichsam eine Welt», ein «Heterokosmos» sein solle [9]. G. F. MEIER hat Baumgartens Formulierungen übernommen, die E. aber, den «focus perfectionis», mit dem Zweck gleichgesetzt. Zur Schönheit gehört, daß «M. in einem Ding vorhanden» ist, daß ein Zweck als «Brennpunkt oder Bestimmungsgrund der Schönheit» gegeben ist, etwa der Zweck, im Geist des Lesers ein malerisches Bild hervorzurufen, und daß die verschiedenen Vorstellungen ihren hinreichenden Grund in eben diesem Zweck haben und folglich «übereinstimmen» [10].

Auf psychologisch-rationalistischer Basis trennt M. MENDELSSOHN Vollkommenheit und Schönheit sowohl in subjektiver Hinsicht (deutliches und undeutliches Erkennen) als auch in objektiver: Vollkommenheit ist Einhelligkeit in der M., Schönheit Einerlei (oder Gleichheit) in der M. Die Einhelligkeit der mannigfaltigen Teile (z. B. einer Uhr) sieht ein, wer den Grund einsieht, warum diese Teile da sind; hingegen das Einerlei einer M. erscheint in «der bloßen Vorstellung dieses Dings». Die Vollkommenheit erregt «verständliches Vernügen», weil sie das Streben der Vorstellungskraft nach ineinander gegründeten Vorstellungen befriedigt [s. Leibniz. Monadologie]; die Schönheit ruft Gefallen hervor, weil sie «ohne Mühe in die Sinne fällt» [11]. – J. A. Eberhard und L. Bendavid modifizieren Mendelssohns Thesen: EBERHARD unterscheidet ästhetische Vollkommenheit und eigentliche Schönheit: Jene ist Übereinstimmung der M. zu einem Zweck, diese zu einem Ganzen [12]. BENDAVID unterscheidet sinnliche und vernünftige Schönheit: In jener ist die E., zu der die M. «übereinstimmt», ein sinnlicher Gegenstand; in dieser ist sie ein Gegenstand der Vernunft [13].

Auf psychologisch-empiristischer Basis bestimmt FR. HUTCHESON die Schönheit als EidM. Er formuliert als Gesetzmäßigkeit: «Die M. vermehrt die Schönheit bei gleicher Einförmigkeit.» Hutcheson begründet seine Bestimmung aus Beobachtungen wie der, daß die Menschen Vierecke schöner finden als Dreiecke, und er erklärt diese Tatsache teleologisch: «Diejenigen Gegenstände der Beobachtung, worinnen Einförmigkeit und M. verbunden ist, werden weit leichter und deutlicher begriffen und behalten, denn irreguläre Gegenstände» [14]. – W. Hogarth beobachtet, daß den Menschen Dinge – wie etwa Pyramiden – gefallen, die eine «zusammengesetzte M.» zeigen. Das Vergnügen an dieser wird durch Einfachheit erhöht, die «dem Auge die Macht gibt, die M. gemächlich zu genießen» [15]. – Nach H. Home muß ein Kunstwerk EidM aufweisen, weil es nur so dem natürlichen Lauf der Vorstellungen angemessen, d. h. angenehm ist. Zu große Beschleunigung (M.) oder zu starke Zurückhaltung des natürlichen Laufs der Vorstellungen (E.) bewirkt Schwindel bzw. Langeweile. Diese vorstellungspsychologische Tatsache begründet Home teleologisch: Der Mensch ist von der Natur zur Arbeit bestimmt; die Natur hat der Trägheit des Menschen wohltätig vorgebeugt, indem sie mit einem gemäßigt schnellen Fortgange der Vorstellungen Vergnügen verbunden hat [16].

Unter den Deutschen ist es F. J. Riedel, der sich den empiristisch orientierten englischen Ästhetikern, besonders Home, anschließt, wenn er sagt, daß der «Fortgang der Ideen» weder zu schnell noch zu langsam sein dürfe. Zu einem Kunstwerk gehören M., Verbindung der M. nach einer Regel und Verborgensein dieser Regel. Ein Kunstwerk ohne M. ist trocken, eins ohne E. ausschweifend und eines, dessen Regel sichtbar ist, läßt an die Stelle des Empfindens das Denken treten [17]. – An Thesen der empirisch- wie der rational-psychologischen Ästhetik knüpft der Eklektiker J. G. Sulzer an: Zunächst geht er von der Beobachtung aus, daß Einförmigkeit Langeweile und M. Verwirrung erzeuge und daß EidM als schön empfunden werde, wobei E. in dem Interesse bestehe, zu dem alle Teile gemeinschaftlich beitrügen [18]. Später tritt an die Stelle der E. des Interesses (a) der «Zweck» bzw. «das, was ein Ding seyn soll», (b) der «Faden», an dem die Teile in «natürlicher Verbindung» angezogen sind. Das Vergnügen an der EidM setzt Sulzer in die «angenehme Überraschung, zu sehen, wie so vielerley Dinge doch nur ein Ding ausmachen», oder er erklärt es aus der gesteigerten Tätigkeit der Seele [19].

Auf kritizistischer Basis gibt Kant eine «formale Bestimmung der E. eines M.» [20]. Schönheit ist Zusammenstimmung einer M. nicht zur E. eines Begriffs, wohl aber zur «Begriffmäßigkeit» [21] oder: Schönheit ist «Zusammenstimmung des M. zu Einem (unbestimmt, was es sein solle)» [22]. Kant deduziert dieses Prinzip der formalen EidM als Bedingung des interesselosen bzw. subjektiv allgemeinen Wohlgefallens am Schönen. Subjektiv allgemeines Wohlgefallen setzt die Tätigkeit der Erkenntniskräfte, der Einbildungskraft und des Verstandes, voraus. M. muß gegeben sein, damit die Einbildungskraft (als Vermögen der Zusammenfassung einer M. zu einem Bild) beschäftigt werde; E. muß gegeben sein, damit der Verstand (als Vermögen der Einheitsstiftung, der «Grenzsetzung schlechthin» [23]) in seiner Tätigkeit nicht verletzt werde. Da in ästhetischer Beurteilung das Zusammenspiel von Einbildungskraft und Verstand frei ist, steht jene nicht diesem zu Diensten, und das bedeutet: Die E. der M. ist nicht die E. eines Begriffs [24]. – Die Ästhetik der *Neukantianer* schließt zumeist nicht an Kants Geschmacks-, sondern an seine Genielehre an. Zwar ist in P. Natorps (wie in Kants) Bestimmung der EidM die E. keine E. im Sinn eines allgemeinen Begriffs; sie ist aber (anders als bei Kant) auch keine begrifflose E., sondern die E. eines «Begriffs vom Individuellen»: «eine

E. nämlich durch Wechselbeziehung aller in es eingehenden Momente», wobei unter diesen, und d. h. unter ‹M.›, die begrifflichen Komponenten zu verstehen sind, die die künstlerische Idee einschließt. Dem entspricht, daß die Auffassung der EidM nicht mehr in interesselosem Wohlgefallen, sondern durch Intuition geschieht [25].

Auf metaphysisch-idealistischer Basis nimmt K. W. F. Solger Baumgartens Bestimmung der Schönheit ausdrücklich auf, gibt ihr aber eine neue Interpretation: In der schönen Erscheinung sind «E. und M. vollkommen vereint», und die E. ist die E. eines Begriffs. Begriff wird nun aber nicht als «leere Form» verstanden, sondern als «eigener» und als «allgemeiner Begriff»: Die einzelne Gestalt eines schönen Menschen z. B. ist durch sich selbst vollendet (stellt ihren eigenen Begriff dar), «und je mehr sie auf diese Weise alle ihre Bedingungen und Beziehungen in sich umschließt, desto mehr wird sie dadurch schon für sich zum allgemeinen Begriff des Menschen überhaupt» (stellt ihn als allgemeinen Begriff dar) [26].

G. W. F. Hegel unterscheidet die äußere Schönheit der abstrakten Form (z. B. Regelmäßigkeit) und der abstrakten E. des sinnlichen Stoffs (z. B. reiner Klang) von der Schönheit des beseelten Organismus als dem Zusammenstimmen des M. zur «seelenvollen E. des Organischen», u. a. der «natürlichen Lebendigkeit» und der Schönheit des Produkts der freien Phantasie. Von der natürlichen Lebendigkeit gilt, daß sie an der M. nicht ihre «wahre Existenz» hat: Die Teile der Erscheinung schließen sich zu einem Ganzen zusammen und erscheinen dadurch als ein Individuum, das Eins ist und seine Besonderheiten als übereinstimmende hat. Von dem Produkt der freien Phantasie gilt, daß einerseits in ihm das M. bzw. Einzelne zu seinem vollkommenen Recht kommen muß – anders als dann, wenn es vom Verstand «zu Kategorien verflüchtigt» wird – und daß andererseits in ihm sich alles zu einer E. zusammenschließen muß: nicht zur E. der «bloßen Zweckmäßigkeit», sondern zur E. (a) einer Grundidee bzw. eines durchgreifenden Inhalts (in der ‹Ilias› Achill und sein Zorn), (b) eines «inneren Bandes, das die Teile scheinbar unabsichtlich zusammenhält und sie zu einer organischen Totalität abschließt». Die Forderung der EidM ist metaphysisch begründet, u. a. aus dem Begriff der Wahrheit: Für die Seele «hat das bloße Nebeneinanderbestehen der Glieder keine Wahrheit, und die Vielheit der räumlichen Formen ist für ihre subjektive Idealität nicht vorhanden» [27].

Wie für Solger und Hegel – und wie in anderer Weise für Fr. Schlegel, bei dem die M. bzw. «Vielheit» neben «E.» und «Allheit» tritt [28] – ist später für M. Carrière das Schöne «ein Organisches; es besteht in der Durchdringung des Innern und Aeußern, des geistig Einen und des sinnlich M.». Vom Kunstwerk wird EidM gefordert, denn in ihm soll das Ideale ins Reale eintreten, so wie die E. des göttlichen Geistes in Natur und sittlicher Welt ins Reale eintritt, das M. aufeinander bezieht und es durchdringt [29]. – Organologische Gedanken sind später wieder für die Gestalttheoretiker bestimmend. Chr. v. Ehrenfels definiert Schönheit als Höhe der Gestalt und sagt, daß bei gleicher E. diejenigen Gestalten höher seien, «welche die größere M. umschließen» [30]. Die E. ist ein Gestaltungsprinzip (henogenes Prinzip), das die M. (chaotogenes Prinzip) zur «Gestalt» synthetisiert [31].

Auf psychologistischer Basis gibt G. Th. Fechner eine ausführliche Analyse des «ästhetischen Prinzips» der einheitlichen Verknüpfung des M. Fechner differenziert das Prinzip der einheitlichen Verknüpfung: Diese kann in qualitativer Gleichheit bestehen, in Übereinstimmung zu einem Zweck, in einer gewissen Idee oder auch in der «Causalverknüpfung der Momente eines Geschehens». Daß EidM gefällt, hat seinen Grund im Bedürfnis des Menschen danach, daß die Eindrücke wechseln und zugleich durch «Punkte der Gemeinsamkeit zusammenhängen» [32]. – In ihren methodischen Prinzipien schließen sich Ästhetiker wie Lipps, Volkelt, Meyer weitgehend an Fechner an, nehmen teilweise aber auch Gedanken der «spekulativen deutschen Ästhetik» auf [33]. – Für TH. LIPPS ist ein Gegenstand dann schön, wenn er ein M. enthält, das «in sich selbst ein gegliedertes qualitativ Einheitliches» ist. Ästhetische EidM «besteht in dieser inneren Einstimmigkeit des zugleich sich besondernden M., in diesem Einklang im Auseinandergehen». Schön ist ein solcher Gegenstand deshalb, weil er den Tendenzen der Seele entgegenkommt: den Tendenzen, eine M. in ein einheitliches Ganzes zusammenzufassen wie auch die verschiedenen Teile eines Ganzen voneinander geschieden zu apperzipieren [34]. – J. VOLKELT sieht in der EidM eine «ästhetische Grundnorm». Genauer genommen ist es «möglichste E. bei der möglichsten M.», und d. h. «organische E.», die zu den Wesensmerkmalen ästhetischer Gegenstände gehört: «... daß dies M. so aussieht, als ob es aus einer E. hervorwüchse, als ob es aus einem inneren Mittelpunkte heraus geboren wäre und sich so zu einem organischen Ganzen geordnet hätte». Solche ästhetischen Gegenstände gefallen, denn die gegliederte E. befriedigt das «formale Grundbedürfnis der menschlichen Intelligenz», das Bedürfnis, zu trennen und zu einigen [35]. – Für TH. A. MEYER ist die EidM das Zusammenstimmen mannigfaltiger Eindrücke zu sinnfälligen Einheiten (wie einer geschlossenen Umgrenzungslinie) und/ oder zu inhaltlichen Einheiten (wie der Beziehung auf eine Hauptperson in einem Epos). M. muß gegeben sein, weil Einförmigkeit ermüdet; der Geist verlangt nach einer Fülle von Eindrücken. E. muß gegeben sein, weil M. ohne E. «betäubt und verwirrt». EidM ruft den Geist zu der «seinem innersten Wesen gemäßen Tätigkeit» auf [36].

‹EidM› ist eine Formel, die in der Theorie der Schönheit begegnet: E. und M. sind Merkmale der Schönheit «in objektiver Hinsicht» (ESCHENBURG [37]), so wie das Wohlgefällige ein Merkmal der Schönheit «in subjektiver Hinsicht» ist. – Im übrigen werden die M. und deren Zusammenstimmen zur E. nicht immer als die alleinigen schön-machenden Eigenschaften angesehen: nach HOME, HOGARTH, J. C. KÖNIG [38] und den späteren psychologistisch eingestellten Ästhetikern sind zur Schönheit auch Ordnung, Regelmäßigkeit u. a. erforderlich. Schon A. W. SCHLEGEL hielt die Definition der Schönheit durch EidM für zu weit: «Dies scheint überhaupt nur die Beschreibung von einem Ganzen zu sein» [39].

Anmerkungen. [1] Hinweise auf entsprechende Begriffe Platons, Aristoteles', Augustins bei J. VOLKELT: System der Ästh. 1 (1905) 571; H. NOHL: Ästhet. Wirklichkeit (1961) 37; F. E. SPARSHOTT: The structure of aesth. (1963) 84ff.: Unity and variety. – [2] H. V. STEIN: Die Entstehung der neueren Ästh. (ND 1964) 115; A. BAEUMLER: Das Irrationalitätsproblem (ND 1967) 33. – [3] E. CASSIRER: Die Philos. der Aufklärung (1932) 386. – [4] G. W. LEIBNIZ, Von der Weisheit. Dtsch. Schr., hg. GUHRAUER 1 (ND 1966) 422. – [5] J. P. CROUSAZ: Traité du beau (1715) 50. 125; vgl. J. J. WINCKELMANN, Gesch. der Kunst. Sämtl. Werke, hg. EISELEIN 4 (ND 1965) 60. – [6] A. G. BAUMGARTEN: Aesthetica (1750, ND 1961) § 18; vgl. H. R. SCHWEIZER: Ästhetik als Philos. der sinnlichen Erkenntnis, eine Interpret. der ‹Aesthetica› A. G. Baumgartens mit teilw. Wiedergabe des lat. Textes und dtsch. Übers. (1973) 38. 117. – [7] Meditationes (1735) § 66. – [8] K. PH. MORITZ, Schr., hg. SCHRIMPF (1962) 6; vgl. 407. – [9] BAUMGARTEN, a.O. [7] § 68. – [10] G. F. MEIER: Anfangsgründe 1 (1748) §§ 24. 28. – [11] M. MENDELSSOHN, Briefe über die Empfindungen. Ästh. Schr. in Auswahl, hg. BEST (1974) 66. 93. 129. 43f.; vgl. Hauptgrundsätze a.O. 176f. – [12] J. A. EBERHARD: Hb. der Ästh. 1 (1803) 83; vgl. Allg. Theorie des Denkens und Empfindens (1776) 91; Allg. Theorie der schönen Künste und Wiss.en (1786) 11. – [13] L. BENDAVID: Versuch über den Geschmack (1790) 7. 32ff. – [14] FR. HUTCHESON: Untersuch. unserer Begriffe von Schönheit und Tugend (1762) 20. 80. 104; vgl. D. DIDEROT, Ästh. Schr., hg. BASSENGE 1 (1968) 107. – [15] W. HOGARTH: Zergliederung der Schönheit (1754) 3. 6. 8. – [16] H. HOME: Grundsätze der Critik 1 (1763) 493. 489. 476ff. 484. – [17] F. J. RIEDEL: Theorie der schönen Künste und Wiss.en (1774) 68. 75; vgl. Briefe über das Publicum (1768) 38. 46. – [18] J. G. SULZER, Untersuch. über den Ursprung der angenehmen und unangenehmen Empfindungen. Verm. Schr. 1 (1782) 34. 31. – [19] Allg. Theorie (1778-79) 2, 24ff.; 3, 210ff.; 4, 135; 3, 211. – [20] I. KANT, KU, hg. VORLÄNDER (1959) 64. – [21] K. W. F. SOLGER: Vorles. über Ästh. (1829) 50. – [22] a.O. [20] 67. – [23] E. CASSIRER: Kants Leben und Lehre (1923) 337. – [24] KANT, a.O. [20] 55ff. – [25] P. NATORP: Philos. (1911) 111f. – [26] K. W. F. SOLGER: Erwin (1815) 56. 75. 60ff. – [27] G. W. F. HEGEL, Ästh., hg. BASSENGE (1. Aufl.) 1, 145. 350. 130; 2, 347. 349f.; 1, 131. – [28] K. K. POLHEIM: Die Arabeske (1966) 352ff. – [29] M. CARRIÈRE: Aesth. (1885) 1, 95. 74. – [30] CHR. V. EHRENFELS: Höhe und Reinheit der Gestalt, in: Gestalthaftes Sehen, hg. F. WEINHANDL (1960) 44. – [31] a.O. 6. – [32] G. TH. FECHNER: Vorschule der Aesth. (1897) 54. 53. – [33] VOLKELT, a.O. [1] IV. – [34] TH. LIPPS: Ästh. 1 (1914) 34. 36. 33. – [35] VOLKELT, a.O. [1] 572f. 584. – [36] TH. A. MEYER: Ästh. (1925) 163. 174. 158. 160. 162. – [37] J. J. ESCHENBURG: Schöne Redekünste (1805) 23. – [38] J. C. KÖNIG: Philos. der schönen Künste (1784) 189ff. – [39] A. W. SCHLEGEL, Die Kunstlehre. Krit. Schr. und Briefe, hg. LOHNER 2 (1963) 48

W. STRUBE

Männlich/weiblich. Die unübersichtliche Lage in der Verwendung des *psychologischen* Fachterminus ‹männlich/weiblich› [1] ist wohl vornehmlich dem Umstand zuzuschreiben, daß ihm ein nur vage konturiertes *vorwissenschaftliches* Bedeutungsfeld zugrunde liegt, demgegenüber eine Abgrenzung nur schwer gelingen kann. Im Zentrum dieses Feldes allerdings zeichnet sich ein umschriebener Bereich von Konnotationen in Form eines Gefüges von Eigenschaftskonzepten ab, das den *alltagspsychologischen* Wissensbestand über geschlechtsspezifische Merkmale repräsentiert.

Die Kohärenz dieses Eigenschaftssystems hat es neuerdings als Modellfall einer «impliziten Persönlichkeitstheorie» [1a] auf eine wissenschaftliche Analyseebene gehoben. Diese 'Theorie' versetzt den Alltagsmenschen in die Lage, ungenügende Informationen über die Eigenschaften einer Person aufgrund ihrer Geschlechtszugehörigkeit durch Rückschlüsse zu ergänzen. Psychologische Methoden fördern die Konzepte der geschlechtsspezifischen Implikationssysteme zutage [2]: Sie bezeichnen «Kompetenzeigenschaften» wie aggressiv, unabhängig, aktiv im männlichen, «emotionale» Eigenschaften im weiblichen Merkmalsgefüge [3]. Im hohen Grad der Übereinstimmung der Urteile verschiedener Alters- und Geschlechtsgruppen und in der Diskrepanz zwischen der Tragweite der Urteile und der nur sehr schmalen Induktionsbasis manifestiert sich die Universalität konsolidierter «Stereotypen» [4].

Innerhalb der psychologischen Fachterminologie findet sich ‹männlich/weiblich› vor allem als Attribut in zusammengesetzten Ausdrücken wie männliche bzw. weibliche ‹Verhaltensweisen›, ‹Einstellungen›, ‹Interessen›, ‹Eigenschaften›, ‹Geschlechterrolle›, ‹Geschlechtsidentität› usw. Für die begriffsgeschichtliche Analyse folgt daraus, daß sich die verschiedenen begrifflichen Varianten und Bedeutungsimplikationen von ‹männlich/weiblich› nur vor dem Hintergrund konkreter historischer Theorien- und Methodentraditionen erfassen lassen.

1. *Die nicht-empirisch-typologische Geschlechterpsychologie des 19. und frühen 20. Jh.* – Die in der zweiten Hälfte des 19. Jh. sich entfaltenden Richtungen der Geschlechterpsychologie sind in eine Forschungstradition eingebunden, die bis 1800 zurückreicht. Sie ist methodisch durch das Prinzip der *vergleichenden Beschreibung* gekennzeichnet; ihre inhaltlich-thematische Zielsetzung konzentriert sich auf die Ausarbeitung von Dimensionen der Unterscheidung zwischen verschiedenen Menschen, Rassen und Geschlechtern, zwischen Mensch und Tier. Als vergleichendes Vorgehen wird sie üblicherweise dem allgemeinpsychologisch-experimentellen Ansatz gegenübergestellt, der ausdrücklich nicht interindividuelle Unterschiede, sondern die Formulierung von über Individuen und Gruppen hinweg allgemeingültigen Gesetzmäßigkeiten zum Programm erhebt. In frühen ausdruckskundlichen Ansätzen vom Typus der ‹Phrenologie› GALLS (1805) ist die Schädelform Gegenstand des interindividuellen Vergleichs, die sie auf ihren Deutungsgehalt für «Geistes- und Gemüthseigenschaften» hin untersucht [5]. Etwa 60 Jahre später steht die vergleichende Methode im Dienste *«charakterologisch»-typologischer* Entwürfe [6]. Die Typenlehren stellen einfache kategoriale Klassifikationssysteme bereit, die als Ordnungsraster für die Vielfalt psychischer, aber auch somatischer Merkmale fungieren [7].

Die Beiträge des *Evolutionismus* zur Theoriebildung, vor allem aber zur Erstellung eines statistischen und testdiagnostischen Methodenrepertoires ebnen dem vergleichenden Vorgehen den Weg zur Konstituierung als eigenständige wissenschaftliche Disziplin [8]. Sie ist mit W. STERNS Begründung der ‹Differentiellen Psychologie› (1911) vollzogen [9]. An der Verankerung der Geschlechterpsychologie in der vergleichenden Tradition hatten die «vorwissenschaftlichen» Richtungen – Phrenologie und Charakterologie – maßgeblichen, teils forschungsprogrammatischen, teils inhaltlich-thematisch relevanten Anteil.

a) Das GALLS Lehre innewohnende Postulat der Einheit von Struktur und Funktion prägte den ideengeschichtlichen Kontext, aus dem heraus die Entwicklung einer Forschungspraxis zur Untersuchung psychischer Geschlechtsunterschiede verständlich zu machen ist. Während des gesamten 19. und bis ins 20. Jh. führten ihre Verfechter unter der Voraussetzung, daß anatomische und physiologische *Merkmale des Gehirns* unmittelbar auf die qualitative Ausprägung seiner Funktionen verweisen, vergleichende Untersuchungen zum absoluten und zum in bezug auf das Körpergewicht relativen Hirngewicht durch (z. B. TH. L. W. v. BISCHOFF [10]), in denen mit der Ermittlung eines geringeren weiblichen Hirngewichts der Nachweis eines objektivierbaren Äquivalents zu der ohnehin als unumstritten vorausgesetzten *geistigen Minderbegabung* des weiblichen Geschlechts geführt werden sollte.

Nicht zuletzt der Mangel an methodischen Konventionen zur Entwicklung eines Index des relativen Hirngewichts führte im Gefolge der um die Mitte des 19. Jh. zunehmend popularisierten Zentrenlehre der Hirnfunktionen zu einer Verlagerung des Forschungsschwerpunktes: Nun wurden die beim Manne vermeintlich besser ausgeprägten Hirnregionen jeweils zu Zentren der höheren (Denk-)Funktionen deklariert (K. F. BURDACH; kritisch zu dieser Forschungspraxis äußern sich z. B. M. ALSBERG und M. VAERTING [11]).

b) H. ELLIS verband gegen Ende des 19. Jh. eine kritische Bestandsaufnahme der Arbeiten zur hirnanatomischen Begründbarkeit geschlechtsspezifischer Intelligenzausprägung mit der Propagierung der These von der größeren *Variationstendenz* physischer und geistiger Merkmale beim männlichen Geschlecht und nahm als empirische Basis dieser Tendenz das bei männlichen Individuen relativ häufiger zu beobachtende Auftreten von Abnormitäten an. Diese *evolutionstheoretisch* verankerte – zunächst nur auf den physischen Aspekt hin zentrierte – Variabilitätshypothese wies dem Manne insofern die Rolle des dynamischen Faktors im entwicklungsgeschichtlichen Geschehen zu, als das Vorhandensein von Normabweichungen als Voraussetzung für die Evolution adaptiver Merkmalsvariationen galt. Das männliche Geschlecht verkörpert somit das «fortschrittliche» Element, das weibliche dagegen das «konservative», indem es die ursprünglichen charakteristischen Artmerkmale tradiert [12]. Evolutionstheoretischen Positionen stellte sich diese Zuordnung als Konkretisierung eines biologisch sinnvollen Komplementärprinzips im Dienste der Arterhaltung dar.

c) Die auf L. KLAGES (1910) zurückgehende moderne Charakterologie [13] findet für ihr Axiom der «Einheit von Leib und Seele» in der Geschlechterpsychologie ein geradezu exemplarisches Thema, indem sie den biologischen Geschlechtern seelische Wesensunterschiede zuordnet [14]. Richtungsweisend für die Entwicklung einer geeigneten *Methodologie* sind vornehmlich die Grundgedanken der Physiognomik [15]. Den methodischen Zugriff auf das «Wesen der Geschlechter» ermöglicht nach PH. LERSCH die Ausgliederung von charakteristischen «morphologisch-architektonischen» Unterschieden im statischen «Erscheinungsbild» der Geschlechter sowie von Differenzen im Bereich der dynamischen «Bewegungsformen und Ausdrucksbewegungen» mit Blickrichtung auf ihren Interpretationsgehalt für die wesenseigene männliche bzw. weibliche «Daseinsthematik». Auf einer ersten Analyseebene werden in den primären Geschlechtsmerkmalen und ihrer Funktion in der geschlechtlichen Vereinigung die gegenpolig angelegten Charakteristika der biologisch vorgeprägten Rollenkonstellation erkennbar: weibliche «Passivität» und männliche «Aktivität». Diese wiederholen sich auf der Ebene der umfassenden «Daseinsthematik» der Geschlechter, wo das weibliche Prinzip der «Pathik» und das männliche des «Aktivismus» dem psychologischen «Gesamtbild» Kontur verleihen. In den seelischen Funktionen des «Willens» und des «begreifenden Denkens» (männlich) einerseits sowie des «Fühlens» (weiblich) andererseits vollziehen sich schließlich die «Grundmotive» männlicher bzw. weiblicher Daseinsthematik: Bewahrung, Seßhaftigkeit, Beharrlichkeit hier, Wille und «begreifendes Denken» dort [16].

Die Verschiedenheit der Geschlechter gewinnt den Status einer fundamentalen Kategorie nicht nur menschlichen Seins, sondern auch der außermenschlichen Natur. So steht L. KLAGES in der Nachfolge der romantischen Naturphilosophie, wenn er in einer Art «Physiognomik des Universums» männlich/weiblich als «kosmische Polarität» versinnbildlicht sieht und sie als wesensidentisch mit der «wechselseitigen Zweiheit von Wachheit und Schlaf, von Tag und Nacht, von Sonne und Erde ...» deutet [17]. Der in Klages' System der Charakterkunde vorgebildete zentrale Dualismus «Geist/Seele», «Ich/Es» spiegelt sich in A. Welleks Schichtenaufbau und Polaritätsgedanken verbindendem Theoriegebäude in dem Gegenüber von Grundformen in der «Polarität der Geschlechter» wider. Hier steht «das weibliche Prinzip ... auf der Seite der Natur und der Vitalität, und nicht des Geistes, und damit in Affinität zur Intensität, zur Extraversion, zur Eshaftigkeit ...», während das männliche Prinzip als «möglicher Exponent des Geistes und der Geistigkeit» eine «Affinität zur 'Tiefe', zur Introversion, zur Ichhaftigkeit» hat [18].

d) In seiner weitverbreiteten Abhandlung, die auf dem Boden der Physiognomik methodischen Zugang zum Beziehungsgefüge zwischen ‹Geschlecht und Charakter› suchte, verstand 1903 O. Weininger die Geschlechterpolarität als einen Typengegensatz, erkannte den Geschlechtsgegensatz aber zugleich als Polarität von idealtypischen Extremen, zwischen denen eine «psychobiologische» «kontinuierliche Übergangsreihe» [19] aller nur denkbaren Mischungsverhältnisse von männlich und weiblich aufgespannt ist [20]. Diese bemerkenswerte Auffassung erfährt durch die Ergebnisse der neueren psychoendokrinologischen Forschung nachträglich eine gewisse empirische Legitimation [21]. Eher zweifelhafte Berühmtheit haben indessen Weiningers frauenfeindliche Polemiken erlangt: Er spricht der Frau die Gedächtnisfunktion und damit die Fähigkeit ab, die eigene Persönlichkeit im raumzeitlichen Wandel als identisch und kontinuierlich zu erleben. Durch ihren Gedächtnismangel außerstande gesetzt, auch nur Identitätsurteile zu fällen, hat die Frau keinen Zugang zu den Prinzipien von Logik und Ethik; sie ist seelenlos, hat «kein Ich und keine Individualität, keine Persönlichkeit und keine Freiheit, keinen Charakter und keinen Willen» [22]. Diese Lehre von der Minderwertigkeit der Frau war, ebenso wie eine wenige Jahre vor Weiningers Abhandlung erschienene geistesverwandte Schmähschrift des bekannten Psychiaters und Neurologen Möbius, maßgeblich durch A. Schopenhauers haßerfüllte Tirade ‹Über die Weiber› (1851) inspiriert [23]. In dem Pamphlet ‹Über den physiologischen Schwachsinn des Weibes› (1900) verstieg sich P. J. Möbius zu der Behauptung, daß das Weib, «Mittelding zwischen Kind und Mann», vorwiegend instinktgeleitet und somit tierähnlich, eben darum aber für die Wahrnehmung der Mutterrolle bestens ausgestattet sei [24].

2. *Empirische Forschungen zur Psychologie der Geschlechtsunterschiede.* – a) *Ergebnisse der Befragungs- und Testverfahren.* – Mit dem auf Galton zurückgehenden und von J. McKeen Cattell in den USA eingeführten und verbreiteten Einsatz von quasi-experimentellen Leistungsprüfungen zur Analyse interindividueller Differenzen waren die Grundlagen eines Methodeninventars für erste objektive *experimentelle* Untersuchungen der Geistesfähigkeiten bei Mann und Weib bereitgestellt [25]. Neben Befragungsmethoden liefern Leistungsprüfungen auch gegenwärtig die Datenbasis für eine «Psychologie der Geschlechtsunterschiede» [26]. In dieser Arbeitsrichtung sucht die empirische Psychologie dem Anspruch gerecht zu werden, eine «objektive» Bestandsaufnahme der Differenzen zwischen den Geschlechtern in einer Vielzahl von Kategorien dispositionellen und offenen Verhaltens vorzulegen. Begrifflicher Reflex dieser Programmatik ist eine deskriptive, theoretischen Vorannahmen und tradierten kulturellen Selbstverständlichkeiten gegenüber «neutrale» Konzeption von ‹männlich/weiblich›. Die Erweiterung des Methodenrepertoires (um Beobachtungsmethoden, projektive Verfahren, Fremd«rating») ermöglichte seit etwa 1950 eine Ausdehnung des Gegenstandsbereichs über Unterschiede im intellektuellen Bereich hinaus auf eventuelle differentielle Ausprägungen von Persönlichkeitsmerkmalen, wie Aggressivität, Abhängigkeit, Konformitätsstreben, Ängstlichkeit, soziale Kontaktfähigkeit [27].

Im Lichte *empirischer Forschung* sind etwa die im 19. Jh. erstellten, meist recht umfänglichen Kataloge psychischer Geschlechtsunterschiede (vgl. z. B. P. Mantegazza 1893 [28]) erheblich zusammengeschrumpft. Als gesichert gelten nur noch vier Differenzen:
1. verbale Fähigkeit ($♀ > ♂$),
2. räumliche Wahrnehmung ($♂ > ♀$),
3. quantitative Fähigkeiten ($♂ > ♀$),
4. aggressives Verhalten ($♂ > ♀$) [29].

Nachdem aber auch noch in den 1960er Jahren als hinreichend bestätigt ausgewiesene Differenzen (L. E. Tyler 1965, E. E. Maccoby 1966 [30]) in neueren Bestandsaufnahmen nicht mehr unumstritten sind [31], sieht sich J. H. Block (1976) veranlaßt, die «Psychologie der Geschlechtsunterschiede», vertreten durch das bislang wohl aufwendigste Standardwerk von E. E. Maccoby und C. N. Jacklin (1975), einer kritischen Revision zu unterziehen [32]. Insgesamt bemängelt Block u.a. unbefriedigende Meßzuverlässigkeit, unzureichende Konstruktvaliditäten und eine allgemein kaum theoriegeleitete Untersuchungspraxis.

b) *Kritische Relativierung der empirischen Ergebnisse.* – Blocks Monita sind an Verwendungszusammenhängen von ‹männlich/weiblich› im Rahmen *persönlichkeitspsychologischer* Theoriebildung exemplarisch aufweisbar. Der Eigenschaft eines Individuums, männlich oder weiblich zu sein, wird hier der Status einer zeitüberdauernden Verhaltensdisposition zugesprochen, deren operationale Bestimmung durch spezifische diagnostische Verfahren (sog. *Männlichkeits-/Weiblichkeits-(M/F-)Skalen*) vorgenommen wird (L. M. Terman und C. C. Miles; B. F. Shepler [33]). Leitgedanke dieser Testprogramme (Persönlichkeitsinventare, projektive Verfahren) ist die Lokalisation eines Probanden auf einem eindimensional vorgestellten Kontinuum, das zwischen den beiden Polen «extrem-männlich» und «extrem-weiblich» aufgespannt ist. Die Itemselektion für die Tests erfolgt allgemein nach Maßgabe statistisch signifikanter Unterschiede in den Antworthäufigkeiten von Männern und Frauen eines gegebenen Kulturkreises [34], so daß schließlich Skalen resultieren, deren Endpunkte durch Einstellungs- und Interessenmuster typischer Vertreter ihres Geschlechts besetzt sind, und es letztlich «bloß darum geht, daß ein bestimmtes Individuum auf Grund seiner Neigungen und Interessen als dem Gros der Frauen (bzw. der Männer) in dieser Kultur näherstehend beschrieben wird» [35]. Symptomatisch für die atheoretische, «blind empiristische» Orientierung dieser Verfahren [36] ist die der Annahme der Eindimensionalität zugrunde gelegte Gegensatzrelation zwischen männlich und weiblich. Indem P. R. Hofstätter in seinen Untersuchungen mit dem semantischen Differential die implizit unterstellte Gültigkeit der Gleichungen «männlich» = «unweiblich» und «weiblich» = «unmännlich» in Frage stellt, leistet er einen Beitrag zur diagnostischen Neuorientierung: Jedes Individuum ist zweckmäßigerweise durch «zwei Parameter – einen Männlichkeitswert und einen Weiblichkeitswert –» zu beschreiben [37]. Die Auffassung von «Maskulinität» und «Femininität» als zweier unabhängig voneinander zu konzipierender und zu messender Dimensionen hat in neuerer Zeit durch S. BEM ihre psychodiagnostische Umsetzung gefunden. Bem hat ein «Sex Role Inventory» zur Erfassung des Konstruktes *«psychische Androgynie» (von griech.* ἀνήρ *Mann und* γυνή *Frau)* entwickelt. Es ist operational bestimmt durch das Ausmaß, in dem die Selbsteinschätzung eines Individuums auf der Männlichkeits- und der Weiblichkeitsskala des Fragebogens gleichermaßen Zustimmung zu männlichen und weiblichen Items beinhaltet. Die Heranbildung «androgyner» Persönlichkeiten nun propagiert Bem als vorrangiges Erziehungsideal: Mädchen und Jungen, Männer und Frauen sind unter der Zielsetzung einer entfalteten, psychisch gesunden Persönlichkeit zu ermutigen, sich aus der Fixierung auf Geschlechtsrollenstereotypen und der in ihnen wurzelnden Einengung von Verhaltensmöglichkeiten zu befreien und sowohl «instrumentell» wie «expressiv», «bestimmend» wie «nachgiebig», männlich wie weiblich zu sein, «je nach situativer Angemessenheit dieser Verhaltensweisen» [38].

3. Die Theorien der tiefenpsychologischen Schulen. – S. FREUD unterscheidet drei Bedeutungsschwerpunkte des Begriffspaares ‹männlich/weiblich› gemäß seiner Verwendungsweisen in biologischen, soziologischen und psychologischen Erklärungszusammenhängen. Innerhalb des *psychologischen* Sprachgebrauchs findet ‹männlich/weiblich› nach Freud hauptsächlich im Sinne von ‹Aktivität/Passivität› Verwendung. So ist etwa die Libido «regelmäßig und gesetzmäßig männlicher Natur, ob sie nun beim Manne oder beim Weibe vorkomme» [39], da dem Trieb immer eine aktive Komponente zuzuschreiben ist. Im Rahmen der Auffassungen Freuds zur psychosexuellen Entwicklung stellen sich die beiden Begriffspaare allerdings als voneinander zu trennende theoretische Konzepte dar: Zunächst sind alle drei Phasen der kindlichen Sexualität der Polarität ‹aktiv/passiv› untergeordnet. Die Sexualorganisation des bisexuell veranlagten Kindes ist in Termini aktiver und passiver Triebregungen (bezogen auf aktive bzw. passive Triebziele) beschreibbar [40]. Diese als ‹männlich› bzw. ‹weiblich› zu kennzeichnen, ist nach Freud erst mit Blickrichtung auf die im Zuge der weiteren Libidoentwicklung fortschreitende Geschlechterdifferenzierung gerechtfertigt. Eine Wendung zur Weiblichkeit vollzieht sich beim Mädchen in dem Maße, als es durch den Kastrationskomplex zugunsten passiver Triebregungen (Penis-Kind-Wunsch gegenüber dem Vater) zur Aufgabe phallischer Aktivität gezwungen ist, die noch Merkmal der geschlechterübergreifenden «männlichen» Libidoorganisation der phallischen Phase ist: «Wir müssen nun anerkennen, das kleine Mädchen sei ein kleiner Mann'» [41]. Die Grundpolarität des späteren Sexuallebens männlich/weiblich gewinnt psychologische Bedeutung überhaupt nur unter Rückbezug auf die genetisch vorgängigen Gegenpole aktiv/passiv, die allerdings schließlich mit männlich/weiblich «verschmelzen» [42].

A. ADLERS Verzicht auf den von Freud erhobenen Anspruch auf eine biologistisch-«objektive» Fundierung der Trieblehre führt zu einem nur noch metaphorischen Sprachgebrauch von ‹männlich/weiblich›, in dem ‹männlich› als Umschreibung für Aggression, Aktivität, Macht und Stärke dient, ‹weiblich› dagegen mit Hemmungen, Mängeln und Schwäche assoziiert ist. Entsprechend gibt Adler mit dem Konzept des «psychischen Hermaphroditismus» seiner Auffassung Ausdruck, daß der Mensch sowohl unterwürfige (weibliche) wie auch aggressive (männliche) Charakterzüge in sich vereinigt. Er rückt so die «kämpferische Antithetik der 'weiblichen und männlichen Züge'» [43] in den Mittelpunkt seiner Neurosenlehre. Die entlang den vergröbernden Gleichungen «minderwertig = unten = weiblich» und «mächtig = oben = männlich» konstruierte Dichotomie [44] sichert dem Neurotiker durch ihren Abstraktionsgrad die an der Realität nicht überprüfbare Fiktion der eigenen «unmännlichen» Minderwertigkeit, gegen die er sich in «männlichem Protest» mit überkompensatorischen Strebungen nach Überlegenheit auflehnt [45]. Der diese Tendenzen zur Erhöhung des Persönlichkeitsgefühls zusammenfassende Sammelbegriff des «männlichen Protestes» wird von Adler in späteren Schriften nur noch auf Frauen angewandt, die sich gegen ihre weibliche Rolle zur Wehr setzen (z. B. übertriebene sportliche Leistungen, aber auch Dysmenorrhöe und Vaginismus) [46].

Im tiefenpsychologischen System C. G. JUNGS gewinnt der Bedeutungsgehalt von ‹männlich/weiblich› auf dem Boden der Archetypuslehre erheblich an Komplexität. Die aus der Bipolarität ‹männlich/weiblich› sich entfaltende psychische Dynamik erfährt ihre theoretische Ausarbeitung innerhalb Jungs «Anima/Animus»-Konzeption: Anima (s. d.) ist das kompensatorisch fungierende Prinzip des Weiblichen, das kollektive Bild – Archetypus – der Frau im Unbewußten des Mannes, Animus repräsentiert entsprechend die männlichen Funktionsbereiche im Unbewußten der Frau. Animus steht in einem Korrespondenzverhältnis zum väterlichen Logos, Anima entspricht dem mütterlichen Eros [47]. In Personifikation der unbewußten Inhalte verkörpern Anima und Animus in Träumen, Visionen und Phantasien Gestalten, deren Bedeutung im psychischen Geschehen aus ihrem funktionalen Status als Übermittler dieser Inhalte des kollektiven Unbewußten an das Bewußtsein erwächst.

4. Untersuchungen zur Genese der psychischen Geschlechterunterschiede. – 1910 kam H. T. WOOLEY in einem Übersichtsreferat zum Stand der experimentellen Geschlechterpsychologie zu dem Fazit, daß sich in der Diskussion um intellektuelle Differenzen die Gewichte von biologischen in Richtung auf soziologische Interpretationszusammenhänge verschoben hätten [48]. Damit war ausdrücklich die Frage nach der Genese psychischer Geschlechtsunterschiede aufgeworfen, nachdem sich der herkömmliche, allgemein als unumstritten geltende Interpretationsansatz als nicht tragfähig erwiesen hatte, demzufolge «Abweichungen weiblichen Verhaltens von der männlichen 'Norm' als primär wesensbedingt, d. h. anlagemäßig mitgegeben und so von Sozialisationsprozessen nicht tangiert gesehen» wurden [49]. In einer späteren Bilanz einschlägiger Veröffentlichungen (CH. N. ALLEN 1927 [50]) erfuhr die Frage nach der Genese mit dem Hinweis auf die Bedeutung geschlechtsspezifischen «sozialen Trainings» weniger eine Beantwortung als eine konkretere Fassung. Programmatische Kernfrage wurde sie schließlich in den 1940er Jahren, als die Konzeption der «sozialen Rolle» die begrifflichen Voraussetzungen für ihre Formulierung in operationalisierbaren Termini und theoretische Rahmenbedingungen für ihre Beantwortung schuf [51]. Das auch in den Fachterminologien von Soziologie und Sozialpsychologie beheimatete Konzept der «Geschlechterrolle» steht gemeinhin als Sammelbegriff für den Komplex unterschiedlicher Verhaltenserwartungen, die von einer konkreten Gesellschaft an ihre männlichen und weiblichen Mitglieder herangetragen werden [52]. M. MEADS kulturvergleichende Beobachtungen dokumentierten in unterschiedlichen Gesellschaftsformen erheblich variierende Geschlechtsrolleninhalte [53] und gaben Anlaß zu der Frage nach den Mechanismen der *Übernahme der «typisch» männlichen bzw. weiblichen Geschlechterrolle* («sex-typing» [54]). Diese Reduktion signalisierte den Beginn einer gegenwärtig verbreiteten Forschungspraxis, die Herausdifferenzierung psychischer Geschlechtsunterschiede qua Rollenübernahme als Modellfall eines Sozialisationsprozesses und als Gegenstandsdomäne sozialer Lerntheorien zu behandeln [55].

Innerhalb der aktuellen Diskussion konkurrieren im wesentlichen drei Varianten sozialer Lerntheorien:

a) die Theorie der (für Jungen und Mädchen) differentiellen Belohnungs- und Bestrafungsmuster für geschlechtsangemessenes bzw. -unangemessenes Verhalten [56];

b) Ansätze, denen zufolge die Rollenübernahme Ergebnis von «Imitations»lernprozessen ist [57]. In deren theoretischer Nachbarschaft, wenn nicht überhaupt mit ihnen gleichgesetzt, sind Vorgänge der «Identifikation» mit den elterlichen Bezugspersonen angesiedelt [58];

c) L. KOHLBERGS kognitive Entwicklungstheorie im Anschluß an J. PIAGETS Untersuchungen zur Intelligenzentwicklung: Weder biologische noch kulturell-normative Gegebenheiten wirken unmittelbar geschlechtsrollenprägend; vielmehr gelangt das Kind im Zuge fortschreitender kognitiver Organisation entlang Geschlechtsrollendimensionen zu einer Selbstkategorisierung als «Junge» oder «Mädchen». Die auf diesem kognitiven Realitätsurteil fußende «Geschlechtsrollenidentität» («gender identity») stabilisiert sich in der Folge endgültig mit der gezielten Aneignung geschlechtsspezifischer Wertsysteme und Verhaltensweisen. Identifikation wäre der Rollenprägung demnach nicht vorgängig, sondern deren Resultat [59].

Der theoretische Erklärungswert des Rollenbegriffs beschränkt sich auf beschreibende, typisierende und klassifizierende Analysen [60]. Von diesem Mangel mitbetroffen ist das Konzept der Geschlechterrolle ebenso wie der allgemein als phänomendeskriptives Pendant im Sinne der «eigene[n] Erfahrung der Geschlechtsrolle» eingeführte Begriff einer männlich/weiblichen «Geschlechts(rollen)identität» [61].

Das Problemfeld der «Genese psychischer Geschlechtsunterschiede» ist auch gegenwärtig Domäne der Theoriegruppe um die zentrale Kategorie «Umweltprägung». Als mögliche Konkurrenten scheiden rein *biologisch* orientierte Ansätze vorerst aus, weil sie, zumal gegenüber den gewichtigen Befunden J. MONEYS, ein nur schwerlich hinwegzudiskutierendes Erklärungsdefizit aufweisen [62]. H. L. HAMPSON hat in seinen vielzitierten Untersuchungen an Hermaphroditen die Durchschlagskraft geschlechtstypischen Erziehungsverhaltens gegenüber biologischen Determinanten überzeugend belegen können: Das dem Intersexuellen zugewiesene Geschlecht prägt maßgeblich dessen psychosexuelle Differenzierung; es erweist sich hierbei gegen das chromosomale, gonadale, hormonale und morphologische Geschlecht als durchsetzungsfähig [63]. In jüngster Zeit werden allerdings verstärkt biologisch orientierte Theorieansätze vertreten [64], die ihre Argumentationsbasis vornehmlich aus tierphysiologisch-hormonalen Studien beziehen [65]. Den Anstoß zu neuerlichen Anlage/Umwelt-Kontroversen werden sie indessen wohl kaum geben, da diese vor dem Hintergrund aktueller *interaktionistischer* Modellbildung praktisch gegenstandslos geworden sind [66]. Eine zukünftige Forschungsprogrammatik dürfte sich auf die Beantwortung der Frage konzentrieren, «how a genetically-influenced trait is expressed in the range of environmental conditions in which it may develop» [67].

Anmerkungen. [1] Die philosophischen Aspekte werden in Art. ⟨Weiblich/männlich⟩ behandelt. – [1a] U. LAUCKEN: Naive Verhaltenstheorie (1974) 34ff. – [2] D. BIERHOFF-ALFERMANN: Psychol. der Geschlechtsunterschiede (1977) 11f. – [3] P. ROSENKRANTZ u.a.: Sex-role stereotypes and self-concepts in college students. J. consult. clin. Psychol. 32 (1968) 287-295. – [4] BIERHOFF-ALFERMANN, a.O. [2]. – [5] D. GALL: Vorles. über die Verrichtungen des Gehirns und die Möglichkeit, die Anlagen mehrerer Geistes- und Gemütseigenschaften aus dem Baue des Schädels der Menschen und Thiere zu erkennen, hg. H. G. C. v. SELPERT (1805) 40. – [6] J. BAHNSEN: Beitr. zur Charakterol., hg. J. RUDERT (1932). – [7] A. ANASTASI: Differentielle Psychol. 1 (1976) 171f. – [8] J. J. JENKINS und D. G. PATERSON: Preface, in: Stud. in individual differences, hg. J. J. JENKINS/D. G. PATERSON (New York 1961) vi. – [9] W. STERN: Die differentielle Psychol. (1911) Einl. – [10] TH. L. W. v. BISCHOFF: Das Hirngewicht des Menschen (1880). – [11] C. F. BURDACH: Der Mensch nach den verschiedenen Seiten seiner Natur, hg. E. BURDACH (1854) 486; M. ALSBERG: Die geistige Leistungsfähigkeit des Weibes im Lichte der neueren Forschung. Arch. Rassen- u. Gesellsch. Biol. 4 (1907) 476-492; M. VAERTING: Neubegründ. der Psychol. von Mann und Weib 2: Wahrheit und Irrtum in der Geschlechterpsychol. (1923) 15ff. – [12] H. ELLIS: Man and woman (London 1894) 367. – [13] L. KLAGES: Grundl. der Charakterkunde (1910). – [14] PH. LERSCH: Vom Wesen der Geschlechter (⁴1968) 45. – [15] L. ECKSTEIN: Die Sprache der menschl. Leiberscheinung. Beih. 92, Z. angew. Psychol. u. Charakterkunde (1943). – [16] LERSCH, a.O. [14] 24. 37. 45ff. 53ff. – [17] L. KLAGES: Prinzipien der Charakterol. (³1921) 13; Der Geist als Widersacher der Seele (⁴1960) 899. – [18] A. WELLEK: Die Polarität im Aufbau des Charakters (1950) 217f. – [19] Psychol. (³1971) 128. – [20] O. WEININGER: Geschlecht und Charakter (¹⁸1919) 9ff. – [21] J. MONEY und A. A. EHRHARDT: «Männlich/weiblich» (1975) 199ff. – [22] WEININGER, a.O. [20] 261. – [23] A. SCHOPENHAUER: Über die Weiber, in: Parerga und Paralipomena. Sämtl. Werke V/2, hg. E. GRISEBACH (²1892-95) 648-661. – [24] P. J. MÖBIUS: Über den physiol. Schwachsinn des Weibes (¹²1922) 4. 8. 14. – [25] H. B. THOMPSON: The mental traits of sex (Chicago 1903). – [26] BIERHOFF-ALFERMANN, a.O. [2]; E. E. MACCOBY und C. N. JACKLIN: The psychol. of sex differences (Stanford/London 1975). – [27] U. LEHR: Das Problem der Sozialisation geschlechtsspezifischer Verhaltensweisen, in: Hb. der Psychol. 7/2, hg. C. F. GRAUMANN (1972) 886-954. – [28] P. MANTEGAZZA: Die Physiol. des Weibes (⁷1893) 191. – [29] A. DEGENHARDT: Geschlechtstypisches Verhalten – eine psychobiol. Variable? Psychol. Rdsch. 29 (1978) 15-37, 25. – [30] L. E. TYLER: The psychol. of human differences (New York ³1965) 239-260; E. E. MACCOBY: Sex differences, hg. E. E. MACCOBY (Stanford 1966) 25-55. – [31] MACCOBY/JACKLIN, a.O. [26] ch. 10. – [32] J. H. BLOCK: Issues, problems, and pitfalls in assessing sex differences: A crit. rev. of the ⟨psychol. of sex differences⟩. Merrill-Palmer Quart. 22 (1976) 283-308. – [33] L. M. TERMAN und C. C. MILES: Sex and personality: stud. in masculinity and femininity (New York 1936); B. F. SHEPLER: A comparison of masculinity-femininity measures. J. consult. Psychol. 15 (1951) 484-486. – [34] A. ANASTASI: Psychol. testing (London ³1968) 442. – [35] P. R. HOFSTÄTTER: Männlich und weiblich. Wien. Arch. Psychol., Psychiat. Neurol. 6 (1956) 154-167, zit. 154. 155. – [36] P. E. VERNON: Personality tests and assessments (London 1953) 169. – [37] P. R. HOFFSTÄTTER: Differentielle Psychol. (1971) 299. – [38] S. L. BEM: Sex role adaptability: One consequence of psychol. androgyny. J. person. and soc. Psychol. 31 (1975) 634-643. – [39] S. FREUD, Drei Abh. zur Sexualtheorie. Werke 5, 120f. – [40] Die Weiblichkeit. NF der Vorles. zur Einführung in die Psychoanal. Werke 15, 128ff. – [41] a.O. [40] 125f. – [42] Triebe und Triebschicksale. Werke 10, 227. – [43] A. ADLER und C. FURTMÜLLER: Heilen und Bilden, hg. W. METZGER (1973) 86. 93. – [44] A. ADLER: Über den nervösen Charakter (1976) 52. – [45] ADLER/FURTMÜLLER, a.O. [43] 88. – [46] H. L. ANSBACHER und R. R. ANSBACHER (Hg.): Alfred Adlers Individualpsychol. (1972) 67. – [47] C. G. JUNG, Aion. Ges. Werke 9/2 (1976) 23. – [48] H. T. WOOLEY: Psychol. lit. A rev. of the recent lit. on the psychol. of sex. Psychol. Bull. 7 (1910) 335-342. – [49] LEHR, a.O.

[27] 886. - [50] CH. N. ALLEN: Stud. in sex differences. Psychol. Bull. 24 (1927) 294-304. - [51] R. LINTON: The cultural background of personality (London 1945). - [52] G. CLAUSS u. a. (Hg.): Wb. der Psychol. (1976) Art. ‹Geschlechterrolle›; L. BERKOWITZ: Social psychol. (Glenview 1972) 20. - [53] M. MEAD: Male and female: a study of sexes in a changing world (New York 1949). - [54] Vgl. z. B. W. A. MISCHEL: Sex-typing and socialisation, in: CARMICHAEL's manual of child psychol., hg. P. H. MUSSEN (New York 1970) 3-72. - [55] W. GOTTSCHALCH, M. NEUMANN-SCHÖNWETTER und G. SOUKUP: Sozialisationsforsch. (⁸1974) 121-142. - [56] BIERHOFF-ALFERMANN, a.O. [2] 83ff. - [57] A. BANDURA: Social learning through imitation, in: Nebraska symp. on motivation, hg. M. R. JONES (Lincoln 1962) 211-269. - [58] U. BRONFENBRENNER: Freudian theories of identification and their derivates. Child Develop. 31 (1960) 15-40; vgl. O. H. MOWRER: Learning theory and personality dynamics (New York 1950) ch. 21: Identification: A link between learning theory and psychother.; N. SANFORD: The dynamics of identification. Psychol. Rev. 62 (1955) 106-117. - [59] L. KOHLBERG: A cognitive-develop. anal. of children's sex-role concepts and attitudes, in: The develop. of sex differences, hg. E. E. MACCOBY (Standord 1966) 88ff. - [60] G. WISWEDE: Rollentheorie (1977) 25. - [61] MONEY/EHRHARDT, a.O. [21] 16. - [62] C. HUTT: Males and females (Harmondsworth 1972) 69-75. - [63] H. L. HAMPSON: Determinants of psychosexual orientation, in: Sex and behavior, hg. F. A. BEACH (New York/London 1965) 108-132. - [64] J. ARCHER: Biol. explanations of psychol. sex differences, in: Exploring sex differences, hg. B. LLOYD/J. ARCHER (London/New York 1976) 241-266. - [65] HUTT, a.O. [63] 40-63. - [66] J. ARCHER und B. B. LLOYD: Sex roles: Biol. and soc. interactions. New Scientist 21 (1974) 582-584. - [67] ARCHER, a.O. [65] 252.

Literaturhinweise. D. BIERHOFF-ALFERMANN s. Anm. [2]. - K. H. BÖNNER (Hg.): Die Geschlechterrolle (1973). - A. DEGENHARDT s. Anm. [29]. - U. LEHR s. Anm. [27]. - B. LLOYD/J. ARCHER (Hg.) s. Anm. [64]. - E. E. MACCOBY/C. N. JACKLIN s. Anm. [26]. - F. MERZ (Hg.): Lb. der differentiellen Psychol. 1: Geschlechtsunterschiede (1978). - S. A. SHIELDS: Functionalism, Darwinism, and the psychol. of women. Amer. Psychologist 30 (1975) 739-754. - J. T. SPENCER und R. L. HELMREICH: Masculinity and femininity. Their psychol. dimensions, correlates, and antecedents (Austin/London 1978).   P. LASSLOP

Mantik. - 1. Zu Virulenz gelangte ‹M.› als Begriff bei den Stoikern, die in ihre Unterscheidung zwischen natürlicher (enthusiastischer) und künstlicher (zeichendeutender) M. [1] deren traditionelles Selbstverständnis eingehen ließen. PLATON anerkennt die dank Inspiration der Pythia beglaubigte [2] natürliche M., wenn er M. (Wahrsage) etymologisch auf Mania (Wahnsage) zurückführt [3]. Seit andererseits die Götter Homers sich den Menschen durch Blitz, Donner und Träume zu erkennen geben, besteht neben der natürlichen die insofern künstliche Deutung solcher Zeichen, als diese nicht in enthusiastischer Verzückung erfolgt, sondern aufgrund des Urteils eines Richterkollegiums bei nüchternem Verstande [4]. Die künstliche M. ist die älteste und zugleich unzuverlässigste Gestalt der reflektierenden Hermeneutik: der Herr des Orakels in Delphi, so HERAKLIT [5], sagt nicht und verbirgt auch nicht, sondern deutet zeichengebend an (σημαίνει). Demgemäß irren bei falscher Deutung für die Verteidiger der M. nicht die Zeichen, sondern die auch sonst fehlbare menschliche Kunst [6], während umgekehrt für die Zweifler an der M. eine richtige Vorhersage nicht auf gelungener Zeichendeutung, sondern schlicht auf zutreffender Vermutung eines klugen Mannes beruht [7].

2. In hellenistischer Zeit wird M. zum Gegenstand eigener Monographien; der nun häufig auftretende Titel ‹Über die M.› ist belegt für ARISTOTELES [8] sowie auf CHRYSIPP fußend für SPHAIROS [9], DIOGENES BABYLONIUS [10] und ANTIPATER TARSENSIS [11]. CHRYSIPP definiert M. als «vim cognoscentem et videntem ((θεωρητική) et explicantem (ἐξηγητική) signa, quae a dis hominibus portendantur» (das Vermögen, die Zeichen zu erkennen, zu verstehen und zu erklären, die den Menschen von den Göttern [als Prophezeiungen] gezeigt werden) [12]. Auf diese Bestimmung stützt sich ein stoischer Gottesbeweis: «quorum enim interpretes sunt, eos ipsos esse certe necesse est; deorum autem interpretes sunt; deos igitur esse fateamur» (wenn es von etwas Interpreten gibt, ist es notwendig und gewiß, daß es dies Etwas selbst auch gibt; nun existieren Interpreten der Götter, also wollen wir annehmen, daß es Götter gibt) [13]. Dieser Beweis soll die stoische These theoretisch absichern, daß M. und göttliche Providenz einander wechselseitig bezeugen [14], während ja EPIKUR mit dem einen Theorem zugleich das andere dementiert [15]. Das Instieren der *Stoiker* auf dem Kernstück ihrer Theologie, der Lehre von der Providenz, erklärt deren Interesse an der M.

3. CICEROS ‹De divinatione› nimmt das Problem der M. angesichts ihres Niederganges auf: Nachdem schon die Stoiker sich wohlweislich von der Sterndeutung der Chaldäer distanziert hätten [16], seien nun nicht einmal mehr die in Rom traditionellen Formen künstlicher M. - Opferschau, Auspizien, Traumdeutung [17] - geachtet [18]. Zur theoretischen Verteidigung aus der Perspektive der Stoa läßt Cicero die reale Möglichkeit der M., die in der Fürsorge der Götter motiviert sei [19], einer Einteilung des POSEIDONIOS folgend mit dem Dasein Gottes, dem Fatum und der Natur begründen [20]. Demnach verdanke sich natürliche M. der Verwandtschaft der menschlichen Seele mit der das All durchdringenden «divina mens» [21]. Das mit dem Göttlichen als providentia identische Fatum [22], die notwendige Verknüpfung aller Geschehnisse untereinander, gestatte den Göttern sichere Vorhersagen, die sie den Menschen durch Zeichen offenbarten; die darauf sich stützende künstliche M. entspreche der astronomischen Vorausberechnung bestimmter Sternkonstellationen [23]. Auf Natur schließlich sei künstliche M. verwiesen, wenn sie aus Luftdruck, Helligkeit der Sterne oder Färbung der Eingeweide Rückschlüsse ziehe [24].

4. Cicero selbst hat, darin KARNEADES und PANAITIOS folgend, der stoischen Argumentation das theoretische Plazet verweigert, ohne aber die alsdann fällige stoische Schlußfolgerung anzuerkennen, er wolle damit die Religion insgesamt treffen: «nec vero superstitione tollenda religio tollitur» (Die Aufhebung des Aberglaubens hebt die Religion nicht auf) [25]. Solche Reinigung der Religion bleibt indes aus politischen Rücksichten ambivalent: Bei allem (theoretischen) Zweifel müsse die Vogelschau um der res publica und der communis religio willen respektiert werden [26]. Bildung und Fortschritt stehen zurück hinter Staatsräson, Ansehen des Augurenkollegiums und Volksaberglauben [27]. Über den Theoretiker obsiegt der Politiker, der eigens die Institution der Auspizien in seiner sakralen Gesetzgebung verankert [28], seien doch diese und der Senat je die «egregia duo firmamenta rei publicae» (zwei ausgezeichneten Stützen des Staates) [29] gewesen. Das theologische Interesse der Stoiker an der Providenzlehre wich dem politischen Interesse der römischen Nobilität an der Interzession der Auguren, wenn sie unter Berufung auf einen Donner oder den Kampf zweier Raben unbequeme Abstimmungen über tribunizische Anträge zur Agrarreform zu unterbrechen hatten [30].

Anmerkungen. [1] CICERO, De div. I, 11. – [2] a.O. I, 37f. – [3] PLATON, Phaidr. 244 a-c. – [4] PLATON, Tim. 71 e-72 b. – [5] HERAKLIT, VS 22 B 93. – [6] CICERO, De div. I, 124; De nat. deor. II, 12. – [7] ANTIPHON DER SOPHIST 87 A 9. – [8] ARISTOTELES, Politik 1274 a 28. – [9] SVF I, 620. – [10] a.O. III, 35. – [11] III, 37. – [12] CICERO, De div. II, 130; vgl. SVF II, 1018; III, 654. – [13] CICERO, De nat. deor. II, 12. – [14] SVF II, 1191. – [15] DIOGENES LAERTIOS X, 135. – [16] CICERO, De div. I, 36; II, 90. – [17] a.O. I, 72. – [18] De leg. II, 33; De nat. deor. II, 7-9. – [19] De div. I, 82f. – [20] a.O. I, 125. – [21] I, 110. – [22] SVF I, 176. – [23] CICERO, De div. I, 127f. – [24] a.O. I, 129ff. – [25] II, 148. – [26] II, 28. – [27] II, 70. – [28] De leg. II, 21. – [29] De re publica II, 17. – [30] De leg. II, 14. 31.

Literaturhinweise. C. WACHSMUTH: Die Ansichten der Stoiker über M. und Dämonen (1860). – K. REINHARDT: Kosmos und Sympathie (1926). – E. R. DODDS: The Greeks and the irrational (Los Angeles 1951). A. MÜLLER

Maoismus ist der geläufigere europäische Begriff für «Mao Tsetungs Gedanken» (seit 1969 «Maotsetungideen») und bezeichnet die von Mao geprägten Anwendungsformeln des Marxismus-Leninismus für die konkrete revolutionäre Situation in China. Der M. bestimmt die Umgestaltung der chinesischen Wirklichkeit als Geschichte und Umwelt und ist hierin für China weniger Abweichung als eine chinesische Bestätigung des Marxismus-Leninismus. Im europäischen und internationalen Kontext tritt der M. dagegen als konkurrierende Version eines radikalen Kommunismus «links» von den etablierten kommunistischen Parteien in Erscheinung. Beiden gemeinsam gilt der M. als «Marxismus-Leninismus jener Epoche, in welcher der Imperialismus seinem totalen Zusammenbruch und der Sozialismus seinem weltweiten Sieg entgegengeht» [1], und ist darin Fortsetzung Lenins, dessen Ideen als Marxismus im Zeitalter des Imperialismus gegolten hatten. Als Schwerpunkt des M. erscheinen historisch die Definition der «neuen» Demokratie als Vierklassenbündnis im Übergang von der alten Demokratie (1789, 1911) zum Sozialismus [2], dann die Akzentuierung des Praxis-Begriffes [3], eine perennierende Dialektik des Widerspruchs, die ein Fortbestehen der «Widersprüche im Volk» auch nach erfolgter sozialistischer Revolution annimmt [4], sodann die Betonung des Bewußtseinsfaktors im revolutionären Prozeß – folglich eine stärker pädagogische und sozialethische Begründung des revolutionären Einsatzes [5] und endlich die Hervorhebung des Modellcharakters der vor allem von Bauern geführten chinesischen Revolution für die unterentwickelten Länder in Asien, Afrika und Lateinamerika [6]. Darüber hinaus enthält der M. eine Theorie des revolutionären Volkskrieges (auch «Theorie der Guerilla» oder «Guerilla-Doktrin») [7], deren zugespitzter Ausdruck die Theorie der allmählichen Einkreisung der «Metropolen» (Europa, Nordamerika, die Sowjetunion) durch die revolutionären Bewegungen in den «ländlichen Gebieten» (Asien, Afrika, Lateinamerika) ist [8]. Der von Trotzki übernommene und auf die Fortentwicklung der sozialistischen Gesellschaft umgedeutete Begriff der «ununterbrochenen Revolution» [9] soll als Reaktivierung der Leninschen Weltrevolution zugleich stimulierend wirken auf alle radikalen Gruppierungen in der Welt einschließlich Europa und Nordamerika. Seit der Kulturrevolution (s. d.) 1966–1969, die als eine Konkretisierung davon zu verstehen ist, sind der bewußtseinsverändernd gemeinte Einsatz von Massenkampagnen und Demonstrationen bis hin zu Gewaltakten, die Umerziehung des Intellektuellen durch Verbindung von Reflexion und Aktion sowie die Möglichkeit zur allmählichen Veränderung der Gesellschaft mit Hilfe eines «langen Marsches durch die Institutionen» als Elemente eines weltweiten Einflusses des M. deutlicher ins öffentliche Bewußtsein getreten. M. nicht so sehr als unmittelbare Anleitung denn als Stimulans zur Freisetzung neuer revolutionärer Potentiale im je gegebenen Kontext ist seitdem zum Bestandteil eines neuen Generationsbewußtseins geworden, das sich gleicherweise gegen jede Privilegiertheit, gegen Technokratie und Positivismus wendet. Dem M. fehlt eine ausreichend systematisierbare eigene Nomenklatur ideologischer Argumentierweisen, um ein schlüssiges Denksystem zu entwickeln; an dessen Stelle treten vielmehr politische Maximen und Erfahrungssätze. Dies kann als chinesisches Erbe gedeutet werden auch darin, daß es analog zum Topos der «östlichen Weisheit» antiszientistische Tendenzen im europäischen Kontext zu unterstützen scheint. Die orthodoxen sowjetischen Marxisten vermögen jedoch im M. nicht zuletzt aufgrund dieser Züge nicht mehr zu sehen als «ein eklektisches Gemisch von kleinbürgerlichem Revolutionarismus, militantem Nationalismus, Konfuzianismus, utopischem Sozialismus und einigen allgemein vulgär ausgelegten Leitsätzen des Marxismus-Leninismus» [10].

Anmerkungen. [1] Das Rote Buch (1967) 16f. – [2] Vgl. etwa A. A. COHEN: The communism of Mao Tse-tung (Chicago/London 1964) 94ff. – [3] Vgl. G. BARTSCH: Die Philos. Mao Tse-tungs. Neue Gesellschaft 14 (1967) 180-189, bes. 185f.; M. GLABERMANN: Mao as a dialectician. Int. philos. Quart. 8 (1968) 94-112, bes. 96f. – [4] Vgl. R. ROSSANDA: Le marxisme de Mao. Temps modernes 27 (1970/71) 1202-1234. – [5] Vgl. G. K. KINDERMANN: Der Maoist. Marxismus im Lichte der Kulturrevolution der Jahre 1965-1967. Moderne Welt 9 (1968) 16-31; W. LEONHARD: Dreispaltung des Marxismus (1970) 326ff. – [6] Vgl. COHEN, a.O. [2] 38ff.; K. A. WITTFOGEL: The legend of M. China Quart. 1 (1960) 72-86; J. CH'EN: Mao and the Chin. revolution (London 1965) 224. – [7] Vgl. S. HAFFNER: Der neue Krieg, in: MAO TSETUNG: Theorie des Guerilla-Krieges oder Strategie der Dritten Welt (1966) 5-34. – [8] H. HAMM und J. KUN: Das rote Schisma (1963) Dok. 19; vgl. KINDERMANN, a.O. [5] 27ff.; LIN PIAO: Es lebe der Sieg im Volkskrieg! (Peking 1968). – [9] Vgl. etwa A. SPITZ: Mao's permanent revolution. View of Politics 30 (1968) 440-454. – [10] M. ALTAJSKJ und V. GEORGIEV: Das antimarxist. Wesen der philos. Ansichten Mao Tse-tungs (Moskau 1969, russ.) 140; J. S. PRYBYLA: The Soviet view of Mao's cultural revolution. Virginia Quart. Rev. 3 (1968) 385-398.

Literaturhinweise. N. N.: Die 'Ideen Mao Tse-tungs' gegen den Marxismus. Einheit 23 (1968) 625-636. – B. SCHWARTZ: New trends in M.? in: Problems of communism (1957) 1-8. – K. A. WITTFOGEL: Mao Tse-toung et le Léninisme. Contrat social 3 (1959) 327-331. – B. SCHWARTZ: The legend of the 'legend of M.'. China Quart. 2 (1960) 16-43; s. Anm. [6]. – A. A. COHEN: How original is 'M.'? Problems of communism 10 (1961) 34-42; s. Anm. [2]. – H. CH'EN s. Anm. [6]. – G. BARTSCH s. Anm. [3]. – G. BRAKELMANN: Ideol. Grundzüge des chin. Kommunismus (M.), in: Weltmission und Weltkommunismus, hg. G. HOFFMANN/W. WILLE. Perspektiven der Weltmission 1 (1968) 102-122. – A. SPITZ s. Anm. [9]. – G. K. KINDERMANN s. Anm. [5]. – M. GLABERMANN s. Anm. [3]. – MAO TSE-TUNG, Ausgew. Werke 1-4 (Peking 1968/69). – S. R. SCHRAM: Mao Tse-tung and the search for a 'Chinese road' to socialism. J. roy. Central Asian Soc. 56 (1969) 30-41. – W. LEONHARD s. Anm. [5]. – R. ROSSANDA s. Anm. [4]. – A. A. COHEN: Thoughts on M. Stud. in comparative communism 4 (1971) 29-36. – W. ABENDROTH: Ist der M. ein Schlagwort oder Politik? Werkh. Z. Probl. der Gesellschaft und des Katholizismus 25 (1971) 24-28. – MAO TSE-TUNG: Über die Revolution. Ausgew. Schr. (1971). – Mao Papers (1972). – Mao intern (1974). – C. D. KERNIG: Person und Revolution: Marx – Lenin – Mao (1972). – J. GERBERT und R. MAX: Der M. – ein Antipode des Sozialismus. Einheit 28 (1973) 1114-1124. – P. WEBER-SCHÄFER: Die 'Weltanschauung' Mao Tse-tungs. Z. Politik

19 (1972) 304-324. – K. T. Fann: Mao and the Chin. revolution in philos. Stud. Soviet Thought 12 (1972) 111-123. – R. Max: Zum polit.-ideol. Wesen des M. (1974). – R. Neber: Was will der M.? Zur theoret. und polit. Plattform des M. (1974). – W. Shukow: Die sozialökonom. 'Theorie' und Praxis des M. Sowjetwissenschaft. gesellschaftswiss. Abt. 27 (1974) 1145-1159. – J. M. Koller: Philos. aspects of Maoist thought. Stud. Soviet Thought 14 (1974) 47-60. – P. Jaschko: Wesensmerkmale des M. Liberale Beitr. zur Entwickl. einer freiheitl. Ordnung 15 (1973) 203-209. – J. Reusch: Der M. Marxist. Bl. 11 (1973) 64-77.   T. GRIMM

Markt (griech. ἀγορά; lat. forum; ital. mercato (von lat. mercatus, Handel), fiera; frz. marché, foire; engl. market). – 1. Der M., ursprünglich der Platz der Volksversammlung [1], war seit dem 5. Jh. auch der Platz der Versammlung der Händler [2]. Weil der M. der Ort der Öffentlichkeit der Polis war, pflegten exoterische Philosophen wie die Sophisten und Sokrates genau hier ihre Reden zu halten. Der Frieden auf dem M.-Platz, der dadurch auch Institut der Gewaltabwendung durch rechtsförmige Konfliktregelung war, wurde durch ἀγορανόμοι (Marktaufseher) überwacht und garantiert [3].

Der praktischen Philosophie des ARISTOTELES mit ihrer Vorstellung der wirtschaftlichen Autarkie des Hauses und der moralischen Abwertung des Handels zum Zweck des Gelderwerbs war die Kombination von öffentlicher Beratschlagung politischer Angelegenheiten und Krämerwesen an ein und demselben Ort anstößig [4]. Tatsächlich notwendig war der M. als lokaler Güterumschlagplatz in einer Oikoswirtschaft auch nur für den Fall der Versorgung bei Entfernung vom eigenen Oikos, also insbesondere für Heeresverbände im Freundesland, wo die Versorgung nicht durch Beutemachen gewährleistet werden konnte. Der M. als einheitlicher Gegenstand philosophischen Denkens wird durch die disziplinären Grenzen von Politik, Ökonomik und Ethik verunmöglicht.

Insbesondere das dominante Fortwirken der aristotelischen Philosophie hat verhindert, daß das *Mittelalter* zu begreifen vermochte, was als reales Phänomen im M. der mittelalterlichen Stadt heranwuchs: eine Institution und eine auf sie bezogene Verhaltensweise, das Konkurrenzprinzip, das sowohl die ständisch-feudale wie die bäuerlich-genossenschaftliche soziale Orientierung negierte. Der M. wurde einerseits nur gesehen als Gegenstand feudaler Ordnungspolitik (M.-Regal, M.-Frieden) und von Rechtsvorschriften; die theoretische Entwicklung war anderseits gekennzeichnet vom Bemühen, Bestimmungsgründe für den gerechten Preis gerade unabhängig vom Feilschen, vom Wucher, von M.-Machtmißbrauch (Monopol, Fürkauf usw.) zu finden. Daneben suchte man jedoch bereits auch nach theoretischen Beschreibungen, die die tatsächliche Umgehung des kanonischen Zinsverbots rechtfertigen konnten, nur so konnte die auf Jahr-M.en und Messen sich vollziehende und für den Inhaber des M. äußerst lukrative Fernhandelstätigkeit mit der notwendigen Verrechnung von Raum- in Zeiteinheiten gedeihen: Die zur Überwindung von Entfernungen notwendige Zeit mußte als Zuwachs einer Geldsumme (Kapital) erscheinen dürfen.

Einer theoretischen Lösung nähergebracht wird das Problem durch die Entwicklung der *Territorialstaaten* im 16. Jh. und die Anwendung der Denkweisen der am Hause orientierten Ökonomik auf die Landeshaushaltung eines Landesvaters im Begriff der politischen Ökonomie. Damit wird die Sorge für den M. und den Handel zur Fürsorge für das Haus des Landesvaters und seiner Landeskinder. Gerade die Entwicklung der *politischen Ökonomie* spiegelt noch typischerweise das Schwanken zwischen dem Modell des theoretisch problematischen Platzes in der Stadt und dem Modell des theoretisch unbedenklichen, aber empirisch für problematisch angesehenen Zusammenhangs des Handelsgeschehens eines Territorialstaates [5]. Weder patriarchalische noch organizistische Modelle noch auch der weitgehend maßnahmenorientierte Merkantilismus widmeten dem M. zentrale Aufmerksamkeit. Im Übergang zu einer ökonomischen Theorie des M. steht die politische Theorie des Merkantilisten J. J. BECHER, der das traditionelle Fürkaufverbot (Verbot des Ankaufs der Waren für den M. vor den Toren der Stadt) als Lehre vom Propolium in einer Theorie der M.-Formen entfaltete [6]. Theoretisch konnte der interventionistisch orientierte Merkantilismus nur isolierte, für das Umland ein Monopol der Handelsabwicklung besitzende städtische M.e denken, empirisch mußte er die Polizeiaufsicht über die Interdependenz und Verflechtung der lokalen M.e im Territorialstaat vorsehen. Die Territorialisierung der Maßnahmen stand im Widerspruch zu einem streng lokal gedachten Begriff vom M.

Als für den nationalen ökonomischen Zusammenhang ein nicht mehr an der Einheit des Hauses abgelesener Begriff gebraucht wird, da spricht man zunächst von den «Commercien» «in den Städten» eines Landes [7]. Bei JUSTI ist auch bereits der Begriff des M.-Preises als des Preises bekannt, der bei ungestörtem M.-Geschehen sich von selbst herausbildet [8]; J. v. SONNENFELS beschreibt bereits den Zusammenhang von Angebot und Nachfrage, durch den der M.-Preis auf nationaler Ebene sich herausbildet [9]. Doch den ersten wirtschaftstheoretischen Begriff vom M. prägt R. CANTILLON [10]. Seine Begriffsprägung wird durch zwei methodisch-begriffliche Vorkehrungen ermöglicht: 1. Sein zentrales Interesse für den lokalen M. als Platz des Tausches ländlicher und städtischer Produktion; 2. seine Berücksichtigung des Einflusses des Geschehens auf räumlich und zeitlich entfernten M.en auf den jeweilig infragestehenden M. Diese Struktur ist reziprok und generalisierungsfähig; auf jeder Generalisierungsstufe bleibt die Struktur der Dependenz von gleichem Geschehen in räumlicher und/oder zeitlicher Differenz erhalten. Damit ist bei Cantillon eigentlich der Begriff des M. ein Begriff für eine Systemsorte, dessen Konkretion von der jeweiligen Umweltdifferenzierung abhängt. «Die entfernten M.e können immer auf die Preise des M.es einwirken, auf dem man sich befindet» [11]. Das erklärt, warum auf einem konkreten M., selbst bei freiem Spiel der M.-Reflektanten der Preis nicht das Resultat von Angebot und Nachfrage ist [12]. Der generalisierte M. anderseits verdankt gerade seine Existenz überhaupt nur dem Umstand, daß es auf ihm keinen einheitlichen M.-Preis gibt; erst dadurch, daß er besteht, wirkt er preisausgleichend. Vorbedingung der Bildung eines solchen M.-Begriffs ist das völlige Absehen von der Frage, die frühere Theoretiker und noch die Physiokraten beschäftigte, nämlich ob Handelstätigkeit eine «produktive» Tätigkeit sei, die den inneren Wert des Produktes vermehre und den Preis legitimerweise erhöhe, oder ob der Kaufmann bloßer (fast unehrenhafter) Nutznießer der M.-Preisbildungsmechanismen ist. Cantillon beschäftigte sich stattdessen bereits konsequent mit den Tauschvorgängen auf konkreten und auf generalisierten M.en, während z.B. die ‹Encyclopédie› noch an einem strikt konkreten M.-Begriff festhält und marché und foire durch ihre Einzugsbereiche und Frequenzen unterschied [13].

2. Den zweiten großen Schritt in der Bildung des M.-Begriffs stellt die Theoriebildung bei A. SMITH dar. Für einen sehr konkret gedachten M.-Begriff gibt es auch bei ihm noch zahlreiche Belege; daneben findet sich jedoch ebenso – ein zweifellos umgangssprachlich präformierter – aber nun theoretisch zu rechtfertigender Begriff vom M. als nicht mehr lokal festgelegtem Absatzort einer spezifischen Ware: z. B. der Baumwoll-M., der Getreide-M. Die Ausdehnung dieser spezifischen Güter-M.e hängt für Smith offensichtlich ab von der Rentabilität des Transports dieser spezifischen Ware [14]. Erst bei ihm wird auch der Gedanke des Welt-M. denkbar [15]. Die Güter-M.e sind aber ebenfalls nicht geschlossen, und ihr Bestehen und ihre Ausdehnung sind deswegen nicht nur von der Rentabilität des Transports abhängig, weil im Geld eine generalisierte Ware zur Verfügung steht, deren Transport nahezu verlustfrei stattfindet, die alle spezifischen Güter-M.e zusammenschließt. Der generalisierte Begriff ist bei Smith so konzipiert, daß er immer auch auf jeden konkreten M. applizierbar ist.

Dieser M.-Begriff setzte sich mit der geschwinden Ausbreitung der Nationalökonomie Smiths auch in Deutschland durch, was sich bei HEGEL symptomatisch ausgedrückt findet in der Formel: «England hat zum M.e die ganze Welt wie kein anderes Volk» [16]. Der M.-Expansion wird von liberalistischen Theoretikern eine göttliche Absicht unterstellt: «Die Vorsehung hat es auf einen allgemeinen M. abgesehen» [17], indem sie Ressourcen, Klimate usw. unterschiedlich auf der Erde verteilte und damit die Entstehung und Entwicklung des Welt-M. begünstigte oder geradezu erzwang.

Klar faßbar wird der Übergang von der jeweils konkret einlösbaren allgemeinen Kategorie des M. zur abstrakten Strukturkategorie bereits bei MARX. Ging er zunächst von einem umgangssprachlichen Begriff des M. als Absatz aus [18], so bezeichnete er bald den M. als «Sphäre des Austausches», als «Zirkulationssphäre» [19], sprach vom Welt-M. und von einer an der Leitlinie von Produktsorten vorgenommenen Klassifikation der M.e, wobei gerade der unanschauliche Geld-M. («Das Kapital in seiner Totalität gesetzt» [20]) seine besondere Aufmerksamkeit hatte. Einerseits konstituiert die bloße Vorfindlichkeit von Produktionsmomenten «die verschiedenen M.e, worin der Produzent sie vorfindet als Ware ... M.e ..., die wesentlich unterschieden sind von den M.en für die unmittelbare individuelle, finale Konsumtion» [21], andererseits ist jedoch für Marx noch «dieses örtliche Moment – das Bringen des Produkts auf den M.» für die Erscheinungsform der Verwandlung eines Produkts in eine Ware wesentlich [22]. Erst jetzt kann auch die traditionelle Unterscheidung von M.-Preis und (wahrem) Wert (= idealer Preis = gerechter Preis) unterlaufen werden: In den generalisierten Austauschprozessen auf dem M. stellt sich ein Wert heraus, der als M.-Wert vom zufälligen M.-Preis ebenso unterschieden ist wie vom Gebrauchswert.

3. Den vollen Durchbruch des zum Strukturbegriff generalisierten M.-Begriffs brachte die Orientierung der Ökonomie an mathematischen Modellen, wie sie z. B. COURNOT entwickelte [23]. «On sait que les économistes entendent par *marché*, non pas un lieu déterminé ou se consomment les achats et les ventes, mais tout un territoire dont les parties sont unies par des rapports de libre commerce, en sorte que les prix s'y nivellent avec facilité et promptitude.» Diesem Begriff schloß sich W. S. JEVONS an; er definierte: «Unter einem M.e werde ich zwei oder mehrere Personen, welche mit zweien oder mehreren Gütern handeln, verstehen, deren Vorräte an jenen Gütern und Tauschabsichten allen bekannt sind.» Damit liegen Personen, denen die entsprechenden Informationen fehlen, so wie auch Güter, die geheim oder unbekannt sind, außerhalb des so bestimmten Begriffs vom M. Weitere Bedingungen, die den Begriff des «vollkommenen M.» ausmachen, sind: Tauschhandlungen werden ausschließlich mit Rücksicht auf individuelle Bedürfnisse und Interessen vollzogen; es herrscht «vollkommen freier Wettbewerb», «so daß jeder mit jedem wegen des geringsten auftauchenden Vorteils tauschen wird» [24]. Für diesen begrifflich idealisierten M. lassen sich dann einige Gesetzmäßigkeiten angeben, die üblicherweise in mathematischer Form dargestellt werden.

4. M. WEBER hat den generalisierten M.-Begriff in ein soziologisches und historisches Bedingungsgefüge eingeordnet. Für ihn ist der M. der Ort eines «Kampfes des Menschen mit dem Menschen» [25], der in einem Kompromiß endet; solche Vorgänge in ihrer strengen Zweckrationalität bilden für Weber die Voraussetzung für die formal rationalste Gestalt der Kapitalrechnung, wie sie schon in der Commenda auftaucht, bei der der Lieferant der Güter nicht selbst auf einem fremden M. erschien, so daß die M.-Chancen der Güter in Anfangs- und Schlußbilanz des Unternehmens geschätzt werden mußten [26]. Geld wird unter dieser Perspektive wesentlich als Kampfmittel des M.-Kampfes und damit von Machtkonstellationen abhängig gesehen oder wenigstens als Rechnungseinheit der wechselseitig eingeschätzten Kampfchancen. Weber bemerkte auch, daß die gesellschaftliche Integration über den M. als Mechanismus der Kampfabwicklung eine Garantie voraussetzte (wie sie historisch ja tatsächlich früh im M.-Regal vorlag), die in der universellen M.-Vergesellschaftung die Universalisierung der Garantie impliziert als «nach rationalen Regeln *kalkulierbares* Funktionieren des Rechts» [27]. Soziologisch betrachtet, ist die Vergesellschaftung durch den Tausch auf dem M. flüchtig, sie erlischt mit vollzogenem Tausch; aber das voraufgehende Feilschen ist ein Gemeinschaftshandeln, weil die Gebote ausgerichtet sind an der vorgestellten («stillen») Präsenz potentieller Konkurrenten. Immerhin bleibt die M.-Gemeinschaft «die unpersönlichste praktische Lebensbeziehung, in welche Menschen miteinander treten können» [28], weil sie rein sachlich ohne Ansehen der beteiligten Personen über zweckrational organisierte Güterinteressen vermittelt ist. M.-Ethik beinhaltet denn auch nichts als die formale Unverbrüchlichkeit des Versprechens; Verstoß gegen diese Ethik wird wiederum nicht der Person, sondern ihrer bloßen Qualität als Tauschpartner zugerechnet und hat Folgen nur für ihn als zukünftigen Tauschreflektanten auf dem M. Insgesamt aber ist die Wirkung der Anpassung von eigenem Handeln und Erwarten an die unterstellten gleichen Interessenlagen der M.-Reflektanten mindestens ebenso durchschlagend wie explizite Normierungsversuche [29]. Weber teilt noch die Grundannahmen des Liberalismus, wenn er meint, das Resultat der Geltung der M.-Prinzips sei «in vieler Hinsicht» so, «als ob» es durch eine Orientierung an der Bedarfsdeckung aller Beteiligten zustande gekommen sei, und zwar vermittelt durch die vergemeinschaftende Funktion des Geldes [30]. Der so gefaßte Begriff des M. hat für Weber weittragende Bedeutung, mit seinen Mitteln ist begreifbar die «Monopolisierung legitimer Gewaltsamkeit durch den politischen Verband», seine Rationalisierung unter der Gestalt einer «legitimen Rechtsordnung» [31], sogar der Begriff der sozialen

Klasse scheint auf ihn bezogen: «'Klassenlage' ist in diesem Sinne letztlich: 'Marktlage'» [32]. Fortschritt, der auf zunehmender Arbeitsteilung beruht, erscheint in freier Arbeitsorganisation als zunehmende extensive und intensive Ausdehnung des M. [33].

5. Auch in der Ökonomie wird seit MARSHALL systematisch nach den Bedingungen des Funktionszusammenhanges gefragt, der den Namen des M. führt: Folgende Faktoren werden als für das tatsächliche M.-Verhalten bestimmend angesehen: Nachfrage, Bedingungen des «vollkommenen» Wettbewerbs, Kostenanalysen und Anpassungsmechanismen an gewandelte M.-Bedingungen. In der Analyse von Preisbildungsprozessen mußte P. SRAFFA [34] erkennen, daß auch die Kostenfunktion von der Nachfrage abhängig ist. Damit ist der einheitliche Begriff des M. nicht mehr wie immer schon aufgespalten in die einzelnen Produkten-M.e, sondern jedem Produktionsbetrieb muß bei dieser Ansicht ein eigener monopolartiger M. zugerechnet werden, dessen Nachfrage bewußt beeinflußt werden kann. War also der Begriff des «vollkommenen M.» der Gleichgewichtstheoretiker nie mehr als eine zu heuristischen Zwecken gebildete Hypothese gewesen, so erweist sie sich gegenüber den dynamischen Modellen selbst in dieser Funktion noch als hinderlich. Allerdings wird der Angriff auf die vorrangige Orientierung wirtschaftlichen Verhaltens am Modell des M. von H. v. STACKELBERG [35] durch eine Typologie der M.-Formen zwischen «vollkommenem M.» und Monopol aufgefangen. W. EUCKEN, der diesen Ansatz weiterverfolgte und zu einer allgemeinen Morphologie der Wirtschaftssysteme entwickelte, unterschied zwischen der «zentral geleiteten Wirtschaft» und der «Verkehrswirtschaft» und siedelte zwischen ihnen die freie M.-Wirtschaft an, die den «Wirtschaftssubjekten» größte Freiheit läßt und liberalistisch auf die optimale Vermittlung der Einzelpläne durch die Struktur des M. vertraut [36]. Die Ordnung der Wirtschaft als M. wird nun abweichend vom klassischen Liberalismus und fast in Rückkehr zur Ordnung des feudalen städtischen M. nicht durch ein Laissez-faire sich selbst überlassen, sondern unter dem Begriff der «sozialen M.-Wirtschaft» als Ordnungsaufgabe politischen Handelns aufgefaßt [37]. Der Identifizierung von M.-Wirtschaft und Kapitalismus von M. Weber wurde seit den 1920er Jahren in einer Theorie des M.-Sozialismus widersprochen. Wenn der M. ein unpersönlicher, anonymer Mechanismus ist, dann ist er mit verschiedener Gestaltung der menschlichen Geschicke verbindbar, und seine Kombination mit dem Kapitalismus erscheint als historisch zufällig und allfällig änderbar [38].

6. Die zentrale Stellung der Kategorie des M. in der Wirtschaftstheorie und in der das Wirtschaftsverhalten begleitenden Ideologie hat abgefärbt auf andere sozialwissenschaftliche Disziplinen. So wird jeder Zusammenhang, in dem Austausch oder Wettbewerb stattfindet, vor dem Hintergrund der Wichtigkeit der Wirtschaft für die moderne Gesellschaft zum Anlaß, auch hier von einem M. zu sprechen [39]: Mechanismen der Wissensproduktion [40], der Rekrutierung für Positionen, der Finanzierung, Equipierung und Alimentierung von Sozialzusammenhängen [41] werden als M. gedeutet. Die Theorie der Demokratie ebenso wie die Theorie der Rationalität von Entscheidungen und das Verhandlungsverhalten von Gruppen und Verbänden, selbst das Entscheidungsverhalten innerhalb von Organisationen und von Bürokratien werden nunmehr mit der aus der Wirtschaftstheorie abgezogenen Kategorie des M. interpretiert [42], so daß man nunmehr nach der Phase der Generalisierung und der Phase der Bildung eines abstrakt-formalen M.-Begriffs von einer dritten Phase der Totalisierung der Orientierung am Begriff des M. sprechen mag.

Anmerkungen. [1] Vgl. HOMER, Od. X, 114; IX, 112. – [2] Trade and market in the early empires, hg. K. POLANYI/C. M. ARENSBERG/H. W. PEARSON (New York/London 1957) 83. – [3] P. HUVELIN: Essai hist. sur le droit des marchés et des foires (Paris 1897) 339. – [4] ARISTOTELES, Pol. VII, 12; I, 10. – [5] ALTHUSIUS: Politik (^{3}1614) 2, 35; 23, 10; vgl. P. DOCKÈS: L'espace dans la pensée économique (Paris 1969) 62f. – [6] B. RÖPER: Ansätze einer M.-Formenlehre bei J. J. Becher, in: Gesch. der Volkswirtschaftslehre, hg. A. MONTANER (1967) 91-116; H. HASSINGER: Johann Joachim Becher 1635-1682 (1951). – [7] J. H. G. VON JUSTI: Die Grundfeste zu der Macht und Glückseligkeit der Staaten (1760) 299. – [8] a.O. 593. – [9] J. VON SONNENFELS: Polit. Abh.en (1777) 26. – [10] R. CANTILLON: Abh. über die Natur des Handels im allg., hg. HAYEK (1931). – [11] a.O. 78. – [12] 75. – [13] Encyclopédie, hg. DIDEROT/D'ALEMBERT 10, 84; 7, 39. – [14] A. SMITH: The wealth of nations (London/New York 1970) 1, 16. – [15] a.O. 17. – [16] G. W. F. HEGEL: Vorles. über Rechtsphilos. 1815-1831, hg. K. H. ILTING (1974) 3, 711; vgl. 4, 625. – [17] J. R. MACCULOCH: Grundsätze der polit. Ökonomie, hg. G. M. V. WEBER (1831) 384. – [18] K. Marx, Werke, hg. H.-J. LIEBER/P. FURTH (1962ff.) 6, 764. – [19] a.O. 6, 817; 4, 164. – [20] Grundrisse der Kritik der polit. Ökonomie (1953) 186. – [21] a.O. 434. – [22] 433. – [23] COURNOT: Récherches sur les principes math. de la théorie des richesses (Paris 1838) 55. – [24] W. S. JEVONS: Die Theorie der polit. Ökonomie (1924) 81f. – [25] M. WEBER: Wirtschaft und Gesellschaft (^{5}1972) 49. – [26] a.O. 51. – [27] 198. – [28] 382. – [29] Methodol. Schr. (1968) 309. – [30] a.O. 192-194. – [31] a.O. [25] 519. – [32] a.O. 532. – [33] Soziol. – Weltgesch. Analysen – Politik (1956) 5f. – [34] P. SRAFFA: The laws of return under competitive conditions. Economic J. 36 (1926). – [35] H. v. STACKELBERG: M.-Form und Gleichgewicht (1934). – [36] W. EUCKEN: Die Grundlagen der Nationalökonomie (1940). – [37] A. MÜLLER-ARMACK: Wirtschaftsplanung und M.-Wirtschaft (1947). – [38] E. HEIMANN: Soziale Theorie der Wirtschaftssysteme (1963) 113. 116ff. – [39] K. HEINEMANN: Grundzüge einer Soziol. des Geldes (1969) IXf. – [40] F. REIF: The competitive world of the pure scientist. Science 134 (1961) 1958f.; W. O. HAGSTROM: The scientific community (London/New York 1965); G. SCHERHORN: Der Wettbewerb in der Erfahrungswiss. Ein Beitr. zur allg. Theorie des M. Hamburger Jb. Wirtschafts- und Gesellschaftspolitik 14 (1969) 62-86. – [41] H. ALBERT: M.-Soziol. und Entscheidungslogik (1967) 395f. – [42] R. DAHL und C. LINDBLOM: Politics, economics and welfare (New York 1953); A. DOWNS: Inside bureaucracy (Boston 1967); R. N. MCKEAN: The unseen hand in government. Amer. economic Rev. 55 (1965) 496-506; P. HERDER-DORNREICH: Der M. und seine Alternativen in der freien Gesellschaft (1968); A. DOWNS: Ökonomische Theorie der Demokratie (1968).

K. RÖTTGERS

Marxismus (engl. marxism, frz. marxisme, ital. marxismo, russ. marksizm)

I. Wie auch andere politische Richtungsbegriffe, vor allem solche, die sich von Personen ableiten, waren die Begriffe ‹M.› und ‹Marxist› (dieser früher als ‹M.›) zunächst nicht Selbstbezeichnungen einer Partei oder Gruppe, sondern wurden von außen an sie herangetragen. Soweit bislang festzustellen, gehen die Anfänge auf die Konflikte innerhalb der Ersten Internationale zwischen *Anarchisten* und den dann von diesen so titulierten Marxisten zurück. Dieser Streit führte dazu, daß die Anhänger Bakunins und besonders die Mitglieder der romanischen Föderation der Internationale in der Schweiz auf dem Kongreß in Den Haag (2.–9. 9. 1872) ausgeschlossen wurden. Streitpunkte waren Organisationsfragen der Internationale und die Rolle des Staates im Prozeß der Entwicklung zum Sozialismus: Die Anarchisten lehnten sowohl eine Stärkung der Befugnisse des Generalrats als auch die Diktatur des Proletariats ab. BAKUNIN sieht in beidem eine autoritäre Anmaßung, die den Willen der frei zu bildenden Arbeiterassoziationen wie auch den der einzelnen Föderationen mißachte, und spricht in seinen zunächst für den internen Gebrauch bestimmten Briefen ab Januar 1872 von «Marx et les Marxiens», von der «secte marxienne» u. ä. [1], von den Feindseligkeiten, die «par Marx et les Marxiens» gegen ihn und seine Anhänger im Gange seien [2] und die die «dictature de la coterie marxienne sur les ruines de L'Internationale» bewirken werde [3]. Der Haager Kongreß sei eine «marxistische Fälschung» [4], aber «die ehrgeizige Intrige der Marxisten» sei «zum Nutzen der Freiheit des Proletariats und der ganzen Zukunft der Internationale» zurückgewiesen worden [5].

Zur selben Zeit, ja zum Teil wohl schon vor Bakunin, wird «marxiste(s)» auch in seinem Umkreis gebräuchlich [6] und in den folgenden Jahren unter den Schweizer Anarchisten, vor allem in deren Organ, dem ‹Bulletin de la Fédération jurassienne›, häufig benutzt, und zwar immer polemisch («manœuvres des marxistes», «coterie marxiste», «l'intrigue ambitieuse des marxistes», «l'Internationale autoritaire et marxiste») [7]. Auch ‹marxisme› taucht jetzt gelegentlich auf [8]. Da es sich primär um persönliche Auseinandersetzungen handelt, verbinden sich mit dem Begriff nur selten theoretische Aussagen: Die «marxistes» haben nicht die «émancipation immédiate du prolétariat» zum Ziel [9]. Von der Gegenseite werden die Begriffe «anarchistes», «anti-marxistes», «bakounistes», «bakounisme» gebraucht, die aber von den so Titulierten nur zögernd übernommen oder vehement abgelehnt werden [10]. Wie sich MARX und ENGELS vom «Bakunismus», «Lassalleanismus» und «Proudhonismus» abgrenzten [11], so differenzierte man auf der anderen Seite zwischen den Franzosen der «école de Blanqui», den Deutschen, die «communistes de l'école de Marx», und den Russen, die «communistes de l'école de Tschernyschewsky» seien [12].

Wenn sich auch ‹marxiste› und ‹M.› unter den Anarchisten als pejorative Begriffe hielten [13], so begründeten sie doch keinen allgemein akzeptierten Sprachgebrauch außerhalb dieser Gruppen. Dies erfolgte erst während einer zweiten Phase der Begriffsbildung, die ebenfalls einen Abgrenzungsversuch von Sozialisten untereinander zum Anlaß hatte, die Spaltung der *französischen* sozialistischen Arbeiterpartei in «possibilistes» und «marxistes», die sich 1881 (Kongreß von Reims) abzeichnete und ein Jahr später (Kongreß von St-Etienne, 25.–31. 9. 1882) vollzogen wurde. Die Possibilisten, so genannt nach ihrem Eintreten für Reformen als schrittweise Verwirklichung des Sozialismus («politique des possibilités» [14]), richten sich gegen die Verbindlichkeit des von MARX, seinem Schwiegersohn P. LAFARGUE und J. GUESDE ausgearbeiteten «Programme minimum» [15] für alle Assoziationen der Partei. Guesde, einst Anarchist und als solcher Gegner der «proconsuls marxistes» in Frankreich [16], wird mit seinen Anhängern jetzt selbst spöttisch-polemisch als «marxiste» bezeichnet. Seine Kontrahenten kündigen im Februar 1882 die bevorstehende Niederlage der «marxistes» und des «autoritarisme» an [17] und vollziehen den Bruch auf dem Kongreß im September. Sie werfen den «marxistes» vor, den Föderalismus und die Autonomie der einzelnen Gruppen beseitigen und einen «autoritarisme marxiste» errichten zu wollen [18]. Persönliche Anfeindungen kommen hinzu: «Les Marxistes ne peuvent pas obéir aux décisions du parti, parce que leur chef est à Londres.» Sie sind die Ultramontanen des Sozialismus [19]. Sie wollen herrschen wie die «domination 'marxiste'», die die Internationale zerstörte [20]. P. BROUSSE, neben B. Malon führendes Mitglied der Possibilisten, machte den Begriff ‹M.› weiter bekannt. Der M. besteht nicht so sehr darin, «la doctrine marxiste» zu verbreiten, sondern sie in allen Details dem gesamten Sozialismus aufzudrängen [21]. B. MALON attackiert die «sectaires marxistes», gibt aber auch zu, daß persönliche Querelen hinter den Auseinandersetzungen stünden [22]. Wie bereits BAKUNIN Marx «Pangermanismus» vorgeworfen hatte [23], so fürchtet man jetzt ein von außen 'diktiertes' Programm, das zudem von jemandem ausgearbeitet worden war, der im Verdacht stand, als verlängerter Arm preußisch-deutschen Hegemoniestrebens unter den Sozialisten zu fungieren [24]. Auch deshalb nehmen die als «marxistes» (auch «Guesdistes») Titulierten die Bezeichnung nur zögernd an. GUESDE scheint den Namen nur als von außen aufgedrungenen Begriff zu verwenden [25]. Als einer der wenigen, die ihn auf sich selbst beziehen, muß sich G. DEVILLE gegen die damit konnotierten Vorwürfe wehren: «Oui, nous sommes marxistes, oui Marx était d'origine allemand et Engels également» [26]. Er lobt den M. als «conception sociale concordant avec le milieu existant» [27]. Später gibt er an, bereits 1872 Marxist geworden zu sein; damit war aber nur die These von der Eroberung des Staates durch das Proletariat gemeint; im übrigen sei er «ignorant tout du M.» gewesen [28]. Noch zu Anfang der 1880er Jahre bestanden bei Guesde keine genauen Kenntnisse der Marxschen Theorie. So waren es weniger sachliche als persönliche Differenzen, die zur Ausbildung des Begriffs ‹M.› führten.

Wenn auch Deville zu Ende des 19. Jh. glaubte, der Sozialismus jeglicher Schattierung sei der «théorie marxiste» verpflichtet [29], so traf dies nach dem Selbstverständnis der Sozialisten in Frankreich nicht zu. Neben den Marxisten und Possibilisten, die sich weiter in Broussisten und Allemanisten spalteten, existierten noch Blanquisten, Unabhängige, die sich zum Teil an Proudhon anlehnten [30], und der Syndikalismus, der von manchen als fruchtbare Ergänzung des M. angesehen wird: «Le M. de Marx n'a rien d'un système stérile; c'est une théorie de l'action et une philosophie de la pratique» [31]. Die verschiedenen Parteien beabsichtigten 1899, sich zu vereinigen (was erst 1905 gelang). Dabei zitiert H. LAGARDELLE das Wort von W. SOMBART, daß der M. die Tendenz habe, die proletarische Bewegung zu einigen [32].

P. LAFARGUE hat sich in seinen Veröffentlichungen zwar immer zu Marx und zur «Marx'schen Schule» bekannt [33], sich darin aber nicht selbst als «marxiste» verstanden, obwohl er Guesdes Wende von «kollektivistischen» zu «Marxistischen Ideen» positiv beurteilt [34]. Noch nachträglich rechtfertigt er die Bezeichnung «collectivisme», die damals häufig als Selbstbezeichnung gewählt wurde [35]. In den Briefen von P. und L. Lafargue an Engels wird der Name ab 1882 gelegentlich, häufiger ab 1888/89 gebraucht, in der Regel zum Zweck der Abgrenzung der eigenen Position von den anderen Richtungen [36]: «It is necessarily confusing to an outsider who wakes up one fine morning in Paris to find himself confronted by Marxists, different sets of Blanquists and of Possibilists, a certain number of 'independent' thinkers or non-thinkers and revisionists» [37]. Auch der ältere Begriff taucht noch auf: «collectivistes (les so-called Marxistes)» [38].

Auf diesem Wege gelangte der Begriff ‹M.› auch in den

Sprachgebrauch von Marx und Engels. MARX berichtet 1882 über die Kongresse der französischen «'Marxistes' et 'Anti-Marxistes'» von 1881. Die «marxistes» seien in Frankreich unbeliebt, weil er Deutscher, «alias 'Preuße' [sei], also auch die französischen 'Marxistes' Landesverräter» seien [39]. Marx und Engels standen diesem M. jedoch reserviert gegenüber [40]. So schreibt ENGELS: «Nun ist der sog. 'M.' in Frankreich allerdings ein ganz eigenes Produkt, so zwar, daß Marx dem Lafargue sagte: ce qu'il y a de certain c'est que moi, je ne suis pas Marxiste» [41]. Die Marxisten werden zwar «die Unsern» genannt [42]; Engels kritisiert aber ihren Mangel an theoretischem Wissen und gebraucht den Ausdruck nicht für sich selbst, sondern zur verdeutlichenden Abgrenzung von anderen sozialistischen Richtungen in Frankreich und vereinzelt auch in anderen Ländern, wie England, Amerika, Rumänien, Rußland (G. PLECHANOW) und Italien (A. LABRIOLA) [43]. Meist wählt er ihn nur mangels eines besseren Begriffs. So schreibt er an P. Lafargue: «Wir haben Euch niemals anders genannt als 'the so-called Marxists', und ich wüßte nicht, wie man Euch anders nennen sollte. Habt Ihr einen anderen, ebenso kurzen Namen, dann macht ihn bekannt ...» [44]. Die englische Social Democratic Federation (H. M. Hyndman), die sich für «orthodoxe Marxisten» ausgebe, drohe in einem «Dogma verknöcherten M.» zu erstarren und zur «puren Sekte» zu werden [45]. Wenn Engels jemandem uneingeschränkt zustimmt, wie C. Schmidt, so nennt er ihn «Marxianer» [46].

Für *Deutschland* ist ein breiter Gebrauch von ‹M.› später anzusetzen als für Frankreich. Zwar hatte in den Reichstagsdebatten um das Sozialistengesetz von 1878 der Innenminister Graf ZU EULENBURG eine «Richtung Marx» von der «Richtung der sogenannten Anarchisten» unterschieden [47], aber es ist bezeichnend, daß J. VAHLTEICH auf dem Berner Kongreß der (anarchistischen) Internationale von 1877, sich deren Sprachgebrauch zu eigen machend, über seine Partei, die SPD, erklärte: «Il n'y a chez nous ni marxistes ni dühringiens, et les lassalliens d'autrefois se sont joints ... au mouvement général» [48]. Diese Feststellung war zum Teil eine Antizipation: Für die Zeit vor 1878 war in der Sozialdemokratie wenig von Marx' Schriften zum Allgemeingut geworden. Vielmehr hielt man sich, soweit man nicht Lassalleaner war, auch an die ökonomischen Lehren von E. Dühring, C. Rodbertus u.a. Man glaubte, daß W. Liebknecht der berufene «Verkünder der Marxschen Wissenschaft» sei [49]; dieser zeigte aber nur wenig Interesse an theoretischen Fragen, so daß K. KAUTSKY rückblickend schreiben konnte: «L. ist nie ein konsequenter durchgebildeter Marxist gewesen in dem Sinn, daß er bewußt nach der Marxschen Methode gearbeitet hätte» [50]. Auch A. BEBEL hatte zu dieser Zeit die Marxsche Theorie nur teilweise rezipiert. Er empfahl die Schriften von Marx, Engels und Lassalle gleichermaßen zur Lektüre [51], sprach dann aber davon, daß der «Lassalleanismus» in der Partei keinen Einfluß mehr habe [52]. E. BERNSTEIN und KAUTSKY schildern später, man sei «Eklektiker» gewesen [53]. Es blieb eine Ausnahme, wenn W. BLOS 1877 gegenüber Engels äußert, er wolle seiner «'marxistischen' Seele Luft machen» [54]. Dem «Eklektizismus» [55] setzte erst das Erscheinen von ENGELS' ‹Anti-Dühring› (1878) ein gewisses Ende, so daß sich KAUTSKY und BERNSTEIN von nun an (rückblickend) als «Marxisten» verstehen [56]. Aber es dauerte noch längere Zeit, bis «Marxist» als Selbstbezeichnung verwendet wurde. 1884 hält es KAUTSKY «vom Marxistischen Standpunkte» für falsch, eine Verbesserung der sozialen Zustände ohne Änderung der Produktionsweise herbeiführen zu wollen [57]. Zur selben Zeit scheint es ENGELS «stark antizipiert», von einer «marxistischen historischen Schule zu sprechen» [58]. Erst für das Erfurter Programm der SPD (1891) kann er befriedigt feststellen, «daß die Marxsche Kritik komplett durchgeschlagen hat» [59]. Mitte der 1880er Jahre aber lehnt C. A. SCHRAMM unter Hinweis darauf, daß «M.» und «Marxistische und Rodbertussche Dogmen» unter den Arbeitern keinen Fuß fassen würden, eine «Religion Marx», ein «Evangelium Marxii» ab: «Die deutschen Sozialdemokraten haben ein Programm, in dem steht aber kein Wort von M. oder Rodbertianismus. Aber seit einigen Jahren predigt man ihnen die Unfehlbarkeit des 'M.'» [60].

KAUTSKY mußte 1884 zwar zugeben, daß der «M., die Auffassung unserer Partei als der Organisation des den Klassenkampf kämpfenden Proletariats», unter den ‹'gebildeten' ... Genossen» «verhaßt» sei [61], fand dann aber gerade mit seiner Zeitschrift ‹Die Neue Zeit› das «entschieden marxistische Organ», das den M. in der Partei durchsetzen und «den Leuten zum Bewußtsein bringen [sollte], was M. ist und was er nicht ist» [62]. 1892 sieht er die Partei «auf dem besten Wege, dahin zu kommen, daß der M. der Masse der Genossen in Fleisch und Blut übergeht» [63]. Das war zunächst noch eine Verbindung von Marxschen Lehren und Darwinscher Evolutionstheorie, von der sich Kautsky dann freilich abwandte [64], die aber in der SPD noch längere Zeit, auch bei BEBEL («Was Darwin für die Naturgeschichte, ... das hat Marx für die menschliche Gesellschaft ... geschaffen» [65]), präsent blieb und bei A. WOLTMANN zu dem Versuch führte, M., Darwinismus und Kantianismus miteinander zu verbinden [66]. Das «philosophische System des M.» sollte mit seinen «Quellen» (vor allem Kant) und Darwin vermittelt werden; dazu mußten aber verschiedene Elemente des M., wie die Ideologienlehre, eingeschränkt werden [67].

Durch Kautskys und seiner Anhänger eigenen, für sich reklamierten Sprachgebrauch u.a. in der Kontroverse mit E. BELFORT-BAX [68] und durch mehrere Darstellungen von außen [69] erhielt Marx' Lehre auch als «systematisierte» Weltanschauung [70] unter dem Titel ‹M.› weitere Verbreitung. Trotzdem gibt es auch jetzt noch nicht wenige Reserven in der SPD sowohl gegen die als ‹M.› bezeichnete Lehre als auch gegen den Namen als solchen [71], u.a. gegen die «gelehrten Elaborate einer Handvoll Marxisten» [72]. In der Regel werden ‹Sozialismus› und ‹Sozialdemokratie› als Selbstbezeichnung gebraucht.

Die Kontroverse um den 'Revisionismus' E. Bernsteins entfachte dann neue Diskussionen auch um den Begriff ‹M.›. BERNSTEIN äußerte erhebliche Zweifel, ob wichtige Lehrstücke des M., vor allem die Zusammenbruchs- und Verelendungstheorie, aber auch die materialistische Geschichtsauffassung und die Lehre vom Klassenkampf noch aufrecht zu erhalten seien, und forderte statt der Hegelschen Dialektik einen ethisch geprägten Kantianismus. Er verstand dies jedoch nicht als «Überwindung des M.», sondern als «Abstoßung gewisser Reste von Utopismus, die der M. noch mit sich herumschleppt», d.h. als «Fortentwicklung und Ausbildung der marxistischen Lehre» [73], wußte aber auch, daß er «in das Fundament des M. eingriff». «Der Fehler im M. ist zu weit getriebene Abstraktion» [74]. KAUTSKY dagegen sieht keine Veranlassung, den M. zu revidieren, und weist Bernsteins Kritik zurück [75]. Dessen Weiterentwicklung des M. sei in Wirklichkeit der «Zusammenbruch des M.» bei Bernstein, ein «Kompromiß zwischen dem M. und dem Liberalismus». Kautsky tritt für «Einheitlichkeit der Weltanschauung» ein [76] und verteidigt auch gegenüber anderen Bestrebungen den 'orthodoxen' M. [77]. F. MEHRING meint, Bernstein führe «den M. nicht vorwärts, sondern rückwärts» [78], hält aber eine «Verständigung zwischen Marxisten und Neukantianern sehr wohl [für] möglich» [79].

BEBEL glaubt zwar, Marx hätte «sich gegen den Ausdruck 'Marxistische Theorie'» gewehrt, stellt dann aber fest, daß Bernstein, der einst «der Theoretiker des M.» gewesen sei, jetzt «alle Grundlagen des M.», die «eigentliche wissenschaftliche Begründung des Sozialismus», angreife, er dagegen dessen «Ausführungen über Marx und den M.» widerlegt habe [80]. Später vermerkt er, daß der «M. und die von uns in organisatorischer und politischer Beziehung vertretene Taktik einen Sieg auf der ganzen Linie erfochten habe und seit Jahrzehnten bis heute die maßgebende in der Partei geblieben ist» [81].

Auf der anderen Seite erhielt Bernstein Unterstützung von den Kantianern außerhalb [82] wie innerhalb der Partei: Das «ethische Moment» läßt sich sehr wohl mit dem M. verbinden [83], dieser kann aber den «naturwissenschaftlichen Mechanismus» entbehren [84]. Aufgenommen und weiterentwickelt wurden diese Bestrebungen von MAX ADLER und den anderen Vertretern des Austromarxismus (s. d.).

In Frankreich bezeichnet G. SOREL Bernsteins Kritik des M. als «retour à l'esprit marxiste» [85], hält aber dessen politische Vorschläge nicht für einen Ausweg aus der Krise des M. Er wendet sich gegen den «marxistischen Fatalismus» [86] und will, wie auch andere sozialistische Theoretiker dieser Jahre [87], gegen die «offiziellen Vertreter des M.» in Frankreich und Deutschland das proletarisch-klassenkämpferische Element im M. wiederbeleben [88]. Weder die Aufrechterhaltung des revolutionären Scheins durch Kautsky noch der Reformismus Bernsteins, sondern allein der «revolutionäre Syndikalismus» befindet sich «auf der wahrhaft marxistischen Linie» [89]. Das Wesen des M., das von den «docteurs du marxisme» verschüttet worden ist, ist die «préparation révolutionnaire du prolétariat». Die «nouvelle école» des revolutionären Syndikalismus «purgea ainsi le M. traditionnel de tout ce qui n'était pas spécifiquement marxiste, et elle n'entendit garder que ce qui était ... le noyau de la doctrine, ce qui assure la gloire de Marx» [90].

Auch im deutschen Sozialismus wird mehr und mehr das revolutionäre Moment des M. hervorgehoben. A. PANNEKOEK will den M. wieder «zur Theorie der proletarischen Aktion» machen [91] und wird dafür von KAUTSKY des 'Anarchosyndikalismus' bezichtigt, der mit dem M. unvereinbar sei [92]. R. LUXEMBURG bemängelt die Erstarrung in der Erforschung und «Verwertung der Marxschen Gedanken» [93]. Für sie ist im «M. als sozialistischer Lehre ... die theoretische Erkenntnis mit der revolutionären Tatkraft gepaart». Die Sozialdemokratie, die den «offiziellen M.» vertrete, der aber nur «Ersatz-M.» sei, habe vor der Aufgabe versagt, «die Geschichte nicht bloß zu verstehen, sondern sie auch zu machen» [94]. G. LUKÁCS wendet sich gegen die «Verflacher des M.» (Bernstein) wie auch gegen die «Vulgär-Marxisten» (Kautsky) und wirft ihnen vor, «die dialektische Methode und mit ihr den Schwung des Sozialismus» aufgegeben zu haben. Der «orthodoxe M.», d.h. die unverfälschte Lehre von Marx und Engels, begreift alle Teile des «gesellschaftlichen oder wirtschaftlichen Lebens» nicht als [ideologisch] verselbständigte Wesenheiten, sondern in einer «konkreten Totalität», erschließt sie mittels der dialektischen Methode als Momente der Bewegung des Ganzen [95]. «Nicht die Vorherrschaft der ökonomischen Motive in der Geschichtserklärung unterscheidet entscheidend den M. von der bürgerlichen Wissenschaft, sondern der Gesichtspunkt der Totalität» [96].

Während Anarchisten wie G. LANDAUER auch den neuen revolutionären Aktivisten noch Geistlosigkeit und Befangenheit in marxistischen Schemata vorwerfen («Alle sehen sie vor M. keine Wirklichkeit mehr») [97], kommt es K. KORSCH gerade darauf an, den M. wieder als notwendige philosophische Theorie für die Periode des Übergangs zum Sozialismus zu restituieren. Wie Korsch den Verfall des M. nicht als zufällig, sondern als notwendigen Prozeß begreifen will, so ist für ihn auch die Wiederherstellung des «ursprünglichen M.» nicht in «einfacher Rückkehr, sondern in einer dialektischen Weiterbildung» zu erreichen. Nur so könne der M. wieder «eine alle Gebiete des gesellschaftlichen Lebens als Totalität erfassende Theorie der sozialen Revolution» werden [98]. Korsch distanziert sich damit sowohl vom sozialdemokratischen Reformismus und «Vulgär-M.» wie auch von den Versuchen, den M., wie bei M. ADLER, im Kern als «unpolitische» Wissenschaft, als «exakte Theorie von der Gesellschaft, als Soziologie» und erst in zweiter Linie als praxisleitende Weltanschauung zu verstehen [99] oder M. sogar, wie R. HILFERDING, als werturteilsfreie «Aufdeckung von Kausalzusammenhängen» zu begreifen [100].

Anmerkungen. [1]M. BAKUNIN: Lettre aux internationaux de la Romagne (23. 1. 1872). Archives Bakounine 1/II (Leiden 1963) 217-221; vgl. Réponse à la circulaire privée du Conseil général (12. 6. 1872) a.O. 2 (Leiden 1965) 124; Lettre au journal ‹La Liberté›, Bruxelles (5. 10. 1872) = 2, 147-151. 156. 161. 166; Br.-frg. (Mai [?] 1872). Ges. Werke (1921-24) 3, 111. 113. 118. – [2] Br.-Entwurf an A. Lorenzo (7. 5. 1872), zit. M. NETTLAU: M. Bakunin. Eine Biogr. (London 1896-1900) 358f. – [3] a.O. 589. – [4] Br. über die Alliance-Broschüre (Sept. 1873). Werke a.O. [1] 3, 262. – [5] Letzter Br. an die Juraföderation (Okt. 1873) a.O. 3, 264; frz. J. GUILLAUME: L'Internationale. Documents et souvenirs 1864-1878 (Paris 1905-09, ND New York 1969) 3, 145f. – [6] J. GUESDE: Br. vom 30. 4. 1872; Br. und Art. von J. GUILLAUME (1872), in: GUILLAUME, a.O. 2, 267. 298. 303. 329. 342; Bull. Fédération Jurassienne (ND Paris/Mailand 1972) Nr. 10/11 (15. 6. 1872) 9. 12; Nr. 19 (15. 10. 1872) 4; Nr. 20/21 (10. 11. 1872) 2. – [7] a.O. 3, 34. 46f. 65. 93. 112; 4, 78. 154. 191. 254; Mémoire présenté par la Fédération Jurassienne de l'Assoc. Int. des Travailleurs à toutes les fédérations de l'Internationale (Sonvillier o.J. [1873]) 47. 50. 94. 200. 208. 212. 225. 234-236. 246f. 268. 270. 272. 275. – [8] GUILLAUME, a.O. [5] 3, 154 = Bulletin ... (9. 11. 1873) 2. – [9] a.O. 3, 152. – [10] 2, 254; 3, 38; 4, 78. 217. – [11] K. MARX und FR. ENGELS, z.B. MEW 18, 476ff.; 33, 360. 368. 461. 641. – [12] Solidarité (20. 8. 1870), zit. in Mémoire ... a.O. [7] 169. – [13] Vgl. z.B. E. FERRI, Rede in: 5e Congr. socialiste int. (Paris 23.-27. 9. 1900). Compte rendu analytique officiel (Paris 1901) 66: «Idées marxistes précises, cristallines, d'acier». 68: «Allemagne, ce berceau du M. rigide»; A. CIPRIANI, Rede, in: Protokoll des 3. int. sozialist. Arbeiterkongr., Zürich 6.-12. 8. 1893 (1894) 16: Protest gegen den Ausschluß der Anarchisten; P. KROPOTKIN: Worte eines Rebellen (1885, ND 1972) 141: M. = «Staatskommunismus». – [14] P. BROUSSE, in: Le Prolétaire 3, Nr. 164 (19. 11. 1881) 2; vgl. B. MALON: Le nouveau parti [I] (Paris 1881) 79; S. HUMBERT: Les possibilistes (Paris 1911); D. STAFFORD: From anarchism to reformism. A study of the polit. activities of P. Brousse (London 1971). – [15] MEW 19, 238; 35, 473f.; Égalité (30. 6. 1880). – [16] J. GUESDE: Art., in: Bull. ... a.O. [6] Nr. 8 (15. 4. 1873) 2f., zit. GUILLAUME, a.O. [5] 3, 62f.; vgl. Br. vom 30. 4. 1872 a.O. [6]. – [17] J. LABUSQUIÈRE: Art., in: Le Prolétaire 4, Nr. 176 (11. 2. 1882) 1. – [18] Parti ouvrier socialiste révolutionnaire franç. Compte rendu du 6e congrès national, Saint-Étienne 25.-31. 9.

1882 (Paris 1882) 86f.; vgl. 67. 77f. 82. 84f. 89-93. 95f. – [19] a.O. 89. – [20] 164f. – [21] P. BROUSSE: Le marxisme dans l'Internationale (Paris 1882) 7. – [22] B. MALON: Le nouveau parti II: Le parti ouvrier et sa politique (Paris ²1882) 4. 128; vgl. jedoch P. KROPOTKIN: Memoiren eines Revolutionärs (1900) 2, 223. – [23] BAKUNIN, Werke, a.O. [1] 3, 118. – [24] E. DEMOLIN: Art., in: Le Socialiste (7. 2. 1892), zit. bei J. GUESDE: En garde! (Paris 1911) 434; Parti ouvrier socialiste révolutionnaire franç. Compte rendu du Xe congrès national tenu à Châtellerault, 9.-15. 10. 1890 (Paris 1891) 35. – [25] GUESDE, a.O. 111f.; Le socialisme au jour le jour (Paris 1899) 332; Rede, in: Congrès int. ouvrier socialiste, Bruxelles 16.-23. 8. 1891 (Brüssel 1893) 142. – [26] G. DEVILLE: Principes socialistes (Paris 1896) XXVIII. – [27] Art., in: Le Socialiste (26. 11. 1887). – [28] L'état et le socialisme (Paris 1895) 27; vgl. Vorwort zu K. MARX: Le capital (Paris ³1897). – [29] Principes socialistes a.O. [26] XII; vgl. XXV. XXVII. – [30] M. CHARNAY: Les Allemanistes (Paris 1912); CH. DA COSTA: Les Blanquistes (Paris 1912); A. ORRY: Les socialistes indépendants (Paris 1911); A. ZÉVAÈS: Les Guesdistes (Paris 1911); De l'introd. du M. en France (Paris 1947); C. WILLARD: Le mouvement socialiste en France (1893-1905). Les Guesdistes (Paris 1965). – [31] H. LAGARDELLE: Le socialisme ouvrier (Paris 1911) 346; vgl. J. P. WIRZ: Der revolutionäre Syndikalismus in Frankreich (1931). – [32] Congrès général des organisations socialistes franç., Paris 3.-8. 12. 1899. Compte rendu sténogr. officiel (Paris 1900) 318. – [33] P. LAFARGUE: Der wirthschaftl. Materialismus nach den Anschauungen von K. Marx (1886) 3; Rech. sur l'origine de l'idée de justice et de l'idée du bien (Paris 1900) 5. – [34] Die sozialist. Bewegung in Frankreich von 1876-1890. Die Neue Zeit (= NZ) 8 (1890) 351. – [35] La propriété. Origines et évolution (Paris 1895) 514. – [36] FR. ENGELS, P. et L. LAFARGUE: Correspondance (Paris 1956-59) 1, 96f. 242. 394; 2, 193. 206. 245. 280. 282. 302. 362. 434; 3, 58. 153. 303; neben «marxiste» auch «engelsiste»: 3, 244. – [37] a.O. 3, 215. – [38] 2, 261. – [39] K. MARX, Br. an Engels (30. 9. 1882). MEW 35, 100; vgl. bereits MEW 34, 475. 477; ENGELS, MEW 35, 230f. 239 («Malons Marxophobie»). 341. – [40] Vgl. bes. ENGELS an Bernstein (25. 10. 1881). MEW 35, 228ff. – [41] An Bernstein (2./3. 11. 1882). MEW 35, 388; vgl. MEW 37, 436. 450. 465; E. BERNSTEIN: Aus den Jahren meines Exils (1918) 228. – [42] ENGELS an A. Bebel (5. 1. 1889). MEW 37, 130f. – [43] MEW 36, 510; 37, 62. 128. 199. 225. 231. 235. 251. 265. 322. 478. 482; 38, 123. 142. 150. 155. 426. 440. 555. 558; 39, 93. 116. 182. 188. 213. 254. 271. 273. 414; W. Sombart «ein etwas eklektischer Marxist». 417: J. Jaurès «lernt den M.». – [44] MEW 37, 202. – [45] MEW 38, 112. 422; vgl. BERNSTEIN, a.O. [41] 221f.: Hyndman, der «Apostel des M.». – [46] MEW 37, 187; 38, 86. – [47] Stenogr. Berichte über die Verh. des Dtsch. Reichstags, 4. Legislaturperiode, I. Session 1878, 1 (1878) 51; vgl. MARX' Exzerpte dieser Passagen MEW 34, 497. – [48] Zit. GUILLAUME a.O. [5] 4, 101; vgl. ENGELS an W. Liebknecht (31. 7. 1877). MEW 34, 285. – [49] So nachträglich K. KAUTSKY: Erinnerungen und Erörterungen, hg. B. KAUTSKY (1960) 374. – [50] An Bebel (9. 12. 1894), in: A. Bebels Br.wechsel mit K. Kautsky, hg. K. KAUTSKY jr. (1971) (= BBK) 85; vgl. KAUTSKY an V. Adler (5. 8. 1891); V. ADLER: Br.wechsel mit A. Bebel und K. Kautsky, hg. F. ADLER (1954) (= BA) 76. – [51] A. BEBEL: Unsere Ziele (1871, ⁹1886) 44. – [52] Bebel an Engels (19. 5. 1873). A. Bebels Br.wechsel mit F. Engels, hg. W. BLUMENBERG (1965) 15. – [53] E. BERNSTEIN, in: NZ 13/1 (1894/95) 103; Br. an Bebel (20. 10. 1898), in: BA 259; K. KAUTSKY, Br. an Bebel (9. 12. 1894), in: BBK 85; vgl. H.-J. STEINBERG: Sozialismus und Sozialdemokratie (⁴1976) 13. 15. – [54] W. BLOS: Unveröff. öff. Br. an Engels (14. 8. 1877). Marx-Engels-Nachlaß des Int. Inst. Sozialgesch., Amsterdam; vgl. STEINBERG, a.O. 16. – [55] KAUTSKY, a.O. [49] 437. – [56] ebda.; E. BERNSTEIN: Von der Sekte zur Partei (1911) 27. – [57] K. KAUTSKY: Das 'Kapital' von Rodbertus. NZ 2 (1884) 39. – [58] ENGELS an Kautsky (20. 9. 1884). MEW 36, 210. – [59] An F. A. Sorge (24. 10. 1891). MEW 38, 183. – [60] C. A. SCHRAMM: Rodbertus, Marx und Lassalle (1885) 79; unveröff. Br. und Ms., zit. bei STEINBERG, a.O. [53] 37. – [61] KAUTSKY, BBK 24; vgl. 25: über Schramm. – [62] BBK 24. 27; vgl. 21. 63; BA 92. 107. 121f. 150. 196. – [63] BBK 108. – [64] Vgl. u. a. Darwinismus und M. NZ 13/1 (1894/95) 709-716. – [65] A. BEBEL, Rede, in: Prot. über die Verh. des Parteitages der SPD, Hannover 9.-14. 10. 1899 (1899) 97; vgl. STEINBERG, a.O. [53] 48-56. – [66] L. WOLTMANN: Die Darwinsche Theorie und der Sozia-

lismus (1899). – [67] Der hist. Materialismus. Darstellung und Kritik der Marxist. Weltanschauung (1900) 1ff. 31ff. 408ff. – [68] E. BELFORT-BAX: Synthet. contra neumarxist. Gesch.auffassung. NZ 15/1 (1896/97) 171-177; Die Grenzen der materialist. Gesch.auffassung a.O. 676-687; dagegen KAUTSKY: Utopist. und materialist. M. a.O. [49] 716-727. – [69] W. SOMBART: Socialismus und sociale Bewegung (1896) bes. 84; M. LORENZ: Die marxist. Socialdemokratie (1896) passim; C. STEGMANN und C. HUGO: Hb. des Socialismus (1897) 313. 450. 489. 776: Guesde, Lafargue, F. A. Sorge als «Marxisten»; TH. G. MASARYK: Die philos. und sociol. Grundl. des M. (1899). – [70] MASARYK, a.O. 3. – [71] B. SCHOENLANK, Rede, in: Protokoll über die Verh. des Parteitages der SPD (= Prot.), Breslau 6.-12. 10. 1895 (1895) 152; G. VON VOLLMAR und W. HEINE, Reden, in: Prot. ... Stuttgart 3.-8. 10. 1898 (1898) 105. 107; G. BERNHARD: M. und Klassenkampf. Sozialist. Mh. (= SM) 2 (1898) 104: statt «M.» besser «wiss. Sozialismus»; E. DIETZGEN, SM 13/2 (1909) 1018ff.: Ablehnung der «Ultramarxisten»; vgl. hierzu STEINBERG, a.O. [53] 55; positiv applizierend dagegen M. HARDEN, SM 1 (1897) 385. – [72] Anonymer Beitrag in: Der Sozialist (8. 10. 1892), zit. in: P. FRIEDEMANN (Hg.): Materialien zum polit. Richtungsstreit in der dtsch. Sozialdemokratie 1890-1917 (1978) 1, 162. – [73] E. BERNSTEIN: Die Voraussetzungen des Sozialismus und die Aufgaben der Sozialdemokratie (1899) 179. 19; vgl. Rede, in: Prot. ... Lübeck 22.-28. 9. 1901 (1901) 141f. 180. – [74] Br. an A. Bebel (20. 10. 1898) und an V. Adler (3. 3. 1899). BA 259f. 288f. – [75] K. KAUTSKY: Die Agrarfrage (1899) XXXVI; Bernstein und das sozialdemokrat. Programm. Eine Antikritik (1899); M. und Ethik. NZ 24/2 (1905/06) 485-499; Ethik und materialist. Gesch.auffassung (1906) bes. 69ff. – [76] Br. an Bernstein (23. 10. 1898). BA 273f.; vgl. Br. an V. Adler. BA 249. 284. 301. 304. 331. 355. 388. 415; an Bebel. BBK 150: Bernstein = «Gegner des M.». – [77] BA 400. 464-466; BBK 332. 364f. (Br.wechsel mit H. W. Fabian). – [78] F. MEHRING: Eine Nachlese. NZ 17/2 (1898/99) 154. – [79] Die Neukantianer. NZ 18/2 (1899/1900) 37; vgl. Neo-M. NZ 20/1 (1901/02) 385-388: gegen D. Koigen. – [80] A. BEBEL, Rede, in: Prot. ... Hannover 9.-14. 10. 1899 (1899) 95f. 112f. 229f. 232; vgl. 207f.: I. Auer weder «Bernsteinianer» noch «Marxist». 205: M. kein «Fatalismus»; Prot. ... 1901, a.O. [73] 146: G. Gradnauer «fest auf dem Boden des M.»; 167: Bebel gegen die Frankfurter Ztg.; 175: A. Stadthagen gegen Bernstein. – [81] Bebel an Kautsky (16. 6. 1913). BBK 344. – [82] K. VORLÄNDER: Kant und der Sozialismus unter bes. Berücksicht. der neuesten theoret. Bewegungen innerhalb des M. (1900). – [83] C. SCHMIDT: Socialismus und Ethik. SM 4 (1900) 522; vgl. Marxist. Orthodoxie. SM 17/1 (1913) 483-488. – [84] P. KAMPFFMEYER: Zur Kritik der philos. Grundl. des M. SM 9/1 (1905) 223; vgl. Polemisches zur Theorie und Praxis der sozialen Frage. SM 2 (1898) 153; Der ethische Ausgangspunkt des M. SM 15/1 (1911) 33-37. – [85] G. SOREL: Les polémiques pour l'interprétation du M. Rev. int. sociol. 8 (1900) 368f. – [86] Betracht. über die materialist. Gesch.-auffassung. SM 2 (1898) 373; vgl. 368; Die Ethik des Socialismus. SM 8 (1904) 374. – [87] G. RENARD: Socialisme intégral et M. (Paris 1896); S. MERLINO: L'utopia collettivista e la crisi del «socialismo sci.» (Mailand 1898); vgl. Revisione del M., hg. A. VENTURINI (Bologna 1945). – [88] G. SOREL: Der Ursprung des Staatssozialismus in Deutschland. SM 1 (1897) 610. – [89] Réfl. sur la violence (Paris 1908, ¹¹1950) 328f. 206; dtsch.: Über die Gewalt (1969) 259. 164. – [90] La décomposition du M. (Paris 1908, ²1910) 63f.; vgl. Vorwort zu ARTURO LABRIOLA: Karl Marx. L'économiste, le socialiste (Paris 1910) II. – [91] A. PANNEKOEK: Marxist. Theorie und revolutionäre Taktik. NZ 31/1 (1912/13) 272-281. 365-373. 611f., zit. 372; vgl. M. und Darwinismus (1909) bes. 13ff.; Ethik und Sozialismus. Umwälzungen im Zukunftsstaat. Zwei Vorträge (1906). – [92] K. KAUTSKY: Der jüngste Radikalismus. NZ 31/1 (1912/13) 441. – [93] R. LUXEMBURG: Stillstand und Fortschritt im M. (1903). Ges. Werke 1 (1970) 368; vgl. 369ff. – [94] Der Wiederaufbau der Internationale (1915). Werke a.O. 4 (1974) 31; Unser Programm und die polit. Situation. Werke 4, 494f. – [95] G. LUKÁCS: Taktik und Ethik (1919). Werke 2 (1968) 62f. 66f. – [96] Gesch. und Klassenbewußtsein (1923) 39. Werke a.O. 2, 199; zur Restitution der Dialektik im M. vgl. auch S. MARCK: Hegelianismus und M. (1922); Die Dialektik in der Philos. der Gegenwart (1929-31) 1, 119ff. – [97] G. LANDAUER, Br. vom 25. 1. 1919. Sein Lebensgang in Br., hg. M. BUBER (1929)

2, 367; vgl. 2, 370; Beginnen. Aufsätze über Sozialismus (1924) 33. 45. 48. 55. 63. 92; P. Ramus: Die Neuschöpfung der Gesellschaft durch den kommunist. Anarchismus (1921) V. – [98] K. Korsch: M. und Philos. (1923, ²1930) 75f. 89f. – [99] Max Adler: Lb. der materialist. Gesch.auffassung (1930) 1, 18; Marxist. Probleme (1913) 62ff.; Die Staatsauffassung des M. (1922) 313; M. und Kantischer Kritizismus. Arch. Gesch. Sozialismus und der Arbeiterbewegung 11 (1925) 340. – [100] R. Hilferding: Das Finanzkapital (1910) X. U. Dierse

II. *Die Geschichte des Begriffs in Rußland.* – Das ‹Philosophische Lexikon› von S. Gogockij (1813–1889) führt im III. Band von 1866 weder das Stichwort ‹Marx› (Marks) noch ‹M.› (Marksizm) [1]; der Artikel ‹Sozialismus› (socializm) geht auf den M. nicht ein [2]. Derselbe Sachverhalt liegt in dem ein Jahrzehnt später von demselben Autor herausgegebenen kleinen ‹Philosophischen Wörterbuch› vor, das zwar ‹Materialismus› (materializm) und ‹Materie› (materija) sowie ‹Sozialismus› abhandelt [3], aber keineswegs ‹M.›. Und das, obwohl von der Mitte der 1840er Jahre an Schriften von Marx und Engels – wenn auch nur in kleinen Zirkeln der progressiven Intelligenz (z.B. um V. G. Belinskij, P. V. Annenkov, M. Bakunin, A. Herzen u.a.) – bekannt und diskutiert wurden [4] und 1872 der I. Band des ‹Kapital› in der Übersetzung von Nikolaj-on herauskam, der Ende der 70er Jahre eine lebhafte Zeitschriftenpolemik zwischen Befürwortern und Gegnern (Ju. Žukovskij, N. A. Michajlovskij, N. Ziber [Sieber]) auslöste [5]. Große russische Enzyklopädien der Jahrhundertwende bringen dagegen eingehende Artikel über K. Marx, in denen auch über die Diskussion der Marxschen Lehren in Rußland berichtet wird, nehmen aber den Terminus ‹M.› nicht auf [6].

Dies bedeutet, daß die «Lehre/Lehren» oder «Theorie/Theorien» (učenie/učenija Marksa; marksova teorija/teorii Marksa) von Marx im letzten Viertel des 19. Jh. in Rußland lebhaft erörtert wurden und lexikabel geworden sind, aber der Terminus ‹M.› dabei zunächst kaum verwendet worden ist. G. V. Plechanov z. B., eben erst vom Volkstümler zum Marxisten geworden, benutzt in seinen Schriften Anfang der 1880er Jahre – diese dienten seiner Selbstverständigung als Marxist und seiner Distanzierung von der Bewegung der Volkstümler (narodničestvo, Naródnitschestwo; auch Populismus oder Demophilie genannt) – keineswegs den Terminus ‹M.›, sobald er sich auf Anschauungen von Marx bezieht, sondern jeweils spezifischer kennzeichnende Ausdrücke wie «der geschichtsphilosophische Teil der Lehre von Marx» (filosofsko-istoričeskaja čast' učenija Marksa), «die historische Lehre von Marx und Engels» (istoričeskoe učenie Marksa i Engel'sa), «der Sozialismus der Schule von Marx» (socializm školy Marksa) [7] und ähnliches. Sein Gebrauch ist vorzüglich in den 1890er Jahren nachweisbar, wenn auch hier das Erstdatum mangels eingehender begriffsgeschichtlicher Untersuchungen nicht festliegt. Doch erhält der Terminus ‹M.› als Bezeichnung für das Gesamt der Anschauungen von Marx (und Engels) oder auch nur eines Teils von diesen (z.B. der Ökonomie, der Geschichtsphilosophie) im zaristischen Rußland kein Monopol. Das liegt teils an der Komplexität des Marxschen Gesamtwerkes, teils an der Rezeption desselben in Rußland, teils an Selbstverständnis und Geschichte der sozialen Bewegung. So kann 1911 der den Volkstümlern nahestehende Sozialhistoriker und Geistesgeschichtler Ivanov-Razumnik zur Terminologie sagen, daß «der M. ... immer viele Namen hatte: ökonomischer Materialismus, dialektischer Materialismus, historischer Materialismus, soziologischer Materialismus ... Aber ... der erste Name ist immer der beste; so auch in diesem Falle: dem orthodoxen M. steht vor allem die Bezeichnung als ökonomischer Materialismus an, insofern sie am besten seinen grundlegenden Standpunkt illustriert» [8]. Diese inhaltliche Bestimmung des M. als eines wesentlich 'ökonomischen Materialismus' ist der Rezeption des Werkes von Marx in breiten Kreisen der Intellektuellen und Gelehrten in Rußland, die von der politischen Ökonomie ausging, analog. – So behauptet 1913 M. M. Tareev (Taréjew (1866–1934), Moraltheologe an der Moskauer Geistlichen Akademie), Marx habe dadurch, «daß er das sozialistische System zur integralen Weltanschauung (cel'noe mirovozzrenie) entwickelte und einzelne Thesen des Systems in entschiedenster Form zum Ausdruck brachte», dem wissenschaftlichen Sozialismus seinen Namen gegeben, «so daß *wissenschaftlicher*, oder neuer, *Sozialismus* und *M.* Synonyme wurden» [9]. Tarejew behandelt den «wissenschaftlichen Sozialismus; seine ökonomische und geschichtsphilosophische Lehre» (naučnyj socializm; ego ékonomičeskoe i istoriko-filosofskoe učenie), er erörtert «das utopische Element im M.» (utopičeskij élement v marksizme) und sehr ausführlich für sich «die ökonomische Lehre von Marx» (ékonomičeskoe učenie Marksa) [10]. So ist der Terminus ‹M.› einer unter vielen, und nicht einmal der gebräuchlichste, die in der Auseinandersetzung mit Marxens Werk vorkommen. Bestimmte Aspekte desselben werden unter präzis entsprechenden Titeln gefaßt, etwa «Die marxsche Theorie des Arbeitswertes» (Marksova teorija trudovoj cennosti) [11] usw. Allerdings findet der Terminus nach 1900 weitere Verbreitung in der Literatur.

Die Aufnahme und Verarbeitung des M. in Rußland – später insgesamt als «russischer M.» (russkij marksizm) [12] oder «russischer Neo-M.» (russkij neomarksizm) [13] charakterisiert – vollzog sich bis in die Mitte der 1890er Jahre gegen die übermächtigen «Volkstümler» (naródniki) und deren Wortführer in Philosophie und Soziologie, N. K. Michajlovskij (1842–1904), sowie in der Ökonomie Nikolaj-on (N. F. Daniel'son, 1844–1918), der als Übersetzer des I. Bandes des ‹Kapital› von K. Marx sehr geschätzt und darum lange Zeit für einen Marxisten gehalten wurde. Das wirft ein Schlaglicht auf die verworrene Lage in der Auseinandersetzung von Marxisten und agrarsozialistisch geprägten Volkstümlern – hatte doch Marx selbst unter bestimmten Bedingungen die russische Bauerngemeinde (óbščina/ Óbschtschina; mir) als «Ausgangspunkt einer kommunistischen Entwicklung» [14] sehen können. Zur selben Zeit schon spaltete sich der russische Neo-M. über der Interpretation von Marx in die divergierenden Richtungen des «legalen M.» (legal'nyj marksizm – Erstgebrauch?), der auch als «kritische Strömung im russischen M.» (kritičeskoe tečenie v russkom marksizme) [15] bezeichneten Gruppierung, und des «orthodoxen M.» (ortodoksal'nyj marksizm) [16]. Lenin interpretierte den legalen M. (l.M.) 1895 als «Widerspiegelung des M. in der bürgerlichen Literatur» [17] und führte 1902 den damaligen «Honigmond des 'l.M.'» auf «eine Verbindung äußerst radikaler mit sehr gemäßigten Leuten» [18] zurück. Lenin versah so den Terminus ‹l.M.› in polemischer Hinsicht mit einem Inhalt, der, zwar nicht ganz falsch, doch dem Selbstverständnis der Gruppe nicht gerecht wurde, für die die Marxsche Ökonomie, politische Theorie und Geschichtsphilosophie kein Dogma waren.

Die seit dem Bekanntwerden der ökonomischen Theorie von Marx vieldiskutierte Frage ihrer Anwendbarkeit eben auf Rußland, d.h. ob Rußland nur über den Kapitalismus westeuropäischer Exzessivität zu einer höheren Stufe wirtschaftlicher und industrieller Entwicklung gelangen könne – eine Frage, die die maßgebenden Ökonomen der Volkstümler, V. V. (= V. P. Voroncov, Worónzow, 1847–1917) [19] und NIKOLAJ-ON [20] strikt verneinten, wurde nach der großen Hungersnot von 1891/92, da «der Mythos vom russischen Mužik versank vor den Bildern des ländlichen Massenelends» [21], zu einer hic et nunc zu beantwortenden Lebensfrage, die *alle* russischen Marxisten im Grundsatz positiv entschieden. Was sie schon im Moment ihres gemeinsamen Kampfes gegen die Volkstümler Mitte der 1890er Jahre entzweite, waren zwar auch ökonomische Differenzen, mehr noch aber politische und philosophische Einstellungen. Hier traten die großen Vertreter des «l.M.» – «legal», weil sie ihre Arbeiten in zugelassenen Zeitschriften veröffentlichen konnten [22] –: P. B. STRUVE (1870–1944), S. BULGAKOV (1871–1944), N. BERDJAEV (Berdjájew, 1874–1948) und M. I. TUGAN-BARANOVSKIJ (Tugán-Baranówsky, 1865–1919) [23] untereinander sowie mit denen der «orthodoxen M.» (o.M.): G. V. PLECHANOV (1857–1918), LJ. I. AKSEL'ROD (1868–1946) und LENIN, die ebenfalls nicht durchweg einer Meinung waren, in ausufernd geführte Auseinandersetzungen ein [24].

Deren Hauptpunkte sind verkürzt folgende: Während die «orthodoxen Marxisten» eine monistische Geschichtsauffassung vertraten und – marxscher als Marx – einen strengen Kausalnexus zwischen Basis und Überbau (= ökonomischer Materialismus) postulierten, während für das Individuum nur eine quantité négligeable im objektiv determinierten Geschichtsprozeß war und sie die Zusammenbruchs- und Verelendungstheorie überspitzten («je schlimmer, desto besser», čem chuže, tem lučše) [25] – Auffassungen, die IVANOV-RAZUMNIK in die Worte «Pereat die reale Persönlichkeit, fiat die Notwendigkeit und floreat der abstrakte Mensch» [26] kleidete –, sind die von Kant und den Neukantianern angeregten «legalen Marxisten» [27] der Ansicht, daß das Basis-Überbau-Schema einer «Entabstrahierung» (razotvlečenie, ein Terminus MICHAJLOVSKIJS) [28] bedürfe, um zu zeigen, daß die «Erstrangigkeit» (pervičnost') der Ökonomie nur hypothetisch zu nehmen sei; daß Sein und Sollen zu unterscheiden sind, daß die Persönlichkeit geschichtsmächtig ist sowie ein fatalistisch aufgefaßtes «absolutnotwendiges Ideal ... eine contradictio in adjecto» [29]. Mit der Behauptung der Subjektivität und ihres Wertes – einem Thema, das auch das Denken der Volkstümler entscheidend geprägt hat – vollzieht sich eine Wendung der «legalen Marxisten», die ihren um 1900 erfolgenden Bruch mit dem M. überhaupt erst verständlich macht [30].

Nun etwa wird der Ausdruck ‹M.› in polemischer, apologetischer oder auch neutraler Weise häufiger gebraucht. So hatte STRUVE 1899 in seinem Artikel über ‹Die Marx'sche Theorie der sozialen Entwicklung› gegen Bernstein gemeint, «eine wissenschaftlich fruchtbare Kritik des M. muß überhaupt erkenntnistheoretisch anheben. M. ist nicht eine empirische Konstruktion» [31]; so hatte PLECHANOV 1898 in einem kleinen Aufsatz ‹Über die angebliche Krise des M.› [32] gegen Bernstein und K. Schmidt polemisiert, A. M. DEBORIN (1881–1963) 1907 den Gegensatz von ‹Machismus und M.› [33] behandelt und LENIN 1908 den von ‹M. und Revisionismus› [34] sowie 1913 die ‹Drei Quellen und drei Bestandteile des M.› [35] – die deutsche Philosophie, die englische politische Ökonomie und den französischen Sozialismus – für einen breiteren Leserkreis dargestellt. Ebenfalls 1908 kamen PLECHANOVS Skizze ‹Grundprobleme des M.›, den er als «ganze Weltanschauung» und «modernen Materialismus» [36] bezeichnete, sowie die ‹Skizzen zur Philosophie des M.› [37] heraus. In den Stürmen der russischen Revolution 1917/18 erschien das Buch des angesehenen Rechtsphilosophen und -historikers P. I. NOVGORODCEV (1863–1924) ‹Über das soziale Ideal› [38], in dessen 2. Kapitel ‹Der Zusammenbruch der Utopien vom Erdenparadiese›, 2. Abschnitt ‹Die Krise des Sozialismus›, der «M. als höchster Ausdruck des Sozialismus» eingehend kritisch untersucht wird [39].

In Sowjetrußland ist sodann der Terminus ‹M.› und das Adjektiv ‹marxistisch› (marksistskij) geläufig und vielfach anwendbar. Die zwischen den Weltkriegen einzige philosophische Zeitschrift trägt den Titel ‹Unter dem Banner des M.› (Pod znamenem marksizma) (1922–1944) [40], in welcher bis Anfang der 1930er Jahre die Kämpfe der Vertreter des «mechanischen Materialismus» (s.d.) und des «menschewisierenden Idealismus» (s.d.) ausgetragen wurden. Aber die gewaltige theoretische und praktische Bedeutung Lenins für das neue Rußland läßt zumal nach dessen Tod und STALINS autoritativen Äußerungen vom April 1924 Wort und Begriff ‹Leninismus› (s.d.) in den Vordergrund treten.

Die sowjetische ‹Literatur-Enzyklopädie› bringt 1930 einen großen Artikel ‹Marx›, der detailliert «Die Lehre von Marx – der M.» (Učenie Marksa – Marksizm) behandelt. Letzterer wird als «System der Anschauungen und Lehren von Marx» gekennzeichnet, das die Stücke «Der philosophische Materialismus» (Filosofskij materializm), «Die Dialektik» (Dialektika), «Die materialistische Geschichtsauffassung» (Materialističeskoe ponimanie istorii), «Der Klassenkampf» (Klassovaja bor'ba), «Die ökonomische Lehre von Marx» (Ėkonomičeskoe učenie Marksa) ..., «Die Taktik des Klassenkampfes des Proletariates» (Taktika klassovoj bor'by proletariata) und endlich «Die ästhetischen Anschauungen von Marx» (Ėstetičeskie vzgljady Marksa) aufweist [41]. So etwa hatten die russischen Neomarxisten aller Schattierungen auch schon vor 30 oder 40 Jahren unterschieden. In dem von A. LUNAČARSKIJ (Lunatschárskij, 1875–1933) für denselben Band geschriebenen Artikel ‹Lenin› wird der «M.-Leninismus» (marksizm-leninizm) schon als «einheitliches und ganzheitliches System der Anschauungen, als Weltanschauung und Weltverständnis des Proletariates als Klasse» [42] definiert. In der Sache nicht anders steht es in der 1. Auflage der ‹Großen Sowjetenzyklopädie›, wo man jedoch noch getrennte Artikel über ‹Lenin und Leninismus› [43] wie über ‹Marx und M.› [44] findet. So ist vor dem Zweiten Weltkrieg die Synthese von M. und Leninismus zumindest in der Terminologie noch nicht restlos und total. Danach ist aber auch das der Fall, wie man aus den einschlägigen Enzyklopädien ersehen kann [45].

Anmerkungen. [1] S. GOGOCKIJ: Filosofskij Leksikon 3: I-O (Kiew 1866). – [2] a.O. IV/1 (Kiew 1872) 382-387. – [3] Filos. Slovar' (Kiew 1876) 42, 99. – [4] T. G. MASARYK: Zur russ. Gesch.- und Relig.philos. 1.2 (1913, ND 1965) 2, 278ff.; A. A. GALAKTIONOV und P. F. NIKANDROV: Russkaja filosifija XI-XIX vekov [Die russ. Philos. vom 11.-19. Jh.] (Leningrad 1970) 619ff. – [5] D. GEYER: Lenin in der russ. Sozialdemokr. (1962) 7; MASARYK, a.O. 280f. – [6] Ėnciklopedičeskij Slovar' (Brokgauz/Efron) [Enzyklop. Wb. (Brockhaus/Jefron)] 18 A (36) (St. Petersburg [= SPb] 1896) 662-667; Bol'šaja Ėnciklopedija [Die große Enzyklop.] 12 (SPb 1903) 655-659. – [7] G. V. PLECHANOV: Socializm i istoričeskaja bor'ba [Sozialismus und hist. Kampf] (1883), in: Izbrannye filos. proizvedenija [Ausgew. philos. Schr.] 1 (Moskau 1956) 53-112, hier: 64. 71, und: Naši Raznoglasija (Unsere Meinungsverschiedenheiten) (1884) a.O. 120. – [8] Ivanov-Razumnik: Istorija russkoj obščestvennoj mysli [Gesch. des russ. sozialen Denkens] 1. 2 (SPb 1911, ND Den Haag/Paris 1969) 2, 355. – [9] M. M. Tareev: Socializm (Iz istorii ètiki) (Nravstvennost' i chozjajstvo) [Der Sozialismus (Aus der Gesch. der Ethik) (Sittlichkeit und Wirtschaft)] (Sergiev Posad 1913) 51f. – [10] a.O. 37ff. 58ff. 94ff. – [11] P. B. Struve: Chozjajstvo i cena ..., Čast' pervaja: Chozjajstvo i obščestvo. – Cena – cennost' (Wirtschaft und Preis ..., Teil 1: Wirtschaft und Gesellschaft. – Preis und Wert) (SPb/Moskau 1913) XXVI. – [12] Ivanov-Razumnik, a.O. [8] 2, 341. – [13] Bol'šaja Enciklop. a.O. [6] 659. – [14] Geyer. a.O. [5] 10, 6-15; Marx/Engels' Briefe an Danielson (Nikolai-on) (1929). – [15] Ivanov-Razumnik, a.O. [8] 375. – [16] a.O. 355. – [17] V. I. Lenin: Èkonomičeskoe soderžanie narodničestva i kritika ego v knige g. Struve (otraženie marksizma v buržuaznoj literature) (Po povodu knigi P. Struve: «Kritičeskie zametki k voprosu ob èkonomičeskom razvitii Rossii, SPB 1894g.) [Der ökonom. Inhalt des Naródnitschestwo und seine Kritik im Buche des Herrn Struve (eine Widerspiegelung des M. in der bürgerl. Lit.) (Aus Anlaß des Buches von P. Struve: «Krit. Bemerk. zur Frage der ökonom. Entwickl. Rußlands». SPb 1894)] (SPb 1895), in: Sočinenija 1 (1893-1894) (Moskau ⁴1941) 315-484. – [18] Čto delat'? [Was tun?] (1902), in: Sočinenija 5 (1901-1902) (Moskau ⁴1946) 333f. – [19] V. V. (V. P. Voroncov): Sud'by kapitalizma v Rossii [Die Schicksale des Kapitalismus in Rußland] (SPb1882); Geyer: a.O. [5] 12. – [20] Nikolaj-on (N. F. Daniel'son): Očerki našego poreformennago chozjajstva [Skizzen unserer Volkswirtschaft nach der Reform] (SPb 1893); dtsch. erw. A. (1899); Geyer: a.O. [5] 13. – [21] a.O. 2. – [22] 157; S. V. Utechin: Gesch. der polit. Ideen in Rußland (1966) 181; Lenin, Sočinenija 1 (1893-1894) (Moskau ⁴1941) 307. – [23] Struve, a.O. [17]; S. Bulgakov: Kapitalizm i zemledelie [Kapitalismus und Landwirtschaft] (SPb 1900); N. Berdjaev: Sub-ektivizm i individualizm v obščestvennoj filosofii. Kritičeskij ètjud o N. K. Michajlovskom [Subjektivismus und Individualismus in der Gesellschaftsphilos. Eine krit. Studie über N. K. Michajlovskij] (SPb 1901); M. Tugan-Baranovskij: Russkaja fabrika v prošlom i nastojaščem 1 (SPb 1898); dtsch: Gesch. der russ. Fabrik (1900) u.a.m.; Geyer, a.O. [5] 155f. – [24] N. Bel'tov (G. V. Plenachov): K voprosu o razvitii monističeskago vzgljada na istoriju [Zur Frage der Entwickl. der monist. Geschichtsauffassung] (SPb 1895); L. Aksel'rod (Ortodoks): Filos. očerki. Otvet filosofskim kritikam istoričeskogo materializma [Philos. Skizzen. Antwort an die philos. Kritiker des hist. Materialismus] (SPb 1906, Moskau/Petrograd 1923); V. Il'in (Lenin): Razvitie kapitalizma v Rossii. Process obrazovanija vnutrennego rynka dlja krupnoj promyšlennosti [Die Entwickl. des Kapitalismus in Rußland. Der Prozeß der Bildung des inneren Marktes für die Großindustrie] (SPb 1899) usw.; Geyer, a.O. [5] 139f. 169ff. – [25] Ivanov-Razumnik, a.O. [5] 355-375; G. A. Wetter: Der dial. Materialismus ... (⁵1960) 87-97. – [26] Ivanov-Razumnik, a.O. [8] 364. – [27] a.O. 375-387; Wetter, a.O. [25] 98-104. – [28] Ivanov-Razumnik, a.O. [8] 380. – [29] a.O. 382. – [30] 447-495. – [31] P. B. Struve, Arch. soz. Gesetzgebung und Statistik 14 (1899) 658-704, hier: 701. – [32] G. V. Plechanov: O mnimom krizise marksizma, in: Izbr. filos. proizvedenija [Ausgew. philos. Schr.] 2 (Moskau 1956) 335-345. – [33] A. M. Deborin: Machizm i Marksizm, in: Vvedenie v filosofiju dialektičeskogo materializma [Einf. in die Philos. des dial. Materialismus] (Moskau/Leningrad ⁵1930) Kap. X; ND in: Filosofija i Politika (Moskau 1961) 41-52. – [34] V. I. Lenin, Marksizm i Revizionizm, in: Sočinenija 15 (Moskau ⁴1947) 15-25; dtsch. in: Theorie – Ökonomie – Politik, hg. I. Fetscher (1974) 207-217. – [35] Tri istočnika i tri sostavnych časti marksizma. Soč. 19 (Moskau ⁴1948) 3-8; Fetscher, a.O. 70-77. – [36] Osnovnye voprosy marksizma (dtsch. Berlin 1958) 11. – [37] Očerki po filosofii marksizma (SPb 1908); Novgorodcev, Lit. 253. – [38] ebda. – [39] 143ff. 147-378. – [40] W. Hogrebe/R. Kamp/G. König: Periodica philos. Eine int. Bibliogr. philos. Z.en von den Anfängen bis zur Gegenwart (1972) 616-618. 70. – [41] Literaturnaja Ènciclop. 6 (Moskau 1930) 817-920. – [42] a.O. 176-262; hier: 194. – [43] Bol'šaja Sovetskaja Ènciklop. 36 (Moskau ¹1938) 317-484. – [44] a.O. 38 (Moskau ¹1938) 157-240. – [45] Bol'šaja Sovetskaja Ènciklop. 26 (Moskau ²1954) 300-317. 318. 323-355; 15 (Moskau ³1974) 384-390. 390-393; Filos. Ènciklop. 3 (Moskau 1964) 314-318.

Literaturhinweise. Ivanov-Razumnik s. Anm. [8]. – Th. G. Masaryk s. Anm. [4]. – P. I. Novgorodcev: Ob obščestvennom ideale (Berlin ³1921). – D. Geyer s. Anm. [5]. – G. A. Wetter s. Anm. [25]. – S. V. Utechin s. Anm. [22]. – I. Fetscher (Hg.) s. Anm. [34]. – B. Wielenga: Lenins Weg zur Revolution. Eine Konfrontation mit S. Bulgakov und P. Struve im Interesse einer theol. Besinnung (1971).   W. Goerdt

III. *Marxismus in der Sicht der nicht-marxistischen westlichen Wirtschafts- und Kulturtheorie.* – Die Bedeutung des Terminus ‹M.› in seinem allgemeinen Gebrauch ist überaus schillernd und von den jeweiligen Interessen des Autors abhängig. Nationalökonomen interessieren sich für die im ‹Kapital› von K. Marx entwickelte ökonomische Theorie. In den ersten bedeutenden Auseinandersetzungen darüber, denen von E. von Böhm-Bawerk (‹Zum Abschluß des Marxschen Systems›, 1896) [1] und L. von Bortkiewicz (1906/07) [2], wird das Wort ‹M.› noch nicht gebraucht. Im Mittelpunkt der Kritik steht das sogenannte «Wertgesetz». Die ökonomische Theorie läßt sich nach K. Diehl [3] isoliert betrachten: «Tatsächlich hat jedenfalls Marx niemals aus seiner Werttheorie sozialistische Konsequenzen gezogen.»

Die Bedeutung des ‹Kapital› wurde zuerst wohl von dem englischen Historiker J. Dahlberg-Acton gesehen: «Ich war frappiert bei der Lektüre des neuen Werkes von Karl Marx durch den Umfang, in dem er sein Material aus England nimmt. Es ist ein bemerkenswertes Buch, als der Koran der neuen Sozialisten» (Nov. 1873) [4]. Ein solcher Vergleich wird immer wieder gezogen wegen des quasireligiösen Gebrauchs des Buches als «Evangelium proletarischer Rachegefühle» (B. Russell [5]). Und G. B. Shaw resümiert ironisch: «Der M. ist, wie das Mormonentum, der Faschismus, der Imperialismus und in der Tat alle katholisch sein wollenden Systeme ..., im wesentlichen ein Weckruf zu einer neuen Theokratie» [6].

Nach K. Diehl hat Marx die Tendenzen der wirtschaftlichen Entwicklung «in drei Theorien zusammengefaßt: Erstens: Die Konzentrationstheorie ... Zweitens: Die Verelendungstheorie ... Drittens: Die Krisentheorie ...» [7]. Daß der M. wesentlich mehr ist als eine ökonomische Theorie, hat J. Plenge so beschrieben: Er «hatte das einzige großartige und geschlossene Gesamtbild vom Wirtschaftsleben des 19. Jh. und sah es nicht nur als den lahmen und entwicklungslosen Ablauf von der Produktion durch Umlauf und Verteilung zur Konsumtion, sondern als allseitige Veränderung und als explosive Entfaltung rastlos drängender Kräfte, die ihrem schließlichen Zusammenbruch entgegenstürmten» [8]. M. läßt sich nach H. Schack «durch vier Merkmale kennzeichnen: 1. Er ist die Ideologie des Proletariats ... / 2. Der M. ist Kollektivismus .../ 3. Der M. ist wissenschaftlicher Sozialismus ... / 4. Der M. ist humanitärer Sozialismus» [9]. Der M. wird als Weltanschauung gesehen. Nach W. Sombart liegt in der Synthese «von deutschem und westeuropäischem Leben ... das eigentliche Geheimnis des M.» [10]. G. Schmoller sieht «das Berechtigte und Packende in der sozialdemokratischen, hauptsächlich marxistischen Theorie ... in ihrem großen entwicklungsgeschichtlichen Stil, in der Erkenntnis des engen Zusammenhanges der volkswirtschaftlichen Produktions- und Lebensformen mit der Klassenbildung und der politischen Verfassung ...» [11]. Für E. Hammacher ist «das System des dialektischen Materialismus, die Weltanschauung des Proletariats, ein Zwittergebilde aus deutschem Idealismus, französischem Positivismus und englischer Ökonomik» [12]. Hammacher hatte als erster Nichtmarxist ‹Das philosophisch-ökonomische System des M.› umfassend dargestellt [13]. Im Anschluß an J. PLENGE [14] hat F. J. SCHMIDT den M. als diejenige Philosophie, «die es in der Gegenwart allein zu einer durchgreifenden Wirkung gebracht» habe, als «Philosophie in großem Stile ..., d. h. weltbewegende Philosophie», bezeichnet [15]. S. HELANDER betont die Enge der Sicht von Marx. Es gebe für ihn «nur Proletariatprobleme, und deshalb muß man seinen Materialismus Proletariatmaterialismus nennen» [16]. «Die heiligen Familien des M.» hat R. ARON ausgemacht. Es gebe einen kantischen M., wenn man dem Sozialismus ein Ziel setze, welches das moralische Bewußtsein der kapitalistischen Wirklichkeit gegenüber verlange, einen hegelianisierenden M., der eher auf die ‹Phänomenologie des Geistes› zurückverweise, einen szientistischen M., der aus dem ‹Anti-Dühring› hervorgezogen werde; sie alle seien humanistisch. Die Existentialisten hätten sich dem M. durch Einschaltung der Jugendschriften von Marx genähert, indem sie die Dialektik der Entfremdung und der Wiedereroberung des Selbst aufnahmen, aber gleichzeitig seien sie unbewußt in den «Doktrinarismus» gefallen, den der M. in sich berge. Die Lehre Sartres von der Dialektik von Serie und Gruppe, von Bewußtsein und Gewohnheiten, von Praktisch-Inertem und Freiheit habe weder mit dem M. von Marx noch mit dem der Marxisten-Leninisten etwas Gemeinsames [17].

«Ursprung und Motiv des marxistischen Denkens sind philosophischer Natur» formuliert H. SCHACK [18]. Der philosophische Charakter des M. ist in verschiedener Weise zu bestimmen versucht worden. Für E. HAMMACHER bleibt ihm keine Wahl: «er muß die Aufklärungsideale wiederholen, muß individualistisch, demokratisch und hedonistisch sein» [19]. Nach T. PARSONS sollte er angesehen werden «in a special sense as one particular variety of utilitarianism, with certain infusions from its idealistic antecedents» [20]. H. DE MAN erkennt, daß «der Marxsche Sozialismus, der sich sonst am schärfsten gegen den vorkapitalistischen Sozialismus abgegrenzt hat, dessen ethische Voraussetzungen und Zielvorstellungen stillschweigend und darum kaum modifiziert, übernommen hat» [21]. Nicht nur als Ethik, sondern als Metaphysik betrachtet S. MARCK den M.; dessen Tendenz sei, «nicht nur die kapitalistischen Bewußtseinsformen als notwendig falsche zu enthüllen, sondern die aller Zeiten, eben weil sie auf der dualistischen Verirrung, auf der Transzendierung der Werte gegenüber dem Bewußtsein beruhen ... Hier zeigt der Marxismus die Züge der radikalsten Immanenzphilosophie, hier ist er 'Empiriosensualismus', gewiß nicht bloß im Sinne eines erkenntnistheoretischen Standpunktes, sondern einer *empiristischen Metaphysik*» [22]. Für J. EBBINGHAUS hat sich der M. «in einen totalen, nur aus metaphysischen Gründen verständlichen Widerspruch gegen alle bisherigen Wertschätzungen der Gesellschaft» begeben und sich dadurch die Möglichkeit verbaut, «seine Forderungen ausdrücklich im Namen der geläufigen Begriffe von Freiheit und Recht zu stellen» [23]. Als *«Geschichtsmetaphysik»* will den M. der alte W. SOMBART verstanden wissen: Der M. habe nichts anderes getan «als die Besonderheiten des ökonomischen Zeitalters zu allgemeinen Bestandteilen der Menschheitsgeschichte umzudeuten» [24]. Der philosophisch schillernde Charakter des M. hat für J. A. SCHUMPETER einen einfachen Grund: «Mit Materialismus hat die marxistische Lehre nicht das geringste zu tun. Ihrem Wesen nach ist sie philosophisch indifferent, insbesondere auch mit jeder beliebigen religiösen Überzeugung vereinbar. Ihren tatsächlichen philosophischen Allianzen nach steht und stand sie stets im Umkreis des deutschen Idealismus» [25].

Daß «in ihrer Beschränkung auf ihre Aufgabe als historische Methode die Stärke, aber auch die Schwäche der 'materialistischen' Geschichtsauffassung» bestünde, hat K. VORLÄNDER [26] hervorgehoben. So fruchtbar sie als Forschungshypothese wirken könne, philosophisch sei sie nicht zu Ende gedacht. Aber die Nähe zu dieser Methode wird zum Einwand, den ein Historiker wie G. VON BELOW scharf gegen Sombart formuliert: «Seine an der Naturwissenschaft orientierte Logik ... gestattet ihm eine so starke Vereinfachung in der Würdigung der psychischen Motive durchzuführen, daß er schließlich doch wieder der Anschauung von den 'gesetzmäßigen Regelmäßigkeiten' und dem M. nahekommt, Unpersönliches an die Stelle von Persönlichem setzt» [27]. M. wird als Lehre einer zwangsläufigen Entwicklung gesehen «bearing unbounded promise to humanity. It predicted that historic necessity would destroy an antiquated form of society and replace it by a new one in which the existing miseries and injustices would be eliminated» (M. POLANYI) [28]. So ist für K. R. POPPER der M. «so far the purest, the most developed and the most dangerous form of historicism» [29]. M. WEBER hat in der stufenweisen Evolution «ein Dogma des echten M.» gesehen, die «nur in Rußland von einer dort bodenständigen Sekte abgelehnt wurde» [30]. Der M. fordert den «idealistic historicism» heraus mit einer Konzeption, «which postulated both the independence and the predominance of the complex of factors that Marx summed up in the formula of the relations of production (Produktionsverhältnisse) and that were rather vaguely and indeterminately related to a 'superstructure' of beliefs, values, ideologies etc.» (T. PARSONS u. a.) [31]. B. CROCE stellte den «apokalyptischen Juden Karl Marx» [32] sehr früh an die Seite von Machiavelli. Er sah es als das Werk des M. an, «daß in den politischen Studien die Beachtung der juristischen Form der Institutionen an zweite Stelle geschoben wurde; an ihren Platz traten Forderungen über Produktion und Verteilung der Wirtschaft ...» [33]. Für G. MOSCA gründet der historische Materialismus auf zwei Hauptthesen: «1° les rapports entre ouvriers et entrepreneurs dépendraient de la technique de la production; 2° la seconde conduit à la conclusion que toute l'organisation politique, religieuse et juridique d'une société est la conséquence du type d'organisation économique qui y prédomine» [34]. Für G. SIMMEL ist er «nichts anderes als eine psychologische Hypothese» [35].

Der M. zieht aus seiner Theorie politische Folgerungen. «Im Kampf mit dem bürgerlichen Gegner entdeckt der Marxismus von neuem die Tatsache, daß es in historisch-politischen Dingen keine reine Theorie gibt ... Damit hängt ... das zweite wesentliche Moment marxistischen Denkens zusammen, nämlich eine neue Verhältnisbestimmung von Theorie und Praxis» (K. MANNHEIM) [36]. In der «Deduktion aus der Theorie des sozialen Materialismus» sieht R. STAMMLER «das Eigentümliche des modernen Sozialismus im marxistischen Sinne» [37]. Damit tritt die marxistische Theorie des Klassenkampfes in den Vordergrund. Dieser ist das Element, «which gives Marxian theory its dynamic cast as against the equilibrating tendency of 'orthodox' economic theory» (T. PARSONS) [38]. Marx, so sagt K. POLANYI, «folgte Ricardo, indem er den Klassenbegriff ökonomisch definierte und ökonomische Exploitation war ohne Zweifel ein Charakteristikum des bürgerlichen Zeitalters. Im Vulgär-M. führte dies zu einer primitiven Klassentheorie der Gesellschaftsentwicklung» [39]. G. Salomon-Delatour hat diese marxistische Lehre auf andere Vorgänger bezogen: «Es verbindet sich also Hegels Theorie des Bösen in der Geschichte mit Saint Simons Klassentheorie zu einer merkwürdigen voluntaristischen Psychologie» [40]. H. Plessner warnt die empirischen Sozialwissenschaften davor, an einen «ewigen Wahrheitsgehalt der Überbau-Konzeption des M. zu glauben und den Ideologiebegriff aus seinem ursprünglichen Ideenverband zu lösen»: Eine zur Kategorie, zum Untersuchungsprinzip vergiftete ‹Ideologie›, eine zur allgemein menschlichen Seinsweise modellierte «Spannung von Unterbau und Überbau» trägt in die Soziologie marxistische Züge und verewigt in ihr gewisse «revolutionär-materialistische» Thesen, ohne sie mit dem Risiko und den Konsequenzen des M. zu belasten: «In die soziologische Methodik fressen sich auf diese Weise Gedanken und Vorstellungen ein, die den unbefangenen Blick hemmen» [41]. H. de Man, Verfasser einer ‹Psychologie des Sozialismus› (1926), hat den ‹Ideologieverdacht› gegen den M. selbst gerichtet: «Der M. ..., die antikapitalistische Theorie par excellence, erfüllt in Wirklichkeit oft die Funktion dessen, was Marx selber eine Ideologie genannt hat: er dient oft zur Rechtfertigung oder zur Verhüllung von Motiven, die in Wirklichkeit einen ganz anderen Charakter haben» [42]. Für A. Künzli ist der M. in einer neue Entfremdung schaffenden Weise «verdinglicht» worden. Als «Totaltheorie» erweise sich die Theorie von Marx als reaktionär [43]. Schon V. Pareto hatte betont, für den sozialen Wert des M. sei es gleichgültig, ob Marx' Mehrwerttheorie wahr oder falsch sei; dies sei so wichtig «as knowing whether and how baptism eradicates sin in trying to determine the social value of Christianity – and that is of no importance at all» [44]. Entsprechend sagt H. Kelsen: «Wenn der Weltkrieg und seine Wirkungen zu einer Krisis des M. geführt haben, so ist das – gewiß nicht allein, aber doch in hohem Maße – die Krisis einer Ideologie des Sozialismus und nicht so sehr dieses Sozialismus selber» [45]. W. Sombart meint: Die gewaltige Wirkung, die der M. gehabt habe, stamme «sicher nicht von den wissenschaftlich-nationalökonomischen Sätzen her, die Marx aufgestellt hat, sondern ist ausschließlich den in Mystik auslaufenden geschichtsphilosophischen Konstruktionen dieser Heilslehre geschuldet» [46].

Damit ist das oft hervorgehobene utopische Element im M. angesprochen. «Die Lektüre tritt an die Stelle der Erfahrung», wie E. Rosenstock gesagt hat [47]. «Was Marx der Pariser Kommune nachrühmte, hat die marxistische Bewegung weder gewollt noch getan. Sie hat nicht nach vorhandenen Vorformen neuer Gesellschaft ausgeschaut; sie hat sich nicht ernstlich um Förderung, Beeinflussung, Leitung, Koordinierung, Föderierung der neuentstandenen oder in der Bildung begriffenen Versuche bemüht, sie hat nicht selber in folgerichtiger Arbeit Zellen um Zellen und Zellenverbände um Zellenverbände lebendiger Gemeinschaft ins Leben gerufen» (M. Buber) [48]. P. Tillich erkennt an, daß es eine Art von Transzendenz im M. gibt: Die gegenwärtigen Möglichkeiten des Menschen werden transzendiert durch die Erwartung eines kommenden Zustandes der Gerechtigkeit. Diese Transzendenz verbleibe jedoch – im Unterschied zum Christentum (und religiösen Sozialismus) – in Politik und Geschichte [49]. «Der alte Typus der marxschen revolutionären Sozialisten hielt sich nie lange bei der Vorstellung des Lebens der Volksgemeinschaften nach der Errichtung des tausendjährigen Reiches auf. Er bildete sich ein, daß die Menschen dann wie Prinz und Prinzessin im Märchen glücklich leben würden bis an das Ende ihrer Tage.» So formuliert es B. Russell [50].

Hinsichtlich des M. als einer politischen Theorie stellte F. A. von Hayek fest: «Die Lehren, von denen die führenden Kreise in Deutschland sich in der vorigen Generation hatten leiten lassen, standen nicht im Gegensatz zum sozialistischen, sondern zum liberalen Gehalt des M., zu seinem Internationalismus und seinem Demokratismus» [51]. T. Parsons spricht von einer «Desillusionierung über den M. wegen der Identifikation mit dem Stalinismus» [52]. Dies hat seinen Grund darin, daß «on the basis of a philosophy which, in a very different way from our individualistic tradition, gives primacy to 'economic interests', namely the Marxian philosophy, the Communist movement asserts the unqualified totalitarian supremacy of government over the economy» [53]. Nach H. Kelsen hat der M. «als politische Theorie – und das ist für den Sozialismus als politische Bewegung maßgebend – sich im entscheidenden Augenblick als unzulänglich erwiesen» [54]. J. A. Schumpeter sagt, daß «trotz der Wiederbelebung des M. der wissenschaftlich geschulte Sozialist nur noch in Fragen der Wirtschaftssoziologie Marxist ist» [55].

Anmerkungen. [1] E. von Böhm-Bawerk: Kleinere Abh. über Kapital und Zins, hg. F. X. Weiss (1926) 321-435. – [2] L. von Bortkiewicz: Wert- und Preisrechnung im Marxschen System. Arch. soz. Wiss.en 23-25 (1906/07); Zur Berichtigung der grundlegenden theoret. Konstruktion von Marx im 3. Bd. des Kapitals. Conrads Jahrbücher (1907). – [3] K. Diehl: Über Sozialismus, Kommunismus und Anarchismus (1906) 203. – [4] J. Dahlberg-Acton: Br. (Nov. 1873). Selections from the correspondence of the First Lord Acton (London 1917). – [5] B. Russell: Philos. und polit. Aufsätze. Was für den Sozialismus spricht (1935) 136. – [6] G. B. Shaw: Wegweiser für die intelligente Frau zum Sozialismus und Kapitalismus (1928) 503. – [7] Diehl, a.O. [3] 204ff. – [8] J. Plenge: Die Revolutionierung der Revolutionäre (1918) 69. – [9] H. Schack: «Volksbefreiung». Sozialrevolutionäre Ideologien der Gegenwart (1971) 29. – [10] W. Sombart: Friedrich Engels (1895) 12. – [11] G. Schmoller: Die soziale Frage, Klassenbildung, Arbeiterfrage, Klassenkampf (1918) 614f. – [12] E. Hammacher: Hauptfragen der mod. Kultur (1914) 150. – [13] Das philos.-ökonom. System des M. (1909). – [14] J. Plenge: Marx und Hegel (1911). – [15] F. J. Schmidt: Hegel und Marx, in: Preuß. Jb.er 151 (1913) 417. – [16] S. Helander: Marx und Hegel (1922) 38. – [17] R. Aron: Die heiligen Familien des M. (1970) 12ff. – [18] H. Schack: Wirtschaftsleben und Wirtschaftsgestaltung (1963) 197. – [19] Hammacher, a.O. [12] 152. – [20] T. Parsons, E. Shils, K. D. Naegele und J. R. Pitts: Theories of society 1 (Glencoe 1961) 94. – [21] H. de Man: Kapitalismus und Sozialismus, in: Kapital und Kapitalismus, hg. B. Harms 1 (1931) 54. – [22] S. Marck: Marxist. Grundprobleme in der Soziol. der Gegenwart, in: H.-J. Lieber (Hg.): Ideologienlehre Wissenssoziol. (1974) 376f. – [23] J. Ebbinghaus: Sozialismus der Wohlfahrt oder Sozialismus des Rechts? in: Deutschlands Schicksalswende ([2]1947) 121f.; ähnlich auch K. Hiller: Marxkritik in der Nußschale (1943), in: Köpfe und Tröpfe (1950) 163. – [24] W. Sombart: Dtsch. Sozialismus (1934) 112. – [25] J. A. Schumpeter: Der Sozialismus in England und bei uns (1924), in: Aufsätze zur ökonom. Theorie (1952) 511-526, zit. 518f. – [26] K. Vorländer: Kant und Marx, in: M. und Ethik, hg. R. de la Vega/H. J. Sandkühler (1970) 321. – [27] G. von Below: Probleme der Wirtschaftsgesch. (1920) 437. – [28] M. Polanyi: The logic of liberty. Reflections and rejoinders (London 1951) 105. – [29] K. R. Popper: The open society and its enemies (London [2]1952) 2, 81. – [30] M. Weber: Der Sozialismus (1918) 34. – [31] Parsons u.a., [20] 2 (1961) 989. – [32] B. Croce: Politica in nuce, in: Die Dioskuren 3 (1924) 35; dies Moment betont stark A. Künzli: Karl Marx. Eine Psychographie (1966) 806ff. – [33] B. Croce: Materialismo storico ed economia marxistica (1897) 112; Gesch. Italiens 1871-1915 (1928) 151. – [34] G. Mosca: Hist. des doctrines polit. depuis l'antiquité jusqu'à nos jours (Paris 1936). – [35] G. Simmel: Philos. des Geldes (1899) 522. – [36] K. Mannheim: Ideol. und Utopie (1929) 85-87. – [37] R. Stammler: Wirtschaft und Recht (1896) 46. – [38] T. Parsons: The structure of social action (New York/London 1937) 490. – [39] K. Polanyi: The great transformation. Polit. und ökonom. Ursprünge von Gesellschaften und Wirtschaftssystemen (1977) 194. – [40] G. Salomon: Hist. Materialismus und Ideologienlehre 1 (1926), in: Lieber, a.O. [22] 296. – [41] H. Plessner: Abwandlungen des Ideol.gedankens (1931); Zwischen Philos. und Gesellschaft (1953). – [42] de Man, a.O. [21] 54. – [43] A. Künzli: Über Marx hinaus. Beitr. zur Ideologiekritik (1969) 12. – [44] V. Pareto: The mind and society. A treatise on general sociol. 3 (New York 1935) § 1859. – [45] H. Kelsen: Sozialismus und Staat (^{2}1923) 208. – [46] W. Sombart: Die drei Nationalökonomien. Gesch. und System der Lehre von der Wirtschaft (1930) 232. – [47] E. Rosenstock: Die europ. Revolutionen und der Charakter der Nationen (1951) 462. – [48] M. Buber: Pfade in Utopia (1950) 167. – [49] P. Tillich: Der Protestantismus (1950) 304ff. – [50] B. Russell: Grundl. für eine soziale Umgestaltung (1921) 90. – [51] Fr. A. Hayek: Der Weg zur Knechtschaft (^{3}1976). – [52] T. Parsons, E. Shils, P. F. Lazarsfeld: Soziol. – autobiographisch (1975) 127. – [53] T. Parsons: Structure and process in modern societies (New York/London 1960) 241. – [54] H. Kelsen: Marx oder Lassalle? (1924) (Sonderdruck aus Arch. Gesch. des Sozialismus und der Arbeiterbewegung XI/3) 298. – [55] J. A. Schumpeter: Gesch. der ökonom. Analyse 2 (1965) 1079.   J. von Kempski

IV. *Der M. in der Zwischenkriegszeit und in der 'Neuen Linken'.* – Mit der Gründung der III. Internationale in Moskau 1919 verschafft sich die Sowjetpartei Einfluß auf die theoretische und politische Entwicklung in anderen Ländern und deren kommunistischen Parteien. Die Etablierung des M.-Leninismus als des «M. unserer Epoche», als offizielle Partei- und Staatsdoktrin und Weltanschauung, führt letztlich zu einem Bruch im M. Seine Geschlossenheit geht verloren, und es ist fraglich geworden, welche Positionen noch unter die Begriff die M. fallen. Die folgende Darstellung richtet sich nach der Wortverwendung von ‹M.› bei jenen, die sich selbst «Marxisten» nennen oder von anderen so genannt werden und diese Bezeichnung nicht zurückweisen. Die Ausdifferenzierung der Positionen ist besonders stark in den westlichen Ländern, wo der M. keine tragende politische Basis besitzt und auch nicht als Legitimationsideologie in Anspruch genommen wird: Hier versteht sich der M. vor allem als kritische Instanz und kritische *Methode*. Seine Weiterbildung verbleibt überwiegend im akademischen Bereich. Gerade deshalb wird die Einheit von *Theorie und Praxis* zum Problem: Es besteht darin, diese Einheit authentisch im Sinn von Marx auszulegen und sie zugleich zu aktualisieren in einer Situation, die eine marxistische Praxis nicht zuzulassen scheint. Verbunden damit ist die Frage nach dem revolutionären *Subjekt*, nach dem Subjekt der Geschichte. Die Diskussion konzentriert sich weitgehend auf diese drei Komplexe; sie bilden deshalb im folgenden die Leitaspekte, zumal sie verändert auch wichtig sind für die marxistischen Neuansätze in Polen, der Tschechoslowakei und Jugoslawien, die in einer gewissen Zwischenstellung das kritische Potential der Marxschen Theorie *in* den sozialistischen Systemen erneuern.

1. *Die M.-Diskussion in Deutschland.* – Die Mitglieder des Frankfurter Instituts für Sozialforschung bezeichnen sich nicht als «Marxisten», obwohl sie sich intern von etwa 1936 bis 1939 als solche verstanden haben und (auch noch später) als solche verstanden wurden. Während W. R. Beyer ihren «Putativ-M.» und «Schein-M.» [1] bespöttelt, attestiert ihnen G. Petrović: «the merits of the Frankfurt school for a creative interpretation and application of M. are undeniable» [2]. Und auch P. Vranicki und L. Kolakowski räumen in ihren M.-Darstellungen der Frankfurter Schule einen Platz im M. ein [3].

Vage affirmativ äußert sich M. Horkheimer über den M. nur in den frühen Arbeiten. Darin zeigt sich seine Distanz zur zeitgenössischen marxistischen Politik und Theorie, die erkennbar zusammengeht mit einer theoretischen Selbstisolierung. «Die auf Schaffung einer menschlicheren Welt gerichteten Kräfte sind jetzt verkörpert in der Theorie und Praxis kleiner Gruppen des Proletariats» [4]. Hier nur noch, in marginaler Praxis, kann die Sache des M. vertreten werden. Horkheimer kritisiert die «kontemplative Behandlung des M.» und fordert «das Bekenntnis zur Praxis, deren die Theorie bedarf» [5]. Das Wort ‹M.› dient nicht der Kennzeichnung der eigenen Position, die vielmehr als sozialistische Theorie oder materialistische Theorie der Geschichte umschrieben wird. Horkheimer bemerkt, daß «der M. die Theorie der Gesellschaft als Theorie der Wirklichkeit erklärt», sei seine sehr verständliche Ideologie, und er kritisiert die darin unterstellte «mystische Notwendigkeit» des «gesellschaftlichen Fortschritts» [6].

Gegenüber dem etablierten M. wird der Anspruch auf Neuformulierung der Marxschen Theorie aufrechterhalten. E. Fromm ist aber der einzige, der einen solchen Versuch ausarbeitet, und zwar in der Verbindung von M. und Psychoanalyse. Sein Anliegen ist, in den M. «die Sozialpsychologie» einzubringen, die «die gemeinsamen sozial relevanten seelischen Haltungen und Ideologien – und insbesondere deren unbewußte Wurzeln – aus der Einwirkung der ökonomischen Bedingungen auf die libidinösen Strebungen zu erklären» hat [7]. – Bei L. Löwenthal findet sich die einzige Erwähnung des M., die als affirmativ gelesen werden kann [8].

Die Kritik an der marxistischen Theorie und Politik impliziert selbst einen Theoriebegriff, dem die Marxsche Theorie anzumessen ist. In der Reaktion auf M. Webers Postulat, daß sich die Wissenschaft der Werturteile enthalten müsse, auf K. Mannheims Begriff der «freischwebenden Intelligenz» und G. Lukács' Konzeption von der in Proletariat und Partei kurzgeschlossenen Einheit von Bewußtsein und Klassenbewußtsein kommt es zu einem zugespitzten Theoriebegriff, der mit dem Terminus ‹Kritische Theorie› umschrieben wird. Er impliziert nun die Forderung, daß die Praxis in die Theorie – in Form der Theorie – aufzunehmen sei. Das praktische Interesse geht als Erkenntnisbedingung in die Form der Theorie ein, da – anders als in den Fachwissenschaften – das theorietreibende Subjekt selbst involviert ist. «Die vom Interesse an vernünftigen Zuständen durchherrschte kritische Theorie der bestehenden Gesellschaft» [9] ist gehalten, sich dieses grundlegenden Interesses reflexiv zu versichern. Sie rekonstruiert nun den Geschichtsverlauf unter dem erkenntnisleitenden Interesse an menschlichen Zuständen, und sie resultiert in der theoretischen Parteinahme für die «Idee der Selbstbestimmung des menschlichen Geschlechts» [10]. Die Analysen ergeben aber, daß das Interesse an vernünftigen Zuständen unkenntlich geworden ist [11]. So können auch «die Subjekte des kritischen Verhaltens» [12] nicht kongruieren mit einer Klasse und auch nicht mit dem Proletariat. Die Behauptung, «Kritische Theorie» sei für Horkheimer und seine Mitarbeiter in dieser Phase nur «ein Deckwort für das Wort M.» [13] ist wahrscheinlich richtig. H. Marcuse hat diese Version bestätigt. Ein «neuer Blick auf die Marxsche

Theorie» sei nötig gewesen. Diesen «kritisch entwickelten M.» habe man «kritische Theorie» genannt [14]. Die Methode ist die von Marx' ‹Kritik der politischen Ökonomie›. Aber die Anwendung der Marxschen Methode auf die Marxsche Theorie führt zu Ergebnissen, die über die Marxsche Theorie und über die bisherige Gestalt der eigenen Theorie hinausweisen.

Weithin unbemerkt ändert sich seit 1939 die Position HORKHEIMERS und ADORNOS. Die Kritische Theorie wird sich bewußt, daß das mit ihr verknüpfte Interesse an vernünftigen Zuständen nicht nur derzeit unkenntlich ist, sondern ambivalent an sich selbst, und daß diese Ambivalenz die Kritische Theorie im innersten betrifft. Sie besteht «im unentrinnbaren Zwang zur gesellschaftlichen Herrschaft über die Natur» [15]. Jeder Versuch, ihn zu brechen, affirmiert oder restituiert ihn. Bis in die Vernunft hinein, bis in die Versuche, es aufzudecken, manifestiert sich dieses ursprüngliche Herrschaftsverhältnis. Eine kaum auszusprechende Hoffnung besteht «in der Selbsterkenntnis des Geistes als mit sich entzweiter Natur» [16]. Gründete in der Marxschen Theorie die Herrschaft von Menschen über Menschen in den Produktionsverhältnissen, so hat Herrschaft für Horkheimer und Adorno ihren Grund primär in der Auseinandersetzung des Menschen mit der Natur.

Oft ist die Praxisabstinenz der Kritischen Theorie beanstandet worden. Die Praxisbindung der Theorie wird thematisiert primär in der Theoriebegründung, nicht als Theoriekonsequenz. Die Kritische Theorie bleibt der gegenwärtigen Praxis verhaftet bis zur Unfähigkeit, eine Praxis zu projizieren, die verschieden sein müßte von der herrschenden. Die bestimmte Negation wird zwangsläufig total: «Als dialektische muß Theorie – wie weithin die Marxsche – immanent sein, auch wenn sie schließlich die gesamte Sphäre negiert, in der sie sich bewegt» [17].

Auch H. MARCUSE verwendet ‹M.› nicht vor seiner Arbeit über den Sowjet-M. oder dann nur unauffällig [18]. Affirmative Verwendungen beziehen sich auf einen zukünftigen M. So ist auch dieser Satz ein Kontrollsatz: «Der M. hängt in der Erreichung seiner Ziele von der Lösung des Konflikts zwischen den Produktivkräften und ihrer repressiven Organisation ab» [19]. Und die Verpflichtung gilt: «Die Marxsche Theorie bleibt die Richtschnur der Praxis» [20]. Marcuses Kritik am M. trifft aber zentral Marx selber: «Auch im M. ist die Natur vorwiegend ein Objekt, der Widersacher in der 'Auseinandersetzung' des Menschen mit der Natur» [21]. Marcuses Kritik des 'Sowjet-M.' versteht ihn aus der geschichtlichen und gesellschaftlichen Situation der Sowjetunion. Sowjet-M. ist der Versuch, die Marxsche Theorie «mit einer historischen Situation zu versöhnen», in der die Bedingungen «des Übergangs vom Kapitalismus zum Sozialismus», nämlich die Entwicklung einer leistungsfähigen Industrie und eines organisierten Proletariats, nicht gegeben waren [22]. In seiner letzten ästhetischen Schrift wendet Marcuse sich gegen die politische und ideologische Inanspruchnahme der Kunst durch den orthodoxen M. Die ihr abverlangte Bindung der «progressiven» und «realistischen» Kunst an «die Interessen und Bedürfnisse der aufsteigenden Klasse» [23] sei unvereinbar mit Marx und mit Kunst. – In der Beurteilung des Diamat und der Sowjetphilosophie sind die Frankfurter weitgehend einig. So schreibt auch ADORNO: «Daß man im Osten als Diamat marxistische Philosophie verkündet, wie wenn das mit der Marxschen Theorie ohne weiteres vereinbar wäre, bezeugt die Verkehrung des M. in ein gegen den eigenen Gehalt abgestumpftes, statisches Dogma oder, wie sie selber es nennen, in eine Ideologie» [24]. Und J. HABERMAS urteilte 1960: «Die russische Revolution und die Etablierung des Sowjetsystems ist schließlich *der* Tatbestand, von dem die systematische Diskussion des M., und mit dem M., am meisten gelähmt wird» [25].

Gegenüber dem immanent bedingten Praxisverzicht der Kritischen Theorie arbeitet HABERMAS von Beginn an die praktische Rückbindung theoretischer Aussagen heraus. Die Marxsche Theorie ist dabei zentral, obwohl sie «in mancher Hinsicht der Revision bedarf, deren Anregungspotential aber noch (immer) nicht ausgeschöpft ist» [26]. Revisionsbedürftig sind für Habermas am M. 1. das Basis-Überbau-Theorem, sofern die Basis nun auch ihrerseits von Politik [27] und Wissenschaft [28] abhängig geworden ist; 2. die klassenspezifische Deutung von Entfremdung, Ausbeutung, Herrschaft; 3. die geschichtsphilosophischen Theorien über Klassenbewußtsein und revolutionäres Subjekt [29]. Problematisch sind weiterhin 4. die Mehrwerttheorie, da «der wissenschaftlich-technische Fortschritt zu einer unabhängigen Mehrwertquelle geworden ist» [30]; 5. das Theorem von Produktivkräften und Produktionsverhältnissen [31]; 6. «das Selbstmißverständnis der Kritik als Wissenschaft» [32]. Habermas erläutert den letzten Punkt in der Unterscheidung von Wissenschaft und Kritik: Marx befinde sich in seiner Kritik auf einer Rationalitätsebene, deren methodologischen Status er nicht von dem der Wissenschaft abhebe. Die genetische Ableitung der Erkenntniskategorien sei von Marx eben nur unter Bezug auf die Arbeit angegangen worden. Habermas rekonstruiert die gattungsgeschichtliche Erzeugung kognitiver Strukturen unter den kontingenten Bedingungen von Arbeit *und* Interaktion *und* Kommunikation [33].

Der Marxsche Ansatz wird dementsprechend noch in einem anderen Punkt korrigiert. Der durch Arbeit erreichte Fortschritt mündet nach Marx zwingend in gesellschaftlichen Fortschritt: durch Klassenkämpfe, Revolutionen usw. Habermas pointiert, daß die *gesellschaftliche* Implementierung der entfalteten *technischen* Produktivkräfte einer *eigenen Logik* folge. «Die Gattung lernt nicht nur in der für die Produktivkraftentfaltung entscheidenden Dimension des technisch verwertbaren Wissens, sondern auch in der für die Interaktionsstrukturen ausschlaggebenden Dimension des moralisch-praktischen Bewußtseins» [34]. Dezidierter gegen Marx noch: «Die Dialektik von Produktivkräften und Produktionsverhältnissen vollzieht sich durch die Ideologie hindurch» [35].

Die Kritische Theorie der Frankfurter Schule stellt in den 50er Jahren und Anfang der 60er «die einzige Form revolutionärer Praxis in der Bundesrepublik» [36] dar. Im Anschluß und in Reaktion auf sie belebt sich die M.-Diskussion in Deutschland. Neben Habermas sind vor allem A. Schmidt und O. Negt zu nennen. Das Wort ‹M.› erhält eine gewisse Prägnanz zurück und impliziert vor allem wieder eine theoretisch fundierte, praktische Verpflichtung. Nun werden die theoretischen und praktischen Konsequenzen aus den in Horkheimers und Adornos Theorien in Anspruch genommenen Marxschen Theoremen gezogen. Dabei bildet die von Marx unterstellte dialektische Einheit von Theorie und Praxis einen in sich problematischen Lösungsentwurf wie eine Herausforderung zur Aktualisierung. Bemerkenswert ist die Neuakzentuierung des Begriffs des Subjekts, der für Adorno verdinglicht ist und von Habermas revidiert wird. «Das Subjekt dieser durch Provokation herzustellenden Aktivität unterscheidet sich notwendigerweise von dem traditionell-marxistischen Subjekt der Revolution» [37] – betont die «Erklärung der Frankfurter Schüler».

Die Einkapselung des politischen Moments in Theorie macht den M. zu einer «Post-Festum-Theorie» – so O. NEGT – und entzieht ihn seiner Verlebendigung durch praktische Erfahrung. Negt betont: «Wird der M. als eine Theorie der Anleitung zum Handeln begriffen, so müssen deren Kategorien und Erkenntnis in die Produktion der für das praktisch-politische Handeln relevanten Erfahrungen eingehen» [38]. Die Tradition der Kritischen Theorie vertritt in besonderem Maß A. SCHMIDT mit deutlicher Rückorientierung auf Marx. So untersucht Schmidt Marx' Naturbegriff und führt eine Auseinandersetzung mit dem Strukturalismus mit dem Ziel einer «marxistischen Historik» [39].

Die Denkwege von W. Benjamin, E. Bloch, E. Fischer, A. Sohn-Rethel und L. Kofler verlaufen in gewisser Weise parallel zur Entwicklung der 'Frankfurter Schule', wenn auch nicht unabhängig von ihr. Unter dem marxistischen Einfluß von B. Brecht entfaltet W. BENJAMIN einen «Kompromiß zwischen Eschatologie und geschichtsgesetzlichem Denken des M., indem zwar die Katastrophe des Kapitalismus mit gesetzlicher Notwendigkeit heraufziehen wird, nicht aber der Sieg des Sozialismus» [40]. Für Benjamin ist Vollendung nicht Ziel der Fortschrittsgeschichte, sondern ist Befreiung im Augenblick. «Auf den Begriff einer Gegenwart, die nicht Übergang ist, sondern in der Zeit einsteht und zum Stillstand gekommen ist, kann der historische Materialist nicht verzichten» [41]. Sätze wie dieser rechtfertigen die Kritik der Frankfurter. So schreibt ADORNO an Benjamin, dieser habe in der Arbeit ‹Charles Baudelaire› «sich Gewalt angetan», «um dem M. Tribut zu zollen, die weder diesem noch Ihnen recht anschlagen. Dem M. nicht, da die Vermittlung durch den gesellschaftlichen Gesamtprozeß ausfällt und der materiellen Enumeration abergläubisch fast eine Macht der Erhellung zugeschrieben wird ... Ihrer eigentümlichsten Substanz nicht, indem Sie sich Ihre kühnsten und fruchtbarsten Gedanken unter einer Art Vorzensur nach materialistischen Kategorien (die keineswegs mit den marxistischen koinzidieren) verboten haben» [42].

Bei E. BLOCH gewinnt der M. eine quasi detektivische Funktion. Spuren, die auf eine Welt der Utopie hindeuten, finden sich nicht nur im Ökonomischen: Wo immer Gegenwart auf utopische Tendenzen hin durchscheinend wird, haben wir im M. ihr Organ. «Die Erwartungstendenz ..., die die gesamte menschliche Geschichte durchzieht, ... [hat] erst im M. einen konkreten Ausdruck gefunden ..., den mit den realen Möglichkeiten exakt vermittelten» [43]. Das schließt eine «marxistische Kosmologie» mit ein [44]. Hoffnung als zentrale ontologische Kategorie begründet die Gewißheit dieser utopisierenden Weltdeutung. Allerdings: die systematische Verankerung der Geschichte im Prinzip Hoffnung müßte unter der Kategorie des noch nicht gefundenen Sinns fraglich bleiben [45].

Auch im M. von E. FISCHER tauchen Züge von Utopie auf. «Im M., als Wissenschaft, als 'Philosophie der Praxis' ist sie als *reale* Möglichkeit erfaßt, aufbewahrt, aufgehoben» [46]. M. im philosophischen Aggregatzustand inverviert nur «das Bewußtsein des geschichtlichen Ziels» [47] in der Gegenwart. Ideologie dagegen wird M. «als geistige Repression», in schlechter Versöhnung «mit dem herrschenden Realitätsprinzip» [48].

Der von M. Adler und G. Lukács beeinflußte L. KOFLER hebt im M. die Anthropologie hervor, definiert als «Lehre von den unveränderlichen Voraussetzungen menschlicher Veränderlichkeit» [49]. Diese – körperliche und seelische Organisation, Vernunftbegabtheit und planvolles Handeln, Gesellschaftlichkeit und Geschichtlichkeit – seien aber nicht beteiligt «an den inhaltlichen Ausformungen historisch entstandener Phänomene» [50]. Diese These unterscheidet Kofler auch von den Theorien, die diese formalen Voraussetzungen genetisch und geschichtsphilosophisch entschlüsseln. Die von Lukács, Adorno und Marcuse je verschieden konstatierte Verdinglichung ist für Kofler vor allem in sämtlichen ideologischen Bereichen des gesellschaftlichen Seins aufzuspüren. Die materialistische Erkenntnistheorie ist im Grunde «intersubjektive Grammatik entfremdeten Lebens» [51].

In einem wechselnden Zuordnungsverhältnis zur Frankfurter Schule steht A. SOHN-RETHEL. Er hebt gegenüber den Frankfurtern das marxistische Moment hervor. War diesen die Arbeit als Form der Naturbeherrschung der Schlüssel zur Kritik des gesellschaftlichen Bewußtseins, so rekurriert Sohn-Rethel auf den Begriff der 'Warenabstraktion', der von Marx selbst nicht ausgeschöpft sei. So legt er dar, «daß im Prozeß der Warenabstraktion als Gesellschaftsprozeß die Abstraktionen geschaffen werden, die sich nachher in Denkabstraktionen umsetzen» [52].

Anmerkungen. [1] W. R. BEYER: Tendenzen bundesdtsch. Marxbeschäftigung (1968) 109. – [2] G. PETROVIĆ: The development and essence of Marx's thought. Praxis 4 (Zagreb 1968) 339. – [3] P. VRANICKI: Gesch. des M. (1974) 829ff.; L. KOLAKOWSKI: Die Hauptströmungen des M. 3 (1979) 373-429. – [4] M. HORKHEIMER: Notizen 1950 bis 1969 u. Dämmerung (1974) 344. – [5] a.O. 252. – [6] 323. – [7] E. FROMM: Hist. Materialismus und Sozialpsychol. Z. Sozialforsch. 1 (1932) 40. – [8] a.O. 2, 42. – [9] Vgl. M. HORKHEIMER: Traditionelle und krit. Theorie, in: Krit. Theorie 2 (1968) 137-191, hier 147. – [10] a.O. 2, 177. – [11] A. SOHN-RETHEL: Diskussionsbeitrag, in: Die 'Frankfurter Schule' im Lichte des M. (1970) 132. – [12] H. MARCUSE: Fernsehinterview (WDR 30. 7. 1979). – [13] HORKHEIMER, a.O. [9] 162. – [14] 156. – [15] M. HORKHEIMER und TH. W. ADORNO: Dialektik der Aufklärung (1947) 48. – [16] a.O. 54. – [17] TH. W. ADORNO: Negative Dialektik (1966) 195. – [18] Vgl. etwa H. MARCUSE: Neue Quellen zur Grundleg. des Hist. Materialismus (1932); Studie über Autorität und Familie, in: Ideen zu einer krit. Theorie der Gesellschaft (1969) 145. – [19] Die Gesellschaftslehre des sowjet. M. (1964) 103. – [20] Konterrevolution und Revolte (1973) 43. – [21] a.O. 75. – [22] a.O. [19] 33. – [23] Die Permanenz der Kunst. Wider eine bestimmte marxist. Ästh. (1977) 12. – [24] TH. W. ADORNO: Eingriffe. Neun krit. Modelle (1963) 24; vgl. a.O. [17] 144; dazu A. SCHMIDT: Der Begriff der Natur in der Lehre von Marx (1962) 173 Anm. 47. – [25] J. HABERMAS: Theorie und Praxis (1963); vgl. auch Arbeit, Erkenntnis, Fortschritt (1970) 78. – [26] Zur Rekonstruktion des Hist. Materialismus (1976) 9. – [27] Vgl. Arbeit ... a.O. [25] 252; Theorie ... a.O. 200. – [28] Vgl. Technik und Wiss. als Ideol. (1968) 48-103. – [29] Vgl. Theorie ... a.O. [25] 163f. – [30] a.O. [28] 80; vgl. a.O. [25] 188. 191f. – [31] a.O. [26] 152. – [32] a.O. [25] 202. – [33] Erkenntnis und Interesse, Nachwort (1973) 373. – [34] a.O. [26] 162. – [35] a.O. 186. – [36] H. J. KRAHL, mündl. Äußerung Febr. 1970, zit. E. T. MOHL, a.O. [11] 126. – [37] Die neue Linke nach Adorno, hg. W. F. SCHOELLER (1969) 205. – [38] O. NEGT: Überlegungen zu einer krit. Lektüre von Marx und Engels (1976) 26. – [39] A. SCHMIDT: Gesch. und Struktur. Fragen einer marxist. Historik (1971); a.O. [24]. – [40] G. KAISER: Walter Benjamins 'Geschichtsphilosophische Thesen', in: Materialien zu Benjamins Thesen 'Über den Begriff der Gesch.', hg. P. BULTHAUP (1975) 51. – [41] W. BENJAMIN, Über den Begriff der Gesch. Ges. Schr., hg. R. TIEDEMANN/H. SCHWEPPENHÄUSER 1 (1974) 702: 16. Geschichtsphilos. These. – [42] Briefe, hg. G. SCHOLEM/TH. W. ADORNO (1966) 787. – [43] E. BLOCH: Philos. Aufsätze (1969) 288; vgl. Erbschaft dieser Zeit (1962) 157. – [44] Differenzierungen im Begriff Fortschritt (1958) 42. – [45] Vgl. J. Habermas: Ein marxist. Schelling – Zu Ernst Blochs spekulativem Materialismus a.O. [25] 336ff.; R. Romberg: Fortschritt und Immanenz in der Philos. Ernst Blochs (Diss. Gießen 1971) 95ff. – [46] E. Fischer: Kunst und Koexistenz (1966) 51. – [47] a.O. 53. – [48] 54. – [49] L. Kofler: Technol. Rationalität im Spätkapitalismus (1971) 89. – [50] a.O. 15; vgl. 92. 98. 140. – [51] Einl. der Hg. K. H. Neumann/K. Thiel/W. Schella, in: L. Kofler: Studien zur Methodenlehre der marxist. Dialektik (²1970) IV. – [52] Sohn-Rethel, a.O. [11] 132f.

2. *Die M.-Diskussion in Frankreich*. – Sie wird nach dem Zweiten Weltkrieg zunächst belebt und weitergeführt als Hegelrezeption und -interpretation. So prüft J. Hyppolite, Marx' Diktum von der Verwirklichung der Philosophie variierend, ob es so etwas gebe wie «un modèle pour une philosophie de l'histoire qu'il nous faut tenter de réaliser» [1]. Diese Fragestellung bleibt in der französischen M.-Debatte bis heute aktuell; sie wird nach den Wegbereitern Hyppolite, A. Kojève [2] und J. Wahl [3] expliziert von Theoretikern wie R. Aron und L. Goldmann, der einer der ersten ist, die den Weg des Hegel-M. gehen. Goldmann fordert, die geschichtlichen Tatsachen wissenschaftlich zu begreifen, daraus Werturteile abzuleiten und praktische Konsequenzen zu ziehen. Lukács' Einfluß ist spürbar, wenn er versucht, «das mögliche Bewußtsein einer Klasse von ihrem wirklichen Bewußtsein in einem bestimmten Moment der Geschichte zu unterscheiden» [4].

Der Begriff ‹M.› hat in Frankreich in und außerhalb der kommunistischen Partei politische Resonanz. Insbesondere H. Lefèbvre und R. Garaudy beleben durch ihre Kritik des parteioffiziellen M. die Diskussion. Darüber hinaus ergeben sich wichtige Anregungen und Entwicklungen durch Konfrontation und Amalgamierung des M. mit dem Existentialismus J.-P. Sartres, der Phänomenologie M. Merleau-Pontys und dem Strukturalismus (L. Sebag, L. Althusser, E. Balibar, N. Poulantzas u.a.). H. Lefèbvre bemerkt, daß der Anspruch der authentischen Auslegung Marx' in Orthodoxie und Dogmatismus führe. Das bedeute, den M. gegen seine eigene Methode zu immunisieren und ihre Anwendung auf ihn selbst und seine Weiterentwicklung durch die Erfahrung der Gegenwart zu verhindern. «Der M. unterliegt seinen eigenen Kategorien. Er verändert sich mit historischen und gesellschaftlichen Bedingungen. Er entwickelt sich durch gesellschaftliche Widersprüche hindurch, von denen gewisse ... *seine* Widersprüche sind» [5]. Lefèbvre betont gegenüber der deterministischen Basis-Überbau-Lehre die Eigenständigkeit der «differenzierten Elemente verschiedenen Wirklichkeitsgrades» [6] im Überbau. So hat auch «die marxistische Philosophie (oder der philosophische M.) sich eine eigene Sphäre bewahrt» und kann «spezifisch philosophische Begriffe» wiederbeleben, wie «den der Entfremdung (oder den ... des 'totalen Menschen')» [7]. Lefèbvre gründet «auf der marxistischen Methode» die Zuversicht, «zum neuen Menschen zu gelangen, der heute *möglich* ist und in der *Bewegung* der menschlichen Wirklichkeit sich ankündigt» [8].

Aus der späteren Sicht R. Garaudys scheint Lefèbvres marxistischer Humanismus als eine Marxinterpretation, «die auf einer 'Rückkehr zu Hegel' basiert und die aus dem M. ein Wiederaufleben des 'Linkshegelianismus' und seines philosophischen 'Kommunismus' machte» [9]. Für Garaudy ist der M. «eine Philosophie der Tat» [10], kein geschlossenes System, nur «eine Methodologie der historischen Initiative» [11]. Es gebe bei Marx «weder absolutes Wissen noch einen Zweck der Geschichte». Geschichte ist «eine ständige Schöpfung des Menschen durch den Menschen» [12], ein «Projekt Hoffnung» [13]. Garaudy setzt sich auch mit der im französischen M. vieldiskutierten Frage nach dem Recht und Wert des Individuums in der Gesellschaft und vor der Geschichte auseinander, zu der die Auseinandersetzung mit dem Existentialismus und die theoretische Aufarbeitung des Stalinismus Anlaß geben. Für Garaudy hat die beanspruchte Vermittlung von «Individuum» und «Subjekt der Geschichte» aber eine Grenze, denn es «darf die Achtung vor dem einzelnen Menschen und dem unerschöpflichen Wert seiner Persönlichkeit nicht den Kampf für eine menschlichere Organisation der gesellschaftlichen Beziehungen lähmen» [14].

M. Merleau-Ponty dagegen entzieht sich der Versuchung, Gewalt mit der Vernunft der Geschichte zu versöhnen, indem er den Glauben an die Vernünftigkeit der Geschichte als ideologisch [15] erklärt: «Es ist durchaus überflüssig zu sagen, daß uns der M. den Sinn der Geschichte enthüllt» [16]. Merleau-Ponty rückt damit von einer Metaphysik, von einer Logik der Geschichte ab: «Der M. ... fand ... ein neues Fundament für die geschichtliche Wahrheit: die spontane Logik unseres Daseins» [17]. Die Folgerung ist, daß der M., indem er sich auf die Faktizität der Geschichte einläßt, seine Absicht, «das Problem des menschlichen Zusammenlebens auf radikale Weise zu lösen», mit Gewalt durchzusetzen legitimiert ist. Ob es zur Abschaffung der Gewalt kommen, ob eine menschliche Welt entstehen wird, bleibt offen: «Insofern der M. von unserer Ausgangssituation ein pessimistisches Bild zeichnet – Konflikt und Kampf auf Leben und Tod – wird er immer ein Element des Terrors beinhalten» [18].

In seinen späteren Schriften begreift J.-P. Sartre den M. als eigentlichen Ort seines Humanismus und wird so vom Kritiker des M. zum suspekten Kombattanten. Er sieht den M. als «die Philosophie unserer Epoche», die – «längst noch nicht erschöpft» [19] – einer Grundlegung durch eine existentialistisch gefaßte Anthropologie bedürfe. «Es unterliegt wirklich keinem Zweifel, daß der M. heute als die einzig mögliche – d.h. mit Notwendigkeit zugleich historische und strukturelle – Anthropologie erscheint» [20]. Sartre sucht seine eigene frühere Position, den «Existentialismus, der sich am Saume des M. entwickelt hat» [21], diesem einzufügen. Aus dieser Position einer individualistischen Geschichtsphilosophie erklärt sich übrigens auch sein leidenschaftlicher Protest gegen jede Art von Naturdialektik [22].

«In einer marxistischen Perspektive» [23], zwischen Strukturalismus und Funktionalismus vermittelnd, deutet M. Godelier das Marxsche Theorem «von der letztlichen Bestimmung der Formen und der Entwicklung der Gesellschaft und der Denkweisen durch die Bedingungen der Produktion und Reproduktion des materiellen Lebens» [24] in «die *gegenseitige* 'Wirkung der sozialen Strukturen'» um [25]. Vehementer noch als Godelier widerspricht L. Althusser der Marxschen Vorstellung vom Proletariat als Subjekt der Geschichte. Er anerkennt «Subjekte ... *in* der Geschichte», aber «kein Subjekt *der* Geschichte» [26]. Die Struktur der Produktionsverhältnisse bestimme die Stellen und Funktionen, deren Träger – nicht Subjekte – «die 'konkreten Individuen' und die 'wirklichen Menschen'» seien [27]. Folgerichtig verwirft Althusser auch die philosophische Begrifflichkeit des jungen Marx: ‹Negativität› und ‹Entfremdung› seien «ideologische Begriffe, die für den M. nur ihren eigenen ideologischen Inhalt bezeichnen können» [28], und auch die Abfassung der Feuerbachthesen liege noch «*vor* den Anfängen der marxistischen Wissenschaft» [29]. Nach der Eliminierung des Geschichtssubjekts sieht Althusser im strukturimmanenten Widerspruch ein geschichtsmächtiges (Ersatz-)Potential [30]: «C'est la 'contradiction' *interne* qui est 'motrice'. Les circonstances externes agissent: mais par le 'relais' de la contradiction interne, qu'elles surdéterminent» [31]. Im komplexen Ganzen einer Struktur ist die Hierarchie der Instanzen nicht vorgegeben, wenngleich letztlich der Primat der Ökonomie unangetastet bleibt. Gleichwohl kommt nun auch Althusser nicht ohne Subjekte in der Geschichte aus. Das sind die «Agenten-Individuen ... in der Form von Subjekten»; diese Form verdanke sich zwangsläufig «den (juristisch-)ideologischen Gesellschaftsverhältnissen» [32].

Althussers Argumentation ruft heftige Diskussionen hervor. GARAUDY kritisiert, damit werde «die so sehr von Marx hervorgehobene 'aktive Seite' der Erkenntnis und das (keineswegs individualistische) 'subjektive Moment' der historischen Initiative, die aktive Rolle des Bewußtseins, die zum eigentlichen Prinzip einer revolutionären Partei gehört, eliminiert» [33]. Weitere prominente Kritiker Althussers sind LEFÈBVRE [34] und L. SÈVE [35]. Unter den Schülern Althussers sei N. POULANTZAS hervorgehoben, der sich in Auseinandersetzung mit dem «linken Technokratismus» einerseits und der Kritik von M. Foucault und G. Deleuze andererseits besonders mit der marxistischen Staatstheorie befaßt und dabei (gegen Foucault) betont: «Es ist indessen klar ..., daß für den M. die Macht nicht mit dem Staat identisch und nicht auf ihn reduzierbar ist» [36].

Anmerkungen. [1] J. HYPPOLITE: Études sur Marx et Hegel (1955) 168; vgl. Genèse et structure de la Phénoménol. de l'esprit de Hegel (1947). – [2] A. KOJÈVE: Introd. à la lecture de Hegel (1947). – [3] J. WAHL: Le malheur de la conscience dans la philos. de Hegel (1923). – [4] L. GOLDMANN: Gesellschaftswiss. und Philos. (1971) 102. – [5] H. LEFÈBVRE: Probleme des M. heute (1965) 123. – [6] a.O. 93. – [7] 130. – [8] Kritik des Alltagslebens (1974) 1, 160; vgl. 180. – [9] R. GARAUDY: M. im 20. Jh. (1969) 171. – [10] ebda.; vgl. 139. – [11] a.O. 164. – [12] 123. – [13] Das Projekt Hoffnung (1977). – [14] a.O. 128. – [15] Vgl. M. MERLEAU-PONTY: Humanismus und Terror (1966) 2, 9. – [16] Die Abenteuer der Dialektik (1967) 70. – [17] a.O. [15] 1, 61. – [18] a.O. 2, 9. – [19] J.-P. SARTRE: M. und Existenzialismus (1970) 27. – [20] a.O. 138. – [21] 17; vgl. 143; Mai 1968 und die Folgen (1975) 2, 89. – [22] Br. über den M. und die Philos. der Existenz in Garaudys Perspectives de l'homme (1960) 112, zit. VRANICKI, a.O. [3 zu 1] 910f.; vgl. Existentialismus und Materialismus. Eine Kontroverse zwischen Sartre, Garaudy, Hyppolite, Vigier und Orcel (1965). – [23] M. GODELIER: Ökonom. Anthropol. Untersuch. zum Begriff der sozialen Struktur primitiver Gesellschaften (1973) 82. – [24] a.O. 68. – [25] ebda. – [26] L. ALTHUSSER: Prozeß ohne Subjekt und ohne Ende/Ziel, in: Weiterentwicklungen des M., hg. W. OELMÜLLER (1977) 260. – [27] L. ALTHUSSER und E. BALIBAR: Das Kapital lesen (1972) 2, 242. – [28] L. ALTHUSSER: Elemente der Selbstkritik (1975) 111. – [29] Lenin und die Philos. (1974) 24. – [30] Vgl. a.O. [26] 248. – [31] Réponse à John Lewis (1973) 74. – [32] a.O. [26] 261. – [33] GARAUDY, a.O. [9] 172. – [34] H. LEFÈBVRE: Les paradoxes d'Althusser, in: L'homme et la société 13 (1969). – [35] L. SÈVE: Für eine schöpferische Weiterentwicklung des M., in: Freiheit der Kritik oder Standpunktlosigkeit. Diskussion in der KPF (1976) 24. – [36] N. POULANTZAS: Staatstheorie: polit. Überbau, Ideol., sozialist. Demokratie (1978) 11.

3. *Die M.-Diskussion im angelsächsischen Raum.* – In der englischen Literatur überwog zunächst die Ablehnung. B. RUSSELL hat sich zwar durchweg für den Sozialismus ausgesprochen, dabei aber eher libertäre Formen wie Syndikalismus und Gildensozialismus gemeint als den M. nach staatssozialistischem Muster [1]. Der M. berücksichtigt für ihn nur die wirtschaftlichen Verhältnisse, nicht auch die politischen [2]. Zur Verbreitung Marxscher Gedanken haben wesentlich die deutschen Emigranten des Frankfurter Instituts für Sozialforschung beigetragen und zur Polemik der Diskussion K. R. POPPER, der Marx unter dem Titel eines «falschen Propheten» behandelt. Entsprechend ist ihm der M. «die bis jetzt reinste, am weitesten entwickelte und gefährlichste Form des Historizismus» [3]. «Der M. ist eine rein historische Theorie, eine Theorie, die sich die Aufgabe setzt, den zukünftigen Verlauf der Geschichte vorauszusagen» [4].

Zentrum theoretischer und politischer Aktivität ist die New Left in den USA und Großbritannien. Dabei dominiert in den *USA* – unter dem Einfluß von S. Freud, H. Marcuse und W. A. Williams – die Kritik an den subtilen gesellschaftlichen Zwängen, die nicht mehr in erster Linie auf Klassenstrukturen, Ausbeutung und Verelendung, auf staatliche Herrschaft und Unterdrückung zurückgeführt, sondern als systemimmanente und psychisch internalisierte Zwänge entschlüsselt werden.

Für den M. in *Großbritannien* ist der Kreis um die ‹New Left Review› repräsentativ. Die Akzentuierung des politischen Moments in der marxistischen Theorie entspricht der eigenen politischen Aktivität und führt zu einer Abgrenzung gegenüber dem sogenannten 'westlichen M.'. P. ANDERSON, der noch 1968 urteilt, «daß die englische Kultur in dieser Epoche keinerlei Anteil an der Tradition des 'westlichen M.' hatte» [5], macht das praktische Defizit des westeuropäischen M., seine politische Niederlage, verantwortlich für die Esoterik seiner Entwicklung: «Die erste und fundamentalste Eigenart dieses M. war seine Trennung von der politischen Praxis» [6]. «Das verborgene Kennzeichen des westlichen M. besteht darin, daß er Resultat einer Niederlage ist» [7]. Die Folge des Fehlens einer politischen Basis war die Akademisierung des M. in den Händen der Philosophen und die Akkommodierung an verschiedene philosophische Traditionen [8]. In der akademischen Beschäftigung mit Marx hatte die Ökonomie Vorrang; hier sind an erster Stelle zu nennen P. SWEEZY und P. BARAN, die sich später vom M. entfernten. In der Folge gab es eine breitere akademische Aufnahme und auch philosophische Diskussion der Marxschen Theorie. Am bekanntesten wurden die Arbeiten von M. DOBB, der insbesondere an Marx' Werttheorie, dem tendenziellen Fall der Profitrate und an der Planwirtschaft festhält. Weitere einläßliche Marxdarstellungen gaben E. J. HOBSBAWM und S. HOOK.

Anmerkungen. [1] Vgl. B. RUSSELL: Principles of social reconstruction (1916); Roads to freedom – socialism, anarchism, syndicalism (1918). – [2] Was für den Sozialismus spricht (1935), in: Philos. und polit. Aufsätze (1971) 136ff.; vgl. auch Autobiogr. (1967/68) 2, 193. 250. – [3] K. R. POPPER: Die offene Gesellschaft und ihre Feinde (1958) 2, 102. – [4] a.O. 104. – [5] P. ANDERSON: Über den westl. M. (1978) 10; vgl. 50. – [6] a.O. 50. – [7] 68. – [8] Vgl. 136.

4. *Die M.-Diskussion in Italien.* – Auch in Italien war die früh einsetzende Marxrezeption von Hegel beeinflußt. B. CROCE kritisiert den M. als Philosophie und ökonomische Theorie, würdigt den Historischen Materialismus jedoch als «empirischen Kanon historischer Forschung und Interpretation» [1]. Wichtig ist auch der von ENGELS als «strikter Marxist» bezeichnete [2] ANTONIO LABRIOLA, der den Begriff ‹Philosophie der Praxis› aufnahm und verbreitete. Sein Schüler G. GENTILE lehnt dann den M. als «Synonym von rein realistischer Philosophie» ab [3], begrüßt ihn aber nonchalant als Vehikel zur Aktualisierung der Hegelschen Dialektik. In einer Phase

des 'bürgerlichen M.' wird die Revolution als zukünftige und zunächst aufgeschobene Aktion in einer derzeit *nicht* gegebenen revolutionären Situation im höchstentwickelten Kapitalismus verstanden.

Unter dem Zwang der faschistischen Zensur umschreibt A. GRAMSCI ‹M.› mit ‹Philosophie der Praxis›. Das impliziert eine Deutung des M. als Philosophie, obwohl der «Begründer der Philosophie der Praxis» (Marx) deren Aufhebung postuliert hatte. Philosophie ist für Gramsci «ein Ausdruck gesellschaftlicher Widersprüche» [4], zu deren politischer Veränderung sie zugleich motiviert. Sie ist das «Bewußtsein, in dem der Philosoph ... sich selbst als Element zum Prinzip der Erkenntnis und somit des Handelns erhebt» [5]. Sie begreift und reflektiert sich selbst als ideologisches Überbauphänomen – als Reflex *und* als Antrieb. Die Marxsche Kritik der kapitalistischen Ökonomie wird bei Gramsci zum Modell, nach dem sich die – keineswegs nur ökonomische – Bedingtheit menschlichen Erkennens deuten läßt. Die Philosophie der Praxis zielt auf die Verknüpfung «der allgemeinen Begriffe der Geschichte, Politik und Ökonomie in organischer Einheit» [6]. Sie hat ihre Legitimation im Resultat, in der realen Kritik durch eben die Umstände, in die sie eingreift. «Das Identischsetzen von Theorie und Praxis ist ein kritischer Akt» [7]. Mit Blick auf Lenin: «Die Wirklichkeit gewordene Hegemonie bedeutet die reale Kritik einer Philosophie, ihre reale Dialektik» [8].

Gramscis Begriff historisch-methodischer Erkenntnis, die in geschichtlicher Praxis kulminiert, fand in Italien Resonanz. So hat G. DELLA VOLPE, die Marxsche Kritik an den hypostasierten Allgemeinheiten (der Geschichte) einbeziehend, eine historisch konkrete Dialektik zu erarbeiten versucht. Das Allgemeine ist immer nur konkret Allgemeines, d.h. im Konkreten und in den konkreten Widersprüchen entfaltetes Allgemeines. Della Volpe verwendet – an MARX' «bestimmte, weil geschichtliche Abstraktionen» [9] anknüpfend – den Begriff der «historischen oder bestimmten Abstraktion, in welcher sich tatsächliche Geschichtlichkeit und Idealität (nicht-chronologischer Charakter) versöhnen» [10]. Es gilt, «historisch präzise Begriffe, nämlich 'bestimmte Abstraktionen' zu gewinnen, wie es die 'Klassen' und die entsprechenden 'gesellschaftlichen Verhältnisse' der Produktion etc. sind» [11].

Die Pointe dieser Position liefert L. COLLETTI: Für ihn sind die unbestimmten Abstraktionen nicht die ideologischen 'Nebelbildungen', «die wahren 'unbestimmten Abstraktionen' ... sind das Kapital, der Mehrwert, der Profit, der Zins, der Staat usw.» [12]. Es gehe nicht um angemessene Begriffsbildung, um Methodologie und Erkenntnistheorie, sondern um das Begreifen der Abstraktionen als Realabstraktionen. «Dieses 'Als ob' ... ist seinerseits ein objektives, wirkliches, *gesellschaftliches* Faktum» [13]. Konsequent ist dann die Kritik Collettis, daß sowohl der dialektische Materialismus als auch der 'westliche M.' genau jenen (Begriffs-)Fetischismus weitertreiben, dessen Ausdruck Hegels ‹Logik› und dessen Kritik Marx' ‹Kapital› sei, die freilich von Marxisten kaum nachvollzogen sei.

Anmerkungen. [1] B. CROCE: Storia della storiogr. nel secolo decimonono 2 (1930) 137, zit. CHR. RIECHERS: Antonio Gramsci. M. in Italien (1970) 17. – [2] FR. ENGELS: Br. an F. A. Sorge (30. 12. 1893). MEW 39, 188. – [3] G. GENTILE: La filos. di Marx (1955) 165, zit. a.O. [1]. – [4] A. GRAMSCI: Philos. der Praxis (1967) 197. – [5] ebda. – [6] 215. – [7] 162. – [8] 181. – [9] MARX, MEW 13, 648. – [10] G. DELLA VOLPE: Für eine materialist. Methodol. (1973) 64. – [11] Der Schlüssel zur hist. Dialektik, in: Moral und Gesellschaft (1968) 93. – [12] L. COLLETTI: Hegel und der M. (1976) 260. – [13] a.O. 258.

5. M.-Diskussion in Osteuropa. – Während der westliche M., wie P. ANDERSON anmerkt, «Resultat einer Niederlage» ist [1], laboriert der östliche M. seinerseits an den Früchten des Sieges. Die widersprüchliche Beanspruchung der marxistischen Theorie als Instrument der Kritik der gesellschaftlichen Praxis einerseits, andererseits aber zugleich als Legitimationsideologie hat in den sozialistischen Ländern Osteuropas zu Distanzierungen, Absagen, Neuansätzen und Revisionen des M. geführt. Die Kritik wehrt sich gegen das Interpretationsmonopol der Sowjetpartei und plädiert für eine andere sozialistische Praxis [2].

In *Jugoslawien* sieht sich G. PETROVIĆ veranlaßt, das Recht «der schonungslosen Kritik alles Bestehenden» zu reklamieren [3]. Die apologetische Form des M. – so etwa auch A. KREČIĆ – widerspricht «der kritischen Natur des Denkens von Marx und seiner Aktualität» [4]. Die jugoslawische M.-Diskussion hat ihren Schwerpunkt in der Zagreber Praxis-Gruppe. Diese Gruppe beanstandet eine einseitige Betonung der ökonomischen Theorie im M. Die erste Produktivkraft sei der Mensch, er bringe die Geschichte hervor als «seine Praxis im weitesten Sinn des Wortes» [5]. Der ökonomistischen Reduktion wird die anthropologische Erweiterung gegenübergestellt. Und das von den sozialistischen Voraussetzungen her nun erübrigte Theorieelement des Klassenkampfes tritt zurück hinter die Aufdeckung des Bürokratismus, der dem Konzept menschlicher Emanzipation im Wege steht [6]. Praxis wird konzipiert als «eine alles-schaffende und selbstschaffende Tätigkeit, eine Tätigkeit, in der der Mensch seine Welt und sich selbst verwandelt und erschafft» [7] – eine Konzeption, die zugleich tangiert ist von der Einsicht, «daß nur eine relative Aufhebung der Entfremdung möglich ist» [8].

Zugleich wird das Entfremdungsphänomen nicht mehr nur am klassischen Ort, der Sphäre der materiellen Produktion als der entfremdeten Form menschlicher Praxis, aufgesucht. Die Entfremdungstheorie soll auch angewendet werden auf das «Verhältnis zwischen menschlicher Praxis und Produktion ... das Verhältnis Gemeinschaft–Individuum ... die Differenzierung des sozialen Bewußtseins und seine Mystifikationen» [9]. P. VRANICKI betont, «daß die Praxis selbst nicht nur Einwirkung auf die Natur ist, sondern auch praktische Gegenseitigkeit der menschlichen Beziehungen überhaupt» [10]. Damit wird der Bereich der gesellschaftlichen Verhältnisse aus seiner Bedingtheit durch die Basis gelöst. «Es muß so entschieden wie nur möglich klargemacht werden, daß das Problem der Entfremdung die Kernfrage des Sozialismus ist» [11]. Die Schwierigkeit, das Interesse des Einzelnen mit dem Interesse der Allgemeinheit zu vermitteln, führt in Jugoslawien z.B. bei M. MARKOVIĆ und S. STOJANOVIĆ zur Ausbildung einer marxistischen Ethik. Das Problem ist, ob die Verfolgung von Einzelinteressen eine Integration auf höherem Niveau erlaubt; da sie sich nicht «auf dem äußerst niedrigen Niveau der Befriedigung *individueller* Bedürfnisse» [12] ergibt, wird sie zur Frage des moralischen Bewußtseins der Einzelnen und seiner gesellschaftlichen Vermittlung. Die revolutionären Ziele werden in einer marxistischen Ethik aufgehoben: «Aufhebung der Entfremdung, Freiheit, soziale Gleichheit und Gerechtigkeit ... Verschwinden der Gesellschaftsklassen, Absterben des Staates und

Schaffung einer selbstverwalteten Assoziation der Produzenten und anderes mehr» [13].

In der philosophischen Entwicklung des M. in der *Tschechoslowakei* treten die Thesen von K. Kosik und R. Kalivoda hervor. KOSIK nimmt die schon 1937 von H. Marcuse hervorgehobene Differenz von Arbeit und Praxis auf. «Das menschliche Bewußtsein ist die Aktivität des Subjekts, das die gesellschaftlich-menschliche Wirklichkeit als die Einheit von Sein und Bedeutung, Realität und Sinn gestaltet» [14]. Widerspiegelungstheorien ablehnend insistiert Kosik, daß des Menschen «Fähigkeit, die Totalität der Welt im Geist zu reproduzieren» [15], wesentlich eine produktive sei. Richtig besehen ist Arbeit – die Form der Auseinandersetzung des Menschen mit der Natur – dann auch nicht primär ökonomisch [16], sondern die Fähigkeit des Menschen, seine Bedingungsverhältnisse aufzuheben in kreativer Praxis. Die Lösung der ökonomischen Probleme im Sozialismus ist auch für R. KALIVODA nicht das primäre Problem [17]. Sein Konzept ist der Versuch, die natürlichen Voraussetzungen menschlicher Praxis zu internalisieren in eben diese Praxis; sein Denken ist zentriert um «die reale Dialektik der historischen Entwicklung der anthropologischen Konstante» [18]. Entsprechend unterzieht Kalivoda den Begriff der Natur, des 'menschlichen Wesens' und der 'menschlichen Natürlichkeit' bei Marx einer wichtigen Erörterung, die die natürlichen Voraussetzungen menschlicher Praxis herausarbeitet.

Auch die für die marxistische Diskussion in *Polen* repräsentativen Positionen von L. Kolakowski und A. Schaff reflektieren die organisatorische Vereinnahmung des M., die ihn zu «einem Begriff mit institutionellem und nicht intellektuellem Inhalt» macht [19]. Dazu gehört dann die Festschreibung der Marxschen Begriffe und Kategorien. Demgegenüber hält KOLAKOWSKI die Kapitalismusanalyse von Marx für unvollständig und fordert ihre Ergänzung durch «die Erforschung neuer, nichtkapitalistischer Gesellschaftsformen ..., die zur Untersuchung ihrer Struktur neue Begriffe erfordern» [20]. Es geht darum, an Marx' Methode festzuhalten, ohne sie aber «als Gesetz zu interpretieren, wonach die grundlegende Klasseneinteilung in der ganzen Menschheitsgeschichte *eindeutig* alle Teilungen sowohl innerhalb der sozialen Institutionen als auch im geistigen Leben der Gesellschaft bestimmt» [21]. Kolakowski hebt hervor, «daß die menschliche Natur ein Produkt der Geschichte der menschlichen Gesellschaft und das ganze von uns erhaltene Weltbild ein 'gesellschaftlich-subjektives' Werk ist» [22]. Den Formen der Erfassung der Natur gegenüber gibt es keine unfehlbare Instanz ideologiefreien Denkens [23]; auch Wissenschaft kann Ideologie nicht aufheben. «Da aber jede soziale Tätigkeit einer Ideologie bedarf, kann die Ideologie als soziale Erscheinung nicht vernichtet werden» [24].

Auch A. SCHAFF vertritt in seinen späteren Arbeiten eine marxistische Anthropologie. Er stellt «die Frage nach dem ontologischen 'Status' des Individuums» [25] im M. wie nach der Stellung des konkreten Individuums im bestehenden Sozialismus. Der Mensch weiß sich als Wesen, das durch Arbeit und mit Bewußtsein die Welt verändert und sich hervorbringt. Damit wird auch die Entfremdung der konkreten Individuen auf eine anthropologische Ebene gestellt. Aber auch für Schaff bleibt Entfremdung ein ständig sich neu stellendes Problem, zu dessen Lösung der Sozialismus nur bessere Ausgangsbedingungen bereitstellt als andere Gesellschaften.

Anmerkungen. [1] ANDERSON, a.O. [5 zu 3] 68. – [2] Vgl. PETROVIĆ, a.O. [2 zu 1] 332. – [3] Kritik im Sozialismus. Praxis 2 (1966) 184. – [4] A. KREŠIĆ: Actualité de la pensée de Marx. Praxis 3 (1967) 5; vgl. ähnlich: D. GRLIĆ: Literaturkritik und marxist. Philos. Praxis 7 (1971) 344ff. – [5] P. VRANICKI: Das anthropol. Element der materialist. Gesch.auffassung. Praxis 3 (1967) 237. – [6] Z. KUČINAR, Praxis 9 (1973) 117. – [7] G. PETROVIĆ: Wider den autoritären M. (1969) 75. – [8] a.O. 147. – [9] R. SUPEK: Soziol. und Sozialismus (1970) 32. – [10] P. VRANICKI: Gesch. des Marxismus (1974) 2, 926. – [11] Sozialismus und das Problem der Entfremdung, in: Mensch und Gesch. (1969) 93. – [12] M. MARKOVIĆ: Die moral. Integrität der Persönlichkeit in der sozialist. Gesellschaft, in: Moral und Gesellschaft a.O. [11 zu 4] 108. – [13] S. STOJANOVIĆ: Kritik und Zukunft des Sozialismus (1970) 150. – [14] K. KOSIK: Dialektik des Konkreten (1967) 239. – [15] a.O. 246. – [16] 211. – [17] R. KALIVODA: Der M. und die moderne geistige Wirklichkeit (1970) 84. – [18] a.O. 83. – [19] L. KOLAKOWSKI: Der Mensch ohne Alternative (1967) 8. – [20] a.O. 10. – [21] 11. – [22] 14. – [23] Vgl. 22. 24. – [24] 22. – [25] A. SCHAFF: M. und das menschl. Individuum (1965) 179.

R. ROMBERG

Maschine (att. μηχανή, dor. μαχανά; lat. machina) definiert ZEDLER als «ein künstlich Werck, welches man zu einem Vortheil gebrauchen kann» [1]. Während der Begriff ⟨M.⟩ in der Antike vornehmlich für Theater- und Kriegswerkzeug und deshalb philosophisch eher peripher benutzt wurde, entwickelte sich die M.-Vorstellung seit dem späten Mittelalter immer stärker zum kosmologischen Modell. DESCARTES' Spaltung des Seins in res cogitans und mechanisch funktionierende res extensa verstärkt einerseits die Vorstellung der Welt-M.; die methodischen und metaphysischen Voraussetzungen Descartes' und der folgenden philosophischen Schulen machten M. andererseits auch zum anthropologischen Modell, dem die Goethezeit ihre romantische Organismusvorstellung gegenüberstellte. Die Kybernetik knüpft mit neuen Begründungsformen an die Tradition des anthropologisch-biologischen M.-Modells an. Daneben- und Berührungspunkte wie das Perpetuum mobile und die Rechen-M. erscheinen begrifflich durchweg unscharf – ist der M.-Begriff zu einem Leitbegriff der Technik- und Ökonomiegeschichte geworden. Denn mit der neuzeitlichen Staatsorientierung der Wirtschaft wandelt sich auch die technische Ökonomie. Seit der 'Industriellen Revolution' wird ⟨M.⟩ zur ökonomischen Zentralkategorie. Der Begriff liegt dann im Brennpunkt von industrieller Entwicklung und Arbeitsteilung. Deutlich wird: M. hat als Begriff ein doppeltes Gesicht. Einmal zeigt sie sich als technisches, sinnenfälliges Gebilde, das sich – der zweite Aspekt – offensichtlich zu einer weitgehenden Metaphorisierung eignet. Für den Begriff ⟨M.⟩ scheinen drei Konstituentien erforderlich zu sein: 1. τέχνη, ars der Erfindung und eines Erfinders, 2. Funktionieren dieses erfundenen Gebildes, 3. ein zu erreichender Effekt [2].

I. *M. und Metaphysik.* – A. *Antike.* – Das funktionierende, künstliche Gebilde, von seinem Erfinder auf Effekt hin angelegt, impliziert die Möglichkeit der Täuschung; verdeckt der Effekt die Bewegung, ist die M. ein Täuschungsinstrument, stimmen beide überein, ist die M. sozusagen ehrlich. Es ist deshalb nicht verwunderlich, daß μηχανᾶσϑαι auch täuschen, sonst aussinnen und verfertigen heißt [3]. Die ältesten konkreten Bedeutungen von μηχανή als Theater-M., die uns noch im «Deus ex machina» überkommen ist [4], und als Belagerungs-M. betonen die Bewegung und den Effekt, Funktionen, die eng mit der Nebenbedeutung «täuschen» verbunden sind. Von Poros, dem Listigen, heißt es bei PLATON, er schmiede Ränke (μηχανάς) [5]. Diese Bedeutung von ‹M.› hielt sich bis ins 18. Jh. hinein [6].

Bei der Übertragung ins Lateinische entwickelte der Begriff ‹machina› keine neuen, klareren Konturen. Die Verwaschenheit seiner metaphorischen Verwendung in der antiken Kosmologie beruht auch auf mangelnden einheitlichen Vorstellungen der Technologie, die der Metaphorik zugrunde liegen. So ist die Hauptbelegstelle der antiken kosmologischen M.-Metaphorik – LUKREZ' Beschreibung des Weltuntergangs, der «moles et machina mundi» (Masse und M. der Welt) zerstöre – zu unklar für einen konzisen Zusammenhang von Technikgeschichte und Metaphorik [7].

B. *Mittelalter und Neuzeit.* – 1. *Kosmologie.* – Das änderte sich mit der Erfindung der Uhr im Mittelalter. Für eine lange Zeit wurde die Uhr *das* reale Modell für den metaphorischen Gebrauch von ‹M.›. Da die «natürliche» Sternzeit die Grundlage der Zeitrechnung bildete, sind Kosmos und Uhr seit der Entwicklung von mechanischen Uhren gekoppelt. In einer Schilderung der Schwierigkeiten des Uhrenbaus aus dem Jahre 1271 mutmaßte ROBERTUS ANGLICUS, zwar könne keine Uhr astronomisch genau sein, aber die «Uhrmacher versuchten, zu einem Rade oder einer Scheibe zu gelangen, die sich genau wie der Sternhimmel bewegen solle» [8].

Der Gebrauch einer Metapher wird begriffsbildend, wenn eine sinnliche Vorstellung in den Entstehungsprozeß verschränkt war. Selbst dann, wenn diese Vorstellung der Definition des Begriffs zum Opfer gefallen ist, wirkt die «implikative Metaphorik» [9] nach: Die jeweilige technische Leitvorstellung von M. schlägt später auf die Konzeption der Mechanik durch. Vorerst bleibt aber die zugrunde liegende Vorstellung – die Uhr – als Träger des M.-Begriffs sichtbar. Denn in der zweiten Hälfte des 14. Jh. begann die metaphorische Gleichsetzung von Uhr und Welt. Sie setzte bezeichnenderweise an einer der zentralen Inkonsistenzen des scholastischen Aristotelismus und christlicher Kosmologie ein: bei der Lehre von der Weltschöpfung, die mit der Annahme einer creatio ex nihilo weit über die Vorstellung des unbewegten Bewegers hinausgeht. Mit der Uhrenmetapher, die den neuen Stand der Technik mit der neuen Folgelast des scholastischen Aristotelismus verknüpft, wird die Ordnung der Welt uminterpretiert in einen kosmologischen Gottesbeweis. Im Kommentar zur französischen Übersetzung von Aristoteles' ‹De Coelo›, den NICOLAUS ORESME 1377 auf Wunsch Karls V. von Frankreich anfertigte, kommentierte er die «bewegenden Kräfte» der Himmelsschalen, die bislang als «Engel» interpretiert worden waren, mit dem Uhrenvergleich um: «Wenn bei einer Uhr, die sehr regelmäßig bewegt wird, niemand sagen würde, daß sie zufällig und ohne vernünftigen Urheber gemacht würde, wieviel begründeter trifft das für die Bewegungen des Himmels zu, die von einer Vernunft abhängen, die viel höher und größer ist als der menschliche Verstand» [10]. Von dieser Wahrheit habe Aristoteles «aucun sentiment» gehabt.

Die kosmologische Uhrenmetapher, die im Spätmittelalter entstand, behielt ihre Geltung bis zur industriellen Revolution. Danach verschob sich mit dem Modell auch die Metapher. Aber die Hintergrundvorstellung der Uhrenmetapher war so wenig präzis, daß das Bild zugleich eine geozentrische – wie bei Nicolaus Oresme – und eine heliozentrische Astronomie – wie später bei Kopernikus – bestimmen konnte. Deshalb ist auch der Sprung von der eher mühsamen detailkritischen Abwehr aristotelischer astronomischer Theorien bei Oresme zur spekulativen Umstrukturierung des Universums durch NICOLAUS VON CUES nicht so weit, wie es auf den ersten Blick scheinen könnte. Schon bei Oresme wurde der Unterschied zwischen den vier irdischen Essenzen und der aristotelischen Quintessenz (s. Äther) mit dem Uhrenbeispiel tendentiell bagatellisiert, ein Prozeß, der bei dem Cusaner schon zur Liquidation dieser Theorie gediehen ist. Die spekulative Verschiebung der Erde aus dem Mittelpunkt der Welt wurde erst unter diesen Voraussetzungen möglich, und die coincidentia oppositorum läßt Ruhe und Bewegung als perspektivische Phänomene erscheinen. «Daher wird die Welt-M. überall ihren Mittelpunkt und nirgendwo ihren Umfang haben, da ihr Umfang und ihr Zentrum Gott ist, der überall und nirgendwo ist» [11]. Die spekulativen, abstrakten Argumente lassen das konkrete Modell verblassen; und die einmalige Metapher «machina mundi» im Widmungsbrief von KOPERNIKUS' Hauptwerk betont denn auch – wie die Vorgänger allgemein – die relationale Bewegung und den großen Urheber dieser «besten und regelmäßigsten» M. [12]. Mit diesem Argument der kosmologischen Theologie, das zudem noch an die vollkommene Theatermaschinerie zur Erzeugung schönen Scheins ad maiorem Dei gloriam miterinnern mag, soll die theologische Dignität des astronomischen Unternehmens mit abgesichert werden.

Wie wenig gesichert die mechanische Methode und wie unscharf die Hintergrundvorstellung war, zeigt ein Metaphernumschlag bei KEPLER, der allererst auch die mathematische Dignität der Uhrenmetapher belegt und das völlige Ende der aristotelischen und auch stoischen [13] Physik bedeutet: in der zweiten Auflage seines ‹Mysterium Cosmographicum› (zuerst 1596) wechselte Kepler die Metapher. Während er 1596 noch von «animae motrices» sprach, ersetzte er nach der Entdeckung seiner drei Gesetze diese Vorstellung durch das abstraktere «vires» [14]. Er sah schon 1615 den Kosmos nicht mehr «instar divini animalis» [15], sondern «instar horologii» [16].

Die Methode und Funktion der kosmologischen M.-Metapher nicht nur in ihrem astronomischen, sondern auch in ihrem mechanischen Zusammenhang zu klären, ist eine der Leistungen der Physik Descartes', die mit ihren Geometrisierungsvorstellungen die methodischen Ansätze Keplers und Galileis aufnimmt. DESCARTES schafft durch die methodische Trennung von res extensa und res cogitans allererst die präzisen metaphysischen Voraussetzungen dazu, die Materie – res extensa – als unabhängige Einheit mit mechanischen und geometrischen Mitteln zu beschreiben: die Grundlage für die mathematische Wissenschaft über Natur. Die «Natürlichkeit» einer Pflanze kann seit Descartes mit der «Natürlichkeit» der gesamten Physik identifiziert werden: «Es gibt wirklich keine Grundsätze in der Mechanik, die sich nicht auch auf die Physik, deren Teil bzw. Gattung sie ist, erstrecken; und eine Uhr, die aus irgendwelchen Rädern zusammengesetzt ist, um die Zeit anzuzeigen, ist nicht weniger natürlich als ein Baum, der aus irgendeinem Samen entstanden ist, um bestimmte Früchte hervorzubringen» [17]. Die Substanzentrennung drängte die gesamte Materie zu einer mechanisch konstituierten Einheit zusammen; das hatte u. a. zwei Folgelasten: Einmal mußte das Wechselverhältnis der kleineren Körper in der Weltmaschine geklärt werden, zum zweiten hinterließ Descartes ungeklärt, wie denn die Relation von mechanischem Körper und immaterieller Seele vorgestellt werden müsse. Die Lösung dieser Probleme beschäftigte mehrere Philosophengenerationen.

Für das erste Problem, für die Integration der kleineren Körper in die Welt-M., hatte Descartes methodische Anhaltspunkte geliefert, die SPINOZA aufgriff. Spinoza radikalisierte und entschärfte die cartesische Substanzentrennung dadurch, daß er Denken und Ausdehnung als Attribute einer Substanz begriff und dieser lediglich *Selbsterhaltung* [18] als Ziel vindizierte. Das Funktionieren der selbstgenügsamen Substanz verläuft mechanisch; die Substanz äußert sich in kausalem Denken und dazu parallelen Bewegungsketten. Damit wird das Denken «quasi aliquod automa spirituale» [19]. Beide Funktionen der Substanz bilden eine unendliche Reihe, deren Unendlichkeit Gott ist [20]. Die Welt-M., die bei Descartes noch von der Unveränderlichkeit Gottes und seiner Kraft abgehangen hatte und die im Okkasionalismus bei MALEBRANCHE und GEULINCX, auch bei HENRY MORE im Anklang an spätmittelalterliche Kontingenzvorstellungen zum Raum Gottes geworden war [21], wurde bei SPINOZA durch die Behauptung der Weltimmanenz Gottes [22] und der bewegten Selbsterhaltung [23] tendentiell zum *Perpetuum mobile*, eine Weltvorstellung, die LEIBNIZ mit dem Kraftbegriff, den er als neuformulierten Substanzbegriff verstand [24], von Spinozas Pantheismus unabhängig und mit traditionell christlichen Vorstellungen verträglicher machte. SPINOZAS Behauptung, daß Sein und Vollkommenheit identisch seien [25], interpretierte LEIBNIZ mit dem Optimismusargument von der besten aller möglichen Welten, zugleich behielt er die Vorstellung von der Welt als Perpetuum mobile mit der Behauptung bei, daß die Summe der Kraft in der Welt konstant bleibe [26]. Unter diesen Voraussetzungen konnte Leibniz der newtonischen Physik den Vorwurf machen, sie diskreditiere die natürliche Religion, weil die newtonische Welt-M., die keinen konstanten Krafthaushalt hatte, unvollkommen sei [27]. «Il est vray que chaque machine particulière de la nature, est en quelque façon sujette à être detraquée; mais non pas l'univers tout entier, qui ne sauroit diminuer en perfection» [28]. Mit dieser Vorstellung wird die Welt zugleich mechanisch so autark wie ihr Schöpfer. Leibniz hat die Vollkommenheit seines Universums bis in die Monaden durchkonstruiert. Die Kraft, die im Perpetuum mobile der Welt konstant bleibt, vermittelt sich bruchlos bis zur infinitesimal kleinen Einheit der Monade, die als «Espèce de Machine divine, ou d'un Automate naturel» [29] gedacht wurde; und Kraft war auch das metaphysische Tertium, das die mechanische res extensa mit der kausalen res cogitans verband. Der leibnizsche Lösungsversuch der Substanzenvermittlung, die Theorie der prästabilierten Harmonie, beruhte auf dem der Vorstellung der Welt-M., deren Funktionieren mit der Infinitesimalrechnung auch metaphysisch beschreibbar schien.

Von dieser faszinierenden Gesamtkonzeption geriet fast ausschließlich der makrophysikalische Bereich, die Welt als Perpetuum mobile, in den Prozeß der Rezeption. Seit CHR. WOLFF in der ‹Deutschen Metaphysik› 1720 den Satz von der Krafterhaltung bestätigte [30] und ihn erneut mit der Konvertibilität von perfekter Uhr und Welt begründete, war die Wirkung auf die deutsche Schulphilosophie garantiert [31].

2. *Anthropologie*. – Die Einheit, in die DESCARTES die Materie insgesamt zusammenzwang, provozierte neben der Integration der Einzelkörper in die Welt-M. ein zweites Folgeproblem. Mit der Auflösung des Hylemorphismus durch Descartes mußte die Zuordnung von Seele und Körper, das Commercium, neu bestimmt werden. Methodisch war Descartes gezwungen, Materie allein nach mechanischen Gesichtspunkten zu behandeln. Seine Anthropologie richtete sich, wie die Kosmologie, in die sie integriert war, nach einem M.-Modell: «Et enfin quand l'âme raisonnable sera en cette machine, elle y aura son siège principal dans le cerveau» [32]. Mit dieser Anthropologie eliminierte Descartes die Möglichkeiten, die die aristotelische Psychologie mit der Lehre von den verschiedenen Seelenstufen geboten hatte. Er war jetzt gezwungen, auf physikalische Modelle auszuweichen, die allein mit den methodischen Prinzipien von Materie und Bewegung auskamen. In der scholastischen Physik gab es entsprechend den Extrembereich der Physik der Zweitursachen, in dem sich untergeordnete Geister zu eigenen Zwecken Körper zulegen. Diese Erklärungen waren zur physikalischen Rettung biblischer Erscheinungen – etwa Engelsvisionen – nötig. Wieweit Descartes diesen Extrembereich spätscholastischer Physik gekannt hat, ist ungewiß; jedenfalls zeigt seine Physik bemerkenswerte Parallelen dazu [33]. Bei Descartes überspielt freilich der anthropologische Gebrauch der M.-Metapher die methodische Schwäche der Argumentation: Um die Willensakte oder Schmerzempfindungen erklären zu können, muß Descartes die selbstgesetzten Substanzengrenzen verwischen und mit den «Animalgeistern» Zwischeninstanzen einführen. Zur Theoretisierung eines «Okkasionalismus», in dem der mystisch und räumlich allgegenwärtige Gott die Parallelität von Körper-M. und Seele koordiniert – so formulierten es MALEBRANCHE und GEULINCX [34] –, ist Descartes nicht mehr gekommen. MALEBRANCHE hat die entscheidende Formulierung der maschinellen Anthropologie unter mystischem Aspekt in dem anthropologischen Schlüsselkapitel über die «Passions» seiner ‹Recherches de la Vérité› gefunden: «Car c'est par l'action continuelle de Dieu, que nos volontez soient suivies de tous les mouvemens de nôtre corps, qui sont propres pour les éxécuter; & que les mouvemens de nôtre corps, lesquels s'excitent machinalement en nous à la vûë de quelque objet, sont accompagnez d'une passion de nôtre ame qui nous incline à vouloir ce qui paroît alors être utile au corps» [35].

Das 18. Jh. hat die Schwierigkeiten der nachcartesischen Anthropologie und Physiologie unter den Aspekten kennengelernt, die Pierre Bayle und Leibniz eröffneten. BAYLE stellte im ‹Dictionnaire› kritisch die Folgeprobleme der geometrischen Physiologie dar und spitzte sie auf die Frage der Beseeltheit der Tiere zu. Denn den Tieren konnte keine durch Bewußtsein und Unsterblichkeit definierte Seele zugestanden werden. So mußten sie als M. beschrieben werden, als «Tier-M.» [36]. LEIBNIZ veröffentlichte seinen Lösungsvorschlag der «prästabilierten Harmonie» bereits zu einem Zeitpunkt, als Bayle das Problem verschärfte [37]. In der Rezeption Leibniz' hat zwar schon CHR. WOLFF die bruchlose mechanische Einheit, die er bereits mit Newtons Vorstellung der Schwerkraft verkoppelte [38], tendentiell auf mechanische Verbindung reduziert [39], aber die anthropologische Leistungsfähigkeit von Leibniz' Theorie zeigte sich noch einmal großartig im Artikel «Menschliche M.» von ZEDLERS ‹Universallexikon›, wo mechanische Physiologie und kausale Psychologie beschrieben werden, ohne mit theologischen Vorstellungen zu kollidieren [40].

Auf diese Kollision legte es der französische Materialismus des 18. Jh. jedoch an. Das Modell M., für dessen psychophysische Funktion die Rechen-M. seit Pascal (1641) und seit Leibniz' Erfindung der Dyadik (1699) prototypisch gestanden hatte, bestimmte das Menschenbild in einem Maß, daß LAMETTRIE 1748 den Menschen als M. beschrieb [41], HELVÉTIUS ging davon aus, man könne Anthropologie zureichend mit mechanischer Physiologie und analoger Psychologie treiben: «Si l'univers physique est soumis aux lois du mouvement, l'univers moral ne l'est pas moins à celles d'intérêt» [42]. Schließlich überbordete das M.-Modell bei D'HOLBACH zum Muster aller individuellen, politischen, natürlichen Vorgänge [43], eine Zweckmäßigkeitstotalität, deren Mechanik DE SADE in die Maschinerie der sinnlosen Unmenschlichkeit verkehrte [44].

3. *Politik.* – Ein entscheidender Vorteil für die metaphorische Benutzung des M.-Begriffs war seine Ungenauigkeit. Denn gerade die unscharfe Kenntnis über die Art des «geometrischen» Funktionierens ermöglichte die Übertragung des Topos nahezu auf alle möglichen Bereiche. So beschrieb HOBBES schon 1651 den Leviathan-Staat zugleich als M., als homo artificialis und als künstliches Tier, eine Beschreibung, deren metaphorisch lockerer Duktus die Regelmäßigkeit des legitimen Machtstaates am Uhrenbeispiel demonstrierte [45]. Zugleich machte Hobbes, wie C. Schmitt im Blick auf seine Staatsauffassung und analog zur cartesianischen Physiologie pointierte, den «Staat ... zu einer von der souverän-repräsentativen Person beseelten M.» [46]. Während der Staat bei CHR. WOLFF durch die mathematische Behandlung sozusagen methodisch mechanisiert wurde [47], die Inhalte dagegen an der traditionellen Ökonomie orientiert blieben, betont der Staatsbegriff gegen Ende der Aufklärung ausschließlich den metaphysisch-mechanischen Charakter, der ihn dem mechanischen System der Fatalität der Natur angleicht. Moral und Interesse des Ganzen sind die gesellschaftspsychologische Funktionsmechanik der Staatsglieder. «Die Ordnung in einem Staatskörper ist die Wirkung einer notwendigen Folge von Ideen, Willensrichtungen und Handlungen derer, aus denen sie sich zusammensetzt und deren Bewegungen auf eine Art geregelt sind, daß sie zur Erhaltung des Ganzen oder zu seiner Auflösung beitragen» [48]. Die Analogisierung der Welt, auch der politischen, am M.-Bild war 1770 mit D'HOLBACHS ‹Système de la Nature› perfekt, eine an Newton und Leibniz gewonnene Analogia entis [49], deren politische Implikationen der junge JEAN PAUL, Hobbes' Staatsmetapher aufnehmend, mit dem Bild eines unvernünftigen Kindes in der perfekten Staats-M. satirisch kritisierte [50]. Das ‹Älteste Systemprogramm des Deutschen Idealismus› nimmt den Aufklärungstopos polemisch auf und akzentuiert, daß der Staat «freie Menschen als mechanisches Räderwerk» behandle und es «keine Idee vom Staat» geben könne, «so wenig als es eine Idee von einer M. gibt» [51].

Es waren denn auch die Folgen der Universalmechanik, die durch Überlastung des M.-Modells zu seiner Destruktion führten. H. S. REIMARUS zweifelte 1754 bereits an der Gleichförmigkeit der Welt-M., weil er nicht bereit war, die Vorstellung des Lebens aufzugeben. «Von dieser großen M. der körperlichen leblosen Welt» argumentierte er mit metaphysischen Finalitätserwägungen, «daß sie an sich, wegen ihrer Leblosigkeit, ... überhaupt keiner innern, sondern bloß einer äußern Vollkommenheit fähig sey» und um «der Lebendigen willen, hervor gebracht seyn müsse» [52]. Mit der Spaltung des Universums in belebt und unbelebt, die Reimarus vornahm, um den deistischen Schöpfergott erneut einführen zu können, war die kosmologische Lücke geschaffen, die der Mediziner C. F. WOLFF 1759 mit seiner ersten antimechanistischen, präromantischen Theorie eines Organismus füllte. C. F. Wolff konnte sich, wie Reimarus auch, auf medizingeschichtliche Entwicklungen stützen, die

sich bei G. E. STAHL und seiner vitalistischen Schule – unklar genug – in der Entgegensetzung von Organismus und Mechanismus zeigten [53]. Nach WOLFF entspricht der mechanischen Medizin, «quae corpus humanum tanquam machinam considerat», «nihil, quod existit in rerum natura» [54]. Wolff setzte für die lebenden Organismen einen inneren «nisus formativus» an, einen Begriff, der seit HERDER und seit BLUMENBACHS Abhandlung ‹Vom Bildungstrieb› (1789) die romantische Biologie antimechanistisch bestimmte. Der intellektuelle Universalanspruch der kausal-mechanistischen Philosophie geriet in Mißkredit, eine Entwicklung, die mit F. H. JACOBIS Buch ‹Über die Lehre des Spinoza› (1785) polemisch artikuliert wurde. Die M.-Welt begann mit dem Vorwurf der Sinnlosigkeit des Mechanischen, den Jean Paul bis zu nihilistischen Visionen steigerte, zu bersten [55].

Anmerkungen. [1] ZEDLERS Universallex. (1732ff.) 19, 1907. – [2] W. SCHMIDT-BIGGEMANN: M. und Teufel (1975) 110f.; vgl. auch die Definition aus STEPHANUS, Thes. ling. graecae s.v. ‹mēchanē›. – [3] ebda. – [4] PLATON, Kratylos 425 d; ARISTOTELES, Poetik Γ 15; noch bei ERASMUS VON ROTTERDAM, vgl. STEPHANUS a.O. – [5] PLATON, Symp. 203 d. – [6] ZEDLER, a.O. [1]. – [7] LUCREZ, De rerum natura V, 96; vgl. davon abhängig: MANILIUS II, 807; LUCAN I, 79; STATIUS, Silvae II, 1, 211; zit. nach C. BAILEY: Lucrez-Komm. (Oxford ²1929) zu V, 96. – [8] Zit. nach: L. WHITE jr.: Die ma. Technik und der Wandel der Ges. (1968) 99. – [9] H. BLUMENBERG: Säkularisierung und Selbstbehauptung (1974) 31f.; vgl. Paradigmen zu einer Metaphorol. Arch. Begriffsgesch. (1960) 69-83. – [10] NICOLAUS ORESME, Livre du ciel et du monde. Medieval Stud. 5, 254-256: fol. 36a; vgl. M. CLAGETT: The sci. of mechanics in the MA (Madison 1959) 583-589; vgl. auch: F. GODEFROY: Dict. de l'ancienne langue franç. 11/II, 103: s.v. ‹machine›. – [11] NICOLAUS VON CUES, Docta Ignorantia II, 12, hg. L. GABRIEL 1, 396; vgl. a.O. 402. – [12] N. KOPERNIKUS, De revolutionibus, hg. FR. und C. CELLER (1949) 5. – [13] Vgl. E. DIJKSTERHUIS: Die Mechanisierung des Weltbildes (dtsch. 1956) 345. – [14] J. KEPLER, Sämtl. Werke 1: Mysterium cosmographicum, hg. M. CASPAR (1938) 70. 416; vgl. auch DIJKSTERHUIS, a.O. [13]. – [15] J. KEPLER, Br. 1604-1607. Werke 15 (1951) 146; so auch NICOLAUS VON CUES, a.O. [11] 400 im Anschluß an PLATON, Timaios 30 b. – [16] KEPLER, a.O. Anm. [15] 146: method. Charakteris. seiner ‹Astronomia Nova› im Br. an G. Herwart von Hohenburg vom 10. 2. 1605. – [17] R. DESCARTES, Principia. Oeuvres, hg. ADAM/TANNÉRY (= A/T) VIII/1, 326. – [18] Vgl. B. SPINOZA, Ethica III, Prop. 6; H. BLUMENBERG: Selbsterhaltung und Beharrung (1970). – [19] SPINOZA, Tractatus de intellectus emendatione, hg. GEBHARDT 2. – [20] a.O. [18] II, Prop. 9. – [21] Vgl. R. SPECHT: Commercium mentis et corporis (1966); Innovation und Folgelast (1972) 93-135; vgl. A. KOYRÉ: Vom geschlossenen Weltbild zum offenen Universum (dtsch. 1969) 119-210; SCHMIDT-BIGGEMANN, a.O. [2] 42-45. – [22] SPECHT, Innovation ... a.O. [21] 137-179. – [23] SPINOZA, Ethica III, Prop. 6f.; I, Prop. 25. – [24] G. W. LEIBNIZ: De primae philosophiae emendatione, et de notione substantiae. Philos. Schr., hg. GERHARDT (PSG) 4, 468-470. – [25] SPINOZA, Ethica I, Prop. 33, Schol. II. – [26] LEIBNIZ, Math. Schr., hg. GERHARDT 6, 215ff. – [27] PSG 7, 352. – [28] ebda. 376; vgl. SCHMIDT-BIGGEMANN, a.O. [2] 62-68. – [29] LEIBNIZ, Monadol. § 64. – [30] CHR. WOLFF: Dtsch. Met. (⁵1751) 337: § 557; 441: § 709. – [31] Einzelheiten vgl. SCHMIDT-BIGGEMANN, a.O. [2] 68ff. – [32] DESCARTES, Traité de l'homme = A/T 9, 131. – [33] Vgl. SPECHT, Commercium a.O. [21]; SCHMIDT-BIGGEMANN, a.O. [2] 12-127. – [34] A. GEULINCX: Ethica (¹1665); dtsch. G. SCHMITZ (1948) 69 und nachgestellte Anm.: zwei parallellaufende Uhren als Gleichnis für das Verhältnis von Körper und Seele. – [35] N. MALEBRANCHE: Recherches de la vérité (Paris ¹1675) V/1, hg. G. RODIS-LEWIS (Paris 1963) 2, 128f. – [36] P. BAYLE: Dict. hist. et crit. (Rotterdam ¹1695) Art. ‹Rorarius› und ‹Pereira›. – [37] LEIBNIZ, Système nouveau de la nature et de la communication des substances ... J. des Scavans (Paris 27. 6. 1695). – [38] CHR. WOLFF, Dtsch. Met. (¹¹1720) Kap. 4: «Von der Welt». – [39] a.O. 473: § 762; 477: § 763. – [40] ZEDLER, a.O. [1] 20, 809. – [41] J. O. DE LAMETTRIE: L'homme machine (Leiden ¹1748); vgl. A. VARTANIAN (Hg.): La Mettrie's ‹L'homme machine›. A study in the origins of an idea (Princeton, N.J. 1960). – [42] CL. A. HELVÉTIUS: De l'esprit. Oeuvres compl. 2 (1784) 70. – [43] P. TH. D'HOLBACH: Système de la nature (London ¹1770). – [44] A. BARUZZI: Mensch und M. (1974) 117-172. – [45] TH. HOBBES: Leviathan (London ¹1651) Introd. – [46] C. SCHMITT: Der Leviathan in der Staatslehre des Thomas Hobbes (1938); dagegen: W. RÖD: Geometr. Geist und Naturrecht (1970) 19. – [47] RÖD, a.O. 117-150. – [48] HOLBACH, Système de la nature (dtsch. 1960) 65. – [49] Vgl. SCHMIDT-BIGGEMANN, a.O. [2] 87. – [50] JEAN PAUL, Hist.-krit. A. III/3 (1932) 46. – [51] R. BUBNER (Hg.): Das älteste Systemprogramm..., in: Hegel-Stud., Beih. 9 (1973) 263. – [52] H. S. REIMARUS: Abh. von den vornehmsten Wahrheiten der natürlichen Relig. (1754) 127. – [53] G. E. STAHL: De mechanismi et organismi diversitate (1726); G. D. COSCHWITZ: Organismus et mechanismus in homine vivo (1725); vgl. W. PROSS: Natur, Naturrecht und Gesch. Int. Arch. Sozialgesch. dtsch. Lit. 3 (1978) 38-67. – [54] C. FR. WOLFF: Theoria generationis (1759) 124: § 255. – [55] Vgl. SCHMIDT-BIGGEMANN, a.O. [2] 258-277.

Literaturhinweise. E. DIJKSTERHUIS s. Anm. [13]. – R. SPECHT: Commercium ... s. Anm. [21]. – A. MEYER: Die M. im Garten. Arch. Begriffsgesch. 12 (1968) 252-258. – L. WHITE jr. s. Anm. [8]. – A. KOYRÉ s. Anm. [21]. – W. RÖD s. Anm. [46]. – A. BARUZZI s. Anm. [44]. – H. BLUMENBERG s. Anm. [9]. – W. SCHMIDT-BIGGEMANN s. Anm. [2].

II. *M. und Industrie.* – Obwohl der Kunstmechaniker VAUCANSON auf Betreiben des Kardinals Fleury 1741 einen mechanischen Webstuhl entwickelte [1], bestanden doch – so erstaunlich es scheinen mag – zu der Zeit, die später industrielle Revolution genannt wurde, trotz der intellektuellen Hochkonjunktur des M.-Modells keine engen Verbindungen zwischen Wissenschaft und Frühindustrie [2]. Aber die Allgegenwärtigkeit des M.-Modells begünstigte die indirekte Diffusion mechanischer Vorstellungen, die schließlich zur Veränderung der Hintergrundvorstellung führten [3]. Denn die Theorie- und Methodenänderungen, die sich am Begriff ‹M.› vor der industriellen Revolution zeigen lassen, erreichen sozialgeschichtlich keineswegs die Veränderungsdimensionen, die die Industrie-M. bewirkten. Schließlich blieben die technischen Innovationen kein spielerischer Selbstzweck wie vorher [4], sondern ihre Ökonomie, die die M. zum Werkzeug umdeutete, veränderte die Lebensgewohnheiten, und das schlug auf den Begriff der M. zurück. Seit der Erfindung der Spinnerei-M. (1767 HARGRAVES, 1775 ARKWRIGHT) bestimmten sie die Erfordernisse an Energie, Arbeit, an Erzeugnissen, Kapital und technischen Know-how. Es ist deshalb charakteristisch, daß im Verlauf dieser Begriffsänderung von ‹M.› die Bedeutungen aus dem englischen Bereich (engine, engineering) adaptiert wurden und daß sich damit zugleich die metaphorische Hintergrundvorstellung änderte [5]. Nicht mehr Uhr und Perpetuum mobile waren Modelle, sondern Industrie-M. Denn die Entwicklung der Spinnerei, der Weberei und der Dampf-M., «der folgenschwersten Entwicklung, die je gemacht wurde» [6], veränderte die ökonomische Struktur der gesamten Industrie. Zur Industrie-M. mußten alle vorherigen Einzeltechniken und Entwicklungen neuartig kombiniert werden, und das änderte wiederum die Qualität des M.-Begriffs: Die industrielle Revolution erforderte «M., die nicht nur Handarbeit ersetzten, sondern dazu zwangen, die Produktion in Fabriken zu konzentrieren, d. h. M., deren Appetit auf Energie für die häuslichen Kraftquellen zu groß war und deren mechanische Überlegenheit den Widerstand der alten handwerklichen Produktionsformen zu brechen vermochte; andererseits machte sie eine große Industrie notwendig, die eine Ware erzeugte, für die eine breite und elastische Nachfrage bestand, so daß 1. die Mechanisierung eines Produktionsprozesses ernsthafte Spannungen in den anderen Prozessen schuf und 2. die Verbesserungen in dieser Industrie sich auf die gesamte Wirtschaft auswirkten» [7]. Deutlich wird: das gesamte Bezugsfeld des M.-Begriffs hat sich gewandelt, es besteht selbst im Vokabular kaum noch eine Beziehung zur alten Metaphorik und zur Leistung des M.-Begriffs vor der industriellen Revolution. Der Begriff gewann eine neue Schlüsselrolle in der Arbeitsteilung, die A. SMITH als Voraussetzung der Erfindung von M. beurteilte [8]; nun machte die ökonomische Technik Geschichte. In einem frühen Vorlesungsfragment (1803/04) spitzt HEGEL romantisierend den Zusammenhang von menschlicher Tätigkeit, Werkzeug, M., Naturbeherrschung und M.-Arbeit zu. Bleibt das Werkzeug noch formale Tätigkeit des Menschen, so läßt er in der M. die Natur ganz für sich arbeiten. Maschinelle Arbeit ist insofern «Betrug, den er gegen die Natur ausübt», der sich freilich am Menschen selbst wieder rächt: «Was er ihr abgewinnt, je mehr er sie unterjocht, desto niedriger wird er selbst. Indem er die Natur durch mancherley M. bearbeiten läßt, so hebt er die Notwendigkeit seines Arbeitens nicht auf, sondern schiebt es nur hinaus ... das Arbeiten, das ihm übrig bleibt, wird selbst *maschinenmässiger*» [9]. Arbeit wird zur «M.-Arbeit» mit den Konsequenzen: Wertverlust der Arbeit, damit Zwang zur Mehrarbeit für den Einzelnen, Beschränkung seiner Geschicklichkeit, Stumpfheit des Bewußtseins der Fabrikarbeiter, blinde Abhängigkeit [10].

K. MARX beschrieb antiromantisch die industriellen Veränderungen und deren gesellschaftliche Konsequenzen am Terminus ‹Werkzeug-M.›: Die Werkzeug-M. ersetzt die handwerklichen Tätigkeiten nicht vornehmlich durch Arbeitskraft, sondern durch qualifizierte maschinelle Arbeit. «Die M., wovon die industrielle Revolution ausgeht, ersetzt den Arbeiter, der ein einzelnes Werkzeug handhabt, durch einen Mechanismus, der mit einer Masse derselben oder gleichartiger Werkzeuge auf einmal operiert und von einer einzigen Triebkraft, welches immer ihre Form, bewegt wird.» Erst dann bedingt die «Erweiterung des Umfangs der Arbeits-M. und der Zahl ihrer gleichzeitig operierenden Werkzeuge ... einen massenhaften Bewegungsmechanismus» [11].

Die theoretischen und praktischen Konsequenzen dieser Analyse waren beträchtlich. Einmal bildete sie die Grundlage der Verelendungstheorie (über deren sozialgeschichtliche Zulässigkeit Zweifel bestehen [12]). Sie förderte damit Gedanken, die romantische Ängste, der Mensch sei maschinell ersetzbar, ökonomisch bestätigten. M. als Literaturmotiv in F. KAFKAS ‹Strafkolonie› (1913), in E. TOLLERS ‹M.-Stürmer› (1921/22), in E. JÜNGERS ‹Gläserne Bienen› (1957) [13], M. als Kunstmotiv in R. HAUSMANNS Plastik ‹Mechanischer Kopf, der Geist unserer Zeit› (1921) bis zu CHAPLINS Film ‹Modern Times› (1936) zeigen die Schwierigkeiten, die das Industrieverhältnis von Mensch und M. in dem von Marx aufgezeigten Rahmen bestimmen. Dieser Problembereich umgreift zugleich die Gewerkschaftsdiskussion über den Verlust der Arbeitsplätze durch Automation [14].

Diesen Problemrahmen hat A. CASPARY 1927 ökonomietheoretisch diskutiert, indem er den Marxschen M.-Begriff erweiterte und kritisierte. M. sei für ihn nicht allein Werkzeug, nicht allein Produktionsmittel, sondern zugleich «Motor der Produktion» [14a]. Denn die Akkumulation des Kapitals aus dem Mehrwert spalte sich in konstantes und variables Kapital; variables Kapital sei der Mehrwert aus der Arbeit des Proletariats, konstantes

Kapital sei die M. Dies konstante Kapital, das vor allem die Produktionsmenge erweitere, verringere im Prozeß der Kapitalschöpfung den relativen Anteil des variablen Kapitals. Damit reproduziere es zwar die kapitalistischen Produktionsverhältnisse, aber andererseits fordere es eine größere Produktionsmenge, die nun nicht zur Verelendung und zur Instabilität des Markts durch Überangebot führe. Vielmehr werde auf lange Sicht durch Markterweiterung (Bevölkerungswachstum, geographische Erweiterungen) die Distribution und damit die Zirkulation und Vermehrung des Kapitals gesichert. Die M. ermöglicht mithin überhaupt erst die Befriedigung primärer und sekundärer Bedürfnisse eines vergrößerten Marktes. Durch ihren konstant wachsenden Mehrwert, d.h. durch die notwendige Erweiterung der Produktion, erfordert und befriedigt die M. zugleich neue Bedürfnisse. Damit werden die Lebensmöglichkeiten des «Proletariats», also des «Verbrauchers und Produzenten», objektiv zugleich von der M. abhängig. «Die M. erweist sich als der Knotenpunkt aller sozialen Beziehungen und Zusammenhänge des kapitalistischen Systems» [14b].

Freilich, und das scheint eine weitere Möglichkeit zu sein, die Marxsche Analyse aufzufassen, läßt sich M. ökonomisch und anthropologisch als Entlastungsinstrument interpretieren. Ökonomisch eröffnet die M. neue Chancen unternehmerischer «Initiative», indem die Produktion neu organisiert werden kann [15]. Zum andern entfaltet und objektiviert die M. die Arbeit, ein Prozeß, dessen Analyse A. GEHLEN in seine Anthropologie eingeführt hat, deren Leitbegriffe ⟨Triebüberschuß⟩ und ⟨Stabilisierungsbedürfnis⟩ sind. Es finde sich in der Kreisbewegung, die Zeitstabilisierung bedeute, ein Moment, das bewirke, daß «alle von dem merkwürdigen Reiz einer M. benommen» seien, «die in sich selbst zurückläuft, einer Uhr, die sich selbst aufzieht» [16]. Diese «irrationalen Antriebe in der Technik» [17] seien mitbewirkt durch die Entlastungstendenz der Regelmäßigkeit, die den Triebüberschuß anderweitig freisetze. Gehlen kann mit seinem Ansatz die Marxsche Bewertung der M.-Arbeit umkehren, indem er die Maschinisierung der Arbeit als «Resonanzphänomen» auffaßte, als stabilisierenden Handlungskreis. Denn die «'Objektivation der menschlichen Arbeit' in das Werkzeug hinein gibt evident den größeren Erfolg bei kleinerer Anstrengung» [18]. Eine solche Arbeitsentlastung durch M. hat H. MARCUSE später als Chance für die Befreiung der Triebstruktur gewertet [19]. H. FREYER hat diese optimistische Technikbewertung und die Vorstellung der universalen menschlichen Bildsamkeit schon bei Gehlen nicht mitvollziehen wollen. Er hat darauf hingewiesen, daß bei der M.-Arbeit, in die «die menschliche Arbeit, entsprechend reduziert und umgeformt» [20], eingebracht wird, «vieles abgedrängt, funktionslos oder auf eine Surrogatbefriedigung verwiesen» [21] werde. Aber auch Freyer führt – wie Gehlen – als «letzte und höchste Stufe» der Arbeit den «Automatismus» und die «lernende» Maschine ein und hilft damit den nun gegenüber Marx veränderten M.-Begriff als kybernetisches Leitmodell zu installieren [22].

Anmerkungen. [1] K. STEINBUCH: Die informierte Gesellschaft (1968) 156. – [2] P. MATHIAS: Who unbound prometheus? Sci. and technical change, 1600-1800, in: A. E. MUSSON (Hg.): Sci., technol. and economic growth in the 18th century (London 1972) 69-96. – [3] Vgl. N. WIENER: Kybernetik. Regelung und Nachrichtenübertragung in Lebewesen und M. (1968) 68. – [4] Vgl. A. GEHLEN: Die Seele im technischen Zeitalter (1957) 15f. – [5] A. TIMM: Kl. Gesch. der Technol. (1964) 74f.; A. E. MUSSON und E. ROBINSON: Sci. and technol. in the Industrial Revolution (Manchester 1969) 12-28. – [6] Meyers Konversationslex. (^{5}1896) s.v.; vgl. H. BLUMENBERG: Paradigmen zu einer Metaphorol. Arch. Begriffsgesch. 6 (1960) 69-83. – [7] D. S. LANDES: Der entfesselte Prometheus (1969, dtsch. 1973) 85. – [8] A. SMITH: The wealth of nations (dtsch. 1974) 13. – [9] G. W. F. HEGEL, Fragment 22 der Jenaer Systementwürfe. Akad.-A. 6 (1975) 321. – [10] Vgl. a.O. 323f. – [11] K. MARX, Das Kapital I, 13: Maschinerie und große Industrie. MEW 23, 396. – [12] W. ABEL: Massenarmut und Hungerkrisen im vorindustriellen Deutschland (1972). – [13] Vgl. H. SACHSSE: Technik und Gesellschaft, in: Lit.führer 1 (1974) 156ff. – [14] Vgl. a.O. 252-262. – [14a] A. CASPARY: Die M.-Utopie (1927) 71. – [14b] ebda. – [15] Vgl. MUSSON, a.O. [2] Einl. des Hg.; LANDES, a.O. [7]. – [16] GEHLEN, a.O. [4] 16. – [17] a.O. 18. – [18] ebda. – [19] H. MARCUSE: Triebstruktur und Gesellschaft (1967). – [20] H. FREYER: Theorie des gegenwärtigen Zeitalters (1955) 38. – [21] a.O. 60. – [22] 40.

Literaturhinweise. K. MARX: Kapital s. Anm. [11]. – A. GEHLEN s. Anm. [4]. – A. TIMM s. Anm. [5]. – D. S. LANDES s. Anm. [7]. – A. E. MUSSON und E. ROBINSON s. Anm. [5]. – P. MATHIAS s. Anm. [2]. – H. SACHSSE s. Anm. [13]. – L. MUMFORD: The myth of the machine (1977).

III. *M. und Kybernetik.* – Es scheint, als tauche in der Vorstellung des menschlichen Machens, das für alle M. und für die Technik gilt, die Differenz von Natur und Kunst, besonders aber die scholastische Theorie der sekundären Kausalität, die DESCARTES auf die Physik anwandte [1] und auf der HOBBES seine 'geometrische' Philosophie aufbaute [2], erneut auf: Diese Unterscheidung ist im romantischen Vitalismus gleichermaßen für Kunst (vgl. etwa die ⟨Nachtwachen des Bonaventura⟩, E. T. A. HOFFMANNS ⟨Automate⟩, JEAN PAULS ⟨Titan⟩ und ⟨Komet⟩) als auch in der Wissenschaft von Bedeutung. Noch 1877 wird in ⟨Grundlinien der Philosophie der Technik⟩ pointiert: «Weil Werkzeuge und M. weder auf den Bäumen wachsen, noch als Göttergeschenke fertig vom Himmel herabfallen, sondern 'weil wir sie selbst gemacht haben' tragen sie als Produkte dieses Selbst das deutliche Gepräge des bald unbewußt findenden, bald bewußt erfindenden Geistes» [3]. Daß FR. H. JACOBIS Kantinterpretation, die die Transzendentalphilosophie als menschlich gemachte, «zweitursächliche» Kausalmechanik deutete [4], sich in die erkenntnistheoretischen Muster H. BERGSONS hineinrettete [5], für den «unser Denken in rein logischer Form unfähig ist, das wahre Wesen des Lebens» vorzustellen, ist eine der Voraussetzungen dafür, daß sich dieser romantische Gegensatz von Organismus und Maschine bis in die Kybernetik fortsetzte.

Denn noch N. WIENER berief sich polemisch und unter Bezug auf Bergson auf diesen romantischen Antagonismus [6], einen Gegensatz, den er freilich «in die Rumpelkammer schlecht gestellter Fragen» verweisen wollte. Die Diskreditierung von Fragen kann jedoch kein Äquivalent für Lösungsangebote oder Gleichgültig-Werden einer Begriffszusammenstellung bieten, und so behielt das Begriffsfeld mit dem romantischen Gegensatz von Organismus und M. seine Virulenz. Noch W. STEGMÜLLER und G. KLAUS verwahrten sich gegen eine völlige Gleichsetzung von Organismus und M. [7], wie sie WIENER mit einer bemerkenswerten cartesianischen Formulierung im Titel seines berühmten Buches formulierte: ⟨Cybernetics or Control and Communication in the Animal and the M.⟩ [8]. Freilich: der M.-Begriff, der sich aus dem kybernetischen Modell ergibt, hat mit Uhren kaum noch etwas zu tun, wenn er auch in einer fast ungebrochenen Tradition steht. KLAUS beschreibt die Kybernetik insgesamt als «M.-Theorie», als «Theorie der möglichen Verhaltensweisen von M.» [9]. Modell der kybernetischen M. ist die Industrie-M., bei der der Verarbeitungscharakter im Vordergrund steht. Ihre Funktionsweise ist verkoppelt mit der entscheidenden Neuerung der kybernetischen M., mit der Rückkoppelung im Regelkreis. Es ist deshalb durchaus möglich, die gesamte Technik des 19. und 20. Jh. in eine Technik ohne und eine Technik mit Rückkoppelung zu gliedern [10], eine Einteilung, die WIENER als Epochenabgrenzung nach M.-Typen noch weiter gefaßt hat: Dem 17. und 18. Jh. entspricht die Uhr, dem 19. die Dampf-M. und die «gegenwärtige Zeit» ist das «Zeitalter der Kommunikation und der Regelung» [11]. KLAUS definiert die kybernetische M.: «M., bei der der Input, inputverarbeitendes System und Output über Rückkoppelungen verfügen.» Damit ist der Hauptvorwurf des Vitalismus gegen den Mechanismus potentiell entschärft. Diese Maschinen funktionieren nicht mehr starr nach *einer* Vorschrift. Sie sind in ihrer «höchsten Form» *adaptive kybernetische M.*, die nicht nur in der Lage sind, sich veränderten Umweltbedingungen anzupassen, sondern auch ihre Wirkungsweise so lange zu verbessern, bis ein Optimum des Funktionierens erreicht ist» [12]. Kybernetische M. sind durch ihre Reaktionsfähigkeit auf Umwelteinflüsse sozusagen in Grenzen bildsam und bieten die Möglichkeit, Organismen mindestens *isomorph* [13] zu beschreiben. Daß im Zusammenhang solcher Gedankengänge auch Spekulationen über das *Bewußtsein von M.* [14] entstanden, scheint seinerseits fast eine Rückkoppelung auf einen cartesianischen Regelkreis zu sein: Ist aus dem «cogito ergo sum» und der folgenden Mathematisierung der Physik und Biologie die Vorstellung entstanden, daß «mathematice fungere» auch ein «cogito» beinhalte?

In der Übertragung des Modells der selbstregulierenden M. auf Gesellschaft – wie es bei GEHLEN, aber auch bei FREYER deutlich wird – zeigen sich die Analogien und Differenzen zwischen «selbstorganisierenden Systemen» mit eigenen Regelmechanismen und frühneuzeitlichen, nicht rückgekoppelten M.-Modellen besonders deutlich [15]. J. HABERMAS hat diese Modellbildung im Zusammenhang zweckrationalen Handelns gesehen und als gesellschaftliche, «selbstregulierte Sub-Systeme des Mensch-M.-Typus» interpretiert, die die Ökonomie durch ihre geregelte Abgeschlossenheit politisch immunisiere. Das ist ihm eine negativ-utopische Entwicklung, «die unter der sanften Herrschaft von Technik und Wissenschaft als Ideologie sich abzeichnet» [16].

Anmerkungen. [1] Vgl. Abschn. I. – [2] TH. HOBBES, De corpore. I.C.I § 5; vgl. Leviathan, Introd. – [3] E. KAPP: Grundlinien der Philos. der Technik (1877) 172; F. REULEAUX: Theoret. Kinematik (1875). – [4] FR. H. JACOBI: Über die Lehre des Spinoza (1785). – [5] H. BERGSON: Schöpferische Entwickl. (dtsch. 1912) 1. – [6] N. WIENER: Kybernetik (dtsch. 1968) 68. – [7] W. STEGMÜLLER: Wiss. Erklärung und Begründung (1969) 622; G. KLAUS: Kybernetik in philos. Sicht (1961) 51; Kybernetik und Gesellschaft (³1973) 361-378. – [8] N. WIENER: Cybernetics or control and communication in the animal and the M. (1948, dtsch. 1963). – [9] KLAUS, Kybernetik in philos. Sicht a.O. [7] 12. – [10] W. WIESER: Organismen, Strukturen, M. (1959) 40. – [11] WIENER, Kybernetik a.O. [6] 68; vgl. H. SCHMIDT: Die Entwickl. der Technik als Phase der Wandlung des Menschen. VDI 96, 119; vgl. A. GEHLEN: Die Seele im tech. Zeitalter (1948/1957). – [12] G. KLAUS: Wb. der Kybernetik (1967) 329. – [13] Vgl. H. LENK: Kybernetik, Provokation der Philos., in: Philos. im technol. Zeitalter (1971) 72-107. – [14] G. GÜNTHER: Das Bewußtsein der M. (²1963); vgl. LENK, a.O. [13] 78; vgl. Art. ‹M.-Theorie des Lebens›. – [15] KLAUS, Kybernetik und Gesellschaft a.O. [7] 49-92. 310ff. – [16] J. HABERMAS: Technik und Wiss. als Ideol. (1968) 97f.

Literaturhinweise. H. DRIESCH: Die M. und der Organismus (1935). – E. DITZ: J. Schultz' ‹M.-Theorie des Lebens› (1935). – N. WIENER: Kybernetik s. Anm. [6]. – N. WIENER: The brain and the M.; M. SCRIVEN: The complete robot: A prolegomena to androidol.; S. WATANABE: Comm. on key issues; H. PUTNAM: Minds and M.s; A. C. DANTO: On consciousness in M.s; R. LACHMAN: M.s, brains, and models; R. M. MARTIN: On computers and semantical rules; P. WEISS: Love in a M. age; F. HEIDER: On the reduction of sentiment; S. HOOK: A pragmatic note; alle in: S. HOOK (Hg.): Dimensions of mind (New York 1960) 109-189. – G. KLAUS: Kybernetik in philos. Sicht (1961). – K. STEINBUCH: Automat und Mensch (²1963). – A. R. ANDERSON (Hg.): Minds and M.s (1964). – H. PUTNAM: 'Robots': M.s or artificially created life? J. of Philos. 61 (1964) 668-691; The mental life of some M.s, in: H. N. CASTAÑEDA (Hg.): Intentionality, minds and perception (1967). – M. KÜLP: Menschl. und maschinelles Denken (1968). – J. A. FODOR: Psychol. explanation (New York 1968) Kap. 4. – H. LENK s. Anm. [13]. – G. KLAUS: Kybernetik und Gesellschaft (³1973). – W. SKYVINGTON: Machina sapiens. Essai sur l'intelligence artificielle (Paris 1976). – P. K. ANOKHIN: The philos. importance of the problem of natural and artificial intellects. Soviet Stud. in Philos. 14 (1976) 3-26.

W. SCHMIDT-BIGGEMANN

Maschinentheorie des Lebens. Der Ausdruck ‹M.d.L.› wurde 1909 von J. SCHULTZ geprägt und bildet den Titel seines biotheoretischen Hauptwerkes. In diesem setzt er sich mit den zeitgenössischen Theorien des Lebens und insbesondere mit dem Darwinismus auseinander. Mit M.d.L. bezeichnet Schultz jene Lehre vom Leben, welche den Organismus als sinnvolles Gefüge aus «Biogenen» auffaßt. Er will sich damit ebenso von einem Vitalismus wie von einem primitiven Darwinismus absetzen, welcher die Entwicklungen des Lebens einem reinen Zufall zuschreibt. Er übernimmt vom Darwinismus den mechanistischen Ansatz der selektiven Auswahl als Mittel der phylogenetischen Entwicklung, vom Vitalismus dagegen die Idee einer Sinnstruktur, ohne jedoch deren Prinzip, eine Entelechie, anzuerkennen. Diese Sinnstruktur fordert nach Schultz nicht nur eine Anpassung der Organismen an die Umwelt, sondern auch eine Anpassung der Umwelt an die Organismen: «Die Biogene mussten, wenn sie zum Leben erwachen sollten, an die geeigneten Plätze dirigiert werden ... somit ist nicht nur jedes einzelne Biogen ein ewiges Gebilde voll unsäglichen Sinnes, sondern die Verteilung der Biogene so gut wie der unorganischen Massen im Raume ist in jedem Augenblick sinnvoll arrangiert» [1].

Anmerkung. [1] J. SCHULTZ: M.d.L. (1909). H. M. NOBIS

Maskil (pl. Maskilim, vom hebräischen Stamm ‹Sechel›, Verstand) bedeutet im modernen Sprachgebrauch Rationalist, Aufklärer. Davon abgeleitet ist das abstrakte ‹*Haskalah*› (= H.), die sozialkulturelle Bewegung, die in der Judenheit Mittel- und Osteuropas seit den letzten Jahrzehnten des 18. Jh. wirksam war.

Die H.-Bewegung bei den Juden entspricht sachlich und in gewissem Abstand auch zeitlich den entsprechenden rationalistischen Strömungen bei den europäischen Völkern. Bedingt war sie durch die Milderung des politischen und sozialen Drucks im Zeitalter des Absolutismus und insbesondere des aufgeklärten Absolutismus. Infolge dieser Wendung ist die früher auf wirtschaftliche Beziehungen beschränkte Berührung mit der Außenwelt auf das soziale und kulturelle Gebiet ausgedehnt worden.

Die von außen kommende Anregung stieß dann auf wichtige innere Berührungspunkte. Das Talmudstudium erzog zum zwar dogmatisch gebundenen, aber formell rationalistischen Denken. Talmudische Dialektik (*Pilpul*) wurde in ihrer spielerischen, bloß auf die Übung der Kombinationsgabe ausgerichteten Auswüchse gerügt. In seinem ursprünglichen Sinn, nämlich Gedankengänge aus ihren logischen Voraussetzungen selbständig zu entwickeln, wurde Pilpul geschätzt und bewußt beim Talmudstudium gepflegt. Ferner gab es im Judentum bereits im Mittelalter eine starke, rationalistisch ausgerichtete, von MAIMONIDES (1135–1204) bestimmte philosophische Schule, deren literarische Produkte und Abzweigungen latent weiterwirkten. Diese erstrebte eine Harmonisierung der biblischen und talmudischen Tradition mit der jeweilig akzeptierten Philosophie.

Trotz der historischen und umweltbedingten Einflüsse auf ihre Entstehung bewahrte die H. deutlich ausgeprägte eigene Züge. Im Religiösen versuchte sie die dogmatische und religionsgesetzliche Überlieferung vernunftentsprechend zu interpretieren, teilweise, wie bei M. MENDELSSOHN (1729–1786), ohne der Tradition wesentlich Abbruch zu tun, teilweise, wie schon bei seinem Schüler D. FRIEDLÄNDER (1750–1830), so, daß wichtige Bestandteile davon abgetragen wurden. Im Sozialen erstrebte die H. eine Annäherung an die nicht-jüdische Umwelt. Sie setzte eine Bereitschaft bei den entsprechenden nicht-jüdischen Kreisen voraus. Die Annäherung sollte am Ende in die bürgerliche Gleichstellung münden. Die H. versuchte durch Modernisierung der jüdischen Erziehung die nächste Generation für diese Wandlung, die eine entsprechende berufliche Umschichtung voraussetzte, vorzubereiten.

Die H. stieß bald nach ihrem Aufkommen auf den Widerstand der traditionsgebundenen Elemente der jüdischen Gesellschaft. Zwischen den Exponenten der rabbinischen Führung und den Vertretern der neuen Elite entstand ein bereits zu Lebzeiten Mendelssohns offenbarer sozialer Kampf. Die M.im wurden weitgehend sowohl von der wirtschaftlich führenden Schicht der Gemeinden als auch von den staatlichen Behörden unterstützt.

Das sprachliche Medium der H.-Ideologie war zuerst das Hebräische, dessen Kenntnis bei den jüdisch Gebildeten vorausgesetzt werden konnte. Die Verwendung der Sprache für den ungewohnten säkularen Zweck führte zu weitgehender Fortentwicklung des Hebräischen, wobei gleichzeitig die Tendenz zur Ausmerzung der von Rabbinern geduldeten Barbarismen mitwirkte. In Deutschland ist jedoch der Übergang vom Hebräischen zum Deutschen bereits in der zweiten Generation erfolgt. Dies ist dokumentiert durch die Gründung der deutschsprachigen Zeitschrift ‹Sulamith› im Jahre 1806, die das im Jahre 1783 begonnene hebräische Organ ‹Ha'meassef› langsam verdrängte.

In Deutschland mündete die H. einerseits in die religiöse Reformbewegung, andererseits in die politische Agitation für Emanzipation. Die H. verpflanzte sich bereits in ihren Anfängen nach Österreich – Böhmen – Mähren und Galizien, nach Polen bzw. Rußland, wo sie ähnliche Tendenzen wie in Deutschland unter veränderten Verhältnissen verfolgte. In den genannten osteuropäischen Ländern stieß die H. auf die religiöse Bewegung des Chassidismus, der um die Mitte des 18. Jh. dem jüdischen Leben ein neues, an der Kabbalah orientiertes und von Mystikern geprägtes Gesicht gab. Die H. sah in der Bewegung einen rückläufigen sozialen Faktor und bekämpfte sie mit allen ihr zur Verfügung stehenden literarischen, propagandistischen und sogar mit staatlich unterstützten Gewaltmitteln. Der doktrinäre Optimismus ließ die M.im auch an das Wohlwollen der zaristischen Verwaltung glauben. So waren viele M.im bereit, der zwar sehr schwankenden aufklärerischen Erziehungs- und Umschichtungspolitik der Behörden Vorschub zu leisten. Die Fehde zwischen den Aufgeklärten – von den Gegnern ‹Berliner› oder ‹Deitsche› genannt – und den Chassidim war gegenseitig in der Intensität der Ablehnung und der leidenschaftlichen Bekämpfung.

Die politische Reaktion, die mit den Pogromen am Anfang der 1880er Jahre in Rußland einsetzte, führte zur endgültigen Enttäuschung, und so mündete die H. in die schon vorher keimende Bewegung der nationalen Erneuerung. Sie brachte in diese Bewegung das modernisierte Hebräisch mit. Abgesehen von der Erweiterung der Sprache für praktische Zwecke durch die Entwicklung des Zeitungswesens entstand bereits durch die H. eine teilweise künstlerisch beachtenswerte Literatur in Dichtung und Prosa, die die Grundlage für die schöpferische Belebung der nationalen Renaissance wurde. Diese hat die H.-Bewegung in ihren Haupttendenzen absorbiert und sowohl in den Ursprungsländern als auch bei der Kolonisierung Palästinas zu verwirklichen unternommen.

Literaturhinweise. J. MEISEL: Haskalah. Gesch. der Aufklärungsbewegung unter den Juden in Rußland (1919). – S. SPIEGEL: Hebrew reborn (New York 1930). – J. KATZ: Die Entstehung der Judenassimilation in Deutschland und deren Ideol. (1935); ND in: Emancipation and assimilation (Westmead 1972) 194-276; Out of the Ghetto (Cambridge, Mass. 1973). J. KATZ

Masochismus nannte zum erstenmal KRAFFT-EBING [1] die krankhafte Neigung, körperlichen oder seelischen Schmerz zu erleiden, um daraus eine speziell sexuelle oder allgemein seelische Befriedigung zu beziehen. Der Wiener Psychiater wählte diese Bezeichnung nach dem Historiker und Schriftsteller L. v. Sacher Masoch (1835–1895) zu dessen Lebzeiten; dieser hat derartige perverse sexuelle Praktiken selbst ausgeübt und in seinen Romanen beschrieben. SCHRENCK-NOTZING [2] spricht auch von «passiver Algolagnie» (griech.: Schmerzwollust) im Gegensatz zur aktiven Algolagnie, dem Sadismus. Eine historische und literarhistorische Übersicht über Phänomene des M. gibt EULENBURG [3]. Ihr ist zu entnehmen, daß bereits von der Antike an masochistische und sadistische Akte als Kult betrieben wurden. Heute versteht man unter M. vielfach eine allgemeine Lebenshaltung, aus der heraus Leiden und Hilflosigkeit als Genußquelle gesucht und erlebt werden. Bereits in den ersten grundlegenden Werken haben S. Freud [4] und Krafft-Ebing von dem sich auf sexuellem Gebiet offenbarenden M. den moralischen bzw. ideellen M. abgehoben. FREUD hat hintereinander zwei verschiedene Ursprungstheorien für M. entwickelt: 1. Vom primären Sadismus aus bildet sich der M. unter dem Einfluß von Schuldgefühlen als sekundärer Trieb. Freud spricht allerdings auch von einem gegen das Ich gerichteten «Ur-M.», der sich beim Säugling angeblich im Saugen und Beißen an die eigenen Gliedmaßen äußert. KRIS [5] sieht schließlich den M. als bedingt durch die Entladung aggressiver Tendenzen bei Objektmangel. 2. Später hat FREUD den M. vor allem im Zusammenhang mit den destruktiven Tendenzen des von ihm hernach eingeführten Todestriebes gesehen und ihn entgegen seiner ersten Konzeption wieder als primären Trieb bezeichnet. Er beschreibt drei verschiedene Arten von M.: a) den erogenen M.: zwischen den beiden Grundtrieben der Libido und der Aggression besteht ursprünglich eine enge Beziehung. Die Aggression hat eine passive Komponente, die sich im Laufe der individuellen Entwicklung von der aktiven absetzt; das Hinnehmen von Schmerzen wird zu einer besonderen Lustquelle; b) den feminin-passiven M. («physiologischer M. der Frau» [6]): Im normalen weiblichen Sexualleben gibt es eine durch die Eigenart der weiblichen Geschlechtsorgane und -funktionen bedingte masochistische Komponente. Auf der Theorie der biologisch-organischen Bedingtheit von M. und auch Sadismus fußen ferner die Hypothesen, die KRAFFT-EBING [7] und später HIRSCHFELD [8] für masochistische (weibliche) und sadistische (männliche) Mechanismen zur Erklärung in Anspruch nehmen. FREUD selbst und ihm nachfolgende Psychoanalytiker sehen den feminin-passiven M. als mitbedingt durch das gegen das Selbst gerichteten Aggressionen aufgrund von Schuldgefühlen, die wiederum aus kastrativen und inzestuösen Phantasien des Mädchens herrühren sollen. Als vormasochistische Reaktion sieht LOEWENSTEIN [9] die «Verführung des Angreifers». In ängstlicher Erwartung von Schmerz bemächtigt sich die Frau oder das Kind mittels Verführung des Angreifers, meistert damit die Angst und versichert sich der Liebe des Angreifers. W. REICH [10] und K. HORNEY [11] wollen M. ohnehin aus einem gesteigerten Bedürfnis nach Liebe verstehen; c) den moralischen M.: Er wird hauptsächlich als ein Produkt der Über-Ich- und Gewissensentwicklung verstanden und äußert sich als allgemeine Einstellung gegenüber dem Leben. Die in der Kindheit von den Eltern gelernten Werte und Normen werden introjiziert und zu eigenen Prinzipien der Lustversagung, der Selbstquälerei und -bestrafung. FREUD unterscheidet hier den M. in Form eines bewußten Sadismus des Über-Ichs von dem aus selbstdestruktivem Verhalten erst gefolgerten M., der sich auf Schuldgefühle gründet. Schließlich gilt der moralische M. auch als M. der Ich-Funktion, die für die Anpassung des Menschen an die Realität verantwortlich ist. FERENCZI [12] und NUNBERG [13] meinen sogar, daß alle Anpassung an die Realität auf M. beruhe. Hingegen betonen HARTMANN [14] und FREUD, daß frühe libidinöse Manifestationen auf Überleben und damit auf Anpassung an die Umwelt ausgerichtet seien. – Ferner hat man den konstitutionellen Faktor einer besonders intensiven Muskel-Schleimhaut-Erotik, durch die sich die anale Phase mit ihren Charakteristika des Konfliktes zwischen Trieberfüllung und Umweltforderungen auszeichnet [15], als bedeutsam für die Entstehung von M. erachtet. Als eine beliebte Erklärung wird ferner die Annahme eines bedingten Reflexes herangezogen, der sich einmal in der Kindheit zwischen schmerzlicher Bestrafung und sexueller Erregung, zwischen heftigen Emotionen, innerlicher Spannung und sexueller Erregung [16] hergestellt hat. – Neben dem moralischen M. gelten ferner Vorgänge der Identifikation mit der Frau als Auslöser für M. beim Mann: Die Geschlechtspartnerin gewinnt für den Mann phallische Eigenschaften, wenn sie die aktive, sadistisch-grausame und bestrafende Position in der Beziehung übernimmt. T. REIK [17] legt eine modifizierte psychoanalytische Theorie vor. Er versteht M. vor allem als eine Flucht in die Zukunft, wobei die Phantasie (bei EULENBURG: die Vorstellung [18]) der eigentliche Geburtsort des M. ist. Durch eine ständige Vorwegnahme der gefürchteten Bestrafung (ähnliche Theorie bei EICHELBERG [19]) öffnet sich der Masochist den Weg in den instinktiven Genuß. Psychologisch gehört die Tendenz zum Aufschieben als ein anderer wichtiger Wesenszug des M. dazu: Die ersehnte Wunscherfüllung wird stückweise zusammen mit den zur Angstabwehr dienenden masochistischen Manipulationen in der Phantasie vorweggenommen. Vielfach besteht die Meinung, daß es reinen M. in Wirklichkeit nicht gibt, sondern nur Sado-M. Die anthropologische Richtung in der Tiefenpsychologie hat sich ausdrücklich hierfür ausgesprochen. v. GEBSATTEL [20] sieht das Verlangen nach Hingabe bei Unfähigkeit zu ihr als Hauptcharakteristikum für M. Phantastische Übertreibungen des passiven Unterwerfungsdranges und eine dadurch unaufhebbar gewordene Sonderung resultieren daraus. Die Wohltat des Schmerzes beruht in der durch ihn bewirkten Erregung des Sich-selber-Fühlens.

Anmerkungen. [1] R. KRAFFT-EBING: Psychopathia sexualis (^{1}1886, ^{17}1924). – [2] P. PLAUT: Der Sexualverbrecher und seine Persönlichkeit (1960) 145. – [3] A. EULENBURG: Sadismus und M., in: Grenzfragen des Nerven- und Seelenlebens (1902) 16. – [4] S. FREUD: Das ökonomische Prinzip im M. Ges. Werke 13: 1920-24 (London 1946); Einige psych. Folgen des anat. Geschlechtsunterschiedes a.O. Bd. 14: 1925-32; Über die weibl. Sexualität a.O. Bd. 14. – [5] E. KRIS: Notes on the development and on some current problems of psychoanal. child pathol. Psychoanal. Stud. Child 5 (New York 1950) 24. – [6] H. DEUTSCH: Psychoanal. der weibl. Sexualfunktionen (1925); vgl. FREUD, a.O. [4]. – [7] KRAFFT-EBING, a.O. [1]. – [8] M. HIRSCHFELD: Sexualpathol. (1917). – [9] R. M. LOEWENSTEIN: Psychoanal. theory of M. J. Amer. psychoanal. Ass. 5 (1957) 197. – [10] W. REICH: The masochistic character, in: Character analysis (New York ^{3}1949) 208. – [11] K. HORNEY: The problem of feminine masochism. Psychoanal. Rev. 22 (1935) 241. – [12] S. FERENCZI: Stages in the develop. of the sense of reality, in: Sex in psychoanal. (New York 1950) 213. – [13] H. NUNBERG: Allg. Neurosenlehre auf psychoanal. Grundl. (^{2}1959). – [14] H. HARTMANN: Ich-Psychol. und Anpassungsproblem. Int. Z. Psychoanal. Imago 24 (1939) 62. – [15] I. SADGER: Die Lehre von den Geschlechtsverirrungen (Psychopathia sexualis) auf psychoanal. Grundl. (1921); vgl. REICH, a.O. [10]. – [16] H. SCHULTZ-HENCKE: Der gehemmte Mensch (1940). – [17] T. REIK: M. in modern man (New York/Toronto 1941). – [18] EULENBURG, a.O. [3]. – [19] L. EICHELBERG: Beitr. zum Stud. des M. Int. Z. Psychoanal. 20 (1934) 336. – [20] V. E. v. GEBSATTEL: Süchtiges Verhalten im Gebiet sexueller Verirrungen, in: Prolegomena einer med. Anthropol. (1954).

Literaturhinweise. H. KUNZ: Zur Theorie der Perversion. Mschr. Psychiat. Neurol. 105 (1942) 1. – A. FREUD: Das Ich und die Abwehrmechanismen (London 1946).
H. HÄFNER

Masora (von hebr. masar übergeben, überliefern) ist das System der kritischen Bemerkungen zur Textgestaltung des Alten Testaments und enthält z.B. das Verzeichnen der Unregelmäßigkeiten, die Einteilung des Textes in Abschnitte und seine Punktation (Vokalisation) und Akzentuierung zur Vermeidung von Mehrdeutigkeiten. Die Kommentare wurden entweder am Rande (M. marginalis) oder, in alphabetischer Zusammenfassung, am Schluß des Textes (M. finalis) angebracht. Die M. marginalis unterteilt sich weiterhin in M. magna (Bemerkungen ober- und unterhalb des Textes) und M. parva (Bemerkungen an der Seite). Die Tätigkeit der Masoreten umfaßt den Zeitraum vom 2. Jh. v.Chr. bis zum 15. Jh. n.Chr. Ihr Bestreben war, den Text des Alten Testaments zu fixieren bzw. zu sichern, daß der Text einheitlich gelesen werden konnte.

Obwohl die Tätigkeit der Masoreten den Erfordernissen einer modernen Wissenschaft nicht entspricht – schon SPINOZA hat ihre Methode scharf kritisiert [1] –

kann der historische Wert ihrer Bemühungen nicht geleugnet werden.

HAMANN hat den Begriff ‹M.› als Bezeichnung für das gesamte, die Welt – als das Buch der Natur – verstellende und sie überlagernde interpretatorische Bemühen benutzt: «Seht! die große und kleine Masore der Weltweisheit hat den Text der Natur, gleich einer Sündfluth, überschwemmt. Musten nicht alle ihre Schönheiten und Reichthümer zu Wasser werden?»[2].

Anmerkungen. [1] B. DE SPINOZA, Tractatus theologico-politicus XII. Opera, hg. C. GEBHARDT 3 (1925) 165. – [2] J. G. HAMANN, Aesthetica in nuce. Sämtl. Werke, hg. J. NADLER 2 (1950) 207.

Literaturhinweise. L. BLAU: Masoret. Untersuch. (1891). – P. KAHLE: Masoreten des Ostens (1908); Masoreten des Westens (1927). – A. DOTAN: Art. ‹M.›, in: Encyclopaedia Judaica 16 (Jerusalem 1971) 1401-1482 (Bibliogr.). G. NÁDOR

Maß (griech. μέτρον, μέσος, μεσότης; lat. mensura, modus, moderatio, modestia, temperantia, discretio; ital. misura, moderazione; frz. mesure, modération, tempérance; engl. measure, size, moderation; ahd. mâzu; mhd. mâze)

I. ‹M.› als ethischer Begriff. – 1. *Vorsokratiker und Sophisten.* – Das M. ist Ausdruck der griechischen Auffassung von Tugend par excellence, in der sich die Sicht des schönen wohlgeordneten Alls mit der Lehre von der rechten Ordnung der Seele und der Polis zur harmonischen Einheit verbindet. Es ist der Hybris entgegengesetzt, der Scham (αἰδώς) verwandt und immer in einem gewissen Spannungsverhältnis zu den archaischen heroischen Tugenden der Tapferkeit (ἀνδρεία) und Großgesinntheit (μεγαλοψυχία). Schon die älteren Sprichwörter wie «Das M. ist das Beste» (μέτρον ἄριστον), «Die Mitte ist das Beste» (μέσ' ἄριστα) oder das bereits den sieben Weisen zugeschriebene «Nichts im Über-M.» (μηδὲν ἄγαν), das in enger Verbindung zum «Erkenne dich selbst» (γνῶθι σαυτόν) und «Die Sterblichkeit bedenken» (θνητὰ φρονεῖν) steht, zeigen die tiefe Verwurzelung dieser ethischen Grundhaltung mit der griechischen Auffassung von dem, was dem Menschen als einem sterblichen Wesen gegenüber den Göttern und der Ordnung des Alls zukommt [1]. Die vorplatonische Epik (HOMER, HESIOD) und Lyrik (THEOGNIS, PINDAR), die großen Tragödien (ÄSCHYLOS, SOPHOKLES, EURIPIDES) sowie die Geschichtsschreibung (HERODOT, THUKYDIDES, XENOPHON) und die Rhetorik (ISOKRATES, DEMOSTHENES) spiegeln bereits diese Hochschätzung des M. [2].

Ihre erste politische Ausformung erhält die Idee des M. bei SOLON, der das «Nichts zu sehr» (μήτε λίαν) zum Wahlspruch einer Gesetzgebung erhebt, die durch εὐνομία und κόσμος zwischen den Ansprüchen der Armen und Reichen einen gerechten Ausgleich schaffen soll [3]. Ihre erste philosophische Formulierung geht auf HERAKLIT zurück, der das mit Selbsterkenntnis verbundene, gesunde Denken (σωφρονεῖν) als höchste Tugend betrachtet, da es ein Handeln und Reden im Hinhören auf die Natur ermöglicht [4]. Vielleicht beeinflußt von der Hippokratischen Medizin und ihrer Lehre vom Gleichgewicht, entwickelt DEMOKRIT eine Ethik, nach welcher der Mensch Lust, Autarkie und Wohlordnung der Seele (εὐθυμία) nur erreicht, wenn er das rechte M. zwischen Über-M. (ὑπερβολή) und Mangel (ἔλλειψις) zu treffen vermag [5]. Sophisten wie PROTAGORAS, ANTIPHON und KRITIAS bewahren zwar traditionelle Verbindungen des M. zu Begriffen wie κόσμος, τάξις und αἰδώς [6], jedoch verfällt das Ethos des M. allmählich zur Formel eines auf den Menschen oder den Einzelmenschen gemünzten erkenntnistheoretischen und ethischen Relativismus, wie ihn der Homo-mensura-Satz (s. d.) des PROTAGORAS ausdrückt [7], bis es schließlich nur noch eine «Arete» des privaten Nutzens [8] oder sogar ein Synonym für Dummheit und Schwäche bedeutet (KALLIKLES, THRASYMACHOS) [9]. Wie der Nomos so ist auch das M. nur eine Erfindung der Schwachen, welche die Starken am Ausleben ihrer Begehrlichkeit (πλεονεξία) zu hindern suchen [10]. Glück und Tugend liegen nicht in der Selbstbeschränkung, sondern im Großwerdenlassen der Begierden, die der Hedonist, exemplarisch der Tyrann, ausleben kann [11].

Anmerkungen. [1] PLATON, Prot. 343 b; Charm. 164 d ff.; vgl. H. KALCHREUTER: Die Mesotes bei und vor Aristoteles (1911) 11-15. – [2] H. NORTH: Sophrosyne. Self-knowledge and self-restraint in Greek lit. (Ithaca, N.Y. 1966) 1ff. 33ff. 100ff. 135ff.; KALCHREUTER, a.O. 15-33. – [3] SOLON, Ath. Resp. V, 3; XII, 5. – [4] HERAKLIT, VS B 112. 116. – [5] DEMOKRIT, VS B 102. 191. 210. 211. 233. – [6] PLATON, Prot. 319 a ff.; ANTIPHON, VS B 58. 59; KRITIAS, VS B 6. 7. – [7] PROTAGORAS, VS B 1. – [8] KRITIAS, VS B 41 a. – [9] PLATON, Gorg. 491 b; Resp. 348 c/d. – [10] Gorg. 492 a/b. – [11] a.O. 494 c; ARISTOPHANES, Νεφέλαι 1071-1074.

2. *Platon.* – Dagegen vollzieht sich in dem von SOKRATES vorgelebten Tugendwissen, das an die Verbindung von Selbsterkenntnis und M. erinnert, sowie in PLATONS Philosophie jene folgenreiche Aufwertung des M., das nicht nur als die dem muthaften Seelenteil (ἐπιθυμητικόν) zugeordnete Arete der Besonnenheit (σωφροσύνη) den Rang einer Kardinaltugend erhält [1], sondern in der umfassenden Bedeutung eines Kosmos, Seele und Polis vereinenden Ideals wiederhergestellt wird. In Anlehnung an Demokrit und die Pythagoreer wird die Idee als Zahl, Form und M. der Garant der rechten Mischung von Einsicht und Lust, der Schönheit, Wahrheit und das Gute beigemischt sind [2]. Die Arete, die bei allen Dingen auf der richtigen Ordnung (τάξις) beruht [3], ist Abbild des kosmischen M. Wer wie die Philosophenkönige die schöne Ordnung des Alls betrachtet, wird selbst wohlgeordnet, ein κόσμιος, der im Blick auf die φύσις des Gerechten, Schönen und Besonnenen den Menschen das M. einbildet [4]. Durch die Herrschaft des Besseren über das Schlechtere, der Vernunft über Leidenschaften und Begierden [5] wird der maßvolle Mensch sein «eigener Herr», der im Verhalten gegen Götter und Menschen den rechten Maßstab gefunden hat und somit gerecht, fromm, tapfer, gut und glücklich ist [6]. Wie die Wohlordnung der Seele aus der vernünftigen Beherrschung der Leidenschaften entspringt, so ist auch die Polis der Herr der Lüste und Begierden, wenn Einsicht, Stärke, Zahl und Reichtum ihrer Teile zum harmonischen Ganzen (συμφωνία) einer gerechten Ordnung zusammengeschlossen werden [7]. Sie zerfällt, wenn mit dem Verlust des M. die Teile aus der Balance geraten [8].

Anmerkungen. [1] PLATON, Resp. 430 d ff. – [2] Phileb. 64 b-65 a. – [3] Gorg. 506 e. – [4] Resp. 500 b-d. – [5] a.O. 430 e ff. – [6] Gorg. 507 a ff. – [7] Resp. 430 e. 432 a. – [8] a.O. 546 a ff.

3. *Aristoteles.* – Der Stagirite löst die platonische Verbindung zwischen Kosmologie, Ethik und Politik. An die Stelle des umfassenden M. tritt die Lehre von der Mitte (μεσότης) als dem Kennzeichen der Aretai, deren Vielzahl sich nicht auf den Kanon der Kardinaltugenden beschränken läßt [1]. Wie die Tapferkeit eine Mitte zwischen einem Zuviel und Zuwenig an Mut und Furcht

bezeichnet, so sind alle Tugenden Mitten zwischen einem Zuviel und Zuwenig [2]. Die Mitte erfüllt die Physis, indem sie ein Hinaustreten aus (ἔκστασις, ὑπερβολή) oder ein Zurückbleiben hinter dem Telos (ἔλλειψις) verhindert [3]. Außer bei der ausgleichenden Gerechtigkeit, die eine Mitte in der Sache (μέσον τοῦ πράγματος) fordert, ist sie stets ein μέσον πρὸς ἡμᾶς, eine Mitte für uns, die der Verschiedenheit der Personen sowie der Besonderheit der Zeitumstände und Situationen Rechnung trägt [4]. Sie meint nicht eine laue Mittelmäßigkeit, sondern ist in ethischer Perspektive ein summum (ἀκρότης) [5]. Allerdings wird die Bedeutung des M. und der Mitte insofern abgeschwächt, als mit der Tugend der großen Seele (μεγαλοψυχία) der Gegensatz des M. zur heroischen Tugend wieder aufbricht. Als die Haltung des Mannes, der sich großer Dinge für wert hält und ihrer auch würdig ist, ist sie die an Alexander erinnernde Tugend, die jeder Arete den Zug würdiger Größe verleiht [6].

Anmerkungen. [1] Vgl. H. SCHILLING: Das Ethos der Mesotes (1930) 102. – [2] ARISTOTELES, Eth. Nic. (EN) 1106 a 26ff. – [3] Met. 1021 b 21ff.; Phys. 246 a 13-17. – [4] EN 1106 a 29ff. – [5] a.O. 1107 a 6-8. – [6] 1123 b 1-2; 1124 a 1-3.

4. *Cicero.* – Während EPIKUR, ZENON und CHRYSIPP die zum M. gehörende Harmonie von Vernunft und Affekten in der Ataraxie, Apathie und Autarkie nur als Ausschaltung aller Affekte verstehen [1] und die Sophrosyne (trotz ihrer zahlreichen Unterformen) zur Tugend der Wahl zwischen Gut und Böse verkümmert [2], gelingt CICERO in Anlehnung an Panaitios' Lehre vom πρέπον (dem, was sich gehört) eine Verschmelzung des M. mit der römischen virtus, die ähnlich folgenreich werden sollte wie Platons Philosophie des M. Als feste (firma), aber auch wieder maßvolle (moderata) Herrschaft (dominatio) der Vernunft über die Leidenschaften [3] wird das M. wieder zum harmonischen, nicht nur dem autarken Weisen lebbaren Ideal. Als das, was sich zu sagen und zu tun geziemt (decorum, honestas), ist das M. nicht wie Gerechtigkeit und Weisheit höchste Tugend, aber es ist der allen Kardinaltugenden zukommende Ausdruck der Übereinstimmung des Menschen mit der Natur [4], zudem die besondere Tugend – temperantia, constantia, moderatio oder auch frugalitas –, die den Einstellungen und Verhaltensweisen des freien vornehmen Mannes (liberalis) eigentümlich ist [5]. Deshalb gehören zum maßvollen Lebensstil die Tugenden des dezenten und respektvollen Umgangs (verecundia, reverentia), die richtige Einstellung zu Lust, Vergnügen und Spiel, eine angemessene Berufswahl, das für jedes Alter und jeden Stand Schickliche, ein würdiges äußeres Erscheinungsbild, die Wahl des passenden Hauses, die Ordnung der Rede, der Unterhaltung und des Disputs sowie das rechte Verhalten zur rechten Zeit [6]. Als Oberbegriff verwendet Cicero manchmal den Terminus ‹frugalitas›, der ebenfalls die Tugend des soliden, ordentlichen Lebensstils bezeichnet, die alle Kardinaltugenden (sowie abstinentia und innocentia) einschließt [7] und den Mann auszeichnet, der «alles recht macht» [8]. Frugalitas erinnert an die mos maiorum, die Cicero wie die spätere Geschichtsschreibung und Dichtung durch die Hauptsünden Roms, avaritia, luxuria und voluptas, gefährdet sieht [9]. Darüber hinaus sind M., Mäßigung und Milde (modus, moderatio, clementia) Kennzeichen des guten Herrschers [10], ein Topos, der nach Cicero von SENECA und den römischen Historikern aufgegriffen werden wird [11].

Anmerkungen. [1] ZENON, SVF I., Frg. 187; CHRYSIPP, SVF II, Frg. 49. 67. 201. 272. 276. 448. – [2] ZENON, SVF I, Frg. 201; ARISTON, SVF I, Frg. 374; CHRYSIPP, SVF III, Frg. 262. 272. – [3] CICERO, De inv. II, LIV, 164. – [4] De off. I, XXVII-XXVIII, 101-102. – [5] a.O. I, XXVII, 96. 98. – [6] I, XXVIII, 99-XLII, 151. – [7] Tusc. Disp. III, VIII, 16-17. – [8] a.O. IV, XVI, 36. – [9] Pro Roscio XXVII, 75; NORTH, a.O. [2 zu 1] 285-300. – [10] CICERO, De off. II, XXII, 76; Pro Marc. I, 1; III, 8; In Catil. II, XI, 25; De re publ. II, XLII, 69. – [11] SENECA, De clem. I, XI, 4ff.; NORTH, a.O. [2 zu 1] 300-311.

5. Die *Patristik* engt die Bedeutung des M. manchmal auf ein Ideal christlicher Reinheit und Jungfräulichkeit ein. Jedoch wurde zu fast jeder Zeit, meist aus römischen Quellen, die Einstellung des «ne quid nimis» (nichts im Über-M.) geschöpft [1] und so auch für die Askese das rechte M. in der Tugend der discretio empfohlen [2]. Schon CLEMENS VON ALEXANDRIA weitet in Anlehnung an Cicero das M. zur Tugend der täglichen Verrichtungen und Umgangsformen [3], damit im Osten ähnlich einflußreich wie AMBROSIUS im Westen, der die temperantia zur Tugend der Kleriker erklärt, da sie M. (modus) und Ordnung (ordo) in allem wahrt, was dem Priester zu sagen und tun geziemt [4]. Vermittelt über den Neuplatonismus [5] wird die Homoiosis-Lehre Platons mit der christlichen Doktrin vom Menschen als dem Bilde Gottes verknüpft. Die Reinigung der Seele von allem Unmäßigen (ἁγνεία bei GREGOR VON NAZIANZ, καθαρότης bei GREGOR VON NYSSA) wird zu einer wichtigen Stufe in der gnostischen Aufstiegsbewegung der Seele, die sich der göttlichen Reinheit und Heiligkeit angleichen will [6]. Ähnlich läßt AUGUSTINUS das M. die conversio amoris bewirken, die innerhalb des Aufstiegs zu Gott alle Leidenschaften abwehrt, die den Menschen von Gott trennen können [7]. Die Wendung von der Selbstliebe zur Gottesliebe schützt als Demut (humilitas) vor dem Hochmut (superbia) als dem Anfang aller Sünde [8]. Das Glück, das in der Weisheit liegt, wird durch das M. (modus, moderatio) erreicht, das manchmal frugalitas mit den Unterformen modestia (abgeleitet von modus) und temperantia (abgeleitet von temperies) genannt wird [9].

Anmerkungen. [1] HIERONYMUS, Ep. 130. MPL 22, 1116; später ALCUIN, De rhet. et virt. MPL 101, 943 b; ISIDOR VON SEVILLA, Sent. II, c. 44, 16. MPL 83, 652 d. – [2] BENEDICT VON NURSIA, Regulae; GREGOR DER GROSSE, Hom. in Ezech. II, 10. MPL 76, 1068 c; ISIDOR VON SEVILLA, Sent. II, c. 34. MPL 83, 636 b; RABANUS MAURUS, Tract. de an. c. 10. MPL 110, 1118 a und viele andere; vgl. W. HERMANNS: Über den Begriff der Mäßigung in der patrist.-scholast. Ethik von Clemens von Alexandrien bis Albertus Magnus (1913). – [3] CLEMENS VON ALEXANDRIA, Paed. II. MPG 8, 378ff. – [4] AMBROSIUS, De off. ministr. I, XXIV, 115. MPL 16, 57; I, XLVIff. MPL 16, 89ff. – [5] z. B. PLOTIN, Enn. I, 2, 1. – [6] CLEMENS VON ALEXANDRIA, Paed. III, I, 1; III, VII, 39. MPG 8, 555. 610; Strom. IV, XXVIII, 152, 1-3. MPG 8, 1355; GREGOR VON NAZIANZ, Carm. 45. MPG 37, 643-648. 928; GREGOR VON NYSSA, De beat. VI. MPG 44, 1272 b/c. – [7] AUGUSTINUS, De mor. Ecc. Cath. I, XII, 35. MPL 32, 1326. – [8] De mus. VI, XIII, 40; VI, XVI, 53. MPL 32, 1184. 1190; als ganzes: De civ. Dei. – [9] De beata vita I, II, 11; I, IV, 31-33. MPL 32, 965. 974-976.

6. *Mittelalter.* – Als rechte Mischung (temperies), welche die naturwidrigen Begierden negiert und die gottgewollte Natürlichkeit affirmiert, hat das M. als Herrschaft der Vernunftnatur des Menschen über seine Tiernatur bei THOMAS VON AQUIN endgültig seinen festen Platz in der christlichen Ethik gefunden [1]. Es entspricht dem habitus der vierten Kardinaltugend (temperantia), ist aber auch die für jede Tugend notwendige Mäßigung (moderatio) [2]. Ihm wesentlich sind die Scheu (verecundia)

und der Anstand des Miteinander-Umgehens (honestas) [3]. Seine Unterarten sind das rechte M. beim Essen (abstinentia), Trinken (sobrietas) und Zeugen (castitas) [4]. Zu den Fähigkeiten des Maßvollen zählen Selbstbeherrschung (continentia), Sanftmut und Milde (mansuetudo, clementia) sowie die Bescheidenheit in allen Tätigkeiten (modestia) [5]. Letztere äußert sich in der Demut, in der der Mensch seine Kreatürlichkeit anerkennt (humilitas), in dem nicht maßlosen (curiositas), sondern um die Grenzen des Menschen wissenden Erkenntnisstreben (studiositas) sowie in dem Sich-nach-außen-Geben, wie man innerlich ist (ornatum, bona ordinatio) [6]. Freilich ist für Thomas die temperantia als die Tugend des Einzelmenschen nur die Voraussetzung zur Verwirklichung der höheren Tugenden [7]. Auch stehen wie schon zuvor bei ALEXANDER HALENSIS, BONAVENTURA und ALBERTUS MAGNUS die dona über den ethischen und dianoetischen Tugenden und über ihnen noch einmal die theologischen virtutes, die als den Menschen auf übernatürliche Weise an der Vollkommenheit Gottes teilhaben lassen [8]. Jedoch erhält das M. als christlich-weltliches Ideal des Mittelalters große Bedeutung in der höfischen Zeit, wenn aus der Mischung römischer Tugendauffassung mit christlicher Lehre vom M. und neuer Weltzugewandtheit das Ideal von zucht und mâze entsteht, nach dem jeder Ritter streben soll [9].

Anmerkungen. [1] THOMAS VON AQUIN, S. theol. II, 2, q. 141, a. 2. – [2] a.O. a. 2. – [3] q. 144. 145. – [4] q. 146-154. – [5] q. 155-157. – [6] q. 160-169. – [7] q. 141, a. 8; II, 1, q. 66, a. 4. – [8] II, 1, q. 62, a. 1; q. 68, a. 8; ALEXANDER HALENSIS, S. univ. theol. II, q. 141, m 7, zit. nach R. KLINGEIS: Das arist. Tugendprinzip der rechten Mitte in der Scholastik. Divus Thomas 7 (1920) 149; BONAVENTURA, Sent. III, dist. 34, a. 1, q. 3 ad 4; ALBERTUS MAGNUS, Sent. III, dist. 23 a, a. 2. – [9] HERMANNS, a.O. [2 zu 5] 56-62.
H. OTTMANN

7. *Der M.-Begriff im Alt- und Mittelhochdeutschen.* – Der dem Althochdeutschen entstammende Begriff (Subst. mâza, Verbum mezzan; mhd. mâze, mezzen) ist ebenso wie seine vorgängigen Entsprechungen aus dem griechischen und lateinischen Schrifttum durch eine breite Bedeutungsskala charakterisiert [1]. Schon bei NOTKER VON ST. GALLEN (†1022), der ihn als erster verdeutscht, lassen sich 45 Bildungen mit den Wurzelvarianten ⟨mâz-⟩ und ⟨mez-⟩ nachweisen. Die Wortfamilie ⟨mâza⟩ gehört von Anfang an unterschiedlichen und zunächst vorphilosophischen Bedeutungsbereichen an, und beim Substantiv ist die Spannweite zwischen dem konkreten M. und den verschiedenen Übertragungen auf andere Bereiche schon sehr früh gegeben.

Zu einem weiteren bedeutsamen Denkmal für die Herausbildung von M., allerdings noch nicht als ⟨mâza⟩, sondern in Bildungen mit ⟨mez⟩, wird die Benediktinerregel. Auch hier herrschen zwar, wie bei Notker, Quantitäts- und Modalbedeutungen vor, es finden sich aber schon Belege für die ethische Verwendungsweise: Die zentralen sittlichen Maßvorstellungen der Regel (Mäßigung, M.-Halten, Ausgleich, discretio, Einhalten der rechten Mitte) werden nur teilweise mit Hilfe der mez-Wortfamilie wiedergegeben [2].

In der frühmittelhochdeutschen Literatur (ca. 1060-1160) wird ⟨mâze⟩ zunehmend zur Benennung sittlichen Verhaltens im Sinne von M.-Halten und Selbstbeherrschung herangezogen, aber auch ihre Negation durch die zahlreichen Bildungen mit ⟨un-⟩ (unmâze u.a.). Im kosmologisch-heilsgeschichtlichen Verständnis vertritt ⟨mâze⟩ den christlichen ordo-Begriff (Armer Hartman, Rede vom Glauben; Wilder Mann, Veronica), im astronomischen und geometrischen Bereich konkretes Messen und mathematische M.-Vorstellungen (z. B. Kaiserchronik; Gedicht von der Siebenzahl; später auch Thomasin von Circlaria). In Kaiserchronik, Rolandslied und Straßburger Alexander tritt die ausgeprägte Begrifflichkeit der ⟨vermezzen⟩-Wortgruppe als Teil des superbia-Wortfeldes in Opposition zu ⟨mâze⟩. Schließlich weist der Straßburger Alexander ⟨mâze⟩ als Herrschertugend auf [3].

Die in den letzten Jahrzehnten des 12. Jh. einsetzende höfische Dichtung kennt ⟨mâze⟩ als ein den religiösen, sittlichen, kosmologischen, gesellschaftlichen und kulturellen Anschauungen des Rittertums verpflichtetes Kernwort: die geistlich bestimmte mâze wandelt sich zur Rittertugend. THOMASINS VON CIRCLARIA ⟨Wälscher Gast⟩ (1215/16) enthält die erste schulmäßig-diskursive Ausbildung einer mâze-Lehre [4]. Die Wertvorstellungen der höfisch-ritterlichen Kultur, in die mâze eingebunden ist, bilden kein geschlossenes 'Tugendsystem' [5], sondern stellen einen Kernbestand von Idealen mit beweglichen Schwerpunktsetzungen und teilweise divergierenden inhaltlichen Ausprägungen dar [6]. Mit dem Niedergang der Ritterkultur in nachhöfischer, spätgotischer Zeit verliert M. (mâze) seine ästhetischen Bedeutungsaspekte und verengt sich zur Mäßigung der Affekte und Begierden, zum bequemen, spannungslosen Mittel-M. (mittelmâze) und zur Allegorie [7]. Im 14. Jh. schwindet der Begriff ⟨mâze⟩, und es finden sich erste Belege für das neuhochdeutsche ⟨M.⟩ [8].

Anmerkungen. [1] A. WALDE: Vergl. Wb. der idg. Sprachen, hg. J. POKORNY 2 (1927) 237f. 259-261; J. POKORNY: Idg. etymol. Wb. 1 (1959) 703-707. – [2] Die kleineren ahd. Sprachdenkmäler, hg. E. v. STEINMEYER (1916, ND 1963) Nr. XXXVI, 190-289. – [3] H. RÜCKER: *Mâze* und ihre Wortfamilie in der dtsch. Lit. bis um 1220 (1975) 107-280; zu superbia / übermuot / vermezzenheit vgl. W. HEMPEL: Übermuot diu alte (1970). – [4] Der wälsche Gast des THOMASIN VON ZIRCLARIA, hg. H. RÜCKERT (1852, ND 1965) Buch VIII; vgl. RÜCKER, a.O. [3] 323-339. – [5] Die kontroverse Diskussion über das sog. Tugendsystem dokumentiert G. EIFLER: Ritterl. Tugendsystem (1970). – [6] Zur mâze als ritterl.-höfischer Grundtugend vgl. RÜCKER, a.O. [3] 281-416. – [7] S. EICHLER: Stud. über die Mâze (1942) 71-90. – [8] M. LEXER: Mhd. Handwb. 1 (1872, ND 1965) 2064f.
H. RÜCKER

8. In der *Reformation* wird das Ethos des M. durchaus tradiert, allerdings verändert sich sein Stellenwert in eins mit der sich wandelnden Bedeutung von 'Rechtfertigung' und 'Werk'. So ist bei LUTHER der Mensch zwar allein durch den Glauben gerechtfertigt, jedoch muß er in seinem irdischen Leben «den Leib regieren und mit Leuten umgehen» [1]. Gerade um des Glaubens willen ist es unerläßlich, den Leib von den «Lüsten» zu reinigen und ihn mit «aller mäßiger Zucht» zu üben [2]. Allerdings hält der Gläubige nicht M., um sich durch die Werke zu rechtfertigen, sondern um «aus freier Liebe umsonst, Gott zu gefallen» [3]. Ähnlich wird bei CALVIN das M. zur Regel des Verhaltens gegenüber den Gütern und Mitteln des «gegenwärtigen» Lebens. Da der Gläubige sich zwar «nicht durch die Werke», aber auch nicht «ohne die Werke» rechtfertigen kann [4], muß er in seinem irdischen Leben «M. halten», wenn er die Mittel des Lebens auf rechte Weise «zur Notdurft oder auch zum Genuß» verwenden will [5]. Um der Anmaßung eigener Rechtfertigung oder der M.-Losigkeit des Genusses begegnen zu können, empfiehlt Calvin die Befolgung von drei Regeln: das paulinische «gebrauchen als gebrauchten wir nicht», ferner «Friedsamkeit und Geduld» gegenüber dem «Mangel» und «Mäßigung» gegenüber dem «Überfluß»

sowie schließlich eine Haltung, die alle «Mittel» des Lebens als «anvertrautes Gut» betrachtet, über das Rechenschaft abzulegen sein wird [6]. Frei darf sich der Christ freilich nur in der Wahl der (an die ἀδιάφορα erinnernden) «Mitteldinge» fühlen, die man bald brauchen, bald beiseite lassen kann, nicht bei Handlungen, die der Glaube zwingend vorschreibt [7]. In letztlich sehr eingeschränkter Bedeutung findet sich das M. auch bei MELANCHTHON, der wieder stärker auf Aristoteles und Cicero zurückgreift. Zwar gilt ihm das M. (modus) als die «schönste Tugend» [8], aber die Konkretisierung des M. als Mitte verengt die Bedeutung von medietas auf mediocritas [9].

Anmerkungen. [1] M. LUTHER, Von der Freiheit eines Christenmenschen. Weimarer A. 7 (1897) 30. – [2] ebda. – [3] a.O. 31. – [4] J. CALVIN, Inst. Chr. Rel., nach der letzten A., dtsch. O. WEBER (1955) 525. – [5] a.O. 467. – [6] 467-469. – [7] 556ff. – [8] PH. MELANCHTHON, Eth. Doctr. Elem., in: Corpus Reformatorum 16 (1850) 211. – [9] a.O. 210f.

9. *Neuzeit.* – Die große Bedeutung, die dem Ethos des M. in Antike und Mittelalter zugekommen war, wird in der Neuzeit durch den Autonomieanspruch des Subjekts zersetzt. An die Stelle der Beziehung des M. auf den Kosmos oder den christlichen Gott tritt der sich selbst zum M. werdende Mensch, der sich wie der homo PICO DELLA MIRANDOLAS zwar noch an die delphischen Weisungen des «μηδὲν ἄγαν» und «γνῶθι σαυτόν» halten soll [1], der jedoch nichts mehr besitzt als die leere Freiheit, sich jede beliebige Natur selbst erschaffen zu können [2]. Wo die Tugend der Besonnenheit nicht im Kanon der Kardinaltugenden bewahrt wird, weitet sie sich wie bei HERDER zur Sprache stiftenden «Besinnung» («Reflexion») [3] oder wie bei SCHOPENHAUER zur Distanz des Intellekts gegenüber dem Willen und der Affektivität überhaupt [4], damit fast zu einem anthropologischen Konstituens, das den Menschen vom Tier unterscheidet. Ansonsten ist die neuzeitliche Rede vom M. meist Erinnerung an die Griechen, so in der neoplatonischen kosmologischen Spekulation von GIORDANO BRUNO [5], so zum Teil auch in HEGELS Logik, die, griechischen Naturbegriff und neuzeitliche Naturphilosophie vereinend, dem M. als der Synthese von Qualität und Quantität noch einmal einen wichtigen, auch für Geschichtsphilosophie und Politik bedeutsamen Rang zuweist [6]. Als gelungene Vermittlung von Endlichkeit und Unendlichkeit ist das der Dialektik innewohnende M. der Gegensatz zur «schlechten Unendlichkeit», die Hegel der «Reflexionsphilosophie» Kants, Fichtes und Jacobis und der neuzeitlichen Subjektivität überhaupt zum Vorwurf macht [7]. Diese ist quasi Zeichen eines maßlosen Freiheitsbegriffes, den Hegel noch einmal in den Ansatz einer Philosophie zurücknimmt, die sowohl Freiheits- als auch Ursprungsphilosophie ist. Ähnlich erkennt NIETZSCHE, daß seiner Zeit das M. «fremd» geworden ist und der «Kitzel des Unendlichen, Ungemeßnen» [8] seinen Platz eingenommen hat, ein Vorgang, in dem sich nicht Stärke, sondern Schwäche manifestiert. Denn das Apollinisch-Maßvolle, das in seltsamer Identität und Differenz mit dem Dionysischen den Grundzug des griechischen Wesens ausmachen soll [9], war ein M. nicht für «Mittelmäßige», sondern für Menschen «mit überströmender Kraft» [10]. Daß deren zumindest weniger geworden sind, konstatiert GEHLEN, der «Selbstzucht, Selbstkontrolle, Distanz zu sich» und die Vorstellung davon, «wie man über sich hinauswächst», gerade zum Kriterium der Unterscheidung der Elite von der Masse erhebt. In einer Zeit des «ethisierten Massenlebenswertes» vermögen demnach nicht mehr soziale Stellung oder Bildung, sondern allein Zucht und M. die Elite von der Masse und deren «Pleonexie» zu unterscheiden [11].

Anmerkungen. [1] G. PICO DELLA MIRANDOLA, De dignitate hominis, eingel. E. GARIN (1968) 47. – [2] a.O. 29. – [3] J. G. HERDER, Abh. über den Ursprung der Sprache. Sämtl. Werke hg. B. SUPHAN 5 (1891) 34. – [4] A. SCHOPENHAUER, Über die vierfache Wurzel des Satzes vom zureichenden Grunde. Werke, hg. A. HÜBSCHER 1 (²1948) 101; Die Welt als Wille und Vorstellung a.O. 3, 437. – [5] G. BRUNO: De triplici minimo et mensura (1591). – [6] G. W. F. HEGEL, Logik. Jubiläums-A., hg. H. GLOCKNER 4 (1965) 405ff. – [7] Glaube und Wissen a.O. 1, 422ff. – [8] FR. NIETZSCHE, Jenseits von Gut und Böse. Werke, hg. K. SCHLECHTA 2 (1966) 688. – [9] Die Geburt der Tragödie a.O. 1, 33f. – [10] Aus dem Nachlaß der Achtzigerjahre a.O. 3, 425. – [11] A. GEHLEN: Die Seele im technischen Zeitalter (1957, ¹⁴1975) 81; Moral und Hypermoral (³1973) 65ff.

Literaturhinweise. H. KALCHREUTER s. Anm. [1 zu 1]. – H. NORTH s. Anm. [2 zu 1]. – H. SCHILLING s. Anm. [1 zu 3]. – W. HERMANNS s. Anm. [2 zu 5]. – L. PIEPER: Zucht und M. (1930, ⁸1960). – A. SAINT-PIERRE: La vertu chrétienne de tempérance dans la vie religieuse (Montreal 1951).

H. OTTMANN

II. ⟨*M.*⟩ *als ästhetischer Begriff.* – Ästhetische M.-Vorstellungen entstammen in abendländischem Denken vor allem griechischer und römischer Kunst und Philosophie (PYTHAGORAS, PLATON, ARISTOTELES, CICERO, VERGIL, VITRUV, HORAZ, QUINTILIAN, aber auch POLYKLET, LYSIPP u.a.) und christlicher Tradition (Hiob 38, 4f.; Sap. 11, 21 u.a.). Der mittelalterlichen Baukunst sind griechische Verfahren der Proportionierung von Statuen und Gebäuden und Vitruvs Baukunstregeln nicht unbekannt (ALKUIN, KARL DER GROSSE). PLATONS Lehre der Entsprechung von Makrokosmos und Mikrokosmos (⟨Timaios⟩), die christliche Vorstellung der Gottesebenbildlichkeit (1. Mos. 1, 26f.) sowie die an PAULUS (Röm. 5, 14, 18) anknüpfende Typus-Antitypus-Lehre wurden grundlegend für den Begriff des M. im christlichen Mittelalter. In Anlehnung an AUGUSTINUS, dem die christliche Baukunst den Bezug der Proportionen des Kirchengebäudes auf Arche Noah und Leib Christi verdankt, aber auch an hauptsächlich durch VITRUV vermittelte griechische Zahl- und M.-Vorstellungen entwickeln sakrale Kunst und christliches Denken M.-Begriffe, bei denen sich religiöse, ethische und ästhetische Komponenten schwerlich trennen lassen. Ähnliches gilt für Bibelexegese, Theologie und Ikonographie. Der mittelalterlichen Kosmologie gaben antike Harmonie- und Proportionslehren wesentliche Impulse. Seit dem 13. Jh. sind bildliche Darstellungen Gottes als des die M. absteckenden Weltenbaumeisters überliefert.

Auch in der *Renaissance* werden Vorstellungen der antiken M.-Ästhetik (aristotelische und plotinische Lehren) erneuert, so etwa bei den Italienern FICINO und LOMAZZO. Charakteristisch für die beginnende Neuzeit ist die zunehmende Fundierung der Kunst auf Mathematik, auf das numerische M. Der M.-Begriff in den Proportionslehren der Renaissance beruht auf der Vorstellung der Kommensurabilität, des Vergleichens von M.-Verhältnissen, die man in Zahlen erfaßt. Die Untersuchungen der M.-Verhältnisse des menschlichen Körpers durch ALBERTI und LEONARDO DA VINCI – sie fußen wie fast alle Proportionslehren der Renaissance auf Vitruvs Proportionskanon – setzen vorgegebene Harmonieverhältnisse voraus. Dahinter steht der Glaube an Gott als den Schöpfer eines von mathematischen Gesetzen strukturierten Kosmos, damit allen M.es der Natur und aller Schönheit [1].

In Deutschland kann A. DÜRER an die M.-Auffassungen Vitruvs und Albertis anknüpfen. Ziel seiner anthropometrischen Studien ist eine Proportionslehre des menschlichen Körpers (sie erschien 1528) und damit die Entdeckung des menschlichen Schönheits-M. (‹Von der M. der Menschen›) [2]. «Außerhalb rechter M.» sieht er keine gute Kunst: «Außerhalb der Messung oder ohne Kenntnis eines guten M. kann kein gutes Bild gemalt werden.» Das M. des Menschen sucht er mit geometrischen und arithmetischen Methoden zu bestimmen. Er zweifelt nicht daran, daß nur Gott allein weiß, «welches die schönste M. und Gestalt der menschlichen Erscheinung sei» [3]. Seit Dürer haben ‹M.› und viele andere M.-Begriffe auch terminologisch ihren festen Platz in der deutschsprachigen Ästhetik gefunden. Der Begriff ‹M.-Stab› beispielsweise ist für Dürer das im menschlichen Körper sechsmal enthaltene Grund-M.; später löst sich das Wort von dieser konkreten Vorstellung und wird verallgemeinert.

Die *Barockpoetik* kennt M. traditionell als prosodisches M. (M. OPITZ, A. BUCHNER, D. G. MORHOF u. a.) und als formale Angemessenheit der Sprache, als Adäquatheit von poetischem Ausdruck und Sache [4]. CHR. WEISE überträgt, mittelalterliche Traditionen variierend [5], Sap. 11, 21 (Sed omnia in mensura, et numero, et pondere disposuisti) auf den Bereich der Verskunst: «Die Kunst selber bestehet in einer guten PRAEPARATION, und denn in einer geschickten Operation, das ist / wie man im Kupfer-Titul zusehen hat / die Losung ist nicht allein NUMERO & MENSURA, daß man die Worte messen und zehlen lernet / sondern auch PONDERE, daß in den abgemeßnen Worten Krafft und Nachdruck vorhanden ist ... Zu der Praeparation gehoeren erstlich gute REALIA, ferner bequeme Affecten, endlich ein kluges JUDICIUM in den Realien und den Affecten gute M. zuhalten» [6].

Die führende Poetik der *Aufklärung*, J. CH. GOTTSCHEDS ‹Versuch einer critischen Dichtkunst›, verlangt Ähnlichkeit des Erdichteten mit der Realität. Das M. des Dichters zeige sich darin, daß das Dichtwerk der «poetischen Wahrscheinlichkeit» verpflichtet sei: Ein guter Dichter weiß «M. zu halten». Dichterisches Schaffen wird einem Regel-M. unterworfen; das Prädikat ‹regelmäßig› gilt als Qualitätsaufweis für das Kunstwerk [7]. – J. J. BREITINGER empfiehlt die Anwendung des rechten M. als Ausdruck formaler Ökonomie bei verschiedenen gestalterischen Elementen der Dichtung; die biblische M.-Formel aus Sap. 11, 21 wird hier ganz ins Ästhetische gewendet [8].

In der vorkantischen Ästhetik und in den Poetiken des 17. und 18. Jh. gehört das Silben-M. zum festen Themenbestand poetologischer Erörterungen. Dieser prosodische M.-Begriff fußt auf antiker und französischer Tradition (ARISTOTELES, HORAZ, QUINTILIAN, SCALIGER, BOILEAU u.a.). A. G. BAUMGARTEN gibt dieses M. gewöhnlich durch ‹numerus› wieder [9]; ansonsten haben sich die deutschen Begriffe endgültig durchgesetzt. Neben dem prosodischen M. gewinnen in der Frühaufklärung mathematisch-naturwissenschaftliche M.-Begriffe zunehmend Bedeutung, so etwa die lateinischen Begriffe bei LEIBNIZ und das deutsche ‹Maaß› für ‹mensura› bei CHR. WOLFF [10] und H. A. MEISSNER [11]. In Frankreich beklagt D. DIDEROT die Ungenauigkeit korrelativer Ausdrücke bei der Beschreibung der Künste und fordert das Aufsuchen eines «konstanten M.» in der Natur oder anderer quantitativer Parameter, mit deren Hilfe die Künste sprachlich adäquat zu vermitteln seien [12].

Als ästhetischer Begriff spielt ‹M.› in der Aufklärung außer bei Herder keine besondere Rolle. J. J. WINCKELMANN verwendet ihn wiederholt in seinen kunsttheoretischen Schriften über Malerei, Bildhauerei und Architektur der Griechen, meistens im mathematischen Sinne als Längen- und Breiten-M., häufiger auch im Rahmen der Proportionslehre [13], vereinzelt im ästhetischen Sinne als Element der Schönheit: M., Mitte, Proportion und Harmonie der Teile sind Voraussetzungen des Schönen [14]. – In den Denkprozessen der Kunst- und Literaturkritik G. E. LESSINGS, die mittels «anschauender Erkenntnis» im Besonderen das Allgemeine aufsucht, ist M. weniger begrifflich exponierter Terminus technicus als realisiertes formales und geistiges Prinzip, eine vom Kritiker erstrebte Maxime, die im Vernunftbegriff gründet. Es konkretisiert sich im Finden des den Gegenständen jeweils «Angemessenen», des ihnen eigentümlichen M. [15]. Obwohl in Lessings Dramentheorie Einflüsse aristotelischer μεσότης-Vorstellungen nachgewiesen wurden [16], zielt sein Denkansatz nicht auf Ausgleich der Extreme in einem abgemilderten Mittleren, sondern auf das Finden des M. der Vernunft hinter dem geschichtlich je Besonderen ab.

Im geschichtsphilosophischen Kontext seiner ‹Ideen zur Philosophie der Geschichte der Menschheit› [17] verwendet J. G. HERDER den Begriff in mehrfacher Weise, zum Teil allerdings in enger Verknüpfung mit dem ordo-Begriff ‹Mitte›. Bereits in der astronomischen Konstellation der Abhängigkeit der Erde von der Sonne sieht er ein Moment der «Mittelmäßigkeit», ebenso wie er den Menschen selber, mitsamt seinem «mittelmäßigen» Verstand, als «Mittelgeschöpf» darstellt. Beide «Mittelwesen» finden sich aber, wie jegliches Dasein überhaupt, in der «unabsehlichen Harmonie» des Weltenschöpfers aufgehoben. Auch die anthropologischen Vorstellungen Herders sind vom Gedanken des Mittel-M. bestimmt. Als «Mittelgattung» ist die Menschheit dem Tierreich wie der «unsterblichen Humanität» offen; ihren Zweck aber sieht Herder eindeutig im Streben nach «Vernunft, Humanität und Religion», den «drei Grazien des menschlichen Lebens» [18]. Im Menschen selber spiegelt sich die «abgemessene Mannigfaltigkeit» der Weltschöpfung: «Jeder Mensch hat ein eignes M.» [19]. Dieses M. äußert sich ethisch in «freiwilliger Mäßigung» des Trieblebens, organisch im «lebendigen M. und Gegengewicht der Glieder» [20] und psychisch im «Eben-M.» der seelischen Anlagen. Die Durchdrungenheit der menschlichen Bereiche mit Vorstellungen des M. hängt mit zwei Grundannahmen zusammen: mit der Theorie vom Naturgesetz des Eben-M. und mit der Auffassung, der Mensch sei als Kunstwerk organisiert. M. und Mitte sind aber Konstituenten der Schönheit von Natur und Mensch. In der im 15. Buch der ‹Ideen› entwickelten Eben-M.-Theorie formuliert Herder Gesetzmäßigkeiten im Verhältnis von Natur und Geschichte: Die in gestuftem Geschichtsprozeß und heterogener menschlicher Erfahrung angelegten Abirrungen («Verrückungen») werden reintegriert in einen allumfassenden, höchsten Zustand von «Wahrheit, Güte und Schönheit». «Vernunft und Billigkeit» als integrierendes Grundprinzip bewirken, daß die Mannigfaltigkeit divergierender Kräfte, aufs Ganze gesehen, zur Weltharmonie organisiert werden kann: «Die Vernunft mißt und vergleicht den Zusammenhang der Dinge, daß sie solche zum dauernden Eben-M. ordne. Die Billigkeit ist nichts als ein moralisches Eben-M. der Vernunft, die Formel des Gleichgewichts gegen einander strebender Kräfte, auf dessen Harmonie der ganze Weltbau ruht» [21]. Praktische Vernunft ist für Herder «das M. der Wirkung und Gegenwirkung zum gemeinschaftlichen Bestande gleichartiger Wesen» [22]. Wie im Geschichtsverlauf alle menschlichen Kräfte ihr «Orts- und Zeit-M.» in sich tragen, so hat Natur, so haben die Sinne und Kräfte des Menschen ein M. In diesem M.-Verständnis ist Schönheit stets mitzudenken. «Auf M., auf ihm beruhen alle Gesetze der Natur, so wie alle unsre klare und richtige Begriffe, unsre Empfindungen des Schönen und Edlen, die Anwendung unsrer Kräfte zum Guten, unsre Seligkeit, unser Genuß. *M*. allein ziehet und erziehet uns; *M*. macht, erhält und bildet die Schöpfung» [23]. Der Mensch als «Kunstgeschöpf», als «Hauptbild der Kunst und Weisheit» übt mit sinnlicher Wahrnehmung «Meßkunst» aus; sein Erkenntnisdrang spürt der Ordnung und Schönheit der Dinge, der Zahl, dem M. in den Erscheinungen nach. Der einzelne Mensch ist «unausmeßbar»; er untersucht aber das M. der Körperproportionen und entdeckt in ihnen Gesetze der Schönheit. «Schönes M.» und «Eben-M.» des Menschen sieht Herder vollendet in der griechischen Kunst gestaltet; «schönes M.» spricht er auch ihren «Gedanken» zu. Das delphische «M. in allen Dingen» ist ihm ebenso vertraut wie die aristotelische Auffassung von der Schönheit als Mitte zwischen zwei Extremen [24].

In seiner Abhängigkeit von den Empfindungswerkzeugen sieht K. Ph. Moritz das Schöne. Die Natur selbst legte das «M. des Schönen» in Seele und Sinne des Menschen, so daß es ihn vermöge der Einbildungskraft zu Anschauung und Nachahmung anregt [25].

Kant verwendet die Begriffe ‹M.›, ‹M.-Stab›, ‹Grund-M.›, ‹Mittel-M.›, ‹Messung› und ‹Unermeßlichkeit› in der Analytik des Mathematisch-Erhabenen und des Dynamisch-Erhabenen der Natur [26]. Das Erhabene ist schlechthin groß ohne Vergleich mit irgendeinem «objektiven M.». Es handelt sich also nicht um ein logisch-mathematisches Urteil, sondern um ein subjektiv-ästhetisches, das allerdings gleich theoretischen Urteilen jedermanns Beistimmung verlangt. Das Mathematisch-Erhabene, dem kein M.-Stab außer ihm angemessen ist, ist daher «nicht in den Dingen der Natur, sondern allein in unsren Ideen zu suchen» [27]. Zur Vorstellung des Erhabenen gehört die Idee der Unendlichkeit, die durch Unangemessenheit jedes mathematischen M. gekennzeichnet ist. Allein die Natur als absolutes Ganzes, d.h. als Idee der Vernunft, kann «M.-Stab» der Beurteilung des Erhabenen sein; im Sinne des mathematischen M. ist diese Idee allerdings maßlos, weil sie jeden M.-Stab der Sinne, des Verstandes zur Unendlichkeit hin übersteigt. Beim Dynamisch-Erhabenen erfahren wir als Naturwesen unsere Ohnmacht, indem wir gleichzeitig unsere Überlegenheit über die Natur durch unsere Vernunft erkennen.

In der deutschen *Klassik und Romantik* und der zeitgenössischen Philosophie des deutschen *Idealismus* begegnet ‹M.› zugleich als theoretischer wie als normativer ästhetischer Begriff. Schiller nimmt die Bedeutung des M. in Kants Bestimmung des Erhabenen auf. In der Betrachtung ‹Von der ästhetischen Größenschätzung› [28] unterscheidet er das M. der Gattungsgröße bei den Werken der Natur vom M. der Zwecke und Ursachen bei den Werken der Freiheit. Das erstere ist «aus einer Reihe von Erfahrungen abgezogen», während wir beim letzteren auf die «hervorbringende Kraft» hingewiesen werden, «welche moralisch oder doch einem moralischen Wesen angehörig ist» [29]. In all diesen Fällen handelt es sich jedoch um vergleichende, also logisch-rationale Größenschätzung: Selbst wenn der zugrunde liegende M.-Stab subjektiv ist, bleibt die Verhältnisbestimmung, d.h. der messende Vergleich, objektiv. Davon unterscheidet Schiller die ästhetische Größenschätzung, die sich auf das subjektive Empfindungsvermögen bezieht. «Derjenige Gegenstand, der mich mir selbst zu einer unendlichen Größe macht, heißt erhaben» [30]. Das Subjekt als Vernunftwesen wird sich selbst zum M. Dies bewirken Gegenstände, die Einheit zeigen und «uns das höchste sinnliche M., womit wir alle Größen zu messen pflegen, völlig unbrauchbar machen» [31]. Der Schönheit und Grazie kommt mäßigende Wirkung zu [32], und «glückliches Gleich-M.» ist die «Seele der Schönheit» [33].

Als Kategorie der plastischen Kunst führt Schelling Wahrheit, Anmut und vollendete Schönheit auf. Anmut beruht auf «M. und Verhältnis der Teile»; diese bewirken den «sinnlich-schönen Stil». Die als Proportion zu denkende Schönheit der Verhältnisse soll moderne Kunst am Beispiel der griechischen Plastik studieren, und Winckelmann hat den Weg zur Erneuerung dieser vollendeten Schönheit gewiesen. Ihre Vollendung besteht in der «Einbildung des Unendlichen ins Endliche» [34].

In der ‹Wissenschaft der Logik› behandelt Hegel M. sehr ausführlich und definiert es als Einheit des Qualitativen und Quantitativen. In den ‹Vorlesungen über Ästhetik› nimmt er diesen Gedanken auf: «Das M. nämlich ist die Quantität, insofern sie selbst wieder qualitativ bestimmend wird, so daß die bestimmte Qualität an eine quantitative Bestimmtheit gebunden ist. Regelmäßigkeit und Symmetrie beschränken sich hauptsächlich auf Größebestimmtheiten und deren Gleichförmigkeit und Ordnung im Ungleichen» [35]. Das qualitative Element im M.-Begriff wird deutlich, wenn Hegel M. als Kennzeichen der Kunst in ihrer höchsten Form, als Vermittlung des Absoluten, die in der klassischen Kunstform erreicht wird, begreift. Diese Bestimmung geht aus den Merkmalen «M.-Losigkeit» und «Unangemessenheit» hervor, die Hegel wiederholt der symbolischen Kunst zuordnet [36]. «Während sich ... die symbolische Kunst in tausend Formen umherwirft, ohne die schlechthin gemäße treffen zu können, und mit ausschweifender Einbildungskraft ohne M. und Bestimmung umhergreift, um der gesuchten Bedeutung die immer fremdbleibenden Gestalten anzupassen, ist der klassische Künstler auch hierin in sich beschlossen und begrenzt» [37].

Als Begriff der Kunst- und Literaturkritik des 18. Jh. findet ‹M.› nicht nur auf die griechische Antike Anwendung (vgl. Lessings und Winckelmanns Laokoon-Studien). Zunehmend belegt man auch Kunstwerke mit diesem Attribut, die griechischem M.- und Schönheitsideal verpflichtet sind. In der Literaturkritik der frühen Romantik preist A. W. Schlegel «M., Verhältnis und Ordnung» der ‹Ilias›, aber auch die Mäßigung der Sprache in Goethes ‹Hermann und Dorothea› [38]. Für Fr. Schlegel ist M. ein Hauptkennzeichen des darstellerischen Vermögens Goethes [39]; der ‹Wilhelm Meister› gilt ihm als Gipfel der Poesie überhaupt. Auch Jean Paul bewundert Goethes M., seine «griechische Seelen-Metrik» [40]. Jean Pauls ästhetischer M.-Begriff ist historisch differenziert: Schönheit entstammt einerseits dem griechischen Ideal von Mäßigkeit, Eben-M. und Einfachheit, andererseits ist romantische Poesie christlichen Ursprungs und kennt das Schöne ohne Begrenzung, das unermeßliche «Reich des Unendlichen». Hier beginnt bereits das Erhabene als das «angewandte Unendliche».

Die Weimarer Jahre Goethes und seine klassischen Werke beruhen auf einem säkularisiert religiösen M.-Begriff als der Folge der Erkenntnis ewiger Naturgesetze

[41]. Dieser klassische M.-Begriff beeinflußt noch in der nachromantischen Zeit das Kunstschaffen von Dichtern, deren von tiefem M.-Bewußtsein durchdrungene Werke man als Reaktionen auf die maßlosen «romantischen Ekstasen» aufgefaßt hat (MÖRIKE, KELLER, STIFTER), bei denen das M. aber auch als hypostasierte Gegenwelt zur erfahrenen Realität museal erstarrte [42].

Der prosodische M.-Begriff, den K. PH. MORITZ in seinem ‹Versuch einer deutschen Prosodie› (1786) erstmals für die deutsche Sprache angemessen definieren kann, erfährt im frühen 19. Jh. durch A. W. SCHLEGELS ‹Briefe über Poesie, Silben-M. und Sprache› eine Vertiefung im romantischen Sinne, insofern gezeigt wird, daß «das Silben-M. keineswegs ein äußerlicher Zierat, sondern innig in das Wesen der Poesie verwebt ist» [43]. Silben-M. bzw. Zeit-M. sind sinnfällige Zeichen des gemeinsamen Ursprungs von Musik, Tanz und Poesie, Ausdruck eines «inneren Gesetzes», des M. der Folge im «geordneten Rhythmus der Bewegungen und Töne», dessen der Mensch als körperliches und geistiges Wesen bedarf. «Bewegung mit einer Zugabe von Zahl ist M. Mit einer Zugabe von Ausdehnung ist [sie] Gestalt», notiert FR. SCHLEGEL [44]. Für JEAN PAUL ist das Silben-M. «die Melodie des Wohlklangs» und auch der Prosa nicht gänzlich fern [45]. In HEGELS ‹Ästhetik› finden sich ausführliche Erörterungen des musikalischen und poetischen Zeit-M. innerhalb der Analyse der romantischen Künste [46]. Dem harmonischen Zeit-M. der Musik stellt CH. H. WEISSE im Gegensatz zu Hegels System das rationale M. der architektonischen Schönheit mit den zwei Bestimmungen der Symmetrie und der Statik an die Seite, analog zum Proportionskanon im Bereich der Skulptur, dem M.-Verhältnis der Teile der menschlichen Gestalt [47]. Weisse sieht in der Schönheit ein M.-Verhältnis der natürlichen Quantitäts- und Qualitätsbestimmungen. «Die Schönheit ist ... wesentlich eine Regel oder ein Kanon; worunter wir ein solches M.-Verhältnis verstehen, in welchem das Messende und das Gemessene nicht abstrakt qualitative oder quantitative Bestimmungen, sondern selbst M.-Verhältnisse solcher Bestimmungen sind.» Schönheit ist nicht nur M., sondern auch «ein M. der M.e». Der Kanon der Schönheit erstreckt sich auf die M.-Verhältnisse der endlichen Erscheinungen. Andererseits ist er «die ausdrückliche Negativität ... des gesamten Begriffs endlicher M.-Verhältnisse». Diese Negativität besteht «in dem Unendlichen oder Irrationalen der schönen Verhältnisse, an denen sowohl das Quantitative ein über den Calcul hinausgehendes und durch keine Analysis aufzufindendes, als auch das Qualitative ein nicht durch den Verstand, der die endlichen Unterschiede bestimmt, zu unterscheidendes, sondern der Phantasie eigentümliches ist» [48].

FR. TH. VISCHER nimmt den M.-Begriff bei der Bestimmung des Erhabenen auf. Indem er das Schöne als reine Form auffaßt und diese auf ein genau begrenztes M. der Verhältnisse des Gebildes festlegt, kann er es vom Erhabenen abheben: Das M. des Schönen überschreitet das Erhabene ins Unendliche hin. Erhabenheit ist, wie bei Kant, im Vergleich zum Schönen quantitativ: Vischer sieht es als Größe des Raumes, der Zeit und der Kraft (Bewegung). «Im Erhabenen des Subjekts nun erscheint dieses M. zugleich als gesetzt und, in der Vergleichung mit dem M. des Willens in anderen Subjekten, als aufgehoben» [49]. Die subjektive Existenz des Schönen erfährt eine Kennzeichnung durch das «M. der Phantasie»; «messende Phantasie» wird der symbolischen Kunst des Morgenlandes zugeordnet [50]. Erst das klassische Ideal der griechischen Plastik erreicht das schöne M. in harmonischer Vollendung. Akte des Messens sind bei der Komposition eines Kunstwerks unerläßlich; dies gilt besonders für Baukunst («Kunst des messenden Sehens») und Musik [51]. Prinzipiell gibt es für das Schöne aber keine bestimmte «M.-Norm».

Zu einer ganz anderen Auffassung des M.-Begriffs gelangt die *hedonistische* Ästhetik G. TH. FECHNERS, dem es darum geht, durch verschiedene Methoden des Messens experimentell-induktiv das M. der wohlgefälligsten Formen von Kunst- und Gebrauchsgegenständen zu erforschen, das die höchste ästhetische Lust bewirkt (z. B. goldener Schnitt), und daraus Prinzipien des ästhetischen Eindrucks abzuleiten [52]. Der Zusammenhang dieses Ansatzes mit Fechners Psychophysik, insbesondere mit den Forschungen zu einer «M.-Formel der Empfindungen», ist deutlich.

FR. NIETZSCHES Zuordnung des M. zum Apollinischen (s.d.) und des Über-M. zum Dionysischen in der Kunst [53] ist nicht nur für den späteren Entwurf des «Übermenschen» von Bedeutung, der die gewohnten Wertsetzungen sprengt, sondern erschüttert auch das einseitige, nur maßorientierte (d.h. apollinische) Griechenlandbild Winckelmannscher Provenienz.

Daß Über-M. künstlerische Vollendung darstellen kann, hat von *neukantianischer* Position her H. COHEN vertreten. Allerdings ist ein anderes Über-M. als das dionysische gemeint: «Wer in diesem Über-M. nicht das Grund-M. zu erfühlen vermag, der schränkt die Liebe ein, welche in der Musik nicht geringer als in jeder anderen Kunst den Begriff des Menschen in der Seelenkraft seines Gefühls zu pflegen, zu verwalten, zu mehren, zu erhöhen, zu erzeugen hat» [54]. – Innerhalb der neukantianischen Tradition findet sich in J. COHNS Ästhetik eine Neuformulierung des antiken Topos vom M. in allen Dingen aus wertphilosophischer Sicht. Nach Cohn läßt sich der Wert des Schönen nicht, wie Vertreter der psychologischen Ästhetik behaupteten, von außen festlegen. Das M. des Schönen liegt in ihm selbst, ist ihm immanent. Seiner Gestaltung wird aber «Angemessenheit» zur Auffassung des Rezipienten abverlangt [55].

In *marxistischem* Denken ist der M.-Begriff im wesentlichen den Ansätzen in Hegels ‹Logik› und der Erörterung des Unterschieds von Mensch und Tier in den ‹Ökonomisch-philosophischen Manuskripten› (1844) verpflichtet. Dort hatte MARX formuliert: «Das Tier formiert nur nach dem M. und dem Bedürfnis der species, der es angehört, während der Mensch nach dem M. jeder species zu produzieren weiß und überall das inhärente M. dem Gegenstand anzulegen weiß; der Mensch formiert daher auch nach den Gesetzen der Schönheit» [56]. – Für den Bulgaren T. PAWLOW ist dieses künstlerische M. ein «dialektisches M.», das aus der bloßen ästhetischen Realität als eines sinnlich-wahrnehmbaren Abbilds erst ein wirkliches Kunstwerk macht: der Künstler trägt in das ästhetische Abbild «1. das M. seiner Gesellschaft und Zeit und 2. sein persönlich-individuelles M., seine persönlich-individuelle Seele, sein persönlich-individuelles Ich, seine persönlich-individuelle Art hinein, sich in der Welt zu orientieren und auf sie einzuwirken». Das M. ist nicht mit der Originalität des Kunstwerks identisch, sondern «stellt den Faktor im künstlerischen Schaffen und bei der Aufnahme von Kunstwerken dar, der dem Kunstwerk den intimsten und bereits unwiederholbaren Charakter gibt und dadurch die Konkretheit des Kunstwerkes auf die höchstmögliche Stufe führt». Kunst ist im Prinzip Erkenntnis und vermittelt auf ihre Weise «die Wahrheit ihrer Zeit und Gesellschaft»; dem «ästhetischen M.» entspricht das «logische M.» wissenschaftlicher und philosophischer Erkenntnis [57]. – Dem Einbezug des «ästhetischen M.» einer Epoche, einer Klasse, einer Künstlerpersönlichkeit in die Kunstentwicklung schließt sich auch E. JOHN an [58]. – Einen axiologisch-marxistischen Ansatz vertritt der Sowjetrusse M. KAGAN. Die individuelle Unwiederholbarkeit der formalen Struktur eines ästhetischen Objekts sieht er dialektisch im «M. seiner Organisiertheit, seiner inneren Ordnung und Gesetzmäßigkeit und des individualisierenden Elements der Zufälligkeit, der Unrichtigkeit, der Willkür» gegeben. Der Mensch erfaßt im Objekt «das ihm entsprechende M. sowohl im Prozeß des Schaffens von Schönheit als auch im Prozeß ihrer Wahrnehmung» [59]. – Daß der M.-Begriff in der zeitgenössischen marxistischen Ästhetik (wie in der bürgerlichen) einer präzisen inhaltlichen Bestimmung nicht immer standzuhalten vermag, deutet die Umbenennung an, die W. GIRNUS mit der von Hegel und Marx abgeleiteten Bestimmung des M. als Einheit von Qualität und Quantität vornimmt. Er sieht es als «optimale M.-Beziehung», als Gesetz von «Funktion und Struktur», dem jedes Objekt, auch das vom Menschen geschaffene, unterworfen ist [60].

Den Verlust des ethisch-ästhetischen M. als Signatur der Moderne und besonders des *20. Jh.* diagnostiziert H. SEDLMAYR als Anzeichen zunehmender Enthumanisierung. «Die Kunst strebt fort vom Menschen, vom Menschlichen und vom M.»; sie bedarf einer neuen menschlichen Mitte als des «eigentlichen M.» ihrer Erneuerung [61]. – Den traditionellen Bestimmungen des Schönen, zu denen M. von Anfang gehörte, gesteht TH. W. ADORNO nur so lange ihre Berechtigung zu, als ihnen die «Sinnhaftigkeit des Daseienden und des Weltlaufs» ein Wahrheitsäquivalent geboten hat. Dem entfremdeten Individuum der Gegenwart aber ist M. als ästhetische Kategorie fragwürdig geworden. Anders als Sedlmayr beklagt Adorno nicht die M.-Losigkeit des Individuums, sondern er sagt vielmehr der «Ästhetik des Wohlgefallens» und mithin der unreflektierten Tradierung formalästhetischer, historischer Kunstnormen angesichts einer «unbefriedeten Gesellschaft» ab und bestimmt ihre Wirkung in der Moderne als Negation: indem sie vermieden und außer Kraft gesetzt werden. Ihr «eigenes M.» besitzen Kunstwerke aber in dem Sinne, als über ihren Rang kein «ihnen Äußerliches» bestimmen darf [62].

Auf der Basis der von dem amerikanischen Mathematiker G. D. BIRKHOFF in den Jahren 1928–1933 vorgelegten Studien zu einer numerischen Ästhetik [63] entwickelte die Informationsästhetik die Kategorie des «ästhetischen M.». Birkhoffs Ansatz, Ästhetizität mittels eines Quotienten von Ordnung und Komplexität durch Zahlenwerte (M.e) zum Ausdruck zu bringen (vgl. die Formel $M = O:C$), wurde von M. BENSE und R. GUNZENHÄUSER zu einer exakten M.-Ästhetik erweitert, in der M. zugleich als Meßwert und als ästhetische Kategorie aufgefaßt wird [64]. In den deskriptiven Verfahren der Informationsästhetik «werden auf (ästhetische) Objekte (Meß-)Verfahren der Statistik und der Informationstheorie angewandt und Informationsgehalte, Auffälligkeits-M.e, Entropien oder sonstige numerische Vergleichsgrößen bestimmt. Durch geeignete Verknüpfung und Gewichtung dieser Meßwerte lassen sich ... bestimmte 'ästhetische M.' aufstellen, die dann (gemittelte) Urteile über die einzelnen Objekte einer betrachteten Klasse gestatten» [65]. Durch Differenzierung von makro- und mikroästhetischen M.-Funktionen (das sind unmittelbar meßbare Größen und statistische Mittelwert-M.), von Redundanz- und Innovations-M.en führen Bense, Moles, Gunzenhäuser u. a. die konsequente Mathematisierung der informationsästhetischen Theorie weiter, ohne indes auf den Rückbezug auf traditionelle ästhetische Kategorien wie Gestalt, Originalität und Stil gänzlich zu verzichten.

Anmerkungen. [1] S. BRAUNFELS u.a.: Der 'vermessene' Mensch. Anthropometrie in Kunst und Wiss. (1973) 33ff. – [2] A. DÜRER, Schriftl. Nachlaß, hg. R. RUPPRICH 2: Das Lb. der Malerei (1966) 145f.; 3: Die Lehre von menschl. Proportion (1969) 438. – [3] a.O. 3, 285. 293. – [4] M. OPITZ: Buch von der Dtsch. Poeterey (1624), neu hg. R. ALEWYN (1963) 8. 17. 22. 30. – [5] Belege für das MA bei H. RÜCKER: *Mâze* und ihre Wortfamilie in der dtsch. Lit. bis um 1220 (1975) 294-296. – [6] M. SZYROCKI (Hg.): Poetik des Barock (1977) 237. – [7] J. CH. GOTTSCHED: Versuch einer crit. Dichtkunst vor die Deutschen (1730, ⁴1751, ND 1962) 143f. – [8] J. J. BREITINGER: Crit. Abh. von der Natur, den Absichten und dem Gebrauche der Gleichnisse (1740, ND 1967) 160ff. 241. 330f. – [9] A. G. BAUMGARTEN: Meditationes philosophicae de nonnullis ad poema pertinentibus (1735) §§ 101-103 u.ö. – [10] CHR. WOLFF: Math. Lex. (1716), hg. J. E. HOFMANN (1965). – [11] H. A. MEISSNER: Philos. Lex. aus Christian Wolffs sämtl. dtsch. Schr. (1737, ND 1970). – [12] D. DIDEROT: Art. ‹Art›, Untertitel: ‹De la langue des arts›, in: Encyclop. 1 (1751) 7166f. – [13] J. J. WINCKELMANN: Kleine Schr. zur Gesch. der Kunst des Altertums (1764), hg. W. SENFF (1964) 148-155. 189. 209f. – [14] a.O. 123. – [15] I. STROHSCHNEIDER-KOHRS: Vom Prinzip des M. in Lessings Kritik (1969) 35-37 u.a. – [16] W. RITZEL: Gotthold Ephraim Lessing (1966) 150; H. MAYER: Lessing und Arist., in: Festschr. B. Blume (1967) 71. – [17] J. G. HERDER: Ideen zur Philos. der Gesch. der Menschheit 1-4 (1784-1791). Werke, hg. B. SUPHAN 13. 14 (1877-1913). – [18] a.O. 13, 18. 68. 71. 197. 387. – [19] 13, 28. 291. – [20] 13, 156; vgl. 222. 225. 294; 14, 644. – [21] 14, 227; 13, 209; 14, 225-234, zit. 234. – [22] 14, 246. – [23] 14, 83; 13, 339f.; 20, 368. – [24] 13, 69. 137f. 143. 148. 253; 14, 105. 113. 211. 645; 17, 377f. – [25] K. PH. MORITZ: Über die bildende Nachahmung des Schönen (1788, ND 1968) 13f. – [26] I. KANT, KU I: Kritik der ästhet. Urteilskraft. Akad.-A. 5, §§ 25-28. – [27] a.O. § 25. 5, 250. – [28] FR. SCHILLER: Zerstreute Betracht. über verschiedene ästhet. Gegenstände (1793). National-A. 20 (1962) 230-240. – [29] a.O. 20, 232. – [30] 20, 235. – [31] 20, 238. – [32] Über Anmut und Würde (1793) a.O. [28] 20, 305; Über die notwendigen Grenzen beim Gebrauch schöner Formen (1795) a.O. 21, 22. – [33] Über die ästhet. Erziehung des Menschen in einer Reihe von Briefen (1795) a.O. 20, 399. – [34] F. W. J. SCHELLING, Werke, hg. M. SCHRÖTER Erg.Bd. 3 (1959) 253-264. – [35] G. W. F. HEGEL: Vorles über die Ästh. (1835-1838), hg. F. BASSENGE 2 (1955) 139. – [36] a.O. 1, 83. 304. 312. 331. 367. – [37] 425. – [38] A. W. SCHLEGEL: Goethes Hermann und Dorothea (1798). Krit. Schr. und Br., hg. E. LOHNER 1 (1962) 44. 47. 63. – [39] FR. SCHLEGEL: Über das Studium der griech. Poesie (1797). Krit. Schr., hg. W. RASCH (1956, erw. 1964) 146. – [40] JEAN PAUL: Vorschule der Ästh. (1804), hg. N. MILLER (1963) 253. – [41] B. BÖSCHENSTEIN: Ekstase, M. und Askese in der dtsch. Dicht., in: Stud. zur Dicht. des Absoluten (Zürich 1968) 90f. – [42] a.O. 92f. – [43] A. W. SCHLEGEL: Br. über Poesie, Silben-M. und Sprache (1795) a.O. [38] 1, 147; weitere Belege auch in: Vorles. über schöne Lit. und Kunst (1884) a.O. 2, 104f. 106. 232. 270-282: ‹Vom Silben-M.›. – [44] FR. SCHLEGEL: Philos. Frg. (1797-1801). Krit. A., hg. E. BEHLER 18 (1963) 139: Frg. 214. – [45] JEAN PAUL, a.O. [40] 322f. – [46] HEGEL, a.O. [35] 2, 264f. 279-298. 378-397. 528. – [47] CH. H. WEISSE: System der Ästh. als Wiss. von der Idee der Schönheit (1830, ND 1966) §§ 44. 52. 55. – [48] a.O. § 18-19; Schönheit als das M. des Gemessenen schon bei K. W. F. SOLGER: Erwin (ND 1970) 47. – [49] FR. TH. VISCHER: Aesth. oder Wiss. des Schönen (1846-1857), hg. R. VISCHER (1922/23) § 87. 103. – [50] a.O. § 408ff. 430. – [51] §§ 493ff. 553ff. – [52] G. TH. FECHNER: Zur exp. Ästh., in: Abh. kgl.-sächs. Ges. Wiss. 9 (1871) 553-635; Vorschule der Ästh. (1876). – [53] FR. NIETZSCHE: Die Geburt der Tragödie aus dem Geiste der Musik (1871). Werke, hg. K. SCHLECHTA 1 (1954) 33ff. – [54] H. COHEN: Ästh. des reinen Gefühls (1912) 191. – [55] J. COHN: Allg. Ästh. (1901) 23. 27 u.ö. – [56] K. MARX und FR. ENGELS: Über Kunst und Lit., hg. M

KLIEM 1 (1967/68) 116. – [57] T. PAWLOW: Die Widerspiegelungstheorie. Grundfragen der dialekt.-materialist. Erkenntnistheorie (bulgar. Sofia 1962, dtsch. 1973) 514-517. – [58] E. JOHN: Probleme der marxist.-leninist. Ästh., in: Ästh. der Kunst (1967) 51-54. – [59] M. KAGAN: Vorles. zur marxist.-leninist. Ästh. (russ. Leningrad 1971, dtsch. 1974) 98-104. – [60] W. GIRNUS: Zur ‹Ästh.› von G. LUKÁCS (1972) 21f. – [61] H. SEDLMAYR: Verlust der Mitte (1950) 151. 215. – [62] TH. W. ADORNO: Ästhet. Theorie (1970) 77f. 253. 432ff. – [63] Vgl. bes. G. D. BIRKHOFF: Aesthet. measure (Cambridge, Mass. 1933). – [64] M. BENSE: Einf. in die informationstheoret. Ästh. (1969); R. GUNZENHÄUSER: M. und Information als ästh. Kat. (1975). – [65] GUNZENHÄUSER, a.O. 10.

H. RÜCKER

III. ‹M.› als naturphilosophischer Begriff. – Die Entwicklung des M.-Begriffes nimmt seit der antiken Proportions- und Vermessungslehre eine zentrale Stellung in Mathematik-, Physik- und Philosophiegeschichte ein.

1. Dabei bilden die praktischen M.- und Berechnungsprobleme der altorientalischen Kulturen eine wichtige Voraussetzung für die *antike* Geometrie- und Physikentwicklung [1].

a) In der *Geometrie* bilden die *Pythagoreer* eine erste M.-Theorie aus, wonach alle geometrischen Verhältnisse durch rationale Zahlenverhältnisse darstellbar sind und daher kosmologisch alles Seiende der Welt in rationaler Harmonie geordnet ist [2]. Die pythagoreische M.-Theorie wird erschüttert durch die Entdeckung des Irrationalen am Verhältnis $\sqrt{2}$ zwischen Seite und Diagonale eines Quadrats. Während THEODOROS VON KYRENE die Irrationalität der Quadratwurzeln von 3, 5, ..., 17 einzeln beweist [3], formuliert EUDOXOS VON KNIDOS zunächst ein allgemeines Meßbarkeitsaxiom: Für zwei beliebige Strecken $a<b$ läßt sich eine Anzahl n angeben mit $n \cdot a > b$. Ein weiteres Axiom definiert allgemein ein Streckenverhältnis auch für inkommensurable Größen: Zwei Streckenverhältnisse $a:b$, $a':b'$ sind gleich, wenn sie für beliebige natürliche Zahlen m und n, welche die in der ersten Zeile stehenden Beziehungen erfüllen, immer auch die darunter gesetzte Relation erfüllen:

(1) $n \cdot a > m \cdot b$ (2) $n \cdot a = m \cdot b$ (3) $n \cdot a < m \cdot b$
     $n \cdot a' > m \cdot b'$ $n \cdot a' = m \cdot b'$ $n \cdot a' < m \cdot b'$.

Auf diesen Axiomen ruht nicht nur EUKLIDS Proportionenlehre, sondern auch die auf DEDEKIND zurückgehende Präzisierung der reellen Zahl [4].

b) In der *Physik* führt ARCHIMEDES VON SYRAKUS das Messen von Gewichten mit der Balkenwaage auf die Proportionsverhältnisse von Gewichten und Balkenlänge zurück [5]. Vorausgesetzt wird der erste Satz der archimedischen Statik, wonach gleichschwere Größen, in gleicher Entfernung vom Unterstützungspunkt des Waagebalkens wirkend, im Gleichgewicht sind. Dieser Satz gilt aber nicht schon a priori aufgrund der geometrischen Symmetrie (ARCHIMEDES) oder des Satzes vom zureichenden Grund (LEIBNIZ), sondern setzt zusätzlich Erfahrungsergebnisse voraus, wie z. B. die Unabhängigkeit von der Stellung des Beschauers, die Auswahl der bewegungsbestimmenden Momente (MACH) oder die Homogenität des Schwerefeldes (EINSTEIN) [6].

c) In PLATONS *Naturphilosophie* werden die fünf maßgleichen (regulären) Körper des Euklidischen Raumes (Tetraeder, Würfel, Oktaeder, Ikosaeder, Dodekaeder) verwendet, um die Symmetrie des Universums zu beschreiben [7]. Noch KEPLER versucht im ‹Mysterium Cosmographicum› die Entfernungen im Planetensystem auf die platonische Symmetrie der regulären Körper zurückzuführen. Mathematisch findet die Euklidische Lehre von den regulären Körpern ihre Fortsetzung in den gruppentheoretischen Untersuchungen über Drehungssymmetrien bei E. GALOIS, F. KLEIN und A. SPEISER [8].

2. In der *neuzeitlichen* Geometrie-, Physik- und Philosophiegeschichte wird Meßbarkeit zur kategorialen Voraussetzung eines jeden naturwissenschaftlichen Forschungsgegenstandes überhaupt erhoben [9].

a) Seit DESCARTES' *analytischer Geometrie* werden Zahlenkoordinaten zur Festlegung des Euklidischen Raumes und Vermessung der Raumfiguren eingeführt. Als geometrischer Grundbegriff wird nun das M. für Punktabstände betrachtet, dem bei Descartes metaphysisch die Ausdehnung der Körper als eingeborener Idee entspricht [10]. In der *Mechanik* schlägt Descartes als *Kraft-M.* eines mit der Geschwindigkeit v bewegten Körpers der Masse m die Formel $m \cdot v$ vor. Demgegenüber bezeichnet LEIBNIZ $m \cdot v^2$ als M. der lebendigen Kraft, während er den Druck eines ruhenden Körpers als tote Kraft bezeichnet [11]. Während KANT 1747 beide Positionen als geometrisch-mathematischen (Descartes) und metaphysischen Standpunkt (Leibniz) interpretiert [12], weist D'ALEMBERT 1743 darauf hin, daß physikalisch nur unterschiedliche Größen – nämlich der Impuls $m \cdot v$ und die kinetische Energie $\frac{1}{2} m \cdot v^2$ – angesprochen sind [13]. Ein M. für Massen wird weder von Descartes noch von Leibniz genannt.

b) Während die Grundbegriffe der Mechanik (z. B. Raum, Zeit, Kraft, Masse bei NEWTON) und ihre Rechnungsausdrücke im 18. Jh. bereits weitgehend bestimmt waren, wird die *Wahl einheitlicher M.-Einheiten* bis in die Gegenwart diskutiert [14]. Dabei ist die Reproduzierbarkeit der M.-Einheiten eine wichtige Voraussetzung. Im einzelnen wird der Meter als Länge des in Paris aufbewahrten Platin-M.-Stabes (bei 0° C nahezu $\frac{1}{10}^7$ des Erdmeridianquadranten), als Zeiteinheit die Sekunde (mittlere Sonnenzeit, Sternzeit, Atomzeit) gewählt. Als M.-Einheit der Masse kann das Pariser Platinkilogrammstück (mit nahezu der Masse eines Kubikdezimeters Wasser von 4° C) bestimmt werden. Die Kraft K, mit welcher dieses Stück von der Erde angezogen wird, ist dann wegen der Kraftgleichung $K = m \cdot g$ in Paris 9,808. Die M.-Einheit der Kraft ist dann diejenige Kraft, welche in 1 Sekunde der Masse des Kilogrammstücks einen Geschwindigkeitszuwachs von 1 Meter pro Sekunde erteilt.

c) M.-Einheiten wie der Pariser M.-Stab sind *praktisch-starre Körper*, deren Bewegungen in der homogenen Ebene oder Kugeloberfläche nach HELMHOLTZ durch die Axiome der absoluten Geometrie beschrieben werden [15]. Die von EINSTEIN geäußerte physikalische Hypothese, wonach sich praktisch-starre Körper bei Bewegungen mit nahezu Lichtgeschwindigkeit verkürzen, bedeutet jedoch keine Revision der euklidischen Metrik. Vielmehr liegt dem homogenen Minkowski-Modell der *speziellen Relativitätstheorie* die euklidisch-pythagoreische Metrik zugrunde [16]. Werden allerdings wie in der *allgemeinen Relativitätstheorie* Massenbeschleunigungen durch inhomogene (d.h. zeitlich und örtlich sich verändernde) Gravitationsfelder berücksichtigt, so gelten die Bedingungen der speziellen Relativitätstheorie nur lokal für sehr kurze Raum- und Zeitabschnitte (z. B. auf der Erde). Dem entspricht geometrisch die lokale Geltung der Euklidischen Metrik in RIEMANNS Differentialgeometrie [17].

d) Seit dem 19. Jh. wurden M.-Größen auch für die *Physiologie* und *empirische Psychologie* entwickelt. Ein erster Schritt war das 1834 von E. H. WEBER entwickelte Gesetz zur Bestimmung des kleinsten Reizzuwachses, der einen wahrnehmbaren Empfindungszuwachs hervorruft. Weber fand die Unterschiedsschwelle ΔE der Empfindung proportional dem relativen Reizzuwachs $\Delta S/S$ mit der Ausgangsreizstärke S, d. h. $\Delta E = k \cdot \Delta S/S$. Danach ist in gewissen Bereichen der Reizstärken die Unterschiedsschwelle jeweils bei 3% Zuwachs der Druckreizstärke, 1–2% Zuwachs der Lichtstärke und 10% Zuwachs der Konzentration eines Geschmacksreizstoffes. – G. TH. FECHNER erhielt durch Integrieren der Weberschen Regel über ΔS das *psycho-physische Grundgesetz* $E = K' \cdot \log S$, wonach logarithmische *M.-Skalen der Reizstärke für Empfindungen* entwickelt werden konnten, wie z. B. die Phon-Skala für die Lautstärke von Tönen [18].

e) In der *Wissenschaftstheorie* wird mit Rückgriff auf Kant die Frage diskutiert, ob bei der empirischen Festsetzung der M.-Einheiten zur Raum- und Zeitmessung bereits apriorische Voraussetzungen gemacht werden müssen, wie z. B. die eindeutige Reproduzierbarkeit homogener Raumformen oder der gleichförmigen Bewegung [19].

Anmerkungen. [1] F. KRAFFT: Gesch. der Naturwiss. 1 (1971) 63ff. – [2] Vgl. PHILOLAOS, VS B 11; auch bei O. BECKER: Grundl. der Math. in gesch. Entwickl. (1954) 106. – [3] PLATON, Theaetet 147 d. – [4] Vgl. Art. ‹Kontinuum, Kontinuität IV›. – [5] T. L. HEATH (Hg.): The works of ARCHIMEDES (1912) 189ff. – [6] E. MACH: Die Mechanik – hist.-krit. dargestellt (1933) 10f.; vgl. F. KAMBARTEL: Der Satz vom zureichenden Grund und das Begründungsproblem der Mechanik. Z. philos. Forsch. 20 (1966) 457–470. – [7] PLATON, Timaios 53 d f. – [8] K. MAINZER: Symmetrie und Invarianz, in: Akten 16. Weltkongr. Philos. 1978 (im Druck). – [9] E. CASSIRER: Das Erkenntnisproblem 1 (1911) 453f. – [10] R. DESCARTES, Regulae R XIV. Werke, hg. ADAM/TANNERY 10, 438. – [11] G. W. LEIBNIZ, Specimen dynamicum. Math. Schr., hg. C. I. GERHARDT 6, 234ff. – [12] I. KANT: Gedanken von der wahren Schätzung der lebendigen Kräfte (1747). Akad.-A. 1, 1-182; F. KAULBACH: Die Met. des Raumes bei Leibniz und Kant (1960) 68. – [13] J. L. R. D'ALEMBERT, Traité de dynamique. Oeuvres compl. 1 (1821) 398f. – [14] E. MACH: Die Rechnungsausdrücke und M.e der Mechanik a.O. [6] 291f. – [15] H. V. HELMHOLTZ, Über die Tatsachen, die der Geometrie zugrunde liegen. Schr. zur Erkenntnistheorie, hg. P. HERTZ/M. SCHLICK (1921) 42. – [16] H. LORENTZ, A. EINSTEIN und H. MINKOWSKI: Das Relativitätsprinzip (1920) 64. – [17] S. WEINBERG: Gravitation and cosmol. (1972) 147. – [18] G. TH. FECHNER: Elemente der Psychophysik 1. 2 (1860); vgl. M. WENTSCHER: Fechner und Lotze (1925); R. F. SCHMIDT und G. THEWS (Hg.): Physiol. des Menschen (^{18}1976) Kap. IX. – [19] G. BÖHME (Hg.): Protophysik (1976). K. MAINZER

Masse, Massen (ital. massa, folla; span. masa; frz. masse, foule; engl. mass, crowd)

I. Das Wort ‹M.› in der *naturphilosophischen* Bedeutung von Menge der Materie oder im *physikalischen* Sinne als Trägheitswiderstand gegen beschleunigende Kräfte stammt vom lateinischen ‹massa› (Teig, Klumpen), dem griechischen μᾶζα (Gerstenbrot) und vielleicht vom hebräischen ‹mazza› (ungesäuertes Brot) [1]. Schon im 14. Jh. von ALBERT VON SACHSEN gebraucht [2], wurde es seit dem 17. Jh. allgemein als physikalischer Fachausdruck benutzt.

Der M.-Begriff kann begriffsgeschichtlich auf den neuplatonischen (PLOTIN, PROKLOS, PHILON) Gedanken von der Inaktivität der Materie – im Gegensatz zur Aktivität und Spontaneität des Geistes – zurückgeführt werden, wobei der philosophische Gegensatz von Geist und Materie in der physikalischen Antithese von Kraft und M. zum Ausdruck kommt. In den christlich-theologischen Schriften des 12. und 13. Jh. (BERNHARD VON CHARTRES, ALANUS AB INSULIS) wird oft von der Plumpheit, Häßlichkeit und «Deformierung» (Gestaltlosigkeit) der Materie gesprochen, Attribute, die noch bei KEPLER, dem Schöpfer des modernen M.-Begriffs, nachklingen: «Es hat aber aller körperliche zevg oder materia aller ding in der gantzen Welt diese art, oder vielmehr diese tode vnart, dass er plvmp ist vnd vngeschickt, von sich selber auss einem Ort in den andern zu wandern» [3]. In Verbindung mit einer begrifflichen Analyse der Transsubstantiation des Brotes in der Eucharistie kam es, vornehmlich bei dem Thomasschüler AEGIDIUS ROMANUS, im 13. Jh. zu einer expliziten Formulierung eines M.-Begriffs, der «quantitas materiae», die scharf von dem Rauminhalt oder dem Gewichte eines Körpers unterschieden wurde, wobei diese quantitas als Träger der Akzidentien der Verdichtung oder Verdünnung (des Brotes), also als Träger der räumlichen Ausdehnung galt [4]. Auch JOHANNES BURIDAN kam dem Begriff der trägen M. sehr nahe, als er zu erklären versuchte, warum unter der Wirkung ein und derselben Kraft ein Stein sich viel weiter fortbewegt als eine Feder, denn «ein Körper kann desto mehr an Impetus in sich aufnehmen, je mehr er an Materie besitzt» (quanto plus de materia) [5].

Wie diese Beispiele zeigen, wurde der Begriff der M. schon vor dem Entstehen der *klassischen Mechanik* (Galilei, Newton) intuitiv benutzt, ohne jedoch quantitativ festgelegt zu werden. Selbst bei Galilei liegt noch keine explizite Definition dieses Begriffes vor. Erst bei KEPLER beginnt der Prozeß einer genaueren wissenschaftlichen Determination. Wie schon bemerkt, fand Kepler, unter dem Einfluß neuplatonischer Gedanken über die Trägheit der Materie, in der Annahme einer der Materie innewohnenden Tendenz zur Ruhelage das zur Kraft komplementäre und antagonistisch wirkende Prinzip [6]. Dieser Bewegungswiderstand steht nach Kepler in direktem Verhältnis zur Quantität der Materie (copia materiae) [7], womit zum ersten Male der scholastische und bisher nicht genauer definierbare Begriff der Materiemenge mit der dynamischen Trägheit in Verbindung gebracht wurde. Als es unterdessen klar wurde, daß die Schwere eines Körpers nicht, wie es die Scholastik lehrte, ein dem schweren Körper inhärentes Prinzip, sondern eine auf diesen Körper von außen wirkende Kraft ist, mußte man dem Körper eine gewisse Passivität zuschreiben und sie (wegen der Unabhängigkeit der Fallgeschwindigkeit vom Gewicht beim freien Falle) zur Schwerkraft proportional ansetzen (BORELLI, BALIANI). Bahnten schon diese Erkenntnisse den Weg zu einer dynamischen Auffassung der M., so konnte HUYGENS [8] aufgrund seiner Untersuchungen über die Zentrifugalkraft schon das Verhältnis zweier M. ($M_1 : M_2$), die er «quantitates solidas» nannte, durch das Verhältnis der bei auf gleichen Kreisbahnen gleich schnell bewegten Körpern auftretenden Fliehkräfte ($F_1 : F_2$) quantitativ festlegen. Gleichzeitig zeigten auch die (von MARCI, WALLIS, WREN und HUYGENS experimentell durchgeführten) Untersuchungen der Stoßphänomene elastischer Körper die Notwendigkeit des M.-Begriffes. Diese verschiedenen Ergebnisse, deren gegenseitige Beziehungen bis dahin ungeklärt waren, fanden in NEWTONS ‹Prinzipien› (1687) in den drei Bewegungsgesetzen und der ihnen zugrunde liegenden M.-Definition ihre begriffliche Vereinigung: «Die Quantität der Materie ist das Maß derselben, das durch das Produkt von Dichte und Rauminhalt gegeben ist» (Quantitas materiae est mensura ejusdem orta ex densitate et magnitudine conjunctim). Ob Newtons Zurückführung des Begriffes der M. auf den der Dichte in seinen atomistischen

Anschauungen über den Bau der Materie, deren fundamentale Eigenschaft er in der Anzahl der Korpuskeln pro Volumeneinheit oder in der Dichte sah, ihren Ursprung hat oder ob sie durch die zu jener Zeit so berühmten Boyleschen Versuche über die Kompression der Luft inspiriert wurde, ist heute schwer festzustellen. Da jedenfalls seit EULER die Dichte eines Körpers als M. pro Volumeneinheit definiert ist, mußte Newtons M.-Definition als zirkulär gelten, wie es u. a. wiederholt von MACH [9] und VOLKMANN [10] betont wurde. Um solche Zirkularität zu vermeiden, wurde die M., besonders in der französischen (DUHAMEL, RÉSAL, APPELL) und englischen (MAXWELL) Physikerschule als das Verhältnis von Kraft zu Beschleunigung definiert. Eine zweite Möglichkeit, die schon von SAINT-VENANT [11] und ANDRADE [12] erwogen, aber erst von MACH [13] genauer ausgearbeitet wurde, beruht auf dem Prinzip, daß das M.-Verhältnis $(M_1:M_2)$ zweier Körper durch das (negative) reziproke Verhältnis ihrer Beschleunigungen $(-a_2:a_1)$ unter der Wirkung einer und derselben Kraft definiert werden kann, wobei ein Standardkörper (z. B. der internationale Kilogrammprototyp) als Einheit der M. gilt. Daß die (klassische) Physik die M. und nicht, wie es auch möglich wäre, die Kraft im allgemeinen als Grundgrößenart ansieht, hat seine Ursache wohl in der Annahme, daß die Wirksamkeit von Kräften das Vorhandensein von Körpern voraussetzt, an denen Kräfte angreifen können oder von denen sie ausgehen, während die Existenz von Körpern nicht notwendigerweise die Existenz von Kräften vorauszusetzen scheint. Daher wurde auch Machs Definition der Vorzug gegeben, da in ihr, im Gegensatz zur «Kraft durch Beschleunigung»-Definition, eine Messung von Kräften nicht erforderlich ist.

Streng genommen gibt es in der Newtonschen Mechanik dreierlei Arten von M.: erstens die *träge* (inerte) M., die durch die Machsche Begriffsbestimmung definiert ist und den Trägheitswiderstand gegenüber bewegungsbeschleunigten Kräften mißt, zweitens die *aktive* Gravitations-M., die als Quelle eines Gravitationsfeldes anzusehen ist, und drittens die *passive* Gravitations-M., die als Maß für die Aufnahmefähigkeit für Gravitation, also für die Wirkung des Feldes auf den Körper, angesehen werden kann. Daß die träge M. der passiven schweren M. proportional ist, wurde schon von NEWTON aufgrund von Pendelexperimenten als ein Naturgesetz erkannt, blieb aber in der vorrelativistischen Mechanik immer nur eine empirische Tatsache, die keiner weiteren theoretischen Begründung zugänglich war. Demgegenüber konnte aber die Proportionalität zwischen den beiden schweren M. eines Körpers aus dem Newtonschen Gravitationsgesetz und dem Gegenwirkungsprinzip (3. Newtonsches Gesetz: Wirkung = Gegenwirkung) abgeleitet werden.

Die *Relativitätstheorie* hat unsere Einsicht in das Wesen der M. beträchtlich vertieft. Die *spezielle* Relativitätstheorie zeigte die Äquivalenz von M. und Energie ($E = m \cdot c^2$) und erklärte aufgrund dieses Verhältnisses, wie durch den M.-Defekt – d. h. die Tatsache, daß die Ruhe-M. zusammengesetzter Atomkerne kleiner ist als die M.-Summe der sie zusammensetzenden Nukleonen (Protonen, Neutronen) – Energie (z. B. in Form von Strahlung) gewonnen werden kann (Kernenergie). Wenn die M. als Koeffizient der Geschwindigkeit in der Formel für den Impuls gedeutet wird, so ist nach der speziellen Relativitätstheorie diese sogenannte relativistische M. eine Funktion der Geschwindigkeit, die unendlich groß wird, wenn die Geschwindigkeit des Körpers sich der Lichtgeschwindigkeit nähert. Einen noch tieferen Einblick in die physi-

kalische Bedeutung des M.-Begriffs gewährte die *allgemeine* Relativitätstheorie. Sie konnte aufgrund des Äquivalenzprinzips – d. h. der Behauptung, daß ein in einem Inertialsystem ruhendes homogenes Gravitationsfeld einem gleichförmig beschleunigten Bezugssystem physikalisch äquivalent ist – die fundamentale Identität der trägen mit der schweren M. erklären und einen strengen Beweis für die Proportionalität aller drei erwähnten M.-Arten liefern. Das M.-Problem der modernen Feldtheorie, also die Ableitung der M.en der verschiedenen Elementarteilchen aus den Grundlagen der Quantentheorie, ist noch nicht vollständig gelöst.

Anmerkungen. [1] J. T. SHIPLEY: Dict. of word origin (New York 1945) 225. – [2] ALBERT VON SACHSEN: Quaestiones super octo libros Physicorum I, q. 6 (Venedig 1500?). – [3] J. KEPLER, Annotationes in Aristotelis De motu terrae, ex manuscriptis Pulkoviensibus. Opera omnia, hg. C. FRISCH 7 (1868) 746. – [4] AEGIDIUS ROMANUS: Proposit. 44, Theoremata de Corpore Christi (Bologna 1481). – [5] J. BURIDAN: Quaestiones super octo libros Physicorum VIII, 9. 12 (Paris 1509). – [6] J. KEPLER: Epitome Astronomicae Copernicanae IV, 3 (1618). Opera omnia 6 (1896) 374. – [7] a.O. 174. – [8] C. HUYGENS: De vi centrifuga (Leiden 1703). Oeuvres compl., hg. Soc. holland. Sci. 16 (1929) 267. – [9] E. MACH: Die Mechanik in ihrer Entwickl. (1883). – [10] P. VOLKMANN: Erkenntnistheoret. Gründzüge der Naturwiss. und ihre Beziehungen zum Geistesleben der Gegenwart (1910) 359. – [11] B. DE SAINT-VENANT: Principes de mécanique fondés sur la cinématique (Paris 1851). – [12] J. ANDRADE: Les idées directrices de la mécanique. Rev. philos. France Etrang. 46 (1898) 399-419. – [13] E. MACH: Über die Definition der M., in: Carls Repertorium der Experimentalphysik (1868) 355-359.

Literaturhinweise. M. JAMMER: Concepts of M. in class. and modern phys. (Cambridge 1961); Der Begriff der M. in der Physik (1964). – J. F. O'BRIAN: Some medieval anticipations of inertia. New Scholasticism 44 (1970) 345-371. – A. KOSLOW: Mach's concept of M. Synthese 18 (1968) 216-233. – H. C. OHANIAN: Inertial and gravitational M. in the Brans-Dicke theory. Annals of Physics 67 (1971) 648-661. – M. JAMMER: M. und Energie, in: Sowjetsystem und demokrat. Gesellschaft, eine vergl. Enzyklop. (1971) 4, 377-394. – P. JANICH: Ist M. ein «theoret. Begriff»? Z. allg. Wiss.theorie 8 (1977) 302-314. M. JAMMER

II. In *politisch-sozialer* Bedeutung erscheint ‹M.› als «masse du peuple» im Zuge der Französischen Revolution. Im Sommer 1792 kam es mit der Errichtung der Republik zur Politisierung der Volks-M. und zugleich zu ihrer militärischen Mobilisierung in der «levée en masse» [1]. Bereits ein Jahr später (1793) wurde der Begriff durch GENTZ im Deutschen eingeführt, der in seiner damals sehr einflußreichen Übersetzung von BURKES ‹Betrachtungen über die französische Revolution› das englische ‹crowd› mit dem neuen, aus dem revolutionären Frankreich stammenden Terminus technicus ‹M.› übersetzte: «... der vereinigte Haufen ... eine große M. ....» [2].

Der Begriff bewährte sich in der Folgezeit so, wie Burke und Gentz ihn gemeint hatten: als gesellschaftskritische Kategorie [3], und als solche begleitete er die revolutionären und emanzipatorischen Bewegungen der modernen Gesellschaft. Mit der Freisetzung bäuerlicher und gewerblicher Unterschichten aus den herrschaftlich-genossenschaftlichen Bindungen ständischer Gemeinschaft wurden diese als neuer «Stand der Standeslosigkeit» (W. H. RIEHL) zum gesellschaftlichen Problem [4].

Die «soziale Frage» der industriellen Revolution stellte sich mit dem sozio-ökonomischen Prozeß des «Herabsinkens einer großen M. unter das Maß einer gewissen Subsistenzweise, ... der Erzeugung des *Pöbels*» (HEGEL [5]); die sozialpolitische Folgeproblematik ergab sich aus der Notwendigkeit, die «formlose M.» einer mobilisierten Gesellschaft im «*in sich geformten* Ganzen» des modernen Staates neu zu integrieren (HEGEL [6]). Doch konnte die gesellschaftliche Mobilisierung der unterständischen Schichten nur bedingt in den Institutionen der «bürgerlichen Gesellschaft» aufgefangen werden, zumal eine strukturell bedingte «M.-Armut» breite Bevölkerungsklassen von der Chance bürgerlicher Freiheit ausschloß. Im Interesse der Stabilisierung des bürgerlichen «Systems der Bedürfnisse» tendierte der frühliberale Konstitutionalismus dahin, die M.en politisch aus dem System der «bürgerlichen Öffentlichkeit» von «Besitz und Bildung» auszuklammern. Vor allem in den wahlrechtlichen Kontroversen des frühen Konstitutionalismus hatte die Abwertung der M. die Intention, nichtbürgerliche Schichten von einer exklusiv gefaßten politischen Repräsentation auszuschließen [7]. Damit war der Problemzusammenhang zwischen den politischen «M.-Bewegungen» des europäischen Revolutionszeitalters und der «sozialen Frage» der industriellen Klassengesellschaft angesprochen: das kollektive Bewußtsein «M.-Armut» wurde zum Motiv der politischen «M.-Bildung», «der Erhebung der M. der niederen Klasse zu einem selbsttätigen Faktor der gesellschaftlichen Bewegung» (L. v. STEIN [8]).

MARX hat aus der These, daß die M. «außerhalb» der etablierten bürgerlichen Gesellschaft ständen, die revolutionäre Konsequenz gezogen, indem er gerade die gesellschaftliche Desintegration der proletarischen M. zur geschichtlichen Bedingung einer vom Proletariat getragenen Umwälzung des bestehenden privatkapitalistischen Systems erklärte. Der M.-Begriff gewann damit eine aktivistische Wendung, indem durch ideologische Integration die M. zur klassenbewußten Basis revolutionärer Prozesse formiert werden sollten: «... Die materielle Gewalt muß gestürzt werden durch materielle Gewalt, allein auch die Theorie wird zur materiellen Gewalt, sobald sie die M.n ergreift. Die Theorie ist fähig, die M.n zu ergreifen, sobald sie ad hominem demonstriert, und sie demonstriert ad hominem, sobald sie radikal wird» [9].

LENIN hat aus der revolutionsstrategischen Definition der M. die praktischen Konsequenzen gezogen, indem er bei politischen M.-Bewegungen organisatorisch zwischen dem aktiven Teil (avantgardistische Parteikader) und dem aktivierbaren Teil (revolutionäre M.-Basis) unterschied und durch die gezielte Besetzung ihrer aktivistischen Zellen die M.n revolutionär in Bewegung brachte [10]. Um die M. – von ihm verstanden als die «Gesamtheit der Werktätigen und vom Kapital Ausgebeuteten ..., besonders derjenigen, die am wenigsten organisiert und aufgeklärt, am stärksten unterdrückt und organisatorisch am schwersten zu erfassen sind» [11] – aufzurütteln und in Bewegung zu bringen, müssen in «allen Organisationen, Verbänden und Vereinigungen» «kommunistische Gruppen oder Zellen geschaffen werden» [12], die in enger Fühlung mit der M. den Umsturz und die Diktatur des Proletariats vorbereiten. Der Begriff der M. ändert sich nach Lenin mit dem Charakter des Kampfes. «Zu Beginn des Kampfes genügten schon einige Tausend wirklich revolutionäre Arbeiter, damit man von der M. sprechen könnte» [13]. Gelingt es ihnen, auch Parteilose aufzurütteln, so ist das «der Beginn der Eroberung der M.n», die schließlich, wenn sie die Mehrheit ergreift, in eine wirkliche Revolution übergeht [14].

War bei Lenin der klassische Zusammenhang zwischen proletarischer M.-Bewegung, Klassenkampf und kommunistischer Revolution noch gewahrt, so versuchte die bürgerliche *M.-Psychologie* um 1900, das Verhältnis von «Macht und M.» (CANETTI) zu psychologisieren und damit von den sozialistischen Zielen der proletarischen M.-Bewegung zu abstrahieren. SIGHELE und TARDE bringen die M. vor allem in Verbindung mit Kriminalität und Verbrechen [15], und für LE BON gehören Zügellosigkeit und die Aufhebung jedes Verantwortungsgefühls zum Definiens von ‹M.›; denn nicht jede Ansammlung von Menschen sei eine M., zur M. werde sie erst, die bewußte Persönlichkeit schwinde und «die Gefühle und Gedanken aller Einzelnen ... nach der selben Richtung orientiert» seien, so daß sie ein einziges Wesen, eine «organisierte» oder «psychologische» M. bilden [16] – eine Definition, die auch von SIMMEL weitgehend übernommen wird, wenn er den «rücksichtslosen Radikalismus» als Spezifikum der M. hervorhebt [17].

Der sozialgeschichtliche Hintergrund für die ideologische Neutralisierung des M.-Begriffs sind komplexe Prozesse sozialer Nivellierung einerseits, funktionaler Differenzierung andererseits, womit die M.n ihre gesellschaftliche und ideologische Identität verloren und somit für beliebige politische Absichten manipuliert und mobilisiert werden konnten [18]. TH. GEIGER führt eine Differenzierung des M.-Begriffs ein, die sowohl der marxistisch-leninistischen wie der massenpsychologischen Richtung gerecht zu werden versucht: die Unterscheidung zwischen der M. als «aktivem Phänomen» und dem Proletariat, den M.n der «Ausgeschlossenen», als dem «Menschenmaterial des sozialen Verbandes M.» [19]. Geigers Unterscheidung erwies sich als äußerst folgenreich, denn sie taucht später unter den verschiedensten Bezeichnungen wieder auf. VLEUGELS spricht von der «latenten M.» als dem Inbegriff «jener sozialen Schichten, die sich im Gefühle, ein ihnen zustehendes Recht verteidigen oder erstreiten zu müssen, gegen alle diejenigen, die dies Recht nicht anerkennen, solidarisch verbunden fühlen» [20], und der «wirksamen M.», die aus der «latenten M.», aber auch aus einer amorphen Ansammlung von Menschen unter bestimmten Bedingungen spontan entstehen kann [21], und L. v. WIESE wiederum faßt diese Unterscheidung unter dem Begriffspaar «abstrakte» und «konkrete» M. [22]. Die M. in beiden Formen gilt als instabiles und lockeres gesellschaftliches Gebilde [23] von schwacher Fusionskraft, aber starkem sozialem Druck auf den Einzelnen. Dies unterscheidet sie nach L. v. Wiese von den Gruppen und abstrakten Kollektiva [24] oder, in GURVITCHS Terminologie gesprochen, von der «Gemeinsamkeit (communauté)» und «Alleinigkeit (communion)», welche nicht nur die oberflächlichen Bewußtseinszustände durchdringen, sondern in wachsendem Grade auch die tiefen und letzten Schichten der Persönlichkeit [25].

Die wissenschaftliche Auseinandersetzung mit den Hypothesen der M.-Psychologie hat durch die Psychoanalyse wesentliche Anregungen erhalten. Die Extremsituation der Hypnose ließ sich als «M. zu zweit» (FREUD) deuten und damit auf das Verhältnis Führer/M. übertragen [26]. Das «massenbedingte Handeln» (M. WEBER) konnte jetzt von der affektiven Struktur her definiert werden (kollektive Identifikationen und Projektionen aus Ich-Schwäche). Die soziologische Interpretation revolutionärer und totalitärer M.-Phänomene [27] konnte von der politischen Wissenschaft für die Strukturanalyse demokratischer Systeme übernommen werden (M.-Demokratie, M.-Kommunikation).

Auch die kulturkritische Auseinandersetzung mit der modernen Gesellschaft hat an die Aussagen der klassi-

schen M.-Psychologie angeknüpft. So hat ORTEGA Y
GASSET in seinem kulturkritischen Pamphlet wider den
‹Aufstand der M.n› die Vermassung als die negative
Schlüsselfigur der Moderne hingestellt. M. – im Unterschied zu den Eliten als «den Individuengruppen von
spezieller Qualifikation» – ist «die Gesamtheit der nicht
besonders Qualifizierten ... M. ist der Durchschnittsmensch» [28]. Hier wird die M.-Kultur dem konservativen Leitbild personaler Eigentlichkeit gegenübergestellt
und rigoros als «Kulturverfall» abgewertet. Die kulturkritische Antithese von «M.» und «Führung» – eine soziologistische Variante von NIETZSCHES Polemik gegen
den «Herdeninstinkt» [29] – hat ideologische Funktion,
insofern der daraus ableitbare elitäre Führungsanspruch
als Apologie demagogischer M.-Manipulation wirksam
werden könnte.

Der kulturkritische Ansatz war allerdings für die soziologische Begriffsbildung insofern anregend, als das wissenschaftliche Interesse von dem konkreten Erscheinungsbild sozialer Ballungssituationen auf den gesamtgesellschaftlichen Strukturtyp der M.-Gesellschaft gelenkt wurde. Der sich nach 1950 durchsetzende Strukturbegriff ‹Vermassung› [30] kennzeichnet einerseits die
Zwangsmechanismen sozialer Anpassung und Nivellierung (RIESMAN, FREYER [31]), andererseits die strukturell
zugehörende bewußtseinssoziologische Situation des
Orientierungsverlustes, der Ideologieanfälligkeit und damit der «gewaltlosen Lenkbarkeit» (GEHLEN [32]) des
«eindimensionalen Menschen» (MARCUSE [33]). Der Zusammenhang mit Legitimationsproblemen wird mit der
Kategorie der «M.-Loyalität» (HABERMAS [34]) hergestellt, welche eine Integrationsstrategie beschreibt, politische Legitimationskrisen gerade durch die manipulative
Entpolitisierung der massendemokratischen Basis zu verdrängen.

Die Kategorie ‹M./Vermassung› ist für die soziologischen Gesellschaftsanalysen nicht nur durch kulturkritische Wertladungen fragwürdig geworden, auch im Hinblick auf die Komplexität moderner Vergesellschaftung
erweist sich das Vorverständnis von M.-Psychologie und
M.-Kritik als strukturell inadäquate Vereinfachung.
HOFSTÄTTER etwa bezweifelt, daß spontane M.-Bewegungen – M. wird von ihm verstanden als «eine aktivierte
Menge», «ein Übergangsstadium von relativ kurzer
Dauer», das bald wieder zur Menge zerbröckeln oder in
eine Gruppe übergehen kann [35] – in der politischen
Geschichte der letzten zweihundert Jahre eine wesentliche Rolle gespielt haben [36]. Nach der strukturanalytischen Falsifizierung und der ideologiekritischen Dechiffrierung der «Legende von der M.-Gesellschaft» (GEIGER [37]) bieten sich Ablösungskategorien im Kontext
interaktionstheoretischer, funktionalistischer und systemtheoretischer Analysen an. So werden insbesondere
in der Erörterung des Begriffspaars ‹Konformismus/
Nonkonformismus› Aspekte der klassischen M.-Psychologie aufgegriffen, indem pathologische Situationen gesellschaftlicher Entstrukturierung reflektiert werden:
Realitätsverlust, Desorientierung, Inauthentizität, Apathie, Anomie.

Empirische Ansätze einer Operationalisierung von
Vermassungsphänomenen ergeben sich einerseits mit der
sozialökologischen Analyse der sozialräumlichen Formationen von «Dichte» und «Ballung» [38], zum anderen
aus sozialpsychologischen Untersuchungen *massenmedialer* Vergesellschaftung. In diesem Zusammenhang ist
auf wissenssoziologische Rekonstruktionen einer «Pauperisierung des Alltags» zu verweisen. Im analytischen
Zugriff einer «Empirie des Alltagsbewußtseins» [39] kann
Vermassung gerade an dem «autistischen Milieu» der
M.-Kommunikation aufgezeigt werden. Mit der massenmedialen Veralltäglichung von M. stellt sich zugleich das
Problem, öffentliche Kommunikationen in den soziokulturellen Kontext von Lebenswelt einzubinden.

Anmerkungen. [1] Ami du peuple (7. 7. 1792); DANTON in der
Legislative am 28. 8. 1792, zit. bei M. FREY: Les transformations
du vocabulaire français à l'époque de la Révolution (Paris 1925)
129. – [2] E. BURKE: Betracht. über die frz. Revolution (1967) 108.
– [3] J. W. GOETHE, Ges. Werke (1827ff.) 22, 258. – [4] W. CONZE:
Vom «Pöbel» zum «Proletariat». Vjschr. Sozial- u. Wirtschaftsgesch. 41 (1954) 333-364; C. JANTKE und D. HILGER (Hg.): Die
Eigentumslosen (1965); E. PANKOKE: Sociale Bewegung (1970). –
[5] G. W. F. HEGEL, Philos. des Rechts § 244f. – [6] a.O. § 279. – [7] J.
HABERMAS: Strukturwandel der Öffentlichkeit (1962). – [8] L.
v. STEIN: Die Gesellschaftslehre (1856) 399ff. – [9] K. MARX,
MEW 1 (⁸1972) 385. – [10] W. I. LENIN, Werke 5 (⁵1971) 355-541.
– [11] Werke 31 (⁴1970) 182. – [12] a.O. 180. – [13] Werke 32
(⁴1970) 498. – [14] ebda. – [15] SC. SIGHELE: La coppia criminale
(Turin 1893); G. TARDE: Les lois de l'imitation (Paris 1890). – [16]
G. LE BON: Psychol. des foules (Paris 1895); dtsch. Psychol. der
M.n (⁶1932) 10. – [17] G. SIMMEL: Soziol. (⁴1958) 36f. – [18] TH.
GEIGER: Die soziale Schichtung des dtsch. Volkes (1932). – [19]
Die M. und ihre Aktion. Ein Beitr. zur Soziol. der Revolution
(1926, ND 1967) 40. – [20] W. VLEUGELS: Die M. Ein Beitr. zur
Lehre von den sozialen Gebilden (1930) 8. – [21] a.O. 20ff. – [22]
L. v. WIESE: Das Ich und das Kollektiv (1967) 37. – [23] Allg.
Soziol. (1924) 24. – [24] ebda. – [25] G. GURVITCH: Eléments de
sociol. juridique (Paris 1940); dtsch. Grundzüge der Soziol. des
Rechts (²1974) 134. – [26] S. FREUD: M.-Psychol. und Ich-Analyse (1921). – [27] GEIGER, a.O. [19]; VLEUGELS, a.O. [20]. – [28]
J. ORTEGA Y GASSET: La rebelión de las masas (Madrid 1930);
dtsch. Der Aufstand der M. (1931, ND 1957) 73. – [29] FR.
NIETZSCHE: Der Wille zur Macht (1906) 213f. – [30] H. DE MAN:
Vermassung und Kulturzerfall (1951). – [31] D. RIESMAN u.a.:
The lonely crowd (New Haven 1950); dtsch. Die einsame M.
(1956); H. FREYER: Theorie des gegenwärtigen Zeitalters (1955).
– [32] A. GEHLEN: Die Seele im technischen Zeitalter (1957) 36ff.
– [33] H. MARCUSE: One-dimensional man (London 1964); dtsch.
Der eindimensionale Mensch (1967). – [34] J. HABERMAS: Legitimationsprobleme im Spätkapitalismus (1973) 55. 187. – [35] P. R.
HOFSTÄTTER: Gruppendynamik. Kritik der M.-Psychol. (²1971)
24f. – [36] a.O. 24. – [37] TH. GEIGER: Die Legende von der M.-Gesellschaft. Arch. Rechts- u. Sozialphilos. 39 (1950/51) 305-323. – [38] V. LÜCK u.a.: Industrieller Ballungsraum. Z. Soziol.
(1976) 309ff. – [39] TH. LEITHÄUSER u.a.: Entwurf zu einer Empirie des Alltagsbewußtseins (1977) 12.

Literaturhinweise. A. VIERKANDT: Gesellschaftslehre (²1928)
432-441. – G. COLM: Die M., in: A. VIERKANDT (Hg.): Handwb.
Soziol. (1931) 353-360. – K. BASCHWITZ: Du und die M. (Leiden
1951). – Frankfurter Beitr. Soziol. 4: Soziol. Exkurse (1956) 70-82. – H. BARTH: M. und Mythos (1959). – A. KORNHAUSER: The
politics of M. society (Glencoe, Ill. 1959). – E. FRANCIS: M., in:
W. BERNSDORF (Hg.): Wb. Soziol. (²1969) 666-670. – W. LIPP
(Hg.): Konformismus-Nonkonformismus. Kulturstile, soziale
Mechanismen und Handlungsmechanismen (1975) mit ausführl.
Bibliogr.
E. PANKOKE

Massenkommunikation (engl. mass communication; frz.
communication de masse). Der Begriff ‹M.› wird heute in
der Regel in dem engen Bedeutungsspektrum verwendet,
das dem des amerikanischen ‹mass communication› entspricht: Unter M. versteht man, «daß sich ein großes
heterogenes Publikum relativ gleichzeitig Aussagen aussetzt, die eine Institution durch Medien übermittelt, wobei das Publikum dem Sender unbekannt ist» [1]. M. wird
also nicht als Kommunikation *der* Massen, sondern als
Kommunikation *für* die Massen verstanden. Konstitutiv
für M. sind danach die beliebige Zugänglichkeit, die Ein-

seitigkeit der Vermittlung von Information sowie die räumliche Zerstreutheit der Rezipienten [2].

Die wissenschaftliche Beschäftigung mit einer so verstandenen M. entspringt historisch zunächst dem Bedürfnis, Wesen und Wirkung der Kriegspropaganda des Ersten Weltkriegs zu analysieren und wenn möglich zu instrumentalisieren. Amerikanische Massenbefragungen beziehen sich dabei bis zur Mitte der 1930er Jahre auf Vorstellungen der Massenpsychologie des ausgehenden 19. Jh. (SIGHELE, LE BON, TARDE) [3], welche auf die durch massenhafte Verbreitung des Lesens und durch Wahlagitation des Parlamentarismus hervorgebrachten modernen «zerstreuten Massen» im wesentlichen kulturpessimistisch reagierte und ihnen die gleichen negativen Eigenschaften – insbesondere Zurückdrängung des intellektuellen Moments – zuschrieb wie den traditionellen lokalen Massen [4]. In der amerikanischen Propagandaforschung der dreißiger Jahre erhält das Phänomen der modernen Vermassung der Gesellschaft insofern eine positive Wendung, als von der Homogenität auf die Ermittelbarkeit der Massenmeinung geschlossen wird [5]. Die Ergebnisse dieser Forschung gewinnen insbesondere für die Werbung große Bedeutung. Die unterstellte «Fähigkeit der Massenmedien, ein großes Publikum zu erreichen und nachdrücklich zu beeinflussen» [6], steht historisch «unter dem Eindruck von drei Ereignissen: das Hinzukommen des Films und besonders des Rundfunks zu den bereits bestehenden gedruckten Medien der M.; der augenscheinliche Erfolg der Verwendung von Medienpropaganda in totalitären Diktaturen, deren Ziel es war, offensichtliche dramatische Veränderungen in den Einstellungen der jeweiligen nationalen Öffentlichkeit und in anderen Ländern herbeizuführen; die ungeheure Ausdehnung und Systematisierung der Werbung in den Vereinigten Staaten. In allen drei Fällen war man der Auffassung, daß die Macht der Kommunikationsmedien, ob man sie nun als Gefahr oder Chance ansah, in ihrem auf die *Massen* gerichteten Wesen begründet sei – in der Möglichkeit ..., Tausende und Millionen von Lesern oder Hörern gleichzeitig zu erreichen und ihre Entscheidungen und Einstellungen zu beeinflussen» [7].

M.-Forschung wird zu einem wesentlichen Bestandteil sowohl der faschistischen Propagandaforschung wie auch der kritischen Auseinandersetzung mit dem Faschismus. Die erstere führt zu der Forderung einer notwendigen staatlichen Medienkontrolle [8]. Die Faschismusanalyse verweist auf die ihrer Verdopplung in den Massenmedien vorangehende ökonomische, politische und 'ästhetische' «Formierung von Massen» [9]: «Der massenweisen Reproduktion kommt die Reproduktion von Massen besonders entgegen. In den großen Festaufzügen, den Monstreversammlungen, in den Massenveranstaltungen sportlicher Art und im Krieg, die heute sämtlich der Aufnahmeapparatur zugeführt werden, sieht die Masse sich selbst ins Gesicht. ... Massenbewegungen stellen sich im allgemeinen der Apparatur deutlicher dar als dem Blick. ... Das heißt, daß Massenbewegungen, und so auch der Krieg, eine der Apparatur besonders entgegenkommende Form des menschlichen Verhaltens darstellen» [10]. A. GRAMSCI analysiert einen besonderen Mangel demokratisch verfaßter Gesellschaften seiner Zeit, die es ermöglichen, daß der Einfluß der M. die Transformation der Demokratie zum Faschismus auf legale Weise befördert: «Unter den Elementen, die neuerdings die normale Ausübung der öffentlichen Meinung durch die Parteien mit definierten Programmen gestört haben, sind in erster Linie die Boulevardpresse und das Radio ... zu nennen. Sie geben die Möglichkeit, aus dem Stegreif Panikausbrüche und Scheinenthusiasmus auszulösen, die zum Beispiel während der Wahlen erlauben, bestimmte Ziele zu erreichen. ... Eines der Probleme politischer Technik, die sich heute stellen, wofür jedoch die Demokratien keine Lösungsmöglichkeiten mehr finden, ist genau dies: intermediäre Organe zwischen den großen, beruflich unorganisierbaren (oder schwierig zu organisierenden) Massen, den Gewerkschaften, den Parteien und den verfassungsgebenden Versammlungen zu schaffen» [11].

Im Unterschied dazu werden in amerikanischen Wahlstudien der 1940er Jahre [12] die direkten Einflußmöglichkeiten der Massenmedien für Demokratien wie die amerikanische in Frage gestellt. Die Rolle des persönlichen Einflusses [13] der «opinion leader» in einer sozialen Gruppe, der sozialpsychologischen Prädisposition und der gesellschaftlichen Umwelt der Rezipienten werden in empirischen Studien als Einflußfaktoren der Medienwirkung entdeckt. Die Forschung spricht zunächst von einem «Two-step-flow» [14] der Kommunikation, modifiziert aber in der Folge diese Entdeckung in Richtung auf einen vielstufigen Kommunikationsfluß «von den Massenmedien über mehrere Zwischenglieder von Meinungsbildnern, die miteinander im Austausch stehen, bis hin zu den schließlichen Mitläufern» [15]. Nach der von L. FESTINGER umschriebenen Theorie der kognitiven Dissonanz [16] tendierten dabei die isolierten Individuen dazu, Widersprüche in ihrer intellektuellen, emotionalen und Handlungs-Struktur zu reduzieren oder zu kompensieren. M. hat danach die größte Chance, Einstellungen zu stabilisieren oder zu verändern, wenn sie eine der genannten Leistungen erbringt. «Ganz allgemein bestätigt die M. die vorhandenen Einstellungen, Geschmacksrichtungen, Prädispositionen und Verhaltensneigungen der Menschen im Publikum, eingeschlossen die Neigungen zum Wandel» [17].

Mit P. LAZARSFELD, dem führenden amerikanischen M.-Forscher, gibt die Kritische Theorie der *Frankfurter Schule* zu bedenken, daß die mit der Hinwendung zur empirisch-positivistischen Forschung einhergehende Einengung des Begriffs der öffentlichen Meinung auf die sozialpsychologische Dimension von M. «um den Preis der Eliminierung aller wesentlichen soziologischen und politologischen Momente zu teuer erkauft sei» [18]: Das Subjekt der öffentlichen Meinung werde «auf eine gegenüber dem Unterschied von Öffentlichkeit und Privatsphäre neutrale Größe, nämlich die Gruppe, zurückgeführt» [19]. In der soziologischen Dimension werde die Bedeutung der staatsrechtlichen Fiktion der öffentlichen Meinung eliminiert [20]; in der psychologischen Dimension werde die außengesteuerte Meinung als zugleich abhängige und unabhängige Variable einer wertneutralen Technologie begriffen [21]. In seiner Theorie der M. als «Kulturindustrie» unterstellt dagegen ADORNO den Zusammenhang zwischen der Technologie der Massenmeinung und dem Charakter kapitalistisch-rationaler Herrschaft. Damit knüpft er an den Gedanken des jungen LUKÁCS an, daß zuerst der Kapitalismus «mit der einheitlichen Wirtschaftsstruktur für die ganze Gesellschaft eine – formell – einheitliche Bewußtseinsstruktur für ihre Gesamtheit hervorgebracht» habe und daß im Journalismus als zugespitztester Erscheinungsform bürgerlichen Bewußtseins die Transformation der Subjektivität «zu einem abstrakten, sowohl von der Persönlichkeit des 'Besitzers' wie von dem materiell-konkreten Wesen der behandelten Gegenstände unabhängigen und eigengesetzlich in Gang gebrachten Mechanismus» [22] am deutlichsten hervortrete. Der universale Charakter bürgerlich-rationaler Herrschaft verdoppelt sich in der durch die M. hervorgebrachten Bewußtseinsstruktur dergestalt, daß nach der Auffassung der Kritischen Theorie tendenziell die Kommunikation *für* die Massen sich mit der Kommunikation *der* Massen identisch setze. «Die Leistung, die der kantische Schematismus noch von den Subjekten erwartet hatte, nämlich die sinnliche Mannigfaltigkeit vorweg auf die fundamentalen Begriffe zu beziehen, wird dem Subjekt von der Industrie abgenommen. Sie betreibt den Schematismus als ersten Dienst am Kunden» [23].

Die empirische Realität dieses Prozesses wird in jenen Ansätzen der M.-Forschung untersucht, welche im Rahmen demokratietheoretischer Forschung «die Frage nach der Sozialisationswirkung der Kommunikation für die Massen» [24] stellt. M. tritt zunehmend an die Stelle der familialen Kommunikation, die im traditionellen Verständnis von Öffentlichkeit dieser vorausging und von ihr gerade ausgepart wurde [25].

Anmerkungen. [1] O. N. LARSEN: Social effects of mass communication, in: Handbook of modern sociol., hg. E. L. FORIS (Chicago 1966) 348. – [2] R. ZOLL und E. HENNIG: Massenmedien und Meinungsbildung (1970) 11. – [3] E. NOELLE: Amer. Massenbefragungen über Politik und Presse (Diss. Berlin 1940), zit. K. KOSZYK: Wirkungen der M. Das Parlament B 39 (1972) 7. – [4] G. TARDE: L'opinion et la foule (Paris 1901); A. CHRISTENSEN: Politik und Massenmoral (1912) 35ff. – [5] P. LAZARSFELD und M. FISKE: The «Panel» as a new tool for measuring opinion. Publ. Opinion Quart. 2 (1938) 596ff. – [6] P. LAZARSFELD und H. MENZEL: Massenmedien und personaler Einfluß, in: Grundfragen der Kommunikationsforsch., dtsch. hg. W. SCHRAMM (1964) 118. – [7] ebda. – [8] C. SCHMITT: Verfassungsrechtl. Aufsätze aus den Jahren 1924-1954 (1958) 368. – [9] W. BENJAMIN: Das Kunstwerk im Zeitalter seiner technischen Reproduzierbarkeit (1963) 48. – [10] a.O. 63 Anm. 31. – [11] A. GRAMSCI: Philos. der Praxis (dtsch. 1967) 430. – [12] P. F. LAZARSFELD, B. BERELSON und H. GAUDET: The people's choice (New York 1948). – [13] E. KATZ und P. F. LAZARSFELD: Personal influence (Glencoe, Ill. 1955). – [14] E. KATZ: The two step flow of communication. Publ. Opinion Quart. (1957) 61ff. – [15] LAZARSFELD/MENZEL, a.O. [6] 123. – [16] L. FESTINGER: A theory of cognitive dissonance (Evanston, Ill. 1957). – [17] J. T. KLAPPER: Die gesellschaftl. Auswirkungen der M., in: SCHRAMM, a.O. [6] 97. – [18] J. HABERMAS: Strukturwandel der Öffentlichkeit (1962) 263. – [19] a.O. 264. – [20] 265ff. – [21] TH. W. ADORNO: Kulturindustrie, in: M. HORKHEIMER und TH. W. ADORNO: Dialektik der Aufklärung (Amsterdam 1947) 145. – [22] G. LUKÁCS: Gesch. und Klassenbewußtsein (1923) 111. – [23] ADORNO, a.O. [21] 19. – [24] E. HENNIG: Notizen zum Realbegriff einer demokratietheoretischen Kommunikationsforsch. Leviathan (1975) H. 1, 138. – [25] H. HOLZER: Kinder und Fernsehen (1974).

Literaturhinweise. P. F. LAZARSFELD und F. N. STANTON (Hg.): Radio research 1941 (New York 1941); Communications research 1948-1949 (New York 1949). – B. BERELSON und M. JANOWITZ: Public opinion and communication (Glencoe, Ill. 1950). – W. SCHRAMM und D. F. ROBERTS: The process and effects of mass communication (MC) (1954, rev. Urbana/Chicago/London 1972). – J. KLAPPER: The effects of MC (Glencoe, Ill. 1960). – W. SCHRAMM: MC (Urbana, Ill. ²1960). – E. FELDMANN: Theorie der Massenmedien (1962). – W. SCHRAMM (Hg.): The sci. of human communication (New York 1963). – M. L. DE FLEUR: Theories of MC (New York 1966). – D. A. HANSEN und H. J. PARSONS: MC. A research bibliogr. (Santa Barbara 1968). – K. KOSZYK: Zur Funktion und Struktur der Publizistik (1968). – D. MCQUAIL: Towards a sociol. of MCs (London 1969). – A. SILBERMANN und H. O. LUTHE: M., in: R. KÖNIG (Hg.): Hb. der empirischen Sozialforsch. 2 (1969). – P. MÜLLER: Die soziale Gruppe im Prozeß der M. (1970). – E. NOELLE-NEUMANN und W. SCHULZ (Hg.): Publizistik (1971). – F. RONNEBERGER (Hg.): Sozialisation durch M. (1971). – F. BLEDIJAN und K. STOSBERG: Analyse der M.: Wirkungen (1972). – D. PROKOP (Hg.): M.-Forsch. 1: Produktion (1972); 2: Konsumtion (1973). – H. HOLZER: Kommunikationssoziol. (1973). – J. AUFERMANN u. a. (Hg.): Gesellschaftl. Kommunikation und Information (1973). – A. SILBERMANN und U. M. KRÜGER: Soziol. der M. (1973). – M. HALLER und J. BÜRGI: M. als polit. Prozeß, in: W. CH. ZIMMERLI (Hg.): Philos. aktuell 6 (1978) 11-60. U. APITZSCH

Massenpsychologie. Der Ausdruck ‹M.› dient zur Bezeichnung einer auf G. LE BON [1] zurückgehenden Form der Kollektivpsychologie. Im Anschluß an die Studien G. TARDES [2] und S. SIGHELES [3] über von einer größeren Anzahl Menschen verursachte Bewegungen wie Streikunruhen, Aufstände usw., die als sogenannte Kollektivdelikte interpretiert werden, entwickelt LE BON seine Lehre von der intellektuellen Nivellierung bzw. Primitivierung des Individuums in einer Massensituation, der Vorherrschaft des Triebhaft-Unbewußten über Bewußtsein und rationale Kontrolle sowie von der Summation der Affekte durch Imitation, Suggestion und soziale Ansteckung. In der Masse geht die Individualität des Einzelnen verloren, die eine Masse bildenden Individuen sind dem «Gesetz der seelischen Einheit der Massen» (loi de l'unité mentale des foules) [4] unterworfen. Die Masse selbst hat eine «Massenseele». Mit Le Bon entsteht eine sogenannte romanische Schule der M., für die der polemische Massenbegriff charakteristisch ist. In ihrer Tradition stehen noch ORTEGA Y GASSET [5] und H. DE MAN [6]. In Deutschland könnte man NIETZSCHES Ressentiment-Analysen des modernen Massenmenschen, des «Herdenmenschen», eine M. avant la lettre nennen.

Während H. L. MENCKEN [7] den Politikern die Aufgabe zuweist, sich als Massenpsychologen (professors of mob psychology) mit der Angst als der primären Emotion der Massen auseinanderzusetzen, entdeckt K. BASCHWITZ in der Beherrschung des «Massenwahns» [8] die erste Aufgabe der «Massenseelenkunde» [9], durch die ein politischer Führer aufklärerische und vernunftgeleitete Politik durchzusetzen vermag [10].

Politische Brisanz erhielt die M. zur Zeit des *deutschen Faschismus*. Mit entgegengesetztem Interesse übernehmen HITLER und GOEBBELS das Modell von Baschwitz in ihre als «Volkspsychologie» [11] deklarierte Propaganda: «So muß ihr [der Propaganda] Wirken auch immer mehr auf das Gefühl gerichtet sein und nur sehr bedingt auf den sogenannten Verstand» [12]. Adressat der Propaganda ist nicht die Intelligenz oder das Bürgertum, sondern die «Masse» [13], denn diese ist – ein Vergleich, der so auch bei LE BON erscheint [14] und der zusammen mit anderen analogen Formulierungen der Vermutung Raum gab, die Schrift Le Bons sei von HITLER und auch GOEBBELS teilweise rezipiert worden [15] – in ihrer «überwiegenden Mehrheit so feminin veranlagt und eingestellt, daß weniger nüchterne Überlegung, vielmehr gefühlsmäßige Empfindung [ihr] Denken und Handeln bestimmt» [16].

Nicht der Beherrschung, sondern der Analyse des Massenverhaltens dient die M. bei W. REICH. In Abgrenzung zur Psychologie, die den einzelnen Menschen untersucht, spezialisiert sich die M. auf die Erforschung der «gemeinsamen, typischen psychischen Prozesse ... einer Schicht, Klasse, Berufsgruppe etc.» [17]. Aus den Verlautbarungen der faschistischen Politiker und ihrer Konfrontation mit historischen und soziologischen Untersuchungen der gesellschaftlichen Realität schließt Reich auf eine Analogie zwischen der Struktur der Führerpersönlichkeit und masseninduviduellen Strukturen [18], die den Nazis, «ohne es in der Tiefe zu ahnen» [19], ihre massenpsychologische Wirkung sicherte. In der neueren Auseinandersetzung mit dem Konzept von Reich bestimmt W. F. HAUG die M. als einen in die Gesellschaftsanalyse einbezogenen Versuch, psychische Konstellationen aus ökonomischen und gesellschaftlichen Widersprüchen zu erklären, ohne dabei der Gefahr zu unterliegen, psychologisierende Aspekte deterministisch oder irrationalistisch überzubewerten [20].

Die heutige Sozialpsychologie lehnt die alte M. wegen ihres meist polemischen und schillernden Massenbegriffes, der unsystematisch-anekdotischen Methode sowie dem Unvermögen, konkrete Bedingungen für das Entstehen von Massensituationen anzugeben, weitgehend ab [21]. Die methodischen Schwierigkeiten sind vielleicht der Grund dafür, daß sich die M. nicht selten aphoristisch (NIETZSCHE), essayistisch (E. CANETTI [22]) und fragmentarisch (H. BROCH [23]) äußert.

Um 1900 findet der Ausdruck ‹M.› zuweilen auch in der Bedeutung von Sozialpsychologie oder Völkerpsychologie Verwendung, wenn eine Gegenüberstellung zur Individualpsychologie erfolgt. So definiert S. FREUD M. als einen Gegenstandsbereich in der Psychologie, der die Beziehungen des Einzelnen zu einer Gruppe, der er angehört, umfaßt. Solche Mitgliedsgruppen können der eigene Stamm oder das eigene Volk sein, aber auch eine Menschenansammlung, die zur «Masse» wird [24]. Massenpsychologen in diesem Sinne waren auch die marxistischen Freudianer und Adlerianer. O. RÜHLE [25] und seine Frau A. RÜHLE-GERSTEL [26] sprechen jedoch in bewußter Entgegensetzung zu Freud und Le Bon von «Wir-Psychologie». In Absetzung von Le Bons Konzept der «Massenseele» lehrt M. SPERBER, «daß die ... Massen keine soziale Einheit darstellen, sondern ein Gemenge von Egoisten, an deren Egoismus der Demagog appelliert» [27]. Auch H. BROCH wendet sich gegen ein Verständnis der Masse als «mystischer Einheit, welche eine eigene Seele, einen eigenen Willen oder dergleichen besitzt». Nicht «die Masse als solche», sondern das «Verhalten des Ich in der Masse» ist das Objekt der M. [28].

Anmerkungen. [1] G. LE BON: Psychol. des foules (Paris 1895); dtsch. Psychol. der Massen (1964). – [2] G. TARDE: Les lois de l'imitation (Paris 1890). – [3] S. SIGHELE: La folla delinquente (Turin 1891). – [4] LE BON, a.O. [1] dtsch. A. 10. – [5] J. ORTEGA Y GASSET: La rebelión de las masas. Obras compl. (Madrid 1951) 4, 141-286; dtsch. Der Aufstand der Massen. Ges. Werke (1978) 3, 7-162. – [6] H. DE MAN: Vermassung und Kulturverfall (1951). – [7] H. L. MENCKEN: Notes on democracy (New York 1926) 22. – [8] Vgl. K. BASCHWITZ: Der Massenwahn ([1]1923) 276; a.O. ([3]1932) 378. – [9] a.O. ([1]1923) 40. – [10] 250. – [11] Vgl. J. GOEBBELS, Reden, hg. H. HEIBER (1971) 1, 232. 239. – [12] A. HITLER: Mein Kampf (1933) 197. – [13] Vgl. a.O. 196f. 200; vgl. K. BASCHWITZ: Du und die Masse (Leiden [2]1951) 28f. – [14] Vgl. LE BON, a.O. [1] 35. – [15] Vgl. W. MASER: Die Frühgesch. der NSDAP. Hitlers Weg bis 1924 (1965) 195ff.; H. PICKER: Hitlers Tischgespräche im Führerhauptquartier ([3]1976) 84; W. STEPHAN: J. Goebbels (1949) 66; K. VONDUNG: Magie und Manipulation (1971) 35f. 44. – [16] HITLER, a.O. [12] 201. – [17] W. REICH: Die M. des Faschismus (dtsch. 1974, zit. engl. 1933) 37. – [18] a.O. 53. – [19] 68. – [20] Vgl. W. F. HAUG und R. WESTPHAL: Psychol. Theorien über den Faschismus. Das Argument 32 (1965, [6]1972) 30ff. – [21] Vgl. z. B. P. R. HOFSTÄTTER: Gruppendynamik. Die Kritik der M. (1957). – [22] E. CANETTI: Masse und Macht (1971). – [23] H. BROCH: M. Schr. aus dem Nachlaß (1959). – [24] S. FREUD: M. und Ich-Analyse (1921). Werke 13, 70-161, bes. 73ff. – [25] O. RÜHLE: Die Seele des prolet. Kindes (1925). – [26] A. RÜHLE-GERSTEL: Der Weg zum Wir (1927). – [27] M. SPERBER: Zur Analysis der Tyrannis (1938, zit. 1975) 60. – [28] a.O. [23] 18.

Literaturhinweise. W. MOEDE: Experiment M. (1920). – W. VLEUGELS: Die Masse. Ein Beitrag zur Lehre von den sozial. Gebilden (1930). – K. S. SODHI: Zur Problematik der M. Kölner Z. Soziol. u. Sozialpsychol. 10 (1958) 209-221. – S. MILGRAM und H. TOCH: Collective behavior: Crowds and social movements, in: G. LINDZEY/E. ARONSON (Hg.): Hb. of social psychol. (Reading, Mass. [2]1969) 4, 507-610. – A. MITSCHERLICH und M. MUCK: Der psychoanal. Ansatz in der Sozialpsychol., in: Hb. der Psychol. (1969) 7/1, 108-132. – A. MITSCHERLICH: M. ohne Ressentiment (1972). – B. KRONER: M. und kollektives Verhalten, in: Hb. der Psychol. (1972) 7/2, 1433-1510. H. ANGER/Red.

Mäßigkeit (griech. σωφροσύνη, lat. temperantia). Ihre geschichtliche Herkunft weist M. als ausgesprochen politische Tugend aus. Lange vor ihrer ersten philosophischen Behandlung stellt die σωφροσύνη zusammen mit den sittlichen Haltungen der Einsicht (φρόνησις), Tapferkeit (ἀνδρεία) und Gerechtigkeit (δικαιοσύνη) ein wesentliches Grundelement der altgriechischen Adelsethik dar: Sie formuliert sich – in ihrer vermutlich ältesten Definition – als aristokratische Selbstbescheidung des τὰ ἑαυτοῦ πράττειν (seine eigenen Angelegenheiten besorgen) [1].

1. *Antike Philosophie.* – In der politisch geprägten Philosophie PLATONS erscheint die M. als die Übereinstimmung der drei den Idealstaat konstituierenden Stände der ἄρχοντες (Regenten), der φύλακες (Wächter) sowie der γεωργοί (Bauern) und δημιουργοί (Handwerker) darüber, wer herrschen soll. Sie wird erreicht durch die M. der nicht-regierenden Stände, die jeweils nur das Ihre tun, also sich auf sich selbst beschränken [2]. Da der Bauern- und Handwerkerstand im Seelenteil des ἐπιθυμητικόν (Begehrungsvermögen) seine Entsprechung besitzt, wird mit anthropologischer Rücksicht die M. dem begehrlichen Teil der Psyche zugeordnet. So hat denn die platonische Lehrtradition die M. als die das Begehrungsvermögen zügelnde Tugend verstanden [3]. – ARISTOTELES knüpft zwar an Platon an: Auch er setzt die M. in bezug zum Begehren [4], doch ist sie ihm zufolge primär eine Angelegenheit des Individuums. Sie macht die Mitte aus zwischen der Zügellosigkeit und dem Stumpfsinn [5]. – Durch ZENON VON KITION findet die M. mit den anderen drei Grundtugenden Eingang in die *stoische* Schulphilosophie [6]. Nach CICERO ist die temperantia «dominatio rationis» im Hinblick auf die «libido» und die übrigen ungeordneten Antriebe der Seele [7]. Sie verleiht der gesamten Lebenshaltung Ordnung nach innen und schmucke Gestalt nach außen [8]. Insgesamt hat die individualistisch denkende Stoa die M. endgültig ihres politischen Charakters entkleidet und zum Ideal der tugendhaften Einzelperson erhoben. Von ihr aus gelangte sie in die zeitgenössische *Popularphilosophie,* die freilich diese Tugend auf sexuelle Abstinenz hin verengte und sie stark der Keuschheit annäherte [9]. – Auch der *Neuplatonismus* hat die M. in sein Tugendsystem aufgenommen: PHILON VON ALEXANDRIEN sucht sie in kühner Allegorese bibeltheologisch zu verankern [10], was christliche Theologen dann veranlaßte, die heidnischen Moralkategorien als in der Schrift vorhanden und somit als göttlich sanktioniert zu erweisen.

2. *Patristik.* – Unter dem Einfluß von Philon und Cicero handelt AMBROSIUS ausführlich über die M.: Sie tritt die Welt mit Füßen, verlangt nicht nach Genüssen [11], dämpft die Glut sündhafter Leidenschaften und zieht durch Enthaltsamkeit von Lustbarkeiten die Zügel körperlicher Wildheit an [12]. Geschlechtliche Enthaltsam-

keit wie auch Askese in Speise und Trank zählen zu ihren hauptsächlichsten Obliegenheiten [13]. – Wissenschaftlich und theologisch gründlicher äußert sich AUGUSTINUS: Sein Bestreben, die Kardinaltugenden aus der höchsten theologischen Tugend der «caritas» abzuleiten, ermöglicht ihm, die M. völlig neuartig zu definieren; sie ist «amor sese integrum Deo incorruptumque servans» [14], ein ganzheitlich und unversehrt Gott Zur-Verfügung-Stehen. Das hindert ihn jedoch nicht, die anthropologische Gestalt der M. traditionell als «refrenatio cupiditatis ab iis quae temporaliter delectant» zu beurteilen [15].

3. *Mittelalter.* – Die theologische Reduktion der M. wie auch ihre Bestimmung als repressive Haltung gegenüber der widerspenstigen Sinnlichkeit bleibt auch für die Autoren der Karolingerzeit verbindlich [16]. – THOMAS VON AQUIN hingegen ist bestrebt, die M. zu enttheologisieren und sie durch Rückgriff auf Aristoteles von ihrer allzu negativen Fassung zu lösen: Sie ist zunächst «virtus generalis», da sie den Menschen anleitet, bezüglich der geschaffenen Dinge in all seinen Neigungen und Handlungen die rechte Mitte einzuhalten. Als «virtus specialis» besorgt sie sodann die Ordnung des sinnlichen Begehrungsvermögens. Weil sie exklusiv auf den Einzelmenschen abzielt, kommt sie in der Rangfolge der Kardinaltugenden auf den letzten Platz [17]. – Eine interessante Variante bietet das ritterliche Tugendsystem des Mittelalters: in dem hierfür maßgeblich gewordenen Werk des WILHELM VON CONCHES ⟨Moralium dogma philosophorum⟩ wird von der M. gesagt, daß durch sie der Mensch sich selbst leitet (temperantia regit homo seipsum); eben dies rechtfertigt es, die M. an die Spitze der Kardinaltugenden zu setzen: «melius est homini dominium sui quam externum» [18].

Im Bereich des volkssprachigen Schrifttums wird die höfische Tugend der mâze, die sich im 12. Jh. aus geistlich bestimmten Vorformen herausbildete [19], zu einer über M. und Mäßigung weit hinausgehenden Grundtugend. Maßhalten und Mäßigung (discretio) gehörten schon zum Ethos der Benediktinerregel [20]; nun werden sie in der frühmittelhochdeutschen Literatur als sittliche Forderungen an den ritterlichen Laien herangetragen. THOMASIN VON CIRCLARIA (Der wälsche Gast) systematisiert die mâze und wertet sie zum ethischen Regulativ auf [21]. Minnesang und Ritterdichtung preisen sie als maßsetzendes Ideal, als eine die Leidenschaften, den Kampfeswillen, die Besitzgier, die gesellschaftlichen Umgangsformen und die Triebe bändigende Kraft [22]. Die Literatur des 13. Jh. bezeugt bereits das Scheitern dieses anspruchsvollen Sittlichkeitspostulats, und der Bedeutungsbereich der mâze verengt sich in der Folgezeit zur bloßen Mäßigung der Affekte und Triebe und zur M. (mittelmâze [23], mediocritas [24]) in den körperlichen Bedürfnissen [25]. Das aufkommende Bürgertum des Spätmittelalters kennt sie mit dieser Schwerpunktsetzung, bis LUTHER schließlich den Begriff der M. im theologischen Sinne festigt [26].

4. *Neuzeit.* – Ohne den Begriff der M. direkt zu verwenden, behandelt SPINOZA dennoch sehr eingehend das damit bezeichnete Anliegen: Fehlt dem Menschen das Vermögen «im Beherrschen und Beschränken der Affekte», so gerät er in Knechtschaft [27]. Aufgabe sittlicher Bemühung ist es, den Determinismus der Affekte zu verringern und ein Optimum an Freiheit zu gewinnen. Dieses Ziel wird dadurch erreicht, daß der Mensch ein klares Bild von der Leidenschaft zu gewinnen versucht. Gelingt dies, so hört die Leidenschaft auf, Leidenschaft zu sein [28]. – Nach D. HUME würde ein gutgearteter und ehrenhafter Mann dieser rühmlichen Bezeichnung verlustig gehen, wenn an ihm ein bemerkenswerter Mangel an M. festzustellen wäre [29]. Kritisch setzt sich Hume mit unzureichenden Begründungen der M. auseinander [30]. – Die schon bei Spinoza zu bemerkende Verschiebung der M. hin zur persönlichkeitsbetonten Haltung der (Selbst-)Beherrschung tritt bei KANT besonders deutlich hervor: Tugend enthält für den Menschen «ein bejahendes Gebot, alle Vermögen und Neigungen unter die Gewalt seiner Vernunft zu bringen, als das Gebot der Herrschaft über sich selbst nebst der Pflicht der Apathie, sich von seinen Gefühlen und Neigungen nicht beherrschen zu lassen» [31]. – In Auslegung des platonischen Gedankens sagt HEGEL von der M., sie sei «eben dieses, daß kein Moment, keine Bestimmtheit, Einzelheit sich isoliert (im Moralischen, daß kein Bedürfnis sich zum Wesen macht, Laster wird)» [32]. Wo immer der Mensch zum Maßlosen sich aufgespreizt hat, «berstet die Gestalt, verschwindet das natürliche Sein und beginnt das Allgemeine für sich zu werden» [33]. – DILTHEY, der die Moral des Christentums für triebverneinend hält, sieht die M. einseitig unter dem Blickpunkt leiblicher Hygiene: «Die Mäßigung und richtige Leitung der Ernährung, die Verstärkung der körperlichen Übungen und Tätigkeiten sind die wahren Mittel, Lebensfreudigkeit in einem gesunden Körper zu erhalten und den Geschlechtstrieb in seiner natürlichen mäßigen Form» [34].

Die Kritiken von NIETZSCHE («Das Maß ist uns fremd, ... unser Kitzel ist gerade der Kitzel des Unendlichen» [35]) und FREUD [36] machen eine Apologie der M. notwendig. So bemerkt W. WUNDT, daß von der Antike her die M. zwar ein negatives Gepräge bekommen habe, sachlich aber verlange sie «nicht apathische Gleichgültigkeit, sondern eine Ermäßigung der Affekte, die zureichend ist, an dem natürlichen Gefühl nicht zweifeln zu lassen, und die doch von den Nebenmenschen Eindrücke fernhält, die das Gleichmaß ihres Inneren stören könnten» [37]. – Um eine Rehabilitation der M. ist auch die Wertphilosophie bemüht. N. HARTMANN nennt die M. einen «Kraftwert»: Ihr ist es zu tun «um Zurückweisung inneren Übermaßes um der Person selbst willen, um Beschränkung als Selbstwert, um Bekämpfung der Wucherung, des inneren Krieges – zugunsten innerer Harmonie» [38]. Nachdrücklich wird betont, daß M. keineswegs rein negativ als Beschneiden oder Niederhalten zu verstehen ist, «als wäre das Naturhafte eitel böse» [39]. Ihr Sinn ist vielmehr der Aufbau, die Entfaltung des Affektlebens selbst, seine Durchbildung und organische Gestaltung [40]. – Eher negativ urteilt SCHELER über die M. als solche: Ihr übergeordnet ist nach ihm die Selbstbeherrschung [41]. – Von der wissenschaftlichen Anthropologie (A. GEHLEN und K. LORENZ) wird das Anliegen der M. sehr ernst genommen: Unspezialisiertheit wie Antriebsüberschuß des menschlichen Triebgefüges machen Triebsteuerung und -formung unerläßlich.

Anmerkungen. [1] Vgl. E. SCHWARTZ: Ethik der Griechen, hg. W. RICHTER (1951) 52ff.; Probleme der antiken Ethik. Ges. Schr. 1 (1938) 9ff. – [2] PLATON, Resp. IV, 430 d-432 a. – [3] a.O. IV, 427 d ff. – [4] ARISTOTELES, Top. V, 8, 138 b 2-5. – [5] Eth. Eud. II, 3, 1221 a 2. – [6] ZENON, SVF III, 4. – [7] CICERO, De invent. II, 4, 164. – [8] De off. I, 93. – [9] Zum ganzen KITTEL, Theol. Wb. zum NT 7, 1097. – [10] PHILON VON ALEXANDRIEN, Leg. alleg. I, 63ff. – [11] AMBROSIUS, Exp. Lc. V, 64 (32, IV, 207). – [12] De Jac. I, 5 (32, IV, 7). – [13] AUGUSTIN, De off. I, 69. MPL 16, 44; Ep. 63, 26ff. MPL 16, 1196. – [14] De mor. eccl. 1, 25. – [15] De div. quaest. 83, q. 61, 4. MPL 40, 51. – [16] S. MÄHL: Quadriga virtutum. Die Kardinaltugenden in der Geistesgesch. der Karolingerzeit (1969) 35ff. – [17] THOMAS VON AQUIN, S. theol. II/II, q. 141,

a. 2. a. 8. – [18] D. ROCHER: Lat. Tradition und ritterliche Ethik, in: G. EIFLER: Ritterliches Tugendsystem (1970) 461f. – [19] Vgl. H. RÜCKER: *Mâze und ihre Wortfamilie in der dtsch. Lit. bis um 1220* (1975). – [20] Vgl. W. HERMANNS: Über den Begriff der Mäßigung in der patrist.-scholast. Ethik von Clemens von Alexandrien bis Albertus Magnus (1913) 8ff. 25ff. – [21] Vgl. RÜCKER, a.O. [19] 323ff. – [22] Vgl. etwa WALTHER VON DER VOGELWEIDE, 46, 32; WINSBECKE, 31, 1f.; vgl. RÜCKER, a.O. [19] 371-381. 410ff. – [23] So erstmals bei REINMAR VON ZWETER, 96, 4. – [24] M. LUTHER, Laus mediocritatis. Weimarer A. Tischreden 4, 15. – [25] Vgl. S. EICHLER: Stud. über die Mâze. Ein Beitr. zur Begriffs- und Geistesgesch. der höfischen Kultur (1942) 71ff. – [26] M. LUTHER, Weimarer A. 47, 769. – [27] B. SPINOZA, Tractatus de intellectus emendatione, in: Ethica 4. Opera, hg. K. BLUMENSTOCK 2 (1967) 381. – [28] a.O. 5, 513. – [29] D. HUME, Untersuch. über die Prinzipien der Moral, dtsch. hg. C. WINCKLER (1955) 168. – [30] a.O. 130. – [31] I. KANT, Einl. zur Met. der Sitten IX, 3. – [32] G. W. F. HEGEL, Gesch. der Philos. Sämtl. Werke, hg. GLOCKNER 18, 282. – [33] Philos. der Relig. a.O. 16, 11. – [34] W. DILTHEY, System der Ethik. Ges. Schr. 10 (1958) 59. – [35] FR. NIETZSCHE, Jenseits von Gut und Böse. Werke, hg. K. SCHLECHTA (1955) 2, 688. – [36] S. FREUD, Ges. Werke XVI, 226. – [37] W. WUNDT: Ethik 1 (1903) 183. – [38] N. HARTMANN: Ethik (^{3}1949) 436. – [39] ebda. – [40] a.O. 437. – [41] M. SCHELER, Vom Umsturz der Werte. Ges. Werke 3 (1955) 133.

Literaturhinweise. H. SCHILLING: Das Ethos der Mesotes, in: Heidelberger Abh. zur Philos. und ihrer Gesch. 22 (1930). – H. MARKOWSKI: De quattuor virtutibus Augusti in clupeo aureo ei dato inscriptis. Eos 37 (1936) 109ff. – M. M. DORCY: Temperance – the peregrinations of a term. Rev. Univ. Ottawa 35 (1965) 31-40. – Art. ‹Temperance›, in: Encyclop. relig. and ethics 12, 235.

B. STOECKLE

Materia communis/M. individualis (gemeinsame/individuelle M.) sind Ausdrücke, die im Rahmen der aristotelischen Lehre von Form und M. (s. d. II) die allen Körpern «gemeinsame» M. [1] oder die jedem Körper eigene, individuelle M. bezeichnen. In der scholastischen Lehre von der Abstraktion (s. d. III, 2) bezeichnen diese Ausdrücke die schemahafte, allgemeine Vorstellung von z. B. «Fleisch und Knochen» überhaupt (M. communis) und die im Hier und Jetzt gegebene Anschauung «dieses Fleisches und dieser Knochen» (M. individualis) [2].

Anmerkungen. [1] AVICENNA, Suff. I, cap. II. Opera (1508, ND 1961) fol. 14r. – [2] THOMAS VON AQUIN, S. theol. I, 85, 1, 2; Exp. s. Trin. 4, 2; 4, 4. Red.

Materia prima (Erst-M., Ur-M.) heißt im Rahmen der aristotelischen Lehre von Form und M. (s. d.) das erste oder (unter dem Gesichtspunkt der Analyse zusammengesetzter Körper) letzte Substrat der dem Werden und Vergehen unterworfenen körperlichen Substanzen. Diese Erst-M., die selbst kein existierender Körper ist, sondern Prinzip der bleibenden Bestimmbarkeit und Veränderlichkeit der materiellen Substanzen sowie ihrer bestimmten (individuellen) Räumlichkeit und Zeitlichkeit, kann nach ARISTOTELES an sich weder ein existierendes «Etwas» noch ein «Quantum» noch eine andere Bestimmung des Seienden sein [1]. Sie ist potentiell (im Bereich des Körperlichen) alles, aktuell aber noch nichts.

Anmerkung. [1] ARISTOTELES, Met. 7, 3, 1029 a 20f. Red.

Materia secunda (zweite M.) bezeichnet in der scholastischen Philosophie im Unterschied zur Erst-M. schon geformtes, existierendes Materielles (M. disposita, praeparata) [1] als Substrat weiterer Bestimmung oder Formung, z. B. Mutterblut als M. der Zeugung eines Menschen oder Holz und Steine als M. (Material) eines Hauses.

Anmerkung. [1] J. MICRAELIUS: Lex. philosophicum (^{2}1662, ND 1966) s.v. Red.

Materia signata (bezeichnete oder vorgezeigte M.) ist ein durch die lateinische Avicennaübersetzung in der Scholastik eingebürgerter Terminus [1], der die individuelle M. benennt, sofern sie nur durch Zeigen auf ein hier und jetzt gegebenes materielles Individuum, dessen Individuationsprinzip sie nach verbreiteter Lehre ist, bestimmt werden kann.

Anmerkung. [1] Vgl. M.-D. ROLAND-GOSSELIN: Le «De ente et essentia ...» (^{2}1948) 11. 58. 65. Red.

Materialismus (frz. matérialisme, engl. materialism, ital. materialismo). Der *Begriff* taucht in der ersten Hälfte des 18. Jh. etwa gleichzeitig im deutschen, französischen [1] und englischen [2] philosophischen Schrifttum auf. Früher als im Französischen (1739) und im Englischen (1748) läßt sich der Begriff im *Deutschen* nachweisen: 1726 erläutert J. G. WALCH: «M. Es zeigt dieses überhaupt einen Irrtum, oder falschen Begriff an, den man in Ansehung der Materie hat ... man nennet daher denjenigen einen Materialismum, wenn man die geistliche Substanzen leugnet und keine andere als körperliche zulassen will. Unter den neuern gehöret dahin der *Benedictus de Spinoza*, der nur ein einzige Substanz zugiebet, und daher die Seele des Menschen vor cörperlich halten; alle anderen Geister aber leugnen muß. Unter solchen Materialisten stehet auch *Hobbesius* mit oben an, welches niemand verborgen seyn kann, wer nur bedencket, daß er alle Substanzen, die keinen Cörper haben, geleugnet ... Man pflegt auch das einen Materialismum zu nennen, wenn man alle Begebenheiten und Wirckungen der natürlichen Cörper bloß aus der Beschaffenheit der Materie, als deren Größe, Figur, Schwere, Gegeneinanderhaltung und Mischung herleiten, und also außer der Seelen kein ander geistliches Principium erkennen will, welches aber eben das, was man sonst Mechanismum nennet. Inzwischen ist es nicht ungewöhnlich, daß man in der Physik die Mechanicos auch die *Materialisten* nennet und ihnen die Spiritualisten entgegen setzet, obwohl die Wörter *Mechanismus* und *Mechanicus* viel üblicher sind» [3].

In *Frankreich* entwickeln J. LAMETTRIE [4], C. HELVÉTIUS [5], D. DIDEROT [6], P. HOLBACH [7], P. CABANIS [8] und andere auf der Grundlage des durch GASSENDI [9] und BOYLE wiederentdeckten Atomismus der Antike (Demokrit, Epikur) und unter Aufnahme der neuen Erkenntnisse über die Physiologie des menschlichen Körpers und in bezug auf die fortgeschrittenste Naturwissenschaft, die Mechanik innerhalb der Physik, sowie unter Fortentwicklung der mechanistischen Konzepte von Descartes und Hobbes einen mechanistischen und physiologischen M., der den Menschen in Analogie zur Maschine begreift und die Seele als prinzipiell physiologisch faßbaren Bestandteil oder als Begleiterscheinung der physischen Lebensvorgänge. Vor allem die atheistische, antireligiöse Tendenz dieses M. führt bald zu Widerlegungsversuchen von Grundpositionen des Spiritualismus und Idealismus aus in Frankreich [10], zugleich aber auch in Deutschland [11] und in England, wo es den ersten, später so genannten, M.-Streit gibt [12].

Für I. KANT ist M. etwas Abzulehnendes: Er sei – ebenso wie sein Gegensatz, der Spiritualismus – zur Erklärung des Daseins untauglich [13]. Die transzendentalen Ideen dienen dazu, «die freche und das Feld der Vernunft verengende Behauptungen des *M., Naturalismus* und *Fatalismus* aufzuheben und dadurch den moralischen Ideen außer dem Felde der Speculation Raum zu verschaffen» [14].

G. W. F. HEGEL setzt sich – wenngleich marginal – historisch und systematisch mit dem M. auseinander: historisch würdigt er die aufklärerische Tendenz des französischen M.: «Der französische Atheismus, M. und Naturalismus ist einerseits mit dem tiefsten und empörtesten Gefühl gegen die begriffslosen Voraussetzungen und Gültigkeiten des Positiven in der Religion, den rechtlichen und moralischen Bestimmungen und der bürgerlichen Einrichtung vergesellschaftet und mit dem gesunden Menschenverstande und einem geistreichen Ernste, nicht frivolen Deklamationen, dagegen gekehrt; andererseits entsteht er aus dem Streben, das Absolute als ein Gegenwärtiges, und als Gedachtes zugleich und als absolute Einheit zu erfassen, – ein Bestreben, welches, mit Leugnung des Zweckbegriffs sowohl im Natürlichen, also des Begriffs vom Leben, als im Geistigen, des Begriffs vom Geiste und von Freiheit, nur zum Abstraktum einer in sich unbestimmten Natur, des Empfindens, des Mechanismus, der Eigensucht und Nützlichkeit kommt» [15]. Systematisch erkennt Hegel – bei allem festgestellten Ungenügen im Detail – den Versuch des M. an, den Dualismus durch das konsequente Denken von einem Einheitlichen aus zu überwinden: der «spekulativen Auffassung des Gegensatzes von Geist und Materie steht der *M.* gegenüber, welcher das Denken als ein Resultat des Materiellen darstellt, die Einfachheit des Denkens aus dem Vielfachen ableitet. Es gibt nichts Ungenügenderes ... Dennoch muß man in dem M. das begeisterungsvolle Streben anerkennen, über den, zweierlei Welten als gleich substantiell und wahr annehmenden, Dualismus hinauszugehen, diese Zerreißung des ursprünglich Einen aufzuheben» [16].

J. G. FICHTES Einstellung zum M. ändert sich im Verlaufe seines Denkens nicht; die 1794 formulierte Position taucht bis in die späteste Zeit gelegentlich wieder auf: «Hier geht die Grenze zwischen bloßem Leben, und zwischen Intelligenz ... Durch kein Naturgesetz, und durch keine Folge aus dem Naturgesetze, sondern durch absolute Freiheit erheben wir uns zur Vernunft, nicht durch *Uebergang*, sondern durch einen *Sprung*. – Darum muß man in der Philosophie notwendig vom Ich ausgehen, weil dasselbe nicht zu deduzieren ist; und darum bleibt das Unternehmen des Materialisten, die Äußerungen der Vernunft aus Naturgesetzen zu erklären, ewig unausführbar» [17]. «Der M. leugnet die Möglichkeit der Frage nach einem Grunde der Welt. Die Welt ist in sich selbst begründet. Erklärt wird in diesem System nichts, sondern es wird bei der bloßen Erfahrung stehen geblieben» [18]. Gleich wie Fichte sieht auch F. W. J. SCHELLING den M. [19].

Der physiologische M. kann sich in Deutschland erst nach Auflösung der Dominanz der großen idealistischen Gedankensysteme, vor allem dem Hegels, entwickeln: Mitte des 19. Jh. verbreiten vor allem J. MOLESCHOTT [20], C. VOGT [21] und L. BÜCHNER [22] in teilweise populärer Absicht die Grundgedanken des physiologischen M. Dieser M. wird von zwei Seiten zugleich bekämpft: von idealistischer Seite her und von der Position des dialektischen M. aus, der sich gegenüber dem als «vulgär» disqualifizierten physiologischen M. als die historisch fortgeschrittene Form des M. versteht [23]. Die idealistische Kritik führt zu einem zweiten M.-Streit (s. d.), der in der Auseinandersetzung zwischen WAGNER und VOGT auf der Göttinger Naturforscherversammlung 1854 kulminiert. Auch F. A. LANGE argumentiert in seiner sehr einflußreich gewordenen ‹Geschichte des M.› [24] von einer idealistischen kantischen Position aus gegen den M. [25]. Er unterscheidet vom theoretischen M. einen ethischen, dessen Grundprinzip in der Antike (Aristipp, Epikur) die Lust gewesen sei und der in der Neuzeit vor allem in A. Smiths Moraltheorie eingegangen sei [26].

Den Begriff ‹M.› in seiner abwertenden Bedeutung aufnehmend, kritisiert F. W. DÖRPFELD den *didaktischen* M. der Stoffüberfrachtung des Unterrichts, vor allem durch umfangreiche Memorieranforderungen im Religionsunterricht; didaktischer M. sei «jene oberflächliche pädagogische Ansicht, welche den eingelernten *Stoff* ... ohne weiteres für geistige *Kraft* hält, und darum das bloße Quantum des absolvierten Materials schlankweg zum Maßstabe der intellektuellen und sittlichen Bildung macht» [27]. In diesem Sinne der Kritik an Stoffüberfrachtung von Unterricht wird die Bezeichnung ‹didaktischer M.› bis in die Gegenwart hinein gelegentlich gebraucht.

L. FEUERBACHS Bedeutung in der Geschichte des M. besteht weniger in der originalen Weiterentwicklung dieser Auffassung als vielmehr in der Wirkung, die er auf Marx, Engels und den Marxismus gehabt hat. Er stellt den Menschen als ein Wesen der Sinne, das gleichwohl von der Natur abhängig ist, in den Mittelpunkt seines Denkens, was diesem die Bezeichnung ‹anthropologischer M.› [28] eintrug [29]. Der leidende Mensch konstituiere einen fundamentalen M.: «Die Medicin, die Pathologie vor Allem ist die ... Quelle des M. Und diese Quelle kann leider durch philosophische Gründe nicht verstopft werden; denn so lange Menschen leiden, wenn auch nur Hunger und Durst, und diese Leiden nicht durch idealistische Machtsprüche ... geheilt werden können, so lange werden sie auch, wenn auch wider Wissen und Willen, Materialisten sein» [30]. Feuerbach selbst hält sein Denken nicht für M.: «Wahrheit ist weder der M., noch der Idealismus, weder die Physiologie, noch die Psychologie; Wahrheit ist nur die *Anthropologie*, Wahrheit nur der Standpunkt der Sinnlichkeit, der Anschauung» [31].

In der ‹Heiligen Familie› (1845) skizziert K. MARX [32] die Geschichte des französischen M.: Nach seiner Anschauung «war die französische Aufklärung des 18. Jh. und namentlich der französische M. nicht nur ein Kampf gegen die bestehenden politischen Institutionen, wie gegen die bestehende Religion und Theologie, sondern ebensosehr ein offener, ein ausgesprochener Kampf gegen die Metaphysik des siebzehnten Jh.». Allerdings «kann man den Sturz der Metaphysik des 17. Jh. nur insofern aus der materialistischen Theorie des 18. Jh. erklären, als man diese theoretische Bewegung selbst aus der praktischen Gestaltung des damaligen französischen Lebens erklärt. Dieses Leben war die unmittelbare Gegenwart, auf den weltlichen Genuß und die weltlichen Interessen, auf die irdische Welt gerichtet. Seiner antitheologischen, antimetaphysischen, seiner materialistischen Praxis mußten antitheologische, antimetaphysische, materialistische Theorien entsprechen» [33]. Es gibt «*zwei Richtungen* des *französischen M.*, wovon die *eine* ihren Ursprung von *Descartes*, die andere ihren Ursprung von *Locke* herleitet» [34]. Der von dem Exponenten der

Metaphysik Descartes' herkommende M. sei der mechanische M. der Naturwissenschaft. Mit den Mitteln des Skeptizismus bereite Pierre Bayle «dem M. und der Philosophie des gesunden Menschenverstandes ihre Aufnahme in Frankreich» [35] vor. «*Lockes* Schrift über den ‹Ursprung des menschlichen Verstandes› kam wie gerufen» [36]. Hier stellt Marx die Frage, woher Locke seine materialistischen Anschauungen habe, und beantwortet sie mit einem Blick in die Geschichte der englischen Philosophie: «Der M. ist der eingeborene Sohn Großbritanniens.» Schon sein Scholastiker Duns Scotus «zwang die Theologie selbst, den M. zu predigen. Er war überdem Nominalist», und der Nominalismus ist «der *erste Ausdruck* des M.» [37]. «Der wahre Stammvater des *englischen M.* und aller *modernen experimentierenden* Wissenschaft ist *Baco*» [38]. «*Hobbes* ist der *Systematiker* des *baconischen M.*» [39]. «Es bedarf keines großen Scharfsinns, um aus den Lehren des M.», z. B. von dem Einfluß der äußeren Umstände auf den Menschen, «seinen notwendigen Zusammenhang mit dem Kommunismus und Sozialismus einzusehen» [40]. «Wenn der Mensch von den Umständen gebildet wird, so muß man die Umstände menschlich bilden.» So fällt M. mit Humanismus zusammen [41].

Nach FR. ENGELS verhält es sich so, daß «der M. die Natur als das einzig Wirkliche auffaßt» [42]. Der M. des 18. Jh. brachte «den Nachweis, daß der Inhalt alles Denkens und Wissens aus der sinnlichen Erfahrung stammen müsse, und stellte den Satz wieder her: Nihil est in intellectu, quod non fuerit in sensu» [43] – nichts ist im Verstand, was nicht vorher in den Sinnen war. Weiter trat aus dem französischen M., der einen großen Teil des M. des 18. Jh. ausmacht, der Determinismus in die Naturwissenschaft über [44]. Mit den ihm vorliegenden materialistischen Konzeptionen setzt er sich allerdings kritisch auseinander: «Der M. des vorigen Jh. war vorwiegend mechanisch, weil von allen Naturwissenschaften damals nur die Mechanik ... zu einem gewissen Abschluß gekommen war» [45]. «Diese ausschließliche Anwendung des Maßstabs der Mechanik ... bildet die eine spezifische, aber ihrer Zeit unvermeidliche Beschränktheit des klassischen französischen M. Die zweite spezifische Beschränktheit dieses M. bestand in seiner Unfähigkeit, die Welt als einen Prozeß, als einen in einer geschichtlichen Fortbildung begriffenen Stoff aufzufassen. Dies entsprach dem damaligen Stand der Naturwissenschaft und der damit zusammenhängenden metaphysischen, d. h. antidialektischen Weise des Philosophierens» [46]. Dieser stellt er die dialektische gegenüber und erläutert sie an der Geschichte des M.: «Die antike Philosophie war ursprünglicher, naturwüchsiger M. Als solcher war sie unfähig, mit dem Verhältnis des Denkens zur Materie ins Reine zu kommen. Die Notwendigkeit aber, hierüber klarzuwerden, führte zur Lehre von einer vom Körper trennbaren Seele, dann zu der Behauptung der Unsterblichkeit dieser Seele, endlich zum Monotheismus. Der alte M. wurde also negiert durch den Idealismus. Aber in der weitern Entwicklung der Philosophie wurde auch der Idealismus unhaltbar und negiert durch den modernen M. Dieser, die Negation der Negation, ist nicht die bloße Wiedereinsetzung des alten, sondern fügt zu den bleibenden Grundlagen desselben noch den ganzen Gedankeninhalt einer zweitausendjährigen Entwicklung der Philosophie und Naturwissenschaft ... Es ist überhaupt keine Philosophie mehr, sondern eine einfache Weltanschauung, die sich nicht in einer aparten Wissenschaftswissenschaft, sondern in den wirklichen Wissenschaften zu bewähren

und zu betätigen hat» [47]. Dieser «moderne M.» sieht «in der Geschichte den Entwicklungsprozeß der Menschheit, dessen Bewegungsgesetze zu entdecken seine Aufgabe ist» [48]. Engels wirft Feuerbach vor, er werfe den eigentlichen M. «zusammen mit der verflachten, vulgarisierten Gestalt, worin der M. des 18. Jh. heute in den Köpfen von Naturforschern und Ärzten fortexistiert und in den fünfziger Jahren von Büchner, Vogt und Moleschott gereisepredigt wurde» [49]. Hegels System repräsentiere «nur einen nach System und Inhalt idealistisch auf den Kopf gestellten M.» [50]. Diesem Begriff von M. stellt er einen vulgären gegenüber: «Der Philister versteht unter M. Fressen, Saufen, Augenlust, Fleischeslust und hoffärtiges Wesen, Geldgier, Geiz, Habsucht, Profitmacherei und Börsenschwindel, kurz, alle die schmierigen Laster, denen er selbst im stillen frönt» [51].

E. HAECKELS monistische Philosophie wurde (und wird bis heute) häufig für M. gehalten, aber Haeckel verwahrte sich dagegen: «Wenn ... mein Monismus als ‹M.› verdächtigt wird, so ist das nur in einem gewissen Sinne richtig, nur insofern, als in meinem allgemeinen Substanz-Begriffe stets Stoff und Kraft, Materie und Energie untrennbar verbunden sind. Ich kenne keine ‹tote und rohe Materie›, *keine Substanz ohne Empfindung*» [52]. «Wir halten fest an dem reinen und unzweideutigen Monismus von *Spinoza: Die Materie*, als die unendlich ausgedehnte Substanz, und der *Geist* (oder die Energie), als die empfindende oder denkende Substanz, sind die beiden fundamentalen *Attribute* oder Grundeigenschaften des allumfassenden göttlichen Weltwesens, der universalen *Substanz*» [53].

Nachdem die Entwicklung des M. zu Beginn des 20. Jh. nicht mehr so stürmisch voranschritt, versuchte W. WUNDT, Überblick und Ordnung zu gewinnen: «Der ursprüngliche M. entspricht in seinem allgemeinen Charakter durchaus den Anfängen des naiven Empirismus, die er als ihre metaphysische Ergänzung regelmäßig begleitet. Beide zusammen weisen auf eine der frühesten philosophischen Spekulation noch erhalten gebliebene *gegenständliche* Form des Denkens hin. Die Gegenstände der Körperwelt werden als das wirklich Gegebene betrachtet, und selbst, wo vermöge des Einheitsbedürfnisses der Vernunft ein die Mannigfaltigkeit der Erscheinungen zusammenhaltendes einheitliches Prinzip angenommen wird, da wird dieses körperlich gedacht» [54]. Später seien der Materie die Empfindungen in gleicher Weise als Eigenschaft zugeschrieben worden wie Ausdehnung und Undurchdringlichkeit. *J. Toland* sei der erste, der «klar die Grundgedanken dieser neuen Form des M. darlegt, die wir, im Unterschiede von dem mechanischen des Thomas *Hobbes*, am angemessensten mit einem dieser Anschauung freilich erst in neuester Zeit beigelegten Namen den *psychophysischen M.* nennen können» [55]. Hierunter seien auch die Bemühungen L. Feuerbachs zu fassen, aus denen dort der weitere M. sich nach in zwei Richtungen entwickelt habe: «einmal in dem von der Mitte des Jh. an auftretenden *naturwissenschaftlichen* M. eines *Jac. Moleschott, L. Büchner* u. a., der gegenüber den analogen Erscheinungen der französischen Aufklärungszeit nichts Neues bietet; und sodann in dem um dieselbe Zeit in *K. Marx* und *F. Engels* hervortretenden *ökonomischen* M., der alle geistige Entwicklung aus dem ‹materiellen Unterbau› des wirtschaftlichen Lebens ableitet, um auf diese Voraussetzung eine sozialistische Geschichtsphilosophie und Gesellschaftstheorie zu gründen» [56].

Der physiologische M. des 19. Jh. verebbt zu Beginn des 20. Jh. in einer Vielzahl von Kampfschriften [57]. Er wird obsolet durch den dialektischen M. einerseits und durch den Neukantianismus andererseits. Eines seiner Grundprobleme behält aber in der von diesen Traditionen wenig beeinflußten angelsächsischen Philosophie bis heute Aktualität: das Verhältnis von Körper und Seele bzw. Geist.

In seinem Werk ‹M. und Empiriokritizismus› (1909) bestimmt W. I. LENIN in Auseinandersetzung mit dem Empiriokritizismus von Mach und Avenarius ausführlich, was M. sei. Da seine Gegner Erkenntnistheoretiker sind, nimmt auch bei Lenin die erkenntnistheoretische Bestimmung von M. den größten Raum ein. In der Grundannahme einer primären Materie und der Einheit von Materie und Geist unterscheidet er sich nicht von den übrigen Materialisten [58]. Mit Engels grenzt er sich jedoch vom Vulgär-M. durch die Bestimmung ab, «daß man die Empfindung als eine der Eigenschaften der sich bewegenden Materie betrachtet» [59], während Vogt, Büchner und Moleschott die Empfindung als Absonderung der Materie angesehen hätten. Ein neuartiges Element ist außerdem die Hereinnahme des Evolutionsgedankens in den M.: «Der M. besagt, daß die 'sozialorganisierte Erfahrung der Lebewesen' ein von der physischen Natur Abgeleitetes ist, das Resultat einer langen Entwicklung derselben, und zwar einer Entwicklung aus einem solchen Zustand der physischen Natur, wo es weder Sozialität noch Organisiertheit, weder Erfahrungen noch Lebewesen gab oder geben konnte» [60]. Der erkenntnistheoretische Grundgedanke, der gegen Mach und Avenarius vertreten wird, ist «die Anerkennung der Außenwelt, der Existenz der *Dinge* außerhalb unseres Bewußtseins und unabhängig von ihm» [61]. Die außerhalb des erkennenden Subjekts liegenden Objekte werden in ihm so abgebildet, wie sie sind: «die Ideen und Empfindungen sind Kopien oder Abbilder dieser Objekte» [62]. Aus der Existenz einer Außenwelt zieht Lenin den Schluß: «Da der M. die von unserem Bewußtsein unabhängige Existenz der objektiven Realität, d. h. der sich bewegenden Materie, anerkennt, so muß er unvermeidlich auch die objektive Realität von Zeit und Raum anerkennen» [63]. In diesem Zusammenhang geht Lenin auf Kant ein: «Der Grundzug der Kantschen Philosophie ist die Aussöhnung des M. mit dem Idealismus.» «Wenn Kant zugibt, daß unseren Vorstellungen etwas außer uns, irgendein Ding an sich, entspreche, so ist er hierin Materialist. Wenn er dieses Ding an sich für unerkennbar, transzendent, jenseitig erklärt, tritt er als Idealist auf. Indem Kant die Erfahrung, die Empfindungen als die alleinige Quelle unserer Kenntnisse anerkennt, gibt er seiner Philosophie die Richtung zum Sensualismus und über den Sensualismus unter bestimmten Bedingungen auch zum M. Indem Kant sich für die Apriorität von Raum, Zeit, Kausalität usw. ausspricht, lenkt er seine Philosophie auf die Seite des Idealismus» [64]. Zwischen M. und Sensualismus bestehe eine Verbindung: Wenn die Empfindungen von Objekten kommen, sei ein solcher objektiver Sensualismus zugleich M. [65]. Von dem hier umrissenen philosophischen M. grenzt Lenin den «naturwissenschaftlichen M.» ab, «d.h. die spontane, nicht erkannte, ungeformte, philosophisch-unbewußte Überzeugung der überwiegenden Mehrzahl der Naturforscher von der durch unser Bewußtsein widergespiegelten objektiven Realität der Außenwelt» [66]. Lenin entgeht nicht, daß die Anerkennung einer Objektwelt außerhalb des erkennenden Subjekts vielfach als Realismus bezeichnet wird: Alle Schattierungen des philosophischen Idealismus «stimmen darin überein, daß der naturwissenschaftliche M. 'Metaphysik' ist, daß die Anerkennung der objektiven Realität der Theorien und Schlußfolgerungen der Naturwissenschaft 'allernaivsten Realismus' bedeutet» [67]. «Die Überzeugung der 'naiven Realisten' (d.h. der ganzen Menschheit), daß unsere Empfindungen Abbilder der objektiv realen Außenwelt sind, ist die stets wachsende und stärker werdende Überzeugung der großen Masse der Naturforscher» [68]. «Die 'naive' Überzeugung der Menschheit wird vom M. bewußt zur Grundlage seiner Erkenntnistheorie gemacht» [69]. Die Gefahr des bisherigen M., durch «Anerkennung irgendwelcher unveränderlichen Elemente, eines 'unveränderlichen Wesens der Dinge'» [70] metaphysisch zu werden, sei durch den dialektischen M. überwunden.

Die marxistischen Philosophiehistoriker versuchen, materialistische Tendenzen in der vormarxistischen Philosophie aufzuzeigen. Als einer der ersten analysiert G. PLECHANOW *Helvétius* und *Holbach* von der Position des Marxismus aus und sieht im französischen M. einen bedeutenden Vorläufer und Wegbereiter des Marxismus [71]. Diese Linie wird seitdem in der marxistischen Philosophiegeschichtsschreibung fortgeführt. G. STIEHLER stellt fest, «daß in der modernen Geschichte des deutschen wie des englischen und französischen M. immer wieder Impulse aus der medizinischen, besonders der anatomischen und physiologischen Forschung zu materialistischen Lösungsversuchen des Leib-Seele-Problems anregten. Sie führten zur Herausbildung materialistisch-psychologischer Anschauungen und in der Folge zu einer materialistischen Menschenbetrachtung überhaupt» [72]. Obwohl H. LEY nachzuweisen versucht, daß «die Ausbreitung von Elementen des Philosophischen M. ... den Weg zu den Erkenntnissen moderner Naturwissenschaft freilegte» [73], zeigt er eher das Umgekehrte, daß nämlich die naturwissenschaftlichen Erfahrungen zur Ausbildung eines M. hinführten. Die Philosophie von *Averroes* und *Avicenna* wird als M. bezeichnet, weil beide ihrer Weltanschauung eine ewige Materie zugrunde legen, die so erkannt werden kann, wie sie ist [74]. Als wichtigste Quelle des deutschen M. wird von A. W. GULYGA die pantheistische Lehre *Spinozas* angesehen [75]. O. FINGER gibt der Grundlinie der marxistischen Historiographie des M. Ausdruck: «Die Geschichte des deutschen M. im 18. Jh. bildet keine Ausnahme von dem philosophiehistorischen Gesetz, wonach der M. in der Regel die Weltanschauung aufstrebender progressiver Gesellschaftsklassen ist» [76].

E. BLOCHS Durchgang durch die Geschichte des M. nimmt seinen Ausgang in der Verwunderung darüber, daß, abgesehen von *Demokrit*, «alle bisherigen großen Philosophen Idealisten waren» [77]. Den Grund dafür sieht er im «kurzen Atem der Begriffe im gehabten M.» [78]. Allerdings fänden sich bei den großen Philosophen «durchaus kryptomaterialistische Züge; auch hätte sich speziell Hegel ohne diese nicht so mannigfach vom Kopf auf die marxistischen Füße stellen lassen» [79]. So wie den Idealisten die Materie «eine Verlegenheit, zum Denken auffordernd» [80] war, sei umgekehrt den Materialisten der Geist eine solche gewesen. Im dialektischen M. sieht er «die glücklichste wie realistischste Hochzeit» [81] der jeweils fundamentalen Denkergebnisse von M. und Idealismus. Mit Rückgriff auf die Bestimmung des Materiebegriffs von *Aristoteles* als *In-Möglichkeit-Sein* als «ganz eigentliche Fundamentaldefinition der Materie als konkret-utopischer Fundus überhaupt» [82] bestimmt er seinen *neuen M.:* «Neuer M. wäre also einer dieses gärenden und offenen Experimental-Inhalts, damit einer, der sich nicht nur auf den Menschen als Frage und die Welt als ausstehende Antwort, sondern vor allem auch auf die Welt als Frage und den Menschen als ausstehende Antwort versteht» [83].

Im Hinblick auf Entwicklungen nach dem Zweiten Weltkrieg – die Enttäuschung am institutionalisierten Marxismus-Leninismus, die weitere Differenzierung des Marxismus als der Hochform des M. in eine Reihe von Schulen – haben W. POST und A. SCHMIDT die Frage «Was ist M.?» neu gestellt. Sie gehen davon aus, daß eine «Verständigung über den Begriff des M. insgesamt» gesucht werden müsse, sind überzeugt vom «Krypto-Materialistischen innerhalb der Theologie», von der «antimythologischen ... zivilisatorischen Rolle des M.», davon, daß M. «sich allemal dessen, was 'drunten' war, des Minderen und des Verfemten angenommen» habe, und behaupten, daß «das Pathos des M.» immer schon gewesen sei, «die Welt aus sich selbst zu erklären» [84]. Im Dialog über die Vorgeschichte und Geschichte des M. versuchen sie der Bestimmung von M. näher zu kommen, der «gegenüber dem Idealismus nicht ein für allemal das höhere Bewußtsein» verkörpere, sondern nur insofern er «kritisch gebrochen, Einsicht ins menschliche Leiden» bleibend gewähre [85]. «Was heute anzustreben wäre, ist eine Konzeption, die Praxis und Kosmos zusammendenkt; insofern wären auch die neomarxistischen Neuansätze, soweit sie auf Praxis und Anthropozentrik begrenzt sind, zu überschreiten» [86].

In der gegenwärtigen angelsächsischen Philosophie erscheint M. in zwei Denkrichtungen: Zum einen wird mit dem Begriff des *formalen* M. [87] das Bemühen der Naturwissenschaften bezeichnet, die Welt nur aus sich selbst heraus zu erklären, und zwar unter Rückgriff auf die Materie; zum anderen bezeichnet ‹M.› die Auffassung vom Primat des Materiellen bei der Problematik des Verhältnisses von Geist bzw. Seele zum Körper. In dieser Denkrichtung wird neuerdings statt von ‹M.› überwiegend von ‹*Physikalismus*› [88] gesprochen, weil die Rückführung des Geistig-Seelischen auf Physisches sowohl mit den Mitteln der Physik erfolgt als auch den Begriff der Materie als zentralen aufgibt zugunsten des gesamten Ensembles physikalischer Grundbegriffe.

In der Gegenwart wird ‹M.› häufig auch als verkürzte Bezeichnung für *historischen und dialektischen* M. gebraucht, so z. B. von J.-P. SARTRE [89], M. HORKHEIMER [90], J. HABERMAS [91] u. a. [92].

Anmerkungen. [1] Vgl. W. KRAUSS: Zur Bedeutungsgesch. von ‹matérialisme›. Wiss. Z. Univ. Halle 19 (1970) 85f. – [2] Vgl. Art. ‹M.›, in: Oxford Engl. dict. – [3] J. G. WALCH: Philos. Lex. (1726). – [4] J. LAMETTRIE: Hist. naturelle de l'âme (1745); L'homme machine (1747, ND Paris 1966). – [5] C. HELVÉTIUS: De l'esprit (1758); De l'homme, de ses facultés intellectuelles et de son éducation (1772); dtsch. hg. G. MENSCHING (1972). – [6] D. DIDEROT: Pensées philos. (1746); Lettres sur les aveugles (1749, dtsch. 1961); Le rêve de d'Alembert (1769, dtsch. 1923). – [7] P. HOLBACH: Système de la nature (1770). – [8] P. CABANIS: Rapports du physique et du morale de l'homme (1802). – [9] P. GASSENDI: De vita, moribus et placitis Epicuri (1647). – [10] z. B. M. BERGIER: Examen du matérialisme (1771). – [11] z. B. G. F. MEIER: Beweis, daß keine Materie denken könne (1743); M. KNUTZEN: Philos. Abh. von der immateriellen Natur der Seele, darinnen überhaupt erwiesen wird, daß die Materie nicht denken könne und daß die Seele unkörperlich sei, teils die vornehmsten Einwürfe der Materialisten deutlich beantwortet werden (1774); A. WEISHAUPT: Über M. und Idealismus (1786). – [12] z. B. FR. UEBERWEGS Grundriß der Gesch. der Philos. 3: Neuzeit bis Ende des 18. Jh., hg. M. FRISCHEISEN-KÖHLER/W. MOOG ([12]1924, ND 1953 u. ö.) 376. – [13] I. KANT, KrV B 420f.: Transz. Dial. 2. Buch, 1. Hauptstück. – [14] Prolegomena (1783). Akad.-A. 4, § 60, S. 363. – [15] G. W. F. HEGEL, Werke, hg. GLOCKNER 19, 510f. – [16] a.O. 10, 59f. – [17] J. G. FICHTE, Gesamt-A. I/2, 427; vgl. auch I/3, 28. – [18] a.O. IV/1, 364. – [19] F. W. J. SCHELLING, Werke, hg. M. SCHRÖTER 2 (1927) 406f. – [20] J. MOLESCHOTT: Der Kreislauf des Lebens (1852); Die Einheit des Lebens (1864). – [21] C. VOGT: Köhlerglaube und Wiss. (1854). – [22] L. BÜCHNER: Kraft und Stoff (1855); Natur und Geist (1857); Die Stellung des Menschen in der Natur (1869). – [23] MEW 21, 278; vgl. auch 20, 332. – [24] F. A. LANGE: Gesch. des M. und Kritik seiner Bedeutung in der Gegenwart (1866); neu hg. und eingel. A. SCHMIDT (1974). – [25] a.O. 1, 37f. – [26] 2, 897. – [27] F. W. DÖRPFELD: Der didaktische M. (1879). Ges. Schr. 2, 2 (1894) 6; ND in: Ausgew. pädag. Schr., hg. A. REBLE (1963) 84; vgl. auch: Ein christl.-pädag. Protest wider den Memorier-M. im Relig.unterricht (1869). Ges. Schr. 3 (1895). – [28] Vgl. dazu A. SCHMIDT: Emanzipatorische Sinnlichkeit. L. Feuerbachs anthropol. M. (1973). – [29] L. FEUERBACH, Vorles. über das Wesen der Relig. Sämtl. Werke 8, 54; vgl. 32. 91. – [30] a.O. 10, 165; vgl. 159. – [31] Wider den Dualismus von Leib und Seele, Fleisch und Geist, hg. BOLIN/JODL 2 (1959) 340. – [32] Zur Urheberschaftsfrage vgl. MEW 2, VI. – [33] K. MARX, a.O. 134. – [34] 132. – [35] 134. – [36] 135. – [37] ebda. – [38] ebda. – [39] 136. – [40] 138. – [41] Vgl. 132. – [42] FR. ENGELS: Ludwig Feuerbach und der Ausgang der klass. dtsch. Philos. (1886). MEW 21, 272. – [43] MEW 20, 529. – [44] a.O. 487. – [45] MEW 21, 278; vgl. 20, 518. – [46] MEW 21, 278f.; vgl. FR. ENGELS: Herrn Eugen Dührings Umwälzung der Wiss. (1878). MEW 20, 24. 574. – [47] MEW 20, 129. – [48] a.O. 24. – [49] MEW 21, 278; vgl. 20, 332. – [50] MEW 21, 277. – [51] a.O. 282. – [52] E. HAECKEL: Nachwort zur Schr. über die ‹Welträtsel› (1903), in: Die Welträtsel. Volks-A. (1903) 165. – [53] a.O. 14. – [54] W. WUNDT: Einl. in die Philos. (1901, [8]1920) 333. – [55] a.O. 343; zum Begriff des physiol. M. vgl. auch H. RICKERT: Grundprobleme der Philos. (1934) 67. – [56] WUNDT, a.O. [54] 248. – [57] Vgl. die komm. Bibliogr. bei FR. UEBERWEG: Grundriß der Gesch. der Philos. 4: Die dtsch. Philos. des 19. Jh. und der Gegenwart, hg. T. K. OESTERREICH ([12]1923) 286-292. – [58] W. I. LENIN, Werke (1962ff.) 14, 37. 83. – [59] a.O. 39. – [60] 228. – [61] 76; vgl. 16. 66. 226. 260. – [62] 16; vgl. 61. 326. – [63] 171. – [64] 195. – [65] 198. – [66] 351. – [67] 355. – [68] ebda. – [69] 62. – [70] 260. – [71] G. W. PLECHANOW: Beitr. zur Gesch. des M. (1896, ND 1946). – [72] G. STIEHLER (Hg.): Beitr. zur Gesch. des vormarxist. M. (1961) 125. – [73] H. LEY: Studie zur Gesch. des M. im MA (1957) 1. – [74] a.O. 80. 132. – [75] Vgl. A. W. GULYGA: Der dtsch. M. am Ausgang des 18. Jh. (1966) 268. – [76] O. FINGER: Von der Materialität der Seele (1961) 138; vgl. auch LEY, a.O. [73] 1. – [77] E. BLOCH: Das M.-Problem, seine Gesch. und Substanz. Gesamt-A. 7 (1972) 128. – [78] a.O. 129. – [79] ebda. – [80] 130. – [81] 256. – [82] 450. – [83] ebda. – [84] W. POST und A. SCHMIDT: Was ist M.? Zur Einl. in Philos. (1975) 5-11. – [85] a.O. 96. – [86] 67. – [87] J. FEIBLEMAN: The new materialism (Den Haag 1970) 40. 52. – [88] J. O'CONNOR (Hg.): Modern materialism (New York 1969) 5f. – [89] J.-P. SARTRE: M. und Revolution (1950). – [90] M. HORKHEIMER: M. und Met. (1930), in: Krit. Theorie I (1968) 31-36; M. und Moral (1933) a.O. 71-109. – [91] J. HABERMAS: Dialekt. Idealismus im Übergang zum M. Geschichtsphilos. Folgerungen aus Schellings Idee einer Contraction Gottes, in: Theorie und Praxis (1963). – [92] z. B. H. ARNASZUS u. a.: M. Wiss. und Weltanschauung im Fortschritt (1976).

Literaturhinweise. F. A. LANGE s. Anm. [24]. – A. A. MAKSIMOV: Očerki po istorii bor'by za materializm v russkoj estestvoznanii [Skizzen zur Gesch. des Kampfes für den M. in der russ. Naturwiss.] (Moskau 1947). – Materialisty drevnej Grecii. Sobranie tekstov Geraklita, Demokrita i Epikura [Die Materialisten des alten Griechenland. Slg. von Texten Heraklits, Demokrits und Epikurs] (Moskau 1955). – I. D. PANCCHAVA (Hg.): Materializm i religija. Sbornik statej [M. und Relig. Aufsatzslg.] (Moskau 1958). – J. O'CONNOR s. Anm. [88]. – W. KRAUSS s. Anm. [1]. – I. A. KONIKOV: Materializm Spinozy [Der M. Spinozas] (Moskau 1971). – E. BLOCH s. Anm. [77]. – A. SCHMIDT s. Anm. [28]. – Drei Stud. über M. Schopenhauer, Horkheimer, Glücksproblem (1977). – V. JA. KOMAROVA: Stanovlenie filosofskogo materializma v drevnej Grecii [Die Entstehung des philos. M. im alten Griechenland] (Leningrad 1975). – W. CH. ZIMMERLI: Jenseits von M. und Idealismus. Neue Zürcher Zeitung (1978) Nr. 17, 66.

W. NIEKE

Materialismus, dialektischer

I. Im Vorwort (geschr. 1908) zu ‹M. und Empiriokritizismus› behauptet LENIN von den Vertretern des «philosophischen Revisionismus», es könne ihnen «nicht unbekannt geblieben sein, daß Marx und Engels ihre philosophischen Anschauungen dutzendmal als dialektischen M. (d.M.) bezeichnet haben» [1]. Jedoch spricht K. MARX zur Abgrenzung von der «idealistischen Dialektik» Hegels nur von seiner «dialektischen Methode» und deren «materialistischer Grundlage» [2], eine Aufnahme also von Dialektik in neuem Gewand, die eine Würdigung Hegels durchaus noch einschließt: «Die Mystifikation, welche die Dialektik in Hegels Händen erleidet, verhindert in keiner Weise, daß er ihre allgemeinen Bewegungsformen zuerst in umfassender und bewußter Weise dargestellt hat. Sie steht bei ihm auf dem Kopf. Man muß sie umstülpen, um den rationellen Keim in der mystischen Hülle zu entdecken» [3]. Auch FR. ENGELS spricht nur von «materialistischer Dialektik», wobei auch bei ihm der Schwerpunkt mehr auf dem Methodischen denn auf dem Systematischen liegt [4]. Erst sekundär wird sein Brief an Marx vom Sommer 1873 als die erste Formulierung der Lehren des dialektischen Materialismus bezeichnet [5]. Ebenso verhält es sich mit der in späteren Ausgaben bisweilen hinzugefügten Überschrift ‹Der d.M.› für das Kapitel II von Engels Schrift ‹Die Entwicklung des Sozialismus von der Utopie zur Wissenschaft› [6].

Die Umkehrung des von Engels gebrauchten Terminus ‹materialistische Dialektik› zu ‹d.M.› vollzieht als erster G. W. PLECHANOW. 1891 erscheint in der Zeitschrift ‹Die Neue Zeit› sein Beitrag zum 60. Todestag Hegels. Die Intention der begrifflichen Neubildung ist, die hegelsche dialektische Methode aufs innigste mit dem «modernen M.» von Marx zu verknüpfen. Es geht darum, den «nach Hegels Tod erfolgten Übergang zum M.» nicht zu einem Rückfall in den «naiven metaphysischen M.» des 18. Jh. [7] werden zu lassen. Der d.M. habe – das Verdienst wird wiederum Marx zugesprochen – aller bisherigen Geschichtsphilosophie den Charakter strenger Wissenschaftlichkeit voraus. Im d.M. sind «die Triebfedern der historischen Entwicklung ... entdeckt»; so sind die Menschen in den Stand gesetzt, ihre Geschichte nicht mehr nur unbewußt wie bisher zu gestalten: «Der moderne d.M., der nach der Meinung der Philister den Menschen vollständig zum Automaten macht, eröffnet ihm in Wirklichkeit zum erstenmal in der Geschichte die Aussicht auf das *Reich der Freiheit und bewußter historischer Tätigkeit»* [8]. In dieses Reich führt nur die Revolution.

Plechanow sieht so offensichtlich den «d.M.» und die «materialistische Geschichtsauffassung» als Einheit. Geschichte vollzieht sich dialektisch-materialistisch. Dies ist zu betonen, da «die Natur materialistisch auffassen» – wie dies schon die metaphysischen Materialisten vermochten – «noch nicht die Geschichte materialistisch auffassen» heißt. Doch ist für Plechanow auch in bezug auf die Natur am «dialektischen Standpunkt» festzuhalten, wie aus einer kritischen Bemerkung gegen Hegel hervorgeht. Jener liegt zwischen Anarchismus und Evolutionismus. Von ihm aus erscheint der Gegensatz zwischen Evolution und Revolution als bloß abstrakter, und die Notwendigkeit eines *«politischen Sprunges,* nämlich der Eroberung der politischen Macht durch das Proletariat», kann somit aufgezeigt werden: Natura non facit saltus, «die Dialektik ... weiß, daß Sprünge unvermeidlich sind, sowohl im Denken, als auch in der Natur und in der Geschichte» [9]. – Hinfort bildet die Abwehr revisionistischer Positionen den Anlaß dafür, daß der neue Begriff aus der Hegelschrift wieder aufgenommen wird. Gegen Bernsteins These von der Unvereinbarkeit von Dialektik und M. betont Plechanow 1892 ausdrücklich deren Zusammengehörigkeit: «Die Philosophie von Marx und Engels ist nicht nur materialistische Philosophie. Sie ist d.M.» [10].

Hier zeigt sich aufs entschiedenste über die Stellungnahme gegen die «idealistische Geschichtsauffassung» hinaus noch einmal der Gegensatz des «modernen M.» gegen den «alten herkömmlichen M. des 18. Jh.» und dessen neuere Vertreter, die Revisionisten. Zur Unterscheidung von den «Herren Vogt, Moleschott und Konsorten» reichen die von Marx und Engels angeregten bzw. eingeführten Begriffe «materialistische Geschichtsauffassung» und «historischer M.» nicht mehr aus. Plechanow verwahrt sich darum mit dem Hinweis auf die dialektische Methode als dem «charakteristischsten Zug des modernen M.» gegen F. A. LANGES in der ‹Geschichte des M.› [11] manifeste Unterschlagung des von ihm nun wiederum so genannten «d.M.» [12]. Letzterer habe «die soziale Wissenschaft aus dem Labyrinth ihrer Widersprüche» zu befreien und die «Hypothesen der Philosophen unnütz» [13] zu machen.

Noch für K. KAUTSKY ist «keine Weltanschauung ... in höherem Maße eine Philosophie der Tat, als der d.M.» [14]; die Aktionsmethode präponderiert zwar, aber noch ist das Ganze von Natur, Geschichte und Denken zusammen.

LENIN hat jedoch schon die Termini ‹d.M.› und ‹historischer M.› zur Operation bereit. Marx und Engels hätten ihre Auseinandersetzung mit Büchner, Vogt, Moleschott und Dühring anders führen müssen als z. B. er die seine mit den russischen Machisten: «Deshalb unterstrichen Marx und Engels in ihren Werken mehr den *d.*M. als den *d.M.,* legten sie mehr Nachdruck auf den *historischen* M. als auf den historischen *M.»* [15]. Der Marxismus enthält somit systematische und methodische Weisen der Auslegung, die je nach der erforderlichen Art der Kritik flexibel anzuwenden sind. Zugleich aber ist damit der Weg frei für die schematische Trennung des «Systems» in die Teilsysteme des dialektischen und historischen M., ein Vorgang, der sich in der Zeit von etwa 1890 bis 1910 vollzogen zu haben scheint.

1915 wird der Begriff ‹d.M.› erstmals in einen Buchtitel übernommen. A. M. DEBORIN veröffentlicht seine ‹Einführung in die Philosophie des d.M.›, die schon 1907 von ihm verfaßt worden war, um nach der Revolution von 1905 schwankend gewordene Marxisten geistig zu stützen. Sie ist daher bei dem damals so großen Einfluß des Empirismus, Empiriokritizismus, Empiriomonismus und -symbolismus in Rußland der Aufgabe gewidmet, «einen Überblick über die empirische Philosophie in ihrer Beziehung zum M. zu geben» [16], und würdigt den Empirismus im weitesten Sinne von Fr. Bacon über E. Mach bis A. A. Bogdanov und P. Juškevič in seiner positiven wie negativen Bedeutung für den d.M. 1909 behandelt Deborin in einem Aufsatz mit dem Titel ‹Der d.M.› vor allem dessen Erkenntnistheorie [17], ohne ihn als «Weltanschauung» diskreditieren zu wollen. Auch hier ist die Bifurkationstendenz greifbar. Die Bezeichnung ‹d.M.› wird somit in den Jahrzehnten der Wende vom 19. zum 20. Jh. aus einem Terminus, der die allgemeinen «weltanschaulichen» Grundlagen des Marxismus näher charakterisieren sollte, also auch die der «materialistischen Geschichtsauffassung», zum Begriff eines Teils des Ganzen, der Dialektik als allgemeiner Methodologie etwa –

neben und über dem «historischen M.» –, die bestimmte philosophische Disziplinen (Dialektik der Natur, Erkenntnistheorie, Methodologie) umfaßt. Er erscheint von da ab in kaum mehr überschaubarer Breite in der einschlägigen Literatur.

Anmerkungen. [1] WL. I. LENIN: M. und Empiriokritizismus. Krit. Bemerk. über eine reaktionäre Philos. (1909). Werke 14 (Berlin 1962) 9. – [2] K. MARX: Das Kapital 1: Nachwort zur 2. Aufl. (geschr. London 24. 1. 1873). MEW 23, 25-27. – [3] a.O. 27. – [4] FR. ENGELS: Ludwig Feuerbach und der Ausgang der klass. dtsch. Philos. (1888). MEW 21 (1962) 259-307. – [5] N. LOBKOWICZ: M., in: Sowjetsystem und demokrat. Gesellschaft 4 (1971) 402f. – [6] Vgl. MEW 21, 53. – [7] G. W. PLECHANOW: Zu Hegels sechzigstem Todestag. Die Neue Zeit (1891/92) 198-203. 236-243. 273-282; ND in: W. GOERDT (Hg.): Die Sowjetphilos. ... Dokumente (1967) 10-38; zit. 25f. – [8] a.O. 32f. – [9] a.O. 26. 31. 34f. – [10] G. PLECHANOW: Vorwort zur russ. Übersetz. der Feuerbach-Broschüre von FR. ENGELS, in: G. PLECHANOW: Grundprobleme des Marxismus (1908, ND 1958) 9. 120. – [11] F. A. LANGE: Gesch. des M. und Kritik seiner Bedeutung in der Gegenwart (1866). – [12] G. PLECHANOW: Beitr. zur Gesch. des M. (¹1896, ND 1946) 19f. – [13] a.O. 128. – [14] K. KAUTSKY: Ethik und materialist. Geschichtsauffassung (1906) VIII. – [15] LENIN, a.O. [1] 333. 360. – [16] A. M. DEBORIN: Vvedenie v filosofiju dialektičeskogo materializma (Moskau/Leningrad ⁵1930) 4. – [17] Dialektičeskij materializm (1909), in: Filosofija i Politika (Moskau 1961) 81-107, zit. 82.   W. KNISPEL

II. FR. ENGELS ist der Vater des d.M.; er versucht ihn in der Auseinandersetzung mit der deutschen klassischen Philosophie, dem mechanischen M. und der Naturwissenschaft seiner Zeit zu begründen. Für ihn ist «die Welt nicht als ein Komplex von fertigen *Dingen* zu fassen ..., sondern als ein Komplex von *Prozessen*» [1]. Dialektik ist Bewegung, Natur ist in Form der Bewegung; dieser These gemäß konzipiert Engels eine Hierarchie mechanischer, physikalischer, chemischer, organischer und sozialhistorischer Bewegungsformen der Materie [2], die bis heute – wenn auch nicht mehr in völlig unilinearer Auffassung – gilt [3]. Die Schwerpunktverschiebung von Geschichte auf Natur im Marxismus, von Geschichtsphilosophie auf Weltanschauung war bedingt durch die ausbleibende Revolution und von Engels bewirkt. Dabei war es sein Bestreben, «nicht ... die dialektischen Gesetze in die Natur hineinzukonstruieren, sondern sie in ihr aufzufinden und aus ihr zu entwickeln». MARX soll dieser Intention, «die materialistische Auffassung der Natur und Geschichte» dialektisch durchzuführen, zugestimmt haben [4]. ENGELS hat sie in seiner «Dialektik der Natur» durchzuführen gesucht [5].

LENIN hat, kritisch anmerkend, daß «Marx und Engels ... die größte Aufmerksamkeit auf den Ausbau der Philosophie des M. nach oben, d. h. nicht auf die materialistische Erkenntnistheorie, sondern auf die materialistische Geschichtsauffassung» [6] gerichtet hätten, dieses Versäumnis nachholen wollen. Er begründete in der Auseinandersetzung mit dem Empiriokritizismus und dem Empiriomonismus A. A. Bogdanovs u. a. die Erkenntnistheorie des d.M. und wollte diese mittels des Postulates der Einheit (Identität) von Dialektik, Logik und Erkenntnistheorie mit der Dialektik verbinden [7].

Diese erkenntnistheoretisch-ontologischen Ansätze bleiben – nun bedingt durch die gemachte Revolution, die grundlegend gelöste historische Aufgabe – das treibende Moment in der Ausgestaltung des Marxismus-Leninismus als philosophischer Doktrin in der Sowjetunion von den 1920er Jahren an über den Zweiten Weltkrieg hinaus, wobei STALIN 1938 mit gewaltiger Wirkung nach außen den d.M. als die «Weltanschauung der marxistisch-leninistischen Partei» bezeichnet und sie «darum d.M.» nennt, «weil ihr Herangehen an die Naturerscheinungen, ihre Methode der Erforschung der Naturerscheinungen, ihre Methode der Erkenntnis dieser Erscheinungen die *dialektische* ist, und weil ihre Deutung der Naturerscheinungen, ihre Auffassung der Naturerscheinungen, ihre Theorie *materialistisch* ist». Dabei verliert der historische M. seine Originarität und wird zur «Ausdehnung der Leitsätze des d.M. auf die Erforschung des gesellschaftlichen Lebens ...», zur «Anwendung der Leitsätze ... auf die Erscheinungen des Lebens der Gesellschaft ...» [8] herabgesetzt.

Anmerkungen. [1] FR. ENGELS: L. Feuerbach und der Ausgang der klass. dtsch. Philos. (1888); erstmals in: Die Neue Zeit (1886) H. 4f. MEW 21 (1962) 293. – [2] Dialektik der Natur. MEW 20 (1962) 513ff. – [3] I. V. KUZNECOV: Učenie Fr. Engel'sa o formach dviženija materii i sovremennoe estestvoznanie (Die Lehre Fr. Engels' von den Bewegungsformen der Materie und die moderne Naturwiss.), in: Voprosy filosofii (Fragen der Philos.) (Moskau 1970) H. 11, 62-73, zit. 64ff.; KLAUS/BUHR (Hg.): Philos. Wb. (⁸1972) 193. – [4] FR. ENGELS: Vorrede zum Anti-Dühring (²1885). MEW 20 (1962) 10. 12. – [5] Dialektik der Natur (1873-1883). MEW 20 (1962) 305-570. – [6] V. I. LENIN: Materializm i ėmpiriokriticizm – Kritičeskie zametki ob odnoj reakcionnoj filosofii (Moskau 1961) 317; dtsch. M. und Empiriokritizismus – Krit. Bemerk. über eine reaktionäre Philos. (1952) 320. – [7] Polnoe sobranie sočinenij (Vollst. Slg. der Werke 1-55 (Moskau 1961-⁵1966); hier: Konspekty i fragmenty (Entwürfe und Bruchstücke) a.O. 29 (Moskau ⁵1963) 84. 163f.; dtsch.: Aus dem philos. Nachlaß – Exzerpte und Randglossen (1954) 9, 101. – [8] I. STALIN: Vosprosy leninizma (Moskau 1938, ¹¹1947) 535-563: O dialektičeskom i istoričeskom materializme; dtsch. Fragen des Leninismus (1951) 647-679: Über dialekt. und hist. M.   W. GOERDT

III. In den 1950er Jahren begann der d.M. seine ihm von STALIN aufgezwungene Form zu verändern, die Fehlentwicklung der sogenannten ŽDANOVŠČINA-Zeit nach dem Zweiten Weltkrieg rückgängig zu machen und sich einer Fülle zuvor gemiedener oder rigoros unterdrückter Fragen zu stellen («leere Felder»). Doch kaum zu einer gewissen Bewegungsfreiheit gelangt, sah er sich dem stärksten Druck marxistischer Naturwissenschaftler ausgesetzt, die den zum Teil 20 Jahre umfassenden Rückstand im Erkenntnisbereich ihrer Fachgebiete aufzuholen und Anschluß an das wissenschaftliche Weltniveau zu gewinnen trachteten. Die Konfrontation mit ihren nun vorgelegten Forschungsergebnissen, die Bedürfnisse industriell reifer Sozialstrukturen, die Herausforderung von seiten *nicht*-marxistischer Denkströmungen und das Streben der jüngeren Vertreter des d.M. nach größerer geistiger Selbständigkeit sowie deren Bereitschaft zu einer dem Wissen der Gegenwart angemessenen Problembesinnung förderten die Tendenz zu einer Sachbezogenheit, welche die ersten Umrisse einer marxistischen Philosophie und Soziologie sowie einer modernen marxistischen Denkmethodik sichtbar machte.

Hatte die Unionskonferenz der sowjetischen Philosophen vom Oktober 1958 im Zeichen der Legitimierung quantenmechanischer und relativitätstheoretischer Implikationen der Ontologie und Erkenntnistheorie des d.M. gestanden, so galt für die April-Konferenz des Jahres 1965 das gleiche im Hinblick auf die moderne Informations-, System- und Modelltheorie, die Semiotik, das Abstraktions- und Verifikationsproblem sowie die Logik und Methodologie der Wissenschaften. Zu dieser «kosmozentrischen» Strömung trat von Polen, der ČSSR und

Jugoslawien her der Einfluß einer «anthropozentrischen» Strömung in Konkurrenz, die den Anspruch auf eine «Philosophie vom Menschen» erhob und das Erfordernis ihrer Begründung innerhalb des Marxismus entschieden bejahte. Angesichts des damit entstehenden «Pluralismus» begannen polnische Autoren von «verschiedenen Schulen auf dem Boden des Marxismus» zu reden [1]. W. KRAJEWSKI reduzierte sie in seinem Buch ‹Szkice filozoficzne› verallgemeinernd auf zwei: die «szientistische» und die «humanistische Schule der marxistischen Philosophie», nannte deren Vertreter «cum grano salis» «positivistische» bzw. «hegelianische Marxisten» und bezeichnete ihre Auffassung vom Gegenstand der Philosophie als kontinuierliche Fortsetzung der «ionisch-demokriteischen» bzw. der «sokratisch-epikureischen Linie» [2]. Dieser neuartigen Betrachtungsweise analog sprach B. BACZKO in seinem Essay ‹Der moderne Marxismus und die Horizonte der Philosophie› etwa um die gleiche Zeit von zwei Stilen des marxistischen philosophischen Denkens der Gegenwart: dem «erkenntnistheoretisch-analytischen Stil» und dem «anthropologisch- oder auch existenzial-synthetischen Stil» [3]. Wenngleich die sowjetische Philosophie dieser Entwicklung mit vorsichtiger Reserve gegenübersteht, so zeigte doch dieses Geschehen innerhalb des Marxismus der 1960er Jahre, daß nicht nur andere sozialistische Länder Ostmittel- und Südosteuropas, sondern auch die geistigen Kräfte der kommunistischen Parteien innerhalb einer nicht-marxistischen Umgebung sich aufgrund der richtungsweisenden Ansätze Polens sowie ihrer eigenen intellektuellen Potenzen zur Tolerierung oder Anerkennung eines philosophischen Schulpluralismus genötigt sahen.

Anmerkungen. [1] W. KRAJEWSKI: Spory i szkoły w filozofii marksistowskiej (Kontroversen und Schulen in der marxist. Philos.), in: Szkice filozoficzne (Philos. Skizzen) (Warschau 1963) 9-21, hier: 17. – [2] a.O. 17f. – [3] B. BACZKO: Marksizm współczesny i horizonty filozofii (Der moderne Marxismus und die Horizonte der Philos.), in: Filozofia i socjologia XX wieku (Die Philos. und Soziol. des 20. Jh.) (Warschau 1962) 373-388; hier: 383.
H. DAHM

IV. Von 1966 bis 1971 und weiterhin standen folgende Thematiken für die Sowjetphilosophen, «spezialisiert im Gebiet des *d.M.*», im Vordergrund des Interesses: Die Bearbeitung des theoretischen Erbes der Gründer des Marxismus-Leninismus, die Erforschung der Dialektik sozialer Prozesse [1], «erkenntnistheoretische und methodologische Aspekte des d.M. (begriffen in ihrer unverbrüchlichen Einheit mit den ontologischen Voraussetzungen und der weltanschaulichen Funktion der marxistischen Philosophie)»: Die Aktivität des Subjektes im Erkenntnisprozeß, die dialektische Wechselwirkung von Subjekt und Objekt, Widerspiegelung als Aktivität des Subjekts sind hier einige große Themen [2].

«Das Verständnis der Widerspiegelung des Objektes im Wissen als eines komplizierten dialektischen Prozesses bestimmt auch die dialektisch-materialistische Bearbeitung der Probleme der Methodologie der Wissenschaften» [3]. Arbeiten zu den Problemen der Phantasie, der Heuristik und Intuition «zeugen davon, daß in den letzten Jahren ein gewisser Schritt vorwärts getan wurde in der Bearbeitung eines der zentralen erkenntnistheoretischen und logisch-methodologischen Probleme, des Problems der Formierung neuen Wissens in der Wissenschaft» [4]. Die Rolle der Praxis in der Erkenntnis, das Verhältnis von Historischem und Logischem, der dialektische Widerspruch, die Einheit von Dialektik, Logik und Erkenntnistheorie, das Problem der dialektischen Logik, Systemforschung und materialistische Dialektik, Verhältnis von Materie und Bewußtsein – diese Themen zeigen, in welchem Maße die Sowjetphilosophie bemüht ist, die Probleme der modernen Wissenschaft im Rahmen der fundamentalen Bestimmungen des d.M. aufzunehmen, zu verarbeiten und zu systematisieren [5]. Das Problem der Systematisierung habe bisher keine befriedigende Lösung gefunden, aber man habe sein Wesen begriffen, und «viele der früher vorgeschlagenen Systematisierungsprinzipien haben ihre Perspektivenlosigkeit enthüllt» [6]. Damit sind noch einmal Stalins Kodifikation und die interpretativen Bemühungen seiner Nachfolger apostrophiert. Der d.M. setzt sich der modernen Wissenschaft, vor allem der Naturwissenschaft aus. Als eine «wesentliche Lücke» wird empfunden, daß noch relativ wenig Arbeiten den methodologischen Problemen der «Wissenschaften vom Menschen» gewidmet seien. Man werfe sich zu einseitig auf die Analyse naturwissenschaftlicher Disziplinen, «während die Bearbeitung der Ausgangsprinzipien der materialistischen Dialektik (Dialektik von Subjekt und Objekt, dialektischer Charakter der praktischen gegenständlichen Tätigkeit, die gesellschaftliche Natur der Erkenntnis usw.) notwendig die Analyse sozialer Phänomene voraussetzt. Nicht zufällig wurde nämlich die Ausarbeitung der Dialektik durch K. Marx, F. Engels und V. I. Lenin vor allem im Rahmen einer gesellschaftlichen Analyse durchgeführt» [7]. So wird der Versuch unternommen, die Tendenz dialektisch-materialistischer Naturphilosophen, Erkenntnistheoretiker, Methodologen, Wissenschaftstheoretiker, Logiker zur Verselbständigung und reinen Sachimmanenz ihrer Forschungen an die soziale Basis und deren theoretischen Ausdruck, den historischen M., rückzukoppeln.

Anmerkungen. [1] Leitartikel: Die sowjetphilos. Wiss. vor dem 24. Kongr. der KPdSU (Sovetskaja filosofskaja nauka pered XXIV s-ezdom KPSS), in: Voprosy filosofii 1971, H. 2 (Moskau 1971) 3-25, zit. 4; vgl. P. N. FEDOSEEV: Dialektika sovremennoj épochi (Die Dialektik der gegenwärtigen Epoche) (Moskau 1966). – [2] Leitart. a.O. 4-6; vgl. M. N. RUTKEVIČ: Aktual'nye problemy leninskoj teorii otraženija (Aktuelle Probleme der leninschen Widerspiegelungstheorie) (Sverdlovsk 1970); P. V. KOPNIN: Vvedenie v marksistskuju gnoseologiju (Einf. in die marxist. Gnoseol.) (Kiew 1966). – [3] Leitart. a.O. [1] 6; vgl. A. I. RAKITOV: Anatomija naučnogo znanija (Die Anat. des wiss. Wissens) (Moskau 1969); JU. M. BORODAJ: Voobraženie i teorija poznanija (Phantasie und Erkenntnistheorie) (Moskau 1966); J. A. PONOMAREV: Psichika i intuicija (Psyche und Intuition) (Moskau 1967). – [4] Leitart. a.O. [1] 6. – [5] 6-8. – [6] 9. – [7] 10.
W. GOERDT

V. Nach dem XX. Parteitag der KPdSU und der damit verbundenen Stärkung des «Reformkommunismus» [1] konnte in Frankreich die theoretische Neubesinnung auf Konzeptionen zurückgreifen, die sich frei von unmittelbarem politischem Druck seit etwa 1930 gebildet hatten. Der als zentraler Begriff eingesetzte Terminus ‹d.M.› kennzeichnet ein Anliegen, das sich den Intentionen von K. Marx mehr verpflichtet fühlt als einem überkommenen Kanon von Lehrsätzen: «Orthodoxie in Fragen des Marxismus bezieht sich ausschließlich auf die Methode» [2]. Es geht um eine Alternative zu Stalins Auffassungen durch ein Zurückgehen auf die Quellen in Abgrenzung zu existentialistischen und strukturalistischen Positionen. Die entscheidenden Anstöße dazu gehen aus von G. LUKÁCS' ‹Geschichte und Klassenbewußtsein› [3]. Größte Bedeutung für die Verbreitung eines philosophisch annehmbaren Begriffs von d.M. in Frankreich hat H. LEFÈBVRES ‹Matérialisme dialectique› (1939), in der er die Wiederherstellung der «marxistischen Philosophie und des Marxismus als Philosophie» thematisiert [4]. Gegen die Verengung der marxschen Lehre auf «politische Ökonomie» [5], gegen einen gesellschaftsfremden und die Dialektik verwerfenden «Intellektualismus» [6] wird der auf Totalität angelegte d.M. neu betont: «Der d.M. hat sich dialektisch herausgebildet und entfaltet» [7]. Mit Bedacht wendet Lefèbvre den Terminus ‹Weltanschauung› für den d.M. nur in Anführungszeichen an [8]. «Als allgemeine Theorie des Werdens und seiner Gesetze oder als Erkenntnistheorie – oder als konkrete Logik kann der d.M. nur ein Instrument der Forschung und Aktion sein, niemals ein Dogma» [9]. d.M. ist «offene Totalität» [10], und der geforderte «homme total» ist eine «idée asymptotique» [11].

L. ALTHUSSER versucht in ‹Note sur le M.d.› [12], «Seinsweisen des Menschen auf die Natur» zu übertragen [13] oder umgekehrt gewisse Ergebnisse des Strukturalismus in den d.M. einzubringen. Er unterscheidet in der marxistischen Theorie «Wissenschaft» und «Philosophie». Der Begriff ‹d.M.›, nur auf die marxistische Philosophie bezogen, umfaßt «Wissenschaftstheorie und Theorie der Wissenschaftsgeschichte». Daneben steht der historische M. mit seinen Gegenständen «Theorie der politischen Ökonomie und Geschichte» [14]. Nach Althusser führt die «Reduktion des dialektischen auf den historischen M. ... zu Historizismus und Ökonomismus, die Reduktion des historischen auf den d.M. zu philosophischem Subjektivismus» [15]. Aufgrund der Abwertung der Marxschen Frühschriften spricht Althusser von einem «theoretischen Anti-Humanismus» [16] bei Marx und konstatiert gegen Lefèbvre einen «epistemologischen Bruch» [17] zwischen dem Marx vor und nach 1845.

L. GOLDMANN bekennt sich zu einer «konsequenten und wirklich orthodoxen marxistischen Dialektik». Ein «offeneres, kritischeres und jedem Dogmatismus entgegengesetzteres Denken» könne es nicht geben [18]. In dem Aufsatz ‹d.M. und Geschichte der Philosophie› [19] definiert er d.M. als «Gesamtkonzeption des Menschen und der Welt» [20]. Die Frage: «Ist der d.M. eine selbständige Philosophie?» [21] bejaht Goldmann dann, wenn unter Philosophie nicht nur ein «zusammenhängendes und in sich abgeschlossenes begriffliches System» verstanden werde [22]. Zwar leugne der d.M. «ewige Wahrheiten» nicht völlig, reduziere sie aber «auf ein Mindestmaß» und beschränke «ihre 'Ewigkeit' auf die Grenzen der menschlichen Geschichte» [23]. d.M. sei «eine Arbeitshypothese», deren Wert sich am Ergebnis messen lasse [24].

Die beiden traditionellen Richtungen der Argumentation gegen stalinistische Indoktrination einerseits, gegen ökonomistische Verengung anderseits werden seit 1949 erweitert durch den «Kampf» gegen den «ideologisch verzerrten Strukturalismus», den Lefèbvre erstmals «Panstrukturalismus» [25] genannt hat.

1960 stellt SARTRE innerhalb des Marxismus als der Philosophie der Zeit die Frage nach einer Anthropologie, die historisch und strukturell zugleich sei [26]. Er polemisiert gegen einen auf Fr. Engels' ‹Dialektik der Natur› zurückführenden «äußerlichen oder transzendentalen d.M.» – den «gigantischen und ... mißglückten Versuch, die Welt sich von selbst und *für niemanden* enthüllen zu lassen ...» [27] und weist gegen diese «als abstraktes und universales Gesetz der Natur» verstandene Dialektik auf die «Dialektik in bezug auf die menschliche Gesellschaft» [28] hin. «Es gibt einen historischen M., und das Gesetz dieses M. ist die Dialektik. Wenn man aber ... unter d.M. einen Monismus versteht, der die menschliche Gesellschaft von außen zu lenken vorgibt, dann müssen wir sagen, es gibt keinen – oder noch keinen d.M.» [29]. G. LUKÁCS vermerkt in seinem Vorwort von 1967 zu ‹Geschichte und Klassenbewußtsein› [30] den Einfluß, den seine Studie auf den französischen Existentialismus und dessen geistige Umgebung gehabt habe, und kritisiert «die Richtung gegen die Ontologie des Marxismus», die letzteren ausschließlich als Sozialphilosophie akzeptiere und seine Stellungnahme zur Natur ignoriere. Diese Argumentation ist derjenigen der französischen Interpreten des d.M. eher konträr. Ihnen geht es vor allem um die menschliche Geschichte und deren Übergänge, nicht um das Stehenbleiben bei Strukturen, über die der Mensch «immer schon hinaus» [31] sei. Die Diskussion französischer Marxisten um eine Ortsbestimmung von d.M. zeigt ihrerseits so klar wie die der Sowjetphilosophen heute die Schwere der Problematik einer Zuordnung von historischem M. und d.M. innerhalb des Marxismus überhaupt, von «Kosmozentrik» und «Anthropozentrik», von «Humanismus» und «Szientismus», einer Problematik, die – zu Beginn des Marxismus aufbrechend, dann jedoch in einer «Einheitswissenschaft» versinkend – heute unter den Bedingungen der hochspezialisierten Wissenschaft, der komplexen industriellen Gesellschaft und einer vielgestaltigen Philosophie neu aufgenommen werden muß.

Anmerkungen. [1] Begriff geprägt von B. MEISSNER in: Die Auseinandersetzung zwischen dem Sowjet- und dem Reformkommunismus. Wirtschaftswiss. Südosteuropa-Forsch., Südosteuropa-Schr. 4 (1963) 75-100. – [2] G. LUKÁCS: Gesch. und Klassenbewußtsein (1923) 59. – [3] ebda. – [4] H. LEFÈBVRE: Le M.d. (Paris ¹1939); dtsch. Der d.M. (1966) 10. – [5] a.O. 2. – [6] 7. – [7] 81. – [8] 86. – [9] 88. – [10] 89. – [11] 121-138; vgl. I. FETSCHER: Der Marxismus im Spiegel der frz. Philos., in: Marxismusstud. 3 (1960) 177 Anm. 3. – [12] L. ALTHUSSER, in: Rev. Enseign. philos. (Okt./Nov. 1953) 12. – [13] M. MERLEAU-PONTY: Die Abenteuer der Dialektik (1968) 78. – [14] L. ALTHUSSER: Das Kapital lesen (Hamburg 1972) 1, 194. – [15] U. D. THIEME: Zur sogenannten 'strukturalistischen' Marx-Interpretation, in: ALTHUSSER, a.O. 2, 419. – [16] ALTHUSSER, Für Marx a.O. [14] 179ff. – [17] G. SCHIWY: Der frz. Strukturalismus (Hamburg ⁴1970) 75. – [18] L. GOLDMANN: Dialekt. Untersuch. (Recherches dialect.) (Darmstadt 1966) 320. – [19] a.O. 27-48. – [20] 27. – [21] 9-26. – [22] 9. – [23] 29. – [24] 48. – [25] SCHIWY, a.O. [17] 86f. – [26] J.-P. SARTRE: Kritik der dialekt. Vernunft (1960, dtsch. 1967). – [27] a.O. 27. – [28] 29 Anm. – [29] 35. – [30] a.O. [2] (1968) 5-45. – [31] SARTRE, in: L'Arc (1966) 30, 87-96; dtsch. in: alternative 54, 129-133.

W. KNISPEL

Literaturhinweise. G. PLECHANOW s. Anm. [7. 10 zu I]. – V. I. LENIN s. Anm. [6 zu I]. – A. M. DEBORIN: Vvedenie v filosofiju dialektičeskogo materializma, s predisloviem G. V. Plechanova (Einf. in die Philos. des d.M., mit Vorwort G. V. PLECHANOW) (¹1915, Moskau/Leningrad ⁶1931). – S. JA. VOLF'SON: d.M. 1. 2 (Minsk ⁴1924). – L. I. AKSEL'ROD: V zaščitu d.M. (Zur Verteidigung des d.M.) (Moskau/Leningrad 1928). – B. BYCHOVSKIJ: Očerki filos. d.M. (Abriß der Philos. des d.M.) (Moskau/Leningrad 1930). – G. S. TYMJANSKIJ: Vvedenie v teoriju d.M. (Einf. in die Theorie des d.M. (Moskau/Leningrad 1931). – M. B. MITIN und I. P. RAZUMOVSKIJ (Hg.): Dialektičeskij i istoričeskij M. (Der dialekt. und hist. M. 1. 2 (Moskau 1932/33). – I. STALIN s. Anm. [8 zu II] 535-563 (russ.); 647-679 (dtsch.). – H. LEFÈBVRE: Le M.d. (Paris 1939; dtsch. 1966). – V. STERN: Grundzüge des dialekt. und hist. M. (1947). – M. A. LEONOV: Očerki dialektičeskogo materializma (Abriß des d.M.) (Moskau 1948). – M. CORNFORTH: Dialectical Materialism 1-3 (London 1952-54). – G. A. WETTER: Der d.M. Seine Gesch. und sein System in der Sowjetunion (¹1952, ⁵1960). – G. F. ALEKSANDROV (Hg.): d.M. (Moskau 1954). – A. POLIKAROV: Über die Kategorie Materie. Dtsch. Z. Philos. (1956) H. 5/6, 539-549. – V. P. TUGARINOV: Sootnošenie kategorij d.M. (Die Korrelation der Kategorien des d.M. (Leningrad 1956). – H. Ogiermann: Materialist. Dialektik. Ein Diskussionsbeitr. (1958). – V. P. Rožin (Hg.): d.M. (Leningrad 1958). – M. N. Rutkevič: d.M. Kurs lekcij dlja estestvennych fakul'tetov (Der d.M. Vorles. für nat.wiss. Fakultäten) (Moskau 1959). – Filosofskaja ènciklopedija: Art. ‹d.M.› (Moskau 1960) 479-498. – J. M. Bochénski: Der sowjetruss. d.M. (⁴1962). – R. O. Gropp: Der d.M. Kurzer Abriß (²1962). – G. A. Wetter: Sowjetideol. heute 1: Dialekt. und hist. M. (1962). – H. Dahm: Die Dialektik im Wandel der Sowjetphilos. (1963); Meuterei auf den Knien. Die Krise des marxist. Welt- und Menschenbildes (1969). – G. I. Caregorodcev: d.M. i medicina (Der d.M. und die Med.) (Moskau 1963). – A. Kolman: Proti dogmatismu v naši filosofii (Gegen Dogmatismus in unserer Philos.), in: Filosofický časopis (Prag 1963) 2, 222-227. – S. A. Petruševskij (Hg.): d.M. (Der d.M. und die moderne Naturwiss.) (Moskau 1964). – G. Planty-Bonjour: Les catégories du M.d. L'ontol. soviétique contemporaine (Dordrecht 1965). – F. I. Chaschačich: Voprosy teorii poznanija d.M. (Probleme der Erkenntnistheorie des d.M. (Moskau 1967). – A. D. Makarov (Hg.): Marksistko-leninskaja filos. d.M. (Die marxistisch-leninist. Philos. Der d.M. (Moskau 1968). – P. Kirschenmann: Kybernetik, Information, Widerspiegelung. Darstellung einiger philos. Probleme im d.M. (1969); Information and reflection. On some problems of cybernetics and how contemp. d.M. copes with them (Dordrecht 1970). – M. B. Mitin (Hg.): Sovremennye problemy teorii poznanija d.M. 1: Materija i otraženie; 2: Istina, poznanie, logika (Aktuelle Probleme der Erkenntnistheorie des d.M. 1: Materie und Widerspiegelung; 2: Wahrheit, Erkenntnis, Logik) (Moskau 1970). – Ju. B. Margolin: Diamat. Kritika sovetskoj ideologii (Diamat. Kritik der sowjet. Ideol.) (Tel Aviv 1971). – N. Lobkowicz s. Anm. [5 zu I]. – M. N. Rutkevič: d.M. (der d.M.) (Moskau 1973). – M. E. Omel'janovskij: Dialektika v sovremennoj fizike (Die Dialektik in der modernen Physik) (Moskau 1973). – G. A. Davydova: Tvorčestvo i dialektika (Schöpfertum und Dialektik) (Moskau 1974); Dialektika i sovremennoe estestvoznanie (Dialektik und moderne Naturwiss.) (Moskau 1970); Materialističeskaja dialektika i koncepcija dopol'nitel'nosti (Die materialist. Dialektik und die Konzeption der Komplementarität) (Kiew 1975). – V. A. Štoff (Hg.): Metodologičeskie aspekty materialističeskoj dialektiki (Methodol. Aspekte der materialist. Dialektik) (Leningrad 1974). – Fr. J. Adelmann: Philosophical investigations in the USSR (Chestnut Hill/Den Haag 1975); (Hg.): Soviet philos. revisited (Chestnut Hill/Den Haag 1977). – A. I. Petruščik: Tvorčeskaja aktivnost' sub-ekta v poznanii (Die schöpferische Aktivität des Subjektes in der Erkenntnis) (Minsk 1975). – P. S. Dyšlevyi (Hg.): d.M. i estestvenno-naučnaja kartina mira (Der d.M. und das naturwiss. Weltbild) (Kiew 1976). – G. Klimaszewsky (Hg.): Weltanschauliche und methodol. Probleme der materialist. Dialektik (Berlin 1976). – G. Bieling: Der Aufbau der Dialektik in der sowjet. Diskussion der Gegenwart (1977) (Lit.). – Philos. in the USSR: Problems of d.M. (aus dem Russ.) (Moskau 1977).

W. Knispel/W. Goerdt/H. Dahm

Materialismus, historischer, materialistische Geschichtsauffassung. – 1. Dem heute allgemein benutzten Terminus ‹historischer Materialismus› (h.M.) für die Gesamtheit der geschichtsphilosophischen Sätze und Folgesätze des Marxismus(-Leninismus) geht die Bezeichnung ‹materialistische Geschichtsauffassung› (m.G.) vorauf. Bei K. Marx ist ihre Entstehung zu fassen. So schreibt er 1845/46 in der ‹Deutschen Ideologie› von einer «Geschichtsauffassung», die darauf beruhe, «den wirklichen Produktionsprozeß, und zwar von der materiellen Produktion des unmittelbaren Lebens ausgehend, zu entwickeln und die mit dieser Produktionsweise zusammenhängende und von ihr erzeugte Verkehrsform, also die bürgerliche Gesellschaft in ihren verschiedenen Stufen, als Grundlage der ganzen Geschichte aufzufassen und sie sowohl in ihrer Aktion als Staat darzustellen wie ... Religion, Philosophie, Moral etc. aus ihr zu erklären und ihren Entstehungsprozeß aus ihnen zu verfolgen, wo dann natürlich die Sache in ihrer Totalität (und darum auch die Wechselwirkung dieser verschiednen Seiten aufeinander) dargestellt werden kann» [1]. Erst Fr. Engels hat 1859 in einem Hinweis auf K. Marx' gerade erschienene Arbeit ‹Zur Kritik der Politischen Ökonomie› behauptet, die von diesem methodisch durchgeführte Grundannahme beruhe «auf der materialistischen Auffassung der Geschichte» [2]. Das ist die Geburtsstunde jenes Begriffes, der in der Diskussion der Geschichtsphilosophie des Marxismus bis in die 1930er Jahre eine bedeutsame, wenn nicht vorherrschende Rolle gespielt hat. K. Kautsky, K. Korsch, R. Stammler, M. Adler u.a. haben jeweils von verschiedenen Aspekten aus unter dem Titel ‹m.G.› zu Marx' Konzeption Stellung genommen. Gelegentlich kommt der Terminus ‹materialistische Geschichtstheorie› vor. In den um die Wende zum 20. Jh. geführten Auseinandersetzungen wird als Gegenbegriff auch von «idealistischer Geschichtsauffassung» gesprochen [3].

Vom letzten Jahrzehnt des 19. Jh. an wird für ‹m.G.› auch die Bezeichnung ‹h.M.› geläufig [4]. Sie verdankt sich wohl einem Übersetzungsproblem. Engels prägte 1892 den Terminus ‹historical materialism› in seiner ‹Introduction› zur englischen, von E. Aveling übersetzten Ausgabe seiner Schrift ‹Die Entwicklung des Sozialismus von der Utopie zur Wissenschaft› [5], vielleicht weil ihm die Übersetzung von ‹m.G.› mit ‹materialist conception› bzw. ‹materialistic interpretation of history› zu umständlich schien. Von daher kam der Terminus ‹h.M.› durch Engels selbst nach Deutschland zurück. Er übersetzte 1892 seine ‹Introduction› ins Deutsche unter dem Titel ‹Über h.M.› [6] und machte ausdrücklich darauf aufmerksam, daß ‹Die Entwicklung des Sozialismus ...› das vertrete, «was wir den ‹h.M.› nennen» [7]. Engels benutzte aber auch danach vorzüglich den Terminus ‹m.G.›. Überhaupt bleibt eine gewisse Variabilität des Gebrauchs der verschiedenen Bezeichnungen bestehen; sie werden durcheinander gebraucht und kennzeichnen sowohl methodische wie systematische Bemühungen. F. Mehring schrieb polemisch motiviert 1893 ‹Über den h.M.› [8], P. Lafargue später über ‹Marx' h.M.› [9] und über ‹La méthode historique de Karl Marx› [10]. Erstere Studie ist als ‹Istoričeskij materializm Marksa› [11] Anfang der 1920er Jahre ins Russische übersetzt worden. In diesen Varianten kommt prägnant die Ambivalenz der Marxschen Theorie als Geschichtsphilosophie und 'Anleitung zum Handeln', als 'Methode' und 'System' zum Ausdruck. Von A. Labriola erscheinen 1896 ‹Essais sur la conception matérialiste de l'Histoire›, 1897 ‹Del materialismo storico›. Damit beginnt eine intensive Auseinandersetzung italienischer Philosophen idealistischer und marxistischer Herkunft, die bis zu A. Gramscis 'filosofia della prassi' führt [12]. Zur selben Zeit hatte G. V. Plechanov seine Arbeit ‹O materialističeskom ponimanii istorii» [13] veröffentlicht.

Im breiten Strom der Marxismusdiskussion fließen so mehrere Termini zur Bezeichnung der Marxschen Geschichtsphilosophie nebeneinander her, bis nach dem Zweiten Weltkrieg wohl unter dem Einfluß Stalins [14] der Begriff ‹h.M.› vorherrschend wird, während der Terminus ‹m.G.› als Haupttitel zurücktritt [15]. Die sowjetische ‹Philosophische Enzyklopädie› sagt jedoch 1962 ausdrücklich, daß «h.M. ... auch m.G.» heiße [16].

Anmerkungen. [1] K. Marx, MEW 3 (1959) 37. – [2] Fr. Engels, MEW 13 (1961) 469. – [3] M. Zetterbaum: Die m.G. Die Neue Zeit 20/II (1902/03) 399-407; R. Stammler: Wirtschaft und Recht nach der m.G. (1906); W. SULZBACH: Die Anfänge der m.G. (1911); E. BRANDENBURG: Die m.G. Ihr Wesen und ihre Wandlungen (1920); R. STAMMLER: Die m.G. (1921); K. KORSCH: Kernpunkte der m.G. (1922); K. KAUTSKY: Die m.G. 1/2 (1927, ²1929); M. ADLER: Lb. der m.G. 1/2 (1930/32); H. CUNOW: Ein Kritiker der m.Gesch.theorie. Die Neue Zeit 17/II (1898/99) 584-595; J. JAURÈS: Die idealist. G. Die Neue Zeit 13/II (1895) 545-557; P. LAFARGUE: Die idealist. G. Die Neue Zeit 13/II (1895) 577-586. 624-631. – [4] L. WOLTMANN: Der h.M. (1900); H. GORTER: Der h.M. (1909); O. KOESTER: Zur Krit. des h.M. (1925). – [5] FR. ENGELS: Socialism utopian and scientific, with a special introd. by the author (London/New York 1892). – [6] Die Neue Zeit 11/I (1892/93) Nr. 1f. – [7] MEW 22 (1963) 292. – [8] F. MEHRING: Über den h.M. (1893, ³1952) 5. – [9] P. LAFARGUE: Marx. Die Neue Zeit 22/I (1903/04) 70-78. – [10] La méthode hist. ... (Paris 1907). – [11] Istoričeskij českij ... (Ivanovo-Voznesensk 1923). – [12] A. LABRIOLA: Essais ... (Paris 1896); russ. K voprosu o materialističeskom vzgljade na istoriju [Zur Frage nach der materialist. Anschauung der Gesch.] (Sankt Petersburg 1898); ND La concezione materialist. della storia (Bari 1965); R. MONDOLFO: Il materialismo storico di Federico Engels (Mailand 1912); G. GENTILE: La filos. di Marx (Pisa 1899); B. CROCE: Materialismo storico ed economia marxistica (Mailand/Palermo 1900); A. GRAMSCI: Il materialismo storico e la filos. di B. Croce (Turin 1948). – [13] G. V. PLECHANOV, in: Novoe Slovo [Das neue Wort] (1897) Nr. 12; dtsch. Über m.G. (1946). – [14] Vgl. bes. I. V. STALIN: O dialektičeskom i istoričeskom materializme, in: Kratkij kurs istorii VKP (1938); Dtsch. Über dialekt. und h.M., in: Gesch. der kommunist. Partei der Sowjetunion (Bolschewiki), kurzer Lehrgang (1939); Über dialekt. und h.M. (1945); I. FETSCHER (Hg.): STALIN: Über dialekt. und h.M. (⁴1957). – [15] J. HOMMES: Der technische Eros. Das Wesen der m.G. (1955); P. BOLLHAGEN: Die marxist. G. und ihre Kritiker. Marxist. Bl., Sonderh. 1 (1968) 20-33. – [16] Filosofskaja Énciklopedija 2 (Moskau 1962) 353.

2. Da K. Marx selbst kein 'System' des h.M. oder der m.G. hinterlassen hat, entzündeten sich die Diskussionen um seine geschichtsphilosophischen Anschauungen an den fundamentalen Elementen seiner Theorie, wie Entfremdung und Selbstentfremdung des Menschen, Etablierung der 'Wahrheit des Diesseits', Weltveränderung, Selbsterzeugung des Menschen durch Produktion materieller Güter, Gesetzmäßigkeit der Entwicklung, Antagonismus der gesellschaftlichen Entwicklung, Aufhebung der Klassen, geschichtliche Rolle des Proletariates, revolutionäre Aktion, Kommunismus als Humanismus. Deren innere Problematik kommt in der Auseinandersetzung seiner Nachfolger untereinander und auch mit jeweils gängigen wissenschaftlichen und philosophischen Theorien zum Austrag.

So repräsentiert K. KAUTSKY die Variante einer überstrengen Konzeption kausaler Determination der *gesetzmäßigen Entwicklung* in Natur und Geschichte, die vielfach als 'Fatalismus' perhorresziert wurde, da sie dem 'subjektiven Faktor' nicht gerecht werde, zweckbezogenes Handeln des Menschen negiere und schließlich die Geschichte des Menschen biologisch enden lasse, deren Triebkräfte für Kautsky in der tierischen Vorgeschichte des Menschen begründet seien. Sinnvoll «Geschichte erkennen» und «Geschichte machen» setzt universalen Kausalnexus voraus [1]. M. ADLER versuchte demgegenüber eine Synthese von Kausalität und Finalität zu erreichen, um gegen den Mechanismus die *methodisch revolutionäre Aktion* festzuhalten [2]. Immer wieder wird das *Basis-Überbau*-Theorem, dessen einseitige Auffassung der spätere Engels zu korrigieren versuchte, erörtert und der rein 'ökonomische' Materialismus abgelehnt. Er schien zu sehr die ideelle Selbsttätigkeit und Selbstverantwortlichkeit des Menschen einzuengen, ja zunichte zu machen. Eine große Rolle im Kampf um die m.G. bzw. den h.M. spielen neukantianische Tendenzen, durch die vor allem ethische und rechtliche Gesichtspunkte in die Diskussion getragen werden, deren Autonomie gegenüber der *Ökonomie* betont wird. So ist z.B. für R. STAMMLER die Form des Gemeinschaftslebens das Recht, welches ohne Rückgriff auf dessen Materie, die Wirtschaft, darzustellen ist. Diese Erörterungen und andere z.B. über *Revolution und Evolution* zum *Endziel* hin, über die Rolle von *Masse und Individuum* im geschichtlichen Prozeß führen zur Ausbildung eines 'orthodoxen' und eines 'revisionistisch-reformistischen' Marxismus sowohl in Westeuropa wie in Rußland (E. BERNSTEIN einerseits, K. KAUTSKY andererseits bzw. 'Kritischer Marxismus', z.B. P. B. STRUVE, N. A. BERDJAEV [3] auf der einen, G. V. PLECHANOV auf der anderen Seite). Die vor dem Ersten Weltkrieg ubiquitär geführte Auseinandersetzung um den h.M. zwischen Marxisten und Nicht-Marxisten bricht in den 1920er Jahren ab. Während in Westeuropa das Problem der *Entfremdung* mehr und mehr in den Vordergrund des Interesses rückt [4], geht Sowjetrußland eigene Wege. Die Sowjetphilosophie gewinnt erst allmählich im Nach-Stalinismus wieder Anschluß an die brennende innermarxistische Auseinandersetzung über die 'szientistische' und 'anthropologische' oder 'humanistische' Konzeption des Marxismus. Aber die vor dem Ersten Weltkrieg um grundlegende Bestimmungsstücke der Marxschen Theorie geführte Auseinandersetzung findet man mutatis mutandis auch 1920–1940 in Sowjetrußland wieder.

Anmerkungen. [1] K. KAUTSKY: Die m.G. 1 (1927) 196f. 451ff.; 2 (1927) 655. 829. 835. 845. – [2] M. ADLER: Lb. der m.G. 2 (1930-32) 180. 190ff. 199f. 207. – [3] N. A. BERDJAEV: Sub-ektivizm i individualizm v obščestvennoj filosofii. Kritičeskij ètjud o N. K. Michajlovskom [Der Subjektivismus und Individualismus in der Gesellschaftsphilos. Eine krit. Stud. über N. K. Michajlovskij] (Sankt Petersburg 1901); P. B. STRUVE: Kritičeskie zametki po voprosu ob èkonomičeskom razvitii Rossii [Krit. Bemerk. zur Frage der ökonom. Entwickl. Rußlands] (1894). – [4] G. LUKÁCS: Gesch. und Klassenbewußtsein (1923).

3. Die von G. V. PLECHANOV in seinen Arbeiten zu 'm.G.' und 'monistischer Geschichtsanschauung' [1] vertretene ökonomisch-deterministische Konzeption hat ebenso stark auf die Entfaltung der Theoreme des h.M. in Sowjetrußland eingewirkt wie der 'Empiriomonismus' A. A. BOGDANOVS [2] und die so erfolgreich kausalgesetzlich sich begründende Naturwissenschaft. Zentral ist dabei das mögliche Verständnis von 'Dialektik' als Kampf und Einheit der Gegensätze und als Motor jeglicher Entwicklung in Natur und Geschichte, weshalb Varianten der Dialektikauffassung zugleich Varianten des h.M. zur Folge haben.

So versucht N. BUCHARIN in seiner ⟨Theorie des h.M.⟩ diesen als «Grundlage der Grundlagen» der marxistischen Theorie einzuführen und ihn systematisch als Soziologie, als allgemeine Lehre von der Gesellschaft und den Gesetzen ihrer Entwicklung darzustellen und nicht bloß «als lebendige Methode der historischen Erkenntnis aufzufassen»; dabei hält er es durchaus für möglich, «die ... 'mystische' Sprache der Hegelschen Dialektik in die Sprache der modernen Mechanik umzusetzen» [3], d.h. Dialektik als 'Gleichgewichtstheorie' zu konzipieren, in der es die Antagonismen verschieden gerichteter Kräfte sind, die die Bewegung bedingen, sich ausgleichen und entzweien. Die Immanenz der dialektischen Bewegung wird zur Mechanik aufeinanderstoßender Systeme, die «von selbst» weiterläuft. «Selbstlauf» (samotëk) ist «Evolution» –, eine solche Dialektiktheorie muß nicht nur mit der tradierten marxistischen Theorie der Revolution zusammenstoßen, sondern mit vielen pragmatisch-politischen Problemen der inneren «Rekonstruktion» Sowjetrußlands. Der Gruppe der 'mechanischen Materialisten' [4] stellen sich die 'menschewisierenden Idealisten' entgegen, deren führender Kopf, A. M. DEBORIN, dem Marxismus oder dialektischen Materialismus drei Komponenten zuschreibt, nämlich eine allgemeine Methodologie, die Dialektik der Natur und die «Dialektik der Geschichte (h.M.)» [5]. Hier deutet sich der enge Zusammenhang an, der in der Sowjetphilosophie seither zwischen dialektischem und h.M. gesehen wird und bei STALIN zur «Anwendungsformel» führte. Die 'menschewisierenden Idealisten' – ein von Stalin geprägter Ausdruck – beharrten auf der Immanenz der dialektischen Bewegung, der Permanenz der Revolution ('Menschewismus'); M. B. MITIN sah in ihrer allgemeinen Methodologie, «die den konkreten Inhalt durch Herstellung innerer Zusammenhänge erfaßt» [6], außerdem ein idealistisches Konstitutionsprinzip [7]. Die vielen Arbeiten der 1920er Jahre zum h.M. in Rußland stehen mit diesen Grundkonzeptionen mehr oder weniger, positiv oder negativ, in Verbindung. Die seit den 1930er Jahren einsetzende Politisierung der Philosophie läßt diese Grundmuster der Sowjetphilosophie, die an einer Textanalyse und Textkritik der Klassiker des Marxismus(-Leninismus) gewonnen wurden, als solche verschwinden. Weder kann die 'Linksabweichung' (menschewisierende Idealisten, Trotzki) noch die 'Rechtsabweichung' (mechanische Materialisten, Bucharin) den Erfordernissen des 'Aufbaues des Sozialismus in einem Lande' unmittelbar Genüge tun. Die sachlichen und methodischen Einflüsse LENINS («Bewußtheit» gegen «Spontaneität», «kämpferischer Materialismus», «Imperialismus als höchstes Stadium des Kapitalismus» u.a.) sind in diesen Auseinandersetzungen immer spürbar, ohne daß Lenin selbst systematisch und zusammenfassend den h.M. behandelt hätte.

Unter STALIN wird der h.M. arbiträre politische Doktrin. 1938 erscheint zum Zwecke ideologischer Stabilisierung Stalins Schrift ‹Über dialektischen und h.M.› [8]; sie definiert den h.M. als «Ausdehnung der Leitsätze des dialektischen Materialismus auf die Erforschung des gesellschaftlichen Lebens, die Anwendung der Leitsätze des dialektischen Materialismus auf die Erscheinungen des Lebens der Gesellschaft, auf die Erforschung der Gesellschaft, auf die Erforschung der Geschichte der Gesellschaft» [9]: Wenn in der Natur die Entwicklung gesetzmäßig verläuft, so auch in Gesellschaft und Geschichte; wenn die Natur erkennbar ist, so auch das gesellschaftliche Leben; wenn die Natur, die materielle Welt primär ist, so auch das materielle Leben der Gesellschaft. Zusammenhang von allem mit allem, unaufhörliche Bewegung und Veränderung, sprunghafte Übergänge und innere Widersprüche charakterisieren Natur wie Geschichte und Gesellschaft. Der Verbund könnte nicht enger sein. 'Idealismus' und 'Metaphysik' sind a limine ausgeschieden. Politische Folgerungen werden unmittelbar gezogen. Speziell betrachtet der ‹h.M.› die Produktionsweise (Produktivkräfte und Produktionsverhältnisse) als «Bedingungen des materiellen Lebens der Gesellschaft» und deren Entwicklung vom groben Steinwerkzeug bis zur modernen Großindustrie und von der Urgemeinschaft über Sklaverei, Feudalismus und Kapitalismus bis zum Sozialismus. Stalins Arbeit hat 20 Jahre weltweit gewirkt und die Auseinandersetzung bestimmt.

Der spätere Stalin hat 1950/51 das Basis-Überbau-Schema modifiziert, wobei Gesichtspunkte der pragmatischen Politik theoretisch durchschlagen [10]. An Stalins Deutung des dialektischen und h.M. schließt sich eine große Zahl wissenschaftlicher und popularisierender Arbeiten an [11]; großen Einfluß hatten sie auf MAO TSE-TUNG.

Die ‹Grundlagen der marxistischen Philosophie› definieren 1958 den h.M. im Verhältnis zum dialektischen Materialismus, der «die Grundfragen der marxistischen philosophischen Weltanschauung und der dialektisch-materialistischen Erkenntnistheorie» behandelt, als «integrierenden Bestandteil der Weltanschauung des Marxismus», als «Wissenschaft von den allgemeinsten Entwicklungsgesetzen der menschlichen Gesellschaft» [12]. Deren Hauptthemen sind: die materielle Produktion als Grundlage des gesellschaftlichen Lebens, die Dialektik der Produktivkräfte und Produktionsverhältnisse, Basis und Überbau, Klassen, Klassenkampf, Staat; ökonomische Gesellschaftsformationen und soziale Revolutionen, das gesellschaftliche Bewußtsein, die Rolle der Volksmassen und der Persönlichkeit in der Geschichte.

Anmerkungen. [1] N. BEL'TOV (G. V. Plechanov): K voprosu o razvitii monističeskogo vzgljada na istoriju (Sankt Petersburg 1895); dtsch. Zur Frage der Entwickl. der monist. G. (1956); a.O. [13 zu 1]. – [2] A. A. BOGDANOV: Ėmpiriomonizm 1-3 (Sankt Petersburg ²1906) 3, Kap. 4: «Istoričeskij monizm» [Hist. Monismus]. – [3] N. I. BUCHARIN: Teorija istoričeskogo materializma (Moskau 1921); dtsch. Theorie des h.M. (1922) V. 7. 73. – [4] N. I. BUCHARIN, L. I. AKSEL'ROD, A. K. TMIRJAZEV u.a. – [5] A. M. DEBORIN: Materialist. Dialektik und Naturwiss. Unter dem Banner des Marxismus (dtsch.) I/H. 3 (1925/26) 429-458; vgl. W. GOERDT (Hg.): Die Sowjetphilos. Wendigkeit und Bestimmtheit. Dokumente (1967) 99. – [6] a.O. [5] 107. – [7] M. MITIN: Über die Ergebn. der philos. Diskussion. Unter dem Banner des Marxismus (dtsch.) V/H. 2 (1931) 171-213; vgl. GOERDT, a.O. [5] 280f. – [8] FETSCHER, a.O. [14 zu 1]. – [9] a.O. [8] 35. – [10] J. STALIN: Der Marxismus und die Fragen der Sprachwiss. (1953). Ökonom. Probleme des Sozialismus in der UdSSR (1953). – [11] So M. M. ROZENTAL': Marksistskij dialektičeskij metod (Moskau 1947); dtsch. Die marxist. dialekt. Methode (³1955). – [12] Osnovy marksistskoj filosofii (Moskau 1958); dtsch. Grundl. der marxist. Philos. (⁴1961) 373.

W. GOERDT

4. Auch für die neue ‹Philosophische Enzyklopädie› [1] ist ‹h.M.› die Bezeichnung für eine Lehre, die als Wesensbestandteil der marxistischen Philosophie den Anspruch erhebt, auf der Grundlage eines materialistischen Verständnisses der Geschichte «Wissenschaft von den allgemeinsten Gesetzen und Triebkräften der Entwicklung der menschlichen Gesellschaft» [2] und insofern die allein mögliche Form wissenschaftlich begründbarer Soziologie zu sein. Da der h.M. als Metatheorie der konkreten Gesellschaftswissenschaften sich behauptet, daß er durch Untersuchung sowohl aller Gesetzmäßigkeiten der gesellschaftlichen Entwicklung als auch aller Phänomene, Vorgänge und Tendenzen des sozialen Lebens in der Lage sei, geschichtliche Ereignisse und Bewegungsabläufe vorherzusehen ('Antizipation der Zukunft'), so wird er «als zuverlässige Methode zur Ausarbeitung einer wissenschaftlichen Politik, der Strategie und Taktik des Klassenkampfes, revolutionärer Aktionen sowie der Pläne für den Aufbau des Sozialismus und Kommunismus» [3] ausgewiesen, benutzt und empfohlen.

Über 25 Jahre hin ist so das marxistisch-leninistische Verständnis von h.M. offiziell recht stetig. Die seit Anfang der 1960er Jahre im 'sozialistischen Lager' sichtbar werdenden Bestrebungen zu einer Erneuerung des h.M.

auf der Grundlage des frühmarxistischen Denkens stellen im wesentlichen eine späte Rezeption jener Ansichten dar, die G. LUKÁCS schon 1923 vertreten hatte. Der Ansatz K. KOSÍKS [4] ist dafür repräsentativ. Diesem und anderen Versuchen – etwa der Philosophen der jugoslawischen Praxis-Gruppe – gegenüber besteht die Sowjetphilosophie nach wie vor postulatorisch auf der Vermittlung des h. mit dem dialektischen M.

Anmerkungen. [1] F. V. KONSTANTINOV (Hg.): Filosofskaja Enciklopedija 1-5 (Moskau 1960-70). – [2] Art. ‹Istoričeskij materializm› a.O. [1] 2 (Moskau 1962) 353. – [3] a.O. 354. – [4] K. KOSÍK: Dialektika konkrétního – Studie o problematice člověka a světa (Prag 1961); dtsch. Die Dialektik des Konkreten. Eine Stud. zur Problematik des Menschen und der Welt (1967). H. DAHM

5. Zu Problemen des h.M. sind 1968–1971 etwa 300 Bücher und Broschüren in der Sowjetunion erschienen, Untersuchungen zu den allgemeinen theoretischen Grundlagen des h.M., zu Kategoriensystem und Begriffsapparat, zum sozialen Determinismus, zur Dialektik des gesellschaftlichen Fortschrittes, zum Verhältnis von Gesellschaft und Kultur, zur Rolle des subjektiven Faktors bei der Planung der Gesellschaft usw. [1]. Man kann sehr deutlich verfolgen, wie die allgemeine historisch-materialistische Problematik in der Auseinandersetzung mit der Weltlage in Politik, Wirtschaft, Technik und Wissenschaft sich konkretisiert. Damit ist überhaupt die philosophische Situation der sozialistischen Länder zu kennzeichnen. Dort kommt bei der Behandlung dieser Probleme die Bezeichnung ‹h.M.› als Buch- oder Studientitel häufig vor, oder es wird – wie im DDR-Lehrbuch ‹Marxistische Philosophie› – die «Struktur der marxistischen Philosophie» als «untrennbare Einheit von dialektischem und h.M.» abgehandelt. Aber außerhalb dieser Länder (und auch innerhalb in Darstellungen, die von der marxistisch-leninistischen Offizialität differieren) werden Theoreme des h.M. bzw. der m.G. meist in anderweitigen Zusammenhängen und unter verschiedenen Titeln behandelt bzw. wiederaufgenommen [2]; ‹h.M.› als Titel eines Teilsystems marxistisch-leninistischer Philosophie scheint so in beträchtlichem Maße zur speziellen Konnotation von 'Sowjetphilosophie' sich einzuschränken. Sehr instruktiv ist gegenwärtig die Auseinandersetzung der Sowjetphilosophie mit dem die Formationen des Kapitalismus wie Sozialismus übergreifenden Phänomen der 'wissenschaftlich-technischen Revolution', die durch den Richta-Report [3] angeregt worden und seitdem nicht zur Ruhe gekommen ist, wobei die leitende Frage die nach dem letztlichen Nutzen der wissenschaftlich-technischen Revolution für den Sozialismus oder Kapitalismus ist, ob sie als Motor oder Bremse des Kommunismus gelten kann. Dies ist eine für die historisch-materialistische Theorie der Gesellschaftsformationen sehr wesentliche Frage, die mit dem Problem der Konvergenztheorie zusammenfließt. Zu diesen Fragen sind allein in der Zeitschrift ‹Voprosy filosofii› in den Jahren 1966–1971 über 80 Artikel geschrieben worden [4]. Wie in der Nach-Stalin-Ära das Verhältnis von Philosophie und Politik, von Geschichte und Soziologie als konkreter (nicht: empirischer) Sozialforschung, von Determinismus und Indeterminismus zu sehen sei, sind ebenfalls Fragen von größer Aktualität. Wie die Ethik, «die Wissenschaft von der Moral als Form des gesellschaftlichen Bewußtseins» auf spezifische Weise das Verhalten der Menschen in Übereinstimmung mit den Interessen der Gesellschaft regeln könne, ist ebenso eine offene Frage [5].

Die Philosophie hat nach sowjetphilosophischem Selbstverständnis die «Synthesierung der konkreten Resultate der Erforschung komplexer sozialer Probleme» [6] zu leisten. Die KPdSU formuliert die gesellschaftswissenschaftlich, soziologisch, philosophisch relevanten Aufgaben, die den Erfordernissen der sozialistischen Gesellschaft und der Entstehung der neuen kommunistischen Formation entsprechen. Die leninsche Partei neuen Typs, im Besitz der Wissenschaft von den Gesetzen der Geschichte, wirkt durch ihre Generallinie auf die Gesellschaft ein und verändert diese. Die speziellen Wissenschaften reflektieren deren Bewegungen en détail. Wissenschaftliche Theorien und deren Synthetisierung als Philosophie benutzt die Partei zur Metareflexion und dadurch möglicher Neuformulierung konkreter politischer Ziele nach innen wie außen. Diese funktionale Auffassung von Philosophie als historisch-materialistische und revolutionäre Theorie im Besitz der Partei *und* als «Synthesierung» konkret wissenschaftlicher Theorien für neue Praxis ist ebenso weit von der einer prinzipiellen Einheit von Philosophie und Politik (bei weitgehender Selbständigkeit der Bereiche gegeneinander) der 1920er Jahre in der Sowjetunion entfernt wie von der stalinschen Trennung der Philosophie von der Politik und der Reglementierung jener durch diese. Von daher wird die heutige Aussage verständlich, «daß die parteiliche Führung nicht nur das philosophische Denken nicht fesselt, sondern im Gegenteil zum Neuerertum in der Wissenschaft, in der Philosophie anregt»; sie «besteht in der Stimulierung schöpferischen Forschens der Gelehrten, der Entfaltung ihrer Initiative, der Orientierung und Anweisung auf das Ziel ohne Administrierung» [7]. Die Abstraktheit der Formulierung läßt die konkreten Schwierigkeiten der Verwirklichung dieser Theorie-Praxis-Trenn-Einheit deutlich werden.

An der Bearbeitung dieses Hauptthemas des h.M. heute zeigt sich nachdrücklich dessen Problematik als eines Teil-'Systems' der marxistischen(-leninistischen) Philosophie oder als 'Methode' von Erkenntnis und Tat [8], die man vielleicht im engeren Sinne als ‹m.G.› bezeichnen könnte [9], womit einer breiteren Aufnahme und Neubelebung dieses Terminus nichts im Wege stünde.

Anmerkungen. [1] Sovetskaja filosofskaja nauka pered XXIV s-ezdom KPSS [Die sowjetphilos. Wiss. vor dem 24. Kongr. der KPdSU]. Voprosy filosofii [Fragen der Philos.] (1971) H. 2, 3-25; H. 3, 3-20; zum h.M. a.O. H. 2, 18-25. – [2] A. KOSING (Hg.): Marxist. Philos. Lb. (1967) 32; L. KOLAKOWSKI: Der Mensch ohne Alternative (1961); A. SCHAFF: Marxismus und das menschl. Individuum (1965); G. PETROVIĆ (Hg.): Revolutionäre Praxis. Jugoslaw. Marxismus der Gegenwart (1969); S. STOJANOVIĆ: Krit. und Zukunft des Sozialismus (1970); H. LEFÈBVRE: Probleme des Marxismus heute (1965); H. FLEISCHER: Marxismus und Gesch. (1969); L. KOFLER: Die Gesellschaftsauffassung des H.M. (1955); Verstehende und materialist. Gesch.betrachtung (1959), in: Zur Dialektik der Kultur (1972) 31-56. 57-75; R. GARAUDY: Marxismus im 20. Jh. (1969); Die Aktualität des Marxschen Denkens (1969); TH. W. ADORNO: Negative Dialektik (1966); Aufsätze zur Gesellschaftstheorie (1970); M. HORKHEIMER: Krit. Theorie, hg. A. SCHMIDT (1968); E. FROMM: Die Revolution der Hoffnung. Für eine humanist. Technik (1971); H. MARCUSE: Ideen zu einer Krit. Theorie der Gesellschaft (1969); Der eindimensionale Mensch (1967); E. BLOCH: Über Karl Marx (1968); Das Prinzip Hoffnung (1959); Das Materialismusproblem, seine Gesch. und Substanz. Werke 7 (1959); J. HABERMAS: Theorie und Praxis. Sozialphilos. Stud. (1963); Erkenntnis und Interesse (1968); J. HABERMAS und N. LUHMANN: Theorie der Gesellschaft oder Sozialtechnologie? (1971) 285-290: Exkurs über Grundannahmen des h.M. – [3] R. RICHTA a kolektiv: Civilizace na rozcestí. Společenské a lidské souvislosti vědecko-technické revoluce [Zivilisation am Scheideweg. Die gesellschaftl. und menschl. Implikationen der wiss.-technischen Revolution] (Prag 1966); dtsch. Zivilisation am Scheideweg. Richta-Report (1971 u. ö.). – [4] Voprosy filosofii H. 2 (1971) 20. – [5] a.O. H. 3 (1971) 3. – [6] Peredovaja: Leninskie principy partijnogo rukovodstva i filosofskaja nauka [Leitartikel: Die leninschen Prinzipien der parteil. Führung und die philos. Wiss.] a.O. [4] H. 1 (1971) 3. – [7] 13. – [8] L. Kolakowski: Aktualne i nieaktualne pojęcie marksizmu [Aktuelle und nichtaktuelle Begriffe des Marxismus]. Nowa Kultura Nr. 4 (1957); dtsch. in: Der Mensch ohne Alternative (1960) 7-39. – [9] A. v. Weiss: Art. ‹H.M.›, in: Sowjetsystem und demokrat. Gesellschaft 2 (1968) 1267. W. Goerdt

Literaturhinweise. E. Bernštejn (E. Bernstein): Istoričeskij materializm [Der h.M.] (Sankt Petersburg 1901). – Istoričeskij materializm. Sbornik statej Engel'sa, Kautskogo, Lafarga i mnogich drugich [Der H.M.: Artikelslg. mit Beitr. von Engels, Kautsky, Lafargue und vielen anderen] (Sankt Petersburg 1908). – N. I. Bucharin s. Anm. [3 zu 3]. – L. I. Aksel'rod: Kritika osnov buržuaznogo obščestvovedenija i materialističeskoe ponimanie istorii, vypusk 1 [Krit. der Grundl. der bürgerl. Gesellschaftslehre und das materialist. Gesch.verständnis, 1. Lieferung] (Ivanovo-Voznesensk 1924). – I. P. Razumovskij: Kurs teorii istoričeskogo materializma [Lehrgang der Theorie des h.M.] (Moskau 1924). – L. F. Spokojnyj: Dialektičeskij i istoričeskij materializm [Der dialekt. und h.M.] (Moskau ²1930). – M. B. Volf'son und G. M. Gak: Očerki istoričeskogo materializma [Grundriß des h.M.] (Moskau/Leningrad ²1931). – K. Kautsky s. Anm. [1 zu 2] Bd. 2; russ. Materialističeskoe ponimanie istorii. Tom vtoroj (Moskau 1931). – F. A. Gorochov: Lenin i istoričeskij materializm [Lenin und der h.M.] (Moskau 1934, ³1958). – F. V. Konstaninov (Hg.): Istoričeskii materializm [Der h.M.] (Moskau ²1954). – A. F. Kuz'min: Istoričeskij materializm kak nauka [Der h.M. als Wiss.] (Leningrad 1957). – A. D. Makarov (Hg.): Dialektičeskij i istoričeskij materializm [Der dialekt. und h.M.] (Moskau 1958). – V. P. Tugarinov: Sootnošenie kategorij istoričeskogo materializma [Die Korrelation der Kategorien des h.M.] (Leningrad 1958). – G. M. Štraks: Predmet dialektičeskogo i istoričeskogo materializma [Der Gegenstand des dialekt. und h.M.] (Moskau 1960). – V. Kelle und M. Koval'zon: Istoričeskij materializm [Der h.M.] (Moskau 1962). – J. Z. Apresjan (Hg.): Voprosy istoričeskogo materializma i naučnogo kommunizma [Fragen des h.M. und des wiss. Kommunismus] (Moskau 1964). – A. Verbin und A. Furman: Mesto istoričeskogo materializma v sisteme nauk [Der Ort des h.M. im System der Wiss.] (Moskau 1965). – D. I. Česnokov: Istoričeskij materializm i social'nye issledovanija [Der h.M. und Sozial-Forsch.] (Moskau 1967). – A. Schaff: Wstęp do teorii marksizmu. Zarys materializmu dialektycznego i historycznego [Einf. in die Theorie des Marxismus. Abriß des dialekt. und h.M.] (Warschau ⁵1950). – M. Cornforth: Hist. materialism (New York 1954). – Z. Ošavkov: Istoričeskijat materializŭm i sociologijata [Der h.M. und die Soziol.] (Sofia 1958). – Akad. Wiss. Rumän. Volksrepublik, Inst. Philos. (Hg.): Studii de materialismul istoric [Stud. über den h.M.] (Bukarest 1960). – J. Zelený: O historickém materialismus [Über den h.M.] (Prag 1960). – J. Wiatr: Szkice o materializmie historycznym i socjologii [Skizzen zum h.M. und zur Soziol.] (Warschau 1962). – P. Bollhagen: Einf. in den h.M. (1962); Probleme des h.M. und die marxist. Sozialforsch. (1958). – J. Hommes s. Anm. [15 zu 1]. – K. Mielcke: H.M. Die Lehren von Karl Marx (²1960). – H. Falk: Die Weltanschauung des Bolschewismus. Hist. und dialekt. M. gemeinverständl. dargelegt (¹²1962). – G. A. Wetter: Sowjetideol. heute. 1. Dialekt. und h.M. (1962). – P. Kägi: Genesis des h.M. Karl Marx und die Dynamik der Gesellschaft (1965). – A. v. Weiss: Die Diskussion über den h.M. in der dtsch. Sozialdemokratie 1891-1918 (1965). – H.-D. Sander: Marxist. Ideol. und allg. Kunsttheorie (1970, ²1975). – W. Goerdt (Hg.) s. Anm. [5 zu 3]. – J. Habermas: Zur philos. Diskussion um Marx und den Marxismus, in: Theorie und Praxis. Sozialphilos. Stud. (1963). – G. Klaus/M. Buhr: Philos. Wb. 1/2 (⁸1972). – J. Rodriguez-Lores: Die Grundstruktur des Marxismus. Gramsci und die Philos. der Praxis (1971). – I. Fetscher: Der Marxismus, seine Gesch. in Dokumenten 1: Philos., Ideol. (1962). – R. Ahlberg: 'Dialekt. Philos.' und Gesellschaft in der Sowjetunion (1960). – G. Kiss: Marxismus als Soziol. Theorie und Empirie in den Sozialwiss. der DDR, UdSSR, Polens, der ČSSR, Ungarns, Bulgariens und Rumäniens (1971). – R. Medwedjew: Sowjetbürger in Opposition. Plädoyer für eine sozialist. Demokratie (1973). – W. Kelle und M. Kowalson: Der h.M. Abriß der marxist. Gesellschaftstheorie, aus dem Russ. übers. L. Schulmann (Moskau 1975). – H. Scheler: Einf. in den h.M. (1975). – D. I. Tschesnokov: Der h.M. als Soziol. des Marxismus-Leninismus (1975).

H. Dahm/W. Goerdt

Materialismus, mechanischer. Im Rückgriff auf eine Stelle bei Fr. Engels, in der dieser den französischen M. des 18. Jh. im Vergleich zum dialektischen M. kritisch als «mechanisch» charakterisiert hatte [1], bezeichnet der Ausdruck ‹m. M.› eine in den frühen 1920er Jahren sehr einflußreiche und bis 1931 starke Richtung innerhalb der *Sowjetphilosophie.* Ihre Vertreter, die 'Mechanisten' (L. I. Aksel'rod, A. K. Timirjazev, V. N. Sarab'janov, A. Varjaš, teils auch N. Bucharin), stellen Philosophie als Wissenschaft überhaupt wie ihre Bedeutung für die Naturwissenschaften in Frage, halten die Reduktion aller Naturerscheinungen auf physikochemische Prozesse für möglich und vertreten die mechanische Gleichgewichtstheorie (Teorija ravnovesija) anstelle der Dialektik von Einheit und Kampf der Gegensätze sowie die Lehre vom Selbstlauf (Samotëk) gegenüber der Annahme revolutionärer, sprunghafter Prozesse, was bedeutende sozialpolitische und ökonomische Folgen hatte.

Anmerkung. [1] Fr. Engels: Ludwig Feuerbach und der Ausgang der klass. dtsch. Philos. (1866). MEW 21, 278; vgl. auch Art. ‹M.›.

Literaturhinweise. N. Bucharin und A. Deborin: Kontroversen über dialekt. und m. M., eingel. O. Negt (1969). – A. Stoljarov: Dialektičeskij materializm i mechanisty. Naši filosofskie raznoglasija [Dialekt. M. und die Mechanisten. Unsere philos. Meinungsverschiedenheiten] (Leningrad 1930). – R. Ahlberg: 'Dialekt. Philos.' und Gesellschaft in der Sowjetunion (1960). – G. Wetter: Der dialekt. M. (⁵1960). – Filosofskaja Ėnciklopedija 3 (Moskau 1964) 424f. – W. Goerdt: Die Sowjetphilos. Wendigkeit und Bestimmtheit. Dokumente (1967). – A. Erlich: Die Industrialisierungsdebatte in der Sowjetunion 1924-1928 (1971).

W. Goerdt

Materialismusstreit. In den 1850er Jahren setzte eine scharfe Auseinandersetzung um den 'Materialismus' in den Naturwissenschaften ein. Sie begann 1852 mit einer Polemik in der ‹Augsburger Allgemeinen Zeitung› [1] zwischen dem Physiologen R. Wagner und dem Zoologen C. Vogt, der in verschiedenen früheren Publikationen [2] gegen die biblische These der Abstammung des Menschengeschlechts von einem einzigen Paar ins Feld gezogen war. Der Streit erreichte seinen Höhepunkt mit Wagners Vortrag ‹Über Menschenschöpfung und Seelensubstanz› auf der 31. Naturforscher-Versammlung von 1854 in Göttingen. Im ersten Teil seines Vortrags versuchte Wagner, die christliche Lehre von der Abstammung des Menschengeschlechts von einem einzigen Paar mit wissenschaftlichen Argumenten zu untermauern. Im zweiten Teil wandte er sich gegen Vogts Reduktion des Psychischen auf bloße Gehirnfunktionen und warf die kritische Frage auf, ob die Naturwissenschaften überhaupt reif genug seien, die Frage nach der Natur der Seele zu beantworten. In einer noch im selben Jahr publizierten Broschüre [3] unternahm er es, die von ihm aufgeworfene Frage selbst zu beantworten und die vor allem von Lotze und Virchow gegen seine früheren Äußerungen erhobenen Einwände zu entkräften. Es gebe kein einziges Faktum, schreibt WAGNER, das ihn nötige, die Existenz einer Seele aus physiologischen Gründen zu verneinen, wohl aber eine Reihe von Fakten, die für ihre Existenz sprächen. Die Seele könne als Substanz von der Art eines «Gehirnäthers» vorgestellt werden und durchaus die Fähigkeit besitzen, nach dem Tode des Seelenträgers in andere Weltenräume überzuwechseln, aber auch zurückzukehren und eine neue, körperliche Existenz anzunehmen [4]. In scharfer Erwiderung [5] verteidigt VOGT die Evolutionstheorie gegen Wagners Hypothese von sukzessive in den Naturablauf eingreifenden Schöpfungsakten und stellte dem Glauben an eine Eigenexistenz der Seele eine streng physiologische Auffassung entgegen; für ihn gilt, daß «alle jene Fähigkeiten, die wir unter dem Namen der Seelenthätigkeiten begreifen, nur Functionen der Gehirnsubstanz sind; oder, um mich einigermaßen grob hier auszudrücken: daß die Gedanken in demselben Verhältniß etwa zu dem Gehirne stehen, wie die Galle zu der Leber oder der Urin zu den Nieren» [6].

Diese bald als ‹Vogt-Wagnerscher Streit› [7], bald als ‹materialistischer Streit› [8] oder kurz als ‹M.› [9] apostrophierte Auseinandersetzung beherrschte nach 1854 für einige Zeit die philosophisch-naturwissenschaftliche Diskussion. Eigentliche wissenschaftliche Probleme, wie etwa im Streit zwischen MOLESCHOTT und LIEBIG über den Phosphorgehalt des Gehirns [10], spielten dabei eher eine untergeordnete Rolle. Im wesentlichen ging es um die weltanschaulichen Positionen: Materialismus contra Christentum, Spiritualismus und Idealismus. Auf der Seite der Materialisten standen neben Vogt und Moleschott L. BÜCHNER [11], J. C. FISCHER [12], F. WOLLNY [13] u. a., auf der Gegenseite vor allem die Katholiken J. FROHSCHAMMER [14], F. MICHELIS [15] und A. TANNER [16] und die Protestanten F. FABRI [17] und P. FISCHER [18], während J. FRAUENSTÄDT [19] und der Hegelianer J. SCHALLER [20] einen vermittelnden Standpunkt suchten.

Einer der letzten Ausläufer dieses Streites ist die Auseinandersetzung um die ‹Welträsel› von E. HAECKEL und die Gründung des deutschen Monistenbundes am 11. Januar 1906 in Jena.

Anmerkungen. [1] Vgl. F. KLIMKE: Der dtsch. M. im 19. Jh., in: Frankfurter Zeitgemäße Broschüren 26 (1907) 6ff. – [2] C. VOGT: Lb. der Geol. und Petrefaktenkunde (1848); Zool. Br. (1851); Bilder aus dem Tierleben (1852). – [3] R. WAGNER: Über Wissen und Glauben mit bes. Beziehung zur Zukunft der Seelen (1854). – [4] a.O. 22ff. – [5] VOGT, a.O. [2]. – [6] WAGNER, a.O. [3]. – [7] F. FABRI: Br. gegen den Materialismus (1856, ²1864) 74. – [8] F. A. LANGE: Gesch. des Materialismus (1866, zit. 1974) 2, 535. – [9] FR. UEBERWEG: Gesch. der Philos. des 19. Jh. (⁹1902) 255. – [10] Vgl. J. MOLESCHOTT: Lehre der Nahrungsmittel für das Volk (1850) 115; J. v. LIEBIG: Chem. Br. (1844) 598f.; J. MOLESCHOTT: Der Kreislauf des Lebens. Physiol. Antworten auf Liebigs Chem. Br. (1852) 398ff. – [11] L. BÜCHNER: Kraft und Stoff (1855). – [12] J. C. FISCHER: Die Freiheit des menschl. Wollens oder die Einheit der Naturgesetze (1871). – [13] F. WOLLNY: Der Materialismus im Verhältnis zu Relig. und Moral (1888). – [14] J. FROHSCHAMMER: Menschenseele und Physiol. (1855). – [15] F. MICHELIS: Der Materialismus als Köhlerglaube (1856). – [16] A. TANNER: Vorles. über den Materialismus (Luzern 1864). – [17] FABRI, a.O. [7]. – [18] K. P. FISCHER: Die Unwahrheit des Sensualismus und Materialismus mit bes. Rücksicht auf die Schr. von Feuerbach, Vogt und Moleschott (1853). – [19] J. FRAUENSTÄDT: Der Materialismus und die antimaterialist. Bestrebungen der Gegenwart, in: Unsere Zeit 3 (1867). – [20] J. SCHALLER: Leib und Seele (1858).

Literaturhinweis. F. KLIMKE s. Anm. [1].   K. MESCHEDE

Materialobjekt/Formalobjekt (lat. obiectum materiale/ formale). Die scholastische Distinktion von M. und Formalobjekt (F.) ist die Unterscheidung konkreter Dinge oder Sachverhalte von den verschiedenen Gesichtspunkten, nach denen sie Gegenstand sein können. Das *M.* einer Wissenschaft sind die Gegebenheiten ihres Sachgebietes als solche; ihr *F.* hingegen ist der spezielle Aspekt, unter dem jene Gegebenheiten zur Frage stehen und erforscht werden. Dieser spezielle Aspekt oder das F. ist maßgebend für die innere Einheit und die Methode einer wissenschaftlichen Disziplin und damit auch für deren Abgrenzung gegen eine andere, die sich eventuell auf dieselben konkreten Sachverhalte beziehen mag.

Erörterungen über das F. ergaben sich in der Scholastik primär anläßlich der Frage, wie die Unterscheidung offensichtlich verschiedener natürlicher Vermögen [1] (äußere Sinne, Verstand, Wille ...) sowie die Differenzierung des Habitus [2] als erworbenes Vermögen zu begründen sei. Da die Wissenschaften als eine besondere Form des Habitus angesehen wurden, gliederten sich in den allgemeineren Zusammenhang wissenschaftstheoretische Fragen als Sonderfall ein.

Für die Lösung des angedeuteten Problems war der Ansatz des ARISTOTELES [3] ausschlaggebend, daß die Betätigungen dem Begriff nach früher als die Vermögen und daß die Gegenstände wiederum früher als die Betätigungen seien. Die Terminologie ‹obiectum materiale› bzw. ‹formale›, die sich bei THOMAS anbahnt, erwuchs aus Absicherungen gegenüber möglichen Mißverständnissen: nicht eine 'materiale' Verschiedenheit der Gegenstände, sondern ihre 'formale' (= formalis ratio obiecti) begründe die spezifische Verschiedenheit der Akte und somit auch der natürlichen oder erworbenen Vermögen [4].

Anmerkungen. [1] THOMAS VON AQUIN, S. theol. I, 77, 3; Quaest. disp. de an. a. 13. – [2] S. theol. I/II, 54, 2. – [3] ARISTOTELES, De an. II, 4, 415 a 14ff.; vgl. THOMAS, In ... de an. II, lect. 6. – [4] Vgl. THOMAS, In ... de a.O. Nr. 307; In ... Post. anal. I, lect. 41, Nr. 366.

Literaturhinweise. JOANNES A S. THOMA, Cursus Philosophicus. Logica II, q. 21, a. 4; q. 27, a. 1, hg. B. REISER 1 (Turin 1930) 670ff. 818ff.; Philos. nat. IV, q. 2, a. 3 a.O. 3 (Turin 1937) 74ff. – H. MEYER: Die Wiss.lehre des Thomas von Aquin (1934). – A. ANTWEILER: Der Begriff der Wiss. bei Arist. (1936). – C. HUBATKA: Actus specificatur ab objecto formali. Div. Thom. 27 (Freiburg i. Ü. 1949) 412-420. – E. CORETH: Met. (²1964) 163ff.
D. SCHLÜTER

Materie (griech. ὕλη, lat./ital./span. materia, frz. matière, engl. matter, stuff, dtsch. M., Stoff).

I. Antike. – 1. *Erstes Auftreten des Terminus ‹M.›.* – Der deutsche Ausdruck stammt vom lateinischen ‹materia› oder ‹materies› (urspr. Holz, Nutzholz). CICERO übersetzt mit Hilfe von ‹M.a› den griechischen Ausdruck ὕλη, soweit er in philosophischem Kontext vorkommt, etwa bei Aristoteles [1] oder den Stoikern [2]. Aristoteles' Kennzeichnung der vorsokratischen Prinzipien (ἀρχαί) sowie des platonischen 'Raumes' (χώρα) als M. (ὕλη) vollzieht CICERO in seinen Übersetzungen mit [3]; dasselbe gilt von LUKREZ, der bis auf eine Stelle [4] den älteren Ausdruck ‹materies› benutzt [5]. ὕλη bezeichnet im Griechischen von HOMER an Wald, Unterholz oder (totes) Holz, das dem Wald entnommen wurde (Reisig, Stämme u.ä.) und zum Bauen verwendet wird. Auch PLATON benutzt ὕλη durchaus noch umgangssprachlich [6]. Als philosophischer Terminus tritt ὕλη erstmalig wahrscheinlich in den frühen Schriften des ARISTOTELES auf. Bereits im ‹Protreptikos› (Abfassung vor 353 v. Chr.) findet sich die Unterscheidung von δύναμις und ἐνέργεια ('Möglichkeit' und 'Wirklichkeit') [7], die kaum ohne die Unterscheidung von ὕλη und εἶδος denkbar ist [8]. Die frühesten direkten Belege enthält die ‹Physik›, wo der aristotelische ὕλη-Begriff bereits voll ausgebildet ist [9]. Nicht völlig auszuschließen, wenn auch nur von JAMBLICH bezeugt [10], ist die terminologische Verwendung von ὕλη vor Aristoteles bei SPEUSIPP oder XENOKRATES [11]. Als philosophischer Terminus bedeutet ὕλη bei ARISTOTELES ursprünglich «das, woraus etwas entsteht» (τὸ ἐξ οὗ) [12]; damit setzt sich Aristoteles ab von PLATONS Bestimmung der χώρα als «dem, in dem etwas entsteht» (τὸ ἐν ᾧ γίγνεται) [13].

Anmerkungen. [1] CICERO, De nat. deor. III, 39, 92; De fin. I, 18; Acad. I, 6. – [2] Acad. I, 24. – [3] a.O. II, 118. – [4] LUKREZ, De rer. nat. IV, 148. – [5] a.O. I, 58. 635. – [6] PLATON, Phileb. 54 c 2; Tim. 69 a 6. – [7] Frg. 14 (ROSS). – [8] I. DÜRING, Gnomon 27 (1955) 156. – [9] z. B. ARIST., Phys. I, 9, 192 a 31f. – [10] IAMBLICH, Comm. math. sci. IV, 16, 19f. (FESTA); 17, 25f. – [11] P. MERLAN: From Platonism to Neoplatonism (²1960) 122. – [12] ARIST., Phys. VII, 3, 245 b 10; Gen. et corr. II, 1, 329 a 20; Met. VII, 7, 1033 a 5. – [13] PLATON, Tim. 50 d 1.

Literaturhinweise. F. SOLMSEN: Aristotle's word for matter. Didascaliae. Stud. in honor of A. M. Albareda (New York 1961) 395-408. – H.-J. HARTUNG: Ciceros Methode bei der Übersetzung griech. philos. Termini (1970).

2. *Der M.-Begriff vor Aristoteles.* – a) ARISTOTELES verwendet den von ihm eingeführten M.-Begriff auch zur Interpretation der Aussagen seiner Vorgänger [1]. Dieses anachronistische Verfahren findet sich ebenso in THEOPHRASTS Schrift über die Meinungen der Naturphilosophen (φυσικῶν δόξαι), das die gesamte spätere doxographische Tradition maßgeblich beeinflußt hat. Versteht man die Relation ‹x ist M. von y› jedoch in ihrer ursprünglichen Bedeutung ‹y entsteht aus x›, und ist ihr Nachbereich die Allklasse – ist also M. das, aus dem alles entsteht –, so ist es nicht abwegig zu fragen, ob die Vorsokratiker oder Platon Aussagen über M. gemacht haben. Das, was in diesem weiten, der aristotelischen Terminologie aber nicht völlig fernstehenden Sinne als M. aller Dinge im Kosmos angesehen wird, kann dann durchaus Kennzeichen tragen, die wir heute nur lebenden oder denkenden Wesen zuschreiben würden.

b) Die spekulativen Ansätze der frühen ionischen *Naturphilosophie* sind ursprünglich wohl durch die kosmogonische Problemstellung der vorderorientalischen Mythologie bestimmt. Als M. wird derjenige Urstoff betrachtet, aus dem alles entstanden ist und auch weiterhin entsteht. Die M. gilt daher nicht nur als ewig, sondern auch als bewegte, lebendige, alles erfüllende und erhaltende göttliche Macht. THALES identifizierte sie mit dem Wasser, das alle kosmischen Elemente stützt und erzeugt [2], ANAXIMANDER mit dem Unbestimmt-Grenzenlosen, das, selbst unvergänglich und göttlich, einen unaufhörlichen und stabilen Zyklus des Werdens und Vergehens ermöglicht [3], ANAXIMENES schließlich mit der lebensspendenden, beweglichen Luft [4]. Diese in nicht-mythischer Sprache formulierten kosmogonischen M.-Spekulationen werden aber auch schon als Hypothesen zur Erklärung empirischer Phänomene angesehen, so daß der M. stets regelhafte, gesetzmäßige Bewegung zugeschrieben werden muß (z. B. Kondensations- und Verdünnungsvorgänge bei Anaximenes). Dieser Gedanke gewinnt bei HERAKLIT zentrale Bedeutung, der wie die Milesier die M. mit einem Stoff (Feuer) gleichsetzt, den er für ewig, lebendig und höchst wandlungsfähig hält [5], dessen Identität er jedoch in bezug auf ein kosmisches Maß oder Gesetz (λόγος), die Einheit der Gegensätze, bestimmt [6]. Dieses kosmische Gesetz der M. ist nur theoretisch erfaßbar; bei HERAKLIT wird daher zum erstenmal das Problem der Erkennbarkeit der M. angedeutet [7].

c) Die bereits in der voreleatischen Naturphilosophie angedeutete Vorstellung, daß der Ursprung, die Grundlage alles Bestehenden selbst dem Wandel entzogen ist, seine Identität bewahrt und nur theoretisch erkennbar ist, wird von PARMENIDES in einer für den M.-Begriff folgenreichen Weise ontologisch und erkenntnistheoretisch radikalisiert. Er geht von der Prämisse aus, daß vom Seienden wahrheitsgemäß gesagt werden muß, daß es ist [8], und schließt daraus zunächst, daß weder gilt, daß das Seiende nicht ist [9], noch, daß das Seiende ist und nicht ist [10]. Aus diesen Voraussetzungen folgt weiter, daß das Seiende eines, d. h. nicht-räumlich, nicht-zeitlich, bewegungslos, unvergänglich, ohne Teile und unteilbar ist [11], ferner, daß das Seiende das einzig mögliche Objekt des Denkens [12] und von Phänomenen kein Wissen möglich ist [13]. Das parmenideische Seiende ist kaum als M. anzusprechen, denn Parmenides betrachtet es nicht als Grundlage der veränderlichen, sinnlich erfahrbaren Welt, die für ihn bloßer Schein ist. Aber einige seiner ontologischen Grundsätze sowie das in aller Schärfe herausgestellte Problem der Erkennbarkeit des Veränderlichen beeinflussen die weitere Entwicklung der Vorstellungen über M. maßgeblich.

d) Die vorsokratischen Naturphilosophen nach Parmenides versuchen einerseits M. wieder als Ursprung und Grundlage des Kosmos zu beschreiben, sehen andererseits nunmehr aber die eleatischen Grundsätze, daß das Seiende nicht aus Nichtseiendem entsteht und unveränderlich ist und daß Vieles nicht aus ursprünglich Einem hervorgehen kann, als bindend an. Aus beidem folgt, daß die M. von Anfang an aus vielen Elementen besteht, daß diese Elemente selbst unveränderlich sind, daß ihre Bewegung eine Ursache haben muß und daß die Veränderung der sichtbaren Teile des Kosmos eine Umschichtung seiner M. ist. Die Pluralität der M. erscheint bei EMPEDOKLES in den vier Elementen Erde, Wasser, Luft und Feuer, bei ANAXAGORAS in der allgemeinen Mischung aller im Kosmos vorkommenden Stoffe und bei DEMOKRIT in der unendlichen Anzahl der Atome, wobei die M.-Elemente stets als unveränderlich gelten [14]. EMPEDOKLES und ANAXAGORAS leugnen den leeren Raum als etwas Nichtseiendes [15] und postulieren in Gestalt von Anziehungs- und Abstoßungskräften ('Liebe', 'Streit') bzw. einer singulären Antriebskraft ('Geist') Bewegungsursachen, die noch als Teile der M. selbst aufgefaßt werden [16]. DEMOKRIT führt zwar den leeren Raum (besser: Zwischenraum) ein, aber als etwas, das nicht schlechthin nichtseiend ist und die Funktion einer Bewegungsbedingung übernimmt [17]. Atome haben eleatische Eigenschaften, d. h. sind unvergänglich, unteilbar, homogen und unveränderlich [18].

e) PLATONS Philosophie kann als Versuch angesehen werden, die eleatische Lehre so weiterzuentwickeln, daß sie mit der Annahme der Existenz – wenn auch nicht der vollständigen Erkennbarkeit – eines wahrnehmbaren, veränderlichen Kosmos vereinbar wird. Dies gelingt durch die Unterscheidung der Formen (εἴδη) von ihren wahrnehmbaren Trägern (αἰσθητά). Die Formen sind unveränderlich und bilden daher den Bereich des im eigentlichen Sinne Seienden und Erkennbaren; die wahrnehmbaren Gegenstände dagegen sind veränderlich, haben jedoch an den Formen teil, so daß Veränderung in diesem Bereich als Wechsel der Teilhabe-Relation beschrieben werden kann. Wenn aber Formen das im höchsten Maße Seiende sind, dann kann das Problem des Aufbaus des Kosmos, das Platon in seinen Spätdialogen, insbesondere im ⟨Timaios⟩, ins Auge faßt, sicher nicht nach Art der jüngeren Vorsokratiker durch Angabe von Stoffen oder Kräften gelöst werden, die sich selbst nicht wesentlich von den sichtbaren Teilen des Kosmos unterscheiden; diese elementaren Stoffe oder Kräfte müssen vielmehr ihrerseits noch auf das im eigentlichen Sinne Seiende reduziert werden. Andererseits sah Platon sich gezwungen, den parmenideischen Monismus preiszugeben: soll der Kosmos nicht als Scheinwelt gelten, so ist von vornherein eine Vielheit von Formen und mathematischen Strukturen anzunehmen. Platon scheint daher zur Erklärung alles Bestehenden ein Formprinzip und ein Vielheitsprinzip postuliert zu haben. Letzteres wird im ⟨Timaios⟩ als dritte Gattung (neben Formen und ihren wahrnehmbaren Trägern) eingeführt [19] und schließlich als 'Raum' (χώρα, τόπος) bezeichnet [20], wobei Platon sicher nicht den leeren Raum, sondern eine Art von (mathematischem) Kontinuum im Auge hat. Dieser Raum nimmt Nachbilder des ständig Seienden auf, ist also selbst ohne Bestimmung, nicht wahrnehmbar und unvergänglich [21]; er ermöglicht aber Veränderung und wird daher auch als Grundbereich allen Werdens bezeichnet [22]. Wie die werdenden Dinge unter Mitwirkung des Vielheitsprinzips im einzelnen entstehen könnten, macht Platon in seiner Elementenlehre deutlich [23]. Alle Körper sind aus Elementen aufgebaut, die selbst noch körperlich, aber nicht mehr in Körper teilbar sind und spezifische mathematische Strukturen aufweisen: Feuerteilchen (Tetraeder), Wasserteilchen (Oktaeder), Luftteilchen (Ikosaeder) und Erdteilchen (Würfel) [24]. Diese Teilchen sind jedoch nicht gänzlich unteilbar, sondern ihrerseits aus (mathematischen) Flächen zusammengesetzt, die aus zwei Arten von Dreiecken aufgebaut sind [25]. Das, was die Vorsokratiker als M. betrachtet haben, erfährt also bei Platon eine weitere Reduktion auf rein mathematische Strukturen und letztlich auf das Form- und Vielheitsprinzip. Der häufig als problematisch empfundene Übergang von mathematischen Strukturen zu Körpern mit Masse und Gewicht wird verständlich vor dem Hintergrund einer ontologischen Stufung, in der Strukturen als im höchsten Maße seiend, dagegen Eigenschaften wie Tastbarkeit und Undurchdringlichkeit als ontologisch zweitrangig gelten, ein Standpunkt im übrigen, dem sich die moderne Physik wieder zu nähern scheint.

Anmerkungen. [1] Vgl. ARISTOTELES, Met. I, 3-10. – [2] THALES bei ARIST., Met. I, 3, 983 b 6ff.; De an. I, 5, 411 a 7ff. – [3] ANAXIMANDER bei ARIST., Phys. III, 4, 203 b 7; VS I, 12 B 2. 3. – [4] ANAXIMENES, VS I, 13 B 2; ARIST., Met. I, 3, 984 a 5f. – [5] HERAKLIT, VS I, 22 B 30. – [6] a.O. 1. 10. 31. 53. 80. – [7] a.O. 51. 56. 123. – [8] PARMENIDES, VS I, 28 B 2, 3f. – [9] ebda. – [10] a.O. 2, 5ff.; 6. – [11] 8. – [12] a.O. 3. – [13] a.O. 2, 7f.; 8, 16; 8, 38-41. – [14] Vgl. VS I, 31 B 6. 11. 12; II, 59 B 6. 17. – [15] VS I, 31 B 14; ARIST., Phys. IV, 6, 213 a 22ff. – [16] VS I, 31 B 17; II, 59 B 12. – [17] ARIST., Gen. et corr. I, 8, 324 b 35ff. – [18] Met. I, 4, 985 b 4ff.; VS II, 67 A 14. 49. – [19] PLATON, Tim. 48 e-49 a. – [20] a.O. 52 b 4. – [21] 50 e 4f.; 50 d 7; 51 a 3; 50 b 6f.; 52 a 8ff.; 51 a 7; 52 b 2. – [22] 49 a 5f. – [23] 47 e-68 a. – [24] 54 a 1ff. – [25] 54 b.

Literaturhinweise. C. BAEUMKER: Das Problem der M. in der griech. Philos. (1890, ND 1963). – P. WILPERT: Die Elementenlehre des Platon und Demokrit, in: Natur, Geist, Gesch. Festschr. A. Wenzl (1950) 99-118. – G. S. KIRK und J. E. RAVEN: The presocratic philosophers (Cambridge 1960). – J. T. REAGAN: The material substrate in the Platonic dialogues (Saint-Louis 1960). – K. GAISER: Platons ungeschriebene Lehre (1963). – J. KLOWSKI: Das Entstehen der Begriffe Substanz und M. Arch. Gesch. Philos. 48 (1966) 2-42. – D. J. SCHULZ: Das Problem der M. in Platons ⟨Timaios⟩ (1966).

3. Der M.-Begriff bei Aristoteles. – a) Die Ausarbeitung des aristotelischen M.-Begriffes erfolgte auf dem Hintergrund der kritischen Diskussion der eleatischen und platonischen Philosophie. ARISTOTELES hält wie Platon daran fest, daß Wissenschaft Erkenntnis von Formen ist; aber er betrachtet die Folgerung, daß es weder eine konsistente Beschreibung (Parmenides) noch eigentliche Erkenntnis von werdenden, veränderlichen Gegenständen geben könne (Platon), für inakzeptabel. Für ihn stellte sich daher in erster Linie das ontologische und erkenntnistheoretische Problem, wie eine wissenschaftliche Physik möglich ist [1], wenn Wissenschaft die Erkenntnis von Formen und Physik die Wissenschaft von veränderlichen Gegenständen sein soll [2]. Erst nach Klärung dieses Problems kann der Aufbau einer Physik dann auch wirklich durchgeführt werden. Diese spezifische Problemsituation mußte es ihm als ausgeschlossen erscheinen lassen, die M. – nach Art der Vorsokratiker – als Menge bestimmter Grundelemente und Werden und Veränderung als quantitative Umschichtung der Grundelemente aufzufassen. Denn damit ist das Problem nur verschoben, weil die Frage nach der Veränderung und Entstehung der Grundelemente selbst offen bleibt [3]. Aristoteles versucht daher durch eine Relativierung des platonischen Vielheitsprinzipes sein Ziel zu erreichen.

b) Logisch gesehen tritt der M.-Begriff bei Aristoteles stets als zweistellige Relation auf, entspricht also einem Satzschema der Form ⟨x ist M. von y⟩ [4]. Dies gilt schon deshalb, weil M. ein Prinzip (ἀρχή) und jedes Prinzip ein Prinzip von etwas ist [5]. Für ⟨x⟩ und ⟨y⟩ sind dabei Namen bestimmter Elemente oder Gegenstände im Kosmos einzusetzen. Daher kann es Gegenstände *a*, *b* und *c* geben, so daß *a* M. von *b* und *b* M. von *c* ist [6]. Der Relationscharakter des M.-Begriffs zeigt bereits, daß Aristoteles sich mit seinem M.-Begriff nicht auf einen Grundstoff, sondern auf Paare bestimmter Gegenstände bezieht. Dabei ist aber nicht vorausgesetzt, daß, falls ⟨*a* ist M. von *b*⟩ zutrifft, *a* und *b* unabhängig voneinander existieren.

Die Bedeutung der M.-Relation ist nach Aristoteles zunächst anhand analoger Fälle erkennbar [7], d.h. exemplarisch erfaßbar durch Angabe von Paaren (*x*, *y*), für die gilt ⟨*x* ist M. von *y*⟩. So ist, um ein häufig angeführtes Beispiel zu nennen, Erz M. für die Statue [8]; analog sind die vier Elemente M. für die Lebewesen [9] und ist der Körper M. für die Seele bzw. für beseelte Lebewesen [10]. Nach aristotelischer Auffassung enthält eine Statue gegenüber dem Erz, ein Lebewesen gegenüber den Elementen, ein beseeltes Lebewesen gegenüber dem Körper eine zusätzliche Form. Ist *a* also irgendein veränderlicher Gegenstand, so nennt Aristoteles denjenigen Bestandteil von *a*, der sein durch Formen strukturierbares Material ausmacht, ⟨M. von *a*⟩ [11]. Diese Kennzeichnung wird in den drei 'klassischen' Explikationen des M.-Begriffes hinsichtlich der drei für Aristoteles grundlegenden Aspekte, unter denen die Gegenstände der Physik betrachtet werden können, präzisiert: ihrer Veränderlichkeit, ihres Seins und ihrer Erkennbarkeit.

Ist *a* M. von *b*, so ist *a* zunächst das zugrunde liegende Material oder der zugrunde liegende Gegenstand, aus dem *b* entsteht oder sich entwickelt [12]. Diese Explikation begründet Aristoteles mit dem Hinweis, daß jeder, der behauptet, daß etwas wird oder entsteht, eine Unterscheidung voraussetzt zwischen dem, was zu etwas wird (dem γιγνόμενον), und dem, zu dem es wird (ὃ γίγνεται). Ersteres ist die M. (ὕλη), letzteres die Form bzw. genauer der aus M. und Form zusammengesetzte Gegenstand [13]. Aristoteles unterscheidet zwar zwischen dem substantiellen Werden, d. h. dem Entstehen einzelner Gegenstände, und dem prädikativen Werden, d. h. dem Übergang bestehender einzelner Gegenstände zu bestimmten Zuständen [14]; aber seine M.-Explikation soll durchaus für beide Arten von Werden zutreffen [15].

Ist *a* M. von *b*, so ist ferner *a*, für sich betrachtet, nicht *b*, also ein Nichtseiendes hinsichtlich *b*, besitzt aber die Disposition, unter geeigneten Umständen – d. h. bei Vorliegen einer geeigneten Wirkursache – zu *b* zu werden. Insofern ist das, was jeweils M. für einen bestimmten Gegenstand ist, zwar nicht schlechthin etwas Nichtseiendes, läßt sich aber in aristotelischer Terminologie als etwas bezeichnen, das der Möglichkeit nach (δυνάμει) ein bestimmter Gegenstand (τόδε τι) ist [16]. Hieraus wird verständlich, daß zwar nicht Material schlechthin, wohl aber das, was jeweils M. für einen bestimmten Gegenstand ist, nicht unabhängig von diesem Gegenstand existiert (ὕλη οὐ χωριστή) [17]: Erz als Material existiert unabhängig, aber als M. für diese gegebene Statue existiert dieses Erz nicht unabhängig von dieser Statue.

Ist *a* M. von *b*, so besitzt schließlich *a*, für sich betrachtet, keine der kategorialen Bestimmungen von *b* [18], sondern ist unbestimmt (ἀόριστον, ἄμορφον) [19]. Insofern ist das, was M. für etwas ist, für sich betrachtet (καθ' αὑτήν), unerkennbar [20] und nicht wahrnehmbar [21]. Erz als Material schlechthin hat eine bestimmte Form und ist daher erkennbar; aber als M. für diese Statue hat es weder substantiale Form noch Größe oder andere Bestimmungen, die die erzene Statue hat.

Für Aristoteles ist daher das Werden der Gegenstände ontologisch und erkenntnistheoretisch konsistent beschreibbar als Realisierung ihrer Dispositionen, durch gewisse Formen geprägt zu werden. Notwendige Bedingung für diese Problemlösung ist, daß das, was jeweils M. ist, in Beziehung gesetzt wird zu dem, wofür es M. ist – ontologisch als das der Möglichkeit nach Seiende, erkenntnistheoretisch als das durch Formen Bestimmbare. M. ist daher eines der Prinzipien (ἀρχαί) [22], nämlich ein Erstes, von woher etwas entsteht oder wird oder erkannt wird [23]. Der aristotelische M.-Begriff (der Begriff ὕλη) gehört zur logischen Kategorie der zweistelligen Prädikate zweiter Stufe; seine Extension ist die Menge aller Dispositionen von Gegenständen, durch geeignete Formen strukturiert zu werden. Er bezeichnet also nicht einen bestimmten Grundstoff, wohl aber impliziert er ein physikalisches Forschungsprogramm: das Werden gegebener Gegenstände oder Klassen von Gegenständen daraufhin zu untersuchen, was jeweils als M. für sie anzusehen ist und durch welche Ursachen – in Gestalt von Form, Bewegungsursache oder Ziel – die Realisierung ihrer spezifischen Dispositionen bedingt ist. So beantwortet Aristoteles die Frage nach der Möglichkeit wissenschaftlicher Physik, die damit notwendig eine 'qualitative' Physik wird.

c) Den Aufbau der Physik selbst, und damit die Anwendung des M.-Begriffes auf verschiedene einzelne Gegenstandsbereiche, führt Aristoteles nicht in der ⟨Physik⟩, sondern in den naturwissenschaftlichen Schriften im engeren Sinne durch. Jeder einzelne Erklärungsversuch steht dabei unter der Direktive, stets die unmittelbare Ursache, insbesondere die M., für das Explanandum herauszustellen [24]. Im ganzen ergibt sich eine zusammenhängende Stufenleiter von Gegenstandsbereichen der Natur derart, daß jeweils die Elemente des tieferen Gegenstandsbereiches die M. für die Elemente des höheren bilden und in jedem höheren Gegenstandsbereich neue Formen hinzutreten. Die elementarsten Formen sind die vier Qualitäten Warm, Kalt, Feucht und Trocken, deren M. nunmehr, für sich betrachtet, als gänzlich strukturlos vorgestellt werden muß; Aristoteles nennt sie 'äußerste' oder zuweilen auch 'erste' M. (ἐσχάτη, πρώτη ὕλη) [25]. Aus der Verbindung der ersten M. mit den vier Qualitäten entstehen die vier Elemente Erde (kalt und trocken), Wasser (kalt und feucht), Luft (warm und feucht) und Feuer (warm und trocken) [26]. Diese Elemente sind ihrerseits M. für die gleichteiligen Stoffe (ὁμοιομερῆ) wie etwa Gold, dessen Teile wieder aus Gold bestehen, wobei die vier Elemente derart gemischt werden, daß eine neue Form entsteht und sie nur noch der Möglichkeit nach in den gleichteiligen Stoffen enthalten sind [27]. Die gleichteiligen Stoffe bilden die M. für die ungleichteiligen Stoffe (ἀνομοιομερῆ) wie z. B. einzelne Körperteile von Lebewesen, die eine besondere Funktion erfüllen [28]. Schließlich sind gleichteilige wie ungleichteilige Stoffe M. für beseelte Lebewesen, wobei die Seele als neu hinzukommende Form anzusehen ist [29]. In den einzelnen Anwendungen des M.-Begriffes wird deutlich, daß im allgemeinen ein Gegenstand, der M. für etwas sein soll, dafür seinerseits spezifische Voraussetzungen zu erfüllen hat, d. h. durch spezifische Formen strukturiert sein muß: nicht aus jedem Material kann z. B. eine Säge entstehen [30]. Der Spielraum für die Annahme von Formen wird also durch die vorgegebene Struktur der Gegenstände, die M. für etwas sein sollen, eingeschränkt. In genau diesem Sinne nennt Aristoteles die Wirkungsweise der M. 'notwendig' und nicht 'zweckgerichtet' [31]. Überhaupt gilt dann das, was jeweils M. ist, als Ursache der Unvollkommenheit, der mangelhaften Realisierung einer Form [32]; und platonisierend kann Aristoteles in diesem Zusammenhang die M. auch als das Aufnehmende der Formen [33] und zugleich als Ursache numerischer Verschiedenheit formgleicher Gegenstände, also als Individuationsprinzip, beschreiben [34]. All das trifft aber nur auf die sublunare Sphäre zu; die Gestirne oberhalb des Mondes entstehen und vergehen nicht und bestehen aus einem fünften Element, dem Äther [35].

d) In weiterer Bedeutung wendet Aristoteles seinen M.-Begriff auch auf unvergängliche Gegenstände an [36]. Bezeichnungen für mathematische Gegenstände sind doppeldeutig, denn sie können sich auf mathematische Formen oder mathematische Einzeldinge (z. B. diesen Kreis von dieser Größe) beziehen [37]. Mathematische Operationen wie das Konstruieren oder Teilen geometrischer Figuren werden nach aristotelischer Auffassung stets an mathematischen Einzeldingen vorgenommen, denn Formen entstehen nicht und sind nicht teilbar. Mathematische Einzeldinge sind daher als zusammengesetzt aus einer mathematischen Form und einer zugrunde liegenden intelligiblen M. (ὕλη νοητή) anzusehen [38], unter der Aristoteles sich vermutlich ein mathematisches Kontinuum vorgestellt hat (z. B. die Fläche ist intelligible M. für diesen einzelnen Kreis) [39]. Endlich kann sogar eine Form *a* als (intelligible) M. für eine andere Form *b* bezeichnet werden, wenn ⟨*b*⟩ ein Unterbegriff von ⟨*a*⟩ ist, so daß *a* in einer Definition durch *b* bestimmbar ist (z. B. ist die Form ⟨Lebewesen⟩ (intelligible) M. für die Form ⟨Mensch⟩) [40].

Anmerkungen. [1] ARISTOTELES, Met. I, 9, 991 a 9ff. – [2] Phys. II, 1, 192 b 13ff.; Met. XII, 1, 1069 a 37f.; speziell zum M.-Begriff Phys. I, 1. 2 und Met. XII, 2, ferner Met. VII, 7, 1032 a 20; Gen. et corr. I, 3, 318 a 9ff. – [3] Met. I, 8, 998 b 28ff.; Phys. I, 8, 191 a 23ff. – [4] Phys. II, 2, 194 b 9. – [5] Phys. I, 2, 185 a 4. – [6] Cael. IV, 4, 312 a 17. – [7] Phys. I, 7, 191 a 10. – [8] z. B. Phys. II, 3, 194 b 23ff. – [9] Part. anim. I, 1, 640 b 16. – [10] De an. II, 1, 412 a 19. – [11] Met. XII, 4, 1070 b 17. – [12] Phys. I, 9, 192 a 31f. – [13] Phys. I, 7. – [14] a.O. 189 b 32f.; Gen. et corr. I, 4, 320 a 1ff. – [15] Vgl. Phys. I, 7, 190 b 17ff. – [16] Met. VIII, 1, 1042 a 27ff.; Gen. et corr. II, 1, 412 a 9. – [17] Phys. IV, 2, 209 b 23; Met. VII, 10, 1035 a 8. – [18] Met. VII, 3, 1029 a 20f. – [19] Phys. I, 7, 191 a 10; Met. IV, 4, 1007 b 28. – [20] Phys. III, 6, 207 a 26; Met. VII, 10, 1036 a 8. – [21] Gen. et corr. II, 5, 332 a 35. – [22] Met. I, 4, 985 a 32. – [23] Met. V, 1, 1013 a 17ff. – [24] Met. VIII, 4, 1044 b 1-3. – [25] Met. XII, 3, 1069 b 35f.; Met. V, 4, 1015 a 7-10; vgl. aber Phys. II, 1, 193 a 29. – [26] Gen. et corr. I, 3, 330 a 30. – [27] a.O. I, 10, 327 b 22ff. – [28] Part. anim. II, 1, 646 a 22f. – [29] De an. II, 1, 412 b 1-4; Part. anim. II, 1, 647 a 2-6. – [30] Met. VIII, 4, 1044 a 27-29; Part. anim. I, 1, 639 b 26ff.; Phys. II, 9, 200 a 30ff. – [31] Gen. et corr. V, 1, 778 a 30ff. – [32] Phys. II, 8, 199 a 33ff. – [33] Gen. et corr. II, 4, 320 a 2. – [34] Cael. I, 9, 278 a 19; Met. XII, 8, 1074 a 34. – [35] Cael. II, 7, 289 a 11ff. – [36] Met. VII, 11, 1036 b 35ff. – [37] Met. VII, 10, 1035 b 1ff. – [38] Met. VII, 11, 1037 a 3ff. – [39] Met. VIII, 6, 1045 a 36. – [40] Met. X, 8, 1058 a 23f.

Literaturhinweise. C. BAEUMKER: Das Problem der M. in der griech. Philos. (1890, ND 1963). – H. R. KING: Arist. without Prima M.a. J. Hist. Ideas 17 (1956) 370-389. – L. CENCILLO: Hyle. Origen, concepto y funciones de la M.a en el Corpus Arist. (Madrid 1958). – F. SOLMSEN: Arist.'s system of the physical world (New York 1960). – S. TOULMIN und J. GOOLDFIELD: The architecture of matter (London 1962). – W. WIELAND: Die arist. Physik (1962). – E. MCMULLIN (Hg.): The concept of matter in Greek and Medieval philos. (Notre Dame, Ind. 1963). – A. R. LACEY: Οὐσία and form in Arist. Phronesis 10 (1965) 54-69. – I. DÜRING: Arist. (1966). – J. OWENS: The Arist. argument for the material principle in bodies, in: Naturphilos. bei Arist. und Theophrast, hg. I. DÜRING (1969) 193-209. – H. HAPP: Hyle. Stud. zum arist. M.-Begriff (1971).

4. *Der M.-Begriff nach Aristoteles.* – a) Die beiden unmittelbaren Nachfolger des Aristoteles als Scholarchen im Lyceum, Theophrast und Strato, haben, soweit wir wissen, eine rein kausale, auf natürliche Ursachen sich stützende Erklärungsweise in der Physik bevorzugt. THEOPHRAST scheint die Brauchbarkeit der Finalursachen, STRATO sogar die der Formen überhaupt in der Physik bezweifelt zu haben [1]. Insbesondere hat Strato das Zugrundeliegende (ὑποκείμενον) selbst, abweichend von Aristoteles, als bewegt bezeichnet [2]. Die Entwicklung der empirischen Einzelwissenschaften und insbesondere der experimentellen Technik führt im 3. Jh. v.Chr. zur Ausbildung einer empiristischen Erkenntnistheorie und damit zur Vernachlässigung der klassischen ontologischen und erkenntnistheoretischen Problematik. Hinzu kam nicht selten der Wunsch, einem weiten Kreis philosophisch interessierter Zeitgenossen ein System der Naturphilosophie präsentieren zu können, das übersichtlich, geschlossen und mit ethischen Grundsätzen vereinbar ist. Daher kritisieren auch Stoiker und Epikureer den klassischen M.-Form-Dualismus und kehren zu monistischen Erklärungsversuchen des Kosmos zurück, in denen die M. nicht nur als Grundlage allen Geschehens angesehen wird, sondern auch neue Eigenschaften zugesprochen bekommt. Später entsteht im Neuplatonismus eine monistische Philosophie, in der umgekehrt das Formprinzip als ursprünglich und die M. als abgeleitet gilt. In diesen philosophischen Systemen finden sich die wichtigsten Bedeutungsverschiebungen des M.-Begriffes gegenüber der aristotelischen Fassung, die gleichwohl durchaus einflußreich bleibt.

b) EPIKUR und seine Anhänger übernahmen ihre Vorstellungen über Aufbau und Struktur der M. im wesentlichen von der vorsokratischen Atomistik. Einige Abweichungen sind jedoch nicht unbedeutsam für die Entwicklung des M.-Begriffes.

Im Gegensatz zu Demokrit läßt Epikur nicht beliebige Atomformen zu. Insbesondere sind seiner Auffassung nach Atome nicht beliebig groß [3] und haben keine stark verzweigte, zerbrechliche Gestalt [4]. Die explizite Beschränkung des atomaren M.-Teiles auf den nicht-wahrnehmbaren Bereich und die Verwendung mechanistischer Kriterien sind fortan Bestandteil der atomistischen M.-Theorie. Das für die nachklassischen Atomisten wichtigste Problem ist aber die von ARISTOTELES neu aufgeworfene Frage nach dem Ursprung der Bewegung, die, wie Aristoteles selbst deutlich macht, in der vorsokratischen Atomistik unbeantwortet bleibt [5]. EPIKUR versucht dieses Problem für den atomaren Bereich durch Einführung einer dritten Eigenschaft neben Gestalt und Größe, nämlich Schwere (βάρος), zu lösen [6], von der DEMOKRIT wahrscheinlich nur in bezug auf zusammengesetzte Gegenstände und auch nur als Funktion ihrer Größe gesprochen hat [7]. Ferner macht EPIKUR – allerdings recht unvollkommene – Ansätze, die Bewegung der wahrnehmbaren M. durch Hinweis auf die Bewegung ihrer Atome zu erklären [8]. In diesem Zusammenhang benutzt er nicht nur seine umstrittene Deklinationstheorie [9], sondern entwickelt auch zwei neue, für die M.-Theorie wichtige Begriffe: den des Moleküls, also einer einfachen atomaren Verbindung mit koordinierter Bewegung [10], und den bis in die Neuzeit hinein gültigen Raumbegriff, wobei der Raum nicht mehr als Zwischenraum zwischen den Atomen aufgefaßt wird wie in der vorsokratischen Atomistik, sondern als 'Behälter', in dem sich die M.-Teile bewegen [11]. Die Konzeption einer atomar strukturierten M., für die ein Zusammenhang zwischen Schwere und Bewegung sowie ein absolutes Bezugssystem besteht, ist ein Verdienst der epikureischen Naturphilosophie.

c) In der *stoischen* Philosophie wird der monistische Ansatz konsequenter ausgearbeitet als im Epikureismus. Das Sein ist eines, und zwar innerhalb des gesamten Kosmos [12]; daraus erst folgt auch die Einheitlichkeit des Kosmos selbst [13]. Im Anschluß an eine – möglicherweise nur vorläufige – Explikation des späten PLATON [14] gilt den Stoikern die Fähigkeit, etwas zu erleiden oder zu bewirken, als wichtigstes Kennzeichen des Seienden [15]. Andererseits halten sie alle Körper (σώματα) und nur diese für fähig, etwas zu erleiden oder zu bewirken [16]. Daraus ergibt sich insgesamt der Grundsatz, daß genau die Körper das Seiende ausmachen [17]. Auch Gott, Seele und Qualitäten werden als körperlich angesehen [18]. Das bedeutet, daß die Stoiker zwar nicht nur wahrnehmbare Einzeldinge als existent anerkennen, wohl aber nur Gegenstände, die dreidimensional sind und Widerstand bieten [19]. Bedeutungen, Ort, leerer Raum und Zeit sind dagegen unkörperlich und daher zwar 'etwas' (τι), aber nicht Seiendes [20]. Darum leugnen die Stoiker die Existenz des leeren Raumes innerhalb des Kosmos und halten an einer physikalischen Kontinuumstheorie fest, nach welcher beliebige Körper immer wieder in Körper teilbar sind [21]. Die M. ist nach stoischer Auffassung also insofern einheitlich, als sie körperlich ist, ein Kontinuum bildet und das einzige Seiende ausmacht. Diese Kennzeichen haben allein jedoch nur geringen Erklärungswert. Insbesondere jene Funktionen, die die klassische griechische Philosophie bei ihren Erklärungsversuchen den Formen zugeschrieben hat, können durch diesen M.-Begriff noch nicht erfüllt werden. Die dadurch erforderlichen Differenzierungen haben zu wichtigen Erweiterungen des stoischen M.-Begriffes geführt.

Grundlegend ist die Unterscheidung zwischen einem aktiven und einem passiven Teil der M. Das Postulat dieser beiden Prinzipien (ἀρχαί), des Bewirkenden und Leidenden [22], kann als Übernahme des klassischen M.-Form-Dualismus in den stoischen Monismus angesehen werden; gerade dieser Vorgang führt aber zu einer neuen Charakterisierung der M. Derjenige M.-Teil, der die Fähigkeit des Erleidens besitzt, ist das Zugrundeliegende, die M. im engeren Sinne (ὕλη) [23]. Dieser Grundstoff des gesamten Kosmos – den die Stoiker im übrigen unterscheiden vom jeweiligen Grundstoff einzelner Gegenstände [24] – ist körperlich, aber qualitätslos (ἄποιον σῶμα) [25]; er erhält seine Quantität, d. h. ist ungeworden und unzerstörbar [26], wird aber auch als träge und bewegungslos bezeichnet [27]. Die Annahme eines körperlichen Grundstoffes, der seine Quantität erhält und Trägheit besitzt (d. h. kräftefrei ist), schafft einige Voraussetzungen für die Entwicklung des neuzeitlichen Massebegriffes.

Der aktive M.-Teil, der die Fähigkeit des Bewirkens besitzt, wird von den Stoikern als Vernunft (λόγος), Gott (θεός) und luftartiger Hauch (πνεῦμα) gekennzeichnet [28]. Dieses vernunftartige, göttliche Pneuma besteht aus einer Mischung der feinsten körperlichen Elemente: aus warmer Luft und Feuer [29]. Die Stoiker erklärten seine Wirkungsweise mit Hilfe ihrer Lehre von der totalen Mischung. Dieser Lehre zufolge können sich innerhalb des körperlichen M.-Kontinuums verschiedene Komponenten derart durchdringen, daß die gemischten Stoffe absolut homogen sind, d. h. in beliebig kleinen Volumina alle Mischungskomponenten zugleich enthalten [30]. In dieser Weise durchdringt auch das Pneuma, vorgestellt als äußerst feines, elastisches Medium, die trägen Teile der M., d. h. die M. im engeren Sinne (πρώτη ὕλη) [31]. Dabei übernimmt es jene Funktionen, die von Platon und Aristoteles den Formen zugesprochen wurden: es ordnet und strukturiert die M. im engeren Sinne und macht den Kosmos zu einem geschlossenen Ganzen [32]. Zugleich erzeugt es aber auch Bewegung und Veränderung [33] und wirkt als eine Art Spannung (τόνος), als dynamische Anziehungskraft zwischen den trägen M.-Teilen [34]. Die Ordnung innerhalb der M. braucht damit nicht mehr, wie in der klassischen griechischen Philosophie, mittels des problematischen Begriffes der Teilhabe an Formen verständlich gemacht zu werden, sondern erfährt eine physikalische Interpretation, die die Herausbildung des späteren Äther- und Kraftbegriffes und damit wesentliche Aspekte des M.-Begriffes andeutet.

d) Nach langer Vorherrschaft der aristotelischen und stoischen Naturphilosophie entsteht im 3. Jh. n.Chr. noch einmal eine spekulative Philosophie von hohem Reflexionsniveau, die auf Platon zurückgreift, dessen M.-Begriff neu belebt und ihn mit dem aristotelischen zu harmonisieren versucht. PLOTIN, der wichtigste Vertreter dieses Neuplatonismus, verwirft allerdings den platonischen Dualismus; die M. gilt ihm nicht mehr als ein Vielheitsprinzip, das vom obersten Seinsgrund, dem Einen und Guten, unabhängig ist, sondern wird im Laufe eines Entwicklungsprozesses allererst aus dem Einen entlassen. Plotin unterscheidet dabei vier Stufen: das Eine, den noetischen Bereich, den psychischen Bereich und den sinnlichen Stoff; jede Stufe enthält mehr Vielheit als die vorhergehende. Als Vielheitsprinzip ist die M. daher auch schon im noetischen Bereich, der die Formen enthält, wirksam; diese intelligible M. (ὕλη νοητή) ist jedoch scharf zu trennen von der sinnlichen M. der vierten Stufe [35]. Letztere ist jenes gänzlich bestimmungslose Prinzip [36], das Platon als 'Raum' und Aristoteles als 'äußerste M.' bereits ins Auge gefaßt hatten. Plotin beschäftigt sich aber sehr viel intensiver mit diesem schwierigen Grenzbegriff und arbeitet seine Problematik deutlicher heraus. Wenn die M. reine Privation ist, wie kann sie dann überhaupt gedacht werden? [37] Wenn sie, als reine Privation, Nichtseiendes ist, wie kann sie dann wirksam werden? [38] Und wenn sie, als bestimmungsloses Nichtseiendes, in keinerlei Hinsicht Eines und damit Gutes ist – wenn sie also das ursprünglich Schlechte (πρῶτον κακόν) ist, weshalb wird ihre Produktion dann in Gang gesetzt? [39] Wichtiger als die Antworten, um die Plotin sich redlich müht, sind die Fragen selbst – Fragen, die in der Tat als äußerste Konsequenz der klassischen Unterscheidung zwischen Formen und M. anzusehen sind und innerhalb dieses Ansatzes möglicherweise überhaupt nicht befriedigend beantwortet werden können. Gleichwohl ist Plotins M.-Lehre von bedeutenden Männern fortgeführt worden, etwa von PORPHYRIOS, JAMBLICH und PROKLOS [40], die sich nur gegen Plotins Gleichsetzung von M. und Schlechtem gewandt haben [41]. Dadurch ist aber auch Platons Vermutung, daß die M. letztlich mathematische Struktur besitzt, lebendig geblieben – ein Gedanke, der in der weiteren Entwicklung des M.-Begriffes eine bedeutsame Rolle spielen sollte.

Anmerkungen. [1] THEOPHRAST, Met. 10 a 22-24; 11 a 1-3; STRATO, Frg. 32 (WEHRLI). – [2] a.O. Frg. 72. – [3] DIOGENES LAERTIUS (= DL) X, 42f. 55; vgl. IX, 44. – [4] EPIKUR, Frg. 270 (USENER). – [5] ARISTOTELES, Met. XII, 1071 b 32ff. – [6] PLUTARCH, Plac. I, 3, 2 b; vgl. VS II, 68 a 47; CICERO, Fat. 46. – [7] ARISTOTELES, Gen. et corr. I, 8, 326 a 9ff. – [8] DL X, 62. – [9] Vgl. LUKREZ, De rer. nat. II, 216ff. – [10] a.O. 757ff. 1007ff. – [11] DL X, 40; EPIKUR, Frg. 273, S. 194ff. (Us.); LUKREZ, De rer. nat. I, 420. – [12] SVF I, 88; II, 424. 544. – [13] SVF II, 533. – [14] PLATON, Soph. 247 e. – [15] SVF II, 525; vgl. 336. – [16] SVF I, 90. 98; II, 140. 336. 387. – [17] SVF II, 319. 320. 329. 359. 469. 525. – [18] SVF I, 153; II, 129. 467. 848. – [19] SVF II, 310. 315. – [20] SVF II, 331. – [21] SVF II, 381. 793; III, 7. – [22] SVF I, 85; II, 301. – [23] ebda. u. pass. – [24] SVF II, 316. – [25] SVF II, 320. 326; vgl. 310. 325. – [26] SVF I, 87. 509; II, 316. 408. – [27] SVF II, 449. 1168. – [28] SVF I, 85; II, 1027; vgl. CICERO, De nat. deor. II, 22, 57. – [29] SVF I, 127. 135; II, 442. 471. 786. – [30] SVF II, 473. – [31] a.O. 1027. – [32] SVF I, 85. 159; II, 310. 416. 440. 441. 473. 1168. – [33] SVF II, 471. – [34] SVF II, 407. 441. 546. – [35] PLOTIN, Enn. II, 4, 1-5. 15f.; II, 9, 12. 39ff. – [36] a.O. II, 4, 8f. – [37] II, 4, 10, 5-11. – [38] III, 6, 7. – [39] I, 8, 7, 4-23. – [40] Vgl. zu PORPHYRIOS SIMPLIKIOS, In Phys. 231 a 19; IAMBLICH, Comm. math. sci. IV, 16, 15; PROKLOS, El. Theol. 72, Cor. – [41] Vgl. PORPHYRIOS, Ad Marc. 29; IAMBLICH, Comm. math. sci. IV, 15, 12; PROKLOS, De mal. Subs. X, 30ff.

Literaturhinweise. H. F. MÜLLER: Plotins Forsch. nach der M. (1882). – S. SAMBURSKY: Physics of the Stoics (London 1959); Das phys. Weltbild der Antike (1956). – J. M. RIST: Plotinus on matter and evil. Phronesis 6 (1961) 154-166; Epicurus. An introd. (Cambridge 1972). – P. F. HAGER: Die M. und das Böse im antiken Platonismus. Mus. helv. 19 (1962) 73-103. – H. R. SCHLETTE: Das Eine und das Andere. Stud. zur Problematik des Negativen in der Met. Plotins (1966). – F. KRAFFT: Dynam. und stat. Betrachtungsweise in der antiken Mechanik (1970). – L. BLOOS: Probleme der stoischen Phys. (1973). W. DETEL

II. *Mittelalter.* – 1. *Geschichtliche Voraussetzungen.* – a) *Die aristotelische Tradition.* – Die Diskussion über den Begriff der M. wird im östlichen und westlichen Mittelalter weithin von den Lehren des ARISTOTELES beherrscht. Er hat das Begriffspaar von Form und M. geschaffen und damit im Zusammenhang seiner Philosophie eine Reihe von Fragen aufgeworfen, die in seinen Schriften keine befriedigende Lösung fanden und von Nachfolgern und Kommentatoren als Herausforderung empfunden wurden. Weitere Fragen ergaben sich dadurch, daß man sich – und das gilt ganz besonders für das Mittelalter – immer stärker um eine Systematisierung der aristotelischen Gedanken bemüht und dabei von Aristoteles in ganz anderen Zusammenhängen entwickelte Theorien mit dem Begriff der M. zu verbinden sucht. Schließlich füllen sich die durch Aristoteles veranlaßten Fragen in der Spätantike unter dem Einfluß von stoischen und neuplatonischen Begriffsbildungen mit einem neuen Inhalt. Die Anfänge der im Mittelalter geführten Auseinandersetzungen beginnen sich bereits in den antiken Aristoteleskommentaren abzuzeichnen.

b) *Die außeraristotelische Tradition.* – Aristoteles verwendet seinen Begriff der M. vor allem bei der Untersuchung belebter Substanzen. Seine Naturwissenschaft ist weithin biologischer Art. Demgegenüber wird der Bereich der unbelebten M. von ihm recht stiefmütterlich behandelt. In dem Maß, in dem dieser Bereich für die Wissenschaft von der Natur an Bedeutung gewann, bemühte man sich von dieser Seite um einen angemesseneren M.-Begriff. Das gilt vor allem für die mit dem Hellenismus beginnende *Alchemie*, die in arabischen Kulturkreis sich mehr und mehr der Bewältigung der begrifflichen Seite materieller Umwandlungen zuwendet und auf die Philosophie des östlichen und westlichen Mittelalters erhebliche Rückwirkungen ausübt. Das gilt aber auch für die *Medizin*. Neben stoischen Vorstellungen finden hier Gedanken der antiken *Atomistik* Eingang. Zu ihrem Überleben hat nicht zuletzt die gegen sie von den Aristotelikern geführte Polemik beigetragen. Solche vom Begriff der aristotelischen Form unabhängigen Begriffsbildungen sollen im folgenden besonders berücksichtigt werden, während für die im engeren Sinn aristotelische Begrifflichkeit auf den Artikel ‹Form und M.› verwiesen sei.

c) *Probleme der aristotelischen Tradition.* – Die Kategorienschrift kennzeichnet die Substanz als das, was einer Aussage zugrunde liegt im Gegensatz zu dem von ihm Ausgesagten [1]. Andererseits wird die M. von Aristoteles in analoger Weise gekennzeichnet [2], ja sogar mit der Substanz, die im Laufe der Zeit gegensätzliche Prädikate annimmt, ausdrücklich parallelisiert. Wie verhält sich der Begriff der M. zu dem der Substanz? Wie lassen sich die als sekundäre Substanzen eingestuften Artbegriffe [3] von Qualitätsbegriffen scheiden? Hier setzt Kritik von seiten der *Stoa* ein. Aristoteles' Bewegungslehre schafft weitere Komplikationen: Bald werden Entstehen und Vergehen scharf gegen die Bewegungen im engeren Sinn, bei denen eine sich durchhaltende Substanz gegensätzliche Bestimmungen aufnehmen soll, abgehoben [4]; bald werden jene substantiellen Wandlungen mit diesen Bewegungen zusammen dem Übergang von einem potentiellen zum entsprechenden aktuell Seienden einheitlich untergeordnet [5]. Worin unterscheidet sich die M. vom potentiell Seienden? Neben die M. als das sich in einem Prozeß identisch Durchhaltende tritt bei teleologisch gesteuerten Prozessen das Material, das in eine bestimmte, im Sinn einer Essenz vorgestellte Form gebracht wird [6]. Die Essenz wiederum besitzt ihre logische Struktur in Form einer Definition mit Gattung und spezifischer Differenz. Gibt es eine Entsprechung zwischen den Bestandstücken der Definition auf der einen, M. und Form auf der anderen Seite? [7] Wie weit muß M. unabhängig von Vorgängen des Werdens und Vergehens als Ursache angenommen werden? Gibt es für Bewegungen im engeren Sinn, etwa für die räumliche, eine entsprechende M.? [8] In den ‹Zweiten Analytiken› setzt Aristoteles Ursache und Mittelbegriff in Parallele. Wie weit läßt sie sich durchführen?

‹M.› ist wie ‹Form› bei Aristoteles ein relativ zu einer bestimmten Substanz oder einem bestimmten Prozeß gebrauchter Reflexionsbegriff. Doch wird, mindestens in Ansätzen, der Versuch unternommen, den Prozessen im Bereich der vier Elementarkörper eine elementare M. zuzuordnen. Ist diese M. eine materia prima? Die diesbezüglichen Bestimmungen sind so wenig entwickelt, daß immer wieder Zweifel laut werden. Die aktiven und passiven Qualitäten der vier Elementarkörper geben Anlaß zu der Frage, wie weit in Elementarprozessen die M. als aktives oder passives Prinzip zu denken ist. Eine ganze Serie von Problemen wirft die von Aristoteles in ‹De caelo› für die Himmelskörper eingeführte sogenannte fünfte Substanz auf. Entspricht ihr eine M.? Wie soll sich diese M. bei Trägersphären und eigentlichen Himmelskörpern unterscheiden? In welchem Sinn müssen die Sphärenbeweger zur Form der Sphären-M. gerechnet werden? Wie verhalten sich demgegenüber ihre rein mathematischen Formen? Die ganze Konzeption der aristotelischen Metaphysik wird von diesen Fragen berührt. Welche Rolle spielt die M. in einer Wissenschaft, die das Seiende als Seiendes behandelt? Geht es hier bereits um eine Ontologie, oder haben wir den Gegenstand der Metaphysik im Sinn der neuplatonischen Exegeten als die primär und im eigentlichen Sinn seiende Ursache zu verstehen?

d) *Probleme der außeraristotelischen Tradition.* – Für Aristoteles sind die natürlichen homogenen Substanzen im wesentlichen durch das Mischungsverhältnis der in sie eingehenden vier Elemente und der mit ihnen verbundenen aktiven und passiven Wirkungen bestimmt. Die in der ‹Meteorologie› enthaltenen Versuche, auf dieser Grundlage natürliche homogene Substanzen zu charakterisieren, konnten die Bedürfnisse der Fachwissenschaften kaum befriedigen. Das gilt zunächst für den im 4. Buch dieser Schrift behandelten *Chemismus* der organischen Substanzen. Doch bereits von THEOPHRAST werden Eigenschaften organischer homogener Substanzen behandelt, die sich so kaum zureichend erklären lassen und zu der später immer mehr sich verbreitenden Vorstellung sympathetischer Wirkungen führen [9]. Ähnlich steht es mit der spezifischen Wirkung geringster Dosen von Pharmaka in der *Medizin*, wie überhaupt die materia medica Anlaß zu mannigfachen neuen Überlegungen zum Begriff der M. gibt. Ein Sammelbecken für einschlägiges Material stellen die ‹Physica› des BOLOS VON MENDES dar [10]. Färbe-, Beiz- und Legierungsprozesse, die in der immer größere Bedeutung gewinnenden *Technologie* der hellenistischen Zeit eine wichtige Rolle spielen, verlangen im Fall der anorganischen Substanzen ebenfalls nach anderen als den aristotelischen Ansätzen. Hier hat sich vor allem die arabische und die weithin von ihren Vorstellungen abhängige *Alchemie* des westlichen Mittelalters um begriffliche Klärung bemüht. Die Frage der Metallumwandlung zeigte bald, wie unzulänglich hier die aristotelische Begrifflichkeit bleiben mußte. Es erwies sich unter anderem, daß zur M. entscheidend die Wägbarkeit gehört, ebenso ihr spezifisches Gewicht, wie es durch ARCHIMEDES' hydrostatische Untersuchungen präzisiert worden war. Wie sollte man diese Erscheinungen erklären? Wie waren die spezifischen Wirkungen von Pharmaka zu verstehen?

Die pneumatischen Experimente eines PHILON und HERON [11] wurden mit Hilfe korpuskularer, auf den Aristoteliker STRATON VON LAMPSAKOS zurückgehender Vorstellungen gedeutet [12]. Gab es nicht andere Erscheinungen zur Genüge, die eine korpuskulare Deutung nahelegten? War durch die Polemik des Aristoteles und seiner Anhänger der *Atomismus* wirklich bündig widerlegt? Bei der naturwissenschaftlichen Einzelerklärung schien er sich jedenfalls als recht leistungsfähig zu erweisen.

Die M. wurde bei Aristotelikern wie Nichtaristotelikern zunächst stets als vorgegeben vorausgesetzt. Mit der im Christentum wie im Islam sich durchsetzenden Vorstellung von der Allmacht Gottes wurde auch die M. in die creatio ex nihilo einbezogen. Auf Spuren dieser Vorstellung stoßen wir bereits in vorchristlicher Zeit. Beispielsweise läßt die Bedeutung des Grundsatzes «nihil ex nihilo fit» bei LUKREZ und die ausführliche dafür vorgetragene Argumentation [13] darauf schließen, daß es davon abweichende Ansichten gab.

Anmerkungen. [1] ARISTOTELES, Cat. 5. – [2] Phys. A 8. – [3] Cat. 5. – [4] Phys. E 1-2. – [5] Phys. Γ 1. – [6] Vgl. z. B. De part. anim. A 1. – [7] Vgl. Met. Z 11. – [8] Met. H 1, 1042 b 6. – [9] THEOPHRASTUS, De odoribus 13, 61-63. – [10] Vgl. M. WELLMANN: Die Georgika des Demokritos. Abh. preuß. Akad. Wiss., phil.-hist. Kl. (1921); Die Φυσικά des Bolos Demokritos und der Magier Anaxilaos von Larissa. Abh. ... a.O. (1928) 7. – [11] HERON VON ALEXANDRIA, Druckwerke und Automatentheater, griech./ dtsch. hg. W. SCHMIDT; im Anhang PHILONS Druckwerke (1899). – [12] Vgl. H. DIELS: Über das phys. System des Straton. Sber. Preuß. Akad. Wiss. (1893) 101-127 = Kl. Schr. zur Gesch. der antiken Philos., hg. W. BURKERT (1969) 239-265. – [13] LUCRETIUS, De rerum natura I, 146-214.

Literaturhinweise. M. BERTHELOT: Les origines de l'alchémie (Paris 1885). – C. BAEUMKER: Das Problem der M. in der griech. Philos. (1890). – C. BAILEY: The Greek atomists and Epicurus (Oxford 1928). – S. SAMBURSKY: Physics of the Stoics (New York 1959). – P. MERLAN: From Platonism to Neoplatonism (Den Haag ³1968). – H. HAPP: Hyle. Stud. zum aristotelischen M.-Begriff (1971).

2. *M. im arabischen Kulturkreis.* – a) *M. in der frühen arabischen Philosophie.* – Die arabische Wissenschaft benutzt zur Bezeichnung der M. den Ausdruck ⟨mādda⟩ [1], daneben das aus dem Griechischen übernommene ⟨hayūlā⟩ [2], das sich in lateinischen Übersetzungen in der Form ⟨alheiule⟩ [3] wiederfindet. Gelegentlich begegnet ⟨'unṣur⟩ [4], das jedoch sonst vorwiegend zur Wiedergabe des Begriffs ⟨Element⟩ dient.

Die arabische wissenschaftliche Literatur nimmt in Gebieten des vorderen Orients ihren Anfang, die unter dem Einfluß griechischer Kultur und Literatur gestanden hatten. Platonisierende und pythagoreisierende Strömungen waren dort lebendig geblieben. Sie gewinnen nun in der arabischen Sprache ein neues, erstaunlich bildungsfähiges Ausdrucksmittel. So steht am Anfang der arabischen Wissenschaft das, was am Ende der griechischen gestanden hatte, und erst nach und nach findet man zurück zu den grundlegenden Werken des griechischen Altertums. Zunächst beherrschen unter Verwendung von Gedanken des Plotin und Porphyrios kompilierte Pseudepigrapha, wie die ⟨Theologie des Aristoteles⟩ [5] und der ebenfalls Aristoteles zugeschriebene ⟨Liber de causis⟩ [6], das Feld. Die Beschäftigung mit dem echten Aristoteles erfolgt dann von diesem Ausgangspunkt aus.

Das zeigt sich besonders deutlich bei AL-KINDĪ [7], dem ersten Philosophen und Peripatetiker, den die Araber hervorgebracht haben. Er soll die ⟨Theologie des Aristoteles⟩ verbessert haben. Er übernimmt unter Berufung auf Aristoteles die neuplatonische Einteilung, «daß der Intellekt in vier Arten auftritt; die erste von ihnen ist der Intellekt, der ständig aktuell ist; die zweite ist der Intellekt, der potentiell ist, und der gehört zur Seele; die dritte ist der Intellekt, der in der Seele aus der Potenz in den Akt heraustritt; und die vierte ist der Intellekt, den wir den zweiten nennen» [8]. Der potentielle Intellekt wird in der späteren, an al-Kindī anknüpfenden Diskussion dann kurz als ⟨M.⟩ bezeichnet [9]. In seiner ⟨Abhandlung über die Definitionen der Dinge und ihre Beschreibungen⟩ [10] definiert al-Kindī die M. (hayūlā) als «Potenz, die zum Tragen der Formen zugrunde liegt und passiv» ist, wogegen die Form bestimmt wird als «das, wodurch das Ding das ist, was es ist». Die elementare M. faßt al-Kindī atomistisch auf, wenn er weiter das Element (uṣṭukus [11]) wie folgt definiert: «Aus ihm wird das Ding erzeugt und zu ihm kehrt es bei seiner Auflösung zurück; und andererseits ist es der Elementarkörper ('unṣur) des Körpers, und der (Elementarkörper) ist das kleinste Etwas vom gesamten Körper.» Im Gegensatz zur griechischen Tradition ist M. für al-Kindī geschaffen, ja, er glaubt in seiner Untersuchung über das Endliche und Unendliche feststellen zu können, «daß von der Zeit, der Bewegung, dem Körper keines dem anderen vorausgeht im faktischen Gegebensein» und daß schließlich «dann weder die Zeit noch die Bewegung noch der Körper ewig sind» [12].

Einen gewissen Abschluß erreicht die Assimilation griechischen Wissens in der einflußreichen Enzyklopädie der *Lauteren Brüder* [13], die einen Abschnitt über M. und Form enthält [14]. Dort wird als M. (hayūlā) jede eine Form aufnehmende Substanz bezeichnet. Es wird weiter die extreme Theorie vertreten, daß die existierenden Dinge sich ausschließlich durch die Form, nicht aber durch die M. voneinander unterscheiden. Des näheren wird dann unterschieden zwischen technischer M., natürlicher M., M. des Alls und erster M. Die technische M. wird dann weiter als Material beschrieben, die natürliche den vier Elementen ('arkān) gleichgesetzt, aus denen alle Wesen im sublunaren Bereich unter der Einwirkung der universalen Sphärenseele entstehen und in die sie sich wieder auflösen sollen. «Was nun die M. des Alls betrifft, so ist sie der absolut gesetzte Körper, aus dem die Gesamtheit der Welt ist, und damit meine ich die Sphären, die Gestirne, die Elemente und die existierenden Dinge zusammengenommen, weil sie insgesamt Körper und ihre Verschiedenheit voneinander nur durch die Verschiedenheit ihrer Formen zustande kommt. Und was die erste M. betrifft, so ist sie eine einfache Substanz (djawhar), die vom Intellekt gedacht wird, ohne daß sie von den Sinnen wahrgenommen würde. Die bloße Existenz nämlich, sie ist die Es-heit (huwiyya [15]). Und nachdem die Es-heit die Quantität aufgenommen hat, wird sie dadurch ein für sich bestehender, in dem Sinn aufweisbarer Körper, daß er drei Dimensionen, welche die Länge, die Breite und die Tiefe darstellen, besitzt; und nachdem der Körper die Qualität – und das ist die Figur, wie Kreisförmigkeit, Drei- und Viereckigkeit und andere Figuren – aufgenommen hat, wird er dadurch ein spezieller aufweisbarer Körper, welche Figur auch immer es sein mag.» Die Rangfolge in der Existenz von Es-heit, Quantität und Qualität wird anschließend mit der Folge der Zahlen Eins, Zwei, Drei verglichen. Weiter heißt es: «Wisse, daß die Es-heit, die Quantität und die Qualität insgesamt einfache, durch den Intellekt ohne Sinneswahrnehmung vorgestellte Formen sind. Wenn aber eines von ihnen zum anderen gefügt wird, so ist eines gleich der M. und das andere gleich der Form. Die Qualität aber ist eine Form an der Quantität und die Quantität ist die M. für sie; und die Quantität ist eine Form an der Es-heit und die Es-heit ist die Materie für sie.» Die erste M. ist nach Meinung der Lauteren Brüder nicht vorgegeben. Vielmehr fassen sie in ihrer Abhandlung über den Intellekt und das durch ihn Vorgestellte [16] ihre Ansicht wie folgt zusammen: «Die erste M. ist eine spirituelle (rūḥaniyya) Form, die von der universalen Seele emaniert und die universale Seele wiederum ist eine spirituelle Form, die von dem universalen Intellekt emaniert, welcher das erste Existierende ist, das vom Schöpfer zur Existenz gebracht worden ist.»

Bedeutung und Wirkung der an die griechische Tradition anknüpfenden Schulphilosophie für das Geistesleben des Islam sollten nicht überschätzt werden. Das gilt nicht nur für ihre Anfänge, sondern ebenso für ihre noch zu behandelnde Fortsetzung, ganz im Gegensatz zu der dominierenden Bedeutung, die gerade dieser Teil der arabischen Wissenschaft später für den Westen gewonnen hat. Aus ganz anderen Wurzeln, nämlich aus theologischer Apologetik der Muslime, erwachsen die Versuche der *Mutakallimūn*, die mit dialektischer Schärfe die unmittelbare Allmacht Gottes zu verteidigen suchten. Vor allem durch die ausführlichen Referate des MAIMONIDES sind ihre Lehren auch dem Westen bekannt geworden [17]. Maimonides führt zwölf ihrer wichtigsten Ansätze an. Der erste besagt, «daß die Welt in ihrer Gesamtheit, das heißt jeder der in ihr befindlichen Körper, zusammengesetzt ist aus kleinen Partikeln, die wegen ihrer Winzigkeit keine Teilung zulassen». Des Näheren wird dann ausgeführt, daß der einzelnen Partikel überhaupt kein Quantum zukomme, daß aber, wenn die einen mit den anderen sich verbänden, das Verbundene ein Quantum und alsdann ein Körper sei. Verbänden sich zwei von ihnen, so werde alsdann jede von ihnen zum Körper, und es entstünden, im Rahmen der Lehre bestimmter Mutakallimūn, zwei Körper. Alle jene Partikeln seien einander ähnlich und gleich, ohne irgendeine Art von Unterschied zwischen ihnen. Es sei unmöglich, daß irgendein Körper entstünde, er sei denn zusammengesetzt aus diesen einander gleichen Teilen in der Weise der Aneinanderlagerung, so daß nach ihrer Auffassung das Werden das Sichverbinden und das Vergehen ein Sichtrennen sei. An zweiter Stelle wird die Existenz des Leeren postuliert. Durch die dritte Annahme wird eine atomare Struktur der Zeit – und damit auch der Bewegung – eingeführt. Viertens wird das Vorhandensein der Akzidentien für alle Körper verlangt, wobei die Akzidentien als Bestimmungen beschrieben werden, die zur Bestimmung der Substanz hinzutreten. Die Akzidentien werden, wie Maimonides des näheren erläutert, stets in Gegensatzpaaren gedacht, wobei jeweils ein Glied des Paares der Substanz notwendigerweise zukommen soll und bestimmte zwangsläufige Kopplungen von Akzidentien bestehen sollen. Nach der fünften Annahme sollen die Akzidentien mit der Einzelsubstanz verbunden ihren Bestand haben und von ihr untrennbar sein. Aufklärung über den Sinn dieser eigenartigen Annahmen gibt schließlich die sechste, nach der das Akzidens nicht zwei Zeitatome lang dauern soll. Nach Maimonides ist der Sinn dieser Annahme, daß Gott beim Erschaffen einer Einzelsubstanz zugleich die Gesamtheit der Akzidentien mitherschafft. Die wahre Vorstellung vom Akzidens sei die, daß das für ein Zeitatom geschaffene im nächsten schon wieder vergehe und nicht bleibe, daß vielmehr Gott ein neues Akzidens derselben Art schaffe. Die Regelmäßigkeiten der Natur werden so zu Gewohnheiten Gottes, die er in seiner Allmacht jederzeit aufheben könnte. Es ist nur konsequent, wenn durch die achte Annahme natürliche Formen im Sinn der Tradition verworfen werden. Durch die neunte Annahme wird ausgeschlossen, daß ein Akzidens zum Träger eines anderen werden könnte, wie es bei den Lauteren Brüdern geschieht.

Die Lehren der Mutakallimūn bieten keineswegs einen einheitlichen Zusammenhang. Der beispielsweise von ABŪ HUDHAYL vertretene Atomismus fand bei dem zur gleichen Gruppe zu rechnenden ABŪ ISḤĀK AL-NAZZĀM eine schroffe Ablehnung. al-Nazzām sucht die atomistischen Vorstellungen seines Vorgängers Punkt für Punkt zu widerlegen und setzt an ihre Stelle Vorstellungen, die mit der antiken Theorie der Homoiomerien und der von den Stoikern gelehrten κρᾶσις δι᾽ ὅλων gewisse Analogien aufweisen [18].

Der bedeutende Arzt MUHAMMAD B. ZAKARĪYA AL-RĀZĪ (RAZES) [19] nahm im Widerspruch zur orthodoxen Lehre des Islam einer auch sonst zu findenden platonisierenden Anschauung folgend fünf von Ewigkeit her bestehende Prinzipien an: M., Zeit, Raum, Weltseele und Demiurg. Für sich genommen besteht die M. seiner Ansicht nach aus unteilbaren Teilen. Zwar sollen sie Größe besitzen, damit sich aus ihnen ausgedehnte Körper aufbauen können, doch müssen sie andererseits so klein sein, daß keine Teilung mehr möglich ist. Durch dichtere oder lockerere Verbindung dieser Teile im leeren Raum entstehen die vier Elemente; auch die Himmelssphären sollen aus einer von diesen Fällen abweichenden Verbindung der unteilbaren Teile hervorgehen; die übrigen Eigenschaften der Körper wie Schwere, Leichtigkeit, Dunkelheit, Leuchten und anderes sollen von der geringeren oder erheblicheren Beimischung von Leerem zur M. herrühren [20].

b) *M. in der Alchemie.* – Die arabische Alchemie weist enge Beziehungen zur Philosophie auf. Sie übernimmt eklektisch philosophisches Gedankengut und entwickelt es, ungehindert von den Rücksichten der aristotelischen Schulphilosophie, in origineller Weise weiter. Umgekehrt wirkt alchemistisches Gedankengut zurück auf die Philosophie. AL-FĀRĀBĪ beispielsweise und IBN SĪNĀ haben sich mit alchemistischen Fragen beschäftigt [21]. Besonders einflußreich im Osten wie im Westen war das Corpus der DJĀBIR-Schriften [22]. Sie verraten Beziehungen zu ismailitischen Sekten, in denen gnostisches Gedankengut die Elemente des Islam nahezu überwuchert hatte. Die Schriften des Corpus enthalten eine Vielfalt miteinander konkurrierender Ansätze.

Das ‹Kitāb al-Taṣrīf› bietet im Rahmen einer Kosmologie ausführliche Bemerkungen über die M. An die Prinzipien des aktiven und passiven Intellekts und der Weltseele, die symbolisch als konzentrische, von außen nach innen aufeinanderfolgende Kreise vorgestellt werden, schließt sich als innerster Kreis die Welt der Substanz. «Was die Substanz betrifft», so hören wir [23], «so ist sie dasjenige, womit die Zwischenräume ausgefüllt sind. Und sie ist aufnahmefähig für jede Form. Und in ihr ist jedes Ding enthalten, aus ihr ist jedes Ding zusammengesetzt und in sie löst sich jedes Ding auf. Und wenn du nicht in der Lage bist, durch diese Rede zu erkennen, was sie ist: sie ist der Staub, dessen Farbe etwas ins Weiße geht. Wenn aber auf ihn die Sonne fällt, dann entzündet er sich und wird sichtbar. Und es ist erforderlich, daß du weißt, daß dies der Körper der leuchtenden größten Sphäre ist ... und der Körper, welcher in den übrigen drei existierenden Bereichen vorhanden ist, welche die Lebewesen, die Pflanzen und die Minerale sind. Und es ist niemandem möglich, ihn zu fühlen, und wenn er ihn betastet, dann wird er ihn nicht fühlen. Jedoch sein Schöpfer ... wirkt auf ihn ein, so wie er es will.» Im ‹Kitāb al-Sabʻīn› erfahren wir dazu folgendes [24]: «Die Wurzel (ʼaṣl) der Dinge sind vier Naturen und für sie gibt es eine fünfte, und das ist die einfache Substanz, welche M. (hayūlā) genannt wird. Und sie ist der Staub, womit die Zwischenräume ausgefüllt sind. Und er wird dir offenbar, wenn die Sonne über ihm erscheint und man behauptet, daß er die Seele ist. Merke dies! Und zu ihm fügen sich die Figuren und die Formen, und alles löst sich in ihn auf und er ist eine Wurzel für alles Zusammengesetzte und das Zusammengesetzte ist eine Wurzel für ihn, und er ist die Wurzel des Alls und er ist bleibend bis zur gewissen Zeit. Was nun die vier Elemente (ʻunṣur) betrifft, die in dieser Substanz wirken und sie färben, so sind sie zweifellos einfach: Wärme, Feuer ohne Trockenheit; Trockenheit, Erde ohne Kälte; Kälte, Wasser ohne Feuchtigkeit; und Feuchtigkeit, Luft ohne Wärme. Was aber aus diesen Elementen in dieser Substanz sich zusammensetzt und sich auf sie an erster Stelle projiziert, das sind vier Basen (ʼarkān), und sie sind zu den Elementen erster Ordnung gehörige Elemente zweiter Ordnung und rein, ohne einen Makel, und zwar das Feuer, die Luft, das Wasser und die Erde.» Man ist davon überzeugt, daß die Darstellung der Elemente erster Ordnung im Bereich der Möglichkeiten der Alchemie liegt. Aus einem bestimmten Ausgangsmaterial, dem sogenannten Stein, gewinnt man durch allmählich gesteigerte Erhitzung Destillationsprodukte: Wasser, Öl, Tinktur und Erde, und aus ihnen durch ständig wiederholte Destillationsprozesse schließlich die Elemente erster Ordnung. Aus ihnen können umgekehrt Stoffe wieder synthetisch aufgebaut werden. Der für den Alchemisten wichtigste so zu gewinnende Stoff ist das Elixier. In kleinsten Quantitäten auf andere Stoffe geworfen, projiziert, genügt es, deren Mängel zu beseitigen. Insbesondere sind die unedlen Metalle mit solchen Mängeln wie mit Krankheiten behaftet, die durch das Elixier wie durch ein Heilmittel behoben werden sollen [25].

Die Wirkung des Elixiers sucht man sich wie andere spezifische, durch geringste Mengen eines Stoffs hervorgerufene Wirkungen vorzustellen. Solche Wirkungen hatten den Vorgängern zunächst als wunderbar und unbegreiflich gegolten. Nun glaubt man zuversichtlich, in den besonderen Zahlenverhältnissen der eingehenden Mengen von Elementen den Schlüssel zum Verständnis solcher Phänomene zu besitzen [26]. Das Mittel, mit dessen Hilfe diese Verhältnisse festgestellt werden sollen, ist die Waage. Dabei geht es allerdings weniger um wirkliches Wägen als um Versuche, mit Hilfe einer Art von Gematria aus den Namen der Stoffe die gesuchten Zahlen zu ermitteln. Allerdings gewinnt dabei die Ponderabilität der M. eine neue und erhöhte Bedeutung [27]. – Das gilt übrigens auch außerhalb der Alchemie. Insbesondere ersinnt man geistreiche Methoden zur Bestimmung spezifischer Gewichte, wie die hydrostatische Waage [28]. Die den Titel ‹Waage der Weisheit› tragende Schrift des AL-KHĀZINĪ bietet umfangreiches Material zu diesen Entwicklungen [29].

c) *M. bei Al-Fārābī und Avicenna.* – Mit AL-FĀRĀBĪ ist die vorwiegend rezeptive Phase der arabischen Philosophie abgeschlossen. Er verfügt nahezu über die Gesamtheit der aristotelischen Schriften und hat vor allem den logischen ausführliche, auf alle technischen Einzelheiten eingehende Kommentare gewidmet [30]. Ausgangspunkt bleibt dabei allerdings immer noch das neuplatonische Aristotelesbild, von dem geleitet Al-Fārābī den Versuch unternommen hat, beider Philosophie in Harmonie zu bringen. Seine eigenen Gedanken hat Al-Fārābī gern in kurzen und prägnanten Abhandlungen vorgetragen, die auf die Folgezeit, namentlich auf Avicenna [31], großen Eindruck gemacht haben, bis in die Spätzeit, so bei Averroës, durch dessen Kommentare vieles aus nicht ins Lateinische übersetzten Schriften Al-Fārābīs dem Westen bekannt geworden ist. Al-Fārābī hat durch seine neuartigen Fragestellungen dazu beigetragen, daß es zu einer Ontologie als einer Wissenschaft von den allgemeinsten Bedingungen jedes Seienden gekommen ist.

Al-Fārābī hat in einer kleinen Schrift die Hauptprobleme seiner Philosophie zusammengestellt [32]. Er führt dort zunächst den kosmologischen Gottesbeweis in klassischer und nach allen Seiten wohlabgesicherter Form. Der ontologische Beweis, wie wir ihn später finden, stellt nur eine Verkürzung seiner Argumentation dar. Aus dem als erste Ursache vollkommen Existierenden geht dann der erste Intellekt hervor, dem als Verursachtem bereits Potentialität zukommen muß. «Nun entsteht aus jenem ersten Intellekt», erklärt Al-Fārābī [33], «dadurch, daß er möglich der Existenz nach ist, und dadurch, daß er sein Wesen erkennt, die erste Sphäre mit ihrer M. (mādda) und ihrer Form, welche die Seele ist». Die Folge der weiteren Intellekte und Sphären endet bei den vier Elementen und ihren Mischungen. «Nun gilt für die Himmelskörper, auch wenn die vier M.n in ihrer Zusammensetzung an M. und Form teilhaben, daß die M. der Sphären und der (Himmels-)Körper verschieden von der M. der vier Elemente und der entstehenden Dinge ist, so wie die Form in jenen verschieden von der Form dieser ist, trotz der Teilhabe der Gesamtheit an der Körperlichkeit, weil die drei Dimensionen in ihnen angesetzt werden. Da dies nun so ist, ist die Existenz der materia prima (hayūlā) in aktueller und von der Form freier Weise nicht angängig und auch nicht die Existenz der natürlichen Form in von der materia prima entblößter Weise, vielmehr ist die materia prima der Form bedürftig, damit sie durch sie existent in aktueller Weise wird. Auch ist es nicht angängig, daß eines von beiden die Ursache für die Existenz des anderen ist, vielmehr ist hier ein Grund, der beide zusammen zur Existenz bringt.»

Eine Schlüsselstellung nimmt in Al-Fārābīs Philosophie der Begriff des Intellekts ein. Er hat ihm eine eigene Untersuchung gewidmet [34]. In ihr hat er aus dem von Aristoteles in ‹De anima› (Γ 5) mehr Angedeuteten als Ausgeführten eine anspruchsvolle Theorie geschaffen, vor allem dadurch, daß er ausführlich entwickelte Vorstellungen über Abstraktion in sie aufnimmt. Neben den aktuellen und den potentiellen, einer M. verglichenen Intellekt treten hier der erworbene (mustafād) und der intellectus agens (al-ʻakl al-faʻāl), der in seiner Tätigkeit auf die Verhältnisse der M. angewiesen ist, die ihm durch den Einfluß der Sphären vorgegeben werden.

AVICENNA (IBN SĪNĀ) hat die von Al-Fārābī begonnene Diskussion in enzyklopädischen Darstellungen fortgesetzt [35]. Wir folgen dem Gedankengang, den er im metaphysischen Teil seiner ‹Shifāʼ› entwickelt hat. Nach Bestimmung der Aufgabe der Metaphysik und dem Beweis für die Existenz des höchsten Wesens geht Avicenna im ersten Abschnitt des zweiten Traktats zu der Frage über, was Substanz sei. Der zweite Abschnitt soll dann der genauen Bestimmung der körperlichen Substanz und dessen, woraus sie sich zusammensetzt, dienen. Avicenna kritisiert und verwirft die Definitionen, die den Körper als mit Länge, Breite und Tiefe versehen oder durch räumlichen Zusammenhang und Trennung bestimmen wollen. Er schließt: «In den Körpern ist aber dann ein Etwas, das dem Zusammenhang und der Trennung zugrunde liegt und dem, was dem Zusammenhang an bestimmten Beträgen zukommt» [36]. Diese Körperlichkeit ist also gerade nicht mit der Dreidimensionalität oder der dreidimensionalen Quantität zu verwechseln, sondern sie ist es, die erst die Möglichkeit für die Aufnahme solcher Bestimmungen schafft. Avicenna erklärt weiter: «Und wiederum kommt dem Körper, insofern er ein Körper ist, die Form der Körperlichkeit zu, und er ist dann ein Etwas aufgrund des Aktes; und insofern er zur Aufnahme bereit ist – gleich, welche Aufnahme du willst –, ist er aufgrund der Potenz. Dabei ist das Etwas, insofern es aufgrund der Potenz ist, nicht ein Etwas, und insofern ihm der Akt zukommt, ein anderes Etwas. Somit kommt die Potenz dem Körper nicht zu, insofern ihm der Akt zukommt. Die Form des Körpers wird dann mit einem weiteren Etwas gekoppelt sein, einem anderen als ihm, im Hinblick auf den Umstand, daß er eine Form ist. Mithin ist der Körper eine Substanz, die zusammengesetzt ist aus einem Etwas, von seiten dessen ihm die Potenz zukommt, und aus einem Etwas, von seiten dessen ihm der Akt zukommt. Dasjenige, von seiten dessen ihm der Akt zukommt, das ist dann seine Form, und dasjenige, von seiten dessen er aufgrund der Potenz ist, das ist seine M. (mādda), und zwar seine materia prima (hayūlā).» Im folgenden dritten Abschnitt sucht Avicenna in teilweise außerordentlich verwickelten Überlegungen jede Möglichkeit eines selbständigen Bestehens der von ihm erschlossenen M. ad absurdum zu führen. Mit der Form der Körperlichkeit und ihr entsprechenden M. ist von Avicenna die Problematik aufgeworfen worden, die in der Folgezeit die Philosophen des Orients vor allem beschäftigt hat [37].

d) *M. in der späten arabischen Philosophie.* – Die von Al-Fārābī und Avicenna geschaffene, an die griechische Tradition anknüpfende Philosophie findet ihren scharfsinnigsten, sie mit ihren eigenen Waffen schlagenden Gegner in AL-GHAZĀLĪ [38]. In seinem ‹Tahāfut al-falāsifa› (Destructio philosophorum) sucht er ihre Lehren aufzulösen und insbesondere zu zeigen, daß sie dort versagen, wo sie mit der Offenbarung in Konkurrenz treten: bei der Frage der Erschaffung der Welt, der Existenz Gottes und seiner Attribute, der Unsterblichkeit der Seele. Gegenüber der Kritik treten die eigenen Ansichten Al-Ghazālīs in den Hintergrund. «Wir erklären aber», schreibt er [39], «daß wir für unsere Teile uns in diese Schrift nicht versenkt haben in der Art derer, die den rechten Weg bahnen, vielmehr in der Art derer, die den Weg aufreißen und versperren; und darum haben wir die Schrift die Auflösung des Zusammenhangs der Philosophie genannt und nicht die Bahnung des Wegs zur Wahrheit.» So fällt auch seine Auseinandersetzung mit dem Begriff der M. rein kritisch aus. Im ‹Ersten Problem› behandelt er vier Beweise für die Ewigkeit der Welt. Im vierten wird argumentiert, daß jedem Entstehenden seine M. vorangehen müsse, da es einer solchen M. nicht entbehren könne; die M. sei aber nicht etwas Entstehendes, das Entstehende seien die Formen, die Akzidentien und die Qualitäten an den M.n. Das werde so bewiesen, daß zunächst gezeigt werde, daß alles Entstehende vor seinem Entstehen seinem Wesen nach in seiner Existenz Mögliches sei; Möglichkeit in der Existenz sei aber eine relative Beschreibung, die durch sich selbst keinen Bestand habe. Es bedürfe jedoch unumgänglich eines Bezugspunktes (maḥall), auf den es sich beziehe, und ein Bezugspunkt außer der M. sei nicht gegeben. Der M. selbst komme in diesem Zusammenhang ihrerseits nicht wieder eine M. zu, sowenig wie sie entstehe. Auch könne das Mögliche nicht als das vom Ewigen Gewollte bestimmt werden. Gegen diese Argumentation der Philosophen bemerkt Al-Ghazālī: «Die Widerlegung besteht darin, daß man feststellt: Das Möglichsein, das sie erwähnen, reduziert sich auf ein Urteil des Intellekts. All das jedoch, dessen Existenz der Intellekt annimmt, ohne daß dessen Annahme für ihn ausgeschlossen ist, nennen wir möglich; und wenn sie ausgeschlossen ist, nennen wir es unmöglich; und wenn man nicht imstande ist, sein Nicht-Vorhandensein anzunehmen, nennen wir es notwendig» [40]. Al-Ghazālī fügt als Indiz für die Richtigkeit seiner Ansicht folgende Punkte hinzu: Müßte man für die Möglichkeit eine M. als Bezugspunkt ansetzen, warum dann nicht auch für die Unmöglichkeit? Gibt es eine Möglichkeit von Schwarz und Weiß für sich, geht es nicht vielmehr um die Möglichkeit, daß ein Körper schwarz oder weiß wird? Und wie steht es schließlich um die Entstehung der individuellen Seelen? Der entscheidende, auch sonst immer wieder von Al-Ghazālī betonte Punkt liegt in der Zurückführung der Modalität von Gegenständen auf Urteile.

Den größeren Zusammenhang, in dem wir Al-Ghazālīs Auffassung von der M. zu sehen haben, ist durch seine Ansicht über die Universalien gegeben, wie sie besonders klar im ‹17. Problem› zum Ausdruck kommt, das schließlich auch die Unsterblichkeit der Seele kritisiert. Der zehnte dieser Schlüsse sucht die Universalien als immateriell, nicht aufweisbar, positions- und quantitätslos nachzuweisen und von ihnen als existenten Zuständen auf die Existenz eines Trägers von gleicher Art zurückzuschließen. «Die Widerlegung», erklärt Al-Ghazālī gegen die Philosophen gewandt, «besteht darin, daß wir die Vorstellung des Allgemeinen, welche sie als Zustand im Intellekt ansetzen, nicht akzeptieren; vielmehr befindet sich nur das im Intellekt, was sich in der Sinneswahrnehmung befindet. Jedoch befindet es sich in der Sinneswahrnehmung als Gesamtheit, und die Sinneswahrnehmung ist nicht zu seiner Zergliederung imstande, während der Intellekt zu seiner Zergliederung imstande ist» [41]. Für Al-Ghazālī ist das Allgemeine nur ein durch Zergliederung in den Einzelvorstellungen der Sinneswahrnehmung feststellbares identisches Moment, das keine von ihnen unabhängige Existenz besitzt.

Al-Ghazālī wendet sich später völlig der *Mystik* zu. Tendenzen dieser Art finden sich auch sonst in der späteren arabischen Philosophie, wenn auch nicht immer so radikal vertreten. Beispielsweise greift IBN BĀDJDJA (AVEMPACE) die neuplatonische Tradition auf, die vom Einen stufenweise bis zur M. hinabsteigt, und arbeitet deren mystische Elemente wieder heraus [42]. Gleichzeitig lehnt er aber Al-Ghazālīs Form der Mystik ab [43].

Der für den Westen bedeutendste Gegenspieler Al-Ghazālīs wurde AVERROËS (IBN RUSHD) [44], der der Philosophie wieder zu ihrem Recht zu verhelfen versucht, indem er einerseits auf die klassische Quelle, die Schriften des Aristoteles, zurückgriff und sie durch ein reiches kommentierendes Werk erschloß und der zum anderen den ‹Tahāfut› durch einen ‹Tahāfut al-Tahāfut› (Destructio destructionis) seinerseits aufzulösen sucht. Gegen Al-Ghazālīs Versuch, Möglichkeit zu einer Urteilsmodalität zu machen, führt Averroës in der letzten Schrift folgendes auf [45]: «Was den Umstand betrifft, daß die Möglichkeit eine existente M. verlangt, so ist dies klar. Denn alle übrigen wahren Gegenstände des Intellekts verlangen unumgänglich einen existenten Sachverhalt außerhalb der Seele, da ja das Wahre, wie man in seiner Definition sagt, darin besteht, daß dasjenige, das in der Seele ist, dem gemäß ist, was außerhalb der Seele ist. Dann ist es bei unserer Aussage über etwas, daß es möglich sei, unumgänglich, daß diese Einsicht etwas verlangt, an dem diese Möglichkeit existiert.» Al-Ghazālīs Einwand, daß man dann auch für das Unmögliche eine M. ansetzen müsse, betrachtet er als ein sophistisches Argument. «Denn das Unmögliche», erklärt er weiter, «verlangt ein Zugrundegelegtes, so wie es die Möglichkeit verlangt. Und das ist klar, weil das Unmögliche das Entgegengesetzte des Möglichen ist, und die entgegengesetzten Gegenteile erfordern unumgänglich ein [ihnen] Zugrundegelegtes. Wenn mithin die Möglichkeit ein Zugrundegelegtes verlangt, dann erfordert auch die Unmöglichkeit, welche die Negation jener Möglichkeit ist, ein Zugrundegelegtes.»

Entscheidend für Averroës' Auffassung von der M. wird seine Deutung der aristotelischen Lehre, nach der es unmöglich sein soll, daß eine Substanz aus zwei in ihr aktuell vorhandenen Substanzen bestehen könne [46]. Dabei ist wohl zunächst an Zusammensetzungen von der Art der Mischungsprodukte aus Elementen gedacht, die im Produkt nicht aktuell fortdauern sollen. Averroës geht einen Schritt weiter und formuliert das Prinzip in solcher Weise, daß es sich auch zur Übertragung auf die Verbindung von Form und M. hergibt. Er kommentiert das Aristotelische Prinzip nämlich wie folgt: «Der Grund dafür besteht darin, daß nicht zwei Etwas aktuell existieren, aus denen zu irgendeiner Zeit ein einziges Etwas entstehen könnte, während sie in ihm aktuell als zwei in einem vorhanden wären» [47].

Einen Anlaß, seine Auffassung von Form und M. im einzelnen darzulegen, gibt Averroës das Problem der dem Werden und Vergehen enthobenen Himmelssphären, das er in einer Sammlung von Einzeltraktaten behandelt hat, die im Westen unter dem Titel ‹De substantia orbis› laufen [48]. Er erklärt, wenn schon nicht die Lehre des Aristoteles selbst, so doch darüber hinaus nur einiges, was aus dessen Worten folge, vorzutragen [49]. Zur materia prima gehört für ihn ihre Dreidimensionalität, zwar ändern sich die Volumina der Elemente bei ihrem Übergehen ineinander, doch jeweils nach festen Maßverhältnissen. «Videtur enim forma caliditatis», schreibt er [50], «agente in aquam aquam augeri et crescere in dimensionibus et vicinari in dimensionibus aeris: cum igitur pervenit ad maximam quantitatem aquae, tunc subiectum eius denudatur a forma aquae et quantitate dimensionum aquae propria, et recipit formam aeris et quantitatem dimensionum propriarum formae aeris.» Ganz andere Verhältnisse nimmt Averroës für die Himmelskörper an, die dem Werden und Vergehen entzogen sein sollen. Hier kann seiner Ansicht nach keine M., sondern nur ein subiectum für ihre räumliche Bewegung vorhanden sein, das höchstens aequivoce als ‹M.› bezeichnet werden darf. Wegen des Fortfalls jeder Potentialität können die Himmelskörper nur aktuell sein. Das führt insbesondere dazu, daß ihnen auch die – geometrisch ja durchaus gegebene – Teilbarkeit abgesprochen wird, im Gegensatz zur M. des Werdens und Vergehens, die gerade durch diese Eigenschaft wesentlich gekennzeichnet sein soll. Die den Himmelssphären korrespondierenden Intellekte dürfen nicht als Formen aufgefaßt werden, die auf eine M. bezogen sind, sondern sie besitzen, verglichen mit den Verhältnissen bei materiegebundenen Formen, eine unabhängige Existenz und sind mit den Sphären im wesentlichen durch ihre Funktion als Beweger verbunden [51].

MAIMONIDES hat in seinem ‹Führer der Verirrten› [52] versucht, die arabische Aristotelestradition in den Dienst der jüdischen Religion zu stellen. Er verfährt dabei nicht interpretierend und kommentierend, sondern in genialer Weise generalisierend und auf den verfolgten Zweck reduzierend. Er faßt die aristotelische Lehre in 26 Grundsätze zusammen [53] und erläutert ihre Bedeutung für die Religion. Wichtig ist vor allem der 10. Grundsatz: «Die Gesamtheit dessen, wovon man sagt, daß es an einem Körper ist, zerfällt in zwei Teile: entweder, daß sein Bestand durch den Körper ist, wie bei den Akzidentien, oder daß der Bestand des Körpers durch es gegeben ist, wie bei der natürlichen Form; und beide von ihnen stellen eine Potenz (ḳuwwa) am Körper dar» [54]. Schon diese Formulierung macht deutlich, daß bei Maimonides die aristotelische Lehre in höchst eigenwilliger Weise gefaßt und daß insbesondere der Begriff der Potenz in diesem Zusammenhang einen neuen Sinn erhält. Die Grundsätze sind später durch CRESCAS einer systematischen Kritik unterzogen worden; er läßt auf die Argumente für einen Grundsatz jeweils Argumente zu seiner Widerlegung folgen [55].

Anmerkungen. [1] Die ursprüngl. Bedeutung ist 'Nachschub'. – [2] Vgl. J. LECERF: Art. ‹hayūlā›, in: Encyclop. of Islam (= EoI) 3 (Neu-A. Leiden/London 1971). – [3] Vgl. z. B. AVICENNAE philosophi praeclarissimi ac medicorum principis compendium de anima ... (Venetiis apud Iuntas 1546) cap. 8, fol. 23r. – [4] Das Wort bedeutet im gewöhnlichen Sprachgebrauch 'Ursprung'. – [5] Die sog. Theol. des Aristoteles, hg. F. DIETERICI (1882); dtsch. (1883). – [6] Die ps.aristotelische Schrift über das reine Gute, bek. unter dem Namen liber de causis, dtsch. hg. O. BARDENHEWER (1882). – [7] Vgl. J. JOLIVET und R. RASHED: Art. ‹Al-Kindī, Abū Yūsuf Yaʿḳūb b. Isḥāḳ›, in: EoI 5 (Leiden 1979). – [8] Risāla fi 'l-ʿaḳl, in: Yaʿḳūb b. Isḥāḳ AL-KINDĪ, Rasāʾil al-falsafiyya, hg. M. A. ABŪ RĪDA [1.] 2. (Kairo 1950/1953) 1, 353f. – [9] Vgl. z. B. AL-FĀRĀBĪ, Philos. Abh., hg. F. DIETERICI (1890) 46. – [10] Risāla fi ḥudūd al-ashyāʾ wa-rusūmihā a.O. [8] 1, 166. – [11] a.O. 1, 168. – [12] Risāla fī māhiyyat mā lā yumkinu an yakūna lā nihāyatan wa-mā alladhī yuḳālu ‹lā nihāyata lahū› a.O. [8] 1, 197f. – [13] S. M. STERN: New information about the authors of the «Epistles of the Sincere Brethren». Islamic Studies 3 (Karachi 1964) 405-428. – [14] Rasāʾil IKHWĀN AL-ṢAFĀʾ 1-4 (Beirut 1957) 2, 5-23. – [15] Vgl. A. M. GOICHON: Art. ‹huwiyya›, in: EoI 3 (Leiden/London 1971). – [16] a.O. [14] 3, 235. – [17] MOISE BEN MAIMOUN, Le guide des égarés p. 1, cap. 73; frz. S. MUNK 1-3 (Paris 1856-1866) 1, 375-419. – [18] Vgl. J. VAN ESS: Theol. and sci.: the case of Abū Isḥāq an-Naẓẓām. The 2nd annual United Arab Emirates Lecture in Islamic Stud. (Ann Arbor 1978). – [19] Zu RAZES' einschlägigen Schr. vgl. Epître de BĒRŪNĪ contenant le répert. des œuvres de Muhammad b. Zakarīyā AL-RĀZĪ, hg. P. KRAUS (Paris 1936). – [20] Abi Bakr. Mohammadi filii Zachariae RAGHENSIS (RAZIS) Opera philos. frg., hg. P. KRAUS 1. Univ. Fouadi I litt. Fac. Publ. 22 (Kairo 1939) 217-228. – [21] Zustimmend AL-FĀRĀBĪ; vgl. E. WIEDEMANN: Zur Alchemie bei den Arabern. J. prakt. Chemie 84, NF 76 (1909) 105-123; ablehnend AVICENNA; vgl. J. E. HOLMYARD: Chem. to the time of Dalton (London 1925) 22. – [22] Vgl. P. KRAUS: Jābir Ibn Ḥayyān. Contrib. à l'hist. des idées sci. dans l'Islam 1. 2. Mém. pres. à l'Inst. d'Égypte (Kairo 1943/42) 44f. – [23] JĀBIR IBN ḤAYYĀN: Essai sur l'hist. des idées sci. dans l'Islam 1: Textes choisis, hg. P. KRAUS (Paris/Kairo 1935) 429. – [24] a.O. 482. – [25] Vgl. KRAUS, a.O. [22] 2, 1-18. – [26] Vgl. 61-95. – [27] Vgl. 187-303. – [28] E. WIEDEMANN: Arab. spezifische Gewichtsbestimmungen. Ann. der Phys. 20 (1883) 539-541. – [29] N. KHANIKOFF: Analysis and extracts of the book of the Balance of Wisdom. J. Amer. orient. Soc. 6 (1859) 1-128. –

[30] Vgl. R. WALZER: Art. ‹Al-Fārābī›, in: EoI 2 (Leiden/London 1965); M. STEINSCHNEIDER: Al-Farabi (Alpharabius), des arab. Philosophen Leben und Schr. Mém. de l'Acad. imp. Sci. St. Petersbourg 8, sér. 13, 4 (1869). – [31] Vgl. AVICENNAS Autobiogr., in: IBN AL-QIFṬĪ, Ta'rīh al-ḥukamā', hg. J. LIPPERT (1903) 415f. – [32] AL-FĀRĀBĪ, 'Uyūn al-masā'il a.O. [9] 56-65. – [33] a.O. 59. – [34] 39-48. – [35] Vgl. A.-M. GOICHON: Art. ‹Ibn Sīnā›, in: EoI 3 (Leiden/London 1971). – [36] IBN SĪNĀ, al-Shifā', al-Ilāhiyyāt (1. 2.), hg. G. C. ANAWATI/SA'ID ZAYED (Kairo 1960) 1, 67. – [37] Ansätze zu dieser Diskussion bereits bei SIMPLICIUS, In Arist. Phys. I-IV, hg. H. DIELS. Comm. in Arist. graeca 9 (1882) 225-233: zu A 7, 191 a 7. – [38] Vgl. W. MONTGOMERY WATT: Art. ‹Al-Ghazālī, Abū Ḥāmid Muhammad b. Muhammad›, in: EoI 2 (Leiden/London 1965). – [39] ALGAZEL, Tahafot al-Falasifat, hg. M. BOUYGES. Bibl. arab. scholast., Sér. arabe 2 (Beirut 1927) 179f. – [40] a.O. 70. – [41] 330. – [42] Vgl. D. M. DUNLOP: Art. ‹Ibn Bādjdja›, in: EoI 3 (London/Leiden 1971). – [43] AVEMPACE, El regimen del solitario, span. hg. M. ASÍN PALACIOS (Madrid/Granada 1946) 58ff. – [44] Vgl. Art. ‹Ibn Rushd, in: EoI 3 (Leiden/London 1971). – [45] AVERROËS, Tahafot al-tahafot, hg. M. BOUYGES = Bibl. arab. scholast. 3 (Beirut 1930) 103. – [46] ARISTOTELES, Met. Z 13, 1039 a 3-14. – [47] AVERROËS, Tafsir ma ba'd at-tabi'at, hg. M. BOUYGES a.O. [45] 5-7 (Beirut 1938-1952) 3, 971. – [48] In: ARISTOTELES, Opera cum AVERROIS Cordubensis Sermo de substantia orbis etc. fol. 3r-14v. – [49] a.O. fol. 5 KL. – [50] fol. 4 C. – [51] fol. 5 C-G. – [52] Vgl. I. MÜNZ: Moses Ben Maimon, sein Leben und seine Werke (1912). – [53] MAIMONIDES, a.O. [17] 2, 3-28. – [54] a.O. 11. – [55] Vgl. H. A. WOLFSON: Crescas' crit. of Aristotle (Cambridge, Mass. 1929) bes. 99-113.

Literaturhinweise. E. RENAN: Averroès et le Averroisme (Paris 1852). – S. MUNK: Mélanges de philos. juive (Paris 1859). – M. BERTHELOT: La chimie au moyen age 1-3 (Paris 1893). – T. J. DE BOER: Gesch. der Philos. im Islam (1901). – P. DUHEM: Système du monde 1-5 (Paris 1913-1917, ND 1954) 4, 3e partie. – A. BAUMSTARK: Gesch. der syrischen Lit. (1922). – B. CARRA DE VAUX: Penseurs de l'Islam 4: La scolastique ... (Paris 1923). – L. THORNDIKE: A hist. of magic and exp. sci. 1-3 (New York/London 1923-1934). – G. SARTON: Introd. to the hist. of sci. Carnegie Inst. publ. 1-3 (Washington 1927-1947) 376. – S. PINES: Beitr. zur islam. Atomenlehre (1936). – A.-M. GOICHON: Vocabulaires comparés d'Aristote et d'Ibn Sīnā (Paris 1939). – M. STEINSCHNEIDER: Die arab. Übersetz. aus dem Griech. (Graz 1960).

3. *M. im westlichen Mittelalter.* – a) *Frühes westliches Mittelalter.* – Die Vorstellungen, die sich im frühen Mittelalter im Westen mit dem Begriff der M. verbinden, ähneln denen, die wir in der einschlägigen frühen arabischen Literatur antreffen, obwohl das zur Verfügung stehende antike Gedankengut hier und dort weithin verschieden ist. Im Westen hat die auf den Namen des DIONYSIUS AREOPAGITA gefälschte Schrift ‹De coelesti hierarchia› dominierenden Einfluß. Sie vermittelt dem frühen Mittelalter die neuplatonischen Vorstellungen von der Emanation aller Realität aus dem Urgrund, verbunden mit einer exzessiven, an die Wechselbeziehungen zwischen Licht und Finsternis anknüpfenden Metaphorik, bei der die Grenzen zwischen den Vergleichselementen weithin verschwimmen. Wie im arabischen Osten ist das Wissen um die klassischen Texte der antiken Philosophie demgegenüber spärlich, namentlich fehlt eine Kenntnis der metaphysischen Untersuchungen des Aristoteles.

Das erste eindrucksvolle Zeugnis, in dem diese Tradition neuen Ausdruck findet, sind die ‹Libri quinque de divisione naturae› des IOANNES SCOTUS ERIUGENA [1]. Wenn auch seine Terminologie noch von der später unter dem Eindruck der Übersetzungsliteratur üblich werdenden abweicht, so bietet sein Werk in der Sache doch die neuplatonischen Vorstellungen, die weithin die frühen Epochen beherrscht haben. Unter Berufung auf Augustinus und Platon definiert Ioannes Scotus in I, 59: «Mutabilitas rerum mutabilium, capax omnium formarum informis materia est» [2]. Im Anschluß an Dionysius Areopagita bestimmt er sie weiter als «Ornatûs et formae et speciei participationem, sine quibus per se informis materia, et in nullo intelligi potest». Nach der einen wie der anderen Auffassung, fährt er fort, lasse sich seiner Ansicht nach nicht bestreiten, daß die M. allein durch den Intellekt wahrgenommen werden könne. Daraus schließt er im folgenden Kapitel: «Atqui cum haec ita sint, necessariò fateberis corpora in incorporea posse resolvi, ita ut corpora non sint, sed penitus soluta. ... Non mireris itaque ex incorporalibus causis corpora creari, inque easdem iterum resolvi; ipsas verò causas ab una eadémque rerum omnium creatrice creatas procedere. Ex forma enim omnium, unigenito videlicet patris verbo, omnis forma, sive substantialis, sive quae ex qualitate assumitur, materiaeque adiuncta corpus generat, creata est. Ab ipsa quoque omnis informitas» [3]. Im dritten Buch bemüht sich Ioannes Scotus um eine naturphilosophische Auslegung der Genesis. Sie gibt ihm Gelegenheit, die Rolle der M. in der Welt des Werdens und Vergehens näher zu bestimmen. Dabei unterscheidet er in III, 28 zwischen zwei dieser M. zukommenden Formen. Er stellt fest: «Quum igitur omnium corporum ex quatuor simplicium Elementorum coitu compositorum ... triplex est consideratio: aliter enim in iis materia inspicitur, aliter forma; et species, quae materia adiecta omne solidum atque sensibile corpus efficit: sola siquidem materia carens specie nullum corpus peragit; quia per se informis est; adiecta vero specie corpus fit: aliter essentia et substantialis forma, quae veluti fundamentum formatam suffert et continet materiam» [4]. Die zuletzt genannte substantiale Form wird später durch Beispiele erläutert (homo, equus usw.). Die zunächst die materia prima prägende Form hingegen wird demgegenüber als eine bloße forma qualitativa bezeichnet, wie sie der materia prima körperlichen Charakter verleiht und den elementaren Umwandlungen entspricht, ohne damit schon zu einer wohlumrissenen Substanz zu führen.

Neuplatonische Vorstellungen über den Zusammenhang zwischen Gott und Welt von ganz ähnlicher Art finden wir wieder bei ANSELM VON CANTERBURY [5]. Ebenso zeigt sich bei GILBERTUS PORRETANUS der dominierende Einfluß des Ioannes Scotus [6]. Neben der M. als materia prima kennt Gilbertus die M. als das, was dem substantiellen Sein zur Existenz verhilft (subjecta materia). Zum Sein des Körpers gehört für ihn die corporalitas, in der er den Grund dafür sieht, daß der Körper zur M. von Figuren und anderen Eigenschaften werden kann. Er soll sie aufgrund dieser corporalitas und der Potenz, die ihr zukommt, besitzen [7].

Nicht übersehen werden sollte, daß in dieser frühen Epoche auch *atomistische,* an Platons ‹Timaeus› und seine spätantike Auslegung, doch auch an Lukrez anknüpfende Vorstellungen von der M. zu finden sind. Besonders weit entwickelt wurden sie bei dem naturwissenschaftlich stark interessierten WILHELM VON CONCHES [8]. Einen Einblick in die Auffassungen von der M. in der frühen medizinischen Literatur gibt der ‹De commistionibus elementorum libellus› des URSO VON SALERNO [9]. Anknüpfend an neuplatonische Vorstellungen läßt Urso die Welt aus den Prinzipien opifex, materia und forma hervorgehen. Die M. beschreibt er wie folgt: «materia intrinsecus fuit principium et cum motu, a quo res contrahunt simpliciter esse et indeterminate. ... In principio ... creavit deus ex nichilo quandam rudem et primeriam materiam omnium corporum genetricem, quam silvam

[10] vel ylem apellaverunt philosophi, que nec fuit corporea nec incorporea. Non enim erat substantia, cum accidentibus non esset subiecta, fuit tamen quoddam non corporeum, quam Plato ... sine quantitate, sine forma, sine loco, sine tempore, inter aliquam et nullam substantiam extitisse asseruit» [11]. Die genannten Bestimmungen sind nur potestate vorhanden. Ein der primeria materia eingepflanztes «desiderium in actum» trieb sie dazu, sich in die vier Elemente zu verwandeln, die Urso als Körper mit Substanz, Quantität usw. auffaßt. Jedes Element vermag sich um so stärker mit anderen zu verbinden, je größer die Ähnlichkeit zwischen ihnen ist. So bilden sie die corpora elementata der sichtbaren Welt [12].

b) *M. im westlichen Hochmittelalter.* – Während dieser Zeit werden fast sämtliche Werke des Aristoteles, einschließlich der sie kommentierenden oder auf ihr aufbauenden arabischen Tradition, einschließlich ihres platonisierenden Gedankenguts, dem Westen in Übersetzung zugänglich [13]. Gegen gewisse Gedanken, so gegen die gleitenden Übergänge zwischen sinnlich erfahrbarem Körperlichem und Intelligiblem bei den in der neuplatonischen Tradition stehenden Philosophen, wie des IBN GEBIROL, regt sich Widerspruch. WILHELM VON AUVERGNE [14] verwirft die These, daß die intelligiblen Substanzen so wie die körperlichen aus Form und M. zusammengesetzt sein sollen [15]. Anders ALEXANDER VON HALES [16], der für alles, bei dem sich ein quod est von einem quo est unterscheiden läßt, eine von der Form unterschiedene M. ansetzt [17].

Eine neue Wendung nimmt die Auseinandersetzung mit dem Begriff der M. durch ROBERT GROSSETESTE [18] dadurch, daß er von den metaphysischen Erörterungen zu naturphilosophischen Einzeluntersuchungen übergeht. Neben seine Kommentare zu den Schriften des Ps.-Dionysius Areopagita [19] tritt ein Kommentar zur aristotelischen ‹Physik› [20] und Einzeluntersuchungen, in denen er die traditionelle Lichtmetaphorik in eine auf dem Begriff des Lichts aufbauende Naturphilosophie umsetzt. Insbesondere deutet er die erste körperliche Form in seinem Traktat ‹De luce seu de inchoatione formarum› in diesem Sinn: «Formam primam corporalem, quam quidem corporeitatem vocant, lucem esse arbitror» [21]. Das Licht als erste Form wirkt auf die als erste geschaffene M.: «Lux ..., quae est prima forma in materia prima creata, seipsam per seipsam undique infinities multiplicans et in omnem partem aequaliter porrigens, materiam, quam relinquere non potuit, secum distrahens in tantam molem, quanta est mundi machina [22], in principio temporis extendebat» [23]. Für Robert erhalten infolgedessen die Ausbreitungsgesetze des Lichts besondere Bedeutung [24]. Eine Fortsetzung haben seine Überlegungen bei ROGER BACON [25] gefunden, dessen ‹Opus maius› [26] ein die naturwissenschaftliche Tradition in weitem Umfang berücksichtigendes Forschungsprogramm entwirft. In der Schrift ‹De multiplicatione specierum› [27] greift er die Lichtmetaphysik Robert Grossetestes auf und benutzt für die sie beherrschenden optischen Regeln, die sich der herkömmlichen aristotelischen Ursachenlehre nur mangelhaft fügen, den von ihm in ähnlichen Zusammenhängen geprägten Ausdruck «lex naturae universalis» [28]. Dieses Gesetz ist allumfassend, unbedingt und konstitutiv für die materielle Welt. Die große, das optische Wissen der Zeit zusammenfassende Kompilation des WITELO [29] ist von demselben Geist getragen, wie besonders deutlich ihr an WILHELM VON MOERBEKE gerichtetes Vorwort [30] zeigt.

ALBERTUS MAGNUS hat – im wesentlichen sich am Leitfaden der Schriften des ‹Corpus Aristotelicum› orientierend – die erste ausführliche enzyklopädische Zusammenfassung der peripatetischen Traditionen unternommen [31]. Seine Zusammenfassung, die von Exkursen und Traktaten über Sonderfragen unterbrochen wird, deckt den naturphilosophischen und -wissenschaftlichen Teil der aristotelischen Schriften und die ‹Metaphysik›. Dabei wird deutlich, daß er die von Al-Ghazālī gegebene Darstellung der aristotelischen Lehre mit Vorzug wiedergibt und sich in Widerspruch zu der exzessiv neuplatonischen Auffassung Ibn Gebirols stellt, namentlich in seinem ‹Liber de causis› [32]. Die materia prima ist für Albertus zwar nicht im Sinn von Aristoteles' ‹Physik› geworden, aber doch geschaffen [33]. Er schließt sich in diesem Punkt deutlich an Maimonides' Auffassung an [34]. Später scheint sich Albertus darum bemüht zu haben, die philosophische Erörterung soweit wie möglich von theologischen Argumenten freizuhalten. Er verwirft nach dem Prinzip der lex parsimoniae die Zuordnung einer Seele und eines Intellekts zu einer Sphäre; der Intellekt muß genügen, wenn an ihm nur eine der übergeordneten Ursachen von der materiellen Sphäre zugeordneten Seite unterschieden wird. Mit dieser letzten 'berührt' er die M., ist eine der M. 'beigemischte' aktive Kraft [35]. Besondere Schwierigkeiten bereitet ihm die Individualität der menschlichen Seele. Besteht er doch darauf, daß die M. es ist, welche die Individuation des Einzelnen gewährleisten soll [36]. Wie sollen die vom Leib und damit von der M. befreiten Seelen oder, genauer, die Intellekte sich dann noch unterscheiden, wie kann der einzelne Intellekt noch ein hoc aliquid darstellen? Unter Berufung auf Boethius [37] erklärt er: «Citra principium quicquid est, est ex quo est et quod est; aliter enim non esset hoc aliquid» [38]. Das ex quo est wird von ihm des näheren als eine einem actus unterliegende potentia, und zwar des intellectus possibilis bestimmt, der ut materia quaedam gegenüber dem intellectus agens fungiert [39].

THOMAS VON AQUIN [40] stand vor der Aufgabe, das von Albertus Magnus zusammengetragene Material zu einer Einheit zu gestalten. Albertus hatte mehr und mehr die methodische Bedeutung einer eigenständig philosophischen, unabhängig von theologischen Überlegungen geführten Diskussion erkannt und hatte infolgedessen in steigendem Maße auf einen Ausgleich zwischen beiden Bereichen verzichtet, wie er ihn zunächst im Anschluß an Maimonides versucht hatte. Das hatte dazu geführt, daß die sich hier aufdrängenden Fragen weithin offen geblieben waren. Auch innerhalb der philosophischen Darstellung hatte Albertus eine ähnliche Zurückhaltung geübt und weithin darauf verzichtet, widersprechende Theorien miteinander in Einklang zu bringen. Das gilt auch für den Begriff der M.; neben die schon durch Aristoteles selbst gegebenen Probleme waren die Auslegungen der an den Neuplatonismus anknüpfenden arabischen Philosophen getreten, die in einer Vielzahl von grundsätzlichen Problemen wie auch Einzelfragen zu einer Klärung drängten.

Wie für Aristoteles kann auch für Thomas die M. nicht durch eine generatio im Sinn der Naturphilosophie entstehen; allerdings folgt daraus für ihn noch nicht, daß sie ewig sein müßte, vielmehr erklärt er: «Nos autem dicimus quod materia et caelum producta sunt in esse per creationem» [41]. Bereits in ‹De ente et essentia› [42] finden wir M. als principium individuationis; allerdings fällt diese Rolle jetzt nur einer in bestimmtem Sinn verstandenen M., der materia signata zu, von der Thomas feststellt: «Materia non quolibet modo accepta est individuationis principium, sed solum materia signata. Et dico materiam signatam, quae sub determinatis dimensionibus consideratur.» In die Definition des Menschen als solchen geht diese M. nicht ein, hier haben wir eine allgemeine M. anzusetzen; man müsse hingegen diese materia signata in der Definition dieses besonderen Menschen, Sokrates etwa, ansetzen, wenn der einzelne Mensch Sokrates eine Definition zuließe. Was man in der Definition des Menschen überhaupt ansetzt, das bezeichnet Thomas demgegenüber als die materia non signata. Thomas hat an dieser Auffassung durch sein ganzes Werk unbeirrt festgehalten. Auch die Individualität der menschlichen Seele ist für ihn eine Folge ihrer Verbindung mit individueller M., die auch dann erhalten bleiben soll, wenn die Seele sich von der M. löst [43]. Thomas macht auch nicht das mindeste Zugeständnis an Auffassungen, wie wir sie in der arabischen neuplatonischen Philosophie finden, nach denen die M. ihren körperlichen Charakter erst durch zusätzliche Formen erhalten soll. Wie schon seine Unterscheidung zwischen bezeichneter oder individueller und allgemeiner M., so gehört vor allem die Unterscheidung [44] zwischen sinnfälliger M. (materia sensibilis) und einer von der Vernunft erfaßbaren M. (materia intelligibilis) zur Lehre von der Begriffsbildung (vgl. Art. ‹Abstraktion› III, 2, b).

Ein Problem, das Thomas immer wieder beschäftigt hat, bieten die Himmelssphären und deren Beziehung zu ihren Bewegern [45]. Anknüpfend an die Überlegungen des Averroës schreibt Thomas den Sphären eine besondere M. zu, die sich von der dem Werden und Vergehen unterworfenen unterscheiden soll. Auf die Frage, ob eine einzige formlose M. für alle körperhaften Gegenstände gegeben sei [46], antwortet er: «Non est una materia omnium corporum corruptibilium et incorruptibilium, nisi secundum analogiam.» Nach Ausschluß gegenteiliger Ansichten, die seine Vorgänger vertreten haben, schließt Thomas: «Relinquitur ergo quod materia corporis caelestis, secundum se considerata, non est in potentia, nisi ad formam quam habet. Nec refert ad propositum, quaecumque sit illa, sive anima, sive aliquid aliud. Unde illa forma sic perficit illam materiam, quod nullo modo in ea remanet potentia ad esse, sed ad ubi tantum.» Das hier bereits anklingende Problem des Verhältnisses von der Sphäre zu ihrer Form und ihrem Beweger hat Thomas von immer wieder anderen Seiten aufgegriffen [47]. Seine Lösungen reichen von der Ablehnung einer besonderen, mit der Form der Sphären identischen oder nicht identischen anima bis zu deren Zulassung, mit oder ohne Annahme einer zusätzlichen intelligiblen Substanz, welche die Bewegung final steuern soll.

Thomas' Ansichten über die M. stießen auf Widerspruch bei IOANNES DUNS SCOTUS [48]. Für ihn existiert die M. zwar nur potentiell, doch meint er damit nicht nur, daß sie, weil widerspruchslos möglich, als Objekt des göttlichen Schaffens hervorgehen kann, sondern daß sie einem Entstehungsprozeß auch als Subjekt zugrunde liegt. Ein bloßes Nichts könnte im Sinn des Aristoteles keine Form aufnehmen, weshalb Duns Scotus erklärt: «Et ideo ponens materiam solum in potentia obiectiva, et non subiectiva, negat omnem rationem philosophi de materia» [49]. Der Unterschied ergibt sich, sobald man auf das nur eine potentia obiectiva bietende creabile reflektiert. M. hat als Ursache von Seiendem Existenz, ist in diesem Sinn actu oder actus [50], ihr ist eine bestimmte positive Realität eigen [51]. Des näheren wird diese Aktualität wie folgt bestimmt: «... dico quod si accipis actum pro actu informante, materia non est actus; si autem accipias actum pro omni eo quod est extra causam suam, sic materia potest dici ens actu, vel actus» [52]. Von der individuellen und bezüglich der quiditas akzidentellen M. unterscheidet Duns Scotus die allgemeine M. Sie ist nach ihm in der quiditas der einzelnen species mit beschlossen [53]. All das bedeutet für ihn nicht etwa die Aufhebung der Unterscheidung der M. von der Form. Sie bilden, auch nach ihrem aktuellen Sein betrachtet, extreme Gegensätze, der M. kommt Aktualität im geringstmöglichen Grad zu. Gerade darin aber ist die Eignung für ihre Vereinigung begründet [54]. Nichts widerstreitet der Möglichkeit, daß Gott die M. ohne Form hätte schaffen können [55]. Besonders bemerkenswert ist die Kritik, die Duns Scotus am Ansatz übt, die M. sei Individuationsprinzip. Er geht dabei aus von dem quod quid est, das er, für sich genommen, als gleichgültig gegenüber einer Bestimmung durch Individualität oder Universalität ansieht, möge sie nun in der Wirklichkeit oder auch im Vorstellungsvermögen oder im Intellekt erfolgen. Da die individuierende Funktion, die man der M. in diesem Zusammenhang zuschreiben möchte, vor allem auf der für sie angenommenen Verbindung mit der Quantität beruht, wendet sich Duns Scotus konsequent gegen die Ansicht, daß die unterschiedlichen quantitativen Verhältnisse, in welche die Natur des quod quid est eintritt, die Individuation zum Einzelding bewirken könnten. Das würde aber bedeuten, daß sie auf ein accidens gegründet würde [56]. Duns Scotus betont, daß die Quantität im übrigen keineswegs an sich individuell sei; nicht sie macht die Substanz individuell zum Einzelnen, sondern umgekehrt, das Einzelding verleiht ihr erst die Individualität. Daran ändert auch nichts der Umstand, daß die Teilbarkeit der Quantität den Irrtum nahelegt, sie könne daher die Individuation leisten. Auch die Gestalt und die Position im Raum werden von Duns Scotus wegen ihrer untrennbaren Verbindung mit der Quantität als Erklärungsgrund verworfen; sonst wäre die Frage nur auf Gestalt und Position verschoben. Die Quantität, als Bestimmung der M. gedacht, vermag also die positive Kennzeichnung des Einzeldings so wenig zu bewirken wie jede andere ihrer akzidentellen Bestimmungen oder eine Verbindung von ihnen [57]. Da für Duns Scotus die Existenz als Individuationsprinzip ebenfalls ausscheidet – auch sie liefert für sich genommen nur etwas schlechthin Allgemeines – schließt er auf jene haecceitas, die eine solch bedeutsame Rolle in der weiteren scotistischen Diskussion gespielt hat. Sie spielt zwar eine ähnliche Rolle wie die Differenz gegenüber der Gattung, sie verbindet sich aber mit den Elementen des quod quid est nicht als gleichartiges Element, sondern als positives Bestimmungsstück eigener Art. Sie soll die Bestimmung des Einzeldings unabhängig von der Existenz leisten und nicht aus dem Bereich des Essentialen herausführen. Ebensowenig ist sie etwa durch die M. festgelegt, vielmehr ist sie es, welche die M. bestimmt [58]. Der Unterschied gegenüber den auf die M. als Individuationsprinzip zurückgreifenden Auffassungen wird besonders deutlich bei der Diskussion der Frage intelligibler Substanzen. Sie brauchen für Duns Scotus, auch wenn er ihnen keine M. beilegt, keineswegs mit ihrer species zusammenzufallen, vielmehr sind für ihn auch unter solchen Bedingungen unterschiedene Individuen als unter die species fallende denkbar [59].

c) *M. im späten westlichen Mittelalter.* – Die Behandlung des M.-Begriffs im späteren Mittelalter ist durch die äußere und innere Reaktion auf die vorangegangene Entwicklung des Aristotelismus bestimmt. Die äußere Reaktion findet ihren Ausdruck in der Verurteilung des Averroismus vom Jahre 1270 und der in unserem Zusammenhang noch wichtigeren Verurteilung einer langen Reihe von philosophischen, den theologischen Ansichten zuwiderlaufenden Thesen durch ETIENNE TEMPIER im Jahre 1277. Die innere Reaktion richtet sich gegen den teilweise exzessiven Realismus, den wir bei der Behandlung der Universalien und insbesondere der species in der vorangegangenen Epoche finden.

Unter den durch Etienne Tempier verurteilten Thesen betreffen mehrere den Begriff der M. [60]. So These 46, nach der aus der M. nichts erzeugt werden könne ohne ein agens, ebenso wie ein agens nicht ohne M. erzeugen könne; These 55, nach der das erste Wesen nichts als sich selbst hervorbringen soll, weil das Erzeugte sich allein durch M. vom agens unterscheide; These 103, nach der die Form nur in der M. erzeugt werden und existieren könne, auch nur mittels eines durch die M. wirkenden agens; These 192, welche die Erschaffbarkeit der materiellen Form leugnet. Mittelbar waren einige auch gegen Theorien der Sphärenbeweger gerichtete Thesen von Belang, so These 66, welche die Existenz mehrerer erster Beweger behauptet; These 77, nach der eine abgelöst von dieser sinnlich wahrnehmbaren Welt existierende Substanz, die in ihr keinen Körper bewege, nicht in ihr enthalten sein könne; These 212, nach der die Intelligenz durch ihren bloßen Willen den Himmel bewegen soll.

Die innere Reaktion findet ihren Ausdruck in der Bewegung des *Nominalismus* und des durch ihn ausgelösten Universalienstreits. Der Nominalismus knüpft wieder an gewisse Gedanken der Frühscholastik an, die sich allerdings dadurch von dem nun einsetzenden Nominalismus unterscheiden, daß systematisch entwickelte realistische Theorien noch nicht vorlagen. Der nun einsetzende Nominalismus des späten Mittelalters hat ganz entschieden dazu beigetragen, kritisch die Synthese des scholastischen Aristotelismus aufzulösen, damit aber auch gewisse Blockaden zu beseitigen, die der Entwicklung einer neuen Naturphilosophie und Naturwissenschaft entgegenstanden.

Eng an die Position des Thomas von Aquin schließt sich AEGIDIUS ROMANUS an [61]. Er lehnt jede Aktualität der M. strikt ab und wendet sich insbesondere gegen die Vorstellung, daß irgendeine aktive Potenz in der M. gegeben sein könne [62]. Nachdem Aegidius die Beweggründe, die zu einer solchen Ansicht führen konnten, dargelegt und dabei besonders darauf hingewiesen hat, daß entscheidend das Paradoxon einer Entstehung der Form aus nichts zu diesen Beweggründen gehöre, weist er nach, daß ein inchoativum formae, wie man es in solchem Zusammenhang einführe, daran im wesentlichen überhaupt nichts ändere: «quia etiam ponendo huiusmodi potentiam per hoc non fugimus inconveniens; nam quantumcumque ponamus potentiam activam in materia, de qua fiat forma; per hoc non effugimus, quin fiat aliquod ex nihilo.» In einem anderen Quodlibet setzt sich Aegidius mit der Frage auseinander, ob eine vollständige Substanz von der Art eines Intellekts aus M. und Form zusammengesetzt sein könne [63]. Seine Antwort: «sciendum, quod numquam facit materia diversitatem in specie, sed solum facit in numero, vel in genere.» Zum ersten Punkt erfahren wir über das Bekannte hinaus nichts Neues. Anders steht es mit dem zweiten, zu dem es heißt: «... potest sumi diversitas ex materia ... propter aliam et aliam rationem recipiendi formam; et sic differunt per materiam supercoelestia corpora ab his inferioribus, nam in his inferioribus materia sub alia ratione recipit formam quam in supercoelestibus, quia hic recipit formam non complentem totum appetitum, ibi autem complentem.» Die damit aufgeworfene Frage nach der besonderen Art der M. der Himmelskörper und -sphären hat Aegidius auch sonst behandelt, z. B. in seinen ‹Quaestiones metaphysicales› [64]. Aegidius wendet sich dort gegen die von Averroës vor allem in seiner Schrift ‹De substantia orbis› vertretene Ansicht, daß es bei den Himmelskörpern zwar den Unterschied zwischen Potentiellem und Aktuellem gebe, daß aber das Potentielle dort nicht die Bezeichnung einer M. verdiene und das Aktuelle mit einer Seele gleichzusetzen sei, daß schließlich der Himmelskörper ein subiectum simplex darstelle. Dagegen stellt Aegidius fest: «Dicendum ..., quod corpora caelestia habent unam materiam. Ad quod notandum, quod quaedam accidentia consequuntur materiam tanquam propriae passiones eius; et haec sunt esse hic et nunc sub esse signato; et haec sunt principia individuantia. Et quia non est proprium sine eo, cuius est proprium, in caelo est invenire hic et nunc, cum istae sint propriae passiones materiae, in caelo erit propria materia.» Zur Frage des subiectum simplex erklärt Aegidius: «Illud tamen non videtur bene dictum, scilicet quod aliqua materia corporalis possit esse sine forma; hoc enim non videtur intelligibile.» Und schließlich: «Nec patet, quod commentator diceret caelum esse ex materia, quia intelligentia est ibi tanquam forma et caelum quam materia; nam amota intelligentia adhuc caelum esset quid sensibile et caelum sentiretur a nobis et videretur. Si ergo omne sensibile est compositum ex materia et forma et amota intelligentia adhuc caelum remaneret sensibile: ergo praeter intelligentiam adhuc in ipso corpore caeli oportet ponere compositum ex materia et forma.» Das alles beruht natürlich auf der Prämisse, «quod omne sensibile esset compositum ex materia et forma».

RAYMUNDUS LULLUS war einer der entschiedensten Gegner averroistischer Tendenzen [65]. In seiner Schrift über die zwölf Prinzipien der Philosophie treten diese, an erster Stelle die Form, dann die M., als redende Figuren auf, zusammen mit der Philosophie, die Klage darüber führt, von den Averroisten verleumdet zu werden [66]. Die M. schildert dann im einzelnen ihre Stellung zur Philosophie [67]. Sie erklärt des näheren, durch die Quantität individualisiert zu werden und sich in den Himmels- wie den Elementarsphären zu befinden. Neu ist dabei, daß sie als ihren eigentlichen Ort einen abstrakten, über die Einzelörter sich hinwegerstreckenden Ort angibt, der in absolutem Sinn in sich bleiben soll. Die M. ihrerseits bleibt in diesem absoluten Ort und befindet sich nur in besonderen Örtern, soweit sie in der besonderen Wesenheit ihre Konkretisierung erfährt. Die M. besitzt eine erste Form, die ihr erst die für ihre Passivität erforderliche Prägung verleiht. Diese Form scheint insbesondere für die Kontinuität der M. in der Natur den Grund zu liefern.

Die *nominalistische* Kritik an den Begriffen ‹Form› und ‹M.› erreicht ihren ersten Höhepunkt mit WILHELM VON OCKHAM [68]. In seinen ‹Summulae in libros physicorum› [69] kritisiert Ockham die Dreiheit von forma, privatio und materia bei seinen Vorgängern [70]. Die privatio erscheint ihm als eine ohne Berechtigung durch die Sache eingeführte unnötige Komplikation. Er schreibt dazu: «Cum forma per suam absentiam et praesentiam facit sufficienter mutationem, nulla requiritur pluralitas, nisi quod primo forma non sit, et postea fiat praesens eidem. Ergo duo sufficiunt ad mutationem, scilicet materia et forma.» M. und Form sind für ihn nichts anderes als nomina communia und keineswegs Prinzipien der Einzeldinge [71]. Er erklärt dazu: «... dicendum ... quod tantum sunt duo genera principiorum per se, scilicet materia et forma, ita, quod quodlibet principiorum per se, vel est materia vel forma: tamen ista genera non sunt principia rerum extra, sed sunt nomina communia et principia rerum, quae variantur sicut et generata. ... Dicendum, quod principia non sunt universalia, sed singularia, quae plura sunt numero in diversis, ita, quod haec forma istius generati est primum principium istius generati, et ista forma alterius generati est principium illius, et sic de materia, quia alia est prima materia mea et alia prima materia tua, et sic de aliis.» Konsequent betrachtet Ockham die M. als aktuell gegeben. Er schreibt: «Utrum materia sit quaedam entitas actualis, manifestum quod sic» [72]. Die Potenz wird von ihm geradezu der M. gleichgesetzt, wenn er bemerkt: «Materia est ipsa potentia, quae potest recipere formam.» Ja, die materia prima existiert sogar für sich genommen und unabhängig von der sie prägenden Form [73]; so heißt es: «Non solum autem materia prima est illa, quae in potentia ad omnes formas omnium specierum formarum generabilium et corruptibilium, sed etiam est quaedam res actu existens.» Irgendeine von der M. ausgehende Tendenz zur Form ist fiktiv, wie Ockham bei der Untersuchung der Frage, «an aliquid ipsius formae praecedat in materia, quod potentia activa vocatur secundum aliquos, vel inchoatio formae secundum aliquos», erklärt [74]. Ebensowenig akzeptiert er eine besondere Bestimmung für das aus der Verbindung von M. und Form hervorgehende Einzelwesen [75]. Die M. ist für ihn in jedem solchen Einzelwesen eine numerisch unterschiedene. In ihrer Art jedoch ist sie überall von derselben ratio. Auch die M. der Himmelskörper bildet da keine Ausnahme, sie ist von derselben Natur wie die der vergänglichen Körper. Ihre Unzerstörbarkeit ist nicht einfach und absolut, Gott könnte sie aufheben, und insofern gibt es hier und dort nicht den mindesten Unterschied [76].

Bei JOHANNES BURIDAN finden wir viele der Ockhamschen Ansätze weiter ausgeführt. So benutzt er unter anderem die neu geschaffene Lehre von der Supposition, um die von Ockham vorgenommenen Reduktionen zu bekräftigen. In seinen ‹Quaestiones super octo libros physicorum› sucht er beispielsweise mit diesem Hilfsmittel die Frage zu lösen, ob zwischen materia und privatio zu unterscheiden sei oder nicht [77], und meint dazu: «Videtur mihi, quod ista quaestio faciliter potest solvi dicendo, quod idem est privatum et privatio, et materia est privata. Ergo materia est privatio. Quod autem privatum sit privatio, declaratur per aliquas regulas. Una est, quod, si nomen concretum supponit pro aliquo et etiam nomen abstractum pro aliquo, et nomen abstractum non significat vel connotat aliud ab eo, pro quo concretum supponit, tunc oportet, quod abstractum et concretum supponunt pro eodem et quod de se invicem affirmative verificentur. Sic enim credo, quod istae sunt verae: entitas est ens; deitas est deus; ... et sic de multis aliis. Hoc enim nomen entitatis nihil significat, vel connotat, pro quo non supponit hoc nomen ens et sic deitas nihil significat vel connotat, quod non sit deus.» So löst die Scholastik fast ohne jede Rücksicht eben das auf, was sie zuvor so kunstvoll geschaffen hatte. Reste bleiben, so wenn Buridan die Frage der Individuation diskutiert [78]. Für die konkreten Einzeldinge scheint sie ihm ohne Bedeutung, vielmehr geht es ihm noch immer um das Verengen (contrahere) der species bis auf die unter sie fallende Einzelsubstanz.

Und er fährt fort: «Postea diligenter notandum est quod loquendo de individuis pro rebus significatis per terminos singulares nullam viam habemus ad percipiendum differentiam inter individua eiusdem speciei nisi per accidentia sive per extranea.» Am Beispiel zweier zum Verwechseln ähnlicher Sterne oder Menschen zeigt Buridan das des näheren und faßt seine Überlegung wie folgt zusammen: «Et ideo semper ad discernendum alienitatem oportet in aliquibus percipere specificam determinationem, in qua forte hoc intensum, illud vero remissum, hoc magnum, illud vero parvum. Ista enim nomina intensum, remissum, magnum et parvum iam differunt specie. ... dicendum est quod individua eiusdem speciei ut Socrates et Plato differunt substantialiter, scilicet per suas substantias, tam per formas, quam per materias ... Sed tamen istam diversitatem non possumus iudicare nisi per differentiam extraneorum ...» Ganz konsequent wird in der nächsten Quaestio, «utrum singulare possit definiri» [79], eine Definition im eigentlichen Sinn ausgeschlossen, obschon die scientia naturalis solcher Mittel nicht entbehren kann. Doch bleibt es bei akzidentellen, außerwesentlichen Bestimmungen, und selbst dann kann planeta maximus et lucidissimus nicht auf ein Einzelnes beschränkt werden, da es Gott ja gefallen könnte, weitere Sonnen zu schaffen. Die Argumente für und wider eine selbständige Rolle der privatio werden schließlich noch einmal von MARSILIUS VON INGHEN zusammengefaßt [80], der sich für die von Ockham vertretene Lösung entscheidet.

Einen Versuch, die divergierenden Ansichten über den Begriff der M. wieder in den Schoß der orthodox aristotelisch-averroistischen Tradition aufzunehmen, unternimmt JOHANNES VON JANDUN. Man muß nur die unterschiedlichen Aspekte, unter denen die Frage gesehen wird, erkennen, dann haben alle recht. Dazu schlägt er in einer langen Quaestio über das Individuationsprinzip [81] folgende Einteilung vor: «Et potest fieri talis divisio. Primo omnes qui loquuntur de principio individuationis, vel loquuntur de principio individuationis pro accidente vel de principio naturae subiecta individuationi. si primo modo, aut loquimur de principio formali aut subiectivo.» Seine eigene Ansicht läuft dann aber schließlich auf die Annahme einer zusätzlichen, die Individuation leistenden substantiellen Form hinaus. Im einzelnen hält Johannes von Jandun streng an der Trennung zwischen irdischer und himmlischer M. fest. Bei der Diskussion der Questio, «an caelum sit compositum ex materia et forma» [82], lautet seine Conclusio: «Si qua in caelo est materia, ea non est in potentia ad aliquam formam, sed est materia, quae est in potentia ad locum.»

Mit dem Vordringen der *Einzelwissenschaften* findet der Begriff der M. in neuen Zusammenhängen seine Anwendung. Ein typisches Beispiel dafür liefert die im späteren Mittelalter nicht zuletzt im Zusammenhang mit der Lichtmystik starkes Interesse findende Optik. In der Schrift über den Regenbogen verwendet DIETRICH VON FREIBERG [83] das Begriffspaar ‹M.› und ‹Form› in einem neuen Sinn: «Sic ... habemus duas contrarietates in principiis huiusmodi colorum, quarum una est magis formalis et habet modum formae, sive multa vel pauca luminositas, alia autem contrarietas sive multa et pauca diaphanitas, habet modum materiae seu materialis proprietatis in specie colorum» [84]. Trotz der folgenden Berufung auf Aristoteles ist nicht zu verkennen, daß der Terminus ‹M.› hier einen neuen Sinn gewinnt.

In der *deutschen Mystik* werden die begrifflichen Bausteine, aus denen das Neue geschaffen wird, weithin der Tradition – nicht zuletzt der averroistischen – entnommen [85]. Zu einer durch sie beeinflußten eigenständigen Behandlung mit dem Begriff der M. zusammenhängenden Fragen kommt es wieder bei NICOLAUS VON CUES. Er handelt im 2. Buch seiner Schrift ‹De docta ignorantia› im 8. Kapitel ‹De possibilitate sive materia universi› [86]. Sie gibt ihm ein augenfälliges Beispiel der docta ignorantia. Die angeführten Autoritäten, die dann zur possibilitas absoluta oder materia zitiert werden, sind allerdings nun nicht mehr nur die Peripatetici: ihnen gehen die Platonici, Hermes und die Stoici voran. Und schließlich faßt er zusammen: «Haec est positio eorum, qui de possibilitate absoluta locuti sunt. Nos autem per doctam ignorantiam reperimus, impossibile fore possibilitatem absolutam esse. Nam cum inter possibilia nihil minus possit esse quam possibilitas absoluta, quae est propinquissime circa non esse, secundum etiam positionem authorum: hinc ad minimum, deveniretur atque ad maximum in recipientibus magis et minus, quod est impossibile. Quare possibilitas absoluta in deo est deus, extra ipsum vero non est possibilis; numquam est enim dabile aliquid, quod est in potentia absoluta, cum omnia praeter primum necessario sunt contracta.»

Anmerkungen. [1]Vgl. L. NOACK: Leben und Schr. des Joh. Scotus (1876). – [2] JOANNIS SCOTI ERIGENAE De divisione naturae (Oxford 1681) 32f. – [3] a.O. 33. – [4] 137f. – [5] Vgl. P. DUHEM: Le système du monde 1-5 (6) (1913-1917, ND Paris 1954) 5, 340. – [6] Vgl. M. DE WULF: Hist. of mediaeval philos. (London ²1926) 166ff. – [7] GILBERTI PORRETANI In IIII de trinitate comm., in: ANITII MANLII BOETHI ... opera omnia (Basel 1520) 1137ff. – [8] Zur ges. frühen Lukreztradition vgl. J. PHILIPPE: Lucrèce dans la théol. chrét. du 3e au 13e siècle et specialement dans les écoles carolingiennes. Ann. du Musée Guimet = Rev. Hist. des Rélig. 16e année/t. 31 (Paris 1895) 284-302; 17e/33 (1896) 19-36. 125-162. – [9] Vgl. URSO VON SALERNO, De commistionibus elementorum libellus, hg. W. STÜRNER. Stuttg. Beitr. Gesch. Pol. 7 (1976) 7-12. – [10] Vgl. Tim. a CHALCIDIO transl., hg. J. H. WASZINK. Plato lat. 4 (London/Leiden 1962) 273. – [11] URSO, a.O. [9] 39f. – [12] a.O. 43f. – [13] Vgl. C. H. HASKINS: Stud. in the hist. of mediaeval sci. (Cambridge, Mass. 1924); M. STEINSCHNEIDER: Die europ. Übersetz. aus dem Arab. (1956). – [14] Vgl. A. MASNOVO: Da Guiglielmo d'Auvergne a S. Tommaso d'Aquino 1-3 (Mailand ²1945/46). – [15] Vgl. GUILLERMI PARISIENSIS Episcopi De universo secunda pars principalis, pars 1, cap. 52, t. 2 (Paris 1516) 217 A. – [16] Vgl. V. DOUCET: De «Summa Fr. Alexandri Halensis» historice considerata. Riv. Filos. neoscolast. 40 (Mailand 1948) 1-44. – [17] ALEXANDRI DE HALES S. theol. II, tr. 2, q. un., c. 2, art. 2. 1-4 (Quaracchi 1924-1948) 2, 134-136. – [18] Vgl. A. C. CROMBIE: Robert Grosseteste and the origins of exp. sci. 1100-1700 (Oxford 1953). – [19] ROBERT GROSSETESTE, Philos. Werke, hg. S. L. BAUR. Beitr. Gesch. Philos. MA 9 (1912) 31-43. – [20] a.O. 19-24. – [21] 51. – [22] Vgl. CHALCIDIUS, a.O. [10] 184. – [23] GROSSETESTE, a.O. [19] 52. – [24] So in De lineis angulis figuris ... a.O. 59-65. – [25] Vgl. A. G. LITTLE: Roger Bacon. Essay ... (Oxford 1914). – [26] ROGER BACON, hg. J. H. BRIDGES 1, 2. Suppl. (Oxford/London 1897/1900). – [27] Als Anh. a.O. 2, 453. – [28] Vgl. z.B. Communia naturalia I, p. 3f., hg. R. STEELE. Opera hactenus ined. fasc. 3, 224. – [29] Vgl. C. BAEUMKER: Witelo, ein Philosoph und Naturforscher des 13. Jh. Beitr. Gesch. Philos. MA 3 (1908). – [30] Vgl. Opticae thesaurus ALHAZENI ... item VITELLONIS Thuringopoloni I-X, hg. F. RISNER (Basel 1572). – [31] Vgl. DUHEM, a.O. [5] 412-423. – [32] a.O. 423-432. – [33] ALBERTUS MAGNUS, Physica I, 8, tract. 1, cap. 14. – [34] Vgl. M. JOËL: Das Verhältnis Alberts des Großen zu Moses Maimonides (1863). – [35] ALBERTUS MAGNUS, Met. I, 11, tract. 2, cap. 20. – [36] a.O. tract. 1, cap. 7. – [37] Eine Bezugsstelle bei BOETHIUS scheint sich nicht nachweisen zu lassen. – [38] Liber de causis III, cap. 1, par. 2. – [39] ALBERTUS MAGNUS, De anima I, 3, tract. 3, cap. 11. – [40] Vgl. E. GILSON: Le Thomisme: Études de philos. médiévale 1 (Paris ⁵1947). – [41] THOMAS VON AQUIN, S. theol. I, q. 46, a. 1 ad 3. – [42] De ente et essentia cap. 2. – [43] a.O. cap. 5. – [44] S. theol. I, q. 85, a. 2 ad 1. – [45] Vgl. DUHEM, a.O. [5] 536-559. – [46] THOMAS, S. theol. I, q. 66, a. 2. – [47] Vgl. II Sent. 14, 1, 3; Sub. sep. 2; S. c. gent. 2, 70; De spir. creat. 5; In Met. 12, 9; S. theol. I, q. 70, a. 3; Quodl. 12, 8. – [48] Vgl. E. GILSON: Jean Duns Scot. Introd. a ses positions fondamentales. Études de philos. médiévale 42 (Paris 1952). – [49] IOANNES DUNS SCOTUS, Opus Oxon. II, dist. 12, q. 1, 10. – [50] a.O. I, 11. – [51] q. 1, 13. – [52] 1, 20. – [53] Quaest. in Met. VII, q. 16, 6. – [54] Opus Oxon. II, dist. 12, q. 1, 16. – [55] a.O. q. 2, 3. – [56] dist. 3, 4, 2. – [57] Vgl. 4, 10f. – [58] Vgl. dazu q. 6, 11-16. – [59] Vgl. dist. 3, q. 7, 3. – [60] Bequem zugänglich und sachl. geordnet bei P. MANDONNET: Siger de Brabant 2 (Louvain 1908) 175-191. – [61] Vgl. G. BRUNI: Le opere di EGIDIO ROMANO (Florenz 1936). – [62] B. AEGIDII Columnae Romani ... Quodlibeta rev. ... P. DE CONINCK (Louvain 1646) II quodl. 12: «utrum in materia sit potentia activa». – [63] a.O. I, quodl. 8: «Utrum substantia intellectualis completa sit composita ex materia et forma». – [64] Quaest. met. (Venedig 1501) VIII, q. 2: «utrum in corporibus celestibus sit materia». – [65] Vgl. O. KEICHER: Raymundus Lullus und seine Stellung zur arab. Philos. Beitr. Gesch. Philos. MA 4/5 (1909). – [66] Duodecim principia philosophiae ..., quae est lamentatio seu expostulatio philosophiae contra Averroistas, et physica eiusdem dici possunt. RAYMUNDI LULLII Opera ea quae ad inventam ab ipso artem [etc.] ... pertinent, editio postrema (Strassburg 1651). – [67] a.O. 117ff. – [68] Vgl. G. DE LAGARDE: La naissance de l'esprit laïque au declin du moyen âge 4: Ockham et son temps (Paris 1942). – [69] Oder Philosophia naturalis; vgl. P. BÖHNER: Die unpolem. Schr. Ockhams, in: Wilhelm Ockham (1349-1949). Aufs. zu seiner Philos. und Theol. (1950) 156-163. – [70] WILHELM VON OCKHAM, Philos. nat. I, cap. 12 (Rom 1637) 14 a-15 b. – [71] a.O. cap. 14 = 17 b-18 b. – [72] cap. 16 = 19 a-21 b. – [73] cap. 17 = 21 b-22 b. – [74] cap. 24 = 27 b-28 b. – [75] cap. 25 = 29 b-31 a. – [76] Tabule ad diversas huius operis ... super IV Sent. annotationes ... (Lyon 1495) II, q. 22. – [77] Acutissimi philosophi ... JOHANNIS BURIDANI quaestiones super VIII Phys. Arist. I, q. 23 (Paris 1509) 26 d. – [78] In Met. Arist. quest. ... VIII, q. 7 (Paris 1518) 52 b/c. – [79] a.O. q. 18 = 52 d-53 b. – [80] Quest. ... JOHANNIS MARSILII INGUEN super VIII Phys. secundum nominalium viam (Lyon 1518). – [81] JOANNES DE JANDUNO, Quest. ... in XII Met. ... VII, q. 17 (Venedig 1525) fol. 96 C-100 F. – [82] In Arist. De coelo ... quaest. ... I, q. 22 (Venedig 1552) 14 d-16 c. – [83] Vgl. E. KREBS: Meister Dietrich. Beitr. Gesch. Philos. MA 5, H. 5/6 (1906). – [84] DIETRICH VON FREIBERG, Über den Regenbogen, hg. J. WÜRSCHMIDT. Beitr. Gesch. Philos. MA 12, H. 5/6 (1914) 68. – [85] Vgl. P. MERLAN: Aristoteles, Averroes und die beiden Eckharts, in: Autour d'Aristote (Louvain 1955) 543-580. – [86] NICOLAUS CUSANUS, Opera (Paris 1514) 2, 18r.

Literaturhinweise. – *Übersichten:* P. DUHEM: Le système du monde 1-5 (6) (Paris 1913-1917, ND 1954) Bde. 5. 6. – FR. UEBERWEGS Grundriß Gesch. Philos. 2: Die patrist. und scholast. Philos., hg. B. GEYER (¹² 1928, ND 1967). – E. MCMULLIN (Hg.): The concept of M. in Greek and medieval philos. (Notre Dame, Indianapolis 1965). – *Zu Einzelfragen:* M. DE WULF: La doctrine de la pluralité des formes dans l'anc. école scolast. du 13e siècle. Rev. Hist. Litt. relig. 6 (1901) 427-453. – P. MANDONNET: Les premières disputes sur la distinction réelle entre l'essence et l'existence 1276-1287. Rev. thomiste 18 (St-Maximin-Var 1910) 741-765. – E. ROLFES: Zur Kontroverse über die Körperlehre in der griech. und scholast. Philos. Divus Thomas 4 (Piacenza 1917) 381-435. – J. ASSENMACHER: Die Gesch. des Individuationsprinzips in der Scholastik (1926). – H. GRZONDZIEL: Die Entwickl. der Unterscheid. zwischen potentia Dei absoluta und die potentia Dei ordinata von Augustin bis Alexander von Hales (Diss. Breslau 1926). – E. KLEINEIDAM: Das Problem der hylemorphen Zusammensetzung der geistigen Substanzen im 13. Jh., beh. bis Thomas v. Aquin (Diss. Breslau 1930). – S. MOSER: Grundbegriff der Naturphilos. bei Wilhelm von Ockham (1932). – J. A. SHERIDAN: Expositio plenior hylemorphismi Fr. Rogeri Baconis (Rom 1938). – P. STELLA: L'ilemorfismo di Giovanni Duns Scoto (Turin 1955). – T. LITT: Les corps célestes dans l'univers de Saint Thomas d'Aquin (Louvain/Paris 1963). – I. KLINGER: Das Prinzip der Individuation bei Thomas v. Aquin (1964). – W. M. NEIDL: Der Realitätsbegriff des Franz Suarez nach den Disputationes metaphysicae (1966).

M. SCHRAMM

III. Die Wandlungen des M.-Begriffs in der *neuzeitlichen Philosophie* unterliegen vor allem folgenden Tendenzen: a) *Realisierung:* Der auf die Form bezogene und insofern unselbständige Stoff wird zur allgemeinen, selbständigen, Bewegungen und Gestalten produzierenden Substanz, die die gesamte Wirklichkeit ausmacht (Materialismus). b) *Strukturierung:* Die formlose M. wird mit allgemeinen, von ihr untrennbaren Eigenschaften versehen, wie z. B. Ausdehnung, Trägheit, Schwere und/oder atomistischer Struktur. c) *Dynamisierung:* Die passive M. wird mit Aktivität, Kraft, Eigenbewegung und der Fähigkeit, Wirkungen hervorzurufen, ausgestattet. d) *Phänomenalisierung:* Die M. wird nicht als Substanz, sondern als Erscheinung aufgefaßt. e) *Dissolution:* Die M. verliert sämtliche Eigenschaften und wird auf den unerkennbaren Träger von Attributen beschränkt und schließlich als überflüssig betrachtet oder in ein Nichts aufgelöst. Manche dieser Tendenzen überlagern oder verstärken sich, andere führen in entgegengesetzte Richtungen auseinander. Auch läßt sich die Geschichte des ontologischen Subsumtionsbegriffs der M. (als Gegensatz zu Bewußtsein, Geist, Seele) nicht immer von der des erkenntnistheoretischen Reflexionsbegriffs ‹M.› (als Gegensatz zu Form) trennen.

1. Während in der aristotelisch-thomistischen Philosophie die erste M. reine Potentialität ist, geben ihr DUNS SCOTUS, WILHELM VON OCKHAM und SUÁREZ eine eigene, wenn auch noch durch die Form bestimmungsbedürftige Aktualität. G. CARDANO greift diese Akzentverschiebung auf: «Die M. ist im Hinblick auf die Form der Möglichkeit nach (potentia), in sich selbst aber ist sie in Wirklichkeit (actu). ... Die erste M. ist in einer, wenn auch sozusagen verkümmerten Wirklichkeit; verglichen mit den Formen ist sie in Möglichkeit» [1]. Die *materia prima* verliert also ihren Charakter eines unselbständigen Prinzips von Seiendem, das «beinahe nichts» [2] ist, und nimmt gewisse Züge eines stofflichen Substrats im Sinne der *materia secunda* an, womit ein wichtiger Schritt auf den M.-Begriff der (atomistischen) Mechanistik des 17. Jh. hin gemacht ist. Mit der Beharrung wird dem ursprünglich Bestimmungslosen eine erste Bestimmung beigelegt. So sagt Cardano von der *materia prima* vor dem Hintergrund der seit den Eleaten die philosophische Tradition durchziehenden und noch die neuzeitliche Suche nach Erhaltungssätzen treibenden ontologischen Vorrangstellung des Ruhenden gegenüber dem Veränderlichen: «Sie bleibt und daher ist sie, denn was bleibt, ist» [3]. Aus der Neutralität des Bleibens der M. wird bei B. TELESIO aufgrund der Stoa-Rezeption ein Trieb, sich selbst zu erhalten [4], womit ein Keim zur Dynamisierung der M. gelegt ist.

G. BRUNO führt alle Substanzen auf zwei substantielle Prinzipien zurück: ein formales Prinzip (Weltseele) als Quelle aller Formen und die M., die im Anschluß an Platon als Behälter (der Formen) aufgefaßt wird [5]. Diese *eine* M., zum Urbild des Universums gesteigert, ist nur mit der Vernunft erkennbar [6] und sowohl Akt als auch Potenz, weil die absolute Möglichkeit mit der Wirklichkeit zusammenfällt [7]. Insofern sie die Formen umfaßt, kann sie als das erste Prinzip des Universums gelten [8]. Die Aufwertung der M. liegt darin, daß die körperliche M. für die Naturerscheinungen die Quelle der Formen und damit der Wirklichkeit ist. Die M. ist ein von der Wirklichkeit ununterscheidbares Vermögen; im Gegensatz dazu wird den aus ihr in beständigem Wechsel hervorgehenden Formen bloße Potentialität zugesprochen [9]. Insofern die M. die Formen in ihrem Schoß enthält, ist sie die Natur [10]. Eingeschränkt auf den dynamischen Bereich greift E. TORRICELLI die Behältervorstellung auf und nennt die M. ein «Zaubergefäß der Circe», das nur dazu diene, die Kräfte in sich zu fassen [11].

GASSENDIS Neubelebung der Atomistik und die cartesische Philosophie bilden eine Basis für verschiedene Weiterführungen und Neufassungen des M.-Begriffs. DESCARTES begreift das Wesen der M. als bloße dreidimensionale Ausdehnung. Dem Körper kommen alle wahrnehmbaren Eigenschaften wie Härte, Gewicht und Farbe nur akzidentell zu [12]. Als passive ausgedehnte Substanz ist die M. beliebig teilbar, erfüllt jeden Raum und ist überall – auch wenn es mehrere Welten gäbe – dieselbe [13]. Diese strenge Homogeneität verläßt Descartes jedoch wieder dadurch, daß er einzelne, aufgrund ihrer Abmessungen und Bewegungen unterschiedene Teile der M. zuläßt, um damit die verschiedenen Arten der M. im Sinne der *materia secunda* zu erklären [14].

Um einen daraus entstehenden Materialismus zu verhindern, hebt H. MORE die Gleichsetzung von M. und Ausdehnung auf und erklärt die Existenz des körperlosen Raumes zur Voraussetzung der M., die durch Undurchdringlichkeit (Antitypie) gekennzeichnet sei [15]. Sie bestehe in einer homogenen Ansammlung von undurchdringlichen «physischen Monaden», die sich zwar beliebig eng berühren, aber aufgrund ihres Wesens getrennt sind. Sie sind ausgedehnt, aber physisch unteilbar. Über ihre Gestalt enthält sich More des Urteils [16]. Diese konstituierenden Teile der Körper besitzen keine eigene Bewegung, so daß eine zweite Schranke gegen den Materialismus errichtet ist, denn zur Erklärung der Bewegung wird ein zusätzliches bewegendes («hylarchisches») Prinzip (oder spiritus naturae) erforderlich [17].

Anmerkungen. [1] G. CARDANO, Opera (Lugduni 1663, ND 1967) 3, 359 (De subtil. I). – [2] THOMAS VON AQUIN, S. theol. I, q. 54, a. 3, 2. – [3] CARDANO, a.O. [1]. – [4] B. TELESIO: De rerum natura (1588) IX; vgl. K. LASSWITZ: Gesch. der Atomistik (1890, ND 1963) 1, 313; H. BLUMENBERG: Selbsterhaltung und Beharrung. Abh. Akad. Wiss. Lit. zu Mainz, geistes- und sozialwiss. Kl. (1969) Nr. 11, 335-383. – [5] G. BRUNO, Dialoghi ital., hg. G. AQUILECCHIA (Florenz ³1957) 272f. (De la causa III); vgl. PLATON, Timaios 51. – [6] BRUNO, a.O. [5] 266. – [7] a.O. 279ff. – [8] 286f. – [9] 314. – [10] 311f. – [11] E. TORRICELLI: Lezioni Accad. (Florenz 1715) 25. – [12] DESCARTES, Princ. philos. II, 1. 4. – [13] a.O. II, 16. 20. 22f. 46. – [14] II, 52; vgl. LEIBNIZ' Kritik, in: Philos. Schr., hg. C. I. GERHARDT 4, 399. 513f. – [15] H. MORE, Opera (London 1679, ND 1966) II/1, 159ff. 318 (Enchir. met.). – [16] a.O. 173f. – [17] 177.

2. LEIBNIZ, dessen Philosophie vom Streben nach Stetigkeit und Harmonie geprägt ist, versucht, in seinem Kraftbegriff Aktivität und Passivität unlösbar zu verschweißen [1]. Substanz besteht in einer ursprünglichen Kraft, die sich nur durch metaphysische Reflexion in eine aktive und eine passive trennen läßt. Die ursprüngliche passive Kraft ist das Prinzip der Undurchdringlichkeit und der Trägheit. Leibniz nennt sie auch *materia prima*, weil er sie für die adäquate Interpretation des aristotelischen Ausdrucks hält [2]. Der Körper wird als ein Aggregat von unendlich vielen Monaden angesehen, wobei das damit gesetzte kontinuierliche gleichzeitige Aggregat der passiven Kräfte das Fundament der Ausdehnung und Masse des Körpers ist [3]. Dieser ist eine in den ausdehnungslosen Monaden wohlbegründete Erscheinung (phaenomenon bene fundatum) oder Quasisubstanz [4]. Ebenso wie Telesio und Descartes, aber im Gegensatz zu Hobbes und Spinoza hält Leibniz die M. für von Gott erschaffen [5].

CHR. WOLFF, der sich eng an Leibniz anschließt, lehnt es jedoch ab, den Begriff der M. auch auf einfache Substanzen anzuwenden, was Leibniz mit dem Begriff der *materia prima* getan hatte. Wolff beschränkt den Begriff der M. bewußt auf den Bereich der physischen Dinge [6]. Den Körper faßt auch er als ein Aggregat einfacher, unausgedehnter, immaterieller Substanzen, «einfacher Dinge» auf, die er jedoch nicht «Monaden», sondern «Elemente» oder «atomi naturae» nennt [7]. Der Grund der determinierten Beweglichkeit der Körper ist die Trägheitskraft, die aber nicht allein durch die Ausdehnung des Körpers bestimmt ist, sondern ihr supponiert wird [8]. Als M. wird definiert, was durch seine Widerstandskraft dem Körper Ausdehnung verleiht [9]. Ausdehnung und Trägheit sind die beiden einzigen mit den Sinnen deutlich erkennbaren Merkmale der M., kommen aber letztlich von den Elementen her. Wolff leugnet nicht, daß die M. noch mehr enthalten könne, wie aber wir müssen es aus Unkenntnis «ausgestellt sein lassen» [10]. Das, was durch die Art der Zusammensetzung der Teile das Wesen eines bestimmten Körpers annimmt, ist die M. desselben [11]. Sie ist durch Veränderung der Gestalt modifizierbar und dabei gleichsam dauerhaft (tanquam perdurabilis), deswegen ist sie gleichsam (instar) als Substanz aufzufassen [12]. Andererseits besitzt sie als nicht in allen Elementen deutlich perzipierte Phänomencharakter und ist ein «phaenomenon substantiatum» [13]. Ebenso wie bei Leibniz [14] bleibt die Naturwissenschaft, abgesehen von den allgemeinen Bewegungsgesetzen [15], bei der Untersuchung von «kleinen Körperlein» stehen [16], die aber, wie Wolff betont, nicht mit den einfachen Dingen oder Elementen verwechselt werden dürfen, denn dies bedeute eine unzulässige Vermengung von Metaphysik und Naturwissenschaft. Wolff hält Leibniz entgegen, daß dieser die «derivative» Kraft der Trägheit des Körpers nicht durch eine Herleitung aus den Monaden bestimmen kann. Alles, was in der M. liege, müsse zwar aus den Elementen als ihrem Ursprung erklärt werden können, «allein dieses kann nicht eher von uns geschehen, bis wir die innere Kraft der einfachen Dinge *determiniert*, damit wir sie nach ihrer besonderen Art kennen lernen» [17]. Aus diesem Grunde ist Wolff in den Aussagen über die Elemente zurückhaltender als Leibniz und vermeidet den Ausdruck ‹Monaden› [18], wogegen A. G. BAUMGARTEN ihn für die Bezeichnung der einfachen Substanzen oder «absoluten Elemente» übernimmt [19]. Baumgarten nennt sie zwar die «konstituierenden» und absolut ersten Teile der Körper, doch sind diese dem Phänomen «Körper» zugrunde liegenden 'Teile' ebensowenig wie bei Leibniz oder Wolff ausgedehnt oder körperlich [20].

Anmerkungen. [1] LEIBNIZ, Philos. Schr., hg. C. I. GERHARDT (= LPG) 6, 615 (Monadol. § 52). – [2] Math. Schr., hg. C. I. GERHARDT (= LMG) 3, 541 (an Joh. Bernoulli); 6, 236f. (Spec. dyn.); 6, 98ff. = LPG 4, 393ff. (gegen Descartes). – [3] LPG 4, 510ff. (De ipsa natura); 6, 607 (Monadol. § 2). – [4] LPG 2, 257 (an De Volder); 2, 305f. (an Des Bosses). – [5] LPG 2, 170 (an De Volder); 6, 313. 341 (Theod. §§ 335. 380). – [6] CHR. WOLFF: Philos. prima sive Ontologia (= Ontol.) (1730, ²1736, ND 1962) § 948. – [7] Vernünfftige Gedancken von Gott ... (= Vern. Ged.) (1720, zit. 1751) §§ 75. 81; Cosmologia (= Cosmol.) (1731) §§ 184. 186; vgl. LEIBNIZ, LPG 6, 607 (Monadol. §§ 2. 3). – [8] WOLFF, Cosmol. § 131; Ontol. § 113. – [9] Vern. Ged. § 607; Cosmol. § 141. – [10] Anm. über die Vern. Ged. (= Anm.) (1724) § 221. – [11] Ontol. §§ 948. 533. 112. – [12] Cosmol. § 146. 168; Ontol. § 766. – [13] Cosmol. §§ 225f. 298. – [14] LEIBNIZ, LMG 6, 242. – [15] WOLFF, Anm. § 229. – [16] Vern. Ged. § 612f. 694; Anm. §§ 229. 241. 248. – [17] Vern. Ged. § 697; Anm. §§ 221. 251. – [18] a.O. § 215; Vern. Ged. §§ 598f. – [19] A. G. BAUMGARTEN: Met. (1739, ⁴1757) §§ 230ff. 423. – [20] a.O. § 422; vgl. J. HESSEN: Das Substanzproblem in der Philos. der NZ (1932) 100.

3. Für LOCKE ist der Körper eine «dichte, ausgedehnte und gestaltete Substanz» [1]. Die «unklare Teilvorstellung» einer dichten Substanz ohne Ausdehnung und Gestalt macht den Begriff der M. aus, der durch Abstraktion gewonnen ist. Sie wird als überall gleich und einförmig angenommen, weil die Unterschiede der Körper nur auf Unterschieden ihrer Gestalt und Ausdehnung beruhen. Die M. kann nicht selbständig bestehen und wird als völlig passiv und tot vorgestellt, sie ist unfähig, aus sich heraus Bewegung oder Denken hervorzubringen [2].

BERKELEY reduziert alles nicht geistige Sein auf wahrgenommene Vorstellungen (ideas) und schließt damit die M. als Träger der (sekundären, aber auch der primären) Qualitäten und als Ursache der Wahrnehmungen aus [3]. Da Gott selbst unsere Vorstellungen hervorbringt, kann die Ursache ihrer Entstehung nicht die M. sein [4]. Nicht einmal als Instrument oder Anlaß (occasion) für Gott, bestimmte Perzeptionen in unserem Geist zu produzieren, ist sie erforderlich [5]. Nur sofern man damit nichts anderes meint als die wahrnehmbaren Gegenstände, läßt Berkeley den Gebrauch des Ausdrucks ‹M.› zu [6].

Der in den mechanistischen und atomistischen Anschauungen des 17. Jh. wurzelnde *französische Materialismus* des 18. Jh. faßt M. als die Gesamtheit der Wirklichkeit auf. Nach HOLBACH ist für uns die wahre Natur der M. zwar unerkennbar, doch da M. alles ist, was auf unsere Sinne wirkt, können wir aus der Art, wie sie auf uns wirkt, wenigstens gewisse ihrer allgemeinen Eigenschaften erkennen. Sie sei sowohl räumlich als auch zeitlich grenzenlos, ausgedehnt und teilbar, außerdem sei sie undurchdringlich, gestaltbar und enthalte den Ursprung ihrer Bewegung, die allerdings den Naturgesetzen unterliege, in sich selbst. Alle ihre Modifikationen, wozu auch das Denken gehört, gehen aus der Bewegung der M. hervor [7].

Anmerkungen. [1] J. LOCKE, Essay conc. human understanding III, ch. 10, § 15. – [2] a.O. IV, ch. 10, § 10. – [3] G. BERKELEY, Treatise conc. the princ. of human knowledge §§ 9ff. 16f. 47. 67. 73. – [4] a.O. § 72. – [5] § 75; Dialogues between Hylas and Philonous II. Works, hg. A. A. LUCE/T. E. JESSOP 2, 216ff. – [6] a.O. III = 2, 261. – [7] P. H. TH. D'HOLBACH: Système de la nature (London 1770) 1, 32f.; 2, 106f.; 131. 135ff.; vgl. VOLTAIRE, Oeuvres (1787) 44, 177 (Micromégas VII).

Literaturhinweise. A. A. LUCE: Berkeley's immaterialism (London u.a. ²1950). – C. D. BROAD: Berkeley's denial of material substance. Philos. Rev. 63 (1954). – C. J. SULLIVAN: Berkeley's attack on matter, in: George Berkeley – Lectures delivered before the Philos. Union Univ. of Calif. (Berkeley/Los Angeles 1957) 20-36. – H. M. BRACKEN: The early reception of Berkeley's immaterialism 1710-1733 (Den Haag 1959).

4. Bei Chr. Wolff und Baumgarten wurde der M.-Begriff zwar auf den Bereich der Erscheinungen eingeschränkt, aber als ihre rationalen Gründe werden immer noch einfache Substanzen gefordert. KANT reduziert diesen Grund der Erscheinungen auf das uns völlig unerkennbare transzendentale Objekt (Ding an sich), auf das die Kategorie der Substanz nicht mehr anwendbar ist. So wird die M. zur «Substanz in der Erscheinung», aber sie ist nicht mehr Erscheinung der Substanz [1]. Als Erscheinung ist sie in uns und von der Existenz des erkennenden Subjekts abhängig, aber trotzdem außer uns vorgestellt [2], «eine bloße Form oder eine gewisse Vorstellungsart eines unbekannten Gegenstandes durch diejenige An-

schauung, welche man den äußeren Sinn nennt» [3]. Die M. ist das, was den Raum erfüllt, Ausdehnung und Undurchdringlichkeit machen ihren Begriff aus [4]. Selbst der Begriff der «Beharrlichkeit» oder der Unveränderlichkeit der Quantität wird ihr synthetisch, allerdings a priori, zugesprochen [5], denn die Anwendung der Kategorie der Substanz auf die Erscheinung ist nur mit Hilfe des zugehörigen Schemas, nämlich der Beharrlichkeit des Realen in der Zeit, möglich. Die M. ist das oberste empirische Prinzip der Einheit der Erscheinungen und als solches empirisch von keiner Bedingung abhängig, doch nicht im Sinne eines konstitutiven, sondern eines regulativen Prinzips, denn jede reale Bestimmung der M. (z. B. Undurchdringlichkeit) kann als eine von etwas anderem ableitbare Wirkung aufgefaßt werden, weswegen der M. keine absolute Notwendigkeit zukommt [6]. Obwohl der M.-Begriff a priori entspringt, ist ihre *Realität* ein empirisches Faktum [7]. Hatte H. More den Raum aus theologischem Motiv zur (körperlosen) Voraussetzung der M. erklärt, so geht für Kant – und damit in der Naturphilosophie des deutschen Idealismus und der neueren Ontologie – der Raum aus erkenntnistheoretischen Gründen der M. voraus [8]. Die nähere Bestimmung dessen, was als Beharrliches den Raum erfüllt, gehört, soweit sie a priori möglich ist, zu den ‹Metaphysischen Anfangsgründen der Naturwissenschaft›. M. ist «Etwas, das ein Gegenstand äußerer Sinne» ist, da aber unsere Sinne nur durch Bewegung affiziert werden können, ist Bewegung die Grundbestimmung der M. [9]. Die vier Kategorienklassen ergeben vier primäre apriorische Bestimmungen: M. ist das Bewegliche im Raum (Quantität), das den Raum erfüllt (Qualität), eine bewegende Kraft besitzt (Relation) und ein Gegenstand der Erfahrung ist (Modalität). Zur Raumerfüllung sind zwei Grundkräfte erforderlich: die repulsive oder expansive ist Grund der Ausdehnung und Undurchdringlichkeit, die Anziehungskraft Grund der Begrenztheit und Quantität der M. – Im ‹Opus postumum› versuchte Kant, die Schwierigkeiten dieser M.-Theorie (z. B. Probleme der Kohäsion und der Dichteunterschiede) durch einen Neuansatz zu überwinden [10], der aber ohne Wirkung bleiben mußte.

SCHELLING übernimmt zunächst von Kant die Gegenüberstellung von Repulsiv- und Attraktivkraft als Prinzipien der Realität bzw. bestimmten Form der M. [11]; später löst er aus den absolut entgegengesetzten eine dritte «synthetische» Kraft (Schwerkraft) heraus, die erst die «Konstruktion der M.» vollende [12]. M. versteht Schelling unter Hinweis auf Leibniz («Schlafzustand der Monaden») und Hemsterhuys («geronnener Geist») als «den Geist im Gleichgewicht seiner Tätigkeiten angeschaut». Jeder reelle Gegensatz zwischen Geist und M. soll dadurch überwunden sein, daß die M. «selbst nur der erloschene Geist, oder umgekehrt jener die M., nur im Werden erblickt, ist» [13]. War Berkeleys Idealismus an der M. als passivem, formlosem Substrat orientiert und auf ihre Dissolution gerichtet, verschafft Schelling ihr durch ihre Konstruktion aus bestimmten Geistestätigkeiten eine gewisse Dignität. Die Aufwertung betrifft aber nur die *materia prima* als das «erste Etwas-sein», das Schelling scholastisch als «Anfang und erste Potenz, als das Nächste am Nichts» bezeichnet, während die «geformte und mannigfach gebildete M.», zu der auch die körperliche M. gehört, als ein Abbrechen oder Abfallen von der Absolutheit und Realität in den Bereich der Schattenbilder und Nichtwesen deutet [14].

HEGEL entwickelt die M. dialektisch aus dem abstrakten Außereinander in der Position (Raum) und in der Negation (Zeit). «Das erste Konkrete, die Einheit und Negation dieser abstrakten Momente, ist die M.» [15]. Sie markiert somit den «Übergang der Idealität in die Realität» [16]. «Die Bewegung ist der Prozeß, das Übergehen von Zeit in Raum und umgekehrt: die M. dagegen die Beziehung von Raum und Zeit, als ruhende Identität» [17]. Den Ansatz einer formlosen, ewigen und unveränderlichen M., die nachträglich mit den Formen von Raum, Zeit und Bewegung versehen wird, lehnt Hegel ausdrücklich als ein «unwahres Abstraktum» ab, denn der Begriff des Raumes verschaffe sich gerade Existenz in der M. Diese setzt also den Raum und die Zeit in ihrer Abstraktion schon voraus. Die M. ist «die erste Realität, das daseiende Fürsichsein; sie ist nicht nur abstraktes Sein, sondern positives Bestehen des Raums, aber als ausschließend anderen Raum». In dieser ausschließenden Beziehung auf sich ist sie «die erste reale Grenze im Raum». «Wie es keine Bewegung ohne M. gibt, so auch keine M. ohne Bewegung» [18]. In fortgesetzten dialektischen Schritten wird der M.-Begriff entfaltet (Repulsion – Attraktion – Schwere; schwere M. – «elementarische» M. – individualisierte M.), wobei Repulsion und Attraktion nicht als selbständige Kräfte, sondern nur als Begriffsmomente der ihrem Wesen nach schweren M. angesehen werden. In der Schwere sieht Hegel die Substantialität der M. und zugleich «das Bekenntnis der Nichtigkeit des Außersichseins der M. in ihrem Fürsichsein, ihrer Unselbständigkeit» [19].

Anmerkungen. [1] I. KANT, KrV A 277/B 333. A 379. – [2] a.O. A 385. – [3] ebda. – [4] A 618/B 646. – [5] B 18. – [6] a.O. [4]. – [7] Vgl. P. PLAASS: Kants Theorie der Naturwiss. (1965) 86ff. – [8] KANT, KrV A 266f./B 322f.; vgl. J. G. FICHTE, Werke, hg. I. H. FICHTE 2, 99. 101. – [9] KANT, Akad.-A. 4, 476. – [10] Vgl. B. TUSCHLING: Met. und transzendentale Dynamik in Kants opus postumum (1971). – [11] F. W. J. SCHELLING, Werke, hg. K. F. A. SCHELLING (1856ff.) 2, 231-236 (Ideen zu einer Philos. der Natur). – [12] a.O. 3, 444 (Syst. des transz. Ideal.). – [13] 453. – [14] 6, 38. 46 (Philos. und Relig.). – 10, 104 (Zur Gesch. der neueren Philos.). – [15] G. W. F. HEGEL, Werke, hg. H. GLOCKNER 9, 70 (Syst. der Philos.). – [16] a.O. 89. – [17] 93. – [18] ebda. – [19] 95f.

Literaturhinweise bei P. PLAASS s. Anm. [7].

5. In dem von FR. ENGELS als Grundfrage der Philosophie bezeichneten Verhältnis von Sein und Denken gilt der Begriff der M. im *dialektischen Materialismus* als irreduzibel und markiert sowohl die Grenze gegenüber dem Idealismus als auch gegenüber dem mechanistischen Materialismus. M. ist nach Engels kein Urstoff oder Urgrund von Seiendem, keine einheitliche selbständige Substanz, sondern als Allgemeines «eine reine Gedankenschöpfung und Abstraktion», die aus den konkreten, quantitativ und qualitativ bestimmten Dingen gewonnen wird [1]; sie ist die «letzte Abstraktion» [2]. «Wir sehen von den qualitativen Verschiedenheiten der Dinge ab, indem wir sie als körperlich existierende unter dem Begriff M. zusammenfassen. M. als solche, im Unterschied von den bestimmten, existierenden M.n, ist also nichts Sinnlich-Existierendes» [3].

M. bedeutet weder einen bloß passiv beweglichen Stoff, noch ein Erzeugnis des Geistes, noch ist sie in irgendeiner Weise vom denkenden oder erkennenden Subjekt abhängig. Sie ist «eine philosophische Kategorie zur Bezeichnung der objektiven Realität, die dem Menschen in seinen Empfindungen gegeben ist, die von unseren Empfindungen kopiert, fotografiert, abgebildet wird und unabhängig von ihnen existiert» [4]. «... die *einzige* 'Eigenschaft' der M., an deren Anerkennung der philosophische [= dialektische] Materialismus gebunden ist, ist die Eigenschaft, *objektive Realität zu sein,* außerhalb unseres Bewußtseins zu existieren» [5], d. h. von Bewußtsein überhaupt. Mit dieser erkenntnistheoretischen Definition entzieht sich LENIN allen Angriffen, die aus einem Wandel der naturwissenschaftlichen Auffassung über die Struktur der M. herrühren könnten. Die Funktion der M.-Definition besteht nach Lenin nur darin, die objektive Realität als das Primäre gegenüber dem Denken auszuzeichnen, denn es handelt sich um die «beiden letzten erkenntnistheoretischen Begriffe» [6]. Der Gegensatz soll nur «die *Richtung* der erkenntnistheoretischen Forschung» bestimmen und darf, um dem ontologischen Geist-M.-Dualismus zu entgehen, jenseits dieser Richtungsbestimmung nicht absolut genommen werden [7]. Gegen den Idealismus und gegen den mechanistischen Materialismus wird hervorgehoben, daß M. und Geist nicht vermengt werden dürfen und «sowohl das Denken als auch die M. 'wirklich' sind, d. h. existieren» [8].

Die neuere Diskussion über den Leninschen M.-Begriff hat sich vor allem an der Frage entzündet, ob auch die bewußtseinsunabhängigen Formen oder Daseinsweisen der M. (Raum, Zeit, Bewegungsgesetzmäßigkeiten, Energie usw.) unter den Begriff der M. fallen. Einige Autoren sehen die Bewußtseinsunabhängigkeit als hinreichendes Kriterium an, um die Frage zu bejahen [9], andere versuchen, die durch ihre Selbständigkeit gekennzeichnete M. von ihren bloß «materiellen» Eigenschaften terminologisch zu unterscheiden: «M. ist das, was objektiv real existiert *als Subjekt,* das zwar Eigenschaften besitzt, aber selbst *nicht Eigenschaft, Attribut von irgend etwas anderem* ist» [10]. Die Kontroverse beruht darauf, daß nach Lenin die Unterscheidung der M. von ihren Daseinsweisen nur gnoseologisch, begrifflich zulässig ist, jedoch keiner realen Differenz entspricht. Die Wirklichkeit kennt nur bestimmte M., aber keine Trennung in einen stofflichen oder substantiellen Träger und seine Eigenschaften. «Worte wie M. und Bewegung sind nichts als *Abkürzungen.* ... Die M. und Bewegung *kann* also gar nicht anders erkannt werden als durch Untersuchung der einzelnen Stoffe und Bewegungsformen, und indem wir diese erkennen, erkennen wir pro tanto auch die M. und Bewegung *als solche*» [11]. Ebenso wie bei Hegel sind M. und Bewegung untrennbar miteinander verbunden [12].

Anmerkungen. [1] MEW 20, 519. 503 (ENGELS: Notizen zum Anti-Dühring). – [2] Vgl. R. ROCHHAUSEN: Gegen eine Erweiterung oder Einengung des Leninschen M.-Begriffs. Dtsch. Z. Philos. 7 (1959) 290. – [3] ENGELS, MEW 20, 519. – [4] W. I. LENIN: Materialismus und Empiriokritizismus ([7]1964) 124. – [5] a.O. 260. 267. – [6] 141f. – [7] 142f. 243f. – [8] 242. – [9] Vgl. G. HÖPFNER: Über den M.-Begriff des dial. Materialismus. Dtsch. Z. Philos. 6 (1958) 453f. – [10] K. ZWEILING: Der Leninsche M.-Begriff und seine Bestätigung durch die moderne Atomphysik (1956) 15f.; V. STERN: Es gibt keine nichtstoffliche M. Dtsch. Z. Philos. 4 (1956) 283. – [11] ENGELS, MEW 20, 503. – [12] a.O. 55.

Literaturhinweise. G. KLAUS: Jesuiten – Gott – M. (1957, [2]1958). – A. POLIKAROW: Über die Kategorie M. Dtsch. Z. Philos. 4 (1956) H. 5/6, 539-549. – K. ZWEILING: Die Strahlung – eine spezifische Form der M. a.O. 550-562. – M. W. MOSTEPANENKO: Die Arten der M. im Lichte des dial. Materialismus a.O. 563-583. – G. REDLOW: Lenin über den marxist. philos. Begriff der M. Dtsch. Z. Philos. 7 (1959) 199-217. – H. VOGEL: Über die M. und ihre Eigenschaften. Dtsch. Z. Philos. 8 (1960) 144-160.

6. Mit dem Ziel, «empirische Begriffe an die Stelle der metaphysischen» zu setzen, behauptet E. MACH die wissenschaftliche Entbehrlichkeit des üblichen Begriffs der M., denn Beständigkeit liege ausschließlich im *gesetz*mäßigen Zusammenhang der «Elemente (Empfindungen)»

[1]. In der Naturphilosophie der zweiten Hälfte des 19. Jh. wächst unter Machs Einfluß die Überzeugung, daß der M.-Begriff ein bloß hypothetischer Hilfsbegriff der Naturwissenschaft oder bedeutungslos und daher aus der Wissenschaft zu eliminieren sei [2]. In Anknüpfung an Berkeley behauptet H. VAIHINGER die objektive Unmöglichkeit der M., weil in ihrem Begriff sich widersprechende Elemente vereinigt seien, doch im Gegensatz zu Berkeley vertritt er die Auffassung, daß es sich bei diesem Begriff um eine für das wissenschaftliche Denken und die praktische Orientierung in der Welt nützliche, ja notwendige Fiktion handle [3], die provisorisch zweckmäßig und methodologisch erlaubt sei [4].

Anmerkungen. [1] E. MACH: Die Analyse der Empfindungen (1885, zit. [8]1919) 270f.; Erkenntnis und Irrtum (1905, zit. [2]1906) 148. – [2] W. K. CLIFFORD: Der Sinn der exakten Wiss., hg. H. KLEINPETER (1913) III; F. MAUTHNER: Beitr. zu einer Kritik der Sprache ([3]1923) 3, 554-560. – [3] H. VAIHINGER: Die Philos. des Als Ob (1911, zit. [4]1920) 91ff. – [4] a.O. 381f.

7. Die Auslegung des M.-Begriffs durch den deutschen Idealismus wird nicht nur im dialektischen Materialismus, sondern auch in der antimaterialistischen Ganzheitsphilosophie und Ontologie des 20. Jh. wieder aufgenommen. O. SPANN stellt seine an den Geisteswissenschaften im Gegensatz zu den Naturwissenschaften orientierte Ganzheitsphilosophie im Rahmen der Kategorienlehre jenen Richtungen entgegen, die final, kausal oder dialektisch ausgerichtet sind. Alle Ganzheiten sind nach dem Schema der Beziehung von Unabhängigem («Mitte») und Abhängigem («Umkreis»), das selbst wiederum Mitte niederer Ganzheiten ist, in einen Gesamtbau eingeordnet. Da nichts nur Umkreis ist, gibt es keine letzte Ganzheit, keine M. als absolut Unableitbares. «Der liebe Gott hat niemanden zum Fußschemel der Welt gemacht» [1]. Ebensowenig wie bei Leibniz gibt es absolute Passivität. M. (Stoff) geht durch Verräumlichung aus einem Vorstofflichen, das zugleich vorräumlich ist, hervor. M. ist relativ; nur in bezug auf eine Mitte darf dieser Begriff auf das «jeweils verhältnismäßig Passive» angewandt werden. «Die M. ist selbst *Glied* jener Ganzheit, der sie angehört, sie ist Gestaltung, Selbstdarstellung, Auswirkung, Gestaltannahme eines Ganzheitlichen, das sich auswirkt und darstellt – Glied, nicht Unterlage (ὑποκείμενον, Substrat)» [2].

Bei dem Versuch, die Naturwissenschaften auf ihre ontologische Basis zu stellen, geht G. JACOBY vom Begriff der Substanz als einem ontologisch selbständigen Träger von Eigenschaften, Zuständen und Beziehungen aus und findet als Substanz der transzendenten Außenwelt die leere Raumzeit, weil diese zwar ohne M., aber M. nicht ohne Raumzeit denkbar sei. Wäre die M. Substanz, so wäre die Welt in materiell erfüllten Bereichen doppelt und nicht eindeutig [3]. Daher wird die M. «ein Inbegriff ontologisch unselbständiger Eigenschaften ihres Raumzeitbezirkes, die diesem als außerweltlicher Zustand inhärieren, ihn als ihre Vorbedingung voraussetzen, sich ... über seine Substantialität ... staffeln.» Oder fast tautologisch: «M. ist Raumzeit in materiellem Zustande» [4].

Anmerkungen. [1] O. SPANN, Gesamt-A. (1969) 9, 330f. (Kategorienlehre); vgl. I. KANT, KrV A 618/B 646. – [2] SPANN, a.O. 333; 15, 44ff. 78ff. (Naturphilos.). – [3] G. JACOBY: Allg. Ontol. der Wirklichkeit 2 (1955) 707. – [4] a.O. 708.

Literaturhinweise. F. A. LANGE: Gesch. des Materialismus (1866 u.ö.). – F. LIEBEN: Vorstellungen vom Aufbau der M. im Wandel der Zeiten (1953). – U. SCHÖNDORFER: Philos. der M. (1954). – E. BLOCH: Das Materialismusproblem, seine Gesch. und Substanz. Gesamt-A. 7 (1972). W. BREIDERT

IV. Eine andere Traditionslinie der neuzeitlichen Philosophie, die u. a. im *Neuplatonismus* und in *kabbalistischen* Lehren wichtige Wurzeln hat, erörtert, indem sie philosophische mit theologischen Spekulationen über die Natur der Dinge verknüpft, das Problem der M. zumeist im Rahmen der Schöpfungslehre. M. ist danach weder bloß passiv noch bloße Möglichkeit, sondern dasjenige, was die Fülle der Gestalten 'gebiert'. Sie ist wesentlich *Trieb zur Form*.

1. In diesem Sinn deutet zu Beginn der Neuzeit z. B. Th. B. von Hohenheim, gen. PARACELSUS, die Schöpfung der Welt. Die «prima materia mundi» [1] ist «ungeschaffen», denn nur Geformtes kann geschaffen sein, aber sie ist «von dem höchsten künstler zubereitet» für die Schöpfung [2]. Während also «alle geschöpf aus einer materien komen», «so seind doch nicht alle gewechs in ir geformirt gewesen» [3]. Vielmehr ist die erste M. ein noch völlig unbestimmter «einiger chaos» [4], aus dem alles Bestimmte wird. Sie ist selbst nichts, «dieweil alle ding aus nichts gemacht seind, alein der mensch nit» [5]. Diese «M. aller ding» wird deshalb auch «mysterium magnum» genannt – ohne Begriff, ohne Bild, ohne Eigenschaft, ohne Natur: «nicht ein begreiflikeit auf keinerlei wesen gestelt, noch in kein biltnus geformirt. auch mit keiner eigenschaft inclinirt, der gleichen on farben und elementische natur». Aber alle Geschöpfe sind aus ihr geboren: «dis mysterium magnum ist ein muter gewesen aller elementen und gleich in solchen auch ein großmuter aller gstern, beumen und der creaturen des fleischs. dan aus dem, wie von einer muter kinder geboren werden, also auch vom mysterio magno geboren seind alle geschöpf von entpfintlichen und unentpfintlichen und aller andern gleichförmig. und ist mysterium magnum ein einige muter aller tötlichen ding» [6].

Paracelsus denkt diese Ur-M. formlos in Analogie zu der Art, wie er sich den Samen des Baumes bezüglich seiner späteren Gestalt formlos denkt. So ist nach umgekehrter Analogie auch der Samen «prima materia», eben des Baumes: «Ein ietlich ding das da wechst, das ist on form in seiner ersten materia und ist als vil als nichts» [7]. Der Samen, der als solcher doch immerhin «etwas» ist, «zerbricht» in der Erde durch «faulung». «So er aber faulet, so ist er nichts mer. nun aber aus dem das da faulet, folgt hernach, das dise faulung ist prima materia, die get iezt in das gewechs» [8].

Trotz dieses Befundes, der den Begriff der M. als Trieb zur Form belegt, ist festzuhalten, daß er kein zentraler Terminus für Paracelsus geworden ist. «Materia» bedeutet für ihn ganz allgemein «ein stuck, das man in die Hand nimpt» [9]. Anstelle von ⟨prima materia⟩ verwendet er häufig den Terminus ⟨yliaster⟩ (oder ⟨iliaster⟩) und definiert: «Iliaster ist die erst materi vor aller schöpfung» [10]. Im Unterschied zu 'vulcanus' und 'archeus' wird diese Ur-M. näher als eine Formen hervortreibende Kraft bestimmt: «solche merende, zunemende und wachsende art is... der yliaster, und ist auch kein geschaffener geist, noch person, noch sêl, sonder ein kraft, das ist ein virtus die also wirket» [11]. Er ist «ein sam, aus dem ein stamm wachst», und «der stamm der aus dem yliastro geboren ist, das seind die vier elementen» [12]. Auch in seinen für die Naturlehre und Medizin grundlegenden Schriften spricht Paracelsus gewöhnlich nicht von der M., sondern von den Substanzen, die ein Corpus bilden: «Drei sind der substanz die do einem ietlichen sein corpus geben ...: sulphur, mercurius, sal. dise drei werden zusamen gesezt, als dan heißt ein corpus, und inen wird nichts hinzu getan als alein das leben» [13]. Dieses die Substanzen verbindende und eine Zeitlang in Harmonie erhaltende Leben bildet «ein mittel corpus, das ist das lebendige corpus». Ihm gegenüber ist der ihrer Verbindung vorhergehende und der ihrer Auflösung folgende Zustand der Substanzen die M. des Körpers, «dan vor disem leben ist prima materia, nach disem leben ist ultima materia» [14]. Mit dieser letzten Unterscheidung deutet der Chemiker und Arzt die Unumkehrbarkeit aller Lebensprozesse an, ohne zu übersehen, daß die ultima materia eines Prozesses wieder als prima materia eines anderen Prozesses dienen kann. Was im kleinen gilt, ist auch im großen wahr: Der Prozeß der Schöpfung der Welt aus dem Chaos ist unumkehrbar; der prima materia mundi wird «keine niemermer gleich und komt auch niemer wider» [15].

Anmerkungen. [1] PARACELSUS, Neun Bücher de natura rerum. Sämtl. Werke 1. Abt. (= SW), hg. K. SUDHOFF, z. B. 11, 360. – [2] Philos. ad Athenienses SW 13, 390. – [3] ebda. – [4] a.O. [1]. – [5] Astronomia magna. SW 12, 37. – [6] a.O. [1]. – [7] Labyrinthus medicorum errantium. SW 11, 208. – [8] ebda. – [9] SW 9, 658. – [10] ebda. – [11] De meteoris. SW 13, 158. – [12] Philos. de generationibus et fructibus quatuor elementorum. SW 13, 9. – [13] Opus paramirum. SW 9, 45; vgl. z. B. 13, 12f. – [14] 9, 53; vgl. 13, 27: «vom ersten yliastro bis in extremum yliastrum». – [15] a.O. [2].

T. BORSCHE

2. J. BÖHMES Lehre von der Entstehung der Natur und der M. bekommt ihre Eigenart dadurch, daß Böhme Uneinigkeit und Kampf als bewegendes Prinzip alles irdischen Seins anerkennt und dieses dennoch als Offenbarung Gottes verstehen will, der als Einheit und Ruhe zu denken ist [1]. «Ein ieglicher Cörper [ist] mit ihme selbst uneins; wie zu sehen, daß solches nicht allein in lebendigen Creaturen ist, sondern auch in Sternen, Elementen, Erden, Steinen, Metallen, in Holtz, Laub und Gras: in allen ist Gift und Bosheit; Und befindet sich, daß es also seyn muß, sonst wäre kein Leben und Beweglichkeit ..., sondern es wäre alles ein Nichts» [2]. Der Prozeß der Schöpfung entspricht einem Prozeß vor der Schöpfung. Natur und M. als Schöpfung ist Offenbarung der vorgeschöpflichen Selbstwerdung Gottes. Die Schöpfung «ist mit allen Umständen gleich dem ewigen Wesen. Aber es anfänget sich, und gehet von dem Ewigen aus, es ist eine Offenbarung des Ewigen, eine Erweckung, Bildniß und Gleichniß des Ewigen» [3]. Indem Gott die irdische Welt schafft, schafft er aus Nichts in dem Sinne, daß keine irdische M. vorgegeben ist, aber insofern nicht aus Nichts, als die Schöpfung in der Selbstoffenbarung Gottes vorgestaltet ist. «Die Vernunft saget: Gott habe diese Welt aus Nichts gemacht; Antwort: Es war wohl kein Wesen oder Materia dazu, das äusserlich greiflich wäre; aber es war eine solche Gestaltniß in der ewigen Kraft im Willen» [4].

Der Beginn des innergöttlichen Werdeprozesses ist ein Grund, der noch «Ungrund» ist. Der «Ungrund» ist gekennzeichnet durch Orts- und Zeitlosigkeit [5]. «Der Ungrund ist ein ewig Nichts» [6], «ohne Anfang und Ende» [7]. Obwohl der Ungrund ohne Willen zu etwas ist [8], muß doch ein Wille gedacht werden, damit der Beginn eines Prozesses zu denken ist, der über den Ungrund hinaus zu einem Grund alles weiteren führt. Dieser Wille ist ebenso Nicht-Wille wie der Ungrund schon Grund ist. Er hat «nichts, das er wollen kann, als nur sich selber zu einem Grund und Stätte seiner Ichheit» [9]. So ergibt sich ein «Zwey und doch nur Eines ..., daraus die Zeit und sichtbare Welt samt allen Creaturen geflossen» [10]. Es ist der «Wille des Ungrundes zum Grunde» [11]. «Das Nichts hungert nach dem Etwas» [12].

Hieran schließt sich als erste Phase des eigentlichen Werdeprozesses, als 'erstes Prinzip', die Phase der 'ewigen Natur', das 'finstere Prinzip' an. Die Selbstfassung des Willens als «Coagulation oder Impression oder Begierde oder Hunger» [13] führt zu einer «Beschattung oder Finsterniß» [14], die aus der «dünnen Freyheit, da Nichts ist», entstand, weil der «begehrende Wille ... von Einziehen dicke und voll» wird [15]. Die Phase ist gekennzeichnet durch drei Qualitäten, Urelemente, aus denen alle Dinge geworden sind: Sal, Mercurius, Sulphur. Sie machen die prima materia aus [16]. Sal als das Herbe, Zusammenziehende ruft die Reaktion von Mercurius, den Stachel, hervor. Daraus ergibt sich Sulphur, als «Angst-Gestalt»; Sulphur ist «sterbende Qual, und ist doch der wahre Urstand zum Leben» [17]. Der Wille will von der «grossen Angst frey seyn, und mag doch nicht: Er will fliehen und wird doch von der Herbichkeit gehalten; und je grösser der Wille zum Fliehen wird, je grösser wird der bittere Stachel der Essentien und Vielheit» [18]. Daraus entsteht ein «drehend Rad» der Angst und des Kampfes [19], aus dem sich der «grosse Schrack», ein «Blitz» [20] entzündet. Es bildet sich die vierte Qualität, die des 'Feuers' [21]. Darin ist die M. prima überwunden, «wie erstorben und ohnmächtig» [22]. Es ist ein Eingehen in die «Gelassenheit» [23], «Sanftmuth» [24].

Daraus ergibt sich das 'zweite Prinzip', die Natur im «Licht-Leben» [25], das sich wiederum in drei «Gestalten», Qualitäten gliedert. Die fünfte Gestalt der Natur ist die «Liebe», in der die Herbigkeit der ersten und die Bitterkeit der zweiten Qualität versöhnt gedacht werden [26]. Die sechste Gestalt der Natur ist der «Schall oder Offenbarung der Farben, Wunder und Tugenden, davon die fünf Sensus, als Sehen, Hören, Riechen, Schmecken und Fühlen entstehen» [27]. Die siebte Gestalt der Natur ist die «Wesenheit des Lichts», «die allen Gestalten Wesen, Kraft und Sanftmuth gibt, daß ein ewig Leben und Wonne des Lebens ist ...» [28].

Mit den Gestalten, Qualitäten der Natur sind in einem Prozeß vor der Schöpfung die Elemente gekennzeichnet, die die irdische M. bestimmen. «Man findet in allen Dingen diese 7 Eigenschaften ...» Sie «geben in der innern Welt das heilige Element, als das heilige natürliche Leben und Weben; aber in dieser äussern Welt scheidet sich das einige Element in 4 offenbare Eigenschaften; als in 4 Elemente ..., in Feuer, Luft, Wasser und Erde» [29].

In dem 'dritten Prinzip', der Schöpfung, ist es nach dem Stadium der Engelswelt erst der Fall Lucifers, als zweite Phase, der den eigentlichen Weltentstehungsprozeß, als dritte Phase, einleitet. «Die Welt ist aus dem Ewigen ausgeboren: das Centrum der Natur ist von Ewigkeit je gewesen, es ist aber nicht offenbar gewesen. Mit dieser Welt, und mit des Teufels Grimm ists ins Wesen kommen» [30]. Lucifers Fall besteht darin, daß er nicht von der fünften Gestalt, der Liebe, ausgeht, sondern von der der Angst [31]. Obwohl M. neben der Schicht des finsteren Prinzips [32] auch die des Licht-Lebens in sich hat [33], ist in der Entstehung der M. aus dem Fall Lucifers begründet, daß «die gantze Natur in grossen Aengsten und Sehnen [stehet] von der Eitelkeit los zu werden» [34].

Anmerkungen. [1] Vgl. H. GRUNSKY: Jacob Böhme (1956); A. KOYRÉ: La philos. de Jacob Böhme (Paris 1929); A. F. CHRISTEN: Ernst Blochs Met. der M. (1979), bes. 109-142; H. BORNKAMM: Luther und Böhme (1925), bes. 8-74; E. METZKE: Von Steinen und Erde und vom Grimm der Natur in der Philos. Jacob Böhmes, in: Coincidentia oppositorum, hg. K. GRÜNDER (1961) 129-157. – [2] J. BÖHME, De tribus principiis, oder Beschreib. der Drey Principien Göttl. Wesens, Vorrede 13, zit. wird nach Sämtl. Schr. 1-11 (1730), neu hg. W.-E. PEUCKERT (1960). – [3] Sex puncta theosophica, oder Von sechs Theosophischen Puncten 2, 15; vgl. De signatura rerum, oder Von der Geburt und Bezeichnung aller Wesen 16, 1; De electione gratiae, oder Von der Gnadenwahl 4, 19. – [4] Sex puncta theos. 2, 16; vgl. De sign. rer. 16, 2; 9, 1; Mysterium magnum, oder Erklärung über Das erste Buch Mosis 10, 7. – [5] Vgl. Myst. mag. 1, 2; De elect. grat. 1, 27. – [6] Mysterium pansophicum, oder Gründl. Bericht von dem Irdischen und Himmlischen Mysterio 1. – [7] De incarnatione verbi, oder Von der Menschwerdung Jesu Christi II, 1, 8. – [8] Vgl. De elect. grat. 1, 3. – [9] Myst. mag. Kurtzer Extract 2. – [10] a.O. 1; vgl. Sex puncta theos. 1, 4. – [11] De elect. grat. 2, 8. – [12] Myst. mag. 3, 5; vgl. Myst. pansoph. 1; Sign. rer. 2, 7. – [13] Myst. mag. a.O. 3, 6. – [14] Sign. rer. 2, 7. – [15] Sex puncta theos. 1, 38. – [16] De tribus princip. 1, 6ff. – [17] De sign. rer. 14, 18; vgl. 3, 12; Myst. mag. 3, 18. – [18] Sex puncta theos. 1, 47. – [19] De incarnat. verbi II, 8, 9. – [20] Myst. mag. 3, 25. – [21] a.O. 3, 18. – [22] De tribus princip. 1, 12; vgl. Myst. mag. 4, 11. – [23] De sign. rer. 10, 30. – [24] De incarnat. verbi II, 8, 14. – [25] a.O. III, 5, 10. – [26] Vgl. de tribus princip. 4, 53. – [27] De incarnat. verbi II, 8, 14. – [28] ebda. – [29] Myst. mag. 7, 18; vgl. Sign. rer. 6, 14-19, wo Böhme seinen M.-Begriff systematisch zusammenfaßt. – [30] De incarnat. verbi II, 9, 1. – [31] ebda. – [32] De elect. grat. 6, 27. – [33] De tribus princip. 8, 23f. – [34] a.O. 8, 33; vgl. 14, 33.

3. F. C. OETINGER [1] hat Böhmes Lehre von den sieben Qualitäten der Natur rezipiert [2] und gegen Tendenzen der Philosophie seiner Zeit gewendet, die er 'idealistisch' nennt [3]. Ebenso appliziert er die kabbalistische Lehre von den Sefiroth [4], die er als schriftgemäß einführt [5]. Dabei geht Oetinger davon aus, daß die kabbalistische Lehre und das System Böhmes sich gegenseitig erklären [6]. Beide Lehren werden aber auf die Lehre I. Newtons bezogen. Indem Oetinger so eine Vermittlung von Naturwissenschaft und biblischer Naturanschauung versucht, werden die Qualitätenlehre Böhmes und die Sefirothlehre der Kabbala von Newtons Lehre der Zentralkräfte her ausgelegt [7]. «Inzwischen bleibt wahr, daß die sieben Gestalten J. Böhmes nicht leere Worte, sondern die aus der vi centripeta und centrifuga zusammengesetzten Wirbelbewegungen der unbegreiflich kleinen Naturtheilchen seien» [8]. Gegenüber der 'idealistischen Philosophie' seiner Zeit bedeutet das Betonung des «Materialismus». «Sagt nicht Gott deutlich, daß der Idealismus und Materialismus, d.i. Licht und Finsternis zusammen gehören, daß keins ohne das andere könne modificirt werden?» [9] Gegenüber Böhme bedeutet das aber eine Vereinfachung des komplexen innergöttlichen Selbstwerdungsprozesses.

Der «Herrlichkeit Gottes» wird auch «Leiblichkeit» zugeschrieben [10]. «Wenn man alles Leibliche von Gott absondert, so ist Gott ein Nichts» [11]. Die Leiblichkeit Gottes ist zu unterscheiden von der irdischen M., die durch Auflöslichkeit der Kräfte gekennzeichnet ist. Die Leiblichkeit Gottes ist «Körperlichkeit» als «höchste Eigenschaft» [12]. Körper ist, «was in Subsistenz ausgeht». Diese besteht in der unauflöslichen Verbindung der Kräfte, die in der Auflösung materialisiert wird. «M. ist alles, was in die Elemente oder in das Chaos sich auflösen läßt» [13]. Daß diese Möglichkeit Wirklichkeit wurde, ist – wie bei Böhme – Folge des Falls Lucifers [14].

Körperlichkeit und M. sind dennoch von gleicher Struktur. «Das Leben Gottes ist durch alles: das Leben Gottes kann ... verkehrt werden; aber es ist und bleibt doch wahr, auch das unordentlichste verfälschte Leben lebt und bewegt sich und ist und bleibt der Wurzel nach in Gott» [15]. Von hierher ergibt sich die Dynamik der Erlösungshoffnung, die auch M. umfaßt. «Leibhaft sein und werden ist eine Vollkommenheit» [16]. Der Mensch hätte dies für sich und die M. vollbringen sollen, aber er «bewahrte kaum die ersten Anfänge» [17]. Mit seinem Fall blieb auch Natur unerlöst. «Nach dem Fall war ein allgemeines Sehnen in der Kreatur» [18]. So wird Christus mit seiner Erlösungstat auch der «Architekt der Natur», der «Bauherr» und «Lebendigmacher» der Natur [19]. Unter Voraussetzung dieser Erlösungstat ist es für Oetinger «offenbar, daß das Leben des Menschen ... eines immer weitern Wachsthumes und einer Hinzufügung von Kräften fähig gewesen und auch jetzt noch fähig sei» [20]. Aus dieser Hoffnung lebt Oetingers Philosophie des Lebens. Die Erhöhung des Lebens als Versöhnung mit der Natur, die der M. ihre Feindlichkeit und Vergänglichkeit nimmt, ist Ziel einer Geschichte, die von Gott geleitet wird, die aber erst jenseits irdischer Geschichte erfüllt sein wird [21]. «Gott würde ja alles umsonst geschaffen haben, wenn er die geistliche Erhöhung nicht erreichen könnte. Die Form und Materie müssen so vereinigt werden, daß es von ewiger Währung sey ...» [22].

Anmerkungen. [1] Vgl. R. PIEPMEIER: Aporien des Lebensbegriffs seit Oetinger (1978); S. GROSSMANN: Friedrich Christoph Oetingers Gottesvorstellung. Versuch einer Analyse seiner Theol. (1979). – [2] F. C. OETINGER, Sämmtl. Schr., hg. K. C. E. EHMANN z. B. I/1, 247ff.; 1, 370ff.; 2, 233. – [3] Vgl. z. B. 2, 296; 1, 120. – [4] Vgl. G. SCHOLEM: Die jüd. Mystik in ihren Hauptströmungen (1967) 224ff. – [5] Vgl. GROSSMANN, a.O. [1] 167ff.; PIEPMEIER, a.O. [1] 57f. 161f. – [6] OETINGER, a.O. [2] 1, 288. 277; Selbstbiogr., hg. J. HAMBERGER (1845) 46; Bibl. Wb., hg. J. HAMBERGER (1849) 234. 27. – [7] GROSSMANN, a.O. [1] 184. 204; PIEPMEIER, a.O. [1] 58. – [8] OETINGER, a.O. [2] 1, 272. – [9] a.O. [2] 1, 198; vgl. 2, 278. – [10] Die Theol. aus der Idee des Lebens abgeleitet und auf sechs Hauptstücke zurückgeführt, dtsch. J. HAMBERGER (1852) 71. – [11] Bibl. Wb. a.O. [6] 350. – [12] a.O. [2] 1, 217. – [13] Theol. a.O. [10] 67; vgl. 47ff. 115. – [14] Bibl. wb. und emblemat. Wb. (1776, ND 1969) 853f. – [15] a.O. [2] 2, 250f. – [16] a.O. [2] 1, 117; vgl. 6, 125; 2, 350; Bibl. Wb. a.O. [6] 183. – [17] Theol. a.O. [10] 250; vgl. 269; a.O. [2] 5, 62; PIEPMEIER, a.O. [1] 176ff. – [18] OETINGER, Bibl. Wb. a.O. [6] 3, 38; vgl. a.O. [2] 6, 327; 4, 11. – [19] a.O. [2] 1, 76; 6, 162; Bibl. Wb. a.O. [6] 77; vgl. Die Philos. der Alten, wiederkommend in der güldenen Zeit 2 (1762) 163f. – [20] Theol. a.O. [10] 190. – [21] Vgl. PIEPMEIER, a.O. [1] 191ff. 296ff. – [22] OETINGER, Bibl. Wb. a.O. [6] 163f. R. PIEPMEIER

4. In engem Anschluß an J. Böhme und die mystische Tradition entwickelt F. V. BAADER seine naturphilosophische und theologische Kritik an der zeitgenössischen Philosophie, vor allem der Hegels und Schellings. Charakteristisch für seine Bestimmung des Begriffs der M. in diesem Zusammenhang ist die entschiedene Zurückweisung der verbreiteten Ansicht, welche «die Worte: natürlich und materiell für synonym nimmt» [1]. Für ihn ist Gott und alles ursprünglich geschaffene Sein immaterielle Natur oder immaterielle Geistleiblichkeit [2]. Die produktiven Eigenschaften, die der M. als der 'Mutter' aller Dinge nach der älteren Mystik zukommen, legt Baader folglich der «Natur» bei, die «das unmittelbar *schaffende* (Creaturen gebärende) Princip (das *Fiat* oder die Allmacht) selbst ist ... Durch diese ewige Natur ... gebiert sich ... jenes tiefe Mysterium der Gottheit zum offenbaren Gott aus, zum dreifaltigen, naturfreien, aber nicht naturlosen *Geist*» [3]. Natur ist die «vis Dei viva» [4], «ewiges Leben» als «ewiges Leiben» [5].

M. ist also nicht, wie viele annehmen, «die unmittelbare, ewige und erste Production Gottes» [6]. Im Anfang schuf Gott Engel und Menschen – Kreaturen, in denen wie in ihm selbst Geist und Natur zwar unterschieden, nicht aber getrennt sind. Denn beide sind «in ihrem Urstand und Bestand in solidum verbunden», und dem «normalen» Verhalten beider entspricht ihre «beiderseitige Integrität und Freiheit» [7]. In diesem «Urstand» ist der Geist der Natur mächtig, er ist Wirkender, sie sein Werkzeug. Doch ist «dem Unschuldzustande [der intelligenten Creatur] die Labilität, dem unverdorbenen Zustande [der nichtintelligenten Creatur] die Corruptibilität ... nothwendig beigesellt». Es war die Bestimmung des Menschen und stand in seiner Macht, «aus einer blossen Creatur Gottes Kind» zu werden und damit alle «Creatur unter sich» zu vollenden [8]. Doch der Abfall zunächst Lucifers und dann Adams durch die Selbsterhebung der eigenen Natur gegen ihr Zentrum in Gott führte zur Entzweiung oder zum Chaos des Anfangs, das also, entgegen der gewöhnlichen Auslegung, vielmehr ein Ende (Zusammenbruch, Tohu va bohu [1. Mose 1, 2]) bedeutete. Damit wäre die Kreatur unwiderruflich «der geöffneten Region der Abimation (der Macht der Finsterniss)» verfallen [9], wenn nicht Gott in diesem Moment zu ihrer Rettung die materielle Welt erschaffen hätte. Diese erscheint als «ein furchtbarer und mächtiger Schild, durch welchen der Schöpfer dem Vater der Lüge immer den Mund verschlossen hält, damit die Gotteslästerung sich nicht ausspreche» [10], und der die «über dem immer offenen Grabesschlunde gleichsam nur gespenstisch und phantasmagorisch schwebende» Kreatur vor dem Abgrund bewahrt [11]. «So muss man es eben sowohl als einen Unbegriff dieser M. erklären, wenn man ein geistig und persönlich Böses als Causa occasionalis ihres Entstehens und Bestehens verkennt, gegen welches sie eben geschaffen ward und fort geschaffen wird, als wenn man (wie die Gnostiker gethan) diese M. für ein Geschöpf des Bösen selber nimmt» [12].

M. ist also Gottes zweite Schöpfung, seine aus Liebe zur Kreatur gegebene Antwort auf den Sündenfall. So kann Baader das elementarische Wasser des Anfangs auch «die erste Thräne dieser Liebe» nennen [13]. Die zweite Schöpfung ist eine «Materialisierung» [14] der ewigen Natur, ihre Trennung vom Geist, Verendlichung, Zerstreuung in Raum und Zeit. Demgegenüber bezweckt die Geschichte eine allmähliche Entmaterialisierung der Natur, ihre Rückkehr in die Einheit mit dem Geist. M. ist geschaffen als der Ort, in den das Böse gebannt ist bis zur Erlösung der Kreatur. Sie ist die endliche, d. h. erlösungsbedürftige, aber auch erlösungsfähige («restaurabel[e]» [15]) Manifestation der Entzweiung von Natur und Geist. «Nur ein ungeheures Verbrechen (minder ein Abfall, als eine Empörung gegen die Einheit) konnte diese materielle Manifestation (als Krisis, Hemmungs- und Restaurationsanstalt) veranlassen, und nur die Fortdauer dieses Verbrechens macht den Fortbestand oder die Forterzeugung dieser M. begreiflich» [16]. Denn allein die M. verhindert, daß der böse Geist Macht über die Natur gewinne, wie Baader zustimmend aus ST. MARTIN zitiert: «La matière fut créée afin que le mal ne puisse prendre nature» [17].

Das Böse also hat seinen «Sitz (nicht Ursprung) in der M.» [18]. So ist die M. wohl Kerker des Geistes, aber erst des böse gewordenen Geistes und zum Schutz vor seiner eigenen Bosheit erschaffen. «Der Teufel ist wie ein wahnsinniger Verbrecher, der aus seinem Kerker aufs Blutgerüste stürzen möchte. Und doch ist gerade dieser Kerker (die M.) das einzige, was das verzehrende Feuer noch sänftigt. So wie die M. verschwindet, geht dem Bösen die Hölle auf. Missbrauche, Mensch, die M. nicht, denn es liegt ein Fluch darin, so wie ein Segen darin liegt» [19].

Anmerkungen. [1] F. X. V. BAADER, Sämtl. Werke, hg. F. HOFFMANN (1851-60) 9, 52. – [2] Vgl. D. BAUMGARDT: Franz von Baader und die Philos. der Romantik (1927) bes. 275-292. – [3] BAADER, a.O. [1] 2, 306. – [4] 3, 324. – [5] 10, 71. – [6] 2, 477. – [7] 7,

376. – [8] 7, 81f. – [9] 9, 53. – [10] 2, 88. – [11] 9, 81. – [12] 4, 345f.; ähnlich schon ORIGENES; vgl. H. KOCH: Pronoia und Paideusis. Stud. über Origenes und sein Verhältnis zum Platonismus (1932) bes. 24ff. 36ff. – [13] 2, 79. – [14] 9, 53. – [15] ebda. – [16] 2, 490. – [17] 9, 51. – [18] 4, 84f. – [19] 13, 121. T. BORSCHE

5. Böhme und Oetinger denken M. als Substrat eines vorgeschichtlichen und geschichtlichen Prozesses. M. ist in ihrer Entstehung und mögliche Vervollkommnung an Bewußtwerdungen, an Entscheidungen und Handlungen gebunden. Die Hoffnung auf Erlösung ist geknüpft an die Hoffnung einer Vervollkommnung der M. Diese Faktoren finden sich – materialistisch umbesetzt – wieder in der M.-Lehre von E. BLOCH. Er knüpft dabei besonders an Aristoteles [1], die «Aristotelische Linke» [2] von Avicenna über Averroes bis G. Bruno [3], an Paracelsus [4], J. Böhme [5], Schelling [6], Hegel [7] an und, durch diese Rezeption geprägt, an den dialektischen Materialismus von Marx [8].

Seine Konzeption von M. wendet sich gegen den M.-Begriff des mechanischen Materialismus, den er der bürgerlichen Gesellschaft zuordnet [9]. Da der mechanische Materialismus dominierte, findet Bloch «bei großen Idealisten, mindestens Halb-Idealisten wichtigere Beiträge zur Biographie des Begriffs M. ...» [10]. Aus der idealistisch-materialistischen Geschichte des Begriffs gewinnt Bloch die für ihn grundlegenden Verbindungen: ‹*Dialektik* und *M.*› und ‹*Utopie* und *M.*› [11]. M., von diesen Verbindungen her konzipiert, «ist also nicht mehr als das zu verstehen, was man mit Händen fassen kann, was ein Gewicht hat und so weiter. Sondern sie bildet sich als die ökonomisch-gesellschaftliche Grundlage in Gestalt von Unterbauten aus, die doch alle Verstand schon voraussetzen, weil er bei ihren Bildungsprozessen mithalf. Wegen des großen Anteils von Kopfarbeit in den Unterbauten stehen sie ja dem eigentlich Überbauhaften von Kunst, Ethik, Religion, Literatur nicht so fern wie oft gemeint wird» [12]. Das führt Bloch dazu, den Begriff ‹M.› durch den «offenen, auch transparenten Begriff des Substrats» zu erläutern [13]. M. ist als «Geschichtsstoff», «Geschichts-M.» [14], das «dialektisch-materielle Substrat alles Werdens und Geschehens» [15], mit dem besonderen Akzent, «Möglichkeits-Substrat» [16] zu sein.

So ist der Bogen von «Utopie und M.» gewonnen, der nicht ein «zwischen» bezeichnet, sondern als einer «in der M.» gedacht wird [17]. Mit ihm sollen die subjektiven Hoffnungen, die im ‹Prinzip Hoffnung› analysiert sind [18], feste Widerlager haben. «In so zu begreifender M. hat auch die Phänomenologie und Enzyklopädie der menschlichen Hoffnungsinhalte ihren vom bloßen menschlichen Bewußtsein unabhängigen Halt» [19]. Die subjektiven Hoffnungen werden verankert in einer M., die von der Utopie her begründet wird. Diese Utopie ist die Utopie der Konstitution von M. als vollendetem Dasein, als Substanz. Denn M. als Substrat eines erfüllten Daseins hat sich im Prozeß der M. als Prozeß der Geschichte erst zu bilden. Deshalb heißt es: «materia ultima» [20], «letzte M.» [21], «weil sie zuletzt als die Substanz der ganzen Sache hervortritt, als herausgebrachtes Rätsel des Prozesses ...» [22]. «Die Welt selber ist so die in Fluß befindliche Summierung geschehener Proben aufs Exempel, tendenzhafter Latenzgestalten einer noch völlig unobjektivierten Substanz» [23].

In diese «unabsehbare Karriere» der M. ist der Mensch in der Weise «mit eingeschlossen», daß «die Welt ein Experiment [ist], das diese M. durch uns mit sich selber anstellt» [24]. Alles könne «in Nichts ... enden», aber auch in der Erfüllung «eines Alles». «Doch nur, wenn wir uns daranhalten und zusammen mit der Tendenz und Latenz, mit dem Trend und mit der Verborgenheit von etwas Wesenhaftem, das hier vorliegt und ans Licht dringen will, das Erhoffbare bewirken, das noch nicht da ist» [25]. Es eröffnet sich hier das Feld der Geschichte als das Zusammenwirken objektiver Möglichkeiten und des «subjektiven Faktors». «Objektiv-real möglich ist das partial Bedingte, zu ihm muß ein subjektiver Faktor hinzukommen, damit das Mögliche bereichert wird genau um die Bedingungen, die zur Realisation noch fehlen» [26]. Bloch ordnet diese Bestimmungen nur dem «Kata to dynaton», dem «nach Maßgabe des Möglichen» zu, das «reformistisch» zur «Politik als Kunst des Möglichen» heruntergekommen sei, bei Marx allenfalls präziser ökonomisch-materiell den Geschichtsgang erfassen könne [27]. Blochs Geschichtsbegriff einer sich vollendenden M. ist dominiert vom «Dynamei on», dem «In-Möglichkeit-Sein», als ein «zielhaft Enthusiasmierendes» [28]. Handeln als subjektive Intention hat sich deshalb auf das Objektive der «Tendenz» zu beziehen, deren beider Garant die «Latenz» ist [29], wobei Tendenz die «Energetik der M. in Aktion» ist, Latenz «das Entelechetische der M. in Potentialität» [30]. Vom Wissen um Tendenz und Latenz ergibt sich auch die Einsicht in den Sinn der Geschichte als ganzer und «den ganzen Sinn der Geschichte», der vom Menschen «fortschreitend» in die Wirklichkeit zu setzen ist [31].

Sinn der Geschichte stellte sich aber nicht allein her im Erreichen eines menschlichen Reichs der Freiheit, für das das Anorganische nur als Vorstufe verstanden würde. Sondern das Anorganische müsse verstanden werden als ein «gerade die menschlich gelungene Freiheitswelt umgreifender Kosmos in unabgeschlossener, mit der menschlichen wie erst recht mit seiner eigenen Freiheit vermittelten Latenz. Dies erst und nicht nur das Reich der menschlichen Freiheit erschüfe dann die noch gänzlich ausstehende Daseinsweise der 'letzten M.'» [32]. Daraus ergibt sich das Postulat: «Das mögliche Subjekt der Naturdialektik (die natura naturans)» soll «mit dem menschlichen Geschichtssubjekt konstitutiv vermittelt» werden, «statt daß der Mensch in der Natur wie in Feindesland steht und sie nur technisch abstrakt beherrscht» [33].

Anmerkungen. [1] E. BLOCH: Tendenz – Latenz – Utopie (1978). Gesamt-A. (= GA) Erg.-Bd. 280f. 411; GA (1959-1977) 13, 208f. 233; 7, 516. 143. 235. 473. 499. – [2] Bezeichnung eingeführt und begründet GA 7, 493. – [3] 7, 494. 148. 520. – [4] 12, 227. – [5] 12, 227-241, bes. 239f. – [6] Vgl. 7, 441; 12, 316. 319; vgl. H. FUHRMANNS: Schellings Philos. der Weltalter (1954); J. HABERMAS: Das Absolute und die Gesch. Von der Zwiespältigkeit in Schellings Denken (1954); W. SCHULZ: Die Vollendung des deutschen Idealismus in der Spätphilos. Schellings (1955); M. SCHRÖTER: Krit. Stud. Über Schelling und zur Kulturphilos. (1971) 82-88; J. HABERMAS: Dialekt. Idealismus im Übergang zum Materialismus. Gesch.philos. Folgerungen aus Schellings Idee einer Contraction Gottes, in: Theorie und Praxis (Neu-A. 1971) 172-227. – [7] Vgl. BLOCH, GA 12, 306; 7, 428. – [8] Vgl. J. HABERMAS: Ein marxist. Schelling, in: Philos.-polit. Profile (1971) 147-167; A. F. CHRISTEN: Ernst Blochs Met. der M. (1979); H. H. HOLZ: Logos spermatikos. Ernst Blochs Philos. einer unfertigen Welt (1975). – [9] BLOCH, GA 7, 164ff.; zum M.-Begriff des mech. Materialismus und der mod. Phys. vgl. a.O. 17, 208; 7, 316-358; bes. 322. – [10] 7, 185; vgl. Aufzählungen 7, 256. 442. 44. – [11] 13, 207. 208. – [12] Erg.-Bd. 272f. – [13] GA 13, 202. – [14] Erg.-Bd. 279. – [15] a.O. 278. – [16] GA 13, 233; vgl. 13, 234. 227. 207; 7, 516f. – [17] 13, 232. – [18] Das Prinzip Hoffnung (1959). GA 5. – [19] 13, 233; vgl. 13, 208. – [20] Erg.-Bd. 283. – [21] GA 13, 277. 294. – [22] Erg.-Bd. 283. – [23] GA 13,

277; vgl. 7, 524; 13, 294. 284. 196. – [24] Erg.-Bd. 281. – [25] a.O. 283. – [26] 281. – [27] GA 15, 139f. 141. – [28] 15, 139f. 141. – [29] 13, 229f. – [30] 7, 469 (ausführl. Def.). – [31] 13, 144; vgl. 7, 475. – [32] 7, 315. – [33] Erg.-Bd. 306; vgl. GA 7, 476f. 358.

R. PIEPMEIER

V. Der *physikalische* Begriff der M. löst sich vom ontologischen ab mit der Entstehung der experimentellen Naturwissenschaft durch Fusion der theoretisch-literarischen und der handwerklich-künstlerischen Traditionen um 1600 [1] und der erkenntnistheoretischen Reflexion und Systematisierung des zugrunde liegenden Erkenntnis- und Wissenschaftsbegriffs [2]. Eine begriffsgeschichtliche Rekonstruktion des physikalischen M.-Begriffs wird daher nur diejenigen Bedeutungsbestimmungen und -verschiebungen berücksichtigen können, die im Zusammenhang mit Beobachtungen, Messungen und anderen Experimenten und im Hinblick auf das Gesamtsystem physikalischer bzw. erfahrungswissenschaftlicher Begriffe vorgenommen worden sind.

G. GALILEI zählt als primäre Qualitäten der M. arithmetische (Zählbarkeit), geometrische (Gestalt, Größe, Lage, Berührung) und kinematische Eigenschaften (Beweglichkeit) auf [3]; auch die Möglichkeit einer natürlichen Trägheit der M. faßt er bereits ins Auge [4]. Letztere Eigenschaft wird jedoch erst von J. KEPLER im Zusammenhang der Erklärung der Planetenbewegung systematisch herangezogen: Kepler legt ein dualistisches Schema zugrunde, bei dem bewegende Kräfte der natürlichen Trägheit der M. antithetisch gegenüberstehen [5]. Dabei gelangt er zu Aussagen, die die spätere Definition der Massenverhältnisse und das 2. Newtonsche Bewegungsgesetz präfigurieren und bereits eine Verknüpfung zwischen den Ideen der quantitas materiae und der Trägheit bzw. der trägen Masse herstellen. Demgegenüber lehnt R. DESCARTES eine solche Verknüpfung wieder ab und will das wesentliche Merkmal der M. in ihrer Ausdehnung sehen (res extensa), ihre Quantität nur im Rauminhalt, so daß man seine Auffassung als eine rein geometrische bezeichnen muß [6]. In der zweiten Hälfte des 17. Jh. wächst jedoch das Erfahrungsmaterial durch das Studium der Rotationsbewegungen und Stoßphänomene in eine Richtung an, die es schließlich NEWTON ermöglicht, eine Systematisierung der Trägheits- und Gravitationsphänomene vorzunehmen [7]. Gemäß der darauf beruhenden «klassischen» Mechanik sind *Trägheit* (träge Masse), aufgefaßt als Beharrungsvermögen im jeweiligen Zustand der Ruhe oder der geradlinig-gleichförmigen Bewegung, und *Schwere* (schwere Masse), aufgefaßt als Fähigkeit zur wechselseitigen Attraktion gemäß dem Gravitationsgesetz, Grundeigenschaften der M.; ihr steht die Energie gegenüber, die als quantitatives Maß der Fähigkeit, auf einem Weg eine Kraft auszuüben – also mechanische Arbeit zu leisten –, begrifflich von M. unterschieden ist. Weitere wesentliche Merkmale der M. in der klassischen Mechanik sind die Identität von träger und schwerer Masse, die Erhaltung der Masse bei allen physikalischen und chemischen Vorgängen (LAVOISIER, KANT [8]) und die quasi ontologische, d.h. nicht weiter zurückführbare begriffliche Differenz von M., Raum und Zeit (erkenntnistheoretisch gewendet bei KANT [9]).

Durch LEIBNIZ [10] und KANT [11] wird die M. als ein Phänomen interpretiert, das völlig auf Kraftwirkungen zurückgeführt werden kann; diese Interpretation führt jedoch nicht zur Entdeckung neuer Gesetzmäßigkeiten und bleibt wohl daher physikgeschichtlich ohne große Wirkung.

Das Thema «Kraft und Stoff» steht auch im Mittelpunkt materialistischer Schriften des 19. Jh., u.a. bei L. BÜCHNER [12], J. MOLESCHOTT [13] und C. VOGT [14]. Physikalisch gehen diese Autoren jedoch nicht über den klassischen Dualismus von M. und Energie hinaus, wenn sie «Kraft» als die «Fähigkeit des Stoffs zur Bewegung des Stoffs» definieren, wofür exemplarisch L. BÜCHNER zitiert sei: «Genauer ausgedrückt muß man Kraft als einen Thätigkeitszustand oder als eine Bewegung des Stoffs oder der kleinsten Stofftheilchen oder auch als die Fähigkeit hierzu, oder noch genauer als einen Ausdruck für die Ursache einer möglichen oder wirklichen Bewegung definiren oder bezeichnen – was aber Alles in der Sache selbst nichts ändert» [15]. Die Diskussion dieser Position dreht sich daher auch vorwiegend um die atheistischen und antispiritualistischen Konsequenzen, die die Autoren ziehen zu müssen glauben [16].

Eine andere Tendenz des 19. Jh. geht dahin, alle Anklänge von «Substanzialität» und «Stofflichkeit», ja «Materialität» aus dem physikalischen Begriff der M. als «metaphysisch» zu streichen, indem für «Masse» eine rein operationale Definition gegeben wird. Dabei sind verschiedene Richtungen zu unterscheiden, in denen eine Operationalisierung versucht wird, u.a.

a) durch Wägeverfahren, also durch Zurückführung der Masse auf *Gewichts*messungen (z.B. bei H. HERTZ [17]);

b) durch Definition der Masse als des Verhältnisses von Kraft und Beschleunigung gemäß dem 2. Newtonschen Bewegungsgesetz (zuerst bei L. EULER [18]);

c) kinematisch, durch die Definition des Massenverhältnisses von Körpern über die Beschleunigungsverhältnisse bei Kollision (SAINT-VENANT [19]) oder bei gegenseitiger Anziehung (E. MACH [20]).

Diese Überlegungen finden bis heute Beachtung und Weiterführung in der wissenschaftstheoretischen Grundlagendiskussion der Physik, z.B. bei R. CARNAP [21] und P. LORENZEN [22].

Obwohl diese Tendenz einen Rückgang der Wirkung des klassischen M.-Begriffs anzeigt, stellt sie doch die klassische Systematisierung insgesamt noch nicht in Frage. Auch die Theorien über die Mikrostruktur der M., die seit der Akzeptierung von DALTONS Atomtheorie [23] beständig weiter ausgebaut und u.a. auf die elektrischen und elektrochemischen Erscheinungen sowie das Licht (Äthertheorie) ausgedehnt werden, bilden zunächst nur die Extrapolation der klassischen Vorstellungen in den Mikrobereich. Die M. besteht danach aus kleinsten Teilchen – Atomen und Molekülen –, die als klassisch-mechanische Körper vorgestellt werden. Um die Wende zum 20. Jh. beginnen sich jedoch die Ergebnisse und Hypothesen zu mehren, die eine Auflösung der klassischen Grundvorstellungen bedeuten. Hier sind folgende Entwicklungen zu nennen:

a) Die Entdeckung nicht-euklidischer Geometrien in der Mathematik und die Frage ihrer möglichen physikalischen Bedeutung (GAUSS, RIEMANN, BOLYAI, LOBATSCHEWSKI [24]);

b) Hypothesen über die Existenz einer negativen (abstoßenden) Gravitation, mit Konsequenzen für kosmologische Annahmen über die Massenverteilung im Universum (PEARSON, FÖPPL [25]);

c) Versuche, die Masse als einen rein elektromagnetisch-induktiven Effekt zu erklären, bei denen die Masse als geschwindigkeitsabhängige Größe aufgefaßt werden muß (ABRAHAM, KAUFMANN [26]).

Umfassendere Systematisierungen werden dann von

EINSTEINS Spezieller und Allgemeiner Relativitätstheorie erreicht [27]. Für die Auffassung der M. von besonderer Bedeutung sind dabei folgende Konsequenzen:
- die Masse eines Körpers ist geschwindigkeitsabhängig;
- Masse und Energie sind gemäß der Beziehung $E = mc^2$ (c für die Lichtgeschwindigkeit) einander äquivalent und ineinander umwandelbar; ein Erhaltungssatz gilt nur noch für die ‹Summe› von Masse und Energie, bisweilen als ‹Massergie› bezeichnet;
- Raum bzw. Raum-Zeit und M. sind keine 'ontologisch' radikal unterschiedlichen Entitäten, sondern gewissermaßen Aspekte einer einheitlichen Realität, die untereinander in Austausch stehen können: Der Raum selbst *ist* M.

Der letztgenannte Zusammenhang konnte bislang allerdings noch nicht in einer einheitlichen Feldtheorie vollständig befriedigend dargestellt werden; die vorliegenden Partiallösungen unterscheiden sich noch stark in der Systematisierungsstrategie. Auch ist es bislang noch nicht gelungen, einen Überblick über die Gesamtheit der Elementarteilchen zu bekommen, aus denen die materielle Realität nach dieser Auffassung bestehen müßte. Man kann jedoch allgemein formulieren, daß die geometrische Struktur des Raumes nach heutiger Auffassung eine Eigenschaft der M., und zwar genauer eine Funktion der M.-Dichte, ist bzw. daß Masse (und Ladung) Aspekte der geometrischen Struktur des Raumes (MISNER und WHEELER [28]) darstellen. Bedenkt man die oben genannte Identität von Masse und Energie, so wird deutlich, daß von den klassischen 'ontologischen' Differenzen keine einzige übriggeblieben ist – eine Feststellung, die nicht zuletzt für die philosophische Erkenntnistheorie ein Problem enthält [29].

Anmerkungen. [1] E. ZILSEL: Die sozialen Ursprünge der neuzeitl. Wiss. (1976); G. BÖHME, W. VAN DEN DAELE und W. KROHN: Exp. Philos. (1977). – [2] H. BLUMENBERG: Der Prozeß der theoret. Neugierde (1973); Säkularisierung und Selbstbehauptung (1974); Aspekte der Epochenschwelle: Cusaner und Nolaner (1976); J. MITTELSTRASS: Neuzeit und Aufklärung. Stud. zur Entstehung der neuzeitl. Wiss. und Philos. (1970). – [3] Discoveries and opinions of Galilei, engl. S. DRAKE (New York 1957) 274. – [4] G. GALILEI, Dialogo sopra i due massimi sistemi del mondo, hg. G. DE SANTILLANA (Chicago 1953) 228. – [5] J. KEPLER, Opera omnia, hg. H. FRISCH 1 (1858) 61. 590; 3 (1860) 151. 305; 6 (1896) 174f. 341f. 345f. 374. – [6] R. DESCARTES, Oeuvres, hg. ADAM/TANNERY 2 (1898) 466f.; 8 (1905) 42. 214. – [7] I. NEWTON, The math. principles of nat. philos., engl. MOTTE/CAJORI (Berkeley 1934). – [8] A. L. LAVOISIER, Oeuvres 1 (Paris 1864) 101; I. KANT, KrV A 182/B 224. – [9] KrV 1, Erster Teil. – [10] Vgl. M. JAMMER: Der Begriff der Masse in der Phys. (1964) Kap. 7. – [11] I. KANT: Met. Anfangsgründe der Naturwiss. (1786). – [12] L. BÜCHNER: Kraft und Stoff (1855, [16]1888). – [13] J. MOLESCHOTT: Der Kreislauf des Lebens (1852). – [14] C. VOGT, Physiol. Briefe (1845-47); Köhlerglaube und Wiss. (1855). – [15] BÜCHNER, a.O. [12] 9. – [16] Vgl. F. A. LANGE: Gesch. des Materialismus 2 (1866). – [17] H. HERTZ: Die Prinzipien der Mechanik (1894) 7. – [18] L. EULER: Mechanica sive motus scientia analytice exposita 1. 2 (Petersburg 1736). – [19] M. DE SAINT-VENANT: Mémoire sur les sommes et les différences géométriques et sur leur usage pour simplifier la mécanique, in: C.R. hebdom. Séances Acad. Sci. 21 (1845) 620. – [20] E. MACH: Über die Definition der Masse, in: Carls Rep. der Exp.phys. 4 (1868) 355-359. – [21] R. CARNAP: Phys. Begriffsbildung (1926) 42f. – [22] P. LORENZEN: Zur Definition der vier fundamentalen Meßgrößen. Philos. nat. 16 (1976) 1-9. – [23] J. DALTON: A new system of chem. philos. (London 1808). – [24] Vgl. M. JAMMER: Das Problem des Raumes (1960) Kap. V. – [25] K. PEARSON: On the motion of spherical and ellipsoidal bodies in fluid media. Quart. J. pure a. appl. Math. 20 (1885) 60-80. 184-211; A. FÖPPL: Über eine mögliche Erweiterung des Newtonschen Gravitations-Gesetzes. Sber. math.-phys. Kl. Königl. Bayr. Akad. Wiss. München 27 (1897) 93-99. – [26] M. ABRAHAM: Prinzipien der Dynamik des Elektrons. Ann. Phys. 10 (1903) 105-179; W. KAUFMANN: Über die elektromagnet. Masse des Elektrons. Gött. Gel. Nachr. (1902) 291. – [27] A. EINSTEIN: Zur Elektrodynamik bewegter Körper. Ann. Phys. 17 (1905) 891-921; Grundgedanken der allg. Relativitätstheorie (1915). – [28] C. W. MISNER und J. A. WHEELER: Class. phys. as geometry. Ann. of Phys. 2 (1957) 525; On the nature of quantum geometrodynamics. Ann. of Phys. 2 (1957) 604. – [29] Vgl. H. REICHENBACH: Der Aufstieg der wiss. Philos. (Berlin 1951, Braunschweig [2]1968); P. MITTELSTAEDT: Probleme der modernen Phys. ([5]1976); F. KAMBARTEL: Erfahrung und Struktur. Bausteine zu einer Kritik des Empirismus und Formalismus (1968); P. HUCKLENBROICH: Theorie des Erkenntnisfortschritts. Zum Verhältnis von Erfahrung und Methode in den Naturwiss. (1978).

Literaturhinweise. G. HAMEL: Elementare Mech. (1912). – W. THOMSON Lord KELVIN und P. G. TAIT: Principles of mech. and dynamics (Cambridge 1912). – A. S. EDDINGTON: Raum, Zeit und Schwere (1923). – J. C. C. MCKINSEY, A. C. SUGAR und P. SUPPES: Axiomatic foundations of class. particle mech. J. rat. Mech. Anal. 2 (1953) 253-272. – S. F. MASON: Gesch. der Naturwiss. (dtsch. 1961). – M. JAMMER s. Anm. [10]. – H. WEYL: Philos. der Math. und Naturwiss. ([3]1966). – J. D. BERNAL: Die Wiss. in der Gesch. ([3]1967). – M. BUNGE: Foundations of phys. (1967). – E. KAPPLER: Die Wandlung des M.-Begriffs in der Gesch. der Phys. Jschr. 1967 der Ges. zur Förderung der Westf. Wilhelms-Univ. Münster (1967) 61-92. – E. STRÖKER: Denkwege der Chem. (1967). – H. WEYL: Raum, Zeit, M. ([6]1970). – J. D. SNEED: The log. structure of mathematical phys. (Dordrecht 1971). – C. A. HOOKER (Hg.): Contemporary res. in the foundations and philos. of quantum theory (Dordrecht 1973). – W. STEGMÜLLER: Theorie und Erfahrung II/2 (1976). – G. BÖHME (Hg.): Protophys. (1976).

P. HUCKLENBROICH

Materie des Urteils. Die Unterscheidung von M. und Form [1] des Urteils wird in der Scholastik entwickelt. JOHANNES BURIDAN begründet die Lehre, daß Subjekt und Prädikat die Materie und die (positive oder negative) Kopula (s.d.) die Form des Urteils darstellen. «Circa quam est primo notandum quod materia propositionis cathegorice non est aliud quam subiectum et praedicatum propositionis cathegorice ... Secundo notandum est quod forma propositionis cathegorice est copula copulans praedicatum cum subjecto et sincathegoreumata seu signa universalia et particularia et sic de aliis» (Dazu ist erstens zu bemerken, daß die M. einer kategorischen Aussage nichts anderes ist als ihr Subjekt und Prädikat ... Zweitens ist zu bemerken, daß die Form einer kategorischen Aussage die Kopula ist, die das Prädikat mit dem Subjekt verbindet, und zudem die Synkategoremata oder die allgemeinen und besonderen Zeichen, und das gilt ebenfalls für die anderen [Aussagearten]) [2].

In der Folgezeit behandeln viele Logiker bis ins 20. Jh. hinein die Unterscheidung von M. und Form des Urteils, zumeist ohne weitere spezielle Unterteilungen. Daß sie auch in der Neuzeit geläufig war, zeigt die Erwähnung dieser Lehre in den zeitgenössischen philosophischen Wörterbüchern, so bei MICRAELIUS, der außer Subjekt und Prädikat auch alle weiteren Bestimmungen zur M.d.U. rechnet, mit Ausnahme der Kopula ‹est›, die die Form ausmacht. Entsprechend finden sich Auffassungen, die die M. auf die Modalität [3] oder auf die Qualität und Quantität [4] beziehen. Diese Momente wurden dann (neben Relation) bei KANT ausdrücklich zur Form des Urteils geschlagen [5]. Im Anschluß an Kant heißt es dann bei FRIES: «Diese vier Bestimmungen der Quantität, Qualität, Relation und Modalität machen die logische Form der Urtheile aus, dagegen die einzelnen Vorstellungen in einem Subject und Prädicat die M. des Urtheils genannt werden. In dem Urtheil, ‹Jede Luft ist elastisch›, ist z. B. die Form: Jedes S ist P; die Materie sind die beyden Vorstellungen ‹Luft› und ‹elastisch›» [6]. Die Auffassung, daß Subjekt und Prädikat die M., die Kopula dagegen die Form des Urteils bilden, findet sich in vielen (keineswegs allen) neuscholastischen Logikbüchern, bei KIRCHNER und wohl zuletzt bei DREWS [7].

Kritik an der gängigen Auffassung übt bereits B. BOLZANO: «Was ich hier den Inhalt eines Satzes nenne, ist der gegebenen Erklärung zu Folge gar nicht dasselbe, was von andern Logikern die M. des Urtheils genannt wird. Ich zähle alle Vorstellungen, die in einem Satze vorkommen, zu seinem Inhalte; unsere bisherigen Logiker aber zählen zu der M. eines Urtheils nur gewisse Vorstellungen. So werden sie z. B. in dem Satze: Gott hat Allwissenheit, oder (wie sie ihn ausdrücken): Gott ist allwissend, nur die beiden Vorstellungen: Gott und allwissend zu der M. des Urtheils zählen, die Vorstellung Ist aber ziehen sie zu der Form des Urtheils» [8].

Diese Ansicht bleibt über Brentano auch in der phänomenologischen Tradition bestimmend, wobei E. HUSSERL dann aber eine zu M. und Form analoge Unterscheidung von «Urteilsinhalt» und «syntaktischer Form» trifft [9]. Auch G. Frege hatte bereits 1879 von «beurteilbarem Inhalt» gesprochen, den er durch einen waagerechten Strich andeutet, und davon den «Urteilsakt», angedeutet durch einen senkrechten Strich, unterschieden [10].

Anmerkungen. [1] Vgl. Art. ‹Form des Urteils›. – [2] JOHANNES BURIDANUS: Compendium totius Logicae (Venedig 1499, ND Frankfurt 1965) tractatus primus, De materia contingenti; ähnlich in seinem Tractatus consequentiarum cap. 7; vgl. Art. ‹Kategoremata› und ‹Synkategoremata›. – [3] H. SACCHERIUS: Logica demonstrativa (Augsburg 1735) 6f. – [4] H. WALSER: Institutiones Philosophicae, Logica (Augsburg 1790) 73ff. – [5] I. KANT, Logik, hg. G. B. JÄSCHE (1800) 156. – [6] J. F. FRIES: System der Logik (^{3}1837) 94. – [7] J. GREDT: Elementa Philosophiae Aristotelico-Thomisticae I (Freiburg 1926) 27; C. GUTBERLET: Logik und Erkenntnistheorie (^{3}1898) 38; A. LEHMEN: Lb. der Philos. auf arist.-scholast. Grundl. 1 (^{3}1909) 59; F. KIRCHNER: Katechismus der Logik (^{3}1900) 148; A. DREWS: Lb. der Logik (1928) 191. – [8] B. BOLZANO: Wiss.lehre 2 (ND 1914) 6. – [9] E. HUSSERL, Formale und transzendentale Logik, hg. P. JANSSEN (Den Haag 1974) 307f. – [10] G. FREGE, Begriffsschr. (ND 1964) 1f.

A. MENNE

Materiewelle. Nach der Entdeckung der Korpuskulareigenschaften des Lichts (das vorher nur als Welle bekannt war) durch A. H. COMPTON [1], M. PLANCK [2] und A. EINSTEIN [3] vermutete L. DE BROGLIE [4] in Analogie dazu Welleneigenschaften bei Korpuskeln, wobei dieselben Gleichungen für die Beziehung der Korpuskulargrößen (Energie E und Impuls p) zu den Wellengrößen (Frequenz ν und Wellenlänge λ) gelten sollten, nämlich:

$$E = h\nu; \qquad p = \frac{h}{\lambda}$$

(dabei ist h eine Naturkonstante, das Plancksche Wirkungsquantum, s. d.).

Experimentell wurde de Broglies Vermutung durch Beugung von Elektronenstrahlen an Kristallen bestätigt (DAVISSON und GERMER [5]). In der Quantenmechanik (s. d.), besonders in ihrer Darstellung als Wellenmechanik (s. d.), ist die Theorie der M. in allgemeiner Form enthalten. Allerdings beschreibt die Welle dort eine Wahrscheinlichkeit: Das Absolutquadrat der komplexen Wellenamplitude $|\psi(x)|^2$ gibt die Wahrscheinlichkeit an, bei Nachprüfung ein Teilchen am Ort x anzutreffen. Daher entsteht kein Widerspruch zwischen den Korpuskular- und Welleneigenschaften der Objekte: Die Wahrscheinlichkeit breitet sich wellenartig aus, aber festgestellt werden immer nur Teilchen. Bei einem Strahl von sehr vielen Teilchen allerdings äußert sich die Wahrscheinlichkeit als Teilchenhäufigkeit, und so hängt die Wellenamplitude mit der Materiedichte zusammen; insofern ist also die sonst irreführende Bezeichnung ‹M.› gerechtfertigt.

Anmerkungen. [1] A. H. COMPTON und A. SIMON, Phys. Rev. 25 (1925) 306. – [2] M. PLANCK, Verh. dtsch. phys. Ges. 2 (1900) 202. 237; Physik. Abh. und Vorträge (1958). – [3] A. EINSTEIN, Ann. Phys. 17 (1905) 145. – [4] L. DE BROGLIE, Ann. Phys. Sér. 102 (1925). – [5] DAVISSON und GERMER, Phys. Rev. 30 (1927) 705.

M. DRIESCHNER/H. P. HARJES

Mathema (μάθημα), ein Grundbegriff der antiken Epistemologie [1], bezeichnet ursprünglich «das, was gelernt ist und was gelernt werden kann, den Gegenstand des Lernens» [2], dann allgemein «Wissenschaft», speziell «mathematische Wissenschaft», entweder als «die 3 mathemata» (Arithmetik, Geometrie, Astronomie; so bei PLATON) oder «die 4 mathemata» (zuzügl. Harmonik). In der altgriechisch-hippokratischen Medizin spielte der Begriff ‹M.› die besondere Rolle einer «Erkenntnis, die von den Zufälligkeiten der Person und der Empirie absieht, die vielmehr Gegenstände sucht, die mit völliger Sicherheit erkannt werden» [3]; M. ist so «Erfahrungswissen», in und mit welchem «die Realität Korrektiv des ärztlichen Wissens ist» [4]. PLATON schließlich verwendet den Terminus vor allem zur Kennzeichnung des Kernstücks seiner Ideenlehre: der Idee des Guten. Sie gilt ihm als μέγιστον μάθημα, als die größte Wissenschaft [5].

Der Begriff ‹M.› scheint nach der Antike nur noch bei KANT eine gewisse Rolle gespielt zu haben. Die M.ta gehören nach Kant zusammen mit den Dogmata zu den apodiktischen (d. h. beweisbaren oder unmittelbar gewissen) Sätzen. Ein Dogma ist «ein direkt synthetischer Satz aus Begriffen», ein M. dagegen ein synthetischer Satz durch «Konstruktion der Begriffe» [6], d. h. durch Darstellung in der ihm korrespondierenden Anschauung a priori.

Anmerkungen. [1] B. SNELL: Die Ausdrücke für den Begriff des Wissens in der vorplat. Philos., in: Philol. Untersuch. 29 (1924) 72-81. – [2] a.O. 76. – [3] 79. – [4] G.-H. KNUTZEN: Technol. in den hippokrat. Schr. Peri diaites oxeon; peri agmon, peri arthron emboles; in: Abh. Akad. Wiss. Lit. Mainz, geistes- u. soz.-wiss. Kl. 14 (1963) 29-33. – [5] PLATON, Resp. 505 a. – [6] I. KANT, KrV B 764. Akad.-A. 3 (1904) 482.

F. KUDLIEN

Mathematik (griech. ἡ μαθηματικὴ τέχνη). Sie entstand ursprünglich aus den praktischen Aufgaben des Rechnens und Messens als eine Disziplin, die unter griechischem Einfluß zu einer beweisenden Wissenschaft ausgebaut, seit der Neuzeit in zunehmendem Maße auf die technisch-physikalischen Wissenschaften angewendet und seit dem 19. Jh. zu einer abstrakten Strukturwissenschaft verallgemeinert wurde. Seit der griechischen Phase werden die Grundlagen der M. auch in der Philosophie diskutiert.

1. Nach vorgeschichtlichen Zeugnissen, die auf eine rezeptartige Überlieferung von Rechen- und Meßverfahren schließen lassen, finden sich in den *babylonischen* und

ägyptischen Hochkulturen erste Ansätze zu *Arithmetik*, *Algebra* und *Geometrie*. So übernimmt die babylonische Arithmetik von den Sumerern das Sexagesimalsystem mit Positionsschreibweise, werden Lösungsverfahren für lineare und quadratische Gleichungen angegeben und Flächen- und Rauminhaltsbestimmungen aus der Praxis der Feldmesser und Bautechniker entwickelt. Ferner sind der 'pythagoreische' Lehrsatz und eine Annäherung $\pi = 3\frac{1}{8}$ bekannt [1]. In den Quellen zur ägyptischen M. ist die Bruchrechnung meistens in Wirtschaftstexten nach festen Rechenvorschriften dokumentiert, werden quadratische Netze für Einteilungszwecke, Formeln z. B. für die Kegelstumpfpyramide und eine Annäherung $\frac{\pi}{4} = (\frac{8}{9})^2$ angegeben. Mit der Formel für die Diagonale eines gleichschenkligen Trapezes ist weiterhin der Cosinussatz der ebenen Trigonometrie bekannt [2].

2. Seit dem 6. Jh. v. Chr. wird die M. unter dem Einfluß *griechischer* Denker aus Ionien und später Unteritalien zu einer *beweisenden Wissenschaft* ausgebaut, in der die Rechenverfahren der orientalischen Kulturen systematisiert und begründet werden.

a) THALES VON MILET (624?–548?), dem die ersten Beweise für die Sätze über die rechten Winkel im Halbkreis und über die Winkelsumme im Dreieck zugeschrieben werden, steht am Anfang der griechischen Geometrie. Logische Beweisschlüsse dienen nicht nur zur Gewinnung neuer Sätze, sondern auch zur Überprüfung vorausgesetzter Meinungen: So benutzt ZENON VON ELEA indirekte Schlüsse, um die verbreiteten Auffassungen vom Wesen der Zeit und Bewegung in Frage zu stellen. Seit PYTHAGORAS VON SAMOS (580?–500?) war die Überzeugung von der Ganzzahligkeit aller Streckenverhältnisse verbreitet, die z. B. durch den Wohlklang ganzzahliger Saitenverhältnisse von Musikinstrumenten und dem religiösen Glauben an Sphärenharmonie bestätigt schien. Der Pythagoreer ARCHYTAS VON TARENT (428–365) verfaßte daher eine ‹Arithmetica universalis›, die auf den drei Grundannahmen des arithmetischen, geometrischen und harmonischen Mittels aufbaute und das *pythagoreische Quadrivium* von Arithmetik, Geometrie, Musik und Astronomie zum Ausdruck brachte, wobei Arithmetik als M. im engeren Sinne und die übrigen Disziplinen als ihre Anwendung verstanden wurden [3]. Auf HIPPASOS VON METAPONT (ca. 450) geht wahrscheinlich die Entdeckung inkommensurabler Streckenverhältnisse zurück; ein inkommensurables Verhältnis tritt insbesondere zwischen Diagonale und Seite eines regelmäßigen Fünfecks, dem Ordenssymbol der Pythagoreer, auf. Da ein entsprechender Beweis durch Widerspruch von unbegrenzten Streckenverkleinerungen Gebrauch macht, lehrt PLATON für die griechische Geometrie, daß ihre Gegenstände nicht die sinnlich wahrnehmbaren Figuren sein können und eine ideale Existenz besitzen [4]. EUDOXOS VON KNIDOS, Zeitgenosse Platons, löst die mit der Inkommensurabilität verbundene erste Grundlagenkrise der M., indem er die pythagoreische Lehre zu einer geometrischen Proportionenlehre und Kontinuumstheorie erweitert [5]. Da jedes (ganzzahlige) Zahlverhältnis einem geometrischen Streckenverhältnis entspricht, aber nicht die Umkehrung gilt, geben die griechischen Mathematiker nun der *Geometrie* den Vorrang vor der Arithmetik und gehen dazu über, die babylonischen Lösungsmethoden für quadratische Gleichungen durch geometrische Konstruktionen zu ersetzen. HIPPOKRATES VON CHIOS (ca. 430) interpretiert z. B. die Lösung x der kubischen Gleichung $x^3 : a^3 = 2 : 1$ als die Seite eines Würfels x^3, der durch Verdopplung eines Würfels a^3 entsteht. Die Lösung dieses sogenannten Delischen Problems gelingt ARCHYTAS VON TARENT nur durch Erweiterung der elementaren ebenen Konstruktionsmittel mit Zirkel und Lineal zu räumlichen Rotationsfiguren [6]. Die dominierende Stellung der damaligen Geometrie wird auch in der Forderung deutlich, wonach kein der Geometrie Unkundiger in die Platonische Akademie aufgenommen werden durfte.

b) In der Zeit Platons hat die M. einen ersten Höhepunkt als theoretische Wissenschaft erreicht. Ihre Theorien und Sätze werden in den 13 Büchern der ‹*Elemente*› (στοιχεῖα) des EUKLID VON ALEXANDRIA axiomatisch zusammengefaßt. Im 1. Buch stellt Euklid Definitionen, Postulate und Axiome an den Anfang, aus denen die mathematischen Lehrsätze nach der aristotelischen Forderung einer beweisenden Wissenschaft abzuleiten sind [7]. In den ersten vier Büchern werden so Sätze der *ebenen Geometrie* bewiesen. Im 5. Buch folgt die *Kontinuumstheorie* des EUDOXOS, auf die im 6. Buch z. B. die Ähnlichkeitssätze gegründet werden. Das 7. bis 9. Buch beschäftigt sich im Anschluß an die Pythagoreer mit elementarer *Zahlenlehre* (z. B. dem euklidischen Algorithmus). Die Behandlung quadratischer Irrationalitäten nach THEÄTET wird im 10. Buch dargestellt. Erst im 11. Buch folgt eine elementare *Raumlehre*. Im 12. Buch wird das *Exhaustionsverfahren* zur Volumenbestimmung von Körpern auseinandergesetzt, wobei erstmals aufgrund der Proportionenlehre des EUDOXOS strenge Beweise für Volumenformeln, wie z. B. die Pyramidenformel, geführt werden konnten, die als technische Regel bereits den Ägyptern (s. 1.) bekannt war. Im 13. Buch zeigt schließlich EUKLID im Anschluß an THEÄTET, daß es genau 5 *regelmäßige Körper* gibt, aus denen nach platonischer Auffassung das Universum aufgebaut ist [8].

c) Während ARCHIMEDES einzelne statische und mechanische Probleme aufgreift und dabei auch einzelne mathematische Probleme, wie z. B. Schwerpunktbestimmungen für geometrische Figuren, eine Parabelquadratur, eine verbesserte Kreisnäherung, untersucht [9], entwickelt APOLLONIOS VON PERGE (262?–190?) in seinem Hauptwerk ‹Conica› eine einheitliche *Theorie der Kegelschnitte*, von denen einzelne Beispiele schon im Zusammenhang mit dem Delischen Problem bei HIPPOKRATES und bei MENAICHMOS (ca. 350) diskutiert wurden. APOLLONIOS erzeugt Kegelschnitte systematisch an geraden und schrägen Kreiskegeln und liefert damit eine zentrale Voraussetzung für die Kurvengeometrie und Mathematisierung von Astronomie und Mechanik in der Neuzeit [10]. Die *Trigonometrie* wird als angewandte Wissenschaft verstanden und vor allem in der Astronomie ausgearbeitet. Bereits ARISTARCHOS VON SAMOS (ca. 280) berechnet in einem Werk über astronomische Entfernungsschätzungen den doppelten Sinus als Sehnenlänge. Aber erst HIPPARCHOS (ca. 200 v. Chr.) hat Sehnentafeln zur Verfügung, die ein Additionstheorem z. B. für den Sinus voraussetzen. Einen Beweis führt PTOLEMAIOS (ca. 150 n. Chr.) mit seinem Diagonalsatz über Vierecke im Kreis. Ptolemaios ist auch an der Entwicklung der sphärischen Trigonometrie beteiligt. Ansätze zur *projektiven Geometrie*, z. B. die Lehre vom Doppelverhältnis, finden sich bei PAPPOS. Bei DIOPHANTOS VON ALEXANDRIEN (250 n. Chr.) wird erstmals nach der klassisch-geometrischen Periode der M. wieder eine selbständige *Arithmetik* und *Algebra* betrieben, in der Gleichungen in babylonischer Tradition gelöst werden und zum ersten Mal eine algebraische Symbolschrift benutzt wird [11].

3. Die Kenntnisse der griechischen Mathematik werden im christlichen *Frühmittelalter* zunächst nur bruch-

stückhaft tradiert, wie aus Lehrgängen des MARTIANUS CAPELLA (ca. 450) und des BOETHIUS (ca. 500) hervorgeht. Sie umfassen das pythagoreische Quadrivium mit dem ptolemaischen ‹Almagest›, jedoch nur Teile der euklidischen ‹Elemente›. In der Wissenschaftslehre des ‹Didascalion› des HUGO VON ST. VICTOR (1096–1141) wird die M. zwar als ein theoretisches Fach wie Theologie und Physik aufgefaßt und gilt auch in der neugegründeten Pariser Universität (ca. 1200) als selbständiges Fach mit den Disziplinen des Quadriviums innerhalb der Artistenfakultät, tritt jedoch in ihrer Bedeutung immer mehr hinter Logik, Philosophie und Theologie zurück [12]. Weiterentwickelt wird die M., insbesondere Algebra und Arithmetik, im *Mittelalter* vor allem von *indischen* und *arabischen Mathematikern*. Insbesondere beschäftigen sich indische Mathematiker bereits im 6. und 7. Jh. mit diophantischen Gleichungen und kennen schon Rechenregeln für negative Zahlen [13].

4. Erst im *Zeitalter des Humanismus* wird mit den Übersetzungen antiker Texte des Archimedes, Apollonios und später Diophantos der Entwicklungsstand der griechischen M. im Abendland erreicht.

a) Das praktische Rechnen mit den indischen Ziffern, das nun von Rechenmeistern auf Latein- und Bürgerschulen geübt und in Rechenbüchern wie dem ‹Coß› von M. STIEFEL verbreitet wird, bildet eine wichtige Voraussetzung für eine selbständige Entwicklung von *Algebra* und *Arithmetik* [14]. Nur diese algorithmische Übung macht verständlich, warum die Auflösung kubischer Gleichungen, die den antiken Mathematikern wegen ihrer geometrisch-verbalen Behandlung große Schwierigkeiten bereitete, den italienischen Renaissance-Mathematikern wie Sc. DEL FERRO, N. TARTAGLIA und G. CARDANO auf Anhieb gelang. Cardanos Schüler L. FERRARI löst auch Gleichungen 4. Grades. Für die *imaginären Zahlen*, auf die man bei diesen Gleichungen stieß, gibt bereits der Bologneser Ingenieur R. BOMBELLI in seiner ‹Algebra› von 1572 richtige Rechenregeln an, obwohl die heutige Deutung der komplexen Zahlen $a + bi$ als Paare (a, b) reeller Zahlen mit bestimmten Verknüpfungseigenschaften von W. R. HAMILTON stammt, nachdem bereits C. F. GAUSS eine geometrische Deutung angegeben hatte. Auf F. VIÈTE (1540–1603) geht die Verwendung von Buchstaben für algebraische Formeln zurück. Die aus der Astronomie bekannte Technik der babylonischen Sexagesimalbrüche führt im 16. Jh. z. B. bei S. STEVIN zu den *Dezimalbrüchen*. Die Erfindung der *Logarithmen* durch J. NEPER und J. BÜRGI vereinfacht die trigonometrischen Rechnungen der Astronomen [15]. Die von Neper verwendeten verschiebbaren Rechenstäbe regen W. SCHICKARD (1592–1635) zum Bau einer ersten *Rechenmaschine* an.

b) In der praktischen Geometrie kommen die Architekten, Baumeister und Künstler des 16. Jh. nicht über die antiken Kenntnisse hinaus. Erst die Rezeption der apollonischen Kegelschnittlehre, in der bereits einfachen ebenen Kurven, wie z. B. Parabel und Hyperbel, algebraische Formeln zugeordnet wurden, und die Fortschritte der Algebra seit Viète bereiten den Boden für die Entwicklung der *analytischen Geometrie* seit R. DESCARTES und P. DE FERMAT. In der ‹Géométrie› von 1637 gibt DESCARTES eine Methode an, wie beliebige algebraische Formeln der Addition, Subtraktion, Multiplikation und Division geometrisch zu deuten sind [16]. Während die antike 'synthetische' Figurengeometrie nur Größen und ihre Verhältnisse kannte, zeichnet Descartes eine Einheitsstrecke aus und ordnet jeder Rechenoperation eine Streckenoperation zu. Damit wird zugleich der Zahlbegriff von den natürlichen Zahlen, Brüchen, negativen Zahlen und einfachen Irrationalitäten auf den Bereich der algebraischen Zahlen erweitert. Daher unterscheidet Descartes auch die auf rein algebraischem Wege gelösten Probleme der 'reinen' bzw. '*Präzisionsmathematik*' von den übrigen 'mechanischen' Problemen der '*Approximationsmathematik*' und deutet damit die spätere Unterscheidung zwischen algebraischen und transzendenten Funktionen an. Als Beispiel konnte G. W. LEIBNIZ 1682 nachweisen, daß z. B. sin x keine algebraische Funktion von x ist. Für lineare und quadratische Aufgaben schlägt DESCARTES nach antikem Vorbild Konstruktionen mit Zirkel und Lineal vor, die für Aufgaben 3. und 4. Grades durch die Verwendung einer Parabel und für Aufgaben höheren Grades durch die Verwendung algebraischer Kurven erweitert werden, deren graphische Darstellung schrittweise aus linearen Bewegungsmechanismen zu erzeugen ist. Ob Descartes dabei Kenntnis von den graphischen Darstellungen des NICOLAUS VON ORESME (ca. 1350) hatte, ist nicht bekannt [17].

c) Die analytische Geometrie und die Bewegungsprobleme der neuzeitlichen Physik führen zur Entwicklung der *Infinitesimalrechnung* bei G. W. LEIBNIZ und I. NEWTON. Seit EUDOXOS und ARCHIMEDES waren Exhaustionsverfahren zur Bestimmung von Flächen- und Rauminhalten bekannt. Nach N. V. KUES wird der Kreis in einem unendlichen Grenzprozeß aus Vielecken wachsender Seitenzahl erreicht. J. KEPLER gibt Verfahren zur Volumenbestimmung von Fässern, also Rotationskörpern, an. Der Galilei-Schüler B. CAVALIERI legt 1635 eine ‹Geometria indivisibilibus continuorum› vor, in der die Gleichheit von Körpervolumina durch die 'Summe' unendlich vieler paralleler Schnittebenen gleichen Inhalts bestimmt wird. Neben solchen *Integrationsaufgaben* tritt im Zusammenhang mit der Geschwindigkeitsbestimmung einer Bewegung das Problem der *Tangentenbestimmung* an einer Kurve [18]. I. BARROW äußert bereits die Vermutung, daß Integration und Tangentenbildung Umkehrungen voneinander seien. Aber erst sein Schüler I. NEWTON legt 1664–1666 die Grundlagen der '*Fluxionsrechnung*'. Dabei geht er von der geometrisch-physikalischen Vorstellung aus, wonach eine Linie durch Bewegung ('Fließen') eines Punktes erzeugt wird, dessen momentane 'Geschwindigkeit' (Fluxion) zu bestimmen ist. Newtons Bezeichnungen für Verhältnisse 'unendlich kleiner' Größen erweisen sich jedoch bald gegenüber dem von LEIBNIZ 10 Jahre später unabhängig entwickelten *Differentialkalkül* als unterlegen [19].

d) In den Brüdern BERNOULLI erwachsen Leibniz zudem bedeutende Mitarbeiter, die zu einer raschen Verbreitung und Weiterentwicklung des Kalküls beitragen. 1696 erscheint das erste Lehrbuch der Differentialrechnung von G. F. A. DE L'HOSPITAL, der von JOHANN BERNOULLI unterrichtet wurde. In der Zeit von 1682 bis 1704 trägt JAKOB BERNOULLI das Wissen seiner Zeit zur *Theorie der Reihen* zusammen, untersucht zahlreiche Kurven mit Hilfe der Infinitesimalrechnung und gibt mit seinem Problem der Brachistochrone den Anstoß zur Entwicklung der *Variationsrechnung*, die besonders von L. EULER zu einem grundlegenden Instrumentarium zur Lösung physikalischer *Differentialgleichungen* ausgebaut wurde. JOHANN BERNOULLI erweitert den Leibnizkalkül für *Exponentialfunktionen*, untersucht z. B. die unendlich harmonische Reihe und beschäftigt sich mit Fragen der *Mechanik*, wie z. B. dem Prinzip der virtuellen Verschiebungen (1725), mit dem J. L. LAGRANGE 1788 aus dem d'Alembertschen Prinzip eine allgemeine Form für Differentialgleichungen der Mechanik ableitet [20]. Mit Lagranges ‹Mecanique analytique› hat sich die analytische Methode nach der Geometrie auch in der Mechanik durchgesetzt. Von überragender Bedeutung für die M. des 18. Jh. wird L. EULER (1707–1783), der als Schüler Johann Bernoullis nicht nur entscheidende Beiträge zur Theorie der totalen und partiellen Differentialgleichungen, der *Variationsrechnung* und der mathematischen Physik liefert, sondern durch seine Lehrbücher auch zur Verbreitung der analytischen Methode beiträgt. Allerdings kommen in Euler auch die Grenzen der M. des 18. Jh. zum Ausdruck, deren zahlreiche neuen Methoden sich zwar in der Physik glänzend bewähren, jedoch mathematisch oft nur durch fragwürdige Schlüsse gestützt sind. Zudem hält Euler noch an Johann Bernoullis *Funktionsbegriff* fest, der ausschließlich auf Funktionen beschränkt bleibt, die durch einen algebraischen Rechenausdruck darstellbar sind und daher z. B. die einige Jahre später entwickelten Fourier-Reihen nicht umfassen [21].

Die veränderte *Rolle der M. im Rahmen der neuzeitlichen Naturwissenschaft* kommt in ihrer unterschiedlichen wissenschaftssystematischen Behandlung bei FR. BACON und D'ALEMBERT deutlich zum Ausdruck. In Fr. Bacons ‹Novum Organum› von 1620 wurde die M. noch im Umfang des alten Quadriviums der ‹Natura operativa› und der ‹Mechanica› untergeordnet. In J. L. R. d'Alemberts ‹Discours préliminaire› von 1751 wird die mathematische Naturphilosophie insgesamt als ‹les mathématiques› angesprochen, die sowohl die reine M. mit der Fülle ihrer neuen Disziplinen als auch die angewandte M. mit mathematischer Physik und Astronomie umfassen [22].

5. Die M. setzt im *19. Jh.* ihre physikalischen Anwendungserfolge fort, besinnt sich aber auch auf eine Präzisierung ihrer analytischen Methoden und bildet mit neuen abstrakten Disziplinen, wie Topologie und Mengenlehre, innermathematische Fragestellungen aus, die auf die Strukturmathematik des 20. Jh. und die damit verbundenen Grundlagenprobleme führen.

a) Nachdem bereits D'ALEMBERT 1765 die Rede von «unendlich kleinen» Größen und dem aktual Unendlichen kritisiert hatte, schlug A. L. CAUCHY 1821 in seinem ‹Cours d'Analyse› arithmetische *Präzisierungen* des Grenzwertbegriffs, der Stetigkeit, Konvergenz und des Differentialquotienten vor. Die nach ihm benannten konzentrierten Folgen, deren Punktabstände mit wachsender Indexzahl verschwinden, führen später zu einer Präzisierung der reellen Zahlen als Grenzwerte ebensolcher rationaler Folgen. Schließlich zwingen die Fourier-Reihen (1807) zu einer Aufgabe des Eulerschen *Funktionsbegriffs,* der 1829 von L. DIRICHLET zu einer (eindeutigen) Relation zwischen den variablen Größen eines Intervalls und den entsprechenden Funktionswerten verallgemeinert wird und bei G. CANTOR zum allgemeinen mengentheoretischen Abbildungsbegriff führt [23]. Für die *Funktionentheorie* werden besonders die auf K. WEIERSTRASS zurückgehenden analytischen Funktionen wichtig, die durch Potenzreihen darstellbar sind. Von Weierstrass und seiner Schule wird auch der Ausbau einer komplexen Funktionentheorie betrieben, nachdem bereits L. Euler eine Fortsetzung reeller Funktionen auf den komplexen Zahlen angeregt hatte [24].

b) Nachdem die *Algebra* vom 16. bis 18. Jh. durch mehr oder weniger glückliche Lösungsversuche für einzelne *Gleichungen* bestimmt war, taucht bei J. L. LAGRANGE 1770 zum ersten Mal der Gedanke auf, *allgemein* die Lösungen von Gleichungen durch die Gruppe ihrer Permutationen, d. h. ihrer gegenseitigen (umkehrbar-eindeutigen) Ersetzungen, zu charakterisieren. Die Lösungen werden bei Einsetzung in den Gleichungen allgemein nach den Gesetzen der Addition, Multiplikation und deren eindeutigen Umkehrungen der Subtraktion und Division, den später sogenannten 'Körperaxiomen', verknüpft. Damit kündigt sich bereits der *Gruppen- und Körperbegriff* an, mit dem es N. A. ABEL und E. GALOIS Anfang des 19. Jh. gelingen sollte, die Unmöglichkeit der Auflösung einer Gleichung vom Grade n >4 durch Radikale nachzuweisen. Bereits C. F. GAUSS hatte im Zuge seiner algebraischen Arbeiten Konstruktionsprobleme regelmäßiger Vielecke gelöst. Aber erst mit der Galoisschen Theorie läßt sich die Unlösbarkeit des antiken Konstruktionsproblems der Würfelverdopplung (s. 1) mit Zirkel und Lineal nachweisen. Nachdem J. LIOUVILLE 1844 die Existenz transzendenter Zahlen, HERMIT 1873 die Transzendenz der Eulerzahl e und LINDEMANN 1882 die Transzendenz von π nachgewiesen haben, kann auf der Schlußstrich unter das antike Problem der Quadratur des Kreises gezogen werden. Die geometrischen Konsequenzen dieser algebraischen Untersuchungen zeigen den Mathematikern die allgemeine Bedeutung von Gruppen- und Körpertheorie unabhängig von der Theorie algebraischer Gleichungen. Nachdem CAYLEY 1854 den abstrakten (endlichen) Gruppenbegriff und H. WEBER 1893 eine axiomatische Körpertheorie vorlegten, verlagert sich das algebraische Interesse der Mathematiker zunehmend von den Gleichungstheorien auf das Studium *abstrakter algebraischer Strukturen,* die G. CANTORS allgemeinen Mengenbegriff voraussetzen und in diesem Sinne von STEINITZ, HILBERT, E. NOETHER u. a. weiterentwickelt werden [25].

c) Anfang des 19. Jh. führten G. MONGES Lehrbücher der *darstellenden Geometrie* an der Pariser Ecole Polytechnique zur Ausbildung der *projektiven Geometrie* durch J. V. PONCELET, der damit die Perspektivprobleme von PAPPOS, DESARGUES und PASCAL aufgriff und weiterentwickelte. Besonders in Deutschland wird die projektive Geometrie durch STEINER und STAUDT zu einer nicht-analytischen 'synthetischen' Geometrie ausgebaut, deren schwerfällige Beweisführung erst durch PLÜCKERS Einführung homogener Koordinaten verbessert wird [26]. Die philosophischen Überlegungen von HERBART über beliebig dimensionale Räume regen GRASSMANN zu Untersuchungen über *n*-dimensionale affine 'Ausdehnungen' an, die zusammen mit CAYLEYS Untersuchungen seit 1844 die Entwicklung der *affinen Geometrie* einleiten und in die *lineare Algebra* münden, in deren Verlauf u. a. der für die Physik zentrale Begriff des *Vektorraums* ausgebildet wird [27]. Nach der Diskussion des Parallelitätspostulats der euklidischen Geometrie von PROKLOS bis J. H. LAMBERT, nach der Entdeckung der *nicht-euklidischen Geometrie* und nach EULERS Untersuchungen über das Krümmungsverhalten ebener Kurven setzt mit C. F. GAUSS' ‹Disquisitiones generales circa superficies curvas› von 1827 die Entwicklung der *Differentialgeometrie* ein, die sich bei Gauss zunächst mit der Metrik und Krümmung 2-dimensionaler Flächen beschäftigt und bei RIEMANN für *n*-dimensionale stetig-differenzierbare Mannigfaltigkeiten verallgemeinert wird [28]. Während Riemann von stetigen Mannigfaltigkeiten ausgeht, deren Metrik und Krümmungsverhalten als durch Beobachtung und Messung zu entscheidende Hypothesen aufgefaßt werden, erzwingt H. V. HELMHOLTZ mit seiner physikalischen Voraussetzung der freien Beweglichkeit starrer Meßkörper von vornherein die hyperbolischen, elliptischen und euklidischen Räume von konstanter Krümmung. Helmholtz' Ansatz wird von S. LIE zu einer Theorie *stetiger (unendlicher) Bewegungsgruppen* präzisiert, die sowohl für die Weiterentwicklung der Differentialgeometrie im 20. Jh. durch H. WEYL, E. CARTAN u. a. als auch für ihre physikalische Anwendung in der Relativitätstheorie und Kosmologie von zentraler Bedeutung werden [29]. Auch die Entwicklung der *Topologie*, der Theorie der bei umkehrbar-eindeutigen Transformationen invariant bleibenden geometrischen Gebilde, beginnt im 19. Jh. mit Untersuchungen von RIEMANN, MÖBIUS, JORDAN u. a., nachdem bereits Ansätze z. B. in der Diskussion der Polyederformel bei DESCARTES und EULER vorlagen. Im Rahmen der Topologie gelingt mit den Beiträgen von H. POINCARÉ, L. E. J. BROUWER u. a. auch eine Klärung des Dimensionsbegriffs, der in der koordinatenlosen Topologie nicht mehr wie in der analytischen Geometrie durch die Anzahl der Punktkoordinaten definiert werden konnte. Im Bündnis mit CANTORS Mengenlehre wird schließlich im 20. Jh. von M. FRÉCHET, F. HAUSDORFF u. a. der Begriff des *topologischen Raumes* geprägt und damit der Blick von einzelnen topologischen Gebilden (Torus, Möbiusband, Kleinsche Flasche usw.) auf die allgemeine Analyse topologischer Strukturen gelenkt [30]. Die alte Bedeutung von ‹Geometrie› im Sinne von 'Erdvermessung' konnte diese Forschungsspezialisierungen nicht mehr abdecken. Erst F. KLEINS ‹Erlanger Programm› von 1871 liefert mit dem Begriff der *'geometrischen Invarianten'*, die bei metrischen, affinen, projektiven, topologischen usw. Transformationsgruppen unverändert bleiben, eine Möglichkeit, die verschiedenen Forschungsrichtungen in einer Hierarchie von Theorien zu ordnen [31].

6. Nach CANTORS Mengenlehre [32] verstärkt sich in der M. des *20. Jh.* die Tendenz, die M. als *Strukturwissenschaft* aufzubauen [33], wie es sich bereits in der Algebra und Geometrie seit Mitte des 19. Jh. abzeichnete. Damit wird zwar einerseits eine Vereinheitlichung der M. erreicht, indem verschiedene Theorien auf die Kombination weniger fundamentaler Grundstrukturen reduziert und neue Theorieentwicklungen vor allem der algebraischen Geometrie und Topologie ermöglicht werden. Auch weitet der Strukturgesichtspunkt den Anwendungsbereich der M. aus, wie z. B. die Funktionenräume der Funktionalanalysis in der Quantenphysik, die Gruppentheorie in Kristallogie und physikalischer Chemie usw. zeigen [34]. Andererseits werden aber gleich zu Beginn des 20. Jh. Widersprüche aus der Cantor-Fregeschen Mengenlehre abgeleitet, die zu einer tiefgreifenden *Grundlagendiskussion* der M. führen [35]. – D. HILBERT stellt in seinen ‹Grundlagen der Geometrie› von 1900 eine formale axiomatische Theorie vor, die durch Widerspruchsfreiheit, Vollständigkeit und Zulässigkeit ihrer Modelle zu rechtfertigen ist. Damit verlagert sich die Frage der Widerspruchsfreiheit der formalen Geometrie auf ihr Modell der analytischen Geometrie, also der Analysis. Für die axiomatische Analysis [36] wird die Mengenlehre vorausgesetzt, für deren axiomatische Fassungen nach ZERMELO, BERNAYS u. a. bisher nur garantiert ist, daß die bekannten Widersprüche (z. B. Russellsche Klasse) ausgeschlossen sind. L. E. J. BROUWER schlug daher den Aufbau einer *intuitionistischen* M. vor, in der nur solche Begriffsbildungen zugelassen sind, die nach dem Vorbild der natürlichen Zahlen schrittweise und effektiv konstruierbar sind. So sind z. B. als reelle Zahlen nicht beliebige abstrakte Dedekindsche Schnitte zugelassen, sondern nur diejenigen Dezimalbruchentwicklungen, deren Stellen als Glieder von rationalen Cauchyfolgen (s. 5 a) effektiv angebbar sind. Funktionen intuitionistisch zulässiger reeller Zahlen werden durch endlich viele Anwendungen der arithmetischen Grundoperationen auf die Glieder der entsprechenden Cauchyfolgen definiert und erweisen sich alle über abgeschlossenen Intervallen als gleichmäßig stetig. Die ausschließliche Verwendung der effektiven Logik führt jedoch zu einer Einschränkung des Satzbestandes der klassischen Analysis (z. B. Satz von BOLZANO-WEIERSTRASS) [37]. Nachdem ein konstruktiver Widerspruchsfreiheitsbeweis für die klassische Logik über abzählbaren Individuenbereichen vorlag, ist im Anschluß an H. WEYL von P. LORENZEN [38] ein konstruktiver Widerspruchsfreiheitsbeweis für die worden, der in begründeter Weise von der klassischen Logik bei definiten Mengen und Funktionen Gebrauch macht, jedoch für indefinite Mengen und Funktionen weiterhin die intuitionistische Logik vorsieht.

Neben den Grundlagenfragen spielen die konstruktiven und effektiven Verfahren auch in der *angewandten Mathematik*, z. B. in der *Numerik*, besonders aber in der Algorithmentheorie, Maschinentheorie und *Informatik* eine große Rolle [39]. Nach frühen Ansätzen zur Wahrscheinlichkeitsrechnung bei JAKOB BERNOULLI (Ars conjectandi 1713), A. D. MOIVRE (Doctrine of Chances), LAGRANGE, LEGENDRE u. a. wird seit den Arbeiten von R. v. MISES, A. N. KOLMOGOROFF u. a. eine *Theorie der Wahrscheinlichkeit* entwickelt, in der nicht nur determinierte Prozesse wie in der Algorithmentheorie, sondern vor allem stochastische Zufallsprozesse untersucht werden können, die für Chemie, Biologie, Ökonomie und Technik von großer Bedeutung sind [40].

Rückblickend lassen sich daher auch heute in der M. diejenigen Tendenzen nachweisen, die sich bereits sehr früh in der Geschichte der M. abzeichneten – neben der deduktiv-axiomatischen Methode das Interesse an effektiven Rechen- und Prozeßverfahren.

Anmerkungen. [1] K. VOGEL: Vorgriech. Math. 2: Die M. der Babylonier (1959). – [2] O. NEUGEBAUER: Vorles. über Gesch. der antiken math. Wiss.en 1: Vorgriech. M. (²1969). – [3] P. H. MICHEL: De Pythagore à Euclide (1950); B. L. VAN DER WAERDEN: Zenon und die Grundlagenkrise. Math. Ann. 117 (1940) 141-161. – [4] E. FRANK: Plato und die sog. Pythagoreer (1923); K. v. FRITZ: The discovery of incommensurability by Hippasus of Metapontum. Annals of Math. 46 (1954) 242-264. – [5] Vgl. Art. ‹Maß›. – [6] K. MAINZER: Delisches Problem, in: Enzyklop. Philos. und Wiss.theorie, hg. J. MITTELSTRASS 1 (1980); A. D. STEELE: Über die Rolle von Zirkel und Lineal in der griech. M., in: Quellen u. Stud. zur Gesch. der M., Astronomie und Physik B/3 (1934) 313-369. – [7] A. SZABÓ: Anfänge des Euklidischen Axiomensystems. Arch. Hist. exact Sci. 1 (1960) 38-106. – [8] EUKLID, Die Elemente, dtsch. CL. THAER (1933, ND 1971); K. MAINZER: Euklidische Geometrie, in: Enzyklop. a.O. [6]. – [9] T. HEATH: The method of Archimedes (1912); W. STEIN: Der Begriff des Schwerpunktes bei Archimedes, in: Quellen u. Stud. zur Gesch. der M. ... B/1 (1930) 221-244. – [10] APOLLONIOS VON PERGE, Conica, hg. J. L. HEIBERG 1. 2 (1890/93); dtsch. A. CZWALINA (1926). – [11] T. HEATH: Diophantus of Alexandria (²1910). – [12] J. E. HOFMANN: Gesch. der M. 1 (1963) Kap. 3. – [13] H. SUTER: Die Mathematiker und Astronomen der Araber und ihre Werke (1900). – [14] H. GROSSE: Hist. Rechenbücher des 16. und 17. Jh. (1901). – [15] A. V. BRAUNMÜHL: Vorles. über Gesch. der Trigonometrie (1900/03); H. GERICKE: Gesch. des Zahlbegriffs (1970) Kap. 3. – [16] H. WIELEITNER: Die Geburt der modernen M. 1: Anal. Geometrie (1924). – [17] H. WIELEITNER: Gesch. der M. II/2 (1921); C. B. BOYER: Hist. of anal. geometry (1956) ch. 5. – [18] J. E. HOFMANN: Zur Entdeckungsgesch. der höheren Analysis im 17. Jh. Math.-phys. Semesterber. 1 (1950). – [19] K. MAINZER: Fluxion, in: Enzyklop. a.O. [6]; D. MAHNKE: Zur Keimesgesch. der Leibnizschen Differentialrechnung, in: Sitzber. Ges. Beförderung ges. Naturwiss.en Marburg 67 (1932). – [20] K. MAINZER: Jakob, Johann und Daniel Bernoulli, in: Enzyklop. a.O. [6]. – [21] L. EULER, Opera omnia 46 in 3 Ser. (1911-1957); G. GIESEL: Gesch. der Variationsrechnung (1857); E. MACH: Die Mechanik – hist.-krit. dargestellt (^{9}1933, ND 1976) Kap. 3f. – [22] F. KAMBARTEL: Erfahrung und Struktur. Bausteine zu einer Kritik des Empirismus und Formalismus (1968) 61ff. – [23] C. THIEL: Grundlagenkrise und Grundlagenstreit (1972) 72ff. – [24] K. MAINZER: Funktionentheorie, in: Enzyklop. a.O. [6]. – [25] L. NOVÝ: Origins of modern algebra (1973); H. WUSSING: Die Genesis des abstrakten Gruppenbegriffs (1969). – [26] F. J. OBENRAUCH: Gesch. der darstellenden und projektiven Geometrie (1897). – [27] N. NIELSON: Géomètres français sous la Révolution (1927). – [28] P. STAECKEL: Gauß als Geometer, in: Nachr. Königl. Ges. Wiss. Gött. (1917) 25-140; D. STRUIK: Outline of a hist. of differential geometry. Isis 19 (1933); K. MAINZER: Differentialgeometrie, in: Enzyklop. a.O. [6]. – [29] H. FREUDENTHAL: Lie groups in the foundations of geometry. Advanc. Math. 1 (1965) 145-190; K. MAINZER: Symmetrische Räume und Kosmol., in: Logic, methodol. and philos. sci. 6, hg. L. J. COHEN u. a. (1980). – [30] G. FEIGL: Gesch. Entwickl. der Topol. Jahresber. Dtsch. Mathematiker-Vereinig. 37 (1928) 273-286; K. MAINZER: Dimension, in: Enzyklop. a.O. [6]; J. H. MANHEIM: The genesis of point set topol. (1964). – [31] F. KLEIN: Vorles. über die Entwickl. der Math. im 19. Jh. 1/2 (1926/27). – [32] A. SCHOENFLIES: Entwickl. der Mengenlehre und ihrer Anwend. (^{2}1913). – [33] Vgl. Art. ‹Struktur›. – [34] N. BOURBAKI: Eléments d'hist. des math. (1960). – [35] Vgl. Art. ‹Grundlagenstreit›. – [36] Vgl. Art. ‹Kontinuum›. – [37] M. DUMMETT: Elements of intuitionism (1977); A. HEYTING: Intuitionism. An introd. (1956); A. S. TROELSTRA: Metamath. investigation of intuitionistic arithmetic and analysis (1973). – [38] Vgl. Art. ‹Logik, dialogische›; ‹Logik, operative›. – [39] Vgl. Art. ‹Algorithmus›; K. MAINZER: Algorithmentheorie, in: Enzyklop. a.O. [6]; E. BISHOP: Foundations of constructive analysis (1967). – [40] JAKOB BERNOULLI: Ars conjectandi (1713, ND 1899); A. N. KOLMOGOROFF: Grundbegriffe der Wahrscheinlichkeitsrechnung (1933).

Literaturhinweise. M. CANTOR: Vorles. über Gesch. der M. 1-4 (1880-1908). – H. BEHNKE u. a. (Hg.): Grundzüge der M. 1-3 (1960/62). – N. BOURBAKI s. Anm. [34]. – J. E. HOFMANN: Gesch. der M. 1-3 (1963). – G. KROPP: Gesch. der M. Probleme und Gestalten (1969). – D. J. STRUIK: A source-book in math. 1200-1800 (1969). – M. OTTE: Mathematiker über M. (1974). – O. BECKER: Grundlagen der M. in gesch. Entwickl. (^{2}1975). – H. EVES: An introd. to the hist. of math. (1975). – K. MAINZER: Gesch. der Geometrie (1980).
K. MAINZER

Mathematik, positive (negationslose). In der intuitionistischen M. wurden von G. F. C. GRISS [1] und D. VAN DANTZIG [2] Bedenken gegen den Gebrauch der Negation geäußert. Danach ist *jeder* mathematische Begriff durch eine mathematische *Konstruktion* [3] zu begründen, die tatsächlich ausgeführt werden kann. Nach diesem strengen Maßstab ist selbst die *intuitionistische Negation* $\neg A$ nicht zulässig, da sie nach L. E. J. BROUWER durch die Ableitung eines Widerspruchs aus der Annahme A und nicht durch eine tatsächliche Konstruktion gerechtfertigt wird.

1. In der *Geometrie* ist eine Behauptung wie «Es gibt keine viereckigen Kreise» nach BROUWER zu rechtfertigen, indem aus der Annahme einer Quadratkonstruktion, die zugleich ein Kreis ist, ein Widerspruch abgeleitet wird. Nach GRISS hat diese Annahme jedoch keinen klaren Sinn, da sie niemals durch eine mathematische Konstruktion gerechtfertigt werden kann. Daher wird vorgeschlagen, solche nicht geklärten Negationen durch positive Behauptungen zu ersetzen, z. B.: «Falls Q eine Quadratkonstruktion ist und P ein beliebiger Punkt, so lassen sich Punkte P_1 und P_2 auf dem Quadratumfang angeben, so daß für die Strecken PP_1 und PP_2 eine Größendifferenz effektiv angegeben werden kann.» Bei der Kreiskonstruktion bildet der Kreismittelpunkt P ein Gegenbeispiel, da der Abstand zu allen Punkten des Kreisumfanges gleich ist.

2. In der *Arithmetik* setzt GRISS mit BROUWER die Konstruktion von Folgen natürlicher Zahlen als mathematische Ur-Intuition voraus [4]. Ebenso wird die *Verschiedenheit* jeder natürlichen Zahl von ihren Vorgängern als intuitiv einsichtig vorausgesetzt. Die Negation $n \neq m$ ist danach nur eine andere Schreibweise für die effektiv überprüfbaren Behauptungen $n > m$ oder $n < m$. Die *Gleichheit* rationaler Zahlen wird auf die Gleichheit von Multiplikationstermen ganzer Zahlen zurückgeführt: z. B. $2/3 = n/m$ auf $2 \cdot m = n \cdot 3$. Die Negation $r_1 \neq r_2$ für rationale Zahlen r_1 und r_2 ist daher wieder effektiv überprüfbar als $r_1 < r_2$ oder $r_1 > r_2$.

3. In der *Analysis* werden reelle Zahlen durch rationale Cauchy-Folgen [5] eingeführt. Zwei reelle Zahlen x und x', die durch die rationalen Cauchy-Folgen (r_n) bzw. (r'_n) dargestellt werden, heißen *gleich*, falls für jede positiv rationale Zahl ε ein Index N *effektiv* angegeben werden kann, so daß für alle Indizes $n > N$ und $m > N$ gilt $|r_n - r_m| < \varepsilon$. Nach BROUWER besagt die Negation $x \neq x'$, daß die Annahme $x = x'$ zu einem Widerspruch führt. Da nach GRISS diese Negation nicht effektiv gerechtfertigt ist, verweist er auf eine strengere Version der intuitionistischen Analysis: x liegt neben x' ($x \# x'$), falls ein positiv rationales ε und ein Index N *effektiv* angegeben werden können, so daß für alle Indizes $n > N$ und $m > N$ gilt $|r_n - r_m| > \varepsilon$. Allerdings sind nicht alle intuitionistischen Basiseigenschaften der #-Relation nach Griss gerechtfertigt, wie z. B. $\neg x \# x' \to x = x'$.

4. In der *Mengenlehre* muß GRISS die *leere Menge* ∅ ablehnen, da sie als die Menge aller Elemente x mit $x \neq x$ definiert ist. Eine Menge ist daher nur dann definiert, wenn wenigstens ein Element *effektiv* konstruiert werden kann, auf das die Mengeneigenschaft zutrifft. Folglich ist auch der *Durchschnitt zweier Mengen* nur dann definiert, wenn wenigstens ein Element effektiv angegeben werden kann, auf das beide Mengeneigenschaften zutreffen. Die *Ungleichheit zweier Mengen* $M \neq N$ kann nicht als Widerspruchsbeweis aus der Annahme $M = N$ verstanden werden. Zwei Mengen heißen vielmehr verschieden, falls eine von beiden ein Element enthält, das verschieden ist von jedem Element der anderen Menge.

5. In der *Logik* gibt es für die positive Mathematik keinen Kalkül der *Aussagenlogik*, da nur positive Aussagen definiert sind. Analog zur Durchschnittsoperation der Mengenlehre ist auch die *Konjunktion* nur beschränkt anwendbar. Insgesamt kann die p.M. also nur ein Fragment der intuitionistischen M. begründen. Ihr Verdienst besteht aber ohne Zweifel in der verschärften Unterscheidung zwischen solchen Relationen, die *wesentlich nur durch Negation* definiert werden können, und solchen, bei denen die Negation bloß andere Schreibweise oder 'façon de parler' ist. Besonders für eine Begründung der klassischen M. ist jedoch die Negation unverzichtbar. Schwächt man nämlich die affirmativen Formeln der klassischen Logik durch ihre doppelten Negationen ab, so läßt sich nach GÖDEL die Widerspruchsfreiheit einer schwach affirmativen Version der klassischen Logik intuitionistisch zeigen. D. VAN DANTZIG erweiterte dieses Verfahren zu einer *intuitionistischen Begründung eines Fragments der klassischen Analysis* [6]. Im Anschluß an das Gödelsche Ergebnis konnte P. LORENZEN eine konstruktive Begründung der klassischen Analysis ange-

ben, die sogar auf den intuitionistischen Begriff der freien Wahlfolge verzichten kann [7]. In der *konstruktiven Begründung der Analysis* sind nämlich Funktionen und Mengen durch definite Terme und Formeln darzustellen: Dann sind aber BROUWERS freie Wahlfolgen nicht definit, da sie nacheinander durch willkürliche Wahl von nächsten Folgengliedern entstehen und daher kein darstellender Term der Folge von vornherein angegeben werden kann [8].

Anmerkungen. [1] G. F. C. GRISS: Negationless intuitionistic M. I–IV. Indag. Math. 8 (1946) 675-681; 12 (1950) 108-115; 13 (1951) 193-200. 452-471; Idealist. Filos. Een humanist. levens en wereldbeschouwing (Arnhem 1946). – [2] D. VAN DANTZIG: On the principles of intuitionistic and affirmative M. Indag. Math. 9 (1947) 429-440. 506-517. – [3] Vgl. Art. ‹Konstruktion IV›. – [4] Vgl. Art. ‹Konstruktivismus›. – [5] Vgl. Art. ‹Kontinuum, Kontinuität IV›. – [6] VAN DANTZIG, a.O. [2]. – [7] P. LORENZEN: Die Widerspruchsfreiheit der klass. Analysis. Math. Z. 54 (1951); Differential und Integral (1965). – [8] K. MAINZER: Is the intuitionistic Bar-Induction a constructive principle? Notre Dame J. formal logic 18 (1977) 583-588; Stetigkeit und Vollständigkeit in der Geometrie. Operationale Definitionen und theoret. Begriffe, hg. A. KAMLAH (1979). K. MAINZER

Mathesis universalis. Am Anfang des 16. Jh. hat man die Einheit der Mathematik von zwei Betrachtungsweisen her zu bestimmen versucht. Die verschiedenen mathematischen Disziplinen wurden als Wissenschaften der Quantität verschiedener Art in einer *M. universa* zusammengefaßt. Im Rahmen dieser Gesamtheit entwickelte sich die Idee einer allgemeinen mathematischen Wissenschaft von der Natur, von den allgemeinen Eigenschaften und den Prinzipien der Quantität. Dieser M.u. wären die anderen mathematischen Disziplinen untergeordnet. Diese Entwicklung wird angeregt durch das Studium der ‹Analytica posteriora› des ARISTOTELES, des EUKLID, besonders des 5. Buches der ‹Elementa›, und des Kommentars von PROKLOS zum 1. Buch Euklids.

ALESSANDRO PICCOLOMINI spricht über eine mathematische «scientia communis» [1] und bezeichnet als ihren Gegenstand das «quantum phantasiatum». Von PETRUS RAMUS wird die Logik, die «omnium artium et omnium rerum communis» ist, auch als «communis mathematica», als die von Proklos gemeinte gemeinsame mathematische Wissenschaft betrachtet [2]. Eine «universalis disciplina mathematica» wird von CONRADUS DASYPODIUS studiert und mit der Metaphysik in Zusammenhang gebracht [3]. Eine entsprechende Wissenschaft kommt in der Einteilung der Philosophie bei BENEDICTUS PERERIUS vor [4].

Der Terminus ‹M.u.› wird zum ersten Mal von ADRIANUS ROMANUS in seiner ‹Apologia pro Archimede› (1597) [5] benutzt. Die so bezeichnete Wissenschaft bezieht sich auf die allen (abstrakten oder konkreten) Quantitäten gemeinsamen Affektionen und umfaßt besonders die Lehre der Relationen und Proportionen. Sie wird auch «prima mathematica» und «prima M.» genannt. In einer späteren Einteilung der Mathematik wird die «mathematica universalis», die sich auf alle Quantität bezieht und den ersten Teil der reinen oder intelligiblen Mathematik ausmacht, in zwei Teile eingeteilt: Die «logistica» oder «arithmetica practica universalis» ist ein Organon der Wissenschaft, während die *prima M.* die Wissenschaft von der Quantität absolut genommen ist [6]. J. H. ALSTED betrachtet die «M. generalis, alias universalis», als eine Wissenschaft über Quantität im allgemeinen, mit zwei Teilen, von welchen die «archelogia» die principia essendi und die principia cognoscendi der Quantität untersucht, während die «pathologia» die Affektionen der Quantität behandelt [7].

DESCARTES benutzt in seinen ‹Regulae› den Ausdruck ‹M.u.› als Bezeichnung für die als Ideal aufgestellte allgemeine Mathematik, die sich auf die Ordnung und auf das Maß bezieht, unabhängig von der besonderen Materie, auf welche diese angewendet werden, wie etwa Zahlen, Figuren, Sterne und Töne [8]. Demgemäß bilden zunächst die Relationen und die Proportionen das Objekt dieser Wissenschaft, die mit der nach dem Ideal der Mathematik entworfenen neuen Methode in naher Verbindung steht.

LEIBNIZ sieht anfänglich in der Kombinatorik die allgemeine mathematische Disziplin, welche die Grundlage aller Wissenschaften bildet. Später wird ‹M.u.› von ihm als Bezeichnung für die Anwendung der Logik auf die Gegenstände der Mathematik (logica mathematicorum) benutzt. Diese ist auch eine Kunst des Erfindens und des Beweisens in bezug auf die Größen (ars inveniendi et judicandi circa quantitates) oder eine «logica imaginationis», da die Gegenstände der Mathematik zum Bereich der Anschauung gezählt wurden. Die imaginatio bezieht sich aber sowohl auf die Quantität als auf die Qualität, diese gehört darum auch zum Gegenstand der M.u. [9]. Die Grenze zwischen der M.u. und der von Leibniz geplanten und entworfenen neuen kalkulatorischen Logik war aber schwer zu bestimmen, und die Logik, als eine Wissenschaft aller aufgrund der Form allein gültigen Schlußweisen, wird von ihm mit der «mathématique universelle» identifiziert [10].

Die Idee der M.u. bei CHR. WOLFF entspricht seiner Auffassung von der Identität der Methoden der Philosophie und der Mathematik und von der allgemeinen Anwendbarkeit der Mathematik auf Quantitäten und Qualitäten [11]. Der Terminus ‹M.u.› wird später von E. HUSSERL in Anlehnung an Leibniz für die reine formale Logik benutzt [12] und ähnlich von H. SCHOLZ für die mathematische Logik, die, ontologisch interpretiert, für ihn die Grundlage einer exakten Philosophie ist [13].

Anmerkungen. [1] A. PICCOLOMINI: Comm. de certitudine mathematicarum (1547). – [2] P. RAMUS: Scholae math. 4-5 (1569). – [3] C. DASYPODIUS: Vol. II math. (1570); Protheoria math. (1593); beide Texte in: G. CRAPULLI: M.u. Genesi di un'idea nel XVI secolo, in: Lessico intellettuale europeo 2 (1969). – [4] B. PERERIUS: De communibus rerum naturalium principiis (1576). – [5] A. ROMANUS: Archimedis Circuli dimensionem explicatio ... II, 6-8 (1597), in: CRAPULLI, a.O. [3]. – [6] Universae mathesis idea 2-4 (1602). – [7] J. H. ALSTED: Methodus admirandorum mathematicorum I (1613), in: CRAPULLI, a.O. [3]. – [8] R. DESCARTES, Reg. IV. Oeuvres, hg. ADAM/TANNERY 10, 377f. – [9] G. W. LEIBNIZ, Opuscules et frg., hg. L. COUTURAT (1903) 348. – [10] Nouveaux essais IV, 17, § 8. – [11] CHR. WOLFF: Philos. prima sive Ontol. (1730) § 755, hg. J. ECOLE (1961). – [12] E. HUSSERL: Log. Untersuch. I, § 60 (1900). Husserliana 18 (Den Haag 1975); Formale und transzendentale Logik I, § 23 (1913). Husserliana 17 (Den Haag 1974). – [13] H. SCHOLZ: M.u. Abh. zur Philos. als strenger Wiss. (1961).

Literaturhinweise. G. CRAPULLI s. Anm. [3]. – H. W. ARNDT: Methodo scientifica pertractatum. Mos geometricus und Kalkülbegriff in der philos. Theorienbildung des 17. und 18. Jh. (1971). – J. MITTELSTRASS: Die Idee einer M.u. bei Descartes, in: Perspektiven der Philos. Neues Jb. 4 (1978) 177-192; The philosopher's conception of M.u. from Descartes to Leibniz. Ann. of Sci. 36 (1979) 593-610. R. KAUPPI

Matrix (griech. μήτρα Gebärmutter, lat. Mutter, Erzeugerin, Gebärmutter). Das Wort wurde entsprechend seiner indogermanischen Wurzel *ma* (schaffen, bilden [1]) zunächst zur Bezeichnung desjenigen Teils an einem Baum verwandt, an dem dieser Schößlinge treibt [2].

Anmerkungen. [1] Vgl. A. WALDE: Wb. der idg. Sprachen 2 (1927) 229. – [2] A. FICK: Wb. der idg. Sprachen (1874) 5.

H. M. NOBIS

I. Bei J. BÖHME gehört M. in den Umkreis «biomorpher Modellvorstellungen» [1], die im Rahmen kosmogonischer [2] Spekulationen auftreten. Er greift damit alte Traditionsstränge auf. Die androgynen Zeugungskosmogonien der Gnosis, das Schechinah-Motiv der jüdischen Kabbala (in der ein «weibliches Element Gottes» Gegenstand der mystischen Lehre ist) [2a]), PLOTINS Emanationslehre und weitere neuplatonische Vorstellungen [2b] verbinden sich bei Böhme insbesondere in der Schrift ‹De Tribus Principiis› [3], die am stärksten von sexuellen Modellen der Weltentstehungserklärung geprägt ist [4]. Astrologische und alchemistische Vorstellungen des PARACELSUS gehen in die Lehren BÖHMES ebenfalls ein. Demnach wird nun das Schöpfungsgeschehen als Zeugungsakt Gottes beschrieben. Weil Gott die ganze Welt geschaffen hat, «hat Er keine andere Materiam gehabt, daraus Ers machte, als sein eigen Wesen aus sich selbst» [5]. Damit wird die Annahme der Doppelgeschlechtlichkeit Gottes zur biomorphen Erklärung der Weltentstehung erforderlich. In eine M., die ein Teil des Urandrogynen selbst ist, wird der «Wille GOttes» [6] zur Schöpfung, verstanden als männlicher Same [7], aufgenommen und erzeugt so die Welt. In anderen Texten werden mit Bezug auf die Johanneische Logos-Auffassung die Lippen Gottes als M. beschrieben: «Wie sich die Lippen als der äußere Umfang auftun, also hat sich aufgetan die M. der Gebärerin» [8]. Das in den Umkreis «biomorpher Modellvorstellungen» [9] gehörende Modell der M. als weiblichen Gegenstücks und Ergänzung göttlichen Schöpfungswillens wird von Böhme bei Fragen des Ursprungs von Himmel, Erde und Menschen in variierender Weise stets erneut angewendet.

Anmerkungen. [1] Vgl. W. A. SCHULZE: Jakob Böhme und die Kabbala. Z. philos. Forsch. 9 (1955) 447-460. – [2] Vgl. W. A. SCHULZE: Das androgyne Ideal und der christl. Glaube (Diss. Heidelberg 1940). – [2a] a.O. [1]. – [2b] a.O. [2]. – [3] J. BÖHME: De tribus principiis, oder Beschreib. der Drey Principien Göttl. Wesens (1619). Sämtl. Schr. 2 (1730), hg. W.-E. PEUCKERT (ND 1960) bes. Kap. V-VIII. XVII, 11. XX, 63. 92. – [4] a.O. S. [15]: Vorwort. – [5] 9. – [6] S. [11]: Vorwort. – [7] ebda. – [8] Dreyfach Leben V, V, 102. – [9] E. TOPITSCH: Vom Ursprung und Ende der Met. Eine Studie zur Weltanschauungskritik (1972) 18.

Literaturhinweise. H. VETTERLING: The Illuminate of Görlitz or Jakob Böhme's life and philos. (Leipzig 1923) 380-386. – A. KOYRÉ: La philos. de Jacob Boehme (Paris 1929, ND New York 1968). – A. A. BARB: Diva Matrix. J. Warburg a. Courtauld Inst. (1953) 193-238. – W. A. SCHULZE s. Anm. [1]. – G. SCHOLEM: Von der myst. Gestalt der Gottheit. Stud. zu Grundbegriffen der Kabbala (1962, ²1973) bes. Kap. IV.

TH. RENTSCH

II. Die vielfache Bedeutung, die dieser Begriff ursprünglich hatte, ist auch an seinem Gebrauch bei PARACELSUS zu ersehen [1]. Er versteht darunter einen dynamischen Ort für die Entstehung jedes natürlichen Körpers. Dieser Ort wird als eine Art Kraftfeld aufgefaßt. Daher spricht Paracelsus z. B. von der magnetischen, d. h. gestaltenden und ordnenden Kraft der M., und in diesem Sinne ist der Begriff demjenigen des Samens entgegengesetzt [2]. Unter ‹M.› versteht er weiter auch dasjenige, was die moderne Psychologie Urmutter-Archetyp nennt [3]. Neben der Bedeutung in der Anthropologie hat ‹M.› auch eine solche in der Kosmologie, sofern bei Paracelsus von einer M. der Welt die Rede ist: Der Mensch als Wesenheit genommen, wird, sofern er Mikrokosmos ist, als M. des Makrokosmos bezeichnet [4]. Spezielle M.ces gibt es noch innerhalb des Kosmos für die Metalle und die Pflanzen [5].

Bei dem Renaissance-Platoniker ROBERT FLUDD hat der Begriff einen speziell astronomischen Sinn, und zwar als Kraftursprungsfeld für die Planetenbewegung. Im 17. Jh. schränkt sich seine Bedeutung auf Gebärmutter im Sinne des weiblichen Uterus ein [6]. LINNÉS M.-Begriff bedeutet ein matrikales Chaos und berührt sich mit dem paracelsischen Limbus-Begriff (s.d.). Von dem eingeschränkten Gebrauch innerhalb der Medizin des 17. und 18. Jh. her ging der Begriff ‹M.› in die *romantische Pathologie* ein und spielte – besonders bei UNGER – eine entscheidende Rolle [7]. Er diente der Romantik zur Erklärung von Afterbildungen im Organischen, wie z.B. Krebsgeschwülsten, und bildet somit eine Art Gegenstück zum Bildungstrieb. Die M. ist für die Romantiker entweder dynamisch-ideeller Natur – hier kommt sie mit der Paracelsischen M. überein – oder eine materielle gallertartige, flüssige oder dunstartige Substanz, die zwar schon organisch ist, aber noch keine spezifische Biostruktur hat. Sie ist daher lebensfähig, aber noch nicht unbedingt belebt zu nennen. Sie ist der Inbegriff der Bildungspotenzen und zur Evolution sowohl tierischer wie pflanzlicher Lebensformen determiniert. Sie ist damit der pluripotente Lebensstoff. Lebenskraft (s. d.) und Bildungstrieb (s. Art. Archeus) sind ihre Dynamik.

Sofern seit dem 17. Jh. innerhalb der Technik, die zu den mathematischen Wissenschaften gerechnet wurde, der Begriff ‹M.› allgemein auch zur Bezeichnung für eine vertiefte Form, in die ein erhabener Körper paßt, bzw. für ein Schema, innerhalb dessen etwas ausgeführt werden kann, diente [8], spielt die Idee der M. auch in der *mathematischen* Theorie der Determinanten, die seit der Mitte des 18. Jh. entwickelt wurde, eine Rolle. Obwohl bereits in der chinesischen Rechentechnik der Begriff ‹M.› der Sache nach bekannt ist, findet sich das Wort ‹M.› zum ersten Mal bei SILVESTER um 1850, später auch bei CAYLAY [9]. Durch HEISENBERG, BORN und JORDAN wurde der Begriff ‹M.› in die theoretische Physik eingeführt [10].

Erst in allerneuester Zeit wurde die Paracelsische M. von seiten *feldbiologischer* Betrachtungsweise aus in dynamischem Sinn wieder aufgegriffen und – allerdings unter verschiedenen Bezeichnungen – wie Materialfeld, spermatoide Potenz, zur naturphilosophischen Erklärung der Driesch-Spemannschen Versuche verwendet [11].

J. MARITAIN führte den Begriff ‹M.› sogar in die *Ästhetik* ein und enthüllt damit seinen eigentümlich ontologischen Gehalt, der ihm in allen Bereichen durchgängig zukommt, in denen ‹M.› zur Erklärung bestimmter Sachverhalte herangezogen wurde. Indem Maritain seine idea factitiva erläutert, sagt er: «die schöpferische Idee des Tatmenschen ist eine intellektuelle Form oder geistige M. (spiritual matrix), welche in ihrer komplexen Einheit, das Bild, ... das zur Existenz und Wirklichkeit gebracht werden wird, implizit enthält» [12].

TH. S. KUHN macht den M.-Begriff zu einem kategorialen Mittel der Wissenschaftsgeschichte, indem er von einer disziplinären M. spricht, durch welche die «Normalwissenschaft» einer bestimmten Wissenschaftlergruppe bestimmt wird und deren Wechsel eine wissenschaftliche Revolution charakterisiert. Die disziplinäre M. umfaßt ein allgemeines Schema, entsprechende Modelle, leitende Werte und Musterbeispiele von Problemlösungen [13].

Anmerkungen. [1] Th. Paracelsus, Opera omnia 1-10 (Basileae 1589-91) 1, 137-139. 190. 194f. 202. 346f.; 4, 374f.; 6, 345-347; 8, 167f. – [2] a.O. 1, 346f.; 8, 167f. – [3] 1, 190. 194f. – [4] 1, 190. – [5] 6, 345-347. – [6] J. Micraelius: Lex. philosophicum (1661) s.v. – [7] F. Unger: Die Exantheme der Pflanzen und einige mit diesen verwandte Krankheiten der Gewächse pathogenet. und nosographisch dargestellt (1833). – [8] Micraelius, a.O. [6]. – [9] A. Caylay, Philos. Magazine 3/37 (1850) 363-370; auch in: Coll. math. papers (1855). – [10] W. Heisenberg: Über quantentheoret. Umdeutung kinemat. und mech. Beziehungen. Z. Phys. 33 (1925) 873-893; W. Heisenberg, M. Born und P. Jordan, Z. Phys. 35 (1925) 557-615. – [11] H. André: Urbild und Ursache in der Biol. (1931) 4ff.; H. Conrad-Martius: Der Selbstaufbau der Natur (²1961) 218-240. – [12] J. Maritain: Creative intuition in art and poetry (New York 1955) 136. – [13] Th. S. Kuhn: Die Struktur wiss. Revolutionen (1967) 58ff.; Postskriptum a.O. (²1976) 186-221.

Literaturhinweise. Dict. de théol. cath. 9/1, 760-772. – B. Wehnelt: Die Pflanzenpathol. der dtsch. Romantik (1943) 107-117. – J. Naas und H. L. Schmidt: Math. Wb. 2: L–Z (1961). – M. Kline: Math. thought. From ancient to modern times (Oxford 1972) 804-812.   H. M. Nobis

Maxime (sinnverwandt mit Aphorismus, Sentenz, Sinnspruch) entstammt der Latinisierung der aristotelischen *Logik* durch Boethius, der in seinen Kommentaren den Begriff der «propositio maxima» prägt. Diese wird den Schlußprämissen propositio maior und minor als «indubitabilis» oder «indubitata» vorangestellt: «Supremas igitur ac maximas propositiones vocamus, quae et universales sunt et ita notae atque manifestae, ut probatione non egeant, eaque potius quae in dubitatione sunt probent» (Höchste und oberste Sätze also nennen wir diejenigen, die sowohl universal sind als auch derart bekannt und offenkundig, daß sie des Beweises nicht bedürfen, sondern vielmehr Sätze, die ihrerseits zweifelhaft sind, beweisen) [1]. Aristoteles habe sie in den ‹Analytiken› vergessen und höchstens in der ‹Topik› unter anderem Namen, nämlich als 'loci', behandelt [2]. In der Tat gehen bei Boethius in den propositiones maximae sowohl axiomatisch gültige Beweisgründe wie auch rhetorische Gemeinplätze ineinander, die die aristotelische Logik gerade im Blick auf wissenschaftliche Apodeixis bzw. bloß wahrscheinliche Argumentationskunst der Dialektik unterschieden hatte. Die mittelalterliche Logik erbt den Begriff der M.: Albertus Magnus [3], Petrus Hispanus [4] oder Albert von Sachsen [5] übernehmen ihn im ganzen unverändert. Bei J. Jungius herrscht, vielleicht aufgrund von dessen Erfahrung mit dem Aristotelismus der Schule von Padua (Zabarella, Cremonino), der dialektisch-topische Sinn des Begriffs vor [6]. Der rein logische Sinn ist dagegen noch bei Locke präsent, wo ‹M.› synonym mit ‹Axiom› verwendet wird [7]. Ähnlich Leibniz [8].

Die *praktisch-moralische* Bedeutung des Begriffs ‹M.›, die bis heute den Wortgebrauch prägt, hat zur Voraussetzung die bereits im Hochmittelalter beginnende Übertragung von ‹M.› auch auf die Grundregeln anderer Disziplinen. Alanus ab Insulis vergleicht die Regeln der Logik, die die obersten (maxime) genannt werden, mit denen der Astronomie und den «theologicae maximae». Letztere sind absolut und unerschütterlich, da sie weder durch die Natur noch durch das Handeln geändert werden können. Sie beruhen auf einer «communis animi conceptio» und bedürfen, da aus sich selbst einleuchtend, keines weiteren Beweises [9]. Die Gleichstellung von logischen M., grammatischen Grundregeln, loci der Rhetorik, Axiomen der Musik usw. findet sich auch bei anderen Autoren dieser Zeit [10]. So kann ‹M.› jetzt allgemein als Prinzip, oberster Grundsatz verstanden werden [11], seit dem 14. Jh. auch in nationalsprachlichen Texten [12].

Die Verwendung von ‹M.› für oberste juristische Prinzipien im 15. und 16. Jh. [13] (vielleicht durch Verkürzung einer ursprünglichen ‹maxima sententia› entstanden [14]) macht es dann möglich, daß wenig später ‹M.› auch eindeutig im praktisch-moralischen Sinn, als Handlungs-M., gebraucht wird: M. de Montaigne kann davon sprechen, daß E. de La Boëtie die ihm als höchste eingeprägte M. befolgte, den Gesetzen seines Vaterlandes zu gehorchen [15]. Dabei bleibt die Bedeutungsverwandtschaft mit ‹Axiom›, ‹nicht weiter ableitbarer Grundsatz› weiterhin präsent [16]. Descartes' «morale provisoire» formuliert sich in «trois ou quatre maximes» [17]. Seit etwa der Mitte des 17. Jh. erscheinen vor allem in Frankreich zahlreiche Werke mit ‹M.› im Titel, die Umgangs- und Verhaltensmaßregeln für alle Bereiche des häuslichen, politisch-gesellschaftlichen und religiösen Lebens, aus der Erfahrung gewonnene Lebensweisheiten und Ratschläge der Klugheit geben wollen [18]. In einer Zeit, in der die Achtung und Geltung der Person wesentlich von ihrer Anerkennung durch die Gesellschaft abhing, kam es darauf an, sich gemäß den Umgangsformen der bienséance aufzuführen und in der Kunst des gesellschaftlich schicklichen Benehmens zu üben, um sich als honnête homme zu bilden. Die M. gaben die Anleitung dazu. So werden die ‹M.› der Mme de Sablé «leçons admirables pour se conduire dans le commerce du monde» genannt [19]. So gibt es M., «qui ne sont pas justes de leur nature, mais que leur usage iustifie» [20]. M. sind für den Gebrauch im praktischen Umgang bestimmt: Alle guten M. «sont dans le monde; on ne manque qu'à les appliquer» [21]. Die M.-Sammlung, die B. Gracián ‹Handorakel und Kunst der Weltklugheit› nennt, beschwört das Ideal des «philosophischen Hofmanns» und nennt auch eine wesentliche Quelle: Seneca [22].

Die M. der *französischen Moralisten* sind bereits als Reaktion auf diesen breiten Strom der belehrenden M.-Literatur zu verstehen. La Rochefoucauld beansprucht keine Allgemeingültigkeit für seine M. [23]. La Bruyère will ausdrücklich keine M. schreiben, weil diese «comme des lois dans la morale» und außerdem – hier wird bestätigt, daß sie auch einem bestimmten Stilprinzip folgen – «courtes et concises» seien [24]. Auch Vauvenargues zweifelt, kritisch gegenüber Pascal, an der Anwendbarkeit der M. [25]: «Peu de M. sont vraies à tous égards» [26]. Trotzdem wurden die ‹M.› La Rochefoucaulds zum Vorbild für andere M.-Sammlungen, auch der Moralisten [27], und zum Gegenstand der Kritik wie der Reflexion. P. D. Huet spricht ihnen den Charakter von M. ab, weil diese eigentlich «universellement de tout le monde» akzeptiert seien [28]. Montesquieu nennt sie die «proverbes des gens d'esprit» [29]. Hier zeigt sich, daß Scharfsinn, Witz und aphoristische Kürze zum Hauptmerkmal der M. werden. So bezeichnet Chamfort «les M., les axiomes» als «l'ouvrage des gens d'esprit qui ont travaillé, ce semble, à l'usage des esprits médiocres ou paresseux» [30]. Noch die ‹M. und Reflexionen› des späten Goethe [31] setzen die moralistische Tradition fort. Th. W. Adorno überschreibt seine 'Reflexionen aus dem beschädigten Leben' mit ‹Minima Moralia›, denn: «Es gibt kein richtiges Leben im falschen» [32].

Daneben bleibt aber auch die Bedeutung von M. als handlungsleitende Regel erhalten, ja sie gewinnt bei einigen der späteren Moralisten, wie J. JOUBERT, wieder stärkeres Gewicht [33]. Deshalb kann man allgemein im 18. Jh. ‹M.› auch im *politischen* Sinn verwenden. D. HUME benutzt in seinen Essays ‹M.› als «universal axiom in politics» [34]. Bei MONTESQUIEU und ROUSSEAU ist der politische Begriff ebenso geläufig [35]. Auf die deutsche Politiklehre des ausgehenden 17. und beginnenden 18. Jh. wirkt die romanische M.-Literatur, insbesondere Gracián [36]. CHR. THOMASIUS kennt den Terminus ‹Haupt-M.›: «Diese Regeln sind nicht zum disputiren, peroriren oder speculiren, sondern zur praxi geschrieben» [37].

Die Schulphilosophie des 18. Jh. steht zusammen mit der französischen Literatur (z. B. ROUSSEAUS ‹Émile›) Pate für die Fassung des Begriffs, die dann in Kants Moralphilosophie eine zentrale Rolle übernimmt. Bei CHR. WOLFF scheint die praktische Bedeutung von ‹M.› eher zurückzutreten. H. A. MEISSNER berichtet nur: «M. ist eine allgemeine Regel, darnach man etwas beurteilt» [38]. Dagegen gibt es bei A. G. BAUMGARTEN einen prägnanten Begriff von ‹M.› als Obersatz praktischer Schlüsse [39]. KANT nennt ‹M.› die subjektive Regel, nach der man wirklich handelt [40]. M. gelten daher nicht objektiv wie Gesetze, sondern gehören unter die empirisch bedingten Leistungen praktischer Vernunft. Reine Vernunft verschafft sich im Praktischen Geltung, indem sie auf gegebene M. zurückgreift, um deren radikale Verallgemeinerungsfähigkeit zu prüfen. Der kategorische Imperativ fordert: «Handle nur nach derjenigen M., durch die du zugleich wollen kannst, daß sie ein allgemeines Gesetz werde» [41]. In der Kantdiskussion erfährt der Begriff ‹M.› als Grundlage der Formulierung des Sittengesetzes erst neuerdings stärkere Beachtung [42].

Anmerkungen. [1] BOETHIUS, In Topica Ciceronis Com. I (1546) 765ff. – [2] Vgl. ARISTOTELES, Topik III, 5, 119 a 12. – [3] ALBERTUS MAGNUS, Anal. post. I, 2. – [4] PETRUS HISPANUS, Summulae logicales V. – [5] ALBERT VON SACHSEN, Logik IV, 19f. 32. – [6] J. JUNGIUS: Logica Hamburgensis (1638) V, 3. – [7] J. LOCKE: Essay conc. human understanding (1690) IV, 7. – [8] G. W. LEIBNIZ: Nouveaux essais sur l'entendement humain (1703) IV, 12, 6. – [9] ALANUS AB INSULIS, Regulae theol. MPL 210, 621-623; ‹M.› im rein logischen Zusammenhang: Anticlaudianus III, 1. – [10] ALEXANDER NECKHAM, Corrogationes Promethei, zit. bei CH. HASKINS: Stud. in the hist. of mediaeval sci. (Harvard 1924, ND New York 1960) 363. – [11] EVERARD VON YPERN, Br. an Papst Urban II., in: N. M. HÄRING: The Cistercian Everard of Ypern and his appraisal of the conflict between St. Bernard and Gilbert of Poitiers. Mediaeval Stud. 17 (1955) 165; WALTER MAP, The Latin poems, hg. TH. WRIGHT (London 1841) 14. – [12] GUILLAUME DE DEGUILEVILLE: Le pèlerinage de vie humaine, hg. J. J. STÜRZINGER (London 1893) 93; JEAN LEFEVRE: La vieille ou les dernières amours d'Ovide. Traduit du Latin de R. DE FOURNIVAL, hg. H. COCHERIS (Paris 1861) 116; HENRI DE FERRIÈRES: Les livres du Roy Modus et de la Royne Ratio, hg. G. TILANDER (Paris 1932) 2, 67. 73. 75. 79. – [13] J. FORTESCUE: De laudibus legum Angliae, lat.-engl. hg. S. B. CRIMES (Cambridge 1949) 20f.; CHR. SAINT-GERMAIN (de San Germano): Dialogus de fundamentis legum Angliae (Doctor and student) (London 1531, ND Menston 1970) I, 8 (fol. XXIr ff.); CL. DU PRÉ (Pratus): Gnoses generales juris (Lyon 1588) préface 3; später: FR. BACON: The elements of the common lawes of England, branched into a double tract: the one contayning a collection of some principall rules and maximes of the common law ... (London 1630); vgl. P. STEIN: Regulae juris (1966). – [14] So C. DU CANGE: Glossarium mediae et infimae latinitatis (1883-1887) 4, 314. – [15] M. DE MONTAIGNE: Les essais (Bordeaux ¹1580) I, 29. – [16] So in der Übers. von ARISTOTELES, Politik 1317 a 39 durch L. LE ROY (Regius): Les Politiques d'Aristote (Paris 1568) 811 (τὰ ἀξιώματα καὶ ἤθη = les M. et les mœurs). – [17] R. DESCARTES: Discours de la méthode (Leyden 1637) IIIe partie. – [18] z. B. J. DE CHAVAILLE: Observations morales et polit. en forme de M. sur les vies des hommes illustres 1. 2 (Paris 1641-1648); SÉBASTIEN DE SENLIS: Les M. du sage pour le règlement des mœurs (Paris 1648); (Anonym:) M. morales et chrétiennes pour le repos des consciences dans les affaires présentes (Paris 1649); CL. JOLY: Recueil de M. veritables et importantes pour l'instruction du roy (Paris 1652); J. FR. DE SALLES: Les sentimens d'honneur, ou les M. du sage pour se conduire en honneste homme ... (Paris 1663); R. DE BUSSY-RABUTIN: M. d'amour, in: Recueil de pièces en prose les plus agréables de ce temps, hg. CH. DE SERCY 5 (Paris 1663); J. TESTU DE MAUROY: La doctrine de la raison, ou l'honnesteté des mœurs selon les M. de Sénèque (Paris 1666); A. ESPRIT: M. polit. (Paris 1669); A. G. de MÉRÉ: M., sentences et réflexions morales et polit. (Paris 1687); J. PIC: Discours sur la bienséance, avec des M. et des réflexions ... (Paris 1688); weitere Titel bei R. TOINET: Les écrivains moralistes au XVIIe siècle. Revue hist. litt. France 23 (1916) 570-610; 24 (1917) 296-306. 656-675; 25 (1918) 310-320. 655-671; 33 (1926) 395-407; bes. 24 (1917) 657-659. – [19] D'AILLY, Vorwort zu: Mme de SABLÉ: M. et pensées divers (Paris 1678). – [20] J.-L. GUEZ DE BALZAC: Aristippe, ou de la cour (Paris 1658) 161. – [21] B. PASCAL, Pensées, hg. L. BRUNSCHVICG VI, 380. – [22] B. GRACIÁN: Oraculo y arte de prudencia (Huesca 1647) 100; der Terminus selten: 205. – [23] FR. DE LA ROCHEFOUCAULD: Réflexions ou sentences et m. morales (Paris 1665) Avis au lecteur. – [24] J. DE LA BRUYÈRE: Les caractères ou les mœurs de ce siècle (Paris 1688) Vorwort. – [25] L. DE CLAPIER DE VAUVENARGUES: Réflexions et maximes. Oeuvres, hg. D.-L. GILBERT (Paris 1857) 1, 1. – [26] a.O. 1, 384 (Nr. 111); andere Aussagen zu M.: 1, 440 (Nr. 423). 442 (Nr. 435). 458 (Nr. 603). – [27] a.O. [25] ebda.; S.-R. N. CHAMFORT: Maximes et pensées. Oeuvres, hg. P.-L. GINGUENÉ (Paris 1795). – [28] P. D. HUET: Huetiana ou pensées diverses (Paris 1722) 249. – [29] CH. DE MONTESQUIEU, Oeuvres compl., hg. R. CAILLOIS (Paris 1949) 1, 1246. – [30] S.-R. N. CHAMFORT, Oeuvres compl., hg. P. R. AUGUIS (Paris 1824-25) 1, 337. – [31] J. W. GOETHE, Hamburger A. 12, 365-547. – [32] TH. W. ADORNO: Minima Moralia. Reflexionen aus dem beschädigten Leben (1951) 59. – [33] J. JOUBERT: Pensées IX, 43 (Paris 1911) 122; vgl. CHAMFORT, a.O. [30] 1, 401. – [34] D. HUME, Polit. essays (1752), hg. C. W. HENDEL (New York 1953) 15. 24. 121 u.ö. – [35] CH. DE MONTESQUIEU: De l'esprit des lois (1748) III, 3; V, 2. 7 u.ö.; J.-J. ROUSSEAU: Du contrat social (1762) I, 4. 7; II, 9 u.ö.; Julie ou la nouvelle Héloïse (1761) III, 12. – [36] Vgl. K. BORINSKI: B. Gracian und die Hoflit. in Deutschland (1894). – [37] CHR. THOMASIUS: Kurzer Entwurf der polit. Klugheit ... (1710) Vorrede; vgl. C. A. HEUMANN: Der polit. Philosophus ... (³1724) z. B. 11. 17. – [38] H. A. MEISSNER: Philos. Lex. aus Chr. Wolffs sämtl. dtsch. Schr. (1737). – [39] A. G. BAUMGARTEN: Ethica philos. (1740) § 246; vgl. Metaphysica (1739) § 699. – [40] I. KANT, Grundleg. Met. Sitten A 51. 84 = Akad.-A. 4, 421. 438; Met. Sitten A 25f. = 6, 225; KrV A 812 = 3, 527. – [41] Grundleg. Met. Sitten A 52 = 4, 421. – [42] R. BITTNER: M., in: Akten des 4. int. Kant-Kongr. Mainz 1974, hg. G. FUNKE = Kantstudien, Sonder-H. II/2 (1974) 485-498.

Literaturhinweise. M. KRUSE: Die M. in der frz. Lit. (1960). – C. ROSSO: La ‹M.› Saggi per una tipol. crit. (Neapel 1968). – O. HÖFFE: Kants kategor. Imperativ als Kriterium des Sittlichen. Z. philos. Forsch. 31 (1977) 354-384; zu ‹M.› 356-370.

R. BUBNER/U. DIERSE

Maximum/Minimum. ‹Max.› (griech. μέγιστον, Größtes) und ‹Min.› (griech. ἐλάχιστον, Kleinstes) gelten innerhalb des von Zahl, Maß und Gewicht bestimmten raum-zeitlichen Erfahrungshorizontes des natürlichen Bewußtseins als extreme extensionale wie intensionale Grenzwerte [1].

Bereits PLATON gelangt in der Analyse graduell differierender und zugleich spezifisch determinierter Seins- und Erkenntnisweisen zur Einsicht, daß ein Max. als solches niemals faktisch feststellbar ist, dennoch aber dem Denken zugänglich sein kann. Das Größte, die Idee des Guten, ist sogar der größte Erkenntnisinhalt (μέγιστον μάθημα) [2], freilich nur insofern, als es Erkenntnis, Wahrheit und Sein überragt [3]. Als solches, nämlich als voraussetzungsloser Anfang [4] und Ursprung von Wahrheit und Vernunft, muß es aber auch eingesehen werden, wenn vernünftiges Handeln überhaupt möglich sein soll [5]. In der spätplatonischen Dialektik bleibt das Größte schlechthin unthematisiert; diskutiert wird eine Pluralität letzter allgemeiner Grundbestimmungen (z. B. Ruhe, Bewegung, Sein, Identität, Nicht-Sein als Nicht-Identität), von Platon größte intelligible Inhalte oder Gattungen (μέγιστα εἴδη, γένη) genannt [6], deren wechselseitige Verknüpfung im sprachlichen Denken eben diesem Denken den zum Problem erhobenen Gedanken des Seins des Nicht-Seienden zu denken erlaubt [7]. Indem Platon zeigt [8], wie sich die Grundbestimmungen auseinander – d. h. gegeneinander und miteinander – entwickeln, wie jeder dieser Inhalte als mit sich selbst identisch, insofern von allen anderen verschieden und dennoch mit ihnen verflochten zu denken ist (so ist auch das Sein nicht etwa isoliert Größtes, sondern eine der größten intelligiblen Identitäten, die insofern zugleich auch Nicht-Sein ist, als sie von allem, was sie nicht ist, verschieden ist, wenn denn Nicht-Sein eine mit Nicht-Identität oder Verschiedenheit identische intelligible Identität ist; auch die größte Gattung ‹Nicht-Sein› ist aufgrund ihrer Teilhabe am Sein selbst als seiend zu denken, wie in diesem Zugleich von Entgegensetzung und Korrelationalität dieser größten intelligiblen Inhalte das sprachliche Denken selbst stets erst wird und daher auch als eine dieser Gattungen angesprochen werden kann [9], fundiert er das Max./Min.-Denken durch den Gedanken, daß ein Größtes allein Größtes des Denkens ist und als solches nur im Beziehungsgeflecht einander entgegengesetzter Grundbestimmungen gewußt werden kann, daß dann aber nicht nur das Sein, sondern auch das Nicht-Sein größter intelligibler Inhalt genannt zu werden verdient.

Während ARISTOTELES im Zusammenhang seiner Theorie der Gegensätze das μέγιστον prinzipiell als ein solches faßt, für das es kein Überschreiten gibt [10], dem also, wie AVERROËS kommentiert, keine Hinzufügung zuteil werden kann und das daher Erfüllung meint [11], kommt PLOTIN in der Absicht, die Platonische Dialektik und die Aristotelische Energeia-Lehre in seiner Philosophie systematisch zu verbinden [12], zu der Erkenntnis, daß das Größte, das Eine (ἕν) – das vor dem Denken nur es selbst ist [13], in seiner Vielheitslosigkeit absolute Einheit, rein und beziehungslos ist [14], das nicht nur nicht ausgesagt werden kann, sondern sich selbst nicht einmal aussagt, nicht nur nicht gedacht werden kann, sondern sich selbst nicht einmal denkt [15], weil es dadurch einer reinen Einheit widerstreitende Vielheit würde –, keiner Bezeichnung, sogar nicht der des Einen, zugänglich sei [16]. Den Namen ‹Größtes› führt daher allein der Geist (νοῦς), der als «Größtes nach ihm» (μέγιστον μετ' αὐτόν), als Zweites nach dem Einen bezeichnet werden kann [17] und sich vom Einen selbst nur durch das Hinsehen auf das Eine, nur durch seine Andersheit (ἑτερότης) unterscheidet [18]. Dieses Größte, der Geist, ist jedoch nicht als vom Einen geschieden zu denken, sondern ist nichts anderes als die Selbstbeziehung des Einen auf sich selbst [19]. Auch nach DIONYSIUS PSEUDO-AREOPAGITA erlaubt das überwesentliche Wesen Gottes nicht, es zu benennen – ein Theorem, das dem Mittelalter ferner durch PROKLOS [20] und den ‹Liber de causis› [21] bekannt ist –, es sei denn, Bestimmungen wie ‹groß› und ‹klein› gelten zugleich [22].

ANSELM VON CANTERBURY, der im ‹Monologion› die Absicht verfolgt, sich über die göttliche Wesenheit zu verständigen [23], zeigt, wie sich die ratio, das begründende Denken, am Leitfaden des Platonischen Partizipationsgedankens, daß nämlich das Viele auf ein Eines verweist, welches als Selbiges im Verschiedenen eingesehen wird, mag es in diesem Verschiedenen auch als gleich oder ungleich betrachtet werden, des absoluten Letztprinzips nicht nur als eines höchst Guten, sondern auch als eines höchst Großen zu vergewissern sucht [24]: Denn wie alles, was gut ist, durch *ein* Etwas, das höchst Gute, gut ist, so ist der notwendige Schluß erlaubt, daß etwas höchst groß ist, weil alles, was groß ist, durch *ein* Etwas groß ist, das durch sich selbst groß ist; dieses durch Durch-sich-selbst-Sein ausgezeichnete höchst Große ist das qualitativ der Würde nach Größte [25], das zugleich nicht nur mit dem höchst Guten, sondern auch dem *einen* Etwas oder Höchsten von allem, was ist, identisch ist [26]. Im ‹Proslogion› verzichtet Anselm auf die Bestimmung ‹Max.› und ersetzt sie durch die des «aliquid quo nihil maius cogitari possit» (etwas, über das hinaus Größeres nicht gedacht werden kann) [27]. Damit genügt er insofern erweiterten Ansprüchen, als die Bewegung des menschlichen Denkens unmittelbar für das Absolute als konstitutiv gedacht wird, so daß die Selbstentfaltung des Arguments (ad se probandum) [28] gewußter Erweis ist, auch dann, wenn das Denken im Bedenken des Absoluten über sich selbst hinausweist [29].

Die Theoreme, die bei MEISTER ECKHART deutlich anklingen, daß nämlich Gott als Ganzer ganz und in gleichem Maße im Kleinsten wie im Größten ist, so daß ein Gerechter, der Gott in allen Dingen liebt, umsonst nach Größerem oder nach dem Größten trachtet, wenn er das Kleinste und in ihm den ganzen Gott besitzt, da alles im Niederen Geteilte im Oberen eins ist, alles im Einen das Eine selbst ist [30], daß ferner eben dieses Eine, Gott, als Ununterschiedenes einerseits vom Unterschiedenen durch seine Ununterschiedenheit unterschieden ist, andererseits zugleich aber sich nicht einmal durch seine Unterschiedenheit vom Unterschiedenen unterscheidet [31], bilden den unmittelbaren Hintergrund der Max./Min.-Theorie des NIKOLAUS VON KUES. Das wissende Nichtwissen (docta ignorantia), das sich des Absoluten in einem Begreifen, welches das Unbegreifliche auf unbegreifliche Weise berührt, zu vergewissern sucht [32], wendet sich dem Max. zu, über das hinaus nichts Größeres sein kann, dem Max. als der von jeder Beziehung und Verschränkung losgelösten Einheit, der nichts entgegengesetzt werden kann, dem Max., mit dem das Min. koinzidiert und das deshalb, weil es losgelöst (absolutum) ist, der Wirklichkeit nach jedes mögliche Sein ist [33]. Cusanus argumentiert: «... maximum absolute cum sit omne id, quod esse potest, est penitus in actu; et sicut non potest esse maius, eadem ratione nec minus, cum sit omne id, quod esse potest. Minimum autem est, quo minus esse non potest. Et quoniam maximum est huiusmodi, manifestum est minimum maximo coincidere» (Da das losgelöst Größte alles das ist, was sein kann, ist es ganz wirklich; und wie es nicht größer sein kann, aus demselben Grunde auch nicht kleiner, da es alles das ist, was sein kann. Das Kleinste aber ist das, über das hinaus Kleineres nicht sein kann. Und da das Größte von derselben Art ist, ist es offenkundig, daß das Kleinste mit dem Größten zusammenfällt) [34]. Während im Bereich erfahrbarer Größe ein jeweils Größtes oder Kleinstes nur faktisch als solche erscheinen, prinzipiell jedoch ein Überschreiten zulassen, ist das absolut Größte das Überschreiten jeglichen Überschritten-werden-Könnens, ist eben daher wirklich Größtes, weil es nicht etwa alles das ist, was es sein kann [35] – denn dann wäre es allem, was sein kann, als es selbst entgegengesetzt –, sondern vielmehr, da ihm nichts entgegengesetzt werden kann, alles das, was (überhaupt) sein kann [36], und ist damit als Nicht-größer- und Nicht-kleiner-sein-Können die Koinzidenz des Max. und Min. und als solche über jedem Gegensatz [37] oder Gegensatz zu den Entgegengesetzten ohne Gegensatz [38], insofern jedem Gegensatz entgegen, dadurch aber als gegensatzloser Gegensatz alle Gegensätze zugleich. Wird das Max., die größte Wahrheit, ausgesagt oder gedacht, dann so, daß es ist oder nicht ist, oder ist und nicht ist, oder weder ist noch nicht ist [39]. Von Cusanus ist besonders seit ‹De coniecturis›, der Schrift über die Mutmaßungen, in der die eine mens (Geist) und ihre vier durch Einheit-Andersheit oder Einfaltung-Ausfaltung funktional differenzierten mentalen Einheiten, nämlich Sinnlichkeit, Verstand, Vernunft und göttliche Einheit, betrachtet werden, die menschliche Vernunft selbst als Kompatibilität der kontradiktorischen Gegensätze, die der Verstand für unvereinbar hält, gedacht [40]. Jeglichem an Gegensätzen orientierten Denken widerstreitet schließlich der Gedanke in ‹De beryllo›, daß das Objekt der Vernunft, die coincidentia oppositorum, zugleich die ihr eigentümliche Methode sei. Der den intellektuellen Augen angepaßte intellektuelle Beryll, der die größte und kleinste Form zugleich besitzt [41], sieht das unsichtbare absolute Prinzip, das Zugleich von Max. und Min. [42], *durch* das Max. und Min. zugleich, ein videre *per* maximum pariter et minimum [43]. Das Max., das noch in ‹De docta ignorantia› als kontraktes das Universum, als kontraktes und absolutes Christus bedeutet und, zur Quantität verschränkt, in den koinzidenzphänomenalen Verfahrensweisen der mathematischen Disziplinen mit ihrem symbolischen oder änigmatischen Verweisungscharakter ständig zur approximativen Illustration seiner selbst als eines absoluten dient, ist somit als Zugleich von Max. und Min. die eine und nicht-eine Einheit [44], die, jedem Hierarchiedenken zuwider, das koinzidentale Denken der Vernunft selbst ist, welches das, was vor den Widersprüchen steht, durch die Einheit der Widersprüche denkt.

Dem Max./Min.-Denken des Cusanus verpflichtet ist GIORDANO BRUNO. Gegen Ende seiner Schrift ‹Von der Ursache, dem Anfangsgrund und dem Einen› empfiehlt er dem, der die größten Geheimnisse der Natur wissen wolle, die Minima und Maxima der konträren Gegensätze (contraria) und der Widersprüche (opposita) zu erforschen und zu betrachten [45]. Mit Argumenten aus ‹De docta ignorantia› bestimmt er den ersten Anfangsgrund als Max. und Min. zugleich, als Einheit von Möglichkeit und Wirklichkeit, als Gottheit und – mit dem Bewußtsein der Innovation – als Materie [46], freilich als Materie im Ewigen, welche auf einmal, immer und gleichzeitig alles, was sein kann, hat und die zur körperlichen Erscheinung kontrahierte Materie zugleich ist und nicht ist [47], als niemals formlose Materie [48]. Dieses Eine ist zugleich das Universum, das nicht größer und nicht kleiner als es selbst ist, das insofern Grenze ist, als nicht Grenze ist, insofern Form ist, als es nicht Form ist, insofern Materie ist, als es nicht Materie ist, insofern Seele ist, als es nicht Seele ist – alles ohne Unterschied [49]. Mit der Intention, das Min. zu akzentuieren, bemerkt Bruno, daß die Betrachtung des Kleinsten Priorität

besitzen müsse vor der die Natur betreffenden, der mathematischen und der metaphysischen Wissenschaft [50], denn: «MINIMUM substantia rerum est» (das Min. ist das Wesen der Dinge) [51]; alles Größte ist aus dem Min., im Min., zum Min. hin und somit durch das Min. [52]; als Punkt, Atom und Monas ist das Min. alles; daher ist das Max. nichts anderes als das Min. [53].

Noch LEIBNIZ steht in dieser Tradition des Max./Min.-Denkens, wie seine Kenntnis der Figura paradigmatica, mit der Cusanus das Sich-wechselseitig-Durchdringen von Einheit und Andersheit symbolisiert, beweist [54], einer Tradition, der auch HEGEL verbunden ist, wenn er das Spekulative, das Vernünftige, als *«Einheit unterschiedener Bestimmungen»* denkt [55].

Anmerkungen. [1] Vgl. AE. FORCELLINI, Lex. totius Latinit. s.v. ‹magnum›, ‹parvum›. – [2] PLATON, Resp. 505 a 2. – [3] Vgl. a.O. 508 e 3-509 b 10. – [4] Vgl. 510 b 6f. – [5] Vgl. 517 b 7-c 5. – [6] Soph. 254 b 7. c 2-4. – [7] Vgl. a.O. 251 d 5-e 1. 254 b 7-d 2. – [8] Vgl. 254 d 3-260 a 3. – [9] Vgl. 259 e 4-260 a 6. – [10] Vgl. ARISTOTELES, Met. X, 4, 1055 a 11. – [11] Vgl. AVERROËS, In Met. X, comm. 13. Werke (Venedig 1562, ND 1962) 261 vH. – [12] Vgl. PH. MERLAN: Monopsychism, mysticism, metaconsciousness. Arch. int. Hist. des Idées 2 (Den Haag 1963) 9. – [13] Vgl. PLOTIN, Enn. V, 3, 10, 47f. – [14] Vgl. a.O. V, 5, 4, 6f. – [15] Vgl. V, 3, 13, 36. – [16] Vgl. V, 5, 6, 28-30. – [17] Vgl. V, 1, 6, 41. – [18] Vgl. V, 1, 6, 41-54. – [19] Vgl. V, 1, 7, 5f. – [20] Vgl. PROCLUS, Elem. theol., prop. 123. Procli Elem. theol., hg. VANSTEENKISTE. T. Philos. 13 (1951) 499. – [21] Vgl. *Liber de causis*, prop. (V), comm. prop. XXI (XXII) et comm., hg. PATTIN. T. Philos. 28 (1966) 148. 181-183. – [22] Vgl. DIONYSIUS AREOPAGITA, De div. nom. IX, 1-3. MPG 3, 921 A-925 D. – [23] Vgl. ANSELM VON CANTERBURY, Monologion, Prol. Werke, hg. SCHMITT 1, 7, 2-5. – [24] Vgl. a.O. c. 1 = 1, 15, 4-12. – [25] Vgl. c. 2 = 1, 15, 15-23. – [26] Vgl. c. 3f. = 1, 15, 24-18, 3. – [27] Proslogion c. 2 = 1, 101, 5 (SCHMITT). – [28] a.O. Prooem. = 1, 93, 6. – [29] Vgl. c. 15 = 1, 112, 12-17. – [30] Vgl. MEISTER ECKHART, In Exodum n. 91. Lat. Werke (= LW) 2, 94, 8-15. – [31] Vgl. In Sap. n. 154f. = LW 2, 489, 7-491, 13. – [32] Vgl. NIKOLAUS VON KUES, De docta ignorantia (= D. ign.) I, 2 h 7, 3f.; I, 4 h 10, 4-6. – [33] Vgl. a.O. I, 2 h 7, 4-12. – [34] I, 4 h 10, 12-16. – [35] Vgl. P. WILPERT: Das Problem der coincidentia oppositorum in der Philos. des N. v. C., in: Humanismus, Mystik und Kunst in der Welt des MA (Leiden/Köln 1953) 39-55. – [36] Vgl. K. MEURER: Die Gotteslehre des N. v. K. in ihren philos. Konsequenzen (Diss. 1971) 36-45; K. FLASCH: Die Met. des Einen bei N. v. K. Problemgeschichtl. Stellung und systemat. Bedeutung (Leiden 1973) 158-177. – [37] Vgl. N. v. K., D. ign. I, 4 h 10, 27. – [38] Vgl. De visione dei c. 13. Werke, hg. FABER STAPULENSIS (Paris 1514, ND 1962) 1, 105 v.; W. BEIERWALTES: Deus Oppositio oppositorum. Salzb. Jb. Philos. 8 (1964) 175-185. – [39] Vgl. N. v. K., D. ign. I, 6 h 14, 7-10. – [40] Vgl. De coni. II, 1 n. 78 h 77, 13-15; FLASCH, a.O. [36] 182-187. – [41] Vgl. N. v. K., De ber. c. 2 h 4, 18-5, 1. – [42] Vgl. a.O. c. 9 h 10, 16. – [43] Vgl. De ber. c. 9 h 10, 3-5. c. 21 h 25, 23-26, 1; FLASCH, a.O. [36] 204-208. – [44] Vgl. N. v. K., De coni. I, 5 n. 18 h 24, 12-17. – [45] Vgl. G. BRUNO, De la causa, principio e uno, dial. 5. Opere ital., hg. GENTILE (Bari 1925) 1, 264. – [46] Vgl. a.O. dial. 3 = 1, 217-223. – [47] Vgl. dial. 4 = 1, 236f. – [48] Vgl. dial. 4 = 1, 239. – [49] Vgl. dial. 5 = 1, 248. – [50] Vgl. De triplici minimo et mensura I, 5. Opera Latine conscripta, hg. TOCCO/VITELLI (Florenz 1889, ND 1962) I/3, 150. – [51] a.O. I, 2 = I/3, 138. – [52] Vgl. I, 2 = I/3, 139. – [53] Vgl. I, 2 = I/3, 140. – [54] Vgl. G. W. LEIBNIZ, Von der Allmacht. Akad.-A. VI/1, 537; N. v. KUES, De coni. I, 9 n. 41 h 46, 9; J. KOCH: Die Ars coniecturalis des N. v. K. (1956) 28f. – [55] Vgl. G. W. F. HEGEL, Enzyklop. § 82. Werke, hg. GLOCKNER 8, 195.

Literaturhinweise. – *Zu Platonismus und Neuplatonismus:* H. M. BAUMGARTNER: Von der Möglichkeit, das Agathon als Prinzip zu denken. Parusia, Festg. J. Hirschberger (1965) 89-101. – K.-H. VOLKMANN-SCHLUCK: Plotin als Interpret der Ontol. Platos. Philos. Abh. 10 (1966). – B. MOJSISCH: Die Theorie des Intellekts bei Dietrich von Freiberg. Beih. zu D. v. F., Opera omnia 1 (1977). – *Zu Anselm:* A. SCHURR: Die Begründung der Philos. durch Anselm von Canterbury (1966). – F. S. SCHMITT: Anselm und der (Neu-)Platonismus. Analecta Anselmiana 1 (1969) 39-71. – K. FLASCH: Der philos. Ansatz des A. v. C. im Monologion und sein Verhältnis zum augustin. Neuplatonismus. Analecta Anselmiana 2 (1970) 1-43. – *Zu Cusanus:* M. DE GANDILLAC: Nikolaus von Cues (1953). – R. HAUBST: Die Christol. des N. v. K. (1956). – G. VON BREDOW: Die Bedeutung des Min. in der Coincidentia oppositorum. Nicolò Cusano agli inizi del mondo moderno (Florenz 1970) 357-366. – E. FRÄNTZKI: N. v. K. und das Problem der absoluten Subjektivität. Monogr. zur philos. Forsch. 92 (1972). – Cusanus-Bibliogr. in: Mitt. und Forsch.beitr. der Cusanus-Ges. 1 (1961); 3 (1963); 6 (1967). – *Zu Bruno:* L. CICUTTINI: G. Bruno (Mailand 1950). – N. BADALONI: La filosofia di G. B. (Florenz 1955). – H. VÉDRINE: La conception de la nature chez G. B. (Paris 1967).   B. MOJSISCH

Māyā. Im *Veda* zeichnen sich zwei Bedeutungsmomente ab: 1. «wunderbare schöpferische Macht», vor allem bei den Göttern, und 2. «Täuschungs-, Verstellungs-, Zaubermacht», vor allem bei den Dämonen [1]. – Im *buddhistischen* Sprachgebrauch ist das Wort auf sein negatives Bedeutungsmoment reduziert: ‹M.› bedeutet hier entweder «Täuschung, Betrug» (als menschliches Verhalten oder Gesinnung) [2] oder «Zaubertrug» (als eine bestimmte Art von Sinnestäuschung) [3]. In letzter Bedeutung wird die M. im Mahāyāna-Buddhismus häufig (neben anderen Sinnestäuschungen) als *Gleichnis* für die Weltillusion verwendet [4].

In *theistischen* Richtungen des *Hinduismus* ist demgegenüber das positive Moment der M. erhalten, und das Wort wird zum Terminus für die Weltschöpfungskraft des höchsten Gottes [5]. Diese göttliche Schöpfungskraft ist häufig zugleich auch der Welturstoff und kann dann mit der Urmaterie (prakṛti) des Sāṅkhya gleichgesetzt werden [6]. Oft wird sie als Gemahlin des höchsten Gottes personifiziert [7]. Auch der theistische M.-Begriff enthält aber (vor allem in viṣṇuitischen Richtungen) häufig, wenn nicht immer, das Moment des Täuschenden: Neben oder zugleich mit der Funktion der Weltschöpfung hat die M. den Zweck, die Einzelseelen hinsichtlich deren eigenen sowie Viṣṇus Wesens zu verblenden und dadurch in die Welt zu binden [8]. Von daher kann dann auch die Weltschöpfung zu einem Blendwerk, zu einer Illusion, werden [9]. In diesen Illusionismus kann auch die Individualität der Einzelseelen einbezogen werden: Es kann dann heißen, der höchste Gott verblende sich mit seiner M. gleichsam selbst und erlebe sich als in die Welt verstrickte Individualseele [10].

Bei den *Advaitins* GAUḌAPĀDA und ŚAŃKARA ist neben diesem M.-Begriff des illusionistischen Viṣṇuismus auch der des Mahāyāna-Buddhismus spürbar [11]. Im späteren Advaita-Vedānta löst sich die M. oft (aber nicht immer) aus ihrer Verbindung mit einem Schöpfergott und wird, als illusorische und illusionsbildende Urwesenheit, identisch mit der Avidyā [12]. Wenn doch ein Unterschied gemacht wird, bezeichnet ‹M.› meist den «zerstreuenden», die Welt projizierenden Aspekt der illusorischen Urwesenheit [13]. In den späteren *viṣṇuitischen* Vedāntaschulen läßt sich eine Reaktion gegen den Illusionismus und die illusionistische Auffassung des M.-Begriffes beobachten. RĀMĀNUJA z. B. sagt, die M. sei absolut real; er bestimmt den Sinn des Wortes als dasjenige, «das fähig ist, wunderbare Wirkungen hervorzubringen» [14].

Der Begriff ‹M.› spielt auch in den *śivaitischen* Systemen eine wichtige Rolle [15]. Im monistischen Śivaismus Kaśmīrs etwa ist die M. die freie Selbstverhüllungskraft Śivas, des allmächtigen und allwissenden Gottes, in dessen geistigem Wesen die Fülle des ganzen Universums enthalten ist. Durch die M. bewirkt Śiva die Einbildung einer Aufspaltung seiner selbst in Ich (aham) und Dies (idam), in limitierte Subjekte und objektive Welt. Dies geschieht in der Weise, daß zum einen die M. die göttliche Geistigkeit gleichsam ihrer Fülle entleert und ihrer Allwissenheit und Allmacht beraubt, somit in einen dem Tiefschlaf vergleichbaren Zustand der Kontraktion (saṃkoca) und des Nichtmanifestseins (akhyāti) versetzt, und sie sodann mittels aus ihr, der M., emanierender weiterer Wesenheiten in der Form von endlichen Subjekten mit begrenzter Erkenntnis- und Handlungsfähigkeit partiell rekonstituiert; zum anderen geht aus der M. die Urmaterie (prakṛti), aus der sich die objektive Welt entwickelt, hervor [16].

SCHOPENHAUER, der als einer der ersten Bestandstücke der indischen Philosophie in das eigene System aufgenommen hat, setzt vielfach das principium individuationis mit dem Schleier der M. gleich, den es zu durchschauen gilt [17].

Anmerkungen. [1] Vgl. L. RENOU: Les origines de la notion de M. dans la spéculation indienne. J. Psychol. norm. path. 41 (1948) 290ff.; J. GONDA: M. T. Philos. 14 (Louvain 1952) 3ff.; Four stud. in the language of the Veda ('s Gravenhage 1959) 119-193; Anm. 1. 22. 321. 337; Lit. – [2] z.B. Trimśikā 12 d. – [3] z.B. Madhyamakakārikā VII, 34. – [4] ebda. – [5] Älteste Stelle wohl Śvetāśvatara-Upaniṣad IV, 9f. – [6] ebda. – [7] P. HACKER: Prahlāda. Akad. Wiss. Lit. Mainz (1959) 87f. – [8] Bhagavadgītā VII, 13-15, aber auch schon Śvetāśvatara-Upaniṣad IV, 9. – [9] z.B. Paramārthasāra des «Ādiśeṣa», Vers 22. 74. – [10] a.O. 32. – [11] P. HACKER: Eigentümlichkeiten der Lehre und Terminol. Śaṅkaras. Z. dtsch. morgenländ. Ges. 100 (1950) 268ff. – [12] Vgl. oben Art. ‹Avidyā› Anm. 3. 4. – [13] ebda. – [14] RĀMĀNUJA zu Bhagavadgītā VII, 14. – [15] E. FRAUWALLNER: Aus der Philos. der śivaitischen Systeme (1962) 8. 22. 28. – [16] ABHINAVAGUPTA: Paramārthasāra 15ff.; Tantrasāra (L'essenza dei Tantra), ital. R. GNOLI (Turin 1960) 83f. 163ff.; Tantrāloka (Luce delle Sacre Scritture), ital. R. GNOLI (Turin 1972) 48f. 313ff.; KṢEMARĀJA, Pratyabhijñāhṛdaya, hg. und übers. J. SINGH (1963) 12. 41ff. – [17] A. SCHOPENHAUER, Sämtl. Werke, hg. A. HÜBSCHER (²1946) 2, 9. 431. 441; 3, 691; 4/II, 270 u. ö.

Literaturhinweise. O. SCHRADER: M.-Lehre und Kantianismus (1904). – P. DUTT SHASTRĪ: The doctrine of M. (London 1911). – H. ZIMMER: M. (1936). – P. THIEME: Beitr. zur Vedaexegese. Z. dtsch. morgenländ. Ges. 95 (1941) 82ff. – L. RENOU s. Anm. [1]. – P. D. DEVANANDAN: The concept of M. (London 1950). – P. HACKER s. Anm. [11] 268-276. – J. GONDA s. Anm. [1]. – R. REYNA: The concept of M. (Bombay 1962); M. in the philos. of Rāmānuja. Vedanta Kesari Madras 55 (1968/69) 38ff. – R. B. PHILLIPS: M.: an interpret. a.O. 150ff. – P. N. RAO: The concept of M. a.O. 229ff. – R. K. KAW: Concept of M. in Kashmir Śaivism. Ind. philos. and culture 13/2 (1968) 6ff. – E. A. SOLOMON: Avidyā. A problem of truth and reality (Ahmebad 1969). – Weitere Lit. vgl. K. H. POTTER: Encyclop. of ind. philos. 1: Bibliogr. (Delhi 1970) Index s.v. ‹M.›. – Beitr. ferner in fast allen Arbeiten zum Vedanta; vgl. Lit. in Art. ‹Vedānta›.   L. SCHMITHAUSEN

Mechanik (griech. μηχανική, sc. τέχνη; lat. mechanica, sc. ars; ital. mecanica; frz. mécanique; engl. mechanics)

I. *Antike.* – M. ist ursprünglich, in der klassischen Antike, die Kunst, durch menschliche Findigkeit (μηχανᾶσθαι) Bewegungen *gegen* die Natur des Bewegten (παρὰ φύσιν) auszuführen und die dazu erforderlichen Geräte herzustellen. Sie blieb damit außerhalb der 'Physik', die sich der naturgemäßen Bewegungen annimmt, und konnte als angewandte Mathematik auf ihre Ergebnisse keinerlei Einfluß ausüben, wenn sie auch andererseits die 'physikalischen Gesetze' (φυσικοὶ λόγοι [1]) zu berücksichtigen hatte. Sie galt deshalb als Verknüpfung von 'Physik' und Mathematik und konnte als solche im Gegensatz zur 'Physik' schon vor der archimedischen Axiomatik 'Beweise' (μηχανικαί άποδείξεις [2]) liefern.

Die Entwicklung der Bedeutung des Wortes μηχανή von 'List' und 'Mittel' aller Art zu solchen speziell materieller Art (HERODOT [3] unterscheidet bereits unter den 'Mitteln', eine Stadt zu erobern, zwischen σοφίσματα, Listen, und μηχαναί, Maschinen), zum 'Werkzeug' und der Verbindung mehrerer Werkzeuge, zur 'Maschine', weist ebenso wie die Entwicklung des Begriffes τέχνη von der das Denken und Tun noch ungeschieden enthaltenden Tätigkeit [4] zur 'Technologie', der theoretischen Erfassung der allgemeinen Bedingungen für eine erfolgreiche Tätigkeit als 'Techniker' (Arzt, Mechaniker usw.), auf die Anfänge einer theoretischen M. um 400 v. Chr., als in Reaktion gegen die Sophistik auch der Gegensatz zwischen 'Natur' (φύσις) und 'Kunst' (τέχνη) besonders betont wurde – und allein künstlicher Bewegungen nimmt sich ja die M. an. Außerdem soll ARCHYTAS als erster mit Hilfe der Mathematik die M. methodisch behandelt haben [5]. Wir haben darunter wohl eine ähnliche Methode (der Problemata) zu verstehen, wie sie der junge ARISTOTELES in den ⟨Quaestiones mechanicae⟩ anwendet und die bereits PLATON [6] bekannt ist: Alle mechanischen 'Hilfsmittel' (Geräte) werden teils über den Hebel und die ungleicharmige Waage auf zwei ungleiche, in Gedanken miteinander verbundene konzentrische Kreise zurückgeführt [7], deren Bewegungen als aus je einer 'natürlichen', tangential gerichteten und einer 'widernatürlichen', künstlich (mechanisch) zum Kreismittelpunkt gerichteten Bewegung zusammengesetzt gelten (Parallelogramm der Bewegungen bzw. der Kräfte) und bei gleicher Winkelgeschwindigkeit linear verschieden schnell sind. Die Lineargeschwindigkeiten seien bei Anwendung der gleichen Kraft proportional dem Radius (Hebelarm), für gleiche Geschwindigkeiten seien deshalb am größeren Kreis(radius) geringere Kräfte anzusetzen (Hebelgesetz). Der Beweis geht von dem noch nicht als solchen formulierten und erkannten Prinzip der virtuellen Verrückungen aus und liefert später Galilei die Vorlage für seinen Begriff 'Moment'. Diese 'dynamische' Betrachtungsweise, die auch PHILON VON BYZANZ noch vertrat, wurde in der Antike von der statischen des ARCHIMEDES verdrängt, die nach dem Muster der geometrischen Elemente (Euklid) streng axiomatisch deduzierend Methoden zur Bestimmung des Schwerpunktes und der statischen Gewichtsverteilung und zur Berechnung der Wirkweise von fünf erstmals als solchen erkannten Einfachen Maschinen (Hebel, Keil, Wellrad, Flaschenzug, Schraube – für letztere [bei HERON] unrichtig) erarbeitete. Erhalten ist lediglich eine offensichtlich später den neuen mathematischen Absichten angepaßte, aber in sich schlüssige Ableitung des Hebelgesetzes [8], anderes läßt sich aus den Schriften von HERON und PAPPOS rekonstruieren bzw. erschließen (statische Ableitung des Hebelgesetzes aus der Lehre von den Stützen) [9]. Ein weiterer, von KTESIBIOS begründeter Zweig antiker M. ist das Bewegen mittels künstlich verdünnter (Heber: atmosphärischer Luftdruck) oder verdichteter Luft, die aufgrund ihrer Elastizität bestrebt sei, ihren natürlichen Zustand wieder zu erreichen bzw. sich dem 'natürlichen' Nachbarelement (Feuer, Luft, Wasser, Erde) anzuschließen [10]. – Die Trennung der in der τέχνη als Tätigkeit ursprünglich verbundenen Theorie und Praxis hatte eine solche der wissenschaftlichen, theoretischen von der handwerklich praktischen zur Folge, welch letztere immer stärkeres Übergewicht erhielt [11]. So zählen GEMINOS [12] und PAPPOS [13] zur M. die Künste der Herstellung verschiedener Maschinenarten (Hebezeuge, Geschütze, Be- und Entwässerungsanlagen, Automaten und pneumatische Heber, Sphären [Planetarien]), deren Voraussetzung jedoch die theoretischen Kenntnisse seien [14], die Geminos auch ausdrücklich nennt und Pappos allein ausführlich behandelt (einschließlich der Schiefen Ebene). Zur M. zählte weiterhin die geometrische Konstruktion und Lösung von Problemen mit Hilfsmitteln, die über Zirkel und Lineal, welche den einfachen, natürlichen Figuren Kreis und Gerade entsprechen, hinausgehen. Solche 'mechanischen' Hilfsmittel sind aus der Mathematik seit PLATON [15] verbannt, und auch die von ARCHIMEDES mit 'mechanischen' Mitteln (Hebelgesetz, Archimedisches Prinzip) gefundenen Lösungen mathematischer Probleme bedürfen nach seiner eigenen Überzeugung eines nachträglichen geometrischen Beweises [16].

Anmerkungen. [1] PHILON VON BYZANZ, Belopoiika 21, 59, 16ff. (THEV.). – [2] ebda. – [3] HERODOT, Hist. III, 152. – [4] Vgl. G. H. KNUTZEN: Technol. in den hippokrat. Schr. ... (1964). Abh. Akad. Wiss. Lit. Mainz, Geistes- u. Sozialwiss. Kl. (1963) Nr. 14. – [5] DIOGENES LAERTIOS, VIII, 83. – [6] PLATON, Leges X, 6, 893 c 7ff. – [7] Vgl. Art. ⟨Kreis und Kugel 5⟩. – [8] ARCHIMEDES, De planorum aequilibriis I. – [9] Vgl. F. KRAFFT: Die Stellung der Technik zur Naturwiss. in Antike und Neuzeit. Technikgesch. 37 (1970) 189-209. – [10] Vgl. F. KRAFFT: Heron von Alexandria, in: Die Großen der Weltgesch., hg. K. FASSMANN u. a. 2 (1972) 332-379; vgl. auch Art. ⟨Horror vacui⟩. – [11] Vgl. PLUTARCH, Marcellus 14, 6. – [12] GEMINOS bei PROKLOS, In libr. I Euclidis elementorum comm., hg. FRIEDLEIN 41. – [13] PAPPOS, Collectiones VIII, 2. – [14] a.O. VIII, 22; VITRUV I, 1. – [15] Vgl. E. NIEBEL: Untersuch. über die Bedeutung der geometr. Konstruktion in der Antike. Kantstudien, Erg.-H. 76 (1959) 112ff. – [16] ARCHIMEDES, De mechanicis propositionibus ad Eratosthenem methodus.

Literaturhinweise. A. G. DRACHMANN: Ktesibios, Philon and Heron. A study in ancient pneumatics (Kopenhagen 1948); The mech. technol. of Greek and Roman antiquity (Kopenhagen/London 1963); Frg. from Archimedes in Heron's M. Centaurus 8 (1963) 91-146. – F. KRAFFT: Die Anfänge einer theoret. M. und die Wandlung ihrer Stellung zur Wiss. von der Natur, in: Beitr. zur Methode der Wiss.gesch., hg. W. BARON (1967) 12-33 (Beiträge zur Geschichte der Wissenschaft und der Technik, Heft 9); Dynam. und stat. Betrachtungsweise in der antiken M. Boethius 10 (1970); vgl. Anm. [9 u. 10].   F. KRAFFT

II. *Mittelalter und Neuzeit.* – Nach Vorbereitungen in Antike und Mittelalter entwickelte sich die M. seit GALILEI als mathematisch-physikalische Theorie der Bewegungen und Kräfte materieller Systeme, die Ende des 17. Jh. von NEWTON axiomatisiert und Ende des 18. Jh. von LAGRANGE als analytische Theorie von Bewegungsgleichungen formalisiert wurde. Nachdem die M. im 19. Jh. als Modell zur Erklärung anderer physikalischer Theorien (z. B. Wärmetheorie) verwendet worden war, entstanden im 20. Jh. mit EINSTEINS Relativitätstheorie und HEISENBERGS Quanten-M. grundlegende Erweiterungen und Veränderungen der klassischen M.

1. *Mittelalter.* – Während Archimedes in der antiken Statik das Gleichgewicht von Gewichten auf den Hebelsatz zurückführte, gelang der *mittelalterlichen Statik* des JORDANUS DE NEMORE bereits im 13. Jh. eine Begründung durch einen Spezialfall des Prinzips der virtuellen Arbeit [1]. Danach setzt Jordanus voraus, daß etwas, das ein Gewicht G auf die Höhe h heben kann, auch das n-fache Gewicht auf den n-ten Teil der Höhe heben kann. Unter dieser Voraussetzung gelingt im ⟨Liber Jordani de ratione ponderis⟩ auch eine Ableitung des Gleichgewichts an der schiefen Ebene. Der ⟨Tractatus de ponderi-

bus› des BLASIUS VON PARMA vom Ende des 14. Jh. verwendet zwar die Ergebnisse der Schule des Jordanus, zieht jedoch zur Begründung peripatetische Argumente (wonach z. B. die Bewegung am längeren Hebelarm der natürlichen näher komme) vor. LEONARDO DA VINCI gibt um 1500 technische Beispiele zur Anwendung des Hebelsatzes und des Prinzips der virtuellen Arbeit an, verfehlt jedoch das dritte Verfahren der Statik – die Zerlegung und Zusammensetzung von Kräften – ebenso wie seine Vorgänger (vgl. z. B. des JORDANUS Beschreibung der Kraftkomponente als «gravitas secundum situm») [2]. Bereits in der *mittelalterlich-aristotelischen Physik* lassen sich Ansätze zur Mathematisierung des Bewegungs- und Kraftbegriffs nachweisen. In seinem ‹Tractatus de proportionibus› von 1328 versucht T. BRADWARDINE eine adäquate mathematische Formulierung des aristotelischen Bewegungsgesetzes, ohne allerdings nach einer experimentell überprüfbaren Erfahrungsgrundlage zu fragen [3]. NICOLAUS VON ORESME führt die Untersuchungen von Bradwardine in einer gleichnamigen Arbeit von 1360 fort [4]. Die Calculatores untersuchen Bewegungen mit veränderter Geschwindigkeit abhängig vom Ort (wie z. B. beim sich drehenden Rad) und abhängig von der Zeit (wie bei der veränderlichen Bewegung). Die Mertonsche Regel, wonach eine ungleichförmige Bewegung einer gleichförmigen Bewegung mit einer mittleren Geschwindigkeit äquivalent sei, läßt sich um 1300 nachweisen. Für die graphische Darstellung von Bewegungen in der neuzeitlichen Physik wird Nicolaus' ‹Tractatus de configurationibus ...› (nach 1350) von Bedeutung [5]. In BURIDANS Impetuslehre wird im Rahmen peripatetischer Physik Mitte des 14. Jh. die Zunahme der Geschwindigkeit beim Fall eines Körpers dadurch erklärt, daß die Schwere als Bewegungsursache dem fallenden Körper immer neuen 'Impetus' erteile [6].

2. *Neuzeit.* – Mit Galileis Fall- und Wurfgesetzen nimmt die *klassische M.* als mathematisch formulierte und experimentell überprüfbare Theorie ihren Anfang.

a) Nachdem GALILEI in seiner frühen Untersuchung ‹De motu› eine mathematische Fassung der peripatetischen Impetuslehre versucht hatte, findet sich sein berühmtes *Fallgesetz* erstmals 1609 in einem Manuskript richtig abgeleitet, das in die ‹Discorsi› von 1637 aufgenommen wird [7]. Galileis ‹Unterredungen und mathematische Demonstrationen über zwei neue Wissenszweige, die M. und die Fallgesetze betreffend› behandeln am 3. und 4. Tag die Sätze der *gleichförmigen Bewegung* und der *gleichförmig beschleunigten Bewegung*. Die Bewegung auf der *schiefen Ebene* wird aus der Voraussetzung abgeleitet, daß die Geschwindigkeit nur vom Höhenunterschied abhängt. Die Parabelbahn der Wurfbewegung wird geometrisch zusammengesetzt aus einer gleichförmig geradlinig fortschreitenden und einer gleichförmig beschleunigten Fallbewegung. Der Begriff der Masse wird bei Galilei nicht präzisiert. Allerdings erkennt er mit der Äquivalenz von v^2 und Höhe h beim Fall und bei der schiefen Ebene bereits eine Vorform des Energiesatzes (für einen Körper im homogenen Schwerefeld der Erde). 1644 stellt R. DESCARTES in seinen ‹Principia philosophiae› das Programm auf, die physikalischen Erscheinungen in der M. auf Bewegungen unter der Wirkung von Druck und Stoß und auf Erhaltungssätze zu reduzieren [8]. Aus der Unveränderlichkeit Gottes wird abgeleitet, daß jede Bewegung in ihrem Zustand bleibt, bis eine äußere Ursache sie verändert, daß die Bewegung in gerader Linie fortgesetzt wird und daß beim Stoß die Bewegungsgröße erhalten bleibt (*Impulssatz*). Dabei hat Descartes allerdings die Bewegungsgröße ($m \cdot v$) nicht als gerichtete Größe berücksichtigt. Von der Untersuchung der *Stoßgesetze*, die von der Royal Society als Aufgabe ausgeschrieben wurden, sind die Lösungen von J. Wallis, C. Wren und C. Huygens um 1668/69 zu erwähnen. Während WALLIS vor allem den weichen Stoß und WREN den zentralen vollkommenen elastischen Stoß (allerdings ohne Begründung seiner Voraussetzungen) behandelt, kritisiert HUYGENS die cartesischen Lösungen und gibt in einer 1703 (nach seinem Tod) erschienenen Abhandlung die ausführlichen Beweise der Stoßgesetze an. Huygens erkennt nicht nur die Vektoreigenschaft der Bewegungsgröße und Relativität der Bewegung (d. h. Umrechnung der Stoßvorgänge auf verschiedene Bezugssysteme), sondern stellt auch den *Energiesatz* im homogenen Schwerefeld der Erde auf. Unter dieser Voraussetzung gelingt ihm die Bestimmung der Pendelbewegung [9]. Im Anschluß an Descartes und Huygens unterscheidet LEIBNIZ die 'tote Kraft' $m \cdot v$ von der 'lebendigen Kraft' $m \cdot v^2$ und betont in einer Streitschrift gegen Descartes von 1686 den Erhaltungssatz der lebendigen Kraft $m \cdot v^2 = 2Gh$ [10]. *Erhaltungssatz* und *Stetigkeitsprinzip* der Bewegungsvorgänge (lex continuitatis, natura facit non saltus) sind nach Leibniz oberste Prinzipien der M. In diesem Sinn erhält das *cartesische Programm der M.*, wonach die Bewegungsvorgänge auf Erhaltungssätze (bei DESCARTES für den Impuls, bei HUYGENS für die kinetische Energie) und Stoßgesetze zu reduzieren sind, bei Huygens und LEIBNIZ eine mathematische Präzisierung und Erweiterung. In der *Statik* spielt das Prinzip der Arbeit (= Gewicht G mal Hubhöhe h) seit JORDANUS eine Rolle. Nachdem G. P. ROBERVAL 1636 nach Vorarbeiten von S. STEVIN (1585) die Äquivalenz und Zusammensetzung der 'Kräfte' (in der Statik Gewichte) gezeigt hatte, war die Statik als Theorie abgeschlossen und konnte von P. VARIGNON in seinem klassischen Werk ‹Nouvelle M.› von 1687 zusammengefaßt werden [11].

b) Während mechanische Begriffe wie Impuls, Arbeit, (kinetische) Energie bereits erfaßt waren und Huygens Bewegungsgesetze unter Voraussetzung des Energiesatzes aufstellte, bildete sich der *allgemeine Begriff der beschleunigenden Kraft* als Ursache von Bewegungsänderungen erst allmählich heraus. R. HOOKE machte auf die beobachtbaren Deformationen bei elastischen Stößen aufmerksam. Um 1665 stellten I. NEWTON und HUYGENS mathematische Sätze über die Änderung der Geschwindigkeitsrichtung bei einer krummlinigen Bewegung (Zentrifugal- und Zentripetalbeschleunigung) auf. Unter dieser Voraussetzung konnte NEWTON auch Keplers kinematische Theorie der Planetenbewegungen physikalisch durch Kräfte erklären [12]. Dazu nahm er eine von der Sonne ausgehende Zentripetalkraft an und schloß aus dem 3. Keplerschen Gesetz und der Formel der Zentrifugalkraft auf die Abhängigkeit der Zentripetalbeschleunigung vom Abstand. Die Newtonsche Annahme solcher 'Fernkräfte' (Gravitation) war im cartesischen Programm der M. nicht vorgesehen, in der die Erscheinungen auf Druck und Stoß reduziert werden sollten und Gravitationswirkungen nur durch eine spekulative 'Wirbeltheorie' erklärt werden konnten. Das cartesische Programm wurde daher endgültig durch Newtons ‹Philosophiae Naturalis Principia Mathematica› von 1687 abgelöst, in denen drei Axiome über Bewegungen und beschleunigende Kräfte vorausgesetzt werden – neben dem *Trägheitsprinzip* (lex inertiae) und dem eigentlichen *Kraftgesetz*, wonach die Änderung der Bewegung v einer Masse m nach Größe und Richtung der beschleunigenden Kraft F entspricht ($\Delta(m \cdot v) = F$), das dritte Gesetz über die gegenseitige Einwirkung zweier Körper (*actio = reactio*) [13]. Die Sätze der M., wie z. B. Keplers Bewegungsgesetze, leitet Newton *nach dem Vorbild antiker synthetischer Geometrie axiomatisch* ab. Während HUYGENS jedoch Newtons Annahme von Fernkräften für absurd hielt, LEIBNIZ die Newtonsche (empirisch nicht belegbare) Annahme eines absoluten Raumes zur Formulierung des Trägheitsprinzips kritisierte und JOHANN BERNOULLI zunächst noch die cartesische Wirbeltheorie gegen Newton vertrat, setzte sich NEWTONS M. durch den Einfluß von M. E. DE MAUPERTUIS und die Popularisierung von VOLTAIRE in seinen 1738 erschienenen ‹Eléments de la philosophie de Newton› auch auf dem Kontinent durch. Newtons Kraft- und Gravitationsbegriff begünstigte *naturphilosophisch* einen *dynamischen Atomismus*, der die Erscheinungen auf anziehende und abstoßende Kräfte zwischen den Teilen der Materie zurückführte. So entwickelte R. BOŠCOVIĆ 1758 die Vorstellung von punktartigen Kraftzentren, die bei großen Abständen als Schwere und bei kleinen Abständen als Kohäsion und chemische Bindungen wirken [14]. Analoge Überlegungen finden sich in den vorkritischen Schriften und im ‹Opus postumum› I. KANTS, der zudem in seinen ‹Metaphysischen Anfangsgründen der Naturwissenschaften› von 1786 eine transzendentalphilosophische Begründung der M.-Axiome angab [15].

c) Während Newton die M. freier Massenpunkte auf der Grundlage der Beziehung $\Delta(m \cdot v) = F$ synthetisch geometrisch darstellte, gab L. EULER 1736 in seiner ‹M. sive Motus Scientia analytica exposita› der M. eine *analytische Darstellung* aufgrund der Methoden des auf Leibniz, die Brüder Bernoulli u. a. zurückgehenden Infinitesimalkalküls. In der Eulerschen Bewegungsgleichung $m \cdot dv = F \cdot dt$ wird die Masse m als Faktor zwischen Kraft und Beschleunigung eingeführt [16]. Neben den Bewegungsgleichungen erwiesen sich für die M. die *Erhaltungssätze* als grundlegend, nach denen bestimmte mechanische Größen (in abgeschlossenen Systemen) bei jeder zeitlichen Zustandsänderung ihren Wert beibehalten [17]. So erkannte NEWTON den Impulssatz als äquivalent mit seinem 3. Bewegungsaxiom. Eine andere Form des Impulssatzes ist der auf Newton zurückgehende Satz von der Erhaltung des Schwerpunktes, wonach zwei Massen nicht imstande sind, durch Wechselwirkung ihren gemeinsamen Schwerpunkt zu verschieben. P. D'ARCY verallgemeinerte das von Newton zur Erklärung der Keplerschen Gesetze benutzte Sektorengesetz und stieß dabei auf den Satz von der Erhaltung der Flächen, einer Vorform des Drehimpulssatzes, den D. BERNOULLI 1745 bei der Bestimmung der Bewegungen von Kugeln in einer drehbaren Röhre anwendete [18]. EULER formulierte 1736 Huygens Energiesatz analytisch als $\frac{1}{2} m \cdot v^2 = \int F \, dx$, den D. BERNOULLI bei der Lösung hydrodynamischer Aufgaben anwendete. Neben den Erhaltungssätzen gewinnen seit der Entwicklung der *Variationsrechnung* durch die Bernoullis, Euler u. a. die *Extremalprinzipien* eine zentrale Bedeutung bei der Lösung mechanischer Bewegungsprobleme. 1747 formulierte MAUPERTUIS sein 'Prinzip der kleinsten Aktion', wonach die Natur immer die 'Aktion' (gemessen als Produkt aus Masse, Geschwindigkeit und Weg) von geringstem Aufwand «wählt» [19]. EULER erkennt hinter der *teleologischen Redeweise* des Maupertius eine Variationsaufgabe, wonach ein mathematischer Ausdruck zu bestimmen ist, dessen Variation gleich Null gesetzt die Bewegungsgleichungen der M. liefert. Ein solcher Ausdruck ist das Integral

$$\int_{x_1}^{x_2} v(x) \, ds$$

mit Wegelement ds, wobei $v(x)$ durch die Energie bestimmt ist. Die wirkliche Bahn eines Körpers ist dann diejenige, welche den Integralausdruck zu einem Minimum macht. Ebenso enthält das 1834 von W. R. HAMILTON formulierte Prinzip ein Integral

$$\int_{t_2}^{t_1} (U + T) \, dt$$

mit potentieller Energie (Arbeit) U und kinetischer Energie (lebendiger Kraft) T, dessen Variation gleich Null gesetzt die Bewegungsgleichungen der M. liefert. In seinem ‹Traité de dynamique› von 1743 führte J. L. R. D'ALEMBERT die *Bewegung starrer Systeme* auf das statische Gleichgewichtsprinzip der virtuellen Arbeit zurück [20]. Damit werden Statik und Dynamik unter einem gemeinsamen Gesichtspunkt gesehen. J. L. DE LAGRANGE teilt daher seine ‹M. analytique› von 1788 in die Disziplinen Statik und Dynamik, deren Gleichgewichts- bzw. Bewegungsgleichungen das als Axiom vorausgesetzte Prinzip der virtuellen Arbeit liefert [21]. Mit Lagrange hat die M. ihre abschließende Form als *analytische Theorie* erreicht, in der alle physikalischen Größen durch analytische Objekte (also Zahlen und Funktionen) ersetzt sind. Bewegungen werden nicht mehr – wie noch bei Newton – durch geometrische Konstruktionen und logische Deduktion aus den Axiomen gerechtfertigt. Sie werden als Lösungen von bestimmten Differentialgleichungen berechnet. Daher lieferte die analytische M. des 19. Jh. auch keine neuen physikalischen Erkenntnisse, sondern – mit den Worten von C. F. GAUSS – nur neue «Gesichtspunkte», d.h. mathematisch äquivalente Prinzipien, mit denen sich die Bewegungsgleichungen der M. jeweils kürzer oder eleganter lösen lassen. So formulierte Gauss 1829 sein Minimalprinzip des kleinsten Zwanges, aus dem sich das d'Alembertsche Prinzip ergibt, das wiederum äquivalent mit dem Hamiltonschen Prinzip ist [22]. H. HERTZ stellte das Gaussche Prinzip als Axiom an den Anfang seiner 1894 erschienenen ‹Prinzipien der M.› [23]. Während Hertz jedoch den Kraftbegriff eliminieren wollte, indem er alle Kräfte auf starre Bindungen zurückführte und dabei auch unbeobachtbare Massen und Bewegungen in Kauf nahm, zog H. V. HELMHOLTZ Erhaltungssätze und Extremalprinzipien vor [24]. Seit HAMILTON [25] lassen sich die Bewegungsgleichungen der M. in einer Form angeben, welche die Übersicht über ganze Scharen von möglichen Bewegungen eines mechanischen Systems erlaubt. Der Zustand eines Systems S von n Massenpunkten ist nämlich zum Zeitpunkt t_0 bekannt, wenn für jeden Massenpunkt i mit $1 \leq i \leq n$ die Ortsgröße $q_i(t_0)$ und die Impulsgröße $p_i(t_0)$ zum Zeitpunkt t_0 bekannt ist. Jeder zukünftige und vergangene Zustand $(q_i(t), p_i(t))$ von S zum Zeitpunkt t ist dann durch die *Hamiltonschen Differentialgleichungen*

$$\dot{q}_i = \frac{\partial H}{\partial p_i} \quad \text{und} \quad \dot{p}_i = - \frac{\partial H}{\partial q_i}$$

eindeutig bestimmt, wobei $H(p_1, p_2, ..., q_1, q_2, ...)$ eine das System S charakterisierende Funktion ist. In diesem Sinn sind mechanische Systeme determiniert. Nach LAPLACE kann daher in einem *mechanischen Modell der Welt* jeder 'Weltzustand' aus gewissen Anfangsbedingungen berechnet werden. Dabei wird in der analytischen M. die Kausalität von Ursache und Wirkung durch ein funktionales Gleichungssystem von mechanischen Zustandsgrößen ersetzt [26].

3. In der *Relativitätstheorie* und *Quanten-M.* erfährt die

klassische M. grundlegende Veränderungen und Erweiterungen.

a) In der klassischen M. gelten die auf ein Inertialsystem K bezogenen Bewegungsgleichungen auch für jedes sich zu K in gleichförmiger Translationsbewegung befindende Inertialsystem K', d. h. die Bewegungsgleichungen sind galilei-invariant. Galilei-Invarianz gilt jedoch nicht für die Maxwell-Lorentzschen elektromagnetischen Feldgleichungen. Daher schlug A. EINSTEIN 1905 in der *speziellen Relativitätstheorie* die Lorentz-Transformationen vor, welche die Bewegungsgleichungen

$$F = \frac{d}{dt} \frac{m \cdot v}{\sqrt{1 - \frac{v^2}{c^2}}}$$

invariant lassen [27]. Experimentell wurden die Abweichungen dieser Gleichung von der klassischen M. erst für Korpuskel mit der Lichtgeschwindigkeit c vergleichbaren Geschwindigkeiten (z. B. Elektronen bei β-Strahlung) nachweisbar. Als mathematische Folge der Lorentz-Transformationen ergibt sich eine Verkürzung (Kontraktion) und eine Verlangsamung (Dilation) bewegter Körper, die z. B. durch Verlängerung der Lebensdauer schnell bewegter Mesonen experimentell bestätigt ist. Da in *Einsteins Gravitationstheorie* [28] dem Inertialsatz nur lokale Geltung (z. B. auf der Erde) eingeräumt wird, mußten für die Bewegung eines Massenpunktes unter der Einwirkung von Gravitationskräften solche Bewegungsgleichungen aufgestellt werden, die auch gegen beschleunigte Bezugssysteme invariant bleiben. In den von Einstein aufgestellten Bewegungsgleichungen

$$\frac{d^2 x_\mu}{ds^2} + \Gamma^\mu_{\alpha\beta} \frac{dx_\alpha}{ds} \frac{dx_\beta}{ds} = 0$$

ist das Christoffelsche Dreiindizessymbol $\Gamma^\mu_{\alpha\beta}$ die Feldstärke des Gravitationsfeldes und

$$ds^2 = \sum_{\mu\nu} g_{\mu\nu} dx_\mu dx_\nu$$

eine für (Gaußsche) Koordinaten x_μ invariante Größe, deren metrische Koeffizienten $g_{\mu\nu}$ das Gravitationspotential bestimmen. Aus den *relativistischen Bewegungsgleichungen* erhält man den Spezialfall der klassischen M. unter der Voraussetzung, daß die Geschwindigkeit eines Massenpunktes im Schwerefeld klein ist gegenüber der Lichtgeschwindigkeit und das Schwerefeld nur schwach von der Zeit abhängt.

b) Bereits in der zweiten Hälfte des 19. Jh. entwickelten L. BOLTZMANN, J. W. GIBBS u. a. eine *statistische M.* zur Deutung der Wärmeerscheinungen im Rahmen der klassischen Physik, die jedoch von E. MACH, P. DUHEM u. a. aufgrund der damals experimentell noch nicht belegten Molekularhypothese kritisiert wurde [29]. In der nach 1900 durch M. PLANCK, N. BOHR u. a. entwickelten Atom- und Quantenphysik erhielt die statistische Deutung der M. neuen Auftrieb. So folgt aus der von W. HEISENBERG 1927 entwickelten Unbestimmtheitsrelation der *Quanten-M.*, daß z. B. bei einem einzelnen Elektron nicht mehr alle Zustandsgrößen gleichzeitig bestimmt werden können, weil z. B. Ort und Impuls nicht gleichzeitig in einem einzigen Versuch gemessen werden können [30]. Daher liefern die Hamilton-Gleichungen der klassischen M. auch keine allgemeingültigen Voraussagen über zukünftige Orts- und Impulsgrößen. In SCHRÖDINGERS *Wellen-M.* (ähnlich in HEISENBERGS *Matrizen-M.*) wurde der physikalische Zustandsbegriff geändert und durch die sogenannte Ψ-Funktion definiert, mit der sich für z. B. Orts- und Impulsgrößen nur noch Wahrscheinlichkeitsverteilungen angeben lassen. Als Differentialgleichung 1. Ordnung erlaubt die Schrödinger-Gleichung zwar eine eindeutige Berechnung für Ψ-Zustände, die allerdings die klassischen Zustandsgrößen nicht determinieren. Die philosophische Diskussion z. B. der Kausalitäts- und Substanzkategorien auf dem Hintergrund der neuen M.-Vorstellungen ist noch nicht abgeschlossen [31].

Anmerkungen. [1] Vgl. P. DUHEM: Les origines de la statique (1905) 1, 122; E. A. MOODY/M. CLAGETT (Hg.): The medieval sci. of weight (1952). – [2] LEONARDO DA VINCI, Tagebücher und Aufzeichnungen, dtsch. T. LÜCKE (1940); vgl. I. B. HART: The mechanical investigations of Leonardo da Vinci (1925). – [3] T. BRADWARDINE, Tractatus de proportionibus, hg. H. L. CROSBY (1955); vgl. M. CLAGETT: The sci. of M. in the middle ages (1959). – [4] E. GRANT (Hg.): N. Oresme, De proportionibus proportionum (1966). – [5] Vgl. A. MAIER: La doctrine de Nicolas d'Oresme sur les «Configurationes Intensionum». Rev. des Sci. 32 (1948) 52-67; Der Funktionsbegriff in der Physik des 14. Jh. Divus Thomas (Freiburg) 19 (1946) 147-166; M. CLAGETT (Hg.): N. Oresme and the medieval geometry of qualities and motions (1968). – [6] E. J. DIJKSTERHUIS: Die Mechanisierung des Weltbildes (1956) 207; A. MAIER: Die Impetustheorie der Scholastik (1940) 90. – [7] G. GALILEI, Opere 8 (1965); vgl. A. KOYRÉ: Études Galiléennes (1966) 2: La lois de la chute des corps. Descartes et Galilée. – [8] R. DESCARTES, Principia philosophiae II, 36-40. Oeuvres hg. C. ADAM/P. TANNERY 1-12 (1897-1913) 8, 61-65. – [9] C. HUYGENS, De motu corporum ex percussione. Oeuvres compl. 1-22 (1888-1950) 16, 21. 30-96; vgl. K. MAINZER: Art. ‹Huygens, C.›, in: Enzyklop. Philos. u. Wiss.theorie, hg. J. MITTELSTRASS 2 (1981). – [10] G. W. LEIBNIZ, Math. Schr., hg. C. I. GERHARDT 6, 117ff.; Specimen dynamicum a.O. 6, 234ff. – [11] Vgl. E. MACH: Entwickl. der Prinzipien der Statik, in: Die M. hist.-krit. dargestellt (1883, ⁹1933, ND 1976) 1. Kap. – [12] I. NEWTON, Math. Prinzipien der Naturlehre, dtsch. hg. J. P. WOLFERS (1872, ND 1963) 385ff. – [13] a.O. 32. – [14] R. BOŠCOVIĆ: Theoria philosophiae naturalis, redacta ad unicam legem virium (1758). – [15] I. KANT: Metaphysicae cum geometria iunctae usus in philos. naturali, cuius specimen I. continet monadologiam physicam (1756). Akad.-A. 1, 473-488; Met. Anfangsgründe der Naturwiss. (1786) a.O. 4, 465-566; vgl. F. KAULBACH: Die Met. des Raumes bei Leibniz und Kant (1960) 67ff.; K. MAINZER: Der Raum im Anschluß an Kant, in: Perspektiven der Philos., hg. R. BERLINGER u. a. 4 (1978) 161-175. – [16] Vgl. Art. ‹Masse›. – [17] Vgl. K. MAINZER: Art. ‹Erhaltungssätze› a.O. [9] 1 (1980). – [18] D. BERNOULLI: Nouveau problème de M., in: Mém. Acad. roy. Sci. Belles Lettres (1745), dtsch. in: Abh. über Grundsätze der M. (1914) 29-43; vgl. K. MAINZER: Art. ‹Bernoulli, Daniel› a.O. [9] 1 (1980). – [19] P. L. M. DE MAUPERTUIS, Essai de cosmol. Oeuvres 1 (1753) 74. – [20] J. L. R. D'ALEMBERT, Abh. über Dynamik (dtsch. 1899); vgl. P. JANICH und K. MAINZER: Art. ‹D'Alembertsches Prinzip› a.O. [9] 1 (1980). – [21] J.-L. DE LAGRANGE: Analyt. M. (dtsch. 1887). – [22] C. F. GAUSS, Crelles J. Math. 4 (1829) 233; vgl. P. E. B. JOURDAIN (Hg.): Abh. über die Prinzipien der M. von Lagrange, Rodriguez, Jacobi und Gauss (1908). – [23] H. HERTZ: Die Prinzipien der M. in neuem Zusammenhang dargestellt (1894, ND 1963); vgl. K. MAINZER: Art. ‹Hertz, H.› a.O. [9] 2 (1981). – [24] H. v. HELMHOLTZ: Über die Erhaltung der Kraft (1847, 1889); vgl. K. MAINZER: Art. ‹Helmholtz, H. v.› a.O. [9] 2 (1981). – [25] Vgl. W. BUCHHEIM: W. R. Hamilton und die Fortwirkung seiner Gedanken. Forsch. u. Fortschritte 40 (1966) 161; K. MAINZER: Art. ‹Hamilton, W. R.› a.O. [9] 2 (1981). – [26] Vgl. Art. ‹Abhängigkeit (Dependenz)›. – [27] A. EINSTEIN: Grundzüge der Relativitätstheorie (³1963) 16ff. – [28] a.O. 51ff.; H. WEYL: Raum, Zeit, Materie (⁵1923, ND 1961) 190ff. 219ff. – [29] L. BOLTZMANN: Vorles. über die Prinzipien der M. 1-3 (1897-1920); ND 1. 2 (1974); vgl. K. MAINZER: Art. ‹Boltzmann, L.› a.O. [9] 1 (1980); J. W. GIBBS: Elementary principles of statistical M. (1902). – [30] W. HEISENBERG: Phys. Prinzipien der Quanten-M. (1958) 9ff.; E. SCHRÖDINGER: Was ist ein Naturgesetz? (1962) 86ff. – [31] Vgl. M. JAMMER: The philos. of quantum M. (1974); E. SCHEIBE: Die kontingenten Aussagen in der Physik. Axiomat.

Untersuch. zur Ontol. der klass. Physik und der Quantentheorie (1964); K. MAINZER: Art. ‹Determinismus› a.O. [9] 1 (1980).

Literaturhinweise. E. MACH s. Anm. [11]. – P. DUHEM s. Anm. [1]; L'évolution de la M. (1912). – R. DUGAS: Hist. de la M. (1950); La M. au 17e siècle (1954). – E. J. DIJKSTERHUIS s. Anm. [6]. – M. CLAGETT s. Anm. [3]. – C. TRUESDELL: Essays in the hist. of M. (1968). – M. JAMMER s. Anm. [31]. – F. HUND: Gesch. der Quantentheorie (^{2}1975). K. MAINZER

Mechanismus, auslösender (AM; auch ‹angeborener Auslöse-M.› (AAM); engl. innate releasing mechanism (IRM); ursprünglich bei K. LORENZ [1] ‹Angeborenes Schema›). Unter AM versteht man in der Ethologie (vergleichenden Verhaltensforschung) diejenige funktionelle Einheit innerhalb eines Organismus, welche eine zeitliche Kausalbeziehung zwischen bestimmten Objekten in der Umwelt und bestimmten Verhaltensweisen dieses Organismus herstellt; d. h. das Vorhandensein eines bestimmten Objektes führt zur *Auslösung* einer bestimmten Reaktion. Topographisch-anatomisch gesehen verbinden AM.en die Oberfläche des Organismus (Sinnesrezeptoren, welche die physikalischen Reize der Umweltobjekte in nervöse Erregung umwandeln) mit den in der Tiefe eingebetteten motorischen Koordinationsinstanzen, insbesondere des Gehirnes. AM.en gehen ohne scharfe Abgrenzung in die motorischen M. über, werden aber von den letzteren begrifflich getrennt. Ein einzelner AM (z. B. der des Fluchtverhaltens der Truthenne, ausgelöst durch einen sich nähernden Raubvogel) *erkennt* das Objekt (Raubvogel) als solches, unterscheidet es von anderen ähnlichen Objekten (anderen Vögeln) aufgrund bestimmter Eigenschaften (relativer Größe, Richtung und relativer Geschwindigkeit der Fortbewegung usw.) und *erregt* selektiv die nervösen Koordinationsinstanzen eines bestimmten Verhaltens (Flucht), während die Koordinationsinstanzen anderer Verhaltensweisen unbeeinflußt bleiben oder gehemmt werden (Nahrungsaufnahme, Paarungsverhalten usw.). Funktionell betrachtet ergibt sich daraus die Gliederung in den Problemkreis des *Erkennens* (Wahrnehmung, Klassifizierung, Identifizierung) und den Problemkreis der *motorischen Kontrolle* (Auslösung, Hemmung). DESCARTES [2] hatte bereits Vorstellungen über die Wirkung von Objekten auf die Sinne und weiter auf die Bewegung von Organismen, die unseren heutigen erstaunlich ähnlich sind, wenn es auch schwierig ist, seine Begriffe in die ethologische Fachsprache zu übersetzen. – J. VON UEXKÜLL [3] hat anscheinend als erster die Funktionseinheit des Erkennens mit der motorischen Kontrolle angenommen und in diesem Zusammenhang den Begriff ‹*Schema*› gebraucht. Er klammert aber die Sinnesorgane aus dem Erkennungsmechanismus aus. Schemata sind für ihn erst im Zentralnervensystem repräsentiert: «In ihrer Form ähneln sie den Gegenständen, außerdem muß aber noch jede selbständige Qualität der Gegenstände durch eine besondere Nervenperson [d. i. einzelne Nervenzellen] vertreten sein» [4]. Über den Aspekt des Auslösens schreibt er: «... jedes Schema ist bereit, sobald ihm die Erregung in der ihm allein zusagenden Form zugesandt wird, seine Verbindungen mit den höchsten motorischen Zentren spielen zu lassen» [5]. Schemata sind nach von Uexküll vereinfachte, in bestimmten Strukturen des Zentralnervensystemes gespeicherte Abbilder von Objekten in der Umwelt des Organismus und fügen sich zwischen Sinnesorganen und motorischen Zentren ein.

K. LORENZ [6] übernimmt von Uexkülls Schemabegriff hinsichtlich seiner ursprünglichen Intention auf Abbildhaftigkeit, verwendet ihn aber hauptsächlich in Verbindung mit dem Adjektiv ‹*angeboren*› als ‹angeborenes auslösendes Schema› (meist kurz: angeborenes Schema). Während aber bei von Uexküll das Schema als Repräsentation eines Objektes gedacht ist, ist es für Lorenz nur ein bestimmter Teilaspekt eines solchen Objektes, eine Reizkombination; das gleiche Objekt kann demnach auf verschiedene Schemata einwirken und, je nach der Ausgangslage des Organismus, eine von mehreren möglichen Verhaltensweisen auslösen. Viel radikaler ist aber Lorenz' Vorschlag, auch Verhalten selbst als Auslöser und Träger einer Reizkombination (Schlüsselreize) anzusehen. Danach kann auf ein bestimmtes Verhalten ein angeborenes Schema ansprechen, das seinerseits eine angeborene Verhaltensweise (*Instinkthandlung*, in späteren Schriften *Erbkoordination*) auslösen kann. Damit wird es möglich, insbesondere soziales Verhalten als Kette darzustellen, in der angeborenes Schema und Instinkthandlung abwechseln, wobei die Instinkthandlung des Senders eines sozialen Signales für den Empfänger dieses Signales zum Auslöser wird.

VON UEXKÜLL hat durch seine Betrachtungsweise unsere Aufmerksamkeit auf die Interaktion zwischen dem individuellen Organismus und seiner Umwelt gelenkt und die Anpassung des Organismus, insbesondere seine Einpassung in die Umwelt, im einzelnen beschrieben, aber sie nicht wissenschaftlich zu erklären versucht. Darwinismus war für ihn ein Irrweg der Biologie, eine vorübergehende Mode. LORENZ dagegen, als vergleichender Morphologe überwältigt von den zahllosen Bestätigungen des Evolutionsgeschehens, hat stets die Wechselwirkung zwischen Evolution und Verhalten in den Vordergrund gestellt, zwischen Artentwicklung und arteigenem Verhalten. Daher betont er das Adjektiv ‹angeboren› in seinen Begriffen ‹Schema›, ‹Instinkthandlung› und ‹Auslöser› und sieht das Individuum nicht wie von Uexküll isoliert in seiner Umweltblase, sondern als Partner oder Konkurrent seiner Artgenossen. Das angeborene Schema wird, in diesem Zusammenhang, zu einem *arteigenen Idealbild*, das die Zuchtwahl des Individuums lenkt.

Lorenz' Begriff ‹angeborenes (auslösendes) Schema› wurde von N. TINBERGEN in einer englischen Arbeit [7] mit ‹innate releasing mechanism› (IRM) übertragen. Einige Jahre später entstand daraus durch Rückübersetzung ins Deutsche der Terminus ‹angeborener AM› (AAM) [8], der von LORENZ zu ‹angeborener Auslösemechanismus› zusammengezogen wurde: Lorenz selbst verwendet zunächst ‹angeborenes Schema› und ‹angeborener AM› synonym [9], gibt aber später Tinbergens Begriff den Vorzug, weil ‹Schema› zu sehr nach vereinfachtem Abbild klingt und irreführende Vorstellungen von Gestaltwahrnehmung erweckt [10]. Damit verschwindet der Bezug auf das *Erkennen* eines Objektes nicht nur aus dem Namen des Begriffes; die Wahrnehmungsleistung wird auch in den späteren Definitionen zugunsten der *Auslösung*, der Aktivierung nachgeschalteter motorischer Koordinationsinstanzen, unterbewertet.

In der um 1950 beginnenden Auseinandersetzung der Ethologie mit der Kritik aus dem Lager der Psychologie (z. B. D. S. LEHRMAN [11]), in der es um die relative Wichtigkeit von Erfahrungen versus Vererbung geht, wird es offensichtlich, daß es unmöglich ist, ohne vorherige experimentelle Untersuchung festzustellen, ob ein bestimmter AM rein genetisch bedingt ist und daher als «angeboren» angesehen werden kann. Da man sich aber nicht vor jeder Anwendung des Begriffes vergewissern kann, ob und in welchem Maße die individuelle Erfahrung des Individuums den Mechanismus verändert hat, wird das Adjektiv ‹angeboren› meist weggelassen, und es bleibt der Ausdruck ‹AM› übrig. In der Definition entfällt dann sinngemäß der Bezug auf das Angeborene: «Der AM einer Reaktion umfaßt alle Strukturen des Organismus, die an der selektiven Auslösung einer Reaktion wesentlich beteiligt sind, nicht aber die motorischen Instanzen» [12]. Der AAM wird zum speziellen Fall eines AM, den die Art in phylogenetischer Anpassung an bestimmte Umweltsituationen erworben hat. Der Terminus ‹AAM› soll nur verwendet werden, wenn die Prüfung an unerfahrenen Individuen ergeben hat, daß die Verknüpfung zwischen einem bestimmten Reiz und einer bestimmten Reaktion angeboren ist, und nur für die Bezeichnung eines AM beim unerfahrenen Tier, es sei denn, er bleibe weiterhin von Erfahrung unbeeinflußt. Sinngemäß kann man auch von einem *erworbenen Auslösemechanismus* (EAM) sprechen, als einem AM, den ein Individuum in ontogenetischer Anpassung an eine bestimmte Umweltsituation erworben hat. Der Ausdruck ‹EAM› soll nur dann verwendet werden, wenn experimentell festgestellt wurde, daß in dem untersuchten Entwicklungsstadium des Individuums die Reaktion nicht über einen AAM ausgelöst werden kann. Als weitere logische Möglichkeit wäre an einen *durch Erfahrung ergänzten* AAM (EAAM) zu denken, den ein Individuum in ontogenetischer Anpassung an bestimmte Situationen durch Gewöhnung oder Lernen ergänzt hat. Der Ausdruck ‹EAAM› soll aber nur verwendet werden, wenn experimentell festgestellt wurde, daß in dem untersuchten Entwicklungsstadium des Individuums ein AAM noch weiterhin (als Grundgerüst) funktionsfähig ist [12].

Anmerkungen. [1] K. LORENZ: Der Kumpan in der Umwelt des Vogels. J. Ornithol. 83 (1935) 137-213. 289-413. – [2] R. DESCARTES: Les passions de l'âme (Paris 1649); dtsch. Die Leidenschaften der Seele, in: Philos. Werke, übers. J. H. v. KIRCHMANN (1870) Abt. 4, bes. Art. 1-50. – [3] J. VON UEXKÜLL: Umwelt und Innenwelt der Tiere (1909). – [4] a.O. 250. – [5] 231. – [6] Vgl. a.O. [1]. – [7] N. TINBERGEN: An objectivistic study of the innate behavior of animals. Bibl. Biotheor. Ser. D 1 (1942) 37-98. – [8] Physiol. Instinktforsch. Experientia 4 (1948) 121-133. – [9] K. LORENZ: Ganzheit und Teil in der tierischen und menschl. Gemeinschaft. Stud. gen. 3 (1950) 455-499. – [10] Stud. in animal and human behaviour (Cambridge, Mass. 1971) 338 Anm. – [11] D. S. LEHRMAN: A critique of Konrad Lorenz's theory of instinctive behavior. Quart. Rev. Biol. 28 (1953) 337-363. – [12] W. SCHLEIDT: Die hist. Entwickl. der Begriffe ‹Angeborenes auslösendes Schema› und ‹AAM› in der Ethol. Z. Tierpsychol. 19 (1962) 697-722.

Literaturhinweise. K. LORENZ: Die angeborenen Formen möglicher Erfahrung. Z. Tierpsychol. 5 (1943) 235-409; Über tierisches und menschl. Verhalten (1965); Die Rückseite des Spiegels (1973). – N. TINBERGEN: The animal in its world (Cambridge, Mass. 1972/73). W. M. SCHLEIDT

Meditation (lat. meditatio)

I. ‹M.› geht sprachgeschichtlich auf die Wurzel *med-* zurück [1], meint im allgemeinen Denken als Nachdenken, Erwägen, Betrachten und besitzt insofern mit den Begriffen ‹cogitatio›, ‹deliberatio›, ‹consideratio› einen synonymen Bedeutungsgehalt; in spezifischer Weise wird M. als planendes Bedenken, als durch Übung erfolgende geistige Vertiefung oder als tätiges Denken, das etwas ins Werk setzt, gefaßt [2].

Seine eigentümlich philosophische Färbung erhält der M.-Begriff durch den Gedanken der Umkehr: Der Mensch soll sich von ihm scheinbar voraussetzungslos Vorgegebenem, das seine Selbsterkenntnis verhindert, durch Umwendung abwenden und in der Zuwendung zu sich selbst, zu seinem Denken, sich über sich selbst verständigen. So beschreibt PLATON den Akt der Konversion als durch περιαγωγή (Umlenkung) veranlaßte μεταστροφή (Umwendung) [3], als in der Befreiung zum Denken sich vollziehende Aufklärung des unaufgeklärten Bewußtseins, das in der Entdeckung der absoluten Normativität, der Idee des Guten, sich als ihren Sollensanspruch ständig realisierendes Handeln versteht, auch dann, wenn es nicht auf Zustimmung stößt, ist doch das Verlassen des Scheinlebens das ganze Streben des auf rechte Art Philosophierenden [4]: M. mortis. Dieser Gedanke Platons, Nachdenken über und Hindenken auf den Tod, bildet ein Grundmotiv der Philosophie SENECAS [5] und kehrt wieder bei HIERONYMUS [6], bei CASSIODOR, der Philosophie zugleich als «M. mortis» und als «assimilari Deo» definiert [7], bei MACROBIUS [8], RUFINUS [9], RUPERT VON DEUTZ [10] oder DIONYSIUS DEM KARTÄUSER [11]. Bei AUGUSTIN bildet das biblische Motiv aus dem 18. Psalm «M. cordis mei in conspectu tuo semper», verbunden mit dem Gedanken der Umkehr, den Hintergrund seiner Auffassung von M.: «Nihil aliud in hac vitae nostrae peregrinatione meditemur, nisi quia et hic non semper erimus ...» (In dieser Wanderschaft, unserem Leben, sollen wir nichts anderes bedenken denn dies, daß wir hier nicht immer sein werden ...) [12]; M. meint ein «aeterna meditari», ein denkendes Betrachten des Ewigen [13], ein «in Deum» meditari, ein Hindenken auf Gott [14], der uns innerlicher ist als wir uns selbst [15].

Bei ANSELM VON CANTERBURY findet sich ein doppelter M.-Begriff: 1. M., konvertibel mit oratio (Gebet) [16], bedeutet einerseits 'Andacht' und dient – als literarische Gattung – dazu, den Leser geistig anzuregen, Gott zu lieben oder zu fürchten oder auch sich auf sich selbst zu besinnen. Der Zweck der Lektüre derartiger M. (oder orationes), die nur kursorisch zu sein braucht, ist dann erreicht, wenn der Leser glaubt, in eine zum Gebet erforderliche affektive Grundstimmung versetzt zu sein [17]. Ziel der M. selbst ist eine meta-intellektuale gefühlsmäßige Einsicht in die Selbstmitteilung des absoluten Glaubensgrundes: «Sentiam per affectum quod sentio per intellectum» (ich will durch den Affekt fühlen, was ich durch den Verstand wahrnehme) [18]. 2. Anders faßt Anselm M. im ‹Monologion›: Ohne sich der Schrift oder der Kirchenlehrer als Autoritäten zu bedienen, einzig gestützt auf Denken, auf Vernunft, «sola cogitatione», «sola ratione» [19], sucht er sich in strenger Argumentation über die göttliche Wesenheit zu verständigen. Von daher versteht sich der ursprüngliche Titel dieser Schrift – wie der M.-Begriff selbst –: «Exemplum meditandi de ratione fidei» (ein Beispiel, wie man sich denkend über den Grund des Glaubens Rechenschaft gibt) [20]. Mit diesem M.-Begriff ist Anselms philosophisches Programm überhaupt, wie es im ursprünglichen Titel des ‹Proslogion›, «Fides quaerens intellectum» [21], zum Ausdruck kommt, angesprochen: über einen erfahrungsgebundenen linear-reflexiven Glaubensakt hinaus das Denken durch notwendige Vernunftgründe (rationes necessariae) sich selbst aufklären zu lassen über das, was in ihm als absolutes Letztprinzip, als «aliquid quo nihil maius cogitari possit» (etwas, über das hinaus Größeres nicht gedacht werden kann) [22], vorausgesetzt ist.

Während der M.-Begriff in den pseudoaugustinischen

Schriften ‹De spiritu et anima› [23] und ‹Meditationes› [24] dem der ‹Orationes sive M.› Anselms vergleichbar ist und bei GUIGO I. VON KASTELL nur den Titel seiner tagebuchartig abgefaßten autobiographischen Aufzeichnungen bildet [25], erfährt er im 12. Jh. eine theoretische Neufassung bei HUGO und RICHARD VON ST. VIKTOR. HUGO erklärt zwei Momente als konstitutiv für die Ausbildung geistiger Anlagen, «lectio et M.», das Lesen und das Durchdenken; der Anfang der Wissenschaft bestehe in der lectio, in der M. ihre Vervollkommnung [26]. Der M. als einer von drei Weisen geistigen Sehens der vernünftigen Seele wird eine Mittelstellung zwischen der cogitatio und der contemplatio zuerkannt; Hugo definiert: «Cogitatio est cum mens notione rerum transitorie tangitur, cum ipsa res sua imagine animo subito praesentatur, vel per sensum ingrediens, vel a memoria exsurgens. M. est assidua ac sagax retractatio cogitationis, aliquid obscurum explicare nitens, vel scrutans penetrare occultum. Contemplatio est perspicax et liber animi intuitus in res perspiciendas usquequaque diffusas» [27]. Cogitatio bedeutet demnach Denken als vorstellender Gedanke, ein flüchtiges Berührt-Werden des Geistes durch den Begriff von Dingen, eine geistige Repräsentation des sich durch sein Bild unmittelbar selbst darbietenden Dinges. M. meint Denken als Durchdenken, meint «ein ständiges und scharfsinniges wiederholtes Erwägen des Denkens in dem Bestreben, etwas Dunkles zu entfalten oder Verborgenes forschend zu durchdringen». Von der Kontemplation (s. d.), dem geistigen Betrachten, dem die Mannigfaltigkeit der Dinge durchschauenden und ungefesselten Blick, unterscheidet sich die M. dadurch, daß sie das sucht, was die contemplatio in gewisser Hinsicht besitzt [28]. In dem Opusculum ‹De meditando seu meditandi artificio› analysiert Hugo detailliert die Technik der M., und zwar in Rücksicht auf Welterfahrung, Schriftauslegung und – besonders – Ethik [29]. RICHARD schließt sich Hugo an, übernimmt nahezu wörtlich dessen Definition der contemplatio und bestimmt im Gegensatz zur cogitatio, dem «improvidus animi respectus ad evagationem pronus» (ziellosen, zur Abschweifung neigenden Hinblicken des Geistes), M. als «studiosa mentis intentio circa aliquid investigandum diligenter insistens» (eifriges Aufmerksam-Sein des Geistes, das sorgfältig die Absicht verfolgt, etwas zu erkunden) oder als «providus animi obtutus in veritatis inquisitione vehementer occupatus» (das absichtsvolle Hinblicken des Geistes, das nachhaltig von der Aufgabe beherrscht ist, die Wahrheit zu erforschen) [30]. Auch bei Richard ist die M. eng mit dem Bereich der Ethik verknüpft [31].

Die Trichotomie der Viktoriner, häufig noch um die der contemplatio vorausgehende oratio vermehrt, war bestimmend für die Folgezeit. Exemplarisch seien genannt: GUIGO II. VON KASTELL [32], BONAVENTURA [33], der zudem als Gegenstände der «M. sapientis» die menschlichen und göttlichen Werke wie deren Prinzipien, Gott und die Seele, nennt [34], und THOMAS VON AQUIN, bei dem im Unterschied zur cogitatio, der die Sinnesperzeptionen, die Vorstellungen und der Verstandesdiskurs zugehören, M. den Verstandesprozeß meint, der seinen Ausgang von bestimmten Prinzipien nimmt, die bis zur Betrachtung einer bestimmten Wahrheit reichen, wobei sich die contemplatio in strengem Sinn unmittelbar auf den einfachen Anblick der Wahrheit erstreckt [35]. Während bei MEISTER ECKHART im Anschluß an Augustins memoria-intelligentia-voluntas-Theorie M. mit der als Erkenntnisweise gefaßten intelligentia qua cogitatio identifiziert wird [36], kehrt JOHANNES GERSON zur M.-Theorie der Viktoriner zurück, erweitert sie jedoch um eine Affektenlehre, die das Fundament seiner die spekulative Theologie transzendierenden mystischen Theologie bildet [37]. Mit Hugo betrachtet auch DIONYSIUS DER KARTÄUSER – wie später noch SUÁREZ – die M. als Vervollkommnung der lectio, erkennt ihr die Aufgabe zu, den Geist (mens) vom Lärm der weltgebundenen Akte zu befreien [38], und versteht in einer Platonreminiszenz Philosophie als Hinwendung zur Seele (ad animam conversio) [39] – als Umkehr.

In der *Neuzeit* steht bei DESCARTES – wie bei Anselm – der M.-Begriff in engem Zusammenhang mit seinem Methodenbewußtsein: In seinen ‹Meditationen› habe er entgegen dem Beweisverfahren der Synthesis allein die Beweisart der Analysis gewählt [40], dies wegen ihrer methodischen und apriorischen Strenge, die es dem Leser erlaube, den zu prüfenden Gegenstand vollkommen einzusehen und sich so zu eigen zu machen, als habe er ihn selbst gefunden [41], die M. erfordere ein gemeinsames aufmerksames Betrachten und sich hineinversetzendes Mitdenken («attente considerare et meditari») des Gegenstandes [42]. – Von Descartes beeinflußt ist MALEBRANCHE in seinen ‹Meditationen› mit ihrem Grundthema, der vision en Dieu, dem Sehen in Gott als dem Letztprinzip aller Erkenntnis [43].

Während KANT – wie die Viktoriner – M. als das alles Lesen und Lernen begleitende nachträgliche methodische Verknüpfen vorgängiger ungeordneter Gedanken faßt [44], wird bei HUSSERL noch einmal das Umkehrmotiv Platons, das sich bei Descartes im Moment des Zweifels findet, im Gedanken der «phänomenologische[n] Fundamentalmethode der transzendentalen ἐποχή» lebendig [45]: Der Meditierende muß alle Seinssetzungen, auch sich selbst als ein empirisches Ich, zunächst aussetzen, um methodisch durch transzendental-phänomenologische Reduktion von Seinssetzungen möglich werden zu lassen, was sich als transzendentales Ego und darüber hinaus als Glied einer Gemeinschaft transzendentaler Egos, die miteinander in verflochtener Seinsstiftung die eine Welt konstituieren, zu erkennen.

Wie der M.-Begriff in der Dichtung und Essay-Literatur Verwendung fand [46], so auch – besonders in der Gegenwart – in der Psychotherapie und Religion [47]. Wenn er freilich das Zentrum einer pseudo-metaphysischen religiösen Affektivmystik bildet, in der «Seins*fühlung*» einen Schlüsselbegriff darstellt [48], ist sein philosophischer Inhalt, Vollzug denkender Umkehr, verknüpft mit dem Moment methodologischer Stringenz, vergessen.

Anmerkungen. [1] Vgl. A. WALDE und J. B. HOFMANN: Lat. etymol. Wb. 2 (^{3}1954) 56. – [2] Vgl. Thesaurus ling. lat. s.v. ‹meditatio›. – [3] Vgl. PLATON, Resp. 518 d 3-7. – [4] Vgl. Phaid. 64 a 4-6. – [5] Vgl. SENECA, Ep. 54, 2; 70. – [6] Vgl. HIERONYMUS, Ep. 60, 14; 127, 6. – [7] Vgl. CASSIODOR, Inst. II, 3, 5; De artibus ac disciplinis liberalium litterarum III. MPL 70, 1167 D; vgl. PLATON, Theait. 176 b 1. – [8] Vgl. MACROBIUS, Somn. I, 13, 5. – [9] Vgl. RUFINUS, Greg. Naz. orat. IX, 7, 2. – [10] Vgl. RUPERT VON DEUTZ: De meditatione mortis. MPL 170, 357 A-390 C. – [11] Vgl. DIONYSIUS DER KARTÄUSER, De arcta via salutis ac mundi contemptu XIX. – [12] AUGUSTIN, In Joh. 32, 9. – [13] In Psalm. 136, 11. – [14] In Psalm. 62, 15. – [15] Vgl. Conf. III, 6, 11. – [16] Vgl. ANSELM VON CANTERBURY, Orationes sive meditationes. Opera, hg. SCHMITT 2, 5. – [17] Vgl. a.O. 2, 4. – [18] 2, 91, 197. – [19] Monologion, Prol. = 1, 8, 18 (SCHMITT); c. 1 = 1, 13, 11 (SCHMITT). – [20] Proslogion, Prooem. = 1, 93, 2-3. 94, 6-7 (SCHMITT); vgl. Monologion, Prol. = 1, 7, 4-5 (SCHMITT). – [21] Proslogion, Prooem. = 1, 94, 7 (SCHMITT). – [22] a.O. c. 2 = 1, 101, 5 (SCHMITT). – [23] Vgl. De spiritu et anima. MPL 40, 779-832. – [24] Vgl. Meditationum liber unus. MPL 40, 901-942. – [25] Vgl. GUIGO I. VON KA-STELL: Meditationes. MPL 153, 601-632. – [26] HUGO VON ST. VIKTOR, De modo dicendi et meditandi 4f. MPL 176, 877-878; vgl. Didasc. I, 1. MPL 176, 741. 772. – [27] De modo dicendi 8. MPL 176, 879; vgl. In Ecclesiasten Hom. I. MPL 175, 116. – [28] Vgl. De modo dicendi 8. MPL 176, 879. – [29] Vgl. De meditando. MPL 176, 993-998. – [30] RICHARD VON ST. VIKTOR, Benjamin mai. I, 4. MPL 196, 67 D. – [31] Vgl. Benjamin min. 87. MPL 196, 62 C-D. – [32] Vgl. GUIGO II. VON KASTELL, Scala claustral. 1-3. MPL 184, 475-477; 11-12. MPL 184, 481-482. – [33] Vgl. BONAVENTURA, De triplici via, Prol. n. 1; vgl. Itinerar. mentis in Deum 1, 8. – [34] Vgl. De triplici via 1, 4, n. 18. – [35] Vgl. THOMAS VON AQUIN, S. theol. II/II, 180, 3 ad 1. – [36] Vgl. MEISTER ECKHART, In Ioh. n. 507-509 (noch unediert). – [37] Vgl. JOHANNES GERSON, De theologia mystica III, consider. 21-23. 27-30. – [38] Vgl. DIONYSIUS DER KARTÄUSER, De doctrina scholarium VII; vgl. SUÁREZ, De oratione mentali 2, 3-3, 2. Werke, hg. BERTON 14, 120-124. – [39] Vgl. DIONYSIUS DER KARTÄUSER, De arcta XXXIII. – [40] Vgl. DESCARTES, Med. II, Resp. 212. Werke, hg. ADAM/TANNERY 7, 156. – [41] Vgl. a.O. 211. Werke 7, 155. – [42] 213-214. Werke 7, 157. – [43] Vgl. MALEBRANCHE, Méd. Chrét. et Métaph. Werke, hg. GOUHIER/ROBINET 10 (Paris 1959). – [44] Vgl. I. KANT, Logik § 120. Akad.-A. 9, 150. – [45] E. HUSSERL: Cartesianische M. und Pariser Vorträge. Husserliana 1 (Den Haag ²1963) 61. – [46] A. DE LAMARTINE: Méditations poétiques (Paris 1820); J. ORTEGA Y GASSET: Meditaciones del Quijote (Madrid 1914). – [47] Vgl. J. B. LOTZ: M. Der Weg nach innen (1954); M. im Alltag (1959); M. in Relig. und Psychother., hg. W. BITTER (²1973). – [48] K. VON DÜRCKHEIM: Die heilende Kraft der reinen Gebärde, in: BITTER, a.O. [47] 111.   B. MOJSISCH

II. Der Begriff der Meditation spielt eine exemplarische Rolle im *westlichen Indienbild* und in der geistigen Selbstdarstellung des neuzeitlichen Indien. Indische meditative Weisheit, Introversion, Rückkehr zum Selbst werden als Ergänzung, Gegengewicht oder Therapie der extrovertierten, objektivierenden Wissenschaft und Technologie des Westens gegenübergestellt. Dieses Motiv, das schon im 19. Jh. mehrfach hervortritt, ist im 20. Jh. auf verschiedenen Ebenen, nicht zuletzt auch bei Vertretern der Wissenschaften selbst, zunehmend wirksam geworden [1]. Im Einklang mit dieser aus westlicher Selbstkritik erwachsenen Rezeptivität haben in Amerika und Europa zahlreiche aus Indien stammende, den jeweiligen westlichen Bedürfnissen und Erwartungen mehr oder minder angepaßte Techniken und Theorien der M., Konzentration und 'Bewußtseinserweiterung' Verbreitung gefunden, insbesondere seit dem erfolgreichen Auftreten VIVEKANANDAS gegen Ende des 19. Jh. [2]. Für die jüngste Entwicklung, zumal in der «Transzendentalen Meditation» des MAHARISHI MAHESH YOGI, ist dabei bezeichnend, daß in wachsendem Maße auf naturwissenschaftliche Methodik und Begrifflichkeit Anspruch erhoben wird und daß meditative Praktiken und Resultate säkularisiert, instrumentalisiert und dem Kontext der technisch-wissenschaftlichen Welt eingefügt werden, gegen die sie zunächst ins Feld geführt wurden [3]. – Andererseits ist die meditative und kontemplative Orientierung der indischen Tradition auch als Element und Symptom der Weltflucht, des Quietismus und der Entpersönlichung kritisiert worden [4].

Abgesehen von den mannigfachen Fragen, zu denen diese spezifisch neuzeitlichen Rezeptionsweisen der 'indischen M.' Anlaß bieten, gilt, daß Methoden und Theorien der M. und Konzentration, der Verinnerlichung und Bewußtseinsveränderung in den indischen Traditionen des *Hinduismus, Buddhismus* und *Jinismus* tatsächlich eine außerordentliche Bedeutung haben; und die davon handelnde Literatur ist weitaus umfangreicher, differenzierter und systematischer als im Westen. Eine reichhaltige und komplexe Terminologie bezeichnet die Thematik der M. und ihr Umfeld; wir müssen uns auf wenige exemplarische Belege beschränken. Der am geläufigsten mit ‹M.› übersetzte Sanskrit-Terminus ist *dhyāna* (zur Wurzel *dhyā*, nachdenken; Pali *jhāna*); ferner gehören in diesen Bereich *bhāvanā* («Entfaltung» geistiger Zustände, Kontemplation), Pali *sati* (Achtsamkeit; speziell im Buddhismus) usw. Den Kontext des M.-Themas bildet im allgemeinen ein Gefüge von Techniken und Theorien der physischen wie auch psychisch-geistigen Selbstmeisterung, das, in engerem oder weiterem Sinne, *Yoga* genannt wird und letztlich auf die Überwindung der normalen weltlichen Einstellung und Gebundenheit und auf die Befreiung aus dem Kreislauf der Wiedergeburten zielt.

Speziell ist der Yoga eines der «orthodoxen» Systeme des *Hinduismus*, das die M. als Vorstufe der Versenkung (*samādhi*) und als Teil des achtgliedrigen Yogaweges präsentiert, dessen Bestimmung die Freiheit und Absolutheit des reinen, objektlosen Bewußtseins (*puruṣa*) ist [5]. Darüber hinaus sind solche und ähnliche Methoden der inneren Kontrolle, freilich mit mannigfachen Variationen in der Zielsetzung, ein gesamtindisches Phänomen, dessen Ursprünge sich nicht eindeutig feststellen lassen, das aber in der spätvedischen Literatur der Upanischaden, auch unter Verwendung des Ausdrucks *dhyāna*, schon weitgehend entfaltet ist. Hier ist auch ein vor allem an den Ausdruck *upāsanā*, «Zuwendung», geknüpfter Prozeß der Verinnerlichung und meditationstheoretischen Umdeutung ursprünglich ritualwissenschaftlicher Begriffe und Lehren zu beobachten [6].

In außerordentlichem Maße ist die Thematik der meditativen Klärung und Reinigung des Bewußtseins im *Buddhismus* entwickelt worden. Auch hier geht es darum, durch Sammlung, Ruhe und Transparenz des Bewußtseins das 'Seiende', zumal unser eigenes Sein, in seinem wahren Charakter hervortreten zu lassen. Der wesentliche Unterschied gegenüber dem Hinduismus ist dadurch gegeben, daß als Ziel nicht die Gewinnung des reinen Selbst (*puruṣa, ātman*) verstanden wird, sondern die Befreiung vom Irrglauben an das Selbst, die Realisation der Selbst- und Substanzlosigkeit alles Seienden und vor allem der Aggregat- und Prozeßnatur unseres eigenen Seins [7]. Die Techniken der M. sind hier vor allem Techniken der Distanzierung und Objektivierung, der Überwindung des «Durstes» der Selbstsucht und Selbstverstrickung, der die treibende Kraft im leidvollen Kreislauf des Daseins ist. Im «achtgliedrigen Pfad» zum Nirvāṇa stehen die meditativen Faktoren *vāyāma, sati, samādhi* neben solchen des ethischen Verhaltens und der Erkenntnis. Im späteren Mahāyāna-Buddhismus werden Theorien der M. mit umfassenden soteriologischen und metaphysischen Hierarchien integriert oder, wie im Falle des Yogācāra-Systems, mit subtilen Erkenntnislehren assoziiert [8].

Neue Dimensionen gewinnt die M., auf hinduistischer wie auch auf buddhistischer Seite, im magisch-dynamistischen Kontext des *Tantrismus* [9].

Anmerkungen. [1] Vgl. z. B. C. F. VON WEIZSÄCKER: Der Garten des Menschlichen (1977) 533ff. – [2] Vgl. z. B. R. S. ELLWOOD: Relig. and spiritual groups in modern America (Englewood Cliffs 1973). – [3] Vgl. H. H. BLOOMFIELD u. a.: TM [Transcendental M.]. Discovering inner energy and overcoming stress (New York 1975); Altered states of consciousness, hg. C. T. TART (¹1969, Garden City 1972). – [4] Vgl. W. HALBFASS: Hegel on the philos. of the Hindus, in: German scholars on India (Varanasi 1973) bes. 113ff. – [5] Vgl. S. LINDQUIST: Die Methoden des Yoga

(Lund 1932); M. ELIADE: Le Yoga (Paris 1954); J. W. HAUER: Der Yoga (²1958); vgl. bes. G. OBERHAMMER: Strukturen yogischer M. (1977). – [6] z. B. B. V. RAGHAVAN in: K. NARAYANASWAMI AIYAR: The thirty-two vidyās (Madras ²1962) Vff. – [7] Vgl. NYANAPONIKA: Satipaṭṭhāna (1951); spätere Aufl. unter dem Titel: Geistestraining durch Achtsamkeit (1970, 1975, engl. Bearb. London 1962); P. VAJIRANANA: Buddhist M. in theory and practice (Colombo 1962). – [8] Vgl. E. CONZE: Buddhist M. (London ²1959); A. K. WARDER: Indian Buddhism (Delhi 1970) 352ff. – [9] Vgl. H. VON GLASENAPP: Buddhist. Mysterien (1940); A. BHARATI: The Tantric tradition (London 1965; ND New York 1970).

W. HALBFASS

III. ⟨M.⟩ scheint in *Ostasien* primär zum buddhistischen Aspekt der Religionen zu gehören; das Zen (s. d.) wird in der Literatur geradezu als M.-Buddhismus gekennzeichnet. Dabei wird ⟨M.⟩ auf eine außereuropäische Kultur angewendet, die diesen Begriff selbst gar nicht kennt, vielmehr das indische Wort ⟨dhyāna⟩ (Versenkung) als transskribiertes Fremdwort ⟨ch'an⟩ (jap. zen) übernehmen mußte, als in Ostasien eine spezifische Technik der körperlich-geistigen Konzentration zur Erlangung einer als Erleuchtung (chin. *chüeh*, erwachen) beschriebenen höchsten Einsicht in das Wesen der Welt bekannt wurde. Anderseits kann der traditionelle geistige Erziehungsprozeß in China als permanente 'M.' verstanden werden, insofern früh auswendig gelernte Texte erst im Heranwachsen des Jugendlichen erfaßt und begriffen wurden; jedwede Textarbeit könnte somit als 'meditierendes' Studium aufgefaßt werden. Die intellektuale Seite einer M. als Praxis fehlt also nicht. Will man M. aber universalgeschichtlich fassen, ist es angebracht, eine philosophische M. von einer religiösen M. zu unterscheiden. Letztere gibt in Ostasien den Ton an, sie hat offensichtlich die abendländische Tradition in ihrer Moderne eingeholt (K. VON DÜRCKHEIM u. a.).

Die Geschichte einer so verstandenen M. in China geht weit zurück. Schon bei Konfuzius (5. Jh. v. Chr.) findet sich die Figur der Erfaßtheit von einer bewußt verinnerlichten Haltung der Menschlichkeit (chin. *jen*), die nur eine Zeitlang vorhält [1]. Ein Hinweis bei MENCIUS (Mong Dsi) (II A, 2) spricht von einer «flutenden Lebenskraft», die «in sich genährt ... das Universum ausfüllt», aber vor allem moralische Qualität besitzt [2]. Taoistische Autoren haben das Thema aufgenommen und vervollkommnet. Bei CHUANGTZU [3] finden wir einen «zu einem verwitterten Baum» erstarrten Menschen, dessen Bewußtsein wie «gelöschter Kalk» ist, da er «sein Selbst vergessen» hat. Zur Erklärung wird hinzugefügt, daß er die Musik des Himmels jenseits der menschlichen und irdischen Musik vernommen habe. Eine andere Stelle bezeichnet vollkommene Einheit in jeder Regung des Willens und Freiheit von aller Voreingenommenheit als Ergebnis eines «Fastens des Bewußtseins» [4]. M. erweist sich mithin als Methode zur Verfestigung eines bestimmten Verhaltens, Lebens- und Bewußtseinszustandes. Dazu paßt auch eher die affektive Seite meditativen Bemühens als die metaphysisch-rationale. Dennoch bestimmte eine außerordentliche methodische Stringenz das Wesen der M.; sie ist mindestens zum Teil indischen Ursprungs. Die ostasiatische Vorliebe galt aber zweifellos der «Erleuchtung im Augenblick» [5].

Der ebenfalls indische *samādhi*-Begriff, der dem der M. im abendländischen Sinn nähersteht, wurde über die buddhistische dann auch in der neokonfuzianischen Überlieferung (seit dem 11. Jh. n. Chr.) als geistig-seelischer «Zusammenhalt» (chin. *ting*, engl. composure) bezeichnet. Schon im buddhistischen M.-Aufbau folgt dieser 'Zusammenhalt' auf eine vorherige Vertiefung im 'Leeren' (s. d.), d. i. ein Nichts-mehr-Denken (also gerade nicht ein vertiefendes rationales Denken), hernach erfährt der Adept den Zustand innerer Ruhe, Bewegungslosigkeit und daraufhin den des geistigen 'Schweigens', etwa eine metaintellektuale Seinsgewißheit. In der neokonfuzianischen Umdeutung folgt auf den verfestigenden 'Zusammenhalt' als Ergebnis der M. die Entfaltung einer als Ehrerbietung im Rahmen konfuzianischer Sozialnormen verstandenen Haltung und anstelle des geistigen Schweigens wieder ein ganz als vita activa gesehenes verantwortliches soziales und politisches Handeln. M. ist für die Sphäre der asiatischen Hochkulturen eine nahezu alltägliche Erfahrung aller religiösen Adepten und philosophischen Sucher. In der Moderne lebt dies fort bei einer Reihe indischer Gurus und im japanischen Zen.

Anmerkungen. [1] YEN HUI, ein Schüler des Konfuzius; vgl. Lunyü VI, 7, dtsch. R. WILHELM: Kungfutse Gespräche (ND 1955) 74. – [2] Text 4./3. Jh. v. Chr. bei R. WILHELM: Mong Dsi (1916) 29. – [3] Text etwa 3. Jh. v. Chr. bei J. LEGGE: The sacred texts of China. The texts of Taoism (ND 1962) 176. – [4] CHUANGTZU IV, 2 bei LEGGE, a. O. 209. – [5] FUNG YU-LAN und D. BODDE: Hist. of Chin. philos. 1. 2 (1937/54) 2, 387f.

Literaturhinweise. R. WILHELM: Dschuang Dsi Südliches Blütenland (ND 1972); Mong Dsi (1916). – FUNG YU-LAN und D. BODDE s. Anm. [5]. – J. LEGGE: The sacred texts ... s. Anm. [3]. – Vgl. Lit. zu Art. ⟨Zen⟩.

T. GRIMM

Medizin (griech. ἰατρική [τέχνη], lat./ital./span. medicina, frz. médecine, engl. medicine), **Heilkunst, Medizinphilosophie**

I. *Antike.* – Der Ausdruck ⟨Heilkunst⟩ beruht auf einer Übersetzung des griechischen Terminus τέχνη ἰατρική und seiner lateinischen Nachbildung ⟨ars medica⟩. Diener dieser Techne ist der Arzt [1]; das drückt sich auch darin aus, daß in der griechischen Bezeichnung ἰατρική nicht nur auf den Vorgang des Heilens, sondern auch auf den dafür Verantwortlichen, den ἰατρός, hingewiesen wird. Allerdings wird die Übersetzung von τέχνη mit ⟨Kunst⟩ dem Wortsinn nicht voll gerecht, der daneben auch noch die Bedeutung 'Handwerk' und 'Wissenschaft' umfaßt. Gerade zwischen diesen beiden Bedeutungen bewegt sich die Reflexion über Wesen und Aufgabe der medizinischen Techne schon in der Zeit der hippokratischen Medizin (M.) [2]. (Besonders eindringlich zeigte dies H. G. Knutzen in einer Untersuchung zu einer dem HIPPOKRATES und seiner (Koischen) Schule nahestehenden Gruppe von Schriften [3].) Techne umfaßt Denken und Tun, wobei in der Verteilung der Gewichte auf einen Vorrang des theoretischen Moments im Techne-Phänomen geschlossen werden kann [4]. Der Arzt übt diese Techne als «Befehlsempfänger objektiver Indizien» aus [5], da sein «rechtes Handeln» zwangsläufig von der «rechten Natur» (δικαίη φύσις) im Verhalten des Patienten bestimmt wird [6]. Da die ärztliche Techne nach rational kontrollierbaren Methoden – vor allem dem Gesetz von Ursache und Wirkung – ausgeübt wird, kann sie in die Gruppe «angewandter Wissenschaften» eingeordnet werden [7]. Diese rational-ätiologische Einsicht veranlaßt auch ARISTOTELES, die Techne in ihrem geistigen Rang über die reine Empirie zu stellen [8].

Besonders wichtig ist für die M. und ihre Vertreter das Wissen über die 'Natur', die φύσις. Auch darauf weist Aristoteles hin [9], und auch in den Schriften des ⟨Corpus Hippocraticum⟩ (CH) finden wir diese Forderungen in sachlich oft sehr verschiedener Weise gestellt und erfüllt. Die Schrift περὶ διαίτης (Vict.) verlangt als Grundlage für eine richtige diätetische Behandlung des Menschen die Einsicht in mikro- und makrokosmische Tatbestände und in ihre Wirkung auf den Gesundheitszustand des Menschen [10]. Dieses theoretische Verlangen nach 'Physiologie' war in zahlreichen Schriften des CH schon längst erfüllt worden, in denen Lehren der vorsokratischen Naturphilosophie für die Ätiologie menschlicher Krankheiten in Anspruch genommen wurden. Beispielshalber mag hier auf die Lehre von der Bedeutung der Luft in περὶ φυσῶν (Flat.) und περὶ ἱερῆς νούσου (Morb. Sacr.) und ihre Beziehung zu DIOGENES VON APOLLONIA, auf die Verwandtschaft der Gehirnlehre in der letztgenannten Schrift mit dem pythagoreisch beeinflußten ALKMAION VON KROTON, auf die Viersäftelehre in περὶ φύσιος ἀνθρώπου (Nat. Hom.) und ihre Beziehung zu EMPEDOKLES' Lehre von den vier Elementen sowie auf die wahrscheinlich unter dem Einfluß DEMOKRITS stehende ätiologische Tendenz in περὶ ἀέρων ὑδάτων τόπων (Aer.) hingewiesen werden. Manche dieser Philosophen dürften auch selbst als Ärzte tätig gewesen sein – so wohl sicher Alkmaion, möglicherweise aber auch Empedokles und Diogenes von Apollonia, so daß sie als konkrete Beispiele der Verbindung von M. und Philosophie schon vor der Zeit des Hippokrates dienen können.

Da die vorsokratische Philosophie von Anfang an Fragen nach der Natur und ihrer makro- und mikrokosmischen Beschaffenheit gestellt hatte, konnte diese Verbindung schon früh von der Sache her gegeben sein. Im methodischen Sinn wurde sie zuerst an einer vielerörterten Stelle von einem Philosophen hinsichtlich des Vorgehens zweier verschiedener τέχναι gestellt: von PLATON im 〈Phaidros〉, wo Sokrates das Vorgehen der Rhetorik mit demjenigen der M. konfrontiert: Alle bedeutenden Künste bedürfen, wie er feststellt, «etwas von feinsinnigem und hochfliegendem Gerede über die Natur» [11]. (Ich schließe mich hier der Übersetzung Schleiermachers an, die den Gedanken Platons im wesentlichen gerecht werden dürfte [12].) Sokrates stellt dem Phaidros zunächst das Beispiel des Perikles vor Augen, der als Schüler des Anaxagoras von «hoher Einsicht» (μετεωρολογία) erfüllt und zur Einsicht in das «Wesen» (φύσις) der Vernunft gekommen war, wodurch er die Grundlagen für seine Redekunst gewann. So müssen M. und Rhetorik nach gleichen Methoden vorgehen: In der M. muß man die Natur des Körpers, in der Rhetorik die der Seele analysieren, um für beide die richtigen Mittel zu ihrer Behandlung durch die zuständigen τέχναι zu finden. Die Möglichkeit für eine solche Analyse ergibt sich nur aus der Einsicht in die Natur des «Ganzen» (τοῦ ὅλου [13]). Für den Körper, sagt Phaidros, habe dies schon «der Asklepiade Hippokrates» postuliert: Diese Einsicht richte sich auf Einheit oder Vielteiligkeit und auf die Reaktion des Ganzen bzw. seiner Teile auf Einflüsse von außen; im gleichen Sinn müsse als Grundlage für die Rhetorik die Analyse der Seele durchgeführt werden [14]. In der Diskussion über diese Ausführungen ist vor allem die Interpretation von τοῦ ὅλου umstritten, das überwiegend als das «Weltall» im Sinn des naturphilosophischen Vorgehens verstanden wurde; dagegen interpretierte es Edelstein als «das Ganze des behandelten Gegenstandes» [15]. Für die Deutung «des Ganzen» als Kosmos könnte der Hinweis auf Perikles' «Erfüllung mit Meteorologie» sprechen, zu der er dank dem Einfluß des Anaxagoras gekommen war; demgegenüber ist aber bei den Objekten der M. und der Rhetorik ausdrücklich nur von Körper und Seele und ihren Aktionen und Reaktionen die Rede. Daß dieses Verhalten auch – und gerade – von außerhalb von Körper und Seele befindlichen Objekten bestimmt wird und daher auch die Beschäftigung mit ihnen erfordert, ist selbstverständlich, darf aber nicht verhindern, die φύσις des ὅλον als die des jeweils behandelten Gegenstandes (περὶ ὁτουοῦν φύσεως [16]), d.h. hier von Körper und Seele, zu verstehen. Diese Interpretation paßt auch zu der oben angeführten Übersetzung von Phaidr. 270 a durch Schleiermacher. μετεωρολογία war in der Jugendzeit Platons ein Schlagwort für verdächtige naturphilosophische Spekulationen. So wird schon in den 〈Wolken〉 des ARISTOPHANES Sokrates von den braven Bürgern zu den μετεωρολόγοι bzw. – noch schlimmer – μετεωροφένακες (Hochstapler) und ἀδολέσχαι (Schwätzer) [17] gerechnet, und in PLATONS 〈Apologie〉 erklärt Sokrates es für ein Hauptmotiv der gegen ihn gerichteten Anklage, daß man auch gegen ihn das gegen alle φιλοσοφοῦντες bestehende Vorurteil des Suchens nach τὰ μετέωρα καὶ τὰ ὑπὸ γῆς (Himmelskörpern und unterirdischen Erscheinungen) verbreitet habe [18]. Auch der Verfasser der hippokratischen Schrift 〈Die Umwelt〉 (Aer.) lehnt die Deutung seiner Forderung, der gute Arzt müsse die klimatischen Verhältnisse als wichtigen Faktor in sein Vorgehen einbeziehen, als μετεωρολογία mit dem Hinweis ab, daß die «Astronomie» nicht wenig zur ärztlichen Kunst beitrage [19].

Als Quelle für Platons Äußerungen über die Lehre des Hippokrates wurde schon in der Antike, vor allem von GALEN [20], die Schrift περὶ φύσιος ἀνθρώπου (Nat. Hom.) genannt, die in der Tat vieles mit dem von Platon dargestellten Verfahren gemeinsam hat. Allerdings wird die in ihr dargestellte Lehre in dem medizingeschichtlichen Überblick des Aristotelikers MENON dem POLYBOS zugeschrieben [21]. Aber Polybos war Schüler und Schwiegersohn des Hippokrates, so daß die Schrift jedenfalls in den Bereich der Koischen Schule einbezogen werden darf. Abgesehen von dem sachlichen Zusammenhang ihrer Viersäftelehre mit der Vierelementenlehre des Empedokles findet sich in ihr auch ein namentliches Zitat eines vorsokratischen Philosophen, nämlich des Eleaten MELISSOS, der im Sinne der Parmenideischen Seinslehre gegen die Gleichsetzung des wahrhaft Seienden mit einem empirisch wahrnehmbaren Element protestiert hatte [22]. Diese Parmenides-Lehre war grundlegend für den weiteren Gang der vorsokratischen Naturphilosophie im 5. Jh. v. Chr. geworden, da diese nun nicht mehr *ein* Element (Wasser, Luft) und seine Veränderungen zur Grundlage des Seienden erklärte, sondern eine Vielheit kleinerer Einheiten (Elemente, Homoiomerien, Atome). So hatte Empedokles Feuer, Wasser, Luft und Erde zu Aufbaustoffen des Makro- und Mikrokosmos gemacht, und in der Schrift 〈Nat. Hom.〉 werden die vier Säfte Blut, Schleim, schwarze und gelbe Galle als Grundlagen des menschlichen Körpers und seines Gesundheitszustands dargestellt. Freilich zitierte ihr Verfasser nicht Empedokles als das Vorbild seiner Sachkonzeption, sondern Melissos, um die Verkehrtheit der bisher angewandten Methoden herauszustellen.

Die Berufung der Mediziner auf Philosophen als Signale ihres methodischen Vorgehens erweist sich immer wieder als charakteristisch für das Verhältnis der M. zur Philosophie. So wird in einer anderen Schrift des CH, in περὶ ἀρχαίης ἰατρικῆς (VM), EMPEDOKLES zitiert, und zwar um an seinem Beispiel und mit dem Hinweis auf die Philosophie zu zeigen, wie die M. nicht vorgehen darf. Der Verfasser wendet sich von Anfang an gegen alle Versuche, der M. eine ὑπόθεσις zu unterlegen, für die er als Beispiel die ätiologische Verwendung von Qualitäten nennt, also Prinzipien, wie sie ‹Nat. Hom.› und nicht wenigen anderen Schriften des CH zugrunde liegen. Diese Forderung, feste Aussagen über das qualitative Sein des Menschen zu machen, führe ebenso zu Spekulationen wie die Forschungen περὶ τῶν μετεώρων ἢ τῶν ὑπὸ γῆς [23] und damit zur φιλοσοφίη im Sinne des Empedokles und anderer, die über das physiologische Sein des Menschen und seine Entstehung geschrieben haben [24]. Ein solches Vorgehen paßt weniger zur M. als zur Schreibkunst, weil sie den Menschen in simplifizierender Weise aus Grundelementen (στοιχεῖα, was auch «Buchstaben» heißen kann) zusammensetzt. Diese Gegenüberstellung der einfachen Schreibkunst und der komplizierten M. findet sich auch in der hippokratischen Schrift περὶ τόπων τῶν κατ' ἄνθρωπον (Loc. Hom.) [25].

Es ist bemerkenswert, daß das Wort ‹Philosophie› im CH zum ersten Mal an einer Stelle erscheint, in der diese als ein die Realität vereinfachendes Verfahren abgelehnt und der Forderung nach einem empirischen Verfahren gegenübergestellt wird. Edelstein bezeichnet diesen hippokratischen Empiriker als «Skeptiker und Relativisten» [26]. Sein «empirisches» Vorgehen realisiert sich in historischen Vermutungen über die allmähliche Anpassung der menschlichen Lebensweise an die Bedingungen der Natur und in der Forderung an den Arzt, diese Anpassung auch in der Behandlung der Kranken wahrzunehmen. Die kulturgeschichtliche Konstruktion des Verfassers von VM erinnert an Kulturentstehungslehren aus der Zeit der Sophistik und Atomistik, wenn seine Schrift auch wahrscheinlich erst gegen Mitte des 4. Jh. v. Chr. entstanden ist. Empirisches Vorgehen findet sich – neben naturphilosophischen Einflüssen – in nicht wenigen Schriften des CH, so z. B. in den ‹Epidemien› und den chirurgischen Schriften, die ohne Zweifel nahe Beziehungen zu Hippokrates und zur Koischen Schule haben. Andererseits ist mit Recht festgestellt worden, daß auch in den Zeugnissen der anderen maßgeblichen medizinischen Richtung des 5. und 4. Jh., den Schriften der Knidischen Schule, die Ätiologie, also das naturphilosophische Moment, im allgemeinen als das «unwichtigste» gegenüber dem Pragmatismus der Symptomatologie und Therapie betrachtet wird [27]. Dagegen war die naturphilosophische Tendenz sehr stark ausgeprägt bei dem Vertreter der Sizilischen Ärzteschule, PHILISTION VON LOKROI (Mitte des 4. Jh. v.Chr.), der die Empedokleische Vierelementenlehre und eine Pneumatheorie vertrat [28].

Zweifel an schematisch physiologischen Lehren wurden auch weiterhin in der Zeit des Übergangs von der «klassischen» griechischen M. zum Hellenismus erhoben. Das gilt zunächst besonders für DIOKLES VON KARYSTOS, den W. Jaeger als Schüler des Aristoteles dargestellt hatte [29]. Dagegen wurden inzwischen sehr berechtigte Einwände erhoben [30]. Diokles dürfte schon aus chronologischen Gründen in die Zeit vor Aristoteles, etwa zwischen Hippokrates und Praxagoras von Kos, einzuordnen sein. Beziehungen zur Akademie des alten Platon sind nicht auszuschließen. Spätantike Nachrichten, die ihn als Anhänger einer schematischen Viersäftelehre darstellen, sind wenig überzeugend. Instruktiv ist dagegen ein von GALEN [31] zitiertes Methodenfragment, in dem sich «Diokles deutlich als Empiriker ausweist, der ausschließlich die individuellen Gegebenheiten zu berücksichtigen verlangt und jede spekulative Ätiologie ablehnt» [32]. Diese Aussage zeigt gewisse Ähnlichkeiten zu den VM c. 20 vorgetragenen Auffassungen. Wir dürfen also Diokles' eigentliche Bedeutung wohl «in der Verknüpfung medizinischer mit philosophischen Fragestellungen in spezifisch attischer Form, also im Methodischen» sehen [33]. Auch PRAXAGORAS, der nach seiner Herkunft aus Kos die dortige Tradition hätte weiterführen können, glaubte nicht mehr an wenige Säfte, sondern an Körperflüssigkeiten vieler verschiedener Arten.

Die empirisch-skeptische Tendenz setzte sich auch im Zentrum der hellenistischen Bildung, in *Alexandria*, fort. HEROPHILOS, ein Schüler des Praxagoras, trieb dort deskriptive Anatomie und bekannte sich zu den Erscheinungen (φαινόμενα) als Grundlagen (πρῶτα). Diese empirische Tendenz und ihre Formulierung war seiner Weltanschauung gemäß, die ihn unter dem Einfluß des Skeptikers PYRRHON VON ELIS zur Enthaltung (ἐποχή) gegenüber ätiologischen Bestrebungen und zur Abfassung einer Schrift πρὸς τὰς κοινὰς δόξας, also gegen «konventionelle Ansichten», veranlaßte [34]. Stärker unter naturphilosophischem Einfluß stand ERASISTRATOS, der ebenfalls in Alexandria tätig war und dort wie Herophilos eine große Schule begründete. Auf ihn hatten der Peripatos und die Atomistik Demokrits und Epikurs eingewirkt. Der Atomismus veranlaßte ihn zur Entwicklung einer Solidarpathologie, die mit dem Begriff des horror vacui verbunden war. Seine physiologischen Forschungen waren stark mit der Pneumalehre verbunden; durch das Vorurteil, daß die Arterien Pneuma enthielten, scheiterten schließlich seine Bemühungen um die Entdeckung des großen Blutkreislaufes [35].

Die Anhänger sowohl des Erasistratos als auch – trotz seiner weniger ätiologischen Einstellung – des Herophilos wurden als λογικοί (Rationalisten) bzw. als δογματικοί (Dogmatiker) bezeichnet. Die letztere Bezeichnung, die weniger freundlich war, wurde wohl erst gebraucht, als es zu Auseinandersetzungen mit anderen Richtungen kam. Die erste neue «Schule», die sich in Alexandria um die Mitte des 3. Jh. v. Chr. bildete, war die der *Empiriker*, die sich, wahrscheinlich nach skeptischem Vorbild, ἐμπειρικὴ ἀγωγή (Empirische Schule) und nicht, wie die der Dogmatiker, αἵρεσις (Sekte, Lehre) nannte [36]. Ihr Gründer war wahrscheinlich PHILINOS AUS KOS, ein Schüler des Herophilos. Die Richtung beruhte auf einer neuen Form medizinischer Skepsis, die nicht mehr der Pyrrhonischen Auffassung entsprach, sondern sich Lehren der Akademie anschloß [37]. Die Grundlagen ihrer Lehre sind dargestellt in GALENS Ὑποτύπωσις ἐμπειρική (aus der lat. Überlieferung – ‹Subfiguratio empirica› – ins Griechische rückübersetzt von Deichgräber [38]) und in seiner Schrift ‹Über ärztliche Erfahrung› [39]. Der Titel Ὑποτύπωσις erinnert an die Πυρρώνειοι ὑποτυπώσεις des SEXTUS EMPIRICUS; in der Tat handelt es sich, vor allem nach den Aussagen GALENS [40], bei dem Wort um eine Bezeichnung, die das Vorgehen der Empiriker sehr passend charakterisieren kann, da sie sich nicht um Definitionen (ὅροι), sondern nur um ὑποτυπώσεις καὶ ὑπογραφαί, also um «Umrisse und Entwürfe» bemühten, weil ja eine im strengen Sinn logische «Definition» der von ihnen behandelten Objekte nach ihrer Auffassung nicht möglich war. Die tatsächlichen Möglichkeiten ihres Vorgehens wurden in einer Dreiheit als «Dreifuß» (Τρίπους) zusammengefaßt; diese Bezeichnung wird von GALEN [41] als Titel einer Schrift des Empirikers GLAUKIAS genannt und war auch schon für ein Werk des Epikur-Lehrers NAUSIPHANES überliefert [42]. Die empirische Arbeits-Dreiheit umfaßte πεῖρα, ἱστορία und ὁμοίου μετάβασις, also direkte, durch Wiederholung bestätigte Erfahrung, von andern vermittelte Beobachtung und ein empirisches, experimentell zu erprobendes Analogieverfahren. Auf Wirkungen des empirischen Vorgehens auch auf andere kulturelle Gebiete hat Deichgräber [43] hingewiesen. Besonders eindrucksvoll ist die Verwandtschaft der Dreiheits-Methode mit Erkenntnisprinzipien für die ars imperatoria bei POLYBIOS [44], wo als Voraussetzungen für die Ausbildung eines guten Feldherrn τριβή, ἱστορία und ἐμπειρία μεθοδική gefordert werden. Andererseits sind die Grenzen dieses Vorgehens nicht zu verkennen: Deichgräber bemerkt mit Recht, daß sich in der empirischen Schriftstellerei nicht so sehr Forscherpersönlichkeiten als – allerdings sehr kenntnisreiche – Materialsammler ausweisen [45].

So ist es menschlich verständlich, daß sich eine neue medizinische Richtung entwickelte, die gegenüber dem Zwang der Tatsachen eine gewisse Vereinfachung des Vorgehens suchte. Schon ERASISTRATOS hatte Zweifel an der Sicherheit der Krankheitsätiologie geäußert, weil die Beobachtungen in verschiedenen Fällen zu widerspruchsvollen Ergebnissen geführt hatten [46]. Der stark atomistisch orientierte ASKLEPIADES AUS PRUSA (um 100 v.Chr.) bestritt, daß irgend etwas mehrmals in gleicher Weise beobachtet werden könne [47]. Die Fortsetzung dieser Kritik durch den in augusteischer Zeit in Rom tätigen THEMISON führte dort zur Gründung der *Methodiker*-Schule. Diese erfüllte die Forderungen nach einer vereinfachenden Rationalität der Therapie, indem sie diese nicht mehr einer Fülle von Ätiologien nachgehen, sondern ihre Tätigkeit nach einem allgemeinen Status (κοινότητες) regeln ließ: dem γένος στεγνόν, ῥοῶδες, ἐπιπεπλεγμένον [48] (genus adstrictum, fluens, mixtum) [49]. Berichte über die Schule liegen uns vor allem aus der Zeit des Tiberius von CELSUS und aus dem 2. Jh. n.Chr. von dem bedeutenden Gynäkologen SORAN AUS EPHESOS vor, der ein prononcierter Anhänger der Schule war. Der Bericht des CELSUS stellt in seinem ‹Prohoemium› die medicina rationalis [50] den empirici [51] gegenüber und weist auf die Kritik hin, die die Anhänger beider Richtungen nicht zu Unrecht aneinander übten; schließlich erwähnt er (im Anschluß an Erasistratos [52]) die Feststellung des THEMISON, daß keinerlei Ursachenkenntnis zur Heilung von Krankheiten beitrage und daß es genüge, auf gewisse κοινότητες der Krankheiten (communia morborum) zu sehen. Hier wird uns also ein sehr klarer Überblick über die wesentlichen Möglichkeiten der hellenistisch-frühkaiserzeitlichen M. geboten; wichtig ist auch, daß CELSUS die medizinische Richtung, die er zuerst erwähnt und zu der er sich ausdrücklich bekennt [53], ‹rationalis medicina› nennt und damit den Terminus λογική (nicht δογματική) als den ursprünglichen bestätigt. Nicht uninteressant ist auch, daß Celsus – neben dem etwa gleichzeitigen Rhetoriker VALERIUS MAXIMUS – als erster das Wort ‹professor› als Bezeichnung für führende Wissenschaftler braucht, so z.B. für Hippokrates [54], für Chirurgen [55], und große Philosophen, wie Pythagoras, Empedokles und Demokrit [56], oder bedeutende Mediziner, wie Hippokrates, Herophilos und Asklepiades [57], ‹sapientiae professores› nennt [58]. Dieser Sprachgebrauch hat sich dann im 1. Jh. n.Chr. weiter ausgebreitet, so etwa bei PLINIUS und QUINTILIAN; es ist aber nicht unwichtig, das «Bekenntnis zu seiner Tätigkeit» in diesem Wort schon verhältnismäßig früh in medizingeschichtlichem Zusammenhang zu finden.

Während die Vereinfachung der wissenschaftlichen Voraussetzungen – und die damit verbundene Vereinfachung der Therapie und auch der Ausbildung der Mediziner (der Methodiker THESSALOS glaubte, daß die 'Heilkunst' auf dieser Grundlage in etwa sechs Monaten gelehrt werden könne!) – der geistigen und sozialen Lage im Rom der beginnenden Kaiserzeit in mancher Hinsicht entgegenkommen mochte, verstummte aber der Ruf nach grundsätzlicher – und d.h. philosophischer – Besinnung auch auf dem Gebiet der M. nicht. So kam in dieser Zeit auch in Rom eine neue Richtung zu Wort, die stark von konkreten philosophischen Voraussetzungen bestimmt war: die Schule der *Pneumatiker*. Sie wurde im 1. Jh. v.Chr. von ATHENAIOS VON ATTALIA gegründet, der, wie F. Kudlien [59] sehr wahrscheinlich gemacht hat, ein Schüler des großen Stoikers Poseidonios war; Kontakte nach Rom entstanden aber wohl erst im 1. Jh. n.Chr. [60]. Durch die Einwirkung des POSEIDONIOS dürften die stoischen Elemente in den medizinischen Anschauungen der Pneumatischen Schule besonders prägnant zum Ausdruck gekommen sein: Die Überzeugung von der primären Bedeutung des Pneumas und seiner δύναμις, seiner physischen Wirkungs-Kraft, führt zur engen Verbindung mikro- und makrokosmischer Vorstellungen; auch die stoische Teleologie und der Hang der Stoa zu «definitorischem Exzeß» wirken sich in der pneumatischen Lehre unverkennbar aus. Auch einige in das ‹Corpus Hippocraticum› aufgenommene Schriften, die deutlich stoische Züge tragen, können im Bereich der Pneumatischen Schule entstanden sein, etwa περὶ τροφῆς (Alim.) oder περὶ καρδίης (Cord.) [61]. Damit stellt die Pneumatische Schule, «jedenfalls in ihrer reinen Form, die wesentlichste vorgalenische Hippokratesrenaissance dar» [62].

Damit ist schon auf die letzte und besonders bedeutungsvolle Erscheinung hingewiesen, die hier zu besprechen ist: auf GALEN und seine Stellung in der antiken M.-Philosophie. Ein wesentlicher Teil von Galens Arbeit war auf die Verbindung von λόγος und πεῖρα gerichtet, also die beiden Faktoren, die in der hellenistischen M. immer wieder in einen nicht ausgleichbaren Konflikt geraten waren. Man kann Galen dabei zubilligen, daß er grundsätzlich in einer synthetischen, nicht-eklektischen Weise vorging [63]. Er stellte die Möglichkeit der Vereinigung von Logik, Naturwissenschaft und Ethik im ärztlichen Verhalten fest und forderte deren Verwirklichung, so besonders exemplarisch in seiner kurzen Schrift ὅτι ὁ ἄριστος ἰατρὸς καὶ φιλόσοφος (Der beste Arzt ist auch Philosoph) [64]. Freilich sind – trotz seines Programms – auch agnostische und eklektische Züge bei ihm nicht zu verkennen, die mit einer bewußten Selbstbegrenzung verbunden sind [65]. Aber die Tendenz zur Synthese bleibt immer lebendig, wie sich auch in seiner Stellung zu den medizinischen αἱρέσεις zeigt. Das klarste Zeugnis für diese Stellung liegt uns in seiner Schrift περὶ αἱρέσεων τοῖς εἰσαγομένοις (Über die Schulen für Einzuführende) [66] vor, die er sich vor allem gegen die Methodiker wendet, viel weniger gegen die Empiriker, die nach seiner Überzeugung den «Dogmatikern» wesentlich näher standen: Es ist bezeichnend, daß Galen in dieser Schrift durchweg diese Bezeichnung und nicht das sonst auch von ihm bevorzugte λογικοί braucht; wahrscheinlich tat er es mit Rücksicht auf die Adressaten seiner Schrift, die in die M. «Einzuführenden», weil diesen der Terminus δογματικοί vertrauter war. Was das empirische Vorgehen betrifft, so ist er ohne weiteres bereit, sich der αὐτοψία und der ἱστορία anzuschließen, während ihn das Prinzip der ὁμοίου μετάβασις zu sehr gründlichen methodischen Erwägungen veranlaßte, die er in der ὑποτύπωσις ἐμπειρική, vor allem aber – und zwar in konstruktiver Weise – in seinem großen Werk περὶ τῶν Ἱπποκράτους καὶ Πλάτωνος δογμάτων (Über die Lehren von Hippokrates und Platon) vortrug. Galen fordert hier, daß der Grad von ὁμοιότης und ἀνομοιότης richtig erkannt und durch διαίρεσις und σύνθεσις eine logische Systematisierung der empirischen Erscheinungen hergestellt wird. Diese Auffassung wird durch Zitate aus Platon und Hippokrates unterstützt [67]. Auch für Platons Lehre von der zentralen Stellung des Gehirns als des Trägers des λογιστικόν tritt er gegen die aristotelische und stoische Herzlehre ein [68]; aber er zweifelt an Platons Lehre von der Unsterblichkeit des λογιστικόν, weil ihn das von der wesentlichen Aufgabe des Arztes, die φύσις des Menschen beurteilen und von da aus auch in seinen Gesundheitszustand eingreifen zu können, in Meta-Physisches abführen würde; im Dienst dieser Aufgabe sieht er auch die Seele in ihrer Abhängigkeit von körperlichen Zuständen [69]. In der Lehre von den vier die φύσις des Menschen bestimmenden Grundkräften stimmt er mit der auch von ihm als echt hippokratisch anerkannten Schrift περὶ φύσιος ἀνθρώπου überein und erkennt auch Platons im ‹Timaios› im Anschluß an Empedokles vorgetragene Vierelementenlehre als entsprechende Parallele an. Allerdings findet er das hippokratische Konzept von den «aktiven Qualitäten» (δραστικαὶ ποιότητες) trocken, feucht, warm und kalt genauer und für den Arzt nützlicher als die durch Platon unverändert von Empedokles übernommene Lehre von den vier Elementen Feuer, Wasser, Luft und Erde [70]. Außerdem sieht er einen prinzipiellen Fortschritt in der hippokratischen Aussage von der Entstehung veränderter Zustände durch Mischung der Grundbestandteile, wovon weder Empedokles noch die Atomisten in ihren makro- und mikrokosmischen Aussagen gesprochen hätten [71].

So hat sich Galen um die Systematisierung des empirisch Zugänglichen durch eine logische Synthese bemüht und damit – historisch gesehen – einen großen Erfolg gehabt. Wie O. Temkin feststellte, blieb es dem 4. Jh. vorbehalten, «dem galenischen Hippokratismus im besonderen zum Sieg zu verhelfen», und dieser «Sieg» war erst im 19. Jh. zu Ende [72]. Für Galen war die φιλοσοφία in der Tat eine kritische Hilfe zur Selbsterkenntnis jeder Wissenschaft in ihrem Handeln – so aber auch seine Wissenschaft, die ἰατρικὴ τέχνη, eine entsprechende Hilfe zur Selbsterkenntnis der φιλοσοφία.

Anmerkungen. [1] HIPPOKRATES, Epid. 1, 11: ὁ ἰητρὸς ὑπηρέτης τῆς τέχνης. – [2] Vgl. bes. O. TEMKIN: Greek med. as sci. and craft. Isis 44 (1953) 213-225 = dtsch. Antike Med., hg. H. FLASHAR, in: Wege der Forsch. 221 (= AMF) (1971) 1-28. – [3] H. G. KNUTZEN: Technol. in den hippokrat. Schr. περὶ διαίτης ὀξέων, περὶ ἀγμῶν, περὶ ἄρθρων ἐμβολῆς, in: Akad. Wiss. Lit. Mainz, geistes- und sozialwiss. Kl. Nr. 14 (1963). – [4] a.O. 29. – [5] 71. – [6] 37f. – [7] Vgl. H. DILLER: Das Selbstverständnis der griech. Med. in der Zeit des Hippokrates. Ἑλληνικὴ ἀνθρωπιστικὴ ἑταιρεία II/24 (Athen 1973) 119f. – [8] ARISTOTELES, Met. I, 1, 981 a 5ff. 25ff. – [9] De sensu et sensibilibus 1, 436 a 19ff. – [10] HIPPOKRATES, Vict. 1, 2. – [11] PLATON, Phaidros 270 a; zu φύσις vgl. H. DILLER: Der griech. Naturbegriff. N. Jb.er Antike u. dtsch. Bildung 2 (1939) 241-257. – [12] Zur strittigen Interpretation vgl. R. JOLY: La question hippocratique et le témoignage du Phèdre. Rev. Et. grecques 74 (1961) 130ff. – [13] PLATON, a.O. [11] 270 c. – [14] 270 b/c. – [15] L. EDELSTEIN: Περὶ ἀέρων und die Slg. der Hippokrat. Schr. Problemata 4 (Berlin 1931) 130ff. – [16] PLATON, a.O. [11] 270 d 1. – [17] ARISTOPHANES, Wolken 228. 333. 1284. 1480. 1485. – [18] PLATON, Apol. 18 b. 23 d. – [19] HIPPOKRATES, Aer. c. 2. – [20] GALEN, Comm. in Hipp. De nat. hom. V, 9, 1, hg. J. MEWALDT, in: Corp. medicorum graecorum (= CMG) (1914) 4, 21ff. – [21] Anonymi Londinensi ex Arist. Iatricis Menoniis et aliis medicis eclogae, hg. H. DIELS (Berlin 1893) 33f. – [22] MELISSOS, VS I, 30 B 8. – [23] HIPPOKRATES, De nat. hom. c. 1. – [24] a.O. c. 20. – [25] Loc. Hom. c. 41. Oeuvres compl., hg. E. LITTRÉ 6, 330-332; vgl. L. EDELSTEIN: Empirie und Skepsis in der Lehre der griech. Empirikerschule. Quellen u. Stud. Gesch. Naturwiss. u. Med. 3/4 (1933) 49 = AMF 301; H. DILLER: Hippokrat. Med. und att. Philos. Hermes 80 (1952) 385-409, bes. 406 Anm. 1 = Kl. Schr. zur antiken Med. (1973) 67 Anm. 82. – [26] EDELSTEIN, a.O. [25] AMF 303. – [27] Vgl. J. M. LONIE: The Cnidian treatises of the CH. Class. Quart. 15 (1965) 1-30, bes. 3 = dtsch. AMF 87. – [28] Anon. Lond., a.O. [21] 36f. – [29] W. JAEGER: Diokles von Karystos. Die griech. Med. und die Schule des Arist. (1938). – [30] Vgl. F. KUDLIEN: Probleme um Diokles von Karystos. Sudhoffs Arch. Gesch. Med. 47 (1963) 456-464 = AMF 192-201. – [31] GALEN, Opera omnia, hg. C. G. KÜHN 6, 455. – [32] KUDLIEN, a.O. AMF 197f.; vgl. JAEGER, a.O. [29] 25-30. 37-45. – [33] AMF 200. – [34] Vgl. Herophilos und der Beginn der med. Skepsis. Gesnerus 21 (1964) 1-13 = AMF 280-295. – [35] Art. ‹Eristratos›, in: Der kl. Pauly, hg. K. ZIEGLER / W. SONTHEIMER 2 (1967) 343. – [36] Zur Bedeutung von ἀγωγή vgl. K. DEICHGRÄBER: Die griech. Empirikerschule ([1]1930, [2]1965) 253ff. – [37] Vgl. EDELSTEIN, a.O. [25] AMF 300 in Auseinandersetzung mit DEICHGRÄBER, a.O. 279ff. – [38] GALEN, Subfig. emp. griech. bei DEICHGRÄBER, a.O. [36] 76ff. – [39] GALEN, On medical experience, aus dem Arab. übers. R. WALZER (London 1944). – [40] a.O. [31] 8, 708. 720. = DEICHGRÄBER, a.O. [36] 135, 1f.; 174, 3f. – [41] a.O. [38] 83, 22f. – [42] NAUSIPHANES, VS 75 B 1-4. – [43] DEICHGRÄBER, a.O. [36] 323ff. – [44] POLYBIOS IX, 14, 1. – [45] DEICHGRÄBER, a.O. [36] 269. – [46] CELSUS, Prohoem., hg. MARX, in: CMG 1 (1915) 54. – [47] GALEN, Scripta minora, hg. J. MARQUARDT / I. MÜLLER / G. HELMREICH 1-3 (Leipzig 1884-1903) 3, 9, 9ff.; vgl. L. EDELSTEIN: Art. ‹Methodiker›, in: RE Suppl.-Bd. 6 (1935) 358-373. – [48] GALEN, a.O. [47] 3, 13, 3f. – [49] CELSUS, a.O. [46] 55. – [50] a.O. § 13ff. – [51] § 27ff. – [52] § 54. – [53] § 74. – [54] Med. 8, 8, 4. – [55] Prohoem. 7, 3; 8, 1A. – [56] a.O. 7. – [57] 28. – [58] Vgl. J. ILBERG: A. Cornelius Celsus und die Med. in Rom, in: N. Jb.er klass. Altertum, Gesch. u. dtsch. Lit. 19 (1907) 402 = AMF 348; vgl. K. DEICHGRÄBER: Professio medici. Zum Vorwort des Scribonius Largus, in: Abh. Akad. Wiss. Lit. Mainz, geistes- und soz.wiss. Kl. Nr. 9 (1950). – [59] F. KUDLIEN: Poseidonios und die Ärzteschule der Pneumatiker. Hermes 90 (1962) 419-429; vgl. Art. ‹Pneumat. Ärzte›, in: RE Suppl.-Bd. 9 (1968) 1097-1108; als frühere Darst. vgl. M. WELLMANN: Die Pneumat. Schule. Philol. Untersuch. 14 (1895). – [60] KUDLIEN, RE-Art. a.O. sowie Untersuch. zu Aretaios von Kappadokien, in: Abh. Akad. Wiss. Lit. Mainz, geistes- und soz.wiss. Kl. Nr. 11 (1963) 1165: Vermutung, daß Aretaios Zeitgenosse von Neros Leibarzt Andromachos war. – [61] RE-Art. a.O. [59] 1101. 1103-1105; zu δύναμις vgl. G. PLAMBÖCK: Dynamis in CH, in: Abh. Akad. Wiss. Lit. Mainz, geistes- u. soz.wiss. Kl. 2 (1964) 59-110. – [62] KUDLIEN, Aretaios a.O. [60] 1177. – [63] Vgl. dazu G. SARTON: Galen of Pergamon (Lawrence, Kan. 1954); R. E. SIEGEL: Galen's system of physiol. and med. (Basel/New York 1968). – [64] GALEN, Med. Philos. Scripta min. a.O. [47] 3, 1, 32. – [65] Vgl. TEMKIN, a.O. [2] AMF 26f. Anm. 87f. – [66] GALEN, Sect. inter. Scripta min. a.O. [47] 3, 1, 32. – [67] De plac. Hipp. et Plat. IX, 1. Opera omnia a.O. [31] 5, 720ff. – [68] a.O. 5, 644. 647. – [69] 5, 441; für das Grundsätzliche vgl. Scripta min. a.O. [47] 2, 32, 40. – [70] De plac. a.O. [67] 5, 676. – [71] Comm. in Hipp. Nat. Hom. a.O. [9] 27, 20ff. – [72] O. TEMKIN: Gesch. des Hippokratismus im ausgehenden Altertum. Kyklos 4 (1932) 1-80, bes. 28 = AMF 434; Byzantine med.: tradition and empiricism. Dumbarton Oaks Papers 16 (1962) 97-115 = AMF 435-468.

Literaturhinweise. – *Quellen:* Die Frg. der Vorsokratiker, hg. H. DIELS / W. KRANZ 1-3 ([7]1954). – Oeuvres compl. d'HIPPOCRATE, hg. E. LITTRÉ 1-10 (Paris 1839-1861). – C. GALENI Opera omnia, hg. C. G. KÜHN 1-20 (Leipzig 1821-1833); Scripta minora, hg. J. MARQUARDT / I. MÜLLER / G. HELMREICH 1-3 (Leipzig 1884-1903). – *Studien:* Antike Med., hg. H. FLASHAR (1971) mit 15 Stud. und Bibliogr. = Wege der Forsch. 221; darin u.a. L. EDELSTEIN s. Anm. [25]; J. ILBERG s. Anm. [58]; F. KUDLIEN s. Anm. [30. 34]; J. M. LONIE s. Anm. [27]; O. TEMKIN s. Anm. [2. 72].

H. DILLER

II. *Mittelalter und Renaissance.* – Die mittelalterliche M. wird, vor allem in den ersten Jh., nicht durch eine organisierte Ärzteschaft repräsentiert; sie beruft sich auch nirgends auf autonome wissenschaftstheoretische Voraussetzungen. Eine fundamentale Gliederung der M. unter medizinphilosophischen Kriterien verdanken wir der scholastischen Einführungsschrift ‹Isagoge Johannitii› [1]. Sie teilt die M. in die beiden Hauptgebiete Theorie und Praxis ein. Das Gleichgewicht, das zwischen ihnen herrscht, wurde von der arabischen Naturphilosophie des 8. bis 10. Jh. konsequent durchmeditiert und seit dem 12. Jh. in die «Theorica-practica»-Formel gefaßt. Das naturphilosophische Konzept der Formel orientiert sich am ‹Corpus Aristotelicum›, wie es um 500 in Ansätzen durch BOETHIUS rezipiert und um 1200 geschlossen durch die Schule von Toledo assimiliert wurde. Die empirischen Materialien verdankt sie dem ‹Corpus Hippocraticum›, das durch GALEN systematisiert und von AVICENNA kanonisiert worden war. Diese grundlegende Wissenschaftssystematik ist der mittelalterlichen Medizin schon frühzeitig bewußt gewesen, wie aus der Formulierung des arabischen Arztes RHAZES hervorgeht: «Wenn Galen und Aristoteles einer Meinung sind, so ist dies zuversichtlich die Wahrheit, divergieren sie aber, so ist die Wahrheit nur schwer zu finden.»

Wir gliedern die M.-Philosophie nach ihren theoretischen wie praktischen Aspekten in drei paradigmatische Abschnitte, die in etwa dem Periodenschema Frühscholastik, Hochscholastik und spätes Mittelalter entsprechen. Der Heilkunst im System der Artes liberales folgt der Aufbau medizinischer Fakultäten im Studium generale, während die ‹Säulen der M.› in der Heilkunde des Paracelsus bereits einer neuartigen naturphilosophischen Strömung Rechnung tragen.

1. *Die M. im System der Artes liberales.* – Die M. erfährt im frühen Mittelalter (6.–12. Jh.) ihre Prägung und Pflege aus dem Geist der ‹Regula Benedicti›. Ihre Repräsentanten sind die Gelehrten der Orden, ihre Bildungsstätten liegen in Süditalien, im Frankenreich, in Spanien, wobei sich auch die praktische M. durchweg auf monastische Knotenpunkte konzentriert. Insofern ist es berechtigt, von einer Epoche der Mönchs-M. oder vom Zeitalter der Klosterärzte zu sprechen [2]. Einem wissenschaftlichen System zugeordnet wird die M. erstmals bei ISIDOR VON SEVILLA. In seinen ‹Etymologien› [3] gliedert sich die Medizin in zwei Gebiete: in den Gesundheitsschutz (tuitio corporis) und die Krankenheilung (restauratio salutis). Deren Gegenstände sind innere Krankheiten (morbi) und äußere Verletzungen (vulnera). Ihren Namen erhält die M. «a modo», wobei die temperierte Moderatio bei jeder Art von Eingriff maßgeblich wird. Der Arzt wird zum fachkundigen Moderator in der Lebensführung wie auch bei der Krankenheilung. Gesundheit wird definiert als «integritas corporis»: Sie manifestiert sich, als ein labiler Habitus, in der «temperantia naturae», dem natürlichen Gleichgewicht der Qualitäten (warm, feucht, trocken, kalt). Der Zustand der «sanitas» dokumentiert sich im «status sanguinis», in der wohlausgeglichenen Verfassung des Lebenssaftes; Krankheiten sind akute oder chronische Gleichgewichtsstörungen im Säftesystem. Die Disziplinen der M. werden repräsentiert von der Pharmacia (medicamina), der Chirurgie (operatio manuum) und der Diaeta (regula sive observatio legis et vitae). Der Arzt bedient sich zu seiner Kunst der Anamnestik (praeterita agnoscere), der Diagnostik (praesentia scire) und der Prognostik (futura praevidere). Von einem Arzte wird selbstverständlich erwartet, daß er in sämtlichen freien Künsten (disciplinae liberales) zu Hause ist, in der Grammatik, Rhetorik und Dialektik ebenso wie in Arithmetik und Geometrie, in der Musik und Astronomie. Die aufgeworfene Debatte, warum die M. keine eigene Kunst sei, wird dahingehend beantwortet, daß sie keine besondere Disziplin im System der Artes liberales zu sein habe, weil sie vom Ganzen beansprucht wird; sie trägt daher mit Recht den Namen einer zweiten Philosophie (secunda philosophia). Für MARTIANUS CAPELLA galt die M. aus rein formalen Gründen nicht als eigene Disziplin. Versuche im 8. und 9. Jh., sie als «ars octava» zu etablieren, fanden keinen Niederschlag. Immerhin kann HONORIUS AUGUSTODUNENSIS noch auf der Pilgerfahrt durch die zehn Artes-Städte in der achten Stadt Hippokrates residieren lassen [4]. Als therapeutische Disziplin wird vor allem die Musik herausgestellt. Sie ist ein Element der physiologischen Harmonisierung (musica humana) wie auch das Moment der kosmischen Entsprechung (musica mundana). Ihrem Wesen nach war die M. somit Proportionskunde in der harmonikalen Symbolik von Makrokosmos und Mikrokosmos, eine großartige Harmonik, die erst im späten Mittelalter und in der Renaissance zu den Absurditäten einer Astrologia medica entartet ist.

Diese Schematik läßt sich durchweg nachweisen bei CASSIODOR, sie wird modifiziert von HRABANUS MAURUS und BEDA VENERABILIS. Erst im 12. Jh. sehen wir die M. ins System der Artes mechanicae abgleiten. Die enzyklopädischen Leitmuster der Artes werden zunehmend verwässert und aufgesplittert; sie verlagern sich auf eine Propädeutik oder die niederen Artes mechanicae. In der Wissenschaftstheorie des HUGO VON ST. VIKTOR wird bereits neben der Logik auch die Mechanik aus den großen Wissenschaftsbereichen der Theorica und Practica ausgelagert; unter den sieben mechanischen Künsten rangiert die M. an sechster Stelle und erhält einen wenig reputierlichen Platz zwischen der Jagdkunst und dem Theaterspielen! [5]

Aus den naturphilosophischen Voraussetzungen entwickelt sich im 12. Jh. das scholastische Grundmuster einer Heilkultur, in der die heiltechnischen Maßnahmen eine untergeordnete Rolle spielen. Was dominiert, ist ein positiver Gesundheitsbegriff (creatio continua, constitutio), der sich nicht nur deutlich abgrenzt von der Krankheit (destitutio, deformatio), sondern auch eine eigene Kategorie des habituellen Zwischenfeldes strukturiert («neutralitas» als Grenzgebiet zwischen Gesundheit und Krankheit). Für die frühscholastischen Magister wäre eine ontologische Krankheitslehre undenkbar gewesen; Krankheit ist ein «status deficiens», eine Deformation und Dysfunktion, eine Destitution und Dyskrasie, die von ihrem «modus deficiens» her gewertet wird. Krankheit hat kein Sein. Es gibt keinen eigentlichen Krankheitsprozeß, sondern immer nur ein Unterbleiben oder Unterlassen, ein Fehlgreifen und Ermangeln. Als Prozeß kann demgegenüber nur jenes Gesundsein angesehen werden, das als eine permanente Zeugung verstanden wird, als eine aktiv zu leistende Ordnungsstruktur.

Eine Theorie von Gesundheit, Krankheit und Heilung vermittelt besonders eindrucksvoll die Heilkunde der heiligen HILDEGARD VON BINGEN (1098–1179). Neben ihren theologischen, kosmologischen und ethischen Visionsschriften bezeugen die beiden Naturschriften ‹Physica› und ‹Causae et Curae› Hildegards Weltbild [6]. Diese «Heilkunde» ist nicht nur eingebaut in eine großzügig durchgegliederte «Weltenkunde» (Liber Divinorum Operum), sondern auch eingebettet in eine anthropologisch durchstimmte «Glaubenskunde» (Scivias). Der Aufbau des Kosmos greift über die leibhaftige Struktur des Menschen in den Ablauf der Heilsgeschichte ein. Die

Inkarnationslehre wird dementsprechend konkret «de capite ad pedem» exemplifiziert. Im fleischgewordenen Wort kommt die Welt am Menschen zu ihrer geistigen Frucht (opus verbi viriditas).

Hildegards ‹Liber compositae medicinae› (nach dem Codex 90 b zu Kopenhagen ‹Causae et curae› genannt) bezieht seine Quellen aus der Bibel, der Patristik und den Enzyklopädisten, aus weiten Bereichen der Volkskunde und der Kloster-M., berücksichtigt jedoch nirgendwo die Literatur der frühreziperten arabischen M. [7]. Hildegards Welt- und Menschenbild ist weder aus stoischer Elementenlehre oder neuplatonischer Kosmologie noch aus der galenischen Temperamentenlehre zu erklären. Mit Methoden der hochmittelalterlichen Symbolistik wird vielmehr eine in sich geschlossene Philosophie des Leibes vorgestellt, wobei der Mensch als «opus Dei», als «opus cum creatura» sowie als «opus alterum per alterum» die Schlüsselbegriffe der Physiologie, der Pathologie und der Therapeutik verkörpert [8]. Unter dem Leitbegriff der constitutio repräsentiert der Mensch in seiner Leiblichkeit Natur wie Geschichte: Er ist das Bild der Welt. Die gegenwärtige Verfassung der «destitutio» zeigt des Menschen Fall und damit die Schwächung seiner Lebenskraft (viriditas); der Mensch wird hinfällig und führt eine Existenz in Angst und Sorge. Die Möglichkeiten des gefallenen Menschen zur Restauration und Rehabilitierung werden unter dem Begriff der «restitutio» aufgezeigt. Als Ganzes wird der Mensch in seiner Leiblichkeit auferstehen.

Damit ist auch für die kommenden Jh. das heuristische Modell vorgegeben: Die Physiologie bildet die Lehre vom Gesunden; sie wird ausgebaut zu einer Gesundheitslehre und Lebensordnung (regimen sanitatis). Die Pathologie gilt als die Lehre von den Krankheiten, aber auch als eine Theorie vom Kranksein, vom Verfall und der Korruption. Die Therapeutik als die Lehre vom Heilen gliedert sich pragmatisch in die drei klassischen Hilfsdisziplinen Diaeta, Pharmaceutica, Chirurgia [9].

Mit dem Ende des 12. Jh. hat sich auch in der M. das Bildungspanorama der «Artes» erschöpft, um den Ordnungsprinzipien der aristotelischen Wissenschaftstheorie arabischer Provenienz Raum zu geben. Die enzyklopädisch orientierte Kloster-M. wird abgelöst durch das straffere Schema der «Naturalia», die mehr und mehr auch der «Physica» in Theorie wie Praxis die Bildungsstoffe liefern. Die «Artes» werden im Unterrichtsprogramm auch der M. auf eine mehr propädeutische Funktion reduziert.

2. *Die medizinische Fakultät im Studium generale.* – Daß die empirische M. der Klosterärzte zu einer «facultas» im «Studium generale» werden konnte und somit aus einer primitiven Volksarzneikunde zu akademischem Rang und wissenschaftlicher Würde kam, das verdankt sie in erster Linie der Rezeption und Assimilation der griechisch-arabischen M., die innerhalb einer Generation nicht nur den systematischen Abbau der traditionellen Artes liberales herbeiführte, sondern auch der europäischen M. insgesamt ihre Position an den jungen Universitäten sichern konnte [10]. Damit erhielt auch die M. erstmalig in der abendländischen Wissenschaftsgeschichte als Einzeldisziplin ihren Ort im Rahmen einer allgemeinen Wissenschaftssystematik.

Im Zuge der frühen Rezeption des griechisch-arabischen Wissenschaftsgutes entwickelte sich die Schule von Salerno im Verlaufe des 12. Jh. zu einer «Civitas Hippocratica», zu einer höchst lebendigen scholastischen Gelehrtenrepublik, die durchaus als frühes Modell einer sich korporierenden Universität angesehen werden kann [11]. Träger und Promotor dieser frühen Rezeptionsbewegung ist Constantinus Africanus, ein nordafrikanischer Drogenhändler, der als Laienbruder im Kloster Monte Cassino erstmalig arabische Texte übersetzte und diese der M.-Schule von Salerno zur Verfügung stellte [12]. Wie Galen geht auch Constantinus Africanus in seinem ‹Liber pantegni›, das auf eine arabische Fassung des ʿAlī ibn al-ʿAbbās zurückgeht, vom enzyklopädischen Charakter der M. aus: Sie setzt sich auseinander mit der Logik, der Physik, der Ethik, um sich dann als eigenständige Disziplin pragmatisch abzugrenzen. Ihre Gegenstände sind die Naturkunde (res naturales) wie auch eine spezifische Verhaltenslehre (moralia). Motive dieser Heilkunst sind der Wille und das Verlangen nach optimaler Lebensführung, aber auch die Freude und Lust am Heilen und Ganzen [13]. Mit dem ‹Corpus Constantinum› werden auch die Kloster- und Kathedralschulen einem höchst produktiven Assimilationsprozeß ausgesetzt, wie sich nicht nur an der M.-Schule von Salerno, sondern auch an den Schulen von Chartres, Montpellier oder Oxford nachweisen läßt. Als geschlossene ‹Ars medicinae› findet der neue Bildungsstoff Eingang in den medizinischen Unterricht, meist in einer Form, die später den Namen ‹Articella› trug, in die dann im Verlaufe des 12. und 13. Jh. weitere Schulschriften, vor allem aus dem ‹Canon Avicennae›, Aufnahme fanden [14].

In der neuen Klassifikation der Wissenschaften nach Avicenna rangieren die «Naturalia» als eine «Collectio secunda» gleichrangig neben den «Logica», «Mathematica» und «Metaphysica». Als «scientia physica sive naturalis» ist die Medizin ihrer Theorie nach «scientia conservandi sanitatem et curandi infirmitatem». Ihr «genus» ist die Physiologie als Wissen vom gesunden Menschen; ihre «materia» sind Pathologie und Therapie. Als besondere «species» werden die drei körperlichen Dispositionen herausgestellt: «sanitas, aegritudo, neutralitas». Als praktische Disziplin gliedert sich die M. in Diätetik (regula sive observatio vitae), in Pharmazeutik (medicamentum) und Chirurgie (manus operatio). Damit ist das klassische Konzept der arabischen Medizin nach griechischen Vorbildern voll und ganz übernommen. Es zeigt eindeutig, daß die mittelalterliche M. zu großen Teilen nur als Begriffsgeschichte verstanden werden kann. Diese begriffsgeschichtliche Struktur hat ihren Niederschlag gefunden in zahlreichen handschriftlichen Gliederungen der M. mit dem Titel ‹Arbor divisionis medicinae› oder ‹Tabulae introductoriae in medicinam›. Ihrer «Theorica» nach umfaßt die Medizin die «naturalia» (elementa, humores, membra, virtutes, spiritus, temperamenta), die «praeternaturalia» (morbus, causa, signum) und die «nonnaturalia». Als «Practica» gliedert sie sich in die Chirurgie als «ultima ratio», in die Pharmazie (materia medica) und in die Diätetik, die unter dem Topos der «sex res non naturales» (Aer, Cibus et potus, Motus et quies, Somnus et vigilia, Excreta et secreta, Affectus animi) vor allem im Zwischenfeld der «neutralitas» ihre Anwendung gefunden hat [15].

In mehreren Rezeptionswellen bricht sich das medizinische Bildungsgut griechisch-arabischer Provenienz Bahn und wird zu einem prägenden Faktor des Studium generale. Der 'neue Aristoteles' kann dabei auch für die M. als ein vorbildliches Element angesehen werden, das über die Übersetzerschule von Toledo die hochscholastische Assimilationsbewegung in Gang gesetzt hat. Erst im 13. Jh. ist es zu einem einschneidenden Wandel des Naturbegriffs gekommen, ohne daß die schematische

Durchgliederung der M. eine Änderung erfahren hat. In Konkurrenz stehen jetzt der heilsgeschichtliche Naturbegriff bei Augustinus, kosmisch-mythische Naturbegriffe aus dem Neuplatonismus sowie der Naturbegriff des arabisierten Aristoteles, der immer stärker nominalistisch verfremdet wird.

Eine letzte geschlossene medizinphilosophische Konzeption des lateinischen Mittelalters tritt uns in dem Entwurf zu einer medizinischen Anthropologie bei PETRUS HISPANUS vor Augen. Petrus Hispanus (ca. 1210–1277), später Papst Johannes XXI., war zwischen 1250 und 1260 «doctor in phisica» zu Siena. Innerhalb der Naturordnung (ordo naturalis) und im Rahmen eines geschlossenen Elementargefüges (nexus elementorum) stellt der Mensch das exemplarische Lebewesen dar (perfectius exemplar; animal nobilissimum). Zwischen Mensch und Umwelt besteht eine lebendige Kommunikation (collatio viventium ad invicem). Von Natur aus ist der Mensch das pathische Mängelwesen (mollis coagulatio, coagulatio levis, debilis coagulatio, das prinzipiell eines therapeutischen Eingriffs bedarf [16]. In seinen ‹Opera Medica› stellt Petrus das Gefüge der menschlichen Leiblichkeit (compositio in corporibus) vor [17]. Als Leitlinien dienen auch hier die Physiologie (integritas perfecta), eine Pathologie (status corruptionis) mit einer systematisch durchgegliederten «Defectus»-Lehre (privatio rei) sowie jene traditionelle Therapie, die sich wiederum in eine «Ars conservanda» und in die «Scientia medicinalis» differenziert. Naturphilosophie und Kosmologie sind strukturiert von der scholastischen Lichtmetaphysik, wobei sich Petrus sowohl des aristotelischen ‹Organon› wie auch der arabistischen ‹Naturalia› bedient. Die Therapeutik wird bereichert mit griechisch-arabischen Materialien, wobei die ‹Materia Medica› im ‹Thesaurus Pauperum› eine eigenständige, volkstümliche Überlieferung in Gang setzt [18].

Unter den formalen Kriterien der aristotelischen Enzyklopädie und den reichen empirischen Materialien aus dem arabischen Heilschatz hat die scholastische M. am Ende des 12. Jh. ihren festen Platz im Katalog der Wissenschaften erhalten und die Position einer «facultas» innerhalb der universitären Korporationen eingenommen [19]. Die Fachgebiete der Heilkunst sind vorgegeben durch ihr Objekt. Formalkriterium für ihre Wissenschaftlichkeit ist das Kausalgesetz, Materialkriterien sind Identität und Widerspruch. Ein eigenständiger Reifungsprozeß ist damit zum Abschluß gekommen, aber auch ein kritischer Punkt akzentuiert, der es der scholastischen M. verwehrte, ungebrochen in die moderne Naturphilosophie integriert zu werden.

Neben dieser scholastischen Statik in der Gliederung der M. können die dynamischen Grundzüge eines Gesundheitswesens in Bewegung nur angedeutet werden; sie sind aus ihrer soziokulturellen Matrix und im Kontext einer kontinuierlichen M.-Philosophie bisher kaum nach den Quellen untersucht worden. Hierzu wäre in erster Linie die Entwicklung des Krankenhauses zu rechnen, das sich von einem «asylum pauperum» über das spätmittelalterliche ‹Hôtel-Dieu› zu groß angelegten Krankenanstalten entfalten konnte [20]. Zu berücksichtigen wäre weiterhin die Konzeption der öffentlichen Gesundheitsdienste, wie sie aus dem «Regimen sanitatis» über die neuzeitlichen Muster der Ökonomik zur aufgeklärten Staatsarzneikunde entwickelt wurden [21]. Mit allem verbunden blieb schließlich die systematische Disziplinierung der M. zu einem akademischen Fach innerhalb der Universitäten des 13.–18. Jh. [22].

3. *Die Säulen der M. in der Heilkunde des Paracelsus.* – Am Ausgang des Mittelalters repräsentiert Theophrastus von Hohenheim (1493–1541), der sich später PARACELSUS nannte, noch einmal das medizinphilosophisch durchgegliederte System einer geschlossenen Heilkunde. Hierbei vertritt er weder eine M. der Traditionen noch eine Heilkunde modernistischer Prägung noch einen empirischen Eklektizismus zwischen den Fakultäten. Seine M. basiert vielmehr auf einem klaren und eindeutigen Entwurf, auf einer Theorie der M., die sich auf jene Philosophie gründet, die aus dem Licht der Natur ihren Kosmos Anthropos baut und damit die unverkürzte Architektonik des Endokosmos Mensch gliedert. Am Leitfaden des Leibes gelangt Paracelsus im Labyrinth der stofflichen Differenzierungen zur Erkenntnis des Organismus als eines zweiten Kosmos, eines Unendlichen an Komplexifikation, eines wahren Mesokosmos, den Paracelsus nach der Tradition ‹Mikrokosmus› nannte und der in seiner Geschlossenheit noch einmal die medizinphilosophischen Implikationen einer mittelalterlichen Heilkunst vor Augen stellt [23].

In Übereinstimmung mit der scholastischen Überlieferung beruft sich auch Paracelsus auf das Gleichgewicht von «Theorica» und «Practica». Als Theorie stützt sich die Heilkunst auf vier Säulen: die Philosophie, die Astronomie, die Alchimie und die Virtus. In der Praxis erhält der Arzt die Aufgabe, die Not zu wenden, wobei sich sein Tun als konkrete Philosophie versteht. Mit seinen anthropologischen Voraussetzungen gilt der Arzt als der gebildete Fachmann für den Menschen an sich, der nun auch den anderen Fakultäten den Eckstein legen will. Erst nach ihm kommt der Theologe, der um den Leib wissen soll; danach erst der Jurist, der diese edle Kreatur nicht zu verurteilen hat. Endlich folgt der praktische Arzt, der das göttliche Bildnis im Menschen bedenken möge, um damit seine Bildung zum Heil einzuleiten.

An die Stelle der verblaßten Artes liberales stellt Paracelsus seine Theorie der M. auf jenen «Fuß der Arznei», ohne den ein Arzt nicht eingreifen darf. «Das macht die theorica medica, die in vier Säulen stehet: Philosophia, Astronomia, Alchimia und Physica» [24]. Erst wenn man diese Wissensbereiche erfahren hat, steht man in der Wahrheit der Arznei. Philosophie ist hier weder als Naturwissenschaft noch als Theosophie zu verstehen, sondern eher als eine umfassende Natur- und Menschenkunde. Auch Astronomie bedeutet weder Himmelskunde noch astrologische Determinierung; sie bildet die Zeitkunde vom Werden und Verfall aller organischen Strukturen. Alchimie hat weder etwas mit Goldmacherei zu tun, noch kann sie als Vorwegnahme einer Chemiatrie oder gar Pharmakologie interpretiert werden; sie ist die Kunde vom Stoffprozeß. Physica endlich will als die Heilkunst verstanden werden, die sich der «Tugend» (virtus) des Arztes bedient. «Also muß der Arzt vollkommen stehen auf den erwähnten vier Säulen, also ist die Ordnung in die Arznei zu gehen» [25]. Wer nicht diesen Weg nimmt, der geht nicht durch die Tür in die Arznei, steigt vielmehr übers Dach und wird folglich ein Dieb und Mörder. «Also geht das Tor in die Arznei, also ist der Weg in sie, also muß sie gelernet werden. Und was außerhalb dem ist, dasselbig ist erdacht' Ding, Phantasei, ohn' Grund. Darum so bewegts der Wind hin und her wie das Rohr, das ist, sie können keinen beständigen Grund finden, der gewiß sei» [26].

Während unter dem Leitbild der Philosophie die große Welt als ein Modell für die kleine aufgezeigt wird, versucht das Schlüsselwort der Astronomie diese Naturordnung ihrer historischen Struktur nach zu interpretieren. Erst mit dieser anthropologisch zu verstehenden Zeitstruktur wird dem Arzt der «modus medicandi et practicandi» zu verstehen gegeben. Somit bildet das «Gestirn» erst den Menschen in seiner konkreten Leiblichkeit aus, um aus dem animalischen Substrat eine humane Existenz zu machen. Mit der Zeitstruktur wird ferner auch der gesetzte Termin verstanden und die fundamentale Zerbrechung in den Dingen erklärt, die mögliche Umkehrung und Veränderung aller Naturkräfte, jene Austilgung und Unterdrückung der ursprünglichen Natur, die das Pathische der menschlichen Existenz verständlicher macht und die Faktizität des Todes markiert.

Da die Welt der Naturstoffe nicht bis zu ihrem Ende bereitet, sondern noch in den Schlacken verborgen ist, stellt sich der «Kunst Vulcani» die Aufgabe, das Unnütze vom Nützlichen zu tun, um die Welt in ihre «ultima materia» und damit in ihr Wesen zu bringen. Eine solche Welt der bereiteten Stoffe erst wäre die wahre, die reichere Welt, eine Welt der Kultur mit Hilfe jener Technik, für die Paracelsus sein Schlüsselbild vom «Vulcanus» setzt. Die Natur selbst bringt nichts an den Tag, das schon vollendet wäre: «Der Mensch muß es vollenden. Diese Vollendung heißet Alchimia» [27]. Mit den vier Säulen der Heilkunde eng verbunden sind die fünf Entien als anthropologische Kategorientafeln, ferner die Drei-Prinzipien-Lehren von Sal, Sulphur und Mercurius, die eine neue Optik der pathogenetischen Strukturen und Prozesse ermöglicht haben.

Zusammenfassend läßt sich feststellen, daß man bei Paracelsus eine eindeutige Absage an das Bildungssystem der Artes liberales finden kann, eine Absage aber auch an die klassische Elemententheorie und Qualitätenlehre ebenso wie an die naturphilosophischen Voraussetzungen des kanonischen Lehrgutes. Sein Versuch indes, der M. in der Wissenschaftssystematik des Studium generale einen neuen theoretischen Standort zu sichern, muß als gescheitert angesehen werden. Die Medizin konnte nicht zum Eckstein der Universität werden.

Mit dem 15. Jh. schrumpft unter dem nominalistischen Übergewicht das klassische Gleichgewicht von «Theorica-Practica» auf eine pragmatisch-technische Konzeption der Heilkunst zusammen. Seit dem 16. Jh. setzen für die abendländische Heilkunst folgenschwere Innovationen ein, die in den Entdeckungen des A. Vesalius (1543) oder W. Harvey (1628) ihren Ausdruck gefunden haben. Gleichwohl konnte sich im Schulsystem das klassische Schema der scholastischen Heilkunde bis weit ins 17. und 18. Jh. behaupten.

Der kurze Überblick zeigt, wie sich die M.-Philosophie des Mittelalters (500–1500) ebensosehr archaischer Denkmethoden wie auch spätantiker Wissensstoffe zu einer durchaus pragmatisch orientierten Praxis bedient, die sich getragen weiß vom Gleichgewicht von «Theorica» und «Practica». Bei aller Eigenständigkeit der einzelnen Epochen, der schulischen Zentren und ihrer repräsentativen Vertreter kann diese mittelalterliche Heilkunst kaum als eine autonome Einheit beurteilt werden. Sie ist nur zu verstehen im naturphilosophischen Kontext, wobei ihre Quellengeschichte weitgehend unbeachtet blieb, ihre Wirkungsgeschichte noch keineswegs erhellt wurde.

Anmerkungen. [1] Isagoge Johannitii, in: Articella (Venedig 1507) mit dem Incipit: «Medicina dividitur in duas partes, id est in theoricam et practicam.» – [2] H. Schipperges: Die Benediktiner in der M. des frühen MA (1964). – [3] Isidor von Sevilla, De medicina, in: Etymologiarum libri XX (Oxford 1911). – [4] H. Schipperges: Honorius und die Naturkunde des 12. Jh. Sudhoffs Arch. Gesch. Med. 42 (1958) 71–82. – [5] Hugo von St. Viktor, Didascalicon. MPL 176, 739-809. – [6] H. Schipperges: Welt und Mensch bei Hildegard von Bingen. Jb. Psychol., Psychother., med. Anthropol. 14 (1966) 293-308. – [7] Krankheitsursache, Krankheitswesen und Heilung in der Kloster-M., dargestellt am Weltbild Hildegards von Bingen (med. Diss. Bonn 1951). – [8] Das Menschenbild Hildegards von Bingen. Die anthropol. Bedeutung von ‹Opus› in ihrem Weltbild (1962). – [9] Therapeutik im Wandel. Ther. der Gegenwart 112 (1973) 168-182. – [10] Einflüsse arab. Wiss. auf die Entstehung der Universität. Nova Acta Leopoldina NF 167, 27 (1963) 201-212. – [11] K. Sudhoff: Konstantin der Afrikaner und die M.-Schule von Salerno. Arch. Gesch. Med. 23 (1930) 293-298. – [12] H. Schipperges: Constantinus Africanus, in: Die Grossen der Weltgesch., hg. K. Fassmann (1973) 3, 246-255. – [13] G. Baader: Zur Terminol. des Constantinus Africanus. Med.-hist. J. 2 (1967) 36-53. – [14] Articella a.O. [1]. – [15] W. Schmitt: Theorie der Gesundheit und «Regimen sanitatis» im MA (med. Habil.schr. Heidelberg 1973). – [16] H. Schipperges: Grundzüge einer scholast. Anthropol. bei Petrus Hispanus. Portugies. Forsch. 7 (1967) 1-51. – [17] Petrus Hispanus, Opera med. Cod. Matrit. 1877; vgl. [18]. – [18] J. Telle: Petrus Hispanus in der altdtsch. M.-Lit. Untersuch. und Texte unter bes. Berücksicht. des ‹Thesaurus pauperum› (phil. Diss. Heidelberg 1972). – [19] E. Seidler: Die Heilkunde des ausgehenden MA in Paris (1967) 79-124. – [20] D. Jetter: Los hospitales en la edad media, in: Hist. univ. de la M., hg. P. Laín Entralgo (1972) 3, 263-295. – [21] M. Stürzbecher: Zur Gesch. des öff. Gesundheitswesens in Deutschland. Öff. Gesundheitswesen, hg. J. Daniels u.a. 1/A (1966) 1-45. – [22] Th. Puschmann: Gesch. des medizinischen Unterrichts von den ältesten Zeiten bis zur Gegenwart (1889). – [23] Paracelsus, Sämtl. Werke I: Med., naturwiss. und philos. Schr., hg. K. Sudhoff 1-14 (1922-1933). – [24] a.O. 4, 497. – [25] 8, 60. – [26] 10, 265. – [27] 8, 181.

Literaturhinweise. – *Quellen:* Articella (Venedig 1507). – Isidori Hispalensis Episcopi etymologiarum sive originum libri XX, hg. W. M. Lindsay 1-2 (Oxford 1911). – Hildegardis Causae et curae, hg. P. Kaiser (Leipzig 1903); Heilkunde (Causae et curae), hg. H. Schipperges (1957); Welt und Mensch (De operatione Dei), hg. H. Schipperges (1965); Der Mensch in der Verantwortung (Liber vitae meritorum), hg. H. Schipperges (1972). – Petrus Hispanus: Obras filos. 1-3, hg. M. Alonso (Madrid 1941-1952). – S. de Renzi: Collectio Salernitana 1-5 (Neapel 1852-1859). – *Studien:* M. Neuburger: Gesch. der M. 2 (1911). – K. Sudhoff: Kurzes Hb. der Gesch. der M. (1922). – L. Thorndike: A hist. of magic and exp. sci. 1-7 (New York 1923-1958). – H. Schipperges: Die Assimilation der arab. M. durch das lat. MA (1964). – E. Seidler: Die Heilk. des ausgehenden MA in Paris. Stud. zur Struktur des spätscholast. M. (1967). – H. Schipperges: La medicina en el medioevo arabe, in: Hist. univ. de la M., hg. P. Laín Entralgo (1972) 3, 59-117; La M. en la edad media latina a.O. 3, 181-241. 256-261. – G. Zimmermann: Ordensleben und Lebensstandard. Die Cura corporis in den Ordensvorschr. des abendländ. Hoch-MA (1973). – H. Schipperges: Arab. M. im lat. MA (1976).
H. Schipperges

III. *Frühe Neuzeit.* – 1. In der frühen Neuzeit (16.–18. Jh.) kommt der Terminus ‹Medizinphilosophie› (Mph.) als Begriff und Gegenstand einer ihr Verhältnis zur Philosophie reflektierenden Medizin (M.) nicht vor. Der Sache nach ist Mph. identisch mit der M. dieses Zeitraums, soweit sie nicht handwerklich tradierte und geübte Praxis, sondern theoretische Wissenschaft ist. Eine von der Fachwissenschaft M. verschiedene Philosophie der M. oder eine medizinische Philosophie existiert nicht. (Diese sind erst Produkte des 19. Jh.)

Der Terminus ‹Philosophia› zur Kennzeichnung des wahren Genus der M. begegnet in der medizinischen Literatur selten. Seit die wissenschaftliche M. im ‹Corpus Hippocraticum› als ars medica – paradigmatisch für alle späteren artes – konstituiert wurde [1], wird sie als «omnium artium praestantissima ars» [2] zur eindeutig bevorzugten Bezeichnung der M. Daneben figuriert von alters her auch ‹scientia›. Bis zum Ende des 18. Jh. können ‹ars medicinae› und ‹scientia medicinae› fast synonym mit ‹Arzneykunst›, ‹Arzneikunde› und ‹Arzneiwissenschaft› gebraucht werden. Die Frage, ob M. Kunst oder Wissenschaft sei, ist seit dem Beginn des 17. Jh. virulent [3]. Sie wird zunächst – im Kontext des herrschenden Aristotelismus richtigerweise – zugunsten der ars entschieden, vom Anfang des 18. Jh. an unter dem Einfluß der neuen Wissenschaft zugunsten der scientia, worauf zurückzukommen ist.

Häufiger als ‹philosophia› für die M. begegnet der Terminus ‹philosophus› für den Arzt. In diesem Epitheton ornans werden die dreimal drei Eigenschaften des wahren Arztes zusammengefaßt: literatus, eruditus, gnarus; studiosus, peritus, ingeniosus; sobrius, modestus, humanus. Arzt und Philosoph sind identisch: «divinus Hippokrates, medicorum omnium ac philosophorum primus» heißt es vom Prototyp aller Ärzte noch 1665 bei VAN DER LINDEN [4]. Der philosophische Arzt der Aufklärung ist das positive Gegenbild zu dem Empiricus rudis, dem rohen, ungebildeten, unaufgeklärten Arzt, der blind überlieferten Praktiken folgt. Der philosophische Arzt ist also nicht der Arzt als Philosoph. Zwar gibt es Ärzte, die Philosophen (z. B. VAN HELMONT) und Philosophen, die Ärzte waren (z. B. LOCKE), doch der manchmal enge Bezug, das manchmal zufällige Nebeneinander von ärztlichem und philosophischem Denken bei Personen der M.- und Philosophiegeschichte ist hier nicht Thema.

Zu fragen ist nach dem Anteil, den Philosophie im Wissenschaftssystem der M. selbst und bei der Veränderung dieses Systems im Laufe der frühen Neuzeit hat. Beide Momente sind eng miteinander verknüpft. Das zweite bedingt das erste, insofern eine veränderte Philosophie auch die Quantität oder Qualität des Anteils an Philosophie in der M. verändert. Zu erschließen jedoch ist das zweite, die verändernde Philosophie, nur aus dem ersten, der veränderten M. Zwar läßt sich von der Philosophiegeschichte, gleichsam von der Ursache her nach ihren möglichen Wirkungen in der M.-Geschichte fragen, doch die Rückfrage von den festgestellten Wirkungen auf deren mögliche Ursache hin, also von der M.-Geschichte in die Philosophiegeschichte, wäre das der M. angemessenere Verfahren, weil es von der Erscheinung nach deren Grund fragt. Es wäre auch das richtigere und zugleich fruchtbarere Verfahren, weil es nicht von der Theorie her den Blick auf die Praxis verkürzt oder verstellt, sondern die theoretischen Vorgaben der geschehenden Praxis sichtbar machen und den Zusammenhang zwischen dem die Praxis leitenden Denken und der Praxis selbst erhellen würde. Die Verklammerung der M. in das jeweilige Welt-, Natur- und Selbstverständnis der Menschen ist als eine eher triviale Einsicht in der M.-Geschichte schon immer bewußt gewesen. Doch pragmatisch wie die M. selbst hat sie dem Zusammenhang von Philosophie und M. lange nicht die gehörige Aufmerksamkeit geschenkt. Fixiert auf die praktischen Ergebnisse und Fortschritte der M., hat sie auch dann, wenn sie sich nicht als bloße Vorgeschichte der modernen, an der Naturwissenschaft orientierten M. verstand, übersehen, daß zu den wesentlichen historischen Bedingungen für die Möglichkeit des Fortschrittes der Art und Weise dieser Verklammerung von Veränderung des Denkens und Veränderung des Handelns gehört [5]. Dabei wäre die M.-Geschichte für die Erforschung des tiefgreifenden Wandels von der antik-mittelalterlichen zur neuzeitlichen Denkweise in der Wissenschaft ein besonders geeignetes Feld, weil die M. zum einen ein weites Gebiet allen verfügbaren Wissens und aller denkbaren Vorstellungsweisen über Mensch und Natur ist, in denen sich der Wandel von Philosophie und Wissenschaft niederschlägt, zum anderen weil alle Theorie in der M. unmittelbar praktisch werden und sich am Ernstfall bewähren muß. Wenn es um Gesundheit und Leben geht, zeigt sich, was als sicherer und verläßlicher gilt, die Sätze und Handlungsanweisungen der neuen Theorie oder die Sätze und Handlungsanweisungen der altüberlieferten und alterprobten Erfahrung. So wird M. zum Probierstein für die Wirksamkeit der Philosophie in der frühen Neuzeit.

Der systematische Ort, an dem Philosophie in der M. jeweils wirksam wird, ergibt sich aus dem Charakter der M. als theoretisch begründeter Praxis. Da M. es mit dem Menschen, seiner Leiblichkeit, seiner körperlichen und seelischen Befindlichkeit, seiner Angefochtenheit durch Schmerz, Krankheit und Todesfurcht zu tun hat, und sie dabei immer unter dem Imperativ ihres Auftrages steht, dem konkreten Individuum in seiner konkreten individuellen Situation Rat und Hilfe zu schaffen, muß sie drei Anforderungen genügen: a) M. muß prinzipiell offen sein für jedes und alles Wissen, das über die Leiblichkeit und Befindlichkeit des Menschen im Beziehungsgefüge seiner natürlichen und sozialen Umwelt zur Verfügung steht; b) M. muß interessiert sein an jeder Methode, die dieses Wissen erschließt, sammelt, ordnet, erweitert, prüft, sichert und legitimiert, denn je umfassender und gewisser das Wissen, um so sicherer und breiter ist die Grundlage des ärztlichen Handelns; c) die M. muß ihr Wissen, das als gesichertes Wissen nur aus allgemeinen Sätzen bestehen kann, auf den Einzelfall anwenden und ihre Erfahrung, die als Erfahrung immer nur punktuell ist, auf allgemeine Regeln bringen können, damit der Arzt instand gesetzt wird, ärztlich verantwortbar zu entscheiden und zu handeln. Alle drei Bereiche sind ohne Philosophie nicht zu denken; die Inhalte des Wissens nicht ohne Kosmologie, Naturphilosophie und Anthropologie; der Wissenserwerb und die Wisenssicherung nicht ohne Erkenntnistheorie und Methodologie; die Umsetzung des Wissens in Entscheidung, Handlung und richtiges Verhalten nicht ohne die Kunstlehre, d. h. die Regeln der ärztlichen Kunst, und die ethischen Normen richtigen ärztlichen Verhaltens, d. h. Deontologie.

Vor dem Hintergrund der so skizzierten Thematik der Mph. soll im folgenden versucht werden, exemplarisch an einigen Grundphänomenen darzustellen, welche Voraussetzungen im Renaissancehumanismus und welche Folgen in der Aufklärung der auch für die M. entscheidende Umbruch im Denken der Wissenschaft in der Mitte des 17. Jh. gehabt hat. Es sind dies: der Wandel der Berufungsinstanzen für die Sicherung und Beglaubigung des Wissens, die neue Natur- und Lebenslehre, die Umkehrung des Verhältnisses von ars und scientia und die wachsende Diskrepanz zwischen theoretischer und praktischer M. Unabhängig von den tiefgreifenden Veränderungen hat die M. aus ihrem antik-mittelalterlichen Erbe dreierlei mit großer Zähigkeit bis zum Ende des 18. Jh. festgehalten: a) den formalen systematischen Aufbau der M. in Physiologie, Pathologie, Semiotik, Diätetik bzw. Hygiene und Therapeutik [6]; b) die Grundnormen ärztlich-sittlichen Verhaltens, die im hippokratischen Eid kodifiziert und in den Juramenta der Medizinalordnungen festgeschrieben waren, wenn auch die Verpflichtung des Arztes auf das Wohl der Allgemeinheit ein neues, das ursprünglich reine Zweierverhältnis von Arzt und Patient störendes Moment einbrachte [7]; c) die trotz immer neuer Begründungsversuche in neuen Krankheitskonzepten unerschütterte empirisch-symptomatologische Praxis der Diagnose, Therapie und Prognose.

2. *Renaissancehumanismus.* – Die M. dieser Epoche ist gekennzeichnet durch die ungebrochene Kontinuität der hoch- und spätmittelalterlichen M. bis in das 17. Jh. hinein, die Kontinuität ihrer alten Inhalte, ihrer alten Methoden, ihrer alten Institutionen, ihrer alten Denkformen und Verhaltensweisen. Zugleich entsteht innerhalb dieser Kontinuität jedoch ein neues Verhältnis der M. zu ihrer eigenen Tradition. Unter Beibehaltung des die mittelalterliche Wissenschaft tragenden Prinzips der Autorität als letzter Legitimationsinstanz vollzieht sich ein Wandel der Berufungsinstanzen von der Personalautorität des Hippokrates, Aristoteles und Galen zur Sachautorität der Natur. Dies neue Verhältnis zu Tradition und Natur stellt sich dar als Voraussetzung für den Anbruch der Neuzeit in der M., jedoch nicht als dieser Anbruch selbst. Dies soll an A. Vesal (1514–1564) und W. Harvey (1578–1657), die der modernen M. als Begründer der modernen Anatomie und Physiologie gelten, gezeigt werden.

VESAL, der Anatom, ist nach der äußeren und inneren Form seiner literarischen Arbeit, nach seinem ganzen geistigen Habitus ein Humanist und sein Hauptwerk ‹De humani corporis fabrica› (1543) ein Meisterwerk humanistischer Erudition. Es ist hervorgegangen aus der Arbeit an einer Galen-Edition. Die «vetus medicina a pristino decore» will Vesal wiederherstellen, um die «Restitutio» der vernachlässigten Kunst durch ihn, durch seiner Hände Werk geht es, und auf den «opera manus», dem «munus manuum», liegt ein besonderer Akzent [8]. Doch bei der Arbeit entdeckt er «ex renata dissectionis arte», daß die von Galen begründete anatomische Tradition falsch ist, Affen- statt Humananatomie bietet. Entgegen seiner Hoffnung, daß der von allen Verfälschungen befreite, in seiner wahren Gestalt wiederhergestellte Galen seine kanonische Geltung rechtfertigen würde, muß er den Widerspruch zwischen dem autoritativen Text und der beobachteten Wirklichkeit feststellen, zugleich aber entdeckt er, daß Galen sich selbst widersprechen und korrigieren kann, daß Galen über sich hinausweist auf die Anatomie der Alexandriner und Asklepiaden. Vesals gut humanistische Schlußfolgerung: Eben jene wahre alte Kunst der alten Meister muß in ihrem ursprünglichen Glanz wiederhergestellt werden. So gewinnt er unter Berufung auf die durch Galen vermittelte ältere Autorität die Legitimation für seine durch Autopsia gewonnene Humananatomie. Das Neue ist die Wiedergeburt des Alten.

Das humanistische Paradoxon ist perfekt: Der historisch-kritisch wiederhergestellte Galen steigert als der wahre Galen die Autorität des in der Tradition kanonisierten Galen; zugleich destruiert die durch den historischen Galen legitimierte und autorisierte Autopsia die autoritativen Lehrmeinungen des tradierten Galen und damit seine Autorität. Die Grenzen der Emanzipation von der Personalautorität demonstriert Vesal selbst. Er sucht in der Herzscheidewand die Poren, die nach der aristotelisch-galenischen Physiologie das Blut aus der rechten in die linke Herzkammer hindurchlassen müssen. Er findet sie auch bei sorgfältiger, immer wiederholter Prüfung nicht. Gibt er deshalb die zentrale Lehre der alten Physiologie auf von der Bildung des Blutes in der Leber, seiner Weiterleitung in das linke Herz, von wo es in das rechte Herz übertreten muß, um durch die Aorta in die Körperperipherie zu gelangen? Keineswegs. Er bewundert den Schöpfer, der in seiner Allmacht und Weisheit auch Gänge schaffen kann, die sich der Sichtbarkeit entziehen. Wenn es um die Grundfesten des antik-mittelalterlichen M.-Konzeptes geht, setzt sich die Tradition voll gegen die selbsterfahrene Wirklichkeit durch, soweit diese eben nur durch Autopsie legitimiert ist.

Hundert Jahre nach Vesal studiert HARVEY, der Zeitgenosse Bacons, Galileis und Descartes', ebenfalls die Anatomie des Herzens und der Gefäße auf der Suche nach dem Geheimnis der Blutbewegung. Die empirische Methode hat Fortschritte gemacht. Doch es ist nicht das beobachtende physiologische Experiment, das er meisterhaft beherrscht, was ihn die Entdeckung des großen Blutkreislaufes machen läßt. Aristotelische Naturphilosophie und Galenische Physiologie sind die wichtigsten Voraussetzungen für seine Entdeckung. Denn nur von daher waren zwei Annahmen für ihn unmittelbar einsichtig und daher problemlos: die Idee des Kreislaufes und die aktive Herzkontraktion als die facultas movendi, die als vis pulsifica eine substantielle Form des Herzens ist. Das Ergebnis seiner Entdeckung, der schnelle Umlauf des Blutes im Körper, paßt dagegen in keiner Weise zu dem immer noch herrschenden M.-Konzept. Die Funktion des Kreislaufes ist völlig dunkel, der schnelle Blutumlauf widerspricht in allen wesentlichen Punkten der alten Physiologie. Dennoch beharrt Harvey auf seinen Beobachtungen, und als ihm sein heftigster Gegner Riolan vorwirft, er widerspreche der Autorität der Alten, verteidigt er sich mit dem Satz, «daß keine Lehrmeinungen die vor Augen liegenden Tatsachen und keine alten Überlieferungen die Werke der Natur unterdrücken können, denn nichts ist älter und von größerer Autorität als die Natur» [9]. Das aber heißt, daß auch Harvey seine Methode und ihr Ergebnis nur durch die Berufung auf die im alten Denkmuster gültige Berufungsinstanz Autorität rechtfertigen kann, aber er spielt gegen die Autorität der Alten die Autorität der noch älteren Natur aus. Nur im alten Denkmuster ist die neue Erkenntnis zu legitimieren.

3. *Die neue Wissenschaft.* – Wie Harveys Lehre vom Blutkreislauf war auch Vesals Anatomie für die praktische M. seiner Zeit funktionslos. Die hippokratisch-galenische M. hatte mit ihrer Säftelehre keinen Bedarf an morphologischen Strukturen, die daher für das diagnostische und therapeutische Handeln des Arztes fast bedeutungslos waren. Zweierlei mußte geschehen, ehe die Leistungen Vesals und Harveys zu dem werden konnten, wofür sie gelten, zur Grundlage der modernen Medizin:

a) Das autonom gewordene, sich als erkennendes Subjekt verstehende Bewußtsein mußte die Natur als naturgesetzlich geordnete Gegenstandswelt konstruieren und zur Instanz für die Entscheidung über wahr und falsch machen, d.h. die Autorität der Alten mußte von der durch Natur, Erfahrung und Vernunft legitimierten Sachautorität abgelöst werden.

b) Die Natur mußte als geometrische Struktur entworfen und die Körper der Lebewesen nach technomorphen Modellen als Mechanismen verstanden werden, damit die Anatomie als Lehre von der Fabrica machinae, vom Bau des Körpers, zur Grundlage für die Erkenntnis seiner Funktionen werden, eine völlig neue Physiologie entstehen konnte. Aus den ordnungstiftenden Gestalten der alten Morphologie werden Strukturelemente des Körpers und aus den Lebensleistung verwirklichenden Organen der alten Physiologie Funktionsträger eines Funktionssystems.

Die Gleichzeitigkeit FR. BACONS, des Propagandisten

einer empirisch-induktiven Naturforschung, mit DESCARTES, dem Schöpfer einer neuen rationalistischen Metaphysik und Konstrukteur einer deduktiv-spekulativ gewonnenen Maschinentheorie des Lebendigen, und HARVEY, dem Entdecker des in seine aristotelisch-galenische Physiologie nicht mehr passenden Blutkreislaufes, diese Gleichzeitigkeit ist die historische Bedingung dafür, daß sich in der zweiten Hälfte des 17. Jh. die mechanistische Auffassung der Natur in der theoretischen M. durchsetzte, obwohl die medizinische Praxis aristotelisch-galenisch blieb. Die konzeptionelle, die philosophische Einheit der M. zerbrach. Die Prinzipien der Erkenntnisgewinnung und die Prinzipien des Handelns waren einheitlich nicht mehr zu begründen. In praxi folgte der Arzt der Lehre der Alten, in der Theorie folgte er der neuen Wissenschaft von der Natur, deren philosophische Grundlagen mit den Grundlagen des Wissens, auf das er sich im Ernstfall verließ, inkompatibel waren.

Wenn sich dennoch im Bewußtsein der Ärzte das neue abstrakte Naturbild durchsetzte, ist dies nicht zuletzt das Verdienst einer Literaturgattung, die am Ende des 17. Jh. in England und in den Niederlanden entsteht und innerhalb kürzester Zeit Europa buchstäblich überschwemmt. Diese physiko-theologische Literatur [10] variiert unablässig das Thema, wie der Mensch durch die Betrachtung der Natur in ihrer wunderbaren Schönheit, Ordnung und Zweckmäßigkeit unweigerlich auf die Existenz eines Schöpfergottes gewiesen werde, wie sich Gott unmittelbar in seiner Schöpfung, der Natur, als gütig, allwissend und allmächtig erweise. Die wirklich große theoretische und pragmatische Bedeutung dieses Naturbegriffes für die Erfahrungswissenschaft der Aufklärung ist noch nicht hinreichend erkannt. Der Nachweis, daß die Natur, die cartesianische Gegenstands- und Körperwelt, als das Werk eines allmächtigen und allweisen Schöpfers gut und die Welt die beste aller möglichen Welten sei, daß daher auch die scheinbaren Übel der physischen Welt – Schmerz und Tod – richtig verstanden nur notwendige Bedingungen ihrer Vollkommenheit seien, der Nachweis, daß die Natur wunderbar, sinn- und zweckvoll eingerichtet ist, daß alles in ihr seinen Platz hat, nichts überflüssig ist und auch nichts fehlt, hatte die wichtige Folge, daß die Natur nun als eine von ewigen, notwendigen und unverbrüchlichen Gesetzen beherrschte Ordnung erschien, und seit dem Triumph NEWTONS war kein Zweifel mehr, daß die Natur mechanischen Gesetzen gehorche. Die unaufhebbaren Schwächen der Maschinentheorie des Lebendigen, die den Zusammenhang von Leib und Seele, die Fortpflanzung und die zweckvollen Regulationen des Lebendigen nicht systemimmanent erklären konnte, Schwächen, die die alte Lebenslehre nicht gekannt hatte [11], wurden in der Physikotheologie aufgehoben, weil sie die Zweckhaftigkeit aller natürlichen Dinge nicht als Folge einer in den Dingen selbst liegenden Zweckursache, sondern als Vorsorge einer zwecksetzenden und Zwecke ermöglichenden allmächtigen Weisheit interpretiert.

Dies aber war die wichtigste theoretische Voraussetzung für die empirische Naturforschung. Die Schwäche des Empirismus gegenüber dem Rationalismus war es ja gerade, daß der Empirismus auf Erfahrung angewiesen war, die Möglichkeit, Erfahrung zu machen, aber prinzipiell beschränkt bleibt und nie das Ganze der Natur in den Blick bekommt, das Ganze aber voraussetzen mußte, wenn der Teil als Teil des Ganzen erkannt werden sollte. Der Rationalismus konnte von evidenten Obersätzen das Ganze more geometrico ableiten, und die Sicherheit seiner Erkenntnis lag im Vertrauen auf die absolute Vernünftigkeit der Vernunft. Für den Empirismus lag die Sicherheit der Erkenntnis allein im erkannten Gegenstand, im vorgegebenen Objekt der Natur. Ohne Vorwissen, ohne eingeborene Begriffe, nur mit dem Vermögen ausgestattet, Vorstellungen zu haben, Begriffe zu bilden und Wissen zu erwerben, muß der Empiriker alle Inhalte des Wissens und alle die dazu notwendigen Begriffe und Vorstellungen aus der Körperwelt gewinnen. Das zu Erkennende war identisch mit dem zu Lernenden. Nur als «Schüler der Natur» lernte der Mensch die Welt und sich kennen. Voraussetzung für die richtige Erkenntnis durch Erfahrung ist das durch Gott gesicherte Bild einer Natur als eines geschlossenen Universums, in dem alles nach den Prinzipien der Mechanik nach vollkommenen Zwecken organisiert ist.

Neben diesem Naturbild der scientia naturae konnte sich das Welt- und Naturverständnis der magia naturalis auf die Dauer nicht behaupten. Entstanden durch die Aufnahme neuplatonisch-hermetischer Tradition in der Renaissance (FICINO), wird die Naturphilosophie der magia naturalis im 17. Jh. neben dem Aristotelismus-Galenismus und in heftiger Opposition zu diesem die mächtigste Strömung in der M. des Renaissancehumanismus. Das Beziehungs- und Analogiedenken der magia naturalis, die Vorstellung eines von sympathetischen Kräften durchwalteten und gestalteten Kosmos (Makrokosmos-Mikrokosmos-Analogie) gewinnt in der M. des späten 16. und des 17. Jh. noch einmal großen Einfluß und begünstigt dämonologische, astrologische und magische M.-Konzepte. Als mächtige Spätwirkung des in seiner Zeit wirkungslosen PARACELSUS [12] entsteht bei den Paracelsisten das iatrochemische Konzept (VAN HELMONT, 1579–1644; Ortus Medicinae 1648). Frühe Vermittlungsversuche der Schul-M. zwischen Galenisten und Paracelsisten (SENNERT) [13] führen schließlich dazu, daß die Chemie nach Ablösung der Galenischen Physiologie als eine Grundlagendisziplin der erfahrungswissenschaftlichen Physiologie in den Kanon der Schul-M. aufgenommen wird.

4. *Aufklärung.* – Die M. der Aufklärung versteht sich bei allen Unterschieden im einzelnen durchgängig als Erfahrungswissenschaft. Im Bewußtsein dessen, daß alle Erfahrung endlich und prinzipiell unabschließbar ist, akzeptiert sie als notwendige theoretische Vorgabe, auf das hin Erfahrung erst sinnvoll gemacht werden kann, das rationalistische Weltmodell mit der Maschinentheorie des Lebendigen. Für die Erforschung der so verstandenen Natur bedarf sie keiner weiteren spekulativen Philosophie. «Ultimae quoque metaphysicae, et primae physicae, causae, Medico investigatu, necessariae, utiles, vel possibiles, non sunt» (Die Erforschung der letzten metaphysischen und der ersten physischen Ursachen ist für den Arzt weder notwendig, nützlich noch möglich), stellt H. BOERHAAVE, der führende Arzt des 18. Jh., ebenso apodiktisch wie programmatisch fest [14]. Die Entschlossenheit der aufgeklärten M., sich als Erfahrungswissenschaft zu verstehen, wird nicht nur in der Absage an Metaphysik und spekulative Philosophie deutlich, sondern äußert sich vor allem in einer neuen Verhältnisbestimmung von ars und scientia in der M.

Der Begriff der Heilkunst deckte in Antike und Mittelalter nicht nur alles vollkommen, was in der M. gewußt, gedacht, gekonnt und getan wurde, er integrierte zugleich ärztliches Denken, Wissen, Handeln und Verhalten zu einer unlöslichen Einheit. Die Abgrenzung gegen den antik-mittelalterlichen Wissenschaftsbegriff bot daher, nicht nur in der aristotelischen Tradition, keine ernsthaften Schwierigkeiten. M. war nicht ein System allgemeiner, abstrakt formulierbarer Wahrheiten, nicht Wissenschaft, die auf Erkenntnis um ihrer selbst willen, auf das Allgemeine, Unveränderliche aus ist, sondern als Praxis ein auf den Einzel- und Spezialfall gerichtetes Handeln.

Erst der Einbruch der neuzeitlichen Wissenschaft in die M. des 17. Jh. zwingt diese, ihr Selbstverständnis als Kunst zu reflektieren [15]. Zu Beginn des 18. Jh. finden wir die Situation völlig verändert. «Viele Ärzte haben darüber gestritten und streiten noch darüber, ob die M. eher Kunst oder ob sie besser Wissenschaft genannt werde.» Mit diesem Satz aus dem Anfang der ‹Institutiones medicae› stellt sich BOERHAAVE dem Problem (1708). Mit breiter und vielfältiger Wirkung postuliert er richtungsweisend für sein ganzes Saeculum: «scientia, cognitio rerum per causas». – «Habitus effectivus sive ars» dagegen ist die Fähigkeit, eine gesuchte – aus dem Wissen bekannte – Wirkung herzustellen. «Eo sensu», so fährt Boerhaave fort, «Medicina Theoretica Scientia dicetur, Praxis ad Artes pertinebit» [16]. Neu ist hier nicht die Unterscheidung von theoretischer und praktischer M., sondern ihre zuordnende Verteilung auf Wissenschaft und Kunst. Neu ist vor allem, daß dabei die Praxis, bis dahin eine Handlungswissenschaft sui generis, als angewandte, abgeleitete Wissenschaft figuriert und der theoretischen M. nach- und untergeordnet wird.

Am Ende des 18. Jh. ist der Vorrang der Theorie vor der Praxis etabliert: «Die Wissenschaft ist eine Kenntnis der Ursachen der Dinge. Kunst ist Fertigkeit, nach gewissen, allgemeinen Regeln zu handeln. Die M. kann man daher eine Wissenschaft und auch eine Kunst nennen: eine Wissenschaft, weil sie die Ursachen der Erscheinungen aus richtigen Grundsätzen herleitet; eine Kunst, weil der praktische Arzt die Grundsätze der M. zur Ausübung bringt. Da aber der praktische Arzt ohne wissenschaftliche Kenntnis der medizinischen Wahrheiten nicht bestehen kann und diese eigentlich den Arzt bildet, so verdient die M. mit Recht den Namen einer Wissenschaft» (MÜMLER 1783 [17]). Daß das ganze 18. Jh. zur Bezeichnung der M. wahllos ‹Kunst› und ‹Wissenschaft›, ‹Arzneigelahrtheit›, ‹Arzneikunst›, ‹Arzneiwissenschaft› munter durcheinander gebraucht, besagt gar nichts gegen seine Entschlossenheit, die M. als Wissenschaft zu verstehen, obwohl die Praxis dazu keinerlei Anlaß bot.

Vom Schatz der Erkenntnisse, die die neuen theoretischen Wissenschaften Anatomie und Physiologie in den zwei Jh. seit Vesal und Harvey angehäuft hatten, profitierte wegen der engen Grenzen ihrer Möglichkeiten die Chirurgie nur bescheiden, die innere Medizin – und zwar auf lange Zeit noch – gar nicht. Daß die theoretischen Disziplinen der M. für ihre praktischen relevant geworden wären, davon kann keine Rede sein. Im Gegenteil, es entstand jene sich zunehmend verbreiternde Kluft zwischen der theoretischen M. mit ihrer sich auf Vernunft und Erfahrung berufenden Sachautorität und der praktischen M., die sich auf die in der alten Kunst überlieferte Personalautorität berief. Der Widerspruch zwischen dem antik-mittelalterlichen und dem neuzeitlichen Weltverständnis verläuft im 18. Jh. – wie immer er zu vermitteln gesucht wurde – zwischen der theoretischen und praktischen M.

Wenn die M. der Aufklärung sich auf die Seite der theoretischen Wissenschaft schlug, so in der Hoffnung, ihrer Praxis endlich diejenige Gewißheit und Sicherheit geben zu können, die die nova scientia zu garantieren versprach. Daß das methodisch gesicherte Wissen auch die Anwendung des Wissens sicher machen müsse, daß die richtige Methode das Handeln des Menschen ebenso sicher leiten werde wie sein Denken, war eine Hoffnung, die schon DESCARTES ausgesprochen hatte. Nirgendwo anders als in der M. aber ist das Bedürfnis nach Sicherheit und Gewißheit so groß, nirgendwo ist es so selten erfüllbar.

Die Unsicherheit der alten Kunst war ihr gravierendster Mangel, die theoretische Wissenschaft konnte ihn nicht beheben. Es ist daher kein Wunder, wenn immer wieder die alte Kunst beschworen wurde als der in Jahrtausenden erprobte Weg für die Praxis des Arztes und wenn sich zugleich durch den sich in der Physik – wenn auch nicht in der M. – abzeichnenden Triumph der neuen Wissenschaft die Prinzipien der alten als endgültig obsolet erwiesen. Eine verbreitete Skepsis gegen die Möglichkeit einer theoretischen Grundlegung der praktischen M. bezeichnet daher die Stimmung am Ende des 18. Jh., aus der auch KANT nicht heraushelfen konnte. Aus dieser Skepsis in der M. führte erst der deutsche Idealismus heraus mit seinem Versuch, die M. als primäre Handlungswissenschaft neu zu begründen.

Anmerkungen. [1] Vgl. Art. ‹Mph.› I. – [2] HIPPOKRATES, Opera omnia, hg. I. A. VAN DER LINDEN 1 (Leiden 1665) Dedicatio. – [3] D. SENNERT: Institutiones Medicinae I, 1 (Wittenberg 1628) 2: «Verum ad quodnam disciplinarum Genus Medicina pertineat controversum vocatur: dum alii artem, alii scientiam ... esse statuunt». – [4] VAN DER LINDEN, a.O. [2] ebda. – [5] Ausnahmen s. Lit. – [6] Mit geringen Variationen so bei J. FERNEL: Universa Medicina (1567); SENNERT, a.O. [3]; J. J. WALDSCHMID: Institutiones Medicinae Rationalis (1696); H. BOERHAAVE: Institutiones Medicae (1708); F. HOFFMANN: Medicina rationalis systematica (1738); CH. G. LUDWIG: Institutiones Physiologicae (1752); H. D. GAUB: Institutiones Pathologicae Medicinalis (1784). – [7] Vgl. K. REUBER: Die Ethik des heilenden Standes in Ordnungen des hess. Medizinalwesens von 1564 bis 1830. Abh. Gesch. Med. Nat.wiss. 36 (1940). – [8] A. VESAL: De humani corporis Fabrica, Praef. (Basel 1543) fol. 2r. 1r. – [9] W. HARVEY: Exercitationes duae anatomicae de circulatione sanguinis, hg. K. E. FRANKLIN (Oxford 1958) 136. – [10] Benannt nach W. DERHAM: Physico-Theologia or a demonstration of the being and attributes of god, from the workes of creation (London 1713). – [11] Vgl. Art. ‹Leben VI›. – [12] Vgl. Art. ‹Mph. II›. – [13] D. SENNERT: De chymicorum cum Galenicis et Peripateticis Consensu et Dissensu (Wittenberg 1619). – [14] H. BOERHAAVE, a.O. [6] (Leiden 1721) 8. – [15] Vgl. a.O. [3]. – [16] H. BOERHAAVE: Praelectiones Academicae in proprias Institutiones Rei Medicae, hg. A. v. HALLER 1 (1744) 68f. – [17] I. L. C. MÜMLER: Hermann Boerhaavens Lehrsätze der theoret. M. (1783) 51f.

Literaturhinweise. L. THORNDIKE: A hist. of magic and exp. sci. 5-8 (New York/London 1941-1958). – L. S. KING: The med. world of the 18th century (Huntington 1958); The road to med. enlightment 1650-1695 (London/New York 1970). – W. PAGEL: Das med. Weltbild des Paracelsus, seine Zusammenhänge mit Neuplatonismus und Gnosis (1962); William Harveys biol. ideas, selected aspects and hist. background (Basel/New York 1967); New light on William Harvey (Basel/New York 1976). – CH. D. O'MALLEY: Andreas Vesalius of Brussels 1514-1564 (Berkeley/Los Angeles 1964). – G. A. LINDEBOOM: Herman Boerhaave. The man and his work (London 1968). – R. TOELLNER: Albrecht von Haller. Über die Einheit im Denken des letzten Universalgelehrten. Sudhoffs Arch. Gesch. Med. Nat.wiss. Beih. 10 (1971). – A. G. DEBUS: The chem. philos.: Paracelsian sci. and M. in the 16th and 17th centuries 1. 2 (New York 1977); Man and nature in the Renaissance (Cambridge 1978). – K. E. ROTHSCHUH: Konzepte der M. in Vergangenheit und Gegenwart (1978). R. TOELLNER

IV. *Von Schiller zur Gegenwart.* – 1. *Grundtendenzen.* – Die Beziehungen zwischen M. und Philosophie im ausgehenden 18., im 19. und im 20. Jh. lassen sich darstellen am

Leitfaden der Unterscheidung zwischen medizinischem Experimentalismus und – wenn man diesen begriffsgeschichtlichen Anachronismus der Kürze halber gebrauchen darf – medizinischem Existenzialismus. Der *Experimentalismus* klammert bei seinen Betrachtungen das spezifisch Menschliche aus und beschränkt sich auf die vormenschliche Natur am Menschen. Er verhält sich reserviert gegenüber der Philosophie, die stets aufs Ganze geht, und rezipiert allenfalls jene Philosophien, die das reduktive Selbstverständnis der Wissenschaften legitimieren. Der *Existenzialismus* betrachtet demgegenüber das spezifisch Menschliche am Menschen und tut das unter zwei Aspekten, nämlich dem des Naturalismus und dem des Spiritualismus. Der Existenzialismus ist an sich selbst philosophisch, denn er betrachtet den 'ganzen' Menschen [1], der sein Leben nicht nur leibt, sondern auch leistet. Der *Naturalismus* weist hin auf die leibhafte Bedingtheit des Menschen, die ihn mit aller Natur verbindet; der *Spiritualismus* weist hin auf die geisthafte Unbedingtheit des Menschen trotz aller Bedingtheit durch die Natur [2]. Als Naturalismus erinnert der Existenzialismus gegenüber dem Experimentalismus an die Verletzlichkeit und Endlichkeit der menschlichen Natur, und als Spiritualismus erinnert er gegenüber dem Experimentalismus an die Jemeinigkeit des Daseins [3].

Anmerkungen. [1] Vgl. D. RÖSSLER: Der ‚ganze' Mensch (1962). – [2] V. E. FRANKL: Anthropol. Grundlagen der Psychother. (1975) 83ff. – [3] M. HEIDEGGER: Sein und Zeit (⁹1960) 41f.

2. *Die romantische Medizinphilosophie.* – Die so definierte Beziehung zwischen M. und Philosophie beginnt mit FR. SCHILLERS naturalistischer Abhandlung zur ‹Philosophie der Physiologie› von 1779, die sich als «Versuch über den Zusammenhang der tierischen Natur des Menschen mit seiner geistigen» versteht. Der Akzent liegt auf der Bedeutung der tierischen Empfindungen für die Geistigkeit des Menschen: «Der Geist ... würde ... den niedrigen Bedürfnissen des physischen Lebens nicht leicht mehr opfern wollen, wenn ihn nicht das tierische Gefühl dazu zwänge. Den Mathematiker, der in den Regionen des Unendlichen schweifte und in der Abstraktionswelt die wirkliche verträumte, jagt der Hunger aus seinem intellektuellen Schlummer empor, ... den Philosophen, der ... wähnet, die Schranken der Sterblichkeit durchbrochen zu haben, kehrt ein kalter Nordwind, der durch seine baufällige Hütte streicht, zu sich selbst zurück» [1]. Diese Thesen entwickelt J. ITH programmatisch in seinem ‹Versuch einer Anthropologie oder Philosophie des Menschen nach seinen körperlichen Anlagen›: «Der allgemeinste Charakter der Menschheit ist durch Sinnlichkeit modifizierte Vernunft» [2]. Dadurch gewinnt die Leiblichkeit, also die Natur des Menschen, an Vorrang. Diesen Aspekt diskutiert E. WENZEL in Zuwendung und Abwendung von I. Kants Philosophie der Vernunft: «Von der Vermischung der reinen Vernunft mit der Sinnlichkeit in der Natur des Menschen überhaupt» [3]. Die naturalistische Entwicklung kulminiert in L. FEUERBACHS These: «Sinnlichkeit ist Wirklichkeit» [4], und zu dieser These gehört der nachdrückliche Hinweis auf die leibhafte Bedingtheit des Menschen: «Luft bedarf ich zum Atmen, Wasser zum Trinken, Licht zum Sehen, pflanzliche und tierische Stoffe zum Essen; aber nichts, wenigstens unmittelbar, zum Denken. Ein atmendes Wesen kann ich nicht denken ohne die Luft, ein sehendes nicht ohne Licht, aber das denkende Wesen kann ich für sich isoliert denken» [5]. Die naturalistische Betrachtungsweise des Menschen provoziert gegenläufige Tendenzen; denn zwar hat der Naturalismus die Geistigkeit des Menschen mit der Leiblichkeit desselben vereinigt, aber das Ergebnis ist suspekt: «Wohl ist auf diese Weise der Mensch wieder eins geworden; aber nichts anderes als ein dreifaches Thier», das bemerkt IGN. P. V. TROXLER [6]. Programmatisch erklärt dazu J. CHR. A. HEINROTH: «Der Mensch wird von den Ärzten offenbar zu einseitig, zu niedrig aufgefaßt» [7]; denn «nicht der Organismus und seine Lebenserscheinungen an sich ... gehören für die Anthropologie, sondern nur wiefern sie in Beziehung zum Zwecke des Menschenlebens stehen» [8]. Und darum gilt: «Der Geist soll das suchen, was über die Natur hinaus, oder was höher als die Natur ist, Gott» [9]. Ebenso eindeutig kritisiert J. ENNEMOSER die naturalistische Vereinigung von Leiblichkeit und Geistigkeit des Menschen im Blick auf die spezifische Struktur desselben: «Nach seinen physischen Kräften und Eigenschaften entdeckt man an ihm ... Mängel, vermöge welcher er mit den Thieren keinen Vergleich aushält ... Aber vermöge seines Geistes ist er über die Natur erhaben» [10]. Das ist die Position des Spiritualismus. Gemeinsam jedoch protestieren Spiritualismus und Naturalismus gegen den wachsenden Einfluß des Experimentalismus: «Überhaupt ist Physiologie das Feldgeschrei des Tages, und es gibt kein Rätsel des menschlichen Lebens, das man sich nicht physiologisch aufzulösen getraute» [11]; das erklärt HEINROTH. Und daraus ergibt sich für ihn das weitere Programm: «Man ist gewohnt, bei der Betrachtung des Menschen denselben gleichsam gliederweise aufzulesen und ihn dann auch wie einen Gliedermann zusammenzusetzen» [12]. Das ist die Betrachtungsweise der anatomischen Physiologie. Im Experimentalismus soll der Mensch durch sie allein erkannt werden. Hierzu erklärt FEUERBACH: «Der Physiologe muß ... Gewalt anwenden, um das Leben als Objekt seinen Untersuchungen und Beobachtungen unterwerfen zu können; aber welche Verkehrtheit ..., durch Torturwerkzeuge das Geständnis der Wahrheit erzwingen, durch das Messer das Rätsel des Lebens auflösen zu wollen!» [13] Die Physiologie erkennt nämlich weitgehend nur den toten Menschen, und deshalb erklärt HEINROTH: «Der Mensch in physische Stoffe aufgelöst und in körperliche Teile zersplittert, verliert den inneren Zusammenhang und die organische höheren Zwecken dienende Lebendigkeit» [14]. Berufener Anwalt des lebendigen Menschen, des Menschen also, der nicht bloß leibt, sondern auch lebt, ist die Psychologie; und gerade diese soll im Experimentalismus durch Physiologie ersetzt werden, oder sich doch zumindest ihrer Verfahrensweise bedienen: «Es ist dermalen das höchste Ziel der sogenannten Naturwissenschaften, den Menschen durch und durch physiologisch zu erklären: denn auch die Mathematik, die jetzt als Magd in den Dienst der Psychologie genommen worden ist, gehört ja der Physik an» [15]. Nachdrücklich verweist auch FEUERBACH auf «die Grenzen der Physik und Physiologie» für die Psychologie; denn «das Auge als ein physikalisches Werkzeug kannst du nach dem Tode erkennen, aber ... das Sehen ist ein Lebensakt, den du als solchen, ... sowenig zum Objekt der Physiologie machen, wie du den Geschmack eines anderen schmecken kannst» [16]. Deshalb fordert HEINROTH eine Psychologie, die sich des Menschen in seinen Lebensbezügen, 'wie er nun einmal ist', annimmt: «Die Seele ist schon für den Forscher entflohen, sobald sie ihm ein abstraktes Wesen geworden ist, und sie wird dies, sobald man sie nicht stets im Spiegel des Bewußtseins erblickt: denn hier erscheint sie lebendig in ihrer ganzen Mannigfaltigkeit und Ein-

heit, in ihrer Gebundenheit und Freiheit, in ihren Zuständen und Tätigkeiten, in ihrem Sehnen und Hoffen, Dichten und Trachten, Sinnen und Denken, in ihren Beziehungen zu Leib und Geist, Welt und Gott» [17]. Diese Sehweise impliziert auch die Dimension der Geschichte als Feld menschlicher Selbstverwirklichung: «Man irrt sich ungemein, wenn man glaubt, in der Erkenntnis des menschlichen Baues ... und der organischen Lebensverrichtungen ... bestehe die Kenntnis des Menschen. Man lernt den Menschen nur aus der Geschichte kennen» [18].

Anmerkungen. [1] FR. SCHILLER, Werke, hg. G. FRICKE/H. G. GÖPFERT (²1960) 5, 296. – [2] J. ITH: Versuch einer Anthropol. oder Philos. des Menschen nach seinen körperl. Anlagen 1. 2 (1794f.) 2, 140; vgl. C. CHR. E. SCHMID: Physiol. philos. betrachtet 1-3 (1798ff.). – [3] E. WENZEL: Grundzüge einer pragmat. Anthropol. (1807) 7ff. – [4] L. FEUERBACH, Werke, hg. W. BOLIN/F. JODL (1960) 2, 344. – [5] a.O. 2, 249. – [6] I. P. V. TROXLER: Blicke in das Wesen des Menschen (1812) 12. – [7] J. CHR. A. HEINROTH: Lb. der Anthropol. (²1831) VII. – [8] a.O. 1. – [9] 116. – [10] J. ENNEMOSER: Anthropol. Ansichten oder Beitr. zur besseren Kenntnis des Menschen 1 (1828) 38f. – [11] HEINROTH, a.O. [7] 420. – [12] a.O. 481. – [13] FEUERBACH, a.O. [4] 2, 339. – [14] HEINROTH, a.O. [7] 443. – [15] a.O. 443 Anm. – [16] FEUERBACH, a.O. [4] 2, 339. – [17] J. CHR. A. HEINROTH: Die Psychol. als Selbsterkenntnislehre (1827) 15. – [18] Von den Grundfehlern der Erziehung und ihren Folgen (1828) 109.

3. *Hauptvertreter des Experimentalismus im 19. Jh.* – Wegen Mangels an diagnostischen und therapeutischen Erfolgen konnte sich der Existenzialismus, der wesentliche Motive der romantischen Philosophie von F. W. J. SCHELLING [1] und NOVALIS [2] integrierte, nicht behaupten und wurde vom Experimentalismus verdrängt. Diesen Vorgang reflektieren H. von Helmholtz und Cl. Bernard. In einem Vortrag über das ‹Denken in der M.› nimmt H. VON HELMHOLTZ das Wort des Hippokrates auf: «Gottähnlich ist der Arzt, der Philosoph ist»; und er bemerkt dazu: «Wir können es schon gelten lassen, wenn wir nur richtig feststellen, was unter einem Philosophen zu verstehen sei. Den Alten umfasste die Philosophie noch alle theoretische Kenntnis; ihre Philosophen betrieben auch Mathematik, Physik, Astronomie, Naturgeschichte in enger Vereinigung mit eigentlich philosophischen und metaphysischen Betrachtungen. Will man also unter dem ärztlichen Philosophen des Hippokrates einen Mann verstehen, der vollendete Einsicht in den Causalzusammenhang der Naturprocesse hat, so werden wir in der That mit ihm sagen können, ein solcher wird einem Gotte ähnlich helfen können. So verstanden, bezeichnet der Satz in drei Worten das Ideal, dem unsere Wissenschaft nachzustreben hat» [3]. Faktisch verhielt es sich damit aber anders, denn «von den Gesetzen der Natur wussten ja die Philosophen jener Zeit nicht gerade viel mehr als die ungelehrten Laien» [4]. Der Mangel an sicherem Wissen auf diesem Gebiet wird kompensiert durch Spekulationen über die Lebensseele und Lebenskraft: «Dem vitalistischen Arzte hing der wesentliche Teil der Lebensvorgänge nicht von Naturkräften ab, die, mit blinder Notwendigkeit und nach festem Gesetz ihre Wirkung ausübend, den Erfolg bestimmten. ... Er glaubte mit einem seelenähnlichen Wesen zu tun zu haben, dem ein Denker, ein Philosoph und geistreicher Mann gegenüberstehen musste» [5]. Den Mißerfolg dieser Medizin erklärt Helmholtz durch die «Hochschätzung der deductiven Methode» [6]. Hier greift CL. BERNARD ein mit seiner ‹Einführung in das Studium der experimentellen M.›; er weist darauf hin, «daß Induktion und Deduktion in allen Wissenschaften am Platze sind. Ich glaube nicht, daß Induktion und Deduktion tatsächlich zwei im Wesen verschiedene Formen des Denkens darstellen» [7]. Maßgeblich für diese M. ist das Experiment: «Das Experiment ist im Grunde genommen nur eine provozierte Beobachtung», und daraus folgt, «daß man, um experimentell denken zu können, erst eine Vorstellung haben muß und dann Tatsachen erhofft, d.h. Beobachtungen, um die vorgefaßte Meinung zu überprüfen» [8]. Damit hat sich auch in der M. der Grundgedanke der exakten Wissenschaft durchgesetzt. I. KANT hatte diesen Gedanken durch den Hinweis definiert, «daß die Vernunft nur das einsieht, was sie selbst nach ihrem Entwurfe hervorbringt». Daraus folgt: «Die Vernunft muß mit ihren Prinzipien ... in einer Hand und mit dem Experiment, das sie nach jenen ausdachte, in der anderen, an die Natur gehen», um sich von ihr bestätigen oder widerlegen zu lassen [9].

Anmerkungen. [1] Vgl. F. W. J. SCHELLING, Über das Studium der Medicin und der organischen Naturlehre überhaupt. Werke, hg. K. F. A. SCHELLING (1856ff.) 5, 336ff.; 3, 220ff. – [2] NOVALIS, Frg. 1833. Werke, hg. E. WASMUTH 3 (1957). – [3] H. VON HELMHOLTZ: Vorträge und Reden 1. 2 (1884) 2, 170f. – [4] a.O. 2, 171. – [5] 2, 179. – [6] 2, 170. – [7] CL. BERNARD, Einf. in das Stud. der exp. M., dtsch. P. SZENDRÖ, eingel. K. E. ROTSCHUH (1961) 75. – [8] a.O. 38f. – [9] I. KANT, KrV B XIII.

4. *Die Renaissance der medizinischen Anthropologie im 20. Jh.* – Um die Wende zum 20. Jh. gerät der Experimentalismus in eine Krise, denn er hatte Erwartungen erweckt, die er einstweilen nicht befriedigen konnte. Deshalb werden neue Fragestellungen inauguriert, die abermals existenzialistische Denkansätze implizieren. Fragwürdig wird zunächst das Verhältnis des Menschen zur Natur insgesamt; darauf weist TH. VON UEXKÜLL hin: «Wir haben ... jahrhundertelang die Natur nur in Hinblick auf unsere Maßstäbe befragt ... Was herauskam, war eine Natur, mit der wir umgehen und die wir nach unseren Wünschen verändern können ... Aber ... die Natur, mit der wir auf diese Weise umgehen, ist nicht die Natur selbst ... Diese Natur hat nicht unsere, sondern ihre Maßstäbe. Sie spricht nicht für den Menschen, sondern für sich selbst. Sie steht dem Menschen nicht gegenüber, sondern umgreift ihn ... Diese Natur wieder für sich selbst sprechen zu lassen ... dies ist die Aufgabe, vor der wir stehen» [1]. Es geht also darum, die Natur wieder als lebendige Ganzheit zu betrachten und nicht nur in experimenteller Hinsicht; daraus ergeben sich neue «Probleme der Lebensforschung», auf die W. BLASIUS hinweist: «Die Abhebung des Menschen aus» diesen «lebendigen Zusammenhängen», seine geistige Isolierung, die ihn zur gesamten Natur in eine Gegenposition hineingeführt, ja sogar gezwungen hat, war der eigentliche Grund dafür, daß in der Lebensforschung nur noch experimentelle Daten ... Gültigkeit behielten, die der rationalen Tendenz des Menschen entsprachen und ihm die Möglichkeit gaben, die Natur umzuformen, zunächst noch in behutsamer Weise, um sie nicht zu stören oder gar zu zerstören; bis schließlich diese Tendenz übermächtig wurde und der Mensch die Natur und das außermenschliche Leben über das notwendige Maß auszunutzen und schließlich rigoros auszubeuten begann» [2]. Verantwortlich für diese Entwicklung ist die Vorherrschaft der experimentellen Denkart in der Physiologie; Blasius unterscheidet zwei entgegengesetzte «Denkrichtungen, die der Lehre vom Leben ... jeweils ganz verschiedene Gesichter aufgeprägt haben. Diese Denkarten ... lassen sich antithetisch als die 'naturphilosophische' ... und die 'natur-

wissenschaftliche› Lehre vom Leben beschreiben» [3]. Kompensatorisch zur experimentellen Denkart ergibt sich dann die Frage nach der Möglichkeit einer «Interpretation der Gesamtorganismus», auf die K. E. ROTHSCHUH hinweist: «Trotz aller großartigen Erfolge der Physiologie in der Erforschung der Lebensvorgänge ist bei manchen Physiologen ein ... Unbehagen zurückgeblieben», denn «bei aller erfolgreichen Kausalanalyse der Teilprozesse» blieb die «Theorie des Gesamtorganismus unbefriedigend ... Es ist daher begreiflich, daß trotz unendlicher Erfolge der Gedanke aussprechbar wurde, daß das kausalanalytische Denken ... zwar den Fahrplan des Körpers innerhalb subtilster Teilstrecken ... ermittle, ohne jedoch bis heute die Steuerung dieses Fahrplans irgendwie verständlich zu machen. Man kann natürlich sagen, daß sich die Aufgabe der Physiologie mit der Enträtselung der physikalisch-chemischen Teilzusammenhänge erschöpfe, doch liegt darin wohl eine Unterschätzung des menschlichen Erkenntnisbedürfnisses. Denn die Aufgabe der Physiologie ist es, das Lebendige zu verstehen. Dieses Verstehen kann ... von zweierlei Art sein, ein Verstehen der Notwendigkeit des Geschehens und ein Verstehen des Sinnes des Geschehens. Das Ziel kann nur sein, den Sinn des Notwendigen zu verstehen» [4]. In diesem existenzialistischen Rahmen entwickelt F. J. J. BUYTENDIJK seine ‹Prolegomena einer anthropologischen Physiologie›. Der Ausgangspunkt für diese Betrachtungen ist die allgemeine Frage, «inwieweit man tatsächlich aufweisen kann, daß das *spezifisch* Menschliche ein konstituierender Faktor ist in den *normalen* Funktionen von Organen und Organsystemen». Es geht dabei auch wesentlich um die Vermeidung des Dualismus von bewußten und leiblichen Erscheinungen; denn «das spezifisch Menschliche verstehen wir ... nicht als ein Bewußtsein, sondern als die Manifestation einer *Daseinsweise*, die während des ganzen Lebenslaufes ... durch eine körperlich fundierte ... Verbindung mit der Welt gekennzeichnet ist, in der gelebt wird und in der *primär* durch den eigenen Körper der Zugang erschlossen wird» [5]. Auf dieser Basis ergibt sich notwendig die «Einführung des Subjektes in die Biologie», wie sie V. VON WEIZSÄKKER fordert; denn Leben wird nur durch Teilhabe am Leben erkannt: «Um Lebendes zu erforschen, muß man sich am Leben beteiligen. Man kann zwar den Versuch machen, Lebendes aus Nichtlebendem abzuleiten, aber dieses Unternehmen ist bisher mißlungen ... Leben finden wir als Lebende vor; es entsteht nicht, sondern es ist schon da ... Am Anfang jeder Lebenswissenschaft steht nicht der Anfang des Lebens selbst; sondern die Wissenschaft hat mit dem Erwachen des Fragens mitten im Leben angefangen» [6]. Infolge dieses Ansatzes werden Physiologie und Pathologie personalisiert. Maßgeblich ist die programmatische Erklärung L. VON KREHLS: «Krankheiten existieren nicht, wir kennen nur kranke Menschen» [7]; und deshalb muß jeder einzelne kranke Mensch als ein besonderes Phänomen betrachtet werden: «Alle Aufgaben des Arztes drängen auf das bestimmteste zum einzelnen Kranken hin» [8]. Damit ist das Konzept der Krankheitseinheit existenzialistisch aufgelöst. Daraus ergeben sich Folgerungen; methodologisch werden Diagnose und therapeutisches Handeln problematisch, und anthropologisch wird die Unterscheidung von Gesundheit und Krankheit problematisch. W. WIELAND erörtert die Möglichkeit von diagnostischem Erkennen und therapeutischem Handeln: «Mag das Erkennen immer auf allgemeingültige Regelmäßigkeiten ausgerichtet sein, so bleibt doch alles Handeln auf den Einzelfall bezogen ... Von einem rein theoretischen Standpunkt aus ist der konkrete Einzelfall als solcher uninteressant. Zwar ist nun auch jedes naturwissenschaftliche Experiment ein konkreter Einzelfall», aber «das individuelle Experiment ist immer nur von Interesse, insofern es Repräsentant eines Allgemeinen ist. Dagegen ist der Patient um seiner selbst willen von Interesse» [9]. Daraus ergibt sich die Frage nach dem Verhältnis von «Individuum und Krankheit» und die Vorstellung einer «Individualpathologie», wie sie F. CURTIUS diskutiert [10]. In anthropologischer Sicht kann V. E. VON GEBSATTEL dann die Krankheit «als eine Weise des Menschseins» [11] betrachten, das sich in «Wohlbefinden und Mißbefinden» kundgibt, wie es H. PLÜGGE [12] darstellt. Und A. JORES begreift dieses «Menschsein als Auftrag» [13], das sein Ziel erreichen und verfehlen kann. Die besondere Aufdringlichkeit von Mißerfolgen und Leiden zumal führt dann bei V. E. Frankl und V. von Weizsäcker zu Überlegungen, die als pathologischer Symbolismus bezeichnet werden können: Menschliche Krankheit ist mehr und anderes als eine nur gestörte Leiblichkeit. FRANKL unternimmt den «Versuch einer Pathodizee», einer «metaklinischen Sinndeutung des Leidens» [14]. Und WEIZSÄCKER entwirft eine «Pathosophie» aus der Erkenntnis, «daß die Struktur nicht nur des Menschen, sondern die der ganzen Welt die kreuzartige sei. Darum wagen wir es, diese Einsicht nicht nur als medizinische Anthropologie, sondern kurzerhand als Pathosophie zu bezeichnen» [15]. Komplementär zum Spiritualismus, der das menschliche Subjekt in der tierischen Natur hervorhob, verhält sich der Naturalismus, der die tierische Natur im menschlichen Subjekt hervorhebt. So ergibt sich die Frage, wie frei der Mensch in seinem leiblichen und seelischen Verhalten sei. Diese Frage erörtert R. BILZ am Leitfaden einer ‹Paläoanthropologie› [16], die noch andauernde Bindungen und Steuerungen des heutigen Menschen aus der Vorzeit des Menschengeschlechts aufdeckt. Eng verbunden mit diesen Überlegungen ist die Frage nach dem Verhältnis von «Sexualität und Bewußtsein», wie sie R. HUBER diskutiert, weil in der Sexualität des Menschen Instinkt und Selbstwahrnehmung des Menschen auf besondere Weise interferieren. Richtungweisend ist das allgemein verbreitete «Unbehagen am Genitale» [17], es folgt aus der «Unansehnlichkeit» der Geschlechtswerkzeuge. Und diese wiederum «beruht auf dem Fehlen einer instinkthaft gegebenen Beziehung des Genitale zur optischen Wahrnehmungswelt ... Inzwischen ... hat aber die allmählich bewußter und klarer werdende optische Wahrnehmung es nicht mehr erlaubt, diese in der instinktiven optischen Welt 'so gut wie nicht vorhandenen' Organe weiterhin einfach zu ignorieren. Ihre optische Inadäquatheit und damit Unansehnlichkeit drang ... schließlich als 'Häßlichkeit' ... in das Bewußtsein. Damit ... entstand dann das genitale Schamgefühl» [18]. Solche Überlegungen weisen in Richtung einer Art 'Neoanthropologie': die Vermenschlichung des Menschen durch Reflexion der tierischen Natur im Menschen.

Anmerkungen. [1] TH. VON UEXKÜLL: Der Mensch und die Natur (1953) 8f. – [2] W. BLASIUS: Probleme der Lebensforsch. Physiol. Analysen und erscheinungswiss. Deutungen (1973) 9. – [3] a.O. 13. – [4] K. E. ROTHSCHUH: Physiol. Der Wandel ihrer Konzepte, Probleme und Methoden vom 16. bis 19. Jh. (1968) 309f. – [5] F. J. J. BUYTENDIJK: Proleg. einer anthropol. Physiol. (1967) 21. – [6] V. VON WEIZSÄCKER: Der Gestaltkreis. Theorie der Einheit von Wahrnehmen und Bewegen (^{4}1950) V. – [7] L. VON KREHL: Pathol. Physiol. (^{12}1923) 2. – [8] a.O. (^{9}1918) 2. – [9] W. WIELAND: Diagnose. Überleg. zur M.-Theorie (1975) 70f. –

[10] F. CURTIUS: Individuum und Krankheit. Grundzüge einer Individualpathol. (1959). – [11] V. E. VON GEBSATTEL: Proleg. einer med. Anthropol. (1954) 364. – [12] H. PLÜGGE: Wohlbefinden und Mißbefinden. Beitr. zu einer med. Anthropol. (1962). – [13] A. JORES: Menschsein als Auftrag (²1967). – [14] V. E. FRANKL: Anthropol. Grundl. der Psychother. (1975) 241ff. – [15] V. VON WEIZSÄCKER: Pathosophie (²1967) 266. – [16] R. BILZ: Paläoanthropol. Der neue Mensch in der Sicht einer Verhaltensforsch. 1 (1971). – [17] R. HUBER: Sexualität und Bewußtsein (1977) 17ff. – [18] a.O. 106.

5. *Die anthropologisch-philosophische Psychiatrie im 20. Jh.* – Das Verhältnis von Philosophie und Psychiatrie war von jeher besonders eng [1]; denn bei Gemüts- und Geisteskrankheiten verändert sich das Welterleben des Kranken im ganzen, und deshalb sind die «Wahnwelten» [2] der endogenen Psychosen der Gegenstand nicht nur psychiatrischer Untersuchungen, sondern auch philosophischer Bemühungen. K. JASPERS erklärt dazu: «Wir verwundern uns vor der Tatsache der Psychosen. Es sind Rätsel des Menschseins selber. Ihre Tatsächlichkeit geht jeden Menschen an. Daß es das gibt, daß Welt und Menschsein derart ist, daß dieses möglich und notwendig ist, läßt uns nicht nur staunen, sondern schaudern» [3]. Daraus ergibt sich in der Psychiatrie ein unvermeidlicher existenzialistischer Zug, und daraus ergibt sich auch die Beziehung der Psychiatrie zu Philosophie und Geisteswissenschaften: «Wo immer der Gegenstand der Mensch und nicht der Mensch als eine Art der Tiere ist, da zeigt sich, daß die Psychopathologie ihrem Wesen nach nicht nur eine Gestalt der Biologie, sondern auch *Geisteswissenschaft* ist. Dem Mediziner tritt in der Psychiatrie eine allen seinen übrigen Disziplinen fremde Welt entgegen. Wie er seine Vorbildung sonst durch Chemie, Physik, Physiologie gewinnt, so braucht er hier eine ganz andere Vorbildung» [4]. Deshalb kann J. WYRSCH die «Psychiatrie als offene Wissenschaft» bezeichnen [5], die an den Aspekten vieler anderer Wissenschaften partizipiert; und H. TELLENBACH weist hin auf die «Begründung psychiatrischer Erfahrung und psychiatrischer Methoden in philosophischen Konzeptionen vom Wesen des Menschen» [6]. Grundlegend für die philosophische Problematik in der Psychiatrie ist der Rückgriff auf E. HUSSERLS Phänomenologie des Bewußtseins und der Lebenswelt [7] und M. HEIDEGGERS Phänomenologie der Jemeinigkeit des Daseins [8]; dabei hat Husserls Phänomenologie Vorrang in der Methodik und Heideggers Phänomenologie Vorrang in der Thematik. Daraus ergeben sich die Möglichkeiten «einer Gestaltanalyse des Wahns» [9], wie sie vor allem K. CONRAD vertritt, und der «Daseinsanalyse» [10] des Wahns, wie sie L. BINSWANGER begründet hat. Beide Forschungsrichtungen sind trotz wechselseitiger und mehrseitig verflochtener Kritik im weitesten Sinne «auf dem Wege zu einer anthropologischen Psychiatrie» [11], wie sie J. ZUTT anstrebt. Im Rückgriff auf Husserls Phänomenologie entwickelt zunächst E. STRAUS die «Psychologie der menschlichen Welt» [12] als Psychologie jener Welt, die dem experimentellen Zugriff prinzipiell vorausliegt und sinnhaft erschlossen werden muß. Diese Psychologie fragt nach dem «Sinn der Sinne» und erklärt programmatisch: «Der Mensch denkt, nicht das Gehirn denkt» [13]. Ebenso entwickelt K. JASPERS «die phänomenologische Forschungsrichtung in der Psychopathologie»: «Es besteht das Verlangen, auf den objektiven Symptomen allein die Lehre von den Geisteskrankheiten aufzubauen, und das Ideal, alle subjektiven Symptome völlig zu eliminieren ... Eine *objektive Psychologie* stellt sich einer *subjektiven Psychologie* gegenüber. Die erste will nur mit objektiven Daten arbeiten und führt in ihrer Konsequenz zu einer *Psychologie ohne Seelisches* ... Was will nun die ... *subjektive Psychologie?* Während die objektive durch möglichste Ausschaltung des Seelischen fast oder ganz zur Physiologie wird, will sie gerade das Seelenleben selbst zum Gegenstand behalten» [14]. Aus diesem Ansatz ergibt sich dann die exemplarisch orientierte Abhandlung über «Kausale und 'verständliche' Zusammenhänge zwischen Schicksal und Psychose bei der Dementia praecox» [15]. Maßgeblich sind für die phänomenologische Psychiatrie «Verstehen und Einfühlen» im Sinne H. W. GRUHLES [16]. Spätestens jedoch an der tatsächlichen oder vermeintlichen Grenze der Verstehbarkeit ergibt sich die Frage nach «dem psychisch Abnormen», deren Beantwortung H. MÜLLER-SUUR nachgeht: «Der Begriff des psychisch Abnormen ist nicht nur ein Begriff der Psychiatrie. Ja, im eigentlichen Sinne liegt er ... sogar außerhalb des rein medizinischen Bereichs» [17]. Auf dem Boden dieser Psychiatrie, die letztlich Psychosen als Verrückungen und Veränderungen im Ordnungsgefüge des menschlichen Daseins begreift, entwickeln K. P. Kisker und H. Tellenbach ihre Überlegungen zur Schizophrenie und Melancholie. KISKER beschreibt «den Erlebniswandel des Schizophrenen» [18] als eine menschliche Möglichkeit überhaupt: «Die Verrücktheit aktualisiert eine hintergründige Potenz der Normalität zur selben Verirrung», und deshalb muß sie «als eine ursprüngliche Gegebenheit der Lebenswelt» [19] angesehen werden; Verrücktheit ist «Modus und Morbus» [20] des Daseins zugleich. Ebenso untersucht H. TELLENBACH die «Melancholie» und bemüht sich um eine «philosophische Standortbestimmung der Endogenität durch privative Interpretation von 'Dasein' im Sinne Heideggers» [21]. Maßgeblich ist der Begriff 'Geworfenheit': «Je mehr wir nun der derart Grenzen setzenden, in diesen Grenzen aber auch der mitschließenden und mitentdeckenden Macht der Geworfenheit nachgehen, desto mehr kommt in den Blick, daß das, was wir Endon und endogen nennen, die Region eben dieser Geworfenheit angehört» [22]. Angesichts einer philosophisch ausgerichteten Psychiatrie bemerkt dann K. CONRAD: «Philosophische und anthropologische Versuche sind so lange wertvolle Bereicherung, solange sie die Bemühung um eine physiopathologische Lösung des Problems nicht lähmen» [23]. Ob durch philosophische Versuche «eine blühende Psychiatrie in Gefahr» gerät, wie H. C. RÜMKE [24] vermutet, kann einstweilen ebensowenig entschieden werden wie die begründete Vermutung J. GLATZELS, daß «die Antipsychiatrie als eine spätromantische Bewegung» [25] angesehen werden kann.

Anmerkungen. [1] Vgl. J. WYRSCH: Zur Gesch. und Deutung der endogenen Psychosen (1956). – [2] Die Wahnwelten. Endogene Psychosen, hg. E. STRAUS/J. ZUTT/H. SATTES (1963); vgl. W. SCHULTE: Die Welt des psychisch Kranken (1974). – [3] K. JASPERS: Allg. Psychopathol. (⁹1973) 650. – [4] a.O. 31. – [5] J. WYRSCH: Psychiatrie als offene Wiss. (1969). – [6] Neue Anthropol., hg. H.-G. GADAMER/P. VOGLER 6: Philos. Anthropol. 1 (1975) 138ff. – [7] Vgl. E. HUSSERL: Ideen zu einer reinen Phänomenol. und phänomenol. Philos. Husserliana 3 (Den Haag 1950) 174f.; Die Krisis der europ. Wiss.en und die transzendentale Phänomenol. Husserliana 7 (Den Haag ²1962) 48ff. 105ff. – [8] Vgl. M. HEIDEGGER: Sein und Zeit (⁹1960) 41f. – [9] K. CONRAD: Die beginnende Schizophrenie. Versuch einer Gestaltanalyse des Wahns (³1971). – [10] Vgl. L. BINSWANGER: Daseinsanalyse, Daseinsanalytik und Psychiatrie, in: Ausgew. Vortr. und Aufs. 2 (²1961) 147ff. – [11] J. ZUTT: Auf dem Wege zu einer anthropol. Psychiatrie (1963). – [12] E. STRAUS: Psychol. der menschl. Welt (1960). – [13] Vom Sinn der Sinne. Ein Beitrag zur Grundleg. der

Psychol. (²1956) 112. – [14] K. JASPERS: Gesammelte Schr. zur Psychopathol. (1963) 315. – [15] a.O. 329. – [16] H. W. GRUHLE: Verstehen und Einfühlen. Ges. Schr. (1953). – [17] H. MÜLLER-SUUR: Das psychisch Abnorme. Untersuch.en zur allg. Psychiatrie (1950) III. – [18] K. P. KISKER: Der Erlebniswandel des Schizophrenen. Ein Beitrag zur Psychonomie schizophrener Grundsituationen (1960). – [19] Gedanken zur schizophrenen Wandlung als einer menschl. Möglichkeit, in: Werden und Handeln, hg. E. WIESENHÜTTER (1963) 398ff. – [20] Mit den Augen eines Psychiaters (1976) 48ff. – [21] H. TELLENBACH: Melancholie. Problemgesch. – Endogenität – Typologie – Pathogenese – Klinik (³1976) 40ff. – [22] a.O. 42. – [23] CONRAD, a.O. [9] 140. – [24] H. C. RÜMKE: Eine blühende Psychiatrie in Gefahr (1967) 5ff. – [25] J. GLATZEL: Antipsychiatrie (1975) 106ff.

Literaturhinweise. F. KRAUS: Die allg. und spez. Path. der Person 1. 2 (1919-26). – L. VON KREHL: Entstehung, Erkennung und Behandl. innerer Krankheiten (1930). – W. LEIBBRAND: Romantische M. (1937); Der göttl. Stab des Äskulap (1939); Heilkunde. Eine Problemgesch. der M. (1953). – V. VON WEIZSÄCKER: Grundfragen med. Anthropol. (1948); Arzt und Kranker (1949); Begegnungen und Entscheidungen (²1949); Diesseits und Jenseits der M. (²1950); Natur und Geist (²1955); Arzt im Irrsal der Zeit, hg. P. VOGEL (1956). – P. MATUSSEK: Met. Probleme der M. Ein Beitrag zur Prinzipienlehre der Psychother. (1950). – R. SIEBECK: M. in Bewegung (²1953). – L. BINSWANGER: Drei Formen mißglückten Daseins. Verstiegenheit, Verschrobenheit, Manieriertheit (1956); Der Mensch in der Psychiatrie (1957); Schizophrenie (1957); Melancholie und Manie (1960); Wahn: Beitr. zu seiner phänomenol. und daseinsanalyt. Erforsch. (1965). – H. W. GRUHLE: Verstehende Psychol. (Erlebnislehre) (1956). – D. L. HART: Der tiefenpsychol. Begriff der Kompensation (1956). – F. BÜCHNER: Vom geistigen Standort der mod. M. Ges. Vortr. und Reden zur med. Anthropol. (1957); Von der Größe und Gefährdung der mod. M. (1961). – V. VON WEIZSÄCKER und D. WYSS: Zwischen M. und Philos. (1957). – F. J. J. BUYTENDIJK: Das Menschliche. Wege zu seinem Verständnis (1958). – H. HÄFNER: Psychopathen. Daseinsanalyt. Untersuch. zur Struktur und Verlaufsgestalt von Psychopathien (1961). – W. LEIBBRAND und A. WETTLEY: Der Wahnsinn. Gesch. der abendländ. Psychopathol. (1961). – R. BILZ: Psychot. Umwelt. Versuch einer biol. orientierten Psychopathol. (1962). – D. RÖSSLER: Der 'ganze' Mensch (1962). – F. HARTMANN und K. HAEDKE: Der Bedeutungswandel des Begriffs Anthropol. im ärztl. Schrifttum der NZ. Marburger Sber. 85 (1963) 39-99. – R. KUHN: Daseinsanalyse und Psychiatrie, in: Psychiatrie der Gegenwart. Forsch. und Praxis, hg. H. W. GRUHLE u. a. I/2 (1963) 853ff. – O. MARQUARD: Über einige Beziehungen zwischen Ästhetik und Therapeutik in der Philos. des 19. Jh., in: Lit. und Gesellschaft vom 19. ins 20. Jh., hg. H. J. SCHRIMPF (1963) 22-55. – M. NATANSON: Philos. Grundfragen der Psychiatrie I: Philos. und Psychiatrie, in: Psychiatrie der Gegenwart ..., hg. H. W. GRUHLE u.a. I/2 (1963) 903ff. – K. E. ROTSCHUH: Theorie des Organismus. Bios – Psyche – Pathos (²1963). – E. STRAUS: Philos. Grundfragen der Psychiatrie II: Psychiatrie und Philos., in: Psychiatrie der Gegenwart ..., hg. H. W. GRUHLE u.a. I/2 (1963) 926ff. – J. ZUTT: Über verstehende Anthropol. Versuch einer anthropol. Grundleg. der psychiat. Erfahrung, in: Psychiatrie der Gegenwart ..., hg. H. W. GRUHLE u. a. I/2 (1963) 764ff. – P. CHRISTIAN: Das Personverständnis im mod. med. Denken (1952). – Conditio Humana, hg. W. VON BAEYER/R. M. GRIFFITH (1966). – E. KRETSCHMER: Der sensitive Beziehungswahn. Ein Beitrag zur Paranoiafrage und zur psychiat. Charakterlehre (⁴1966). – W. JACOB: Med. Anthropol. im 19. Jh. Mensch – Natur – Gesellschaft. Beitrag zu einer theoret. Pathol. Zur Geistesgesch. der soz. M. und allg. Krankheitslehre Virchows (1967). – H. PLÜGGE: Der Mensch und sein Leib (1967); Vom Spielraum des Leibes. Klin.-phänomenol. Erwägungen über 'Körperschema' und 'Phantomglied' (1970). – V. E. VON GEBSATTEL: Imago Hominis. Beitr. zu einer personalen Anthropol. (²1968). – G. HOFER: Der Mensch im Wahn (1968). – H. SCHIPPERGES: Utopien der M. Gesch. und Kritik der ärztl. Ideol. des 19. Jh. (1968). – H. TELLENBACH: Geschmack und Atmosphäre. Medien menschl. Elementarkontaktes (1968). – K. P. KISKER: Dialogik der Verrücktheit. Ein Versuch an den Grenzen der Anthropol. (1970); Mediziner in der Kritik (²1975). – W. BLANKENBURG: Der Verlust der natürl. Selbstverständlichkeit. Ein Beitrag zur Psychopathol. symptomarmer Schizophrenien (1971). – E. MINKOWSKI: Die gelebte Zeit 1. 2 (1971f.). – V. E. FRANKL: Der Wille zum Sinn. Ausg. Vortr. über Logother. (1972). – W. SCHULTE und R. TÖLLE: Wahn (1972). – D. WYSS: Die tiefenpsychol. Schulen von den Anfängen bis zur Gegenwart (⁴1972); Beziehung und Gestalt. Entwurf einer anthropol. Psychol. und Psychopathol. (1973). – G. BENEDETTI: Psyche und Biol. (1973); Der psychisch Leidende und seine Welt. Eine med.-psychol. Studie (1974); Ausgew. Aufsätze zur Schizophrenielehre (1975); Der Geisteskranke als Mitmensch (1976). – J. GLATZEL: Endogene Depressionen. Zur Psychopathol., Klinik und Therapie zyklothymer Verstimmungen (1973); Das psychisch Abnorme (1977). Allg. Psychopathol. (1978). – H. JONAS: Organismus und Freiheit (1973). – J. VON UEXKÜLL: Theoret. Biol. (1973). – H. BINDER: Probleme der Wirklichkeit. Von der Naturwiss. zur Met. (1975). – P. PROBST: Sinnlichkeit und Endlichkeit. Zum Problem romant. Anthropol. im Ausgang von J. Chr. A. Heinroth, in: Philos. Jb. 82 (1975) 90-102. – W. SCHULTE: Die Welt des psychisch Kranken (1974). – Psychiatrie in Selbstdarstellungen, hg. L. J. PONGRATZ (1977). – W. JACOB: Kranksein und Krankheit. Anthropol. Grundl. einer Theorie der M. (1978). – Leib – Geist – Gesch. Brennpunkte anthropol. Psychiatrie, hg. A. KRAUS (1978). – TH. VON UEXKÜLL und W. WESIACK: Wiss.theorie und Psychosomatik, in: Lb. der psychosomat. M., hg. TH. VON UEXKÜLL (1979) 5ff.

P. PROBST

Megarisch. Die Megarische Schule (M.S.) – gegründet um 380 v. Chr. von EUKLEIDES VON MEGARA und fortgeführt durch EUBULIDES VON MILET, DIODOROS KRONOS, ALEXINOS und STILPON – knüpft zugleich an die Eleaten und an Sokrates an, sofern sie das Eine des Parmenides und das Gute des Sokrates für einerlei und für allein seiend erklärt [1]. Um dies Schema durchzuhalten, beruhigt man sich angesichts der Verschiedenheit möglicher Ordnungsgrößen mit dem parmenideischen Argument [2], diese liege bloß in den Namen, nicht in der Sache [3]; entzieht man der sinnlichen Wahrnehmung jegliche Autorität; leugnet mit Zenon die Bewegung [4] und umgeht die aristotelische Unterscheidung von Dynamis und Energeia durch Leugnung der Möglichkeit als einer Modalitätskategorie des Wirklichen – eine These, die Aristoteles, bei dem an dieser Stelle die Megariker erstmals als solche apostrophiert werden, unter Verweis auf die Struktur der Techne widerlegt [5].

Die M.S. hat Platons im ‹Sophistes› erstmals vollzogenen Schritt, die sinnfällige Wirklichkeit zur Vernunftordnung zu vermitteln [6], nicht mitgemacht; daher kennzeichnet sie eine auffällige Beziehungslosigkeit von Theorie und Praxis. Theorie wird Eristik, eine an ihren Folgen – von religionskritischer Anwendung abgesehen [7] – uninteressierte Spielerei [8], deren megarische Variante ihre Argumente in der Form vorträgt, daß sie, die Prämissen überspringend, unmittelbar gegen die Schlußsätze zielt, um deren Unmöglichkeit zu erweisen [9]. Umgekehrt erinnert der megarische Begriff der Praxis an das kynische Lebensideal [10], sofern sich dieses in seiner Selbstgenügsamkeit theoretischer Begründung unbedürftig weiß. – Megarisch bedeutet hiernach Festhalten an der archaischen Metaphysik, die aber nach Sokrates nur als schlechtes Zugleich von Eleatismus und sophistischer Eristik [11] möglich ist.

Unter diesen Umständen sind die Megariker selbst nicht schuldlos daran, daß sie wirkungsgeschichtlich nur wenig Spuren hinterließen. Dies bestätigt N. HARTMANN gerade bei seiner Anknüpfung an den «Megarischen Möglichkeitsbegriff», wenn er dessen Originalfassung, «möglich sei überhaupt nur das Wirkliche», so deutet: «Möglich war nur das eine, das hinterher wirklich wird.

Möglich ist also nur, was entweder wirklich ist oder wirklich sein wird.» Hingegen habe Diodoros damit «nach Zenonischer Weise die Unmöglichkeit des Werdens und den Stillstand alles Seienden beweisen» wollen; er hätte aber eine seiner Zeit vorauseilende Folgerung ziehen können, hätte er nicht Möglichsein als «'Zustand' des Seienden neben dem des Wirklichseins gefaßt, sondern als ein im Wirklichsein enthaltenes und vorausgesetztes Modalmoment» [12].

Anmerkungen. [1] CICERO, Luc. 129. – [2] PARMENIDES, VS 28 B 8, 38-41. – [3] DIOGENES LAERTIOS II, 106. – [4] SEXTUS EMPIRICUS, Adv. math. X, 85ff. – [5] ARISTOTELES, Met. 1046 b 29ff. – [6] Vgl. F. D. SCHLEIERMACHER (Hg.): PLATONS Werke (^{3}1855) II, 2, 140f. zu Soph. 246 b ff. – [7] DIOGENES LAERTIOS II, 116. – [8] a.O. II, 108. – [9] II, 107. – [10] VI, 76. – [11] SVF II, 270f. – [12] N. HARTMANN: Möglichkeit und Wirklichkeit (1938) 13; vgl. 184f.

Literaturhinweise. A. RÜSTOW: Der Lügner. Theorie, Gesch. und Auflösung (1910). – A. LEVI: Le dottrine filos. della scuola di Megara (Rom 1932). A. MÜLLER

Mehrhabenwollen (griech. πλεονεξία, lat. avaritia). Die ursprüngliche Bedeutung von πλεονεξία, das Mehrhaben oder Mehrbekommen, erscheint schon in den frühesten Belegen oft auf den Willen nach dem Mehr übertragen und zugleich damit ethisch akzentuiert. So ist π. bei HERODOT und THUKYDIDES das ungerechte Streben nach einem πλέον von Macht und Besitz [1], dem als Gerechtigkeitsnorm das demokratische Ideal der Gleichheit (ἰσότης) gegenübersteht [2]. Welche Rolle dieser Gegensatz von Gleichheit und M. in der politischen Diskussion des 5. Jh. v.Chr. gespielt hat, läßt sich auch aus einer Stelle bei EURIPIDES erkennen, wo der Griff nach dem Mehr als Ursache der Tyrannis und sogar als Auflehnung gegen das kosmische Gleichmaß von Tag und Nacht verurteilt wird [3]. Diese Wertung, die dem alten griechischen Maßgedanken (μηδὲν ἄγαν) entspricht, wird aber gegen Ende des 5. Jh. völlig umgekehrt, als radikale Sophisten das Recht des Stärkeren verkünden, für den es natürlich und angemessen sei, mehr zu haben als die andern [4].

Dieser sophistischen Lehre tritt PLATON mit seiner Philosophie entgegen, besonders in ‹Gorgias› und ‹Politeia›. «Du siehst nicht, daß die geometrische Gleichheit (ἰσότης γεωμετρική) bei Göttern und Menschen viel vermag, sondern meinst, dich des M. befleißigen zu müssen», heißt es gegen Kallikles [5], wobei die geometrische oder analogische Gleichheit (a:b = c:d) eine aristokratische Stellungnahme zum Gerechtigkeitsproblem bedeutet: Ein Mehrhaben an Rechten bei einzelnen Bürgern und Ständen läßt Platon durchaus zu, aber es muß, anstatt der äußeren Stärke, dem inneren geistigen Rang entsprechen. Diese politische Norm leitet Platon noch ausdrücklicher als Euripides aus einer umfassenden kosmischen her, indem er lehrt, daß die geometrische Gleichheit «Himmel und Erde und Götter und Menschen» zusammenbinde und erst eigentlich zum Kosmos mache [6]. Die π. ist also ein Verstoß gegen die Weltordnung überhaupt, und es ist ganz folgerichtig, wenn Platon auch im außermenschlichen Bereich Störungen dieser Ordnung als π. erklärt: So ist die Krankheit eine π. unter den vier Elementen in organischen Leibern, und Seuchen bei Pflanze und Tier entstehen durch π. unter den durch die Elemente charakterisierten Jahreszeiten [7]. Liegt diese Begründung der ethischen Verurteilung der π. im ‹Gorgias› noch auf der Ebene des sinnlichen Kosmos, so entfaltet Platon in der ‹Politeia› zur Widerlegung der sophistischen These, daß «jede Natur das Mehrhaben als das Gute verfolgt und nur durch die Gewalt des Gesetzes zur Achtung des Gleichen hingeführt wird» [8], seine ganze Ideenlehre. Er zeigt, daß die menschliche Seele mit ihrer höchsten Fähigkeit auf die Idee des Guten blickt und auf einen transzendenten Kosmos, dessen ewig gleichbleibende gerechte Ordnung sie nachzuahmen trachtet [9]. Aber auch für die π. gibt es in der Transzendenz ein Urbild; denn neben die Idee des Guten stellt Platon in seinen mündlichen Vorträgen noch ein Prinzip des Schlechten, dessen Wirkung im Ideenkosmos freilich vom Prinzip des Guten vollständig unterworfen und zum dienenden Moment gemacht ist [10]. Wenn dies zweite Prinzip als die «unbegrenzte Zweiheit» (ἀόριστος δυάς) und als das «Große und Kleine» (μέγα καὶ μικρόν) bezeichnet wird und wenn ihm als nächst allgemeine Kategorien die «Ungleichheit» und das Verhältnis von «Übermaß und Mangel» untergeordnet werden [11], so ist es klar, daß auch die π. mit ihrem Merkmal des 'Zuviel' (mit dem ja notwendig ein 'Zuwenig' verkoppelt ist) unter dies Prinzip fällt [12]. In der π. erscheint also sehr deutlich die Grundstruktur des Schlechten überhaupt.

ARISTOTELES gibt der π. einen genau umrissenen Platz in seiner Übersicht der einzelnen Tugenden und Laster: Die π. ist das Gegenteil der δικαιοσύνη (Gerechtigkeit) im engeren Sinne, also ἀδικία (Ungerechtigkeit) im Verhältnis πρὸς ἕτερον (zum anderen) [13]. Das entspricht der platonischen Verwendung im politischen Bereich. Genauer als Platon unterscheidet Aristoteles aber zwischen dem Zuteilen von Gütern (διανομή), wo allein die analogische Gleichheit gelte, und den Verträgen und Händeln zwischen Menschen (συναλλάγματα), worin die arithmetische Gleichheit die Norm sei [14]. In beiden Fällen hat π. die Bedeutung «ungerechte Habsucht», «Eigensucht». Daneben begegnet noch ein schon bei Platon vorkommender erweiterter Gebrauch, wonach sich die π. nicht nur auf äußere Güter und Macht, sondern auch auf leibliche Genüsse bezieht [15]. Hier umfaßt π. außer der Ungerechtigkeit im politischen Verhalten auch die Zügellosigkeit im Privatleben (ἀκολασία), aber diese Bedeutung wird nicht terminologisch festgelegt. Die biologische und meteorologische Anwendung des Wortes läßt Aristoteles ganz fallen und verzichtet auch auf die Einordnung in eine umfassende Ontologie. Aber wenn er jede Charaktertugend grundsätzlich als ein Mittleres zwischen den Extremen des Zuviel und Zuwenig erklärt, so hat er eine Grundstruktur aus der platonischen Prinzipienlehre beibehalten, und auch bei ihm ist die π. ein augenfälliger Beleg für diese Struktur.

In der hellenistisch-römischen Popularphilosophie wird das Laster der π. (lat. avaritia) zu einem Hauptangriffspunkt der moralischen Ermahnung [16]. – PAULUS bezeichnet – wohl beeinflußt von dem Jesuswort über den Mammon – die π. als Götzendienst [17].

Anmerkungen. [1] HERODOT VII, 149, 3; THUKYDIDES III, 45, 4; III, 82, 8. – [2] THUKYD. III, 84, 1. – [3] EURIPIDES, Phoen. 531-567. – [4] Faßbar nur als Lehre des platon. Kallikles (Gorg. 483 c-484 c) und Thrasymachos (Resp. I); Vgl. KRITIAS, VS II, 385, 88 B 22. – [5] PLATON, Gorg. 508 a. – [6] a.O. 508 a. – [7] Tim. 82 a; Symp. 188 b; Nom. X, 906 c. – [8] Resp. II, 359 c. – [9] Resp. VI u. VII, bes. 500 c. – [10] Vgl. H. J. KRÄMER: Arete bei Platon und Arist. (1959, ²1967) Reg. S. 595: ‹Prinzipienlehre›; ebda.: Verweise unter π. – [11] Testimonia Platonica 22 A. B; 23 A. B; 31; 32, §§ 263-275, im Anhang zu K. GAISER: Platons ungeschriebene Lehre (1963, ²1968). – [12] Vgl. PLATON, Tim. 82 a. – [13] ARISTOTELES, Eth. Nic. V, 2-4. – [14] a.O. V, 5-9. – [15] IX, 1168 b 16-19; vgl. PLATON, Resp. IX, 586 b. – [16] z. B. CICERO, Tusc. IV, 24f. 26.

79; De leg. I, 51; SALLUST, Bell. Cat. 9-13; SENECA, Ep. mor. 90. – [17] PAULUS, Eph. 5, 5.

Literaturhinweise. F. DÜMMLER: Proleg. zu Platons Staat und der platon. u. aristot. Staatslehre (1891). Kl. Schr. 1, 150ff. – G. DELLING: Art. πλεονέκτης, πλεονεκτέω, πλεονεξία, in: Theol. Wb. zum NT, hg. KITTEL 6 (1959) 266-274. W. SCHWABE

Mehrheit, Mehrheitsprinzip (Majorität, Majoritätsprinzip). – 1. ‹Mehrheit› (M.) und ‹Mehrheitsprinzip› (Mp.) sind historisch in der Staatsphilosophie, heute in der Politik- und der Rechtswissenschaft beheimatete Begriffe. ‹M.› bezeichnet bei in Gruppen, Personenverbänden und Gremien privater, halbstaatlicher, staatlicher oder suprastaatlicher Natur durchgeführten Meinungsbildungen, Abstimmungen, Wahlen usw. zunächst einfach den «größeren» Teil. Relevanz erhält der Begriff der M. erst durch das Mp., demzufolge bei den genannten Vorgängen die Gesamtheit dem Willen dieses «größeren» Teiles zu entsprechen hat.

Das Mp. als Idee knüpft zwar eigentlich an das Aufaddieren der untereinander gleichwertigen Stimmen aller von der Entscheidung Betroffenen an, setzt also eine gewisse Gleichheit voraus und steht von daher in starker Affinität zu demokratischen Strukturen [1]. Es ist jedoch zu allen Zeiten und in allen Staatsformen auffindbar. Zumeist wurde und wird es allerdings, auch in der Demokratie, durch Variationen, institutionelle Verkoppelungen und Mechanismen umgeformt und abgeschwächt – häufig auch manipuliert:

a) *durch Ausschluß eines Teils der Betroffenen* (z. B. der Nichtadeligen, Nichtgrundbesitzer, der Frauen, Minderjährigen, Sklaven, Analphabeten, von nationalen oder rassischen Gruppen – auch wenn die Genannten die M. sind);

b) *durch hervorhebende Wertung* Einzelner (z. B. des Vorsitzenden) oder einer Gruppe (z. B. der Ältesten), eventuell sogar in mehreren Abstufungen (z. B. Dreiklassenwahlrecht);

c) *durch bestimmte Anteile (Quoten) und Bezugsgrößen (Quoren)*, also einfache, relative, absolute, qualifizierte (z. B. Zweidrittel-)M. der Berechtigten oder der Anwesenden oder der Abstimmenden;

d) *durch sonstige Institutionen und Mechanismen*, z. B. komplizierte Wahl- und Abstimmungssysteme, mehrere Abstimmungsgänge, Parallel- oder Hintereinanderschaltung von Gremien, durch Kommissionen und Ausschüsse, Minderheitsrechte, Vorschlagsrechte, Verfahrensrechte, Sperrminoritäten usw. – auch hier hat manchmal ein Einzelner mehr Rechte als alle anderen zusammen (Vetorecht, Antrag auf geheime Abstimmung).

2. Schon Athen und Rom stimmten mehrheitlich ab. Bereits in der berühmten Leichenrede des *Perikles* [2] wird die bindende M.-Entscheidung der Stimmbürger (πλείονες) mit dem Begriff der «Demokratie» verbunden. In *Rom* fand das Mp. allerdings nur innerhalb der Tribus Anwendung und war durch vielfältige Veto- und Interzessionsrechte eingeschränkt [3]. – Bei den *Germanen* wurde der Wille der Versammlung hingegen durch nicht ausgezählte Akklamation, «mit gesamter Hand und gemeinem Mund» [4], d. h. durch Einstimmigkeit oder deren Fiktion gefaßt. In bestimmten Fällen mußte sich die Minderheit schon vor der Abstimmung eine Folgepflicht auferlegen (sog. «verdecktes» Mp. [5]), ansonsten kam es zur «Spaltung in Teilgesamtheiten» [6].

Der eigentliche Durchbruch des Mp. in der geistigen und politischen Geschichte Europas gelang jedoch erst, als im *römischen und kanonischen Recht* Formeln gefunden wurden, die das Ersetzen des Willens aller durch den Willen eines Teils plausibel machten und so dem Korporationsbegriff den Weg bahnten: SCAEVOLA und ULPIAN fingierten den M.-Beschluß als Beschluß der Gesamtheit (refertur ad universos quod publice fit per maiorem partem [7]). Über die Frühkirche gelangten deren Sätze ins kanonische Recht, das differenzierte, ob viele als Gesamtheit (plures ut universi) oder viele als bloße Vielheit von Einzelnen (plures ut singuli) befragt waren, ähnlich später die Glossatoren und Postglossatoren (ODOFREDUS: omnes ut universi, omnes ut singuli [8]). Innerhalb der Korporation galt dann «Quod maior pars capituli facit, totum capitulum facere videtur» [9]. Allerdings war wahre M. zunächst nur die größere *und* «besonnenere» Seite (pars maior et sanior), worüber der superior entschied, was nichts anderes bedeutete als eine Unterordnung des Mp. unter das Autoritätsprinzip. Auch nachdem sich die Meinung durchgesetzt hatte, die M. müsse in jedem Fall entscheidend sein, versuchte man der Forderung der sanioritas zumindest dadurch zu genügen, daß man, wie exemplarisch schon bei der Papstwahl, eine Zweidrittel-M. verlangte [10]. Gegen Anfang des 14. Jh. setzte sich das Mp. auch bei der Wahl des deutschen Königs durch: Wahl Rudolf v. Habsburgs 1273, Constitutio Lud. Licet iuris 1338, Goldene Bulle 1356 [11].

In der *Neuzeit* entwickelten sich, vor allem aus der Praxis des englischen Parlamentes, jene Grundsätze mehrheitlich abstimmender Repräsentativgremien, die heute die integrierenden Bestandteile der bürgerlich-westlichen Demokratien bilden, nämlich allgemeine Wahlen, Repräsentation durch Parlamente, freies Abgeordnetenmandat, Beschlußfähigkeit und vor allem das Mp. [12]. Bedeutsam für die Gegenwart war schließlich der Siegeszug des Geschworenengerichtes auf dem europäischen Kontinent im 19. Jh. [13].

Eine in ihrer Bedeutung noch kaum abzuschätzende Renaissance hat das Mp. in der gegenwärtigen Diskussion über *Partizipation* («Demokratisierung») gefunden. Hier geht es darum, ob in bestimmten Bereichen (Schule, Hochschule, Kirche, Presse, Betrieb u.a.) Sachkenntnis, Erfahrung, Effektivität und parlamentarische Verantwortlichkeit bzw. die Eigentumsgarantie der Einbeziehung der unmittelbar Betroffenen unter Anwendung des Mp. Grenzen setzen oder nicht.

Neu gestellt hat sich die Problematik des Mp. im Zusammenhang mit der Entstehung internationaler Körperschaften; dem Fehlen eines «Gemeinwillens» entsprechen, z. B. in den Vereinten Nationen [14], weitgehende Reservats- und Vetorechte.

3. Das Mp. ist mithin in der Geschichte – und in der Gegenwart, bemerkenswerterweise gerade auch in vielen Ländern der Dritten und Vierten Welt – keine Selbstverständlichkeit. Auch in der Geschichte der *Staatsphilosophie* haben die Begründungen des Mp. häufig gewechselt, sind viele Denker geradezu zur Statuierung eines «Minderheitsprinzips» gekommen.

So ist es bei PLATON die Erkenntnis (ἐπιστήμη) Weniger, die diese zur Herrschaft berechtigt [15]. Nach ARISTOTELES hingegen muß die Entscheidung, wer der Tüchtigste sei, bei der M. der Vielen (πολλοί) liegen, weil sie in ihrer Gesamtheit mehr Einsicht und Tugend besäßen als ein Einzelner [16]. CICERO dagegen fordert, daß im Falle, daß «die Guten (boni) mehr Einfluß besitzen als die Menge», die Stimmen gewogen und nicht gezählt werden [17]. Ähnlich verlangt auch MACHIAVELLI, daß im Falle eines Konflikts zwischen verfassungsgemäßen M.-Beschlüssen einerseits sowie vernunftgemäßen Entscheidungen Einzelner andererseits das Vernunftprinzip dem Mp. übergeordnet werde [18]. Die Gleichsetzung des Willens der M. mit jenem des Ganzen wird bei GROTIUS naturrechtlich begründet; eine Einschränkung ist nur durch «Verträge oder positive Gesetze» möglich [19]. Nach HOBBES dagegen muß durch einstimmigen Beschluß der Staatsgründung ausdrücklich statuiert werden, daß «das als Wille aller gelten solle, was die M. wolle» [20]; denn der so konstituierte korporative Wille kann sich auch im absoluten Monarchen ausdrücken [21]. LOCKE geht hingegen davon aus, daß durch den Entschluß, «eine einzige Gemeinschaft oder eine Regierung zu bilden», die Teilnehmer sich dieser «gleichzeitig einverleibt» haben und «einen einzigen politischen Körper» bilden, «in dem die M. das Recht hat, zu handeln und die übrigen mitzuverpflichten» [22].

In der Französischen Aufklärung wird das Verhältnis zwischen Mp. und vernunftgemäßer Entscheidung neu problematisiert. So fordert MONTESQUIEU ähnlich wie Aristoteles die Delegierung der Angelegenheiten, welche das Volk nicht «selbst gut leisten kann», an «seine Minister». Denn: «Die M. der Bürger ist durchaus geeignet auszuwählen, nicht aber, gewählt zu werden» [23]. Nach ROUSSEAU ist es eine «unmittelbare Folge» des einstimmig geschlossenen Gesellschaftsvertrages, daß Stimmen-M. für alle Entscheidungen verbindlich ist. In der Stimmenzahl drücke sich die «volonté générale» aus; je mehr sich die Mehrheit der Einstimmigkeit nähere, desto größere Herrschaft gewinne dabei die «volonté générale» [24].

Auch für KANT ist das Mp. eine Folge des Gesellschaftsvertrages. Weil Einstimmigkeit in einem großen Volke nicht erwartet werden dürfe, habe man sich mit einer M. der Stimmen zu begnügen: Dieser Grundsatz werde «als mit allgemeiner Zusammenstimmung, also durch einen Contract, angenommen, der oberste Grund der Errichtung einer bürgerlichen Verfassung sein müsse» [25]. Das Stimmrecht soll jedoch auf den *«Bürger»* beschränkt sein, der *«sein eigener Herr»* (sui iuris)», d.h. ökonomisch selbständig ist [26]. Diese Tradition [27], die sich immer wieder auf die mangelnde Interessiertheit der besitzlosen Menge berief, pointiert SCHILLER: «Mehrheit ist der Unsinn; / Verstand ist stets bei wenigen nur gewesen. / Bekümmert sich ums Ganze, wer nicht *hat*? / Hat der Bettler eine Freiheit, eine Wahl? / ... Man soll die Stimmen wägen und nicht zählen» [28]. FICHTE konstruiert aufgrund der einstimmigen Konstitution des Staates zwar eine bedingte Pflicht der Minderheit, sich der M. zu unterwerfen, betont jedoch insgesamt eher das Prinzip der Einstimmigkeit und fordert die Übertragung auch der gesetzgebenden Gewalt auf die vernunftgemäß und rechtens handelnde Exekutive [29].

Die erste umfassende Anwendung des Mp., die Demokratie der Vereinigten Staaten [30], wurde zum Gegenstand der grundlegenden Kritik TOCQUEVILLES: Das Mp. läßt «in den Demokratien» «außerhalb der M.» nichts zu, «was widersteht» [31]. Aus der fehlenden Appellationsmöglichkeit gegenüber der «Volkssouveränität» an die übergeordnete Instanz der «Souveränität des Menschengeschlechts» ergibt sich die Tyrannei der M. [32] und in ihr geförderter Verwaltungswillkür [33] und Mediokrität [34]. Trotz Tocqueville und der sich ihm anschließenden Tradition der Kritik am Mp. [35] gewann es in den demokratischen Bewegungen des 19. Jh. allgemeine Zustimmung. Immer wieder bedroht war es allerdings durch die autoritären Tendenzen, die von berufsständischen Ansätzen bis zur totalen Negation des Mp. im faschistischen Führerprinzip reichen.

Die *sozialistische* Kritik an der bürgerlichen Demokratie bezeichnet die dort herrschenden M.en wegen der bestehenden – insbesondere ökonomischen – Ungleichheiten als manipuliert bzw. lediglich formal und fordert die Befreiung der M. (d.h. der ausgebeuteten Werktätigen) unter der Führung avantgardistischer Parteikader durch die «Diktatur des Proletariats». In ihr sehen MARX und ENGELS die historisch erstmalige Herrschaft der M. auf gesellschaftlicher Ebene [36]. MAO TSETUNG spricht von «zentralangeleiteter Demokratie» und der «demokratischen Diktatur» des Volkes über die Minderheit der Reaktionäre ohne Stimmrecht [37]. LENIN betont, daß auch die Anwendung des Mp. in Form der «Diktatur des Proletariats» mit der endgültigen Aufhebung des Staates verschwindet [38], während nach BAKUNIN das Mp. erst durch die Beseitigung der immer minoritären staatlichen Strukturen durchgesetzt werden kann [39].

Gegenüber den mechanistischen Interpretationen des Mp., die bis hin zur Ableitung absoluter Blankovollmacht aus der «51-prozentige[n] M.» gehen [40], wurde in der späteren Diskussion über die parlamentarische Demokratie das innerhalb einer verfassungsmäßigen Ordnung angewandte absolute Mp. als «relativ größte Annäherung an die Idee der Freiheit» [41] und optimaler Schutz auch der Minorität bestimmt [42]. G. LEIBHOLZ bezeichnet es als das demokratische Prinzip schlechthin, «weil es innerhalb der Demokratie das größtmögliche Maß von Gleichheit gewährleistet» [43].

4. Zahlreiche Begründungsversuche dürfen indessen nicht darüber hinwegtäuschen, daß es eine *zwingende* Begründung nicht gibt. Im Anschluß an die erneute Fruchtbarmachung des relativierenden Begriffs der «Plausibilität» für die juristische Argumentationstheorie durch O. BALLWEG [44] und W. BAYER [45] ließe sich indessen fragen, ob der gegenwärtige Siegeszug des Mp. seinen Ursprung weniger in inhaltlichen Strukturen hat als in der durch den «situativen Zusammenhang» (TH. VIEHWEG [46]) mit der Demokratie bedingten höheren Plausibilität. Von daher ließe sich erklären, warum anderen Gesellschaftssystemen andere Auswahlprinzipien, z.B. das Charisma, offenbar plausibler erschienen sind und warum – meist bei besonderem Ausmaß – Sachverstand, Geld, Macht, selbst Charisma, diese auch heute noch eine höhere Plausibilität erreichen und das Mp. verdrängen können, nämlich: wenn bestimmte «situative Zusammenhänge» gegeben sind.

Anmerkungen. [1] Vgl. U. SCHEUNER: Das Mp. in der Demokratie (1973) 9. – [2] Vgl. THUKYDIDES, Historiae II, 37. – [3] Vgl. TH. MOMMSEN: Röm. Staatsrecht (1887, ND 1963) 3, 1, 396ff. – [4] O. v. GIERKE: Über die Gesch. des Majoritätsprinzips, in: Essays in legal hist., hg. P. VINOGRADOFF (London u.a. 1913) 315; vgl. 322. – [5] H. MITTEIS: Die dtsch. Königswahl (Wien ²1944) 169. – [6] GIERKE, a.O. [4]. – [7] ULPIAN, D. 50, 17, 160. – [8] Vgl. O. v. GIERKE: Das dtsch. Genossenschaftsrecht 3 (1881, ND 1954) 392 mit Anm. 162. – [9] a.O. 323 mit Anm. 244. – [10] Zum ganzen vgl. 220–222. 323–330. 470–476. – [11] Vgl. [4] 315f. – [12] Vgl. H. A. SCHWARZ-LIEBERMANN VON WAHLENDORF: M.-Entscheidung und Stimmenwägung (1953) 37ff. – [13] Vgl. A. ZACKE: Über Beschlußfassung in Versammlungen und Collegien (1867) 151f. 155f. 171ff. – [14] Vgl. G. LEIBHOLZ: Strukturprobleme der mod. Demokratie (³1967) 236f. – [15] PLATON, Politikos 292 c–297 b; Resp. 489 b–493 e. – [16] ARISTOTELES, Polit. 1281 a/b. – [17] CICERO, De re publica VI, 1. – [18] Vgl. MACCHIAVELLI, Discorsi I, 9, 53. 55. – [19] H. GROTIUS, De iure belli ac pacis II, 5, § 17. – [20] TH. HOBBES, De cive VI, 2. – [21] Vgl. Leviathan XVIII, 26. – [22] J. LOCKE, Two treatises of government 2, VIII, §§ 95. 96. – [23] C. DE MONTESQUIEU, De l'esprit des lois II, 2. – [24] J.-J.

ROUSSEAU, Contrat social IV, 2. – [25] I. KANT, Akad.-A. VIII 296. – [26] a.O. 295. – [27] Vgl. C. B. MACPHERSON: Besitzindividualismus (1967) bes. 140-181. – [28] FR. SCHILLER, Demetrius, 1. Aufz. National-A. 11 (1971) 23. – [29] J. G. FICHTE, Grundl. des Naturrechts nach Principien der Wiss.lehre. Sämmtl. Werke 3 (1845/46) 178ff. – [30] Vgl. TH. JEFFERSON: An A. v. Humboldt (13. 6. 1817) in: Auswahl aus seinen Schriften, übers. und hg. W. GROSSMANN (Cambridge, Mass. 1945) 127f. – [31] A. DE TOCQUEVILLE, De la démocratie en Amérique. Oeuvres compl. 1/1 (Paris ⁷1951) 257. – [32] a.O. 262. – [33] Vgl. 264f. – [34] Vgl. 266. 269. – [35] Vgl. z.B. G. JELLINEK: Das Recht der Minoritäten (1898) 40ff.; J. BINDER: Philos. des Rechts (1925) 300f. – [36] K. MARX/F. ENGELS, Manifest der Kommunist. Partei. MEW 4, 472f.; K. MARX, Die Klassenkämpfe in Frankreich a.O. 7, 89f.; Kritik des Gothaer Programms a.O. 19, 28. – [37] Vgl. MAO TSE-TUNG, in: SCHRAM: Das Mao-System (1972) 265. 270. – [38] Vgl. V. I. LENIN, Staat und Revolution, Werke 25 (Berlin-Ost 1960) 469. – [39] Vgl. M. BAKUNIN: Staatlichkeit und Anarchie (1972) 179f. – [40] C. SCHMITT: Legalität und Legitimität (1932) 33. – [41] H. KELSEN: Allg. Staatslehre (1925) 323. – [42] Vgl. a.O. 323f. – [43] LEIBHOLZ, a.O. [14] 151. – [44] O. BALLWEG: Science, prudence et philos. du droit. Archiv Rechts- und Sozialphilos. (1965) 555. – [45] W. BAYER: Plausibilität und jur. Argumentation (Diss. Mainz 1975). – [46] TH. VIEHWEG: Topik und Jurisprudenz (⁵1974) 111ff.

Literaturhinweise. O. v. GIERKE s. Anm. [4]. – W. STAROSOLSKY: Das Majoritätsprinzip, in: Wiener wiss. Stud. 13 (1916) H. 2. – L. KONOPCZYNSKI: Art. ‹Majority›, in: Encyclop. social sci. (New York 1933) 55-60. – H. HÖPKER: Grundl., Entwickl. und Problematik des Mp. und seine Stellung in der Demokratie (Diss. Köln 1957). – H. J. VARAIN: Die Bedeutung des Mp. im Rahmen unserer polit. Ordnung. Politik 11 (1964) 239-250. – J. BALTZER: Der Beschluß als rechtstechn. Mittel organschaftlicher Funktion im Privatrecht (1965) 186ff. – W. KENDALL: Locke and the doctrins of majority rule (Urbana, Ill. ³1965). – G. und E. KÜCHENHOFF: Allg. Staatslehre (⁷1971) 121-147. – F. ELSENER: Zur Gesch. des Majoritätsprinzips (Pars maior und Pars sanior) insbes. nach schweizerischen Quellen. Savignys Z. Rechtsgesch., Kanon. Abt. 73, 73ff. – U. SCHEUNER s. Anm. [1]. – R. Herzog: Art. ‹Mp.›, in: Evang. Staatslex. (²1975) 1547ff. – P. HÄBERLE: Das Mp. als Strukturelement der freiheitlich-demokrat. Grundordnung. Juristen-Ztg. (1977) 241-245. R. NAUJOKS

Mehrwert (ital. plus valore, frz. surplus, engl. surplus value). Eine erste Annäherung an die Kategorie des M. bietet, wenn auch primär unter ethisch-moralischem Aspekt, die Wucherdefinition der *Kirchenväter* und des ‹Corpus Iuris Canonici›, die ausgehend von einschlägigen Bibelstellen und dem schon von ARISTOTELES formulierten Befund von der Unfruchtbarkeit des Geldes [1] strikt jeden zurückzuzahlenden Betrag über das ausgeliehene Geldkapital (sors) hinaus als unzulässig, ja als Raub brandmarken [2]: «... usuram appellari et superabundantiam, quidquid illud est, si ab eo quod dederit, plus acceperint», heißt es bei HIERONYMUS [3]. Tatsächlich kann schon bei der einfachen Warenproduktion immer dann von M. gesprochen werden, wenn der Geldverleiher sich unter der Form des Zinses den gesamten Überschuß über den zur Subsistenz notwendigen Ertrag der noch im Besitz ihrer Arbeitsmittel befindlichen Produzenten unentgeltlich aneignet.

Auch sprachlich sind in der *lateinischen* Wucherliteratur mit den Wörtern und Wendungen ‹plus accipere›, ‹superabundantia›, ‹incrementum›, ‹ultra valorem› oder dem formelhaften ‹(plus) ultra sortem› [4] die Grundlagen für den M.-Begriff zu suchen, denen das *französische* ‹surplus› [5] entspricht, das auch im Deutschen eine analoge Verwendung fand [6]. Das *deutsche* Wort ‹M.› ist wohl ebenfalls aufgrund lateinischen Vorbilds in den Zinsdekreten des 16. Jh. aufgekommen, wo es aber noch kaum begriffliche Qualität aufweist und nur als Komparativkonstruktion (mer wert) [7] begegnet. In der deutschen ökonomischen Theorie spielt das Wort bis Marx im Grunde keine Rolle, in der Lexikographie ist es zuerst 1809 in J. H. CAMPES ‹Wörterbuch der Deutschen Sprache› gebucht.

Den englischen *Merkantilisten* – und mit ihnen hebt die Ökonomie als eigenständige Wissenschaft erst an – stellt sich als Ideologen des Handelskapitals der M., den sie wie jeden Produktionsüberschuß über die individuelle oder nationale Konsumtion unspezifisch mit ‹surplus›, ‹overplus› oder ‹superfluity› fassen, in der Form der aktiven Handelsbilanz dar. Aufgrund ihres statischen, relativen Begriffs des Reichtums kann dieser nur vermehrt werden, wenn durch Exportüberschuß mehr Edelmetalle ins Land geholt werden, national erfolgt nur eine Umverteilung: «... to be gainers in the Balance of Trade», schreibt CH. DAVENANT 1699, «we must carry out of our own product what will purchase the things of foreign growth that are needful for our own consumption, with some overplus, either in bullion or goods, to be sold in other countries; which overplus is the profit a nation makes by trade ...» [8].

Während die Merkantilisten den M. somit aus der Zirkulationssphäre herleiten, verlegen F. QUESNAY und die anderen *Physiokraten* die Untersuchung über seine Entstehung in die unmittelbare Produktion. Da sie den Wert aber nicht auf seine Substanz, die gesellschaftliche Arbeit, reduzieren, sondern noch roh als stofflichen Zuwachs (addition de substance) [9] sehen, vermag demgemäß nur der Wirtschaftssektor bzw. nur die Arbeit ein «produit net» [10] – LE TROSNE gebrauchte 1777 schon den Begriff ‹plus-valeur› [11] – hervorzubringen, die einen Überschuß (excédant) [12] über die verbrauchten Subsistenzmittel produziert, d. h. die Urproduktion, namentlich die Landwirtschaft. Die allgemeine Form des M. ist deshalb bei den Physiokraten die Grundrente, von der industrieller Profit und Geldzins nur Abzüge darstellen [13].

A. SMITH hat die Arbeit vom Standpunkt des britischen *Manufakturkapitalismus* unter Verallgemeinerung der physiokratischen Lehre und früherer arbeitswerttheoretischer Ansätze [14] in allen Bereichen der Produktion zum Schöpfer von gesellschaftlichem Wert eingesetzt und den Profit als einen Abzug der vom Arbeiter erbrachten «additional quantity of industry» [15] bestimmt, den sich der Unternehmer ohne Äquivalent aneignet: «The value which the workmen add to the materials ... resolves itself in this case into two parts, of which the one pays their wages, the other the profits of their employer ...» [16]. Smith hat damit den Ursprung des M. erkannt. Freilich hat er ihn noch nicht von seinen Erscheinungsformen Profit, Rente und Zins geschieden und als eigenständige Kategorie herausgearbeitet, obwohl er schon wie später D. Ricardo über einschlägiges sprachliches Material (surplus, new value of the surplus produce, oder additional value) [17] verfügt. (Den letzteren Begriff hatte schon J. LAW 1705 im Zusammenhang mit der Frage gebraucht, inwieweit der Wert eines Metalls durch die Prägung als Münze einen Zuwachs erfährt) [18].

Auch RICARDO hat den M. nicht als gesonderte Kategorie behandelt, sondern wie Smith mit dem Profit konfundiert, den er in einem gegensätzlichen Verhältnis zum Lohn sieht [19]. In der Bestimmung des Werts ist Ricardo aber insoweit konsequenter, als er ihn prinzipiell nach der verausgabten Arbeitsquantität bemißt – eine Charakterisierung, die bei SMITH nur für die «rude ages» Gültigkeit hat, als die Produzenten noch im Besitz ihrer Produktionsmittel waren, während sich in der kapitalistischen Produktionsweise der Warenwert nach dem Wert der Arbeit definiert, d. h. nach der Arbeit, die im Austausch für diese Waren auf dem Markt erhältlich ist [20]. RICARDO ignoriert bei seinem Festhalten am Wertgesetz jedoch die damit von Smith aufgeworfene Frage, wie ohne Verletzung des Wertgesetzes ein «additional value» erzielt werden kann, wenn sich Kapital und Lohnarbeit äquivalent austauschen.

Diesen Widerspruch konnten auch die Vertreter der *proletarischen* politischen Ökonomie wie CH. HALL, W. THOMPSON, T. HODGSKIN, J. F. BRAY u. a. noch nicht lösen, die auf der Grundlage von Smiths und Ricardos Arbeitswerttheorie für die Arbeiter das Recht auf den ganzen Arbeitsertrag reklamierten. Immerhin geht aber der anonyme Verfasser von ⟨The Source and Remedy of the National Difficulties⟩ (1821) darin über Smith und Ricardo hinaus, daß er den M., den er explizit in «surplus labour» [21] auflöst, von seinen besonderen Formen trennt, allerdings noch nicht begrifflich: Er spricht von «interest», benennt also die allgemeine nach einer spezifischen Form: «... the interest paid to the capitalists, whether in the nature of rents, interests of money, or profits of trade, is paid out of the labour of others» [22]. THOMPSON, den A. Menger zu Unrecht als eigentlichen Begründer der M.-Theorie apostrophiert [23], kommt dagegen in diesem Zusammenhang nur das Verdienst zu, 1824 als erster den Begriff ⟨surplus value⟩ verwendet zu haben [24].

K. MARX hat das Scheitern seiner Vorgänger, den M. als solchen rein darzustellen und ihn bzw. den Profit im Einklang mit dem Wertgesetz herzuleiten, auf methodische und erkenntnistheoretische Gründe (Mangel an Historizität und Abstraktion) zurückgeführt, die nicht zuletzt klassenbedingt waren. Die Prämisse der bürgerlichen Ökonomen, daß der Kapitalismus die natürliche und ewige Form der Produktion sei, überhob sie einer stringenten historischen, dialektischen Analyse von Warenproduktion und Wert, den sie im Grunde nur als quantitatives Problem sahen. Marx wies nach, daß mit dem Übergang von der einfachen zur kapitalistischen Warenproduktion und der sie konstituierenden Trennung der unmittelbaren Produzenten von ihren Produktionsmitteln bei juristischer Freiheit die Arbeitskraft Warencharakter annimmt. Der Arbeiter verkauft danach also nicht die Arbeit, wie die Vorgänger von Marx dafür hielten, sondern die Arbeitskraft an den Kapitalisten, für den sie im Gegensatz zu allen anderen Waren den spezifischen Gebrauchswert hat, mehr Wert zu produzieren, als sie selbst verkörpert. Diese «Plusmacherei» [25] ist nach Marx das Geheimnis der Kapitalverwertung und das Grundgesetz der kapitalistischen Produktionsweise. Er nennt das durch unbezahlte Arbeit erzielte «Inkrement» [26] über den vom Kapitalisten vorgeschossenen Wert seit den ⟨Grundrissen⟩ (1857–58) ⟨M.⟩ [27], das er 1842 noch in der allgemeinen Bedeutung «mehrer oder größerer Werth» [28] benutzt hatte, häufig auch «Surpluswert» oder nach Thompson «surplus value» [29]. Marx unterscheidet dabei zwischen *absolutem* und *relativem* M.: Der erstere entsteht durch Verlängerung des Arbeitstages bei gleichbleibendem Wert der Arbeitskraft, der letztere durch Verkürzung der notwendigen Arbeitszeit, d. h. durch Senkung des Wertes der Arbeitskraft infolge der Verringerung des Wertes der Waren, die zur Reproduktion der Arbeitskraft notwendig sind [30].

Der M. erscheint jedoch selbst nicht unmittelbar an der Oberfläche der kapitalistischen Gesellschaft, sondern in der verwandelten Form des Profits, weil sich der Ursprung der Wertveränderung auf der Erscheinungsebene nicht als Ergebnis von Mehrarbeit bzw. dem in Lohnarbeit verauslagten Kapitalteil darstellt, sondern als Resultat des Gesamtkapitals, und zudem der Wert durch die von der Konkurrenz hervorgebrachte Profitrate zum Produktionspreis modifiziert wird [31].

Die von Marx im Rahmen seiner Kritik der politischen Ökonomie vollendete objektive Werttheorie und deren zentrale Kategorie ⟨M.⟩ wird von der *bürgerlichen* Ökonomie zumal wegen der daraus gezogenen soziologischen und politischen Folgerungen – Klassenantagonismus und revolutionäre Rolle der Arbeiterklasse – nicht akzeptiert. Schon seit den 20er Jahren des 19. Jh. vollzog sich – begünstigt durch die von Smith und Ricardo hinterlassenen Widersprüche und unter dem Eindruck der aufkommenden Arbeiterbewegung [32] – eine verstärkte Hinwendung zur dogmengeschichtlich älteren subjektiven Werttheorie einerseits, die in der Grenznutzenschule bzw. der reinen Preislehre ausmündet [33], und zur Produktionsfaktorentheorie andrerseits, für die sich das Problem eines M. entweder gar nicht mehr stellt oder die seine Entstehung anderen Faktoren als der Lohnarbeit zuschreibt.

Anmerkungen. [1] ARISTOTELES, Politik 1258 b. – [2] Corp. iur. civ. Sec. P, c. XIV, q. IV, c. X. – [3] HIERONYMUS, MPL 25, 177. – [4] a.O. 176f.; Corpus Reformatorum 68 (1889) 429; L. MOLINA: De iustitia et iure (1592) Tract. II, Disp. 304. – [5] Vgl. J. DE LA VEGA: Confusion de confusiones (Amsterdam 1688) 65. – [6] J. H. CAMPE: Allg. Schatz-Kammer der Kauffmannschafft 4 (1742) Art. ⟨Surplus⟩. – [7] Vgl. Beleg bei M. NEUHAUS: Gesch. des Wuchers in Deutschland (1865) 205. – [8] CH. DAVENANT, The polit. and commercial works 2 (London 1771) 199; vgl. auch MEW 26/1, 11. – [9] Physiocrates. QUESNAY, D. DE NEMOURS, M. DE LA RIVIÈRE, BAUDEAU, LE TROSNE, hg. E. DAIRE (Paris 1846) 939. – [10] a.O. 355. – [11] 945; vgl. auch 959f. – [12] 907. – [13] Vgl. 272 sowie MEW 26/1, 17. – [14] Vgl. R. L. MEEK: Stud. in the labour theory of value (London ²1973). – [15] A. SMITH, An inquiry into the nature and causes of the wealth of nations (1776), hg. CAMPBELL/SKINNER (Oxford 1976) 337. – [16] a.O. 66. – [17] 86. 409. 374. 337; D. RICARDO, The works and correspondence, hg. P. SRAFFA 1 (Cambridge 1951) 51. 114. 124. – [18] Money and trade considered (Edinburgh 1705) 10; vgl. auch MEW 13, 139. – [19] a.O. 115. – [20] 65ff. – [21] 23. – [22] ebda. – [23] A. MENGER: Das Recht auf den vollen Arbeitsertrag (²1891) 100f.; vgl. dazu MEW 21, 502ff. – [24] W. THOMPSON: An inquiry into the principles of the distribution of wealth most conductive to human happiness (London 1824) 167. – [25] K. MARX, MEW 23, 647. – [26] MEW 23, 165. – [27] Grundrisse der Kritik der Politischen Ökonomie (1857/58). (Berlin 1953) 227; vgl. auch 804. 829. 831. – [28] CAMPE, a.O. [6] Art. ⟨M.⟩; MARX, MEW 1, 135. 136. 139. – [29] MEW 23, 165; 30, 263. – [30] MEW 23, 531ff. – [31] MEW 25, 33ff. – [32] Vgl. R. L. MEEK: Ökonomie und Ideol. (1967) 73ff. – [33] Vgl. W. HOFMANN: Wert- und Preislehre (1964) 113ff.

Literaturhinweise. K. MARX: Theorien über den M. MEW 26, 1-3. – C. KOEPP: Das Verhältnis der M.-Theorien von Karl Marx und Thomas Hodgskin (Diss. Wien 1911). – E. v. BÖHM-BAWERK: Gesch. und Kritik der Kapitalzins-Theorien 1. Abt. (⁴1921). – C.-E. VOLLGRAF: Die Entstehung und Entwickl. der marxist. Theorie vom relativen M. in den Jahren 1843 bis 1858 (Diss. Halle 1975). – H. NAHR: M. heute. Leistung und Verteilung in der Industriegesellschaft (1977). H. SCHMIDTGALL

Meidungsverhalten. Der Terminus ⟨M.⟩ und seine Varianten (Meideverhalten, Meidungstendenzen, Meiden) haben etwa seit 1930 Eingang in die *biologische* und *psychologische* Fachliteratur des deutschen Sprachbereichs gefunden [1]. Die Wortwahl orientierte sich an dem spätestens seit WOODWORTH [2] und MILLER [3] in der englischen Fachliteratur gebräuchlichen Terminus ‹avoidance› bzw. ‹avoidance behavior›.

Unter dem Begriff ‹M.› lassen sich mehrere Erscheinungen zusammenfassen, die bereits vor Einführung des Begriffs untersucht und diskutiert wurden. Zu ihnen gehören vor allem die Erscheinungen der Abwehr (Repulsion), der Abwendung (Aversion), der Flucht, der Angst und der Unlust. M. setzt die Beziehung eines Organismus zu einem Objekt bzw. zu einem Ereignis oder einem sozialen Partner voraus, welche der Organismus aufzuheben bestrebt ist. Eine Veränderung der Beziehung ist häufig durch Herstellen einer angemessenen räumlichen Distanz zu erreichen; dabei kann sowohl der Ort des Bezugsobjekts als variabel angesehen werden (Abwehr) als auch der Ort des Organismus selbst (Flucht). Unerwünschte Objektbeziehungen lassen sich auch durch andere Änderungen der realen Situation beseitigen (z. B. durch Aufstellen von Barrieren zwischen Organismus und Bezugsobjekt), durch eine subjektive Neubewertung der Beziehung (z. B. Identifikation mit dem Aggressor), durch reale Beseitigung des Bezugsobjekts und durch Blockierung von Informationen über das Bezugsobjekt.

1. Die ersten Ansätze zu einer Theorie des M. werden in philosophischen Schriften zur Willens- und Gefühlslehre, zur Ästhetik und zur Moral entwickelt. Im Mittelpunkt früher Beschreibungen des M. steht der mimische und gestische Ausdruck [4].

2. Für die naturwissenschaftlich orientierte Psychologie des 19. und des beginnenden 20. Jh. wird der Kategorialstatus von ‹M.› zu einem zentralen Problem. M. ist ein komplexes Geschehen, es umfaßt motorisches Verhalten ebenso wie Antriebs- und Gefühlserlebnisse. Eine Unterscheidung der Antriebskomponente des M. von seiner Gefühlskomponente erweist sich als schwierig und wird bei einigen Autoren gar nicht explizit getroffen. So konzentrieren sich LOTZE [5], HERBART [6] und später W. WUNDT [7] zunächst auf die Darstellung und Analyse von Unlustaffekten (wie Abscheu, Unlust) und leiten daraus deren Wirkung im Verhalten ab. KÜLPE [8] versucht die besondere Affinität von Antriebs- und Gefühlskomponenten im M. zum Ausdruck zu bringen, indem er Abwehrtendenzen als Triebformen bezeichnet, die den Affekten besonders nahe stehen. Külpe bestreitet jedoch eine feste Beziehung zwischen dem Auftreten von Unlustaffekten und dem motorischen M.

Während um 1900 M. als motorisches Verhalten in den Mittelpunkt des Interesses rückt, wird als seine Grundlage immer häufiger seine Antriebskomponente hervorgehoben. Dadurch wird M. den Kategorien zeitgenössischer Motivationslehren zugeordnet und vorwiegend als Strebung, Instinkt oder Motiv klassifiziert. Abstoßungs- und Fluchttendenzen nehmen JAMES [9], MCDOUGALL [10] und LEHMANN [11] in ihre Zusammenstellungen der grundlegenden Instinkte auf. Während jedoch Lehmann den Instinkt als einen auf erblichen Dispositionen beruhenden Trieb definiert, fehlt bei JAMES und MCDOUGALL die Beschränkung auf angeborene Verhaltensweisen. Bei JODL [12] kehrt 1924 die Einordnung des M. in die Kategorie des Strebens wieder. Der Terminus des Strebens hat sich in der Folge nicht durchsetzen können. In ähnlicher Bedeutung sind die Termini des Motivs und des Bedürfnisses für ihn eingetreten. So bedeutet es keinen Bruch in der Begriffsentwicklung, wenn 1932 TOLMAN [13] eine Klasse aversiver Bedürfnisse postuliert. Die um 1900 beschriebenen Formen des M. sind recht elementar; diskutiert werden vorwiegend reflektorische Aktivitäten (wie das Ausstoßen schädlicher Nahrung) oder – in globaler Darstellung – die biologisch fundamentale Verhaltensweise der Flucht. Wenn LEHMANN als einziger unter den genannten Autoren die Abwehr als angeborenen Instinkt definiert, so beinhaltet sein Begriff der Abwehr tatsächlich am stärksten den reflektorischen Anteil des M.

PAWLOW [14] verwendet unmittelbar den Begriff Abwehrreflex; jedoch ist dieser breit definiert. Sein Reflexbegriff bringt lediglich die theoretische Position zum Ausdruck, Verhalten sei zentralnervös gesteuert. Daher fallen bei Pawlow unter den Begriff ‹Abwehrreflex› wohl alle Arten des M. In der Nachfolge Pawlows unterscheidet KRUSCHINSKII [15] ein aktives Abwehrverhalten von einem passiven (Feigheit). Die beiden von ihm angenommenen Formen sind nach seiner Auffassung durch eine unterschiedliche Stärke des Nervensystems im Sinne Pawlows bedingt und werden damit zu Kategorien der differentiellen Psychologie. – Als Persönlichkeitsdisposition tritt eine Tendenz zum M. auch in der Theorie J. ATKINSONS [16] auf; der Begriff wird in der Regel durch Ergebnisse projektiver Tests operational definiert.

Mit der Ausbreitung empirischer Forschung tritt im 20. Jh. die Frage nach dem Kategorialstatus von ‹M.› zurück. Gleichzeitig richtet sich das Interesse auf komplexere Formen des M. 1930–1950 wird M. fast ausschließlich als registrierbares motorisches Verhalten definiert und analysiert. In der Tierverhaltensforschung wird – nicht zuletzt unter dem sozialen Aspekt – Fluchtverhalten in der ökologischen Situation untersucht [17]. In der experimentellen Psychologie gilt die Untersuchung bevorzugt dem Rückzugsverhalten und dem instrumentellen M. (z. B. Betätigung eines Schalters zur Beseitigung elektrischer Reizung). Der Wahl des Untersuchungsgegenstandes entsprechend wird in der Tierverhaltensforschung M. häufiger als arteigen und ungelernt interpretiert; Theorien der experimentellen Psychologie konzentrieren sich dagegen mehr auf das Erlernen der Meidungsreaktionen selbst und auf ihre Kopplung an situative Gegebenheiten (Konditionierung) [18]. Neuerdings finden sich Anzeichen für eine stärkere Konvergenz der bisherigen Ansätze aus der Tierverhaltensforschung und der Lernpsychologie. Auch im Lernexperiment sind (angeborene) artspezifische Defensivreaktionen nachweisbar; Meidungslernen könnte auch auf einer Unterdrückung unangemessener Reaktionen und einer Aneignung von «Sicherheitssignalen» beruhen, d. h. auf der Ausbildung einer Erfolgsrückmeldung des M. [19].

Die meisten der hier genannten Autoren verweisen ausdrücklich auf die autonom-nervöse Komponente des M. Autonom-nervöse Prozesse (wie Durchblutung, Schweißabsonderung), die kategorial eine Mittelstellung zwischen dem motorischen Verhalten und Antriebs- und Gefühlserlebnissen einnehmen, sind deshalb häufig in die Untersuchung von M. einbezogen worden und haben zu ihrer Definition beigetragen [20]. Für die Begriffsbestimmung in den letzten beiden Jahrzehnten ist das Fortschreiten der hirnphysiologischen und biochemischen Forschung wichtig geworden. Der Begriff des M. erweitert sich dadurch in den innerorganismischen, besonders den zentralnervösen Bereich. Das motorische M. wird dabei in Beziehung gesetzt zur Aktivität steuernder Hirnregionen [21], zur Hormonausschüttung [22] und zur Erregungsübertragung in zentralnervösen Synapsen [23].

3. Eine Sonderstellung nimmt in der Begriffsgeschichte der Begriff der Abwehr bei FREUD [24] ein. In seiner Theorie finden Abwehrvorgänge nicht nur gegenüber

äußeren Objekten statt, sondern auch innerhalb des Organismus: Die Instanz des Ich steht in Auseinandersetzung mit der Instanz des Es und muß sich der libidinösen Impulse des Es erwehren. Besondere Abwehrmechanismen des Ich sind von Freud und seinen Schülern postuliert worden [25].

Nicht ohne Bezug auf die psychoanalytische Abwehrtheorie benutzen einige neuere Autoren den Begriff der Defensivität im Bereich der Persönlichkeitstheorie [26]. Als defensiv werden dabei Individuen bezeichnet, die unerwünschte Inhalte (z. B. eigenes Versagen) verzögert oder verändert wahrnehmen und ebenso verzögert oder verändert verbalisieren. Allgemeinpsychologisch entspricht dem der Begriff der Wahrnehmungsabwehr (perceptual defense) von POSTMAN, BRUNER und MCGINNIES [27].

4. Begriffe und Theorien des Meidens werden häufig in Zusammenhang mit Begriffen und Theorien des Aufsuchens entwickelt. Obwohl Meiden und Aufsuchen antagonistisch sind, ist ihre Simultaneität möglich. Zwei Autoren versuchen die Grundlagen der Simultaneität herauszuarbeiten: Nach VOLKMAR ist bereits logisch die Verabscheuung im Begehren mitgegeben [28]. Daß es die gleichen körperlichen Organe sind, die attraktive und repulsive Bewegungen ausführen, hebt JODL [29] hervor.

Die Simultaneität von Meidungs- und Aufsuchungstendenzen schafft Konflikt. Konflikten zwischen Meidungs- und Aufsuchstendenzen wendet sich seit den 1930er Jahren das Interesse psychologischer Forschung zu [30]. Vor allem MILLER [31] versucht, die Intensität des M. als Funktion der Entfernung zum Bezugsobjekt zu bestimmen (Meidungsgradient). Auch in der neueren Tierverhaltensforschung werden Überlagerungen von Flucht und Angriff (etwa im sexuellen Verhalten) thematisch [32].

Die antagonistischen Meidungs- und Aufsuchungstendenzen werden von einigen Autoren auch als alternierend beschrieben. So stellt der Zoologe SCHNEIDER 1879 [33] die Hypothese auf, alles Verhalten lasse sich auf die zwei Elementarbewegungen der Expansion und der Kontraktion zurückführen. Im Laufe der Stammesentwicklung habe sich der Grundvorgang der Kontraktion, wie er bei den Protozoen in elementarer Form zu beobachten sei, jeweils artspezifisch zu den Verhaltensweisen der Flucht, des Bergens und des Selbstschutzes differenziert. Die Hypothese Schneiders, die auf der Entwicklungstheorie DARWINS aufbaut [34], wird von JAMES [35] übernommen, und sie hat auch JODL [36] beeinflußt. In nur unwesentlich veränderter Form nimmt in neuerer Zeit SCHNEIRLA [37] den Gedanken einer Dichotomie des Verhaltens auf. In seiner Theorie stellt er einem A(pproach)-System, das den Energieumsatz steigert, ein W(ithdrawal)-System gegenüber, das der Regeneration und Energieerhaltung diene. Die Unterscheidung beider Systeme ist der Unterscheidung einer ergotropen und einer trophotropen Schaltung bei HESS [38] recht ähnlich. Analog zu Schneiders Aussagen entwickelt BRIDGES 1931 [39] die Theorie einer ontogenetischen Differenzierung von Emotionen aus den beiden Grundemotionen der Unlust und der Lust.

1958 engt SOKOLOW [40] den Begriff der Abwehrreaktion auf das M. im Bereich der Wahrnehmung ein und kontrastiert ihn mit dem Begriff der Orientierungsreaktion. Unter Abwehrreaktion (Defensivreaktion) versteht Sokolow allgemein eine Blockierung von Wahrnehmungsfunktionen, speziell ein Muster peripher-physiologischer Reaktionen, in welchem eine Vasokonstriktion im Schläfenbereich dominiert. Sokolows Begriff der Abwehrreaktion ist übrigens mit dem oben erwähnten Begriff der Wahrnehmungsabwehr nicht identisch. Die Blockierung der Wahrnehmungsfunktionen wirkt nach Sokolow der Schädigung oder der unökonomischen Beanspruchung eben dieser Funktionen entgegen, während die Wahrnehmungsabwehr im Sinne von BRUNER, POSTMAN und MCGINNIES der Entstehung unerwünschter Kognitionen vorbeugen soll.

Auch die Auffassungen darüber, wie die Alternation zwischen aufsuchendem und meidendem Verhalten gesteuert wird, sind einem Wandel unterworfen, welcher die Veränderung des Begriffs des M. widerspiegelt. Während zunächst objektive Merkmale äußerer Reizung als steuernd angenommen werden, wird später die Rolle einer subjektiven Bewertung wahrgenommener Merkmale stärker betont. Ebenso verlagert sich die Aufmerksamkeit von den periphernervösen Vorgängen zu den zentralnervösen. Bei SCHNEIDER werden als Auslöser ökologische Bedingungen aufgeführt [41]. SCHNEIRLA argumentiert formaler, M. werde durch starke Reizung hervorgerufen, während mäßige Reizung das Aufsuchen auslöse [42]. Schon 1833 vertritt BENEKE [43] die ähnliche These, Unlust entstehe, wenn der Reiz zu gering sei für das ihn aufnehmende «Urvermögen», Lust, wenn der Reiz in großer Fülle vorhanden sei, ohne übermäßig zu werden. Die gleiche Beziehung beschreibt WUNDT [44]. Außer der starken und schmerzhaften Reizung untersucht SOKOLOW auch die prolongierte Reizung als Ursache von Abwehrreaktionen. Prolongierte Reizung ist nach seiner Theorie der neuronalen Modelle dadurch charakterisiert, daß sie die Wahrnehmungsfunktionen beansprucht, ohne (über die Prolongation hinaus) neue Informationen zu vermitteln [45]. Schließlich erhält 1953 in MCCLELLANDS Theorie [46] die kognitive Verarbeitung der Reizung zentrale Bedeutung. Entscheidend für die Alternation zwischen Aufsuchen und Meiden ist die Distanz zwischen einem Reiz und dem zugehörigen Adaptationsniveau, allgemein zwischen Erfahrung und Erwartung. Bei mäßiger Diskrepanz zwischen Erfahrung und Erwartung entstehe aufsuchendes Verhalten, bei stärkerer Diskrepanz M.

Anmerkungen. [1] W. STERN: Allg. Psychol. auf personalist. Grundl. (Den Haag 1935). – [2] R. S. WOODWORTH: How emotions are identified and classified, in: M. L. REYMERT (Hg.): Feelings and emotions (Worcester 1928). – [3] R. BUGELSKI und N. E. MILLER: A spatial gradient in the strength of avoidance responses. J. exp. Psychol. 23 (1938) 494-505. – [4] J. L. LAVATER: Physiognomik 1 (1829); TH. PIDERIT: Mimik und Physiognomik (²1886); H. KRUKENBERG: Der Gesichtsausdruck des Menschen (1920). – [5] H. LOTZE: Med. Psychol. (1852). – [6] J. F. HERBART: Lb. zur Psychol. Werke, hg. KEHRBACH 4 (1891). – [7] W. WUNDT: Grundzüge der physiol. Psychol. 1 (1874). – [8] O. KÜLPE: Grundriß der Psychol. (1893). – [9] W. JAMES: Principles of psychol. (London 1918). – [10] W. MCDOUGALL: Introd. to social psychol. (London 1908). – [11] A. LEHMANN: Die Hauptgesetze des menschl. Gefühlslebens (1914). – [12] F. JODL: Lb. der Psychol. 2 (1924). – [13] E. C. TOLMAN: Purposive behavior in animals and man (New York 1932). – [14] I. P. PAWLOW, Sämtl. Werke 3 (1953) 92. 313. – [15] L. V. KRUSHINSKII: Animal behavior (New York 1962). – [16] J. W. ATKINSON: An introd. to motivation (Princeton, N.J. 1964). – [17] G. TEMBROCK: Verhaltensforsch. (²1964); N. TINBERGEN: Social behavior in animals (London 1953). – [18] M. SIDMAN: Avoidance behavior, in: W. K. HONIG (Hg.): Operant behavior: Areas of research and application (New York 1966); R. L. SOLOMON und E. S. BRUSH: Exp. derived conceptions of anxiety and aversion, in: M. R. JONES (Hg.): Nebraska Symp. Motivation 4 (1956) 212-305. – [19] R. C. BOLLES: Species-specific defense reactions and avoidance learning. Psychol. Rev. 77 (1970) 32-48. – [20] M. HAIDER: Elektrophysiol. Indikatoren der Aktiviertheit, in: W. SCHÖNPFLUG (Hg.): Methoden der Aktivierungsforsch. (1969) 125-156; H. LEGEWIE: Indikatoren von Atmung, Kreislauf und Energieumsatz, in: W. SCHÖNPFLUG (Hg.), a.O. 157-194. – [21] A. ROUTTENBERG und J. OLDS: The effect of dorsal midbrain stimulation on septal and hypothalamic self-stimulation. J. comp. physiol. Psychol. 62 (1966) 250-255. – [22] D. H. FUNKENSTEIN: Nor-epinephrin-like and epinephrin-like substances in relation to human behavior. J. nerv. ment. Dis. 124 (1956) 58-68; C. M. GOODALL: Stud. of adrenaline and noradrenaline in mammalian heart and suprarenals. Acta physiol. scand. 24 (1951) Suppl. 85. – [23] P. L. CARLTON: Cholinergic mechanisms in the control of behavior by the brain. Psychol. Rev. 70 (1963) 19-39. – [24] S. FREUD: Die Abwehr-Neuropsychosen (1894). Werke 1, 57-74; Hemmung, Symptom und Angst (1926). Werke 14, 111-205. – [25] A. FREUD: Das Ich und die Abwehrmechanismen (1936); W. REICH: Charakteranalyse (1933). – [26] D. H. HEATH: Projective tests as measures of defensive activity. J. proj. Techn. 22 (1958) 284-292; Explorations of maturity (New York 1965); J. WEINSTEIN, J. A. AVERILL, E. M. OPTON jr. und R. S. LAZARUS: Defensive style and discrepancy between self-report and physiological indexes of stress. J. Person. Soc. Psychol. 10 (1968) 406-413. – [27] L. POSTMAN, J. S. BRUNER und E. MCGINNIES: Personal values as selective factors in perception. J. abnorm. soc. Psychol. 43 (1948) 142-154; E. MCGINNIES: Emotionality and perceptual defence. Psychol. Rev. 56 (1949) 244-251. – [28] W. V. v. VOLKMAR: Lb. der Psychol. vom Standpunkte des Realismus und nach genet. Methode (²1876). – [29] JODL, a.O. [12]. – [30] K. LEWIN: Behavior and develop. as a function of the total situation, in: L. CARMICHAEL (Hg.): Manual of child psychol. (New York ²1966); N. E. MILLER: Analysis of the form of conflict reactions. Psychol. Bull. 34 (1937) 720; Exp. stud. of conflict, in: J. MCV. HUNT (Hg.): Personality and the behavior disorders 1 (New York 1944) 431-465. – [31] MILLER, a.O. [30]. – [32] TEMBROCK, a.O. [17]. – [33] G. H. SCHNEIDER: Zur Entwickl. der Willensäußerungen im Thierreich. Vjschr. wiss. Philos. 3 (1879) 176-205. 294-307. – [34] CH. DARWIN: The origin of species (London 1859). – [35] JAMES, a.O. [9]. – [36] JODL, a.O. [12]. – [37] T. C. SCHNEIRLA: A theoret. consideration of the basis of approach-withdrawal adjustments in behavior. Psychol. Bull 37 (1939) 501-502; An evolutionary and develop. theory of biphasic processes underlying approach and withdrawal, in: M. R. JONES (Hg.): Nebraska Symp. Motivation 7 (1959) 1-42. – [38] W. R. HESS: Psychol. in biol. Sicht (1962). – [39] K. M. B. BRIDGES: The social and emotional develop. of the pre-school child (London 1931). – [40] E. SOKOLOW: Wospriiate i uslowny refleks (Moskau 1958). – [41] SCHNEIDER, a.O. [33]. – [42] SCHNEIRLA, a.O. [37]. – [43] F. BENEKE: Lb. der Psychol. als Naturwiss. (1833). – [44] W. WUNDT: Physiol. Psychol. (⁶1910). – [45] SOKOLOW, a.O. [40]. – [46] D. C. MCCLELLAND, J. W. ATKINSON, R. A. CLARK und F. L. LOWELL: The achievement motive (New York 1953). W. SCHÖNPFLUG

Meinen, Meinung (griech. δόξα, lat. opinio). Das Wort ‹Meinung› (Mg.) findet sich in der deutschen Sprache zuerst bei NOTKER († 1022), der ‹causa› mit ‹machunga›, ‹ding›, ‹meinunga› übersetzt. Zu festen philosophischen Termini werden ‹Meinen› (M.) und ‹Mg.› jedoch erst um 1700 mit der Entstehung der ersten deutschsprachigen philosophischen Literatur. Ihre Bedeutung deckt sich dabei nur teilweise mit der der verwandten griechischen, lateinischen, französischen und englischen Bezeichnungen, deren Bedeutungsspektrum sich am deutlichsten etwa im zugehörigen lateinischen Wortfeld zeigt: Meinen: putare, censere, arbitrari, opinari, autumare, reri, sentire, opinione duci, augurari opinione. Meinung: sententia, sensus, sensa, animus, mens, arbitrium, judicium, intentio, auctoritas, ratio, opinio, interpretatio, consilium, opinatio.

I. Überblickt man die verschiedenen *Verwendungen* von ‹M.› und ‹Mg.› in den Lexika sowie der deutschsprachigen philosophischen Literatur, so gilt, daß das Wortpaar eine (geistige) Aktivität der Subjektivität bezeichnet, die sowohl Gott wie den Menschen umfaßt. Gehen wir von ‹M.› aus, dann lassen sich vier Akzente bzw. Momente unterscheiden, an denen sich die jeweils leitenden Bedeutungen orientieren. Es sind dies:

1. *Die Intentionalität.* – Um mit HUSSERL zu reden: «M. ist immer M.-von-etwas.» Dabei kann wieder differenziert werden: 1.1 schlichtes M. des gemeinten Gegenstandes, das «M. von ...»; 1.2 «als-was-M.» des Gegenstandes, die «Gemeintheit-als ...»; 1.3 als «geistiger Akt» kann das M. dann einerseits von der Äußerung unterschieden werden. Daraus resultiert die Problematik zwischen (eigentlich) M. und Sagen, M. – Bedeutung – Ausdruck. Andererseits ergibt sich die Korrelation «M. und Verstehen» (HÖRMANN).

2. *Der Subjekts-Intentionalgehalt.* – Hierbei steht natürlich das Wort ‹Mg.› im Vordergrund. Wenn in der deutschen Wortbildung mit der Endung ‹-ung› sowohl die Aktivität (Noesis) wie auch den Inhalt (Noema) bezeichnet werden kann (vgl. bes. Vorstellung u. a.), so gilt hier weitgehend das noematische Moment: ‹Mg.› kann hierbei die Totalität jeweiligen Denkens bzw. jeweiliger Weltanschauung bezeichnen wie auch einzelne Mg. Wesentlich ist dabei der innere Bezug zu der jeweiligen Subjektivität. Dabei können auch Assoziationen zu ‹mein› ausgebildet werden. Dessen Interpretation kann in zwei entgegengesetzte Richtungen zielen. Einmal auf die Innerlichkeit hin; es geht dann um «meine eigene» Überzeugung, meine Gesinnung, die ausgedrückt wird und für die dann etwa Mg.-Freiheit gefordert wird. Zum anderen kann aber auch in Richtung subjektive «Beliebigkeit» assoziiert werden: das ist «nur» meine Meinung – im Gegensatz zu der Mg. der anderen oder zum objektiven Tatsachenbestand. Hierbei ist der Übergang zu 4. fließend (vgl. Hegel).

3. *Der Objektivations-Intentionsgehalt.* – Es geht hier um «mg. oder sinn» (LUTHER) geistiger Schöpfungen, voran von Texten. So fordert Luther für die Psalmenlesung dazu auf, «die mg. wol zu betrachten und die Wort so lange faren lasse» und «man muss die mg. des ganzen Texts, wie er aneinander hanget, ansehen» [1]. Diese Bedeutung des zugehörigen englischen Wortes ‹meaning› findet sich zwar heute kaum mehr, sie ist aber für die hermeneutische Tradition nicht unwichtig, man denke an «M. und Verstehen».

4. *Die Gewißheit.* – Hierbei wird M. wie auch Mg. als eine Sonderform des «Fürwahrhaltens» (KANT) (vgl. Art. ‹Fürwahrhalten›) angesehen und durch spezifische Kriterien von den verschiedenen anderen Formen, wie Glauben, Wissen, Ahnen usw., unterschieden. Meist wird dem M. eine Minderstufe zugewiesen gegenüber einem «wahren» Fürwahrhalten, als das sowohl der Glaube wie auch das Wissen angesehen werden kann. Diese Minderung kann entweder durch «Mangel» der Begründung – im Rahmen rein geistiger Leistung – oder durch «Trübung», bedingt durch nicht-geistige Instanzen im Menschen, wie Sinnesempfindung (HEGEL), Gefühl, Leidenschaft und ähnliches, bedingt sein.

II. Die *Geschichte* von ‹M.› und ‹Mg.› setzt, wie gesagt, zu Beginn des 18. Jh. ein. Versucht man die Entwicklung zu gliedern, so ließe sich sagen, daß die erste, von der Aufklärung geprägte Phase durch das Gewißheitsmoment bestimmt ist und die zweite, die um 1900 einsetzt, durch das Intentionalitätsmoment im strengen Sinne.

1. Beide Momente werden – gewissermaßen zu Beginn der Problematisierung – in J. G. WALCHS Philosophi-

schem Lexikon auch in den historischen Zusammenhang hineingestellt: «Dieses Wort wird auf verschiedene Art genomen. Im gantz weiten Verstand verstehet man dadurch das Urtheil von einer Sache überhaupt, es mag wahr, oder falsch; gegründet, oder ungegründet seyn, als wenn man sagt, das ist meine Mg. von dieser Sache. Im etwas eingeschränckten Sinn ist die Mg., oder Opinion in der Aristotelischen Logic die wahrscheinliche Erkenntniß, die man aus dem Dialectischen, oder wahrscheinlichen Syllogismo bekäme, gleichwie die Wirckung des demonstrativen Syllogismi eine Wissenschafft genennet wird, s. Aristotel. I. post. c 26. Diese Gedancken flossen aus dem unrichtigen Begriff, welchen sich dieser Philosophe I. top c. 1 von dem Wesen der Wahrscheinlichkeit gemacht hatte, als wenn solche in der Mg. anderer Leute bestünde. In der Analytic handeln die Aristotelici von der Wissenschafft; in der Dialectic aber von der Opinion, oder Mg., die auch sonst im Lateinischen assensus opinarius, cognitio, notitia probabilis, judicium probabile, und im Griechischen δόξα, ὑπόληψις beym Aristotele genennet wird. ... Man nennt auch die ungewisse Erkenntniß in Sachen, da man doch eine Gewißheit haben kan, eine Mg., dahin zielet dasjenige, was Wolff in den Gedancken von Gott, der Welt und der Seele des Menschen und in den Anmerckungen zu denselbigen von den Mg.en saget» [2]. CHR. WOLFF macht dann die Vorgabe für die Folgezeit: Das M. und die Mg. werden im Prozeß des Wissens verortet: «Wissenschaft [ist] eine Fertigkeit ..., alles, was man behauptet, aus unumstößlichen Gründen zu erweisen» [3]. Entscheidend ist dabei die Gewißheit und die Wahrheit der Prämissen. «Wenn wir [daher] einen Satz durch solche Fördersätze heraus bringen, von deren Richtigkeit wir nicht völlig gewiss sind, so heißet unsere Erkenntnis eine *Mg.*» [4]. Dieser Mangel an Gewißheit, der zugleich «Mangel der Vernunft» ist, entspringt mannigfach vielerlei Ursachen: im allgemeinen dem Verhaftetsein an die Sinne und die Erfahrung überhaupt. Er kann aber auch resultieren «aus einem Verderben des Willens»; «oder man ist ohne Grund veränderlich». Die Mg. ihrerseits muß unterschieden werden sowohl vom Wahn, der nicht erkennt, daß ihm zur völligen Gewißheit etwas fehlt, während die Mg. sich dieses Fehlens gerade bewußt ist, und vom Irrtum andererseits. Dieser ist «ein falscher Wahn», da er Wahrheit und Falschheit eines Urteils verwechselt. Mg. gilt damit als «noch nicht gewisses» Wissen. Dies ist die allgemeine «Mg.» der Aufklärungsphilosophen.

KANT stellt das Problem in einen größeren Zusammenhang. Ihm zufolge gibt es drei Stufen des Fürwahrhaltens: M., Glauben, Wissen. M. ist ein mit Bewußtsein sowohl subjektiv als objektiv unzureichendes Fürwahrhalten [5], während Glauben subjektiv, Wissen subjektiv wie objektiv zureichendes Fürwahrhalten ist. Es können dann noch andere Aspekte einbezogen werden: «Wissen und Glauben ist entschieden, M. unentschieden» [6]. «Bei der Meinung ist man noch frei (problematisch), beim Glauben assertorisch (man erklärt sich), beim Wissen apodiktisch (unwiderruflich). Man braucht bei jenem nur eine bessere[!] Mg. dagegen zu bringen; beim Glauben aber bin ich dem Subjekte nach gebunden» [7]. In der Folgezeit kann dann weiter differenziert und können weitere Stufen unterschieden werden. So sind für W. T. KRUG «schwachbegründete Mg.» «Vermutungen oder Mutmaßungen (conjecturae)» [8]. J. F. FRIES sieht in den genannten drei Formen «nur verschiedene Grade derselben Gewißheit im Fürwahrhalten» bzw. der «Überzeugung» [9]. Mg. ist «ein unvollständiges Für-wahrhalten als Wahrscheinlichkeit, dessen Unvollständigkeit anerkannt wird» [10]. Es kann aber auch nach den Ursachen bzw. der Herkunft des Fürwahrhaltens bzw. der Überzeugung differenziert werden. So stellt Fries daneben noch die «Ahnung» als eine «Erkenntnis durch reines Gefühl» [11]. Ähnlich hatte schon KANT erklärt: «Wir ahnen ihre [sc. einer Sache] Wahrheit, noch ehe wir sie mit bestimmter Gewißheit erkennen» [12]. Vor allem JACOBI betont den Zusammenhang zwischen Mg. und nicht aus der Vernunft kommenden Motiven, der zu einer «ungesunden Vernunft» führt: «Denn es ist die Natur der Mg. zu urteilen, sie würde die einzige sein, wenn es den Menschen nicht an Vernunft mangelte: folglich sich mit der Vernunft zu verwechseln» [13]. Im Rahmen des deutschen Idealismus behalten M. und Mg. ihre Rolle als Gegenüber von Wissen und Denken bei: Ihre Funktion kann entweder mehr als Vorstufe, aber auch als Antithese angesetzt werden.

Eine Antithese setzt FICHTE in der ‹Anweisung zum seligen Leben›: Ich «erkenne ... mit absoluter Evidenz folgende zwei Wahrheiten: ... Denken und ... wahre innere Selbständigkeit des Geistes ... [und] M. ... [als] ... nur ein Anhang zu fremdem Verstande» [14]. – Für HEGEL sind M. wie Mg. Vorstufe, «Mittelding» zwischen Unwissenheit und Wissenschaft, Sein und Nichts und Anfang der Vermittlung. Dabei wird M₁ immer wieder mit dem Ich und der «Meinigkeit» assoziiert. Das gilt einmal in systematischer Hinsicht, wenn die ‹Phänomenologie des Geistes› als «System der Wissenschaft» mit dem ersten Abschnitt «Die sinnliche Gewißheit; oder das Dieses und das M.» beginnt: «Ihre Wahrheit [sc.: der sinnlichen Gewissheit] ist in dem Gegenstande, als meinem Gegenstande, oder im M.» [15]. M. drückt so immer wieder die Unmittelbarkeit aus, so etwa auch in der Logik. – Genau das gilt dann auch für die Mg., vor allem, wenn die Geschichte der Philosophie als Thema ansteht. Hierbei besteht ein Gegensatz zwischen Mg. und Wahrheit. Die «gewöhnlichen Vorstellungen» sehen in der Philosophiegeschichte meist einen «Vorrat von Mg.en», «eine Galerie von Mg.en» [16], man denke an Diogenes Laertius' ‹Leben und Mg.en der Philosophen› u.ä. mehr. Dabei gilt: «Eine Mg. ist eine subjektive Vorstellung, ein beliebiger Gedanke, eine Einbildung, die ich so oder so, und ein anderer anders haben kann; eine Mg. ist mein, sie ist nicht ein in sich allgemeiner, an und für sich seiender Gedanke – es gibt keine philosophischen Mg.en» [17]. Im Spannungsverhältnis von Allgemeinem und Besonderem, Individuellem sieht auch SCHLEIERMACHER die Mg.: «Außer der Ableitung vom höchsten Wissen betrachtet, sind alle besonderen Wissenschaften nur ein Werk der Mg.» [18]. Diese Vielfalt wird durch die Vielfalt der Menschen bedingt. Wissen besteht dann darin, daß «Übereinstimmung von den Denkenden gesetzt und lebendig angeschaut wird», sonst «wäre es kein Wissen, nur eine richtige Mg.» [19]. Mit dem Ende des deutschen Idealismus, so scheint es, geht auch die Phase der Opinio-Konzeption der Mg. zu Ende. Im Ausgang des 19. Jh. beginnt die zweite Phase.

In der Folgezeit tritt die Thematisierung der Mg. im Rahmen der Wissensvorgabe zurück. Sie begegnet mehr implizit in der Behandlung von Themen wie «Glauben, Wissen, Skepsis» (LÖWITH), «Wissenschaft, Metaphysik, Skepsis» (STEGMÜLLER) u.ä. Neuerdings beginnt das Thema ‹Mg.› wie «Vor-Mg.» im Rahmen der Hermeneutik eine Rolle zu spielen, allerdings nicht mehr so sehr im Rahmen der Vorgabe, sondern mehr in dem der Rezeption (GADAMER).

2. Als ein Vorläufer der Intentionalkonzeption kann – wie auch in mancher anderen Hinsicht modernen Philosophierens (Geltung) – LOTZE angesehen werden. Die Mg. ist eine Art transzendentale Vorgabe für die Konstitution der Kategorien: «So ist überall der in Gestalt der Mg. schon vorhandene wahre Inhalt das Prinzip der Entscheidung über die Angemessenheit der bestimmten Begriffe und der Geist vergleicht sich in der Untersuchung mit sich selbst» [20]. – Eigentlicher Beginn sind HUSSERLS ‹Logische Untersuchungen›, voran seine Abhandlung über ‹Ausdruck und Bedeutung›. Ein Satz nennt prototypisch alle leitenden Termini: «Sicher aber ist, daß jede Aussage, ob sie nun in Erkenntnisfunktion steht (d. h. ob sie ihre Intention in korrespondierenden Anschauungen und in den sie formenden kategorialen Akten erfüllt und überhaupt erfüllen kann) oder nicht, ihre Mg. hat, und daß sich in dieser Mg., als ihr einheitlicher spezifischer Charakter, die Bedeutung konstituiert» [21]. M. – es ist ein «meinendes Gerichtetsein auf ...» – wird so weitgehend mit dem Intentionalakt identifiziert, wobei die Terminologie zunächst offen ist: einmal gibt es das M. bzw. später «Vermeinen» von etwas, dem zum andern der «vermeinte Gegenstand in seinem Gemeint-sein» korrespondiert. Das erste Moment wird später als Sinn, das zweite als Bedeutung bezeichnet; als eine gewisse Orientierungshilfe möge eine Gegenüberstellung der Wortverwendungen bei Husserl und FREGE dienen (Tab. 1). Die englische Wortprägung orientiert sich an Frege.

Tabelle 1

	Husserl	Frege	Englisch
Gemeinter Gegenstand	M. von ...: Sinn	Bedeutung	reference
«Gemeintheit» als	M. als ...: Bedeutung	Sinn	meaning

Im Zusammenhang mit Husserls phänomenologischer Intentionaltheorie steht MEINONGS Gegenstandstheorie, in der das Annehmen eine zentrale Rolle spielt. Verbunden mit ihr ist das M. «Alles M. ist in letzter Linie Annehmen und das Annehmen ist überall anzutreffen, wo Gegenstände, sei es nächste, sei es entferntere, intellektuell erfaßt werden» [22]. Dabei muß zwischen «Seins- wie Soseins-M.» unterschieden werden. – Dem Seins-M. entspricht bis zu einem gewissen Maße HUSSERLS Bestimmen des «Vermeinens» als «positionales Bewusstsein mit seinen thetischen Charakteren». Interessant ist hier das «doxische Vermeinen» mit seinen «doxischen Modalitäten» als Grundformen thetischen Bewußtseins, dem letztlich eine «Urdoxa» zugrunde liegt [23].

Der schlichte M.-Intentionalitätskomplex differenziert sich bereits bei HUSSERL weiter zum Mg.-Ausdruckkomplex; als Ausdruck fungiert weitgehend die (sprachliche) Äußerung in Wörtern und Sätzen. Dabei übernimmt das M. letztlich die Funktion der Subjektsintentionalität überhaupt. In der Bestimmung des gegenseitigen Verhältnisses entwickeln sich – bis heute – zwei gegensätzliche Konzeptionen: die phänomenologisch-hermeneutische und die analytische. Sie gelten auch für die Bestimmung der Korrelation von «M. und Verstehen».

Bei Husserl wird zwar primär nur Ausdruck und Bedeutung im direkten Zusammenhang thematisiert; da aber das M. das eigentliche Subjektivitäts- bzw. Ichmoment ausmacht – «ich meine dieses Et-was als Et-was» –, gibt es dann auch das analoge Verhältnis von M. und Äußerung. Grundsätzlich gilt dabei, daß die Mg. die Bedeutung konstituiert (vgl. oben), die sich ihrerseits im Ausdruck, voran der Rede, bekundet. Diese Äußerung kann dann als Objektivation möglichem Verstehen wiederum als Vorgabe dienen.

Im Anschluß an die ‹Philosophischen Untersuchungen› des späten WITTGENSTEIN entwickelt sich im Zwischenfeld zwischen Philosophie und Linguistik bzw. umgekehrt eine breit ausfächernde Diskussion, die unter dem Thema «M. und Sagen» («meaning and saying») steht. Hierbei wird apriori ein Hiatus zwischen M. und Sagen, d. h. der Bedeutung der in der Rede verwendeten Wörter und Sätze, gesetzt. Ein bekanntes Zitat des Schriftstellers A. SPOERL mag dies illustrieren: «Frauen sagen Nein, wenn sie Ja meinen, Frauen sagen Ja, wenn sie Nein meinen. Frauen sagen Ja, wenn sie Ja, Frauen sagen Nein, wenn sie Nein meinen. Verteufelt schwer sich auszukennen» [24]. Die Mg. kann dabei nicht die Bedeutung konstituieren.

Die sprachlichen Ausdrücke sind jetzt nicht mehr Objektivationen der Mg.en; sie sind nur Werkzeuge, mit denen man operiert [25]; relevant ist nur ihr Gebrauch, es kommt darauf an, wie wir einen Ausdruck in welchem Zusammenhang, in welcher Situation usw. verwenden. Die Bedeutung eines Wortes tritt damit in den Funktionskomplex der Mg.-Implikationen. Es gilt dann, diese Implikationen, Zusammenhänge, Kontextualität, das zugehörige Sprachspiel usw. zu erhellen [26]. Wieweit man dabei das Sagen mit seiner Bedeutung der Semantik, das M. der Pragmatik zuordnen kann, ist eine offene Frage, die unter anderm auch die Geschichtlichkeit der Bedeutung, d. h. ihren Wandel berücksichtigen muß. Linguistische Empirie und Theoretik und philosophische Reflexion greifen bei der Erhellung dieser Tatbestände ineinander über.

Korrelativ gehört zu dieser Thematik diejenige von «M. und Verstehen» (HÖRMANN) [27]. Hier stehen sich wieder die beiden Grundkonzeptionen gegenüber. Für Hörmann «sind sie älter als die Sprache» [28]; das gilt auch für das Sprechenlernen. Dabei ist das Verstehen das Fundamentalere, es stellt die Konkretisierung eines allgemein schon in der gehörten Äußerung vorhandenen Sinnhorizontes dar [29]. Dies bezeichnet GADAMER als «Vor-Mg.»: «Was von der Vor-Mg. des Sprachgebrauchs gilt, das gilt nicht minder von den inhaltlichen Vor-Mg., mit denen wir Texte lesen und die unser Vorverständnis ausmachen» [30]. Aus ihm erwächst dann das Verstehen im «Gespräch mit dem Text».

Für WITTGENSTEIN und seine Nachfolger besteht Zusammenhang weder, wie gesagt, zwischen M. und Ausdruck durch Zeichen, noch zwischen Verstehen und Zeichenvorgabe. «Wenn man aber sagt: ‹Wie soll ich wissen, was er meint, ich sehe ja nur seine Zeichen›, so sage ich: ‹Wie soll er wissen, was er meint, er hat ja auch nur seine Zeichen›» [31]. Verstehen kann ich zunächst nur, wenn ich die Regeln kenne, die für die Verwendung eben der Zeichen gelten. Will ich zum M. vordringen, dann geht es um die Erhellung der «Mg.-Implikationen» (CAVELL), zu denen die genannten Umstände, Situationen, Kontextualitäten gehören.

Anmerkungen. [1] M. LUTHER, Alle Bücher und Schr. 1 (1564) Folio 68r; 3 (1560) fol. 38v. – [2] J. G. WALCH: Philos. Lex. (⁴1775) 2, 87. – [3] CHR. WOLFF: Vernünfftige Gedanken von den Kräften des menschl. Verstandes (⁷1783) § 2. – [4] Vernünfftige Gedanken von Gott, der Welt und der Seele des Menschen 1 (⁷1783) § 384. – [5] I. KANT, Akad.-A. 3, 533. – [6] a.O. [5] 16, 373: Nr. 2450. – [7] a.O. 372f.: Nr. 2449. – [8] W. T. KRUG: Hb. der

Philos. und der philos. Lit. 1. 2 (³1828) 1, 86. – [9] J. F. FRIES: Wissen, Glaube und Ahnung (1805) 64. – [10] a.O. [9] 65. – [11] a.O. 176. – [12] Vgl. I. KANT, Akad.-A. 7, 186f. – [13] F. H. JACOBI, Einige Betracht. über den frommen Betrug und über eine Vernunft, welche nicht die Vernunft ist. Werke 2 (1815, ND 1968) 455-500, zit. 471. – [14] J. G. FICHTE, Werke, hg. I. H. FICHTE 5, 417. – [15] G. W. F. HEGEL, Sämtl. Werke, hg. H. GLOCKNER 2, 85. – [16] a.O. 17, 39f. – [17] 17, 40. – [18] FR. SCHLEIERMACHER, Werke, hg. O. BRAUN/J. BAUER (²1967) 2, 520. – [19] a.O. 3, 19. – [20] R. H. LOTZE: Met. (²1884) 3-27. 530-534. – [21] E. HUSSERL: Log. Untersuch. II/1 (²1913) 45. – [22] A. MEINONG: Über Annahmen (²1910, ND 1977) 286. – [23] E. HUSSERL: Ideen zu einer reinen Phänomenol. und phänomenol. Philos. Husserliana 3 (Den Haag 1950) §§ 113-117, zit. S. 357. – [24] A. SPOERL: Ein unbegabter Liebhaber (1952). – [25] L. WITTGENSTEIN, Philos. Untersuch. Schr. 1 (1960) § 11. 14. – [26] a.O. §§ 23ff. – [27] H. HÖRMANN: M. und Verstehen. Grundzüge einer psychol. Semantik (1976) 394. – [28] ebda. – [29] 475. – [30] H.-G. GADAMER: Wahrheit und Methode (1960) 252. – [31] WITTGENSTEIN, a.O. [25] § 504.
A. DIEMER

Meinung, öffentliche (frz. opinion publique, engl. public opinion). Der Ausdruck ‹ö.M.› ist ein politisch-sozialer Begriff, der im Deutschen erst zu Beginn der Französischen Revolution als Lehnübersetzung für ‹opinion publique› gebildet worden ist, dann aber schnell zu einem der wichtigsten Schlagworte des politischen Liberalismus aufrückte. Ähnliche Bedeutungsinhalte drückten zum Teil schon seit alters Worte wie δόξα und νόμος im Griechischen, ‹consensus populi›, ‹fama›, ‹rumor›, ‹opinio› und dessen Ableitungen in den romanischen Sprachen (frz. opinion, span. opinión, ital. opinione), ‹M.› und ‹Geschrei› im Deutschen aus. Auch schlug sich die politische Anerkennung kollektiver Überzeugungen und Willensbildungen im Mittelalter und in der frühen Neuzeit in einer traditionsreichen Topik nieder: Ihr zufolge galt des Volkes Stimme als Stimme Gottes (vox populi vox Dei) [1], die allgemeine Meinung als Königin der Welt (opinio regina mundi) [2]. Trotz solcher normativen Konnotationen wurde die ö.M. jedoch von den Schriftstellern in der Regel als unseriös, unstet und diktatorisch qualifiziert, die vorhandenen Begriffe blieben sozial und definitorisch ungenau.

Der im 18. Jh. entstandene Begriff ‹ö.M.› unterscheidet sich von ihnen vor allem durch eine neue geschichtsphilosophische und politische Bewertung sozialer Phänomene und Prozesse, welche, für sich genommen, zwar keineswegs neu waren. Sie fielen jedoch jetzt zeitlich mit politischen und geistigen Umwälzungen epochalen Ausmaßes zusammen, die – einmal den Zeitgenossen als in der Geschichte völlig neu zu Bewußtsein gekommen – insgesamt in seine Bedeutung eingingen. Ähnlich wie viele andere politisch-soziale Begriffe, die in der zweiten Hälfte des 18. Jh. entstanden sind bzw. ihre moderne, noch heute verständliche Bedeutung angenommen haben, weist die Begriffsbildung damit auf die Schwelle zu einem neuen Zeitalter hin, das auch als «Zeitalter der ö.M.» bezeichnet worden ist [3]. Sozialgeschichtlich ist sie als Zeichen für das zunehmende Gewicht zu werten, das die bürgerliche Gesellschaft gegen Ende des 18. Jh. in den großen, absolutistisch regierten Staaten Westeuropas in politischen Fragen gewonnen hatte [4]. Von der Meinung des gemeinen Volkes hob sich die jetzt maßgeblich von den höheren Ständen beeinflußte ö.M. vor allem dadurch ab, daß sie sich in neuen gesellschaftlichen, vor allem städtischen Kommunikationszentren (Kaffeehäusern, Salons, Theatern, gelehrten Gesellschaften, Lesezirkeln usw.) bildete, deren intensivierter Verkehr vor allem in den Hauptstädten Westeuropas einen hohen Informationsaustausch und schnelle Reaktionen auf politische Ereignisse erlaubte.

1. Englische und französische Aufklärung. – Obwohl das Phänomen ö.M. der Sache nach schon seit alters bekannt war und in einzelnen Aspekten auch schon seit der Antike von der politischen Philosophie gewürdigt wurde, hebt die philosophische Behandlung des Begriffs der ö.M. erst in der Neuzeit in *England* mit J. LOCKES Schrift ‹An Essay Concerning Human Understanding› (1690) an [5]. Erstmals wurde in ihr die ö.M. als moralische Autorität anerkannt, deren kollektiver Urteilsspruch neben dem göttlichen und dem staatlichen Recht eine dritte, selbständige Gesetzesquelle bilden sollte. Locke beschrieb die ö.M. als das der bürgerlichen Gesellschaft eigentümliche Vermögen, ihre Normen durch bloß moralischen, d.h. gewaltlosen Druck auf den Einzelnen durchzusetzen: «For though men uniting into politic societies have resigned up to the public the disposing of all their force, so that they cannot employ it against any fellow-citizens any farther than the law of the country directs; yet they retain still the power of thinking well or ill, approving or disapproving of the actions of those whom they live amongst and converse with: and by this approbation and dislike they establish amongst themselves what they will call virtue and vice» [6].

Schwerer als die empirische Evidenz wog in Lockes Begründung dieses sozialen Normenmechanismus allerdings eine sprachphilosophische Überlegung, deren Ausgangsposition schon bei HOBBES zu finden ist: Ihr zufolge war jedermann, um von seinen Mitmenschen verstanden zu werden, genötigt, sich der allgemein gebräuchlichen Worte zu bedienen, welche ihrerseits jeweils einen allgemeinen Konsens (common consent) darüber voraussetzten, welche außersprachlichen Gegenstände mit ihnen zu bezeichnen seien [7]. Sofern sie eine Sprachgemeinschaft bildete, konzipierte also nicht erst Locke, sondern schon Hobbes in aristotelischer Tradition die menschliche Gesellschaft als konsensfähige Gemeinschaft. Ihre Theorien unterschieden sich erst in den politisch-moralischen Konsequenzen, die sie aus diesem Befund zogen: für Hobbes stieß die natürliche Konsensfähigkeit der Menschen in Fragen, die das egoistische Interesse des Einzelnen berührten (wie Gerechtigkeitsvorstellungen und Eigentumsverhältnisse), an die Grenzen ihrer Kompetenz, wodurch ein eigener, von der natürlichen menschlichen Sprachgemeinschaft abgrenzbarer Raum politischer Konsensbildung eröffnet wurde: «the opinions of men differ concerning meum and tuum, just and unjust ... good and evil ... and the like; which every man esteems according to his own judgement; it belongs to the same chief power to make some common rules for all men, and to declare them publicly, by which every man may know what may be called ... just, what unjust ... what good, what evil» [8]. Dem stellte LOCKE die sozialphilosophische These entgegen, unter den in staatlicher Gemeinschaft lebenden Menschen sei zumindest in moralischen Fragen ein natürlicher, nicht durch politische Entscheidung von oben diktierter Konsens möglich: «Thus the measure of what is everywhere called and esteemed *virtue* and *vice* is this approbation or dislike, praise or blame, which by a secret and tacit consent establishes itself in the several societies, tribes, and clubs of men in the world; whereby several actions come to find credit or disgrace amongst them according to the judgement, maxims, or fashion of that place» [9]. Durch das Gesetz der ö.M. (law of opinion or reputation) deutete Locke die menschliche Sprachgemeinschaft zur bürgerlichen Gesellschaft im modernen Sinn des Wortes um, deren Urteil sich auf alle Bereiche des sozialen Lebens erstreckte und dabei im 18. Jh. auch bald politische Fragen nicht mehr aussparte [10].

Es liegt ein spezifisch moderner Zug in Lockes sprachphilosophischer Argumentation, daß sie ohne Lösung der bisher im Vordergrund stehenden Frage auskam, in welchem Verhältnis die ö.M. zur Wahrheit stehe [11]. LEIBNIZ' Kommentar kritisierte sie noch in traditioneller Weise: Zwar sei es richtig, daß das Lobenswerte und Tadelnswerte ihre Bezeichnung von dem Lob und Tadel erhielten, das man ihnen zollt; «mais cela veut dire non pas que la vertu est ce qui on loue, mais qu'elle est ce qui est digne de louange et c'est ce qui dépend de la vérité et non pas de l'opinion» [12]. Was Leibniz als philosophischen Trugschluß kritisierte, zeigt sich jedoch, soziologisch gesehen, als unterschiedliche Einschätzung der Kompetenz der bürgerlichen Gesellschaft in moralischen Urteilen: Während Leibniz in ihr noch keine soziale Autorität erkennen wollte, wurde der ö.M. gleichzeitig in England schon erheblicher Einfluß auf die Politik zugestanden. Schon 1680, acht Jahre vor der Glorious Revolution, schrieb W. TEMPLE von den «opinions», den politischen und moralischen Grundsätzen des Bürgertums, sie seien «the true ground and foundation of all government» [13]. D. HUME bestätigte dieses Urteil 60 Jahre später – «the royal power being no longer supported by the settled principles and opinions of men, will immediately dissolve» –, fügte jedoch verschärfend hinzu, die politischen Grundsätze hätten sich seit der Revolution so sehr verändert, daß die Monarchie, wäre sie schon damals so wie heute gewesen, Gefahr gelaufen wäre, abgeschafft zu werden [14].

Humes Würdigung des politischen Einflusses der ö.M. auf das englische Regierungssystem wurde nicht nur in England, sondern auch auf dem Kontinent stark beachtet. Vor allem in *Frankreich* bahnte sich nun eine positivere Einschätzung der ö.M. an: «il y a deux espèces d'autorité», schrieb der Abbé de ST. PIERRE schon 1733, «l'une vient de la puissance, et des troupes de l'État ... l'autre vient de la bone opinion que le publiq prend de la sagesse, et de la bonté du Gouvernement ...» [15]. Die positiven Urteile über die ö.M. hielten sich jedoch, oft sogar beim selben Autor, noch lange mit den kritischen die Waage, die zur Unabhängigkeit gegenüber der ö.M. ermahnten. Typisch für diese ambivalente Beurteilung ist ROUSSEAUS wechselvolle Einschätzung der ö.M.: als Ausdruck gesellschaftlicher Anerkennung wertete er sie einerseits gegenüber der eigenen Wertschätzung des Menschen (estime de soi-même) ab, indem er sie als «vains préjugés plus mobiles qu'une onde agitée» bezeichnete [16], empfahl sie andererseits aber z.B. den Regierungen als vorzügliches Mittel zur Beeinflussung der Gewohnheiten und Verhaltensweisen ihrer Völker [17]. Je nach Zusammenhang betonte er bald die Manipulierbarkeit und Korrumpierbarkeit der ö.M., bald ihre Nähe zu den einfachen Sitten und moralischen Grundsätzen (mœurs) des Volkes, welche in der volonté générale ihren staatsrechtlich normativen Ausdruck finden [18].

Ungefähr zu Beginn der 1770er Jahre schlug die traditionell eher ablehnende Beurteilung der ö.M. schließlich in der Pariser Gesellschaft dauerhaft in Anerkennung und Achtung vor ihrem politischen Einfluß um: «L'opinion publique n'est elle plus forte que la terreur des loix, que la religion même?» fragte schon 1770 DU MARSAIS [19]. Was sich nun als opinion publique artikulierte, war zwar eine häufig wechselnde Koalition einflußreicher Stimmen der Pariser Gesellschaft, die von Fall zu Fall auch von der opinion populaire, der Meinung des Volks, unterstützt wurde; sie galt aber in jedem Fall als die tonangebende Meinung des Tages [20]. In dem sich nun durchsetzenden Gebrauch des Begriffs als Kollektivsingular kam die neue Auffassung zum Ausdruck, daß es in der Gesellschaft nur *eine* – eben *die* ö.M. geben könne [21]. Zum Schlagwort wurde der Begriff ‹opinion publique› im Jahrzehnt vor der Revolution vor allem durch den Finanzminister NECKER, der sich als Anwalt der ö.M. eine plebiszitäre Unterstützung für seine Reformpolitik erhoffte [22]. Damit hob sich der Ausdruck gegenüber bisher ebenso gebräuchlichen, wie ‹voix publique›, ‹rumeur publique› und ‹esprit publique›, die bisher eine ähnliche Bedeutung hatten, hervor.

Mit der Bildung des Schlagwortes ging eine geschichtsphilosophische Aufwertung des Begriffs einher. Die ö.M. rückte in die zeitliche Perspektive einer stetig zunehmenden Vervollkommnung des Menschengeschlechts [23]. CONDORCET beschrieb sein Zeitalter 1794 im ‹Tableau historique› als diejenige Epoche, in der die ö.M. der aufgeklärten Nationen durch den Einfluß der Philosophie moralisch weit höher zu bewerten sei als die ihrer offiziellen politischen Repräsentanten [24]. In ähnlichem Sinn hatte L. S. MERCIER schon 1787 geschrieben: «Les bons livres ... déjà gouvernent l'Europe; ils éclairent le gouvernement sur ses devoirs, sur sa faute, sur son véritable intérêt, sur l'opinion publique qu'il doit écouter et suivre» [25]. Mit ihrer These, in Ermangelung würdiger Staatsorgane müsse die ö.M. als oberstes Tribunal und legitime Sprecherin der Nation angesehen werden, lieferte Condorcet, wie auch ABBÉ SIEYÈS u.a., eine moralische Rechtfertigung für die Revolution, deren wechselnde Protagonisten jeweils mit dem Anspruch auftraten, die ö.M. zu repräsentieren.

Freilich stand dieser normative Gebrauch des Begriffs in ständigem Widerspruch zur Bewertung der ö.M. im politischen Tagesgeschehen [26], doch kam es vor der Revolution zu keiner systematischen Darstellung, die die empirische Wirkungsweise der ö.M. mit normativen Anspruch ihres Begriffs in Beziehung gesetzt hätte. Nachdem E. BURKE den liberalen Grundsatz aufgestellt hatte, «that general opinion is the vehicle and organ of legislative omnipotence» [27], lieferte erst J. BENTHAM in den 1790er Jahren eine Theorie, in der er den Einfluß der ö.M. auf das parlamentarische Regierungssystem zu bestimmen versuchte [28]. Der ö.M. fiel in ihr die seither für die klassische liberale Auffassung charakteristische Doppelrolle einer kontrollierenden Instanz des Parlaments und eines öffentlichen Forums zu, auf dem sich die ö.M. ihrerseits überhaupt erst durch Presse und parlamentarische Verhandlungen bilden und aufklären soll. Benthams Schrift wurde in Frankreich von CHATEAUBRIAND, ROYER-COLLARD, VILLÈLE, CONSTANT, GUIZOT u.a. aufgenommen und zur klassischen Theorie des liberalen Parlamentarismus ausgebaut.

2. *Rezeption und Verbreitung des Begriffs in Deutschland.* – a) Erst nach Ausbruch der Revolution in Frankreich, 1790, wurde ‹opinion publique› als ‹ö.M.› ins Deutsche übertragen [29]. Der neue Begriff eröffnete vermutlich die lange Reihe seither gebräuchlicher Kollektivsingulare, wie ‹öffentlicher Wille›, ‹öffentliche Kritik›, ‹öffentliches Urteil› usw., in denen das Attribut ‹öffentlich› die vorher im Deutschen unbekannte Bedeutung 'allgemein' annahm. Die ö.M. war allerdings mehr als

bloß die allgemeine M.: durch die ungewöhnliche Übersetzung ‹öffentlich› sollte die im französischen und englischen ‹public› vorgegebene Bedeutung analoger Kollektivsingulare nachvollzogen werden, durch die dem kollektiven Willensausdruck tonangebender bürgerlicher Schichten die Autorität eines moralisch verbindlichen Urteils zugesprochen wurde [30].

In der Mehrdeutigkeit des Attributs ‹öffentlich› waren dem Begriff allerdings divergierende Bestimmungsmerkmale gegeben, die miteinander in Einklang zu bringen eine um so dringendere Aufgabe der Philosophie war, als es die Sache selbst, eine politisch einflußreiche ö.M., in Deutschland noch nicht in gleichem Maße gab wie in England und Frankreich. In einem Brief an seine Frau beklagte G. FORSTER 1793 diesen Mangel: «Schon haben wir 7000 Schriftsteller, und dessen ungeachtet, wie es keinen deutschen Gemeingeist gibt, so gibt es auch keine deutsche ö.M.» [31]. Als erster in Deutschland definierte CHR. GARVE den Begriff 1795 – gemessen an dem, was zur gleichen Zeit in Frankreich politisch als ö.M. in Erscheinung trat, relativ wirklichkeitsfremd – als «die Übereinstimmung vieler oder des größten Teils der Bürger eines Staates in Urteilen, die jeder einzelne zufolge seines eigenen Nachdenkens oder seiner Erfahrung über diesen Gegenstand gefällt hat» [32]. Vorbild seiner Definition der ö.M. war der von der Aufklärungsphilosophie postulierte öffentliche M.-Bildungsprozeß innerhalb der Gelehrtenrepublik: In ihm fiel der Öffentlichkeit des M.-Austauschs die neue Funktion eines rationalisierenden Mediums zu, durch das die schwankenden und fehlerhaften M.en aller einzelnen Bürger, sich wechselseitig kritisierend und damit korrigierend, zur relativen Festigkeit einer schließlich von allen gemeinsam als richtig erkannten M. geläutert wurden. Programmatisch hatte dieses Modell schon 1773 CHR. M. WIELAND konzipiert, als er den ‹Deutschen Merkur› als ein literarisches Forum einrichtete, auf dem «der namenloseste Erdensohn ..., wenn er was kluges zu sagen hat», ebenso Rederecht genießen sollte «wie der Präsident einer Akademie» [33]. Wielands Ziel war die öffentliche Kritik literarischer Werke, für deren allgemein anerkannte Beurteilung «unparteiische Sachverständige» bestellt werden sollten, die nach genauem Studium der Werke schließlich ihr Urteil fällten: «Sie sprechen ihr Urteil öffentlich, und das Publikum bestätigt es, denn jedermann fühlt oder glaubt zu fühlen, daß er ebenso gesprochen hätte» [34].

Ähnliche Erwartungen knüpfte KANT an die rationalisierende Kraft öffentlich vorgebrachter Kritik. «Unser Zeitalter ist das eigentliche Zeitalter der Kritik, der sich alles unterwerfen muß», schrieb er 1781 im Vorwort zur ‹Kritik der reinen Vernunft›. «Religion, durch ihre Heiligkeit, und Gesetzgebung durch ihre Majestät, wollen sich gemeiniglich derselben entziehen. Aber alsdann erregen sie gerechten Verdacht wider sich und können auf unverstellte Achtung nicht Anspruch machen, die die Vernunft nur demjenigen bewilligt, was ihre freie und öffentliche Prüfung hat aushalten können» [35]. 1784 führte er diesen Gedanken in der Aufklärungsschrift weiter aus: Damit ein Publikum sich selbst aufkläre, heißt es da, sei «nichts erfordert als Freiheit; und zwar die unschädlichste unter allem, was nur Freiheit heißen mag, nämlich die: von seiner Vernunft in allen Stücken öffentlichen Gebrauch zu machen»; als solchen wertete er aber denjenigen, «den jemand als Gelehrter von ihr vor dem ganzen Publikum der Leserwelt macht» [36].

Ebensowenig wie Wieland folgerte jedoch Kant aus der Notwendigkeit öffentlicher M.-Bildungsprozesse den Begriff einer ö.M. als deren endliches Resultat. Die Öffentlichkeit mochte dem gelehrten Publikum im sozialpsychologischen Sinn dazu verhelfen, auf dem Weg der Aufklärung voranzukommen, sie bildete hierfür aber keine hinreichende Voraussetzung. Worauf es der deutschen Aufklärungsphilosophie ankam, war die psychische Schwelle, die einer überwinden mußte, wenn er seine M. öffentlich vortrug und damit für sie einstehen mußte, weil sie nun der öffentlichen Kritik ausgesetzt war – nicht dagegen die Autorität einer sich als 'öffentlich' nur scheinbar legitimierenden allgemeinen M. In seiner Rede an Wielands Grab wies GOETHE auf diese Differenz noch einmal hin: Wieland habe «sein Zeitalter sich zugebildet, dem Geschmack seiner Zeitgenossen sowie ihrem Urteil eine entschiedene Richtung gegeben». Es sei jedoch ein großer Unterschied zu sagen, «daß ein Schriftsteller, dem man so herrliche Werke verdankte, selbst urteilen, seine M. selbst bekennen wollte (dies erregte die größten Hoffnungen) – als daß er die ö.M. ausgesprochen hätte» [37]. Goethes Abgrenzung der ö.M. des allgemeinen Publikums von der öffentlich vorgebrachten Meinung des Einzelnen war im Unterschied zu Garves Definition des Begriffs schon geprägt von seinen negativen Eindrücken aus der Französischen Revolution und der deutschen Widerstandsbewegung gegen Napoleon. Trotz der von ihm inzwischen erkannten sozialpsychologischen Mechanismen der ö.M.-Bildung blieb jedoch auch der rationalistische Anspruch des aufklärerischen Modells, wie es Garve in die Definition der ö.M. übernommen hatte, in der deutschen Begriffsgeschichte – stärker als in England und Frankreich – unterschwellig lebendig.

b) Die erste ausführliche Abhandlung widmete in Deutschland WIELAND 1798 dem Begriff ‹ö.M.›. Die essayistische Form eines ‹Gesprächs unter vier Augen› zwischen einem Befürworter und einem Gegner des erst kürzlich übernommenen Begriffs spiegelte dabei nicht nur die noch vorherrschende Unsicherheit über dessen Gehalt, sondern deckte zugleich auch eine die ganze weitere Begriffsgeschichte bestimmende Ambivalenz in der Beurteilung der ö.M. auf: Als Ausdruck des allgemeinen Menschenverstandes räumte ihr Wieland einerseits einen erheblichen, zum Teil sogar berechtigten Einfluß auf die Politik ein, bestritt ihr andererseits jedoch auch mit der Rationalität zugleich die Existenz überhaupt: «Wenn hunderttausend Arme sich auf einmal heben, so geschieht es nicht, weil sie von derselben M., sondern weil sie von eben demselben Stoß in Bewegung gesetzt wurden» [38]. Die sozialpsychologische Exaktheit von Wielands Charakterisierung der ö.M. wurde in der wissenschaftlichen Literatur erst ein knappes Jahrhundert später wieder erreicht; zugleich hielt Wieland aber auch noch an dem aufklärerischen Anspruch fest, die ö.M. zu bilden und damit für die politische Verantwortung reif zu machen, die ihr nach liberaler Auffassung als Ausdruck des Volkswillens zukam.

Auch HEGEL betonte 1821 in der ‹Rechtsphilosophie› die ambivalente Bedeutung der ö.M. im Staatsrecht: Mit Kant lehnte er ihre Identifikation mit dem vernünftigen Allgemeinen ab, da «in ihr Wahrheit und endloser Irrtum so unmittelbar vereinigt» seien, daß es «mit dem einen oder dem andern nicht wahrhafter Ernst» sein könne. Andererseits gestand er ihr jedoch, darin über alle bisherigen Kritiker der ö.M. hinausgehend, eine Kenntnis zu über «die ewigen substantiellen Prinzipien der Gerechtigkeit, den wahrhaften Inhalt und das Resultat der ganzen Verfassung, Gesetzgebung und des allgemeinen Zustandes überhaupt ... sowie die wahrhaften Bedürfnisse und richtigen Tendenzen der Wirklichkeit» – eine Kenntnis, die von der ö.M. allerdings nicht als bestimmtes Wissen festgehalten werde, sondern in ihr nur «in Form des gesunden Menschenverstandes, als der durch alle in Gestalt von Vorurteilen hindurchgehenden sittlichen Grundlage» – wie Hegel sich dunkel ausdrückte: «enthalten» sei (§ 317). Hegels Kritik an der ö.M. richtete sich gegen die unorganische Weise, in der sich in ihr die subjektiven und zufälligen M.en aller Einzelnen zusammenschlossen: «Das an und für sich Allgemeine, das Substantielle und Wahre, ist darin mit seinem Gegenteile, dem für sich Eigentümlichen und Besonderen des Meinens der Vielen verknüpft; diese Existenz ist daher der vorhandene Widerspruch ihrer selbst, das Erkennen als Erscheinung; die Wesentlichkeit ebenso unmittelbar als die Unwesentlichkeit» (§ 316).

Hegels Definition der ö.M. hebt sich in ihrer reservierten Anerkennung als ein gesellschaftliches Zeugnis des Vernünftigen deutlich von anderen Begriffsbestimmungen der ‹Rechtsphilosophie› ab: In der Systematik des inneren Staatsrechts ließ sie sich nur lose einfügen, da sie für die Bildung des allgemeinen Willens «an sich» kein notwendiges Moment, sondern nur eine moralische Fundierung darstellte. Nur einen «Zuwachs» in dieser Hinsicht bedeutete nämlich nach Hegel selbst die politische Willensbildung innerhalb der Landstände, durch deren Öffentlichkeit die ö.M. erst die Gelegenheit finden sollte, «zu wahrhaften Gedanken und zur Einsicht in den Zustand und Begriff des Staates und dessen Angelegenheiten und damit erst zu einer Fähigkeit, darüber vernünftiger zu urteilen», zu kommen (§ 314f.). Andererseits aber trug die ö.M., indem in ihr «das Moment der formellen Freiheit sein Recht» erlangte, «daß die einzelnen als solche ihr *eigenes* Urteilen, Meinen und Raten über die allgemeinen Angelegenheiten haben und äußern» (§ 316), dem von Hegel hoch veranschlagten «Prinzip der modernen Welt» Rechnung, «daß, was jeder anerkennen soll, sich ihm als ein Berechtigtes zeige» (§ 317 Zusatz). Die ö.M. hatte so zwar keinen konstitutionellen Ort im Staat, forderte aber gerade in dieser Abseitigkeit den um die Wahrheit Bemühten immer wieder dazu heraus, das «Substantielle» in ihr, das, «womit es ernst» ist, herauszufinden.

Für die deutsche Staatsphilosophie wurde Hegels Einschätzung der ö.M. bis ins späte 19. Jh. vorbildhaft: Nicht nur Anhänger des «monarchischen Prinzips» (wie der konservative F. J. STAHL), sondern auch Liberale (wie FRIES, MUSSMANN, DAHLMANN, WELCKER, BLUNTSCHLI u.a.) räumten mit der jetzt allgemein anerkannten Feststellung, daß die ö.M. in der gegenwärtigen Epoche zu Recht ein bisher zu wenig beachtetes moralisches Gewicht in der Politik gewonnen habe, zugleich ein, daß ihre «Herrschaft» nicht konstitutionell unmittelbar verankert werden könne. Richtschnur des politischen Handelns blieb die ö.M. daher stets nur in Auseinandersetzung mit den verfassungsrechtlich garantierten Institutionen der staatlichen Willensbildung, als Tribunal der Öffentlichkeit über die Handlungen der Regierung [39]. Hegels vielzitierte Maxime, daß «die Unabhängigkeit von ihr die erste formelle Bedingung zu etwas Großem und Vernünftigem» sei (§ 318), fand im 19. Jh. fast allgemein Zustimmung.

Entschiedener als Hegel betonte der politische Liberalismus allerdings die ethische Funktion der ö.M. als «Grundlage der ganzen gesellligen Ordnung im menschlichen Leben» [40]. C. T. WELCKER definierte sie 1844 in diesem Sinne als «das dem wahren Sein und Wesen, dem Endzwecke und höchsten Gesetze des ganzen historischen und politischen Volkslebens entsprechende öffentliche und gemeinsame Bewußtsein, Gewissen und Wollen und die dadurch bestimmte und damit zusammenstimmende Ansicht und Absicht (Consensus) des Volks in Beziehung auf seine öffentlichen Angelegenheiten» [41]. In seiner liberalistischen Aufwertung zum politisch normativen Grundbegriff konvergierte der Begriff der ö.M. nun weitgehend mit dem der volonté générale von Rousseau – ganz im Gegensatz zu seinem Gebrauch bei Rousseau und Kant, die ihn noch bewußt gegenüber normativen Begriffen wie ‹objektiver Geist› und ‹öffentlicher Wille› abgegrenzt hatten [42]. Von den offensichtlich irrationalen und schädlichen Einflüssen auf die ö.M. glaubte Welcker ihren idealen Leitbegriff dadurch freihalten zu können, daß er zwischen einer «gesunden» und «wahren ö.M.» und einer «falschen» und «kranken» unterschied, ohne hierfür freilich formale Unterscheidungskriterien anzubieten. Versucht hatten dies vor ihm auch schon GARVE, WIELAND, ANCILLON, NIEBUHR u.a. mit der Forderung, die wahre ö.M. müsse sich spontan aus der selbständig gewonnenen Einsicht aller ergeben [43]; aber dieses Kriterium ließ sich in der Realität ebensowenig einlösen wie die von dem Staatsrechtler ZACHARIAE getroffene, an Rousseau anknüpfende Unterscheidung zwischen der ö.M. und der M. der Mehrheit: Bei dieser gelte eine Stimme soviel wie die andere, bei jener richte sich das Gewicht der Stimme nach dem Beifall, den sie bei andern finde [44]. «Nicht nach Köpfen zählt man die Stimmen bei der Würdigung der ö.M.», stimmte ihm SISMONDI zu: «die aus der freiwilligen Erörterung entsprungene ö.M. wägt die Stimmen ab statt sie zu zählen» [45]. Aufgrund seiner empirischen Nichtnachprüfbarkeit behielt der Begriff in seiner liberalistischen Interpretation eine ideologische Anfälligkeit, die GARVE schon 1798 den Anhängern der Französischen Revolution vorgehalten hatte: «Wenn diese Freunde der Revolution dieselbe nicht aus den bekannten Tatsachen zu erklären, noch ihre Schritte nach derselben zu rechtfertigen wissen, so nehmen sie zu der ö.M., als einer qualitas occulta, die alles erklären – und einer höhern Macht, die alles entschuldigen kann, ihre Zuflucht» [46].

Die Herrschaft der liberalistischen Interpretation der ö.M. ist in Deutschland relativ eng auf die Epoche des Vormärz zu begrenzen. Noch am Ende des 18. Jh. waren hier Zweifel laut geworden, ob es in Deutschland überhaupt eine ö.M. gebe. Eine politisch bedeutsame Rolle spielte sie jedenfalls erst nach 1800 in der preußischen Reform- und der durch sie geförderten konstitutionellen Bewegung [47]. Was in der Öffentlichkeit als ö.M. galt, fiel nun bis 1848 weitgehend mit dem Weltbild und politischen Programm des Liberalismus zusammen. Verfassungsrechtlich ignoriert und politisch in der Defensive blieb sie allerdings hauptsächlich die Stimme der Opposition. Darin lag jedoch auch ihre Stärke: Nur im Kampf gegen die geheime Kabinettspolitik und für die Menschenrechte konnte sie nämlich ihrem Anspruch, die ganze Nation zu repräsentieren, genügen. Im Maße dagegen, in dem sie in der zweiten Hälfte des 19. Jh. durch die konstitutionelle Aufwertung der Parlamente und liberale Gesetzgebung tatsächlich zur Herrschaft kam, zerfiel ihre vom Begriff suggerierte Einheit mehr und mehr in das Spektrum konkurrierender Parteien und gesellschaftlicher Interessengruppen. Ihre Qualifizierung als M. vor allem der Mittelschichten war vor der Revolution auf liberaler Seite noch als Garantie für ihr politisches Verantwortungsbewußtsein gemeint gewesen; jetzt wurde dagegen hierin gerade eine soziale Beschränktheit sichtbar, die dem Universalitäts- und Vernunftanspruch des Begriffs unmittelbar widersprach [48]. Durch die Demokratisierung des Wahlrechts und die Explosion in der Ausbreitung des Pressewesens war ein, von revolutionären Zeiten abgesehen, bisher unbekannter politischer M.-Druck entstanden, dessen Macht liberale Theoretiker wie A. DE TOCQUEVILLE und J. ST. MILL für so gefährlich hielten, daß sie zum Schutz der Minderheiten vor ihrem Konformitätszwang aufriefen. Hierin MARX und ENGELS folgend [49], identifizierte dagegen LASSALLE die ö.M. noch zu Beginn der 1860er Jahre so weitgehend mit den Interessen der Bourgeoisie («Denn auch die ö.M., meine Herren – ich habe Ihnen bereits angedeutet, durch welche Vermittlung, nämlich durch die Zeitungen – empfängt heutzutage ihr Gepräge von dem Prägstock des Kapitals und aus den Händen der privilegierten großen Bourgeoisie» [50]), daß er gerade in der Unabhängigkeit von ihr die «entschiedene geistige Überlegenheit [des Arbeiterstands] über das Bürgertum und seinen Beruf zur Umgestaltung desselben» erblickte [51].

Für Sozialisten wie Liberale war damit auf verschiedene Weise das Bild einer gleichermaßen rationalen wie universalen ö.M. zerbrochen. In den sozialpsychologischen Studien von SCHÄFFLE (1875), HOLTZENDORFF (1879), TARDE (1901), BAUER (1912, 1930) u. a. machte es schnell einer weniger normativen Betrachtungsweise Platz, da die Übereinstimmung der ö.M. mit «der eigensten Natur des socialen Körpers» ja doch «objektiv» bestenfalls nur im Nachhinein feststellbar sei [52]. Die Fragestellung richtete sich nun statt auf die Bedingungen ihrer Rationalität verstärkt auf die Genese der ö.M. und ihre Wirkung auf die Gesellschaft und das politische System. Dabei herrschte nicht nur in Deutschland die Vorstellung von einer weitgehend nur rezeptiv sich verhaltenden Masse vor, die von M.-Führern gelenkt würde, die durch institutionelle und soziale Vorteile so sehr begünstigt seien, daß sie die Menge fast beliebig zu lenken vermöchten [53].

Positiver wurde die ö.M. zur gleichen Zeit in den angloamerikanischen Ländern aufgrund der engeren Verknüpfung mit dem demokratischen Regierungssystem beurteilt [54]; doch bahnte sich hier schon früh die Entwicklung zur quantitativen M.-Analyse an [55]. In ihr wurde der Begriff der ö.M. in charakteristischer Weise verschoben: Zum einen sah die public opinion research nicht länger mehr in ihrer Einheitlichkeit ein Hauptmerkmal der ö.M., sondern setzte sich, ausgehend von einer jeweils bestehenden Pluralität von M.en, zur Aufgabe, den Verbreitungsgrad konkurrierender M.en quantitativ zu messen. Hinzu kommt ein zweites: schon in den nicht-quantitativen sozialpsychologischen Untersuchungen des ausgehenden 19. Jh. war gegenüber dem liberalen Begriff der ö.M. der Bereich ihrer möglichen Gegenstände von den «öffentlichen Angelegenheiten» (vor allem Politik, Religion und Moral) auf prinzipiell alle Gegenstände allgemeinen Interesses ausgedehnt worden, ob diese nun zur öffentlichen Sphäre zählten oder nicht. Die Methodik der quantifizierenden M.-Befragung dehnte nun auch den Begriff der M. auf alle Formen der Gesinnung oder Haltung (attitudes) gegenüber beliebigen Gegenständen aus [56], ließ also das Kriterium der öffentlichen Äußerung einer M. fallen, die für die klassische Begriffstradition eine Mindestvoraussetzung für die Anerkennung einer M. als Element der ö.M. gewesen war. Das Attribut ‹public› qualifizierte die so bezeichnete kollektive M. nur noch als gemeinsame Haltung irgendeiner Gruppe von Menschen, welche in keinem irgendwie näher bezeichneten sozialen Verhältnis zueinander standen.

In den letzten Jahrzehnten wurde an diesem aus dem Englischen übernommenen Begriff der ö.M. vor allem seine Einengung auf die Bedürfnisse der Marktforschung und der politisch-administrativen M.-Beeinflussung bemängelt [57]. J. HABERMAS wies auf die rechtsstaatlich bedenkliche Differenz zwischen den «quasi-öffentlichen M.en» offizieller Verlautbarungen von Parteien, Verbänden, staatlichen Organen und Massenmedien und den «nicht-öffentlichen Meinungen» der einzelnen Bürger hin, denen nicht nur jeglicher Bezug zu den gesellschaftlichen Institutionen der M.-Bildung fehle, sondern die auch mit der Publizität aktiver M.-Äußerung zugleich einen wesentlichen Teil ihres potentiellen politischen Gewichts preisgäben [58]. Da die ö.M. jedoch weiterhin in der Theorie sozialstaatlicher Massendemokratien als regulative Idee der demokratischen Willensbildung fungiert, forderte er die Vermittlung beider M.-Typen «durch eine in organisationsinternen Öffentlichkeiten entfachte kritische Publizität» [59]. Einen solchen an den gesellschaftlichen Bedingungen der Aufklärungszeit orientierten Rekonstruktionsversuch hielt N. LUHMANN neuerdings für nicht einlösbar, «weil Organisationen gerade auf Parzellierung von Bewußtsein beruhen und sich in ihnen daher weder jene strukturellen Prämissen noch die entsprechenden Erfahrungen realisieren lassen, auf denen die Unterstellung einer kritischen ö.M. aufbaute» [60]. Luhmanns eigner Analyse zufolge besteht die wesentliche Leistung ö.M.-Bildung in der gesellschaftlichen Durchsetzung von Themen, die, indem sie eine kontroverse Diskussion entfachen, die Komplexität rechtlicher und politischer Kontingenz auf ein vom politischen System zu bewältigendes Maß reduzieren. Zunächst wird dadurch zwar noch nicht nach bestimmten «Entscheidungsregeln» *eine* M. zur öffentlichen erhoben, wohl aber aufgrund bestimmter «Aufmerksamkeitsregeln» eine Themenstruktur gesellschaftlich festgelegt, die für ein politisches System zu einem bestimmten Zeitpunkt «die Grenzen des jeweils Möglichen festlegt» [61].

Anmerkungen. [1] PETRUS VON BLOIS, Ep. 15. MPL 207, 54 c; vgl. K. F. W. WANDER: Dtsch. Sprichwörterlexikon 4 (1876, ND 1963) 1682. – [2] B. PASCAL, Pensées 5, 5: «L'opinion publique est, comme dit le proverbe, la reine du monde»; CL. H. DE SAINT-SIMON, Oeuvres (1875) 8, 53: «Opinion chez les hommes fait tout»; Dict. de Trevoux (Paris ²1721) 4, 303. – [3] F. v. HOLTZENDORFF: Wesen und Werth der ö.M. (1879) 24; zum Zusammenhang vgl. R. KOSELLECK: Einl. zu Gesch. Grundbegriffe, hg. O. BRUNNER u.a. 1 (1972) XV. – [4] Vgl. J. HABERMAS: Strukturwandel der Öffentlichkeit (⁴1969) Kap. 2f. – [5] Auf die geistesgesch. Vorbereitung von Lockes Theorie der ö.M. durch Hobbes Relativierung des religiösen Gewissens zur privaten M. haben, C. SCHMITT folgend, R. KOSELLECK: Kritik und Krise (²1969) 21 und HABERMAS, a.O. [4] 103 hingewiesen. – [6] J. LOCKE, Essay conc. human understanding 2, 28, 7ff. – [7] TH. HOBBES, De cive 18, 4; Lev. 1, 8. – [8] De cive 6, 9. – [9] LOCKE, a.O. [6] 2, 28, 10. – [10] Zur damit eingeleiteten Moralisierung der Politik vgl. KOSELLECK, a.O. [5] passim. – [11] Vgl. N. LUHMANN: Ö.M., in: PVS 11/1 (1970) 4. – [12] G. W. LEIBNIZ, Nouveaux essais sur l'entendement humain, hg. W. ENGELHARDT/H. H. HOLZ 1 (1961) 446f. – [13] W. TEMPLE: An essay upon the origin and nature of government (1680, ND 1964) 54. – [14] D. HUME, Whether the Brit. government inclines more to absolute monarchy or to a republic. Philos. Works, hg. T. H. GREEN/T. H. GROSE 3 (1882) 125. – [15] Abbé de ST. PIERRE: Ouvrages de polit. 3 (1733) 203. – [16] J.-J. ROUSSEAU, Nouvelle Héloïse 1, 24. Oeuvres, hg. V. D. MUSSET-PATHAY (1823) 8, 108. – [17] a.O. 2, 113. – [18] Vgl. Contrat social 2, 8; 2, 12; 3, 1; 3, 4. – [19] C. C. DU MARSAIS: Essai sur les préjugés (1770) 299. – [20] Vgl. R. REICHARDT: Reform und Revolution bei Condorcet. Pariser hist. Stud. 10 (1973) 292ff. – [21] In einem ganz anderen Sinn sprach z. B. noch LEIBNIZ vom Gegensatz der ö.M.en verschiedener Parteien im Staat (les opinions publiques de differents partis) als einem unvermeidbaren Übel a.O. [12] 2, 660. – [22] Vgl. J. SANDWEG: Rat. Naturrecht als rev. Praxis (1972) 85f. – [23] Vgl. REICHARDT, a.O. [20] 83ff. – [24] M. J. A. CONDORCET, Esquisse d'un tableau hist. 9e époque. – [25] L. S. MERCIER: Notions claires sur les gouvernements (1787) VII. – [26] Vgl. REICHARDT, a.O. [20]. – [27] E. BURKE: Politics, hg. HOFMANN/LEVACK (1949) 106. – [28] J. BENTHAM: Tactiques des assemblées polit. délibérantes (Genf 1816). – [29] Die frz. Herkunft zeigt sich deutlich in den beiden bisherigen Erstbelegen bei CHR. M. WIELAND, Werke 34 (1879) 63 und J. H. CAMPES 3. Schreiben aus Paris an den Hg. des ‹Teutschen Merkur› (Dez. 1790) 383f. – [30] Vgl. L. HÖLSCHER: Öffentlichkeit und Geheimnis (1979) 95ff. 105. – [31] J. G. FORSTER, Werke, hg. Dtsch. Akad. Wiss. Berlin 8 (1974) 365. – [32] CHR. GARVE: Über die ö.M., in: Versuch über versch. Gegenstände der Moral, der Lit. und des geselligen Lebens 5 (1802) 256. – [33] CHR. M. WIELAND: Vorrede zum ‹Dtsch. Merkur› (1773) XIVf. – [34] a.O. XVIII. – [35] I. KANT, KrV. Werke, hg. W. WEISCHEDEL 2 (1956) 13. – [36] a.O. 6, 55. – [37] J. W. GOETHE, Jubiläums-A. 37, 24. – [38] WIELAND, Über die ö.M. Werke, hg. HEMPEL 33 (1879) 418. – [39] Vgl. F. ANCILLON: Von der Gewalt der ö.M., in: Zur Vermittlung der Extreme in den M.en 1 (1828) 133. – [40] J. J. FRIES: Politik (1848) 330. – [41] C. T. WELCKER: Art. ‹Öffentlichkeit›, in: ROTTECK/WELCKER: Staatslexikon 12 (1841) 265. – [42] Vgl. KANT, a.O. [35] 6, 201. 150. 160 u. a. – [43] B. G. NIEBUHR: Über geheime Verbindungen im preuß. Staat (1815) 10f.; ANCILLON, a.O. [39] 134f. – [44] K. S. ZACHARIAE: Vom Staate 3 (²1839) 208f. – [45] J. C. L. SISMONDE V. SISMONDI: Forsch. über die Verfassungen der freien Völker (1837) 145. – [46] GARVE, a.O. [32] 294f. – [47] Vgl. R. FLAD: Der Begriff der ö.M. bei Stein, Arndt und Humboldt (1929). – [48] Vgl. z.B. BROCKHAUS (⁵1820) 7, 37; BLUNTSCHLI/BRATER: Dtsch. Staatswb. 7 (1862) 345; pejorativ allerdings schon bei L. V. RANKE: Die Theorie und die ö.M. in der Politik. Hist.-polit. Z. 1 (1832) 482ff. – [49] K. MARX und FR. ENGELS: Dtsch. Ideol. (1844). MEW 3, 46. – [50] F. LASSALLE: Arbeiterprogramm (1862). Ges. Reden u. Schr., hg. E. BERNSTEIN 2 (1919) 189. – [51] a.O. 5, 350. – [52] A. SCHÄFFLE: Bau und Leben des soc. Körpers (1875) 1, 452; G. TARDE: L'opinion de la foule (1901); W. BAUER: Die ö.M. und ihre gesch. Grundl. (1914); Die ö.M. in der Weltgesch. (1930). – [53] SCHÄFFLE, a.O. [52]; vgl. auch G. V. SCHMOLLER: Grundriß der Volkswirtschaftslehre 1 (⁷⁻¹⁰1908) 14. – [54] J. BRYCE: The Amer. Commonwealth (1889); A. V. DICEY: Law and public opinion in England (1905); A. L. LOWELL: Public opinion and popular government (1913). – [55] A. F. BENTLEY: The process of government (1908). – [56] Vgl. L. W. DOOB: Public opinion and propaganda (1948) 35; N. Y. POWELL: Anatomy of public opinion (1951) 1ff. – [57] F. LENZ: Werden und Wesen der ö.M. (1956); W. LIPPMANN: Philosophia publica (1957); W. HENNIS: M.-Forsch. und repräsent. Demokratie (1957); G. SCHMIDTCHEN: Eine Revision des Begriffs der ö.M., in: Die befragte Nation (1959); F. G. WILSON: A theory of public opinion (1962). – [58] HABERMAS, a.O. [4] 257ff. – [59] a.O. 270f. – [60] LUHMANN, a.O. [11] 6. – [61] a.O. 16.

Literaturhinweise. W. BAUER s. Anm. [52]. – J. HABERMAS s. Anm. [4]. – L. HÖLSCHER s. Anm. [30]. – U. OTTO: Die Problematik des Begriffs der ö.M. Publizistik 11/2 (1966) 99-130. – P. A. PALMER: The concept of public opinion in political theory, in: B. BERELSON/M. JANOWITZ: Reader in public opinion and communication (1953).

L. HÖLSCHER

Meinungsfreiheit. Unter den Begriffen, die sich auf die Freiheit in der geistigen Sphäre beziehen und sie als Grundrecht postulieren (Denk-, Gedanken-, Glaubens-, Religions-, Gewissensfreiheit, Toleranz), und ihren rechtlichen Konkretisierungen (Bekenntnis-, Presse-, Lehrfreiheit u.ä.) ist ‹M.› als Begriff erst im 17. Jh. in der Zeit der Glaubenskriege geprägt worden, als im politischen Kontext die platonische Unterscheidung zwischen wahrem Wissen und bloßer Meinung unglaubwürdig geworden war.

Ein individuelles Grundrecht auf M. war weder der Antike noch dem Mittelalter bekannt. In einem durch Eunomia geprägten Staatswesen, das die Stellung des Bürgers wesentlich von der vorgeordneten Gemeinschaft her verstand, blieb kein Platz für einen dem Staat gegenüber eigenständigen und von ihm garantierten Freiheitsraum des Einzelnen. Die Redefreiheit, die den Bürgern der Polis in öffentlichen Versammlungen zustand, sprengte diese Ordnung nicht. Daß es dennoch den Konflikt zwischen Individuum und Staat aufgrund freier geistiger Äußerungen gab, zeigen die Asebieprozesse in Athen gegen *Protagoras* (415 v.Chr.), *Diagoras von Melos* (um 410 v.Chr.) und *Sokrates* (399 v.Chr.). Die *Stoa* sah das Zentrum wahrer Freiheit in der inneren Unabhängigkeit des Weisen, der nur dem Gebote des auch in seinem Inneren waltenden Logos folgt [1]. Hinweise auf gewisse Spielräume gibt es gleichwohl. So findet sich in der römischen Rechtsliteratur des 3. Jh. n.Chr. bei ULPIAN der Grundsatz: «Cogitationis poenam nemo patitur» [2].

AUGUSTIN weist auf die notwendige Willensvermittlung des Glaubens hin: «Intrare quisquam ecclesiam potest nolens ... credere non potest nisi volens» [3]. SUETON berichtet in der Kaiserbiographie des Tiberius von dessen Großzügigkeit gegenüber schmähenden Nachreden über seine Person [4].

Ebenfalls noch ganz ins Vorfeld des Begriffs der M. gehört REUCHLINS Votum gegen die Verbrennung jüdischer Schriften [5], und als MORUS in seiner ‹Utopia› *Toleranz* gegenüber verschiedenen religiösen Meinungen verlangte, sah er ihre Verschiedenheit doch nur als unterschiedliche Formen der Gottesverehrung an und war davon überzeugt, daß «die Gewalt der Wahrheit sich schließlich einmal von selbst durchsetzen werde» [6]. Freiheit der Meinungsäußerung wollte er durchaus nicht zulassen für bestimmte religiöse Meinungen (z.B. Leugnung der Unsterblichkeit) und vor einem bestimmten Publikum (z.B. dem einfachen Volke). Der Begriff der Toleranz, z.B. bei CHILLINGWORTH und MILTON, gehört ebenfalls noch in den Bereich der Vorgeschichte des Begriffs der M. Bei beiden gründet das Toleranzpostulat in aufklärerischem Erkenntnisoptimismus – «for opinion in good men is but knowledge in the making», sagt Milton [7] – und protoliberalen Freihandels- und Konkurrenzvorstellungen, gemäß denen sich Wahrheit frei wie der Preis auf dem Markt bilden solle. Zugleich begrenzen sie Toleranz auf die «unwesentlichen» Dinge: «Neighboring differences, or rather indifferencies» [8]; atheistische, katholische oder sittenwidrige Meinungen dürften schlechterdings nicht geduldet werden [9]. Gerade das Bemühen, der Verallgemeinerung von Prinzipien wie dem der Toleranz von religiösen Fragen auf andere soziale Bereiche durch inhaltliche Begrenzungen vorzubeugen [10], zeigt, daß es sich bei den Toleranzforderungen noch nicht um eine Forderung nach M. handelte.

Erst HOBBES trifft die Unterscheidung zwischen innerem Glauben und äußerem, öffentlichem Bekenntnis und rechnet letzteres zwar eindeutig dem Kompetenzbereich staatlicher Autorität zu, erklärt die erste aber zur reinen Privatsache, zur bloßen Meinung ohne Bedeutung für den Staat: Das Wechselspiel der Meinungen ist für ihn prinzipiell unentscheidbar. Die Geltung staatlicher Autorität muß von der Verbreitung dieser oder jener Meinungen ganz unabhängig gedacht werden. «But men, when they say things upon their conscience, are not therefore presumed certainly to know the truth of what they say ... *Conscience* I therefore define to be *opinion of evi-*

dence» [11]. Grundlage der politisch definierten M. ist die metaphysisch begründete Gedankenfreiheit («quia cogitatio omnis libera est» [12]), d. h. die Nichterzwingbarkeit bestimmter Gedanken, auf die bereits LUTHER mit dem Sprichwort anspielte, daß die Gedanken «zoll frey» seien [13]. Inneres Denken und inneres Glauben sind nach HOBBES dem subjektiven Willen ebenso entzogen wie der öffentlichen Einwirkung, sie sind «die Wirkung des unerforschlichen Willens und der Macht Gottes und fallen folglich unter keine Verpflichtung» (effect ... of the unrevealed will and of the power of God; and consequently fall not under obligation) [14]. Die scheinbare Abwertung des Religiösen im Hinblick auf das Politische zur bloßen Meinung führte also bei Hobbes in Wahrheit zur Aufwertung privater Überzeugungen überhaupt und zur Einrichtung eines dem politischen Zugriff entzogenen Raumes. Daher markiert die politische Philosophie von Hobbes den Beginn des modernen, individualistisch gefaßten Begriffs der M. Sekundiert wird die M. in seiner Theorie jedoch von einem Zwang zu einem bestimmten öffentlichen Bekenntnis, d. h. die Freiheit, im Inneren eine beliebige Meinung haben zu dürfen, schließt die Freiheit aus, diese Meinung beliebig öffentlich äußern zu dürfen; M. beinhaltet noch nicht Freiheit der Meinungsäußerung: «For internal faith is in its own nature invisible, and consequently exempted from all human jurisdiction; whereas the words and actions that proceed from it, as breaches of our civil obedience, are injustice both before God and man» [15].

Im Anschluß an Hobbes begründete auch SPINOZA das Postulat einer staatsfreien Sphäre mit der Unveräußerbarkeit des Vermögens und des Rechts, «frei zu schließen und über alles zu urteilen» [16]. Diese naturrechtlich begründete Gedankenfreiheit hat der Staat zu garantieren, damit die Einzelnen «frei ihre Vernunft gebrauchen können». Jedoch wird bei Spinoza der Akzent im Verhältnis von privatem Denken und öffentlichem Kult deutlich zugunsten eines allgemeinen Grundsatzes der M. verschoben. «Darum wird diejenige Regierung die gewalttätigste sein, unter der einem jeden die Freiheit, zu sagen und zu lehren, was er denkt, verweigert wird» (illud ergo imperium violentissimum erit, ubi unicuique libertas dicendi, & docendi, quae sentit, negatur ...), «und diejenige dagegen gemäßigt, die diese Freiheit jedem zugesteht» [17]. Allerdings ist zwischen dem Handeln und dem Denken zu unterscheiden. In einem demokratischen Staat, der sich für Spinoza am meisten dem natürlichen Zustand nähert, sind alle übereingekommen, «nach gemeinsamem Beschluß zu handeln, nicht aber so zu urteilen und zu denken», weil nicht alle Menschen gleichen Sinnes sein können [18]. Voraussetzung der M. bei Spinoza ist dabei, daß *Meinungsbildung* und *Meinungsäußerung* den Regeln der Vernunft allein, nicht aber einer praktischen und politischen Veränderungsabsicht entspringen; insbesondere sollen «aufrührerische» Meinungen nicht geduldet werden, d. h. solche, «mit deren Aufstellung der Vertrag hinfällig wird, nach dem sich jeder seines Rechts, nach eignem Gutdünken zu handeln, begeben hat» [19].

In Deutschland wurden diese Gedanken von THOMASIUS aufgenommen: «Niemand soll von seiner Erkenntnis anders reden müssen, als er denkt» [20]. Atheisten sind auch bei Thomasius von der M. ausgenommen, nunmehr aber mit der Begründung, daß von ihnen eine Störung der «Ruhe des gemeinen Wesens» zu erwarten sei. Aus demselben Grunde gesteht M. MENDELSSOHN in seiner Toleranzschrift ‹Jerusalem› (1783) dem Staat das Recht zu, «Atheisterei und Epikurismus» nicht *öffentlich* zur Ausbreitung kommen zu lassen. Im übrigen aber gilt für ihn: «Grundsätze sind frei. Gesinnungen leiden ihrer Natur nach keinen Zwang.» Wie Spinoza unterscheidet Mendelssohn zwischen Handlungen, über die der Staat richten kann, und «Denken und Reden», die als unveräußerliches Menschenrecht frei sind [21]. Ähnlich argumentierte ROUSSEAU in seinem Protestbrief an den Erzbischof von Paris (1762), der in einem Hirtenbrief Rousseaus ‹Emile› als hochverräterisches Buch verboten hatte: «Was aber Meinungen anlangt, die ... nicht zur Überschreitung der Gesetze verleiten, so ist nur das eigene Urteil eines jeden zum Richter berufen, und niemand hat das Recht oder ein Interesse daran, anderen ihre Denkart vorzuschreiben» [22]. – Einen Vorstoß für die gesellschaftlich-öffentliche M. in Deutschland unternahm KANT mit seiner Forderung nach Publizität. Er unterschied zwischen «öffentlichem» und «privatem» Vernunftgebrauch [23]; entsprechend differenziert sich bei ihm das Problem der M. Während der «private» Vernunftgebrauch im anvertrauten, bürgerlichen Amt eine gewisse Meinungshomogenität der Amtsträger untereinander erfordert, kommt im «öffentlichen» Vernunftgebrauch der Einzelne mit seiner Meinung als Glied eines gemeinen Wesens und als Weltbürger in Betracht; als vernünftiges Wesen steht er wie der Gelehrte vor seinem Publikum und kennt nur Gründe und Wahrheiten, aber keine Rücksichten ebendeswegen, weil er vom Handeln nicht nur befreit, sondern auch abgeschnitten ist. Selbst in bezug auf Fragen der Gesetzgebung müsse es den Untertanen erlaubt sein, «von ihrer eigenen Vernunft *öffentlichen* Gebrauch zu machen und ihre Gedanken über eine bessere Abfassung derselben sogar mit einer freimütigen Kritik der schon gegebenen der Welt öffentlich vorzulegen», ein Gedanke, der zur selben Zeit in Frankreich von LOUIS-S. MERCIER geäußert wurde [24]. Für KANT, der kein Widerstandsrecht gegen die Staatsgewalt zuließ, wirkt der «Beruf zum freien *Denken*» auf die Sinnesart des Volkes zurück, «wodurch dieses der *Freiheit zu handeln* nach und nach fähiger wird», und er wirkt schließlich auf die Grundsätze der Regierung [25]. Die «Stimme der öffentlichen Vernunft in Bewegung zu bringen», «unbeschränkte Freiheit der Meinungen» zu propagieren, war auch der Tenor der Pamphlete von W. L. WEKHERLIN (1784) [26], der ebenso wie JOH. KERN aus dem ursprünglichen Recht zum freien Denken und der Bestimmung des Menschen zur Geselligkeit dem Einzelnen das Recht *und* die Pflicht zusprach, «seine freien Gedanken seinen Nebenmenschen zu kommuniziren, geschehe dieß nun mündlich oder schriftlich, oder durch den Druk» (³1786) [27].

Die Formulierung JEFFERSONS für die Virginia-Bill of Rights von 1776 «Jedermann soll vollständige Freiheit der religiösen Meinung haben ...» [28] fand keine Mehrheit, daher geht der verabschiedete Artikel 16 nicht über eine Toleranzerklärung für christliche Sekten hinaus. Erstmals in einem politischen Dokument ist der Begriff der M. in der ‹Déclaration des droits de l'homme et du citoyen› von 1789 anerkannt, und zwar ausdrücklich als M., die dann als Freiheit zu sprechen, zu schreiben und zu drucken konkretisiert wird. In Artikel 11 heißt es: «La libre communication des pensées et des opinions est un des droits les plus précieux de l'homme.» Die erste deutsche Verfassung, die den Begriff «Freiheit der Meinungen» enthält, ist die Verfassungsurkunde des Königreichs Bayern von 1818.

Das ausgehende 18. und das 19. Jh. führten den Kampf um die M. als liberales Grundrecht fort und übernahmen die philosophischen Voraussetzungen der Aufklärung (keine absolute Gewißheit für den Einzelnen, Wahrheit als fortschreitende Vervollkommnung im öffentlichen Wettstreit der Meinungen) ebenso wie die Analogie zum ökonomischen Konkurrenzprinzip auf der Grundlage des freien Marktes, wo das schlechtere Argument dem besseren weichen muß. J. G. FICHTE hatte 1793 in seiner Schrift ‹Zurückforderung der Denkfreiheit von den Fürsten Europens› auf der Grundlage eines menschenrechtlich verbürgten «Nachforschens ins Unbegrenzte» von dem «würdigsten Tauschhandel» der Menschheit gesprochen, dem Austausch «des Edelsten, was sie besitzt», den frei geäußerten Meinungen [29]. – Auf der Grundlage der liberalen Wettbewerbsthese und mit dem Ziele der politischen Aktivierung der Bürger stritten im 19. Jh. in Deutschland K. v. ROTTECK, K. WELCKER, R. V. MOHL für M., in radikaldemokratischer Absicht L. BÖRNE, K. GUTZKOW und A. RUGE. – In Frankreich stellte B. CONSTANT einen Kanon liberaler Persönlichkeitsrechte auf: «la liberté individuelle, la liberté religieuse, la liberté d'opinion, dans laquelle est comprise sa publicité, la jouissance de la propriété, la garantie contre tout arbitraire» [30]; sprach P. L. COURIER 1824 von Recht und Pflicht, die Gedanken zu veröffentlichen: «Car, si votre pensée est bonne, on en profite, mauvaise, on la corrige, et l'on profite encore» [31]. – In England setzten sich TH. B. MACAULY und H. TH. BUCKLE für M. ein. J. ST. MILL sah mit der Unterdrückung einer Meinung einen «Raub an der Menschheit begangen», denn: ist eine Meinung richtig, so nimmt den Mitmenschen die Gelegenheit, Irrtum gegen Wahrheit auszutauschen; ist sie unrichtig, geht die lebendigere Erfahrung der Wahrheit verloren, die sich stets aus dem Zusammenstoß der einzelnen Bruchstücke der Wahrheit mit dem Irrtum ergibt. Die «Verfechter einer unpopulären Meinung» (wozu Mill auch den Atheismus zählte) müssen als Minderheit die Garantie der M. und Schutz vor Verleumdung von seiten der «vorherrschenden Meinung» erhalten. Dabei wies Mill bereits auf ein Problem des 20. Jh. hin: die Gefahr der angepaßten Meinung [32]. Ebenso warnte A. DE TOCQUEVILLE bei seiner Beschreibung der amerikanischen Demokratie (1835/40) vor der «Tyrannei der Mehrheit», die einen «drohenden Kreis um das Denken» ziehe und die M. gefährde [33].

Der *Marxismus-Leninismus* lehnte die liberale These der M. als «falsches Bewußtsein» ab, da diese als Erscheinung des Überbaus sozioökonomisch vermittelt sei und sich in ihrem Klassencharakter nicht selbst durchschaue, ein Zustand, der, nach MARX, erst mit Beendigung der Herrschaft von Klassen überhaupt überwunden werden kann [34]. – Im Zeitalter der Eindimensionalität des Menschen und der «totalen Verwaltung» sieht H. MARCUSE die M. dadurch ad absurdum geführt, daß, indem sich die Gesellschaft das Denken unterwirft, eine durchgreifende Neubestimmung der Funktion und Inhalte des Denkens stattfindet: «Die Gleichschaltung des Individuums mit seiner Gesellschaft reicht in jene Schichten des Geistes hinein, in denen gerade diejenigen Begriffe ausgearbeitet werden, die bestimmt sind, die etablierte Wirklichkeit zu erfassen» [35].

Nachdem 1831 die belgische Verfassung M. garantierte (Art. 14), fand M. Aufnahme in die Verfassungen der meisten deutschen Einzelstaaten und in die Verfassung der Paulskirche 1849 (Abschn. VI, Art. IV, § 143). Die Weimarer Verfassung gewährte M. «jedem Deutschen» (Art. 118), während das Bonner Grundgesetz in Artikel 5 M. «jedem» zugesteht und darunter neben der Freiheit der Meinungsäußerung und ihrer Verbreitung auch die Freiheit der Meinungsbildung «aus allgemein zugänglichen Quellen» versteht. In ähnlicher Weise schützt die Menschenrechtskonvention von 1950 unter dem Titel ‹M.› auch den Empfang und die Weitergabe von Informationen und Ideen (Art. 10). Der dabei verwendete Meinungsbegriff hat sich damit seit den Zeiten von Hobbes von der unschädlichen, bloßen Meinung gewandelt bis hin zu Informationen über Tatsachen. Daraus zog H. RIDDER in seiner einflußreichen Auslegung des Artikels 118 des Grundgesetzes den Schluß, daß das Grundgesetz neben dem Individualrecht der M., als Freiheit der Meinungsäußerung und Freiheit der Meinungsbildung, eine *«öffentliche M.»* kenne, die im Mechanismus der demokratischen Willensbildung vorausgesetzt ist: «so zielt die öffentliche M. auf den Schutz der freien Bildung der öffentlichen Meinung» [36].

Sozialistische Verfassungen, wie die der Sowjetunion von 1936 (Art. 125ab) und die der DDR von 1968 (Art. 27), beziehen die Idee der M. auf Prozesse gesellschaftlicher Entwicklung und lassen das Individualrecht der M. zugunsten proletarischer, kommunistischer Parteilichkeit zurücktreten.

Anmerkungen. [1]Vgl. M. POHLENZ: Die Stoa (³1964) 1, 103ff. u.ö. – [2] DOMITIUS ULPIAN, Ad edictum lib. III, in: Digest XLVIII, 19, 18. Corp. iuris civ. I, 867. – [3] AUGUSTIN, In Joh. Ev. tract. 26, § 2. Corp. Christianorum, Ser. lat. 36, 260. – [4] SUETONIUS, De vita Caesarum III, 28. – [5] REUCHLIN: Augenspiegel (1511) IIII, XX, VIa. – [6] TH. MORUS: Utopia, lib. II (1516). Compl. Works, hg. E. E. SURTZ u. a. (New Haven/London 1965) 4, 220. – [7] J. MILTON, Areopagitica. Compl. prose works (New Haven/London 1959) 2, 554. – [8] a.O. 565. – [9] ebda. – [10] M. FREUND: Die Idee der Toleranz im England der Großen Revolution (1927); W. CHILLINGWORTH: The relig. of Protestants (Oxford 1638, ND 1972). – [11] TH. HOBBES, Engl. Works (1839) IV, 30. – [12] Opera lat. (1841) 3, 319; vgl. C. SCHMITT: Der Leviathan in der Staatslehre des Thomas Hobbes (1938) 84ff.; J. HABERMAS: Strukturwandel der Öffentlichkeit (⁴1969) 103f. – [13] M. LUTHER, Weimarer A. 11, 264; vgl. J. KÜHN: Toleranz und Offenbarung (1923) 106ff. – [14] HOBBES, Engl. Works III, 462. – [15] a.O. 518f. – [16] B. SPINOZA, Opera, hg. GEBHARD (1925) 3, 239. – [17] a.O. 240. – [18] 245; vgl. C. SCHMITT, a.O. [12] 86ff. – [19] SPINOZA, a.O. [16] 242. – [20] Thomasische Gedanken Nr. 16 (1724), zit. nach K. BLUNTSCHLI: Gesch. der Wiss. in Deutschland (³1881) 1, 227. – [21] M. MENDELSSOHN, Jerusalem, in: Schr. zu Philos., Ästh. und Apologetik, hg. M. BRASCH (1880) 2, 377. – [22] J.-J. ROUSSEAU, Br. an Christophe de Beaumont, hg. F. JODL (1912) 65. – [23] I. KANT: Was ist Aufklärung? (1783). Akad.-A. 8, 35-42, zit. 41. – [24] L.-S. MERCIER: Philos. Abh. (1788) 1, 18. – [25] KANT, a.O. [23]. – [26] W. L. WEKHERLIN: Das graue Ungeheuer (1784) 2, 123. 157. 194ff. – [27] J. KERN: Briefe über die Denk-, Glaubens-, Red- und Preßfreiheit (1786) 91. 94f. u.ö. – [28] Zit. nach G. HÄGERMANN: Die Erklärungen der Menschen- und Bürgerrechte in den ersten amer. Verfassungen (Diss. Berlin 1910) 30. – [29] J. G. FICHTE, Sämtl. Werke, hg. I. H. FICHTE (1845) 6, 16. 24. – [30] B. CONSTANT, Oeuvres (Paris 1957) 1109 u.ö. – [31] L. COURIER, Pamphlet des Pamphlets. Oeuvres compl. (Paris 1829) 1, 384. – [32] J. ST. MILL: On liberty (1859); dtsch. hg. A. GRABOWSKY (1945) 140ff. – [33] A. DE TOCQUEVILLE, Werke und Br., hg. J. P. MAYER (1959) 2, 294. – [34] K. MARX, MEW 3, 48; vgl. MEW 1, 362ff. – [35] H. MARCUSE: Der eindimensionale Mensch (1967) 123. – [36] H. RIDDER: M., in: Die Grundrechte, hg. F. L. NEUMANN/H. C. NIPPERDEY/U. SCHEUNER 2 (1954) 265.

ROSMARIE LORENZ/Red.

Melancholie (griech. μελαγχολία, lat. melancolia)

I. *Antike, Mittelalter, frühe Neuzeit.* – Der Begriff μελαγχολία ist zuerst belegt im letzten Drittel des 5. Jh. v. Chr. in einer der ältesten hippokratischen Schriften [1]. Aus diesem und anderen frühen Belegen geht deutlich hervor, daß μελαγχολία ursprünglich nicht, wie allgemein angenommen wird, «Schwarzgalligkeit» im Sinne von Vorherrschen des Saftes 'schwarze Galle' heißt, sondern «Verfassung, die durch die schwarze (d. h. krankhafte) Verfärbung des Saftes 'Galle' bestimmt ist», da der Begriff μελαγχολία auf der Basis einer Zweisäftelehre (Galle, Schleim) gebildet ist, zu der erst nachträglich der Saft «schwarze Galle» (μέλαινα χολή) hinzutritt in der frühestens um 400 entstandenen hippokratischen Schrift ⟨Über die Natur des Menschen⟩ (περὶ φύσιος ἀνθρώπου). Das Substantiv ⟨M.⟩ findet sich im ⟨Corpus Hippocraticum⟩ selten, häufiger die verbale und adjektivische Form (μελαγχολᾶν, μελαγχολικός), gelegentlich «der melancholische Typ» [2], jedoch nicht im Zusammenhang mit den drei anderen Typen. Nirgends wird im ⟨Corpus Hippocraticum⟩ eine Entsprechung der vier Elemente mit vier Kräften, Säften oder Typen angemerkt. Dem Melancholiker werden eine Reihe von somatischen und psychischen Krankheiten zugeordnet, darunter sowohl manische wie depressive Ausschwingungen; diese Zuordnung geschieht ohne sachliche Ordnung und Gruppierung nur in konkreten Einzelzügen.

Eine zusammenhängende Deutung von M. und Melancholiker gibt erst THEOPHRAST. Exzerpte seiner verlorenen Schrift über die M. sind in die um die Mitte des 3. Jh. v. Chr. zusammengestellten ps.-aristotelischen ⟨Problemata⟩ eingegangen [3]. Entscheidend ist die Verbindung von Genie und Melancholie in der Behauptung, alle außergewöhnlichen Menschen in Politik, Dichtung, Philosophie und den Künsten seien Melancholiker. Das Vorherrschen der schwarzen Galle über die anderen Säfte ist hier positiv gesehen, jedoch nur insofern sich die Temperatur des Saftes der schwarzen Galle in einem Mittelmaß befindet, während ein Zuviel an Wärme zu manischen, ein Zuviel an Kälte zu depressiven Krankheitserscheinungen führt. Das Stadium höchster Leistungsfähigkeit kann so schnell in pathologische Zustände umschlagen. Diese Konzeption ist die Grundlage für alle späteren Deutungen, in denen Melancholie und Genialität verbunden erscheinen; auf die spätantike Medizin hat sie jedoch kaum gewirkt.

Die Entdeckung rein psychischer Heilmethoden durch die *hellenistische* Medizin und deren Anwendung auch auf die M. (Ermunterungstherapie, psychische Schockmaßnahmen) ist greifbar in den Sammelwerken von CELSUS [4], ARETAIOS VON KAPPADOKIEN [5], SORAN [6], teilweise unter Abkehr von der hippokratischen Humoralpathologie, und später bei AETIOS VON AMIDA (wichtig vor allem die Poseidonios-(medicus-)Exzerpte) [7] und bei ALEXANDER VON TRALLEIS [8]. Alle Aspekte sind zusammengefaßt in dem bedeutenden, uns nur in wenigen Fragmenten erhaltenen, unter Zuhilfenahme arabischer Quellen aber in den Grundzügen rekonstruierbaren Werk des RUFUS VON EPHESOS (1. Jh. n. Chr.) über die M. [9]. In diesem Werke steht die Fülle der Beobachtungen in reicher Symptomatologie und vielfältiger Therapie im Vordergrund; bei GALEN [10] tritt dann lediglich eine stärkere systematische Ordnung mit der Unterscheidung der M. in drei Stadien hinzu: 1. Magenbeschwerden, weil das Blut in der Magengegend schwarzgallig wird. Diese Auffassung wird gestützt durch einen Rückgriff auf DIOKLES VON KARYSTOS (4. Jh. v. Chr.), dessen Einseitigkeit jedoch kritisiert wird; 2. Aufsteigen schwarzgalliger Dämpfe ins Gehirn, dabei Auftreten psychischer Störungen; 3. der ganze Körper ist mit schwarzer Galle erfüllt. – Auch zu einer Lehre von den vier Temperamenten [11] finden sich bei Galen schon Ansätze, die weiter ausgebildet sind in einer Reihe spätantiker Traktate [12], wobei M. und Melancholiker systematisch eingeordnet und näher bestimmt werden durch die Beziehung zu den Qualitäten Trocken und Kalt, zu dem Element Erde und dem Organ Milz. Dazu tritt die zuerst in der arabischen Literatur des 9. Jh. greifbare Zuordnung der M. zum Planeten Saturn [13].

Das *Mittelalter* hält an dieser Konzeption fest und gestaltet sie im einzelnen aus, vor allem auf der moralisch-theologischen Ebene, meist in negativem Sinne, etwa in der Deutung der zu den Hauptsünden gerechneten «Mönchskrankheit» (acedia) als morbus melancolicus [14]. Interessant ist die Auffassung des HEINRICH VON GENT (13. Jh.) von der inneren Nähe von Melancholiker und Mathematiker in Abwandlung der peripatetischen Konzeption von der Genialität des Melancholikers [15].

In der *Renaissance* tritt die theologische Bedeutung von ⟨acedia⟩ z. B. bei PETRARCA zurück [16]. Nicht mehr der Mönch, sondern der weltliche, besonders der geniale Mensch ist von acedia bedroht [17]. M. und melancholisches Temperament werden zum Kennzeichen des genialen Menschen. Damit wird das Phänomen auf der literarisch-dichterischen Ebene gesehen. Zugleich eröffnet sich durch die Herauslösung aus dem theologischen Zusammenhang die Möglichkeit, es in neuer Weise zum Gegenstand medizinischer Erklärungen zu machen. Beides wird vor allem in der englischen Literatur der *elisabethanischen* Zeit (BEN JONSON, OVERBURY, SHAKESPEARE) verknüpft. Unter den medizinischen Traktaten ist besonders wichtig das Werk von R. BURTON ⟨Anatomy of melancholy⟩ (Oxford 1621), das zahlreiche Arten von M. unterscheidet. Man hat M. geradezu als «Elizabethan Malady» bezeichnet [18].

Anmerkungen. [1] HIPPOKRATES, De aer. 10. – [2] z. B. Epid. 3, 14; weitere Belege bei H. FLASHAR: M. und Melancholiker in den med. Theorien der Antike (1966) 21ff. – [3] PS.-ARISTOTELES, Probl. 30, 1, 953 a 9ff. – [4] CELSUS, De med. 3, 18. – [5] ARETAIOS VON KAPPADOKIEN, De caus. et sign. morb. chron. 1, 5. Corp. medicorum graecorum (= CMG) 2, 39ff. – [6] SORAN bei CAELIUS AURELIANUS, De tard. pass. 1, 6. – [7] AETIOS 6, 8-10. CMG 8, 2, 141ff. – [8] ALEXANDER VON TRALLEIS 1, 17. – [9] Die einzelnen Frg. des RUFUS bei DAREMBERG/RUELLE (Paris 1879), doch unvollständig und auf unsicherer Textgrundlage; für weiteres Material vgl. FLASHAR, a.O. [2] 84ff. – [10] GALEN, De loc. aff. 3, 10. – [11] Comm. in Hipp. De nat. hom. 1, 40. CMG 5, 9, 1, p. 51. – [12] Beste Übersicht bei R. KLIBANSKY/E. PANOFSKY/F. SAXL: Saturn and M. (London 1964) 60ff. – [13] Vgl. a.O. 127ff. – [14] Zuerst bei JOHANNES CASSIANUS, De inst. coen. X 1ff. – [15] HEINRICH VON GENT 2, 9. – [16] Das Verhältnis von acedia und M. (Schwermut) deutet S. KIERKEGAARD in ⟨Entweder – Oder⟩; zum folgenden vgl. W. REHM: Jacobsen und die Schwermut, in: Experimentum Medietatis. Stud. zur Geistes- und Lit.gesch. des 19. Jh. (1947) 184-239. – [17] Vgl. REHM, a.O. 190. – [18] L. BABB: The Elizabethan malady (Michigan 1951).   H. FLASHAR

II. *Vom 18. Jh. zur Gegenwart.* – Nach der Herauslösung der M. aus dem theologischen Zusammenhang werden die Darstellungen in der Kunst zahlreich. Ein frühes und bekanntes Beispiel ist Dürers Kupferstich ⟨Melancolia I⟩ [1]. Besonders im *18. Jh.* wird M. Gegenstand literarischer Darstellungen und weist auf das ebenfalls weitverbreitete Phänomen der Hypochondrie [2]. In Anknüpfung an Kierkegaard hat W. REHM M. auf ein gestörtes Gottesverhältnis zurückgeführt. «Die anwachsende Schwermutsstimmung gerade im fortschrittsgläubigen 18. Jh., der ganze dann zur Mode werdende tränenreiche Kult der M. und der schmerzlich-süße Genuß aller ihr verbundenen Empfindungen im europäischen Sentimentalismus, im deutschen Sturm und Drang, im ⟨Werther⟩

und im ‹Anton Reiser›, bei Jean Paul, im englischen Präromantismus, etwa im ‹Ossian›, ist nichts anderes als der unbewußte oder halbbewußte Ausdruck solch gestörten Gottesverhältnisses, das sich ins Endlich-Weltliche verkehrt hat und das Dasein des modernen Menschen negativ bedingt» [3]. W. LEPENIES hat dagegen einen kultursoziologischen Deutungsrahmen geltend gemacht [4].

Von der bisherigen Begriffsentwicklung her ist es folgerichtig, daß I. KANT in seinen ‹Betrachtungen über das Gefühl des Schönen und Erhabenen› M. dem Erhabenen zuordnet. Derjenige, «dessen Gefühl ins Melancholische umschlägt», besitzt «vorzüglich ein Gefühl für das Erhabene» [5]. Kant betont seine Unabhängigkeit im Urteil, seine Standhaftigkeit, seine Festigkeit in der Freundschaft, seine Verschwiegenheit, seine Wahrhaftigkeit, seine Achtung vor der Würde der menschlichen Natur und seine Freiheitsliebe [6]. In Gefahr gerät dieser Charakter allerdings, wenn er ausartet in Schwermut, Schwärmerei oder Enthusiasmus. Er kann dann «aufs Abenteuerliche» verfallen und «er ist in Gefahr ein Phantast oder ein Grillenfänger zu werden» [7]. In der ‹Anthropologie in pragmatischer Hinsicht›, in der Lehre von den Temperamenten des Gefühls, charakterisiert Kant das «melancholische Temperament des Schwerblütigen»: «Der zur M. Gestimmte ... giebt allen Dingen, die ihn selbst angehen, eine große Wichtigkeit, findet allerwärts Ursache zu Besorgnissen und richtet seine Aufmerksamkeit zuerst auf die Schwierigkeiten, so wie dagegen der Sanguinische von der Hoffnung des Gelingens anhebt: daher jener auch tief, so wie dieser nur oberflächlich denkt» [8].

Bei SCHELLING gewinnt der M.-Begriff keine eigene systematische Bedeutung: ‹M.› wird mit ‹Schwermut› identifiziert, wobei der Schwermut die Priorität zukommt. ‹Schwermut/M.› haben in Schellings Philosophie nicht nur bei der Wesensbestimmung des Menschen als Kategorien einer philosophischen Anthropologie ihren Ort, sondern auch in der Bestimmung der außermenschlichen Natur: «Das Dunkelste und darum Tiefste der menschlichen Natur ist die Sehnsucht, gleichsam die innere Schwerkraft des Gemüths, daher in ihrer tiefsten Erscheinung Schwermuth. Hierdurch besonders ist die Sympathie der Menschen mit der Natur vermittelt. Auch das Tiefste der Natur ist Schwermuth; auch sie trauert um ein verlorenes Gut, und auch allem Leben hängt eine unzerstörliche M. an, weil es etwas von sich Unabhängiges unter sich hat. (Das über sich erhebt, das unter sich zieht herab)» [9].

Für SCHOPENHAUER hat das Phänomen der M., das er im Zusammenhang mit der körperlichen Gesundheit diskutiert, seinen Erklärungsgrund in der Beschaffenheit des Organismus und in dem Verhältnis der Sensibilität zu Irritabilität und Reproduktionskraft: «Abnormes Übergewicht der Sensibilität wird Ungleichheit der Stimmung, periodische übermäßige Heiterkeit und vorwaltende M. herbeiführen» [10]. Daraus folgt, daß die Gesundheit – «bei Weitem die Hauptsache zum menschlichen Glück» – zwar die Heiterkeit fördert, auf der anderen Seite von dieser Heiterkeit nicht allein die Gesundheit abhängt, «denn auch bei vollkommener Gesundheit kann ein melancholisches Temperament und eine vorherrschend trübe Stimmung bestehn» [11]. An anderer Stelle führt Schopenhauer die «gewisse M. und Traurigkeit», die der Jugend zu eigen ist, darauf zurück, daß «die Jugend noch unter der Herrschaft, ja dem Frohndienst eines Dämons steht, der ihr nicht leicht eine freie Stunde gönnt und zugleich der unmittelbare Urheber fast alles und jedes Unheils ist, das den Menschen trifft und bedroht»: des Geschlechtstriebs [12].

O. F. BOLLNOW hat M. in seiner Philosophie der Stimmungen behandelt. Er ordnet M. mit der ihr wesensverwandten Wehmut in den Bereich der traurigen bzw. gedrückten Stimmungen ein [13]. M. wie Wehmut sind dabei Modifikationen der Traurigkeit, «die in sich dann wieder schon oft einen geheimen Unterton der Süße enthalten können» [14]. – Im Anschluß an Aristoteles hat W. SZILASI die Wesensverfassung des Philosophen als M. bestimmt. Der Auftrag des Philosophen, «das Menschsein zu übersteigern, damit er das Sein des Ganzen und das Ganze des Seins begreife» [15], nötigt zur ständigen Bereitschaft, «aus sich herauszutreten, vor sich und vor der weltlichen Beanspruchung zu verschwinden, die Bindung zu dem Seienden, das das Fragen der Philosophie höchstens bis zur Seiendheit kommen läßt, aber vom Sein ablenkt, zu lösen, die Einsamkeit zu finden, die zu der einzigen Begegnung führt» [16], d.h. zur M. M. ist «schwer tragen an der Kraft, an der Nichtbewältigbarkeit der Aufgabe ihre Wunden holt, schwer tragen an Versinken in der Allheit, die das Menschsein doch auf sich selbst zurückweist, schwer tragen an dem Widerspruch zwischen Wahrheit des Menschseins und Wahrheit des Seins, der dem Menschen das Menschsein entrückt. Und M. ist in Berührung sein mit allem Dunkeln, das das Menschsein mit Finsternis und Verlust seines Tages bedroht, jedoch so, daß die M. hinübersieht über 'Zeit und Raum hinaus', dorthin, von wo kein Zeichen zu holen ist, aber gedeutet werden kann, was die Nacht an den Rand des Tages herausschwemmt» [17]. – Für M. LANDMANN ist M. eine Deutungskategorie für das gegenwärtige Zeitalter. Unter Anspielung auf W. BENJAMINS Formel «Linke M.» [18] sieht Landmann in E. BLOCHS Wort von der «M. der Erfüllung» [19] das «geheime Schlüsselwort unserer Zeit» [20].

M. als literarisches Motiv und Sujet haben nach W. BENJAMIN [21], W. REHM [22] in jüngster Zeit besonders E. MATTENKLOTT [23], H.-J. SCHINGS [24] und L. VÖLKER [25] thematisiert. BENJAMIN hat in einem Exkurs seines Trauerspielbuches über die Geschichte der Theorie der melancholischen Veranlagung [26] die Bedeutung dieser Theorie als Schlüssel zum Trauerspiel des Barocks herausgehoben und dabei gezeigt, wie im Barock der Fürst «das Paradigma des Melancholischen» ist [27].

Die Psychologie und Psychiatrie des 20. Jh. hat, durch die Theorieentwicklung in diesen Disziplinen bedingt, auch die Krankheit M. neu sehen gelernt. So wird in S. FREUDS psychoanalytischer Deutung der M. [28] die Disposition zu melancholischer Erkrankung mit der «Vorherrschaft des narzißtischen Typus der Objektwahl» [29] in Beziehung gesetzt: «Die M. entlehnt ... einen Teil ihrer Charaktere der Trauer, den anderen Teil dem Vorgang der Regression von der narzißtischen Objektwahl zum Narzißmus» [30]. «Seelisch ausgezeichnet» ist die M. nach Freud «durch eine tief schmerzliche Verstimmung, eine Aufhebung des Interesses für die Außenwelt, durch den Verlust der Liebesfähigkeit, durch die Hemmung jeder Leistung und die Herabsetzung des Selbstgefühls, die sich in Selbstvorwürfen und Selbstbeschimpfungen äußert und bis zur wahnhaften Erwartung von Strafe steigert» [31].

Der von Heideggers Daseinsanalyse und Husserls reiner und transzendentaler Phänomenologie ausgehende Psychiater L. BINSWANGER bemüht sich um ein «transzendental-phänomenologisches Verständnis» der M. [32]. Er geht davon aus, daß sich M. «niemals von der Stimmung, Gestimmtheit oder Befindlichkeit, kurz vom

Emotionalen und einer 'Schichtung' des emotionalen Lebens her verstehen» läßt [33]. Es handle sich vielmehr bei der M. um «ein bestimmtes Versagen des Zusammenspiels der intentionalen Leistungen innerhalb jenes einheitlichen 'Gewebes' [der Einheit der Synthese der intentionalen konstitutiven Leistungen der zeitlichen Objektivität], mit dem Erfolg der Auflockerung desselben und des ersten Auftretens 'defekter Stellen' in ihm» [34], d. h. für die Erklärung der M. sind die «Störungen im konstituierenden Aufbau der Gefügeordnung des 'Bewußtseins'» [35] wesentlich. – Neben Freud und Binswanger hat sich insbesondere H. TELLENBACH um das Phänomen M. bemüht; er führt seine Untersuchung der M. auf der Grundlage der beiden Grundbegriffe des «Endon» und des «Endogenen» durch [36].

Eine der maßgebenden und umfassendsten Definitionen der M. hat P. KIELHOLZ gegeben. Er versteht unter M. «anfallsweise Affektverschiebungen des manisch-depressiven Formenkreises mit trauriger, oft zugleich ängstlicher Verstimmung, Hemmung des Denkens und der psychischen zentrifugalen Funktionen, die einmalig, periodisch, mit vereinzelten manischen Phasen alternierend oder in hartnäckiger Fixierung auftreten und nach heutiger Auffassung vorwiegend konstitutionell bedingt sind» [37].

Anmerkungen. [1] Vgl. E. PANOFSKY und F. SAXL: Dürers Melancolia I (1923); Hinweise zur Ikonographie seit Dürer: Ausst.-Katalog Runge in seiner Zeit (1977) 253f. («M. und sinnende Versunkenheit»); vgl. W. HOFMANN: Der Traum Ossians und die Vernunft, in: Ausst.-Katalog Ossian und die Kunst um 1800 (1974) 43-53; G. BANDMANN: M. und Musik. Ikonograph. Stud. (1960). – [2] Vgl. zu K. Ph. Moritz, J. G. Hamann, F. Ch. Oetinger R. PIEPMEIER: Aporien des Lebensbegriffs seit Oetinger (1978) 41f. 263. 277. 281. – [3] W. REHM: Jacobsen und die Schwermut, in: Experimentum Medietatis. Stud. zur Geistes- und Lit.gesch. des 19. Jh. (1947) 192. – [4] W. LEPENIES: M. und Gesellschaft (1969). – [5] I. KANT, Akad.-A. 2, 220. – [6] a.O. 221. – [7] 221f. – [8] 7, 288. – [9] F. W. J. SCHELLING, Werke, hg. M. SCHRÖTER 4 (1927) 357f. – [10] A. SCHOPENHAUER, Sämtl. Werke 5 (1938) 346. – [11] ebda. – [12] 524. – [13] O. F. BOLLNOW: Das Wesen der Stimmungen (1941, ⁵1974) 46f. – [14] a.O. 47. – [15] W. SZILASI: Macht und Ohnmacht des Geistes (1946) 302. – [16] a.O. 302f. – [17] 303. – [18] W. BENJAMIN, Ges. Schr. 3 (1972) 279. – [19] E. BLOCH: Das Prinzip Hoffnung = Ges. Schriften 5 (1959) 343ff. – [20] M. LANDMANN: Anklage gegen die Vernunft (1976) 217. 217ff. – [21] W. BENJAMIN, Ursprung des dtsch. Trauerspiels. Ges. Schr. 1, 1 (1974) 203-430. – [22] REHM, a.O. [3] 184-239. – [23] G. MATTENKLOTT: M. in der Dramatik des Sturm und Drang (1968). – [24] H.-J. SCHINGS: M. und Aufklärung. Melancholiker und ihre Kritiker in Erfahrungsseelenkunde und Lit. des 18. Jh. (1977). – [25] L. VÖLKER: Muse M. – Therapeutikum Poesie. Stud. zum M.-Problem in der dtsch. Lyrik von Hölty bis Benn (1978). – [26] BENJAMIN, a.O. [21] 317-335. – [27] a.O. 321. – [28] S. FREUD, Trauer und M. Ges. Werke 10 (³1963) 428-446. – [29] a.O. 436. – [30] 437. – [31] 429. – [32] L. BINSWANGER: M. und Manie (1960) 32. – [33] a.O. 33. – [34] 42. – [35] 35. – [36] H. TELLENBACH: M., Problemgesch., Endogenität, Typol., Pathogenese, Klinik (1961, ²1974). – [37] P. KIELHOLZ: Klinik, Differentialdiagnostik und Ther. der depressiven Zustandsbilder. Acta psychosomat. 2 (1959) 25.

Literaturhinweise. G. BANDMANN s. Anm. [1 zu II]. – L. BINSWANGER s. Anm. [32 zu II]. – H. TELLENBACH s. Anm. [36 zu II]. – J. STAROBINSKI: Gesch. der M.-Behandlung von den Anfängen bis 1900. Acta psychosomat. 4 (1960). – H. FLASHAR s. Anm. [2 zu I]. – W. LEPENIES s. Anm. [4 zu II]. – H.-J. SCHINGS s. Anm. [24 zu II]. – L. VÖLKER s. Anm. [25 zu II].

H.-U. LESSING

Mengenlehre (engl. set-theory, frz. théorie des ensembles) bezeichnet ein grundlegendes Gebiet der heutigen Mathematik.

1. G. CANTOR, der eigentliche Begründer der M.l., hat in verschiedenen Fassungen beschrieben, was er unter einer *Menge* (M.) versteht bzw. wann er eine M. als gegeben ansieht: (1880) «Eine Mannigfaltigkeit (einen Inbegriff, eine M.) von Elementen, die irgendwelcher Begriffssphäre angehören, nenne ich wohldefiniert, wenn auf Grund ihrer Definition und infolge des logischen Prinzips vom ausgeschlossenen Dritten es als intern bestimmt angesehen werden muß, sowohl ob irgendein derselben Begriffssphäre angehöriges Objekt zu der gedachten Mannigfaltigkeit gehört oder nicht, wie auch, ob zwei zur M. gehörige Objekte trotz formaler Unterschiede in der Art des Gegebenseins einander gleich sind oder nicht.» – (1883) «Unter einer Mannigfaltigkeit oder M. verstehe ich ... allgemein jedes Viele, welches sich als Eines denken läßt, d. h. jeden Inbegriff bestimmter Elemente, welcher durch ein Gesetz zu einem Ganzen verbunden werden kann.» – (1895) «Unter einer M. verstehen wir jede Zusammenfassung M von bestimmten wohlunterschiedenen Objekten m unserer Anschauung oder unseres Denkens (welche die Elemente von M genannt werden) zu einem Ganzen» [1].

Terminologisch tritt ⟨M.⟩ zum ersten Mal wohl bei B. BOLZANO (1851) auf: «Einen Inbegriff, den wir einem ... Begriffe unterstellen, bei dem die Anordnung seiner Teile gleichgültig ist ..., nenne ich eine M.» [2]. Wie Cantor und Bolzano entwickelt R. DEDEKIND (1872, 1887) den M.-Begriff und mengentheoretische Methoden in ursprünglicher Weise und verwendet sie zur Klärung und Schärfung alter und neuer mathematischer Begriffsbildungen; er spricht dabei von «Systemen»: «Es kommt sehr häufig vor, daß verschiedene Dinge a, b, c ... aus irgendeiner Veranlassung unter einem gemeinsamen Gesichtspunkte aufgefaßt, im Geiste zusammengestellt werden, und man sagt dann, daß sie ein System S bilden ... Ein solches System S (oder ein Inbegriff, eine Mannigfaltigkeit, eine Gesamtheit) ist als Gegenstand unseres Denkens ebenfalls ein Ding; es ist vollständig bestimmt, wenn von jedem Ding bestimmt ist, ob es Element von S ist oder nicht. Das System S ist daher dasselbe wie das System T, in Zeichen $S = T$, wenn jedes Element von S auch Element von T und jedes Element von T auch Element von S ist» [3].

2. In den vorangehenden Zitaten sind wichtige Prinzipien der *naiven* M.l. angedeutet. Insbesondere stellt der zuletzt zitierte Satz von DEDEKIND das *Extensionalitätsprinzip* dar. Ein Aspekt dieses Prinzips kommt in der Bemerkung BOLZANOS über die Unabhängigkeit von der Anordnung der Elemente zum Ausdruck. Nach einer weiteren Feststellung DEDEKINDS sind M. Objekte und können damit selbst Elemente von M. sein. Dies wird gelegentlich als *Elementschaftsprinzip* bezeichnet. Ein anderes wichtiges Prinzip schimmert aus den verschiedenen Formulierungen hervor, ist aber erst von G. FREGE (1893) akzentuiert worden: das *Komprehensionsprinzip*. Es besagt, daß zu einer Bedingung (formuliert durch einen Ausdruck mit einer Leerstelle; Frege nennt solche Bedingungen «Begriffe») stets die M. derjenigen Objekte existiert, die dieser Bedingung genügen.

Für Frege sind Begriffe spezielle «Funktionen». Zu den Funktionen gehören ihre *«Wertverläufe»*. Das sind im Falle der Begriffe M. Frege nennt sie *«Begriffsumfänge»* [4]. Das Komprehensionsprinzip tritt in Freges Werk ⟨Grundgesetze der Arithmetik⟩ verallgemeinert als

«*Grundgesetz der Wertverläufe*» [5] auf. Während es nach diesem Gesetz insbesondere «erlaubt ist, von einem Begriffe zu seinem Umfange überzugehen», betont Frege zugleich die grundsätzliche Unabtrennbarkeit der M.l. von der Logik der Begriffe: «Der Umfang eines Begriffes besteht nicht aus den Gegenständen, die unter den Begriff fallen, etwa wie ein Wald aus Bäumen, sondern er hat an dem Begriffe selbst und nur an diesem seinen Halt. Der Begriff hat also den logischen Vorrang vor seinem Umfang» [6]. Diese Auffassung wird häufig als «*intensionalistisch*» bezeichnet, und zwar im Hinblick auf die Begründung des M.-Begriffs [7]. Sie bedeutet nicht die intensional-komprehensive Auffassung der Begriffe selbst, wie wir sie etwa in der ‹Logique du Port-Royal› unter Verwendung der Bezeichnungen ‹compréhension› und ‹étendue› gegen die extensionale Begriffsauffassung abgesetzt [8] und ziemlich genau auch in LEIBNIZ' Aufsatz ‹De formae logicae comprobatione per linearum ductus› [9] beschrieben finden [10]. Was allerdings in einem präzisierten Sinne hinsichtlich der Logik und Mathematik unter der Intension eines Begriffes zu verstehen ist, konnte trotz bedeutsamer Analysen durch FREGE, CARNAP, CHURCH und andere bis heute in befriedigender Weise nicht festgelegt werden [11].

3. Während es schwierig ist, für die Beurteilung der Auffassung, die ARISTOTELES von den Termini seiner *Syllogistik* gehabt hat, die Unterscheidung von intensionaler und extensionaler Begriffsauffassung in Anwendung zu bringen, begegnen wir der letzteren eindeutig bei dem frühen Kommentator PORPHYR VON TYRUS [12]. Die Verwendung der Umfänge und dabei auch eine gewisse Loslösung der Umfänge von den Begriffen tritt sodann in der auf LEIBNIZ, J. H. LAMBERT und L. EULER zurückgehenden, später vor allem von J. VENN verfeinerten Darstellung durch Gebiete der Ebene (*Euler-Kreise, Venn-Diagramme*) in Erscheinung [13]. Diese Loslösung wird besonders stark bei der von DE MORGAN, BOOLE, PEIRCE, SCHRÖDER und anderen entwickelten *Klassenlogik* (Kl.), obwohl *Klasse* (class) bei BOOLE zunächst deutlich auch als Begriffen zugehörig definiert wird: «By a class is usually meant a collection of individuals, to each of which a particular name or description may be applied» [14].

4. BOOLE hat die Kl. als einen *Kalkül* mit K. dargestellt [15], indem er in Anlehnung an die mathematischen Rechenoperationen die folgende teilweise schon bei LEIBNIZ zu findende Symbolik einführte: Sind x und y Klassen, so bezeichnet xy die Klasse der Objekte, die sowohl zu x als auch zu y gehören, während durch $x+y$ die Klasse derjenigen Objekte dargestellt wird, die entweder zu x oder zu y, nicht aber zu beiden gehören. Wie in der Zahlenalgebra gilt dann z.B. das (schon von LAMBERT erkannte) distributive Gesetz: $x(y+z) = xy+xz$. Im Rahmen dieses Kalküls lag es formal nahe, zwei besondere Klassen, die *Nullklasse* 0 und die *Allklasse* («universe») 1, einzuführen, so daß insbesondere die Gesetze $0+x = x$ und $1x = x$ für alle x gelten. Für die von allen nicht zu x gehörigen Objekten gebildete Klasse schreibt Boole dann $1-x$. Es ergibt sich so ein widerspruchsfreies formales System, das heute als *Boolesche Algebra* bezeichnet wird und neben der klassentheoretischen verschiedener Deutungen (z.B. als Aussagenkalkül oder Schaltalgebra) fähig ist [16].

Das Boolesche System repräsentiert jedoch sowohl im Ausdruck wie im Inhalt nur einen beschränkten Teil der M.l. So gibt es kein besonderes Zeichen für die *Enthaltenseins-(Inklusions-)Beziehung* zwischen Klassen. Ist die Klasse x in der Klasse y enthalten, oder – wie man auch sagt – x *Teilklasse* von y, also jedes Element von x auch Element von y, so schreibt Boole $xy = x$. Die Beziehung als solche ist eingehend von PEIRCE (1870) studiert worden [17]. Die auf G. PEANO [18] zurückgehende, heute übliche Schreibweise $x \subset y$ (allerdings mit konverser Bedeutung) findet sich auch schon (1816) bei GERGONNE [19]. Bei BOOLE kommt ferner die von PEIRCE eingeführte *logische Summe* [20] oder (nach CANTOR) *Vereinigung* von K. x, y, die heute nach PEANO mit $x \cup y$ bezeichnet wird, nicht unmittelbar vor [21]. Die Vereinigung von x und y besteht aus denjenigen Objekten, die im Sinne des nicht-ausschließenden ‹oder› Elemente von x oder Elemente von y sind, so daß also gilt $x \cup y = x+y+xy$. In der M.l. wird das Boolesche Produkt xy heute (wie bei CANTOR) als *Durchschnitt* von x und y bezeichnet und in Peanos Schreibweise durch $x \cap y$ wiedergegeben, während die Boolesche Summe von x, y auch mit $x \triangle y$ symbolisiert und gelegentlich als *symmetrische Differenz* bezeichnet wird. BOOLE verwendet neben $1-x$, als Zeichen für das *Komplement* von x in der «Allklasse», bestehend aus allen Objekten, die nicht Elemente von x sind, auch die Differenz $x-y$. Diese stellt, falls y Teilklasse von x ist, diejenige Klasse z dar, für die $z+y = x$ gilt, und allgemein die Klasse derjenigen Elemente von x, die nicht zu y gehören. Sie wird auch als *relatives Komplement* von y bezüglich x bezeichnet und neuerdings oft durch $C_x y$ oder $x \setminus y$ symbolisiert. Für das «absolute» Komplement von x (relativ zu einer «Grund-M.», s. u.) wird oft $\bar{x}$ geschrieben.

Keinerlei Ausdrucksmöglichkeit besitzt das Boolesche System für die *Elementbeziehung,* die zwischen einem Objekt und einer Klasse (M.) genau dann besteht, wenn das Objekt Element der Klasse ist. Diese Beziehung ist häufig mit der Enthaltenseinsbeziehung vermengt worden, insbesondere von E. SCHRÖDER und R. DEDEKIND, die für beide stets dasselbe Zeichen verwenden [22]. Eine erste klare Unterscheidung vom Standpunkt der Begriffslogik finden wir bei FREGE [23], wo es hinsichtlich Booles System heißt: «Das Fallen eines Einzelnen unter einen Begriff, das von der Unterordnung eines Begriffes unter einen anderen ganz verschieden ist, hat bei Boole keinen besonderen, streng genommen wohl gar keinen Ausdruck.» Das heute für die Elementbeziehung verwendete (stilisierte) Epsilon $\in$ ist von PEANO eingeführt worden, ausgewählt als Anfangsbuchstabe der griechischen Kopula ‹ἐστίν› (ist). Es bedeutet also $a \in A$, daß das Objekt a Element der Klasse (M.) A ist («a ist ein A»).

5. ‹Klasse› als Terminus wurde in der neueren Mathematik wenig und (vor allem in der englisch-amerikanischen Literatur) vorwiegend synonym mit ‹M.› gebraucht. In gewissen axiomatischen Darstellungen der M.l. (s. u.) wird jedoch über die Worte ‹Klasse› und ‹M.› so verfügt, daß nicht jede Klasse eine M. ist. Den hiermit gegebenen sehr weitreichenden Ausdrucksmöglichkeiten (die es z. B. gestatten, von der Klasse aller M. zu sprechen) schliessen sich die Mathematiker in der Formulierung von sehr abstrakten Theorien (z.B. der Kategorien-Theorie) neuerdings stark an. In den Lehrbüchern der mathematischen Logik wird ‹Klasse› in einem besonderen Kontext anstelle von ‹M.› verwendet, nämlich im Rahmen desjenigen elementaren Teils der M.l., der gerade die Boolesche Algebra repräsentiert. Diese *Klassenlogik* läßt sich folgendermaßen auf die Begriffe der Aussagen- und Quantorenlogik gründen:

Wir gehen aus von einer *Grund*-M. G. Ist $\beta(x)$ eine in G zu interpretierende Bedingung (d. h. sind für die Variable x Namen für die Elemente aus G einzusetzen und geht β(x) dabei in eine wahre oder falsche Aussage über), so sei – wie heute üblich – mit $\{x|\beta(x)\}$ die nach dem Komprehensionsprinzip existierende und nach dem Extensionalitätsprinzip eindeutig bestimmte M. bezeichnet, deren Elemente β(x) erfüllen. Ähnliche Schreibweisen (das Schema $\{x|\text{---}\}$ nennt man heute «*M.-Bildungsoperator*») waren schon von FREGE [24] zur Bezeichnung des Wertverlaufs einer Funktion und offensichtlich unabhängig davon von PEANO [25] zur Bezeichnung von M.en eingeführt worden. Wird nun die zu β(x) gehörige M. *B* genannt, so ist also $x \in B$ mit β(x) gleichbedeutend, und es gilt natürlich $B = \{x|x \in B\}$. Unter Verwendung der logischen Zeichen ∧ (und), ∨ (oder), ¬ (nicht), → (wenn – so), $\bigwedge_x$ (für alle x) und zweier Sorten von Buchstaben als Variablen für *G*-Elemente bzw. M.en, etwa $x, y, \ldots$ bzw. $A, B, \ldots$, können wir dann definieren:

$$A \cap B = \{x | x \in A \wedge x \in B\}$$
$$A \cup B = \{x | x \in A \vee x \in B\}$$
$$\bar{A} = \{x | \neg x \in A\}$$
$$A \subseteq B \leftrightarrow (\bigwedge_x x \in A \rightarrow x \in B)$$
$$\emptyset = \{x | x \neq x\}$$
$$G = \{x | x = x\}$$

Die Gesetze für diese und durch sie definierbare weitere M.-Operationen (wie Differenz und symmetrische Differenz) und für die ausgezeichneten M. ∅ und *G*, die *leere M.* und die *Grund-M.*, die anstelle von Booles 0 und 1 stehen, folgen jetzt direkt aus den Eigenschaften der angegebenen logischen Operationen. Der so gewonnene Teil der M.l. (Klassenlogik), in die sich die *Syllogistik* einbetten läßt, erscheint dabei als eine Übersetzung der formalen Logik in eine andere Ausdrucksweise.

Für die soeben beschriebene, heute allgemein anerkannte Stellung der Klassenlogik im Rahmen der Logik ist als erster entschieden FREGE eingetreten [26]. Von den «Algebraikern der Logik», die keine independente Begründung der Aussagenlogik besaßen und auch Schwierigkeiten in der Fassung dessen hatten, was Frege «Begriff» nennt, ist diese Stellung nicht eingesehen worden. Da sich die Struktur der Klassenlogik auch axiomatisch fassen läßt, haben sie Klassen- und Aussagenlogik, die im wesentlichen dieselbe Struktur haben, als gleichwertig angesehen. Insbesondere förderte die formale Geschlossenheit des Kalküls eine logisch wenig präzisierte, rein kollektive Auffassung des M.- oder Klassenbegriffs, wie wir sie ausgeprägt in SCHRÖDERS *«Gebietekalkül»* finden, und eine dementsprechende Einführung der «Allklasse» und der «Nullklasse».

6. Der Boolesche Begriff der *Allklasse* oder *All-M.* («universe») ist als *«universe of discourse»* zuerst von DE MORGAN [27] eingeführt worden. Er ist insbesondere problematisch, wenn dazu im Sinne eines «Universums des Diskussionsfähigen» auch beliebige M. als Elemente gehören können und damit eine «*M. aller M.*» eingeschlossen wäre (s. u.). Dies ist zuerst von SCHRÖDER gesehen, aber – wie FREGE kritisiert hat – mit unzulänglichen Argumenten eingeschränkt worden [28]. Die Einschränkung selbst läuft auf die ersten Ansätze einer *Typentheorie* hinaus, deren prinzipielle Bedeutung andererseits der Kritiker Frege nicht erkannt zu haben scheint [29]. Argumente gegen die Allklasse bzw. einen ihr entsprechenden Begriff finden sich bereits bei ARISTOTELES [30]. CANTOR nennt «den Inbegriff alles Denkbaren» eine *«inkonsistente Vielheit»* und rechnet ihn nicht zu den «konsistenten Vielheiten» oder M. [31]. In gewissen axiomatischen Darstellungen der M.l., die zwischen Klasse und M. unterscheiden, kann – wie schon erwähnt – eine «Allklasse» in legitimer Weise eingeführt werden. Sie ist jedoch keine M. Harmlos ist der Begriff ⟨All-M.⟩, wenn darunter nichts weiter als eine jeweils frei zu wählende («harmlose») *Grund-M.* verstanden wird.

7. Die *Nullklasse* oder *leere M.* (Klasse) tritt indirekt in der scholastischen Logik auf, wo etwa «Jeder Mensch ist ein Lebewesen» auch dann als wahr anerkannt wird, wenn vorausgesetzt ist, daß es gar keine Menschen gäbe [32]. Damit wird die Ableitung gewisser Syllogismen zum Problem, z. B. derjenigen, bei denen aus universellen Prämissen ein partikuläres Urteil gefolgert wird. So hatte auch LEIBNIZ Schwierigkeiten, die vier Modi abzuleiten, deren traditioneller Name ein ⟨p⟩ enthält [33]. Eine erste genaue Beschreibung der Rolle der leeren Klasse für die Syllogistik gibt SCHRÖDER [34]. Bei ARISTOTELES ist die leere Klasse ausgeschlossen, weil sich sonst im Rahmen seines Systems vermöge der Bildung des Konträren die Allklasse ergeben würde. Zudem scheint Aristoteles allgemein von den Begriffen, die in einen Syllogismus als Terme eingehen, verlangt zu haben, daß sie stets einen echten Unter- und einen echten Oberbegriff besitzen [35]. Bei CANTOR spielt die leere M. keine Rolle; sie kommt in seinem Werk nicht vor. DEDEKIND schließt sie bewußt aus: «Dagegen wollen wir das leere System, welches gar kein Element enthält, aus gewissen Gründen hier ganz ausschließen, obwohl es für andere Untersuchungen bequem sein kann, ein solches zu erdichten» [36].

In Dedekinds Redeweise vom «Erdichten» und in anderen Ausdrucksweisen, die bei den Begründern der M.l. zu finden sind, hat FREGE logische Unzulänglichkeiten gesehen [37]. Während er mit Recht eine leere Klasse auf der Grundlage einer rein kollektiven (extensionalen) Auffassung des Klassenbegriffs für unmöglich ansieht: «Wenn wir sämtliche Bäume eines Waldes verbrennen, so verbrennen wir damit den Wald» [38], ergibt sich für ihn die Existenz der leeren M. im Zusammenhang mit der Begriffslogik in zwingender Weise als Wertverlauf des Begriffs $x \neq x$ [39]. Wegen $x \neq x \rightarrow \beta(x)$ für alle x und beliebiges β(x) ist bei dieser Definition auch keine besondere Begründung mehr dafür erforderlich, daß die leere M. Teil-M. jeder beliebigen M. ist [40]. Ein anderer Aspekt hinsichtlich des «Erdichtens» ergibt sich vom axiomatischen Standpunkt aus, den Dedekind wenigstens bezüglich der Klassenalgebra gemeint haben mag, der aber Frege völlig fern lag. So gibt es heute Axiomatisierungen der M.l., in denen die leere M. definiert und ihre Existenz bewiesen werden kann, und daneben andere, in denen die Existenz der leeren M. postuliert wird. Letzteres ist der Fall im Axiomensystem von ZERMELO, bei dessen Aufbau der M.l. die leere M. zum ersten Mal eine fundamentale Rolle spielt [41].

8. Der vorangehend erfaßte Teil der M.l. betrifft in technischer Hinsicht vor allem die M.-Algebra. Diese läßt sich mit beliebigen Grund-M. oder *Grundtheorien*, die als gegeben angesehen werden, in Verbindung bringen und führt in dem gesetzten Rahmen zu einer präzisierten, vereinheitlichenden mengentheoretischen Ausdrucksweise in der Mathematik. Läßt man noch *geordnete Paare* (a, b) von Elementen a, b der Grundmenge G als gegebene Objekte zu, die jetzt ebenfalls zur Interpretation der Variablen x in entsprechenden (Relations-)Bedingungen β(x) herangezogen werden dürfen, so kann als
$$G^2 = \{x | \text{es gibt } a, b, \text{ so daß } x = (a, b)\}$$
die M. aller geordneten Paare von Elementen aus G eingeführt und die Theorie der (zweistelligen) *Relationen* in G elementar mengentheoretisch dargestellt werden. Eine (zweistellige) Relation in G erscheint dabei einfach als

Teilmenge von G^2, so daß wir insgesamt auf der Stufe der M.-Algebra bleiben. Die M.l. fungiert auf dieser Stufe im wesentlichen als Sprachrahmen.

Die eigentliche Thematik der M.l. im Sinne CANTORS und im Sinne des von FREGE und RUSSELL entwickelten, von DEDEKIND unterstützten logizistischen Programms einer logisch-mengentheoretischen Begründung der gesamten Mathematik liegt demgegenüber in der *Erzeugung der Grund-M.* und im Aufbau des Reiches der finiten und vor allem der *transfiniten* Kardinal- und Ordinalzahlen. Entscheidend ist die Anerkennung gewisser unendlicher M. und von Verfahren, mit denen von Ausgangs-M.en M. höherer «Mächtigkeit» gewonnen werden. Diese Anerkennung stand im Widerstreit mit der bei den Philosophen und stärker noch bei den Mathematikern vorherrschenden Ablehnung des *Aktual-Unendlichen*, dem ARISTOTELES in ‹Metaphysik› und ‹Physik› im Sinne seiner Ontologie des Wirklichen (ἐνεργείᾳ ὄν) und Möglichen (δυνάμει ὄν) und aufgrund seiner tiefgehenden Analysen des Unendlichen und des Kontinuums als einzig annehmbar das *Potentiell-Unendliche* gegenübergestellt hatte [42]. Eine typisch nicht-aktuale Sprechweise verwendet zum Beispiel EUKLID in seinem Satz über die Unendlichkeit der Primzahlen: «Es gibt mehr Primzahlen als jede vorgelegte Anzahl von Primzahlen» [43].

Unter den Mathematikern ist erstmals entschieden B. BOLZANO für das Aktual-Unendliche eingetreten, wobei er sich im wesentlichen auf das Komprehensionsprinzip beruft: «Dazu bedarf es in der Tat nichts anderen, als den Begriff, den das Wort Inbegriff bezeichnet, mit der Vorstellung *A* in der Art zu verbinden, wie es die Worte ‹der Inbegriff aller *A*› andeuten. Durch diese einzige Bemerkung ... fällt die Schwierigkeit weg, die man bei dem Begriff einer M., wenn sie aus unendlich vielen Teilen besteht, finden will; sobald nur ein Gattungsbegriff, der jeden dieser Teile, sonst aber nichts anderes umfaßt, vorhanden ist ...» [44]. Bolzano nennt hier als Beispiel «die M. aller Sätze oder Wahrheiten an sich», von der er darlegt, daß sie unendlich sei, indem er in Analogie zur Iteration der Bildung des Nachfolgers in der M. der natürlichen Zahlen den Übergang von einem Satz *A* zum Satz «*A* ist wahr» iteriert [45]. Eine ähnliche Überlegung hat DEDEKIND hinsichtlich der «Gesamtheit *S* aller Dinge, welche Gegenstand meines Denkens sein können», durchgeführt, wobei er das von ihm erstmals angegebene notwendige und hinreichende *Kriterium für die Unendlichkeit* einer M. als erfüllt nachweist: «Das System *S* ist einem echten Teile seiner selbst ähnlich» [46]. Dedekind benötigt eine unendliche M. als Ausgangs-M., um ein Modell für seine auf das Verfahren der «Ketten» gegründete Theorie der natürlichen Zahlen zu haben. Das von ihm gewählte Beispiel darf allerdings vom heutigen Standpunkt aus nicht mehr als für die Fundierung einer mathematischen Theorie geeignet angesehen werden.

Eine M. *A* heißt nach Dedekind zu einer M. *B* ähnlich genau dann, wenn es eine umkehrbare eindeutige Zuordnung aller Elemente von *A* zu allen Elementen von *B* (in der Abbildungsterminologie Dedekinds: eine ‹ähnliche› oder ‹deutliche› Abbildung von *A* auf *B*) gibt [47]. CANTOR sagt stattdessen, daß *A* und *B* die *«gleiche Mächtigkeit»* haben [48], was sich gegenüber der Dedekindschen Ausdrucksweise, die heute in anderen Zusammenhängen gebraucht wird, durchgesetzt hat. Das Phänomen, daß unendliche M. zu gewissen ihrer echten Teil-M. gleichmächtig sind, war schon GALILEI am Beispiel der M. der natürlichen und der Teil-M. der Quadratzahlen bekannt. Er schließt daraus: «Schließlich haben die Attribute des Gleichen, des Größeren und des Kleineren nicht statt bei Unendlichem, sondern sie gelten nur bei endlichen Größen» [49]. BOLZANO sieht in diesem Phänomen eine charakteristische «Paradoxie des Unendlichen» [50]. Erst DEDEKIND erhebt es zum Definiens einer exakten Definition der Unendlichkeit einer M. Inzwischen ist in der Grundlagenforschung eine Fülle äquivalenter Fassungen für diesen bzw. den konträren Begriff der *Endlichkeit* angegeben worden [51].

9. CANTOR hat gezeigt, daß der Schluß Galileis voreilig war. 1874 beweist er, daß zwar die M. aller (reell) algebraischen und damit insbesondere auch die M. aller rationalen Zahlen von gleicher Mächtigkeit wie die M. der natürlichen Zahlen sind, daß aber die M. aller reellen Zahlen nicht zur M. der natürlichen Zahlen gleichmächtig ist. Er nennt (1879) eine M. *abzählbar*, wenn sie zur M. der natürlichen Zahlen gleichmächtig ist. Ferner heißt eine M. *A von größerer Mächtigkeit* als eine M. *B*, wenn *B* zu einer Teil-M. von *A*, nicht aber *A* zu einer Teil-M. von *B* gleichmächtig ist. In diesem Sinne wird die M. aller reellen Zahlen heute auch als *«überabzählbar»* bezeichnet.

Weitere Untersuchungen Cantors (1878) zeigten, daß die *höherdimensionalen Kontinuen*, wie die Ebene, der Raum und allgemeiner die von RIEMANN und HELMHOLTZ betrachteten «n-fach ausgedehnten stetigen Mannigfaltigkeiten» als Punkt-M. nicht von größerer Mächtigkeit als die M. der reellen Zahlen sind, also nicht höher ins «Transfinite» hinaufführen. Das ist ein mit dem *Dimensionsbegriff* scheinbar unvereinbares Resultat, welches Anlaß zu einer strengen Analyse und Präzisierung dieses Begriffs und zur Entwicklung einer eigenen Dimensionstheorie gegeben hat.

1883 gab CANTOR mit Hilfe seiner Theorie der Ordinalzahlen den ersten Beweis dafür, daß es zu jeder unendlichen M. eine M. von größerer Mächtigkeit gibt, und erwähnt, daß eine solche M. hinsichtlich der M. der reellen Zahlen die M. aller reellwertigen reellen Funktionen ist [52]. 1890 erscheint ein wesentlich einfacherer Beweis auf der Grundlage des (oft als das «zweite» bezeichneten) *Cantorschen Diagonalverfahrens* [53]. Es wird hier im wesentlichen gezeigt, daß die *Potenzmenge* einer M. *M*, bestehend aus allen Teil-M. von *M*, stets von größerer Mächtigkeit ist als *M*. Die berühmte *Kontinuumshypothese*, daß es keine M. gebe, die von größerer Mächtigkeit als die M. der natürlichen und von kleinerer Mächtigkeit als die M. der reellen Zahlen sind, wird bereits 1878 von Cantor ausgesprochen.

10. Das Wort ‹Mächtigkeit› ist vorangehend als Bestandteil von Namen für gewisse Relationen zwischen M. gebraucht worden. Cantor hat aber neben dem komparativen von vornherein auch einen klassifikatorischen Gebrauch im Sinn, wobei er (später) in naheliegender Weise ‹Mächtigkeit› und ‹Kardinalzahl› einer M. als gleichbedeutend ansieht: «Mächtigkeit oder Kardinalzahl von *M* nennen wir den Allgemeinbegriff, welcher mit Hilfe unseres aktiven Denkvermögens dadurch aus der M. *M* hervorgeht, daß von der Beschaffenheit ihrer verschiedenen Elemente *m* und von der Ordnung ihres Gegebenseins abstrahiert wird» [54]. Cantor spricht hier überraschend von einem «zweifachen Abstraktionsakt», obwohl das Absehen von der gegebenenfalls in natürlicher Weise vorliegenden Ordnung der Elemente schon zum M.-Begriff gehört. Von Kardinalzahlen von Begriffen und nicht von M. redend, hatte FREGE die *Definition durch Abstraktion* bereits schärfer gefaßt: «die Anzahl, welche dem Begriffe *F* zukommt, ist der Umfang des Begriffes ‹gleich-

zahlig dem Begriffe F)» [55]. Bei B. RUSSELL finden wir dann die rein mengentheoretische Fassung: Die Kardinalzahl einer M. *M* ist die M. aller zu *M* gleichmächtigen M. [56]. In Verbindung mit der Entdeckung von Antinomien in der naiven M.l. ist allerdings der Begriff der M. aller zu *M* gleichmächtigen M. ebenso wie der entsprechende von Frege verwendete Begriffsumfang als problematisch erkannt worden. Es gibt verschiedene Möglichkeiten, diesem Dilemma zu entkommen, z. B. indem man zunächst Kardinalzahlen direkt als gewisse M. angibt und diese dann die Kardinalzahl einer M. *M* nennt, wenn *M* zu dem ausgewählten Repräsentanten gleichmächtig ist. Als solche Repräsentanten eignen sich im Rahmen einiger axiomatischer M.l. vor allem gewisse Ordinalzahlen, die hier selbst als M. definiert werden.

Die *Arithmetik der Kardinalzahlen* gründet CANTOR in natürlicher Weise auf Operationen mit den zugrunde liegenden M.: die Addition auf die Vereinigung, die Multiplikation auf die Bildung der kartesischen Produkt-M., das Potenzieren auf die Bildung der M. aller Abbildungen einer M. *B* in eine Menge *A*, die Cantor die M. aller *Belegungen* von *A* mit den Elementen von *B* nennt. Das *kartesische Produkt* von M. *A, B* – bei Cantor als «*Verbindungs-M.* von *A, B*» bezeichnet – besteht dabei aus allen geordneten Paaren (a,b) mit *a* aus *A* und *b* aus *B*. Ferner kann vermöge der Relation ‹ist von größerer Mächtigkeit als› eine Ordnungsbeziehung für Kardinalzahlen definiert werden.

11. Den Begriff der *Ordinalzahl* gründet CANTOR auf den von ihm geprägten und in seiner fundamentalen Bedeutung erkannten Begriff der *wohlgeordneten M.*, auf die er in Verbindung mit dem Studium der iterierten «Ableitung von Punktmannigfaltigkeiten» gestoßen war [57]. Dabei heißt eine M. *M* wohlgeordnet, wenn in ihr eine lineare Ordnungsrelation gegeben ist, bezüglich der jede nicht-leere Teil-M. von *M* ein kleinstes Element besitzt [58]. Beispiel einer wohlgeordneten M. ist die in natürlicher Weise geordnete M. der natürlichen Zahlen, während dies nicht entsprechend für die M. der rationalen oder reellen Zahlen gilt. «Daß es immer möglich ist, jede wohldefinierte M. in die Form einer wohlgeordneten M. zu bringen», hält Cantor für ein «grundlegendes Denkgesetz» [59]. Das war eine sehr kühne Annahme, wenn man bedenkt, daß bis heute eine Wohlordnung für die M. der reellen Zahlen noch nicht angegeben werden konnte. Andererseits gelang es E. ZERMELO 1904 zu zeigen, daß diese Annahme zu einer anscheinend wesentlich einleuchtenderen Aussage äquivalent ist, deren Verwendung – wie vorher schon PEANO (1890) und B. LEVI (1902) – Zermelo an verschiedenen Stellen in mengentheoretisch aufgebauten Theorien beobachtet hatte: Ist *M* eine M. von nicht-leeren M., so gibt es stets eine sogenannte *Auswahl-M.*, die mit jeder M. von *M* genau ein Element gemeinsam hat und sonst keine weiteren Elemente besitzt. Diese Aussage wurde von Zermelo im Rahmen seiner ersten Axiomatisierung der M.l. als *Auswahlaxiom* verwendet [60]. Das Auswahlaxiom wird z. B. gebraucht, um nachzuweisen, daß die Relation ‹ist von größerer Mächtigkeit als› eine lineare Ordnungsrelation ist, d.h. beliebige Kardinalzahlen stets durch sie verglichen werden können.

Dem Begriff der Gleichmächtigkeit entspricht bei wohlgeordneten M. der Begriff der (nach Cantor so genannten) *Ähnlichkeit*, die zwischen wohlgeordneten M. genau dann besteht, wenn es wie bei der Gleichmächtigkeit eine entsprechende Zuordnung der Elemente gibt, für die dann aber noch verlangt wird, daß sie die Anordnung der Elemente respektiert: Ist ein Element *a* kleiner als ein Element *b* in der ersten M., so muß dies auch für die zugeordneten Elemente *a'* und *b'* in der zweiten M. gelten. Wie die Gleichmächtigkeit ist die Ähnlichkeit eine Äquivalenzrelation und gibt dementsprechend Anlaß zur Abstraktion, zur Einführung des Begriffes Ordinalzahl [61].

Mit Hilfe der *Ordinalzahlen* gelingt es gleichsam, *über das Unendliche hinauszuzählen*. Die M. aller natürlichen Zahlen bildet hinsichtlich der gewöhnlichen Ordnung 1,2,3,4, ... eine wohlgeordnete M. Die ihr zugeordnete Ordinalzahl ist im Sinne der naheliegenden Festlegung einer Ordnungsrelation für Ordinalzahlen die kleinste *transfinite Ordinalzahl*. Cantor bezeichnet sie mit ω. Erweitern wir nun die M. der natürlichen Zahlen sukzessive durch neue Elemente, etwa $\frac{1}{2}, \frac{1}{3}, ...$, so erhalten wir hinsichtlich der durch die Anschreibung veranschaulichten Anordnung wieder wohlgeordnete M.en

$1, 2, 3, 4, ..., \frac{1}{2}$

$1, 2, 3, 4, ..., \frac{1}{2}, \frac{1}{3}$

$1, 2, 3, 4, ..., \frac{1}{2}, \frac{1}{3}, \frac{1}{4}$

usw.

Diese sind alle nicht zur wohlgeordneten M. der natürlichen Zahlen und nicht untereinander ähnlich. Die zugehörigen Ordinalzahlen, die Cantor im Sinne seiner Addition von Ordinalzahlen mit $\omega+1$, $\omega+2$, ... bezeichnet, sind also alle verschieden, was für die entsprechenden Kardinalzahlen nicht gilt, da ja alle angegebenen M. gleichmächtig sind. Hätte man allerdings die neuen Elemente vor die natürlichen Zahlen geschaltet, so wäre man über ω nicht hinausgekommen, d.h. es gilt $1+\omega = 2+\omega = ... = \omega$, womit zugleich deutlich wird, daß die Addition der Ordinalzahlen anders als die der Kardinalzahlen im Transfiniten nicht kommutativ ist: $\omega+1 \neq 1+\omega$. Wegen $\omega+1 \neq \omega$ kann ferner gesagt werden, daß das von ARISTOTELES gegen das Aktual-Unendliche gebrauchte Argument, das Endliche würde vom Unendlichen, falls dieses existierte, zerstört, in dem hier gegebenen Zusammenhang nicht aufrechtzuerhalten ist [62].

Bezüglich der «natürlichen» Ordnungsrelation ist jede M. von Ordinalzahlen selbst eine wohlgeordnete M., die in den «Limesfällen», wie z. B. im Falle der M. aller endlichen (natürlichen) Ordinalzahlen, eine neue, in der M. noch nicht enthaltene Ordinalzahl repräsentiert, wie z. B. die *Limeszahl* ω. Darauf beruht das zweite Cantorsche *Erzeugungsprinzip für Ordinalzahlen*, während das erste, wie oben an den Beispielen $\omega+1$, $\omega+2$, ... erläutert, auf Nachschaltung einzelner Elemente beruht. Die Verbindung beider Prinzipe führt zu immer neuen Ordinalzahlen, wobei jede Ordinalzahl einen unmittelbaren Nachfolger hat.

Jede wohlgeordnete M. ist ähnlich zum wohlgeordneten Abschnitt aller Ordinalzahlen, die kleiner als eine bestimmte Ordinalzahl sind. Diese Zahl ist die zur wohlgeordneten M. gehörige Ordinalzahl α selbst, wenn die M. unendlich ist, sonst ist es die Zahl $\alpha+1$. Das von den natürlichen Zahlen aus auf einen beliebigen Ordinalzahlabschnitt verallgemeinerbare Prinzip der vollständigen Induktion, das man, falls der Abschnitt durch ω oder eine größere Ordinalzahl als ω bestimmt ist, als *transfinite Induktion* bezeichnet, läßt sich dann auf jede wohlgeordnete M. als Beweisprinzip übertragen. Auf der Grundlage des Wohlordnungssatzes hat dieses Prinzip in der Mathematik des 20. Jh. vielfältige und tiefgreifende Anwendung gefunden.

Jeder Ordinalzahl ist eindeutig eine Kardinalzahl zugeordnet, nämlich die Kardinalzahl der sie repräsentierenden wohlgeordneten M.en, die ja definitionsgemäß gleichmächtig sind. Diese Zuordnung ist im Endlichen, wo auch die ordinale Arithmetik völlig mit der kardinalen zusammenfällt, umkehrbar, nicht jedoch im Unendlichen, wo ja z. B. zu allen $\omega+n$ mit endlichem n dieselbe Kardinalzahl gehört. Die Kardinalzahlen der unendlichen Ordinalzahlen, die CANTOR, unterschieden durch Indizes, mit dem hebräischen Buchstaben $\aleph$ (Alef) bezeichnete, heißen *Alefs*. Die M. aller zu einem Alef gehörigen Ordinalzahlen nennt Cantor die *Zahlklasse* dieses Alef. Das jeweils kleinste Element heißt *Anfangszahl* der Zahlklasse. Auf der Grundlage des Wohlordnungssatzes ist klar, daß jede transfinite Kardinalzahl ein Alef ist. Ferner läßt sich leicht beweisen, daß zwischen den Alefs und den Anfangszahlen eine umkehrbar eindeutige, ordnungstreue Entsprechung besteht, was besagt, daß auch jede M. von Kardinalzahlen wohlgeordnet ist. Die Alefs lassen sich also mit Hilfe der Ordinalzahlen indizieren. Dabei ordnet Cantor dem kleinsten Alef, der Kardinalzahl der M. aller natürlichen Zahlen, den Index 0 zu. Die zu $\aleph_0$ nächst höheren transfiniten Kardinalzahlen sind also $\aleph_1, \aleph_2, ..., \aleph_\omega, \aleph_{\omega+1}, \aleph_{\omega+2}, ...$. Man kann das Zeichen $\aleph$ in diesem Sinne also als den Namen einer Funktion, der *Aleffunktion*, auffassen, die jeder Ordinalzahl α (0 hier einbezogen) genau eine transfinite Kardinalzahl, nämlich das Alef $\aleph_\alpha$, zuordnet.

Das bis vor kurzem ungelöste *Kontinuumsproblem* besagt in der Sprache der Alefs: Ist die *Mächtigkeit* des Kontinuums, d.h. der M. aller reellen Zahlen, kleiner oder ist sie gleich $\aleph_1$? Dieses Problem läßt sich verallgemeinern. Die Potenz-M. der M. der natürlichen Zahlen oder jeder anderen M. der Mächtigkeit $\aleph_0$ ist von der Mächtigkeit des Kontinuums. Man kann also allgemeiner fragen: Ist die Mächtigkeit der Potenz-M. einer M., welche die Mächtigkeit $\aleph_\alpha$ besitzt, kleiner oder ist sie gleich $\aleph_{\alpha+1}$? Der Inhalt der *Kontinuumshypothese* und ihrer Verallgemeinerung, der *Alefhypothese*, die beide von CANTOR gemacht und zeitweilig sogar als von ihm bewiesen angesehen wurden [63], ist jeweils die Annahme der Gleichheit. In der Schreibweise der Kardinalzahlpotenzen stellen sich diese Hypothesen folgendermaßen dar: $2^{\aleph_0} = \aleph_1$ und $2^{\aleph_\alpha} = \aleph_{\alpha+1}$.

12. Cantor hat die vorangehend in ihren Grundtatsachen angedeutete Theorie der Ordinalzahlen und Alefs, welche D. HILBERT «die bewundernswerteste Blüte mathematischen Geistes und überhaupt eine der höchsten Leistungen rein verstandesmäßiger menschlicher Tätigkeit» genannt hat [64], nicht in einem möglichst weiten Umfang, sondern nur bis zur Zahlklasse von $\aleph_1$ dargestellt, obwohl die von ihm verwendeten Methoden wesentlich allgemeinerer Anwendung fähig sind. Ein Grund hierfür mag in der Tatsache gesehen werden, daß Cantor bereits 1895 Kenntnis der historisch ältesten *Antinomie der M.l.* besaß [65], auf die in der Literatur zuerst C. BURALI-FORTI 1897 aufmerksam gemacht hat [66]. Diese Antinomie bezieht sich auf den im vorangehend dargestellten Zusammenhang naheliegenden Begriff der *M. aller Ordinalzahlen*: Nach den Prinzipien der (naiven) M.l. steht der Bildung (oder Annahme der Existenz) einer solchen M. Z nichts im Wege. Die M. Z ist dann hinsichtlich der Ordnungsrelation für Ordinalzahlen wohlgeordnet, also Repräsentant einer Ordinalzahl ζ. Die wohlgeordnete M. Z ist unendlich und demgemäß ähnlich zum Abschnitt aller Ordinalzahlen, die kleiner als ζ sind. Z und dieser Abschnitt müssen dann übereinstimmen. Die Ordinalzahl ζ gehört also nicht zu Z im Widerspruch zur Definition von Z.

Im Rahmen der (naiven) M.l. oder ihr gleichwertiger Systeme sind weitere Antinomien entdeckt worden, so die Antinomien der *M. aller Kardinalzahlen* (CANTOR 1895), der *M. aller M.*, der *M. aller Objekte*, der *M. aller M., die sich nicht selbst als Element enthalten* (RUSSELL 1902) [67]. Das gesamte Gebäude der (naiven) M.l. und der auf sie gegründeten Teile der Mathematik war damit in seinen Grundlagen erschüttert.

Die Problematik schien im M.-Begriff selbst und in der Möglichkeit der Bildung «zu großer» M., die CANTOR in seinen ersten Auseinandersetzungen mit diesem Problem als «*inkonsistente Vielheiten*» ausschließen wollte [68], zu liegen. Mehr Licht in die logische Situation brachte das Eingreifen der Russellschen Antinomie in das hochentwickelte und in seinem Aufbau genau nachkontrollierbare System FREGES. Frege bezog diese Antinomie sofort auf sein «Grundgesetz V», das «*Komprehensionsprinzip*» [69]. Tatsächlich ergibt sich die Russellsche Antinomie rein formal schon aus dem Zusammenwirken vom *Komprehensions-* und *Elementschaftsprinzip*: Die Russell-Bedingung «nicht Element von sich selbst zu sein» wird durch $\neg x \in x$ dargestellt, wobei x im Gegensatz zu der obigen für die M.-Algebra angegebenen Beschränkung auf die Elemente einer Grund-M. jetzt auch durch Ausdrücke für M.en (dieser Elemente oder für M. von M.en) zu interpretieren ist. Nach dem Komprehensionsprinzip existiert dann die «Russell»-M.

$R = \{x | \neg x \in x\}$,

und es gilt für alle x:

$x \in R \leftrightarrow \neg x \in x$,

also insbesondere für R:

$R \in R \leftrightarrow \neg R \in R$.

Das ist ein Widerspruch, syntaktisch abgeleitet aus scheinbar selbstverständlichen Voraussetzungen, eine *syntaktische Antinomie*.

13. Bei dem Versuch, die M.l. zu retten, sind verschiedene Ansätze in dem Sinne erfolgreich gewesen, daß genau regulierte Systeme, die eine mehr oder weniger weitreichende formale Erfassung der naiven, inhaltlichen M.l. ermöglichen, aufgestellt wurden und bis heute darin keine Widersprüche aufgetreten sind. Eine Gruppe von Ansätzen geht in die Richtung der von B. RUSSELL [70] begründeten *Typentheorie*, in der das Element-M.-Verhältnis durch eine Typenordnung der in den erzeugenden Bedingungen auftretenden Variablen genauer Kontrolle unterworfen und durch bestimmte Typenregeln beherrscht wird. Diese Systeme greifen also direkt bei der logischen Sprache an und werden auch als *Stufenlogiken* bezeichnet.

Die meisten Ansätze liegen in der Richtung einer *axiomatischen M.l.*, in der ⟨M.⟩ oder ⟨Klasse⟩ und die Relation $\in$ undefinierte Grundbegriffe sind. Da Elementschafts- und Komprehensionsprinzip sich ausschließen, ergibt sich die Notwendigkeit, wenigstens eines von beiden nicht als Axiom zu verwenden. In dem 1908 von E. ZERMELO angegebenen ersten Axiomensystem der M.l. wird auf das Komprehensionsprinzip verzichtet. An seine Stelle tritt ein Schema von Axiomen, das *Aussonderungsschema*, das sich jeweils auf schon als gegeben angesehene M. bezieht. Die Axiome der *Zermelo-Axiomatik* in grober und nicht formalisierter Fassung sind:
(1) das *Extensionalitätsaxiom;* (2) das *Aussonderungsschema:* Zu einer M. A und einer Bedingung $\beta(x)$ gibt es die M. derjenigen A-Elemente, die genau $\beta(x)$ erfüllen; (3) das *Null-* und *Paar-M.-Axiom:* $\emptyset$ ist eine M.; zu x, y

gibt es eine M., deren Elemente genau x und y sind; (4) das *Vereinigungs-M.-Axiom:* Zu einer M. von M.en gibt es eine M., deren Elemente gerade die Elemente der M.en sind; (5) das *Potenz-M.-Axiom:* Zu einer M. gibt es stets die M., deren Elemente genau die Teil-M. der Ausgangs-M. sind; (6) das *Unendlichkeitsaxiom:* Es gibt eine unendliche M. (genauer: eine M., die einerseits die leere M. $\emptyset$ und andererseits mit x stets auch das nach dem Paar-M.-Axiom für $x = y$ existierende $\{x\}$ enthält); (7) das *Auswahl-Axiom.*

Für den weiteren Ausbau der M.l., insbesondere für die Theorie der Ordinalzahlen, benötigt man noch weitere Axiome, z. B. das *Ersetzungsaxiomenschema,* das auf SKOLEM und FRAENKEL (1922) zurückgeht.

Eine andere Version des vorangehenden Axiomensystems erhält man, wenn man nicht mehr auf gewisse relative Grund-M. zurückgreift, sondern alle Objekte als M. ansieht. Dieses «*Mengenschaftsprinzip*» läßt sich tatsächlich in Verbindung mit dem Zermelo-System realisieren. Um hier jedoch zu einer «reinen» M.l. zu gelangen, müssen einige M. mit anomalen Eigenschaften ausgeschlossen werden, wozu v. NEUMANN (1929) den Begriff der *fundierten M.* und ein *Fundierungsaxiom* aufstellte, zu dem unabhängig davon auch ZERMELO 1930 gelangte [71]. Unter der *Zermelo-Fraenkel-Axiomatik* ZF (ohne Auswahlaxiom) versteht man heute im allgemeinen ein System mit den (in der Prädikatenlogik erster Stufe formalisierten) Axiomen (1) bis (6) und dem Fundierungsaxiom, worin (2) durch das Ersetzungsaxiomenschema ersetzt ist.

Unter Beibehaltung des Komprehensionsprinzips, aber unter Aufgabe des Elementschaftsprinzips, sind weitere Axiomatisierungen von v. NEUMANN, BERNAYS, GÖDEL, QUINE und anderen angegeben worden. Indem man ‹*Klasse*› und die ∈-Relation als undefinierte Grundbegriffe nimmt, kann man es so einrichten, daß das *Komprehensionsaxiomenschema* zunächst auch nur auf Klassen führt, unter denen die *M.* dadurch ausgezeichnet sind, daß sie Element einer Klasse sind. Die Einschränkung des Elementschaftsprinzips kann dann erreicht werden, indem die Elementschaft offen gelassen wird und andererseits im Komprehensionsschema gefordert wird, daß zu der zu einer Bedingung $\beta(x)$ existierenden Klasse nur solche x gehören, die $\beta(x)$ genügen und zugleich M. sind. Die Verwendung der Russell-Bedingung $\neg x \in x$ oder der M.-Allbedingung «x ist eine M.» führt dann nicht zum Widerspruch, sondern zum Nachweis der Existenz von Klassen, die keine M. sind [72].

14. Bedeutsame Resultate wurden hinsichtlich der Frage der *Widerspruchsfreiheit* und *Unabhängigkeit* der Axiomensysteme der M.l. in neuerer Zeit erzielt. Dabei geht es vor allem um die logische Stellung des von nichtklassischen Richtungen der Grundlagenforschung stark kritisierten *Auswahlaxioms A* und der *verallgemeinerten Kontinuumshypothese C.* Wir beziehen die Mitteilung einiger Resultate auf das Zermelo-Fraenkel-System ZF: SIERPINSKI hat 1947 gezeigt, daß aus $ZF \cup \{C\}$ folgt A, daß A also von $ZF \cup \{C\}$ abhängig ist. Von K. GÖDEL wurde 1938–1940 bewiesen, daß ein Widerspruch im System $ZF \cup \{A, C\}$ bereits einen Widerspruch in ZF nach sich zieht. Das ist die *relative Widerspruchsfreiheit* von $ZF \cup \{A, C\}$ bezüglich ZF. 1963 hat P. J. COHEN die genannten Unabhängigkeitsprobleme gelöst. Er hat gezeigt: Ist ZF widerspruchsfrei, so auch $ZF \cup \{\neg A\}$ und $ZF \cup \{\neg C\}$, also unter Heranziehung der Gödelschen Resultate: A und C sind je unabhängig von ZF, und C ist unabhängig von $ZF \cup \{A\}$ [73]. Das ist vergleichbar mit der Einsicht in die Stellung des Parallelenaxioms zu den übrigen Axiomen der euklidischen Geometrie. So wie man die Wahl für die euklidische oder die nicht-euklidische (hyperbolische) Geometrie hat, so hat man in der nun allerdings nahezu den gesamten mathematischen Kosmos betreffenden M.l. im Sinne von ZF die Wahl zwischen einer M.l. mit oder ohne Auswahlaxiom bzw. Kontinuumshypothese. Man muß allerdings beachten, daß der Zusatz ‹im Sinne von ZF› hier wesentlich ist. Andere ebenso leistungsfähige Systeme der M.l. sind keineswegs zu ZF logisch äquivalent und im allgemeinen schwer miteinander vergleichbar. Das ist inhaltlich-ontologisch eine andere Situation als in der (mit Mitteln der Logik zweiter Stufe formalisierten, in einem kategorischen Axiomensystem dargestellten) Geometrie. Das Problem der (absoluten) Widerspruchsfreiheit von ZF und entsprechend anderer starker Systeme der M.l. ist bis heute ungelöst, allerdings gibt es gewisse Gleichwertigkeitsaussagen, die für einzelne Systeme besagen, daß sie genau dann widerspruchsfrei sind, wenn ZF widerspruchsfrei ist [74].

15. Die axiomatische M.l. bildet heute das Fundament im systematischen Aufbau weiter Teile der Mathematik. Eine wichtige Rolle spielen dabei die *strukturierten M.,* d. h. M., auf denen – wiederum mengentheoretisch beschrieben – Relationen gegeben sind [75]. Wichtig für das Studium der Zusammenhänge zwischen strukturierten M. eines bestimmten Typs (Gruppen, Körper, topologische Räume usw.) sind die *Morphismen,* d. h. Abbildungen (Funktionen) einer strukturierten M. in eine andere, bei denen gewisse Struktureigenschaften erhalten bleiben. Im Rahmen der v. NEUMANN-QUINE-M.l. oder verwandter mengentheoretischer Systeme kann man die Klasse aller strukturierten M. eines bestimmten Typs mitsamt den zugehörigen Morphismen betrachten. Zwischen den Objekten der Klasse und den Morphismen bestehen dann gewisse Zusammenhänge, deren abstrakte Formulierung zum Begriff der *Kategorie* führt, der heute ein wichtiges Instrument einer «universellen» Mathematik bildet [76]. In der axiomatischen Fassung des Kategoriebegriffs kommen mengentheoretische Begriffe nicht mehr notwendig vor. Die Klasse aller M. mitsamt den zugehörigen Abbildungen bildet jedoch selbst eine Kategorie, die *Kategorie der M.* Es ist LAWVERE gelungen, eine M.l. im Rahmen mit zusätzlichen Axiomen verschärften Kategorientheorie zu formulieren und aufzubauen und damit das ursprüngliche Verhältnis von M.l. und Kategorientheorie umzukehren [77]. Eine entsprechende Entthronung der M.l. war schon im Rahmen der Grundlagenforschung als möglich erwiesen, indem dort in gewissen formalen Systemen der kombinatorischen Logik die Orientierung ‹alles ist M.› ersetzt wurde durch ‹alles ist Funktion› [78]. Der Aufbau der Mathematik von den Kategorien und dem dort zentralen Begriff der «Universalität» von Objekten und Funktionen aus entspricht den heute möglichen strukturellen Betrachtungs- und Arbeitsweisen, und Lawvere (1966) stellt dazu fest: «even in foundations, not substance but invariant form is the carrier of the relevant mathematical information».

16. Aus der Position der Kritiker des Aktual-Unendlichen und seiner Ausgestaltung in der (axiomatischen) M.l. von KRONECKER und POINCARÉ über BROUWER und WEYL zu LORENZEN sind philosophische und logische Alternativen in Gestalt von *konstruktiven M.l.* entwickelt worden. Die auf den *Brouwerschen Intuitionismus* [79] gegründete M.l. ist stark an den Vorstellungen Brouwers von Evidenz, Intuition, Sprache und Denken gebunden.

Der konstruktive Kern des Intuitionismus besitzt eine eigentümliche Verwandtschaft zu HILBERTS finiten Methoden der Metamathematik. Eine genauere Fassung des Begriffs ‹konstruktiv› konnte durch verschiedene Präzisierungen erreicht werden, wobei die ‹rekursive Realisierbarkeit› im Sinne S. C. KLEENES [80] wohl am ehesten den intuitionistischen Forderungen entspricht.

In einem konstruktivistischen Rahmen bleibend, erreicht P. LORENZEN [81] in seiner *operativen Begründung* von Logik und Mathematik eine gewisse Loslösung von den einschneidenden intuitionistischen Bedingungen. An die Stelle der vor allem durch die Beschränkung des tertium non datur eingeengten Konstruktivität setzt er die «Definitheit der mathematischen Aussagen». Es zeigt sich, daß die Definitheitsforderung in bezug auf die Arithmetik keine starke Einschränkung der klassischen Aussagen zur Folge hat. Wohl aber verstößt die M.l., in der Redeweisen wie «es gibt eine M. ...» benutzt werden, gegen die Definitheit, da für die Aussage «*x* ist eine M.» ein Widerlegungs- oder Beweisbegriff im Sinne der Definitheitsforderung nicht besteht. Hier genügt es jedoch, einen definiten Begriff für den sprachlichen Aufbau der Bedingungen zu verwenden, durch die mit Hilfe des M.-Bildungsoperators (s. oben Abschn. 5) zumindest die M.-Sprechweise, also eine theoriegebundene M.l., eingeführt werden kann. In diesem Sinne entwickelt Lorenzen das für den modernen Aufbau der Analysis benötigte Stück der M.l. im wesentlichen als logische Theorie der Sprachschichten, die in der verzweigten Typentheorie und in der ‘halb-intuitionistischen’ Schrift ‹Das Kontinuum› von H. WEYL im Ansatz vorgezeichnet war. Es gelang dabei, die wichtigsten Sätze der Analysis in konstruktiv kontrollierbarer Weise abzuleiten. Eine konstruktive Begründung für die axiomatische M.l. konnte auf diese Weise jedoch nicht gegeben werden. Die den M.-Bildungsaxiomen entsprechenden Sprachschichten ließen sich konstruktiv nicht erreichen. Lorenzen lehnt deshalb die axiomatische M.l. als «reines Phantasieprodukt» ab.

Anmerkungen. [1] G. CANTOR: Ges. Abh. (1932, ND 1962) 150. 204. 282. – [2] B. BOLZANO: Paradoxien des Unendlichen (1851, ND 1964) 4. – [3] R. DEDEKIND: Was sind und was sollen die Zahlen? ([1]1887, [9]1961) 1f. – [4] G. FREGE: Funktion und Begriff (1891); jetzt in: Funktion, Begriff, Bedeutung (1962). – [5] Grundgesetze der Arith. 1 (1893, ND 1962) VII: so bezeichnet; 32: begriffsschr. formuliert als Grundgesetz (V). – [6] Krit. Beleucht. einiger Punkte in E. Schröders Vorles. über die Algebra der Logik. Arch. systemat. Philos. 1 (1895) 433-456; jetzt in: Log. Untersuch. (1966). – [7] Vgl. B. RUSSELL: The principles of math. ([1]1903, [2]1937) 69. – [8] A. ARNAULT und P. NICOLE: La logique ou l'art de penser ([1]1662, [2]1752) 31; man beachte den anderen Gebrauch von ‹Komprehension› in ‹Komprehensionsaxiom›, wo es gerade nicht um den Begriffsinhalt, sondern um die Zusammenfassung des Umfangs zu einem Ganzen geht. – [9] L. COUTURAT (Hg.): Opuscules et frg. inéd. de LEIBNIZ (1903) 300. – [10] Zur Absetzung Freges vom «Logiker des Inhalts» vgl. FREGE, a.O. [6] 455. – [11] Vgl. E. W. BETH: The foundations of math. (Amsterdam 1959) 466. – [12] PORPHYRIUS, Isagoge in Arist. Cat. Comm., hg. A. BUSSE (1887). – [13] COUTURAT, a.O. [9] 295; J. H. LAMBERT: Briefwechsel zwischen L. Euler und J. H. Lambert (1924); L. EULER: Lettres à une princesse d'Allemagne (dtsch. 1773-1780); J. VENN: On the diagrammatic and mechanical representation of propositions and reasonings. London ... Philos. Mag. J. Sci. 10 (1880) 1-18. – [14] G. BOOLE: The laws of thought (1854) 28. – [15] Zuerst in: The math. analysis of logic (1847). – [16] J. E. WHITESITT: Boolesche Algebra und ihre Anwend.en (1964). – [17] C. S. PEIRCE: Coll. Papers 3 (1933). – [18] G. PEANO: Formulaire des math. 2/1 (1897). – [19] J. O. GERGONNE: Essai de dialectique rationelle. Ann. Math. pures et appl. 7 (1816/17) 189ff. – [20] a.O. 195f. – [21] Es handelt sich genauer um die aussagenlog. Symbolik Peanos, die in die M.l. übertragen wurde. – [22] E. SCHRÖDER: Vorles. über die Algebra der Logik 1 (1890); R. DEDEKIND, a.O. [3] 2. – [23] G. FREGE: Über den Zweck der Begriffsschr. Jenaer Z. Naturwiss. 16 (1882) Suppl. 1, 1-10; jetzt in: Begriffsschr. ([2]1964); vgl. auch a.O. [6]. – [24] a.O. [5] 14f. – [25] PEANO, a.O. [18] 2/1, 31. – [26] Vgl. FREGE, a.O. [23]. – [27] A. DE MORGAN: On the structure of the syllogism (1846). – [28] Vgl. FREGE, a.O. [6]. – [29] Vgl. J. M. BOCHEŃSKI: Formale Logik ([2]1962) 455. – [30] ARISTOTELES, Met. B 3, 998 b 22-27. – [31] G. CANTOR: Br. an Dedekind (28. 7. 1899) a.O. [1] 443. – [32] PAULUS VENETUS: Logica Magna (1499) II, 6. – [33] Vgl. A. MENNE: Logik und Existenz (1954). – [34] SCHRÖDER, a.O. [22] II/1 (1891) 220f. – [35] Vgl. G. PATZIG: Die arist. Syllogistik ([2]1963) 17. – [36] DEDEKIND, a.O. [3] 2. – [37] FREGE, a.O. [5] 1f. – [38] Vgl. a.O. [6] 437. – [39] a.O. [5] 57; Die Grundl. der Arith. ([1]1884, [2]1959) 87. – [40] Vgl. a.O. [6] 108. – [41] E. ZERMELO: Untersuch. über die Grundl. der M.l. I. Math. Ann. 65 (1908) 261-281. – [42] ARIST., bes. Met. Θ, Phys. γ 4, 203 b 15-23; Γ 6, 206 a 9-207 a 10; Γ 7, 207 a 33-b 21; b 27-34; vgl. über den Kontinuumsbegriff in Phys. E, Z, Θ; W. WIELAND: Die arist. Physik (1962); zur Stellungnahme anderer Philosophen und Mathematiker vgl. CANTOR, a.O. [1] 174ff. 370ff.; A. FRAENKEL: Einl. in die M.l. ([3]1928); vgl. H. G. STEINER: «Unendlich» in Algebra und Analysis. Math.-Unterr. 19 (1973) 35-63. – [43] EUKLID, Die Elemente, hg. CL. THAER ([2]1962) § 20. – [44] BOLZANO, a.O. [2] 16. – [45] a.O. § 13. 8. – [46] R. DEDEKIND, a.O. [3] § 5. – [47] a.O. § 3. – [48] CANTOR, a.O. [1] 119; den Ausdruck ‹Mächtigkeit› übernimmt Cantor, a.O. 151 von J. Steiner. – [49] GALILEI, Unterr. und math. Demonstrationen, hg. A. OETTINGER ([2]1964) 30f. – [50] BOLZANO, a.O. [2] § 20. – [51] A. TARSKI: Sur les ensembles finis. Fundamenta math. 6 (1924) 45-95; D. KLAUA: Allg. M.l. (1964) Kap. III. – [52] CANTOR, a.O. [1] 198. 207. – [53] a.O. 278ff.; die Idee des Diagonalverfahrens war bereits 1875 in anderen Zusammenhängen verwendet worden von P. DU BOIS-REYMOND: Über asymptot. Werte, infinitäre Approximationen und infinitäre Auflösung von Gleichungen. Math. Ann. 8 (1875) 363-414. – [54] CANTOR, 282. – [55] FREGE, Grundl. a.O. [39] ([2]1959) 79; zur Gesch. der Definition durch Abstraktion und bes. zur Rolle von Cantor, Frege und Peano vgl. H. SCHOLZ und H. SCHWEITZER: Die sog. Definitionen durch Abstraktion (1935). – [56] RUSSELL, a.O. [7] 115. – [57] CANTOR, a.O. [1] 139ff. – [58] a.O. 168. 312; das hier von uns angegebene Definiens ist bei CANTOR zunächst eine abgel. Aussage a.O. 312; vgl. jedoch Br. an Dedekind a.O. [31] 444. – [59] a.O. [1] 169. – [60] ZERMELO, a.O. [41]; zur Gesch. des Wohlordnungsproblems vgl. PH. E. B. JOURDAIN: A proof that every aggregate can be wellordered. Acta math. 43 (1922) 239-261; über äquivalente Aussagen zum Auswahlaxiom vgl. H. und J. E. RUBIN: Equivalents to the axiom of choice (Amsterdam 1963); zur Gesch. vgl. D. VAN DALEN: Set theory from Cantor to Cohen, in: D. VAN DALEN und A. F. MONNA: Sets and integration. An outline of the development (Groningen 1972). – [61] Bei CANTOR, a.O. [1] 167. 291: «Anzahl» oder «Ordnungszahl»; vgl. RUSSELL, a.O. [7] 242. – [62] Vgl. CANTOR, a.O. [1] 174f. – [63] Vgl. Br. an Dedekind a.O. [31] 443f. – [64] D. HILBERT: Über das Unendliche. Math. Ann. 95 (1926) 167, jetzt in: Hilbertiana (1964). – [65] Vgl. F. BERNSTEIN: Über die Reihe der transfiniten Ordinalzahlen. Math. Ann. 60 (1905) 187-193. – [66] C. BURALI-FORTI: Una questione su i numeri transfiniti. R.C. Circ. Mat. Palermo 11 (1897) 154-164. – [67] Vgl. CANTOR, a.O. [1] 443ff.; FRAENKEL, a.O. [42] 209ff.; BETH, a.O. [11] 481ff. – [68] CANTOR, a.O. [1] 443. – [69] Vgl. FREGE, a.O. [5] 2 (1903) Nachwort. – [70] B. RUSSELL, a.O. [7] App. B; A. N. WHITEHEAD und B. RUSSELL: Principia math. 1-3 ([2]1925-1927). – [71] Vgl. die hist. Einf. in: P. BERNAYS und A. A. FRAENKEL: Axiomatic set theory (Amsterdam 1958). – [72] Vgl. W. STEGMÜLLER: Eine Axiomatisierung der M.l., beruhend auf dem Systemen von Bernays und Quine, in: Logik und Logikkalkül, hg. M. KÄSBAUER/FR. v. KUTSCHERA (1962) 57ff. – [73] Vgl. D. VAN DALEN, a.O. [60]; P. J. COHEN: Set theory and the continuum hypothesis (New York 1966). – [74] Vgl. COHEN, a.O. – [75] Vgl. H. G. STEINER: M. – Abb. – Strukturen, in: Math. 1. Fischer Lexikon 29/1 (1964). – [76] Vgl. H. SCHUBERT: Kategorien 1. 2 (1970). – [77] F. W. LAWVERE: An elementary theory of the category of sets. Proc. Nat. Acad. Sci. USA 52 (1964) 1506-1511; The category of categories as a foundation of math. Proc. Conf. categorial Algebra, La Jolla 1965 (Berlin u.a. 1966) S. MAC LANE und G. BIRKHOFF: Algebra (New York 1967). – [78]

Mensch

H. B. CURRY und R. FEYS: Combinatory logic (Amsterdam 1958). – [79] Vgl. A. HEYTING: Intuitionismus. An introd. (Amsterdam 1956). – [80] S. C. KLEENE: Introd. to metamath. (New York 1952). – [81] P. LORENZEN: Einf. in die operative Logik und Math. (1959); Differential und Integral (1965).

Literaturhinweise. A. SCHOENFLIES: Entwickl. der M.l. und ihrer Anwendungen (1913). – A. A. FRAENKEL s. Anm. [42]. – H. A. SCHMIDT: Art. ⟨Math. Grundl.forsch.⟩, in: Enzyklop. math. Wiss. I/I/2 (1950). – P. BERNAYS und A. A. FRAENKEL s. Anm. [71]. – A. A. FRAENKEL und J. BAR-HILLEL: Foundations of set theory (Amsterdam 1958). – E. W. BETH s. Anm. [11]. – N. BOURBAKI: Eléments d'hist. des math. (Paris 1960). – A. A. FRAENKEL: Abstract set theory (Amsterdam 1960). – P. R. HALMOS: Naive set theory (Toronto u.a. 1960). – P. SUPPIES: Axiomatic set theory (Toronto u.a. 1960). – H. SCHOLZ und G. HASENJÄGER: Grundzüge der math. Logik (1961) (Lb.). – J. M. BOCHEŃSKI s. Anm. [29]. – E. KAMKE: M.l. (⁴1962). – D. KLAUA s. Anm. [51]. – H. G. STEINER: Kardinal- und Ordinalzahlen a.O. [75]. – P. J. COHEN s. Anm. [73]. – H. HERMES: Zur Gesch. der math. Logik und Grundl.-Forsch. in den letzten 75 Jahren. Jahresber. dtsch. Math. Vereinig. 68 (1966) 75ff. – J. SCHMIDT: M.l. (1966). – R. JENSEN: Modelle der M.l. (1967). – H. MESCHKOWSKI: Probleme des Unendlichen. Werk und Leben Georg Cantors (1967). – D. SCOTT (Hg.): Axiomatic set theory (Providence 1971). – D. VAN DALEN s. Anm. [60]. – H. G. TAKEUTI und W. M. ZARING: Axiomatic set theory (Berlin u.a. 1973). H. G. STEINER

Mensch (griech. ἄνθρωπος, lat. homo, ital. uomo, frz. homme, engl. man)

I. *Einleitung.* – Jede Aussage des M. enthält zugleich eine Aussage über ihn selbst; sie ist Aussage eines M. überhaupt und zugleich die *eines* M. in seiner bestimmten Denk-, Zeit- und Lebenssituation. Menschliches Leben ist daher – wie DILTHEY entdeckt hat [1] –, indem es nach außen erkennt und schafft, immer zugleich an sich selbst hermeneutisch: Seine Äußerungen enthalten unbewußt eine Auslegung seiner selbst. «M.-Anschauung schlägt sich ungewollt und gewollt in allem nieder, was wir denken, tun und hervorbringen ... sämtliche Kulturdomänen eines Volkes und einer Epoche enthalten ein unausgesprochenes und vielfältig gebrochenes menschliches Selbstverständnis, eine, wie man sagen könnte, 'implizite Anthropologie', und haben in ihr eine der Determinanten ihrer jeweiligen Gestaltung.» «Jede Philosophie läßt sich in eine Anthropologie umschreiben» [2].

Die Notwendigkeit, nach dem Wesen des M. zu fragen und sich um M.-Kenntnis (s.d.) zu bemühen, ist in der Geschichte des Philosophierens gerade dort, wo man in ihm nicht mehr, wie noch DEMOKRIT [3] oder ARISTOTELES, das «Vertrauteste der Lebewesen» sah [4], immer wieder betont worden, etwa in der Tradition des griechischen γνῶθι σαυτόν, des «Erkenne dich selbst», das bis hin zu L. MARCUSE zumeist verstanden wurde als «... wisse, was ein M. ist» [5]; von AUGUSTIN und – dessen Satz wieder aufnehmend – PETRARCA: «Die M. gehen ihres Weges und bewundern die Gipfel der Berge, die ungeheure Flut des Meeres, das Abwärtsgleiten der breiten Ströme, den Ozean in seiner Unermeßlichkeit und die Kreisbahn der Sterne – von sich selbst jedoch entfernen sie sich mehr und mehr» [6]; MONTAIGNE: «Sein [des M.] hauptsächlichstes Studium ist, sich selbst zu studieren» [7]; ähnlich von CHARRON, von dem der Satz zu POPE [8] und weiter zu GOETHE [9] und zu COMTE [10] gelangt: «La vraie science et la vraie étude de l'homme, c'est l'homme» [11]; von PASCAL [12], für den die Tragödie der Menschheit darin besteht, daß sie vom Studium des M. in das «divertissement» flieht; von ROUSSEAU: «La plus utile et la moins avancée de toutes les connaissances humaines me paraît être celle de l'homme» [13]; von KANT in seiner Formulierung, daß die philosophischen Disziplinen in der Anthropologie zentrieren [14]; und von SCHELER: «Wenn es eine philosophische Aufgabe gibt, deren Lösung unser Zeitalter mit einzigartiger Dringlichkeit fordert, so ist es die einer philosophischen Anthropologie» [15].

Aber obwohl Reflexionen über den M. die gesamte Denkgeschichte durchziehen, ist die '*Anthropologie*' (s.d.) erst spät als förmliche Disziplin der Philosophie aufgetreten, und erst nach 1920 wurde begonnen, ihre Thematik als eigenen Überlieferungsstrang der Philosophiegeschichte gesondert zu behandeln, so beispielhaft in SCHELERS ⟨M. und Geschichte⟩, GROETHUYSENS ⟨Philosophische Anthropologie⟩ und LANDMANNS ⟨De homine⟩. Dabei treten auch die Gründe zutage, warum das Thema ⟨M.⟩ in der Philosophiegeschichte nicht den Rang eingenommen hat, der seiner Bedeutung angemessen gewesen wäre:

a) Natürlicherweise ist die menschliche Erkenntnis nach außen gerichtet. Daß der M. sie auf sich selbst zurückrichtet, erfordert einen Abstand von seiner sonst als selbstverständlich hingenommenen Lebensweise, der nur in bestimmten Zeiten entsteht. Vor allem in Krisenzeiten, in denen das Selbstverständnis des M. unsicher und damit zum Problem wird, beginnt er nach seinem Wesen zu fragen, um neue Anhaltspunkte für sein Weltverhalten zu gewinnen. In solchen Zeiten liegen daher auch – häufig abseits von den traditionell hochgeschätzten Denklinien – die Höhepunkte des Philosophierens über den M., etwa: PROTAGORAS' perspektivistische Philosophie, PICO DELLA MIRANDOLAS ⟨De dignitate hominis⟩, PASCALS ⟨Pensées⟩, HERDERS ⟨Philosophie der Geschichte der Menschheit⟩ und die philosophische Anthropologie der Gegenwart.

Es ist auffallend, daß gerade in solchen Situationen immer auch die Fähigkeit des M. zur variierenden Selbstauslegung und Lebensgestaltung entdeckt wird (Renaissance, Sturm und Drang, 20. Jh.). «Der M. fühlt sich in solchen Zeiten deutlich als nicht festgestelltes Wesen, als eines, das zusammen mit seiner Umwelt eine Aufgabe ist und ein riesiger Behälter voll Zukunft» [16]. Die Wandelbarkeit des M. – bei den Autoren solcher Epochen häufig in der Gestalt Proteus' versinnbildlicht (PICO, VIVES, HERDER u.a.) – wird im 20. Jh. neu entdeckt und fundiert. Sie ist aber auch die resultierende Einsicht bei der Beschäftigung mit den früheren Deutungen des M.: *M. ist das, als was er sich selbst begreift.*

b) Im Ganzen des Seins, dem die *Metaphysik* sich zuwendet, wird der M. als Sonderproblem nicht wahrgenommen oder die Vielfalt seiner Aspekte im Sinne metaphysischer Grundprinzipien systematisierend verengt. *Gnoseologisches* Denken verkürzt das Vollsubjekt zum Erkenntnissubjekt. Die *Ethik* zielt auf das Postulat M., nicht auf das Phänomen M.: «Die Philosophie betrachtet den M., wie er sein soll» [17]. Die besondere Existenzform des M. erschwert deshalb die Ausbildung einer Anthropologie: Da alles menschliche Leben aufgrund mangelnder Verhaltensdeterminiertheit durch ethische Normen reguliert wird, droht die Deskription dessen, was der M. *ist*, in jedem Augenblick umzuschlagen in das Bild dessen, was er *sein soll*. Kommt der M. zeitlich zu einem «Soll»-Zustand her oder bewegt er sich auf ihn zu, dann liegt damit zugleich eine geschichtsphilosophische Anthropologie nahe. So erhält etwa nach frühchristlicher Lehre [18] der vorher ungeschlechtliche M. den Leib erst nach dem Sündenfall; PASCAL [19] unterscheidet nach herrschender christlicher Lehre drei «états» des M.: den ursprünglichen Schöpfungszustand, den zwiespältigen gegenwärtigen Zustand des Abfalls von Gott und den Erlösungsstand durch Christus; für ROUSSEAU wandelt sich der M. durch die Korrumpierung in der Kultur; nach MARX entsteht der eigentliche M. erst durch die Überwindung der Selbstentfremdung in der klassenlosen Gesellschaft; NIETZSCHE konzipiert als Symbol einer zukünftigen totalen Daseinsbejahung den «Über-M.», für den alle «Gegensätze ... zu einer neuen Einheit gebunden sind» [20].

c) Eine weitere Schwierigkeit, den M. zu bestimmen, liegt darin, daß sich sein Wesen nach verschiedenen Theorien hinter einem vorgeschobenen Schein verbirgt. Erst wenn dieser Selbstbetrug durchschaut ist, kann der wahre M. sichtbar werden. Das Motiv der Maskierung ist schon in BACONS Idolenkritik und bei PASCAL ausgeprägt, zeichnet aber besonders einige Denker im 19. und 20. Jh. und ihren Gegenschlag gegen die übersteigerte Vernunftanthropologie des deutschen Idealismus aus: SCHOPENHAUER: der Intellekt als Instrument der Illusionen; NIETZSCHE: die Moral, durch die der Wille zur Macht domestiziert und verfälscht wird; FREUD: die Verdrängung des sexuellen Unbewußten; Existenzphilosophie: der Verfall der individuellen Eigentlichkeit an das «man».

Anmerkungen. [1] W. DILTHEY, Ges. Schr. 7 (⁴1965) 279. – [2] M. LANDMANN: De homine (1962) XI. XII. – [3] DEMOKRIT, VS 68 B 165. – [4] ARISTOTELES, Hist. anim. 491 a 22. – [5] L. MARCUSE: Sigmund Freud. Sein Bild vom M. (1956) 12. – [6] F. PETRARCA, De fam. VI (IV, 1), in: Briefe, dtsch. H. NACHOD/P. STERN (1931) 47; vgl. AUGUSTIN, Conf. X, 8. – [7] M. DE MONTAIGNE, Essais III, 5, dtsch. Ges. Schr., dtsch. J. J. BODE, hg. O. FLAKE/W. WEIGAND 5 (1910) 55. – [8] A. POPE: An essay on man II, 1. – [9] J. W. VON GOETHE, Weimarer A. 17, 113; 21, 213. – [10] A. COMTE: Cours de philos. positive 6 (1877) 670. – [11] P. CHARRON: De la sagesse (1769) t. 1.1.1. – [12] B. PASCAL, Pensées, hg. L. BRUNSCHVICG 1-3 (1904) 66. 139. 144. – [13] J.-J. ROUSSEAU, 2. Discours, Einl. Oeuvres compl. 3 (1964) 122. – [14] I. KANT, Logik, Einl. III. Akad.-A. 9 (1923) 25. – [15] M. SCHELER, Mensch und Gesch. Werke, hg. M. S. FRINGS 9 (1976) 120. – [16] E. BLOCH: Das Prinzip Hoffnung (1959) 1, 135. – [17] G. B. VICO, La scienza nuova I, 2. Abt. 6, dtsch. E. AUERBACH (1965) 77. – [18] GREGOR VON NYSSA, De hom. opif. 16f.; Orat. catechet. 57; NEMESIUS, De nat. hom. 1ff. – [19] PASCAL, a.O. [12] 430f. 434. 525. 560. 613. – [20] FR. NIETZSCHE, Ecce homo, Zarathustra 6. Werke, hg. G. COLLI/M. MONTINARI 6/3 (1969) 341.

CH. GRAWE

II. *Antike und Bibel.* – 1. *Klassische indische und griechisch-römische Philosophie.* – Der im westlichen Denken selbstverständlich gewordene Begriff des M. als eines Wesens besonderer Art ist, wie der Vergleich mit anderen Sprachen zeigt, alles andere als selbstverständlich. Es gibt Sprachen, in denen gewisse Tiere ausdrücklich in die Gruppe oder Klasse der M. einbezogen werden [1], und es gibt umgekehrt verschiedene Sprachen, in denen der Ausdruck ‹M.› dazu dient, die Angehörigen des eigenen Stammes von den Angehörigen anderer Stämme abzugrenzen [2]. Dies gilt nicht nur für die Frühstadien des Denkens, sondern auch für Hochkulturen. Beispielhaft hierfür ist das weitgehende Fehlen anthropologischer Reflexionen innerhalb der klassischen *indischen* Philosophie.

Nach der grundlegenden Auffassung des ‹Śatapatha-Brāhmaṇa› ist der M. (puruṣa, manuṣya) eine der fünf Untergruppen der «domestizierten Tiere» [3]. Was ihn vor den anderen Gruppen, den Kühen, Pferden, Ziegen und Schafen allenfalls auszeichnet, ist seine Fähigkeit, Opfer zu erbringen [4]. Diese Auszeichnung wird an sich noch verschärft, sobald die Lehre von Wiedergeburt und Erlösung allgemeine Annahme findet. Es gibt «nichts Höheres als den M.» [5], weil er allein die Möglichkeit hat, sein Karma aufzuheben und sich vom Rad der Wiedergeburten zu befreien [6]. Aber auch dieses soteriologische Privileg hat nicht dazu geführt, den M. als M. von den übrigen Geschöpfen abzuheben. Dies vor allem aus zwei Gründen: 1. Die menschliche Existenz ist nur eine der vielen möglichen Rollen, die wir als dramatische Personen auf unserem Umschwung des Seins (saṃsāra) zu spielen haben [7]: Was befreit werden muß, ist nicht *der* M., sondern das Selbst *im* M. 2. Der Weg zur Erlösung steht nicht allen M., sondern nur bestimmten Kasten und Klassen offen [8]. Wichtiger als alles, was die M. eint – ihre Offenheit für die Zukunft etwa und ihre Fähigkeit zu langfristiger Planung [9] –, ist daher das Interesse an dem, was sie trennt. Die vier Kasten (varṇa) gelten, zumindest in gewissen Systemen, als genuine Spezies, voneinander ebenso verschieden wie Löwen, Elefanten und andere biologische Arten [10].

Die begriffliche Ausgrenzung des M. aus Natur und Kosmos, die in der klassischen indischen Philosophie bis zu ihrer Begegnung mit der europäischen überhaupt nicht oder nur ansatzweise erfolgte, ist – wie die viel umrätselte Etymologie von ἄνθρωπος zeigt –, auch im *griechischen* Denken nicht von vornherein da. Ἄνθρωπος ist zunächst bloß der Gegenbegriff zu den θεοί, den Göttern. Die M. sind jene Wesen, die ihren Wohnsitz nicht im Himmel, sondern – die Herkunft von lat. ‹homo› von ‹humilis› erinnert daran – auf der Erde haben, sie sind die Sterblichen, die Götter dagegen die Unsterblichen [11]. Da es bei diesem Sprachgebrauch ausschließlich um die Abhebung der Gruppe der M. von der Gruppe der Götter geht, ist vom M. im Singular höchst selten die Rede, die Regel ist der Plural: ἄνθρωποι [12]. Das M.-Bild der frühgriechischen Literatur steht noch völlig im Banne des für den M. nicht eben vorteilhaften M.-Gott-Vergleichs. Verglichen mit den Göttern, ist das Geschlecht der M. «gleichwie Blätter im Walde» [13], die M. sind «Eintagsgeschöpfe» [14] und «Eintagsfliegen, der Flügel beraubt» [15], fluchbeladen, voller Übel, Mühsal und Elend [16].

Die *ionischen Naturphilosophen* unternehmen den ersten Versuch, den M. in Natur und Kosmos einzuordnen. Im Sinne des Makrokosmos-Mikrokosmos-Gedankens (s.d.) wird der M. anfänglich noch völlig als ein Kosmos im Kleinen, der Kosmos nach orientalischem Vorbild als ein M. im Großen, mit menschenähnlichen Gliedmaßen und Organen gedeutet [17]. Sobald man aber zwischen Kosmos und M. nicht nur Entsprechung und Verwandtschaft, sondern auch Unterschiede zu sehen beginnt, wird auch der M. in seiner Besonderheit sichtbar. Da ist zunächst wiederum der alte Gegensatz zu den Göttern: Die Götter allein haben Gewißheit «über das Unsichtbare, wie über alles Irdische», «uns aber als M. ist», wie ALKMAION sagt, «nur das Erschließen gestattet» [18]. Der M. unterscheidet sich nach Alkmaion aber auch vom Kosmos selbst: Die M. haben nicht (wie die ewigen Kreisbahnen der Gestirne) die Kraft, «den Anfang an das Ende anzuknüpfen», sie müssen deshalb vergehen [19]. Erstmals weist Alkmaion auch auf jenen Unterschied hin, der in dieser oder ähnlicher Form fortan zum Arsenal der Bestimmungen des M. gehört: «Der M. unterscheidet sich von den übrigen Tieren dadurch, daß er allein begreift, während die übrigen zwar wahrnehmen, aber nicht begreifen» [20]. Der Vergleich des M. mit dem Tier macht freilich nicht nur die Überlegenheit, sondern, wie bereits ANAXIMANDER hervorgehoben hat, auch die organische Schwäche und die Mängel des M. sichtbar. Der M. allein bedarf nach seiner Geburt langer Fürsorge, während die anderen Lebewesen sich bald selbst fortbewegen können [21]. ANAXAGORAS unterstreicht vor allem unsere Benachteiligung in bezug auf Kraft und Schnelligkeit, die aber nach seiner Ansicht wieder wettgemacht wird durch «die uns eigene Erfahrung und Gedächtniskraft und Klugheit» und insbesondere durch die Geschicklichkeit unserer Hände [22]. Mit ihrer Hilfe schüfen wir, was uns erst zu M. macht: «bewohnte Städte und ausgebaute Äkker» [23] und, wie sein Schüler ARCHELAOS hinzufügt: «Fürsten und Gesetze und Künste und Staaten» [24]. In der These von der biologisch mangelhaften Ausstattung des Menschen auf der einen und ihrer Kompensation durch höhere Fähigkeiten auf der anderen Seite klingt ein Motiv an, das HESIOD in mythischer Form bereits vorweggenommen hat und das durch die Antike hindurch über HERDER Eingang gefunden hat in GEHLENS Formel vom M. als «Mängelwesen» (s. d.) [25].

Nach HESIOD hat Zeus den M. das Leben zwar schwer gemacht [26], aber er hat ihnen dafür anstelle des Rechts des Stärkeren das «Recht gegeben, das höchste der Güter» [27]; gegen den Willen von Zeus hat ihnen Prometheus auch das Feuer gebracht, ohne das der M. nicht wäre, was er heute ist [28]. Das spätere Gegenstück zu Hesiods Mythos ist – neben dem ‹Prometheus› von AISCHYLOS, in dem der Heros den ganz und gar hilflosen M. nicht nur das Feuer, sondern alle Künste gelehrt zu haben beansprucht [29] – der (durch PLATON überlieferte) Mythos des PROTAGORAS: Die M. werden hier dargestellt als von Natur aus «nackt, unbeschuht, unbedeckt, unbewaffnet» [30]. Sie können sich nur erhalten, weil Prometheus sie mit dem Feuer und der «kunstreichen Weisheit» des Hephaistos und der Athene versieht [31] und Zeus ihnen zur Ordnung ihrer Staaten «Scham und Gerechtigkeit» mitteilen läßt [32].

Das mit diesem Mythos veranschaulichte Schlagwort von der Stiefmutter Natur (natura noverca), die dem M. das Lebensnotwendige vorenthält, wurde spätestens im 5. Jh. zum Topos. Was die einzelnen Theorien unterscheidet, sind vor allem die Eigenschaften des M., in denen sie die Kompensation sehen, und die Art und Weise, in der sie die M. in den Besitz dieser Eigenschaften kommen lassen. Im Mythos werden sie von den Göttern verliehen, XENOPHANES läßt als einer der ersten die M. «allmählich durch Suchen» das für sie Bessere selber finden [33]. Was die M. zum Suchen veranlaßt, ist nach DEMOKRIT erst die Not und später auch der Überfluß [34]; als Lehrmeister dienen ihnen die Tiere, die sie in bezug auf die wichtigsten Dinge – Weben, Hausbau, Gesang – bloß nachzuahmen brauchten [35]. Der M. hat von Natur keine besonderen Fähigkeiten, er muß sie daher selbst erwerben und sich durch Erziehung, durch Gewöhnung (ἔθος), wie später ARISTOTELES sagt [36], gleichsam eine «zweite Natur» schaffen [37]. «Der M. ...», so heißt es an einer später für HERDER [38] wichtig gewordenen PLINIUS-Stelle, «kann nichts, es sei denn, er habe es gelernt, er kann nicht sprechen, er kann sich nicht fortbewegen und ernähren, kurz und gut nichts von Natur als weinen» [39].

Die griechischen *Sophisten* haben die These von der Selbstschöpfung des M. in gewisser Hinsicht noch radikalisiert. Der M. – wobei nicht nur der M. als Individuum, sondern auch der M. als Gattung und möglicherweise auch die jeweilige staatliche Gemeinschaft gemeint ist [40] – ist nicht nur Schöpfer seiner selbst, sondern auch alles dessen, was wahr und falsch, gut und schlecht ist. Mit PROTAGORAS' berühmtem Homo-mensura-Satz (s. d.) ausgedrückt: «Der M. ist das Maß aller Dinge, der seienden, daß sie sind, der nicht-seienden, daß sie nicht sind» [41].

Einer der ersten, der dem Topos des von der Natur stiefmütterlich behandelten M. widersprach, war der Anaxagoras-Schüler DIOGENES VON APOLLONIA: Nicht nur in geistiger, sondern auch in körperlicher Hinsicht sei der M. den Tieren nicht nur nicht unterlegen, sondern lebe im Vergleich mit ihnen geradezu wie die Götter [42]. Dies wird vor allem an drei Merkmalen gezeigt:

1. Der M. sei das einzige Wesen, das aufrecht gehe und so «das über ihm Gelegene» besser sehen könne [43] – eine Bestimmung, die später immer wieder auftaucht und bei der wohl auch die Etymologie von ἄνθρωπος als der ἄνω ἀθρῶν, der Hinaufblickende, im Spiele gewesen sein mag. Vermutlich hat dabei schon Diogenes den aufrechten Gang mit einer andern, bereits vor ihm häufig genannten Bestimmung in Beziehung gebracht, die im vorliegenden Text getrennt auftaucht: die M. als das einzige Geschlecht, das, weil es zum Himmel aufblickt, der Götter bewußt ist und sie verehrt [44].

2. Dem M. sind nicht bloß Füße, sondern auch Hände gegeben, welche «sehr vieles hervorbringen können» [45] – auch dies eine Bestimmung, die traditionsbildend wirkte und zumeist, im Anschluß an Aristoteles und Galen, mit dem Geist des M. in Beziehung gebracht wurde. Der M., schreibt ARISTOTELES, sei, entgegen der Auffassung von Anaxagoras, nicht darum das verständigste (φρονιμώτατον) Wesen, weil er Hände besitze, sondern er besitze Hände, weil er das verständigste Wesen sei [46]. GALEN, an diesen Gedanken anknüpfend, fügt hinzu, der M. könne nur darum in der Hand das Werkzeug aller Werkzeuge und in seiner Vernunft die Kunstfertigkeit aller Kunstfertigkeiten besitzen, weil er über keine besonderen angeborenen Fähigkeiten verfüge [47]. Was sonst als Mangel des M. erscheint, wird zum Zeichen seiner Vollkommenheit.

3. Nur die M. sind imstande, mit ihrer Zunge artikulierte Laute hervorzubringen und einander alles bekanntzumachen, was sie wollen [48]. Auch dieses Merkmal erhält sich über die Zeiten hinweg und geht als wesentliches Element in das klassische Ideal der Humanitas (s. d.) ein. So ermahnt etwa Platons Zeitgenosse ISOKRATES die Athener, durch «Bildung» (Paideia) mächtig im Reden zu werden, denn sie zeichneten sich vor allen anderen aus, «wodurch sich der M. vor dem Tier und der Grieche vor dem Barbaren auszeichnet, daß (sie) besser gebildet sind (πεπαιδεῦσθαι) zum Denken und zum Reden» [49]. Diese Gleichsetzung des Menschlichen mit dem Reden-Können, der Bildung, verbunden mit demselben Stolz, nun nicht mehr als Athener, sondern als Römer, Angehöriger des gebildetsten, das heißt beredtesten Volkes zu sein, hat CICERO [50] dann unmittelbar von Isokrates übernommen und an PETRARCA weitergereicht [51].

Der aufrechte Gang, der Gebrauch der Hände und die Sprache: diese, aber auch andere Bestimmungen zeigen nach DIOGENES VON APOLLONIA, daß der M. nicht nur das vollkommenste, sondern auch das höchste aller Geschöpfe ist: Die ganze Natur ist gleichsam auf den M. hin geschaffen und dient nur zu seinem Wohlergehen [52], ein später ebenso oft wiederholtes [53] wie bekämpftes Argument [54], das mit dem Vorsehungsgedanken der *Stoa* seine Hochblüte erlebt [55].

Allen bisher behandelten Bestimmungen des M. gemeinsam ist der Gedanke, daß der M. eine leiblich-seelische Einheit bildet. Mit der Übernahme des vermutlich aus orientalischen Quellen stammenden Seelenwanderungsmotivs in die Lehren der Orphik und der Pythagoreer wird dieser Gedanke von Grund auf in Frage gestellt. Der M. ist im wesentlichen nicht Leib, sondern Seele, die, wie PHILOLAOS im Anschluß an die orphischen Seher sagt, «infolge bestimmter Strafanordnungen ... mit dem Körper zusammengejocht und wie in einem Grabe in ihm bestattet ist» [56]. PLATON hat diese Vorstellung übernommen und eröffnet damit ihren Siegeszug durch beinahe das gesamte abendländische Denken. Der M., so argumentiert Sokrates im pseudoplatonischen ‹Alkibiades›, ist derjenige, der sich seines Leibes bedient, und als solcher ist er nicht selbst Leib, sondern ein von ihm Verschiedenes: die Seele [57]. Aber selbst die Seele wiederum ist nicht eine homogene Einheit, sie hat – nach dem bekannten Bild im ‹Staat› – ihrerseits eine dreifache Gestalt: die Gestalt des die Begierden veranschaulichenden «buntscheckigen und vielköpfigen Tieres», die Gestalt des den Mut verkörpernden Löwen und schließlich die Gestalt eines M., Sinnbild der Vernunft [58]. Der eigentliche M. also ist nicht einmal die Seele selbst, sondern nur der vernünftige Teil der Seele, und die Aufgabe dieses sogenannten «inneren M.» (τοῦ ἀνθρώπου ὁ ἐντὸς ἄνθρωπος) besteht darin, zum vollen Herrn des ganzen M. zu werden, indem er sich selbst zum Wärter des vielköpfigen Tieres und den Löwen zu seinem Bundesgenossen macht [59]. Um dieses Ziel zu erreichen, bedarf der M. jedoch der richtigen Erziehung; denn wenn «ihm eine richtige, mit glücklicher Naturanlage verbundene Erziehung» zuteil wird, pflegt er «zu dem gottähnlichsten und zahmsten Geschöpf zu werden, zu dem wildesten aber, was die Erde erzeugt, wenn seine Erziehung keine genügende oder keine passende war» [60]. Die Fähigkeit des M. zum Guten sowohl wie zum Schlechten – derentwegen es bei SOPHOKLES heißt: «Vieles Schreckliches gibt es, aber nichts ist schrecklicher als der M.» (πολλὰ τὰ δεινὰ κοὐδὲν ἀνθρώπου δεινότερον πέλει) [61] – entscheidet nach PLATON nicht nur darüber, ob er in diesem Leben gerecht oder ungerecht leben wird, sondern auch darüber, ob die Seele, wenn sie die ihr zukommende Zeit in der leiblichen Existenz verlebt hat, zu einer ihrer früheren Existenz entsprechenden glücklichen Leben auf dem ihr verwandten Stern zurückkehren oder aber, der von ihr erzeugten schlechten Gesinnung entsprechend, in einer weiteren Geburt eine ihr ähnlich beschaffene tierische Natur annehmen wird [62].

Dem platonischen Begriff des M. als Doppelnatur (s.d.) liegt, neben dem Seelenwanderungsmotiv, noch eine zweite, ebenfalls wesentlich ältere Vorstellung zugrunde: der M. als ein zwischen Tier und Gott stehendes Wesen. Diese Vorstellung wird auf exemplarische Weise ausgedrückt in HERAKLITS Wort: «Der schönste Affe ist häßlich mit dem M.-Geschlecht verglichen. Der weiseste M. wird gegen Gott gehalten wie ein Affe erscheinen in Weisheit, Schönheit und allem anderen» [63], und sie findet sich – auf das rein Intellektuelle bezogen – wieder im sokratischen Wissen des Nicht-Wissens. Wir M. haben nicht die Weisheit der Götter [64], aber wir können zumindest nach Weisheit streben [65], d.h. wir stehen in bezug auf Wissen und Nicht-Wissen genau in der Mitte.

Eine neue Deutung erfährt dieses In-der-Mitte-Stehen mit der Wiederaufnahme von platonischem Gedankengut bei PHILON VON ALEXANDRIEN. Der M., so heißt es hier – und ähnlich später auch bei dem syrischen Bischof NEMESIOS VON EMESA [66] –, sei die Grenze, das Konfinium (μεθόριον) der sterblichen und unsterblichen Natur, «er habe an jeder der beiden soweit als notwendig teil» (ἑκατέρας ὅσον ἀναγκαῖόν ἐστι μετέχοντα), «sei sterblich dem Leibe nach, der Vernunft nach unsterblich» [67]. PLOTIN, an Philon anknüpfend, sieht sich vor die Frage gestellt, was denn nun eigentlich, bei der Zusammengesetztheit des M., den M. als solchen überhaupt ausmache. Seine Antwort fällt allerdings recht zwiespältig aus: Der eigentliche M. ist die im Übersinnlichen beheimatete, der Zeit enthobene körperlose und reine Seele; aber zu jenem «oberen M.» sei ein anderer M. hinzugetreten (ἐκείνῳ τῷ ἀνθρώπῳ προσελήλυθεν ἄνθρωπος ἄλλος), und so seien wir die Vereinigung (τὸ συνάμφω) von beidem geworden [68]. Als Vereinigung aber scheinen wir weder das eine noch das andere zu sein – wir «sind nicht manchmal nur das eine, das wir ehemals waren, manchmal nur das andere, das wir hernach zufügten» [69] –, sondern ein Drittes, etwas, das zwischen den beiden anderen liegt. Auf ein solches Drittes deutet hin, wenn Plotin in platonischer Redeweise den M. zerfallen läßt in das Tier im M., den «lebenerfüllten Leib», und den «inwendigen M.», die sich «abtrennende Seele» [70], und die Formel vom M. als der Mitte zwischen den Göttern und den Tieren (ἐν μέσῳ θεῶν καὶ θηρίων) wieder aufgreift, nach der der M. entweder dem einen oder dem andern sich angleichen oder aber in der Mitte stehen bleiben kann [71]. An gewissen Stellen ist sogar ausdrücklich von drei M. die Rede: der M. als Seele, die sich im Leib als Abbild einen zweiten M. schafft, und schließlich der «höhere M.» von bereits gotthafter Seele, der über jener ersten Seele thront, «die sich primär des Leibes bedient» [72], an anderen Stellen dagegen sind es nicht drei M., sondern drei Teile ein und derselben Seele, und wir selber sind «das Hauptstück der Seele, mitten inne zwischen zwiefachem Vermögen, niederem und höherem, Wahrnehmung und Geist» [73].

Während bei Ps.-Platon die rein naturwissenschaftliche Definition des M. – der M., ein ungefiederter Zweifüßler [74] (mit platten Nägeln) [75] – völlig beziehungslos neben den übrigen Bestimmungen des M. steht, bringt ARISTOTELES die körperliche Eigenart des M. in direkte Beziehung zu dem, was in ihm allein unvergänglich und göttlich ist: Geist und Einsicht [76]. Daß der M. das erste und vollendetste Geschöpf ist [77], drückt sich auch in seinem Leibe aus. Dies zeigte sich bereits in Aristoteles' Deutung des Zusammenhangs zwischen Vernünftigkeit und Gebrauch der Hände; es zeigt sich aber auch in seiner Sicht auf andere körperliche Merkmale des M.: Der M. allein gehe aufrecht, weil es seine Aufgabe sei, zu denken und vernünftig zu sein: «Das ist aber nicht leicht unter der schweren Last des Oberkörpers. Denn die Schwere macht den Gedanken unbeweglich» [78]. Der M. besitze das meiste und wärmste Blut und das im Verhältnis zur Körpergröße größte Gehirn; denn je höher die Wärme (je größer das Gehirn), desto edler die Seele [79]. Weil sich beim M. das warme Blut mit reinem verbinde, sei es auch um seine Tapferkeit und Klugheit am besten bestellt [80], und die Tatsache, daß bei ihm der Tastsinn am meisten entwickelt sei, zeige, daß er das vernünftigste aller Tiere sei [81].

Was für die leiblichen Fähigkeiten gilt, gilt nach Aristoteles auch für die psychischen und geistigen Vermögen: Die Unterschiede zwischen M. und Tier sind meist eine Frage des Mehr oder Weniger: Auch Tiere sind listig, mutig, kühn und gelehrig [82], und der M. hat wie sie Wahrnehmung, Gefühl und Begierde, aber er allein – und dies ist das Entscheidende – hat darüber hinaus noch das Denken, das Erinnerungsvermögen, das bewußte

Wollen [83] – weshalb nur er allein handeln kann [84] – und einen angeborenen und am meisten entwickelten Nachahmungstrieb [85].

Trotz der von Aristoteles immer wieder hervorgehobenen Einheit von Seele und (sterblichem) Leib bleibt auch bei ihm ein Relikt platonischen Denkens: Der Geist des M. kommt als präexistenter in den M. herein [86]; er bedarf keines sinnlichen Organs [87] und geht, weil er mit dem Leib nichts gemeinsam hat, mit diesem auch nicht unter [88].

Der entscheidendste Beitrag von Aristoteles ist der Nachdruck, mit dem er auf die bis dahin weitgehend vernachlässigte soziale Dimension des M. hinweist: ὁ ἄνθρωπος φύσει πολιτικὸν ζῷον (der M., ein von Natur nach Gemeinschaft strebendes Wesen) [89]. Der Grund dafür, daß der M. in «höherem Grade» ein staatenbildendes Lebewesen ist als irgendein Herdentier, hängt nach Aristoteles mit der schon von ihm gelegentlich ins Spiel gebrachten Bestimmung des M. zusammen, das einzige Lebewesen zu sein, das einen Sinn für gut und schlecht, für gerecht und ungerecht, besitzt [90]: denn weil es Recht und Gerechtigkeit nur als Ordnung der staatlichen Gemeinschaft gebe [91], könne der M. nur durch die Polis davor bewahrt werden, sich von Gesetz und Recht zu lösen und statt zum vollkommensten, zum schlechtesten aller Lebewesen zu werden [92]. Wer von Natur außerhalb der Gemeinschaft lebt, muß daher entweder ein Tier oder ein Gott sein [93].

Daß der M. nur in Gemeinschaft lebensfähig ist, ist auch ein Grundgedanke der *Stoa*, ausgedrückt etwa in SENECAS Wort: «altero vivas oportet, si vis tibi vivere» [94]. Die Gemeinschaft aber, der man sich zugehörig fühlt, ist nicht mehr die jeweilige Polis, sondern der Weltstaat, die Menschheit als ganze [95]. Die schon in der griechischen *Sophistik* aufkommende Idee, daß wir alle stammverwandt und Bürger eines Reiches sind [96], «in allen Beziehungen gleich geschaffen, Hellenen wie Barbaren» [97], erfährt damit in der *Stoa* ihre konsequente Ausformung. Was die M. zu M. macht, ist allerdings nicht mehr, wie noch bei ANTIPHON, daß sie durch Mund und Nase Luft atmen und mit den Händen essen [98], sondern daß sie Vernunftwesen sind. Der Vernunft verdankt der M. auch alle übrigen Vorzüge: Er ist das einzige Wesen, das Gott begreift und verehrt [99], er allein hat einen Sinn für Ordnung und Maß und empfindet «Schönheit, Liebreiz und Harmonie der Teile» [100], nur der M. kann vorausschauend planen und handeln [101] und sein eigenes Leben im Einklang mit der Vernunft gestalten. Ob der einzelne M. diese nicht nur deskriptiv, sondern auch normativ verstandene Bestimmung des M. zu erreichen vermag, hängt von ihm und ausschließlich von ihm ab: «Freiheit und Selbstbestimmung eignen dem Logos» [102], wie POSEIDONIOS sagt. Der Einzelne hat die Wahl, ob er der Vernunft folgen will oder sich «auf die Seite seines schlechteren und animalischen Teiles neigt und sich von ihm hinreißen läßt» [103]. Der platonische Begriff des M. als eines Wesens der Mitte findet mit diesem Gedanken über Poseidonios auch Eingang in die Stoa: der M. ist das Wesen, «das in sich das Sterbliche mit dem Unsterblichen zusammenbindet und das Vernünftige verschlingt mit dem Vernunftlosen» [104]. Aber auch wenn der M. bloß den Übergang bildet zwischen irdischer und himmlischer Hemisphäre, steht er doch dem Göttlichen schon näher als dem Irdischen. Die Vernunft verbindet die M. mit den Göttern, und der Vernunftstaat ist darum ein gemeinschaftlicher Staat der M. und der Götter [105]. Vom Tier dagegen ist der M. nach stoischer Auffassung radikal verschieden. Er ist der Zweck, auf den alles bezogen ist und für dessen Bedarf Pflanzen und Tiere geschaffen seien [106].

Um den Unterschied zwischen M. und Tier möglichst groß zu machen, wird den Tieren jegliche Vernunft abgesprochen. Sie verhielten sich zwar, «als ob» sie vernünftig wären, aber sie seien es nicht. So hätten sie zwar eine Stimme, aber keine Sprache, die aufgrund von Erkenntnis Dinge bezeichnet [107]. Sie könnten deshalb auch keine Begriffe bilden und am allerwenigsten die Begriffe von «gut» und «böse» [108]. Daß sie äußerst zweckmäßig vorgehen und ihre Werke die menschliche Kunstfertigkeit oft überbieten können – wie etwa die Waben der Bienen oder die Netze der Spinnen zeigen –, entspringe nicht dem zählenden, rechnenden, kombinierenden, kausal verknüpfenden Logos, sondern der ὁρμή, dem Trieb, oder, mit dem von der römischen Stoa geprägten Begriff ausgedrückt, dem Instinkt. Der Unterschied zwischen dem vernunftmäßigen Verhalten der M. und dem instinktmäßigen der Tiere zeigt sich nach stoischer Lehre u. a. in dreierlei Hinsicht: 1. Die tierischen Fähigkeiten sind bereits angeboren, während die M. ihre Fähigkeiten durch Nachahmung erwerben müssen [109]. 2. Die Tiere wissen und können nur, was den Lebensbedürfnissen ihrer Gattung entspricht, die menschliche Vernunft dagegen ist von unerschöpflicher Vielfalt [110]. 3. Die tierische Kunstfertigkeit kennt keine Entwicklung und keine individuelle Variation; die menschliche Kunst dagegen ist von Individuum zu Individuum und von Volk zu Volk verschieden: «Unzählig sind die Wege menschlichen Handelns» [111]. – Die Stoiker erweisen sich damit auch in ihrem Verständnis des M. als Gegner der Epikureer: Es gibt keinen tierähnlichen Zustand, aus dem heraus der M. unter dem Zwange der Not erst seine geistigen Fähigkeiten entwickelt hätte; der göttliche Logos erhebt den M. von vornherein über das Tier hinaus, und die äußere Not ist höchstens Anlaß zu ihrer Entwicklung [112].

Anmerkungen. [1] Vgl. H. SEILER: Ἄνθρωποι. Glotta 32 (1952) 15 Anm. 1. – [2] a.O. 228; vgl. auch R. BENEDICT: Patterns of culture (New York ⁵1949) 6ff. – [3] Vgl. Śatapatha-Brāhmaṇa VII, 5, 2, 6. – [4] a.O. VII, 5, 2, 23. – [5] Mahābhārata XII, 288, 20. – [6] a.O. XII, 386, 31f. – [7] Vgl. Sāmkhyakārikā 42; Bhagavadgītā II, 22. – [8] Vgl. W. HALBFASS: Zur Theorie der Kastenordnung in der ind. Philos. Nachrichten der Akad. Wiss. Göttingen 9 (1975) 35ff. – [9] On VI, 1, 5. – [10] HALBFASS, a.O. [8] 22ff.; vgl. zum Ganzen: Anthropol. problems in class. Ind. philos. Beitr. zur Indienforsch. 4 (1977) 225-236. – [11] Vgl. SEILER, a.O. [1] 228f.; vgl. A. MEILLET: Le nom de l'homme, in: Linguist. hist. et linguist. gén. 1 (1921) 272-280. – [12] SEILER, a.O. 229ff. – [13] HOMER, Ilias 6, 146. – [14] PINDAR, Pyth. 8, 95. – [15] ARISTOPHANES, Vögel 680ff. – [16] Vgl. HESIOD, Theog. 535ff., Erga 240ff. 90ff. – [17] Vgl. F. ALLERS: Microcosmos. Traditio 2 (1944) 319ff. – [18] ALKMAION, VS 24 B 1. – [19] VS 24 B 2. – [20] VS 24 B 1a. – [21] ANAXIMANDER, VS 12 A 10. 30. – [22] ANAXAGORAS, VS 59 B 21. 21 b. A 102; vgl. auch EURIPIDES, Aiolos fr. 27, XENOPHON, Kyrup. III 16ff. – [23] ANAXAGORAS, VS 59 B 4. – [24] ARCHELAOS, VS 47 A 4. – [25] E. PÖHLMANN: Der Mensch – das Mängelwesen. Archiv Kulturgesch. 52 (1970) 297-312. – [26] HESIOD, Erga 42. – [27] a.O. 276ff. – [28] 46ff. – [29] AISCHYLOS, Prom. 109-111. – [30] PLATON, Prot. 321 e. – [31] a.O. 321 e f. – [32] 322 c. – [33] XENOPHANES, VS 11 B 18. – [34] DEMOKRIT, VS 55 B 144; vgl. auch PLATON, Resp. 373 a/b; Polit. 274 c. – [35] DEMOKRIT, VS 55 B 154. – [36] ARISTOTELES, Polit. 1332 a 38ff. – [37] DEMOKRIT, VS 55 B 33. – [38] HERDER, Werke, hg. SUPHAN 13 (1887) 150. – [39] PLINIUS, naturalis historia 7, praef. 4. – [40] Vgl. PLATON, Theaet. 172 a. 177 d. – [41] a.O. 152 a; DIOG. LAERT. IX, 51. – [42] XENOPHON, Memorab. I, 4, 14. – [43] a.O. I, 4, 11. – [44] ANTIPHON, VS 87 B 48; PLATON, Menex. 237 d; Tim. 41 e. 91 e; Leg. 902 b; Resp. 528 e-529 c. 586 a; Phaidr. 249 d f.; Theaet. 174 a; ISOKRATES, Panegyr. 33. – [45] XENOPHON, Memorab. I, 4, 11. – [46] ARISTO-

TELES, De part. anim. 687 a 5ff. – [47] GALEN, De usu partium I, 2-4. – [48] XENOPHON, Memorab. I, 4, 12. – [49] ISOKRATES 15, 293/294, in: Orationes 2 (Teubner 1899). – [50] CICERO, De oratore 1, 31, 32/33; De inv. I, 4, 5. – [51] Vgl. W. RÜEGG: Cicero und der Humanismus (1946) 29. – [52] XENOPHON, Memorab. IV, 3, 3ff. – [53] Vgl. PLATON, Tim. 77 a-c; ARISTOTELES, Polit. 1256 b. – [54] Vgl. etwa PLATON, Leg. 903 c. – [55] Vgl. CICERO, De nat. deorum II, 56, 140ff. – [56] PHILOLAOS, VS 44 B 14. – [57] Ps.-PLATON, Alc. I, 129 b ff.; PLATON, vgl. Leg. 959 a. – [58] Resp. 588 e ff. – [59] Resp. 589 b. – [60] Leg. 766 a. – [61] SOPHOKLES, Antig. 332f.; vgl. 334-375. – [62] PLATON, Tim. 42 b f. – [63] HERAKLIT, VS 22 B 82/83. – [64] PLATON, Apol. 23 a/b. 20 d. – [65] Phaidr. 278 d. – [66] NEMESIOS VON EMESA, De nat. hominis c. 1. MPG 40, 508. 512ff.; zur Herkunft dieses Gedankens vgl. W. JAEGER: Nemesios von Emesa (1914) 102; M. POHLENZ: Die Stoa 2 (^{2}1959) 114; K. REINHARDT: Art. ‹Poseidonios›, in: RE 43 (1953) 773ff. – [67] PHILON, De opificio mundi c. 46, hg. L. COHN/P. WENDLAND 1 (1896, ND 1962) 47. – [68] PLOTIN, Enn. VI 4, 14. – [69] ebda. – [70] Enn. I, 1, 10. – [71] Enn. III, 2, 8. – [72] Enn. VI, 7, 5. – [73] Enn. V, 3, 3; vgl. auch II, 9, 2. – [74] PLATON, Polit. 266 e. – [75] Ps.-PLATON, Definit. 415 a. – [76] ARISTOTELES, Protreptikos frg. 61 (ROSE). – [77] Eth. Nic. 1177 b 26ff. – [78] De part. anim. 686 a 27ff. – [79] a.O. 653 a 27; De resp. 477 a 16f. – [80] De part. anim. 648 a 9ff.; vgl. De gen. anim. 744 a 29ff. – [81] De an. 421 a 20ff. – [82] De hist. anim. 588 a 16ff. – [83] De hist. anim. 488 b 24ff. – [84] Eth. Nic. 1139 b 20. – [85] Poet. 1448 b 4ff. – [86] De gen. anim. 736 b 28. 744 b 21f. – [87] De an. 429 a 26. – [88] a.O. 430 a 17f. – [89] Polit. 1253 a 3f. – [90] a.O. 1253 a 3f. – [91] 1253 a 38f. – [92] 1253 a 30ff. – [93] ebda. – [94] ARISTOTELES, De benef. IV 18; Ep. 48, 3. – [95] Vgl. POHLENZ, a.O. [66] 1, 135ff.; 2, 74f. – [96] Vgl. PLATON, Prot. 337 c; Polit. 262 a ff.; DEMOKRIT, VS 68 B 247. – [97] ANTIPHON, VS 87 B 44, A 7. B 2. – [98] ebda. – [99] SENECA, Ep. 65, 29. – [100] CICERO, De off. I, 7, 14; De natura deorum II, 145ff. – [101] a.O. I, 7, 11. – [102] NEMESIOS VON EMESA, De nat. hominis c. 41. MPG 40, 588; vgl. 774. – [103] GALEN, Hippocrates et Plato. Opera omnia, hg. KÜHN 5, 469. – [104] Vgl. JAEGER, a.O. [66] 134. – [105] Vgl. CICERO, De leg. I, 7. – [106] Vgl. De nat. deorum II, 63. – [107] Vgl. POHLENZ, a.O. [66] 40. 84f. bzw. DIOGENES VON BABYLON, SVF III, 213, frg. 20. – [108] CHRYSIPP, SVF II, 236, frg. 879. – [109] Vgl. DEMOKRIT, VS II, 173 frg. 154; SENECA, Ep. mor. 90, 22. – [110] Vgl. ORIGENES, Contra Celsum IV, 86. MPG 11, 1162. – [111] NEMESIOS, a.O. [102] MPG 40, 588. – [112] a.O. MPG 40, 517; vgl. K. REINHARDT: Poseidonius (1921) 400.

Literaturhinweise. – *Historischer Gesamtüberblick:* M. LANDMANN: De homine (1962) mit ausf. Bibliogr. – *Antike:* W. KRANZ: Kosmos und M. in der Vorstellung des frühen Griechentums, in: Nachr. Gesell. Wiss. Gött., phil.-hist. Kl. 2, 7 (1938) 121-161. – M. POHLENZ: Der hellenische M. (1947). – F. ZUCKER: Das M.-Bild im antiken Griechentum (1950). – G. BORNKAMM: M. und Gott in der griech. Antike (1950). – W. KRANZ: Kosmos. Arch. Begriffsgesch. 2/1 (1955). – W. RÜEGG: Antike Geisteswelt 2 (1956). – W. K. G. GUTHRIE: In the beginning. Some Greek views on the origins of life and the early state of man (New York 1957). – U. DIERAUER: Tier und M. im Denken der Antike (Amsterdam 1977). A. HÜGLI

2. *Altes und Neues Testament.* – Die biblischen Bücher bestimmen den M. ausschließlich in seinem Verhältnis zu Gott. Im Gegensatz zu den griechischen Göttern aber, die mit den M. Teil des Kosmos sind, steht Gott in biblischer Sicht Welt und M. als deren Schöpfer gegenüber, jedoch so, daß er an ihnen und durch sie handelt. Die Geschichte wird zur entscheidenden Kategorie, denn sie ist der Ort, an dem sich Gott und M. in einem Dialog begegnen: Der M. erfährt sich immer wieder als von Gott angerufen und antwortet ihm.

Das hebräische *Alte Testament* bezeichnet den M. mit den Wörtern ‹'ādām›, ‹'ᵉnōš› und ‹'iš›. Der Zusammenhang von ’ādām und ^{a}dama (Erde) in Gen. 2, 7 ist zwar etymologisch umstritten [1], wirft aber ein Licht auf die Sicht des M. in der jahwistischen Schöpfungserzählung: Der M. wird vornehmlich in seinem Geschaffensein, seiner Welthaftigkeit und damit Vergänglichkeit gesehen. Innerhalb der Schöpfung aber stellt er den Höhepunkt dar: Er ist Gottes Ebenbild [2] (s.d.) und als Herr über Tiere und Pflanzen gesetzt, mit der Sorge und Verantwortung für sie und die Bewirtschaftung der Erde betraut [3]. Sein Leben verdankt er dem freien Schöpfungsakt Gottes, der ihm den lebendig machenden Lebensodem verleiht [4], ohne den der M. zu Staub zerfällt [5]. Der Zustand des Todes bedeutet Fern-Sein von Gott; nach den früheren Schriften des Alten Testaments trifft er alle M., nach den späteren nur die Gottlosen [6]. Daß hier im m. ein eher materielles und ein geistiges Element miteinander verbunden sind, ist aber nicht im Sinne des griechischen Dualismus von Leib und Seele zu verstehen. Vielmehr wird im Alten Testament der M. unter verschiedenen Aspekten gesehen, die jeweils den ganzen M. meinen, oft auswechselbar sind und wie Personalpronomina gebraucht werden [7]. Der Begriff ‹bāsār› (Fleisch) betont den Aspekt der menschlichen Schwäche [8], Vergänglichkeit [9] und Sündhaftigkeit [10]. Im Gegensatz dazu bezeichnet ‹rûaḥ› den M. als von Gott mit Lebenskraft [11] und Weisheit [12] begabten, steht aber zuweilen auch für Einstellung [13] oder Wille [14]. ‹Nepeš› meint den lebendigen M. mit seinem Begehren und Verlangen, das Leben schlechthin [15], dann das Individuum gegenüber dem Volksverband [16]. Die mißverständliche Wiedergabe mit dem deutschen Wort ‹Seele› ist durch die Septuaginta-Übersetzung ⟨ψυχή⟩ mitbedingt. Der wichtigste und häufigste Begriff (bes. in der Weisheitsliteratur) zur Bezeichnung des M. in seiner eigentlichen Personmitte ist ‹lēb(āb)› (Herz). Das Herz ist Sitz der Leidenschaften und Gefühle [17], des Denkens, Erkennens [18] und Wollens [19], vor allem aber der Haltung des M. Gott gegenüber [20], die das ganze Leben bestimmt und durchdringt. Hier hat die Sünde ihren Ort [21], aber ebenso die Freude, die Grundstimmung im Leben des Gerechten sein soll [22]. Auch wenn der M. sich von Gott in freier Entscheidung [23] abwendet und die mit der Befreiungstat des Exodus und den Bundesschlüssen – in denen Gott den M. als Partner anerkennt – verbundenen Verpflichtungen und Gebote (z.B. Dekalog) trotz der Mahnrufe der Propheten mißachtet, zeigt Gott immer wieder neu seine Bundestreue und sein Erbarmen mit seinem Volk; er schenkt ihm «ein neues Herz» und «einen neuen Geist» [24] und verheißt ihm eine «neue Erde» und einen «neuen Himmel» [25].

Im *Neuen Testament* entsprechen die anthropologischen Begriffe weitgehend denen der Septuaginta, ihre spezifische Ausgestaltung erhalten sie vor allem bei Paulus. Die neutestamentliche Sicht des M. ist grundlegend von der Menschwerdung Gottes in Jesus Christus geprägt. Christus, als «Bild des unsichtbaren Gottes» [26], wird zum Inbegriff des M., wie er sein soll. Die mit seiner Heilstat eröffnete Möglichkeit des «neuen M.» (νέος bzw. καινὸς ἄνθρωπος) (s.d.) zeigt aber zugleich auch die Wirklichkeit des der Sünde verhafteten «alten M.» (παλαιὸς ἄνθρωπος) [27]. Der M. ist, wie es bei Johannes heißt, vor die Wahl gestellt, ob er dem «Licht» oder der «Finsternis» zugehören [28], ob er «von Gott sein» oder «von der Welt sein» [29] will. Von dieser geschichtlichen – und nicht ontologischen – Dualität her sind auch alle weiteren, insbesondere die paulinischen anthropologischen Termini zu verstehen. Die Unterscheidungen zwischen Leib, Seele und Geist bezeichnen – wie im Alten Testament – immer nur verschiedene Aspekte des einen und ganzen M., der sich als Person für oder gegen Gott entscheidet [30], so etwa die bei PAULUS zentrale Unterscheidung zwischen Geist (πνεῦμα) und Fleisch (σάρξ). Der M. ist als σάρξ «verkauft unter die Sünde» [31], die ihn beherrscht [32], denn in seiner Selbstbehauptung [33] ist «das Trachten des Fleisches ... feindlich gegen Gott» [34] und letztlich auch gegen den M. selbst, da es ihm den Tod bringt [35]. Diesem, dem σάρξ verfallenen, naturhaft-sterblichen M., den Paulus auch den «äußeren M.» (ἔξω ἄνθρωπος) nennt, stellt er den «inneren» (ἔσω ἄνθρωπος) als die Gott zugewandte Seite des M. gegenüber. Der innere M. freut sich am Gesetz Gottes [36]. Wenn der M. umkehrt und Buße tut und Christus durch den Glauben Wohnung nimmt im Herzen [37], wird der M. aus der Macht der Sünde befreit zu einem Leben aus dem πνεῦμα. Im Gegensatz zum platonischen Denken, das den Leib als Kerker der Seele sieht, aus dem es sich zu befreien gilt, geht es hier um die Umwandlung des ganzen M., auch seines Leibes, aus seiner sarkischen in die pneumatische Seinsweise [38]. Seine Vollendung, die Erfüllung der eschatologischen Hoffnung, findet der M. im endgültigen Leben bei Gott, wenn er «zu dem selben Bilde umgewandelt» [39] ist, wenn Gott «alles in allem» [40] ist.

Anmerkungen. [1] C. WESTERMANN: Art. ⟨'ādām⟩, in: WESTERMANN/JENNI (Hg.): Theol. Handwb. zum AT 1 (1971) 42. – [2] Gen. 1, 26f.; 5, 1. – [3] Gen. 1, 28; 2, 15; vgl. Ps. 8, 7ff. – [4] Gen. 2, 7; vgl. Ez. 37, 5. – [5] Ps. 104, 29; vgl. Gen. 3, 19; 18, 27. – [6] Ps. 37, 18-20; 73, 27f. – [7] Ps. 84, 3; vgl. H. W. WOLFF: Anthropol. des AT (1973) 22; W. ZIMMERLI: Das M.-Bild des AT. Theol. Existenz heute NF 14 (1949) 9f. – [8] 2. Chr. 32, 8; Jer. 17, 5-7. – [9] Ps. 78, 39. – [10] Gen. 6, 12; Ps. 65, 3f. – [11] Ps. 146, 4. – [12] Num. 27, 18. – [13] Prv. 18, 14. – [14] Ps. 51, 12. 14. – [15] Gen. 19, 19f. – [16] Lev. 18, 29f. – [17] Prv. 15, 13. – [18] Prv. 16, 1. – [19] Ps. 20, 5; Sir. 37, 17. – [20] 1. Chr. 28, 9; 2. Ma. 1, 3; Ps. 51, 19. – [21] Gen. 6, 5; Jes. 29, 13. – [22] Neh. 8, 10; Ps. 97, 11; 119, 47; Sir. 30, 22. – [23] Sir. 15, 14f. – [24] Ez. 36, 26. – [25] Jes. 65, 17. – [26] Kol. 1, 15; vgl. 2. Kor. 4, 4. – [27] Kol. 3, 9f. – [28] Joh. 3, 19. – [29] Joh. 8, 47; 1. Joh. 4, 5f. – [30] Vgl. 1. Petr. 2, 16. – [31] Rö. 7, 14. – [32] Rö. 7, 17. 20. – [33] Vgl. 1. Kor. 1, 26-29. – [34] Rö. 8, 7. – [35] Rö. 8, 6. – [36] Rö. 7, 22. – [37] Eph. 3, 17. – [38] Vgl. 1. Kor. 15, 44. – [39] 2. Kor. 3, 18. – [40] 1. Kor. 15, 28.

Literaturhinweise. J. JEREMIAS: Art. ἄνθρωπος, in: Theol. Wb. zum NT 1 (1933) 365-367. – W. G. KÜMMEL: Das Bild des M. im NT (1948). – W. ZIMMERLI s. Anm. [7]. – R. BULTMANN: Adam, wo bist du? Über das M.-Bild der Bibel, in: Glauben und Verstehen 2 (1961) 105-116. – V. WARNACH: Art. ⟨M.⟩, in: Hb. theol. Grundbegriffe, hg. H. FRIES 2 (1962) 145-160. – L. SCHEFFCZYK: Der mod. Begriff des bibl. M.-Bild (1964). – O. LORETZ: Grundlinien des atl. M.-Bildes, in: J. SCHREINER (Hg.): Wort und Botschaft des AT (1967) 319-328. – F. J. STENDEBACH: Theol. Anthropol. des Jahwisten (Diss. Bonn 1970). – C. WESTERMANN s. Anm. [1] 41-57. – MAAS: Art. ⟨'ādām⟩, in: Theol. Wb. zum AT 1 (1973) 81-94. – H. W. WOLFF s. Anm. [7]. – R. ALBERTZ: Weltschöpfung und M.-Schöpfung (1974). – C. WESTERMANN: Theol. des AT in Grundzügen (1978).
A. HÜGLI/M. KIEFHABER

III. *Die anthropologischen Hauptstränge.* – 1. *Die topischen Formeln.* – Antike, Juden- und Christentum haben das Arsenal von Bestimmungen des M. bereitgestellt, von dem die Philosophie bis heute zehrt. Die damals geprägten Formeln werden durch die Jh. hindurch fast unverändert weitergereicht. Am augenfälligsten wird dies an dem wahrscheinlich auf ALKMAION zurückgehenden Topos, daß sich der M. von allen übrigen Lebewesen vor allem dadurch unterscheidet, daß allein er begreifen und denken kann, Verstand, Vernunft, Bewußtsein oder Geist hat: der M. als ζῷον λόγον ἔχον, als animal rationale, als homo sapiens (s. d.). Die Wertschätzung des Denkvermögens oder der Denktätigkeit ist Gradmesser für die Wertschätzung des M. So besteht nach einmütiger Auffassung der mittelalterlichen Autoren die Gottebenbildlichkeit (s. d.) des M. darin, daß er – nach einer oft zitierten Sentenz des JOHANNES DAMASCENUS – Verstand und freien Willen hat und seiner selbst mächtig ist [1]; und wie schon CICERO [2], so sehen auch PUFENDORF [3] und insbesondere PASCAL die Menschenwürde (s. d.) im menschlichen Verstand: «L'homme est visiblement fait pour penser, c'est toute sa dignité ...» [4].

Was den M. als homo sapiens nun eigentlich ausmacht, wird nur in dem Maße klar, wie der jeweils zugrunde gelegte Begriff des Denkens (s. d.) bzw. seine griechischen, lateinischen und neusprachlichen Äquivalente (νοῦς, διάνοια, λόγος, ratio, cogitatio, intellectus, pensée, raison oder mind) selbst klar werden. Oft kann dabei ein Begriff, mit dessen Hilfe man die Eigenart des menschlichen Denkens zu fassen versucht, selbst zur Kennzeichnung des M. dienen. So gilt häufig die Sprache als Ausdruck oder Voraussetzung menschlichen Denkens. Erörterungen über die Eigenart der menschlichen Sprache – exemplarisch etwa in dem Zusammenhang mit der im 13. Jh. von ALBERTUS MAGNUS und PETRUS DE ALVERNIA diskutierten Frage, ob die Pygmäen M. seien [5], oder in DESCARTES' Beweis für den Wesensunterschied zwischen M. und Tier-Maschine aus der Unmöglichkeit, mit einer Maschine ein sinnvolles Gespräch zu führen [6] – begleiten daher nicht selten die Bestimmung des Begriffs ⟨M.⟩. Erst bei HERDER und HUMBOLDT allerdings wird dann zum zentralen Anthropinon, daß «M. für uns die einzigen Sprachgeschöpfe sind, die wir kennen, und sich eben durch Sprache von allen Thieren unterscheiden» [7]. Der M. ist das sprechende Wesen; die Sprache, wie HERDER sagt, der «würkliche Unterscheidungscharakter unsrer Gattung von außen ..., wie es die Vernunft von innen ist» [8], weil Sprache «der Charakter unsrer Vernunft» [9] ist. Ohne Sprache sind alle die Züge am M. undenkbar, die seine Menschlichkeit konstituieren: Lernverhalten, Sozialität, Kultur und Tradition. HUMBOLDT verknüpft Sprache und M. noch enger miteinander: «Der M. ist nur M. durch Sprache; um aber die Sprache zu erfinden, müsste er schon M. seyn» [10]. Sprache «beruht immer notwendig auf der Gesamtkraft des M.», es läßt sich nichts von ihr ausschließen, «da sie alles umfasst» [11]. Humboldt bezeichnet sie mit Herder als das «bildende Organ des Gedankens» [12]: Man könne sich «beide [Sprache und Geist] nie identisch genug denken» [13].

Welcher Begriff des M. sich jeweils hinter der animalrationale-Formel verbirgt, läßt sich nur entscheiden, wenn man nach dem Ursprung der dem M. zugeschriebenen Vernunft fragt; denn von einer homo-sapiens-Theorie kann man nur dann reden, wenn die Vernunft nicht auf Triebe und Sinnesempfindungen und nicht auf die in der nicht-menschlichen Welt wirkenden Kräfte und Gesetze zurückführbar ist, sondern wenn sie als ein vom Leib und seinen Sinnen unabhängiges, selbsttätiges Vermögen eigenen Ursprungs vorgestellt wird. Daß dieses von PLATON vorgegebene, von DESCARTES erneuerte Verständnis von Vernunft in der Tat den Begriff des M. von der Antike bis zur Gegenwart geprägt hat, läßt sich unschwer aus der Geschichte des Folgeproblems ablesen, das dieser Vernunftbegriff mit sich führt: Wer dem menschlichen Geist den Körper als wesensfremdes Element gegenüberstellt, macht den M., wie sich bei PLATON und PLOTIN zeigte, zum «Doppelwesen», das «nur mit den Füßen auf der Erde steh[t], mit dem Haupte aber bis in den Himmel reich[t]» [14]. Teils göttlicher, teils tierischer Natur lebt der M. in der Spannung zwischen beiden: Er ist eine Doppelnatur (s. d.). Sterblichkeit und Unsterblichkeit, Leib und Seele, Materie und Geist, Stoff und Form, Zeitlichkeit und Ewigkeit, Triebsteuerung und Herrschaft der Vernunft sind die Antithesen, die er in sich vereinigen muß. Im Ordnungsgefüge der Welt weist er sich nach christlicher Tradition den Raum oberhalb der Tiere und unterhalb Gottes oder der Engel zu. Homo «medium quoddam, sed inter pecora et angelos ... medius homo ... infra angelos sed supra pecoribus; homini cum pecoribus mortalitatem, rationem vero cum angelis» (AUGUSTINUS) [15]. Nach dieser Auffassung wird der M. nicht aus sich selbst heraus definiert, sondern durch die Sphären, in die er nach oben und unten hineinragt. Er ist, mit der auf PROKLOS zurückgehenden, im 12. und 13. Jh. gängig gewordenen Formel ausgedrückt, der Horizont (s.d.) der Ewigkeit und der Zeit; aus geistiger und körperlicher Natur bestehend, hat er «gewissermassen die Grenze beider Naturen inne» (THOMAS VON AQUIN [16]).

Der mit der Horizontformel umschriebene Sachverhalt tritt zwar mit KANTS Deutung des M. als eines sowohl der «Sinnenwelt» wie auch der «intelligiblen Welt» zugehörigen Wesens [17] noch einmal in den Vordergrund, aber die Horizontformel selbst geriet in Vergessenheit; die Kompositionsformel dagegen – der M., «das Geschöpf, das aus Körperlichem und Geistigem zusammengesetzt ist» [18] – erfuhr durch DESCARTES' Zwei-Substanzen-Lehre eine neue Blüte: «L'homme est composé de deux substances, esprit & corps» [19]. «Nous sommes composés de deux natures opposées et de divers genre, d'âme et de corps» [20]. «Homo constat corpore organico omnium perfectissimo, & anima rationali omnium praestantissima» [21], der M. «besteht aus Leib und Seele» [22] – solche und ähnliche Formulierungen ziehen sich stereotyp auch durch die Neuzeit hindurch.

Wenn man den M. in zwei wesensfremde Naturen zerfallen läßt, stellt sich unweigerlich das Problem ihrer Einheit. Dieses Problem erscheint zunächst als ein *ethisches*: Dank seiner Doppelnatur hat der M. Freiheit und Macht über sich selbst; die Widerstrebigkeit der beiden Naturen in ihm selbst zu überwinden, ist daher seine Aufgabe und sein Ziel. Die Begriffsgeschichte von ‹M.› wird unter diesem Aspekt zu einer Geschichte des Begriffs ‹Freiheit› (s.d.) oder, genauer, zu einer Geschichte all jener Begriffe, mit denen man Mißbrauch, Verlust und Gewinn von Freiheit auszudrücken pflegte: der Begriff des Malum (s.d.) etwa oder die Begriffe von Sünde und Gnade (s.d.). Mit der Lehre von der Doppelnatur stellt sich aber unabhängig vom ethisch-religiösen immer auch das *metaphysische* Problem des Commerciums: Wie ist es überhaupt möglich, daß die beiden wesensverschiedenen Naturen zusammen bestehen und aufeinander wirken können? Die von der Antike bis zur unmittelbaren Gegenwart reichende wendungsreiche Geschichte des Leib-Seele-Verhältnisses (s.d.) vermittelt einen Eindruck von der Schwere dieser Problemlast.

Einförmiger, aber ebenso alt und lang wie die Geschichte des Leib-Seele-Verhältnisses ist die Geschichte jenes Begriffs, mit dessen Hilfe man sich die Einheit des M. als bereits geglückt vorgestellt hat: der Begriff ‹Mikrokosmos›. Der M. partizipiert aufgrund seiner komplexen Natur an allen unter und über ihm liegenden Seinsschichten; er repräsentiert deshalb die Welt insgesamt und bildet wie diese eine Einheit. Er ist ein μικρὸς κόσμος, eine kleine Welt. Die Makrokosmos/Mikrokosmos-Formel (s.d.) erneuert die alte Lehre, daß der M. alle Elemente, Lebens- und Seinsformen, Ordnungen und Gesetzlichkeiten der Welt in sich enthalte. Aber auch wo man das einheitsstiftende Prinzip des M. nicht anzugeben

weiß, kann – wie die schon in der Aufklärung erhobene und im 20. Jh. vollends laut gewordene Forderung, den M. als ganzen (s. M., ganzer) zu betrachten, beweist – Einheit zumindest postuliert und als postulierte methodisch gegen den «populären und gänzlich falschen Gegensatz von Seele und Körper» [23] gerichtet werden, der, wie FEUERBACH sagt, nur in der Theorie besteht und «in der Praxis, im Leben», ständig verneint wird [24].

In der Philosophie der Neuzeit stellt sich über das traditionelle Problem der Einheit der menschlichen Person hinaus die in Antike und Mittelalter in dieser Form undenkbare Frage nach der Einheit des wie auch immer verstandenen M. mit der Natur. Ist der M. nur ein Geschöpf, ein Teil der Natur und mit ihr unmittelbar verbunden, oder steht er außerhalb des natürlichen Kosmos, dazu fähig oder gar dazu verurteilt, sich seine eigene Natur und seine eigene Welt zu schaffen? Beide Deutungen hat es in der Neuzeit gegeben, und beide haben den modernen Begriff des M. weit nachhaltiger bestimmt als die herkömmlichen Topoi.

Anmerkungen. [1] DAMASCENUS, De fide orth. II, 12. MPG 94, 920. – [2] CICERO, De off. I, 106. – [3] S. V. PUFENDORF: De iure naturae et gentium (1672, dtsch. 1759) II, 1, § 5. – [4] B. PASCAL, Pensées, hg. L. BRUNSCHVICG (1904) Frg. 146. – [5] Vgl. J. KOCH: Sind die Pygmäen Menschen? Archiv Gesch. Philos. 40 (1931) 199. 204. – [6] R. DESCARTES, Discours V. Oeuvres, hg. ADAM/TANNERY 6, 56-59. – [7] J. G. HERDER, Werke, hg. B. SUPHAN 5, 21. – [8] a.O. 5, 47. – [9] 13, 358. – [10] W. v. HUMBOLDT, Werke, hg. A. FLITNER/K. GIEL 3 (1963) 11. – [11] a.O. 3, 412. – [12] 3, 191. – [13] 3, 415. – [14] W. T. KRUG: Allg. Handwb. der philos. Wiss.en 2 (1827) 842. – [15] AUGUSTIN, De civ. Dei IX, 13. – [16] THOMAS VON AQUIN, S. contra gent. IV, 55 = hg. C. PERA Nr. 3936. – [17] I. KANT, KrV. Akad.-A. 5, 87. – [18] THOMAS VON AQUIN, S. theol. I, q. 50. – [19] N. MALEBRANCHE, Entretiens 4, 20, hg. A. ROBINET (Paris 1976) 12, 104. – [20] PASCAL, Pensées a.O. [4] Nr. 72. – [21] JOH. MICRAELIUS: Lex. philosophicum ([2]1662) 569. – [22] G. W. F. HEGEL, Werke, hg. GLOCKNER 8, 421; vgl. CHR. WOLFF: Vernünftige Gedanken ... (1733). Ges. Werke (ND 1976) I/4, Cap. I, § 224, p. 144. – [23] FR. NIETZSCHE, Werke, hg. G. COLLI/M. MONTINARI 3/1, 135. – [24] L. FEUERBACH, Wider den Dualismus von Leib und Seele, Fleisch und Geist. Sämtl. Werke, hg. BOLIN/JODL ([2]1959) 2, 345.

CH. GRAWE/A. HÜGLI

2. Der M. als Schöpfer seiner selbst. – Wo immer der M. als Vernunftwesen, genauer als ein aus einem vernünftigen und unvernünftigen Teil zusammengesetztes Wesen verstanden wird, verbindet sich damit – wie in den antiken Bestimmungen des M. als des Wesens der Mitte deutlich wurde – zumeist auch der Gedanke, daß die Aufgabe oder, mit der neuzeitlichen idealistischen Formel ausgedrückt, die Bestimmung des M. (s.d.) darin bestehe, den unvernünftigen (sinnlichen) Teil dem vernünftigen zu unterwerfen. Der M. ist vor die Entscheidung gestellt, ob er sich, wie das Schiff dem Steuermann, seinem Willen und seiner Vernunft anvertrauen soll oder aber «in körperlichen Dingen und in den Freuden des Fleisches eine gewisse tierische Glückseligkeit suchen will» (THOMAS VON AQUIN [1]). Für *Antike wie Mittelalter* waren jedoch die zwei Ordnungen oder Hemisphären, zwischen denen sich der M. zu entscheiden hatte, von vornherein vorgegeben: Der M. hatte die Wahl zwischen Zeit und Ewigkeit, zwischen Gott und dem Irdischen. Der Sieg der Augustinischen Gnadenlehre über den Pelagianismus hatte allerdings selbst diese Wahl noch eingeschränkt: Nur durch die Gnade (s.d.) Gottes allein (gratia sola) vermag der gefallene M. die Heilsbotschaft zu ergreifen und sich im Glauben zu halten (gratia mecum).

In der *Renaissance* erfolgt der entscheidende Umbruch. Der M. erhält seine Macht und Stärke wieder zurück und kann auf seine – von den Reformatoren im erneuten Rückgriff auf das sola gratia Augustins leidenschaftlich bekämpfte [2] – Eigengerechtigkeit bauen. Auch der Platz des M. in dieser Welt steht nicht mehr von vornherein fest. Die Welt ist nach der Unendlichkeit hin offen, sie ist noch nicht, was sie sein kann. Unabgeschlossen ist auch der menschliche Erkenntnisprozeß, dessen Ziel – im Zuge des spätmittelalterlichen Nominalismus – nun nicht mehr darin gesehen wird, die Formen der Realität oder die göttlichen Ideen zu repräsentieren. Die Gottebenbildlichkeit des M. (s.d.) wird nach der neuartigen Deutung des CUSANUS in dessen Teilhabe an der göttlichen Schaffenskraft gesehen: Wie Gott der Schöpfer des wirklich Seienden und des unermeßlichen natürlichen Kosmos ist, so ist der M. der Urheber des ebenso unermeßlichen Kosmos der «rationalium entium», der Vernunftdinge [3]. Als ein solcher schöpferischer, tätiger Geist ist der M., nach der kühnen Formel des Cusanus, «Gott, wenn auch nicht absolut, da er M. ist. Er ist also ein menschlicher Gott ... Gott auf menschliche Weise ... In der Potenz des Menschlichen existiert alles auf seine Weise» [4]. Aber der M. ist nicht nur ein «schaffender Spiegel», er ist darüber hinaus ein «lebendiger und freiwirkender Spiegel», dazu befähigt, sich aus sich selbst heraus «immer reiner und gerader», immer vollkommener zu machen [5]. Im Gegensatz zu allen übrigen Wesen kann er sich Gott, dem unerreichbaren Urbilde aller geschaffenen Dinge, «ohne Ende immer mehr angleichen» [6]. Der M. verhält sich deshalb, wie FICINO sagt, «im Leben nie ruhend, er allein ist an diesem Platze nicht zufrieden» [7], und PICO DELLA MIRANDOLA schließlich preist die Freiheit des M., der sich, durch nichts beengt, nach eigenem Willen zu allem machen und überall hinstellen kann: Er soll sein eigener Werkmeister und Bildner (arbitrarius plastes et fictor) sein und sich aus dem Stoffe, der ihm zusagt, formen. Er kann zur untersten Stufe der Tierwelt herabsinken oder zu den höchsten Sphären der Gottheit aufsteigen [8], kurz, es gibt, wie VIVES in seiner ⟨Fabula de Homine⟩ vor Augen führt, keine Rolle, in die der M. nicht schlüpfen könnte [9].

Der M. ist aber nicht nur Bildner seiner selbst und «Götterbildner» (deorum fictor) [10], dank seiner Fähigkeiten und seiner Schöpferkraft wird er – ein Gedanke, der vor allem bei MANETTI und FICINO hervortritt – zum «Nebenbuhler» der Natur: Die menschlichen Künste bringen nicht nur von sich aus hervor, was die Natur auch hervorbringt, mit ihren «machinamenta» wie «Häuser und Städte, Bilder und Skulpturen ..., Wissenschaften, Erfindungen, Sprachen» verbessern, verschönern und vollenden sie «die Werke der niedrigen Natur» [11]. Der M. ist der Gott der Tiere, der Elemente, «der Gott aller Dinge, denn er handhabt, verändert und gestaltet sie alle» [12].

Das in der Renaissance angeschlagene Thema des M. als des Selbst- und Weltschöpfers beherrscht fortan über weite Strecken die neuzeitliche Philosophie: Daß die menschliche Natur sich voll entfalten müsse und nicht eher ruhen werde, bis sie ihr Ziel, die Menschheit (s.d.), erreicht habe, dieser programmatische Satz des CUSANUS [13] könnte ebensosehr von einem Vertreter des deutschen Idealismus wie auch von einem seiner marxistischen Nachfahren oder einem Vertreter des zeitgenössischen Humanismus (s.d.) stammen. Das Ideal der Menschlichkeit oder Menschheit wird dabei zunächst – so vor allem in der Renaissance und in der von HERDER beeinflußten Goethezeit – als ein für jeden Einzelnen erreichbares Ziel angesehen: Menschheit ist «die freie Exertion der edelsten geistigen Kräfte» [14], die freie und vernünftige Selbsttätigkeit [15]. Der M. ist das Wesen, das sich selbst um ein Unendliches übersteigt [16], das «der Verbesserung fähig ist und in sich selbst das Prinzip des Fortschritts ... trägt» [17]. Ihm ist von Natur bestimmt, «der Schöpfer seiner Glückseligkeit» zu werden [18], den «reinen, idealischen M.», den jeder seiner Bestimmung nach in sich trägt, in seinem Dasein zu verwirklichen [19] und durch Vereinigung aller Geisteskräfte, von Kopf und Herz, «gleichsam den ganzen M. in uns» wiederherzustellen [20]. Dieser Grundgedanke wiederholt sich in allen Variationen und Schattierungen; als Wesensmerkmal des M. gilt in Anlehnung an den Rousseauschen Sprachgebrauch [21] bald seine «Vervollkommnungsfähigkeit» [22], seine «Anlage der Perfektibilität» [23], bald seine Möglichkeit «einer inneren eigenthümlichen Unendlichkeit» [24], seine «Kraft der Selbstbeherrschung», mit der er die «Anschauungen, Einbildungen, Lustgefühle und Geschicklichkeiten» seinen «selbstgesetzten Zwecken» unterwerfen kann [25]. Auf der anderen Seite jedoch ist die Verwirklichung der Humanität kein individuelles Ideal, sondern ein Ziel, das nur vom M.-Geschlecht als ganzem – nach der Ansicht der meisten Aufklärer und Idealisten auf dem Wege einer von der göttlichen Vorsehung vollzogenen Erziehung des M.-Geschlechts (s.d.) – erreicht werden kann. Nicht auf «bloß individuelle Vervollkommnung» (perfectionnement purement individuel) beschränkt zu sein, wird geradezu zum Kennzeichen des M. [26]. So explizit z.B. bei CONDORCET oder bei KANT, der sich «zuvörderst» anzumerken genötigt sieht, «dass bei allen übrigen sich selbst überlassenen Thieren jedes Individuum seine ganze Bestimmung erreicht, bei den M. aber allenfalls nur die Gattung: so daß sich das menschliche Geschlecht nur durch Fortschreiten in einer Reihe unabsehlich vieler Generationen zu seiner Bestimmung empor arbeiten kann» [27]: «sich nach seinen von ihm selbst genommenen Zwecken zu perfectioniren» und aus einem mit «*Vernunftfähigkeit* begabt[en] Thier (animal rationabile) aus sich selbst ein vernünftiges Thier (animal rationale)» zu machen [28]. M. MENDELSSOHN wagte als einer von wenigen, der These zu widersprechen, die Menschheit könne «nur gesellschaftlich ... ihren höchsten Gipfel erreichen» [29]: «Der M. geht weiter, aber die Menschheit schwankt beständig zwischen festgesetzten Schranken auf und nieder» [30].

Ob die Vervollkommnung ein bloß individuelles oder auch ein menschheitliches Ziel ist, hängt von der Art der erstrebten Vervollkommnung und den dazu notwendigen oder als notwendig erachteten Mitteln ab. Sofern das Ziel darin gesehen wird, sich, wie KANT es ausdrückt, «durch Kunst und Wissenschaft zu *cultiviren*, zu *civilisiren* und zu *moralisiren*» [31], kann nicht mehr das Individuum, sondern nur noch die Menschheit als ganze Träger des Fortschritts sein, da an diesem Werk Generationen zu bauen haben. Eben dieses Ziel erstreben nun aber in der Tat die meisten Aufklärer. FR. BACON, an den biblischen Schöpfungsauftrag des M. erinnernd [32], sieht wie DESCARTES, GLANVILLE und die meisten Vertreter [33] der modernen Fortschrittsidee (s.d.) die Verbesserung der menschlichen Umstände in einer auf Kunst und Wissenschaft begründeten und in den «mechanischen Erfindungen» sich manifestierenden Erweiterung der menschlichen Herrschaft über die Natur. Kein Staat, keine Religion und kein Gestirn habe einen so durchgreifenden Einfluß auf die menschlichen Angelegenheiten haben können wie etwa die Erfindung der Buchdruckerkunst, des Schießpulvers und der Magnetnadel; denn die bürgerlichen Einrichtungen seien stets auf gewisse bewohnte Gegenden begrenzt, während die Wohltaten der Erfindungen sich auf «das ganze M.-Geschlecht» erstreckten [34]. CHR. SOREL träumt von einer auf die «science universelle» gegründeten Vollendung des M. in einem künftigen goldenen Zeitalter [35], und CONDORCET hofft, daß nach der weltweiten Ausbreitung der Zivilisation durch Handel und Verkehr die Zeit kommen werde, da «die Sonne hienieden nur noch auf freie M. scheint, M. die nichts über sich anerkennen als ihre Vernunft» [36]. Aber während Condorcet mit diesem Fortschritt der Vernunft eine unbegrenzte Vollendung des Glücks und der «moralischen Güte» des M. verknüpft sieht [37], wird die Notwendigkeit dieser Verknüpfung etwa von VOLTAIRE [38], Abbé DE SAINT PIERRE [39] und F. J. DE CHASTELLUX [40] grundsätzlich in Frage gestellt, und ROUSSEAU behauptet gar die Unvereinbarkeit des zivilisatorischen Fortschritts mit der Tugend und dem Glück: «In dem Maß, in dem unsere Wissenschaft und Kunst zur Vollkommenheit fortschritten, sind unsere Seelen verderbt worden» [41].

KANT hat sich dieser Einsicht nicht verschlossen. Der Natur, so lehrt er, sei es gar nicht darum «zu thun gewesen», daß der M. «wohl lebe» [42] und sich in einem «arkadischen Schäferleben» wie das «Hausvieh» «gemächlich und vergnügt» ergehe [43], sie wolle vielmehr, daß der M. alle seine Talente und Naturanlagen entwickle und «sich aus der größten Rohigkeit dereinst zur größten Geschicklichkeit, inneren Vollkommenheit der Denkungsart und ... dadurch zur Glückseligkeit emporgearbeitet haben würde, hievon das Verdienst ganz allein zu haben ...» [44]. Um die Kräfte des M. zu wecken und seinen «Hang zur Faulheit zu überwinden», habe die Natur ihn mit dem Antagonismus seiner «ungeselligen Geselligkeit» versehen, der ihn durch «Ehrsucht, Herrschsucht oder Habsucht» dazu treibe, «sich einen Rang unter seinen Mitgenossen zu verschaffen» [45]. Dieser «durchgängige Antagonism» bringt allerdings das Folgeproblem mit sich, auf das die Zweifler an der Identität von zivilisatorischem und sittlichem Fortschritt aufmerksam gemacht hatten: das Problem, wie Kant es ausdrückt, daß «seine selbstsüchtige thierische Neigung» den M. zum Tier werden läßt, «das, wenn es unter anderen seiner Gattung lebt, *einen Herrn nöthig hat*» [46], daß jedoch dieser Herr auch nur M. sein könne und deshalb seinerseits wieder eines Herrn bedürfe [47]. Die «Auflösung» dieses Problems, die möglicherweise nie gelingt – denn «aus so krummem Holze, als woraus der Mensch gemacht ist, kann nichts ganz Gerades gezimmert werden» [48] – erfordert zunächst die Errichtung einer «allgemein das Recht verwaltenden *bürgerlichen Gesellschaft*» [49] und schließlich auch, daß «ein weltbürgerlicher Zustand» herbeigeführt wird, der dem zwischenstaatlichen Antagonismus ein Ende setzt [50].

Nicht das Glück des Einzelnen also und nicht ein künftiges «goldenes Zeitalter» [51] ist das Ziel der Menschheit, sondern «eine innerlich- und *zu diesem Zwecke* auch äußerlich-vollkommene Staatsverfassung zu Stande zu bringen, als den einzigen Zustand, in welchem sie [die Natur] alle ihre Anlagen in der Menschheit völlig entwickeln kann» [52]. Von einer moralischen Vervollkommnung ist die Menschheit, wie Kant nach seiner Entdeckung des radikal Bösen in der menschlichen Natur hervorhebt, auch nach der Erreichung dieses Ziels noch weit entfernt, denn: «durch allmählige Reform» der Sitten [53] lasse sich zwar in der Geschichte der «rechtlich-bürgerliche (politische) Zustand» einer unter «Zwangsgesetzen» vereinigten Menschheit herbeiführen [54], der Zustand der Tugendhaftigkeit dagegen sei für den Einzelnen nur durch eine «Revolution in der Gesinnung», durch «eine Art von Wiedergeburt» erreichbar [55] und könne für die Menschheit als ganze nur in der Idee von einem «Volke Gottes unter ethischen Gesetzen» [56] vorgestellt werden – ein Werk, «dessen Ausführung nicht von M., sondern nur von Gott selbst erwartet werden kann» [57].

Trotz dieser Brechungen der Fortschrittsidee bestätigt Kant auf eindrückliche Weise noch einmal, worum es in jener Epoche letztlich geht: nicht um den individuellen M., sondern um die Perfektibilität des menschlichen Geschlechts. «Le tout vaut mieux que la partie même la plus excellente; l'humanité entière vaut mieux que le meilleur de tous les hommes ...» [58]. Die Entwicklung des M.-Geschlechtes ist das eine und einzige Thema der Geschichte (s.d.) [59]; die «philosophischen Muthmassungen» über ihren Verlauf sind Gegenstand der eigens zu diesem Zwecke erfundenen neuen Disziplin der Geschichtsphilosophie (s.d.). In der Geschichte erkennt die Gattung M. sich selbst als «Menschheit» [60], sie ist Schule für den «Weltbürger, für den M. überhaupt» [61]: Aus der «Betrachtung dessen, was der M. war, und dessen, was er heute ist», sollen die Mittel gewonnen werden, mit deren Hilfe die weiteren Fortschritte der Menschheit nicht nur vorausgesagt, sondern auch gesichert und beschleunigt werden können [62]. Eine Vorform des dann von COMTE explizit formulierten Drei-Stadien-Gesetzes (s.d.) dient dabei schon CONDORCET zur Prognose des Entwicklungsgangs der Menschheit auf ihrem Weg vom Naturzustand in die Zukunftsgesellschaft.

Die individuellen Unterschiede zählen nicht. Das «Lokale, Spezielle, Eigentümliche» interessiert nur insofern, als es das Allgemeine, Universale repräsentiert [63]. Mit HUME gesprochen: «Mankind are so much the same in all times and all places, that history informs us of nothing new or strange in this particular»: «... the regular springs of human action and behaviour» [64]. Aus dem Grundaxiom der wesentlichen Gleichheit der menschlichen Natur [65] oder, wie Condorcet schreibt, aus der Wahrheit allein, «daß der M. ein mit Empfindung begabtes Wesen ist, das die Fähigkeit hat, mit Vernunft zu urteilen und moralische Begriffe zu erwerben» [66], werden die jedem M. «kraft seiner Existenz» [67] gegenüber dem Staat zukommenden M.- oder Grundrechte (s.d.) abgeleitet, die mit der virginischen M.-Rechtserklärung vom 12. Juni 1776 und der ‹Déclaration des droits de l'homme et du citoyen› vom 26. August 1789 erstmals Rechtsgültigkeit erlangten: äußeres Zeichen der Zustimmung zu dem von LOCKE postulierten «Law of Nature», «by which Law ... *Mankind are one Community*, make up one Society distinct from all other Creatures ...» [68].

Die Unterschiede zwischen den M. verschiedener Zeiten und verschiedener Gesellschaften erklären sich allein aus ihrer unterschiedlichen Distanz zu dem wie auch immer verstandenen einen Menschheitsziel. Wenn man die Lebensalter (s.d.) des Einzelnen auf die Menschheit im ganzen überträgt, dann sind, wie PERRAULT mit BACON, DESCARTES und anderen [69], einen Vergleich AUGUSTINS wieder aufgreifend, sagt, unsere ersten Väter wie Kinder und wir «les véritables anciens du monde» [70]; denn, so Abbé DE SAINT PIERRE, das menschliche Geschlecht, «zusammengesetzt aus allen Nationen, die auf der Erde gewesen sind und sein werden», ist immerfort «zunehmend an Vernunft und an Weisheit» [71]. Wie groß der kulturelle und zivilisatorische Abstand sein kann, zeigt nach Auffassung der Aufklärer der Vergleich zwischen den europäischen Völkern und den neuentdeckten etwa Afrikas, Asiens und Amerikas. Ein M. unserer Welt muß jenen wie ein Gott erscheinen [72], und wir können an der Distanz, die den Stand der Kunst und Wissenschaft in London und Paris von demjenigen der Kaffern und Wilden Afrikas trennt, ermessen, wie weit die weisesten Franzosen und Engländer ihrer Zeit von den Weisesten in zwanzig oder dreißig Jh. entfernt sein werden [73]. Am unendlich fernen Ende dieses Prozesses aber steht, wie etwa J. G. FICHTE klar gesehen hat, als letztes Ziel «die gänzliche Vernichtung des Individuums und Verschmelzung desselben in die absolut reine Vernunftform oder in Gott» [74]; «die völlige Gleichheit aller ... Mitglieder» der Gesellschaft [75]. Und nach HEGEL gar ist dieses Ziel im «Dasein» des Rechts, «als *allgemein Anerkanntes, Gewußtes* und *Gewolltes* zu sein», bereits «objektive Wirklichkeit» geworden; denn: «Es gehört der Bildung, dem *Denken* als Bewußtsein des Einzelnen in Form der Allgemeinheit, daß Ich als *allgemeine* Person aufgefaßt werde, worin *Alle* identisch sind. Der *M. gilt so, weil er M. ist,* nicht weil er Jude, Katholik, Protestant, Deutscher, Italiener u.s.f. ist» [76].

HERDER ist einer der ersten, der mit dem aufklärerischen Axiom der einen M.-Natur bricht und im Bewußtsein, daß «jede menschliche Vollkommenheit national, säkular und, am genauesten betrachtet, individuell» ist [77], den Eigenwert und die Eigenständigkeit der verschiedenen Epochen, Kulturen und Völker betont [78]. Nicht nur der «Keim unserer inneren Anlagen» sei «genetisch», «sondern auch jede Entwicklung dieses Keims hängt vom Schicksal ab, das uns hie oder dorthin pflanzte und nach Zeit und Jahren die Hülfsmittel der Bildung um uns legte. Schon das Auge mußte sehen, das Ohr hören lernen: und wie künstlich das vornehmste Mittel unserer Gedanken, die Sprache, erlangt werde, darf keinem verborgen bleiben» [79]. Herder drückt damit einen Gedanken aus, der dann – unter Preisgabe der von ihm noch aufrechterhaltenen Fortschrittsidee – für die «historische Schule» (FR. C. VON SAVIGNY, H. V. SYBEL, L. V. RANKE) leitend wurde: Nicht was den M. in seiner Allgemeinheit, qua Vernunftwesen ausmacht, ist interessant, sondern was er in seiner – einzig durch die Geschichte erkennbaren – Besonderheit und Bestimmtheit in und durch Nation, Volk und Staat ist [80]. Mit DILTHEY ausgedrückt: «Was der M. sei, sagt ihm nur die Geschichte» [81]. «Der Typus M. zerschmilzt in dem Prozeß der Geschichte» [82]. Was ihm die Geschichte sagt, ist dann freilich bei Dilthey nicht mehr allzu sehr verschieden von dem, was auch die Aufklärer glaubten: «... daß die Natur des Menschen ... immer dieselbe» ist [83]. Die Hoffnung, daß der M. in der Geschichte und durch die Geschichte grundlegend anders werden könnte, blieb MARX und den Gründern des Sozialismus vorbehalten, die den – nunmehr ins Politische gewendeten – christlichen Gedanken des neuen M. (s. d.) mit dem Fortschrittsgedanken verbanden und sich von der künftigen sozialistischen Gesellschaft die Geburt eines neuen – nach Marx im heutigen Arbeiter bereits antizipierten [84] – M. versprachen.

Anmerkungen. [1] THOMAS VON AQUIN, S. contra gent. IV, 54, dtsch. hg. H. FAHSEL (1954) 412. – [2] Vgl. M. LUTHER, Weimarer A. 2, 511; 7, 445; 8, 106ff.; 10/I/1, 104. 259. – [3] NIKOLAUS VON KUES, De beryllo, Kap. 6, dtsch. hg. K. BORMANN (1977) 9. – [4] De coniecturis II. Kap. 14, dtsch. hg. J. KOCH/W. HAPP (1971) 171. – [5] Idiota de sapientia, Kap. XIII. Schr., hg. E. HOFFMANN 10 (1949) 78f. – [6] ebda. – [7] M. FICINO: Theol. Platonica XIII (1559) c. 4, p. 238f. – [8] G. PICO DELLA MIRANDOLA, De dignitate hominis, dtsch. H. H. REICH, hg. J. DYCK/G. LIST (1968) 28-31. – [9] J. L. VIVES, Fabula de homine. Opera omnia, hg. GREG. MAYANS 4 (1783) 3-8. – [10] L. APULEIUS, Asclepius sive Dialogus Hermetis Trimegisti XXIII, 306 (89). Opera omnia, hg. G. F. HILDEBRAND 2 (1968) 305. – [11] G. MANETTI: De dignitate et excellentia hominis (Basel 1532, ND 1975) 131. 129f. – [12] FICINO, a.O. [7] 3, 235. – [13] CUSANUS, a.O. [3]. – [14] J. N. TETENS: Philos. Versuche über die menschl. Natur und ihre Entwickl. 2 (1777) 650f. – [15] Genius der Zeit 1 (1795) 59. – [16] B. PASCAL, Pensées, hg. BRUNSCHVICG, Frg. 434. – [17] A. FERGUSON: An essay on the hist. of civil society (1767), hg. D. FORTES (1966) 6. – [18] FR. SCHILLER, Etwas über die erste Menschengesellschaft nach dem Leitfaden der mosaischen Urkunde. National-A. 17 (1970) 399; vgl. auch I. KANT: Idee zu einer allg. Gesch. in weltbürgerl. Absicht (1784). Akad.-A. 8, 19. – [19] FR. SCHILLER, Über die ästhet. Erziehung des M. a.O. 20 (1962) 316. – [20] Über Bürgers Gedichte a.O. 24, 245. – [21] J.-J. ROUSSEAU: Discours sur l'origine de l'inégalité (1755), dtsch. in Schr. zur Kulturkritik, hg. K. WEIGAND (1955) 189. – [22] CHR. L. FUNK: Versuch einer prakt. Anthropol. (1803) Vorrede. – [23] J. HILLEBRAND: Die Anthropol. als Wiss. 1 (1822) 74. – [24] H. STEFFENS: Anthropol. 1 (1822) 284. – [25] J. F. FRIES: Hb. der Psych. Anthropol. 1 (1820/21) 51f. – [26] M. A. CONDORCET: Esquisse d'un tableau hist. des progrès de l'esprit humain (1794), dtsch. hg. W. ALFF (1963) 32/33; vgl. A. R. J. TURGOT, Oeuvres 2, 52f. – [27] I. KANT: Anthropol. in pragmat. Hinsicht (1798). Akad.-A. 7, 119. – [28] a.O. 321. – [29] W. v. HUMBOLDT, Werke, hg. A. FLITNER/K. GIEL 1 (1960) 33. – [30] M. MENDELSSOHN: Jerusalem. Schr. zur Philos., Ästh. und Apologetik 2 (1880) 426. – [31] KANT, a.O. [27] 324. – [32] F. BACON, Novum Organum scientiarum, hg. TH. FOWLER 2, 52 (Oxford ²1889) 598f.; dtsch. A. TH. BRÜCK (1962) 236. – [33] Vgl. TURGOT, a.O. [26] 7, 178f.; M. A. CONDORCET, Oeuvres 1, 238. – [34] FR. BACON, a.O. [32] 1, 129, dtsch. 95f. – [35] Vgl. H. R. JAUSS: Ursprung und Bedeutung der Fortschritt-Idee in der «Querelle des anciens et modernes», in: Die Philos. und die Frage nach dem Fortschritt, hg. H. KUHN/F. WIEDMANN (1964) 63. – [36] CONDORCET, a.O. [26] 354f. – [37] a.O. 382f. – [38] VOLTAIRE, Art. ‹Philos.› Oeuvres (1786) 42, 283. – [39] Vgl. Abbé de SAINT PIERRE: Observations sur le progrès continuel de la raison universelle. Oeuvres polit. 11 (Rotterdam 1737) 274. – [40] F. J. DE CHASTELLUX: De la félicité publique ou considérations sur le sort des hommes dans les différentes époques de l'hist. 2 (Amsterdam 1772) 89. – [41] J.-J. ROUSSEAU: Discours sur les sci. et les arts (1750), dtsch. hg. K. WEIGAND (1965) 14f.; vgl. TURGOT, a.O. [26] 7, 377f. – [42] KANT, a.O. [18] Akad.-A. 8, 20. – [43] a.O. 8, 21. – [44] 8, 20. – [45] 8, 21. – [46] 8, 23. – [47] ebda. – [48] ebda. – [49] 8, 22. – [50] 8, 26. – [51] Muthmaßl. Anfang der M.-Gesch. (1786). Akad.-A. 8, 122. – [52] a.O. [18] Akad.-A. 8, 27. – [53] Relig. innerhalb der Grenzen der blossen Vernunft (1793). Akad.-A. 6, 47. – [54] a.O. Akad.-A. 6, 95. – [55] a.O. [53], Akad.-A. 6, 47. – [56] a.O. [54], Akad.-A. 6, 98. – [57] 6, 100. – [58] D. DIDEROT, Coll. compl. des œuvres philos., litt. et dramat. (London 1773) 390. – [59] Vgl. HWP 3, 357ff. – [60] H. ST. VISC. BOLINGBROKE: Letters on the study and use of it (1735). Works, hg. D. MALLET 2 (London 1754) 264ff. 345f. – [61] A. L. SCHLÖZER: Vorstellung einer Universal-Hist. (1772) 30. 36; J. CHR. GATTERER: Hb. der Universal-Hist. 1 (²1765) 3. – [62] CONDORCET, a.O. [26] 28f.; vgl. Oeuvres 1, 22. – [63] G. FORSTER: Über lokale und allg. Bildung (1791). Werke, ausgew. G. STEINER 3 (1968) 278. – [64] D. HUME, Enquiries conc. human understanding (1777), hg. SELBY-BIGGE (³1975) 83. – [65] Vgl. I. ISELIN: Philos. und patriot. Träume eines M.-Freundes (²1758) 13ff. – [66] CONDORCET, a.O. [26] 259. – [67] TH. PAINE: Rights of Man (1791). Writings, hg. D. CONWAY (1969) 304f. – [68] Two treatise on Government § 128. – [69] FERGUSON, a.O. [17] I, 1; TURGOT, a.O. [26] 2, 212; FR. BACON, Advancement of learning. Works 3, 291; Novum Organum a.O. [32] 282; dtsch. 62; R. DESCARTES: A/T 10, 204; N. MALEBRANCHE: De la recherche de la vérité II, 2, 2. – [70] CH. PERRAULT: Parall. I, 49f., ND 113. – [71] a.O. [39], 274. – [72] FR. BACON, a.O. [32] Fo. 336; dtsch. 96. – [73] Abbé DE ST. PIERRE, a.O. [39] 305f. – [74] J. G. FICHTE: Das System der Sittenlehre (1798). Akad.-A. I/5, 142. – [75] Akad.-A. I/3, 43f. – [76] G. W. F. HEGEL: Grundlinien der Philos. des Rechts § 209. Werke, hg. GLOCKNER 7, 286. – [77] J. G. HERDER: Werke, hg. B. SUPHAN 5, 505. – [78] Auch eine Philos. der Gesch. zur Bildung der Menschheit (1774); Ideen zur Philos.

der Gesch. der Menschheit 1-4 (1784-91); vgl. bes. a.O. [77] 5, 509; 4, 38; 13, 350ff.; 16, 44. – [79] Ideen ... 13, 344. – [80] Fr. C. von Savigny, Verm. Schr. 1 (1850) 111. – [81] W. Dilthey, Ges. Schr. Teubner-A. 8 (⁴1965) 224; vgl. 4, 529. – [82] a.O. 8, 6. – [83] 5, XCI; vgl. 8, 78f. 80f. 140ff. – [84] K. Marx, MEW 12 (1963) 4.

A. Hügli

3. *Der M. als Teil der Natur.* – Als nicht weniger mächtig als der Gedanke, daß der M. sich selber macht, erwies sich die Gegenthese, der M. werde durch die Natur gemacht. Die Natur ist hier nicht mehr bloß der letztlich ohnmächtige Gegenspieler des M., den er, nach dem neuen Rezept von Fr. Bacon, am besten dadurch überlistet, daß er sich zu seinem «servant and interpreter» macht [1]; die Natur ist aber auch nicht mehr der allmächtige Gegenspieler des M., der – nach Vicos [2] und Kants Deutung einer Erziehung des M.-Geschlechts – in der Gestalt der «Vorsehung, d.i., eine Weisheit, die nicht die» des M. ist [3], den M., im Glauben, er treibe sein eigenes menschliches Geschäft, den «Plan der Natur» ausführen läßt. Die Natur ist nun vielmehr der Inbegriff all jener Kräfte innerhalb und außerhalb des M., die in seinem Sein und seinem Tun unmittelbar zum Ausdruck kommen. Der M. ist nichts in und aus sich selbst, er ist selber nur ein Stück Natur. «Potentia itaque hominis ... pars est infinitae Dei seu Naturae potentiae» [4] (die Kraft des M. ist also ein Teil der unbegrenzten Kraft Gottes oder der Natur), schreibt Spinoza, einer der exemplarischen Vertreter dieses Standpunktes. Der M., «ob Weiser oder Tor», ist ein Teil der Natur, und daher muß «alles, was den Einzelnen zum Handeln treibt, ... zur Macht der Natur gerechnet werden» [5]. Ihre Notwendigkeit bestimmt das «Sein und Handeln» des M. ebensosehr wie das aller übrigen Wesen [6]. In der Sprache des Materialisten Holbach heißt dies dann: «Dans tous les phénomènes que l'homme présente depuis sa naissance jusqu'à sa fin, nous ne voyons qu'une suite de causes et d'effets nécessaires et conformes aux lois communes à tous les êtres de la nature. Toutes ses façons d'agir, ses sensations, ses idées, ses passions, ses volontés, ses actions sont des suites nécessaires de ses propriétés et de celles qui se trouvent dans les êtres qui le remuent» [7]. Der M. hat daher keinen Grund, sich als ein privilegiertes Wesen [8] oder gar als «König der Natur» zu fühlen [9]. Er ist nichts als ein unendlich kleiner Punkt im All [10], «un instrument passif entre les mains de la nécessité» [11]. Im Unterschied etwa zu Pascal, der die Verlorenheit des M. in der Natur emphatisch betont – «... par l'espace, l'univers me comprend et m'engloutit comme un point» [12] –, aber auf der andern Seite die Größe [13] und Würde [14] der menschlichen Vernunft preist, sehen die französischen Materialisten auch im Denken des M. nichts anderes als «des propriétés et des modifications de la matière» [15], «résultantes de l'organisation de notre corps» [16] oder, genauer, des Gehirns [17]. Der auf die körperlichen Funktionen reduzierte M. entspricht der Descartesschen Tier-Maschine: «... une machine qui monte elle-même ses ressorts; vivante image du mouvement perpétuel» [18]. Was sie in Bewegung hält, ist die «sensibilité physique» [19], die sogenannte «Seele», die, so Lamettrie, betrachtet werden kann «comme un ressort principal de toute la machine, qui a une influence visible sur tous les autres» [20]. Wenn man auf das «Taschenspielerstückchen» Descartes' verzichte, der mit seiner Lehre von der geistigen Substanz die Theologen das «verborgene Gift» der «mechanistischen Lehre» habe schlucken lassen wollen, dann werde auch einsichtig, daß die M. «im Grunde nichts anderes als Tiere» sind [21], allerdings Tiere, d.h. Maschinen, besonders vollkommener Art: Der M. sei gegenüber den klügsten Tieren, was die Planetenuhr von Huygens gegenüber einer Taschenuhr von Julien le Roi [22].

Diese Vollkommenheit verdankt der M. allerdings nicht unmittelbar der Natur selbst, sondern – im Sinne der von Montaigne [23] und Gassendi [24] wieder aufgenommenen epikureischen Lehre – dem Umstand, daß die Natur ihn allzu unvollkommen belassen hat: mit sehr viel weniger natürlichem Instinkt als die übrigen Tiere. Erfindung muß das Fehlende wettmachen, und die entscheidende Erfindung ist die des Sprach- und Zeichengebrauchs, der «connoissance symbolique» [25], in der schon Descartes [26] und Hobbes [27] nicht weniger als etwa Locke [28] oder Berkeley [29] ein Spezifikum des M. gesehen haben. Die Erfindung der Kunst des Sich-Ausdrückens gilt als das Produkt einiger von der Natur besonders begabter M. Mit ihrem Gefühl und ihrem Instinkt hätten diese den Geist erworben, um dann mit ihrem Geist Kenntnisse zu erlangen [30]. Durch die «Wunder der Erziehung» [31] könnten die erworbenen Kenntnisse nun beliebig, selbst an Tiere von der Geschicklichkeit eines Affen [32], weitergereicht werden.

Die These, daß Erziehung alles vermöge (Helvétius) [33], daß man aus dem M. alles machen könne (Holbach) [34], oder, wie Locke es etwas vorsichtiger formuliert hatte, daß «... of all men we meet with, nine parts of ten are what they are, good or evil, useful or not, by their education» [35], scheint, wie ihre wörtliche Übernahme durch Kant oder Herder [36] nahelegt – «Der M. kann nur M. werden durch Erziehung. Er ist nichts, als was die Erziehung aus ihm macht» [37] –, bloß eine Variante der Selbstschöpfungstheorie zu sein und der proklamierten Naturbestimmtheit des M. unmittelbar zu widersprechen. Man könnte diesem Widerspruch dadurch entgehen, daß man, wie A. Ferguson, die Kunst [38] und letztlich alle Handlungen des M. [39] oder, wie Pascal, die zu unserer zweiten Natur gewordene Gewohnheit selbst als natürlich und die sogenannte erste Natur als erste Gewohnheit erklärt [40]. Im Kontext der spinozistischen, empiristischen und materialistischen Deutung des M. geht man jedoch gerade den entgegengesetzten Weg: Nicht der M. bestimmt, was an ihm Natur sein soll und sein kann, sondern die Natur in ihm bestimmt, was er aus sich machen kann und machen wird. Auf welche Weise sie dies tut, beschreibt die Affektenlehre jener Zeit. Was die M. in Bewegung setzt, so lehrt Hobbes, ist die durch die wirkliche oder eingebildete Wirkung eines äußeren Objekts auf ihre Sinne wachgerufene [41] Vorstellung eines bestimmten Objekts und der Wunsch, es zu erlangen oder zu vermeiden [42]. Der M. empfindet Freude oder Schmerz, je nachdem, ob es ihm gelingt, das Begehrte, d.h. das Gute, zu erlangen und das Verhaßte, d.h. das Schlechte, zu vermeiden. «Pain and Pleasure» sind daher, wie es später bei J. Bentham heißt, die «sovereign masters», unter deren Herrschaft die Natur den M. gestellt hat [43]. Sie bestimmen, was wir tun sollen und was wir tun werden, gemäß dem von Spinoza formulierten «allgemein gültige[n] Gesetz der menschlichen Natur», daß jeder unter zwei Gütern dasjenige wählt, das er für das größere hält, und unter zwei Übeln, was ihm das kleinere scheint [44]. Ob eine Sache nicht nur scheinbar, sondern tatsächlich ein Übel oder ein Gut sei, darüber allerdings können sich die M. täuschen – sei es aufgrund natürlicher Unwissenheit oder aufgrund einer durch Priester- oder Politikertrug erzeugten Ignoranz oder Dummheit [45]. Bessere Erkenntnis, d.h. die Ausübung jener Fähigkeit, in der, wie HOBBES sagt, der M. alle anderen Tiere übertrifft: «Nach den Folgen eines beliebigen Dinges zu fragen, das er sich vorgestellt hat, und danach, was sich damit bewirken läßt» [46], kann der Täuschung entgegenwirken und die Leidenschaft auf das richtige Objekt hinlenken. Da aus der jeweiligen Einsicht und der Natur der Affekte die Handlungen notwendigerweise folgen, wird jeder, der diese kennt, in der Lage sein, die menschlichen Handlungen und Triebe mit derselben Notwendigkeit und nach derselben Methode zu erklären oder vorauszusagen wie die Bewegungen physikalischer Körper [47]. Das klassische Beispiel dafür hat Hobbes gegeben, der nach mathematischer Methode zu demonstrieren versucht, wie die Mechanik der Begierden und der richtige Gebrauch der Vernunft die M. dazu treibt, das «most excellent work of nature, *man*», zu imitieren und durch Kunst jenen großen «LEVIATHAN» zu schaffen, «called a COMMONWEALTH, or STATE, ... which is but an artificial man; though of greater stature and strength than the natural, for whose protection and defence it was intended» [48]. Die aus der Selbstliebe entspringenden Affekte: Konkurrenz- oder Gewinnsucht, Mißtrauen und Ruhmsucht [49] sind die Ursachen des im Naturzustand herrschenden Krieges aller gegen alle; was sie in Schach hält, ist die permanente Todesfurcht, die die M. schließlich zu Friedensschluß und Staatsvertrag zwingt [50]. Mit anderer Auffassung über die grundlegenden menschlichen Eigenschaften ändert sich auch das Bild der Gesellschaft und der staatlichen Autorität. Wer im M. nicht, wie Hobbes, die Selbstliebe [51] und die daraus entspringende Macht- und Herrschsucht am Werke sieht, sondern wie z.B. D. HUME, A. SMITH oder TH. PAINE die Hilfsbedürftigkeit [52] und gegenseitige Abhängigkeit (mutual dependence) [53] betont, für den ist der M. «so naturally a creature of society that it is almost impossible to put him out of it» [54]. Und wer gar, wie R. CUDWORTH, R. CUMBERLAND [55] oder SHAFTESBURY, im Anschluß an Aristoteles und die Stoa den von Hobbes [56] ausgeschlossenen Geselligkeitstrieb wieder einführt, dem muß Gesellschaft als so natürlich erscheinen, daß für ihn ein außerhalb von «Gesellschaft und Gemeinschaft» existierender M. undenkbar ist [57].

Gleichgültig aber, welche Vorstellung man vom Affekthaushalt des M. auch immer haben mag, leitend ist dabei stets dieselbe Vorstellung vom M., der, wie MANDEVILLE es formuliert, «(besides Skin, Flesh, Bones, &c. that are obvious to the Eye)» nichts anderes ist als «a compound of various Passions, that all of them, as they are provoked and come uppermost, govern him by turns, whether he will or no» [58]. Und sofern, wie BURKE sagt, «nature has formed no bond of union to hold them [men] together» [59] – eine Voraussetzung, von der auch MANDEVILLE trotz seiner Bienenfabelthese: «private Laster, öffentliche Vorteile» ausgeht, weil er nicht glaubt, daß die privaten Laster sich unmittelbar in öffentliche Vorteile umsetzen [60] –, muß der Gesetzgeber diesen Defekt wettmachen, indem er durch «skillfull management», d.h. durch «geschicktes Ausnutzen» oder «Zügeln, Zurückdrängen und Entmutigen» die ungeregelten Leidenschaften und schädlichen Schwächen des M. in «öffentliche Vorteile» verwandelt [61]. HELVÉTIUS und D'HOLBACH sind Mandeville hierin gefolgt: «L'éducation est l'art de semer et de cultiver dans les cœurs des hommes des passions avantageuses. La législation est l'art de contenir les passions dangereuses, et d'exciter celles qui peuvent être avantageuses au bien public» [62]. «Avantageuses» aber sind jene Leidenschaften, «que nous devons écouter pour notre propre bonheur» [63]. Das diese Definitionen begleitende Bild des Erziehers und Gesetzgebers als eines Marionettenspielers, der die menschliche Puppe nach seinem Willen tanzen läßt [64], ist allerdings schon insofern trügerisch, als auch dieser die Fäden, die ihn selber bewegen, nicht in der Hand hat: Auch der Gesetzgeber und Erzieher ist M. und wie jeder M. gegängelt durch sein Glücksverlangen; Produkt seines Temperaments, seiner Umgebung, der herrschenden Meinungen und Sitten [65]. Letztlich gibt es daher weder Handelnde noch Täter, sondern nur die überall gleiche und von den gleichen Kräften bewegte M.-Natur [66], nach Gestalt, Aussehen und Fähigkeiten vielfach modifiziert nicht nur durch die unmittelbaren natürlichen Einflüsse – die man im Anschluß an MONTESQUIEU mit Hilfe der aus der Antike übernommenen *Klimatheorie* zu erklären versucht [67] –, sondern ebensosehr und insbesondere durch «le gouvernement, l'éducation, les opinions, et par les différentes causes qui agissent sur eux» [68]. Wären alle M. denselben Einflüssen, «the same impressions and associations» ausgesetzt, dann würden – wie D. HARTLEY und, im selben Geist, wenn auch mit anderer Psychologie, die modernen *Behavioristen* [69] verkünden – die individuellen Differenzen gänzlich verschwinden [70], und wären die Impressionen und Assoziationen gar in guten (menschlichen oder übermenschlichen) Händen, dann würde ihr Mechanismus die M. nicht nur alle gleich, sondern auch alle gleich glücklich machen; denn: «if one be happy, all must» [71].

Wie die M. beschaffen sein müßte, um nicht bloß «eine unfehlbare Maschine in den Händen der Natur» [72], sondern Handelnder mit eigenen Zwecken und Zielen zu sein, zeigen im Kontrast etwa Rousseau, Herder und Kant. Der M. ist für sie darum Schöpfer seiner selbst, weil sie in ihm ein Wesen sehen, das aus der Natur heraus und ihr gegenübertreten kann, d.h., mit HERDER gesprochen, das den «Vorzug der Freiheit hat» [73]. Dieser Vorzug erscheint zwar auch ihr zunächst als ein Mangel, als Freiheit vom Instinkt [74], aber dieser Mangel wird, wie auf klassische Weise schon bei Aristoteles, gedeutet als Ausdruck eines von allen tierischen Fähigkeiten verschiedenen positiven Vermögens, bald Freiheit, bald «Besonnenheit» oder Vernunft genannt [75]. Während das Tier dem Befehl der Natur fraglos gehorche, erkenne der M., so ROUSSEAU, «sich als frei, um nachzugeben oder zu widerstehen» [76]. Er ist, in HERDERS Worten, «der erste Freigelassene der Schöpfung ... Die Waage des Guten und Bösen, des Falschen und Wahren hängt in ihm», und er hat «in sich die Macht, nicht nur die Gewichte zu stellen, sondern auch, wenn ich so sagen darf, selbst Gewicht zu seyn auf der Waage» [77]. Mit einem Wort: Der auf seine Vernunft gestellte M. steht nicht mehr unter natürlichen, sondern unter moralischen Bestimmungen. Sofern der Bruch mit der Natur, wie etwa bei ROUSSEAU [78], PESTALOZZI [79] oder KANT, als eine Art Sündenfall, als Malum (s.d.) empfunden wird, kann die Wiederherstellung der Einheit mit der Natur allerdings selbst zum höchsten moralischen Ziel werden [80]. Ob und wie die Einheit von Vernunft und Natur zustande zu bringen und die verlorene «Unschuld», wo «der Mensch ganz Natur, die Natur ganz Mensch» war [81], wiederzugewinnen sei, ist denn auch das Folgeproblem, das der deutsche Idealismus zu lösen sich anschickt und das ihn seinerseits in zwei Fraktionen zerspaltet: Wird das Absolute, wie bei HEGEL, als Geist verstanden, dann ist die M. «Vollbringer» der Verwirklichung des Weltgeistes [82], der «in Form des Geschehens» der Geschichte die «unmittelbare[n] natürliche[n] Wirklichkeit» der «Gestaltung des Geistes» ist [83]. Wird das Absolute aber, wie in der *romantischen* Naturphilosophie, in der Natur gesehen, dann ist der M. «nichts Anderes als diese zum Bewußtsein gekommene allgemeine Seele der Natur» [84], «ein schaffender Rückblick der Natur auf sich selbst» [85], letzte «vollendetste Metamorphose» [86] des «ganzen Erdenprozesses» von der «Starrheit in die Bewegung, der Gebundenheit in die Freiheit» [87]. Das Problem, das Natürliche im M. mit dem Widernatürlichen in Einklang zu bringen, ist jedoch mindestens so alt wie die Lehre von der Doppel-Natur des M., und sie äußert sich unter dem Disziplintitel ‹Anthropologie› (s. d.) spätestens bei G. WALCH in Form der Verlegenheit, den M. unter zwei völlig verschiedenen Disziplinen behandeln zu müssen: der «anthropologia physica», die den Körper im allgemeinen und seine Gesundheit im besonderen untersucht, und der «anthropologia moralis», die von der «moralische[n] Beschaffenheit des M.» handelt [88].

Aus naturalistischer Sicht besteht hier kein Problem und keine Verlegenheit: Es gibt nicht, wie Rousseau behauptet, einen vom «homme naturel» (s. d.) verschiedenen «homme civil». Der moralische M. ist der «natürliche M.» [89], die «sensibilité physique ... le premier principe de la morale» [90]. Wer den M. erkennen will, muß ihn sehen, wie er ist, und nicht, wie er sein soll: «moral philosophy» ist, nach der Definition HUMES, «science of human Nature» [91]. Die Vermittlung von M. und Natur muß nicht erst gesucht werden, sie ist auch in jenem Bereich schon geleistet, den man als «künstlich» zu bezeichnen pflegt: in der von den M. hervorgebrachten sozialen Welt; denn jede Veränderung in dieser Welt setzt sich unmittelbar um in eine Veränderung der menschlichen Natur und umgekehrt. Diese Abhängigkeit wurde vermutlich erstmals umfassend und nicht bloß unter dem beschränkten Gesichtspunkt von Erziehung und Politik von A. SMITH [92] und insbesondere E. BURKE gesehen, der den Naturrechtslehrern seiner Zeit vorwirft, daß ihnen, im Gegensatz zu den Gesetzgebern der alten Republiken, der Sinn für «die Tatsachen des bürgerlichen Lebens» abgehe: nämlich der Sinn dafür, daß «das Wirken dieser zweiten Natur auf die erste eine neue Kombination ergibt und daß sich daraus manche Verschiedenheiten unter den M. ergeben, entsprechend ihrer Geburt, ihrer Erziehung, ihrem Beruf, ihren Lebensperioden, ihrem Wohnen in der Stadt oder auf dem Lande, ihrer verschiedenen Art, Eigentum zu erwerben und festzuhalten, und entsprechend den Eigenschaften des Eigentums selbst, was alles sie zu so verschiedenen Typen macht wie die Tiere» [93]. Burke nimmt damit im Ansatz die bekannte These von MARX vorweg, daß der M. «immer eine geschichtliche Natur und eine natürliche Geschichte vor sich» habe und die «vielberühmte» «Einheit des M. mit der Natur» in der Industrie sich herstelle, weil das «fortwährende sinnliche Arbeiten und Schaffen ... die Grundlage der ganzen sinnlichen Welt [ist], wie sie jetzt existiert» [94].

«Daß das physische und geistige Leben des Menschen mit der Natur zusammenhängt», der M. selbst «ein Teil der Natur» sei [95], hat den Begriff des M. nicht nur bei Marx, sondern bei den meisten Denkern des 19. Jh. grundlegend geprägt. Mit der zu dieser Zeit aufkommenden neuen Sicht der Natur wird aber auch der M. anders gesehen: Mit dem Durchbruch der Evolutionstheorie (s. d.) und der Entdeckung, daß auch die Natur Geschichte und Entwicklung kennt, erscheint der M. als das späteste Produkt von verschwindend kleiner Zeitdauer innerhalb eines gewaltigen Lebensprozesses: das Thema von SPENCER und DARWIN bis hin zu TEILHARD DE CHARDIN. Wo die Bestimmung der Natur als Wille, dumpfer Trieb und Sehnsucht vorherrscht, entsteht das Bild eines von unbewußten psychischen Kräften determinierten Wesens: das leitende Motiv von SCHELLING über SCHOPENHAUER bis hin zu KLAGES, SEIDEL und FREUD. Die Erkenntnis, daß die vom M. bearbeitete und veränderte Natur anderen Entwicklungsgesetzen unterliegt als die sich selbst überlassene Natur, bereitet den Boden für die Idee des M. als eines durch Geschichte gemachten und Geschichte machenden Wesens: der Grundgedanke des Marxismus.

Anmerkungen. [1] FR. BACON, Works, hg. ELLIS/HEATH (London 1857-1874) 4, 47: Aph. 1. – [2] G. B. VICO, Principii di una sci. nuova (1725). Opera, hg. NICOLINI (Mailand/Neapel 1953) 475, Nr. 59; dtsch. E. AUERBACH (1966) 37. – [3] I. KANT, Anthropol. Akad.-A. 7, 328. – [4] B. SPINOZA, Eth. IV, 4, Demonstr. – [5] Tract. pol. c. 2, § 5. Opera, hg. GEBHARDT (1925) 3, 277. – [6] Tract. theol. pol. c. 16 a.O. 3, 191. – [7] P. H. D. HOLBACH, Système de la nature I, 6, hg. DIDEROT (Paris 1821) 1, 88f. – [8] a.O. I, 6 = 1, 107. – [9] I, 6 = 1, 105. – [10] ebda. – [11] I, 6 = 1, 90. – [12] B. PASCAL, Pensées, hg. BRUNSCHVICG Nr. 348. – [13] a.O. 346. – [14] 347. – [15] HOLBACH, a.O. [7] II, 1 = 2, 89. – [16] a.O. I, 8 = 1, 124. – [17] I, 8 = 1, 130. – [18] J. O. LAMETTRIE, L'homme machine. Oeuvres philos. (1774) 1, 293; vgl. R. DESCARTES, Discours de la méthode. Oeuvres, hg. ADAM/TANNERY 6, 57. – [19] C. A. HELVÉTIUS, De l'homme II, 10. Oeuvres (Paris 1795) 8, 8. – [20] LAMETTRIE, a.O. [18] 339f. – [21] a.O. 348. – [22] 345. – [23] M. MONTAIGNE: Essais II, 12 (1580), hg. STROWSKI (1909) 2, 163f. – [24] P. GASSENDI, Physica III, 2. Opera omnia (1658) 2, 223f. – [25] LAMETTRIE, a.O. [18] 305. – [26] R. DESCARTES, Lettre au Marquis de Newcastle (23. 11. 1646) a.O. [18] 4, 574. – [27] TH. HOBBES, Leviathan I, 3. Works, hg. MOLESWORTH (1839-45) 3, 16. – [28] J. LOCKE, Essay conc. human understanding. Works (1823) 1, 149; 2, 161. – [29] G. BERKELEY, Philos. comm. (= Commonplace Book). Works, hg. LUCE/JESSOP (1948) 1, 74f.: Nr. 594. 600. 607. – [30] LAMETTRIE, a.O. [18] 306. – [31] a.O. 316. – [32] 304. – [33] HELVÉTIUS, a.O. [19] X, 1 = 12, 71. – [34] HOLBACH, Système social I, 1 (1773) 13. – [35] LOCKE, Some thoughts conc. education § 1 a.O. [28] 9, 6. – [36] J. G. HERDER, Ideen zur Philos. der Gesch. der Menschheit IX, 1. Werke, hg. SUPHAN 13, 345. – [37] I. KANT, Pädag. Akad.-A. 9, 443. – [38] A. FERGUSON: An essay on the hist. of civil society (1767) 9; vgl. HERDER, a.O. [36] IV, 3 = 13, 137. – [39] FERGUSON, a.O. 14f. – [40] PASCAL, a.O. [12] 93f. 426. – [41] HOBBES, a.O. [27] I, 6 = 3, 38. – [42] a.O. 3, 39. – [43] J. BENTHAM, An introd. of the principles of morals and legislation. Works, hg. BURNS/HART (1970) 2, 11. – [44] SPINOZA, a.O. [6] 3, 191f. – [45] HOLBACH, a.O. [34] I, 17 = 1, 425; II, 9 = 112f.; HELVÉTIUS, a.O. [19] VI, 2 = 10, 20. – [46] HOBBES, a.O. [27] I, 3 = 3, 13. – [47] Vgl. SPINOZA, Eth. III, Praef.; HOBBES, Opera lat. 2, 137f. – [48] a.O. Introd. = 3, IX. – [49] I, 13 = 3, 112. – [50] I, 13 = 3, 113. 116. – [51] ebda.; SPINOZA, Tract. pol. III, § 3 = 3, 285; Eth. III, 55 corol. schol.; B. MANDEVILLE, The fable of the bees, hg. F. B. KAYE (Oxford 1924) 2, 129ff. 301; HELVÉTIUS, a.O. [19] IV, 4. 22 = 6, 15f. 77ff. – [52] A. SMITH, The theory of moral sentiments, hg. RAPHAEL/MACFIE (Oxford 1976) 85. – [53] D. HUME, Enquiry conc. human understanding. Works, hg. NIDDITCH (³1975) 89; vgl. TH. PAINE, Writings, hg. CONWAY (1779-92) 2, 406. – [54] 408. – [55] R. CUDWORTH: An interpretation (1951) 72; R. CUMBERLAND: A philos. enquiry into the laws of nature (1672), übers. ins Engl. J. TOWERS (Dublin 1750) 211. – [56] HOBBES, a.O. [27] II, 17 = 3, 154. – [57] A. A. C. SHAFTESBURY: The moralists, dtsch. K. WOLFF (1910) 86; vgl. HERDER, a.O. [36] IV, 6 = 13, 159. – [58] MANDEVILLE, a.O. [51] 1, 30f. – [59] E. BURKE, Works (London 1887) 1, 11. – [60] MANDEVILLE, a.O. [51] 2, 319. – [61] ebda. – [62] HOLBACH, a.O. [34] I, 17 = 1, 425. – [63] ebda. – [64] Vgl. HELVÉTIUS, a.O. [19] (Introd.) 7, 6. – [65] Vgl. HOLBACH, a.O. [34] 12. – [66] Vgl. HELVÉTIUS, a.O. [19] II, 1 = 7, 153. – [67] CH. MONTESQUIEU, De l'esprit des lois III, 14 = Oeuvres compl., hg. CAILLOIS (Paris 1951) 2, 474ff.; HOLBACH, a.O. [7] I, 6 = 1, 100; a.O. [34] I, 5 = 57; vgl. bereits M. MONTAIGNE, Essais II, 12 a.O. [23] 2, 329f. – [68] HOLBACH, a.O. [34] I, 5 = 1, 57. 57. – [69] Vgl. J. B.

WATSON: Behaviorism (Chicago ²1930, ND 1957) 270. 302f.; B. F. SKINNER: Walden two (1948, ND New York 1962) 196, 273. – [70] D. HARTLEY: Observations on man (London ⁵1810) 1, 84f. – [71] a.O. 1, 87. – [72] J. G. HERDER, Über den Ursprung der Sprache (1772) I, 2 a.O. [36] 5, 28. – [73] ebda. – [74] I. KANT, Idee zu einer allg. Gesch. ... Akad.-A. 8, 19; HERDER, a.O. [36] 5, 22; J.-J. ROUSSEAU: Discours sur l'origine de l'inégalité (1755). Schr. zur Kulturkritik, hg. WEIGAND (1955) 107. – [75] HERDER, a.O. [36] 5, 28. 31. – [76] ROUSSEAU, a.O. [74] ebda. – [77] HERDER, a.O. [36] IV, 4 = 13, 146. – [78] ROUSSEAU, a.O. [74] 99. – [79] J. H. PESTALOZZI, Werke, hg. BUCHENAU (1938) 12, 99f. – [80] I. KANT, Mutmaßl. Anfang ... Akad.-A. 8, 117f.; vgl. J.-J. ROUSSEAU: Emile ou de l'éducation (1762) V. Oeuvres compl., hg. GAGNEBIN/RAYMOND 4, 852f. – [81] H. STEFFENS: Anthropol. (1822) 1, 347. – [82] G. W. F. HEGEL, Grundlinien der Philos. des Rechts § 352. – [83] a.O. § 347. – [84] C. L. MICHELET: Anthropol. und Psychol. (1840) 80. – [85] FR. SCHLEGEL, Ideen, Nr. 28. Krit. A., hg. EICHNER (1967) 2, 258. – [86] J. HILLEBRAND: Die Anthropol. als Wiss. (1822) 1, § 71. – [87] J. C. A. HEINROTH, Lb. der Anthropol. (1822) 192. – [88] J. L. D'ALEMBERT, Oeuvres compl. (Paris 1821, ND Genf 1967) 1, 103; J. G. WALCH: Philos. Lex. (²1733) Art. ⟨A.⟩. – [89] Vgl. MANDEVILLE, a.O. [51] Introd. = 1, 30; HOLBACH, a.O. [7] I, 6 = 95. – [90] HELVÉTIUS, a.O. [19] X, 7 = 12, 118. – [91] HUME, a.O. [53] 4, 3; vgl. HELVÉTIUS, a.O. X, 7 = 12, 117. – [92] A. SMITH: An inquiry into the nature and causes of the wealth of nations (1775), hg. CAMPBELL/SKINNER (Oxford 1976) 1, 28f. – [93] E. BURKE, Reflections on the Revolution in France. a.O. [59] 3, 477. – [94] K. MARX und FR. ENGELS, MEW 3, 43f. – [95] K. MARX: Ökonom.-philos. Ms. (1844). MEW Erg.-Bd. 1, 516.

Literaturhinweise. – *Historische Gesamtübersichten:* M. LANDMANN: De homine (1962) mit ausf. Bibliogr. – A. DIEMER: Elementarkurs Philos. Philosoph. Anthropol. (1978) mit umfangr. Bibliogr. – *Zu einzelnen Perioden und Autoren:* E. CASSIRER: Individuum und Kosmos in der Philos. der Renaissance (1927). – B. GROETHUYSEN: Philos. Anthropol. (1931). – H. BAKER: The dignity of man. Stud. on the persistence of an idea (Cambridge, Mass. 1947). – M. A. K. AZAD: Das M.-Bild der Philos. des Ostens und des Westens. Universitas 11 (1956) 469-476. – W. DILTHEY: Weltanschauung und Analyse des M. seit Renaissance und Reformation (⁵1957). – H. H. SCHREY (Hg.): Auf der Suche nach sich selbst. Abendländ. Antworten auf die Frage nach dem M. (1957). – E. CASSIRER: Was ist der M.? (1960). – M. LANDMANN: Der M. als Schöpfer und Geschöpf der Kultur (1961). – K. LÖWITH: Gott, M. und Welt in der Met. von Descartes bis zu Nietzsche (1967). – J. PASSMORE: The perfectibility of man (London 1970); dtsch. Der vollkommene M. Eine Idee im Wandel von drei Jahrtausenden (1975). A. HÜGLI

IV. *Die Voraussetzungen des M.-Bildes des 20. Jh.* – 1. *Der M. als Produkt der Evolution.* – Die durchgängige Verwandtschaft aller Geschöpfe dieser Welt, einschließlich des M., wurde schon lange vor Lamarck und Darwin gesehen: Der Stufenkosmos des ARISTOTELES mit seinen kontinuierlichen Übergängen von den Pflanzen über die Tiere [1] bis hin zum M. als Spitze [2] ist ebenso Beispiel dafür wie LINNÉS Einordnung des homo sapiens in seine Klassifikation des Tierreichs [3] oder GOETHES Glaube an die morphologische Ähnlichkeit aller organischen Gestalten [4]. Selbst das durch die Evolutionstheorie sprichwörtlich gewordene Problem des «missing link» hat sich in diesen frühern Theorien bereits gestellt [5]: Wie für GOETHE der Zwischenkieferknochen (os intermaxillare) zum Beweisstück wurde für die Verwandtschaft von tierischem und menschlichem Skelett [6], so waren für ALBERTUS MAGNUS und PETRUS DE ALVERNIA die aus der Antike überkommenen Berichte über Pygmäenvölker eine Bestätigung für die Existenz einer die Kontinuität der Natur garantierenden Zwischenstufe zwischen Affe und M. [7]. Der entscheidende Beitrag der Evolutionisten besteht jedoch darin, daß sie für die durchgängige Verwandtschaft alles Lebendigen eine neue Erklärung gefunden haben, indem sie die Deszendenztheorie, die sich in Ansätzen bereits bei den Vorsokratikern findet [8], der Vergessenheit entrissen und auf eine neue Grundlage stellten: Zufällige genetische Abwandlungen der organischen Formen und natürliche Auslese im «struggle of life» haben im Verlaufe von Jahrmillionen die höheren und vollkommeneren Arten aus den niederen und weniger vollkommenen hervorgehen lassen. Die Aufgabe einer allmählichen Vervollkommnung der Welt und des menschlichen Geschlechts, welche die beginnende Neuzeit von Gott auf den M. übertragen hatte, konnte damit ein weiteres Mal delegiert werden: vom M. auf die Natur. Aber es bleibt wie damals ein Problemrest. Dem M. war nach Auffassung der neuzeitlichen Denker zwar aufgegeben, sich selbst zu machen; aber Gott oder, besser, die göttliche Vorsehung, mußte immer wieder als Garant dafür herhalten, daß der M. zu seinem Ziele kommt. Ähnlich auch jetzt: Die Evolution bringt zwar den M. hervor, aber strittig bleibt, ob der M. zu seiner Vervollkommnung nicht selbst noch Hand anlegen muß. Vorderhand ausgespielt hat einzig Gott, sowohl der außerweltliche wie auch der in der Natur als Geist und Seele versteckte der romantischen Naturphilosophie. Darwin hat, wie ENGELS frohlockend schreibt, «der metaphysischen Naturauffassung den gewaltigsten Stoß versetzt ... durch seinen Nachweis, daß die ganze heutige organische Natur ... und damit auch der M. das Produkt eines durch Millionen Jahre fortgesetzten Entwicklungsprozesses ist» [9].

Ob die Natur es tatsächlich auf die Vervollkommnung des M. abgesehen habe, läßt DARWIN allerdings offen. Er ist zwar überzeugt, daß «natural selection works solely by and for the good of each being» und daß deshalb «all corporeal and mental endowments will tend to progress towards perfection» [10], aber es bleibt dem Mitentdecker des Prinzips der natürlichen Selektion, A. WALLACE, vorbehalten, aus dieser Gesetzmäßigkeit den hoffnungsvollen Schluß zu ziehen, die M., und zwar jeder und alle, würden im Verlaufe der Zeit höhere Fähigkeiten entwickeln, die es ihnen erlaubten, «to convert this earth, which had so long been the theatre of their unbridled passions ... into as bright a paradise as ever haunted the dreams of seer or poet» (11). Da alles Übel aus der Unangepaßtheit eines Lebewesens an die Lebensbedingungen entspringt, ist Unangepaßtheit, wie H. SPENCER glaubt, auch für die gegenwärtige üble Lage der M. verantwortlich: Die ursprünglichen Lebensumstände erforderten, daß der M. das Wohl der anderen seinem eigenen opfert, die jetzigen dagegen, daß er sein Wohl hinter das der anderen zurückstellt. Aber weil er sein ursprüngliches Verhalten beibehalten habe, sei er dem sozialen Zustand noch nicht angepaßt. Ebenso sicher jedoch, wie der Arm eines Schmiedes erstarke, «so surely must the human faculties be moulded into complete fitness for the social state; so surely must evil and immorality disappear; so surely must man become perfect» [12].

T. H. HUXLEY hingegen hält die Hoffnung, daß die Evolution auf der Seite der Moral stehe, für einen Trugschluß: Der am besten Angepaßte sei keineswegs auch der moralisch Beste, sondern der Rücksichtsloseste und Brutalste [13]. Sozialer Fortschritt sei daher nur möglich, wenn der M. die Natur seinen höheren Zwecken unterwerfe [14] und dem «kosmischen Prozeß» den «ethischen Prozeß» entgegensetze [15], der mit Hilfe von Gesetzen und moralischen Vorschriften [16] das Überleben nicht «of those who may happen to be the fittest ..., but of those who are ethically the best» sicherstelle [17]. Als konsequenter Evolutionist sieht sich freilich auch Huxley zu dem Eingeständnis genötigt, daß der «ethische Prozeß», wie die rudimentären Ansätze zu sozialem Verhalten innerhalb der Tierwelt zeigten, «strictly speaking» selbst schon Teil des allgemeinen Evolutionsprozesses sei [18].

Wenn der M. Herr seines Schicksals werden soll, dann muß die Evolutionsreihe im Grunde beim M. abbrechen. H. BERGSON hat als einer der ersten diese Konsequenz gezogen. Der élan vital, der in seinem schöpferischen Verlangen, sich der Materie zu bemächtigen, die zahllosen Formen organischen Lebens hervortreibe, habe im M. sein Ziel, «eine größtmögliche Summe von Indeterminiertheit und Freiheit» in die Materie hineinzutragen, erreicht [19]. Im M. sei das Hemmnis besiegt, der «Impuls frei ausgeströmt» [20]. Im Hinblick auf dieses Ziel erscheint Bergson die gesamte Tier- und Pflanzenwelt als bloße Ablagerungsstätte, auf der «ein unbestimmtes und wollendes Wesen, mag man es nun M. oder Über-M. nennen», den auf dem Wege zu seiner Verwirklichung abfallenden Schutt abgelagert hat [21]. Nach der Erschaffung des menschlichen Körpers, des Vollkommensten, was die Natur zustande bringen könne, steht, wie Bergson sagt, die Entwicklung des Lebens still [22]. Jede weitere Entwicklung gehe vom M. aus, und das letzte materielle Hindernis sei beinahe gefallen. Die Werkzeuge, die der M. dank seiner werkzeugschaffenden Intelligenz produziere, hätten einen Grad an Vollkommenheit erreicht, den die Natur nicht einmal vorgesehen habe, und die Energien, die ihm dank seiner Erfindungsgabe und Wissenschaft für seine Maschinen zur Verfügung stünden, setzten Kräfte frei, die möglicherweise bald unbegrenzt sein würden [23]. Aber selbst dieser dem M. bereits zur Last gewordene Fortschritt muß nach Bergson durch eine neue Entwicklung abgelöst werden, eine Entwicklung, die nicht mehr nach außen, auf das Studium der Materie gerichtet ist, sondern nach innen, auf die Erforschung des Geistes und des inneren, nicht der Intelligenz, sondern nur der Intuition zugänglichen Lebens. Die Menschheit steht, wie er beschwörend sagt, vor der Entscheidung, ob «sie weiterleben will» und «ob sie nur leben oder außerdem noch die nötige Anstrengung leisten will, damit sich auch auf unserem widerspenstigen Planeten die wesentliche Aufgabe des Weltalls erfülle, das dazu da ist, Götter hervorzubringen» [24].

Daß das Auftreten des M. innerhalb der Evolutionsreihe möglicherweise einen ebenso großen Schritt darstellt wie der Übergang vom Anorganischen zum Organischen, wird auch von Evolutionisten anerkannt, die, wie L. MORGAN, in Bergson eher einen Poeten als einen Wissenschaftler sehen [25]. Als Evolutionisten halten sie aber daran fest, daß der M. sich den Evolutionsgesetzen ebensowenig entziehen könne wie den Gesetzen der Schwerkraft. Die Kenntnis dieser Gesetze könne ihm höchstens helfen, sie besser für seine Zwecke einzusetzen – ein Standpunkt, den vor allem J. HUXLEY vertreten hat. Die Evolution, so argumentiert Huxley, hat mit dem M. ein Wesen von absoluter Einzigartigkeit hervorgebracht: er ist innerhalb seiner biologischen Art von enormer genetischer Variabilität, die durch die Möglichkeit, nicht-genetische Information durch Erziehung weiterzugeben, noch verstärkt wird [26]. Der Unterschied z. B. zwischen einem etwas verkümmerten Mitglied eines Eingeborenenstammes und einem Beethoven oder Newton sei in seinem Ausmaß vergleichbar mit jenem «zwischen einem Schwamm und einem Säugetier» [27]. Der M. sei zudem dank seiner biologischen Ausstattung das einzige uns bekannte Wesen, das mit «Vernunft, Zweck und dem Streben nach Höherem begabt» ist [28] und das deshalb seine Umwelt nach seinen eigenen Maßstäben verändern kann [29]. Diese Einzigartigkeit verleihe ihm die Macht, den Fortschritt – «bis jetzt ein seltenes und launenhaftes Nebenprodukt der Evolution» – «zum Hauptmerkmal seiner künftigen Entwicklung zu machen» und mit Hilfe seiner Wissenschaft und Vernunft «weniger langsame, weniger verschwenderische und weniger grausame Methoden wirkungsvoller, fortschrittlicher Veränderung an Stelle der natürlichen Auslese zu setzen, welche den niederen Organismen allein verfügbar ist» [30].

Wenn die Evolution es mit dem M. so 'herrlich weit' gebracht hat, warum sollte sie es nicht noch weiter bringen, nicht bloß zu einem noch vollkommeneren M., sondern – in einem weiteren Sprung über den M. hinaus – zu einem höheren Wesen? Der Gedanke an diese Möglichkeit hat die Evolutionstheorien von Anbeginn an begleitet: von E. DÜHRINGS oder G. B. SHAWS Vorstellung eines künftigen Über-M. [31] über E. RENANS idealistischen Glauben an einen aus dem menschlichen Bewußtsein entstehenden Gott [32] bis hin zu H. DRUMMONDS Deutung des Evolutionsprozesses als einer allmählichen Offenbarung des christlichen Gottes der Liebe [33]. Bei TEILHARD DE CHARDIN sind diese verschiedenen Tendenzen zu einem einzigen großen Amalgam zusammengeschmolzen. Die «Entzifferung des M.», die nach Teilhard nur betrieben werden kann als «eine Untersuchung über die Art, wie sich die Welt gebildet hat, und wie sie fortfahren muß, sich zu bilden» [34], sagt ihm, daß der M. nicht «fester Weltmittelpunkt» ist, sondern – noch «schöner» – «Achse und Spitze» einer kosmischen Entwicklung [35] vom Uratom bis hin zu einem künftigen Punkt Omega, in dem es, gemäß dem Pauluswort, nur noch Gott geben wird, «alles in allem» [36]. Dieser kosmische Evolutionsprozeß verläuft, wie Teilhard es sieht, in zwei gegenläufigen Richtungen: astronomisch vom unendlich Kleinen zum unendlich Großen, physikalisch-chemisch vom ganz Einfachen zum äußerst Komplizierten, in dessen Verlauf sich das Universum nach innen zu Organismen zusammenrollt und nach Verinnerlichung, nach Zunahme von Bewußtsein strebt [37]. Im «Ichbewußtsein» des M. hat dieser Verinnerlichungs- oder Involutionsprozeß, wie ihn Teilhard im Anschluß an Drummond nennt, einen neuen Schwellenwert erreicht: Im Leben des Individuums treten entscheidend innere Ordnungsfaktoren auf, die den äußeren übergeordnet sind: echte Kräfte der Anziehung und Abstoßung (Sympathie und Antipathie) lösen die Pseudo-Anziehungs- und -Abstoßungskräfte der unteren Lebensformen ab, und «infolge des neuen und revolutionären Vermögens, die Zukunft vorauszusehen», erwacht im Bewußtsein jedes Einzelnen das Verlangen nach «unbegrenztem Weiterleben» [38].

Mit der ersten «elementaren M.-Werdung, die im einzelnen Individuum gipfelt», ist aber für Teilhard der kosmische Verinnerlichungsprozeß noch nicht am Ende; eine «zweite M.-Werdung» setze sich über unseren Häuptern fort, «diesmal eine kollektive, die die ganze Art umfaßt» «und uns alle aneinanderdrückt, in einer Umarmung, die uns vollkommen machen will, indem sie uns zugleich organisch an alle anderen bindet» [39]. Die Menschheit werde sich so in einem «zweiten kritischen Reflexionspunkt» sammeln, der «kollektiv und übergeordnet ist und in dem sich «der Kontakt vollziehen werde zwischen dem Denken, das aus der Involution der Materie entstanden ist, und einem transzendenten Brennpunkt Omega, dem Prinzip, das eine Rückwärtsentwicklung unmöglich macht und zugleich Antrieb ist und Sammler dieser Involution» [40].

Die Annahme, daß die drei «psychobiologischen Eigenschaften», die sich bei der ersten M.-Werdung herausgebildet haben, bei der zweiten im «Erdmaßstab» erneut herausbilden werden [41], erlaubt es Teilhard, in seinem Involutionsprozeß beinahe alles zusammenlaufen zu lassen, was Aufklärung und spekulativer Idealismus sich an Menschheitszielen je haben erträumen lassen: eine auf der Fähigkeit zur Erfindung beruhende globale Perfektion von Wissenschaft und Technik, eine aus der Fähigkeit der Attraktion (der universalen Liebe) entspringende Weltordnung und eine dem Verlangen nach unzerstörbarer Existenz entsprechende Vollendung der Welt in einem «Himmlischen Jerusalem», einer «Neuen Erde» [42]. Auf die Frage, wie die Menschheit je zu diesem Ziele kommen werde, hat Teilhard ebenfalls alle Antworten bereit, die es auf diese Frage je gegeben hat: bei gut Glück – und bei sehr großen Gesamtheiten, wie sie das Masse der Menschheit darstelle, wachse in der Regel die Erfolgsaussicht – schafft es die «Energie der kosmischen Involution» von selbst [43], dennoch ist der M. aufgerufen, ununterbrochen an der Vollendung der Welt mitzuwirken [44], «immer und immer wieder» sich selbst zu überholen und sich selbst zu entreißen [45], und dies auch dann, wenn er als «gläubiger Christ» darauf bauen kann, «daß der Enderfolg der M.-Werdung ... durch die 'Wiederbelebungskraft' des in seiner Schöpfung Fleisch gewordenen Gottes verbürgt ist» [46]. In bezug auf die Frage jedoch, wie alle diese Dinge zusammengehen können, ist Teilhard ungefähr bei dem Punkt angelangt, von dem die Romantiker und deutschen Idealisten ausgegangen sind – eine gedankliche Entwicklung einleitend, die in der von Teilhard emphatisch begrüßten triumphalen M.-Werdung kaum mehr als eine fatale kosmische Entartungserscheinung zu sehen vermag.

Anmerkungen. [1] ARISTOTELES, De hist. anim. VIII, 1, 588 b 2-589 a 8. – [2] a.O. I, 6, 491 a; VIII, 1. 2; De part. anim. II, 7, 653 a 28-b 5; IAMBLICHOS, Protr. B 109. – [3] C. v. LINNÉ: Systema naturae (1766). – [4] J. W. v. GOETHE: Entwurf einer allg. Einl. in die vergl. Anat., ausgehend von der Osteol. (1796). Weimarer A. II/8, 66. – [5] Vgl. etwa ARISTOTELES, De gen. anim. II, 3, 736 b 3-28. – [6] J. W. v. GOETHE: Naturwiss. Schr. Zur Morphol., Versuch aus der vergl. Knochenlehre (1784) a.O. [4] II/8, 91ff. – [7] Vgl. J. KOCH: Sind die Pygmäen M.? in: Arch. Gesch. Philos. 40 (1931) 207. – [8] ANAXIMANDER, VS 12 A 10. 11. 30; vgl. EMPEDOKLES, VS 31 A 72. – [9] FR. ENGELS: Die Entwickl. des Sozialismus von der Utopie zur Wiss. (1882). MEW 19, 205. – [10] CH. DARWIN: The origin of species (London 1859) 489; Entstehung der Arten, dtsch. H. G. BRONN (⁴1870) 514. – [11] A. R. WALLACE: The origin of human races and the antiquity of man deduced from the theory of «natural selection». J. anthropol. Soc. Lond. 2 (1864) CLXIXf.; vgl. Darwinismus, dtsch. D. BRAUNS (1891) 741. – [12] H. SPENCER: Social statics (1892). Works 11 (1966) 31. – [13] T. H. HUXLEY, Evolution & ethics, in: Coll. essays 9 (1893/94, ND 1970) 83; vgl. auch G. ROMANES: A candid examination of theism (1878) 171. – [14] HUXLEY, ebda. – [15] 9, 81. – [16] 9, 82. – [17] 9, 81. – [18] 9, 114, N. 20. – [19] H. BERGSON: Evolution créatrice (1907); dtsch. Schöpferische Entwickl. (1921) 255. – [20] a.O. 270. – [21] ebda. – [22] Les deux sources de la moral et de la relig. (1932); dtsch. Die beiden Quellen der Moral und der Relig. (1933) 312. – [23] ebda. – [24] a.O. 317. – [25] L. MORGAN: Instinct and experience (²1913) 180. – [26] J. HUXLEY: Man in the modern world (1947); dtsch. I. LEHMANN/W. REUPKE (1950) 16. – [27] a.O. 17. – [28] 44. – [29] ebda. – [30] ebda. – [31] E. DÜHRING: Der Werth des Lebens (³1881) 86. 194; G. B. SHAW: Preface to «Man and superman», in: Compl. prefaces of Bernard Shaw (1965) 179; vgl. Der Über-M. Eine Diskussion, hg. E. BENZ (1961). – [32] E. RENAN, Oeuvres compl. 1 (1947) 623. – [33] H. DRUMMOND: The Lowell lectures on the ascent of man (1894) ch. 10, 428. – [34] P. TEILHARD DE CHARDIN: Le phénomène humain (Paris 1955); dtsch. O. MARBACH: Der M. im Kosmos (1959) 277.
– [35] a.O. 9. – [36] a.O. 290. – [37] a.O. 297. – [38] a.O. 300. – [39] 302. – [40] 304. – [41] 303. – [42] Le milieu divin (Paris 1957); dtsch. J. V. KOPP: Der göttl. Bereich (1962) 43. – [43] a.O. [34] 305. – [44] a.O. [42] 45. – [45] 60. – [46] a.O. [34] 305 Anm.

A. HÜGLI

2. *Der M. als Wille und Trieb.* – Kants These, daß die Herstellung einer weltbürgerlichen Verfassung als «die Vollziehung eines verborgenen Plans der Natur» angesehen werden könne, jedenfalls nicht nur als Resultat vernunftgeleiteter menschlicher Aktion, impliziert die – hypothetisch vorgetragene – Übereinstimmung von Naturabsicht und Vernunftzweck [1]. Die konservative Gegenthese rekurriert ebenfalls auf die Natur. Sie spielt die «von Natur gestifteten, nicht zu zerstörenden Ungleichheiten des Alters, des Geschlechts, des Vermögens, der Talente usw.» aus gegen «die versuchte Realisierung des philosophisch genannten Staats-Systems». Wenn aber «die Allgewalt der Natur sich seiner Ausführung entgegensetzt» [2], steht sie einer politisch gedachten Vollendung der M. im Wege. Das mit dieser Entgegensetzung bezeichnete Problem hat eine Fülle von Lösungsversuchen gezeitigt, die ihren gemeinsamen Nenner darin haben, daß sie das Naturverhältnis des M. als letztlich nicht widersprüchlich aufzufassen suchen – und auch darin übereinstimmen, daß sie die Widersprüchlichkeit schließlich zugeben.

SCHELLING konstatiert einen «Parallelismus der Natur mit dem Intelligenten» [3] und gibt damit den entscheidenden Hinweis für die Lösung des Problems, die gleichwohl auch Schelling nicht dauerhaft befriedigte. Schellings Ansatz ist subtil: Er akzeptiert und pointiert die Entgegensetzung von M. und Natur. Indem er aber die Denkbarkeit der Natur behauptet, reklamiert er die prinzipielle Aufhebbarkeit der Entgegensetzung und damit die prinzipielle Möglichkeit der Autonomie des Ich. Die Denkbarkeit der Natur zeigt, daß der Gegensatz von Natur und Denken vom Denken selbst hervorgebracht worden ist. Dieser Gedanke führt zur entscheidenden Konsequenz Schellings: Das Denken begegnet in der Natur seiner eigenen Vergangenheit, seiner unbewußten Produktion, seinen verdrängten Produkten. Die Natur ist «eine dem wirklichen oder empirischen Bewußtseyn vorausgehende transcendentale Vergangenheit dieses Ich» [4]. Der M. ist in seiner Natur auf eine ihm selbst unbegreifliche Weise mit sich identisch. Diese Identität mit Bewußtsein wiederherzustellen, ist für Schelling das unerreichbare Ziel der Geschichte. Das Ziel wäre erreicht, wenn «der M. durch Freiheit an denselben Punkt zurückgekehrt sein wird, auf welchen ihn ursprünglich die Natur gestellt hatte, und den er verließ, als die Geschichte begann» [5].

Schellings Position hat Parallelen und vielfältige Weiterführungen. SCHILLER hält den M. für befähigt, «die Schritte, welche jene [die Natur] mit ihm antizipierte, durch Vernunft wieder rückwärts zu tun, das Werk der Not in ein Werk seiner freien Wahl umzuschaffen und die physische Notwendigkeit zu einer moralischen zu erheben» [6]. FR. SCHLEGELS Satz: «Der M. ist ein schaffender Rückblick der Natur auf sich selbst» [7] klingt an bei J. HILLEBRAND, dessen ‹Anthropologie› wie die von H. STEFFENS und J. CHR. A. HEINROTH 1822 erscheint: Der M. sei «an sich nichts weiter ... als die vollkommenste Selbstwiederholung der Natur, der sogenannte Mikrokosmus im Makrokosmus» [8]. STEFFENS beschwört den M. als «das ordnende Prinzip der ganzen Natur» [9]. «Wenn der M. sich selbstsüchtig trennt von der Natur, trennen sich die Dinge ... und da diese, als das ursprüngliche erscheinen, so muß der M., als unterwürfig, als Product seines eigenen Schattens, als das Erzeugniß seiner eigenen Gespenster erscheinen» [10].

SCHELLINGS These freilich, die diesen Positionen zugrunde liegt, daß nämlich der M. in seiner Natur auf eine ihm selbst unbegreifliche Weise mit sich identisch ist, ist auch einer anderen Weiterführung fähig. Schelling hat das in seiner weiteren Entwicklung selbst gesehen. Die Entgegensetzung von M. und Natur dürfte für die ursprüngliche Einheit, das Absolute, aus dem sie hervorging, nicht statthaben und nicht von ihm ausgehen. «Mit einem Wort, vom Absoluten zum Wirklichen gibt es keinen stetigen Übergang, der Ursprung der Sinnenwelt ist nur als ein vollkommenes Abbrechen von der Absolutheit, durch einen Sprung denkbar.» Durch den Makel der Entgegensetzung ist damit nur das Verhältnis von M. und Natur heillos. «Durch jene Katastrophe ... sind wir ... von unserer eigenen Vergangenheit gleichsam geschieden, wie durch eben diese Katastrophe über die ganze Schöpfung, welch eigentlich die Geschichte unserer früheren Vergangenheit enthält, ein Schleier geworfen worden, den allerdings kein Sterblicher aufzuheben ... vermag» – damit ist die Geschichte «nun ganz auf den M. eingeschränkt ..., der M. der Mittelpunkt geworden.» Schelling zieht die Konsequenz: «Wie die Natur ihren wahren Einheitspunkt verloren hat, hat ihn auch die Menschheit verloren ... Gott kann ihnen nicht mehr ihre Einheit sein, also müssen sie eine Natureinheit suchen ... Die Natureinheit, diese zweite Natur über die ersten, zu welcher der M. notgedrungen seine Einheit nehmen muß, ist der Staat.» Diese Konsequenz ist aber überlagert von der «Absicht der Philosophie in bezug auf den M. ..., ihn von dem Zufälligen, das der Leib, die Erscheinungswelt zu ihm hinzugebracht haben, so rein wie möglich zu scheiden und auf das Ursprünglich zurückzuführen» [11].

Mit der Aufkündigung der spekulativen Allianz von Vernunft und Natur muß die ihn weiterhin bestimmende Natur dem M. als undurchschaubar und bedrohlich erscheinen. Die Vernunft wird sich ihrer Bedingtheit und Gefährdung bewußt. Für dieses Bedingungsverhältnis gibt SCHOPENHAUER das Modell. Der M. wird als «deutlichste und höchste Objektivation» des Willens gedacht, «begleitet ... von der Stufenfolge abwärts durch alle Gestaltungen der Thiere, durch das Pflanzenreich, bis zum Unorganischen ... sie bilden eine Pyramide, deren Spitze der M. ist» [12]. In dieser Reihe hat der M. eine Sonderstellung. «Der Wille, als das Ding an sich, ist der gemeinsame Stoff aller Wesen, das durchgängige Element der Dinge ... Dagegen ist das, was Wesen über Wesen, M. über M. erhebt, die Erkenntnis» [13]. Sie macht das anthropologische Spezifikum aus in der Folge der Objektivation des Willens durch die Natur bis hin zum M. «Der ganze Prozeß ist die Selbsterkenntnis des Willens, geht von diesem aus und läuft auf ihn zurück» [14]. «Erst ... beim Eintritt der Vernunft, also im M., gelangt das innere Wesen der Natur (der Wille zum Leben) zu Besinnung» [15]. Der M. ist «Verständigungspunkt» des Willens in seinen Erscheinungen. Aus dem ursprünglichen «Dienst des Willens» [16] befreit sich der M. – zumindest auf Augenblicke – und erlöst damit ineins den Willen von seinem Wollen. Aber eben nur auf Augenblicke – im übrigen aber bleibt er der Irrationalität und Unberechenbarkeit des Willens unterworfen. Denn der Wille findet nicht, auch nicht durch den M., zu seiner *adäquaten* Erscheinung – die «vollkommene Manifestation» ist nur Idee [17]. Letztlich ist für Schopenhauer sogar die Objektivation als Bejahung des Willens sinnlos. Zwar gilt: «Der M. [ist] die Bejahung des Willens zum Leben auf ihrer höchstmöglichen Objektivationsstufe» [18], doch entspräche es der Einsicht des Philosophen, ihn zu verneinen. So bleibt «der Wille, dessen Objektivation das M.-Leben wie jede Erscheinung ist, ein Streben ohne Ziel und Ende» [19].

Die bei Schopenhauer latente, aber nicht einzulösende Leitidee der *vollständigen* Objektivation des Willens und der Erlösung vom Willen wird von NIETZSCHE aufgegeben. Das Leiden des endlosen Wollens an sich selbst wird umgedeutet in die Bejahung des Lebens, dem Endgültigkeit nicht zukommt. «Das Leben unterstützen – zum Leben verführen, ist demnach die jeder Erkenntniß zu Grunde liegende Absicht, das unlogische Element, welches als der Vater jeder Erkenntniß auch die Grenzen derselben bestimmt» [20]. Entsprechend übersetzt Nietzsche: «Wahr heißt: 'für die Existenz des Menschen zweckmäßig'» [21]. «Der sogenannte Erkenntnistrieb ist zurückzuführen auf einen Aneignungs- und Überwältigungstrieb: diesem Trieb folgend haben sich die Sinne, das Gedächtnis, die Instinkte usw. entwickelt» [22]. Die derart mögliche Bejahung des in sich riskanten Lebens bleibt abhängig von den darin verschlungenen Interessen und Interpretationen: «Was ist gut? – Alles, was das Gefühl der Macht, die Macht selbst im M. steigert» [23]. Moralische Urteile und perspektivische Schätzungen entsprechen lebenspraktischen Interessen und gehen ein in unser Erkennen; daraus ergibt sich die Stimmigkeit dieser Überwältigungs- und Aneignungsformen des Lebens. Nietzsche erwägt, «ob nicht alles bewußte Wollen, alle bewußten Zwecke, als Wertschätzungen vielleicht nur Mittel sind, mit denen etwas wesentlich Verschiedenes erreicht werden soll, als es innerhalb des Bewußtseins scheint ...» [24]. Dennoch hat gerade Nietzsche den Gedanken verfolgt, daß Erkenntnis und Werturteile lebensfeindlich werden. «Vielleicht selbst, dass die Menschheit an dieser Leidenschaft der Erkenntniss zugrunde geht.» «Eine solche Gesammt-Abirrung der Menschheit von ihren Grundinstinkten, eine solche Gesammt-Décadence des Werthurtheils ist das Fragezeichen par excellence, das eigentliche Räthsel, das das Thier 'M.' dem Philosophen aufgibt» [25].

Diese Sätze präludieren der im engeren Sinne lebensphilosophischen Entwicklung von Klages, Lessing bis hin zu Seidel. L. KLAGES und TH. LESSING betonen, anders als Schopenhauer und Nietzsche, die Unschuld und Unmittelbarkeit des Lebens, die der M. als durch Zivilisation und Wissenschaft entartetes Geisteswesen stört [26]. Es bleibt «ein ungelöstes Rätsel, auf welche Weise der Geist in den Kosmos einzudringen vermochte» [27]. Die Folge ist aber die Spaltung der Lebenspole, durch die der Geist den Bewußtseinsgegensatz ins Leben bringt und den Willen unterwirft. Störungen in der Lebensunmittelbarkeit werden nicht nur bewußt, sondern bewußt *gemacht*. Der Geist entsteht – so Lessing, anders als Klages – als Versuch des Lebens, seine Störungen zu beheben, der aber entartet. Die Konsequenz A. SEIDELS ist naheliegend: Das Leben erkrankt nicht erst am M., sondern leidet an sich selbst, am hypertrophierten Triebleben. «Wenn Geist die Sublimierung des hypertrophierten Trieblebens darstellt, ist Geist deshalb die schlimmste Krankheit der Tierspezies M.» [28]. Der Versuch der Bändigung dieser Triebdämonie durch Ideologie und Sublimierung ist zeitweilig erfolgreich. Aber gerade indem ihre Wirkungsweise bewußt gemacht wird, verlieren sie ihre Wirkung. «Der Bewußtwerdungsprozeß ist nur Mittel und Symptom dieses Durchbruchs der Triebdämonie des abendländischen M.» [29]. Auch die Aufdeckung der Mechanismen des Unbewußten durch die Psychoanalyse hebe ans Licht, was nicht bewußt gemacht werden darf.

Diese Kritik richtet sich mit Freud gegen Freud. Denn auch für FREUD ist der M. durch seine Natur determiniert, kann sie sich aber nicht direkt vergegenwärtigen. Innerhalb des psychischen Apparats des M. ist das Ich nur scheinbar frei und in Wirklichkeit *fremdbestimmt* durch seine eigene Natur. Indem der M. darauf verwiesen ist, zur Erkenntnis seiner selbst auf seine unbewußte psychische Disposition zu rekurrieren, akzeptiert er, daß «das, was wir unser Ich heißen, sich im Leben wesentlich passiv verhält, daß wir ... 'gelebt' werden von unbekannten, unbeherrschbaren Mächten» [30]. Vermutlich Schopenhauer assoziierend, schreibt Freud von «dreierlei Dienstbarkeiten», unter denen das Ich steht; es leidet «unter den Drohungen von dreierlei Gefahren, von der Außenwelt her, von der Libido des Es und von der Strenge des Über-Ichs» [31]. Als Abwehr-, Realisierungs- und Vermittlungsinstanz wird damit das Ich funktional definiert: «Als Grenzwesen will das Ich zwischen der Welt und dem Es vermitteln, das Es der Welt gefügig machen und die Welt mittels seiner Muskelationen dem Es-Wunsch gerecht machen» [32]. Die Psychoanalyse erlaubt nicht, die Kompatibilität von Antrieben und reellen Befriedigungschancen anzunehmen. Für Freud bleibt der M. «ein unermüdlicher Lustsucher» [33].

Anmerkungen. [1] I. KANT, Idee zu einer allg. Gesch. in weltbürgerl. Absicht, 8. Satz. Akad.-A. 8, 27. – [2] C. L. v. HALLER: Restauration der Staatswiss. ... 1-6 (1916-34, ND 1964) 1, 288. – [3] F. W. J. SCHELLING, Werke, hg. K. F. A. SCHELLING 3, 399. – [4] a.O. 10, 94. – [5] 3, 589. – [6] FR. v. SCHILLER, Säkular-A. 12, 7. – [7] FR. SCHLEGEL, Charakteristiken und Kritiken I. Athenäum, Ideen, Nr. 28. – [8] J. HILLEBRAND: Die Anthropol. als Wiss. (1822) 1, 210f.: § 70; vgl. J. CHR. A. HEINROTH: Lb. der Anthropol. zum Behuf acad. Vorträge und zum Privatstudium (1822) 1, 670. – [9] H. STEFFENS: Anthropol. 1-2 (1822) 1, 345. – [10] a.O. 15. – [11] SCHELLING, a.O. [3] 6, 38f.; 13, 352f.; 7, 461; 6, 26f. – [12] A. SCHOPENHAUER, Sämtl. Werke, hg. W. VON LÖHNEYSEN (1968, ²1976) 1, 226f. – [13] a.O. 5, 701f. – [14] 2, 335; vgl. 1, 556. – [15] 2, 206. – [16] 1, 441. 530. – [17] 5, 492. – [18] 5, 320. – [19] 1, 440. – [20] FR. NIETZSCHE, Werke, hg. G. COLLI/M. MONTINARI (1967ff.) III/3, 191. – [21] a.O. V/1, 636. – [22] VIII/3, 118. – [23] VIII/2, 434. – [24] VII/1, 696. – [25] V/1, 269; VIII/2, 331. – [26] TH. LESSING: Gesch. als Sinngebung des Sinnlosen (1962) 32. – [27] L. KLAGES: Der Geist als Widersacher der Seele (1929-1932) 3/1, 1238. – [28] A. SEIDEL: Bewußtsein als Verhängnis (1927) 216. – [29] a.O. 203. – [30] S. FREUD, Ges. Werke 13, 251. – [31] 8, 286. – [32] ebda. – [33] 6, 142. R. ROMBERG

3. *Der Begriff des M. im Marxismus.* – «Die Selbsterzeugung des M.», interpretiert der frühe MARX, sei Hegels Einsicht zufolge ein «Prozeß», der M. selbst «Resultat seiner eigenen Arbeit» [1]. In der Arbeit als Form der Auseinandersetzung mit der Natur erzeugt sich der M., und «indem er ... auf die Natur außer ihm wirkt, verändert er zugleich seine eigene Natur» [2]. Gemäß dieser Einsicht geht Marx in seinen anthropologischen Aussagen vom Verhältnis des M. zur Natur, einschließlich der eigenen, aus.

Das Naturverhältnis des M. ist zugleich und immer schon gesellschaftlich, und zwar so, daß die gesellschaftlichen Verhältnisse ihrerseits bedingt sind durch das Naturverhältnis des M. Dieser Ansatz ist zentral für Marx, insofern er zum einen erlaubt, die gesellschaftlichen Verhältnisse des M. aus seinem Naturverhältnis zu begreifen, und zum anderen ermöglicht, die gesellschaftlichen Zusammenhänge zu analysieren, die die M. daran hindern, das im Naturverhältnis erarbeitete menschliche Potential auszuschöpfen. Marx betont, «daß eine bestimmte Produktionsweise oder industrielle Stufe stets mit einer bestimmten Weise des Zusammenwirkens der gesellschaftlichen Stufe vereinigt ist, und diese Weise des Zusammenwirkens ist selbst eine 'Produktivkraft', so daß die Menge der den M.en zugänglichen Produktivkräfte den gesellschaftlichen Zustand bedingt und also die 'Geschichte der Menschheit' stets im Zusammenhange mit der Geschichte der Industrie und des Austausches studiert und bearbeitet werden muß» [3].

Die Gesellschaftlichkeit des M. ergibt sich für Marx als 'Weise des Zusammenwirkens' der in der materiellen Produktion vereinigten Individuen. «In der gesellschaftlichen Produktion ihres Lebens gehen die M. bestimmte, notwendige, von ihrem Willen unabhängige Verhältnisse, Produktionsverhältnisse ein, die einer bestimmten Entwicklungsstufe ihrer materiellen Produktivkräfte entsprechen» [4]. Unter Voraussetzung des höchstentwickelten Standes der Produktivkräfte vermögen die M. ihre Produktion mit Willen und Bewußtsein zu steuern. «Die allseitige Abhängigkeit, diese naturwüchsige Form des weltgeschichtlichen Zusammenwirkens der Individuen, wird durch diese kommunistische Revolution verwandelt in die Kontrolle und bewußte Beherrschung der Mächte, die, aus dem Aufeinander-Wirken der M. erzeugt, ihnen bisher als durchaus fremde Mächte imponiert und sie beherrscht haben» [5].

Seine Erwartungen, bis zu welchem Grad der M. sein Naturverhältnis entwickeln könne, hat Marx zunehmend vorsichtiger ausgesprochen. In der ‹Deutschen Ideologie› hatte er noch gehofft, daß «in der kommunistischen Gesellschaft ... jeder nicht einen ausschließlichen Kreis der Tätigkeit hat, sondern sich in jedem beliebigen Zweige ausbilden kann, die Gesellschaft die allgemeine Produktion regelt und mir eben dadurch möglich macht, heute dies, morgen jenes zu tun, morgens zu jagen, nachmittags zu fischen, abends Viehzucht zu treiben, nach dem Essen zu kritisieren, wie ich gerade Lust habe, ohne je Jäger, Fischer, Hirt oder Kritiker zu werden» [6]. In den ‹Grundrissen› knüpft Marx die Arbeit (des künftigen M.) «als Selbstverwirklichung, Vergegenständlichung des Subjekts», an die Bedingung, «daß 1) ihr gesellschaftlicher Charakter gesetzt ist, 2) daß sie wissenschaftlichen Charakters, zugleich allgemeine Arbeit ist, nicht Anstrengung des M. als bestimmt dressierter Naturkraft, sondern als Subjekt, das in dem Produktionsprozeß nicht in bloß natürlicher, naturwüchsiger Form, sondern als alle Naturkräfte regelnde Tätigkeit erscheint» [7]. Im ‹Kapital› schließlich wird die Trennung von schöpferischer und physischer Arbeit vollzogen. Arbeit als Selbstverwirklichung wird abgehoben in einem «Reich der Freiheit» oberhalb des «Reichs der Notwendigkeit» [8]; die physische Arbeit wird eine «ewige Naturbedingung des menschlichen Lebens», die «allen seinen Gesellschaftsformen gleich gemeinsam» [9] ist.

Gerade diese Trennung widerlegt die These, Marx habe den M. aufs Ökonomische reduziert. Selbst hier steht er noch in der Konsequenz seiner berühmten frühen Formulierungen, die unter dem Eindruck von Feuerbachs Konzeption der Sinnlichkeit gestanden hatten. Damals hatte Marx von «der wahrhaften Auflösung des Widerstreits des M. mit der Natur und mit dem M.» [10] als normativer Zukunftsperspektive vermittelter Gegenständlichkeit *und* Gesellschaftlichkeit gesprochen: «Weder die Natur – objektiv – noch die Natur subjektiv ist unmittelbar dem *menschlichen* Wesen adäquat vorhanden» [11]. Denn der M. ist dadurch frei, daß er sich selbst schafft, daß er «für sich seiendes Wesen» [12] ist bzw. wird, indem er nicht mehr «unter der Herrschaft des unmittelbaren physischen Bedürfnisses» produziert wie das Tier, sondern «erst wahrhaft produziert in der Freiheit von demselben» und frei «die Natur reproduziert» [13]. – Dieser Gedankengang ist in zweierlei Hinsicht bemerkenswert. Marx scheint als das spezifisch Menschliche anzusehen, daß der M. sich selbst hervorbringt: indem der M. sich in der Bedürfnisbefriedigung vom unmittelbaren Bedürfnis ablöst und seine natürliche Bestimmung überschreitet, ist der Anfang seines M.-Seins gemacht [14]. Der Gedanke der Loslösung vom unmittelbaren physischen Bedürfnis schließt aber dann so spekulative und später aufgegebene Kategorien ein wie ‹menschliches Wesen›, ‹Gattungswesen›, ‹Gegenständlichkeit›, ‹Gesellschaftlichkeit›, ‹Sinnlichkeit› und setzt im übrigen für die Zukunft ein krisenfest freundliches Verhältnis von M. und Natur schlicht voraus.

In den klassischen Schriften ist das Thema M. von Marx ökonomisch präzisiert, der Begriff der Natur realistischer gefaßt. Die Natur entfällt als Pendant menschlicher Selbstschöpfung, und die Frage nach der menschlichen Natur, nach der biologischen Natur des M. tritt zurück. Die Sterilität späterer anthropologischer Erörterungen im Marxismus ist schon beim späten Marx und bei Engels angelegt.

Die anthropologische Dimension wiederzugewinnen, ist das verbindende Motiv marxistischer *Neuansätze*. In der Regel versuchen sie, das anthropologische Defizit beim späteren Marx und im orthodoxen Marxismus durch Rückgriff auf den jungen Marx zu kompensieren, was dazu führt, daß «das Bild des Humanisten Marx immer größeren Glanz gewinnt» [15]. Sie betonen dabei, der M. definiere sich nicht nur durch sein Verhältnis *zur* Natur, sondern *in* den gesellschaftlichen Verhältnissen. Damit ist dem einzelnen M. wieder ein Handlungsspielraum eröffnet. Der M. wird verstanden als Wesen, das erst dabei ist, sich zu definieren, etwa als ein «freies» und «autonomes» Individuum (A. SCHAFF [16]) oder im Horizont von Zukunft (E. BLOCH [17]). Eine verwandte Position vertreten die Autoren der jugoslawischen Praxis-Gruppe. Sie erweitern den Begriff der Praxis zu «einer alles-schaffenden und selbstschaffenden Tätigkeit, eine Tätigkeit, in der der M. seine Welt und sich selbst verwandelt und erschafft» [18]. Die Einengung der marxistischen Theorie «auf die Beziehung zwischen Produktivkräften und Produktionsverhältnissen, zwischen Basis und Überbau» wird – hier von P. VRANICKI – kritisiert, um den M. als «erste Produktivkraft» und die Geschichte als «seine Praxis im weitesten Sinne des Wortes» auszuzeichnen. Das Argument, das dem M. die Möglichkeit der Selbstbestimmung und -schöpfung wieder zusichert, ist, «daß die Praxis selbst nicht nur Einwirkung auf die Natur ist, sondern auch praktische Gegenseitigkeit der menschlichen Beziehung überhaupt» [19]. Zugespitzter: «Das wesentliche Problem des Sozialismus [liegt] im Bereich der gesellschaftlichen Verhältnisse» [20]. Der M. findet das Feld seiner Selbstbestimmung nicht vorrangig in seinem Naturverhältnis, sondern, so wird betont, vor allem innerhalb seiner gesellschaftlichen Verhältnisse.

Eine Konsequenz daraus, daß der Marxismus in der Gegenwart zu fundieren ist, machen die Ansätze H. LEFÈBVRES und R. GARAUDYS deutlich: Beide liefern Theorien «des im Werden begriffenen M.». «Der Entwurf des ‹totalen M.en›» ist ebenso voller Offenheit und Zukunft wie «der totale M.» als «Subjekt und Objekt des Werdens» [21]. Die in «der sozialen Praxis» verankerte Theorie liefert die «Mittel ... und Voraussetzungen dafür ..., daß der M. Schöpfer seiner selbst wird» [22], in «einer ständigen Schöpfung des M. durch den M.» [23]. Es ist im übrigen ersichtlich, daß Garaudy und Lefèbvre vom Existentialismus provoziert sind; sie geben eine marxistische Antwort auf «die uns vom Existentialismus gestellte Frage» – überpointiert: eine marxistische Version der existentialistischen Variation der Formel vom M. als Schöpfer seiner selbst.

Anmerkungen. [1] K. MARX und FR. ENGELS, MEW, Erg.Bd. 1, 574. – [2] a.O. 23, 192. – [3] 3, 30. – [4] 13, 8. – [5] 3, 37. – [6] 3, 33. – [7] Grundrisse der Kritik der polit. Ökonomie (1953) 505. – [8] MEW 25, 828. – [9] 23, 198. – [10] Erg.bd. 1, 536. – [11] 579. – [12] ebda. – [13] 517. – [14] MEW 3, 28; vgl. FR. ENGELS, MEW 20, 323f. – [15] A. SCHAFF: Marxismus und das menschl. Individuum (1965) 8. – [16] a.O. bes. 183-217: Das Individuum und die Gesch. – [17] E. BLOCH: Experimentum mundi (1977) 228. – [18] G. PETROVIĆ: Wider den autoritären Marxismus (1969) 75. – [19] P. VRANICKI: Das anthropol. Element der materialist. Gesch.auffassung. Praxis 3, 237. – [20] Vgl. J. HABERMAS: Zur Rekonstruktion des Hist. Materialismus (1976). – [21] H. LEFÈBVRE: Probleme des Marxismus, heute (1965) 132. – [22] R. GARAUDY: Marxismus im 20. Jh. (1969) 81. – [23] a.O. 123.

Literaturhinweise. – Zur Bibliographie: M. LANDMANN und A. DIEMER s. Lit. zu III. – Zu den Voraussetzungen des modernen M.-Bildes: W. DILTHEY s. Lit. zu III. – M. BUBER: Das Problem des M. (1948). – E. THIER: Das M.-Bild des jungen Marx (1957). – W. BRÜNING: Philos. Anthropol. Hist. Voraussetzungen und gegenwärtiger Stand (1960). – H. WEIN: Philos. Anthropol., Metapolitik und polit. Bildung (1965). – CHR. GRAWE: Herders Kulturanthropol. (1967). – O. MARQUARD: Schwierigkeiten mit der Geschichtsphilos. (1973). – L. KOFLER: Aggression und Gewissen (1973). – L. SÈVE: Marxismus und Theorie der Persönlichkeit (²1973). – J. PASSMORE s. Lit. zu III. – G. RÜCKRIEM (Hg.): Hist. Materialismus und menschl. Natur (1978).

R. KONERSMANN / R. ROMBERG

V. 20. Jahrhundert. – 1. *Existenzphilosophie und Existentialismus.* – In der Existenzphilosophie (s.d.) erlebt die Selbstschöpfungsidee eine neue Blüte, obwohl man sich zum Teil polemisch gegen deren Formulierung im klassischen Humanismus (s.d.) absetzt. Was Existenzphilosophie und Existentialismus (s.d.) trotz ihrer offenkundigen Unterschiede miteinander verbindet, ist die These, daß der M. – in der Spannung von «Entwurf» und «Geworfenheit» [1] – sein Schicksal selbst zu verantworten habe.

Diese These verrät die Bedeutung S. KIERKEGAARDS für die Existenzphilosophie, denn sie expliziert genau die Entgegensetzung, die in analoger Form dessen Pseudonyme erörtern. So Assessor Wilhelm den Gegensatz von ethischem und ästhetischem Leben: «Was aber heißt ästhetisch leben, und was heißt ethisch leben? Was ist das Ästhetische in einem Menschen, und was ist das Ethische? ... das Ästhetische in einem Menschen ist das, wodurch er unmittelbar ist, was er ist; das Ethische ist das, wodurch er wird, was er wird» [2]. So auch Anti-Climacus in seiner Bestimmung des M. als Geist und des Geistes als eines Verhältnisses, das sich zu sich selbst verhält: «Ein solches Verhältnis ... muß entweder sich selbst gesetzt haben, oder durch ein Andres gesetzt sein». Und ein «solches abgeleitetes, gesetztes Verhältnis ist das M. Selbst, ein Verhältnis, das sich zu sich selbst verhält, und, indem es sich zu sich selbst verhält, zu einem Andern sich verhält» [3]. Das Selbst setzt sich selbst – dies ist die Seite seiner Freiheit oder seiner Möglichkeit, aber indem es sich setzt, erfährt es sich als schon gesetzt – dies ist die Seite seiner Notwendigkeit [4].

Diese Grundbestimmung – allerdings ohne die theologische Auslegung des Selbstseins als eines von Gott gesetzten Seins – wiederholt M. HEIDEGGER beinahe wörtlich in ‹Sein und Zeit›. In Absetzung von «metaphysischen» Konzeptionen [5], die Sein, Möglichkeit, Freiheit abstrakt begreifen, bestimmt er das Dasein (s.d.) als Möglichkeit und die Möglichkeit als daseiende. Daß er selbst das «Seinkönnen ... *ist*› [6] und sich als dies versteht, ist das Faktum M. «Der Entwurf des eigensten Seinkönnens» fällt zusammen mit dem «Faktum der Geworfenheit in das Da» [7]. Dies Faktum des Selbstverstehens des M. als Möglichkeit ist der «geworfene Entwurf», den zu realisieren die «perfectio des Menschen» ausmacht [8]. – Heidegger entfernt sich später von dieser Position. Begegnet Sein zunächst nur im Rahmen der Selbsterschlossenheit menschlichen Daseins, so wird das Sein nun überhöht zu einer Instanz, die dem M. sein Erschlossensein *gewährt*. Nicht besitzt der M. Freiheit, sondern die Freiheit «besitzt den Menschen»; sie ist es, die ihm «den alle Geschichte erst begründenden und auszeichnenden Bezug zu einem Seienden im Ganzen als einem solchen gewährt» [9]. Nun ist es das «Sein selbst, das den M. in die Existenz des Daseins als sein Wesen schickt» [10] und als dessen «Hirt» und «Nachbar» der M. das «Geschick» seines Wesens finden soll [11].

Dieses Sein nennt K. JASPERS – in enger Anlehnung an Kierkegaards Sprachgebrauch – unverhohlen wieder beim alten Namen: Es ist Gott. «Dem Menschen ist gegeben, aus Freiheit mit seinem Dasein gleichsam wie mit einem Material umzugehen» [12], «Menschsein ist Menschwerden» [13]. Die Freiheit des M. ruft jedoch nach «Führung durch Gott» [14]: «Wo ich eigentlich frei bin, bin ich gewiß, daß ich es nicht durch mich selbst bin» [15]. Mit der Bestimmung des M. als eines für die Transzendenz offenen Wesens [16] steht Jaspers nicht allein. G. MARCEL kommt mit seiner Kennzeichnung des M. als «homo viator» (s.d.) Jaspers' Position nahe. Verwandtes klingt auch bei M. BUBER an, der das im Dialog sich ausdrückende und auf der «fundamentale[n] Tatsache der menschlichen Existenz» – «der Mensch mit dem Menschen» – [17] beruhende Ich-Du-Verhältnis (s.d.) auf Gott als den eigentlichen Bezugspunkt des M. ausweitet. Späte Bestätigung von Jaspers' Position ist noch erkennbar in der für W. WEISCHEDEL «entscheidenden Frage des Menschseins» [18], daß im menschlichen Gewissen «das Absolute selbst uns anrührt» [19] und uns den Blick öffnet für «unverwerfliches Tun und Sein» [20].

Für den atheistischen *Existentialismus* eines J.-P. Sartre und A. Camus dagegen gibt es nichts, was den M. auf irgendeine Weise festlegen könnte. CAMUS' «Mensch in der Revolte» muß «leben und sterben lernen» ohne Gott und, entscheidender noch, ohne selbst Gott sein zu wollen [21]. SARTRE zieht aus der Nicht-Existenz Gottes den Schluß, daß es «keine menschliche Natur» geben kann, da es «keinen Gott gibt, um sie zu entwerfen» [22]. Der M. ist ein Wesen, «bei dem die Existenz der Essenz vorausgeht, ein Wesen, das existiert, bevor es durch irgendeinen Begriff definiert werden kann», und dies bedeute, «daß der Mensch zuerst existiert, sich begegnet, in der Welt auftaucht und sich *danach* definiert» [23]. Die These vom Vorrang der Existenz vor der Essenz – für die Sartre sich auf HEIDEGGER beruft und die dieser als metaphysisch zurückweist [24], nachdem er diese Entgegensetzung durch den Gedanken der Selbsterschlossenheit menschlichen Daseins überwunden zu haben glaubte –

schließt nach SARTRE insbesondere ein: «Der Mensch ist verurteilt, frei zu sein. Verurteilt, weil er sich nicht selbst erschaffen hat, anderseits aber dennoch frei, da er, einmal in die Welt geworfen, für alles verantwortlich ist, was er tut» [25].

Der «erste Grundsatz des Existentialismus»: «der Mensch ist nichts anderes als wozu er sich macht» [26], begegnet auch bei Autoren, die kaum dieser Richtung zuzurechnen sind, so bei N. HARTMANN, für den der M. «in Wahrheit jederzeit erst das [ist], was er kraft der Idee, die er von sich hat, aus sich macht» [27], und der – ähnlich wie später PLESSNER [28] – die menschliche «Gabe der verantwortlichen Entscheidung» betont [29]; so auch bei H. LIPPS, der in der Tatsache, daß die menschliche Existenz «überhaupt nicht 'bestimmt'» sei [30] und der M. «sich zu sich selbst ... *macht*» [31], auch die Gefahr des Scheiterns, der Entwicklung zum Bösen mitgegeben sieht. Diesen Aspekt hat insbesondere auch J. ORTEGA Y GASSET mit seiner Kennzeichnung des M. als «Homo insciens» (s.d.) thematisiert: Für den M. gibt es weder Sicherheit noch Gewißheit, er ist «ein lebendes Problem, ein absolutes und gefahrvolles Abenteuer» [32].

Anmerkungen. [1] M. HEIDEGGER: Sein und Zeit (^{13}1976) 145f. – [2] S. KIERKEGAARD, Entweder – Oder, hg. E. HIRSCH (1957) 2, 189f. – [3] Krankheit zum Tode, hg. E. HIRSCH (1957) 9. – [4] a.O. 32ff. – [5] M. HEIDEGGER: Brief über den Humanismus. Gesamt-A. 9 (1976) 321. – [6] a.O. [1] 144. – [7] 148. – [8] 199. – [9] Vom Wesen der Wahrheit (^{4}1961) 17. – [10] Zur Seinsfrage (^{3}1967) 28. – [11] a.O. [5] 341f. – [12] K. JASPERS: Einf. in die Philos. (^{15}1973) 52. – [13] a.O. 57. – [14] 53. – [15] 51. – [16] Philos. 3 (^{3}1956) 187. – [17] M. BUBER: Das Problem des M. (^{4}1971) 164. – [18] W. WEISCHEDEL: Wirklichkeit und Wirklichkeiten (1960) 219. – [19] a.O. 218. – [20] 214. – [21] A. CAMUS: L'homme révolté (Paris 1951); dtsch. Der Mensch in der Revolte (1953) 329. – [22] J.-P. SARTRE: L'existentialisme est un humanisme (Paris 1946); dtsch. in: Drei Essays (1973) 11. – [23] a.O. 11. – [24] HEIDEGGER, a.O. [5] 328. – [25] SARTRE, a.O. [22] 16. – [26] 11. – [27] N. HARTMANN: Naturphilos. und Anthropol. Bl. dtsch. Philos. 18 (1944) 28; vgl. Einf. in die Philos. (^{2}1949) 116ff. – [28] H. PLESSNER: Über einige Motive der philos. Anthropol. Stud. gen. 9 (1956) 448ff. – [29] HARTMANN, a.O. [27] 38. – [30] H. LIPPS: Die menschl. Natur (1941) 143. – [31] a.O. 136. – [32] J. ORTEGA Y GASSET: Der M. und die Leute (dtsch. 1957) 39. R. KONERSMANN/Red.

2. *Anthropologie.* – Mit der Abkehr von der Geschichtsphilosophie und einer erneuten Wende zur Natur etabliert sich in der Gegenwartsphilosophie die Anthropologie als systematische Disziplin. Sie erforscht – nach M. SCHELERS Formulierung – die «Stellung des M. im Kosmos» [1]. Der M. ist Teil der Natur; dennoch ist es das zentrale Problem der Anthropologie, «die Sonderstellung des M.» im «gesamten Aufbau der biopsychischen Welt» zu klären [2]. Für Scheler ist sie durch den Geist definiert. «So ist der M. als Geistwesen das sich selber als Lebewesen und der Welt überlegene Wesen» [3]. Der Geist durchdringt die natürliche Verfassung des M. Er erscheint als Person «innerhalb endlicher Seinssphären» [4]. Das bedeutet, daß die Sonderstellung des M. sich in der Natur zeigt und gezeigt werden kann.

Wer demgegenüber wie die meisten Anthropologen, Verhaltensforscher und Etologen darauf verzichtet, die Sonderstellung des M. mit seiner Geistbegabtheit zu erklären, sieht sich genötigt, die Frage zu beantworten, ob überhaupt und, wenn ja, aufgrund welcher Eigenschaften oder Verhaltensweisen dem M. eine Sonderstellung in der Natur zukommt. Für *Anthropologen* wie H. Plessner, A. Portmann und A. Gehlen besteht kein Zweifel, daß dem M. zu Recht eine Sonderstellung eingeräumt wird, nur eben nicht wegen seines Geistseins. Das über ihre gemeinsame Kritik an Scheler hinaus Verbindende ihrer Positionen liegt darin, daß sie – im Unterschied zur Verhaltensforschung – den M. nicht als Wesen bestimmen, das in seiner Umwelt aufgeht oder durch die Form seiner Auseinandersetzung mit der Natur definiert wird. Für PLESSNER und PORTMANN transzendiert der M. seine Umwelt – für GEHLEN hat er keine und schafft sich desto dringlicher eine. Bei PORTMANN und PLESSNER ist der M. durch seine Fähigkeit zur «Selbstdarstellung» [5] herausgehoben, die seine «exzentrische Positionalität» ausmacht [6]. Sie läßt sich nicht als instrumentales oder strategisches Handeln auffassen oder darauf zurückführen. Folglich kann der M. nicht allein in seinem Umweltbezug charakterisiert werden. In seiner Exzentrizität steht nach PLESSNER der M. der Natur gegenüber; sie erweist sich aber zugleich und notwendig *in* seinem Naturverhältnis. Diese «Gebrochenheit» [7] läßt die Umwelt nicht als unmittelbare in den Blick kommen, sondern führt zu der produktiven Konsequenz, daß Umwelt stets als geschaffene, artefakte Welt, als Kultur sich ausbildet. Sie ist Ausdruck menschlicher Schöpfung. Die «Selbstdarstellung» tritt neben «Selbsterhaltung» und «Arterhaltung» [8] und manifestiert sich *in* ihnen. Der M. ist – so PORTMANN – ein Sozialkulturwesen, weil er ein 'sekundärer' Nesthocker» ist [9]. Der natürliche Mangel an Umweltgebundenheit und Instinktsicherheit wird durch menschliche Tätigkeit noch verstärkt und zugleich kompensiert. Portmann schließt daraus, daß die Hominisation noch nicht abgeschlossen sei: «Der M. ist im Werden» [10]. Er bedarf der kulturellen Weiterbestimmung. «Die vorgegebenen, angeborenen Anlagen unseres Sozialverhaltens können nur Anlagen sehr weiter, allgemeiner Art sein – entscheidend ... sind Ausprägungsvorgänge in der Werdeperiode und die Tatsachen der Sozialwelt» [11].

Der Gedanke, daß die relative Zurückgebliebenheit des menschlichen Organismus bei der Geburt (seine «Neotenie» [12]) und die Instinktschwäche des M. die Bedingungen der menschlichen Vielseitigkeit ausmachen, wird von Anthropologen und Verhaltensforschern geteilt. Die latente Versuchung der *Verhaltensforschung* aber ist es, allein aus diesem Befund die entscheidenden Aussagen über den M. gewinnen zu wollen. Während Plessner und Portmann die Sonderstellung des M. durch Transzendenz, Selbstdarstellung, Exzentrizität und kulturelle Selbstbestimmung zu erfassen versuchen, reduziert K. LORENZ die Bedeutung des kulturellen Bereichs. Er betont, «daß das soziale Verhalten des M. keineswegs ausschließlich von Verstand und kultureller Tradition diktiert wird, sondern immer noch allen jenen Gesetzlichkeiten gehorcht, ... die wir aus dem Studium tierischen Verhaltens recht gut kennen» [13]. Statt durch seine Kultur zu wachsen, ist der M. nach Lorenz seiner Kultur nicht mehr gewachsen; der M. habe seine Welt so schnell umgestaltet, daß seine natürlichen Anlagen der veränderten äußeren Welt nicht mehr entsprächen. «Der M. ist gar nicht so böse von Jugend auf, er ist nur nicht ganz gut genug für die Anforderungen des modernen Gesellschaftslebens» [14].

Die Tauglichkeit der Methode, aus dem Tiervergleich Rückschlüsse auf menschliches Verhalten zu ziehen, wie Lorenz sie anwendet, bestreitet z.B. TH. VON UEXKÜLL: «Der Mensch ist nicht vom Tier aus zu verstehen» [15]. In einer kontrovers geführten Debatte, an der sich außer Lorenz besonders sein Schüler I. EIBL-EIBESFELDT [16] sowie A. MONTAGU [17] und B. F. SKINNER [18] beteiligten, erfahren die Thesen von Lorenz einige Modifikationen. Vorsichtiger als Lorenz erwägt z.B. EIBL-EIBESFELDT, «ob nicht auch das menschliche Verhalten in bestimmten Bereichen vorprogrammiert» sei [19]. «Da die menschlichen Verhaltensabläufe viel weniger durch stammesgeschichtliche Anpassungen festgelegt sind, als jene selbst der höheren Säuger, bedarf es beim M. der kulturellen Anpassungen und Kontrollmuster» [20].

Als Hauptstreitpunkt in der Kontroverse zwischen den Ethologen und ihren Gegnern erwies sich die Frage nach dem Ursprung des Bösen [20a] bzw. der menschlichen Aggression (s.d.). Während LORENZ die Angeborenheit des Aggressionstriebs betont [21], heben vor allem H. MARCUSE [22], A. PLACK [23], A. MITSCHERLICH [24] und J. DOLLARD [25] negative Einflüsse der sozialen Umwelt auf den M. hervor, die aggressive Verhaltensweisen provozieren können.

Im Gegensatz etwa zu Schelers Stufenschema des Lebendigen, dessen höchste Stufe der M. darstellt, sieht A. GEHLEN im spezifisch Menschlichen nicht ein Plus, sondern eine Defizienz. Gehlen spricht im Rückgriff auf Herder und die von diesem wieder aufgenommene epikureische natura-noverca-Lehre und später unter Berufung auf Portmann [26] vom M. als dem – gemessen am Entwicklungsniveau des neugeborenen Tieres [27] – unspezialisierten «Mängelwesen» (s.d.) von Geburt an. Diese Definition bleibt in Gehlens Anthropologie grundlegend. Der M. ist ein biologisches Mängelwesen und *bleibt* es. Diese Grundausstattung macht es nötig, daß der M. eine «auf Veränderung der Natur zum Zwecke des M. gerichtete Tätigkeit» [28] entfaltet, doch so, daß die kulturelle Tätigkeit des M. im Dienste seiner Selbsterhaltung bleibt und bleiben soll – als Zucht. Menschliches Handeln steht unter dem Prinzip der «Entlastung» [29], das dem M. ermöglicht, seine Lebensrisiken zu reduzieren. Kompensation – eine 'Ersatzwelt' anstelle der fehlenden Umweltbindung – verschafft sich der M. durch die Institutionen, in denen er sich stabilisiert und die Mängel und Risiken seiner natürlichen Ausstattung bewältigen kann. «Die Institutionen [machen] eine Verhaltenssicherheit und gegenseitige Einregelung möglich ..., wie sie von den verunsicherten Instinktresiduen gerade nicht geleistet wird, so daß man in stabilen Gefügen lebt, wie das Tier in seiner Umwelt» [30]. Damit kann der M. wieder (in seiner Umwelt) als handelnder begriffen werden. Dies stabile Gefüge der Institutionen ist Bedingung wie Einschränkung von Persönlichkeit: Das Individuum ist eine «Institution in *einem* Falle» [31], aber «wer nicht innerhalb seiner Umstände, sondern unter allen Umständen Persönlichkeit sein will, kann nur scheitern» [32]. Anders als für Plessner oder Portmann kommt für Gehlen das Naturverhältnis des M. kaum noch in den Blick. Der M. lebt, oder besser «führt sein Leben» allein in der Auseinandersetzung mit den Institutionen. Er wird so zum Kulturwesen im engsten Sinn des Wortes. Und sofern bei Plessner oder Portmann der M. in seinem Naturverhältnis auch Ausdrucksverhalten an den Tag legt, wird deutlich, warum bei Gehlen das Ausdrucksverhalten nur mühsam einbezogen werden kann – weil er die Natur als Ausdrucksmedium nicht sieht.

Anmerkungen. [1] M. SCHELER: Die Stellung des M. im Kosmos (1947). – [2] a.O. 11. – [3] 44. – [4] 35. – [5] A. PORTMANN: Die Erscheinung der lebendigen Gestalten im Lichtfelde, in: Wesen und Wirklichkeit des M. Festschr. H. Plessner (1957) 40. – [6] H. PLESSNER: Die Stufen des Organischen (1928) 129. – [7] Lachen und Weinen. Eine Untersuch. nach den Grenzen menschl. Verhaltens (³1961) 41. – [8] PORTMANN, a.O. [5] 40. – [9] Biolog. Frg. zu einer Lehre vom M. (²1951) 26ff. 69. – [10] Vom Ur-M.-

Mythos zur Theorie der M.-Werdung, in: Eranos-Jb. 1969 (1972) 413-439, zit. 433; vgl. Wir sind unterwegs. Der M. in seiner Umwelt (²1973). – [11] PORTMANN, a.O. [9] 126. – [12] K. LORENZ: Über tierisches und menschl. Verhalten, in: Ges. Abh. 2 (⁹1971) 182ff. 241ff. – [13] Das sogenannte Böse. Zur Naturgesch. der Aggression (²⁶⁻²⁹1971) 318. – [14] a.O. 333. – [15] TH. V. UEXKÜLL: Der M. und die Natur. Grundzüge einer Naturphilos. (1953) 247. – [16] EIBL-EIBESFELDT: Stammesgeschichtl. und kulturelle Anpassung, in: G. KURTH/I. EIBL-EIBESFELDT (Hg.): Hominisation und Verhalten (1975) 372-397. – [17] A. MONTAGU: M. and aggression (New York 1968). – [18] B. F. SKINNER: Beyond freedom and dignity (New York 1971). – [19] EIBL-EIBESFELDT: Anpassungen im Verhalten des M., in: H.-G. GADAMER/P. VOGLER (Hg.): Neue Anthropol. II (1972) 3. – [20] a.O. [16] 287. – [20a] Vgl. Art. ‹Malum›. – [21] LORENZ, a.O. [12] 69ff. – [22] H. MARCUSE: Triebstruktur und Gesellschaft (1957). – [23] A. PLACK: Die Gesellschaft und das Böse (1967). – [24] A. MITSCHERLICH: Aggression und Anpassung (1968). – [25] J. DOLLARD: Frustration and Aggression (1970). – [26] A. GEHLEN: Der M. Seine Natur und seine Stellung in der Welt (¹⁰1974) 44. – [27] a.O. 33. – [28] Anthropol. Forsch. (1961) 17. – [29] Ur-M. und Spätkultur (1956) 62ff. – [30] Moral und Hypermoral (1969) 96. – [31] Die Seele im technischen Zeitalter (1957) 118. – [32] a.O. [28] 72.

R. KONERSMANN/Red.

3. *Kulturphilosophie.* – Die verschiedenen Ansätze der Kulturphilosophie (s.d.) nähern sich dem M.-Begriff über die Interpretation der kulturellen Umwelt, die als «organisches Ganzes» [1] und nicht als eine «bloße Ansammlung unzusammenhängender Tatsachen und Sachverhalte» verstanden wird [2]. Die von den grundlegenden Arbeiten E. Cassirers beeinflußte anglo-amerikanische Cultural Anthropology (E. SAPIR [3], M. J. HERSKOVITS [4], F. BOAS [5], R. LINTON [6], R. BENEDICT [7] und M. MEAD [8], in Deutschland aufgenommen von W. E. MÜHLMANN [9]), verfolgt nach dem Zweiten Weltkrieg in empirischen Untersuchungen vor allem ethnologische und ethnographische Fragestellungen.

Der besondere Realitätsbezug des M. ist für E. CASSIRER, der sich in dieser Frage mit der biologischen Ausgangsposition J. V. UEXKÜLLS auseinandersetzt [10], bestimmt durch seine Fähigkeit, Symbole zu bilden: Der zivilisierte M. ist «animal symbolicum» [11]. Analog gilt auch bei H. JONAS die Fähigkeit, Bilder zu schaffen und wahrzunehmen, als differentia specifica zwischen M. und Tier: Der M. ist homo pictor (s.d.), ein ‹'symbolisches' Wesen» [12]. Das Bild ist dabei nach Cassirer und Jonas nicht bloß als Abbildung, Reproduktion eines vorgefundenen Gegenstandes, sondern als «selbstgeschaffenes, intellektuelles Symbol» zu verstehen [13], in dem die Fähigkeit zur Vorstellung (Imagination) und Darstellung (Motilität) [14] zusammengehen: «Homo pictor, der beide in *einer* anschaulichen, unteilbaren Evidenz zum Ausdruck bringt, bezeichnet den Punkt, an dem homo faber und homo sapiens verbunden sind – ja, in dem sie sich als ein und derselbe erweisen» [15]. Jonas glaubt damit den Dualismus von anthropozentrischen (Existentialismus, Idealismus) und materialistischen (Naturwissenschaft) Entwürfen des M. [16] zugunsten einer den Bereich des Organismus wie den des Geistes umgreifenden «Philosophie des Lebens» überwinden zu können [17].

Die von Jonas angesprochene Polarität der menschlichen Existenz zwischen «Organismus und Freiheit» [18] ist Grundthema der Anthropologie seit M. Scheler. Die Kulturanthropologie – von M. LANDMANN als «die Anthropologie der Zukunft» [19] begrüßt – versucht, der Verlegenheit der biologisch orientierten Anthropologie zu entgehen, die Sonderstellung des M. biologisch zu erfassen. «Denn sie zum erstenmal isoliert den M. nicht künstlich aus seiner natürlichen Lebenswelt heraus ... Seine Lebenswelt aber ist seine Kultur» [20]. Der M. ist jedoch, nach Landmanns Formulierung, nicht nur Geschöpf, sondern auch «Schöpfer der Kultur» [21]; denn seine «Unspezialisiertheit» bedeutet zunächst und vor allem «Undeterminiertheit»: Er ist frei und kann «seine Verhaltensweisen selbst bestimmen» [22]. Landmann formuliert damit die kulturanthropologische Variante des existenzphilosophischen Grundsatzes, der bei E. ROTHACKER eine nochmals andere Abwandlung gefunden hat: «Der M. ist umweltgebunden und distanzfähig» [23], Einheit von «Idee und Endlichkeit» [24], «qua Lebewesen ... ständig in einer Situation» [25] und zugleich fähig, sich zu transzendieren auf ein Ziel oder Ideal hin [26].

Anmerkungen. [1] E. CASSIRER: An essay on M. (New Haven/London 1944) 68; dtsch. Was ist der Mensch? (1960) 89. – [2] a.O. engl. 222 = dtsch. 281. – [3] E. SAPIR: The unconscious patterning of behavior in society (New York 1927). – [4] M. J. HERSKOVITS: Acculturation, a study of contacts (New York 1938). – [5] F. BOAS: Race, language and culture (New York 1940). – [6] R. LINTON (Hg.): The study of man. An introd. (New York 1931). – [7] R. BENEDICT: Patterns of culture (New York 1934, dtsch. 1949). – [8] M. MEAD: Anthropol. A human sci. (Princeton, N.J. 1964). – [9] W. E. MÜHLMANN und E. W. MÜLLER (Hg.): Kulturanthropol. (1966); vgl. W. SCHMIED-KOWARZIK: Philos. Erörterungen zum gegenwärtigen Stand der Kulturanthropol. Anthropos 62 (1967) 823ff. sowie J. STAGL: Kulturanthropol. und Gesellschaft (1974). – [10] J. V. UEXKÜLL: Theoret. Biol. (²1928); Umwelt und Innenwelt der Tiere (²1921). – [11] CASSIRER, a.O. [1] 26 = 40. – [12] H. JONAS: Organismus und Freiheit (1973) 228. – [13] E. CASSIRER: Philos. der symbol. Formen 1 (1923) 5. – [14] JONAS, a.O. [12] 244; vgl. CASSIRER, a.O. [13] 20. – [15] JONAS, a.O. [12] 244. – [16] ebda. – [17] 11. – [18] 244. – [19] M. LANDMANN: Philos. Anthropol. (1955) 222. – [20] a.O. 223. – [21] Der Mensch als Schöpfer und Geschöpf der Kultur (1961). – [22] a.O. [19] 223. – [23] E. ROTHACKER: Philos. Anthropol. (1966) 139. – [24] a.O. 198. – [25] 148. – [26] 138.

4. *Strukturalismus.* – Im Anschluß an die Anfänge der Linguistik bei F. DE SAUSSURE versuchen strukturalistische Theorieansätze auf der Basis von Semiologie (R. BARTHES) [1] und Linguistik als dem «gemeinsamen Nenner aller Wissenschaften vom M.» [2] über die als Zeichensprache gedeutete Sprache traditionelle anthropologische und ethnologische Erkenntnisse über den M. neu zu formulieren. Für C. LÉVI-STRAUSS fällt der Ethnologie die Aufgabe zu, «l'étude des contenus conscients» durch «celle des formes inconscientes» [3], die als Substrat der Sozialstrukturen die Geschichte bilden, zu ergänzen. In den sowohl strukturalistisch als auch von der Epistemologie G. Bachelards beeinflußten Untersuchungen von L. ALTHUSSER erscheint der *Begriff* ‹M.› für die wissenschaftliche Erkenntnis der wirklichen und konkreten M.en entbehrlich. Althusser fordert eine Transformation des praktischen Begriffs ‹M.› in einen theoretischen, um ihn der «problématique de la *nature humaine* (ou de l'essence de l'homme)» [4] als Zentrum und Ausgangspunkt der Philosophie zu entziehen. Die M.en scheinen ihre Geschichte nur als Subjekte zu machen, sind in der Tat aber determiniert durch die Strukturen, die ihrerseits aber unerkennbar bleiben. Die von M. FOUCAULT ausgesprochene Konsequenz ist, die ideologische Existenz des M. zu destruieren. Wenn der M. seine Selbstauslegung als Subjekt mißversteht als Selbstkonstitution – dann ist der Begriff des M. so ideologisch wie der des Subjekts. Mit der Einsicht, daß alles Menschliche «in Strukturen eingebettet ist», erledigt sich die Ideologie des M., «das Subjekt

seiner selbst zu sein, zugleich Subjekt und Objekt zu sein» [5]. Der M. zergeht in Strukturen «wie am Meeresufer ein Gesicht im Sand» [6]. Ein Leben nach dem 'Tod des M.' ist denkbar: «den M. im M. wiederzuentdecken» [7].

Anmerkungen. [1]R. BARTHES: Le degré zéro de l'écriture (Paris 1953). – [2] Vgl. E. FLEISCHMANN: Claude Lévi-Strauss über den menschl. Geist, in: W. LEPENIES/H. H. RITTER (Hg.): Orte des wilden Denkens. Zur Anthropol. von Claude Lévi-Strauss (1970) 90. – [3] C. LÉVI-STRAUSS: Strukturale Anthropol. (1971) 39. – [4] L. ALTHUSSER: Für Marx (1968) 176. – [5] M. FOUCAULT: Von der Subversion des Wissens (1974) 16. – [6] Die Ordnung der Dinge (1971) 462. – [7] Absage an Sartre, in: G. SCHIWY: Der frz. Strukturalismus (1969) 205.

Literaturhinweise. Der M. Eranos-Jb. I/2, 25 (1947). – L. LANDGREBE: Die Philos. der Gegenwart (1957) Kap. 1. – Wesen und Wirklichkeit. Festschr. H. Plessner, hg. K. ZIEGLER (1957). – H. WEIN: Realdialektik. Von Hegelscher Dialektik zu dialekt. Anthropol. (1957). – Konkrete Vernunft. Festschr. E. Rothacker, hg. G. FUNKE (1958). – J. HABERMAS: Anthropol., in: Philos., hg. A. DIEMER/I. FRENZEL (1958). – R. GARAUDY: Perspectives de l'homme. Existentialisme, pensée cath., Marxisme (1959). – E. STRÖKER: Zur gegenwärtigen Situation der Anthropol. Kant-Stud. 51 (1959/60). – W. WEISCHEDEL: Der M. im Widerstreit der M.-Bilder (1960). – Die Frage nach dem M. Festschr. M. MÜLLER, hg. H. ROMBACH (1966). – D. CLAESSEN: Instinkt, Psyche, Geltung. Bestimmungsfaktoren menschl. Verhaltens. Eine soziol. Anthropol. (1968). – M. HORKHEIMER: Bemerk. zur Philos. Anthropol., in: Krit. Theorie 1 (1968). – E. W. MÜHLMANN: Gesch. der Anthropol. (²1968). – U. SONNEMANN: Negative Anthropol. (1969). – W. LEPENIES und H. NOLTE: Kritik der Anthropol. (²1972). – H. HOFER und G. ALTNER: Die Sonderstellung des M. (1972). – D. KAMPER: Gesch. und menschl. Natur. Die Tragweite gegenwärtiger Anthropol.kritik (1973). – M. GODELIER: Ökonom. Anthropol. (1973). – H. FAHRENBACH: Art. ‹M.›, in: Hb. philos. Grundbegriffe, hg. H. KRINGS/H. M. BAUMGARTNER/CHR. WILD (1973). – H. G. GADAMER/P. VOGLER (Hg.): Neue Anthropol. 1-7 (1974). – M. MÜLLER: Philos. Anthropol. (1974). – J. STAGL: Kulturanthropol. und Gesellschaft (1974). – M. ROESEL: Conditio humana (1975). – H. KUNZ: Grundfragen der psychoanalyt. Anthropol. (1975). – A. ZIMMERMANN: Der M. in der modernen Philos. (1975). – M. LANDMANN: Philos. Anthropol. (1976). – J. SEIFERT: Das Leib-Seele-Problem in der gegenwärtigen philos. Diskussion (1979). – R. GIRTLER: Kulturanthropol. (1979). – Vgl. auch Lit. zu I-IV.   R. KONERSMANN/Red.

Mensch, dritter. Der Begriff ‹d.M.› erscheint in verschiedener Bedeutung und unabhängig voneinander 1. als Argument gegen die Ideenlehre: Wenn es außer dem konkret existierenden M. auch seine Idee gibt, muß noch ein Weiteres sein, das über die einzelnen M. im ganzen ausgesagt werden kann, nämlich der d.M. (τρίτος ἄνθρωπος). Dieses Argument wird ohne den Begriff ‹d.M.› faßbar bei PLATON, wo es dem Parmenides in den Mund gelegt wird [1], und ausdrücklich mehrfach bei ARISTOTELES [2]; 2. in der Geschichtsphilosophie A. WEBERS als vollkommenster Typus innerhalb eines viergestuften historischen Werdens der Humanität: Während der erste M., nach hauptsächlich physischen Aspekten definiert, sich lediglich durch das Erwachen primitiver Religiosität auszeichnet, versteht sich der zweite M. bereits im Zusammenhang des Ganzen der Natur und versucht, «des Zufalls Herr zu werden». Der «d.M.», der «Herrschafts-M.», hat sich mit dem Beginn der Hochkulturen herausgebildet. Er ist jener Typus, der «heute wahrscheinlich mitten in der Stunde seiner universalhistorischen Wandlung steht» [3]. Ihn, den «um Freiheit und Menschlichkeit integrierten M.», wird nach Webers konservativem Kulturpessimismus möglicherweise die Lebensform des vierten M. ablösen, die «unfreie, unter dem Terror stehende Existenz der ganz andersartigen Menschheit, welche der soziale Fanatismus der angeblichen sozialen Gleichheitsreligion prägt» [4]. Für H. SCHELSKY ist dieser Typus in Anlehnung an Weber als «betreuter M.» bereits Realität [5].

Die erste Bedeutung von ‹d.M.› hat eine Parallele in der chinesischen Philosophie («Ein schwarzes Pferd und ein weißes Pferd sind drei Pferde») [6]; die zweite hat Analogien in vorphilosophischen Weltalterlehren, chiliastischen Geschichtsauffassungen und der linearen Geschichtsphilosophie. FR. SCHILLER sagt im ‹3. Ästhetischen Brief› nach Ausführungen über den Status naturalis und Status legalis: «Es käme darauf an, jenen von der Materie etwas weiter zu entfernen, diesen ihr um etwas näher zu bringen – um einen *dritten Charakter* zu erzeugen, der, mit jenen beiden verwandt, von der Herrschaft bloßer Kräfte zu der Herrschaft der Gesetze einen Übergang bahnte und, ohne den moralischen Charakter an seiner Entwicklung zu verhindern, vielmehr zu einem sinnlichen Pfand der unsichtbaren Sittlichkeit diente» [7].

Anmerkungen. [1] PLATON, Parm. 132 a 1ff.; vgl. H. GAUSS: Philos. Handkomm. zu den Dialogen Platos 3/1 (1960) 52. – [2] ARISTOTELES, Met. 990 b 17. 1039 a 2. 1059 b 8. 1079 a 13; Soph. El. 178 b 36ff. – [3] A. WEBER: Kulturgesch. als Kultursoziol. (1935) 16f. – [4] Der dritte oder der vierte M. (1953) 16. – [5] H. SCHELSKY: Die Arbeit tun die anderen. Klassenkampf und Priesterherrschaft der Intellektuellen (²1975). – [6] J. HERBERT: Asien. Denken und Lebensformen der östl. Welt (1959) 98. – [7] FR. SCHILLER, Sämtl. Werke, hg. G. FRICKE/H. G. GÖPFERT 5 (³1962) 576.

Literaturhinweise. A. SPIELMANN: Die arist. Stellen vom τρίτος ἄνθρωπος (1891). – G. VLASTOS: Plato's «third man» argument (Parm. 132 A 1-B 2): text and logic. Philos. Quart. 19 (1969) 189-301; auch in: Platonic stud. (1973) 342-365 (mit bibliogr. Hinweisen auf weitere Schr.).   W. BIESTERFELD

Mensch, ganzer. Die Formel ‹g.M.› hat ihren Ort im Rahmen der anthropologischen Diskussion. Sie reklamiert den g.M. gegen seine Aufteilung durch Einzelwissenschaften oder durch trichotomische und dichotomische Menschenbilder. Die Formel setzt deshalb Anthropologie bereits voraus. Sie ist Instrument kritischer Argumentation in integrativer Absicht. Ihr entspricht kein identifizierbares und eigenes anthropologisches Stoffgebiet. Der Anspruch auf das Ganze wird formuliert in Hinsicht auf Methoden, Ergebnisse und Material einzelwissenschaftlicher Forschung und richtet sich auf die Relativierung oder Zuordnung dieses Bestandes und auf seine Rezeption im überbietenden Zusammenhang. Die Formel nimmt damit den bereits in der Anthropologie der Aufklärung formulierten Protest gegen die Trennung von Geist und Körper des M. auf und will stattdessen, wie schon K. WEZEL, den «g.M., als ein Wesen, das zur Wahrnehmung der Wirkungen, die in ihm geschehen, und zum willkührlichen Gebrauche einiger von seinen Organen und Kräften fähig ist», untersuchen [1].

Das Gewicht eigener Prägung über die Wortbedeutung hinaus gewinnt die Wendung ‹g.M.› in der *medizinischen* Grundlagendiskussion der Zeit nach dem Ersten Weltkrieg. Für diese Diskussion ist es charakteristisch, daß sie Richtungen in der eigenen Wissenschaftsgeschichte unterscheidet, die als methodische Vereinzelungen eingestuft werden und den Grund für das Ganzheitspostulat bilden [2]. «Wenn wir auf den g.M. und seine Situation sehen, so ist es mit einer 'Diagnose' nicht getan. ... Die 'Krankheitsdiagnose' müssen wir erfüllen und beleben durch eine mehrlinige 'Individualdiagnose'» [3].

Die Ganzheit des kranken M., als die der Arzt den Patienten vorfindet, ist in verschiedenen Programmbegriffen formuliert worden, z. B. ‹Konstitution›, ‹Typus›, ‹Person›, von denen sich keiner abschließend durchgesetzt hat; im Vordergrund der Diskussion stand insbesondere der Begriff ‹Konstitution›, der, von KRETSCHMER eingeführt, vor allem in der Psychiatrie leitend blieb, ferner, von F. KRAUS vorgeschlagen, der Terminus ‹Tiefenperson›, mit dem das Zentrum der biologischen Funktionen und der Integrationsort aller, den einzelnen M. betreffenden Lebenszusammenhänge gedacht wurde [4]. Große Bedeutung für die Entfaltung der Frage nach dem g.M. im ärztlichen Handeln kam dem Werk L. v. KREHLS zu. Dieser hatte mit dem Satz: «Krankheiten als solche gibt es nicht, wir kennen nur kranke M.» die Parole für eine Bewegung in der Medizin ausgegeben, die bis zur Gegenwart wirksam ist und deren Bedeutung noch zu wachsen scheint. Krehl erläutert diesen Satz: «Wenn wir die Krankheiten des M. erforschen, so beschreiben wir den Ablauf eines Lebensvorgangs am einzelnen M., d. h. wir beschreiben die Beschaffenheit *des M.*, *an dem*, die Bedingungen, unter denen, und die Art und Weise, wie jener Vorgang abläuft. Damit ist schon gesagt, daß für uns nicht der M. als solcher (auch den gibt es nicht), sondern der einzelne kranke M., die einzelne Persönlichkeit in Betracht kommt» [5]. Die Fragestellung selbst ist unter dem allgemeinen Titel «Ganzheit» und «Ganzheitsmedizin» bereits gegen Ende des 19. Jh. aufgetreten. Sie ergab sich einerseits aus dem Bemühen, die anwachsende Komplexität physiologischer Prozesse überschaubar zu machen [6], andererseits aus mehr populären und vagen Versuchen zur allgemeinverständlichen und faßlichen Darstellung eines naturwissenschaftlichen Weltbildes [7]. – Die Grundlagendiskussion in der Medizin ist nach Krehl und neben SIEBECK [8] vor allem von V. V. WEIZSÄCKER fortgeführt worden, der das Stichwort in der Wendung ‹Ganzheit des M.› gelegentlich aufnimmt [9]. Für diejenige Formulierung der ärztlichen Aufgabe, die der medizinischen Einzelwissenschaft nur begrenzte Geltung zuspricht, ist auf den Verweis auf den g.M. weiterhin nicht zu verzichten [10].

Die Grundlagendiskussion in der Medizin war Ausdruck derjenigen Tendenzen, die zu gleicher Zeit die Ganzheitspsychologie hervorgebracht und früher schon in der *Philosophie* die Wende zur Anthropologie eingeleitet hatten. Deshalb findet sich ‹g.M.› als bekannte Wendung in dieser Literatur, freilich ohne erkennbares terminologisches Gewicht und daher öfter in anderen und anspruchsvolleren Formulierungen: Der M. ist «personale Lebenseinheit» [11], er ist M. im «ungeteilten Ganzen der Person» [12] oder als «Totaleinheit» [13]. Schon vorher hatte W. DILTHEY nach dem «g.M. ... in der Mannigfaltigkeit seiner Kräfte» gefragt und die «g.M.-Natur, wie Erfahrung, Studium der Sprache und der Geschichte sie erweisen», dem abstrakt konstruierten erkennenden Subjekt in der Philosophie Lockes, Humes und Kants gegenübergestellt [14].

Das in der Formel ‹g.M.› gemeinte Argument hat nicht zuletzt in der *evangelischen Theologie* des 20. Jh. Aufnahme gefunden. Hier war die kritische Absicht gegen alle diejenigen Begründungen der Theologie gerichtet, in denen die religiöse als bloß eine unter mehreren Perspektiven menschlichen Daseins verstanden wurde. Als erster hat. E. THURNEYSEN für die Seelsorge geltend gemacht, daß sie es nicht allein mit der «Seele» oder mit einer besonderen «religiösen Provinz» zu tun habe und nicht mit dem, was die Wissenschaft von ihm erkennbar macht, sondern mit dem «g.M.», denn es ist «einfach nicht wahr ..., daß wir M. aus Teilen bestehen» [15]. Aus diesem Zusammenhang heraus entfaltete sich eine eigentümliche und profilierte Tendenz theologischer Anthropologie. Sie reiht alle wissenschaftlichen Beschäftigungen mit dem M. in die vergegenständlichenden Methoden ein und erklärt sie daher sämtlich zu partiellen und begrenzten Gestalten der Anthropologie: Hier komme es unabänderlich zu einer «Reduktion des M.-Bildes». In der Seelsorge dagegen steht der «g.M. vor Augen» [16]. «Es geht also um die Konzeption einer *Anthropologie,* einer Auffassung und Schau des M., der den psychosomatischen Bereich des Lebens transzendiert», die hinausgreift in eine neue «dritte Dimension, in die Dimension des Glaubens und der vom Glauben her sich erschließenden göttlichen Wirklichkeit, eine Anthropologie, die den M. von daher versteht und seine Lebensprobleme von daher aufgreift» [17]. Daraus konnte das Urteil begründet werden, diese Theologie stehe, gerade mit dem Anspruch, sie zu überbieten, in «struktureller Identität mit der allgemeinen Bewegung der Anthropologie» [18]. Im Zusammenhang der Schöpfungslehre hat K. BARTH häufig auf die Formel zurückgegriffen, programmatisch bei der Behandlung des Leib-Seele-Problems mit der Überschrift: «Jesus, der g.M.» [19].

Die Formel ‹g.M.› ist zunächst Postulat und darüber hinaus nicht ohne weiteres greifbar. Es liegt in ihrer Logik, daß sie selbst nicht Objektivierbarkeit beansprucht, da sie gegen die einzelwissenschaftliche oder einseitige Objektivation des M. gerade aufgeboten wird. Die Frage, wo der g.M. angetroffen werden kann, wird deshalb nicht definitiv beantwortet. Zwei Leitlinien werden in der Regel dafür angegeben. Erstens ist der «g.M.» der besondere und unverwechselbare Einzelne, das Individuum. Die Erkenntnis eines M. wird «im Fortschritt dieser Erkenntnis immer *individueller,* unsagbarer ('individuum est ineffabile'), aber zugleich immer sicherer» [20]. Das eben ist nicht die *wissenschaftliche* Erkenntnis, die zum «ganzen» als dem wahren M. führt: Es ist die Unmittelbarkeit der begegnenden Erfahrung. Zweitens ist der g.M. als er selbst nur im Ereignis gegenwärtig. «Individualität» und «Erfahrung» sind die anthropologischen Grundbegriffe, in denen der am g.M. orientierte Personalismus in Philosophie und Biologie, in Medizin und Theologie übereinstimmt. *«Die Bestimmung der Person erfolgt notwendig kasuistisch, einmalig-eventual. ... Die Bestimmung der Person gelingt also nur in Rückwendung auf ihre Individualität»* [21].

Für die Argumentationsfigur ‹g.M.› läßt sich eine Vorgeschichte namhaft machen, in der allerdings nicht die Formel selbst, sondern deren argumentativer Gehalt hervortritt. Klassischer Fall solcher Reklamation von anthropologischer Wahrheit bloßen Illusionen gegenüber ist FEUERBACH, dessen Reduktion des Gottesbegriffs auf das «eigne Wesen» des M. [22] M. LANDMANN als ersten Versuch, «vom g.M. aus [zu]gehen», versteht [23]. Andererseits ist Feuerbach das Ziel eben derselben kritischen Argumentation gewesen, die sich später gegen die Formel ‹g.M.› richtete: «Vom Feuerbachschen abstrakten M. kommt man aber nur zu den wirklichen lebendigen M., wenn man sie in der Geschichte handelnd betrachtet» [24]. Der Vorwurf, abstrakt zu denken, ist in Hegelscher Tradition nichts anderes als der, bloß Zufälliges und Einzelnes zu meinen [25]. ENGELS beansprucht, mit der Wirklichkeit die Wahrheit des M. entdeckt zu haben: Erst dann ist der M. ganz und als ganzer begriffen, wenn er als Subjekt im Geschichtsprozeß entdeckt ist. – Älter und ursprünglicher ist das Argument im Streit um den Begriff der Religion. Der Idealismus hatte sich die Überwindung jener Widersprüche zum Programm gesetzt, die Religion entweder als Moral oder als Vernunft vorstellten. Hierher gehört bereits der von SCHLEIERMACHER 1799 vorgetragene Anspruch auf das Ganze, das Universum, in dem das Interesse an bloßen Einzelheiten kritisch überboten ist: «Der Sinn strebt den ungetheilten Eindruk von etwas Ganzem zu fassen; was und wie etwas für sich ist, will er erschauen, und jedes in seinem eigenthümlichen Charakter erkennen: daran ist ihrem Verstehen nichts gelegen; das Was und Wie liegt ihnen zu weit ... Auch fragen sie nicht darnach, ob und wie das, was sie verstehen wollen, ein Ganzes ist, das würde sie freilich weit führen, und mit einer solchen Tendenz würden sie auch so ganz ohne Religion wol nicht abkommen, sie wollen es ja ohnedies zerstükkeln und anatomiren» [26]. Später hat Schleiermacher zur Deutung der Religion auf den Begriff ‹Gefühl› zurückgegriffen, wiederum mit der Absicht, sie weder dem Wissen, noch dem Tun allein zu überlassen [27]. Nach H. STEFFENS' Analyse des Begriffs, die Schleiermacher aufnimmt, werden darin unzureichende Auffassungen des M. und seiner Religiosität korrigiert und zusammengefaßt: «Was wir hier Gefühl nennen, ist die unmittelbare Gegenwart des ganzen, ungetheilten, sowohl sinnlichen als auch geistigen Daseins, der Einheit der Person und ihrer sinnlichen und geistigen Welt» [28].

Ein weiterer Ort der Formel vom g.M. liegt in der *Ästhetik*: Gegenüber der Aufspaltung des M. in Materie und Geist, Sinnlichkeit und Vernunft, Passivität und Spontaneität macht SCHILLER geltend, daß das «Ganze der menschlichen Natur» nur in einem «ästhetischen Zustand» wiederhergestellt werden könne. Jede andere «Gemütsstimmung» begünstigt eine «einzelne Funktion der Menschheit», nur die «ästhetische ist ein Ganzes in sich selbst». Und da «das Schönheitsideal ... auf den nämlichen Wegen» zu suchen ist, auf dem der M. auch «seinen Spieltrieb befriedigt», so ergibt sich: «der M. spielt nur, wo er in voller Bedeutung des Worts *M.* ist, und er ist nur da ganz M., wo er spielt» [29]. Dies hat E. FISCHER aufgenommen: Zum g.M. gehört nicht nur der «arbeitende ..., denkende, grübelnde, forschende M.», sondern auch der «Homo ludens» [30]. Für G. LUKÁCS schließlich verwandelt sich der «g.M.», der im Alltagsleben seine «Einheit und Ganzheit der Tendenz nach wahrt, auch wenn er seine eigenen Kräfte ... in verschiedenster Weise einsetzt», in der Kunst in den «M. ganz», da im «homogenen Medium einer bestimmten Kunstart» «wichtige Züge und Zusammenhänge in der Widerspiegelung der Wirklichkeit eintreten, die für den g.M. des Alltags ohne sie unerreichbar geblieben wären» [31].

Entstehungsort der Formel ist offenbar die Bildungstheorie gewesen. In ihrem Zusammenhang findet sich bei G. F. MEIER eine frühe Verwendung: «Man kann nicht genug sagen, wie elend ein Gelehrter ist, der kein schöner Geist ist. Er ist ein blosses Gerippe ohne Fleisch ... Man kann ihn unvergleichlich brauchen, allein als einen gelehrten Tagelöhner ... Die schönen Wissenschaften beleben den g.M. Sie hindern die Gelehrsamkeit nicht, sondern machen sie menschlicher» [32]. Die Argumentation zeigt bereits die typischen Züge: Dem Elend bloßer Einseitigkeit wird der M. konfrontiert, wie er sein soll, und diejenige Bildungsart, die ihn dazu befähigte, in diesem Sinne «menschlicher» zu werden. Ganz parallel dazu ist eine Formulierung FICHTES: «Diese Erziehung erscheint nun nicht mehr, so wie im Anfange unsrer heutigen Rede, bloss als die Kunst, den Zögling zu reiner Sittlichkeit zu bilden, sondern sie leuchtet vielmehr ein als die Kunst, den g.M. durchaus und vollständig zum M. zu bilden» [33]. HEGEL macht gelegentlich seiner Darstellung derjenigen Bildung, die Griechenland den Sophisten verdankt, die Bemerkung: «Es gab noch keine positiven Wissenschaften ohne Philosophie, welche trocken, nicht das Ganze des M., seine wesentlichen Seiten, betroffen hätten» [34]. Auch BOECKH benutzt die Formel, um das griechische Erziehungsideal zu charakterisieren: «Jeder freie Bürger sollte zu einem g.M. erzogen werden, indem durch musische und gymnastische Bildung seine geistigen und leiblichen Kräfte harmonisch entwickelt wurden» [35].

Als instruktives Beispiel für das auf seine Konsequenz gebrachte Verständnis der Formel, die nicht mehr allein bestimmte und bestimmbare Teilaspekte des M., sondern «Einzelnes» und «Teilhaftes» an ihm schlechthin überbietet, sei auf einen Text von M. BUBER verwiesen: «Das ist die Tätigkeit des ganz gewordenen M., die man das Nichttun genannt hat, wo sich nichts Einzelnes mehr, nichts Teilhaftes mehr am M. regt, also auch nichts von ihm in die Welt eingreift; wo der ganze, in seiner Ganzheit geschlossne, in seiner Ganzheit ruhende M. wirkt; wo der M. eine wirkende Ganzheit geworden ist. In dieser Verfassung Stetigkeit gewonnen haben heißt zur höchsten Begegnung ausgehen können» [36].

Anmerkungen. [1] J. K. WEZEL: Versuch über die Kenntniß des M. (1784-85, ND 1971) 1. 11. – [2] L. v. KREHL: Über Standpunkte in der Inn. Med. (1926); R. SIEBECK: Über Richtungen in der heutigen Med., in: Über Beurteilung und Behandl. von Kranken (1928) 1-29. – [3] SIEBECK, a.O. 29. – [4] E. KRETSCHMER: Körperbau und Charakter (1923, ^{20}1950); F. KRAUS: Allg. und spez. Pathol. der Person 1 (1919); 2: Die Tiefenperson (1926); vgl. zum ganzen P. CHRISTIAN: Das Personverständnis im modernen med. Denken (1952) bes. 19ff. – [5] L. v. KREHL: Entstehung, Erkennung und Behandl. Inn. Krankh. (1930 = 13. Aufl. von: Pathol. Physiol., 1898; grundleg. Umarbeit. ^{9}1918); zit. bei CHRISTIAN, a.O. 51; zu Krehls Werk vgl. R. SIEBECK: Hb. der Neurosenlehre und Psychother. 1 (1959) 299. – [6] Vgl. z. B. den Begriff ‹integrative action› nach CH. SHERRINGTON bei CHRISTIAN, a.O. [4] 18. – [7] Vgl. dazu W. JACOB: Med. Anthropol. im 19. Jh. (1967) 211. – [8] R. SIEBECK: Med. in Bewegung (^{2}1953) 456ff. – [9] V. v. WEIZSÄCKER: Fälle und Probleme (^{2}1951) 4. – [10] F. HARTMANN: Einl. in das Stud. der Heilk. (1975) 132. – [11] H. PLESSNER: Die Stufen des Organischen und der M. (^{2}1965) 32. – [12] M. SCHELER: Vom Ewigen im M. (1921) 279; Wesen und Formen der Sympathie (^{5}1948) 134. 284; vgl. ferner A. GEHLEN: Der M. (^{7}1962) 18. – [13] A. PFÄNDER: Die Seele des M. (1933) 4. – [14] W. DILTHEY, Einl. in die Geisteswiss. Ges. Werke 1 (1923) XVIII. – [15] E. THURNEYSEN: Rechtfertigung und Seelsorge. Zwischen den Zeiten 6 (1928) 197-218; bes. 207. – [16] H. GIRGENSOHN: Art. ‹Seelsorge›, in: Evang. Kirchenlex. 3 (1959) 901-914, bes. 903; zur kath. Theol. vgl. A. STONNER: Das Ganzheitsprinzip in Moraltheol., Pastoraltheol. und Seelsorge, in: Moral zwischen Anspruch und Verantwortung. Festschr. W. Schöllgen, hg. F. BÖCKLE/F. GRONER (1964) 444-449. – [17] E. THURNEYSEN: Seelsorge und Psychother. Theol. Existenz heute NF 25 (1950) 5. – [18] D. RÖSSLER: Der «g.»M. (1962) 96. – [19] K. BARTH: Kirchl. Dogmatik III/2 (1948) 391. – [20] M. SCHELER: Wesen und Formen... a.O. [12] 135. – [21] P. CHRISTIAN, a.O. [4] 6. – [22] L. FEUERBACH: Das Wesen des Christenthums. Sämtl. Werke 7 (^{3}1849) 30. 39. – [23] M. LANDMANN: Philos. Anthropol. (^{3}1969) 37. – [24] FR. ENGELS, Ludwig Feuerbach und der Ausgang der klass. dtsch. Philos. MEW 21 (1972) 259-307. 289f. – [25] G. W. F. HEGEL, Wer denkt abstrakt? Sämtl. Werke, hg. H. GLOCKNER 20 (1930) 445-450, bes. 447-449. – [26] F. SCHLEIERMACHER: Über die Relig. Reden an die Gebildeten unter ihren Verächtern (1799) 149. – [27] Der christl. Glaube (^{2}1830) 6. – [28] H. STEFFENS: Von der falschen Theol. und dem wahren Glauben (1823) 99f. – [29] FR. SCHILLER, Briefe über die ästhet. Erziehung des M.-Geschlechts. Sämtl. Werke, hg. G. FRICKE/G. GÖPFERT 5 (³1962) 637. 617f. – [30] E. FISCHER: Kunst und Koexistenz (1966) 129; vgl. Von der Notwendigkeit der Kunst (1967) 10f. – [31] G. LUKÁCS, Ästhetik I/1. Werke 11 (1963) 665. – [32] G. F. MEIER: Anfangsgründe aller schönen Wiss.en (1748) 25. – [33] J. G. FICHTE, Reden an die deutsche Nation. Sämtl. Werke, hg. I. H. FICHTE (1845-46) 7, 301. – [34] G. W. F. HEGEL, Vorles. über die Gesch. der Philos. 2. Sämtl. Werke, hg. H. GLOCKNER 18 (1928) 10. – [35] A. BOECKH: Encyklop. und Methodol. der philol. Wiss.en, hg. E. BRATUSCHECK (1877) 271; bei NIETZSCHE finden sich die Wendungen «Die volle Bildung» und «Der volle Mensch», in: Nachgel. Frg. Werke, hg. G. COLLI/M. MONTINARI III/3 (1978) 406. – [36] M. BUBER, Ich und Du, in: Die Schriften über das dialogische Prinzip (1954) 78.

Literaturhinweise. P. CHRISTIAN s. Anm. [4] Lit. – W. JACOB s. Anm. [7] Lit. – W. SCHNELL: Das M.-Bild der heutigen Med., in: Vortr. anläßl. der Hess. Hochschulwochen für staatswiss. Fortbild. 22 (1959) 57-74. – E. ZELLINGER: Die philos. Anthropol. als Grundl. psychol. Theorienbildung. Philos. Jb. 67 (1959) 104-129. – K. E. ROTHSCHUH: Einige Grundfragen einer wiss. med. Anthropol. Hippokrates 32 (1961) 141-150. – F. HARTMANN und K. HAEDKE: Der Bedeutungswandel des Begriffs Anthropol. im ärztl. Schrifttum der Neuzeit, in: Sber. Ges. zur Beförderung der ges. Naturwiss. 85 (1963) 39-99. – P. CHRISTIAN: Aspekte der med. Anthropol., in: Menschl. Existenz und moderne Welt, hg. R. SCHWARZ 1 (1967) 689-699. – E. HELM: Ganzheit als naturphilos. Phänomen. Philos. nat. 12 (1970) 297-344. D. RÖSSLER

Mensch, natürlicher (gelegentlich fälschlich synonym mit ‹Natur-M.› [s. d.]). PAULUS' ἄνθρωπος ψυχικός [1] wird in der Vulgata mit ‹homo animalis› wiedergegeben und erscheint in LUTHERS Bibelübersetzung als ‹n.M.›, auch als «alter» (παλαιός [2]) oder «fleischlicher» (κατὰ σάρκα [3]) M. Im Gegensatz zum geistlichen M. (ἄνθρωπος πνευματικός [4]) oder zum christlichen, übernatürlichen oder neuen M. (s. d.) bezeichnet ‹n.M.› den vom sündigen Adam abstammenden, sterblichen M. außerhalb des Gnadenstandes. Paulus versteht unter ‹n.M.› eine spezifisch religiöse Kategorie, durch die über den ethischen und geistigen Wert des M. nichts ausgesagt wird (nach Bultmann [5] ist dieser Dualismus von der Gnosis beeinflußt). Für THOMAS VON AQUIN entspricht dem homo naturalis als soziale Zuordnung der Staat, während dem homo christianus die Kirche zugeordnet ist. Im Spätmittelalter führt das zu einer Aufwertung des homo naturalis [6]; die Gegenüberstellung selbst wird von PASCAL [7] und LEIBNIZ [8] in Form des Gegensatzes von «nature et grâce» aufgenommen. HOBBES spricht vom «Natural Man» im Unterschied zum Staat als dem «Artificial Man», der den n.M. zu schützen und zu verteidigen habe [9], und ROUSSEAU gebraucht den Begriff «homme naturel» (s. d.) im Zusammenhang seiner Naturstandstheorie. Der Begriff ‹n.M.› wird dann von HEGEL wieder verwendet zur Bezeichnung des noch nicht zur Freiheit wiedergeborenen Menschen [10]. SCHOPENHAUER deutet den n.M. im Sinne seines Systems um: «Was sie [die Kirche] den n.M. nennt, dem sie alle Fähigkeit zum Guten abspricht, das ist eben der Wille zum Leben, welcher verneint werden muß, wenn Erlösung aus einem Dasein, wie das unsrige ist, erlangt werden soll» [11].

Anmerkungen. [1] 1. Kor. 2, 14. – [2] Eph. 4, 22. – [3] Röm. 8, 5. – [4] 1. Kor. 2, 15. – [5] R. BULTMANN: Das Urchristentum im Rahmen der antiken Religionen (³1962) 167-195. – [6] Vgl. W. ULLMANN: Some observations on the Medieval evaluations of the «homo naturalis» and the «christianus», in: L'homme et son déstin d'après les penseurs du moyen âge (Louvain/Paris 1960) 145-151. – [7] B. PASCAL, Pensées, hg. L. BRUNSCHVICG Nr. 434. 520.

521. – [8] G. W. LEIBNIZ: Principes de la nature et de la grâce, fondés en raison (1718). – [9] TH. HOBBES: Leviathan, introd. Works, hg. MOLESWORTH (1839) 3, 9. – [10] G. W. F. HEGEL, Vorles. über die Philos. der Relig., hg. LASSON 2, 2 (1927) 95ff.; Berliner Schr., hg. HOFFMEISTER (1956) 74. – [11] A. SCHOPENHAUER: Die Welt als Wille und Vorstellung (1819, zit. 1892) IV, § 70.

Literaturhinweise. D. DEMEFFE: Gesch. des Wortes ‹supernaturalis›. Z. kath. Theol. 46 (1922) 337-360. – W. GUTBROD: Die paulin. Anthropol. (1934). – M. LANDMANN: Philos. Anthropol. (1955) 76ff. CH. GRAWE

Mensch, neuer (griech. ἄνθρωπος νέος bzw. ἄνθρωπος καινός, lat. homo novus). – 1. *Urchristentum, Patristik und Scholastik.* – Der Begriff ‹n.M.› gehört zu der eschatologischen und geschichtsphilosophischen Anschauungswelt, in der sich das Bewußtsein einer definitiven, erlösten gegenüber einer bloß vorläufigen Wirklichkeit zur Geltung bringt; für die Funktion des Begriffs ist es wichtig festzustellen, daß sich die inhaltliche Konkretisierung dessen, was unter dem Neuen zu verstehen ist, epochen- und situationsspezifisch verändert.

Erstmalig [1] taucht der Begriff im ‹Corpus Paulinum› auf und meint die in der Ethik nachvollzogene [2], in der Offenbarung als ihrer Ermöglichung begründete Neuschöpfung (καινὴ κτίσις) des M. und die von ihm antizipierte Präsenz des Eschatons [3]. Explizit wird der Begriff im Anschluß an den Hoheitstitel (M.-Sohn) christologisch gedeutet bei IGNATIUS [4]; die sich Christo als dem n.M. im Glauben anschließenden M. sind gleichsam 'neubelebt' (ἀναζωπυρεῖν) [5] bzw. 'wiedergeboren' (παλιγγενεσία) [6] und zu einer pneumatischen Daseinsweise befreit [7]. «Nachdem ich himmlischen Geist in mich geschöpft und die zweite Geburt mich zu einem n.M. umgestaltet hatte, da gewann plötzlich auf wunderbare Weise das Zweifelhafte festen Bestand, das Verschlossene öffnete sich, die Finsternis hellte sich auf, ausführbar wurde, was vorher schwierig geschienen, und erfüllt, was für unmöglich gegolten hatte» [8].

Der Begriff, dessen Diffusion sich bis in die Gnosis und den Manichäismus [9] erstreckt, wird von dem ägyptischen Mönch MAKARIOS zu einem Zentralbegriff seiner Theologie erhoben und um geradezu realistische Elemente erweitert [10]. Erklärt MARIUS VICTORINUS den Begriff des n.M. durch den des 'geistlichen M.' (homo spiritualis) [11], so ersetzt AUGUSTINUS ihn im Anschluß an philosophische [12] und gnostische [13] Terminologie durch den des 'inneren M.' (homo interior) [14], um die endgültige Erfüllung des mit ihm intendierten Heilsgutes der übergeschichtlichen Transzendenz zuzuweisen. «Denn wie der Tod das Endziel des alten M., des M. der Sünde ist, so ist das ewige Leben Endziel des neuen, des M. der Gerechtigkeit» [15]. Indem Augustinus im Zuge der «Enteschatologisierung» [16] des Christentums die Transzendenz als den Erfüllungsort des Heils für den M. bestimmt, leitet er die Erlösungspotenzen in die Bahnen der Kirche als der civitas dei [17] und verbannt chiliastische Deutungen des Begriffes in den Bereich der Häresie [18].

Für das Mittelalter wird die den n.M. konstituierende Wiedergeburt (nativitas secunda spiritualis) in der Taufe (λουτρὸν παλιγγενεσίας bzw. lavacrum regenerationis) sakramental vermittelt [19], die sodann als 'Siegel' (σφραγίς bzw. sigillum) der transzendenten Enderlösung verstanden wird [20].

Anmerkungen. [1] J. BEHM: Art. νέος, in: Theol. Wb. zum NT, hg. G. KITTEL 4 (1942) 899-903; gegen: R. REITZENSTEIN: Das iran. Erlösungsmysterium (1921) 153; vgl. K. HOLL: Urchristentum und Relig.gesch. (1925) 11f. – [2] Vgl. P. ALTHAUS: Paulus und Luther über den Menschen (⁴1963) 68ff. – [3] Eph. 4, 24; Kol. 3, 9f.; Eph. 2, 15; vgl. 1. Kor. 15, 45ff.: Adam als der erste Mensch, Christus als der zweite Mensch; 2. Kor. 5, 17: der Mensch in Christus als «neue Kreatur»; vgl. ALTHAUS, a.O. [2] 82f.; J. JEREMIAS: Jesus als Weltvollender. Beitr. zur Förd. christl. Theol., hg. A. SCHLATTER/W. LÜTTGERT 33 (1930) H. 4, 17. 56; W. MATTHIAS: Der alte und der n.M. in der Anthropol. des Paulus. Evang. Theol. 17 (1957) 385ff. – [4] Vgl. A. VON HARNACK: Die Terminol. der Wiedergeburt und verwandter Erlebnisse in der ältesten Kirche. Texte und Untersuch. zur Gesch. der altchristl. Lit. 42 (1918) 97ff.; vgl. BEHM, Art. καινός a.O. [1] 3 (1938) 451. – [5] IGNATIUS, Ad Eph. XX, 1, in: Ignatii et Polycarpi Ep. Martyria Frg., hg. TH. ZAHN (1876) 2, 4. – [6] Vgl. P. GENNRICH: Die Lehre von der Wiedergeburt (1907). – [7] CYPRIAN, Ad Donatum III, 35. MPL 2, 204. – [8] Dtsch. GENNRICH, a.O. [6] 99. – [9] Vgl. W. LENTZ: Mani und Zarathustra. Z. dtsch. Morgenländ. Ges. NF 7 (1928) 179ff.; ED. CHAVANNES and P. PELLIOT: Un traité Manichéen retrouvé en Chine. J. asiat. 18, Ser. 2 (1911) 499ff. – [10] Vgl. E. A. DAVIDS: Das Bild vom N.M. (1968) 28ff. – [11] MARIUS VICTORINUS, In Ep. Pauli ad Eph. MPL 8, 1258. – [12] Vgl. J. JEREMIAS: Art. ἄνθρωπος, a.O. [1] 1 (1933) 366. – [13] HARNACK, a.O. [4] 136f. – [14] AUGUSTINUS, De vera relig. MPL 34, 144. – [15] Dtsch. nach Theol. Frühschr., hg. W. THIMME (1962) 445. – [16] Vgl. M. WERNER: Die Entsteh. des christl. Dogmas (1941) 669. – [17] Vgl. E. BENZ, Das Bild des Über-M. in der europ. Geistesgesch., in: BENZ (Hg.): Der Über-M. (1961) 27; FR. LOOFS: Leitfaden zum Stud. der Dogmengesch. (⁷1968) 334. – [18] Vgl. H.-J. MÄHL: Die Idee des Goldenen Zeitalters im Werk des Novalis (1965) 202; N. COHN: The pursuit of the Millenium (London 1957) 14; W. E. MÜHLMANN: Chiliasmus und Nativismus (1961) 243. 280. – [19] Vgl. B. NEUNHEUSER: Taufe und Firmung (1956) 35ff. 46. 58f. – [20] ORIGENES, Matthäuserklärung I, in: E. KLOSTERMANN (Hg.): Die griech. christl. Schriftsteller der ersten drei Jh. 9 (1935) 416ff.; JOHANNES CHRYSOSTOMOS, In Ep. ad Eph. IV, 13, MPG 62, 96; PETRUS LOMBARDUS, Sent. libri IV. MPL 192, 846; BONAVENTURA, Breviloquium VI, 7.

2. Diese für den mittelalterlichen Katholizismus bestimmend gebliebene Deutung des n.M., seiner sakramentalen Konstitution und seiner übergeschichtlichen Vollendung wird in dem Augenblick durchbrochen, als die Theologie von JOACHIM VON FIORE die Trinitätslehre auf die Geschichte überträgt und somit die Kirche und deren Sakramente von einem innergeschichtlichen dritten Stadium her relativiert und die «Amortisierung der Endzeiterwartung» [1] rückgängig macht. Die bei Joachim noch durchgehaltene Erwartung einer aus 'geistlichen Männern' (viri bzw. homines spirituales) bestehenden neuen Menschheit wird bei seinen radikalen Interpreten aufgegeben zugunsten der Deutung des FRANZ VON ASSISI als des christusgleichen n.M. «Wie in der zweiten Weltzeit nach Verwerfung des fleischlichen Judaismus und der veralteten vorangehenden Weltzeit der n.M. Jesus Christus mit einem neuen Leben, Gesetz und Kreuz kam, so erschien in der sechsten Epoche ... der n.M. Franz ...» [2]. In der radikalen Deutung der *Franziskaner* dient der Begriff ‹n.M.› dem Ausdruck eines Selbstbewußtseins, das sich als Überwindung der veralteten geschichtlichen Epoche (vetustas generis humani) und als Beginn einer neuen Weltzeit (novum saeculum) versteht [3].

Eine der frühen Auseinandersetzungen der *Reformation* mit dem Begriff des ‹n.M.› folgt diesem Gebrauch des Begriffs zum Zwecke geschichtlicher Legitimation und Überbietung, indem der alten Menschheit Götzendienst (idolatria), Neid (homo invidus), Übermut (homo arrogans) und die Messe (homo missaricus) als Symbole der zu bekämpfenden Ordnung des Katholizismus zugerechnet werden [4]. LUTHER selbst versteht unter dem n.M. die Einheit des gerechtfertigten und sich im praktischen Lebensvollzuge als ‘heilig’ erweisenden Christen, dessen Neuschöpfung jedoch nicht länger konstitutiv an die Taufe gebunden ist. «Wer den alten M. nicht ablegt, ist kein Christ. Es genügt nicht, wenn man an Christus glaubt. Die Taufe hilft einem nichts, wenn man weiterhin im Irrtum und in Lüsten lebt. ... Ist aber der n.M. auf dem Plan, wird der alte abgetan» [5]. Der n.M. ist der eigentliche, innere M., der, durch den Glauben wiederhergestellt, sich allein den geistigen, verborgenen Dingen zuwendet, während der alte M. dem im engeren Sinne äußeren, d.h. von der Sünde beherrschten und an die sichtbare, erfahrbare Welt ausgelieferten M. korrespondiert [6]. Die bei Luther sich findende Bezeichnung des Christen als des Über-M. [7] ermöglicht es, daß das Begriffspaar ‹alter M./n.M.› substituiert werden kann durch ‹Un.-M./Über-M.›. So heißt es in einem Erbauungsbuch des 17. Jh.: «Freund, du mußt hier scheiden den M. vom M.; den M., den Vater und Mutter gibt, von dem M., den Christus macht, den alten vom neuen. Jener ist ein Un-M., dieser ein wahrer Mensch ... Im n.M. bist du ein wahrer M., ein Über-M., ein Gottes- und Christen-M.» [8].

Die Thematik von Wiedergeburt, «neuer Kreatur» und n.M., die bei einigen Reformatoren pointiert erscheint [9], bleibt auch in den folgenden Jahrhunderten präsent. J. BÖHME versteht ‹n.M.› (auch ‹innerer/inwendiger M.› im Gegensatz zu ‹äußerer M.›) als den in Christus und durch Christi M.-Werdung wiedergeborenen M., der dadurch Anteil am göttlichen, himmlischen Leben erhält und den alten, natürlichen M. beherrscht: Der n.M. «ist nicht in dieser Welt, sondern im Paradeis Gottes: Und ob er gleich im Leibe ist, so ist er doch in Gott» [10]. «Also verschlinget ofte der n.M. in Göttlicher Kraft den alten, daß der alte meinet er habe die Gottheit ergriffen, aber er ist derselben in seiner Essenz nicht fähig, sondern der Geist Gottes durchgehet den alten aus dem neuen.» Der Wille des n.M. «ist Gottes Willen und Thun, sein Wissen ist Gottes Wissen» [11].

Wiedergeburt und n.M. sind dann ein Hauptthema, ja «das eigentliche Anliegen der *Pietisten*» [12]. Von Böhme beeinflußt konzipiert CHR. HOBURG den n.M. als den verborgenen, inneren M., der durch Christus, den neuen Adam, ans Licht gebracht wird [13]. Bei PH. J. SPENER ist ‹n.M.› der Zentralbegriff der Lehre von der Perfektibilität des M.: Der christliche Glaube wandelt den M. zum «inneren oder n.M.», «tödtet den alten Adam» in uns und «machet uns gantz andere menschen von hertzen, muth, sinn und allen kräfften, und bringet den Heiligen Geist mit sich» [14], so daß am Ende n.M. und Christus identisch werden [15]. Außer bei Spener findet sich das Begriffspaar ‹alter/n.M.› auch in seinem näheren und weiteren Umkreis, bei CHR. SKRIVER [16], CHR. M. SEIDEL [17], J. LANGE [18], aber auch bei A. H. FRANCKE [19], J. ARNDT und G. ARNOLD [20].

KANT wendet sich gegen die pietistische «mystische Gefühlstheorie», die nur auf die durch übernatürliche Gnadenwirkung zu erreichende Bekehrung hofft. Um ein n.M., d.h. ein moralisch guter M. zu werden, bedarf es einer «Art von Wiedergeburt» in Form einer «Revolution in der Gesinnung» [21]. Die «Aufgabe: ein n.M. zu werden» ist ein Problem, das durch keinen «möglichen Beweis» theoretisch gelöst werden kann, sondern nur praktisch: durch das sittlich gute Handeln, durch die «Benutzung der Idee dieses uns unbegreiflicher Weise beiwohnenden Vermögens», der moralischen Anlage in uns [22].

Im *Frühsozialismus* wird der theologische Begriff des n.M. aufgenommen und ins Politische gewendet. Bei W. WEITLING wird mit der Abschaffung des Geldes «der M. den alten M. ausgezogen haben und die Gesellschaft wie von neuem geboren sein» [23]. – Dies setzt sich bei den Gründern des *Sozialismus* fort: F. LASSALLE überträgt den Begriff des n.M. auf die menschliche Gattungsgeschichte, deren immanente Negativität das «Übergehen in einen n.M.» [24] ermöglicht, dessen Konstitutionsbedingung, die Revolution, einer «Inkarnation des Heiligen Geistes» gleichkommt [25]. – K. MARX identifiziert die Subjekte der Emanzipation der Menschheit mit den als n.M. bezeichneten Arbeitern, deren den Sinn der Geschichte vollziehende Revolution den «totalen M.» [26] zum innergeschichtlichen Ziel hat: «Dieser Antagonismus zwischen moderner Industrie und Wissenschaft auf der einen Seite und modernem Elend und Verfall auf der andern Seite, dieser Antagonismus zwischen den Produktivkräften und den gesellschaftlichen Beziehungen unserer Epoche ist eine handgreifliche, überwältigende und unbestreitbare Tatsache ... Wir für unsern Teil verkennen nicht die Gestalt des arglistigen Geistes, der sich fortwährend in all diesen Widersprüchen offenbart. Wir wissen, daß die neuen Kräfte der Gesellschaft, um richtig zur Wirkung zu kommen, nur n.M. bedürfen, die ihrer Meister werden – und das sind die Arbeiter» [27]. – In der weiteren Geschichte des Sozialismus wird die Problematik des n.M. als des die endliche Gestalt der Geschichte hervorbringenden Subjekts im Kontext der Frage nach der Beziehung zwischen Individuum und Geschichte diskutiert und die Notwendigkeit einer sozialistischen Erziehung erörtert, die die geschichtliche Abstraktheit des n.M. dadurch zu überwinden intendiert, daß der junge Arbeiter «statt des Programms des n.M. den n.M. selbst in sich trägt» (K. LEUTHNER) [28]. Erziehung zum n.M. ist nötig, da die «neue Gesellschaft» des Sozialismus erst nach der Niederreißung der «alten Welt in uns selbst» errichtet werden kann (M. ADLER) [29].

Gegenüber dieser marxistischen Revolutionstheorie macht N. BERDJAJEW die Konstanz der menschlichen Natur geltend, die die geschichtlichen Eruptionen in mühseliger Vergeblichkeit enden läßt: «Der M. kann sich verbessern oder verschlechtern in den Grenzen seines Typs, aber das ergibt noch keine n.M. Man muß sagen, daß politische Revolutionen, sogar die allerradikalsten, den M. verhältnismäßig wenig verändern» [30].

In der Zeit nach dem Ersten Weltkrieg ist in den verschiedensten Zusammenhängen vom n.M., von Erneuerung und Wandlung des M. die Rede, so im expressionistischen Drama [31], im Programm der 'Katholischen Aktion' [32] oder in der Propagierung eines «M. der Güte, dessen Fühlen, Denken und Handeln durch die Liebe zum Schöpfer und zu seinen Geschöpfen bestimmt wird» [33]. Im Moskau der 1930er Jahre scheint der n.M. mit solch lautem Pathos verkündet worden zu sein, daß mancher diesen Ausdruck «nicht mehr hören [konnte], ohne aufzufahren» [34]. Im Gegenzug zum Sozialismus wird noch heute gelegentlich der «n.M. des Abendlandes» entworfen [35].

Während die gegenwärtige *Erziehungswissenschaft* im Sinne der «Autonomie der Pädagogik» den «Entwurf neuer Möglichkeiten und damit das Bild eines n.M.» [36] für wesentlich erachtet, führen die Kritiker der ihnen als archaisch betrachteten 'Metaphysik' die Vorstellung vom n.M. auf gnostisch-chiliastische Selbstvergottungsphantasien zurück, die die Ambivalenzen menschlicher Geschichte durch die im Begriff des n.M. implizierte «innerweltliche Erlösungslehre» [37] überspringen und deshalb mit verhängnisvollen Folgen verbunden sind [38].

In der heutigen *Theologie* wird der Begriff ‹n.M.› meist unabhängig von politischen Bezügen gebraucht, etwa bei K. BARTH (Christi Tod als «Beseitigung eines falschen Anfangs und Ursprungs», damit der M. «aus einem neuen Anfang und Ursprung heraus n.M. werde») [39] und im 2. Vaticanum («Hauptaufgabe der Laien ... ist das Christuszeugnis», damit «in ihnen der n.M. erscheine») [40]. Politik und Theologie gelangen jedoch dort wieder in Berührung, wo Christen und Marxisten miteinander ins Gespräch treten; denn dort steht das «Problem der Verwirklichung der neuen Menschheit erneut ... zur Diskussion» [41]. Die im Begriff des n.M. implizierte «radikale Veränderung des Herzens» [42] ist von anderer Seite als Bedingung der Selbsterhaltung des menschlichen Geschlechts angesehen worden. H. MARCUSE hält es für notwendig, «einen n.M. [zu] erziehen, ... der das Leben wirklich genießen kann, ... wenn die Menschheit nicht in ... Barbarei zerfallen soll» [43]. Der n.M., der durch eine «Veränderung der Triebstruktur» zustande kommen soll, ist, wenn auch ein «gefährlicher Begriff», so doch die Bedingung und der «Sinn der Revolution» [44]. Der Gang der Geschichte scheint aber zuweilen so windungsreich zu sein, daß manchen z.B. «Maos n.M. sich als der alte Adam erweist» [45].

Anmerkungen. [1] E. BENZ: Joachim-Stud. 3: Thomas von Aquin und Joachim de Fiore. Z. Kirchengesch. 53 (1934) 115. – [2] Zit. nach: E. BENZ: Die Kategorien des eschatol. Zeitbewußtseins. Dtsch. Vjschr. Lit.wiss. 11 (1933) 212; vgl. Joachim-Stud. 1: Die Kategorien der relig. Gesch.deutung Joachims a.O. [1] 50 (1931) 92 Anm. 127. – [3] E. BENZ: Die Geschichtstheol. der Franziskanerspiritualen des 13. und 14. Jh. nach neuen Quellen. Z. Kirchengesch. 52 (1933) 90ff. 97; vgl. Ecclesia spiritualis (1934) 134. 315f. – [4] J. BRENZ: Komm. zum Br. des Apostels Paulus an die Epheser, hg. W. KÖHLER (1935) 44. – [5] M. LUTHER: Ep.-Ausleg., hg. E. ELLWEIN (1973) 3, 62; vgl. ALTHAUS, a.O. [2 zu 1] 75. – [6] LUTHER, Weimarer A. 1, 209f.; 17/I, 122f. 133; 22, 98f. 104. 319-321; 36, 285; vgl. H. OLSSON: Schöpfung, Vernunft und Gesetz in Luthers Theol. (Uppsala 1971) 472ff. – [7] LUTHER, a.O. 10/II, 82; BENZ, a.O. [17 zu 1] 52. – [8] HEINRICH MÜLLER: Geistl. Erquickstunden, hg. J. G. RÜSSWURM (1831) 642. – [9] So z.B. bei dem Stifter der Mennoniten, MENNO SIMONS, Compl. writings, hg. J. CHR. WENGER (Scottdale, Pa. 1956) 53ff. 89ff.; vgl. I. B. HORST: Menno Simons. Der n.M. in der Gemeinschaft, in: Radikale Reformatoren, hg. H.-J. GOERTZ (1978) 179ff. – [10] J. BÖHME, Epistolae theosophicae. Sämtl. Schr. (1730), hg. W.-E. PEUCKERT (1955-60) 9, 3. – [11] Von den letzten Zeiten a.O. 5, 426f.; vgl. Von der Menschwerdung Jesu Christi 4, 104. 116. 153; Von der Gnadenwahl 6, 128f.; Mysterium magnum 8, 581. – [12] MARTIN SCHMIDT: Wiedergeburt und n.M. (1969) 327. – [13] a.O. 61. 73. 81. 160; CHR. HOBURG: Spiegel der Misbräuche (1644) 181; zu J. BETKE (1601-63) vgl. M. BORNEMANN: Der myst. Spiritualist J. Betke (Diss. Berlin: Kirchl. Hochschule 1959) 64ff. – [14] PH. J. SPENER: Pia desideria, hg. K. ALAND (³1964) 79. 34; vgl. Der hochwichtige Articul von der Wiedergeburt (²1715) passim. – [15] SCHMIDT, a.O. [12] 134-140. 173-180. 267. 269-272. – [16] CHR. SKRIVER: Seelenschatz (1723) 1, 114; vgl. SCHMIDT, a.O. 125. 272. – [17] CHR. M. SEIDEL: Lutherus Redivivus (1697) 197f.; vgl. SCHMIDT, a.O. 280. – [18] J. LANGE: Die richtige Mittelstrasse zwischen den Irrthümern und Abwegen 4 (1714) 348ff.; vgl. SCHMIDT, a.O. 278. – [19] A. H. FRANCKE: Catechismuspredigten (1726) 234. 377; vgl. SCHMIDT, a.O. 205. 217. 221. – [20] SCHMIDT, a.O. 190. 258; n.M., «neue Creatur» u.ä. auch bei J. H. REITZ: Hist. der Wiedergebohrnen (⁴1717) 2, 169. 174. 179; 3, 168; C. H. VON BOGATZKY: Die Übung der Gottseligkeit in allerley Geistl. Liedern (1750) 31. 100f.; E. H. Graf HENCKEL: Die letzten Std. einiger der Evang. Lehre zugethanen ... Personen (²1722-26) 1, 25; Das Gesang-Buch der Gemeine in Herrn-Huth (1737) 80. 371; vgl. A. LANGEN: Der Wortschatz des dtsch. Pietismus (²1968) 150. – [21] I. KANT, Akad.-A. 7, 56; 6, 47. – [22] a.O. 7,

56. 58f. – [23] W. WEITLING: Garantien der Harmonie und Freiheit (1842), hg. B. KAUFHOLD (1955) 66; vgl. in der Frz. Revolution: Der n.M. Eine Wochenschr., hg. G. C. MEYER (1796-97); vgl. dazu W. GRAB: Leben und Werke norddtsch. Jakobiner (1973) 67ff. 249ff. – [24] F. LASSALLE, Br. an den Vater (12. 6. 1844). Nachgel. Br. und Schr., hg. G. MAYER 1 (1921) 103. – [25] Br. an den Vater (21. 5. 1844) a.O. 1, 97; vgl. E. COLBERG: Die Erlösung der Welt durch F. Lassalle (1969). – [26] K. MARX: Ökonom.-philos. Ms. (1844). MEW Erg.-Bd. 1 (1968) 539. – [27] Rede auf der Jahresfeier des 'People's Paper' (14. 4. 1856). MEW 12 (1963) 4. – [28] Zit. in: A. v. WEISS: Die Diskussion über den Hist. Materialismus in der dtsch. Sozialdemokratie 1891-1918 (1965) 99. – [29] M. ADLER: N.M.en. Gedanken über sozialist. Erziehung (1924) 66f. 81. – [30] N. BERDJAJEW: Das Reich Gottes und das Reich des Caesar (1952) 182. – [31] Vgl. W. RIEDEL: Der n.M. Mythos und Wirklichkeit (1970). – [32] F. FIEDLER: Der n.M. 12 Themen aus dem Geiste der neuen Generation (1929). – [33] Zit. in: J. M. VERWEYEN: Der n.M. und seine Ziele (1930); vgl. das Sammelwerk: Der n.M. Geistige Führer über Kultur und Technik unserer Zeit (1926); K. SCHEFFLER: Der n.M. (1932) 5ff. – [34] E. SINKÓ: Roman eines Romans. Moskauer Tagebuch (1962) 218; vgl. H. TSWOLSKI: Der n.M. im Rußland von heute (1936). – [35] F. MÄRKER: Der n.M. Eine Alternative (1978). – [36] E. WENIGER: Die Pädag. in ihrem Selbstverständnis heute. Ausgew. Schr. zur geisteswiss. Päd. (1975) 138. 145. – [37] E. TOPITSCH: Gottwerdung und Revolution (1973) 38; zum Begriff selbst: 12. 36ff. 182 Anm.; vgl. MÜHLMANN, a.O. Anm. [18 zu 1] 295. 328. – [38] C. SCHRENCK-NOTZING: Charakterwäsche (1965) 22f. – [39] K. BARTH: Die kirchl. Dogmatik IV/1 (1953) 552; C. S. LEWIS: Mere christianity (London 1961) 171ff.; in der jüd. Theol. seltener: H. COHEN: Die Relig. der Vernunft aus den Quellen des Judentums (1919) 226. – [40] Dekret über die Missionstätigkeit der Kirche, in: LThK² Suppl.-Bd. 3 (1968) 80f.: Das 2. Vatikanische Konzil. – [41] U. DUCHROW: Die Frage nach dem n.M. in theol. und marxist. Marxismusstud. 7 (1972) 49; Korreferat dazu von V. HORSKY, a.O. 59-86. – [42] E. FROMM: Haben oder Sein (1976) 19; der Begriff selbst: 12. 18. 167ff. 195. 197. – [43] H. MARCUSE, Interview, in: Der Spiegel 21 (1967) H. 35, 115f.; vgl. R. HOCHHUTH: Der alte Mythos vom 'n.'M. Eine Kritik an H. Marcuse. Club Voltaire. Jb. krit. Aufklärung 4 (1970) 112-144; W. LEPENIES: Soziol. Anthropol. (1971) 115ff. – [44] H. MARCUSE und J. HABERMAS: Gespräch über anthropol. Grundl. der Gesellschaft. Merkur 32 (1978) 582; vgl. H. LEFÈBVRE: Kritik des Alltagslebens 1 (1974) 160. 181. – [45] Frankfurter Allg. Ztg. (23. 3. 1979) 3.

Literaturhinweise. G. V. RAD u.a.: Der alte und der n.M. Aufs. zur theol. Anthropol. (1942). – E. BENZ s. Anm. [17 zu 1].

M. ARNDT/U. DIERSE

Menschenkenntnis. Die philosophische Bemühung um M. taucht besonders in Zeiten anthropologischer Besinnung und wissenschaftlicher Erforschung des Menschen auf. Obwohl der *Terminus* die neuzeitliche Philosophie durchzieht, ist er begrifflich-präzise nicht zu fassen. Er umfaßt als Sammelbegriff etwa philosophische Selbstreflexionen, ethische Entwürfe und das Konglomerat von psychologischem, anthropologischem, kulturgeschichtlichem und erkenntnistheoretischem Populärwissen, das sowohl das Individuum als auch den Menschen in genere betreffen kann und meist der praktischen Menschenbehandlung dient. In jedem Falle liegt diesen Versuchen schon ein Bild vom Menschen zugrunde.

Mit der anthropologischen Wende im 5. vorchristlichen Jh. tritt das Bemühen um M. in den philosophischen Horizont der *Antike*, nachweisbar etwa in DEMOKRITS ethischen Maximen und in SOKRATES' maieutischer Methode, wo M. als Medium philosophischer Vermittlung vorausgesetzt wird und der Selbsterkenntnis des Einzelnen dienen soll. Die Tradition aphoristischer Anweisung für die eigene Lebenshaltung und die richtige Behandlung anderer Menschen entwickelt sich etwa in EPIKURS Spruchsammlung, in EPIKTETS ‹Handbüchlein der Moral› und in MARC AURELS ‹Selbstbetrachtungen›. Einen wesentlichen psychologischen Beitrag der Antike liefern THEOPHRASTS ‹Charaktere› mit der darin ausgebreiteten Typenlehre. Theophrast unterteilt die Menschen nach ihren dominierenden Charakterzügen (der Geizige, der Aufschneider usw.) und wirkt damit anregend noch auf die französische Geisteswelt des 17. Jh. (LA BRUYÈRES ‹Charactères›, MOLIÈRES Komödientypen).

In der *Renaissance* bezieht sich der Wunsch nach M. einerseits auf die Selbsterforschung des Individuums und andererseits auf die psychologische Erziehung zum politisch-höfischen Umgang. Das erstere hat einen Vorläufer schon in AUGUSTINS ‹Bekenntnissen›, findet sich in der beginnenden Neuzeit in PETRARCAS Schriften und Briefen und wird gültig repräsentiert durch MONTAIGNES ‹Essais› (1580), die dem Autor zur selbstkritischen, an der antiken Geistestradition orientierten Introspektion dienen, was der Mensch ist und vermag und wie er demgemäß sein Leben führen muß. Das letztere erscheint etwa bei Fr. Bacon und Gracian ausgebildet. BACON kommt es in seinen ‹Essays› (1597; letzte erweiterte Ausgabe 1625) an «auf eine Darstellung praktischer Lebensweisheit ..., die von eigenen, auf den verschiedensten Gebieten gesammelten Erfahrungen lebt» [1]. GRACIAN widmet den höfischen Menschengruppen einzelne Schriften (‹Der Held›, ‹Der Fürst›, ‹Der Weltmann›) und wird mit seiner Aphorismensammlung ‹Handorakel und die Kunst der Weltklugheit› (1647) zu einem höfischen Erzieher seiner Zeit. Wenig später ist in diesem Sinne mit DE LA CHAMBRES Werk ‹L'art de connoistre les Hommes› (1680) auch der Terminus ‹M.› gegenwärtig, der etwa gleichzeitig auch in Deutschland auftaucht [2].

Beide Zweige der M. verschmelzen im 17. und 18. Jh. in der *Aphoristik* der französischen Moralisten, etwa LAROCHEFOUCAULD («Es ist leichter, den Menschen als einen einzelnen Menschen kennenzulernen» [3]), PASCAL, VAUVENARGUES (hier auch terminologisch: ‹Introduction à la connaissance de l'esprit humain› 1746) und RIVAROL. Ihre Welthaltung allerdings ist den höfischen Denkern gerade entgegengesetzt: In ihren aphoristisch-unsystematischen und darum der Unausschöpfbarkeit des Themas Mensch angemessenen Bemerkungen über Individualität und Gesellschaft, Leidenschaften und Verstand, Egoismus und Altruismus, Politik und Religion wird gerade der gesellschaftlich geformte Mensch mit seinen Fehlern und Lastern enthüllt. Die höfische Welt ist keine Schule des Lebens; sie verstärkt die moralische Zwiespältigkeit des menschlichen Charakters. Im 18. Jh. werden M. und Selbsterkenntnis vielfach als Ursprung und Ziel aller Erkenntnis, als Quelle für Glück und Zufriedenheit bezeichnet [4], so von POPE: «Know then thyself, presume not God to scan, the proper study of mankind is man» [5].

Das vertiefte anthropologische Wissen der deutschen *Goethezeit* um die ganzheitliche psycho-physische Struktur des Organismus Mensch und die daraus resultierende wechselseitige Erhellung von Leib und Seele führt zu dem Bemühen, Kenntnis vom menschlichen Inneren aus seinem Äußeren und seiner Ausdruckswelt zu gewinnen. Hierher gehören LAVATERS ‹Physiognomische Fragmente zur Beförderung der M. und der Menschenliebe› (1775-78), GALLS Phrenologie und – als Fortsetzung im 20. Jh. – KLAGES' Graphologie. KANT, mit seiner nicht in «physiologischer», sondern in «pragmatischer Hinsicht» – d.h. in bezug auf das, was der Mensch «als freihandelndes Wesen aus sich selber macht, oder machen kann und soll» – betrieben M. [6], erweitert auch ihre Quellen und «Hülfsmittel»: Weltgeschichte, Geographien, Schauspiele und Romane gehören ebenso dazu wie Reisen und Reisebeschreibungen, vorausgesetzt, daß man schon «vorher zu Hause durch Umgang mit seinen Stadt- oder Landesgenossen» [7] sich eine gewisse M. erworben hat. Wie zuvor schon beim jungen HERDER wird bei W. v. HUMBOLDT schließlich – mit der Entdeckung der Historizität des Menschen – die gesamte Kultur zur Quelle der M.: «Allein im philosophischen (Sinne) kann M. – Kenntniss des Menschen überhaupt, wie der einzelnen wirklichen Individuen – nichts anderes heissen, als die Kenntniss der verschiedenen intellektuellen, empfindenden, und moralischen menschlichen Kräfte, der Modifikationen, die sie durch einander gewinnen, der möglichen Arten ihres richtigen und unrichtigen Verhältnisses, der Beziehung der äusseren Umstände auf sie, dessen, was diese in einer gegebnen Stimmung unausbleiblich wirken müssen, und was sie nie zu wirken vermögen, kurz der Gesetze der Nothwendigkeit der von innen, und der Möglichkeit der von aussen gewirkten Umwandlungen. Diese Kenntniss ist, oder vielmehr das Streben nach dieser – da hier nur Streben möglich ist – führt zur wahren M., und diess ist jedem Menschen, als Menschen, und lebte er auch ganz von Menschen abgesondert, nur in verschiedenen Graden der Intension und Extension unentbehrlich» [8]. Gemäß diesem Programm umkreist Humboldt in immer neuen Versuchen individuelle und Volkscharaktere und das Wesen *des* Menschen. Der wahre Menschenkenner «muss gewissermaassen die verschiedenen Geistesstimmungen des Naturbeobachters, des Historikers und des Philosophen in sich vereinigen» [9]. Humboldts Grundgedanke, daß sich das menschliche Leben in seinen kulturellen Ausprägungen manifestiere, macht ihn zu einem Vorläufer von DILTHEYS Lebensphilosophie. Nach Dilthey liegt in allen Kulturschöpfungen «ein Äußeres vor, das als Ausdruck eines Inneren entstand und uns so dieses Innere zum Verständnis bringt» [10]. «Der Mensch erkennt sich nur in der Geschichte, nie durch Introspektion» [11]. Ganz im Sinne der Erklärung HEGELS: Für das Leben sei zwar die M. nützlich und nötig, für die Philosophie aber «in eben dem Grade gleichgültig, wie dieselbe sich nicht von der Betrachtung zufälliger Einzelheiten zur Auffassung großer menschlicher Charactere zu erheben vermag, durch welche die wahrhafte Natur des Menschen in unverkümmerter Reinheit zur Anschauung gebracht wird» [12] – sucht DILTHEY in den verschiedenen geschichtlichen Manifestationen nach der einen Natur des Menschen [13].

Dilthey scheint für die Kenntnis des Menschen schlechthin vorauszusetzen, was SCHOPENHAUER schon zuvor – wenn auch zunächst nur in bezug auf den individuellen Charakter – zur Voraussetzung jeder M. erhoben hatte: «Der Charakter des Menschen ist konstant: bleibt derselbe, das ganze Leben hindurch ... Denn auf jener Wahrheit beruht die Möglichkeit aller M. und des festen Vertrauens auf die Geprüften, Erprobten, Bewährten» [14].

Die Frage, was es mit dem Menschen schlechthin auf sich hat, wird dann zum Grundthema NIETZSCHES, der die französische Tradition psychologisch entlarvender Aphoristik zu einem Angriff auf die gesamte Philosophie radikalisiert. Der Illusionscharakter, der allen bisherigen Erkenntnissen durch das zugrunde liegende Mißverständnis über den Menschen anhaftete – «... man hiess bisher die Lüge Wahrheit» [15] –, zwingt ihn zu einer «Umwerthung aller Werthe». «'Wo ihr ideale Dinge seht, sehe ich – Menschliches, ach nur Allzumenschliches!' ... Ich kenne den Menschen besser» [16]. Da der Grundfehler in der Annahme einer *sittlichen* Weltordnung besteht, wird Nietzsche zum Kritiker aller bisherigen Moral. Sie hat den Lebenswillen des Menschen verfälscht und den Menschen zum décadent gemacht.

Waren schon in der Goethezeit die Kompendien der Schulphilosophie zur M. zahlreich [17], so steigt die Zahl der populären Schriften zur M. im 20. Jh. mit dem Vordringen der philosophischen Anthropologie, der sich ausweitenden wissenschaftlichen Erkenntnis vom Menschen und der Verbreitung psychologischen Wissens im Anschluß an FREUDS Psychoanalyse sprunghaft an [18]. Gleichzeitig erwächst innerhalb Deutschlands aus dem neuen Selbstverständnis der Geisteswissenschaften durch die Lebensphilosophie eine geisteswissenschaftliche Psychologie, die das Seelenleben des Menschen als einen sinnhaften und ganzheitlichen Strukturzusammenhang begreift, so etwa SPRANGERS ‹Lebensformen› (1914), die Ausarbeitung von sechs psychischen Grundtypen, in denen «jeweils eine bestimmte Sinn- und Wertrichtung in der individuellen Struktur als herrschend gesetzt wird» [19], PLESSNERS ‹Die Einheit der Sinne› (1923), das den Verknüpfungen der kognitiven und der sinnenhaften Sphäre im Menschen nachgeht, LERSCHS ‹Der Aufbau des Charakters› (1938) und ROTHACKERS ‹Die Schichten der Persönlichkeit› (1938), in dem der Autor die Schichtung seelischer Schichten untersucht. – So sehr in der Gegenwart einerseits anthropologische Wissenschaften und Philosophen bemüht sind, die Voraussetzungen für eine umfassende M. zu schaffen, so sehr entzieht sich diese selbst andererseits der abschließenden Synthese, denn die moderne Erkenntnis von der Selbstprägekraft des Menschen läßt seine Wandelbarkeit und Unabgeschlossenheit auch in die Zukunft hinein wahrscheinlicher werden.

Anmerkungen. [1] L. SCHÜCKING (Hg.), in: Einl. zu FR. BACON, Essays (³1967) XXIX. – [2] Vgl. etwa CH. THOMASIUS: Erfindung der Wiss.en, anderer Menschen Gemüt zu erkennen (1692), in: Dtsch. Lit. 1, hg. F. BRÜGGEMANN (1928) 60-79. – [3] F. LA ROCHEFOUCAULD, Réfl. ou sentences et maximes morales. Oeuvres compl. (Paris 1957) 464: Max. 436. – [4] J. A. HOFFMANN: Zwey Bücher von der Zufriedenheit (⁵1731, ND 1972) 339; J. K. WEZEL: Versuch über die Kenntniß des Menschen (1784-85, ND 1971); vgl. W. MARTENS: Die Botschaft der Tugend (1968) 231. – [5] A. POPE, An essay on man II, 1. – [6] I. KANT, Anthropol. in pragmat. Hinsicht, Vorrede. Akad.-A. 7 (1917) 119. – [7] a.O. 120f.; ähnlich später auch W. T. KRUG: Allg. Handwb. der philos. Wiss.en 2 (1827) 737f.: Art. ‹M.›. – [8] W. v. HUMBOLDT: Über das Studium des Altertums und des griech. insbes. (1793). Ges. Schr., hg. A. LEITZMANN 1 (1903) 257. – [9] Plan einer vergl. Anthropol. (1795) a.O. 397. – [10] W. DILTHEY, Ges. Schr. 7 (⁴1965) 321. – [11] a.O. 279. – [12] G. W. F. HEGEL, Werke, hg. H. GLOCKNER 10 (³1958) 11; vgl. Enzyklop. der philos. Wiss. (1830) § 377. – [13] DILTHEY, a.O. [10] 5 (⁴1964) XCI. – [14] A. SCHOPENHAUER, Werke, hg. I. FRAUENSTÄDT/A. HÜBSCHER 4 (²1966) II, 50. – [15] FR. NIETZSCHE, Ecce homo, Warum ich ein Schicksal bin. Krit. Gesamt-A., hg. G. COLLI/M. MONTINARI VI/3 (1969) 363. – [16] Ecce homo, Menschliches, Allzumenschliches a.O. 320. – [17] Etwa: K. M. L. PÖLITZ: Populäre Anthropol. oder Kunde vom Menschen nach seinen sinnlichen und geistigen Anlagen (1800); M. L. FUNK: Versuch einer praktischen Anthropol. oder Anleit. zur Kenntnis des Menschen und zur Vervollkommnung seiner Seelenkräfte als Vorbereitung zur Sitten- und Religlehre (1803); Hb. zur Weisheit, M. und Lebensphilos. (1827). – [18] Etwa: C. HUTER: M. durch Körper-, Lebens-, Seelen-, und Gesichts-Ausdruckskunde (1904-06); F. E. O. SCHULTZE: Anleit. zur M. (1923); A. ADLER: M. (1926); J. L. VERWEYEN: Praktische M. (1934). – [19] E. SPRANGER: Lebensformen (⁹1966) 114.

Literaturhinweise. s. Anm. [17f.]. – W. SOMBART: Vom Menschen (²1956). – R. SPIETH: M. im Alltag (1967). – Die frz. Moralisten, dtsch. hg. F. SCHALK (1962, ²1973).

CH. GRAWE

Menschensohn. Der Begriff bezeichnet weder eine anthropologische Reduktion der Person Christi, wie sie vom Arianismus seit dem 3. Jh. bis zu den Theorien der natürlichen Theologie immer wieder vorkommt, noch gehört er in die Theologie der Menschwerdung im Sinne der Inkarnation. Vielmehr ist er im eminenten Sinne Hoheits- und Messiastitel und führt als solcher eine verwikkelte, gerade in den letzten Jahrzehnten wieder diskutierte Problematik bei sich, die zum Kernbereich der Eschatologie gehört.

1. ‹M.› ist die Übersetzung für hebräisch ‹bæn-'adam›; aramäisch ‹bǎr-'ænaš› bzw. ‹bǎr-naša› (griech. υἱός ἀνϑρώπου bzw. ὁ υἱός τοῦ ἀνϑρώπου; lat. filius hominis). Das Wort kann im Hebräischen bzw. Aramäischen ein status constructus und als solcher Umschreibung für «Mensch schlechthin» [1] sein.

‹M.› bezeichnet im *Alten Testament* zunächst den Menschen [2], besonders in seinem Gegensatz zu Gott [3]. Zu einem Wort besonderer Würde wird die Bezeichnung ‹M.› in der jüdischen Apokalyptik. In Dan. 7 schaut der Visionär eine himmlische Gerichtsszene, zu der «mit den Wolken des Himmels» [4] ein «Menschenähnlicher» [5] kommt, der dann zum universalen und ewigen Herrscher inthronisiert wird. In den folgenden Versen [6] wird die Gestalt symbolisch-korporativ auf die «Heiligen des Höchsten» [7] gedeutet. Als individuelle Heilsgestalt in ausgeprägterer Form begegnet der M. in den sogenannten Bilderreden des äthiopischen Henochbuches (Kap. 37-71 [8]): Hier gewinnt die eindeutig individualisierte Mittlerfigur des M. soteriologische Funktionen: Der M. ist der endzeitliche Richter [9] mit den von dem «Herrn der Geister» [10] ihm zugesprochenen Aufgaben der Entmachtung der Sünder [11] und der Rehabilitierung der Gerechten [12]; so ist er in eminenter Weise gerecht [13], weise [14], präexistent [15], jedoch bis zur Endzeit verborgen [16]. So ist der M. im Äthiopischen Henochbuch zu einem transzendenten Heilsmittler geworden, der sich in seiner überirdischen Erhabenheit von dem traditionellen Messiasbild abhebt [17]. In IV Esra sammelt der M. nach einem Kampf ein «friedliches Heer» [18] und erscheint als der bisher verborgen gebliebene Erlöser und Sohn Gottes [19], dem das eschatologische Gericht übertragen wird [20].

Im *Neuen Testament* tauchen die Worte über den M. – neben vereinzelten außerevangelischen Stellen [21] – als Worte über seine Parusie [22], sein Leiden, seinen Tod und seine Auferstehung [23] und als Selbstbezeichnung des irdischen Jesus [24] lediglich im Munde Jesu auf. Die historische Einstufung der Worte hängt von der Frage nach dem Selbstbewußtsein Jesu ab, ob Jesus sich selbst als den «Prätendenten ... auf den Thron des Himmelreiches» [25] glaubte, sich von dem M. als einer anderen Person unterschied [26] oder ob die Bezeichnung Jesu als des M. Ergebnis theologischer Reflexion seitens der Urgemeinde ist [27]. Während sich einige der mit dem M. im neutestamentlichen Befund assoziierten Vorstellungen – der auf den Wolken kommende M. [28], der von den Engeln umgeben [29] zu seiner Parusie kommt [30] – durchaus als traditionell deuten lassen, ist die Verknüpfung mit dem Leiden ein ursprünglich mit dem Hoheitstitel nicht verbundenes Motiv. «Einen leidenden M. hat das Judentum nicht gekannt» [31].

Anmerkungen. [1] O. CULLMANN: Die Christol. des NT (1958) 139. – [2] Vgl. Hiob 25, 6; Ps. 8, 5. – [3] Num. 23, 19; Jes. 51, 12. – [4] Dan. 7, zit. nach J. THEISON: Der auserwählte Richter. Untersuch. zum traditionsgesch. Ort der M.-Gestalt der Bilderreden des Äthiop. Henoch (1975) 17. – [5] ebda. – [6] Vv. 17f. – [7] V. 18; vgl. A. BENTZEN: King and Messias (²Oxford 1970) 74f.; P. WEIMAR: Daniel 7. Eine Textanal., in: Jesus und der M. Für A. Vögtle (1976) 11ff.; U. B. MÜLLER: Messias und M. in jüd. Apokalypsen und in der Offenbarung des Johannes (1972) 19ff. – [8] E. SJÖBERG: Der M. im Äthiop. Henochbuch (Lund 1946). – [9] Äthiop. Hen. 41, 9. 45, 3. 49, 4. 51, 2. 61, 8f. 62, 3. 69, 27. – [10] a.O. 49, 4. – [11] 49, 2. 62, 2. 48, 9. – [12] 45, 5. 48, 4. 62, 14. – [13] 39, 6. 62, 3. – [14] 49, 1. 49, 3. – [15] 48, 6. – [16] 62, 7. – [17] Vgl. SJÖBERG, a.O. [8] 140; P. VIELHAUER: Gottesreich und M. in der Verkündigung Jesu, in: Aufs. zum NT (1965) 83ff.; MÜLLER, a.O. [7] 36ff. 118ff. – [18] 4. Esra 13, 12, zit. nach E. KAUTZSCH: Die Apokryphen und Pseudepigraphen des AT (⁴1975) 2, 395. – [19] a.O. 13, 32. – [20] 13, 37; vgl. N. PERRIN: Was lehrte Jesus wirklich? (1967) 190; MÜLLER, a.O. [7] 83ff. – [21] Apg. 7, 56; Apk. 1, 13. 14, 14; vgl. MÜLLER, a.O. [7] 190ff. 198f.; E. LOHSE: Der M. in der Johannes-Apk., in: Jesus und der M. a.O. [7] 415ff.; F. MUSSNER: Wohnung Gottes und M. nach der Stephanusperikope, in: Jesus und der M. a.O. 283ff. – [22] Mk. 8, 38; Lk. 9, 26; Mk. 13, 26; Mt. 24, 30. Lk. 21, 27. Mk. 14, 62. Mt. 26, 64. Lk. 22, 69. Mt. 24, 27. Lk. 17, 24. Mt. 24, 44. Lk. 12, 40. Mt. 10, 23. 16, 27. Mt. 19, 28. 25, 31; vgl. VIELHAUER, a.O. [17] 55ff. – [23] Mk. 8, 31. Lk. 9, 22. Mk. 9, 9. Mt. 17, 9. Mk. 9, 12. Mt. 17, 12. Mk. 9, 31. Mt. 17, 22. Lk. 9, 44. Mk. 10, 33. Mt. 20, 18. Lk. 18, 31. Mk. 14, 21. Mt. 26, 24. Lk. 22, 22. Mk. 14, 41. Mt. 26, 45. Lk. 24, 7. – [24] Mk. 2, 10. Mt. 9, 6. Lk. 5, 24. Mk. 2, 28. Mt. 12, 8. Lk. 6, 5. Mt. 8, 20. Lk. 9, 58. Mt. 11, 19. Lk. 7, 34. Lk. 6, 22. 19, 10. – [25] Vgl. R. OTTO: Reich Gottes und M. Ein relig.gesch. Versuch (³1954) 114; vgl. CULLMANN, a.O. [1] 50. 138. 167; vgl. F. TILLMANN: Jesus, der M. (1908) 29. – [26] Vgl. H. E. TÖDT: Der M. in der synopt. Überlief. (²1963) 29ff. 204f.; dagegen VIELHAUER, a.O. [17] 92ff. – [27] R. BULTMANN: Theol. des NT (⁶1968) 26ff.; ähnl. VIELHAUER, a.O. [17] 60ff. 79f. 90f.; dagegen F. NEUGEBAUER: Jesus der M. (1972). – [28] Mk. 14, 62. – [29] Mk. 8, 38; Joh. 1, 51. – [30] Mt. 24, 37. 39. – [31] SJÖBERG, a.O. [8] 244.

2. Merkwürdigerweise schwindet der eschatologische Gebrauch des Titels ‹M.› in der nachbiblischen Literatur des orthodoxen Christentums, vielleicht deswegen, weil der M.-Titel nicht die Auferstehung impliziert [1] oder weil das Judenchristentum [2] und die Gnosis [3] den Titel zusehends okkupieren in ihrer Spekulation über die Reinkarnation der identischen Idee Mensch (Anthropos) in diversen Heilsbringern. «Ennoeam autem eius progredientem filium dicunt emittentis, et esse hunc Filium Hominis, secundum Hominem» [4]. So wird in der synoptischen Überlieferung bei den apostolischen Vätern der Titel ‹M.› ersetzt durch den die kultische Präsenz ausdrückenden Titel ‹Kyrios› [5], durch ‹Christos› [6] oder durch die einfache Ich-Form [7]. Der ursprünglich der apokalyptischen Vorstellungswelt zugehörige Titel ‹M.› gerät in den Prozeß der Enteschatologisierung des Christentums [8] und wird von nun an als Bezeichnung der menschlichen Herkunft Jesu interpretiert [9], um unter Verwendung dieses Titels gleichzeitig die Häresie des Doketismus zu bekämpfen.

«Filius dei hominis filius factus, ut per eum adoptionem percipiamus, portante homine et capiente et complectente filium dei» [10].

Noch F. CHR. BAUR entdeckt im Gebrauch des Titels ‹M.› durch Jesus die Absicht, «sich schlechthin als Menschen zu bezeichnen, nicht als Menschen im idealen Sinne, sondern als den, der alles Menschliche theilt, *qui nihil humani a se alienum putat*» [11]. Neben dieser die Niedrigkeit betonenden Auslegung des Titels ‹M.› findet sich in der Theologiegeschichte auch die die Hoheit akzentuierende Deutung, nach der dann M. als Prototyp des Wesens Mensch verstanden wird, so daß durch die

Bezeichnung ‹M.› «auf einen Unterschied zwischen ihm [Jesus] und allen andern Menschen» [12] aufmerksam gemacht werden solle. Der Begriff ‹M.› wird erst zum zentralen Gegenstand theologischer Forschung, als in der Nachfolge von D. FR. STRAUSS das theologische Dogma der Unterscheidung heiliger und unheiliger Schriften aufgegeben und die historische Methode als Prinzip in der Theologie bedeutsam wird. Zunächst spielt sich die Diskussion auf der Ebene philologischer Sprachforschung ab; so versteht H. LIETZMANN die griechische Bezeichnung υἱὸς ἀνθρώπου als fälschliche Wiedergabe eines aramäischen status constructus (Sohn des Menschen = Mensch) und betrachtet die «griechische Urgemeinde» [13] als den Urheber einer messianischen Ausdeutung von Dan. 7, 13 und 4. Esra bzw. des äthiopischen Henochbuches. Angesichts der durch Lietzmann inaugurierten Forschungen zum M.-Problem [14] glaubt A. SCHWEITZER im Jahre 1906 feststellen zu können: «Im großen und ganzen ist die M.-Frage ... gelöst» [15]. Den Schlüssel zur Lösung findet er in der am Leitfaden der 'Konsequenten Eschatologie' gewonnenen Hermeneutik der Evangelienüberlieferung als des Reflexes des messianischen Selbstbewußtseins Jesu.

«Wenn Jesus als Mensch leibhaftig auf Erden wandelnd seinen Jüngern die Parusie des M. für die allernächste Zeit verheißt, mit dem geheimen Bewußtsein, daß er derjenige ist, der als M. geoffenbart werden wird, so muß er eben annehmen, daß er vorher in die Übernatürlichkeit verwandelt und entrückt werden wird» [16].

Die religionsgeschichtliche Schule erweitert die bisher innerbiblisch behandelte Frage nach dem M. zu der Frage nach der außerbiblischen Herkunft der mit ihm verbundenen Vorstellung. Im wesentlichen konzentrieren sich die vorgebrachten Genealogien auf die iranische Mythologie [17] und auf den im orientalischen Synkretismus verbreiteten Mythos vom Urmenschen (Anthropos), seiner Deszendenz und Erlösung [18].

«*Zusammenfassend* ist zu sagen, daß die philologischen Probleme im wesentlichen als geklärt angesehen werden können. ... Nicht ganz eindeutig, aber überwiegend wahrscheinlich ist, daß sich bereits im vorchristlichen Judentum ein titularer Gebrauch durchsetzte, der von Jesus und der Urgemeinde übernommen worden ist. Das bei Daniel vorliegende kollektivische Verständnis der Vorstellung fehlt in IV Esra und den Bilderreden des Aethiopischen Henoch und ist ebensowenig für das Neue Testament vorauszusetzen. Eine Verbindung mit der Anschauung vom leidenden Gottesknecht ist für das Judentum nicht zu erweisen. ... Die religionsgeschichtliche Ableitung ist noch nicht befriedigend geklärt. ... Die Vorstellung gehört einer eigenen Traditionsschicht an und ist aus diesem Grund von der Messiasvorstellung grundsätzlich zu unterscheiden» [19].

Anmerkungen [1] U. WILCKENS: Christus der ‹letzte Adam› und der M., in: Jesus und der M., a.O. [7 zu 1] 387ff., bes. 396ff. – [2] Vgl. H. J. SCHOEPS: Theol. und Gesch. des Judenchristentums (1949) 98ff.; A. HILGENFELD: Die Ketzergesch. des Urchristentums (ND 1963). – [3] Vgl. W. BOUSSET: Die Rel. des Judentums im späthellenist. Zeitalter (³1926) 21; Kyrios Christos. Gesch. des Christusglaubens von den Anfängen des Christentums bis Irenaeus (²1921) 210; H. LIETZMANN: Der M. (1896) 62f.; C. H. KRAELING: Anthropos and son of man (New York 1927); F. H. BORSCH: The Christ. and Gnostic son of man (London 1970) 110. – [4] Zit. nach HILGENFELD, a.O. [2] 241. – [5] H. KÖSTER: Synopt. Überlieferung bei den apostol. Vätern. Texte und Untersuch. zur Gesch. der Altchristl. Lit. (1957) 175. 187. – [6] a.O. [5] 108. – [7] 71. – [8] Vgl. M. WERNER: Die Entstehung des christl. Dogmas problemgesch. dargestellt (1941). – [9] Weitere Stellen bietet KRAELING, a.O. [3] 6. – [10] Zit. nach BOUSSET: Kyrios Christos (²1921) 345. – [11] F. CHR. BAUR: Vorles. über NTliche Theol. (1864) 81. – [12] D. FR. SCHLEIERMACHER: Der Christl. Glaube (³1836) 2, 91. – [13] H. LIETZMANN, a.O. [3] 95. – [14] G. DAL-MANN: Die Worte Jesu (1898); W. BALDENSPERGER: Die neueste Forsch. über den M. Theol. Rdsch. (1900) 3, 201-210; Die messian.-apokalypt. Hoffnungen des Judentums (³1903); P. FIEBIG: Der M. (1901). – [15] A. SCHWEITZER: Gesch. der Leben-Jesu-Forsch. (1966) 1, 290. – [16] a.O. 2, 422. – [17] OTTO, a.O. [25 zu 1] 142; E. STAVE: Einfluß des Parsismus auf das Judentum (1898); O. G. VON WESENDONK: Das Weltbild der Iranier (1933) 180f. – [18] BOUSSET, a.O. [3] 354ff. 367; KRAELING, a.O. [3]. – [19] F. HAHN: Christol. Hoheitstitel (1963) 22f.

Literaturhinweise. C. H. KRAELING s. Anm. [3 zu 2]. – R. OTTO s. Anm. [25 zu 1]. – E. SJÖBERG s. Anm. [8 zu 1]. – O. CULLMANN s. Anm. [1 zu 1]. – F. HAHN s. Anm. [19 zu 2]. – C. COLPE: Art. ὁ υἱὸς τοῦ ἀνθρώπου, in: Theol. Wb. zum NT 8 (1969) 403ff.
M. ARNDT

Menschenwürde. Der Terminus ‹M.› ... ‹Würde des M., der Person, des Bürgers› und seine fremdsprachigen Äquivalente werden in der Tradition im Zusammenhang zweier recht unterschiedlicher Kontexte gebraucht. Zum einen hat die Rede von der Würde eines Menschen bzw. einer Person den Sinn, seinen Rang innerhalb einer Gesellschaft zu kennzeichnen. In diesem Sinn *hat* eine Person eine Würde, ist jemand der Träger einer Würde. Zum anderen wird mit diesem Terminus das gemeint, was als auszeichnendes Merkmal des Menschen im Unterschied zu anderen Lebewesen betrachtet wird bzw. den (inneren) Wert des Menschen ausmacht.

Beide Verwendungen lassen sich bereits bei CICERO nachweisen. In dem zuerst genannten Sinne spricht Cicero – in Anlehnung an stoische Überlegungen (KLEANTHES, CHRYSIPP [1]) – von der Würde (dignitas) einer Person als einem Kennzeichen seiner Stellung und Geltung in der Öffentlichkeit (dignitas est alicuius honesta et cultu et honore et verecundia digna auctoritas [2]). Die Verwendung in der zweiten Bedeutung wird deutlich, wenn er davon spricht, daß bestimmte Lebensformen mit der Würde der menschlichen Natur, die in ihrer Teilhabe an der Vernunft besteht [3], nicht verträglich sind.

In der frühen christlichen Tradition und im *Mittelalter* stehen die Betrachtungen zur M. ganz im Zeichen der Frage nach der Auszeichnung, die dem Menschen im Rahmen der Schöpfung zukommt, sieht man von direkten Rückgriffen auf die ciceronischen Bestimmungen, z.B. bei THOMAS VON AQUIN, ab [4]. Hier ist die häufig zu findende Standardantwort, daß der Mensch vor allen anderen Wesen dadurch ausgezeichnet ist, daß er als Ebenbild Gottes betrachtet werden muß, und eben diese Gottebenbildlichkeit mache seine Würde bzw. die Würde seiner Natur aus [5].

An der Gottebenbildlichkeit als einem den Menschen auszeichnenden Merkmal halten im Rekurs auf die frühchristliche und mittelalterliche Position auch die *italienischen Humanisten* des 15. Jh. bei der Bestimmung der M. fest, wenn sie auch die Gottebenbildlichkeit zum Teil verschieden auslegen. Während FACIO [6] und MANETTI [7] noch verhältnismäßig traditionell die Gottebenbildlichkeit in der Geistigkeit bzw. der Schöpfung des Menschen manifestiert sehen und Manetti außerdem noch die Inkarnation als besondere Auszeichnung des Menschen und damit als Bestandteil seiner Würde betrachten, kommt PICO DELLA MIRANDOLA [8] aufgrund von Überlegungen über die Art der Ähnlichkeit des Menschen mit Gott zu der auf stoische Lehren zurückweisenden Überzeugung, daß der Mensch, wie Gott, alles in sich vereinigt, also einen Mikrokosmos darstellt, in dem alle Möglichkeiten angelegt sind. Zwischen diesen Möglichkeiten frei zu wählen, dies ist nach Pico die dem Menschen durch Gott gegebene Bestimmung. Die M. besteht insofern in seiner Freiheit.

Mit der beginnenden *Neuzeit* rückt erneut die Vernunftbestimmung in den Mittelpunkt: Denken zu können, ist nach PASCAL die wahre M.: «L'homme est visiblement fait pour penser; c'est toute sa dignité et tout son mérite ...» [9]. Der Mensch ist zwar schwach wie «ein Schilfrohr», vom Weltall umfaßt, aber das Denken macht seine Größe aus, denn im Gedanken umgreift er alles [10]. – S. VON PUFENDORF nimmt den Begriff der M. in sein Naturrechtssystem auf, um aus ihm die natürliche Gleichheit aller Menschen abzuleiten. Nach Pufendorf besteht die M. in der Unsterblichkeit seiner Seele und dem Umstand, daß er «mit dem Lichte des Verstandes ... begabet ist» [11]. Da dies für jeden Menschen gilt, ist jeder dem anderen von Natur aus gleich. Diese Lehre von Pufendorf hat über ihre Rezeption durch J. WISE einen gewissen Einfluß auf die amerikanische Erklärung der Menschenrechte von 1776 gehabt [12].

Eine wichtige Stellung nimmt der Begriff der M. in der Moralphilosophie KANTS ein, wie er sie in der ‹Grundlegung zur Metaphysik der Sitten› (1785) entwickelt. Nach Kant hat eine Würde etwas, das «über allen Preis erhaben ist, mithin kein Äquivalent verstattet» [13]. Nun hat aber das, «was die Bedingung ausmacht, unter der allein etwas Zweck an sich selbst sein kann, ... nicht bloß einen relativen Wert, d.i. einen Preis, sondern einen innern Wert, d.i. Würde» [14]. Für Kant ist das, was die genannte Bedingung ausmacht, die Moralität: «Also ist Sittlichkeit und die Menschheit, sofern sie derselben fähig ist, dasjenige, was allein Würde hat» [15]. Der Grund dafür, daß die menschliche und jede vernünftige Natur Würde hat, ist nach Kant die Autonomie des Menschen [16], die sich erweist in der Fähigkeit, sich selbstgegebenen und dennoch allgemeinen Gesetzen zu unterwerfen. Insofern liegt es im Begriff der «Würde (Prärogativ)» des Menschen als eines vernünftigen Wesens, «seine Maximen jederzeit aus dem Gesichtspunkt seiner selbst, zugleich aber auch jedes andern als gesetzgebenden Wesens (die darum auch Personen heißen) nehmen zu müssen» [17].

Ausgehend von der Kantischen Unterscheidung zwischen der sinnlichen und der moralischen (vernünftigen) Natur des Menschen, bestimmt SCHILLER in der Schrift ‹Über Anmut und Würde› (1793) die Würde als den erscheinenden Ausdruck der Geistesfreiheit, die selbst in der «Beherrschung der Triebe durch die moralische Kraft» besteht [18]. Er kennt verschiedene Grade der Würde, die «da, wo sie sich der Anmut und Schönheit nähert, zum Edeln, und wo sie an das Furchtbare grenzt, zur Hoheit» wird [19]. Der höchste Grad der Würde ist die Majestät, worunter Schiller wohl etwas versteht, das dem Kantischen Begriff des heiligen Willens sehr nahe kommt [20]. Schiller scheint aber auch den Begriff der Würde eines Menschen in dem anfangs genannten ersten Sinn zu gebrauchen, d.h. von der Würde als einem Kennzeichen der Stellung in der Gesellschaft zu sprechen, so z.B. wenn er sagt: «Die Könige, Prinzessinnen und Helden eines Corneille und Voltaire vergessen ihren Rang auch im heftigsten Leiden nie und ziehen weit eher ihre Menschheit als ihre Würde aus» [21].

HEGELS Umwandlung der kantischen Sollens-Ethik in eine Ethik der substantiellen Sittlichkeit spiegelt sich deutlich auch in seinem Begriff der M.: «... Würde hat der Mensch nicht dadurch, was er als *unmittelbarer Wille* ist, sondern nur indem er von einem *An- und Fürsichseyenden*, einem Substantiellen weiß und diesem seinen natürlichen Willen unterwirft und gemäß macht. Erst durch ... das Wissen, daß ein Allgemeines, An- und Fürsichseyendes, das Wahre sey, erhält er eine Würde und dann ist erst das Leben selbst auch etwas werth» [22].

Um die Mitte des 19. Jh. wird der Begriff der M. zum politischen Schlagwort [23]: Die Forderung nach einem «menschenwürdigen Dasein» – in deren Namen man schon die Französische Revolution begrüßt hatte [24] – und «menschenwürdigen Zuständen» gehört zu den Hauptparolen der frühen Sozialisten. F. LASSALLE spricht von dem berechtigten Anspruch der Arbeiter und Kleinbürger an den Staat, «daß er sein ganzes Sinnen und Trachten darauf richte, wie die kummervolle und notbeladene materielle Lage der arbeitenden Klassen zu verbessern, und wie auch ihnen ... zu einem wahrhaft menschenwürdigen Dasein zu verhelfen sei» [25]. P.-J. PROUDHON erhebt das «principe de la dignité personelle» zum Grundprinzip der Gerechtigkeit, das von uns fordert, daß wir die Würde des anderen ebenso respektieren wie unsere eigene [26].

FR. NIETZSCHE sieht in der sozialistischen Forderung nach M. weniger ein Streben nach größerem materiellem Wohlbefinden, als eine «Befriedigung der Eitelkeit»: «Man protestiert im Namen der 'M.': das ist aber, schlichter ausgedrückt, jene liebe Eitelkeit, welche das Nicht-gleichgestellt-sein, das Öffentlich-niedriger-geschätzt-werden als das härteste Los empfindet» [27]. In Wahrheit habe der Mensch nur soweit Würde, als er zum «Mittel des Genius gewürdigt» werde und, «bewußt oder unbewußt, Werkzeug des Genius ist», denn «nur als völlig determiniertes, unbewußten Zwecken dienendes Wesen kann der Mensch seine Existenz entschuldigen» [28].

Eine erneute Rückbesinnung auf den Begriff der M. setzt erst im 20. Jh. wieder ein, nicht zuletzt unter dem Eindruck der Schreckensherrschaft des Dritten Reiches. E. BLOCH erneuert die Losung der Sozialisten des 19. Jh.: «... es gibt sowenig menschliche Würde ohne Ende der Not, wie menschgemäßes Glück ohne Ende alter oder neuer Untertänigkeit» [29]. K. JASPERS spricht von der «Würde, sich im Äußersten selbst den Tod geben zu können», und stellt ihr als andere existentielle Möglichkeit die «'würdelose' Würde» von Jesus gegenüber, «die dem Menschen durch keine ihm zugefügte Schmach und Schande, durch kein noch so schreckliches Leiden verlorengeht» [30]. Ähnlich ist auch für G. MARCEL M. nicht an die Vernünftigkeit oder Gottebenbildlichkeit des Menschen gebunden, sondern an seine Endlichkeit [31], an die «Tatsache ..., daß der Mensch das einzige uns bekannte Wesen ist, das sich sterblich weiß» [32].

Besondere Aufmerksamkeit gewann der Begriff der Würde des Menschen, weil er in einigen neueren Verfassungen – u.a. der der Bundesrepublik Deutschland (Art. 1, Abs. 1) und der DDR (Fassung von 1968) – sowie in der allgemeinen Erklärung der Menschenrechte der UNO eine exponierte Stellung zugewiesen bekam [33]. Bemerkenswert ist, daß er in diesem verfassungsrechtlichen Kontext ein relativ neuer Begriff ist, der wohl zuerst in der irländischen Verfassung von 1937 auftritt [34]. Es ist jedoch schwer auszumachen, was in diesem juristischen Kontext unter der M. eigentlich verstanden wird. Neben Versuchen, diesen Begriff durch den Rekurs auf Kantische Vorstellungen zu erläutern [35], gibt es eine im engeren Sinne juristische Interpretationstradition, die dazu tendiert, die M. als Wert der Person an sich zu betrachten bzw. als etwas, das zur menschlichen Naturausstattung gehört [36]. Zu diesen zuletzt genannten Ansätzen versteht sich die kommunikationssoziologische Deutung der

M. durch N. LUHMANN als Alternative, derzufolge dieser Begriff die Bedingung «des Gelingens der Selbstdarstellung eines Menschen als individuelle Persönlichkeit» [37] beschreibt.

Anmerkungen. [1] SVF 1, 129; 3, 30. – [2] CICERO, De inv. II, 166. – [3] De off. I, 106. – [4] THOMAS VON AQUIN, S. theol. II/II, q. 102. – [5] Vgl. z. B. AMBROSIUS, De dignitate conditionis humanae. MPL 17, 1105ff.; BERNARD VON CLAIRVAUX, De cognitione humanae conditionis I. MPL 184, 485ff. – [6] B. FACIO: De dignitate ac praestantia hominis (1447/48, gedr. 1611). – [7] G. MANETTI: De dignitate et excellentia hominis (1451, gedr. Basel 1532) bes. 165. – [8] P. DELLA MIRANDOLA: De dignitate hominis (1496, ND lat./dtsch. 1968). – [9] B. PASCAL, Pensées, hg. L. BRUNSCHVICG (ND Paris 1904) Frg. 146; vgl. Frg. 365. – [10] a.O. Frg. 364. 347. 348. – [11] S. v. PUFENDORF: De iure naturae et gentium (1672, dtsch. 1759) II, 1, § 5. – [12] Vgl. H. WELZEL: Ein Kap. aus der Gesch. der amer. Erklärung der Menschenrechte (John Wise und Samuel von Pufendorf), in: R. SCHNUR (Hg.): Zur Gesch. der Erklärung der Menschenrechte (1964) 238-266. – [13] I. KANT: Grundleg. zur Met. der Sitten (1785). Akad.-Ausg. 4, 434. – [14] a.O. 435. – [15] ebda. – [16] 436. – [17] 438. – [18] FR. SCHILLER, Sämtl. Werke, hg. G. FRICKE/H. G. GÖPFERT ([2]1960) 475. – [19] a.O. 486. – [20] ebda. – [21] 513. – [22] G. W. F. HEGEL, Sämtl. Werke, hg. H. GLOCKNER 15 ([2]1959) 323. – [23] Vgl. Z. dtsch. Wortforsch. 3 (1902) 319. – [24] CH. F. SCHUBART, Dtsch. Chronik. Ges. Schr. und Schicksale = Werke (1839/40) 7, 191. – [25] F. LASSALLE: Das Arbeiterprogramm. Ges. Reden und Schr., hg. E. BERNSTEIN 2 (1919) 173f. – [26] P.-J. PROUDHON: De la justice dans la révolution et dans l'église (Brüssel [2]1860) 4. – [27] FR. NIETZSCHE, Werke, hg. K. SCHLECHTA 1 (1956) 674. – [28] a.O. 3 (1956) 285. – [29] E. BLOCH: Naturrecht und menschl. Würde (1961) 14. – [30] K. JASPERS: Der philos. Glaube angesichts der Offenbarung (1962) 474. – [31] G. MARCEL: The existential background of human dignity (Cambridge, Mass. 1962); dtsch. Die M. und ihr existentieller Grund (1965) 139-162. – [32] a.O. 163. – [33] Vgl. F. HARTUNG: Die Entwickl. der Menschen- und Bürgerrechte von 1776 bis zur Gegenwart ([4]1972). – [34] Vgl. F. MÜNCH: Die M. als Grundforderung unserer Verfassung (1952) 13. – [35] Vgl. z. B. W. MAIHOFER: M. im Rechtsstaat (1968). – [36] Vgl. z.B. H. C. NIPPERDEY: Die Würde des Menschen, in: BETTERMANN/NEUMANN/NIPPERDEY (Hg.): Die Grundrechte. Hb. der Theorie und Praxis der Grundrechte 2: Die Freiheitsrechte in Deutschland (1964) 1ff.; G. DÜRIG: Die Menschenauffassung des Grundgesetzes. Jur. Rdsch. (1952) 259ff. – [37] N. LUHMANN: Grundrechte als Institution. Ein Beitrag zur polit. Soziol. (1965) 61.

Literaturhinweise. A. AUER: G. Manetti und Pico della Mirandola: De hominis dignitate, in: Vitae et Veritati. Festschr. K. Adam (1956) 83-106. – W. DÜRIG: Art. ‹Dignitas›, in: Reallex. für Antike und Christentum 3 (1957) 1023ff. – E. BLOCH: Naturrecht und menschl. Würde (1961). – P. O. KRISTELLER: B. Facio and his unknown correspondence, in: CH. H. CARTER (Hg.): From the Renaissance to the Counter-Revolution. Essays in honour of G. Mattingly (London 1965) 56-74. – W. MAIHOFER und R. F. BEHRENDT: Die Würde des Menschen. Untersuchungen zu Art. 1 des GG für die BRD 1 (1967). – W. MAIHOFER: Rechtsstaat und menschl. Würde (1968). – L. KLEIN: La notion de dignité humaine dans la pensée de Kant et de Pascal (Paris 1968) bes. 23ff. 93ff. – W. HUBER: Menschenrechte: ein Begriff und seine Gesch. Concilium 15 (1979) 199ff. R. P. HORSTMANN

Menschheit, Menschengeschlecht (lat. genus humanum; ital. genere umano; frz. genre humain; engl. mankind)

I. *Antike, Mittelalter und frühe Neuzeit.* – Das Griechische kennt den Kollektivbegriff ‹Menschheit› (M.) bzw. ‹Menschengeschlecht› (Mg.) nicht. Auch im Lateinischen ist ‹genus humanum› relativ selten belegt. Die Idee einer gemeinsamen Menschennatur war den Griechen zunächst fremd, so daß schon deshalb die Einheit des Mg. nicht bewußt werden konnte. 'Der Mensch' ist der sterbliche Mensch (βροτός, θνητός) im Unterschied zu den unsterblichen Göttern [1]. (ἀνθρώπων, der Gen. plur. von ‹Mensch›, bedeutet ‹in aller Welt› [2].) Erst mit ISOKRATES entsteht die Vorstellung eines gemeinschaftlichen Wesens der Menschen: Sie unterscheiden sich durch die Bildung von den Tieren [3]. CICERO hat dies direkt bei Isokrates aufgenommen [4] und auch den Begriff ‹genus humanum› zur Bezeichnung der von der Natur gestifteten Gemeinschaft aller Menschen im Recht und in der Menschlichkeit (humanitas) gebraucht [5].

Das Bewußtsein der Verbundenheit der Menschen zu einem Mg. mußte sich mit dem Christentum verstärken. AUGUSTINUS weist darauf hin, daß das «genus humanum» um seiner Eintracht willen von *einem* Menschen abstamme und ihm eine gleiche Natur zwischen Tieren und Engeln gegeben sei [6]. Die natürliche Geselligkeit konstituiert wie bei Cicero die Einheit des Mg., sie wird aber durch die Zwietracht der Menschen zerstört, und es entstehen die beiden civitates der Welt und des Himmels. Deshalb muß die «unitas» des «genus humanum» durch eine Rückbesinnung auf den gemeinsamen Stammvater Adam und durch die Erziehung des Mg. durch Gott (humani generis recta eruditio) zurückgewonnen werden [7]. Diese Vorstellung ist für einige Weltchroniken des Mittelalters prägend geworden, so daß auch hier von dem genus humanum, das vom ersten Menschen (und dann von den Söhnen Noahs) abstammt, gesprochen wird [8]. Sonst aber bedeutet ‹genus humanum› vor allem die besondere Art von Lebewesen, die die Menschen sind, die «humana species» [9].

Wenn auch den folgenden Jh. der Begriff des Mg. nicht fremd ist, so schwingt dabei doch nicht ausdrücklich die Bedeutung einer Einheit des Mg. mit. So bemerkt BOSSUET, daß das «genre humain» zunächst unter Gott vereint war, sich dann aber durch den Sündenfall, die babylonische Sprachenverwirrung und vielerlei Eifersucht und Leidenschaften zersplitterte [10]. Es war deshalb von weitreichender Bedeutung, als G. B. VICO in seiner Neubegründung der 'Geschichtsphilosophie' die gemeinschaftliche Natur der Völker im «allgemeinen Sinn des Mg.» («senso commune del gener umano») fand [11]. Damit waren die Voraussetzungen für einen breiten Gebrauch des Begriffs ‹Mg.› im 18. Jh. geschaffen. ROUSSEAU reagiert bereits kritisch darauf, wenn er «genre humain» als «idée purement collective» bezeichnet, der keine «union réelle entre les individus» entspreche. Die fortschreitende Zivilisation erstickt alles Gefühl für «humanité» und macht die «société générale» des Mg. zur Chimäre von Philosophen [12].

Anmerkungen. [1] B. SNELL: Die Entdeckung des Geistes ([3]1955) 333. – [2] HOMER, Il. IX, 134; SOPHOKLES, Phil. 306; PLATON, Leg. 629 a; Theait. 170 e. 195 b. 148 b; Prot. 361 e. – [3] SNELL, a.O. [1] 334. – [4] CICERO, De inv. I, 4, 5; De or. I, 31. 32f. – [5] Lael. V, 20; De rep. II, 26; vgl. I, 2; I, 25; vgl. HORAZ, Epod. V, 2; Ep. II, 1, 7; CAESAR, De bello gall. VII, 42, 2. – [6] AUGUSTINUS, De civ. Dei XII, 21f. – [7] a.O. XII, 28; X, 14. – [8] OTTO VON FREISING, Chronica sive de duabus civitatibus I, 1-4. – [9] THOMAS VON AQUIN, S. theol. I/II, 18, 2; S. contra gentiles I, 4; II, 59. – [10] J.-B. BOSSUET: Politique tirée des propres paroles de l'Écriture sainte I, 2. Oeuvres 5 (Paris 1846) 137. – [11] G. B. VICO: Principi di una scienza nuova d'intorno alla commune natura delle nazioni (Neapel 1725, [3]1744); Die neue Wiss. über die gemeinschaftl. Natur der Völker, dtsch. E. AUERBACH (1924) 79f. 140 u. ö. – [12] J.-J. ROUSSEAU, Oeuvres compl., hg. B. GAGNEBIN/M. RAYMOND 3 (Paris 1964) 283f. Red.

II. – 1. ‹M.› (ahd. mennisgheit, mhd. menscheit) ist offenbar eine Begriffsprägung NOTKERS [1]. Als zentraler Begriff der christlichen, christologisch zentrierten Anthropologie, der dem kirchenlateinischen Begriff ‹humanitas› korrespondiert, bezeichnet ‹M.› die humanitas Christi, seine infolge der incarnatio menschliche Natur in ihrer unvollkommenen Geschöpflichkeit im Unterschied zu seiner Göttlichkeit [2]. Vereinzelt bedeutet ‹M.› die ethische Dimension christlicher Nächstenliebe [3]. Die quantitativ-kollektive Bedeutungsvariante, die sich bereits bei Notker aus dem Abstraktum ‹M.› entwickelt [4], wie die spätere Bedeutungsvariante der Bezeichnung des menschlichen Wesens ohne unmittelbar christologische Konnotation [5] sind bis zur Mitte des 18. Jh. selten.

Anmerkungen. [1] Vgl. J. WIESNER: Das Wort ‹heit› im Umkreis althochdtsch. Persona-Übersetz. Ein Beitrag zur Lehngut-Theorie. Beitr. zur Gesch. der dtsch. Sprache und Lit. (Halle 1968) 3ff., bes. 35. – [2] Vgl. P. PIPER (Hg.): Die Schr. NOTKERS und seiner Schule 2, 642f. – [3] Vgl. M. C. SULLIVAN (Hg.): A middle high German Benedictine rule. MS 4486 a German. Nationalmuseum Nürnberg. Comm., ed., gloss. Regulae Benedicti Studia 4 (1976). – [4] Vgl. PIPER, a.O. [2] 1, 693. – [5] Vgl. F. PFEIFFER (Hg.): Dtsch. Mystiker 14. Jh. 2 (1907) 56.

2. Die in der christologisch geprägten Begrifflichkeit angelegte feste Einordnung des Menschen zwischen Gott und Tier scheint, wenn auch bereits modifiziert, durch in CHR. THOMASIUS' strenger Unterscheidung zwischen dem «Stand der Bestialität», dem «Stand der M.», als dem Stand der bloßen Vernunft, sowie dem «wahren Christenthum», charakterisiert durch die «Heilige Schrift» und die «göttliche Gnade» [1]. Andererseits und zugleich bringt die Frühaufklärung bereits ansatzweise als Folge der Horizonterweiterung durch die zunehmende Kenntnis der nicht-europäischen Gesellschaften, der Entdeckung der Globalität der Erde wie als Folge des Strittigwerdens des Begriffs des Christen selbst den Begriff ‹M.› als Kollektivbegriff zur Geltung. Im bewußten Streben nach neuer Dignität des Menschen wird mit dem Begriff ‹M.› die natürliche, gottgegebene menschliche Disposition zur vernünftigen Selbstbestimmung und Selbstverwirklichung abbreviatorisch gegenüber dem Menschenbild vor allem protestantischer Prägung hervorgehoben [2]. GOTTSCHEDS Hinweis auf die noch wenig gebräuchliche, nicht-christologische Bedeutung von ‹M.› zeigt die einsetzende Enttheologisierung der Bestimmung des Menschen an [3]. Der christologisch bestimmte Begriff verliert außerhalb der innertheologischen Diskussion und des explizit religiös orientierten Denkens an Bedeutung. An die Stelle des theologisch bestimmten Substanzbegriffs tritt der Funktionsbegriff. Die seit der zweiten Hälfte des 18. Jh. zu beobachtende Bedeutungserweiterung und -aufladung dokumentiert den tiefgreifenden Wandel der «anthropologischen Wende», in der sich die neuzeitliche Subjektivität emanzipiert.

Anmerkungen. [1] CHR. THOMASIUS: Von der Artzeney wider die unvernünftige Liebe ... (1704) 521. – [2] Vgl. ‹Der Mensch, eine moral. Wochenschr.› 1-12 (1751-56) 3, 7. – [3] M. G. LICHTWER, Schr. (1757) XXV.

3. Bewußt impliziert HERDER den anthropologischen Paradigmawechsel, wenn er seine Philosophie als «Philosophie der M.» bezeichnet, die den Menschen zum zentralen Gegenstand der philosophischen Frage macht [1]. ‹M.› jedoch meint weder den Art- noch den Kollektivbegriff; vielmehr interpretiert ‹M.› als Synonym für Humanität die menschliche Natur als eine dynamische Struktur, zu der Antriebe und Energien, Fähigkeiten und Möglichkeiten gehören, nicht als ein abgeschlossenes, unveränderliches Wesen, also nicht als ein gegebenes Sein, sondern als Seinkönnen [2]. Bereits früher definiert I. ISELIN ‹M.› als «Natur des Menschen», die sich konstituiert aus den Trieben zum Dasein, zur Freiheit, zur Tätigkeit, zum Besitz, zum Genuß, zur Fortpflanzung, zur Sicherheit, zur Vervollkommnung [3]. In dieser Begriffsbestimmung fehlen sowohl die traditionelle theologische Dimension wie das Element der Schwäche und der Angst. ‹M.› interpretiert den Menschen als Objekt seines eigenen Leistungs- und Besitzanspruchs, als individuelle Verwirklichung des Menschseins durch und als Folge von Weltorientierung, Selbstbestimmung und Selbstgestaltung. Der Gedanke, M. sei nicht ein Zustand, in den der Mensch hineingeboren werde, sondern vielmehr eine Aufgabe, der er durch bewußte Entwicklung seiner Fähigkeiten zu genügen habe, beherrscht die nachfolgenden Reflexionen über M. In diesem Sinne beschreibt ‹M.› als Formel der bürgerlichen Subjektivität das auf sich selbst zurückgeworfene Individuum als Schöpfer seiner selbst. Angelpunkt des Begriffs ‹M.› ist die Selbständigkeit der intellektuellen und moralischen Person. Näherhin wird M. von F. H. JACOBI als «inneres Freyheitsgefühl» bestimmt [4], das sich nach J. N. TETENS in freier und vernünftiger Selbsttätigkeit manifestiert [5]. M. wird als «die freie Exertion der edelsten geistigen Kräfte» interpretiert, und ihr Verlust erscheint als Verlust von «Selbstdenken, Selbstwollen und Selbsthandeln» Verlust des Menschseins überhaupt [6]. Die in ‹M.› artikulierte dynamische, prozessuale Konzeptualisierung der menschlichen Wesensnatur begründet die Auffassung der Perfektibilität als «Grundcharakter der M.» [7]. Die normative Bestimmung von M. wird von nun an ohne große Bedenklichkeit in einen geschichtsphilosophischen Rahmen eingefügt: Die Geschichte insgesamt ist die Verwirklichung des Menschen gemäß seiner Wesensbestimmung. Deshalb entspricht es für HERDER «Würde, Natur und Charakter der M. ..., durch Vernunft und Billigkeit ihr Schicksal selbst einzurichten» [8]. Angesichts der planetarischen Einheit und Endlichkeit wird ‹M.› Kollektivbegriff. Das Axiom, von dem die Aufklärung ausgeht, ist die wesentliche Gleichheit der menschlichen Natur [9]. Diese Gleichheit ist einstweilen noch durch die Inkrustierung menschlicher Natur mit den zufälligen konfessionellen, nationalen und gesellschaftlichen historischen Bildungen belastet. Dahinter verbirgt sich die Konzeption des Individuums als einer Modifikation der mit dem Gattungswesen untrennbar verbundenen Eigenschaften. Der Kollektivbegriff ‹M.› als Abstraktion höchster Allgemeinheit und Integration enthält einerseits einen Allgemeinheitsanspruch, dem zufolge kein Mensch aus der einen M. ausgeschlossen werden kann, andererseits ist er europazentrisch orientiert, insofern er allen Menschen gemeinsame Interessen namentlich an Recht, Freiheit und Frieden unterstellt [10]. Die Einsicht der Einheit der M. als einer geschichtlich, durch menschliche Praxis konstituierten Einheit und damit der Bewußtheit der M. als einer einlösbaren Gesamtheit, führt zur Auffassung der M. als eines historischen Subjekts. Über die Konzeption der Immanenz des geschichtlichen Prozesses hinaus wird Geschichte gedacht als ein Befreiungsprozeß der M. [11]. Schließlich wird M. zum allgemein statuierten Recht und damit zur Parole politischen Kampfes gegen die herrschenden Mächte und die ständischen Rechtsabstufungen.

Anmerkungen. [1] J. G. HERDER, Sämtl. Werke, hg. B. SUPHAN (1877-1913) 31, 131. – [2] Vgl. a.O. 17, 137. – [3] Vgl. I. ISELIN: Philos. und patriot. Träume eines Menschenfreundes (²1758) 13ff. – [4] F. H. JACOBI, Werke (1812-25) 5, 197. – [5] Vgl. J. N. TETENS, Philos. Versuche über die menschl. Natur und ihre Entwickl. (1777) 2, 650f. – [6] Genius der Zeit (1795) 1, 59. – [7] a.O. 1, 740f. – [8] HERDER, a.O. [1] 18, 140. – [9] Vgl. TETENS, a.O. [5] 2, 677. 682. – [10] Vgl. G. FORSTER, Werke, hg. G. STEINER (o.J.) 3, 278. – [11] Vgl. [N. VOGT:] Anzeige, wie wir Gesch. behandelten, benutzten und darstellen werden (1783) 3ff.

4. KANTS in der Abgrenzung von der traditionellen Metaphysik ursprünglich anthropologische Fragesituation unterscheidet präzise zwischen dem Art-, dem Kollektiv- und dem metaphysischen Begriff als «Abstraktum der M.» [1], im Sinn eines reinen Vernunftbegriffs bzw. der «Idee der M.» [2] als Bestimmung des Wesens des Menschen. Insofern geht Kant von einem bestimmten metaphysischen Begriff des Menschen aus. In den Zusammenhang der Unterscheidung zwischen dem konkreten Einzelmenschen und M. als Abstraktum bringt er die Differenz zwischen dem homo phainomenon und dem homo noumenon ein, die zwischen dem «Menschen als Gegenstand der Erfahrung» und der «Idee der M.» als «bloßer Idee» [3]. Kant leugnet den Naturbezug nicht, er ist nur nicht das, was den Menschen als Menschen charakterisiert und muß eingeschränkt werden, wenn das eigentlich Menschliche hervortreten soll. Es ist dem Menschen aufgegeben, sich selbst als Person zu schaffen, Schöpfer seiner selbst zu sein. Die Idee der M., «der intelligible Charakter der M. überhaupt», manifestiert sich für Kant darin, Person zu sein, ein autonomes, «mit praktischem Vernunftvermögen und Bewußtsein der Freiheit seiner Willkür ausgestattetes Wesen», dem das Pflichtgesetz zur bestimmten Ursache seines Handelns wird [4]. M. ist «das vernünftige Weltwesen überhaupt» [5]. In der Idee der Autonomie des Menschen als Vernunftwesen ist die Spitze der Kantischen Anthropologie erreicht. Verbunden ist damit der Gedanke der Unantastbarkeit jedes einzelnen Menschen, daß nämlich die Existenz jedes Menschen als eines Vernunftwesens als Selbstzweck angesehen werden muß [6]. Die Vernunft aber ist nichts Individuelles, sondern für alle Menschen verbindlich. Kant insistiert in der Betonung der Noumenalität, die sich hinter dem Bereich der Phänomenalität auftut, auf der Transzendenz des Einzelnen den Allgemeinbegriff hinaus, auf der «Überlegenheit des übersinnlichen Menschen in uns über den sinnlichen» [7] dergestalt, daß der individuelle Mensch «die Idee der M. ... selbst als das Urbild seiner Handlungen in seiner Seele» trägt, ohne mit ihr zu kongruieren [8]. Ähnlich postuliert die «M.-Formel» des «Kategorischen Imperativs» die formale Identität des einzelnen und des allgemeinen Willens. Geschichtsphilosophisch kennt Kant nur das Ziel eines «moralischen Ganzen», verwirklicht in einer das Recht verwaltenden bürgerlichen Gesellschaft, die wiederum der M. – nicht dem einzelnen Menschen – die Ausbildung der Totalität ihrer Anlagen ermöglicht. Für den in der noumenal-phänomenalen Natur des Menschen angelegten Antagonismus von Vernunft und Sinnlichkeit bleibt bei Kant nur das perennierende Sollen.

Anmerkungen. [1] I. KANT, Akad.-A. 7, 39. – [2] Vgl. a.O. 4, 439. 429; 5, 357; 7, 39; 6, 28. 61. 405. 480. 451; 9, 447. – [3] 7, 58. – [4] 7, 324. – [5] 6, 60. – [6] Vgl. 5, 87; 6, 429. 462. – [7] 7, 58. – [8] 3, 248.

5. Die nachkantische begriffsgeschichtliche Konstellation ist wesentlich durch die in ‹M.› im subjektiv-religiösen wie ästhetischen Medium gedachte ideale Einheit und Harmonie des autonomen Menschen gekennzeichnet, die bereits auch die Kräfte- und Arbeitsteilung der Moderne reflektiert. Der ästhetisch akzentuierte Begriff ‹M.› formuliert bei SCHILLER ein umfassendes Konzept der widerspruchslosen Versöhnung von «Vernunft» und «Sinnlichkeit», von «Anmut» und «Würde» zu einem harmonischen Ganzen menschlicher Natur [1] «... wie jene zwei entgegengesetzten Formen der M. in der Einheit des Ideal-Menschen untergehen» [2]. Die angenommene Synthese der beiden menschlichen Grundvermögen wird geleistet in der ästhetischen Dimension. «Ohne das Schöne würde zwischen unsrer Naturbestimmung und unserer Vernunftbestimmung ein immerwährender Streit sein ..., würden wir unsre M. versäumen ...», «... die Schönheit müßte sich als eine notwendige Bedingung der M. aufweisen lassen» [3]. «Schönheit» ist «unsere zweite Schöpferin», weil sie dem Menschen ähnlich wie die Natur «das Vermögen zur M. erteilte» [4]. Metaphorisch wird dieser emphatische Begriff ‹M.› umschrieben als «schöne Seele» [5]. Der «ganze Mensch» [6], «das Gleichgewicht der schönen M.» [7] ist die eigenständige Leistung des Menschen. Über Schillers ästhetisch-anthropologische Position, die das Schöne im menschlichen Umgang mit der Kunst verortet, geht HÖLDERLIN noch hinaus. Die in M. gedachte, widerspruchslose, die einzelnen Momente selbst wieder befruchtende übergeordnete Harmonie und Totalität des Menschen als Bedingung menschlicher Selbstbestimmung in Freiheit überholt die traditionelle strenge Trennung von Göttlichkeit und Menschlichkeit und bezeugt die Gottähnlichkeit des Menschen. Bei unterstellter Gleichwertigkeit von Kunst und Religion korrespondiert beim jungen HEGEL dieser begriffsgeschichtlichen Entwicklung die im Rückgriff auf die antike Religiosität im Begriff ‹M.› artikulierte Aufhebung der Lehre der erblichen Sündhaftigkeit der menschlichen Natur und der Gottheit Christi, die beide als komplementär interpretiert werden hinsichtlich der Fremdbestimmtheit des Subjekts [8]. Bei der in ‹M.› explizierten subjektiv-religiösen Dimension menschlicher Autonomie als Behauptung der Freiheit, Selbständigkeit und Göttlichkeit des Menschen handelt es sich jedoch nicht um eine Theologisierung des Subjekts, sondern um eine Subjektivierung der Religion, in der die aufgeklärte Autonomiekonzeption erweitert wird. Dieser Begriff ‹M.›, der sich mit der Utopie der Herrschaftsfreiheit verbinden kann [9], ist vorrevolutionär so nicht zu denken.

Das Ideal der autonomen Subjektivität, «das Ideal der harmonisch ausgebildeten und vollendeten M.» [10], wird von W. V. HUMBOLDT wesentlich als Bildungsprozeß interpretiert. «Der Begriff M. ist aber nichts anderes als die lebendige Kraft des Geistes, der sie beseelt, aus ihr spricht, sich in ihr thätig und wirksam erweist» [11]. ‹M.› formuliert dergestalt das klassische Ideal universaler Bildung. Die Möglichkeit individueller Verwirklichung der im Rekurs auf die idealisierten Griechen formulierten Totalität des Menschseins wird in der Regel als für den neuzeitlichen Menschen unerreichbar angesehen. «Das Ideal der M.» könne «nie anders als in der Totalität der Individuen erscheinen». «Denn nur gesellschaftlich kann die M. ihren höchsten Gipfel erreichen» [12].

Anmerkungen. [1] Vgl. FR. SCHILLER, Werke, hg. F. FRICKE/H. G. GÖPFERT (³1962) 5, 481. 470; vgl. W. v. HUMBOLDT, Werke, hg. A. FLITNER/K. GIEL 1 (²1969) 313. – [2] SCHILLER, a.O. 5, 622. – [3] a.O. 5, 807; 5, 600. – [4] 5, 636. – [5] Vgl. 5, 468f. – [6] 5, 971. – [7] FR. HÖLDERLIN, Sämtl. Werke, hg. F. BEISSNER 3, 88. – [8] Vgl. G. W. F. HEGEL, Theol. Jugendschr., hg. H. NOHL (1907) 63. 67. 214. – [9] Vgl. ‹Ältestes Systemprogramm des dtsch. Idealismus›

(1796). – [10] Arch. Dtsch. Nationalbildung (1812) 7. – [11] W. v. HUMBOLDT, a.O. [1] 1, 515. – [12] a.O. 1, 339.

6. HEGEL trennt nach 1800 scharf zwischen der «Idee des Menschen» und «dem Abstraktum, der mit Beschränktheit vermischten empirischen M.» [1]. In ‹M.› artikulieren sich die zu überwindenden Aporien einer Reflexionsphilosophie der Subjektivität. Die empirische M. und ihre gehaltlose Idealität sei nur eine «fixe, unüberwindliche Endlichkeit der Vernunft», nicht ein «geistiger Focus des Universums» [2]. Hegel weist M. als Resultat einer Abstraktion auf und kritisiert die bloß humane Bestimmung des Menschen, die die Relation von «Glauben» und «Wissen», von Gott und Welt nicht reflektiert, sondern vertieft und perpetuiert. Eine zureichende Konzeptualisierung des Wesens des Menschen setze vielmehr eine Theorie des absoluten Geistes voraus. Die «Idee des Menschen», das «wahre und allgemeine Wesen des Menschen», wird von Hegel als «Geist» im Sinne der «inneren Allgemeinheit des Menschen» [3] definiert und ist auch insofern spekulativ fundiert, als ‹Geist› nicht anthropologisch bestimmt wird. Hegel, der die Genese des Menschen als untrennbar von der Genese und Erscheinung des Absoluten begreift, unterstreicht die Geschichtlichkeit des Menschen in der Einheit des Prozesses von Selbsterzeugung und Erzeugtwerden. Die traditionelle Unterscheidung von Gott und Mensch wird als Zeichen eines philosophisch verfehlten Ansatzes herausgestellt. Das ist noch keine Negation des theologischen Inhalts, vielmehr eine Aufwertung der philosophischen Spekulation. Hegel, mit dem die eigentlich metaphysische Bestimmung des Menschen abschließt, benutzt ‹M.› durchgehend als Art- und Kollektivbegriff und verweist die bloße Vorstellung ‹Mensch› in den Bereich der Bedürfnisse des bürgerlichen Menschen [4].

Anmerkungen. [1] G. W. F. HEGEL, Glauben und Wissen. Sämtl. Werke, hg. H. GLOCKNER 1 (1958) 292. – [2] a.O. 291. – [3] Enzyklop. (³1830) vgl. § 377. – [4] Vgl. Rechtsphilos. (1821) §§ 207. 209.

7. Die antitheologische und antispekulative Wendung der 'Hegelschen Linken' überschreitet die bloße Religionskritik. Der neuartige Begriff ‹M.› verzichtet in seiner radikalen Diesseitigkeit auf eine theologische oder im Sinn Kants vernünftige Fundierung, ist vielmehr bestrebt, jene theologischen Gehalte in der Bestimmung des Menschen «aufzuheben». Der Atheismus hat bei FEUERBACH den Charakter einer Philosophie vom Menschen aus. «Der Atheismus ist positiv, bejahend, er gibt der Natur und M. die Bedeutung der Würde wieder, die ihr der Theismus genommen hat» [1]. Die Negation des Christentums bedeutet B. BAUER die Freisetzung der M., die «befreite M.» [2]. Durch sie hat die M. «eine neue Ära erreicht», «in der sie zum erstenmale bei ihr selber angekommen» sei [3], in ihrer Selbstmächtigkeit, die die Selbsterzeugung des Menschen impliziert, ohne daß eine feststehende Natur des Menschen unterstellt wird. Dieser anthropologische Neuansatz aber bedeutet endgültigen Verlust der festen Stellung des Menschen zwischen Tier und Gott. In diesem Prozeß wird die Gattung als M. gefaßt und verstanden und an die Stelle der Gottheit gerückt. D. F. STRAUSS, der die M. als den «menschgewordenen Gott», als die Vereinigung «der beiden Naturen» Christi begreifen will und christologische Prädikate auf die M. hin umdeutet, identifiziert zugleich die «Idee der Gattung» mit der «M.» [4]. In der Idee der Gattung stimmen die Christus zugeschriebenen Eigenschaften zusammen und erfüllen sich. Bei FEUERBACH tritt die Gattung Mensch endgültig an die Stelle Gottes und der jenseitigen absoluten Vernunft Hegels. «Gott ist der personifizierte Gattungsbegriff des Menschen» [5]. «... der Begriff der Gottheit fällt mit dem Begriff der M. in Eins zusammen. Alle göttlichen Bestimmungen ... sind Gattungsbestimmungen ..., die in dem Einzelnen ... beschränkt sind, aber deren Schranken in dem Wesen der Gattung und selbst in ihrer Existenz ... aufgehoben sind» [6]. In diesem Sinne spricht Feuerbach von der «Idee des Unendlichen, die dem Menschen nicht nur eingeboren, sondern die M. selbst im Menschen ist» [7]. Dieser Selbstmächtigkeit des Menschen korrespondiert eine emphatische Wendung zur zeitlichen Gegenwart und Politik. Wenn Feuerbach andererseits M. näherhin als «die Vernunft, der Wille, das Herz» versteht [8], legt er seine Bindung an die klassische philosophische Anthropologie ebenso frei wie seine undialektische Identität von Individuum und Gattung.

Anmerkungen. [1] L. FEUERBACH, Sämtl. Werke, hg. W. BOLIN/F. JODL (²1903-11) 8, 357. – [2] B. BAUER, Rez. zu D. F. Strauss. Dtsch. Jb. Wiss. u. Kunst (1843) 91. – [3] Kritik der evang. Gesch. der Synoptiker und des Johannes 3 (1842) 312; vgl. A. RUGE, Sämtl. Werke 1 (1847/48) 299. – [4] D. F. STRAUSS: Das Leben Jesu, krit. bearb. (1836) 2, 734f. – [5] FEUERBACH, a.O. [1] 7, 345. – [6] a.O. 6, 183f. – [7] 4, 116. – [8] 6, 3.

8. MARX und ENGELS, die bewußt an die antispekulative Wendung anknüpfen, teilen den qualitativ normativen Begriff ‹M.› einer gegebenen und aufgegebenen Wesensbestimmung des Menschen anfänglich. In ihrer Argumentation gegen den «abstrakten» Menschen Feuerbachs formen sie den philosophischen Begriff des Menschen historisch-materialistisch um und denken die «menschliche Natur» selbst als menschliches Produkt [1]. Dabei ist ihnen die Schwierigkeit des Auseinanderhaltens der «menschliche[n] Natur im allgemeinen» und der «in jeder Epoche historisch modifizierte[n] Menschennatur» bewußt [2]. Im Anschluß an Feuerbach verstehen sie zwar unter M. die menschliche Gattung, gleichwohl begreifen sie den Menschen nicht als bürgerliche Privatperson, sondern als soziales Gattungswesen und Gattung näherhin als sozialhistorischen Prozeß [3]. Die Totalität des menschlichen Wesens, für Feuerbach anthropologisch verbürgt, steht für sie noch aus. Zumeist beschreibt ‹M.› den quantitativ-kollektiven Aspekt. In seinem Changieren zwischen deskriptiven und normativen Aspekten hat der Kollektivbegriff zwei Dimensionen. Er bezeichnet die historische Gesamtheit der Menschen und die durch und in menschlicher Praxis konstituierte Einheit der Menschen. Dieser Prozeß der Globalisierung verdankt sich der faktischen Universalisierung menschlicher Beziehungen im kapitalistischen Zeitalter, also «Weltmarkt» und «Weltverkehr» [4]. Die sich konstituierende Weltgesellschaft ist Marx und Engels zufolge wesentlich bestimmt durch den Antagonismus der Nationen und den ihn bedingenden zwischen Bourgeoisie und Proletariat. Über die sich zunächst kapitalistisch vermittelnde und demzufolge beschränkte Universalität postulieren sie einen Prozeß über Nationen und Klassen hinaus zur M. «Die kommunistische Revolution konstituiert die Eine M.» [5]. Ihre emphatische Einheitskonzeption formulieren sie in bewußter Distanz zu der gegliederten, vormarxistischen Einheitsvorstellung – nicht immer konsequent – im Begriff ‹Internationalismus› [6].

Anmerkungen. [1] Vgl. G. MÁRKUS: Der Begriff des «menschlichen Wesens» in der Philos. des jungen Marx. Annali 6 (1964/65) 156ff. – [2] Vgl. K. MARX und Fr. ENGELS, MEW 23, 640f. – [3] Vgl. a.O. Erg.-Bd. 1, 515ff. – [4] Vgl. 4, 472. – [5] 4, 416. – [6] Vgl. 2, 230f.; 22, 20.

9. NIETZSCHES Begriff ‹M.› reflektiert die anthropozentrische, antimetaphysische Wendung wie den ökonomischen, technischen und verkehrstechnischen Prozeß der Globalisierung. Zumal aus der weltumspannenden Erweiterung des menschlichen Spielraumes leitet Nietzsche die Forderung der uneingeschränkten Planung der Zukunft der M. ab. Unmittelbar verknüpft mit der Reflexion auf die Gesamt-M. als historisches Subjekt ist die Bestimmung des Menschen als mundanes, sich selbst bedingendes Wesen [1]. Konsequent fordert Nietzsche die Evolution der M. aus einer «moralischen», d. i. religiösmetaphysisch, also heteronom bestimmten M., zur «weisen», d. h. antimetaphysisch bestimmten, sich selbst überantworteten, autonomen M. [2]. Die implizierte Überwindung des Menschen setzt explizit den «Tod Gottes» voraus, mit der die Genese des «Übermenschen» zusammenhängt [3]. Dieser ist der Mensch der Zukunft, «ein höherer Typus, eine stärkere Art» gegenüber dem gegenwärtigen «Durchschnittsmenschen» [4]. «Nicht M. sondern Übermensch ist das Ziel» [5]. Bei Nietzsche weitet sich die Differenz zwischen der Gattung und dem Individuum zur unüberbrückbaren Kluft zwischen den «vielen» und den wenigen «großen» Menschen aus. Nietzsche denkt den unbedingten Vorrang weniger Einzelner vor der als «Masse» aufgefaßten M. Das Ziel der M. liegt «nicht am Ende; sondern nur in ihren höchsten Exemplaren» [6]. An die Stelle einer Evolution der M. setzt er die «höchsten Exemplare», für die der «Typus: die M. ... bloß das Versuchsmaterial», Werkzeug ist [7].

Anmerkungen. [1] FR. NIETZSCHE, Werke, hg. K. SCHLECHTA (1963-65) 1, 807f.; 1, 405f.; 1, 957f.; 1, 983; 1, 1061; 1, 1248. – [2] a.O. 1, 514. – [3] Vgl. 2, 523. 127. 340. – [4] 3, 628. – [5] 3, 440; vgl. 443. – [6] 1, 270. – [7] 3, 793.

10. Die «Entdeckung der Nation» führt seit der Wende zum 19. Jh. zur bewußten Thematisierung des Verhältnisses von Nation und M. Der Kollektivbegriff ‹M.› wird definiert als die «Gesamtheit aller auf dem Erdboden nebeneinander bestehenden Völker» [1]. Die Spannweite der Interpretation dieser Einheits-Vielheits-Konzeption reicht von dem Modell der gleichberechtigten Mitglieder der Völkergemeinschaft über organische bis hin zu entwicklungsgeschichtlichen Konzeptualisierungen. Grundsätzlich begreift ‹M.› das menschliche Geschlecht in «staatsrechtlicher Hinsicht» als universale Rechtsgemeinschaft, als «Sozialzustand», als dessen Bedingungen die «cosmopolitische Philantropie» und die «allgemeine Handelsfreiheit» angesehen werden. Sie schlagen ein «geistiges und ein natürliches Band um die ganze M.» [2]. J. K. BLUNTSCHLI spricht angesichts der «Einen M.» in ihrem Staatenpluralismus und ihrer wachsenden zwischenstaatlichen Interaktion und Integration bereits von einem «gemeinsamen öffentlichen Leben oder M.», von «einem Bewußtsein der M.» [3].

Andererseits und zugleich ist die Einheits-Vielheits-Konzeption im Prozeß der Nationalisierung ständig in der Gefahr des Umschlagens in eine Hierarchisierung der Völker und der daraus resultierenden Entwicklung eines menschheitlichen Sendungsbewußtseins einzelner Völker [4].

Dem gegliederten Kollektivbegriff, der wesentlich durch Zwischen- und Überstaatlichkeit geprägt ist, steht der sozialistische Begriff ‹M.› gegenüber. Dieser akzentuiert die horizontale Gliederung der menschlichen Gattung gegenüber der vertikalen nationalen und sozialen Gliederung und überschreitet intentional die Grenzen der einzelnen Staaten und durchbricht die Geschlossenheit der bestehenden Staaten. In geschichtsphilosophischer Perspektive intendiert er die weltweite «klassenlose Gesellschaft, die echte menschliche Gesellschaft, die M. und das Menschentum» [5]. Der sozialistische Kollektivbegriff ‹M.› ist Synonym von ‹Internationalismus›.

Anmerkungen. [1] K. H. L. PÖLITZ: Die Staatswiss.en im Lichte unserer Zeit (1823) 2, 117; vgl. 2, 137. – [2] J. FALLATI: Über die sog. materielle Tendenz der Gegenwart (1842) 6. – [3] J. K. BLUNTSCHLI: Poltik als Wiss. (1876) 3, 76. 63. 77. – [4] Vgl. H. TREITSCHKE: Politik (1898) 2, 361. 548. – [5] W. LIEBKNECHT: Protokoll des Parteitages der SPD von 1891 (1891) 340.

11. Seit der zweiten Hälfte des 19. Jh. verengt sich der Begriffsinhalt von ‹M.› auf den quantitativ-kollektiven Aspekt, während in *qualitativer* Hinsicht ‹Menschentum› an seine Stelle rückt. Der *Neukantianismus* fundiert den qualitativen Begriff ‹M.› transzendental und behauptet Religion als Apriori des Menschseins [1]. Ebenso sucht SCHELER vom Gott-Mensch-Bezug her die M. des Menschen zu bestimmen [2]. Die neue Ontologie seit HUSSERL, besonders aber bei HEIDEGGER, verwendet den qualitativen Begriff ‹M.› kaum, wohl wegen seiner «metaphysischen» Vorbelastung. Um das Wesen des Menschen aufzufinden, muß man Heidegger zufolge vom Menschen wegblicken und sich im Gegensatz zum alteuropäischen Humanismus, der die «M. des Menschen» nicht «aus der Nähe des Seins» denke [3], auf den Ermöglichungsgrund seines Daseins zurückbeziehen. Die kritische, marxistisch beeinflußte *Sozialphilosophie* wiederum kritisiert, ohne auf anthropologische Aussagen zu verzichten, den qualitativen Begriff ‹M.› als obsolete Mystifikation [4].

Der religiös-metaphysischen Fundierung des Qualitätsbegriffs korrespondiert ein religiös-metaphysisch konzipierter *Quantitäts*begriff ‹M.›. Der *Neukantianismus* interpretiert die Einheit des menschlichen Geschlechts als «sittliche Idee», als ein umgreifendes, universelles Ganzes, in das die Staaten, Rassen und Volkstümer integriert sind [5]. Für SCHELER hat die M. als das «planetarische», in Völker und Staaten gegliederte «Geschlecht» [6], das sich zum ersten Mal im Ersten Weltkrieg als geschlossene Einheit erfahren hat, seine «Einheit in Gott», liegt doch die «Einheit der Menschennatur» nicht in der Gleichheit der Naturmerkmale als vielmehr in der «Gottesebenbildlichkeit» [7]. Die «M. als eine reale Gattung», die zu unterscheiden ist von der «Summe der Menschen» wie vom «Begriff des Menschen», umfaßt «nur die je gleichzeitig lebenden Menschen» [8]. Demgegenüber substituiert SPENGLERS Synthese von Historismus und Lebensphilosophie die M. durch große Kulturen und negiert die Einheit der M. als Handlungssubjekt der Geschichte: «... die M. hat kein Ziel. ... Die M. ist ein zoologischer Begriff oder ein leeres Wort» [9]. Das Individuum wird als bloßes Akzidens interpretiert.

Hatte bereits L. GUMPLOWICZ behauptet, ‹M.› sei kein soziologischer Begriff, da er mit der Gattungsbezeichnung verschwimme und keinen realen sozialen Inhalt habe [10], negiert C. SCHMITT – gemäß seiner «Freund-Feind-Opposition» als Bedingung des Politischen – ‹M.› auch als politischen Begriff. Die ganze M. kann keine politische Einheit darstellen, setzt doch eine politische Einheit eine «andere, koexistierende politische Einheit voraus». «M. ist kein politischer Begriff, ihm entspricht auch keine politische Einheit der Gemeinschaft und kein Status.» Die mögliche Universalgesellschaft M. ist charakterisiert durch «völlige Entpolitisierung» und «Staatenlosigkeit»; die mögliche wirtschaftliche und verkehrstechnische Einheit der M. gleicht einer sozialen Einheit nur im Sinn einer Aggregation. Den «echten» Begriff ‹M.› expliziert Schmitt am Völkerbund als unpolitischer, zwischenstaatlicher Verwaltungsgemeinschaft [11]. A. GEHLEN schließlich negiert M. als möglichen «moralischen Inhalt für Menschen»; weil sie nicht «zur Gegebenheit» kommt, könne man «nicht auf sie handeln» [12].

Der gegenwärtige Gebrauch von ‹M.› reflektiert die Integration der sich konsolidierenden, überstaatlichen weltgesellschaftlichen Rechts- und Wirtschaftsgemeinschaft. W. SCHULZ definiert in diesem Horizont M. als das «werdende Geschichtssubjekt», dessen Dilemma darin liege, trotz des technologischen Zusammenhangs noch keine einheitliche Aktions- und Verantwortungseinheit zu bilden. «Der Begriff M. als Subjekt der Geschichte hat einen anderen Sinn als der Begriff Volk und Nation. Er ist 'pragmatisch-politisch' ausgerichtet. M. betrifft nicht nur alle Menschen, sondern jeden einzelnen Menschen in seinem Menschsein», «... je ungeschlossener der umfassende Einheitsbegriff ist, desto direkter kommt der einzelne ins Spiel» [13].

Anmerkungen. [1] Vgl. H. COHEN: Der Begriff der Relig. im System der Philos. (1906) 66. – [2] Vgl. M. SCHELER: Vom Ewigen im Menschen (1933) 138. – [3] M. HEIDEGGER: Platons Lehre von der Wahrheit. Mit einem Br. über den Humanismus (²1954) 90. – [4] Vgl. M. HORKHEIMER: Bemerk. zur philos. Anthropol. Z. Sozialforsch. 4 (1935) 1ff.; vgl. TH. W. ADORNO: Negative Dialektik (1966). – [5] Vgl. H. COHEN: Ethik des reinen Willens (1904) 57ff. – [6] SCHELER, a.O. [2] 280. – [7] Ges. Werke (²1966) 2, 546f. – [9] O. SPENGLER: Der Untergang des Abendlandes (1963) 28f. – [10] L. GUMPLOWICZ: Der Rassenkampf (1883). – [11] C. SCHMITT: Der Begriff des Politischen (³1933) 3. 5. 37. 40. – [12] A. GEHLEN: Urmensch und Spätkultur (²1964) 142; vgl. Moral und Hypermoral (³1973) 92. – [13] W. SCHULZ: Philos. in der veränderten Welt (1976) 625f. 627.

Literaturhinweise. F. STÄHLIN: «Die M.» – Umriß einer Wortgesch. Z. Deutschkunde 50 (1936) 614ff. – K. LÖWITH: Von Hegel zu Nietzsche. Der revolutionäre Bruch im Denken des 19. Jh. (1950); Ges. Abh. zur Kritik der gesch. Existenz (1960); Gott, Mensch und Welt in der Met. von Descartes bis zu Nietzsche (1967). – W. WEISCHEDEL: Der Gott der Philosophen 1. 2 (²1972). – P. CORNEHL: Die Zukunft der Versöhnung (1971). – A. M. HAAS: Nim Din Selbes War. Stud. zur Lehre von der Selbsterkenntnis bei Meister Eckart, Johannes Tauler und Heinrich Seuse (1971). – R. KOSELLECK: Zur hist.-polit. Semantik asymmetr. Gegenbegriffe, in: Poetik und Hermeneutik 6: Positionen der Negativität (1975) 64ff. – W. SCHULZ s. Anm. [13].

H. E. BÖDEKER

Mentalismus. Der Begriff ‹M.› bezeichnet zunächst [1] und bis heute [2] in der angelsächsischen *Psychiatrie* und *Psychologie* die Theorie, die einen Bereich rein geistiger Prozesse behauptet (Gegensatz: Behaviorismus). H. SIDGWICK gebraucht den Terminus für jene Theorie, die annimmt, alle Realität sei geistig, Materie letztlich Bewußtsein (Denken, Wollen, Gefühl) (Gegensatz: Materialismus) [3]. Man hält den M. für verwandt mit Subjektivismus und Transzendentalismus [4].

Seine deutlichste Ausprägung erfährt der Begriff ‹M.› jedoch in der neueren *Linguistik.* L. BLOOMFIELD [5] wirft H. PAUL [6] vor, daß er seine Aussagen über die Sprache begleite «with a paraphrase in terms of mental processes which the speakers are supposed to have undergone». Solches Reden von mentalen Prozessen trage nichts zur Erklärung der Sprache bei, weil sie der wissenschaftlichen Analyse nicht zugänglich und nur durch Introspektion auszumachen seien.

Nach J. J. KATZ [7] können die linguistischen Fakten nicht ohne Bezug auf «the mental events, capacities, and processes of speakers» angemessen beschrieben werden. Er lehnt deshalb eine datenklassifizierende («taxonomische») Sprachtheorie ab. Der M. gründet sich bei Katz (anders als bei Paul) auf die Hypothese, daß «there is a highly complex mechanism which is essentially the same as that underlying the linguistic ability of other speakers» [8]. Ein solcher im menschlichen Gehirn angenommener Mechanismus kodiere und dekodiere beim Kommunikationsprozeß die sprachlichen Mitteilungen.

Nach N. CHOMSKY [9] hat – wenn die Linguistik «a serious discipline» sein soll – eine Sprachtheorie mentalistisch zu sein, «since it is concerned with discovering a mental reality underlying actual behavior». Die «Seriosität», die der «traditional» und «structural grammar» abgesprochen wird [10], beruht darauf, daß die Annahme einer «mentalen Realität» nicht durch «observed use of language or hypothesized dispositions to respond, habits, and so on» [11] gerechtfertigt werden könne, sondern maßgeblich auf der Grundlage von «introspective judgements of the informant (often, the linguist himself)» [12] über die von ihm verwendete Sprache.

In neuerer Zeit werden gegen mentalistische Annahmen – insbesondere, was die Rechtfertigung von Grammatiken auf der Grundlage von Urteilen des Linguisten über seine eigene Sprache betrifft – wieder Bedenken erhoben [13].

Anmerkungen. [1] H. MAUDSLEY: Responsibility in mental disease (London 1874) 243. – [2] PH. L. HARRIMAN: Dict. of psychol. (New York 1947) 220; H. B. und A. CH. ENGLISH: A comprehensive dict. of psychol. and psychoanal. terms (New York 1958) 318. – [3] H. SIDGWICK: The philos. of T. H. Green. Mind NS 10 (1901) 20f.; vgl. A. S. PRINGLE-PATTISON: The idea of God (Oxford 1917) 190ff. 392. – [4] J. HASTINGS (Hg.): Encyclop. of relig. and ethics (Edinburgh ²1925-52) 11, 908; 12, 424. – [5] L. BLOOMFIELD: Language (New York 1933) 17. – [6] H. PAUL: Prinzipien der Sprachgesch. (1880, ⁷1966). – [7] J. J. KATZ: Mentalism in linguistics. Language 40 (1964) 126. – [8] a.O. 128. – [9] N. CHOMSKY: Aspects of the theory of syntax (Cambridge, Mass. 1965) 5. – [10] a.O. 6. – [11] 4. – [12] 194. – [13] W. J. M. LEVELT: Formele grammatica's in linguïstiek en taalpsychol. 3 (Deventer 1973) 13ff.; Dagegen Übernahme des Chomskyschen Konzepts von M. bei M. KROY: M. and modal logic. A study in the relations between logical and met. systems (Wiesbaden 1976).

Literaturhinweise. E. A. ESPER: M. and objectivism in linguistics (New York 1968). – E. BENSE: M. in der Sprachtheorie N. Chomskys (1973).

W. THÜMMEL

Mentalreservation. KANT hat in seinen Vorlesungen über Moralphilosophie [1] einmal bemerkt: «Wenn wir in allen Fällen der Pünktlichkeit der Wahrheit möchten treu bleiben, so möchten wir uns oft der Bosheit anderer Preis geben, die aus unserer Wahrheit einen Mißbrauch machen wollten ... Da die Menschen oft boshaft sind, so ist es wahr, daß man oft durch pünktliche Beobachtung der Wahrheit Gefahr läuft, und daher hat man den Begriff der Nothlüge bekommen, welches ein sehr critischer Punkt für einen moralischen Philosophen ist.» Außer der hier von Kant genannten (und von vielen Moralphilosophen – übrigens auch von Kant selbst für einen bestimmten genau definierten Fall [2] – verteidigten Notlüge) sind von den Menschen immer bestimmte Strategien praktiziert und von den Moralisten deshalb seit alters her mit Rücksicht auf die nun einmal nicht paradiesische conditio humana [3] diskutiert worden – Verhaltensweisen, die unbeschadet der unbedingten Pflicht zur Wahrhaftigkeit *in negativer Fassung,* d.h. auch *bei Aufrechterhaltung eines absoluten Lügenverbotes,* dennoch bezüglich der *positiven Fassung,* d.h. der Forderung über alles, was man weiß, Auskunft geben zu müssen, gewisse Möglichkeiten, pragmatisch und zugleich auch sittlich zu bestehen, eröffnen. Bereits AUGUSTINUS hat unterschieden: «Aliud est mentiri, aliud verum occultare» (Etwas anderes ist es zu lügen, etwas anderes die Wahrheit zu verbergen), und auch KANT hat immer daran festgehalten, daß man wohl verpflichtet ist, bei allem, was man äußert, die Wahrheit zu sagen, aber nicht verpflichtet, alle Wahrheit, die man weiß, auch zu äußern. Solche zur Bewahrung von Geheimnissen bisweilen notwendige Strategien, pragmatisch verschieden effizient und ein je verschiedenes Maß an Intelligenz erfordernd und moralisch durchaus verschieden zu bewerten, sind: Schweigen, ausweichende Antworten, geschickte Gegenfragen, illusorische Antworten, die Kunst des Überhörens, offene Zurückweisung einer indiskreten Frage, Dissimulationen (Verhehlungen), Simulationen (Verstellungen), die «locutio mere materialis», die «responsio ad mentem interrogantis», die «responsio ad finem remotum interrogantis», «consideratio personae audientis», die «accommodatio ad captum auditorum», die Unterscheidung zwischen eigentlicher Lüge (mendacium) und bloßer Falschaussage (falsiloquium), die Berufung auf die mit zahlreichen öffentlichen Ämtern verbundene duplex scientia, die Auffassung vom peccatum philosophicum oder peccatillum («Bagatelle»), der Gebrauch bestimmter Abwehrformeln («Ich weiß nicht», nämlich absolut, oder so, daß ich es dir sagen könnte) und zweideutiger Ausdrucksweisen sowie schließlich die hier zu behandelnde M. in ihren verschiedenen Spielarten [4].

Mit einem gewissen Recht kann man in konfessionsspezifischer Gruppenordnung sagen: In der protestantisch bestimmten Ethik, der theologischen wie der säkularen, ist vor allem das Recht zur Notlüge verteidigt worden, in der katholischen Moraltheologie und -philosophie hingegen wurde der Ausweg der reservatio oder restrictio mentalis, der Mentalreservation oder -restriktion bevorzugt. (In diesem Gegensatz wurde fast nie die Gemeinsamkeit in der Funktion des jeweiligen Lehrstückes gesehen, sondern nur die Differenz – mit oft unangenehmer Verwechselung von theoretisch-spekulativ eingenommener Position und praktizierter Moral.) – Begriff und Lehre der M. findet sich nicht bei den Doktoren des Hochmittelalters (THOMAS etwa kennt nur das Augustinische prudenter occultare [5] und das Recht zur Abwehrformel «Ich weiß nicht», «nescio» [6] – diese ausschließlich beschränkt auf die Verteidigung des Beichtgeheimnisses); ihre Ausbildung gehört geschichtlich derjenigen Situation zu, welche auch die Unterscheidung zwischen (legitimem) falsiloquium, Unwahrreden und unzulässigem mendacium, der eigentlichen Lüge bei GROTIUS und PUFENDORF hervorgebracht hat. Die M. ist ein spezifisches Lehrstück der 'Barockscholastik', es hängt zusammen mit dem für jene Zeit charakteristischen Versuch einer Verrechtlichung, einer strikten Anwendung des Systemgedankens und einer kasuistischen Einzelregelierung der Moral. Das 16., 17. und 18. Jh. der katholischen Moraltheologie ist insgesamt gekennzeichnet durch das, was man in bezug auf das Wahrheitsproblem «Restriktionsmoral» nennen könnte [7]. Der Gedanke der M. ist – weil streng juristisch gedacht – systematisch und terminologisch so eindeutig zu fixieren gewesen, daß er eine eigentliche Geschichte mit spezifischen definitorischen Transformationen nicht kennt, es genügt daher, ihn bei zwei oder drei beliebigen, wofern nur formulierungsstarken Autoren sei es aus dem 18. oder auch 20. Jh. begrifflich zu explizieren (und vielleicht anhand neuerer kommunikationstheoretischer Einsichten zu systematisieren); Differenzen und Wandlungen gibt es wohl hinsichtlich der moralischen Bewertung, die aber außerhalb des Interesses dieses Berichtes bleiben möge [8].

Es wurde (und wird) streng unterschieden zwischen einer *restrictio pure mentalis* oder *r. interna et stricte dicta* oder *r. tacita* bzw. *occulta,* dem *geheimen* (d.h. dem Angesprochenen nicht erkennbaren und zugänglichen) *geistigen Vorbehalt* einerseits und der *restrictio non pure mentalis, r. externa, r. realis* oder *r. sensibilis et late dicta,* dem *erkennbaren geistigen Vorbehalt,* der durchschaubaren verhüllenden Rede, dem merkbaren geistigen Hintergrund oder der erkennbaren «hintergründigen Antwort» [9]. Die erste «besteht in einer Aussage, die aus sich unter den vorliegenden Umständen bloß *eine* Bedeutung hat und nur dann die wahren Gedanken des Redenden ausdrücken würde, wenn dieser noch etwas hinzufügte, was er in seinem Inneren zu dem Gesagten hinzudenkt» [10]. «Restrictiones pure mentales sunt, dum verba prolata sensum prorsus falsum ingerunt, nisi subintelligatur *aliquid animo retentum,* quod tamen ab audiente neque ex circumstantiis, neque ex alio signo colligi potest» (Ein geheimer Gedankenvorbehalt ist gegeben, wenn die geäußerten Worte einen falschen Sinn vermitteln, wofern nicht etwas außerdem mitverstanden wird, was aber *im Geiste zurückgehalten* wird und was von dem Hörer weder aus den Umständen noch aus irgendeinem anderen Zeichen entnommen werden kann) [11]. Eigentlich nur für diesen Fall einer *subauditio* (in Anlehnung an den in der griechischen Allegorietheorie gebräuchlichen Ausdruck ὑπόνοια auch subintellectio genannten [12]) *mente retenta* (CAJETAN), eines *sensus animo retentus* trifft der Wortbedeutung nach die freilich (und bedenklicherweise) umfassender verwendete Benennung ‹Mentalrestriktion› oder ‹M.› zu; bedenklicherweise darum, weil oft auch solche Autoren, die das Recht der noch zu besprechenden anderen species von M. vertreten, mit dem der behandelten restrictio stricte dicta rechterweise zukommenden Odium belegt werden. Ein solcher rein innerer Vorbehalt liegt vor, wenn jemand auf die Frage, ob er etwas Bestimmtes getan habe, mit «Nein» antwortet und in seinem Inneren hinzudächte: «nämlich *nicht* in der Weise, wie der Fragesteller glaubt (etwa nicht unbekleidet) oder *nicht* zu der Zeit, welche jener meint (nämlich nicht vor meiner Geburt).» «Solche Restriktionen sind ebenso unerlaubt als die Lügen oder vielmehr es sind Lügen» [13]. – Ein technisch anders funktionierender Typ dieser restrictio pure mentalis liegt vor, wenn das Hinzugedachte zwar wohl verbal ausgedrückt wird, aber in einer der Natur der Sache nach *unerkennbaren* Weise. «So soll Arius auf dem Kirchenrat von Nicaea schriftlich ein rechtgläubiges Bekenntnis eingereicht und erklärt haben, er glaube alles so, wie er es niedergeschrieben habe; bei sich aber dachte er, er glaube alles, wie er es auf dem Blatte geschrieben, das er im geheimen bei sich trug» [14].

Die *zweite Klasse,* die *merkbare M.,* arbeitet mit der mehrfachen Bedeutung von (oder eigentlich – bis auf das bloße Ja oder Nein – aller) isolierten sprachlichen Zeichen und ist daher oft auch ‹Amphibolie›, ‹Amphibologie›, ‹Aequivokation›, ‹ambiguitas› (sermo ambiguus, usus verborum ambiguorum) genannt worden. Das für das Gelingen dieser M. spezifische Problem ist die mehr oder weniger partielle Deckung zwischen der inneren Vorstellung, dem Gedanken (mens loquentis) und dem geäußerten Wort, der locutio externa. Dementsprechend wurde die aequivocatio eingeteilt in eine solche, die äußerlich erkennbar und eine Doppeldeutigkeit im weiteren Sinne ist, und in eine solche, die es im eigentlichen Sinne und unerkennbar ist: «Aequivocatio aliis determinabilis et late dicta/indeterminabilis et stricte dicta». (Die zweite Art ist identisch mit dem bereits behandelten unerkennbaren geistigen Vorbehalt.) FR. SUÁREZ unterschied eine amphibolia sensibilis und mentalis [15]. Linguistisch gesehen handelt es sich um die Erleichterung, Erschwerung oder gar Verhinderung der vom Hörer zu leistenden Disambiguierung; der eine r.m. sensibilis, eine bemerkbare M., Gebrauchende operiert mit der Pluralität der Sprach-Codes – «gewöhnlicher Sprachgebrauch», Fach- und Kunstsprachen, regionale Varianten, gehobene Sondersprachen usw., wie bereits K. STEINKELLNER klar gesehen hat: «Usus vocis aut propositionis ambiguae, cui plures una sunt significationes vel ex usu regionis, vel ex artis consuetudine, vel aliqua figura, aut schemata non admodum usitato» [16] –, er gebraucht ein Wort oder eine Wendung in einem durchaus möglichen Sinne, aber in der Hoffnung, daß der Hörer ihm einen anderen, ebenfalls möglichen Sinn unterlegt. So kann ein politisch mißliebiger Autor bei einem Verhör mit der Doppeldeutung von «mein Buch» arbeiten, worunter sowohl verstanden werden kann «ein Buch aus meinem Besitz» wie auch «ein Buch, das ich verfaßt habe». Ein hierher gehöriges, aus der Geschichte der Grenzstreitigkeiten zwischen Politik und Philosophie hochberühmtes Beispiel ist KANTS «alleruntertänigste Antwort» auf das Reskript Friedrich Wilhelms II. vom 1./12. Oktober 1794, in welchem er versprach, als «Ew. Königl. Maj. getreuester Unterthan» sich fernerhin aller öffentlichen Vorträge die Religion betreffend gänzlich zu enthalten. Hier wurde mit der sowohl modal-kausalen wie auch temporalen Bedeutung des Wortes *als* gespielt; der in Sachen Lüge so gestrenge Kant war der Überzeugung, hier eben nicht *mendaciter*, sondern *prudenter* gesprochen zu haben: «Diesen Ausdruck wählte ich vorsichtig, damit ich nicht der Freiheit meines Urteils in diesem Religionsprozess auf immer, sondern nur so lange Se. Maj. am Leben wäre, entsagte» [17]. Von der strikten Lüge unterscheidet sich diese M. – es geht bei dieser Feststellung nur um die Technik, nicht die Bewertung – dadurch, daß bei jener die Äußerung schlechthin vom Sinn abweicht (sermo a mente alienus), während dies bei der erkennbaren M. oder der Äquivokation nur im Falle einer bestimmten (aber durchaus auch möglichen) Interpretation zutrifft; gegenüber der geheimen M. wird hier kein in Worten schlechterdings nicht geäußerter Sinn zurückgehalten.

Ein *zweiter Typ* dieser restrictio sensibilis ist gegeben, wenn eine gewisse Ambiguierung bewußt durch nichtverbale, etwa gestische Signale verursacht wird. So soll FRANZISKUS auf die Frage von Häschern, ob sein Freund sich in einem bestimmten Hause befinde, geantwortet haben, jener sei nicht dort hineingegangen, wobei er seine Rechte in den linken Ärmel schob. (Ein in gewissem Sinne gegenläufiger Fall, nämlich die mimische Dementierung einer verbalen Äußerung liegt in dem Falle vor, wenn jemand zwar eine von dem ihm verhaßten politischen System vorgeschriebene Grußform ausspricht, aber durch seinen Gesichtsausdruck dem Wissenden zu verstehen gibt, was er wirklich denkt [18].)

Ein *dritter Typ* ist die *responsio ad mentem interrogantis*. Wer sie verwendet, operiert – reziprok zu den früher besprochenen Formen – so, daß er bestimmte Elemente der von seinem Gegenüber ausgesprochenen Frage wörtlich nimmt, d.h. vom gemeinten Fragesinn abstrahiert (der lateinische moralphilosophische Fachterminus ist also zur Bezeichnung dieses Typs unglücklich gewählt) und in seiner Antwort recitative wiederholt. ATHANASIUS soll auf der Flucht vor seinen Häschern (die ihn nicht persönlich kannten), von diesen eingeholt, auf deren Frage, wie weit Athanasius entfernt sei, repliziert haben, dieser sei ganz nahe – woraufhin die Verfolger weiterliefen.

Ein *vierter Typ* ist – reziprok zum letztgenannten – die *responsio ad intentionem petentis remotam*, d.h. eine Antwort auf das, worauf es dem Fragesteller – entgegen seinen geäußerten Worten – im Grunde ankommt. Wer z. B. gefragt wird, ob er aus einer verseuchten Stadt komme, und aus seinem Ja große Ungelegenheiten zu erwarten hat, andererseits aber mit Sicherheit weiß, daß er nicht angesteckt ist, darf die Frage verneinen; denn was der Frager im Grunde wissen will, ist nur dies, ob er die Seuche mitbringe [19].

Verwandt mit der M. ist ein *fünfter Typ*, die Berufung auf ein «*zweifaches Wissen*» (duplex scientia), ein mitteilbares und ein nicht-mitteilbares (scientia communicabilis et incommunicabilis). Diese Auskunft besagt: wer, etwa als Amtsperson, von etwas Kenntnis hat, was der Schweigepflicht unterliegt und also außerhalb seines Geschäftsbereiches von ihm nicht kommuniziert werden dürfe, sei auf eine entsprechende Frage hin befugt, mit einem «Ich weiß es nicht» (nescio) zu antworten, wofern er keine andere Möglichkeit sieht, den indiskreten Fragesteller – etwa durch eine Berufung auf seine Pflicht zur Amtsverschwiegenheit, höflich oder satirisch-ironisch – abzufertigen. Unter die M. wird dieses Strategem darum subsumiert, weil der Antwortende in seinem Geiste hinzudenkt «ich weiß es nicht so, daß ich es dir mitteilen könnte». Da diese Tatsache dem Fragenden aber bekannt ist, handelt es sich um eine restrictio sensibilis, eine bemerkbare M. Diese, ursprünglich für Beichtväter entwickelte Lösung wurde im politischen 17./18. Jh. gegen den Widerspruch der Mehrheit der Moraltheologen auf jede Amtsperson (die als solche persona duplex interpretiert wurde, so daß für sie galt: persona publica gerit munus duplicis personae) ausgedehnt und schließlich von extrem laxen Moralisten einer jeden Privatperson zugestanden. Grundsätzlich ist wohl festzuhalten: gegen das Operieren mit einem «doppelten Wissen» ist nur dann nichts einzuwenden, wenn das Faktum eines besonderen Amtes und eines damit verbundenen und ihm vorbehaltenen Sonderwissens an eine rechtlich präzisierte Bedingung geknüpft ist, d.h. wenn die Garantie einer allgemeinen Erkennbarkeit und Überprüfbarkeit gegeben ist, wofern also die distinctio duplicis personae jure praesumitur [20]. (Mit dieser Lösung haben sich übrigens die Exegeten traditionellerweise immer geholfen angesichts der Schwierigkeiten von Markus 13, 32.) Problematisch bleibt die Verwendung dieses Typs von M. freilich in solchen Fällen, wo die Tatsache eines Amtswissens zwar de jure gegeben ist, wenn sie aber dem Fragenden nicht bekannt ist (dann entfällt die Erkennbarkeit, d.h. die Bedingung der Zurechnung zur zweiten Klasse der M., der r.m. sensibilis und aequivocatio determinabilis) oder wenn die es ermöglichende und bedingende Institution von ihm nicht anerkannt wird (Dilemma des Beichtgeheimnisses in totalitären Staaten). – Die Verteidiger einer extrem laxen Anwendung des Notmittels «ich weiß es nicht» haben sich noch des folgenden Argumentes bedient: «Humana consuetudine receptum est, ut verbum ‹nescio› saepe sumatur pro ‹non scio nisi secreto›. ‹Non scio, ut manifestare possim.› In quo nulla relucet restrictio pure mentalis, quia verbum ‹nescio›, iuxta morem loquendi, id ipsum significat, et facile ab auditore adverti potest» [21] (Es ist im Sprachgebrauch üblich geworden, daß das Wort ‹ich weiß nicht› oft genommen wird für ‹ich weiß es nur als Geheimnis›. ‹Ich weiß es nicht so, daß ich es offenbaren könnte.› In einer solchen Verwendung braucht man keine restrictio pure mentalis zu sehen, weil das Wort ‹ich weiß nicht›, nach der allgemeinen Sprachwortgewohnheit, genau diese Bedeutung hat und vom Hörer leicht so verstanden werden kann). Hier dürfte ein wichtiges und unzweideutiges Wort doch allzu sehr nach den für Höflichkeitsfloskeln zutreffenden Regeln interpretiert werden.

Als *sechsten Typ*, nämlich als eine Form von (unerlaubter) Äquivokation, müßte man, wofern man sich entscheidet, es überhaupt als eine solche gelten zu lassen, das von S. PUFENDORF als Beispiel angeführte (von CICERO berichtete [22]) Verhalten jenes Römers bezeichnen, der nach der Schlacht bei Cannae zusammen mit neun anderen von Hannibal nach Rom geschickt wurde unter der Bedingung, in sein Lager zurückzukehren; dieser eine kehrte kurz nach Verlassen des Lagers unter dem Vorwand, etwas vergessen zu haben, dorthin zurück und war nun der Überzeugung, seine unter Eid gegebene Zusage erfüllt zu haben [23]. Dieses Verhalten ist aber eher unter die Rubrik Meineid oder List und Simulation zu subsumieren: Das Vergehen geschah nicht durch eine verbale unwahre Äußerung über Sachverhalte, und so lag ihr auch keine semantische Ambiguität zugrunde. Im Unterschied zur reinen M. ist die erkennbare reservatio von der Mehrheit der katholischen Moraltheologen und -philosophen (wenngleich mit Vorbehalten) als zulässig beurteilt worden. (Es wäre aus mehreren Gründen gut und den Moraltheologen zu empfehlen, den Oberbegriff ‹M.› dem Wortsinne gemäß ausschließlich für die reservatio interna zu reservieren und die Grundform der r. externa konsequent als Amphibolie zu bezeichnen.) Man argumentiert so: der r. non pure mentalis fehlt ein wesentliches Element der Lüge. «Indem nämlich beim Gebrauch derselben dem Angeredeten die Möglichkeit offengelassen wird, die Wahrheit zu erkennen und somit sich nicht zu täuschen, so kann sie nicht als eine Äußerung bezeichnet werden, die an sich geeignet wäre, den Zweck der Täuschung zu erreichen. Tritt die Täuschung wirklich ein, so liegt der Grund nicht in dem dazu verwendeten Mittel, sondern im Mangel an Aufmerksamkeit von Seiten des Angeredeten» [24]. «Verborum ambiguitas si animus fallendi absit nihil commune cum mendacio habet, et audiens suam tantum accusare potest inprudentiam, si fallatur» (Der Gebrauch zweideutiger Worte hat, wenn die Absicht zu täuschen nicht vorliegt, nichts gemein mit der Lüge, und der Hörer kann, wenn er getäuscht wird bzw. sich täuschen läßt, die Schuld nur seiner eigenen Unbedachtsamkeit geben) [25]. (Freilich ist nicht zu verkennen, daß der usus verborum ambiguorum gerade auf diese imprudentia baut!) — Die Konzedierung eines bedenken- und schrankenlosen Gebrauchs von M. und Amphibologien (in der Formulierung bestimmter Thesen durch den Jesuiten SÁNCHEZ) ist kirchenoffiziell bereits 1679 durch INNOZENZ XI. als «skandalös und für die Praxis ruinös» (theses damnatae et prohibitae, sicut iacent, ut minimum tanquam scandalosae et in praxi perniciosae) verurteilt worden [26]. Der gleiche Tomás Sánchez ist einer der meistzitierten von den Theologen, deren kasuistische und lax-restriktionistische Moralauffassung PASCAL in seinen ‹Provinzialbriefen› (1656–1657) mit überlegenem Spott angegriffen hat; der 9. Brief (vom 3. Juli 1656) insbesondere behandelt T. Sánchez' Lehre vom Doppelsinn (doctrine des équivoques) und, von ihm als besondere Neuheit und Hilfe für den Fall vorgestellt, daß einem keine Amphibologien einfallen wollen: «la doctrine des restrictions mentales» [27]. Die Ausbildung der Lehre von der M. ist nur auf dem rechtsgeschichtlichen Hintergrund jener Zeit der Ausbildung des absolutistischen Staates und der Hexenprozesse zu verstehen, einer Zeit, in der durch Folter erpreßte Geständnisse üblich waren und – dies ist da das Wichtigste – in der es auch nicht ansatzweise die heutigen Institutionen des Zeugnisverweigerungsrechts gab [28].

Es ist zugleich eine Zeit, in der auch die Vorstellung eines *Deus malignus*, eines *Dieu trompeur*, eines böswilligen Täuschegottes, diskutiert wurde. Umgekehrt konnte dann die Ablehnung der restrictio pure mentalis auf seiten des Menschen als eine (und vielleicht die einzige) Garantie dafür angesehen werden, daß die Selbstoffenbarung Gottes in den Hl. Schriften eine ehrliche Selbstmitteilung an die Menschen sei: «Si liceret homini restr. pure mentalis, liceret et Deo; atqui, si hoc esset, nihil haberemus certi in Scripturis Sacris; quandoquidem possemus timere et dubitare, an Deus non fuerit locutus cum illa restrictione propter causam sibi cognitam» (Wenn dem Menschen das Recht zu einem dem Angesprochenen nicht erkennbaren rein geistigen Vorbehalt gegeben wäre, so würde dieses auch Gott zustehen; würde dieses aber zutreffen, so hätten die Aussagen der Hl. Schrift keine Verläßlichkeit für uns; wir hätten dann nämlich sehr wohl Anlaß zu Furcht und Zweifel, ob nicht auch Gott mit einer solchen restrictio gesprochen haben möchte – aus einem Grunde, den er allein kennt) [29].

Anmerkungen. [1] I. KANT, Moralphilos. Collins. Akad.-A. 27/1, 448. – [2] a.O. 448, 38f. – [3] 448. – [4] Vgl. die tab. Zusammenstell. von Verfahren, Autoren und Bewertungen bei GR. MÜLLER: Die Wahrhaftigkeit und die Problematik der Lüge (1962) 31. 97. 121f. 192f. 335. – [5] THOMAS VON AQUIN, S. theol. II/II, q. 110, a. 3 ad 4. – [6] a.O. in Suppl. q. 11, a. 1 ad 3; auch LUTHER hat genau nach dieser Formel gehandelt; vgl. W. KÖHLER: Luther und die Lüge (1912) 136. – [7] Vgl. MÜLLER, a.O. [4] 191 und den dort in Anm. 2 gegeb. Hinweis auf D. COCINA: Theol. Christiana III (1758) 5, dist. 3 nr. 1, demzufolge in der ersten Hälfte des 17. Jh. mehr als 50 Autoren aller Orden die Erlaubtheit des geheimen Gedankenvorbehaltes befürwortet haben sollen. – [8] Vgl. die Namensliste der Autoren, die einerseits den erkennbaren, andererseits den geheimen Vorbehalt befürwortet haben, bei MÜLLER, a.O. [4] 193. – [9] Die beiden letzten Übersetzungen bei B. HAERING: Das Gesetz Christi (1954) 1294-1298. – [10] V. CATHREIN: Moralphilos. II (^{3}1899) 87. – [11] A. J. STAPF: Epitome Theologiae Moralis (Wien 1832) II, 151: § 276 Anm. – [12] Vgl. P. F. WALBERTUS: Theol. mor. 3 (Bergen 1739) 166: q. 5, a. 8 concl. 1, resp. ad 3. – [13] CATHREIN, a.O. [10] 87. – [14] ebda. – [15] Vgl. P. G. ANTOINE: Theol. mor. univ. 1 (1762) 268. – [16] K. STEINKELLNER: Inst. philos. practicae (Wien 1772) 2, 145. – [17] KANT, Akad.-A. 7, 10, 7f. u. Anm. – [18] Vgl. H. THIELICKE: Theol. Ethik II/1 (1955) 164, Nr. 542; 167, Nr. 554. – [19] J. LINDWORSKY: Das Problem der Lüge bei kath. Ethikern und Moralisten, in: O. LIPPMANN/P. PLAUT (Hg.): Die Lüge (1927) 64. – [20] Vgl. D. COCINA: Theol. christ. III (1758) 516. – [21] A. HOCHKIRCHEN: Ethica Christiana seu orthodoxa iuris naturalis et gentium prudentia (1751) 494. – [22] CICERO, De off. III, 32. – [23] S. Frh. v. PUFENDORF: Les devoires de l'homme et du citoien, frz. J. BARBEYRAC liv. I, chap. X, § 10 Anm. 1. 1 (Amsterdam 1722) 200. – [24] M. v. ABERLE: Art. ‹reservatio mentalis›, in: WETZER/WELTE, Kirchenlex. 9 (1852) 219. – [25] STEINKELLNER, a.O. [16] 149f. – [26] DENZINGER/RAHNER: Enchiridion symbolorum (^{31}1957) 370f.: Nr. 26-28 = 1176-1178. – [27] B. PASCAL, Oeuvres compl., Ed. du Seuil (Paris 1973) 411. – [28] Vgl.

P. JUNGLAS: Der rechtsgesch. Hintergrund für Liguoris Lehre vom Gerichtseide, in: Festschr. G. von Hertling (1913) 543ff. – [29] FR. HENNO, Tr. in decal., disp. II, a. 9, § 1.

Literaturhinweise. DUNS SCOTUS: Relectio de ratione tegendi et detegendi secretum (1552). – T. RAYNAUDUS: Opuscula moralia XIV: Disputatio de veritate morali, cum mendacio et locutionibus aequivocis ac mente restrictis comparata (1565), bei: L. LESSIUS: De justitia et jure (1630) 667. – M. DE AZPILCUETA: Commentarius in cap. Humanae aures XXII, q. 5: De veritate responsi partim verbo expresso partim mente concepto redditi (Roma 1590). – J. BARNESIUS: Dissertatio contra aequivocationem (1624). – I. MALDERUS: De restrictionum mentalium abusu (Antw. 1625). – T. THUMMIUS: De juramentis et Jesuitarum aequivocationibus (1625). – T. HURTADO: De restrictione mentali (1655). – I. CARAMUEL: De restrictionibus mentalibus (Lugduni 1672). – G. N. LANGHEINRICH: Disputatio de aequivocationum moralitate (Lipsiae 1673). – G. DANIEL: Récueil de divers ouvrages philos., théol., hist., apologét. et de critique 1: Des équivoques et des restrictions mentales (Paris 1724). – M. V. ABERLE s. Anm. [24] 217-220. – I. V. DÖLLINGER/F. H. REUSCH: Gesch. der Moralstreitigkeiten in der röm.-kath. Kirche seit dem 16. Jh. (1889) 2, 673: Reg.: Aequivocatio; 681: Mental-Restriction; 683: Peccatum philosophicum. – A. LEHMKUHL, Art. ‹reservatio mentalis›, in: WETZER/WELTE, Kirchenlex. 10 (1897) 1082. – P. JUNGLAS s. Anm. [28]. – E. RANWEZ: De mendacio et de licita veritatis dissimulatione, in: Collationes Namurcenses 20 (1925/26) 255. – J. LINDWORSKY s. Anm. [19] 53-72, bes. 62ff. – A. V. BOGDANOWICZ: Muß die restrictio mentalis von der kath. Moraltheol. unbedingt mitgeschleppt werden?, in: Collectanea theol., Lepoli-Polonia 15 (Lwów 1934) 236. – A. BABULIK: De mendacio et aequivocatione, in: Perfice Munus 11 (1936) 713. – K. HÖRMANN: Lüge und geheimer Vorbehalt. Klerusbl. 84 (Salzburg 1951) 108. – Zu den in der Sprache gegebenen Voraussetzungen der (ethischen) Äquivokation vgl. H. LAUSBERG: Hb. der lit. Rhet. (²1973) 122: §§ 222f.: Ambiguitas; 514: § 1070 (mit weiteren Verweisen).
G. BIEN

Mereologie (von griech. μέρος, Teil), die Theorie der Ganzes/Teil-(s.d.)Beziehung, war der Sache nach bereits ein Gegenstand philosophischer Erörterung von der Antike bis zur Neuzeit. Unter dem Titel ‹M.› wurde sie von dem polnischen Logiker und Philosophen ST. LEŚNIEWSKI [1] im Anschluß an seinen Lehrer K. TWARDOWSKI [2] und an die ‹III. Logische Untersuchung› (Zur Lehre von den Ganzen und Teilen) E. HUSSERLS [3] erstmals mit formalsprachlichen Hilfsmitteln entworfen. LEŚNIEWSKI bemühte sich, eine zur mengentheoretischen Fundierung der Mathematik, wie sie mit Hilfe der Typenlogik (erst als verzweigte, dann kraft des Reduzibilitätsaxioms als unverzweigte Typentheorie) in den ‹Principia Mathematica› von A. N. WHITEHEAD und B. RUSSELL vorgenommen war [4], ontologisch ärmere Alternative zu entwickeln, also einen Formalismus zu suchen, der von der Hierarchie der Mengen keinen Gebrauch macht und daher insbesondere auch die logischen Antinomien (z.B. die RUSSELLS von der Menge aller Mengen, die sich nicht selbst als Element enthalten) nicht abzuleiten erlaubt [5]. Im Zuge dieser Bemühungen nimmt die M. eine ausgezeichnete Stellung ein, und zwar als die neben Chronologie (Zeittheorie) und Stereometrie (Raumtheorie) entscheidende Erweiterung der – von LEŚNIEWSKI stets mit Standardinterpretation versehen gedachten – formalen Systeme *Protothetik* (einer durch die Verwendung von Quantoren in bezug auf *n*-stellige Wahrheitsfunktionen über dem Bereich der Aussagen ausgezeichneten Variante der Junktoren- oder Aussagenlogik) und *Ontologie* (einer als Namenkalkül entwickelten Variante der Klassenlogik, in der die ‹Namen› die Ausdrücke links und rechts der Kopula in Subjekt-Prädikat-Aussagen sind, also ohne Unterscheidung von Nominator und Prädikator, so daß nur zwei semantische Grundkategorien auftreten: 'Name' und 'Aussage'). Die in der M. kalkülisierte Theorie der Teil/Ganzes-Relation soll dadurch an die Stelle der Mengenlehre treten können (weshalb sie Leśniewski ursprünglich auch ‹Allgemeine Mengenlehre› genannt hat, diesen Ausdruck aber später der entstehenden Mißverständnisse wegen durch ‹M.› ersetzte [6], daß sowohl die Element/Menge-Relation als auch die Teilmenge/Menge-Relation als Spezialisierungen der Teil/Ganzes-Relation interpretiert werden. Zugleich ersetzt Leśniewskis Verwendung der *semantischen Kategorien*, mit der er an die Rekonstruktion der aristotelischen Kategorien bzw. der Redeteile der Grammatik in Gestalt der ‹Bedeutungskategorien› bei E. HUSSERL anknüpft [7], die Rolle der ‹logischen Typen› (einschließlich ihrer Verzweigungen durch Ordnungen) bei B. RUSSELL und bereitet den Aufbau von Kategorialgrammatiken in der modernen Linguistik vor [8]. Gleichwohl blieb der Versuch LEŚNIEWSKIS, mit den Mitteln der M. die Mengenlehre zu interpretieren, in bezug auf seine Angemessenheit bis heute umstritten [9]; stattdessen wird gegenwärtig, seit den Vereinfachungen von H. S. LEONARD und N. GOODMAN [10], die M. meist als axiomatische Theorie unter der Bezeichnung ‹Individuenkalkül› (engl. calculus of individuals) der Mengenlehre adjungiert. In Anwendungen der Mengenlehre jedoch wird durchaus Leśniewskis Weg beschritten, solche Ausdrücke, die Variable (oder Konstante) verschiedener logischer Typen enthalten (neben Individuen-Variablen etwa Variable für Klassen oder Klassen von Klassen usw.), durch Ausdrücke zu rekonstruieren, die allein von Individuen-Variablen (bzw. -Konstanten) in Verbindung mit den Ausdrucksmitteln der axiomatischen Theorie der Teil/Ganzes-Relation über dem Bereich der Individuen Gebrauch machen; z. B. wird die klassenlogische Fassung der elementaren Prädikation ‹Napoléon ist ein Mensch› (symbolisch: $n \varepsilon M$) als ‹Napoléon ist ein Element der Menge aller Menschen› (symbolisch: $n \in |M|$) durch die mereologische Fassung ‹Napoléon ist ein Teil der Menschheit› (symbolisch: $n \leq \kappa M$) ersetzt. Während bei der Rekonstruktion durch $n \in |M|$ der Prädikator ‹Mensch› in einen Nominator für ein Abstraktum, die Klasse der Menschen, und die ursprüngliche Kopula in einen zweistelligen Prädikator, für die Element/Menge-Relation, umgedeutet wird (so daß statt ‹$n \in |M|$› normiert eigentlich ‹$n, |M| \varepsilon \in$› zu schreiben wäre, um den dabei erfolgten Übergang von einer Prädikation der Grundstufe in eine Prädikation der nächsthöheren Stufe sichtbar zu machen), bleibt es mereologisch bei einer Prädikation der Grundstufe, nur tritt an die Stelle des einstelligen Ausdrucks ‹$n \varepsilon M$› der zweistellige ‹$n, \kappa M \varepsilon \leq$›.

Daneben werden Leśniewskis Vorschläge als Interpretationsrahmen zur systematischen Rekonstruktion von scholastischen Theorien der logischen Grammatik verwendet [11], z. B. zur Identifikation der Unterscheidung einer Menge $\in P$ und eines Ganzen κP bezüglich eines ‹Namens› *P* mit der sachlich auf Aristoteles zurückgehenden, in der Scholastik aber wieder aufgegriffenen und weitergeführten Unterscheidung von *distributiven* (auch: universellen, generellen) und *kollektiven* (auch: integralen, konstitutiven, konjunktiven) Gesamtheiten. Dabei werden die kollektiven Gesamtheiten noch in *kontinuierliche*, wie κ (ein Haus), und *diskrete*, wie κ (eine Herde), eingeteilt [11a].

Als Axiome für die Teil/Ganzes-Relation ($x \leq y$, gelesen: x ist ein Teil von y) – sie wird allein auf dem Objektbereich der *Individuen*, also Gegenständen nur eines logischen Typs, erklärt – lassen sich wählen [12]:
(1) $\bigwedge_{x,y,z} (x \leq y \wedge y \leq z \to x \leq z)$
$\bigwedge_x x \leq x$
(Transitivität und Reflexivität von $\leq$)
(2) Die Kennzeichnung $\iota_x G(x)$ mit $G(x) \rightleftharpoons \bigwedge_y (y \bigcirc x \leftrightarrow \bigvee_z (P(z) \wedge y \bigcirc z))$ existiert für jede erfüllbare Aussageform $P(x)$; dabei ist definiert $x \bigcirc y \rightleftharpoons \bigvee_z (z \leq x \wedge z \leq y)$ (gelesen: x überlappt y genau, wenn x und y einen gemeinsamen Teil haben).

Die Forderung (2) besagt, daß es *genau einen* Gegenstand gibt, der mit genau denjenigen Gegenständen überlappt, die mit einem Gegenstand, der die Aussageform $P(x)$ erfüllt, überlappen; da er nur von der Aussageform $P(x)$ abhängt, kann er durch $\kappa_x P(x)$, oder kurz: κP, benannt werden (gelesen: das ganze P; engl. whole, fusion oder composite bezgl. P). Der Unterschied zwischen der Extension von $P(x)$, definiert als die Menge der Gegenstände, die $P(x)$ erfüllen ($\in_x P(x)$, oder kurz: $\in P$), und der Fusion von $P(x)$, definiert als das aus den Teilen x, die $P(x)$ erfüllen, zusammengesetzte Ganze, besteht insbesondere, wie gewünscht, darin, daß eine Menge und ihre Elemente von verschiedenem, ein Ganzes und seine Teile hingegen von gleichem logischen Typ sind. Formal hingegen tragen Klassenlogik wie M. im wesentlichen die gleiche algebraische Struktur: die einer BOOLEschen Algebra [13]. Hingegen muß in dieser axiomatischen Fassung der M., wie stets bei axiomatischen Theorien, ein in Einheiten gegliederter Gegenstandsbereich bereits zugrunde gelegt werden, über dem man dann die Teil/Ganzes-Relation erklärt; eine Chance, diese Gliederung selber mereologisch zu interpretieren, besteht nicht mehr. So wie mit den Mitteln der Mengenlehre, also der Element/Menge-Relation $\in$, die elementare Prädikation nicht eliminiert, sondern nur auf eine höhere Stufe gehoben werden kann, so kann mit den Mitteln der M., also der Teil/Ganzes-Relation $\leq$ auf schon definierten Gegenstandsbereichen, die elementare Konstruktion von Gegenständen durch Zusammensetzung aus Teilen auf der Objektstufe nicht erwähnt werden, ohne sie auf der Sprachstufe zu verwenden – bei der Herstellung von Aussagesätzen durch Zusammensetzung aus einfachen Sprachzeichen wie in beliebigen Kalkülen. Erst der Aufbau der M. als Basis einer inhaltlichen Theorie der Konstruktion von Gegenstandsbereichen vermag als Gegenstück zum Aufbau einer Prädikationstheorie als Basis einer Theorie der Sprache über Gegenstände (d. h. Theorie der Beschreibung von Gegenstandsbereichen) den dualen Charakter der beiden folgenden Redeweisen aufzuklären: ‹ein Gegenstand n hat die Eigenschaft P›, und ‹zum Gegenstand n gehört ein Q-Gegenstand, etwa p, als Teil›, wobei p dasjenige substantiv verwendete Q erfüllt, das in attributiver Verwendung P lautet, z. B. ‹Sokrates hat die Eigenschaft Plattnasigsein› (= ‹Sokrates ist plattnasig›) und ‹Zu Sokrates gehört eine platte Nase als Teil›. Hier entsprechen sich also nicht wie sonst Element und Teil bzw. Menge (oder Eigenschaft) und Ganzes, sondern umgekehrt Element und Ganzes bzw. Teil und Eigenschaft [14].

Anmerkungen. [1] Zuerst in: S. LEŚNIEWSKI: Podstawy ogólnej teorii mnogości I [Die Grundl. der allg. Mengenlehre I] (Moskau 1916); am weitesten ausgeführt in: O podstawach matematyki [Über die Grundl. der Math.]. Przegląd Filozoficzny 30 (1927) 164-206; 31 (1928) 261-291; 32 (1929) 60-101; 33 (1930) 75-105; 34 (1931) 142-170. – [2] Vgl. K. TWARDOWSKI: Zur Lehre vom Inhalt und Gegenstand der Vorstellungen (Wien 1894). – [3] E. HUSSERL: Log. Untersuch. 2/1 (1900, ²1913) 225-293; dort ebenfalls Bezug auf TWARDOWSKI sowie außerdem auf den relevanten § 58 (vgl. daneben noch §§ 123-127) in B. BOLZANO: Wiss.-lehre 1-4 (1837; 1, ²1914, ND 1929; 2, ²1915, ND 1929; 3, ²1930; 4, ²1931). – [4] A. N. WHITEHEAD und B. RUSSELL: Principia math. 1-3 (Cambridge 1, 1910, ²1925; 2, 1912, ²1927; 3, 1913, ²1927). – [5] Zur Konsistenz der Leśniewskischen M. vgl. C. LEJEWSKI: Consistency of Leśniewski's M. J. symbolic Logic 34 (1969) 321-328. – [6] Vgl. S. LEŚNIEWSKI: Introd. remarks to the continuation of my article: ‹Grundzüge eines neuen Systems der Math.›, in: S. MCCALL (Hg.): Polish logic 1920-1939 (Oxford 1967) 116-169, bes. 168f. – [7] Eingeführt in der IV. Log. Untersuch. ‹Der Unterschied der selbständigen und unselbständigen Bedeutungen und die Idee der reinen Grammatik› von HUSSERL, a.O. [3] 294-342, als sprachphilos. Anwend. der allg.-log. Überlegungen aus der III. Untersuch. Aufgegriffen von LEŚNIEWSKI in: Grundzüge eines neuen Systems der Grundl. der Math. Fundamenta math. 14 (1929) 1-81; und in: Über die Grundl. der Ontol. Compt. rend. Soc. Sci. Lett. Varsovie, Cl. III, 23 (1930) 111-132. – [8] Hist. Bindeglied wurde der Aufsatz von K. AJDUKIEWICZ: Die syntakt. Konnexität. Stud. philos. 1 (1935) 1-27; engl. Syntactic connection, in: MCCALL (Hg.), a.O. [6] 207-231; vgl. Y. BAR-HILLEL: Cybernetics and linguistics, in: S. MOSER (Hg.): Information und Kommunikation (1968) 29-38; M. J. CRESSWELL, Logics and languages (London 1973) z. B. 4; ferner Art. ‹Kategorie, syntaktische, semantische›. – [9] Vgl. A. GRZEGORCZYK: The systems of Leśniewski in relation to contemporary log. res. Stud. logica 3 (1955) 77-95; B. SOBOCIŃSKI: L'analyse de l'antinomie russellienne par Leśniewski. Methodos 1 (1949) 94-107. 220-228. 308-316; 2 (1950) 237-257. – [10] Unabhängig von den nur poln. zugängl. Arbeiten Leśniewskis zuerst in: H. S. LEONARD: Singular terms (Diss., Harvard 1930, Typoscript Widener Libr.), verbessert in: N. GOODMAN und H. S. LEONARD: The calculus of individuals and its uses. J. symbolic Logic 5 (1940) 45-55; Leśniewskis Kalkül wird außerhalb des poln. Sprachgebiets erstmals zugängl. durch die vereinfachte Version seines Schülers A. TARSKI im Appendix E von J. H. WOODGER: The axiomatic method in biol. (Cambridge 1937). – [11] P. P. HENRY: Medieval logic and met. (London 1972). – [11a] Vgl. etwa PETRUS ABAELARD, Dialectica, hg. L. M. DE RIJK (1956) sect. 546, 26f. 547, 27f. – [12] Vgl. N. GOODMAN: The structure of appearance (Indianapolis u.a. 1951, ²1966), ch. II, 4 (The calculus of individuals); A. TARSKI: Foundations of the geometry of solids, in: Logic, semantics, metamath. Papers from 1923 to 1938 (Oxford 1956) 24-29, bes. 25. – [13] Vgl. A. TARSKI: Zur Grundleg. der Booleschen Algebra I. Fundamenta math. 24 (1935) 177-198. – [14] Vgl. K. LORENZ, On the relation between the partition of a whole into parts and the attribution of properties to an object. Studia logica 36 (1977) 351-362.

Literaturhinweise. B. SOBOCIŃSKI: Stud. in Leśniewski's M., in: Year Book Polish Soc. Arts Sci. abroad 5 (1955) 34-48; Atomistic M. I. II. Notre Dame J. formal Logic 12 (1971) 89-103. 203-213. – J. SŁUPECKI: Towards a generalized M. of Leśniewski. Studia logica 8 (1958) 131-163. – R. CLAY: Contribution to M. (Diss. Univ. Notre Dame 1961). – E. C. LUSCHEI: The log. systems of Leśniewski (Amsterdam 1962). – C. LEJEWSKI: A single axiom for the mereol. notion of proper part. Notre Dame J. of formal logic 8 (1967) 279-285. – J.-B. GRIZE: Notes sur l'ontol. et la M. de Leśniewski. Travaux Centre Rech. sémiol. Neuchâtel 12 (1972).

K. LORENZ

Merkabah (hebr. *märkabah*, Wagen, Kriegswagen [1]). Die Vorstellung, daß die Gottheit auf einem Wagen einherfährt [2], scheint auf mesopotamische Mythen zurückzuführen zu sein [3]. In 1. Chr. 28, 18 ist M. ein terminus technicus für eine «kultarchitektonische Größe» zur «Veranschaulichung eines mythischen Sachverhaltes» [4]. Verbessert man Ez. 43, 3 *nicht* mit LXX, sondern wählt die Lesart der versio syriaca, dann nennt Jesus Sirach (49, 8) zum erstenmal das Gefährt der Vision Ezechiels (Ez. 1, 1–28 und Ez. 10) einen Wagen (*harma*), obwohl 1. Chr. 28, 18 die Vorstellungsinhalte der Vision des Ezechiel als bekannt voraussetzt.

Die älteren rabbinischen Zeugnisse bezeichnen mit ‹M.› sowohl ganz konkret den *Thronwagen* in der Ezechiel-Vision als auch den *Textabschnitt* Ez. 1, 1–28 bzw. den gesamten *Inhalt* dieser Vision [5]. Wenn in rabbinischen, mystischen oder philosophischen Texten von M. gesprochen wird, so wird damit immer direkt oder indirekt an die Vision Ezechiels angeknüpft, die dann kosmologisch oder kosmogonisch interpretiert wird. Aus diesen Gründen war schon im 1. Jh. das Buch Ezechiel bei den Rabbinern umstritten [6]. Für die Geschichte der Entwicklung kosmologischer Spekulationen im Judentum ist m.Chagiga II, 1 eine der Zentralstellen: «Die Inzest-Gesetze dürfen nicht unter Dreien, die Schöpfungsgeschichte (*Maasseh Bereschit*) darf nicht unter Zweien und die *märkabah* darf auch nicht für sich alleine erörtert werden, es sei denn, daß er ein Gelehrter ist und es aus eigener Erkenntnis versteht.» ‹Maasseh Bereschit› bedeutet wörtlich «Tat am Anfang» in Anspielung auf Gen. 1; schon in der tannaitischen Zeit aber wird darunter nicht nur die Schöpfungs*tat* verstanden, sondern die *Lehre* von der Schöpfung, kosmogonische Spekulationen über die Erschaffung der Welt und den Aufbau der himmlischen Welten [7]. In Angleichung an ‹Maasseh Bereschit› sprechen die rabbinischen Zeugnisse (in der Zeit, als ‹Maasseh Bereschit› schon *Lehre* von der bzw. *Spekulation* über die Weltschöpfung bedeutete) von ‹Maasseh M.› (wörtl. Tat vom [des] Wagen[s]), weshalb in frühen lateinischen Übersetzungen von hebräischen Texten oder in lateinischen Abhandlungen über die jüdische Mystik oft ‹opus Mercava› oder ‹opus de Mercava› zu finden ist [8]); in Analogie zu ‹Maasseh Bereschit› meinten sie damit die Lehre vom Wagen, d.h. Spekulationen im Anschluß an Ez. 1, 1–28 über die jenseitige und zukünftige Welt, die Maße des Himmels, die Gestalt und das Aussehen der Gottheit, die auf dem Wagen einherfährt oder auf diesem thront, und die Kräfte, die sie umgeben [9]. Solche Spekulationen, die z.B. besonders auch von R. JOCHANAN BEN ZAKKAI gepflegt wurden [10], waren nicht jedermann zugänglich und bilden die jüdische Esoterik [11].

Da die M.-Spekulationen in den rabbinischen Zeugnissen über die jenseitige und zukünftige Welt – so besonders die Parabel ‹Vier traten in das Paradies ein› [12] – gleichzeitig Spekulationen über die «Herrlichkeit» (*Kabod*) des Schöpfers sind (z.T. wird ‹M.› sogar synonym mit ‹Kabod› verwendet [13]), die im Anschluß an Ez. 1, 26 als körperliche Gestalt angesehen wurde, entwickelte sich daraus schon früh ein Zweig der jüdischen Mystik, der gemeinhin mit *Schi^{c}ur Koma*-Mystik bezeichnet wird [14]. Es sind dies anthropomorphistische Überlegungen über «das Maß des Körpers» der Gottheit, die auf dem Thronwagen (M.) in ihrer Herrlichkeit (Kabod) erscheint [15]. Der M.-Mystiker durchwandert in ekstatischer Schau die 7 Himmel und die 7 Tempel (*Hekhalot*), um endlich vor dem «Thron der M.», der im 7. Tempel (bzw. Halle) steht, die Gottheit selbst zu schauen [16].

In der Tosefta zu Megilla IV ist dann zum erstenmal davon die Rede, daß die M. «geschaut», «gesehen» wird [17]. Bei der – zum Teil mit Gefahren verbundenen [18] – «Himmelsreise der Seele» steigt der M.-Mystiker aber nicht *hinauf* in die himmlischen Welten [19], sondern er steigt herab: «Alle diese Gesänge und all diese Werke hörte R. Akiba, als er herabstieg zur M. und sich festhielt, um sie von seiner Herrlichkeit (Kabod) her zu lernen» [20]. Darum heißen diese Mystiker in ihrer Selbstbezeichnung auch *Jorde M.*: «die zur M. Herabsteigenden» [21].

Gerade der anthropomorphistische Charakter dieser Spekulationen aber veranlaßte die Forschung lange Zeit, diese Art Mystik als «durch und durch unjüdisch und anti-jüdisch» abzustempeln; es wurde vermutet, daß die Schi^{c}ur-Koma-Mystik «keinen jüdischen Ursprung haben kann» [22]. Diese Ansicht, die auch von jüdischen Philosophen des Mittelalters vertreten worden war – z.B. von MOSE BEN MAIMON [23] – ist durch G. SCHOLEM an verschiedenen Stellen [24] widerlegt worden: Die M.-Mystik, die zum großen Teil noch der talmudischen Zeit zugehört, reicht in ihren zentralen Gedanken bis ins 1. Jh. zurück und ist in direktem Zusammenhang mit genuin jüdischen Gedanken in rabbinischen Kreisen zu sehen («jüdische Gnosis»), wobei neben der allegorischen Auslegung von Ez. 1 besonders die des Hohen Liedes eine Rolle gespielt hat [25], wie schon ORIGENES bemerkt [26].

Der Terminus ‹M.› erfuhr indes schon früh eine weitere Umdeutung: im ‹Sefär Jezira› (2.–3. Jh.) wird der Terminus zum erstenmal *spekulativ* interpretiert, und spätestens seit dem Jezira-Kommentar des JEHUDA BEN BARZILAI (erstes Drittel des 12. Jh.) wird unter ‹M.› (bzw. Maasseh M.) Metaphysik und Ontologie verstanden [27] – im Gegensatz zur Maasseh Bereschit, die als Physik und Astronomie gedeutet wurde [28]. Der 'Rationalismus' der jüdischen Philosophie des Mittelalters kann von dieser Umdeutung des Terminus ‹M.› her verstanden werden; besonders bekannt wurde die Definition des MOSE BEN MAIMON (1135–1204), «daß Maasseh Bereschit die Naturwissenschaft, hingegen Maasseh M. die Metaphysik bedeute» [29]. Maimonides widmet der Maasseh M. im ‹More Nebuchim› die Kapitel III, 1–7 mit einer längeren Vorbemerkung, wobei aber zu beachten ist, daß nach ihm die M. «der Pfeiler» ist, «der das Ganze zusammenhält, und 'die Säule, auf der das Ganze ruht'» [30]. Diese Erörterung der M. ist das Kernstück des ‹More Nebuchim› (Führer der Unschlüssigen); alle anderen Kapitel müssen auf die M.-Kapitel bezogen werden [31]. ‹Maasseh M.› bedeutet bei Maimonides aber nicht ‹Metaphysik› im aristotelischen oder im neuzeitlichen Sinne, sondern – da es nach ihm keine Erkenntnis der wie auch immer benannten Gottheit und ihrer Welt gibt – die an der Naturwissenschaft (Maasseh Bereschit) ausgerichtete Naturphilosophie als Lehre von der Gesamtheit des von dem einen Gott Erschaffenen [32].

Neben dieser 'rationalistischen' Umdeutung des Begriffs ‹M.› durch die jüdische Philosophie ist andererseits aber auch eine Tradition festzustellen, die die visionäre alte M.-Mystik noch einmal *gnostisch* zu hinterfragen suchte. Hier ist besonders das ‹Sefär Ha-Bahir› zu nennen, in dem der Begriff ‹M.› an verschiedenen Stellen anzutreffen ist [33]. (In der dort vorgenommenen Umdeutung ist er für die späte kabbalistische Interpretation der M. von besonderer Wichtigkeit [34].) § 60 heißt es: «Und was bedeutet es, daß wir sagen: [etwas] steigt im Denken auf, und nicht sagen: es steigt hinab, während wir doch sagen: Wer sich in die Schau der M. versenkt, steigt hinab und steigt [erst] nachher wieder auf. Dort [steht hinabsteigen], weil wir sagen: Wer sich in die Schau der M. versenkt ..., und das Targum übersetzt ‹zephijja› mit ‹sekhutha›, Ausschau, wie im Vers [Jes. 21, 8]: 'Und er ruft, ein Löwe', auf der Ausschau nach Gott', hier aber beim 'Denken' findet keinerlei Schau mehr statt und keinerlei Grenze. Und alles, was weder Ende noch Grenze hat, duldet kein Hinabsteigen, wie die Leute [zwar] sagen: Jemand ist bis ans Ende der Meinung eines anderen hinabgestiegen, nicht aber: bis ans Ende seines Denkens»

[35]. Scholem spricht im Hinblick auf diese Stelle von einem «mystischen Rationalismus» [36]: Die ekstatische *Schau* der alten M. wird überboten durch das gegenstandslose, sich selbst genügsame, reine unendliche Denken (*Machschabha*), in dem «die Wahrheit ist» [37]. Die Kabbala – z. B. Isaak der Blinde [38] – wird dieses 'Denken' dann als *En-Sof* auffassen: als schöpferisches, reales Unendliches, als «Bezeichnung jener verborgenen Realität des Herrn aller Logoi, des Gottes, der in den Tiefen seiner eigenen Wesenheit sich verbirgt» [39].

In der lateinisch schreibenden Philosophie taucht der Terminus ‹M.› bei den 'christlichen Kabbalisten' seit Pico della Mirandola [40] auf als: ‹*merchiana, Merchana, Marcana, Mercana, Mercava*› [41]. Die M. wurde angesehen als der wichtigste Teil der spekulativen (bzw. kontemplativen) Kabbala (neben der Maasseh Bereschit), genauer als die Lehre «de divinis, de mediis et sensibilibus naturis» [42], als «sapientia divinitatis» [43], als «scientia ... de sublimioribus divinarum, angelicarumque virtutum, ac sacrorum nominum, et signaculorum contemplatonibus» [44], auch als Lehre «de tribunali Dei disserentes per numeros, per figura, per revolutiones, per symbolicas rationes» [45]. Da die christlichen Kabbalisten – neben häufiger Berufung auf Maimonides – sich besonders an dem «Sohar» ausrichteten, wurde die M. auch speziell als die Lehre von den *Sephiroth* angesehen: 1675 schreibt H. Morus einen Traktat mit dem Titel ‹Catechismus Cabbalisticus sive Mercaveus, quo, in Divinis Mysteriis Mercavae Ezechieliticae ecplicandis et memoria retinendis Decem Sephirotharum usus egregie illustratur› [46], und auch Chr. Knorr von Rosenroth definiert zwar M. als «currus, vehiculum Thronus, sella currulis», spricht dann aber nur von den Sephiroth [47], weshalb auch J. Brucker mit Berufung auf Rosenroth nicht nur sagt, die M. gehöre zur «cabbala contemplativa», sondern auch betont, sie gehöre «insonderheit zu der Lehre von den Sephiroth» [48]. Der christliche Kabbalist F. J. Molitor schreibt: «Die Verbindung der Stufen in dem Universum, da die Oberen relativ als das active, männliche führende, und die Unteren als das respective weibliche oder geführte sich verhalten, und eine die andere wechselseitig nötig hat, wird in der Kabbalah die M'rkabah, der Wagen genannt» [49].

Jüngere philosophische Interpretationen der M. finden sich z. B. bei H. Cohen [50], F. Rosenzweig [51] und L. Baeck [52]. Neuste phantasievolle Spekulationen sehen in der M. der Vision Ezechiels ein Raumschiff außerirdischer Astronauten (E. von Däniken) bzw. ein Landefahrzeug, das von einem außerirdischen Raumschiff abgesetzt worden war (J. F. Blumrich) [53].

Anmerkungen. [1] Vgl. W. Gesenius: Hebr. und aramä. Handwb. ([17]1962) 462; E. ben Jehuda: Milon Ha-Laschon Ha-Iwrit 4 (New York 1960) 3334f. – [2] Jes. 66, 15; vgl. Hab. 3, 8; 2. Kö. 33, 11 (Wagen der Sonne). – [3] Vgl. H. Schrade: Der verborgene Gott (1949) 216; L. Dürr: Ezechiels Vision von der Erscheinung Gottes im Lichte der vorderasiat. Altertumskunde (1917); G. Prausnitz: Der Wagen in der Relig. (1916). – [4] J. Maier: Die Märkabah, in: Vom Kultus zur Gnosis (1964) 131. – [5] m. Chagiga II, 1; m. Megilla IV, 10; vgl. Tos. Megilla 4, hg. M. S. Zuckermandel (1881-82) 227f. – [6] b. Menahoth 45 a; b. Sanhedrin 13 a; b. Schabbath 13 b; vgl. Maier, a.O. [4] 136 Anm. 153; L. Zunz: Die gottesdienstl. Vorträge der Juden hist. entwickelt ([2]1892, ND 1966) 172. – [7] b. Chagiga 11 b-13 a; j. Chagiga 77 a-c; zur Lit. vgl. J. Maier: Gesch. der jüd. Relig. (1972) 196f. – [8] Vgl. unten [41-48]. – [9] Vgl. z. B. Chagiga 13 a-16 a; j. Chagiga 77 a-78 a. – [10] Vgl. b. Sukkah 28 a; J. Neusner: The life of Rabban Yohanen Ben Zakkai ca. 1-80 C.E. (Leiden 1962) 81-103. – [11] Stellen bei G. Scholem: Die jüd. Mystik in ihren Hauptströmungen (1957) 459; Jewish gnosticism, M. mysticism, and talmudic tradition (New York 1965) 1-8; H. Strack/P. Billerbeck: Komm. zum NT aus Talmud und Midrasch 1 (1922) 974-978; H. Odeberg (Hg.): 3 Henoch or the Hebrew Book of Enoch (Cambridge 1928). – [12] b. Chagiga 14 b ff.; j. Chagiga 77 b; t. Chagiga II, 3; s. H. Grätz: Gnosticismus und Judenthum (Krotoschin 1846, ND 1971) 55-101; M. Joel: Blicke in die Relig.gesch. zu Anfang des 2. christl. Jh. 1 (1880, ND 1971) 163-170; M. Friedländer: Der vorchristl. jüd. Gnosticismus (1898) 100-110; L. Baeck: Ursprung der jüd. Mystik, in: Aus drei Jahrtausenden (1958) 244-255; A. Neher: Le voyage mystique des quatres. Rev. Hist. Relig. 140 (1951) 59-82; Scholem, a.O. [11] Jüd. Myst. ... 56-58; The Four who entered paradise and Paul's ascension to paradise, in: Jew. Gnost. 14-19; Maier, a.O. [7] 203-205. – [13] z. B. j. Chagiga II, 1 und Tosefta z. St.; vgl. Scholem, a.O. [11] Jüd. Myst. 50. 392 Anm. 16; dagegen Maier, a.O. [4] 137. Anm. 156; vgl. Art. ‹Herrlichkeit III›. – [14] Scholem, Jüd. Myst. a.O. [11] 68-72. – [15] Scholem: Schi[c]ur Koma. Die myst. Gestalt der Gottheit, in: Von der myst. Gestalt der Gottheit (1962) 7-47; Maier, a.O. [7] 201; M. Gaster: Das Schiur Komah. Mschr. Gesch. und Wiss. des Judentums (= MGWJ) 37 (1893) 179-185. 213-230; Texte zu dieser Mystik vgl. S. Mussajoff (Hg.): Merkabah Schelema (Jerusalem 1922); App. C: Maasseh Merkabah, in: Scholem, Jew. Gnost. a.O. [11] 103-117. – [16] Vgl. z. B. den ‹Traktat von den himmlischen Hallen› in: A. Wünsche: Aus Israels Lehrhallen 3 (1909, ND 1967) 3-47; hebr. in Jellinek: Beth Ha-Midrasch 2 (1853) 40-47. – [17] hg. Zuckermandel, a.O. Anm. [5] 228, 1. – [18] z. B. b. Chagiga 14 a; b. Schabbath 120 a; Sefär Ha-Bahir § 100; vgl. J. Maier: Das Gefährdungsmotiv bei der Himmelsreise in der jüd. Apokalyptik und 'Gnosis'. Kairos 5 (1963) 18-40. – [19] So noch b. Chagiga 13 a ff. – [20] Trakt. von den himmlischen Hallen a.O. [16] 47; seit dem 3. Jh. spricht die jüd. Mystik vom «Herabsteigen», vorher vom «Heraufsteigen»; vgl. Scholem, Jüd. Myst. a.O. [11] 50. – [21] Vgl. z. B. Sefär Ha-Bahir § 60; eine andere Deutung dieses Terminus' bei J. Abelson: Jew. Mysticism. An introd. to the Kabbalah (London 1913, ND 1969) 49: «riders in the chariot»; L. Ginzberg: Ascension. Jew. Encyclop. 2 (New York/London 1902) 165: «the riders in the heavenly chariot»; Ph. Bloch: Die Jorde Merkaba, die Mystik der Gaonenzeit und ihr Einfluß auf die Liturgie. MGWJ 37 (1893) 22-23. – [22] H. Grätz: Die myst. Lit. in der gaonäischen Epoche. MGWJ 8 (1859) 114-115; Friedländer, a.O. [12]. – [23] J. Blau (Hg.): Responsen des Maimonides 1 (1957) 201; Scholem, a.O. [15] 29f. 277 Anm. 36-39. – [24] Vgl. G. Scholem: Ursprung und Anfänge der Kabbala (1962) 15-20; Jüd. Myst. a.O. [11] 43-86; Jew. Gnost. a.O. Anm. [11]; Zur Frage der Entstehung der Kabbala, Korr.bl. des Vereins zur Günd. und Erhalt. einer Akad. für die Wiss. des Judentums 8 (1928) 4-26; Kabbala, Encyclop. jud. 9 (1932) 638-641. – [25] Vgl. z. B. G. Scholem: Some Aggadic sayings explained by Merkabah Hymns. The garment of God, in: Jew. Gnost. a.O. [11] 56-64. – [26] Origenes, In canticum canticorum prologus. MPG 13, 63f. – [27] Scholem, Ursprung ... a.O. [24] 21. 40. – [28] Vgl. auch Maier, a.O. [7] 307-312. – [29] Mose ben Maimon: Führer der Unschlüssigen I, Einl.; vgl. Mischneh Torah. The Book of Knowledge (1965) 34 a-40 a. – [30] Maimonides, a.O. [29] III, Vorbemerk. – [31] a.O. I, Anweis. für den Gebrauch dieses Buches; III, Vorbemerk. – [32] Vgl. F. Niewöhner: Zum Verhältnis von Naturphilos. und Ethik im ‹More Nebuchim› des Maimonides. Neue Z. systemat. Theol. Relig.philos. 14 (1972) 336-358. – [33] Sefär Ha-Bahir §§ 33. 46. 48. 60. 88. 100 (nach der Zählung bei G. Scholem: Das Buch Bahir [[2]1970]). – [34] Scholem, Ursprung a.O. [24] 43-174. – [35] a.O. 59; vgl. 55 und Komm. 60f. sowie Übers. und Komm. von Scholem, Ursprung a.O. [24] 115ff. – [36] a.O. 61. – [37] § 134. – [38] Vgl. Zitat bei Scholem, Ursprung a.O. [24] 241f. – [39] a.O. 115; vgl. 233-237. – [40] Vgl. Art. ‹Kabbala›. – [41] Vgl. F. Niewöhner: Merchiana-Merchana-Marcana-Mercana-Mercava. Arch. Begriffsgesch. 16 (1972) 245-249. – [42] Pico della Mirandola, Conclusiones Cabalisticae Nr. 72/2. Opera omnia 1 (1557, ND 1969) 108. – [43] J. Reuchlin: De arte Cabalistica 1, in: J. Pistorius (Hg.): Ars Cabalistica (1587, ND 1970) 631; Archangelus Burgonovensis: Cabalistarum selectiora, obscurioraque dogmata a.O. 760. – [44] H. C. Agrippa von Nettesheim, De Cabala. Opera 2 (1600, ND 1970) 99. – [45] a.O. 288. – [46] H. Morus, Catechismus Cabalisticus, in: CHR. KNORR VON ROSENROTH: Kabbala Denudata I/2 (1677) 274-292. – [47] CHR. KNORR VON ROSENROTH: Loci Communes Kabbalistici a.O. [46] I/1, 533-554. – [48] J. BRUCKER: Kurze Fragen aus der philos. Hist. 4 (1733) 766; vgl. 749. – [49] F. J. MOLITOR: Philos. der Gesch. oder über die Tradition 2 (1834) 121. – [50] H. COHEN: Relig. der Vernunft aus den Quellen des Judentums (²1959) 78. – [51] F. ROSENZWEIG: Der Stern der Erlösung (³1954) 191f. – [52] BAECK, a.O. Anm. [12] 244-255. – [53] E. V. DÄNIKEN: Erinnerungen an die Zukunft (1968) 65-68; Der Spiegel (1973) Nr. 1, 85f.

Literaturhinweise. D. KIMCHI: Radicum liber (hebr.) (Berlin 1847) 352f. – L. ZUNZ s. Anm. [6] 165-179. – PH. BLOCH: Die jüd. Mystik und die Kabbala, in: J. WINTER/A. WÜNSCHE (Hg.): Die jüd. Lit. seit Abschluß des Kanons 3 (1896, ND 1965) 217-286. – G. CASTELLI: Gli antecedenti della Cabbala nella Bibbia e nella letteratura Talmudica. Actes XIIe Congr. des Orientalistes (1899) 3 (Turin 1903) 57-109. – K. KOHLER: Art. ‹M.›, in: Jew. Encyclop. 8 (New York/London 1904) 498-500. – A. BIRAM: Ma^{c}aseh Bereschit, a.O. 235f. – E. MÜLLER: Art. ‹M.›, in: Jüd. Lex. 4 (1930) 122. – A. ALTMANN: Gnost. Motive im rabbin. Schrifttum. Mschr. Gesch. und Wiss. des Judentums (MGWJ) 83 (1939) 369-389. – J. S. MINKIN: Art. ‹M.›, in: Univ. Jew. Encyclop. 7 (New York 1948) 493f. – D. FLUSSER: Scholem's recent book on lit. J. M. Lit. Jew. Stud. 11 (1960) 59-68. – L. WÄCHTER: Der Einfluß platon. Denkens auf rabbin. Schöpfungsspekulationen. Z. Relig.- und Geistesgesch. 14 (1962) 36-56. – J. L. BLAU: The story of Jew. philos. (New York ²1966) 91-98. – E. E. URBACH: The traditions about M. Mysticism in the Tannaitic Period (hebr.). Stud. in mysticism an religion presented to G. Scholem (Jerusalem 1967) 1-28. – I. GRUENWALD: Apokalyptik and M. Mysticism (Diss. Jerusalem 1968/69). – A. ALTMANN: Eleazar of Worms' Symbol of M. Stud. in relig. philos. and mysticism (New York 1969) 161-171. – J. NEUSNER: The development of the M. tradition. J. Study Judaism 2 (1971) 149-160. – J. W. BOWKER: ‹M.›. Visions and the visions of Paul. J. semit. Stud. 16 (1971) 157-173. – G. SCHOLEM: M. Mysticism or Ma'aseh M. Encyclop. jud. 11 (Jerusalem 1971) 1386-1389; Kabbalah (Jerusalem 1974) 10-22. 373-376. – A. GOLDBERG: Der Vortrag des Ma'asse M. Eine Vermutung zur frühen M.-Mystik. Judaica 29 (1973) 4-23. – G. A. WEWERS: Geheimnis und Geheimhaltung im rabbinischen Judentum (1975). – Vgl. auch Anm. zu Art. ‹Kabbala›. F. NIEWÖHNER

Merkmal

I. Der Ausdruck ‹M.› (lat. nota) kommt in drei Verwendungen vor:

1. M. = Kennzeichen (im Sinne von 'Marke' oder 'Markierung'), mit dem man ein Einzelding versieht, um es unter mehreren Dingen mit ansonsten gleichen Eigenschaften auszuzeichnen, z.B. zum Zwecke des Wiedererkennens.

2. M. = Eigenschaft (eines Gegenstandes). Beispiel: Das M. (die Eigenschaft) des Sokrates, ein Mensch zu sein.

3. Die häufigste Verwendung [1]: M. = Bestandteil eines Begriffes. Beispiel: Die Zusammensetzung des Begriffs 'Mensch' aus den Merkmalen 'vernünftig' und 'Lebewesen'. Bei dieser Auffassung bleibt die Unterscheidung von Oberbegriff (genus proximum) und unterscheidendem Merkmal (differentia specifica) unberücksichtigt. Das logische Verhältnis eines Begriffs zu seinen M. ist das der Unterordnung (Subordination). Der Begriff ist Unterbegriff zu seinen M. als Oberbegriffen. Meistens versteht man unter den M. eines Begriffs nicht beliebige, sondern diejenigen Oberbegriffe, die zur Definition (s. d.) des Begriffs verwendet werden. Das Verhältnis von Begriffen zu ihren M. läßt sich dann mit Hilfe von Prädikatorenregeln darstellen. So gelten für unser Beispiel die beiden Prädikatorenregeln «$x\varepsilon$ Mensch ⇒ $x\varepsilon$ vernünftig» und «$x\varepsilon$ Mensch ⇒ $x\varepsilon$ Lebewesen».

Eine präzise Unterscheidung von ‹Eigenschaft› und ‹M.› ist von G. FREGE [2] herausgearbeitet worden. Danach «kann etwas zugleich Eigenschaft und M. sein, aber nicht von demselben». Die Begriffe, unter die ein Gegenstand fällt, sind Eigenschaften (des Gegenstandes). Gleichzeitig sind diese Eigenschaften M., aber nicht des Gegenstandes, sondern eines komplexeren Begriffes; z.B. fällt der Gegenstand Sokrates unter die Begriffe ‹vernünftig› und ‹Lebewesen›; Sokrates hat also die Eigenschaften, vernünftig zu sein und ein Lebewesen zu sein. Diese Eigenschaften sind aber nicht M. des Gegenstandes Sokrates, sondern des Begriffes ‹Mensch›.

Anmerkungen. [1] Vgl. W. T. KRUG: Allg. Handwb. der philos. Wiss.en (1827) Art. ‹M.›. – [2] G. FREGE: Über Begriff und Gegenstand. Vjschr. wiss. Philos. 16 (1892) 192-205, bes. 201f.
G. GABRIEL

II. Während LEIBNIZ zwei Arten begrifflicher Bestandteile (componentes) unterscheidet, solche, die zum Wiedererkennen eines Dinges dienen (notae), und solche, die Ergebnis einer begrifflichen Analyse sind (requisita) [1], nennt CHR. WOLFF alles, was als Bestandteil einer Vorstellung angesehen werden kann, M. eines Begriffs. Da er aber alles Vorstellbare und damit auch Wahrnehmungsinhalte Begriffe nennt, bilden M. nun nicht nur Beschaffenheiten von Gegenständen, sondern auch deren materielle Teile ab [2]. So könne man z.B. mit Hilfe von Vergrößerungsgläsern einen deutlicheren Begriff von einem Gegenstand erwerben [3]; deutlich aber ist nach Wolff ein Begriff nur, wenn wir vermögend sind, «die Merckmahle, daraus wir eine Sache erkennen, einem andern herzusagen oder wenigstens uns selbst dieselbe nacheinander vorzustellen» [4].

Auch J. H. LAMBERT unterscheidet nicht eindeutig Teile der Wahrnehmungsinhalte von Teilen der Begriffsinhalte [5], und M. als Beschaffenheiten von Dingen werden bei ihm nur der Existenzart, nicht aber dem Sprachgebrauch nach von M. als Teilen von Begriffen unterschieden. Wesentliche M. würden auch das Wesen der Sache genannt, und die aus dem Wesen folgenden M. hießen auch Eigenschaften [6]. Als Teile von Begriffen existierten M. von Gattungen so wie die Gattungen selbst «nur in den Individuis» [7] und seien als solche Abstraktionen, «die in den Arten lange nicht so abstract existieren, als man sie sich im Begriff der Gattung überhaupt vorstellt. Es kommen bey neue Bestimmungen und Verhältnisse hinzu, welche auf sehr vielerley Arten combiniert werden können, und nichts zu bestimmen übrig lassen müssen, wenn ein Individuum herauskommen soll» [8]. Außerdem unterscheidet Lambert noch zwischen gemeinsamen und eigenen M. – letztere machen den artbildenden Unterschied zwischen den Arten einer Gattung aus – und zwischen inneren und äußeren M. – letztere nennt er Verhältnisbegriffe [9].

Nach KANT werden nur Begriffe, nicht aber Anschauungen mit Hilfe von M. auf Gegenstände bezogen, da Anschauungen sich im Gegensatz zu den Begriffen unmittelbar auf Gegenstände beziehen [10]. Kant, der eine Unterscheidung zwischen Anschauungs- und Begriffsinhalten macht, will unter M. also nur Bestandteile von Begriffen verstehen. «Ein M. ist dasjenige an einem Dinge, was einen Theil der Erkenntnis desselben ausmacht; oder – welches dasselbe ist – eine Partialvorstellung, sofern sie als Erkenntnisgrund der ganzen Vorstellung betrachtet wird. – Alle unsere Begriffe sind demnach M. und alles Denken ist nichts Anderes, als ein Vorstellen durch M.» [11]. Bestandteile von Begriffen als Erkenntnisgründe der Dinge werden von Kant aber auch als M.

der Dinge selbst bezeichnet: «Die Gattungs- und Art-Begriffe sind nämlich allgemeine M. aller Dinge, die unter diesen Begriffen stehen» [12]. Unverständlich und unvereinbar mit den bisherigen Bestimmungen ist dagegen die folgende ebenfalls aus der ‹Logik› stammende Formulierung: «Ein jeder Begriff, als Theilbegriff, ist in der Vorstellung der Dinge enthalten; als Erkenntnisgrund, d.i. als M. sind diese Dinge unter ihm enthalten» [13]. Nach J. Fr. Fries heißen Begriffe ‹M.›, wenn sie als Teilvorstellungen von Gegenständen zu Erkenntnisgründen von Gegenständen werden [14].

Eine klare Unterscheidung zwischen Teilen und Beschaffenheiten von Gegenständen sowie zwischen diesen Beschaffenheiten und den Bestandteilen vom Begriff dieser Gegenstände findet sich erst bei B. Bolzano. Weder die reale körperliche Struktur der Dinge in Raum und Zeit noch die Beziehung der Beschaffenheiten von Dingen müssen mit der begrifflichen Struktur von diesen Dingen übereinstimmen. Gegenstände können Beschaffenheiten haben, die begrifflich noch nicht erfaßt und damit noch nicht Bestandteil eines Begriffs geworden sind [15]. Bolzano unterscheidet daher ausdrücklich zwischen Bestandteilen von Begriffen und Beschaffenheiten von Gegenständen [16]. M. aber sind solche einzelnen Beschaffenheiten, «die, wenn auch nicht für sich, doch in Verbindung mit andern tauglich sind, einen Gegenstand entweder schlechterdings unter allen, oder doch unter allen einer gewissen Art auszuerkennen, weil sie zusammen ihm allein zukommen» [17]. Die Unterscheidung von M. und Bestandteil erlaubt nach Bolzano überhaupt erst die Behauptung wahrer synthetischer Sätze, in denen «das Prädicat ... wohl allenfalls ein M. des Subjectes, aber durchaus nicht ein Bestandtheil der Subjectvorstellung seyn darf» [18].

Nach J. G. Herder heißt deutlich erkennen, mit einem M. erkennen. Ein M. ist aber nicht Eigenschaft eines Dinges oder Bestandteil eines Begriffs, sondern ein Kennzeichen als Erinnerungszeichen, ein Name, ein «gefaßtes Zeichen, bei welchem sich die Seele an eine Idee deutlich besann». Als gedankliches, sprachlich nicht geäußertes Zeichen ist ein M. dann auch «ein innerliches Merkwort» [19].

Bei H. Lotze und Chr. Sigwart sind M. ganz allgemein die Teile eines zusammengesetzten Begriffsinhalts [20], während B. Erdmann wieder Bezug auf die Beschaffenheiten der Gegenstände nimmt: «Die einzelnen in einer Vorstellung enthaltenen Bewußtseinsbestandteile, ihre Teilvorstellungen, werden, als Bestimmungen des Gegenstandes aufgefaßt, M. genannt» [21].

Anmerkungen. [1] G. W. Leibniz, Meditationes de cognitione, veritate et ideis. Philos. Schr., hg. C. J. Gerhardt 4 (1880) 422f. 425. – [2] Chr. Wolff: Dtsch. Logik (¹⁰1740) Cap. I, §§ 4f. 19. – [3] a.O. § 22. – [4] § 13. – [5] J. H. Lambert: Neues Organon (1764) Dianoiol. § 9. – [6] a.O. §§ 23f. – [7] Architektonic (1771) § 178, 9. – [8] Dianoiol. § 82. – [9] a.O. §§ 12. 14. – [10] I. Kant, KrV B 377. – [11] Logik. Akad.-A. 9, 58. – [12] a.O. § 63 Anm. – [13] § 7. – [14] J. Fr. Fries: System der Logik (³1827) § 25. – [15] B. Bolzano: Wiss.lehre (²1929-1931) §§ 63f. 80. 636. – [16] a.O. §§ 64f. – [17] § 112, 5. – [18] § 65, 10 c. – [19] J. G. Herder, Abh. über den Ursprung der Sprache. Werke, hg. B. Suphan 5 (1967) 36. – [20] H. Lotze: Logik (²1880) 1, 42f.; Chr. Sigwart: Logik (³1904) 1, 336. – [21] B. Erdmann: Log. Elementarlehre (1892) 118: § 23; 121.

U. Neemann

III. Mit ‹M.› oder ‹Phän› wird in der *Vererbungswissenschaft* seit Mendel [1] jede Eigentümlichkeit im Erscheinungsbild eines Organismus bezeichnet, die nach der Mendelistischen Gesetzmäßigkeit übertragen wird. Waren dies zunächst irgendwelche morphologischen Besonderheiten an Pflanzen und Tieren, die bei den Kreuzungsexperimenten Verwendung fanden, so wurde dieser M.-Begriff mehr und mehr ausgedehnt auf jedes Phän in Entsprechung zu einer bestimmten Erbeinheit (Gen). M. kann somit auch irgendeine physiologische Reaktion oder auch ein nur vorübergehender Zustand im Laufe der Entwicklung sein. M. kann aber auch ein Komplex von verschiedenen morphologischen oder physiologischen Eigentümlichkeiten (Syndrom, Polyphänie) sein. Nur die genetische Analyse kann derartige Zusammenhänge aufklären.

Anmerkung. [1] G. Mendel: Versuche über Pflanzenhybriden (1865/69), hg. E. Tschermak (1901).

Literaturhinweis. C. Brech: Klass. und molekulare Genetik (1969).

O. v. Verschuer

Merkwelt, Merkmal, Merkzeichen. Unter dem Begriff ‹Merkwelt› wird bei J. von Uexküll alles verstanden, was ein Lebewesen bemerkt, d. h. alle Umgebungsdaten, die seine Sinnesorgane (Merkorgane = Rezeptoren) als ‘Merkmale’ verwerten. Merkmale entstehen aus ‘Merkzeichen’, unter denen Antworten von Sinneszellen verstanden werden [1]. Im Unterschied zu den ‘Merkzeichen’ sind die ‘Merkmale’ Eigenschaften von Objekten in tierischen Umwelten. Sie bestehen aus Einheiten von ‘Merkzeichen’ [2].

Anmerkungen. [1] J. von Uexküll und G. Kriszat: Streifzüge durch die Umwelten von Tieren und Menschen (1934, 1956) 25. – [2] a.O. 26.

Th. von Uexküll

Mesmerismus ist eine nach dem Arzt F. A. Mesmer (1734-1815) benannte Lehre zur Deutung hypnotischer Zustände, die dieser zuerst mit Hilfe magnetischer Stäbe (Baquet), später durch Streichungen mit bloßen Händen herbeiführte und therapeutisch anwendete. Die Möglichkeit, zwischen Hypnotiseur und Patient eine unmittelbare geistig-seelische Verbindung herzustellen, erklärt er in Analogie zum Phänomen des Magnetismus als «animalischen Magnetismus» [1]. Von wenigen besonneneren Stimmen abgesehen [2], schwankt die Aufnahme seiner Lehre zwischen heftiger Ablehnung und begeisterter Zustimmung. Eine offizielle *französische* Untersuchungskommission erklärt, «daß die Wirkung des tierischen Magnetismus auf Betrug, Täuschung, überspannter Einbildung und erhitztem Geschlechtstrieb» beruhe [3]. Die in den ersten Jahren in *Deutschland* herrschende Einschätzung gibt Kant wieder, wenn er die Mesmerianer in eine Reihe mit Bauchrednern und Schwarzkünstlern stellt [4].

Dagegen findet der M. in der Medizin und Naturphilosophie der *Romantiker* weithin Beachtung und Zustimmung. Während eine mechanistische Naturtheorie in der Nachfolge Newtons Erscheinungen «aus dem Nachtgebiete der Natur» [5] wie Hypnose, Somnambulismus, Ekstase, Wahn, Hellseherei, Besessenheit usw. nicht zu deuten weiß und als Phänomene weithin ignoriert, verspricht der M. den Zugang zur Erklärung und Beherrschung von Zuständen unmittelbar schauenden Wissens und unmittelbarer geistig-seelischer Beziehungen, «da man durch denselben die Macht erhalten hat, alle möglichen Formen dieser Zustände herauszubilden und zu entwickeln» [6]. Im geistigen Umfeld eines allgemeinen romantischen Heimwehs nach dem Jenseits richtet sich das Interesse der Gebildeten auf die parapsychologischen Erscheinungen als Botschaften einer höheren Welt. Naturphilosophische Zeitschriften, wie z. B. J. Kerners ‹Blätter aus Prevorst› (1831–1839) oder sein ‹Magikon. Archiv für Betrachtungen aus dem Gebiet der Geisterkunde und des magnetischen und magischen Lebens› (1840–1853) sammeln die Literatur über den tierischen Magnetismus.

F. v. Baader, der sich seit etwa 1809 mit dem M. beschäftigt und zahlreiche Berichte über auffällige Phänomene veröffentlicht [7], sieht im M. den Beleg für die Wirksamkeit einer höheren Natur. Im Interesse einer «freien und über die finstern Nebel der antireligiösen Afterphilosophie uns erhebenden Standpunctsicherung» bietet er daher die Chance einer philosophischen Rehabilitierung des biblischen Wunderglaubens und einer philosophischen Theorie des Bösen [8]. Schelling kennzeichnet den magnetischen Schlaf als einen Zustand, in dem «menschliche Wesen durch Einwirkung anderer Menschen ... zur höchsten innern Klarheit und einem Bewußtseyn ihrer selbst übergehen ...». Was weithin fasziniert, ist «die Erfahrung eines Zustandes, den wir mit Recht einen höheren nennen und als ein wachendes Schlafen oder schlafendes Wachen ansehen könnten.» Er dient daher als Vergleich für den Zustand nach dem Tode, der «das höchste, durch kein Erwachen unterbrochene[s] Hellsehen seyn wird» [9]. J. G. Fichte fragt in seinem ‹Tagebuch über den animalischen Magnetismus› (1813) nach dem Medium, durch welches der Wille des Magnetiseurs auf die fremde Person wirken kann. Er hebt die Analogie zur Mitteilung einer Evidenz und Überzeugung hervor, sieht aber das Magnetisieren zugleich als die «vollkommenste, tief erschütterndste Krise» und als «gänzliche Vernichtung der Selbstheit» [10] an. In bruchstückhaften Reflexionen über Mesmers Werk versucht er zu einer neuen Anschauung der Kraft zu gelangen und so über eine «Physicirung des Idealismus» den «ganzen Gedanken des Idealismus» klarer zu machen [11]: «Was Ich sei, wird auch hieraus erst klar: überhaupt wird diese neue Anschauung der Kraft der Darstellbarkeit der Wissenschaftslehre gar sehr helfen. Ferner, das Eine Ich, und die Individualität gründen sich nur auf verschiedene Kraftsphären, die auch wohl in verschiedenen Natursphären abgebildet sein dürften; worin auch der animalische Magnetismus liegen mag» [12]. G. W. F. Hegel deutet den magnetischen Zustand oder M. als Krankheit, als den künstlich herbeigeführten Bruch «zwischen meinem seelenhaften und meinem wachen Sein, zwischen meiner fühlenden Naturlebendigkeit und meinem vermittelten, verständigen Bewußtsein» [13]. Zwar sieht er in der Konzentration des empfindenden Lebens, die durch «schlafhaft magnetischen Zustand» herbeigeführt wird, die Chance, den in sich entzweiten Organismus wieder zur Einheit mit sich selbst gelangen zu lassen und ihn so zu befähigen, «seiner inneren Einheit unbeschadet sich wieder in die Trennung und den Gegensatz einzulassen» [14], aber zugleich warnt er davor, daß die Verdoppelung der Persönlichkeit allzu sehr gesteigert und schließlich krankhaft verfestigt werden könnte.

Mit der Entdeckung der Möglichkeit einer Selbsthypnose durch den Engländer Braid [15], der auch den bis heute gebräuchlichen beschreibenden Begriff ‹Hypnose› (von griech. ὕπνος, Schlaf) einführt, verliert Mesmers Theorie vom «animalischen Magnetismus» als Erklärungsmöglichkeit für die angenommene Übertragung seelischer Kräfte ihre Bedeutung. In Frontstellung gegen die allgemein in England herrschende Ansicht, nach der nur eine mechanische Naturordnung zulässig sei, bezeichnet aber noch A. Schopenhauer den animalischen Magnetismus als «praktische Metaphysik» und «gewissermaßen eine Experimentalmetaphysik» und nennt ihn «vom philosophischen Standpunkt aus betrachtet, die inhaltsschwerste aller jemals gemachten Entdeckungen ...» [16].

Anmerkungen. [1] F. A. Mesmer: Mém. sur la découverte du magnétisme animal (Paris 1779); A. M. de Puységer: Mém. pour servir à l'hist. et à l'établissement du magnétisme animal (London 1785). – [2] K. A. Kluge: Versuch einer Darst. des animal. Magnetismus als Heilmittel (1811); K. A. Eschenmayer: Versuch, die Gesetze der magnet. Erscheinungen aus den Sätzen der Naturmet. zu erklären (1799); Versuch, die scheinbare Magie des tier. Magnetismus aus physiol. und psychol. Gesetzen zu erklären (1816). – [3] Vgl. F. C. Müller: Gesch. der organ. Naturwiss.en im 19. Jh. (1902) 18. – [4] I. Kant, Anthropol. Akad.-A. 7, 150. – [5] F. X. v. Baader: Über die Incompetenz unserer dermaligen Philos. zur Erklärung der Erscheinungen aus dem Nachtgebiete der Natur (1837). Sämtl. Werke, hg. F. Hoffmann 4, 303-324. – [6] G. W. F. Hegel, Enzyklop. Theorie-Werk-A. 10, 151. – [7] Vgl. F. X. v. Baader, Ges. Schr. zur philos. Anthropol. a.O. [5] 4. – [8] Über Divinations- und Glaubenskraft (1822) a.O. 4, 64. – [9] F. W. J. Schelling, Clara oder über den Zus.hang der Natur mit der Geisterwelt. Werke, hg. Schröter Erg.-Bd. 4, 167; vgl. 4, 369. – [10] J. G. Fichte, Werke, hg. I. H. Fichte 11, 299. – [11] a.O. 331. – [12] 338. – [13] Hegel, a.O. [6] 10, 151. – [14] 10, 160. – [15] J. Braid: Neurypnology or the rationale of nervous sleep considered in relation with animal magnetism (London 1843). – [16] A. Schopenhauer: Parerga und Paralipomena 1 (1850). Zürcher A. 7, 292.

Literaturhinweise. J. H. Jung gen. Stilling: Theorie der Geisterkunde (1808, ND 1979) §§ 64-120. – A. Bertrand: Du magnétisme animal en France (Paris 1826). – G. W. Gessmann: Magnetismus und Hypnotismus (1887). – J. G. Sallis: Der tierische Magnetismus. Darwinistische Schr. I/16 (1887). – R. Tischner und K. Bittel: Mesmer und sein Problem. Magnetismus, Suggestion, Hypnose (1941).
N. Herold

Mesotes. – 1. Die Lehre von der Tugend als einer Mitte (μεσότης, medietas) entstand als Ausdruck der griechischen Hochschätzung des Maßes und ist, wie das Sprichwort «μέσ' ἄριστα» zeigt, wahrscheinlich so alt wie jene [1]. Als kosmisches und mathematisches Maß mit den Formen der arithmetischen und geometrischen M. taucht das Wort μεσότης zuerst bei den *Pythagoreern* auf [2]. Solon kennt das Mittlere als Maßstab einer zwischen Arm und Reich ausgleichenden Gesetzgebung [3]. Die *Hippokratische* Heilkunst, deren Terminologie Demokrit, Platon und Aristoteles beeinflußte, betont das Mittlere in den Vorschriften für Diät und Therapie [4]. Demokrit präzisiert es als jene M. zwischen Übermaß (ὑπερβολή) und Mangel (ἔλλειψις), durch die der Mensch die Wohlordnung des Gemüts erreicht [5].

Anmerkungen. [1] Vgl. H. Kalchreuter: Die M. bei und vor Arist. (1911) 12. – [2] Okkelos, VS B 8; Hippasos, VS B 15; vgl. auch unter μέσον VS 3, 276. – [3] Solon bei Arist., Ath. Resp. V, 3. – [4] Kalchreuter, a.O. [1] 35-38. – [5] Demokrit, VS B 102. 191.

2. Platon ist der erste, der den Gedanken der M. zu einem Grundprinzip der Ethik, der Politik, ja der ganzen Ontologie und Kosmologie generalisiert. Φυσική und ἠθική ἀρετή [1], ἡδονή und λύπη [2], die äußeren Güter, die Mischverfassung des Gesetzesstaates, alle τέχναι und sogar φύσις und κόσμος stehen unter dem Prinzip der richtigen Mitte und des Mittleren (μέσον), dem die Extreme (ἄκρα, ἔσχατα) konträr entgegengesetzt sind (als ἐναντία) [3].

In genau so umfassender Weise wird bei ARISTOTELES die M.-Lehre zu einem zentralen Bestandteil der Ontologie, der Naturphilosophie, der Politik, der Ästhetik und vor allem der Ethik. Alles Seiende bedarf des «Ausschlags zum Entgegengesetzten, damit es das Maßvolle und Mittlere erlange, das, anders als die bloßen Extreme, οὐσία und λόγος besitzt» [4]. Die M. meint die Mitte zwischen einem Zuviel und Zuwenig [5], eine M., die die φύσις erfüllt, indem sie ein Heraustreten aus (ἔκστασις, ὑπερβολή) oder ein Zurückbleiben hinter dem Telos (ἔλλειψις) verhindert [6]. Deshalb ist sie Kennzeichen der besten Größe und Beschaffenheit der Organe [7], ihrer Entstehung durch Mischung [8] sowie schließlich der Wahrnehmung [9]. Sie ist Zeichen jener ästhetischen Vollkommenheit, der nichts hinzugefügt oder weggenommen werden kann [10]. Das Mittlere kennzeichnet die beste Verfassung, die sich auf den Mittelstand stützt [11] sowie die den Politikern zu empfehlende Politik der Stabilität [12].

Ausdrücklich angewandt auf die ethischen Tugenden (ausdrücklich nur auf neun, nicht auf elf [13]) zeigt sich die M. als Grundprinzip einer Ethik, welche die Extreme zu meiden empfiehlt. Jede ethische Tugend ist eine M. nicht nur zwischen zwei, sondern genaugenommen zwischen vier Extremen (die Tapferkeit z.B. eine M. zwischen einem Zuviel und Zuwenig an Furcht sowie einem Zuviel und Zuwenig an Mut [14]). Entgegen dem weitverbreiteten Mißverständnis [15] meint diese M. jedoch weder eine kraftlose Mittelmäßigkeit noch eine Nivellierung der Charaktere zum Mittelmaß. Denn erstens ist sie (außer bei der ausgleichenden Gerechtigkeit, die ein arithmetisches Mittel, eine M. in der Sache, ein μέσον τοῦ πράγματος, fordert) ein μέσον πρὸς ἡμᾶς, das der Verschiedenheit der Personen und der Besonderheit der Situationen Rechnung trägt [16], zweitens soll sie nicht Mittelmäßigkeit bedeuten, sondern in der Perspektive des Guten und Besten das Höchstmaß (ἀκρότης) sein [17]. So kann, seinslogisch betrachtet (κατὰ τὴν οὐσίαν καὶ τὸν λόγον τὸν τί ἦν), bei den irrationalen Regungen zwischen M. und Extremen ein Kontinuum liegen, so kann einmal das eine, einmal das andere Extrem der M. näher kommen, und so kann sogar von der M. als einem Mangel gegen das Zuviel und einem Zuviel gegen den Mangel die Rede sein, ohne daß damit die M. in ethischer Bedeutung als ein summum und optimum abgewertet werden soll [18]. Letzter Maßstab für die M. ist der Habitus des sich an der recta ratio orientierenden, lebensklugen und erfahrenen Mannes (φρόνιμος), der nicht den faulen Kompromiß anzielt, sondern (ähnlich wie Alexander) durch μεγαλοψυχία jeder Arete den Zug würdiger Größe verleiht [19].

Anmerkungen. [1] Vgl. die umfassenden Interpretationen bei H. J. KRÄMER: Arete bei Plato und Arist. (²1967) 146ff. – [2] a.O. 178ff. – [3] 194ff. 244ff. – [4] ARISTOTELES, De part. an. 652 b 16ff. – [5] EN 1106 a 26ff. – [6] Met. 1021 b 21; Phys. 246 a 13-17. – [7] De an. hist. 492 a 7. a 32. b 30; De part. an 666 a 14. – [8] De gen. et corr. 334 b 29. – [9] De an. 424 a 4. – [10] EN 1106 b 10-11. – [11] Pol. 1296 a 7; 1295 b 35-1296 b 12. – [12] a.O. 1309 b 18. – [13] Die elf Tugenden umfassende Liste bei H. SCHILLING: Das Ethos der M. (1930) 103, ist um φιλία und αἰδώς zu kürzen. – [14] Daß Arist. die Systematik nicht immer streng durchhält, zeigt SCHILLING, a.O. 29ff. 102. – [15] W. T. KRUG: Art. ‹M.›, in: Allg. Handwb. der philos. Wiss.en 2 (1833) 901f.; I. KANT: Met. der Sitten, Tugendlehre A 43-45; E. v. HARTMANN: Phänomenol. des sittl. Bewußtseins (³1922) 117f. – [16] ARIST., EN 1106 a 29ff. – [17] a.O. 1107 a 6-8. – [18] 1106 a 26; 1108 a 30ff.; 1108 b 16f. – [19] 1106 b 36-1107 a 2; 1123 b 1-2; 1124 a 1-3.

3. *Stoiker* wie ZENON und CHRYSIPP weichen von der aristotelischen M.-Lehre ab. Aus der M. zwischen Zuviel und Zuwenig werden die mittleren Handlungen (und Dinge) (μέσα), die wie Lesen, Schreiben, Promenieren, wie Leben und Tod, Ruhm und Schande, Mühe und Lust, Reichtum und Armut sowie Gesundheit und Krankheit weder gut («Güter») noch schlecht («Übel»), sondern keines von beiden (οὐδέτερα, ἀδιάφορα) sind [1]. Wie die Vielzahl der Sprichwörter («in medio tutissimus ibis», «medium tenuere beati» usw.) zeigt, wird bei den *Römern* das Ethos der M. wieder hoch geschätzt; allerdings verflacht es jetzt tatsächlich zu einer Ethik der Mediokrität, wie sie sich in HORAZ' 'aurea mediocritas» so deutlich spiegelt [2]. Die *Kirchenväter* übernehmen zum Teil sehr früh aus römischen Quellen die medietas als Prinzip der Tugenden, wie z.B. HIERONYMUS [3] oder später ALANUS AB INSULIS [4], jedoch wird die eigentliche Bedeutung der Lehre von der M. erst im Zuge der Aristoteles-Rezeption durch die *Scholastik* wiederentdeckt. Zwar verwechselt noch WILHELM VON AUVERGNE die M. mit lauer Mittelmäßigkeit [5], aber schon WILHELM VON AUXERRE greift sie in ihrer richtigen Bedeutung auf [6]. ALEXANDER HALENSIS versucht ein «medium sufficientiae» (der bloßen Befolgung von Geboten) von einem «medium excellentiae» (der außergewöhnlichen Werke, z.B. der freiwilligen Armut) zu scheiden [7], eine systematisch noch unbefriedigende Distinktion, die sich auch BONAVENTURA zu eigen macht, der ansonsten zwölf Tugenden unter das Prinzip der M. bringt [8]. Das aristotelische Verständnis der M. als einer Höchsthaltung findet sich dann bei ALBERTUS MAGNUS und THOMAS VON AQUIN, die die M. allerdings der recta ratio als dem obersten Tugendprinzip unterordnen [9]. Die M. wird nun die zwischen Überschreitung und Mangel liegende Übereinstimmung mit der Vernunft, die auf das göttliche Gesetz ausgerichtet ist. Thomas wendet sie außer auf die ethischen auch auf die intellektuellen Tugenden an, bei denen das Übermaß in der falschen Behauptung, der Mangel in der falschen Negation zu suchen ist [10]. Freilich zeigt sich bei Thomas wie bei fast allen Scholastikern, daß die M. zwar als Prinzip der ethischen oder der ethischen und intellektuellen Tugenden, quasi als ein Kennzeichen der Diesseitsmoral, nicht jedoch als Eigentümlichkeit der dona und theologischen Tugenden gilt, da es hier für den Menschen kein Zuviel geben kann [11] oder, wie es bei Thomas heißt, keine M. an sich, sondern nur eine in bezug auf uns [12].

Anmerkungen. [1] ZENON, SVF 2, Frg. 190. 191; CHRYSIPP, SVF 3, Frg. 498. – [2] HORAZ, Carm. II, 10; TERENZ, And. I, 1. – [3] HIERONYMUS, Ep. 130. MPL 22, 1116. – [4] ALANUS AB INSULIS, S. de arte praed. c. 25. MPL 210, 161 c. – [5] WILHELM VON AUVERGNE, De virt. c. 1. – [6] WILHELM VON AUXERRE, S. aurea in quat. lib. sent. III, c. 2. – [7] ALEXANDER HALENSIS, S. univ. th., P. IV, q. 30, m. 1; zit. R. KLINGEIS: Das arist. Tugendprinzip der rechten Mitte in der Scholastik. Divus Thomas 7 (1920) 147f. – [8] BONAVENTURA, Hexaem., vis. I, coll. 2, § 1. – [9] ALBERTUS MAGNUS, Sent. III, dist. 23 a, art. 2; THOMAS VON AQUIN, S. theol. II, 1, q. 66, art. 2. – [10] a.O. II, 1, q. 66, art. 3. – [11] ALEXANDER HALENSIS, a.O. [7] P. II, q. 141, m. 7; zit. KLINGEIS, a.O. [7] 149; BONAVENTURA, Sent. III, dist. 34, art. 1, q. 3 ad 4. – [12] THOMAS, S. theol. II, 1, q. 66, art. 4.

4. In der *Neuzeit* geht das Wissen um die Grundzüge der Lehre von der M. weitgehend verloren. Was Hartmann mit seinem Vorwurf der kraftlosen Mittelmäßigkeit so erfolgreich popularisierte [1], bestätigte ungewollt schon die Aristoteles-Rezeption MELANCHTHONS, bei dem die medietas in die mediocritas verschwimmt, auch

wenn die M. mit ihren Unterformen der M. in der Sache und der M. für uns auf alle Sinne und Affekte angewendet und in der Natur und in den Künsten erkannt wird [2]. KANT wiederum lehnt typischerweise die M. als Kennzeichen der Tugend ab, weil der Unterschied zwischen Tugend und Laster kein «gradueller», sondern nur ein «qualitativer» sein könne [3]. Näher an Aristoteles führt dagegen wieder HEGEL, dessen ethisch-politischer Sittlichkeitsbegriff ähnlich wie der aristotelische keine «*außerordentlichen* Aufopferungen» [4], sondern nur das «*rechtschaffene*» mittlere Leben verlangt, das den Verhältnissen angemessen ist [5].

Anmerkungen. [1] E. v. HARTMANN, a.O. [15 zu 2]. – [2] MELANCHTHON, Eth. Doctr. Elem., in: Corp. Reformat. 16 (1850) 211; Enn. aliq. lib. eth. Aristotelis a.O. 312. – [3] I. KANT, Met. der Sitten, Tugendlehre A 43-45. – [4] G. W. F. HEGEL, Grundlinien der Philos. des Rechts. Werke, hg. H. GLOCKNER 7 (^{2}1964) § 268 A. – [5] a.O. § 150. 150 A.

Literaturhinweise. H. KALCHREUTER s. Anm. [1 zu 1]. – H. J. KRÄMER s. Anm. [1 zu 2]. – H. SCHILLING s. Anm. [13 zu 2]. – R. KLINGEIS s. Anm. [7 zu 3] und Divus Thomas 7 (1920) 33-49. 142-172. 269-288; 8 (1921) 1-14. 83-112. – G. A. ISAYE: La théorie de la mesure et l'existence d'un maximum selon saint Thomas. Arch. de Philos. 16, H. 1 (1940). – W. D. ROSS: Aristotele (Bari 1946). – G. DELABAYS: La notion de milieu dans la philos. prat. d'Aristote (Freiburg i.Ue. 1946). – G. GARUTI: L'uso e il significato di μέσος e μέτρον nella filos. greca fino ad Aristotele. Atti e Mem. Accad. Sci., Lett. e Arti Modena (1957).   H. OTTMANN

Messen. Beim M. werden bestimmten Eigenschaften oder Vorgängen in der Empirie nach bestimmten Regeln Zahlenwerte zugeordnet. Die Wissenschaftstheorie des M. untersucht den Zusammenhang zwischen empirischen Regelmäßigkeiten und formalen Gesetzmäßigkeiten des Zahlensystems. Die bahnbrechende Arbeit stammt von HELMHOLTZ [1]. Zuordnung *ganzer Zahlen* an diskrete empirische Elemente heißt «Zählen». Durch das Abzählen entstehen Mengen meist gleichartiger Dinge. Die formale Zusammenfassung von Teilmengen zu einer Gesamtmenge läßt sich dann als empirisches Zusammenlegen der Dinge interpretieren.

Das System der reellen Zahlen läßt sich mit Hilfe einiger Grundbegriffe leicht axiomatisieren [2]. Je nachdem, welche Grundbegriffe und welche Axiome empirisch deutbar sind, unterscheidet man verschiedene Skalen:

1. *Topologische Skalen.* Hier sind die Relationen < und = deutbar, derart, daß auch für die empirischen Kleiner- bzw. Gleichheitsbeziehungen die in den Axiomen festgelegten Eigenschaften der Transitivität und Asymmetrie bzw. Symmetrie gelten [3]. Beispiele bilden die Härteskala nach MOHS und verschiedene psychologische Skalen (wenigstens dem Ideale nach).

2. *Additive Skalen.* Über 1. hinaus ist hier auch die Addition deutbar, z. B. als Aneinanderfügen von Maßstäben. Die empirische Addition muß, so wie die formale, dem assoziativen und kommutativen Gesetz gehorchen. Die empirische Deutung der Null ergibt sich fast immer aus dem Axiom $a + 0 = a$, während die Zahl Eins konventionell festgelegt werden muß (Wahl der Maßeinheit).

3. Analoge Skalen wie unter 2. lassen sich konstruieren, wenn eine andere (dreistellige) formale Relation bzw. (zweistellige) Operation, z. B. die Mittelwertbeziehung, empirisch deutbar ist. Zum Beispiel besitzt das (subjektive) «Mittel» zwischen zwei Helligkeiten oder Tonstärken ungefähr die Eigenschaften des arithmetischen *Mittels* und kann zur Skalenbildung dienen [4]. – Der Wirkungsgrad einer CARNOT-Maschine läßt sich zuordnen dem *Quotienten* zweier Temperaturmaßzahlen, was zur Aufstellung der thermodynamischen Temperaturskala dient [5].

4. Echte *multiplikative Skalen*, d.h. Skalen, bei denen eine empirische Deutung der Multiplikation möglich wäre, gibt es faktisch nicht. (In ihnen wäre die Maßeinheit nicht mehr konventionell festzulegen, sondern durch $a \cdot 1 = a$ empirisch bestimmt.) Die Multiplikation spielt dagegen bei der Verknüpfung *verschiedenartiger* Größen in den Naturgesetzen eine dominierende Rolle.

Man kann die empirischen Skalen auch charakterisieren durch die Art der zulässigen *Transformationen*. Letztere hängen eng zusammen mit den bei der Skalenkonstruktion erforderlichen Konventionen: Zuordnungen, die per conventionem erfolgt sind, dürfen durch Transformationen auch wieder geändert werden. Dagegen müssen die echten empirischen Deutungen bei Skalentransformationen erhalten bleiben.

Mehr unter dem Gesichtspunkt des Gesamtsystems der Physik hat CAMPBELL [6] unterschieden zwischen *fundamentalen* und *abgeleiteten* Messungen, wobei «fundamental» solche Messungen heißen, die keine weiteren Meßverfahren voraussetzen. Diese Unterscheidung ist inzwischen auch von ELLIS kritisch aufgenommen worden [7].

Es gibt in der Physik keine beliebig große *Meßgenauigkeit*. Man pflegt oft als *Meßfehler* zu definieren: «Fehler = gemessener Wert minus wahrer Wert». Diese Definition ist nur anwendbar, wenn ein wahrer Wert bekannt ist. Bei der Winkelmessung im Dreieck läßt sich z. B. postulieren, der Fehler φ der Winkelsumme sei exakt $\varphi = (\alpha + \beta + \gamma) - \pi$. Hier wird die absolut genaue Geltung der Euklidischen Geometrie vorausgesetzt. – Faktisch führt man am selben Objekt eine große Anzahl von Einzelmessungen aus; jede Berechnung eines wahren oder besten Wertes aus einer Tabelle solcher Einzelwerte kann nur unter Benützung von gewissen Hypothesen erfolgen (keine systematischen Fehler, sondern nur «zufällige», nicht die zu messende Größe ist variabel, sondern etwa die Meßgenauigkeit). Physikalische Genauigkeitsangaben dürfen also nicht interpretiert werden als Schranken, innerhalb deren ein absolut richtiger Wert liegt. Vielmehr handelt es sich um die Angabe effektiv beobachteter Streuungen. Die Konzeption eines objektiv existierenden, absolut genauen Wertes ist eine über den rein empirischen Bereich hinausgehende Konstruktion.

Anmerkungen. [1] H. V. HELMHOLTZ: Zählen und M., erkenntnistheoret. betrachtet. Philos. Aufs., E. Zeller zu seinem 50jähr. Doktorjub. gewidmet (1887). – [2] Vgl. Art. ‹Kontinuum, Kontinuität IV›. – [3] Vgl. Art. ‹Gleichheit I›. – [4] S. S. STEVENS: On the theory of scales of measurement. Science 103 (1946) 677. – [5] J. PFANZAGL: Die axiomatischen Grundl. einer allg. Theorie des M. (1959). – [6] N. R. CAMPBELL: An account of the principles of measurement and calculations (London 1928). – [7] B. ELLIS: Basic concepts of measurement (Cambridge 1966).

Literaturhinweise. J. H. LAMBERT: Architektonik (1771) §§ 759ff. – R. CARNAP: Physikalische Begriffsbildung (1926). – V. KRAFT: Mathematik, Logik und Erfahrung (1947). – C. G. HEMPEL: Fundamentals of concept formation in empirical sci., in: Int. Enc. unif. Sci. II/7 (Chicago 1952). – Measurement: Definitions and theories, hg. C. W. CHURCHMAN/PH. RATOOSH (New York 1959). – H. SCHLEICHERT: Zur Erkenntnislogik des M. Arch. Philos. 12 (1964) 304. – W. STEGMÜLLER: Probleme und Resultate der Wiss.theorie und Anal. Philos. II/A (1970) bes. Kap. 1.
H. SCHLEICHERT

Messianismus, messianisch. ‹M.› (von Messias, hebr. meschiach, der Gesalbte, griech. χριστός) wird heute allgemein jede religiöse und von daher auch politisch-soziale Heilserwartung genannt, die ans Ende der Geschichte das Kommen eines Retters und Erlösers setzt [1]. Das (wahrscheinlich) früheste Vorkommen des Begriffs und viele seiner folgenden Verwendungsweisen setzt jedoch die Ausbildung einer primär weltlich geprägten Geschichtsphilosophie voraus. Im Begriff ‹M.› wird dann eine solche Geschichtsphilosophie zwar wieder mit religiösen Vorstellungen verknüpft, aber so, daß der Glaube an einen persönlichen Messias durch die Idee einer bevorstehenden (und aktiv herbeizuführenden) Vollendung der Geschichte als Erfüllung auch der politisch-sozialen Hoffnungen ersetzt wird.

So gebraucht J. M. HOËNÉ WRONSKI wohl als erster ‹M.› für eine Lehre, welche die wissenschaftliche (durch mathematische Formeln 'bewiesene') Begründung des Absoluten und seine Verwirklichung in der Geschichte und damit die Hinführung der Menschheit zu ihrer wahren Bestimmung zum Ziel hat. Aus dem Bewußtsein der Krisenhaftigkeit der eigenen Zeit, die in der Französischen Revolution alle sittlichen Bindungen, Philosophie und Religion aufgelöst hat, soll der M. eine moralisch-geistige Wiedergeburt einleiten, in deren Verlauf alle ihr entgegenstehenden irdischen Hemmnisse überwunden werden («Achrematismus» von griech. χρῆμα, Gegenstand) und die Menschheit am Ende dieses Prozesses zur Erkenntnis der absoluten Vernunft als des ihr eigenen Vermögens gelangt («Sehelianismus» von hebr. sehel, Vernunft). Dadurch wird es zur Verwirklichung des Logos im Menschen, zur Erkenntnis des christlichen Offenbarungsgehaltes als der Vernunft entsprechend und so zur Wiederverbindung von Philosophie und Religion kommen. Diesem Programm entspricht die Konstruktion von drei Geschichtsepochen: dem ersten Zeitalter, in dem Natur und Mensch in Harmonie miteinander standen (von Ägypten bis zur Französischen Revolution), der zweiten Epoche der sozialen Antinomie, in der Gefühl und Erkenntnis auseinanderfallen (Zeit der Französischen Revolution) und die nur durch den M. in die letzte Epoche überführt werden kann, an deren Ende die absolute Vernunft verwirklicht sein wird. Die Gegenwart bildet mit dem M. das erste Stadium dieses dritten Zeitalters [2]. In Deutschland hat vor allem F. W. CAROVÉ auf den M. Hoëné Wronskis hingewiesen und ihn in den Zusammenhang der Geschichtsphilosophie überhaupt gestellt [3].

M. HESS spricht zwar nicht von M., aber von einer «messianischen Bewegung», die sich «schon mit dem Beginne der modernen Zeit» des Judentums bemächtigt habe und «deren falscher Prophet Sabbathai Zewi, deren wahrer Spinoza war». Mit Spinoza begann die «Messiaszeit» der Gegenwart, mit der Französischen Revolution ist sie «ins weltgeschichtliche Dasein getreten»; mit ihr beginnt die «Wiedergeburt der Völker» [4]. Damit wird der M. auch für Hess zur Grundlage einer Geschichtsphilosophie: Der (passive) Glaube an einen persönlichen Messias soll und wird sich in die Form einer «messianischen Epoche» verwandeln, wenn diese «aktiv und selbstbewußt erstrebt» und der «politisch-humanitären Reform» der Vorrang vor der «religiösen» gegeben wird. Die «messianische Epoche» ist die dritte nach der des «naiven, anthropomorphistischen» und der des «reflektierten, metaphysischen Glaubens». In ihr werden die «Resultate der modernen Wissenschaft auf die sozialen Zustände» angewandt und so verwirklicht und dann auch die Religion, der «Cultus des Ideals» neu gestaltet werden [5]. Die Verbindung von Religiösem und Politisch-Sozialem im M. findet sich auch bei F. HUET: Jesus ist der letzte und reinste Vertreter der messianischen Idee Israels. Er hat mit dem religiösen auch das soziale Reich Gottes verkündet: «Das ist der M., das Reich Gottes, ... eine glückliche Verbindung ... der geistigen und materiellen Güter, welche eine mehr oder weniger schnelle Revolution herbeiführen» soll [6].

Im Zusammenhang mit einer Geschichtsphilosophie steht der M. auch bei H. COHEN: M., der von Eschatologie verschieden ist, meint die Projektion einer «neuen Wirklichkeit» nicht in einem (zurückliegenden) goldenen Zeitalter, sondern in der Zukunft. Er bedeutet die Herbeiführung der «Herrschaft des Guten» *in* der Welt, die «Schöpfung der Zukunft als der wahrhaften politischen Wirklichkeit». Er ist also nicht Eudämonismus und Utopismus, sondern trägt die «Grundzüge des ethischen Sozialismus» in sich [7]. Die besondere Leistung des M. liegt darin, daß er, da er den Monotheismus zur Voraussetzung hat, erst die *eine* Geschichte, die Weltgeschichte, möglich macht und alle Völker und Staaten zur *einen* Menschheit verbindet. Israel wird zur Menschheit erweitert und in ihr aufgehoben: darin liegt sein «messianischer Beruf»; das Judentum tendiert von vornherein zur Weltreligion. Israel leidet stellvertretend für die Menschheit, es wird als «messianisches Volk» zum «Symbol» für die «erwählte Menschheit» [8]. Der M. verkörpert außerdem die «Idee» von Frieden, Gerechtigkeit und Unsterblichkeit [9]: «Als Ideenschöpfung muß der M. betrachtet werden, bewirkt durch den prophetischen Geschichtsbegriff» [10]. «Wenn es nun aber hingegen eine klare Tatsache geworden ist, daß die prophetische Vernunft im M. einen solchen Idealismus der Zukunft erdacht hat, so hat sich darin eben die religiöse Vernunft, die Vernunft der Religion und daher genauer die Religion der Vernunft bewährt» [11].

Wird bei Cohen der Begriff ‹M.› über die jüdische Religion hinaus erweitert, so bleibt er bei anderen Autoren auf das Judentum eingeschränkt. Für M. NORDAU sind «M. und Zionismus ... fast 2 Jahrtausende lang identische Begriffe» gewesen [12]. I. BREUER fordert, antizionistisch, im M. die «restlose Hingabe an Gottes Recht». Nicht personale Autonomie, sondern personale Gottesdienerschaft ist für ihn die Forderung des M., denn der Wille zu Gottes Recht ist jüdischer Wille, Wille zum Judentum [13].

Den Impetus H. Cohens weiterführend hat W. BENJAMIN in seinen Thesen ‹Über den Begriff der Geschichte› eine «schwache messianische Kraft» in jedem geschichtlichen Augenblick beschworen, die «Jetztzeit ... als Modell der messianischen» Zeit begriffen und die Verheißung der Vergangenheit nicht in der unendlich fernen Zukunft, sondern in der jeweiligen Gegenwart gesucht: «Die messianische Welt ist die Welt allseitiger und integraler Aktualität» [14]. Jeder Augenblick führt «*seine* revolutionäre Chance» mit sich; Marx hat mit der Idee der klassenlosen Gesellschaft «die Vorstellung der messianischen Zeit säkularisiert» [15].

Die These von der Säkularisierung des M. ist häufig dort anzutreffen, wo in kritischer Absicht die religiösen Wurzeln einer die endzeitliche Vollendung erwartenden Geschichtsphilosophie freigelegt werden sollen. M. BUBER sieht den M. bereits bei Hegel «säkularisiert, d.h. er wird aus der Sphäre des Glaubens, in der der Mensch sich mit dem Gegenstand seines Glaubens verbunden fühlt, in die Welt der evidenten Überzeugung übertragen, in der der Mensch den Gegenstand seiner Überzeugung betrachtet und bedenkt». Den so transformierten M. habe Marx wiederum zu «seinem Glauben gemacht» [16]. M. SCHELER interpretiert die «chiliastische Hoffnung des kommunistischen Zukunftsstaates» als «wissenschaftlich verbrämte und unterbaute Umformung des jüdischen M.» [17], und K. LÖWITH macht den «alten jüdischen M.» als «idealistische Basis des historischen Materialismus» aus, so daß der «marxistische M. ... die eschatologische Spannung, ... das religiöse Motiv seines Geschichtsentwurfs» nicht verleugnen könne [18]. Für L. KOLAKOWSKI schließlich ist jede Revolutionsideologie eine verfehlte «weltliche Variante des religiösen M.», die Verkörperung von Hoffnungen, deren «Originalform ... die religiösen Eschatologien» sind, die aber nie ganz beseitigt werden können oder sollen [19].

Daneben sind auch andere Formen politischen Heilsglaubens oft als ‹M.› tituliert worden, so die Idee des Nationalismus [20] oder das besondere russische und panslawische Sendungsbewußtsein [21], das N. TRUBECKOJ zwar 1912 erschöpft glaubte [22], das manche aber im Bolschewismus wiederauferstehen sehen [23]. J. L. TALMON hat politischen M. jeden Glauben an eine innerweltliche Erfüllung der Geschichte, an einen harmonischen Endzustand voller individueller Selbstverwirklichung und sozialer Integration zugleich genannt. Da der M. so Substitut für das Christentum ist, ist er mit diesem unvereinbar, insbesondere mit dem Glauben an die Erbsünde und an die Unfähigkeit des Menschen zur Selbsterlösung. Politischer M., bei den Frühsozialisten, Fichte und Marx sowohl als in europäischen Nationalbewegungen, ist Ausdruck einer dauernden Spannung zwischen einem abstrakten, universalistischen Glauben und dem Widerstand, den die Wirklichkeit ihm entgegenstellt [24].

Außerdem dient der Begriff ‹M.› als religionswissenschaftliche Kategorie dazu, unterschiedliche Messias-Ideen zusammenzufassen und historisch-kritisch miteinander zu vergleichen. G. SCHOLEM z. B. sieht das Spezifikum des jüdischen M. darin, daß er «sich in der Öffentlichkeit vollzieht, auf dem Schauplatz der Geschichte und im Medium der Gemeinschaft» (F. ROSENZWEIG sprach von einer «messianischen Politik» im Judentum [25]), während die Erlösung des Christentums eine geistige Umkehr des Einzelnen, eine «geheime Verwandlung» der Seele meine. Der jüdische M. bezahle die Erwartung und Hoffnung auf das Kommen des Erlösers mit einem «Leben im Aufschub», im Provisorischen und Vorläufigen. «Das macht die Größe des M. aus, aber auch seine konstitutionelle Schwäche» [26]. Nicht Erwartung der Erlösung, sondern ihre Antizipation verlangt TH. W. ADORNO von einer «Philosophie, wie sie im Angesicht der Verzweiflung einzig noch zu verantworten sei», und versteht diese als den «Versuch, alle Dinge so zu betrachten, wie sie vom Standpunkt der Erlösung aus sich darstellten ... Perspektiven müßten hergestellt werden, in denen die Welt ähnlich sich versetzt, verfremdet, ihre Risse und Schründe offenbart, wie sie einmal als bedürftig und entstellt im Messianischen Lichte daliegen wird» [27].

Anmerkungen. [1] J. STARR: Art. ‹Messianic Movements›, in: Univ. Jew. encyclop. 7 (New York 1948) 505f.; H. H. BEN-SASSON: Art. ‹Messianic Movements›, in: Encyclop. judaica 11 (Jerusalem 1971) 1417-1428; L. DENNEFELD: Art. ‹M.›, in: Dict. théol. cath. 10 (Paris 1929) 1404-1568; H. DESROCHE: Art. ‹M.›, in: RGG³ 4, 895-900. – [2] J. M. HOËNÉ (DE) WRONSKI: M., union finale de la philos. et de la relig., constituant la philos. absolue (Prodrome du M.) 1-2 (Paris 1831-39); Le sphinx, ou la nomothétique séhélienne (Paris 1818); vgl. Le destin de la France, de l'Allemagne et de la Russie comme prolégomènes du M. (Paris 1842); M., ou réforme absolue du savoir humain ... 1-3 (Paris 1847); Philos. absolue de l'hist., ou génèse de l'humanité (Paris 1852); M., philos. absolue ... Oeuvre posthume (Paris 1876); Nomothétique messianique, ou les lois suprêmes du monde (Paris 1881). – [3] F. W. CAROVÉ: Der M., die neuen Templer und einige andere der merkwürdigsten Erscheinungen auf dem Gebiete der Relig. und Philos. in Frankreich (1834) 229ff.; vgl. K. ROSENKRANZ: Studien 5 (1848) 62. – [4] M. HESS: Rom und Jerusalem, die letzte Nationalitätenfrage (1862). Ausgew. Schr., hg. H. LADEMACHER (1962) 247. 272. – [5] Die Einheit des Judenthums innerhalb der heutigen relig. Anarchie. Mschr. Gesch. u. Wiss. des Judentums 18 (1869) 33-37, zit. 34-36. – [6] F. HUET: La révolution relig. au 19e siècle (Paris 1868) 89. 92; dtsch. von M. HESS: Die relig. Revolution im 19. Jh. (1868) 84. 87; vgl. J. GUTTMANN: Ein frz. Socialist über die Bedeutung des M. a.O. [5] 210-220. – [7] H. COHEN: Relig. der Vernunft aus den Quellen des Judentums (1919, ND 1966) 24f. 57. 290f. 337. 338f. 361. – [8] a.O. 35. 297f. 306. 310. 312f. – [9] 344ff. 497ff. 515ff. – [10] 305. – [11] 340. – [12] M. NORDAU: Der Zionismus (1902) 2. – [13] I. BREUER: Messiasspuren (1918) 122. 125f. – [14] W. BENJAMIN, Ges. Schr. 1 (1974) 694. 703. 1235. – [15] a.O. 1231. – [16] M. BUBER: Das Problem des Menschen. Werke 1 (1962) 335f.; vgl. J. GEBHARDT: Politik und Eschatol. (1963) 27ff.: Die Ursprünge der polit. M. bei Hegel. – [17] M. SCHELER, Ges. Werke 6 (²1963) 251; vgl. 5, 398f. – [18] K. LÖWITH: Weltgesch. und Heilsgeschehen (1953) 48. 54; vgl. J. TAUBES: Abendl. Eschatol. (1947) 207: Marx' Proletariat als «messian. Klasse»; H. KOHN: Die Idee des Nationalismus (1950) 786. – [19] L. KOLAKOWSKI: Revolution – die schöne Krankheit. Merkur 33 (1979) 1182f. – [20] KOHN, a.O. [18] 64f. – [21] SCHELER, a.O. [17] 6, 169ff.; E. SARKISYANZ: Rußland und der M. des Orients (1955); G. GUARIGLIA: Il M. russo (Rom 1956); TH. G. MASARYK: Zur russ. Gesch.- und Relig.philos. (1913) 1, 209ff.; 2, 240f. (zu Solovjev). – [22] N. TRUBECKOJ: Staryj i novyj nacional'nyj messianizm. Russkaja Mysl' (1912) 3, 85, zit. SARKISYANZ, a.O. 193. – [23] SARKISYANZ, a.O. [21] 169f. – [24] J. L. TALMON: Political M. (New York 1960) 29. 25f. 509f. – [25] F. ROSENZWEIG: Der Stern der Erlösung. Ges. Schr. 2 (1976) 364. – [26] G. SCHOLEM: Zum Verständnis der messian. Idee im Judentum. Judaica (1963) 7f. 73f. – [27] TH. W. ADORNO: Minima Moralia (1951) 480f. Nr. 153.   G. BILLER/U. DIERSE

Meßprozeß. Die Aufgabe des physikalischen M. ist die Bestimmung des Zahlenwerts einer physikalischen Größe an einem Objekt mit einem Meßgerät. Man unterscheidet die Messung zeitunabhängiger Größen, z. B. von Naturkonstanten, von der auf eine bestimmte Zeit bezogenen Messung kontingenter Größen, also solcher, deren Wert zu verschiedenen Zeiten verschieden ist. Die Messungen der zweiten Art behandelt die Theorie des M.

In der Diskussion der Grundlagen der Quantenmechanik spielt der M. eine besondere Rolle, denn in seiner Theorie konzentrieren sich alle «Interpretationsprobleme». Die Messung ist die Nahtstelle, an der die Möglichkeiten der Theorie Wirklichkeit werden, ihre «operationale» Interpretation finden müssen. Technisch drückt sich das aus im Verhältnis der Quantenmechanik zur klassischen Physik: Die Quantenmechanik gibt Wahrscheinlichkeiten an für die Ergebnisse möglicher Messungen, die Meßergebnisse werden aber «klassisch» beschrieben, als faktisch vorliegende, «an sich vorhandene» Wirklichkeit. Die Quantenmechanik setzt also eine klassisch-physikalische Beschreibung voraus, damit sie (über die mathematische Theorie hinaus) überhaupt eine physikalische Bedeutung haben kann [1]. Andererseits ist, gemäß der Quantenmechanik, die klassische Physik streng genommen falsch. Ist also die Quantenmechanik in sich widersprüchlich? – Kein Widerspruch entsteht, wenn man getrennte Theorien einführt, nämlich 'Mikrophysik' (s. d.) – d. h. Quantenmechanik – für die gemessenen *Objekte,* 'Makrophysik' – d. h. klassische Physik – für die *Meßapparate* [2]. Dagegen steht die *Universalität* der Quantenmechanik, die sie überhaupt erst philosophisch interessant macht: *Alle* Objekte sollen durch sie richtig beschrieben werden, also auch Makro-Objekte wie z. B. Meßgeräte. – In der Diskussion des M. lassen sich zwei Aspekte unterscheiden: 1. die quantenmechanischen Bedingungen für die Beschreibung der Messung [3], 2. die quantenmechanische Beschreibung wirklicher Meßvorgänge [4].

1. Es zeigt sich, daß einerseits die Quantenmechanik die Eigenschaften hat, die man für die Beschreibung des M. benötigt: Man kann Meßgerät und gemessenes Objekt gemeinsam quantenmechanisch beschreiben. Dabei setzt man voraus, daß das neue Gesamtobjekt (altes Objekt + Meßapparat) wieder mit einem Meßgerät gemessen wird. Gemäß der Quantenmechanik ist das Ergebnis unabhängig davon, welche Meßapparate man zum Objekt rechnet, und welcher Apparat, dementsprechend, als Meßapparat angesehen wird (Verschieblichkeit des Schnitts). Diese Unabhängigkeitsbedingung ist unabdingbar, wenn die Quantenmechanik konsistent sein soll. J. v. NEUMANN und vor allem F. LONDON und E. BAUER schließen daraus, daß der schließliche Rekurs auf ein beobachtendes Subjekt notwendig sei, um einen unendlichen Regreß von Meßapparaten zu vermeiden. – Andererseits ergibt sich aus gleichermaßen berechtigten Forderungen an die Beschreibung des Meßergebnisses ein Widerspruch innerhalb der Quantenmechanik [5], der nur *genähert* aufgelöst wird; eine solche Näherung liegt jeder Physik zugrunde, sofern sie überhaupt Objekte getrennt von der Welt im ganzen betrachtet.

2. Es scheint, daß der Übergang von der quantenmechanischen zur klassischen Beschreibung als Informationsverlust charakterisiert werden muß, also als thermodynamisch irreversibler Prozeß. Es entsteht die scheinbar paradoxe Situation, daß die «an sich vorhandene» Wirklichkeit nur beschrieben werden kann, wenn ein Teil der möglichen Information fehlt; *genau* beschreiben kann man nur Möglichkeiten. – Diese Erkenntnis scheint den Schlüssel zum Verständnis der Quantenmechanik zu enthalten: Eine Wirklichkeit «an sich» gibt es, genau genommen, nicht oder allenfalls als Grenze einer Näherung; sie zu unterstellen, ist andererseits unerläßlich, wenn überhaupt etwas objektiv beschrieben werden soll. – Die Zuverlässigkeit der quantenmechanischen Voraussagen ist neuerdings in Messungen von J. F. CLAUSER et al. [6] nachgewiesen worden, die mit keiner klassischen Theorie erklärt werden könnte.

Anmerkungen. [1] N. BOHR: Atomtheorie und Naturbeschreibung (1931, Cambridge 1934, 1962). – [2] So z. B. explizit vorgeschlagen von G. LUDWIG: Gelöste und ungelöste Probleme des M. in der Quantenmechanik, in: F. BOPP (Hg.): Werner Heisenberg und die Physik unserer Zeit (1961) 150-181. – [3] Vgl. J. v. NEUMANN: Math. Grundl. der Quantenmechanik (1932/1968); G. SÜSSMANN: Über den Meßvorgang (1958), engl. Kurzfassung in: S. KÖRNER (Hg.): Observation and interpretation (New York 1962); P. MITTELSTAEDT: Philos. Probleme der mod. Physik (1963); J. M. JAUCH: The problem of measurement in quantum mechanics. Helv. phys. Acta 37 (1964) 293; Die Wirklichkeit der Quanten (1973). – [4] Vgl. A. DANERI, A. LOINGER und G. M. PROSPERI: Quantum theory of measurement and ergodicity conditions. Nucl. Phys. 33 (1962) 297; F. HAAKE und W. WEIDLICH: A model for the measuring process in quantum theory. Z. Phys. 213 (1968) 451; K. HEPP: Quantum theory of measurement and macroscopic observables. Int. J. theor. Phys. 9 (1972) 277; 10 (1972) 261. – [5] So bes. E. P. WIGNER: Remarks on the mind-body question, in: I. J. GOOD (Hg.): The scientist speculates (New York 1962); vgl. auch B. D'ESPAGNAT: Conceptual foundations of quantum mechanics (New York/London) 419-432; vgl. dazu auch M. DRIESCHNER: Voraussage-Wahrscheinlichkeit-Objekt (1979). – [6] Vgl. die berühmte Arbeit von J. S. BELL: On the Einstein-Podolski-Rosen Paradox. Physics 1 (New York 1964) 195, und die endgültige Arbeit von J. F. CLAUSER: Exp. investigation of a polarization correlation anomaly. Phys. Rev. Lett. 36 (1976) 1223, sowie die darin zit. früheren, bes. den Konferenzband von D'ESPAGNAT a.O. [5].

Literaturhinweise. N. BOHR s. Anm. [1]. – J. V. NEUMANN s. Anm. [3]. – F. LONDON und E. BAUER: La théorie de l'observation en mécanique quantique (Paris 1939). – N. BOHR: Atomphysik und menschl. Erkenntnis 1. 2 (1958, 1966). – G. SÜSSMANN s. Anm. [3]. – A. DANERI, A. LOINGER und G. M. PROSPERI s. Anm. [4]. – G. LUDWIG s. Anm. [2]. – E. P. WIGNER (1962) s. Anm. [5]. – P. MITTELSTAEDT s. Anm. [3]. – E. P. WINGER: The problem of measurement. Amer. J. Phys. 31 (1963) 6ff. – J. S. BELL s. Anm. [6]. – J. M. JAUCH (1964) s. Anm. [3]. – K.-M. MEYER-ABICH: Korrespondenz, Individualität, Komplementarität (1965). – F. HAAKE und W. WEIDLICH s. Anm. [4]. – B. D'ESPAGNAT s. Anm. [5]. – K. HEPP s. Anm. [4]. – J. M. JAUCH: Die Wirklichkeit der Quanten (1973). – E. SCHEIBE: The logical analysis of quantum mechanics (Oxford 1973). – J. F. CLAUSER s. Anm. [6]. – M. DRIESCHNER s. Anm. [5].   M. DRIESCHNER/A. WEGNER

Metábasis eis állo génos (griech. μετάβασις εἰς ἄλλο γένος, Hinübergehen in eine andere Gattung) begegnet bei ARISTOTELES als Terminus für *unerlaubte* Grenzüberschreitung a) im Bereich der Logik: beim Beweis, der die Gattung des Gegenstandes überschreitet, z. B. bei der Übertragung arithmetischer Beweise auf einen Gegenstand der Geometrie (auf Eigenschaften der Größe) [1], b) in der 'Physik': als Hinübergehen von einer Dimension zur anderen (wenn man z. B. aus der Linie die Fläche, aus dieser den Körper entstehen läßt) [2].

Anmerkungen. [1] ARISTOTELES, Anal. pr. 1, 7, 75 a 30-b 20. – [2] De caelo 1, 1, 268 b 1ff.   M. GATZEMEIER

Metaethik. Der Name ‹M.› ist im angloamerikanischen Sprachraum etwa in der Mitte des 20. Jh. zur Bezeichnung für jene ethischen Theorien entstanden, die einerseits auf die analytische Philosophie rekurrieren und andererseits von der Sprachtheorie des späten WITTGENSTEIN ausgehen. Daher wird die M. häufig auch als analytische Ethik oder als sprachanalytische Ethik bezeichnet.

Die M. versteht sich im Unterschied zu einem anderen Typus von Ethik, der in der angelsächsischen Philosophie bereits eine lange Tradition hat – zum Utilitarismus –, als eine nicht-normative Theorie. Die M. fragt nicht nach den Prinzipien moralischen Handelns, sondern versucht durch eine Analyse der Sprache der Moral Auskunft über moralische Begriffe und Kategorien zu erhalten, indem sie Bedeutung und Funktion von in moralischer Absicht verwendeten Wörtern, Urteilen und Argumentationen untersucht. So formuliert R. M. HARE ausdrücklich: «Ethik, wie ich sie verstehe, ist das logische Studium der Sprache der Moral» [1]. P. H. NOWELL-SMITH bestimmt die Aufgabe des Moralphilosophen als «Beschreiben, Erklären und Kommentieren der Weise, wie moralische Wörter gebraucht werden» [2], z. B. Wörter wie ‹wünschen, begehren, Wille, freiwillig, Wahl, Billigung, Gewissen, Reue, Schuld, Verdienst, Lust, Unlust, Pflicht, Verpflichtung, gut, böse› usw. [3]. Der ausdrückliche Verzicht auf alle normativen Setzungen und Wertungen und die damit verbundene Einschränkung ethischer Methoden auf ausschließlich deskriptive Verfahrensweisen sind in der «Neutralitätsthese» der M. begründet. Der Moralphilosoph darf nicht moralisieren; er soll vielmehr in kritischer Distanz zum Gegenstand seiner Untersuchung vorurteilsfrei und mit unparteiischer Sachlichkeit vorgehen. Er hat sich, wie CH. L. STEVENSON fordert, moralisch neutral gegenüber den von ihm festgestellten Tatsachen zu verhalten [4]. A. J. AYER macht dies ganz deutlich: «Es besteht ein nicht immer genügend beachteter Unterschied zwischen der Tätigkeit eines Moralisten, der sich darum bemüht, einen Moralkodex aufzustellen oder seine Befolgung zu fördern, und der Tätigkeit eines Moralphilosophen, dessen Geschäft primär nicht darin besteht, moralische Urteile zu fällen, sondern ihre Struktur zu analysieren» [5]. Die Funktion einer unter dem Anspruch der Neutralität konzipierten M. wird jedoch von ihren Vertretern unterschiedlich bestimmt. Während die einen die M. für die einzig legitime Form einer ethischen Theorie halten (A. J. AYER, P. H. NOWELL-SMITH, C. WELLMAN u. a. [6]), zielt die einen das Interesse der andern (CH. L. STEVENSON, R. M. HARE, R. B. BRANDT u. a. [7]) auf eine normative Ethik, die auf der metaethischen Konzeption aufbaut. So will STEVENSON sein sprachanalytisches Werk ‹Ethics and Language› als Prolegomena zu einer normativen Ethik aufgefaßt wissen [8], und BRANDT, der als einer der ersten eine vollständige und umfassende metaethische und normative Theorie der Ethik entwickelt hat, versteht die M. als eine Art Wissenschaftstheorie der normativen Ethik [9].

Die metaethischen Theorien stimmen darin überein, daß sie eine vom Standpunkt des neutralen Beobachters vorgenommene Beschreibung der Sprache der Moral postulieren. Die Ergebnisse der sprachanalytischen Untersuchungen differieren jedoch in bezug auf den kategorialen Status, der moralischen Wörtern und Urteilen zugeschrieben wird. Während die ‹Kognitivisten› unter den Metaethikern behaupten, die Sprache der Moral bringe eine rationale Tätigkeit des Menschen zum Ausdruck, vertreten die ‹Nonkognitivisten› die These, moralisches Sprechen signalisiere ein irrationales, ausschließlich durch Gefühle gesteuertes Verhalten des Menschen. Die Behauptung der sich in der Sprache der Moral zum Ausdruck bringenden Rationalität wird von den Metaethikern unterschiedlich begründet. Die ‹Naturalisten› unter ihnen (R. B. PERRY, C. I. LEWIS u. a. [10]) sind der Ansicht, man könne die normativen moralischen Begriffe durch deskriptive Begriffe definieren und auf diese Weise die durch sie mitgeteilten Gegenstände ebenso rational überprüfbar machen wie empirische Tatsachen. So definiert PERRY den Ausdruck ‹Wert› als «eine Funktion von Interesse» [11] und stellt die Gleichung auf: «x ist wertvoll = es besteht ein Interesse an x» [12]. Bereits G. E. MOORE hat jedoch jeden Versuch, normative Begriffe in deskriptive Begriffe zu «übersetzen» – dabei spielt es keine Rolle, ob es sich bei letzteren um empirische, d. h. erfahrungswissenschaftlich überprüfbare Begriffe handelt (das Gute = Lust) oder um nicht-empirische, d. h. metaphysische Begriffe (das Gute = praktische Vernunft) –, als einen naturalistischen Fehlschluß bezeichnet, der letztlich im Widerspruch zu der vom Autor nicht bestrittenen Humeschen These steht, daß sich aus einem Sein kein Sollen ableiten lasse [13]. – Die ‹Intuitionisten› unter den Metaethikern (G. E. MOORE, W. D. ROSS u. a. [14]) begründen die Rationalität moralischen Sprechens durch den Aufweis einer moralischen Intuition, vermittels derer das Normative als eine prima facie Verbindlichkeit erfaßt wird. Ross spricht von einer «intuitiven Induktion» [15], einer unmittelbaren Einsicht in die Gefordertheit eines durch moralische Sprache mitgeteilten Handelns. Die Rationalität der moralischen Intuition zeigt sich darin, daß das durch sie Erkannte, das als eine unanalysierbare, deskriptiv nicht erfaßbare Sollensqualität beschrieben wird, induktiv verallgemeinerbar, in allgemeingültigen Normen formulierbar ist. Doch ob es eine solche Intuition überhaupt gibt, ob nicht vielmehr – wie HARE behauptet [16] – moralische Normen durch Erziehung in einem Lernprozeß angeeignet werden: diese Fragen sind für viele Metaethiker ein ungelöstes Problem.

Im Gegensatz zu den kognitivistischen Metaethikern sind die ‹Emotivisten› (A. J. AYER, CH. L. STEVENSON u. a.) der Ansicht, der irrationale Gefühlsursprung moralischer Verhaltensweisen dokumentiere sich auch in moralischen Aussagen, die jeder rationalen Struktur entbehren und daher keine Urteile im strikten Sinn seien. AYER deklariert moralische Begriffe als unanalysierbare Pseudo-Begriffe, die keinen in seiner Wahrheit nachprüfbaren Sachverhalt aussagen, sondern bloße Gefühle der Billigung oder Mißbilligung zum Ausdruck bringen bzw. hervorrufen sollen [17]. Die «Wahrheit» von Gefühlen aber ist wissenschaftlich nicht kontrollierbar. Auch für STEVENSON sind moralische Argumentationen aufgrund der emotiven Bedeutung moralischer Wörter bloße Strategien der Manipulation, vermittels derer eine Änderung der Einstellung bewirkt werden soll. Die moralische Sprache dient vor allem der Überredung und Überzeugung, sie wird zur Provokation eines bestimmten Verhaltens eingesetzt, appelliert an Gefühlswerte, vermittelt und weckt Emotionen [18] – kurz: ihre Funktion ist alles andere als rational.

Die ‹Logiker› oder ‹Deontologen› unter den Metaethikern (ST. E. TOULMIN, R. M. HARE, G. H. VON WRIGHT u. a. [19]) haben die Frage nach dem Ursprung und der eigentümlichen Qualität moralischer Begriffe von der Frage nach der logischen Struktur moralischer Urteile und Argumentationen abgetrennt und sich unabhängig davon, ob sie die Herkunft von moralischen Normen und Werten und die Besonderheit ihres kategorialen Status kognitivistisch oder nonkognitivistisch beurteilen, mit der Entwicklung einer Logik der Normen bzw. eines ethischen Modalkalküls befaßt. Während sich bei TOULMIN erste Ansätze für eine Logik der Ethik finden [20], versucht HARE bereits durch die Konstruktion einer imperativischen Logik die rationale Überprüfbarkeit auch präskriptiver Sätze nachzuweisen. Moralische Urteile behaupten nicht eine Tatsache, sondern fordern die praktisch-tätige Verwirklichung einer Tatsache. Eine solche Sollensforderung kann vermittels eines praktischen Syllogismus begründet und gerechtfertigt werden. Dabei gilt grundsätzlich: «Keine gültige imperativische Konklusion kann aus Prämissen gezogen werden, die nicht wenigstens einen Imperativ enthalten» [21]. Die das moralische Verhalten regelnden Prinzipien müssen selber die Form von Imperativen haben, um moralische Urteile begründen zu können. (Beispiel: Versprechen muß man halten. Du hast B versprochen, x zu tun. Tu x!) Die Logik der Ethik hat der Finne VON WRIGHT in seiner deontischen Logik (= Logik der Verbindlichkeit, des Sollens) weiterentwickelt. «Unter deontischer Logik verstehen wir das formale logische Studium normativer Begriffe» [22]. Ausgehend von der Analogie zwischen den modalen Begriffen ‹möglich›, ‹unmöglich›, ‹notwendig› und den deontischen Begriffen ‹erlaubt›, ‹verboten›, ‹geboten› [23], hat er einen P(ermissions)-Kalkül konstruiert, der nicht wie der M(odal)-Kalkül die Möglichkeiten angibt, die ein

Metaethik

Mensch hat, innerhalb der Grenzen seiner natürlichen Fähigkeiten und der kausalen Ordnungen zu leben [24], sondern die normative Ordnung repräsentiert, die die Naturordnung restringiert, indem sie angibt, welche von den natürlichen Möglichkeiten in einer bestimmten Gesellschaft realisiert werden dürfen bzw. sollen und welche nicht. Moralisch allgemeingültige Prinzipien, die ein in sich geschlossenes System bilden, können jede beliebige Handlung deontisch determinieren und rechtfertigen [25].

Anmerkungen. [1] R. M. HARE: The language of morals (Oxford 1952, ²1967) III; dtsch. Die Sprache der Moral (1972) 13. – [2] P. H. NOWELL-SMITH: Ethics (London 1969) 181. – [3] a.O. 20. – [4] CH. L. STEVENSON: Ethics and language (New Haven/London 1968) 159. 210. 222. – [5] A. J. AYER, Vorwort zu NOWELL-SMITH, a.O. [2]; zur Kritik an der Neutralitätsthese vgl. H. ALBERT: Ethik und Meta-Ethik. Das Dilemma der analyt. Moralphilos. Arch. Philos. 11 (1961) 28-63; H. LENK: Der 'Ordinary Language Approach' und die Neutralitätsthese der M. Zum Problem der sprachanalyt. Deutung der Ethik, in: Das Problem der Sprache, hg. H.-G. GADAMER (1967) 183-206. – [6] A. J. AYER: Language, truth and logic (London 1967); dtsch. Sprache, Wahrheit und Logik (1970); NOWELL-SMITH, a.O. [2] 19ff.; C. WELLMAN: The language of ethics (Cambridge, Mass. 1961). – [7] STEVENSON, a.O. [4] VII; HARE, a.O. [1] 14; R. B. BRANDT: Ethical theory. The problems of normative and crit. ethics (Englewood Cliffs, N.J.: Prentice-Hall 1959). – [8] STEVENSON, a.O. [4] 161. 336. – [9] BRANDT, a.O. [7] 7. – [10] R. B. PERRY: General theory of value (Cambridge, Mass. 1950); C. I. LEWIS: An analysis of knowledge and valuation (La Salle 1946). – [11] a.O. 40. – [12] 116. – [13] G. E. MOORE: Principia ethica (Cambridge 1968) 10. 13f. – [14] MOORE, a.O.; Ethics (London 1966); dtsch.: Grundprobleme der Ethik (1975); W. D. ROSS: Foundations of ethics (Oxford 1960). – [15] a.O. 170. 320. – [16] 64. – [17] 107ff. – [18] 139. – [19] ST. E. TOULMIN: An examination of the place of reason in ethics (Cambridge 1960); HARE, a.O. [1]; G. H. VON WRIGHT: An essay in deontic logic and the general theory of action. Acta philos. Fenn. 21 (Amsterdam 1968). – [20] a.O. 63ff. – [21] 28. – [22] 11. – [23] 14. – [24] 64. – [25] 69.

Literaturhinweise. G. J. WARNOCK: Contemporary moral philos. (London 1966); Ethics since 1900 (London 1967). – H. FAHRENBACH: Sprachanalyse und Ethik, in: Das Problem der Sprache, hg. H.-G. GADAMER (1967) 373-385. – PH. FOOT: Theories of ethics (London 1967). – N. HOERSTER: Zum Problem der Ableit. eines Sollens aus einem Sein in der analyt. Moralphilos. Arch. Rechts- und Sozialphilos. 55 (1969) 11-39. – W. STEGMÜLLER: Hauptströmungen der Gegenwartsphilos. (⁴1969). – G. PATZIG: Ethik ohne Met. (1971). – A. PIEPER: Analyt. Ethik. Ein Überblick über die seit 1900 in England und Amerika erschienene Ethik-Lit. Philos. Jb. 78 (1971) 144-176; Sprachanalyt. Ethik und prakt. Freiheit (1973). – W. K. FRANKENA: Ethics (Englewood Cliffs 1963); dtsch. Analyt. Ethik (1972). – FR. KAULBACH: Ethik und M. (1974). – I. CRAEMER-RUEGENBERG: Moralsprache und Moralität 1975). – D. BIRNBACHER/N. HOERSTER (Hg.): Texte zur Ethik (1976). – A. PIEPER: Pragmatische und ethische Normenbegründung (1979). A. PIEPER

Metakritik. Das Wort ‹M.› erscheint im Titel von HAMANNS kleiner Schrift ‹M. über den Purismum der Vernunft› (1784) [1] und von HERDERS Abhandlung ‹Verstand und Erfahrung. Eine M. zur Kritik der reinen Vernunft› (1799) [2]. Bei beiden Schriften handelt es sich um Gegenäußerungen zu *Kants* erster Kritik.

HAMANN ist mit seinen vom Sprachlogos her formulierten fruchtbaren Einwänden Herder nicht nur vorausgegangen, sondern hat noch entschiedener als dieser das «Sakrament der Sprache» in den Mittelpunkt seiner Ausführungen gestellt. Er sieht in der zunehmenden «Reinheit» der Vernunft eine Reihenfolge immer unzureichenderer Standpunkte, deren letzter der «Purismus der Sprache» ist, und setzt an die Stelle der «Rezeptivität der Sinnlichkeit» bei Kant die «Rezeptivität der Sprache»; darunter versteht er den immer schon für alle weitere Reflexion vorausgesetzten unmittelbaren Sinn der unreflektierten Sprache, sei es im Rahmen der Philosophie, sei es im Rahmen der Einzelwissenschaften [3]. Hamann wendet sich auf diese Weise ebenso gegen die Abstraktionen der Transzendentalphilosophie Kants in ihrer 'Sprachfremdheit' wie gegen jede empirische Erklärung des Sprachursprungs als letztem Wort, die notwendig in einen Zirkel führen muß. Die Vorordnung des unmittelbaren Sprachsinns vor die Probleme der Sinnlichkeit und damit der «transzendentalen Ästhetik» hat er Kant gegenüber auch in einem Brief betont: «So wahr ist es, daß Sprache und Schrift die unumgänglichsten Organa und Bedingungen alles menschlichen Unterrichts sind, wesentlicher und absoluter wie das Licht zum Sehen und der Schall zum Hören.» Wird diese Problematik des Voraussetzens in der Transzendentalphilosophie von ihr selbst nicht erkannt, dann wird «Sprache ... der Mittelpunkt des Mißverstandes der Vernunft mit ihr selbst» [4].

HERDERS M. stellt die grundsätzliche Frage, ob die «Metaphysik» durch eine Transzendentalphilosophie im Sinne der ‹Kritik› Kants «geheilt oder verbessert und fortgeführt werden» kann, und verneint diese Frage auf allen Linien. Die transzendentale Überhöhung der Reflexion über den unmittelbar gegenständlichen Sinn, also die Konstitution der sinntheoretischen Ebene überhaupt, ist ihm eine ärgerlichere Transzendenz als die schlechte Metaphysik, da durch jene die Vernunft als «in luftleere Gegenden verirret und verstiegen» gekennzeichnet wird. Die transzendentale Sinnkonstitution wird für Herder zu einem «Unbegriff», einer «Synthesis vor allem und außer allem Gegebenen». Er vermag das transzendentale Konstitutionsverhältnis nur als eine real-gegenständliche Relation zu denken und kommt so zu einer Vernunft vor der Vernunft. Jedenfalls landet damit für ihn die transzendentale Sinnreflexion in einem eigenen apriorischen Gegenstandsbereich «vor aller und abgetrennt von aller Erfahrung», «im Lande vor aller Vernunft ... Es ist zu zweifeln, ob es einen ärgern Mißbrauch der Sprache gebe als diesen» [5].

Der Begriff ‹M.› hat sich heute – vom Anlaß seiner Prägung abgelöst in der Bedeutung 'Kritik einer Kritik', 'Entgegnung auf kritische Einwände', 'Replik' – im deutschen philosophischen Sprachgebrauch weithin eingebürgert [6].

Anmerkungen. [1] J. G. HAMANN, Sämtl. Werke, hg. J. NADLER 3 (1951) 281ff. 289. – [2] J. G. HERDER, Sämtl. Werke, hg. B. SUPHAN 21 (1881) 1ff.; zur Entstehungsgesch. der M. und zur Polemik Herders gegen Kant überhaupt vgl. a.O. Vff. – [3] HAMANN, a.O. [1] 284. 289. – [4] 130. – [5] HERDER, a.O. [2] 21, 41f.; vgl. 311. – [6] Vgl. z.B. P. NATORP: Platons Ideenlehre. 2. durchges. und um einen metakrit. Anh. verm. Aufl. (1921); TH. W. ADORNO: Zur M. der Erkenntnistheorie (1956); L. ELEY: M. der formalen Logik (1969); D. BOEHLER: M. der Marxschen Ideologiekrit. (1971); H.-M. BAUMGARTNER: Kontinuität und Gesch. Zur Krit. und M. der hist. Vernunft (1972).

Literaturhinweis. J. G. HERDER, Sprachphilos. Schr., hg. E. HEINTEL (²1964) Einl., Abschn. 8f. E. HEINTEL

Metalogik (von griech. μετά und λογική: Über-Logik, vor/außer der Logik; engl. metalogic). Das Wort wurde historisch in sehr unterschiedlichen Bedeutungen verwendet.

‹Metalogicus› (1159) [1] ist der Titel des pädagogischen Hauptwerks des JOHANNES VON SALISBURY, in dem er das Trivium gegen Cornificius verteidigt: «Et quia Logicae suscepti patrocinium, METALOGICON inscriptus est liber, quem ... distinguere Curavi» [2]. Cornificius hatte das Studium der aristotelischen Logik für nutzlos erklärt. Der ‹Metalogicus› ist die früheste bekannte Schrift des Mittelalters, die nachdrücklich für das breite Studium der gesamten aristotelischen Logik eintritt [3] und vor allem ihre praktische Anwendbarkeit hervorhebt, wobei die ‹Organon› das Hauptinteresse gilt. Durch seine erziehungstheoretische und wissenschaftliche Qualität fand das Werk weite Verbreitung und wirkte unter anderem auf ROBERT GROSSETESTE, WILHELM VON AUVERGNE, WILHELM VON AUXERRE, VINCENT VON BEAUVAIS und WALTER BURLEY.

Im Rahmen der thomistisch orientierten spanischen Logik des 17. Jh. nennt JOHANNES CARAMUEL 1654 «alle von der Logik vorausgesetzten, aber nicht zu ihrem eigenen System gehörigen Sachprobleme ... metalogisch» [4]: (Metalogica ... discutiet quaesitones ... quae ultra logicam ... Agimus ... in Metalogica de nominibus et hoc grammatice, de operationum mentis operationibus et harum essentia) [5].

Metalogisch wahr (auch «Denkgesetz») nennt SCHOPENHAUER formale Bedingungen der Möglichkeit des Denkens, so z.B. die Sätze vom Widerspruch und vom zureichenden Grund, und setzt sie zu dem Begriff der transzendentalen Wahrheit in Beziehung [6].

ED. VON HARTMANN verwendet in seiner Kritik an Herbart ‹M.› für «von der Logik nicht a priori gefordert»; so sei das Faktum des «Zusammensein[s] mehrerer Attribute in einer Substanz *metalogisch*» [7].

B. ERDMANN spricht von M. im Kontext denkpsychologischer Untersuchungen. Tatsächliche Denkvorgänge dürfen nicht nach dem Schema der logischen Normierung gedeutet werden, das lediglich den «Sinn» ihrer «Giltigkeit» [8] betrifft. Er unterscheidet neben den «formulirten» zwei Arten «*unformulirten Denkens*» [9], das «*hypologische*» und das «*metalogische*» (später auch: hyperlogische), die beide ohne direkte sprachliche Vermittlung *intuitive* Gewißheit geben. Hypologisch bleibe das «Denken» der Tiere, Kleinkinder und Sprachentwicklungsgestörten, weil es als vorsprachliches Vorstellungserleben «unterhalb der Bedingungen möglicher Formulierungen durch das denkende Subjekt liegt» [10]. Demgegenüber ist das «unformulirte» metalogische Denken das schöpferisch-intuitive, das «simultan» Sinnganzheiten in ihrem Wesen erfaßt («schaut»). Beispiele Erdmanns sind die platonische Anamnesis, die coincidentia oppositorum, Spinozas Erkennen sub specie aeternitatis, die intellektuelle Anschauung, das «klare Weltauge» Schopenhauers, aber auch Intuitionen der Historiker und Künstler.

H. RICKERT nennt den «pflichtbewußten Willen» der praktischen Vernunft «die metalogische *Basis* für die Realisierung des theoretischen Gutes» [11]. In Diskussionen der Neukantianer mit Ontologie und Phänomenologie verliert ‹M.› diesen Bezug zur Ethik. Im Anschluß an Rickerts und LASKS Bemühungen um eine Kategorienlehre (s. d.) entwickelt G. RALFS eine M. als «Metaphysik der Erkenntnis», die die Voraussetzungen der Geltung von Elementarsätzen klären soll. Er führt als «transzendental-ontologisches Apriori» «Sein» und «Sosein an sich» ein, die in «*metalogischer Markanz*» «*vorgegeben*» seien [12]. Ralfs entwickelt seine M. in Anlehnung an die ihm durch PRIHONSKY [13] vermittelte Kantkritik BOLZANOS, dessen Lehre vom «Satz an sich» (s. d.) er aufnimmt. Die in der M. entwickelte «transzendentale Ontologie» stellt einen Endpunkt der Entwicklung des Neukantianismus zu einem transzendentalen Platonismus dar. Auch N. HARTMANN bezeichnet mit ‹M.› eine Disziplin, die Grundprobleme der Erkenntnistheorie behandelt. Diese können weder psychologistisch (durch Rekurs auf seelische Akte) noch logistisch (durch Rekurs auf formale, ideale Strukturen) geklärt werden: «Beide verkannten, daß es noch etwas Drittes, Metalogisches ... gibt: die aktuelle Beziehung zwischen Subjekt und Objekt als solche, die weder seelischer Akt noch ideale Struktur ist» [14]. In dieser Beziehung sei das Grundphänomen der Erkenntnis*gewißheit* gegeben. Es logisch oder psychologisch zu hintergehen, hinterlasse «metapsychologische und metalogische Restprobleme» [15].

Nach E. TROELTSCH stellt die Aufgabe der Klärung des Zusammenhangs von elementarer Logik mit der Forschungslogik der Realwissenschaften (für die Historik im Rahmen einer «formalen Geschichtslogik») «die schwierigen Probleme der M.» [16]. Er lehnt metaphysische (Hegel) wie auch positivistische und phänomenologische Lösungen ab: «An sich müßten die 'Wesensgesetze' der verschiedenen Regionen auf sehr verschiedene logische Ordnungen führen und diese dann wieder zu den Problemen der M.» [17].

Im Sinne einer «Überlogik» im Rahmen einer Phänomenologie musikalischer Erfahrung verwendet W. HARBURGER das Wort ‹M.› [18].

In der modernen mathematischen Grundlagenforschung bezeichnet ‹M.› schließlich die Theorie der Syntax und Semantik formaler Sprachen und Systeme. Sie entstand historisch aus der Verbindung der kalkülisierten Logik (FREGE 1879) und ihrer Entwicklung im Logischen Empirismus mit der axiomatischen Methode (HILBERT 1899) und der Syntax- und Semantiktheorie. Sie untersucht die Beweisbarkeit von logischen Theoremen, insbesondere Entscheidungsverfahren für die Wahrheit (Beweisbarkeit) von Aussagen. Ein einschlägiges Ergebnis der modernen M. ist z.B. der Unentscheidbarkeitssatz (s. d.) von GÖDEL (1931). Metalogische Theorien verwenden heute die Theorie der Berechenbarkeit [19], die Modelltheorie (s. d.) und die Mengenlehre (s. d.).

Anmerkungen. [1] JOHANNES VON SALISBURY: Metalogicus, hg. J. A. GILES (Oxford 1848) 9; engl.: The Metalogicon of John of Salisbury, hg. D. D. McGARRY (Berkeley/Los Angeles ²1962). – [2] a.O. 5. – [3] Vgl. W. RISSE: Logik der Neuzeit 1 (1964) 354. – [5] ebda. – [6] A. SCHOPENHAUER: Über die vierfache Wurzel des Satzes vom zureichenden Grunde (1813, ³1864) § 33. – [7] ED. VON HARTMANN: Gesch. der Met. 2 (ND 1969) 318. – [8] B. ERDMANN: Umrisse zur Psychol. des Denkens, in: Philos. Abh. Festschr. Chr. Sigwart (1900) 19. – [9] a.O. 24. – [10] Umrisse zur Psychol. des Denkens (²1908) 33. – [11] H. RICKERT: Über log. und eth. Geltung. Kantstud. 19 (1914) 211. – [12] G. RALFS: Sinn und Sein im Gegenstande der Erkenntnis (1931) 71. – [13] Vgl. FR. PRIHONSKY: Neuer Anti-Kant (1850). – [14] N. HARTMANN: Grundzüge einer Met. der Erkenntnis (⁵1965) 21. – [15] a.O. 29f. – [16] E. TROELTSCH: Der Historismus und seine Probleme 1 (1922, ND 1961) 28. – [17] ebda. – [18] W. HARBURGER: Die M. (1919). – [19] Vgl. Art. ‹Algorithmus›.

Literaturhinweise. Für den *neukant.* Gebrauch: G. RALFS: Das Irrationale im Begriff, ein metalog. Versuch (1925). – Für die *moderne Logik:* G. HUNTER: M. (1971, ²1973). – H. LENK: M. und Sprachanalyse (1973). – HAO WANG: From math. to philos. (1974) 166-180. TH. RENTSCH

Metamathematik

I. Der Ausdruck ‹M.› kam in den siebziger Jahren des 19. Jh. im Zusammenhang mit der durch GAUSS, RIEMANN und HELMHOLTZ entfachten Diskussion über nichteuklidische Geometrie (s. d.) auf [1]. Vor allem die im Anschluß an die mathematischen Theorien vertretenen philosophischen Ansichten und Spekulationen wurden mit dieser Wortbildung bedacht, die eine Analogiebildung zu ‹Metaphysik› darstellt und weitgehend pejorativ gemeint war [2]. Anlaß waren Überlegungen wie die folgende [3]: Wir können uns denken (d. h. es ist logisch möglich), daß es Lebewesen gibt, die in einer zweidimensionalen Welt leben. Auf diese Flächenwesen könnten wir in unserer dreidimensionalen Welt hinabsehen, ohne selbst gesehen werden zu können. Entsprechend sind Wesen einer vierdimensionalen Welt denkbar, die auf uns herabsehen, ohne daß wir sie sehen könnten. Somit wäre es, wie O. LIEBMANN unter Berufung auf Helmholtz ausführt, immerhin möglich, «daß außerhalb unsres Bewußtseins vielleicht eine Welt von mehr als drei Dimensionen existire» [4].

In einem nächsten Schritt ging der Physiker F. ZÖLLNER [5] so weit, zu behaupten, daß der dreidimensionalen Welt der Erscheinungen tatsächlich eine vierdimensionale Welt an sich zugrunde liege. Das Verschwinden in die vierte Dimension schien in den Bereich des Möglichen zu rücken, und es kam sogar zu einer Allianz von M. und Spiritismus [6]. So mehrten sich die Stimmen, die, wie E. DÜHRING, die Überlegungen zur nicht-euklidischen Geometrie pauschal als «mathematischen Mystizismus» [7] abtaten. Dagegen argumentierte B. ERDMANN [8] dafür, die M. als mathematische Theorie von jeglicher Spekulation freizuhalten, und er verteidigte auch deren Vertreter Riemann und Helmholtz gegen entsprechende Unterstellungen. (Für eine entschiedenere Trennung «rein mathematischer» Untersuchungen zur nicht-euklidischen Geometrie von philosophischen und physikalischen Konsequenzen hatte sich bereits F. KLEIN [9] ausgesprochen.) In Erdmanns Sinne greift HELMHOLTZ die Verwendung des Ausdrucks ‹metamathematisch› positiv auf, indem er erklärt: «Der Namen ist allerdings in ironischem Sinne von Gegnern gegeben, nachgebildet der *Metaphysik*. Da aber die Bearbeiter der *Nicht-Euklidischen Geometrie* deren objective Wahrheit nie behauptet haben, so können sie den Namen sehr wohl acceptiren» [10].

Da die metamathematischen Untersuchungen sich nur auf die Geometrie erstreckten, war statt ‹M.› auch ‹Metageometrie› gebräuchlich. O. LIEBMANN, der diesem Terminus wegen seiner größeren Sachgemäßheit den Vorzug gab, verstand darunter eine allgemeine, die nicht-euklidische Geometrie einschließende Theorie der möglichen Raumesarten als Teilgebiet der Mathematik [11]. Bisweilen hieß ‹Metageometrie› auch schlicht die nicht-euklidische Geometrie [12].

Das heute übliche Verständnis von ‹M.›, das auf D. HILBERT zurückgeht [13], ist in zweifacher Hinsicht umfassender als das des 19. Jh. Zum einen erstreckt es sich nicht nur auf die Geometrie, und zum anderen schließt es auch die euklidische Geometrie ein. Danach ist M. die mathematische Theorie, die beliebige axiomatische Theorien innerhalb der Mathematik zum Gegenstand hat. Soweit dann überhaupt noch von ‹Metageometrie› die Rede ist, versteht man darunter denjenigen Teil der M., der axiomatische Theorien der Geometrie zum Gegenstand hat.

Anmerkungen. [1] Vgl. z. B. SCHMITZ-DUMONT: Zeit und Raum (1875) 32. – [2] Vgl. dazu F. SCHULTZE: Philos. der Naturwiss. (1882) 2, 132-153: «Die metamath. Spekulationen über den Raum», bes. 150. – [3] In lit. Absicht z. B. bei G. TH. FECHNER unter dem Pseudonym Dr. MISES; Kl. Schr. (1875) 260f. – [4] O. LIEBMANN: Zur Anal. der Wirklichkeit (1875, ²1880) 63. – [5] F. ZÖLLNER: Principien einer elektrodynam. Theorie der Materie (1876) LXXXVff. – [6] Vgl. den Bericht über Zöllner bei F. KLEIN: Vorles. über die Entwickl. der Math. im 19. Jh. 1 (1926) 169f.; ferner F. SCHULTZES Polemik a.O. [2] 150ff. – [7] E. DÜHRING: Cursus der Philos. (1875) 68. – [8] B. ERDMANN: Die Axiome der Geometrie. Eine philos. Untersuch. der Riemann-Helmholtzschen Raumtheorie (1877), bes. 124f.: zu Met. und M. – [9] F. KLEIN: Über die sog. Nicht-Euklidische Geometrie II. Math. Ann. 6 (1873) 112-145, bes. 112ff. – [10] H. V. HELMHOLTZ: Über den Ursprung und Sinn der geometr. Sätze; in: Wiss. Abh. 2 (1883) 640; engl. Erstdr. in: Mind 3 (1878) 212. – [11] O. LIEBMANN: Raumcharakteristik und Raumdeduktion. Vjschr. wiss. Philos. 1 (1877); ND in: Zur Analysis der Wirklichkeit (²1880) 74. – [12] So noch bei B. RUSSELL: An essay on the foundations of geometry (1897, ND New York 1956) 53. – [13] Vgl. D. HILBERT: Ges. Abh. 3 (1935, ND New York 1965) 174.   G. GABRIEL

II. Die M. seit HILBERT setzt die Formalisierung der Sprache und der logischen Schlußweisen einer mathematischen Theorie voraus, so daß diese einer exakten mathematischen Untersuchung zugänglich wird. Hiermit ergibt sich relativ zu der formalisierten mathematischen Theorie T_1 eine metamathematische Theorie T_2, die von dem Gegenstand ihrer Untersuchung, der Theorie T_1, zu unterscheiden ist. Diese Unterscheidung ist besonders dann wichtig, wenn eine in ihren Grundlagen problematische Theorie T_1 mit Hilfe einer weniger problematischen Theorie T_2 begründet werden soll, wie es das Hilbertsche Programm (s. d.) vorsieht. Die M. benutzt ausschließlich mathematische Methoden und ist daher selbst ein Gebiet der Mathematik. Ihre Bezeichnung soll sie nur von der formalisierten Mathematik, die sie behandelt, abheben.

Zur M. gehört die Beweistheorie (s. d.), die die Herleitbarkeitseigenschaften von formalen Systemen (s. d.) untersucht. Sie führte zu allgemeinen Sätzen über die Beweisbarkeit und Unbeweisbarkeit mathematischer Aussagen in formal abgegrenzten mathematischen Theorien.

Ein weiterer Problemkreis der M. betrifft Fragen der Berechenbarkeit und Entscheidbarkeit [1]. Mit der metamathematischen Präzisierung des Begriffs der berechenbaren Funktion ergaben sich bestimmte Normalformen für diese Funktionen und genaue Abstufungen zwischen mehr oder weniger elementaren Funktionen und Mengen. In diesem Zusammenhang wurden Entscheidungsverfahren für einzelne mathematische Probleme entwickelt, andere Probleme als grundsätzlich unlösbar nachgewiesen, z. B. das Entscheidungsproblem der mathematischen Logik und das Wortproblem für Gruppen.

Die Modelltheorie [2], die sich mit den Interpretationen und den Fragen der Erfüllbarkeit von Axiomensystemen der Logik und der Mathematik befaßt, ist ebenfalls zur M. zu rechnen. Mit dieser Theorie wurden viele mathematische Begriffe einer vertieften logischen Untersuchung zugänglich. Wichtige Probleme der relativen Widerspruchsfreiheit und Unabhängigkeit von Axiomen der Mengenlehre (s. d.) konnten mit syntaktischen und modelltheoretischen Methoden gelöst werden.

Anmerkungen. [1] Vgl. Art. ‹Algorithmus 2f.›. – [2] Vgl. Art. ‹Modell (log.)›.

Literaturhinweise. A. CHURCH: A note on the Entscheidungsproblem. J. symbol. Logic 1 (1936) 40f. – A. TARSKI, A. MOSTOWSKI und R. M. ROBINSON: Undecidable theories (Amsterdam 1953). – W. ACKERMANN: Solvable cases of the decision problem (Amsterdam 1954). – P. S. NOVIKOV: Algorithm. Unlösbarkeit des Wortproblems in der Gruppentheorie (russ. Moskau 1955). – J. L. BRITTON: The word problem for groups. Proc. London math. Soc. 8 (1958) 493-506. – K. GÖDEL: The consistency of the axiom of choice and of the generalized continuum hypothesis with the axioms of set theory (Princeton 1958). – A. S. KAHR, E. F. MOORE und HAO WANG: Entscheidungsproblem reduced to the AEA case. Proc. Nat. Acad. Sci. USA 48 (1962) 365-377. – P. COHEN: Set theory and the continuum hypothesis (New York 1966). – *Lehrbücher:* S. C. KLEENE: Introd. to M. (Amsterdam 1952, ⁵1964). – W. STEGMÜLLER: Unvollständigkeit und Unentscheidbarkeit (1959, ³1973). – H. HERMES: Aufzählbarkeit, Entscheidbarkeit, Berechenbarkeit (1961, ²1971). – P. LORENZEN: M. (1962). – A. ROBINSON: Introd. to model theory and to the M. of algebra (Amsterdam 1965). – G. TAKEUTI: Proof theory (Amsterdam 1975). K. SCHÜTTE

Metamorphose (griech. μεταμόρφωσις, lat. metamorphosis). – 1. Das Wort ‹M.› begegnet uns in der griechischen Literatur spät. Die lateinische Sprache hat dafür das Wort ‹transfiguratio›, das zuerst bei PLINIUS vorkommt; SENECA kennt schon ‹transfigurari›. Die Vorstellung von der Verwandlung göttlicher oder menschlicher Wesen in Tiere, Pflanzen, Steine ist, wie in anderen Ländern, so auch in Griechenland uralt [1]. P. OVIDIUS NASO ist nicht der erste gewesen, der in Rom Verwandlungssagen poetich behandelte, sondern die M.-Dichtung hatte dort längst ihren Einzug genommen [2]. M. gehört zum Wesen der späteren Mysterien des Altertums. APULEIUS (125 n. Chr.), dessen dem LUKIOS VON PATRAI nachgebildetes Hauptwerk ‹Metamorphoseis› überschrieben ist, gebraucht für Verwandeltwerden meist das Wort ‹reformari› [3]. Im 2. Jh. n. Chr. verfaßte ANTONINUS LIBERALIS ein Werk in Prosa ‹Μεταμορφώσεων συναγωγή›, ein Kompendium der Verwandlungsgeschichten und ihrer Mythologie mit zahlreichen Quellenangaben in 41 Kapiteln [4]. In seinen Vorlesungen über die Ästhetik stellt HEGEL die «Verwandlungen» neben Fabel, Parabel und Sprichwort. Die M. stellen dem Geistigen das Natürliche ausdrücklich gegenüber, «indem sie einem natürlich Vorhandenen, einem Felsen, Thiere, einer Blume, Quelle u.s.f. die Bedeutung geben, ein Herunterkommen und eine Strafe geistiger Existenzen zu seyn». «Der Felsen ist nicht nur Stein, sondern Niobe, die um ihre Kinder weint.» Die Verwandlung zur bloßen Naturerscheinung bedeutet eine Degradation des Geistigen [5].

2. Das *Neue Testament* gebraucht μεταμορφοῦσθαι in der synoptischen Perikope von der Verklärung Jesu (Mk. 9, 2 = Mt. 17, 2). Bei PAULUS taucht das Wort an zwei Stellen auf. 2. Kor. 3, 18: «Wir alle aber schauen mit unverhülltem Antlitz die Herrlichkeit des Herrn im Spiegel und werden so in dasselbe Bild [des Herrn] verwandelt von einer Herrlichkeit zur anderen, wie [das] vom Herrn des Geistes her geschieht.» Ferner Röm. 12, 2: «Laßt euch umgestalten durch die Erneuerung der Vernunft [des Denkens]» [6].

3. «La terre est couverte de métamorphoses», schrieb spöttisch VOLTAIRE im ‹Dictionnaire philosophique› um die Mitte des 18. Jh. Damals schon war ‹M.› ein Modewort für allerlei geworden. In der *Botanik* scheint das Wort zuerst in einer Schrift ‹Lectio de plantarum metamorphosibus› des Römers SINIBALDI 1676 aufzutauchen. Sinibaldi ist Linné vielleicht nicht unbekannt gewesen. Eine gewisser DAHLBERG hat 1755 mit der Dissertation ‹Metamorphosis plantarum› bei ihm den Doktorgrad erworben, auch hat Linnés ‹Philosophia botanica› einen Abschnitt mit dem Titel ‹Metamorphosis vegetabilis› [7]. GOETHE ist selbständig auf die M.-Lehre gekommen [8].

Die Urpflanze ist «das Muster aller Pflanzen». Die Mannigfaltigkeit der Gestalt entspringt daraus, «daß diesem oder jenem Teil ein Übergewicht über die andern zugestanden ist». Hiernach ist es das «Maß der Glieder gegeneinander», was die Besonderheit der Gestalt bestimmt, und Abwandlung der Gestalt ist gleichbedeutend damit, daß «das Verhältnis ihrer Teile verändert» wird. Aus dem allgemeinen Bauplan läßt sich dann die besondere Gestalt eines Tieres oder einer Pflanze ableiten, ja vom selben Typus lassen sich ins «Unendliche» neue Abwandlungen «erfinden». W. TROLL umschreibt dieses «Prinzip der variablen Proportionen» dahin: «Die Mannigfaltigkeit bauplangleicher Organismen beruht auf bloßer Verschiedenheit des Größenverhältnisses, in dem die Glieder zueinander stehen» [9]. Die M.-Gedanken Goethes führt C. A. AGARDH (1785–1859) weiter aus [10]. Als Schüler Schellings baute A. BRAUN (1805–1877) eine botanische Morphologie im Sinne der M.-Lehre auf: «Nur die in allem Wechsel der Darstellung innerlich *eine* Natur der Pflanze kann uns berechtigen, in der Stufenreihe fortschreitender Verjüngungen wirklich eine M., d. h. eine Verwandlungsgeschichte der wesentlich gleichen Grundlage, zu erblicken» [11]. Als Hegelianer sieht H. G. REICHENBACH (1793–1879) in der Allgegenwart der M. das «lebendig fortschreitende Prinzip in der Natur», das sich in der dialektischen Dreiheit der Ordnungen, Familien usw. manifestiert [12]. Für die moderne «idealistische Morphologie» (A. NAEF, E. DACQUÉ, W. TROLL u. a.) ist der Typus die gedachte Form oder Idee, von der sich eine Mehrheit von Gestaltungen durch einfache M. ableiten läßt. Auch in der Anthroposophie R. STEINERS wurde der Gedanke der M. zu kosmologischen Ausmaßen unter Berufung auf *Goethe* ausgeweitet [13].

In der Mitte des 19. Jh. trat dieser M.-Lehre in der Biologie und Naturphilosophie eine Reihe von Forschern entgegen, wie z. B. M. J. SCHLEIDEN und J. SACHS [14]. Heute dient der Ausdruck ‹M.› in der Biologie vor allem zur Bezeichnung des allmählichen und oft unvermittelten Gestaltwechsels zahlreicher Tiere, besonders der Insekten, bis zum vollentwickelten Tier (ontogenetischer Formwechsel).

4. Auch in der *Geologie* bürgerte sich der Ausdruck ‹M.› ein. Die Forschungen des 19. Jh. erweiterten die alte Zweiheit von Eruptiv- und Sedimentgesteinen durch die zunehmende Kenntnis der metamorphen Gesteine in eine Dreiheit [15]. Die Gesteins-M. umfaßt die Gesamtheit der Prozesse, durch welche einzelne oder alle der drei Faktoren Mineralbestand, Struktur und Textur eines bereits vorhandenen Gesteins wesentlich verändert werden [16].

Anmerkungen. [1] Vgl. O. KERN: Die M. in Relig. und Dichtung der Antike, in: Goethe als Seher und Erforscher der Natur, hg. J. WALTHER (1930) 185. – [2] a.O. 197. – [3] 202. – [4] RE 2 (1894). – [5] G. W. F. HEGEL, Vorles. über die Ästh. Werke, hg. GLOCKNER 12 (1927) 521f.; vgl. die ausführliche Darstellung der antiken M. bei J. BURCKHARDT: Griech. Kulturgesch. 1 (1948) 303-313. – [6] Vgl. Theol. Wb. zum NT 4 (1942) 765ff.; ferner Theol. Begriffslex. zum NT 5. Lief. (1967) 540ff. – [7] G. SCHMIDT: Goethes M. der Pflanzen, in: Goethe als Seher ... a.O. [1] 215. – [8] a.O. 216. – [9] W. TROLL: Die Urbildlichkeit der organischen Gestaltung und Goethes Prinzip der variablen Proportionen. N.H. Morphol. (1956) 2, 72ff. – [10] Aus: C. A. AGARDH: Samlade skrifter af blandadt innehall (1863); nach W. ZIMMERMANN: Evolution, in: Orbis academicus (1953) 380. – [11] a.O. 380ff.; außerdem A. BRAUN: Betracht. über die Erscheinung der Verjüngung in der Natur (1851) 64. – [12] ZIMMERMANN, a.O. [10] 391; H. G. L. REICHENBACH: Hb. des nat. Pflanzensystems (1837). – [13] R. STEINER: Geheimwiss. im Umriß (1910); M. des

Seelenlebens (1958). - [14] Vgl. M. J. SCHLEIDEN: Die Pflanze und ihr Leben (⁶1864) 68ff. - [15] Vgl. H. HÖLDER: Geol. und Paläontol., in: Orbis academicus (1960) 201ff. - [16] Vgl. Hb. der Naturwiss. 6 (²1932) 901ff.

Literaturhinweise. A. HANSEN: Goethes M. der Pflanzen (1907). - J. W. GOETHE: Morphol. Schr., hg. W. TROLL (1926) (Gott-Natur); Die M. der Pflanzen, mit Anm. und Einl. hg. R. STEINER (1961). - R. HERTZ: Die M. der Macht. Über die Gültigkeit ästhet. und moral. Werte (1951). - BRIGITTE STEGEMANN: Die M. im Werk Hans Carossas. Eine Fortentwickl. Goethescher Erkenntnisse (Diss. Berlin 1953). - A. PORTMANN: M. der Tiere. Eranos-Jb. 23 (1954) 419-459. - H.-J. SCHRIMPF: Das Prinzip des Zyklus bei Goethe und seine Beziehung zur Lehre der M. (1955). - R. EPPELSHEIMER: Tragik und M. Die trag. Grundstruktur in Goethes Dichtung (Diss. München 1958). - HEDWIG GOLLOB: Die M. des Eros. Die Verwandl. der archaischen Götterwelt in die Götter Homers (1958). - J. TH. LORENZEN: M. in der Entwickl.gesch. von Mensch und Tier (1958). - W. TROLL: Allg. Botanik. Ein Lb. auf vergl.-biol. Grundl. (³1959).

TH. BALLAUFF

Metapher (griech. μεταφορά von μετά und φέρειν übertragen; lat. metaphora, translatio; ital. metafora; span. metáfora; frz. métaphore; engl. metaphor). - 1. ARISTOTELES hat als erster mit Autorität die M. definiert: «Μεταφορά δέ ἐστιν ὀνόματος ἀλλοτρίου ἐπιφορά» (M. ist Übertragung eines fremden Namens). Er unterscheidet in seiner ‹Poetik› [1] weiterhin vier Metapherntypen, je nach der Richtung der Bedeutungsübertragung: 1. von der Gattung auf die Art, 2. von der Art auf die Gattung, 3. von der Art auf die Art, 4. «gemäß der Analogie». Das ist eine sehr weite Definition, die etwa dem heutigen Begriff der Stilfigur entspricht. Dem modernen M.-Begriff im engeren Sinne entspricht nur die an letzter Stelle genannte Übertragung; Aristoteles gibt bereits zu verstehen, daß er sie für die wichtigste hält. Analogie ist hier als Proportionalität zu verstehen: «Wie das Alter sich zum Leben verhält, so verhält sich der Abend zum Tage. Man wird also den Abend 'Alter des Tages' nennen und das Alter 'Abend des Lebens'.» Des weiteren handelt Aristoteles von der M. in seiner ‹Rhetorik› [2]. Er bezieht sich hier auf das berühmte Löwengleichnis aus der ‹Ilias› [3] und macht es zum Paradigma seiner Unterscheidung von Vergleich (εἰκών, «er ist wie ein Löwe») und M. («er ist ein Löwe»). Der Vergleich und das ausgeformte Gleichnis eignen sich für die Dichtung, die M. mehr für die Rede in Prosa. Kriterium für gute Anwendung der M. bleibt, wie in der Poetik, die Umkehrbarkeit des Bildes im Sinne der Analogie. Gute M. zu bilden, ist eine intellektuelle Kunst; sie erfordert Ingenium [4].

Da Aristoteles von der M. nur in seiner ‹Poetik› und ‹Rhetorik› handelt, ist die M. in der Tradition bis ins 18. Jh. hinein fast ausschließlich als rhetorische Figur betrachtet worden. In der nacharistotelischen Rhetorik gilt die M. als eine der Tropen (τρόποι = «verba alia pro aliis») und bleibt im Sinne der aristotelischen Analogie-M. eingegrenzt auf solche Wortübertragungen, denen eine Ähnlichkeit, ein tertium comparationis, zugrunde liegt.

Die lateinischen Autoren übernehmen den Begriff meistens in latinisierter Form als ‹translatio›. So der anonyme Auctor ad Herennium: «Translatio est cum verbum in quandam rem transfertur ex alia re» (Eine Übertragung liegt vor, wenn ein Wort von einer Sache auf eine andere Sache übertragen wird) [5]. CICERO übersetzt das griechische εἰκών mit ‹similitudo› und definiert dann im Sinne der aristotelischen ‹Rhetorik› die M.: «Similitudinis est ad verbum unum contracta brevitas» (Sie ist die auf ein einziges Wort zusammengedrängte Kurzform eines Gleichnisses) [6]. Er warnt den Redner vor übertrieben üppiger Bildlichkeit (Asianismus) [7].

Für die rhetorische Schultradition ist vor allem QUINTILIAN [8] maßgeblich geworden. Er sieht deutlich die universale Bedeutung des Phänomens: «paene iam quidquid loquimur figura est» (fast alles, was wir reden, ist bildlich). Für die M. im engeren Sinne macht er das Löwen-Beispiel zum Schulbeispiel und definiert: «In totum autem M. brevior est similitudo» (Im ganzen aber ist die M. ein kürzeres Gleichnis). Bei Quintilian lernt man auch eine neue Typologie der M., wiederum nach der Übertragungsrichtung: 1. vom Belebten auf Belebtes, 2. von Unbelebtem auf Unbelebtes, 3. von Belebtem auf Unbelebtes, 4. von Unbelebtem auf Belebtes. In der späteren Tradition gilt die Übertragung eines Belebten auf Unbelebtes («Beseelung») als besonders wertvoll.

Als «uneigentliche» Rede wird die M. von den Logikern übergangen; eine M. gilt nicht als Prädikation. Die Theologen betrachten die M. gleichfalls mit Mißtrauen. AUGUSTINUS erörtert sie in seiner Schrift ‹Contra mendacium› und definiert dort die M. als «de re propria ad rem non propriam verbi alicuius translatio» (Übertragung irgendeines Wortes von der passenden Sache auf die nicht passende) [9]. Er wehrt sich jedoch dagegen, alle M., Bilder, Tropen und die Allegorien der Bibel einfach als Lügen abzutun. - Bei aller theologischen Anerkennung der allegorischen Schriftauslegung hält sich THOMAS VON AQUIN als Philosoph an die Regel: «Ex tropicis locutionibus non est assumenda argumentatio» (Den tropischen Reden ist keine Beweisführung zu entnehmen) [10]. Was die Analogie betrifft, die einer M. zugrunde liegt, so unterstreicht Thomas, daß sie jeweils nur in dem einen Merkmal gilt, das die M. konstituiert: «In metaphoricis locutionibus non oportet attendi similitudinem quantum ad omnia» (Bei Gleichnissen braucht der Vergleich nicht in allem zu stimmen) [11]. Es gilt seitdem in der Philosophie wie auch in den exakten Wissenschaften als fehlerhaft, sich einer an M. reichen Sprache zu bedienen. - DIDEROT nimmt in einem Dialog einmal eine philosophische Ausdrucksweise an und begründet das so: «Je reviens au ton de la philosophie à qui il faut des raisons et non des comparaisons» [12]. Er spielt an auf das französische Sprichwort: «Comparaison n'est pas raison.» Vergleiche gelten ihm als «die Argumente der Frauen und Dichter» [13]. - VOLTAIRE wehrt mehrfach in der Disputation metaphorische Argumente ab mit der Begründung, man dürfe sich durch Bilder nicht «blenden» lassen [14]. Vergleiche, die er dem Intellekt (esprit) zuordnet, mögen noch zulässig sein; die M. ist demgegenüber verdächtiger, da sie Ausdruck des Affektes (passion) sei [15]. - Ähnlich urteilt in Deutschland GELLERT, der sich damit begnügt, «dem, der nicht viel Verstand besitzt, / die Wahrheit durch ein Bild zu sagen» [16]. Die Verdächtigung der M. als nicht-rationale und unwissenschaftliche Form der Rede präzisiert sich im 19. Jh. in einer allgemeinen Erkenntniskritik. So bei NIETZSCHE: «Das Erkennen ist nur ein Arbeiten in den beliebtesten M.» [17]. Nietzsche stellt die M. auch wieder in die Nähe der Lüge: «Was ist also Wahrheit? Ein bewegliches Heer von M., Metonymien, Anthropomorphismen, kurz eine Summe von menschlichen Relationen, die, poetisch und rhetorisch gesteigert, übertragen, geschmückt wurden, und die nach langem Gebrauch einem Volke fest, kanonisch und verbindlich dünken» [18]. Im 20. Jh. wird die Verdächtigung der M. im ganzen seltener; diese gilt aber immer noch gelegentlich als «Indiz unklaren Denkens» [19]. Der

Sprachpsychologe FR. KAINZ prägt den Ausdruck ‹Sprachverführung› und rechnet auch die M. zu den Lügenerscheinungen im Sprachleben [20]. In WITTGENSTEINS Sprachkritik bestärkt auch die M. den Unsinnigkeitsverdacht gegen metaphysische Sätze [21]. Der Amerikaner M. BLACK faßt die philosophische Achtung der M. scherzhaft in dem Gebot zusammen: «Thou shalt not commit M.» [22].

Anmerkungen. [1] ARISTOTELES, Poetik 21, 1457 b. – [2] Rhet. III, 4, 1406 b-1407 a. – [3] HOMER, Ilias XX, 158-177. – [4] ARISTOTELES, Poetik 22, 1459 a. – [5] Rhet. ad Herennium IV, 34, 45. – [6] CICERO, De orat. III, 157. – [7] Orator 79-82. – [8] QUINTILIAN, Inst. orat. IX, 3, 1; VIII, 6, 8f. – [9] AUGUSTIN, De mendacio 10. – [10] THOMAS VON AQUIN, Expos. super Boeth. de Trin., prooem. q. 2, a. 3 ad 5. – [11] S. theol. III, 8, 1 ad 2. – [12] D. DIDEROT: Lettre sur les sourds et les muets I. Oeuvres compl. 1 (Paris 1875) 368. – [13] Le rêve de d'Alembert. Bibl. de la Pléiade (Paris 1951) 928. – [14] VOLTAIRE: Dialogues entre Lucrèce et Posidonius, in: Mélanges. Bibl. de la Pléiade (Paris 1961) 327f.; ähnlich E. B. DE CONDILLAC, der zwischen einem «style d'image» und einem «style d'analyse» unterscheidet. Oeuvres philos. 1 (Paris 1947) 601. – [15] VOLTAIRE, Komm. zu CORNEILLE, Horace III, 1. Oeuvres compl. 31 (Paris 1880) 295. – [16] C. F. GELLERT: Sämtl. Fabeln und Erzähl. (1965) 55: ‹Die Biene und die Henne›. – [17] FR. NIETZSCHE, Musarion-A. 6, 57. – [18] Über Wahrheit und Lüge im außermoral. Sinne (1873). Musarion-A. 6, 81; vgl. S. KOFMAN: Nietzsche et la M., in: Poétique 2 (1971) 77-98. – [19] L. S. STEBBING: A modern introd. to logic (New York 1930). – [20] FR. KAINZ: Lügenerscheinungen im Sprachleben, in: Die Lüge, hg. O. LIPMANN/P. PLAUT (1927) 212-243. – [21] L. WITTGENSTEIN, Philos. Untersuch. §§ 112. 115. – [22] M. BLACK: Models and M. (Ithaca 1962) 25.

2. Eine starke Gegenbewegung setzt seit dem 18. Jh. der Verachtung der M. eine Hochschätzung der M. als originaler Denkform entgegen. Sie beginnt in *Italien* mit G. VICO, der die M. als «una picciola favoletta» auffaßt, gleichursprünglich mit den ausgebildeten Mythen und Fabeln der Frühzeit. Er wendet sich scharf gegen die (rationalistischen) Grammatiker, die die nüchterne Sprache der Prosa und Wissenschaft als ‘eigentliche’, die Sprache der Poesie als ‘uneigentliche’ Rede interpretieren. Die Bildersprache des Mythos und der Dichtung sei vielmehr die ursprüngliche Sprache der Menschheit und Ausdruck der «sapienza poetica». Die M. der modernen Sprachen sind nach Vico erhabene Relikte der poetischen Ursprache und verdienen Pflege. Er greift in diesem Zusammenhang auf Quintilian zurück und stellt fest, daß fast das gesamte Vokabular der Sprachen aus M. zusammengesetzt ist: «generalmente la M. fa il maggior corpo delle lingue appo tutte le nazioni» [1].

Ähnliche Überlegungen stellt in *Frankreich* ROUSSEAU an: «Pour peu qu'on ait de chaleur dans l'esprit, on a besoin de M.s et d'expressions figurées pour se faire entendre.» Er versteht – wie Voltaire – die M. als Ausdruck des Affektes, kehrt jedoch die Wertung um. Die affektive, an M. reiche Sprache hat hohen geistigen Rang als Ursprache des Menschengeschlechts. Unter den gegenwärtigen Sprachen stehen die Sprachen südlicher Nationen diesem Urzustand näher als die Sprachen des Nordens und sind daher reicher an M. [2].

In *Deutschland* beginnt die Rehabilitierung der M. mit HAMANN, für den die M. – er sagt jedoch vorwiegend ‹Bild›, ‹Gleichnis› oder ‹Allegorie› – ein zentraler Begriff seines philosophischen und theologischen Denkens ist. Er faßt das Wort überhaupt als Bild auf; Sprechen ist für ihn Abbilden des Göttlichen [3]. Von Rousseau und Hamann angeregt, sieht HERDER in den «starken, kühnen M.» der ersten Sprachen den Drang und das Bedürfnis der Menschen, Ideen und Begriffe sinnlich zu benennen [4]. GOETHE spricht im Sinne Vicos von den «ersten notwendigen Urtropen» [5]. Auf Vico bezieht sich gleichfalls JEAN PAUL, wenn er die M. als die ursprüngliche Ausdrucksform der Sprachen bezeichnet, die sich erst allmählich zum eigentlichen Ausdruck «entfärbt» hat. Viel zitiert wird sein Satz (nach Quintilian und Vico): «Daher ist jede Sprache in Rücksicht geistiger Beziehungen ein Wörterbuch erblasseter M.» Er lobt an der M. insbesondere, daß sie die leblosen Dinge zu personifizieren vermöge, und definiert sie als «verkürzte Personifikation» [6].

BERGSON empfiehlt, sich nicht durch die angeblich unbildliche Sprache der Wissenschaften täuschen zu lassen. Oft verstecke sich hinter abstrakter Sprache eine unbewußte, verräumlichende M., während demgegenüber die ausdrückliche M. einen geistigen Gegenstand durchaus adäquat, nämlich als «vision directe» bezeichnen könne [7]. – Mit Entschiedenheit bekennt sich auch ORTEGA Y GASSET zur M. als einem Instrument geistiger Erkenntnis: «La M. es un instrumento mental imprescindible, es una forma del pensamiento científico» [8]. – Ähnlich urteilen andere: Nicht nur sind «wir unentrinnbar in die Bildhaftigkeit eingeschlossen» (W. WEISCHEDEL [9]), sondern «alle gedanklichen Fortschritte haben sich mit Hilfe von Bildlichkeit vollzogen» (O. GIERKE [10]).

Die tiefverwurzelte sprachliche Metaphorik ist auch für H. BLUMENBERG Ausgangspunkt seiner *Metaphorologie*. Sie ist eine historische Wissenschaft solcher M., die in der Geschichte der Philosophie und der Wissenschaften als genuine Denkmodelle die Erkenntnis befördert haben. Er nennt sie «absolute M.» und betrachtet sie als ebenso eigentlich wie die Begriffe. Die Metaphorologie ist daher ein Teilbereich der Begriffsgeschichte; da die Metaphysik oft nur eine «beim Wort genommene Metaphorik» ist, tritt die Metaphorik nach einem zu erwartenden Schwund der Metaphysik mit verstärktem Nachdruck auf den Plan [11].

Anmerkungen. [1] G. VICO: Principi di una sci. nuova (1725) bes. II, 2, 2; II, 2, 4; vgl. G. TAGLIACOZZO (Hg.): G. Vico. An int. symposium (Baltimore 1969). – [2] J.-J. ROUSSEAU, La nouvelle Héloïse II, 16; Disc. sur l'origine de l'inégalité ... (1755) cap. III; Essai sur l'origine des langues (1781) cap. 9. 10. – [3] Vgl. K. GRÜNDER: Figur und Gesch. Johann Georg Hamanns ‘Bibl. Betracht.’ als Ansatz einer Geschichtsphilos. (1958) 156f. 168f. – [4] Vgl. bes. J. G. HERDER: Über den Ursprung der Sprache (1772). Sämtl. Werke, hg. B. SUPHAN 5 (1891) 71; Sprachphilos., hg. E. HEINTEL (1960) 46; vgl. 117. – [5] GOETHE, West-östl. Divan, Noten. Hamburger A. 2, 179. – [6] J. PAUL, Vorschule der Ästh. § 50; vgl. H. BOSSE: Vorfragen zur Metaphorik bei Jean Paul. Dtsch. Vjschr. Lit.wiss. u. Geistesgesch. 45 (1971) 326-349. – [7] H. BERGSON, La pensée et le mouvant (1934) 52. – [8] J. ORTEGA Y GASSET, Obras compl. (Madrid 1954) 2, 387; vgl. Bde. 3. 6. – [9] W. WEISCHEDEL: Abschied vom Bild, in: Erziehung zur Menschlichkeit. Festschr. E. Spranger (1957) 625. – [10] O. GIERKE: Das Wesen der menschl. Verbände (1902) 16. – [11] H. BLUMENBERG: Paradigmen zu einer Metaphorol. Arch. Begriffsgesch. 6 (1960).

3. Innerhalb der *Poetik* und *Rhetorik* ist der Ort der M. begrenzt durch die Nachbarfiguren der Metonymie, Periphrase, Synekdoche, Antonomasie, Emphase, Litotes, Hyperbel und Ironie [1]. Die über ein längeres Textstück fortgesetzte M. oder «metaphora continuata» heißt in der Rhetorik ‹allegoria› [2]. Die M. gilt dabei grundsätzlich als Schmuck (κόσμος, ornatus) der Rede; das Maß ihrer Anwendung ist der angestrebten Wirkung auf den Zuhörer oder Leser untergeordnet. CICERO räumt jedoch ein, daß in manchen Situationen kein eigentlicher Ausdruck

zur Verfügung steht, so daß eine M. «inopiae causa» notwendig wird [3]; eine solche M. heißt ‹Katachrese› (κατάχρησις, abusio). In allen Fällen aber empfehlen Cicero und die an ihm orientierten Theoretiker der Rhetorik eine diskrete Mäßigung im M.-Gebrauch. «Attizistischer» Stil erweist sich in der Wahrung der Schicklichkeit (πρέπον, decorum); M. dürfen nicht aus einer anderen Stillage [4] genommen und sie sollen nicht von weither geholt werden: «videndum est ne longe simile sit ductum» [5]. Die M. soll zurückhaltend (pudens) sein, nicht kühn (licentius translatum) und verwegen [6]. Wenn aber eine solche M. dennoch nicht zu vermeiden ist, empfehlen die Lehrmeister der Rhetorik eine Milderungsformel des Typus «ut ita dicam», «sozusagen» [7].

Im europäischen *Manierismus* und in der *Barockliteratur* wird dieses Gebot außer Kraft gesetzt. Der Italiener E. TESAURO (17. Jh.) stellt die M., und zwar gerade die weither geholte, kühne M. in die Mitte seiner ingeniösen Erfindungskunst. Für ihn ist die M. die bevorzugte Form des Scharfsinns: «la gran madre di tutte le argutezze». Er unterscheidet drei M.-Typen: 1. die Wort-M. (metafora semplice), 2. die Text-M. (metafora continuata oder allegoria), 3. die Gedanken-M. Unter Gedanken-M. versteht er das Enthymem, definiert als ein um die zweite Prämisse verkürzter Syllogismus. Das Enthymem gilt als poetische und ingeniöse Form des logischen Schließens [8].

In der *klassizistischen* Reaktion auf die kühne Metaphorik des manieristischen und barocken Zeitalters tadeln die Autoren insbesondere die Dunkelheit der weither geholten M. sowie die preziöse Geziertheit der allzu weit zur Allegorie fortgesetzten M. [9]. Die Metaphorik wird nun spröde und stereotyp. Erst im Widerspruch gegen Klassizismus und Aufklärung erlauben sich die Dichter wieder größere Freiheiten in der Bildersprache. GOETHE will die M. nicht mehr isoliert als rhetorische Figur betrachtet wissen, sondern «im Sinn und Zusammenhang des Ganzen» [10]. Er orientiert die M. als Symbol oder Gleichnis auf die Anschauung hin und spricht ihr eminent poetische Qualitäten zu, im Gegensatz zur M. als Allegorie oder Tropos, die dem Verstand nur einen unpoetischen Begriff liefert. Berühmt geworden sind die beiden folgenden Maximen: «Die Symbolik verwandelt die Erscheinung in Idee, die Idee in ein Bild, und so, daß die Idee im Bild immer unendlich wirksam und unerreichbar bleibt, und, selbst in allen Sprachen ausgesprochen, doch unaussprechlich bliebe.» – «Die Allegorie verwandelt die Erscheinung in einen Begriff, den Begriff in ein Bild, doch so, daß der Begriff im Bilde immer noch begrenzt und vollständig zu halten und zu haben und an demselben auszusprechen sei» [11].

Goethes Urteil hat auf lange Zeit die Rezeption des christlich-mittelalterlichen Allegorie-Begriffes (auch Typologie genannt [12]) in der *modernen* M.-Kritik verhindert. Erst W. BENJAMIN hat den Anstoß zur Rehabilitierung der Allegorie im Rahmen einer umfassenden Metaphorik gegeben [13].

In *Frankreich* kommt es um die Mitte des 19. Jh. zunächst in der Lyrik, dann auch in anderen Gattungen, zu einer Blüte der poetischen Metaphorik unter der Denomination des Symbolismus. Der Symbolismus beginnt mit BAUDELAIRE und wird mit VERLAINE Schulbezeichnung. Symbole im Sinne dieses Symbolismus sind poetische Leit-M. mit archetypischen Ansprüchen und hohen Rekurrenzwerten: M. als «Schlüsselwörter». Im Laufe der weiteren Entwicklung weichen die einzelnen Autoren immer stärker von der gesamteuropäischen M.-Tradition ab und entwickeln, teilweise im bewußten Rückgriff auf die barocke Metaphorik, den Ehrgeiz, kühne M. zu bilden. Als kühn gelten insbesondere solche M., deren Glieder aus weit entfernten Bereichen zusammengezwungen sind: LAUTRÉAMONTS «Nähmaschine auf dem Operationstisch» [14]. A. BRETON macht die Kühnheit der M. zum Programmpunkt des Surrealismus und schreibt: «Comparer deux objets aussi éloignés que possibles l'un de l'autre, ou, par toute autre méthode, les mettre en présence d'une manière brusque et saisissante, demeure la tâche la plus haute à laquelle la poésie puisse prétendre ... Plus l'élément de dissemblance immédiate paraît fort, plus il doit être surmonté et nié» [15]. Der Vergleich gilt nun als unpoetisch und «kleinbürgerlich» (BLOCH) gegenüber der direkten, ohne Vergleichspartikel gebildeten M. Kompositionsziel ist die «absolute M.», in der englisch-amerikanischen Literatur schlicht-emphatisch «image» genannt, die seit RIMBAUD und E. POUND als erreichbar gilt [16].

Seit dem ‹Futuristischen Manifest› (1909) schwingt das Pendel zurück. In Deutschland formuliert der Expressionist C. STERNHEIM die Parole «Kampf der M.!», und der Naturalist A. DÖBLIN will sich als Prosaschriftsteller «die Bilder verkneifen» [17]. In Frankreich fordert der Romancier A. ROBBE-GRILLET einen «Neuen Roman» ohne M.-Geklingel [18]; in Polen schreibt der Lyriker Z. HERBERT in einem Gedicht (unter Anspielung auf das traditionelle Schulbeispiel): «Ich möchte den Mut beschreiben / ohne den staubigen Löwen hinter mir herzuziehen» [19].

Anmerkungen. [1] Vgl. H. LAUSBERG: Hb. der lit. Rhet. 1. 2 (1960) §§ 552-598. – [2] QUINTILIAN, Inst. orat. VIII, 6, 44: zu HORAZ, Carm. I, 14. – [3] CICERO, Orator 92-94. – [4] a.O. 82; vgl. die drei Stillagen: stilus sublimis, mediocris, humilis. – [5] De orat. III, 163. – [6] Rhet. ad Herennium IV, 34, 45. – [7] CICERO, De orat. III, 165; vgl. QUINTILIAN, Inst. orat. VIII, 3, 67. – [8] E. TESAURO: Il Cannocchiale Arist., hg. A. BUCK (1968) 82. 266; vgl. E. RAIMONDI: Ingegno e M. nella poetica del Tesauro. Il Verri (1958) 53-75. – [9] Vgl. M. WINDFUHR: Die barocke Bildlichkeit und ihre Kritiker (1966). – [10] GOETHE, a.O. [5 zu 2] 2, 263. – [11] Maximen und Refl. 749. 750. Hamburger A. 12, 470f. – [12] E. AUERBACH: Figura, in: Ges. Aufs. zur Roman. Philol. (1967) 55-93. – [13] W. BENJAMIN: Ursprung des dtsch. Trauerspiels (1928) Kap. ‹Allegorie und Trauerspiel›. Ges. Schr. 1 (1974) 336ff. – [14] Vgl. H. WEINRICH: Semantik der kühnen M. Dtsch. Vjschr. Lit.-wiss. u. Geistesgesch. 37 (1963) 325-344. – [15] A. BRETON: Les vases communicants (Paris ⁵1955) 148 n. – [16] E. BLOCH: Vergleich, Gleichnis, Symbol. Neue Rdsch. 71 (1960) 138; vgl. B. ALLEMANN: Die M. und das metaph. Wesen der Sprache, in: Welterfahrungen in der Sprache 1, Weltgespräch 4 (1968) 29-43; G. HUGHES: Imagism and the imagists (Stanford 1931, ²1960). – [17] C. STERNHEIM, Ges. Werke 6, hg. von W. EMRICH (1966) 32-38; A. DÖBLIN: Aufs. zur Lit. (1963) 103-132. – [18] A. ROBBE-GRILLET: Pour un Nouveau Roman (Paris 1963) 49f. – [19] Z. HERBERT: Gedicht ‹Ich möchte beschreiben›, in: Gedichte aus zehn Jahren (1967) 168.

4. Seit der Begründung der linguistischen Semantik durch M. BRÉAL im ‹Essai de sémantique› (1897) betrachtet die *Linguistik* die M. als linguistisches Problem. In der ersten, historisch orientierten Phase der Semantik findet die M. hauptsächlich Interesse als mögliche Ursache des Bedeutungswandels. Nach H. WERNERS Versuch, den Ursprung der M. aus dem Tabu zu erklären [1], ist es jedoch unter Linguisten um die Ursprungsfrage still geworden. Spätere Semantiker versuchen sich an einer neuen Klassifizierung der M. nach linguistischen Kategorien [2]. Schule gemacht hat I. A. RICHARDS' Unterscheidung von Bildspender (vehicle) und Bildempfänger (te-

nor) sowie der gemeinsamen Basis (ground) [3]. Die strukturale Linguistik hat in ihren Anfängen zusammen mit der Semantik auch die Metaphorik vernachlässigt. Seit den ausgehenden 1950er Jahren hat jedoch eine lebhafte Diskussion um den linguistischen Status der M. eingesetzt [4]. Die Analyse richtet sich insbesondere auf die grammatischen Formen der M. (BROOKE-ROSE, OKSAAR), auf Merkmal-Komponenten (BICKERTON, ABRAHAM, BRAUNMÜLLER), Formen der Systembildung wie Bildfelder und Bildreihen (ULLMANN, SCHLEINER), textuelle Determinationsregeln (PETÖFI), rhetorische Wirkungsfaktoren (TODOROV, COHEN), Leistungen als wissenschaftliche Denkmodelle (BLUMENBERG, KUHN, DERRIDA) sowie Homologien mit der Handlungswelt (FRESE).

Nachhaltig hat seit Freud die Begegnung zwischen Metaphorik und Psychoanalyse gewirkt. Verschiedene *Literarhistoriker* haben bei der Interpretation literarischer Werke die bevorzugten M. eines Autors als Indizien für eine unbewußt dominante Thematik in der Psyche des Autors aufgefaßt [5]. Die gleiche Methode soll auch erlauben, leitmotivische Strukturen in der kollektiven Psyche einer Sprachgemeinschaft oder kollektive Archetypen aufzufinden [6]. Diese Methode ist jedoch auf starke Kritik gestoßen [7]. Neuerdings wird das Phänomen der M. auch von der psychologischen *Verhaltensforschung* beobachtet und als Indiz für Interaktion sozialpsychologisch interpretiert [8].

Anmerkungen. [1] H. WERNER: Die Ursprünge der M. (1919). – [2] Vgl. HUGO MEIER: Die M.: Versuch einer zusammenf. Betracht. ihrer linguist. Merkmale (Diss. Zürich 1963); G. F. PASINI: Lo studio delle M. Lingua e Stile 3 (1968) 71-89. – [3] I. A. RICHARDS: The philos. of rhet. (New York 1936, ²1965). – [4] Vgl. Lit. 1958-1972. – [5] Bes. C. SPURGEON: Shakespeare's imagery (Cambridge 1935, ²1952); K. BURKE: The philos. of lit. form (Baton Rouge, La. 1941). – [6] W. PORZIG: Aischylos. Die att. Tragödie (1926); M. ELIADE: Images et symboles (Paris 1952). – [7] Erstmalig bei M. PRAZ, Rez. mehrerer Neuerschein. Engl. Stud. 18 (1936) 177-181. – [8] Vgl. S. ASCH: The M. – a psychol. inquiry, in: R. TAGIURI/L. PETRULLO (Hg.): Person perception and int. behavior (Cambridge, Mass. 1958) 86-94; H. NASH: The rôle of M. in psychol. theory. Behav. Sci. 8 (1963) 336-345.

Literaturhinweise. C. DU MARSAIS: Des tropes ou des différents sens dans lesquels on peut prendre un même mot dans une même langue (Paris 1730). – J. J. BREITINGER: Crit. Abh. von der Natur, den Absichten und dem Gebrauche der Gleichnisse (1740, ND 1967). – R. EUCKEN: Über Bilder und Gleichnisse in der Philos. (1880). – A. JÜLICHER: Die Gleichnisreden Jesu 1 (1886, ²1899); 2 (1899). – A. BIESE: Die Philos. des Metaphor. (1893). – W. STÄHLIN: Zur Psychol. und Statistik der M. Arch. ges. Psychol. 31 (1913) 297-425. – H. WERNER s. Anm. [1 zu 4]. – H. W. WELLS: Poetic imagery (New York 1924, ²1961). – H. PONGS: Das Bild in der Dichtung 1. 2 (1927/1939, ²1960). – G. ASSFAHL: Vergleich und M. bei Quintilian (1932). – I. A. RICHARDS s. Anm. [3 zu 4]. – W. B. STANFORD: Greek M. (Oxford 1936). – W. M. URBAN: Lang. and reality (London 1939, ³1961). – P. LOUIS: Les M. de Platon (Paris 1945). – C. DAY LEWIS: The poetic image (London 1947). – E. R. CURTIUS: Europ. Lit. und lat. MA (1948, ⁹1978). – H. HEMPEL: Origine et essence de la M. Rev. Lang. vivantes 18 (1952) 166-179. – S. ASCH: On the use of M. in the descript. of persons, in: H. WERNER (Hg.): On expressive lang. (1955) 544f.; s. Anm. [8 zu 4]. – E. COSERIU: La creación metafór. en el lenguaje (Montevideo 1956); dtsch. in: Sprache – Strukturen und Funktionen (1970). – W. KILLY: Wandl. des lyrischen Bildes (1956, ²1958). – H. BLUMENBERG: Licht als M. der Wahrheit. Stud. gen. 10 (1957) 432-447; s. Anm. [11 zu 2]; Beobachtungen an M. Arch. Begriffsgesch. 15 (1971) 161-214. – G. WEISCHEDEL s. Anm. [9 zu 2]. – C. BROOKE-ROSE: A grammar of M. (London 1958, ²1965). – H. WEINRICH: Münze und Wort. Untersuch. an einem Bildfeld, in: Romanica. Festschr. Rohlfs (1958) 508-521; s. Anm. [14 zu 3]; Linguistik der Lüge (1966, ⁴1970); Semantik der M. Folia linguist. 1 (1967) 3-17. – H. SCHEUERL: Über Analogien und Bilder im pädag. Denken. Z. Pädag. 5 (1959) 211-223. – J. DERBOLAV: Das Metaphor. in der Sprache, in: Philos. der Wirklichkeitsnähe. Festschr. R. Reininger (1949) 80-113. – V. VÄÄNÄNEN: M. rajeunies et M. ressuscitées. Atti VIII Congr. Studi Romanzi 2 (Florenz 1960) 471-476. – F. VONESSEN: Die ontol. Struktur der M. Z. philos. Forsch. 13 (1959) 397-418. – ST. ULLMANN: The image in the modern French novel (Cambridge 1960). – G. ANTOINE: Pour une méthode d'analyse stylist. des images, in: Lang. et litt. Actes du VIIIe Congr. Féd. int. des Lang. et Litt. mod. (Paris 1961) 151-164. – M. J. BAYM: The present state of the study of M. Books abroad 35 (1961) 215-219. – M. BLACK s. Anm. [22 zu 1]. – T. S. KUHN: The structure of sci. revolutions (Chicago/London 1962, dtsch. 1967). – T. PAVEL: Notes pour une descript. structurale de la M. poétique. Cahiers Linguist. théorique et appl. 1 (1962) 185-207. – PH. WHEELWRIGHT: M. and reality (Bloomington, Ind. 1962). – HUGO MEIER s. Anm. [2 zu 4]. – J. FÓNAGY: Die M. in der Poetik (1963). – H.-H. LIEB: Der Umfang des hist. M.-Begriffs (Diss. Köln 1964). – M. A. McCLOSKEY: M. Mind 72 (1964) 215-233. – V. PÖSCHL (Hg.): Bibliogr. zur antiken Bildersprache (1964). – B. LAURETANO: Ambiguità e M. (Neapel 1964). – M. HARDT: Das Bild in der Dichtung (1966). – K. LANGE: Geistl. Speise. Unters. zur Metaphorik der Bibelhermeneutik. Z. dtsch. Altertum und dtsch. Lit. 95 (1966) 81-122. – M. WINDFUHR s. Anm. [9 zu 3]. – T. TODOROV: Tropes et figures, in: To honor R. Jakobson (Den Haag/Paris 1967) 2006-2023. – J. FRESE: Sprechen als M. für Handeln, in: H.-G. GADAMER (Hg.): Das Problem der Sprache (1967) 45-55. – B. ALLEMANN s. Anm. [16 zu 3]. – H. HECKHAUSEN, U. SUERBAUM, H. WEINRICH u.a.: Die M. Bochumer Diskussion. Poetica 2 (1968) 100-130. – G. F. PASINI s. Anm. [2 zu 4]. – H. HENEL: M. and meaning, in: The disciplines of criticism, hg. P. DEMETZ u.a. (New Haven/London 1968) 93-123. – D. BIKKERTON: Proleg. to a linguistic theory of M. Foundations of Lang. 5 (1969) 34-52. – J. S. PETÖFI: On the structural analysis and typol. of poetic images, in: F. KIEFER (Hg.): Stud. in syntax and semantics (Dordrecht 1969) 187-230. – E. OKSAAR: Zur Frage der grammat. M., in: Festschr. H. Moser (1970) 131-145. – J. COHEN: Théorie de la figure. Communications 16 (1969) 3-25. – T. TODOROV: Synecdoques. Communications 16 (1970) 26-35. – W. SCHLEINER: The imagery of John Donne's sermons (Providence 1970). – W. INGENDAHL: Der metaphor. Prozeß (1971). – J. DERRIDA: La mythol. blanche (La M. dans le texte philos.). Poétique 2 (1971) 1-52. – W. A. SHIBLES: An analysis of M. in the light of W. A. Urban's theories (Den Haag 1971); M. An annotated bibliogr. and hist. (Whitewater 1971). – A. HENRY: Métonymie et M. (Paris 1971). – E. GÜTTGEMANNS: Die linguist.-didakt. Methodik der Gleichnisse Jesu, in: Studia linguist. neotestamentica (1973) 99-183. – W. ABRAHAM/K. BRAUNMÜLLER: Stil, M., Pragmatik. Lingua 28 (1971/72) 1-47. – G. BREITENBÜRGER: M. Die Rezeption des arist. Begriffs in den Poetiken des Cinquecento (1975). – K. STIERLE: Text als Handlung (1975) 152-185: Aspekte einer Theorie der M. – W. KÖLLER: Semiotik und M. (1975). – P. RICŒUR: La M. vive (Paris 1975). – J. NIERAAD: «Bildgesegnet und bildverflucht». Forsch. zur sprachl. Metaphorik (1977).
H. WEINRICH

Metaphysik (griech. τὰ μετὰ τὰ φυσικά, lat. metaphysica, ital. metafisica, span. metafísica, frz. métaphysique, engl. metaphysics)

I. «Fast alles in Sachen M. ist» – wie W. H. WALSH erklärt [1] – «kontrovers, und es ist daher nicht überraschend, daß es unter denen, die sich selbst Metaphysiker nennen, wenig Übereinstimmung darüber gibt, was genau es ist, worum es ihnen geht.»

Aber wenn es auch kontrovers bleibt, was M. ist und sein kann, so läßt sich, was M. gewesen ist und was als ihr Wesen, Gegenstand und Ziel angesehen wurde, doch leichter und problemloser historisch ermitteln und ausweisen. Darum geht es in der folgenden Begriffsgeschichte von ‹M.›, die freilich auch nicht lediglich Begriffsbestimmungen zitieren wird. Bekanntlich ist auch in der historischen Forschung umstritten, wie die aristotelische Bestimmung des Gegenstandes der M. des näheren zu verstehen sei. Dazu soll ein neuer Lösungsvorschlag, der sich jedoch auf die hier ohnehin anzuführende Auslegung ALEXANDERS VON APHRODISIAS stützt, dargelegt werden. Aber grundsätzlich müssen im Bemühen um begriffsgeschichtliche Entwicklungen Referate den Vorrang vor Interpretationen haben, obwohl sich beides oft nicht trennen läßt. Das gilt vor allem für die Knoten- und Wendepunkte dieser Begriffsgeschichte, die im *Neuplatonismus,* bei THOMAS VON AQUIN, DUNS SCOTUS, DESCARTES als dem Vater der neuzeitlichen M. und bei KANT liegen, dessen Vernunftkritik ja nicht wie der «Skeptizismus ... mit der ganzen M. kurzen Prozeß» machen, sondern verstanden werden soll als «die notwendige vorläufige Veranstaltung zur Beförderung einer gründlichen M. als Wissenschaft» [2].

Wenn M. in ihrer Geschichte auch oft – und bekanntlich schon an ihrem Anfang bei ARISTOTELES, der sie u. a. «Erste Philosophie» nannte – unter anderen Namen auftrat, so ist doch ‹M.›, und nicht ‹(philosophische) Theologie›, ‹Epopteia›, ‹(spekulative) Logik› oder ‹Religionsphilosophie›, die wichtigste Bezeichnung für die philosophische Grundwissenschaft. Während die neuzeitliche Benennung der Seinswissenschaft als Ontologie im folgenden nicht eigens thematisiert zu werden braucht, sollen die im Artikel ‹Epopteia› gegebenen Hinweise auf diese Benennung der M. noch ergänzt werden, weil sich die platonische Tradition der Theorie des göttlichen Seins unter diesem Namen in die auf Aristoteles zurückgehende Geschichte der M. einreiht. Daß ‹epoptica› als Name der M. vereinzelt noch im 12. Jh. und in der beginnenden Neuzeit vorkommt, kann freilich nur hier noch vermerkt werden [3].

M. war und ist aber nicht nur wie alle philosophischen Grundprobleme Thema nie abzuschließender Erörterungen, sondern mitunter auch Gegenstand heftiger Ablehnung. Schon vor dem Wort ‹M.› laufe jeder, wie HEGEL seinerseits etwas bissig bemerkt, «wie vor einem mit der Pest Behafteten davon» [4]. Und auf A. J. AYERS Erklärung: «Der Metaphysiker wird nicht mehr als Krimineller behandelt, sondern als ein Patient» [5], ist angesichts staatlich garantierter Meinungsfreiheit wohl nur zu replizieren: «Zu gütig!» Aber nicht im Hinblick auf mögliche emotionale Haltungen potentieller Leser, sondern um die Geschichte der Argumente gegen M. zusammenfassend darzustellen, folgt ihm der Artikel ‹M.› noch ein besonderer Artikel ‹M.-Kritik›.

Die Geschichte der zentralen philosophischen Begriffe hat nach J. RITTER «die Aufgabe, Geschichte und Gegenwart der Philosophie zu vermitteln» [6]. Diesem Ziel ist aber nur zu dienen durch möglichst genaue Wiedergabe und möglichst zuverlässige Interpretation der geschichtlichen Ausprägungen des anstehenden Begriffes. Die zwar nicht erstmals [7], aber doch umfassender als bisher und in manchen neuen Perspektiven dargebotene Geschichte des Begriffs ‹M.›, zu der nach einigen Autoren auch das ‹Hohe Lied› Salomons gehört, ist darum bemüht, die oft als «Königin», mitunter als «Geliebte» apostrophierte Gestalt der M. so darzustellen, wie sie denen erschienen ist, die sich – zuweilen «verliebt» in sie wie KANT – um sie bemüht oder sich resigniert und enttäuscht von ihr abgewandt haben.

Für die Auswahl der behandelten Autoren war das Ausmaß ihrer geschichtlichen Wirkung maßgeblich. Dieses Kriterium legte Zurückhaltung in der Darstellung der jüngsten Geschichte der M. auf, die mit einem Überblick über die gegenwärtige Problemsituation abgeschlossen wird.

Anmerkungen. [1] W. H. WALSH: Art. ‹M.›, in: Encyclop. of Philos., hg. EDWARDS (1967) 5, 300. – [2] I. KANT, KrV B XXXVI. – [3] Vgl. M. GRABMANN: Die Gesch. der scholast. Methode (ND 1961) 2, 44; M. WUNDT: Die dtsch. Schul-M. des 17. Jh. (1939) 114. – [4] G. W. F. HEGEL, Wer denkt abstrakt? Werke, hg. GLOCKNER 20, 445. – [5] A. J. AYER: Log. positivism, hg. A. J. AYER (1959) 8. – [6] J. RITTER, Hist. Wb. Philos. 1, Vorwort IX. – [7] Vgl. TAKATURA ANDO: M. A crit. survey of its meaning (Den Haag 1963, ²1972). L. OEING-HANHOFF

II. *Aristoteles.* – Die philosophische Grunddisziplin erhielt den Namen ‹M.› nicht schon, als sie neben anderen philosophischen Disziplinen etabliert wurde. Nicht nur in der Zeit der Vorsokratiker, da, wie Aristoteles sagt [1], die Erste Philosophie über alles eher zu stottern als klar zu sprechen scheint, sondern auch in der Zeit Platons hat diese Wissenschaft noch nicht ihren eigentümlichsten Namen. Lange Zeit glaubte man, er verdanke sich lediglich einem bibliothekarischen Zufall: ANDRONIKUS VON RHODOS (1. Jh. v.Chr.) soll nämlich die aristotelischen Schriften geordnet und dabei das, was wir heute als die aristotelische ‹M.› verstehen, hinter der ‹Physik› eingereiht haben. So sei es zu der Bibliotheksbezeichnung τὰ μετὰ τὰ φυσικά gekommen. Aber schon KANT glaubte nicht, daß er so «von ohngefähr entstanden, weil er so genau mit der Wissenschaft selbst paßt» [2]. Tatsächlich ist davon auszugehen, daß diese Namensgebung tiefere, sachliche Gründe hatte. Demnach ist durch den Titel ‹M.›, der so schon in unmittelbarer Nähe des Aristoteles geprägt worden sein mag und erstmals bei NIKOLAUS VON DAMASKUS, einem Peripatetiker aus der zweiten Hälfte des 1. Jh. v.Chr., zu belegen ist, die Folge der Schriften angezeigt, die ihrerseits in dem aristotelischen Erkenntnisweg von den «physischen», also sinnfälligen Gegenständen zu den übersinnlichen begründet liegt [3]. ARISTOTELES selbst nennt diese Disziplin ‹Erste Philosophie›, ‹Weisheit› oder ‹Theologie›.

Der Titel ‹Weisheit› charakterisiert diese Wissenschaft als begründetes Wissen. Wie jemand, der einen «Begriff» von einer Sache hat und ihre Ursachen kennt, weiser und wissender genannt wird als einer, der diese Sache nur gewissermaßen blind zu handhaben weiß, so muß auch derjenige, der die «ersten Prinzipien und Ursachen» kennt, ein Weiser und sein Wissen entsprechend «Weisheit» genannt werden. Da Weisheit, sofern sie das Wesen und die Gründe einer Sache zum Gegenstand hat, nicht unmittelbare Anleitungen zum Handeln oder Herstellen gibt, kann sie auch nicht zu den praktischen und poietischen Wissenschaften gehören. Sie ist vielmehr theoretische Wissenschaft wie Physik und Mathematik. Als reine Theorie verfolgt sie nicht ein Wissen um eines äußeren Zweckes willen oder «wegen irgendeines Nutzens», sondern ist um ihrer selbst willen da und heißt in diesem Sinne «freie» Wissenschaft [4]. Weil diese Wissenschaft gewissermaßen alles weiß, kann sie nur als eine «allgemeine Wissenschaft» verstanden werden, in deren Gegenstand alles Einzelne irgendwie enthalten ist [5]. Das Allgemeinste aber, das von einer Sache zu denken möglich ist, ist ihr Sein. Ein Seiendes, insofern es ist, muß also als der Gegenstand dieser allgemeinen Wissenschaft betrachtet werden. Andererseits aber ist nach Aristoteles (schon im ersten Buch seiner M.) das göttliche Sein als die Ursache und das Prinzip von allem anzusehen. Ob und wie sich die angedeutete philosophische Theologie und die «allgemeine Wissenschaft» vom Sein miteinander vertragen, ist bis heute Gegenstand der Auseinandersetzung in der Aristotelesforschung.

Die Frage nach dem richtigen Verständnis des aristotelischen M.-Begriffs ist zweifellos ein Grundproblem der Aristotelesinterpretation. Was als Gegenstand der M. aufzufassen ist und wie diese sich zur Theologie verhält, ist nach wie vor hochkontrovers. Wenn man von jener Interpretation absieht, nach der Aristoteles seine M. als Philosophie des Scheiterns, als Ausdruck der prinzipiellen Aporie menschlichen Denkens – und das gelte besonders auch für das Problem der Vereinigungsmöglichkeit von Ontologie und Theologie – verfaßt habe (AUBENQUE), dann ragen aus dem breiten Interpretationsfeld zwei sich ausschließende Tendenzen hervor: Nach der traditionellen, vor allem von THOMAS VON AQUIN inspirierten Auffassung ist die aristotelische M. die Wissenschaft vom Seienden als solchen, d.h. von allem, insofern ihm die allgemeine Bestimmung Sein zukommt. Da jedoch dem Seienden, insofern es seiend ist, Bestimmungen «an sich zukommen» [6], ohne die Seiendes nicht expliziert werden kann, müssen nach Aristoteles auch diese Bestimmungen, die später Transzendentalien (s.d.) genannt werden, Thema dieser Wissenschaft sein. Da sie zugleich auch die Ursachen und Gründe des Seienden erforscht und so zu den ersten Gründen alles Seienden hinführt, ist M. auch zugleich Theologie (MANSION, SEIDL, BRINKMANN u.a.).

Die dieser Auffassung entgegengesetzte Interpretation geht davon aus, daß mit dem Seienden als Seienden nichts anderes als die höchste Seinssphäre selbst gemeint sei, die als umfassender Grund alles Seienden anzusehen ist. Danach gäbe es bei Aristoteles keine M. im Sinne der metaphysica generalis. Diese Richtung der Interpretation, deren Hauptvertreter in der jüngsten Forschung PH. MERLAN ist, scheint auf die Kritik lutherischer Philosophen und Theologen des 17. und 18. Jh. an der «scholastischen» Tradition der deutschen M. zurückzugehen, nach der der aristotelische Begriff des Seienden als solchen nur im Sinne der natürlichen Theologie verstanden werden kann [7].

Aber nun kann mit dem Seienden als solchen nicht das göttliche Sein selbst gemeint sein. Denn ARISTOTELES sucht ja die Ursachen und Prinzipien dieses Seienden. «Wir müssen die ersten Ursachen des Seienden, insofern es seiend ist, erfassen», heißt es programmatisch [8]. Aristoteles etabliert damit eine Art Universalwissenschaft, die nicht wie die Einzelwissenschaften einen kleinen Teil des Seienden unter besonderem Aspekt betrachtet, sondern alles Seiende zum Gegenstand hat, freilich nur in der Hinsicht, daß es ist. Obwohl «seiend» in vielfacher Weise ausgesagt wird, gibt es doch einen Bezugspunkt, hinsichtlich dessen alles Seiende «seiend» genannt wird. Diesen einen Bezugspunkt nennt Aristoteles «Wesen» (οὐσία). Seiend (in diesem analogen Sinne) heißt also etwas, weil es selbst ein Wesen ist oder weil es als Eigenschaft oder sonst irgendwie auf ein Wesen bezogen ist [9]. Die M. hat damit zum Gegenstand, was von anderen Wissenschaften als gegeben vorausgesetzt wird: das Dasein und Wassein der Dinge [10]. Der Ausdruck ὂν ᾗ ὄν deutet darauf hin, daß in dieser Wissenschaft ein von dem Menschen immer schon, obzwar unausdrücklich gewußtes Allgemeines zum Gegenstand der Reflexion gemacht wird. Wie Aristoteles lehrt, muß die Geistseele des Menschen als ein solches Prinzip gedacht werden, das das Sein eines Seienden (τὸ τί ἦν εἶναι) in einem einfachen Sagen erfaßt. Gegenstand dieses geistigen, intuitiven, immer wahren Erfassens ist also das «Wesen» [11]. Auch die «nicht zusammengesetzten Wesenheiten», von denen Aristoteles spricht, können gar nichts anderes sein als die einfachen Objekte des Erkennens, die die Geistseele in einem einfachen «Sagen» (φάναι) oder «Berühren» erfaßt [12]. Da aber dies im einfachen Berühren und Sagen erfaßte Wesen und Sein eines Seienden – Aristoteles versteht unter Wesenheit ja das aktuelle Sein eines Seienden [13] – mit in die Definition, Aussage (ἀπόφασις) oder das Urteil eingeht und so bewahrt wird, ist es möglich, auch durch das zusammensetzende Denken bei den Dingen selbst zu sein, die gemeint sind. Wenn also die M. das Seiende als solches thematisiert, dann reflektiert sie über dieses Objekt der einfachen Erkenntnis. In einer solchen Reflexion müssen aber die ein solches einfaches Erfassen (νοεῖν) [14] ermöglichenden Prinzipien mitreflektiert werden. Die Wissenschaft, die ein Seiendes in seiner allgemeinsten Hinsicht betrachtet, muß sich nämlich auch ihrer eigenen Voraussetzungen, d.h. der Prinzipien, die sie anwendet, bewußt werden. Diese «syllogistischen Prinzipien» sind jedoch nicht als bloß logische Denkregeln, sondern – ontologisch – als die Prinzipien des Seienden als solchen zu verstehen, da sie sich auf «alles Seiende» [15], insofern es seiend ist, beziehen. Ausdrücklich wird in diesem Zusammenhang πᾶσα ἡ οὐσία (alles Wesen) und ὂν ᾗ ὄν in gleichem Sinne gebraucht [16]. Die Lehre vom Satz des Widerspruchs im Buch Γ der M. ist der Beleg dafür, daß nach Aristoteles der Metaphysiker sich des sichersten Prinzips als einer Bedingung der Möglichkeit der Wesenserkenntnis bewußt sein soll. Um etwas als Wesen oder Seiendes ansprechen zu können, muß schon ausgemacht sein, daß niemals «dasselbe zugleich sein und nichtsein» könne. Dieser Satz, den Aristoteles mit dem platonischen Ausdruck «voraussetzungsloses Prinzip» bezeichnet [17] und der selbst nicht stringent bewiesen werden kann – aber welcher Gebildete wollte das auch verlangen –, liegt, wie Aristoteles aufzeigt, allem menschlichen Sprechen (und damit auch Denken) zugrunde und fundiert alle Axiome der Einzelwissenschaften, die ihn nach Maßgabe ihres Gegenstandes «gebrauchen» [18]. Wenn er nicht gälte, wäre gar nicht zu verstehen, wie man im Sprechen «sich selbst und einem anderen etwas bezeichnen» kann [19]. In jeder Rede kommt nämlich «etwas Bestimmtes» (τι ὡρισμένον) zur Sprache. Indem er sich an der Sprache und dem Miteinandersprechen orientiert, macht Aristoteles deutlich, daß allein der Satz des Widerspruchs es ermöglicht, Wesen oder Seiendes oder irgend etwas Bestimmtes zu denken [19a]. Es ist freilich nicht der bloße Name von etwas, der in der menschlichen Rede eine Bestimmtheit dieser Art erhält, sondern, wie Aristoteles betont, die Sache selbst (τὸ πρᾶγμα). Diese ist nämlich das von der Rede Bezeichnete. Aristoteles nennt diese sprachlich bezeichnete Bestimmtheit eines Vorliegenden (z.B. Mensch), die als solche nicht bloß gedacht ist, sondern das Vorliegende als Eines konstituiert, das Wesen oder die Substanz (τὸ τί ἦν εἶναι bzw. οὐσία). Wer also den Satz vom Widerspruch nicht anerkennt, «hebt auch die Substanz und das Wesen auf» [20], so daß das in der Rede Gesagte immer nur im akzidentellen Sinn gemeint wäre, was nach Aristoteles selbst wieder in unerträgliche Verlegenheit führt. Demnach muß es in jedem Seienden, das wir in der Rede meinen, so etwas wie eine «feste» Wesenheit geben. Die Wissenschaft aber, die ein Seiendes betrachtet, insofern es durch ein solches Wesen konstituiert ist, ist die M. Da das durch die anderen kategorialen Bestimmungen angesprochene und gemeinte Seiende auf das Wesen als die diesen Bestimmungen zugrunde liegende Substanz zurückgeführt werden kann, ist das Wesen als das zu verstehen, was ein Seiendes eigentlich zu einem Seienden macht. Die M. ist also als Wissenschaft vom Wesen Wissenschaft vom Seienden als solchem.

Wenn aber die Wesenhaftigkeit eines Seienden es ist, die dieses zum aktuellen Seienden macht, dann ist die in Γ 2 dargelegte Lehre von der Analogie des Seienden im Sinne analoger Wesenhaftigkeit zu verstehen. Aristoteles hat ausdrücklich darauf hingewiesen, daß auch die einer Substanz zukommenden kategorialen Bestimmungen selber in gewisser Weise wesenhafter Natur sind. «Denn auch das Was bedeutet auf eine Weise die Substanz und das Dieses-etwas, auf andere Weise jede der kategorialen Bestimmungen, das Quantitative, Qualitative und was anderes dieser Art ist» [21]. Demnach fallen also auch diese kategorialen Bestimmungen der Substanz unter den allgemeinen Begriff des Seienden als solchen, nicht nur insofern man von ihnen sagen kann, daß sie sind (ἔστιν), sondern auch hinsichtlich ihrer Washeit, die ihnen zwar nicht so wie der Substanz «schlechthin», aber doch auch «in irgendeiner Weise» zukommt [22].

Zwar gibt es, wie Aristoteles betont, neben dem kategorialen Sein (Wesen und beiläufig seiende Bestimmungen oder Eigenschaften) auch noch andere Seinsweisen, aber sie «offenbaren nicht darüber hinaus eine seiende Natur des Seienden» [23]. Von solcher Art ist das einer Substanz zufällig zukommende Akzidens. Wenn z. B. ein Mensch oder ein Stein als dieses Weiße hier bezeichnet wird, da es Mensch oder Stein zufällig ist, weiß zu sein, wird mit solchen Bezeichnungen nicht ein Wesen (weder das Menschsein noch das Weißsein) bezeichnet. Aber auch das sogenannte veritative Sein (τὸ ὂν ὡς ἀληθές), das als die Seinsweise des durch den menschlichen Verstand satzhaft Erkannten verstanden werden muß – Wahrheit oder Falschheit sind ja nicht in den Dingen, sondern in der Seele [24] –, ist nach Aristoteles keine neben dem kategorisierbaren Sein selbständige Seinsweise. Denn die Verbindung oder Trennung der einzelnen Bestandteile eines Satzes geschieht nur im Denken und nicht in der äußeren Wirklichkeit. Als eine bloße «Affektion des Denkens» (τῆς διανοίας τι πάθος) aber ist nach Aristoteles das veritative Sein nicht als ernsthafte Konkurrenz des kategorialen, d. h. wesenhaften Seins zu betrachten. Da also akzidentelles und veritatives Sein keine «für sich bestehende Natur des Seienden» zeigen, sondern beide «auf die übrige Gattung des Seienden», d.h. das wesenhafte Seiende, bezogen sind, können sie aus dem Gegenstandsbereich der M. ausgegrenzt werden [25]. So bleibt als einziger eigentlicher Gegenstand der M. das, was in einem Seienden zu einem solchen macht, und dies ist das Wesen.

Was Aristoteles unter dem Wesen einer Sache versteht, kann jedoch erst deutlich werden, wenn die Gegenstände anderer theoretischer Wissenschaften bestimmt sind. Denn auch die Physik betrachtet ein bestimmtes «Was», allerdings nur insofern es bewegt ist. Von dieser Art sind alle sinnlichen Substanzen. Insofern von einer solchen aber ein Begriff gebildet wird, in dem selbst das Materielle der Substanz mitgedacht werden muß, weil es unlöslich mit diesem Begriff verbunden ist, wird die Substanz von einem «Physiker» betrachtet. Beispielsweise kann das «Stupsnasige» (ἡ σιμότης) gar nicht ohne Nase, d. h. Materie, gedacht und deswegen auch kein Begriff gebildet werden, in dem das Materielle nicht als Bestandteil enthalten wäre. Das «Hohle» (ἡ κοιλότης) dagegen ist durchaus ohne sinnliche Materie denkbar [26]. Während alle sinnlichen Substanzen in der Physik wie das Stupsnasige, also als mit Materie verbundener Begriff, betrachtet werden, sind die anderen «begrifflichen Substanzen» (οὐσίαι κατὰ τὸν λόγον), wie die mathematischen Gegenstände, «ohne Bewegung» zu denken [27]. Freilich sind die sinnlichen aus Form und Materie zusammengesetzten Substanzen ihrerseits wieder von den mathematischen Gegenständen dadurch ontologisch zu unterscheiden, daß sie «schlechthin selbständig» sind. «Von dem selbständigen und unbewegten Seienden also gibt es eine andere von diesen beiden Wissenschaften verschiedene, sofern nämlich eine solche Wesenheit, ich meine eine selbständige und unbewegte, existiert, was wir zu zeigen versuchen» [28]. Diese selbständige und unbewegte Wesenheit, die Aristoteles als eigentlichen Gegenstand der M. versteht, kann nicht schon der transmundane unbewegte Beweger sein, denn Aristoteles spricht in den ersten elf Büchern der M. allgemein vom Seienden als solchem und deutet nur gelegentlich, dann aber unmißverständlich, die Einbeziehung dieses ausgezeichneten Gegenstandes in den Bereich dieser Wissenschaft an [29]. Daher muß mit der unbewegten Wesenheit oder «unbewegten Natur» [30] das Wesen der Dinge selbst gemeint sein. Auf dieses zielt auch die Aussage des Aristoteles, daß es eine eigene Wissenschaft geben müsse, wenn «ein Ewiges und Unbewegtes und Selbständiges (χωριστόν)» aufgezeigt werden kann [31]. Von dieser Art ist aber das schon bei allem Sprechen zunächst nur in den Naturdingen als ein Realexistierendes vorausgesetzte Wesen, das Aristoteles τὸ τί ἦν εἶναι, Eidos oder die «erste Substanz» [32] nennt. Wie Aristoteles jedoch betont, ist diese Wesenhaftigkeit nicht auf die Naturdinge beschränkt. Auch allen artifiziellen Seienden, sowohl dem hergestellten immateriellen Resultat einer Kunst, wie z. B. der Gesundheit, die durch die ärztliche Kunst bewirkt wird, als auch dem in Materie sich manifestierenden Ergebnis einer Kunst, wie z. B. dem aufgrund der Baukunst entstehenden Haus, kommt so etwas wie Wesen im Sinne der «ersten Wesenheit» zu. Allerdings ist das Wesen der Artefakte im Unterschied zu dem der Naturdinge diesen nicht immanent, denn das Wesen dieser hergestellten Dinge ist nach Aristoteles nichts anderes als die «Form in der Seele (Form nenne ich aber das Wesen eines jeden und die erste Wesenheit)» [33], d. h. der Begriff im Denken des Herstellers.

Nach Aristoteles kann das Wesen im Sinne der «ersten Wesenheit» in einer zusammengesetzten Substanz nur als Bestandteil, d. h. als mit Materie verbunden (εἶδος ἐνόν) gedacht werden, während die einfachen Substanzen, in deren Wesensbegriff nichts von Materie enthalten ist, als einzelne mit ihrem Wesen identisch sind [34]. Der Gegenstand der Ersten Philosophie ist also die Wesenheit im allgemeinen, die als solche selbständig, d. h. als solche nicht in einem anderen sein muß. Wie Aristoteles hervorhebt, haben die Platoniker in diesem Punkt durchaus recht, daß sie das Eidos oder Wesen eines Seienden, wodurch dies aus der potentiellen Unbestimmtheit in die aktuelle Bestimmtheit geführt wird [35], als eine selbständige Form in diesem Sinne angesehen haben. Das Wesen auch einer endlichen, zusammengesetzten, sinnfälligen Substanz kann gar nicht anders denn als selbständige, in ihrem Sein von keinem anderen abhängige Form gedacht werden [36], die freilich eine Verbindung oder «Verschränkung» mit einem Zugrundeliegenden eingehen kann, ohne doch von diesem hinsichtlich des Wasgehaltes abhängig zu sein [37]. Aber das Wesen eines Seienden, insofern es Wesen ist, muß nicht nur als selbständiges, sondern auch als ein unbewegtes gedacht werden. Zwar ist das die zusammengesetzte Substanz in ihrer washeitlichen Bestimmtheit konstituierende Eidos als das «Prinzip der Bewegung» von dem potentiellen zum aktuellen Zustand eines Seienden anzusehen – sonst könnte eine Veränderung gar nicht erklärt werden [38] –, aber das Eidos selbst als solches kann nicht ein Bewegtes und Veränderliches sein. Als der Grund von Bewegung muß es vielmehr als das der Bewegung enthobene bestimmte Wesen eines wandelbaren Seienden verstanden werden. Für Aristoteles ist die Annahme eines solch Unbewegten, das auch das bewegte Ding wesenhaft bestimmt, ein ontologisches Postulat (ἀξιώσομεν), das er an die Philosophen richtet, die den Satz des Widerspruchs nicht beachten. Wenn also Aristoteles da, wo er vom Seienden als solchen als dem Gegenstand der M. spricht, auch die «unbewegte Natur» erwähnt (Γ 5), so ist nichts anderes als dieses in sich und als solches unbewegte Wesen eines Seienden gemeint. Daß eine solche unbewegte «feste» Natur in der Welt des Sinnfälligen immer schon vorausgesetzt ist und angenommen wird, zeigt nicht nur das menschliche Sprechen von etwas, sondern jedes lebensweltliche vorphilosophische Verhalten des Menschen selbst [39]. Diese Natur oder das Wesen eines Seienden ist freilich nicht in jeder Hinsicht unbewegt. Insofern es in Verbindung mit einer Materie eine zusammengesetzte Substanz als Seiendes konstituiert, muß es selbst auch irgendwie bewegt sein. Aristoteles hat die Bewegung, die einem Beweger selbst nur akzidentell zukommt, von der Bewegung eines an sich Bewegten unterschieden und das ursächliche Prinzip der Bewegung eines sich bewegenden Seienden, d. h. eines Organismus, als an sich unbewegt und nur akzidentell bewegt (durch den Körper) aufgefaßt [40].

Wenn aber das Wesen als solches ein Unbewegtes ist, so muß es auch ein Ewiges genannt werden können. Wie Aristoteles nachweist, ist die Entstehung eines bestimmten Wesens als solchen auch gar nicht denkbar. Die Ewigkeit des Wesens ist aber auch von seinem Charakter als Ursache her erkennbar. Denn zwar sind alle ersten Ursachen ewig, besonders deutlich zeigt sich dies aber bei den ewigen, sichtbaren Gestirnen. Das Wesen, das die Bewegung dieses göttlich Schönen verursacht, muß auch selbst ewig sein [41]. Insofern aber dieses die ewige Bewegung des Gestirns verursachende Wesen ein selbst an sich (wenn auch nicht akzidentell) Unbewegtes ist [42], gehört auch es zum Bereich dessen, was Gegenstand der M. ist.

Wenn demnach in allem Bewegten ein Unbewegtes, in allem Vergänglichen ein Ewiges und in allem voneinander wesensmäßig Abhängigen ein Selbständiges, Unabhängiges ist, nämlich die an sich unbewegte, ewige, selbständige Wesenheit des jeweilig Seienden, dann muß man M. zugleich auch als Theologie verstehen. Denn dann ist in allem Seienden etwas Göttliches. «Und wenn es wirklich in dem Seienden eine solche Natur (scil. οὐσία χωριστὴ καὶ ἀκίνητος) gibt, so muß da wohl auch das Göttliche sein, und dies dürfte wohl das erste und vorzüglichste Prinzip sein» [43]. Wenn Aristoteles also die M. als die Wissenschaft vom Seienden versteht, «insofern es seiend und selbständig ist» [44], so ist dies nicht als ein «Versehen» in der Formulierung anzusehen [45], sondern wörtlich zu nehmen. Seiend heißt nämlich nur das, in dem selbst ein solches beharrendes Prinzip wie das selbständige Wesen anwesend ist oder was auf ein solches zurückgeführt werden kann. Dieses ewige, selbständige, unbewegte Wesen aber macht alle Naturdinge irgendwie göttlich. «Denn alles hat von Natur etwas Göttliches» [46]. M. ist demnach als Wissenschaft vom Seienden als solchen schon Theologie und nicht nur insofern sie die eine göttliche transmundane Wesenheit betrachtet.

Diese gehört nun freilich auch notwendig zum Gegenstandsbereich der M., insofern sie Wesenheit ist. Sie ist allerdings von ausgezeichneter Art. Aristoteles nennt sie das erste τί ἦν εἶναι [47]. Diese göttliche bewegende, in jeder Hinsicht unbewegte Wesenheit ist jedoch im Grunde bei jeder Wesenserkenntnis schon vorausgesetzt. Denn, wie Aristoteles betont, setzt zwar ein Qualitatives oder sonstwie kategorial Bestimmtes nur die potentielle Seinsweise seiner selbst voraus, die Entstehung eines Wesens aber ist nicht anders zu denken, als daß eine andere aktuell existierende Wesenheit schon vorher da ist, die es «hervorbringt» [48]. «Das Frühere einer Wesenheit muß» selbst wieder «eine Wesenheit sein» [49]. Wenn nun nicht ein Progreß ins Unendliche angenommen werden soll, muß es ein aktuell bewegendes Unbewegtes geben, das in keiner Weise bewegt ist. «Denn das Prinzip und das Erste des Seienden ist unbewegt sowohl an sich wie auch in akzidenteller Hinsicht» [50].

Obwohl nach Aristoteles alles Seiende als von diesem selber unbewegten Prinzip her bewegt gedacht werden muß, ist in allem Wirklichen, soweit es so etwas wie ein identisches Wesen aufweist, ein göttliches Moment enthalten. In dieser Theologisierung der Wirklichkeit drückt sich seine Anerkennung des selbständigen Charakters eines wesenhaften Seienden aus. Die M. des Aristoteles ist daher als Lehre vom Sein als solchen Theologie.

Ähnlich wie im Falle der aristotelischen M. ist der Name ‹M.› für die kleine, wohl vollständige Schrift des Theophrast erst später hinzugefügt worden [51]. Wie sich aus einer Bemerkung in einer Handschrift ergibt, war die Schrift des Theophrast den beiden Aristotelikern Hermippos und Andronikos entweder noch unbekannt, oder sie wurde von ihnen als eine aristotelische Schrift angesehen [52]. Erst durch Nikolaos von Damaskos, den Geschichtsschreiber und Kanzler des Königs Herodes, ist sie bekannt geworden. Schon durch Theophrast ist der Anspruch, M. im Sinne einer allgemeinen theologischen Seinswissenschaft zu treiben, aufgegeben worden. «Theophrasts ὑπὲρ τῶν πρώτων θεωρία (4 a 1f.) stellt sich dar als Traktat περὶ ἀρχῶν und αἰτίων im Sinne der höchsten, unbewegten Wesenheiten, d. h. als metaphysica specialis, neben der metaphysica generalis, die allgemeine Seinswissenschaft, in Ansätzen unterläuft» [53]. Diese Entontologisierung der M., die in der theophrastischen ‹M.›, einem reinen prinzipientheoretisch-kosmologischen Traktat, festzustellen ist, bedeutet zugleich auch das vorläufige Ende der M. Erst im Mittelplatonismus, wo die Seinsfrage erneut aufbricht, taucht auch innerhalb der Philosophie wieder M. als eigene Disziplin auf.

Anmerkungen. [1] Aristoteles, Met. A 10, 993 a 15. – [2] M. Heinze: Vorles. Kants über M. aus drei Semestern (1894) 186 = Abh. Sächs. Akad. Wiss., phil.-hist. Kl. 14, Nr. 6 (1894) 666. – [3] Vgl. bes. H. Reiner: Die Entstehung und ursprüngl. Bedeutung des Namens M. Z. philos. Forsch. 8 (1954) 210–237; Die Entstehung der Lehre vom bibliothekarischen Ursprung des Namens M. a.O. 9 (1955) 77–99. – [4] Arist., Met. A 2, 982 b 27. – [5] a.O. A 2, 982 a 21f. – [6] Γ 1, 1003 a 21; Γ 2, 1005 a 13ff. – [7] Vgl. E. Lewalter: Span.-jesuit. und dtsch.-luth. M. des 17. Jh. (ND 1967) 44ff. – [8] Arist., Met. Γ 1, 1003 a 31. – [9] Γ 2, 1003 b 5ff. – [10] Vgl. H. Seidl: Einl. zu Arist. Met. (1978) XLI. – [11] Arist., De an. Γ 6, 430 b 27. – [12] Met. Θ 10, 1051 b 27. – [13] a.O. Γ 4, 1007 a 26f. – [14] ebda. 4, 1006 b 10. – [15] 3, 1005 a 22. – [16] 1005 b 6. 10. – [17] 3, 1005 b 14. – [18] 1005 a 25. – [19] 4, 1006 a 21f. –

[19a] Vgl. 1006 b 7ff.; 1007 a 16ff. – [20] 1007 a 20f. – [21] Z 4, 1030 a 18ff. – [22] ebda. a 22ff. – [23] E 4, 1028 a 2. – [24] Vgl. ebda. 4, 1027 b 25f. – [25] 4, 1027 b 29-1028 a 3. – [26] 1, 1025 b 28ff.; K 7, 1064 a 19ff.; Phys. B 2, 194 a 1ff. – [27] Phys. B 2, 194 a 3ff. – [28] Met. K 7, 1064 a 33. – [29] Vgl. z. B. Γ 8, Schlußsatz. – [30] Γ 5, 1010 a 34; E 1, 1026 a 29. – [31] E 1, 1026 a 10. – [32] Vgl. Γ 3, 1005 a 35. – [33] Z 7, 1032 a 32ff. – [34] ebda. 11, 1037 a 27-b 4. – [35] Vgl. H 5, 1045 a 32. – [36] Z 16, 1040 b 27. – [37] Vgl. E. Tugendhat: TI KATA TINOΣ (1958) 83; 86. – [38] A 3, 984 a 22ff. – [39] K 6, 1063 a 28-35. – [40] Vgl. Phys. Θ 6, 259 b 16ff. – [41] Vgl. Met. E 1, 1026 a 16. – [42] Λ 8, 1073 a 26ff. – [43] K 7, 1064 a 36. – [44] ebda. 7, 1064 a 28. – [45] Vgl. W. Theiler: Die Entsteh. der M. des Arist., in: M. und Theol. des Arist., hg. F.-P. Hager (1969) 266-298. – [46] Arist., Eth. Nic. VII, 14, 1053 b 32. – [47] Met. Λ 8, 1074 a 35. – [48] Z 9, 1034 b 16. – [49] Λ 8, 1073 a 36. – [50] ebda. 1073 a 23. – [51] Theophrastus, Met., transl. comm. and introd. W. D. Ross/F. H. Fobes (1929). – [52] W. Jaeger, Gnomon 8 (1932) 290. – [53] Vgl. H. J. Krämer: Zum Standort der «M.» Theophrasts, in: Zetesis. Festschr. E. de Strycker (1973) 206.

Literaturhinweise. – *Zu Aristoteles:* P. Natorp: Thema und Disposition der arist. M. Philos. Mh. 24 (1888) 37-65. 540-574. – E. Zeller, Arch. Gesch. Philos. 2 (1889) 264-271. – W. Jaeger: Stud. zur Entstehungsgesch. der M. des Aristoteles (1912). – E. v. Ivánka: Die Behandl. der M. in Jaegers «Aristoteles». Scholastik 7 (1932) 1-29. – E. Oggioni: La «filos. prima» die Arist. (1939). – G. L. Muskens: De ente qua ens metaphysicae Aristoteleae obiecto. Mnemosyne, 3. Ser. 13 (1947) 130-140. – M. Wundt: Untersuch. zur M. des Arist. Tübinger Beitr. Altertumswiss. H. 38 (1953). – H. Reiner s. Anm. [3]. – A. Mansion: L'objet de la sci. philos. suprême d'après Arist., Met. E 1. Mélanges de philos. grecque offerts à Mgr. Diès (1956) 151-168. – L.-B. Geiger: Saint Thomas et la M. d'Arist., in: Arist. et Saint Thomas d'Aquin (1957) 175-220. – Ph. Merlan: M.: Name und Gegenstand. J. of hell. Stud. 77 (1957) 87-92; ND in: M. und Theol. des Arist., hg. F.-P. Hager (1969) 251-265; Ὂν ᾗ ὂν und πρώτη οὐσία: Postskript zu einer Besprech. Philos. Rdsch. 7 (1959) 148-153. – W. Theiler s. Anm. [45]. – H. Wagner: Zum Problem des arist. M.-Begriffs. Philos. Rdsch. 7 (1959) 137-148. – Ph. Merlan: From Platonism to Neoplatonism (²1960). – P. Aubenque: Arist. und das Problem der M. Z. philos. Forsch. 15 (1961) 321-333. – G. Patzig: Theol. und Ontol. in der «M.» des Arist., Kantstud. 52 (1961) 185-205. – L. Elders: Arist. et l'objet de la M. Rev. philos. Louvain 60 (1962) 165-182. – J. Owens: The doctrine of being in the Arist. «M.» (Toronto ²1963). – W. Bröcker: Arist. (³1964) 229-238. – P. Aubenque: Le problème de l'Etre chez Aristote. Essai sur la problématique arist. (²1966). – I. Düring: Arist. Darst. und Interpret. seines Denkens (1966) 591-622: Was ist die arist. M.? – E. Treptow: Rez. von J. Owens, The doctrine of being ... Philos. Rdsch. 14 (1967) 62-64. – W. Kamlah: Arist. Wiss. vom Seienden als Seienden und die gegenwärtige Ontol. Arch. Gesch. Philos. 49 (1967) 269-297. – H. J. Krämer: Zur gesch. Stellung der arist. M. Kantstud. 58 (1967) 313-354. – A. Mansion: Philos. première, philos. seconde et M. chez Arist. Rev. philos. Louvain 56 (1958) 165-221; dtsch. bei Hager, a.O. (1969) 299-366. – K. Oehler: Die systemat. Integration der arist. M., Physik und Erste Philos. im Buch Lambda, in: Naturphilos. bei Arist. und Theophrast, hg. I. Düring (1969) 168-192. – L. Routila: Die arist. Idee der Ersten Philos. (Amsterdam 1969). – E. Vollrath: Die These der M. (1970). – H. J. Krämer: Die Denkbewegung der arist. Ersten Philos. Akten des 14. int. Kongr. Philos. (1971) 355-360. – L. Routila: Das ὂν ᾗ ὂν und die Fragestellung des Γ und des K, in: Akten ... a.O. 500-507. – W. Marx: Einf. in Aristoteles' Theorie vom Seienden (1972). – V. Décaire: L'objet de la M. selon Arist. (Paris ²1972). – M. v. Brentano: Zum Problem der «Ersten Philos.» bei Arist., in: Wirklichkeit und Reflexion, hg. H. Fahrenbach (1973) 37-69. – F. L. Beretz: Die Aufgabe der «M.» des Arist. Φιλοσοφία (Athen 1974) 247-258. – W. Leszl: Arist.'s conception of ontol. Studia aristotelica 7 (1975). – R. Bubner: Arist. oder die Geburt der Ontol. aus dem Geist der Sprache. Philos. Rdsch. 24 (1977) 177-186. – J. Moreau: Remarques sur l'ontol. arist. Rev. philos. Louvain 75 (1977) 577-611. – P. Aubenque (Hg.): Et. sur la M. d'Arist. Actes 6e Symp. arist. (Paris 1979). – K. Brinkmann: Arist. allg. und spez. M. (1979). – K. Volkmann-Schluck: Die M. des Arist.

(1979). – *Zu Theophrast:* A.-J. Festugière: Le sens des apories met. de Théophraste. Rev. néo-scolast. de philos. 33 (1931) 40-49. – J. Tricot: Théophraste, la M., trad. et notes (Paris 1948). – W. Theiler: Anhang über Theophrasts M. bei Hager, a.O. (1969) 292-297. – G. Reale: Teofrasto e la sua aporetica met. (1964). – H. J. Krämer s. Anm. [53].
Th. Kobusch

III. *Antike bis Hochmittelalter.* – A. *Metaphysik als Epoptie.* – 1. *Platon.* – Da die auf Theophrast unmittelbar folgende *Aristoteles-Schule* sich ausschließlich ethisch-praktischen oder naturphilosophischen Fragen widmete, wurde die M. vorerst in den Hintergrund gerückt. Bis sie von den Aristoteleskommentatoren in der Spätantike im aristotelischen Sinne erneuert und in den Mittelpunkt philosophischen Denkens gerückt wurde, lebte sie sozusagen unter anderem Namen in den vor allem durch die platonische Philosophie bestimmten Schulen. Da wurde sie Epoptie genannt. Durch diesen Namen suchte man die Herkunft der höchsten Seinswissenschaft aus platonischem Denken anzudeuten.

Platon gebraucht den aus der Mysteriensprache stammenden Begriff der «Schau» (ἐποπτεύω, ἐποπτικόν), um das Erfassen der «vollkommenen, einfachen, unbewegten und seligen Erscheinungen» auszudrücken [1]. Diese Schau des göttlich Schönen selbst, die zum Erfassen des einzelnen Schönen vorausgesetzt werden muß, ist als solche «hier» nur mit Mühe und nur ganz kurz erreichbar. Sie muß als der selber voraussetzungslose Grund aller Erkenntnis nach Platon angesehen werden. Andererseits aber ist die Schau des Schönen selbst oder das Vernehmen (νοεῖν) des Guten selbst Ziel- und Endpunkt von Platons dialektischer Wissenschaft. «So auch, wenn einer versucht, durch Dialektik ohne alle sinnlichen Wahrnehmungen allein durch den Begriff zu dem vorzudringen, was ein jedes ist, und nicht abläßt, bevor er das, was das Gute selbst ist, durch das denkende Vernehmen selbst (αὐτῇ νοήσει) erfaßt hat, kommt er an das Ziel des Erkennbaren» [2]. Diese dialektische Wissenschaft kann als die platonische Form der späteren M. betrachtet werden, weil sie das Seiende allgemein, wenn auch in besonderer Hinsicht thematisiert. Denn zwar gibt es, wie Platon betont, nicht nur Wissenschaften oder Künste, die die partikulären Meinungen oder Tätigkeiten der Menschen zu ihrem Gegenstand haben, sondern auch Wissenschaften, wie die Geometrie, die «etwas vom Seienden» erfassen, aber gleichwohl leiden auch die letzteren an einem großen Mangel, der ihnen eigentlich ihren Wissenschaftscharakter streitig macht. Dieser Mangel besteht darin, daß die Wissenschaftsprinzipien oder «Hypothesen» dieser Wissenschaften «unbewegt», d. h. unhinterfragt bleiben. Da allein die dialektische Wissenschaft nach Platon diese Prinzipien «aufheben», d. h. als solche zum Gegenstand der Diskussion machen kann, vermag auch nur sie ihre Erkenntnis in diesem Sinne zu «verantworten», während die Geometrie, die die Prinzipien fraglos übernimmt, gewissermaßen nur «träumend» Zugang zum Seienden hat. Da die Dialektik als einzige Wissenschaft die Prinzipien ihres Wissens reflektieren und vor einem möglichen Kritiker verantworten kann, muß sie auch als die einzige Wissenschaft gelten, die von einem jeglichen Seienden sagen kann, «was ein jedes ist» (ὡς αὐτοῦ γε ἑκάστου πέρι ὃ ἔστιν ἕκαστον) [3]. Um aber die Washeit eines Seienden aussagen zu können, bedarf es der Reflexion über den intelligiblen Grund des Seienden, der dieses in seinem Sosein bestimmt. Die platonische M. im Sinne der Dialektik ist deswegen die Wissenschaft vom

Seienden als dem Intelligiblen. «... Du wirst beistimmen, daß das von der dialektischen Wissenschaft des Seienden und Intelligiblen Geschaute deutlicher sei als das von den sog. Künsten, denen die Hypothesen Prinzipien sind ...» [4]. Diese Wissenschaft hat zum ersten Mal im abendländischen Denken den Unterschied zwischen sinnfälligem, materiellem und intelligiblem, immateriellem Sein deutlich und bewußt gemacht [5] und die Idee als den intelligiblen Grund eines sinnfälligen Seienden bestimmt. Da aber in der M. platonischer Prägung die Einzelideen nicht wie die Axiome in der Geometrie als unbedingte Prinzipien angesehen werden, sondern selbst in ihrer Bedingtheit erkannt werden, stellen sie im Erkenntnisgang so etwas wie «Zugänge und Anläufe» dar, durch die man zu dem Unbedingten gelangt, das selber keine Voraussetzungen hat und als «das Prinzip von allem» angesehen werden muß [6]. Wenn also die Ideen in ihrer Bedingtheit erkannt werden, ist dieser voraussetzungslose, unbedingte Anfang von allem, den Platon die Idee des Guten nennt, immer schon als Ermöglichungsgrund alles Seins und Erkennens erkannt. Die M. im Sinne der platonischen Dialektik versucht bewußt zu machen, daß mit der Frage, was etwas sei, auf ein «sich immer gleich und auf dieselbe Weise Verhaltendes» verwiesen ist [7], das als Grund der Identität eines bestimmten Seienden verstanden werden muß. Sie versucht aber sozusagen im selben Atemzug auch zu verdeutlichen, daß die angemessene Erkenntnis einer bestimmten Idee, insofern sie als solche bedingter Natur ist, nur möglich ist, wenn das göttliche unbedingte Sein in der Schau (Epoptie) «berührt» worden ist.

Anmerkungen. [1] Vgl. PLATON, Phaidr. 250 c; Symp. 210 a. – [2] Vgl. Resp. 532 a. – [3] a.O. 533 b/c. – [4] 511 c. – [5] 507 b. 509 d. – [6] 511 b. – [7] 484 b.

2. *Platonische Tradition bis zu den Karolingern.* – Wie aus Berichten späterer Platoniker hervorgeht, wird diese Epoptie, die höchste Stufe im Prozeß der dialektischen Wissenschaft, als das verstanden, was Aristoteles mit M. gemeint hat. PLUTARCH hat diese Übereinstimmung besonders betont. Nach seiner Auffassung hat Platon die Geometrie, die den Menschen vom Sinnfälligen wegziehe hin zu der «intelligiblen und ewigen Natur» als Beginn jenes wissenschaftlichen Weges verstanden, dessen Ziel die Schau dieser Natur ist, «so wie die Epoptie Ziel der Weihe ist» [1]. Indem M. im Sinne der Epoptie der Mysterien verstanden wird, erhält sie einen esoterischen Charakter. Das zeigt der Bericht Plutarchs in seiner ‹Vita Alexandri›, wonach Alexander der Große nicht nur die ethischen und politischen Lehren des Aristoteles, seines Lehrers, kennengelernt habe, sondern auch in den tieferen Weisheiten, «die die Philosophen akroamatische oder epoptische nennen», eingeweiht worden sei. Als Alexander dann auf seinen Eroberungszügen hörte, daß Aristoteles diese esoterischen Schriften veröffentlicht habe, war er tief enttäuscht, denn – so soll er gefragt haben – «wodurch werden wir uns denn von den anderen unterscheiden», wenn auch diese metaphysischen Lehren Allgemeingut werden? Aristoteles habe daraufhin, so Plutarch, seinen Schüler beruhigend, deutlich gemacht, daß die «Pragmatie M.» (ἡ μετὰ τὰ φυσικὰ πραγματεία) nur denen von Nutzen sei, die in dieser Wissenschaft schon geübt und eingeweiht sind [2]. Die aristotelische M. stimmt nach Plutarch mit der Lehre Platons darin überein, daß das Erfassen des Intelligiblen, Reinen und Einfachen, das «wie ein Blitz die Seele durchleuchtet», die «Berührung» und Schau des Wahren ermöglicht. «Deswegen nannten Platon und Aristoteles diesen Teil der Philosophie den epoptischen, insofern die, die dieses Scheinbare, Konfuse und Vielfältige durch die Vernunft beiseitelassen, zu jenem Ersten, Einfachen und Immateriellen vorwärts drängen» [3].

Der Mysteriencharakter dieser vornehmsten Wissenschaft wird in dem kaiserzeitlichen Platonismus auch ausdrücklich reflektiert, und nicht nur der dieser Spezialdisziplin. Die ganze Philosophie ist nach THEON VON SMYRNA die Einweihung in einen wahren Ritus und die Lehre vom Seienden im Sinne wirklicher Mysterien. Sie vollzieht sich in fünf Schritten, von denen der erste, die «Reinigung», in der Erlernung der fünf Wissenschaften Arithmetik, Geometrie, Stereometrie, Musik und Astronomie besteht. Die sogenannte «Einweihung» geschieht durch die philosophischen Lehren der Logik, Politik und Physik. Schließlich gelangt der Myste auf der dritten Stufe zur Schau. «Epoptie aber nennt er [Platon] die Pragmatie über das Intelligible und Wirklich-Seiende und das Sein der Idee». Um zuletzt die Eudämonie im platonischen Sinne zu erreichen, muß der Schauende freilich noch andere zu dieser Schau der höchsten Wissenschaft hinführen und sie teilnehmen lassen [4]. Die M. im Sinne der Epoptie ist also als die Erfüllung und die letzte Station auf dem Aufstiegsweg der Seele zum Intelligiblen zu verstehen. Diese im mittelplatonischen Denken vorgenommene Einordnung der M. in den Aufstiegsweg der Seele bleibt charakteristisch für das platonisierende Denken überhaupt. CLEMENS VON ALEXANDRIEN, der, wie Philon, das Alte Testament als verschlüsselten philosophischen Text behandelt, teilt die «mosaische Philosophie» in vier Teile ein. Von Philon übernimmt er dabei die Bezeichnung des «historischen» und «gesetzgeberischen» Teils, die zusammen die «Ethik» ausmachen. Davon ist der Teil der Philosophie zu unterscheiden, der Opfer und Riten zum Gegenstand hat und von Clemens als die «Physik» angesehen wird. Schließlich ist von diesen drei Teilen der ihnen allen überlegene «theologische» zu unterscheiden, den, wie Clemens betont, Platon ‹Epoptik› und Aristoteles ‹M.› genannt haben [5]. Die M. in diesem Sinne versteht Clemens freilich genauer dann als die Schau des allmächtigen Gottes «von Angesicht zu Angesicht», die «Vollendung der erkennenden Seele» ist [6]. M. ist hier also wesentlich Theologie. Ein großer Teil der Kirchenväter hat seine Theologie als solche philosophische Lehre von Gott aufgefaßt. Das geht schon daraus hervor, daß sie sie in das Gefüge der philosophischen Disziplinen einzuordnen suchten. Dabei wurde die in dieser Zeit übliche, aus der Stoa stammende Dreiteilung der Philosophie (Logik, Ethik, Physik) zum Teil modifiziert oder erweitert. Wie bei Clemens tritt z. B. auch bei AMBROSIUS an die Stelle der selbst innerhalb der Stoa umstrittenen Diszipin der Logik diejenige der M. oder, wie er sagt, der «mystischen» Lehre. Die Unterrichtung in den drei philosophischen Disziplinen der moralischen, natürlichen und mystischen Lehren stellt für die Seele zugleich einen Aufstiegsweg dar. Wenn sie nämlich innerlich Frieden gefunden und das «Weltliche» und Sinnfällige, die «Eitelkeiten dieser Welt», als solche erkennt und damit schon «transzendiert» hat, ist sie fähig, aus dem «Brunnen der Liebe» «die göttlichen Geheimnisse zu schöpfen, indem sie erkennt, daß Gott Geist ist» [7].

Wie sein Freund Ambrosius hat auch ORIGENES das «Mystische» als eigenen Gegenstandsbereich neben dem «Physischen», «Ethischen» und «Logischen» gelten lassen [8]. Allerdings nennt er sonst die M. die «schauende» Wissenschaft. «Allgemeine Disziplinen, durch die man zur Erkenntnis der Dinge gelangt, gibt es drei, die die Griechen ethische, physische und enoptische (Enopticen) genannt haben; diese können wir moralische, natürliche und betrachtende (inspectiva) nennen» [9]. Diese betrachtende Wissenschaft heißt nach Origenes so, weil wir durch sie «das Sichtbare überschreiten und etwas vom Göttlichen und Himmlischen schauen und es allein mit dem Geist sehen, da es ja den körperlichen Anblick übersteigt». Nach Origenes, wie auch schon nach Ambrosius [10], können die Griechen freilich nicht als Begründer dieser Wissenschaft, wie überhaupt der gesamten Wissenschaftseinteilung, angesehen werden. Denn ganz offensichtlich haben sie nach Origenes die Teilung dieser philosophischen Disziplinen von Salomon übernommen, der mit seinen ‹Proverbia› die erste Ethik schrieb, im Buch ‹Ecclesiastes› einen Abriß der Physik gab und schließlich durch das ‹Hohe Lied› die M. begründete. «Auch den metaphysischen Wissenschaftsteil (inspectivum locum) überlieferte er in diesem Büchlein, ... d.h. im Hohelied, indem er die Liebe zum Himmlischen und die Sehnsucht nach dem Göttlichen der Seele anfacht (incutit), unter der Gestalt der Braut und des Bräutigams, indem er lehrt, man müsse auf den Wegen der Nächstenliebe (caritas) und des Eros (amor) zur Gemeinschaft mit Gott (consortium Dei) gelangen» [11].

Wenn jedoch die stoische Einteilung der Philosophie in ihrer ursprünglichen Form beibehalten wird, wie bei EUSEBIUS, ist es schwierig, die M. als eigenständige Disziplin unterzubringen. Nach Eusebius haben die «Hebräer» genau wie Platon die Philosophie in Ethik, Logik und Physik eingeteilt. Wie aber auch schon die Stoiker ihre Theologie als «letzten» Teil der Physik auffaßten, so teilt auch Eusebius den dritten Teil dieser «hebräischen Philosophie» selbst auf in die «Schau (ἐποπτεία) des Geistigen und Unkörperlichen» einerseits und in die Physiologie im eigentlichen Sinne andererseits [12]. Es mag wohl das Moment des «Schauens» gewesen sein, das diese Vereinigung der das Sinnfällige als solche betrachtenden «Physiologie» und der das Intelligible thematisierenden Epoptie ermöglichte. Anderseits ist jedoch die genuin stoische These, die M. im Sinne der theologischen Wissenschaft unter die Logik zu subsumieren, auch im Christentum rezipiert worden. ALKUIN sieht in den «Heiligen Schriften» auffälligerweise die stoische Einteilung der Philosophie verwirklicht. Sein Schüler HRABANUS MAURUS hat diese Ansicht übernommen [13]. Wie bei Origenes entspricht die ‹Genesis› und das ‹Predigerbuch› der «Physik», während die ‹Proverbia› den Teil der «Ethik» ausmachen. Der «Logik», die freilich, wie ALKUIN betont, in einem speziellen Sinne, nämlich im Sinne der «Theologik» zu verstehen ist, entspricht das ‹Hohelied›. Diese besondere Art der Logik ist nun freilich nichts anderes als die M. im Sinne der Epoptie, denn Alkuin definiert sie als die Wissenschaft, die, lateinisch, «betrachtende» (inspectiva = ἐποπτική) genannt wird, durch die wir, «das Sichtbare übersteigend, etwas von dem Göttlichen und Himmlischen nur mit dem Geiste betrachten» [14].

Aber nicht nur einzelne Schriften des Alten Testamentes werden als die Teile der Philosophie verstanden, sondern auch die Evangelien des Neuen Testamentes sind als die Verkörperungen der Einzeldisziplinen der Philosophie interpretiert worden. So erkennt MAXIMUS CONFESSOR in der Vierteilung der Philosophie, der Evangelien, der Kardinaltugenden und der Elemente eine einheitliche Ordnung [15]. JOHANNES SCOTUS ERIUGENA hat diese Idee aufgegriffen. Danach muß man sich die Heilige Schrift als einen mundus intelligibilis vorstellen, dessen «Erde» im Zentrum dieser Welt die «Historie» oder die «historische» Betrachtungsweise der Schrift darstellt. Dieses Zentrum wird durch die Ethik gleichsam wie von Wassern umgeben. Die beiden niederen Teile des Kosmos sind dann gewissermaßen eingehüllt in «jene Luft der Naturwissenschaft», d.h. der «Physik». «Außerhalb und jenseits von all dem ist jener ätherische und flammende Brand des feurigen Himmels, d.h. der oberen Betrachtung der göttlichen Natur, die die Griechen Theologie nennen» [16]. Es ist für Maximus wie für Scotus Eriugena selbstverständlich, daß im Corpus der biblischen Schriften nur das Johannesevangelium als die M. im Sinne philosophischer Theologie verstanden werden kann.

Anmerkungen. [1] Vgl. PLUTARCH, Quaest. conv. VIII, 2; 718 D. – [2] Vita Alex. VII, 3-5; daß im Text des Plutarch wirklich die Bezeichnung ‹M.› stand, zeigt der Bericht des SIMPLICIUS in seinem Physikkomm. Comm. in Arist. graec. 9, 8, 30. – [3] PLUTARCH, De Iside et Osir. 382 D. – [4] THEON VON SMYRNA, Expos. rer. math., hg. E. HILLER 14f. – [5] CLEMENS ALEX., Strom. I, c. 28, 176, 1f. Griech. christl. Schriftsteller (= GCS) 2, hg. STÄHLIN/ FRÜCHTEL 108. – [6] a.O. VII, c. X, 57 = 3, 41f.; c. XI, 68, 4 = 3, 49. – [7] AMBROSIUS, De Isaac vel anima 4, 22-31, zit. 4, 26. CSEL 32, 659. – [8] Vgl. H. KOCH: Pronoia und Paideusis (1932) 247f. – [9] Vgl. ORIGENES, Comm. in Cant. Canticorum, Prol. = GCS 8, hg. W. A. BAEHRENS 75. – [10] Vgl. De Isaac 4, 23. – [11] Comm. in Cantic. 76, 12. – [12] Vgl. EUSEBIUS, Praep. ev. XI, 7, 1. GCS 8, 2; 21, 1ff. – [13] HRABANUS MAURUS, De universo XV, c. 1. MPL 111, 416 B/C. – [14] ALKUIN, De dialectica c. 1. MPL 101, 952 C. – [15] MAXIMUS CONF., Ambigua. MPG 91, 1245 A-1248 A. – [16] Vgl. J. SCOT: Homélie sur le prologue de Jean, hg. E. JEAUNAU (1969) 270ff.

3. *Neuplatonismus.* – Zwar hat auch PLOTIN den Wissenschaftscharakter seiner Philosophie reflektiert, aber er nennt sie nicht ‹Epoptie›, sondern ‹Dialektik›. «Sie ist die Fähigkeit, von jedem begrifflich sagen zu können, was es jeweils ist und worin es sich von anderen unterscheidet und welche Gemeinsamkeit mit ihm es gibt» [1]. Da aber nur die Erkenntnis des intelligiblen Grundes eines Dinges die Bestimmung seines Wesens ermöglicht, muß diese Wissenschaft nach Plotin die 'mathematische' Methode anwenden, mit Hilfe derer die ersten Gattungen als ihre Prinzipien eingeteilt und das sich daraus Ergebende «geistig miteinander verflochten wird, bis sie das ganze geistige Gebiet durchlaufen hat, dann löst sie es wieder auf, bis sie zum Prinzip gelangen ist, dann aber hält sie sich ruhig ... frei von Vielgeschäftigkeit, sammelt sich zum Einen und schaut» [2]. Da die Dialektik ihre evidenten Prinzipien (ἐναργεῖς ἀρχαί) aber «vom Geist empfängt, aus denen sie das Folgende zusammensetzt, verflicht und es wieder trennt, bis sie zum vollkommenen Geist gelangt», ist ihr Gegenstand das Intelligible als solches (νοητόν), das als das eigentlich und wahrhaft Seiende von den «bloßen Theoremata und Regeln» der Logiker, d.h. von den Axiomen (oder Sätzen) oder «Lekta» (der Stoiker), die über anderes etwas aussagen, ohne doch selber zu sein, zu unterscheiden ist [3]. Die Dialektik läßt so nach Plotin die Logik als gewiß notwendige, aber doch unvollkommene Vorstufe hinter sich.

Im Neuplatonismus ist, so scheint es, der Begriff der Epoptie erst durch PORPHYRIOS aufgenommen worden. Er nennt die M. «epoptische Disputation», insofern sie die Reflexion über die Schau des vornehmsten, göttlichen Seienden ist. Als dadurch der «physischen» Wissenschaft überlegene Disziplin ist sie nach Porphyrios/CALCIDIUS für eine Betrachtung über die «Natur» der sinnlichen Dinge ungeeignet [4]. M. im Sinne der Epoptie ist so keine Wissenschaft vom Seienden, d. h. einer Substanz als solchen. Das wird bestätigt durch die M. des sehr wahrscheinlich von Porphyrios stammenden Parmenideskommentars. Die in diesem Kommentar enthaltene Seinslehre betrifft ja zunächst nicht das Sein eines Seienden schlechthin, sondern nur des göttlichen geistigen Seins. Gleichwohl betrifft die Analyse der Grundstruktur dieses immateriellen geistigen Seins, insofern aus ihm alles andere Sein, auch das der sinnlichen Wesenheiten, ableitbar ist, Sein schlechthin. Prinzipiell sind die Momente, die bei der Selbstkonstituierung geistigen Seins nach Porphyrios unterschieden werden müssen – von Marius Viktorinus trinitätstheologisch ausgewertet – auch als Konstitutionselemente in einem konkreten sinnlichen Seienden und damit in allem, was seiend ist, erkennbar [5].

Der seit dem Mittelplatonismus übliche Versuch, platonisches und aristotelisches Denken miteinander zu versöhnen, ist besonders deutlich bei SYRIAN, dem Lehrer des Proklos, spürbar. Wie er in seinem M.-Kommentar ganz im Sinne des Aristoteles erklärt, muß es eine Wissenschaft geben, die den ehrwürdigsten aller Gegenstände, den des Seienden, und die diesem als solchem zukommenden Bestimmungen, untersucht. Syrian nennt diese Wissenschaft «Weisheit». Da alles Seiende auf die Wesenheit bezogen ist und nur ihretwegen selbst seiend genannt wird, ist sie das eigentlich Seiende [6]. Insofern die «Weisheit» divisiven (διαιρετική) oder definitorischen (διοριστική) Charakter hat, betrachtet sie die Wesenheiten der Dinge als solche. Andererseits hat sie als «analytische» Wissenschaft auch die Prinzipien des Seienden zu ihrem Gegenstand. Schließlich beschäftigt sie sich, insofern sie demonstrative Wissenschaft ist (ἀποδεικτική), auch mit den einer nicht einfachen oder nicht intelligiblen Wesenheit als solcher zukommenden Bestimmungen [7]. Da auf diese Weise die Philosophie als ganze immer Wesenheiten zu ihrem Gegenstand hat, müssen den einzelnen Arten der Wesenheiten auch «Arten» der Philosophie entsprechen. Die «Erste Philosophie» hat nach dieser Spezifizierung die ewigen, intelligiblen und unbewegten Wesenheiten zu ihrem Gegenstand, während die Physik das Bewegte, sei es vergänglich oder ewig, behandelt [8]. Diese beiden Wissenschaften sind als «Arten» der Philosophie von den mathematischen Wissenschaften zu unterscheiden, da diese nicht in erster Linie Wesenheiten zu ihrem Gegenstand haben [9]. Der vornehmere Teil der Philosophie heißt also nach Syrian deswegen Erste Philosophie, weil sie sich mit den ersten und vornehmsten Gegenständen beschäftigt. «Denn wie das Seiende und wie das Eine Arten haben, das eine als Erstes, das andere danach, so werden auch die Wissenschaften dem Seienden analog geordnet sein» [10]. Die Erste Philosophie hat demnach nicht das Seiende als solches, sondern das in der Rangfolge der Seienden Erste zum Gegenstand. Das sind die intelligiblen Ideen. Wie nicht das Gute als transzendentale Bestimmung des Seienden, sondern das Gute als Prinzip alles partikulär Guten und wie als Prinzip alles Bewegten die «Bewegung selbst» (αὐτοκίνησις) aufzufassen ist, die nicht die Bewegung eines «Bestimmten» und auch nicht «etwas neben der Bewegung» ist, so muß man auch als Prinzip des Seienden, insofern es seiend ist, dasjenige begreifen, was nicht ein bestimmtes Seiendes, sondern das alle einzelnen Seienden in sich enthaltende universale «Seiende selbst» (αὐτοόν) ist [11].

Nach der Bestimmung des «Ersten Philosophen» durch HERMIAS, einen Schüler des Syrian, besteht das Ziel seiner Tätigkeit in der Schau des intelligiblen und des göttlichen Seins und hält insofern das Auge seines Geistes «aufwärts gerichtet», während demgegenüber der «politische Philosoph» aus Sorge um den Staat «hinabsteigt» [12]. Aus den Vorlesungsheften des Hermias, die wohl im wesentlichen auf Syrian zurückgehen, kann man entnehmen, wie diese Schau des «Ersten Philosophen» zu denken ist. Nicht jede Schau schlechthin ist auch schon die seligste. Derjenige, der noch etwas als ein anderes sieht, hat offenbar noch nicht die Stufe der Einswerdung mit dem Gesehenen erreicht, die Hermias mit der seligsten Schau meint. Als Stufen dieser Einswerdung sind die vorbereitende «Einweihung» (τελετή) und das Schließen der Augen (μύησις) anzusehen, wodurch bewirkt wird, daß die göttlichen Geheimnisse nicht mehr mit sinnlichen Augen, sondern mit der «reinen Seele» angeschaut werden. Die letzte Stufe dieser Einswerdung aber, auf der Myste zum Epopten der Geheimnisse wird, ist erreicht, wenn er den Grund seiner Existenz in diesen Geheimnissen findet (ἐνίδρυσις) [13].

Diesen Aufstiegsweg der Seele bis hin zur Einswerdung in der Schau beschreibt auch HIEROKLES VON ALEXANDRIEN. Bevor die Schau möglich ist, muß jedoch erst die «Reinigung» der Geistseele (λογική ψυχή) durch die mathematischen Wissenschaften vollzogen werden. Die eigentliche «erhebende Ablösung» von der materiellen Wirklichkeit geschieht durch die dialektische Schau (Epoptie) des Seienden». Damit jedoch der Mensch als ganzer zu seiner Vollendung kommt, ist in diesem Reinigungsvorgang auch der pneumatische Seelenwagen einbezogen, der, so wie die Seele durch die im Staat bestehenden vernünftigen Gesetze von der «Unvernunft» gereinigt wird, selbst durch die verschiedenen öffentlichen Kulthandlungen von aller «materiellen Leblosigkeit» befreit und auf die «Gemeinschaft mit reinen Pneumata» vorbereitet wird [14].

Anmerkungen. [1] PLOTIN, Enn. I, 3, 4, 2. – [2] ebda. – [3] 5, 11; V, 5, 1, 37ff. – [4] Vgl. CALCIDIUS, In Tim. c. 127. 272; dazu J. H. WASZINK: Timaeus a Calcidio translatus (Leiden 1962) praef. XCVIII-XCIX. – [5] Vgl. P. HADOT: La M. de Porphyre. Entretiens sur l'Antiquité class. 12: Porphyre (1965); dtsch. in: Die Philos. des Neuplatonismus, hg. C. ZINTZEN (1977) 208-237. – [6] Vgl. SYRIAN, In Met. 56, 26, hg. W. KROLL, in: Comm. in Arist. graec. 6, 1. – [7] a.O. 4, 24ff. – [8] 58, 13ff. – [9] Vgl. 3, 14. – [10] 61, 22. – [11] 45, 24ff. – [12] HERMIAE ALEXANDRINI in Platonis Phaedrum Scholia, hg. P. COUVREUR (Paris 1901); ND, hg. C. ZINZEN (1969) 221, 11. – [13] a.O. 178. – [14] HIEROCLIS in Aureum Pyth. Carmen Comm., hg. F. W. KOEHLER (1974) 116f.

B. *Metaphysik als Seinswissenschaft.* – Die schon bei Theophrast zu beobachtende Entontologisierung der M. setzt sich also offenbar auch in der Epoptie-Tradition fort, in der nicht mehr nach dem Seienden schlechthin und als solchem gefragt wird, sondern immer schon das höchste Seiende und damit ein bestimmtes Seiendes als Gegenstand der Ersten Philosophie angenommen wird. Der einzige, der M. im rein aristotelischen Sinne, d.h. als allgemeine Seinswissenschaft, zu rehabilitieren versucht gegenüber der platonisch-theologischen Tradition, ist ALEXANDER VON APHRODISIAS, der auch den tieferen Sinn des Namens ‹M.› erfaßt hat [1]. Nach Alexander, der als treuester Interpret des Aristoteles gilt, ist zwar die M. auch, wie für seinen Meister, die Wissenschaft vom Seienden, insofern sie nicht ein bestimmtes Seiendes (ὄν τι) oder nur ein Teil desselben wie andere Wissenschaften, sondern das «Seiende schlechthin» thematisiert und zugleich Theologie, insofern bei der Suche nach den «ersten Prinzipien und Ursachen» dieses Seienden nicht unendlich fortgeschritten werden kann, aber die Natur dieses «Seienden schlechthin» wird hier zum ersten Mal näher charakterisiert. Sie ist im Hinblick auf die spätere Entwicklung wichtig. Durch Alexander wird nämlich deutlich gemacht – und diese Interpretation der aristotelischen Lehre ist durchaus zutreffend –, daß der aristotelische Begriff des Seienden als solchen sich ausschließlich am Sein von Naturdingen, d. h. an der aktuellen Existenz solcher Dinge außerhalb unseres Denkens orientiert. Alexander zementiert damit begrifflich, was bei Aristoteles tendenziell schon eindeutig zu erkennen ist: das Seiende als solches ist das substantielle Sein einer Wesenheit. Wie Alexander zunächst betont, ist «seiend im eigentlichen Sinn die Substanz», während die kategorialen Bestimmungen nur in abgeleiteter Weise seiend zu nennen sind [2]. Was «seiend» hier des Näheren bedeutet, macht Alexander dadurch deutlich, daß er das Verhältnis des «Seienden» zu seiner ihm am engsten verbundenen (transzendentalen) Bestimmung des «Einen» zu klären versucht. Da das Seiende und das Eine dem «Substrat» nach identisch sind, können beide Begriffe verschieden prädiziert werden im Sinne einer distinctio rationis (κατὰ διάφορον ἐπίνοιαν). Wenn wir von etwas sagen, es sei seiend, so wollen wir nach Alexander seine aktuelle Existenz (ὕπαρξις) außerhalb des Geistes ausdrücken, während der Begriff des «Einen» vor allem die «Trennung von dem Anderen und der Menge» andeutet. Zugleich aber ist Seiendes etwas und unterschieden von dem Anderen und es ist eines und nicht Menge» [3]. Der in der aristotelischen Formulierung «Seiendes insofern es seiend ist» angesprochene Sinn von Sein besteht demnach nach Alexander in der aktuellen Existenz eines Wesens. Diese einheitliche Hinsicht der Existenz als des Gemeinsamen ist es, was überhaupt eine Wissenschaft vom Seienden als solchen möglich macht. «Wenn nun das Seiende, so sagt er, homonym ausgesagt würde von dem, wovon es ausgesagt wird, und nicht nach einem Gemeinsamen, d. h. wenn das Seiende nur am Namen des Seienden teilhätte, der Natur des Seienden aber ganz in jeder Hinsicht entfremdet wäre, so daß es nicht in der Existenz (ἐν ὑπάρξει) wäre und nicht an der Seiendheit (ὀντότης) teilhätte, sondern dieser beraubt wäre, wäre es klug zu sagen, daß es davon nicht eine Wissenschaft gibt ...» [4]. Es kann die «eine» Wissenschaft M. also nur dann geben, wenn das Seiende im Sinne aktueller Existenz gemeint ist. Da aber Alexander hier offensichtlich stoische Terminologie – wenn auch nicht im strengen stoischen Sinne – gebraucht, nach der das aktuell Existierende (d. h. das Naturding) vom bloß Gedachten oder Erkannten (ἐπίνοια) zu unterscheiden ist, ergibt sich, daß das Gedankending, alle erkannten Begriffe, alles Gedachte und bloß Ausgedachte, durch diese präzisierende Definition als möglicher Gegenstand der M. ausgegrenzt ist. Die aristotelische M. ist ebenso wie seine Kategorienlehre ausschließlich am Sein der Naturdinge orientiert.

Wenn nun die M. als die Wissenschaft vom so verstandenen Seienden als solchen, dem gewisse wesenhafte Bestimmungen zukommen, aufgefaßt werden kann, muß auch der Unterschied zu dem, was Aristoteles ‹Dialektik› nennt, aufgezeigt werden. Alexander hat diesen Unterschied besonders betont. Zunächst ist freilich eine Ähnlichkeit beider Disziplinen gar nicht zu leugnen. Denn auch die Dialektik oder Logik hat keinen fest umrissenen Gegenstand (ἴδιον τί ἀφωρισμένον) wie die Geometrie oder die Musik. Auch sie ist also eine «Pragmatie über das Seiende» [5]. Gleichwohl darf nach Alexander die M., auch insofern sie die dem Seienden allgemein zukommenden Bestimmungen untersucht, nicht als «logi-sche Pragmatie» angesehen werden [6]. Denn die Dialektik behandelt dieselben Gegenstände wie die M., aber auf andere Weise, nämlich «logisch» und nicht «wissenschaftlich» (ἐπιστημονικῶς) [7]. Alexander sieht diese Verschiedenheit der Disziplinen in der unterschiedlichen «Art des Vermögens» begründet, d. h. in einer verschiedenen Methode. Beide Disziplinen verfahren zwar syllogistisch, aber während die M. nur den demonstrativen Syllogismus zum Erweis wahrer Sätze gelten läßt, d. h. von wahren und notwendigen Prämissen zu wahren und notwendigen Schlußsätzen gelangt, nimmt die Logik den sogenannten dialektischen Syllogismus in Anspruch, d. h. sie geht von generell anerkannten Prämissen (ἔνδοξα) aus, die als solche weder wahr noch falsch sind [8]. Der eigentliche Unterschied zwischen diesem «Probablen» und dem Wahren liegt nach Alexander in der verschiedenen Art der Bestimmtheit (ἐπίκρισις). Während das Wahre diese von der Sache, die es betrifft, empfängt, wird das Probable durch die «Zuhörer» und deren «Ansicht» konstituiert [9]. Trotzdem steht die Pragmatie der Logik oder die Dialektik deswegen nicht «außerhalb der Philosophie», die ja nichts als Wahrheit will, denn auch sie ist in verschiedener Hinsicht «nützlich zur Findung der Wahrheit» [10]. Auf diese Weise kann nach Alexander die Logik im Kreis philosophischer Disziplinen durchaus einträchtig ihren Platz neben der M., der Ethik und der Physik einnehmen [11].

Diese enge Beziehung der M. zur Logik wird dann vom Neuplatoniker JAMBLICH näher reflektiert. Dies überrascht zunächst, weil gerade dieser Neuplatoniker im Rufe steht, die Vorherrschaft des vernünftigen metaphysischen Denkens, insofern es Gotteserkenntnis ist, gebrochen und stattdessen die dunklen Praktiken der Magie und die «Theurgie» als einzig mögliche Form der Vereinigung mit dem Göttlichen angesehen zu haben. Tatsächlich aber hat er das Erkennen zur Vorbedingung dieser Theurgie erklärt [12]. Vorzüglicher Gegenstand des Erkennens, sofern es als «theoretische Weisheit» aufgefaßt wird, ist aber nach Jamblich «das Seiende». Dem Metaphysiker in diesem Sinne des mit der «theoretischen und theologischen Weisheit» Ausgestatteten ist das «göttliche System des ganzen Begriffs» eingeprägt, d. h. alle Ideen des Seienden und seine Bezeichnungen. Darin liegt es begründet, daß die M. nach Jamblich auch die Logik in Anspruch nehmen darf, denn sie betrachtet nicht nur das, was durch die Namen bezeichnet wird, d. h. die Dinge selbst, sondern auch die «Gedanken» oder das Gedachte, denn auch das gehört zum Bereich des Seienden (ἀλλὰ καὶ τῶν νοημάτων τῶν ἐν τοῖς οὖσι). In diesem Sinne ist es die Aufgabe der M. als «theoretischer Weisheit», von «allem Seiendem, insofern es seiend ist» zu handeln und den Prinzipien und Kriterien jeder Wissenschaft nachzugehen [13].

Anmerkungen. [1] ALEXANDER APHRODISIAS, In Arist. Met. Comm., hg. M. HAYDUCK (1891). Comm. in Arist. graec. (= CAG) 1, 171, 5ff. – [2] a.O. 242, 10. – [3] 247, 18ff. – [4] 642, 5ff. – [5] 259, 33. – [6] 177, 9ff. – [7] 344, 19; vgl. 238, 22ff. – [8] 260, 1ff.; In Arist. Top. libros octo comm., hg. M. WALLIES, in: CAG 2/II (1891) 22, 1. – [9] a.O. 19, 22ff. – [10] 27, 1ff. – [11] 28, 25. – [12] Vgl. A. C. LLOYD: Porphyry and Iamblichus, in: Cambridge hist. later Greek and early Medieval philos. (1967) 296. – [13] IAMBLICHUS, Protrepticus, hg. PISTELLI 19, 12-20, 5.

C. *Lateinische Spätantike und Frühmittelalter.* – Obwohl AUGUSTINUS das Wort ‹M.› oder ‹Erste Philosophie› oder ‹Epoptie› nicht gebraucht, hat er sich selbst doch eindeutig in die neuplatonische Tradition des M.-

Verständnisses gestellt. Wie er schon in seiner ersten Schrift hervorhebt, ist die vielbestrittene, aber gerade von Neuplatonikern wie Porphyrios rehabilitierte Ansicht, Aristoteles und Platon stimmten philosophisch im wesentlichen überein, auch durch den Hinweis zu unterstützen, daß sie beide «eine Disziplin der wahrsten Philosophie» ins Leben gerufen haben, die nicht «die Philosophie dieser Welt», sondern die einer «intelligiblen Welt» ist [1]. Augustinus gebraucht gelegentlich als Terminus für diese Erkenntnis der intelligiblen Welt den aristotelischen Begriff ‹Weisheit›, den er traditionell als das «Wissen von den menschlichen und göttlichen Dingen» versteht [2]. Wie diese Begriffe schon andeuten, ist Augustins M. nach seinem eigenen Verständnis keine streng gegenüber anderen Disziplinen der Philosophie abgegrenzte Wissenschaft. Für die vernünftigste Einteilung der Philosophie hält er noch die – wie er glaubt – platonische, nach der Physik, Ethik und Logik zu unterscheiden sind [3]. Es ist bezeichnend, daß die M. als eigene Disziplin fehlt. Denn nach Augustinus besteht die Vernünftigkeit aller drei Disziplinen der Philosophie darin, daß sie metaphysischer Natur sind. Die Platoniker sind dieser Wahrheit am nächsten gekommen. Denn sie haben als erste und einzige eine M. der Natur, eine M. des Handelns und schließlich eine metaphysische Fundierung des Wahrheitsbegriffs bzw. des Wahrheitskriteriums (iudicium veritatis) als des Gegenstandes der Logik ausgearbeitet. Insofern man nämlich erkennt, daß «jede Form in einer beliebigen veränderlichen Sache, durch die sie all das ist, was sie ist, welcher Art und welchen Wesens sie auch sei, nur von jenem her sein kann, der wirklich ist, weil er unveränderlich ist» [4], hat man schon den Bereich des rein Körperlichen in der Natur «überschritten» und befindet sich schon im Reich des Intelligiblen. «Intelligibel nenne ich das, was durch den Anblick des Geistes erkannt werden kann» [5]. Wenn aber zwischen dem sinnlich Erfaßbaren und dem nur durch den Geist Erkennbaren unterschieden werden muß, dann kann nicht die sinnliche Empfindung als Wahrheitskriterium angesehen werden. «Sie [die Platoniker] sagten aber, das Licht der Geister, um alles zu erlernen, sei jener Gott, von dem alles erschaffen ist» [6]. Schließlich wird man auch im Bereich der Ethik, in dem man nach dem höchsten Gut fragt, auf Metaphysisches verwiesen. Denn wer nach dem höchsten Gut fragt, sucht das, was nicht um eines anderen Guten willen, sondern um seiner selbst willen erstrebt wird, so daß man, ist es erreicht, nicht mehr weiter sucht. Das aber kann nur Gott selber sein, durch dessen «Genuß» (frui) der Mensch allererst glücklich werden kann [7]. Damit ist nach Augustinus der metaphysische Grund des menschlichen Handelns, Denkens und Schauens aufgezeigt [8]. Diese Entdeckung der alles bestimmenden Wirklichkeit steht jedoch erst am Ende eines neuplatonisch gedachten Aufstiegsprozesses der Seele, der sich in Stufen (gradatim) vollzieht. Es ist der Aufstieg der Seele, der mit der «Abwendung» von der Körperwelt beginnt und ins Innerste ihrer selbst führt. «Und dann aufgefordert, zu mir selbst zurückzukehren, betrat ich unter Deiner Führung mein Innerstes» [9]. Nachdem die Seele ihre einzelnen wandelbaren Vermögen erreicht hat, gelangt sie schließlich «zu dem, was in dem Moment eines zitternden Erblickens ist» [10]. Sie hat ihr veränderliches Geistsein «überstiegen» und «berührt» in diesem Innersten ihrer selbst das, was «nur Sein» ist [11]. Dieses göttliche, unveränderliche ewige Sein muß als der Grund alles menschlichen Urteilens über das nur geschöpfliche, defiziente veränderliche Sein angesehen werden, denn «wenn ich fragte, aufgrund wovon ich urteilte, wenn ich so urteilte, hatte ich eine unwandelbare und wahre Ewigkeit der Wahrheit über meinem wandelbaren Geist gefunden» [12]. Unter diesem wirklich und unveränderlich Seienden versteht Augustinus vor allem die dem sinnfälligen Seienden zugrunde liegenden göttlichen Gesetze der Schönheit, die selber mathematischer, d.h. zahlhafter Natur sind. Denn Himmel, Erde, Meer und alles, was in ihnen ist oder darüber erglänzt oder unten kriecht oder fliegt oder schwimmt, «haben Formen, weil sie Zahlen haben» [13]. Die veränderlichen sinnfälligen Dinge «sind» überhaupt nur, insofern sie an dieser göttlichen, ewigen, zahlhaften Ordnung teilhaben, die auch gilt, «wenn das Menschengeschlecht schnarcht» [14]. Schon die Tatsache, daß der Geist diese invarianten göttlichen Dinge zu erkennen vermag, zeigt nach Augustinus, daß er mit ihnen auf eine «wunderbare unkörperliche Weise, d.h. nicht räumlich verbunden» sein muß [15].

Eigentlicher Gegenstand seiner Philosophie, d.h. seiner M., ist also die Frage nach Seele und Gott. «Die erste bewirkt, daß wir uns selbst, die andere, daß wir unseren Ursprung erkennen. Jene ist uns angenehmer, diese uns kostbarer, jene macht uns des seligen Lebens würdig, diese macht aus uns Selige, jene erste ist für die Lernenden, diese schon für Gelehrte da. Das ist die Ordnung für das Studium der Weisheit, durch die man fähig wird, die Ordnung der Dinge zu erkennen, d.h. die zwei Welten zu unterscheiden und den Vater des Alls selbst, von dem es kein Wissen in der Seele gibt, es sei denn das Wissen, wie sie ihn nicht weiß» [16].

Dieser kurz skizzierte metaphysische Ansatz Augustins hat die weitere Entwicklung des philosophischen Denkens im Westen nachhaltig bestimmt. Gleichwohl wird man wohl BOETHIUS für diese jahrhundertelange Vorherrschaft augustinischen Denkens mitverantwortlich machen können, zumal wenn man an die Philosophie des 12. Jh. denkt, das das Jahrhundert des Boethius genannt worden ist. Boethius, dessen philosophisches Denken eng mit dem der Ammoniusschule zusammenhängt, hat nämlich die augustinische M. mit einer angemessenen Seinslehre ausgestattet, die die ontologischen Ansätze Augustins aufnimmt und im Sinne des Porphyrios weiterentwickelt. Ein Hauptresultat dieser erneuten Ontologisierung der M. ist die terminologische Fixierung im Bereich der Seinslehre, die bisher im Westen (auch noch nach Marius Viktorinus' Trinitätsspekulation) ein Desiderat gewesen war [17]. Auch hinsichtlich der Terminologie, die den Gegenstand der M. betrifft, versuchte Boethius Klarheit zu schaffen, ohne sich jedoch – wie es scheint – selbst über sie im klaren zu sein. Denn während er in seiner Trinitätsschrift die spekulative Wissenschaft ganz im aristotelischen Sinne unterteilt [18], macht sich in einer anderen Schrift, dem die Ammoniusschüler alle unterworfen sind, neuplatonischer Einfluß bemerkbar. Nach Boethius muß nämlich das «Intellektible» als der der philosophischen Theologie eigene Gegenstand verstanden werden. «Es ist aber intellektibel, was als eines und ansich Selbiges in einer immerwährenden Göttlichkeit besteht und niemals durch Sinne, sondern einzig und allein durch den Geist und den Intellekt erfaßt wird» [19]. Demgegenüber befaßt sich der zweite Teil der spekulativen Philosophie mit dem Bereich des «Intelligiblen», der alles geistige Sein, so weit es durch die «Berührung mit Körpern» degeneriert ist, also auch die menschliche Seele, umfaßt. Offensichtlich wird so die von Jamblich an im Neuplatonismus übliche Unterscheidung der Bereiche des νοητόν und νοερόν in den lateinischen Sprachraum übertragen. Wie ein Blick auf die philosophische Literatur der Boethius-Rezeption der *Viktoriner* und der *Schule von Chartres* lehrt, hat sich diese neue Terminologie und die damit verbundene neue Aufteilung der Gegenstände der einzelnen spekulativen Disziplinen im allgemeinen nicht durchgesetzt. Lediglich HUGO VON ST. VIKTOR greift diese boethianische Unterscheidung auf. Nach Hugo ist die M. als «Theologie» von der ihr am nächsten stehenden mathematischen Wissenschaft nur durch einen verschiedenen Gegenstandsbereich unterschieden, der aber auf dieselbe Weise erfaßt wird. Während das «Intelligible» nämlich nur unsinnliche Gegenstände umfaßt, kann mit dem «Intellektiblen» auch das, was sinnlich ist, erfaßt werden [20].

Anmerkungen. [1] AUGUSTIN, Contra Acad. III, 19, 42. – [2] a.O. I, 6, 16. – [3] De civ. Dei VII, 4; XI, 25; Ep. 118, 17ff. – [4] De civ. Dei VIII, 6. – [5] ebda. – [6] VIII, 7. – [7] VIII, 8. – [8] Vgl. De ord. II, 12, 35. – [9] Conf. VII, 10, 16. – [10] a.O. 17, 23. – [11] IX, 10, 24. – [12] VII, 17, 23. – [13] De lib. arb. II, 16, 41f. – [14] Contra Acad. III, 11, 25. – [15] De immort. an. 10, 17. – [16] Vgl. De ord. II, 18, 47. – [17] Vgl. P. HADOT: La distinction de l'être et de l'étant dans le De hebdomadibus de Boèce. Misc. mediaev. 2 (1963) 147-153; Forma essendi. Interprét. philol. et interprét. philos. d'une formule de Boèce. Etudes class. 38 (1970) 143-156. – [18] BOETHIUS, De Trin. c. 2, hg. STEWART/RAND 8. – [19] Vgl. In Isagogen Porph. Comm. I, c. 3, hg. S. BRANDT 8. – [20] HUGO VON ST. VIKTOR, Erudit. Didasc. II, c. 3-4. MPL 176, 752f.

D. *Von der griechischen Spätantike zum Hochmittelalter.* – 1. *Ammonius-Schule.* – Das Schicksal der M. nach Proklos wird vor allem durch den großen Einfluß, den sein Schüler AMMONIUS hatte, bestimmt. Dadurch kommt allerdings nur scheinbar das aristotelische Verständnis von M. als allgemeiner Seinswissenschaft wieder stärker zur Geltung. Von den Spekulationen des Proklos hält sich aber auch sein anderer Schüler ASKLEPIOS im wesentlichen frei. Allerdings ist seine starke Anlehnung an den Neuplatonismus unverkennbar. Von Asklepios stammt auch eine Bestimmung der M., aus der die tiefere Bedeutung des Namens hervorgeht. In seinem M.-Kommentar heißt es: «Da die Natur mit dem Vollendeten beginnt, für uns es aber wegen unserer Schwachheit unpassend ist, sofort auf das Vollendete zu stürzen, pflegen wir zuvor bei dem der Natur nach Späteren und Unvollendeten zu beginnen und so zum Vollendeten zu eilen. Da er nun in der Physik über das Unvollendete sprach, hier aber über das Vollendete, ist die vorliegende Abhandlung mit Recht für uns vollendet. Man muß wissen, daß sie auch überschrieben wird mit Weisheit, Philosophie, Erste Philosophie und M., da er, nachdem er vorher über die physischen Dinge sprach, in dieser Abhandlung über das Göttliche spricht. Wegen der Anordnung also erhielt sie den Namen» [1]. M. ist also für Asklepios vor allem «Theologie». Ganz zu Beginn seines Kommentars sagt er, daß das Ziel der Abhandlung das θεολογῆσαι sei. Theologie ist sie insofern, als sie die Prinzipien und Ursachen des Seienden behandelt, von denen der Neuplatoniker Asklepios sagt, sie seien «allem Seienden der Natur gemäß enthoben» [2]. Als allem Seienden enthoben aber sind sie wesentlich immateriell und ganz und gar, d. h. sowohl in ihrer aktuellen extramentalen Existenz wie auch dem Denken nach (ἐπινοίᾳ), von aller Materie getrennt und deswegen unbewegt. Die M. ist so besonders Wissenschaft vom Immateriellen. Wenn ihr Gegenstand aber auf diese Weise begrenzt zu sein scheint, ist es schwierig zu verstehen, wie M. dann noch Wissenschaft von «allem Seienden schlechthin, insofern es seiend ist», soll sein können. Denn ganz offensichtlich spricht sie doch nicht von dem physischen bewegten Seienden, sondern eben nur vom Immateriellen und Unbewegten. Nach Asklepios ist es zunächst richtig, daß das Immaterielle für sich genommen ein «partikulärer» Gegenstand wie anderes auch ist. «Insofern aber dieses Immaterielle und Unbewegte die Prinzipien und Quellen von allem Seienden sind (denn vor dem Bewegten muß das Unbewegte sein), spricht sie offenbar über alles Seiende» [3].

Während so bei Asklepios M. Wissenschaft von den gegenüber der physischen Welt transzendenten Gründen ist, versuchen AMMONIUS und seine Schüler wieder stärker das alte Ideal zu verwirklichen, nämlich die platonische und aristotelische Lehre miteinander zu versöhnen. Für Ammonius' Begriff von M. bleibt dabei der Gesichtspunkt des Immateriellen als des möglichen Gegenstands dieser Wissenschaft gewissermaßen das Leitmotiv. Allerdings unterscheidet er (mit Hilfe eines stoischen Begriffspaares) – und diese Unterscheidung sollte Schule machen – verschiedene Weisen der Immaterialität. Es kann nämlich einerseits in seiner aktuellen Existenz außerhalb des Bewußtseins immaterieller Natur sein und andererseits kann immateriell auch das heißen, was nur im und durch das menschliche Denken (beispielsweise durch Abstraktion) von Materie frei ist. Die M. hat nun das ganz und gar Immaterielle, d. h. das in der extramentalen Wirklichkeit (τῇ ὑποστάσει) und im Denken (ἐπινοίᾳ) von aller Materie Unberührte zum Gegenstand. Dieser Art ist das göttliche Wesen. Die Physik handelt von den sowohl in der Wirklichkeit wie auch im Denken von Materie untrennbaren Gegenständen, so z. B. von Fleisch, Knochen, Holz und dergleichen, deren Begriff nicht von der Materie überhaupt, d. h. nicht von der später sogenannten materia communis abstrahiert werden kann, wie schon Aristoteles lehrt. Die Mathematik nimmt eine Zwischenstellung ein [4]. Zugleich muß die M. auch als das Ziel jenes Aufstiegswegs der Seele betrachtet werden, der mit Übungen in der Logik beginnt, um dann, nachdem die Wissenschaften der Ethik und Physik erlernt wurden, die Mathematik als «Brücke» zu benutzen hin zur «letzten» Wissenschaft, der Theologie [5].

Gewiß scheint durch eine solche Konzeption von M. deutlich werden zu können, inwiefern sie Theologie ist. Der ursprüngliche aristotelische Anspruch, M. sei allgemeine Seinswissenschaft (und insofern auch Theologie), wird von Ammonius, so scheint es, nicht eingelöst. Im Gegenteil, M. wird allmählich zur Wissenschaft von den Ideen. Von SIMPLICIUS wird dieses platonische Moment deutlich zum Ausdruck gebracht. Während nämlich die Physik ausschließlich das körperliche Sein mit seinen von der Materie untrennbaren, obzwar durch das Denken abstrahierbaren vergänglichen Formen untersucht, ist es Aufgabe der «hyperphysischen Pragmatie, die er [Aristoteles] selbst M. nennt», die in jeder Hinsicht immateriellen, intelligiblen, unvergänglichen Formen zu betrachten, die insofern Prinzipien heißen, als sie den materiellen vergänglichen Formen das Sein verleihen [6].

Die Physik kann nach Simplicius die Form eines Sinnfälligen, seine Natur, also die Form und das Zugrundeliegende eines Naturdings erkennen. Simplicius nennt das auch im Anschluß an Porphyrios die «untergeordnete Allgemeinheit» (κατατεταγμένη κοινότης), insofern es ein nur in den Einzeldingen realisierbares und ebenda schon differenziertes (διαφορούμενον) Allgemeines ist. Von dieser Art des Allgemeinen in den Dingen ist das den Einzeldingen transzendente Allgemeine (ἐξῃρημένη) im Sinne der «hyperphysischen» Formen zu unterscheiden. Während die Allgemeinheit des Allgemeinen in den Einzeldingen eigentlich gar nicht mehr besteht, da sie durch die reale Differenzierung der vielen Dinge «aufgehoben» (ἀναιρεῖν) ist, muß die Allgemeinheit der intelligiblen abgetrennten Ideen, die Simplicius als Resultate göttlichen Denkens versteht, als eine Allgemeinheit besonderer Art angesehen werden. Insofern die intelligiblen transzendenten Ideen nämlich als Ursachen all dessen, was «nach ihnen» kommt, verstanden werden, können sie nicht nur allgemein im Sinne völliger Undifferenziertheit (ἀδιάφορον) sein, sondern müssen als in sich differenzierte allgemeine Wesenheiten angesehen werden. Wenn man bedenkt, daß z. B. die transzendente Idee des «Lebewesens» Ursache der einzelnen Lebewesen, des Menschen, Pferdes usw. oder auch der fliegenden Tiere, der Wassertiere usw. sein soll, wird deutlich, daß ein solches ursächliches, der physischen Welt enthobenes Eidos nicht nur hinsichtlich seiner Allgemeinheit betrachtet werden kann, sondern als eine «präexistierende», die differenzierenden Arten zusammenfassende «Einheit» aufzufassen ist [7]. Da die M. diese intelligiblen Ideen als das «am meisten Erste und Ursächliche» zum Gegenstand hat, heißt sie nach Simplicius «allgemein», nicht aber weil sie «das Allgemeine in der Seele», d.h. die durch das menschliche Denken konstituierten von den Einzeldingen abstrahierten, und insofern «später entstandenen» Wesensformen thematisierte. Diese sind vielmehr Gegenstand logischer Explikation [8]. Während nun nach Simplicius «die meisten» aufgrund abstrahierenden Denkens die Dinge in ihrer undifferenzierten Allgemeinheit erfassen, scheint die philosophische metaphysische Erkenntnis dem göttlichen Denken insofern ähnlich zu sein, als auch durch sie nicht nur das, was das Einzelne umfaßt, erkannt wird, sondern auch das Einzelne selbst ganz durchdrungen wird (δίιξις), d.h. daß das Resultat metaphysischen Erkennens selbst ein in sich differenziertes Allgemeines ist [9].

Anmerkungen. [1] ASCLEPII in Met. lib. A-Z Comm. in Arist. graec. (= CAG) 6/II, hg. HAYDUCK 3, 21-30. – [2] a.O. 358, 24. – [3] 361, 1. 24-32. – [4] AMMONIUS, In Porph. Isag. 11, 25ff. – [5] In Cat. 6, 4; In Porph. Isag. 13, 5. – [6] SIMPLICIUS, In Arist. Phys. CAG 9/1, hg. H. DIELS 257, 17ff. – [7] Vgl. In Cat. 69, 20ff.; 82, 35ff. – [8] In De an. 124, 15ff. – [9] In Phys. 17, 38-18, 10.

2. *Arabische Tradition.* – Die arabische Philosophie mit ihrem neuplatonischen Einschlag und aristotelischen Problembewußtsein steht zu einem guten Teil in der Tradition dieser Ammonius-Schule. Hinsichtlich des M.-Begriffs kann man als charakteristische Weiterführung des aristotelischen Ansatzes bemerken, daß die Disziplin M. selbst noch einmal in verschiedene Teile geteilt wird. Die Übereinstimmung mit der Ammonius-Schule zeigt sich am deutlichsten bei AVICENNA, dessen ⟨M.⟩ im 12. Jh. ins Lateinische übersetzt wurde. Sie stellt einen Teil des ⟨Buches der Genesung⟩ (Kitāb al shifā) dar und ist neben dem ⟨Kanon der Medizin⟩ dem Mittelalter bekannt geworden. Avicenna scheint durch diese Einführung ins ⟨Buch der Genesung⟩ andeuten zu wollen, daß auch die Philosophie, und allem voran die «Erste», therapeutischer Natur ist. Sie ist «la médecine de l'esprit» [1].

Die grundlegende Bestimmung des Gegenstandes dieser Wissenschaft, die Avicenna wie andere Araber auch gut aristotelisch die «göttliche» nennt, orientiert sich offensichtlich an der Ammonius-Schule: «Die göttlichen Wissenschaften untersuchen nur die Dinge, die von der Materie ihrem Sein nach und der Definition nach abgetrennt sind» [2]. Dies bedeutet aber nicht, daß die Dinge solcher Art der Gegenstand dieser göttlichen Wissenschaft wären. Weder die «ersten Ursachen», noch Gott selbst können in einem «absoluten» Sinne, d.h. als solche, als Gegenstand der ersten Philosophie verstanden werden, weil ihre Existenz durch diese Wissenschaft erst erwiesen wird [3]. Freilich ist nach Avicenna andererseits nur die M. als kompetente Wissenschaft denkbar, in der die Existenz Gottes thematisiert und seine Wesensbestimmungen untersucht werden. Da aber keine Wissenschaft die Existenz ihres Gegenstandes (subiectum) als solchen erweisen kann, muß gesagt werden, daß Gott in dieser göttlichen Wissenschaft das «Gesuchte» (quaesitum) ist [4]. In diesem Sinne ist auch der avicennische Name für M. «göttliche Wissenschaft» zu verstehen [5].

Gegenstand im eigentlichen Sinne dieser höchsten Wissenschaft kann gar kein bestimmtes partikuläres Seiendes sein, sondern nur das Seiende als solches oder, wie Avicenna sagt, das «absolute Sein» [6].

Da aber diesem allgemeinen absoluten Sein als solchem auch Bestimmungen wie das Eine und Viele, Potentialität und Aktualität, Möglichkeit oder Notwendigkeit zukommen, müssen auch diese dem absoluten Sein «eigenen Akzidentien» in dieser Wissenschaft Forschungsgegenstand sein [7].

Obwohl es nur einen Gegenstand der «göttlichen Wissenschaft» gibt, kann man diesen in verschiedener Hinsicht betrachten, so daß dementsprechend die Wissenschaft nach Avicenna unterteilt werden kann. Ein Teil der M. untersucht nämlich die letzten Ursachen, die als Ursache jedes verursachten Seins, insofern es Sein ist, verstanden werden. Ein zweiter Teil untersucht die Erste Ursache, von der alles verursachte Sein als solches stammt. Sofern aber die dem Seienden als solchem zukommenden Bestimmungen nicht abgetrennt werden können, thematisiert ein dritter Teil der M. auch solches wie die Notwendigkeit, Möglichkeit, Privation, Substanz, Akzidens, das Universale und Partikuläre, das Ganze und den Teil usw. Schließlich kann das absolute allgemeine Seiende auch betrachtet werden, insofern bestimmte Seiende, die im Vergleich zu ihm selbst «etwas Akzidentelles» sind, als Prinzipien angesehen werden. Diese können natürlich nicht Prinzipien des Seienden sein, denn «das Seiende in sich absolut hat kein Prinzip», sondern sie sind Prinzipien von bestimmten Seienden; die M. untersucht also nicht die Prinzipien des absoluten Seienden, sondern z.B. die der anderen partikulären Wissenschaften, die ihre allgemeinen Prinzipien selbst nicht thematisieren können, obwohl sie freilich ihrerseits «das Sein von Prinzipien derjenigen Dinge, die in ihnen sind, beweisen» [8].

Diese vier Arten des Gegenstandes einer metaphysischen Untersuchung können nach Avicenna hinsichtlich ihres Verhältnisses zur Materie charakterisiert werden. Das göttliche Sein und das Sein der Intelligenzen ist in jeder Hinsicht immateriell. Die «letzten Ursachen» des Seienden als solche, also z.B. die Form, sind, wie Avicenna sagt, mit Materie vermischt, ohne doch selber materiell zu sein. Die dritte Art der in der M. problematisierten Gegenstände umfaßt solches, das, wie «Kausalität oder Einheit», sowohl in als auch außerhalb der Materie sein kann. Schließlich bezeichnet Avicenna die «Bewegung» und die «Ruhe», die Prinzipien der Wissenschaft der Physik, als «materielle Dinge», aber die M. betrachtet sie gerade nicht hinsichtlich ihrer Materialität, sondern nur sofern sie sind [9].

Dieser Gedanke der Einteilung der M. ist nicht neu. Auch ALFARABI hatte die göttliche Wissenschaft schon in drei Teile geteilt. Der erste davon behandelt die «Wesenheiten» als solche und was ihnen als solchen zukommt. Im zweiten Teil dieser Wissenschaft wird das, was als Prinzip eines Beweises in einer partikulären spekulativen Wissenschaft gilt, untersucht. Schließlich widmet sich der Metaphysiker in seiner dritten Funktion «den Wesenheiten, die weder Körper noch in Körpern sind». Da aber diese unkörperlichen Wesenheiten endlicher Natur (finite) und ungleichmäßiger Art sind, ist ihre Ordnung so zu denken, daß sie sich von dem weniger Vollkommenen zum jeweils Vollkommeneren «erheben», bis sie zu einem letzten Vollkommenen gelangen, «über das hinaus Vollkommeneres nicht sein kann». Dies ist das eine «absolute» voranstehende erste göttliche Sein [10].

Die göttliche Wissenschaft steht nach AVICENNA in einer bestimmten «Ordnung», denn wie der Name sagt, wird die M. «nach» den Naturwissenschaften und den vier Disziplinen der mathematischen Wissenschaft erlernt, weil schon vieles aus diesen Wissenschaften erkannt sein muß, bevor es möglich ist, den ersten Beweger oder die «Lenkung des höchsten Gottes» zu erkennen [11]. Auch diesen Gedanken kann Avicenna von ALFARABI übernommen haben, der sich besonders dem Problem der Entstehungsweise einer Wissenschaft aus einer anderen gewidmet hat [12]. M. heißt diese Wissenschaft also nach AVICENNA, weil sie das thematisiert, was «nach der Natur» ist, wenigstens für uns. «Was aber nach der Natur genannt wird, das ist ein Nachstehen im Bezug auf uns» [13]. An sich betrachtet, ist dagegen diese göttliche Wissenschaft eher eine Art Antephysik, denn «das, worüber in dieser Wissenschaft dem Wesen und dem Wissen nach geforscht wird, ist vor der Natur». Aber wir sind «wegen der Schwachheit unserer Geister» nicht in der Lage, den «demonstrativen Weg» von den Prinzipien zum Prinzipiierten und von der Ursache zum Verursachten zu gehen [14].

Die generell kritische Haltung des zweiten großen Arabers, AVERROES, gegenüber Avicenna ist auch an der Konzeption seines M.-Begriffs zu erkennen. Zwar sind in der äußeren Einteilung der Wissenschaften und auch der M. selbst Ähnlichkeiten zu bemerken, aber der Sinn der aristotelischen Lehre, M. sei Wissenschaft vom Seienden als solchem, wird umgedeutet. Dies liegt vor allem an der verschiedenen Auffassung vom Verhältnis der Wesenheit zur Existenz. Während Avicenna das Sein der außergöttlichen Dinge lediglich als ihr Akzidens auffaßte, muß es nach Averroes aus mit den konkreten Einzeldingen identisch angesehen werden [15]. Wenn nun nach Aristoteles das Sein als solches das formale Objekt der M. als Wissenschaft darstellt, ergibt sich nach Averroes, daß als der Gegenstand dieser Wissenschaft die sinnlich wahrnehmbaren Dinge, insofern sie existieren, gelten müssen, d.h. die M. thematisiert das reale Sein der Naturdinge. Da aber die Kategorien sich speziell auf dieses reale Sein von Naturdingen beziehen, sind auch sie zusammen mit «den Akzidentien dieser Gattungen» Gegenstand dieser Wissenschaft. Um diese Problematik lösen zu können, muß man auf die ersten unkörperlichen metaphysischen Prinzipien zurückgehen.

Der erste Teil der M. behandelt das auch für unsere Erkenntnis Erste: die sinnliche Substanz. Da die sinnliche Substanz aber als solche schon verschiedenen Bestimmungen unterworfen ist, kann dieser erste Teil der metaphysischen Wissenschaft selbst sinnvollerweise in drei Teile geteilt werden, die auch in der Anordnung der aristotelischen «M.» nach Averroes wiederzuerkennen sind. Insofern das Seiende nämlich immer ein Eines oder eine Vielheit ist, müssen auch diese Bestimmungen in dieser Wissenschaft untersucht werden; Aristoteles hat ihnen das «zehnte» Buch seiner ⟨M.⟩ gewidmet.

Außerdem ist Seiendes aber auch immer potentiell oder aktuell, was Aristoteles im ⟨Neunten Buch⟩ bedacht hat. Schließlich aber muß die M. nach Averroes vor allem den Unterschied zwischen Substanz und Akzidens thematisieren [16], d.h. auch das Akzidens ist Gegenstand dieser Wissenschaft. Zwar hat Aristoteles im ⟨Buch E⟩ ausdrücklich das akzidentelle und das veritative Sein aus dem Gegenstandsbereich dieser Wissenschaft ausgegrenzt, aber nach Averroes bedeutet dies nicht, daß damit das Akzidens ausgeschlossen wäre. Man muß nämlich zwischen dem Akzidens, das eine eigene Form hat, und dem ens per accidens unterscheiden; dieses hat keine bestimmbare Ursache und gehört deswegen, wie das von der Seele verursachte veritative Sein, zur Gattung des «verringerten Seins» (esse diminutum) [17]. Mit dem Akzidens als möglichem Gegenstand der M. kann somit nur die einer Substanz wesensmäßig zukommende Bestimmung (Disposition) gemeint sein.

In einem zweiten Teil werden die Prinzipien der Substanz, insofern sie «abgetrennte Dinge» sind, betrachtet sowie das Verhältnis zum obersten göttlichen Prinzip [18]. Da die Betrachtung dieser entia separata oder – wie Averroes sich auch ausdrückt – «abstrakten Substanz», deren Existenz nach Averroes nicht in der M., wie Avicenna noch glaubte, sondern in der Physik bewiesen wird, der Erkenntnis nach die letzte ist – mag sie auch dem Sein nach die erste sein –, wird diese Wissenschaft ⟨M.⟩ genannt [19].

Die Konzeption der M. als Wissenschaft, die in der Spätantike entstand und von Alfarabi und Avicenna aufgenommen wurde, übermittelten vor allem Gundissalinus und Michael Scottus dem Mittelalter. GUNDISSALINUS teilt in seiner Schrift ⟨De divisione philosophiae⟩ ähnlich wie Avicenna den Gegenstand der M. in vier Teile: 1. das absolut von der Materie und ihren Begleiterscheinungen Getrennte (Gott und Intelligenzen); 2. das mit der Materie Verbundene, das aber konstituierende Ursache im Verhältnis zu ihr ist (Materie und Form); 3. das, was sowohl in der Materie wie auch im Immateriellen vorhanden ist wie die Kausalität und die Einheit; 4. die materiellen Dinge wie Bewegung und Ruhe [20]. Davon ist die Unterteilung des MICHAEL SCOTTUS allerdings verschieden: «Die göttliche Wissenschaft wird in vier Teile geteilt. Davon ist der erste von den Unterteilungen des Seienden, der zweite von den Prinzipien der Wissenschaften, der dritte von den Intelligenzen, der vierte und letzte über Gott» [21]. An sich ist nach GUNDISSALINUS die M. die höchste der Wissenschaften. Gleichwohl steht sie im Gang des Erlernens an letzter Stelle, da sie selbst schon Gewußtes voraussetzt, das in einer anderen Wissenschaft, wie der Naturphilosophie oder der Mathematik, erlernt wird.

Anmerkungen. [1] Vgl. G. VERBEKE: Le statut de la M., in: AVICENNA lat.: Lib. de philos. prima sive Sci. divina I-IV. Ed. crit. S. VAN RIET, Introd. doctr. par G. VERBEKE (1977) 1. – [2] Lib. de philos. pr. I, 1 = p. 2, 28. – [3] a.O. 8. – [4] 4, 61ff. – [5] Livre de sci. I: Logique, trad. M. ACHENA/H. MASSÉ (1955) 93. – [6] a.O. 92. – [7] AVICENNAE Metaphysices Comp., trad. lat. N. CARAME (1926) 1. – [8] Vgl. Liber de philos. pr. I, 2 = 13, 50-15, 79. – [9] a.O. 16f. – [10] Vgl. D. GUNDISSALINUS' Übersetz. der Schr. ⟨De scientiis⟩ des ALFARABI. Texto lat. e ablecido P. M. A. ALONSO (1954) 127ff. und die Aufnahme der Schr. in das Speculum maius des VINZENZ VON BEAUVAIS a.O. 163f. – [11] Vgl. AVICENNA, Liber de philos. pr. I, 3 = 21. – [12] Vgl. Liber ALPHARABII de ortu scientiarum c. I, 6, hg. CL. BAEUMKER. Beitr. Gesch. Philos. MA XIX/3 (1916) 21. – [13] Vgl. AVICENNA, Liber de philos. pr. I, 3 = 24, 51. – [14] a.O. 24. – [15] Vgl. Die M. des AVERROES nach dem Arab. übers. und erl. M. HORTEN (ND 1960) 11, 27ff. – [16] Vgl. AVERROES, Comm. in Met. VII, c. 1 = 152v L/M. – [17] a.O. VI, Comm. 8 = 152v I. – [18] Epitome in Lib. Met. Arist. I, in: ARIST. Opera cum AVERROIS Comm. 8 (Venedig ap. Junctas 1574) 357r A/B. – [19] Comm. in Met. IV, Comm. 4 = 68v L. – [20] GUNDISSALINUS, De divisione philosophiae, hg. und philos.gesch. untersucht L. BAUR (1903) 37, 10ff. – [21] Vgl. das V. Frg. der von L. BAUR aus der Schrift ‹Speculum doctrinale› des VINZENZ VON BEAUVAIS gesammelten SCOTTUS-Frg. a.O. 400.

3. *Hochscholastik.* – Die *augustinische Tradition* wird im Hochmittelalter vor allem durch die großen *franziskanischen* Lehrer fortgesetzt. In der ersten Hälfte des 13. Jh. verfaßt ALEXANDER VON HALES eine monumentale ‹Summa universae theologiae›, von der R. BACON spöttisch sagte, sie wiege mehr als ein ganzes Pferd. Da ALEXANDER schon sehr stark die aristotelische Philosophie in seiner theologischen Summe berücksichtigt, kommt es zum ersten bedeutenden Versuch, die M. als die «Theologie der Philosophen» von der Theologie im Sinne der «Heiligen Lehre» abzugrenzen. Beide Wissenschaften unterscheiden sich hinsichtlich des Gegenstandes, ihres Fundamentes, ihrer Methode, ihres Ziels und schließlich auch bezüglich des Maßes der Gewißheit. Was den Gegenstand einer Wissenschaft betrifft, so muß zwischen dem, «wovon» (de qua) sie handelt, und dem, «worum» (circa quam) es ihr geht, unterschieden werden. Während der «Worum»-Gegenstand der M. das Seiende als solches, d.h. alle Dinge (res), darstellt, ist als das entsprechende Objekt der Theologie alle Heilshandlungen Gottes, d.h. alle Dinge und Zeichen (Sakramente), zu verstehen. Wie aber die Theologie noch einen gewissermaßen spezielleren Gegenstand hat, «wovon» sie spricht, nämlich die «göttliche Substanz», insofern sie durch Christus in seinem Erlösungswerk offenbar geworden ist, so muß das «aktuell Einzelseiende, das die erste Substanz ist, von der alles abhängt», als der «Wovon»-Gegenstand der M. gedacht werden [1].

Bemerkenswerterweise expliziert Alexander zunächst seine Lehre von Gott, deren Fundament die natürliche Vernunft ist, d.h. seine M. im Sinne der philosophischen Theologie. Als solche ist sie aber die «Erste Philosophie, die die Theologie der Philosophen ist, welche von der Ursache der Ursachen handelt, aber nur insofern sie die Erkenntnis mit dem Weg der Kunst und Vernunft vervollkommnet» [2]. Insofern aber manche der Gottesattribute, die die philosophische Theologie untersucht, nicht nur rein negativer, sondern analoger Natur sind, führt nach Alexander ein direkter Weg von der M. im Sinne der Theologie zur M. als reiner Seinswissenschaft. Denn aufgrund des analogen Charakters der Gottesattributsbegriffe ist aus der Gotteslehre eine Transzendentalienlehre ableitbar. Das erste aber, was man überhaupt erkennen kann, ist das «Seiende» (ens). Dies ist als die allgemeinste Bestimmung überhaupt dem Intellekt unmittelbar bekannt und kann, wie die anderen transzendentalen Bestimmungen des Einen, Wahren und Guten, die das Seiende in bestimter Hinsicht faßbar machen, nicht definiert werden. Das «Seiende», das gegenüber den anderen ihm als solchem zukommenden Bestimmungen eine «absolute» Bedeutung hat, wird durch das «Eine» als ein von anderen Geteiltes und in sich Unzerteiltes bestimmt [3]. «Wahr» aber ist jedes Seiende, insofern es durch sein Sein «das Licht, sich selbst manifestieren und intelligibel machen kann» [4]. Schließlich kommt die Bestimmung «gut» dem Seienden als solchem zu, insofern die «natürliche Möglichkeit» in der Aktualität des Seienden erfüllt worden ist. «Und deswegen fügt es dem Seienden die Bestimmung des Erstrebbaren oder Ersehnbaren zu, und es ist nur Gegenstand der Sehnsucht, insofern es Erfüllung (Akt) ist, sei es nützlich oder erfreulich» [5]. Alexander hat mit dieser kurz skizzierten Seinslehre Elemente aus der ersten Transzendentalienlehre PHILIPPS des Kanzlers übernommen [6]. Gleichwohl bleibt die Originalität der Position Alexanders unbestritten; sie besteht darin, eine allgemeine Seinslehre als einen integralen Bestandteil der philosophischen Theologie aufgefaßt zu haben [7].

Die arabische Tradition ist bezüglich des M.-Begriffs auch in dem bedeutenden Werk ‹De ortu scientiarum› des R. KILWARDBY, das 1250 verfaßt worden ist, erkennbar. Schon der Titel zeigt, daß Kilwardby sich selbst in die Geschichte der Rezeption arabischer Aristotelesinterpretation einordnen will. Kilwardby unterscheidet innerhalb der «Physik», die wie bei Eusebius als die «ganze spekulative Wissenschaft» zu verstehen ist [8], die drei aristotelischen Disziplinen der Physik im eigentlichen Sinne, der Mathematik und M. anhand des Kriteriums der größeren Abstraktionsfähigkeit. Während nämlich der Physiker einen sinnfälligen Körper betrachtet, indem er von der individuierenden Materie (a materia signata sensibili) abstrahiert, d.h. vom «Hier und Jetzt» eines Körpers absieht und z.B. das aus Kaltem, Warmem, Feuchtem und Trockenem bestehende Fleisch als allgemeines behandelt, abstrahiert der Mathematiker auch von der Tatsache, «daß es Fleisch» ist, und zurück bleibt nur die Körperlichkeit und die zum Körper gehörenden Dimensionen. Die M. schließlich sieht auch noch von diesen quantitativen Dimensionen ab, «und es bleibt die nackte Substanz übrig» [9]. Gleichwohl haben diejenigen nach Kilwardby nicht recht, die meinen, Gegenstand dieser höchsten Wissenschaft sei die Substanz als solche, sondern die, die «das Seiende als solches» der M. als Gegenstand zuordnen. Denn da auch die Akzidentien «eine gewisse Substanz haben, wenn auch nicht von sich aus» [10], muß es als die Aufgabe dieser Wissenschaft angesehen werden, über «die Art und Weise, Substanz und Akzidens als solche zu bestimmen», aufzuklären. Das bedeutet aber, daß auch das Akzidens, wenigstens insofern es ist, zum Gegenstand der M. gerechnet wird. Diese sowohl gegen Aristoteles wie besonders Alexander von Aphrodisias gerichtete, von Averroes aufgebrachte These hat aber noch eine bedeutsame, ja im Blick auf die weitere scholastische Entwicklung schwerwiegende Folge: Da auch das «Seiende in der Seele», mit dem Aristoteles lediglich das veritative Sein der Sätze meinte, nach allgemeiner antiker und arabischer Anschauung der denkenden Seele als akzidentelles Sein inhäriert, muß nach Kilwardby auch dies nach Averroes «verringerte Seiende», das in der Seele ist, als Gegenstand der M. aufgefaßt werden [11]. Schwerwiegend ist diese Konsequenz, weil dadurch eine die ganze Scholastik beschäftigende Diskussion um die Abgrenzung der Gegenstandsbereiche der M. und der Logik ausgelöst wird. Denn wenn die akzidentellen entia in anima auch zum Gegenstandsbereich der M. gehören, scheint das von jeher der Logik eigene Objekt fremden Händen übergeben zu werden. Auch die Logik hat es nach Kilwardby in gewisser Hinsicht mit dem Seienden schlechthin zu tun [12]. Allerdings ist es gerade diese Hinsicht, die beide Wissenschaften voneinander unterscheidet. Denn die M. betrachtet das Seiende schlechthin in bezug auf die Bestimmtheit der Seiendheit, die in den Dingen ist, und die allgemeinen Proprietäten des Seienden, «insofern das Seiende in seiner Bestimmtheit der Seiendheit betrachtet wird». Dagegen betrachtet die Logik «dasselbe, insofern es erkennbar (rationabilia) oder von der Vernunft zusammensetzbar und trennbar ist» [13]. Es gibt demnach zwischen M. und Logik «Gemeinsamkeiten». Das der Logik von Haus aus Eigene, das ens rationis, interessiert, sofern es nicht nichts ist, auch die M., und umgekehrt können das Seiende und die ihm eigenen Bestimmungen, die nur hinsichtlich der Seiendheit betrachtet werden, ihrerseits wieder Gegenstand der logischen Wissenschaft sein und damit als entia rationis verstanden werden.

Daß die Frage nach der richtigen Abgrenzung von M. und Logik in dieser Zeit zum Hauptproblem der Wissenschaftslehre avancierte, zeigt auch der nur wenig später entstandene M.-Kommentar ALBERTS DES GROSSEN. Nach Albert hat die M., die er «transphysische Wissenschaft» nennt [14], als die Wissenschaft vom Seienden als solchem unumschränkte Vorherrschaft. Diese wird ihr auch nicht von der Logik streitig gemacht, da sie gar nicht das Seiende oder einen Teil desselben betrachtet, sondern allein die durch die Rede konstituierten zweiten Intentionen, deren Seinsmodus – sie «sind» doch immerhin zweite Intention – hier ungeklärt bleibt, wie auch schon bei AVICENNA, der den Gegenstand der Logik ebenso definiert hatte [15]. Die transphysische Wissenschaft kann nach ALBERT mit Recht auch göttliche Wissenschaft genannt werden, nicht etwa deswegen, weil sie sich Gott als bestimmter Wesenheit, losgelöst von der Ursachen- und Seinsbetrachtung, zuwendete – diese Aufteilung «verabschieut» er –, sondern weil «alles, was in der Natur aller Dinge am offenbarsten ist, auch am göttlichsten und vornehmsten und früher als alles ist, und das sind das Seiende und des Seienden Teile und Prinzipien» [16]. Insofern nun dies alles zum Prinzip des gesamten Seins zurückführt, dessen Intellekt die Ursache des Seienden ist, nicht insofern es dieses oder jenes Seiende ist, sondern insofern es seiend schlechthin ist, gehören freilich auch Gott und überhaupt die abgetrennten Intelligenzen zum Gegenstand dieser Wissenschaft. Sie werden aber gerade nicht als bestimmte Gegenstände in der M. betrachtet, so wie Gegenstände partikulärer Wissenschaften, deren Prinzipien ja nicht universaler Natur sind, sondern insofern sie «Prinzipien des gesamten Seins sind» [17].

Obwohl Albert als Philosoph von seinem Zeitgenossen SIGER VON BRABANT (neben Thomas) sehr geschätzt wurde, gehen beider philosophische Ansichten doch oft sehr weit auseinander. Das zeigt auch Sigers M.-Konzeption. In dieser ist das averroistische Element deutlich in der These erkennbar, daß nicht die M. das Dasein Gottes beweise, sondern die Physik, insofern sie von einer Erstursache redet. Die Physik muß also der M. in gewisser Weise vorhergehen. Zugleich aber erkennt Siger offenbar auch die bekannte Unterscheidung Avicennas an, wenn er sagt, daß diese Priorität der Physik sich nur auf die «Ordnung der Lehre» bezieht, während hinsichtlich der «Ordnung der Sache» die M. allen anderen Wissenschaften vorhergeht [18].

Aber die M. hat es nach Siger nicht primär und nicht speziell mit der Untersuchung des göttlichen Wesens zu tun, sondern mit dem Seienden als solchem. Genauer gesagt ist der Gegenstand der Ersten Philosophie dreierlei: die Substanz, die Eigenschaften und Ursachen des Seienden als solchen und die ersten Prinzipien einer Sache (oder eines Seienden) [19]. Was einerseits die Substanz betrifft, so meint Siger damit den im Sinne der Analogie einheitlichen Bezugspunkt, wodurch auch das auf ihn Bezogene seiend zu nennen ist. Das Sein der Substanz im weitesten Sinne ist deswegen nicht als der durch sich seiende Akt eines extramentalen Wesens zu verstehen. Vielmehr sind nach Siger im ganzen vier Seinsmodi zu unterscheiden, die alle auf ein substantielles Sein bezogen, aber doch nicht mehr weiter auf andere zurückführbar sind. Neben dem an sich bestehenden substantiellen Sein muß man so als aktuelles, gewissermaßen vollkommenes Sein auffassen das Sein des Akzidens. Ein geringeres Sein als das akzidentelle ist das nicht ganz aktuelle, mit Potentialität vermischte Sein der Bewegung, der Entstehung und des Vergehens und dergleichen. Den niedrigsten Seinsgrad schließlich haben die Privationen und «allgemein die Seienden in der Seele», die «verringerte Seiende (entia diminuta) sind» [20]. Wie Siger ausdrücklich gegen die skizzierte problematische Lehre Avicennas und Alberts hervorhebt, muß auch dieses «Sein in der Seele», also vor allem die zweiten Intentionen, als Gegenstand der M. angesehen werden, denn «sie wären nicht, wenn die Seele nicht wäre» [21]. Was die «Ursachen und Prinzipien des Seienden» andererseits betrifft, so ist Sigers Position besonders zu erwähnen. Denn hier wird (wohl zum ersten Mal überhaupt) die angebliche, im 20. Jh. so genannte «Grundfrage der M.» formuliert und mit dem Hinweis auf ihre Unsinnigkeit abgewiesen. Nach Siger sind, wenn nach den Ursachen und Prinzipien des Seienden als solchen gefragt wird, nicht irgendwelche akzidentellen, sondern die «Ursachen schlechthin und an sich» des verursachten Seienden gemeint. Die Frage nach der Ursache von etwas setzt das Erkennen der Distinktion einer bestimmten möglichen Ursache und des Verursachten voraus, sonst ist die Frage selbst ohne «Ursache», wie Siger sagt. Beispielsweise mag die Frage, «warum eher etwas in der Naturwirklichkeit sei als nichts», wobei die verursachte Natur gemeint ist – noch dadurch beantwortbar sein, daß man auf ein «erstes unbewegliches Bewegendes und eine erste unveränderliche Ursache» hinweist. «Wenn aber bezüglich der ganzen Gesamtheit der Seienden gefragt wird, weswegen unter ihnen eher etwas als nichts sei, gelingt es nicht, eine Ursache (einen Grund) anzugeben, weil dieses zu fragen dasselbe ist wie die Frage, warum ist Gott eher als daß er nicht ist, und dies hat keinen Grund. Daher hat nicht jede Frage einen Grund, und auch nicht jedes Seiende» [22].

Um die Mitte des 13. Jh. ist auch «die einzige große Darstellung des Systems der M.» (Grabmann) verfaßt worden, und zwar von THOMAS VON YORK. Denn sein ‹Liber sapientialis› stellt nicht einen Kommentar zur aristotelischen M. dar, sondern ist eine «selbständige Leistung, eine groß angelegte systematische Darstellung der M.» [23]. Auffallend an diesem «System» der M. ist vor allem die Tatsache, daß Thomas offenbar schon zwischen einer allgemeinen Seinswissenschaft (de ente secundum quod est ens et de his que sunt entis per se) und einer speziellen M. unterscheidet (de ente speciali et de his, que subsunt enti), die «die Welt im allgemeinen und die Lehre von den Teilen der Welt zum Gegenstand habe» [24].

Anmerkungen. [1] ALEXANDRI DE HALES S. theol. Tract. introd. q. 1, c. 3 (Ed. Quaracchi 1924) 1, 6f. – [2] a.O. q. 1, c. 3 = 2. – [3] I, n. 73 = 114. – [4] I, n. 88 = 141. – [5] I, n. 102 = 161. – [6] Vgl. H. POUILLON: Le premier traité des propriétés transcendantales. La «Summa de bono» du Chancelier Philippe. Rev. néoscolast. de Philos. 42 (1939) 40-77. – [7] Vgl. PH. BOEHNER: The system of M. of Alexander of Hales. Franciscan Stud. 26, NS 5 (1945) 411. – [8] Vgl. R. KILWARDBY, De ortu scientiarum n. 567, hg. A. G. JUDY 194f. – [9] a.O. n. 202-206. – [10] n. 214 = 82. – [11] n. 216 = 83;

vgl. auch n. 580 = 199. – [12] n. 578 = 298. – [13] n. 579 = 198f. – [14] ALBERTI MAGNI Met. lib. I, tr. 1, c. 1. Opera omnia 16/1, hg. B. GEYER 2, 89. – [15] Vgl. AVICENNA, Liber de philos. pr. I, c. 2 = 10, 3ff. und ALBERT, Met. I, tr. 1, c. 1 = 3, 8ff. – [16] a.O. I, tr. 1, c. 2 = 5, 52. – [17] VI, tr. 1, c. 3 = 305, 63-306, 20. – [18] Vgl. SIGER VON BRABANT, Quaest. in Met. q. 5, 10ff., hg. GRAIFF 8. – [19] a.O. IV, q. 6, 26ff. = 201. – [20] IV, Comm. = 186. – [21] Introd. q. 5, 30ff. = 9. – [22] IV, Comm. = 185, 67ff. – [23] Vgl. M. GRABMANN: Die M. des Thomas von York, in: Festgabe Cl. Baeumker. Beitr. zur Gesch. Philos. MA Suppl.-Bd. 1 (1913) 184. – [24] a.O. 190.

Literaturhinweise. – *Zur Spätantike:* K. KREMER: Der M.-Begriff in den Arist.-Komm. der Ammonios-Schule (1961). – P. HADOT: La M. de Porphyre. Entretiens sur l'Antiquité class. 12: Porphyre (1965); dtsch: in: Die Philos. des Neuplatonismus, hg. C. ZINTZEN (1977) 208-237; Art. ‹Epopteia›. – A. SCHÖPF: Augustin und das Problem der M. Philos. Rdsch. 15 (1968) 267-272. – J. PÉPIN: Μερικότεον - Ἐποπτικότερον. Mélanges d'hist. des relig. offerts à H.-Ch. Puech (1974) 323-330. – CH. GENEQUAND: L'objet de la M. selon Alexander d'Aphrodisias. Mus. helv. 36 (Basel 1979) 48-57. – *Zum Frühmittelalter:* L. BAUR, Untersuch. zu Grundissalinus' De divisione philosophiae. Beitr. Gesch. Philos. MA IV/2-3 (1903) 147-397. – C. SAUTER: Avicennas Bearbeitung der arist. Met. (1912). – M. GRABMANN, Die M. des Thomas von York s. oben Anm. [23]; vgl. auch CL. BAEUMKER: Witelo. Beitr. 2, 279 n. – E. LONGPRÉ: Fr. Thomae d'York. La première somme mét. du 13e siècle. Arch. franç. Hist. 19 (1926) 875-970. – O. CHAHINE: Ontol. et théol. chez Avicenne (1962). – J. C. DOIG: Aquinas on M. (1972). TH. KOBUSCH

IV. *Thomas von Aquin* übernahm als Theologe die Aufgabe, die im Glauben angenommenen Inhalte der christlichen Botschaft möglichst weitgehend zu verstehen und in ihrer Wahrheit verständlich zu machen. Dazu eignete er sich die Tradition der Philosophie an, vorab die der M., die ja auch «scientia divina» [1], Wissenschaft von Gott, zu sein beansprucht. Zwar hat Thomas sich die überlieferte M., deren Geschichte ihm in erstaunlichem Ausmaß bekannt war, derart angeeignet, daß er aus ihr etwas Eigenes gemacht hat, aber er hat seine Konzeption der M. nie vollständig dargestellt und «systematisch» entwickelt. Sie muß aus seinen theologischen Werken und aus den Kommentaren u. a. zu Aristoteles und Boethius erhoben werden.

1. *Gegenstand, Aufgaben und Namen der M.* – Thomas hat im Sentenzenkommentar neben der «ratio entis», dem Begriff und Wesen des Seienden, auch Gott als «Gegenstand» der M. angegeben [2], aber seit seiner Auslegung der Schrift des Boethius ‹De Trinitate› lehrt er, Gegenstand (gewöhnlich «subiectum» im grammatischen Sinn des Satzgegenstandes genannt, der freilich «obiectum» eines Vermögens oder Habitus heißt [3]) der M. sei das Seiende überhaupt (ens simpliciter) [4] oder das Seiende im allgemeinen (ens commune, ens in communi, auch ens universale) [5].

Im ‹Prooemium› seines M.-Kommentars begründet Thomas diese Bestimmung des Gegenstandes der M., indem er die Bedingungen aufzeigt, die eine gesuchte höchste menschliche Wissenschaft erfüllen muß. Solche «Weisheit» zu nennende Wissenschaft muß das vernünftigste Wissen sein. Weil vernünftiges Wissen im Unterschied zur Erfahrung seine Sicherheit der Kenntnis der Ursachen verdankt, ist erstens jene Wissenschaft die vernünftigste, welche «die ersten Ursachen betrachtet». Zweitens muß, weil vernünftiges Wissen im Unterschied zur Einzelnes aufnehmenden Sinneserkenntnis aufs Allgemeine geht, jene Wissenschaft die vernünftigste sein, die das «zuhöchst Allgemeine» behandelt, was «Seiendes» und die ihm folgenden Bestimmungen wie «Eines und Vieles, Potenz und Akt» sind. Weil vernünftiges Erkennen ferner selbst geistig, d. h. immateriell, von der Materie getrennt ist und nur Immaterielles oder durch Abstraktion immateriell Gemachtes wie die Allgemeinbegriffe zu seinem eigentlichen Gegenstand hat, muß drittens jene Wissenschaft am höchsten und vernünftigsten sein, welche die reinen Vernunftwesen, Gott und Geister, zu erkennen sucht.

«Diese dreifache Betrachtung muß aber nicht verschiedenen, sondern einer Wissenschaft zuerteilt werden.» Denn die immateriellen Vernunftwesen, vorab Gott, sind die ersten allgemeinsten Ursachen; da Ursachen und Prinzipien notwendig Ursachen und Prinzipien von etwas sind, müssen die ersten allgemeinsten Ursachen die des Seienden überhaupt sein, das also der eigentliche Gegenstand der M. ist. Das Seiende überhaupt als Gegenstand der M. ansetzen, schließt andererseits auch ohnehin die Aufgabe ein, seine ersten Ursachen, mithin auch Gott, aufzusuchen, weil «das in einer Wissenschaft Gegenstand ist, dessen Bestimmungen (passiones) und Ursachen erforscht werden». So ist das Seiende im allgemeinen Gegenstand der M., zumal «seiend» eine Bestimmung ist, die nicht nur vom Materiellen, sondern gerade auch vom Immateriellen ausgesagt werden muß [6].

Die M. ist somit nach Thomas «göttliche Wissenschaft» oder «Theologie» nicht deshalb, weil Gott ihr Gegenstand wäre, sondern weil er «Prinzip ihres Gegenstandes» (principium subiecti) ist [7]. Gott ist aber für die M. als «philosophische Theologie» [8], die Aussagen über Gott macht und deren «letztes Ziel die Gotteserkenntnis ist» [9], deshalb nicht eigentlicher Gegenstand, weil dieser in seinem «Daß- und Wassein» unmittelbar gegeben oder «vorausgewußt» sein muß [10]; in der M. aber wird Gott als Ursache des Seienden als solchen erst aufgezeigt. Die Offenbarungstheologie (theologia sacrae scripturae) [11] hat hingegen Gott in seiner Selbstmitteilung, die in ihrem allgemeinen Gehalt in den Glaubensartikeln ausgesagt ist und dem Glaubenden gnadenhaft so zuteil wird, daß ihm im Glaubenslicht (lumen fidei, s. d.) die Glaubensartikel als von Gott geoffenbart evident (per se noti) sind [12], zum vorausbekannten Gegenstand. Deshalb können die vom Glaubenden mit höchster Gewißheit angenommenen Glaubensartikel in der Offenbarungstheologie als deren Wissenschaftsprinzipien fungieren [13]. So liegt der Unterschied zwischen Offenbarungstheologie und M. nicht nur im Gegenstand, sondern vor allem im «modus accipiendi», in der Gegebenheitsweise des Gegenstandes [14].

Der Name ‹M.› besagt nach Thomas, daß diese höchste Wissenschaft «nach der Physik» (post physicam) zu erlernen ist [15], weil das in ihr Behandelte – und auch das kommt im Namen ‹M.› zum Ausdruck – «jenseits» des Bereichs der Physik (transphysica) liegt: «Das Seiende und die ihm folgenden Bestimmungen ... werden nämlich auf dem Weg der Analyse gefunden wie das mehr Allgemeine nach dem weniger Allgemeinen» [16]. Im Begriff «natürlicher Körper» – darüber handelt die Physik – ist nämlich der durch weitere Analyse zu gewinnende Begriff des «Seienden überhaupt» enthalten. Das aber, was mit diesem Begriff, der Materielles (Körper) und Immaterielles umgreift, begriffen wird, ist nicht sinnlich wahrnehmbar [17] und überschreitet daher den Bereich der Physik: «Das zuhöchst Allgemeine ist am meisten entfernt vom Partikularen, das in den Sinn fällt» [18].

Obwohl M. so in der Ordnung des Erfindens und Lernens die «letzte» Wissenschaft ist (ultima in addiscendo) [19], ist sie doch zugleich «Erste Philosophie», weil sie die ersten Grundlagen aller Wissenschaften zu klären und zu verteidigen hat. Zwar kann die M. auch «Erste Philosophie» genannt werden, weil sie «die ersten Ursachen der Dinge behandelt» [20], aber im Unterschied zur Physik als «Zweiter Philosophie» [21] heißt die M. «Erste Philosophie, insofern alle anderen Wissenschaften, weil sie ihre Prinzipien von ihr erhalten, ihr nachgeordnet sind» [22]. Die Abhängigkeit der übrigen Wissenschaften von der M. besteht darin, daß deren Prinzipien erst von der M. die letzte Klarheit und Begründung erhalten und daher im Falle ihrer Bestreitung nur von ihr her abzusichern sind.

Sofern die Wissenschaften ein Gefüge von Sätzen und Schlüssen sind, haben sie als Prinzipien in «Definitionen» zu erklärende Grundbegriffe, die wie «Zahl», «natürlicher Körper» oder «menschliche Handlung» ihren Gegenstand darstellen, «Suppositionen», d.h. Existenzaussagen über ihren Gegenstand («es gibt Zahlen und zählbare Größen», «es gibt nur der Ortsbewegung fähige Himmelskörper» usw.), sowie «Axiome» wie: «Gleiches von Gleichem abgezogen ergibt Gleiches», oder: «Was in Bewegung ist, wird von einem anderen bewegt» usw. [23]. Nun enthält jeder besondere Begriff den allgemeinsten Begriff «Seiendes», da z.B. eine Zahl quantitativ Seiendes, ein Körper eine Substanz, diese ein «In-sich-Seiendes» oder eine Handlung etwas nicht von Natur her Seiendes, sondern durch Wahl Verwirklichtes (nach späterer Terminologie: «ens morale») ist. Diese Analysen kann nicht eine Einzelwissenschaft, sondern nur die M. durchführen und angeben, was Seiendes überhaupt ist. Nur so «ist eine vollständige Kenntnis dessen, was einer Gattung oder Art eigen ist, zu haben» [24]. Es ist auch Sache nur der M., die zu den Einzelwissenschaften gehörenden Existenzaussagen zu klären, ob z.B. Zahlen als platonische Ideen oder nur als Zahlbegriffe «im Intellekt» sind [25], ob es zu verantwortende in Freiheit gründende Handlungen gibt [26] usw. Endlich sind alle übrigen Axiome unbeschadet ihrer gegebenen Evidenz letztlich im Widerspruchsprinzip fundiert [27], das die allgemeinsten Begriffe «Seiendes» und «Nicht-Seiendes» einschließt und deshalb zur M. gehört [28], die «Erste Philosophie» ist, insofern ihr die letzte Analyse und Beurteilung dieser Wissenschaftsprinzipien obliegt.

Sofern die Wissenschaften aber Lebensvollzüge des Menschen sind, die seiner Vervollkommnung, d.h. «seinem Glück», dienen [29], gründen sie in Vermögen und sind deren habituelle Ausbildung. Auch diese Vermögen, die Bedingungen ihres Vollzugs und ihre Leistungen zu untersuchen, ist Sache der M., die so die «theoretische», d.h. Vorgegebenes betrachtende Vernunft als das Prinzip «spekulativer» Wissenschaften von der «erfindenden», Artefakte «ausdenkenden» Vernunft als dem Prinzip der «faktiven», das Herstellen leitenden Wissenschaften (z.B. Medizin, Architektur, Agrikultur) unterscheidet und als Prinzip der das Handeln regelnden «praktischen Philosophie», die eine schon sittlich engagierte Vernunft voraussetzt, die freie Wahl (electio) zu untersuchen hat [30]. Zu diesen Grundlagenfragen der Wissenschaften und damit zur «Ersten Philosophie» gehört auch die allgemeine, die Kompetenz der Einzelwissenschaften überschreitende Aufgabe, «zu betrachten, wie es mit der menschlichen Wahrheitserkenntnis steht» [31].

Die M. hat schließlich, wie es «jeder Wissenschaft eigen» ist, nicht nur die Eigentümlichkeiten (proprietates) oder Bestimmungen (passiones) ihres Gegenstandes, nicht nur dessen Prinzipien, sondern auch dessen «Teile» (partes) zu behandeln, also das Seiende überhaupt in seine «Gattungen» einzuteilen oder die Seinsbereiche anzugeben, die in je verschiedener Weise als besondere Seinsarten sind [32]. Thomas hat schon früh diese Aufgabe genannt [33] und auch ausdrücklich der M. zugesprochen [34], jedoch selbst dazu nur wenige Hinweise gegeben [35].

Zwar lehnt Thomas den Gedanken ab, die natürliche veränderliche Substanz als Gegenstand der Physik und die Quantität als Gegenstand der Mathematik bildeten solche «Teile» des Seienden überhaupt [36]; aber sieht man als Gegenstand der Physik das von Natur her Seiende und im Gegenstand der Mathematik nicht die realen quantitativen Bestimmungen der Naturdinge, sondern etwas durch Abstraktion (s.d.) Konstituiertes, da ja z.B. die «absolute Zahl» im Unterschied zu zählbaren bzw. meßbaren Größen «nur im Intellekt ist» [37], dann sind mit dem «von Natur Seienden» (ens naturae) und dem «ens in anima», «ens rationis» oder «ens in mente» [38], dem mentalen oder (nach späterer Terminologie) «objektiven», d.h. vorgestellten Sein die «Teile» des Seienden als solchen oder die Seinsbereiche genannt, die Thomas als grundlegende Einteilungen des Seienden überhaupt ständig anführt [39]. Aus dem Bereich des von Natur Seienden und dem des objektiven Seins gehen als weitere Seinsarten die «moralia», die durch Freiheit verwirklichten Handlungen und die sie vermittelnden Institutionen sowie die Artefakte hervor. «Wurzel der Freiheit» ist nämlich als «Träger» der zur menschlichen Natur gehörende Wille, ihre «Ursache» aber ist die Vernunft mit ihren verschiedenen Konzeptionen vom Guten [40], so daß natürliches und objektives Sein die «entia moralia» konstituieren. Die Artefakte schließlich gehören ihrer Materie (z.B. Holz) nach zum von Natur her Seienden, ihrer Wesensform nach (z.B. Schiff) aber sind sie «Angleichungen» an die «Idee», nach der sie angefertigt wurden und die im Denken des Künstlers kein «natürliches», sondern ein «intelligibles», d.h. objektives Sein hat [41]. So gehen auch die Artefakte als eigener Seinsbereich aus dem objektiven und natürlichen Sein hervor.

Wie die ausführlichste einschlägige Problemfaltung zeigt [42], legt Thomas die Unterscheidung dieser Seinsbereiche auch der von der Ersten Philosophie zu klärenden Einteilung der Wissenschaften zugrunde. Da Vernunft im Unterschied zur Sinneserkenntnis Ordnung erkennen und schaffen kann, gibt es erstens die in den «Naturdingen» vorzufindende, also in «spekulativer Wissenschaft» zu betrachtende Ordnung, die Gegenstand der Naturphilosophie ist, zweitens die im eigenen Akt der Vernunft und in ihren sprachlich bezeichneten Konzeptionen herzustellende Ordnung, mit der es die «rationale Philosophie» (Logik, Dialektik, Rhetorik) zu tun hat, drittens den Bereich der im freien Willen gründenden menschlichen Akte, dessen vernünftige Ordnung darzulegen Sache der praktischen Vernunft und der Moralphilosophie ist, und endlich gibt es viertens eine von der Vernunft herzustellende Ordnung in den äußeren Dingen, in der Herstellung von Artefakten und deren weiterer Ordnung, was Sache der «mechanischen Künste» ist. Die Mathematik wird hier nicht erwähnt; Thomas müßte sie, sofern sie Vorgegebenes (Zählbares, Größen und Gestalten) behandelt, als eigene spekulative Wissenschaft anführen, aber zur «rationalen Philosophie» rechnen, sofern auch sie Ordnung herstellt und Konzeptionen oder objektives Sein zum Gegenstand hat. Die M. zählt Thomas hier zur Naturphilosophie, wie er auch sonst lehrt, ihre «hauptsächlichste Betrachtung» betreffe das von Natur Seiende «außerhalb der Seele» [43]. Aber da es Seiendes auch in anderen Bereichen als in der Natur und in anderen Seinsarten gibt – z.B. ist auch der Begriff «Nichts» ja «etwas von der Vernunft Erfaßtes» und als solches «seiend» [44] –, bleibt festzuhalten, daß Gegenstand der M. das seine Teile und Teilbereiche übergreifende Seiende überhaupt ist. Als letzte und erste Philosophie setzt M. die übrigen Wissenschaften aber nicht nur voraus, sondern faßt sie auch zusammen und ist, da sie «nicht nur die Prinzipien, sondern auch die Konklusionen» der übrigen Wissenschaften «beurteilt», Inbegriff des menschlichen Wissens oder «Weisheit» [45].

Thomas glaubt sich für diese Konzeption der M. auf Aristoteles berufen zu können, und sicher weist die aristotelische Lehre von der Weisheit, der es zukomme, im Maße des Möglichen «alles» zu wissen, in die Richtung seiner Interpretation. Thomas geht aber über Aristoteles hinaus, insofern nach ihm die Formel «Seiendes als solches» nicht mehr besagt: das Seiende als Wesen betrachten, welches Wesen Seiendes als solches konstituiert, sondern nach seinem Verständnis «Seiendes überhaupt» meint, d.h. den allgemeinsten Begriff und das mit ihm Begriffene. Greifbar wird diese Differenz auch daran, daß Thomas im Unterschied zu Aristoteles das Sein im Sinne des Wahrseins, also das objektive Sein, das, insofern es von Natur Seiendes repräsentiert, wahr oder falsch ist, nicht aus dem eigentlichen Gegenstand der M. ausklammern kann. Er kommentiert die einschlägige Stelle bei Aristoteles zwar ohne ausdrückliche Kritik, weist aber die Behandlung dieser Seinsart einer «Wissenschaft vom Intellekt» zu, die aber wiederum nur die ja auch den Gegenstand der Logik umfassende M. sein kann [46].

2. *M. und Dialektik.* – Wie Thomas ständig lehrt, ist «Seiendes» der erste naturhaft gebildete konkrete Begriff, der in jedem konkreten Begriff enthalten ist, miterkannt wird und nicht unbekannt sein kann [47]. Sofern mit diesem ersten und allgemeinsten Begriff «alles» schon gemeint und umgriffen wird, scheint metaphysisches Wissen dem Menschen natürlich, M. (wie auch Kant lehrt) Naturanlage zu sein. Aber solches «Wissen» von allem, das auch die in Sprache und Tradition vorgegebene Annahme des Daseins Gottes und immaterieller Wesen umfassen mag, ist nach Thomas gerade noch nicht M., die Wissenschaft zu sein beansprucht, sondern nur «probable Ansicht» (fides vel opinio) [48].

Aber solche probablen Ansichten, die zusammenzustellen Aufgabe der Dialektik (s.d.), genauer der «anwendenden Dialektik» ist, sind doch, obwohl sie im Vorraum der Wissenschaft bleiben, «Weg zur Wissenschaft» [49]. Wie Thomas ausdrücklich lehrt, handelt auch die Dialektik «von allem», ist auch ihr Gegenstand – wie der der M. – das Seiende als solches (ens et ea quae sunt entis) [50]. Weil Thomas das Probable nicht verschmäht – «probabel Gesagtes kann unmöglich völlig falsch sein» [51] – und im Wahrscheinlichen daher mehr den Vorschein als den Anschein des Wahren sieht, erheben seine Dialektik und philosophische Wissenschaft integrierenden theologischen Werke nicht den Anspruch strenger Wissenschaftlichkeit oder «systematischer» Stringenz. So rezipiert er Autoritäten, z.B. die aristotelische M., auch in solchen Aussagen, denen nur Probabilität zukommt. Thomas begründet auch seine eigene verbale Konzeption des Gegenstandes der M., daß nämlich «Seiendes» als «das, was ist» (id quod est) «Einheit von Sein und Wesen» (individuo esse et eius quod est) ist, zunächst nur dialektisch von der Sprache her: Wie der Begriff «Laufendes» ein zum Laufen fähiges Wesen vom Akt des Laufens her bezeichnet, so heißt «Seiendes» ein zu sein fähiges individuelles Wesen vom Akt des Seins (actus essendi) her, durch den als unselbständiges Prinzip das auch selbst vorkonkrete individuelle Wesen aktuiert und selbständig Seiendes wird. «Seiendes» ist also nicht wie für Aristoteles ein vorliegendes Wesen, sondern Einheit von Sein und Wesen [52].

Aber erst die methodische Begründung einer solchen probablen Ansicht führt zu M. als Wissenschaft. Nach Thomas stand auch Aristoteles vor dem Problem, im Übergang von der Physik, deren Gegenstand das Veränderliche, also materielle, nicht von der Materie getrennte Seiende ist, zu der diesen Bereich überschreitenden M. aufzuzeigen, daß Seiendes nicht notwendig materiell ist, also nicht nur wie die Gegenstände der Mathematik dem Begriff nach von der Materie getrennt werden kann (z.B. in der «Abstraktion» der Zahl «Zwei» von zwei Steinen oder Äpfeln), sondern auch dem Sein nach von der Materie trennbar ist. Die Annahme einer negativen Immaterialität des Seienden, d.h. daß Seiendes nicht notwendig materiell ist, mag probabel sein, erwiesen wird sie aber erst durch den Aufweis immaterieller Wesen, z.B. des Ersten Bewegers. Erst diese «Separation» oder «urteilende Abstraktion» des Seienden von der Materie konstituiert im Rahmen des aristotelischen Ansatzes den Gegenstand der M. im Unterschied zu dem der Dialektik [53].

3. *M. als Wissenschaft.* – Während die übrigen Wissenschaften von ihrem Gegenstand voraussetzen, daß er ist und was er ist, gehört es zur Selbstbegründung der M., die «gegen den zu disputieren hat, der ihre Prinzipien», d.h. die von ihr gemachten Voraussetzungen, «bestreitet» [54], das Daß- und Wassein ihres Gegenstandes aufzuzeigen [55]. Diese Aufgabe ist nicht im Rahmen der aristotelischen Methoden- und Wissenschaftslehre zu leisten, die ja gerade Definitionen ihrer Wissenschaftsgegenstände, Existenzaussagen über sie und ihren Bereich betreffende Axiome voraussetzt. Hier führt nach Thomas die Methode (s.d.) «natürlicher Analyse» (s.d.) weiter, die er als reflexive Erkenntnisanalyse versteht.

Zwar lehrt Thomas auch, was Seiendes sei, das unser erster konkreter Begriff darstellt, sei ebenso «selbstverständlich bekannt» wie dies, «daß es Seiendes» gibt [56], aber das kann dem, der es bestreiten würde, aus dem Bestreiten, d.h. dem Miteinander-Sprechen, auch dargelegt werden [57]; denn auch das Bestreiten behauptet Wahres über etwas, d.h. über Seiendes; vor allem aber ist im Miteinander-Sprechen als selbstverständlich bekannt vorausgesetzt, daß der Gesprächspartner «ist» und Individuum einer bekannten Wesensart ist.

Erst solche Erkenntnis, in der ein dem Erkennen vorgegebenes, von Natur her bestehendes Seiendes als Individuum einer spezifischen Art, z.B. in seinem Menschoder Elefantsein, erkannt wird, ist nach Thomas die uns mögliche vollkommene Erkenntnis von Naturdingen, die nur unvollkommen erkannt werden, wenn sie nur allgemein als Seiende oder als Körper oder nur in ihren meßbaren quantitativen Bestimmungen erfaßt werden [58]. Wird aber ein Individuum in seiner Wesensart, also etwa in seinem Menschsein, erkannt, dann ist in solcher Erkenntnis schon ein Rückgang auf die Prinzipien des erkannten Seienden enthalten oder eine «natürliche Analyse» des erkannten Seienden bereits vollzogen, da es in einer «Zusammensetzung», d.h. in einer verbindenden Aussage, von seinen Prinzipien her erkannt wird: Diesem hier (dem durch Sinnesbilder Repräsentierten) kommt Menschsein und Sein schlechthin zu. Weil diese Aussage das vorgegebene Seiende so, wie es ist, darstellt und weil nur diese Darstellung eine Erkenntnis ermöglicht, müssen den Prinzipien dieses wahren Satzes Prinzipien der Sache entsprechen: dem abstrakten Wesensbegriff (species intelligibilis) die substantiale Form, der Artlogos Menschsein, dem im Satz enthaltenen erkannten Sein (lumen intellectus agentis) das die individuelle Wesenheit aktuierende allgemeine Sein (esse commune); insofern die Sinnesbilder auch das «Hier und Jetzt» des erkannten Seienden darstellen, repräsentieren sie auch das «Zeichen» jenes Materie genannten Prinzips, dessen Teile das den Individuen gemeinsame Artwesen differenzieren und individualisieren [59].

Diese Erkenntnisanalyse rechtfertigt das verbale Verständnis des Ausdrucks «Seiendes», der in seinem ersten Bezug auf Naturdinge ein individuelles Wesen bezeichnet, sofern es den ihm mitgeteilten Akt des Seins vollzieht. Das naturhaft erkannte Sein als inneres Wort ausgesagte Sein ermöglicht nämlich das Bilden von Wesensbegriffen (Menschsein, Etwassein) und zeigt damit sinnlich Gegebenes als «etwas, das ist», d. h. als Seiendes. Im Licht des naturhaft erkannten Seins der Dinge manifestiert sich aber auch das stets «implizit erkannte» göttliche Sein [60], insofern vom Sein als sein Wesen erkannt ist, daß es Nichtsein schlechthin ausschließt. Da aber das Sein der Dinge «zwar etwas Erfülltes und Einfaches ist, aber nicht subsistiert» [61], also selbst nicht jegliches Nichtsein ausschließt, zeigt es, insofern es das Wesen des Seins erkennen läßt, das subsistierende göttliche Sein und sich als dessen «Gleichnis und Partizipation» [62].

Wenn der erste konkrete Begriff «Seiendes» demnach auch zunächst und zuerst das dem Erkennen vorgegebene von Natur her Seiende darstellt und bezeichnet, so ist doch zugleich dieser von uns gebildete Begriff etwas, das als Vorstellung und Darstellung von etwas auch selbst ist. Zwar ist der Begriff des Menschen kein Mensch, der des Pferdes kein Pferd usw., wohl aber ist der Begriff des Seienden auch selbst ein zum Bereich des mentalen oder objektiven Seins gehörendes Seiendes. So folgt die Unterscheidung der Seinsbereiche des natürlichen und des objektiven Seins unmittelbar aus dem Ansatz der thomistischen M., deren Gegenstand das Seiende überhaupt, d. h. der Begriff «Seiendes» und das von ihm Begriffene ist. Thomas hat zwar den Unterschied beider Seinsbereiche durch die Erklärung verdeutlicht, die aristotelischen Kategorien, also Substanz, Quantität, Qualität usw., bezögen sich nur auf das von Natur her Seiende [63], aber er hat nicht den – freilich bis heute ausstehenden – Versuch einer kategorialen Gliederung des Bereichs des objektiven Seins unternommen, obwohl die Unterscheidung von Prädikat, Satz, Schluß, von sinnlichen und intelligiblen Vorstellungen, von ersten und zweiten Intentionen, Privationen und Negationen usw. manches Material dazu bietet. Weil ferner die sprachlichen Zeichen unmittelbar das objektive Sein bezeichnen, bildet die Unterscheidung von natürlichem und objektivem Sein auch die Grundlage einer von Thomas freilich nur in Ansätzen gegebenen M. der Sprache [64].

Weil die von Aristoteles aufgewiesenen Kategorien nur das von Natur her Seiende aufgliedern, betreffen sie auch nicht den Bereich der Artefakte. Wie Thomas darlegt, sind die Artefakte wesentlich auf den Menschen bezogen, «existieren seinetwegen» und haben ihr «Wesen» im «Gebrauch» [65], aber Thomas hat auch diesen Bereich nicht näher kategorial bestimmt. Selbst der Unterschied zwischen Kunstwerken, deren Zweck ja nicht der Gebrauch ist, und Konsumgütern (Brot) oder Werkzeugen (Messer) kommt nicht zur Sprache. Hingegen hat Thomas in seine «Summe der Theologie» eine M. des Handelns integriert, die den Bereich der «moralia», den praktische Philosophie in praktischer Absicht untersucht, in spekulativer Absicht klärt. Ihre wichtigsten Themen sind Wesen und Möglichkeitsbedingungen der Freiheit [66], das Verhältnis der moralischen Kategorien «gut und böse» zu den allgemeinen ontologischen Bestimmungen von Vollkommenheit, Mangel und Fehl sowie die mit der Lehre vom «Naturgesetz» geleistete Rückführung des Bereichs des sittlichen Handelns auf Gott und sein «ewiges Gesetz» [67].

Die für die M. zentrale Aufgabe, durch Angabe seiner Bestimmungen (passiones) oder der ihr folgenden Eigentümlichkeiten (per se accidentia) [68] des näheren anzugeben, was das Seiende überhaupt ist, erfüllt die Lehre von den Transzendentalien, d. h. von jenen allgemeinsten Begriffen, die, kategoriale Begriffe übersteigend, das Seiende überhaupt unter Aspekten bezeichnen, die im Begriff «Seiendes» nicht ausgedrückt sind. Selbstverständlich bezeichnen die transzendentalen Begriffe wie «Etwas», «Eines», «Vieles» usw. Seiendes jeglicher Seinsart. So erklärt Thomas z. B. ausdrücklich, der Begriff «res» (Sache, Etwas) werde ausgesagt sowohl von dem, was als «Gesagtes» oder «Vorgestelltes» «in der Seele» ist, als auch von dem, was «in der Natur» ist [69]. Eine auf Vollständigkeit bedachte Aufzählung oder Ableitung der transzendentalen Begriffe hat Thomas nicht gegeben. Er kennt freilich der Sache, nicht der Terminologie nach auch bereits «disjunktive Transzendentalien», wie «einfach oder zusammengesetzt», «notwendig oder kontingent» usw. [70].

Weil M. auch Wesen und Bedingungen der Wahrheit zu untersuchen hat, kommt der transzendentalen Bestimmung des Seienden, wahr oder etwas Wahres zu sein, besondere Bedeutung zu. Wahr heißt etwas, insofern es in einer Aussage so dargestellt und darin erkannt ist, wie es ist. «Erstlich» wahr, d. h. «offenbarend» (manifestativum) ist daher das die Sache oder einen Sachverhalt darstellende mentale Sein, das offenbar gemachte Seiende (manifestatum) ist hingegen sekundär wahr [71]. Diese von Thomas in ihren Bedingungen eingehend erörterte Korrespondenztheorie der Wahrheit [72] bezieht sich jedoch nicht auf die im Bereich des objektiven Seins verbleibenden logischen oder mathematischen «Wahrheiten», wie z. B.: «‹Mensch› ist ein Artbegriff»; aber auch die Wahrheit einer um Erkenntnis von Erkanntem bemühte «Auslegung», bei der es nach Thomas etwa darauf ankommt, «alles zu einem einheitlichen Sinnganzen zu verbinden» [73], wäre in ihrer Eigenart genauer zu klären. Solche Grenzen der von Thomas geleisteten Problementfaltung sind freilich Grenzen des Problembewußtseins seiner Zeit.

4. M. und Geschichte. – Thomas hatte einen zu klaren Begriff von Philosophie und Offenbarungsglauben, als daß er, wie es auch in seiner Zeit noch geschah, den Beginn der Philosophie bei Abraham, den geschichtlichen Ursprung der M. im «Hohen Lied» hätte sehen können. Er hält sich für die Geschichte der Philosophie an den Bericht des Aristoteles, übernimmt auch dessen Deutung einer fortschreitenden Erweiterung des philosophischen Wissens und skizziert selbst eine Fortschrittsgeschichte der M., die durch eine immer tiefer dringende Analyse ihres Gegenstandes, des Seienden, gekennzeichnet sei [74].

Zwar schreibt Thomas es mitunter schon Platon und Aristoteles zu, in solcher Analyse das Seiende als «etwas, das ist» über seine Prinzipien Wesen und Sein auf das göttliche «existierende Sein» zurückgeführt zu haben [75], aber offensichtlich setzt diese Sicht des Fortschritts der M. seinen eigenen Entwurf mitsamt dem methodologisch zentralen Begriff der «natürlichen Analyse» voraus. Aber Thomas hält seine M. nicht für den unüberholbaren Abschluß dieser Geschichte, weil die Aufgabe, die Wahrheit zu erkennen – und darin liege der Menschen Glück und das Ziel des ganzen Universums –, geschichtlich unabschließbar sei [76]. Statt wie Descartes an Evidenz nicht mehr zu überbietende Stringenz seiner M. zu behaupten oder wie Hegel die Erhebung der Philosophie zur Wissenschaft so zu betreiben, daß aus Liebe zum Wissen wirkliches Wissen werde, hat Thomas sein Hauptwerk, und damit auch seine M., «zur Unterrichtung von Anfängern» geschrieben [77].

Anmerkungen. [1] THOMAS VON AQUIN, In Met. Prooem. 1, 3 (64). – [2] 1 Sent. Prol. 1, 3, q. 3, sol. 1. – [3] Vgl. W. KLUXEN: Philos. Ethik bei Thomas von Aquin (1964) 22 Anm. 3. – [4] THOMAS, In Met. 1, 2 (47); 6, 1 (1147). – [5] Expositio s. l. Boethii de Trin. (= EBT) 5, 1 obi. 6 et ad 6. ad 7; In Met. 6, 1 (1147); 4, 1 (532). – [6] In Met. Prooem. – [7] EBT 5, 4. – [8] ebda. – [9] S. contra gent. (ScG) 3, 25. – [10] In Met. 3, 5 (390). – [11] EBT 5, 4. – [12] 1 Sent. Prol. 1, 3, q. 3, sol. 2, 1; vgl. L. OEING-HANHOFF: Gotteserkenntnis im Licht der Vernunft und des Glaubens nach Thomas von Aquin, in: Thomas von Aquin 1274/1974, hg. OEING-HANHOFF (1974) 116ff. – [13] THOMAS, ebda.; S. theol. I, 1, obi. 1. – [14] 1 Sent. 1, 3, q. 3, sol. 1. – [15] EBT 5, 1. – [16] In Met. Prooem. – [17] 1 Sent. 19, 5, 1, 6. – [18] EBT 6, 1. – [19] In Met. 1, 2 (46). – [20] a.O. Prooem. – [21] 7, 11 (1526). – [22] EBT 5, 1; ScG 3, 25. – [23] In Post. Anal. 1, 5 (49ff.). – [24] In Met. Prooem. – [25] a.O. 6, 1 (1147); S. theol. I, 30, 1, 4. – [26] Vgl. Mal. 6. – [27] S. theol. I/II, 94, 2. – [28] In Met. 4, 6 (605ff.). – [29] a.O. Prooem. – [30] 6, 1 (1152ff.). – [31] 2, 1 (273); 3, 1 (343). – [32] In Peri Herm. Prooem. (3); In Met. 4, 5 (590. 593); 6, 1 (1147). – [33] Vgl. EBT 2, 2, obi. 3. – [34] In Post Anal. 1, 20 (171). – [35] Vgl. L. OEING-HANHOFF: Mensch und Natur bei Thomas von Aquin. Z. kath. Theol. 101 (1979) 300-315. – [36] THOMAS, EBT 5, 1 obi. 6 und ad 6; vgl. ad 7. – [37] S. theol. I, 30, 1, 4. – [38] Vgl. zur Terminol. z. B. In Met. 4, 4 (574); 5, 9 (889); 7, 1 (1245); ScG 1, 68; zur Problemgesch. Art. ‹Gedankending›. – [39] De ente 1; Mal. 1, 1, 19. 20; S. theol. I, 16, 3, 2; 48, 1, 2; I/II, 8, 1, 3 usw. – [40] S. theol. I/II, 17, 1, 2; zum Unterschied der «moralia» von den «naturalia» vgl. a.O. I, 48, 1, 2. – [41] Vgl. In de an. 2, 1 (218); ScG 1, 68; S. theol. I, 16, 1. – [42] In Eth. 1, 1 (1ff.). – [43] In Met. 7, 1 (1245). – [44] S. theol. I, 16, 3, 2; Ver. 1, 1, 7. – [45] S. theol. I/II, 57, 2, 1. – [46] In Met. 6, 4 (1242); vgl. 1 (1159); In Phys. 2, 4 (175). – [47] Ver. 1, 1; 10, 11, 10; 10, 12, 10 (in c.). – [48] Vgl. In Post. Anal. Prooem. (6). – [49] S. theol. III, 9, 3, 2. – [50] In Met. 4, 4 (573). – [51] ScG 3, 9. – [52] Vgl. de Hebd. 2; Ver. 1, 1. – [53] Vgl. In de an. 3, 12 (781ff.); Art. ‹Abstraktion III, 2 c›. – [54] S. theol. I, 1, 8. – [55] In Met. 6, 1 (1151); vgl. 4, 5 (595); 11, 7 (2251). – [56] Ver. 1, 1 und 10, 12, 3. – [57] Vgl. In Met. 4, 6 (608ff.); 4, 7 (611). – [58] S. theol. I, 14, 6; Ver. 1, 12. – [59] Vgl. Art. ‹Abstraktion III, 2›; ‹Form-Materie II, 3› (dort auch Belege der Zit.). – [60] THOMAS, Ver. 22, 2, 1. – [61] Pot. 1, 1. – [62] 1 Sent. 3, 1, 2; vgl. dazu OEING-HANHOFF, a.O. [12]. – [63] Belege vgl. a.O. [39]. – [64] Vgl. L. OEING-HANHOFF: Sein und Sprache bei Thomas von Aquin, in: Sprache und Erkenntnis im MA, hg. W. KLUXEN (1980). – [65] THOMAS, In Phys. 2, 4 (173); In Peri Herm. 1, 7 (83). – [66] Vgl. A. ZIMMERMANN: Der Begriff der Freiheit nach Thomas von Aquin a.O. [12] 125-159. – [67] Vgl. KLUXEN, a.O. [3]. – [68] THOMAS, In Met. 4, 1 (531). – [69] 1 Sent. 25, 1, 4. – [70] ScG 3, 72; S. theol. I, 11, 1. – [71] S. theol. I, 16, 1; 16, 3, 1. – [72] Vgl. Ver. 1, 1; 1, 9; In Met. 9, 11 (1898ff.). – [73] In Phys. 1, 1 (9). – [74] Vgl. S. theol. I, 44, 2; Pot. 7, 5; De subst. sep. 7; vgl. L. OEING-HANHOFF, Über den Fortschritt der Philos...., in: Die Philos. und die Frage nach dem Fortschritt, hg. H. KUHN (1964) 73-106. – [75] De subst. sep. 7. – [76] ScG 1, 1. 3, 48. – [77] S. theol. I, 1, prol.

Literaturhinweise. J. ROBERT: La M., sci. distincte de toute autre discipline philos. selon saint Thomas d'Aquin. Divus Thomas (Piac.) 24 (1947) 206-222. – L. OEING-HANHOFF: Ens et unum convertuntur (1953). – W. KLUXEN s. Anm. [3]. – A. ZIMMERMANN: Ontol. oder M. Die Diskussion über den Gegenstand der M. im 13. und 14. Jh. (1965). – J. C. DOIG: Aquinas on M. (Den Haag 1972). – G. WIELAND: Rez. Doig, Aquinas ... Arch. Gesch. Philos. 57 (1975) 73-78.
L. OEING-HANHOFF

V. *Von Duns Scotus bis zur Schulphilosophie des 17. Jh.* – 1. *Skotistische Tradition.* – Die skotistische Tradition leitet ein neues Verständnis dessen ein, was als der Gegenstand der M. angesehen wird. Es betrifft auch die Abgrenzung zur Offenbarungstheologie. Schon HEINRICH VON GENT hat das Verhältnis beider Wissenschaften (durchaus noch im Sinne des Thomas von Aquin, aber mit anderen Begründungen) neu zu bestimmen versucht, wobei besonders der Einfluß avicennischer Ontologie sichtbar wird. Nach Heinrich müssen beide Wissenschaften, M. und Theologie, allgemeine Wissenschaften genannt werden, aber in verschiedener Hinsicht. Der Charakter des Allgemeinen der metaphysischen Wissenschaft beruht auf der «Bestimmtheit der betrachteten Sache», die auch der Grund der größeren Gewißheit der M. gegenüber anderen Wissenschaften mit hohem Gewißheitsanspruch (z. B. Mathematik) ist [1], und nicht, wie bei der Theologie, auf dem einheitlichen modus considerandi. Während so die M. als Wissenschaft vom Seienden, insofern es seiend ist, die allgemeinen Bestimmungen und Eigenheiten derjenigen Dinge betrachtet, die in ihrer Partikularität Gegenstand der Einzelwissenschaften werden, «übertrifft die Theologie im Hinblick auf Universalität» diese Wissenschaft, da sie jedes Ding nicht nur, insofern es ist, sondern als partikuläres, bestimmtes Seiendes (non solum inquantum ens est, sed etiam inquantum tale ens est) zu erkennen vermag. Zwar kann man den Gegenstand der Theologie, d.h. den Schöpfer der Dinge, nicht im Sinne der Aussagbarkeit von Vielem universal nennen, so wie der Gegenstand der M. von Gott und Geschöpf ausgesagt werden kann, aber gleichwohl ist auch er nach Heinrich ein Universales «durch die Urbildhaftigkeit, Priorität und Kausalität», durch die selbst der Gegenstand der M. noch übertroffen wird [2]. Heinrich von Gent hat aus diesem universaleren Charakter der Theologie die These vom Primat dieser Wissenschaft gegenüber allen anderen, also auch der M., abgeleitet und damit den Widerspruch seines literarischen Gegners Duns Scotus hervorgerufen.

Nach DUNS SCOTUS muß die averroistische Form der These, Gott (und die geistigen Substanzen) sei Gegenstand der M., abgelehnt werden, denn in diesem Leben ist ein natürliches Wissen von Gott nur a posteriori (d.h. aufgrund eines Beweises quia) möglich [3]. Wenn aber Gott nicht als der «erste Gegenstand» der M., sondern nur der Theologie anzusehen ist [4], dann kann M. auch nicht im Sinne des Thomas als der Theologie subalternierte Wissenschaft verstanden werden, denn so müßte die M. als Wissenschaft, d. h. als apriorisches Wissen vom Sein, von der theologischen Gotteserkenntnis abgeleitet werden können – und das ist unmöglich [5].

Da die M. aber durchaus zu einer konfusen Erkenntnis Gottes gelangen kann, wenn auch nur secundum quid, muß ihr eigentliches Objekt jenes der Theologie eigentümliche Objekt irgendwie einschließen. Nach Scotus ist das der M. eigentlich zugeordnete Objekt das Seiende in seinem allgemeinsten Sinn (ens communissime sumptum) oder das Seiende als solches, weil das erste Objekt einer bestimmten Fähigkeit auch immer das dem durch diese Fähigkeit erworbenen Wissen eigentlich zukommende Objekt ist [6]. «Jenes, was das schlechthin erste

Erkennbare ist, ist das schlechthin Allgemeinste; aber keines ist von dieser Art außer dem Seienden» [7]. Seiend ist nach Scotus das, was ein «Was», d. h. eine Wesenheit hat, sonst könnte es nämlich auch nicht im washeitlichen Sinne (in quid) von etwas ausgesagt werden [8]. Da aber alles, was der Mensch aussagt, ein entsprechendes Begriffenes in ihm voraussetzt, muß auch der Begriff des Seienden gebildet werden können. Dies ist Sache der «Erfahrung». Wir erfahren in uns selbst, daß wir «seiend» begreifen können, ohne daß es «als ein Seiendes in sich oder in einem anderen oder sonst irgendwie bestimmt begreifen» [9]. Entsprechend können wir auch «erfahren», daß es die M. als Wissenschaft gibt, die das Seiende als solches, d.h. das ens commune, betrachtet [10]. Die reale Allgemeinheit dieses allgemeinen Seins liegt nach Scotus in seiner quidditativen Univozität begründet, also darin, daß alles in ihm irgendwie «eingeschlossen ist», so daß es wesentlich von allem ausgesagt werden kann. Das gilt auch für die «letzten Differenzen» (Akt/Potenz; verursacht/unverursacht usw.) und Transzendentalien, die zwar nicht unmittelbar in dieser washeitlichen Univozität eingeschlossen sind, die aber immer «wesentlich» bzw. «virtuell» in einem Seienden inbegriffen sind, das selbst univok ist [11].

Wie dieser hier zugrunde liegende allgemeinste aller Begriffe des näheren zu bestimmen ist, macht ein Vergleich mit der anderen «allgemeinen Wissenschaft», mit der Logik, deutlich. Die Logik betrachtet nämlich wie die M. irgendwie «alles», so daß ihr Gegenstand mit Recht auch das ens commune genannt werden kann. Da aber der Begriff des Seienden doppelsinnig ist, muß als eigentlicher Gegenstand der M. das ens naturae, «dessen Sein nicht von der Seele abhängt», der Logik aber das ens rationis als eigentlicher Gegenstand zukommen. Dieser Begriff des ens naturae hat bei Scotus aber seine traditionelle Bedeutung als aktuelles «Naturding» verloren. Er bezeichnet nach Scotus vielmehr all das, was eine «Natur» im Sinne der «natura communis», also eine Washeit oder Wesenheit hat. Dies zeigt seine im selben Zusammenhang gegebene Bestimmung der M.: «Denn die Erste Philosophie betrachtet das Seiende, insofern es Seiendes ist, daher betrachtet sie die Sache hinsichtlich ihrer Washeit» [12]. Dieses Sein im Sinne allgemeiner Washeit – Scotus nennt es auch ens quidditativum sumptum – konstituiert eine mögliche Sache (res) als solche, d. h. als ein ens ratum, so daß dieses quidditative Sein mit Recht auch «reales» Sein genannt werden kann. Da als mögliche Sache das verstanden werden muß, dem es nicht widerspricht zu existieren, umfaßt der mit dem Titel des quidditativen Seins angezeigte Gegenstandsbereich das allgemeine Seiende in seiner formellen Nichtwidersprüchlichkeit. Insofern aber als reale, mögliche Seiende durch den menschlichen Intellekt als Species, Genus, Definition usw. erkannt werden kann, hat es auch die Logik mit diesem «allgemeinen Sein», insofern es ens rationis ist, zu tun. Diese Unterscheidung von ens naturae (ens reale) und ens rationis ist, wie Scotus ausdrücklich hervorhebt, nicht so zu verstehen, als ob etwas aus dem Gegenstandsbereich der Ersten Philosophie ausgeschlossen wäre [13]. Es ist vielmehr nur eine «verschiedene Art der Betrachtung», die M. und Logik voneinander unterscheidet: Während die M. das Seiende in seiner Allgemeinheit als das vom menschlichen Denken unabhängig «Seiende schlechthin» betrachtet, thematisiert die Logik dasselbe Seiende in seiner Allgemeinheit als das durch den Intellekt gedachte und als solches «verringerte Seiende» (ens diminutum). «Das verringerte Sein ist das logische Sein im eigentlichen Sinne. Daher werden alle zweiten Intentionen von einem solchen Seienden ausgesagt, und deswegen wird es eigentlich vom Metaphysiker ausgeschlossen. Dennoch ist es irgendwie mit dem Seienden vertauschbar, weil der Logiker alles betrachtet wie der Metaphysiker. Aber es ist eine andere Weise der Betrachtung; der Metaphysiker [betrachtet es] als etwas Reales, der Logiker als zweite Intention, gleichsam eine Konvertibilität des Seienden schlechthin und des verringerten Seienden, weil keines von beiden das andere hinsichtlich der Allgemeinheit übertrifft. Alles, was nämlich schlechthin seiend ist, kann ein verringertes Seiendes sein» [14]. Da die M. das ens reale, die Logik aber das ens rationis zum Gegenstand hat, nennt Scotus jene die «reale», diese eine «rationale» Wissenschaft [15].

In diesem Gedanken der Konvertibilität des realen, washeitlichen und des nur gedachten Seins ist impliziert, daß kein realer univoker Begriff gebildet werden kann, der sich in gleicher Weise auf das ens reale und das ens rationis bezöge. Es liegt deswegen in der skotischen Lehre vom allgemeinen Seienden selbst begründet, daß die Univozität des von der M. thematisierten Seinsbegriffs hier ihre Grenze findet. «Tamen enti quod est ex sola consideratione et enti naturae nihil videtur univocum» (dennoch scheint dem Seienden, das allein aufgrund der Betrachtung [des Verstandes] existiert, und dem Seienden der Natur nichts univok zu sein) [16]. PETRUS AUREOLI hat diese skotische Lehre auf die kurze Formel gebracht: Zwischen realem und gedachtem Sein besteht kein quidditativer Unterschied [17].

Der Begriff des Seienden im metaphysischen Sinne, d. h. angewandt auf washeitliches Sein, ist freilich nach Scotus selbst univoker Natur und von Gott und Geschöpf im selben Sinne aussagbar. Diese Einheitlichkeit des Sinnes von Sein bleibt selbst dann erhalten – so hat FRANZ VON MAYRON den skotischen Gedanken fortgeführt –, wenn man, in Analogie zum Modell der Theologie, zwei Arten der M., eine «in sich» und eine «in Bezug auf uns», unterscheidet. Denn jede Wissenschaft kann «etwas von etwas nur beweisen durch einen eigenen Gegenstand oder eine eigene Bestimmtheit ihres Gegenstandes», über den sie prinzipiell nicht hinausgehen kann [18].

Das Wesen dieses «Begriffs» zu erklären, ist nach der skotistischen Tradition Aufgabe der M. Während der «Grammatiker» zu untersuchen hat, ob der Ausdruck «seiend» einen Begriff, eine Kategorie oder etwas anderes bezeichne, ist die Frage nach dem Sinn (vis) des allgemeinsten Begriffs, «der durch den ersten Eindruck eingedrückt wird, der jede Sache und jede Bestimmtheit einschließt und der der universalste ist, in dem Gott und Geschöpf und was sonst alles begriffen werden kann, eingeschlossen ist», eine «metaphysische Frage» [19]. Da nach AUREOLI nichts Allgemeineres als «Seiendes» gedacht werden kann, ist dieser Begriff des «Seienden» oder des «Etwas» so konfus, daß gar nichts «letztlich Distinktes» in ihm enthalten ist. Andererseits aber sind alle eigentümlichen Bestimmtheiten der Dinge in diesem selbst unbestimmten Begriff enthalten, wenn auch nur «implizit und konfus» [20]. Wenn aber durch den Seinsbegriff nichts explizit erkannt werden kann, so wie der Begriff ‹Mensch› explizit erkannt wird, weil es distinkt erkennbare Menschen gibt, so ist die Einheit dieses allgemeinsten aller Begriffe allein auf den Modus concipiendi und nicht auf eine «erkennbare Einheit» zurückzuführen [21].

Das bedeutet nicht, wie TATARETUS besonders hervorhebt, daß der Begriff des Seienden selbst lediglich ein

Gedankending im Sinne einer zweiten Intention sei, sondern «er wird von jenen Dingen verursacht, von denen er abstrahiert wird». Da der Begriff des Seienden in dieser Weise immer die (freilich unvollkommen) «erkannte Sache» (res concepta) selbst ist, kommt nach Tataretus dem «inquantum» in der aristotelischen Bestimmung des Gegenstandes der M. spezifizierende Bedeutung zu [22].

Anmerkungen. [1] Vgl. HEINRICH VON GENT, S. a. VI, q. 2, fol. 43 N. – [2] a.O. a. VII, q. 3, f. 51 K/L; vgl. auch f. 50 C und a. XIX, q. 2, f. 118 G. – [3] DUNS SCOTUS, Quaest. in Met. I, q. 1, n. 40f. Opera omnia, hg. WADDING 4, 520 a. – [4] Rep. Par. Prol. q. 3, a. 1 = 11/1, 20 b. – [5] Ord. Prol. p. 4, q. 1-2, n. 214 = I, 146f. Ed. Vat.; Rep. Par. Prol. q. 3, a. 3, n. 4 = 11/1, 23 b. – [6] Quaest. in Met. II, q. 3, n. 21 = 4, 558 b. – [7] a.O. IV, q. 1, n. 5 = 4, 575 b. – [8] I, q. 1, n. 23 = 4, 515 a. – [9] IV, q. 1, n. 6 = 4, 576 a. – [10] Vgl. Rep. Par. IV, d. 49, q. 7, n. 5 = 11/2, 909 b. – [11] Vgl. E. GILSON: Johannes Duns Scotus (dtsch. 1959) 104f. – [12] Vgl. DUNS SCOTUS, In libros Elench. Quaest. q. 1, n. 2 = 1, 224 a/b. – [13] a.O. q. 1, n. 3 = 1, 224 b. – [14] Quaest in Met. VI, q. 3, n. 15 = 4, 670 a. – [15] Super Praed. q. 1, n. 4 = 1, 125 a. – [16] Vgl. Super Praed. q. 25, n. 5 = 1, 157 b; Rep. Par. I, q. 29, 10 = 11/1, 171. – [17] Vgl. PETRUS AUREOLI, Scriptum Super Primum Sent. I, d. 2, sect. 9, 131, hg. BUYTAERT 2, 518. – [18] FRANCISCUS DE MAYRONIS: In libros Sent. (1520) Prol. q. 3, fol. 4 L. – [19] PETRUS AUREOLI, a.O. [17] I, d. 2, sect. 9, 46 = 2, 481f. – [20] a.O. sect. 9, 111 = 2, 511. – [21] 9, 109 = 2, 510. – [22] PETRUS TATARETUS, In Met. I, in: Clarissima singularisque totius philosophie nec non metaphysice Arist. (o.J.) fol. 138v a.

2. *Nominalistische Tradition.* – Diese skotistische Konzeption der M. ist durch WILHELM VON OCKHAM einer einschneidenden Kritik unterworfen worden. Zwar wird nicht die M. als solche abgelehnt, aber der ihr traditionell gebührende Platz der ersten allgemeinen Wissenschaft wird ihr durch die Logik streitig gemacht, und zwar insofern, als der Universalitäts- und Einheitsanspruch der M. in Frage gestellt wird [1].

Zunächst ist nach Ockham die skotistische Unterscheidung zwischen «rationalen» und «realen» Wissenschaften anders zu interpretieren. Da Gegenstand jeder Wissenschaft nur Sätze und nicht substantielle Dinge selbst sind (nihil scitum, nisi complexum), kann die Unterscheidung nur so verstanden werden, daß die Wissenschaft «rational» heißt, deren Begriffe (Termini) selbst wieder «für» Begriffe des Denkens «stehen», während die Begriffe der «realen» Wissenschaften für die extramentalen Dinge supponieren [2]. Die Verschiedenheit der «realen» Wissenschaften, zu denen die M. gehört, ist nach Ockham allein darauf zurückzuführen, daß die verschiedenen Bestimmungen der identischen Gegenstände betrachtet werden. Wenn die M. z. B. die Bestimmtheit des «Seins» an einem Gegenstand thematisiert, so ist dieser, verstanden als inkomplexes «subiectum», das nach Ockham vom «Objekt» (dem Satz als gewußtem) einer Wissenschaft zu unterscheiden ist, möglicherweise auch Gegenstand der Physik, die die Bestimmtheit der Bewegung an ihm betrachtet. Geben also die M. und die Physik zwei verschiedene Definitionen des «Menschen», darf daraus weder geschlossen werden, daß es sich um zwei verschiedene Gegenstände, sozusagen den «metaphysischen Menschen» und den «physischen», handle, noch daß allein die «verschiedene Art der Betrachtung» den Unterschied beider Wissenschaften ausmache [3].

Nach Ockham kann gar kein einheitlicher Gegenstand der M. angegeben werden. Die Frage nach einem solchen Gegenstand gleicht derjenigen, wer «der König der Welt oder der König der ganzen Christenheit» sei. Denn «wie verschiedene Königreiche verschiedene Könige haben und keiner der König des Ganzen ist und gleichwohl diese Könige manchmal eine Ordnung untereinander haben, weil einer nämlich mächtiger oder reicher als der andere ist, so gibt es keinen Gegenstand (subiectum) der ganzen M., sondern verschiedene Gegenstände ihrer verschiedenen Teile» [4]. Wegen der Verschiedenheit ihrer Gegenstände und der Hinsichten, in der sie betrachtet werden, ist die M. nicht mehr eigentlich «eine Wissenschaft». Ihr kommt die Einheit im Sinne eines «Aggregats» zu [5]. Gleichwohl kann man, da die «Ordnung» des Ganzen vorausgesetzt ist, nach dem «ersten» aller Gegenstände der M. fragen, freilich immer nur hinsichtlich einer bestimmten «Erstheit» (primitas). Hinsichtlich der «Ordnung» der Prädikation muß so das «Seiende», im Hinblick auf die «Ordnung der Vollkommenheit» aber Gott als der erste Gegenstand der M. angesehen werden. Auf diese Weise erklären sich nach Ockham auch die verschiedenen Ansichten der beiden großen Araber über den Gegenstand dieser Wissenschaft [6]. Wenn aber kein schlechthin übergeordneter Gegenstand der M. gedacht werden kann, hat diese auch jedes Recht verloren, den partikulären Wissenschaften schlechthin übergeordnet zu werden. Es ist freilich denkbar, daß Teile bestimmter Einzelwissenschaften, die untereinander ein bestimmtes Abhängigkeitsverhältnis haben, auch Teilen der universalen Wissenschaften Logik und M. subalterniert sind [7].

Sehr schnell jedoch nach Ockhams Versuch einer Depotenzierung der Ersten Philosophie wird von BURIDANUS, dem Hauptvertreter der nominalistischen Philosophie an der Pariser Artistenfakultät, die M. in ihrer Vorrangstellung als «würdigste» der Wissenschaften wieder bestätigt, und dies, obwohl Buridanus den Gedanken Ockhams von dem nur aggregathaften Einheitscharakter der M. aufgreift. Es muß ein «eigentümlicher und adäquater Gegenstand» dieser Wissenschaft gedacht werden, auf den bezogen alles andere entweder eine nähere Bestimmung, ein Teil oder Prinzip ist, sonst gäbe es keinen vernünftigen Grund, diese Wissenschaft «eine» zu nennen, ganz so wie ein Heer, dessen Einheit darin besteht, daß alles im Heer auf den Führer des Heeres hingeordnet ist [8]. Als ein solcher jeder Wissenschaft eigener und adäquater Gegenstand ist nach Buridanus die jeweils «allgemeinste Gattung von allen, die nicht die Grenzen der Wissenschaft überschreiten», anzusehen. Der der M. in diesem Sinne adäquate Gegenstand ist der Begriff des Seienden, denn «diese Wissenschaft betrachtet alles, und es steht fest, daß die allgemeinsten Bestimmungen dieser Wissenschaft diesem Begriff seiend zugeeignet sind» [9]. Da dieser Begriff aber hinsichtlich seiner Seinsweise näherhin als «mentaler Begriff» (terminus mentalis) bestimmt werden muß – die gesprochenen und geschriebenen Termini sind ja ihrerseits nur nähere Bestimmungen eines mentalen –, ergibt sich das Problem, «wo jener Begriff ist, in deinem oder in meinem Geist». Buridans Antwort, «du hast deine M. in deinem Geist, ich meine M. in meinem Geist» [10], scheint erst vor dem Hintergrund jener nominalistischen Lehre verständlich zu werden, nach der – so lehrt z. B. NIKOLAUS VON AUTRECOURT – jedem Erkennenden ein eigener Bereich des von ihm Erkannten zugeordnet werden muß. Nach BURIDANUS ist die M. die «schlechthin allgemeinste» Wissenschaft, weil sie die Dinge nicht nur in ihrer ganz allgemeinen Bestimmtheit, sondern auch in ihrer «speziellen» Allgemeinheit, d.h. die «Washeiten im allgemeinen und speziellen» betrachtet [11]. Darin liegt auch der Unterschied zu anderen Wissenschaften. Denn zwar betrachtet auch die Physik solche Begriffe (Termini), «die für alle Dinge stehen», aber nur die M. vermag «aus allen Termini alle

Sätze» zu bilden, die zu ihr als M. gehören, d. h. die Dinge in ihrer Washeit zu betrachten [12]. Da aber alle anderen Wissenschaften als solche nicht nach dem «Was» ihres jeweiligen Gegenstandes fragen, so daß diesbezüglich «größte und gewichtigste Zweifel» bestehen können, ist die M. schon in dieser Beziehung die Wissenschaft mit dem höchsten Gewißheitsgrad. Wenn man außerdem berücksichtigt, daß viele Prinzipien selbst der gewissesten aller Einzelwissenschaften, der Mathematik, prinzipiell, d. h. metaphysisch bezweifelt und auch nur durch die M. als unbezweifelbar und evident erwiesen werden können, wird man nach Buridanus nicht zögern, die M. für die gewisseste und «leichteste» aller Wissenschaften zu halten [13]. Mithin sind die allgemeinsten Prinzipien der M. von so großer «Breite», daß jeder, der eines von ihnen negiert, eben dadurch schon ein anderes konzediert [14]. Auch in diesem Sinne kommt der M. Priorität vor allen anderen Wissenschaften zu. «Deswegen gibt es niemals von jenen Sätzen [der Einzelwissenschaften] eine schlechthin vollkommene Lehre oder Wissenschaft, bis jene vorher vorausgesetzten Prinzipien durch die M. evident werden: deswegen können sie nur dann schlechthin bekannt sein durch die M., wenn wir sie vorher haben» [15]. Diese Lehre Buridans von der allen Einzelwissenschaften zugrunde liegenden, im Falle des «vollkommenen» Wissens vorauszusetzenden, leichtesten und gewissesten Erkenntnis metaphysischer Sätze scheint Descartes' Konzeption der M. vorzubereiten.

Der die mittelalterliche M.-Konzeption maßgeblich prägende Kompetenzstreit zwischen beiden universalen Wissenschaften Logik und M. findet sein vorläufiges gutes Ende durch die Schrift ‹De concordia metaphysicae cum logica› des JOHANNES GERSON, die den zweiten Teil der Schrift ‹De modis significandi› darstellt. Gerson, der ontologisch gesehen ganz skotistisch denkt, sieht die Möglichkeit der Versöhnung beider Wissenschaften einmal darin, daß streng zwischen dem «realen Sein» eines Seienden und seinem Erkanntsein (esse objectale oder repraesentativum) unterschieden wird. «Und hier liegt der Fehler derer, die über die Dinge in ihrem realen Sein formalisieren (formalizare) oder metaphysizieren (metaphysicare) wollen, indem sie jenes objektale Sein, das sie haben, ausschließen, so wie wenn einer erkennen wollte ohne Intellekt oder denken ohne Vernunft» [16]. Zum anderen müssen auch die «zwei Gesichter» der «objektiven Bestimmtheit» (ratio objectalis) der Dinge unterschieden werden. Sie kann nämlich, insofern sie in materialer Supposition steht, als «Begriff», d. h. als Akt des Intellekts oder, insofern sie in personaler Supposition für die Dinge «draußen» steht, als das bestimmte Objekt aufgefaßt werden. Diese Unterscheidung ist nach Gerson der «Schlüssel zur Eintracht der 'formalizantes' mit den Terministen», d. h. der Skotisten mit den Nominalisten. Wenn nämlich die «objektive Bestimmtheit» der Sache, die Gerson auch ihren Modus significandi nennt, als Begriff, d. h. als Zeichen für die Sache, genommen wird, gehört diese Art der Betrachtung zum Aufgabenbereich der Logik. Wird aber die Sache selbst, insofern sie «in sich Sache», d. h. eine bestimmte Natur ist, betrachtet, dann fällt diese Aufgabe der M. zu.

Anmerkungen. [1] Vgl. G. LEFF: William of Ockham (1975) 334. – [2] WILHELM VON OCKHAM, Script. in lib. Sent. ordinatio I, d. 2, q. 4. Opera theol. (OT), hg. BROWN/GÁL 2, 138. – [3] Vgl. S. Logicae I, 26. Opera philos. (OP) 1, 86f. – [4] Ord. I, Prol. q. 9 = OT 1, 259. – [5] q. 8 = 1, 224f. – [6] q. 9 = 1, 255f.; vgl. auch Prol. in Expos. super VIII lib. Phys. Philos. Writings, hg. PH. BOEHNER (1957) 10. – [7] S. Logicae III/2, 21f. – OP 1, 541ff. – [8] BURI-DANUS: In Met. Arist. (1518) IV, q. 4, fol. 15r b-15v a. – [9] a.O. q. 5, f. 16r a. – [10] q. 4, f. 15v a. – [11] Vgl. VI, q. 1, f. 33r a-b; q. 2, f. 34r a. – [12] I, q. 4, f. 5v a. – [13] I, q. 4, f. 5r b; vgl. q. 3, f. 4v b. – [14] Super decem lib. Eth. Arist. ad Nicom. VI, 12, f. 128r b. – [15] In Met. Arist. I, q. 4, f. 5r b. – [16] J. GERSON, De modis significandi. Oeuvres compl. 9, hg. GLORIEUX (1973) 633.

3. *Cusanus und Renaissancephilosophie.* – Während in den meisten philosophischen Schulen dieser Zeit, auch in den nominalistischen, M. im Sinne skotistischer Ontologie betrieben oder zugrunde gelegt wurde, stellt das Werk des NIKOLAUS VON KUES einen eigenständigen Entwurf eines metaphysischen Gedankengebäudes dar. Es wird getragen von dem Grundgedanken, daß die Aufhebung des (schon von Aristoteles als Voraussetzung des Denkens verstandenen) Satzes vom Widerspruch selbst noch vernünftigerweise gedacht werden könne. Cusanus, der sich vielfach auf Platon und die Neuplatoniker beruft, hat selbst den fundamentalen Gegensatz seiner Grundposition zur aristotelischen Tradition empfunden. «Jetzt hat vor allem die aristotelische Richtung Geltung, die die Koinzidenz der Gegensätze, in deren Anerkennung der Beginn des Aufstiegs zur mystischen Theologie besteht, für eine Häresie hält; von dem in dieser Schule Ausgebildeten wird dieser Weg als völlig absurd, gewissermaßen ihrem Vorhaben entgegengesetzt, weit von sich gewiesen» [1]. Wenn man bedenkt, daß z. B. NIKOLAUS VON AUTRECOURT ein Jahrhundert vorher den Satz vom Widerspruch als erstes und alleiniges Prinzip unseres Denkens verstanden hatte, insofern nur die Sätze, die auf es zurückführbar sind, Gewißheit beanspruchen können, scheint des CUSANUS metaphysischer Grundsatz vom Zusammenfall der Gegensätze oder «Zusammenfall des Widersprüchlichen (coincidentia contradictoriorum)» in seinen sich von dem Zeitgeist abhebenden Konturen deutlich werden zu können. Nach dem Cusaner ist das Absolute als ein dem Bereich möglicher Gegensätzlichkeit Enthobenes zu verstehen, ein «Größtes», das alles, was ist, komplikativ in sich hat. Wenn dieses Absolute aber zu nichts im Gegensatz steht, weil es vor allem Widerspruch ist (ante contradictionem), muß es als frei von aller Andersheit, d. h. als non-aliud gedacht werden, dem es nicht zukommt wie dem «anderen», von etwas verschieden zu sein.

Derjenige aber, der in seinem Denken das Widerspruchsprinzip anwendet, kann dieses dem Widerspruch enthobene Absolute nicht erfassen, denn er befindet sich noch im Bereich des «Rationalen», d. h. der Logik, wo die äußeren Glieder einer Rede (extrema) noch getrennt sind, so wie es im Begriff des Kreises liegt, daß der Mittelpunkt mit dem Umkreis nicht zusammenfallen kann. «Aber im Bereich des 'Intellekts', welcher sieht, daß in der Einheit die Zahl und im Punkt die Linie und im Zentrum der Kreis eingefaltet ist, wird der Zusammenfall der Einheit und Vielheit des Punktes und der Linie, des Zentrums und des Umkreises durch die Schau des Geistes ohne Diskurs erreicht» [2]. Insofern Cusanus in seinem ganzen Werk immer wieder die Inkommensurabilität des «logischen», diskursiven, sich am Widerspruchsprinzip orientierenden Denkens mit dem «Nichtanderen» hervorhebt, müßte man seine Philosophie freilich eher Metalogik als M. nennen.

Cusanus hat die italienische Renaissancephilosophie tiefgreifend beeinflußt und insbesondere die M. des Marsilius Ficinus sowie Picos della Mirandola entscheidend mitgeprägt. Gleichwohl ist das Verhältnis der italienischen Renaissancephilosophie zur M. sehr verschiedener

Art. Die Bandbreite der Stellungnahmen reicht von eindeutig metaphysikkritischen Äußerungen bis zur Neubelebung dieser Wissenschaft. Diese ist deutlich bemerkbar im Werk CAMPANELLAS, den man schon als «Vertreter der Gegenreformation» bezeichnen kann [3]. Das affirmative Verhältnis Campanellas zur M. wird schon äußerlich dadurch dokumentiert, daß das Oberhaupt seines utopischen «Sonnenstaates» selbst «Metaphysikus» heißt, der als der Herr aller «weltlichen und geistlichen Dinge» auch dafür Sorge trägt, daß bestimmte metaphysische Prinzipien in seinem Gemeinwesen Geltung behalten [4].

Nach Campanella muß es die Wissenschaft M. aus mehreren Gründen geben. Da jede Einzelwissenschaft auch nur ein partikuläres Seiendes zum Gegenstand hat, kann sie über die das Ganze bewegenden Gründe und Ziele nichts sagen. «Wenn einer mich jetzt fragte, weswegen ich jetzt schreibe, und ich antwortete, weil ich eine Feder, Tinte und Papier habe, über das ich mit Fingern meine Feder bewege», dann wäre im Sinne der Physik geantwortet worden, nicht aber im Sinne wahrer Weisheit, «der gemäß ich richtig antworten würde, daß mein Geist von Gott durch Erleuchtung und Motivierung angetrieben wird» [5]. Darüberhinaus handelt keine der Wissenschaften über die Dinge, insofern sie sind, sondern nur insofern sie uns erscheinen und für uns sind. Da die Einzelwissenschaften außerdem laufend allgemeine Begriffe gebrauchen, wie das Seiende, das Ganze, der Teil, das Eine, Liebe, Weisheit usw., die sie selbst als solche nicht erklären können, bedarf es nach Campanella einer Wissenschaft, die all dieses eigens thematisiert. Diese Wissenschaft darf jedoch nicht nach dem Vorbild des Aristoteles konzipiert sein, da seine M. nach Campanella viele unerträgliche Fehler in ontologischer und theologischer Hinsicht enthält. «Deswegen haben wir beschlossen, eine neue M. zu gründen ... wir sind zurückgeführt worden auf den Weg des Heils und zur Erkenntnis der göttlichen Dinge, nicht durch den Syllogismus, der gewissermaßen der Pfeil ist, durch den wir von weitem das Ziel berühren ohne Genuß, und auch nicht durch Autorität, die gewissermaßen eine Berührung durch eine fremde Hand ist, sondern durch eine innere Berührung in einer großen Lust (suavitas) ...» [6]. Dieses Neue scheint darin zu bestehen, daß die M. nur das «allgemeinste Sein» (universalissimum esse) voraussetzen darf, das in der Selbsterkenntnis der Seele (notitia praesentialitatus) aufscheint [7].

Anmerkungen. [1] NICOLAI DE CUSA, Apol. doctae ignorantiae, hg. R. KLIBANSKY (1932). Opera omnia 1, 6. – [2] a.O. 15. – [3] Vgl. E. GARIN: Der ital. Humanismus (1947) 278. – [4] Vgl. T. CAMPANELLA: Civitas Solis (1623); dtsch. in: Der utopische Staat, hg. K. J. HEINISCH (1960) 119. – [5] Universalis Philosophiae seu Metaphysicarum rerum (1638) I, c. 1, p. 4 b. – [6] a.O. 5 b. – [7] Vgl. G. DI NAPOLI: La M. di Tommaso Campanella. Arch. di Filos. (1969) 24-27.

4. *Suárez.* – Aber nicht nur das Denken Platons und des Neuplatonismus erfuhr eine solche Wiedergeburt, sondern auch der aristotelische M.-Begriff. Diese Art Renaissance vollzog sich in der spanischen Scholastik, die sowohl die in der italienischen Renaissance weithin ungeliebte aristotelische M. als auch seine Logik rezipierte. Während Petrus Fonseca jedoch diese Rezeption noch in der Form der Kommentierung der aristotelischen «M.» durchführte, stellen die ‹Disputationes Metaphysicae› des FR. SUÁREZ aus dem Jahre 1597 die erste systematische Behandlung metaphysischer Fragen dar, die wir besitzen. Suárez hat beides, die allgemeine Seinswissenschaft und die seit der Spätantike als Gegenstand der M. behandelte Lehre von dem, was wohl «dem Denken wie dem Sein nach von der Materie frei ist», d.h. den Intelligenzen, unter dem Titel ‹M.› zusammengefaßt [1]. Suárez' Überlegungen zum M.-Begriff sind in mehrfacher Hinsicht bedeutsam. Während die Tradition besonders seit Avicenna nach dem «Nutzen» der M. fragte und damit auf das Verhältnis zu den Einzelwissenschaften zielte, ist nach Suárez allgemein die Funktion dieser Wissenschaft zu klären. Wozu M. oder mit seinen eigenen Worten «welchen Zweck (finis) hat die M.?» Da die meisten Wissenschaften Erkenntnisse «wegen einer Tätigkeit», d.h. um der Praxis willen sammeln, erübrigt sich bei ihnen diese Frage. Nach Suárez aber können sie als solche nicht die Wahrheitsfrage stellen, das ist Sache der M. «Dico ergo primo finem huius scientiae esse veritatis contemplationem propter seipsam» (Ich behaupte also erstens, daß das Ziel dieser Wissenschaft die Betrachtung der Wahrheit um ihrer selbst willen ist) [2]. Freilich ist hinzuzufügen, daß – da ja alle theoretischen Wissenschaften, insbesondere die Naturphilosophie, das Ziel der Wahrheitserkenntnis haben – das «eigentliche Ziel» der M. die Erkenntnis der Wahrheiten betrifft, die das Seiende selbst, als solches, seine Natur, Eigentümlichkeiten und Gründe und «seine Teile» betrifft, soweit sie ihrem Sein nach von der Materie «abstrahiert sind» [3]. Das Problem des spezifischen «Zwecks» der M. ist eng mit der Frage nach ihrem adäquaten Gegenstand verknüpft. Als dieser kann nach Suárez weder das Seiende in seinem abstraktesten Sinne noch das «reale Seiende in seiner ganzen Breite» angesehen werden, denn das «adäquate Objekt einer Wissenschaft erfordert eine objektive Einheit» [4]. Adäquater Gegenstand der M. kann nur der «objektive Begriff des Seienden» sein, der selbst als von Substanz und von Akzidenz abstrahierbare allgemeinste Bestimmtheit aufzufassen ist. Insofern diese allgemeinste Bestimmtheit in den Dingen selbst ist, kann man sie auch «reales Seiendes» nennen. «Man muß also sagen, daß das Seiende, insofern es reales Seiendes ist, das adäquate Objekt dieser Wissenschaft ist» [5], indem nicht nur Gott und die immateriellen Substanzen, sondern auch die realen Akzidentien, freilich nicht die Gedankendinge, einbegriffen sind.

Der objektive Begriff des Seienden, der als adäquates Objekt der M. angenommen werden muß, ist nach Suárez selbst kein Begriff. Jeder objektive Begriff, der als die erkannte Sache, sofern sie als erkannte außerhalb des Erkennenden ist, verstanden werden muß, ist nach Suárez auf einen entsprechenden formalen Begriff zurückzuführen, der den Erkenntnisakt darstellt, durch den etwas erkannt wird [6]. Demnach ist der objektive Begriff des Seienden das Seiende als reales, das denkbar allgemeinste Element in den Dingen selbst. «Man muß sagen, daß der objektive Begriff des Seienden, insofern er in der Sache selbst existiert, nicht etwas ist, das von der Natur der Sache her von dem Unteren, in dem er existiert, getrennt und abgeschnitten ist» [7]. Die Einheit dieses in den Dingen realisierten allgemeinen Begriffs besteht nicht in einer realen oder numerischen Einheit, sondern in einer gewissen Übereinstimmung aller realen Dinge. «Alle realen Seienden haben wirklich eine Ähnlichkeit und Übereinstimmung in der Bestimmtheit des Seins; also können sie erfaßt und repräsentiert werden unter genau der Bestimmtheit, in der sie übereinstimmen; also können sie unter dieser Bestimmtheit einen objektiven Begriff konstituieren; also ist jener der objektive Begriff des Seienden» [8]. Um die Pointe der suárezischen Bestimmung des adäquaten Objekts der M. zu erfassen, muß man berücksichtigen, daß der skotische Begriff der Realität zugrunde liegt. Das ens reale ist nicht ausschließlich das aktuell Existierende. Die Bestimmtheit des Seienden im Sinne des Realen besteht vielmehr darin, daß es eine reale Wesenheit hat, d. h. keine fiktive und keine chimärische, sondern eine «wahre und zur realen Existenz geeignete» [9]. Das Seiende als solches oder, wie Suárez sagt, «intrinsece» ist demnach das, «was eine wahre und reale Wesenheit hat» [10]. Da aber Suárez die reale Wesenheit nicht als bloßes Gedankending, sondern als das vom menschlichen Intellekt Unabhängige versteht, welches keinen Widerstreit der Teile in sich hat und so prinzipiell durch Gott im aktuellen Sein konstituiert werden kann [11], ergibt sich für die nähere Bestimmung des Objekts der M., daß es als das mögliche Seiende nicht im Sinne des Potentiellen, sondern des skotistisch verstandenen real Wesenhaften aufzufassen ist.

Anmerkungen. [1] FR. SUÁREZ, Disp. met. 1, 2, 13. – [2] a.O. 1, 4, 2. – [3] 1, 4, 3. – [4] 1, 1, 5. – [5] 1, 1, 26. – [6] Vgl. 2, 1, 1. – [7] 2, 3, 7. – [8] 2, 2, 14. – [9] 2, 4, 5. – [10] 2, 5, 8. – [11] 2, 4, 7.

5. *Schulphilosophie des 17. Jh.* – Das Erstaunen Erregende an der deutschen Schulphilosophie ist ihr Beginn. In demselben Wittenberg, in dem Luther die aristotelische M. verdammt und Melanchthon sie aus der Bildungsorganisation ausgeschlossen hat, wird sie fast 100 Jahre später schon durch J. MARTINI rehabilitiert und, wie in vorreformatorischer Zeit, als vornehmste Wissenschaft und Erste Philosophie gefeiert. Dies ist vor allem auf den großen Einfluß der ‹Disputationes Metaphysicae› des Suárez zurückzuführen, die sofort nach der Publikation in Deutschland rezipiert wurden. Zwar scheint C. MARTINI schon vor dem Erscheinen des suárezischen Werkes in Helmstedt M.-Vorlesungen gehalten zu haben, aber in den späteren ‹M.en› der Schulphilosophie des 17. Jh. ist der Einfluß des Suárez deutlich erkennbar.

Das betrifft vor allem auch die Gliederung der M. CH. SCHEIBLER, der «protestantische Suárez», in dessen «Werk die Lutherische M. ihre weithin maßgebende Gestalt erhalten hat» (M. Wundt), hat in seinem 1617 veröffentlichten ‹Opus Metaphysicum› im ersten Band die Lehre vom Seienden als solchen, im zweiten die Lehre von Gott, den Engeln und der anima separata behandelt. Auch dem zweibändigen Werk des Suárez liegt offenbar als Leitidee die Unterscheidung zwischen der «metaphysica generalis» einerseits, die das Seiende als solches, die ihm als solchem zukommenden Bestimmungen und seine Ursachen im ersten Band behandelt, und der «metaphysica specialis» andererseits zugrunde, die (nach dem zweiten Band) als natürliche Theologie und als eine das Geschaffene betreffende Kategorienlehre aufzufassen ist. B. PERERIUS scheint diese schon in der ersten philosophischen Summe des Thomas von York vage angedeutete Unterscheidung in die philosophische Literatur eingeführt zu haben. In seiner 1562 erschienenen Prinzipienschrift heißt es, «es muß zwei voneinander unterschiedene Wissenschaften geben: eine, die über die transzendenten und allgemeinsten Dinge, eine andere, die über die Intelligenzen handelt. Jene wird Erste Philosophie und allgemeine Wissenschaft genannt werden, diese wird im eigentlichen Sinne M., Theologie, Weisheit, göttliche Wissenschaft heißen» [1]. Suárez und die Schulmetaphysik haben freilich die terminologische Trennung der «Ersten Philosophie» und der «M.» nicht aufgegriffen, sondern beides unter dem Titel ‹M.› zusammengefaßt. MICRAELIUS, der die M. im Sinne allgemeiner Seinswissenschaft auch ‹Ontologie› nennt – ein Titel, der auf R. GÖCKEL (Coclenius) zurückzugehen scheint [2] –, hat die Gliederung der M. in für die Schulphilosophie vorbildlicher Weise durchgeführt: «Der Gegenstand der M. ist das Seiende, insofern es seiend ist. Daher wird sie auch von einigen Ontologie genannt. Die M. wird unterteilt in die allgemeine, in der das Seiende in seinem abstraktesten Sinne und in völliger Indifferenz betrachtet wird, und in eine besondere M., in der das Seiende in den Arten der Substanzen betrachtet wird, die von jeglicher Materie abgetrennt sind, wie es sind Gott, die Engel und die abgetrennte Seele» [3].

Daneben gab es allerdings auch starke Bestrebungen, die spezielle Lehre vom Seienden, d. h. die Lehre von den Geistern, also auch die Theologie, aus der M. auszuklammern. Besonders die Wittenberger Philosophie, so z. B. J. SCHARFF, aber auch schon ALSTEDT, hat versucht, die Lehre von den Geistern als eine eigenständige Wissenschaft, die den Namen «Pneumatica seu Pneumatologia» trägt, neben der «Ersten Philosophie» zu installieren.

Auch hinsichtlich des Gegenstandes der allgemeinen M. steht die gesamte deutsche Schulphilosophie in der Nachfolge des Suárez. Mit dem Seienden als solchem ist im allgemeinen das ens reale gemeint, das vom ens rationis unterschieden werden muß, welches, der Lehre des Suárez gemäß, als objektiv Erkanntes und vom Intellekt Gebildetes auch nur ein Sein im Intellekt hat, ohne aktuelle Existenz außerhalb jemals erlangen zu können. Da nach Suárez' berühmter letzter Disputation und den meisten Schulphilosophen vor allem die gedanklichen Beziehungen, die Negationen und Privationen und schließlich die Figmente (z. B. Chimäre usw.) eine solche nur gedankliche Existenz im Intellekt besitzen, sind sie von dem Gegenstandsbereich der M. ausgeschlossen [4].

Allein TIMPLER, der «das erste geschlossene Lehrbuch der M. von größerem Umfang in Deutschland schuf» (M. Wundt), ging in dieser Frage einen einsamen Weg, auf dem ihm niemand so entschlossen gefolgt ist. Timpler versteht den Begriff «seiend» in seinem weitesten Sinne. Keine der Positionen, die allein Gott, die unkörperliche Substanz, das reale Sein oder das reale und gedankliche Sein zum Gegenstand der M. erklären, haben nach Timpler «die ganze Universalität der in der M. betrachteten Sache ausdrücken können» [5]. Da der Metaphysiker nicht nur das Seiende, sondern auch das Nichtseiende, d. h. die Wesenheit und die Privation eines Seienden, thematisiert, muß der Gegenstand dieser Wissenschaft weiter, als es bisher in der skotistischen Tradition üblich war, gefaßt werden. «Wir dehnen die in der M. betrachtete Sache weiter aus, so daß man unter ihr πᾶν νοητόν, d. h. alles Erkennbare zu verstehen hat und nichts von dem, was wir in den Meinungen der anderen vermissen, völlig ausgeschlossen wird» [6]. Timpler hat mit dieser ganz weiten Bedeutung des Seinsbegriffs zum ersten Mal – so scheint es – den skotistischen Rahmen der Wesenswissenschaft verlassen. Während sich die besonders von Heinrich von Gent und Duns Skotus vertretene Wesensphilosophie an der Bedeutung von ‹res› orientiert, die das Wort durch seine etymologische Verwandtschaft mit ‹ratum› oder ‹ratitudo› erhält, wird durch Timpler der allerweiteste Sinn von Sein im Sinne der res (res latissime sumptum), der etymologisch von ‹reor, reris› abzuleiten ist, rehabilitiert. Seiend heißt demnach das, von dem man eine Meinung oder eine Erkenntnis haben, d. h. wovon man einen sinnvollen Satz bilden kann.

Es scheint, daß dieses Seinsverständnis innerhalb der Schulmetaphysik lediglich durch J. CLAUBERG rezipiert wurde, der seine ‹M.› in der dritten Auflage (1664) unter dem Titel ‹M. de ente, quae rectius Ontosophia› veröffentlichte. Jedenfalls erkennt man unter den drei von ihm genannten möglichen Bedeutungen des Seienden – eine allgemeinste im Sinne des «intelligibile», eine allgemeine im Sinne des «aliquid» und eine besondere im Sinne des «reale» – auch die Timplersche Auffassung vom Sein im allerweitesten Sinne wieder [7].

Die deutsche Schulmetaphysik war jedoch, soweit sie im Sinne der «allgemeinen M.», d.h. der Ontologie, betrieben wurde, während ihrer fast 200jährigen Vorherrschaft stets heftiger Kritik ausgesetzt, durch die der Todesstoß, den Kant ihr versetzte, vorbereitet wurde.

Nach J. F. BUDDEUS, der in seiner ‹Isagoge› eine Skizze der Geschichte der M. entwirft, haben alle die, die in der protestantischen Kirche das Studium der M. um der Disputation mit den Jesuiten willen vorangetrieben haben – vor allem SCHEIBLER, C. MARTINI, EBEL, STAHL, SCHARF, CALOV u. a. –, fälschlicherweise jener «scholastica tradendi Metaphysicam ratio» angeschlossen, die, bei den Arabern beginnend, den aristotelischen Begriff des Seienden als solchen im Sinne einer abstrakten Seinswissenschaft mißverstanden hat. Allein die Altdorffer Schule (PICCART und SONER) hat nach BUDDEUS das von Aristoteles Gemeinte erfaßt, wenn sie das ens inquantum ens als das ens primum verstand [8]. Nach der Lehre dieser Schule, die später auch in Königsberg aufgenommen wurde, ist die aristotelische M. nicht als Ontologie, sondern ausschließlich als natürliche Theologie zu verstehen.

Die Kritik, die das Aufkommen und die weitere Entwicklung der protestantischen M. stets begleitete, erstreckte sich jedoch auch auf die philosophische Theologie. So werden einerseits die Metaphysiker als «rationalistae», andererseits ihre Gegenstände als Hirngespinste (Deus metaphysicus imaginarius) besonders von W. SCHILLING und J. A. v. WERDENHAGEN verunglimpft [9]. Die M. als ganze wird verspottet, und zwar mit Vorliebe dadurch, daß ontologische Termini sinnentstellend übersetzt werden. Was muß das für eine Wissenschaft sein – so will offenbar J. G. ZEIDLER sagen («Die Wohl Ehrwürdige Großachtbare und Wohlgelahrte Metaphysica ... Allen Unlateinischen zur Verwunderung aus dem lateinischen Grundtexto in unsere hochteutsche Frau Mutter-Sprache übersetzt») –, die von der «Seyung» (existentia), von einem «auffspannlichen Ding» (ens intentionale) oder von einem «Gegenblick der Vernunft» (relatio rationis) handelt. Der Spott macht schließlich nicht einmal vor dem ehrwürdigen Gegenstand der M. selbst halt: «Mutter, ich will ein Ens han. Was vor ein Ens, mein liebes Kind?» [10].

Diese beißende Kritik, die die Verachtung zeigt, der sich die Schul-M. des 17. Jh. ausgesetzt sah, wurde in der zweiten Hälfte des 17. Jh. vor allem durch J. THOMASIUS und PUFENDORF und am Anfang des 18. Jh. durch CHR. THOMASIUS auf höherem Niveau fortgesetzt.

Anmerkungen. [1] B. PERERIUS: De communibus omnium rerum naturalium principiis et affectionibus (1595) I, c. 7, p. 23; vgl. dazu E. VOLLRATH: Die Gliederung der M. in eine M. generalis und eine M. specialis: Z. philos. Forsch. 16 (1962) 267ff. – [2] Vgl. Lexicon Philosophicum, opera et studio RODOLPHI COCLENII (1613) 16: Art. ‹Abstractio›. – [3] JOH. MICRAELIUS: Lexicon philosophicum (1653) 654: Art. ‹M.›. – [4] FR. SUÁREZ, Disp. met. LIV. – [5] Vgl. CLEMENTIS TIMPLERI Metaphysicae Systema methodicum Libris quinque (1608) I, c. 1, Probl. 5, p. 6. – [6] a.O. 7. – [7] J. CLAUBERG: Opera omnia Philosophica (1691) 1, 283ff. – [8] J. F. BUDDEUS: Isagoge historico-theologica in theologiam universam (1727) 253ff. – [9] Vgl. Art. ‹M.-Kritik›. – [10] Zit. bei

E. LEWALTER: Span.-Jesuit. und Dtsch.-Luth. M. des 17. Jh. (1935) 82.

Literaturhinweise. A. RITSCHL: Theol. und M. (²1887). – E. TROELTSCH: Vernunft und Offenbarung bei Johann Gerland und Melanchthon (1891). – E. WEBER: Die philos. Scholastik des dtsch. Prot. im Zeitalter der Orthodoxie (1907); Der Einfluß der prot. Schulphilos. auf die orthodox-luth. Dogmatik (1908). – P. PETERSEN: Gesch. der arist. Philos. im prot. Deutschland (1924). – K. ESCHWEILER: Die Philos. der span. Spätscholastik auf den dtsch. Univ. des 17. Jh. (1928). – E. CONZE: Der Begriff der M. bei Franciscus Suárez (1928). – E. LEWALTER s. oben Anm. [10]. – M. WUNDT: Die dtsch. Schul-M. des 17. Jh. (1939). – PH. BOEHNER: The M. of William Ockham. Rev. of Met. 1 (1948) 59-86. – E. GILSON: Descartes, Saint Augustin et Campanella, in: Etudes sur le rôle de la pensée médiévale dans la formation du système Cartésien (1951) 259-268. – G. DI NAPOLI: Fisica e M. in Bernardino Telesio. Rass. Sci. filos. 6 (1953) 22-69. – A. P. MONAHAN: The subject of M. for Peter of Auvergne. Mediaeval Stud. 16 (1954) 118-130. – S. MOSER: M. einst und jetzt (1958). – E. M. ROMPE: Die Trennung von Ontol. und M. Der Ablösungsprozeß und seine Motivierung bei Benedictus Pererius und anderen Denkern des 16. und 17. Jh. (1968). – A. ZIMMERMANN: Ontol. oder M. (1965); Allg. M. oder Teil-M. nach einem anonymen Komm. zur arist. Ersten Philos. aus dem 14. Jh. Arch. Gesch. Philos. 48 (1966) 190-206. – G. DI NAPOLI: La M. di Tommaso Campanella. Arch. di filos. (1969) 20-35. – K. FLASCH: Die M. des Einen bei Nikolaus von Kues (1973). – W. SPARN: Wiederkehr der M. (1976).

TH. KOBUSCH

VI. *Neuzeit.* – Parallel zu der bis ins 18. Jh. hinein sich verlaufenden Tradition scholastischer M. und humanistischer M.-Kritik entwickelt sich seit dem Beginn des 17. Jh. eine im eigentlichen Sinn neuzeitlich zu nennende M. Sie steht in engem Zusammenhang mit dem Aufschwung der Naturwissenschaften. Denn angesichts der Verselbständigung der Physik gerät der alte Anspruch der M., Wissenschaft (scientia) zu sein, in neue Spannungsverhältnisse, die sich aus einer zweifach gegenläufigen Neubegründung des Wissenschaftsbegriffs ergeben. Zum einen, was die *Methode* betrifft, stehen sich die Forderung nach mathematisch-deduktivem und die nach empirisch-induktivem Verfahren gegenüber. Zum anderen, was die *Prinzipien* betrifft, geht der Streit um die Frage, ob die Wissenschaft mit einfachen Begriffen (den angeborenen Ideen) oder mit einfachen Anschauungen (den unmittelbaren Sinneseindrücken) anfangen müsse.

A. *Fr. Bacon.* – Eine Traditionslinie in der Neubegründung der Wissenschaft beginnt mit FR. BACON. ‹The Advancement of Learning› (1605) gibt einen Überblick über den Stand des menschlichen Wissens (knowledge), das zunächst nach seinen beiden Quellen, dem göttlichen und dem natürlichen Licht, eingeteilt wird in divinity und philosophy [1]. Die Philosophie umfaßt alles auf Vernunft (reason [2]) gegründete Wissen oder alle Wissenschaften. Sie gliedert sich nach ihren wichtigsten Gegenständen in divine philosophy (auch natural theology genannt) [3], natural philosophy und human philosophy (d.h. alles, was den Menschen betrifft: Medizin, Sport, Logik, Erziehung, Ethik, Staatskunst usw.). Dieser Einteilung als den drei «Zweigen» des Wissens liegt ein gemeinsamer «Stamm» voraus, die «*Philosophia Prima*, Primitive or Summary Philosophy», die allgemeine, d.h. in allen Wissenschaften gültige Wahrheiten sammelt. Als Beispiele nennt Bacon Sätze, die traditionell als logische bzw. metaphysische Prinzipien geläufig sind [4].

Die M. aber wird von der philosophia prima ausdrücklich unterschieden. Durch Aufgreifen des etymologischen Unterschieds der beiden Wörter löst Bacon damit eine quasi-Synonymie der traditionellen Sprache der

Philosophie auf. Nachdem in der Naturphilosophie zunächst die Erforschung der Gründe als die Theorie (natural science; speculative) von der Hervorbringung der Wirkungen als der Praxis (natural prudence; operative) unterschieden ist, wird weiter eingeteilt: «Natural Science or Theory is divided into Physic and Metaphysic» [5]. Da nun die vernünftige Erörterung der traditionellen Gegenstände der M., nämlich Gottes, der Engel und der Geister, in den Bereich der natürlichen Theologie fällt, stellt Bacon – in der erweiterten lateinischen Fassung dieses Textes – sich selbst die Frage, was eigentlich für die M. übrigbleibe; und er antwortet: «Certe ultra Naturam nihil; sed ipsius Naturae pars multo praestantissima» (Gewiß nichts, das jenseits der Natur läge, sondern von der Natur selbst der bei weitem beste Teil) [6]. Damit ist, richtungweisend für eine vielfältige Tradition, die ausschließliche Beziehung der Meta-Physik auf die Physik oder die Einordnung der M. in den Rahmen einer Theorie von den natürlichen Dingen ausgesprochen.

Innerhalb der theoretischen Naturphilosophie werden M. und Physik streng gegeneinander abgegrenzt: Physik untersucht die Stoff- und Wirkursachen der Dinge, M. die Form- und Zweckursachen. Die Erforschung der Formen bezeichnet Bacon «of all other parts of knowledge the worthiest to be sought, if it be possible to be found». Aus methodischen Gründen aber muß man sich zunächst auf die einfachsten beschränken. Nur so kann es gelingen, das alte Vorurteil zu überwinden, «that the inquisition of man is not competent to find out *essential forms* or *true differences*». Als Beispiele für einfache Formen nennt Bacon sodann «the Forms of sense, of voluntary motion, of vegetation, of colours, of gravity and levity, of density, of tenuity, of heat, of cold, and all other natures and qualities, which like an alphabet are not many, and of which the essences (upheld by matter) of all creatures do consist» [7] – solche Formen also, die schon wenig später selbst zu den «verborgenen Qualitäten» einer als überholt angesehenen Wesens-M. gezählt werden. – Auch die metaphysische Frage nach den Zweckursachen der Dinge hält Bacon grundsätzlich für sinnvoll, betont aber, daß sie aus der Physik ferngehalten werden müsse. Der Physiker darf nicht versuchen, durch Berufung auf Zwecke des Schöpfers sich der mühsamen Erforschung der Stoff- und Wirkursachen der Dinge als der natürlichen Mittel zu jenen Zwecken zu entledigen [8].

Dieser Einteilung des Wissens, die es erlauben soll, sich einen Überblick über das schon *vorhandene* Wissen zu verschaffen, steht die Methode der Entdeckung von *neuem* Wissen, die Bacon als seinen eigentlichen Beitrag zur Philosophie versteht, entgegen. Während jene Einteilung vom Allgemeinen zum Besonderen herabsteigt, geht die im ‹Novum Organum› (1620) als ars inveniendi alles Wissens entwickelte neue Methode der Induktion (s. d.) von einzelnen Beobachtungen, Experimenten und Erfahrungen aus und fordert, daß man nur in kleinen Schritten zu immer allgemeineren Erkenntnissen aufsteige. Folgt man nun aber dieser Methode, die ja auch das schon vorhandene Wissen neu begründen soll, so gelangt man niemals zu metaphysischen Sätzen. Denn die Erforschung der sinnlich gegebenen Dinge als materieller und bewirkter führt nur zu ihren materiellen und Wirkursachen. Formprinzipien müßten vorausgesetzt werden, wenn man die Dinge aus ihnen erklären wollte; Absichten des Schöpfers als Gründe der Dinge ließen sich nur vermuten. Hält man sich in der Wissenschaft also an die induktive Methode, dann bleibt der Bezirk der M., wie er von Bacon im Feld des vorhandenen Wissens abgesteckt worden ist, notwendig leer. Folglich ist in dieser positiven Bestimmung des Gebietes der M. aufgrund der unabhängig davon festgelegten wissenschaftlichen Methode die spätere empiristische M.-Kritik bereits angelegt.

Anmerkungen. [1] FR. BACON: The advancement of learning (1605) 2, 5, 1. Works, hg. J. SPEDDING u. a. 3 (London 1857) 346. – [2] a.O. 2, 1, 1 = 329. – [3] 2, 6, 1 = 349. – [4] 2, 5, 2f. = 346-349. – [5] 2, 7, 1f. = 351f. – [6] De Augmentis Scientiarum (1623) 3, 4. Works 1 (London 1857) 550; vgl. zum Ganzen a.O. 3, 1-4 = 1, 539-571; Novum Organum 2, 9. Works 1, 235. – [7] Advancement ... a.O. [1] 2, 7, 5 = 3, 355f. – [8] a.O. 2, 7, 7 = 357ff.

B. *Descartes.* – Eine andere, für den frühneuzeitlichen Begriff der M. bis hin zu Kant bestimmende Traditionslinie in der Neubegründung der Wissenschaft beginnt mit R. DESCARTES. Am Anfang dieses neuen Wissenschaftsbegriffs steht nicht eine andere Einteilung des Wissens, sondern umgekehrt die Lehre von der Einheit alles Wissens: «Alle Wissenschaften (scientiae) sind nichts anderes als die menschliche Weisheit (humana scientia/sagesse humaine), die immer eine und dieselbe bleibt, auf wieviele verschiedene Gegenstände sie auch angewendet sein mag» [1]. Die Einheit des Wissens wiederum geht hervor aus der Einheit der Methode zur Erlangung des Wissens. Nur das gilt als Wissen, was aus intuitiv klaren und deutlichen Begriffen deduktiv gewonnen ist. Die zunächst nur vorbildliche Methode der Mathematik wird konstitutiv für alles Wissen [2].

Gegenstand des Wissens ist nicht mehr die Natur der besonderen Dinge, die in den von uns erkannten Arten des Seienden (genera entium) ihre Wesensordnung offenbart. Die nominalistische Kritik am Begriff der Wesenserkenntnis der Dinge hat auf die sprachliche Bedingtheit dieser Ordnung hingewiesen und damit ihre objektive Gültigkeit in Zweifel gezogen. Nun gilt die eigene Natur der Sache, ihr spezifisches Wesen, das sich in der Definition ihres Begriffs erschließen sollte, als für uns unergründlich, dunkel (qualitas occulta). Wenn wir sicheres Wissen erwerben wollen, müssen wir also, wie Descartes in den ‹Regulae› schreibt, die Dinge nicht «prout revera existunt», sondern nur «respectu intellectus nostri» [3], d. h. näher «inquantum unae ex aliis cognosci possunt» [4], betrachten. Wir müssen anfangen mit dem, was für uns, nicht mit dem, was «a parte rei» einfach ist. Nur durch Analyse des Unbekannten aus schon Bekanntem können wir zu neuer Erkenntnis gelangen. Der ordo cognoscendi tritt, was unser Wissen betrifft, an die Stelle des ordo essendi.

Innerhalb des neuen Systems der Wissenschaften findet auch die M. ihren bestimmten Ort. Sie fragt nach der absolut einfachen Erkenntnis, die als solche zugleich die wahren Prinzipien aller weiteren Erkenntnis enthält. Wollte man eine besondere Wissenschaft, etwa Physik, nach hergebrachten oder ad hoc gefundenen Prinzipien bloß in pragmatischer Absicht betreiben, dann würde es genügen, allgemeine Prämissen als das relativ erste des jeweiligen Wissensgebiets hypothetisch anzunehmen und aus diesen das Gesuchte methodisch abzuleiten. Die hinreichende Wahrscheinlichkeit der Prämissen wird durch die äußere Zweckmäßigkeit (utilitas) ihrer Resultate gesichert [5]. Doch der Fortschritt des Wissens wäre Zufall und wahre Wissenschaft unmöglich. Diesem sich mit wahrscheinlichen Kenntnissen begnügenden empirischen Forschen gegenüber sucht Descartes eine wissenschaftliche Methode der Invention unbezweifelbarer Grundsätze, die es erlaubt, sich der Wahrheit der gefundenen Prämissen und, aufgrund methodischer Deduktion, auch der Wahrheit der Resultate zu versichern. Zu diesem Zweck fordert er, daß man von absolut einfachen Naturen (quas primo et per se, non dependenter ab aliis ullis ... licet intueri [6]) ausgehen müsse.

Der M. als der Wissenschaft von der Wahrheit unserer Erkenntnis fällt nun die besondere Aufgabe zu, die Wahrheit dieser absolut einfachen und eben damit für unseren Verstand evidenten Begriffe zu überprüfen. Evident ist das, woran man nicht zweifel kann; wahr ist das Evidente aber nur dann, wenn man auch an der Wahrheit seiner Evidenz nicht zweifeln kann. Ein Zweifel an der Wahrheit der Evidenz kann zwar nicht den Vollzug der Wissenschaften beeinträchtigen und wird deshalb von Descartes selbst als «sehr schwach und sozusagen metaphysisch» bezeichnet [7]. Dennoch ist er Grund genug, die Wahrheit der evidenten Sätze der Mathematik in Zweifel zu ziehen, da sie Wesenheiten, also nur Mögliches betreffen. Nun findet sich unter den einfachen, durch sich selbst bekannten Sätzen auch einer, der ein Wirkliches oder Existierendes zum Gegenstand hat: das 'ego sum res cogitans' [8] als die unmittelbar notwendige Verknüpfung zwischen aktualem Denken und kontingentem Sein. An der Wirklichkeit des Denkens selbst kann das Denken nicht zweifeln. Diese Erkenntnis erweist sich als die einzige, die dem metaphysischen Zweifel standhält. In ihr also findet Descartes das Prinzip seiner M., mithin aller wahren Erkenntnis überhaupt.

Die Analyse der absolut einfachen und unbezweifelbar wahren Erkenntnis meines kontingenten Seins zeigt, daß dieses notwendig verknüpft ist mit einem notwendigen Sein (Gott), und zwar deshalb, weil ich jenes nicht deutlich begreifen könnte, wenn ich es nicht als von diesem abhängig ansehen würde [9]. Die Prinzipien allen philosophischen Wissens, nämlich die Erkenntnis der Existenz Gottes und meiner selbst (als eines vom Körper unterschiedenen Bewußtseins) sind folglich keine anderen als die traditionellen Gegenstände der M. Doch indem M. (oder «prima philosophia», wie Descartes sie im Titel der ‹Meditationes› nennt) zunächst als Erkenntnistheorie auftritt, bekommt ihr alter Gegenstand eine neue Bedeutung. Nach der alten M. wird Gott als der *Seins*grund aller anderen Dinge erkannt. Daß er dies ist, gilt auch nach der neuen M., doch wie er es ist, d.h. die göttliche Ordnung der Dinge, bleibt uns verborgen. Vielmehr erkennen wir Gott als den *Erkenntnis*grund aller anderen Dinge oder als Ursache und Garant dafür, daß wir auf unsere Art, d. h. als endliche Wesen, dennoch wahrhaft erkennen können. Er hat uns so geschaffen, daß es, wenn wir auch nicht alles wissen und begreifen können, doch in unserer Macht steht, einiges sicher zu wissen und den Irrtum zu vermeiden.

Die M., näher die in ihr aufgewiesene Wahrhaftigkeit Gottes, bestätigt und verbürgt die Wahrheit aller Wissenschaften, insofern sie streng methodisch verfahren. Das sind zunächst die rein mathematischen Wissenschaften selbst (Arithmetik und Geometrie), die Aussagen über entia abstracta machen, deren eigentliches Objekt aber die Körper sind, von denen die mathematischen Gegenstände «in Wahrheit nicht getrennt sind» (revera non sunt distincta) [10]. Vor allem aber wird die M., aufgrund der Reduktion der körperlichen Natur auf Ausdehnung und deren Modi Gestalt und Bewegung, Grundlage der philosophischen Wissenschaft, und zwar zunächst der Physik, so daß sie Descartes' «Ante-Physik» genannt worden ist [11]. Das Verhältnis der Zuordnung der anderen Wissenschaften zur M. ist damit neu bestimmt. Die Sätze der M. erscheinen als die ersten Sätze der *einen* «scientia generalis» oder der gesamten Philosophie derart, daß alle Erkenntnisse der anderen Wissenschaften ihre (metaphysische) Wahrheit einer (mathematischen) Ableitung aus ihnen verdanken. Descartes' ‹Essais› sind mathematisch-naturwissenschaftliche Traktate, die als Beispiele dafür dienen sollen, daß eine auf die wahre M. gegründete Mathematik oder Physik bessere und «nützlichere» Ergebnisse erzielt als eine unmittelbar um solche bemühte bloß empirische Wissenschaft. Wenn seine neue Physik gelobt wird, betont Descartes stets, daß er ihre Grundlagen nur auf dem Umweg über die M. habe finden können [12]; daß die M. gewissermaßen die Wahrheit der Methode der Wissenschaft, die eine wissenschaftliche Methode der Invention sein soll, garantiert und damit auch den Zusammenhang alles Wissens und dessen möglichen Fortschritt begründet. In wörtlichem und strengem Sinn ist die M. «prima philosophia». Zur Veranschaulichung dieses Zusammenhangs allen menschlichen Wissens zeichnet Descartes das Bild vom Baum der Philosophie, «dont les racines sont la Metaphysique, le tronc est la Physique, et les branches qui sortent de ce tronc sont toutes les autres sciences, qui se reduisent à trois principales, à sçavoir la Medecine, la Mechanique et la Morale» [13]. Ein entscheidender Unterschied zu Bacon liegt in der unterschiedlichen Plazierung der M., die nach Descartes die Wurzel, nach Bacon einen späten Zweig vom Baum der Erkenntnis bildet.

Anmerkungen. [1] R. DESCARTES, Regulae ad directionem ingenii (R) 1. Oeuvres, hg. ADAM/TANNERY 10, 360. – [2] Vgl. R 2 und R 3 = a.O. 362–370. – [3] R 12. 13 = 10, 418 u. a. – [4] R 6, 1 = 10, 381. – [5] Vgl. R 12, 4 = 10, 412; Principia Philosophiae 4, 204f. = 8 (1), 327f.; Le Monde ch. 6ff. = 11, 31ff. – [6] R 6, 6 = 10, 383. – [7] Meditationes 3, 4 = 7, 36. – [8] Med. 2, 3. 6 = 7, 25. 27; vgl. auch R 3, 5 = 10, 368. – [9] Vgl. Entretien avec Burman = 5, 153; an Clerselier (23. 4. 1649) = 5, 356. – [10] R 14, 12 = 10, 444f.; vgl. Med. 5, 16; 6, 1 = 7, 71. – [11] Vgl. H. J. DE VLEESCHAUWER: Plans d'études au 17e siècle 1 (Pretoria 1962) 44. – [12] DESCARTES, z. B. an Mersenne (15. 4. 1630) = 1, 144. – [13] Schreiben an Picot = 9 (2), 16; vgl. 14.

C. Zweite Hälfte des 17. Jh. – *1. England: Hobbes, Locke, More.* – Im Gegensatz zu Bacon und Descartes versteht TH. HOBBES das Wort ‹M.› nicht nur in systematischer, sondern zugleich und vor allem in historischer Bedeutung. Für ihn ist die M. ein Teil der «vain philosophy» des Aristoteles, die die Universitäten derart beherrscht, daß man dort «not properly philosophy, (the nature whereof dependeth not on authors,) but *Aristotelity*» betreibt [1]. Hobbes bestreitet nicht die Notwendigkeit einer *«philosophia prima»*, die sich hauptsächlich mit der Definition von höchst allgemeinen Begriffen (names) wie Körper, Zeit, Ort, Materie, Form, Wesen usw. befaßt, von solchen also, die notwendig sind «to the explaining of a man's conceptions concerning the nature and generation of bodies». Die Erklärung, «that is, the settling of the meaning» solcher Begriffe heißt in den Schulen M., nach dem Titel der Aristotelischen Schrift. Doch wird M. mißverstanden als *«supernatural philosophy»* – verständlicherweise, denn «indeed that which is there written, is for the most part so far from the possibility of being understood, and so repugnant to natural reason, that whosoever thinketh there is any thing to be understood by it, must needs think it supernatural».

M.-Kritik nach Hobbes ist Sprachkritik. Denn metaphysische Begriffe, wie «entity» oder «essence», entstehen durch Substantivierung des ohnehin überflüssigen «is», wodurch sie den Anschein erhalten, «names of things» zu sein, während sie in Wahrheit «the names of *nothing*» sind. Nach Hobbes' eigener Philosophie gibt es im Universum nichts als Körper. M. aber (implizit eingeschränkt auf metaphysica specialis) ist die Lehre von unkörperlichen Dingen. Die kritische Behauptung, daß diese «nichts» bedeuten, metaphysische Aussagen also, wenn nicht «false», so doch «insignificant» sind, kann, in systematischer Absicht, als Teil einer eigenen M. (verstanden als metaphysica generalis) betrachtet werden. Die Philosophiegeschichte hat sie gelegentlich als materialistische M. charakterisiert [2].

In der englischen Philosophie wird die Stellung Hobbes' zur M. auf doppelte Weise wirksam. J. LOCKE und nach ihm die empiristische Tradition übernehmen geradewegs Hobbes' Kritik. Schon bei Locke wird M. nur noch selten und dann abfällig erwähnt [3], obwohl man, aus anderer Sicht, auch seine Lehre als reich an metaphysischen Gedanken ansehen kann [4]. In der «Division of the Sciences», mit der Locke sein Hauptwerk beschließt, findet die M. keinen Platz. Vielmehr werden «God himself, Angels, Spirits» ausdrücklich zu den Gegenständen der «natural Philosophy» gezählt [5]. – Auf die Cambridger Platonisten wirkt Hobbes in entgegengesetzter Weise. H. MORE besteht auf der M. genau in dem Sinn, in dem sie von jenem abgelehnt wurde, nämlich als der Lehre von den im Sinne Hobbes' über-natürlichen, d.h. den nicht-körperlichen Dingen. «Metaphysica est Ars recte contemplandi res Incorporeas quatenus e Lumine Naturae Facultatibus nostris innotescunt» (M. ist die Kunst, auf rechte Weise die unkörperlichen Dinge zu betrachten, insofern diese durch das Licht der Natur unseren Fähigkeiten bekannt werden) [6]. Diese «Geister» (spiritus) – von More als eine «vierte Dimension in der Natur der Dinge» eingeführt, die er «Wesensdichte» (spissitudo essentialis) nennt [7] – sind auf die dreidimensionale Körperwelt bezogen, in welcher sie als die höheren Ursachen der körperlichen Bewegung erkannt werden, weil diese sich nicht mechanisch erklären läßt [8]. M. ist daher vornehmer als Physik, muß aber nach dieser (als Meta-Physik) gelehrt werden. «Denn durch die Autorität der Natur oder durch die Erkenntnis der körperlichen Welt erheben wir uns zu einer hinreichend klaren Erkenntnis Gottes und der übrigen unkörperlichen Dinge» [9]. Dieser M.-Begriff versteht sich als aristotelisch hinsichtlich des Zwecks der Wissenschaft, die «höchsten Ursachen» der Dinge zu erforschen, hinsichtlich ihres Gegenstands jedoch als nicht-aristotelisch. Denn fast die gesamte «Familie der Metaphysiker» behandelt Gegenstände, die eigentlich zur Logik gehören, indem sie «nicht die unkörperlichen Dinge, sondern das Seiende als Seiendes (Ens quatenus Ens) als das adäquate Objekt der M. setzen» [10].

Anmerkungen. [1] Alle Stellen aus TH. HOBBES, Leviathan, ch. 46. Engl. Works, hg. W. MOLESWORTH 3 (London 1839) 670–674. 684; vgl. auch De corpore c. 3, 4. Opera philos. lat., hg. W. MOLESWORTH 1 (London 1839) 30f. – [2] Vgl. z. B. H. HEIMSOETH: M. der Neuzeit (1929) 67. – [3] Vgl. z. B. J. LOCKE, An essay conc. human understanding 4, 8, § 9. – [4] So schon LEIBNIZ, Nouveaux Essais 4, 8. Philos. Schr., hg. GERHARDT 5, 412; ähnlich J. L. D'ALEMBERT, Disc. prélim. de l'Encyclop., hg. E. KÖHLER (1955) 154f. – [5] LOCKE, a.O. [3] 4, 21. – [6] H. MORE: Enchiridium Metaphysicum c. 1, 1. Opera omnia (London 1679) 1, 141. – [7] a.O. c. 28, 7 = 320. – [8] c. 9 = 173ff. – [9] a.O. [6]. – [10] c. 1, 7 = 142.

2. *Kontinent: Geulincx, Malebranche, Spinoza.* – Wie schwierig es nach der in Art und Intention so unterschiedlichen Auslegung des Begriffs der M. bei Bacon, Descartes und Hobbes geworden ist, eine M. zu schreiben, zeigt das Beispiel des Cartesianers A. GEULINCX. Schon seine Definition der M. ist «komplex»: «*Metaphysica est primae scientiae, et aliarum cum ea perpetuo nexu et sine interruptione cohaerentium, complexio*» (M. ist eine Zusammensetzung aus der ersten Wissenschaft und den anderen, die mit ihr in kontinuierlicher Folge und ohne Unterbrechung verbunden sind) [1]. Entscheidend ist auch hier der Hinweis auf die methodische Einheit der Wissenschaften. – Geulincx gliedert die M. in drei Teile: «De me ipso», «De corpore», «De Deo», behandelt in ihr also dieselben Gegenstände wie Descartes in den ‹Meditationes›. Die Verbindung zur Physik, die «diese Welt» zum Gegenstand hat, wird durch eine Zweiteilung der Naturbetrachtung hergestellt: Was diese Welt in Wahrheit ist, gehört der wahren Wissenschaft an und wird in den drei ersten Traktaten der ‹Physica vera› (de corpore, de motu, de quiete) gemäß dem im zweiten Teil der ‹M.› schon Gesagten weiter ausgeführt [2]. Erst die folgenden drei Traktate behandeln die «eigentliche» Physik, deren besonderer Gegenstand die «Phänomene oder Erscheinungen» (phaenomena seu apparentiae) sind als die «Teile dieser Welt, insoweit sie in unsere Sinne fallen» [3].

Diese Einteilung der Physik nach der Betrachtung der Welt, wie sie in Wahrheit ist bzw. wie sie uns erscheint, wendet Geulincx analog auf den problematisch gewordenen Begriff der M. selbst an: Er schreibt nicht *ein* Buch über die M., sondern nebeneinander eine ‹Metaphysica vera› und eine ‹Metaphysica ad mentem Peripateticam›. Die wahre M. betrachtet die Dinge «ut sunt in se». Zu diesem Zweck abstrahiert sie nicht nur – wie in der wahren Physik – die sinnlich gegebenen Dinge von unseren sinnlichen Vorstellungsweisen, die wir gewöhnlich den Dingen selbst beilegen, sondern ebenso die nicht-sinnlichen Dinge von unseren intellektuellen Vorstellungsweisen und den Namen, mit denen wir sie gewöhnlich benennen. «Denn (was kaum einer bemerkt zu haben scheint) nicht weniger schreibt unser Verstand die Weisen (modi) seines Denkens den von ihm gedachten Dingen zu als der Sinn das Bild (species), das er in sich hat, den von ihm wahrgenommenen Dingen anzudichten und gleichsam anzumalen pflegt» [4]. (Damit greift Geulincx nahezu wörtlich auf Bacons Lehre von den Idola Tribus zurück [5].) Von der wahren M., die «res sic abstractas a phasmatibus intellectualibus» betrachtet, läßt sich die aristotelische M. der Schulen abheben: «Doctrina autem Peripatetica (quae ideo non sapientia est) considerat res quatenus inficiuntur modis nostrarum cogitationum» (die peripatetische Lehre aber, die daher kein wahres Wissen ist, betrachtet die Dinge, insofern sie durch die Weisen unseres Denkens gefärbt sind) [6]. Diese «kindliche» M., die die Dinge für an sich so beschaffen hält, wie sie unserem Sinn und Verstand erscheinen («quasi credens firmissimeque tenens, res eas in se tales esse, existere secundum se sub illa specie aut phasmate, sub quo sensui aut intellectui apparent» [7]), referiert und kritisiert Geulincx in zwei Abschnitten ‹De ente› und ‹De modo entis›, indem er zeigt, «ut tota eorum Metaphysica ad rationem substantivi et adjectivi pertineat» (daß deren ganze M. sich auf die Bestimmungen von Subjekt und Prädikat bezieht) [8].

Auch MALEBRANCHE sieht sich genötigt, wie wohl alle 'modernen' Philosophen, wenn sie den Begriff der M. erörtern, diese entweder gänzlich abzulehnen oder sie im Gegensatz zur 'scholastischen' M. der okkulten Qualitäten neu zu bestimmen: «Par la Métaphysique je n'entens pas ces considerations abstraites de quelques proprietez imaginaires ... j'entens par cette science, les véritez générales qui peuvent servir de principes aux sciences particulaires» [9].

B. DE SPINOZA gibt der Darstellung seines philosophischen Systems nach Absicht und Frucht seines Philosophierens den Titel ‹Ethica›. Doch auch ihm gilt es als selbstverständlich, daß die Ethik als Wissenschaft, wie es das cartesianische Bild vom Baum der Philosophie veranschaulicht, auf M. und Physik aufbauen muß [10]. Die Darstellung seiner eigenen M. in den ersten beiden Teilen der ‹Ethik› geht von Grundsätzen aus und deduziert aus ihnen die übrige Lehre. Doch diese Grundsätze, die die cartesianische M. in wesentlichen Punkten revidieren, werden selbst nicht erörtert. Sie müssen kraft ihrer Evidenz als wahr gelten und setzen eine M., die auf Wahrheit und Evidenz reflektiert, schon voraus.

Im Vergleich mit der aristotelischen Schultradition des 17. Jh. (vgl. V, 5.) sind die Schriften zur M. von Geulincx, Malebranche und Spinoza (besonders die frühen ‹Cogitata metaphysica›) cartesianisch. Man kann sie als Kommentare zum ersten Teil der Cartesischen ‹Principia philosophiae› lesen, die ihrerseits nur die in den ‹Meditationes› analytisch entwickelten Gedanken synthetisch zur Darstellung bringen und in dieser Gestalt für die folgenden Generationen zum klassischen Lehrbuch der M. geworden sind. Das schließt Korrekturen, Ergänzungen und Erweiterungen, die dann das Besondere des jeweiligen Kommentars ausmachen, nicht aus, wie etwa die neuen Lösungsversuche des Problems der Vereinigung von Leib und Seele zeigen. Der Charakter des wenn auch im einzelnen kritisch modifizierenden Kommentars zeigt sich jedoch daran, daß die 'cartesianischen' Autoren durchweg im Rahmen Cartesischer Problemstellungen bleiben und die 'scholastische' M. als überwunden betrachten.

Anmerkungen. [1] A. GEULINCX, Met. Opera philos. hg. J. P. N. LAND 2 (Den Haag 1892, ND 1968) 139. – [2] Vgl. Physica vera, Introd. = 368f. – [3] a.O. 422. – [4] Met. = 199. – [5] Vgl. FR. BACON, Novum Organum 1, 41. Works 1, 163f. – [6] GEULINCX, a.O. [1]. – [7] a.O. 200; vgl. dazu p. 200 Anm. = 300f. – [8] Met. = 241. – [9] N. MALEBRANCHE, Entretiens sur la mét. et sur la relig. 6, 2. Oeuvres compl., hg. A. ROBINET 12 (Paris 1965) 133. – [10] B. DE SPINOZA, Br. an W. v. Blyenbergh (3. 6. 1665). Opera, hg. C. GEBHARDT 4, 160f.

D. *Leibniz.* – Die M. von G. W. LEIBNIZ prägt ein ganzes Jh. deutscher Schulphilosophie. Doch die Bestimmung des Begriffs der M. ist für Leibniz, nicht anders als für Descartes, ein äußerliches Problem zweckmäßiger Gliederung und für die Sätze der M. selbst unwesentlich. Nur beiläufig spricht er von Einteilungen der Wissensgebiete; sie können hilfreich sein, um auf anderem Wege gefundene Wahrheiten einprägsam zu formulieren. So kommt ihm bei dem Versuch, die neuere Philosophie mit Aristoteles zu versöhnen, «unter der Hand» der Gedanke einer «schönen Harmonie der Wissenschaften». Danach handelt «die Theologie oder M.», indem sie sich gemäß der Unterscheidung der vier Ursachen aus einem Unterschied zu Moralphilosophie, Mathematik und Physik bestimmt, «von der Bewirkung der Dinge, nämlich dem Geist» [1]. – Angesichts der Lockeschen «Division of the Sciences» bringt Leibniz seine Zurückhaltung gegenüber dem Erkenntniswert solcher Einteilungen deutlicher zum Ausdruck: Recht verstanden handelt es sich dabei nur um «arrangemens divers des mêmes verités» [2]. Im gleichen Zusammenhang würdigt er die in Universitäten und Bibliotheken gebräuchliche «division civile des sciences»,

in welcher auch die M. ausdrücklich berücksichtigt wird – allerdings an untergeordneter Stelle; sie gilt dort als eine der Vorübungen zum Studium der Theologie [3]. – Als eine neue Bestimmung der M. entdeckt Leibniz ihre Nähe zur Logik, wenn er schreibt, «j'ay reconnu que la vraye M. n'est guères differente de la vraye Logique, c'est à dire de l'art d'inventer en general» [4]. Daneben aber bleiben ihm die traditionellen Bestimmungen geläufig. M. ist «natürliche Theologie» [5] oder genauer auch nur deren theoretischer Teil neben der Moral als ihrem praktischen Teil [6]. Als ihren Gegenstand nennt er die unkörperlichen Dinge oder Sätze von Gott und der Seele [7]. Wenn er einerseits Locke zugesteht, daß die Schuldefinition der M. als «*science* de l'Estre en general» dunkles Spiel mit Worten sei, verteidigt er Aristoteles andererseits mit dem Argument, daß auch dieser eine M. «reelle» gefordert habe, «c'est la science qui s'appelle chez lui, Ζητουμένη, la *desirée*» [8].

Von größerer Bedeutung als solche allgemeinen Definitionen oder Einteilungen sind bestimmte Unterscheidungsgründe der einzelnen Wissenschaften. So wird M. stets scharf abgegrenzt gegen Mathematik. Jene behandelt die res intellectuales, diese die res imaginabiles [9]. Zwar suchen beide Wissenschaften durch Abstraktion von der (veränderlichen) Materie «ewige Wahrheiten», doch bislang mit unterschiedlichem Erfolg. Denn während «les Mathematiques portent leur épreuve avec elles», und zwar «à posteriori par une experience aisée, qui ne coûte rien que de l'encre et du papier», ist eine solche «Erfahrung» in der M. unmöglich [10]. Dem läßt sich nur abhelfen, wenn es gelingt, eine «characteristica universalis» zu ersinnen, in welcher sich metaphysische Probleme auf mathematische Art lösen lassen.

Für das metaphysische Problem des Kontinuums ist Leibniz eine solche Übersetzung aus der Sprache der M. (in der sich nichts beweisen läßt) in die Sprache der Mathematik (in der Beweise mit großer Leichtigkeit geführt werden) durch die Erfindung des Infinitesimalkalküls tatsächlich gelungen. Doch sie gelingt nur, indem etwas, das «à la rigueur metaphysique» einen Unterschied ausmacht, in der Sprache der Analysis als dasselbe erscheint, also durch eine zweckmäßige Vernachlässigung wirklicher, wenn auch minimaler Differenzen [11]. Sie gelingt also nur, indem die (unerreichbare) metaphysische Wahrheit zugunsten einer (annäherungsweisen) mathematischen Lösung preisgegeben wird. Wenn Leibniz weniger die Lösbarkeit als vielmehr die Wahrheit im Auge hat, dann betont er, daß auch der Wahrheitsgehalt eines mathematischen Kalküls nur metaphysisch zu erörtern ist. So müssen diejenigen Sätze, die die Geometrie (oder jede andere mathematische Wissenschaft) als Axiome anerkennt, ihrer Wahrheit nach in der M. begründet werden [12]. Denn die der Imagination einfach erscheinenden Begriffe sind in Wahrheit (für die Vernunft) komplex [13].

Die Hoffnung, dereinst mehr und letztlich alle metaphysischen Probleme mathematisch lösen zu können, gründet sich noch auf einen weiteren Erfolg. Es ist Leibniz gelungen, durch einfache Rechnung auf der Grundlage bekannter und allgemein anerkannter Messungen zu zeigen, daß die metaphysischen Grundlagen der cartesianischen Physik fehlerhaft sind. Diese Entdeckung, erstmals 1686 veröffentlicht [14], führt zu einer Präzisierung des Verhältnisses von M. und Physik, welche man als den entscheidenden Beitrag Leibnizens zur Geschichte des Begriffs der M. ansehen kann. Von der mathematischen «Erfahrung», daß die Bewegungsmenge (quantitas motus) nicht, wie Descartes annahm, der Kräftemenge (vis motrix oder quantitas virium) gleich ist und daß nur diese, nicht jene in der Natur konstant bleibt, schließt er auf die metaphysische Irrealität der Ortsbewegung. So gelangt er durch eine Analyse der Erfahrung zu der Einsicht, daß «quoyque tous les phenomenes particuliers de la nature se puissent expliquer mathematiquement ou mechaniquement ... neantmoins les principes generaux de la nature corporelle et de la mechanique même sont plustot metaphysiques que Geometriques, et appartiennent plustot à quelques formes ou natures indivisibles comme causes des apparences qu'à la masse corporelle ou étendue» [15].

So erhält, am Beispiel der Physik, der Gedanke vom Zusammenhang alles Wissens oder näher von der Abhängigkeit der anderen Wissenschaften von der M. einen neuen Sinn. Für die praktische Anwendung der Wissenschaften genügt hypothetische Wahrheit. Hypothetisch betrachtet, sind alle Wissenschaften unabhängig, sie setzen ihre Prinzipien als Axiome voraus. Für die Erkenntnis der metaphysischen Wahrheit und, wie Leibniz betont, für die Entdeckung neuer Wahrheiten ist eine fortgesetzte Analyse auch der Axiome notwendig. Diese ist das Geschäft der M. als der ersten der Wissenschaften, welche sowohl das uns mögliche apriorische Wissen, die durch sich selbst (ohne Erfahrung) evidenten Vernunftwahrheiten als auch die Prinzipien aller anderen (mathematischen) Wissenschaften enthält. Doch diese Prinzipien sind Tatsachenwahrheiten und lassen sich folglich für uns nur a posteriori durch ihre Wirkungen, genauer an ihrem Erfolg in der Anwendung auf Probleme, mithin durch «Erfahrung» in mathematischem Sinn «beweisen».

Anmerkungen. [1] G. W. LEIBNIZ, Br. an Thomasius (1669). Philos. Schr., hg. C. J. GERHARDT (PSG) 1, 22; ebenso PSG 4, 169f. – [2] Nouveaux Essais (NE) 4, 21 = PSG 5, 504-509, zit. 507. – [3] a.O. 507f. – [4] Br. an Herzogin Sophie. PSG 4, 292. – [5] ebda. – [6] NE 4, 8 = PSG 5, 413. – [7] Vgl. z. B. Notae ad Danielem Stahlum (1663?). Akad.-A. 6/1, 22 Anm.; Opuscules ..., hg. COUTURAT 153 u. v. a. – [8] NE 4, 8 = PSG 5, 412. – [9] Opuscules ... 556; vgl. 348; PSG 4, 17f. – [10] Opuscules ... 154; vgl. 176. 336; NE 4, 2 = PSG 5, 352. – [11] Vgl. z. B. Br. an Varignon (1702). Math. Schr., hg. GERHARDT (MSG) 4, 91-95; vgl. auch Opuscules ... 17f. – [12] Vgl. z. B. PSG 4, 354f.; Opuscules ... 180ff. 341ff. – [13] Vgl. z. B. Opuscules 175-182. 342; NE 4, 2 = PSG 5, 352. – [14] Brevis demonstratio errioris ... MSG 6, 117ff.; vgl. später vor allem Specimen dynamicum. MSG 6, 234ff.; ähnlich PSG 4, 370ff. 442ff. – [15] Discours de met. 18 = PSG 4, 444; vgl. MSG 6, 123 u. v. a.

E. *18. Jahrhundert.* – 1. *England: Berkeley, Hume.* – Das Problem der wirklichen Ursache von Bewegung, das von Descartes und Hobbes ungenügend geklärt worden ist und somit gerade den Anfang der Naturwissenschaften dunkel läßt, wird in der Folgezeit zu einem kritischen Orientierungspunkt für die Neubestimmung des Begriffs der M., die wohl deshalb oft ausschließlich in ihrer Beziehung zur Physik erörtert wird. Die schärfsten Konsequenzen aus der Unlösbarkeit dieses Problems im Rahmen der neuen Mechanik zieht G. BERKELEY [1]: Das Sein der bewegten Dinge ist ihr Wahrgenommenwerden durch unsere Sinne («Their *esse* is *percipi*» [2]). Die Physik kann also nur die Abfolge sinnlicher Phänomene beschreiben. Insofern sie diese als geordnet erkennt und damit «that which is *real* from the irregular visions of the fancy» [3] unterscheidet, kann sie diese Abfolge mit Hilfe von zu diesem Zweck gebildeten mathematischen Begriffen auf Gesetze («Laws of Nature» [4]) bringen. Diese «wunderschönen Theorien» sind «für das Leben nützlich» [5]. «But those who, not content with sensible appearances, would penetrate into the real and true causes (the object of theology, metaphysics, or the *philosophia prima*), will rectify this error» [6]. Denn wir haben keinen Grund zu urteilen, daß der Abfolge der Phänomene oder ihrer mathematischen Darstellung eine Bewegung der Dinge an sich entspricht. Im Gegenteil, Dinge sind Gegenstände der Vorstellung und als solche absolut passiv. Grund von Bewegung aber kann nur ein vorstellendes Wesen (spirit) sein, niemals ein nicht-vorstellendes Vorgestelltes (idea), schon gar nicht ein aus Vorstellungen gebildetes Abstraktum (wie etwa matter, res extensa). Folglich kann der wahre Grund aller meiner Vorstellungen oder der Dinge, insofern ich sie als nicht durch mich oder andere endliche Geister hervorgebracht erfahre, allein die unmittelbare Tätigkeit Gottes sein. Daraus ergibt sich eine klare Kompetenzverteilung der Wissenschaften: «In der Physik haben die Sinne und die Erfahrung, die sich nur auf die erscheinenden Wirkungen beziehen, ihren Platz. In der Mechanik sind die abstrakten Begriffe der Mathematiker zugelassen. In der Ersten Philosophie oder M. wird von unkörperlichen Dingen, von Ursachen, Wahrheit und Existenz der Dinge gehandelt» [7]. Kurz, Gegenstand der M. sind die Geister. Denn sie allein sind die «wahrhaft aktiven Ursachen» [8].

Berkeleys Schriften sind eine einzige Apologie der Philosophie des «immaterialism» gegen die mächtigen Vorurteile des «materialism» als der Wurzel von «scepticism» und «atheism» [9]. Auch die daraus folgende Lehre vom Vorrang der M. gegenüber Mathematik und Physik [10] muß er gegen die nach Hobbes und Locke in England weitverbreitete Meinung verteidigen, daß die M. nichts zum Gegenstand habe oder dunkel über verborgene Dinge rede. Neben dieser defensiven Arbeit kommt es kaum zu einer näheren Ausgestaltung der M. selbst [11].

Eine Generation später stellt sich in England schon kaum noch die Frage nach einer Bestimmung des Begriffs der M. In dieser Lage betrachtet sich D. HUME als Kritiker einer gedankenlosen M.-Kritik, die er als «common prejudice against metaphysical reasonings of all kinds» beschreibt [12]. Für diese Vorurteile ist M. ein Reizwort, das «a strong presumption of falsehood» konnotiert [13]. Man streitet nicht mehr, ob M. eine Wissenschaft sei oder nicht, sondern meint mit «metaphysical reasonings ... every kind of argument, which is any way abstruse, and requires some attention to be comprehended». Gegenüber dieser «aversion to M.», die nur aus einem «most determined scepticism, along with a great degree of indolence» entstehen kann [14], fordert Hume: «We ... must cultivate true M. with some care, in order to destroy the false and adulterate ... Accurate and just reasoning ... is alone able to subvert that abstruse philosophy and metaphysical jargon» [15]. Haupthindernis für einen den Naturwissenschaften vergleichbaren Fortschritt «in the moral or metaphysical sciences is the obscurity of the ideas, and ambiguity of the terms ... There are no ideas, which occur in M., more obscure and uncertain, than those of *power, force, energy* or *necessary connexion*» [16]. Solche Begriffe gilt es zu untersuchen. Bedeutsam ist dabei die Tatsache, daß Hume diese Fragen nicht in einer «wahren» M. erörtert. Vielmehr tritt an deren Stelle als die erste und grundlegende aller Wissenschaften «the science of *Man*» [17]. Diese ist in erster Linie ein «Enquiry concerning human understanding» – die erkenntnistheoretische Wendung der M., wie sie in Kants Kritiken zum Durchbruch kommt, ist eingeleitet.

Anmerkungen. [1] Vgl. zum folgenden G. BERKELEY: Treatise conc. the principles of human knowledge (1710) 1-33. Works, hg. LUCE/JESSOP 2 (1949) 19-113. – [2] a.O. 42. – [3] Hylas and Philonous, 3. Dialog = 258; vgl. Principles a.O. 34. – [4] Vgl. z. B. a.O. 30. – [5] De Motu 42 = 4 (1951) 21. – [6] Siris 285 = 5 (1953) 133. – [7] a.O. [5] 71; Schr. über die Grundl. der Math. und Physik, dtsch. W. BREIDERT (1969) 242. – [8] a.O. [5] 71f.; vgl. 41f.; a.O. [6] u. v. a. – [9] a.O. [3] 259f.; vgl. den Untertitel der Dialoge. – [10] Vgl. z. B. a.O. [5] 34. 71f. – [11] Vgl. a.O. [1] 135-156. – [12] D. HUME: Treatise of human nature (1739), hg. SELBY-BIGGE (Oxford 1896) Introd., XVIII. – [13] Enquiry conc. the principles of morals (1751) Appendix 1; Enquiries ..., hg. SELBY-BIGGE (Oxford ³1975) 289. – [14] a.O. [12]. – [15] Enquiry conc. human understanding (1748) a.O. [13] 12. – [16] a.O. 61f. – [17] Vgl. a.O. [12] XIXf.

2. *Frankreich: Condillac, d'Alembert.* – Auch in Frankreich führt die inzwischen selbstverständlich gewordene Kritik an den in den Schulen tradierten Gestalten der M. zu einer Spaltung ihres Begriffs. CONDILLAC, nach V. Cousin «le vrai métaphysicien français du dix-huitième siècle» [1], beginnt mit der allgemeinen Feststellung: «La science qui contribue le plus à rendre l'esprit lumineux, précis et étendue ... c'est la M.» Damit vergleicht er sodann den beklagenswerten Zustand der gegenwärtigen M. und versucht, ihn durch eine nähere Bestimmung ihres Gegenstands zu erklären: «Il faut distinguer deux sortes de M. L'une, ambitieuse, veut percer tous les mystères; la nature, l'essence des êtres, les causes les plus cachées ... l'autre, plus retenue, proportionne ses recherches à la foiblesse de l'esprit humain ... elle sait se contenir dans les bornes qui lui sont marquées» [2].

Im übrigen führt auch hier die verbreitete Geringschätzung der Philosophie zu einer noch heute geläufigen sehr weiten und unbestimmten Vorstellung von dem, was M. sei. Als repräsentativ kann der nur vierzehn Zeilen umfassende Artikel ‹M.› in der großen ‹Encyclopédie› gelten, den J. D'ALEMBERT verfaßt hat: «M., c'est la science des raisons des choses. Tout a sa M. et sa pratique ... Interrogez un peintre, un poète, un musicien, un géomètre, et vous le forcerez à rendre compte de ses opérations, c'est à dire à en venir à la M. de son art» [3].

Anmerkungen. [1] V. COUSIN: Hist. gén. de la philos. (Paris 1872) 540. – [2] E. B. DE CONDILLAC: Essai sur l'origine des connaissances humaines (1746) Introd. Oeuvres compl. 1 (Paris 1798) 1ff. – [3] J. D'ALEMBERT, Encyclop., hg. DIDEROT/D'ALEMBERT 10 (1765) 440: ‹M.›.

3. *Deutschland: Chr. Wolff, Crusius.* – Schon FR. BACON hatte vorgeschlagen, die Gesamtheit der «doctrina humana» in drei Hauptgebiete zu gliedern, nämlich «in historiam, poësim, philosophiam» [1]. Gut ein Jh. später gibt CHR. WOLFF eine ganz ähnliche Einteilung «de triplici cognitione humana», nämlich in «historica, philosophica et mathematica» [2]. Der Unterschied liegt im mittleren und vermittelnden Teil unserer Erkenntnis und zeigt sich als ein Übergang von der Poesie zur Mathematik, deren beider Sitz oder Gebiet die Imagination ist [3]. Er spiegelt in nuce den Übergang vom Ende der Renaissance zum Beginn der Neuzeit.

Aufgrund der drei Hauptarten des Seienden – nämlich «Gott, menschliche Seelen und Körper», entsprechend den Gegenständen der Cartesischen M., die die Grundlagen der Physik einbegreifen – gliedert Wolff die Philosophie in drei Hauptzweige: Theologia Naturalis, Psychologia und Physica [4]. Nach weiteren Untergliederungen der Hauptzweige, und zwar weiterhin in Rücksicht auf vorgegebene Einteilungen des Seienden [5], folgt die Feststellung, daß es auch einiges gebe, was allem Seienden gemeinsam zukommt. Die dieses betrachtende Wissenschaft («scientia entis in genere, seu quatenus ens est») nennt Wolff mit dem seit Clauberg geläufigen Namen ‹Ontologia› oder auch ‹Philosophia prima› – nicht aber ‹M.› [6]. Eine noch spätere Einteilung sondert die Cosmologia generalis aus und definiert sie als «scientia mundi in genere» [7]. Erst der § 79 des ‹Discursus› enthält nach der Erwähnung einer üblichen Zusammenfassung von Psychologia und Theologia unter dem Namen Pneumatica, definiert als «spirituum scientia», die weitere Erwähnung, daß auch Ontologia, Cosmologia generalis und Pneumatica «communi *Metaphysicae* nomine compellantur» (mit dem gemeinsamen Namen M. abfällig bezeichnet werden) [8]. Der Ausdruck ‹compellantur› in bezug auf die M. anstelle der hier sonst gebrauchten Ausdrücke ‹appellatur›, ‹dicitur›, ‹vocatur› ist einmalig in dem ganzen Einteilungskapitel; er hat sein ebenso einmaliges Pendant in dem Ausdruck ‹salutatur› in bezug auf die Physik.

M. ist für Wolff also keine ursprüngliche Wissenschaft, die sich aus der Einteilung der Arten des Seienden als der Gegenstände der philosophischen Erkenntnis ergibt, sondern ein traditioneller, in Mißkredit geratener Name für eine Zusammenfassung von vier der wichtigsten Wissenschaften. Diese sind, wenn man sie «methodo demonstrativa» abhandeln will, untereinander wiederum streng geordnet. Ontologie steht an erster Stelle, d.h. sie empfängt ihre Prinzipien von keiner anderen Wissenschaft, weshalb auch der andere Name ‹Philosophia prima› wohlbegründet ist. Es folgen Cosmologia generalis, Psychologia und als letzte Theologia naturalis, die ihre Prinzipien aus den drei anderen schöpfen muß [9]. Nur beiläufig, nicht im Titel der Werke, nennt Wolff die Darstellung dieser vier Wissenschaften einmal «integrum Metaphysicae opus» [10], einmal «meine M.» [11]. Philosophie und M. unterscheiden sich dadurch, daß die M. neben ihren besonderen Gegenständen Gott, Welt und Seele (m. specialis) alle Dinge nur «überhaupt» oder im allgemeinen (m. generalis), während die Philosophie alle möglichen Dinge im einzelnen betrachtet. Der Form nach sind beide gleich: Sie sind «Vernünfftige Gedankken», d.h. für Wolff, sie fragen nach den Gründen der Dinge [12].

Daß M., oder allgemeiner und genauer, daß philosophische Erkenntnis möglich ist und daß diese Möglichkeit «keine Grenzen» kennt, ist für Wolff unerschütterlich gegründet [13]. Nur die Ausdehnung der Erkenntnis ist für endliche Wesen endlich, unendlich und wirklich grenzenlos aber für Gott, der mithin «allein ein vollkommener Welt-Weiser» [14] oder «philosophus absolute summus» [15] ist.

Wachsende Zweifel an dieser Gewißheit oder daran, daß der Mangel unserer philosophischen Erkenntnis nur quantitativer Art sei, bestimmen die weitere Entwicklung des M.-Begriffs auch in der deutschen Schulphilosophie des 18. Jh., die damit an die besonders in England seit Locke verbreitete Erörterung über die Grenzen des menschlichen Verstandes anknüpft. Die von CHR. THOMASIUS – «*M.* est regina, sed inter illas disciplinas, quae circa *falsa* et *erronea* sunt occupatae» (Die *M.* ist Königin, aber unter jenen Disziplinen, die sich um das *Falsche* und *Irrige* bemühen) [16] – und den pietistisch orientierten Wolff-Gegnern kommende Tradition löst sich aus bloßer Polemik und entwickelt mit CHR. A. CRUSIUS den «Versuch einer theils erleichterten, theils verbesserten M.» [17]. Während Wolff sie nur summarisch nach ihren Gegenständen bestimmen konnte, definiert (und übersetzt)

Crusius ‹M.› durch ihre Form: Sie ist «eine Wissenschaft der nothwendigen Vernunft-Wahrheiten ... wiefern sie den zufälligen entgegen gesetzet werden» [18]. Von den notwendigen sondert er aus äußerlichen Gründen die mathematischen und praktischen Wahrheiten ab. «In dieser Verfassung aber wird die M. hoffentlich dasjenige seyn, was man an ihr suchet, nemlich eine allgemeine Grundwissenschaft, aus welcher alle andere menschliche Erkenntniß, so oft a priori erwiesen werden soll, die Gründe herholen kan, und welche auch zu den mathematischen und practischen Wissenschaften selbst die Gründe in sich fasset.» Die Einteilung der M. folgt der Wolffs, die Reihenfolge ist jedoch aus sachlichen Gründen anders: Der Ontologie folgen die theoretische natürliche Theologie, die (metaphysische) Kosmologie und die (metaphysische) Pneumatologie, die letzten beiden jedoch in eingeschränkter Form, da sie nur zum Teil notwendige Wahrheiten enthalten [19]. Crusius unterscheidet, gegen Wolff, die Mathematik und ihre «Lehrart» von der «Philosophie im engern Verstande», die er wiederum nach der Notwendigkeit und Zufälligkeit ihrer Wahrheiten in M. und «Disciplinalphilosophie» einteilt [20]. Ferner erlaubt er für die «ersten Begriffe» in metaphysischen Beweisen, darin sich strenger auf Euklid stützend als Wolff, neben Axiomen und Definitionen auch Postulate, näher sogar allgemeine Erfahrungssätze unter dem Namen «Postulate der Erfahrung» [21]. Schließlich gesteht er der M. neben den demonstrativen auch wahrscheinliche Beweise ihrer Sätze zu. Denn diese Unterscheidung betrifft nur die Art unserer Erkenntnis, während die notwendige, mithin metaphysische Wahrheit «etwas in der Beschaffenheit der Dinge selbst ausserhalb unserer Gedanken seyn muß» [22]. – Durch seine bescheidenere Darstellung der M. wird sowohl die Gewißheit ihrer Grundlagen als auch die Universalität ihrer Methode aufgegeben. Anstatt daß damit die M. als Wissenschaft, wie Crusius hofft, fester, weil der Natur unseres beschränkten Verstandes angemessener gegründet wäre, stellt sich vielmehr erneut die Frage, «ob auch so etwas, als M., überall nur möglich sei» [23].

Anmerkungen. [1] FR. BACON, De Augm. Sci. 2, 1. Works, hg. SPEDDING 1, 494; vgl. Advancement of Learning 2, 1 a.O. 3, 329. – [2] CHR. WOLFF: Discursus praeliminaris de philos. in genere (¹1728) c. 1: Titel. – [3] Vgl. BACON, a.O. [1]; WOLFF, a.O. [2]; ähnl. schon LEIBNIZ, a.O. [9 zu D]. – [4] WOLFF, a.O. [2] §§ 55-59. – [5] §§ 60-72. – [6] § 73. – [7] § 78. – [8] § 79; vgl. Vern. Ged. von den Kräften des menschl. Verstandes ... (¹1713) Vorber. von der Welt-Weisheit: § 14. – [9] Discursus ... §§ 96-99. – [10] Theol. nat. 2 (1737) Praef. – [11] Der vern. Ged. von Gott ... anderer Theil, bestehend in ausführl. Anm. (¹1724) § 150. – [12] Vgl. dazu H. LÜTHJE: Christian Wolffs Philos.-Begriff. Kantstud. 30 (1925) 39-66. – [13] Vgl. WOLFF, Philos. rat. sive Logica (¹1728) §§ 5. 37. – [14] Vern. Ged. von Gott ... (¹1720) § 973. – [15] Theol. nat. 1 (1736) § 268. – [16] CHR. THOMASIUS: Introd. ad philos. aulicam (²1702) c. 11, § 32; zu den Quellen dieser Trad. vgl. oben V E. – [17] CHR. A. CRUSIUS: Entwurf der nothwendigen Vernunft-Wahrheiten (¹1745) Vorrede. – [18] ebda.; vgl. Titel und § 4. – [19] ebda.; vgl. § 5. – [20] Vgl. Weg zur Gewißheit und Zuverläßigkeit der menschl. Erkenntniß (¹1747) §§ 5-13, bes. § 10. – [21] a.O. § 386; vgl. § 492; ähnl. schon WOLFF, De differentia 122. – [22] CRUSIUS, a.O. [17] § 10; vgl. a.O. [20] c. IX, §§ 359-419. – [23] I. KANT: Proleg. ... (1783) Vorwort. Akad.-A. 4, 255; vgl. KrV B 22.

F. Kant. – Es blieb I. KANT vorbehalten, als erster und für die Folgezeit maßgeblich die Frage nach der Möglichkeit der M. als Wissenschaft ausführlich zu erörtern. Selbst ein Schulmetaphysiker, wendet er sich zunächst mit Crusius gegen die Anwendung der mathematischen Methode in der M.: Die Mathematik bildet ihre Begriffe synthetisch, während «man in der M. durchaus analytisch verfahren» muß, «denn ihr Geschäfte ist in der Tat, verworrene Erkenntnisse aufzulösen» [1]. Metaphysische Grundbegriffe werden nicht konstruiert, sondern sind gegeben, aber nur undeutlich [2]. Ihre Analyse führt auf «die ersten materiale[n] Grundsätze der menschlichen Vernunft», die zwar selbst «unerweisliche Sätze» sind, aber die Anfangsgründe aller anderen Wissenschaften enthalten. Als materiale Erkenntnis sind solche Grundsätze an sich synthetisch, nur für uns ist ihre Synthesis «unerweislich». Sie sind nicht weiter analysierbar, sondern müssen «unmittelbar» für «jeden menschlichen Verstand augenscheinlich» sein [3]. Wenn nun, wie die Schul-M. mehr und mehr einzuräumen genötigt ist, Erkenntnis solcher Grundsätze teilweise empirisch bedingt und bloß wahrscheinlich ist, dann kann es auch nur empirisches und wahrscheinliches Wissen und überhaupt keine Wissenschaft geben. Im Gegensatz zu Crusius hält Kant deshalb daran fest, daß metaphysische Sätze von aller Erfahrung unabhängig und notwendig wahr sein müssen. Andernfalls könnte man sie nicht spezifisch, sondern nur graduell, mithin nur undeutlich von Sätzen anderer Art unterscheiden [4].

Unter Rückbesinnung auf diesen traditionellen Anspruch der M. stellt Kant seine kritische Frage, ob M. oder ob synthetische Urteile a priori im Gebiet der materialen Erkenntnis überhaupt möglich sind. Als erstes Resultat dieser Fragestellung zeigen die ‹Träume eines Geistersehers, erläutert durch Träume der M.› (1766) eindrucksvoll und selbstkritisch, daß ein Metaphysiker, sei es als «Träumer der Vernunft» oder als «Träumer der Empfindung» [5], sich nicht deutlich von einem schwärmerischen Geisterseher unterscheiden läßt, weil man in beider Gebiet (der nicht-empirischen Pneumatologie) zwar viel meinen, aber nichts beweisen und nichts widerlegen kann. Daraus zieht Kant nun den Schluß, daß «die M., in welche ich das Schicksal habe verliebt zu sein, ob ich mich gleich von ihr nur selten einiger Gunstbezeugungen rühmen kann», in erster Linie «eine Wissenschaft von den *Grenzen der menschlichen Vernunft*» sein muß und «dieser Nutze der erwähnten Wissenschaft der unbekannteste und zugleich der wichtigste [ist], wie er denn auch nur ziemlich spät und nach langer Erfahrung erreicht wird» [6].

Die an diese Einsicht anschließende ‹Kritik der reinen Vernunft›, die «die Entscheidung der Möglichkeit oder Unmöglichkeit einer M. überhaupt und die Bestimmung sowohl der Quellen, als des Umfanges und der Grenzen derselben, alles aber aus Prinzipien» zum Ziel hat [7], legt ausführlich dar, daß alle drei Disziplinen der speziellen M., nämlich Psychologie (Pneumatologie), Kosmologie und Theologie, auf Fragen beruhen, die, obwohl «die Natur der Vernunft selbst aufgegeben», doch alles Vermögen der menschlichen Vernunft übersteigen [8]. Folglich führt der unkritische Gebrauch des Verstandes zwangsläufig in den dialektischen Schein und macht das Gebiet der (speziellen) M. zu einem «Kampfplatz» von «endlosen Streitigkeiten» [9]. Dieser «Skandal» der Vernunft wiederum ruft den *skeptischen* Zweifel an der Möglichkeit von M. überhaupt hervor, dem nur durch die Beantwortung der *kritischen* Frage nach den Bedingungen der Möglichkeit von M. begegnet werden kann. M. «ohne vorangehende Kritik» nennt Kant «Dogmatismus» [10]. Dogmatismus, Skeptizismus und Kritizismus sind die «drey Stadien, welche die Philosophie zum Behuf der M. durchzugehen hatte»; ihre Reihenfolge ist «in der Natur des menschlichen Erkenntnisvermögens gegründet» [11]. Dogmatismus und Skeptizismus gelten fortan für alle nachkritische Philosophie als überwundene Vorstufen. – Anders drückt Kant dieselbe Entwicklung dadurch aus, daß er einerseits behauptet, der Mensch habe eine «Naturanlage zur M.» – «metaphysica naturalis» –, derart daß «wirklich in allen Menschen ... irgendeine M. zu aller Zeit gewesen» ist, zu welcher die Vernunft «durch ihr eigenes Bedürfnis getrieben wird» [12], andererseits aber feststellt, «daß M. als Wissenschaft bisher noch gar nicht existirt» hat [13]. Angesichts dieser Lage der Dinge fordert er für seine Zeit die «Wiedergeburt» der M. «vermittelst einer gründlichen und vollendeten Kritik der Vernunft». Solche Kritik «verhält sich zur gewöhnlichen Schul-M. gerade wie *Chemie* zur *Alchymie*, oder wie *Astronomie* zur wahrsagenden *Astrologie*» [14]. Nach einer brieflichen Bemerkung Kants enthält sie die «M. von der M.» [15].

In ausdrücklicher Anlehnung an die antike Einteilung der Philosophie in Logik, Physik und Ethik unterscheidet Kant in aller «reinen» Philosophie einen «formalen» Teil, die Logik, von einem «materialen» Teil, der M., und gliedert letztere sodann in einen theoretischen Teil, die M. der Natur, und einen praktischen Teil, die M. der Sitten [16]. Die Transzendentalphilosophie, die genauer 'Kritik der reinen *theoretischen* Vernunft' heißen müßte, «berührt nicht das Übersinnliche, welches doch der Endzweck der M. ist, gehört also zu dieser nur als Propädeutik, als die Halle, oder der Vorhof der eigentlichen M.», während diese selbst das vollständige «System der reinen theoretischen Philosophie» enthalten soll [17]. (In dieser engeren Bedeutung des Wortes «nach dem Begriff der Schule» [18] ist eine M. der Sitten also ausgeschlossen.) Doch kann der Name ‹M.› «auch der ganzen reinen Philosophie mit Inbegriff der Kritik gegeben werden» [19]. Der Sache nach jedenfalls bleibt die Transzendentalphilosophie (als allgemeine theoretische M.) der eigentlichen (speziellen theoretischen) M. vorgeordnet. Sie wird von Kant deshalb auch als «Ontologie» charakterisiert [20], denn sie enthält die Lehre von den Gegenständen (unserer Erkenntnis) überhaupt oder vom (für uns erkennbaren) Seienden als solchem vor aller Spezifizierung. Im Unterschied zu allen Formen des «Dogmatismus» lehrt diese erkenntnistheoretisch reflektierte Ontologie Kants, daß allein Gegenstände der Erfahrung, d. h. solche, die in Raum und Zeit als den Formen unserer Anschauung sinnlich gegeben werden können, Gegenstände der menschlichen Erkenntnis sein können. Kritische theoretische M. wird sich also stets auf Gegenstände der Erfahrung beziehen. Während die Kritik selbst (als allgemeine M.) «alle synthetische[n] Grundsätze a priori ... als Prinzipien möglicher Erfahrung» [21] deduziert, verfährt die eigentliche (spezielle) M. nach wie vor analytisch. Sie erörtert die «metaphysischen Anfangsgründe» aller besonderen Wissenschaften durch Analyse der jeweiligen empirischen Grundbegriffe, so z. B. als M. der körperlichen Natur den nicht aus reiner Vernunft deduzierbaren Begriff der Materie [22].

Den «*positiven* und sehr wichtigen Nutzen» einer kritischen Beschränkung des theoretischen Vernunftgebrauchs sieht Kant darin, daß eben dadurch das Gebiet des Übersinnlichen für den «schlechterdings notwendigen praktischen Gebrauch der reinen Vernunft (den moralischen)» von hinderlichem Scheinwissen geräumt und damit der Boden für eine M. der Sitten bereitet wird [23]. Die ‹Kritik der praktischen Vernunft› geht aus vom «Sittengesetz» als dem «einzigen Factum der reinen Vernunft», dessen notwendige Bedingung die wirkliche «Autonomie des Willens», mithin «Freiheit im positiven Verstande» ist [24]. Freiheit ist also «die einzige unter allen Ideen der speculativen Vernunft, wovon wir die Möglichkeit a priori *wissen*» [25]. Aus ihr werden alle reinen praktischen Vernunftbegriffe synthetisch deduziert. So gelangt die Kritik zu Grundsätzen, die, da sie wie die Freiheit selbst in theoretischer Rücksicht problematisch bleiben, «Postulate» der reinen praktischen Vernunft genannt werden [26]. Die ‹M. der Sitten› ist nun eine (nicht-empirische) Analyse dieser Grundbegriffe und Postulate; sie soll die «Ideen und Principien eines möglichen *reinen* Willens untersuchen» [27].

Anmerkungen. [1] I. KANT, Über die Deutlichkeit der Grundsätze ... Akad.-A. 2, 289. – [2] Vgl. a.O. 283f. – [3] 294f. – [4] Vgl. Proleg. Akad.-A. 4, 369. – [5] Träume ... Akad.-A. 2, 342. – [6] a.O. 367f. – [7] KrV A XII. – [8] A VII. – [9] A VIII. – [10] B XXXIVf. – [11] Fortschritte ... Akad.-A. 20, 264. – [12] KrV B 21f.; vgl. B XXXI; a.O. [4] 367. – [13] a.O. [4] 369; vgl. 257. – [14] 367. 366. – [15] An M. Herz (nach dem 11. 5. 1781). Akad.-A. 10, 269. – [16] Vgl. Grundleg. zur M. der Sitten, Vorrede. Akad.-A. 4, 387f.; zum Folgenden vgl. auch KrV B 869–879. – [17] a.O. [11] 260f. – [18] 261. – [19] KrV B 869. – [20] a.O. [11] 260. – [21] a.O. [4] 313. – [22] Vgl. Met. Anfangsgründe der Naturwiss. Akad.-A. 4, 469f. – [23] KrV B XXIV. – [24] KpV. Akad.-A. 5, 31. 33. – [25] a.O. Vorrede ... 4. – [26] 122. – [27] a.O. [16] 390.

G. *Deutscher Idealismus.* – 1. *Fichte.* – Wenn in der Zeit nach Kant M. überhaupt als philosophisch bedeutsam anerkannt und nicht, wie für den «Geist des Positivismus» charakteristisch, als ein vergangenes Stadium in der «évolution intellectuelle de l'humanité» betrachtet wird (A. COMTE [1]), dann wird gewöhnlich die alte 'vorkritische' M., die schon FICHTE als die «Lehre von den vorgeblichen Dingen an sich» ablehnt, von dem, was sie nach der Ansicht des Autors stattdessen zu sein habe, unterschieden. Für Fichte ·ind «M. und Philosophie ... Eines. *Physik* ist System der Erfahrungen. M.: die Lehre vom Grund der Erfahrungen». Mit Kant abzulehnen ist nur «eine *transcendente* Behandlung» der Erfahrungen derart, daß man «die Gründe der Welt, ausser dem Ich aufsucht» [2]. Da die Philosophie «nach dem Grunde des Seyns für uns» [3], mithin nach der Möglichkeit des *Wissens* fragt, nennt Fichte sie nicht ‹M.›, sondern ‹Wissenschaftslehre›. Wenn KANT kritisiert, daß die «reine Wissenschaftslehre ... nichts mehr oder weniger als bloße *Logik*» ist, von der aus, «wenn es die Transcendental-Philosophie gilt, allererst zur M. übergeschritten werden muß» [4], antwortet FICHTE, daß «*meinem Sprachgebrauch nach*, das Wort Wissenschaftslehre gar nicht die Logik, sondern die Transcendentalphilosophie oder M. selbst» bezeichnet [5]. Der M., die «eine genetische Ableitung dessen, was in unserem Bewusstseyn vorkommt», sein soll, können systematische Untersuchungen über die Möglichkeit und die Regeln einer solchen Wissenschaft als ihre *Kritik* vorausgeschickt werden. «Die Kritik ist nicht selbst die M., sondern liegt über sie hinaus: sie verhält sich zur M. gerade so, wie diese sich verhält zur gewöhnlichen Ansicht des natürlichen Verstandes. Die M. erklärt diese Ansicht, und sie selbst wird erklärt in der Kritik» [6]. In diesem Sinne werden die späteren Entwürfe der Wissenschaftslehre immer kritischer. – Im Hinblick besonders auf Hegel bleibt noch festzuhalten, daß für Fichte nichts in der Philosophie gewisser ist als der Satz «vom Unterschiede der Logik, als einer lediglich formellen Wissenschaft, von der reellen Philosophie, oder M.» [7].

Anmerkungen. [1] A. COMTE, Disc. sur l'Esprit Positif 1, 1; vgl. Art. ‹Drei-Stadien-Gesetz›. – [2] J. G. FICHTE, Gesamt-A. II/4, 236; vgl. Vorles. über Logik und M. (1797) bes. §§ 7. 10f. a.O. 182-190. – [3] a.O. I/4, 212. – [4] II/4, 65f. Anm. 5. – [5] II/4, 76. – [6] I/2, 159. – [7] I/4, 249f.

2. *Schelling.* – Während die M. selbst infolge der Kantischen Kritik keineswegs verdorrt, sondern in geläuterten Gestalten neu erblüht, hat der Begriff ‹M.› diese kritische Wandlung nur unter großen Verlusten an Deutlichkeit und Gewicht nachvollzogen. So schließt sich auch SCHELLING zunächst der Verurteilung der alten M. an: «Die bisherige theoretische Philosophie (unter dem Namen M.) war eine Vermischung ganz heterogener Principien» [1]. In seinen eigenen systematischen Entwürfen übernimmt dann die Philosophie der Natur den Platz der alten M. Sie wird entwickelt als das Gegenstück zur «Transcendental-Philosophie» oder als die andere der «entgegengesetzten gleich möglichen Richtungen der Philosophie»; mehr noch, sie beansprucht die «Priorität» vor dieser [2]. Die Kantische Zweiteilung der Philosophie wird so überlagert, daß nunmehr «der Gegensatz zwischen Naturphilosophie und Idealismus dem, welcher bisher zwischen theoretischer und praktischer Philosophie gemacht wurde, gleich zu schätzen [ist]. Die Philosophie kehrt also zu der alten (griechischen) Eintheilung in Physik und Ethik zurück», welche beiden Teile Schelling freilich in der Philosophie der Kunst vereinigt sieht [3]. Für die M. als eine besondere philosophische Disziplin scheint in den darauffolgenden dualistischen Entfaltungen der Identitätsphilosophie kein Raum zu sein. Beiläufig wird andererseits die Identitätsphilosophie als ganze, und zwar am Ende eines Fragments von 1804, das den Titel ‹System der gesammten Philosophie ...› trägt, als «die allgemeine Grundlage aller Vernunftwissenschaft oder aller wahren M.» bezeichnet [4].

An die Stelle solcher Hinweise zu einer Ortsbestimmung der M. treten in den späteren Jahren eher unspezifische Appelle an die Hoheit des Metaphysischen. In einem Fragment von 1807 [5] ‹Über das Wesen deutscher Wissenschaft›, welche aus Luthers «M. des Gefühls» entstanden sein soll [6], führt Schelling näher aus: «Was man auch sagen möge, alles Hohe und Große in der Welt ist durch etwas geworden, das wir im allgemeinen Sinne M. nennen können ... Diese innere M., welche den Staatsmann, den Helden, die Heroen des Glaubens und der Wissenschaft gleichermaßen inspirirt, ist etwas, das von den sogenannten Theorien, wodurch Gutmüthige sich täuschen ließen, und von der flachen Empirie, welche den Gegensatz von jenen ausmacht, gleich weit abstößt.» Näher erläutert wird dieses verborgene Etwas folgendermaßen: «Alle M. ... beruht auf dem Talent, ein Vieles unmittelbar in Einem und hinwiederum Eines in Vielem begreifen zu können, mit Einem Wort auf dem Sinn für Totalität» [7].

Den Platz des Begriffs der M. in einer spezifischen Bedeutung übernimmt in der Spätphilosophie der Terminus «positive Wissenschaft». Er dient Schelling zur Bezeichnung seiner eigenen Philosophie gegenüber deren unvollkommener Vorstufe, insbesondere der «negativen Wissenschaft» seiner Vorgänger (vor allem Kants), die für sich noch nicht Philosophie, sondern nur Kritik ist [8]: «Negative Philosophie ist nur philosophia ascendens ... positive Philosophie philosophia descendens ... Beide *zusammen* also vollenden erst den ganzen Kreis der Philosophie, wie man denn auch diese Zweiheit ... ganz leicht auf die in den Schulen hergebrachte Eintheilung der theoretischen Philosophie in Logik und M. zurückführen könnte, indem die erste im Grunde nur Logik ... ist, alles wahrhaft Metaphysische aber ganz der andern (der positiven Philosophie) anheimfällt» [9].

Anmerkungen. [1] F. W. J. SCHELLING: Ideen zu einer Philos. der Natur (¹1797) Vorrede. Werke, hg. K. F. A. SCHELLING I/2, 3; vgl. ausführl. Philos. der Offenb. 3. Vorles. a.O. II/3, 34-46. – [2] Über den wahren Begriff der Naturphilos. (1801) a.O. I/4, 92. – [3] ebda. – [4] I/6, 214. – [5] I/8, 1-18; zur Dat. vgl. X. TILLIETTE: Schelling und das Problem der M. Perspektiven der Philos. 2 (1976) 123-143 Anm. 52. – [6] SCHELLING, I/8, 5. – [7] I/8, 9. – [8] Vgl. bes. Philos. der Offenb. 8. Vorles. II/3, 147-174. – [9] II/3, 151 Anm.

3. *Hegel.* – Auch bei HEGEL bleibt der Begriff der M. in seiner spezifischen Bedeutung der «alten» M. vorbehalten, während er in einer allgemeinen Bedeutung, wie bei Fichte und Schelling, der wahren Philosophie gleichgesetzt wird: «Denn M. heißt nichts Anderes, als der Umfang der allgemeinen Denkbestimmungen, gleichsam das diamantene Netz, in das wir allen Stoff bringen und dadurch erst verständlich machen. Jedes gebildete Bewußtseyn hat seine M., das instinctartige Denken, die absolute Macht in uns, über die wir nur Meister werden, wenn wir sie selbst zum Gegenstande unserer Erkenntniß machen» [1].

In spezifischer Bedeutung spricht Hegel von der M. gewöhnlich in der Vergangenheitsform; so häufig schon in der ‹Wissenschaft der Logik›, in welcher der Standpunkt des spekulativen Denkens gerade in Abhebung gegen den Standpunkt der «alten» M. entwickelt wird. Im ‹Vorbegriff› zur Logik der Enzyklopädie erörtert Hegel sodann ausdrücklich die «*vormalige M.*, wie sie vor der kantischen Philosophie bei uns beschaffen war» [2], indem er ihren Ort in der Entwicklung des Denkens bestimmt: «Diese Wissenschaft betrachtete die Denkbestimmungen als die *Grundbestimmungen der Dinge*» und gründete auf der Voraussetzung, «daß das, was *ist*, damit es *gedacht* wird, *an sich* erkannt werde.» Dieser «unbefangene Glaube» wurde durch den Skeptizismus bestritten und durch die Kritik als unhaltbar erwiesen [3]. Daß Hegel diese Charakterisierung der «vormaligen» M., die häufig in ähnlichen Worten wiederkehrt, hier an ihren vier Wolffschen Disziplinen durchführt, macht deutlich, daß er sich nur auf die neuzeitliche Gestalt der M. bezieht, d.h. auf die M., die von Descartes bis Wolff herrschende Philosophie gewesen ist. Entsprechend bezeichnet er in den ‹Vorlesungen über die Geschichte der Philosophie› den für jene Zeit charakteristischen Standpunkt des Denkens als den «Standpunkt der M.» [4] und führt aus: «Die erste Periode, die der M., enthält als Hauptpersonen Cartesius, Spinoza, Locke, Leibniz u.s.f., – die französischen Materialisten. Das Andere ist die Kritik, Negation dieser M., und der Versuch, das Erkennen für sich selbst zu betrachten» [5]. So kann er auch die ausführliche Darstellung der «vormaligen» M. im ‹Vorbegriff› mit der Bemerkung abschließen: «Plato ist kein solcher Metaphysiker und Aristoteles noch weniger, obgleich man gewöhnlich das Gegentheil glaubt» [6].

Das ist die historische Seite. «Diese M. ist jedoch nur in Beziehung auf die Geschichte der Philosophie etwas *Vormaliges*; für sich selbst ist sie überhaupt immer vorhanden, die *bloße Verstandes-Ansicht* der Vernunft-Gegenstände» oder, wie der Titel des Abschnitts formuliert, die «erste Stellung des Gedankens zur Objektivität» [7]. Faktum bleibt jedoch, daß diese Ansicht oder dasjenige, was vor der «völligen Umänderung» der philosophischen Denkweise durch Kant ‹M.› hieß, «mit Stumpf und Stiel ausgerottet worden» ist [8]. Verantwortlich für den Sturz der alten M. sind «Empirismus» und «Kritische Philosophie», die gemeinsam die «zweite Stellung des Gedankens zur Objektivität» ausmachen [9]. Doch da die Verstandes-M. vormals die ganze M. war, scheint mit dem Ende der M. die Philosophie selbst vergangen. «Indem so die Wissenschaft und der gemeine Menschenverstand sich in die Hände arbeiteten, den Untergang der M. zu bewirken, so schien das sonderbare Schauspiel herbeigeführt zu werden, *ein gebildetes Volk ohne M.* zu sehen; – wie einen sonst mannigfaltig ausgeschmückten Tempel ohne Allerheiligstes» [10]. Es zeigt sich, daß die alte M., gerade aufgrund des «überschwenglichen» (Kant) philosophischen Anspruchs, der ihren Sturz herbeiführte, «höher als das spätere kritische Philosophiren» stand [11]. Aus dem Faktum des Untergangs der vormaligen M. zieht Hegel die Konsequenz, daß es wohl an der Zeit ist, «mit dieser Wissenschaft wieder einmal von vorne anzufangen» [12]. Diese 'neue' M. nennt er jedoch nicht bei ihrem alten Namen. Wie sie bei Fichte als Wissenschaftslehre, bei Schelling einmal als Identitätsphilosophie, einmal als positive Philosophie auftritt, so ist es nun für Hegel «die logische Wissenschaft, welche die eigentliche M. oder reine spekulative Philosophie ausmacht» [13]. Doch sind diese Namen nicht zufällig an die Stelle der M. getreten, mit ihnen hat sich auch die Sache grundlegend gewandelt. So sind für Hegel Logik und M., die in der Tradition scharf gegeneinander abgegrenzt waren, in der einen Wissenschaft des Denkens, welche die Idee als Einheit von Begriff und Realität zu entwickeln hat, vereinigt. «Die *Logik* fällt daher mit der *M.* zusammen, der Wissenschaft der *Dinge* in *Gedanken* gefaßt, welche dafür galten, die *Wesenheiten der Dinge* auszudrücken» [14].

Auch im Bereich der speziellen M. versteht Hegel den Untergang der abstrakten Verstandesansicht als ein Moment in der Entfaltung des konkreten Begriffs. So wird aus dem abstrakten Begriff von Gott als dem «höchsten Wesen» [15], wie ihn «die vormalige metaphysische Wissenschaft ..., die man *theologia naturalis* nannte» [16], bestimmt, über die Kritik, die – ebenso abstrakt und dogmatisch – das «Vorurteil» zugrunde legt, «daß wir von Gott nichts wissen können» [17], der konkrete Begriff der Religion. Theologie als eine «Wissenschaft des Verstandes» betrachtet «nur Gott, und zwar auf abstrakte, verständige Weise, Gott als Wesen». Religionsphilosophie hingegen als eine Wissenschaft «des vernünftigen Denkens» erkennt «Gott als Geist». Sie hat es «nicht mit Gott bloß als solchem, als Gegenstand, zu tun, sondern zugleich, wie er in seiner Gemeinde ist. Denn als Geist ... hat er die Bestimmung, sich selbst als Gegenbild eine wissende Gemeinde zu setzen, in der er erst als Geist zu leben vermag». Es zeigt sich also, «daß die Lehre von Gott nur als die Lehre von der Religion zu fassen und vorzutragen ist» [18]. So als Entfaltung der «ganz concreten Wahrheit» ist die Logik selbst zu begreifen als «metaphysische Theologie, welche die Evolution der Idee Gottes in dem Äther des reinen Gedankens betrachtet» [19].

Anmerkungen. G. W. F. HEGEL, System der Philos. § 246 Zusatz. Werke, hg. H. GLOCKNER (WW) 9, 44f. – [2] a.O. § 27 = WW 8, 99. – [3] § 28 = 100. – [4] WW 19, 274. – [5] 330. – [6] a.O. [1] § 36 Zusatz = WW 8, 115. – [7] §§ 26f. = 99. – [8] Wiss. der Logik. Vorrede zur ersten Ausg. a.O. 4, 13. – [9] a.O. [1] §§ 37-60 = 8, 116ff. – [10] a.O. [8] 14. – [11] a.O. [3]. – [12] a.O. [8] 16. – [13] ebda. – [14] a.O. [1] § 24 = 8, 83. – [15] Vorles. über die Gesch. der Philos., hg. J. HOFFMEISTER 1 (1938) 187. – [16] Vorles. über die Philos. der Relig., hg. G. LASSON 1 (1925) 7. – [17] a.O. 4. – [18] 8. – [19] 10. Vorles. über die Beweise vom Dasein Gottes. WW 16, 434.

H. *Nachhegelsche Philosophie.* – Der im deutschen Idealismus deutlich gewordene Zusammenhang zwischen M., Wissenschaftslehre und Logik wird in der Hegelschen Schule lange Zeit tradiert; so bei K. FISCHER, der noch 1865 diese drei Aspekte verbindet. Philosophie ist «Wissenschaft der Kategorien» und als solche «zugleich Wissenschaft der Denkbegriffe, Grundbegriffe, Erkenntnisbegriffe. Als Wissenschaft der Denkbegriffe nennen wir sie Denklehre oder *Logik* im weitesten Sinn, als Wissenschaft der Grundbegriffe (Principien) *M.* (Fundamentalphilosophie oder Ontologie), als Wissenschaft der Erkenntnisbegriffe *Wissenschaftslehre.* Das sind drei Namen für dieselbe Sache» [1].

Bedeutungsvoller sind jedoch die verschiedenen Abgrenzungsversuche gegenüber dem Hegelschen M.-Begriff. So möchte CHR. H. WEISSE die Logik wieder von der M. unterschieden wissen [2] und definiert sie als diejenige Wissenschaft, «welche von dem Höchsten und Allgemeinsten auf eine Weise handelt, die nicht die eigentliche, positive Natur dieses Höchsten, sondern ... die negative Basis und das ewige Gesetz der Nothwendigkeit ... erkennen lehrt» [3]. Als ihren Gegenstand bezeichnet er «das, was an sich nicht Gegenstand ist, der *Begriff* als solcher, der reine, gegenstandlose *abstracte Begriff*» [4]. Inhalt der M. sind die «Kategorien» oder die Vernunft selbst als die «passive, die allgemein menschliche Vernunft», die zur konkreten Vernunfttätigkeit jeweils erst aktiviert werden muß. Während im gewöhnlichen Denken die Kategorien als Werkzeuge immer schon gebraucht werden, werden sie erst durch die Selbstreflexion der Vernunft in der Wissenschaft der M. zu vollem Bewußtsein gebracht [5].

Andere Metaphysiker versuchen, sich durch neue Einteilungen der Begriffe aus dem Bann der Hegelschen Philosophie zu lösen. So unterscheidet CHR. J. BRANISS die M. als «*Idealphilosophie*», die das «*ideelle* Wesen der Welt ohne alle Bezugnahme auf deren factische Wirklichkeit» entwickelt, von der «*Realphilosophie*», die von der wirklichen Welt ausgehend «das Sein der Idee in ihr als ihre immanente Wahrheit aufzeigt». Während die M. die Weltidee aus der absoluten Idee vollständig entwickelt, kann die Realphilosophie in einer sich verändernden Welt nur «die werdende Manifestation der Idee» darstellen; sie schließt folglich mit dem «*Postulate*» ihrer Realisierung in der Welt. So geht M. «unmittelbar in ein die Idee realisirendes *Handeln* über, Philosophiren wird *Leben,* und speculatives Wissen praktische *Weisheit*» [6]. Auch die Einteilung der M. ist originell. Sie gliedert sich nach ihren drei Grundthesen in drei Abschnitte: In der «*ideellen Theologie*» wird zunächst das Ansichsein der absoluten Idee entwickelt oder der Satz, «das absolute Thun *ist*». Sodann wird in den beiden Teilen der «*ideellen Kosmologie*» die doppelte Beziehung zwischen absoluter Idee und Welt erörtert, und zwar der Satz «das absolute Thun ist *Grund* der Welt» in der «*Ontologie*», in der «*Ethikologie*» dagegen der Satz «das absolute Thun ist *Zweck* der Welt» [7].

Eine theistische Wendung nimmt die M. bei I. H. FICHTE. Er trennt zunächst die Erkenntnislehre, welche das Denken von seiner eigenen Realität als der einzigen ihm unmittelbar gegebenen Wahrheit überzeugt, von der M., die als zweite philosophische Wissenschaft auf jene folgt. M. forscht sodann im Bereich des Endlichen als dem für das erkennende Denken einzig Gegebenen nach dessen Gründen, letztlich nach dem «Urgrund» alles Endlichen, den sie allein in Gott finden kann [8]. So umfaßt sie Ontologie und spekulative Theologie und führt

Fichte wie auch andere Zeitgenossen zum *spekulativen Theismus* (s. d.), zur «Theosophie» [9].

Dieser Weg war bereits gewiesen durch die Vorlesungen von K. CHR. F. KRAUSE, der einem intuitiv-analytischen ersten «Lehrgang» der menschlichen Wissenschaft, welcher das im Sinnlichen noch zerstreute endliche Denken zur Einsicht des einen und wahren Prinzips aller Erkenntnis zu sammeln bestimmt ist [10], einen synthetisch-deduktiven folgen läßt, welcher das eigentliche System der Philosophie oder «die absolut organische, unbedingt gliedbauige, Wissenschaft» enthält [11]. Der erste Teil des systematischen Lehrgangs, «worin die Schauung Wesens oder die Erkenntniss Gottes als Eines, selben und ganzen Wesens, und als in sich der Eine Wesengliedbau seienden Wesens ins Bewußtsein gebracht wird» [12], fällt mit dem zusammen, was seit Aristoteles zu Recht «Erste Philosophie» genannt wurde. Den Ausdruck ‹M.› erwähnt Krause an dieser Stelle nur um zu betonen, daß er historisch zufällig und sachlich untauglich sei. An seiner Stelle verwendet er im übrigen stets den deutschen Terminus ‹Grundwissenschaft›, den er aus etymologischen Gründen dem Terminus ‹Urwissenschaft› vorzieht [13]. Die wissenschaftliche M. enthält dieselben Gegenstände wie deren traditionelle Entwürfe, «jedoch so, dass sie selbst die Eine Wissenschaft ist, die Eine Gottwissenschaft oder Theologie, dass Vernunft, Natur, und Vernunft und Natur im Vereine, auch als Menschheit, erkannt werden als in, unter und durch Gott ... – so dass mithin der Entwurf der M., wie er seit *Platon* und *Aristoteles* den Forschern vorgeschwebt hat, hier organisch zur Ausführung gebracht werden soll» [14].

Einen weniger optimistischen, mehr an der Endlichkeit unserer Erfahrungsmöglichkeiten orientierten M.-Begriff vertritt H. LOTZE. In seinem späten Hauptwerk ‹System der Philosophie› läßt er die M. als Wissenschaft des Wirklichen der Logik als Wissenschaft des Denkbaren folgen. Ganz allgemein gesprochen, ist es die «Thatsache der Veränderung», die immer wieder Veranlassung wird zu «Untersuchungen, welche ein altes Herkommen, als *Lehre von dem Laufe der Dinge* im Gegensatz zu dem Bestande der Ideenwelt, unter dem Namen der *M.* vereinigt hat» [15]. Doch diese Idee der M. bleibt ein «unausführbares Ideal des Denkens». Denn sie würde eine «Übersicht des Alls» voraussetzen, während wir nur zu einer «fragmentarischen Beobachtung» des Laufs der Dinge befähigt sind. «Nicht eine Construction der Welt aus der Idee ist uns deshalb möglich, sondern nur eine regressive Interpretation, die den nach und nach erkannten Zusammenhang des Gegebenen auf seine unaussprechliche Quelle zurückzudeuten versucht» [16]. Die M. gliedert sich traditionell, doch inzwischen unter Absehung von der Theologie in drei Bücher: «Vom Zusammenhang der Dinge (Ontologie)», «Von dem Laufe der Natur (Kosmologie)» und «Von dem geistigen Dasein (Psychologie)» [17].

Diese Ansicht von Aufgabe und Möglichkeit der M. nähert sich wieder derjenigen, die J. F. HERBART zu Beginn des 19. Jh. in Auseinandersetzung mit Kant, Fries und Schelling entwickelt hat. Nach Herbart ist M. «die Wissenschaft von der Begreiflichkeit der Erfahrung» [18]. Ihre Notwendigkeit ergibt sich aus der Tatsache, daß «in den Formen unserer Erfahrung ... innere Widersprüche» liegen [19]. Diese sind «hinwegzuschaffen», damit Erfahrung in Wissen umgeformt oder das Sein in der Erscheinung erkannt werden kann [20]. Dabei muß M. als Wissenschaft ausgehen *«von dem, was ihr gegeben ist;* aber nirgends und nimmermehr werden ihr die Principien der Dinge unmittelbar gegeben, sondern, *was sie vorfindet, ist Erscheinung»* [21]. Der Hauptfehler der alten M. liegt darin, daß sie «Wahrheit *aus Wahrheit»* abzuleiten versucht hat, so als sei uns Wahrheit ursprünglich und unmittelbar gegeben. Doch da «die M. *keine Grundwahrheiten,* wohl aber, statt deren, *Grundirrthümer* hat», beginnt ihre wissenschaftliche Epoche mit dem Bemühen, «Wahrheit aus Irrthum» zu entwickeln [22].

Obwohl die Herbartsche Weise, M. als Wissenschaft zu begründen, der verbreiteten Skepsis gegenüber den idealistischen Systementwürfen weit entgegenkommt und im Lauf des 19. Jh. viele Anhänger findet, sollte doch eine andere Entwicklungslinie in der Begriffsgeschichte der M. für die Folgezeit noch größere Bedeutung finden. Unter der Hand hat sich das vorausgesetzte Verhältnis von M. und Wissenschaft verkehrt. Lag in der neuzeitlichen Philosophie von Descartes bis Kant (und unter anderen Namen auch in den Systemen des deutschen Idealismus) das Hauptproblem in der Frage, ob die M. ihren selbstverständlichen Anspruch auf Wissenschaftlichkeit auch einlösen könne und wie dies zu geschehen habe, so scheint nach Kant dieser Anspruch vielfach gar nicht mehr erhoben zu werden. Die Problemlage verschiebt sich infolgedessen, und zwar derart, daß nun gefragt wird, ob M. als eine nicht-wissenschaftliche Weise des Erkennens legitim, ob ihr Gegenstand als ein wissenschaftlich nicht erfaßbarer wirklich und was mithin ihre Aufgabe sei. Grundlage für diesen neuen Abschnitt in der Geschichte des Begriffs bleibt KANTS Diktum, daß es bislang zwar «noch keine M. gebe» [23], dennoch aber «M. als Naturanlage der Vernunft» unbestreitbar sei [24].

Anmerkungen. [1] K. FISCHER: System der Logik und M. oder Wiss.-lehre (¹1852, zit. ²1865) § 4, S. 8. – [2] CHR. H. WEISSE: Grundzüge der M. (1835) 41ff. – [3] a.O. 19. – [4] 38. – [5] 50ff. 48. – [6] CHR. J. BRANISS: System der M. (1834) § 12, S. 141f. – [7] a.O. § 13, 143-146. – [8] I. H. FICHTE: Die theist. Weltansicht und ihre Berechtigung (1873) bes. 53-63. – [9] a.O. 68; vgl. auch Grundzüge zum Systeme der Philos. 1-3 (1833-46) bes. 3, Einl., §§ 1-12. – [10] K. CHR. F. KRAUSE: Vorles. über das System der Philos. (¹1828), hg. P. HOHLFELD/A. WÜNSCHE 1: Der emporleitende Theil der Philos. (²1889) Einl., bes. 17-22. – [11] a.O. 2: Der ableitende Theil der Philos., Vorerinnerung, 5. – [12] a.O. 9. – [13] 9f.; vgl. auch: Encyclop. der philos. Wiss. § 5, Handschriftl. Nachlaß 1. 1., Analyt. Philos. 1 (1836) 445f. – [14] a.O. [11] 10f. – [15] H. LOTZE: System der Philos. 2: Drei Bücher der M. (¹1879, zit. ²1884), Einl., Abs. I, 3f. – [16] a.O. Abs. 93, 179f. – [17] Vgl. dagegen die frühere Position Lotzes in: M. (1841) bes. §§ 1-10. – [18] J. F. HERBART: Allg. M. nebst den Anfängen der philos. Naturlehre 1 (1828) § 81, S. 215. – [19] a.O. Einl., 2. – [20] Vgl. § 127, 435f. – [21] § 80, 214f. – [22] Einl., 1 u. § 88 Anm., 218f. – [23] I. KANT, Proleg. Akad.-A. 4, 257. – [24] a.O. 365.

1. *M. und Natur: Schopenhauer, Nietzsche.* – a) *Schopenhauer.* – Die Untersuchung jener «Naturanlage» wird, in einer sozusagen anthropologischen Wendung der metaphysischen Fragestellung, zum Ausgangspunkt für eine bis in die Gegenwart reichende Tradition. So fragt schon A. SCHOPENHAUER, obwohl er unmittelbar an Kant anzuknüpfen meint, nicht mehr nach den (transzendentalen) Bedingungen des Seins als des Gegenstandes der M., sondern nach den (natürlichen) Bedingungen dieses Fragens: Er untersucht «das metaphysische Bedürfniß des Menschen» [1] – des *«animal metaphysicum».* Dieses Bedürfnis entspringt dort, wo «das innere Wesen der Natur ... endlich, beim Eintritt der Vernunft, also im Menschen, zum ersten Male zur Besinnung» kommt. In ihm beginnt die Natur sich über ihr eigenes Dasein zu wundern, erschrickt aber zugleich über dessen Endlichkeit; und mit dem Bewußtsein vom Tode entsteht das «dem Menschen

allein eigene *Bedürfniß einer M.*» [2]. Was da ist, kann auch nicht da sein. «In der That ist die Unruhe, welche die nie ablaufende Uhr der M. in Bewegung erhält, das Bewußtseyn, daß das Nichtseyn dieser Welt eben so möglich sei, wie ihr Daseyn ... Das philosophische Erstaunen ist demnach im Grunde ein bestürztes und betrübtes ... nicht bloß, daß die Welt vorhanden, sondern noch mehr, daß sie eine so trübsälige sei, ist das *punctum pruriens* der M.» [3].

Was M. ist, definiert Schopenhauer traditionell: «Unter *M.* verstehe ich jede angebliche Erkenntniß, welche über die Möglichkeit der Erfahrung, also über die Natur, oder die gegebene Erscheinung der Dinge, hinausgeht, um Aufschluß zu ertheilen über Das, wodurch jene, in einem oder dem andern Sinne, bedingt wäre» [4]. Nicht traditionell ist seine Einteilung metaphysischer Systeme in zwei Arten nach einem Unterschied der Menschen, deren Bedürfnisse durch sie befriedigt werden sollen. «Für die große Anzahl der Menschen», die «nicht für Gründe, sondern nur für Auktorität empfänglich ist», gibt es bei fast allen Völkern Systeme, die man ‹Volks-M.› nennen könnte, die aber «unter dem Namen der Religionen bekannt» sind. «Bei den civilisirten Völkern» gibt es daneben eine andere Art von M., die «ihre Beglaubigung in sich selbst hat und *Philosophie* genannt wird». Beide Arten der M. aber «haben Dies gemein, daß jedes einzelne System derselben in einem feindlichen Verhältniß zu allen übrigen seiner Art steht» [5].

Mit der angegebenen Definition ist die M. im neuzeitlichen Sinn als Ante-Physik verstanden, sie beschäftigt sich wie die Physik «mit der Erklärung der Erscheinungen in der Welt». Doch die Physik kann nicht eigentlich erklären; sie leistet im Grunde nichts weiter als die Botanik: «das Gleichartige zusammenzubringen, zu klassificiren». Alle Physik also «bedarf einer *M.*, sich darauf zu stützen». Der Unterschied beider im Allgemeinen «beruht auf der Kantischen Unterscheidung zwischen *Erscheinung* und *Ding an sich*» [6].

In diesem Sinn ist die M. der Musik verwandt: «Denn die Musik ist darin von allen andern Künsten verschieden, daß sie nicht Abbild der ... Objektität des Willens, sondern unmittelbar Abbild des Willens selbst ist und also zu allem Physischen der Welt das Metaphysische, zu aller Erscheinung das Ding an sich darstellt. Man könnte demnach die Welt eben so wohl verkörperte Musik, als verkörperten Willen nennen.» «Die Melodien sind gewissermaßen, gleich den allgemeinen Begriffen, ein Abstraktum der Wirklichkeit.» Doch sind beide Allgemeinheiten auch entgegengesetzt: «indem die Begriffe nur ... die abgezogene äußere Schaale der Dinge enthalten ..., die Musik hingegen den innersten aller Gestaltung vorhergängigen Kern, oder das Herz der Dinge giebt» [7].

Gegen Kant betont Schopenhauer, daß Quelle aller, auch der metaphysischen Erkenntnis die Anschauung sein müsse. *Reine* Begriffe sind nur diejenigen, «welche Raum und Zeit, d. h. den bloß formalen Theil der Anschauung betreffen». Apriorische Erkenntnis mit apodiktischer Gewißheit beschränkt sich daher «auf das bloß *Formelle* der Erfahrung überhaupt» und bleibt somit «das Eigenthum der Logik und Mathematik, welche Wissenschaften aber auch eigentlich nur Das lehren, was Jeder schon von selbst, nur nicht deutlich weiß». M. hingegen als reale Erkenntnis muß «*empirische* Erkenntnißquellen» haben [8]. Schopenhauers eigene Fragestellung lautet also in Abweichung von Kant: «Wie kann eine aus der Erfahrung geschöpfte Wissenschaft über diese hinausführen und so den Namen *M.* verdienen?» Seine Antwort ist folgende: «Das Ganze der Erfahrung gleicht einer Geheimschrift, und die Philosophie der Entzifferung derselben ... [Dieses Ganze] muß aus sich selbst *gedeutet, ausgelegt* werden können» [9]. «Demnach ist die Philosophie nichts Anderes, als das richtige, universelle Verständniß der Erfahrung selbst, die wahre Auslegung ihres Sinnes und Gehaltes. Dieser ist das Metaphysische, d. h. das in die Erscheinung bloß Gekleidete und in ihre Form Verhüllte, ist Das, was sich zu ihr verhält, wie der Gedanke zu den Worten» [10].

Anmerkungen. [1] A. SCHOPENHAUER: Über das met. Bedürfniß des Menschen. Werke, hg. A. HÜBSCHER 3 ([2]1949) 175-209. – [2] a.O. 175f. – [3] 189f. – [4] 180. – [5] 181. 188. – [6] 190-193 pass. – [7] Die Welt als Wille und Vorstellung § 52 a.O. 2, 310f. – [8] a.O. 3, 199-202 pass. – [9] 202f. – [10] 204.

b) *Nietzsche*. – Schopenhauers Erörterung der M. greift FR. NIETZSCHE kritisch auf: «Das metaphysische Bedürfnis ist nicht der Ursprung der Religionen, wie Schopenhauer will, sondern nur ein *Nachschößling* derselben ... Das aber, was in Urzeiten zur Annahme einer 'andern Welt' überhaupt führte, war *nicht* ein Trieb und Bedürfnis, sondern ein *Irrtum* in der Auslegung bestimmter Naturvorgänge, eine Verlegenheit des Intellekts» [1]. Zwar betrachtet Nietzsche die M. als eine «Stufe der Befreiung», die «über abergläubische und religiöse Begriffe und Ängste» hinausführt, und betont in diesem Sinne ihre «historische Berechtigung», ebenso die psychologische» [2]. Doch dieser Vorzug ist relativ. Denn einig ist sich Nietzsche mit Schopenhauer über das Religion und M. Gemeinsame – den Anspruch auf absolute Wahrheit der jeweiligen Dogmen. In diesem Anspruch liegt zwar auch der Nutzen beider: Sie befriedigen das «*Bedürfnis nach Glauben*» und das «*Verlangen nach Gewißheit*», d. h. jenen «*Instinkt der Schwäche*, welcher Religionen, M.en, Überzeugungen aller Art zwar nicht schafft, aber – konserviert» [3]. In diesem Anspruch liegt jedoch auch die Unwahrheit der M. und der Grund dafür, daß «jede positive M. Irrtum ist» [4]. Denn sie verspricht, «Grundfragen», die die Religionen auf ihre Weise beantworten, wissenschaftlich zu beantworten, doch sie übersieht den natürlichen Ursprung solcher Fragen: «Wir haben Hunger, aber meinen ursprünglich nicht, daß der Organismus erhalten werden will, sondern jenes Gefühl ... hält sich für *willkürlich*. Also: der Glaube an die Freiheit des Willens ist ein ursprünglicher Irrtum alles Organischen ... der Glaube an unbedingte Substanzen und an gleiche Dinge ist ebenfalls ein ursprünglicher, ebenso alter Irrtum alles Organischen. Insofern aber alle M. sich vornehmlich mit Substanz und Freiheit des Willens abgegeben hat, so darf man sie als die Wissenschaft bezeichnen, welche von den Grundirrtümern des Menschen handelt – doch so, als wären es Grundwahrheiten» [5]. M. bringt also nicht die Aufklärung, die sie verspricht, sie hilft nicht wahrhaft gegen den Irrtum der Religion, im Gegenteil: «Wie gern möchte man die falschen Behauptungen der Priester ... mit Wahrheiten vertauschen, welche ebenso heilsam, beruhigend und wohltuend wären wie jene Irrtümer! Doch solche Wahrheiten gibt es nicht; die Philosophie kann ihnen höchstens wiederum metaphysische Scheinbarkeiten (im Grunde ebenfalls Unwahrheiten) entgegensetzen. Nun ist aber die Tragödie die, daß man jene Dogmen der Religion und M. nicht *glauben* kann, wenn man die strenge Methode der Wahrheit im Herzen und Kopfe hat» [6].

Aufgabe einer zukünftigen Philosophie ist es also nach Nietzsche, nicht nur diese oder jene falsche Lehre, sondern den natürlichen Grund aller M. selbst zu überwinden. Zu suchen ist eine Philosophie, die «als die Axt dienen [kann], welche dem ‹metaphysischen Bedürfnis› der Menschen an die Wurzel gelegt wird, – ob *mehr* zum Segen als zum Fluche der allgemeinen Wohlfahrt, wer wüßte das zu sagen?» [7] Doch jenes Bedürfnis ist stark, «und wie sich noch zuletzt die Natur den Abschied von ihm schwer macht, kann man daraus entnehmen, daß noch im Freigeiste, wenn er sich alles Metaphysischen entschlagen hat, die höchsten Wirkungen der Kunst leicht» eine Sehnsucht erwecken, derart daß er nach demjenigen «seufzt ..., welcher ihm die verlorene Geliebte, nenne man sie nun Religion oder M., zurückführe» [8].

Anmerkungen. [1] FR. NIETZSCHE, Die fröhl. Wiss. 151. Werke, hg. K. SCHLECHTA 2 (1966) 138f.; vgl. auch Menschliches, Allzumenschliches I, 26 = 1 (1966) 466f. – [2] Menschl. ... I, 20 = 1, 462. – [3] Die fröhl. Wiss. 347 = 2, 212. – [4] a.O. [2]. – [5] Menschl. ... I, 18 = 1, 460f. – [6] I, 109 = 1, 517f. – [7] I, 37 = 1, 478. – [8] I, 153 = 1, 548.

2. *M. und Geschichte: Engels, Dilthey.* – In Anknüpfung sowohl an Hegels Entgegensetzung von M. des Verstandes und Dialektik der Vernunft als auch an Comtes Drei-Stadien-Gesetz bestimmt FR. ENGELS die «metaphysische Denkweise» als eine statisch-isolierende Ansicht der Dinge, die, charakteristisch für eine bestimmte historische Stufe der menschlichen Entwicklung, durch die «dialektische Denkweise» überwunden werden muß. In diesem Sinn gehört nicht nur der Idealismus, sondern auch der vordialektische Materialismus zur M. «Für den Metaphysiker sind die Dinge und ihre Gedankenbilder, die Begriffe, ... feste, starre, ein für allemal gegebne Gegenstände der Untersuchung. Er denkt in lauter unvermittelten Gegensätzen: seine Rede ist ja, ja, nein, nein, was darüber ist, ist vom Übel». «Die metaphysische Anschauungsweise, auf so weiten ... Gebieten sie auch berechtigt und sogar notwendig ist, stößt doch jedesmal früher oder später auf eine Schranke, jenseits welcher sie einseitig, borniert, abstrakt wird und sich in unlösliche Widersprüche verirrt, weil sie über den einzelnen Dingen deren Zusammenhang, über ihrem Sein ihr Werden und Vergehn, über ihrer Ruhe ihre Bewegung vergißt, weil sie vor lauter Bäumen den Wald nicht sieht» [1]. In diesem Sinn war die alte Naturwissenschaft zu Recht metaphysisch, da die Tatsachen zunächst gesammelt und im einzelnen beschrieben werden mußten. Die moderne Naturwissenschaft indessen hat aufgrund der Fülle des angehäuften Materials bewiesen, «daß es in der Natur, in letzter Instanz, dialektisch und nicht metaphysisch hergeht» [2]. Auch für spätere marxistische Theorien bleibt diese historische Auslegung des Gegensatzes von (undialektischer) M. und (dialektischer) Wissenschaft grundlegend.

Nach W. DILTHEY muß die «metaphysische» durch die «erkenntnistheoretische Stellung des Menschen zu seinen Objekten» abgelöst werden. Er versteht sich als «Erkenntnistheoretiker» und diesen als «Rechtsnachfolger des Skeptikers» [3]. Wie ein Refrain durchzieht sein Hauptwerk, dessen zweiten Teil er als eine «Phänomenologie der M.» versteht, der Satz: «M. als Wissenschaft ist unmöglich.» Das gilt auch für eine auf das transzendentale Subjekt gegründete M., wie sie sich in der «abstrakten und ungeschichtlichen Denkweise» [4] der ‹Kritik der reinen Vernunft› darstellt. Denn «die M. *überwindet nicht* die *Relativität* des *Erfahrungskreises,* aus dem ihre Begriffe gewonnen sind» [5]. Auch eine Lehre von den Bedingungen der Möglichkeit der Erfahrung ist somit an den historisch bedingten Horizont der gegebenen Erfahrung dessen gebunden, der diese Bedingungen zu ergründen versucht. «So *trifft* die *M.* am *Endpunkte ihrer Bahn* mit der *Erkenntnistheorie* zusammen, welche das auffassende Subjekt [und zwar das empirische, nicht das transzendentale] selber zu ihrem Gegenstand hat. Die Verwandlung der Welt in das auffassende Subjekt ... ist gleichsam die Euthanasie der M.» Gegenstand der M. ist also nicht mehr das Sein, sondern seine Auffassung durch das Subjekt, der «persönliche Gehalt des Seelenlebens». Dieser aber ist «in einer beständigen geschichtlichen Wandlung, unberechenbar, relativ, eingeschränkt, und kann daher nicht eine allgemeingültige Einheit der Erfahrungen ermöglichen. Das ist die tiefste Einsicht, zu welcher unsere Phänomenologie der M. gelangte ... Jedes metaphysische System ist nur für die Lage repräsentativ, in welcher eine Seele das Welträtsel erblickt hat» [6]. M. ist also, nach Dilthey, nicht überhaupt sinnlos. Vielmehr bleibt «das Meta-Physische unseres *Lebens* als persönliche Erfahrung d.h. als moralisch-religiöse Wahrheit» [7] unbestreitbar, nur eben auch unerklärbar. «Denn die metaphysische Wissenschaft ist ein historisch begrenztes Phänomen, das meta-physische Bewußtsein der Person ist ewig» [8].

Anmerkungen. [1] FR. ENGELS: «Anti-Dühring». MEW 20, 16-26, zit. 20f. – [2] a.O. 22. – [3] W. DILTHEY: Einl. in die Geisteswiss.en (1883). Ges. Schr. 1 (⁴1959) 407. – [4] a.O. 385. – [5] 403. – [6] 405f. – [7] 384. – [8] 386.

3. *M. und Weltanschauung: Lange, Windelband, Rickert.* – Einige Autoren folgern aus der inzwischen allgemein vorausgesetzten Trennung von M. und Wissenschaft eine größere Nähe der M. zur Kunst, zur Religion und zu den 'Werten'. So betont z.B. F. A. LANGE – in einer ausdrücklichen Rückbesinnung auf Kant den Neukantianismus vorbereitend –, daß das Gebiet der M. zwar jenseits der Grenzen menschlichen Erkennens liege, bestreitet aber zugleich, daß es uns deshalb unzugänglich sei. Während alle Erkenntnis Allgemeinheit und Unveränderlichkeit fordert, sind die metaphysischen Ideen «poetische Geburten der einzelnen *Person*; vielleicht mächtig genug, ganze Zeiten und Völker mit ihrem Zauber zu beherrschen, aber doch niemals allgemein und noch weniger unveränderlich» [1]. Als Erkenntnis genommen, sind sie «falsch». Denn M. gehört zu Religion und Kunst, nicht zur Wissenschaft [2]. Genauer hat die M. als «Begriffsdichtung der Spekulation» innerhalb der synthetisierenden Tätigkeiten des Geistes eine Mittelstellung: zwischen der Wissenschaft, die, dem «Sinneszwang» folgend, die «Welt des Seienden» oder die Wirklichkeit darstellt, und der Poesie, die «in freiem Spiel» Ideale oder die «Welt der Werte» entwirft [3].

Ähnlich gründet W. WINDELBAND die M. auf den kantischen Gegensatz von «Wesen und Erscheinung» [4]. Insofern Philosophie diesen Gegensatz anerkennt, darf ihr Bestreben als «darauf gerichtet gelten, hinter die Erscheinungen, die uns in der Wahrnehmung gegeben sind, durch das Denken zu dem wahrhaften Sein zu dringen. So bekommt der Ausdruck ‹ *M.* › seinen sachlichen Sinn» [5]. Der Philosophie als M. steht eine andere «Denkart» gegenüber, die «positive oder immanente». Der Positivismus aber ist «das gerade Widerspiel der Philosophie, die Negation des wesentlichen in ihr waltenden Denktriebes. Dieser geht eben ... unweigerlich auf die metaphysische Realität» [6]. Die einzelnen Tatsachenwissenschaften und mit ihnen der Positivismus, der sich «wissenschaftliche Philosophie» nennt, beschränken sich auf das Gegebene. Philosophie hingegen folgt dem «Grundtrieb zum Höheren und Tieferen», indem sie das «wahre Wesen der Dinge» sucht. Folglich steht sie Religion, Ethik und Ästhetik näher als der Wissenschaft. «M. ist *Hypostasierung von Idealen*» [7].

Nach H. RICKERT besteht die Aufgabe der «Wissenschaft, die man M. nennt», darin «die gesamte Welt, in der es Wirkliches und Werthaftes gibt, einheitlich zu deuten ... Auf diesem Wege allein kann die M. auch den Anspruch erheben, den Sinn der Welt und des Lebens zu deuten, und damit zur Grundlage einer umfassenden Weltanschauungslehre zu werden». Mit solchen Gedanken ist nach Rickert «der letzte Grund des metaphysischen Denkens aufgedeckt und als wertphilosophisch verstanden ... Das wird besonders deutlich, wenn wir auf die Weltanschauungsmotive achten und damit die Metaphysiker besser zu verstehen suchen, als sie sich selbst bisweilen verstanden haben» [8].

Wenn Rickert hier unbefangen von M. als Wissenschaft spricht, so versteht er Wissenschaft weder im traditionellen Sinn von ‹scientia› noch im modernen Sinn von ‹exakter› Wissenschaft, sondern in dem weiteren Sinn, in dem man seit Dilthey allgemein auch von 'Geisteswissenschaften' (s.d.) spricht. Deutlicher wird dieser Sachverhalt in einer späteren Schrift, in der Rickert M. und Wissenschaft ausdrücklich unterscheidet: «Wir tun besser, die metaphysische 'Erkenntnis' *sinnbildlich* zu nennen.» Für eine sonst oft schwierige Differenzierung von M. und Philosophie ist die Bemerkung aufschlußreich, daß es nicht darum gehe, «der Philosophie den Charakter der Wissenschaft überhaupt abzusprechen». Vielmehr habe «die Philosophie gerade als Wissenschaft das Recht, ja die Pflicht», der M. ein Gebiet im Weltganzen anzuweisen, das jenseits des wissenschaftlich Erkennbaren liegt [9].

Anmerkungen. [1] F. A. LANGE: Gesch. des Materialismus 2 (¹1866, zit. ¹⁰1921) 169; vgl. 367ff. – [2] a.O. 469. – [3] Vgl. 512-519, zit. 513. 519. – [4] Vgl. W. WINDELBAND: Einl. in die Philos. (¹1914, zit. ³1923) § 1, 26-41. – [5] a.O. 28. – [6] 32. – [7] 33f. – [8] H. RICKERT: System der Philos. 1 (1921): Das Problem der M. 137-141, zit. 138f. – [9] Grundprobleme der Philos. (1934) §§ 32-34: Die met. Welt, zit. § 34, 140ff.

4. *M. und positive Wissenschaft.* – a) W. Wundt, Bergson, Whitehead. – Wichtige Anstöße zu neuen Bestimmungen des Begriffs der M. gibt auch der Antagonismus von M. und Erfahrungswissenschaften, der einerseits bis zur radikalen *M.-Kritik* (s.d.) des logischen Positivismus und andererseits bis zu den Versöhnungsbemühungen der *induktiven M.* (s.d.) geführt hat. Eine charakteristische Weise, dieses Verhältnis zu harmonisieren, findet sich in den Einteilungen von W. WUNDT. Zu Beginn seiner ‹Logik› heißt es: «Mit dem *Inhalt des Wissens* beschäftigt sich die *M.* Sie stellt diesen Inhalt in allgemeinen Begriffen und Prinzipien über das Seiende und seine Beziehungen dar. Solche Begriffe und Prinzipien werden schon von den Erfahrungswissenschaften entwickelt, dann aber von ihnen der Philosophie übergeben ... Auf diese Weise ist das, freilich oft verfehlte, Ziel der M. die Aufrichtung einer widerspruchslosen Weltanschauung, die alles einzelne Wissen in eine durchgängige Verbindung bringen soll» [1]. Doch ganz ähnlich definiert Wundt die Philosophie am Anfang seines ‹Systems der Philosophie›, nämlich als die «allgemeine Wissenschaft, welche die durch die Einzelwissenschaften vermittelten allgemeinen Erkenntnisse zu einem widerspruchslosen System zu vereinigen hat» [2].

Hier zeigt sich eine in der Zeit nach Kant häufig zu beobachtende Tendenz, daß sich nämlich der deutliche Unterschied zwischen Philosophie im allgemeinen und M. im besonderen verliert. Was von der Philosophie gesagt wird, gilt daher auch für die M.: «Die Philosophie *ist* nicht Grundlage der Einzelwissenschaften, sondern sie *hat* diese zu ihrer Grundlage.» «Insofern die Philosophie ... die Arbeit der Einzelwissenschaften weiterzuführen und zu vollenden strebt, bezeichnen wir sie als *wissenschaftliche Philosophie*» [3]. In diesem Sinn kann Wundt auch von der M. als Wissenschaft sprechen [4]. Allerdings empfängt sie das Maß ihrer Wissenschaftlichkeit allein von den positiven Wissenschaften, welche ihrerseits «bei der Sammlung der Tatsachen und der Ausbildung vorläufiger Hypothesen auf metaphysische Forderungen keine Rücksicht zu nehmen» brauchen [5].

Genau umgekehrt bestimmt H. BERGSON das Abhängigkeitsverhältnis von M. und Wissenschaft. Für ihn ist M. Erkenntnis des Absoluten oder die «absolute» Weise des Erkennens [6]. Das Spezifische dieser Erkenntnisweise liegt in ihrer Methode, der Intuition, die den Gegenstand unmittelbar erfaßt. Durch sie unterscheidet sich M. von den exakten Wissenschaften, die «relative» oder auf besondere Zwecke hin orientierte Erkenntnisweisen sind und analytisch verfahren. Die Analyse fixiert den in Wahrheit unendlich fließenden Gegenstand durch Begriffe, Symbole, um diese dann mit anderen vergleichen zu können. M. ist demgegenüber «la science qui prétend se passer de symboles» [7]. Während sie sich von den Begriffen «tout faits» befreit, schafft sie «des représentations souples, mobiles, presque fluides, toujours prêtes à se mouler sur les formes fuyantes de l'intuition» [8].

Ungeachtet des Gegensatzes der Methode aber haben auch die analytischen Wissenschaften ihre Wurzel in der M. Denn auch sie gehen zurück auf eine ursprüngliche Intuition, welche allein den Zugang zur wahren Erkenntnis der Dinge öffnet. «Une philosophie véritablement intuitive réaliserait l'union tant désirée de la M. et de la science» [9], indem sie die wissenschaftliche Analyse als symbolische Auslegung metaphysischer Intuitionen begriffe. In diesem Sinn, so faßt Bergson abschließend zusammen, hat die M. «rien de commun avec une généralisation de l'expérience, et néanmoins elle pourrait se définir l'*expérience intégrale*» [10].

Einen anderen Akzent gibt A. N. WHITEHEAD der Lehre von der Abhängigkeit des positiven Wissens von der M. «Our datum is the actual world, including ourselves ... The elucidation of immediate experience is the sole justification for any thought» [11]. Doch das in der Erfahrung unmittelbar Gegebene ist unbestimmt und kann auch nicht aus sich, d.h. durch induktive Verallgemeinerung, Bestimmtheit gewinnen. Es läßt sich nur «interpretieren» im Rahmen allgemeiner und eben deshalb metaphysischer Begriffe, deren Legitimität nicht in ihrer empirischen Basis liegt, sondern im «Erfolg» ihrer späteren Anwendung auf möglichst weite Bereiche der Erfahrung [12]. Allein im Rahmen solcher Begriffe hat einzelnes Wissen Bedeutung: «The point is that every proposition refers to a universe exhibiting some general systematic metaphysical character ... There are no self-sustained facts, floating in nonentity» [13]. So kann man eine M. als einen systematischen Entwurf der Einbildungskraft (imaginative construction [14]) zur universellen Deutung der Erfahrung ansehen. Sie enthält nicht «dogmatic statements of the obvious», sondern «tentative formulations of the ultimate generalities» [15], die weder aus Erfahrung abgeleitet noch durch Erfahrung widerlegt werden können. Da sie aber die Erfahrung im ganzen verständlich machen soll, erweist sie sich als «inadequate», wenn einiges Gegebene unverständlich bleibt. Wenn eine M. in diesem Sinn als ungenügend empfunden wird, ist es an der Zeit, ihre Schranken durch «imaginative elaboration» zu transzendieren [16]. – Doch auch Whitehead unterscheidet M. nicht deutlich von dem häufiger gebrauchten Terminus «(speculative) philosophy». Diese wird einleitend ganz ähnlich definiert als «the endeavour to frame a coherent, logical, necessary system of general ideas in terms of which every element of our experience can be interpreted» [17].

Anmerkungen. [1] W. WUNDT: Logik 1 (^{1}1880, zit. ^{3}1906) 7f. – [2] System der Philos. (1889, zit. ^{4}1919) 9; vgl. Def. der M. a.O. 23. – [3] a.O. 9f. – [4] Vgl. 23ff. u.v.a. – [5] a.O. [1] 8. – [6] H. BERGSON: Introd. à la M. (1903). Oeuvres, hg. A. ROBINET (Paris 1963) 1392-1432; vgl. 1392f. – [7] a.O. 1396. – [8] 1401f. – [9] 1424. – [10] 1432; vgl. dagegen die modif. Position in: La pensée et le mouvant (1934) Introd. 2e partie a.O. 1277ff. 1285ff. – [11] A. N. WHITEHEAD: Process and reality (New York 1929) 6. – [12] Vgl. a.O. bes. 6-8. – [13] 16f. – [14] Vgl. bes. 7f. – [15] 12. – [16] Vgl. 11. 13f. – [17] 4.

b) *Scheler, N. Hartmann.* – Den Gegensatz zwischen M. und positiver Wissenschaft betont auch M. SCHELER, doch bestreitet er ein einseitiges Abhängigkeitsverhältnis zwischen ihnen. Indem er im Rahmen seiner Kultursoziologie eine Soziologie des Wissens entwirft, faßt er jenen Gegensatz in ausdrücklicher Ablehnung seiner *historischen* Auslegung bei Comte (vgl. oben auch Engels und Dilthey) als einen *«konstanten»* [1]. Grund dafür, nicht eine Geschichte, sondern eine Soziologie des Wissens zu schreiben, ist die Ablehnung der Vorstellung, daß das Wissen mit einer im Wesen des Menschen begründeten «absolut konstanten natürlichen Weltanschauung» beginne. Scheler stellt stattdessen als Grundlage aller «künstlichen, höheren» Wissensformen den bei den verschiedenen Völkern verschiedene, mithin nur «relativ natürliche Weltanschauungen» fest. Aus ihnen erwachsen letztlich, als die «obersten Wissensarten», Religion, M. und positive Wissenschaft, die sich nicht nach-, sondern nebeneinander als Fortbildungen aus einer gemeinsamen Wurzel zunehmend ausdifferenzieren [2].

Die metaphysische «Wissenshaltung» entspringt einem *«intentionalen* Gefühl der *Verwunderung* (ϑαυμάζειν)». Ihre Frage lautet: «Warum, wieso, wozu ist 'etwas dergleichen' *überhaupt' da,* und *nicht nicht da*?» Dabei ist es ihr wesentlich, «daß der 'in Idee' gesetzte Gegenstand nicht auf sein zufälliges Hier- und Jetztdasein und -sosein hin und auf die Gründe für dieses zufällige Dasein und Sosein hin untersucht wird ..., sondern daß er als Repräsentant *seines* ideellen Wesenstypus *direkt und unvermittelt auf eine causa prima* hin bezogen wird» [3].

Nach diesen Vorbemerkungen skizziert Scheler eine 'Soziologie der Religion', eine 'Soziologie der M.' und eine 'Soziologie der Wissenschaft'. «Die M. ist unter den übrigen Wissensformen, soziologisch gesehen, stets diejenige *geistiger Eliten,* die ... Muße haben, die Welt nach ihren ideellen *Wesensstrukturen* in rein theoretischer Einstellung zu betrachten» [4]. Daraus folgt für den Gegensatz der M. zur positiven Wissenschaft dreierlei: Erstens: «Da die Totalität der *Welt* als solche aber nur der Totalität einer *Person* theoretisch zugänglich ist, ist die M. notwendig *personhaft* gebunden»; vermittelt durch diese ist sie «ferner wesentlich *kulturkreishaft,* ja sogar weitgehend an den *nationalen Genius* gebunden» [5]. Sie ist «das stets nur *persönlich* ... zu verantwortende *Wagnis der Vernunft, ins absolut Reale vorzustoßen»* [6]. Zweitens: «Der letzte Erkenntniswert der M. ist also nicht gleich dem der positiven Wissenschaft an dem Maße ihrer Beweisbarkeit zu messen ..., sondern in letzter Linie nur an dem *Reichtum* und der *Fülle,* in der die *Person des Metaphysikers ... mit der Welt selbst solidarisch* verbunden ist» [7]. Drittens: «Gestürzt werden herrschende M.en niemals durch die positive Wissenschaft ..., sondern nur durch *neue* M.en oder durch die Religion» [8].

N. HARTMANN wendet sich ausdrücklich gegen «die große Flucht vor der M., die einem kapitalen Mißverständnis der Kantischen Kritik entsprang» [9], welches z.B. dazu geführt hat, daß seither «die Erkenntnistheorie für eine unmetaphysische Disziplin» gilt [10]. Im Grunde aber ist das Erkenntnisproblem selbst schon ein «metaphysisches Problem», Erkenntnistheorie wird notwendig «Erkenntnis-M.»; folglich setzt alle wissenschaftliche Erkenntnis M. schon voraus [11].

Zur näheren Kennzeichnung ihres Begriffs unterscheidet N. Hartmann drei Bedeutungen des Wortes ‹M.› [12]: Erstens, im vorkantischen Sinn, umfaßt die M. eine Anzahl von philosophischen Grundwissenschaften, die sich durch ihre jeweiligen Gebiete definieren, etwa die «Problemkomplexe von Gott, Welt und Seele» [13]. Solche *«Gebiets-M.»* wird immer dann sinnvoll sein, wenn ihre Gegenstände metaphysische Probleme enthalten. Ganz anders, nämlich durch ihre Methode, definiert sich zweitens die *«spekulative M.».* Unter Spekulation versteht Hartmann ein verstiegenes Denken, das vorschnell und unbegründet Lösungen für ungeklärte Probleme gibt. In einer späteren Schrift erläutert er es näher als «teleologisches Denken». Denn allein dieses Denken kann das «metaphysische Bedürfnis» des Menschen nach Einheit der Welt und Sinn des Lebens wenigstens scheinbar befriedigen. «Darum ist alle spekulative M. vom Sinnproblem beherrscht ... Die Ablehnung einer sinnwidrigen Welt darf vielleicht überhaupt als stärkste Triebfeder der M. gelten. Die meisten metaphysischen Systeme sind Versuche, die sinnlose Welt sinnvoll zu sehen.» «Das Postulat eines sinngebenden 'Absoluten' ... ist dann sehr wohl imstande, eine summarische Gesamtlösung aller Welträtsel vorzutäuschen» [14]. Die Kantische Kritik richtete sich gegen die alte M. «nicht als 'Gebiet', sondern als 'Spekulation' ... M. als Spekulation ist es, was seitdem mit Recht für lahmgelegt gilt» [15].

Diese beiden Weisen, M. zu verstehen, ergänzt Hartmann durch eine dritte, die er *«M. der Probleme»* nennt. Es gibt, so stellt er fest, «Probleme, die sich nie ganz lösen lassen, in denen immer ein ungelöster Rest bleibt, ein Undurchdringliches, Irrationales. Und es hat seinen guten Sinn, wenn man Probleme dieser Art, einerlei welchen Inhalts sie sein sollten, und zwar speziell im Hinblick auf diese ihre Eigenart, ‹metaphysische Probleme› nennt» [16]. Diese Probleme sind «unvermeidliche, *naturgewachsene».* Die philosophische Arbeit an den «nie ganz durchdringbaren Grundbeständen der Problemgehalte ist in diesem Sinne die 'M.'» [17]. Ein solcher Begriff verbietet es, die M. an irgendwelche im voraus bestimmte Gegenstände oder Methoden zu binden. Sie braucht also auch nicht «rational, oder 'rein', oder apodiktisch-deduktiv zu sein, wie die alte Ontologie» [18]. Ihr Gegenstand ist das jeweils Unbegreifliche, ihre Methode eine diesem Gegenstand jeweils angemessene. Dabei liegt ihre Aufgabe nicht darin, «um jeden Preis Lösungen für Probleme zu finden». Vielmehr ist «die Kunst des Aristoteles ..., die große Kunst der *Aporetik»* für sie der «natürliche, der einzig gebotene Weg» [19].

Anmerkungen. [1] M. SCHELER: Die Wiss. und die Gesellschaft (1925). Ges. Werke 8 (²1960); vgl. 29. 68. – [2] Vgl. a.O. 60-65. – [3] 65f. – [4] 85. – [5] ebda. – [6] 87. – [7] 86. – [8] 88. – [9] N. HARTMANN: Grundzüge einer M. der Erkenntnis (¹1921, zit. ³1941) 4f. – [10] a.O. 11. – [11] Vgl. 3f. – [12] Vgl. zum Folgenden 11f. – [13] 3. – [14] Teleolog. Denken (1951) 56f.; vgl. pass. die ganze Schr. – [15] a.O. [9] 12. – [16] ebda. – [17] 13. – [18] 6. – [19] 8.

Literaturhinweise. – *Zu Fr. Bacon:* H. J. DE VLEESCHAUWER: Autour de la classification psychol. des sci. Juan Huarte de San Juan – Francis Bacon – Pierre Charron – d'Alembert. Mousaion 27 (Pretoria 1958). – S. DANGELMAYR: Methode und System. Wiss.-klassifikation bei Bacon, Hobbes und Locke (1974). – *Zu Descartes:* H. GOUHIER: La pensée métaphysique de Descartes (Paris 1962). – W. HALBFASS: Descartes' Frage nach der Existenz der Welt (1968). – L. OEING-HANHOFF: Descartes' neue Begründung der M., in: Grundprobleme der großen Philosophen. Philos. der Neuzeit 1, hg. J. SPECK (1979) 35-73. – *Zu Spinoza und den Cartesianern:* R. L. SAW: The vindication of M. A study in the philos. of Spinoza (London 1951). – H. J. DE VLEESCHAUWER: Plan d'études au 17e siècle 2: Plan de Geulincx (Pretoria 1963). – S. DANGELMAYR s. oben. – *Zu Leibniz:* K. ZIMMERMANN: Leibnizens Grundleg. der M. in den dynam. Untersuch. (1938). – T. MANDELLI: Dinamica e M. in Leibniz. Riv. di Filos. neo-scolastica 39 (1947) 273-284. – W. JANKE: Leibniz. Die Emendation der M. (1963). – F. KAULBACH: Leibniz' Begriff der Philos. Systemprinzip und Vielheit der Wiss.en. Studia Leibnitiana, Sonderh. 1, hg. U. W. BARGENDA/J. BLÜHDORN (1969) 126-144. – *Zum 18. Jh.:* H. LÜTHJE s. Anm. [12 zu VI, E, 3]. – M. WUNDT: Die dtsch. Schulphilos. im Zeitalter der Aufklärung (1945). – F. ZABEEH: Hume on M. and the limits of human knowledge. Theoria 27 (1961) 12-25. – P. G. KUNTZ: Hume's M.: A new theory of order. Relig. Stud. 12 (1976) 401-428. – *Zu Kant:* F. PAULSEN: Kants Verhältnis zur M. Kantstud. 4 (1900) 413-447. – H. VAIHINGER: Kant – ein Metaphysiker? in: Philos. Abh. Festschr. Chr. Sigwart (1900) 133-158. – K. OESTERREICH: Kant und die M. Kantstud. Erg.h. 2 (1906). – M. WUNDT: Kant als Metaphysiker (1924). – O. MARQUARD: Skept. Methode im Blick auf Kant (1958). – T. ANDO: Metaphysics (Den Haag ²1974) 3, 40-70: Kant and Met. – W. H. WALSH: Kant's criticism of M. (Edinburgh 1975). – M. L. MILES: Logik und M. bei Kant (1978). – H. HEIMSOETH: Met. Motive in der Ausbildung des krit. Idealismus. Kantstud. 29 (1924) 121-159. – *Zum dtsch. Idealismus:* W. SCHULZ: Hegel und das Problem der Aufhebung der M., in: Festschr. M. Heidegger, hg. G. Neske (1959) 67-92. – X. TILLIETTE s. Anm. [5 zu VI, G, 2]. – *Zum 19. und 20. Jh.* – *Zu Bergson:* F. SAISSET: Qu'est-ce que la M.? D'après Richet, Bergson et Osty (Paris 1950). – G. PFLUG: Henri Bergson: Quellen und Konsequenzen einer induktiven M. (1959) Kap. 3, 199-267: Die met. Methode. – V. MATHIEU: Scienza e M. in Bergson. Gior. di M. 14 (1959) 784-798. – *Zu Braniss:* G. SCHOLTZ: 'Historismus' als spekulative Geschichtsphilos. Christlieb Julius Braniß (1973), bes. 73-92. – *Zu Dilthey:* F. DIAZ DE CERIO: Concepto de M. en Wilhelm Dilthey. Pensamiento 14 (Madrid 1958) 75-83. – K. LÖWITH: Diltheys und Heideggers Stellung zur M., in: Vortr. und Abh. Zur Kritik der christl. Überlieferung (1966) 253-267. – *Zu Engels:* G. JÁNOSKA: Der M.-Begriff im Marxismus-Leninismus. Conceptus. Z. Philos. 6 (1972). – *Zu N. Hartmann:* H. CONRAD-MARTIUS: Bemerk. über M. und ihre method. Stellung. Philos. H. 3 (1932) 101-124. – L. F. ALCARO: Nicolai Hartmann y la idea de la M. (Lima 1943). – *Zu Nietzsche:* R. EISLER: Nietzsches Erkenntnistheorie und M. (1902). – E. MIRRI: La M. nel Nietzsche (Bologna 1961). – I. HEIDEMANN: Nietzsches Kritik der M. Kantstud. 53 (1961/62) 507-543. – *Zu Whitehead:* CH. HARTSHORNE: Das met. System Whiteheads. Z. philos. Forsch. 3 (1948) 566-575. – J. LECLERC: Whitehead's M. (London 1958). – W. A. CHRISTIAN: An interpret. of Whitehead's M. (New Haven 1959). – E. BUBSER: Sprache und M. in Whiteheads Philos. Archiv Philos. 10 (1960) 79-106.
T. BORSCHE

VII. *Heidegger und die gegenwärtige Problemsituation.* – 1. «Die Philosophie kann ihre eigentliche Optik, die **M.**, auf die Dauer nicht entbehren.» So schrieb der frühe HEIDEGGER und unterstrich seine Überzeugung von der Notwendigkeit der M. dadurch, daß er das Wort ‹M.› – als einziges im ganzen Buch – in Fettdruck setzen ließ [1]. Aber sein «Denkweg» führte ihn zur «Überwindung der M.», die dann als das «Geschick ... der Vergessenheit des Seins» hingestellt wird, ferner als «das notwendige Verhängnis des Abendlandes», aus dem «die Verwüstung der Erde» stamme. Auch «die Philosophie selbst geht an der M. zugrunde» [2].

Schon Heideggers Hauptwerk ‹Sein und Zeit› (1927), in dem die Wiederholung und neue Ausarbeitung der Seinsfrage als «Fundamentalontologie» bezeichnet wird [3], zeigt eine kritische Distanz zum Terminus ‹M.›, der stets in Anführungszeichen gesetzt wird. Heidegger setzt sich aber nicht nur von Versuchen ab, «die 'M.' wieder zu bejahen», ohne die Seinsfrage zu klären [4] (wie es u. a. in P. WUSTS «Die Auferstehung der M.» geschah [5]), sondern zitiert auch zustimmend YORCK VON WARTENBURGS Wort: «die Nicht-Vergeschichtlichung des Philosophirens» sei «ein metaphysischer Rest» [6]. Das entspricht der frühen Überzeugung, der Geist sei «wesensmäßig historischer Geist» [7]. M. vergißt ihre Geschichtlichkeit.

In den Schriften von 1929 (‹Kant und das Problem der M.›, ‹Vom Wesen des Grundes› und ‹Was ist M.?›) übernimmt HEIDEGGER jedoch Kants These, M. sei «als Naturanlage in allen Menschen wirklich» [8]. Er bestimmt M. als «die grundsätzliche Erkenntnis des Seienden als solchen und im ganzen» [9] oder als «Frage nach dem Sein eines Seienden» [10]. Die «Fundamentalontologie» von ‹Sein und Zeit› wird dementsprechend als «M. des Daseins» bezeichnet [11] und die Zusammengehörigkeit «der Idee der Ontologie und ... der M.» betont [12], wobei «die Fundamentalontologie ... aber nur die erste Stufe der M.» sei [13]. Die Fundamentalontologie beantwortet ja z. B. auch noch nicht die (in der mittelalterlichen M. als sinnlos bezeichnete) «Grundfrage der M. ...: Warum ist überhaupt Seiendes und nicht vielmehr Nichts?» [14]

In der 1935 gehaltenen Vorlesung ‹Einführung in die M.› erklärt Heidegger dann seinen Verzicht auf den Titel ‹Ontologie›, ‹ontologisch› für die «Anstrengung, das Sein zu Wort zu bringen» [15]. Der in der Überschrift beibehaltene Titel ‹M.› sei, wie es in einem Zusatz von 1953 heißt, «*bewußt* zweideutig» [16]. Denn ‹M.› kann allgemein «die Behandlung der Seinsfrage» bedeuten, d. h. das Fragen nach dem Seienden als solchen; andererseits ist aber schon im Blick, daß der M. «das Sein *als solches* gerade verborgen ... bleibt», M. also durch «Seinsvergessenheit» gekennzeichnet ist [17].

Die Seinsvergessenheit der M. als geschichtliches Geschick des sich entziehenden und verbergenden Seins anzusetzen und das «ursprünglicher ... als die M.» denkende Denken als «Andenken an das Sein» und als «Denken in die Ankunft des Seins» zu behaupten [18], das «als geschichtliches in sich eschatologisch» sei [19], charakterisiert die Spätphilosophie Heideggers. Faßbar ist diese «Kehre» (s. d.) und ihre neue Beurteilung der M. erstmals in dem 1930/31 konzipierten, freilich vor der Publikation überarbeiteten Vortrag ‹Platons Lehre von der Wahrheit›. Danach rückt der Mensch mit dem Anspruch, seine Aussagen und Urteile seien Ort der Wahrheit, seinsvergessen «in eine Mitte des Seienden». Das ist «die Grundgestalt der M.» [20].

Obwohl Heidegger in seinem Spätwerk das Ende der M. proklamierte und sein Denken zu einer eigenartigen Form der M.-Kritik (s. d.) wurde, ist es doch berechtigt, sein Philosophieren als «bahnbrechend für die metaphysischen Versuche unseres Jh.» zu bezeichnen [21]. Heideggers Bedeutung für die M. dürfte *erstens* darin liegen, daß er «Notwendigkeit ... und Vorrang der Seinsfrage» eindringlich herausgestellt hat: in den Wissenschaften sind verschiedene Seinsgebiete (Geschichte, Natur, Sprache usw.) erschlossen, die sie behandelnden regionalen Ontologien blieben blind, würde nicht der «Sinn von Sein» geklärt (ontologischer Vorrang der Seinsfrage); ferner ist «Seinsverständnis ... eine Seinsbestimmtheit des Daseins» (d.h. des Menschen). Dann aber ist die Klärung dieses Seinsverständnisses, statt reines Betrachten, d.h. nach Heidegger sorgenloses «Begaffen» zu sein, «Radikalisierung einer zum Dasein selbst gehörenden wesenhaften Seinstendenz» (ontischer Vorrang der Seinsfrage) [22].

Zweitens hat Heidegger schon im Ansatz der Seinsfrage Sein als «das, was Seiendes als Seiendes bestimmt, das, woraufhin Seiendes... je schon verstanden ist», vom Seienden unterschieden: «Das Sein des Seienden 'ist' nicht selbst ein Seiendes» [23]. Zwar bleibt in ‹Sein und Zeit› die genaue Bedeutung der damit genannten «ontologischen Differenz» wohl unklar, weil «Sein» hier und in ‹Vom Wesen des Grundes› neben Daßsein auch «Was- und Wiesein» bezeichnet [24], aber da der Unterschied von «Sein» als «Verbalsubstantiv» und «Seiendem» als substantiviertem «Partizip» sprachlich vorgegeben ist, worauf Heidegger später hinweist [25], und seit Porphyrios eine bedeutende Rolle in der Geschichte der M. spielt [26], was Heidegger freilich übersah, dürfte damit ein zur Klärung der Seinsfrage unübergehbares Problem genannt sein.

Drittens hat Heidegger die Methoden der überlieferten Ontologien als «im höchsten Grade fragwürdig» bezeichnet und versucht, «die phänomenologische Methode» für die Seinsfrage und die Ontologie fruchtbar zu machen [27], indem er von «vulgär verstandenen Phänomenen» «Phänomene der Phänomenologie» als das in ersteren «je vorgängig und mitgängig, obzwar unthematisch» Gegebene und Aufweisbare unterschied. Wie im Räumlichen Raum, im Sprechen Sprache unthematisch gegeben ist, so sei auch Sein im Seienden phänomenologisch aufzuweisen [28]. «Ontologie ist nur als Phänomenologie möglich» [29]. Diese von Heidegger in seiner Spätphilosophie freilich aufgegebene These dürfte für das weithin offene Problem der Methoden der M. bedeutsam bleiben.

Endlich hat Heidegger *viertens* in der Frage nach dem Verhältnis von Sein und Zeit eine neue Problemdimension eröffnet, indem er die Zeit als Sinn, d.h. als Verstehen ermöglichenden Horizont von Sein behauptet. Stets sei bei jeder Bestimmung von Sein z. B. als «ständig Bleibendes» oder als jetzt «Anwesendes» ein Hinblick auf Zeit, freilich nur auf einen ihrer Modi, die Gegenwart, im Spiel gewesen, aber das sei nie ausdrücklich thematisiert worden [30]. In der Kehre von der phänomenologischen Analyse des in der Zeitlichkeit des Daseins gründenden Seinsentwurfes zum Andenken an das sich in der Sprache sein «Haus» ereignende und so die geschichtliche Situation bestimmende Sein [31] wird aus der These von der Temporalität des Seins die Annahme einer schicksalhaften Seinsgeschichte. Auch wenn der vor allem in Interpretationen von Denkern und Dichtern versuchte Aufweis einer solchen Seinsgeschichte schwerlich überzeugen kann, wird M. damit vor die Aufgabe gestellt, in neuer Weise dem Verhältnis von Sein und Sprache und von Sein und Geschichte nachzugehen.

Heidegger hat zwar betont, die M. sei «seit ihrem Beginn ... zumal Ontologie und Theologie», aber wer diese und die Theologie des christlichen Glaubens erfahren habe, ziehe es heute vor, «im Bereich des Denkens von Gott zu schweigen» [32]. Aber andererseits ist unübersehbar, daß Heideggers «Mythisierung des Seins ... die Kette der Surrogate des christlichen Glaubens voraus- und fortsetzt» [33]. In Heideggers Sein ein «Pseudonym Gottes» zu sehen [34], legen auch die an Heidegger sich anschließenden theologischen Entwürfe W. WEISCHEDELS (Der Gott der Philosophen als das Vonwoher der Fraglichkeit) und B. WELTES (Das Nichts als Antlitz der unendlichen Macht und als Nichts des Geheimnisses) nahe [35]. Sofern Heidegger aber dem Menschen «Gehorsam» auch gegenüber einem «bösen Geschick des Seins» [36] zumutet, wiederholt er in neuer Gestalt den spätmittelalterlichen Gedanken eines Willkürgottes [37]. Es entspricht der sich darin ausdrückenden Verkennung der Absolutheit sittlicher Freiheit, daß Heidegger keinen weiterwirkenden Beitrag zu einer Philosophie der Freiheit – auch das gehörte ja zur M. – geleistet hat. Wohl zu Recht hat Heidegger selbst die Bedeutung seines Denkens für «das metaphysische Fragen im Ganzen seiner Art und Geschichte» darin gesehen, daß es «das Licht zu einem klareren Sehen» gegeben hat [38].

Anmerkungen. [1] M. HEIDEGGER: Die Kategorien- und Bedeutungslehre des Duns Scotus (1916) 235; Frühe Schr. (1972) 348 *ohne* Fettdruck. – [2] Vorträge und Aufsätze (1954) 71f. 77. 87. – [3] Sein und Zeit (⁵1941) (= S.u.Z.) 13. – [4] a.O. 2; vgl. 21f. – [5] Vgl. G. HAEFFNER: Heideggers Begriff der M. (1974) 24. – [6] HEIDEGGER, S.u.Z. 402. – [7] Frühe Schr. a.O. [1] 349; vgl. dagegen HAEFFNER, a.O. [5] 132 Anm. 124. – [8] HEIDEGGER, Kant und das Problem der M. (²1951) (= Kant) 13; Was ist M.? (⁵1949) (= W.i.M.) 37f. – [9] Kant 18. – [10] a.O. 207. – [11] 208. – [12] Vom Wesen des Grundes (³1949) 20. – [13] Kant 209. – [14] W.i.M. 42. – [15] Einf. in die M. (1953) (= Einf.) 31. – [16] a.O. 15. – [17] 14f. – [18] Über den Humanismus (1949) (= Hu.) 42. 46f. – [19] Holzwege (²1952) 302. – [20] Platons Lehre von der Wahrheit (²1954) 48f.; vgl. 42ff. – [21] G. JÁNOSKA und F. KAUZ (Hg.): M. Wege der Forsch. 346 (1977) 1. – [22] HEIDEGGER, S.u.Z. 8-15; vgl. zur Abwertung des «Betrachtens» 61. 74. – [23] a.O. 6. – [24] Vgl. W. FRANZEN: Von der Existenzialontol. zur Seinsgesch. (1975) 11ff. – [25] HEIDEGGER, Einf. 42; Was heißt Denken? (1954) 107. 133. – [26] Vgl. Art. ‹esse commune› und bes. den dort angeführten Aufsatz von P. HADOT. – [27] HEIDEGGER, S.u.Z. 27. – [28] a.O. 31. – [29] 35. – [30] 19-27. 95-101; Kant 216ff.; Einf. 138 usw. – [31] Hu. 21. – [32] Identität und Differenz (1957) 51; vgl. FRANZEN, a.O. [24] 204ff. – [33] K. GRÜNDER: M. Heideggers Wiss.kritik in ihren gesch. Zusammenhängen. Arch. für Philos. 11 (1962) 330. – [34] O. MARQUARD: Drei Bemerk. zur Aktualität Heideggers, in: Theol. und Menschenbild, hg. G. DAUTZENBERG (1978) 244. – [35] W. WEISCHEDEL: Der Gott der Philosophen 1. 2 (1971/72); B. WELTE: Relig.philos. (1978). – [36] Vgl. HEIDEGGER, Holzwege 325; Hu. 42; W.i.M. 46. – [37] Vgl. FRANZEN, a.O. [24] 114. 120; JÁNOSKA/KAUZ, a.O. [21] 45f. – [38] HEIDEGGER: Zur Seinsfrage (1956) 36.

Literaturhinweise. W. MARX: Heidegger und die M., in: Beiträge zur Philos. und Wiss. W. Szilasi zum 70. Geburtstag (1960) 185-200. – G. HAEFFNER s. oben Anm. [5]. – T. ANDO s. Anm. [7 zu I] 103-123.

2. *Zur gegenwärtigen Problemsituation.* – Während Heidegger auf dem Weg war, die M. durch Rückgang in ihren Grund zu überwinden, veröffentlichte R. CARNAP 1931 seine zentral gegen Heidegger gerichtete Abhandlung ‹Überwindung der M. durch logische Analyse der Sprache› [1], die der M.-Kritik des «Wiener Kreises» maßgeblichen Ausdruck gab. Weil danach alle Sätze, die nicht formal wahr oder falsch wie die Sätze der Logik und Mathematik oder wie die Sätze der Naturwissenschaft empirisch verifizierbar sind, als metaphysisch und sinnlos qualifiziert werden, gibt Carnap dem Begriff ‹M.› einen

neuen Inhalt: Nie zuvor galt z.B. der Satz: «Caesar ist eine Primzahl» als Satz der M. [2]. Aber auch wenn man M. als in Klasseninteressen gründende Ideologie hinstellt, wirft man sie mit «bürgerlicher Philosophie» in einen Topf. Ein derart vager Begriff von M. ist andererseits aber nicht erst Resultat dieser Kritik, Titel wie ‹M. des Gefühls›, ‹M. der Gemeinschaft›, ‹M. der Kindheit›, ‹M. der Geschlechter›, ‹M. der Metapher› usw. waren lange geläufig. So dürften der gegenwärtige Sprachgebrauch von ‹M.› und die sachliche Problematik einer M. vor allem durch die Infragestellung ihrer Wissenschaftlichkeit, durch die Rückfrage nach ihrem Erkenntnisinteresse und durch einen durch die Anknüpfung an verschiedene Gestalten der überlieferten M. gegebene, wohl nie zuvor gekannte Pluralität in der Bestimmung ihrer Themen gekennzeichnet sein.

a) *Wissenschaftlichkeit und Methoden der M.* — Es konnte nicht lange unbemerkt bleiben, daß Carnaps These, alle nicht formal wahren oder falschen oder nicht empirisch verifizierbaren Sätze seien metaphysisch, d.h. sinnlos, auch selbst metaphysisch, d.h. sinnlos war. Daraus hat W. STEGMÜLLER gefolgert: «M. kann man nur mit anderer M. bekämpfen» (nicht also allein durch vernünftige Argumente?). Sind ferner «alle Wissenschaften metaphysisch fundiert», die skeptizistische These, «Wahrheit» sei inexplikabel, aber widerspruchslos zu vertreten, dann sind «Wissenschaft und Philosophie in einem 'vorrationalen Entschluß' verankert» [3]. Auch K. POPPER, der trotz seiner Kritik am Verifikationsprinzip den weiten M.-Begriff Carnaps grundsätzlich teilt [4], spricht von einer «Entscheidung zum Rationalismus», die ein «irrationaler Entschluß», ein «Glaube an die Vernunft» sei [5]. Diese Alternative zwischen Skepsis und Wissenschaft, zwischen Irrationalismus und Rationalismus hat H. KÜNG zur Alternative zwischen nihilistischem Grundmißtrauen und einem bis zum Gottesglauben hin aufklärbaren Grundvertrauen verschärft, das Grundvertrauen als «vernünftiges Wagnis» hingestellt, dessen Recht und Vernünftigkeit aber nur «im Vollzug» und «durch die 'Praxis'» einsichtig werden könne. Wie besonders die Applikation aufs Freiheitsproblem zeigt, daß nämlich unsere geschichtliche Wirklichkeit uns Freiheit zuspricht und ein vertrauensvolles Sich-Einlassen auf sie dann Freiheit auch, etwa in der Übernahme von Schuld, «als wirklich erfahren» läßt [6], handelt es sich um eine besonders durch die Konfrontation mit dem Nihilismus modifizierte Weiterführung des Grundgedankens von Kant, dessen Präsenz in der gegenwärtigen Problemsituation auch M. HORKHEIMERS «Sehnsucht» nach «vollendeter Gerechtigkeit» bezeugt, die «Sehnsucht nach der Existenz Gottes» einschließe [7]. Im selben Sinn erklärt auch TEILHARD DE CHARDIN: «On ne peut agir qu'en *croyant*, qu'on est libre, qu'il y a un Oméga» [8].

Aber statt sich den Problemansatz der M. durch den logischen Positivismus vorgeben zu lassen, kann man auch seine willkürliche Erweiterung des Begriffs ‹M.› strikt zurückweisen. «Versprechen von einigem Gewicht sind zu halten», ist nämlich, obwohl keine Aussage der Logik oder Naturwissenschaft, auch kein Satz der M., sondern der Moral. Erklärt man ihn für metaphysisch – er gilt aber ebenso für Theisten wie Atheisten, Metaphysiker wie Antimetaphysiker –, bestreitet man damit die Legitimität einer «Ethik ohne M.», wie sie etwa Aristoteles, Thomas oder Kant gelehrt haben. Hält man ferner alle Naturwissenschaften etwa deshalb für «metaphysisch verankert», weil auch ihnen Elementaraussagen mit Prädikaten von bloß begrifflicher Bedeutung, wie «Farbe», «Körper», «Tier», «Mensch» («das ist eine Farbe») zugrunde liegen [9], dann wird die Fundierung aller Wissenschaften in der sprachlich ausgelegten Lebenswelt mit einer Abhängigkeit von M. identifiziert, von der sich die moderne Naturwissenschaft gerade emanzipiert hat: Sie ist methodisch unabhängig von einer platonischen oder aristotelischen, idealistischen oder materialistischen M. Man treibt eben keine M., sondern gibt einer lebensweltlich unstrittigen Wahrheit Ausdruck, sagt man im Zoo einem Kind: «das ist ein Elefant». Anzunehmen, in einem solchen Satz werde Wahres über Wirkliches ausgesagt, ist freilich ein Ausgangspunkt der M. aristotelischer Prägung [10].

Mit dem relativierenden Hinweis auf die berechtigte Polemik Carnaps gegen die «irrationalistische M.» seiner Zeit hat G. PATZIG dem monströs ausgeweiteten M.-Begriff des logischen Positivismus das «heute fast von allen Philosophen geteilte» Postulat entgegengesetzt: «so wenig M. wie möglich, aber auch nicht weniger als nötig» [11]. Es bedürfe z.B. keiner M., um «die Gesetze der Logik» zu formulieren, «über deren Inhalt und Gültigkeit kein Streit sein kann». Geht es aber um die «Grundlagenfragen», gerate man jedoch in den «unaufhörlichen Streit der Metaphysiker» [12]. Das dürfte nun für alle Einzelwissenschaften gelten: Sucht man die von ihnen gemachten sachlichen Voraussetzungen (sie haben auch ethische und politische Bedingungen und Konsequenzen) methodisch und argumentativ zu klären, statt sie als selbstverständlich oder durch den Erfolg bewährt auf sich beruhen zu lassen, dann ist M. nötig, die ja als «Erste Philosophie» auch stets diese Aufgabe hatte.

Soll M. aber, statt nur in den vorwissenschaftlichen, stets Transempirisches enthaltenden lebensweltlichen Ansichten als Naturanlage wirklich zu sein, als Wissenschaft ausgebildet werden, bedarf es dazu wissenschaftlicher Methoden. Fast alle im Laufe der Geschichte ausgebildeten Methoden werden in den Dienst dieser Aufgabe gestellt: Mit Hilfe der oft in der M. angewandten klassischen mathematischen Methode («Definitionen, Axiome und Demonstrationen»), deren Strenge durch «die Erzeugung einer formalisierten Sprache» noch gesteigert wird, hat H. SCHOLZ «M. als strenge Wissenschaft» begründet, die «in jeder möglichen Welt» gültige Wahrheiten aufstellt [13]. In der Bemühung um eine «wissenschaftliche M.», die sowohl die «Letztvoraussetzungen» aller Beweisführungen zu klären als auch die zur «Weltanschauung» gehörenden Fragen z.B. nach dem «Dasein eines höchst vollkommenen Wesens» zu beantworten habe, beruft sich auch R. O. MESSNER auf «eine wissenschaftliche Logik», da «jeder Lehrsatz der Logik ... zugleich methodischen Charakter» habe [14]. Nicht die aufzuhebende, d.h. auch zu bewahrende Logik des Verstandes, sondern die etwa am Phänomen des Bewußtseins oder der Sprache aufweisbare Dialektik hingegen ist für M. konstitutiv, die sich an Hegel anschließt. Nach B. LIEBRUCKS ist dabei zugleich auch die M. selbst dialektisch aufzuheben: «Ein Abschied von der M. ist nur durch die Hinwendung zu ihr erreichbar» [15]. Die phänomenologische Einstellung bestimmt M. MERLEAU-PONTY in seiner Konzeption von M., die den Phänomenen der Intersubjektivität, welche von den Humanwissenschaften vorgestellt werden, «ihre ursprüngliche Transzendenz und Befremdlichkeit wiedergibt» [16]. Phänomenologische «Beschreibung» und Analyse «des tatsächlichen Sprachgebrauchs» bilden die Methoden der «deskriptiven M.» P. F. STRAWSONS, welche «die tatsächliche Struktur unseres Denkens über die Welt» nur beschreiben will, statt zu versuchen, sie wie die «revisionäre M.» zu verändern und zu verbessern [17]. Aber bedeutsamer als diese Rehabilitierung des M.-Begriffs in der sprachanalytischen Philosophie ist die als Transzendentalphilosophie – die «erneuerte ... antidogmatische M.» sei [18] – oder innerhalb ihres systematischen Aufbaus als «die philosophische Lehre vom Transzendenten» neu begründete M. [19], wie sie vor allem H. WAGNER und W. CRAMER vorgelegt haben [20]. Im Rahmen solcher Transzendentalphilosophie, die das Ich, das Bewußtsein, das Denken oder die Reflexion zum Prinzip hat, kann freilich auch eine «Verabsolutierung .... transzendentaler Logik» zur M. abgelehnt werden [21]. Nicht als Transzendentalphilosophie in diesem Sinn, sondern mit Hilfe der aus dem Ansatz des Fragens selbst vermittelten transzendentalen Methoden hat E. CORETH eine «methodisch-systematische Grundlegung» der M. vorgelegt, die als letzte Möglichkeitsbedingung des Fragens ein apriorisches Wissen vom absoluten Sein aufzuweisen unternimmt [22].

Gegenüber solchem mehr oder weniger systematischen Philosophieren hält hermeneutische Philosophie «eine von der Historie abgesonderte Systematik» für «methodologisch inadäquat» [23], sieht M. nicht so sehr als Naturanlage, sondern als wesentliches Moment der uns bestimmenden Geschichte und ist überzeugt, «daß die Klassiker des philosophischen Gedankens, wenn man sie zu verstehen sucht, von sich aus einen Wahrheitsanspruch geltend machen, den das zeitgenössische Bewußtsein weder abweisen noch überbieten kann» [24]. Wie man von Bach und Mozart nicht absehen kann, wenn man Musik will, so nicht von Platon, Aristoteles, Thomas, Descartes usw., wenn es um die Wahrheit über unsere auch wesentlich geschichtlich geprägte Wirklichkeit geht. Daher stellte J. RITTER seine «Studien zu Aristoteles und Hegel» unter den Titel: «M. und Politik» [25], und H.-G. GADAMER hat in der Überzeugung, daß die Sache der Philosophie an der stets neuen kritischen Aneignung ihrer Tradition hängt, sich Hegels berühmtes Wort, es zugleich abwandelnd, zu eigen gemacht: Eine gebildete *Menschheit* ohne M. wäre wie ein Tempel ohne Allerheiligstes [26]. Das Bedenken, eine historisch vergegenwärtigte M. sei noch keine gegenwärtige M., hat F. ALQUIÉ auszuräumen versucht: «Erreicht man die Wahrheit einer Lehre, handelt es sich nicht mehr um Historie, sondern um Philosophie» [27]. Daß es aber «mehrere M.en gibt, die nicht aufeinander oder auf eine übergeordnete Einheit zurückführbar sind» – und diese Pluralität wiederholt sich bei der Anknüpfung z. B. an Thomas (E. GILSON [28]), Descartes (F. ALQUIÉ), Leibniz (E. HEINTEL [29]) oder Kant (F. KAULBACH [30]) – ist nach W. KLUXEN gerade als die Situation «der Wahrheit über die M. anzuerkennen» [31]. Läßt sich aber Vernunft in der Geschichte der M. aufweisen, ein sich in der Geschichte ihrer Methodenreflexion zeigender Fortschritt im Bewußtsein ihrer Problematik, dann besitzt M. zwar «in dem Aufweis der Vernünftigkeit ihrer großen Tradition einen neuen Titel ihrer Glaubwürdigkeit», aber sie kann «sich andererseits in ihrer Geschichtlichkeit nur mehr als 'métaphysique par provision' verstehen» [32].

b) *Wozu M.?* – Daß gegenwärtige M. «in Klasseninteressen ... der Bourgeoisie» begründet sei, der «Verteidigung der bestehenden sozialen Verhältnisse» diene und so zur «bürgerlichen Ideologie» gehöre, ist eine Grundüberzeugung des *Marxismus* [33], die der frühe M. HORKHEIMER übernommen hatte [34] und die später «halbexplizit» von der Kritischen Theorie «weitergetragen» und verbreitet wurde [35]. Werden aber philosophische Argumentationen derart, statt sachliche Kritik zu finden, nur aus partikulären Klasseninteressen erklärt, dann spricht man denen, die sie vertreten, das allgemeine Interesse an Wahrheit und vor allem die Fähigkeit ab, unabhängig von ihrem (als falsch und gewissermaßen krank angesetzten) gesellschaftlichen Sein wahres Bewußtsein zu verwirklichen [36]. Wenn das menschliche Wesen das ensemble der gesellschaftlichen Verhältnisse, das Bewußtsein durch das gesellschaftliche Sein so determiniert ist wie das eines Psychopathen durch sein Kranksein, kann es unter unwahren und unfreien gesellschaftlichen Verhältnissen eben kein wahres und freies Bewußtsein geben. Erst «die klassenlosen Gesellschaft des Kommunismus» wird «zum ersten Male» die wahrhaft humane, dialogische «Wahrheitsfindung» ermöglichen [37]. An der einstweilen möglichen, durch die richtige Praxis definierten «Wahrheit» hat nur teil, wer die revolutionäre Praxis und die sie bestimmende Theorie teilt, weil allein sie zum Reich der Freiheit führt. Lehnt man die Voraussetzung dieser Argumentation ab, daß es in der «Vorgeschichte» des Kommunismus nur gesellschaftlich bedingtes falsches Bewußtsein statt Wahrheit und nur die Dialektik der Gewalt statt Freiheit und freier Kommunikation gibt, findet man also in unserer Geschichte schon Vernunft, verwirklichte Wahrheit und Freiheit vor, wird man auch das Erkenntnisinteresse der M. wie der Philosophie überhaupt darin sehen, schon verwirklichte Wahrheit und Freiheit zu bewahren und zu vermehren.

M. hat von ihrem Ursprung an in der Überzeugung, daß der Mensch nicht vom Brot allein lebt, sondern auch «Hunger und Durst nach der Wahrheit» hat [38], ihr Ziel in der von anderen Zwecken freien Erkenntnis der Wahrheit gesehen und damit im menschlichen Glück, das «in der Freude an der Wahrheit» bestehe [39]. Erst KANT hat das Interesse an M. nicht mehr aus dem naturhaften Streben nach Glück begründet, sondern aus der Erfüllung der uns erst glückswürdig machenden Pflicht, zu der es auch gehöre, die kraft ihrer Natur zu überschwenglichen metaphysischen Behauptungen geführte Vernunft durch Kritik zu disziplinieren und dadurch zu aufgeklärter Selbsterkenntnis zu gelangen. Aufklärung – auch über Recht und Grenzen der Religion – aber ist, weil es so bequem sei, unmündig zu bleiben, Pflicht [40]. Für HEGEL ist dann Bewahrung und Vollendung der geschichtlich vorgegebenen Wahrheit und Freiheit «Zweck der Philosophie», die im Unterschied zur «früheren M.», die Gott «nur abstrakt betrachtete», auch Religionsphilosophie wird, die das Christentum zugleich kritisch und rechtfertigend als «Religion der Freiheit» begreift [41]. So ist das Interesse an M. in ihrer neuzeitlichen Gestalt im Willen zur Bewahrung und Verwirklichung vernünftiger subjektiver Freiheit begründet. Sofern in solcher Freiheit das geglückte Dasein liegt, ist in Hegels Begründung des Interesses an M. die der älteren Tradition und Kants «aufgehoben».

Wie O. MARQUARDS an Kant gerichtete Frage: «Wozu M.?» gezeigt hat, bleibt skeptische Philosophie freilich skeptisch sowohl gegenüber dem von der traditionellen M. verheißenen Glück wie gegenüber einer angeblichen Pflicht, die angeblich als Naturanlage wirkliche M. zu prüfen. Weil es aber die metaphysischen Fragen nun einmal gibt, die «Extremprobleme» sein können und die, würde ihre Lösung oder Liquidierung etwa Sache einer «Staats- oder Parteiräson», «gefährlich» würden, begrüßt der spätere Marquard die M., statt sie wie früher als nicht einmal optimales Surrogat abzuwerten, fast emphatisch als «Problemasyl für unlösbare Fragen», als «Isolierstation für gefährliche Fundamentalprobleme», die dort ihre «unschädliche ... Behandlung» fänden. «Für den Skeptiker ... kann es niemals zu viel M. geben» [42] – für den geschichtlich denkenden Metaphysiker, der in der unaufhebbaren Pluralität vernünftiger – das ist freilich eine unerläßliche Bedingung – metaphysischer Ansätze und Problemlösungen Zeichen nicht der Unmöglichkeit, sondern der Endlichkeit metaphysischer Erkenntnisse sieht, auch nicht.

Interesse an M. muß schließlich auch die christliche Theologie haben, will sie die Wahrheit und Vernunftgemäßheit der christlichen Offenbarung vor der allgemeinen Vernunft darlegen und so die freie Annahme des Glaubens ermöglichen. Nur dadurch wird die christliche Praxis des Vollzugs von Glaube, Hoffnung und Liebe, welche Praxis das freilich subjektiv bleibende und nur zu bezeugende entscheidende Wahrheitskriterium der Glaubensinhalte bildet, als allgemeine menschliche Möglichkeit gerechtfertigt und ihre Zugehörigkeit zu einer durch Vernunft und Freiheit bestimmten Geschichte dargelegt. In diesem Sinn hat H. KÜNG, um «eine verantwortete Glaubensentscheidung zu ermöglichen» und um, statt eines «sacrificium intellectus», «die Wahrheit des Gottesglaubens ... mit Gründen ... zu bewahrheiten», für «die Sache» der M. plädiert [43]. Ferner zeigt etwa die im Zuge der Entmythologisierung der christlichen Botschaft und ihrer Befreiung von griechischer M. vertretene These, das Wort ‹Gott› nenne lediglich «eine bestimmte Art der Mitmenschlichkeit», nach C. H. RATSCHOW die Gefahr des theologischen Denkens, «zu meinen, seinen Gegenstand jenseits der M. aussagen und bewahren zu können» [44]. W. PANNENBERGS Formulierung, Theologie habe «das Erbe der M. mitzuverwalten» [45], bekundet freilich auch eine notwendige Distanz christlicher Theologie zur griechischen und mittelalterlichen Gestalt der M., die Gott ausschließlich als ewig und unveränderlich, nicht auch als geschichtlich und veränderlich gedacht hatte. Gerade um menschliche Freiheit zu ermöglichen und zu vollenden, muß Gott aber dialektisch als allmächtig und ohnmächtig, ewig und geschichtlich, unendlich und endlich, d. h. als vollkommene und auf uns eingehende endliche Freiheit gedacht werden, was im Denken der alten M. nicht geschah und, übernimmt man nicht einfachhin Hegels Systemlösung, das offene Problem des Verhältnisses von Sein und Freiheit, von M. und Geschichte bezeichnet [46].

c) *Themen der M.* – Zwar ist der von N. HARTMANN bestimmte Sprachgebrauch, letztlich undurchschaubare Phänomene oder Probleme «metaphysisch» zu nennen (z. B. «M. der Krankheit»), zurückgegangen, aber auch G. MARTIN vertritt einen so weiten Begriff von M., daß nicht nur die Unterscheidung von M. und Ontologie zurückgenommen wird, sondern auch jede «Antwort auf eine Seinsfrage» (z. B. «Was ist ein Kreis?») M. heißt [47]. Aber es entspricht mehr dem traditionellen und noch üblichen Sprachgebrauch, die Erörterung der Seinsfrage – oder, wie neuerdings bevorzugt gesagt wird, der Frage nach der Wirklichkeit – dann M. zu nennen, wenn es dabei um die Totalität oder Gesamtheit des Seienden oder der Wirklichkeit geht und zugleich um die Frage nach Gott als ihrem letzten Grund und Ziel. M. in diesem Sinn bieten etwa G. SIEWERTH, bemüht um «die größte Aufgabe der abendländischen Philosophie, die innere Begegnung zwischen Scholastik und Deutschem Idealismus» [48], G. MARCEL, der die Seinsfrage mit einem existentialistischen Personalismus verbindet [49], oder L. LAVELLE, dessen M. um die Begriffe «Sein», «Geist» und «Akt» kreist [50].

Kants Sprachgebrauch weiterführend, behandelt K. JASPERS unter dem Titel «M.» die «Transzendenz» und das «Transzendieren» des Menschen [51]. Als M. und deren Abschluß betrachtet auch W. BRUGGER seine «Summe einer philosophischen Theologie» [52]. Andererseits hat M. BUBER, der nach CH. HARTSHORNE «keine M.» habe, aber «einer der größten unter den Metaphysikern» sei, es abgelehnt, seine Gotteslehre und Religionsphilosophie «M.» zu nennen [53].

Daß die Behandlung eines traditionell der M. zugeschriebenen Themas heute bald als ‹M.›, bald gerade nicht als ‹M.› bezeichnet wird, zeigt sich vor allem am Problem der Freiheit. Psychologen, die Freiheit als «evidentes Phänomen der Selbsterfahrung» behaupten, Psychotherapeuten, die Neurose als um der Leidvermeidung willen getätigte «Selbstaufgabe der Freiheit» verstehen, betonen, daß es Freiheit «für den empirisch-gegenständlichen Blick» nicht gibt oder bezeichnen sie ausdrücklich als «metaphysisches Problem» [54]. Als selbstverständlich zur M. gehörig – etwa im Sinne Kants – geben J. SIMON [55], E. WEIL, der «die Unendlichkeit der Freiheit» betont, die «alles verneinen» könne und dadurch «die Idee der Totalität» einführe [56], oder J. NABERT eine «Philosophie der Freiheit» [57]. Andererseits distanziert sich H. KRINGS gerade bei dem Versuch, von endlicher Freiheit her Gott als «vollkommene Freiheit» zu denken, von «Ontologie oder M.» [58]; und jüngst anerkennt und erörtert E. TUGENDHAT Freiheit im Rahmen betont antimetaphysischer analytischer Sprachphilosophie [59].

Es charakterisiert endlich die gegenwärtige Situation der M., daß Sprachphilosophie Rang und Rolle der Ersten Philosophie beansprucht [60] – und die Begriffe «Sachverhalt» oder «Tatsache» besitzen ja auch offensichtlich «den Abstraktionsgrad der scholastischen Transzendentalien» [61] –, daß die selbständig gewordene Wissenschaftstheorie die Aufgaben der Ersten Philosophie aristotelischer Prägung fortführt oder daß Wahrheitstheorien ein vordem im Gesamt der M. behandeltes Thema erörtern. Und wenn H. LÜBBE erklärt, Philosophie verhalte sich «zu den Systemen unserer jeweiligen Orientierung ... wie der kartographische Symbolismus zu den Karten selbst», «Philosophie, als wissenschaftliche Disziplin» sei als «A-priori-Forschung ... für die in normaler Einstellung ... nicht in der Richtung unserer Aufmerksamkeit liegenden Orientierungsvoraussetzungen» der Praxis zuständig [62], dann ist die Nähe dieser Beschreibung der Philosophie zu den traditionellen Bestimmungen der M. unübersehbar.

So gibt es heute Fortführungen der Sache der M. ohne den alten Namen, und selbstverständlich – aber auch das ist schon ein Zitat anzuführen [63] – kommt es auf die Sache an, «auf das Wort kann man verzichten». Ob man es wirklich tun wird, kann nur die Zukunft lehren.

Anmerkungen. [1] R. CARNAP: Überwindung der M. ... Erkenntnis 2 (1931) 219–242; auch in: G. JÁNOSKA und F. KAUZ (Hg.): M. Wege der Forsch. 346 (1977) 50–78. – [2] Vgl. G. PATZIG: Nachwort zu R. CARNAP: Scheinprobleme in der Philos., in: Theorie 1 (1966) 113. – [3] W. STEGMÜLLER: M., Wiss., Skepsis (1954) 386. 388. 390. – [4] Vgl. G. JÁNOSKA: Popper und das Problem der M., in: JÁNOSKA, a.O. [1] 349–369. – [5] K. R. POPPER: Revolution oder Reform, hg. F. STARK (1971) 38f. – [6] H. KÜNG: Existiert Gott? (1978) Zitate 498ff. – [7] M. HORKHEIMER: Die Sehnsucht nach dem ganz Anderen (1970). – [8] P. TEILHARD DE CHARDIN: Tagebuch I, 2f (unveröff.); vgl. TH. BROCH: Das Problem der Freiheit im Werk von P. Teilhard de Chardin (1977) 110. – [9] Vgl. F. KAUZ: Einl. zu JÁNOSKA, a.O. [1] 33. – [10] Vgl. L.

OEING-HANHOFF: Sprache und M., in: Das Problem der Sprache, hg. H.-G. GADAMER (1967) 449-468; auch in: JÁNOSKA, a.O. [1] 296-324. – [11] PATZIG, a.O. [2] 98. – [12] G. PATZIG: Sprache und Logik (1970) 9. – [13] H. SCHOLZ: M. als strenge Wiss. (1941) 13ff. – [14] R. O. MESSNER: Die zwei Grundbereiche der M. ... (Wien 1962) 9f. 116f.; vgl. JÁNOSKA, a.O. [1] 213ff. – [15] B. LIEBRUCKS: Sprache und M., in: JÁNOSKA, a.O. [1] 201. 211; Sprache und Bewußtsein 1-7 (1964ff.). – [16] M. MERLEAU-PONTY: Das Metaphysische im Menschen, in: JÁNOSKA, a.O. [1] 295. – [17] P. F. STRAWSON: Einzelding und log. Subjekt (1972) 10ff. – [18] H. M. BAUMGARTNER: Transzendentalphilos. Sacramentum Mundi 3 (1969) 980f. – [19] H. WAGNER: Philos. und Reflexion (1959) 407. – [20] Ist M. des Transzendenten möglich? in: Subjektivität und M. Festschr. W. Cramer (1966) 290-326; W. CRAMER: Das Absolute und das Kontingente (1959); Grundleg. einer Theorie des Geistes (^{2}1965). – [21] H. KRINGS: Transzendentale Logik (1964) 22. – [22] E. CORETH: M. Eine methodisch-systemat. Grundleg. (^{2}1964). – [23] P. YORCK VON WARTENBURG, Briefwechsel zwischen Dilthey ... (1923) 69. – [24] H.-G. GADAMER: Wahrheit und Methode (^{2}1965) XXVI. – [25] J. RITTER: M. und Politik (1969). – [26] H.-G. GADAMER: Das Erbe Hegels. Rede anläßl. der Verleihung des Hegel-Preises 1979.– [27] F. ALQUIÉ: La découverte mét. de l'homme chez Descartes (Paris 1950) 346. – [28] E. GILSON: L'être et l'essence (Paris 1948); Being and some philosophers (Toronto 1952). – [29] E. HEINTEL: Die beiden Labyrinthe der Philos. 1 (1968). – [30] F. KAULBACH: Einf. in die M. (1972). – [31] W. KLUXEN: Ethik des Ethos (1974) 74. – [32] OEING-HANHOFF, a.O. [10] 468 bzw. 324. – [33] KLAUS/BUHR (Hg.): Philos. Wb. s.v. ‹M.› – [34] M. HORKHEIMER: Materialismus und M., in: JÁNOSKA, a.O. [1] 112. – [35] R. BUBNER: Was ist krit. Theorie? Hermeneutik und Ideologiekritik. Theorie-Diskussion (1971) 179. – [36] Vgl. KAUZ, a.O. [9]; vgl. J. DE VRIES: M. unter Ideologieverdacht. Theol. u. Philos. 46 (1971) 1-18. – [37] R. GARAUDY: Die Aktualität des Marxschen Denkens (1964) 120. – [38] G. W. F. HEGEL, Einl. in die Gesch. der Philos., hg. J. HOFFMEISTER (^{3}1959) 28. – [39] AUGUSTINUS, Conf. X, 23. – [40] Vgl. G. KRÜGER: Philos. und Moral in der Kantischen Kritik (1931) 129ff. – [4] G. W. F. HEGEL: Enzyklop. (1830), hg. F. NICOLIN/O. PÖGGELER (1959) 445. 462; Vorles. über die Philos. der Relig., hg. G. LASSON (1966) I, 1, 8; Rechtsphilos. Werke, hg. H. GLOCKNER 7, § 18 Z. – [42] O. MARQUARD: Skeptische Methode im Blick auf Kant (1958) 147; Skeptische Betracht. zur Lage der Philos., in: Wozu Philosophie? hg. H. LÜBBE (1978) 88f. – [43] KÜNG, a.O. [6] 581ff. 606. – [44] C. H. RATSCHOW: Gott existiert (1966); vgl. K. DIENST: Der M.-Vorwurf als Kategorie theol. Disqualifikation. Dtsch. Pfarr-Bl. 69 (1969) 549ff. – [45] W. PANNENBERG: Grundfragen systemat. Theol. (^{2}1971) 346. – [46] Vgl. L. OEINGHANHOFF: Hegels Trinitätslehre. Zur Aufgabe ihrer Kritik und Rezeption. Theol. u. Philos. 52 (1977) 378ff.; Die Krise des Gottesbegriffs. Theol. Quartalschr. 159 (1979) 285ff. – [47] G. MARTIN: Einl. in die allg. M. (1957) 9f. 146. – [48] G. SIEWERTH: Der Thomismus als Identitätssystem (1939) 3. – [49] G. MARCEL: Journal mét. (1927); Etre et avoir (1935). – [50] L. LAVELLE: De l'être (^{2}1947); De l'acte (1937). – [51] K. JASPERS: Philos. (^{2}1948) 675-874. – [52] W. BRUGGER: S. einer philos. Theol. (1979). – [53] CH. HARTSHORNE: M. Buber, hg. P. A. SCHILPP/M. FRIEDMANN (1963) 42. 612. – [54] Vgl. die Diskussion zwischen A. GÖRRES, PH. LERSCH und H. HECKHAUSEN: Das Personverständnis in der Pädag., hg. J. SPECK (1966) 266ff.; A. MITSCHERLICH: Freiheit und Unfreiheit in der Krankheit (1977) 72f. 75ff.; P. MATUSSEK: Met. Probleme der Med. (1948) 66ff. 71ff. – [55] J. SIMON: Wahrheit als Freiheit (1978). – [56] E. WEIL: De la réalité. Studi urbinati 1-2 (1965) 18. – [57] P. LEVERT: Jean Nabert (Paris 1971) 42ff. – [58] H. KRINGS: Freiheit. Ein Versuch Gott zu denken, in: Philos. Jb. 77 (1970) 230. – [59] E. TUGENDHAT: Selbstbewußtsein und Selbstbestimmung (1979). – [60] K. O. APEL: Die Idee der Sprache ... Arch. Begriffsgesch. 8 (1963) 22. – [61] H. SCHEPERS: Holcot contra dicta Crathorn, in: Philos. Jb. 79 (1972) 123. – [62] LÜBBE: Wozu Philosophie? ... a.O. [42] 142f. – [63] KÜNG, a.O. [6] 606.

L. OEING-HANHOFF

Metaphysik, induktive. Der Begriff ‹i.M.› setzt sich allgemein erst *nach* dem Zweiten Weltkrieg in philosophiehistorischen und lexikalischen Werken durch. Bei H. MEYER, J. HIRSCHBERGER u. a. [1] werden vor allem Philosophen der Mitte und zweiten Hälfte des 19. Jh. als ihre Repräsentanten genannt: *G. Th. Fechner, R. H. Lotze* und *E. v. Hartmann,* ferner einige ihrer Schüler und mit Einschränkungen *W. Wundt.* Daneben und weniger bestimmt werden dann auch Denker der Folgezeit den induktiven Metaphysikern zugezählt: *H. Driesch, J. Reinke, O. Külpe,* die Brüder *E.* und *S. Becher, A. Wenzl, C. F. v. Weizsäcker* und unter gewissen Rücksichten sogar *Teilhard de Chardin.* Dabei verfließen die Übergänge in Richtung Neovitalismus, Neorealismus und kritischer Realismus. Die induktiven Metaphysiker des 19. Jh. werden dagegen allgemein als 'idealistische Metaphysiker auf induktiver Basis' charakterisiert [2]. – Lexikonartikel der Gegenwart operieren mit der Bezeichnung ‹i.M.› wie mit einem geläufigen Terminus technicus: so etwa BRUGGER, DIEMER, NEUHÄUSLER u. a. [3]. Aber erst bei O. KÜLPE läßt sich dieser *technische* Gebrauch nachweisen. Bei FECHNER, LOTZE und v. HARTMANN finden sich jedoch schon zahlreiche Formulierungen, die dem Begriff ‹i.M.› entsprechen. E. v. HARTMANN schlägt bereits mit dem Motto seiner ‹Philosophie des Unbewußten› das Thema einer i.M. an: «Spekulative Resultate nach inductiv-naturwissenschaftlicher Methode» [4]. Und FECHNER hatte das methodische Prinzip seines Denkens derart bestimmt: «Tatsächliches bis zum Glauben zu erweitern ist ... das Prinzip der Tagesansicht» [5]. – Die i.M. stützt sich bewußt auf Methoden und Ergebnisse der Einzelwissenschaften der Natur und der Geschichte; sie ist indes nicht notwendig durch sie vermittelt, bezieht sich vielmehr unmittelbar «auf philosophische, religiöse, künstlerische Urerfahrungen ebenso, wie auf die alltäglichen Erfahrungen von Welt, Sinn und Sein» [6]. Sie ist so der Versuch von Deutung und Integration von Erfahrungen und Erfahrungsbereichen angesichts von realen Zusammenhängen und vermittels von Hypothesen über einen Gesamtzusammenhang der Wirklichkeit: Sie kann deshalb deduktiver und spekulativer Elemente nicht entraten.

Anmerkungen. [1] H. MEYER: Gesch. der abendl. Weltanschauung 5 (1949) 166f.; J. HIRSCHBERGER: Gesch. der Philos. 2 (^{3}1958) 497f. – [2] Vgl. E. v. ASTER: Gesch. der Philos. (^{8}1950) 358, aber auch H. HEINZE, T. K. OESTERREICH, H. HÖFFDING u. a. – [3] W. BRUGGER: Philos. Wb. (1947) 216: Art. ‹Met.›; A. DIEMER (Hg.): Fischer Lex. Philos. (1958) 193f.; A. NEUHÄUSLER: Grundbegriffe der philos. Sprache (1963) 136. – [4] E. v. HARTMANN: Philos. des Unbewußten (^{2}1874). – [5] G. TH. FECHNER: Die Tagesansicht gegenüber der Nachtansicht, hg. W. BÖLSCHE (1919) 56. – [6] W. MARCUS: Das Problem des Apriori in der i.M. Philos. Jb. 70 (1962) 113.

Literaturhinweise. G. TH. FECHNER: Zend-Avesta, hg. K. LASSWITZ (^{3}1906). – R. H. LOTZE: Mikrokosmos (1896, ^{5}1909); System der Philos., hg. G. MISCH 1. 2 (1912). – E. v. HARTMANN: Philos. des Unbewußten (1869); Phänomenol. des sittl. Bewußtseins (1879); Kategorienlehre (1896); Gesch. der Met. (1899/90); System der Philos. 1-8 (1906/09). – O. KÜLPE: Die Realisierung 1 (1912); 2. 3, hg. A. MESSER (1920). – E. BECHER: Naturphilos. (1914); Geisteswiss. und Naturwiss. (1921). – A. WENZL: Met. als Weg von den Grenzen der Wiss. an die Grenzen der Relig. (^{2}1956). – C. F. v. WEIZSÄCKER: Die Tragweite der Wiss. 1 (1964).

W. MARCUS

Metaphysikkritik

I. *Der polemische Gebrauch des Titels ‹Metaphysik›.* – Der Wahrheitsanspruch der Philosophie ist zwar schon von der antiken *Sophistik* und *Skepsis* wie auch von der Dichtung her (ARISTOPHANES, LUKIAN) grundsätzlich in Frage gestellt worden. Und die problemgeschichtliche

Entfaltung *inhaltlicher* Metaphysikkritik (Mk.) in Philosophie und Theologie hat frühe Traditionen und Höhepunkte, z. B. im Islam des 11. Jh. (AL GHAZALIS ‹Destructio philosophorum›), in der Lehre von der doppelten Wahrheit und, vor allem folgenreich, im spätmittelalterlichen Nominalismus OCKHAMS und seiner Schule. Inhaltliche Mk. gehört so zur Metaphysik (s. d.). Aber die ersten Belege für Stellen, in denen der eingebürgerte Disziplinentitel ‹Metaphysik› (M.) pejorativ verwendet wird, finden sich erst zu Beginn der Neuzeit. Dieser pejorative Gebrauch ist hier zu verfolgen.

1. *Renaissance, Humanismus und Reformation.* – In der Renaissance treten die humanistisch motivierten grammatisch-philologischen Studien, die von Byzanz her verstärkte Platon-Rezeption, die Aufnahme von Stoizismus, Epikureismus und Skepsis, die Lehre von der doppelten Wahrheit, weitgehende Aufwertung der Laienfrömmigkeit und des Schriftstudiums mit den Fortschritten der Experimentalwissenschaften als Tendenzen der Mk. zusammen. VALLAS Sprachkritik (z. B. an der aristotelischen Verwendung von ὄν) und Reduktion der Kategorienlehre auf drei sprachliche Unterscheidungen führen zur Auffassung, die Verdienste des Thomas in der M. zu rühmen, sei «schlüpfrig und doppelbödig», man könne gut «ohne die Lehren der Metaphysiker ... Theologe werden» [1]. VIVES bezeichnet metaphysische Lehren als «Fiktionen und Altweiberfabeln», denn «mehr als diese Philosophen wissen Bauern und Zimmerleute von der Natur, und aus Ärger darüber haben sie sich jene zweite Natur gemacht, lächerliche Tüfteleien (subtilitatum nugas), die sich Gott nie hätte einfallen lassen: Formalitäten, Häcceitäten, Realitäten, Relationen, platonische Ideen und derartige Ungeheuerlichkeiten (monstra) mehr, welche nicht einmal die begreifen, die sie ausgeheckt haben» [2]. NIZOLIUS' Verbindung von Nominalismus und Humanismus im ‹Antibarbarus› (1553) will M. (als Wissenschaft der Sachen) durch Logik (als Wissenschaft der Rede) ersetzen. ERASMUS hatte 1508 die weltliche bzw. christlich vertiefte Einfalt als den Systemen der Philosophie überlegen gelobt: Die Theologen reden «von Instantien, Formalitäten, Quidditäten, Ecceitäten, also von Dingen, die kein Mensch jemals zu Gesicht bekommt, er müßte denn ein Lynkeus sein, der durch das dickste Dunkel hindurch das Nichts sähe» [3]. Die humanistische Kritik an der sich auf die M. stützenden scholastischen Theologie findet sich auch in den ‹Briefen der Dunkelmänner› (1517) [4]. Der Renaissance-Platonismus ist von genereller Bedeutung für die Entwicklung der Mk. (Dignität der Mathematik, Assimilierbarkeit der Kosmologie des ‹Timaios› mit einem mechanisch-quantitativen Weltmodell), vorbereitet in PETRARCAS Aristoteles-Kritik [5]. Wichtig ist ferner BRUNOS gegen den Neuplatonismus gerichtete Aktualisierung des Sokratikers Platon [6]. Die *Kopernikanische Wende* als Zusammenbruch des aristotelischen Weltbildes findet eine vor allem anthropologisch gewendete Vordeutung und Entsprechung außer bei CUSANUS und BRUNO auch bei PARACELSUS, CARDANUS, TELESIUS, PATRITIUS und in GIOVANNI PICO DELLA MIRANDOLAS pointiertem Abschied von metaphysisch-kosmologisch gesicherter Placierung des Menschen (De dignitate hominis 1486). Eine ähnliche Funktion hat GIANFRANCESCO PICO DELLA MIRANDOLAS Skepsisrezeption (Examen vanitatis doctrinae gentium 1520) [7]. Erst GALILEI bezieht seine naturwissenschaftlichen Ergebnisse definitiv und polemisch auf M.: «Peripatetici, ne rigentono solo il nome, contenti, senza passeggio, di adorar l'ombre, non filosofando con l'avvertenza propria, ma con solo la memoria di quattro principii mal intesi» (Peripatetiker, die nicht einmal diesen Namen verdienen, denn sie gehen nicht umher; sie sind zufrieden, die Schatten anzubeten, philosophieren nicht mit gebührender Sorgfalt, sondern bloß durch Erinnern an vier falsch verstandene Prinzipien) [8]. RAMUS nennt die vierzehn Bücher der ‹M.› des Aristoteles «quatuordecim logicarum tautologiarum cumulos» (vierzehn Haufen[wolken] logischer Tautologien) [9]; M. sei eine aus Logik, Theologie und Physik zusammengestopfte Kunst: «ars confarcinata» [10].

Den *Reformatoren* ist Mk. vor der apologetischen Herausbildung einer wiederum aristotelisch orientierten Schulphilosophie in der altprotestantischen Orthodoxie wichtiger Bestandteil ihres antischolastischen Glaubensverständnisses. «Error est dicere: 'sine Aristotele non fit theologus'; Immo theologus non fit nisi id fiat sine Aristotele» (Es ist ein Irrtum zu sagen: «ohne Aristoteles wird man nicht Theologe»; vielmehr kann man Theologe gerade nur ohne Aristoteles werden) [11]. Daher ergeht LUTHERS Rat ‹An den christlichen Adel deutscher Nation› (1519), «daß die Bucher Aristotelis ... Metaphysice ... wilchs bisher die besten gehalten, ganz wurden abthan, ... so doch nichts drinnen mag gelehret werden, wider von naturlichen noch geistlichen Dingen» [12]. KARLSTADT, JOHANNES AGRICOLA, ANDREAS FLACIUS ILLYRICUS und SPRANGENBERG setzen die reformatorische Mk. fort. Aus dem Kreis um D. HOFMANN geht 1603 ein großes Spottgedicht hervor: ‹Genuina philosophi spurii, inprimis Metaphysici, Imago› [13]: «Theologia falso credita Metaphysicam ... Quare Vigilate Theologi!» (Die Theologie, der man fälschlicherweise vertraut, [hat als Magd] die M. ... Deshalb seid wachsam, Theologen!) [14]. Es folgt unter anderen W. SCHILLING: «Halt, halt mit der pfeiffe, metaphysice, wo ist Christus? ... man solte ... dieses phantastische und rohe speculiren straffen und widerlegen, sonsten wird auß Gottes Geheimnüßen und metaphysischen spintisierkleyen ein back werden» [15]. In ihrer Vermittlung antikatholisch-antischolastischer Polemik, mystischer und theologischer Argumentation mit literarischem Spott, Universitätskritik und bildungspolitischen Forderungen nach praktischer Erziehung und religiöser Schlichtheit ist die reformatorische Mk. von großer Wirkung. Ihre Nachhaltigkeit wird verhindert, weil sie vorerst das «welthistorische Bündnis» (Carl Schmitt) mit der modernen Wissenschaft nicht eingeht, das dem späteren Calvinismus seine großen Erfolge ermöglichen sollte.

Anmerkungen. [1] L. VALLA, Opera omnia, hg. GARIN 2 (Turin 1962) 349. – [2] J. L. VIVES, Opera omnia (Valencia 1782-1790, ND London 1964) 6, 190f. – [3] D. ERASMUS VON ROTTERDAM, Schr., hg. WELZIG 2 (1975) 133. – [4] Briefe der Dunkelmänner (ND 1964) bes. 7ff. – [5] FR. PETRARCA: De sui ipsius et multorum ignorantia (1367), frz. L. M. CAPELLI (1906). – [6] Vgl. E. N. TIGERSTEDT: The decline and fall of the Neoplatonic interpretation of Plato (Helsinki 1974). – [7] Vgl. C. B. SCHMITT: Gianfrancesco Pico della Mirandola and his crit. of Aristotle (Den Haag 1967). – [8] G. GALILEI, Opere 7 (Florenz 1968) 30. – [9] P. RAMUS: Scholarum Metaphysicarum (Frankfurt 1583, ND 1974) 160. – [10] a.O. 23. 25. – [11] M. LUTHER, Werke in Auswahl 5, hg. VOGELSANG (²1955) 323. – [12] a.O. 1, hg. CLEMEN (⁶1966) 412. – [13] ND in: P. PETERSEN: Gesch. der arist. Philos. im prot. Deutschland (1921, ND 1964) 521-526. – [14] a.O. 525. – [15] S. WAHRMUND (= W. SCHILLING): De notitiis naturalibus (1616) 194, zit. nach PETERSEN, a.O. [13] 269 Anm. 2.

2. *Skepsis, französische Moralisten, Aufklärung.* – a) *Frankreich und England.* – In der *Skepsis* steht Mk. in engem Zusammenhang mit der Bewegung von der Demut zur Neugier, von der vita contemplativa zur vita

activa, vom theoretischen Erkenntnisideal der M. zur experimentellen Praxis der Naturbeherrschung und Operationalität des galileischen Erfahrungsbegriffs. Im konstruktiven (weitere Erfahrung nicht ausschließenden, sondern gerade fordernden) Skeptizismus MERSENNES bedingen sich Skepsis und experimenteller Pragmatismus. Die Gegenreformation aktualisiert die antike Skepsis, um die protestantische Theologie mit einem katholischen Pyrrhonismus zu bekämpfen, die exakten Wissenschaften werden durch fruchtbare Resignation begünstigt [1]. MONTAIGNES ‹Essais› als Gegenstücke zu metaphysischem Dogmatismus leiten durch Thematik und Schreibart weltlichen Räsonnements zur symptomatischen Kritiktradition über mit der Reflexion auf die durch Leidenschaften und Lügen getäuschte und verzerrte Subjektivität, die in der Lage ist, «aus dem Nichts ... hundert andere Welten aufzubauen» [2]. In seiner Mk. tritt das wechselseitige Ermöglichungsverhältnis von Skepsis, Fideismus und experimentellem Denken deutlich hervor: «Die Kenntnis der Ursachen gehört dem allein, der über den Sachen waltet, nicht uns, die wir ... unserer Natur gemäß uns ihrer voll und unverkürzt bedienen können, ohne Einblick in ihren Ursprung und ihr Wesen zu haben» [3]. «Unter unseren Wissenschaften dünken mich die am irdischsten und niedrigsten, die sich am höchsten verstiegen haben» [4]. Weitere skeptisch-fideistische Mk. findet sich in SANCHEZ' ‹Tractatus de multum nobili et prima universali scientia quod nihil scitur› (1581), CHARRONS ‹De la sagesse› (1601), bereits bei AGRIPPA VON NETTESHEIM im 53. Kapitel von ‹De incertitudine et vanitate scientiarum› (1527) und, bedeutend für die Mk. der Aufklärung, bei GASSENDI als Kritik der M. als «scientia scientiarum» [5] in den ‹Exercitationes paradoxicae adv. Aristoteleos› (1624/1659). FR. BACON schreibt: «Sorge dich nicht um die M. Es wird keine mehr geben, wenn die wahre Physik gefunden ist. Jenseits von dieser ist allein die Theologie» [6].

Den *französischen Moralisten* erscheint M. als Korruption der Natur- und Selbsterkenntnis und als Verschleierung gesellschaftlichen Scheins, so in VAUVENARGUES' Relativismus: «Wie viele Bände gibt es über die Unsterblichkeit der Seele, über das Wesen der Körper und Geister» [7], aber sie sind «lächerliche Eitelkeit» [8]. CHAMFORTS resignative Mk. verwirft den philosophischen und scholastischen «Katechismus voll unsinniger und unverständlicher M.» [9], «über die ein gewöhnlicher Bauer aus Gatinais die Achseln zucken würde» [10]. Die Mk. der *frühaufklärerischen protestantischen Kontroversliteratur* repräsentiert BAYLES Synthese humanistischer Philologie, Skepsis, Fideismus und gassendistischem Epikureismus als historisch-kritische, destruktive Doxographie. Die Autoritäten werden durch widerspruchsvolle Gegenüberstellung dementiert, so auch «unerklärliche Redensarten der spanischen Vernunftlehre, welche nichts bedeutet» [11].

Neben der anticartesianischen Kritik der idea-innata-Lehre – z.B. Gassendis ‹Disquisitio anticartesiana› (1644) – und der Popularisierung des Sensualismus durch BERNIER [12] vertritt NEWTON programmatisch und wirksam (doch inkonsequent) eine metaphysikfreie Physik als Experimentalwissenschaft: «Hypothesen denke ich mir keine aus ...; weder Hypothesen der M. ... noch der okkulten Qualitäten ... sind in der Experimentalphilosophie am Platz» [13]; so auch sein Wahlspruch «Physik, hüte dich vor M.!» [14]. Für VOLTAIRE führt der Weg «trans naturam» [15] zum «vaste royaume des choses possibles» [16]: *«Vanitas vanitatum, et metaphysica vanitas»* [17].

Eine mathematische Wahrheit besteht ewig, «et les fantômes metaphysiques passent comme les rêves de malades» [18], «il ne reste rien» [19], denn die M. enthält zwei Untergebiete: im einen wird gesagt, was ohnehin jeder weiß, im anderen, was niemand je wissen kann (bes. gegen Chr. Wolff) [20]. Im Vorwort der ‹Encyclopédie› (1751) sieht D'ALEMBERT, daß der Titel eines Metaphysikers «bald zu einem Schimpfwort für unsere Denker herabsinken wird» [21]. DIDEROT unterscheidet im Artikel ‹M.› eine «méprisable» Wissenschaft vom Leeren von einer positiv verstandenen «M.» der Maler, Dichter und Musiker [22].

M. wird zum Symptom, Mk. zur Pathologie im Zuge der Vorurteilskritik, der Historisierung und Genetisierung des Denkens im *Frühmaterialismus* bei DU MARSAIS, FRERET, BOUDIN, BOULAINVILLIERS, MESLIER, durch die relativistischen Effekte der Klimatheorien und Forschungsreisen, der geologischen, botanischen und zoologischen Evolutionstheorien. Hinzu tritt die Radikalisierung der sensualistischen Erkenntnistheorie zur politischen Milieutheorie, in der sich Mk. in ihrer Verschärfung zu Dogmatismen steigert, so bei HELVÉTIUS und in HOLBACHS mechanischem Materialismus: In seinem ‹Système de la nature› (1770) lenken die Hypostasen der M., dieser «bloßen Wortwissenschaft» [23], die «Blicke aufs Jenseits», damit die Menschen «nicht die Erde sähen», sie spiegelte ihnen «imaginäre Interessen» vor, «verbarg ihnen die Wahrheit ... durch Schreckgespenster, Phantome und Trugbilder» [24]. In der Ersetzung Gottes durch die Natur-Maschine übernimmt Mk. negierte Dogmatismen und die abgeschaffte M. «gleicht der Hydra, deren Köpfe wieder wachsen, so oft man sie abschlägt» (DE SADE). Angesichts dieser Problemkonstanz bei wechselnden Antworten stellt sich nach Übereifer Trauer ein: GALIANIS symptomatische Mk. – «Alle Moral ist Instinkt ... eine Wirkung der Natur» [25], «Welche Tölpel sind doch die Metaphysiker!» [26] – führt zur Resignation: «Alles verneinen, alles bezweifeln und ausharren in der Armut der Gedanken ... welch schreckliche Leere, welch ein Nichts» [27]. Von der Wahrheit des Gefühls und des Herzens aus verabschiedet ROUSSEAU die M.: «Jamais le jargon de la métaphysique n'a fait découvrir une seule verité, et il a rempli la philosophie d'absurdités dont on a honte, sitôt qu'on les dépouille de leurs grands mots» [28], «laissez là vos rêveries métaphysiques, et servez Dieu dans la simplicité de votre cœur» [29].

Die *nachrevolutionäre konservative* Mk. setzt den politischen Terror mit M. in unmittelbare Beziehung, so BURKE: die «metaphysical aeronauts» sind «vain speculators», «philosophers of vanity», «logical fanatics» und eröffnen «the depth of abstruse science» [30], von denen die Revolutionäre infiziert wurden, so daß das «Abstrakte» der M. in politischer Praxis als das Barbarische und Totalitäre erschien: «Nothing can be conceived more hard than the heart of a thorough-bred metaphysician» [31]. Die im Terror leitenden Vorstellungen «are all extremes; and in proportion as they are metaphysically true, they are morally and politically false» [32]. «Blutvergießen, Torturen, Martern aller Art! ... Das sind die Früchte metaphysischer Deklamationen» [33]. Ähnliches findet sich bei REHBERG: «Die M. hat den französischen Staat zertrümmert» [34], und STARCK [35].

Anmerkungen. [1] Vgl. R. H. POPKIN: The hist. of scepticism from Erasmus to Descartes (Assen ²1964) 143. – [2] M. DE MONTAIGNE, Essais, dtsch. H. LÜTHY (1953) 807. – [3] a.O. 806. – [4] 884. – [5] Vgl. T. GREGORY: Scetticismo ed empirismo. Studio su Gassendi (Bari: Laterza 1961) 181f. – [6] FR. BACON, Letters, hg.

SPEDDING 7 (London 1874) 375. – [7] Die frz. Moralisten, hg. F. SCHALK (¹1962, zit. ND 1973) 1, 177. – [8] a.O. 126. – [9] 337. – [10] 283. – [11] P. BAYLE, Dict. hist. et crit., dtsch. GOTTSCHED 2 (1741-44) 616. – [12] P. BERNIER, Abrégé de la philos. de Gassendi (Paris 1675). – [13] I. NEWTON, Principia math. (London 1726) 530. – [14] Optices 3 (London 1706) 314. – [15] VOLTAIRE, Oeuvres compl. 20 (Paris 1879) 76. – [16] a.O. 35 (1880) 54. – [17] 23 (1879) 494. – [18] ebda. – [19] 21 (1879) 552. – [20] 34 (1880) Nr. 741: Au Prince Royal de Prusse. – [21] Enzyklop., hg. KÖHLER. Philos. Bibl. 242, 156f. – [22] D. DIDEROT, Oeuvres compl. Ed. chronol. 15, 337. – [23] P. TH. D'HOLBACH, System der Natur (1960) 134. – [24] a.O. 265. – [25] F. SCHALK, a.O. [6] 2, 96. – [26] F. GALIANI, Briefe an Mme d'Epinay, dtsch. H. CONRAD (1970) 224. – [27] SCHALK a.O. [9] 2, 96. – [28] J.-J. ROUSSEAU, Religious writings, hg. R. GRIMSLEY (1970) 133. – [29] a.O. 377. – [30] Zit. nach V. M. HAMM: Burke and M. New Scholast. 18 (1944) 3-18. – [31] E. BURKE, Works 8 (London 1826) 56. – [32] a.O. 5 (1808) 126. – [33] Betracht. über die Frz. Revolution, dtsch. GENTZ (ND 1967) 310. – [34] A. W. REHBERG: Unters. über die Frz. Revolution (1793) 5. – [35] J. A. STARCK: Der Triumph der Philos. im 18. Jh. (1804) 345.

b) *Deutsche Aufklärung.* – In der zweiten Hälfte des 17. Jh. läßt sich in Deutschland ein rapider Verfall der M. feststellen [1]. Daß angesichts der Tabellen von FREIGIUS (1576), STIER (1634) und STAHL (1672) von J. THOMASIUS geäußerte Diktum, es sei von M. nichts übrig als ein «lexikon philosophicum» [2], wird zum Gemeinplatz. Die Auflagen sinken. Die Vorlesungsverzeichnisse von Gießen, Marburg und Jena zeigen den Schwund des Faches [3]. Zugleich und infolge dieser Entwicklung wird M. Gegenstand der Historie bei TRIBBECHOV [4], in ZIEROLDS ‹Kirchen-Historie› (1700), in LAUNOYS und VON ELSWICHS ‹Geschichte des Aristotelismus› (1653/1720) und in STOLLES ‹Einleitung zur Historie der Gelahrtheit› (1736). BRUCKERS Einschätzung der Geschichte der M. in der einflußreichen ‹Historia critica philosophiae› (1742-1744) ist die eines «chaos ... vere tenebricosum et obscurum» «ex ineptis terminis et distinctionibus ac vaga vanisque praecisionibus» [5]. Für CHR. THOMASIUS hat die «theologia metaphysicalis scholastica» «ein Reich der Finsternis ... aufgerichtet auf den Universitäten» [6]. Ähnlich äußern sich WALCH [7] und GUNDLING [8]. Spezielle Mk. äußert sich bei CROUSAZ, BUDDEUS, CRUSIUS, E. STAHL und DARJES [9] als Ablehnung der Theodizee, als Kritik des Theoria-Ideals und metaphysischer Physik bei RÜDIGER [10]. ZEDLERS ‹Universal-Lexikon› (1732-50) summiert die Mk. der deutschen Aufklärung: «Diese scholastische Metaphysick ist ein philosophisches Lexicon duncker Kunst-Wörter, vor diejenigen, die lieber dunckel als deutlich reden wollen» [11]. *Literarisch* polemisieren GOTTSCHED in ‹Dubia circa Monades Leibnitianas› (1721), der Gießener Theologe HECHT in ‹Nihil zine ratione zuffiziente: Der nach Mathematischer Methode unterrichtete Schuster-Geselle› (1738), im Anschluß an Swift die Satiren von VON JUSTI [12], MYLIUS [13], LESSING [14] und WIELAND [15]. LICHTENBERG spottet: «Die M. hat sich ... selbst gefressen» [16], SCHILLER in den Gedichten ‹Der Metaphysiker› und ‹Die Weltweisen›, auch GOETHE [17]. Aufschlußreich ist auch die Diskreditierung der M. in den *katholischen Orden* des 18. Jh., die den Niedergang der M. in weitesten Kreisen katholischer Philosophen belegt [18]. Der *Göttinger Sensualismus/Materialismus* der Mediziner und Psychologen HISSMANN (Psychologische Versuche 1777), WEIKARD (Der philosophische Arzt ²1782), LOSSIUS (Physische Ursachen des Wahren 1775) und VON KNOBLAUCH (Antihyperphysik zur Erbauung der Vernünftigen 1789) bildet eine gehirnphysiologisch fundierte Mk. aus. Der vorkritisch-skeptische KANT verurteilt «Träume der M.»: M. entspringt «dem fieberhaften Gehirne betrogener Schwärmer» [19]. Auf dem Standpunkt der *transzendentalen* Mk. als Voraussetzung selbstkritischer M. heißen Behauptungen der Philosophie dogmatisch-metaphysisch, wenn sie die von Kant als Konstituentien der Erfahrung angesehenen Kategorien und Anschauungsformen über den Bereich möglicher Erfahrung hinaus anwenden. M. ist Erzeugnis der Illusionen der natürlichen Dialektik unserer Vernunft [20], kann aber in praktische Postulate übersetzt und in ihrer Legitimität erwiesen werden. Die disziplinenbildenden Grundsätze der rationalen Theologie, Kosmologie und Psychologie führen zu theoretischen Antinomien [21]. JACOBI, HAMANN und HERDER unterziehen Kant ihrerseits einer «Mk.», so HAMANNS ‹Metakritik über den Purismus der Vernunft›: «Dem Namen *M.* hängt» ein «Erbschade und Aussatz der Zweideutigkeit an», sie «misbraucht .... alle Wortzeichen .... zu lauter Hieroglyphen» und bleibt «jene alte Mutter des Chaos und der Nacht in allen Wissenschaften», «windiges Sausen», weil es am «allgemeinen Charakter einer philosophischen Sprache» mangelt [22].

Anmerkungen. [1] Vgl. M. WUNDT: Die dtsch. Schul-M. des 17. Jh. (1939) 152ff. – [2] J. THOMASIUS: Erotemata met. (Leipzig 1678) 73. – [3] a.O. [1]. – [4] A. TRIBBECHOVIUS: De doctoribus scholasticis, et corrupta per eos divinarum humanarumque rerum scientia liber singularis (Gießen 1665). – [5] J. J. BRUCKER: Hist. crit. philos. (Leipzig 1743) 3, 897. – [6] CHR. THOMASIUS: Kurtze Lehr-Sätze von dem Laster der Zauberey (1704) 25. – [7] J. G. WALCH: Parerga academica (Leipzig 1721) 637. 646f. – [8] N. H. GUNDLING: Colleg. hist.-lit. (1737) 493. – [9] F. BUDDEUS, E. STAHL und CHR. THOMASIUS: Observations selectae ad rem litterariam (Jena 1700ff.). – [10] A. RÜDIGER: De sensu veri et falsi (Leipzig 1722) Praef. §§ 10. 390f.; Physica (Frankfurt 1716) 9. 23. – [11] J. H. ZEDLER: Universal-Lex. 20 (1739, ND 1961) 1259. – [12] Vgl. R. A. KOCH: J. H. G. von Justis philos. Schriften. Kantstud. 53 (1961/62) 490-506. – [13] CHR. MYLIUS, Anfangsgründe der Psychopetitmaitrick, in: Schr., hg. G. E. LESSING (1754) 268-280. – [14] Vgl. LESSING, Werke, hg. RILLA 1, 204; 7, 186ff. – [15] Vgl. CHR. M. WIELAND, hg. MARTINI/SEIFFERT 1, 148ff. 224. 443; 3, 238ff. – [16] G. LICHTENBERG, Sudelbuch J 620. – [17] J. W. GOETHE, Faust 1, 1950ff. – [18] Vgl. B. JANSEN: Philosophen kath. Bekenntnisses in ihrer Stellung zur Philos. der Aufklärung. Scholast. 11 (1936) 1-51. – [19] I. KANT, Träume ... Akad.-A. 2, 348. – [20] Vgl. Art. ‹Dialektik IV.› – [21] Vgl. Art. ‹Antinomie I.›. – [22] J. G. HAMANN, Hist.-krit. A., hg. NADLER 3 (1951) 285. 287. 289.

3. *19. und 20. Jh.* Am Zusammenbruch der durch Schelling und Hegel spekulativ erneuerten M. ist eine vielfältig differenzierte Mk. beteiligt: so rechtshegelianisch F. J. STAHL [1] – noch PLENGE bemängelt, «daß die Konstruktionen der Hegelschen M. wie ein trüber Firnis die leuchtenden Farben dieses großen Gemäldes überdecken» [2] –, anthropologisch (FEUERBACH), geschichtsphilosophisch (BAUER, CIESZKOWSKI), christlich (KIERKEGAARD), anarchistisch-solipsistisch (STIRNER), historisch-materialistisch (MARX, ENGELS). Nach CIESZKOWSKI soll die idealistische M. «im Tun zugrunde gehen» [3], nach BAUER im «Terrorismus der wahren Theorie» (an Marx 28. 3. 1841), während sie KIERKEGAARD als «der Betrug, sich aus der Existenz herauserinnern zu wollen» erscheint [4]. Indem MARX Bewußtseinsleistungen zu Resultaten des gesellschaftlichen Produktionsgeschehens erklärt [5], wird M. zum ableitbaren «Überbau» einer «Basis», zur Ideologie (s.d.), die nach Einsicht in ihre verschleiernde und repressive Funktion aber zur Erkenntnisquelle im Sinne eines Symptoms avanciert. Gleichwohl ändert sich im weiteren bei ENGELS und LE-

NIN die pejorative Verwendung von ‹M.› nicht gegenüber der HEGELS, der in der ‹Wissenschaft der Logik› [6] mit «voriger M.» alle undialektischen Philosophien bezeichnet.

Nach NIETZSCHE «toben sich» «unsere Triebe ... in den Listen und Künsten der Metaphysiker aus, sie sind die Apologeten des menschlichen Stolzes» [7], «Hinterweltler» [8], präokkupiert «durch das Leiden» [9], «das typische Vorurtheil ..., an dem sich die Metaphysiker aller Zeiten wieder erkennen lassen, denn der Grundglaube der Metaphysiker ist *der Glaube an die Gegensätze der Werthe*» [10]. Der «Unsinn aller M.» [11] hat «in der Sprache und den grammatischen Kategorien sich einverleibt und dermaassen unentbehrlich gemacht, dass es scheinen möchte, wir würden aufhören, denken zu können, wenn wir auf diese M. Verzicht leisteten» [12]. Nietzsches tragische Methode der Mk. als Bejahung des Vielen, des Leidens und Zufalls, seine Ablehnung jeden Platonismus' und der idealistischen Dialektik als erschlichener Rettung der Transzendenz führt zur Kunst: An die Stelle jeder Legitimierung der Welt durch M. tritt ihr alleiniger Sinn als ästhetisches Phänomen. – An Nietzsche schließt sich DILTHEYS akademischere Mk. an: «Die Systeme der Metaphysiker sind gefallen» [13]. Weltanschauungstypologische Archäologie relativiert die geschichtlich aufgetretenen Systembildungen zur Reihe erschienener Meinungen und zu Ausdrücken von Lebensstimmungen. Die «leeren Möglichkeiten metaphysischer Konzeptionen erweisen sich schon durch die Anarchie, in welcher sie sich befehden, als wirkungslose Katheder-weisheit» [14]. «Das Messer ... des historischen Relativismus, welches alle M. und Religion gleichsam zerschnitten hat, muß auch die Heilung herbeiführen. Wir müssen nur gründlich sein» [15]. Aber die Therapie philosophischer Sorgfalt hilft nicht gegen den radikalen Historismus, der als «das letzte Wort der Philosophie» nur noch «das vornehme Lächeln d'Alemberts» zu gestatten scheint [16]. Die sich entwickelnde *Lebensphilosophie* wird «selbst eine M.» (HEIMSOETH), z. B. bei TROELTSCH und SIMMEL, begrüßt von WUST (Die Auferstehung der M. 1920), erneut verabschiedet von KERLER (Die auferstandene M. 1921).

Der *Neukantianismus* in seiner Entwicklung zu kritischem Positivismus und Fiktionalismus sieht M. als Dichtung mit fälschlich erhobenem Behauptungsanspruch, als «Gefühlsausdruck» (ADICKES), hierin dem Logischen Empirismus nahe. Nach F. A. LANGE ist M. «Begriffsdichtung» [17], verdankt sich nach LAAS «nach Bedürfnissen entworfenen» «Erdichtungen, Fiktionen» [18]. Ähnlich äußern sich WINDELBAND [19], RIEHL [20] und RICKERT [21]. VAIHINGERS ‹Philosophie des Als-Ob› (1911) sieht M. als Erdichtung zu praktischen Zwecken, die über Hypothesen zu Dogmen erstarrte. Die Mitteilungen der ‹Preußischen Statistik› der Jahrhundertwende belegen den Schwund von Veranstaltungen zum Thema ‹M.› [22]. – Auch für HUSSERL ist M. vergangen: Eine «Wissenschaft vom All des Seienden» als «strenge, ja apodiktisch strenge Wissenschaft – der Traum ist ausgeträumt» [23]. Der Begriff der Lebenswelt erlangt in der transzendentalen Phänomenologie gegen «Physikalismus» und «Subjektivismus» Bedeutung für Mk.: Das Vergessen des lebensweltlichen Sinnesfundamentes des Wissens ist noch «Grund für die mythischen Konstruktionen Kants» [24].

WITTGENSTEINS paradoxer Selbstaufhebung der M. im ‹Tractatus› [25] folgt seine spätere therapeutisch-sprachphilosophische Mk., die im Rekurs auf in unterschiedlichen Lebensformen gelingende Sprachspiele M. als deren pathologische Verzerrungsform aufweist: «Die philosophischen Probleme entstehen, wenn die Sprache feiert» [26]. Der *Operationalismus* DINGLERS versteht und kritisiert Empirismus und Positivismus als M. [27].

In der *Psychoanalyse* FREUDS steht der Religion als infantiler und der Kunst als sublimer Form von Illusionsverfallenheit M. gegenüber, ähnlich wahnhaften Erkrankungen: «Man könnte den Ausspruch wagen, ... ein paranoischer Wahn [sei] ein Zerrbild eines philosophischen Systems» [28]. Er hält es für möglich, «M. in Metapsychologie umzusetzen» [29]. Noch deutlicher schreibt FENICHEL: «M. ist die Verwechslung intrapsychischer Ontogenie und realer Phylogenie. Erinnerten sich die Menschen an ihre ersten Lebensjahre, so hätten sie es nicht nötig, M. zu betreiben» [30].

In der modernen Mk. wird M. stets als Symptom undurchschauter Bedürfnisse illegitim, seit Kant als ambivalente «Naturanlage», marxistisch, lebensphilosophisch, phänomenologisch, neukantianisch, sprachphilosophisch und psychoanalytisch aus verschiedensten Gründen als Entfremdungsprodukt; sie ist identifizierbar an als überflüssig eingeschätzten Gegenstandsbildungen. So sieht auch HEIDEGGER in ‹Sein und Zeit› M. als Verstellung der fundamentalen Zeitlichkeit des Daseins, der sie durch ihre Leitbegriffe zu entgehen sucht, durch die Begriffe ‹Substanz› und ‹Beharrung›, durch ontologische Fixierung der Subjekt-Objekt-Spaltung eines fiktiv weltlosen Subjekts und einer fiktiv subjektlosen Welt. So war Kants Analyse von Endlichkeit und Zeitlichkeit im transzendentalen Schematismus nicht zum Dasein vorgedrungen, sondern wissenschaftstheoretisch beschränkt geblieben und damit selbst der M. erlegen [31]. Nach der «Kehre» wird M. im Rahmen der «Seinsgeschichte» der Neuzeit als gegenständliches Vorstellen und als Verdinglichung des «Seins» zum Seienden interpretiert; ihre Folgen sind weltzerstörende Technik, instrumentell verwaltete Welt, planetarische Herrschaft des europäischen Denkens als des vollendeten Nihilismus: So wurde M. das «notwendige Verhängnis des Abendlands» [32]. Technik und Wissenschaft, die nicht «denken», sind «vollendete M.» [33]. Im durch ihre «Seinsvergessenheit» heraufziehenden «Untergang geht alles, d. h. das Seiende im Ganzen der Wahrheit der M., zu seinem Ende» [34]. – ADORNOS Versuch rettender Mk. liegt ein anderes Verständnis von M. zugrunde und vollzieht sich im Kontext der Bewahrung von Transzendenz angesichts der Selbstvernichtung der Aufklärung: «Der Prozeß, durch den M. unaufhaltsam dorthin sich verzog, wogegen sie einmal konzipiert war, hat seinen Fluchtpunkt erreicht» [35]. Die Auflösung der «metaphysischen Ideen» kann «durch kein cui bono aufgehalten werden» [36]. Im Versuch, «in die Dialektik der Aufklärung dort ein[zu]greifen, wo sie in der Abschaffung von Vernunft selbst terminiert» [37], ist Adornos Denken «solidarisch mit M. im Augenblick ihres Sturzes» [38].

Anmerkungen. [1] F. J. STAHL: Die Philos. des Rechts (²1847) 1, XVI. – [2] J. PLENGE: Marx und Hegel (1911) 45. – [3] A. CIESZKOWSKI: Proleg. zur Historiosophie (1838) 112. – [4] S. KIERKEGAARD, Werke, hg. SCHREMPF 6, 264. – [5] K. MARX, Die Frühschr., hg. LANDSHUT (1953) 349. – [6] G. W. F. HEGEL, Wiss. der Logik, hg. LASSON (PhB 57) 2, 430ff. – [7] FR. NIETZSCHE, Musarion-A. 11, 121. – [8] a.O. 9. 20. – [9] 19, 70. – [10] 15, 8. – [11] 19, 67. – [12] 16, 44. – [13] W. DILTHEY, Ges. Schr. 5, 11. – [14] a.O. 8, 196. – [15] 234. – [16] ebda. – [17] F. A. LANGE: Gesch. des Materialismus (⁴1882) 403ff. 821ff. – [18] E. LAAS: Idealismus und Positivismus (1876-87) 3, 240-250. – [19] Vgl. W. WINDELBAND:

Präludien (1884) 39. – [20] Vgl. A. RIEHL: Der philos. Kritizismus 3 (²1926) 93ff. – [21] Vgl. H. RICKERT: System der Philos. 1 (1921) 137ff. 289ff. – [22] Vgl. Preuß. Statistik H. 150: Die privaten und sonstigen entgeltl. Vorles. an den preuß. Univ. im SS 96 und WS 96/97. – [23] E. HUSSERL: Die Krisis der europ. Wiss.en und die transzendentale Phänomenol. (²1962) 508. – [24] a.O. 116ff. – [25] Vgl. L. WITTGENSTEIN: Tractatus logico-philosophicus 6.53. – [26] Philos. Untersuch. Nr. 38. – [27] Vgl. H. DINGLER: Methodik statt Erkenntnistheorie und Wiss.lehre. Kantstud. 41 (1936) 347. 349. – [28] S. FREUD, Ges. Werke 9, 91. – [29] a.O. 4, 288. – [30] O. FENICHEL: Psychoanal. und M. Imago 9 (1936) 318-343. – [31] M. HEIDEGGER: Kant und das Problem der M. (⁴1973) 162. – [32] Überwindung der M., in: Vorträge und Aufsätze (1954) 77. – [33] a.O. 80. – [34] 73. – [35] TH. W. ADORNO: Negative Dialektik (1966) 356. – [36] a.O. 364. – [37] 376. – [38] 398.

Literaturhinweise. M. HORKHEIMER: Hegel und das Problem der M. (1932, ²1971). – W. WEISCHEDEL: M. heute? in: Philos. Jb. der Görres-Ges. 64 (1956). – E. TOPITSCH: Ursprung und Ende der M. (1958, ²1972). – W. SCHULZ: Hegel und das Problem der Aufhebung der M., in: Festschr. M. Heidegger (1959). – K. LÖWITH: Diltheys und Heideggers Stellung zur M., in: Vorträge und Abh. (Stuttgart 1966). – W. MARX: Heidegger und die M., in: Festschr. W. Szilasi (1960). – I. HEIDEMANN: Nietzsches Kritik der M. Kantstud. 53 (1961/62). – A. J. BUCHER: Martin Heideggers Mk. als Begriffsproblematik (1972). – W. SCHULZ: Philos. in der veränderten Welt (1972). – G. KNAPP: Der unmet. Mensch. Darwin – Marx – Freud (1973). – W. KRAMPF: Die M. und ihre Gegner (1973). – G. HAEFFNER: Heideggers Begriff der M. (1974). – W. SPARN: Wiederkehr der M. (1974). – G. DUX: Strukturwandel der Legitimation (1976). TH. RENTSCH

II. *Die Metaphysikkritik der britischen Empiristen, der Positivisten und des logischen Positivismus.* – Unter empiristischer Mk. versteht man meist die des klassischen britischen Empirismus von Bacon bis Hume. Diese ist zu unterscheiden von der Mk. des Positivismus im 19. und 20. Jh., im engeren Sinne besonders der A. COMTES und anderer Positivisten, im weiteren Sinne von der Kritik naturwissenschaftlicher Gegner der M. im allgemeinen. Von beiden Arten der Mk. verschieden ist die des logischen Positivismus oder logischen Empirismus oder Neopositivismus im 20. Jh. und seiner Vorläufer im 19. Jh.

Während (1) der *Empirismus* die Unmöglichkeit der M. behauptet, weil dem Menschen ein kognitiver Zugang zu einer transempirischen Realität fehle, wobei deren Existenz als rational unerkennbar behauptet wird, jedoch nicht von allen Empiristen kategorisch verneint wird, und (2) der *Positivismus* den Bereich des Wißbaren auf das wissenschaftlich Erkennbare einschränkt und dies damit zugleich oft für das einzig Wirkliche erklärt, sieht (3) der *logische Positivismus* oder logische Empirismus die Neuartigkeit und, wie er betont, den revolutionären Charakter seiner Mk. darin, daß nicht wie von (1) dogmatisch die Unmöglichkeit der M. aufgrund der Begrenztheit des menschlichen Erkenntnisvermögens behauptet wird noch M. wie in der Sicht von (2) als eine notwendige, aber nun überholte Durchgangsphase in der Entwicklung der wissenschaftlichen Erkenntnis gilt, sondern daß mit Hilfe der Sprachanalyse die Sätze der M. als kognitiv sinnlos bzw. unsinnig aufgewiesen und eliminiert werden. Die Kritik des logischen Positivismus wendet sich gegen die M. als spekulatives Philosophieren, das durch Begriffe bzw. bloßes Denken in synthetisch apriorischen Sätzen zu neuer, erfahrungsunabhängiger Erkenntnis über die Wirklichkeit gelangen will. Darüber hinaus verwirft er alle traditionelle Philosophie, insofern sie nicht entweder empirisch nachprüfbare Sätze aufstellt und damit eigentlich den Naturwissenschaften zukommende Probleme behandelt oder sich auf das Klarmachen von Sätzen beschränkt. Konsequenterweise erscheinen so dem logischen Positivismus die philosophischen Positionen des Realismus, Idealismus, Materialismus, ja selbst des Positivismus, insofern diese den Anspruch erheben, Aussagen über das Wesen der Realität oder die Grenzen des Erkennbaren zu machen, d. h. sich mit weder rein logischen noch empirisch entscheidbaren Fragen, sondern – in logisch positivistischer Sicht – mit «Scheinproblemen» befassen, als metaphysisch und damit als kognitiv sinnlos. Aus diesem Grund wird oft auch lieber von logischem Empirismus statt logischem Positivismus gesprochen.

1. Der *empiristischen* Mk. liegt die Auffassung von der prinzipiellen Begrenztheit der menschlichen Erkenntnis auf das Erfahrbare zugrunde. FR. BACON empfiehlt, nicht spekulative Geistesflüge anzutreten, sondern auf dem Boden der Tatsachen zu bleiben [1], mit Sinneswahrnehmungen zu beginnen und induktiv fortzuschreiten. M. als Spekulation betrachtet er als unproduktiv: «sterilis ... tanquam virgo Deo consecrata» [2]. Ihre deduktive Methode, die seit Aristoteles als wissenschaftliches Verfahren schlechthin galt, hält Bacon für ungerechtfertigt und entstanden durch einen unreflektierten Sprachgebrauch. In seiner Mk. im Rahmen seiner Methodenreflexion argumentiert er sprachkritisch [3].

Nach LOCKE und besonders HUME kann die menschliche Erkenntnis, die von äußeren und inneren Wahrnehmungen (sensations and reflections bei Locke; impressions und deren schwächeren Abbildern, ideas, bei Hume) als dem Gegebenen ausgeht, nicht über den Raum der Erfahrung hinausgehen [4], da Erfahrung die einzige Quelle unserer Ideen und damit der Inhalte unseres Wissens darstellt [5].

Bei LOCKE bleibt jedoch trotz seiner empiristischen Grundhaltung und seiner intendierten Mk. viel Metaphysisches bestehen, so etwa die Voraussetzung der Realität der Außenwelt, deren Dinge uns beeindrucken, d.h. Sinneseindrücke verursachen [6]; ferner seine Annahme eines unbekannten Substratums der Primärqualitäten, das er zur Erklärung unserer allgemeinen Idee von Substanz verwendet [7]; darüber hinaus die Behauptung der Beweisbarkeit der Existenz Gottes [8].

HUME trennt scharf zwischen Sätzen, die Relationen von Ideen ausdrücken, wobei Widerspruchsfreiheit und logische Verträglichkeit hinreichen, ihre Wahrheit zu entscheiden, und Sätzen, die Aussagen über «matters of fact» machen, also es mit empirischen Gegenständen und Sachverhalten zu tun haben. Bei Sätzen über Tatsachen ist der Bezug auf Erfahrung, letztlich auf Sinnesdaten, nötig, um die Wahrheit oder Falschheit solcher Sätze bestimmen zu können [9]. Maßgeblich für diese Einschränkung ist seine Kritik an der Gültigkeit des Kausalgesetzes (s. d.). Humes entschiedene Trennung zwischen Sätzen (propositions) über Relationen von Ideen und Sätzen über Tatsachen (Humes «fork») führt zu einer entsprechenden Einteilung der Wissenschaften in die formalen Disziplinen Mathematik und reine Geometrie auf der einen und empirische Wissenschaften auf der anderen Seite; für die M. bleibt somit kein legitimer Platz mehr, so daß Hume empfiehlt, Schriften, die nicht von Tatsachen oder von rein formalen Relationen handeln, solche «of divinity or school M., for instance», ins Feuer zu werfen, da sie nur Sophistereien und Illusion enthielten. In den Wissenschaften haben sie keinen Platz; als Phantasieprodukte bleiben sie Dichtern, Rednern, Priestern und Politikern überlassen [10].

Humes Phänomenalismus, dem mancher Gedanke

Berkeleys zugrunde liegt, beeinflußte die französischen Enzyklopädisten, die ihrerseits bereits von Bacon beeinflußt waren, positivistische Denker im allgemeinen, unter ihnen E. MACH, besonders aber die logischen Positivisten im 20. Jh., die Hume erklärtermaßen als ihren Vorläufer ansehen und bei denen die Gegenstände des naiven Realismus, die Dinge der Welt, RUSSELL und CARNAP folgend, zu logischen Konstruktionen aus Sinnesdaten werden.

Der empiristische Beobachter sieht die Geschichte der Philosophie als das Bild widerstreitender und zusammengebrochener metaphysischer Systeme. Angesichts dieser Lage, die von den Empiristen mit Zerfalls- und Zusammenbruchsmetaphern geschildert wird, fordern sie auf, im Teamwork den Schutt der Jahrtausende zu beseitigen und den Weg zu methodisch gesicherter wissenschaftlicher Erkenntnis zu bahnen [11]. Philosophische Analyse als Sprachkritik hat Entrümpelung zu betreiben, Scheinprobleme zu entlarven und zu eliminieren, dem Menschen den Ariadnefaden durch das Labyrinth der Irrtümer zu reichen [12], «der Fliege den Ausweg aus dem Fliegenglas zu zeigen» [13]. Philosophie hat als Sprachkritik den Kampf gegen die Verhexung des Verstandes durch die Sprache zu führen [14].

Anmerkungen. [1] FR. BACON, Novum organum Nr. 104. – [2] De dignitate et augmentis scientiarum III, c. 5. – [3] H. J. CLOEREN: F. Bacon and linguistic analysis, in: Proc. 15th World Congr. of philos. (Sofia 1975). – [4] D. HUME, An enquiry conc. human understanding, sect. II. – [5] J. LOCKE, An essay conc. human understanding II, 1; IV, 3f. – [6] a.O. II, 1; IV, 11. – [7] II, 23, §§ 1f. – [8] IV, 10. – [9] HUME, a.O. [4] sect. IV, part I. – [10] sect. XII, part III. – [11] FR. BACON, Novum organum Nr. 61. 122; J. LOCKE, a.O. [5], ep. to the reader; HUME, a.O. [4] sect. I; E. MACH: Erkenntnis und Irrtum (1905) 5; Wiss. Weltauffassung. Der Wiener Kreis (1929) 29. – [12] FR. BACON, Instauratio magna, praef. – [13] L. WITTGENSTEIN: Philos. Untersuch. (Oxford 1953) Nr. 309. – [14] a.O. Nr. 109.

2. Die Bedeutung des Ausdrucks ‹Positivismus› ist nicht scharf umrissen, und er wird oft benutzt, um stark differierende Richtungen zu bezeichnen. In einem engeren Sinne bezieht er sich meist auf A. COMTE sowie geistesverwandte europäische Denker. Comte kritisiert die M., indem er sie relativiert. Sie stellt nach seinem Drei-Stadien-Gesetz eine auf die mythisch-theologische Entwicklungsstufe, die «personenfingierend» war, notwendig folgende «entitätenfingierende» (BRENTANO [1]) Phase dar, die obgleich selbst ungenügend den Fortschritt zur dritten Stufe, jener der positiven Wissenschaften, ermöglicht [2]. Damit wird der M. eine gewisse entwicklungsgeschichtliche Funktion zuerkannt, doch bedeutet deren Erfüllung zugleich die Überwindung der M.

In weiterer Bedeutung wird unter Positivismus einfachhin eine grundsätzlich antimetaphysische Einstellung verstanden, die Voraussetzungslosigkeit und M.-Freiheit als Bedingungen einer objektiven Beschreibung des Beobachtbaren und der in diesem Rahmen festzustellenden Gesetzmäßigkeiten in den Naturwissenschaften fordert. Soweit es sich dabei um einen methodischen Positivismus handelt, d. h. um eine Verfahrensvorschrift, in den Naturwissenschaften nur solche Sätze zuzulassen, die sich prinzipiell empirisch nachprüfen lassen, braucht er keine Stellungnahme zur M. einzuschließen. Der Positivismus jedoch wird selber zu einer philosophischen Position, insofern er seiner Ansicht und Intention nach der M. dadurch den Boden entzieht, daß er den Bereich des Erkennbaren auf den Bereich des positiv Gegebenen beschränkt und darüber hinaus die Behauptung aufstellt, daß dies alles sei, was existiere. So besteht etwa für E. MACH die Aufgabe der Wissenschaft darin, die «Analyse der Empfindungen» [3] als des primär Gegebenen durchzuführen, ihre Elemente, Elementenkomplexe und die «Relationen von Relationen» [4] dieser Elemente zu beschreiben. Bei dieser Analyse ist «zur Ausschaltung philosophischer Scheinprobleme die Reduktion auf die besagten Elemente auch der beste Weg» [5]. Solche Scheinprobleme sind etwa ein als metaphysische Substanz verstandenes unerkennbares Ich oder «ein Ding an sich oder eine andere metaphysische Teufelei» [6]. «Indem das, was zu erforschen überhaupt keinen Sinn hat, ausgeschieden wird, tritt das wirklich durch die Spezialwissenschaften Erforschbare um so deutlicher hervor: die mannigfaltige, allseitige Abhängigkeit der Elemente voneinander» [7]. Verwandte Argumente entwickelte unabhängig R. AVENARIUS [8].

Anmerkungen. [1] F. BRENTANO: A. Comte und die positive Philos. (1869) in: Die vier Phasen der Philos. (1968) 127. – [2] Vgl. Art. ‹Drei-Stadien-Gesetz›. – [3] E. MACH: Die Analyse der Empfindungen und das Verhältnis des Physischen zum Psychischen (1886). – [4] a.O. (⁶1911) 4. – [5] Erkenntnis und Irrtum (1905) 12. – [6] a.O. (³1917) 13. – [7] ebda. – [8] Vgl. Art. ‹Empiriokritizismus›.

3. Der *logische Positivismus* stimmt mit dem «klassischen» Positivismus in der generellen antimetaphysischen Haltung überein, distanziert sich aber bewußt von positivistischen Sätzen über die Grenzen des positiv Wißbaren bzw. Existierenden; sie werden vom logischen Positivismus wegen ihrer prinzipiellen Unentscheidbarkeit als buchstäblich sinnlos zurückgewiesen. Anstatt danach zu fragen, was der Mensch wissen kann, fragt er nach dem, was sinnvoll ausgesagt werden kann. Wesentlich beeinflußt von L. WITTGENSTEINS allerdings recht einseitig interpretiertem ‹Tractatus› [1] verlagerte sich im Frühstadium des logischen Positivismus, im *Wiener Kreis,* das philosophische Interesse derartig vom Erkenntnistheoretischen zum Sprachanalytischen, daß Philosophie nur noch als Sprachkritik (Sprachanalyse [s.d.]) angesehen wurde, deren Aufgabe allein darin betand, Sätze zu klären, nicht jedoch spezifisch philosophische Sätze aufzustellen. Nicht einmal die Erkenntnistheorie verblieb so der Philosophie als legitime Aufgabe [2].

Die Philosophie als Sprachkritik (linguistic analysis) teilt alle möglichen sinnvollen Sätze in zwei Gruppen: Sätze mit empirischem Inhalt, d. h. synthetisch aposteriorische Sätze werden von den Naturwissenschaften bearbeitet; analytische von Logikern und Mathematikern [3]. Wie schon bei Hume verbleiben der Philosophie und besonders der M. aufgrund dieser Einteilung keine sinnvollen Sätze. Inhaltlich wahre Sätze sind insgesamt Sätze der Naturwissenschaften [4]. Während die Wahrheit oder Falschheit formaler Sätze rein logisch entschieden wird, ist für die Entscheidung der Frage nach dem Sinn von Sätzen ein empiristisches Sinnkriterium anzuwenden, das *Verifikationsprinzip* (s.d.). Doch scheiterten letztlich alle Versuche, überzeugende Sinnkriterien aufzustellen. Auch die schwächste Form des Verifikationsprinzips barg in sich die Schwierigkeit, daß es den von ihm aufgestellten Kriterien selbst nicht entsprechen konnte und somit – wenn auch mit Bedauern – als sinnlos aufgegeben werden mußte. Es wurde eingesehen und zugegeben, daß das Verifikationsprinzip im Grunde eine Konvention war. In der Folge begannen die Diskussionen um das Verifikationsprinzip als Waffe zur Eliminierung der M. zu verstummen. Damit aber und verbunden mit der zunächst nur zögernden, dann aber entschlossenen Übernahme von Wittgensteins Unsinnigkeitserklärung seines ‹Tractatus› und der darin enthaltenen Sprachtheorie vom Abbildcharakter der Sätze, die als *logischer Atomismus* selber eine metaphysische Theorie über die Wirklichkeit darstellte, wurde der Weg frei für eine neue Haltung gegenüber der M.

Die Einsicht in die Begrenztheit der Sprachanalyse, die im frühen logischen Positivismus im wesentlichen nur indikative Aussagesätze als sinnvoll zugelassen hatte, und die Arbeiten des späten WITTGENSTEIN sowie der Einfluß von G. RYLE, J. WISDOM und J. L. AUSTIN nach dem Zweiten Weltkrieg führte besonders bei den Analytikern in Oxford zu einer toleranteren Haltung der M. und den Metaphysikern gegenüber. Diese neuere Richtung schreibt nicht mehr vor, welche sprachlichen Äußerungen als sinnvoll zu betrachten sind, sondern versucht zu beschreiben, wie sprachliche Äußerungen in der Umgangssprache sinnvoll bzw. erfolgreich angewandt werden. (Vgl. bes. J. L. Austins Theorie der «performative utterances» [5].) Hierzu sind Angaben über Kontext und Sprechsituation als einer bestimmten Lebenssituation erforderlich. M. wird dementsprechend nicht mehr ein für allemal für sinnlos erklärt, statt dessen wird empfohlen, jeweils einzelne Sätze als metaphysisch und damit als sinnlos zu entlarven. Es wird nicht mehr nur eine Methode praktiziert, statt dessen werden nach Wittgensteins Wort verschiedene Therapien angewandt [6]. AYER formuliert diese neue Sicht folgendermaßen: «The metaphysician is treated no longer as a criminal but as a patient: there may be good reasons why he says the strange things that he does» [7]. Bei F. WAISMANN heißt es bereits kurz zuvor: «To say that M. is nonsense *is* nonsense.» Er fügt hinzu: «Metaphysicians, like artists, are the antennae of their time» [8]. Damit jedoch ist keine Rehabilitierung der M. angestrebt, vielmehr klingt darin der frühere Versuch des Wiener Kreises und besonders CARNAPS nach, Metaphysiker als Künstler ohne besondere künstlerische Talente darzustellen, die mit ungeeigneten Mitteln (Begriffsdichtung, Sprachträumen) versuchen, ihrem Lebensgefühl Ausdruck zu geben [9].

Die therapeutischen Analytiker versuchen eine Heilung von Scheinproblemen durch Bewußtmachen der sprachlichen Vorgänge, die zur Entstehung von Scheinproblemen in der Philosophie geführt haben, wozu immer noch viele der traditionellen Probleme der Philosophie gerechnet werden. Damit aber nehmen sie – ohne es zu wissen – ähnliche Versuche auf, die sich in interessanten Ansätzen in der deutschen Philosophie des ausgehenden 18. und des 19. Jh. etwa bei JACOBI, REINHOLD, GRUPPE, MÜLLER u.a. finden [10]. Mit der toleranteren Haltung der M. und den Metaphysikern gegenüber werden viele traditionelle Disziplinen der Philosophie jedoch vom Sinnlosigkeitsverdikt ausgenommen und der Philosophie wieder philosophische Sätze als legitim zuerkannt.

Anmerkungen. [1] L. WITTGENSTEIN: Log.-philos. Abh. (1921); dtsch./engl. Tractatus logico-philosophicus (London 1922 u.ö.). – [2] M. SCHLICK: Die Wende der Philos. Erkenntnis 1 (1930-31) 7. – [3] R. CARNAP: Überwindung der M. durch log. Analyse der Sprache. Erkenntnis 2 (1931-32) 219-241. – [4] WITTGENSTEIN, a.O. [1] 4. 11. – [5] J. L. AUSTIN: Philos. papers (Oxford 1961) 220-239; How to do things with words (Oxford 1962). – [6] L. WITTGENSTEIN: Philos. Untersuch. (Oxford 1953) Nr. 133. – [7] A. J. AYER: Introd. Logical positivism (Glencoe, Ill. 1959) 8. – [8] F. WAISMANN: How I see philos., in: Contemp. Brit. philos., 3rd ser. (London 1956) 489; ND, in: AYER, a.O. [7]. – [9] SCHLICK, a.O. [2] 7; vgl. auch die Programmschr. des Wiener Kreises: Wiss. Weltauffassung. Der Wiener Kreis (1929) (Verfasser: R. CARNAP, H. HAHN, O. NEURATH); bes. CARNAP, a.O. [3]. – [10] Vgl. H. J. CLOEREN: O. F. Gruppe und die sprachanal. Philos. (Diss. 1967); S. J. SCHMIDT: Sprache und Denken als sprachphilos. Problem von Locke bis Wittgenstein (Den Haag 1968); Philos. als Sprachkritik im 19. Jh. Textauswahl I, hg. u. eingel. H. J. CLOEREN (1971); Textauswahl II, hg. S. J. SCHMIDT (1971); H. J. CLOEREN: Philos. als Sprachkritik bei K. L. Reinhold. Kantstud. 63 (1972) 225-236; The neglected analytical heritage. J. Hist. Ideas (1975).

Literaturhinweis s. Anm. zu 1-3.   H. J. CLOEREN

Metaphysizieren erscheint – außer in unspezifischem Gebrauch bei HERDER [1] – offensichtlich in Anlehnung an einen weithin negativen Gebrauch von ‹Metaphysik› in der zweiten Hälfte des 18. Jh., wohl zuerst im Englischen (metaphysizise) und meint dort ein fruchtloses Spekulieren und Überspringen der Wirklichkeit [2]. – «Metaphysizierenden Empirismus» nennt HEGEL die Einstellung, die sich zwar «an die sinnliche Wahrnehmung» hält, aber «eine übersinnliche Welt» ebenso zuläßt [3]. Die «Grundtäuschung im wissenschaftlichen Empirismus» besteht darin, daß dieser «metaphysische Kategorien ... gebraucht ... und bei allem nicht weiß, daß er so selbst Metaphysik enthält ... und jene Kategorien ... auf eine völlig unkritische und bewußtlose Weise gebraucht» [4]. In dieser demonstrativ auf wissenschaftlich-positionelle Selbsttäuschung abhebenden Funktion kann ‹M.› auch bei J. G. FICHTE nachgewiesen werden: ‹Die Anweisung zum seligen Leben› unterscheidet das historische «Factum» Jesus von allen Versuchen einer hypothetisch-metaphysischen Theoriebildung über seine Herkunft «aus dem göttlichen Wesen» [5]. Wer anders als Jesus, der sein «Selbstbewusstseyn ... lediglich historisch [nahm]», «noch ferner zu wissen begehrt, durch welche ... Notwendigkeit ... ein solches Individuum möglich ... geworden, der überfliegt das Factum und begehrt zu metaphysiciren das nur Historische» [6]. Mithin: «Es ist das Grundgebrechen aller ihre Grenzen verkennenden, vermeintlichen Wissenschaft ..., wenn sie sich nicht begnügen will, das Factum rein als Factum zu nehmen, sondern es metaphysicirt» [7]. Dieses bei Fichte im Argumentationsmodell der «johanneischen Theologie» diskutierte ‹Grundgebrechen› [8]: die «Metaphysizierung von historisch bedingten Inhalten», die «Metaphysizierung von bloß Historischem», benennt, was nachidealistisch zum «eigentliche[n] Thema der Ideologielehre» wird [9]. Ausdruck dieser Problematik ist der Begriff ‹Entmetaphysizierung› [10], der, wie z. B. in der neueren protestantischen Theologie, zur Bezeichnung eines allgemeinen Revisionsprogrammes dient: In diesem Sinn kann dann – gegen die ordnungstheologischen Konzeptionen jeder Art von «Staatsmetaphysik» und in Entsprechung zu «Entideologisierung» [11] oder «Entmythologisierung» (R. BULTMANN) – die «Entmetaphysizierung des Staates» gefordert werden [12].

Anmerkungen. [1] J. G. HERDER, Briefe zur Beförderung der Humanität 106. Sämtl. Werke, hg. B. SUPHAN 18 (1883) 132. – [2] S. T. COLERIDGE, Brief an J. P. Estlin (4. 4. 1796). Coll. Letters, hg. E. L. GRIGGS 1 (Oxford 1956) 134; R. SOUTHEY, Brief an G. Ch. Bedford (26. 10. 1793); Life and Corr., hg. CH. C. SOUTHEY 1 (London 1849) 185; TH. DE QUINCEY, Walking Stewart (1823). Works 8 (London 1858) 3. – [3] G. W. F. HEGEL, Enzyklop. der philos. Wiss.en, hg. F. NICOLIN/O. PÖGGELER (⁶1959) § 60. – [4] a.O. § 38. – [5] J. G. FICHTE: Die Anweisung zum seligen Leben, oder auch die Relig.lehre (1806) 343. Sämtl. Werke, hg. I. H. FICHTE (1845-46) 5, 569. – [6] a.O. 350 = 5, 573. – [7] 342 = 5, 568. – [8] Vgl. M. WUNDT: Fichte-Forsch. (1927) 235ff. – [9] H. O.

ZIEGLER: Ideologienlehre. Arch. Sozialwiss. u. Sozialpolitik 57 (1927) 657-700; jetzt in: H.-J. LIEBER (Hg.): Ideologienlehre und Wissenssoziol. Wege der Forsch. 117 (1974) 314-360. 342. 318; zur Verwendung von ‹M.› in *diesem* Zusammenhang vgl. G. MISCH: Zur Entsteh. des frz. Positivismus (1901, ²1969) 59; G. SALOMON: Hist. Materialismus und Ideologienlehre I, in: Jb. Soziol. 2 (1926) 386-423; jetzt in: LIEBER (Hg.), a.O. 269-313. 311f.; vgl. K. LENK: Marx in der Wissenssoziol. (1972) 105: «Metaphysizierung der Gesellschaft». – [10] J. WACH: Das Verstehen. Grundzüge einer Gesch. der hermeneut. Theorie im 19. Jh. (1926-33) 2, 72. – [11] H.-H. SCHREY: Entideol. als hermeneut. Problem. SgV 256 (1969). – [12] Die evang. Staatslehre, ausgew. und eingel. M. JACOBS, in: Quellen zur Konfessionskunde B: Prot. Quellen H. 5 (1971) 45f. 198-222.   CHR. GREMMELS

Metapolitik. In der englischen Sprache taucht das Wort ‹metapolitical› im Sinne von «jenseits der Sphäre der Politik liegend» zwar schon im 16. Jh. auf [1]; der in bewußter Analogie zu ‹Metaphysik› gebildete Terminus ‹M.› findet sich jedoch erst 1784 [2]. Ein Jahr später führt ihn G. HUFELAND in die deutsche Sprache ein [3], und A. L. SCHLÖZER nimmt ihn, ebenfalls unter Berufung auf die Analogie zu ‹Metaphysik›, zustimmend auf als neuen Titel für die von der deutschen Aufklärung der Politikwissenschaft vorangestellte Prinzipienlehre [4].

Der Gedanke einer M. als gesondertes Lehrstück von der Politik ist aufs engste verbunden mit der neuzeitlichen Naturrechtstheorie, die die politische Grundfrage nach der Legitimität politischer Herrschaft im Rekurs auf eine vor-politische (z.T. auch vor-soziale) 'Natur' des Menschen zu beantworten suchte. Die Politikwissenschaft, die traditionell als Allgemeines Staatsrecht die Bestimmung der Rechte und Pflichten von Herrschenden und Gehorchenden im allgemeinen, als Verfassungslehre die mögliche institutionelle Gliederung staatlicher Herrschaft (nach Anzahl der Herrschenden, nach Dauer und Grenze der Gewalt) und als Politik im engeren Sinn die pragmatischen Grundsätze von Staatsklugheit und Regierungskunst zum Inhalt hatte, stand demnach nur dann auf gesichertem Boden, wenn ihre Normen eine Rechtfertigung in jenen «natürlichen» Zwecken fanden, die die Menschen beim Verlassen des Naturzustandes, bei ihrer vertraglichen Vereinigung zu einer politisch verfaßten Gemeinschaft und der Unterwerfung unter eine monopolisierte Gewalt verfolgten. M. ist entsprechend die Lehre von der vorpolitischen Natur des Menschen (HUFELAND spricht daher später nicht mehr von M., sondern von Propolitik [5]), von seinem status naturae (bei HOBBES noch Theorem eines rein methodischen Abstraktionsverfahrens, bei ROUSSEAU und in seinem Gefolge bei SCHLÖZER auch als gattungsgeschichtliche Tatsache gemeint) und den aus ihm ableitbaren Grundbedürfnissen und Interessen sowie Rechten und Pflichten, die die Nachträglichkeit einer Staatsbildung sowohl faktisch-genetisch erklären wie normativ rechtfertigen.

HUFELAND bestimmt M. rein formal und verkürzt als «ein Inbegriff von Erfahrungssätzen, welche Veranlassungen zu Bestimmungen für die Rechte und Anstalten im Staat geben, aber dabey den Staat und die Anstalten desselben nicht voraussetzen» [6]. Nach SCHLÖZERS ausführlicheren und inhaltlich bestimmten Definition ist M. «ein Abstract aus dem NaturRechte: Untersuchung des Menschen vor dem Stat, und seines physischen und geistigen Wesens; Betrachtung über seine daraus entspringende Rechte, und Anlässe zum Übergang in die, häuslichen, und in die bürgerliche Gesellschaft; Darstellung, was ihn endlich, beim Gefühl der Gebrechen aller dieser Gesellschaften, und beim Erwachen höherer Vernunft, in die StatsGesellschaft zwängt, wo sodann Moral und Politik, erstaunlich viel an seinem metapolitischen Zustand ändern werden» [7]. Der metapolitische Traktat gliedert sich demgemäß a) in die Lehre vom homo solitarius («Ur-Mensch»), b) vom homo socius im allgemeinen, c) von der häuslichen Gesellschaft und deren Arten sowie d) von der bürgerlichen Gesellschaft als Beziehungsgeflecht zusammenrückender Familien [8].

Das Programm, das die Aufklärung unter dem Titel einer M. formulierte, ging in KANTS Konzept der «metaphysischen Anfangsgründe der Rechtslehre» ein; freilich nicht mehr so, daß politische Herrschaft unter Menschen aus den (von den Einzelnen vertraglich fixierten) Bedingungen möglicher Gesellschaft und Herrschaft abgeleitet und diese in einer die Differenz von Sein und Sollen verwischenden Naturstandstheorie festgemacht wurden. Kants «Metaphysik des Rechts» [9] deduziert vielmehr die Prinzipien politischer Herrschafts- und Rechtsordnung allein aus der normativen Idee des Rechts selbst. Diese, als «Inbegriff der Bedingungen, unter denen die Willkür des einen mit der Willkür des anderen nach einem allgemeinen Gesetze der Freiheit zusammen vereinigt werden kann» [10], beinhaltet je schon das Recht auf bzw. die Pflicht zur Errichtung einer öffentlichen Zwangsgewalt unter allgemeinen Gesetzen, insofern mehrere Vernunftwesen unter gegenseitiger Verletzbarkeit ihres Freiheitsraumes stehen.

Obwohl die Kantische Rechtsphilosophie die überkommene Naturrechtstheorie sehr bald verdrängt, gerät der auch als Terminus umstrittene [10a] Titel ‹M.› nicht so schnell in Vergessenheit. K. VOM STEIN gebrauchte das Adjektiv ‹metapolitisch› zunächst als Schimpfwort für das «democratische» und «anarchische» Theoretisieren über Staatsangelegenheiten, wie es nach seiner Ansicht die «Journalisten», «Pamphletisten» und «unpractischen Gelehrten» vom Schlage der Weimarer Professoren Luden, Oken, Wieland und Fries betrieben [11]. Im selben allgemeinen Sinn eines Theoretisierens über den Staat geht der Terminus ‹M.› dann auch in das ‹Handwörterbuch› von W. T. KRUG ein. Jene «angeblich neuerfundene Wissenschaft» der M. ist nach Krug «nichts anders, als eine philosophische Lehre vom Staate überhaupt, wie sie schon bei Plato und Aristoteles vorkommt» [12]. Die Spötterei über die M. als eine «Hyperpolitik» sei jedoch übel angebracht. «Denn ungeachtet der möglichen oder wirklichen Verirrungen der Metapolitiker oder Staatsphilosophen ist es doch unumgänglich nöthig, über die gemeine oder historische Politik, die sich im Kreise der bloßen Empirie herumdreht, sich mit seinem Nachdenken zu erheben und das Wesen des Staats nach Principien der Vernunft zu erforschen» [13].

Eine der praktischen Politik vorangehende Lehre vom Staat, und nicht – wie bei Schlözer – eine «Untersuchung des Menschen vor dem Stat»: dies ist die Bedeutung, die auch C. VON ROTTECK der M. gibt: «Unsere M. soll uns lehren, was und wie beschaffen der Staat – nach seinem Begriff, nach seiner idealen, empirischen und rechtlichen Natur, überall also, was er von menschlicher Willkühr unabhängig, vermöge nothwendiger, theils unmittelbar aus der Vernunft, theils aus der Erfahrung erkannter, Geseze – ist» [14]. Die M. umfaßt nach Rotteck «1) die Staats-*metaphysik*, oder die Lehre von der *idealen* Natur des Staates ... 2) Die Staats-*physik*, oder die Lehre von der *empirischen* Natur des Staates ... 3) Das *Staatsrecht*, d.h. die Lehre von den aus jenen beiden Naturen fließenden oder darauf sich beziehenden *Rechtsgesezen* ...» [15].

Schlözers Programm einer M. findet, wenn auch unter anderem Titel, erst bei R. VON MOHL wieder Anerkennung. Schlözer hat nach Mohl als einer der ersten die Notwendigkeit einer Unterscheidung von Staat und Gesellschaft gesehen und «mit einer Art Sehergabe den Begriff der Gesellschaftswissenschaft so ziemlich aufgefaßt und in einigen Hauptlinien unter dem Namen ‹M.› gezeichnet» [16]; Rotteck dagegen habe «von einem Unterschiede zwischen Gesellschaft und Staat» sich nicht träumen lassen [17]. Mohl hat seine überraschende Gleichsetzung von M. und «Gesellschaftslehre» [18] zwar nicht näher begründet, aber sie leuchtet unmittelbar ein, denn die von Schlözer genannten Gegenstände der M. – der homo socius im allgemeinen, die häusliche und die bürgerliche Gesellschaft – dürften wohl jenen «zwischen der Sphäre der einzelnen Persönlichkeit und der organischen Einheit des Volkslebens» liegenden «Lebenskreisen» entsprechen, die nach Mohl die Gesellschaft ausmachen [19]. Mohls zusätzliche Bestimmung, daß diese Lebenskreise «nicht aus dem Staate und durch ihn entstehen, wenn sie schon in ihm vorhanden ... sind» [20], erklärt aber auch, warum ihm der Name ‹M.› als «falsch» [21] und «verfehlt» [22] erscheinen muß: Gesellschaft, wie er sie versteht, ist – anders als bei Schlözer – nicht ein vor dem Staat und außerhalb des Staates bestehender Naturzustand, sondern eine Lebensform in und mit dem Staat.

Die unter der Vorherrschaft des Positivismus stehenden Staats- und Gesellschaftswissenschaften in der zweiten Hälfte des 19. Jh. haben für die ‹M.› keine Verwendung mehr; M. im Sinne Schlözers, Krugs und Rottecks gehört, zusammen mit dem gesamten antiken Staatsdenken und dem neuzeitlichen Naturrecht, zu der für überwunden erklärten und pauschal als «soziale Metaphysik» [23] und «Metaphysik der Gesellschaft» [24] apostrophierten Formation der Wissenschaftsgeschichte. Das Wort ‹M.› teilt nun das Schicksal der vielen herrenlos gewordenen Termini, die irgendwo am Rande der Bildungssprache verkümmern. Es taucht zwar gelegentlich noch auf [25], aber meist in der unbestimmten Bedeutung von vor oder jenseits der Politik liegend [26]. Eine gewisse Bedeutung erlangte es erst wieder in jüngster Zeit. In Abweichung vom herkömmlichen Sprachgebrauch bezeichnet M. RIEDEL mit ‹M.› den (ungerechtfertigten) Gebrauch metaphysischer Begriffe und Grundsätze in der politischen Sprache, d.h. die Gesamtheit der zwischen Politik und Metaphysik bestehenden Voraussetzungen und begrifflichen Korrespondenzen, die in der politischen Argumentation selber nicht weiter auf ihre Herkunft hin befragt und unterschieden werden [27].

Anmerkungen. [1] Vgl. Art. ‹Metapolitical›, in: Oxford Engl. Dict. 6 (1961) 387. – [2] Vgl. J. D. DE LOLME: The constitution of England (⁴1784) 419 Note; ähnlich später S. T. COLERIDGE: The friend 1 (London 1818, ²1844) 243. – [3] G. HUFELAND: Versuch über den Grundsatz des Naturrechts (1785) 21; Lehrsätze des Naturrechts (¹1790) §§ 358-364. – [4] A. L. SCHLÖZER: Allg. StatsRecht und StatsVerfassungslere. Voran: Einl. in alle Statswiss.en. Encyclop. derselben. (1793, ND 1970) 13. – [5] G. HUFELAND: Lehrsätze des Naturrechts (²1795) § 415. – [6] a.O. (¹1790) § 358. – [7] SCHLÖZER, a.O. [4] 14. – [8] a.O. 28ff. – [9] I. KANT, Met. der Sitten, Vorrede. Akad.-A. 6, 205. – [10] a.O. 230. – [10a] Vgl. S. ASCHER: Philos. Skizze zur Gesch. des Ursprungs, Fortschritts und Verfalls der gesellschaftl. Verfassungen (1801) = Ideen zur natürlichen Gesch. der polit. Revolutionen (1802, ND 1973) 198. 229f. Anm. – [11] Vgl. K. VOM STEIN: Briefwechsel, Denkschr. und Aufzeichn., bearb. E. BOTZENHART (1931-37) 5, 422. 428. 435. 557; 6, 218. 280; 7, 188; vgl. dazu J. R. SEELEY: Life and times of Stein 4 (Leipzig 1879) 119f. – [12] W. T. KRUG: Art. ‹M.›, in: Allg. Handwb. der philos. Wiss. 2 (1827) 754. – [13] ebda. –
[14] C. VON ROTTECK: Lb. des Vernunftrechts und der Staatswiss.en 2 (²1840, ND 1964) 11; vgl. auch Art. ‹M.›, in: Staatslex., hg. C. VON ROTTECK/C. WELCKER 9 (1847) 85. – [15] Lb. a.O. 11f. – [16] R. v. MOHL: Gesch. und Lit. der Staatswiss. 1 (1855) 75. – [17] a.O. 136. – [18] 130. – [19] 70. – [20] ebda. – [21] 148. – [22] 82. – [23] W. DILTHEY: Einl. in die Geisteswiss.en. Ges. Schr. 1 (²1923) 228. – [24] a.O. 224. – [25] SEELEY, a.O. [11] 120; FR. NIETZSCHE: Werke, hg. K. SCHLECHTA 2 (1955) 895. – [26] J. M. MURRY: The necessity of pacifism (Toronto 1937) 38; H. WEIN: Philos. Anthropol., M. und polit. Bildung, in: Kentaurische Philos. (1968) 119-161, bes. 160. – [27] M. RIEDEL: Met. und M. Stud. zu Aristoteles und zur polit. Sprache der neuzeitl. Philos. (1975) 65ff.

M. FORSCHNER/A. HÜGLI

Metapsychologie. Der von S. FREUD geprägte Ausdruck kommt erstmalig in einem Brief an W. Fliess [1] vor; er soll herausstellen, daß es ihm um eine Psychologie geht, die «hinter das Bewußtsein führt». Freud benutzt den Terminus anläßlich der Diskussion der gemeinsamen Wurzeln von Aberglauben und mythologischer Weltauffassung zur Kennzeichnung seines Programmes: «Die Mythen» sollen von einer «übersinnlichen Realität» auf die «Psychologie des *Unbewußten*» zurückgeführt werden, so daß es gelänge, «die Metaphysik in M. umzusetzen» [2]. Später wurde ‹M.› von Freud im engeren Sinne definiert «als das Studium derjenigen Annahmen, auf denen das System der psychoanalytischen Theorie aufgebaut wird» [3]. Zu diesen Grundannahmen gehören die folgenden Postulate: Alle seelischen Prozesse unterliegen a) dynamischen Beziehungen (damit sind Triebkräfte gemeint), b) strukturellen Bedingungen (d. h. sind Funktionen der seelischen Strukturen Ich, Es und Über-Ich). – Vor Einführung des Strukturbegriffes sprach Freud von «topischen» Beziehungen der seelischen Ereignisse, womit die Zuordnung zu den Systemen Unbewußt/Vorbewußt/Bewußt gemeint war. Wie D. RAPAPORT und M. M. GILL anmerken, handelt es sich dabei um deskriptive Bezeichnungen und somit nicht um metapsychologische Merkmale [4].) Die seelischen Prozesse sind c) Resultate ökonomischer Verhältnisse (d. h. an allen seelischen Prozessen sind Energien beteiligt). Aus diesen drei der psychoanalytischen Theorie zugrunde liegenden Postulaten folgen die ersten drei Gesichtspunkte, nach denen – gemäß der psychoanalytischen Lehre – seelische Phänomene zu untersuchen sind: der dynamische, der strukturelle und der ökonomische Gesichtspunkt [5]. Zwei weitere metapsychologische Gesichtspunkte, der genetische und der adaptative, dienen der Verknüpfung der psychischen Phänomene mit den biologischen Reifungsvorgängen und biographischen Verhältnissen einerseits, mit biosozialen Umfeldern andererseits [6].

Insoweit in der M. «die Rückführung der funktionellqualitativen Aussagen» – d. h. der klinisch beobachtbaren verbalen wie averbalen Verhaltensweisen – «auf quantitative» [7], im Sinne einer Reduktion auf eine «physikalistische Sprache» versucht wird [8], erhebt man ihr gegenüber heute oft den Einwand – wobei man übrigens zum Teil Vorwürfe aufnimmt, wie sie Vitalisten, Existentialisten und Thomisten schon früher erhoben haben –, hier handle es sich um ein «szientistisches Selbstmißverständnis» [9] der Psychoanalyse, denn in der Praxis der Psychoanalyse gehe es um Motivations- und Sinnfragen, um Erleben und Verstehen [10] und infolgedessen seien naturwissenschaftliche Erklärungsprinzipien und Kategorien absolut unangemessen, vielmehr wären sie vollständig durch die Methoden der Hermeneutik, der Historie und/oder der Beschreibung der feststellbaren Phänomene mittels einer immer vom handelnden Subjekt ausgehenden «Aktions-Sprache» [11] zu ersetzen. Bei aller Berechtigung, die solchen kritischen Würdigungen der M., vorab ihren energetischen Konstrukten, zukommt, muß doch bedacht werden, daß es in der Psychoanalyse um die Herausarbeitung der unbewußten, geheimen, miteinander in Konflikt stehenden Motive, d. h. letztlich um die Dynamik von Wünschen geht, was auf das «Primat des Intentionalen über das Reflektive» [12] hinweist. Damit tritt tatsächlich ein quantitatives Moment ins Spiel, seine theoretische Fassung wird u. a. zu einer unvermeidlichen Aufgabe der M., insofern man nicht überhaupt auf den Versuch einer Theoriebildung verzichten will, die sowohl die «Archäologie des Wunsches» [13], die Schicksale seiner Transformationen sowie die «Bedeutung seiner Intensitäten» im Gesamtkontext des psychischen Lebens und d.h. auch unter Berücksichtigung möglichst aller «Antecedentien und Zusatzbedingungen» zu erfassen sich bemüht. Gerade wenn man die spezifische, libidinös-orgiastische Erlebnisqualität als Kriterium derjenigen Wünsche und ihrer Schicksale verwendet, die die Psychoanalyse untersucht und deren zwingende Dringlichkeit und Stärke als Funktion einer Vielzahl von Faktoren, insbesondere auch sozialer Art, begreift, bleibt es legitim, über eine rein «klinische Theorie» nur «klassifikatorisch»-«deskriptiv-erklärenden» Charakters [14] hinausgehende Überlegungen anzustellen, die zu Hypothesen und womöglich zu Gesetzen und schließlich zu einer nomothetisch-deduktiven Metatheorie, der M., führen können. Hierbei ist allerdings in Rechnung zu stellen, daß wegen der oft nur «angenommenen Wahrheit» mancher Bedingungen alle im Sinne des H-O-Schemas [15] zu konstruierenden Erklärungen nur «Erklärungsversuche», jedes Prognostizieren und Retrodicieren nur «hypothetisches Räsonieren» [16] sein können. Damit tauchen Fragen nach der richtigen Erklärung und nach der Überprüfung und Sicherung der Erklärungsversuche auf, die aber auch in rein naturwissenschaftlichen Disziplinen nicht unbekannt sind [17].

Anmerkungen. [1] S. FREUD: Aus den Anfängen der Psychoanal. (London 1950) 168. – [2] Zur Psychopathol. des Alltagslebens (1901). Werke 4, 288. – [3] D. RAPAPORT und M. M. GILL: The points of view and assumptions of M. Int. J. Psychoanal. 40 (1944) 153. – [4] a.O. 154. – [5] S. FREUD: Das Unbewußte (1913). Werke 10, 281. – [6] RAPAPORT/GILL, a.O. [3]. – [7] S. BERNFELD: Der Begriff der «Deutung» in der Psychoanal. Z. angew. Psychol. 42 (1932) 448-497, bes. 465. – [8] Freud's earliest theories and the school of Helmholtz. Psychoanal. Quart. 13 (1944) 341-362. – [9] J. HABERMAS: Erkenntnis und Interesse (1968) 300. – [10] L. BINSWANGER: Erfahren, Verstehen, Deuten in der Psychoanal. (1926), in: Ausgew. Vortr. und Aufs. (1955) 2, 67-80; P. RICŒUR: Die Interpret. Ein Versuch über Freud (dtsch. 1969) 389; C. RYCROFT (Hg.): Psychoanal. observed (London 1966); D. YANKELOVICH und W. BARRETT: Ego and instinct (New York 1970). – [11] R. SCHAFER: Psychoanal. without psychodynamics. Int. J. Psychoanal. 56 (1975) 41-56. – [12] RICŒUR, a.O. [10]. – [13] ebda. – [14] G. S. KLEIN: Freud's two theories of sexuality, in: L. BERGER (Hg.): Clin.-cognitive psychol. (1969) 136-181; M. F. BASCH: Psychoanal. and theory formation. Annual of Psychoanal. 1 (1973) 39-52. – [15] C. G. HEMPEL: The function of general laws in hist. J. Philos. 39 (1942) 35-48. – [16] H. RESCHER: Hypothetical reasoning (Amsterdam 1964). – [17] G. FREY: Die Konstruktion von Erklärungen, in: R. HALLER und J. GÖTSCHL (Hg.): Philos. und Physik (1975).

W. LOCH

Metaschematismus (griech. μετασχηματίζειν, seltener μετασχηματισμός) bedeutet 'Verwandlung', 'Gestaltwandel', 'Umgestaltung', 'Umformung' jeglicher Art [1]. Im Neuen Testament wird der Begriff von PAULUS u. a. für die stilistisch-literarische Umformung einer Aussage verwandt [2]. Von den Kirchenvätern wird das Wort übernommen und in den verschiedensten Zusammenhängen gebraucht [3]. Des öfteren sprechen sie von den durch Christus und die Verklärung seines Leibes umgewandelten und erlösten corpora der Gläubigen und der Neuschaffung der gesamten Welt [4].

Der Begriff hält sich so bis in die Neuzeit: in den Naturwissenschaften, bei Bacon und Jungius, als qualitätsändernde Verwandlung der Gegenstände, die mit Hilfe einer Korpuskulartheorie beschrieben wird [5], in der Medizin als innere Veränderung (mutatio) von Krankheiten [6], in der Rhetorik als «eine gewisse Figur», durch die man «Sätzen, durch Versetzung gewisser Wörter und Redens-Arten, eine ganz andere Gestalt gibt» [7]. In dieser letzten Bedeutung verwendet auch HAMANN ⟨M.⟩ für eine Redefigur, deren er sich in der Nachfolge des PAULUS (1. Kor. 4, 6) gern bedient, um «dem Gegner unerwartet zur eigenen Verteidigung durch gleichzeitiges Entwenden seiner Waffen in dessen Rüstung zu erscheinen und nun die Nachfolge der eigenen Haltung zu fordern» [8]. Der Hörer soll zu einem eigenen Urteil über ein Verhalten, eine Situation, geführt werden, in die er verstrickt ist. In dieser Absicht stellt der Autor verwandte Bezüge mit ihren Konsequenzen scharf dar und fordert direkt oder indirekt den Leser auf, aus dieser 'Umsetzung' das Seine zu entnehmen [9].

Anmerkungen. [1] PLATON, Leges X, 903 e 5; 906 c 6; ARISTOTELES, De gen. et corr. 335 b 26; De caelo 298 b 31f.; 305 b 29; De gen. anim. 747 a 15; Nat. ausc. 190 b 5f.; De sensu et sensib. 446 b 6f. 8; THEOPHRAST, De causis plant. II, 16, 4; PLUTARCH, Ages 14, 4 (I 603); De def. orac. 30 (I 426 e); IAMBLICH, De mysteriis III, 28; FLAVIUS JOSEPHUS, Antiqu. Jud. VIII, 267; VII, 257; SEXTUS EMPIRICUS, Math. X, 335; STRABON, Geogr. I, 3, 3; PHILON, De aetern. mundi 79; De leg. ad Gaium 80. 346: Septuaginta 4 Makk. 9, 22. – [2] PAULUS, 1. Kor. 4, 6; vgl. Phil. 3, 21; 2. Kor. 11, 13-15; vgl. J. SCHNEIDER: Art. μετασχηματίζω. Theol. Wb. zum NT, hg. G. KITTEL 7 (1964) 957-959. – [3] CLEMENS VON ALEXANDRIEN, Strom. VI 8. 16. MPG 9, 288. 372; ATHANASIUS, MPG 26, 885. 1180; JOHANNES CHRYSOSTOMUS, MPG 57, 64; MARKUS EREMITA, MPG 65, 1012; CYRILL VON ALEXANDRIEN, MPG 69, 789; 77, 621; NILUS VON ANCYRA, MPG 79, 1116; ISIDOR VON PELUSIUM, MPG 78, 781. – [4] JOHANNES CHRYSOSTOMUS, MPG 59, 150; THEODORET VON CYRUS, MPG 82, 584; ANASTASIUS VON ANTIOCHIEN, MPG 89, 1376. 1365; METHODIUS, MPG 18, 57. 317; EUSEBIUS VON CAESAREA, MPG 24, 1032. – [5] FR. BACON, Novum Organon I, 50; J. JUNGIUS: Disputatio de physicis quibusdam syllogismis (1637) I, 73-75; vgl. K. LASSWITZ: Gesch. der Atomistik (1890) 1, 422; 2, 253. – [6] J. G. MEYER (J. E. Hebenstreit praeside): De metaschematismo morborum (Diss. Leipzig 1747) 4; J. CHR. REIL: De Polycholia et fragmenta metaschematismi polycholiae (1783). – [7] J. H. ZEDLER: Großes vollst. Universal-Lex. 19 (1739) 1269. – [8] P. ERNST: Hamann und Bengel (1935) 85. – [9] J. G. HAMANN, Sämtl. Werke, hg. J. NADLER 2, 150; vgl. 3, 144; Br. an Herder (28. 1. 1776). Briefwechsel, hg. W. ZIESEMER/A. HENKEL 3 (1957) 215 unter Bezug auf Werke a.O. 4, 413-416; vgl. ferner J. G. HERDER, Sprachphilos. Schr., hg. E. HEINTEL (1960) 205f.

E. BÜCHSEL

Metascience nennt G. RADNITZKY [1] im Anschluß an H. TÖRNEBOHM (der 1963 das Department of Metascience an der Universität Göteborg gründete) die Gesamtheit wissenschaftlicher Praxis, die ihrerseits die Einzelwissenschaften zum Gegenstand hat. Im Deutschen wird der Terminus ⟨Wissenschaftsforschung⟩ (s.d.) weitgehend synonym gebraucht. M. ist dabei weder auf logische Analyse der Wissenschaftssprachen noch auf soziologischpsychologische (T. S. KUHN) oder kritisch-rekonstruierende (LAKATOS) Wissenschaftsgeschichtsschreibung begrenzt, obwohl die Theorie des Wissenswachstums einen ihrer Schwerpunkte bildet. Der Zweck der M. besteht nach RADNITZKY in der «advisory or consultative function» [2] in enger Verbindung mit der institutionellen Forschungspolitik.

Anmerkungen. [1] G. RADNITZKY: Anglo-Saxon schools of M., in: Contemporary schools of M. 1 (New York/Göteborg 1968, ³1973) XIIIf., 1f. – [2] a.O. XIV.

Literaturhinweise. G. RADNITZKY s. Anm. [1]; dtsch. Gegenwärtige Perspektiven der Wiss.theorie 1. 2 (1975). – P. WEINGART (Hg.): Wiss.soziol. I: Wiss. Entwickl. als sozialer Prozeß (1973). – A. M. WEINBERG: Probleme der Großforsch. (1967) 9–64; G. RADNITZKY und G. ANDERSSON: Wiss.politik und Organisationsformen der Forsch. (1978). – C. BURRICHTER (Hg.): Grundleg. der hist. Wiss.forsch. (1979) mit Bibliogr. TH. RENTSCH

Metasprache/Objektsprache. Die in der modernen Logik geläufige Unterscheidung von O. und M. bzw. Syntaxsprache fand ihre klassische Ausprägung bei A. TARSKI [1] und R. CARNAP [2] und bezweckt, die Semantik formalisierter Sprachen [3] exakt treiben zu können und Antinomien (s.d.) zu vermeiden. ‹O.› meint die Sprache, in der über «Objekte» gesprochen wird, ‹M.› die Sprache, in der über die O. gesprochen wird und deren semantische Eigenschaften bestimmt werden. Die M. werden in der Regel so konstruiert, daß in ihnen alles ausgedrückt werden kann, was in den zugehörigen O. auszudrücken ist, daß alle Zeichen der O. bezeichnet werden können, daß die Eigenschaften und Beziehungen der Ausdrücke der O. wie auch ihre Definitions- und Umformungsregeln formulierbar sind. Eine von Tarski und Carnap abweichende Verwendung der Unterscheidung von O. und M. findet sich bei B. RUSSELL, der die M. als Weiterentwicklung einer primären Sprachebene (primary language) versteht und bereits Worte wie ‹glauben› und ‹wünschen› zu ihr rechnet [4].

Die Unterscheidung hat eine Vorgeschichte in Antike und Mittelalter. In der *stoischen* Logik waren bestimmte Probleme, die aus der semantischen Geschlossenheit der Sprache [5] resultieren, bekannt. In der Erörterung von Sophismen wurden sich aus ihr ergebende Probleme gesehen und ansatzweise Sprachstufen unterschieden (vgl. SEXTUS EMPIRICUS zur Sophismenauflösung [6]). Eine terminologisch explizite Scheidung von O. und M. scheint im Rahmen der Sophismenlehre nicht aufzutreten. Weitere Aufschlüsse könnte die Rekonstruktion der Auflösung der Lügnerantinomie durch CHRYSIPP [7] und vor allem die Klärung der noch interpretationsbedürftigen Lektontheorie [8] der Stoiker geben.

Der Neuplatoniker PORPHYRIUS unterscheidet zwischen der πρώτη θέσις von Wörtern (sie bezeichnen Gegenstände) und ihrer δευτέρα θέσις (ihrer syntaktischen Funktion als Teile eines Satzes) [9]. Die von den neuplatonischen Kategorienkommentatoren, u. a. von BOETHOS und Porphyrius vertretene Sprachentstehungstheorie lehrt, die ersten Menschen hätten zunächst einfache Wörter gebildet, «die die Sachen direkt bezeichneten» [10], dann hätten sie gelernt, *über* das entwickelte Sprachvermögen selbst mit Wörtern wie ‹verbum› und ‹nomen› zu sprechen [11]. Der stoische Ursprung dieser Unterscheidung wird durch CLEMENS VON ALEXANDRIA nahegelegt [12]. Über BOETHOS' Kategorienkommentar gelangte sie zu AUGUSTINUS. In dessen auch stoisch beeinflußter ‹Dialectica› [13] und insbesondere in ‹De magistro› unterscheidet er zwischen «nomen rei» und «nomen nominis», um zu trennen «zwischen dem Zeichen desjenigen Zeichens, das keine anderen Zeichen bezeichnet, und dem Zeichen desjenigen Zeichens, das wiederum andere Zeichen bezeichnet» [14].

Die stoisch-neuplatonische Einsicht wird im Verlauf der *mittelalterlichen* Logiktradition weithin in der Intentionenterminologie AVICENNAS formuliert, in der dieser in der arabischen Logik die semantische Unterscheidung von Sprachstufen ebenfalls durchführte. Die mittelalterlichen Logiker sprechen daher allgemein von Worten der *ersten* bzw. *zweiten Intention* (intentio prima/secunda). Auch in der hoch- und spätscholastischen Suppositionslogik wird diese Redeweise gebraucht, so exemplarisch von ALBERT [15] und OCKHAM. Worte wie ‹terminus›, ‹propositio›, ‹universale›, ‹genus› und ‹species› sind solche der zweiten Intention, Worte wie ‹Pflanze› und ‹grün› solche der ersten. Ockham formuliert auch auf Sätze bezogen: «Et isto modo etiam una propositio potest esse terminus, sicut potest esse pars propositionis; haec enim est vera: ‹homo est animal›: est propositio vera›, in qua haec tota propositio ‹homo est animal› est subiectum et ‹propositio vera› est praedicatum» [16]. BURIDANS ‹Sophismata› zeigen die Anwendung der Unterscheidung von Intentionen auf die Antinomienproblematik [17]: «The medieval treatment of the problem of truth, and of the logical paradoxes, does indeed involve a very basic distinction between statements made *through* language expressions, and statements made *about* language expressions» [18]. Auch in der nachmittelalterlichen Logik erhielt sich die Unterscheidung, so bei ANGELUS (1509), CLICHTOVEUS (1538) und CARBO (1597) [19]. Die Verdrängung der Logik durch die Dialektik ließ sie aber an Bedeutung verlieren.

Ihre volle methodische Funktion konnte sie erst in der modernen formalen Logik erhalten. TARSKI und LUSCHEI weisen auf LEŚNIEWSKI als ersten in der Moderne hin, der in seinen Vorlesungen seit 1919 M. und O. explizit schied [20]. Ein Referat der von ihm in dieser Zeit vorgetragenen Logiktheorie mit Bemerkungen zur Wirkungsgeschichte gibt KOTARBIŃSKI [21]. Der Sache nach liegt die Unterscheidung aber bereits der Verwendung und Theorie der Anführungsstriche bei FREGE zugrunde, besonders nachdrücklich 1893 in ‹Grundgesetze der Arithmetik› [22]. Terminologisch unterscheidet er erst später «Hilfssprache» und «Darlegungssprache»: Die «Hilfssprache ... enthält zwei verschiedene *Bestandteile: die Wortbilder und die* einzelnen *Buchstaben.* Jene entsprechen Wörtern der Lautsprache, diese sollen unbestimmt andeuten. Von dieser Hilfssprache ist die Sprache zu unterscheiden, in der sich mein Gedankengang vollzieht. Diese ist das übliche geschriebene oder gedruckte Deutsch, meine Darlegungssprache» [23]. Die Hilfssprache entspricht der O., die Darlegungssprache der M. im heutigen Verständnis.

Anmerkungen. [1] A. TARSKI: Grundleg. der wiss. Semantik, in: Actes Congr. int. Philos. sci. 1935. 3 (1936; poln. ¹1933) 1–8; Der Wahrheitsbegriff in den formalisierten Sprachen. Studia Philos. 1 (1935) 261–405. – [2] R. CARNAP: Die log. Syntax der Sprache (1934) IV A. – [3] Vgl. Art. ‹Formalisierung I›. – [4] B. RUSSELL: An inquiry into meaning and truth (1940). – [5] Vgl. Art. ‹Antinomie›. – [6] SEXTUS EMPIRICUS, Pyrrh. Hyp. II, 230. 232. – [7] Vgl. I. M. BOCHEŃSKI: Ancient formal logic (1963) 96; A. RÜSTOW: Der Lügner (Diss. Erlangen 1910). – [8] Vgl. Art. ‹Lekton›. – [9] PORPHYRIUS, In cat. prooem., Comment. Arist. Graec. 4, 1, 57f. – [10] Zit. J. PINBORG: Logik und Semantik im MA (1972) 34. – [11] ebda. – [12] CLEMENS VON ALEXANDRIA, Strom. VIII, 9, 96, 23f. – [13] AUGUSTINUS, MPL 32, 1411 A. – [14] E. SCHADEL: AUGU-

STINUS, De magistro. Einf., Übers. Komm. (Diss. Würzburg 1975) 64. – [15] Vgl. E. A. MOODY: Truth and consequence in medieval logic (1953) 26. – [16] WILHELM VON OCKHAM, S. logicae, hg. BOEHNER (New York 1974) I, c. 2, 5. – [17] Vgl. MOODY, a.O. [15] 103-110. – [18] 109. – [19] Vgl. E. J. ASHWORTH: Language and logic in the post-medieval period (1974) 46. – [20] TARSKI, Grundleg. a.O. [1] 2; E. C. LUSCHEI: The log. systems of Leśniewski (1962) 34f. – [21] T. KOTARBIŃSKI: Elementy Poznania. Logiki Formalnej i Metogologij Nauk (1929, ²1961). – [22] G. FREGE: Grundgesetze der Arith. (²1962) 1, 4. – [23] Nachgel. Schr., hg. H. HERMES:F. KAMBARTEL/F. KAULBACH (1969) 180.

TH. RENTSCH

Metazoa. CH. TH. V. SIEBOLD und H. STANNIUS führten die Gruppe der 'Protozoa' (einzellige Lebewesen) in die *zoologische* Systematik ein [1]. Seit E. HAECKEL wurde der Ausdruck ‹M.› für die vielzelligen, auf jenen aufbauenden Organismen gebräuchlich [2].

Anmerkungen. [1] SIEBOLD/STANNIUS: Lb. der vergleichenden Anat. 1/2 (1845). – [2] Vgl. E. RÁDL: Gesch. der biol. Theorien 2 (1909) 38. 289; Hb. der Biol. 4: Das Tier 2 (1962).

TH. BALLAUFF

Meteora, Meteorologos. Der Ausdruck ‹ta meteora› (griech. τὰ μετέωρα) bezeichnet in der *vorsokratischen* Naturphilosophie alle Erscheinungen über der Erde, sowohl der unteren Sphäre, des Aër, also Nebel, Wolken, Regen, Hagel, Schnee, Winde, wie auch der oberen, des Aither, also die Gestirne, die Sternbilder der Fixsternhimmels, die Planeten und ihre Bewegungen, Kometen und andere Lichterscheinungen des Himmels [1]. Eine Meteorologie im eingeschränkten modernen Sinne wurde jedoch erst durch ARISTOTELES geschaffen: M. als die Wissenschaft der Erd- und Luftbewegungen, wie Wetterstrahlen, kalte Schläge, Windhosen und ähnliche Erscheinungen mehr [2]. Diese Erscheinungen lassen sich allerdings nach Aristoteles nur erforschen, wenn man nicht nur die Vorgänge um die Teile der Erde und im Bereich der Luft und des Wassers untersucht, sondern auch alle «feurig verlaufenden Erscheinungen», wie Milchstraßen und Kometen, kurz alle Erscheinungen im Nachbarbereich vor allem des Sternenumlaufs, «die natürlich ablaufen, nur nicht so regelmäßig wie die mit dem himmlischen Urstoff» (ταῦτα δ' ἐστὶν ὅσα συμβαίνει κατὰ φύσιν μὲν ἀτακτοτέραν μέντοι τῆς τοῦ πρώτου στοιχείου τῶν σωμάτων) [3].

Bereits im 5. Jh. wurde ‹meteorologos› im Zuge der Bildung zahlreicher weiterer pejorativer Verbindungen vor allem negativ verstanden als «Schwätzer von den oberen Erscheinungen». Diese durchaus negative Wertung des Mls. kann nicht einfach als Ablehnung der Naturphilosophie verstanden werden. Sie bezieht sich vielmehr auf eine bestimmte Gruppe von Philosophen, welche 'ta meteora' und 'ta hypo ges', die 'Dinge am Himmel' wie auch die 'Dinge unter der Erde' zu erforschen suchten [4].

Im Prozeß wurde Sokrates vorgeworfen: «Daß da ein gewisser Sokrates ist, ein weiser Mann, der die Dinge oben bedenkt und alles unter der Erde erforscht hat» (τά τε μετέωρα φροντιστὴς καὶ τὰ ὑπὸ γῆς ἀνεζητηκώς) [5]. Wie konnte das Wirken eines Mannes so kraß entstellt werden, der sich doch nur mit dem Menschen befaßte und 'die Philosophie vom Himmel herab auf die Erde gezogen' hatte? PLATON gibt auf diese Frage in der ‹Apologie› eine klare Antwort [6]. Wenn einer die Verleumder fragt, wie denn Sokrates die Jugend verderbe, vermögen sie nichts anzuführen, sondern wissen nichts. Damit sie aber nicht verlegen erscheinen müssen, «sagen sie das, was gegen alle Philosophen gewöhnlich gesagt wird», daß sie an «die Dinge am Himmel und die unter der Erde» und «nicht an die Götter glauben» [7]. Sie verwenden also nicht individuelle Vorwürfe, sondern Schlagworte gegen Philosophen, deren Bild schon im 5. Jh. geschaffen worden war, aber keineswegs auf Sokrates paßt. Schon in den ‹Wolken› des ARISTOPHANES wird dieses Bild des Philosophen gezeichnet und mit Sokrates in Verbindung gebracht. Dieser Philosoph erforscht das 'Obere', indem er in einem Hängekorb durch die Sphären reist, aber auch in der Wanderung durch die Höhle die 'Dinge unter der Erde' erforscht. Er wird Philosoph durch die Initiation in Form einer Jenseitsreise [8]. Es zeigt sich, daß dieses Bild des Philosophen Pythagoreer des 5. Jh. meint, welche sich durch eine rituell vollzogene Jenseitsreise Unsterblichkeit zu sichern suchten.

Die Schlagworte des 5. Jh., 'ta meteora' und 'ta hypo ges', die also gegen alle Philosophen zur Hand waren, erweisen sich somit als Reflexe eines literarisch fixierten Idealbildes des 'bios theoretikos', der als Initiation die Seele eine Jenseitsreise 'unter die Erde' und zu den 'oberen Dingen' vollziehen ließ. Ungezählte dichterische Formungen dieser Jenseitsreise wurden in den folgenden Jahrhunderten bis zu Dante geschaffen. Sie stimmen alle miteinander in den Grundzügen überein. Fast alle stehen in der Nachfolge Platons, doch sind sie keineswegs aus Platon allein ableitbar. Es handelt sich bei ihnen nicht um Konkretisierung platonischer Mythen, vielmehr sind schon die platonischen Mythen in Erzählung umgesetztes 'ergon' dieser philosophischen Initiation des 5. Jh. [9].

Anmerkungen. [1] ANAXIMANDER, VS 12 A 11; ANAXAGORAS, VS 59 A 42. – [2] ARISTOTELES, Meteor. 338 b 26ff. – [3] a.O. 338 a 26ff. – [4] W. CAPELLE: μετέωρος und μετεωρολογία. Philologus 71 (1912) 438; H. KOLLER: Jenseitsreise des Philosophen. Asiat. Stud. Z. schweiz. Ges. Asienkunde 27 (1973) 35ff. – [5] PLATON, Apol. 18 b. – [6] a.O. 23 d. – [7] 23 b. – [8] DIOGENES, VS 64 C 1. – [9] PLATON, Resp. 529 a ff.

Literaturhinweise. W. CAPELLE s. Anm. [4] 414-448. – H. KOLLER s. Anm. [4] 35-57.

H. KOLLER

Methode (griech. μέθοδος, lat. methodus, ital. metodo, frz. méthode, engl. method)

I. Das Wort ‹M.› (μέθοδος aus μετά und ὁδός, Nachgang im Verfolgen eines Zieles im geregelten Verfahren) begegnet in philosophischer Relevanz zuerst bei PLATON und bewahrt in sich die Beziehung zu dem, was bei HESIOD und bei den frühen Philosophen ‹Weg› (ὁδός, [κέλευθος], πάτος) in der doppelten Bestimmung der Ausrichtung des Lebens auf das Wahre und Rechte und des diese Ausrichtung tragenden fragenden Forschens und vernünftigen Begreifens meint. Hesiod unterscheidet den schmalen und steilen Weg der Tugend (im Sinne von «Erfolg») von den breiten des Lasters [1]. HERAKLIT mahnt, des Mannes eingedenk zu sein, der vergißt, wohin der Weg führt [2]. Bei PARMENIDES wird der Weg zur Wahrheit, zum Rechten und Gerechten als Weg vernünftigen Begreifens, daß das Seiende ist, von den Wegen unterschieden, die die Menschen in der Gewohnheit und in sterblichen Vorstellungen immer gehen, denen keine Wahrheit einwohnt [3]. Das durch Vernunft geleitete Forschen zeichnet der Überzeugung den Weg der Wahrheit vor [4]. Das geht in ‹M.› ein und führt bei PLATON dazu, daß der Begriff der M., der zunächst auch einfach Untersuchung, wissenschaftliche Fragestellung [5],

Lehre, Ansicht, Schulmeinung [6] meint, dann vor allem seine eigentliche Anwendung im Zusammenhang der für die Philosophie grundlegenden Wesensbestimmung der Idee als Dialektik findet [7]. Zugleich wird in M. aufgenommen, daß M. die richtige Art und Weise der Untersuchung oder wissenschaftliche Fragestellung bedeutet und in dieser Bedeutung mit der richtigen M. des Redens und Diskutierens verwandt ist, wie sie von der Sophistik und ihrer Rhetorik und Dialektik angestrebt wurde, sowie in der richtigen M. ärztlicher Untersuchung (Hippokrates) ihr Vorbild hat [8]. Bei ARISTOTELES zeigt sich zugleich, daß M. als geregeltes, auf Einsicht beruhendes und lernbares Verfahren mit der Vornahme (προαίρεσις) zur Kunst (τέχνη) allgemein in ihrer Bestimmung als Praxis gehört, die auf ein Gutes gerichtet ist [9]. Diese im folgenden näher zu explizierenden Grundbedeutungen von ‹M.› bilden das Fundament, auf dem die gesamte weitere Begriffsgeschichte von ‹M.› aufbaut.

Anmerkungen. [1] HESIOD, Werke und Tage 287ff. – [2] HERAKLIT, VS B 71. – [3] PARMENIDES, VS B 1, 31; B 4, 7; B 1, 32-36. – [4] VS B 4, 9. – [5] PLATON, Polit. 260 e 8; Phaid. 79 e 3. 97 b 6. – [6] Theait. 183 c 3. – [7] Resp. VII, 531 d 1, 533 b 3. 533 c 7; X, 596 a 6; Soph. 265 a 2; Leg. XII, 965 c 6. – [8] Resp. IV, 435 d 1; Phaidros 269 d 8. 270 c 4. 270 d 9; Soph. 243 d 7; Leg. I, 638 e 4. – [9] ARISTOTELES, Eth. Nic. I, 1094 a 1.   J. RITTER

II. *Antike.* – Die dialektische M. PLATONS besteht einerseits in der Zurückführung der Vielheit gleichnamiger Erscheinungen aus dem Bereich der Erfahrung (sinnlich wahrnehmbare Körper und Seelisches) auf die Einheit der Idee (Synagoge) [1], andererseits in der begrifflichen Einteilung der allgemeinsten Ideen und obersten Gattungsbegriffe in ihre Arten und Unterarten (Dihairesis, Dichotomie) [2]. Die Dialektik und die dialektische M. bei Platon ist als Krönung aller Wissenschaften und der gesamten Bildung und Erziehung der Wächter der platonischen Politeia in Gymnastik, Musik und mathematischen Fächern aufzufassen [3]. Sie legt die mathematischen Ideen als bloße Voraussetzungen zugrunde und nicht wie die Mathematik als Anfangsgründe, die nicht weiter diskutiert werden, sondern sie beginnt mit den Ideen, und zwar mit den untersten, unteilbaren Arten, verfolgt diese hinauf zu den obersten Gattungen, allgemeinsten Ideen und zum Voraussetzungslosen, der Idee des Guten, und steigt von ihr auf gleiche Weise wieder herab zu den untersten, unteilbaren Arten [4]. Wesentlich ist, daß in dieser M. des Denkens auch bestimmt wird, zwischen welchen Ideen Beziehungen stattfinden können und zwischen welchen nicht [5], daß sie den vom philosophischen Eros bloß angestrebten Besitz der Wahrheit erst eigentlich sichert [6] und daß sie als M. des Erkennens und Sprechens bei Platon aufs engste mit dessen Metaphysik und Ontologie verbunden ist. Das wird besonders deutlich in der ‹Politeia›, wo die Anerkennung oder Verkennung des Seins der Ideen, auf welche sich die Dialektik bezieht, das Kriterium für die Bildung oder Unbildung eines Menschen, besonders des Wächters im Staate Platons, ist [7]. Die dialektische M. ist dadurch gerechtfertigt, daß sie dem Menschen dazu verhilft, das für sein ganzes, besonders sittliches und politisches Leben entscheidend wichtige metaphysisch transzendente Sein der Ideen so zu erkennen, wie es ist, und insofern ist diese M. auch, obwohl reiner Theorie zugehörig, von eminenter praktischer Bedeutung für den Menschen [8].

Auch bei ARISTOTELES kann μέθοδος zunächst die Art und Weise einer Untersuchung bedeuten [9], wobei Aristoteles besonderes Gewicht darauf legt, daß bei verschiedenen Sachgebieten und den sie erforschenden Disziplinen immer die jeweils angemessene M. und der angemessene Grad der Genauigkeit zu befolgen sei [10]. Dann aber heißt bei Aristoteles μέθοδος auch die bestimmte Erörterung und Untersuchung selbst [11], und schließlich ist damit sogar auch eine bestimmte Disziplin oder Lehre gemeint [12]. Sachlich hat Aristoteles in der Logik vor allem die M.n der Induktion (ἐπαγωγή: Heranführung an das Allgemeine von einzelnen Fällen her) und der Definition (Begriffsbestimmung), welche er beide von Sokrates erstmals eingeführt glaubt [13], weiter ausgebildet [14], und neben der Lehre vom Urteil [15] ganz besonders die Lehre vom apodiktischen Schließen, die Syllogistik, entwickelt [16]. Der dialektischen M. und Untersuchung kommt bei Aristoteles nicht mehr wie bei Platon metaphysisch-ontologische Bedeutung zu. Die Dialektik bei Aristoteles ist im Anklang an ihre sophistische und frühsokratische Bedeutung eher wieder eine philosophische Diskussionskunst [17]. Vom syllogistischen Beweisverfahren, der Apodeiktik, unterscheidet sie sich dadurch, daß sie auf dem Boden allgemein anerkannter Erfahrungstatsachen und der bloßen Meinung verbleibt, während die syllogistische Apodeiktik, ausgehend von apriorisch gewissen Prämissen, zwingend beweist [18]. Dialektische und apodiktische Schlüsse unterscheiden sich also nach dem Grad der Gewißheit ihrer Prämissen [19]. Auch mit den rhetorischen Schlüssen stimmen die dialektischen Schlüsse darin überein, daß sie nicht einen streng wissenschaftlich apodiktischen Charakter haben, indem sie von bloß Wahrscheinlichem und von bloßen Zeichen ausgehen [20]. Wichtig ist, daß Aristoteles selbst keine formale Denk-M., auch und vor allem nicht die syllogistische Apodeiktik, auf irgendein zentrales Sachgebiet der Philosophie (z. B. die Ethik oder Kosmologie) konsequent angewandt hat [21].

Überhaupt kommt der M. des Denkens in der ganzen antiken Erkenntnislehre und Philosophie nicht jene überragende Bedeutung zu wie etwa bei DESCARTES und einigen seiner Nachfolger [22] – auch nicht bei den *Stoikern,* deren Dialektik und Schlußlehre wesentlich aristotelischen und peripatetischen Vorbildern verpflichtet ist [23], und bei den *Epikureern,* welche vor allem in der Gestalt ihres Gründers die Dialektik ablehnen und eine Theorie der Begriffs- und Schlußbildung für überflüssig halten, da durch sie die allein entscheidende sinnliche Wahrnehmung und Induktion nicht ersetzt werden können [24].

Der Neuplatoniker PLOTIN erneuert wieder die Dialektik Platons, sie ist ihm die M., sich im Bereich der Ideen und des göttlichen Geistes bis hinauf zum Einen-Guten und zurück zu bewegen; sie ist über alles erotische Streben, alle Tugend, Kunst und Wissenschaft erhaben und läßt auch die ganze formale Logik des Aristoteles mit ihrer Syllogistik unter sich zurück, wobei nach Plotin zu beachten ist, daß an sich das geistige Leben im Bereich der Ideen und des göttlichen Geistes nicht durch diskursives Denken auseinandergetrennt ist [25]. PROKLOS DIADOCHOS entwickelt den Hervorgang aller späteren Stufen der Wirklichkeit aus dem höchsten Prinzip in einer dreiteiligen M., deren drei Etappen das Verbleiben des Verursachten in der Ursache (μονή), sein Hervorgang aus ihr (πρόοδος) und die Rückkehr zu ihr (ἐπιστροφή) sind [26].

Anmerkungen. [1] PLATON, Resp. X, 596 a 5ff.; bes. 596 a 6; Leg. XII, 965 b 1ff.; bes. 965 c 6; zu ‹Synagoge› vgl. Phaidros 266 b 4. – [2] Soph. 218 d 5. 227 a 8. 235 c 6 (vgl. dazu 235 b 8ff.); Polit. 266 d 7. 286 d 9. – [3] Resp. VII, 531 c 9-535 a 2. – [4] Resp. VI, 510 b 2-511 e 5, bes. 510 b 8f. (vgl. dazu 510 c 5). 511 b 3-d 5. – [5] Soph. 251 a 8-254 b 6, bes. 253 c 6-254 b 6. – [6] Vgl. dazu Phaidros

230 e 6-257 b 6; zur wahren dial. M. 266 b 3ff. 270 c 9ff. im Rahmen der Lehre von der wahren Rhetorik 257 b 7-278 b 6. – [7] Resp. VII, 514 a 1-519 d 2. – [8] Vgl. dafür bes. Resp. VII, 531 c 9- 535 a 2. 535 a 3-541 b 5; Philebos 15 d 1-18 e 2; Leg. XII, 964 d 3- 966 a 9. – [9] ARISTOTELES, Anal. pr. A 31, 46 a 32. b 26; B 1, 53 a 2; De an. A 1, 402 a 14. 16f.; De part. anim. A 5, 646 a 2; Den gen. et corr. A 10, 327 a 31; Rhet. A 2, 1358 a 4. – [10] De an. A 1, 402 a 10-22; Nik. Eth. A 1, 1094 b 11-27; 2, 1095 a 31-b 13; 7, 1098 a 21- b 12; vgl. dazu Met. B 2, 997 a 25-34; E 1, 1025 b 7ff. – [11] Eth. Nic. A 1, 1094 a 1; Met. A 2, 983 a 23; De part. anim. A 1, 639 a 1; Pol. Γ 8, 1279 b 13; Δ 3, 1293 b 30; Phys. Γ 1, 200 b 13. – [12] Phys. Θ 1, 251 a 7; Met. M 1, 1076 a 9; Eth. Nic. A 7, 1098 a 28; Rhet. Γ 10, 1410 b 8; Poetik 19, 1456 a 36; vgl. Phys. A 1, 184 a 11. – [13] Met. A 6, 987 b 1-4; M 4, 1078 b 17. 28. 30; M 9, 1086 b 3. – [14] Anal. post. B 3, 90 b 30 für die Def.; Top. A 2, 105 a 13f. für die Induktion; zur Def. Anal. post. A und bes. B, zur Induktion Anal. pr. B 23f. – [15] Zu Satz und Urteil vgl. bes. De interpret. – [16] Zum Syllogismus vgl. bes. Anal. pr. A und B; zur Apodeiktik Anal. post. A und B. – [17] Top. A 2, bes. 101 a 27. 36; Begriff der M. 101 a 30. 101 b 4. – [18] Anal. pr. B 16, 65 a 36. – [19] Top. A 1, 100 a 27ff. – [20] Anal. pr. B 27, 70 a 10f.; vgl. Rhet. A 1, 1355 a 6ff. – [21] Vgl. darüber bes. O. GIGON: Die Philos. des Arist., in: ARISTOTELES, Einführungsschr., eingeleitet und neu übertragen O. GIGON (1961) 53ff. bes. 54f. – [22] Vgl. R. DESCARTES, Regulae ad directionem ingenii; Discours de la M. – [23] SVF 2, Nrn. 48f.; DIOG. LAERT. VII, 41-45; SVF II, 207ff. 235ff. 241ff. 266; für die erstmalige Behandlung der durch die Stoiker berühmt gewordenen hypothet. Schlüsse bei Theophrast und Eudemos vgl. BOETHIUS, De syllog. hypothet. 606. – [24] CICERO, De fin. I, 7, 22; 19, 63; DIOG. LAERT. X, 31; SEXT. EMP., Adv. Math. VII, 14; vgl. bes. noch CICERO, De fin. 2, 1, 3f. = Frg. 264 Us. – [25] PLOTIN, Enn. I, 3 (Nr. 20) «Über die Dialektik»; vgl. zum Begriff der M. I, 3, 1, 1; I, 3, 4, 23; vgl. über das Wissen des göttl. Geistes V, 8, 4. – [26] PROKLOS, Inst. theol. 30ff.; Theol. Plat. 2, 4; 3, 14; 4, 1.

Literaturhinweise. C. PRANTL: Gesch. der Logik im Abendlande 1 (1855, ND 1957). – J. STENZEL: Stud. zur Entwickl. der plat. Dialektik von Sokrates zu Arist. (³1961). – Arist. et les problèmes de M. Comm. Symposium Aristotelicum, Louvain 1960 (Paris 1961).
F. P. HAGER

III. *Mittelalter.* – 1. Der Begriff ‹M.› wird gemäß den verschiedenen Bedeutungen des griechischen μέθοδος im Mittelalter durch verschiedene Ausdrücke wiedergegeben: ‹disciplina›, ‹doctrina›, ‹regula›, ‹via›, ‹ars›, ‹methodus›. ‹M.› wird im frühen Mittelalter nur selten verwendet, und zwar ausschließlich in medizinischem Sinn [1]. In philosophischem Sinn erscheint es erst vom 12. Jh. an in den Übersetzungen aus dem Griechischen. HEINRICH ARISTIPP (gest. 1162) übersetzt μέθοδος mit ‹M.›, was damals dunkel erschienen sein muß, da eine Anmerkung zwischen den Zeilen erläutert: «regula» [2]. Der Wortgebrauch des Übersetzers JOHANNES BURGUNDIO VON PISA bleibt unbestimmt: μέθοδος wird im selben Werk unterschiedslos mit ‹disciplina›, ‹doctrina› oder ‹M.› wiedergegeben [3]. JOHANNES VON SALISBURY betrachtet ‹M.› als ein griechisches Wort, das dem lateinischen ‹ars› entspricht. Die M. ist ein «kurzer Abriß» (ratio compendaria, ratio compendii), der Zeit und Mühe erspart beim Erlernen und Ausüben der Logik und der Philosophie. Gleichbedeutend mit ‹M.› sei ‹Zugang› (adviatio, aditus) [4].

«Methodus» verbreitet sich im 13. Jh. mehr und mehr durch die Aristoteles-Übersetzungen und -Kommentare. ROBERT GROSSETESTE (gest. 1253) fügt in seine Übersetzung des griechischen Kommentars der ‹Nikomachischen Ethik› von EUSTRATIUS eine etymologische Analyse ein, die genauer als die von Johannes von Salisbury ist: «Die M. (meistens übersetzt durch ‹doctrina›, setzt sich im Griechischen zusammen aus ‹meta›, was ‹mit›, ‹in›, ‹nach› bedeutet, und aus ‹odos›, d.h. ‹Weg›) ist ein Habitus, der mit wegebahnender Vernunft verknüpft ist.» Aber er fügt hinzu: «Wenn ars, M. und scientia auch jeweils einen eigenen Sinn besitzen, verwendet man sie im allgemeinen doch unterschiedslos und austauschbar» [5]. Diese Vielfalt des M.-Vokabulars illustriert die Tatsache, daß dem Mittelalter der Gedanke von einer Einheit oder Einzigkeit der M. fremd ist.

Als ALBERT DER GROSSE in den Jahren um 1254-1257 seine Schrift ‹De anima› redigiert, benutzt er die griechisch-lateinische Übersetzung des JAKOB VON VENEDIG, in welcher μέθοδος durch ‹scientia› wiedergegeben ist. Aber in seiner eigenen Paraphrase verwendet er ‹M.› oder ‹via› [6]. Anläßlich der oben erwähnten Passage der ‹Nikomachischen Ethik› bemerkt er: «eine M., d.h. eine Kunst» [7]. Im Topik-Kommentar führt Albert im Sinne der schon von Johannes von Salisbury gegebenen Bestimmung an: «M. heißt kurzer Weg, der Weg eines Kompendiums, und gemeinhin redet man von einer Summe» (dicitur ... M. brevis via, quae via est compendii, et vulgariter vocatur summa) [8]. Auch THOMAS VON AQUIN schreibt an der genannten Stelle seines Ethik-Kommentars: «eine gewisse M., d.h. eine Kunst» [9]. Im übrigen verwendet Thomas ‹M.› nur selten, niemals in der ‹Summa Theologiae›. Er zieht ‹via procedendi› vor [10]. Für ROGER BACON, der ‹M.›, aber auch ‹modus procedendi› und ‹modus sciendi› verwendet, ist die M. ein Erkenntnisverfahren, das sich den allgemeinen Akzidentien zuwendet und der Demonstration untergeordnet ist [11]. Mit dem bedeutendsten Aristoteles-Übersetzer, WILHELM VON MOERBEKE, setzt sich die Übersetzung ‹M.› allgemein durch [12]. Die Logiker verdeutlichen und unterstreichen den Platz der M. in der Dialektik. In einem Text, der der älteste bekannte Kommentar der ‹Sophisti elenchi› ist (Mitte des 12. Jh.) und zugleich das erste Beispiel der Logica modernorum, heißt es: «Die Dialektik besitzt einen Zugang zu den Prinzipien aller M., d.h. Unterweisungen» [13]. Für LAMBERT VON AUXERRE (um 1250) ist die Logik eine Kunst und die M. ein einfacher Abriß dieser Kunst, wie ein Pfad in bezug auf eine Straße. Nach E. Gilson repräsentiert diese Logik «genau die M., die DESCARTES später in seinen ‹Regulae ad directionem ingenii› überwinden will» [14]. PETRUS HISPANUS, dessen Einfluß weitreichend und dauerhaft war, übernimmt fast wörtlich diese Formel [15], die man auch bei ROBERT DEM ENGLÄNDER wiederfindet [16]. SIMON VON FAVERSHAM ordnet einerseits ‹facultas› dem Trivium und ‹M.› dem Quadrivium zu, räumt aber andererseits die Identität beider Ausdrücke in einem weiten Sinne ein [17].

Anmerkungen. [1] ISIDOR VON SEVILLA, Etymol. 4, 4. – [2] Plato Latinus, hg. R. KLIBANSKY/L. MINIO-PALUELLO 2 (London 1950) Phaedo 36, 27 (79 e); 59, 25 (97 b). – [3] NEMESIUS VON EMESA, De nat. hominis, übers. BURGUNDIO VON PISA, hg. G. VERBEKE/J. R. MONCHO (Leiden 1975); vgl. Index graeco-latinus. – [4] JOHANNES VON SALISBURY, Metalogicon 1, 11; 2, 5; 2, 13, hg. C. WEBB (Oxford 1929) 28. 67. 85. – [5] ROBERT GROSSETESTE, In Eth. Nic. 1, 1, hg. H. P. F. MERCKEN (Brüssel 1964) 10f. – [6] ALBERTUS MAGNUS, De an. 1, 1, 3. Opera omnia, hg. B. GEYER 7/1 (1968) 50-55. – [7] Super Ethica 1, 2 a.O. 14/1 (1968/72) 11. – [8] 1 Top., Prooem. 2. Opera, hg. JAMMY 1, 660. – [9] THOMAS VON AQUIN, In Eth. Nic. 1, 2 (30). – [10] Vgl. z. B. In Met. 2, 1 (278); In De an. 1, 1 (9). – [11] Vgl. ROGER BACON, Opera hactenus inedita 10, 54; 11, 136. – [12] W. VON MOERBEKE in seiner Übers. von Arist., z.B. De gen. animal. 758 a 28. 782 a 23. – [13] L. M. DE RIJK: Logica modernorum 1 (Assen 1962) 234, 36-235, 1. – [14] E. GILSON: La philos. au Moyen Age (Paris 1944) 554; vgl. C. PRANTL: Gesch. der Logik im Abendlande 3 (1867, ND 1955) 26 Anm. 102. – [15] PETRUS HISPANUS, Summulae log., hg. DE RIJK (Assen 1972) 1, 4. – [16] ROBERT DER ENGLÄNDER, Comm. P. Hispanus. Vivarium 7 (1969) 27. – [17] SIMON VON FAVERSHAM, Comm. S. logica 82f.   M. LEMOINE

2. Unter den wenigen Stellen, an denen im Mittelalter das Wort ‹methodus› im Sinn von «Weg des wissenschaftlichen Vorgehens» oder «Art und Weise des wissenschaftlichen Verfahrens» gebraucht wird, ist besonders bemerkenswert eine Passage aus der ‹Dialectica› von JOHANNES DAMASCENUS in der zwischen 1235 und 1242 von ROBERT GROSSETESTE angefertigten Übersetzung. Hier werden nämlich zunächst vier M. der Dialektik oder Logik aufgeführt und dann einer dieser M.-Begriffe noch weiter differenziert, so daß sich ein Überblick über die wichtigsten im Mittelalter bekannten und geübten M.n ergibt. Zwar führt die Angabe dieser verschiedenen Wege wissenschaftlichen Vorgehens über eine enger verstandene Geschichte des Wortgebrauchs von ‹M.› hinaus zur Problemgeschichte, aber angesichts der lange verbreiteten Rede von der «scholastischen M.» (s. d.) dürfte es angemessen sein, die Angaben zum Wortgebrauch noch durch Hinweise auf die im Mittelalter bekannten M.n zu ergänzen.

«Man muß wissen, daß es vier M. der Dialektik, das ist der Logik, gibt: Die divisive M., welche die Gattung in Arten durch mittlere Differenzen teilt; die definitive M., welche von der Gattung und den Differenzen, mit denen die divisive M. geteilt hat, den Gegenstand [subiectum, d. h. das Subjekt der Prädikation] definiert» [1]. Damit werden die platonische Dihairesis (s. d.) und die aristotelische Lehre von der Definition (s. d.) durch Angabe der nächsten Gattung und des Artunterschiedes als M. der Philosophie behauptet. Wird der begrifflichen Unterscheidung höherer und niederer Gattungen (z. B. Sinneswesen, Lebewesen, Körper) ontologische Valenz derart zugesprochen, daß diesen Begriffen Seinsstrukturen (Formalitäten) oder Seinsgrade entsprechen, was für den platonischen Ansatz charakteristisch ist und modifiziert besonders im Scotismus ausgeführt wurde, erhält die Begriffsanalyse den Rang einer M. der Metaphysik. Gemäß dem aristotelischen Ansatz verbleiben diese Verfahren der Begriffszerlegung und Begriffsbildung jedoch im Vorraum eigentlicher Wissenschaft, in der Dialektik (s. d.): eine durch Art- und Gattungsbegriff gebildete Definition bleibt «dialektisch und leer» [2], die genannte definitive M. ist also, wie THOMAS VON AQUIN lehrt, M. nicht der Wissenschaft, sondern der Dialektik [3].

«Es gibt [drittens] die analytische M. [resolutiva], die das Zusammengesetztere in das Einfachere auflöst, d. h. den Leib in Säfte, die Säfte in Früchte, die Früchte in die vier Elemente, die Elemente in Materie und Form» [4]. Diese M. heißt «natürliche Analyse», weil in ihr nicht von uns gebildete Begriffe, sondern von Natur her Seiendes in seine Bestandteile aufgelöst und auf seine Prinzipien zurückgeführt wird. Gemeint ist aber nicht eine reale, sozusagen chemische Auflösung der «gemischten Körper» in ihre Elemente, sondern eine Leistung der Erkenntnis, die über den Augenschein hinaus zu den Bestandteilen und Prinzipien des ihr vorgegebenen natürlichen Seienden vordringt [5].

Nach THOMAS VON AQUIN, dessen reflexive Erkenntnisanalyse im Rahmen dieser M.-Tradition steht, haben wir aber, sofern wir Vorgegebenes als Individuum (Sokrates) einer Art und als Seiendes erkannt haben, implizit das zu erkennende Vorgegebene schon in solcher Weise analysiert. Denn diese Erkenntnis vollzieht sich, was ausdrücklich zu machen die Aufgabe dieser M. ist, in einer «Zusammensetzung» (compositio): Diesem hier (dem durch Sinnesbilder Repräsentierten) kommt Menschsein (forma substantialis) und Sein (esse) zu. Weil dieser Satz das vorgegebene Seiende so, wie es ist, darstellt und seine Erkenntnis vermittelt, müssen die Prinzipien dieses wahren Satzes Prinzipien der Sache entsprechen, wobei freilich das, wodurch Sokrates dieser Mensch ist, d. h. das Materie genannte Prinzip, dessen Teile das den Individuen gemeinsame Menschsein differenzieren und individuieren, an sich unbekannt bleibt und nur im «Hier und Jetzt» als seinem «Zeichen» erfaßt wird. Diese Methode reflexiver Erkenntnisanalyse, die zugleich die Prinzipien des in seinem spezifischen Wesen und in seinem Sein erkannten natürlichen Seienden aufzeigt, ist die originale M. der thomistischen Metaphysik [6].

«Es gibt [viertens] die demonstrative M., die durch einen Mittelbegriff (medium) einen vorgelegten Satz beweist; z. B. wird mir zu beweisen aufgegeben, daß die Seele unsterblich ist: ich nehme als Mittelbegriff ‹immer bewegend› und schließe so: die Seele ist etwas immer Bewegendes; immer Bewegendes ist unsterblich, also ist die Seele unsterblich» [7]. Dieses Beispiel zeigt, wie die schon durch Boethius dem Mittelalter vermittelte Syllogistik als M. verwendet wird: ein probabler Satz, der z. B. wegen der Autoritäten, die ihn vertreten, im Ansehen des Wahren steht, wird als wahr beurteilt durch Rückführung auf ihn beweisende Prämissen. Während die Dialektik zu den probablen Ausgangssätzen führt, kommt die judikative Analyse zum Abschluß, wenn die in ihr benutzten wahren Prämissen auf die letzten Prinzipien (Definitionen, Annahmen und Axiome) der Wissenschaft zurückgeführt sind. Dann ist auch der synthetische Weg von den Prinzipien zu den Theoremata wie in Euklids «Elementen» möglich [8].

JOHANNES DAMASCENUS rundet diesen Überblick ab, indem er die analytische M. noch weiter differenziert: «Man muß aber wissen, daß es eine dreifache analytische M. gibt. Denn es gibt die natürliche Analyse, wie sie angeführt wurde. Es gibt aber auch die logische Analyse (rationalis resolutio), wenn wir den vorgelegten Syllogismus auf die ihm eigene Figur zurückführen.» Diese logische Analyse ermöglicht die Beurteilung der Folgerichtigkeit; der als Beispiel genannte Syllogismus ist auf den ersten Modus der ersten Figur («Barbara») zurückzuführen.

Abschließend heißt es: «Es gibt auch die mathematische Analyse, wenn wir das Gesuchte als zugestanden annehmen und zu etwas Zugestandenem vorstoßen, von dem her das Vorgesetzte zu beweisen ist. Es sei z. B. gefragt, ob die Seele unsterblich ist. Dieses Erfragte nehme ich als zugestanden und sage: Weil die Seele unsterblich ist, gibt es Vergeltungen der guten und bösen Taten; wenn es aber Vergeltungen gibt, gibt es auch den zu Richtenden und den Richter; wenn es aber ... den Richter gibt, gibt es auch Vorseher und Vorsehung. Wir gelangen also zur Vorsehung, die von allen zugestanden wird. Von hier aus sage ich nun gemäß der Synthese (secundum compositionem): weil es Vorsehung und einen Richter gibt, gibt es Vergeltungen; weil es Vergeltungen gibt, gibt es auch den zu Richtenden; wenn es aber den zu Richtenden gibt, ist die Seele also unsterblich» [9].

Die damit genau bestimmte und erläuterte mathematische Analyse, deren klassische Definition PAPPUS VON ALEXANDRIEN gegeben hat [10], wurde im Mittelalter freilich kaum verwendet. Ihre Abwandlung, die Analyse eines Zieles auf die Mittel seiner Verwirklichung, gehörte jedoch zum festen Bestand der praktischen Philosophie [11].

Johannes Damascenus steht mit der Angabe von vier M. in einer auf den mittleren Platonismus zurückgehenden Tradition, die dem Mittelalter auch durch SCOTUS ERIUGENA vermittelt wurde [12].

Anmerkungen. [1] JOH. DAMASCENUS, Dialectica. Version of ROBERT GROSSETESTE, hg. O. A. COLLIGAN (New York/Louvain 1953) c. 49. 53. – [2] ARISTOTELES, De an. I, 1, 403 a 1f. – [3] THOMAS VON AQUIN, In Met. 4, 4 (573f.). – [4] JOH. DAMASCENUS, a.O. [1]. – [5] Vgl. Art. ‹Analyse/Synthese› 1. 5. – [6] Vgl. Art. ‹Abstraktion› und ‹Form und Materie›; ferner: L. OEING-HANHOFF: Gotteserkenntnis im Licht der Vernunft ... nach Thomas von Aquin, in: Thomas von Aquin 1274/1974, hg. L. OEING-HANHOFF (1974) 97-124. – [7] JOH. DAMASCENUS, a.O. [1]. – [8] Vgl. Art. ‹Analyse/Synthese› 4. – [9] JOH. DAMASCENUS, a.O. [1]. – [10] Vgl. Art. ‹Analyse/Synthese› 2. – [11] Vgl. a.O. 3. – [12] Vgl. 1, bes. die in Anm. 30 angeführte Lit.

Literaturhinweis. L. OEING-HANHOFF: Die M. der Met. im MA, in: Die Met. im MA, hg. P. WILPERT (1963) 71-91.

L. OEING-HANHOFF

IV. *Renaissance und Humanismus.* – Nach N. W. Gilbert [1] ist der Begriff der M. in der Renaissance gekennzeichnet durch eine entschiedene Abneigung – insbesondere der italienischen Humanisten – gegen lateinische Wörter nicht-klassischen oder ciceronianischen Ursprungs. Vor allem im 16. Jh. wurden die verschiedenen Bedeutungen von μέθοδος herangezogen, um sie dem lateinischen ‹methodus› entgegenzustellen.

So gibt G. BUDÉ, um die Ableitung von ‹methodus› zu erforschen, eine Liste der Quellen im Griechischen heraus, die auf die verschiedenartigen Bedeutungen des Begriffs hinweist [2]. M. NIZZOLI versucht sogar ‹methodus› gänzlich als barbarisch und für den gelehrten Sprachgebrauch ungeeignet zu verbannen [3]; er schlägt stattdessen «ratio et via» vor. L. BRUNI gibt in seiner Übersetzung der ‹Politik› sechs verschiedene Umschreibungen von ‹methodus› [4], wo zuvor WILHELM VON MOERBEKE nur ‹methodus› verwendet hatte. Die «unwissenden mittelalterlichen Übersetzer» benutzten nach seiner Ansicht barbarische lateinische Ausdrücke, die den Sinn des Originals entstellen [5].

Der M.-Begriff orientiert sich an griechischen Vorstellungen, in denen μέθοδος mit τέχνη gleichgesetzt wird. Im Unterschied zur Antike und auch zum Mittelalter stehen aber Schnelligkeit, Effektivität und Nützlichkeit als wesentliche Begriffsbedeutung im Vordergrund.

Demgemäß übernimmt G. BORRO in seiner M. des Lehrens und Lernens der «Peripatetiker» das griechische Konzept des «kurzen Abrisses» (ratio compendaria) und übersetzt μέθοδος mit ‹via› [6]. Seine Methodologie, die eine Kombination aus humanistischen und aristotelischen («peripatetischen») Vorstellungen ist, stellt sich M. als Instrument vor, um etwas herauszufinden, zu erläutern, zu verstehen oder etwas zu lehren [7]. Borro definiert M. als «kurzen Weg, auf dem wir so schnell wie möglich Wissen und Fertigkeit erlangen können» (methodus ergo est via compendaria perdiscendi, qua duce, ad doctrinam atque peritiam quam celerrime ascendimus) [8]. Der einflußreiche Theologe PH. MELANCHTHON, der sich auf Aristoteles als den wahren «artifex methodi» und Johannes Damascenus beruft, versteht M. als «compendium», um nutzlose Fragen zu beseitigen und Dinge mit größtmöglicher Leichtigkeit zu klären. In seinen ‹Loci Communes Theologici› lehrt er, daß es einen großen Vorteil bedeutet, Regeln und Verfahren zu haben, die in einer M. zusammengeschlossen sind [9].

Der Pädagoge J. STURM bemüht sich, griechische Entsprechungen für verwendete lateinische Ausdrücke zu geben, und spricht dabei – gestützt auf Galen – von einer dreifachen M.: der M. der Unterscheidung, der Zusammensetzung und der Definition [10].

Am entschiedensten kommt in P. DE LA RAMÉES «einziger M.» die Konzeption von der Schnelligkeit und Effektivität der M. zum Ausdruck. Ausgehend von der Lehre Platons und der traditionellen dialektischen Unterscheidung zwischen Erfindung (inventio) und Beurteilung (iudicium), unterteilt er das Urteil wiederum in Syllogismus, Anordnung (collocatio) und die «Verbindung aller Künste und deren Beziehungen zu Gott» [11]. Der zweite Schritt im Urteil, die collocatio, meint seine – auch später so von ihm bezeichnete – M. Ramées gesamte methodologischen Untersuchungen weisen eine historische Verbindung zwischen der analytischen M. des Hippokrates, der dialektischen des Sokrates und der wissenschaftlichen des Aristoteles nach und lassen ihn zu dem Schluß kommen, daß alle M.en darin übereinstimmen, eine «einzige M.» zu empfehlen [12]. Diese «einzige M.» ist die des Vorgehens vom generellen und bekannteren Ganzen zum speziellen und weniger bekannteren Teil [13]. Im Anschluß an Ramée betont R. SNEL, daß die Metapher von der Straße die zentrale Wortbedeutung von M. im Griechischen wiedergebe [14].

Eine Entgegensetzung zu Ramées «einziger M.» ist die «doppelte M.» von E. DIGBY. Gestützt auf Platon, Aristoteles und Galen setzt Digby korrelative Terminologien dieser Autoren mit seiner «doppelten M.» gleich. Die eine M., von Früherem ausgehend, entspricht Platons «genesis», Galens «synthesis» oder Aristoteles' «epagoge» (inductio); die andere M., von Späterem ausgehend, entspricht Platons «dihairesis», Galens «analysis» oder Aristoteles' «apagoge» (resolutio) [15].

· J. ZABARELLA, der sich in ‹De methodis› auf Aristoteles und Averroës bezieht, geht von zwei allein existierenden wissenschaftlichen M.n (scientificae methodi) aus: der demonstrativen M. und der resolutiven M. [16]. Diese bestehen aus einem Syllogismus, der die Bedingungen enthält, daß entweder der Mittelbegriff die Ursache für den Obersatz ist (Beweis a priori, compositive M.) oder der Obersatz Ursache für den Mittelbegriff (Beweis a posteriori, resolutive M.) [17]. Beide M.n sind nach Zabarella intellektuelle Instrumente zur Erlangung von Erkenntnissen und Behandlung von Kenntnissen [18]. Ebenso geht J. MAZZONI von einer zweifachen M. aus. In einer weiteren Bedeutung versteht er M. als Anordnung und Beweisverfahren, die er mit Averroës «ordo doctrinae» und «via doctrinae» nennt, in einem engeren Sinn nur als Beweisverfahren [19].

G. ACONZIO nimmt als wesentliches Kriterium einer M. ihre Nützlichkeit an [20]. Er versteht M. als Vorgehen nach festen Regeln. Nach S. CHIARAMONTI ist die M. ein «Weg, dem menschlichen verstand Erkenntnis ohne Irrtum zu bringen ...» (dicamus tamen ipsam methodum esse viam ad cognitionem absque errore promoventem humanam mentem ...) [21]. Er geht von zwei Haupt-M.n aus: der demonstrativen und der definitiven M. und definiert M. als «Fortschreiten von der Erkenntnis eines Gegenstandes zu der eines anderen, wenn die Erkenntnis des früheren zu der des folgenden beiträgt, entweder durch Folgerung oder auf einem anderen Weg» (est scilicet methodus progressus a cognitione unius ad cognitionem alterius cum praecedentis cognitio ad subsequentis cognitionem deserviat vel inferendo vel aliter iuvando) [22].

Der Stoa folgend, benutzt B. KECKERMANN ‹systema› für eine Gruppe von Regeln, die eine Kunst ausmachen. Er beschreibt M. als Seele und Form aller Disziplinen, ohne die die Gegenstände weder selbst zueinander in Beziehung stehen noch die menschlichen Gedanken über sie [23].

Anmerkungen. [1] N. W. GILBERT: Renaissance concepts of M. (New York 1960). – [2] G. BUDÉ: Annotationes ... (Paris 1535) 37f. – [3] M. NIZZOLI: Sive Thesaurus Ciceronianus (Basel 1583) Anh. – [4] L. BRUNI: Lat. Übersetz. der ‹Politik› in: ARISTOTELIS Stagiritae Politicorum ... (Venedig 1568) 1. 14. 37. 52. 59. 61. – [5] Humanist.-philos. Schr., hg. H. BARON (1928) 70. – [6] G. BORRO: De peripatetica docendi ... (Florenz 1584) 12f. – [7] a.O. 8f. – [8] 14f. – [9] PH. MELANCHTHON, in: Corpus Reformatorum 21, 333f. – [10] J. STURM: Linguae Latinae resolvendae ratio, in: Institutionis literatae ... (Thorn 1686) 511. – [11] P. DE LA RAMÉE: Dialecticae institutiones ... (Paris 1543) 27. – [12] GILBERT, a.O. [1] 141. 144. – [13] a.O. 144. – [14] R. SNEL: De ratione discendi et exercendi logicam ... (1599) 141. – [15] E. DIGBY: De publici methodo ... (London 1580) c. 19. – [16] J. ZABARELLA, De methodis, Opera logica ... (Treviso 1604) 120. – [17] ebda. – [18] 117f. – [19] J. MAZZONI: In universam Platonis et Aristotelis ... (Venedig 1597) 165. – [20] J. ACONZIO: ‹De methodo› e opuscoli religiosi e filosofici, hg. G. RADETTI (Florenz 1944) 84. – [21] SC. CHIARAMONTI: De methodo ad doctrinam spectante ... (Cesena 1639) 8. – [22] a.O. 47. – [23] B. KECKERMANN: Praecognitorum philosophicorum ... (1612) 1.

Literaturhinweis. N. W. GILBERT s. Anm. [1].   Red.

V. *Neuzeit.* – 1. *Der M.-Begriff im 17. und 18. Jh.* wird bestimmt durch die zentrale Stellung des Begriffspaars ‹Analyse/Synthese›. Von ausschlaggebender Bedeutung ist dabei die vor allem von PAPPUS [1] vermittelte Beziehung zum geometrischen Beweisgang und zur euklidischen Axiomatik. Andererseits wirkt die aristotelische Beweistheorie nach und wirken unter Einbezug der lullistischen Tradition der Kombinatorik die neuentdeckten algebraischen Verfahren auf die Ausgestaltung der Methodologie ein [2]. Die Neuorientierung, die dabei zunächst für die cartesische Philosophie bestimmend wird, ist in modifizierter Form auch für die empiristisch orientierte Methodologie von Belang: 1. Gegenüber der vom Altertum und Mittelalter unterschiedenen Vielheit der M.n tritt die Forderung nach Einheit der wissenschaftlichen M. hervor; 2. entgegen der aristotelischen Tradition wird die Methodik wissenschaftlichen Erkennens nicht mehr der Eigenart vorgegebener Gegenstände untergeordnet; 3. unter dem Einfluß kombinatorisch-algebraischer Verfahren wie andererseits der empirischen Methodologie der Naturerkenntnis wird die M. als Regelsystem konzipiert, als ein Ganzes einander bedingender Teilbestimmungen; 4. die Methodologie wird ausgerichtet auf durchgängig anzuwendende Wahrheitskriterien, die gleichzeitig zur Überprüfung wie zur Gewinnung von Erkenntnis dienlich sind; 5. statt des deskriptiven Gesichtspunktes überwiegt nun der normative: Reichweite und Eigenart wissenschaftlicher Erkenntnis sind von der Anwendbarkeit wissenschaftlicher Methodik her bedingt; 6. der Gedanke methodischer Erkenntnis wird nicht mehr bloß auf den Erkenntnismodus bezogen, sondern hat sich als ein in der Darstellung der Theorie zu greifender auszuweisen: Überzeugungskraft und universaler Anspruch von Theorien, die sich als wissenschaftliche verstehen, finden ihren Ausdruck in dem deduktiven Zusammenhang, dessen sich ihre Darstellung fähig erweist.

Auf dem Hintergrunde der von DESCARTES konzipierten allgemeinen Verfahren zur Lösung algebraischer Gleichungen erwächst ihm der Gedanke einer «mathesis universalis», die der Bestimmung der allen mathematischen Wissenschaften gemeinsamen Verhältnisse (rapports, proportiones) und von unbekannten Größen mittels gegebener Größen dient. In Anlehnung an diese konzipiert Descartes eine allgemeine Erkenntnis-M. und bestimmt die «sapientia humana» als System und Inbegriff der mittels dieser zu gewinnenden Einsicht. Umfassende Zweckbestimmung wissenschaftlicher Methodik ist es, in sicherer Deduktion alle methodisch herleitbaren Aussagen zu gewinnen («ad omnium cognitionem pervenire»), auf der Basis einer richtig benutzten, evidenten Intuition (intuitus mentis), die davor bewahrt, jemals Falsches als Wahres zu unterstellen («nihil nimirum falsum pro vero supponere»). Allein durch Intuition und Deduktion kann Wissen erlangt werden [3].

Während sich Descartes bei seiner Konzeption der M. als einer Regelgesamtheit am algebraischen Modell orientiert, bleibt die inhaltliche Fassung dieser Regeln vor allem auf den geometrischen Beweisgang bezogen. Die im ‹Discours de la M.› [4] angeführten vier Regeln gliedern sich in die Evidenz-, die Aufgliederungs-, die Anordnungs- und die Vollständigkeitsregel. Nur als «methodus completa», in der alle Teilregeln beobachtet werden, kann die M. ihrer Zielsetzung gerecht werden. Die vier Regeln lauten: 1. «... de ne recevoir jamais aucune chose pour vraie, que je ne la connusse évidemment être telle: c'est-à-dire, d'éviter soigneusement la Précipitation et la Prévention; et de ne comprendre rien de plus en mes jugements que ce qui se présenterait si clairement et si distinctement à mon esprit, que je n'eusse aucune occasion de le mettre en doute» (niemals eine Sache als wahr anzuerkennen, von der ich nicht evidentermaßen erkenne, daß sie wahr ist: d.h. Übereilung und Vorurteile sorgfältig zu vermeiden und über nichts zu urteilen, was sich meinem Denken nicht so klar und deutlich darstellte, daß ich keinen Anlaß hätte, daran zu zweifeln); 2. «... de diviser chacune des difficultés que j'examinerais, en autant de parcelles qu'il se pourrait, et qu'il serait requis pour les mieux résoudre» (jedes Problem, das ich untersuchen würde, in so viele Teile zu teilen, wie es angeht und wie es nötig ist, um es leichter zu lösen); 3. «... de conduire par ordre mes pensées, en commençant par les objets les plus simples et les plus aisés à connaître, pour monter peu à peu, comme par degrés, jusque à la connaissance des plus composés; et supposant même de l'ordre entre ceux qui ne se précèdent point naturellement les uns les autres» (in der gehörigen Ordnung zu denken, d.h. mit den einfachsten und am leichtesten zu durchschauenden Dingen zu beginnen, um so nach und nach, gleichsam über Stufen, bis zur Erkenntnis der zusammengesetztesten aufzusteigen, ja selbst in Dinge Ordnung zu bringen, die natürlicherweise nicht aufeinander folgen); 4. «... de faire partout des dénombrements si entiers, et des revues si générales, que je fusse assuré de ne rien omettre» (überall so vollständige Aufzählungen und so allgemeine Übersichten aufzustellen, daß ich versichert wäre, nichts zu vergessen). Die ‹Regulae ad directionem ingenii› legen zusätzliches Gewicht auf das Verhältnis von Problemstellung und Problemlösung. Eine «quaestio perfecte intellecta» hat drei Forderungen zu genügen: 1. die eindeutige Formulierung einer Fragestellung: «quibus signis id quod quaeritur possit agnosci, cum occurret» (durch welche Zeichen das Gesuchte erkannt werden kann); 2. die genaue Kenntnis des Herleitungsgrundes: «quid sit praecise, ex quo illud deducere debeamus» (was genau genommen dasjenige ist, woraus wir es deduzieren müssen); 3. der Erweis, daß die Beweisstücke die notwendige und hinreichende Bedingung für das Erwiesene sind: «quomodo probandum sit, illa ab invicem ita pendere, ut unum nulla ratione possit mutari, alio immutato» (wie bewiesen werden muß, daß dies voneinander so abhängt, daß das eine auf keine Weise verändert werden kann, solange das andere unverändert bleibt) [5].

Soweit eine vorgelegte Aussage bzw. Problemlösung nicht unmittelbar aufgrund klarer und deutlicher Einsicht einleuchtet, d. h. intuitiv gewiß ist (was für Descartes gleichbedeutend damit ist, daß in Form eines für jedermann vollziehbaren «experimentum mentis» mit dem in ihr Behaupteten gleichzeitig die Unmöglichkeit des Gegenteils einleuchtet [6]), bedarf sie der deduktiven Begründung. Gemäß der zweiten Regel ist sie dann auf mit ihr in notwendigen Verknüpfungsbeziehungen («vincula necessaria» [7]) stehende «einfachere Aussagen» zurückzuführen. Aus diesen ist sie nach der dritten Regel herzuleiten, wonach die die Deduktionsschritte übergreifende intuitive Einheit des Erkannten durch Überprüfung der Vollständigkeit des Beweisganges nach der vierten Regel herzustellen ist. Hinter Descartes' Begriff der «Einfachheit» steht eine von ihm nur unzureichend formulierte Theorie der inhaltlichen Implikation von Begriffen und Aussagen [8]. Auch hat seine psychologistische Charakterisierung der «Klarheit» der Idee, «quae menti attendenti praesens et aperta est» (welche dem aufmerkenden Geiste gegenwärtig und offenkundig ist) und der «Deutlichkeit» der Vorstellung, «quae, cum clara sit, ab omnibus aliis ita sejuncta est et praecisa, ut nihil plane aliud, quam quod clarum est, in se contineat» (welche, bei Voraussetzung der Stufe der Klarheit, von allen übrigen so getrennt und unterschieden ist, daß sie gar keine andren als klare Merkmale in sich enthält) [9], die spätere Kritik herausgefordert [10].

Während Descartes' M.-Lehre Erkenntnisregeln formuliert, steht die wissenschaftliche Darstellung des Erkannten bei ihm unter dem Begriff des «modus scribendi geometricus». Dieser weist eine «duplex via demonstrandi» [11] auf und gliedert sich in «Analyse» und «Synthese». Davon zeichnet nur die Analyse den methodisch geregelten Erkenntnisweg nach, während die Synthese der überzeugenden didaktischen Exposition des Beweisganges dient und gegenüber gnoseologischen Prinzipien auf ontologischen aufbaut [12]. Im Gegensatz zu Pappus, jedoch in Übereinstimmung mit Zabarella und Galilei, bezieht Descartes die Analyse nicht nur auf den Wahrheitserweis von Aussagen, deren Geltung in Frage steht, sondern gebraucht sie, wie in den ‹Meditationen›, wo aus durch (intuitive) Erfahrung gesicherten Aussagen auf damit notwendig verbundene Bedingungen geschlossen wird.

So findet sich auch im gleichzeitigen skeptischen Empirismus P. GASSENDIS ein Gebrauch der Analyse, der für die Erkenntnis der Gründe des empirisch Beobachteten aufkommt, wenn diesen auch als allgemeinen Herleitungsprinzipien hier nur wahrscheinliche Geltung zukommt. Die Verfahrensweisen naturwissenschaftlicher Erkenntnis zerfallen in das Auffinden hinreichender Bedingungen für vorgegebene empirische Sätze («resolutio») und in die kausale Herleitung dieser aus den gefundenen Bedingungen («compositio»). Die «inventio» neuer Erkenntnis kann sich sowohl resolutiv, vom Besonderen zum Allgemeinen gehend, als auch kompositiv, vom Allgemeinen auf das Besondere schließend, vollziehen. Die Beurteilung der gewonnenen Einsicht, das «iudicium», verläuft in beiden Fällen gegenläufig, für das resolutiv Gefundene kompositiv, für das kompositiv Gefundene resolutiv. Die Bezogenheit von resolutiver und kompositiver M. kommt in Gassendis Kanonik [13] auch darin zum Ausdruck, daß er bei der M. der lehrhaften Darstellung des Erkannten («doctrinae») der analytischen Problemzergliederung die synthetische Herleitung folgen läßt.

HOBBES charakterisiert die M. als den «kürzesten Weg, Wirkungen aus ihren bekannten Ursachen oder Ursachen aus ihren bekannten Wirkungen zu finden» [14]. Alle M. ist entweder resolutiv oder kompositiv oder beides. Resolutiv bzw. analytisch führt sie zu den universalen Begriffen der uns in der Sinneserfahrung gegebenen Dinge. Zu eigentlicher Erkenntnis gelangen wir aber erst durch Zusammensetzung der von uns analysierten Einzeldinge aus ihren allgemeinen Ursachen, d. h. für Hobbes wesentlich der mathematischen Kenntnis der Bewegungsgesetze, die ihrer Zusammensetzung zugrunde liegen. Die Analyse verfährt induktiv, die Synthese deduktiv. Vor allem kommt es auf analytische Gewinnung der der Deduktion zugrunde liegenden Definitionen an, wobei die Deduzierbarkeit von Erfahrungssätzen zum Prüfstein der Richtigkeit jener dient. Die Analyse nimmt bei Hobbes ihren Ausgang von Erfahrungssätzen, wohingegen er das Zurückgehen von hypothetischen Annahmen auf sichere Grundlagen als eine spezifisch «geometrische» M. betrachtet [15]. Die lehrhafte Demonstration des Erkannten ist synthetisch und vollzieht sich in formallogischen Schlüssen [16].

In PASCALS Theorie der wissenschaftlichen Demonstration tritt der synthetische Beweisgang in den Vordergrund der Betrachtung, der Ausdruck ‹M.› bezieht sich hier auf demonstrative Herleitung wahrer Aussagen. Ihr wird die Analyse untergeordnet und parallel zur Theorie der Demonstration eine solche der Definition entwickelt, nach der alle im Verfahren verwendeten Ausdrücke auf eindeutig bezeichnende Grundausdrücke («mots primitifs») zurückzuführen sind [17]. Die Pascalsche Beweistheorie hat historisch vor allem durch ihre Übernahme in die ‹Logik von Port-Royal› (1662) gewirkt, die in ihren zahlreichen Auflagen einen einflußreichen Prototyp für die Einteilung der Logik in eine Lehre von Begriff, Urteil, Schluß und M.-Lehre bildete und das methodologische Muster des «mos geometricus» wesentlich prägte [18]. Die Wissenschaftlichkeit von Erkenntnis wird durch die Möglichkeit ihrer demonstrativischen Darstellung ausgewiesen, wodurch sich im späteren Rationalismus des 18. Jh. eine Schwerpunktverschiebung von der Erkenntnis-M. auf diejenige der demonstrativen Darstellung ergibt.

In der Wiedergabe der ‹Logik von Port-Royal› lauten die Pascalschen Regeln: «Pour les définitions: 1. Ne laisser aucun des termes un peu obscurs ou équivoques sans le définir. 2. N'employer dans les définitions que des termes parfaitement connus, ou déjà expliqués. Pour les axiomes: 3. Ne demander en axiomes que des choses parfaitement évidentes. Pour les démonstrations: 4. Prouver toutes les propositions un peu obscures, en n'employant à leurs preuves que les définitions qui auront précédé, ou les axiomes qui auront été accordés, ou les propositions qui auront déjà été démontrées, ou la construction de la chose même dont il s'agira, lorsqu'il y aura quelque opération à faire, 5. N'abuser jamais de l'équivoque des termes, en manquant d'y substituer mentalement les définitions qui les restreignent, et qui les expliquent» [19]. Nach Pascal enthalten diese Regeln «tout ce qu'il y a de nécessaire pour rendre les preuves convaincantes, immuables, et, pour tout dire, géométriques» und sind anwendbar auf alle «connaissances fondées sur l'évidence de la raison» [20].

Die ‹Logik von Port-Royal› verbindet die cartesische Erkenntnislehre mit der Pascalschen Demonstrationstheorie. Sie legt «Analyse» und «Synthese» in dem Sinne fest, wonach erstere den Entdeckungszusammenhang, letztere den Rechtfertigungszusammenhang von Erkenntnis betrifft, wiewohl sich in beiden, wie schon in Descartes «Analyse», analytische und synthetische Momente durchdringen [21]. In Präzisierung cartesischer Gedanken [22] wird die Analytizität von Aussagen als Erkenntniskriterium gefaßt und als Axiom formuliert: «Tout ce qui est enfermé dans l'idée claire et distincte d'une chose, en peut être affirmé avec vérité» [23]. Die Probe ist dabei negativ: das kontradiktorische Prädikat muß zum aufweisbaren Widerspruch führen. Im Gegensatz zur Analyse, die bei singulären Erfahrungsaussagen einsetzt («cogito, sum»), leitet die Synthese unabhängig von einem «examen particulier» [24] allgemeine Wahrheiten ab («pour penser il faut être»).

In J. CLAUBERGS M.-Lehre [25] liegt eine doppelte Verwendung der Analyse vor, einerseits für den Entdeckungszusammenhang, indem man die von gesicherten Ausgangssätzen implizierten Bedingungen oder Konsequenzen sucht, andererseits zur Beurteilung hypothetischer Sätze, deren Geltung durch Herleitung aus gesicherten Prämissen zu erweisen ist. So unterscheidet Clauberg zwischen einer Logik der Erkenntnisgewinnung (Logica genetica) und einer Logik der Erkenntnisrechtfertigung (Logica analytica), die sich beide der Analyse und Synthese als aufeinander bezogener Verfahren bedienen [26].

Gegenüber Spinoza, Leibniz und Wolff, bei denen die M. im Hinblick auf die größtmögliche Vollkommenheit menschlicher Erkenntnis konzipiert wird, sieht MALEBRANCHE, unter Beibehaltung der in diesem Punkte unentschiedenen cartesischen M.-Lehre, das menschliche Erkenntnisvermögen unter dem Blickpunkt seiner Fehlbarkeit und endlichen Beschränktheit. Dementsprechend ist die ‹Recherche de la vérité› [27], hierin tendenziell empiristisch bestimmte Theorien des 18. Jh. (Locke, Thomasius, Crusius, Lambert) vorwegnehmend, auf die psychologischen Bedingungen der Wahrheitsfindung und die Aufdeckung der möglichen Irrtumsquellen der Erkenntnis ausgerichtet.

In SPINOZAS Verwendung des «mos geometricus» liegt eine extreme Konfundierung der die M.-Lehre bestimmenden Zwecke und Verfahren vor. Die sowohl den Erkenntnisgewinn (indagatio) als auch die demonstrative Darstellung und Rechtfertigung (expositio) [28] erwirkende synthetische Methode dient der Analysis des Gottesbegriffes und der begrifflichen Adäquation von «natura naturans» und «natura naturata». Wie die ‹Logik von Port-Royal› sieht Spinoza das Wahrheitskriterium in der inhaltlichen Implikation des Prädikats durch das Subjekt von Aussagen [29], wie bei Hobbes kommt es im Hinblick auf das synthetische Verfahren vor allem auf die Aufstellung geeigneter «genetischer» Definitionen an, deren Richtigkeit an ihrer Fruchtbarkeit als Herleitungsprinzipien ihre Bestätigung findet [30]. Jedoch sieht Spinoza das Mittel der Demonstration nicht in der Anwendung formallogischer Schlüsse, sondern vollzieht die Explikation des Gottesbegriffes als eines «ens realissimum» in Analogie zur geometrischen Explikation der Begriffe von Ausdehnung und Bewegung als Inbegriffe, welche die Totalität aller möglichen räumlichen Modifikationen beinhalten [31].

TSCHIRNHAUS betrachtet die synthetische Demonstration als mögliches Erfindungsmittel und sucht seinerseits das Wahrheitskriterium der Analytizität zu präzisieren: die Unmöglichkeit der Vorstellung des Gegenteils des «Gedenkbaren», d. h. klar und deutlich Erkannten, ist eine solche sowohl des Intellekts als auch der Einbildungskraft [32]. Die Fundierung der wissenschaftlichen Demonstration in «Realdefinitionen» wird gefordert, welche im Rückgang auf Grundbegriffe das Definierte als «gedenkbar» und möglich ausweisen [33].

Auch für LEIBNIZ sind die methodischen Grundbegriffe ‹Analyse› und ‹Synthese›. Die beiden Aufgabenbereiche einer Logik und «scientia generalis» sind «Erfindungskunst» («ars inveniendi») im Hinblick auf die Methode der Erkenntnisgewinnung und «Beurteilungskunst» («ars iudicandi», «M. de la certitude») hinsichtlich der Erkenntnissicherung und ihres Aufbaus im System einer «encyclopédie demonstrative» [34]. Wie Clauberg ordnet Leibniz Analyse und Synthese beiden Bereichen der Logik zu. Die «ars iudicandi» bleibt bei ihm vorwiegend bezogen auf ein sich der natürlichen Sprache bedienendes Beweisverfahren, wohingegen er den Gedanken einer «ars inveniendi» am logischen Modell einer Begriffskombinatorik orientiert, die sich einer eindeutig bezeichnenden Zeichensprache («characteristica») bedient, so daß neue Erkenntnis kalkülmäßig herleitbar wäre («calculus ratiocinator»). Die Analyse findet Verwendung bei der Zurückführung von vorgelegten Aussagen auf solche, durch die der implikative Bedingungszusammenhang zwischen Subjekt und Prädikat erkannt wird («identische Aussagen»). Andererseits dient die Analyse als «analysis notionum» der Zurückführung unserer Begrifflichkeit auf ein «alphabetum cogitationum humanarum» [35], das die einfachen Grundbegriffe umfaßt, die den Grundzeichen der kombinatorischen Zeichenkunst zu entsprechen hätten. Die Anwendung des Analytizitätskriteriums auf Aussagen und der Aufbau der wissenschaftlichen Erkenntnis stehen unter den methodisch angewandten Prinzipien der Widerspruchslosigkeit und des zureichenden Grundes. Trotz einer Descartes gegenüber stärkeren Hervorhebung der Bedeutung der Induktion und Erfahrungserkenntnis bleibt die Leibnizsche M.-Lehre vorwiegend auf die apriorischen Wissenschaften bezogen.

Während die Mathematik in den rationalistischen Systemen des 17. Jh. vor allem ein Modell theoretischer Beweisführung war, entwickelt sie sich erst im Zusammenhang mit der Verfeinerung der Induktionsmethodik und der Theorie des Messens beobachtbarer Naturphänomene zum methodischen Mittel der Naturerkenntnis. Unabhängig von FR. BACONS metaphysischer Formenlehre blieben seine differenzierten Regeln zur Gewinnung allgemeiner Aussagen aufgrund von Beobachtung und Experiment, insbesondere die Regeln zur Vergleichung und Klassifikation der Phänomene [36], fester Bestand der M.-Lehre empirischer Naturforschung. GALILEI hatte das Experiment als eine Vermittlung zwischen einer allgemeinen quantitativ bestimmten Aussage und beobachtbaren Einzelfällen gewertet, insofern diese im Experiment aufgrund der in der allgemeinen Aussage gegebenen Bedingungen selbst herstellbar und reproduzierbar sind (metodo compositivo) [37]. Die Analyse in Form der messenden Zergliederung des Einzelfalles (metodo risolutivo) dient hierbei zur Bestätigung der allgemeinen Gesetzesaussage und der gesetzmäßigen Erklärung des Einzelfalles. Den Charakter einer systematischen mechanistischen Theorie mit einer entwickelten Induktionsmethodik, die autonom gegenüber metaphysischen Voraussetzungen ist, gewinnt die empirische Naturforschung mit R. BOYLE, nach dessen Theorie die beobachtbaren sinnlichen Qualitäten auf mathematisch faßbare primäre Qualitäten reduzierbar sind [38]. Erst in I. NEWTONS mechanistischer Naturtheorie gewann das Programm einer mathematischen Physik auf der Grundlage einer methodisch gesicherten Induktion den Charakter eines theoretischen Systems, das die mathematische Darstellung der beobachtbaren Erscheinungen und ihre gesetzmäßige Erklärung auf ausschließlich empirischer Basis zu leisten vermochte [39]. Die diesem System zugrunde liegenden Nominaldefinitionen empfangen ihren Sinngehalt aus der Methodik der empirischen Induktion, die vom meßbaren Beobachtungsdatum zur mathematisch faßbaren Gesetzesaussage führt.

Im *britischen Empirismus* des 18. Jh. stehen methodologische Betrachtungen unter dem erkenntniskritischen Aspekt einer vorgängigen Klärung von «Ursprung, Gewißheit und Umfang» [40] unserer Erkenntnis (Locke) bzw. ihres Geltungscharakters (Hume), ohne daß es dabei zur expliziten Ausbildung einer M.-Lehre kommt. Der Nachdruck liegt hier bei LOCKE in der Gewinnung «determinierter» Ideen durch Rückführung auf ihren Ursprung in der äußeren und inneren Wahrnehmung und im funktionalen Nachvollzug ihrer Zusammensetzung durch den Verstand. Vom dadurch gelieferten Erweis der «Sinnhaftigkeit» («significancy») [41] der die Ideen bezeichnenden sprachlichen Ausdrücke hängt der Erkenntniswert der klassenbildenden Synthes des Verstandes und die Gewißheit allgemeiner Aussagen ab. Wie Locke trennt auch HUME scharf zwischen notwendigen und bloß wahrscheinlichen Aussagen; jene beruhen auf Intuition und Demonstration, diese auf umsichtiger Induktion, die unserer auf Erfahrung basierenden Naturerkenntnis eine nach ihrem Wahrscheinlichkeitsgrad und Erklärungswert differenzierte, jedoch bloß hypothetische Geltung vermittelt [42]. Im Gegensatz zu Locke, der die Ethik für intuitiver und demonstrativer Erkenntnis fähig hält, hat Hume in seiner Ethik einen historisch wirksamen Prototyp empiristischer Methodik entwickelt, durch den verallgemeinerte empirische Paradigmen auf hypothetische Erklärungsprinzipien bezogen werden [43].

In Anlehnung an Locke entwickelt CONDILLAC in seinem Begriff der «Analyse» eine Methodik, welche die Geltung von Aussagen in den Verhältnissen von Ideen gründet, die auf die alleinige Erkenntnisquelle der Empfindung (sensation) zurückzuführen sind. Der Nachvollzug des Zustandekommens komplexer Ideen, die erst mittels einer Gegenstandskonstitution durch sprachliche Zeichen greifbar werden, erfordert sowohl eine resolutive wie eine genetisch-kompositive Betrachtung; sie hat die Geltung der Aussagen auszuweisen, die auf in den Ideen selbst gründenden Verbindungsmöglichkeiten beruht [44]. Obwohl D'ALEMBERT am Sensualismus Condillacs festhält, wie dieser generell die Grundlage der französischen Naturphilosophie im 18. Jh. bildet, teilt er nicht die auf Locke zurückgehende Polemik gegen die traditionell synthetische Methode, die auf allgemeinen selbstevidenten Prinzipien aufbaut. Mit Condillac hält er zwar am Vorrang der Analyse fest, nähert sich jedoch Newton durch seine Verbindung rationaler, systembedingter Hypothesen und empirischer Analyse [45].

Im *deutschen* Sprachraum polemisiert CHR. THOMASIUS, der Vernunft und einer durch «Ausübung» zu erwerbenden «Geschicklichkeit» vertrauend, gegen jede abstrakte Methodologie [46]. Sein Schüler A. RÜDIGER, über A. F. Müller und A. F. Hoffmann von Einfluß auf Chr. A. Crusius, hebt die Rolle einer auf der sinnlichen Erfahrung basierenden synthetischen M. der Erkenntnisgewinnung hervor, in deren Dienst er ein von ihm entwickeltes syllogistisches Verfahren stellt, das von empirisch gegründeten Definitionen ausgeht [47].

Für CHR. WOLFF, der im Hinblick auf die Entwicklung des Begriffs der M. im 18. Jh. eine dominierende Stellung einnimmt, bildet die «methodus scientifica», die sich noch in Kants Sprachgebrauch als die «szientifische» erhält [48], die Einheit von mathematischer und philosophischer M., die ihre gemeinsame Wurzel in der Logik haben [49]. Sie ist Erkenntnis- und Lehr-M. in einem und umfaßt sowohl analytische als vor allem synthetische Aspekte. Analytisch ist die Forderung der Aufstellung von zur Herleitung geeigneten Realdefinitionen, welche die Möglichkeit der in den Nominaldefinitionen festgelegten Begriffe auszuweisen haben. Auf Realdefinitionen geht die in einer «analysis notionum» zu leistende Bestimmung des Subjekts- und Prädikatsbegriffes zu überprüfender Aussagen zurück. Die Bestimmung der Möglichkeit der Begriffe und ihrer Verbindungen steht unter den Prinzipien des Widerspruches und des zureichenden Grundes. Wolff führt fünf apriorische und ein aposteriorisches «principium probandi possibilitatem» an [50]. Die Analyse vollzieht sich durch schrittweise Substituierung äquivalenter Bestimmungen [51]. In Charakterisierung seiner M. sieht Wolff vor allem darauf, «1. daß ich kein Wort brauche, welches ich nicht erkläret hätte, 2. daß ich keinen Satz einräumete ... den ich nicht vorher erwiesen hätte, 3. daß ich die folgenden Erklärungen und Sätze miteinander beständig verknüpffte, und in einer steten Verknüpffung auseinander herleitete» [52]. Die allgemeine Regel bei der Darstellung wissenschaftlicher Theorien, daß «praemittuntur, quae sequentibus intelligendis et demonstrandis inserviunt» [53]. Dem formalen Aufbau von Theorien unterliegt das syllogistische Schlußverfahren. Methodik und Systematik stehen in engstem Zusammenhang; für Wolff ist ein «System» die in ihrem durchgängigen Begründungszusammenhange dargestellte wissenschaftliche Theorie [54]. Ziel fortschreitender Entwicklung des M.-Begriffs ist eine «ars inveniendi» zur methodisch vollziehbaren und gesicherten Gewinnung neuer Erkenntnis [55]. Sie setzt die demonstrativisch-enzyklopädische Darstellung der schon gewonnenen Erkenntnis voraus. Die Hypothesenbildung im Bereiche unseres Erfahrungswissens bei unzureichender Einsicht in den notwendigen «nexus» der Bestimmungen führt zu bloß wahrscheinlicher Geltung der abgeleiteten Aussagen, ist aber Mittel zur Gewinnung wissenschaftlich begründeter, d.h. rationaler Erkenntnis. Das Erbe der bei Wolff und seinen Nachfolgern in detaillierter Form ausgearbeiteten Methodologie empirischer Wissenschaft [56] führt über B. Bolzano und E. Mach zu den Aufgabenstellungen moderner Wissenschaftstheorie.

Wolffs M.-Lehre bildet die methodologische Grundlage der von ihm bestimmten Schulphilosophie des 18. Jh. Sie erfährt hier einzelne Präzisierungen. Durch seine Unterscheidung von «analytischer» und «synthetischer Klarheit» im Hinblick auf analytisch (Widerspruchsprinzip) und synthetisch (Satz des Grundes) zu begründende Aussagen bereitet J. P. REUSCH die kantische Unterscheidung analytischer und synthetischer Urteile vor [57]. F. CHR. BAUMEISTER präzisiert den Erklärungscharakter von Hypothesen [58]. Bei J. G. DARIES steht die Methodologie ganz unter dem Gedanken einer für Gewinnung und Darstellung der Erkenntnis maßstabsetzenden kombinatorischen Zeichenkunst («ars characteristica combinatoria») [59].

Die für die Wolffsche Philosophie geltende Forderung der Einheit wissenschaftlicher Methodik weicht bei CHR. A. CRUSIUS der differenzierenden Behandlung einer Vielheit an ihren Zwecken orientierter Verfahrensweisen; dies im Zusammenhang mit seiner Unterscheidung von Erkenntnis- und Seinsgründen und der hier mit Nachdruck vorgetragenen Unterschiedenheit mathematischer und philosophischer Methodik [60]. Die Grundeinteilung methodischer Verfahren steht jedoch auch hier unter den Begriffen von Analyse und Synthese. Dabei unterscheidet Crusius zwischen einer auf die Gründe zurückführenden zergliedernden und beweisenden Analysis, die im Bereiche der theoretischen Philosophie vorwiegend auf klassifikatorische Erkenntnis gerichtet ist, und einer in Mathematik, Physik und Moraltheorie zu benutzenden synthetischen M. zur Entwicklung derjenigen Erkenntnis, die im Ausgange von einem Grundgedanken darin nicht schon Enthaltenes expliziert [61].

Während M. MENDELSSOHN in der Unterscheidung mathematischer und philosophischer Methodik Crusius nahesteht und er die Aufgabe analytischer Methode vor allem in einer Klärung der Begriffe sieht [62], versuchte J. H. LAMBERT noch einmal, eine allgemeinverbindliche wissenschaftliche M. am Vorbild der Mathematik zu orientieren. Analytisches und synthetisches Verfahren durchdringen sich beim Aufbau der wissenschaftlichen Erkenntnis auf der Basis einfacher Grundbegriffe. Dabei weist Lambert auf die außer Blick geratene Rolle der «Postulate» zur Fixierung konstruktiver, denkmöglicher Begriffsverknüpfungen hin [63]. Während die «Materie» unserer Begriffe auf die Erfahrung zurückgeht und die methodischen Verfahrensweisen einer «Phänomenologie» [64] unsere Erfahrungserkenntnis auf ihren mathematisch-physikalischen Ausdruck zurückführen sollen, bleibt die «Form» wissenschaftlicher Erkenntnis auf die apriorischen Verhältnisse der Begriffe bezogen, deren ideale Symbolisierung Lambert in einer am Gedanken der «Characteristica combinatoria» orientierten «Semiotik» erstrebt [65].

Indem KANT durch Aufweis des radikalen Unterschiedes von diskursivem und intuitiv-konstruktivem Vernunftgebrauch dem rationalistischen M.-Begriff seine Grundlage entzog, hat er dennoch dessen historisches Verdienst in der Schärfung des Bewußtseins gesehen, «wie durch gesetzmäßige Feststellung der Prinzipien, deutliche Bestimmung der Begriffe, versuchte Strenge der Beweise, Verhütung kühner Sprünge in Folgerungen der sichere Gang einer Wissenschaft zu nehmen sei» [66].

Anmerkungen. [1] PAPPI ALEXANDRINI mathematicae collectiones (Venedig 1589) 157f.; vgl. J. HINTIKKA und U. REMES: The M. of analysis. Its geometr. origin and its gen. significance (Dordrecht/Boston 1974). – [2] P. ROSSI: Clavis universalis, arti mnemoniche e Logica combinatoria da Lullo a Leibniz (Mailand 1960); vgl. W. RISSE: Math. und Kombinatorik in der Logik der Renaissance. Arch. für Philos. 11 (1962); H. SCHÜLING: Die Gesch. der Axiomatik im 16. und beginnenden 17. Jh. (1969). – [3] R. DESCARTES, Regulae 4. Oeuvres, hg. ADAM/TANNERY 10, 371f. – [4] Discours 2 a.O. 6, 18f. – [5] Regulae 12 = 10, 429. – [6] a.O. 8 = 10, 394; 12 = 422f. – [7] 12 = 10, 419-422. – [8] 3-6 = 10, 366-387. – [9] Princ. Philos. a.O. [3] 1, 45. – [10] G. W. LEIBNIZ, Meditationes de cognitione, veritate et ideis (1684), hg. ERDMANN 79-81. – [11] DESCARTES, Resp. ad Obiec. 2 a.O. [3] 7, 155. – [12] a.O. 157-159. – [13] P. GASSENDI: Syntagma philosophiae Epicuri, Logica, III: De methodo (Den Haag 1659). – [14] TH. HOBBES: De corpore c. 6 (London 1655). – [15] a.O. § 19. – [16] §§ 16f. – [17] B. PASCAL, Oeuvres, hg. BRUNSCHVICG (Paris 1914) 240-290. – [18] A. ARNAULD und P. NICOLE: La Logique ou l'art de penser (1662), hg. CLAIR (Paris 1965). – [19] a.O. 307f. – [20] PASCAL, a.O. [17] 282. 287. – [21] ARNAULD, a.O. [18] 304f. – [22] DESCARTES, 5. Meditation, a.O. [3] 7, 65. – [23] A. ARNAULD, a.O. [18] 319-321. – [24] 304. – [25] J. CLAUBERG, Opera philos. omnia, hg. SCHALBRUCH (Amsterdam 1691). – [26] a.O. 780. – [27] N. DE MALEBRANCHE: De la recherche de la vérité (Paris 1674/75). – [28] L. MEYER, in SPINOZA, R. Descartes Principiorum Philos. I et II, Vorrede. Opera, hg. GEBHARDT 1, 127. – [29] B. DE SPINOZA: De intellectus emendatione a.O. 2, 27. – [30] a.O. 34f. – [31] H. W. ARNDT: Spinozas philos. Systembegriff. Vortr. 3. int. Leibnizkongr. (1977). – [32] E. W. v. TSCHIRNHAUS: Medicina mentis et corporis (Amsterdam 1687) 34f. 43. – [33] a.O. 67. – [34] H. W. ARNDT: Der Zusammenhang von ars inveniendi und ars iudicandi in der Logik von Leibniz. Studia Leibnitiana III/3 (1971) 205-214. – [35] Die Entwickl.stufen von Leibniz' Begriff einer Lingua universalis, in: Das Problem der Sprache, hg. H.-G. GADAMER (1967); zu Leibniz' Zeichenkombinatorik vgl. G. W. LEIBNIZ, Philos. Schr., hg. GERHARDT 7; Opuscules et frg. inéd., hg. COUTURAT; COUTURAT: La Logique de Leibniz (Paris 1901). – [36] FR. BACON: Novum Organum (London 1620) I. – [37] G. GALILEI, Opere, hg. FAVARO 12 (Florenz 1890-1909). – [38] R. BOYLE: The origin of forms and qualities (Oxford 1666). – [39] I. NEWTON: Philosophiae naturalis principia mathematica (London 1687) III. – [40] J. LOCKE: An essay conc. human understanding (1690), hg. FRAZER (1894) Introd. – [41] ebda. – [42] D. HUME: An enquiry conc. human understanding (London 1748). – [43] An enquiry conc. the principles of morals (London 1751). – [44] E. B. DE CONDILLAC: Essai sur l'origine des connaissances humaines. Oeuvres philos., hg. LE ROY (Paris 1947) 1, 2. – [45] J. D'ALEMBERT: Essai sur les éléments de philos. (1759), hg. SCHWAB (repr. ND 1965). – [46] CHR. THOMASIUS: Einl. zur Vernunftlehre (1691) 12. Hptstck; Ausübung der Vernunftlehre (1691). – [47] A. RÜDIGER: De sensu veri et falsi (Halle 1709); vgl. H. SCHEPERS: A. Rüdigers Methodol. und ihre Voraussetz. (1959). – [48] I. KANT, KrV, Transz. Methodenl. Akad.-A. 3, 552. – [49] CHR. WOLFF: Philosophia rationalis sive Logica (Frankfurt/Leipzig 1728) Disc. prael. IV. – [50] Philosophia prima sive Ontologia (Frankfurt/Leipzig 1730) §§ 89-93. – [51] Solutio nonnullarum difficultatum (1707), in: Meletemata, Sec. I, 14f. – [52] Ausführl. Nachricht von seinen Schr. (1726, zit. 1757) 52f. – [53] Logica, Disc. prael. § 139. – [54] a.O. § 829. – [55] Psychologia empirica (1734) § 296. 454f.; vgl. H. W. ARNDT: Chr. Wolffs Stellung zur «Ars characteristica combinatoria». Studi e Ricerche di Studi de Filos. 71 (Turin 1965). – [56] CHR. WOLFF: Vernünftige Gedanken von den Kräften des menschl. Verstandes (1713) 5-9. – [57] J. P. REUSCH: Systema logicum (Jena 1734). – [58] F. CHR. BAUMEISTER: Philosophia definitiva (Wittenberg 1735). – [59] J. G. DARIES: Introductio in artem inveniendi (Jena 1742). – [60] CHR. A. CRUSIUS: Weg zur Gewißheit und Zuverlässigkeit der menschl. Erkenntnis (1747) § 10. – [61] a.O. c. VII. – [62] M. MENDELSSOHN, Schr. zur Philos., hg. BRASCH 1 (1880) 1. – [63] J. H. LAMBERT: Anlage zur Architectonic (Riga 1771) § 12. – [64] Neues Organon od. Gedanken über die Erforsch. u. Bezeichnung des Wahren und dessen Unterscheidung von Irrthum und Schein (1764) Teil 4. – [65] a.O. Teil 3. – [66] I. KANT, KrV. Akad.-A. 3, 22.

Literaturhinweise. E. CASSIRER: Das Erkenntnisproblem in der Philos. und Wiss. der neueren Zeit 1-3 (1906-1922). – H. HEIMSOETH: Die M. der Erkenntnis bei Descartes und Leibniz (1912-14). – L. J. BECK: The M. of Descartes (Oxford 1952). – G. TONELLI: Der Streit über die math. M. in der Philos. der ersten Hälfte des 18. Jh. und die Entstehung von Kants Schrift über die Deutlichkeit. Arch. für Philos. 9 (1959). – P. ROSSI: Clavis universalis. Arti mnemoniche e Logica combinatoria da Lullo a Leibniz (Mailand 1960). – E. DE ANGELIS: Il metodo geometrico nella filosofia del Seicento (Turin 1964). – H. ROMBACH: Substanz, System, Struktur. Die Ontol. des Funktionalismus und der philos. Hintergrund der mod. Wiss. 1. 2 (1965/66). – H. SCHÜLING: Die Gesch. der axiomat. M. im 16. und beginnenden 17. Jh. (1969). – G. BUCHDAHL: Met. and the philos. of sci. The class. origins: Descartes to Kant (Cambridge, Mass. 1969). – J. MIT-

TELSTRASS: Neuzeit und Aufklärung (1970). – W. RÖD: Descartes' Erste Philos. Mit bes. Berücks. der Cartes. Methodol. (1971). – H. W. ARNDT: Methodo scientifica pertractatum. Mos geometricus und Kalkülbegriff in der philos. Theorienbildung des 17. und 18. Jh. (1971). – S. DANGELMAYR: M. und System. Wiss.klassifikation bei Bacon, Hobbes und Locke (1974). – J. ENGFER: Art. ‹Analyse›, in: Hb. philos. Grundbegriffe (1974). – R. CIAFARDONE: J. H. Lambert e la fondazione sci. della filos. (Urbino 1975). – G. TONELLI: Analysis and synthesis in 18th century philos. Arch. Begriffsgesch. 20 (1976). – W. DETEL: Scientia rerum natura occultarum. Methodol. Stud. zur Physik P. Gassendis (Berlin 1978). – F. BIASUTTI: La dottrina della sci. in Spinoza (Bologna 1979). H. W. ARNDT

2. Kant und 19. Jahrhundert. – Für KANT besteht zunächst ein enger Zusammenhang zwischen dem *systematischen* Vorgehen von Philosophie und Wissenschaft und ihrer *methodischen* Orientierung. Die wissenschaftlichen Erkenntnisse müssen «nach einer M. eingerichtet sein. Denn Wissenschaft ist ein Ganzes der Erkenntniss als System und nicht bloss als Aggregat» [1]. Unter einer methodisch aufgebauten Erkenntnis versteht Kant eine «nach überlegten Regeln abgefasste Erkenntniss» [2]; eine andere Formulierung spricht von einem «Verfahren nach Prinzipien der Vernunft» [3]. Auf dieser Verständnisbasis bezeichnet Kant sein gesamtes erkenntniskritisches Beginnen, die ‹Kritik der reinen Vernunft›, als einen «Traktat von der M.» (gemeint ist: der M. der Metaphysik), entsprechend der ihn leitenden Grundfrage, wie Metaphysik als (systematische, daher von vernünftigen Prinzipien geleitete) Wissenschaft möglich ist. Das bisherige Vorgehen der Metaphysik teilt Kant ein in eine «naturalistische» M., die einer vorwissenschaftlichen Common-sense-Orientierung entspricht, und die «szientifische» M. [4]. Die szientifische (systematische) M. der Metaphysik, auf die sich Kants Intentionen richten, wird von ihm dann weiter in einen «dogmatischen», «skeptischen», ferner einen «kritischen» Vernunftgebrauch untergliedert [5]. Der Terminus ‹dogmatisch› steht dabei etwa für das an der Mathematik orientierte deduktive Verfahren der Metaphysik von Chr. Wolff. Ein dogmatisches Verfahren setzt nach Kant voraus, daß die Anwendung der benutzten Grundsätze und methodischen Prinzipien auf den betrachteten Problembereich gerechtfertigt werden kann. Diese Rechtfertigung hat insbesondere die transzendentalphilosophische Einsicht zu beachten, daß die jeweilige M. in die Konstitution der Gegenstände unserer Erkenntnis eingeht. So läßt sich etwa menschliches Handeln nicht nach den für die Physik maßgebenden methodischen Prinzipien verstehen und untersuchen. Kant nennt die transzendentalphilosophisch aufgeklärte Rechtfertigung und die sie leitenden methodischen Einsichten die «kritische» M. In einem vollständig vernünftigen methodischen Aufbau muß das «dogmatische» Verfahren entsprechend stets auf einer methodisch-kritischen Grundlage stehen. Ein nicht kritisch gesicherter M.-Gebrauch führt nach Kant in den Humeschen «Skeptizismus». Davon unterscheidet Kant die skeptische M. als einen «zulässigen skeptischen Gebrauch der reinen Vernunft» [6], wie er seiner «transzendentalen Dialektik» zugrunde liegt. «Skeptisch» verfährt die transzendentale Dialektik mit den widersprüchlichen Lösungen der Scheinprobleme, welche die Metaphysik der unzulässigen Verallgemeinerung der M.n und Grundlagen exakter Naturwissenschaften verdankt.

Kants M.-Reflexion wird mit dem beginnenden 19. Jh. in zwei Richtungen entwickelt und zum Teil reduziert. Einesteils steht in den methodentheoretischen Überlegungen des Deutschen Idealismus zunächst das Letztbegründungsproblem im Vordergrund des Interesses. Andererseits wird bei den Kantianern im engeren Sinne das systematische Vorgehen einer methodischen Philosophie und die sie kennzeichnende Strenge näher bestimmt. So schließt sich Kants Nachfolger auf dessen Königsberger Lehrstuhl, W. T. KRUG, zunächst eng an Kants Streben nach einem «sicheren» Gang der Wissenschaften und der Philosophie durch methodische Eindeutigkeit und Festigkeit der Grundlagen an, der aus den Unsicherheiten im Streit von Empirismus und Rationalismus herausführen soll, und bestimmt ein Denken nach bewußten Regeln als «methodisch und insofern auch vernunftmäßig» [7]. J. F. FRIES, der seine Philosophie als einzig legitimen Kantianismus versteht, bemüht sich um den Nachweis, daß die Philosophie, mit den Worten des Friesianers L. NELSON, «auf ebenso strenger wissenschaftlicher M. beruht wie die Mathematik und wie die Naturwissenschaften» [8].

Den *Deutschen Idealismus* führt Kants Programm einer Rechtfertigung philosophischen (metaphysischen) M.-Gebrauchs zum Problem eines keiner weiteren Rechtfertigung bedürftigen und insofern «absoluten» oder «unbedingten» Anfangs philosophischer Reflexion. So verlangt nach J. G. FICHTE die «M. des vollständigen transzendentalen Idealismus» für die ‹Wissenschaftslehre› ein «ununterbrochenes Fortschreiten vom Bedingten zur Bedingung» [9], das vor einem «blinden Herumtappen» [10] bewahren soll. Von dem auf diesem Wege gewonnenen Anfang im «absoluten Ich» kann dann die «synthetische M.» philosophischer Konstruktion ihren Ausgang nehmen. Ähnlich kann auch für SCHELLING die Philosophie mit der synthetischen Arbeit der «Konstruction» oder «Demonstration», was «in der wahren [«absoluten»] M. [...] eins und ineinander» ist, erst beginnen, nachdem sie für die dort zu leistenden Deduktionen das äußerste Prinzip der Philosophie gefunden hat [11]. Zu diesem Zweck schlägt er eine «dialectische M.» vor [12], welche vermeintliche Prinzipien des Denkens immer wieder als bloße Voraussetzungen erweist, als «Stufen, die nur dienen zum allein Unbedingten zu geleiten» [13]. Nach Schelling möchte diese M. «bis jetzt noch immer als der *einzige* eigentliche Fund der nachkantischen Philosophie anzusehen seyn» [14]. – Gegenüber der Suche nach einem bestimmten absoluten Prinzip als Basis philosophischer Begründung nimmt HEGEL eine wesentliche Neuorientierung vor, indem er, wie Aristoteles, den Anfang einer methodischen Reflexion in den ersten (unmittelbaren) Verständnissen unserer Praxis sieht und (die philosophische oder dialektische) M. als Bemühen begreift, aus anfänglichen Verständnissen vernünftige Verständnisse zu gewinnen. Damit fällt das Problem eines nicht mehr kritikfähigen Beginns weg: Die begründeten Orientierungen stehen stets am Ende eines Weges praktischer und argumentativer Erfahrung mit unseren unmittelbaren Welt- und Handlungsverständnissen. Für Weg und Ergebnis dieses Bemühens verwendet Hegel die Worte «Begreifen» und «Begriff». Nicht unmittelbare «intellektuelle Anschauung» (wie bei Schelling), sondern die «Arbeit des Begriffs» [15] garantiert Hegel zufolge, daß wir unser bloßes Meinen überwinden: In der Philosophie könne «der steife Gang des wissenschaftlichen Gepränges [...] nicht durch die Un-M. des Ahnens und der Begeisterung und die Willkür des prophetischen Redens ersetzt werden» [16]. Das Begreifen vollzieht sich nach Hegels Einsicht in «dialektischen» Dreischritten so, daß erste oder begreifend bereits erreichte Verständnisse und praktische Orientierungen (1. Schritt: Thesis) in praktisch aufweisbare Schwierigkeiten führen und somit zu Einwänden Anlaß geben (2. Schritt: Antithesis), so daß dann (3. Schritt) eine Orientierungsmodifikation auszuarbeiten ist. Diese jeweilige neue «Synthesis» hat die auf der Stufe der Thesis erreichten Problemlösungen zu bewahren und zugleich die dadurch induzierten weiteren Probleme zu bewältigen. Insofern wir in systematischen Begründungen denkend solche Entwicklungen kritisch nachvollziehen, geht es dabei um eine «Selbstexplikation» des Begriffs, darum, daß sich die Vernunft in der Praxis, insbesondere Orientierungspraxis, auf die sie sich bezieht, wiedererkennt: Nicht ein erstes materiales Prinzip also hat das methodische Vorgehen aufzusuchen, sondern was «hiemit als M. hier zu betrachten ist, ist nur die Bewegung des *Begriffs* selbst» [17]. «Sie ist darum die höchste *Kraft* oder vielmehr die *einzige* und absolute *Kraft* der Vernunft nicht nur, sondern auch ihr höchster und einziger *Trieb, durch sich selbst in allem sich selbst* zu finden und zu erkennen» [18].

Das dialektische M.-Verständnis Hegels wird insbesondere auch von MARX in Anspruch genommen. Er erklärt den dialektischen Materialismus zur «kritischen Anwendung der Hegelschen M.» [19], wobei er jedoch grundsätzlich einschränkt, daß seine «Entwicklungs-M.» materialistisch und nicht idealistisch sei: «Hegels Dialektik ist die Grundform aller Dialektik, aber nur nach Abstreifung ihrer mystischen Form, und dies gerade unterscheidet meine M.» [20]. Und zwar setzt Marx in der wissenschaftlichen politischen Ökonomie «an die Stelle der conflicting dogmas die conflicting facts und die realen Gegensätze» [21].

Im übrigen dienen im 19. Jh. wissenschaftliche und philosophische M.-Begriffe vor allem dem Selbstverständnis der modernen Naturwissenschaften und der daran orientierten Auseinandersetzung um die methodische Struktur der neu entstandenen historischen Geisteswissenschaften. Einen M.-Monismus auf der Basis des M.-Kanons der Naturwissenschaften und der Mathematik hatten bereits C.-H. DE SAINT-SIMON und der Positivismus von A. COMTE in den ersten Jahrzehnten des 19. Jh. vertreten. Später ist es vor allem J. ST. MILL, der eine von den Naturwissenschaften abgezogene «M. der Induktion» als einzigen Weg (auch der Sozialwissenschaften) propagiert, ein über die unmittelbare Sinneserfahrung hinausgehendes Wissen zu erwerben [22]. Mills induktive M. wird im deutschsprachigen Bereich vor allem von CHR. SIGWART, W. WUNDT und E. VON HARTMANN diskutiert und verbreitet. Dabei wird das Wort ‹M.› psychologistisch vor allem auf eine innere Welt von Denktätigkeiten bezogen, wie es eine Definition von SIGWART exemplarisch dokumentiert, der gemäß M. allgemein als ein Verfahren charakterisiert wird, «mittels dessen von einem gegebenen Zustande unseres Vorstellens und Wissens aus durch Anwendung der uns von Natur zu Gebote stehenden Denktätigkeiten der Zweck, den das menschlichen Denken sich setzt, in vollkommener Weise, also durch vollkommen bestimmte Begriffe und vollkommen begründete Urteile erreicht werden könne» [23]. Die Orientierung am M.-Kanon der Naturwissenschaften vertreten auch Ch. S. Peirce und F. Brentano: «Die Philosophie sollte die erfolgreichen Naturwissenschaften in ihren M.n nachahmen» [24], fordert PEIRCE, der sein Zeitalter als dasjenige der Herausbildung erfolgreicher wissenschaftlicher Forschungs-M.n versteht [25]. BRENTANOS 4. Habilitationsthese lautet: «Die wahre M. der Philosophie ist keine andere, als die der Naturwissenschaften» [26]. Gegenüber den einheitswissenschaftlichen Programmen positivistischer und psychologistischer Traditionen versuchen M.-Theoretiker der neuen Geisteswissenschaften Unterschiede geltend zu machen, so etwa J. G. DROYSEN, der drei wissenschaftliche M.n unterscheidet [27]: 1. die «erkennende» «*spekulative* M.» der Philosophie und Theologie, 2. die «erklärende» «*physikalische* M.» und 3. die «verstehende» «*historische* M.» und dazu bemerkt: «Die wissenschaftlichen M.n sind wie die Organe unserer sinnlichen Wahrnehmung: sie haben wie diese jede ihre spezifische Energie, ihren bestimmten Kreis, für die sie geeignet sind, und bestimmen sich nach demselben in ihrer Art und Anwendbarkeit» [28]. Ähnlich dient W. DILTHEYS Bemühen um eine einheitliche Begründung der Geisteswissenschaften vor allem auch der Abwehr ihrer Usurpation durch naturwissenschaftliche M.n. Der Geisteswissenschaftler trete «mit dem Verstehen in Verfahrensweisen ein, die keine Art Analogie mit naturwissenschaftlichen M.n haben» [29]. M. wird damit zu einem Synonym von Verfahren(sweise) überhaupt und steht nicht für *bestimmte* Verfahrensweisen (etwa der exakten Wissenschaften).

Anmerkungen. [1] I. KANT, Logik, hg. JÄSCHE. Akad.-A. 9, § 95. – [2] ebda. – [3] a.O. § 16. – [4] § 115. – [5] Vgl. KrV B II: Transscendentale M.nlehre. – [6] KrV B 774. – [7] W. T. KRUG: Hb. der Philos. und der philos. Lit. (³1828, ND 1969) § 190. – [8] L. NELSON: Die Schule der krit. Philos. und ihre M. (1970) 4. – [9] J. G. FICHTE, Werke, hg. F. MEDICUS 3, 30. – [10] a.O. 32. – [11] Vgl. F. W. J. SCHELLING, Philos. der Mythol. (1966) 327. – [12] a.O. 323. – [13] 327. – [14] 334. – [15] G. W. F. HEGEL, Phänomenol. des Geistes. Werke (1832-1845) 2, 56. – [16] a.O. 38. – [17] Wiss. der Logik, hg. LASSON II/3, 486. – [18] a.O. 486f. – [19] K. MARX, MEW 32, 686. – [20] a.O. 538. – [21] 181. – [22] J. ST. MILL: A system of logic, ratiocinative and inductive. Being a connected view of the principles of evidence and the M.s of sci. investigation 1-6 (London 1843). – [23] CHR. SIGWART: Logik 2: M.-Lehre (⁴1911) 3. – [24] CH. S. PEIRCE, Coll. papers 7 (Cambridge, Mass. 1966) 45. – [25] ebda. – [26] F. BRENTANO: Über die Zukunft der Philos. (1929) 136f. – [27] J. G. DROYSEN: Historik (1868) Einl. § 14. – [28] a.O. (⁷1974) 18. – [29] W. DILTHEY: Der Aufbau der gesch. Welt in den Geisteswiss.en (²1958) 218.

3. 20. Jahrhundert. – Die M.-Diskussion des beginnenden 20. Jh. übernimmt vom 19. das Problem, was es heißen soll, Philosophie und Wissenschaft *methodisch* aufzubauen, ebenso wie die damit zusammenhängenden Diskussionen um Universalität oder Partikularität der naturwissenschaftlichen M. Dabei ist ‹M.› zunächst ein *geltungs-* und *konstitutionstheoretischer* Begriff, d. h. das Wort ‹M.› steht für ein Verfahren, welches (überindividuelle) Geltung von Behauptungen, allgemeiner von Handlungsorientierungen, und ihren Gegenstandsbezug konstituieren und garantieren soll.

Während sich hegelianische Verständnisse einer methodischen Philosophie zunächst kaum genauer mit der Entwicklung vor allem der modernen Naturwissenschaften vermitteln ließen, scheint dies für eine transzendentalphilosophische Geltungstheorie Kantischer Form eher möglich. Daher kann insbesondere die *Marburger Schule* des Neukantianismus wirkungsvoll versuchen, Kants theoretische Philosophie im Sinne einer konstitutionstheoretischen Methodologie, als «methodischen Idealismus» (H. COHEN), zu deuten und fortzuführen. Nicht Ergebnisse wie in den Wissenschaften kennzeichnen die Philosophie, sondern M. als der in seiner Richtung vernünftig gesicherte Gang des Nachdenkens selbst; mit den Worten von P. NATORP formuliert: «Gerade das besagt uns die Philosophie als *M.:* alles 'Sein' müsse sich lösen in einen 'Gang', eine *Bewegung* des Denkens» [1]. Und zwar bedeute hier das Wort ‹M.› «nicht bloss überhaupt ein 'Gehen', ein Sichfortbewegen», sondern «Gehen nach einem Ziele hin, oder jedenfalls in sicherer Richtung: 'Nachgehen'» [2]. M. im Verständnis des Marburger Neukantianismus stehe dabei nicht für beliebige Verfahren der Aufgabenlösung, sondern für das erkenntnisbegründende Vorgehen allgemein, die «Einheit der M., in der [...] die schliessliche Einheit der Erkenntnis, und damit der schaffenden Tat der Kultur, sich begründe» [3].

In Konkurrenz zum Psychologismus ebenso wie zum Neukantianismus wird von E. HUSSERL um 1900 ein an der unverfälschten Evidenz der Phänomene orientiertes neues Verständnis philosophischer M. vorgetragen. Das «schauende und ideierende Verfahren innerhalb der strengsten phänomenologischen Reduktion» wird Husserl zur «zweifellos gültigen Fundamental-M. ursprünglichster Sinnesbestimmung», zur «Zugangs-M.» zu den «Sachen selbst» und damit die «methodische Erfüllungsgestalt» der Philosophie [4]. Die von Husserl geforderte neue methodische Strenge der Philosophie soll durch die «phänomenologische Reduktion» die ursprünglichen Phänomene als den Gegenstand der Philosophie von den verzerrenden Überlagerungen alltäglicher und wissenschaftlicher Theorien und Weltverständnisse befreit vergegenwärtigen und damit eine sichere Basis fragloser Geltung bereitstellen. Die phänomenologische Reduktion als «apodiktisch einsichtige M.» [5] der Urteilsenthaltung (Epoché) bezeichnet Husserl auch als «gereinigte Cartesianische M.» [6]. Sie sei dem Phänomenologen nicht schon fertig vor seiner Untersuchung gegeben, sondern erschließe sich erst «in der vortastenden Erfahrungsarbeit»: «Damit hängt zusammen, daß Entwurf und Begründung der M. schon ein Wesensstück der Philosophie selbst bildet» [7].

Die Kontroverse zwischen erkenntnistheoretischem Psychologismus und Historismus auf der einen Seite und den konstitutionstheoretischen Reflexionen von Neukantianern und Phänomenologen andererseits wird vielfach unter den terminologischen Schlagworten «Genese» versus «Geltung» intersubjektiver Erkenntnis geführt. Während die Frage nach der Möglichkeit überindividueller Geltung offenbar nicht durch eine empirisch-deskriptive Analyse faktischer menschlicher Denkvorgänge zu beantworten ist, läßt das Problem der (faktischen) psychologischen oder historischen Genese von Geltungsansprüchen eine naturwissenschaftsanaloge Behandlung zu. Die Dominanz des szientifischen M.-Ideals läßt daher ein M.-Verständnis, welches auf dem *quid facti* der «Genese von Geltung» basiert, als Überbietung des Kantischen *quid juris* philosophischer M.-Reflexion erscheinen. Exemplarisch ist hier die Lösung, welche der frühe M. SCHELER für das «Grundproblem der M.: ‹wie muß man über Kant hinausgehen?›» [8] formuliert: Die psychologische M. habe gegenüber der transzendentalen M. ein *«Mehr»* zu leisten, «indem sie sich nicht damit begnügt, bei den verschiedenen Prinzipien und Axiomen deren tatsächliches Gelten zu statuieren, sondern noch hierüber hinaus nach der Genese jenes Geltens forscht» [9].

Auch die Auseinandersetzung um die Frage, ob das so erfolgreiche Vorgehen der Naturwissenschaften zum Definiens wissenschaftlicher M. überhaupt erhoben werden sollte, wird vom Neukantianismus, diesmal vor allem der *Südwestdeutschen Schule,* weiter vertieft. So verwahrt sich W. WINDELBAND gegen die «universalistische Tendenz», «alle Gegenstände dem Zwange einer und derselben M.» zu unterwerfen, und gelangt in der Bemühung um «Grenzabsonderung der einzelnen Provinzen im Reiche des menschlichen Wissens» zu der bekannten Unterscheidung von «nomothetischen» (Natur-) und «idiographischen» (Geistes-)Wissenschaften [10]. Ebenso weist H. RICKERT, den «Gedanken einer naturwissenschaftlichen Universal-M.» als «logische Utopie» bekämpfend [11], darauf hin, daß je nach Zwecksetzung ein gegebener Stoff einmal methodisch der «generalisierenden Betrachtungsweise» der Naturwissenschaften, aber ebenso auch der «individualisierenden Betrachtungsweise» der Geisteswissenschaften unterworfen werden kann [12]. In der M.-Lehre komme es daher darauf an, «die Verschiedenartigkeit dieser Zwecke kennen zu lernen, um die Mannigfaltigkeit der wissenschaftlichen M.n zu verstehen und ihr gerecht zu werden» [13].

Eine auf die Eigenständigkeit kulturwissenschaftlicher M. zielende M.-Reflexion, wie sie von Droysen, Dilthey, Windelband, Rickert u. a. vorgezeichnet wurde, hat die Deutsche Philosophie bis weit über den Zweiten Weltkrieg hinaus beherrscht, eine Orientierung, die insbesondere H.-G. GADAMERS Hermeneutik noch einmal vergegenwärtigt und ausgearbeitet hat. Demgegenüber wird die *internationale* philosophische Entwicklung seit den dreißiger Jahren wesentlich von den M.-Idealen des *Wiener Kreises* und den daraus hervorgegangenen Philosophien bestimmt. Der M.-Begriff des Wiener Kreises ist «einheitswissenschaftlich» und «szientistisch»: Unterstellt wird, daß bestimmte methodische Charakteristika, welche der intersubjektiven Geltung mathematischer und naturwissenschaftlicher Behauptungen zugrunde liegen, für jedes wissenschaftliche Vorgehen Verbindlichkeit besitzen. Intersubjektive Geltung hat danach genau zwei Berufungsgründe, das intersubjektiv zugänglich Erfahrungsgegebene und die sprachlichen Vereinbarungen, welche für eine exakte Wissenschaftssprache unumgänglich sind. Wissenschaftliche M., und damit auch die M. einer «wissenschaftlichen Philosophie», wird so, vor allem von R. CARNAP, eingeschränkt auf die Verifikation von Aussagen durch empirische Überprüfung oder (logische) Analyse der Wissenschaftssprache. Insbesondere die *«M. der logischen Analyse»* ist es, wie formuliert wird, «die den neuen Empirismus und Positivismus wesentlich von dem früheren unterscheidet, der mehr biologisch-psychologisch orientiert war» [14]. Daher erhält dann auch die neue methodische Ausrichtung der Philosophie, welcher «die logische Klärung der wissenschaftlichen Begriffe, Sätze und Methoden» obliegt [15], konsequenterweise die Kennzeichnung ‹Logischer Empirismus›.

Schwierigkeiten mit der Auszeichnung unbestreitbarer Beobachtungsaussagen und der Verifikation empirischer Allsätze führen K. R. POPPER zu einer falsifikationistischen Kritik und Umorientierung der methodischen Vorstellungen des Logischen Empirismus. Popper und mit ihm alle Spielarten des Kritischen Rationalismus bestreiten generell, daß es einer wissenschaftlichen M. bisher gelungen ist oder überhaupt gelingen könnte, eine ein für allemal wahre Theorie aufzustellen. Eine kritisch verstandene wissenschaftliche M. sei daher eine «M. des Versuchs und der Elimination von Irrtümern, des Vorschlags von Theorien, welche dann der strengsten ausdenkbaren Prüfung zu unterwerfen sind» [16]. Das methodische Fortschreiten der Wissenschaft besteht demgemäß in der systematischen Kritik theoretischer Entwürfe. Wissenschaftliche Sätze und Theorien lassen sich in Poppers Verständnis nur in dem schwachen Sinne sichern, als sie in der Konkurrenz mit weiteren theoretischen Entwürfen jeweils zu besserer Übereinstimmung mit den in der Wissenschaftlergemeinschaft gerade unbestrittenen Erfahrungssätzen gebracht werden können. Demgemäß ist nach Popper insbesondere eine reichhaltige Konkurrenzsituation zwischen wissenschaftlichen Theorien, der sogenannte Theorienpluralismus, methodologisch notwendig [17]. Popper gelang es, die «M. des tentativen [empirisch widerlegbar konzipierten] Lösungsversuches» [18] vor allem in das gegenwärtige M.-Verständnis der empirischen Sozialwissenschaften einzubringen, was zur unabgeschlossenen M.-Kontroverse des Positivismusstreites geführt hat. – Seine konsequente Radikalisierung hat der Kritische Rationalismus bei P. K. FEYERABEND gefunden. Feyerabend überträgt Poppers pluralistische Haltung von den wissenschaftlichen Sätzen und Theorien auf M.-Begriffe und methodische Normen. Er gewinnt so zunächst eine methodenpluralistische Position, endet schließlich aber im wissenschaftstheoretischen Anarchismus des «Anything goes», bei dem sich die Wissenschaft unmittelbar «in der komplexen Umgebung der Geschichte der Natur, wie auch in der Gesellschaft, und nicht in den luftleeren Stuben der Methodologen» zu bewähren hat [19]: «Die Regeln der letzteren reichen für ihren Betrieb nicht nur nicht aus, sondern sie legen ihr auch Fesseln an, die ihre zukünftige Entwicklung und damit die Entwicklung unseres Bewußtseins ernsthaft gefährden.» Daher sei es «sinnvoll, aller M. zum Trotz seiner eigenen Neigung zu folgen und zu behaupten, daß die Wissenschaft von einem solchen Verfahren eines Tages Nutzen ziehen wird» [20].

Zu den bleibenden Verdiensten des Wiener Kreises gehört es, dem Verständnis methodischer Strenge eine *sprachkritische* Wende gegeben zu haben: Methodisches Vorgehen beinhaltet (danach) insbesondere einen schrittweise intersubjektiv verfügbaren Aufbau der benutzten Wissenschaftssprache. Allerdings unterlag das sprachkritische Programm, etwa CARNAPS, ungerechtfertigten Einschränkungen. Es war «logisch» orientiert an den syntaktischen Formalismen der mathematischen Logik, semantisch auf den einheitswissenschaftlichen Versuch ausgerichtet, alle wissenschaftssprachlichen Mittel im Rahmen einer elementaren wahrnehmungspsychologischen oder physikalischen Sprache als der «Einheitssprache» der Wissenschaften zu gewinnen. Diese Vorstellungen gelten heute mit Recht als gescheitert, ohne daß bisher im Rahmen der vom Wiener Kreis ausgehenden Traditionen eine Alternative verfügbar geworden wäre. Statt dessen haben theorienpluralistische Konzeptionen einen *Theoriesprachen*-Pluralismus nach sich gezogen, dessen wissenschaftssprachliches «Anything goes» allenfalls durch formallogische Anforderungen eingeschränkt wird.

Ein sprachkritisches M.-Verständnis der Philosophie, das solchen Konsequenzen entgeht, liegt in der Spätphilosophie WITTGENSTEINS und in der konstruktiven Philosophie und Wissenschaftstheorie vor. Der frühe Wittgenstein war von einer einheitlichen semantischen und logischen Struktur der Sprache, in der, wie in den Wissenschaften, Tatsachenfeststellungen möglich sind, ausgegangen. Sein ‹Tractatus logico-philosophicus›, der den für Wittgenstein wesentlichen ethischen, religiösen und ästhetischen Sprachgebrauch aus dem Bereich des methodisch «Sagbaren» ausgrenzt, leistete einem scientistisch eingeschränkten Verständnis von M. zumindest Vorschub, etwa mit einem Abschnitt wie 6.53: «Die richtige M. der Philosophie wäre eigentlich die: Nichts zu sagen, als was sich sagen läßt, also Sätze der Naturwissenschaft – also etwas, was mit Philosophie nichts zu tun hat –, und dann immer, wenn ein anderer etwas Metaphysisches sagen wollte, ihm nachzuweisen, daß er gewissen Zeichen in seinen Sätzen keine Bedeutung gegeben hat. Diese M. wäre für den anderen unbefriedigend – er hätte nicht das Gefühl, daß wir ihn Philosophie lehrten – aber *sie* wäre die einzig streng richtige.» – Demgegenüber distanziert sich der späte Wittgenstein klar vom M.-Monismus sowohl des Logischen Empirismus als auch des Kritischen Rationalismus. Er sieht keine vertretbare Möglichkeit mehr, dem Wort ‹M.› in erkenntniskritischer Absicht einen über den metaphorischen Sinn von «Weg» hinausgehenden Inhalt zuzuschreiben: «Es gibt nicht *eine* M. der Philosophie, wohl aber gibt es M.n, gleichsam verschiedene Therapien» [21]. Zwar wird nach einer anderen Formulierung Wittgensteins in seinem Spätwerk «an Beispielen eine M. gezeigt» [22], jedoch steht das Wort ‹M.› hier ganz unprätentiös für nicht mehr und nicht weniger als eben für das allgemeine Vorgehen Wittgensteins: nämlich uns von den philosophischen Verwirrungen unseres Sprach- und damit Lebensverständnisses dadurch zu befreien, daß der praktische Sitz der sprachlichen Handlungen in unserem Leben aufgesucht wird. Wie diese «Therapie» im einzelnen zu geschehen hat, dafür möchte Wittgenstein – das besagt der zitierte Satz – keinen allgemeinen Regelkanon aufstellen.

Die *konstruktive* Philosophie geht wie Wittgenstein von der Einsicht aus, daß wissenschaftliche und philosophische Argumentationen keinen anderen Ausgangspunkt haben als das lebensweltlich vertraute Handeln des Menschen und die in ihm relevanten Probleme. «Hinter das Leben kann die Erkenntnis nicht zurückgehen», zitiert LORENZEN zustimmend einen Satz von DILTHEY [23]. Im Unterschied zu Wittgenstein behauptet die Konstruktive Philosophie jedoch, daß für ein geklärtes Verständnis insbesondere der wissenschaftlichen und philosophischen Sprachpraxis durchaus allgemeine Prinzipien des Vorgehens zur Verfügung stehen. Sie nimmt dabei insbesondere die Gedanken von H. DINGLER auf, dessen «Methodik» systematische Erkenntnis «auf dem vorsystematischen Standpunkt des täglichen Lebens» [24] aufbaut. Dingler gibt dem M.-Begriff eine pragmatische Wende: «Die *ersten Fundamente der Methodik bestehen also allein in aktiven Tätigkeiten,* anders formuliert in der Fähigkeit zu solchen, *nicht* aber in Aussagen, Axiomen, Grundsätzen, Prinzipien usw.» [25]. Der Aufbau komplexer Handlungszusammenhänge läßt sich Dingler zufolge nun nicht in beliebiger Reihenfolge vollziehen, vielmehr muß mit elementar verfügbaren Handlungen begonnen werden. Ist die Verfügbarkeit bestimmter Handlungen eine Bedingung der Möglichkeit weitergehender Praxis, so müssen jene Handlungen zuvor vollständig bereitstehen. In diesem Sinne kann das menschliche Handeln, ebenso wie der durchsichtige verstehende Nachvollzug seiner systematischen Entfaltung, *keine* (pragmatischen) *Lücken* aufweisen, hat *schrittweise* zu geschehen. Insbesondere sind damit «pragmatische Zirkel» ausgeschlossen, d.h. pragmatische Kompetenz kann nicht, auch nicht über pragmatische Zwischenstufen vermittelt, für ihren Erwerb auf sich selbst gegründet werden. In diesem «eindeutigen methodischen System» erzeugt, wie Dingler es formuliert, «der Grad der Komplikation und die methodische Benutzung von Früherem zum Aufbau von selbst eine *natürliche Ordnung* [...], welche die Stufenleiter der notwendigen Handlungen aufzeigt, welche von den Elementarformen zu den höheren Gebilden führt» [26]. Dingler faßt die genannten methodischen Ordnungsvorstellungen unter dem Titel «Prinzip der pragmatischen

Ordnung» zusammen; danach dürfen Überlegungen, die eine methodisch streng aufgebaute Wissenschaft zum Ziele haben, «niemals so beschaffen sein, daß sie an einer bestimmten Stelle des Aufbaues Handlungen als geschehen voraussetzen, die erst an einer späteren Stelle des Aufbaues geschehen können» [27]. – Die angeführten Prinzipien pragmatischer Ordnung gelten für beliebige, auch völlig willkürlich konzipierte Handlungszusammenhänge. Mit ihrer Befolgung läßt sich also die *Aufgabe*, die ein bestimmtes Handeln in unserem Leben erfüllt, nicht auch schon einsichtig machen. Vielmehr müssen dazu die pragmatischen Schritte von einsichtigen, solche Schritte leitenden Handlungsorientierungen begleitet sein; ihr *teleologischer* Sitz in unserem Leben ist also für eine, auch Wittgensteins Intentionen entsprechende, begründete Verständnisbildung einzuarbeiten. Allerdings kann Dingler teleologische Probleme nur im Rahmen seiner recht kritikbedürftigen voluntaristischen Ethik angehen. Auch sonst wird der mit Dingler erreichte Fortschritt im Begriffe eines methodischen Vorgehens durch einen unnötigen monologischen Apriorismus wesentlich beeinträchtigt.

Die Einsicht, welche ein pragmatisch und teleologisch orientiertes Verständnis methodischen Denkens darstellt, gilt nicht nur für die technische Praxis der exakten Wissenschaften, die bei Dingler im Mittelpunkt steht, sondern auch für sprachliche Handlungen allgemein, insbesondere für Argumentations-(Begründungs-)handlungen. In diesem Sinne hat vor allem P. LORENZEN Dinglers Vorstellungen zu einer «methodischen Philosophie» ausgebaut, die sich in schrittweise begründeten Konstruktionen und Rekonstruktionen von Praxis, insbesondere Wissenschafts- und Sprachpraxis, vollzieht [28]. Wer Handlungen systematisch und nicht willkürlich aufbauen («konstruieren») oder eine bereits existierende Praxis systematisch und als begründet verstehen («rekonstruieren») will, hat dies in pragmatisch und teleologisch geordneten Schritten, «schrittweise und zirkelfrei» [29] und in diesem Sinne *methodisch* zu tun. Da methodisch aufgebaute, insbesondere die wissenschaftlichen, Orientierungsleistungen *sprachlich vermittelt* sind, steht ein methodischer Aufbau der Wissenschaftssprache im Zentrum einer konstruktiven bzw. rekonstruktiven Wissenschaftstheorie. – Zugleich mit der pragmatischen (für die exakten Wissenschaften: «operativen») Wende im M.-Verständnis, die damit vollzogen ist, wird von der konstruktiven Philosphie auch ein Ausweg aus den von Popper gesehenen Schwierigkeiten der Verifikationstheorie aufgezeigt, der theorien- und methodenpluralistischen Konsequenzen entgeht: Dies geschieht so, daß das Wort ‹wahr› synonym mit ‹begründbar› verstanden wird, Begründungen dann als methodische Konstruktionen bzw. Rekonstruktionen eingeführt sind, die in *vernünftigen Dialogen (Beratungen)* schrittweise allgemeine Zustimmung finden können [30]. Damit ist das konstruktive «methodische Denken» zugleich an die Tradition Sokratischen Argumentierens angeschlossen.

Anmerkungen. [1] P. NATORP: Philos. und Pädag. (1909) 304. – [2] Kant und die Marburger Schule. Kant-Stud. 17 (1912) 199. – [3] a.O. 200. – [4] E. HUSSERL: Die Krisis der europ. Wiss.en und die transzendentale Phänomenol. (Den Haag ²1962) 195. – [5] a.O. 436. – [6] 409. – [7] 445. – [8] M. SCHELER, Frühe Schr. (1971) 200. – [9] a.O. 310. – [10] W. WINDELBAND: Gesch. und Naturwiss., in: Präludien 2 (⁶1919). – [11] H. RICKERT: Die Grenzen der naturwiss. Begriffsbildung (²1913) III. – [12] a.O. (⁵1929) 27. – [13] a.O. (²1913) III. – [14] CARNAP/HAHN/NEURATH: Wiss. Weltauffassung – Der Wiener Kreis (1929) 16. – [15] a.O. 28. – [16] K. R. POPPER: Objective knowledge (Oxford ³1974) 16. – [17] Vgl. H. F. SPINNER: Pluralismus als Erkenntnismodell (1978). – [18] POPPER u. a. (Hg.): Der Positivismusstreit in der dtsch. Soziol. (1969) 105. – [19] P. K. FEYERABEND: Von der beschränkten Gültigkeit methodol. Regeln. Neue H. für Philos. 2/3 (1972) 168. – [20] ebda. – [21] L. WITTGENSTEIN, Philos. Untersuch. Nr. 133. – [22] ebda. – [23] P. LORENZEN: Method. Denken (1968) 26. – [24] H. DINGLER: Methodik statt Erkenntnistheorie und Wiss.-lehre. Kant-Stud. 41 (1936) 354. – [25] a.O. 355. – [26] 362. – [27] Aufbau der exakten Fundamentalwiss. (1964) 26. – [28] Vgl. etwa LORENZEN, a.O. [23]; Konstruktive Wiss.theorie (1974); P. LORENZEN und O. SCHWEMMER: Konstruktive Logik, Ethik und Wiss.theorie (1973). – [29] LORENZEN, a.O. (1974) 126. – [30] Vgl. dazu LORENZEN/SCHWEMMER, a.O. [28] Abschn. II: Ethik; ferner F. KAMBARTEL (Hg.): Prakt. Philos. und konstruktive Wiss.theorie (1974).

Literaturhinweise. H. POINCARÉ: Sci. et M. (Paris ²1920; dtsch. Wiss. und M. (1914). – V. KRAFT: Die Grundformen der wiss. M. (1926). – R. G. COLLINGWOOD: An essay on philos. M. (Oxford 1933). – ST. HAMPSHIRE: Changing methods in philos. Philosophy 26 (1951) 142-145. – I. M. BOCHEŃSKI: Die zeitgenöss. Denk-M. (²1954). – O. MARQUARD: Skeptische M. im Blick auf Kant (1958, ²1978). – H.-G. GADAMER: Wahrheit und M. (1961). – P. LORENZEN: Method. Denken (1968). – R. HÖNIGSWALD: Die Grundl. der allg. M.-Lehre 1 (1969). – P. K. FEYERABEND: Wider den M.-Zwang (1976). – L. KOLAKOWSKI: Zweifel an der M. (1977). – K. WUCHTERL: M. der Gegenwartsphilos. (1977). – W. RISSE und G. TONELLI: Die math. M. in der Philos. des 17. und 18. Jh. (1979).
F. KAMBARTEL/R. WELTER

Methode, analytische/synthetische. – Die Kennzeichnung der von ARISTOTELES beschriebenen analytischen Verfahren (s. Analyse/Synthese) als «Methode» erfolgt zuerst bei den griechischen Aristoteleskommentatoren, z. B. bei ALEXANDER VON APHRODISIAS [1]. Die a.M. (μέθοδος ἀναλυτική) wird dabei meistens als vierte der Aristoteles zugeschriebenen vier logischen (dialektischen) M.n nach der μέθοδος διαιρετική, ὁριστική und ἀποδεικτική genannt [2]. JOHANNES DAMASCENUS, der wie EUSTRATIUS, DAVID der Neuplatoniker, PROCLUS DIADOCHUS, AL-KINDI und wahrscheinlich JOHANNES SCOTUS ERIUGENA der porphyrianischen Schule zugeordnet werden muß, übernimmt diese Unterscheidung (methodus divisionis, definitionis, resolutionis, demonstrationis) und unterscheidet weiter eine dreifache resolutio: die natürliche, die logische und die mathematische [3].

Die für die Neuzeit bestimmende Unterscheidung zwischen a.M. und s.M. findet sich erst in der *Hochscholastik*. THOMAS VON AQUIN unterscheidet einen doppelten Weg der Wahrheitserkenntnis, nämlich den analytischen (via resolutionis), der vom Zusammengesetzten zum Einfachen bzw. vom Ganzen zum Teil führt, und den gegenläufigen synthetischen (via compositionis), durch den die Erkenntnis der Wahrheit erst vollendet wird, indem sie vom Teil zum Ganzen gelangt [4].

Eine zentrale Stellung nimmt das Begriffspaar a.M./ s.M. in den Diskussionen der *Schule von Padua* im Zusammenhang mit der Rezeption der Schriften Galens ein [5], wobei neben PIETRO D'ABANO [6], JACOPO DA FORLI [7] und HUGO VON SIENA vor allem der Einfluß von AUGUSTINUS NIPHO [8] und JACOB ZABARELLA hervorzuheben ist, die mit der Entwicklung ihres Forschungsverfahrens, des sogenannten Regressus, beide M.n verknüpfen. Nachdem in seinem Galen-Kommentar als erster bereits HALI RODOHAN [9] die «demonstratio propter quid» mit der kompositiven M. Galens und die «demonstratio quia» mit der resolutiven gleichsetzte, kennzeichnen daran anschließend D'ABANO und DA FORLI in ihren Galen-Kommentaren die «demonstratio propter quid» als das Verfahren der Mathematik und Naturlehre und erkennen die «demonstratio quia» nur «wegen der Schwäche des menschlichen Verstandes» an. H. VON SIENA postuliert im Anschluß daran die Zusammengehörigkeit der beiden M.n und identifiziert hierbei «inventio» und a.M., die von A. NIPHO später im Anschluß an Averroes als «demonstratio significati» bezeichnet wird. ZABARELLAS einflußreiche Abhandlung ‹De Methodis libri quatuor› (1594) modifiziert in Anlehnung an Zimara Galens M.-Lehre, indem sie die definitive M. entfernt und von den vier in die porphyrianische Tradition gehörenden M.n nurmehr die Unterscheidung zwischen analytischer (resolutiver) und synthetischer (demonstrativer) Methode übernimmt, die dann bis in die neuzeitliche Philosophie hinein bestehen bleibt. Zabarella unterscheidet zwischen synthetisch verfahrenden Wissenschaften, in denen das Wissen um seiner selbst willen erworben wird (kontemplative Wissenschaften) und analytisch verfahrenden, in denen das Wissen erworben wird, um etwas zu bewirken oder zu erreichen. Zu den letzteren gehören sowohl die Mathematik als auch die Naturwissenschaften. Im Unterschied zu der a.M. der Mathematik, die von bekannten Prinzipien zu bekannten Folgerungen fortschreitet, führt die Analyse in den Naturwissenschaften zu den verborgenen Ursachen zurück, um durch sie die natürlichen Wirkungen zu erklären. Ziel der a.M. ist daher nicht das (deduktive) Wissen (scientia), sondern die Entdeckung (inventio) des bisher Unbekannten durch das Bekannte [10]. Zabarellas methodologische Überlegungen werden von G. GALILEI unmittelbar und fast wörtlich übernommen [11].

DESCARTES bestimmt schließlich die a.M. als die rechte M. auch der Philosophie, da nur sie den Weg nachzeichnet, durch den eine Sache gefunden wird, und somit zeigt, wie die Folgen von den Gründen abhängen. Die s.M. dagegen, wie sie die Geometrie verwendet, leitet aus zugegebenen Grundsätzen lediglich die richtigen Konsequenzen her, führt also prinzipiell nicht zu neuen Entdeckungen [12]. Im Gegensatz zu der nacharistotelisch geprägten Auffassung Zabarellas von den kontemplativen Wissenschaften stellt Descartes also das Verfahren der Entdeckung (inventio) auch als Erkenntnisziel der Philosophie dar, das sie mit den Naturwissenschaften teilt. Descartes folgend bezeichnen ARNAULD und NICOLE in der ‹Logik von Port-Royal› die a.M. als «méthode d'invention» und die s.M. als «méthode de doctrine» (M. der Darstellung) [13]. NEWTON verschärft diese Unterscheidung insofern, als er die a.M. als diejenige des Experiments und der Beobachtung bezeichnet, die durch Induktion zu allgemeinen Schlußfolgerungen gelangt, während die s.M. lediglich die entdeckten Ursachen und Prinzipien heranzieht, um Phänomene zu erklären und Erklärungen zu beweisen [14]. Newtons deutliche Tendenz zu einem methodologischen Empirismus steht allerdings in merkwürdigem Gegensatz zu seinem faktischen Vorgehen und läßt sich als Rückfall hinter die von Galilei erreichten Einsichten in die Struktur naturwissenschaftlicher Erkenntnis ansehen; Newtons Auszeichnung der a.M. blieb allerdings folgenreich für die «offizielle Doktrin» der neuzeitlichen Physik [15].

Demgegenüber ist für HOBBES die M. von Philosophie und Wissenschaften immer teils analytisch und teils synthetisch, so daß sich also M.n-Formen nicht Wissenschaftstypen zuordnen lassen. Die Art des Verfahrens hängt nämlich ganz von der Art der Fragestellung ab, die für die Entdeckung leitend ist: Wird nach den Prinzipien der Sinneswahrnehmung schlechthin gefragt, geht man analytisch vor, versucht man dagegen, isolierte Erscheinungen zu erklären, muß man den synthetischen Weg einschlagen. Die a.M. hat allerdings letztlich dadurch einen systematischen Vorrang, daß die Frage nach den Ursachen der Universalien nur durch Analyse zu beantworten ist [16]. Wie Hobbes weist auch LEIBNIZ die cartesianische Zuordnung von a.M. und M. der Entdeckung bzw. s.M. und M. der Darstellung zurück, da beide M.n den Ursprung der Entdeckung ausweisen können. Gegenüber Hobbes ist für Leibniz jedoch gerade die s.M. (die M. der «kombinatorischen Wissenschaft») die vollkommenste, indem man ihr gemäß von den allgemeinsten Wahrheiten zu den zusammengesetzten herabsteigen kann; die allgemeinsten Wahrheiten müssen jedoch zuvor auf analytischem Weg gefunden sein. Die Frage, wann die analytische und wann die synthetische (kombinatorische) M. einzusetzen sei, ist für Leibniz lediglich eine erkenntnispraktische Frage, die u.a. von der Geistesart (ingenium) des Forschers abhängt; so sei Galilei eher der synthetischen (kombinatorischen), Descartes dagegen eher der analytischen Denkrichtung zuzuordnen [17].

Die Frage, ob lediglich die a.M. die M. des Entdeckens sei und die synthetische diejenige der Darstellung, oder ob beide M.n der Kunst der Entdeckung dienen, wird auch in der Schulphilosophie des *18. Jh.* nicht einheitlich beantwortet. Während z.B. S. CHAUVIN [18] und F. BUDDEUS [19] mit Leibniz den Unterschied abstreiten, folgen z.B. J. WALCH [20], CHR. WOLFF [21] und A. G. BAUMGARTEN [22] der cartesianischen Zuordnung, die schließlich auch KANT in seiner ‹Logik› anführt [23]. Während Kant in seinen vorkritischen Schriften für die Metaphysik die a.M. fordert [24], ist die ‹Kritik der reinen Vernunft› «nach synthetischer Lehrart» [25] abgefaßt, wohingegen die ‹Prolegomena›, da sie lediglich die Aufgabe eines Planes und einer Vorübung haben, analytisch verfahren können [26]. In der Nachfolge Kants setzt W. T. KRUG die s.M. mit dem Kritizismus gleich und nennt sein System «transzendentalen Synthetismus»; durch die s.M. wird der Kritizismus der «wahre philosophische Republikanismus», denn wer ihr folgt, sei in der Lage, die allgemeine Menschenvernunft in seiner Person zu repräsentieren [27].

Wie schon SCHELLING [28] erklärt vor allem HEGEL die a.M. und die s.M. in der herkömmlichen, der Mathematik entlehnten Bedeutung im Bereich philosophischer Erkenntnis für unbrauchbar; a.M. und s.M. bezeichnen demgegenüber Wesensstrukturen des endlichen Erkennens, das einmal die Mannigfaltigkeit der äußeren Natur und des Bewußtseins durch Abstraktion auf ein konkretes Allgemeines hin überschreitet, andererseits die Gegenstände in die Formen des Begriffes aufnimmt [29].

Die Logiklehrbücher des *19. Jh.* [30] übernehmen – ohne Beachtung der Kritik Hegels – die Unterscheidung von a.M. und s.M. und diskutieren ihre Identität mit der regressiven/progressiven (s.d.) und induktiven/deduktiven M. Durchweg wird darauf hingewiesen, daß beide M.n nur unterschiedliche Richtungen ein und desselben Verfahrens bezeichnen: «Die wahre M. der Wissenschaft ist analytisch und synthetisch zugleich» [31]. H. LOTZE stellt fest, daß die Unterscheidung dem modernen Sprachgebrauch nicht mehr entspricht und daher die Begriffe oft in gegenteiliger Bedeutung verwendet werden [32]. BRADLEY behauptet die Ununterscheidbarkeit sowohl im Prinzip als auch in der Erkenntnispraxis, da die zugrunde liegende Vorstellung von Ganzem und Teil nur relativ verwendbar sei [33]. E. DÜHRING fordert schließlich, die Unterscheidung, weil sie vieldeutig und daher irreführend sei, zugunsten derjenigen von induktiver/deduktiver (s.d.) M. aufzugeben [34]. Die Unterscheidung von a.M. und s.M. verliert somit fortschreitend an Bedeutung und taucht in der Philosophie des 20. Jh. nur noch selten (z. B. bei DINGLER) [35] und eher beiläufig auf.

Anmerkungen. [1] ALEXANDER VON APHRODISIAS, In Arist. Anal. pr. I Comm., hg. M. WALLIES (1883) 340f. – [2] Vgl. AMMONIUS, In Porph. Isagogen Comm., hg. A. BUSSE (1887) 34-38; In Anal. pr. I, hg. M. WALLIES (1899) 6-8; DAVID, In Porph. Isagogen Comm., hg. A. BUSSE (1904) 88f. 103f.; ELIA, In Porph. Isagogen Comm., hg. A. BUSSE (1900) 37; EUSTRATIUS, In Arist. Anal. pr., hg. M. HAYDUCK (1907) 3-6. – [3] JOHANNES DAMASCENUS, Dialectica c. 68. MPG 47, 378f. Schr. I, hg. B. KOTTER (1969) darin: Cod. Oxon. Bodl.; vgl. JOHANNES SCOTUS ERIUGENA, De Div. Praed. c. 1. MPL 122, 358. – [4] THOMAS VON AQUIN, In II. Met., hg. MARIETTI lect. 2, nr. 278; vgl. S. Theol. I/II, q. 14, a. 5. – [5] Die Entwickl. genau untersucht bei J. H. RANDALL: The development of sci. method in the School of Padua (Padua 1961); vgl. W. BÖHM: Die met. Grundl. der Naturwiss. und Math. (1966) 140-143. – [6] PIETRO D'ABANO: Conciliator diff. philosophorum (Venedig 1496) Diff. 8; vgl. RANDALL, a.O. 30-34. – [7] JACOPO DA FORLI: Super Tegni Galeni Comm. (Padua 1475) nach RANDALL, a.O. [5] 35f. – [8] Nach RANDALL, a.O. [5] 42. – [9] Vgl. G. SARTON: Introd. to the hist. of sci. 1-3 (Baltimore 1927-47) 1, 729; 2, 343. – [10] ZABARELLA, Op. om. (1597) bes. II, c. 6f.; III, c. 4f., S. 15-20; vgl. MICRAELIUS: Lex. philos. Term. (²1662) 773f.: ordo syntheticus – ordo analyticus; vgl. E. CASSIRER: Das Erkenntnisproblem in der Philos. und Wiss. der neueren Zeit (1911) 1, 136-140. – [11] G. GALILEI, Ed. Naz. 4, 521; 7, 75; 12, 160f. – [12] R. DESCARTES, bes. Med. Resp. 2. Oeuvres, hg. ADAM/TANNERY IX/1, 121-123. – [13] A. ARNAULD und P. NICOLE: Logique du Port-Royal, hg. FOUILLÉE (Paris 1878) c. IV/2, S. 308-317; ebenso J. DE CLERC: Logica (Amsterdam 1692) 96ff. 109ff. 117ff. – [14] I. NEWTON, Works, hg. HORLEY 4, 263f. – [15] Vgl. bes. J. MITTELSTRASS: Neuzeit und Aufklärung (1970) 294-309; Changing concepts of the Apriori, in: BUTTS/HINTIKKA (Hg.): Hist. and philos. dimensions of logic, methodol. and philos. of sci. (Dordrecht 1977) 113-128; Die Galileische Wende. Das hist. Schicksal einer methodischen Einsicht, in: L. LANDGREBE (Hg.): Philos. und Wiss. 9. dtsch. Kongr. Philosophie, Düsseldorf 1969 (1972) 285-318, bes. 297ff.; mit etwas anderer Akzentsetzung W. RÖD: Die Beurteilung der a.M. der klass. Naturwiss. in der Philos. des 17. u. 18. Jh., in: H. WAGNER (Hg.): Sinnlichkeit und Verstand (1976) 107-122. – [16] TH. HOBBES, De Corp. c. 6: ‹De methodo›, hg. MOLESWORTH I/1, 58-70; vgl. 251-258. – [17] G. W. LEIBNIZ, De Synthesi et Analysi universale seu Arte inveniendi et judicandi. Philos. Schr., hg. GERHARDT (1931) 7, 292-298, bes. 296f.; vgl. 5, 466. 506ff.; Opuscules, hg. COUTURAT (1903) 158f. 167f. 170. 351f. 415; vgl. die systemat. Anordnung in: LEIBNIZ, Frey. F. SCHMIDT (1960) 84-87. 266f. 454f. – [18] B. S. CHAUVIN: Lex. Philosophicum (²1713) 405. – [19] F. BUDDEUS: Elementa Philosophiae (1703) 166-170. – [20] J. WALCH: Philos. Lex. (²1733) 94. – [21] CHR. WOLFF: Philosophia Rationalis (Verona ³1735) §§ 885-888. – [22] A. G. BAUMGARTEN: Acroasis Logica (1716) 88f. – [23] I. KANT, Logik. Akad.-A. 9, 149. – [24] a.O. 2, 289. 308. – [25] 4, 263. – [26] 274f.; vgl. auch J. G. KIESEWETTER: Grundriß einer allg. Logik nach Kantischen Grundsätzen (1791) 279. – [27] W. T. KRUG: Fundamentalphilos. (1818) 283-289; vgl. System der theoret. Philos. (1818) 503-510; Hdb. der Philos. (1820) 200f. – [28] F. W. J. SCHELLING, Fernere Darstellungen. Sämtl. Werke, hg. K. F. A. Schelling I/4, 398f. – [29] G. W. F. HEGEL: Enzyklop. (1830), hg. NICOLIN/PÖGGELER §§ 227-231. 238; vgl. W. RÖD: Dialekt. Philos. der Neuzeit (1974) 1, 149-154. – [30] Vgl. z. B. J. F. FRIES: System der Logik (1811, ³1837) 446-448; C. F. BACHMANN: System der Logik (1828) 358-362; W. HAMILTON: Lectures on logic, in: Lectures on met. and logic (London 1859, ³1865) 4, 2-9; M. W. DROBISCH: Neue Darstellung der Logik (1836, ²1975) 167-171; K. A. v. REICHLIN-MELDEGG: System der Logik (1870) 271f. – [31] BACHMANN, a.O. 361. – [32] H. LOTZE: Logik (1874, ²1977) 477-480. – [33] F. H. BRADLEY: The principles of logic (London 1883, ²1922) 473-476. – [34] E. DÜRING: Logik und Wiss.theorie (1878) 87-89. – [35] H. DINGLER: Die Grundl. der Naturphilos. (1913) 22-26. 53-60.

Literaturhinweise. J. H. RANDALL s. Anm. [5] 15-68. – J. MITTELSTRASS, Neuzeit ... s. Anm. [15]. – H. W. ARNDT: Methodo scientifica pertractatum (1971). – W. RÖD s. Anm. [15]. – J. MITTELSTRASS, Changing concepts ... s. Anm. [15]; Die Galileische Wende ... s. Anm. [15].

C. F. GETHMANN

Methode, axiomatische. Es muß schon vor EUKLID gebräuchlich gewesen sein, daß Mathematiker ihre Abhandlungen mit einer Aufzählung einschlägiger Prinzipien (Definitionen, Postulate, Axiome) anfingen. Je beschränkter und übersichtlicher das Gebiet war, desto sicherer konnte man zu einer vollständigen Aufzählung der Prinzipien gelangen; es muß in der voreuklidischen Mathematik denn auch Arbeiten wie aus einem Guß gegeben haben. Dieser Zug ging in der Euklidischen Kompilation verloren. Obendrein gehören die Prinzipien, die Euklid aufzählt, vermutlich zu älteren Versionen; sie passen kaum zu Euklids Bearbeitung. Jedenfalls ist die Liste der Prinzipien nicht vollständig und wahrscheinlich auch nicht als vollständig beabsichtigt – es ist ganz im Aristotelischen Sinn, wenn man nur die Prinzipien aufzählt, über die man verschiedener Meinung sein könnte. Obendrein hat die Geometrie ja ein Objekt in der Wirklichkeit, an der man sich in Zweifelsfällen immer von neuem orientieren kann. Immerhin klaffen manchmal sehr weite Lücken; es fehlt z. B. bei Euklid jede Explizierung der Ordnungsbegriffe [1], wie man heutzutage weiß; andere Lücken sind schon im Altertum bemerkt worden. Tiefere Einsicht spricht nur aus dem 5. und 6. Buch der ‹Elemente›, das von EUDOXOS herrühren soll.

Trotzdem galten Euklids ‹Elemente› bis in die Neuzeit als Musterbeispiel eines lückenlos deduktiven Systems, das von Prinzipien ausgehend streng logisch aufgebaut sei. Als solches hat die Geometrie zweifellos auch an der Wiege der Aristotelischen Lehre von den ἀρχαί gestanden. Im 17. und 18. Jh. entwickelte sich bei Theologen, Juristen, Philosophen ein «mos geometricus», die euklidische Methode nachzuahmen – sein bekanntester Vertreter ist SPINOZA. Keiner dieser Versuche erreichte auch nur annähernd die Qualität des Euklidischen Deduktionssystems. In der Geometrie verließ man erst im 19. Jh. den traditionellen Weg.

G. K. CH. VON STAUDTS Versuch (1847) eines deduktiven Aufbaus der (projektiven) Geometrie scheiterte an dem Problem der Stetigkeit – die Eudoxische Lösung [2] dieses Problems wurde erst wiedererkannt, nachdem man sie von neuem entdeckt hatte. Erst M. PASCH (1882) erfüllte das Programm: «Es muß in der Tat, wenn anders die Geometrie wirklich deduktiv sein soll, der Prozeß des Folgerns überall unabhängig sein vom *Sinn* der geometrischen Begriffe, wie er unabhängig sein muß von den Figuren; nur die in den benutzten Sätzen, beziehungsweise Definitionen niedergelegten *Beziehungen* zwischen den geometrischen Begriffen dürfen in Betracht kommen» [3]. Was Pasch hier nicht erwähnt und was ebenso wichtig ist, ist sein mathematischer Stil, eine Formalisierung der Umgangssprache, die es erst möglich macht, die Lückenlosigkeit der Deduktion zu kontrollieren, und die einen Fortschritt über das Euklidische System hinaus bedeutet. Pasch hat die italienischen Geometer und Hilbert entscheidend beeinflußt.

D. HILBERTS ‹Grundlagen der Geometrie› (1899) hebt an mit den klassischen Worten: «Wir denken drei verschiedene Systeme von Dingen: die Dinge des *ersten* Systems nennen wir *Punkte* und bezeichnen sie mit A, B, C, ...; die Dinge des *zweiten* Systems nennen wir *Geraden* und bezeichnen sie mit a, b, c, ...; die Dinge des *dritten* Systems nennen wir *Ebenen* und bezeichnen sie mit α, β, γ, ...; die Punkte heißen auch die *Elemente der linearen Geometrie*, die Punkte und Geraden heißen die *Elemente der ebenen Geometrie* und die Punkte, Geraden und Ebenen heißen die *Elemente der räumlichen Geometrie* oder *des Raumes*.

Wir denken die Punkte, Geraden, Ebenen in gewissen gegenseitigen Beziehungen und bezeichnen diese Beziehungen durch Worte wie «liegen», «zwischen», «parallel», «congruent», «stetig»; die genaue und vollständige Beschreibung dieser Beziehungen erfolgt durch die *Axiome der Geometrie*» [4].

Mit dem «wir denken ...» ist die ontologische Bindung der Geometrie durchgeschnitten. Die Axiome sind nicht mehr evidente Wahrheiten, ja, es hat nicht einmal Sinn, nach ihrer Wahrheit zu fragen. Die Geometrie erscheint – so würden wir es heute formulieren – als ein deduktives System, das (definitionsgemäß) umfaßt:
 1. eine Menge (von Punkten, Geraden, Ebenen),
 2. ein System von Prädikaten und Relationen,
 3. ein System von Aussagen, «Axiomen», die ausschließlich mittels 1–2 aufgebaut sind, und
 4. alle Aussagen, «Lehrsätze», die aus denen von 2–3 abgeleitet werden können.

Im Falle der Geometrie handelt es sich bei 2 um Prädikate, die in der Umgangssprache lauten «... ist ein Punkt«, «... ist eine Gerade», «... inzidiert mit ...», «... liegt zwischen ... und ...»; bei 3 um Aussagen wie «wenn a und b Punkte sind, so gibt es ein c, so daß c eine Gerade ist und c mit a und mit b inzidiert». Logisch ist diese sprachliche Formulierung bedeutungslos; es handelt sich bei den Subjekten von 1 und den Relationen um undefinierte, ontologisch nicht gebundene Terme [5].

Hinsichtlich der Wahl der «Axiome» des deduktiven Systems gibt es logisch keine wesentlichen Beschränkungen. Wohl wird man zweckmäßigerweise keine einander widersprechenden Axiome in ein System aufnehmen, allgemeiner danach streben, daß keine Aussage zusammen mit ihrer Negation als Lehrsatz möglich wird. Diese Forderung nennt man die der *Widerspruchsfreiheit* oder *Konsistenz* [6]. Ein nicht-konsistentes System ist schon darum weniger interessant, weil in ihm jede (in ihm formulierbare) Aussage (und ihre Negation) ableitbar ist. Das «Spiel», das man mit den Axiomen spielen will, wird dann langweilig.

Ein direkter Konsistenzbeweis scheint nur bei sehr einfachen deduktiven Systemen möglich. Im Falle der Geometrie war es Hilberts Idee, den Konsistenzbeweis durch die Angabe eines *Modells* [7] zu führen, d.h. durch die Angabe eines Beispiels, das die Axiome erfüllt. Solch ein Modell fand er in der Algebra der rellen Zahlen, der analytischen Geometrie. Dem Prädikat «... ist ein Punkt» wird das Prädikat «... ist ein Zahlentripel» zugeordnet, dem Prädikat «... ist eine Gerade» das Prädikat «... ist ein Gleichungssystem» (ganz bestimmter Art), der Relation «... inzidiert mit ...» die Relation «... erfüllt (das Gleichungssystem) ...» usw. Das Modell muß natürlich so beschaffen sein, daß die Axiome [8] in ihm gelten. Von selber gelten dann im Modell auch alle Lehrsätze [9] und auch alle etwaigen Widersprüche unter ihnen. Damit ist die Frage der Konsistenz des deduktiven Systems auf die des Gebietes zurückgeführt, in dem das Modell konstruiert ist, insbesondere die Widerspruchsfreiheit der Geometrie auf die der Algebra der reellen Zahlen. Einen ähnlichen relativen Widerspruchsfreiheitsbeweis hatte früher schon F. KLEIN geführt, als er die Widerspruchsfreiheit der nicht-euklidischen Geometrie auf die der euklidischen zurückführte; ihm verdankt man dann auch den Modellbegriff.

Die a.M. erschöpft sich keineswegs in der Aufstellung eines deduktiven Systems und dem Beweise seiner Konsistenz. In den ‹Grundlagen der Geometrie› wird hauptsächlich etwas geübt, das HILBERT in seinem Schlußwort folgendermaßen beschreibt: «Die vorstehende Abhandlung ist eine kritische Untersuchung der Prinzipien der Geometrie; in dieser Untersuchung leitete uns der Grundsatz, eine jede sich darbietende Frage in der Weise zu erörtern, daß wir zugleich prüften, ob ihre Beantwortung auf einem vorgeschriebenen Wege mit gewissen eingeschränkten Hilfsmitteln möglich ist. Dieser Grundsatz scheint mir eine allgemeine und naturgemäße Vorschrift zu enthalten; in der Tat wird, wenn wir bei unseren mathematischen Betrachtungen einem Probleme begegnen oder einen Satz vermuten, unser Erkenntnistrieb erst dann befriedigt, wenn uns entweder die völlige Lösung jenes Problems und der strenge Beweis dieses Satzes gelingt, oder wenn der Grund für die Unmöglichkeit des Gelingens und damit zugleich die Notwendigkeit des Mißlingens von uns klar erkannt worden ist» [10].

«Die Einschränkung der Hilfsmittel» ist in der Tat ein bezeichnender Zug der a.M. Nachdem man die Axiome formuliert hat, versucht man, ob man nicht mit weniger Axiomen dasselbe erreichen kann, ob man ein Axiom weglassen kann (es heißt dann von den andern abhängig), ob man es abschwächen kann, ob man zwei Axiome durch eines ersetzen kann, das a priori weniger behauptet, ob man einen Lehrsatz zum Axiom befördern und gleichzeitig ein Axiom zum Lehrsatz degradieren kann; man untersucht, wie weit man mit weniger Axiomen kommt, also von welchen Axiomen gewisse Lehrsätze tatsächlich abhängen, man ändert Axiome in widersprechende ab und sieht nach, welche Folgen das hat; man versucht, zwei Axiomensysteme, die für verschiedene Gebiete bestimmt sind, zu einem zu vereinigen, mit dem man beide Gebiete übersieht usw.

In dieser Tätigkeit spielt wieder das Modell eine große Rolle. Um etwa zu zeigen, daß ein Axiom im System überflüssig ist, muß man es aus den andern ableiten. Gelingt das nicht, so taucht die Vermutung auf, daß solch eine Ableitung unmöglich sei. Ein etwaiger Unmöglichkeitsbeweis wird durch Angabe eines Modells geführt, das alle Axiome bis auf das eine erfüllt und dies eine dann auch verletzt. Ein Beweis dieses einen aus den andern würde einen Widerspruch im Modell erzeugen. Das ist eine Methode, die bei Hilbert vielseitig ausgearbeitet ist, aber auch schon vorher – weniger bewußt – bekannt war: Die Unabhängigkeit des Parallelenaxioms war ja durch das nicht-euklidische Modell gezeigt worden; nicht-desarguessche, endliche, nicht-archimedische Geometrien waren schon vor Hilbert aufgetaucht.

Hilberts Axiomensystem sollte *ein* Gebiet vollständig beschreiben, die auftretenden «Prädikate» und «Relationen» sollten durch die Axiome vollständig festgelegt sein. Das Axiomensystem definiert, was Punkte und Geraden sind, was «zwischen» und «kongruent» bedeutet usw. Man erkennt hier die Idee der *impliziten Definition* – für viele damals ein logisches Monstrum und ein Ärgernis. G. FREGE (1903) reagierte gereizt: «Von altersher nennt man Axiom einen Gedanken, dessen Wahrheit feststeht, ohne jedoch durch eine logische Schlußkette bewiesen werden zu können ... Nie darf etwas als Definition hingestellt werden, was eines Beweises oder der Anschauung zur Begründung seiner Wahrheit bedarf. Andererseits können Grundsätze und Lehrsätze nie die Bedeutung eines Wortes und Zeichens erst feststellen wollen» [11].

Der erste, der die Bedeutung der impliziten Definition erkannte, war GERGONNE gewesen (1818) [12]. Das war der erste entscheidende Schritt weg von der Aristotelischen Wissenschaftslehre der ἀρχαί, die ja explizite Grundlagen der Wissenschaft sein sollten. Bei Mathematikern und Naturwissenschaftlern hat sich heute wohl weitgehend die Idee durchgesetzt, daß die Terme ihrer Wissenschaft durch die Weise, in der mit ihnen operiert wird, definiert sind. Bei Wissenschaftstheoretikern, insbesondere wenn sie logistisch beeinflußt sind, findet man dagegen immer noch Versuche, die der impliziten Struktur der Erfahrung und der a.M. nicht gerecht werden.

Hilberts Axiomensystem sollte, wie schon erwähnt, die auftretenden «Prädikate» und «Relationen» vollständig festlegen. Genauer formuliert: Es sollte im wesentlichen (d.h. bis auf Isomorphie) nur ein Modell besitzen. Noch anders: jede in ihm formulierbare Aussage oder ihr Negat sollte ableitbar sein. Schon bei Hilbert bahnt sich die Wendung zu beabsichtigt unvollständigen Axiomensystemen an. Es ist gleichzeitig die Wendung von der beschreibenden zur abstrahierenden Axiomatik.

Mit der schnellen Ausbreitung der mathematischen Kenntnis läuft im 20. Jh. ein Streben nach größerer Ordnung und Übersichtlichkeit parallel. Man bemerkt gemeinsame Züge verschiedener mathematischer Objekte, gleichartige Beweismethoden auf verschiedenen Gebieten, gleichartige Strukturen ganzer Gebiete. Das System der rationalen, das der reellen, das der komplexen Zahlen, das der ganzen Zahlen modulo einer Primzahl, gewisse Funktionensysteme weisen dieselben Eigenschaften hinsichtlich der vier Grundrechnungsarten auf. Man definiert einen Oberbegriff, den des Körpers, den man durch einige dieser Eigenschaften, die Körperaxiome, festlegt, aus denen man die andern ableiten kann, nicht wie ehedem für jedes der Systeme von neuem, sondern einmal für alle. Man erreicht größere Allgemeinheit, aber auch größere Übersichtlichkeit, wenn man jeweils vom gerade Überflüssigen abstrahiert.

In diesem Geist wird bald nach Hilbert die Axiomatisierung der Algebra (R. STEINITZ 1910), der Mengenlehre und der Topologie (M. FRÉCHET 1906; F. HAUSDORFF 1914) in Angriff genommen; etwas später folgt die lineare Analysis (F. RIESZ 1913; BANACH 1922), die Maßtheorie (CARATHEODORY 1914), und seit einigen Jahrzehnten ist die a.M. Gemeingut der Mathematiker. Sie hat sich dabei nicht nur als Ordnungsinstrument, sondern auch als immens schöpferisch erwiesen.

Die Axiomatisierung als Lösung der ontologischen Bindung bedeutete für die Geometer auch die Erlösung von unfruchtbaren ontologischen Fragen (oft Scheinfragen) wie: Was ist ein Punkt? Existiert das unendlich Ferne? Markant formulierte es A. EINSTEIN in einem Vortrag: «Insofern sich die Sätze der Mathematik auf die Wirklichkeit beziehen, sind sie nicht sicher, und insofern sie sicher sind, beziehen sie sich nicht auf die Wirklichkeit ... Der von der Axiomatik erzielte Fortschritt besteht nämlich darin, daß durch sie das Logisch-Formale vom sachlichen oder anschaulichen Gehalt sauber getrennt wurde ... Diese Axiome sind freie Schöpfungen des menschlichen Geistes ... Die Axiome definieren erst die Gegenstände, von denen die Geometrie handelt ... Dieser geschilderten Auffassung der Geometrie lege ich deshalb besondere Bedeutung bei, weil es mir ohne sie unmöglich gewesen wäre, die Relativitätstheorie aufzustellen» [13].

Mit der sauberen Trennung von Logisch-Formalem und Sachlich-Anschaulichem sind gewisse an und für sich berechtigte Fragen aufgeschoben statt aufgehoben. Ein formales System wird schließlich einmal in einer Realwissenschaft angewandt, und dann lautet die ursprüngliche Frage: Was ordne ich in der Wirklichkeit dem Punkte, dem Unendlich-Fernen zu? Man hat wieder Modelle des Axiomensystems zu bilden – nun nicht mathematische, sondern ontologisch verankerte, wie sie der Naturwissenschaftler tagtäglich verwendet. Noch scheinen solche Modelle sich aber einer exakteren Behandlung zu entziehen; es ist ein Übelstand, daß der tiefere Sinn der a.M. vielen, die sich mit Methodologie beschäftigen, noch nicht aufgegangen ist.

Eine Erlösung bedeutete die a.M. ganz besonders für die Wahrscheinlichkeitstheoretiker und -praktiker [14]. Noch bis ins 20. Jh. war Wahrscheinlichkeitsrechnung etwas wie eine Naturwissenschaft. R. V. MISES' Axiomatik (1919), so intelligent sie auch war, erwies sich als ein Mißgriff. Sie blieb ontologisch gebunden und vervielfältigte die ontologischen Diskussionen, statt sie abzuschneiden. In A. KOLMOGOROVS Axiomatik (1931) wurde diese Lösung vollzogen – die stürmische Entwicklung der Wahrscheinlichkeitstheorie [15] und Statistik seit zwei Jahrzehnten wäre ohne eine solche Axiomatik undenkbar.

Das älteste Beispiel für die a.M. in einer Naturwissenschaft war C. CARATHEODORYS Thermodynamik (1909). Bei der auffälligen logischen Struktur dieses Kapitels der Physik war das kaum ein Wunder. Axiomatische Bearbeitungen der speziellen Relativitätstheorie (z.B. REICHENBACH 1924) verdanken derselben Situation ihren Ursprung. Eine formvollendete Axiomatik der quantentheoretischen Größen verdankt man J. VON NEUMANN (1932). Neuerdings hat man sich verschiedentlich mit der Axiomatisierung der Mechanik beschäftigt. Eine vollständige Aufzählung solcher Versuche wäre hier nicht am Platze, und nur nebenbei wäre der axiomatische Ansatz J. H. WOODGERS in der Genetik (1937) zu erwähnen.

In der Umgangssprache der Physiker bedeutet ‹axiomatisch› das Dekretieren mathematischer Formelsysteme ohne physikalische Begründung, wie man es – auf sehr hohem Niveau – etwa in J. W. GIBBS' statistischer Mechanik findet, und – auf niedrigerem Niveau – in schlechten Vorlesungen. Mit Axiomatik im mathematischen Sinn hat dies nichts zu tun, ebensowenig wie das Verwenden logischer Symbole zur Fixierung naturwissenschaftlicher Sachverhalte. Aber auch die ernsthafteren Versuche physikalischer Axiomatik befriedigen noch nicht recht, denn es sind eigentlich nicht Axiomatisierungen eines physikalischen Gebietes, sondern des mathematischen Apparates eines solchen. Im Falle der Geometrie axiomatisiert man die anschaulichen Daten, nicht ihre Algebraisierung, die analytische Geometrie, die man gerade aus den Axiomen ableiten will. So sollte man auch die physikalischen Daten und nicht ihre Mathematisierung axiomatisieren. So etwas ist erheblich schwieriger (aber auch fruchtbarer), schon weil der Weg von den Daten zur Mathematisierung oft noch schlecht bezeichnet ist. Daß es anders geht, als man bis jetzt versucht hat, zeigt die 1964 erschienene ‹Axiomatik der Thermodynamik› von R. GILES [16], deren Wert man kaum überschätzen kann.

Im Zusammenhang mit der Mathematik muß man noch ein Gebiet als Übungsfeld der Axiomatik erwähnen. In den aus Hilberts ‹Grundlagen› zitierten Sätzen war die Rede von Dingen und Beziehungen. Jedenfalls die «Dinge» scheinen noch eine ontologische Bindung zu verraten. In der Interpretation, die sich an das Zitat anschloß, wurde darum in 1 von einer Menge gesprochen; was Hilbert Dinge nennt, wären dann einfach die Elemente dieser Menge. Die bei G. Cantor und R. Dedekind noch gegebene ontologische Bindung des Mengenbegriffs ist durch die Axiomatik der Mengenlehre gelöst worden [17]. Will man sich auf elementare Geometrie beschränken, so ist übrigens die axiomatisierte Mengenlehre als Bestandteil des deduktiven Systems überflüssig, man kann 1 ganz streichen. Auch wenn keine Subjekte postuliert werden, scheint die Formulierung noch eine Art von Ideenwelt zu suggerieren, in der so etwas wie Prädikate, Relationen und Ableitung lebt. Ist dieser ontologische Rest noch eliminierbar?

Parallel zu Hilberts Versuchen (im Anschluß an die ‹Grundlagen der Geometrie›), auch diesen Rest zu axiomatisieren, liefen die Bestrebungen der Logistiker, die Umgangssprache um die mathematischen Formeln herum durch eine stärker formalisierte Ausdrucksweise zu ersetzen, so wie Viète vor drei Jh. die Umgangssprache aus den algebraischen Formeln verdrängt hatte. Es entstand der Begriff einer formalisierten Sprache, in der Ausdrücke nach festen Gesetzen gebildet und gewisse unter ihnen, die Aussagen, die man «wahr» nennen möchte, nach festen Gesetzen ausgezeichnet werden. Diese Gesetze haben die folgende Struktur: 1. ... sind Formeln (Lehrsätze), 2. wenn ... und ... Formeln (Lehrsätze) sind, so ist ... eine Formel (ein Lehrsatz), 3. es gibt keine anderen Formeln (Lehrsätze) als die nach 1 und 2 erhältlichen. Mit dieser Transformation der Mathematik in eine sinnlose Sprache, die von einer Maschine ausgeübt werden kann, ist die letzte ontologische Bindung durchgeschnitten. Der semantische Wahrheitsbegriff ist ersetzt durch den syntaktischen Begriff der Ableitbarkeit. Man vergegenwärtige sich aber, daß das Diskutieren solch einer Sprache (etwa in der Umgangssprache als Metasprache) wohl sinnvolle (und häufig sehr tiefe) Mathematik ist. Das Verhältnis von Sprache und Metasprache, ihre säuberliche Trennung und ihr Ineinandergreifen führten zu bedeutungsvollen Problemen [18]. Dabei sollte man nicht das Axiomatisieren im weiteren Sinn mit dem speziellen Axiomatisieren der Sprache, dem Formalisieren, verwechseln.

Anmerkungen. [1] Vgl. Art. ‹Ordnung›. – [2] Vgl. Art. ‹Stetigkeit›. – [3] M. Pasch: Vorles. über neuere Geometrie (1882, ²1912). – [4] D. Hilbert: Grundl. der Geometrie (⁹1962) 2. – [5] Vgl. zum Vorhergehenden Art. ‹Prädikatenlogik›. – [6] Vgl. Art. ‹Widerspruchsfreiheit›. – [7] Vgl. Art. ‹Prädikatenlogik› und ‹Modelltheorie›. – [8] Pasch, a.O. [3]. – [9] Hilbert, a.O. [4]. – [10] a.O. 124f. – [11] G. Frege: Über die Grundl. der Geometrie. Jber. dtsch. Mathematiker-Vereinig. 12 (1903) 319-324. 368-375. – [12] Nouv. Ann. de Math. 9 (1818). – [13] A. Einstein: Geometrie und Erfahrung (1912). – [14] Vgl. Art. ‹Wahrscheinlichkeitstheorie›. – [15] a.O. – [16] R. Giles: Math. foundation of thermodynamics (Oxford/New York 1964); J. J. Duistermaat: Energy and entropy as real morphisms for addition and order. Synthese 18 (1968) 327-393. – [17] Vgl. Art. ‹Mengenlehre›. – [18] Vgl. Art. ‹Prädikatenlogik›.

Literaturhinweise. H. Freudenthal: Zur Gesch. der Grundl. der Geometrie. Nieuw Arch. voor Wiskunde (4) 5 (1957) 105-142. – E. W. Beth: The foundations of mathematics. Stud. in logic (Amsterdam 1959). – Vgl. auch Lit. zur Art. ‹Axiom›.

H. Freudenthal

Methode, deskriptive. Obwohl ‹Beschreibung› (s. d.) eine fundamentale methodologische Kennzeichnung im Selbstverständnis neuzeitlicher Wissenschaft darstellt, findet sich der Terminus ‹d.M.› recht selten und beiläufig, und zwar sowohl bei den Anhängern eines morphologischen Beschreibungsbegriffs [1] als auch in empiristisch-sensualistischer Tradition [2]. Im pointierten Sinn von einer 'M.' wird erst im Zusammenhang des M.-Streits des 19. Jh. um die Begriffe ‹Beschreibung› vs. ‹Erklärung› von denjenigen Philosophen und Psychologen gesprochen, die der empiristisch-sensualistischen Methodologie der Wissenschaften durch Entwicklung eines neuen Begriffs von 'Beschreibung' und einer eigenständigen Methodologie entgegentraten. W. Dilthey hat in seiner Schrift ‹Ideen über eine beschreibende und zergliedernde Psychologie› eine Psychologie als notwendig und möglich dargestellt, «welche die beschreibende und analysierende M. ihrem Gange zugrunde legt und erklärende Konstruktionen nur in zweiter Linie mit dem Bewußtsein ihrer Grenzen verwertet ... Sie wird die Grundlage der Geisteswissenschaften werden, wie die Mathematik die der Naturwissenschaften ist» [3]. F. Brentano [4] und W. Wundt [5] haben ebenfalls die Idee einer «deskriptiven Psychologie» in Absetzung von den Empiristen gefordert.

Zu einem Kennzeichen der philosophischen M. schlechthin wird die d.M. in der Phänomenologie Husserls. Zu Beginn des zweiten Bandes der ‹Logischen Untersuchungen› bestimmt Husserl das Verfahren der Phänomenologie: «Die in der Wesensintuition direkt erfaßten Wesen und rein in den Wesen gründenden Zusammenhänge bringt sie *deskriptiv* in Wesensbegriffen und gesetzlichen Wesensaussagen zu reinem Ausdruck» [6]. Diese Umdeutung des Sinnes von Deskription wird noch verschärft in Husserls Spätphilosophie im Zusammenhang mit der transzendentalen Problematik. Die phänomenologische Selbstauslegung des Ich wird unter dem Titel einer «transzendental-deskriptiven Egologie» beschrieben: «Das konkrete ego selbst ist das universale Thema der Deskription» [7]. In diesem Zusammenhang spricht Husserl von der «M. einer deskriptiven – wie transzendental-philosophischen, so natürlich auch psychologischen – Bewußtseinslehre» [8]. Der Sinn von ‹d.M.› ist somit bei Husserl vollständig von sensualistischen und realistischen Konnotationen gelöst [9], was allerdings in der Rezeption seiner Phänomenologie teilweise wieder rückgängig gemacht wurde.

So bringt N. Hartmann in seinem frühen Aufsatz ‹Systematische M.› die drei in seiner Sicht «von altersher bewährten M.typen» [10] in einen systematischen Zusammenhang. Bezugspunkt ist für ihn die transzendentalphilosophische Formel von den Bedingungen der Möglichkeit der Gegenstände. Während die d.M. als «unterstes M.glied» [11] die Aufgabe hat, die bedingten Gegenstände ohne Rücksicht auf die bedingenden Prinzipien zur Gegebenheit zu bringen, soll die dialektische M. für die Durchdringung der Prinzipienebene als solcher zuständig sein. Die transzendentale M. stellt die Verbindung zwischen Gegenstandsebene und Prinzipienebene her. Die d.M. ist somit der bloße Anfangspunkt der Philosophie: «Über die Leistung bloßen Aufweisens und Darbietens eines inhaltlichen Bestandes geht diese M. gar nicht hinaus. Sie sagt nichts aus über Erkenntniswert, Richtigkeit, Notwendigkeit und Begründung. Sie geht noch gar nicht auf das Begreifen aus, sondern nur auf das Inangriffnehmen, auf ein Zufassenbekommen» [12]. Das spezifische Problem der d.M. liegt für Hartmann in der

Frage, wie eine solche M., die bereits in Begriffen verfährt, ohne solche zur Verfügung zu stellen, möglich ist. Offensichtlich erfaßt die d.M. ihre vorwissenschaftlichen Bestimmtheiten bereits in Abhängigkeit von den Prinzipien, die sie nicht kennt. «Sie ist eine Erkenntnis durch Prinzipien, aber keine Prinzipienerkenntnis, wie die transzendentale M., sondern nur einseitig Gegenstandserkenntnis. Sie ist eben nicht kritische, sondern naive M.» [13].

Ausgehend von den Untersuchungen M. SCHLICKS [14], F. WAISMANNS [15] u. a. ist der Terminus ‹d.M.› in der analytischen Wissenschaftstheorie in einem völlig anderen Problemkontext entwickelt worden. Nach R. HARRÉ besteht die M. der dynamischen Beschreibung eines Systems darin, eine algebraische Funktion bezüglich der Observablen des Systems für einen bestimmten Prozeß der Zustandsveränderung anzugeben [16].

Anmerkungen. [1] Vgl. z. B. C. G. CARUS: Vorles. über Psychol. (1831), hg. MICHAELIS (1931) 12-15. – [2] Vgl. z. B. A. BAIN: The senses and the intellect (London ³1868) 73ff. Anm.; R. AVENARIUS: Kritik der reinen Erfahrung 2 (³1928) 500. – [3] W. DILTHEY, Ges. Schr. 5 (²1957) 193. – [4] F. BRENTANO: Psychol. vom empirischen Standpunkt, hg. O. KRAUS 1 (1924); Über die Zukunft der Philos., hg. O. KRAUS (1929). – [5] W. WUNDT: Logik 2 (³1907) 50-53. 91. 302-306. – [6] E. HUSSERL: Log. Untersuch. 2 (²1913) 2; vgl. auch Ideen ... 1 (Den Haag 1950) 141f. 163f. 169. 170-174. – [7] Cartesianische Meditationen und Pariser Vorträge (Den Haag ²1963) 76. – [8] a.O. 79; vgl. 19. 103. 106; Die Krisis der europ. Wiss. (Den Haag 1962) 239-244; Phänomenol. Psychol. (Den Haag 1962) 46ff. 262; Zur Phänomenol. der Intersubjektivität 1 (Den Haag 1973) 89f.; 2, 78-80. – [9] Vgl. bes. L. LANDGREBE: Von der Unmittelbarkeit der Erfahrung, in: Edmund Husserl 1859-1959 (Den Haag 1959) 252-259. – [10] N. HARTMANN: Kl. Schr. 3 (1958) 22-60, bes. 25. – [11] a.O. 60. – [12] 33. – [13] 38; vgl. Der Aufbau der realen Welt (²1949) 589-593; Grundz. einer Met. der Erkenntnis (1949) 169-173; Philos. der Natur (1950) 38-41; vgl. auch H. HÜLSMANN: Die M. in der Philos. N. Hartmanns (1959). – [14] M. SCHLICK: Grundz. der Naturphilos. (Wien 1948) 14ff. – [15] F. WAISMANN: The principles of linguistic philos. (London 1965) 269-279. – [16] R. HARRÉ: An introd. to the logic of the sci. (London 1963) 48-110.

Literaturhinweise. A. HOCHSTETTER-PREYER: Das Beschreiben (1916). – L. LANDGREBE s. Anm. [9] 238-259. – F. KAULBACH: Philos. der Beschreib. (1968). – F. FELLMANN: Wiss. als Beschreib. Arch. Begriffsgesch. 18 (1974) 227-261. – W. MAYS und S. C. BROWN (Hg.): Linguistic analysis and phenomenol. (London 1972).

C. F. GETHMANN

Methode, genetische. Der Begriff einer g.M. ergibt sich in der Spätphilosophie J. G. FICHTES *verbal* zufolge der Ersetzung des zentralen Begriffs der «Tathandlung» durch «Genesis» und *sachlich* durch die Reflexion auf das Verfahren der Wissenschaftslehre. In der ‹Wissenschaftslehre› [W.-L.] (1804) wird als Aufgabe des philosophischen Wissens die methodische Darstellung des Hervorgangs (Genesis) des Begründeten (Faktischen) aus seinem Grund angegeben. Das philosophische Wissen steht jedoch der Genesis nicht wie einer Sache gegenüber, sondern ist als begründetes Wissen zugleich auf seine Genesis hin zu erforschen [1]. «Unser Gang ist fast immer der, daß wir a) Etwas vollziehen, in dieser Vollziehung ohne Zweifel geleitet durch ein unmittelbar in uns thätiges Vernunftgesetz. – Was wir in diesem Falle eigentlich, in unserer eigenen höchsten Spitze sind, und worin wir aufgehen, ist doch noch Fakticität. – Daß wir sodann b) das Gesetz, welches eben in diesem ersten Vollziehen uns mechanisch leitete, selber erforschen und aufdecken; also das vorher unmittelbar Eingesehene, mittelbar einsehen aus dem Princip und Grunde seines Soseins, also in der Genesis seiner Bestimmtheit es durchdringen. Auf diese Weise nun werden wir von faktischen Gliedern aufsteigen zu genetischen; welches Genetische denn doch wieder in einer andern Ansicht faktisch sein kann, wo wir daher gedrungen sein werden, wieder zu dem, in Beziehung auf diese Fakticität, Genetischen aufzusteigen, so lange bis wir zur absoluten Genesis, zur Genesis der W.-L. hinaufkommen» [2]. – F. W. J. SCHELLING bestimmte bereits in seiner frühen, eng an Fichte anschließenden ‹Philosophie der Natur› die M. der Philosophie als genetische: «Die Philosophie wird genetisch, d. h. sie läßt die ganze nothwendige Reihe unserer Vorstellungen vor unsern Augen gleichsam entstehen und ablaufen» [3]. Aber auch in den späteren Entwürfen der Naturphilosophie wird unter dem Titel «Prinzip des Fortschreitens» ein Verfahren des Denkens beschrieben, das der g.M. Fichtes entspricht [4]. – In der frühen Rezeption und Kritik der idealistischen Philosophie wird die Kennzeichnung der M. als genetischer Ansatz für Interpretation und Auseinandersetzung. Durchweg wird dabei in bezug auf HEGEL ‹genetisch› als synonym mit ‹dialektisch› herausgestellt, wofür es in Hegels Werk zahlreiche Hinweise gibt [5]. Hervorzuheben sind F. C. BIEDERMANN [6], A. TRENDELENBURG [7], K. FISCHER [8].

Gegenüber dem transzendentalphilosophischen und dialektischen Gebrauch von ‹g.M.› hat sich im Laufe der Philosophiegeschichte des 19. Jh. eine mehr *historisch-psychologische* Verwendungstradition durchgesetzt, die sich bis auf J. G. HERDER [9] und FR. SCHLEGEL [10] zurückverfolgen läßt. Im Anschluß an Herbart und den Psychologismus von Fries hat F. E. BENEKE Logik und Philosophie auf genetisch-psychologischer Grundlage zu entwickeln versucht [11]. Unter dem Einfluß Goethes bestimmte C. G. CARUS die g.M. als die M. der Psychologie [12], eine Bestimmung, der die beginnende psychologische Forschung des 19. und beginnenden 20. Jh. weithin nachfolgt [13]. Insoweit die Psychologie als philosophische Grundlagenwissenschaft gesehen wird, so z.B. bei W. WUNDT [14], wird die g.M. wiederum zur M. der Philosophie (Logik, Ethik, Erkenntnistheorie), nun aber in einem empiristischen Sinn. – Eine ähnliche Entwicklung ergab sich unter dem Einfluß der Empiristen in der angelsächsischen Psychologie, wobei vor allem eine evolutionistische und psychologische Auffassung von g.M. herausgebildet wurde, so besonders bei H. SPENCER [15] und J. M. BALDWIN [16].

Die Auseinandersetzung der *Neukantianer* mit dem Psychologismus ist durch eine unterschiedliche Verwendung des Begriffes ‹g.M.› gekennzeichnet. Während P. NATORP den Terminus im Anschluß an Platon verwendet, um das Hervorgehen der Dinge aus der Entwicklung idealer Konstruktion als Grundprinzip einer kritischen Ansicht der Erkenntnis (im Unterschied zur dogmatischen) auszuzeichnen [17], setzt W. WINDELBAND die g.M. der Psychologisten der kritischen Kants entgegen [18]; ähnlich auch M. SCHELER [19]. Demgegenüber hat sich L. NELSON bemüht, die g.M. von Fries und seiner Schule gegen den Vorwurf des Psychologismus zu verteidigen [20].

Anmerkungen. [1] J. G. FICHTE: Wissenschaftslehre (1804) bes. Vorträge 3-5. – [2] Werke, hg. I. H. FICHTE 10 (1834/35) 128. – [3] F. W. J. SCHELLING, Werke, hg. K. F. A. SCHELLING 2 (1857) 39. – [4] Vgl. bes. Zur Gesch. der neueren Philos. a.O. 10 (1861) 379f. 390. – [5] Vgl. z. B. G. W. F. HEGEL, Phänomenol. des Geistes, hg. J. HOFFMEISTER (1952) 40. – [6] F. C. BIEDERMANN: De genetica philosophandi ratione et methodo praesertim Fichtii, Schellingii,

Hegelii ... (1835). – [7] A. TRENDELENBURG: Log. Untersuch. (1840, ³1870) 1, 79ff. – [8] K. FISCHER: System der Logik und Met. (²1865) 197-202. – [9] J. G. HERDER, Abh. über den Ursprung der Sprache, hg. E. HEINTEL (1960) 29f. – [10] FR. SCHLEGEL, Werke, hg. E. BEHLER u. a. 12 (1958) 102f. 324. 349f. 409; 13 (1958) 250f. 280f. 290ff. 322; 18 (1958) 161. 391ff. – [11] F. E. BENEKE: System der Logik (1842) 1, V; 2, 68-78. – [12] C. G. CARUS: Vorles. über Psychol. (1831) 14-27. – [13] Vgl. zusammenfassend W. VOLKMANN: Lb. der Psychol. (1894) § 3; vgl. auch K. JASPERS: Allg. Psychopathol. (³1923) 23-25. 250-259. – [14] W. WUNDT: Logik (1880, ³1906) 1, 494-496; 2, 16. 53ff. 94. 180. 187ff. – [15] H. SPENCER: Principles of psychol. (London 1885) §§ 61. 129. – [16] J. M. BALDWIN: Mental develop. in the child and in the race (London 1895) Kap. 2; Genetic logic (London 1906) Vorw. Teil I, Kap. 1, §§ 6ff. – [17] P. NATORP: Platos Ideenlehre (1903, ²1921) bes. 384-390. 423-428; Die log. Grundl. der exakten Wiss.en (1910, ²1921) 11-16. 106-115. – [18] W. WINDELBAND: Krit. oder g.M.?, in: Präludien 2 (1884, ⁹1924) 99-135. – [19] M. SCHELER: Die transzendentale und die psychol. M. (1900, ²1922) bes. 16-36. 143-150. – [20] L. NELSON: Jakob Fries und seine jüngsten Kritiker (1904) 14; Über das sog. Erkenntnisproblem, in: Abh. der Fries'schen Schule 2/4 (1908). Ges. Schr. 1 (1970) 79-150.

Literaturhinweis. W. JAHNKE: Einl. und Komm. zu Fichtes W.-L. von 1804 (1966) 10-24. 100-139. C. F. GETHMANN

Methode, historische (ital. metodo storico, frz. méthode historique, engl. historical method). – 1. *Übersicht.* – Historische M. (h.M.) ist die Summe der Regeln, nach denen menschliche Vergangenheit als Geschichte vergegenwärtigt wird. Diese Regeln beziehen sich auf die Gewinnung sicheren Wissens über die Vergangenheit aus empirischen Zeugnissen, auf die historiographische Präsentation dieses Wissens und auf die Lernprozesse, die zur historischen Erkenntnis und deren historiographischer Präsentation führen. Der Bedeutungswandel der h.M. ist durch drei Epochen charakterisiert: Ursprünglich ging es vornehmlich darum, den Bedeutungsgehalt vergangener Ereignisfolgen in der Art und Weise seiner literarischen Präsentation anschaulich hervortreten zu lassen (didaktischer M.-Gebrauch); dann verlagerten sich mit zunehmender Verwissenschaftlichung der Geschichtsschreibung deren methodische Schwerpunkte in den Bereich der Sicherstellung und Erweiterung ihres Tatsachengehalts (kritischer M.-Gebrauch); schließlich kam es im Zuge der weiteren Verwissenschaftlichung zu einem Gebrauch von Theorien als expliziten Bezugsrahmen der historischen Interpretation (theoretischer M.-Gebrauch).

2. *Die Entwicklung der h.M. vom Humanismus bis Ende des 18. Jh.* – Gegenüber dem Verzicht der mittelalterlichen Geschichtsschreibung auf systematische Erfassung der Regeln historischer Forschung und Darstellung findet der Begriff der h.M. seine Präzisierung vor allem seit der Mitte des 16. Jh. in einer steigenden Zahl von Arbeiten zur M.-Lehre der Geschichte, nachdem schon in der humanistischen Studienkonzeption seit dem 14. Jh. die Funktion der Historie vielfach diskutiert worden war [1]. Während P. CORTESI sich 1490 noch wundert, daß angesichts der Unterschiedlichkeit historischer Gegenstände «nulla praecepta in priscorum artibus tradantur quae quomodo scribendum quid servandum sit in Historia doceant», und G. PONTANO 1499 «nullos adhuc praeceptores» sieht [2], betrachtet es 1548 F. ROBORTELLO als seine Aufgabe, nach der M. und noch im Rahmen der Rhetorik eine neue durch einen besonderen Namen unterschiedene «facultas sive ars historica» zu entwickeln [3].

Mit ‹ars historica› ist der Begriff angesprochen, der – in Anlehnung an die anderen artes liberales – zum Synonym für die frühe exemplarisch-didaktisch orientierte Diskussion der h.M. wird [4]. In dieser ars historica-Diskussion lassen sich nach Cotroneo drei Etappen unterscheiden: eine erste Stufe seit Ende des 14. Jh., die römische (CICERO) und aristotelische Elemente verbindet und orientierend in sich aufnimmt; eine zweite Etappe seit 1560, in der der Versuch unternommen wird, die Regeln der philosophischen Erkenntniskritik auf die Geschichte anzuwenden (PATRIZZI, CANO, ACONCIO, FOGLIETTA); die dritte Stufe bedeutet die entscheidende Befruchtung der ars historica durch die juristische M.-Lehre, wie sie durch die Schriften von BAUDOUIN und BODIN vermittelt wird [5].

Die begriffsgeschichtliche Analyse dieser ars historica-Literatur weist verschiedene Befunde auf. Von SALUTATI, der 1434 in seinen ‹Rhetoricum libri quinque› vom «modus historicus» spricht, über CORTESIS «praecepta servanda» und die «ratio artis» bzw. «ratio scribendi historiae», die «arte perfetta» SPERONIS, die «facultas historica» und die «methodus artificiosa» ROBORTELLOS, die «indices» M. CANOS, die «institutiones historicae» GAILLARDS und die Verwendung des griechischen «methodos» finden sich eine Vielzahl zum Teil synonymer Begriffe [6], in denen der Bedeutungsgehalt einer h.M.-Lehre zum Ausdruck kommt. Inhaltlich umfaßt der Begriff ‹ars› bzw. ‹methodus historica› unterschiedliche methodologische Probleme. Damit sind sowohl jene Regeln angesprochen, die zur Beurteilung historischer Schriftsteller, ihrer Originalität, ihrer Abhängigkeit dienlich sind (ars legendi) als auch jene Überlegungen, die die Form der Geschichtsschreibung betreffen (ars scribendi) [7], so etwa die Unterscheidung zwischen einer chronologisch angelegten «narratio» in Anlehnung an die Annalistik und einer analytisch orientierten Zustands- oder Zusammenhangsschilderung. Besondere Beachtung findet diese Problematik in der M.-Diskussion, die den Magdeburger Zenturien (1559) vorausgeht. In der Abkehr von der Personengeschichte und der Annalistik ergibt sich hier eine Aufteilung nach Jh., die jeweils durch einen gleichbleibenden Katalog von systematischen Fragestellungen (loci) erschlossen werden. Diese «Lokalmethode» (SCHEIBLE) stellt den Versuch eines Kompromisses zwischen den gegenläufigen Forderungen von chronologischem und Sach- bzw. Ereigniszusammenhang dar.

Der wohl insgesamt bedeutendste Beitrag zur Entwicklung einer h.M.-Lehre im 16. Jh. muß in der Veränderung der juristischen M. gesehen werden. Die Ablösung des traditionellen «mos italicus» in der Interpretation des römischen Rechts durch den philologisch-kritischen «mos gallicus» als prinzipielle Historisierung des ‹Corpus juris›, die zudem nach methodischer Fixierung verlangte, führte – in Anlehnung an Cicero – zur Forderung, «jus in artem redigere» [8]. Diese Aufgabe wurde in den sechziger Jahren des 16. Jh. von BAUDOUIN, HOTMAN und BODIN geleistet [9], so daß vor allem im Werk des letzteren ein erster Höhepunkt der h.M.-Lehre gesehen werden muß (Methodus ad facilem historiarum cognitionem, 1566), der sich vor allem durch sein Abrücken von der rhetorischen Tradition und seine integrale Erfassung des gesamten Forschungsprozesses auszeichnet [10]. Gegen eine skeptizistische Grundströmung, wie sie bei AGRIPPA VON NETTESHEIM (De incertitudine et vanitate scientiarum, 1531) und J. L. VIVES (De causis corruptarum artium, 1531) und auch im Nachweis F. PATRIZZIS (1560) einer nicht erreichbaren Wahrheit gesehen werden kann, unternahm es BODIN, wie schon CANO und BAUDOUIN vor ihm [11], den probabilistischen Charakter historischer Erkenntnis zu entwickeln und durch eine fallweise vertiefte Überprüfung der literarischen Quellen und ihrer historischen Bedingtheit den Grad der Gewißheit historischer Aussagen zu verbessern und damit eine positive Variante des historischen Skeptizismus zu formulieren.

Das neu erwachte Interesse des späten 16. Jh an den Problemen der Geschichtsschreibung führte in Deutschland zu einer Sammlung älterer «artes historicae» [12] und zu neuen methodischen Werken, deren Benutzung z. B. dem praktischen Juristen und Politiker empfohlen wurde: «legat erga omnes methodus seu compendia historiarum, Bodini ac aliorum Basilea impressa ...» [13], und J. BORNITZ verweist auf die Lektüre der Autoren, «qui de historia scribenda satis superque egerunt» [14]. Die deutschen Beiträge zur h.M.-Lehre gegen Ende des 16. Jh. erreichen nicht die Originalität Bodins. Dies gilt sowohl für REINECCIUS (Methodus legendi cognoscendique historiam tam sacram quam profanam, 1583) wie für J. J. BEURER (Synopsis historiarum et methodus nova, 1594), der eine Übertragung der mathematischen Beweisverfahren auf die Geschichte forderte [15].

Eine besondere Position nimmt B. KECKERMANN ein. Seine Definition der Geschichte als «explicatio et notitia rerum singularium sive individuorum» und seine Bestimmung «non est notitia universalis, sed singularis restricta, determinata ad individua, et ad circumstantias temporum locorum et personarum» führt ihn zur radikalen Ablehnung jeder methodischen Fixierung [16]. Eine definierte «methodus» sei nur in begrenzten Gebieten möglich, die Vielzahl der Einzelheiten lasse dies aber nicht zu [17]. Die weite Verbreitung der ‹methodus› an der Wende vom 16. zum 17. Jh., die schon Keckermann «in omnium manibus» sieht [18], führt zweifellos zu einem gestiegenen methodischen Bewußtsein, das auch in der Praxis seinen Niederschlag fand, wenn etwa CHR. LEHMANN 1612 in seiner ‹Chronika› der Freien Reichsstadt Speyer den Historicus auffordert zu beachten, «zu was Zeiten jeder [Autor] gelebt, ob er selbst bey den Geschichten und Händeln gewesen oder ob einer, was er beschrieben, von andern gehört, dasselb mit seinen Zusätzen vermehrt und gebessert oder anderen, so vor ihme gelebt, nachgeschrieben» [19].

Die bislang verwendeten Begriffe ‹ars› und ‹methodus› bedürfen einer begrifflichen Klarstellung. Offensichtlich ist die Verwendung von ‹ars› gebunden an die rhetorische Traditionslinie, auf die bereits verwiesen wurde. In WOLFS ‹Artis penus historicae› (1579) findet sich nur einer von 18 Texten, der nicht ‹ars› im Titel führt [20]. Trotzdem will der Herausgeber alle als «methodus» gelten lassen. Allein Bodins ‹Methodus› weicht hier ab und bereitet damit diesem Begriff, der sich bislang in juristischen und grammatischen Werken mit pädagogischer Intention fand [21], seinen Weg auch in den Bereich der Geschichte: «ut igitur aliquam doctrinae viam habeat hoc quicquid est quod de historica methodo scribere aggredimur» [22]. Gegenüber dem Begriff ‹ars›, den Bodin in stark gegenständlichem Sinne verwendet, zieht er das analytisch definierte Wort ‹methodus› vor (analysis als magistra artium) [23]. Er übergeht damit eine humanistische Aversion gegen den Gräzismus ‹methodus›, dessen etymologische Herkunft von G. BUDÉ grundlegend geklärt wurde [24]. Dabei wurde ‹methodus› durchgängig mit ‹via› übersetzt [25]. PETRUS RAMUS wendet seine «methodus» in «omnibus rebus, quas facile et perspicue docere volumus» an und betont damit den vorwiegend didaktischen Charakter der ‹methodus› des 16. Jh. [26].

J. ZABARELLA betont dagegen die heuristischen Funktionen der M., wenn er sie als «intellectuale instrumentum faciens ex notis cognitionem ignoti» definiert [27].

Eine für die weitere Diskussion nicht unwesentliche Verengung dieses allgemeinen Verständnisses von ‹methodus› ergibt sich in der konzeptionellen Vorbereitung der erwähnten Magdeburger Zenturien, als FLACIUS 1555 zwei Gutachten (Judicium de methodo historiae bzw. Methodus historiae ecclesiasticae) schreibt. Flacius diskutiert hier M. nicht in Bodins Sinne, sondern als konkretes Arbeitsverfahren für eine Kirchengeschichte, wobei sowohl die Quellenfrage, die Probleme der inneren und äußeren Kritik, vor allem aber die Frage der Darstellungsform erörtert werden [28].

Gerade die enge Bindung des M.-Begriffs an die Form der Anordnung und Darstellung des historischen Materials wird für den weiteren Gebrauch charakteristisch. So spricht G. ARNOLD in seiner ‹Unparteiischen Kirchen- und Ketzergeschichte› (1699/1700) von der M. im Hinblick auf die Anordnung des Materials [29], und noch ROTTECK unterscheidet zwischen der historischen Kunst, «wie historische Bücher aller Art geschrieben werden müssen» und den verschiedenen M. der Universalgeschichte als den Gliederungsgesichtspunkten für eine Weltgeschichte [30], so wie SCHLÖZER in der ‹Vorstellung seiner Universalhistorie› von der M. der Universalhistorie «als der besonderen Art dieser Zusammenstellung» gesprochen hatte [31]. Auch GATTERER behält noch den Kunstbegriff bei, wenn er Geschichtswissenschaft (ars historica oder historiographia) als «Wissenschaft von den Regeln, lesenswürdige Geschichtsbücher zu verfertigen», von der Historiomathie als der «Wissenschaft von den Regeln, die Historie zu studieren», unterscheidet und die Kritik als «Hauptstück der historischen Kunst» bezeichnet oder in seiner «Vorrede von der Evidenz in der Geschichtskunde» die «Grundsätze der historischen Demonstration» bespricht [32]. J. J. MASCOV erweitert den Bedeutungsgehalt dieses M.-Begriffs zur «Theorie» der Geschichte, womit er auch «die rechte Ordnung» des Materials bezeichnet [33].

Auch wenn der begriffliche Befund in der lateinisch geschriebenen Literatur bis in das 18. Jh. nicht über die erreichte ars- bzw. methodus-Ebene hinausreichen wird – ZEDLERS ‹Universal-Lexikon› weist noch keinen Artikel über h.M. auf und verwendet diesen Begriff auch im Historie-Artikel nicht –, so vollzieht sich doch im 17. und 18. Jh. ein wesentlicher Fortschritt in der Praxis der historischen Forschung. Unter dem Druck eines historischen Pyrrhonismus, der in Deutschland mit CHR. THOMASIUS, J. EISENHART, J. B. MENCKE, B. G. STRUVE und F. W. BIERLING weniger radikal auftritt als in Frankreich und insgesamt zur positiven Formulierung einer Theorie der historischen Wahrscheinlichkeit führt [34], sowie in der Praxis einer eng an das jus publicum gebundenen historischen Forschung kommt es zu bemerkenswerten Fortschritten in der Verfeinerung der h.M., deren Anwendung konstitutiv für die Geschichtswissenschaft wird («notitia methodica rerum») [35]. Damit ist sowohl die Einbeziehung der verschiedenen Hilfswissenschaften (vor allem der Diplomatik, die durch MABILLON und PAPEBROCH gefördert wird [36], der Genealogie, der Heraldik und der Münzkunde) gemeint, die in Deutschland etwa bei H. CONRING festzustellen ist [37], als auch die Erweiterung des erkenntnistheoretischen Instrumentariums, wie es die Einführung des Begriffs des «Sehepunktes» durch M. CHLADENIUS darstellt [38]. In diesem Zusammenhang muß auch die methodologisch bedeutsame

Veränderung des Gegenstandsbereichs der historischen Forschung durch die Aufklärungsgeschichtsschreibung eingeordnet werden. Gegenüber der Konzentrierung der Forschung auf die Ereignisse im historischen Verlauf bilden jetzt die historischen Verhaltensformen (Sitten, Zeitgeist, Sprache, Gebräuche usw.) den Mittelpunkt der Analyse (VOLTAIRE, Essai sur les mœurs ...) [39]. Damit ergibt sich zugleich die Möglichkeit einer vertieften kausalen Betrachtungsweise, wie sie in der Intention der «pragmatischen» Geschichtsschreibung gesehen werden muß, und die Notwendigkeit zur stärkeren Einbeziehung der vergleichenden M. in die Geschichtswissenschaft. Beides sollte dazu beitragen, die als problematisch erkannte Differenz zwischen chronologischer Abfolge und synchronischem Zusammenhang in der Geschichtsschreibung zu überbrücken [40].

Mit dieser Verbreiterung der methodologischen Grundlage ist der Stand der wissenschaftlichen Konstituierung der historischen Forschung erreicht, der im späten 18. Jh. zunehmend als «Wissenschaft der historischen Erkenntnis» (CHLADENIUS) bezeichnet wird. 1768 spricht der protestantische Kirchenhistoriker J. M. SCHROECKH von der «M. der Untersuchung und des Vortrags der christlichen Kirchengeschichte» und thematisiert dabei die Schwierigkeiten bei der Verbindung von chronologischer und systematischer M. [41]. Er nähert sich damit dem modernen Begriff ‹h.M.›, wie er 1778 in einer Rezension der ‹Allgemeinen deutschen Bibliothek› allgemein formuliert [42] und 1825 im ‹Rheinischen Conversationslexikon› folgendermaßen definiert wird: «Die h.M. beschäftigt sich ... mit der Art und Weise, der Anordnung, Stellung, Behandlung, Vergleichung und Verbindung der dargestellten Begebenheiten unter verschiedenen Gesichtspunkten» [43]. Hierin findet sich eine für die moderne h.M. spezifische Verbindung von «empirischen» und «spekulativen» Ansätzen, wie sie K. BIEDERMANN in seinem Artikel ‹Geschichte› in ROTTECK-WELCKERS ‹Staats-Lexikon› analytisch differenzierte und für die «M. der Geschichtsbetrachtung» vereinigt sehen sollte [44].

Anmerkungen. [1] Vgl. dazu jetzt R. LANDFESTER: Historia magistra vitae. Untersuch. zur humanist. Gesch.theorie des 14. bis 16. Jh. (1972) 39ff. – [2] Zit. nach G. COTRONEO: I trattatisti dell'«Ars historica» (Napoli 1971) 83. 87: Cortesi; 88: Pontano. – [3] Nach G. H. NADEL: Philos. of hist. before historism. Hist. a. Theory 3 (1964) 291-315, der die gesamte vorhistorist. Gesch.-wiss. als «exemplar hist.» bezeichnet. – [4] Bei E. KESSLER: Theoretiker humanist. Gesch.schreib. (1971): ROBORTELLO, De historica facultate disputatio (Florenz 1548) A ii; zur Beziehung. zwischen Gesch. und Rhet. vgl. N. S. STRUEVER: The lang. of hist. in the Renaissance (Princeton 1970). – [5] COTRONEO, a.O. [2] 14f. – [6] Für die Titelangaben vgl. A. WITSCHI-BERNZ: Bibliogr. of works in the philos. of hist. 1500-1800. Hist. a. theory, Beih. 12 (1972) 3-50: sämtl. hier zit. Titel. – [7] H. SCHEIBLE: Die Entsteh. der Magdeburger Zenturien. Schr. Vereins Reformationsgesch. 183 (1966) 23ff. – [8] D. R. KELLEY: Foundations of modern hist. scholarship. Language, law and hist. in the French Renaissance (New York 1970); J. H. FRANKLIN: Jean Bodin and the 16th-century revolution in the methodol. of law and hist. (New York 1963) 18ff. – [9] F. HOTMAN: Anti-Tribonianus sive dissertatio de studio legum (1567); F. BAUDOUIN: De institutione historicae universae et eius cum jurisprudentia conjunctione prolegomenon (1561). – [10] Dazu vor allem J. L. BROWN: The Methodus ad facilem Historiarum cognitionem of J. B., a crit. study (Washington 1939). – [11] M. CANO: Locorum theologicorum libri XII (1562); COTRONEO, a.O. [2] 269ff. – [12] J. WOLF (Hg.): Artis penus historicae octodecim scriptorum tam veterorum quam recentiorum monumentis (1579). – [13] R. RULAND: De commissionibus (1604) 47. – [14] J. BORNITZ: Prudentia politica (1604) D. – [15] Dazu jetzt A. SEIFERT: Cognitio historica (1976) 89ff. – [16] B. KECKERMANN: De natura et proprietatibus historiae comm. (1610). Opera omnia (1614) II; dazu auch MENKE/GLÜCKERT: Die Gesch.schreib. der Reformation und Gegenreformation (1912) 125ff.; W. H. VON ZUGLEN: B. Keckermann. Sein Leben und Wirken (1934). – [17] Das Zitat KECKERMANN, a.O. [16] 1311. – [18] KECKERMANN, zit. nach MENKE/GLÜCKERT, a.O. [16] 130 Anm. 2. – [19] CH. LEHMANN: Chronica der Freyen Reichsstadt Speier (1612, ⁴1711) Vorrede. – [20] Die Liste der Titel bei BROWN, a.O. [10] 48; dazu B. REYNOLDS: Shifting currents in hist. criticism. J. Hist. Ideas 14 (1953) 471-492. – [21] Eine Liste dieser Werke bei N. W. GILBERT: Concepts of M. in the Renaissance and their ancient and medieval antecedents (Ann Arbor 1956) 233ff. – [22] J. BODIN: Methodus ... (1566) 7. – [23] ebda. 13; vgl. dazu J. FREUND: Quelques aperçus sur la conception de l'hist. de J. B., in: H. DENZER (Hg.): Bodin-Tagung (1972) 105ff. Diskussionsbemerk. 437f. – [24] Vgl. GILBERT, a.O. [21] 64. – [25] So BORRIUS (1584), zit. nach GILBERT, a.O. [21] 65 Anm. 43. – [26] Zit. K. D. MCRAE: Ramist tendencies in the thought of Jean Bodin, in: J. Hist. Ideas 16 (1955) 313 Anm. 18. – [27] GILBERT, a.O. [21] 168. – [28] Vgl. SCHEIBLE, a.O. [7] 35ff. (Methodus historiae ecclesiasticae). – [29] G. ARNOLD: Unparteyische Kirchen- und Ketzer-Hist.en von Anfang des NT bis auf das Jahr 1688 (1699/1700) Vorrede. – [30] K. VON ROTTECK: Allg. Gesch. vom Anfang der hist. Käntniß bis auf unsere Zeiten (¹⁰1834) 1. 8. 75. – [31] A. L. SCHLOEZERS Vorstellung seiner Universal-Hist. (1772) 45. – [32] J. CHR. GATTERER: Hb. der Universal-Hist. (²1765) 1; Vorrede von der Evidenz in der Gesch.kunde, in: Die Allg. Welthist., die in England durch eine Gesellschaft von Gelehrten angefertigt worden, hg. F. E. BOYSEN (1767) 1, 24. – [33] J. J. MASCOV: Einl. zu den Gesch.en des Römisch-Teutschen Reiches (1747) Vorwort. – [34] CHR. THOMASIUS: Dissertatio de fide historica (1699); J. EISENHART: De fide historica commentarius (1679); J. B. MENCKE: De eo quod justum est circa testimonium historicum (1701); B. G. STRUVE: Diss. de praeliminaris de pyrrhonismo historico (1705); F. W. BIERLING: Comm. de pyrrhonismo historico (1724); vgl. dazu M. SCHEELE: Wissen und Glauben in den gesch.wiss. Studien zum hist. Pyrrhonismus in Frankreich und Deutschland (1930); SEIFERT, a.O. [15] 150ff.; zu Thomasius: M. HAMMERSTEIN: Jus und Hist. Ein Beitr. zur Gesch. des hist. Denkens an dtsch. Universitäten im späten 17. und 18. Jh. (1972) 124ff. – [35] So M. I. SCHWARZ, zit. nach H. DICKERHOF: Land, Reich, Kirche im hist. Lehrbetrieb an der Universität Ingolstadt. Ignaz Schwarz 1690-1763 (1971) 61. – [36] H. BRESSLAU: Hb. der Urkundenlehre (1889) 1, 21ff. – [37] Dazu HAMMERSTEIN, a.O. [34] 97ff. – [38] J. M. CHLADENIUS: Allg. Gesch.wiss. (1752) 25. – [39] P. SAKMANN: Die Probleme der hist. Methodik und der Gesch.philos. bei Voltaire. Hist. Z. 97 (1906) 327ff.; G. PFLUG: Die Entwickl. der h.M. im 18. Jh. Dtsch. Vjschr. Lit.wiss. 28 (1954) 447-471. – [40] P. H. REILL: The German enlightenment and the rise of historism (Berkeley 1975) 37ff. – [41] J. M. SCHROECKH: Christl. Kirchengesch. (²1772) 255ff. – [42] Allg. Dtsch. Bibl. 35 (1778) 220. – [43] Rhein. Conversationslex. oder encyclop. Handwb. für gebildete Stände, hg. Ges. rheinl. Gelehrter 5 (1825) 594; vgl. auch Art. ‹historisch› a.O. 6, 383ff. – [44] Staats-Lex., hg. ROTTECK-WELCKER (³1862) 6, 428-434. 431.

3. *Die historistische Epoche.* – Am Ursprung des Historismus steht somit ein zugleich umfassender und heterogener M.-Begriff, wie er z. B. von J. E. FABRI vertreten wird: In der «historischen Methodologie» werden die «Grundsätze und Regeln» dargelegt, die in folgenden verschiedenen und nicht systematisch miteinander vermittelten Operationen des historischen Denkens befolgt werden müssen. 1. In der *Heuristik* legen sie fest, wie «die in Quellen und Hilfsmitteln ... vorhandenen zerstreuten Aggregate, Notizen und Tatsätze ... vorteilhaft aufzufinden» sind; 2. in der *Kritik* regeln sie die «wahre Unterscheidung unsicherer, zweifelhafter Notizen von historisch-begründeten Tatsachen, Fakten»; 3. in der *Interpretation* bestimmen sie, wie die «gefundenen Inhalte ... zwanglos, und dennoch nach notwendigen, den individuellen Absichten angemessenen Bedingungen zusam-

menzureihen und zu verketten sind»; 4. in der *Historiographie* regeln sie die «Abfassung der historischen Kompositionen»; 5. in der *Didaktik* («Historiomathie») schließlich schreiben sie vor, wie man «von den durch historische Produktionen gewonnenen Materialien die wesentlichsten und wichtigsten Inhalte ... auf eine ... brauchbare Weise sich will geläufig machen» [1]. ‹M.› bezeichnete zunächst weniger die Regelung der historischen Forschung (dafür stand der Begriff der Kritik), sondern überwiegend die Regelung der Geschichtsschreibung und der Geschichtsdidaktik. «Historische Methodologie» wird von RÜHS definiert als «Anweisung, die Geschichte zu erlernen» [2], und noch 1844 wird im ‹Brockhaus› ausgeführt, daß «historische M.» dazu dienen, in der Geschichtsschreibung die «Masse des Materials ... zu bewältigen und übersichtlicher zu machen» [3].

Unter dem Einfluß einer idealistischen Ideenlehre, der HUMBOLDT paradigmatisch für das Selbstverständnis des deutschen Historismus in seiner Schrift ‹Über die Aufgabe des Geschichtsschreibers› (1821) Ausdruck gegeben hatte, einerseits und im Zuge einer systematischen Anwendung der quellenkritischen Verfahren andererseits verwandelte sich die Auffassung von der h.M. fundamental. DROYSEN hat die sich herausbildende, für den Historismus typisch gewordene Auffassung so formuliert: «Das Wesen der h.M. ist forschend zu verstehen» [4]. Er reflektiert damit einmal das Selbstverständnis der Geschichtswissenschaft, in dem betont wird, daß die Geschichtswissenschaft «im wesentlichen Forschung ist», weil sie «historische Kritik bewußt, allseitig, schrankenlos» übt [5]; die Quellenkritik ist zum Kriterium geworden, das «von nun an zu allen Zeiten in unserer Wissenschaft den Meister von dem Dilettanten, den Gelehrten des Fachs von dem Empiriker scheiden wird» [6]. Zugleich reflektiert Droysen, daß die längst als M. der historischen Forschung entwickelte Quellenkritik nun in den Rahmen eines hermeneutischen Interpretationsverfahrens gerückt wird, mit dem sich der Historismus von der Aufklärungshistorie unterscheidet. Die historische Interpretation wird nun von der obersten Regel bestimmt, nach der die quellenkritisch ermittelten Tatsachen vergangenen menschlichen Handelns durch verstehende Erschließung der in ihnen manifesten «Ideen» in einen Sinnzusammenhang gebracht werden, in dem sie als kontinuierliche Kulturentwicklung der menschlichen Gattung erscheinen. Durch dieses «methodische Verfahren» [7] des forschenden Verstehens werden die historischen Wissenschaften auf zweifache Weise zu verstehenden Geisteswissenschaften geprägt: durch Kritik als Tatsachenerhebung nach Maßgabe der empirischen Bekundung menschlicher Vergangenheit werden sie der Regel eines strikten Erfahrungsbezuges unterworfen und stellen sich als empirische Wissenschaften dar; durch Interpretation als Tatsachenverknüpfung nach Maßgabe der Sinnbestimmtheit vergangenen menschlichen Handelns in seinem zeitlichen Ablauf werden sie der Regel eines strikten Sinnbezuges unterworfen und stellen sich als moralische Wissenschaften dar.

Die Lehrbücher von BERNHEIM und LANGLOIS/SEIGNOBOS [8] zeigen, daß die h.M. in der Epoche des Historismus zu einem in sich kohärenten System von Verfahrensregeln der historischen Forschung geworden ist, das zur Selbstverständigung der Geschichtswissenschaft über die gemeinsamen Grundlagen ihres spezialisierten Forschungsbetriebes und zu ihrer Selbstbehauptung gegenüber konkurrierenden M. anderer Wissenschaften methodologisch expliziert werden muß. Im einzelnen behandelt diese Methodologie die Verfahren der Heuristik oder Quellenkunde, in denen der Erfahrungsbestand von menschlicher Vergangenheit gesammelt und klassifiziert wird, die Verfahren der Kritik als «détermination des faits isolés par l'analyse des documents» [9], die Verfahren der Interpretation oder «Auffassung» [10] als «réconstitution des ensembles et généralisation des faits» [11] und – eher marginal – die Grundsätze der Topik oder «Darstellung» [12], nach denen die Ergebnisse der Interpretation historiographisch präsentiert werden.

Die weitere Entwicklung der h.M. wurde um die Frage geführt, ob sich die hermeneutische Methodenkonzeption des Historismus durch eine Integration nomologischer Erkenntnisse anderer Wissenschaften in die historische Interpretation erweitern und dadurch im Sinne einer zunehmenden Verwissenschaftlichung qualitativ verändern läßt. LAMPRECHT versprach sich durch diese «wesentliche Weiterbildung ihrer M.» einen «grundsätzlichen Fortschritt ... der Geschichtswissenschaft» [13], durch den im Unterschied zur hermeneutischen Erhebung der individuellen Bedeutung einzelner vergangener Ereignisse und Ereignisfolgen nunmehr «das Typische, Regelmäßige, Gesetzmäßige» [14] vergangenen menschlichen Handelns erkennbar wird. Damit geriet die Geschichtswissenschaft in ein methodologisches Dilemma: Einerseits konnte sie die Zumutung einer Rationalisierung der historischen Interpretation durch explizite erklärende Hypothesenbildung nur um den Preis einer Schmälerung ihrer Wissenschaftlichkeit zurückweisen; andererseits mußte sie sich kritisch einer Umorientierung ihrer M. an nomologischer Erkenntnis widersetzen, um an der Historizität ihrer Erkenntnisleistungen festzuhalten und sich somit als relativ eigenständige Wissenschaft behaupten zu können. Mit dem hermeneutischen Charakter der h.M. stand also zugleich die inzwischen errungene Einheitlichkeit eines Kanons von Forschungsregeln in Frage, dessen innerer Zusammenhang und relative Abgeschlossenheit *die* h.M. als tragendes Element der Geschichtswissenschaft definierte.

Anmerkungen. [1] J. E. FABRI: Enzyklop. der hist. Hauptwiss.en und deren Hilfsdoktrinen (1808) 441-443. – [2] F. RÜHS: Entwurf einer Propädeutik des hist. Studiums (1811) 17; ähnlich noch F. REHM: Lb. der hist. Propädeutik und Grundriß der allg. Gesch. (²1850) 87f. – [3] Allg. Realenzyklop. für die gebildeten Stände. Brockhaus (⁹1844) 6, 131. – [4] J. G. DROYSEN: Historik. Vorles. über Enzyklop. und Methodol. der Gesch. (⁸1977) 328. – [5] W. MAURENBRECHER: Über M. und Aufgabe der hist. Forsch. (1868) 4. – [6] H. VON SYBEL: Über den Stand der neueren dtsch. Gesch.schreib. (1856), in: Kl. hist. Schr. 1 (³1880) 534. – [7] DROYSEN, a.O. [4] 20. – [8] E. BERNHEIM: Lb. der h.M. und der Gesch.philos. (⁶1908, ND 1960); CH.-V. LANGLOIS und CH. SEIGNOBOS: Introd. aux études hist. (Paris ³1905). – [9] CH. und V. MORTET: Art. ‹Hist.›, in: La Grande Encyclop. (o.J.) 20, 131. – [10] BERNHEIM, a.O. [8] 562. – [11] MORTET, a.O. [9] 133. – [12] BERNHEIM, a.O. [8] 777. – [13] K. LAMPRECHT: Alte und neue Richt. in der Gesch.wiss. (1896) 4. – [14] K. LAMPRECHT: Die Kernpunkte der gesch.wiss. Erört. der Gegenwart. Z. Sozialwiss. 2 (1899) 13.

4. Die nachhistoristische Epoche. – Die damit sich stellenden methodologischen Probleme bewirkten einen Strukturwandel der h.M., mit dem die Geschichtswissenschaft in ihre nachhistoristische Epoche eintritt und sich als historische Sozialwissenschaft formiert. Der Grundlagenstreit innerhalb der Geschichtswissenschaft erbrachte eine allmähliche Aufklärung über Rolle und Bedeutung allgemeiner und zeitspezifischer Theorien in der historischen Interpretation. Die h.M. wurde um generalisierende Verfahren der Typenbildung, deren methodologische Explikation und Begründung auf MAX WEBER zurückgehen [1], bereichert, und damit wurde zugleich eine methodische Verwendung der im Marxismus entwickelten Theorien einer gesetzmäßigen Entwicklung von Gesellschaftsformationen möglich [2].

Die schon von Droysen dargelegte Abhängigkeit der h.M. von axiomatischen Festlegungen über Geschichte als Objekt der historischen Erkenntnis wurde von der neukantianischen Erkenntnistheorie bestätigt und präzisiert. RICKERT expliziert die h.M. als ein individualisierendes Erkenntnisverfahren, das in der Absicht der Geschichtswissenschaft begründet sei, die menschliche Welt in ihrer je zeitlich verschiedenen Individualität zu erkennen [3]. Kritisch gegenüber dieser – durch die Hermeneutik Diltheys fortgeführten – scharfen Abgrenzungen der historischen Erkenntnisverfahren von denjenigen der Naturwissenschaften hat die analytische Wissenschaftstheorie nachgewiesen, daß die h.M. nicht nur nicht im Widerspruch zu den M. der nomologischen Wissenschaften steht, sondern überdies unangesehen der Eigenart ihres Erkenntnisobjekts erklärende Verfahren impliziert, die sie mit allen Wissenschaften gemeinsam hat [4]. Der Objektspezifik der h.M. wurde im Rahmen dieser Wissenschaftstheorie dadurch Rechnung getragen, daß ihr die Aufgabe zugewiesen wurde, intentionales Handeln zu erklären [5]. Doch erst als die h.M. aus dem Konstitutionszusammenhang heraus expliziert und begründet wurde, in dem sie mit aktueller gesellschaftlicher Praxis steht, wurde mit dem sie wissenschaftsspezifisch prägenden erkenntnisleitenden Interesse auch das im methodischen Theoriegebrauch der historischen Forschung sich nach wie vor durchhaltende Element des Sinnverstehens hinreichend bestimmbar [6].

Auf der Ebene der Forschungspraxis ist die Entwicklung der h.M. durch eine zunehmende Verwendung erklärender Theorien und eine entsprechende Annäherung der Geschichtswissenschaft an die systematischen Sozialwissenschaften gekennzeichnet [7]. Dies ist für eine marxistisch orientierte Geschichtswissenschaft selbstverständlich; hier werden die ursprünglich nicht für die Belange einer fachspezifischen historischen Forschung entwickelten Theorien einer gesetzmäßigen Entwicklung von Gesellschaftsformationen auf diese Belange mit der Absicht bezogen, «die Kategorien des dialektischen und historischen Materialismus im geschichtswissenschaftlichen Forschungsprozeß methodisch voll auszuschöpfen und eine fachbezogene Methodologie auszuarbeiten» [8]. Aber auch in anders orientierter historischer Forschung und Geschichtsschreibung «ist heute Anwendung wie Neuformulierung von Theorien ... wenn auch noch nicht die Regel, so doch eine Selbstverständlichkeit, die keiner Begründung mehr bedarf» [9]. Die historische Interpretation ist «durch übergreifende, aber inhaltsbezogene Theorien über den kausalen, funktionalen und Entsprechungszusammenhang der untersuchten Wirklichkeitsmomente in synchroner wie diachroner Hinsicht» maßgeblich bestimmt. Solche «theoretischen Bezugsrahmen» haben folgende Eigenschaften: Sie liefern «Kriterien zur Auswahl des Untersuchenswerten», «überprüfbare Hypothesen zur Verknüpfung der untersuchten Wirklichkeitsbereiche», «Hinweise zur angemessenen Periodisierung», «begriffliche Instrumente für synchrone und diachrone Vergleiche zwischen Gesellschaften», und sie sind schließlich vereinbar «mit zusätzlichen ... spezielleren Theorien und Erklärungsmustern» [10]. Mit solcher Theorieverwendung erweitert sich das traditionelle hermeneutische Arsenal der h.M. um analytische Verfahren, die auch neue Regeln der Quellenkritik mit sich brachten. Hier bedeutet insbesondere die Quantifizierung eine methodische Möglichkeit, neue Tatsachentypen aus den Quellen zu erheben und ihre zeitlichen Ereigniszusammenhänge neu zu interpretieren [11].

Durch diese Erweiterung der h.M. wird der historischen Erkenntnis ein weiter Spielraum eröffnet [12]. Der innere systematische Zusammenhang der im Bereich der Geschichtsforschung geltenden Grundsätze und Regeln ist freilich noch nicht in einer mit der Methodologie des Historismus vergleichbaren einheitlichen Konzeption der h.M. entwickelt und expliziert worden. Der die Aussage der methodisch gewonnenen historischen Erkenntnis bestimmende narrative Charakter von Geschichtsschreibung ist zwar in seiner Bedeutung für die Eigenart der historischen Erklärung und für den Wahrheitsanspruch der historischen Erkenntnis dargelegt worden [13], hat jedoch noch keine hinreichende methodologische Explikation erfahren, in der die Forschungstechniken der Geschichtswissenschaft zur Einheit der h.M. integriert worden wären.

Anmerkungen. [1] TH. SCHIEDER: Möglichkeiten und Grenzen vergl. M. in der Gesch.wiss., in: Gesch. als Wiss. (1965). – [2] E. ENGELBERG (Hg.): Probleme der Gesch.methodol. (1972). – [3] H. RICKERT: Die Probleme der Gesch.philos. (1924). – [4] C. G. HEMPEL: Wiss. und hist. Erklär., in: H. ALBERT (Hg.): Theorie und Realität. Ausgew. Aufs. zur Wiss.lehre der Sozialwiss. (^{2}1972). – [5] W. H. DRAY: Laws and explanation in hist. (Oxford 1964). – [6] J. HABERMAS: Erkenntnis und Interesse (1968). – [7] P. BOLLHAGEN: Soziol. und Gesch. (1966); H.-U. WEHLER (Hg.): Gesch. und Soziol. (1972); (Hg.): Gesch. und Ökonomie (1973). – [8] E. ENGELBERG: Über Theorie und M. in der Gesch.wiss. a.O. [2] 26; vgl. P. BOLLHAGEN: Gesetzmäßigkeit und Gesellschaft. Zur Theorie gesellschaftl. Gesetze (1967). – [9] W. SCHULZE: Soziol. und Gesch.wiss. Einf. in die Probleme der Kooperation beider Wiss. (1974) 183. – [10] J. KOCKA: Sozialgesch. – Strukturgesch. – Gesellschaftsgesch., in: Arch. Sozialgesch. 15 (1975) 35. 37. – [11] F. FURET: Die quantitative Gesch. und die Konstruktion der gesch. Tatsache, in: H. M. BAUMGARTNER und J. RÜSEN (Hg.): Seminar: Gesch. und Theorie. Umrisse einer Historik (1976). – [12] J. LE GOFF und P. NORA (Hg.): Faire de l'hist. Nouveaux problèmes 1-3 (Paris 1974). – [13] A. C. DANTO: Analyt. Philos. der Gesch. (1974); H. M. BAUMGARTNER: Thesen zur Grundleg. einer transzendentalen Hist. a.O. [11].

Literaturhinweise. L. WACHLER: Gesch. der hist. Wiss. (1812-20). – M. RITTER: Stud. über die Entwickl. der Gesch.wiss. Hist. Z. 54 (1885) 1-41. – E. A. FREEMAN: The M. of hist. study (London 1886). – B. LASCH: Das Erwachen und die Entwickl. der hist. Krit. im MA (6.-12. Jh.) (Philos. Diss. Berlin 1887). – CH. und V. MORTET: La sci. de l'hist. (Paris 1894). – E. MAFFEI: I trattati dell'arte storica del rinascimento fino al secolo 17. Contributo alla storia della lett. ital. (Neapel 1897). – F. M. FLING: Outline of h.M. (Lincoln, Nebr. 1899). – F. RENZ: Jean Bodin. Ein Beitr. zur Gesch. der h.M. im 16. Jh. (Philos. Diss. Leipzig 1905). – A.-D. XÉNOPOL: La théorie de l'hist. (Paris 1908). – M. SCHULZ: Die Lehre von der h.M. bei den Gesch.schreibern des MA (6.-12. Jh.) (1909). – CH. SEIGNOBOS: La m.h. appliquée aux sci. sociales (Paris 1909). – P. JOACHIMSEN: Gesch.auffass. und Gesch.schreib. in und unter dem Einfluß des Humanismus 1 (1910). – A. MEISTER: Grundz. der h.M. (1913). – H. MÜLLER: Johann Martin Chladenius (1710-1759). Ein Beitr. zur Gesch. der Geisteswiss., bes. der hist. Methodik (1917). – F. V. BEZOLD: Zur Entstehungsgesch. der h.M. Kulturgesch. Stud., in: Aus MA und Renaissance (1918). – R. UNGER: Zur Entwickl. des Problems der hist. Objektivität. Dtsch. Vjschr. Lit.wiss. 1 (1923) 104-138. – A. FEDER: Lb. der gesch. M. (^{3}1924). – E. C. SCHERER: Gesch. und Kirchengesch. an den dtsch. Universitäten. Ihre Anfänge im Zeitalter des Humanismus und ihre Ausbild. zu selbständigen Disziplinen (1927). – H. BARON: Das Erwachen des hist. Denkens im Humanismus des Quattrocento. Hist. Z. 147 (1932) 5-20. – H. WEISIN-

GER: Ideas of hist. during the Renaissance. J. Hist. Ideas 6 (1945) 415-435. – F. LAMPRECHT: Zur Theorie der humanist. Gesch.-schreib. Mensch und Gesch. bei F. Patrizzi (1950). – H. BUTTERFIELD: Man on his past. The study of the hist. of hist. scholarship (Cambridge 1955). – K. D. MCRAE: Ramist tendencies in the thought of Jean Bodin. J. Hist. Ideas 16 (1955) 306-323. – B. R. REYNOLDS: Latin historiogr. A survey 1400-1600, in: Stud. in the Renaissance 2 (1955) 7-66. – A. BUCK: Das Gesch.denken der Renaissance (1957). – J. G. A. POCOCK: The ancient constitution and the feudal law (Cambridge 1957). – J. ENGEL: Die dtsch. Universitäten und die Gesch.wiss. Hist. Z. 189 (1959) 223-378. – O. RANUM (Hg.): National consciousness, hist. and polit. culture in early modern Europe (1975). – A. KLEMPT: Die Säkularisier. der universalhist. Auffass. Zum Wandel des Gesch.denkens im 16. und 17. Jh. (1960). – CH. SAMARAN (Hg.): L'hist. et ses M. (Paris 1961). – G. BARRACLOUGH: Sci. M. and the work of the historian, in: E. NAGEL u. a. (Hg.): Logic, methodol. and philos. of sci. (Stanford 1962). – A. KRAUS: Vernunft und Gesch. Die Bedeut. der dtsch. Akademien für die Entwickl. der Gesch.wiss. im späten 18. Jh. (1963). – D. R. KELLEY: Hist. integra. François Baudouin and his conception of hist. J. Hist. Ideas 25 (1964) 35-57. – M. YARDENI: La conception de l'hist. dans l'œuvre de La Popelinière. Rev. Hist. monde contemp. 11 (1964) 109-126. – F. GILBERT: Machiavelli and Guicciardini. Politics and hist. in 16th century Florence (Princeton, N.J. 1965). – G. W. SYPHER: Similarities between the sci. and the hist. revolution at the end of the Renaissance (La Popelinière, Francis Bacon). J. Hist. Ideas 26 (1965) 353-368. – G. HUPPERT: The Renaissance background of historicism. Hist. a. Theory 5 (1966) 48-60. – H. SCHEIBLE: Die Anfänge der reformat. Gesch.schreib. (1966). – D. R. KELLEY: Guillaume Budé and the first hist. school of law. Amer. Hist. Rev. 72 (1967) 807-834. – S. M. LIPSET und R. HOFSTADTER (Hg.): Sociol. a. hist.: M.s (New York 1968). – A. KRAUS: Grundz. barocker Gesch.schreib. Hist. Jb. 88 (1968) 54-77. – F. BRAUDEL: Ecrits sur l'hist. (Paris 1969). – C. VASOLI: Jean Bodin. Il Problema cinquecentesco della «methodus» (Turin 1969). – D. J. WILCOX: The development of Florentine humanist historiogr. in the 15th century (Cambridge, Mass. 1969). – F. S. FUSNER: Tudor hist. and the historians (New York 1970). – G. HUPPERT: The idea of perfect hist. Hist. erudition and hist. philos. in Renaissance France (Urbana 1970). – D. R. KELLEY: The rise of legal hist. in the Renaissance. Hist. a. Theory 9 (1970) 174-194. – A. SCHAFF: Gesch. und Wahrheit (1970). – J. BURKHARDT: Die Entsteh. der mod. Jh.-Rechnung. Ursprung und Ausbild. einer historiogr. Technik von Flacius bis Ranke (1971). – A. WITSCHI-BERNZ: Bibliogr. of works in the philos. of hist. 1500-1800. Hist. a. Theory, Beih. 12 (1972) 3-50; Main trends in h.M. lit.: 16th to 18th centuries. Hist. a. Theory, Beih. 12 (1972) 51-90. – H. M. BAUMGARTNER: Kontinuität und Gesch. Zur Krit. und Metakrit. der hist. Vernunft (1973). – R. FLOUD: An introd. to quantitative M.s for historians (London 1973). – D. GROH: Krit. Gesch.wiss. in emanzipatorischer Absicht. Überleg. zur Gesch.wiss. als Sozialwiss. (1973). – P. H. REILL: Hist. and hermeneutics in the Aufklärung: The thought of Joh. Christoph Gatterer. J. mod. Hist. 45 (1973) 24-51. – H.-U. WEHLER: Gesch. als hist. Sozialwiss. (1973). – K. ACHAM: Analyt. Gesch.philos. (1974). – K.-G. FABER: Theorie der Gesch.wiss. (³1974). – J. RÜSEN: Für eine erneuerte Historik. Stud. zur Theorie der Gesch.wiss. (1976). – J. TOPOLSKI: Methodol. of hist. (1976). – H. LÜBBE: Gesch.-Begriff und Gesch.-Interesse. Analytik und Pragmatik der Hist. (1977); vgl. Rez. J. RÜSEN: Zur Kritik des Neohistorismus. Z. philos. Forsch. 33 (1979) 243-263. J. RÜSEN/W. SCHULZE

Methode, karthartische. – 1. Die k.M. ist eine psychotherapeutische Behandlungs-M. und bezweckt die Abfuhr aufgestauter Affekte mittels Wiedererinnern und Verbalisieren der Erlebnisse, die zum Affektstau geführt haben. Die «Einklemmung» der Affekte hat so lange eine pathogene Wirkung auf den Patienten, als deren Ursachen – die traumatischen Erlebnisse – nicht bewußt gemacht und die Affekte dadurch abgeführt werden können. (J. BERNAYS hatte die musikalische und die tragische Katharsis (s. d.), von der ARISTOTELES handelt, deutsch so umschrieben, daß sie das den Menschen «beklemmende Element ... aufregen, hervortreiben und dadurch Erleichterung des Beklommenen bewirken solle» [1].)

Das von BREUER [2] erstmals 1880 angewandte und von ihm und FREUD [3] in den «Studien über Hysterie» theoretisch begründete Verfahren diente der Therapie von Hysterien. Mit Hilfe von Hypnose wurde versucht, Erinnerungen des Patienten an traumatische Ereignisse in seiner Vergangenheit wachzurufen, ihn diese aussprechen zu lassen und dann in ihren Zusammenhängen zu erklären. Der Erinnerungsvorgang gleicht dabei einem Wiedererleben, wobei der affektive Aspekt des Wiedererlebens von besonderer Bedeutung für den Erfolg der Behandlung ist. Dazu schreibt Freud:

«Das Verblassen oder Affektloswerden einer Erinnerung hängt von mehreren Faktoren ab. Vor allem ist dafür von Wichtigkeit, ob auf das affizierende Ereignis energisch reagiert wurde oder nicht. Wir verstehen hier unter Reaktion die ganze Reihe willkürlicher und unwillkürlicher Reflexe, in denen sich erfahrungsgemäß die Affekte entladen: von Weinen bis zum Racheakt. Erfolgt diese Reaktion in genügendem Ausmaße, so schwindet dadurch ein großer Teil des Affektes; unsere Sprache bezeugt diese Tatsache der täglichen Beobachtung durch die Ausdrücke 'sich austoben, ausweinen' und dgl.» [4].

Findet dieses Abreagieren in ungenügendem Ausmaß statt, bleiben die eingeklemmten Affekte an Erinnerungen (Vorstellungen) aus der traumatischen Situation haften und bestehen so – isoliert vom normalen Gedächtnis – im Unbewußten fort. Von dort drängen sie ins Bewußtsein und nötigen dann zu einer assoziativen Verarbeitung oder zu hysterischen Anfällen.

«Die k.M. ... hebt die Wirksamkeit der ursprünglich nicht abreagierten Vorstellung dadurch auf, daß sie dem eingeklemmten Affekte derselben den Ablauf durch die Rede gestattet, und bringt sie zur assoziativen Korrektur, indem sie dieselbe ins normale Bewußtsein zieht» [5].

Freud nennt zwei Reihen von Bedingungen, unter denen ein Trauma entstehen kann: Zur ersten Gruppe gehören die Fälle, in denen Kranke auf psychische Traumata nicht reagiert haben, weil die *Natur des Ereignisses* eine adäquate Reaktion ausschloß (z. B. Verlust einer geliebten Person) oder weil es sich um Dinge handelte, die der Kranke vergessen wollte (z. B. hysterische Delirien von Heiligen und Nonnen). Die zweite Reihe von Bedingungen wird nicht durch den Inhalt der Erinnerungen, sondern durch die besonderen *Bewußtseinszustände* bestimmt, mit welchen die entsprechenden Ereignisse beim Kranken zusammengetroffen waren (z. B. Erschöpfung, Dämmerzustand) [6].

In der weiteren Anwendung der k.M. modifizierte Freud die Therapie und verzichtete auf das Hilfsmittel der Hypnose, weil nicht alle Patienten hypnotisiert werden konnten, nicht immer dauerhafte Erfolge eintraten und der Erfolg der Behandlung nicht unabhängig von der persönlichen Beziehung zwischen Therapeut und Patient war [7]. Er ersetzte die Hypnose zunächst durch eine einfache suggestive Technik, später durch die freie Assoziation (Nennung des ersten Einfalls, der auf ein Stichwort des Therapeuten auftritt) [8].

Zwar zeigte die k.M. bei der Psychotherapie der Hysterie insofern Erfolge, als nach Beendigung der Behandlung die Krankheitssymptome nicht mehr auftraten, jedoch bildeten sich bei einigen Patienten allmählich neue heraus. Diese Symptomverschiebung zeigte, daß durch die Anwendung der k.M. keine Heilung der Krankheitsursachen möglich war. Deshalb kam Freud zu der Einsicht, nur durch eine Reorganisation der Persönlichkeit des Patienten könne die Krankheitsursache beseitigt werden; er ersetzte die k.M. durch die *psychoanalytische M.* [9]. Das Hauptprinzip der k.M., das Abreagieren, bleibt in Form des «Durcharbeitens» als wichtiger Bestandteil im neuen Therapieverfahren erhalten.

In der gegenwärtigen psychologischen Terminologie wird der Begriff der k.M. nur für die von Breuer und Freud entwickelte psychotherapeutische Behandlungs-M. verwendet.

2. In der Nachfolge Freuds übernahm FERENCZI das Katharsis-Prinzip für seine neok.M. [10]. Er legte dabei den Schwerpunkt – im Gegensatz zu Freuds psychoanalytischer M. – nicht auf das Verbalisieren, sondern auf das totale Wiedererleben des traumatischen Ereignisses. Der grundlegende Unterschied zwischen der «neo»- und der «paläo»k.M. besteht darin, daß die erstere den Abschluß einer langwierigen Psychoanalyse, die letztere (von Breuer und Freud entwickelte Methode) die einzige Therapieform darstellt.

In der modernen psychoanalytischen Technik wird das Katharsisprinzip nur nebenrangig verwendet, und zwar zur Reduktion von Spannungen und um das Wiedererinnern verdrängter Gedanken zu erleichtern [11].

Ebenso wie Ferenczi legt MORENO das Hauptgewicht auf den nichtsprachlichen Aspekt von Katharsis. Seine Psychotherapie verläßt allerdings psychoanalytische Grundlagen und ersetzt das Prinzip des Abreagierens durch das *Agieren*. Agieren bedeutet bei Moreno das Rollenspielen verschiedenster Art; dabei müssen die Patienten, ähnlich Schauspielern, Rollen in konfliktären oder traumatischen Situationen darstellen (Psychodrama, Soziodrama) [12]. Die aus dem Psychodrama entstandene *Aktionstherapie* von BLATNER [13] oder die auf anderem Wege zum selben Paradigma gelangte *Spieltherapie* [14] stützen sich ebenso auf das Katharsisprinzip.

Die *«drug assisted abreactive therapy»* (Narkotherapie) [15] und die *Hypnotherapie* [16] gehen von Freuds Annahme aus, daß durch die Veränderung des Bewußtseinszustandes – in diesen M. erzeugt durch Einnahme von Psychopharmaka oder durch Hypnose – das Abreagieren erleichtert wird.

Gegenwärtig wird dem emotionalen Aspekt der kathartischen Situation erhöhte Bedeutung zugesprochen. Einige der neuen Therapieansätze legen sogar besonderes Gewicht auf das kathartische Erleben in der Behandlungssituation: Die Provokation des kathartischen Erlebens und intensives Neuerleben des Traumas stehen im Mittelpunkt von JANOVS *primal therapy* [17]. In der *implosive therapy* werden die Patienten ermutigt, die wichtigsten Situationen der Vergangenheit mit den zugehörigen genuinen Gefühlen wieder durchzuleben [18], Ähnliches gilt für die *direkte Analyse* [19].

Einige Studien belegen die stärkere kathartische Wirkung (und damit den größeren therapeutischen Erfolg) bei emotional ausgerichteten Psychotherapien gegenüber Einsichtstherapien [20]; allerdings fehlt noch für die auf dem Katharsisprinzip sich gründenden Psychotherapien die eindeutige empirische Evidenz wie auch die theoretische Klärung der Beziehung zwischen Katharsis und dem Behandlungserfolg einer Therapie.

3. Sozialpsychologische Studien, in denen versucht wird, den Katharsisbegriff (Katharsis-Hypothese) zu operationalisieren, lassen gewisse Rückschlüsse auf die spannungsreduzierende Wirkung der k.M. zu. Die Formulierung der «Frustrations-Aggressions-Hypothese» von DOLLARD et al. kann als Ausgangspunkt für diese Forschungsrichtung angesehen werden:

«It has been assumed that the inhibition of any act of aggression is a frustration which increases the instigation to aggression. Conversely, *the occurrence of any act of aggression is assumed to reduce the instigation to aggression.* In psychoanalytic terminology, such a release is called *catharsis*» [21].

Die Befunde von BERKOWITZ et al. [22] stützen die Annahme, daß der Drang zur Aggression (instigation to aggression) sich vermindert, wenn vorher aggressive Handlungen ausgeführt wurden. Selbst nur in der Phantasie gezeigte Aggression kann eine kathartische Wirkung haben [23]. Eine Untersuchung von KARLE et al. konnte physiologische Entspannung (gemessen anhand sinkender Herzfrequenz und Körpertemperatur) als Folge von Katharsis nachweisen [24]. Die Ausgangshypothese Breuers und Freuds findet damit eine gewisse begründbare Unterstützung, obwohl die genannten Autoren den Befunden zum Teil eine andere theoretische Deutung geben. – Die Arbeiten, in denen man versuchte, den Katharsisbegriff experimentell zu fassen, erbrachten allerdings auch Befunde, die der Theorie widersprechen.

SCHAFER kritisiert, daß die der k.M. zugrunde liegenden psychischen Prozesse unreflektiert operationalisiert würden: Die empirischen Konsequenzen, die sich daraus ergeben, daß die Katharsisannahme auf dem Begriff der «psychischen Energie» basiert, würden nicht berücksichtigt. Des weiteren könne das Konzept der «psychischen Energie» selbst in Frage gestellt werden, da ein experimenteller Zugang zu diesem Konzept Freuds nicht möglich scheint [25]. Bei Zugrundelegung der psychoanalytischen Metapsychologie müsse – so Schafer – der Katharsisbegriff folgendermaßen behandelt werden: Die k.M. könne nur spezifische, an persönlich bedeutungsvolle Vorstellungen gebundene Energie freisetzen; des weiteren könne es in der therapeutischen Situation zum vollständigen Abreagieren deswegen nicht kommen, weil Abwehrvorgänge und adaptive Ich-Funktionen die Sicherheit und Kontinuität des Selbst wie seiner Objekte herzustellen bzw. zu erhalten versuchen.

Anmerkungen. [1] Vgl. J. BERNAYS: Grundzüge der verlorenen Abh. des Aristoteles über Wirkung der Tragödie, hg. K. GRÜNDER (1970) 12; vgl. Aristoteles, Poet. 6, 1449 b 24-26. – [2] S. FREUD, Psycho-Anal. Ges. Werke 14 (1934) 297-307, bes. 299. – [3] J. BREUER und S. FREUD, Stud. über Hysterie (1895). Ges. Werke 1, 75-312. – [4] a.O. 87. – [5] 97. – [6] 89f. – [7] FREUD, a.O. [1] 300. – [8] ebda. – [9] Die Freudsche psychoanal. M. (1904). Ges. Werke 5, 1-10. – [10] S. FERENCZI: Relaxationsprinzip und Neokatharsis (1930). Schr. zur Psychoanal. 2 (1972) 257-273. – [11] R. R. GREENSON: The technique and practice of psychoanal. 1 (London 1967). – [12] J. L. MORENO: Gruppenpsychother. und Psychodrama (1959). – [13] H. BLATNER: Psychodrama, role playing, and action methods (Thetford 1970). – [14] H. ZULLINGER: Heilende Kräfte im kindl. Spiel (^{5}1967). – [15] R. R. GRINKER und J. P. SPIEGEL: Men under stress (Philadelphia 1945). – [16] M. BRENMAN und M. M. GILL: Hypnother. (New York 1947). – [17] A. JANOV: The primal scream (New York 1970). – [18] R. A. HOGAN: Implosive ther. in the short term treatment of psychotics, in: H. GREENWALD (Hg.): Active psychother. (New York 1967). – [19] J. ROSEN: Direct anal. Selected papers (New York 1953). – [20] M. P. NICHOLS: Outcome of brief cathartic psychother. J. consult. clin. Psychol. 42 (1974) 403-410. – [21] J. DOLLARD, L. W. DOOB, N. E. MILLER, O. H. MOWRER und R. R. SEARS: Frustration and aggression (New Haven 1939) 50. – [22] L. BERKOWITZ, J. A. GREEN und J. R. MACAULAY: Hostility catharsis and reduction of emotional tension. Psychiatry 25 (1962) 23-32. – [23] S. FESHBACH: The drive-reducing function of fantasy behavior. J. abnorm. soc. Psychol. 50 (1955) 3-11. – [24] E. KARLE, R. CORRIERE und J. HARB: Primal ther. Psychother.: theory, research, and practice 10 (1973) 117-122. – [25] R. SCHAFER: Requirements for a critique of the theory of catharsis. J. consult. clin. Psychol. 35 (1970) 13-17.

Literaturhinweise. J. BREUER und S. FREUD s. Anm. [3]. – L. BERKOWITZ: Exp. investigation of hostility catharsis. J. consult. clin. Psychol. 25 (1970) 1-7. – R. SCHAFER s. Anm. [25]. – D. VOUTSINAS: A propos de la catharsis. Bull. de Psychol. 23 (1969-70) 998f. – L. GINN: Catharsis: Its occurrence in Aristotle, psychodrama and psychoanalysis. Group psychother. and psychodrama 26 (1973) 7-22.　　　　　　　　　　K. SOKOLOWSKI

Methode, pädagogische. In der Entwicklung des Begriffs der p.M. spiegelt sich die Verselbständigung der Pädagogik gegenüber der Philosophie wider als ein Vorgang auch der zunehmenden Zuordnung spezifisch pädagogischer Inhalte zu ursprünglich philosophischen Begriffen (M. allgemein und unspezifisch als Verfahren). Im Zusammenhang mit den pädagogischen Bemühungen des deutschen Humanismus vor allem des 16. Jh. um die Neuordnung von Universität und Schule gewinnt der Aspekt eines geordneten Verfahrens in diesen Institutionen wie in der Erziehung allgemein an Gewicht, ohne jedoch zunächst deutlich abgehoben zu werden von Ziel und Inhalt des Erziehungsgeschäftes. Das schlägt sich nieder auch in den Bedeutungsinhalten von ‹p.M.›. Der inhaltliche Aspekt dominiert noch, wenn ERASMUS VON ROTTERDAM 1529 in seiner «Rede über die Notwendigkeit, die Knaben in einer für Freie würdigen Weise sittlich und wissenschaftlich auszubilden, und zwar gleich von Geburt an» definiert: «... Wissenschaft und M. nenne ich die Lehre, die in Ermahnungen und Vorschriften besteht» [1]. M. wird hier genommen als exhortative Lehre über die Pflichten des Lebens in enger Verbindung mit und als «praktische» Ergänzung zu Wissenschaft, nicht aber als psychologisch orientiertes Verfahren wissenschaftlicher Bildung. Letzteres behandelt auch Erasmus, wie zu seiner Zeit (noch) üblich, unter dem Terminus ‹ratio› [2]. Der Ort, an dem Unterricht und Erziehung – optimal – geschehen sollen, ist neben anderen Einrichtungen die weithin noch zu errichtende Schule, an der im 16. Jh. die Idee der (Neu-)Planung des Lehrstoffes, zum Teil wegen dessen desolaten Zustandes, Platz greift. Dort entspricht dem Ordo discendi noch der Ordo legendi; (Schul-)Bücher werden entwickelt, Klassen gebildet. Als Begriffe für den (Lehr-)Plan finden sich neben häufig verwendeten Termini wie ‹ratio›, ‹ordo›, ‹forma› ... ‹series› auch Verbindungen mit ‹methodus›; so z.B. «methodus ac ordo lectionum» (1560) [3]. Dabei ist jedoch der sachlich-historische Kontext zu beachten, der Bedeutungsnuancen in der Weise zur Folge hat, daß der Begriff ‹Lehrplan› oder besser ‹Lehrordnung› bzw. seine Entsprechungen einmal den (ausgewählten) Inhalt, zum anderen auch den daraus resultierenden Aspekt der (Schul-)Ordnung ohne besonderen terminologischen Anspruch meinen (können). Innerhalb einzelner Lehrpläne wird zum Teil abgehoben auf die Unterscheidung von Kenntnissen und Fertigkeiten; das führt z.B. im literarischen Unterricht zur Differenzierung der Bücher in «Libri methodici» mit Grammatik als einem unter anderen Inhalten und «Libri exegetici» mit den Colloquia als Bestandteil [4]. W. RATKE verlagert das Gewicht wieder mehr auf die Aspekte Auswahl *und* Vermittlung des Lehrgutes, also zur Didaktik hin, wenn er 1612 – «iuxta methodum naturae omnia» [5] – Lehre als Nachahmung der Natur versteht. Diese Einsicht führt zur «desiderata methodus nova» (1615), dem ersehnten neuen Lehrplan als sach- und adressatenbezogener Auswahl, Abfolge und Darbietungsart der Lehrinhalte.

Unter dem Aspekt der erlernbaren Kunst reflektiert J. H. ALSTED über das Unterrichten und kommt zu der Einsicht: «didactica nihil est aliud quam methodus discendi ...» [6]; die «vorgestellte Ordnung» des Lernens wird hier als Entsprechung, ja als die Bedeutung von Didaktik gesehen. (Diese zumindest partielle Ungeschiedenheit der Begriffe ‹M.› und ‹Didaktik› (s.d.) wirkt als Problem fort bis in die gegenwärtige Diskussion derselben.) Die mehr materialen Planungs- und Ordnungsbemühungen im gesamten Erziehungswesen werden seit dem 17. Jh. zunehmend ergänzt oder abgelöst durch die Betonung des formalen Gesichtspunktes des Methodischen allgemein: M. als planmäßige Weise, als Ordnung des geistigen Vorgehens vor dem Hintergrund des kritischen Denkens und einer mechanistischen Naturauffassung ist auch in diesem Sinne auf den Erziehungs- und Lernprozeß anzuwenden. Hier ist besonders der Einfluß von FR. BACON und DESCARTES auf die Pädagogik festzustellen [7].

Auf dem Felde pädagogischer Aktivitäten wird in dieser Zeit M. jedoch in direkten Zusammenhang mit konkreten schulreformerischen Bemühungen gebracht, so daß immer noch die inhaltliche Seite deutlich mit einbezogen wird: Die Dinge (res) rangieren vor der Ordnung (der Natur), die Sache vor dem Aspekt ihrer Vermittlung (verba), so daß die Art der Vermittlung (M.) sich erweitert zur Auswahl des zu Lehrenden *und* zur Form der Darbietung. Das neue Prinzip der methodischen Ordnung führt einmal zur «Lehrkunst». Zum andern entstehen amtliche Stufenpläne zum Teil innerhalb der Schulgesetzgebung [8]; sie werden mit ‹Methodus› bezeichnet; sie verfolgen in der Regel die neue (Kleinst-)Stufen-Idee, die «gradatim-M.» auch als «methodus informandi» [9], als Lehrplan.

Für J. A. COMENIUS leitet sich die zentrale Bedeutung von M. ähnlich wie für Ratke her von der unbezweifelten Tatsache, der Mensch spiegele als Abbild Gottes dessen Allwissenheit auf endliche Weise wider. Der Weg zu diesem Ziel bestehe wesentlich im schulischen Unterricht: «methodus scholis usitata» [10], als Schulpraxis, als das tatsächliche und der Kritik bedürftige, auch inhaltlich bestimmte Verfahren. M. wird als deskriptiver wie als normativer (= imitatio) Begriff gebraucht: Erziehung und Schule sollen nach Art und Inhalt übereinstimmen mit der geschaffenen Natur: «Deo duce, ratione luce, sensu teste» (unter Gottes Führung, dem Licht der Vernunft und der empirischen Erfahrung). Funktion der neuen, der richtigen M. ist es, mehr Schüler mit zuverlässigerem Erfolg sowie größerer Annehmlichkeit zu unterrichten. Von hier führt eine Linie zur M. als fachspezifischer Lehrkunst [11]. Andererseits wird 1691 «methodus docendi» als Lehrordnung definiert [12].

Diesen umfassenden Kontext des Begriffs ‹p.M.› beachtet noch KANT, wenn er z.B. in der Ankündigung seiner Vorlesungen für das Winterhalbjahr 1765/66 von der natürlichen M. der Weltweisheit des nacheinander die Stufen des verständigen, des vernünftigen Mannes und des Gelehrten einnehmend und von geschickter «Lehrart» schreibt [13]. In der ‹Kritik der praktischen Vernunft› stellt er zur moralischen Erziehung fest, daß hier nicht die M. wissenschaftlichen Erkennens angewandt werden könne, sondern eine besondere M.-Lehre entwickelt werden müsse, nämlich die Art, «wie man den Gesetzen der reinen praktischen Vernunft Eingang in das menschliche Gemüt, Einfluß auf die Maximen desselben verschaffen, d.i. die objektiv praktische Vernunft auch subjektiv praktisch machen könne» [14].

Die intensive Beschäftigung mit Problemen der Erziehung kommt bei HEGEL und FICHTE ohne weitere terminologische Differenzierung des in Rede stehenden Begriffs aus. Ähnliches gilt für PESTALOZZI, der im ‹Stanser Brief› 1799 für den streng methodischen Aufbau der Erziehung die Gefahr sieht, «durch Steifigkeit den Zwang einer äußeren Ordnung» [15] aufzuerlegen. «Ich kannte», sagt er, «keine Ordnung, keine M., keine Kunst, die nicht auf den einfachen Folgen der Überzeugung meiner Liebe gegen meine Kinder ruhen sollten» [16]. SCHLEIERMACHER versteht M. als vom jeweiligen Anwendungsgebiet innerhalb der Erziehung weitgehend unabhängiges «absichtliches, auf einen bestimmten Erfolg gerichtetes Verfahren» [17], das «die freien Einwirkungen des Lebens» [18] auf dem «Gebiete der Gesinnung» [19] wie auf dem «der Fertigkeit» [20] zu berücksichtigen habe. SCHELLING bindet seine «M.-Lehre des akademischen Studiums» zurück in den «Geist des Ganzen», in die «wirkliche[n] und wahre[n] Erkenntnis des lebendigen Zusammenhangs aller Wissenschaften» [21], d.h. seine M.-Lehre wird zur auch inhaltlichen Ausgestaltung letztlich des ganzen Wissenschaftsbetriebs seiner Zeit.

HERBART betrachtet als zentrales Anliegen der Erziehung die Charakterbildung, die er rationalistisch über die Bildung des «Gedankenkreises» und diesen wesentlich durch schulischen Unterricht fördern will. Der Unterricht verläuft über vier Stufen: Die erste Stufe ist die ruhende «Vertiefung» in den Gegenstand und führt zur «Klarheit» bezüglich des einzelnen Objekts. Darauf baut die zweite Stufe der fortschreitenden Vertiefung auf; sie führt zur «Assoziation», zur Verknüpfung des einzelnen erfaßten Gegenstands mit anderen Bewußtseinsinhalten. Daran schließt sich an die dritte Stufe der ruhenden «Besinnung»; sie wird auch «System» genannt. Den Abschluß bildet als vierte Stufe die fortschreitende «Besinnung». «Der Fortschritt der Besinnung ist *M*. Sie durchläuft das System, produziert neue Glieder desselben und wacht über die Konsequenz in seiner Anwendung. Viele brauchen das *Wort*, die von der Sache nichts wissen. Das schwere Geschäft, *zur* M. zu bilden, erließe man im Großen wohl dem Erzieher, wie unerläßlich es sei, das *eigene Pädagogische* Denken methodisch zu beherrschen» [22]. Von hier aus kritisiert Herbart die Verwendung des Begriffs ‹M.› als reine Verfahrensweise: «... was die Pädagogen unter dem hohen Namen M.en so reichlich erfunden und empfohlen haben ... und jedes hie und da gebrauchen lassen, ohne eins vor dem andern unbedingte Vorzüge zu behaupten» [23]. Die genuine Bedeutung des Begriffs ‹M.› liegt für ihn im Philosophischen. Die von ihm entwickelten vier Stufen sollen in unterschiedlicher Gewichtung in jeder Unterrichtseinheit wirksam werden.

Von den Herbartianern bemühte sich vor allem ZILLER darum, diese Stufentheorie des Unterrichts für die Praxis auszuarbeiten. Er kommt dabei infolge der Ersetzung der ersten Stufe Herbarts durch «Analyse» und «Synthese» zu fünf Stufen und verengt die letzte Stufe der «M.» in der Absicht, das gewonnene Wissen in Gebrauch, in Anwendung zu bringen. Es geht nicht mehr um Übung des Erkenntnisweges, sondern um Festigung des Ergebnisses durch Übung [24]. M. wird hier reduziert auf Anwendungsarten, mit der Zeit auf Übungsaufgaben. Was seitdem für den Bereich des Unterrichts gilt, findet sich auch in der Reflexion über Pädagogik [25]. Am Ende dieser Entwicklung steht der Primat der Didaktik vor der M. [26]. Dennoch wird etwa von WENIGER betont: «Erzieherische M.n sind keine bloßen Techniken ..., sondern Formen menschlicher Begegnung ... Auch der Unterricht als Teil der Erziehung ist keine bloße Technik ...» [27]. Die Abhängigkeit der M. vom Gegenstand wie vom Adressaten der Vermittlung und von dem übergreifenden Erziehungsziel sieht ebenfalls W. FLITNER, wenn er darauf hinweist, daß Unterrichts-M.n nicht nur Vermittlungstechniken sind, sondern ihre spezifische Dimensionierung durch die geistesgeschichtlichen (ideologischen) Zusammenhänge und Prägungen erfahren, in denen sie angewendet werden [28]. Besonders hervorgehoben wird dieser Zusammenhang von A. PAETZELT: «M. meint Ordnung des Gegenstandes angesichts des Ordnens im Dialog ... Danach wäre M.-Lehre Theorie der Einheit, der Zusammengehörigkeit der Wissenschaften, bzw. der Geltungsgebiete ... *Es gibt daher grundsätzlich keine bloße M. des Lehrenden*. M. ist ... die Art, wie es der Lehrende ... machen muß, wie ihm das Lehrgut die Innehaltung einer Ordnung vorschreibt ... der Lehrende folgt dem Gegenstande für die Individuallage des zu führenden Schülers» [29]. Letztlich ist M. «die Norm, die der Gegenstand vorschreibt» [30]. H. ROTH versucht Sachlogik und Psychologie angemessen zu berücksichtigen, wobei er die bewußt empirische Ausrichtung der Pädagogik als «realistische Wendung in der pädagogischen Forschung» [31] verfolgt. So rückt sein M.-Verständnis doch wieder stark in die Nähe wissenschaftlich fundierter Vermittlungskunst oder -technik: M. wird gesehen «als die vom Lehrer herbeigeführte richtige Inbeziehungsetzung eines nach seinem eigentlichen Wesensgehalt aufgeschlossenen Gegenstandes mit der spezifischen Verstehensfähigkeit eines nach seiner Entwicklungsphase und geistigen Reife bekannten Kindes oder Jugendlichen ...» [32]. F. WEINERT konzentriert zum Zweck der wissenschaftlichen Erforschung von Lehr-M.n den Begriff ‹M.› auf «Muster des Lehrverhaltens» [33] und differenziert diese «Muster» nach ihrer Herkunft, z.B. Lehrtradition oder Zusammenhang philosophischer Traditionen.

Im 20. Jh. entwickelten verschiedene Autoren entsprechend dem jeweiligen meist impliziten Verständnis von M. verschiedene sehr unterschiedliche Lehr- und Lernarten. In den nachfolgend erwähnten Konkretionen methodischer Absichten wird die der «M.» zugedachte Funktion deutlich: Durch das *freie Unterrichtsgespräch im Gesamtunterricht* versucht B. OTTO eine möglichst ungebrochene Lebensnähe zu erreichen im geistigen Umgang mit Problemen und kenntnisreichen Menschen [34]. Die *Arbeitsschule* ist für G. KERSCHENSTEINER [35] die sachgemäße Reaktion auf die «Buchschule»; sie soll den Schülern Aufgaben stellen, die *selbsttätig* gelöst werden (können). Ähnliches verfolgt H. GAUDIG [36] mit seiner *Arbeitsmethode*. Im *Projektunterricht* versuchen DEWEY und KILPATRICK [37] den Faktor des Tuns der Schüler zu betonen. Die ursprünglich voll zugestandene Freiheit der Schüler beim Auffinden und Durchführen der Projekte wird jedoch relativ bald abgelöst von einer pädagogisch verantwortlichen Steuerung der Unterrichtsvorhaben. M. MONTESSORI [38] verfolgt die *Selbstbildung* des Kindes durch methodisch vorgeformtes *Arbeitsmaterial*; durch Arbeitsmittel soll die *psychische* und intellektuelle Entwicklung gefördert werden.

Im Gegensatz zu diesen umfassenden methodischen Konzepten beschränkt sich das Verfahren des *Programmierten Unterrichts* (PU) [39] auf die reine Lehr-M. und bietet dem Lernenden der vollständigen Inhalt des einzelnen Unterrichtsabschnittes in Lernschritte zerlegt als Lehrprogramm dar. Inhalt und Lernweg finden sich vorgegeben in Arbeitsmaterial und Arbeitsanweisung, verbunden mit dem Zwang zu regelmäßiger *Selbstprüfung* nach jedem Lernschritt. Die Lehrperson tritt zurück hinter der in der Regel *verbal* vermittelten, die Denkwege vorschreibenden Programmierung. Ziel dieses Unterrichtsverfahrens ist es, voraussagbare Lernerfolge hervorzurufen und prinzipiell beliebig oft zu reproduzieren. Das erfordert jedoch eine möglichst präzise *Erprobung* und *Bewertung* der dazu verwendeten Materialien. Als Ursprung des PU wird die Forderung B. F. SKINNERS (1954) angesehen, die Erkenntnisse der *Verhaltenspsychologie* auf den Unterricht anzuwenden [40]. Im Unterschied zu diesem verhaltenspsychologischen Ansatz geht der *kybernetische* davon aus, daß der Unterricht als Informationsaustausch zwischen einem lehrenden und einem lernenden System verstanden werden kann [41]. Diese Richtung verwendet vor allem das Modell des Regelkreises für die Beschreibung des Lernprozesses, was insbesondere den Einsatz mathematischer Hilfsmittel erleichtert. Auf welche Weise die praktische Umsetzung vorgenommen wird, ob durch schriftliche Programme oder auf hohem technologischen Niveau durch computerunterstützte Unterweisung (CUU), ist von sekundärer Bedeutung.

Anmerkungen. [1] Declamatio de pueris ad virtutem ac litteras liberaliter instituendis idque protinus a nativitate per DESIDERIUM ERASMUM ROTERDAMUM (1529); dtsch. A. ISRAEL, Slg. selten gewordener pädag. Schr. des 16. und 17. Jh. 2 (1879) 12. – [2] z. B. ERASMUS: De ratione studii (1512). Opera omnia I/2 (Amsterdam 1971) 112-151. – [3] Monumenta Germaniae Paedagogica, hg. F. KOLDEWEY (1886ff.) 41, 308ff. – [4] Würtenberger Schulordnung von 1559, in: R. VORMBAUM: Evang. Schulordnungen 1-3 (1860/63/64) 1, 74. – [5] J. H. ALSTEDII Encycl. 1-7 (1630) 1, 89. – [6] Ratichinianische Schr., hg. P. STÖTZNER 1. 2 (1892/93) 2, 11ff. – [7] FR. BACON: Novum organum (1620); R. DESCARTES: Regulae ad directionem ingenii, Oeuvres, hg. C. ADAM/P. TANNERY (Paris 1966) 10, 359-488: bes. Regel IV. – [8] Ernestinische Schulgesetzgebung von Gotha (1662). – [9] Magdeburgische Schulordnung 1658, in: VORMBAUM a.O. [4]. – [10] J. A. COMENIUS: Große Didaktik, dtsch. A. FLITNER (²1960). – [11] a.O. z. B. Kap. 22: Die M. der Sprachen. – [12] K. V. STIELER: Teutscher Wortschatz (1691). – [13] I. KANT, Akad.-A. 2, 306. – [14] a.O. 5, 15. – [15] J. H. PESTALOZZI, Krit. A., hg. BUCHENAU u. a. (1927ff.) 13, 3-32, bes. 14. – [16] a.O. 25. – [17] FR. SCHLEIERMACHER, Pädag. Schr. Die Vorles. aus dem Jahre 1826, hg. E. WENIGER/TH. SCHULZE (1957) 108. – [18] a.O. 107. – [19] 108. – [20] ebda. – [21] F. W. J. SCHELLING: Vorles. über die M. des akad. Stud., in: Die Idee der dtsch. Universität. Die fünf Grundschr. aus der Zeit ihrer Neubegründung durch klass. Idealismus und romant. Realismus (1956) 5; Werke, hg. SCHRÖTER 3, 235. – [22] J. FR. HERBART, Sämtl. Werke, hg. K. KEHRBACH u. a. 1-19 (1887ff., 1917) 2, 40. – [23] a.O. 57f. – [24] T. ZILLER: Vorles. über allg. Pädag. (1876). – [25] z. B. A. STÖCKL: Lb. der Pädag. (1873). – [26] E. WENIGER: Didaktik als Bildungslehre (¹1930, ⁶/⁸1965). – [27] a.O. 2: Didakt. Voraussetzungen der M. in der Schule (1960) 56. – [28] W. FLITNER: Theorie des pädag. Wegs und der M. (⁸1968). – [29] A. PAETZELT: Grundzüge der systemat. Pädag. (³1964) 76f. – [30] a.O. 78. – [31] H. ROTH: Die realist. Wendung in der pädag. Forsch. (1962), in: H. RÖHRS (Hg.): Erziehungswiss. und Erziehungswirklichkeit (²1967) 179-191. – [32] Zum pädag. Problem der M. a.O. 321. – [33] F. WEINERT: Analyse und Untersuch. von Lehr-M., in: Hb. Unterrichtsforsch. 2 (1970) 1221-1352. – [34] B. OTTO: Gesamtunterricht (Berlin o. J.). – [35] G. KERSCHENSTEINER: Begriff der Arbeitsschule (¹³1959). – [36] H. GAUDIG: Freie geistige Schularbeit in Theorie und Praxis (⁵1928). – [37] J. DEWEY und W. H. KILPATRICK: Der Projektplan (1935). – [38] M. MONTESSORI: Il metodo della pedag. sci. ... (1909); definit. A. mit neuem Titel: La scoperta del bambino (Mailand 1951). – [39] Bibliogr. Programmierter Unterricht (1965ff.). – [40] B. F. SKINNER: Die Wiss. vom Lernen und die Kunst des Lehrens, in: Programmiertes Lernen und Lehrmaschinen (1965) 66-84. – [41] H. FRANK: Kybernet. Grundl. der Pädag. (1962); G. KLAUS: Kybernetik und Gesellschaft (²1965).

Literaturhinweise. G. REICHWEIN: Die Schule als M. und die M. in der Schule (1928). – W. FLITNER s. Anm. [28]. – G. GEISSLER: Das Problem der Unterrichts-M. (⁵1963). – K. H. SCHWAGER: Art. ‹M.›, in: Hb. der pädag. Grundbegriffe, hg. J. SPECK/ G. WEHLE (1970).
K. ZILLOBER

Methode, phänomenologische. Der Begriff der ph.M. leitet sich von dem Sinn ab, den E. HUSSERL dem Begriff der Phänomenologie gegeben hat. Phänomenologie ist in ihrem Ursprung «deskriptive Psychologie» [1] mit dem Ziel einer Neubegründung der reinen Logik und Erkenntnistheorie [2]. In ihrer Gegenwendung gegen den Psychologismus ist die ph.M. gekennzeichnet durch die «Bevorzugung der inneren Erfahrung und durch Abstraktion von aller psychophysischen Erklärung» [3]. Die ph.M. strebt den direkten deskriptiven Aufweis dessen an, was als psychisches Phänomen gegeben ist. Das Ziel der «phänomenologischen Analyse» besteht darin, «die logischen Ideen, die Begriffe und Gesetze zu erkenntnistheoretischer Klarheit und Deutlichkeit zu bringen» [4].

Diese deskriptive M. wird im weiteren Verlauf der Entwicklung der Phänomenologie aus ihrer thematischen Beschränkung auf Psychologie und Logik herausgenommen. Dies wird möglich durch die Erkenntnis, daß «auch Allgemeinheiten, allgemeine Gegenstände und allgemeine Sachverhalte zu absoluter Selbstgegebenheit gelangen können» [5]. Die Maxime dieser universal gewordenen M. formuliert Husserl als «Prinzip aller Prinzipien»; dieses besagt, daß «jede originär gebende Anschauung» eine letzte «Rechtsquelle der Erkenntnis» ist [6]. In diesem Sinne wird die ph.M. als die M. der Wesensschau von den Schülern Husserls übernommen [7].

Bei Husserl selbst aber bekommt die ph.M. durch die Übernahme der cartesianischen Zweifelsbetrachtung im Hinblick auf das Problem der Transzendenz [8] eine neue, von den Schülern Husserls nicht nachvollzogene Wendung. Sie ist in zunehmendem Maße durch die «phänomenologische Reduktion» und deren Problematik bestimmt [9]. Unter Festhaltung des Prinzips der Prinzipien wird die ph.M. Zugangsweg zum apodiktischen Grund aller Erfahrung, dem «reinen Bewußtsein» [10]. Die zureichende Ausgestaltung dieses Zugangsweges aber bleibt ein zentrales Problem Husserls [11]. Problematisch bleibt dabei vor allem das Verhältnis von phänomenologischer Reduktion und eidetischer Reduktion, als welche nunmehr die M. der Wesensschau bestimmt ist [12].

Zunächst behauptet Husserl, daß die eidetische Reduktion notwendig der phänomenologischen Reduktion voranzugehen habe und eine «phänomenologische Tatsachenwissenschaft» unmöglich, Phänomenologie also eo ipso Wesenswissenschaft sei [13]. In seinen ‹Cartesianischen Meditationen› scheint Husserl dagegen eine phänomenologische Tatsachenwissenschaft für möglich zu halten, welche das in der phänomenologischen Reduktion gewonnene, je mir eigene transzendentale ego zum Thema hat und erst nachträglich durch Anwendung der eidetischen Reduktion den Charakter einer Wesenswissenschaft gewänne [14]. Das Problem der ph.M. kompliziert sich noch dadurch, daß Husserl in seiner Spätzeit zwischen phänomenologischer Epoché und transzendentaler Reduktion unterscheidet [15].

Bei M. HEIDEGGER ist die ph.M. M. seiner «Fundamentalontologie». In ‹Sein und Zeit› bestimmt er den Begriff der ph.M. durch Rückgang auf die ursprünglich griechischen Bestandteile des Wortes ‹Phänomenologie› (φαινόμενον und λόγος) [16]. Die ursprüngliche Bedeutung von ‹Phänomen› ist das «Sich-an-ihm-selbst-Zeigende» [17]. Die Bedeutung des λόγος als λόγος ἀποφαντικός ist das «aufweisende Sehenlassen» [18]. Somit besagt der Terminus ‹ph.M.›: «Das, was sich zeigt, so wie es sich von ihm selbst her zeigt, von ihm selbst her sehen lassen» [19]. In seiner Vorlesung ‹Grundprobleme der Phänomenologie› von 1927 [20] kennzeichnet Heidegger seine ph.M. durch die Angabe dreier inhaltlich zusammengehöriger «Grundstücke»: «Reduktion», «Konstruktion» und «Destruktion» [21]. Der Begriff der ph.M. ist bei Heidegger ferner dadurch bestimmt, daß der «methodische Sinn der phänomenologischen Deskription» «Auslegung» (ἑρμηνεύειν) ist [22].

Anmerkungen. [1] E. HUSSERL: Log. Untersuch. 2 (¹1901) 18. – [2] a.O. 1 (¹1900) VII. – [3] 2, 19. – [4] 7. – [5] Die Idee der Phänomenol. Fünf Vorles. Husserliana (Hua.) 2 (Den Haag ²1958) 51. – [6] Ideen zu einer reinen Phänomenol. und phänomenol. Philos. 1 Hua. 3 (Den Haag 1950) 52. – [7] Vgl. z.B. A. REINACH: Was ist Phänomenol.? (1951). – [8] HUSSERL, Idee ... a.O. [5] 45. – [9] ebda. 58. – [10] Ideen ... a.O. [6] 118. – [11] Vgl. I. KERN: Husserl und Kant. Eine Untersuch. über Husserls Verhältnis zu Kant und zum Neukantianismus (Den Haag 1964) § 18, 194ff. – [12] Vgl. HUSSERL, Ideen ... a.O. [6] 6. – [13] Vgl. Kant's Leben und Lehre Vgl. 149 Anm. – [14] Vgl. Cartesianische Meditationen und Pariser Vorträge. Hua. 1 (Den Haag ²1963) 103ff.; Ideen ... 3. Hua. 5 (Den Haag 1952) 142. – [15] Vgl. Die Krisis der europ. Wiss.en und die transzendentale Phänomenol. Eine Einl. in die phänomenol. Philos. Hua. 6 (Den Haag ²1962) 154ff. – [16] M. HEIDEGGER: Sein und Zeit (⁹1960) 27ff. – [17] a.O. 28. – [18] 32. – [19] 34. – [20] Gesamt-A. 24 (1975). – [21] a.O. 29ff. – [22] a.O. [16] 37.

Literaturhinweise. E. SPIEGELBERG: The phenomenol. movement 1. 2 (Den Haag 1960). – G. FUNKE: Phänomenol. – Met. oder M.? (1966). – E. TUGENDHAT: Der Wahrheitsbegriff bei Husserl und Heidegger (²1970). – A. AGUIRRE: Genet. Phänomenol. und Reduktion. Zur Letztbegründung der Wiss. aus der radikalen Skepsis im Denken E. Husserls (Den Haag 1970). – U. CLAESGES und K. HELD (Hg.): Perspektiven transzendentalphänomenol. Forsch. (Den Haag 1972). – E. PIVCEVIĆ (Hg.): Phenomenol. and philos. understanding (Cambridge 1975).

U. CLAESGES

Methode, polemische. – 1. Der Begriff der p.M. (lat. methodus polemica von griech. πολεμικός = kriegerisch) gehört in den Bereich der *konfessionellen Kontroversliteratur*, die sich im 17. und 18. Jh. bevorzugt als «Theologia polemica» oder «elenc(h)tica» (griech. ἐλεγκτικός, zum Überführen, Widerlegen oder Tadeln dienlich) verstand, insofern sie das eigene Lehrgebäude gegen die Einwürfe der Gegner zu verteidigen und die entgegenstehenden Lehren zu entkräften trachtete. Dabei verfuhr man teils historisch im Anschluß an die Entwicklung der gegnerischen Positionen, teils systematisch, entweder vermischt mit der eigenen Dogmatik oder gezielt auf die Lehrgensätze abgestellt, nach der Ordnung der Glaubensartikel oder ausgehend vom inneren Zusammenhang der bekämpften Lehren [1] (Aufweis des sog. πρῶτον ψεῦδος [2]). Unter theologischer «Polemik» verstand man sowohl einen theologischen Traktat als auch die verschiedenen polemischen Verfahrensweisen. Von hier aus erklärt sich die später beibehaltene Gewohnheit, die apologetischen Schriftsteller der frühen Christenheit «Polemiker» zu nennen, ihr Vorgehen als «Polemik» zu bezeichnen [3] und sogar von «p.M.» zu sprechen [4]. Die «polemische Theologie» beschrieb sich selbst bevorzugt mit Ausdrücken aus dem Kriegsvokabular (sacra militia, theologia belligerans, bellum religiosum, panoplia, panstratia anstatt μονομαχία, Zeughaus, Goliaths Schwert, gladius gloriae usw.), die biblisch gerechtfertigt wurden (z.B. «Praeliare bella Domini» [5]), so daß der Charakter eines heiligen Krieges entstand, bei dem die zu beobachtende Wirkungslosigkeit der unablässigen gegenseitigen Widerlegungen die Fronten zunehmend verhärtete.

Daß man daneben unter einer «polemischen Demonstration» den Beweis eines verneinenden Satzes durch Widerlegen der «gegenseitigen Gründe» unter Rückgriff auf die «loci topici» verstand [6], verweist zuletzt auf die aus der platonischen Dialektik hervorgegangene aristotelische ‹Topik›, die sich als μέθοδος [7] einer Dialektik verstand, welche als Frage- (ἐρωτητική) und Prüfkunst (πειραστική sc. τέχνη) [8] geeignet war, der Lehre, dem Wettstreit und der Forschung gleichermaßen zu dienen [9], falls sie nicht aus Streitlust (ἐριστικῶς, daher «Eristik») oder sophistisch gehandhabt wurde [10], wofür PLATON bereits kriegerische Bezeichnungen verwendet hatte (μάχη, ὅπλα) [11]. Die damit gegebene grundsätzliche Offenheit, sich auf dem diesem Wege erlangten Erkenntnis zu beugen, blieb in der aus dieser Dialektik (und der darauf aufbauenden «disputatio in forma» [12]) sich entwickelnden scholastischen M. [13], die der polemischen Theologie zur Verfügung stand – es gab auch eine «protestantische Scholastik» [14] – im Prinzip erhalten, da sie gerade zwischen den Gegensätzen der *quaestio*, der *propositio* oder der *thesis* einerseits und der *sententia contraria*, der *objectio* oder (bes. im prot. Sprachgebrauch) der *antithesis* andererseits durch Auffinden einer den berechtigten Ansprüchen beider Seiten genügenden dritten Position zu vermitteln suchte, z.B. unter Zuhilfenahme des Distinktionsverfahrens [15]. Ihre Argumentationen waren allerdings in den umfassenden Bezugsrahmen einer gemeinsamen Glaubensüberzeugung und allgemein anerkannter kirchlicher Autoritäten eingebettet [16], durch dessen grundsätzliche Infragestellung die M. selbst in die Krise geriet. Solange die jeweilige «Dogmatik» (= 17. Jh. [17]) der Dialektik vorgeordnet blieb, diente die «kriegerische» Polemik ähnlich wie die mittelalterlichen Zweikämpfe zwischen Potentaten vor Gericht [18] weit mehr der Legitimation der bestehenden Trennung und der Durchsetzung der darauf basierenden Ansprüche [19] als einer sachgerechten Urteilsfindung, um zwischen vermeintlichen und wirklichen Gegebenheiten des christlichen Glaubens zu unterscheiden.

2. Als die konfessionelle Polemik im 17. Jh. begann, zur Überwindung der bloßen Konfrontation ihre eigene M. zu reflektieren, fand die methodisch geordnete Polemik zur p.M. Auf katholischer Seite begann man, sich wegen der Notwendigkeit einer gemeinsamen Basis auf die biblische Argumentation zu beschränken (Methodus Gonteriana [20], Veroniana [21] und Augustiniana [22]), oder man versuchte, auf dem Wege der Vernunft die wahre Kirche Christi zum Ausgangspunkt zu machen, die dann de jure und nicht nur vielleicht de facto im Besitz der Wahrheit sein müsse (z.B. Kardinal RICHELIEU [23], R. ARCHDEKIN [24] oder CH. LEOPOLD, bei dem der Begriff ‹Methodus polemica› im Buchtitel erscheint [25]). Die verschiedene Bewertung solcher Vernunftargumente einerseits und die Interpretationsbedürftigkeit strittiger Schriftstellen andererseits standen dem erhofften Erfolg im Wege. Dagegen scheint um die Wende des 17. zum 18. Jh. unter den (prot.) Hallenser Theologen, die im Zusammenhang mit der orthodoxen lutherischen Überlieferung Disputierübungen veranstalteten, die ursprüngliche Offenheit der scholastisch-dialektischen Methode neues Gewicht gewonnen zu haben, und zwar im Hinblick auf die Möglichkeit des eigenen Irrtums, der «haeresis interna», die dem biblischen «Balken» im eigenen Auge entspricht [26]. Diese Linie verläuft von J. W. BAJER, der

1686 eine antithetische Übersicht über die theologischen Lehrunterschiede zwischen Katholiken und Protestanten veröffentlichte, bis hin zu P. ANTON, der Bajer als seinen «Antecessor celeberrimus» [27] rühmte und die «Antithesis» als notwendig in der Natur desselben Subjekts verwurzelte Möglichkeit verstand, so daß er die Geschichte als einen antithetisch vorstellbaren Prozeß begreifen konnte [28]. Damit kam die alte christliche Bereitschaft, sich angesichts der eigenen «imbecillitas» [29] etwaigen besseren Argumenten der Gegenseite zu beugen [30], wieder zum Vorschein. Trotzdem setzte sich dieser Impuls zunächst nicht durch. V. E. LÖSCHER sprach 1724 zwar auch von den «malis ecclesiae internis», beschrieb dann aber detailliert, wie sich der «zelus polemicus» *positiv, oppositiv* und *aggressiv* in fünf verschiedenen Graden zu entfalten habe [31]. Die herkömmliche Polemik fand nach einem späten Versuch, sie «polemosophice» abzuhandeln [32], ihr vorläufiges Ende in der Form eines Literaturberichtes [33], ohne daß sie sich in eine «Irenik» [34] verwandelt hätte [35], die es neben der Polemik immer schon gegeben hat.

3. Während seines Studiums kam *I. Kant* durch das «Collegium Thetico-Polemicum et morale» seines Lehrers F. A. SCHULTZ mit der polemischen Theologie Hallescher Prägung in Berührung [36]. Es scheint, daß KANT auch selbst von «p.M.» gesprochen hat [37]; der Begriff der «polemische(n) Lehrart» [38] kann jedenfalls nach damaligem Sprachgebrauch für einen Teil des Bedeutungsumfanges als synonym gelten [39]. In späten Texten bezeichnen «polemische Angriffe» [40] und «Artikel» [41] wie auch «polemische Stelle» [42] und «Behandlung» [43] die verkürzte oder verzerrte Wiedergabe einer nicht geteilten fremden Lehrmeinung und kritische Äußerungen dazu. Sich «polemisch mit seiner Philosophie an Andern zu reiben», heißt für Kant auch «zu *disputiren*» (= «durch Beweise» oder *objektive Begriffe* als Gründe» entscheiden [44]), was leicht zu Zank und Streit führe, aber trotzdem positiv beurteilt wird [45]. Scheinbar in die gleiche Richtung geht die frühe Vorlesungsankündigung, bereits «abgehandelte Sätze polemisch» zu «betrachten» [46], wenn es zutrifft, daß diese Übung als «Disputatorium» gehalten wurde [47]. Dazwischen steht jedoch eine lange Entwicklungsgeschichte, die sich in drei unscharf ineinander übergehende Phasen einteilen läßt und mit Kants Weg zur Transzendentalphilosophie eng verknüpft ist. Zunächst hielt er die Disputation («Dialectica eristica» [48]) für ein brauchbares Instrument zur Wahrheitsfindung, das nur wegen seiner unzulänglichen Handhabung wenig Erfolg zeige [49]. Auf der Suche nach einem «gewissen Mittelsatz», «der beiden Parteien in gewisser Maße Recht läßt», wollte er bei kontroversen Thesen die Verteidigung des Gegensatzes «aufs höchste treiben», um der sich so vielleicht abzeichnenden Wahrheit zu größerer Überzeugungskraft zu verhelfen [50]. In diesem Sinne war er bemüht, «alle erdenkliche Standpunkte» zugleich in den Blick zu bekommen, die einander wechselweise ergänzen sollten [51]. Dabei stellte er fest, daß die «demonstratio oppositi» besonders geeignet war, scheinbar strenge metaphysische Beweise als Fehlschlüsse zu entlarven [52]. Vorsichtiger geworden, versuchte er dann «gantz ernstlich, Satze zu beweisen und ihr Gegentheil», ohne dabei seine eigenen «Producte» zu schonen, um einer vermuteten «illusion des Verstandes» auf die Spur zu kommen [53]. Der Begriff der «methodus sceptica» scheint sich nach seinem Aufkommen bei Kant unter dem Stichwort «Antithesis» [54] in einer Übergangszeit mit dem des polemischen Verfahrens zu dek-

ken: Gründe und Gegengründe sind «in gleiche stärke zu versetzen» [55]; Einwurf und Retorsion dienen dazu, «die Schranken des Verstandes besser zu bestimmen» [56]. Die Konsolidierung der kritischen Phase gestattet es schließlich, die beiden Begriffe wieder einigermaßen voneinander zu unterscheiden. Die «philosophische» Dialektik bringt für Kant gegenüber der sophistischen die «auflösung des Scheins», indem sie als Propädeutik «problematisch» «die Gegentheile» mit einschließt und skeptisch «die Qvellen des Scheins anzeigt» [57]. Der «Krieg» ist zum «Proceß» geworden [58]. Die p.M. bleibt als vorletzte Stufe vor der Urteilsfindung gleichwohl präsent, während sie in eigener Gestalt nur noch auftritt, wenn es gilt, gegen «entgegengesetzte transscendente Anmaßungen» [59] dogmatischer Scheingründe eines Gegners, der auch «jederzeit in uns selbst» zu suchen ist, mit defensiven «Kriegswaffen» [60] vorzugehen: daß man sich also «ins Gefecht einließe und mit Beweisgründen zu entgegengesetzten Behauptungen bewaffnete» [61], um durch gleichfalls dogmatische Verteidigung fiktiver Gegenhypothesen (= «skeptisches Polemisiren» [62]) den Gegner «stutzig» [63] zu machen und so für eine «reife Kritik» [64] zu öffnen. Im «Felde der reinen Vernunft» gibt es «keine eigentliche Polemik mehr», die Kombattanten sind als «Luftfechter» entlarvt [65]. Aber auch die skeptische M., die die polemische voraussetzt, wird als bloße «Neutralität» [66] in letzter Konsequenz von der «Kritik der reinen Vernunft» umgriffen, dem «wahren Gerichtshof», der die «Sentenz» fällt über Streitigkeiten, in die er selbst «nicht mit verwickelt» ist [67], da er der Polemik der «Parteien» [68] enthoben bleibt.

Anmerkungen. [1] Vgl. Art. ‹Polem. Theol.›, in: J. H. ZEDLERS Großem Universal-Lex. 28 (1741) 1079-1100, hier: 1087f.; auch Art. ‹M.› (Widerlegungs-) *Methodus polemica* oder *elenctica* a.O. 20 (1739) 1337. – [2] = hypothesis primaria vgl. J. F. STAPFER: Inst.es Theol. polem. Praef. 1 (1773) 13ff.; = error capitalis vgl. P. M. GAZZANIGA: Theol. polem. 1 (Viennae 1778) 15. – [3] z.B. M. GRABMANN: Die Gesch. der scholast. M. 1 (1909) 67. 104. 105. 107; K. WERNER: Gesch der apol. und polem. Lit. der christl. Theol. 1-5 (1861-67), hier z.B. 1, IX. X. XII. – [4] GRABMANN, a.O. 138. – [5] 1. Kön. 18, 17 als Motto auf dem Titelbl. bei GAZZANIGA, a.O. [2]. – [6] ZEDLER, Art. ‹Polem. Demonstration› a.O. [1] 28, 1079. – [7] ARISTOTELES, Top. 100 a. – [8] Soph. El. 172 a. – [9] Top. 159 a. – [10] Top. 161 a; Soph. El. 171 b. – [11] PLATON, Euthyd. 271 c-272 b. – [12] GRABMANN, a.O. [3] 2 (1911) 20. – [13] a.O. bes. 13-24. 218-221. – [14] G. EBELING: Art. ‹Theol. u. Philos.› (II. Hist.), in: RGG³ 6, 789-819, hier: 799. 806. – [15] Vgl. L. WEBER: Das Distinktionsverfahren im mittelalterl. Denken und Kants skept. M. (1976); Überwindung eines scheinb. Widerspruchs durch eine relativierende «dritte Wahrheit» schon bei ANSELM VON CANTERBURY; vgl. GRABMANN, a.O. [3] 1, 333f. – [16] Vgl. GRABMANN, a.O. [3] 1, 33ff. 60ff. – [17] K. RAHNER: Art. ‹Dogmatik› (I. Kath.), in: LThK² 3, 446-454, hier: 446. – [18] W. SEAGLE: Weltgesch. des Rechts. Einf. in die Probl. und Ersch.-formen des Rechts (²1958) 137f.; Das Faustrecht als Vorbild der Polemik bei O. ZÖCKLER: Gesch. der Apol. des Christentums (1907) 195. – [19] H. FRIES: Ökumene statt Konfessionen? Das Ringen der Kirche um Einheit (1977) 110f.; Von der Polemik zum Dialog, in: Glaube und Kirche auf dem Prüfstand (1970) 267-297. – [20] Methodus Gonteriana, s. modus et ratio catholicis ex solo Dei verbo disputandi, primum a. R. P. J. GONTERIO conscripta ... (1618). – [21] Meth. Veroniana, s. brevis et perfacilis modus, quo quilibet ... potest solis Bibliis ... demonstrare. Auct. R. P. F. VERONIO Paris. S.J. Theologo ... (Paris 1619). – [22] A. & P. DE WALENBURCH: Methodus Augustiniana defendendi et probandi Fid. Cath., ex solo verbo Dei ... (³1660). – [23] Kard. A. J. DE RICHELIEU: Traité qui contient la M. la plus facile et la plus asservée (Paris 1651). – [24] R. ARCHDEKIN: Praecipuae Controversiae Fid. ad facilem methodum redactae ... (Lovan. 1671). – [25] CH. LEOPOLD: Panoplia, seu Methodus Polemica, qua brevissime redargui possunt Hodierni Rom. Eccl. Adversarii (1715).

– [26] Vgl. I. Ph. Trevner: Einl. zur 2. Aufl. von J. G. Bajeri Collatio doctrinae Pontificior. et Protestant. disputationibus XXVIII (²1705). – [27] P. Anton: Concilii Trid. adeoq. & Pontificior. doctr. publ. ... (1697) 8f. – [28] Vgl. N. Hinske: Kants Begriff der Antithetik und seine Herkunft aus der prot. Kontroversthéol. des 17. und 18. Jh. Arch. Begriffgesch. 16 (1972) 48-59. – [29] P. Abaelardus, Sic et Non, Prol. MPL 178, 1339. – [30] So Dionys. Alex. gegenüber den Millenaristen bei Euseb. Caes., Hist. Eccl. VII, 24. MPG 20, 695f. oder Augustin, Contra ep. Manich. n. 4. 14. 17. MPL 42, 175. 182f. – [31] V. E. Löscher: Antilatitudinarius, s. Statera articulor. fid. error. sonticor. et elenchi necessarii ... (1724) 72. 86ff. – [32] R. Scheffer: Dialectica orthod. s. parva Logica omnib. Catholicor. Scholis Polemosophice accomodata ... (1751). – [33] [F. S. Bock]: Lb. für die neueste Polemik ... (1782). – [34] Vgl. Platon, Leg. 729 d: ἀγώνων πολεμικῶν τε καὶ εἰρηνικῶν. – [35] Vgl. [G. Schwaiger]: Zwischen Polemik und Irenik. Stud. zu Theol. und Geistesgesch. des 19. Jh. 31 (1977). – [36] Vgl. Hinske, a.O. [28] 54ff. – [37] Th. G. v. Hippel: Lebensläufe nach aufsteigender Linie 2 (1779) 241. – [38] I. Kant, Refl. (= R.) 3442. Akad.-A. (= Ak.) 16, 839. – [39] Zedler, a.O. [1] 20, 1291-1338: Art. ‹M.›, hier: 1291. – [40] Kant, Ak. 7, 29. – [41] a.O. 8, 65. – [42] ebda. – [43] 8, 281. – [44] 5, 338. – [45] 8, 414. – [46] 2, 25. – [47] Vgl. E. Arnoldt: Möglichst vollst. Verzeichnis aller von Kant gehaltenen oder auch nur angekündigten Kollegia. Ges. Schr. 5 (1909) 173-343, hier: 186ff. – [48] Kant, Ak. 24/1/1, 490. – [49] a.O. 24/1/1, 296. 489f. – [50] 1, 32. 68; hier liegen nach B. Erdmann die «erste[n] Ansätze» des Kantschen «antinomische[n] Verfahren[s]» (Refl. Kants zur krit. Philos., 2: Refl. zur KrV, XXXIXf.; 5 Anm.). – [51] 10, 132. – [52] R. 4454 = Ak. 17, 557. – [53] a.O. 5037 = 18, 69; 5116 = 18, 95. – [54] 4275 = 17, 492. – [55] 2664 = 16, 458; vgl. 2650 = 16, 450. – [56] 5028 = 18, 65f.; vgl. 4469 = 17, 563. – [57] 4952 = 18, 39; 5004 = 18, 57; vgl. Ak. 9, 16f.: «Kunst des Scheins» = «Dialektik» od. «Disputirkunst». – [58] Ak. 3, 491. – [59] a.O. 3, 509. – [60] 3, 506. – [61] 3, 493. – [62] Ak. 3, 498. – [63] 3, 494. – [64] 3, 489. – [65] 3, 494. – [66] ebda. – [67] 3, 491f. – [68] 3, 345; vgl. G. W. F. Hegel, Sämtl. Werke, hg. Glockner 1 (⁴1965) 188f.

Literaturhinweise. K. Werner s. Anm. [3]. – M. Grabmann s. Anm. [3] 1. 2 (1909/11). – A. Meusel: Der Sinn der philos. Polemik bei Kant (1939). – Hegel und das Problem der philos. Polemik (Berlin 1942); Welcher Philosoph hat recht? Theorie der philos. Polemik (o.J.). – H. Saner: Kants Weg vom Krieg zum Frieden 1: Widerstreit und Einheit (1967). – R. Bittner: Die Bedeut. der Dial. Immanuel Kants (Diss. Heidelberg 1970).   A. Winter

Methode, scholastische. Kant versteht unter «scholastischer Methode» (sch.M.) die «scientifische M.», die im Unterschied zur «popularen» «von Grund- und Elementar-Sätzen ausgeht» [1]. Zwar verweist die Bestimmung eines Ausgangs von Grundsätzen auf die «Strenge M. des berühmten Wolf», d.h. auf «Feststellung der Prinzipien, deutliche Bestimmung der Begriffe, versuchte Strenge der Beweise» [2] und somit auf die Euklidische mathematisch-synthetische M., aber Kant scheint sch.M. in einem allgemeineren Sinn als wissenschaftliches Vorgehen zu verstehen, das auf «nur in populärer Absicht» notwendige «Beispiele und Erläuterungen» verzichtet. Daher kennzeichnet ein «scholastischer Vortrag» auch die ‹Kritik der reinen Vernunft› [3].

Während Kants Gebrauch des Ausdrucks verhältnismäßig unproblematisch war, beiläufig blieb und wohl kaum Verbreitung fand – W. T. Krug erwähnt ihn freilich noch in seinem Wörterbuch [4] –, wurde ‹sch.M.› ein Zentralbegriff der sich seit Mitte des 19. Jh. ausbildenden *Neuscholastik* (s.d.), die sich sowohl dem aufkommenden historischen Bewußtsein mit seinem Interesse auch für ‹Die Philosophie der Vorzeit› (Titel eines 1860 erschienenen Werkes von J. Kleutgen) verdankte als auch Resultat restaurativer kirchlicher Ideenpolitik war. Bereits 1863 verurteilte Pius IX. im ‹Syllabus oder Sammlung moderner Irrtümer› den Satz: «Die M. ..., mit der die alten scholastischen Lehrer die Theologie ausgebaut haben, entspricht nicht den Notwendigkeiten unserer Zeit und dem Fortschritt der Wissenschaften» [5]. Zwar ist der erste Gebrauch des Ausdruck ‹sch.M.› zur Bezeichnung der angeblich *einen* M. der Scholastiker noch nicht ermittelt, aber er war schon gebräuchlich, nachweisbar bei H. Schell (1889), F. Picavet (1896), in R. Eislers ‹Wörterbuch der philos. Begriffe› (²1904) und bei R. Seeberg (1906), bevor er Eingang in die gegen den Modernismus gerichtete Enzyklika ‹Pascendi› (1907) fand [6], der J. Richard mit einer Abhandlung ‹Actualité de la méthode scolastique› sekundierte [7].

Den so im Streit um die Legitimität der Neuscholastik bedeutsam und zum ideenpolitischen Begriff gewordenen Ausdruck ‹sch.M.› hat M. Grabmann übernommen und versucht, mit ihm die Geschichte der Scholastik historisch zu erschließen. Sein (nicht vollendetes) Hauptwerk: ‹Die Geschichte der sch.M.›, in zwei Bänden 1909 und 1911 erschienen, beginnt mit einer Definition: «Die sch.M. will durch Anwendung der Vernunft, der Philosophie auf die Offenbarungswahrheiten möglichste Einsicht in den Glaubensinhalt gewinnen ... In allmählicher Entwicklung hat die sch.M. sich eine bestimmte äußere Technik, eine äußere Form geschaffen, sich gleichsam versinnlicht und verleiblicht» [8].

Da die «Anwendung der Vernunft ... auf die Offenbarungswahrheiten» das Wesen und die Aufgabe der Theologie ausmacht, aber offensichtlich noch keine eigentliche M. philosophischen oder theologischen Vorgehens bezeichnet, ist diese «vorläufige Begriffsbestimmung» [9] zu leer und unbestimmt, um die im Mittelalter gelehrten und angewandten M.n in den Blick zu bekommen. Trotz der Fülle des Materials, das Grabmann in diesem Werk auch aus ungedruckten Quellen erschließt, hat sein Ansatz beim neuscholastischen Begriff einer sch.M. den Zugang zur Methodologie des Mittelalters mehr verstellt als eröffnet: Die auch für die Methodologie des Mittelalters zentralen Begriffe ‹Analyse› (resolutio) und ‹Synthese› (compositio) werden nicht behandelt; eine begriffsgeschichtliche Fragestellung fehlt, so daß auch der mittelalterliche Gebrauch des Wortes ‹M.› nur bei Johannes von Salisbury beiläufig erwähnt, nicht historisch untersucht wird [10].

Die historische Unkenntnis der M. scholastischer Philosophie spiegelt sich auch in der Methodologie der neuscholastischen Philosophie wider. J. Gredt unterscheidet in seinem Lehrbuch ‹Elementa Philosophiae Aristotelico-Thomisticae› als M. der Philosophie Kritizismus und Dogmatismus und vertritt den Dogmatismus als «nostra methodus» [11]. Dagegen hat J. Maréchal sich um eine «Transposition» des Thomismus in Ansatz und M. Kants bemüht [12], was dazu führte, die «subjektive» transzendentale M. Kants von der «objektiven sch.M.» abzuheben [13].

Von seiten der Historiker fand Grabmanns vage Bestimmung der sch.M. freilich bald Widerspruch. Nach M. de Wulf und M. Baumgartner trifft Grabmanns Definition nur auf die scholastische Theologie, nicht auf die scholastische Philosophie zu, und Baumgartner nennt die «Deduktion» im Sinne der «mathematischen M.» Euklids «die führende logische M.» der Scholastik [14]. Damit ist zweifellos eine der dem Mittelalter bekannten philosophischen M. genannt, aber die für die Scholastik charakteristische Verwendung der Syllogistik in topischer Invention (s.d.) und judikativer Analyse blieb unbeachtet und unbegriffen. Erst die neuere auch begriffsgeschichtlich orientierte historische Forschung hat die M. der Philosophie im Mittelalter wieder erschlossen [15], so daß nunmehr der Ausdruck ‹sch.M.› legitim nur noch im ‹Historischen Wörterbuch der Philosophie› seinen Ort hat.

Anmerkungen. [1] KANT, Logik § 115, Akad.-A. 9, 148. – [2] KrV B XXXVI. – [3] a.O. A XVIII. – [4] W. T. KRUG, Allg. Handwb. der philos. Wiss.en (1832-38) s.v. ‹M.›. – [5] H. DENZINGER: Enchiridion Symbolorum (^{26}1947) 1713. – [6] H. SCHELL: Kath. Dogmatik 1 (1889) XIV; F. PICAVET: Abélard et Alexandre de Halès, créateurs de la méthode scolast. (Paris 1896); EISLER (^{2}1904) s.v. ‹Scholastik›; R. SEEBERG: Art. ‹Scholastik›, in: Realencyklop. prot. Theol. u. Kirche, hg. A. HAUCK (^{3}1906) 707; Enz. ‹Pascendi›, in: Acta Sanctae Sedis 40 (1907) 636. – [7] J. RICHARD: Actualité de la méthode scolast. Rev. thom. 15 (1907/08) 770ff. – [8] M. GRABMANN: Gesch. der sch.M (ND 1961) 1, 36f. – [9] a.O. 28f. – [10] 2, 445f.; vgl. zum Fehlen der Termini ‹Analyse/Synthese› die Reg. – [11] J. GREDT: Elementa philosophiae arist.-thomist. (^{3}1921) 2, 52 (578). – [12] J. MARÉCHAL: Le point de départ de la mét. Cah. 5: Le Thomisme devant la philos. crit. (Brüssel/Paris ^{2}1949) bes. 71. 505. – [13] J. B. LOTZ: Die transzendentale M. in Kants ‹Kritik der reinen Vernunft› und in der Scholastik, in: Kant und die Scholastik heute, hg. J. B. LOTZ (1955) 40. – [14] M. BAUMGARTNER, in: FR. UEBERWEGS Grundriß der Gesch. der Philos. der ... scholast. Zeit (^{10}1915) 209f. – [15] Vgl. Art. ‹Analyse/Synthese› und ‹Methode›; ferner L. OEING-HANHOFF: Die M. der Met. im MA, in: Die Met. im MA, hg. P. WILPERT (1963) 71-91.

L. OEING-HANHOFF

Methode, skeptische. – 1. Der Begriff der skeptischen Methode (s.M.) geht auf KANT zurück. Seine strenge Bedeutung, wie sie spätestens für die Zeit nach Erscheinen der ‹Kritik der reinen Vernunft› (1781) charakteristisch ist, bestimmt sich durch drei Momente: a) durch ihr *Verfahren*, ihre Vorgehensweise, also die ‹M.› im buchstäblichen Sinne; b) durch ihren *Anwendungsbereich;* c) durch ihre *Zielsetzung.* Während die M. als solche mit dem Skeptizismus als Geisteshaltung gemein hat, markieren die beiden folgenden Momente ihre klare Abgrenzung von jedem definitiven Skeptizismus.

a) Das *Verfahren* der skeptischen oder zetetischen M. besteht im Unterschied zur dogmatischen M. [1] ganz allgemein gesprochen darin, daß man sich nicht von vornherein auf einen bestimmten Standpunkt versteift, sondern «die Argumente der Vernunft in ihrer größten Freiheit gegen einander auftreten läßt» [2], daß man also «gantz ernstlich» den Versuch macht, «Satze zu beweisen und ihr Gegentheil» [3], um «durch aufbietung aller Gründe *vor* und *dawieder* die Sache zum Spruch fertig zu machen» [4]. In weitestem Sinne heißt ‹s.M.› daher einfach soviel wie «pro und contra» [5] argumentieren und stimmt mit überlieferten Argumentationsformen überein. Diese weite Bedeutung erfährt nun aber durch die Annahme Kants, man könne bei bestimmten Fragen für beide Seiten Argumente *von gleichem Gewicht* ins Feld führen, eine wesentliche Zuspitzung. In einem engeren Sinne bedeutet ‹s.M.› demgemäß, «Gründe zusammt Gegengründen in gleiche stärke zu versetzen» [6], um so «einem Beweise einen andern und zwar eben so überzeugenden des Gegentheils zu opponiren» [7]. Die s.M. führt deshalb für Kant bei Fragen dieser Art zur Aufdeckung einer «transscendentalen antithetic», die «keine zufällige oder willkührliche» Antithetik (s. d.) ist, sondern «aus der Natur der Vernunft selbst» herrühre [8].

b) Der Ort dieser natürlichen oder transzendentalen Antithetik ist die Metaphysik oder genauer noch: eine bestimmte Disziplin derselben, die von CHR. WOLFF so genannte transzendentale Kosmologie [9]. Als den eigentlichen *Anwendungsbereich* der s.M. nennt Kant dementsprechend die «Transzendentalphilosophie» [10] oder «Metaphysik» bzw. die «spekulativen Wissenschaften» [11], denen allein diese Methode «wesentlich eigen» sei [12]. In der Mathematik dagegen wäre ihr Gebrauch «ungereimt» [13]. Aber auch in der Experimentalphilosophie (Physik) und Moral ist sie mehr oder weniger entbehrlich, wenn nicht gar «übel angebracht» [14].

c) In bezug auf die *Zielsetzung* der s.M. wird man zwischen unmittelbarer und mittelbarer bzw. zwischen konkreter und allgemeiner Absicht unterscheiden müssen. Erstes und *unmittelbares* Ziel der s.M. ist es, bei einem Streit einander entgegengesetzter Behauptungen «den Punkt des Mißverständnisses zu entdecken» [15]. Dieses erste, ganz konkrete Ziel hängt bei Kant aufs engste mit seiner Überzeugung zusammen, daß die Argumente pro und contra bei bestimmten Streitfragen von gleichem Gewicht seien; eben dieser Umstand läßt nämlich zumindest «vermuthen» [16], daß beide Seiten gleichermaßen von einer falschen bzw. «grundlosen Voraussetzung» [17] ausgehen, die man sich am sichersten mit Hilfe der s.M. entdecken könne. Aus diesem Grunde gehört jene «Zweckbestimmung» [18] auch untrennbar zu dem strengen, kritischen Begriff der s.M. hinzu.

Dieses unmittelbare Ziel dient jedoch der *weiteren* Absicht, sich darüber Klarheit zu verschaffen, ob der «Gegenstand» eines solchen Streites «nicht vielleicht ein bloßes Blendwerk sei, wornach jeder vergeblich haschet» [19], eine «illusion ..., die der Menschlichen Vernunft wiederfährt, wenn sie das subiective mit dem obiectiven und die sinnlichkeit mit der Vernunft vermengt» [20], um auf diesem Wege «die richtigkeit unserer Begriffe und voraussetzungen zu prüfen» [21], «die Schranken des Verstandes besser zu bestimmen» [22] und gegebenenfalls die «Anmaßungen der reinen Vernunft in Ansehung der Bedingungen der Moglichkeit aller Dinge» zurückzutreiben [23]. Das aber bedeutet zugleich: die s.M. mündet bei Kant in letzter Konsequenz in die kritische M. selber. – Mit dem Gelingen eines solchen Versuches aber wären zugleich auch die skeptischen Konsequenzen jenes antithetischen Streites abgebogen, so daß die *letzte und allgemeinste* Absicht der s.M. – in diametralem Gegensatz zu jeder Form von definitivem Skeptizismus – nicht etwa darin besteht, «eine Zweifellehre zu errichten» [24], sondern «auf Gewißheit» geht [25]. Der Kant der ‹Kritik› unterscheidet daher ausdrücklich zwischen «scepticismus (in sensu obiectivo)» und «methodus sceptica» [26] bzw. zwischen «skeptischer Philosophie» und «s.M.» [27]. Die letztere ist von der «skeptischen Hoffnungslosigkeit» nicht weniger weit entfernt als von dem «dogmatischen Trotz», der «den Kopf steif auf gewisse Behauptungen» setzt, «ohne den Gründen des Gegenteils Gehör und Gerechtigkeit widerfahren zu lassen» [28].

Neben dieses Zielsetzungen im Felde der theoretischen Philosophie dient die s.M. aber auch *praktischen* Zwecken. So weist Kant z. B. auf den Nutzen hin, den ein solches Verfahren indirekt für die praktische Philosophie und die Theologie mit sich bringen kann: «Dadurch bekommen alle Urtheile der Gesunden Vernunft in Ansehung der Welt und des practischen ihr großes ansehen» [29]. Nicht unwichtig ist in diesem Zusammenhang schließlich auch ihre Bedeutung für die Freiheit der Meinungsäußerung: «Itzt ist iedem Gedanken durch die sceptische M. freyes Thor erofnet» [30].

Anmerkungen. [1] I. KANT: Nachricht von der Einrichtung seiner Vorles. in dem Winterhalbenjahre von 1765-1766 (1765) 6; vgl. DIOGENES LAERTIUS: De clarorum philosophorum vitis, dogmatibus et apophthegmatibus libri decem, hg. K. G. COBET (Paris 1878) 1, 16. – [2] I. KANT: KrV (²1787) 535. – [3] Refl. 5037. Akad.-A. 18, 69. – [4] Refl. 2650 a.O. [3] 16, 450. – [5] Immanuel Kant's Vorles. über die Met., hg. K. H. L. PÖLITZ (1821) 13; vgl. TH. G. V. HIPPEL: Lebensläufe nach Aufsteigender Linie (1779) 2, 227. – [6] KANT, Refl. 2664 a.O. [3] 16, 458. – [7] Refl. 4454 = 17, 557. – [8] Refl. 4985 = 18, 52. – [9] CHR. WOLFF: Cosmol. generalis (²1737) § 1; vgl. N. HINSKE: Die hist. Vorlagen der Kantischen Transzendentalphilos. Arch. Begriffsgesch. 12 (1968) 98ff. – [10] a.O. [2] 452. – [11] KANT, Vorles. über philos. Enzyklop., hg. G. LEHMANN (1961) 52. – [12] a.O. [2] 452. – [13] ebda. – [14] a.O. [11] 52. – [15] a.O. [2] 452. – [16] Refl. 5037 a.O. [3] 18, 69. – [17] a.O. [2] 513. – [18] R. BITTNER: Über die Bedeutung der Dialektik Immanuel Kants (Diss. Heidelberg 1970) 56; vgl. L. WEBER: Das Distinktionsverfahren im ma.lichen Denken und Kants s.M. (Diss. Mainz 1976) 81ff. – [19] KANT, a.O. [2] 451. – [20] Refl. 5015 a.O. [3] 18, 60f. – [21] Refl. 5639 = 18, 277. – [22] Refl. 5028 = 18, 66. – [23] Refl. 4469 = 17, 563. – [24] Refl. 5037 = 18, 69. – [25] a.O. [2] 451. – [26] Refl. 4275 a.O. [3] 17, 492. – [27] a.O. [11] 53; vgl. KrV a.O. [2] 451f. – [28] 434. – [29] Refl. 4469 a.O. [3] 17, 563. – [30] Refl. 5028 = 18,66.

2. Die Motive und Anstöße, die KANT zur Entwicklung seiner s.M. veranlaßt haben, sind außerordentlich vielschichtig und lassen zugleich eine Reihe von Traditionen erkennen, die man bis zu einem gewissen Grade als *Vorläufer* der s.M. betrachten kann. Vor allem sind hier zu nennen:

a) Kants langjährige Beschäftigung mit den großen inhaltlichen Streitfragen der Metaphysik, bei denen sich gerade im 18. Jh. – wie insbesondere H. Heimsoeth gezeigt hat [1] – oft diametral entgegengesetzte Auffassungen gegenüberstanden;

b) Kants frühe Überzeugung, daß jeder ernsthafte Dissens in diesen Fragen auf eine falsche Voraussetzung zurückgehe, auf ein bloßes, undurchschautes «Vorurteil», das beiden Parteien gemeinsam sei, so daß dessen Aufdeckung automatisch auch zur Beilegung des Streites führen müsse [2];

c) die Forderung der deutschen Aufklärung nach einer unparteiischen Prüfung auch der Gründe der Gegenseite, «damit der Verstand in seinem Gleichgewichte wenigstens sich so lange erhalte, bis er Zeit gewonnen hat, die Umstände, den Beweis, und das Gegenteil in genugsamer Prüfung kennen zu lernen» [3];

d) die antithetische oder polemische M. der protestantischen Kontroverstheologie, die Kant noch während des Studiums durch das «Collegium Thetico-Polemicum» [4] von F. A. SCHULTZ kennengelernt hat und die er später gelegentlich mit der s.M. gleichzusetzen scheint [5], obwohl sie sich, streng genommen, darin unterscheiden, daß die s.M. nach dem «Grundsatz der Neutralität» [6] die Gründe für beide Seiten zu entwickeln trachtet, während die polemische, die bis zu einem gewissen Grade «noch dogmatisch» ist [7], den schon vorgebrachten Gründen der einen Seite nur die Gründe der Gegenseite entgegenzuhalten sucht [8];

e) Kants Beschäftigung mit den Skeptikern, an erster Stelle wohl mit MONTAIGNE, die gleichfalls noch bis in die Zeit seines Studiums zurückreicht [9], so daß hier nicht nur eine «sachliche Übereinstimmung» [10], sondern auch eine unmittelbare historische Beeinflussung anzunehmen ist;

f) Kants Auffassung, daß es im menschlichen Erkennen so etwas wie einen «dissensus» [11] oder «Streit subiectiver Gesetze» [12] gebe, ja daß die Vernunft selbst von gegenläufigen Gesetzen, von einer 'Antinomie' (s.d.) bestimmt sei. Wegen des engen sachlichen Zusammenhangs zwischen dieser Antinomienlehre und der s.M. bezeichnet man die letztere in der Kantforschung seit B. ERDMANN auch zuweilen als das «antinomische Verfahren» [13].

Anmerkungen. [1] H. HEIMSOETH: Atom, Seele, Monade. Hist. Ursprünge und Hintergründe von Kants Antinomie der Teilung. Abh. geistes- und sozialwiss. Kl. Akad. Wiss. Lit. Mainz (1960) Nr. 3; Zeitl. Weltunendlichkeit und das Problem des Anfangs. Zur Vorgesch. von Kants 1. Antinomie. Stud. zur Philos.-Gesch. Kantstud. Ergh. 82 (1961); Le contenu mét. de la 4e Antinomie de Kant, Etudes sur l'hist. de la philos. En hommage à Martial Gueroult (Paris 1965); dtsch. in: Stud. zur Philos. Immanuel Kants II. Kantstud. Ergh. 100 (1970); Zum kosmotheol. Ursprung der Kantischen Freiheitsantinomie. Kantstud. 57 (1966). – [2] N. HINSKE: Kants Weg zur Transzendentalphilos. Der dreißigjährige Kant (1970) 123ff. – [3] I. KANT: Gedanken von der wahren Schätzung der lebendigen Kräfte (1746) 173. – [4] Vgl. N. HINSKE: Kants Begriff der Antithetik und seine Herkunft aus der prot. Kontroverstheol. des 17. und 18. Jh. Arch. Begriffsgesch. 16 (1972) 55. – [5] Vgl. TH. G. V. HIPPEL, a.O. [5 zu 1] 2, 241. – [6] KANT: KrV (²1787) 784. – [7] K. NITZSCHKE: Das Antinomienproblem im Kantischen Denken. Seine Entwicklung und systematische Bedeutung (Diss. Gießen 1924) 19. – [8] KANT, a.O. [6] 782. – [9] Vgl. Kantiana. Beitr. zu Immanuel Kants Leben und Schr., hg. R. REICKE (1860) 49. – [10] R. BITTNER: Über die Bedeutung der Dialektik Immanuel Kants (Diss. Heidelberg 1970) 90. – [11] KANT: De mundi sensibilis atque intelligibilis forma et principiis (1770) 3. – [12] KANT, Refl. 4007. Akad.-A. 17, 383. – [13] B. ERDMANN: Die Entwicklungsperioden von Kants theoret. Philos., in: Refl. Kants zur Kritik der reinen Vernunft, hg. B. ERDMANN (1884) XXXVI u.ö.; vgl. A. RIEHL: Der philos. Kritizismus, Gesch. und System 1: Gesch. des philos. Kritizismus (²1908) 344.

Literaturhinweise. G. TONELLI: Kant und die antiken Skeptiker, in: Stud. zu Kants philos. Entwicklung. Stud. und Materialien zur Gesch. der Philos. 6, hg. H. HEIMSOETH u.a. (1967). – L. WEBER s. Anm. [18 zu 1] (Diss. Mainz 1976). – A. MEUSEL: Der Sinn der philos. Polemik bei Kant (1939). – H. SANER: Kants Weg vom Krieg zum Frieden (1967).

3. Eine Reihe von mehr oder minder authentischen Äußerungen KANTS legt den Schluß nahe, daß er über die einzelnen Momente, die für den kritischen Begriff der s.M. konstitutiv sind, *entwicklungsgeschichtlich* betrachtet erst verhältnismäßig spät zu definitiver Klarheit gelangt ist. Das gilt zunächst für die strenge Begrenzung des Anwendungsbereichs, die sich bei Kant erst gegen Ende der 1770er Jahre findet [1], und für die genaue Bestimmung der Zielsetzung der s.M. So dient nach manchen Erklärungen in Kants Logikvorlesungen ganz einfach dazu, «die Wahrheit zu finden» [2] bzw. «der Wahrheit auf diesem Wege auf die Spur zu kommen» [3]. In einer Anthropologievorlesung wiederum bezeichnet es Kant als Ziel oder Gewinn einer bestimmten «Art von Scepsis», seine Begriffe zu erweitern, «damit man aus höhern Grundsätzen als aus der Schulwissenschaft urtheilen kann» [4]. Nimmt man den Begriff der s.M. in einem derart weiten Sinne, so lassen sich selbst bei einzelnen Wolffianern, also den Vertretern des sogenannten Dogmatismus, interessante Vorbilder oder Parallelen, wenn nicht gar direkte Quellen aufzeigen [5].

Aber auch die scharfe Unterscheidung zwischen Skeptizismus und s.M. ist möglicherweise ein relativ spätes Resultat des Kantischen Denkens. In der ‹Logik Blomberg› (1771?) unterscheidet Kant stattdessen noch zwischen «Sceptischem» und «Dogmatischen Zweifel» [6] bzw. zwischen «Scepticismus problematicus, et Dogmaticus» [7]. Dagegen bezeichnet der «Scepticismus ..., oder die M. des Sceptischen Zweifels, da man in sich selbst ein Mißtrauen sezt, die gründe vor und wieder die Erkenntniß, welche man hat, überlegt, und auf diese Weise zur

völligen gewisheit derselben zu kommen Bemühet ist»
[8], zu diesem Zeitpunkt noch ein und dieselbe Haltung
und M. Eine Reihe von Kontroversen über Kants s.M.
läßt sich daher durch eine solche entwicklungsgeschichtliche Betrachtungsweise ohne größere Schwierigkeiten beilegen.

Anmerkungen. [1] I. KANT, Vorles. über philos. Enzyklop., hg. G. LEHMANN (1961) 52; vgl. dagegen Logik Blomberg 715. Akad.-A. 24, 212. – [2] Logik Pölitz 74. a.O. [1] 24, 557; Vorles. a.O. [1] 52. – [3] Immanuel Kants Logik, hg. G. B. JÄSCHE (1800) 131. – [4] Immanuel Kant's Menschenkunde oder philos. Anthropol., hg. F. CH. STARKE [= J. A. BERGK] (²1838) 214. – [5] Vgl. z. B. G. F. MEIER: Beytr. zu der Lehre von den Vorurtheilen des menschl. Geschlechts (1766) 109ff. – [6] KANT, Logik Blomberg 703f. a.O. [1] 24, 209. – [7] a.O. 724 = 24, 214; vgl. Refl. 4164 a.O. [1] 17, 440. – [8] Logik Blomberg 698 = 24, 208.

N. HINSKE

Methode, transzendentale. Der Ausdruck ‹t.M.›, der sich in Kants Werk *nicht* findet, wird seit RIEHL (1876) [1] und COHEN (1877) [2] vor allem von dem letzteren und seiner Marburger Schule des Neukantianismus zur Charakterisierung [3] der Philosophie Kants gebraucht, gleichbedeutend mit ‹kritischer Methode› [4]. Aus einem Begriff der Kantinterpretation ist dann eine Bezeichnung für mehrere sich an Kant anschließende philosophische Methoden geworden.

1. KANT: Nachdem in der Geschichte der Metaphysik, sofern sie überhaupt eine «scientifische» Methode [5] hatte, die dogmatische und die skeptische Methode befolgt worden sind, ist der «kritische Weg» [6] der allein gangbare [7]. So ist die Tafel der allgemeinen Grundsätze der Naturwissenschaft nach «kritischer Methode» [8] aus der Natur des Verstandes selbst abgeleitet. Diese «veränderte Methode der Denkungsart» [9] nimmt an, daß wir von den Dingen das a priori erkennen, was wir selbst in sie legen. Die Transzendentalphilosophie [10] als vollständiges System transzendentaler Erkenntnisse [11] ist von der «transzendentalen Kritik» [12] nur durch deren Unvollständigkeit in der Analysis [13] und Ableitung der Begriffe unterschieden. Sie hat die Zergliederung des Verstandesvermögens selbst [14] zur Aufgabe in der Absicht, den Ursprung und den berechtigten reinen Gebrauch der Verstandesbegriffe, also die Möglichkeit synthetischer Urteile a priori zu erkennen [15]. Die transzendentale Kritik untersucht also das «transzendentale Verfahren» [16] der Vernunft und gelangt zur Erkenntnis der Unerlaubtheit des transzendentalen Gebrauchs [17] der Kategorien. Ein «Traktat von der Methode» [18] ist die ‹Kritik der reinen Vernunft›, weil sie nur Umriß und inneren Gliederbau des Systems der Wissenschaft, diese aber vollständig, weil aus den Prinzipien a priori der Synthesis abgeleitet, enthält. Sie kann deshalb auch im ganzen als «Methodenlehre» [19] bezeichnet werden. Die «transzendentale Methodenlehre» als *Teil* der Kritik hingegen handelt nur von der Methode reiner Vernunfterkenntnisse [20] (im Unterschied zu den Erkenntnissen der Mathematik), und zwar ihrer Form und nicht, wie die Elementarlehre, ihrem Inhalte nach [21]. – Daß das eigentümliche Verfahren der Kantischen Philosophie als ‹t.M.› genommen werden konnte, ist eine Folge der Darstellungsweise der Ergebnisse der KrV in den ‹Prolegomena›. Denn diese sind nach analytischer M. abgefaßt, während die KrV nach synthetischer M. fortschreiten mußte, um ein System von begründeten Erkenntnissen zu sein. Die Rede von den «Bedingungen der Möglichkeit» von irgend etwas, die nach dem rezipierten Sprachgebrauch den Sinn transzendentaler Untersuchung ausmacht, ist nichts anderes als der Umschreibung der *analytischen* M.: «Analytische M. ... bedeutet nur, daß man von dem, was gesucht wird, als ob es gegeben sei, ausgeht und zu den Bedingungen aufsteigt, unter denen es allein möglich» [22]. Nimmt man, gestützt auf ihre Unbestrittenheit [23], die synthetischen Erkenntnisse a priori der reinen Mathematik und der reinen Naturwissenschaft als wirkliche Erkenntnisse, d.h. als ein «Factum» [24] an, so kann man, davon ausgehend, zu ihren Bedingungen zurückschreiten und in ihnen die Prinzipien auch der metaphysischen synthetischen Erkenntnisse finden.

2. Der später zum Grundbegriff der *Marburger Schule* [25] avancierte Ausdruck ‹t.M.› findet sich erstmals in ‹Kants Begründung der Ethik› (¹1877) [26]. COHEN identifiziert dort Mathematik und reine Naturwissenschaft mit der Erfahrung [27]. Von dieser Erfahrung gilt dann: «die Erfahrung ist gegeben; es sind die Bedingungen zu entdecken, auf denen ihre Möglichkeit beruht. Sind die Bedingungen gefunden, welche die gegebene Erfahrung ... in der Art ermöglichen, daß dieselbe als a priori giltig angesprochen ... werden kann, dann sind diese Bedingungen als die constituirenden Merkmale des Begriffs der Erfahrung zu bezeichnen ...» [28]. Dies ist nach Cohen der «Inhalt der t.M.» [29]. Die Erfahrung, deren Möglichkeit gemäß der t.M. untersucht wird, ist «eine in gedruckten Büchern wirklich gewordene Erfahrung» [30]. Entsprechend lehrt Cohen, daß Kant die «Anleitung» [31] zur t.M. aus dem Studium der Begründer der mathematischen Naturwissenschaft, genauer aus dem Nachdenken über NEWTONS ‹Principia› [32] empfangen habe. Das Charakteristische der t.M. ist demnach die Abhängigkeit der subjektiven Erkenntnisbedingungen vom faktisch erreichten Erkenntnisstand der empirischen Wissenschaften. Der «schlichte Gedanke» der t.M. lautet: «solche Elemente des Bewußtseins seien Elemente des erkennenden Bewußtseins, welche hinreichend und nothwendig sind, das Factum der Wissenschaft zu begründen und zu festigen. Die Bestimmtheit der apriorischen Elemente richtet sich also nach dieser ihrer Beziehung und Competenz für die durch sie zu begründenden Thatsachen der wissenschaftlichen Erkenntnis» [33]. – Nach einer Analogie zum Verfahren der theoretischen Philosophie als Erfahrungstheorie hat die Ethik nach Cohen von dem Begriff eines Systems moralischer Erkenntnisse auszugehen und von ihm aus auf seine formalen Bedingungen zurückzuschließen, die im Begriff des reinen Willens liegen, um von daher jenes System zu begründen [34]. Daß Kant in der Ethik nicht von einem Faktum der Wissenschaft ausgeht, wird in ‹Kants Begründung der Ethik› (¹1877) nur als Besonderheit dieses Teils der Kantischen Philosophie erörtert; in der ‹Ethik des reinen Willens› aber sieht Cohen darin einen schwerwiegenden Einwand, «daß Kant die Anwendung der t.M. hier fallen gelassen hat, daß er die Deduktion der Ethik nicht an der Rechtswissenschaft vollzogen hat wie die der Logik, an der Naturwissenschaft» [35]. Denn die Rechtswissenschaft sei das hier einschlägige Faktum einer Wissenschaft, von dem her die Ethik begründet werden müsse, in welcher wiederum das Recht wurzele. Jenes Kantische Versäumnis habe einen «unheilbaren Fehler in den Begriff der t.M.» [36] gebracht [37].

3. Cohens Kantinterpretation hat schulbildend gewirkt und bei Anhängern und Gegnern das Bild der Kantischen Philosophie bis heute bestimmt. COHEN und NATORP erklären: «Wer mit uns verbunden ist, der stellt sich

mit uns auf den Boden der t.M. ... Philosophie ist uns in allen ihren Fragen mit dem Faktum der Wissenschaft, wie sich dieses fortbildet, logisch verbunden» [38]. Ihre Philosophie ist eine Ausführung dieses Programms [39]. BAUCH [40] und CASSIRER [41], ebenso wie schon RIEHL [42] interpretieren Kant aus der Perspektive der t.M. MEDICUS [43] und SANDER [44] geben Anwendungen der t.M. auf historische Wissenschaften und Recht. Nach N. HARTMANN ist die von Cohen wieder zu Ehren gebrachte rückschließende und hypothetische t.M. ein «ewiges, weil unvermeidliches Element alles philosophischen Denkens» [45], das im wesentlichen mit Platons Hypothesisverfahren identisch ist [46]. HUSSERLS Verhältnis zur t.M. ist in dem Ausspruch angedeutet: «Meine t.M. ist die transzendentalphänomenologische» [47]. Kants t.M. [48], nach der neukantianischen Interpretation, deren regressiven [49] Charakter Husserl hervorhebt («Wie ist ... möglich?»), muß nach ihm verbessert werden, indem die Ursprünge der Geltung der Erkenntnis nicht mehr wie bei Kant in der vorausgesetzten Subjektivität mit ihren Vermögen und deren Umkonstruktion zum Zwecke der Erklärung der Naturwissenschaft gefunden werden [50].

Gegen die neukantianische Auffassung von t.M. erheben sich schon früh Bedenken. F. A. LANGE bemerkt, daß die Erklärung der Erfahrung aus etwas, das nur als Bedingung möglicher Erfahrung überhaupt Gültigkeit hat, eine «Tautologie» enthält [51]. SCHELER stellt fünf Hauptmerkmale der t.M. heraus, kritisiert die Unbestimmtheit des zugrunde gelegten Erfahrungsbegriffes und weist auf die Gefahr des Zirkels im Beweisverfahren der t.M. hin [52]. Durch sie werde die Philosophie zur bloßen «Eule der Minerva» der positiven Wissenschaft [53]. «Die t.M. verdoppelt den Erkenntnisprozeß in ganz unnötiger Weise» [54]. E. MARCUS macht geltend, daß das Transzendentale bei Kant den Gegenstand der Kritik und nicht ihre Methode [55] ausmacht und daß die nach Kant wesentlichen methodischen Erfordernisse einer Transzendentalphilosophie (Vollständigkeit, apodiktische Gewißheit der Ergebnisse) von Cohen gerade aufgegeben wurden [56]. ADICKES wendet ein, daß «Kants t.M.», da sie nur mit Rückschlüssen aus Gegebenem arbeite, nur zur Wahrscheinlichkeit der Hypothese gelangen könne [57]. Schließlich hat J. EBBINGHAUS 1924 gezeigt, daß die «sogenannte t.M.», die sich bei Kant nirgends findet, einen «getadelten [58], entschuldigten [59] und schließlich gar als unvermeidlich gebilligten [60] Zirkel» in der Beweisführung enthält, der besagt: «es gibt objektive Gültigkeit, wenn es objektive Gültigkeit gibt» [61].

4. Die Kantinterpretation Cohens hat seit MARÉCHAL (1923) ihre späten Fortsetzer und Umbildner in der neuscholastischen Philosophie der Gegenwart gefunden. Nach Maréchal führt eine vom phänomenalen Objekt ausgehende transzendentale Analyse zu den inneren Bedingungen der Möglichkeit des Objekts des Denkens als solchen. Diese Analyse hat zugleich die Bedingungen a priori der Erkenntnis des Objekts gemäß seinen Möglichkeitsbedingungen zum Thema. Dadurch sieht sich die t.M. an das erkennende Subjekt verwiesen, sofern es a priori das Objekt in seiner Möglichkeit bestimmt. Eine zu Ende geführte Analyse nach t.M. gelangt zu der Einsicht, daß die Objektivität der Objekte nur durch ihre «streng metaphysische Affirmation» erkennbar ist, d.h. nur durch ihre Beziehung auf eine transzendente Realität [62]. Diesen Ansatz Maréchals haben eine Reihe neuscholastischer Philosophen aufgegriffen und fortgeführt, u. a. A. MARC [63], B. J. F. LONERGAN [64] und E. CORETH [65], zum Teil in Auseinandersetzung mit Heidegger, wie K. RAHNER [66] und J. B. LOTZ [67].

Anmerkungen. [1] A. RIEHL: Der philos. Kritizismus (1876) 294; (^{2}1908). – [2] H. COHEN: Kants Begründung der Ethik (^{1}1877). – [3] RIEHL, a.O. [1] V; H. COHEN: Kants Theorie der Erfahrung (^{2}1885) 63. – [4] Vgl. W. WINDELBAND: Lb. der Gesch. der Philos. (^{15}1957) 457. – [5] I. KANT, KrV B 883f. – [6] a.O. B 884. – [7] ebda.; vgl. A XII. – [8] Akad.-A. 4, 308 (einziges Vorkommen in den von Kant veröffentlichten Schr.) – [9] KrV B XVIII. – [10] Vgl. Akad.-A. 1, 475. – [11] KrV B 25. B 80f.; vgl. B 151. A 109f.; Akad.-A. 8, 214. – [12] KrV B 26. B 353. B 526 u.ö. – [13] a.O. B 25f. B 27f. – [14] Vgl. B 303, wonach die Ontol. durch die Analytik des reinen Verstandes zu ersetzen ist. – [15] B 90f.; vgl. B 73. – [16] B 395. – [17] B 298. – [18] B XXII. – [19] B 108. – [20] B 740. – [21] ebda.; vgl. B 735. – [22] Akad.-A. 4, 276 n; vgl. B. BAUCH: Wahrheit, Wert und Wirklichkeit (1923) 360. – [23] KANT, Akad.-A. 4, 275. – [24] a.O. 274. 279. – [25] H. COHEN und P. NATORP, in: E. CASSIRER: Der krit. Idealismus und die Philos. des gesunden Menschenverstandes (1906) I. – [26] COHEN, a.O. [2] IV. 13. 15 u.ö. – [27] 24f.: «Die Erfahrung ist ... in Math. und reiner Naturwiss. gegeben.» In der 2. Auflage heißt es stattdessen: «Die Erfahrung ist ... in Newtons Wiss., in der math. Naturwiss. gegeben» a.O. [2] (^{2}1910) 32; vgl. H. DUSSORT: L'école de Marbourg (Paris 1963) 103f. – [28] COHEN, a.O. [2] 24. – [29] ebda. – [30] 27. – [31] Das Princip der Infinitesimalmethode und seine Gesch. (1883) IV. – [32] Kants Theorie der Erfahrung (^{2}1885) 67. – [33] a.O. 77; vgl. a.O. [31] 119f. und a.O. [2] 146. – [34] a.O. [2] 167; vgl. 162f. – [35] Ethik des reinen Willens (^{2}1907) 227; vgl. a.O. [2] (^{2}1910) 382. – [36] Ethik ... a.O. [35] 227. – [37] Für die Anwendung der t.M. auf die Kunst vgl. Kants Begründung der Ästhetik (1889) 144. – [38] a.O. [25] I; vgl. P. NATORP: Kant und die Marburger Schule. Kantstudien 17 (1912) 196. – [39] H. COHEN: System der Philos. (1902, 1904, 1912); vgl. P. NATORP: Die log. Grundl. der exakt. Wiss. (1910). – [40] B. BAUCH: Immanuel Kant (1917) bes. 130-152. – [41] E. CASSIRER: Kants Leben und Lehre (1918) bes. 182. – [42] A. RIEHL: Der philos. Kritizismus (^{2}1908). – [43] F. MEDICUS: Kant und Ranke. Kantstudien 8 (1903) 129-192. – [44] F. SANDER: Die t.M. der Rechtsphilos. und der Begriff des Rechtsverfahrens. Z. öffentl. Recht 1 (1919) 468-507. – [45] N. HARTMANN: Systemat. Methode. Logos 3 (1912) 125; vgl. 130. 128. – [46] a.O. 126; Platos Logik des Seins (1909, ND 1965) 215; vgl. H. COHEN: Platons Ideenlehre und die Math. (1878) in: Schr. zur Philos. und Zeitgesch. (1928) 1, 350. – [47] E. HUSSERL, Husserliana 7, 382. – [48] a.O. 401. 285f. 370 u.ö. (im Plural: 385); Husserliana 6, 451. – [49] a.O. [47] 370. 373. 197. – [50] 401. – [51] F. A. LANGE: Gesch. des Materialismus (^{7}1902) 2, 131. – [52] M. SCHELER: Die transzendentale und die psychol. M. (1900, ^{2}1922) 37-41. 52. 114. – [53] a.O. 56f. – [54] 59. – [55] Nicht im Gegensatz zu KANT, Akad.-A. 21. 85f. – [56] E. MARCUS: Hermann Cohens ‹Theorie der Erfahrung› und die KrV. Altpreuß. Mschr. 47 (1910) 392-395. – [57] E. ADICKES, in: Die dtsch. Philos. in Selbstdarstell. (1921) 2. 10. – [58] Vgl. H. VAIHINGER: Comm. zu Kants KrV 2 (1892) 338. – [59] Vgl. R. KRONER: Von Kant bis Hegel 1 (1921) 73-76. – [60] Vgl. M. HEIDEGGER: Die Frage nach dem Ding (1962) 174; vgl. Kant und das Problem der Met. (^{2}1951) 123. – [61] J. EBBINGHAUS: Kantinterpretation und Kantkrit., in: Ges. Aufs. Vortr. und Reden (1968) 6; vgl. Art. ‹Cohen, Hermann›, in: The Encycl. of Philos. 2, 126. – [62] J. MARÉCHAL: Le point de départ de la mét. 3 (Brüssel ^{3}1944) 109-124; 5 (^{2}1949) 318. – [63] A. MARC: Dialectique de l'affirmation (Paris 1952). – [64] B. J. F. LONERGAN: Insight (London 1957). – [65] E. CORETH: Met. (1961); Met. als Aufgabe, in: Aufgaben der Philos. (1958). – [66] K. RAHNER: Geist in Welt (^{2}1957). – [67] J. B. LOTZ: Metaphysica operationis humanae methodo transcendentali explicata (Rom 1958); Die t.M. in Kants ‹KrV› und in der Scholastik, in: Kant und die Scholastik heute (1955).

Literaturhinweise. O. MUCK: Die t.M. in der scholastischen Philosophie der Gegenwart (1964). – J. EBBINGHAUS: Hermann Cohen als Philosoph und Publizist. Arch. Philos. 6 (1956) 109-122. – J. DE VRIES: Fragen zur t.M. Scholastik 40 (1965) 389-397. – Vgl. Anm. [1-3. 35. 52. 61f. 67].

M. BAUM

Methodologie (lat. methodologia, ital./span. metodologia, frz. méthodologie, engl. methodology). Der Terminus ‹M.› ist wie viele Disziplinbezeichnungen eine Erfindung der protestantischen Schulphilosophie des 17. Jh. Er findet sich wohl zuerst bei dem Königsberger Professor für Logik und Metaphysik M. EIFLER [1], dann bei seinem zeitweiligen Königsberger Kollegen A. KALAU (CALOVIUS) als Sektionstitel einer Sammlung seiner philosophischen Schriften, in die auch seine frühere Schrift ‹Methodus docendi et disputandi› eingegangen war [2]. Damit wurde der Gegenstand einer gerade hundertjährigen, außerordentlich lebhaften Methodendiskussion, die sich etwa zwischen J. ACONTIUS ‹De Methodo, hoc est de recta investigandarum tradendarumque artium ac scientiarum ratione› (1558) und DESCARTES ‹Discours de la méthode pour bien conduire sa raison et chercher la vérité dans les sciences› (1637) erstreckte [3], disziplinär fixiert.

Die Inhalte und Richtungen dieses Methodenstreites sind für das Schicksal des M.-Begriffes insofern von Belang, als sie auch seine vorwiegenden Verständnisse bedingt haben. Im Mittelpunkt stand immer die Interpretation und Aktualisierung der ‹Analytica posteriora› des ARISTOTELES, dabei vor allem die Sinngebung von Analysis und Synthesis bzw. Resolutio und Compositio. Hier war die für den M.-Begriff entscheidende Frage, ob es sich bei diesen Methoden um eine der Logik zugehörige Problemstellung handle oder nicht. Die Geschichte des M.-Begriffs kann entsprechend den vorwiegenden Einstellungen zu dieser Frage in folgende vier Phasen eingeteilt werden: 1. Erfindung des Terminus und daran anschließende Latenzphase bis um die Mitte der ersten Hälfte des 18. Jh., in der sich der Terminus nicht gegen konkurrierende Termini durchsetzt; 2. didaktische Verwendung des M.-Begriffs («Enzyklopädie und M.») in den Einzelwissenschaften seit der Mitte des 18. Jh., kulminierend um die Wende vom 18. zum 19. Jh.; 3. Einordnung des Problem- und Sachbestands der Logik unter dem Titel der Methodenlehre durch KANT und seine Schule seit Beginn und bis zum Ende des 19. Jh. 4. Neue Versuche der Verhältnisbestimmung von M., reiner Logik und Wissenschaftstheorie.

1. Der von Eifler und Kalau vorgeschlagene Disziplintitel ‹M.› setzt sich einstweilen nicht durch. Weder die Lexikographen noch die Philosophiehistoriker, auch wenn sie mehr oder weniger ausführlich über den Methodenstreit berichten, benutzen ihn. MORHOF wählt dazu den Titel ‹De methodis variis› [4]. Noch B. G. STRUWE handelt in seinem bibliographischen Handbuch von 1740 über «eos, qui rationem et methodum studii philosophici instituendi scripserunt», nur der Index des Werkes verzeichnet «Methodologi studii philosophici quinam praescripserint» [5]. Diese Tatsache läßt sich dadurch erklären, daß der metapraktische bzw. metakanonische Theorieanspruch der M. traditionellerweise durch die Logik selber, zumal durch die vorherrschende Ramistische Logik erhoben und durchgesetzt wurde, für die die zweiten Analytiken fester Bestandteil des Organon waren. Für diese Logiker war Methode das Mark der Logik selber: «Totius artis logicae medullam, facultatem omnium scientiarum ac demonstrationum principia inveniendi diiudicandique rationem» nannte sie O. GUNTHER 1586 [6], und noch MORHOF definiert Methode als «nihil aliud quam ordo, quo ex principiis ac nobis cognitis deducuntur incognita, sive id in scientiis sive in syllogismis fiat» [7], was zugleich die traditionelle Definition der Synthesis oder methodus compositiva war. So bestand kein Bedürfnis nach einer neuen Disziplin der Methodenreflexion neben der Logik bzw. Dialektik.

Das gilt gleicherweise, ja noch mehr, für die seit QUINTILIAN und GALEN bekannte Methodice bzw. Methodica [8], eine für das literarische Produzieren bzw. therapeutische Handeln regelgebende Disziplin. Daß die Logik bzw. Dialektik die entsprechenden Regeln für das Auffinden von Wahrheiten und ihren Beweis enthalte, gehörte genauso zum traditionellen Logikverständnis, und der Name selbst unterstrich – wie alle ‹-iken› diesen kanonischen Anspruch. Die Formen mit ‹-ik› gehen bekanntlich auf griechische Adjektive zurück und sind durch Techne bzw. Ars zu ergänzen, so insbesondere die trivialen Disziplinen, aber auch Mathematik, Arithmetik, Hermeneutik, Pädagogik, Kybernetik usw., die ursprünglich die Regeln für entsprechende Tätigkeiten bieten. So bestand auch für eine regelgebende Disziplin Methodica innerhalb der Logik kein Bedürfnis.

Und nicht zuletzt wählten solche Autoren, die die Logik durch tatsächlich oder angeblich neue Methoden bereichern wollten, spezifischere Bezeichnungen für ihre Anliegen und ließen auch dadurch einen Raum für eine M. Das begann schon mit des NIZOLIUS «vera ratio philosophandi» [9] und den neupythagoreischen Buchstaben- und Zahlenmanipulationen und -spekulationen der Lullischen Kunst, wie sie von PICO DELLA MIRANDOLA als «methodus cabbalistica», bei TH. OSIUS als «facultas sciendi per numeros», bei P. SCALICHIUS als «Revolutio alphabetaria», bei dem Jesuiten A. FICHET als «arcana methodus studiorum omnium» vorgetragen [10], ja von dem Jesuitenmissionar M. MARTINIUS alsbald auch mit dem konfuzianischen dualen Symbolsystem der Pa-kua in Verbindung gebracht [11] und schließlich durch LEIBNIZ' «ars combinatoria» einer seriöseren Behandlung zugänglich gemacht wurden. Auch daß BACON Methode «veluti scientiarum architectura» genannt [12] oder noch der Arzt TSCHIRNHAUS die Logik insgesamt als eine «Medicina mentis, sive tentamen genuinae logicae, in qua disseritur de methodo detegendi incognitas veritates» vorgestellt [13] hatten, lenkte die Aufmerksamkeit eher auf methodische Anleitungen für bestehende «praktische» Disziplinen als auf eine neu zu entwickelnde theoretische Metadisziplin der Methodenreflexion überhaupt.

Wesentlich zur einstweiligen Verdrängung des Terminus ‹M.› mag auch ALSTED beigetragen haben, der in seinen verschiedenen außerordentlich erfolgreichen enzyklopädischen Werken an der Stelle, wo man ‹M.› erwarten könnte, schlicht von den «praecognita disciplinarum» handelt. Hier bemüht auch er sich um die Konstitution neuer Disziplinen: die «Archelogia philosophica» als Lehre von den ersten Prinzipien alles Wissens, die «Hexilogia» als Lehre von den subjektiven Wissensbedingungen bzw. Vermögen, die «Technologia philosophica» als Doktrin vom Zusammenhang der Wissenschaften («series disciplinarum philosophicarum»; vgl. Art. ‹Technologie›) und schließlich die «Didactica philosophica» als regelanweisende Disziplin vom «studium philosophicum» [14]. Davon blieben die ersten drei Vorschläge ohne Widerhall: War doch Archelogie nur ein anderer Name für Metaphysik, Hexilogie machte der Anthropologie, Psychologie und der «Untersuchung des menschlichen Verstandes» Konkurrenz, und Technologie wurde alsbald von den Künsten und Handwerken als Titel ihrer Metatheorien reklamiert, die Sache aber zunächst von der Enzyklopädie, später von der Wissenschaftslehre bzw. -theorie vertreten. Nur die Didaktik als regelanweisende Disziplin des Studiums (und der Lehre) erwies sich als zukunftsträchtige Disziplin (vgl. Art. ‹Didaktik›), die dann auch für das Verständnis des M.-Begriffes in der zweiten Phase seiner Verwendung von ausschlaggebender Bedeutung wurde.

2. Es ist eine heute weithin vergessene Tatsache, daß die *Mitteilung* der erkannten Wahrheiten: Verstehen, Lernen und Lehre, sowie die zugehörigen Regeln noch bis zum Ende des 18. Jh. zum festen Bestand der Logik gehörten. Darüber wurde zumeist am Ende der Lehrbücher gehandelt, oder man teilte sie dem «praktischen Teil» oder der «Ausübung der Vernunftlehre» zu [15]. Da nun hermeneutische und didaktische Fragen in der neuzeitlichen Wissenschaft immer wichtiger wurden und eine ansehnliche Spezialliteratur erzeugten, machte sich auch das Bedürfnis geltend, die Logik davon zu entlasten. Das fiel all jenen leicht, die nicht mehr an die scholastische – und den Mathematikern und Naturwissenschaftlern bis heute sakrosankte – Fiktion glaubten, Lehre sei im Prinzip nichts anderes als Beweis und Demonstration. Da aber andererseits in der wissenschaftlichen Lehre niemals auf Beweis und Demonstration gänzlich verzichtet wurde – im Gegensatz zur «exemplarischen» Lehre und zum «nachahmenden» Lernen der handwerklichen und künstlerischen Tätigkeiten – blieb auch alles Didaktische eng mit der Logik verbunden. Die Lehr- und Studienmethoden wurden im Zeitalter der Aufklärung und Allgemeinbildung selber zum Paradigma angewandter oder praktischer Logik. Sie als solche einerseits von der reinen oder theoretischen Logik abzugrenzen, andererseits ihren logischen Charakter dennoch deutlich zu machen, erwies sich der Terminus ‹M.› als das geeignete Vehikel.

Wir finden dies Bestreben deutlich von dem Lexikographen J. G. WALCH im Artikel ‹M.› seines ‹Philosophischen Lexikons› von 1726 – dem ersten Lexikon, in dem ein solcher Artikel auftaucht – dokumentiert: «M. wird die Lehre von der Unterweisung, wie man andern seine erkannten Wahrheiten mittheilen soll, genennet, indem das Hauptwerk auf die Ordnung, nach welcher man seine Gedanken anderen fürstellet, ankommt. Sie heißt auch sonst *didactic*, und wird von den neuern Logicen-Schreibern in der Logic abgehandelt» [16]. Allerdings fährt er fort: «Wollte man das Wort ‹M.› im weiteren Sinne nehmen, so könnte man darunter überhaupt die Lehre von der Methode verstehen, sofern solche sowohl eine gewisse Ordnung im Meditieren, als in der Vorstellung der Meditation oder der Gedanken anzeige» [17]. Walch beruft sich hierbei auf CLAUBERG, THOMASIUS, J. LANGE, WOLFF, RÜDIGER u.a., die in ihren Logiken darüber gehandelt hätten. In der Tat trifft das für die Sache zu, nicht jedoch für das Wort ‹M.›. Dieses wandert vielmehr gänzlich in die Didaktik bzw. die allgemeinen Teile der wissenschaftlichen Lehrbücher ab, und man muß bis auf KANT warten, um in der Logik eine neue «Methodenlehre» entstehen zu sehen.

Die neue Kombination von didaktisch-«enzyklopädischer» Darbietung der Wissenschaften einschließlich ihrer logisch-methodischen Verfahrensregeln steht seit den 1760er Jahren unter dem stereotypen Titel der ‹Enzyklopädie und M.›. Diese beginnt wohl bei den Juristen [18], es folgen die Theologen [19], dann die Mediziner [20], schließlich die einzelnen Fächer der philosophischen Fakultät [21]. Die Philosophen selber, immer mehr aus der Propädeutik der höheren Fakultäten zurückgedrängt, bearbeiten dafür die «allgemeine Enzyklopädie und M.», nämlich aller oder der Wissenschaften schlechthin [22]. Für dieses Gebiet kam dann um die Wende zum 19. Jh. mehr und mehr die Bezeichnung ‹Hodegetik› oder auch ‹Wissenschaftslehre› in Gebrauch.

Wenngleich diese Bewegung der einzelwissenschaftlichen und allgemeinen Enzyklopädie und M. im ersten Viertel des 19. Jh. ihren Kulminationspunkt hatte, dann im Zeitalter des Historismus zugunsten der «Geschichte und Systematik» in der Wissenschaftslehrtradition zurücktrat, ist sie doch bis heute nicht gänzlich verschwunden.

3. Es kann als Ergebnis dieser massiven Didaktisierung des ganzen Wissenschaftsbetriebes der späten Aufklärung verstanden werden, daß sich im Bewußtsein der gebildeten Öffentlichkeit der Wissenschaftsbegriff selber mehr und mehr als «Lehre» definierte. Dies ist angesichts der wachsenden experimentellen und induktiven wissenschaftlichen Forschung der Zeit ein erstaunliches Faktum. KANT hat diesen Wissenschaftsbegriff geradezu kanonisiert, als er die bekannte Definition aufstellte: «Eine jede Lehre, wenn sie ein System, d.i. ein nach Principien geordnetes Ganze der Erkenntnis sein soll, heißt Wissenschaft» [23]. BOLZANO definiert 1837 Wissenschaft als den lehrbuchfähigen Bestand von uns erkannter Wahrheiten. Logik als «Wissenschaftslehre» wird ihm «eine Anweisung», «wie man bei der Zerlegung des gesamten Gebietes des menschlichen Wissens in einzelne Wissenschaften, und bei Abfassung zweckmäßiger Lehrbücher für diese letzteren vorzugehen habe» [24]. Damit wird ‹Lehre› zum deutschsprachigen Ersatz des griechischen Partikel ‹-Logie›, während sie vordem vorwiegend für ‹doctrina›, ‹axioma› u.a., d.h. in der Wortprägung ‹Lehrsatz› vorkam.

Diese Konstellation der Termini benutzt KANT, wenn er – wohl als erster – dort, wo man ‹M.› hätte erwarten können, von «Methodenlehre» spricht. Bekanntlich ist der zweite Teil der ‹Kritik der reinen Vernunft› eine «transzendentale Methodenlehre», die von der ‹Disziplin›, dem ‹Kanon›, der ‹Architektonik› und der ‹Geschichte› der reinen Vernunft handelt. Als eine «Bestimmung der formalen Bedingungen eines vollständigen Systems der Vernunft» steht sie neben der – weit ausführlicheren – «Elementarlehre» als der Lehre von den Materialien bzw. vom «Bauzeug» der Vernunft. Er gibt dazu die Erläuterung, daß er mit dieser transzendentalen M. «dasjenige in transzendentaler Absicht leisten [wolle], was unter dem Namen einer *praktischen Logik*, in Ansehung des Gebrauchs des Verstandes überhaupt in den Schulen gesucht, aber schlecht geleistet wird» [25].

Hier handelt es sich um den zweiten, diesmal erfolgreicheren Versuch, den Themen- und Problembestand der M. für die Logik zu reklamieren. Kant selbst gibt in seinen Logikvorlesungen das Beispiel, nach welchem dann die Logiklehrbücher, aber auch die allgemeinen und speziellen Wissenschaftslehrbücher aufgebaut werden: nämlich durch die Einteilung in «allgemeine Elementarlehre» und «allgemeine Methodenlehre» [26]. Indem er «die bloße Polyhistorie» – nämlich den «enzyklopädischen Teil der Lehrbücher» mit ihrem bloß «technischen», «aggregativen» Zusammenstückeln von Wissensbestandteilen «eine *cyklopische* Gelehrsamkeit, der ein Auge fehlt, das Auge der Philosophie», nennt [27], macht er die Enzyklopädie bei den Philosophen verdächtig und leitet zugleich eine Epoche der logisch-systematischen «Methodenlehre» ein. Für diese wird innerhalb der Logik alsbald auch wieder der alte Terminus ‹M.› verwendet.

Daß der Sprachgebrauch zunächst noch schwankend blieb, dokumentiert KRUG im Artikel ‹Methode› seines

‹Allgemeinen Handwörterbuches der Philosophie›, wenn er formuliert: «Es muß auch eine Methodik oder Methodenlehre (methodologia), d. h. eine Anweisung zur Auffindung der möglichst besten Methode in irgend einer Wissenschaft oder Kunst geben», und diese sei «im allgemeinen durch die Logik bestimmt» [28]. In seinem Handbuch der Philosophie, wo er explizit über «Methodenlehre» handelt, sucht er sie noch immer mit der Didaktik zu verbinden: «Die *philosophische Methode* ist theils Methode des Philosophierens selbst als einer besonderen Tätigkeit des menschlichen Geistes, theils Methode der Gestaltung der Philosophie als eines wissenschaftlichen Ganzen. Jene ist philosophische *Forschungs-* oder *Lehrmethode*, diese philosophische *Bildungs-* oder *Baumethode*. Die *philosophische Methodenlehre* ist also theils *didaktisch*, theils *architektonisch*» [29].

Obwohl diese kantische Einteilung der Logik in Elementar- und Methodenlehre geradezu einen Siegeszug durch die Logiklehrbücher machte [30] und auch im Ausland großen Anklang fand [31] – die außerordentlich wirkungsvollen Logikvorlesungen HAMILTONS übernahmen sie in der Einteilung der «pure logic» in «Stoicheiology-M.» [32] –, blieb sie doch nicht unwidersprochen. Gerade der Kantianer FRIES scheint zuerst die schlagendsten Argumente vorgebracht zu haben, die dafür sorgten, daß die M. allmählich wieder aus der reinen Logik zurückgedrängt und in die angewandte Logik verwiesen wurde. In seinem ‹System der Logik› spricht er zwar schon von der «herkömmlichen Trennung von Elementarlehre und Methodenlehre». Aber er rügt zugleich, daß durch diese Unterscheidung «alle wissenschaftliche Form der Methodenlehre zugeschrieben wird. Methode aber heißt ein Verfahren nach festen technischen Regeln; billig sollte also nur die *logische Technik*, als der letzte Teil der angewandten Logik *Methodenlehre* genannt werden» [33]. Folgerichtig umfaßt sie ihm daher die Verfahren der Gewinnung von Wahrnehmungserkenntnissen in Autopsie und Zeugnis, spekulativen Vernunfterkenntnissen, induktiven Erkenntnissen der «theoretischen Wissenschaften» (er meint: Naturwissenschaft), und – noch immer – die «Methode des Unterrichts» [34].

4. Damit knüpfte die logische Diskussion um die Methodenlehre wieder an die Tradition der logischen M. der ersten Hälfte des 18. Jh. an. Der Unterschied besteht in der Hauptsache darin, daß seit der ersten Hälfte des 19. Jh. nicht mehr der «Lehr»begriff, das didaktische Moment im Mittelpunkt der praktischen oder angewandten Logik steht, sondern ein Forschungsbegriff an seine Stelle tritt. Die wirkungsvollste Darstellung einer Logik, in der diese Problematik sehr ausführlich berücksichtigt wird, dürfte J. ST. MILLS ‹System of Logic, ratiocinative and inductive› [35] gewesen sein, dessen drittes Buch ‹Von der Induktion› eine komplette Wissenschaftstheorie der Naturwissenschaften, das sechste Buch eine solche der Geisteswissenschaften (moral sciences) enthält. Auch hier überwucherte wiederum angewandte Logik den reinen Teil. Wenn Mill auch den Terminus ‹M.› nicht verwendete, so rückte doch die von ihm behandelte Materie in deutschsprachigen Logikbüchern unter diesen Titel [36].

Sofern eine derartige M. der Wissenschaften als angewandte Logik verstanden wird, kann sie auch synonym mit ‹Logik› selber gebraucht werden, wie etwa von W. WUNDT, der unter dem Titel einer «allgemeinen Methodenlehre» (im zweiten Band der 1. Aufl. seiner Logik) die «Logik der Mathematik», «Logik der Naturwissenschaften» und die «Logik der Geisteswissenschaften» abhandelt [37]. In dieser Funktion werden im 20. Jh. ‹M.› und ‹Methodenlehre› weithin auch zum Synonym für den älteren Terminus ‹Wissenschaftslehre› bzw. den neueren ‹Wissenschaftstheorie› oder – im angelsächsischen Sprachbereich – der ‹philosophy of science› [38].

Man wird kaum umhin können, für die Gegenwart gerade in bezug auf Disziplinenbenennungen wiederum einen neuerdings erhobenen «vornehmen Ton» und eine gewisse Sprachverwilderung zu konstatieren, was sich auch und gerade auf ‹M.› und ‹Methodenlehre› bezieht. Nicht nur bestimmte Methoden und Techniken können so bezeichnet werden – wohl in Analogie zu ‹Technologie› –, sondern auch kanonische Regelanweisungen für wissenschaftliche Verfahren, die Theorie solcher Methoden als auch die der regelanweisenden «Methodiken», schließlich jede Art von logischer, wissenschaftstheoretischer oder allgemein philosophischer Betrachtung über Wissenschaft [39]. Nicht zuletzt erfreut sich auch die philosophiegeschichtliche Darstellung einschlägigen Materials der Klassiker unter diesem Titel zunehmender Beliebtheit [40].

Eine begriffsstabilisierende (LÜBBE) wissenschaftstheoretische Reflexion erscheint in diesem Bereich dringend vonnöten. Sie könnte eventuell von der in den traditionellen Disziplin- und Wissenschaftsbezeichnungen angelegten Unterscheidung von ‹x-ologien› und ‹y-iken› [41] ausgehen und müßte die Kriterien zur Unterscheidung von Methode (Verfahren), Methodik (Regelkanonik für bestimmte Methoden), Methodistik [42] (eventuell im Sinne einer Deontik wissenschaftlicher Verfahren überhaupt) und M. (Theorie aller dieser Bereiche) herausarbeiten. Die Beachtung der kontinuierlichen methodologischen Problemtradition im Ausgang von den Aristotelischen Zweiten Analytiken dürfte sich dabei besonders empfehlen [43].

Anmerkungen. [1] M. EIFLER: M. particularis Synthesin et Analysin thematicam proponens (1643, ²1653). – [2] A. CALOVIUS: Scripta Philos. VI (1651); nach M. LIPENIUS: Bibliotheca realis philos. (1682, ND 1907) 2, 931. – [3] Vgl. J. ACONTIUS: De Methodo/Über die Methode, lat./dtsch. hg. L. GELDSETZER, in: Instr. philos. Ser. herm. IV (²1582/1971) Einl.; dazu auch N. W. GILBERT: Renaissance concepts of method (London/New York 1960) mit reicher Lit. – [4] D. G. MORHOF: Polyhistor lit. philos. et practicus II, 7, hg. J. J. SCHWAB (⁴1747, ND 1970) 385. – [5] L. M. KAHLE: Bibl. Philos. Struwiana, neu hg. in: Instr. Philos. Ser. Indices Libr. V (⁵1740, ND 1970) 249. 447. – [6] O. GUNTHERUS: Methodorum tractatus 2 (1586). – [7] MORHOF, a.O. [4] 386. – [8] QUINTILIAN, Inst. I, 9, 1; vgl. Thes. ling. lat. 8, 880; B. FABER: Thes. eruditionis scholasticae, hg. GESNER (1735) 1222, der sich für die «certa medendi ratio» auf ISIDOR beruft. – [9] M. NIZOLIUS: De veris principiis et vera ratione philosophandi (Parma 1553), hg. LEIBNIZ (1671, 1674). – [10] Vgl. MORHOF, a.O. [4] 394f. – [11] M. MARTINIUS: Hist. sinensis (1687); vgl. dazu MORHOF, a.O. [4] 395. – [12] FR. BACON: De dign. et augm. sc. VI, 2. – [13] E. W. V. TSCHIRNHAUS: Medicina mentis (²1695) 1; dtsch. übers., komm. hg. J. HAUSSLEITER (1963) 48. – [14] J. H. ALSTED: Comp. philos. exhibens Methodum, Definitiones, Canones, Distinctiones, et Quaestiones per universam philosophiam 1 (1626) 7-34; Encyclopaedia septem tomis distincta 1/I (1630, Lyon ²1649). – [15] Vgl. etwa die Logiken von CHR. THOMASIUS, CHR. WOLFF, J. P. DE CROUSAZ, J. G. HEINECCIUS, S. CHR. HOLLMANN u.a. bis auf J. G. H. FEDER; genaue Angaben bei W. RISSE: Die Logik der Neuzeit 1. 2 (1964/70); Bibliogr. Logica 1. 2 (1965/73); zur hermeneut. Seite der Logiken vgl. L. GELDSETZER: Logik der Interpretation, in: 9. Dtsch. Kongr. Philos. Düsseldorf 1969 (1972) 117-130. – [16] J. G. WALCH: Philos. Lex. (1726, ND 1968) 1791; vgl. Art. ‹Methode›, in: ZEDLERS Großem vollst. Universal-Lex. 20 (1739, ND 1961) 1291ff. – [17] ebda. – [18] J. ST. PÜTTER (1767), J. F. GILDEMEISTER (1783), A. F. SCHOTT (1794), W. GL. TAFINGER (1794), E. L. A. EISENHART (1795), CP. CH. DABELOW

(1796), Gl. Hufeland (1797), K. Chr. Kohlschütter (1797), A. F. J. Thibaut (1797), Th. Schmalz (1801), Ch. F. Mühlenbruch (1807), K. A. Gründler (1809), K. F. Ch. Wenck (1810), I. Rudhardt (1812), F. Kämmerer (1816), J. N. Wening (1821), G. F. Puchta (1822), J. F. H. Abegg (1823), K. Th. Welcker (1829), E. F. Vogel (1829), L. Arndt (1843), K. Th. Pütter (1846), A. Viroszil (1852), K. v. Gareis (1887, [5]1920), E. Grüber ([5]1919) verfaßten jur. Werke, die ‹M.› im Titel führen; K. Gl. Rössing (1797), A. Lips (1813), Frh. v. Kronburg (1821) auf staatswiss. und G. F. Lamprecht (1785), P. Ph. Geier (1818) auf nationalök. Gebiet; nähere Lit.angaben bei U. Dierse: Enzyklop. Zur Gesch. eines philos. und wissenschaftstheoret. Begriffs. Arch. Begriffsgesch., Suppl. 2 (1977). – [19] J. Chr. Heckel (1778), F. Oberthür (1786), G. F. Wiesner (1788), P. St. Wiest (1788), J. F. W. Thym (1797), Cl. D. M. Dobmayer (1807), I. Thanner (1809), C. F. Stäudlin (1821), M. A. F. F. Karg (1822), A. H. Niemeyer (1830), J. F. L. Danz (1832), K. R. Hagenbach (1833, [12]1889), A. Büchner (1837), Gl. Chr. A. Harless (1837), J. M'Clintock (Cincinnati/New York 1873), J. P. Lange (1877), Ed. Vaucher (Paris 1878), F. D. Weidner (Rock Island 1885-91), H. Kihn (1892); genaue Titel vgl. Dierse, a.O. [18]. – [20] Ch. F. Reuss (1783), J. G. Reyer (1793), K. I. Dietz (1794), J. W. H. Conradi (1806), Th. A. v. Hagen (1806), Chr. F. Heusinger (1839); genaue Titel vgl. Dierse, a.O. [18]. – [21] J. H. Ch. Barby (1805), A. Matthiae (1835), A. Boeckh (1877, [2]1886), G. Körting (1884) und (1888) zur Philol.; G. Suckow (1837) zur Phys.; J. G. Droysen (1867, [3]1882, ND 1971) M. Topolski: The M. of Hist. (Dordrecht 1976) zur Gesch.; C. Chr. G. Wiss (1830), K. V. Stoy (1861, [2]1878) zur Pädagog.; genaue Titel vgl. U. Dierse, a.O. [18]. – [22] S. S. Witte (1793), C. Chr. E. Schmid (1810), C. A. Schaller (1812), J. J. Wagner (1821); im Anschluß an F. W. J. Schellings Vorles. über die Methode des akad. Studiums (1803): F. van Calker: Propäd. der Philos., in: M. der Philos. (1821); K. H. Schneider (1825); I. P. V. Troxler (1835); genaue Titel vgl. Dierse, a.O. [18]. – [23] I. Kant, Akad.-A. IV, 467. – [24] B. Bolzano, Wissenschaftslehre III, 4, § 322 (1837, ND 1930) 293. – [25] Kant, KrV A 708/B 736; zur Gesch. und Begründung dieser Unterscheid. vgl. H. Heimsoeth: Transzendentale Dial. Ein Komm. zu Kants KrV (1971) 646f. – [26] Kant, Logik, Akad.-A. IX. – [27] a.O. 45. – [28] W. T. Krug: Allg. Handwb. der philos. Wiss.en 1. 2 ([2]1833) 875. – [29] Hb. der Philos. und der philos. Lit., hg. L. Geldsetzer, in: Instr. Phil. Ser. Thes. III, Bd. I ([3]1828, ND 1969) 82. – [30] Beispiele: J. G. C. Chr. Kiesewetter; Schaumann; B. Erdmann; Chr. Sigwart: Logik 1. 2 (1873/78); W. Wundt: Logik 1. 2 (1880/83); 1-3 ([5]1919-24); G. Störring: Logik (1916); A. Drews: Lb. der Logik (1928); näheres vgl. Risse, a.O. [15]. – [31] Vgl. Ad. Franck: Art. ‹M.›, in: Dict. des sci. philos. (Paris [3]1885) 1106; E. Blanc: Art. ‹M.›, in: Dict. de philos. anc., mod. et contemp. (Paris 1909) 841; A. Lalande[7] 625. – [32] W. Hamilton: Lectures on logic, in: Lectures on met. and logic 3 (Edinburgh/London [2]1861-66, ND Stuttgart-Bad Cannstatt 1969) 68. – [33] J. F. Fries: System der Logik ([3]1837) 7. Sämtl. Schr., hg. G. König/L. Geldsetzer 7 (1971) 175. – [34] a.O. 387ff.; 7, 555ff. – [35] J. St. Mill: A system of logic, ratiocinative and inductive 1. 2 (London 1843). – [36] Vgl. Wundt, a.O. [30] 2: Methodenlehre (1883); ähnl. unter Berufung auf Mill: Störring, a.O. [30] bes. 2. Teil: Methodenlehre. – [37] Wundt, a.O. [30]. – [38] Vgl. etwa G. Frey: Philos. und Wiss. Eine Methodenlehre (1970); F. v. Kutschera: Wiss.theorie. Grundzüge der allg. M. der emp. Wiss. 1. 2 (1972); vgl. auch die int. Kongr. über «Logic, M. and philos. of sci.». – [39] Vgl. die Beitr. einer «Groupe d'Etudes du C.N.O.F.», in: M. Vers une sci. de l'action, red. R. Caude/A. Moles (Paris 1964). – [40] J. F. Ross: Aquinas and philos. M., in: Metaphilos. 1 (1970) 300-317; T. R. Girill: Galileo and Platonistic M., in: J. Hist. Ideas 31 (1970) 501-520; H. Schepers: Andreas Rüdigers M. und ihre Voraussetz. Kantstud. Erg.h. 78 (1959); A. I. Miller: On Lorentz' M. Brit. J. Philos. Sci. 25 (1974) 29-45; J. Ivanciu: La M. de l'hist. de la philos. chez Emile Bréhier. Rev. roumaine Sci. soc. Ser. Philos. et Log. 18 (1974) 57-69; A. Wellmer: M. als Erkenntnistheorie. Zur Wiss.lehre K. R. Poppers ([2]1973); F. Schupp: Poppers M. der Gesch.wiss. (1975); A. Kosing: Dialekt. Materialismus als allg. M. der Wiss.en. Dtsch. Z. Philos. (1965) 45-58; A. S. Cua: Refl. of M. in Chinese philos. Int. philos. Quart. 6 (1971) 238-248. – [41] Dazu L. Geldsetzer: Art. ‹Geisteswiss.›, in: H. Rombach (Hg.): Wiss.theorie 1 (Reihe Studienführer) (1974) 141-151. – [42] ‹Methodistik› stammt von J. Chr. A. Grohmann: Was heißt: Gesch. der Philos.? Neue Beitr. zur krit. Philos. 1 (1798) 12. – [43] J. M. Bocheński: Formale Logik ([3]1970) 4.

Literaturhinweise. L. Allende Lezama: La unidad de la filos. y de la ciencia en una M. universal. Methodos 4 (1952) 119-143. – E. Cannabrava: Elementos de M. filos. (1956). – K. Berka: Über die Beziehung von formaler Logik und M. Dtsch. Z. Philos. (Sonderh. 1965) 289-291. – E. Albrecht: Formale Logik und M. (1965) a.O. 292-299. – L. Geldsetzer: Begriffe und Ideale wiss. Philos., bes. Abschn. III: Die methodol. Begründ. wiss. Philos., in: Der Wiss.begriff, hg. A. Diemer: Stud. zur Wiss.theorie 4 (1970) 171-187. P. Apostol: An operat. demarcation of the domain of M. versus epistemology and logic. Dialectica 26 (1972) 83-92. – J. Kmita: The M. of sci. as a theoret. discipline. Soviet Stud. Philos. 12 (1974) 38-51. – A. Riska: M. and philos., in: Metaphilos. 3 (1972) 219-237. L. Geldsetzer

Metonymie (μετωνυμία, lat. immutatio, transnominatio, Umbenennung)

I. Das Wort μετωνυμία – verwandt mit dem Verbum μετονομάζω, umbenennen [1] – ist als ein grammatisch-rhetorischer Terminus erst in hellenistischer Zeit faßbar. Nach dem Zeugnis des Proklos [2] hat allerdings schon Demokrit im Rahmen seiner Sprachphilosophie über das Phänomen der Umbenennung reflektiert und das umbenannte Wort (nach einer überzeugenden Konjektur, die H. Diels am Proklos-Text vorgenommen hat [3]) mit μετώνυμον bezeichnet. Auch der Begriff der μεταφορά, wie ihn Aristoteles in der ‹Poetik› als ὀνόματος ἀλλοτρίου ἐπιφορά, als Übertragung eines fremden Wortes (auf einen sachverwandten Begriff) definiert [4] und dessen Bedeutung sich erst nacharistotelisch zur heutigen 'Metapher' verengt [5], entspricht bedeutungsmäßig teilweise der späteren μετωνυμία, wenn er auch einen größeren Bedeutungsumfang hat [6].

Dort, wo das Wort μετωνυμία selbst auftritt – wohl erstmals im 1. Jh. v. Chr. beim Grammatiker Tryphon(?) – ist es bereits ein terminologisch festgelegter Bestandteil eines kanonisierten rhetorisch-grammatischen Systems. Die M. ist als einer der Tropen (τρόποι, tropi) [7] ein Mittel zur farbigeren Gestaltung (κόσμος, ornatus) des Redestils: Sie besteht in der Setzung eines Wortes für einen mit ihm semantisch verwandten Begriff [8], z. B. ‹Mars› für ‹Krieg›, ‹Neptun› für ‹Meer› [9].

Diese Bedeutung des Wortes ‹M.› erhält sich auch bei den Rhetoren und Grammatikern der Folgezeit [10]. Die lateinischen Übersetzungen durch ‹immutatio› [11] und ‹transnominatio› [12] werden synonym zu μετωνυμία gebraucht. Auch im heutigen, meist linguistischen Sprachgebrauch bedeutet ‹M.› den übertragenen Gebrauch eines Wortes für einen mit ihm semantisch verwandten Begriff [13].

Anmerkungen. [1] Herodot 1, 94, 7; Thukydides 1, 122, 4; Platon, Theait. 180 a. – [2] Proklos, In Crat. 16, S. 5, 25 = VS 68 B 26. – [3] a.O. Z. 25. – [4] Aristoteles, Poetik 21, 1457 b 6f. – [5] z.B. Quintilian, Inst. orat. 8, 6, 8f. – [6] Arist., a.O. [4]; Rhet. 3, 10, 1411 a 1f. – [7] Tryphon, Περὶ τρόπων. Rhetores graeci, hg. Chr. Walz 8 (1885) 728; Isidor, Etymol. 1, 37, 8. – [8] Tryphon, a.O. 739. – [9] Cicero, De oratore 3, 42, 167. – [10] Orator 27, 93; Quintilian, Inst. orat. 8, 6, 23; Pseudoplutarch, Vita Homeri. Hom. opera, hg. Th. Allen (1912) 5, 240, 20. – [11] Cicero, De oratore 3, 54, 207; Quintilian, Inst. orat. 9, 1, 35. – [12] Diomedes, Ars grammatica. Grammatici lat., hg. Keil 1 (1857) 458, 13; Cassiodor, Expositio in Ps. 2, 3. MPL 70, 37 C. – [13] Der Gr. Duden 5 (Fremdwb.) (1960) 401; J. Marouzeau: Lex. terminol. linguist. (Paris [3]1951). A. Pronay

II. *Neuzeit.* – Nach dem Vorgang der antiken Rhetorik unterscheidet (mit G. B. Vico) auch die neuzeitliche *Stilistik und Rhetorik,* etwa C. Ch. Du Marsais, unter den Tropen als besondere Art der Übertragung (transposition) die M. (oder Hypallage), d.h. die Namensvertauschung (changement de nom) [1] zwischen Ursache und Wirkung, Stoff und Erzeugnis (z. B. ‹Glas› für Trinkgefäß aus Glas), Konkretum und Abstraktum (und umgekehrt), und ähnlichem (z. B. ‹Schule› für Schulgebäude). Als ihre Unterart wird die Synekdoche (pars pro toto, Art statt Gattung usw.) aufgefaßt.

In der neueren Sprachwissenschaft erscheint seit Ch. C. Reisigs Vorlesungen von 1826/27 [2] die M. gewöhnlich ebenfalls neben der Metapher, und zwar unter den Arten des Bedeutungswandels [3] bzw. – onomasiologisch gesehen [4] – unter den Arten der Bezeichnungsweise. Sie verdient als die häufigste und unauffälligste Form des Benennens mit Hilfe von Aufschlußwerten die besondere Aufmerksamkeit der Begriffsforschung, weil sie – anders als die Metapher, durch die zumeist (außer bei der Katachrese) Begriffe hinlänglich entfernter Sinnbezirke angesprochen werden – häufig störende und gerade wegen ihrer Unauffälligkeit mitunter für das Denken gefährliche Homonymien erzeugt (vgl. z. B. die verschiedenen Bedeutungen von ‹Sprache›) [5].

Von der Metapher hebt sich wie angedeutet die M. dadurch ab, daß sie nicht wie diese auf beziehungsstiftendem Vergleich, sondern auf bereits vorgegebenen Sinnberührungen [6], also wesentlich auf Kontiguität beruht [7], insofern in ihr «für das verbum proprium ein anderes Wort gesetzt wird, dessen eigentliche Bedeutung mit dem okkasionell gemeinten Bedeutungsinhalt in einer realen Beziehung ... steht» [8].

Zum Verhältnis von M. (im engeren Sinn) und Synekdoche läßt sich sagen: M.n reduzieren ein Abstraktum auf seinen körperlichen und greifbaren Kern (‹Herz› für Gefühle) [9]. Anders als die Synekdoche, die in der verschiedenen Bedeutungsausdehnung (extension) besteht, liegt in der M. eine unterschiedliche «compréhension» des Wortinhalts vor. In beiden jedoch konzentriert man sich auf *ein* Bedeutungselement und vernachlässigt andere (‹Sterblicher› für Mensch, ‹John Bull› für England) [10].

Darüberhinaus ist, ausgehend von der Beobachtung eines bestimmten Typs von Sprachstörungen, die M. als allgemeine Überführung eines Gegenstandes in einen anderen durch «Kontiguitätsoperation» (bei der Metapher durch «Similaritätsoperation») begriffen worden: in der Rede, im vornehmlich realistischen Stil, in Malerei, Film und Traum, also «bei jedem symbolischen Prozeß, gleichgültig ob es sich um einen intrapersonellen oder um einen sozialen handelt» [11]. Hier schließt sich die psychoanalytische Deutung an, die die M. als «Verschiebung» (déplacement) versteht, als «jenes Mittel des Unbewußten ..., das am besten geeignet ist, die Zensur [des Bewußtseins] zu umgehen» [12].

Anmerkungen. [1] G. B. Vico: Principi di una sci. nuova ... (Neapel ²1730); dtsch. E. Auerbach (1924, ND 1966) 170-175; C. Ch. Du Marsais, Des tropes ou des différens sens. Oeuvres 3 (Paris 1797, ND 1971) 66ff. – [2] Ch. C. Reisig: Vorles. über lat. Sprachwiss., hg. F. Haase (1839) Teil II: Semasiol. oder Bedeutungslehre, neubearb. F. Heerdegen (1890). – [3] Vgl. z. B. H. A. Hatzfeld: Leitfaden der vergl. Bedeutungslehre (1924); E. Wellander: Stud. zum Bedeutungswandel im Dtsch. 1-3 (Uppsala 1917/23/28) sowie Anm. [6-11]. – [4] Vgl. H. Konrad: Et. sur la métaphore (Paris 1939); F. Dornseiff: Bezeichnungswandel unseres Wortschatzes (1955) = 6. Aufl. von A. Waag: Bedeutungsentwickl. (1900). – [5] Vgl. H. Schwarz, in: H. Gipper/H. Schwarz: Bibliogr. Hb. zur Sprachinhaltsforsch. 1 (1962) XXIXf. XXXVff. XXXIXff. Lf. – [6] G. Esnault: L'imagination populaire. Métaphores occidentales (Thèse Paris 1925) 31; St. Ullmann: Semantics (Oxford 1962) 218; Grundzüge der Semantik (1967) 215; vgl. Ch. Bally: Linguistique gén. et linguistique française (Bern ³1950) 137. – [7] J. Dubois u.a.: Rhét. gén. (Paris 1970) 117ff. – [8] H. Lausberg: Hb. der lit. Rhet. (1960) 292; vgl. Th. Schippan: Einf. in die Semasiol. (1972) 169; H. F. Plett: Einf. in die rhet. Textanal. (²1973) 77. – [9] K. Burke: A grammar of motives (Berkeley u.a. 1969) 506. – [10] A. Henry: M. et métaphore (Paris 1971) 19. 23; M. in einem erweiterten Sinn als «reversal of a whole entity and one of its parts (more precisely, a part of one of its parts)» bei B. Campbell: Metaphor, M. and literalness. Gen. Linguistics 9 (1969) 149-166, zit. 160. – [11] R. Jakobson: Two aspects of language and two types of aphasic disturbances, in: R. Jakobson/M. Halle: Fundamentals of language (Den Haag/Paris ²1971) 69-96; dtsch. in: R. Jakobson: Aufsätze zur Linguistik und Poetik (1974) 117-141, zit. 133. 137; vgl. Poetik. Ausgew. Aufsätze 1921-1971 (1979) 192-211. – [12] J. Lacan: Écrits (Paris 1966) 505ff.; dtsch. Schr. 2 (1975) zit. 36.

Literaturhinweise. Ch. Bally: Traité de stylistique franç. (Heidelberg 1909); s. auch Anm. [6]. – F. Dornseiff s. Anm. [4] 71-87. – H. Lausberg s. Anm. [8]. – St. Ullmann s. Anm. [6] Grundzüge, bes. 189ff. 204-209. 214-217. – E. Mikkola: Die Abstraktion (Helsinki 1964) 121ff. 376-380. – J. Kuryłowicz: Metaphor and M. in linguistics. Zagadnienia Rodzajów Literackich (Łódź) 9 (1967) N° 2, 5-10. – B. Campbell s. Anm. [10]. – R. Jakobson: Der Doppelcharakter der Sprache. Die Polarität zwischen Metaphorik und M., in: The nordic languages and modern linguistics, hg. H. Benediktsson (Reykjavik 1970), aus: Jakobson/Halle s. Anm. [11] (Berlin 1960) 2, 51-54. 65-70. – A. Henry s. Anm. [10]. – R. J. Matthews und W. ver Eecke: Metaphoric-metonymic polarities. A structural analysis. Linguistics 67 (1971) 34-53. – W. A. Shibles: Metaphor. An annoted bibliogr. and hist. (Whitewater, Wisc. 1971) [auch zu M.]. – L. N. Murzin: Obrazovanie metafor i M., in: Aktualnye problemy leksikologii i leksikografii, hg. M. A. Genkel' (Perm' 1972) 362-366. – W. Ingendahl: Der metaphor. Prozeß (²1973). – M. Mancaş: Sur la M. et la métaphore. Revue Roum. de Linguistique 18 (1973) 439-443. – Hugo Meier: Die Metapher. Zusammenfassende Betracht. ihrer linguist. Merkmale (Diss. Zürich 1973). – H. Kubzak: Die Metapher (1978).
H. Schwarz

Middot (pl. von hebr. ‹*Midda*›, Ausdehnung, Maß, Regel, Prinzip, Verfahrensweise [1]) hat verschiedene Bedeutungen.

1. ‹M.› ist Titel des 10. Traktates der 5. Ordnung der Mischna, die Maße und Einrichtungen des Tempels betreffend [2].

2. Die «13 M.» (*Schelosch Essre Middot*) sind die 13 Eigenschaften Gottes, die die rabbinische Tradition in Ex. 34, 6–7 zu finden meinte. Erwähnt werden diese im Talmud R.H. 17 b im Zusammenhang mit der Bitte um Sündenvergebung. Darum bilden sie in der Liturgie der Synagoge einen Bestandteil der «Selicha» (Bittgebet, Sündenbekenntnis) und werden auch «Seder Selicha» genannt [3]. Es gibt eine umfangreiche Literatur darüber, wie diese 13 M. aus Ex. 34 herausgelesen werden könnten, wie jede einzelne Midda heißt, wo die Aufzählung der 13 M. endet und wo sie beginnt, was sie bedeuten [4]. Da die Anrufung Gottes Ex. 34, 6 mit einem zweifachen «Gott, Gott» beginnt, meint z.B. das Buch ‹Bahir› (§ 88), die 13 M. bildeten nur das dritte «Gott», da jede Huldigung – wie Jes. 6, 3 – dreifach sein müsse. – Maimonides beruft sich in seiner Auslegung von Ex. 34 auf die rabbinische Tradition, und er verbindet diese mit seiner Deutung der verschiedenen Bedeutungen von «M.» (Gesinnung, Charakter) in Abot V, 12–17, um zu dem Ergebnis

zu kommen, daß Gottes 13 M. nicht seine Eigenschaften, sondern seine «Wege», die *«Wirkungen»* seien, «die in dieser Welt von Gott herrühren» [5]. Die Interpretation der 13 M. durch Maimonides ist der Schlüssel zum Verständnis seiner Attributenlehre. Die jüdische Religionsphilosophie versteht unter M. Attribute, genauer: Wirk-Attribute [6] oder «sittliche Attribute», da die M. «sittliche Qualitäten» bezeichnen [7]. – H. COHEN spricht in diesem Zusammenhang von «M.-Attributen» [8]. Da in den 13 M. nicht von der Einheit und Allwissenheit Gottes die Rede ist, meint er, daß diese 13 Attribute nur Namen seien für den «Einen Begriff der Liebe». Da er daraus folgert: «Die theoretische Erkenntnis ist gegen die Ethik zurückgetreten» [9], kann auch seine Interpretation der M. als Zentrum seiner Religionsphilosophie angesehen werden [10].

3. Das Wort bezeichnet die 10 M. in der Kabbala. An die Tradition der alten Aggada anknüpfend, wonach die Welt durch 10 Worte («Maamarot») geschaffen sei (Ab. V, 1), und diese mit der Merkabah-Gnosis verbindend, wonach die Welt durch 10 Dinge («Debarim») erschaffen sei (b.Chg. 12 a) – nämlich: Weisheit, Einsicht, Erkenntnis, Kraft, Anschreien, Stärke, Gerechtigkeit, Recht, Gnade, Barmherzigkeit –, werden im ‹Bahir› Überlegungen über die 10 Maamarot angestellt, «durch die die Welt besteht» (§§ 94f.). Diese 10 Logoi (§§ 96–105; 115) sind nach dem Bild eines Baumes geordnet und dem Sefirot-Baum im ‹Sefär Jezira› vergleichbar (obwohl im ‹Sefär Jezira› nur von Sefirot und nicht von M. die Rede ist). Sie bilden «die älteste derartige systematische Aufzählung, die in der Kabbala auftritt» [11] und «sind die verschiedenen Eigenschaften und Attribute, die Gott zukommen, hebräisch: seine *M.* Jede einzelne Midda ist eine besondere geistige Potenz» [12]. Die 10 M. können hier als *Prinzipien* verstanden werden (z. B. §§ 98; 121). Andererseits wird der Begriff ‹Midda› auch in derselben Bedeutung verwendet wie später ‹*Sefira*› (§ 103) – wörtlich «Sphäre» (Angabe eines Ortes). Beide Bedeutungen können sich auch überschneiden: die Potenzen/Prinzipien (M.) haben feste Örter (M.) im Kosmos (§ 109). Während später hauptsächlich die 4. Sefira (*Din,* Gericht, Strenge), die 5. (*Chessed,* Gnade, Liebe), die 6. (*Tiferet* oder *Rachamin* [13], Erbarmen) und die 10. (*Malchut,* Gottes Königsherrschaft; auch *Schechina*) als M. bezeichnet werden, weil diese Sefirot am meisten dem ethisch-moralischen Charakter der 13 M. der rabbinischen Tradition entsprechen, sind diese M. 4–6 im ‹Bahir› in dieser Form noch nicht voll ausgebildet [14]. Die Funktion der M. als göttliche geistige Potenzen, Prinzipien und Attribute hat sich im Laufe der Geschichte der Kabbala oft gewandelt [15]; es sei nur noch darauf verwiesen, daß in der späteren Kabbala Versuche gemacht worden sind, die 13 M. des göttlichen Wirkens mit den 10 M. der Sefirot-Lehre zu vereinen [16].

4. ‹M.› kann Verfahrensweisen, Richtlinien, hermeneutische Regeln bedeuten. «Diese Regeln, M. genannt, dienen zur Erschließung eines Sachverhaltes aus dem zweiten, zur Erklärung des Ungeklärten aus dem Ausgesprochenen und zur Anwendung der Details eines Falles auf einen zweiten ähnlichen» [17]. Diese Regeln wurden einerseits dazu verwendet, das mündliche Gesetz aus der Thora abzuleiten und es mit ihr in Einklang zu bringen, andererseits aber auch, um ganz neue Gesetzesnormen zu finden [18]. Halacha wie Haggada benutzen diese M. [19]. Die älteste Zusammenstellung von M. wird HILLEL zugeschrieben und wird Tos. San. VII (hg. ZUCKERMANDEL 427, 4–7) «Hillels 7 M. der Auslegung» genannt. Es sind a) Schluß a minori ad maius, b) Analogieschluß, c) Induktionsschluß, d) Antinomie, e) Quantitätsrelation, f) Syllogismus, g) Kontextfolgerung [20]. R. ISMAEL vertrat 13 M., die schon im Talmud als bekannt vorausgesetzt werden [21] und im wesentlichen aus den 7 M. Hillels abgeleitet sind [22]. Eine sehr frühe Baraita, die aber erst durch J. HADASSI (12. Jh.) und S. DE CHINON (13. Jh.) überliefert ist [23], nennt 32 M. und schreibt sie R. E. J. HA-GELILI zu [24]. Zum erstenmal sind alle M. gesammelt und kommentiert worden von M. L. MALBIM [25].

5. ‹Die 49 M.› ist der Titel einer verlorengegangenen Mischna des R. NATHAN, die in 49 M. (Abschnitte, Regeln) eingeteilt war; wahrscheinlich begann jeder Abschnitt mit ‹Midda› [26]. Diese Schrift ist nicht zu verwechseln mit der von M. STEINSCHNEIDER herausgegebenen – und von ihm mit dieser Mischna für identisch gehaltenen – «Mischnat ha-M., [der] erste[n] geometrische[n] Schrift in Hebräischer Sprache» [27], einem kleinen Werk, das für die Geschichte der Mathematik von Interesse ist [28].

Aus der Vermischung von M. in der 2. und 4. Bedeutung stammt der bekannte Spruch: «Die Juden beten Logik und singen Metaphysik.»

Anmerkungen. [1] Vgl. E. BEN JEHUDA: Milon Ha-Laschon Ha-Iwrit 4 (New York 1960) 2799-2803; W. BACHER: Die exeget. Terminol. der jüd. Traditionslit. (1899-1905, ND 1965) 106-107. – [2] Die Mischna, 5. Seder. Qodaschim. 10. Traktat. M., Text, Übers. und Erklär. O. HOLTZMANN (1913). – [3] Vgl. I. ELBOGEN: Der jüd. Gottesdienst in seiner gesch. Entwickl. (⁴1962) 221-222. – [4] Vgl. J. Z. LAUTERBACH: Art. ‹M., Schelosh-ᶜEsreh›, in: Jew. Encyclop. 8 (New York/London 1904) 546f. – [5] MOSES MAIMONIDES, More Nebuchim I, 54-55. – [6] Le guide des égarés, hg. S. MUNK (Paris ¹1856) 218. – [7] F. BAMBERGER: Das System des Maimonides (1935) 50-51. – [8] H. COHEN: Jüd. Schr. 3 (1924) 255-256. – [9] a.O. 46-47; vgl. Der Nächste (1935) 53-55 Anm. 1. – [10] Relig. der Vernunft aus den Quellen des Judentums (²1959) 473. – [11] G. SCHOLEM: Das Buch Bahir (1923) 105 Anm. 1. – [12] Ursprung und Anfänge der Kabbala (1962) 72. – [13] Über die Sonderstellung der *middat Ha-rachamin* im Bahir vgl. Bahir § 24 = hg. SCHOLEM 28f. mit Anm. 3; SCHOLEM, a.O. [12] 127ff. – [14] Vgl. Bahir § 96 mit §§ 92. 131. – [15] Vgl. fortlaufend SCHOLEM, a.O. [12]. – [16] Vgl. die kabbalist. Texte bei SCHOLEM, a.O. [12] 307-314. – [17] S. BIALOBLOCKI: Art. ‹Hermeneutik›, in: Encyclop. jud. 7 (1931) 1181. – [18] Vgl. die Krit. zu dieser «künstlichen Methode der Auslegung» durch S. MAIMON: Lebensgesch. 1 (1792, ND 1965) 165ff. – [19] Vgl. J. Z. LAUTERBACH: ‹Talmud hermeneutics›, in: Jew. Encyclop. 12 (New York/London 1906) 30-33; E. BANETH: Art. ‹Hermeneutik, talmudische›, in: Jüd. Lex. 2 (1928) 1550-1553; H. S. HIRSCHFELD: Halachische Exegese (1840); Haggadische Exegese (1847); M. MIELZINER: Introd. to the Talmud (Cincinnati/Chicago 1894, ND New York 1968) 115-187; H. L. STRACK: Einl. in Talmud und Midrasch (⁵1920, ND 1961) 95-109. – [20] S. ZEITLIN: Hillel and the hermeneutic rules. Jew. Quart. Rev. 54 (1964) 161-173; H. GRAETZ: Hillel und seine sieben Interpretationsregeln. Mschr. Gesch. Wiss. des Judentums (= MGWJ) 1 (1852) 156-162; G. AICHER: Das AT in der Mischna (1906) 141-152; Zu Aicher vgl. die Rez. von W. BACHER, Jew. Quart. Rev. 19 (1907) 598-606 und L. BLAU, MGWJ 51 (1907) 569-589; J. BOWKER: The Targums and Rabbinic lit. (Cambridge 1969) 315-318; A. SCHWARZ: Die hermeneut. Analogie in der talmud. Lit. (1897); Der hermeneut. Syllogismus in der talmud. Lit. (1901); Die hermeneut. Antinomie in der talmud. Lit. (1913); Die hermeneut. Quantitätsrelation in der talmud. Lit. (1916); Der hermeneut. Kontext in der talmud. Lit. (1921); Die hermeneut. Induktion in der talmud. Lit. (1909). – [21] z. B. Hol. 63 a. 115 b; San. 86 a. – [22] Vgl. JESCHUA HA-LEWI (15. Jh.): Halikot Olam (Amsterdam 1754), lat. J. VAN BASHUYSEN (Hanau 1714); M. PINNER: Mischna Sefär Berakot (1842) fol. 17-20 (mit dtsch. Übers. der 13 M.). – [23] ESCHKOL HA-KOFER (Goslow 1836, ND Jerusalem 1969) (J. HADASSI selbst nennt §§ 114. 168-173 80 M.) und SEFÄR KERITUT (Warschau 1854). – [24] H. KATZENELNBOGEN: Netibot Olam (Wilna 1822); L. BARDOwicz: Die Abfassungszeit der Barraita der 32 Normen für die Ausleg. der Hl. Schr. (1913); vgl. Rez. von B. HALPER, Jew. Quart. Rev. NS 6 (1915/16) 220-223 und J. APTOWITZER, MGWJ 60 (1916) 181-183; H. G. ENELOW: The Mishna of R. Eliezer, or the Midrash of the 32 hermeneutic rules (New York 1933, ND Jerusalem 1969). – [25] M. L. MALBIM: Ha-Thora We-Ha-Mizwot (Sifra-Komm.) Einl. Ajjelet Ha-Schachar. – [26] Vgl. L. ZUNZ: Die gottesdienstl. Vorträge der Juden (^{2}1892, ND 1966) 95-97; vgl. S. J. L. RAPPORT, in: Kerem Chemed 6/9, 112-119; SCH. ABI TODOS: Art. ⟨Barayta der 49 Regeln⟩, in: Jüd. Lex. I (1927) 717. – [27] (Berlin 1864); vgl. STEINSCHNEIDER: Jew. lit. from the 8th to the 18th century (London 1857) 35; Dr. BERLINER: Zur Mischna der M. MGWJ 17 (1868) 428f.; H. SCHAPIRA: Mischna ha-middot (Leipzig 1880). – [28] S. GANDZ: The Mishna ha-middot. The first Hebr. geometry of about 150 C. E. and the geometry of Muhammed ibn Musa Al-Khowarizmi. The first Arabic geometry (ca. 820), representing the Arabic version of the Mishnat ha-middot (Berlin 1932, ND 1973); vgl. GANDZ, Hebr. Union College Ann. 6 (1929) 263-276.

Literaturhinweise. – Zu 4: MOSEDI TRANI: Sefär Kirjat sefär (Venedig 1551). – J. KARO: Kelale Ha-Talmud (Saloniki 1598). – S. ALGASI: Jabin Schemuah (Amsterdam 1709). – J. JESSEL: Sugiot schischa sedarim (Berlin 1736). – B. R. ROTHSCHILD: Anija Beleb Jam (Fürth 1766). – CH. J. D. ASULAI: Jair Ozen (Livorno 1790). – SECHARJA HA-LEWI: Sefär Ha-Zaba (Sklow 1803). – AARON BEN ELIA: Sefär 'ez chajjim, hg. F. DELITZSCH (1841) Kap. 92. – Z. FRANKEL: Über den Einfluß der palästin. Exegese auf die alexandrin. Hermeneutik (1851, ND 1972). – W. BACHER: Jehuda Hadassi's Hermeneutik und Grammatik. MGWJ 40 (1896) 14-32. 68-84. 109-125. – D. HOFFMANN: Ein Midrasch über die 13 M., in: Festschr. A. Berliner zum 70. (1903, ND Jerusalem 1971) 55-71. – A. FREIMANN: Die hebr. Komm. zu den 13 M. des Rabbi Ismael, in: Festschr. A. Schwarz zum 70. (1917) 109-119. – M. HIGGER: R. Moses ibn Musa's comm. on the 13 rules of R. Ismael (hebr.), in: Sefär Jubel Le-Kabod L. Ginzberg (New York 1945) 93-127. – D. DAUBE: Rabbinic methods of interpret. and Hellenistic rhet. Hebrew Union College Ann. 22 (1949) 239-264. – L. JACOBS: Art. ⟨Hermeneutics⟩, in: Encyclop. jud. 8 (Jerusalem 1971) 366-372. – B. ROSENZWEIG: The hermeneutic principles and their appl. Tradition 13 (1972) 49-76.   F. NIEWÖHNER

Mikrophysik heißt die Quantenmechanik im Gegensatz zur klassischen Physik (Makrophysik). Die M. beschreibt das Verhalten der atomaren bzw. Elementarteilchen (10^{-8} cm bis 10^{-13} cm), während die Makrophysik alle Objekte der klassischen Physik umfaßt, insbesondere Meßgeräte von Laboratoriumsdimensionen. Über die verschiedene Dimension hinaus unterscheiden sich die beiden Theorien jedoch grundsätzlich. Die M. widerspricht unseren gewöhnlichen makrophysikalischen Vorstellungen und zeigt insbesondere, daß ein Atom nicht als ein verkleinertes Planetensystem erklärbar ist. M. und Makrophysik hängen aber in zwei Punkten miteinander zusammen: 1. Da alle Körper aus Atomen zusammengesetzt gedacht werden, die der Quantenmechanik gehorchen, läßt sich erwartungsgemäß die Makrophysik als Grenzfall der M. darstellen. 2. Da Messungen schließlich nur mit Begriffen der Makrophysik beschrieben werden können, ist die M. ohne die Makrophysik unvollständig.
M. DRIESCHNER/H. P. HARJES

Milde. Wie die Vielfalt der Bezeichnungen ἐπιείκεια, ἡμερότης, ἠπιότης, πραότης und φιλανθρωπία lehrt, kennt die griechische Geistesgeschichte neben diesen von Fall zu Fall unterschiedlichen Schattierungen keinen eigentlichen Oberbegriff, unter dem die M. als Ausdruck einer philosophisch-ethischen Auffassung eine besondere Bedeutung erlangt hätte. Demgegenüber entwickelt sich im *römischen* Rechts- und Staatsdenken zunächst wohl unabhängig von griechischen Einflüssen zur Kennzeichnung dessen, daß ein mit Macht Begabter deren Anwendung gegenüber einem Untergebenen einschränkt, der Sammelbegriff der *clementia*, der auch Synonyme wie ⟨benignitas⟩, ⟨humanitas⟩, ⟨mansuetudo⟩ u. a. einschließt und sich auf alle Lebensbereiche erstreckt. Der Nachdruck liegt dabei freilich auf dem Gebiet der politischen Wirksamkeit, in dem die clementia als c. populi Romani und c. Caesaris zum Schlagwort wird. So tritt sie als Personifikation auf, erscheint im Tatenbericht des AUGUSTUS unter den vier Kardinaltugenden, begegnet bis ins späte 3. Jh. als Legende oder Darstellung auf Münzen und stellt in der späteren Kaiserzeit eine gebräuchliche Form von Anrede und Titel dar [1]. Neben dieser mehr politisch-praktischen Ausgestaltung wird die philosophisch-theoretische Seite der clementia in einer ihr eigens gewidmeten Schrift von SENECA behandelt [2]. Er faßt darin die clementia unter Einbeziehung der stoischen Ethik in erster Linie als Fürstentugend und versteht sie als eine Form oder einen Teil der temperantia. Bei ihm findet sich die bis ins Mittelalter gebräuchliche 'klassische' Definition der clementia als «temperantia animi ... vel lenitas superioris adversus inferiorem in constituendis poenis» (Mäßigung der Leidenschaft ... oder Sanftheit des Überlegenen gegenüber dem Schwächeren bei der Festsetzung von Strafen) [3].

Bei den *Kirchenvätern* [4] ist der Begriff der clementia zum einen durch die Auseinandersetzung mit der Auffassung der clementia als einer Staatstugend, zum andern durch die Einbeziehung christlicher Implikationen wie der Komponente der misericordia oder der Vorstellung einer clementia Dei bestimmt. Dabei gewinnt sie gerade in der letzteren Form eine ethische Relevanz, da jeder Akt einer clementia als imitatio der göttlichen verstanden wird. Vollends in die Moraltheologie aufgenommen erscheint die clementia schließlich bei THOMAS VON AQUIN, der sie von der temperantia differenziert und als Tugend geringerer Ordnung einstuft [5].

Die Bedeutungsgehalte von ⟨clementia⟩ gehen in der höfischen Dichtung des deutschen Mittelalters in den Wortgebrauch von ⟨milte⟩ und ⟨miltekeit⟩ ein und bleiben auch für den neuhochdeutschen Sprachgebrauch bestimmend: ⟨milte⟩ bezeichnet sowohl die christliche Tugend der Barmherzigkeit und Güte – «mildikeit, willikeit seiner guther tzwleyen und geben», wie LUTHER das Siebte Gebot interpretiert [6] – wie auch die Tugend der Freigebigkeit (largitas) oder Wohltätigkeit, zunächst verstanden als die standesethische Pflicht, die der Herr seinem Vasallen schuldig ist [7], später als eine allgemeine, dem Geiz entgegengesetzte Tugend [8]. Der Begriff ⟨M.⟩ verliert jedoch in der Neuzeit zunehmend an Bedeutung. Er bleibt zwar als ethischer Begriff – auch in Form der Synonyme ⟨Menschlichkeit⟩, ⟨Humanität⟩ u. a. – literarisch greifbar, doch eingehendere Behandlungen gelten nur noch seinen früheren Ausgestaltungen, wie das Beispiel von CALVINS kommentierter Ausgabe von Senecas ⟨De clementia⟩ erweisen mag [9].

Anmerkungen. [1] AUGUSTUS, Res gestae 34, 2; vgl. dazu auch K. MEISTER: Die Tugenden der Römer. Heidelberger Univ.reden 11 (1930) 20; insges. zur Kaiserzeit K. WINKLER: Art. ⟨Clementia⟩, in: Reallex. Antike und Christentum 3 (1957) 206-231. 206-218; L. WICKERT: Neue Forsch. zum röm. Principat. Aufstieg und Niedergang der röm. Welt II/1 (1974) 67-69; zu einzelnen numismat. Aspekten B. MANNSPERGER: Libertas – Honos – Felicitas. Chiron 4 (1974) 327-342. 340 Anm. 91; G. DOWNEY: Tiberiana I. Imperial propaganda: the ⟨Virtues⟩ of Tiberius. Aufstieg und Niedergang der röm. Welt II/2 (1975) 95-105. – [2] SENECA, De clementia (zu Beginn des Jahres 56 n.Chr. paränetisch an Nero gerichtet); vgl. T. ADAM: Clementia principis. Der Einfluß hellenist. Fürstenspiegel auf den Versuch einer rechtl. Fundierung des Principats durch Seneca. Kieler Hist. Studien 11 (1970); J. R. FERAS: Nero as the vicegerent of the gods in Seneca's De clementia. Hermes 103 (1975) 486-496 (jeweils mit weiterer Lit.). – [3] SENECA, De clem. 2, 3. – [4] Vgl. dazu insgesamt K. WINKLER, a.O. [1] 218-230. – [5] THOMAS VON AQUIN, S. theol. II/II, q. 157 u.ö. – [6] M. LUTHER, Weimarer A. (1883) 1, 255. – [7] Vgl. etwa KONRAD VON WÜRZBURG, Silvester, hg. W. GRIMM (1841) 1158-1161; HARTMANN VON AUE, Erec, hg. M. HAUPT (²1871) 2819-2821; Der Nibelunge Noth, hg. K. LACHMANN (³1851) 1275; Gedichte WALTHERS VON DER VOGELWEIDE, hg. K. LACHMANN (1843) 21, 1; vgl. M. P. GOETZ: The concept of nobility in German didactic lit. of the 13th cent. (New York 1935) 89ff.; A. WEBER: Stud. zur Abwandlung der höf. Ethik in der Spruchdichtung des 13. Jh. (Diss. Bonn 1936) 54ff.; F. L. GANSHOF: Was ist das Lehnswesen? (1961) 98-102. – [8] Vgl. ANGELUS SILESIUS, Sämtl. poet. Werke (³1949) 3, 199. – [9] J. CALVIN: L. A. Senecae ... libri ... de clementia ... commentariis illustrati (Paris 1532, Genf 1611); Neu-A. mit Einl., engl. Übersetzung und Anm. F. L. BATTLES und A. M. HUGO (Hg.): Calvin's comm. on Seneca's De clementia. Renaissance Text Series 3 (1969).

Literaturhinweise. A. GOES: Über die M. (1948), auch in: Von Mensch zu Mensch (1949) 182-200. – K. WINKLER s. Anm. [1] mit Quellen und Lit. – L. WICKERT s. Anm. [1] 5-8. – T. ADAM s. Anm. [2] 139-142.

U. KLEIN

Milieu bezeichnet ursprünglich im Französischen sowohl im örtlichen wie im zeitlichen Sinn den «medicus locus». Zur Vorgeschichte des Begriffs gehört daher die Geschichte der Idee der μεσότης [1]; seit der Renaissance wurde die «goldene Mitte» auch mit ‹M.› bezeichnet [2]. Im moralischen Sinn bezeichnet PASCAL den Ort der menschlichen Existenz als «un M. entre rien et tout» [3], von dem aus der Mensch die Extreme der unendlichen Natur vergeblich zu begreifen sucht.

Auf den modernen, für die Wissenschaftsgeschichte bedeutsamen Begriffsinhalt lenkt erst die Sprache der französischen Physiker des 17. und 18. Jh., die NEWTONS ‹Medium› mit ‹M.› übersetzt. ‹M.› (ambiant) heißt das Element, das einen Körper umgibt [4]. Entsprechend definiert D'ALEMBERT in der ‹Encyclopédie› M. als «un espace matériel dans lequel un corps est placé» [5] und nennt als Beispiele: Äther, Wasser und Luft. Mit dem Übergang in die Sprache der Biologen des 19.Jh. gewinnt ‹M.› die erweiterte Bedeutung der Gesamtheit der existenznotwendigen Lebenselemente eines Organismus. Die Evolutionstheorie J. B. LAMARCKS erklärt die Höherentwicklung des Lebewesens als eine vererbbare Anpassungsleistung des Organismus, die durch Veränderungen der Umweltbedingungen und der entsprechenden Bedürfnisse und Verhaltensweisen ausgelöst wird. «Quant aux circonstances qui ont tant de puissance pour modifier les organes des corps vivants, les plus influentes sont, sans doute, la diversité des M. dans lesquels ils habitent» [6]. Damit ist zugleich der Forschungsgegenstand einer neuen biologischen Disziplin bezeichnet, die Untersuchung der Wechselbeziehungen zwischen den Lebewesen und ihrem M., wie sie von G. SAINT HILAIRE als Aufgabe der *Ethologie* [7] und später von E. HAECKEL als die der *Ökologie* [8] übernommen wird. – Der Physiologe CL. BERNARD beschreibt diese Wechselbeziehungen als ein schwebendes Gleichgewicht zwischen dem «M. extérieur» der Außenwelt und dem «M. intérieur» des Organismus. Beide M. verselbständigen sich mit dem höheren Organisationsgrad der Lebewesen und sind dadurch in ihrer natürlichen Harmonie gefährdet [9].

In diesem Verständnis wird der Begriff von den frühen Sozialwissenschaften aufgenommen und spiegelt damit deutlich ein naturwissenschaftliche Auffassung der Gesellschaft und der Kultur. A. COMTE rechtfertigt 1838 im ‹Cours de philosophie positive› den Neologismus ausdrücklich mit dieser Parallele [10], die auch H. BALZAC 1842 in der Einleitung zur ‹Comédie humaine› als Leitidee formuliert: «La société ne fait-elle pas de l'homme, suivant les M. où son action se déploie, autant d'hommes différents qu'ils y a de variétés zoologiques?» [11]. E. ZOLA führt die milieutheoretische Konzeption in seinem Romanzyklus ‹Les Rougon-Macquart› [12] durch [13] und entwirft unter dem Einfluß des Physiologen Cl. Bernard den *experimentellen Roman* als ein wissenschaftliches Experiment mit dem Ziel, «montrer l'homme vivant dans le M. social qu'il a produit lui-même ... et au sein duquel il éprouve à son tour une transformation continue» [14].

Parallel zum ästhetischen Sprachgebrauch wird ‹M.› zum Schlüsselbegriff der milieudeterministischen Richtungen der Natur-, Geistes- und Sozialwissenschaften des 19. Jh. Die noch bei COMTE vorherrschende Vorstellung von einer harmonischen Entsprechung der Bedürfnisse des Lebewesens und der Bedingungen seines M. («Une telle harmonie entre l'être vivant et le *M.* correspondant caractérise évidemment la condition fondamentale de la vie» [15]) tritt bei H. TAINE, der wohl am meisten zur Popularisierung des M.-Begriffs beigetragen hat, zugunsten einer determinierenden Funktion des M. für das menschliche Leben zurück [16]. M. wird (neben «race» und «moment») als eine der drei mechanischen Grundkräfte vorgestellt, die den kulturellen Zustand eines Volkes bestimmen [17].

Bei E. DURKHEIM wird ‹M.› zu einem Zentralbegriff der Soziologie, der die Verselbständigung ihres funktionalistischen, gesellschaftsimmanenten Erklärungsprinzips gegenüber historischen oder psychologischen Ableitungen trägt: «L'origine première de tout processus social de quelque importance doit être recherchée dans la constitution du M. social interne» [18]. Personen und Artefakte sind die beiden Elemente des «inneren sozialen M.»; das aktive Element des «menschlichen M.» wird strukturell bestimmt durch das «Volumen» der Gesellschaft oder einer Gruppe, d.i. die Zahl der sozialen Einheiten, und durch die «dynamische Dichte», d.i. das Maß der sozialen Kommunikation. Die umgebenden Gesellschaften bilden das «äußere soziale M.», das aber auf die Grundbedingungen der kollektiven Existenz nur in der Vermittlung durch das «innere M.» einwirkt [19]. Damit überspielt der M.-Begriff in der Annahme einer primären horizontalen Gliederung der Gesellschaft die Vorstellungen eines Klassen- oder eines Schichtenmodells.

Nach NIETZSCHES Ablehnung der M.-Theorie [20] bringt erstmals M. SCHELER eine fundierte Kritik des Determinismus und Anthropomorphismus der Deszendenztheorien, welche Veränderungen in der Organisation der Lebewesen als Anpassung an eine universelle und rein äußerliche Umwelt erklären. Diese Kritik präzisiert den M.-Begriff zu einem relationalen Begriff: «'M.' ist also nur das, was ich als 'wirksam' erlebe. ... Das 'M.-Ding' gehört einem *Zwischenreiche* an zwischen unserem Perzeptionsinhalt und seinen Gegenständen und jenen objektiven gedachten Gegenständen.» «Menschen einer Standeseinheit, einer Rassen- und Volkseinheit, einer Berufseinheit usw., und schließlich jedes Individuum tragen so die Struktur ihres M. mit sich herum.» ... «... nur das wird ihnen 'M.', was die Wertverhalte ihrer Einstellungen an sich trägt» [21]. – Schelers M.-Begriff steht im Mittelpunkt der von A. BUSEMANN begründeten, vorwiegend empirisch orientierten *Pädagogischen M.-Kunde,* ohne daß es zu einer differenzierteren Bestimmung der Kategorie kommt [22].

Während der Begriff ‹M.› in den meisten Fachwissenschaften einer prägnanteren Terminologie weicht (z. B. ‹Umwelt› in der theoretischen Biologie, ‹soziale Situation› in der Soziologie, ‹Feld› in der Sozialpsychologie), bürgert sich das Wort als pseudowissenschaftlicher Ausdruck ohne theoretischen Bezug in der Umgangssprache ein. ‹M.› bezeichnet hier das unverwechselbare «Klima» des psychisch-sozialen Umfeldes eines Individuums oder – auch mit negativem Bedeutungsakzent – einer bestimmten sozialen Gruppe.

Anmerkungen. [1] ARISTOTELES, Eth. Nic. 1106 b 27. – [2] L. SPITZER: M. and ambiance: An essay in hist. semantics. Philos. a. phenomenol. Res. 3 (1942/43) 169. – [3] B. PASCAL, Pensées II, 72. Oeuvres, hg. L. BRUNSCHVICG (Paris 1925) 12, 78. 83ff. – [4] Vgl. R. DESCARTES, Br. an M. Mersenne (9. 1. 1639) Oeuvres, Corr. 2 (Paris 1898) 482. – [5] Encyclop. ..., hg. DIDEROT/D'ALEMBERT (Genève ³1779) XXI, 853. – [6] J.-B. LAMARCK: Philos. zool. (Paris 1809) 1, 231. – [7] vgl. G. SAINT HILAIRE: Hist. nat. gén. des règnes organiques (Paris 1854) XXII. – [8] Vgl. E. HAECKEL: Generelle Morphol. der Organismen (1866) 2, 286. – [9] CL. BERNARD: Introd. à l'étude de la méd. exp. (Paris ¹1865, zit. Paris ³1912) 99ff.; dtsch. A. (1961). – [10] A. COMTE: Cours de philos. positive, 40e leçon (Paris ⁵1893) 3, 235. – [11] H. DE BALZAC: Oeuvres compl. (Paris 1860) 1, 2. – [12] E. ZOLA: Les Rougon-Macquart 1-20 (Paris 1871-93). – [13] Vgl. H. WIEGLER: Gesch. und Krit. der Theorie des M. bei Emile Zola (Diss. Rostock 1905). – [14] E. ZOLA: Le roman exp. Nouv. éd. (Paris 1923) 19. – [15] A. COMTE, a.O. [10] 225. – [16] Vgl. K. MARCARD: Taines M.-Theorie im Zusammenhang mit ihren erkenntnistheoret. Grundl. (Diss. Kiel 1910). – [17] H. TAINE: Hist. de la litt. anglaise (Paris 1863) 1, XXIIff. – [18] E. DURKHEIM: Les règles de la méthode sociol. (Paris ⁸1927) 138. – [19] a.O. 139ff. – [20] FR. NIETZSCHE, Werke, hg. SCHLECHTA (1963) 3, 481. – [21] M. SCHELER: Der Formalismus in der Ethik und die materiale Wertethik (⁵1966) 157. – [22] A. BUSEMANN: Pädag. M.-Kunde (1927) 1, 6ff.

Literaturhinweise. L. SPITZER s. Anm. [2] 1-42. 169-218. – R. ZANIEWSKI: Les théories du M. et la pédag. mésol. (1952).

J. FELDHOFF

Mîmâmsâ (ind.) bedeutet Streben nach Wissen. Schon in früher Zeit als Sammelbezeichnung für theoretische Bemühungen um das Verständnis des vedischen Opferrituals verwendet, wird der Begriff ‹M.› (auch Karma- oder Pûrva-M.) mit der Herausbildung der großen philosophischen Systeme zur festen Bezeichnung eines dieser Systeme. Sein Ziel ist es, die rituelle Pflicht des der vedischen Tradition verpflichteten Gliedes der indo-arischen Gesellschaft verbindlich zu fixieren. Gemäß dieser Aufgabe orientiert sich die M. formal an der Gestalt der vedischen Überlieferung, und zwar durch die Aufstellung eines festen Schemas zur Interpretation der tradierten Ritualvorschriften im Sinne allgemein gültiger Vollzugspraktiken, die den mit den einzelnen Opfern angestrebten Erfolg gewährleisten sollen. Ausgangspunkt hierbei ist das Verständnis des Opfers als eines magischen Vorganges, mittels dessen der Opferer die Vorgänge in der Welt im Sinne der Intention des jeweiligen Opfers unmittelbar beeinflußt. Die Kraft des rituellen Vorganges wird als Funktionseinheit aller der Gesamtheit 'Opfer' bildenden Einzelhandlungen verstanden; demgemäß besteht das Interpretationsschema in dem Versuch, die komplexe Kausalstruktur des Vollzuges aus der sprachlichen Struktur der jeweiligen Vorschrift herauszulesen und damit den exakten Handlungsablauf zu ermöglichen [1].

Dieser methodologische Ritualpragmatismus wird unter dem Eindruck der Systematik zeitgenössischer philosophischer Systeme – besonders des Sâṃkhya und des Buddhismus – durch einige philosophische Lehren untermauert [2], die der M. seit etwa der Mitte des ersten Jahrtausends n. Chr. durch eine reiche Kommentatorentätigkeit zum Grundwerk der Schule, dem *M.-Sûtra des Jaimini,* große philosophische Bedeutung verleiht.

Hauptanliegen der M. sind die Erkenntnislehre und die Sprachphilosophie. Beide Interessenskreise ergeben sich aus der Notwendigkeit, das Postulat der Autorität der vedischen Überlieferung und die Verbindlichkeit ihrer das Opfer betreffenden Aussagen zu begründen. Gewonnen wird diese Begründung durch die Lehre vom Wort als dem unzweifelbaren Mittel zur Erkenntnis dessen, was durch eben das Wort ausgesagt wird und laut Definition in einer ewigen, nicht vom Menschen geschaffenen Verbindung mit dem Wort steht: «Naturgegeben aber ist die Verbindung des Wortes mit seinem Gegenstand» [3]. Irren kann die sprachliche Aussage nur dann, wenn ein irrender Mensch die Worte in falscher Beziehung zu den Dingen anwendet; beim Veda ist dieser Irrtumsfaktor ausgeschlossen, da der Veda als Bestandteil des von keinem Täter geschaffenen Kosmos gilt. Damit ist der sprachphilosophische Ansatz einer unmittelbaren, seinsvermittelnden Funktion des Wortes gegeben.

Was die Erkenntnislehre betrifft, so vertritt die M. einen konsequenten Realismus, dem gemäß jedem Erkenntnisakt ein erkenntnisäußeres Objekt gegenübersteht. Mit dieser Lehre stellt die M. eine wirksame Alternative zum Idealismus der gleichzeitigen buddhistischen Schulen auf [4]. In scholastisch erstarrter Form setzt sich die Tradition der M. bis in unsere Tage fort.

Anmerkungen. [1] Vgl. G. V. DEVASTHALI: M., the Vâkya Sâstra of ancient India (Bombay 1959). – [2] F. ZANGENBERG: Sabara und seine philos. Quellen. Wiener Z. Kunde Süd- und Ostasiens 6 (1962) 60-77. – [3] M. Sûtra I, 1, 5. – [4] L. SCHMITHAUSEN: Maṇḍanamiśra's Vibhramavivekaḥ. Sber. Öst. Akad. Wiss., phil.-hist. Kl. 247/1 (1965) 157ff.

Literaturhinweise. A. B. KEITH: Karma M. (London 1921). – O. STRAUSS: Älteste Philos. der M. Sber Preuß. Akad. Wiss. (1932). – GANGANATHA JHA: Pûrva-M. in its sources (Benares 1942).

F. ZANGENBERG

Mimesis (Darstellung, Ausdruck, Nachahmung von griech. μιμεῖσθαι, darstellen, ausdrücken mit der connotatio ähnlich machen, nachahmen; lat. verengernd imitari).

1. Den Begriff ‹M.› übernimmt PLATON aus der Musiktheorie des 5. Jh. (vermutlich von DAMON), wobei er im zweiten und dritten Buch des ‹Staates› der Disposition eines musikalischen Traktates folgt. Dieser gliedert die Erziehung in musische (μουσική) und gymnastische (γυμναστική) [1]; unter μουσική fallen die λόγοι (Mythen) [2], λέξις (Stil) [3], ἁρμονία (Tonart) [4] und ῥυθμός (Rhythmik, Metrik) [5]. Stil, Tonart und Rhythmus müssen sich nach dem Wort richten, sollen πρέποντα sein, d.h. dazu passen. Nach DAMON werden die μιμήματα βίου [6], die «Ausdrucksformen des Lebens», in edle und unedle eingeteilt und von PLATON in die Erziehung der Wächter aufgenommen oder verworfen.

Innerhalb des Kapitels der Lexis, der Stilformen, wird zwischen διήγησις (Erzählung) und M. (μίμησις) unterschieden [7], wobei unter M. Aktion von handelnden Personen, szenische Darstellung ohne Erläuterungen des Dichters verstanden werden. Komödie und Tragödie sind reine Formen der M., während der Dithyrambos fast ausschließlich erzählt. M. unedler Rollen ist im platonischen Staat nicht gestattet. Mittel dieser M. sind φωναὶ καὶ σχήματα, «Stimmen und Gebärden» [8].

ARISTOTELES baut in seiner ‹Poetik› ebenfalls auf dieser musikalischen M. auf. Folgerichtig gibt es daher bei ihm nur eine μίμησις δρώντων, eine «Darstellung handelnder Personen» oder von «Rollen» [9]. Subjektive Lyrik fällt daher nicht unter den Begriff der M. Mittel der M. sind auch hier λόγος, ἁρμονία, ῥυθμός (Wort, Harmonie, Rhythmus) [10], wobei freilich nicht alle Gattungen gleichen Anteil an diesen Mitteln der M. haben [11]. Objekte der M. sind hier ebenfalls die ἤθη, πάθη und πράξεις, die «Charaktere», «Erfahrungen» und «Handlungen» von Personen [12].

Die literarischen μῖμοι SOPHRONS (5. Jh.) sind offenbar solche szenischen Darstellungen, Sketches ohne jeden Kommentar, kurze Aufführungen mythologischen oder alltäglichen Inhalts [13], und μιμεῖσθαι bezeichnet auch hier das dramatische Spiel: «Le mime est défini par le discours direct» [14]. Bei Sophron heißen die Stücke ‹Mimoi›. Es läßt sich nicht mit Sicherheit ausmachen, ob zuerst das Spiel oder der Darsteller ‹Mimos› genannt wurde. Die Etymologie dieses Grundwortes der ganzen Familie ist unbekannt. Das Epos kennt es noch nicht. Erstmals tritt μιμεῖσθαι im homerischen Hymnos auf Apollon [15] auf, wo das Tanzspiel der Deliaden gemeint ist [16].

Zur notatio «darstellen», «ausdrücken» kann die connotatio «ähnlich machen wie», «nachahmen» treten, wo nicht-fiktive Gestalten in einem realistischen Mimos dargestellt werden. Bei solchen Mimoi wurde die connotatio schließlich zur Hauptbedeutung und verdrängte die notatio «darstellen», vergleichbar etwa dem umgangssprachlichen lat. ad-ripare «an Land kommen», «landen», dessen connotatio «ankommen» sich im Spätlatein und in den romanischen Sprachen (ital. arrivare, frz. arriver) völlig durchsetzte. Auch μιμεῖσθαι bedeutet daher umgangssprachlich schon in sehr frühen Belegen «nachahmen», doch geht die Musiktheorie und Ästhetik immer von der Bedeutung «dramatisches Spiel mit den Mitteln der Musik» aus, nirgends von der sekundären Bedeutung.

Voraussetzung für die Aufnahme des M.-Begriffes in die Musiktheorie des 5. Jh. waren Mimoi, die getanzt und gesungen wurden. Sophrons Mimen jedoch sind, soweit die spärlichen Zeugnisse einen Schluß erlauben, bereits rein literarisch. Einzig im ‹Symposion› XENOPHONS [17] gewinnen wir eine Vorstellung von einem solchen singspielähnlichen Mimos. Immerhin weist die Behandlung des Hyporchemas, also des musikbegleiteten Tanzspieles, wie sie sich in der Musiktheorie des alten Peripatos findet, darauf hin, daß die Hyporchemata des XENODAMOS (7. Jh.) und PINDARS (6./5. Jh.) in dieser Ableitung eine bedeutende Rolle gespielt haben. In einem Referat bei PLUTARCH [18] heißt es darüber: ὀρχηστικὴ δὲ καὶ ποιητικὴ κοινωνία πᾶσα καὶ μέθεξις ἀλλήλων ἐστί, καὶ μάλιστα μιμούμεναι περὶ τὸ ὑπορχημάτων γένος ἐνεργὸν ἀμφότεραι τὴν διὰ τῶν σχημάτων καὶ τῶν ὀνομάτων μίμησιν ἀποτελοῦσιν (Tanzkunst und Dichtkunst haben voll und ganz aneinander Anteil und ganz besonders, wenn sie zusammen das Hyporchema darstellen, wird die M. durch die Tanzfiguren und die Worte vollkommen verwirklicht), und vermutlich stammt aus derselben Quelle [19] ... ὁ ὑπορχηματικὸς τρόπος, ὃς ἤνθησεν ἐπὶ Ξενοδάμου καὶ Πινδάρου. καί ἐστιν ἡ τοιαύτη ὄρχησις μίμησις τῶν ὑπὸ τῆς λέξεως ἑρμηνευομένων πραγμάτων: «... das Hyporchema, welches bei Xenodamos und Pindar

blühte, und diese Art Tanz ist eine Darstellung der durch die Worte gedeuteten Handlungen» [20]. Festliches Spiel zur Feier der Götter also war M., und wie jeder Gott mit dem ihm eigens gehörenden Lied und Tanz gefeiert werden wollte, so wechselten die Ausdrucksformen der M. von ruhiger Getragenheit im Dienste Apollons zur ekstatischen Raserei (ἐνθουσιασμός) im Kulte der großen Mutter, des Dionysos, des idaeischen Zeus. Schon die Musiktheorie des 5. Jh. verbannte aber die orgiastischen Formen der M. aus der Erziehung. Wort, Melodie und Rhythmus waren in der M. die sinnlichen Mittel des Spieles, die Träger des Ausdrucks für die Zustände (ἤθη) und Vorgänge (πάθη) der Seele [21].

Eine Theorie des Festes und des Spieles, welche in den ‹Gesetzen› PLATONS gut bezeugt, aber erst durch ein Referat STRABONS [22] und durch den kaiserzeitlichen Musikschriftsteller ARISTIDES QUINTILIANUS den Pythagoreern zugeschrieben wird, enthält alle die genannten Motive und formuliert M. als sinnlichen Ausdruck dessen, was unserer Wahrnehmung entgeht: ἡ δὲ κρύψις ἡ μυστικὴ τῶν ἱερῶν σεμνοποιεῖ τὸ θεῖον, μιμουμένη τὴν φύσιν αὐτοῦ φεύγουσαν ἡμῶν τὴν αἴσθησιν: «die mystische Verborgenheit der Mysterien erhöht das Göttliche, indem sie sein Wesen, das unserer Wahrnehmung entgeht, zum Ausdruck bringt.» Diesen spiritualisierten M.-Begriff verwendeten die Pythagoreer nach ARISTOTELES [23] auch, um die Zahlenhaftigkeit alles Seienden zu erklären: οἱ μὲν γὰρ Πυθαγόρειοι μιμήσει τὰ ὄντα φασὶν εἶναι τῶν ἀριθμῶν, Πλάτων δὲ μεθέξει ...: «die Pythagoreer sagen, das Seiende existiere durch M. der Zahlen, Platon aber durch Teilhabe ...» [sc. an den Ideen]) [24].

2. Völlig verschieden von dieser musiktheoretischen Prägung des M.-Begriffes ist die M. der Dichterkritik im zehnten Buch von PLATONS ‹Staat›. Im Anschluß an eine sophistische Theorie (Demokrit?) [25], welche alle Künste (téchnai) der Menschen als Nachahmung von Vorgängen in der Natur auffaßte, wobei μιμεῖσθαι wie in der Umgangssprache als «nachahmen» verstanden wird, kritisiert Platon die Dichtung und alle andern Künste als bloße Nachahmungen dritten Ranges der Ideen. Während der Tischler den Tisch nach seinem Begriff ‹Tisch› als Vorbild schafft, wobei der konkrete Tisch also nur das zweitrangige Abbild der Idee Tisch ist, so steht der gemalte Tisch des Malers noch eine Stufe tiefer, da er bloß Abbildung eines Abbildes ist. M. ist also das Negativum zur Methexis. Nur insofern das Nachgeahmte (μίμημα) noch teilhat (μετέχει) an der Idee, ist es für den Philosophen von Bedeutung. Für die Ästhetik wirkt dieser M.-Begriff destruktiv [26].

3. Von dem musiktheoretischen wie dem platonischen M.-Verständnis fernzuhalten ist der M.-(imitatio-)Begriff der nachklassischen Zeit. Hier bedeutet er, vor allem in der Rhetorik, das Nachahmen klassischer Vorbilder. So wird auch in der Renaissance nicht die M. oder imitatio als solche diskutiert, sondern lediglich, welche Vorbilder imitiert werden sollen. Der musiktheoretische M.-Begriff wird bis in die Neuzeit hinein ganz aus der Bedeutung «nachahmen» im Anschluß an das zehnte Buch der ‹Politeia› interpretiert, bis auf wenige Ausnahmen [27].

Anmerkungen. [1] PLATON, Resp. 376 e. – [2] ebda. – [3] 392 c. – [4] 398 c. – [5] 399 e. – [6] 400 a/b. – [7] 393 d ff. – [8] 397 b. – [9] ARISTOTELES, Poet. 1449 b 26; vgl. 1448 a 1. – [10] a.O. 1447 a 22. – [11] 1447 b 25. – [12] 1447 a 28. – [13] L. LALOY: Hérondas, Mimes (Paris 1928) 16. – [14] a.O. 27. – [15] Hymn. Apoll. 163. – [16] H. KOLLER: Musik und Dichtung im alten Griechenland (1963) 98ff.; W. WEIDLÉ: Vom Sinn der M., in: Eranos Jb. 31 (1962) 249-273. 262ff. – [17] XENOPHON, Symp. 9, 2ff. – [18] PLUTARCH,

Quaest. conv. 9. 15, 748 a. – [19] Athen. 15d. – [20] H. Koller: Die M. in der Antike. Nachahmung, Darstellung, Ausdruck (1954) 166ff. – [21] a.O. 134ff. – [22] Strabon 10, 476ff. – [23] Aristoteles, Met. 987 b 10ff. – [24] F. M. Cornford: Mysticism and sci. in Pythagorean tradition. Class. Quart. 16 (1922) 146; Koller, a.O. [20] 12. – [25] a.O. [20] 58ff. – [26] G. Bien: Bemerk. zu Genesis und ursprüngl. Funktion des Theorems von der Kunst als Nachahmung der Natur. Bogawus. Z. Lit. Kunst Philos. 2 (1964) 26-43, bes. 38; Koller, a.O. [20] 63ff. – [27] Ausnahmen: K. O. Müller im Hb. der Archäol. der Kunst (1830); J. E. Harrison: Ancient art and ritual (London 1913).

Literaturhinweise. E. Auerbach: M. Dargestellte Wirklichkeit in der abendländ. Lit. (Bern ²1952). – H. Koller s. Anm. [20]. – P. Moraux: La «M.» dans les théories anciennes de la danse, de la musique et de la poésie. Etudes class. (Namur 1955) 3-13. – G. F. Else: ‹Imitation› in the 5th cent. Class. Philol. 53/2 (1958) 73-90. – W. J. Verdenius: M. Plato's doctrine of artistic imitation and its meaning to us (Leiden 1962). – H. Koller s. Anm. [16]. – W. Weidlé s. Anm. [16]. – G. Sörbom: Mimesis and art: Studies in the origin and early development of an aesthetic vocabulary (Uppsala 1966). – G. Bien s. Anm. [26]. – L. Golden: M. and katharsis. Class. Philol. 64 (1969) 145-153. – B. M. Villanueva: El concepto de ‹M.› en Platon. Perficit 2 (Salamanca 1969) 181-246. – E. C. Keuls: Plato and Greek painting (Leiden 1978).

H. Koller

Minderwertigkeitsgefühl, Minderwertigkeitskomplex. Unter Minderwertigkeitsgefühl (M.) (bzw. Insuffizienzgefühl) versteht man in der Psychologie heute allgemein ein Erleben der eigenen Unzulänglichkeit gemessen an einem subjektiven Wertbezugssystem. Dem M. kann eine objektiv feststellbare organische oder psychische Minderwertigkeit zugrunde liegen; sie ist jedoch nicht notwendige Bedingung für die Genese des M. Die Prägung des Begriffes ‹M.› im deutschen Sprachraum wird A. Adler zugeschrieben [1], in der französischen psychiatrischen Literatur findet man bei P. Janet bereits vor Adler Behandlungen des Themas unter den Namen ‹sentiment d'imperfection›, ‹sentiment d'infériorité› und ‹sentiment d'incomplétitude› [2]. Janet ordnet das M. den neurotischen Symptomen zu, ein Gedanke, den wenig später Adler aufgreift und in seiner Lehre vom M. und seinen Auswirkungen verarbeitet.

Adler führte den Begriff ‹M.› in seiner ‹Studie über Minderwertigkeit von Organen› ein [3]. Unter dem Einfluß der Entartungslehre Lombrosos [4] dachte Adler zunächst an eine organische Störung oder krankhafte geistige Beeinträchtigung mit organischer Grundlage, wie sie bei manchen Psychosen zu beobachten ist [5]. Wie Freschl [6] feststellt, fehlen in Adlers erster Veröffentlichung jegliche werttheoretischen Überlegungen, wie sie in der Individualpsychologie später eine bedeutsame Rolle spielten [7]. In den folgenden Abhandlungen vertritt Adler immer deutlicher die Auffassung der Psychogenese gesunden und kranken Verhaltens; entsprechend verschwindet der Begriff der Minderwertigkeit (bzw. Organminderwertigkeit) aus seinen Schriften, und an seine Stelle tritt ‹M.› oder ‹Minderwertigkeitskomplex› (Mk.). Das bedeutet, daß Adler für das M. und die von ihm ausgelösten kompensatorischen Mechanismen keine organische Basis mehr voraussetzt [8]. Das M. erschien Adler als natürliches Urerlebnis des Menschen, das besonders in der Kindheit entwicklungsbestimmend wirkt. Er räumte dem M. einen breiten Wirkungsspielraum ein: Es ist der Hauptgrund der «Entmutigung» [9], die zu scheinbarem Begabungsmangel, Schwererziehbarkeit und Kriminalität, zu Neurosen und (in schweren Fällen) sogar zu Psychosen führen kann. Alle diese Fehlhaltungen sind Kompensationsversuche mit falschen Mitteln oder am falschen Ort. Eine akzeptable Kompensation kann nur durch Steigerung des Gemeinschaftsgefühls, d. h. der auf das Wohl der Gemeinschaft ausgerichteten Einstellungen, zustande kommen [10]. ‹M.› ist bei Adler ein Sammelname für eine ganze Reihe negativer hemmender Gefühle: Insuffizienz-, Beeinträchtigungs-, Schuldgefühle usw. Sexuelle M. nehmen nach Adler zumeist die Form eines «männlichen Protests» an, und zwar bei beiden Geschlechtern, weil in der Gesellschaft männlich mit wertvoll, überlegen, oben und weiblich mit weniger wertvoll, unterlegen, unten gleichgesetzt wird. Dadurch kommt es bei der Frau zuweilen zur Übernahme der anderen Geschlechtsrolle, also zu sexuell pervertiertem Verhalten [11].

Der Ausdruck ‹Mk.› taucht in Adlers Schriften erst nach seiner Berührung mit der amerikanischen Tiefenpsychologie auf. Zunächst verwendet er ‹M.› und ‹Mk.› synonym [12], doch kristallisieren sich während der weiteren Entwicklung seiner Lehre unterschiedliche Bedeutungen bei beiden Begriffen heraus. ‹Mk.› bedeutet bei Adler später ein tief verwurzeltes M. oder ein M., das keinen adäquaten Ausgleich, keine ausreichende Auseinandersetzung mit der sozialen Umwelt und keine Eingliederung in diese zuläßt [13]. Aus einem M. wird ein Mk., wenn gleichzeitig die Konfrontation mit einem unlösbaren Lebensproblem vorliegt [14].

Die Begriffe ‹M.› und ‹Mk.› werden in der Nachfolge Adlers zwar präziser definiert, erfahren jedoch keine gewichtige Bedeutungsänderung. F. Wexberg stellt in seiner umfassenden Behandlung der individualpsychologischen Thesen klar, daß das Gefühl der Minderwertigkeit nicht introspektiv erfaßbar ist, sondern nur aus seinen Kompensationen erschlossen werden kann; M. ist also kein phänomendeskriptiver, sondern ein Erklärungsbegriff [15]. R. Allers versucht eine Unterscheidung zwischen M. und Gefühl der Unzulänglichkeit einzuführen. Beim Gefühl der Unzulänglichkeit handle es sich – im Gegensatz zum M. – um eine begrenzte Erfahrung in einem bestimmten Bereich, die nicht die Bewertung des ganzen Selbst, sondern nur eines Teilaspektes tangiert [16]. P. Häberlin grenzt das «eigentliche» M. von dem moralisch indifferenten Benachteiligungsgefühl ab. Das M. sei stets im sittlichen Zusammenhang zu sehen: Jeder sittliche Fehler werde von einem ständigen Selbstvorwurf begleitet, der in ein chronisch schlechtes Gewissen, ein permanentes Schuldgefühl und M. übergehe [17]. F. Künkel betont den unmittelbaren Zusammenhang zwischen der Stärke des M. und der Stärke seiner Kompensation, des Geltungsstrebens. Die Beziehung beider zueinander nennt er «Reizbarkeit», deren Gegensatz die «Feinfühligkeit» sei; die Eigenschaft der Feinfühligkeit ihrerseits ergebe sich aus der Stärke des Gemeinschaftsgefühls [18]. Eine – freilich recht willkürliche – Typologie der M., gegliedert nach zwölf Typen von sozialen Situationen liefert F. Birnbaum [19].

In psychologisch umfassenderem Rahmen analysiert O. Brachfeld den Begriff ‹M.›. Das M. stellt für ihn eine Beeinträchtigung des Selbstwerterlebens dar, das nur nach eingehender Kenntnis der Phänomenologie des Selbstwertgefühls überhaupt genauer erfaßbar wird. Die Wende der individualpsychologischen Lehre nach Adler in Richtung auf eine Ich-Psychologie wird an diesem Begriffsverständnis deutlich. Brachfeld liefert in neuerer Zeit auch eine Übertragung des Begriffes ‹M.› auf Gruppenverhalten [20]. Er knüpft dabei an Gedanken an, die H. de Man bereits 1926 in seiner ‹Psychologie des Sozialismus› [21] äußerte. M. können nach beiden Autoren auch Verhalten von Gruppen bestimmen (wie z. B. der Gruppe der Arbeiterschaft bei de Man). Abweichend von Adlers Lehre sieht de Man im M. jedoch das *Erzeugnis* einer wiederholten oder chronischen Hemmung des Geltungstriebes, also nicht dessen Ursache.

Außerhalb der Individualpsychologie begegnen wir dem Begriff ‹M.› gelegentlich bei S. FREUD, der entsprechend seiner psychoanalytischen Theorie die Genese des M. aus der Wechselwirkung zwischen Ich und Über-Ich interpretiert. Wie von ihm weitgehend gleichgesetzt mit Schuldgefühl, vermittelt durch die Zensur des Über-Ichs. Darüber hinaus erkennt er aber noch eine andere Wurzel von M.en an: die Ablehnung eines Individuums durch sein Liebesobjekt [22]. Aber bereits in Adlers Schule war auf die Möglichkeit einer erotischen Wurzel der M.e von J. MARCINOWSKI hingewiesen worden [23].

Die individualpsychologischen Gedankengänge blieben nicht ohne Einfluß auf die zeitgenössische Persönlichkeitstheorie. So hebt P. LERSCH in seiner phänomenologisch ausgerichteten Betrachtung der Struktur der Persönlichkeit ein aktuelles Minderwertigkeits*erlebnis* gegen M. als «stationäre Gestimmtheit» des Selbstwertgefühls ab. Erlebnismäßig wird das M. einerseits durch den Mangel an Eigenwertgefühl, andererseits durch Geltungsbewußtsein repräsentiert. Das M. kann auf drei Arten erlebnismäßig verarbeitet werden: a) durch Resignation (resignierendes M.); b) wie bei Adler durch Kompensation (protestierendes M.); c) durch bestimmte Gefühle (sentimentales M.) [24].

G. W. ALLPORT verwendet nach amerikanischer Terminologie nur den Begriff ‹inferiority complex›. Er greift die frühe Auffassung Adlers wieder auf, indem er die Entstehung eines «Gefühls der Unzulänglichkeit» durch irgendwie vorhandene Mängel erklärt; doch übernimmt er auch Freuds Erklärung der Genese von M. aus moralischen Konflikten. Im Mk. wächst das Gefühl der Unzulänglichkeit zu einer krankhaften Spannung an [25]. Zwar scheint Allport die spätere Wandlung Adlers auch rezipiert zu haben, denn er bemerkt, daß aus dem Vorhandensein von M. nicht auf tatsächliche Minderwertigkeit geschlossen werden könne [26], doch fehlt bei ihm die Einengung des Begriffs auf psychisches Geschehen, wie Adler sie vornahm und wie sie auch später von andern vertreten wurde.

Anmerkungen. [1] Vgl. R. FRESCHL: Von Janet zur Individualpsychol. Zbl. Psychoanal. 4 (1914) 152-164. – [2] P. JANET: Névroses (Paris 1914); Les médications psychol. (Paris 1919) 2, 261. – [3] A. ADLER: Stud. über Minderwertigkeit von Organen (¹1907). – [4] C. LOMBROSO: Genio e follia (Mailand ¹1864). – [5] ADLER, a.O. [3]; Die Theorie der Organminderwertigkeit und ihre Bedeutung für Philos. und Psychol., in: A. ADLER und C. FURTMÜLLER (Hg.): Heilen und Bilden (1928) 24. – [6] FRESCHL, a.O. [1]. – [7] Vgl. E. RINGEL: Der Wertbegriff in der Individualpsychol. Int. Z. Individualpsychol. 19 (1950) 122-129. – [8] A. ADLER: Über den nervösen Charakter (¹1912, ⁴1930). – [9] ‹M.› wird bevorzugt von F. KÜNKEL verwendet; vgl. F. und R. KÜNKEL: Grundbegriffe der Individualpsychol. (¹1927). – [10] ADLER, a.O. [8]. – [11] Der psych. Hermaphroditismus im Leben und in der Neurose (1910), in: ADLER/FURTMÜLLER, a.O. [5] 76-84; Praxis und Theorie der Individualpsychol. (1920). – [12] Sinn des Lebens (1933). – [13] a.O. – [14] 76. – [15] E. WEXBERG: Individualpsychol. (²1931). – [16] R. ALLERS: Das Werden der sittl. Person (⁴1935). – [17] P. HÄBERLIN: M.e (1930, ⁶1947) 7ff. – [18] F. KÜNKEL: Einf. in die Charakterkunde (¹⁰1944); a.O. [9]. – [19] F. BIRNBAUM: Formen des M. Int. Z. Individualpsychol. 17 (1948) 60-71. – [20] O. BRACHFELD: M. beim Einzelnen und in der Gemeinschaft (1953) 74; Soziale M.e und Mk.e, in: W. BERNSDORF (Hg.): Wb. der Soziol. (1969). – [21] H. DE MAN: Zur Psychol. des Sozialismus (1926). – [22] S. FREUD: NF der Vorles. zur Einf. in die Psychoanal. Werke Bd. 15. – [23] J. MARCINOWSKI: Die erotischen Quellen des M. Z. Sexualwiss. 4 (1918) 313-321. – [24] P. LERSCH: Aufbau der Person (⁹1964). – [25] G. W. ALLPORT: Persönlichkeit (1949) 174. – [26] a.O. 75f.

Literaturhinweise s. Anm. [20].   O. BRACHFELD/Red.

Minimum, metaphysisches. Der Begriff des metaphysischen Minimums (m.M.) durchzieht zusammen mit ähnlichen Wendungen wie ‹M. an Theorie›, ‹M. an Hypothese›, ‹M. an Behauptung›, ‹irreduzibler Rest an Metaphysik› [1] und dem Gegenbegriff ‹Maximum an Metaphysik› [2] N. HARTMANNS Erkenntnisphilosophie. Er hat eine Leitfunktion für die Kritik an historischen erkenntnistheoretischen Positionen, vor allem den idealistischen, und fungiert in systematischer Hinsicht als Norm für eine «überstandpunktliche», d. h. für Hartmann ontologische Erkenntnisphilosophie [3].

Hartmann geht davon aus, daß Erkenntnis nicht ein Hervorbringen des Gegenstandes ist, sondern ein Erfassen von etwas, das auch unabhängig von aller Erkenntnis vorhanden ist [4], handle es sich um Naturgegenstände, logische Zusammenhänge oder ethische Werte [5]. Entsprechend besteht die Kernfrage einer Philosophie, die zur Verminderung der Beweislast [6] möglichst wenig von der «natürlichen Auffassung» abweicht [7] und deshalb mit einer phänomenologischen Beschreibung der Erkenntnis beginnt [8], in der Frage nach dem «Wesen der seienden Sache, des seienden Subjekts und der sie umspannenden seienden Grundrelation» [9]. Als transzendente bleibt diese Grundrelation jedoch stets irrational und bildet ein «unlösbares Restproblem, welches im wesentlichen undurchschaut bleiben muß» [10].

Mit logischen und psychologischen Methoden ist zunächst das «Unmetaphysische», das Lösbare im Erkenntnisproblem zu lösen [11], dann in einer Aporetik das Metaphysische zu exponieren und zu analysieren [12]. Auf diese Weise soll das «metaphysisch-Unlösbare» [13] auf ein M., auf «das kritische M. an Metaphysik» reduziert [14], jedoch in seinem «über alle Lösbarkeit hinausreichenden, perennierenden Fragecharakter» [15] anerkannt werden [16].

Durch die grundsätzliche Anerkennung eines m.M. wird nach Hartmann jenes «unfreiwillige Maximum an Metaphysik vermieden» [17], das der Idealismus und der spekulative Realismus auf sich geladen haben, indem sie die Erkenntnisrelation auf ein innersubjektives bzw. innerobjektives Verhältnis beschränken wollten [18].

Anmerkungen. [1] N. HARTMANN: Grundz. einer Met. der Erkenntnis (⁴1949) 336. 317. 318. 132. – [2] a.O. 158f. – [3] 186. 194. – [4] 1. – [5] Kap. 27f. – [6] 318. – [7] 2; vgl. 199. 183. 185f. – [8] 38. – [9] 76. – [10] 326; vgl. 131f. – [11] 15ff. – [12] 39. 61ff. – [13] 186. – [14] 201. – [15] 38. – [16] 129. – [17] 316; vgl. 186. – [18] 143. 149. 167. 375. 200.   SUSANNE KUNKEL

Misanthropie (griech. μισανθρωπία, Menschenhaß, -feindschaft). – 1. ‹M.› ist ein von PLATON in die Philosophie eingeführter Begriff. Im ‹Phaidon› [1] begegnet ‹M.› im Zusammenhang mit einer Warnung vor Misologie (μισολογία, Vernunfthaß, Redefeindschaft). Danach entsteht M., wenn man Menschen unkritisch zu großes Vertrauen entgegengebracht hat und nun von ihnen enttäuscht wird. Dann besteht die Gefahr einer Verallgemeinerung dieser subjektiven Erfahrung, die zu der Behauptung führen kann, es gebe überhaupt keine zuverlässigen

Misanthropie

Menschen. Folge davon kann gekränkte Abwendung von den Menschen sein. In den ‹Nomoi› [2] legt Platon die athenische Ansicht dar, daß in der Erziehung «... eine zu strenge und harte Unterwerfung die Jungen zu Schwächlingen, Unfreien und Menschenfeinden und für das Zusammenleben untauglich macht». DEMOSTHENES bringt den νόμος in Zusammenhang mit der M. [3]. Bei DIOGENES LAERTIUS findet sich zum ersten Male das Verbum μισανθρωπεῖν [4]. CICERO nimmt den Begriff μισάνθρωπος (Menschenhasser, -feind) auf, indem er an Timon, den Prototyp der M. [5], erinnert. Unter M. versteht er «Ungastlichkeit» (inhospitalitas). Mit der Misogynie (μισογυνία, odium mulierum, Frauenhaß) nennt er u. a. auch die M. «Krankheiten der Seele, die aus einer gewissen Furcht vor demjenigen entstehen, das sie fliehen und hassen» [6]. Diese Verbindung von M. «mit der stoischen Lehre von der Störung des seelischen Gleichgewichts durch die vier πάθη [7] ist eine Spekulation, die «eine immer engere Verbindung von M. und Philosophie» [8] schafft. In «Laelius de amicitia» [9] gesellt Cicero dem Timon eine zweite misanthropische Gestalt bei: «Apemantus, den professionellen Menschenfeind – eine Aufspaltung des antiken Misanthropen in Timon und einen Vertreter der kynischen Schule –, um so Timons Angriffen auf die Menschheit ein verständnisvolles Gegenüber zu geben» [10].

Anmerkungen. [1] PLATON, Phaid. 89 d/e. – [2] Leg. 791 d. – [3] DEMOSTHENES, Orat. 264, 2; vgl. 122, 13. – [4] DIOGENES LAERTIUS I, 9, § 107. – [5] Timon von Athen, der Misanthrop, wird vor CICERO z. B. erwähnt von ARISTOPHANES, Av. 1547; Lys. 805; und nach PLUTARCH, Ant. 70, auch vom Komödiendichter PLATON; vgl. auch Epigr. 3. 4 des KALLIMACHOS, in denen zuerst der Name μισάνθρωπος begegnet. MENANDERS ‹Dyskolos› trug nach Papyrus Bodmer IV auch den Namen ‹Misanthropos›; vgl. Dysk., dtsch. B. WYSS, in Insel-Bücherei Nr. 740 (1961) 61. – [6] CICERO, Tusc. disp. IV, 11, 25. – [7] Vgl. G. HAY: Darstellung des Menschenhasses in der dtsch. Lit. des 18. und 19. Jh. (1970) 21. – [8] ebda. – [9] CICERO, Laelius XXIII, 87. – [10] HAY, a.O. [7] 21f.

2. Die Sprache des *Christentums* kennt den Begriff ‹M.› ebenso wie den der Philanthropie (φιλανθρωπία, Menschenliebe, -freundschaft) in der bisher dargelegten Weise nicht. Ihr Grundbegriff heißt ‹Nächstenliebe› (amor proximi); analog dazu ist die Rede von «Nächstenhaß» (odium proximi) [1]. Ein anderes Verständnis des Christentums begegnet bei KIERKEGAARD. Für ihn heißt «Christentum im neuen Testament (im Unterschied zum gelebten) ..., Gott lieben im Menschen-Haß, im Haß gegen sich selbst und damit gegen andere Menschen, Haß gegen Vater und Mutter ..., der stärkste Ausdruck für die qualvollste Vereinzelung» [2].

Anmerkungen. [1] Vgl. z. B. THOMAS VON AQUIN, S. theol. II/II, q. 34 passim. – [2] S. KIERKEGAARD, Samlede Vaerker 14, 196.

3. Im Mittelalter ist unter dem Einfluß des Christentums eine Verschiebung der Beurteilung der M. als gesellschaftlich-sittliches Phänomen zum Metaphysischen festzustellen [1]. «Der mittelalterlich-christliche Menschenfeind ist der Teufel.» In den Werken HROTSVITHAS VON GANDERSHEIM tritt er als der «hostis humani generis» [2], als Gegenspieler Christi auf, welcher sich in Liebe für die Menschen hingab: Er ist der «vetus» [3], «callidus» [4], «saevissimus» [5] Menschenfeind, der alte Widersacher, der die Menschen um ihr Heil bringt» [6].

Anmerkungen. [1] Vgl. HAY, a.O. [7 zu 1] 25. – [2] H. v. GANDERSHEIM, Opera 74; vgl. 11. 30. – [3] a.O. 74. – [4] 11. – [5] 30. – [6] HAY, a.O. [7 zu 1] 29.

4. Im 17. und 18. Jh. wird die M. verschiedentlich im Zusammenhang mit der Melancholie gesehen, z. B. in MOLIÈRES Komödie ‹Le misanthrope›. Die europäische Aufklärung und das frühe 19. Jh. versuchten, die M. «in der Form der weltabgewandten Melancholie aus der Säfte- und Temperamentenlehre» zu erklären [1].

ROUSSEAU geht von seiner eigenen Menschenscheu aus und schließt die menschliche Gesellschaft in seinen Kulturhaß ein. «Seine Lehre ... sieht das Verhältnis Individuum, Kollektivum von einzelnen her; diese Polarität wird feindlich in dem Begriff ‹la société› empfunden» [2]. Seine «philosophische M. gewinnt ihren Maßstab aus dem eigenen Ich und nicht aus dem Gegensatz von Idealität und Realität in dem enttäuschten Menschenfreunde» [3].

Die «Moralischen Wochenschriften» [4] des 18. Jh. befassen sich häufig mit dem Problem der Absonderung aus der menschlichen Gemeinschaft und der Menschenfeindschaft. Die M. wird immer in ihrer Gegenposition zur aufgeklärten Menschenfreundschaft betrachtet [5]. Auf den «Unterschied zwischen der schöpferischen Einsamkeit des Gebildeten ... und der Einsamkeit jener Menschen, die wahrhaft antisozial und schädlich seyen, der 'Unmenschen, Singularisten, Misanthropen, *Heautontimoroumenoi*, oder solche die anderen Leuten und sich selber feind seynd'» [6], wird ausdrücklich hingewiesen. Einen Höhepunkt und gleichzeitig Abschluß in der deutschen Literatur der Aufklärung zu der Thematik Einsamkeit und M. bildet das Hauptwerk Johann Georg ZIMMERMANNS ‹Über die Einsamkeit› [7].

J. G. HAMANN entlarvte den Menschenfreund herkömmlicher Art als Egoisten und definierte einen Menschenhaß, «der keine Krankheit der Galle noch der Einbildung, sondern eine Schwermut der Vernunft ist ... Wie kann man seinen Stand der Schöpfung und Gesellschaft erniedrigt sehen, ohne sich und andere unerträglich zu finden? Macht euch, Menschen, zu leblosen, zu unvernünftigen Geschöpfen; ja, macht euch um den Verderber der Welt als um euren Gott verdient! Wer aber an euch mit kaltem Blut denken kann, sündigt schon» [8]. Die Wurzel dieses religiösen (Hamann) wie auch des philosophischen Menschenhasses (Rousseau) sieht Hay [9] in der Verkehrung der Sitten in Mißbräuche, der Grundsätze in Vorurteile.

CHAMFORT (Nicolas Sebastien Roch) verwendet zwei verschiedene Begriffe von ‹M.›. Zunächst erklärt und verteidigt er sie als verkappte Menschenliebe. M. und Philanthropie sind ihm gleichbedeutende, sich deckende Begriffe: «Misanthrope ... cela veut dire philanthrope.» Berühmt ist sein Ausspruch: «Quiconque à quarante ans n'est pas misanthrope n'a jamais aimé les hommes.» Die «profonde aversion pour la civilisation» ist ihm ein «sentiment que le vulgaire apelle M., mais qui n'est au contraire qu'un amour trop ardent de l'humanité.» Nach der Französischen Revolution zeigt sich ein Umschlag; jetzt stellt er die M. mit «dureté de cœur» und «égoisme» zusammen und kennzeichnet sie miteinander als «antisoziale Leidenschaften» [10].

Ausführlich hat sich KANT mit der M. im Gegenüber zur Philanthropie befaßt. Er unterscheidet drei verschiedene Arten von M. bzw. Misanthropen: die «separatistische M.» [11], den «ästhetischen» und den Misanthropen in «praktischem Sinne» [12]. Die «separatistische M.» besteht «bloß in der gänzlichen Abkehrung vom Menschen» «ohne tätige Anfeindung» [13]; ein «Misanthrop in praktischem Sinne» im Unterschied zum Menschenfreund und zum Selbstsüchtigen ist derjenige, «welchem nur wohl ist, wenn es anderen übel ergeht» [13a]; der «ästhetische Misanthrop» schließlich flieht die Menschen, «weil er kein *Wohlgefallen* an ihnen finden kann, ob er zwar allen *wohl will*, ... und seine Abkehrung von Menschen[würde] Anthropophobie genannt werden kann» [14]. Diese Art von M. nennt Kant auch wohl «eine (sehr uneigentlich sogenannte) M., wozu die Anlage sich mit dem Alter in vieler wohldenkenden Menschen Gemüt einzufinden pflegt ...»; Ursache davon ist «eine lange traurige Erfahrung» mit den Menschen [15].

Für SCHILLER, dem das Problem der M. «viel zu allgemein und philosophisch» [16] war, als daß er es dramatisch behandeln zu können glaubte, liegt die Wurzel der M. im Widerspruch von Idealität der Natur und Realität der menschlichen Gesellschaft [17]. Schon bei SHAFTESBURY begegnet der Menschenhaß von der Idee her: Um willen der hohen Idee vom Menschen haßt Palemon die Menschen. Der Misanthrop wird bei Shaftesbury gleichgesetzt mit dem Namen ‹Timon› («complete Timon or Manhater» [18]), offensichtlich mit Bezug auf Shakespeares ‹Timon of Athens› [19].

NOVALIS definiert den Menschenhaß aperçuhaft so: «Paralysis der Empfindsamkeit ... Die Seele zersetzt sich. Daher der tödliche Frost, die freie Denkkraft, der schmetternde unaufhörliche Witz dieser Art der Verzweiflung. Keine Neigung ist mehr vorhanden; der Mensch steht wie eine verderbliche Macht allein. Unverbunden mit der übrigen Welt verzehrt er sich allmählich selbst» [20].

Einer «humanitären, über die gesellschaftlichen Grenzen hinausgreifenden» Menschenliebe stellt H. VON KLEIST in seinem ‹Aufsatz, den sichern Weg des Glücks zu finden und ungestört – auch unter den größten Drangsalen des Lebens – ihn zu genießen› (1799) den Menschenhaß gegenüber. Der anmaßende Menschenhaß – 'O Gott! Ist es möglich, daß ein Menschenherz weit genug für so viel Haß ist!' [21] – ist für ihn tiefes Unglück und weniger eine Gefahr; 'ein so liebloses Wesen wie ein Menschenfeind ist auch keines wahren Glückes wert' [22]. In der Tugend, vor allem in der Toleranz und Geduld, sieht Kleist «die besten Waffen gegen den Haß» [23].

Die zahlreichen Erbauungs- und Bildungsbücher der Zeit um 1800 argumentieren moralisch gegen den Menschenhaß, «ob bei Herder oder – ohne dessen umfassenden Geist – bei George Carl Claudius, Georg Friedrich Niemeyer, Johann Gottfried Pahl, Johann Jacob Engel, Johann Jakob Dusch, Joachim Heinrich Campe und anderen. Voraussetzung ist immer, daß die Natur, die menschliche Ordnung, gut und auf Geselligkeit gebaut ist» [24].

SCHOPENHAUER differenziert zwischen Menschenverachtung und M. «Menschenverachtung ersetzt ihm nicht nur den Menschenhaß, sondern bietet ihm sogar Schutz vor der M. Der Wille zum Leben erscheint Schopenhauer als ein absolut unvernünftiges Streben, da für ihn die empirische Welt, die menschliche Gesellschaft mit eingeschlossen, nur eine Welt des Leidens ist. Unlust als Folge dieser Weltbetrachtung und bestimmendes Gefühl jedes menschlichen Handelns entzieht dem Menschenhaß als negativer Lust-Handlung die Kraft. Wenn die Welt schlecht und ihre Schlechtigkeit für Schopenhauer bewiesen, wenn der Mensch selbst ein Unwert ist, dann ist Menschenhaß ein utopischer, unnützer Wahn» [25]. Nach Schopenhauer entsteht M., wenn eine «Verstimmung» bleibend wird, der «die Welt, von der ästhetischen Seite betrachtet, als ein Karikaturenkabinett, von der intellektuellen, als ein Narrenhaus, und von der moralischen, als eine Gaunerherberge erscheint» [26]. Auch er ist ähnlich wie Chamfort der Meinung, daß «jeder irgend vorzügliche Mensch ... nach dem vierzigsten Jahre, von einem gewissen Anfluge von M. schwerlich freibleiben [wird]» [27].

Auch NIETZSCHE stellt die M. auf philosophische Weise in Frage. Er hat die Unwahrhaftigkeit der M. erkannt, «wenn er den Haß des anderen im Hassenden selbst wiederfand und – auf Schopenhauer bezogen – wenn Mitleid, Einstimmung in das Leid des Nächsten, nur Haß, 'Nächsten-Haß' [28] hervorruft» [29]. Außer in Distanzlosigkeit sieht Nietzsche die M. motiviert in erbärmlicher Furcht. «Darum ist die 'Zwischenrede des Narren' in 'Die fröhliche Wissenschaft' (1882) – ironisch an die 'Furchtlosen' gerichtet – eine indirekte Absage an die Menschenfeinde, zugleich aber auch Aufruf, den 'alten' Menschen zu negieren, dem der Auserwählte gegenübergestellt wird; dieser ist für Nietzsche in seiner Haltung dem Künstler verwandt. Der Preis des Menschenhasses aber ist im Verhältnis zur Nichtigkeit der Menschen zu hoch: 'Um zu hassen, wie man ehemals *den* Menschen gehaßt hat, timonisch, im ganzen, ohne Abzug, aus vollem Herzen, aus der ganzen *Liebe* des Hasses – dazu müßte man aufs Verachten Verzicht leisten – ... Der Haß dagegen stellt gleich, stellt gegenüber, im Haß ist Ehre, endlich: im Haß ist *Furcht*, ein großer, guter Teil Furcht ...'» [30]. Im «Übermenschen» soll die Menschenverachtung, die Nietzsche von der M. unterscheidet [31], «untergehn» [32]. Das unzweideutigste Anzeichen von Menschenverachtung ist, daß man die Menschen «nur als Mittel zu *seinem* Zwecke oder gar nicht gelten läßt» [33].

Bei SCHELER steht in engem Zusammenhang mit seinen Reflexionen über Menschenhaß und Menschenliebe der von Nietzsche übernommene Terminus ‹Ressentiment› [34]. Scheler selbst versteht dem sachlichen Gehalt nach darunter eine «seelische Selbstvergiftung», «eine dauernde psychische Einstellung, die durch systematisch geübte Zurückdrängung von Entladungen gewisser Gemütsbewegungen und Affekte entsteht ... und die gewisse dauernde Einstellungen auf bestimmte Arten von Werttäuschungen und diesen entsprechenden Werturteilen zur Folge hat» [35]. Auch den «Kern in der Bewegung der modernen allgemeinen Menschenliebe» erklärt er «schon dadurch als auf Ressentiment beruhend erkennbar, daß diese sozial-historische Gemütsbewegung ... auf einem *Protest*, einem *Gegenimpuls* (Haß ...) gegen herrschende Minoritäten, die man im Besitze positiver Werte weiß, [beruht]. Die 'Menschheit' ist nicht das unmittelbare Objekt der Liebe in ihr ..., sondern sie wird in ihr bloß *ausgespielt* gegen ein Gehaßtes ...» [36]. So macht Scheler darauf aufmerksam, daß die von J. G. Fichte aufgewiesene allgemeine Menschenliebe «nach seiner Liebesidee 'Menschenhaß' heißen müßte» [37].

Anmerkungen. [1] Vgl. HAY, a.O. [7 zu 1] 202-206, zit. 202. – [2] a.O. 115. – [3] 116. – [4] z. B. ‹Der Einsiedler› 1. 2 (1740/41), hg. F. J. RIEDEL (1774); ‹Der Eremit› (1767); ‹Einsame Nachtgedanken› (1757); ‹Meine Einsamkeiten› 1-50 (Prag 1771/72). – [5] Vgl. HAY, a.O. [7 zu 1] 65. – [6] J. BODMER und J. BREITINGER: Die Discourse der Mahlern (1721/22) 1. Teil, hg. TH. VETTER (1891) 36; vgl. HAY, a.O. [7 zu 1] 65f., zit. 66. – [7] J. G. ZIMMERMANN: Über die Einsamkeit, 1. Teil (1784). – [8] J. G. HAMANN, Sämtl. Werke, hg. J. NADLER (Wien 1951/52) 3, 228; zit. HAY, a.O. [7 zu 1] 118. – [9] a.O. 118. – [10] Vgl. G. GABOR: Die M. Chamforts (Diss. 1928) 34 Anm. 9. 35. 90; Quellenang. ebda. – [11] I. KANT, Akad.-A. 6, 402. – [12] a.O. 450. – [13] 402. – [13a] 450. – [14] 450; vgl. a.O. 15/3, Nr. 1073. – [15] a.O. 5, 275f., zit. 276. – [16] FR. SCHILLER, Krit. A., hg. F. JONAS 3, 117. – [17] Vgl. SCHILLERS Dramenfrg. ‹Der versöhnte Menschenfeind›. Nat. A. 5, 137-159;

Misanthropie

‹Über naive und sentimental. Dicht.› a.O. 20, 498. – [18] A. A. C. SHAFTESBURY, Charakteristics 2 (1749) 129; vgl. 126. – [19] Vgl. 4, 3, 53. – [20] NOVALIS, Schr. II/1, hg. P. KLUCKHOHN 26; zit. HAY, a.O. [7 zu 1] 156. – [21] H. v. KLEIST, Sämtl. Werke und Br., hg. H. SEMDNER 2 (1961) 312, zit. HAY, a.O. [7 zu 1] 140. – [22] v. KLEIST, a.O. 314. – [23] HAY, a.O. [7 zu 1] 140. – [24] a.O. 141. – [25] 186. – [26] A. SCHOPENHAUER, Sämtl. Werke, hg. A. HÜBSCHER 4, 199. – [27] Parerga und Paralipomena 1 a.O. 5, 514. – [28] FR. NIETZSCHE, Werke, hg. K. SCHLECHTA 1, 1053. – [29] Vgl. HAY, a.O. [7 zu 1] 188f. – [30] NIETZSCHE, a.O. [28] 2, 254f., zit. HAY, a.O. [7 zu 1] 189f.; vgl. das Furcht-Motiv auch bei CICERO, a.O. [6 zu 1], und R. LE SENNE: Traité de caractérol. (Paris 1945) 250-252. – [31] NIETZSCHE, Die fröhl. Wiss. Nr. 379. – [32] ebda. – [33] Menschl. Allzumenschl. Nr. 524. – [34] M. SCHELER, Ges. Werke, hg. M. SCHELER (⁴1952ff.) 3, 36. – [35] a.O. 38. – [36] 102f. – [37] a.O. 96, Anm. 1.

5. In jüngster Zeit widmeten H. Plessner und G. Hay dem Problem der M. besondere Aufmerksamkeit. PLESSNER zielt auf die «fatale Erhebung der M. zum Rang einer Ideologie» und fragt nach den hierfür verantwortlichen Faktoren [1]. Er nennt vier Tendenzen, die sich vielfältig miteinander verbinden und gegenseitig verstärken: 1. die Vermassung: «Wo der einzelne nichts und das Ganze alles ist, hat die M. leichtes Spiel und wird dem Schein nach zur Wahrheit, da der Mensch in der Masse die Züge einbüßt, die ihn zum Menschen machen» [2]; 2. zunehmende Organisierung und Bürokratisierung: «Der Plan ist alles, die Individualität nichts. Wo aber die Ersetzbarkeit des einzelnen so weit vorangetrieben wird, beherrscht die Abstraktion das Feld und hat mit der Durchfunktionalisierung des einzelnen die M. leichtes Spiel» [3]; 3. die Verwissenschaftlichung des Lebens, die «im einzelnen den Typus, das Charakteristikum, die Regel oder das Gesetz zu erkennen» sucht [4] und deshalb die Gefahr bedeutet, «der generalisierenden Menschenverachtung ... die schärfsten Waffen in die Hände [zu] spielen» [5]; 4. der moderne Unglaube in einer offiziell christlichen Welt, der besonders die «wachsende Schicht der Halbgebildeten eine leichte Beute misanthropischer Auffassung» werden läßt [6].

G. HAY gibt in seiner ‹Darstellung des Menschenhasses in der deutschen Literatur des 18. und 19. Jahrhunderts› auch philosophische und philosophiehistorische Hinweise. Mit Recht sieht er in der M. «ein primär psychisches und soziales Phänomen» [7]. Ihre Symptome sind im wesentlichen: «Der Mensch klagt die Menschheit insgesamt an, verflucht sie und verläßt ihre Gemeinschaft. Mit den anderen Außenseitern der Gesellschaft, den Sonderlingen, Käuzen und Eigenbrötlern wie den Einsiedlern und Propheten gehört der Misanthrop zu den Einzelgängern; denn Menschenhaß ist ein Phänomen der Distanz, in seiner ausschließlichen Negation jedoch wiederum mehr als nur eine individuelle Distanzierung. Enttäuschte Liebe oder mißbrauchtes Vertrauen, die häufigsten Motive für eine misanthropische Reaktion, lassen den Glauben eines Enttäuschten an den Menschen durch den Menschen zerbrechen. In der Reflexion über den Menschen in der Gemeinschaft gewinnt er eine neue Bewußtseinshaltung, die zunächst nur in Haßgefühlen gegenüber den ihn verletzenden Menschen bestehen kann. Von der Einzelerfahrung ausgehend, verallgemeinert der Misanthrop. Er gewinnt eine neue Idee vom Menschen und verhält sich gegenüber dem Problem Individuum – Gesellschaft negativ: Er verläßt die menschliche Gemeinschaft, um isoliert in häufig nur versuchter Selbstgenügsamkeit ein unbeneidetes Glück zu suchen» [8].

Anmerkungen. [1] H. PLESSNER: Über Menschenverachtung, in: Diesseits der Utopie. Ausgew. Beitr. zur Kultursoziol. (1966) 210-220, zit. 210. – [2] a.O. 216. – [3] 216f. – [4] 217. – [5] 218. – [6] 218f. – [7] HAY, a.O. [7 zu 1] 5. – [8] a.O. 9.

Literaturhinweise. F. BERTRAM: Die Timonlegende. Eine Entwicklungsgesch. des Misanthropentypus in der antiken Lit. (Diss. 1906). – G. Gabor s. Anm. [10 zu 4]. – G. HAY s. Anm. [7 zu 1].
H. HUNING

Mischung/Entmischung. Die Begriffe der M. und E. spielten schon bei den *Vorsokratikern* eine wichtige Rolle. Der altpythagoreische Mediziner und Philosoph ALKMAION lehrte nach späterer Überlieferung, die Gesundheit beruhe auf der gleichmäßigen M. (κρᾶσις) der Qualitäten [1]. Nach EMPEDOKLES beruht alles Entstehen und Vergehen auf M. (μῖξις) und Austausch (διάλλαξις) der vier Elemente [2]. Die M. ist ein Werk der Liebe (φιλία), die E. ein Produkt des Streites (νεῖκος) [3]. Im Gegensatz zu den älteren ionischen Naturphilosophen, die nur ein einziges Weltprinzip annahmen, kennt Empedokles also eine Mehrheit von Grundstoffen und -kräften. Nach der Lehre der *Atomisten* beruht alles Werden und Vergehen auf Verbindung und Trennung der Atome [4]. ANAXAGORAS führt Entstehen und Vergehen auf Vereinigung (σύγκρισις) und Trennung (διάκρισις) der kleinsten Teilchen (Homoiomerien) zurück [5].

(Außerhalb naturphilosophischer Zusammenhänge verwendet PLATON μῖξις auch in psychologischem Sinn für die M. von Lust und Schmerz [6].)

ARISTOTELES behandelt die M. (μῖξις, κρᾶσις) in ‹De gen. et corr.› (I, 10). In der M. sind die Bestandteile der Anlage nach (δυνάμει, potentiell) noch vorhanden, während in Wirklichkeit (ἐνεργείᾳ, aktuell) etwas anderes aus ihnen entstanden ist; infolge des potentiellen Fortbestehens der Bestandteile kann die M. wieder in diese aufgelöst werden [7]. Von der M. unterscheidet er die Zusammensetzung (σύνθεσις), bei der die Bestandteile in kleinen, nebeneinander liegenden Teilchen aktuell erhalten bleiben; die M. betrachtet er dagegen als eine völlige Verschmelzung, bei der alle Teile gleichartig werden [8]. Abschließend definiert Aristoteles die M. als ein Einswerden (ἕνωσις) der veränderten Bestandteile [9]. Im Gegensatz zu den jüngeren Naturphilosophen seit Empedokles faßt er also M. und E. als echte innere Substanzumwandlungen auf, die er im Sinne seiner Lehre von Potenz und Akt erklärt.

Die *Stoiker* definieren die M. (μῖξις) als wechselseitige Durchdringung (ἀντιπαρέκτασις) von Körpern, bei der die Qualitäten der Bestandteile erhalten bleiben [10].

Die *scholastische* Lehre vom mixtum beruht auf aristotelischer Grundlage, desgleichen die *alchemistische* Transmutationstheorie, nach der man durch entsprechende M. der Elemente jeden Stoff, also auch Edelmetalle, herstellen kann.

In der *Humanistenzeit* unterschied im 16. Jh. der italienische Naturphilosoph H. CARDANUS drei Arten der Veränderung: die Mischung *ungleich*artiger Stoffe mit Veränderung der Form heißt generatio, ohne Veränderung der Form mistio (= mixtio), die Mischung gleichartiger Stoffe heißt coacervatio [11]. – Im 17. Jh. erneuerte der deutsche Naturphilosoph J. JUNGIUS die «syndiakritische» (auf M. und E. beruhende, atomistische) Theorie des Naturgeschehens, die er gegen die «aktupotentiale» (auf Wirklichkeit und Möglichkeit beruhende, hylomorphistische) Lehre der Aristoteliker verteidigte. Jungius unterschied hypostatische und synhypostatische Teile der Körper [12]. Die hypostatischen Teile können auch außerhalb des Dinges, dessen Bestandteile sie sind, bestehen (z. B. die Elemente, wobei Jungius jedoch die Elemente der Alten nicht mehr anerkennt) [13]. Die synhypostatischen Teile (Materie und Form) dagegen können nur miteinander, aber nicht für sich bestehen [14]. Die syndiakritische Verwandlung beruht auf hypostatischen, die aktupotentiale auf synhypostatischen Prinzipien [15]. Als syndiakritisch wird eine Verwandlung bezeichnet, die durch M. (Synkrise) oder E. (Diakrise) oder durch beides zugleich zustande kommt [16]. Die M. wird als Verknüpfung, die E. als Trennung von Atomen erklärt [17]. Die tägliche Erfahrung drängt uns überall die Hypothese der Syndiakrise auf; Aristoteles selbst hat sie in seinen späteren Schriften (bes. Meteor. IV) vertreten, während er früher (in Phys. und De gen. et corr.) noch in der aktupotentialen Lehre befangen war [18].

Die *modernen Naturwissenschaften* unterscheiden streng zwischen physikalischen Gemengen (Gemischen, Mischungen), bei denen die Moleküle bzw. Molekülgruppen der Bestandteile erhalten bleiben, und chemischen Verbindungen, die aus gleichartigen Molekülen bestehen.

Anmerkungen. [1] ALCMAEON, Frg. 4 ap. AËT., De plac. philos. V, 30, 1 Dox. 216. — [2] = VS 1, 216. — [2] EMPEDOKLES, Frg. 8 ap. PLUT., Adv. Col. 10, p. 1111 F et AËT., De plac. philos. I, 30, 1 Dox. 326, 10 = VS 1, 312; ARISTOTELES, De gen. et corr. I, 1, 314 b 6-8. — [3] Met. I, 4, 984 b 32-985 a 10. — [4] De gen. et corr. I, 8, 325 a 31f. — [5] Met. I, 3, 984 a 11-16. — [6] PLATO, Phileb. 47 d-49 c. — [7] ARISTOTELES, De gen. et corr. I, 10, 327 b 22-31. — [8] a.O. 328 a 5-12. — [9] 328 b 22. — [10] SVF II, nr. 471, p. 153, 6-12 ap. STOB., Ecl. I, p. 154, 14ff. (WACHSMUTH). — [11] Vgl. K. LASSWITZ: Gesch. der Atomistik vom MA bis Newton 1 (1890) 310. — [12] J. JUNGIUS: De principiis corporum naturalium disp. I (1642) assertio 32, p. 32 (WOHLWILL s. Lit.); die Disputationsthesen der Jungiusschüler geben die Meinung ihres Lehrers wieder. — [13] a.O. ass. 33, p. 32 (W.); über den Elementenbegriff von Jungius vgl. a.O. disp. II, ass. 68, p. 43 (W.) und WOHLWILL (s. Lit.) 51-53. — [14] ass. 36, p. 32 (W.). — [15] ass. 55, p. 34 (W.). — [16] ass. 56, p. 34 (W.). — [17] ass. 58 et 62, p. 34f. (W.). — [18] a.O. disp. II, (1642) ass. 11-44, p. 38f. (W.).

Literaturhinweise. Zur Antike: W. JAEGER: Die Theol. der frühen griech. Denker (1953) 181ff. — I. DÜRING: Aristoteles (1966) 382f. 564. — *Zum MA:* W. GANZENMÜLLER: Die Alchemie im MA (1938, ND 1967) 125-184. — *Zur NZ:* E. WOHLWILL: Joachim Jungius und die Erneuerung atomist. Lehren im 17. Jh. Abh. aus dem Gebiete der Naturwiss., hg. Naturwiss. Verein Hamburg 10/2 (1887). A. LUMPE

Misologie. — 1. M., habituelle Abneigung gegen die Vernunft, ist für PLATON Resultat der wiederholten Erfahrung, daß übereilt akzeptierte Überlegungen sich nachträglich als irrig erweisen; nur laste danach M. die Schuld für dies Versagen nicht mangelnder eigener Kritikfähigkeit an, sondern der Vernunft überhaupt [1]. — KANT deutet M. weniger als resignierende Ermüdung, sondern als die aggressive Anmaßung des «Naturalisten», durch «gemeine Vernunft ohne Wissenschaft, welche er die gesunde Vernunft nennt», in «erhabensten Fragen der Metaphysik» mehr auszurichten als durch «Spekulation»; M. ist dann «Vernachlässigung aller künstlichen Mittel als eigene Methode angerühmt, seine Erkenntnis zu erweitern» [2]. — Von diesem neuen Selbstbewußtsein falscher Unmittelbarkeit getragene M. macht auch HEGEL an ihren konkreten Gestalten dingfest: Denken verfalle in M., wenn es, an der Auflösung des Widerspruchs verzweifelnd, «daß es als Verstand in das Negative seiner selbst» gerät, «sich polemisch gegen sich selbst» benimmt, «wie dies in der Behauptung des sog. *unmittelbaren Wissens* als der *ausschließenden* Form des Bewußtseins der Wahrheit geschieht» [3]. Dies Wissen sei «ganz dasselbe, was sonst Eingebung, Offenbarung des Herzens, ... gesunder Menschenverstand, common sense, Gemeinsinn genannt worden ist» [4].

2. Aus ihrer latenten Protesthaltung befreit sich M., wenn sie für NIETZSCHE statt konkurrierender Möglichkeit Prinzip wird: «was gedacht werden kann, muß sicherlich eine Fiktion sein» [5]. Der Pflicht zum Mißtrauen gegen alles Denken genügt, wer nicht «ein betrügerisches Prinzip im 'Wesen der Dinge'» sucht, sondern «unser Denken selbst, also 'den Geist' für die Falschheit der Welt verantwortlich macht» [6]. — Im Beschluß zu ‹Nietzsches Wort 'Gott ist tot'› bekräftigt M. HEIDEGGER, Vernunft verdecke nur den «Nihilismus», statt Auswege zu weisen; alle Hoffnung ruhe auf einer Zukunft, die endlich die «seit Jahrhunderten verherrlichte Vernunft» als «hartnäckigste Widersacherin des Denkens» durchschaut [7]. — Weil das Gemeinte nicht mehr im pejorativen Sinne erfahren wird, erscheint der Name ‹M.› bei Nietzsche und Heidegger weder an den angeführten Stellen noch anderswo: die Begriffsgeschichte von M. erreicht der Sache nach ihren Höhepunkt erst, wenn sie ihren dekuvrierenden Namen abgelegt hat.

Anmerkungen. [1] PLATON, Phaid. 89 d-90 d; vgl. Resp. 411 d. — [2] I. KANT, KrV B 883. — [3] G. W. F. HEGEL: Enzyklop. (1830) § 11 Z. — [4] a.O. § 63. — [5] FR. NIETZSCHE, Werke, hg. K. SCHLECHTA (1954-56) 3, 730. — [6] a.O. 2, 598f. — [7] M. HEIDEGGER: Holzwege (1950) 247. A. MÜLLER

Mitleid (griech. ἔλεος, οἶκτος, später auch συμπάθεια, lat. commiseratio, compassio, misericordia, frz./engl. commiseration, compassion, pitié bzw. pity). Der Begriff ‹M.›, ein Übersetzungslehnwort für συμπάθεια und ‹compassio›, setzte sich erst im 17. Jh. im Gefolge der Bibelübersetzungen durch. Beim M. als einem Mitleiden mit der Not, dem Schmerz anderer, das sich in tätiger Hilfe äußert, lassen sich verschiedene Grundformen unterscheiden. Es ist entweder pathologisch, wenn das Schmerzgefühl unmittelbar die Tat bestimmt, oder vernunftgeleitet. Letzteres wurde in der Tradition meist mit der Tugend der Barmherzigkeit identifiziert. Beim pathologischen M. kann sich das Gefühl gegenüber der Handlung verselbständigen, so daß es zu einem passiven, im Gefühl verharrenden Mitleiden kommt. M. wird meist in ethischen und psychologischen Kontexten erörtert, seine stark unterschiedliche Bewertung hängt von dem jeweils vorausgesetzten Vernunft- und Naturbegriff ab. Philosophiegeschichtlich zeigt sich eine zunehmende Betonung und Universalisierung dieses ursprünglich auf Nahsicht eingestellten Verhaltens. Die Ablösung der durch die Gottesliebe vermittelten Nächstenliebe ließ eine allgemeine Menschenliebe frei, die wie das M. ein direktes Eingehen auf den anderen zu erlauben scheint. So konnte im 18. und 19. Jh. das M. als Identifikationsverhältnis verstanden und aus der Menschenliebe (bzw. der Sympathie) erklärt, ja diese mit dem M. ineinsgesetzt werden. Vor allem ab dem 19. Jh. läßt sich zudem ein Auflösungsprozeß der im Mittelalter und in der frühen Neuzeit erreichten Kultivierung des M. als Tugend zugunsten eines natürlichen Mitleidens beobachten.

Während bei HOMER und den griechischen *Tragikern* Leiden und Mitleiden als wesentliche Momente menschlichen Daseins erscheinen [1], findet man in der vorplatonischen Philosophie kaum Äußerungen zum M. In philosophisch noch unreflektierter Form heißt es bei EPICHARM lediglich: «Einen Blinden bemitleidet mancher, der ihn erblickt, aber beneiden tut ihn keiner» [2]. Häufiger kommt PLATON auf das M. zu sprechen, das er verwirft, sofern es Vernunft und Gerechtigkeit entgegensteht, womit sich schon hier die Unterscheidung eines vernünftigen und nicht-vernünftigen M. andeutet. Die gängige, auch von THRASYMACHOS empfohlene Praxis [3], Richter in ihrem Urteil durch M. zu beeinflussen, lehnt PLATON ab [4]. Die Erziehung soll auf Homer und die Tragiker nicht zurückgreifen, da das M., das sie erwecken, die Jugend verderbe [5]. Ohne M. soll der Herrscher jedem seine Stelle im Staat zuweisen [6]. Dagegen verdient vor allem der Tugendhafte in seinem Unglück M. [7]. – ARISTOTELES, dessen Ethik M. kurz unter den Affekten aufzählt [8], gibt eine erste, auch wirkungsgeschichtlich bedeutende Definition. M. ist (erstens) ein Schmerz «über ein offensichtliches Übel, das mit Vernichtung und Leid jemanden bedroht, der es nicht verdient, von dem man [zweitens] erwarten muß, daß es einen selbst oder einen der Seinen treffen kann, und [drittens] das alles, wenn es nah erscheint» [9]. Die Rede soll M. erregen, um die Zuhörer in die gewünschte Verfassung zu bringen, die Tragödie, um – wie auch nach GORGIAS [10] – durch M. und Furcht die Reinigung dieser Affekte zu bewirken [11]. – Von der *Stoa*, die die spätere Auseinandersetzung ebenfalls stark beeinflußte, wird der Affekt als unvereinbar mit der ethischen Leitidee einer auf Herrschaft der Vernunft gründenden Autarkie und Ataraxie abgelehnt. M. ist für ZENON ein unvernünftiges Verzagen [12], eine Schwäche [13], eine Krankheit der Seele [14]. Ähnlich äußert sich SENECA, der die Meinung, der gute Mensch sei mitleidig, kritisiert und die Stoa gegen den Vorwurf der Härte und Unmenschlichkeit verteidigt [15]. Im Unterschied zur tätigen und helfenden Milde ist M. als ein «vitium pusilli animi» ein detraktiv wirkendes Erleiden, das «contundit mentes, abicit, contrahit» [16].

In der *christlich-mittelalterlichen* Philosophie wird die misericordia als Tugend der Barmherzigkeit und Bestandteil der Nächstenliebe ausführlich behandelt. Einer der wenigen, die auch den Affekt des M. positiv einschätzten, war LACTANTIUS. Nach der Religion sei «misericordia vel humanitas» die zweite Pflicht [17], wozu der Mensch allein durch den «adfectus misericordiae» angeregt werde [18]. M. ist der Affekt, «quo ratio humanae vitae paene omnis continetur» (worin die Vernunft des menschlichen Lebens fast ganz enthalten ist) [19]. M. «ist allein dem Menschen gegeben, um unserer Armseligkeit durch wechselseitige Unterstützung aufzuhelfen; wer es aufhebt, macht unser Leben zu dem der Tiere» [20]. Ähnlich wie Lactantius stellt AUGUSTINUS der stoischen Ataraxie die christliche Barmherzigkeit gegenüber, die auch er vom Affekt des M. her erklärt. «Quid est autem misericordia nisi alienae miseriae quaedam in nostro corde compassio, qua utique si possumus subvenire compellimur?» (Was aber ist M. anderes als das Mitempfinden fremden Elends in unserem Herzen, durch das wir jedenfalls angetrieben werden zu helfen, so weit wir können?) Dieser Antrieb (motus), der wie alle Affekte der Übung in der Tugend dient, ist vernünftig, wenn die helfende Tat die Gerechtigkeit wahrt [21]. THOMAS VON AQUIN definiert die misericordia, die er aus «'miserum cor' super miseria alterius» [22] herleitet, im Anschluß an Augustinus als «compassio super miseria aliena». Daß der Mitleidende «miseriam alienam apprehendit ut suam», wird mit der Liebe zum anderen erklärt [23]. Ist der Schmerz über das Leid eines anderen als ein «motus appetitus sensitivi» allein bestimmend, ist M. eine Leidenschaft. Ist der Schmerz dagegen als ein «motus appetitus intellectivi» [24] nach der Vernunft geregelt, so ist M. eine Tugend, nach der Gottesliebe die größte (maxima) [25].

In der *frühen Neuzeit* findet man das M. zunächst kaum ausführlicher thematisiert, stattdessen meist direkt an die Tradition anknüpfende aphoristische Betrachtungen und Reflexionen. M. DE MONTAIGNE läßt den Wert des M. unentschieden. Zum einen verwirft er es mit der Stoa als eine «passion vitieuse», zum anderen schätzt er es persönlich. Manchmal sei M. zweckmäßig, aber es gebe auch Gegenbeispiele [26]. P. CHARRON unterscheidet in christlich-stoischer Tradition zwei Arten des M., das aktive, von der «sagesse» geleitete, und das pathologische, nicht selten in Grausamkeit umschlagende Mitleiden, das er verwirft [27]: «Il y a double misericorde, l'une forte, bonne & vertueuse ..., qui est par la volonté & par effect secourir les affligez sans s'affliger soy-mesme, sans rien raualler de la iustice & dignité, l'autre est une sotte & feminine pitié passionee, qui vient de la molesse & foiblesse d'ame» [28]. Die französische Moralistik wertete das M. unterschiedlich. Während F. DE LA ROCHEFOUCAULD es aus einem versteckten Selbstinteresse erklärt [29], wendet J. DE LA BRUYÈRE, M. positiv einschätzend, dagegen ein, warum gerade den Bemitleideten so selten geholfen werde [30]. R. DESCARTES erörtert das M., das er im Anschluß an Aristoteles definiert, kurz in seiner Affektenlehre [31]. B. DE SPINOZA lehnt M. als schlecht und unnütz ab [32]. Denn M. sei als eine Traurigkeit – «tristitia orta ex alterius damno» [33] – schlecht, da dieser Affekt unsere Wirkungskraft schwäche. Zudem werde das Gute, das das M. bewirke, schon durch die Gebote der Vernunft vollbracht. Negativ beurteilt auch TH. HOBBES das M. als eine «perturbatio animi», die die richtige Überlegung beeinträchtige [34]. Den Affekt des M. führt er auf ein selbstisches Interesse, auf die Furcht vor dem eigenen zukünftigen Leiden zurück [35].

In der *englischen Gefühlsethik* wird das M. allgemein geschätzt. Bereits W. WOLLASTON streicht die Bedeutung des M., dessen Zweck die Beförderung des «common good and welfare» sei [36], heraus, indem er es als ein den Menschen auszeichnendes natürliches Prinzip «properly called humanity» [37] bezeichnet, dessen Gegenteil wie schon bei Lactantius «inhuman and unnatural» sei [38]. Noch nachdrücklicher betont J. BUTLER das M., das er theologisch-teleologisch rechtfertigt [39]. Auch für A. SHAFTESBURY ist es ein ursprünglicher und natürlicher Affekt [40], der wie alle sozialen Gefühle erhebt und erfreut [41]. Ähnlich F. HUTCHESON: M. ist ein natürlicher liebreicher Instinkt, der uns unmittelbar anhält, anderen selbstlos beizustehen [42]. Auch für D. HUME ist es ein universelles Gefühl, das er aus der Sympathie erklärt [43]. Und A. SMITH beschreibt M. als ein «fellow-feeling for the misery of others», das sich einstellt «by changing places in fancy with the sufferer» [44].

Gegner dieses M.-Begriffs sind B. MANDEVILLE und die *französischen Materialisten*. Im Gegensatz zu den Engländern sieht Mandeville im M. keine Tugend. Die barmherzige Tat erklärt er aus der Selbstliebe [45] und dem Selbsterhaltungstrieb, das passive Moment, der Affekt des Mitleidens, sei als ein «impulse of nature» weder gut noch schlecht und ohne jedes Verdienst [46]. C. A. HELVÉTIUS will nachweisen, daß M. weder ein moralischer Sinn noch ein angeborenes Gefühl sei, sondern «un pur effet de l'amour de soi» [47]. P. H. D'HOLBACH kritisiert die Erklärung des M. als Sympathie; M. sei eine «disposition habituelle», deren Realisierung allein von gesellschaftlichen Faktoren abhänge [48].

Letztere kritisieren auch J.-J. ROUSSEAU, einen der Wegbereiter des für die Moderne typischen M.-Begriffs. Nicht praktische Vernunft, sondern M. als ein unmittelbares, aller Reflexion vorausliegendes Gefühl wird bei ihm zum Moralprinzip. Im M. als dem Widerwillen, «a voir souffrir son semblable» [49], versetzen wir uns in den anderen, mit dem wir uns identifizieren [50]. M., «la seule vertu naturelle» [51] und Grundlage der «bonté naturelle» des Menschen [52], ist das erste «Beziehungsgefühl» [53], das die Menschen wirklich untereinander verbindet [54]. Der Mitleidende trägt in seinem Herzen «le triste tableau de l'humanité», denn alle sind dem Elend des Lebens, den Schmerzen und Leiden aller Art unterworfen [55].

In der *deutschen Aufklärungsphilosophie* wird M. vor allem bei CHR. WOLFF behandelt. Er unterscheidet den natürlichen Affekt der commiseratio, deutsch «Mitleiden», als «tristitia ex alterius infelicitate percepta» (Traurigkeit, die aus dem Unglück des anderen heraus empfunden wird) [56] von der Tugend der misericordia, deutsch «Barmherzigkeit», «cuius comes est affectus ille, quando appetitus sensitivus cum rationali conspirat» (deren Begleiter jener Zustand ist, wo das gefühlsmäßige mit dem verstandesmäßigen Streben übereinstimmt) [57]. M. gründet in der Liebe zum anderen [58], die als amor universalis die Grundlage der universalitas misericordiae bildet [59]. M. MENDELSSOHN und G. E. LESSING interessiert vor allem das M. in ästhetischer Sicht. M. ist für beide eine «schmerzhaftangenehme Empfindung» [60], «die aus der Liebe zu einem Gegenstand, und aus der Unlust über dessen Unglück zusammengesetzt ist» [61]. Schon unter Kantischem Einfluß unterscheidet E. PLATNER zwischen einer tugendhaften «Mitleidigkeit» aus vernunftbestimmter Menschenliebe und dem bloß affektiven M., entsprungen aus der Sympathie oder dem moralischen Sinn [62].

Die Ambivalenz des M. als eines natürlichen Affekts hat I. KANT deutlich gesehen. Einerseits ist das «warme Gefühl des Mitleidens» als eine «gewisse Weichmütigkeit» «schön und liebenswürdig», sofern es mit der Tugend harmoniert [63]. Andererseits ist das M. «schwach und jederzeit blind» [64]. Deshalb taugt es nicht als Bestimmungsgrund moralischen Handelns [65]. Gleichwohl wird es als «bedingte Pflicht» und subsidiäre Triebfeder gefordert. Es ist «indirecte Pflicht, die mitleidigen natürlichen ... Gefühle in uns zu cultiviren und sie als so viele Mittel zur Theilnehmung aus moralischen Grundsätzen und dem ihnen gemäßen Gefühl zu benutzen» [66]. Im Anschluß an Kant schreibt J. G. FICHTE, wer dem M. als bloßem Naturtrieb folge, «handelt zwar legal, aber schlechthin nicht moralisch». «Denn es widerspricht der Moralität ..., sich blind treiben zu lassen [67]. Ähnlich wie Kant äußert sich J. FR. FRIES. M. ist zum einen eine «Sache der feineren Herzensbildung» und so ein «Beförderungsmittel der ästhetischen Ausbildung», zum anderen eine «sympathetische» Neigung, die das sittliche Handeln begünstigt, ohne selbst sittlich zu sein [68]. Da es leicht in «weichliche Empfindelei» ausartet, gilt es, das M. «in die Gewalt der verständigen Selbstbeherrschung zu bringen» [69]. An die Aristotelische Rhetorik anknüpfend, unterscheidet G. W. F. HEGEL das M. als «gewöhnliche Rührung», als «Sympathie mit dem ... Leiden anderer, das als etwas Schlechtes und Negatives empfunden wird, und das «wahrhafte» M. als «Sympathie mit der zugleich sittlichen Berechtigung des Leidenden, das in

ihm vorhanden sein muß» [70]. Für F. V. BAADER ist das M. eine Gabe Gottes und «jede Aeusserung desselben ein religiöser Act» [71]. M. als bloße Teilnahme des «guten Herzens» und «unwillkürliche Nachahmung der fremden Empfindung» ist für J. FR. HERBART von geringem Wert, da es im Unterschied zum Wohlwollen, das den anderen als ihn selbst anerkennt, den «eigentümlichen Wert Einer Person» zum Verschwinden bringt [72].

A. SCHOPENHAUER, der die weitere Diskussion stark beeinflußt, erhebt das M. zum Prinzip und Fundament der Ethik und wertete es damit radikal um. M. ist die natürliche, uneigennützige und «allein ächt moralische Triebfeder» [73], auf die sich alle moralischen Handlungen, zusammengefaßt in der Tugend der Gerechtigkeit und der Menschenliebe, zurückführen lassen. M., das die Liebe zu den Tieren einschließt, wird – gegen D. U. CASSINA [74] – von SCHOPENHAUER verstanden als «ganz unmittelbare ... Theilnahme ... am Leiden eines Anderen» [75], wo «das Leiden des Anderen unmittelbar mein Motiv» wird [76]. Die Identifikation mit dem anderen, das «tat-twam-asi» (dies bist du) des Buddhismus [77], ist als «praktische Mystik» [78] realer Ausdruck der Durchschauung des principium individuationis bzw. der Erkenntnis der Wesensidentität aller Individuen [79]. L. FEUERBACH führt M. auf den Glückseligkeitstrieb zurück; es sei «nur der mit den Verletzungen des fremden ... Glückseligkeitstriebes mitverletzte, mitleidende, eigene Glückseligkeitstrieb» [80]. Für FR. NIETZSCHE wird M., das er in der Gestalt der Schopenhauerschen Ethik aufgreift, zu einem die Gegenwart bestimmenden Kulturphänomen. Bislang nur gering geachtet, ist es heute beinahe zu einem Wert an sich geworden [81]. Als herrschende Religion [82] hat es Gott als seinen Urheber vernichtet. «An seinem Mitleiden mit den Menschen ist Gott gestorben» [83]. M. ist Zeichen der Schwäche und des niedergehenden Lebens. Aufgrund seiner detraktiven Wirkung steht es dem Ideal der individuellen Selbststeigerung entgegen. «Dieser depressive und kontagiöse Instinkt kreuzt jene Instinkte, welche auf Erhaltung und Wert-Erhöhung des Lebens aus sind: er ist ebenso als Multiplikator des Elends wie als Konservator alles Elenden ein Hauptwerkzeug der décadence» [84]. M., wie die Mitfreude eine Art des Mitgefühls oder der Sympathie, ist nach E. V. HARTMANN ein aus Lust und Unlust gemischtes Gefühl [85]. Überwiegt die Unlust, drängt das M. zur helfenden Tat; überwiegt die Lust, tendiert das Gefühl dazu, um der Erhaltung der Lust willen bei sich zu beharren. Moralisch bedeutsam ist allein das unlustbetonte Mitleiden, als subsidiäres Moralprinzip verstanden [86]. Gegen Schopenhauer wendet er ein, M. sei «unzulänglich als allein bestimmendes Prinzip» [87] und zerstöre gerade das, was es begründen soll. Die M.-Ethik würde den «Pflichtenkreis in ein Chaos verwandeln» [88] und sei eine bloß «das bon plaisir der Gemütlichkeit übrig lassende Behauptung» [89]. M. SCHELER unterscheidet echtes M. von bloßer Gefühlsansteckung. Ersteres ist als «Leiden am Leiden des anderen als dieses anderen» [90] personal bezogen; hier besteht eine Gefühlsintention auf das fremde Leid [91]. Bei der reaktiven Gefühlsansteckung als bloßem Gefühlszustand ist das Leid nicht als fremdes, sondern als eigenes gegeben [92]; Selbstintention im M. ist folglich nicht ausgeschlossen. Die zum Prinzip erhobene Gefühlsansteckung rechnet Scheler ähnlich wie Nietzsche unter die Ressentimentphänomene [93], dem er ebenso wie Schopenhauer vorwirft, das M. mit der Gefühlsansteckung verwechselt zu haben [94].

Zuletzt wurde M. vor allem unter dem Gesichtspunkt der Universalität und Gesellschaftsbezogenheit moralischer Handlungen diskutiert. Schopenhauer und Nietzsche aufnehmend, unterscheidet der junge A. GEHLEN ein pathologisches M. aus Schwäche und ein produktives der Tat [95]. Später versteht er M. als eine primär auf Nachsicht eingestellte, instinktiv verwurzelte «Sozial-Regulation», die zu einer von ihm skeptisch beurteilten «Ferne-Ethik» erweiterbar ist [96]. Bei M. HORKHEIMER ist M. zunächst der der heutigen Zeit angemessene Ausdruck der Moral [97]. Später beurteilt er mit TH. W. ADORNO diese «Menschlichkeit in unmittelbarer Gestalt» [98] differenzierter. Da M. die Unmenschlichkeit nur zu mildern sucht, bestätigt es deren Rahmenbedingungen und verstellt dadurch den Blick auf das, was möglich wäre [99]. Trotz dieser Kritik hält Adornos Spätphilosophie gerade auch wegen der Aporie einer rein rationalistischen Ethik an M. als einem natürlichen «Impuls», als dem «Gefühl der Solidarität mit den ... quälbaren Körpern», fest [100]; M. wird so bei Adorno ein wesentliches Element der Moral [101] und seiner Ethik nach Auschwitz [102]. J. HABERMAS kritisiert diese Auffassung als zu sehr einem psychologisch-existentiellen Denken verhaftet [103] und unterwirft sie den Bedingungen seiner Kommunikationstheorie [104]. Für ihn ist M. «im Sinne der Sensibilität für die Verletzbarkeit des anderen» nur insofern ethisches Grundmotiv, «als es sich auf die spezifische Verletzbarkeit der Ich-Identität ... und erst mittelbar auf die verwundbare Integrität des Leibes bezieht» [105]. W. SCHULZ macht das M. wieder zu einem Zentralbegriff der Ethik. Der Mitleidende sieht «von der ... Person ab und meint nur ... den Leidenden als Leidenden» [106]. In diesem über den Nahbereich zur «Fernetugend» erweiterbaren M. sieht er die allein wirksame Instanz gegen das Böse in seinen extremen Formen [107].

Anmerkungen. [1] M. WUNDT: Gesch. der griech. Ethik 1 (1908, ND 1969) 7ff. 163ff. – [2] EPICHARM, VS B 34. – [3] a.O. B 5 und 6. – [4] PLATON, Apol. 34 c ff. – [5] Resp. 387 e, 605 c ff. – [6] a.O. 415 c. – [7] 936 b. – [8] ARISTOTELES, Eth. Nic. 1105 b 21ff. – [9] Rhet. 1385 b 13ff. – [10] THRASYMACHOS, VS B 11, 9. – [11] ARIST., Poet. 1449 b 27f. – [12] DIOG. LAERTIUS VII, 111. – [13] a.O. 123. – [14] ZENON, SVF I, 213. – [15] SENECA, De clementia II, 4, 4f. – [16] a.O. II, 5. – [17] LACTANTIUS, Divinae institutiones. CSEL 19, 514. – [18] Epitome divinarum institutionum a.O. 709. – [19] 253. – [20] 709. – [21] AUGUSTIN, De civ. Dei IX, 5. – [22] THOMAS VON AQUIN, S. theol. II/II, q. 30, a. 1 c. – [23] a.O. 2 c. – [24] 3 c. – [25] 4. – [26] M. DE MONTAIGNE: Les essais (1582). Oeuvres, hg. A. ARMAINGAUD 1 (Paris 1924) ch. 1. – [27] P. CHARRON, De la sagesse (1601, zit. Paris 1632) I, ch. 34. – [28] a.O. III, ch. 30. – [29] F. DE LA ROCHEFOUCAULD: Réflexions ou sentences et maximes morales (1678). Oeuvres, hg. L. MARTIN-CHAUFFIER (Paris 1957) 443 (Max. 264). – [30] J. DE LA BRUYÈRE: Les caracteres ou les mœurs de ce siècle (1668). Oeuvres, hg. G. BENDA (Paris 1951) 160 (ch. Du cœur, refl. 48). – [31] R. DESCARTES: Les passions de l'âme (geschr. 1646). Oeuvres, hg. CH. ADAM/P. TANNERY 11 (Paris 1909) 469. – [32] B. DE SPINOZA: Ethica (Amsterdam 1677) IV, propos. L. – [33] a.O. III, propos. XII, schol. – [34] TH. HOBBES: De homine (1658). Opera, hg. W. MOLESWORTH 2 (London 1839, ND 1966) 103f. – [35] a.O. 109. – [36] W. WOLLASTON: The relig. of nature delineated (1722, zit. London ²1750) 259. – [37] a.O. 258. – [38] 259. – [39] J. BUTLER, Sermons. Works, hg. W. E. GLADSTONE 2 (Oxford 1896) 92-120. – [40] A. SHAFTESBURY: An inquiry conc. virtue or merit (London 1714, ND 1968) 78. – [41] a.O. 53. – [42] F. HUTCHESON: An inquiry into the original of our ideas of beauty and virtue (1725). Works 1 (Glasgow/London 1745, ND 1969) II, s. 5, VIII. – [43] D. HUME: A treatise of human nature (1739), hg. L. A. SELBY-BIGGE (Oxford 1888, ND 1975) II/II, 7. – [44] A. SMITH: The theory of moral sentiments (1759), hg. D. D. RAPHAEL/A. L. MACFIE (Oxford 1976) 10. – [45] B. MANDEVILLE: The fable of the bees (1714), hg. F. B. KAYE (Oxford 1957) 259. – [46] a.O. 56. – [47] C. A. HELVÉTIUS, De l'homme. Oeuvres 9 (Paris 1795, ND 1969) 149. – [48] P. H. D'HOLBACH: La morale universelle I (Amsterdam 1776, ND 1970) 96. – [49] J.-J. ROUSSEAU: Sur l'origine de l'inégalité (1775). Oeuvres, hg. B. GAGNEBIN/M. RAYMOND 3 (Paris 1964) 154. – [50] a.O. 155. – [51] 154. – [52] 156. – [53] Emile. Oeuvres 4 (1969) 505. – [54] a.O. 503. – [55] 504. – [56] CHR. WOLFF: Psychol. empirica (1732), hg. J. ECOLE (1968) § 687. – [57] a.O. § 696. – [58] Philos. moralis sive ethica (1750), hg. J. ECOLE (1970) §§ 688ff. – [59] a.O. [56] §§ 694. 697. – [60] M. MENDELSSOHN: Über die Empfindungen (1755). Schr., hg. F. BAMBERGER (1929, ND 1971) 108. – [61] a.O. 395; G. E. LESSING: Hamburgische Dramaturgie (geschr. 1767-69). Werke, hg. K. KEIBL 4 (München 1973) 577. – [62] E. PLATNER: Philos. Aphorismen (³1800) II, §§ 1395ff. – [63] I. KANT, Beob. über das Gefühl des Schönen und Erhabenen. Akad.-A. 2, 215. – [64] a.O. 215f. – [65] KpV. Akad.-A. 5, 118. – [66] Met. der Sitten. Akad.-A. 6, 457. – [67] J. G. FICHTE: System der Sittenlehre (1798). Werke, hg. I. H. FICHTE 4 (1845, ND 1971) 154. – [68] J. FR. FRIES: Hb. der psychischen Anthropol. (²1837) § 90. – [69] Hb. der prakt. Philos. (1818, ND 1970) § 79. – [70] G. W. F. HEGEL, Vorles. über die Ästh. III, hg. H. GLOCKNER 14 (⁴1964) 531. – [71] F. X. v. BAADER: Fermenta cognitionis (1822-24). Werke, hg. F. HOFFMANN 2 (1851, ND 1963) 352. – [72] J. FR. HERBART: Allg. prakt. Philos. (1808). Werke, hg. K. KEHRBACH/O. FLÜGEL 2 (1887, ND 1964) 361f. – [73] A. SCHOPENHAUER: Preisschr. über die Grundl. der Moral (1841). Werke, hg. A. HÜBSCHER 4 (³1972) 231. – [74] U. CASSINA: Saggio analitico su la compassione (Parma 1772); dtsch. Analyt. Versuch über das Mitleiden, dtsch. C. FR. POCKELS (1790) 13ff. – [75] SCHOPENHAUER, a.O. [73] 208. – [76] 212. – [77] 271. – [78] 273. – [79] 270. – [80] L. FEUERBACH, Nachgel. Schr. zur Ethik. Werke, hg. W. BOLIN/F. JODL 10 (²1960) 277. – [81] FR. NIETZSCHE: Zur Geneal. der Moral (1887). Werke, hg. K. SCHLECHTA 2 (1966) 855. – [82] Jenseits von Gut und Böse (1886) a.O. 2, 685. – [83] Also sprach Zarathustra (1883) a.O. 2, 348. – [84] Der Antichrist (1895) a.O. 2, 1168. – [85] E. v. HARTMANN: Phänomenol. des sittl. Bewußtseins (1879, zit. ³1924) 191. – [86] a.O. 195. – [87] 196. – [88] 205. – [89] 202f. – [90] M. SCHELER: Wesen und Formen der Sympathie (1913, ²1923). Werke, hg. M. S. FRINGS 7 (1973) 48. – [91] a.O. 26. – [92] 28. – [93] Vom Umsturz der Werte (1915). Werke, hg. M. SCHELER 3 (1955) 102f. – [94] a.O. [90] 28. 65. – [95] A. GEHLEN: Wirklicher und unwirklicher Geist (1931). Gesamt-A., hg. L. SAMSON 1 (1978) 359f. – [96] Moral und Hypermoral (²1970) 56ff. – [97] M. HORKHEIMER: Materialismus und Moral. Z. Sozialforsch. 2 (1933) 182. – [98] M. HORKHEIMER und TH. W. ADORNO: Dialektik der Aufklärung (1947, zit. ²1969) 109. – [99] a.O. 110. 127. – [100] Negative Dialektik (1966, ²1970) 279. – [101] a.O. 279f. – [102] 356. – [103] J. HABERMAS: Philos.-polit. Profile (1973) 194. – [104] Zur Rekonstruktion des hist. Materialismus (1976) 66. – [105] a.O. [103] 213. – [106] W. SCHULZ: Philos. in der veränderten Welt (²1974) 750. – [107] a.O. 751.

Literaturhinweise. G. PICKEL: Das M. in der Ethik von Kant bis Schopenhauer (Diss. 1908). – O. HERWEGEN: Das M. in der griech. Philos. bis auf die Stoa (Diss. 1912). – K. v. ORELLI: Die philos. Auffassungen des M. (Diss. 1912). – M. SCHELER s. Anm. [90]. – I. F. GÖRRES: Des Andern Last. Ein Gespräch über Barmherzigkeit (1940). – FR. BOLLNOW: Einfache Sittlichkeit (1947, ²1957) 37-47. – W. BURKERT: Zum altgriech. M.-Begriff (Diss. 1955). – A. PAUL: Die Barmherzigkeit der Götter im griech. Epos (Diss. Wien 1969). – R. S. PETERS: Reason and compassion (London 1971).

L. SAMSON

Mitmensch. Der (umgangssprachlich ältere) Begriff ⟨M.⟩ wird von H. COHEN in religionsphilosophischem Zusammenhang eingeführt, um den Vollbegriff des Menschen in seiner konkreten Existenz allseitig entwickeln zu können. Ausgangspunkt für alle weiteren Überlegungen ist «das Selbstbewußtsein des reinen Willens» [1] in der Ethik. Von hier aus führt der Weg zur «Entdeckung des Menschen als des M.» [2] in der Religionsphilosophie. «*Das Selbstbewußtsein ist in erster Linie bedingt durch das Bewußtsein des Andern.* Diese Vereinigung des Andern mit dem Einen erzeugt erst das Selbstbewußtsein, als das des reinen Willens» [3]. Die volle Bedeutung des Anderen für das Selbstbewußtsein zeigt sich erst in der rechtlichen Vertragsbeziehung, denn durch diese verliert der Andere den Anschein des Fremden, der zunächst an ihm haftet: «Der Vertrag ist ein Anspruch; ein Anspruch des Rechts, den ich an den Andern erhebe. ... *Der Vertrag macht nun aus dem Anspruch die Ansprache. Und daher verwandelt sich der Andere zum Ich und Du.* Du ist nicht Er. Er wäre der Andere. Er kommt in Gefahr, auch als Es behandelt zu werden. *Du und Ich gehören schlechterdings zusammen*» [4]. (Hier zeigt sich der früheste Ansatz zur Philosophie von Ich und Du, die dann vor allem von M. BUBER, F. ROSENZWEIG und F. EBNER entwickelt wird [5].) Cohen sieht aber, daß der Mensch auch in der exponierten Beziehung von Ich und Du durch rechtliche Vertragsbeziehungen nicht als ganzer erfaßt werden kann. Denn es bleibt die Frage: «Ob ich selbst überhaupt schon vorhanden bin, bevor der M. entdeckt ist. Also auch der Endpunkt der Reflexion ist noch nicht gegeben, geschweige der Anfangspunkt. ... Vielmehr wird es auch von diesem angeblichen Endpunkte des Ich aus ersichtlich, daß die ganze Auffassung falsch ist und daß ihr Fehler darin besteht: daß der M. schlechthin als Nebenmensch vorgestellt, nicht aber als ein neues Problem, als ein neuer Begriff vom Menschen gedacht wird» [6]. Durch Erfahrung lernen wir den anderen Menschen nur als Nebenmenschen kennen; die Entdeckung des Menschen als M. bedarf jedoch einer besonderen Hinsicht: «Das populäre Denken findet es auffällig, daß der M. nur ein Problem der Ethik sei, und auch für die Religion nur ein Problem sei. Freilich der Wahrnehmung stellt sich der Nebenmensch dar, aber ist dieser schon der M.? Die Annahme einer solchen Identität von Nebenmensch und M. ist eben das Vorurteil des populären Denkens.» Und es ist ein Irrtum anzunehmen, «daß dieser Nebenmensch der natürlichen und der geschichtlichen Erfahrung der ganze Mensch sei und daß er das ganze Problem des Menschen darstelle. Der Nebenmensch ist keineswegs schon der M.» [7]. Der M. wird erst in der Religion entdeckt: «Der Mensch beginnt im Mitleid den Menschen zu lieben, den Nebenmenschen zu verwandeln in den M. Was der Ethik nicht gelang, gelingt der Religion» [8]. Denn die Religion entdeckt den M. in der Korrelation von Mensch und Gott: «Die Korrelation von Mensch und Gott ist in erster Linie die vom Menschen, als M., zu Gott. Und die Bedeutung der Religion bewährt sich zunächst in dieser Korrelation des M. zu Gott, in welcher eben der Mensch als M. zum Problem wird und in diesem Problem zur Erzeugung kommt» [9].

Der nicht immer exakt belegbare Einfluß Cohens auf 'die geistige Situation der Zeit' konvergiert mit allen Bestrebungen der Philosophie und Theologie, vom Ich als Prinzip der Philosophie loszukommen, um die unbeschnittene Bandbreite der menschlichen Daseins erfassen zu können. Vor allem in der Ethik erweist sich das Ich als untaugliches Prinzip zur Begründung und Durchführung derselben. Deshalb stößt R. BULTMANN aufgrund seiner Theologie der geschichtlichen Existenz – allerdings in der Vermittlung M. Heideggers – auf ähnliche Probleme wie Cohen: Das christliche Gebot der Nächstenliebe geht aus einer primären Verbundenheit von Ich und Du hervor. «Der Nächste ist einer, der immer schon da ist, den ich immer schon habe und den ich nicht erst zu suchen brauche. Es steht also nicht so, daß die Menschen als isolierte Subjekte in der Welt, wie in einem leeren Raum stehen» [10]. Exegetisch und hermeneutisch dient der Begriff ‹M.› insgesamt einer konsequenten Anthropologisierung der Theologie des Alten und Neuen Testaments. Im Blick auf das Alte Testament erklärt COHEN: «Die Liebe zum Menschen muß deshalb den Anfang machen, weil Gott zwar den Menschen geschaffen hat, den M. aber der Mensch sich selbst zu erschaffen hat. Und zu dieser Schöpfung muß die Religion verhelfen. ... Jetzt erst, nachdem der Mensch gelernt hat, den Menschen als M. zu lieben, wird der Gedanke auf Gott zurückbezogen: daß Gott den Menschen liebt» [11]. Und im Blick auf das Neue Testament erklärt H. BRAUN: «Die rechte Mitmenschlichkeit ist der vielfach variierte Inhalt neutestamentlicher Weisungen» [12]. Von daher bestimmt sich dann auch der konsequent anthropologische Gottesbegriff, der sich gegen jeden kosmologischen Gottesbegriff wendet: «Gott ist das Woher meines Geborgen- und meines Verpflichtetseins vom M. her. In Gott bleiben hieße dann also, im konkreten Akt der Zuwendung zum Anderen bleiben. ... Ich kann von Gott nur reden, wo ich vom Menschen rede; also anthropologisch. ... Das hieße dann aber: der Mensch als Mensch, der Mensch in seiner Mitmenschlichkeit, impliziert Gott» [13].

Es gibt aber nicht nur die Religionsphilosophie des M., sondern auch die Sozialphilosophie des M. Auf diese bezieht sich L. VON WIESES «Philosophie der persönlichen Fürwörter» [14] im Rückblick auf W. VON HUMBOLDTS sprachphilosophische Entdeckung des M. in den Dualformen der Sprachen: «Einige dieser Sprachen nehmen die Ansicht des Dualis von der redenden und angeredeten Person, dem *Ich* und dem *Du* her. In diesen haftet derselbe am Pronomen ..., ja beschränkt sich bisweilen allein auf das Pronomen der ersten Person in der Mehrheit, auf den Begriff des *Wir*» [15]. Als nähere Bestimmung gilt dann: «*Ich* und *Er* sind wirklich verschiedene Gegenstände, und mit ihnen ist eigentlich Alles erschöpft, sie heißen mit anderen Worten *Ich* und *Nicht-ich*. *Du* aber ist ein dem *Ich* gegenübergestelltes *Er*. Indem *Ich* und *Er* auf innerer und äußerer Wahrnehmung beruhen, liegt in dem *Du* Spontaneität der Wahl. Es ist auch ein *Nicht-ich*, aber nicht, wie das *Er*, in der Sphäre aller Wesen, sondern in einer andren, in der eines durch Einwirkung gemeinsamen Handelns» [16]. Daraus ergibt sich dann unmittelbar die Philosophie des mitmenschlichen Beisammenseins: «Erst durch die, vermittelst der Sprache bewirkte Verbindung eines Andren mit dem Ich entstehen nun alle, den ganzen Menschen anregenden tieferen und edleren Gefühle, welche in Freundschaft, Liebe und jeder geistigen Gemeinschaft die Verbindung zwischen Zweien zu der höchsten und innigsten machen» [17]. Die Angewiesenheit auf den M. zeigt sich dann vor allem im kompensativen Verhältnis der Geschlechter: «Der in seiner allgemeinsten und geistigsten Gestaltung aufgefaßte Geschlechtsunterschied führt das Bewußtsein ein, nur durch gegenseitige Ergänzung zu heilenden Einseitigkeit durch alle Beziehungen des menschlichen Denkens und Empfindens hindurch» [18].

Damit ist ein Weg angezeigt, auf dem die Philosophie des M. zur Philosophie der Gemeinschaft wird [19], die sich in der Philosophie des Wir konkretisiert. F. KÜNKEL beschreibt die Entwicklung des Menschen vom Ur-Wir zur Verichung, die in einer Krisis endet; denn die ichhaften Lebensformen erweisen sich als inhaltlich falsch und zu starr, um die Anforderungen des Lebens bewältigen zu können. Aus der Krisis wird dann der neue Mensch geboren: «Die Krisis ist überwunden, das Ich hat nicht nur abgedankt, sondern es ist ersetzt worden durch etwas Größeres und Lebendigeres. Das Ereignis, vor dem der Ich-Mensch sich fürchtete ... wie vor seiner Hinrichtung, erweist sich nun als die Geburt des Wir-Menschen, und der Wir-Mensch erweist sich als der eigentliche Mensch, als das Selbst des Menschen, und als eine Ausprägung des Wir, das in jedem Einzelnen nach Verwirklichung strebt. Darum ist Selbstfindung immer auch Wirfindung» [20]. L. VON WIESE weist darauf hin, daß diese Entwicklung den Weg des Christen in profaner Gestalt darstellt: der Weg führt «von der Unschuld zur Verichung, von da zur Krisis und weiter zur Erweitung des Herzens auf die M.» [21]. Er bezweifelt aber, daß dieser Weg nur ein Heilsweg ist: «Es ist nicht bloß so, daß aus einer häßlichen Ich-Raupe ein wundervoller Wir-Schmetterling wird» [22]. Und prinzipiell gilt dann: «Sein und Werden des Menschen ist zwar nicht völlig, aber in beträchtlichem Grade durch die Tatsache bestimmt, daß er ein *Mit*mensch ist. Er ist Gefäß und Magnet für Du und Wir, aber auch Diener am Du und am Wir. Das Beste an den besten Menschen, ihr Ingenium, entstammt freilich nicht dem Du- und Wir-Zusammenhange» [23].

Anmerkungen. [1] H. COHEN: Ethik des reinen Willens (²1907) 201ff. – [2] Relig. der Vernunft aus den Quellen des Judentums (1966) 131ff. – [3] a.O. [1] 213. – [4] a.O. 248f. – [5] Vgl. B. CASPER: Das dialog. Denken. Eine Untersuch. der relig.philos. Bedeutung Franz Rosenzweigs, Ferdinand Ebners und Martin Bubers (1967). – [6] COHEN, a.O. [2] 165. – [7] a.O. 132. – [8] 169. – [9] 133. – [10] R. BULTMANN: Glauben und Verstehen 1 (⁶1966) 231. – [11] COHEN, a.O. [2] 170f. – [12] H. BRAUN: Ges. Stud. zum NT und seiner Umwelt (³1971) 337. – [13] a.O. 341. – [14] L. VON WIESE: Homo sum. Gedanken zu einer zusammenfassenden Anthropol. (1940). – [15] W. VON HUMBOLDT, Werke in 5 Bdn., hg. A. FLITNER/K. GIEL 3: Schr. zur Sprachphilos. (1963) 138. – [16] a.O. 139. – [17] 140. – [18] 138. – [19] Vgl. F. TÖNNIES: Gemeinschaft und Gesellschaft. Grundbegriffe der reinen Soziol. (1969); H. PLESSNER: Grenzen der Gemeinschaft. Eine Kritik des sozialen Radikalismus (²1972). – [20] F. KÜNKEL: Das Wir. Die Grundbegriffe der Wir-Psychol. (³1939) 86. – [21] VON WIESE, a.O. [14] 129. – [22] a.O. 131. – [23] 132.

Literaturhinweise. K. LÖWITH: Das Individuum in der Rolle des M. (1928). – W. REST: Heimkehr zum Menschen. Stud. über Grund und Wesen von Mensch und M. (1947). – K. BARTH: Mensch und M. (1955). – L. BINSWANGER: Grundformen und Erkenntnis menschl. Daseins (⁴1964). – M. THEUNISSEN: Der Andere. Stud. zur Sozialontol. der Gegenwart (1965). P. PROBST

Mitsein (Mitwelt, Mitdasein, Miteinandersein) ist ein Begriff M. HEIDEGGERS [1]. «Die Welt des Daseins ist *Mitwelt.* Das In-sein ist *M.* mit Anderen. Das innerweltliche Ansichsein dieser ist *Mitdasein*» [2]. «Auf dem Grunde dieses *mithaften* In-der-Welt-seins ist die Welt je schon immer die, die ich mit den Anderen teile. Die Welt des Daseins ist *Mitwelt*» [3]. «M. ist eine Bestimmtheit des je eigenen Daseins; Mitdasein charakterisiert das Dasein anderer, sofern es für ein M. durch dessen Welt freigegeben ist» [4]. «Dieses Mitdasein der Anderen ist nur innerweltlich für ein Dasein und so auch für die Mitdaseienden erschlossen, weil das Dasein wesenhaft an ihm selbst M. ist» [5]. «Das Mitdasein erweist sich als eigene Seinsart von innerweltlich begegnendem Seienden. Sofern Dasein überhaupt *ist,* hat es die Seinsart des Miteinanderseins» [6].

Diese Bestimmungen bezeichnen jene Stelle im System Heideggers, an der sowohl der Mangel einer Ethik spürbar wird als auch die Basis für einschlägige Überlegungen gegeben ist. Hier knüpft R. BULTMANN an mit theologischen Erörterungen über «das christliche Gebot der Nächstenliebe». Er bestimmt das sittliche Handeln «*aus einer primären Verbundenheit von Ich und Du heraus.* Das ist ... auch die christliche Auffassung, die im *Begriff des 'Nächsten'* ihren Ausdruck findet. Der Nächste ist einer, der immer schon da ist, den ich immer schon habe und den ich nicht erst zu suchen brauche. Es steht also nicht so, daß die Menschen als isolierte Subjekte in der Welt, wie in einem leeren Raum, stehen ... Vielmehr ist mein Sein von vornherein ein Sein mit Anderen; menschliches Sein ist *Miteinandersein,* und damit ist es *geschichtliches* Sein im Unterschied vom Sein der Natur. Deshalb ist schon mein *Fragen* nach dem andern ... ein *Handeln* an ihm, und zwar ein falsches. Denn ich mißverstehe in solchen Fragen das Ich, als sei es je ohne das Du; und ich mißverstehe das Du, als sei es ein vorhandenes Weltphänomen, das es zu beobachten und zu behandeln gilt. Ich stelle in solchen Fragen das Du auf die Stufe des Vorhandenen ... Und ich mißverstehe endlich damit das Ich-Du-Verhältnis, als sei es etwas, was erst hergestellt werden muß. Ich mißverstehe also von vornherein die Situation des Menschen, die stets schon durch ein Ich-Du-Verhältnis ... qualifiziert ist» [7]. Diese Überlegungen nimmt H. BRAUN auf im Zusammenhang der «Problematik einer Theologie des Neuen Testaments»: «Ich kann von Gott nur reden, wo ich vom Menschen rede; also anthropologisch. Ich kann von Gott nur reden, wo mein 'Ich soll' kontrapunktiert wird vom 'Ich darf' – also soteriologisch ... Das hieße dann aber: der Mensch als Mensch, der Mensch in seiner Mitmenschlichkeit, impliziert Gott ... Gott wäre dann eine bestimmte Art der Mitmenschlichkeit» [8].

Anmerkungen. [1] M. HEIDEGGER: Sein und Zeit (⁹1960). – [2] a.O. 118. – [3] ebda. – [4] 121. – [5] 120. – [6] 125. – [7] R. BULTMANN: Glauben und Verstehen 1 (⁶1966) 231f. – [8] H. BRAUN: Ges. Stud. zum NT und seiner Umwelt (³1971) 341.

Literaturhinweise. K. LÖWITH: Das Individuum in der Rolle des Mitmenschen (1928). – M. THEUNISSEN: Der Andere. Stud. zur Sozialontol. der Gegenwart (1965). P. PROBST

Mittag, der große. NIETZSCHES kritisch-distanziertes Verhältnis zur Romantik läßt sich kaum irgendwo so deutlich ablesen wie an seiner Rezeption der Tageszeiten-Thematik. Nach zahlreichen Anklängen, noch im dritten Teil des ‹Zarathustra›, steht er anfänglich ganz im Bann der von Novalis proklamierten, von Hölderlin geschichtstheologisch gerechtfertigten ‹Wende zur Nacht›, die als Absage an den Rationalismus der Aufklärung einer un- und überbegrifflichen Daseinsdeutung das Wort redet. Gleichzeitig setzt sich bei Nietzsche jedoch, vermutlich im Zusammenhang mit der Entfremdung von Wagner und der wachsenden Aversion gegen das (in seiner Wagner-Nähe empfundene) «Zarathustra-Gebilde» [1], eine radikale Neuorientierung durch, die das Dunkel der Nacht mit der Klarheit des Mittags zu verbinden sucht, das Geheimnis des Daseins also gerade in der höchsten, dem Nicht-Wissen benachbarten Bewußtheit geklärt sieht. Angekündigt in der Januarius-Stimmung der ‹Fröhlichen Wissenschaft› und in ihrem dichterischen Niederschlag (‹Nach neuen Meeren›, ‹Sils-Maria›), findet sie ihren gültigen Ausdruck in dem (dem ‹Hyperion›-Schluß nachempfundenen) Zarathustra-Kapitel ‹Mittags› [2], das die Versöhnung von Wissen und Sein, Welt und Selbst, Zeit und Ewigkeit feiert und darin jenes Ziel erreicht sieht, das im Programm der drei Verwandlungen – der Heteronomie (Kamel) zur Autonomie (Löwe) und dieser zum reinen Innesein (Kind) – postuliert wurde. In der ‹Götzendämmerung› (‹Wie die 'wahre Welt' endlich zur Fabel wurde›) bringt Nietzsche diese Position überdies in einen als Stadienlehre konzipierten geistesgeschichtlichen Zusammenhang [3]. Der g.M. bedeutet danach das im Verdämmern der Reflexion gewonnene Maximum an Seinsglück und Weltinnigkeit. Damit nimmt Nietzsche den Anti-Cartesianismus der Folgezeit auf intuitiv-programmatische Weise vorweg.

Anmerkungen. [1] Fr. Nietzsche: Br. an P. Gast (Aug. 1883). - [2] Krit. Gesamt-A. V/2, 199-251. 333; VI/1, 338-341. - [3] a.O. VI/1, 25ff.; VI/3, 74f.

Literaturhinweise. K. Schlechta: Nietzsches g.M. (1954). - K. Löwith: Nietzsches Philos. der ewigen Wiederkehr des Gleichen (1956). - E. Biser: Die Waage des Geistes. Nietzsches Kampf mit dem Geist der Schwere. Concilium 10 (1974) 326-334; Die Reise und die Ruhe. Nietzsches Verhältnis zu Kleist und Hölderlin, in: Nietzsche-Stud. 7 (1978) 97-114 (129).
E. Biser

Mitte (griech. μεσότης (s.d.); lat. medium). Das Wort ‹M.› bezeichnet dasjenige, was zwischen mindestens zwei Äußersten liegt und von ihnen gleich weit entfernt ist; über diese räumliche Vorstellung hinaus bedeutet ‹M.› von jeher das Vollkommene bzw. das Absolute. So grenzt Parmenides den Kosmos durch die Kugeloberfläche von der M. her (μεσσόθεν [1]) ab, indem er das Ganze des Seienden einer «wohlgerundeten Kugel» (εὔκυκλος σφαῖρα [2]) vergleicht; nur so sei das Seiende sich selbst von allen Seiten her gleich [3]. Dieser Bestimmung der M. als Vollendung im doppelten Sinne, als Grenze und Vollkommenheit nämlich, folgt auch Aristoteles - abgesehen von der direkten Anlehnung an Parmenides in der ‹Physik› [4] -, insbesondere in der ‹Nikomachischen Ethik›, wo [5] er die Arete als M. zweier Übel, als μεσότης δύο κακῶν definiert. M. der Zeit, die wiederum das Maß der Bewegung ist [6], sei das 'Jetzt', das Anfang und Ende zugleich enthält [7]. In der ‹Politik› des Aristoteles folgt aus der Gleichsetzung von Arete und Mesotes die Bestimmung des μέσος βίος als des besten Lebens [8]; Maß und M. erweisen sich auch hier als untrennbar: τὸ μέτριον ἄριστον καὶ τὸ μέσον [9]. Ganz in Abhängigkeit von Aristoteles definiert Horaz die virtus als «medium vitiorum et utrimque reductum» [10].

Eine Veränderung erfährt der Begriff der M. bei Pascal; er beginnt, in der Konsequenz des neuzeitlichen Primats des Unendlichen, den M.- und den Maßbegriff, die für die Antike zusammengehörten, zu trennen, wenn er auch im einzelnen sich weitgehend an Aristoteles anschließt. Für die Stellung des Menschen im Kosmos gelte wie für alle endlichen Größen, die in der Mitte zwischen dem unendlich Großen und dem Nichts liegen [11], daß er eine M. (milieu) zwischen dem Nichts und dem All (entre rien et tout [12]) sei. Dies gilt auch für ihn als intelligibles Wesen [12], weshalb er auch weder das Ganze noch das Nichts erkennt, sondern die «apparance du milieu des choses» [12]. Jedes Übermaß widerspricht der menschlichen Natur: wir nehmen das Übermaß nicht wahr («les choses extrêmes sont pour nous comme si elles n'étaient point» [13]), wir verstehen einen Text nur, wenn wir ihn nicht zu schnell oder zu langsam [14] lesen, und auch für Definitionen und Beweise gilt, daß man die M. halten soll zwischen den Extremen, alles oder nichts definieren bzw. beweisen zu wollen [15]. Für die Ethik folgt die Forderung, die rechte M. (le juste milieu) [16] zu halten zwischen z.B. Hochmut und Verzweiflung. Äußerste Tugenden werden zu Lastern [17], nur die Mittelmäßigkeit (médiocrité) ist gut, ja, wer die Mittelmäßigkeit verläßt, verläßt die humanité *und* die grandeur [18], da diese in der gleichzeitigen Berührung der Extreme besteht [19]; von dieser her den Menschen allein möglichen Größe ist die Größe Gottes zu unterscheiden, die in der Vereinigung der Extreme zu sehen ist [12]. Die M., die die Stellung des Menschen definiert, erweist sich aufgrund der Transzendenz der wahren M., nämlich Gottes als alleiniger Vereinigung der Extreme, als «das Zerbrechlichste» [20]; behauptet der Mensch seine Mittelstellung als Mittelpunkt (centre), so verfällt er der Anmaßung [21], d.h. der menschliche M. ist nicht der Mittelpunkt und nicht mehr das Maß; gemessen wird am Unendlichen, also Maßlosen. Die M. ist keine bestimmte, keine begrenzte und begrenzende, sondern eine unendliche (vaste [12]), auf der wir treiben, immer im Ungewissen. (Hier winkt kein 'Land der Wahrheit', wie bei Kant.) Während also die M. bei Parmenides und Aristoteles das das Apeiron begrenzende Maß aller Dinge ist, wird sie bei Pascal zur unendlichen M., die keine Grenze kennt und kein Maß setzt; so gibt es für Pascal an sich keinen Fortschritt der Erkenntnis, da die M., nur am Unendlichen gemessen, kein Mehr oder Weniger zuläßt [12] und folglich jede endliche Größe gleich weit entfernt ist von den Extremen des unendlich Kleinen und Großen.

Während bei Pascal noch die M. durch die Gleichheit der Gegengewichte (contrepoids [22]) ermöglicht wird, bestimmt Hegel den Begriff der M. durch die Vermittlung der Extreme bzw. als die existierende Vermittlung der Extreme. Hegel bemängelt in der Jenenser Zeit unter dem Einfluß Schellings in seiner Kritik der Kantischen Philosophie dessen Verneinung der «Idee der absoluten M. eines anschauenden Verstandes» [23]. Der Hegel der ‹Phänomenologie des Geistes› stellt dem «Kreis, der in sich geschlossen ruht und als Substanz seine Momente hält», die «Kraft des Verstandes», die «absolute Macht» gegenüber, die «das von seinem Umfange getrennten Akzidentelle als solches ... eigenes Dasein und abgesonderte Freiheit» gewinnen läßt; die Extreme getrennt von ihrer M. zu erhalten, ist möglich nur durch «die ungeheure Macht des Negativen», die den «Tod», «jene Unwirklichkeit», festhalten kann, was die «kraftlose Schönheit» nicht vermag, die deshalb letztlich geistlos ist, da «nicht das Leben, das sich vor dem Tode scheut und von der Verwüstung rein bewahrt, sondern das ihn erträgt und in ihm sich erhält ... das Leben des Geistes» ist [24]. Die M. in ihrer höchsten Gestalt ist deshalb die «sich zersetzende M.» der Sprache der Bildung [25]; diese M. zersetzt sich zugleich, indem sie sie aufhebt in die absolut getrennten Extreme, und der «wahre Geist» kommt «eben durch die freie Wirklichkeit dieser selbstlosen Extreme selbst als ihre M. zur Existenz» [26]. Die Vermittlung erweist sich so, weit entfernt, Mediation im Sinne Kierkegaards zu sein, als «entfremdende Vermittlung» [27]. Von der ‹Phänomenologie› an bedeutet die Charakterisierung der griechischen Antike als der «glücklichen» [28] und «schönen» [29] M. von selbstbewußter Freiheit und sittlicher Substanz, die für den jungen Hegel die adäquateste Gestalt des Absoluten darstellte, den Aufweis ihrer Endlichkeit und Unwahrheit als eines bloßen Durchgangsstadiums [30]. Die schöne M. ist das Ideal [31], das jedoch wie die Aristotelische Definition des Menschen bei der infima species stehen bleibt und nicht bis zur Individualität vordringt [32]. Gerade hierin besteht die Umwandlung der an Aristoteles anknüpfenden ‹Logik› Hegels, von der aus allein der Gebrauch des Terminus ‹M.› in der ‹Phänomenologie› [33] begriffen werden kann. Zwar unterscheidet er wie Aristoteles die Schlußfiguren nach der Bestimmung ihrer M. (medius terminus), doch schon seine Kritik an der «räumlichen Vorstellung» der M., die dazu beitrage, daß «beim Außereinander der Bestimmungen stehen geblieben wird» [34], zeigt seine eigentliche Intention: «Wenn nun der Schluß darin besteht, daß die Einheit der Extreme in ihm gesetzt ist», muß «die M. nicht nur die Besonderheit gegen die Bestimmung der Extreme, sondern diese an ihr gesetzt» enthalten [34]. Unvollkommene M.n definieren unvollkommene Schlüsse [35], so daß die verschiedenen «Gattungen der Schlüsse» (Schluß des Daseins, der Reflexion, der Notwendigkeit) «die Stufen der Erfüllung oder Konkretion der M.» darstellen [36]; der vollkommene Schluß, der disjunktive, hat eine M., die die beiden Extreme in ihrer vollständigen Bestimmtheit enthält [37]. Da im disjunktiven Schluß jede Prämisse und auch die Konklusion die Stellung der M. einnehmen können, hat im vollkommenen Schluß «sich der Formalismus des Schließens» [36] mit der Form des Schlusses, der in dem Unterschied der M. gegen die Extreme bestand, aufgehoben. Damit entfällt die Einschränkung des Schlusses auf die formale Logik: alles Vernünftige und damit alles Wirkliche ist ein Schluß [38]. Deshalb kann Hegel sagen: «Die teleologische Beziehung ist der Schluß, in welchem sich der subjektive Zweck mit der ihm äußerlichen Objektivität durch eine M. zusammenschließt, welche die Einheit beider, als die zweckmäßige Tätigkeit, und als die unter den Zweck unmittelbar gesetzte Objektivität, das Mittel, ist» [39]. Der absolute Geist schließlich bestimmt sich am Ende der ‹Enzyklopädie› durch die drei Schlüsse von Natur, logischer Idee und Geist, wobei erstens die drei Extreme selbst Schlüsse sind und zweitens jeder der drei Termini die Mitte eines Schlusses bildet (Naturphilosophie: Idee – Natur – Geist; Philosophie des Geistes: Natur – Geist – Idee; Logik: Geist – Idee – Natur) [40].

In einer Anknüpfung an Böhme und an das analogische Denken Thomas von Aquins versuchte FR. VON BAADER eine Bestimmung insbesondere der Beziehung der Natur und des Menschen zu Gott durch den Terminus ‹Mitte› [41], der auch erkenntnistheoretisch [42] und rechtsphilosophisch [43] bzw. ethisch relevant ist. Anknüpfend an Baader hat dann SEDLMAYR den Begriff der M. zum Instrument seiner Kulturkritik [44] gemacht.

Gegen den Begriff der M. in seiner traditionellen ethischen Bedeutung hat NIETZSCHE im ‹Zarathustra› polemisiert: «Wir setzen unsern Stuhl in die M. – das sagt mir ihr Schmunzeln – und ebenso weit weg von sterbenden Fechtern wie von vergnügten Säuen. Dies aber ist – Mittelmäßigkeit: ob es schon Mäßigkeit heißt» [45]. Ferner treibt er die Trennung von M. und Maß, M. und Grenze auf die Spitze: «In jedem Nu beginnt das Sein; um jedes Hier rollt sich die Kugel Dort. Die M. ist überall. Krumm ist der Pfad der Ewigkeit» [46].

HEIDEGGER wiederum knüpft mit seiner These vom Sein als M. des Seienden [47] an Parmenides an; denn die «offene M.» inmitten des Seienden im Ganzen, die «Lichtung» des Seins, die «lichtende M.» [48] begrenzen das Seiende gegenüber dem Sein als dem Nichts des Seienden. Heidegger nimmt also – wie HEGEL [49] – die Gleichsetzung von M. und Grenze des Seienden wieder auf.

Anmerkungen. [1] PARMENIDES, VS B 8, 44. – [2] a.O. B 8, 43. – [3] B 8, 49. – [4] ARISTOTELES, Phys. 207 a 17; vgl. De caelo 276 b 19f. – [5] Eth. Nic. II, 9, 1109 a 20f.; vgl. Cat. 14 a 4. – [6] Phys. 251 b 1. – [7] a.O. 251 b 20f. – [8] Polit. IV, 11, 1295 a 37. – [9] a.O. 1295 b 4. – [10] HORAZ, Epist. I, 18, 9. – [11] B. PASCAL, Oeuvres compl., hg. F. STROWSKI (Paris 1923) 419. – [12] Pensées, hg. L. BRUNSCHVICG, Nr. 72. – [13] a.O.; vgl. ARISTOTELES, De anima 424 a 5. – [14] PASCAL, Pensées a.O. [12] Nr. 69. – [15] Oeuvres a.O. [11] 409. – [16] Pensées a.O. [12] 82. – [17] 357. 358. – [18] 378. – [19] 353. – [20] 213. – [21] 430. – [22] 537. – [23] G. F. W. HEGEL, Werke, hg. H. GLOCKNER 1 (³1958) 309; vgl. 1, 311. 313. 315. – [24] Phänomenol. des Geistes, hg. J. HOFFMEISTER (⁶1952) 29. – [25] a.O. 364. – [26] 372. – [27] 363. – [28] Werke a.O. [23] 13 (⁴1964) 15f.; vgl. 11 (⁴1961) 313. – [29] 11, 329; vgl. 16 (³1959) 97. – [30] 13, 16f. – [31] 12 (⁴1964) 217. – [32] 13, 74. – [33] Phänomenol. a.O. [24] 109. 128. 145. 149. 169. 175. 218f. 330. 363f. 372. 418. 438. 470. 507f. 510. 511. – [34] Wiss. der Logik, hg. G. LASSON (1963) 2, 310. – [35] a.O. 2, 330. 333. – [36] 2, 351. – [37] 2, 350. – [38] Enzyklop. (1830) § 181. – [39] a.O. § 206. – [40] §§ 575-577. – [41] FR. VON BAADER, Sämtl. Werke (1850-60) 2, 279; 5, 198; 8, 177. 318f.; 14, 158; 16, 332. – [42] a.O. 1, 330. 331. 336; 2, 298. 326. 429. – [43] 1, 165. 190; 6, 38f. 59. 128f. – [44] H. SEDLMAYER: Verlust der M. (1948). – [45] FR. NIETZSCHE, Werke, hg. K. SCHLECHTA (1954) 2, 420. – [46] a.O. 2, 463. – [47] M. HEIDEGGER: Holzwege (³1957) 259. – [48] a.O. 41; vgl. 43. – [49] HEGEL, Wiss. der Logik a.O. [34] 1, 111f.

Literaturhinweise. F. WELTSCH: Das Wagnis der M. (1937). – J. VAN DER MEULEN: Hegel, die gebrochene M. (1958); Aristoteles – Die M. in seinem Denken (1951). H. RÖTTGES

Mitteilung, Mitteilbarkeit, indirekte Mitteilung

1. Der deutsche Terminus ‹Mitteilung› (M.) scheint erst bei KANT philosophische Bedeutung zu erlangen. Die Möglichkeit, ein Urteil anderen mitzuteilen, ist nach Kant der «Probirstein» dafür, ob sein «Fürwahrhalten» eine auf objektiv hinreichendem Grunde beruhende «Überzeugung» oder eine «aus der besonderen Beschaffenheit des Subjects» hervorgehende «Überredung» sei; «denn alsdann ist wenigstens eine Vermuthung, der Grund der Einstimmung aller Urtheile ungeachtet der Verschiedenheit der Subjecte unter einander werde auf dem gemeinschaftlichen Grunde, nämlich dem Objecte, beruhen, mit welchem sie daher alle zusammenstimmen und dadurch die Wahrheit des Urtheils beweisen werden» [1]. Kant hat das Kriterium der Mitteilbarkeit (Mk.) insbesondere in der Ästhetik und in der Religion fruchtbar zu machen versucht. In der Ästhetik dient es ihm zur Abgrenzung der stets subjektiven «Lust des Genusses» von der «Lust am Schönen», für die jeder notwendigerweise denselben Sinn haben müsse und die man deshalb als jedem ansinnbar und «als allgemein mittheilbar» annehmen dürfe [2]. In der Religionsphilosophie führt ihn die Einteilung der Religionssysteme «nach der Beschaffenheit derselben, die *der äussern Mittheilung fähig* macht», zu der Unterscheidung zwischen einer «natürlichen» Religion, «von der (wenn sie einmal da ist) jedermann durch seine Vernunft überzeugt werden kann», und einer «*gelehrte[n] Religion,* von der man andere nur vermittelst der Gelehrsamkeit (in und durch welche sie geleitet werden müssen) überzeugen kann» [3].

In Kants Begriff der ‹M.› klingt noch die in dem lateinischen Wort ‹communicatio› enthaltene Bedeutung mit, daß das Mitgeteilte durch die M. zu einem Gemeinschaftlichen werden müsse, so wie etwa in demjenigen «übernatürlichen Act», den die Theologen communicatio idiomatum s. attributorum nennen, «die Eigenschaften der göttlichen und der menschlichen Natur, in einem und demselben Subjecte vereinigt, beiden Naturen gemeinschaftlich zu Theil geworden sein sollen» [4]. Die M. gilt wohl daher erst dann als geglückt, wenn ich dem andern nicht nur kund tun kann, was ich meine, sondern wenn das Mitgeteilte in ihm auch dieselbe Empfindung oder Zustimmung hervorruft wie in mir selbst und wenn diese

Empfindung oder Zustimmung – gemäß der klassischen Formel von THOMAS VON AQUIN: «illud est communicabile alicui quod non dicit defectum in communicante nec in eo cui communicatur» [5] – weder sein Erkenntnisvermögen noch mein eigenes auf irgendeine Weise einschränkt (borniert). «An der Stelle jedes andern denken» ist denn auch für KANT die Maxime der auf mitteilbare Urteile hinzielenden «erweiterten Denkungsart», die sich über die bornierten «subjectiven Privatbedingungen des Urtheils, zwozwischen so viele andere wie eingeklammert sind, wegsetzt» [6].

Erleichtert wird dieses Verständnis von M. durch die Äquivokation von physischer und «geistiger» M. (communicatio realis et verbalis [7]), eine Äquivokation, von der HEGEL unverhohlen Gebrauch macht: Wie im Körperlichen «Bewegung, Wärme, Magnetismus, Elektricität und dergleichen – die, wenn man sie auch als Stoffe oder Materien sich vorstellen will, als *imponderable* Agentien bestimmt werden müssen, –» sich in der M. als das erhalten, was sie sind, und sich bloß auf die Objekte verteilen, so ist nach Hegel auch die *«geistige Mittheilung*, die ohnehin in dem Elemente vorgeht, welches das Allgemeine in der Form der Allgemeinheit ist, ... für sich selbst eine *ideelle* Beziehung, worin sich ungetrübt *eine Bestimmtheit* von einer Person in die andere *kontinuirt*, und ohne alle Veränderung sich verallgemeinert, – wie ein Duft in der widerstandslosen Atmosphäre sich frei verbreitet» [8]. Als Beispiele für solche «Mittheilbare, welche die Individuen auf eine bewußtlose Weise durchdringen, und sich in ihnen geltend machen», führt er an: «Gesetze, Sitten, vernünftige Vorstellungen überhaupt» [9]. Die Kehrseite dieser Auffassung: Was nicht die Form der Allgemeinheit hat, ist nicht mitteilbar: die «in die Einzelheit der Subjectivität versenkt[e]» Empfindung [10] ist, wie der Hegelianer K. ROSENKRANZ schreibt, nie auf andere übertragbar; um sie sprachlich einem andern mitteilen zu können, muß ich ihre Einzelheit erst in die «Allgemeinheit» einer Vorstellung überführen, die sich dann beim andern «wieder bis zur Empfindung incarniren kann» [11]. Nach NIETZSCHE wiederholt sich dieser Vorgang auch bei jedem anderen M.-Akt: «Man teilt sich nie Gedanken mit: man teilt sich Bewegungen mit, mimische Zeichen, welche von uns auf Gedanken hin *zurückgelesen* werden» [12], und F. MAUTHNER quittiert ihn mit der skeptischen Bemerkung, daß die Sprache wenig geeignet sei zur M., «weil Worte Erinnerungen sind und niemals zwei Menschen die gleichen Erinnerungen haben» [13].

Die kühnste Schlußfolgerung aus dem Gedanken, daß jedes Sich-Mitteilen des Individuums ein Sich-Umsetzen ins Allgemeine sei, hat FEUERBACH in seinen Todesspekulationen gezogen. «Dein Leben», heißt es dort, «beschließt sich ... damit, daß Dein ganzes Sein ... in ideales Sein sich verklärt, daß Du aus einer wirklichen Person eine vorgestellte ..., ein nur Mitgetheiltes und Mittheilbares – ein Wort, ein *Name* wirst. Du lebst nur so lange, als Du Etwas mitzutheilen hast; hast Du alles mitgetheilt, ist nichts mehr übrig, als die letzte trockene Hülse Deiner Persönlichkeit, so giebst Du Dich selbst hin. Diese Hingebung ist der Tod ..., in welchem Du Dich ganz ausprichst und Anderen einsprichst, er ist der letzte Act der Mittheilung» [14].

Anmerkungen. [1] I. KANT, KrV B 848f. Akad.-A. 3, 532; vgl. auch E. CASSIRER: Das Erkenntnisproblem in der Philos. und Wiss. 2 (³1922) 200. – [2] KANT, KU § 39: ‹Von der Mk. einer Empfindung› a.O. 5, 291ff., bes. 293. – [3] Relig. innerhalb der Grenzen ... 4. Stück, 1. Teil, Einl. 6, 155. – [4] W. T. KRUG: Allg. Handwb. der philos. Wiss. 5 (1829) 58: Art. ‹Communication›; vgl. auch HWP Art. ‹Idiomatum communicatio› und ‹Kommunikation›. – [5] THOMAS VON AQUIN, De ver. q. 20, a. 5, ob. 5. – [6] I. KANT, KU § 40 a.O. [1] 5, 264f. – [7] Vgl. etwa J. MICRAELIUS: Lex. Philos. (1662, ND 1966) 302. – [8] G. W. F. HEGEL, Werke, hg. H. GLOCKNER 5 (1928) 187f. – [9] ebda. – [10] K. ROSENKRANZ: Psychol. oder die Wiss. vom subjectiven Geist (1837) 291. – [11] ebda. – [12] FR. NIETZSCHE: Werke, hg. K. SCHLECHTA 3 (1956) 754. – [13] F. MAUTHNER: Beitr. zu einer Kritik der Sprache 3 (³1923) 641. – [14] L. FEUERBACH, Sämtl. Werke, hg. W. BOLIN/F. JODL 1 (1903) 76f.

2. Die fraglose Übernahme des Kantisch-Hegelschen M.-Begriffs bei gleichzeitiger polemischer Akzentuierung eben jenes Moments, das diesem Begriff zufolge nicht mitteilbar sein soll, ohne sich aufzulösen und zu verflüchtigen – der Einzelne in seiner subjektiven Existenz –, führt S. KIERKEGAARD zu der für sein Denken zentralen Unterscheidung zwischen direkter und indirekter M. In dem Augenblick, schreibt Kierkegaards Pseudonym Johannes Climacus, in dem er eingesehen hätte, daß es, ethisch und ethisch-religiös gesehen, nicht auf das Was der M. ankomme, nicht auf irgendwelche objektiven Resultate, die dem Wissenden zur kritischen Beurteilung vorgelegt und dem Nicht-Wissenden zur Kenntnis gebracht werden sollen [1], sondern auf das Wie der M., d.h. auf das Verhältnis des Mitteilenden zur eigenen M. [2], sei ihm auch klar geworden, «daß es, wenn ich etwas über diese Punkte mitteilen wolle, vornehmlich darauf ankomme, daß meine Darstellung in der *indirekten* Form erfolge» [3]. Der Grund dafür, daß im Ethischen «Resultate nur lärmender Plunder» sind und «die M. von Resultaten ... ein unnatürlicher Verkehr zwischen Mensch und Mensch» [4], liegt nach Kierkegaards eigenen Worten in der Voraussetzung, «daß jeder Mensch weiß, was das Ethische ist»; denn wenn es nicht jeder wüßte, könnte das Ethische auch nicht fordern, «daß jeder Mensch es in jedem Augenblick verwirkliche»: «Das Ethische beginnt nicht mit Unwissenheit, die in Wissen verwandelt werden soll, sondern es beginnt mit einem Wissen und fordert ein Verwirklichen» [5]. Dementsprechend verändere sich auch die «Dialektik der M.»: «1. Der Gegenstand verschwindet; denn da alle ihn wissen, so kann hier kein Gegenstand mitgeteilt werden ... 2. Der Mitteiler verschwindet – denn wenn jeder es weiß, dann kann der eine es dem anderen ja nicht mitteilen. 3. Der Empfänger verschwindet – denn wenn der Mitteiler verschwindet, verschwindet auch der Empfänger. Es bleibt nur ein einziger Mitteiler: Gott» [6]. Ein menschlicher Mitteiler dürfe daher «stets nur indirekt wirken»: um auszudrücken, daß er selber kein Meister, sondern ein Lehrling sei, und um zu verhindern, daß der Empfänger, statt in ein Verhältnis zu Gott zu kommen, zum Lehrling oder gar zum Anhänger eines andern Menschen werde [7].

Indirekt wirkt eine M. nach Kierkegaard dann, wenn sie durch die von Climacus beschriebene Form der Doppel-Reflexion hindurchgegangen ist: die erste Reflexion ist die, die «dem Gedanken seinen rechten Ausdruck im Wort» verleiht, die zweite die, die «das eigene Verhältnis des existierenden Mitteilenden» zur mitgeteilten Idee wiedergibt [8], indem sie die M. wieder zurücknimmt [9] und «den Mitteilenden, rein objektiv betrachtet, zu einem Niemand» macht [10]. Zurückgenommen werde die M. dadurch – und dies unterscheide alle indirekte M. von der direkten –, «dass sie indirekt an erster Stelle einen Betrug hat» [11], z.B. indem sie «Scherz und Ernst so zusammensetzt, dass die Zusammensetzung ein dialektischer Knoten ist», den jeder, der damit zu tun haben möchte, «aus sich selbst» lösen muß [12].

Kierkegaards Vorbild einer indirekten M. ist, wie er immer wieder betont, die Maieutik des *Sokrates*, dieses listigen Ironikers, der wie ein Proteus «in einemfort den Betrug verändert» [13]. Mit seiner Vorliebe für die sokratische Methode steht Kirkegaard allerdings nicht allein [14]. Die meisten seiner Lehrer und Zeitgenossen – *Møller, Sibbern, Heiberg* u. a. – teilen mit ihm die fundamentale Voraussetzung der Maieutik, den, wie Kierkegaard es ausdrückt, «ebenso schönen wie tiefen und richtigen Gedanken, den Platon ausspricht, wenn er sagt, daß alles Wissen Erinnerung sei» [15], und sie ziehen mit ihm auch die aus diesem Gedanken sich ergebende Konsequenz, daß der Lehrer für den Einzelnen nur Anlaß sein könne, sich auf das zu besinnen, «was im Bewußtsein bereits gegeben sei» [16]. Was die zeitgenössischen Maieutiker von Kierkegaard unterscheidet, ist aber genau das, was nach Climacus den Unterschied von Platon und Sokrates ausmacht [17]: Während für Kierkegaards Zeitgenossen die philosophische Besinnung Ausgangspunkt ist zu spekulativer Gedankenentwicklung, legt Kierkegaard – möglicherweise beeinflußt durch die Unterscheidung Møllers zwischen dem interessierten Denken, das gegenüber seinen Resultaten nicht gleichgültig ist, und dem uninteressierten Denken der Ontologie und der Mathematik [18] oder durch Sibberns These, daß auf der höchsten Stufe des Erkennens Pathos dazugehöre und persönliche Verwirklichung des Wahren [19] – den Nachdruck auf die Verwirklichung des Verstandenen in der persönlichen Existenz, die vom Mitteilenden erfordert, daß er nicht im «Medium der Phantasie» unterrichtet, sondern «in der Situation der Wirklichkeit, so daß er selbst ist, was er lehrt» [20]. Und dies eben bedeutet, es geht nicht um Wissens-M., sondern um «Einübung, Kunst-Unterweisung» [21].

Eine Wissens-M. ist erst auf höchster Stufe wieder vonnöten, wo es nicht mehr um das Ethische geht, von dem jeder Mensch als solcher schon weiß, sondern um das Religiös-Christliche; denn «christlich weiß der Mensch nicht als solcher schon vom Religiösen» [22]. Es gehört die Verkündigung einer Wahrheit dazu, «die unbekannt ist» [23]. Doch abgesehen davon, daß diese M. sogleich wieder zu einer auf Verwirklichung zielenden «Existenz-M.» wird [24], kann nach Kierkegaard von direkter M. auch hier keine Rede sein; die M. erfolgt zwar direkt, einer sagt unmittelbar: «Ich bin Gott, der Vater und ich sind eins»; aber weil der Mitteilende ein einzelner Mensch ist «ganz so wie andre, so ist diese Mitteilung nicht eben völlig unmittelbar; denn es ist eben nicht ein völlig Unmittelbares, daß ein einzelner Mensch Gott sein solle ... Vermöge des Mitteilenden enthält die M. einen Widerspruch, sie wird mittelbare M., sie setzt dir eine Wahl: ob du ihm glauben willst oder nicht» [25]. Das Skandalon unserer Zeit sei, daß sie die in der christlichen M. liegende «Möglichkeit des Ärgernisses» weggenommen und die indirekte M. zu einer direkten, das Christentum zu einer Lehre gemacht habe [26]; denn dies bedeute die Abschaffung des Christentums in der Christenheit. Ohne Vollmacht und ohne den Anspruch, selber ein Christ zu sein [27], aufmerksam zu machen auf das Religiöse, das Christliche, das ist, nach Kierkegaards nachträglicher Selbstdeutung, «die Kategorie für meine gesamte Wirksamkeit als Schriftsteller» [28]. Weil die Aufgabe darin bestanden habe, «vorzugehen in Richtung wider den Sinnentrug, dass man sich Christ nennt ..., ohne daß man es ist» [29], habe er indirekte M. gebrauchen müssen, um «hineinzutäuschen in das Wahre» [30]: Der Anfang wird maieutisch mit der pseudonymen Schriftstellerei, d. h. mit dem Ästhetischen gemacht, «darin vielleicht die meisten ihr Leben haben, und nunmehr wird das Religiöse so geschwinde angebracht, dass die, welche vom Ästhetischen bewogen, sich entschließen mitzugehn, plötzlich mitten in den entscheidenden Bestimmungen des Christlichen stehen, dazu veranlaßt zum mindesten *aufmerksam* zu werden» [31]. Dieses Verfahren entspricht in jeder Hinsicht Kierkegaards früheren Bestimmungen der indirekten M. – dialektische Gegensätze, hier das Ästhetische/das Religiöse, zusammenzufügen und im Zweifel zu lassen, was man selbst «in toto» eigentlich will [32]. Die Tatsache, daß Kierkegaard – allen Regeln der indirekten M. zum Trotz – aus seiner Rolle als Maieutiker heraustritt und sich direkt ausspricht, besagt nicht, daß sich sein Begriff der indirekten M. [33], sondern daß sich – wie seine Tagebuchaufzeichnungen beweisen – sein Selbstverständnis geändert hat: Die Einsicht, daß der konsequente Gebrauch der indirekten M. etwas «Übermenschliches, Dämonisches und Göttliches» in sich habe [34] und daß er es nicht mehr länger verantworten konnte, als «ein Rätsel» zu existieren [35], habe ihn dazu gebracht, direkt aufzutreten als «der, welcher der Sache des Christentums hat dienen wollen und dienen will» [36].

Anmerkungen. [1] S. Kierkegaard, Ges. Werke, hg. E. Hirsch 16. Abt. (1957) 1, 270. – [2] a.O. 1, 68. – [3] 1, 234. – [4] ebda. – [5] Papirer, hg. P. A. Heiberg/V. Kuhn (Kopenhagen 1909ff.) VIII, 2 B 81, 10. – [6] a.O. VIII, 2 B 81, 11. – [7] VIII, 2 B 81, 20. – [8] ebda.; Werke a.O. [1] 16. Abt. 1, 68f. – [9] Papirer VIII, 2 B 81, 21. – [10] Werke 26. Abt. (1962) 127. – [11] Papirer a.O. [5] VIII, 2 B 81, 22. – [12] Werke, a.O. [1] 26. Abt., 127f. – [13] Papirer a.O. [5] VIII, 2 B 81, 22; zu Sokrates als Vorbild vgl. etwa Werke 16. Abt. 1, 74ff. 79ff. 152ff. 182-202. 241. 266. 274. – [14] Vgl. dazu B. Bejerholm: Sokratisk metod hos Søren Kierkegaard och hans samtida. Kierkegaardiana 4 (1962) 28-44. – [15] Kierkegaard, Papirer a.O. [5] III A 5. – [16] ebda. – [17] Werke a.O. [1] 16. Abt. 1, 196f. – [18] Vgl. P. M. Møller: Efterladte Skrifter 2 (Kopenhagen 1842) 207. – [19] F. Ch. Sibbern: Bemærkninger og Undersøgelser, fornemlig betræffende Hegels Philos. ... (Kopenhagen 1838) 108ff. – [20] Kierkegaard, Papirer a.O. [5] VIII, 2 B 81, 28; vgl. auch 81, 27. – [21] VIII, 2 B 82, 13. – [22] ebda. – [23] Werke a.O. [1] 16. Abt. 1, 235. – [24] Vgl. etwa Werke 16. Abt., 2 (1958) 271; Papirer a.O. [5] VIII, 2 B 82, 13. – [25] a.O., 129. – [26] 134ff. – [27] Vgl. Papirer a.O. [5] X, 5 A 60, 67. – [28] Werke a.O. [1] 33. Abt. (1951) 10. – [29] a.O. 6 Anm. 3. – [30] 6. – [31] 6 Anm. 1. – [32] Vgl. Papirer a.O. [5] X, 3 A 624; IX A 234. – [33] Entgegen der Meinung von E. Hirsch: Kierkegaard-Stud. (1930-33) 737f. – [34] Kierkegaard, Papirer a.O. [5] X, 2 A 375, 267; VIII, 2 B 85, 26. – [35] Vgl. a.O. IX, A 234; vgl. auch B 57, 348. – [36] IX, A 218; X, 5 A 60, 67.

Literaturhinweise. F. Sieber: Der Begriff der M. bei Sören Kierkegaard (1933). – W. Rest: Indirekte M. als bildendes Verfahren dargestellt am Leben und Werk Sören Kierkegaard's (1937). – C. Fabro: La «Comunicazione della Verità» nel pensiero di Kierkegaard. Studi Kierkegaardiani (Morcelliana/Brescia 1957) 129-163. – H. S. Broudy: Kierkegaard on indirect communication. J. of Philos. 58 (1961) 225-233. – L. Bejerholm: «Meddelelsens Dialektik» (Kopenhagen 1962). – R. E. Anderson: Kierkegaard's theory of communication. Speech Monogr. 30 (1963) 1-14; dtsch. in: M. Theunissen/W. Greve (Hg.): Materialien zur Philos. Søren Kierkegaards (1979) 437-460. – Ch. Waldenfels-Goes: Direkte und indirekte M. bei Søren Kierkegaard (Diss. München 1967). – H. B. Vergote: Dialectique de la communication. Texte de S. Kierkegaard. Rev. Mét. et Moral 76 (1971) 53-76. – M. Cornu: Kierkegaard et la communication de l'existence (Lausanne 1972).

3. Kierkegaards Lehre von der indirekten M. hat Karriere gemacht. Die indirekte M. in ihrer spezifisch christlichen Form wird zu einem Bestandteil dessen, was in der dialektischen Theologie ⟨Dialektik⟩ (s. d.) heißt, die indi-

rekte M. des allgemein Ethischen geht in Jaspers' Kommunikationsbegriff ein.

Die *dialektische Theologie* versteht sich als Antwort auf die Frage, wie in einer menschlichen Sprache auf angemessene Weise von Gott als dem ganz Andern, dem von uns radikal Verschiedenen, gesprochen werden könne. Mystik und negative Theologie versuchen sich dieser «unmöglichen Aufgabe» [1] mit der Behauptung zu entziehen, daß Gott nicht aussprechbar und nicht konzeptualisierbar sei, d.h., wie einer der neueren Verfechter der «Ineffability»-These es formuliert: «... that no concepts apply to Him, and that He is without qualities ... And this implies that any statement of the form ⟨God is x⟩ is false» [2]. Die Konsequenz: wenn man von Gott nicht reden kann, muß man über ihn schweigen [3]. BULTMANN hält diesen Ausweg schon darum für ungangbar, weil «der Mensch auch als Theo*loge* die Grenzen seiner menschlichen Möglichkeiten nicht so weit überspringen kann, daß er aufhört, ein ζῷον λόγον ἔχον zu sein, d.h. daß er nur im Reden sich und andern im Bewußtsein bringen kann, was er vernimmt und mitteilt ...» [4]. Damit in unserem Reden «das verborgene, jenseitige 'Objekt'» tatsächlich «zur M. gelangt», müßte es allerdings, wie E. THURNEYSEN sagt, «zum 'Subjekt' werden, das sich selber mitteilt» [5]. Mit BULTMANNS Worten: Ein «wirkliches» Reden von Gott ist nur für Christus möglich und für uns «nur insofern der Geist solches Reden gibt» – eine Möglichkeit, deren Realisierung nicht «in unserer Verfügung steht» [6]. Die «dialektische» Theologie habe daher «gerade darin ihren '*Ernst*', daß sie die Ungleichheit ihres Redens mit dem göttlichen Reden, diesen ihren wie aller Theologie letzten Unernst sehr ernst nimmt» [7]; denn, wie Kierkegaard sehr wohl gewußt habe, Ernst sei, wenn damit begonnen werde, «die direkte M. zu verweigern» [8]. Die Verweigerung der «direkten M.» läßt den dialektischen Theologen zu dem von K. BARTH beschriebenen Dialektiker werden. «Der echte Dialektiker weiß», daß die Wahrheit weder im Satz noch im Gegensatz, weder im Ja noch im Nein, sondern in der Mitte liegt, aber daß jede M. über diese «unfaßliche» Mitte nur möglich ist in Form jenes «grauenerregende[n] Schauspiel[s] für alle nicht Schwindelfreien, Beides, Position und Negation, *gegenseitig aufeinander* zu beziehen. Ja am Nein zu verdeutlichen und Nein am Ja, ohne länger als einen Moment in einem starren Ja *oder* Nein zu verharren, also z.B. von der Herrlichkeit Gottes in der Schöpfung nicht lange anders zu reden als ... unter stärkster Hervorhebung der gänzlichen Verborgenheit, in der sich Gott in der Natur für unsre Augen befindet, vom Tod und von der Vergänglichkeit nicht lange anders als in Erinnerung an die Majestät des ganz andern Lebens, das uns gerade im Tod entgegentritt» [9].

Für JASPERS ist es weniger Gott als vielmehr die individuelle Existenz, die zu indirekter M. zwingt. M. und Mk. liegen, wie Jaspers immer wieder hervorhebt, «im Ursprung des Denkens und Erkennens selber» [10], sie sind ein «Merkmal der Wahrheit» [11]; «... was nicht mitteilbar ist, gilt uns ... als ob es gar nicht wäre ...» [12]. Aber: M. ist wie «alle Lehre, alles Rationale ... etwas Allgemeines» [13]; die «Substanz des Geistes» dagegen, «die Existenz immer zugleich absolut individuell» [14]: darum könne «Existenz-M.» nur indirekt erfolgen, aus der Einstellung heraus, «daß bei stärkstem Klarheitsdrange und allem Suchen nach Formen und Formeln kein Ausdruck zureichend ist ..., daß alles Kommunizierte, das direkt da, sagbar ist, letztlich das Unwesentliche, aber zugleich indirekt Träger des Wesentlichen ist» [15].

Der Unterschied zwischen direkter und indirekter M. ist innerhalb der von Jaspers herausgearbeiteten Weisen der M. oder Kommunikation (s.d.) der, wie er es nennt, «radikalste» [16]; denn er geht quer durch sie hindurch. Direkte M. ist M. des Bewußtseins überhaupt, die als «Inhalt» einer Lehre [17] für «jedermann» gilt [18] und daher «ablösbar ... vom Denkenden und identisch übertragbar ist» [19]. Alle andern Weisen der M. dagegen, die sich an den Menschen als Dasein, als Geist oder als Existenz wenden, verlangen die indirekte M. Wahrheit ist hier «unablösbar von dem Menschen, in dem sie Gewißheit geworden ist; sie ist nie identisch, sondern nur verwandelt anzuzeigen, wirkt als Erweckung zu eigener Entfaltung» [20].

Was Jaspers in der Nachfolge Kierkegaards unter dem Stichwort «indirekte M.» geltend zu machen versucht, findet sich der Sache nach in ähnlicher Form weit über die Existenzphilosophie hinaus, so etwa in BERGSONS These, daß die nur der Intuition sich erschließende reine Dauer des innern Lebens weder durch Begriffe noch durch Bilder darstellbar sei, daß aber ein anderer mit Hilfe von Bildern zumindest dazu angeregt werden könne, «die erwünschte Anstrengung zu machen und von sich aus zur Intuition zu gelangen» [21]; in WITTGENSTEINS Begriff des Ethischen als des Mystischen, das sich zwar nicht aussprechen läßt, aber das sich «zeigt» [22]: im Gefühl, «daß selbst, wenn alle *möglichen* wissenschaftlichen Fragen beantwortet sind, unsere Lebensprobleme noch gar nicht berührt sind» [23]; bei M. SCHLICK in Form der Behauptung, daß nur die logische Form eines Satzes, d.h. das, was er mit dem ausgedrückten Sachverhalt gemeinsam habe, mitteilbar sei, nicht aber sein Inhalt, die Art und Weise, wie der Satz vom Einzelnen aufgefaßt und erlebt wird [24]; bei gewissen Ästhetikern als die Auffassung, daß in einem Kunstwerk Gefühle verkörpert [25], ausgedrückt [26] und einsichtig gemacht werden könnten [27], die in gewöhnlicher Sprache nicht aussagbar seien. Die Einwände, denen sich diese verschiedenen Theorien ausgesetzt sehen, lassen auch den (Jaspersschen) Begriff der indirekten M. als fragwürdig erscheinen:

Erstens: Die These von der Nicht-Mk. gewisser Inhalte ist zumeist keine Aussage über diese Inhalte, sondern über den zugrunde gelegten M.-Begriff: Wer M. nicht, wie etwa K. BÜHLER [28], so weit faßt, daß sie alle Funktionen der Sprache – nach Bühlers Organon-Modell die «Ausdrucks-», «Appell-» und «Darstellungsfunktion» [29] – umgreift, sondern nur dann von M. spricht, wenn Sachverhalte dargestellt werden [30], für den fallen alle die Dinge, die man – wie der späte WITTGENSTEIN und die Sprechakttheorie gezeigt haben – mit der Sprache sonst noch tun kann: fluchen, Versprechen geben, Gefühle ausdrücken, Dinge empfehlen usw. [31], per definitionem nicht mehr unter die Rubrik ⟨M.⟩; sie gelten höchstens noch als Mittel zu «indirekter Wirkung», sei es, summarisch wie bei SCHLICK, um Erlebnisse anzuregen oder hervorzurufen [32], sei es, etwas differenzierter wie bei JASPERS, um Daseinsinteressen zu fördern, Gemeinschaft zu stiften oder Existenz zu erwecken [33]. *Zweitens:* Wo die Nicht-Mk. innerer Erlebnisse und Gefühle mit dem Hinweis auf die Verschiedenheit von M. und Mitzuteilendem begründet wird – «Keine Lehre ist Leben und keine M. einer Lehre eine Übertragung von Leben» [34]–, ist die angebliche Unzulänglichkeit der M. im Grunde nichts anderes als die logische Unmöglichkeit, daß eine M. etwas anderes als eben – M. sein kann; denn wie man M. auch immer verstehen mag, sie wird notwendigerweise das Mitgeteilte in irgendeinem Sinn bezeichnen, repräsentieren oder symbolisieren müssen [35], aber niemals – auch bei einem Kunstwerk nicht [36] – das Mitgeteilte selbst verkörpern oder in sich schließen können. *Drittens:* Wer subjektive Zustände darum für nicht (direkt) mitteilbar erklärt, weil nur der von ihnen wissen könne, der sie auch habe, gerät unweigerlich in die vom spätern WITTGENSTEIN aufgezeigten Schwierigkeiten der Privatsprachentheorie: Falls – wie zu vermuten ist – unsere Aussagen über unsere innern Zustände diese nicht nur beschreiben, sondern auch ausdrücken, heißt von ihnen «wissen» letztlich nicht mehr als sie «haben», und die Behauptung, daß nur ich meine innern Zustände kennen könne, schrumpft zusammen auf die nichtssagende Feststellung, daß ich nur ausdrücken kann, was ich habe [37].

Angesichts dieser und ähnlicher Einwände dürfte es schwer fallen, weiterhin von einem Nicht- oder nur indirekt Mitteilbaren zu sprechen. Gerade die Einsicht aber, daß grundsätzlich alles mitgeteilt werden kann, was man mitteilen will, eröffnete erst den Zugang zu der von Kierkegaard aufgeworfenen – und von der Nicht-Mk.-These überschatteten – normativen Frage, ob es nicht Bereiche gebe, in denen M. in der von Kierkegaard beschriebenen indirekten Form erfolgen sollte.

Anmerkungen. [1] K. BARTH: Das Wort Gottes und die Theol., in: Ges. Vortr. 1 (1924) 175. – [2] W. T. STACE: Time and eternity (Princeton, N.J. 1952) 33; zur Kritik vgl. W. P. ALSTON: Ineffability. The philos. Rev. 65 (1956) 506-522. – [3] Vgl. TH. MCPHERSON: Relig. as the inexpressible, in: A. FLEW/A. MACINTYRE: New essays in philos. theol. (London 1955) 131-143. – [4] R. BULTMANN: Die Frage der «dialekt.» Theol. Zwischen den Zeiten (= ZdZ) 4 (1926) 52. – [5] E. THURNEYSEN: Schrift und Offenbarung a.O. 2 (1924) 6. – [6] R. BULTMANN, a.O. [4] 52f. – [7] a.O. 46. – [8] a.O. 47. – [9] K. BARTH, a.O. [1] 171f.; vgl. auch BULTMANN, a.O. [4] 43; H. RUST: Dialekt. und krit. Theol. (1933) bes. 51, 53. – [10] K. JASPERS: Von der Wahrheit (1947) 370. – [11] Philos. 2 (⁴1973) 10; vgl. auch: Von der Wahrheit a.O. 546. – [12] ebda. – [13] Psychol. der Weltanschauungen (⁵1960) 378; vgl. auch: Von der Wahrheit a.O. [10] 760. – [14] ebda. – [15] ebda. – [16] Von der Wahrheit a.O. [10] 648. – [17] ebda. – [18] 649. – [19] 761. – [20] ebda. – [21] H. BERGSON: La pensée et le mouvant (Paris 1946) 186; dtsch. in: Materie und Gedächtnis (1964) 13. – [22] L. WITTGENSTEIN, Schr. 1 (1960) Tractatus 6.522; vgl. auch 6.421; Tagebücher 1914-16, S. 171. – [23] Tract. 6.52. – [24] Vgl. M. SCHLICK: Ges. Aufs. 1926-1936 (1938) 5, 164, 167; ähnlich auch: B. RUSSELL: A hist. of Western philos. (London 1946) 691; vgl. auch F. WAISMANN: The principles of linguistic philosophy (London/Melbourne/Toronto 1965) 240-268. – [25] Vgl. etwa D. W. PRALL: Aesthetic analysis (New York 1936) 162f. – [26] Vgl. J. DEWEY: Art as experience (New York 1934) 74. – [27] S. K. LANGER: Problems of art (New York 1957) 91. – [28] K. BÜHLER: Sprachtheorie (1934, ND 1965) 24, 38. – [29] a.O. 28. – [30] Für eine solche Verengung vgl. etwa V. MATHESIUS: A functional analysis of present day Engl. on a general linguistic basis, hg. J. VACHEK (Den Haag/Paris 1975) 13f. – [31] Vgl. bes. L. WITTGENSTEIN, Schr. 1 a.O. [22] Philos. Untersuch. § 23. – [32] SCHLICK, a.O. [24] 7. – [33] K. JASPERS, Von der Wahrheit a.O. [10] 648. – [34] Psychol. a.O. [13] 378. – [35] Vgl. A. AMBROSE: The problem of linguistic inadequacy, in: M. BLACK (Hg.): Philos. analysis (Englewood Cliffs, N.J. 1963) 29. – [36] W. E. KENNICK: Art and the ineffable. J. of Philos. 58 (1961) 309-320. – [37] Vgl. WITTGENSTEIN, Schr. 1 a.,O. [22] Philos. Untersuch., bes. §§ 246-252; als Einstieg in die Diskussion etwa O. R. JONES (Hg.): The private-language argument (London 1971) darin bes. A. KENNY: Verification principle and the private language argument 204-228, bes. 211ff.
A. HÜGLI

Mittel (griech. δι' οὗ, τὰ πρὸς τὸ τέλος, lat. medium, ital. mezzo, frz. moyen, engl. means). Die Entscheidung (προαίρεσις), im Unterschied zum Wollen (βούλησις), richtet sich nicht auf das Ziel, sondern auf das, was zum Ziele führt: τὰ πρὸς τὸ τέλος [1]. Was ARISTOTELES mit diesem, in der älteren Akademie bereits vorgeprägten [1a], Ausdruck meint, entspricht etwa dem, was man im Deutschen ‹M. (zum Zweck)› nennen würde. Der Begriff selbst scheint für Aristoteles keiner Definition zu bedürfen, sondern dient seinerseits zur Erläuterung anderer Begriffe, nicht nur des Begriffs der Entscheidung, sondern auch jenes Begriffs, der, nach Aristoteles, mit der Entscheidung zusammengeht: der Begriff der Überlegung (βούλευσις) [2]. Wie alle Gegenstände der Überlegung – soviel geht aus diesen begrifflichen Bestimmungen immerhin hervor – gehört auch das M. zu dem, was in unserer Macht steht und durch uns (oder durch unsere Freunde [3]) ausführbar ist [4]. M. in diesem Sinne sind, wie auch andere Stellen nahelegen [5], offensichtlich Handlungen. Darin mag auch der Grund liegen, warum Aristoteles bei seiner Aufzählung dessen, was in unserer Überlegung alles gefragt ist – «Man fragt aber bald nach den Werkzeugen (ὄργανα), bald nach der Art ihrer Verwendung; ebenso im übrigen bald durch welches M. (δι' οὗ), bald wie, bald mit wessen Hilfe etwas geschehen soll» [6] –, das M. nicht als Inbegriff all dieser Dinge, sondern als einen Gegenstand neben den anderen versteht.

AUGUSTINUS bringt eine neue Bestimmung mit ins Spiel mit seiner Unterscheidung zwischen dem, woran man sich erfreut, und dem, was man gebraucht (aliae sunt quibus fruendum est, aliae quibus utendum) [7]. Sich an etwas erfreuen (frui) bedeutet, wie Augustinus sagt, es um seiner selbst willen lieben; etwas gebrauchen (uti) heißt es benützen, um zu solchem hingeführt zu werden, an dem wir uns erfreuen können [8]. Da er den Terminus ‹M.› in diesem Zusammenhang nicht verwendet, bleibt allerdings offen, worin das M. nun genau besteht: ob in der Handlung, die ich ausführe, indem ich von etwas Gebrauch mache, oder in dem, was gebraucht wird, oder gar in beidem.

Augustins Unterscheidung von «uti» und «frui» ist über PETRUS LOMBARDUS und JOHANNES DAMASCENUS zu THOMAS VON AQUIN gekommen [9] und mit ihr das Problem, sie mit den Aristotelischen Bestimmungen des M. in Einklang zu bringen. Thomas versucht es zu lösen, indem er drei Willensakte (actus voluntatis) sich zeitlich folgen läßt, deren Gemeinsamkeit darin besteht, daß sie nicht Ziele, sondern M. zum Gegenstand haben (qui sunt in comparatione ad ea quae sunt ad finem) [10]. Im Unterschied zum Wollen, Beabsichtigen und Genießen, die alle auf das Ziel gerichtet sind, beziehen sich nach Thomas das Wählen (electio), das Zustimmen (consensus) und das Gebrauchen (usus) auf die M. zum Zweck [11]. Als Gegenstände der beiden ersten Akte werden ausdrücklich Dinge genannt, «quae per nos agentur» [12]. Dies läßt vermuten, daß Thomas mit Aristoteles unter ‹M.› vor allem Handlungen versteht. Der Begriff des M. wird hier jedoch nicht weiter erläutert, und die ausführlichen Analysen, die Thomas dem M.-Begriff an anderen Stellen seines Werkes gewidmet hat, stehen nicht nur in einem anderen Kontext, sondern laufen auch unter einem anderen Titel, nicht unter dem üblichen «quod est ad finem», sondern unter dem Terminus ‹Medium›, der zugleich als Übersetzung von μεσότης dient und neben dem M. im engeren Sinn auch all das umfaßt, was im Deutschen ‹Mitte› (s. d.) oder ‹Mittleres› heißt. Denn allgemein bedeutet ‹Medium› die Mitte zwischen zwei Extremen [13], wie z.B. das arithmetische, geometrische oder harmonische M. [14]. Im besonderen kann ein Werkzeug damit gemeint sein als das «Vermittelnde zwischen einem Wirkenden und einem Leidenden» [15]. Die causa instrumentalis (s.d.), die oft als das M. in diesem engeren Sinne verstanden wird, ist jedoch keineswegs ein spezifisch handlungstheoretischer Begriff. Sie ist nicht mehr als eine Zwischenursache in einem von einer causa efficiens in Bewegung gesetzten Wirkungsprozeß: «In omnibus causis efficientibus ordinatis primum est causa medii et medium est causa ultimi» [16].

Das M. im Sinne eines M. zum Zweck bleibt bis ins 17. und beginnende 18. Jh. nur noch eine der vielen möglichen Bedeutungen des Terminus ‹Medium› und wird für so nebensächlich gehalten, daß es in der Liste der in den Wörterbüchern unter dem Stichwort ‹Medium› gesammelten Unterscheidungen nicht einmal eigens aufgeführt wird [17]. Es ist daher nicht verwunderlich, daß etwa R. CUMBERLAND für den Bereich des menschlichen Handelns den Schluß zieht, den schon vorher Bacon und Descartes mit ihrer Verbannung des Zweckgedankens aus dem Bereich der Natur gezogen hatten: die Termini ‹M.› und ‹Zweck› («‹means› and ‹ends›») als im «höchsten Grade zweideutig» fallen zu lassen und sie durch die der Erfahrung und Demonstration zugänglicheren Ausdrücke «Ursache» und «Wirkung» zu ersetzen [18].

CHR. WOLFF hat sich nicht an diese Empfehlung gehalten. Er stellt den Zusammenhang zwischen M. und menschlicher Zwecktätigkeit wieder her, indem er ‹Medium› nun ausdrücklich als M. zum Zweck definiert: «Quicquid rationem continet, cur finis actum consequatur, *Medium* vocatur» [19] (M. ist dasjenige, «welches den Grund in sich enthält, worum die Absicht ihre Würcklichkeit erreichet») [20]. Wolffs Definition geht unverzüglich in die Wörterbücher seiner Zeit ein [21]; der durch den Terminus ‹Medium› nahegelegte Bezug zwischen M. und Mitte wird hergestellt mit dem Hinweis, so explizit bei W. T. KRUG, daß «dasjenige, was zur Erreichung eines Zwecks dient, ... gleichsam in der Mitte steht zwischen dem Menschen und dem Zwecke als dem Ziele seiner Thätigkeit» [22].

Die mögliche Doppeldeutigkeit, die in dem Wolffschen Begriff des M. liegt, zeigt sich schon in seinen ersten Erläuterungen und bestimmt auch seine weitere Entwicklung. Wenn WOLFF ‹M.› sagt, denkt er offensichtlich an Handlungen [23], und ZEDLER führt als Beispiel explizit Handlungen an: «... wenn einer spatzieren reiten will, um sich dadurch ein Vergnügen zu machen; so ist das Vergnügen die Absicht; das Spatzieren Reuten aber das M.» [24]. WALCHS Erläuterung des M. dagegen als «dasjenige, dessen man sich bedienet, damit man die vorgesetzte Absicht erreichen möge» [25], würde eher auf Gegenstände zutreffen. KANT nimmt dann den Begriff in seiner weitesten Bedeutung: M. ist für ihn bald Handlung [26], bald «der Grund der Möglichkeit der Handlung» [27], bald – wie in der berühmten Formel: «Handle so, daß du die Menschheit sowohl in deiner Person, als in der Person eines jeden anderen jederzeit zugleich als Zweck, niemals bloß als M. brauchst» [28] – ein Gegenstand oder eine Person [29]. J. A. EBERHARD geht bei seiner Definition des M. davon aus, daß in dem allgemein gefaßten M.-Begriff verschiedene Bedeutungen zusammenfließen, die durch unterschiedliche Termini auseinandergehalten zu werden verdienen: «Ein M.», so definiert er, «ist ein jedes Ding, das zur Erreichung eines Zwecks gut ist oder gut scheint», ein Werkzeug, ein «zu einem besondern Gebrauch künstlich eingerichtetes Ding», ein «Weg hingegen, was man bei der Anwendung der M. tut». Ein Weg ist daher stets «eine Handlung oder mehrere in einem Plan verknüpfte Handlungen» [30]. Seine Sprachregelung hat sich allerdings nicht durchgesetzt. Auf eine Mehrdeutigkeit des M.-Begriffs weist aber auch A. TRENDELENBURG hin mit seiner Unterscheidung zwischen M. im engeren und im weiteren Sinn: «Was der Zweck entwirft, wie die Form, was er zur Verwirklichung fordert, wie die Materie, was er richtet, wie die wirkende Ursache, nennen wir im weiteren Sinne seine M. Aber im engeren Sinne heißt die wirkende Ursache, dem Zweck dienend, M.» [31].

Mit der Aufnahme des kantischen M.-Begriffs in die aufkommenden Sozialwissenschaften hat sich schließlich der kantische Sprachgebrauch allgemein durchgesetzt. Sofern man M. als Handlung und M. als Gegenstand überhaupt noch auseinanderhält, sieht man darin nur noch einen Unterschied in der Art der M., aber nicht in der Bedeutung des Worts. So auf klassische Weise etwa bei F. TÖNNIES: «Wenn also das M. zu einem Zwecke immer eine gewollte Handlung ist, so bedarf aber jede Handlung selber der M. zu ihrer Ausführung, und diese sind teils andere Handlungen, teils Gegenstände: solche werden gleich Handlungen als M. vorgestellt und bezeichnet ...» [32].

Ein neuer Versuch, in diesem Begriff eine Doppeldeutigkeit nachzuweisen, wurde erst in jüngster Zeit wieder unternommen. Nach TH. EBERT bezeichnet M. «einmal bestimmte Handlungen oder Handlungsschemata, zum anderen Gegenstände, insbesondere Dinge und Personen, die aktuell oder typischerweise in solchen Handlungen oder Handlungsschemata benutzt werden» [33]. Diese zweite, ‹abgeleitete› Bedeutung unterscheide sich grammatisch von der ersten in zweierlei Hinsicht: Nur M. im Sinn eines Gegenstandes kämen als «Kandidaten für Antworten auf ‹Womit›-Fragen in Betracht» [34] und nur von ihnen könne man sagen, daß sie ‹benutzt›, ‹gebraucht› oder ‹verwendet› werden; von Handlungen gelte dies nur, sofern man ausdrücken wolle, daß sie zu einem anderen als dem Zweck, zu dem man sie benutzt, unternommen wurden [35].

Ein weit schwerwiegenderes Legat des Wolffschen M.-Begriffs als die Frage seiner möglichen Doppeldeutigkeit ist das durch Wolffs Verengung des Begriffs ‹Medium› akut gewordene Problem, wie sich das nach dem traditionellen Begriff des ‹Mediums› als Zwischenursache eines Werdeprozesses verstandene M. zu dem M. als M. zum Zweck – und insbesondere die von dem M. als Ursache hervorgebrachte Wirkung zum Zweck – verhält. Während WOLFF und seine Zeit sich zumeist mit der unproblematischen Formulierung behelfen, das M. sei Grund dafür, daß die Absicht ihre Wirklichkeit erreiche [36], wird von KANT mancherorts der Zweck selbst zu einer Wirkung der Handlung erklärt [37] und die Austauschbarkeit von Zweck und M. innerhalb der als Kausalverbindung gedeuteten Zweck-M.-Reihe behauptet: «In der Reihe der einander subordinierten Glieder einer Zweckverbindung muß ein jedes Mittelglied als Zweck (obgleich eben nicht als Endzweck) betrachtet werden, wozu seine nächste Ursache das M. ist» [38]. Trotz gelegentlicher Versuche, so etwa bei SCHELLING, die Zweck-M.-Relation aufgrund des für sie konstitutiven Bezugs zum menschlichen Bewußtsein von dem Kausalverhältnis zu unterscheiden [39], hat sich die Vorstellung, daß im «Realprozeß ... die M. den Zweck kausal hervorbringen» [40], über Kant hinaus bis in die neuere und neueste Literatur fortgepflanzt. «Wenn keine Richtung der Dependenz eindeutig gegeben ist, so läßt sich jede Ursache auch als M., jede Wirkung auch als Zweck auffassen» [41], so liest es sich etwa bei N. HARTMANN. «There is no way of distinguishing, from among causes and effects, which are means and ends except by reference to someone's purpose» [42], so liest es sich neuerdings noch in der analytischen Philosophie. Den «kategorialen Fehler, der in der Klassifizierung von M. als Ursachen (von Zwecken) und von Zwecken als Wirkungen (von M.) liegt» [43], kann man sich, wie TH. EBERT darlegt, schon durch die folgenden zwei Überlegungen klarmachen: a) von einem Ereignis kann man nur dann sagen, daß es die Ursache eines anderen sei, wenn dieses zweite Ereignis tatsächlich auch eingetreten ist. Eine Handlung dagegen bleibt M. zum Zweck, unabhängig davon, ob sie den Zweck je erreicht [44]. b) Wer einen Zweck verfolgt, hat zwar eine Vorstellung von der Wirkung, die er mit seiner Handlung erzielen möchte, und es kann ihm auch gelingen, diese Wirkung herbeizuführen, aber diese Vorstellung gehört nicht selbst zu den Wirkungen seiner Handlung [45].

Worin die Relation zwischen M. und Zweck bestehen könnte, hat im Grunde bereits ARISTOTELES dargelegt. Es ist eine logische Relation von der Art eines Syllogismus, dessen erste Prämisse den Zweck (das Gute) und dessen zweite das M. (das Mögliche) nennt und dessen Schlußsatz eine Handlung ist [46]. Die aristotelischen Ansätze zu einer Lehre vom praktischen Schließen gerieten zwar über Jh. hinweg in Vergessenheit; das Bewußtsein jedoch, daß die Beziehung zwischen Zweck und M. logischer Art sein muß, ist geblieben. So bei THOMAS VON AQUIN, nach dessen Auffassung mit dem Wegfall des Zwecks notwendigerweise auch das M. wegfallen muß [47], so in dem von WOLFF stammenden und durch KANT berühmt gewordenen Satz: «Wer den Zweck will, will ... auch das dazu unentbehrlich nothwendige M., das in seiner Gewalt ist» [48] oder FICHTES Kontraposition dazu: «Wer das M. aufgibt, wenn er es bedarf, gibt den Zweck auf» [49] und so auch in den zahlreichen Vorformen des fälschlicherweise nicht als analytisch, sondern als substantiell-ethisch aufgefaßten, berüchtigten Diktums, daß der Zweck die M. heilige: von B. PEREIRAS' These, daß der Zweck den M. ihre Güte verleihe [50], über H. BUSENBAUMS «Cum finis est licitus, etiam media sunt licita» [51] bis hin zu HOBBES' Anwendung dieses Satzes auf den Naturzustand [52] oder HUMES Feststellung: «Means to an end are only valued so far as the end is valued» [53].

Besonders hervorgehoben wurde der syllogistische Charakter der Zweck-M.-Beziehung erst wieder von HEGEL. Das M. ist nach seiner Bestimmung die «*formale* Mitte eines *formalen* Schlusses», durch den der subjektive Zweck sich «mit der Objektivität und in dieser mit sich selbst» zusammenschließt [54]. Mit dem Nachdruck auf das Formale dieses Schlusses betont Hegel den von ihm herausgestellten Unterschied zwischen subjektivem und objektivem Zweck. Während die «Idee» oder der objektive Zweck die «Objektivität durchdringt und als Selbstzweck an ihr sein M. hat und sie als sein M. setzt, aber in diesem M. immanent und darin der realisierte mit sich identische Zweck ist» [55], habe das M., dessen der subjektive Zweck zu seiner Ausführung bedarf, «die Gestalt eines *äußerlichen*, gegen den Zweck selbst und dessen Ausführung gleichgültigen Daseins» [56]. Es könnte ebensogut durch ein anderes vertauscht werden, und der vermittelnde Schluß ist – nach Hegels kühner Parallele zwischen M. und logischem Mittelbegriff – insofern rein formal, als auch beim gewöhnlichen formalen Schluß «die Besonderheit ... ein gleichgültiger medius terminus ist, an dessen Stelle auch andere treten können» [57]. Die Einsicht in den logischen Charakter der Zweck-M.-Beziehung bewahrt Hegel davor, das Resultat einer Handlung mit dem Zweck gleichzusetzen. Schlußsatz oder Produkt des zweckmäßigen Tuns ist der «ausgeführte Zweck», und in bezug auf subjektive Zwecke – darin liegt ihre besondere Pointe – trifft nicht einmal dies zu: Was an Stelle des «ausgeführten Zwecks» herauskommt, ist letztlich ein «durch einen ihm äußerlichen Zweck bestimmtes Objekt» und mithin wiederum nur ein M. [58]. «Insofern ist», wie Hegel sagt, aber vor ihm auch schon A. SMITH gesehen hat [59], «das M. ein Höheres als die endlichen Zwecke der äußeren Zweckmäßigkeit; – der Pflug ist ehrenvoller, als unmittelbar die Genüsse sind, welche durch ihn bereitet werden und die Zwecke sind. Das Werkzeug erhält sich, während die unmittelbaren Genüsse vergehen und vergessen werden» [60].

HEGELS Lehre vom M. als Mitte eines praktischen Schlusses und insbesondere ihre Anwendung auf den subjektiven Zweck, der, als ein dem Objekt äußerlicher, nur durch eine besondere «List der Vernunft» zu ihm in Beziehung treten kann – indem er ein anderes «Objekt als M.» zwischen sich und diesem Objekt einschiebt und «dasselbe statt seiner sich äußerlich abarbeiten» läßt [61] –, ist in MARX' Definition des Arbeits-M. eingegangen: «Das Arbeits-M. ist ein Ding oder ein Komplex von Dingen, die der Arbeiter zwischen sich und den Arbeitsgegenstand schiebt und die ihm als Leiter seiner Tätigkeit auf diesen Gegenstand dienen. Er benutzt die ... Eigenschaften der Dinge, um sie als Macht-M. auf andere Dinge, seinem Zweck gemäß, wirken zu lassen» [62]. Außerhalb des marxistischen Denkens hat Hegels M.-Begriff jedoch kaum ein Echo gefunden.

Es wirkte daher wie eine Neuentdeckung, als G. E. M. ANSCOMBE 1957 in direktem Rückgriff auf Aristoteles den praktischen Syllogismus als «one of Aristotle's best discoveries» [63] der Vergessenheit wieder entriß und innerhalb der *analytischen* Philosophie die seither nicht mehr abbrechende Diskussion über Wesen und Gültigkeit praktischer Schlüsse eröffnete. Der Begriff ‹M.› ist in dieser Diskussion allerdings von unterschiedlicher Bedeutung. Während G. H. VON WRIGHT «nur solche praktischen Schlüsse diskutieren [will], in denen Handlungen als Gebrauch von M. zur Erreichung von Zwecken angesehen werden» [64] oder, genauer, als Gebrauch «von (notwendigen) M. zu einem Zweck» [65], wird in den insbesondere von A. KENNY [66], P. T. GEACH [67] und R. M. HARE [68] entwickelten Ansätzen zumeist nicht mehr von M., sondern von notwendigen und hinreichenden Bedingungen gesprochen. Zu der Einführung dieser Termini wesentlich beigetragen hat dabei Hares These, die praktischen Schlüsse seien im Grunde nichts anderes als eine «well-worn application» der aus der gewöhnlichen Logik bekannten Schlüsse auf notwendige und hinreichende Bedingungen; denn wer Ziele und Absichten zu erfüllen wünsche, frage nach den notwendigen und hinreichenden Bedingungen, die erfüllt sein müssen, damit er jene erfüllen kann [69].

Durch Hares Deutung der praktischen Schlüsse treten aber auch ihre unaufhebbaren Mängel zutage: Wenn der Schluß von den Zielen auf ein bestimmtes M. zwingend sein soll – und dies ist er nur, wo auf notwendige Bedingungen geschlossen wird [70] –, garantiert die Realisierung der Bedingung nicht auch schon die Realisierung des Ziels (aus dem Hause zu gehen, ist notwendige Bedingung dafür, zum Bahnhof zu kommen, aber damit bin ich nicht schon am Bahnhof); und wenn der Schluß garantieren soll, daß die Realisierung der Bedingung auch das Ziel realisieren würde – und dies ist nur der Fall, wo auf hinreichende Bedingungen geschlossen wird [71] –, dann ist er nicht zwingend; denn wenn es mehrere hinreichende Bedingungen gibt, ist noch keine bestimmte Bedingung festgelegt. Der Schluß erweist sich als formal in dem von Hegel gerügten Sinn: Es ist, logisch gesehen, gleichgültig, welches M. wir wählen. Weiterhelfen könnte hier nur eine Theorie, welche die Kriterien an die Hand gibt, aus verschiedenen M. das – in einem noch zu definierenden Sinne – «beste» auszuwählen.

Eine solche Theorie hat es in der Tat gegeben, und auch sie geht auf ARISTOTELES zurück: Es ist die Lehre von der *Klugheit* (s.d.), der φρόνησις oder prudentia, die nicht nur bei ihm, sondern auch in allen ihren späteren Ausprägungen von THOMAS VON AQUIN über die Aufklärung bis hin zu KANT im wesentlichen stets als die Lehre von der Wahl der richtigen M. verstanden wurde: z.B., wie WALCH darlegt, daß man «immer bequeme und hinlängliche M. brauche» und die «leichten» den «schweren» und die «sicheren» den «gefährlichen» vorziehe [72].

Die Klugheitslehren haben das 18. Jh. nur in rudimentärer Form überdauert, das Problem der richtigen M.-Wahl, der «Geeignetheit der M. bei gegebenem Zweck» [73], ist geblieben. Seine Lösung ist ein nicht unwesentlicher Bestandteil dessen, was die Sozialwissenschaft mit M. WEBER als zweckrationales Handeln bezeichnet. Zweckrational im Sinne von Webers Definition handelt, «wer sein Handeln nach Zweck, M. und Nebenfolgen orientiert und dabei sowohl die M. gegen die Zwecke, wie die Zwecke gegen die Nebenfolgen, wie endlich auch die verschiedenen möglichen Zwecke gegeneinander rational *abwägt*» [74]. Mit der Forderung, daß nicht nur Zwecke gegen M., sondern auch Zwecke gegen Zwecke abzuwägen seien, geht Webers Rationalitätsbegriff allerdings weit über den traditionellen Aufgabenbereich der Klugheitslehre hinaus, die sich von Aristoteles bis Kant die Zwecke hatte vorgeben lassen. Im entscheidenden Punkt dagegen geht Weber nicht weit genug: in der Frage der Tauglichkeit des M.-Zweck-Modells überhaupt. Die Kategorien ‹Zweck› und ‹M.› bleiben für ihn «die letzten Elemente sinnvollen menschlichen Handelns». «Wir wollen etwas in concreto entweder 'um seines eigenen Wertes willen' oder als M. im Dienste des in letzter Linie Gewollten» [75]. Diese Unterscheidung mag sinnvoll erscheinen, solange man – im Sinne der Gesinnungsethik Webers – «wertrational» an dem «unbedingten *Eigenwert* eines bestimmten Sichverhaltens rein als solchen, unabhängig vom Erfolg» [76] festhält; aber sie fällt dahin, sobald man die Möglichkeit einräumt, daß M. gegen Zwecke und Zwecke gegen Zwecke ausgespielt werden können. Wo das M. ebenso 'heilig' sein kann wie der Zweck, verliert der Zweck, wie H. COHEN zu Recht hervorhebt, seine Selbständigkeit; er ist dem M. nicht mehr übergeordnet, sondern «günstigsten Falles selbst ein M., zu dem das *erste* M. in Korrelation tritt» [77]. J. DEWEY kommt aufgrund einer ähnlichen Überlegung zu gleichem Resultat: Eine genaue Prüfung dessen, was in jeder praktischen Überlegung geschehe, zeige, daß die Unterscheidung zwischen Dingen, die in sich selbst gut sind und um ihrer selbst willen geschätzt werden («prizing»), und Dingen, die als gut nur im Hinblick auf etwas anderes geschätzt werden («appraising»), unhaltbar sei. Denn: «... what is deliberation except weighing of various alternative desires (and hence end-values) in terms of the conditions that are the means of their execution, and which, as means, determine the consequences actually arrived at? ... The proposition in which any object adopted as an end-in-view is statable (or explicitly stated) is *warranted* in just the degree to which existing conditions have been surveyed and appraised in their capacity as means» [78]. Von Dewey ist es nur noch ein kleiner Schritt zu A. FLEW, der in dem falschen M.-Zweck-Modell die «matrix of misunderstanding» der endlosen Zweck-M.-Diskussion sieht: Die Frage, ob der Zweck die M. nun heilige oder nicht heilige, setze voraus, daß man – analog wie ein und dieselbe Stadt auf verschiedenen Wegen – auch ein und dasselbe Ziel mit verschiedenen M. erreichen könne [79]. Durch dieses Bild werde jedoch die Situation, in der wir zu handeln hätten, völlig entstellt: «In ethics the means used will usually affect the end achieved; the different routes most often lead to different places» [80]. Die naheliegendste Konsequenz aus Flews Einsicht wäre: im Grunde kann man nie zwischen alternativen M., sondern nur zwischen alternativen Zweck-M.-Relationen wählen.

Bezeichnenderweise hat die moderne *Entscheidungstheorie* (s.d.), der wir die bislang präzisesten Lösungen des Problems «rationaler» oder «optimaler» Entscheidung verdanken, diese Konsequenz längst gezogen. Der Entscheidungstheoretiker spricht nicht mehr von M. und Zweck, sondern nur noch von (dem Handelnden) offenstehenden Alternativen, unter denen dieser – aufgrund seiner Präferenzen und der ihm verfügbaren Information – die am meisten bevorzugte auszuwählen hat. Das Zweck-M.-Modell ist, wie J. C. HARSANYI darlegt, für den Entscheidungstheoretiker schon darum unannehmbar, weil es Formen rationalen Verhaltens gibt, die ihm in keiner Weise entsprechen: Sätze wie «Wenn du auf den höchsten Berg Kaliforniens klettern willst, klettere auf den Mount Whitney» legten zwar ein Zweck-M.-Verhältnis nahe, aber die Wahl des Mount Whitney bedeute nicht die Wahl eines M. zu einem bestimmten Zweck, sondern die Wahl eines Objektes, das bestimmten erwünschten Bedingungen (der höchste Berg Kaliforniens zu sein) genügt. Das Zweck-M.-Modell sei umgekehrt selbst bloß ein Spezialfall dieses, wie J. C. Harsanyi es nennt, «criterion-satisfying paradigm», «because choosing the best *means* to a given end does amount to choosing an object satisfying a desired *criterion*, viz. that of causal effectiveness in achieving that end» [81].

Anmerkungen. [1] ARISTOTELES, Eth. Nic. 1111 b 26f. – [1a] Vgl. R. WALZER: Magna Moralia und arist. Ethik (1929) 135. – [2] ARIST., a.O. 1112 a 15. b 12. – [3] 1112 b 10. – [4] ebda. – [5] 1112 b 31-35. – [6] 1112 b 10. – [7] AUGUSTINUS, De doct. christ. 1, 3. – [8] a.O. 1, 4. – [9] Vgl. D. O. LOTTIN: La psychol. de l'acte humain chez Saint Jean Damacène et les théologiens du 12e siècle occidental, in: Psychol. et morale aux 12e et 13e siècles (Löwen 1942) 393-424; F. C. R. BILLUART: Diss. III. De actibus humanis, in: Summa S. Thome IV (1758) 263f.; S. PINCKAERS: La structure de l'acte humain suivant saint Thomas. Rev. thomiste 63 (1955) 393-412. – [10] THOMAS VON AQUIN, S. theol. II/I, q. 13, prol. – [11] ebda. – [12] a.O. II/I, q. 13, 4; q. 14, 4. – [13] Ver. q. 4, 1 ad 3. – [14] Virt. 1, 13 ob. 7, ad 7. – [15] Ver. q. 4, 1 ad 3. – [16] S. theol. I, q. 2, a. 3. – [17] ST. CHAUVIN: Lex. philos. (Leeuwarden ²1713) 395; J. MICRAELIUS: Lex. philos. (²1662, ND 1966) 746. – [18] R. CUMBERLAND, De legibus naturae, nach: D. D. RAPHAEL: British moralists 1650-1800 (Oxford 1969) 1, 113. – [19] CHR. WOLFF: Philos. Prima sive Ontol. (²1736; ND 1962) § 937. – [20] Vernünfftige Gedancken von der Menschen Thun und Lassen (⁴1733; ND 1976) 95. – [21] J. G. WALCH: Philos. Lex. 2 (⁴1775; ND 1968) 144f. s.v.; J. H. ZEDLER: Großes vollst. Universal-Lex. aller Wiss.en und Künste (1732-1754; ND 1961-1964) 563f. s.v.; H. A. MEISSNER: Philos. Lex. aus Chr. Wolffs sämtl. dtsch. Schr. (1737) 377 s.v. – [22] W. T. KRUG: Allg. Handwb. der philos. Wiss.en 2 (1827) 902 s.v. – [23] WOLFF, a.O. [19] § 938. – [24] ZEDLER, a.O. [21]. – [25] WALCH, a.O. [21] 144. – [26] I. KANT, Met. der Sitten. Akad.-A. 6, 381; vgl. KpV a.O. 5, 109. – [27] Übergang von populärer sittl. Weltweisheit zur Met. der Sitten a.O. 4, 427. – [28] 429. – [29] 5, 155. – [30] EBERHARDS Wb. 5 (1800) 186f. – [31] A. TREN-

DELENBURG: Log. Untersuch. (³1870) 2, 143. – [32] F. TÖNNIES: Zweck und M. im sozialen Leben, in: Erinnerungsgabe Max Weber I (1923) 240. – [33] TH. EBERT: Zweck und M. Zur Klärung einiger Grundbegriffe der Handlungstheorie. Allg. Z. Philos. 2 (1977) 31. – [34] a.O. 32. – [35] ebda. – [36] Vgl. a.O. [21]. – [37] Vgl. I. KANT, Grundleg. zur Met. der Sitten. Akad.-A. 4, 429; vgl. KU a.O. 5, 372. – [38] KU a.O. 367f. – [39] F. W. J. SCHELLING, System des transzendentalen Idealismus. Werke, hg. K. F. A. SCHELLING (1856-62) I/3, 561. – [40] N. HARTMANN: Teleol. Denken (1951) 20. – [41] ebda. – [42] R. TAYLOR: Action and purpose (New York 1966) 254. – [43] EBERT, a.O. [33] 34. – [44] ebda. – [45] a.O. 36. – [46] Vgl. etwa ARISTOTELES, De motu anim. 701 a 18ff. – [47] THOMAS VON AQUIN, 4 Sent. 48, 2, 5a. – [48] KANT, a.O. [27] 417; WOLFF, a.O. [19] §§ 941. 681. – [49] J. G. FICHTE, Werke, hg. R. LAUTH/H. JAKOB (1962ff.) II/4, 306. – [50] B. PEREIRA: De communibus omnium rerum naturalium principiis et affectionibus (Rom 1576) VIII, 2; zum Ursprung dieser These vgl. R. EUCKEN: Beitr. zur Einf. in die Gesch. der Philos. (1906). – [51] H. BUSENBAUM: Medulla theologiae moralis (1650) IV, cap. 3, dub. 7, art. 2, § 3. – [52] TH. HOBBES, De cive I, 8. – [53] D. HUME, Treatise of human nature 33, 6, hg. L. A. SELBY-BIGGE (Oxford 1888) 619. – [54] G. W. F. HEGEL, Wiss. der Logik. Werke, hg. G. LASSON (²1934; ND 1951) 2, 394. – [55] a.O. 2, 412. – [56] 2, 394. – [57] 2, 395. – [58] 2, 401. – [59] Vgl. A. SMITH: The theory of moral sentiments (⁶1790), zit. RAPHAEL, a.O. [18] 2, 825. – [60] HEGEL, a.O. [54] 2, 398. – [61] ebda. – [62] K. MARX, MEW 23, 194. – [63] G. E. M. ANSCOMBE: Intention (Oxford 1957) 58. – [64] G. H. VON WRIGHT: Handlung, Norm und Intention, hg. H. POSER (1977) 63. – [65] a.O. 42. – [66] A. J. KENNY: Pract. inference. Analysis 26 (1966) 65-75. – [67] P. T. GEACH: Dr. Kenny on pract. inference. Analysis 26 (1966) 76-79. – [68] R. M. HARE: Pract. inferences (London 1971) 59-73. – [69] a.O. 66-69, bes. 68; zur Gültigkeit solcher Schlüsse vgl. R. D. MILO: The notion of a practical inference. Amer. philos. Quart. 13 (1976) 13-21. – [70] v. WRIGHT, a.O. [64] 49. – [71] A. KENNY: Will, freedom and power (Oxford 1975) 89. – [72] WALCH, a.O. [21] 144f. – [73] M. WEBER: Die «Objektivität» sozialwiss. und sozialpolit. Erkenntnis. Ges. Aufs. zur Wiss.lehre, hg. J. WINCKELMANN (³1968) 149. – [74] Wirtschaft und Gesellschaft (1956) 1, 18. – [75] a.O. [73] 149. – [76] a.O. [74] 17. – [77] H. COHEN: Logik der reinen Erkenntnis (²1914) 391. – [78] J. DEWEY: Theory of valuation (1939) 25. – [49] A. FLEW: Art. ‹Ends and means›, in: Encyclop. of philos., hg. P. EDWARDS (1967) 2, 509. – [80] a.O. 510. – [81] J. C. HARSANYI: Rationality, reasons, hypothetical imperatives, and morality, in: L. Wittgenstein, der Wiener Kreis und der krit. Rationalismus, hg. H. BERGHEL u.a. (1979) 464; vgl. auch ders.: Essays on ethics, social behavior, and scientific explanation (Dordrecht/Boston 1976) 90ff.

Literaturhinweis. M. GANTER: M. und Ziel in der prakt. Philos. des Aristoteles (1974). A. HÜGLI

Mitwelt. ‹M.› im Sinne von «die welt als inbegriff der mitlebenden» [1] wird erst seit 1809 von CAMPE [2] als selbständiger Begriff verzeichnet. Als analoge Bezeichnung zu «Vor-» und «Nachwelt» beschreibt ‹M.› den Gesamtzusammenhang des zeitgenössischen Lebens. In dieser Bedeutung kommt ‹M.› auch bei GOETHE [3] und SCHILLER [4] vor.

Philosophisch bedeutsam wird der Begriff ‹M.› bei M. HEIDEGGER. In der Daseinsanalyse in ‹Sein und Zeit› [5] bestimmt Heidegger «Dasein» als nicht einfach Vorhandenes oder Zuhandenes, sondern Dasein befindet sich im Beziehungszusammenhang Welt. Dasein ist somit nicht isoliert, sondern begegnet in der Welt den anderen. Heidegger formuliert: Dasein ist «auch sein und mit» anderen da. Dabei bedeutet ‹mit-› und ‹auch-sein› nicht «Mit-Vorhandensein innerhalb einer Welt» im ontologischen Sinne, sondern im existenzialen: daß ich auf andere bezogen bin, da bin, *mit* ihnen bin, und der andere *auch* umsichtig-besorgendes «In-der-Welt-sein» ist. «Auf dem Grunde dieses *mithaften* In-der-Welt-seins ist die Welt je schon immer die, die ich mit den Anderen teile. Die Welt des Daseins ist *M.* Das In-Sein ist M. mit Anderen. Das innerweltliche Ansichsein dieser ist *Mitdasein*» [6].

In seiner Habilitationsschrift greift K. LÖWITH Heideggers Grundbestimmungen auf. Dabei wird auch der Begriff ‹M.› thematisiert und unter anthropologischer Perspektive eine Strukturanalyse vorgenommen. Löwith modifiziert die Heideggersche Bestimmung des Begriffs ‹M.›: M. ist demnach nicht Welt, «sofern sie mit anderen im gemeinsamen Besorgen geteilt wird», sondern ‹M.› ist direkt auf den Mitmenschen (den Anderen) bezogen und bedeutet «das In-der-Welt-sein als *Miteinandersein*». Wichtig ist hervorzuheben, daß bei Löwith dieses Miteinandersein nicht durch Besorgen vermittelt, sondern *zweckfreies* Füreinandersein ist. Dieses Miteinandersein ist für Löwith anthropologische Grundbestimmung, insofern bedeutet «'Welt' primär 'M.'» [7]. Später hat Löwith den engen Zusammenhang der Begriffe ‹Welt› und ‹M.› aufgehoben [8]. M. ist nur noch eine relative Welt, die uns als Menschen zwar die nächste und alltäglichste ist, aber die Welt als Ganzes, als geordneten *Kosmos* nicht zu erschließen vermag.

L. BINSWANGER setzt bei seiner Auseinandersetzung mit dem Begriff ‹M.› wie Löwith bei Heidegger an. Dabei erscheint ihm von seinem Ansatzpunkt (der phänomenologischen Analyse der Liebe) aus sowohl Heideggers Gegenüberstellung von M. und Umwelt als auch Löwiths kritische Auseinandersetzung damit unzureichend. Betrachtet man die Formen des mitweltlichen Verkehrs unter dem Gesichtspunkt des Besorgens, dann zeigt sich, daß auch innerhalb der M. (d.h. auch im Umgang mit «Anderen») «umweltlicher Zeugzusammenhang» anzutreffen ist. Die «Anderen» können auch die Seinsart der «Zuhandenheit» haben; man kann sie «bei etwas nehmen» (beim Wort, beim Schopf z.B.) wie Dinge, und man kann ihnen liebend begegnen. Grundlage dieser Differenzierung innerhalb von M. ist die These, daß nicht jedes Dasein im Sinne von Heidegger Mit-Dasein ist. So ergibt sich für Binswanger zwischen umweltlichem und mitweltlichem Umgang und Verkehr ein gradueller, kein struktureller Unterschied (M. wird vor-*um*-weltlicht). Beide sind Welt, nicht Heimat, beide gehören dem Bereich der Sorge an, nicht dem Bereich der Liebe [9].

A. SCHÜTZ verwendet die Kategorie ‹M.› im Zusammenhang seines Versuchs einer Strukturanalyse der Sozialwelt. Schütz unterscheidet Bereiche der sozialerfahrenen Welt nach dem Kriterium der Nähe zum unmittelbaren Erleben: Umwelt ist der Bereich der sozialen Realität, der für den Einzelnen jeweils erlebbar ist, mit dem er räumlich und zeitlich verbunden ist. ‹M.› bezeichnet demgegenüber den Bereich, der zwar prinzipiell zugänglich ist, aber nicht zum jeweiligen konkreten Erleben und Erfahrungsbereich des Einzelnen gehört. Die soziale M. «koexistiert mit mir, sie ist mit meiner Dauer gleichzeitig, wenngleich sie nicht meine Umwelt ist, weil ich, wenn auch *mit ihr lebend*, sie nicht *erlebe*» [10]. Vorwelt und Folgewelt geben die Bereiche der sozialen Realität an, die aufgrund fehlender zeitlicher Nähe dem unmittelbaren Erleben nicht zugänglich sind.

Anmerkungen. [1] GRIMM 6 (1885) s.v. – [2] J. H. CAMPE: Wb. der dtsch. Sprache 3 (1809) s.v. – [3] J. W. GOETHE, Röm. Elegien V. Weimarer A. (= WA) I/1, 239; Faust I, 77. WA I/14, 10; Benvenuto Cellini, Anh. WA I/44, 303; Meteore des lit. Himmels. WA II/11, 249. – [4] FR. SCHILLER, Wallenstein, Prol. 44; Gesch. des dreißigj. Krieges. Krit. A. 8 (1869) 190. – [5] M. HEIDEGGER: Sein und Zeit (1927, ¹⁰1963). – [6] a.O. 118. – [7] K. LÖWITH: Das Individuum in der Rolle des Mitmenschen (1928)

XIV. – [8] Welt und Menschenwelt, in: Ges. Abh. (1960) 228-255. – [9] L. BINSWANGER: Grundformen und Erkenntnis menschl. Daseins (1942, ³1962) 65ff. 276. – [10] A. SCHÜTZ: Der sinnhafte Aufbau der soz. Welt (1932, ²1960) 160.

Literaturhinweise. J. CULLBERG: Das Du und die Wirklichkeit (1933). – M. THEUNISSEN: Der Andere (1965). M. DABAG

Mneme, Mnemosyne (griech. μνήμη, μνημοσύνη, Erinnerung, Gedächtnis)

I. *Antike.* – Bei HESIOD ist Mnemosyne (Ms.) die Mutter der Musen [1], die *Pythagoreer* haben nach einer zu PHILOLAOS erhaltenen Notiz die Dekas ‹Mneme› (M.) genannt und die Monas ‹Ms.› [2]. Ansätze zu einer philosophischen Einordnung und Erklärung der ‹M.› finden sich bei ALKMAION VON KROTON [3], HERAKLIT [4] und PARMENIDES [5], doch ist den kargen Berichten darüber nur wenig Genaueres zu entnehmen.

Eine ausgeführte Theorie der M. liegt zuerst bei PLATON in den Dialogen ‹Theaetet› (191 c ff.) und ‹Philebos› (33 c. 34 a. 38 e ff.) vor. Im ‹Theaetet› wird die M. in die Betrachtung gezogen, um die Möglichkeit einer «falschen Vorstellung» (ψευδής δόξα) erklären zu können; es heißt dort: «Setze also des Gedankens wegen, es sei in unserer Seele eine wächserne Knetmasse (ἐκμαγεῖον), bei dem einen größer, bei dem andern geringer, bei einem von reinerem Wachs, bei einem andern von schmutzigerem, auch härter, und bei einigen weicher, und manchmal gerade angemessen ... Wir wollen nun sagen, daß sie ein Geschenk der Ms. sei, der Mutter der Musen, und daß in ihr abgeprägt wird, was auch immer wir erinnern wollen von dem, was wir sehen oder hören oder selber denken, indem wir sie den Wahrnehmungen und Gedanken unterhalten» [6]. Dieses mechanische Modell der M. reicht aber nach Platon keineswegs aus, um auch nur die «falsche Vorstellung» erklären zu können. Er läßt es Sokrates (197 d) ein «wächsernes Machwerk» (κήρινόν τι πλάσμα) nennen und durch das Bild eines «Taubenschlages» in der Seele ersetzen, in dem sich verschiedenartige Vögel befinden, die jeweils bestimmte «Kenntnisse» (ἐπιστῆμαι) repräsentieren sollen. Das neue Bild ist deswegen angemessener, weil es den Unterschied zwischen dem bloß latenten «Besitz» (κτῆσις) einer Erkenntnis und ihrem unmittelbaren, aktuellen «Haben» (ἕξις) Rechnung trägt [7], aber auch dieser Ansatz scheitert im Grunde daran, daß dieses Erinnerungswissen der Seele fremd und äußerlich bleibt.

Von den eher spielerisch gemeinten Entwürfen im ‹Theaetet› unterscheidet sich die Durchführung im ‹Philebos› hauptsächlich dadurch, daß nicht mehr ein einzelnes Instrument in der Seele angenommen wird, sondern die Seele selbst und als ganze die «Eindrücke» empfängt. Die M. ist «Bewahrung der Wahrnehmung» [8], und zwar derjenigen Wahrnehmung, die Körper und Seele gemeinsam berührt hat [9]. Wiedererinnerung findet dann statt, wenn die Seele «selbst in sich selbst» das wiederaufnimmt, was ihr zusammen mit dem Körper begegnet ist [10], und da jedes Streben und jede Begierde auf M. beruht, ist sie nicht weniger als das Grundprinzip des Lebendigen [11]. Platons Bild dafür ist das «Schreiben in die Seele selbst», und zwar ist Schreiber die M., verstanden als das Vermögen, welches die Wahrnehmungen in ihrer der Seele zukommenden Form bewahrt hat und insofern mit ihnen zusammenfällt [12].

ARISTOTELES hat die M. in einer besonderen kleinen Schrift abgehandelt (Περὶ μνήμης καὶ ἀναμνήσεως, Über Gedächtnis und Wiedererinnerung). Für ihn ist M. keine Tätigkeit der Seele allein, sondern sie gehört zu dem, was ihr mit dem Körper gemeinsam ist [13]. Da die M. wesentlich auf das Vergangene geht [14], erinnern sich die Lebewesen mit dem Vermögen, mit dem sie die Zeit wahrnehmen [15]. Entscheidend ist dann der Nachweis [16], daß die M. demselben Seelenteil angehört wie die φαντασία (das Vorstellungsvermögen) und daß nur das vom Vorstellungsvermögen Bereitgestellte erinnerbar ist. M., Erinnern, ist danach «das Haben einer Vorstellung, und zwar dieser *als eines Bildes* dessen, wovon sie Vorstellung ist» [17].

Anmerkungen. [1] HESIOD, Theog. V, 54. – [2] PHILOLAOS, VS 44 A 13. – [3] ALKMAION, VS 24 A 11. – [4] HERAKLIT, VS 22 A 16. – [5] PARMENIDES, VS 28 A 46. – [6] PLATON, Theaet. 191 c-d. – [7] a.O. 197 a ff. – [8] Phileb. 34 a. – [9] a.O. 33 d. – [10] 34 b. – [11] 35 d. – [12] 39 a. – [13] ARISTOTELES, De sens. I, 437 a 8. – [14] De memor. 1, 449 b. – [15] a.O. 1, 449 b 29. – [16] 1, 449 b 30-450 a 25. – [17] 1, 451 a 14. G. PLAMBÖCK

II. *19. und 20. Jahrhundert.* – 1. Gegenüber der allegorischen Verwendungsweise in der Dichtung [1] und Ikonologie [2] der deutschen Klassik findet sich die Mnemosyne (Ms.) als ein wesentliches philosophisches Motiv bei Hegel, Hölderlin und später bei Heidegger.

HEGELS ‹Phänomenologie› kennt sie als eine Gestalt des Selbstbewußtseins des Geistes in griechischer Vorzeit. Sie ist das «Pathos» des Sängers, insofern dieses «nicht die betäubende Naturmacht, sondern die Ms., die Besinnung und gewordene Innerlichkeit, die Erinnerung des vorhin unmittelbaren Wesens» ist [3]. Sie ist für Hegels 'Philosophische Propädeutik' überdies der Ursprung von Schrift- und Tonsprache, weil durch sie die «freie» Verknüpfung einer äußeren Vorstellung mit einer geistigen Bedeutung hergestellt wird [4].

Während in der ‹Phänomenologie› die Ms. von der philosophischen «Er-Innerung» der begriffenen Geschichte überholt wird [5], bestimmen HÖLDERLINS letzte Hymnen ‹Andenken› und ‹Ms.› in ihrem Zeichen den Dichterberuf als das Bewahren des Andenkens des Fremden und Vergangenen (insbesondere der exemplarischen Heroen der griechischen Antike), das der Forderung der «Treue» untersteht [6]. Weil in geschichtlicher Notzeit die Gefahr droht, daß die Ms. selber stirbt [7], deutet das Gelingen des Andenkens im Gesang auf den ersehnten «Brauttag» zwischen Menschen und Göttern [8].

HEIDEGGER hat hervorgehoben, daß das Andenken Entwurfscharakter besitze, es sei «das Gesetz des dichtenden Heimischwerdens im Eigenen aus der dichtenden Durchfahrt des Unheimischseins im Fremden» [9]. Die Ms. bestimmt er im Hinblick auf Hölderlins gleichnamige Hymne als den «Quellgrund des Dichtens», insofern sie «das gesammelte Andenken an das zu-Denkende ist» [10]. Verschieden vom psychologischen Erinnerungsvermögen und auch von dem eingeschränkten Vergangenheitsbezug von ‹memoria› [11] bezeichnet ‹Ms.› zusammen mit einer Reihe anderer Worte, was für den späten Heidegger «Denken» ist: «Andacht des Andenkens» [12], «An-denken» [13], «Gedanc», «Dank» und «Verdankung» [14].

Nicht als «Andenken», sondern als «Eingedenken» findet sich ‹Ms.› auch in der *Kritischen Theorie.* ADORNO nennt Hölderlins Hymne «die Legitimation des Dichters als des Eingedenkenden» [15]. Das «Eingedenken» gilt nicht den heroischen Exempeln der Antike, sondern dem sich geschichtlich akkumulierenden Leiden von Natur und Subjektivität. Das «Eingedenken der Natur im Subjekt» ist gleichbedeutend mit der «Selbsterkenntnis des

Geistes als mit sich entzweiter Natur» [16]. Ausgezeichnet ist es durch Unwillkürlichkeit, eine nicht auf Verfügbarkeit abzweckende Wahrnehmung und den Ton der Klage. Adorno weist das Eingedenken dem metaphysischen Fragebedürfnis zu, als «Eingedenken an Transzendenz ... kraft der Vergängnis» [17]. – Seine geschichtstheologische Prägung hat ‹Eingedenken› durch W. BENJAMIN erhalten. Zunächst hat er es als das «Musische des Romans», der dem einen Helden, der einen Irrfahrt oder dem einen Kampf gewidmet ist und den Sinn des Geschehens stets vom Tode her erschließt [18], vom «Gedächtnis» als dem «Musischen der Erzählung» der vielen zerstreuten Begebenheiten unterschieden [19]. So bildet die «mémoire involontaire» des Proustschen Romanwerks eine «Penelopearbeit des Eingedenkens» [20]. In seinen späten Thesen ‹Über den Begriff der Geschichte› stellt Benjamin das «unwillkürliche Eingedenken» von geschichtlichen Korrespondenzen in den Kontext der jüdisch-messianischen Geschichtserfahrung [21]. Als «Rettung der Vergangenheit» durch Kritik und politische Aktion wird der Bezug zur Erlösung aufrechterhalten [22]. «Das Eingedenken als der Strohhalm», lautet eine vorbereitende Notiz von Benjamin [23].

Anmerkungen. [1] J. W. GOETHE, Achilleis. Gedenk-A., hg. E. BEUTLER (1948) 3, 266; Homers Apotheose a.O. 13, 1011. – [2] J. J. WINCKELMANN: Versuch einer Allegorie, bes. für die Kunst (1766) 138. 61. – [3] G. W. F. HEGEL, Phänomenol. des Geistes, hg. J. HOFFMEISTER (⁶1952) 507. – [4] Werke, hg. H. GLOCKNER 3 (1961) 210, §§ 156-158. – [5] Phänomenol. a.O. [3] 564; vgl. Encyclop. (1871) §§ 451. 464. – [6] Fr. HÖLDERLIN, Mnemosyne (letzte Fass.). Sämtl. Werke, hg. F. BEISSNER II/1 (1951) 197; vgl. D. HENRICH: Hegel im Kontext (1971) 34. – [7] Vgl. F. BEISSNER: Hölderlins letzte Hymne, in: Hölderlin. Red. und Aufs. (²1969) 244f. – [8] HÖLDERLIN, Mnemosyne (1. Fass.) a.O. [6] 193. – [9] M. HEIDEGGER: Andenken (1943), in: Erläut. zu Hölderlins Dichtung (⁴1971) 87. 94. 150; vgl. dazu P. SZONDI: Hölderlin-Stud. (1970) 110. – [10] M. HEIDEGGER, Was heißt Denken? (Aufsatz 1952), in: Vorträge und Aufsätze II (³1967) 11. – [11] Was heißt Denken? (Buch 1954) 92. – [12] a.O. [10] 5. – [13] Der Satz vom Grund (⁴1971) 158. 159. – [14] a.O. [11] 91-95. 157-159. – [15] TH. W. ADORNO: Parataxis, in: Noten zur Lit. Ges. Schr., hg. R. TIEDEMANN 11 (1974) 483. – [16] M. HORKHEIMER und TH. W. ADORNO: Dialektik der Aufklärung (²1969) 46f. 87. – [17] TH. W. ADORNO: Negative Dialektik. Ges. Schr. 6 (1973) 353. – [18] W. BENJAMIN: Der Erzähler. Ges. Schr., hg. R. TIEDEMANN/H. SCHWEPPENHÄUSER II/2 (1977) 454. 456. – [19] a.O. 453. 454. – [20] Zum Bilde Prousts a.O. II/1, 311; vgl. II/3, 1064. – [21] Notizen zu: Über den Begriff der Gesch. a.O. I/3 (1974) 1249. 1243. – [22] a.O. I/3, 1245; I/2, 704; vgl. J. HABERMAS: Bewußtmachende oder rettende Kritik, in: Zur Aktualität W. Benjamins, hg. S. UNSELD (1972) 186f. – [23] BENJAMIN, Notizen a.O. I/3, 1244.

R. MEYER-KALKUS

2. Im Anschluß an den *Physiologen* R. SEMON [1] bezeichnet ABY WARBURG die Leistung des menschlichen Geistes, in der Vergangenheit typisch ausgeprägte Ausdrucksformen als energetische Engramme aufzubewahren und in verschiedener, die Kulturepoche kennzeichnender Weise neu zu beleben, wenn die Ausdrucksformen der eigenen Zeit zu arm erscheinen, als «soziales Gedächtnis» [2] oder «soziale Mneme» (M.) [3]. Die europäische Geschichte bleibt der Antike mnemisch verhaftet, und zwar jenen antiken «Ausdrucksformen des maximalen inneren Ergriffenseins», den Pathosformeln, die dem Gedächtnis «in solcher Intensität eingehämmert» werden, «daß diese Engramme leidenschaftlicher Erfahrung als gebärdenbewahrtes Erbgut überleben und vorbildlich den Umriß bestimmen, den die Künstlerhand schafft, sobald Höchstwerte der Gebärdensprache durch Künstlerhand im Tageslicht der Gestaltung hervorbrechen sollen» [4]. Die Funktionsweise der sozialen M., die Wanderung und Wandlung typischer Ausdrucksformen bis in die neueste Zeit wollte Warburg als Zeugnis des Weiterlebens der Antike in einem nicht mehr vollendeten Bilderatlas mit dem Titel ‹Ms.› darstellen [5].

Anmerkungen. [1] R. SEMON: Die M. als erhaltendes Prinzip im Wechsel des organ. Geschehens (1904); vgl. Art. ‹Mnemismus›. – [2] A. M. WARBURG, Ges. Schr. (1922, ND 1969) 2, 564. – [3] a.O. 1, 258. – [4] Zit. bei E. H. GOMBRICH: A. Warburg. An intellect. biogr. (London 1970) 245. – [5] a.O. 283ff.

Literaturhinweise. A. M. WARBURG, Ausgew. Schr. und Würdigungen, hg. D. WUTTKE (1979). – Gratia. Bamberger Schr. zur Renaissanceforsch. (1979) H. 2: D. WUTTKE: Aby M. Warburgs Methode als Anreg. und Aufgabe; a.O. H. 7: M. Beitr. zum 50. Todestag von Aby M. Warburg, hg. ST. FÜSSEL.

P. STEMMER

Mnemismus ist ein gegenwärtig kaum noch benutzter, von E. BLEULER [1] in Anlehnung an E. HERING [2] und R. SEMON [3] eingeführter Begriff zur Kennzeichnung der Annahme, daß man «die Welt des Gedächtnisses, der Zweckhaftigkeit, des Organischen, des Lebens, ob bewußt oder nicht, der gedächtnislosen, der toten, nicht zweckhaften anorganischen Welt gegenüberstellen» kann [4]. Gedächtnis im weitesten Sinne ist nach dieser Auffassung die wesentliche Bedingung für die Entwicklung aller Lebewesen und des Seelenlebens und bezeichnet «die Eigenschaft der lebenden Substanz, durch in ihr ablaufende Vorgänge so verändert zu werden, daß der ursprüngliche Vorgang bei passender Anregung 'von selbst' wieder vor sich geht oder wenigstens leichter abläuft» [5]. Diese Charakterisierung soll für das nervenlose Protoplasma ebenso gelten wie für die bewußten Erinnerungen des Menschen.

Anmerkungen. [1] E. BLEULER: Mechanismus, Vitalismus, M. (1931). – [2] E. HERING: Über das Gedächtnis als eine allg. Funktion der organ. Materie (1870). – [3] R. SEMON: Die Mneme als erhaltendes Prinzip im Wechsel des organ. Geschehens (1904). – [4] E. BLEULER: Naturgesch. der Seele (²1932) 28. – [5] a.O. 27.

F. E. WEINERT

Mnemotechnik (auch: Mnemonik von griech. μνήμη, Gedächtnis; lat. ars memoriae, ars memorativa)

I. M. ist ein von den Sophisten entwickeltes, im 4. Jh. v. Chr. verbessertes System optischer Gedächtnishilfen. Dinge oder Begriffe werden in ein Bild umgesetzt (z. B. «Wein kaufen» = Weinfaß mit Geldbeutel [1]; «Tapferkeit» = Bild Achills [2]). Die Bilder werden in einem vorher festgelegten Schema aneinandergereihter, durchnumerierter Orte (τόποι, loci) vorgestellt, z. B. an den Haustüren einer Straße [3]. Zur Wiedererinnerung läßt man das Schema als visuelle Vorstellung vorüberziehen und findet die Bilder darin wieder. Nach der «Löschung» der Bilder kann das Schema erneut verwendet werden. Bei den Sophisten dienten diese Orte zum Lernen rhetorischer Argumentationsschemata, von denen sich vielleicht der Begriff ‹Topos› bei ARISTOTELES herleitet [4].

PLATON distanziert sich kritisch von der mnemotechnischen Verfahrensweise der Sophisten. Sie ist für ihn eine unzulässige Verdrängung des Absoluten, da sie nicht jeweils fragt, ob dieses Verfahren eine wichtige Sache präsent hält oder aber in eine belanglose Spielerei ausartet. Im gleichen Sinne kritisiert Platon auch die Erfindung der Buchstaben, die ebenfalls als mnemotechnische Hilfsmittel fungieren. Diese Kritik muß im Zusammenhang mit der platonischen Kritik sophistischer τέχνη gesehen werden [5]. ARISTOTELES, der – seinerseits Platon kritisierend – die τέχναι aus dem theologischen Absolutheitsanspruch befreit, steht der M. gelassener gegenüber [6]. Sie ist vom Hellenismus bis in die Spätantike fester Bestandteil der Rhetoriklehre, vor allem in Rom. CICERO und QUINTILIAN erwähnen SIMONIDES als Begründer der «ars memoriae» und erläutern ausführlich die Mittel zur Unterstützung des Gedächtnisses [7]. Die M. stößt auf keinen theoretischen Widerspruch, weil alle Philosophenschulen das Bewahren einer Erinnerung als statische Erhaltung einer «Einprägung» – in materiellem oder metaphorischem Sinn – verstehen, weil sie ferner Erinnerung immer mit visueller Anschauung verbinden. Praktisch wird sie nur selten mit großem Erfolg benutzt.

Im 13. Jh. wird die M. wieder aufgegriffen und seitdem in zahllosen Traktaten verbreitet und variiert, vor allem zum Erlernen von gelehrtem Wissen und für Prediger. Das Grundprinzip, die räumliche oder geographische Ordnung von Gedächtnisbildern, wird in allen Versionen beibehalten. ALBERTUS MAGNUS [8] und THOMAS VON AQUIN [9] beschreiben die M. eingehend als «ars memorativa» (Gedächtniskunst), weil das Gedächtnis zur Tugend der Weisheit gehört. Die schematisch-anschauliche Darstellungsweise des R. LULLUS entspringt dagegen nicht dieser Tradition [10], während PETRUS RAMUS sich bei der Begründung der Einprägsamkeit seiner Methode bewußt mit der antiken M. auseinandersetzt [11]. G. BRUNO verbindet die Lullische Kunst mit der M. [12]. FR. BACON beschreibt sie und wendet sie selbst an [13], DESCARTES setzt sich mit ihr auseinander [14].

Innerhalb der traditionellen Schulphilososophie behält die M. bis ins 18. Jh. ihren festen Ort [15]. Auch LEIBNIZ war ein guter Kenner der M. [16]. Die Zeichen für Begriffe, die er im calculus ratiocinator einführt, sollen nicht nur logischen, sondern zugleich mnemonischen Zwecken dienen [17].

Anmerkungen. [1] Tractatus Magistri Hainrici, Cod. Monac. Lat. 4749, zit. bei J. C. A. M. V. ARETIN: Systemat. Anleit. zur ... M. (1810) 3, 146. – [2] Dissoi Logoi 9, 6. – [3] AGOSTINO RICCIO: Arte della memoria locale (Florenz 1595) fol. 40ᵛff. – [4] F. SOLMSEN: Die Entwickl. der arist. Logik und Rhetorik. Neue philol. Untersuch. 4 (1929) 166-175. – [5] PLATON, Hipp. minor 368 d; Phaidr. 275. – [6] ARISTOTELES, Topik 163 b 29; De an. 427 b 17-20. – [7] CICERO, De oratore II, 86f. 351f.; QUINTILIAN, Inst. orat. XI, 2, 11ff. – [8] ALBERTUS MAGNUS, De bono IV 2, Opera omnia (1951ff.) XXVIII, 246-252. – [9] THOMAS VON AQUIN, S. theol. II/II, 48ff. – [10] F. A. YATES: The art of memory (Chicago 1966) 173-198. – [11] a.O. 231-242. – [12] G. BRUNO, bes. De umbris idearum (Paris 1582); Cantus Circaeus (Paris 1582); Explicatio triginta sigillorum und Sigillus Sigillorum (1583); Lampas triginta statuarum (1587); De imaginum, signorum et idearum compositione (1591). – [13] FR. BACON, The advancement of learning II, 15, 2; Novum Organum II, 26; De dignitate et augmentis scientiarum V, 5; Sylva sylvarum X, 956. – [14] DESCARTES, Cogitationes privatae. Oeuvres compl., hg. ADAM/TANNERY 10, 230. – [15] G. F. MEIER: Anfangsgründe aller schönen Wiss. (²1754-59) 2, 433. 445. 467ff.; A. G. BAUMGARTEN: Met. (⁴1757) § 587. – [16] Vgl. G. W. LEIBNIZ: Nova methodus discendae docendaeque iurisprudentiae (1667). – [17] Introductio ad Encyclopaediam arcanam, in: Opuscules et frg. inéd., hg. COUTURAT (1961) 511f.; Akad.-A. VI/1, 273. 276-281. 326; weiteres Material bei YATES, a.O. [10] 379-388.

Literaturhinweise. J. C. A. M. V. ARETIN s. Anm. [1]. – L. VOLKMANN: Ars memorativa. Jb. kunsthist. Slgen Wien NF 3 (1929) 111-200. – H. HAJDU: Das mnemotechn. Schrifttum des MA (Budapest 1936). – F. A. YATES s. Anm. [10]. – H. BLUM: Die antike M. (1969).

H. BLUM

II. Als Gegenstand *psychologischer* Forschung läßt sich M. durch das Vorhandensein eines allgemeinen Schemas oder Plans und die Verknüpfung der einzelnen Orte dieses Schemas mit dem Lernmaterial zu einer organisierten [1] verbalen oder nicht-verbalen Einheit kennzeichnen [2], mit deren Hilfe es möglich wird, «sinnloses Material», z. B. zufällig angeordnete Buchstaben-, Ziffern- oder Wortfolgen in sehr großer Menge zu speichern und bei Bedarf zu reproduzieren [3]. In frühen psychologischen Untersuchungen wird die M. entsprechend der Unterscheidung KANTS zwischen mechanischen, ingeniösen und judiziösen Formen des Memorierens [4] der ingeniösen Form zugeordnet [5]. Mit dieser traditionellen Einordnung [6] geht auch die Übernahme der ablehnenden Haltung Kants der M. gegenüber einher: Von Kants Position aus, die dem judiziösen Memorieren, bei dem es auf die Einordnung in den Gesamtzusammenhang, das Schaffen logischer Verknüpfungen und wissenschaftlicher Klassifikationen ankommt, den Vorrang gibt, ist immer wieder die Frage nach der Zweckmäßigkeit und dem Wert der M. aufgeworfen worden [7]. Die teils auf pädagogischen Überlegungen fußende Kritik richtet sich gegen die Anwendung der M. auf strukturierungsfähiges, dem Verständnis zugängliches Material [8]. Infolgedessen bleibt die M. als Untersuchungsgegenstand bis auf einige Ausnahmen kaum beachtet [9].

Im Zuge des *Behaviorismus* und *Neobehaviorismus* dominieren dagegen Forschungsansätze zum mechanischen Memorieren [10], denen die Annahme von Einheiten, die durch mechanische Wiederholung assoziativ miteinander verknüpft werden, zugrunde liegt [11]. Während innerhalb dieser Psychologie «Vorstellungen» und «Schemata», die die Grundlage zur Anwendung der M. bilden, als Untersuchungsgegenstand weitgehend ausgeklammert bleiben, erhält die M. außerhalb wissenschaftlicher Betrachtung in der Praxis fortlaufend Beachtung [12].

Neben dieser praktischen Anwendung trägt die aufblühende «kognitive Orientierung» Mitte der 1960er Jahre zum Anstieg der Zahl der Untersuchungen zur M. bei [13] und erbringt Resultate, die mit den traditionellen Befunden der Assoziationspsychologie unvereinbar sind, z. B. das Lernen großer Mengen «sinnlosen Materials» in *einem* Durchgang [14], fehlenden Positionseffekt [15] und fehlende Interferenz [16]. Die Forschung zur M. hat sich seit Mitte der 60er Jahre u. a. mit der Frage nach dem Stellenwert der Variablen «Abstraktheit/Konkretheit» des Lernmaterials für die Erinnerungsverbesserung durch M. [17] und mit der Frage der Interferenz gerichteter visueller Aktivität beim Gebrauch bildhafter Gedächtnishilfen [18] auseinandergesetzt. Daneben sind idiographische Untersuchungen von Gedächtniskünstlern durchgeführt worden [19].

Die Frage, ob sich die geschichtlich überlieferte [20] und in der Praxis [21] der M. geübte Empfehlung, die Vorstellungsbilder möglichst bizarr zu gestalten, als effektiver Reproduktionsfaktor auswirkt, muß experimentalpsychologischen Befunden zufolge verneint werden [22]. Stattdessen erweist sich die Interaktion der einzelnen Gedächtnisinhalte in einheitlicher verbaler oder nicht-verbaler Form als entscheidender Erinnerungsfaktor [23].

Zur Erklärung der Befunde aus Untersuchungen zur M. hat PAIVIO die «dual-coding»-Hypothese [24] auch auf diesen Problembereich angewandt. Danach gibt es zwei miteinander verknüpfte Repräsentations- und Speichersysteme: eines für verbales und eines für bildhaftes Material. Bei der Erinnerung konkreten verbalen Materials wird sowohl das verbale als auch das bildhafte System tätig, und diese Redundanz der Verarbeitungssysteme bedingt die verbesserte Gedächtnisleistung. Abstraktes Material dagegen wird lediglich verbal kodiert und gespeichert und deshalb schlechter erinnert. M. wirkt nach Paivio entweder, weil sich die Wahrscheinlichkeit einer doppelten Kodierung erhöht oder weil die räumliche und synchrone Organisation von Informationen in bildhaften Repräsentationen denen in verbalen Repräsentationen überlegen ist [25].

ANDERSON und BOWER fassen die Gedächtnisrepräsentation als modalitätsunspezifisch, neutral auf und kritisieren die Theorie Paivios als zu peripher, was die Konzeption der Gedächtnisspur anbelangt. Ihrer Theorie entsprechend wird die Information als abstrakte, begrifflich-propositionale Struktur von Eigenschaften von Objekten und Relationen zwischen Objekten repräsentiert. Die Interaktion verbalen oder nicht-verbalen Materials führt zu einer Vielzahl von Propositionen, wobei ein ganzes Geflecht von Verknüpfungen zur späteren Erinnerung nutzbar gemacht werden kann. Dagegen werden nicht-interaktive, additiv aneinander gereihte Objekte beim mechanischen Lernen typischerweise in Form von «x links von y» oder «x neben y» gespeichert. Die Konkretheit des Materials führt zur verbesserten Gedächtnisleistung, weil die Zahl der Verflechtungsrelationen zwischen den Objekten größer als beim abstrakten Material ist [26].

NEISSER zieht eine Parallele zwischen dem Funktionieren der Erinnerungsprozesse im Alltag und in der Situation der experimentell eingesetzten M. So besitzt jeder, der mit einer bestimmten Umwelt vertraut ist, eine «kognitive Landkarte», in der die Schemata vieler individueller Orte eingebettet sind. Er kann das, was er an jedem Ort sehen wird, antizipieren. Ist man in der Lage, seine «kognitive Landkarte» aufgrund von verbalen Informationen zu ändern, so kann man auch die M. zur Organisation und Erinnerung von zufällig angeordnetem Material verwenden [27].

In der Analyse von MEACHAM ist das Gedächtnis ein Epiphänomen verschiedener kognitiver Aktivitäten (z. B. Klassifizieren oder Wiederholen des Lernmaterials), wobei die Materialanteile, die erinnert werden sollen, in die Struktur der Aktivität integriert werden müssen; eine dieser kognitiven Aktivitäten ist die M. [28].

Im Bereich der *pädagogischen Psychologie* empfiehlt AUSUBEL den Gebrauch von Organisationshilfen, die dem Lernprozeß vorausgehen und zur Integration des Lernmaterials geeignet sind. Damit soll ein bereits vorhandenes Ideengerüst zur Einordnung und zum stabilen Behalten des Materials beitragen [29]. In diesem Sinne kann M. als subsumierendes System verstanden werden, das Elemente liefert, die in der Lage sind, das Lernmaterial in sich einzuschließen.

Anmerkungen. [1] W. KÖHLER: Psychol. Probleme (1933) 181 ff. – [2] W. JAMES: The principles of psychol. (New York 1890) 668; G. A. MILLER, E. GALANTER und K. H. PRIBRAM: Plans and the structure of behavior (New York 1960); M. OFFNER: Das Gedächtnis (²1924) 78ff.; W. KINTSCH: The representation of meaning in memory (Hillsdale 1974) 89f. – [3] J. ROSS und K. A. LAWRENCE: Some observations on memory artifice. Psychonomic Sci. 10 (1968) 107f. – [4] I. KANT, Anthropol. § 34. Akad.-A. 7 (1917) 182ff., ref. 183. – [5] M. W. DROBISCH: Empir. Psychol. (1842); M. A. DRBAL: Lb. der empir. Psychol. (1875); A. HÖFLER: Psychol. (1897); I. J. PROCHAZKA: Neue Darst. der empir. Psychol. (1841). – [6] JAMES, a.O. [2]. – [7] E. MEUMANN: Ökonomie und Technik des Gedächtnisses (1912) 231ff.; W. V. VOLKMAR: Lb. der Psychol. (1875) 466f.; H. LANGENDÖRFER: Leitf. der Psychol. (1948) 97; G. KATONA: Organizing and memorizing (New York 1940, ND 1967). – [8] W. STERN: Allg. Psychol. 1 (1935) 322f. – [9] D. S. HILL: An experiment with an automatic mnemonic system. Psychol. Bull. 15 (1918) 99-103; F. SPECHT: Das Gedächtnis und die Gedächtniskunst (1920); H. BOWERS: Visual imagery and retention. Brit. J. Psychol. 23 (1923) 180-195; C. A. WARDEN: A study in the recall of perceived relations. Psychol. Monogr. 44 (1933) 195-206. – [10] R. R. HOFFMAN und R. J. SENTER: Recent hist. of psychol.: mnemonic techniques and the psycholinguistic revolution. Psychol. Rec. 28 (1978) 3-15. – [11] W. KÖHLER, a.O. [1] 169-192; J. J. JENKINS: Remember that old theory of memory? Well, forget it! Amer. Psychologist (1974) 785-795. – [12] B. FURST: Stop forgetting (New York 1954); J. D. WEINLAND: How to improve your memory (New York 1957). – [13] HOFFMANN/SENTER, a.O. [10]. – [14] B. R. BUGELSKI, E. KIDD und J. SEGMAN: Image as a mediator in one-trial paired-associate learning. J. exp. Psychol. 76 (1968) 69-73. – [15] R. J. SENTER und G. K. HAUSER: An exp. study of a mnemonic system. Psychonomic Sci. 10 (1968) 289-290. – [16] B. R. BUGELSKI: Images as mediators in one-trial paired-associate learning II: Selftiming in successiv lists. J. exp. Psychol. 77 (1968) 328-334. – [17] A. PAIVIO und D. FOTH: Imaginal and verbal mediators and noun concreteness in paired associate learning: the elusive interaction. J. verb. Learn. verb. Beh. 9 (1970) 384-390; A. PAIVIO und K. CSAPO: Picture superiority in free recall: imagery or dual coding? Cogn. Psychol. 5 (1973) 176-206. – [18] G. ATWOOD: An exp. study of visual imagination and memory. Cogn. Psychol. 2 (1971) 239-289; H. KLEE und M. W. EYSENCK: Comprehension of abstract and concrete sentences. J. verb. Learn. verb. Beh. 12 (1973) 522-529. – [19] A. R. LURIA: The mind of a mnemonist (New York 1968); E. HUNT und T. LOVE: How good can memory be? in: A. W. MELTON/E. MARTIN (Hg.): Coding processes in human memory (Washington 1972) 237-260. – [20] F. A. YATES: The art of memory (London 1966) 9f. – [21] H. LORAYNE und J. LUCAS: The memory book (New York 1974) 9. – [22] K. A. WOLLEN, A. WEBER und D. LOWRY: Bizarreness versus interaction of mental images as determinants of learning. Cogn. Psychol. 3 (1972) 518-523; G. W. NAPPE und K. A. WOLLEN: Effects of instructions to form common and bizarre mental images on retention. J. exp. Psychol. 100 (1973) 6-8; P. D. HAUCK, C. C. WALSH und N. E. A. KROLL: Visual imagery mnemonics: common vs. bizarre mental images. Bull. psychonomic Sci. 7 (1976) 160-162. – [23] H. W. REESE: Imagery in paired-associate learning in children. J. exp. Child Psychol. 2 (1965) 290-296; G. H. BOWER: Imagery as a relational organizer in associative learning. J. verb. Learn. verb. Beh. 9 (1970) 529-533; W. EPSTEIN, J. ROCK und C. B. ZUCKERMAN: Meaning and familiarity in associative learning. Psychol. Monogr. 74 (1960) Nr. 491, 1-22. – [24] A. PAIVIO: Imagery and verbal processes (New York 1971). – [25] Imagery and long-term memory, in: A. KENNEDY/A. WILKES (Hg.): Stud. in long-term memory (New York 1975) 57-85. – [26] J. R. ANDERSON und G. H. BOWER: Human associative memory (Washington ²1974). – [27] U. NEISSER: Cognition and reality (San Francisco 1976) 135ff. – [28] J. A. MEACHAM: The development of memory abilities in the individual and society. Hum. Develop. 15 (1975) 205-228. – [29] D. P. AUSUBEL: Educational Psychol. (New York 1968) 148f.

Literaturhinweise. J. R. ANDERSON und G. H. BOWER s. Anm. [26]. – R. R. HOFFMAN und R. J. SENTER s. Anm. [10]. – J. A. MEACHAM s. Anm. [28]. – A. PAIVIO s. Anm. [24].   G. REINERT

ARTIKELVERZEICHNIS

Lächerliche, das
Laie
Lamarckismus
Landschaft
Langeweile
Langue/Parole
Laster
Lasterkatalog
Latent, Latenz
Latitudinarismus
Lauterkeit
Läuterung, Reinigung
Leben
Leben, ewiges
Lebendigkeit
Leben-Jesu-Forschung
Lebensalter
Lebensbezug
Lebensentstehung
Lebenserfahrung
Lebensformen
Lebensgefühl
Lebenskategorien
Lebenskraft
Lebenskreis
Lebenskriterien
Lebenslüge
Lebensphilosophie
Lebensplan
Lebensqualität
Lebensraum
Lebensstil
Lebenstrieb
Lebensweise, sozialistische
Lebenswelt
Leere
Leerformel
Leerintention
Leerlaufhandlung
Legalität, Legitimität
Legismus
Lehnsatz
Lehnstuhlphilosophie
Lehnwort, Lehngut
Lehrgedicht
Lehrsatz
Leib, Körper
Leib-Seele-Verhältnis
Leiden
Leidensdruck
Leistung
Leistungsprinzip
Leistungswissen
Leitbild
Leitlinie
Lekton
Lektüre, Lesart
Lemma
Leninismus
Lernen
Lerntheorien
Letztbegründung
Leviathan
Lexikologie, Lexematik
Liberalismus
Libertin
Libertinisme, Libertinage
Liberum arbitrium
Libido
Licht

Lichtmetaphysik
Lichtung
Liebe
Limbus
Linguistik, Sprachwissenschaft
List der Vernunft
Literary Criticism
Lob Gottes
Logica docens/utens
Logica vetus/nova, antiqua/modernorum
Logik
Logik, deontische
Logik, (spekulativ-)dialektische
Logik, dialogische
Logik des Gefühls
Logik, hermeneutische
Logik des Herzens
Logik, historische
Logik, induktive
Logik, juristische
Logik, kombinatorische
Logik, konstruktive
Logik, mehrwertige
Logik, operative
Logik, philosophische, der Neuzeit
Logik des Scheins
Logik, transzendentale
Logistik
Logizismus
Logoi spermatikoi
Logomachie
Logophor
Logos
Logotherapie
Logozentrisch
Lohn, Verdienst
Lokalisation
Lokalisationslehre
Lokalzeichen
Lokâyata
Lokutionärer/illokutionärer Akt
Lüge
Lumen fidei
Lumen naturale
Lust, Freude
Lustprinzip
Luxus
Luz
Lyrik, lyrisch

Machiavellismus
Machismus
Macht
Magie
Mahayana
Maieutik
Makrobiotik
Makrokosmos/Mikrokosmos
Makrosyntax
Malthusianismus
Malum
Man, das
Mana
Manager
Manas
Mandala

Mängelwesen
Mania
Manichäismus
Manie
Manierismus
Manipulation
Manismus
Mannifaltige, das, Mannigfaltigkeit
Mannigfaltigkeit, ästhetische
Männlich/weiblich
Mantik
Maoismus
Markt
Marxismus
Maschine
Maschinentheorie des Lebens
Maskil
Masochismus
Masora
Maß
Masse, Massen
Massenkommunikation
Massenpsychologie
Mäßigkeit
Materia communis/individualis
Materia prima
Materia secunda
Materia signata
Materialismus
Materialismus, dialektischer
Materialismus, historischer
Materialismus, mechanischer
Materialismusstreit
Materialobjekt/Formalobjekt
Materie
Materie des Urteils
Materiewelle
Mathema
Mathematik
Mathematik, positive
Mathesis universalis
Matrix
Maxime
Maximum/Minimum
Māyā
Mechanik
Mechanismus, auslösender
Meditation
Medizin, Heilkunde, Medizinphilosophie
Megarisch
Mehrhabenwollen
Mehrheit, Mehrheitsprinzip
Mehrwert
Meidungsverhalten
Meinen, Meinung
Meinung, öffentliche
Meinungsfreiheit
Melancholie
Mengenlehre
Mensch
Mensch, dritter
Mensch, ganzer
Mensch, natürlicher
Mensch, neuer
Menschenkenntnis
Menschensohn
Menschenwürde

Menschheit, Menschengeschlecht
Mentalismus
Mentalreservation
Mereologie
Merkabah
Merkmal
Merkwelt, Merkmal, Merkzeichen
Mesmerismus
Mesotes
Messen
Messianismus
Meßprozeß
Metabasis (eis allo genos)
Metaethik
Metakritik
Metalogik
Metamathematik
Metamorphose
Metapher
Metaphysik
Metaphysik, induktive
Metaphysikkritik
Metaphysizieren
Metapolitik
Metapsychologie
Metaschematismus
Metascience
Metasprache/Objektsprache
Metazoa
Meteora, Meteorologos
Methode
Methode, analytische/synthetische
Methode, axiomatische
Methode, deskriptive
Methode, genetische
Methode, historische
Methode, karthartische
Methode, pädagogische
Methode, phänomenologische
Methode, polemische
Methode, scholastische
Methode, skeptische
Methode, transzendentale
Methodologie
Metonymie
Middot
Mikrophysik
Milde
Milieu
Mîmâmsâ
Mimesis
Minderwertigkeitsgefühl
Minimum, metaphysisches
Misanthropie
Mischung/Entmischung
Misologie
Mitleid
Mitmensch
Mitsein
Mittag, der große
Mitte
Mitteilung, Mitteilbarkeit
Mittel
Mitwelt
Mneme, Mnemosyne
Mnemismus
Mnemotechnik

AUTORENVERZEICHNIS

Adler H. 32-34 255f.
Angelelli I. 367-75
Anger H. 836-38
Apitzsch U. 832-36
Arndt H. W. 1313-23
Arndt M. 49-52 206-12 665-67
　1112-17 1121-24

Ballauf Th. 1177-79 1303
Ballestrem K. G. 513-21
Baum M. 1375-78
Bay E. 525-27
Beierwaltes W. 282-86 289f.
　547-49
Bien G. 229-31 533-44 1138-45
Biesterfeld W. 1105f.
Biller G. 1163-66
Biser E. 1420f.
Bister W. 502
Blankenburg W. 212-15 220-24
Blum H. 1444f.
Bödeker H. E. 1129-37
Boehm G. 724-26
Böhle S. 224
Bormann C. v. 286-88
Borsche T. 173-78 185-87 913f.
　917-19 1238-69
Borst A. 8-10
Brachfeld O. 140f. 147-49 224-29
　1399-1402
Brede W. 712f.
Breidert W. 167f. 905-12
Brune K.-H. 42f.
Bubner R. 941-44
Büchsel E. 1299f.
Bühner J.-A. 499-502

Claesges U. 1364f.
Cloeren H. J. 1289-94
Colpe C. 714f.

Dabag M. 1439-41
Dahm H. 854f. 858f. 864f. 867f.
Dahme H.-J. 726-29
Debus J. 145-47
Denker R. 544f.
Detel W. 870-80
Diemer A. 1017-23
Dierse U. 71-97 256-59 717-24
　758-67 941-44 1112-17 1163-66
Diller H. 968-76
Dräger H. 265-72
Drieschner M. 925f. 1166-68 1391

Ebbesen S. 353-55
Echternach H. 103-07
Engels E.-M. 122-28
Essler W. K. 417-23

Fabian B. 171-73 344
Feldhoff J. 709-11 1393-95

Flashar H. 1038-40
Foppa K. 245-51
Forschner M. 1295-98
Freudenthal H. 1336-41
Fulda F. 343

Gabriel G. 482-84 1153f. 1175f.
Gatzemeier M. 640-42 648f. 1168
Geldsetzer L. 1379-86
Gerschmann K.-H. 579–83
Gethmann C. F. 251-54 1332-36
　1342-45
Goerdt W. 149-51 234-41 398-402
　617-22 767-72 853f. 855f. 859-64
　865-68
Goldammer K. 631–636
Grawe Chr. 1059-61 1071-74 1111f.
　1117-21
Gremmels Chr. 1294f.
Grimm T. 158f. 166f. 636f. 751-753
　967f.
Grosse W. 120-22
Gründer K. Vf.

Haberland E. 707-09 729-31
Hadot P. 52-56
Häfner H. 804-06
Hager F. P. 1305-07
Halbfaß W. 965-67
Harjes H. P. 925f. 1391
Hartmann P. 329f.
Hauser R. 35-39 46f. 503-07 555-58
　630f.
Heidrich P. 157f.
Heintel E. 1171f.
Hepp R. 254f.
Herold N. 1156-58
Herrlinger R. 638-40
Hinrichs W. 128f.
Hinske N. 1371-75
Hočevar R. K. 261-64
Hofmann H. 161-66
Hole G. 717
Hölscher L. 1023-33
Holzhey H. 141-43 411-13 643-48
Horstmann R. P. 1124-27
Hübner H. 56-59
Hucklenbroich P. 921-24
Hügli A. 1-8 132-35 507-09 571-78
　681-706 1061-92 1295-98 1424-39
Hüllen J. 712
Huning H. 1402-08

Jaeschke W. 389-98
Jammer M. 825-28
Janssen H.-G. 39-42
Janssen P. 151-55 160
Joerges B. 215-220
Justus B. 545-47

Kambartel F. 1323-32
Katz J. 802-04
Kaulbach F. 178-85
Kauppi R. 937f.
Kempski J. v. 452-61 772-77
Kiefhaber M. 1069-71
Klein U. 1391-93
Knispel W. 851-53 856-59
Kobusch Th. 585-88 1188-1217
　1226-38
Koller H. 1303f. 1396-99
Kölling U. 569-71
Konersmann R. 1095-1105
Konhardt K. 731-35
Krafft F. 950-52
Krawietz W. 423-34
Krings H. 47-49 462-82
Kudlien F. 926
Kuhn H. 290-318
Kühn R. 231-34
Kunkel S. 1402

Ladrière J. 435-37
Lang A. 143-45
Lanz J. und K. 489-91
Lasslop P. 740-49
Lemoine M. 1307-09
Lessing H.-U. 28-32 1040-43
Lichtblau K. 604-17
Lieberg G. 552-555
Loch W. 278-282 1298f.
Lorenz K. 362-67 402-11 437-40
　444-52 1145-48
Lorenz R. 1033-38
Lorenz S. 241-45 715f.
Lumpe A. 1408f.

Mainzer K. 823-25 926-37 952-59
Marcus W. 1279f.
Marquard O. 149 159f. 564f. 652-56
Martini F. 571-78
Meinhardt H. 638
Menne A. 924f.
Meschede K. 119f. 584f. 868f.
Meyer-Kalkus R. 1442f.
Mittelstädt G. 118f.
Mojsisch B. 944-49 961-65
Mühlmann W. E. 155-57 625-29
Müller A. 112-14 714 749-51 1002f.
　1409f.

Nádor G. 806f.
Naujoks R. 1005-09
Neemann U. 1154f.
Neumann O. 527-29
Nieke W. 842-50
Niewöhner F. 1148-53 1388-91
Nobis H. M. 328f. 802 939-41
Nusser K.-H. 290-318

Oeing-Hanhoff L. 585-88 1186-88
　1217-26 1269-79 1309-11 1369-71

Osswald K.-D. 650-52
Ottmann H. 807-11 812-14 1158-61

Pankoke E. 828-32
Petri F. 11-13
Pflug G. 135-40
Pieper A. 1168-71
Piepmeier R. 15-28 62-71 914-17 919-21
Plamböck G. 1441f.
Pöhler E. 502f.
Probst P. 289f. 461f. 706f. 992-1002 1416-20
Pronay A. 1386

Raggio A. R. 378-83
Red. 103-07 119f. 167 173 234 259-61 264f. 375-78 491 502f. 549-52 565-69 836-38 841f. 1033-38 1098-1105 1127f. 1311-13 1399-1402
Reinert G. 1446-48
Rensch B. 10f. 115f.
Renthe-Fink L. v. 107-10
Rentsch Th. 201-06 939 1172-74 1280-89 1300-03
Richter E. 440-44
Riesenhuber K. 669-81
Risse W. 357-62
Ritter J. 1304f.
Rodi F. 114f. 117f.
Rodingen H. 622-25
Rössler D. 1106-11

Röttgers K. 588-604 753-58
Röttges H. 1421-24
Romberg R. 777-90 1092-98
Rothe K. 71-97
Rücker H. 811f. 814-23
Rüsen J. 1345-55

Sadegh-Zadeh K. 129-32
Samson L. 1410-16
Schalk F. 272-75
Schepers H. 355-57
Scherner M. 168-71 350-53 649
Schipperges H. 976-84
Schleichert H. 1161f.
Schleidt W. M. 959-61
Schlüter D. 870
Schmidt-Biggemann W. 790-802
Schmidtgall H. 1009-12
Schmithausen L. 949f.
Schmitz W. 521-25
Schneider H. 667-69
Schnelle H. 330-40
Schönpflug U. 43-46
Schönpflug W. 1012-17
Schöpf A. 318-28 563f.
Schottlaender R. 656-65
Schramm M. 880-904
Schröder W. 241-45 715f.
Schulze W. 1345-55
Schütte K. 1176f.
Schwabe W. 1003-05
Schwarz H. 1387f.
Seigfried A. 509-13 629f.

Sokolowski K. 1355-59
Specht R. 187-201
Steiner H. G. 1044-59
Stemmer P. 344-50 1443f.
Stempel W. 558-64
Stoeckle B. 838-41
Strube W. 340-43 530-33 735-40

Thümmel W. 1137f.
Tielsch E. 275-78
Toellner R. 97-103 984-92

Uexküll Th. v. 1156

Vennebusch J. 59-62
Veraart A. 415-17
Verbeke G. 484-89 491-99
Verschuer O. v. 1155f.

Waldenfels B. 637
Wegner A. 1166-68
Weinert F. E. 1444
Weinrich H. 1179-86
Welter R. 1323-32
Wickler W. 160f.
Wiehl R. 413f.
Winkler E. 13-15
Winter A. 1365-69
Wright G. H. v. 384-89

Zabel H. 110-12
Zangenberg F. 529f. 711f. 1395f.
Zillober K. 1359-64

ZUR FORMALEN GESTALTUNG

1. Text

Titel. In Doppel- und Mehrfachtiteln werden die Stichwörter, wenn sie Gegensätze bezeichnen, durch Schrägstrich, wenn sie einander ergänzen, durch Komma getrennt.

Die *Anfangsbuchstaben Ä, Ö, Ü* (nicht aber *Ae, Oe, Ue*) der Titelstichwörter sind alphabetisch wie *A, O, U* behandelt worden.

Abkürzungen. An Stelle des Titelstichworts tritt bei Substantiven der Anfangsbuchstabe mit Punkt; Adjektive werden nicht abgekürzt. Sonst sind im Text nur allgemein gebräuchliche Abkürzungen verwendet.

Auszeichnungen. Namen von Autoren, die Gegenstand eines Artikels sind, werden, wenn sie in einem Gedankenzusammenhang zum ersten Mal vorkommen, in KAPITÄLCHEN, die übrigen Hervorhebungen *kursiv* gesetzt. Namen der Verfasser von Untersuchungen zum Gegenstand des Artikels werden nicht ausgezeichnet.

Anführungszeichen und Klammern. In *einfachen* Anführungszeichen ‹...› stehen Werktitel, Teil- und Kapitelüberschriften sowie metasprachlich verwendete Ausdrücke. In *doppelten* Anführungszeichen «...» stehen Zitate (ausgenommen griechische und in runden Klammern beigefügte Übersetzungen von griechischen und lateinischen Zitaten).

In *eckige* Klammern [...] sind Einfügungen des Artikelautors in Zitate sowie Anmerkungsziffern gesetzt.

2. Anmerkungen und Literaturhinweise

Um den Text zu entlasten, sind die Belegstellen (mit Ausnahme der biblischen) in den Anmerkungen zusammengefaßt.

Beziehen sich mehrere aufeinanderfolgende Anmerkungen auf denselben Autor und/oder dasselbe Werk, wird der Verfassername bzw. der Werktitel nicht wiederholt.

Wenn sich eine spätere auf eine frühere, nicht unmittelbar vorhergehende Anmerkung bezieht, wird in der Regel die Nummer der früheren Anmerkung wiederholt:

[1] F. KLUGE: Etymol. Wb. dtsch. Sprache (^{11}1963) 8. – ... [4] KLUGE, a.O. [1] 432.

Zitierweisen. Sie folgen dem für Epochen, Autoren und Werke üblichen wissenschaftlichen Gebrauch, doch werden Sigel, die nur dem Fachmann bekannt sind, mit wenigen Ausnahmen (vgl. Abkürzungsverzeichnis Nr. 1) vermieden oder von Fall zu Fall neu eingeführt:

[1] DESCARTES, Werke, hg. ADAM/TANNERY (= A/T) 10, 369. – [2] Vgl. A/T 7, 32.

Zitiert wird nach der systematischen Gliederung der Werke und/oder nach Ausgaben bzw. Auflagen:

a) *Nach Gliederung:* [1] PLOTIN, Enn. II, 4, 15 = ‹Enneaden›, Buch 2, Kapitel 4, Abschnitt 15. – [2] THOMAS VON AQUIN, S. theol. I/II, 20, 2 = ‹Summa theologiae›, Pars I von Pars II, Quaestio 20, Articulus 2.

b) *Nach Ausgaben:* [1] PLATON, Phaid. 88 d 3-5 = ‹Phaidon›, S. 88, Abschn. d (Paginierung nach der Ausgabe von HENRICUS STEPHANUS, Paris 1578), Zeilen 3-5 (nach der Ausgabe von IOANNES BURNET, Oxford ^{1}1899-1906). – [2] KANT, Akad.-A. 7, 252, 3 = Gesammelte Schriften, hg. (Königl.) Preuß. Akad. Wiss. (ab Bd. 23 hg. Dtsch. Akad. Wiss. zu Berlin), Bd. 7, S. 252, Z. 3.

c) *Nach Auflagen:* [1] KANT, KrV A 42/B 59 = ‹Kritik der reinen Vernunft›, 1. Aufl. (1781), S. 42 = 2. Aufl. (1786), S. 59.

d) *Nach Gliederung und Ausgaben:* [1] ARISTOTELES, Met. II, 2, 994 a 1-11 = ‹Metaphysik›, Buch 2 (α), Kap. 2, S. 994, Sp. a, Z. 1-11 (nach Arist. graece ex rec. IMM. BEKKERI, Berlin 1831). – [2] JOHANNES DAMASCENUS, De fide orth. II, 12. MPG 94, 929ff. = ‹De fide orthodoxa›, Buch 2, Kap. 12 bei J. P. MIGNE (Hg.): Patrologiae cursus completus, Ser. 1: Ecclesia graeca, Bd. 94, S. 929ff.

Interpunktion. Nach Autorennamen steht ein Doppelpunkt, wenn eine ausführliche bibliographische Angabe folgt, ein Komma, wenn das Werk abgekürzt zitiert ist.

Die Zeichensetzung in *Stellenangaben* folgt weitgehend altphilologischem Gebrauch und entspricht folgenden Regeln:

Kommata trennen in Angaben nach Gliederung Buch von Kapitel und Kapitel von Abschnitt, in Belegstellen nach Ausgaben Band von Seite und Seite von Zeile (vgl. oben a) Anm. [1] und b) Anm. [2]).

Punkte bedeuten in Stellenangaben ‹und›; sie stehen z. B. zwischen Kapitel und Kapitel bzw. Seite und Seite:

[1] ARIST., Met. V, 19. 20 = Buch 5 (Δ), Kap. 19 und 20. – [2] KANT, Akad.-A. 7, 251. 265 = Bd. 7, S. 251 und 265.

Strichpunkte sind gesetzt, wenn auf eine untergeordnete Gliederungseinheit (Abschn., Art.) eine übergeordnete (Buch, Teil, Kap.) folgt:

THOMAS, S. theol. I, 14, 11; 44, 3; 55, 2 = Pars I, Quaestio 14, Art. 11; (Pars I) Quaestio 44, Art. 3; (Pars I) Quaestio 55, Art. 2

oder wenn die nächste Stellenangabe einem anderen Band bzw. Werk entnommen ist:

HEGEL, Werke, hg. GLOCKNER 11, 52; 10, 375 = Bd. 11, S. 52; Bd. 10, S. 375.

Literaturhinweise. Die Angaben sind normalerweise chronologisch, gelegentlich auch nach sachlichen Gesichtspunkten geordnet und entsprechen den üblichen Regeln, doch wird der Erscheinungsort nur bei fremdsprachigen Publikationen genannt.

Zeitschriften und andere Periodika werden nach dem von der UNESCO empfohlenen ‹Internationalen Code für die Abkürzung von Zeitschriftentiteln› zitiert (Abdruck in: World med. Periodicals, New York ^{3}1961, XIff.; vgl. dazu Abkürzungsverzeichnis Nr. 2). Wie auch bei mehrbändigen Werken steht in den Stellenangaben die Bandzahl vor, die Seitenzahl nach dem Erscheinungsjahr.

3. Häufig verwendete Abkürzungen

A	KrV¹	Ges.	Gesellschaft	Pr.	Predigt
A.	Ausgabe	Gesch.	Geschichte	Proc.	Proceedings
a ǀ b ...	Seitenteiler	griech.	griechisch	Prol(eg).	Prolegomena
a.	articulus	Grimm	s. Sigeln	Prooem.	Prooemium
a.O.	angegebenen Orts			prot.	protestantisch
Abh.	Abhandlung(en)	H.	Heft	Ps.	Psalm
Abschn.	Abschnitt	Hb.	Handbuch	Ps-	Pseudo-
Abt.	Abteilung	hg.	herausgegeben	Psychol.	Psychologie
adv.	adversus	hist.	historisch	publ.	publiziert
ahd.	althochdeutsch				
Akad.	Akademie	idg.	indogermanisch	q.	quaestio
Amer.	American	Inst.	Institut, institutio	Quart.	Quarterly
Anal.	Analyse, Analytica	int.	international	quodl.	quodlibetalis, quodlibetum
Anm.	Anmerkung(en)	Introd.	Introductio(n)		
Anz.	Anzeiger	ital.	italienisch	r	recto (fol. 2r = Blatt 2, Vorderseite)
Aphor.	Aphorismus				
Arch.	Archiv(es)	J.	Journal		
Art.	Artikel	Jb.	Jahrbuch	Rdsch.	Rundschau
Ass.	Association	Jg.	Jahrgang	RE	s. Sigeln
AT	Altes Testament	Jh.	Jahrhundert	Red.	Redaktion
				red.	redigiert
B	KrV²	Kap.	Kapitel	Reg.	Register
Beih.	Beiheft	kath.	katholisch	Relig.	Religion
Ber.	Bericht	KpV	s. Sigeln	Res.	Research
Bespr.	Besprechung	krit.	kritisch	Resp.	Res publica = Politeia
Bibl.	Bibliothek	KrV	s. Sigeln	Rev.	Revue
Biol.	Biologie	KU	s. Sigeln	Rez.	Rezension
Bl.	Blatt, Blätter			RGG	s. Sigeln
Br.	Brief(e)	Lalande	s. Sigeln	roy.	royal(e)
Bull.	Bulletin	lat.	lateinisch	russ.	russisch
		Leg.	Leges = Nomoi		
c.	caput, capitulum, contra	Lex.	Lexikon	S.	Summa
		lib.	liber	Sber.	Sitzungsbericht(e)
cath.	catholique	ling.	lingua	Sci.	Science(s)
ch.	chapitre, chapter	Lit.	Literatur	Schr.	Schrift(en)
Chem.	Chemie	log.	logisch	s.d.	siehe dort
conc.	concerning	LThK	s. Sigeln	Slg.	Sammlung(en)
corp.	corpus	LXX	Septuaginta	Soc.	Société, Society
C.R.	Compte(s) rendu(s)			Soziol.	Soziologie
CSEL	s. Sigeln	MA	Mittelalter	span.	spanisch
		Math.	Mathematik	Stud.	Studie(n)
Dict.	Dictionnaire, Dictionary	Med.	Medizin	Suppl.	Supplement(um)
		Med(it).	Meditationes	s.v.	sub voce (unter dem Stichwort)
disp.	disputatio	MEGA	s. Sigeln		
Diss.	Dissertatio(n)	Met.	Metaphysik	SVF	s. Sigeln
dtsch.	deutsch	MEW			
		MG SS	s. Sigeln	T.	Teil
ebda.	ebenda	Mh.	Monatshefte	Theol.	Theologie, Theologia
eccl.	ecclesiasticus	mhd.	mittelhochdeutsch	UB	Universitätsbibliothek
Ed.	Editio	MPG	s. Sigeln	Übers.	Übersetzung
Einf.	Einführung	MPL	s. Sigeln	Univ.	Universität
Einl.	Einleitung	Ms.	Manuskript		
Eisler	s. Sigeln	Mschr.	Monatsschrift	v	verso (fol. 2v = Blatt 2, Rückseite)
engl.	englisch	Mus.	Museum		
Ep.	Epistula			Verh.	Verhandlungen
Erg.Bd.	Ergänzungsband	nat.	naturalis	Vjschr.	Vierteljahresschrift
Eth.	Ethica	ND	Nachdruck	Vol.	Volumen
etymol.	etymologisch	NF	Neue Folge	Vorles.	Vorlesung
evang.	evangelisch	nhd.	neuhochdeutsch	VS	s. Sigeln
		NT	Neues Testament		
fol.	folio			Wb.	Wörterbuch
Frg.	Fragment	p.	pagina	Wiss.	Wissenschaft(en)
frz.	französisch	Philol.	Philologie	Wschr.	Wochenschrift
		Philos.	Philosophie		
G.	Giornale	Phys.	Physik	Z.	Zeitschrift
gén.	général(e)	post.	posteriora	Zool.	Zoologie
gent.	gentiles	pr.	priora	Ztg.	Zeitung

ABKÜRZUNGEN

1. Sigeln für Ausgaben, Buchtitel, Lexika und Sammelwerke

CSEL	Corpus scriptorum ecclesiasticorum latinorum editum consilio et impensis Academiae litterarum Caesareae Vindobonensis 1–80 (Wien 1866ff.)
EISLER[4]	R. EISLER: Wörterbuch der philosophischen Begriffe 1–3 ([4]1927–1930)
GRIMM	J. und W. GRIMM: Deutsches Wörterbuch 1–16 (1854–1916)
KpV	Kritik der praktischen Vernunft ([1]1788)
KrV	Kritik der reinen Vernunft ([1]1781 = A, [2]1787 = B)
KU	Kritik der Urteilskraft ([1]1790, [2]1793)
LALANDE[10]	A. LALANDE: Vocabulaire technique et critique de la philosophie (Paris [10]1968)
LThK[2]	Lexikon für Theologie und Kirche, hg. J. HÖFER/K. RAHNER 1–10 ([2]1957–1965)
MEGA	MARX/ENGELS, Hist.-krit. Gesamt-A.: Werke, Schriften, Briefe; Abt. 1–3 (Frankfurt a.M./Berlin/Moskau 1927–1935), nicht vollständig erschienen
MEW	MARX/ENGELS, Werke 1–39, Erg.Bde 1. 2 (Ostberlin 1956–1968)
MG SS	Monumenta Germaniae historica inde ab anno Christi 500 usque ad annum 1500. Auspiciis Societatis aperiendis fontibus rerum Germanicarum medii aevi. Ed. GEORGIUS HEINRICUS PERTZ. Unveränd. Nachdruck Scriptores T. 1–30 (Stuttgart/New York 1963/64)
MPG	J. P. MIGNE (Ed.): Patrologiae cursus completus, Series I: Ecclesia graeca 1–167 (mit lat. Übers.) (Paris 1857–1912)
MPL	J. P. MIGNE (Ed.): Patrologiae cursus completus, Series II: Ecclesia latina 1–221 (218–221 Indices) (Paris 1841–1864)
RE	Paulys Real-Encyclopädie der classischen Altertumswissenschaft. Neubearb. hg. G. WISSOWA, W. KROLL u. a. Reihe 1. 2 [nebst] Suppl. 1ff. (1894ff.)
RGG[3]	Religion in Geschichte und Gegenwart 1–6 ([3]1957–1962)
SVF	Stoicorum veterum fragmenta collegit IOANNES AB ARNIM 1–4 ([2]1921–1923)
VS	H. DIELS/W. KRANZ (Hg.): Die Fragmente der Vorsokratiker, griechisch und deutsch 1–3 ([13]1968)

2. Periodika (Beispiele)

Abh. preuß. Akad. Wiss.	Abhandlungen der (königl.) preußischen Akademie der Wissenschaften (Berlin)
Arch. Begriffsgesch.	Archiv für Begriffsgeschichte (Bonn)
Arch. Gesch. Philos.	Archiv für Geschichte der Philosophie (Berlin)
Bl. dtsch. Philos.	Blätter für deutsche Philosophie (Berlin 1927–1944)
Dtsch. Vjschr. Lit.wiss.	Deutsche Vierteljahresschrift für Literaturwissenschaft und Geistesgeschichte (Stuttgart)
Dtsch. Z. Philos.	Deutsche Zeitschrift für Philosophie (Berlin)
German.-roman. Mschr.	Germanisch-romanische Monatsschrift (Heidelberg)
Gött. gel. Anz.	Göttinger Gelehrte Anzeigen
Hist. Z.	Historische Zeitschrift (München)
J. Hist. Ideas	Journal of the History of Ideas (Lancaster, Pa.)
J. symbol. Logic	Journal of Symbolic Logic (Providence, R. I.)
Kantstudien	Kantstudien (Berlin, NF Köln)
Mind	Mind (Edinburgh)
Philos. Rdsch.	Philosophische Rundschau (Tübingen)
Philos. Jb.	Philosophisches Jahrbuch (Freiburg i. Br.)
Proc. amer. philos. Soc.	Proceedings of the American Philosophical Society (Philadelphia)
Rev. Mét. Morale	Revue de Métaphysique et de Morale (Paris)
Rev. philos. Louvain	Revue philosophique de Louvain
Rhein. Mus. Philol.	Rheinisches Museum für Philologie
Sber. heidelb. Akad. Wiss.	Sitzungsberichte der Heidelberger Akademie der Wissenschaften
Studia philos. (Basel)	Studia philosophica. Jb. Schweiz. philos. Ges.
Z. philos. Forsch.	Zeitschrift für philosophische Forschung (Meisenheim/Glan)

HÄUFIG VERWENDETE ZEICHEN

1. Symbole der Junktoren- und Quantorenlogik (Aussagen- und Prädikatenlogik)
(vgl. Art. ‹Aussagenlogik›, ‹dialogische Logik›, ‹indefinit›, ‹Prädikatenlogik›)

Zeichen	Gesprochen	Name

a) Kopulae

ε	ist (hat)	(affirmative) Kopula
ε'	ist (hat) nicht	(negative) Kopula

b) Logische Junktoren

$\neg$	nicht	Negator
$\wedge$	und	Konjunktor
$\vee$	oder (nicht ausschließend, lat. vel)	Adjunktor
$\rightarrow$	wenn ..., so (dann) ...	(Subjunktor) Implikator
$\leftrightarrow$	genau dann wenn ..., so (dann) ...	(Bisubjunktor) Biimplikator

c) Logische Quantoren

$\bigwedge_x$	für alle x gilt	Allquantor
$\mathbb{A}_x$	für alle x gilt (wobei der Variabilitätsbereich von x indefinit ist)	indefiniter Allquantor
$\bigvee_x$	es gibt mindestens ein x, für das gilt	Existenzquantor
$\mathbb{V}_x$	es gibt mindestens ein x, für das gilt (wobei der Variabilitätsbereich von x indefinit ist)	indefiniter Existenzquantor

d) Folgerungssymbole

$\prec$	impliziert (aus ... folgt ...)	Zeichen für den Folgerungsbegriff der dialogischen Logik
$\Vdash$	aus ... folgt ...	Zeichen für den semantischen Folgerungsbegriff

2. Regel- und Kalkülsymbole (vgl. Art. ‹Kalkül›)

$\Rightarrow$	es ist erlaubt, von ... überzugehen zu ...
$\Leftrightarrow$	es ist erlaubt, von ... überzugehen zu ... und umgekehrt
$\vdash$	ist ableitbar
$=_{df}$, $\leftrightharpoons$, $:=$	nach Definition gleich

3. Relationssymbole

$=$	gleich
$\neq$	nicht gleich
$\equiv$	identisch
$\not\equiv$	nicht identisch
$\sim$	äquivalent
$<$	kleiner
$\leq$	kleiner oder gleich
$>$	größer
$\geq$	größer oder gleich

4. Symbole der Modallogik (vgl. Art. ‹Modallogik›)

$\Diamond$	es ist möglich, daß
$\Box$	es ist notwendig, daß

5. Symbole der Syllogistik

S	Subjekt
P	Prädikat
a	affirmo universaliter (ich bejahe universell)
i	affirmo partialiter (ich bejahe partiell)
e	nego universaliter (ich verneine universell)
o	nego partialiter (ich verneine partiell)

6. Symbole der Mengenlehre (vgl. Art. ‹Mengenlehre›)

$\emptyset$	leere Menge
$\in$	Element von
$\notin$	nicht Element von
$\subseteq$	enthalten in
$\cup$	vereinigt (Vereinigung von ... und ...)
$\cap$	geschnitten (Durchschnitt von ... und ...)